2017

JIANGXI NIANJIAN

江西年鉴

江西省地方志编纂委员会　编

主　编　刘　奇
副主编　毛伟明
李　利
张　勇
梅　宏
刘晓艺

国家图书馆出版社

图书在版编目(CIP)数据

江西年鉴.2017/ 江西省地方志编纂委员会编. --北京:国家图书馆出版社,2017.9

ISBN 978-7-5013-6250-9

Ⅰ.①江… Ⅱ.①江… Ⅲ.①江西-2017-年鉴 Ⅳ.①Z525.6

中国版本图书馆CIP数据核字(2017)第228256号

国家图书馆出版社官方微信

书　　名	江西年鉴(2017)
编　　者	江西省地方志编纂委员会
责任编辑	于春媚
特邀编审	夏红兵

出　　版	国家图书馆出版社
地　　址	100034　北京市西城区文津街7号
编 辑 部	010-88003159
发　　行	010-66114536　66126153　66151313　66175620 66121706(传真)　66126156(门市部)
E-mail	nlcpress@nlc.cn(邮购)
Website	www.nlcpress.com→投稿中心
经　　销	新华书店
印　　刷	江西龙莹印务有限公司
版　　次	2017年9月第1版　　2017年9月第1次印刷
开　　本	889×1194(毫米)1/16
印　　张	43.125
字　　数	1576千字
书　　号	ISBN 978-7-5013-6250-9
定　　价	400.00元

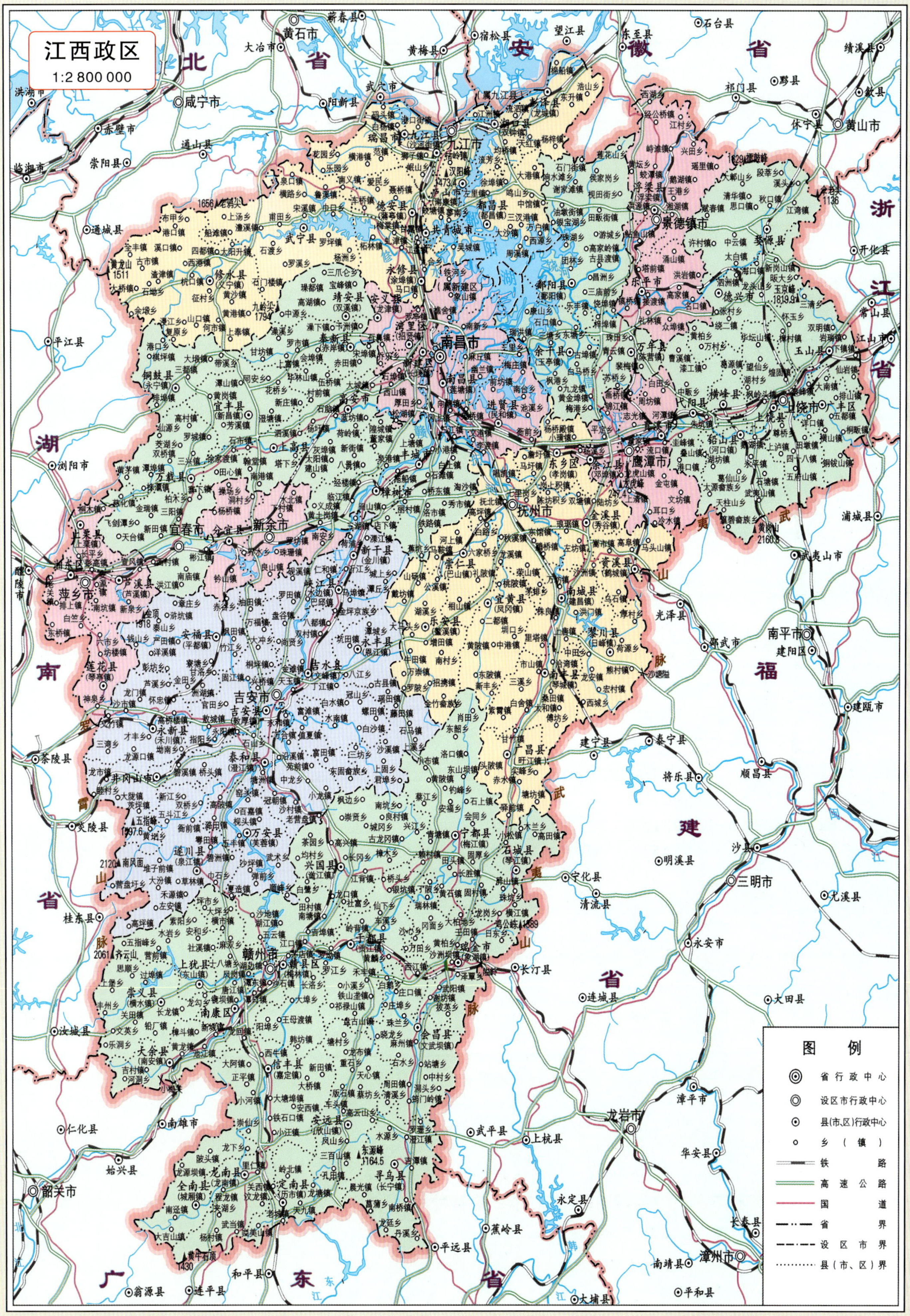

审图号：赣S（2017）045号

江西省测绘地理信息局编制

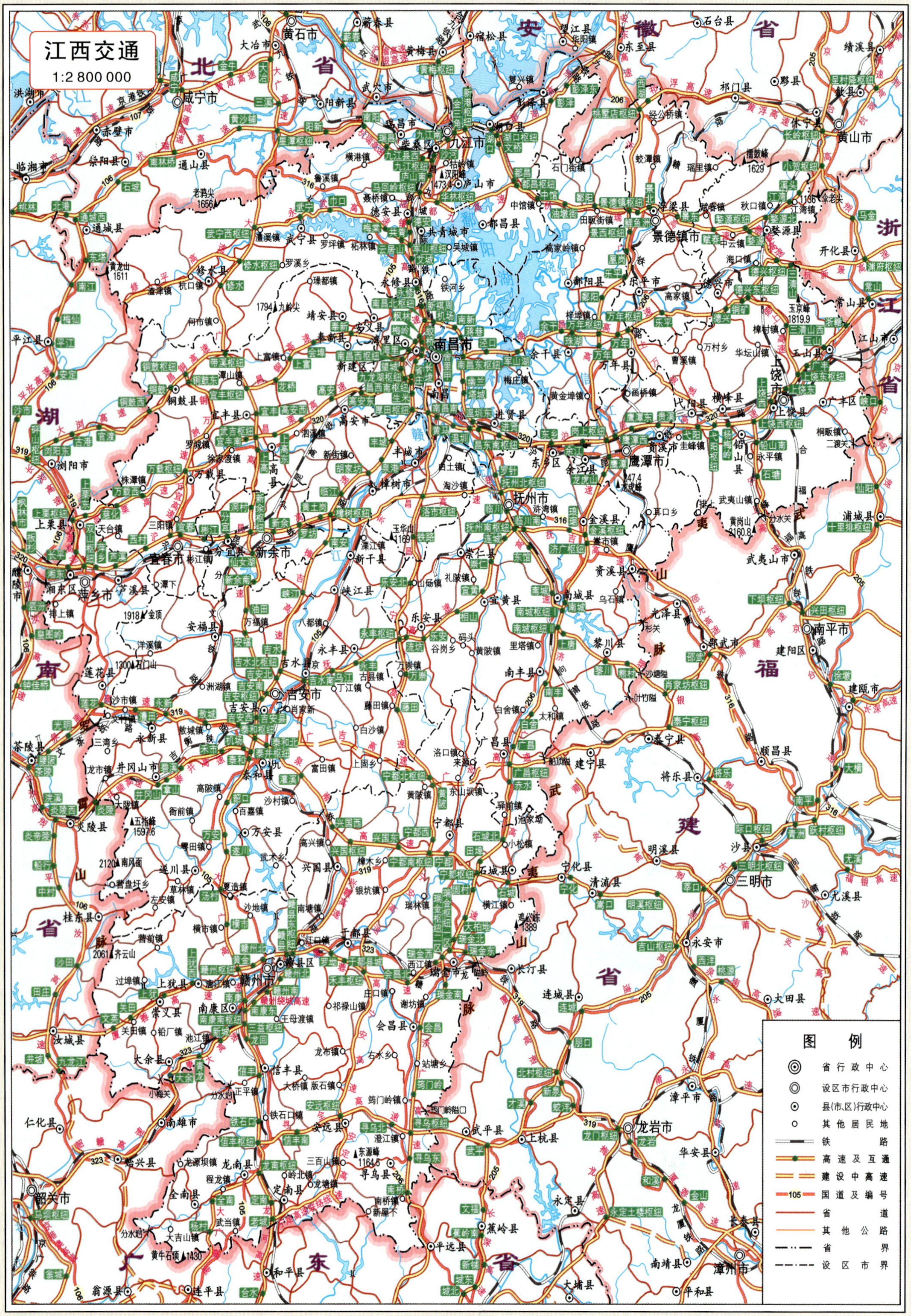

审图号：赣S（2017）045号

江西省测绘地理信息局编制

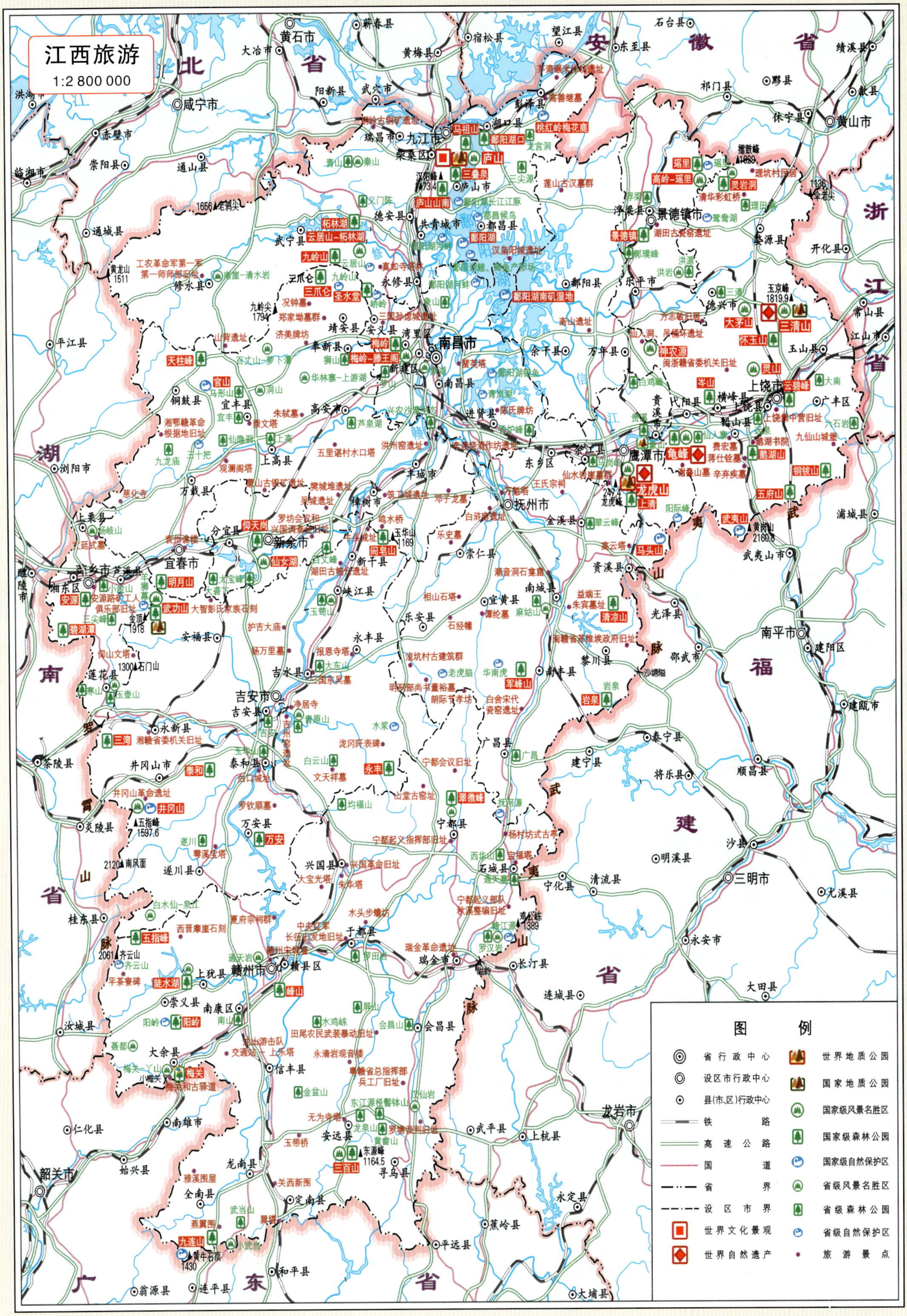

审图号：赣S（2017）045号

江西省测绘地理信息局编制

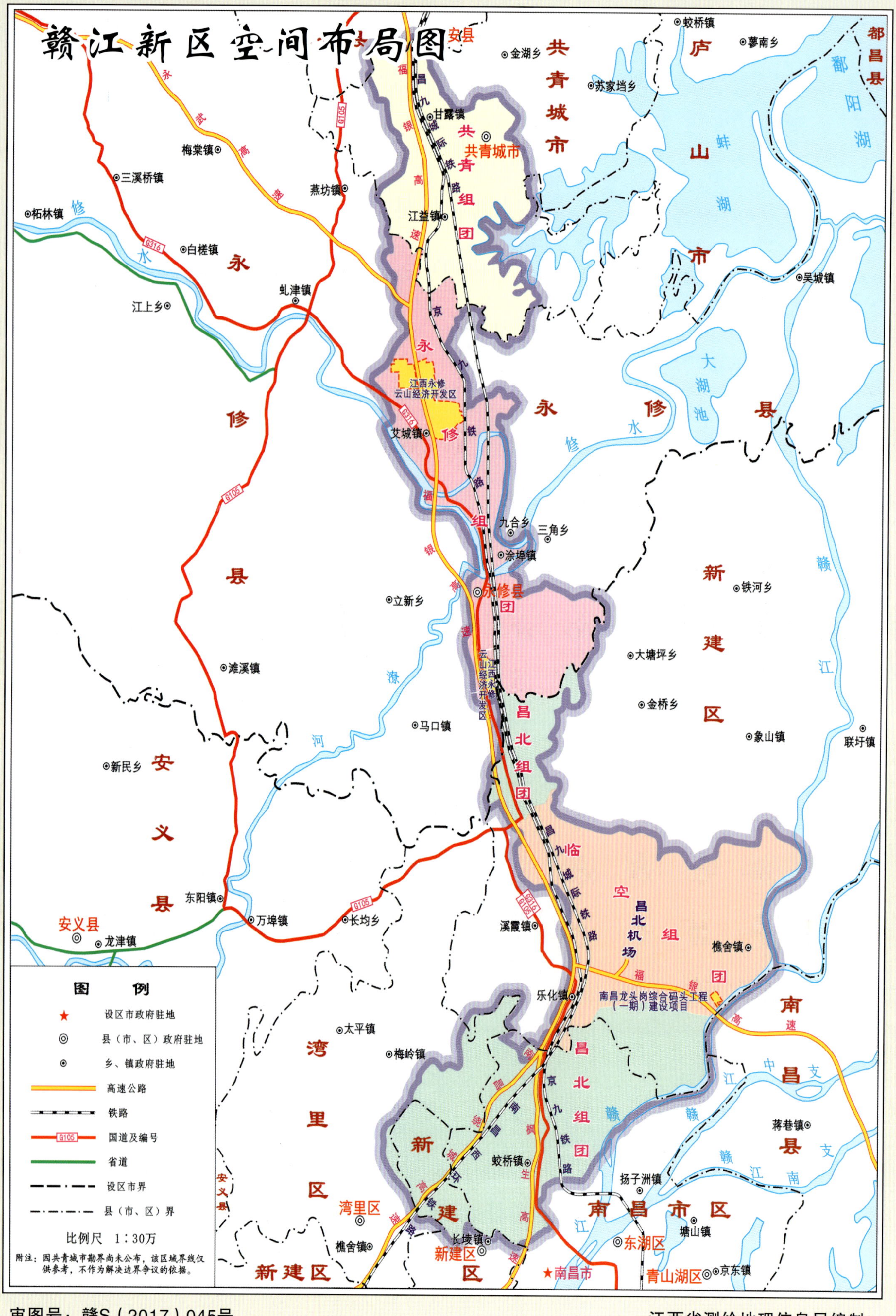

审图号：赣S（2017）045号

江西省测绘地理信息局编制

省第十四次党代会

11月12日—16日，省第十四次党代会在南昌举行。会议选举出由82名委员、17名候补委员组成的中共江西省第十四届委员会；选举出由45名委员组成的中共江西省第十四届纪律检查委员会。16日，中共江西省第十四届委员会举行第一次全会，选举鹿心社、刘奇、姚增科、李炳军、孙新阳、赵爱明、毛伟明、尹建业、殷美根、陈兴超、刘捷、赵力平12人为中共江西省第十四届委员会常务委员会委员；选举鹿心社为省委书记，刘奇、姚增科为省委副书记。

▲省委书记鹿心社向大会作报告

（梁振堂 摄）

▲省长刘奇主持大会

（海波 摄）

▲会议现场

（梁振堂 摄）

省十二届人大五次会议

1月25日—29日，省十二届人大五次会议在南昌召开。会议表决通过关于政府工作报告的决议、关于江西省国民经济和社会发展第十三个五年规划纲要的决议、关于江西省2015年国民经济和社会发展计划执行情况与2016年国民经济和社会发展计划的决议、关于江西省2015年预算执行情况和2016年预算的决议、关于江西省人大常委会工作报告的决议、关于江西省高级人民法院工作报告的决议、关于江西省人民检察院工作报告的决议、关于江西省生态文明先行示范区建设和生态环境状况报告的决议及人事任免事项。

▲ 省委书记强卫主持开幕式并宣布大会开幕

▲ 省长鹿心社作政府工作报告

▲ 会议现场

（本版图片均为梁振堂 摄）

省政协十一届四次会议

1月24日—27日，省政协十一届四次会议在南昌召开。会议通过省政协十一届四次会议决议，省政协十一届四次会议关于提案初步审查情况的报告；补选姚亚平为十一届省政协副主席，王殿军、邝小平、刘金炎、杨兰根、徐毅、曾粮等为十一届省政协常务委员。

▲ 省政协主席黄跃金在闭幕会上讲话

▲ 1月26日，政协委员在联组讨论会上踊跃发言

▲ 会议现场

（本版图片均为海波 摄）

“两学一做”学习教育

4月19日，召开全省“两学一做”学习教育动员部署大会，并利用1个月的时间自上而下开展2400多场专题宣讲。年内，全省各级党组织开展专题学习38万次、讲党课31.9万次。微信公众号“江西党建微平台”有33万多名党员关注，实现全省各级党务工作者和基层党组织书记的基本覆盖。8.96万个党支部（占比约93%）建立微信学习群。全省基层党支部自觉对标，查摆问题29.5万条，即知即改解决问题26.7万条。各地各单位通过查找问题，倒排出2495个软弱涣散基层党组织，通过开展集中整顿，2118个完成整顿。

▲5月27日，铅山县太源畲族乡畲族村党员开展重温入党誓词活动

▲7月4日，南昌市青山湖区委组织部把微党课送到建筑工地

▲6月2日，铅山县突降暴雨，葛仙山乡港东老街河水暴涨，老街群众被洪水围困。图为该乡派出所副所长郑晓波转移受困老人

▲6月20日，鄱阳县党员干部在决堤口把抗洪抢险作为践行“两学一做”的主阵地

（本版图片均为省委宣传部 供稿）

纪念红军长征胜利80周年

10月22日，江西省纪念红军长征胜利80周年大会在南昌召开。全省贯彻落实中央关于纪念红军长征胜利80周年重大活动的安排部署，在省委、省政府的重视和谋划下，开展了形式多样、丰富多彩的系列纪念活动。

▲10月16日，“传承长征精神 不忘革命初心”青少年走进中央苏区公益健跑在赣州举行

（团省委 供稿）

▲10月16日，“传承长征精神 不忘革命初心”青少年走进中央苏区“红领巾心向党 长征精神代代传”纪念长征胜利80周年主题队日活动在赣州举行

（团省委 供稿）

▲10月22日，纪念红军长征胜利80周年大会在南昌举行

（梁振堂 摄）

新型工业强势突破

2016年，全省工业经济在新型工业化的道路上强势突破，工业经济保持稳中有进、稳中向好的发展趋势，工业强省战略扛起全省经济发展的大旗，力挺江西经济实现跨越新发展。全省规模以上工业完成增加值7803.55亿元，增长9%；实现主营业务收入35518.7亿元、利润总额2399.4亿元，分别增长8.6%和11.9%。

▲ 6月27日，中国南方稀土集团通过省政府组织的专家组验收，开始进入实质性运营阶段。图为中国南方稀土集团新办公大楼

（李玉生 摄）

▲ 12月，江铃集团新能源汽车有限公司取得全省第一张、国内第七张新能源乘用车生产牌照。2016年，江铃集团整车产销突破40万辆，其中新能源汽车销售1.56万辆，增长196%。图为8月13日，江铃新能源汽车生产基地员工正在组装E200纯电动汽车

（南昌市史志办 供稿）

▲ 2016年，中国石化江西石油分公司驻赣企业上缴税费123亿元，首次跻身全省第一纳税大户。图为九江石化生产管控中心主控大厅

（王上文 供稿）

国企改革走在全国前列

2016年，全省国有企业资产总额首次突破2万亿元大关，省出资监管企业资产总额首次突破万亿元关口。南昌市、赣州市、九江市、上饶市4个地区资产超千亿元。一大批老牌国有企业经过深化改革，重新焕发出新的发展活力，持续、健康地支撑着全省经济大步迈进。

▲ 省建工集团两外（省外、海外）市场业务份额占比67%，集团全年实现利润总额7.1亿元，增长5.5%。图为6月27日，正在建设中的温州瓯江口新区医院

（唐爱群 摄）

▲ 8月30日，江中集团与中国医药集团开展战略合作，对接央企助推优势产业发展、实现合作共赢

（南昌市史志办 供稿）

▲ 11月11日，江西国泰民爆集团股份有限公司在上海证券交易所挂牌上市

（杨章跃 供稿）

江西航空制造业位列全国前四

2016年，江西航空制造业在全国位列前四，已成为全国重要的航空研发和生产基地。目前，主要有洪都集团、昌飞公司两家国家重点航空整机制造企业和江西中航工业直升机设计研究所全国唯一的直升机研究所。此外，还有北通航江西直升机公司、江西德利直升机公司等企业。

▲ 2016年，洪都在南昌航空城建立一条能够满足C919项目研制任务的数字化装配生产线，购置了亚洲第一台蒙皮镜像铣等国内外先进设备。图为C919项目蒙皮镜像铣设备加工蒙皮零件

（程欣 供稿）

▲ 5月17日，第八届中国国际警用装备博览会在北京举行，江西省中航工业昌飞、中航工业直升机设计研究所等航空企业、科研机构组团参展，其中昌飞AC311、AC313型警用直升机获8架订单。图为AC311飞机

（杨章跃 供稿）

▲ 7月6日，国产大型民用直升机AC313在景德镇完成一类风险试飞科目“空中应急漂浮系统充气试验”。AC313首开国产直升机应急漂浮试飞先河，填补国产大型直升机应急漂浮系统研制的空白

（杨章跃 摄）

▲ 11月1日—6日，第十一届中国国际航空航天博览会在广东珠海国际航展中心举行。图为11月5日，景德镇“智造”的国产轻型直11WB“鹫”侦察攻击直升机亮相珠海航展

（杨章跃 供稿）

降成本优环境专项行动成效显著

2016年，全省以供给侧结构性改革为核心，推动“三去一降一补”五大重点任务取得初步成效。大力帮扶实体经济，先后出台降成本优环境80条、20条政策措施，市县也结合出台实施细则，是全国出台措施最多、力度最大的省份之一；全省规模以上工业企业每百元主营业务收入成本综合下降0.3元，全年为企业降低成本500亿元以上。

▶ 6月29日，省国税局降成本优环境新闻发布会在南昌召开

（郑璐 摄）

◀2016年，晶能光电（江西）有限公司通过调整产品结构，提升产能效率，进一步降低成本，提升产品竞争力。图为该企业硅衬底LED芯片自动分选

（杨继红 摄）

▶2016年，全省钢铁行业退出粗钢产能433万吨、生铁产能50万吨，安置职工3605人，化解债务1.54亿元。图为新钢集团山凤牌冷轧电工钢生产线

（新余市史志办 供稿）

内外并举，双向开放战略格局基本形成

2016年，江西坚持对内开放和对外开放并举，引进来与走出去并重，全面参与国际和区域经济合作，主动对接“一带一路”和长江经济带，深度融入长珠闽经济板块，向实施全面开放战略、打造内陆双向开放高地迈出新步伐。

▲10月16日，第十四届赣台（南昌）经贸文化合作交流大会在南昌开幕

（梁振堂 摄）

▲10月24日，百路佳批量出口美国高端客车发运仪式在江西凯马百路佳客车有限公司举行

（李文玲 摄）

▲5月9日—11日，第15届赣港经贸合作活动——“金融•资本•绿色发展”合作交流会在香港会展中心举行。图为5月9日，省委书记强卫发表主旨演讲

（梁振堂 摄）

▲11月25日—28日，第四届世界绿色发展投资贸易博览会绿色发展主旨论坛在南昌举行。图为11月25日，省委书记鹿心社作主旨演讲

（梁振堂 摄）

▲2月26日，位于上饶经济技术开发区的江西晶科能源有限公司现代化车间内，一派繁忙的生产景象。2016年，晶科能源有限公司出货量达6.65GW，主营业务收入416亿元，成为全球最大太阳能产品制造商和供应商

（朱文标 摄）

▲12月25日，江西华伍制动器公司制造车间一片繁忙。该企业是国内制动器行业唯一的上市公司，拥有专利技术89项，其研发的风电产品随主机配套出口75个国家和地区

（海波 摄）

▲2016年，建成东乡至昌傅等12个项目820千米，打通28个出省通道，全省高速公路通车里程基本达6000千米。图为宁定高速安定段寻全枢纽互通

（省交通运输厅 供稿）

实施精准扶贫工程

2016年，全省完成76万人脱贫，贫困人口下降到113万人，贫困发生率降至3.3%，比上年底下降2.4个百分点；贫困地区农民可支配收入增长速度继续高于全省平均水平2个百分点，达到9110元，收入增长率达11%左右，减贫年度目标超额完成。

◀ 2016年，省烟草专卖局（公司）共投入援建资金13.12亿元，援建资金、援建项目数量、项目惠及人口、受益烟田面积均创新高。图为10月17日，省烟草专卖局到安远县筼筜村开展扶贫捐赠活动

（省烟草专卖局 供稿）

▲ 国网江西省电力公司积极开展“国网阳光扶贫行动”，2016年累计实施101个整乡整镇、3270个中心村电网建设改造，治理农村低电压30.35万户，实现村村通动力电。图为7月2日，樟树市供电公司共产党员服务队在樟树市临江镇贫困村姜黄村改造该村的进户线

（龚可欣 摄）

▲ 2016年，井冈山市在全国率先脱贫摘帽。图为焕然一新的神山村

（省扶贫和移民办 供稿）

农业农村工作持续向好

2016年，全省农地确权登记颁证工作进入全面检查验收阶段，农地确权证书到户率95.7%；江西被列为全国绿色有机农产品示范基地试点省，全国独此一省；智慧农业“123+N”框架基本构建，被列为农业部信息化进村入户试点省和全国农业农村大数据建设试点省；全省基本实现“百县百园”建设目标。

▲ 2月25日，江西在全国农村经营管理暨土地承包经营权确权工作会议上做典型交流发言

▲ 3月，江西省被列为首个“全国绿色有机农产品示范基地试点省”

▶ 智慧农业建设走在全国前列，“123+N”框架基本构建，纳入国家PPP示范项目；2016年被列为农业部信息化进村入户试点省和全国农业农村大数据建设试点省

▲ 2016年，全省已创建国家级现代农业示范区11个、省级现代农业示范区66个，建设初具规模的示范核心园121个，基本实现“百县百园”建设目标。图为赣县国家现代农业示范区清溪示范园核心区全景

（本版图片均为省农业厅 供稿）

文化事业繁荣发展

2016年，全省文化事业在各方面迈出新步伐，实现“十三五”良好开局。其中，艺术创作生产成果丰硕，公共文化服务体系建设进展加快，文化产业发展业绩喜人，文化遗产保护亮点频出，对外文化交流成效显著突出。

▲3月3日，北京市民在观看“五色炫曜——南昌汉代海昏侯国考古成果展”

（海波 摄）

▲9月12日，为期12天的第七届环鄱阳湖国际自行车大赛首站——靖安站比赛出发瞬间

（杨继红 摄）

▲10月26日，新余市作为全省唯一城市入选第二批国家公共文化服务体系示范区创建城市。截至2016年年底，新余市建成乡（镇、街道）综合文化站37个、村文化服务中心408个、社区文化服务中心54个，农家书屋417家，城乡文化广场353个，公共戏台35个。图为市民在渝水区仙来戏台观看演出

（省文化厅 供稿）

▲11月20日，由中国田径协会、省体育局、南昌市政府共同主办的江铃驭胜•2016南昌国际马拉松“天下英雄城 激情马拉松”鸣枪开跑，1.5万名选手从秋水广场出发

（杨继红 摄）

举办汤显祖逝世400周年纪念活动

2016年，省政府主办、抚州市政府和省文化厅承办汤显祖逝世400周年纪念活动。活动分为海外系列、在京系列和在汤显祖故里系列三大部分。海外系列主要是在英国、西班牙、美国举行形式多样的纪念汤显祖、莎士比亚和塞万提斯的活动。在京系列活动持续时间为3月至11月，包括演出乡音版《临川四梦》，录制“百家讲坛”和“城市一对一” 两期专题节目，举办汤显祖逝世400周年纪念币和纪念邮票首发式等。抚州是活动的主会场，举办时间为1—12月，共有24项活动内容。

▲3月22日，由省政府主办、抚州市政府和省文化厅承办的汤显祖逝世400周年纪念活动新闻发布会在北京举行

（省文化厅 供稿）

▲9月24日，抚州市汤显祖纪念馆新馆开馆

（李劼 摄）

▲9月24日，共同纪念汤显祖、莎士比亚、塞万提斯逝世400周年活动开幕式

（陈源茂 摄）

▲9月24日，2016中国抚州汤显祖剧作展演暨国际高峰学术论坛在荣誉国际酒店开幕

（周虹 摄）

教育事业全面推进

2016年，江西教育部门按照“学前教育补课创新、义务教育均衡发展、高中教育加快普及、职业教育打造特色、高等教育争创一流”的发展思路，夯基础、补短板、抓关键、促发展，全面完成各项工作任务。

▲ 截至2016年年底，江西申报的42个县（区）全部通过国家义务教育发展基本均衡督导评估认定，全省通过比例达57.1%，在全国排名前移11位。图为12月12日，在南昌召开的江西省县域义务教育均衡发展国家督导检查反馈会

▲ 9月5日，江西省首届“感动江西十大教育年度人物”颁奖晚会在南昌举行。图为10位获奖者——龚全珍、蒋国珍、江风益、廖小文、支月英、吕余锋、宋金如、杨乐文、严水石、邝美云合影

◀ 2016年，江西教育引资引智首次纳入省级招商，举办首届江西教育合作项目（北京）对接会，签约项目40余项，涉及资金达40亿元；新增孔子学院2所，来赣留学生4500多人。图为10月31日，江西教育合作项目（北京）对接会签约现场

▲ 2016年，省教育厅与省委组织部联合建立县（市、区）党政领导干部履行教育职责督导评价机制，首次将督导评价结果作为教育项目、资金分配和领导干部选拔任用重要依据。图为10月8日，在南昌举行的江西省第七届省督学及第三届省教育督导评估专家聘任工作会

（本版图片均为省教育厅 供稿）

社会综合治理为“平安中国”建设提供鲜活的创新样本

江西坚持以问题为导向，紧紧抓住人民群众反映强烈的突出问题，坚持不懈推进“平安江西”建设，在全国首创“法媒银•失信被执行人曝光台”平台，率先推动普遍建立法律顾问制度向基层延伸，大力推行“全警情录入”，成功协办全国社会治安综合治理创新工作会议。

▲ 截至2016年年底，全省实现法律顾问制度在党政机关、人民团体、国有企事业单位全覆盖。8351个村、居（社区）委员会建立法律顾问制度，建成率49%。图为4月，江西姚建律师事务所律师在新余市渝水区暨阳社区举办的一次“模拟法庭进社区”活动

（欧阳叶红　摄）

▲ 2016年，江西首创的“法媒银•失信被执行人曝光台”平台，曝光老赖2.36万人，其中有4251名被执行人履行了义务，标的额3.03亿元，开创了人民法院、新闻媒体、银行金融机构联动惩戒失信被执行人、联手共筑诚信的新模式

（省高院　供稿）

▲ 10月10日—11日，全国社会治安综合治理创新工作会议在南昌举行。会上播放了江西社会综治工作创新实践汇报片

（梁振堂　摄）

就业创业工作亮点纷呈

2016年，全省城镇新增就业55.2万人，完成年计划的122.6%；失业人员再就业24.7万人，完成年计划的129.8%；城镇登记失业率3.35%，低于4.5%的年度控制目标；帮助6.7万名就业困难人员实现就业，完成年计划的168.2%；零就业家庭安置率达100%，继续保持动态清零。

◀2016年，全省建立110万人的就业扶贫台账，为27.4万名建档立卡农村贫困劳动力提供就业服务，帮助18.5万人实现就业脱贫。图为4月20日赣州市章贡区就业局、水南镇政府联合举办的就业扶贫春季招聘会

（省人社厅 供稿）

▶2016年，全省开展电子商务培训6.05万人，并按规定提供培训补贴。图为9月11日—19日，会昌县举办的贫困劳动力电商培训班

（省人社厅 供稿）

▲10月15日，在“建行杯”第二届中国“互联网+”大学生创新创业大赛中，江西代表队获9个银奖、22个铜奖，获奖总数并列全国第一；银奖项目“心想瓷成——陶瓷3D打印”还获全国唯一一个最具人气奖

（省教育厅 供稿）

全省50件民生实事全部完成

2016年年初确定的50件民生实事，全部完成。打好精准脱贫攻坚战，做好高校毕业生、就业困难人员等重点群体就业工作，城乡低保、退休人员基本养老金等标准进一步提高，一大批住房困难家庭圆了安居梦。教育事业全面推进。启动健康江西建设，免费救治贫困家庭大病患者14万例。南昌汉代海昏侯国遗址考古发掘和保护利用取得重大进展；成功举办纪念汤显祖逝世400周年活动。认真做好人防和拥军优抚工作，深入推进平安江西、法治江西建设。

▲ 10月17日，由省卫计委和南昌市卫计委主办的“健康中国行，律动赣鄱地”——2016年健康江西主题宣传活动周启动仪式在南昌师范学院举行

（省卫计委 供稿）

▲ 7月29日，九江市获“全国双拥模范城（县）”称号，这是九江市连续五届获此荣誉。图为2016年，九江市庆祝“八一”建军节暨慰问抗洪抢险部队文艺演出

（九江市史志办 供稿）

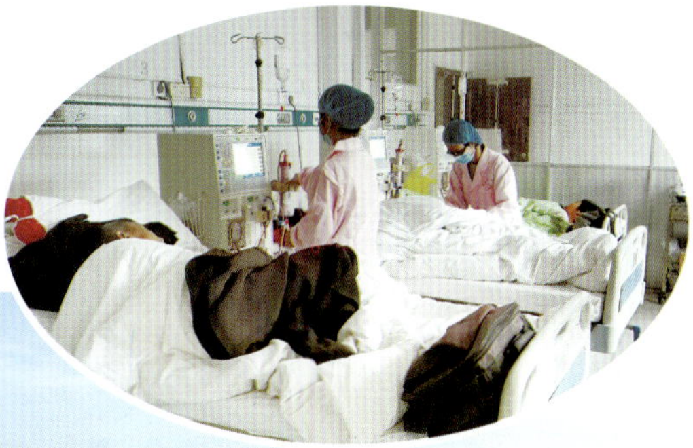

► 2016年，全省免费救治贫困家庭大病患者14万例。图为遂川县草林中心卫生院免费为尿毒症患者血透

（省卫计委 供稿）

▲ 2016年，全省棚户区改造开工17.1万套，保障性安居工程基本建成20.9万套，完成农村危房改造9万户，一大批住房困难家庭圆了安居梦。图为12月交付使用的青云谱区城南公租房小区

（朱文标 摄）

生态文明建设迈出新步伐

成功纳入国家首批生态文明试验区；在全国率先实施全流域生态补偿，首期20.91亿元补偿资金全部下达；建立五级“河长制”，省委书记、省长分别担任正副总河长，7位副省级领导分别担任“五河一湖一江”河长，在全国覆盖面最广、规格最高、体系最完备。

▶ 2016年，全省高规格推行“河长制”，将其纳入对市县科学发展综合考核，共梳理出各类损害河湖水域环境问题900多个，相关部门正在逐步清理整治。图为2月16日，省级“总河长”第一次会议

（省河长办 供稿）

▲ 2016年，江西因生态基础较好、资源环境承载能力较强，被纳入国家首批生态文明试验区。图为南矶湿地公园候鸟齐飞

（省发改委 供稿）

▲2016年，全省设区市城区空气质量优良率86.2%。图为8月12日，英雄城南昌蓝的美景

（朱文标 摄）

▲9月19日，九江市获“国家森林城市”称号。九江市木本植物达1140种，市域森林覆盖率55.15%，城市建成区绿化覆盖率50.14%，建成区人均公园绿地面积17.77平方米。图为九江市八里湖新区

（黄开福 摄）

▶ 2016年，全省继续实施“净土”行动，推进7个重点防控区重金属污染监测、治理与修复工程建设，完成整治项目146个，重点行业重金属污染物排放量连续3年下降。图为安远县矿山恢复治理

（省发改委 供稿）

◀ 自2015年4月被确立为全国首批海绵城市建设试点城市以来，萍乡市规划了32.98平方千米的示范区，经过改造提升，43个小区超过4万名居民免受内涝之苦，且年节水256万吨。图为经过改造提升后的萍乡市海绵城市建设试点项目——玉湖公园

（萍乡市经开区 供稿）

▲ 2016年，全省统调煤电机组完成超低排放改造631万千瓦，比国家下达任务超出98万千瓦。截至年底，全省有831万千瓦机组实现超低排放改造。图为大唐电力抚州电厂

（刘芬 供稿）

编 辑 说 明

一、《江西年鉴》是江西省本级地方综合年鉴，由江西省人民政府主办、江西省地方志编纂委员会办公室编纂，稿件由省直各单位、各市、县（区）、中央驻赣单位及有关单位提供。

二、《江西年鉴》是一套系统记述江西省自然、政治、经济、文化、社会等多方面的年度资料性文献。其编纂坚持以马列主义、毛泽东思想、邓小平理论、“三个代表”重要思想、科学发展观为指导，深入贯彻落实习近平总书记系列重要讲话精神和治国理政新理念新思想新战略，逐年全面、真实地记录江西经济建设和社会发展的基本情况，为存史、资政、育人服务。

三、《江西年鉴》每年出版一卷，2002 年首卷出版，至今已经编纂出版 16 卷。

四、本卷年鉴着重记载 2016 年江西省发生的重大事情。内容分为综合情况、动态信息和辅助资料三大部分。综合情况设特载、大事记、专记、江西概览 4 个栏目。动态信息设中国共产党江西省委员会，江西省人民代表大会常务委员会，江西省人民政府，中国人民政治协商会议江西省委员会，中国共产党江西省纪律检查委员会，民主党派，人民团体，军事，法治，港澳台事务，外事侨务，国家区域发展战略，农业，工业，非公有制经济，信息化建设，园区经济，旅游业，商贸服务业，对外贸易与经济合作，交通运输，金融，财政税收，经济管理与监督，城乡建设，水利，自然观测，环境保护，教育，科学技术，社会科学，文化艺术，档案与地方志，新闻出版广播电影电视，卫生，体育，居民生活，人力资源，社会保障，社会救济，基层政权和社区建设，社会事务管理，优抚安置，妇女儿童，老龄事业，残疾人事业，民族宗教事务，精神文明建设，市、县（区），人物，共 50 个栏目。辅助资料设专录、统计资料 2 个栏目。江西政区图、江西交通图、江西旅游图均为 2017 年版地图。

五、本年鉴内容层次设置是为了方便分类编纂和读者阅读，并不反映严格的科学分类体系，机关、企事业单位等排序和层次并不表示其地位和规模。部分条目因内容需要对比，时间有所上溯。市、县（区）主要领导人放在所属市、县（区）之后，便于查阅。正文中主要数据以统计公报为准，因个别供稿单位统计口径不同等原因，有的数据在不同条目中不尽一致，使用时请注意出处；企业的计量单位，除工商行政管理部门办理注册登记的企业用“户”外，其他一律用“家”。

江西省地方志编纂委员会

《江西年鉴》编辑人员

目　　录

CONTENTS

特　　载

在中国共产党江西省第十四次代表大会上的报告 …… 鹿心社　1
在全省经济工作会议上的讲话 …… 鹿心社　8
政府工作报告 …… 刘　奇　15

大 事 记

1 月 …… 22
2 月 …… 23
3 月 …… 23
4 月 …… 25
5 月 …… 26
6 月 …… 28
7 月 …… 29
8 月 …… 31
9 月 …… 31
10 月 …… 33
11 月 …… 35
12 月 …… 36

专　　记

江西省开展“两学一做”学习教育纪略 …… 38
江西省全面深化改革纪略 …… 40
江西赣江新区成立 …… 42
海昏侯国考古纪略 …… 45

江西概览

自然环境 …… 47
　区域位置 …… 47
　地势地貌 …… 47
　山河湖泊 …… 47
　土地资源 …… 47
　矿产资源 …… 47
　能源资源 …… 47
　生物资源 …… 47
国家级风景名胜区 …… 48
　庐山风景名胜区 …… 48
　井冈山风景名胜区 …… 48
　三清山风景名胜区 …… 48
　龙虎山风景名胜区 …… 48
　仙女湖风景名胜区 …… 48
　三百山风景名胜区 …… 48
　龟峰风景名胜区 …… 48
　云居山—柘林湖风景名胜区 …… 48
　高岭—瑶里风景名胜区 …… 48
　武功山风景名胜区 …… 48
　梅岭—滕王阁风景名胜区 …… 48
　灵山风景名胜区 …… 48
　神农源风景名胜区 …… 48
　大茅山风景名胜区 …… 48

历史沿革 …… 49
概　况 …… 49
人口发展状况 …… 50
概　况 …… 50
人口增速 …… 50
出生人口 …… 50
老龄化程度 …… 50
劳动力资源 …… 50
城镇化水平 …… 50
性别结构 …… 50
文化程度 …… 50
环境质量 …… 50
概　况 …… 50
水环境 …… 51
大气环境 …… 51
声环境 …… 51
生态环境 …… 51
气候状况 …… 51
概　况 …… 51
主要气象灾害及影响 …… 52
气候影响专题评价 …… 53
体制改革 …… 53
概　况 …… 53
政府自身改革 …… 53
国有企业及重点行业改革 …… 54
财税体制改革 …… 54
金融体制改革 …… 54
区域发展和开放型经济升级 …… 55
民生保障改革 …… 55
生态文明制度建设 …… 55
国民经济和社会发展状况 …… 55
概　况 …… 55
农　业 …… 55
工业和建筑业 …… 56
固定资产投资 …… 56
国内贸易 …… 56
对外经济 …… 56
交通、邮电和旅游 …… 56
财政、金融和保险业 …… 56
教育和科学技术 …… 56
文化、卫生和体育 …… 57
人口、人民生活和社会保障 …… 57
资源、环境与安全生产 …… 57

中国共产党江西省委员会

综　述 …… 58
重要会议 …… 59
全省领导干部会议 …… 59
省委十三届十三次全体(扩大)会议 …… 59
省委十三届十四次全体会议 …… 59
中国共产党江西省第十四次代表大会 …… 59
中共江西省委十四届一次全体会议 …… 60
重要决策 …… 60
印发《关于落实把纪律挺在前面要求的意见》 …… 60
印发《关于落实发展新理念加快农业现代化实现全面小康目标的实施意见》 …… 60
印发《关于深入实施创新驱动发展战略推进创新型省份建设的意见》 …… 60
印发《关于深入学习贯彻落实习近平总书记对江西工作要求的决定》 …… 60
印发《关于在全省党员中开展“学党章党规、学系列讲话、做合格党员”学习教育实施方案》的通知 …… 60
印发《关于坚决打赢脱贫攻坚战的实施意见》 …… 60
印发《关于深入贯彻开放发展新理念构建全面开放新格局的意见》 …… 61
印发《江西省推进领导干部能上能下实施细则(试行)的通知》 …… 61
组织工作 …… 61
概　况 …… 61
真改实改“两学一做”查摆出来的问题 …… 62
精选严管驻村第一书记助推精准扶贫 …… 62
“两新”组织党建工作成效显著 …… 62
干部网络教育培训基本实现全覆盖 …… 62
宣传工作 …… 63
概　况 …… 63
加强重点马克思主义学院建设 …… 64
以“短小微”形式讲好江西故事 …… 64
加大文化“走出去”项目扶持力度 …… 64
推动网络扶贫 …… 64
加强爱国主义教育基地建设管理 …… 64

督查工作 …… 64
省委领导抓督查落实 …… 64
配合中央在赣督查活动 …… 65
开展决策督查工作 …… 65
开展督查调研工作 …… 65
开展专项查办工作 …… 65
政策研究 …… 65
概　况 …… 65
做好改革谋划协调督察工作 …… 66
统战工作 …… 66
概　况 …… 66
建设"江西同心智库" …… 67
同心·赣港澳台青少年交流基地成立 …… 67
农村工作 …… 67
概　况 …… 67
开展绿色生态农业"十大行动" …… 68
深入推进新农村建设 …… 68
开展全省农村生活垃圾专项治理 …… 68
推进中心镇污水处理设施建设 …… 69
全省"财政惠农信贷通"工作扩面提升 …… 69
社会主义新农村建设工作 …… 69
概　况 …… 69
召开全省社会主义新农村建设领导小组会议 …… 69
出台《江西省"整洁美丽，和谐宜居"新农村建设行动规划(2017—2020 年)》 …… 69
机关党的建设 …… 69
概　况 …… 69
开展春节回乡调研活动 …… 70
开展"万名干部进万企"服务活动 …… 70
机构编制工作 …… 70
概　况 …… 70
江西公布行政审批中介服务事项清单 …… 71
中央编办在赣调研政法专项编制内部挖潜和管理创新工作 …… 71
高校党建工作 …… 72
概　况 …… 72
弘扬井冈山精神加强高校思想政治工作 …… 72
把握高校意识形态工作主导权 …… 72
开展"百千万"活动 …… 72
开展"三清两强"专项行动 …… 72
开展选树先进典型活动 …… 72
创新高校党建工作制度 …… 72
党校工作 …… 73
概　况 …… 73
举办首期全省市厅级党员领导干部党性教育专题研讨班 …… 73
举办全国部分党校创新党性教育培训专题研讨班 …… 73
举办党校行政学院系统专题师资培训班 …… 74
信访工作 …… 74
概　况 …… 74
重点工作扎实推进 …… 74
专项行动精准发力 …… 74
改革创新持续深化 …… 74
老干部工作 …… 75
概　况 …… 75
老干部工作获全国表彰 …… 75
举办离退休干部"长青藤"讲堂 …… 75
开展纪念红军长征胜利 80 周年活动 …… 75
举办全省老年书画作品展 …… 75
举办纪念中国工农红军长征胜利 80 周年文艺会演 …… 76
党史工作 …… 76
概　况 …… 76
举行《中国共产党江西历史》第二卷首发式 …… 77
第四届湘鄂赣苏区论坛在铜鼓举行 …… 77

江西省人民代表大会常务委员会

综　述 …… 78
重要会议 …… 79
省十二届人大五次会议 …… 79
省十二届人大六次会议 …… 79
省十二届人大常委会会议 …… 79
监督工作 …… 81
概　况 …… 81
开展专题监督 …… 81
决定重大事项 …… 81
关于确定萍乡、新余、鹰潭市人民代表大会及其常务委员会开始制定地方性法规的时间的决定 …… 81
关于各设区的市人民代表大会常务委员会组成

人员名额的决定 …… 82
关于县、不设区的市、市辖区人民代表大会常务委员会组成人员名额的决定 …… 82
关于九江市濂溪区、庐山市人民代表大会代表名额和常务委员会组成人员名额的决定 …… 82
关于成立食品生产加工小作坊和食品摊贩问题调查委员会的决定 …… 82
关于开展第七个五年法治宣传教育的决议 …… 82
关于召开江西省第十二届人民代表大会第六次会议的决定 …… 82
关于加强食品生产加工小作坊小餐饮小食杂店和食品摊贩监管工作的决议 …… 82
关于召开江西省第十二届人民代表大会第六次会议时间的决定 …… 82
关于召开江西省第十二届人民代表大会第七次会议的决定 …… 82
选举和任免 …… 82
概　况 …… 82
依法组织宪法宣誓 …… 84
指导县乡人大换届选举 …… 84
代表工作 …… 84
概　况 …… 84
首次组织第三方评估代表建议办理情况 …… 84
组织闭会期间代表活动 …… 84
·资　料·
2016 年江西省地方性法规目录

江西省人民政府

综　述 …… 86
重要会议 …… 87
省政府全体会议 …… 87
省政府常务会议 …… 87
省政府党组会议 …… 89
重大政策 …… 89
印发《关于贯彻落实〈中国制造 2025〉的实施意见》 …… 89
印发《关于 2016 年民生工程安排意见的通知》 …… 89
印发《关于创新驱动"5511"工程的实施意见》 …… 89
印发《关于加快林业改革发展推进我省生态文明先行示范区建设十条措施的通知》 …… 89
印发《关于推进绿色生态农业十大行动的意见》 …… 89
印发《关于加快中医药发展的若干意见》 …… 89
印发《关于整合城乡居民基本医疗保险制度的实施意见》 …… 89
印发《关于打造国有企业改革"江西样板"的实施意见》 …… 89
印发《关于 2016 年推进简政放权放管结合优化服务改革工作方案的通知》 …… 89
印发《关于江西省"十三五"脱贫攻坚规划的通知》 …… 89
督查工作 …… 90
概　况 …… 90
组织开展专项督查 …… 90
配合中办、国办开展督查 …… 90
抓好领导批示和交办事项督办落实 …… 91
抓好省《政府工作报告》重点工作任务督办 …… 91
应急管理 …… 91
概　况 …… 91
开展应急宣教培训 …… 92
调度报送重大事故信息 …… 92
办理人大代表建议和政协委员提案 …… 92
概　况 …… 92
沟通协作共同提高办理工作水平 …… 93
政策研究 …… 93
概　况 …… 93
组建新型智库 …… 93

中国人民政治协商会议江西省委员会

综　述 …… 94
重要会议 …… 95
省政协十一届四次会议 …… 95
省政协十一届十五次常委会议 …… 95
省政协十一届十六次常委会议 …… 95
省政协十一届十七次常委会议 …… 95
省政协十一届十八次常委会议 …… 95
省政协十一届十九次常委会议 …… 95
省政协十一届二十次常委会议 …… 95

省政协十一届二十一次常委会议 …………………… 96
重要活动 …………………………………………… 96
开展贯彻落实省委政协工作会议精神督查 ………… 96
举行纪念孙中山诞辰 150 周年活动 ………………… 96
全国政协重点督办提案办理协商座谈会在南昌召开 …………………………………………… 96
调查研究 …………………………………………… 96
关于推进城市管理综合执法的调研 ………………… 96
关于着力加强供给侧结构性改革、培育和壮大新兴消费的调研 …………………………………… 96
关于资源枯竭型城市产业结构调整与优化的调研 …………………………………………… 97
关于进一步提高省财政预算制定与执行科学化水平的调研 …………………………………… 97
关于江西省国有文艺院团转企改制的调研 ………… 97
关于推进江西省传统媒体和新兴媒体融合发展的调研 …………………………………………… 97
关于加强江西省仲裁工作的调研 …………………… 97
关于提升森林质量的调研 …………………………… 97
关于市县落实“河长制”情况的调研 ………………… 97
专门委员会工作 …………………………………… 97
提案委员会 ………………………………………… 97
经济委员会 ………………………………………… 98
人口资源环境委员会 ……………………………… 98
教科文卫体委员会 ………………………………… 98
社会和法制委员会 ………………………………… 98
民族和宗教委员会 ………………………………… 98
港澳台侨和外事委员会 …………………………… 99
文史和学习委员会 ………………………………… 99

中国共产党江西省纪律检查委员会

综　述 ……………………………………………… 100
重要会议 …………………………………………… 100
召开省纪委十三届六次全体会议 …………………… 100
召开省纪委十四届一次全体会议 …………………… 101
廉政建设 …………………………………………… 101
概　况 ……………………………………………… 101
制度建设 …………………………………………… 102
印发《关于从严从实加强换届风气监督切实营造风清气正换届环境的通知》 ………………………… 102
印发《关于进一步加强和改进新形势下省纪委派驻纪检组纪律审查统计分析工作的通知》 …… 102
印发《关于印发〈委厅机关处理问题线索工作流程〉的通知》 ………………………………… 102
制定《江西省纪委关于把握运用监督执纪“四种形态”的指导意见(试行)》 ………………… 102
下发《关于重申严禁党员干部出入私人会所、违规接受吃请纪律的通知》 …………………… 102
制定《关于纪检监察干部任免职及退休谈话的规定(试行)》 ……………………………………… 102

民主党派

中国国民党革命委员会江西省委员会 ………………… 103
概　况 ……………………………………………… 103
开展纪念孙中山诞辰 150 周年系列活动 …………… 104
举办“同饮一江水”——长江经济带合作与发展交流会 ……… 104
中国民主同盟江西省委员会 ………………………… 104
概　况 ……………………………………………… 104
主办纪念中国民主同盟成立 75 周年书画展 ……… 105
举办参政党理论研讨会 …………………………… 105
民盟中央美术院景德镇分院成立 …………………… 105
“超天使工程”在江西启动 ………………………… 105
中国民主建国会江西省委员会 ……………………… 105
概　况 ……………………………………………… 105
举办四省二市民建企业家培训交流活动 …………… 106
举办建华课堂江西分课堂暨同心大讲堂 …………… 106
江西省民建同心扶贫基金会成立 …………………… 106
立足本职建功立业 ………………………………… 106
中国民主促进会江西省委员会 ……………………… 107
概　况 ……………………………………………… 107
承办民进华东六省一市工作研讨会 ………………… 108
参加“同心·振兴赣南等原中央苏区广昌示范区”扶贫工作 ……………………………………… 108
启动“1%工程”放飞足球梦想活动 ………………… 108
举行“我身边的先进”宣讲报告会 ………………… 108
中国农工民主党江西省委员会 ……………………… 108

概　况…………………………………………………… 108
理论研究工作取得历史性突破………………………… 109
开展“出生人口缺陷”调研 ………………………… 109
支持“同心·振兴广昌示范区”建设工作 ………… 109
开展“2016(第九届)中国环境与健康宣传周”
活动………………………………………………… 109
举行第二十八届中国“国际科学与和平周”
活动………………………………………………… 109
九三学社江西省委员会…………………………… 109
概　况…………………………………………………… 109
举办首届“江西九三论坛” ……………………… 110
社中央主题常委会在南昌召开………………………… 110
九三学社江西省青年工作委员会成立……………… 110

人民团体

江西省总工会………………………………………… 111
概　况…………………………………………………… 111
开展工会“进园区”行动 ………………………… 111
召开庆祝“五一”国际劳动节暨全省五一劳动奖
表彰大会…………………………………………… 112
启动全省工会“进园区”向困难职工赠送互助
保障计划…………………………………………… 112
开展金秋助学活动……………………………………… 112
召开女农民工创新创业事迹报告会…………………… 112
开展女职工服务工作…………………………………… 112
组织劳模医疗队赴新疆开展医疗指导和义诊……… 112
共青团江西省委员会………………………………… 113
概　况…………………………………………………… 113
召开第19届江西青年五四奖章表彰座谈会 ……… 113
举办“学党史、感党恩、跟党走——传承红色基因
共建清朗网络”主题教育纪念活动 ……………… 113
举行第二届中国青年APP大赛 …………………… 114
举办第四届绿色发展投资贸易博览会——赣港澳台
青少年生态环保交流活动…………………………… 114
江西省妇女联合会…………………………………… 114
概　况…………………………………………………… 114
举办省妇联校外活动场所建设与管理培训班……… 115
省妇联系统校外教育暨家庭教育骨干培训班在永修
举行………………………………………………… 115
举办全省妇联系统综治维权普法干部培训班……… 115
在全国率先出台举措保障农村妇女宅基地权益…… 115
江西省科学技术协会………………………………… 115
概　况…………………………………………………… 115
举办创新驱动助力地方经济发展大型科技服务
活动………………………………………………… 116
中国稻作起源地学术研讨会在万年举行…………… 116
华东区第二届核同舟论坛暨创新成果展示会在南昌
举行………………………………………………… 116
第六届中国湖泊论坛在南昌举行…………………… 117
“海外专家咨询委”代表团与江西海智工作站
对接………………………………………………… 117
·资　料·
2016年省级示范院士工作站名单
江西省归国华侨联合会……………………………… 117
概　况…………………………………………………… 117
海外侨领中国国情研修班在赣举行………………… 118
赴澳门推介江西………………………………………… 118
举行“中国侨联成立60周年海外侨胞故乡行
——走进江西座谈会” …………………………… 118
举办支持侨企创新创业发展座谈会………………… 118
江西省台湾同胞联谊会……………………………… 118
概　况…………………………………………………… 118
举办全国台联台胞青年千人夏令营江西分营
活动………………………………………………… 119
参加同心·振兴广昌示范区扶贫工作……………… 119
江西省工商业联合会………………………………… 119
概　况…………………………………………………… 119
开展第二届最佳优化民营经济发展环境县(市、区)
推选活动…………………………………………… 120
化解民营企业纠纷……………………………………… 120
江西省文学艺术界联合会…………………………… 120
概　况…………………………………………………… 120
在匈牙利首都举办中国竹文化展…………………… 121
举办第二届汤显祖戏剧奖地方戏曲经典传统
小戏、折子戏大赛 ………………………………… 121
赴京举办“万里长征新画卷”暨“江西风景独好”
——国画精品展…………………………………… 121
举办道德模范先进事迹巡演………………………… 121
启动“书法公益大讲堂” ………………………… 121
与省新闻出版广电局(版权局)签署“加强版权
保护、共促文艺繁荣战略合作框架协议” ……… 122

举办 2016 中国(新余)七仙女文化高峰论坛 ……… 122
江西省红十字会…………………………………………… 122
概　况………………………………………………………… 122
启动“泳安计划”为青少年生命安全护航 ………… 122
姜闽林捐献淋巴细胞实现跨国救命………………… 122
江西省社会科学界联合会……………………………… 122
概　况………………………………………………………… 122
举办“讲好江西故事”专题培训班 ………………… 123
召开“亚行技援项目
——江西省生态城镇化建设研究”咨询会 ……… 123
“5・13”永修县星火有机硅厂火灾扑救 …………… 127
“11・24”丰城市电厂在建冷却塔施工平台坍塌
事故救援…………………………………………………… 127
人民防空……………………………………………………… 127
概　况………………………………………………………… 127
印发《关于深入推进人民防空改革发展的
意见》 ……………………………………………………… 128
召开全省人民防空工作会议…………………………… 128
修订《江西省人民防空工程管理办法》 …………… 128
开展人防工程质量年活动……………………………… 128

军　　事

江西省军区…………………………………………………… 124
概　况………………………………………………………… 124
省军区党委召开十届四次全体(扩大)会议 ……… 124
召开“智慧动员”试点成果推广暨指挥信息系统
规范化建设现场会………………………………………… 125
举行省民兵应急工程机械救援大队授牌仪式……… 125
召开驻赣部队助力老区脱贫攻坚推进会…………… 125
开展全省国防教育宣讲进高校活动………………… 125
开展第 16 个全民国防教育日主题宣传教育
活动………………………………………………………… 125
纪念红军长征胜利 80 周年暨江西军区旧址历史
陈列开展仪式在兴国举行……………………………… 125
省军区首长机关开展扶贫日活动…………………… 125
武警江西省总队……………………………………………… 126
概　况………………………………………………………… 126
抗洪抢险……………………………………………………… 126
完成杭州 G20 峰会环浙“护城河”安全保卫
任务………………………………………………………… 126
召开第五届“十佳军嫂”表彰座谈会 ……………… 126
开展“纲要学习月”活动 ……………………………… 126
消防部队……………………………………………………… 126
概　况………………………………………………………… 126
“1・20”上饶市广丰区洋口鸿盛花炮制造有限公司
爆炸事故处置……………………………………………… 127
“2・26”萍乡市安源区居民楼坍塌事故救援 ……… 127
“4・25”樟树市樟江化工有限公司爆炸事故
火灾扑救…………………………………………………… 127

法　　治

政法和综治工作……………………………………………… 129
概　况………………………………………………………… 129
开展“综治中心建设年”活动 ………………………… 129
完善矛盾纠纷多元化解机制…………………………… 129
推进律师参与化解和代理涉法涉诉信访案件……… 129
强化涉赣涉稳涉法舆情引导处置工作……………… 130
开展“百名法学家百场报告会”活动 ……………… 130
地方立法工作………………………………………………… 130
概　况………………………………………………………… 130
继续开展“人大立法在进行”活动 ………………… 130
全面落实设区市立法权………………………………… 131
法制建设……………………………………………………… 131
概　况………………………………………………………… 131
行政争议化解………………………………………………… 132
行政应诉……………………………………………………… 132
举办全省行政机关行政复议统计系统视频
培训会……………………………………………………… 132
公　安………………………………………………………… 132
概　况………………………………………………………… 132
主动服务大局………………………………………………… 132
应对安全风险………………………………………………… 132
推进公安改革创新………………………………………… 133
加强信息化建设…………………………………………… 133
检　察………………………………………………………… 133
概　况………………………………………………………… 133
加强执法司法活动监督………………………………… 134
依法保障经济健康发展………………………………… 134

加强生态检察工作 …… 134
推进司法责任制改革 …… 134
立案侦查8名厅级干部职务犯罪案件 …… 135
陈某某申诉案 …… 135
审　判 …… 135
概　况 …… 135
江西高院执行指挥中心启用 …… 135
乐平“5·24”案 …… 136
周文斌受贿、挪用公款案 …… 136
首例大气污染责任纠纷案 …… 136
司法行政 …… 136
概　况 …… 136
举行2015年度“江西十大法治人物”颁奖礼 …… 137
全省首家知识产权仲裁中心成立 …… 137
召开全省第十三次法治宣传教育工作会议 …… 137
出台《关于完善法律援助制度的实施意见》 …… 137
江西省公共法律服务网上平台开通 …… 137
召开法治江西智库成立大会暨法治江西建设理论研讨会 …… 137

港澳台事务

港澳事务 …… 138
概　况 …… 138
2016年赣港经贸合作活动在香港举行 …… 138
2016年江西港澳事务工作研讨班在香港举行 …… 138
台湾事务 …… 138
概　况 …… 138
第十四届赣台经贸文化合作交流大会在南昌举行 …… 139
开展“抓学习宣讲、促台企发展”主题服务活动 …… 139

外事侨务

外事工作 …… 140
概　况 …… 140
第三届中美友城大会暨中美健康城市论坛在南昌举行 …… 140
俄罗斯彼尔姆边疆区经贸代表团访问江西 …… 140
举办江西友协成立60周年图片展暨2016新年音乐会 …… 140
“日韩签证官江西行”活动在景德镇和上饶举行 …… 141
华侨事务 …… 141
概　况 …… 141
“第八届世界华侨华人社团联谊大会——海外侨领看江西”活动在江西举行 …… 141
举行红谷滩“侨梦苑”联络处揭牌仪式暨“为侨公共服务体系建设示范单位”授牌仪式 …… 141
第七届海外华侨华人专业协会会长联席会江西考察团到赣参观考察 …… 141

国家区域发展战略

生态文明先行示范区 …… 142
概　况 …… 142
初步构建国家生态文明试验区建设总体格局 …… 142
建立健全源头防控制度体系 …… 142
建立健全过程管理制度体系 …… 142
建立健全考核评价制度 …… 142
打造山水林田湖生命共同体 …… 142
探索绿色低碳循环发展模式 …… 142
鄱阳湖生态经济区建设 …… 143
概　况 …… 143
教育同城化 …… 143
南昌打造核心增长极持续发力 …… 143
九江沿江开放开发取得新突破 …… 143
发展其他区域产业板块 …… 143
生态环境保护 …… 143
赣江新区获发展自主权 …… 143
赣南等原中央苏区振兴发展 …… 143
概　况 …… 143
加快产业发展步伐 …… 143
民生工程建设 …… 144
完善基础设施建设 …… 144
加强生态保护治理 …… 144
深入开展对口支援 …… 144

罗霄山片区区域发展与扶贫攻坚 …… 144
概　况 …… 144
落实教育扶贫 …… 144
创新健康扶贫举措 …… 144
加大民生保障力度 …… 144
发展片区医疗卫生事业 …… 144
改善教育条件和设施 …… 144
超额实现减贫预期目标 …… 145
对口支援新疆阿克陶县 …… 145
概　况 …… 145
民生工程建设 …… 145
教育援疆 …… 145
开展干部人才精准援疆 …… 145
基层基础建设 …… 145
赣新两地各族群众交流交往 …… 145
新疆土陶与艾德莱斯参加第十三届中国景德镇国际瓷博会展览 …… 145

农　业

综　述 …… 146
种植业 …… 147
概　况 …… 147
绿色高产高效模式攻关 …… 147
防灾减灾工作 …… 147
经济作物产业供给侧改革 …… 147
提升产品品质 …… 147
茶产业 …… 147
概　况 …… 147
持续推进茶叶品牌整合 …… 147
举办 2016 江西(上海)茶博会 …… 147
创新茶叶线上推广 …… 147
茶叶品牌影响增强 …… 147
林　业 …… 148
概　况 …… 148
多举措推动林业改革 …… 149
林业科技创新 …… 149
林业国际合作 …… 149
召开全省林业重点工作现场推进会 …… 149
江西纳入全国林业发展两大生态战略区域 …… 149
欧投贷款生物质能源林示范项目竣工 …… 150
畜牧业 …… 150
概　况 …… 150
开展畜禽养殖污染防治工作 …… 150
病死畜禽无害化处理 …… 150
重大动物疫病防控 …… 150
加强畜产品质量安全监管 …… 150
水产业 …… 150
概　况 …… 150
养殖结构调整 …… 150
持续改善渔业基础设施 …… 150
提升产业化经营水平 …… 150
开展生态健康养殖模式 …… 151
保障水产品质量安全 …… 151
农　垦 …… 151
概　况 …… 151
农垦改革取得阶段性成果 …… 151
农垦农产品质量追溯体系建设继续走在全国前列 …… 151
“茗龙红韵”茶获第四届中国茶叶博览会红茶茶王奖 …… 151
绿色食品 …… 152
概　况 …… 152
绿色食品产业 …… 152
壮大专业技术人员队伍 …… 152
创建原料基地与示范样板 …… 152
组织参加食品博览会 …… 152
花卉业 …… 152
概　况 …… 152
行业调研取得成效 …… 152
举办多种花事活动 …… 152
农业机械化 …… 152
概　况 …… 152
农机装备结构优化 …… 152
农机化服务 …… 152
农机化发展 …… 153
农业综合开发 …… 153
概　况 …… 153
集中力量建设高标准农田 …… 153
打造农业优势特色产业集群 …… 153
推进世界银行贷款可持续发展农业项目 …… 153
改革创新农业综合开发工作 …… 153

参与统筹涉农资金整合助力扶贫攻坚…………………… 153
科教兴农……………………………………………… 153
概　况……………………………………………… 153
农业科教……………………………………………… 153
农业科技服务………………………………………… 153
新型职业农民培育…………………………………… 154
扶贫开发和水库移民………………………………… 154
概　况……………………………………………… 154
井冈山市在全国率先脱贫“摘帽” …………………… 154
构筑健康扶贫“四道防线” …………………………… 154
2 集体、4 个人获全国首届脱贫攻坚奖表彰大会表彰……………………………………………… 154

工　业

综　述……………………………………………… 155
煤炭工业……………………………………………… 156
概　况……………………………………………… 156
化解煤炭过剩产能年度任务超额完成………………… 156
职工分流安置和债务处置…………………………… 156
实现煤炭产能零新增………………………………… 156
煤矿核减 16% 的产能 ……………………………… 156
成立江西省赣浙能源有限公司……………………… 156
推进三个专项行动…………………………………… 156
电力工业……………………………………………… 156
概　况……………………………………………… 156
洪屏抽水蓄能电站投产……………………………… 157
电力直接交易………………………………………… 157
启动统调煤电超低排放改造………………………… 157
钢铁工业……………………………………………… 157
概　况……………………………………………… 157
行业盈利能力大幅好转……………………………… 157
钢材价格大幅波动…………………………………… 157
原材料价格大幅上涨………………………………… 157
提前 4 个月完成化解过剩产能任务………………… 157
开展打击“地条钢”生产销售行为专项整治行动……………………………………………… 158
推进上下游产业链对接……………………………… 158
有色金属工业………………………………………… 158
概　况……………………………………………… 158
中国南方稀土集团组建工作通过验收……………… 158
印发实施《江西省分类处置稀土资源回收利用项目分工方案》……………………………… 158
中国南方稀土集团按“国有金股”模式吸收企业加入集团……………………………………… 158
助推赣州“中国稀金谷”建设 ……………………… 158
机械工业……………………………………………… 158
概　况……………………………………………… 158
新能源汽车产业体系初步形成……………………… 158
江铃集团取得国内第七张新能源乘用车生产牌照……………………………………………… 158
智能制造……………………………………………… 159
技术创新……………………………………………… 159
重大项目建设………………………………………… 159
国防工业……………………………………………… 159
概　况……………………………………………… 159
2016 江西军民融合产品技术资本合作推进会在南昌举行……………………………………………… 159
国泰集团首次公开发行股票并在上海证券交易所上市……………………………………………… 159
江西通航产业快速起步……………………………… 159
中国首制、亚洲最领先物探采集作业支持船——“海洋石油 771”号高端海工船在同方江新完工交船……………………………… 160
高分辨率对地观测系统江西数据与应用中心揭牌……………………………………………… 160
北汽集团与江西省战略合作向纵深发展取得阶段性重大成果……………………………… 160
AC352、AC311A 等民用直升机研发取得丰硕成果……………………………………………… 160
江西国科军工集团中标陆军竞争性装备采购 2 个项目……………………………………………… 160
AC313 直升机完成“空中应急漂浮系统充气试验” ……………………………………………… 160
新余国科股份公司全力做好 G20 杭州峰会气象保障……………………………………………… 160
轻工业………………………………………………… 160
概　况……………………………………………… 160
主要产品产量………………………………………… 160
产业基地集群………………………………………… 161
启动盐业体制改革工作……………………………… 161
建立烟草产业三级四方协调机制…………………… 161

开展第五届江西省工艺美术“杜鹃奖”评选工作…… 161
陶瓷工业…… 161
概 况…… 161
景德镇国际陶瓷博览会在景德镇市举行…… 161
景德镇陶瓷大学实验室被认定为首批中国轻工业重点实验室…… 161
景德镇市推出“电商贷”助陶瓷电商发展…… 161
黎川开展县校合作推进陶瓷产业升级发展…… 161
景德镇市“大陶瓷”格局形成…… 161
石化工业…… 162
概 况…… 162
重点产品优势…… 162
重点企业主要经济指标增多降少…… 162
举办江西省有机硅产业联盟成立大会暨有机硅产业创新绿色发展推介会…… 163
两化融合建设…… 163
纺织工业…… 163
概 况…… 163
印发《全省纺织服装行业“十三五”发展规划》…… 163
骨干企业数量大幅增加…… 163
产业基地运行…… 163
出口持续下降…… 163
举办2016中国(江西)国际麻纺博览会…… 163
建材工业…… 163
概 况…… 163
水泥效益持续改善…… 164
玻纤行业龙头企业受益明显…… 164
产业集群集聚效应…… 164
水泥市场协同有待进一步提高…… 164
水泥行业产业集中度…… 164
医药工业…… 165
概 况…… 165
试点示范实现新突破…… 165
中医药生产增长较为缓慢…… 165
加强行业规划引导…… 165
食品工业…… 165
概 况…… 165
三大行业利润全面增长…… 165
·资 料·
江西省规模以上食品工业增加值
主要食品工业产品产量降多增少…… 166
各设区市食品工业发展良好…… 166
行业技术创新取得可喜成绩…… 166
开展行业交流…… 166
召开江西省食品工业协会第五届会员代表大会…… 167
烟草业…… 167
概 况…… 167
推进精益管理实现降本增效…… 167
强化行业内外监管…… 167
金圣品牌创新发展…… 167
实施产业精准扶贫…… 167

非公有制经济

综 述…… 168
外商、中国港澳台商投资企业…… 169
概 况…… 169
全省外商投资企业及中国台胞投资企业有关登记事项由审批改为备案…… 169
简化外资准入审批程序…… 170
个体私营经济…… 170
概 况…… 170
实施登记注册改革…… 170
开展简易注销试点…… 170
个体工商户年报工作…… 170
整合建设“江西工商创业咨询一点通(江西省小微企业名录系统)”综合性创业服务平台…… 170
非公经济组织党建工作…… 170

信息化建设

综 述…… 171
信息基础设施…… 171
概 况…… 171
信息基础设施保障能力…… 172
完善电信普遍服务试点基础设施建设…… 172
赣南原中央苏区农村无线宽带建设全覆盖列入国家试点…… 172
广电信息基础设施建设…… 172

有线电视数字化整体转换 …… 172
信息技术应用 …… 172
实施南昌和抚州通信同城化 …… 172
江西政务服务网实现省市县三级联网 …… 172
江西省与工信部签署深化战略合作协议 …… 172
江西省公共信用信息平台“信用江西”开通 …… 172
“交管12123”手机APP上线运行 …… 172
江西省省级物流公共信息平台上线 …… 172
国家企业信用信息公示系统(江西)通过验收 …… 173
江西新余公职人员信用网上可查 …… 173
江西省公共法律服务网络平台上线 …… 173
江西电信率先在中部地区建成全光网省 …… 173
全省推动涉税信息大应用 …… 173
江西省教育资源公共服务平台上线 …… 173
江西省与浪潮集团签署战略合作协议 …… 173
江西省公共资源电子交易平台产权交易子系统启动 …… 173
电子信息制造业 …… 174
概 况 …… 174
细分领域主营业务收入实现25%以上增长 …… 174
重点企业 …… 174
硅衬底LED项目获2015年度国家技术发明一等奖 …… 174
《江西省电子信息制造业三年行动计划(2016—2018年)》出台 …… 174
江西省电子信息产业投资基金设立 …… 174
江西省电子信息和铜材产业联盟成立 …… 174
举行赣台电子信息产业暨南昌市“光谷、慧谷”推介会 …… 174
组团参加第四届中国电子信息博览会 …… 174
举行江西省半导体照明(LED)产业联盟会员大会暨企业对接合作活动 …… 175
软件和信息服务业 …… 175
概 况 …… 175
资质指导监管 …… 175
落实企业减免税收政策 …… 175
举办2期信息系统集成资质企业IT服务项目经理培训考试 …… 175
举办第二届中国青年APP大赛江西赛区选拔赛 …… 175
电子政务 …… 175
概 况 …… 175
出台《促进大数据发展实施方案》 …… 175
建立江西省大数据联席会议制度 …… 175
印发《江西省“十三五”时期电子政务发展规划》 …… 175
开展全省政府网站日常监测 …… 175
开展全省政府网站绩效评估 …… 176
无线电管理 …… 176
概 况 …… 176
服务工业和信息化深度融合 …… 176
完成无线电频谱评估专项活动 …… 176
提升台站数据质量 …… 176
组织开展整治信号屏蔽设备和打击“黑广播”专项行动 …… 176
无线电监督执法 …… 176
做好重大活动无线电保障工作 …… 176
完成12项无线电技术设施建设 …… 176
信息安全 …… 176
概 况 …… 176
推动《江西省电子认证服务管理办法》出台 …… 176
开展政府信息系统安全抽查 …… 177
开展全省党政机关、事业单位网站安全监测 …… 177
开展全省关键信息基础设施网络安全检查 …… 177
举办第三届江西省网络安全宣传周 …… 177
举办信息安全专题培训 …… 177
邮 政 …… 177
概 况 …… 177
铜鼓县“快递下乡”三级物流网络建设获国家发改委专项扶持资金 …… 177
快递园区建设 …… 177
赣州被授予“全国快递服务现代农业示范基地”称号 …… 177
赣州市“政府买单”推动快递下乡 …… 178
保障G20杭州峰会寄递渠道安全畅通 …… 178
通 信 …… 178
概 况 …… 178
联合举办城市通信基础设施专项规划编制工作宣贯会 …… 178
开展防范打击通信信息诈骗专项行动 …… 178
出台《2016年江西省电信行业行风建设暨纠风工作实施方案》 …… 178
部署高考期间应急通信保障工作 …… 178

联合开展高校迎新电信服务市场综合治理工作…… 179
保障台风“尼伯特”期间通信畅通 …………………… 179
组织开展“赣通—2016”应急通信保障突击演练………………………………………………………… 179
互联网………………………………………………………… 179
概 况………………………………………………………… 179
加强互联网基础管理…………………………………… 179
开展网络安全日常信息通报和事件处置工作……… 179
举办2016(第二届)江西省互联网大会 …………… 179

园区经济

综 述………………………………………………………… 180
南昌高新技术产业开发区……………………………… 181
概 况………………………………………………………… 181
贝谷科技股份有限公司等2家企业获2016年度国家科学技术进步二等奖、技术发明二等奖 …… 181
全省首家汽车穿梭西式餐厅落户南昌高新区……… 181
2016江西(瑶湖)荷兰郁金香主题花卉展在瑶湖开展………………………………………………………… 181
江西比太科技首台RIE干法制绒设备下线 ……… 181
南昌高新区获批国家科技服务业区域试点………… 181
全国性金融法人保险机构恒邦保险落户南昌高新区……………………………………………………… 181
江西省首批百公斤级蓝宝石晶体亮相……………… 181
付羿入选第十二批国家“千人计划” ……………… 181
研究院、产业园、生产基地等落户南昌高新区……… 182
瑶湖机场开工建设……………………………………… 182
南昌城东核心区首个大型商业体开业……………… 182
开展降成本优环境专项行动………………………… 182
打造南昌(国家)大学科技城 ……………………… 182
建设全省首个网上诉讼服务中心…………………… 182
新余高新技术产业开发区……………………………… 182
概 况………………………………………………………… 182
沃格光电成为国内首家实现In-Cell抗干扰高阻技术量产的企业………………………………………… 183
开展降成本优环境专项行动………………………… 183
2家中小企业在“新三板”挂牌……………………… 183
2个重大项目落户高新区 …………………………… 183
赛维公司获第十八届中国专利优秀奖……………… 183
景德镇高新技术产业开发区…………………………… 183
概 况………………………………………………………… 183
吕蒙航空小镇建设项目融资进展顺利……………… 183
景德镇现代创业科技发展有限公司在昌南·慧谷项目基地举行工业标准厂房开盘仪式……………… 183
参加第15届赣港经贸合作活动会 ………………… 183
举行2016景德镇高新区航空产业推介会 ………… 183
16家航空零部件企业集中开工 …………………… 183
美菱冰箱高速生产线项目落户景德镇高新区……… 184
鹰潭高新技术产业开发区……………………………… 184
概 况………………………………………………………… 184
三大主导产业加快升级………………………………… 184
科技创新成果显著……………………………………… 184
胜华集团年产22万吨SCR铜杆项目投产 ………… 184
开展降成本优环境专项行动………………………… 184
江西贝融循环材料股份有限公司在“新三板”挂牌………………………………………………………… 184
成功申报“中国营养大健康产业发展示范基地” ………………………………………………… 184
入围全国产业集群区域品牌建设试点区…………… 184
举行重大项目集中签约仪式………………………… 184
三川智慧科技股份有限公司入选国家技术创新示范企业……………………………………………………… 184
抚州高新技术产业开发区……………………………… 184
概 况………………………………………………………… 184
江西博雅生物制药股份有限公司与复旦大学共建国家重点实验室………………………………………… 185
10个重大项目开工 ………………………………… 185
抚州高新区1天落户16个重大项目 ……………… 185
总投资45亿元的云计算大数据中心项目落户高新区……………………………………………………… 185
海利不锈钢项目投产………………………………… 185
抚州高新区及区内企业平台共获4项国家级荣誉………………………………………………………… 185
成立抚州高新区总工会……………………………… 185
赣州高新技术产业开发区……………………………… 185
概 况………………………………………………………… 185
启动打造“中国稀金谷”工作 ……………………… 185
开展“创新驱动助力工程”和“海智计划”活动 …… 186
加强与高校院所合作………………………………… 186
2个国家科技项目通过验收 ………………………… 186
吉安高新技术产业开发区……………………………… 186

概　况…………………………………………………… 186
加快提升科技创新能力………………………………… 186
加速产业集聚发展步伐………………………………… 186
龙净碳素、锅丰米业等6家企业在上海股交所（Q板）挂牌 ………………………………… 186
鑫泰科技在“新三板”挂牌 ………………………… 186
南昌经济技术开发区………………………………… 187
概　况…………………………………………………… 187
创新推动项目建设……………………………………… 187
推动儒乐湖新城建设…………………………………… 187
百路佳公司新能源汽车入选国家推荐目录………… 187
北大科技园晋升国家级科技企业孵化器…………… 187
中意产业园项目落户南昌经开区…………………… 187
腾讯众创空间（南昌）开园 ………………………… 187
猪八戒网江西园区开园………………………………… 187
南昌小蓝经济技术开发区…………………………… 187
概　况…………………………………………………… 187
获园区发展专项奖（包括工业园区六大指标综合先进单位、上缴税金第一名、安置就业第一名、工业增加值第一名） ……………………………… 188
惠企减负成效显著……………………………………… 188
智美科技工业园开工…………………………………… 188
九江经济技术开发区………………………………… 188
概　况…………………………………………………… 188
美凯宝科技股份有限公司在“新三板”挂牌 ……… 188
北汽昌河举行“三车两发”暨N100发动机点火仪式……………………………………………… 188
北汽昌河汽车M70车型量产下线 ………………… 188
赣州经济技术开发区………………………………… 188
概　况…………………………………………………… 188
四项指标总量实现较快增长………………………… 189
新能源汽车科技城开工………………………………… 189
赣州综合保税区通关运行……………………………… 189
完成行政区划调整……………………………………… 189
井冈山经济技术开发区……………………………… 189
概　况…………………………………………………… 189
井冈山经开区与兴业银行南昌分行签订电子信息产业引导基金合作协议…………………………… 189
绿丰新材料股份有限公司在“新三板”挂牌 ……… 189
11个重大工业项目集中开工、竣工 ……………… 189
举行广州新业态招商推介会………………………… 189
上饶经济技术开发区………………………………… 189
概　况…………………………………………………… 189
重特大项目招商实现历史性突破…………………… 189
开放型经济主要指标实现历史性突破……………… 190
晶科能源成为全球最大太阳能产品制造商和供应商…………………………………………… 190
云济公司发行5亿元债券……………………………… 190
提升服务企业水平……………………………………… 190
萍乡经济技术开发区………………………………… 190
概　况…………………………………………………… 190
推出“基金引导、股权招商”的办法 ……………… 190
推进海绵城市建设……………………………………… 190
推动企业上市…………………………………………… 190
启动金融商务区项目建设……………………………… 190
经开区企创电商Mall开园 ………………………… 190
打造“双创”新高地 ………………………………… 191
推动简政放权…………………………………………… 191
加强人才队伍建设……………………………………… 191
宜春经济技术开发区………………………………… 191
概　况…………………………………………………… 191
赣西物流园区入选2016年全国优秀物流园区 …… 191
重大项目集中开工竣工投产………………………… 191
锂电产业集聚效应初步凸现………………………… 191
龙南经济技术开发区………………………………… 191
概　况…………………………………………………… 191
推进赣州电子信息产业科技城建设………………… 192
招商成效显著…………………………………………… 192
加快对外开放合作步伐………………………………… 192
开展降成本优环境专项行动………………………… 192
瑞金经济技术开发区………………………………… 192
概　况…………………………………………………… 192
瑞金台商创业园设立为省级产业园………………… 192
瑞金经开区与南昌小蓝经开区、南昌高新区分别签订结对帮扶协议………………………… 192
重大项目集中开工……………………………………… 192
企业服务中心投入运营………………………………… 192
经开区“南昌大学产学研合作基地”“南昌大学（瑞金）科技园”成立 ……………………………… 192
经开区首家省级企业技术中心获批………………… 192
南昌出口加工区……………………………………… 193
概　况…………………………………………………… 193
南昌出口加工区出口总量位列中部第二…………… 193
南昌出口加工区整合优化为南昌综合保税区……… 193

九江出口加工区…………………………………… 193
概　况…………………………………………… 193
重点项目建设取得突破…………………………… 193
创新升级效果明显………………………………… 193
盘活存量资产……………………………………… 193
推进落实降成本优环境专项行动………………… 193
中国巨石九江年产12万吨玻纤生产线项目奠基…………………………………………… 193
井冈山出口加工区……………………………… 193
概　况…………………………………………… 193
招商引进多家实力企业…………………………… 193
吉安陆地港进口商品直销中心揭牌运营………… 193
加工区与吉安海关共同商讨解决浚图公司困难问题………………………………………… 194
·资　料·
全省省级以上开发区(工业园区)一览

旅 游 业

综　述…………………………………………… 195
推进旅游综合改革………………………………… 195
全省旅游产业发展大会召开……………………… 195
首届江西省旅游产业博览会举办………………… 195
组织开展2016年乡村旅游提升年系列活动 ……… 195
创新发展红色旅游………………………………… 195
旅游扶贫工作……………………………………… 195
景区建设………………………………………… 196
概　况…………………………………………… 196
强化旅游规划引领作用…………………………… 196
旅游重点项目建设………………………………… 196
创建高A级旅游景区 …………………………… 196
旅游厕所建管工作………………………………… 196
壮大旅游产业集群………………………………… 196
市场促销………………………………………… 196
概　况…………………………………………… 196
持续投放“江西风景独好”广告宣传片 ………… 196
策划推出百城营销“蝶翼计划” ………………… 196
举办2016江西旅游大型推广活动 ……………… 197
举办首届“美丽中国·寻梦江西”旅游美文征文大赛…………………………………………… 197
开展“祝福G20·特惠江西行”江西旅游大型优惠活动…………………………………………… 197
组织参加大型旅游会展活动……………………… 197
开展江西(香港)游学旅游宣传系列活动 ……… 197
依托“万里茶道”中蒙俄旅游联盟平台推广江西旅游…………………………………………… 197
邀请境外资深媒体到赣考察采风………………… 197
组织境外旅游宣传推广活动……………………… 198
组织实施入境旅游奖励政策……………………… 198
升级改造“江西风景独好”微信平台 …………… 198
开展各类旅游节庆及宣传活动…………………… 198
行业管理………………………………………… 198
概　况…………………………………………… 198
推进旅游标准化建设和质量兴省工作…………… 198
加快推进智慧旅游建设…………………………… 198
开展文明旅游建设………………………………… 198
严格实行旅游业优胜劣汰机制…………………… 199
旅游人才培养……………………………………… 199
风景名胜区……………………………………… 199
概　况…………………………………………… 199
风景名胜区申报工作……………………………… 199
武夷山(江西铅山)申遗工作 …………………… 199
推进规划编制报批工作…………………………… 199
加强资源保护和规划监管………………………… 199
·资　料·
江西省省级风景名胜区基本情况
江西省五星级饭店备案表
江西省四星级饭店备案表

商贸服务业

综　述…………………………………………… 205
市场秩序建设…………………………………… 205
加强打击侵权假冒工作机制建设………………… 205
完善商务领域信用体系建设……………………… 206
重要产品追溯体系建设工作……………………… 206
商务综合执法体制改革…………………………… 206
市场重点领域监管………………………………… 206
市场体系建设…………………………………… 206
全国电子商务进农村综合示范县工作…………… 206

推进县乡农贸市场建设改造工程…… 206
启动跨区域农产品流通基础设施建设…… 206
城市商业街区建设有突破…… 206
汽车流通行业管理工作…… 207
推动区域市场一体化发展…… 207
开展培育创建特色商贸小镇工作…… 207
商贸服务管理…… 207
概 况…… 207
打造江西餐饮特色名片…… 207
完善大众化养老服务体系…… 207
促进家政服务提速发展…… 207
创新社区便民服务形式…… 207
市场运行调节…… 207
完善市场统计监测体系…… 207
市场应急保供能力稳步提高…… 207
省产品市场进一步开拓…… 207
现代物流…… 208
开展降物流成本专项行动…… 208
物流产业集群加快发展…… 208
物流标准化建设…… 208
省级城市配送试点数量扩大…… 208
物流业重大项目快速推进…… 208
“互联网＋高效物流”发展初具成效…… 208
电子商务…… 208
推进“互联网＋流通”行动计划…… 208
加快电子商务示范体系建设…… 208
打造电子商务扶贫新样板…… 208
优化电子商务发展环境…… 209
粮食贸易…… 209
概 况…… 209
粮食收购工作…… 209
完善粮食储备、粮食应急保障体系…… 209
提升安全储粮能力…… 209
加强粮食市场监管…… 209
推进粮食行业改革…… 209
建立粮食安全责任制…… 209
供销合作…… 210
概 况…… 210
启动供销合作社综合改革工作…… 210
夯实基层组织基础…… 210
拓展为农服务领域…… 210
推动社有企业发展…… 210

对外贸易与经济合作

综 述…… 211
货物贸易…… 212
概 况…… 212
外贸质量实现向好…… 212
促进加工贸易创新发展…… 212
降低出口企业成本…… 212
完善调度和协调两大工作机制…… 212
培育新业态…… 212
服务贸易…… 212
概 况…… 212
打造服务贸易发展平台…… 212
帮助企业开拓市场…… 212
开展服务贸易培训活动…… 213
举办服务外包技能大赛…… 213
利用外资及港澳台资…… 213
概 况…… 213
举办2016年赣港经贸合作等重大经贸活动…… 213
举办第四届世界绿色发展投资贸易博览会…… 213
·资 料·
2016年江西省利用外资分行业比重
构建开放型经济新体制…… 214
出台系列加快全省开放发展重大文件…… 214
境外经贸合作…… 215
概 况…… 215
出台完善“走出去”顶层设计政策文件…… 215
鼓励企业“走出去”…… 215
搭建“走出去”业务对接平台…… 215
打造优质公共服务体系…… 215
对外承包工程业务跨越式发展…… 215
国内经济合作…… 215
概 况…… 215
项目调度推进和管理…… 216
实施“赣商回归”提升工程…… 216
赣商发展大会在南昌举行…… 216
区域经济合作活跃…… 216
对口支援工作持续推进…… 216

交通运输

公　路…………………………………………………… 217
概　况…………………………………………………… 217
全省高速公路通车里程基本达 6000 千米 ………… 217
全省首个“定制客运”试点获批 …………………… 217
昌九管理处昌北所推出支付宝支付通行费服务…… 217
创新项目质量管理………………………………………… 217
超额完成新增建制村通客车任务……………………… 217
提升运输服务能力……………………………………… 218
推进出租汽车行业改革………………………………… 218
城市公交………………………………………………… 218
机动车驾驶培训服务模式改革全面铺开…………… 218
新余市公路局分宜分局养护管理应用卫星
遥感技术……………………………………………… 218
省高速集团跨省界绿通车信息共享平台…………… 218
江西高速推出“赣通宝”APP 应用 ………………… 218
道路运政管理信息系统互联互通基本实现………… 218
昌樟高速公路改扩建工程被列为“绿色公路”
示范项目……………………………………………… 218
铁　路…………………………………………………… 219
概　况…………………………………………………… 219
重点物资运输增多降少………………………………… 219
按需组织铁路货运运输………………………………… 219
组织开行特需列车……………………………………… 219
赣深客专开工建设……………………………………… 219
南康至成都 79618 次家具专列首发 ……………… 219
民　航…………………………………………………… 219
概　况…………………………………………………… 219
生产运输………………………………………………… 219
航线网络结构…………………………………………… 220
洲际航线开通…………………………………………… 220
开展“安全提升”专项行动 ………………………… 220
开展“服务提升”专项行动 ………………………… 220
水　路…………………………………………………… 220
概　况…………………………………………………… 220
南昌龙头岗综合码头一期工程建成并投入
试运营………………………………………………… 221
航道维护疏浚…………………………………………… 221
强化源头安全管理……………………………………… 221
长江中游城市群三省水运合作第二次联席会在
南昌召开……………………………………………… 221
省港投公司首次获外资银行授信……………………… 221
2 个水运枢纽工程开建 ……………………………… 221
赣江新干航电枢纽工程完成全国首个仿自然鱼道
模型试验……………………………………………… 221
石虎塘航电枢纽首次突破年设计发电量…………… 221
江西省第一艘多功能海巡艇投入使用……………… 221

金　　融

综　述…………………………………………………… 222
银行业监管……………………………………………… 222
概　况…………………………………………………… 222
策应国家区域经济发展战略…………………………… 223
银行业供给侧结构性改革……………………………… 223
破解金融精准扶贫难题………………………………… 223
提升小微三农金融服务水平…………………………… 223
主动帮扶解困降低企业融资成本……………………… 223
完成农合机构产权制度改革…………………………… 223
不断完善普惠金融服务………………………………… 223
进一步丰富银行业机构体系…………………………… 223
重拳出击遏制银行业机构违规………………………… 223
金融服务………………………………………………… 223
信贷调控的针对性和有效性进一步增强…………… 223
降低企业融资成本……………………………………… 224
启动金融精准扶贫工作………………………………… 224
金融改革工作…………………………………………… 224
金融消费权益保护有新举措…………………………… 224
反洗钱监管……………………………………………… 224
优化支付服务环境……………………………………… 224
加强国库业务管理……………………………………… 224
信用体系建设…………………………………………… 224
进一步加强货币发行和人民币管理………………… 224
外汇管理………………………………………………… 224
概　况…………………………………………………… 224
打击外汇业务违法违规行为…………………………… 224
跨境资金预警体系不断完善…………………………… 225
外汇改革任务落实到位………………………………… 225

优化外汇和跨境人民币业务服务工作…………………… 225
保险业监管…………………………………………………… 225
概　况…………………………………………………… 225
开展保险精准扶贫……………………………………… 225
发展农业保险…………………………………………… 225
拓展保险功能作用服务实体经济发展………………… 226
发展健康养老保险……………………………………… 226
发展责任保险…………………………………………… 226
加强灾害风险管理……………………………………… 226
加强保险监管维护市场安全稳定……………………… 226
证券期货……………………………………………………… 226
概　况…………………………………………………… 226
强化市场主体监管……………………………………… 227
防范和化解市场风险…………………………………… 227
打击证券期货违法违规行为…………………………… 227
开展投资者保护工作…………………………………… 227
服务实体经济发展……………………………………… 227

财政税收

财政管理……………………………………………………… 228
概　况…………………………………………………… 228
促进全省经济发展……………………………………… 228
深入推进财税改革……………………………………… 228
加大强农惠农资金投入………………………………… 228
全力支持脱贫攻坚……………………………………… 228
不断夯实民生基础……………………………………… 229
规范财政管理…………………………………………… 229
国家税收……………………………………………………… 229
概　况…………………………………………………… 229
服务地方经济发展……………………………………… 229
深化税收征管体制改革………………………………… 229
全面推开“营改增”试点 ……………………………… 230
贯彻落实《江西省税收保障条例》 …………………… 230
推进税务风险管理……………………………………… 230
推广金税三期工程……………………………………… 230
开展“便民办税春风行动” …………………………… 230
打击涉税违法犯罪……………………………………… 230
绩效考评获得全国国税第八名………………………… 230
地方税收……………………………………………………… 230
概　况…………………………………………………… 230
服务全省发展大局……………………………………… 231
全面推开“营改增”试点 ……………………………… 231
金税三期上线…………………………………………… 231
推进地税征管体制改革………………………………… 231
推动综合治税…………………………………………… 231
深化国地税合作………………………………………… 231
开展“便民办税春风行动” …………………………… 231

经济管理与监督

综合管理与宏观调控………………………………………… 232
概　况…………………………………………………… 232
产业转型升级步伐加快………………………………… 232
基础设施更趋完善……………………………………… 232
改革开放深入推进……………………………………… 232
区域城乡协调发展……………………………………… 232
创建国家生态文明试验区……………………………… 232
1200亿元资金用于民生工程 ………………………… 233
重点工程建设………………………………………………… 233
概　况…………………………………………………… 233
铁路项目建设…………………………………………… 233
高速公路建设…………………………………………… 233
机场建设………………………………………………… 233
能源项目建设…………………………………………… 233
重大产业项目建设……………………………………… 233
重大民生项目建设……………………………………… 233
国有资产管理………………………………………………… 233
概　况…………………………………………………… 233
探索有江西特色的混合所有制改革模式……………… 234
推进重点企业市场化战略重组………………………… 234
重点领域和关键环节改革……………………………… 234
加快推进企业上市工作………………………………… 234
降低企业运营成本……………………………………… 234
扩展企业发展空间……………………………………… 234
化解过剩产能和处置“僵尸企业” …………………… 234
完成省属国有企业社区移交工作……………………… 234
创新驱动促进转型升级………………………………… 234
转变职能强化监督管理………………………………… 235
安全生产监管………………………………………………… 235

概　况……………………………………………… 235
推动安全生产责任落实…………………………… 235
安全生产法治建设………………………………… 235
持续强化重点领域整治攻坚……………………… 235
安全生产改革创新………………………………… 235
抓好事故防控措施落实…………………………… 236
组织开展大排查集中行动………………………… 236
夯实安全生产基础………………………………… 236
煤矿安全监察……………………………………… 236
概　况……………………………………………… 236
狠抓《煤矿安全规程》落实 ……………………… 236
推进安全生产责任落实…………………………… 236
严格安全准入……………………………………… 236
严格煤矿监管监察执法…………………………… 236
严格事故调查和警示教育………………………… 237
开展安全生产大检查工作………………………… 237
加强应急救援工作………………………………… 237
大力推进科技兴安………………………………… 237
加强煤矿中介机构资质认可管理和监督检查……… 237
加强对地方监管工作监督检查…………………… 238
煤矿去产能工作…………………………………… 238
价格管理…………………………………………… 238
概　况……………………………………………… 238
价格监测预警分析………………………………… 238
调度督查重点价格改革任务……………………… 238
落实涉农价格调控………………………………… 238
修改完善民生兜底价格政策……………………… 238
推进重大价格政策出台及贯彻落实……………… 238
推进价格改革……………………………………… 238
推进降成本优环境的价格政策…………………… 238
开展系列价格专题调研和课题研究……………… 238
抓好事中事后价格监管…………………………… 238
开展农产品成本调查……………………………… 239
开展电价成本监审………………………………… 239
开展价格监测专项调查和涉纪、涉案价格认定 …… 239
加强价格法制工作………………………………… 239
通过媒体宣传重大价格事件……………………… 239
工商行政管理……………………………………… 239
概　况……………………………………………… 239
启动注册登记改革………………………………… 239
开通工商企业网上注册服务平台………………… 239
建立“双告知服务平台” ………………………… 239
推广市场主体简易注销改革……………………… 239
江西“一张网”上线运行 ………………………… 239
加大公平交易执法力度…………………………… 240
打击侵犯知识产权及制售假冒伪劣行为………… 240
加强网络交易监管………………………………… 240
加强广告监管……………………………………… 240
创新消费维权工作………………………………… 240
优化服务市场主体发展…………………………… 240
支持企业股权托管交易…………………………… 240
打造江西米粉品牌………………………………… 240
促进广告产业规范发展…………………………… 241
监管机制统一规范………………………………… 241
质量技术监督……………………………………… 241
概　况……………………………………………… 241
完成G20杭州峰会专供焰火产品质量监管和特种
　设备安全保障任务……………………………… 241
推进质量共治……………………………………… 241
加强质量宏观管理………………………………… 241
开展质量品牌提升行动…………………………… 241
开展消费品质量提升专项行动…………………… 241
高位推动标准化工作……………………………… 241
计量工作…………………………………………… 242
认证监管…………………………………………… 242
检验检测机构建设………………………………… 242
加强事中事后监管………………………………… 242
开展降成本优环境专项行动……………………… 242
做好统一社会信用代码工作……………………… 242
国土资源管理……………………………………… 242
概　况……………………………………………… 242
国土资源管理改革创新亮点多…………………… 243
实行最严格耕地保护制度………………………… 243
服务精准扶贫……………………………………… 243
·资　料·
2015年主要矿产资源储量增减变化
加强国土资源管理法治建设……………………… 244
完善国土资源规划………………………………… 244
合理安排新增建设用地计划……………………… 244
推进增减挂钩、低丘缓坡、工矿废弃地三项
　试点工作………………………………………… 244
农村土地整治工作………………………………… 244
征地信息公开……………………………………… 244
不动产统一登记工作……………………………… 244

保障建设用地合理需求…… 244
强化住房、工业用地供应管理 …… 244
摸清全省新增建设用地利用情况…… 244
推进批而未用土地消化…… 245
严格控制新增建设用地规模…… 245
闲置土地集中处置…… 245
节约集约用地…… 245
加强开发区用地管理…… 245
地质找矿取得重要进展…… 245
江西省矿产资源开发监测监管系统运行…… 245
地质灾害防治…… 245
矿山地质环境保护…… 245
地质环境项目管理…… 245
规范行政执法检查…… 246
制定出台国土资源“七五”普法规划 …… 246
开展2015年度卫片执法监督检查 …… 246
开展国土资源执法巡查…… 246
开展违法案卷质量评查…… 246
依法受理行政复议…… 246
依法进行行政应诉…… 246
信息化建设与应用…… 246
开展降成本优环境专项行动…… 246
开展信访工作三项重要活动…… 247
加强农村宅基地管理…… 247
食品药品监管…… 247
概　况…… 247
食品安全监管…… 247
药品安全监管…… 247
医疗器械监管…… 247
行政许可管理…… 247
药品、医疗器械不良反应/事件监测…… 248
行政受理与投诉举报…… 248
行政审批制度改革…… 248
加强食品药品安全宣传…… 248
完善食品药品信息化体系建设…… 248
加强食品药品法制建设…… 248
服务食品医药企业…… 248
统计管理…… 248
概　况…… 248
加强统计法治建设…… 248
加快统计方法制度创新步伐…… 249
统计智库作用日益凸显…… 249
统计基层基础更加牢固…… 249
各项调查有序开展…… 249
审计监督…… 249
概　况…… 249
重大政策措施落实情况跟踪审计…… 249
资源环保审计…… 249
民生资金和项目审计…… 249
经济责任审计…… 249
国有企业审计…… 250
医保基金审计…… 250
推进数字化审计…… 250
创新审计组织方式…… 250
督查审计机关公务员队伍建设…… 250
口岸管理…… 250
概　况…… 250
口岸平台规划和建设…… 250
拓展口岸通道…… 250
深化大通关改革…… 250
夯实口岸服务基础…… 251
海　关…… 251
概　况…… 251
助力扩大开放…… 251
促进贸易便利化…… 251
着力降成本优环境…… 251
依法依规加强监管…… 251
出入境检验检疫…… 251
概　况…… 251
构建江西口岸开放新平台…… 251
扶持“特、优”产业发展 …… 252
有效保障国门口岸安全…… 252
严把进出口产品质量关…… 252
创新举措力促通关提速、企业减负 …… 252
召开“国门生物安全暨农产品优进优出”新闻发布会…… 252

城乡建设

综　述…… 253
城市规划与建设…… 254
概　况…… 254

完善空间规划体系…… 254
加快推进全省跨区域体系规划编制…… 254
加强对市县城市总体规划修编工作指导…… 254
加快推进新型城镇化建设…… 254
推动全省城市设计工作…… 255
开展违法建设专项治理工作…… 255
城镇污水处理设施建设…… 255
垃圾处理设施建设与运行…… 255
海绵城市和地下综合管廊建设…… 255
加强园林城市创建工作…… 255
城市综合执法体制改革…… 255
村镇规划与建设…… 255
概 况…… 255
提升村镇规划建设…… 255
加强农村建房规划管理…… 256
农村危房改造工作…… 256
抓好传统村落保护…… 256
组织第一批全国特色小镇申报工作…… 256
百强中心镇污水设施建设…… 256
美丽宜居镇村示范工作…… 256
对口帮扶工作…… 256
·资 料·
江西省国家级历史文化名镇名村
江西省省级历史文化名镇名村
建筑业与房地产业…… 260
概 况…… 260
4 项工程获得中国建设工程鲁班奖…… 260
推进装配式建筑发展工作…… 260
规范工程建设保证金…… 260
加强房地产市场调控…… 260
做好不动产登记衔接工作…… 260
开展物业管理专项检查…… 260
城市棚户区改造…… 260
勘察设计与建设科技…… 261
概 况…… 261
完成工程建设标准编制审查及发布工作…… 261
开展工程勘察设计质量监督执法检查…… 261
组织申报鲁班奖工程优秀设计评审…… 261
推进建筑行业简政放权工作…… 261
推进建筑节能和绿色建筑工作…… 261

水 利

综 述…… 262
水利工程建设与管理…… 263
加快重大水利工程项目建设…… 263
灾后水利工程重建…… 263
堤防工程建设质量稳步提升…… 263
中小河流治理…… 263
加强小型水库及堤防安全管理人员监管和考核…… 263
加强水利工程管理…… 263
鄱阳湖区二期防洪工程…… 263
基本建立河长制组织体系…… 264
推进农田水利灌区工程…… 264
高效节水任务超额完成…… 264
小农水建设持续发力…… 264
实施农村饮水安全巩固提升工程…… 264
防汛抗旱…… 264
概 况…… 264
防汛工作做到早研判、早安排、早排查…… 264
军民携手力保万里堤防安全…… 265
省防总首次启动问责机制…… 265
水资源管理…… 265
概 况…… 265
最严格水资源管理制度通过考核…… 265
加快推进水资源管理改革…… 265
加强取用水管理…… 265
加强水资源保护工作…… 265
健全水资源管理法规…… 265
水政监察…… 266
概 况…… 266
加强采砂管理工作…… 266
严厉打击非法采砂运砂行为…… 266
规范水资源费征收工作…… 266
加大水保监督执法力度…… 266
加强水法规宣传…… 266
农村水电…… 266
概 况…… 266
加强小水电安全管理…… 266
实现农村水电增效扩容改造目标…… 266

"十三五"农村水电项目申报 …… 266
启动小水电扶贫试点 …… 266
创新地质科技工作 …… 270

自然观测

气象工作 …… 267
概　况 …… 267
加强气象为农服务 …… 267
提升气象服务能力 …… 267
加强生态文明气象保障服务 …… 267
加快气象现代化建设 …… 267
深化气象改革 …… 267
气象科技创新 …… 267
编制气象事业"十三五"规划 …… 267
气象重大工程项目 …… 268
水　文 …… 268
概　况 …… 268
开展水文改革 …… 268
举办江西省第六届水文勘测技能大赛 …… 268
加强水文项目建设 …… 268
水文监测设施设备维护经费稳定投入 …… 268
地震工作 …… 268
概　况 …… 268
省防震减灾"十三五"规划发布实施 …… 269
GB18306－2015 中国地震动参数区划图实施 …… 269
省地震应急指挥中心投入运行 …… 269
防震减灾工作领导小组会议召开 …… 269
测　绘 …… 269
概　况 …… 269
为抗洪抢险提供测绘应急保障 …… 269
地理国情普查工作 …… 269
数字城市建设 …… 269
搭建"江西测绘资质客服群" …… 269
测绘统一监管 …… 269
测绘重大设施管理与升级 …… 270
测绘地理信息科技创新活动 …… 270
地质勘查 …… 270
概　况 …… 270
加快开辟国外市场 …… 270
大力延伸地质产业链 …… 270

环境保护

综　述 …… 271
生态环境建设 …… 272
概　况 …… 272
全国森林质量提升工作会议在崇义县召开 …… 273
扶持赣南等原中央苏区生态建设 …… 273
抚州市实施四级"山长制" …… 273
新余市矿山生态修复 …… 273
生态环境保护 …… 273
概　况 …… 273
完成第九次全国森林资源清查江西省调查工作 …… 274
完成全省城区湿地资源调查 …… 275
开展鄱阳湖越冬候鸟和湿地保护专项整治 …… 275
开展全省冬季水鸟野外同步调查 …… 275
出台《江西武夷山国家级自然保护区条例》 …… 275
加强自然保护区管理工作 …… 275
印发《江西省生态空间保护红线区划》 …… 275
·资　料·
江西省国家级和省级湿地公园
江西省国家级和省级森林公园
江西省国家级和省级林业自然保护区
水土保持 …… 286
概　况 …… 286
加强水土保持综合治理 …… 286
举办水土保持监督管理培训 …… 286
加大水土保持监督执法力度 …… 286
开展水土保持方案验收审批 …… 286
污染防治 …… 286
概　况 …… 286
加强建筑施工扬尘治理 …… 286
实施多污染物协同控制 …… 287
完成杭州 G20 峰会江西环境空气质量保障任务 …… 287
贯彻落实《水污染防治行动计划》 …… 287
加强饮用水水源保护 …… 287
节能减排 …… 287
概　况 …… 287
推进消费侧能源节约集约管理 …… 287

加强节能重点工程建设…… 287
强化监测预警和监督检查…… 288
开展 2016 年节能宣传周活动 …… 288
完善减排经济政策…… 288
推进重点行业重点领域减排…… 288
强化督查调度通报…… 288

教　育

综　述…… 289
基础教育…… 290
概　况…… 290
加强中小学德育工作…… 290
推动学前教育普及普惠…… 290
推动义务教育均衡发展…… 290
启动基础教育重大改革试点…… 291
推动高中教育健康发展…… 291
进一步推进中小学教育信息化建设与应用…… 291
强化中小学安全管理工作…… 291
职业教育与成人教育…… 291
概　况…… 291
全国高职高专校长联席会议 2016 年年会在南昌召开…… 291
开展“职业教育活动周”活动 …… 291
提升校地校企合作水平…… 291
规范中职学校管理…… 291
创新职业院校人才培养模式…… 292
提升学生职业素养…… 292
促进教师专业化发展…… 292
加强技能大师工作室建设…… 292
加强高技能人才培训基地建设…… 292
推进技工院校发展…… 292
推进技工教育改革…… 292
高等教育…… 292
概　况…… 292
江西省国家级大学生创新创业示范基地落地…… 292
高校创新创业教育…… 292
提升本科教学质量…… 293
出台《江西省鼓励科技人员创新创业的若干规定》 …… 293
科技创新项目创历史新高…… 293
科技创新平台建设…… 293
高校领军人才建设…… 293
举办江西省首届高校科技成果对接会…… 293
师资教育…… 293
概　况…… 293
组织开展“万师访万家”活动 …… 294
开展首届“感动江西十大教育年度人物”评选活动…… 294
加强中小学教师培训…… 294
开展江西省第三届学科带头人、骨干教师评选活动…… 294
民办教育…… 294
概　况…… 294
出台《江西省民办非学历高等教育机构设置管理办法》 …… 294
开展专项督查民办高校招生工作…… 294
开展全省民办教育机构年度检查…… 294
印发《关于进一步做好全省民办普通高中招生工作的通知》 …… 295
国际合作与交流…… 295
概　况…… 295
首次公布江西省本科高校教育国际化总体水平排行榜…… 295
出台《江西省推进共建“一带一路”教育行动计划》 …… 295
规范自费留学中介服务机构审批…… 295
中外合作办学…… 295
汉语国际推广…… 295
举办江西省第四届外国留学生汉语大赛…… 295

科学技术

综　述…… 296
科技发展计划…… 297
安排基础研究计划项目…… 297
安排科技重大专项计划项目…… 297
安排重点研发计划项目…… 297
安排科技成果重点转移转化计划项目…… 297
安排重点新产品计划项目…… 297

安排“5511”工程优势科技创新团队建设计划项目…… 298
科技协同创新体建设…… 298
科技基础条件建设…… 298
概　况…… 298
加快重点实验室和工程技术研究中心建设…… 298
推动大型科学仪器开放共用…… 298
加强科技创新公共服务平台建设…… 299
加强实验动物管理…… 299
推动科技与金融深度融合…… 299
高新技术及产业…… 299
概　况…… 299
特色产业基地建设…… 299
大学科技园建设…… 299
科技企业孵化器实现设区市全覆盖…… 299
实施制造业信息化科技工程…… 300
农业科技…… 300
概　况…… 300
继续实施江西省科技特派团富民强县工程…… 300
开展科技下乡集中服务活动…… 300
组建江西省农业科技园区协同创新战略联盟…… 300
加强与江苏省国家农业科技园区合作…… 300
组织新余国家农业科技园区开展验收工作…… 300
社会发展科技…… 301
概　况…… 301
开展全省节能减排科技创新示范企业认定工作…… 301
开展江西省生态文明科技示范基地评定工作…… 301
组织实施4项国家科技惠民计划…… 301
高校科研与成果转化…… 301
概　况…… 301
承担科技项目能力稳步提升…… 301
高校获国家科技进步二等奖4项…… 301
创新平台建设…… 302
开展“校地合作增强高等教育服务区域经济社会发展能力”专项行动…… 302
推动高校科技成果转化…… 302
科技合作与交流…… 302
概　况…… 302
中科院—江西省政府全面战略合作座谈会在南昌召开…… 302
举办“一带一路”科技合作推进会…… 302
举办江西中医药国际合作推进会…… 302
新增1家国家级国际科技合作基地…… 302
科技成果与奖励…… 302
概　况…… 302
应用技术成果分类及占比…… 303
开展2016年度江西省科技奖申报评审工作…… 303
·资　料·
江西省获2016年度国家科学技术奖项目
知识产权…… 304
概　况…… 304
加大专利保护力度…… 304
开展专利行政执法专项行动…… 305
推进知识产权富民强县示范县建设…… 305
开展知识产权人才培训工作…… 305
开展知识产权试点工作…… 305
举办第十一届泛珠三角区域知识产权合作联席会议…… 305
技术市场…… 305
概　况…… 305
举办4场科技成果在线对接会…… 305
网上常设技术市场投入运行…… 306
召开2016年度全省技术市场工作座谈会…… 306
举办江西省“十二五”科技创新成果展…… 306
组团参加第十八届中国国际高新技术成果交易会…… 306
科学技术普及…… 306
概　况…… 306
搭建江西科普云平台系统…… 306
开展系列主题科普活动…… 306
继续实施“十百千万”培训工程…… 306
开展科普宣教活动…… 307
组织开展青少年科技竞赛和实践活动…… 307
推进“银会合作”…… 307
江西省科技馆免费开放…… 307

社会科学

综　述…… 308
学术活动…… 309
举办“中共历史进程中的苏维埃革命”学术研讨会…… 309

华东地区社科普及工作经验交流会在井冈山召开…… 309
举行江西省“2016 青马论坛” …… 309
举办第九届犯罪学高层论坛…… 309
开展“2016 年江西省社科普及宣传周暨学术活动周”活动 …… 309
召开“创新驱动促进绿色崛起”中俄学者学术座谈会…… 309
举办《江西家庭发展报告(2016)》发布会 …… 309
2016 江西智库论坛举行 …… 310
高校社科研究…… 310
概 况…… 310
开展人文社会科学研究…… 310
加强高校人文社会科学重点研究基地建设…… 310
加强江西教育与经济社会发展智库建设…… 310
举办 2016 年度全省哲学社会科学教学科研骨干研修班…… 310
社科成果与奖励…… 311
全省获国家社科基金年度项目立项 122 项…… 311
全省获国家社科基金重大项目 5 项…… 311
召开 2016 年江西省经济社会发展重大招标课题评审会…… 311
召开第三批江西省社科普及宣传基地评审会…… 311

文化艺术

综 述…… 312
文 学…… 312
概 况…… 312
举办 2016 年江西谷雨诗会 …… 313
艺 术…… 313
概 况…… 313
举办第六届江西艺术节…… 314
举办纪念汤显祖逝世 400 周年系列活动…… 314
举办全省优秀舞蹈作品展演…… 314
举办“中国梦·民族魂”江西美术家、摄影家赴新疆创作采风作品展…… 314
15 个项目获国家艺术基金资助 …… 314
出台《关于振兴江西地方戏曲的实施意见》 …… 314
社会文化…… 314
概 况…… 314
完成第二批国家公共文化服务体系示范区(项目)验收工作…… 315
完成第十七届群星奖参赛暨第二届江西省“赣鄱群星奖”评选工作 …… 315
举办第十一届江西省少儿艺术节…… 315
举办第十三届华东六省一市戏剧小品大赛…… 315
非物质文化遗产…… 315
概 况…… 315
《江西文化蓝皮书——江西非物质文化遗产发展报告(2016)》发布 …… 315
举办地区专场“非遗”展演 …… 316
举办全省非物质文化遗产摄影大赛…… 316
开展“非遗”传承人群研培计划 …… 316
实施国家级“非遗”项目代表性传承人抢救性记录工程…… 316
评定非物质文化遗产生产性保护示范基地…… 316
图书馆…… 316
概 况…… 316
推进全省数字图书馆建设…… 317
完成数字图书馆推广工程软硬件平台搭建…… 317
博物馆…… 317
概 况…… 317
“海昏侯国考古成果展”分别在北京、南昌展出 …… 317
完成第一次可移动文物普查…… 317
组织省“5·18 国际博物馆日”暨“中国文化遗产日”宣传活动…… 318
文物保护与考古发掘…… 318
概 况…… 318
南昌汉代海昏侯墓考古发掘和利用…… 318
启动万里茶道和江西古村落群申遗工作…… 318
加强革命文物保护…… 319
文化交流…… 319
概 况…… 319
出访突尼斯、坦桑尼亚、埃塞俄比亚…… 319
南昌市歌舞团赴斯洛文尼亚、马其顿开展“欢乐春节”文化交流演出活动 …… 319
赴尼日利亚、加纳、坦桑尼亚举办“中国文化聚焦——江西文化周”系列活动 …… 319
参加“中拉文化交流年”对外文化交流项目 …… 319
“江西省戏曲文化演出团”赴坦桑尼亚、尼日利亚巡演…… 320

坦桑尼亚文化交流团到赣参访 320
坦桑尼亚、尼日利亚“来华创作”交流团到赣创作交流 320
组织原创歌剧《回家》赴台巡演 320
文化市场 320
概　况 320
举办江西省2016年“REC”电子竞技大赛 320
举办2016艺术江西国际博览会 320
举办2016年首届江西文化休闲娱乐产业博览会 321
文化产业 321
概　况 321
出台《江西省文化产业发展“十三五”规划》 321

档案与地方志

档案工作 322
概　况 322
赴台湾征集蒋经国档案 323
《江西省档案事业发展“十三五”规划纲要》出台 323
《江西省县级档案馆建设成果掠影》画册印行 323
建立江西省国家重点档案保护与开发项目管理库 323
建立全省档案纵向业务网 324
地方志工作 324
概　况 324
《江西省地方志事业发展规划纲要(2016—2020年)》出台 325
地方志事业发展写入《省政府工作报告》和《十三五规划纲要》 325
“方志江西”微信公众号在全国方志系统领先 325
承办第一次全国方志馆工作会议 326
组织江西省地方志学会第五次赴台湾学习考察 326
基本完成《江西方志文化丛书》编纂工作 326

新闻出版　广播电影电视

公共服务 327
概　况 327
“农家书屋＋电商”创新文化惠民新模式 327
加强农村公益电影放映规范化标准化 327
改革与产业发展 327
概　况 327
中文传媒“物联网出版融合实验室”获评重点实验室 328
报纸期刊 328
概　况 328
赣南师范大学《红色文化学刊》创刊 329
图书和数字出版 329
概　况 329
突出主题出版 329
实施精品出版工程 329
全国第二次数字出版转型示范现场会在南昌召开 330
版　权 330
概　况 330
设立江西省版权输出奖 330
江西网络广播电视台获2016“中国版权金奖” 331
印刷复制 331
概　况 331
中国印刷博物馆在江西设立分馆 331
江西组团参展“2016年中国(上海)国际印刷周” 331
江西新华印刷集团保持行业龙头地位 331
出版物发行 331
概　况 331
举办全省出版物批发企业法人代表法律法规培训班 332
组织参加全国性图书交易活动 332
出版物市场监管 332
概　况 332
持续开展出版物市场监管专项行动 332
电影电视剧 333
概　况 333

举办第二届“中国梦·江西风景独好”微电影大赛……333
开展全省电影市场秩序专项治理……333
广播电视宣传……333
概　况……333
举办“美丽中国·江西样板”全省广播电视台新闻故事联播展播活动……334
开展“治理过度炒作、抵制低俗之风”专项行动……334
组织“名播名记走基层”萍乡行活动……334
评选首届江西省广播电视“十佳”播音员主持人……334
广播电视科技……334
概　况……334
一批广播电视科技成果获奖……335
江西广播电视台全媒体演播室启用……335
基于AOIP的广播播控监测和信号分配传输系统投入使用……335
启动江西网络广播电视台手机江西台项目工程建设……335

卫　生

综　述……336
医疗改革……337
概　况……337
开展卫生计生服务能力建设……337
完善社会办医政策……337
严格控制医疗费用不合理增长……337
出台《关于促进社会办医加快发展的实施意见》……337
医政工作……337
概　况……337
《焦点访谈》栏目报道江西省医疗纠纷立法工作……338
基层与妇幼卫生……338
概　况……338
加强乡村医生队伍建设……339
实施健康扶贫工程……339
实施妇幼重大公共卫生服务项目……339
疾病预防控制……339
概　况……339
4县(区)达到血吸虫病消除标准……341
开展抗洪部队官兵血吸虫病查治……341
获全国寄生虫病防治技术竞赛奖项……341
卫生应急与监督……341
概　况……341
处置全国首例寨卡病毒疫情……341
举办全省卫生应急队伍集结拉动演练……342
中医药工作……342
概　况……342
中医药健康产业见成效……343
遴选中医优势病种治疗中心项目……343
计划生育……343
概　况……343
全国计划生育信息化工作会议在南昌召开……344
研发启用江西省计划生育服务系统……344
爱国卫生运动……344
概　况……344
开展春季爱国卫生运动……345
开展爱国卫生月活动……345

体　育

综　述……346
群众体育……347
概　况……347
开展全民健身赛事活动……347
举办江西省第五届全民健身运动会……347
《江西省全民健身实施计划(2016—2020年)》出台……347
社会体育指导员技能日益提升……348
竞技体育……348
概　况……348
举办全省第二届青少年“未来之星”阳光体育大会……348
举办2016年中日青少年体育交流活动……348
举办2016年中日青少年体育指导者交流活动……348
举办“三个百县青少年运动会”……349
·资　料·
2016年江西省运动员参加国际比赛获奖情况

2016 年江西省运动员参加全国最高水平比赛获奖情况
体育产业 …… 352
打造庐山西海全国体育旅游示范区 …… 352
实施体育彩票工作“1+5”改革 …… 352
开展全省体育产业专项调查 …… 352
参加 2016 年中国体育文化·体育旅游博览会 …… 352

居民生活

婚　姻 …… 353
概　况 …… 353
开展全省婚姻规范化工作督查 …… 353
开展“寻找两岸美丽新人”公益活动 …… 353
家　庭 …… 353
概　况 …… 353
举办校外教育暨家庭教育骨干培训班 …… 353
《关于指导推进江西省家庭教育的五年规划（2016—2020 年）》出台 …… 353
开展“我爱我家”家庭情景剧评选活动 …… 354
龚全珍等 8 户家庭获评全国首届文明家庭 …… 354
居民收入 …… 354
概　况 …… 354
农民增收五大支撑 …… 354
四大因素助推城镇居民收入稳步增长 …… 355
居民消费 …… 355
概　况 …… 355
城镇居民消费结构呈现四大优化 …… 355

人力资源

综　述 …… 356
人力资源市场 …… 357
概　况 …… 357
深化公共就业和人才服务机构改革 …… 357
人力资源服务产业园建设 …… 357
开展人力资源服务机构诚信等级评定 …… 357
强化人力资源市场管理 …… 357
人才队伍建设 …… 357
概　况 …… 357
鼓励专业技术人员创业创新 …… 358
组团参加北京大学 2016 年毕业生就业洽谈会 …… 358
举办引进高层次人才北京专场系列活动 …… 358
组团赴东北 3 省引进高层次人才 …… 358
第 27 批中国博士后科技服务团江西行活动启动仪式举行 …… 358
加快博士后事业发展 …… 359
加大对博士后人才培养资助力度 …… 359
27 名博士后获得中国博士后科学基金面上资助 …… 359
2 名博士入选“香江学者计划” …… 359
开展优秀高技能人才直接认定 …… 359
举办第二届全国陶瓷职业技能竞赛总决赛 …… 359
举行“技能中国行 2016——走进江西”展示交流活动 …… 359
举办“海外人才江西行”系列活动 …… 359
推进引智成果示范推广建设 …… 359
强化聘请外国专家单位监管 …… 359
开展“庐山友谊奖”评选表彰 …… 359
加强引进国外智力工作宣传 …… 359
严格出国（境）培训管理 …… 360
就业创业 …… 360
概　况 …… 360
降低失业保险费率 …… 361
推进大学生创业引领计划 …… 361
发放高校毕业生求职补贴 …… 361
开展高校毕业生就业服务月活动 …… 361
组织就业援助月活动 …… 361
开展民营企业招聘周活动 …… 361
组织开展 2016 年度“春风行动” …… 361
举办“中国创翼”创新创业大赛江西赛区初、复赛 …… 361
开展“大众创业万众创新活动周” …… 361
大学生创业人才公寓签约发布仪式举行 …… 361
开展就业创业培训 …… 361
创业担保贷款稳中有进 …… 362
继续实施高校毕业生“三支一扶”计划 …… 362
人事管理 …… 362
概　况 …… 362
加大对基层边远艰苦地区考录支持力度 …… 362

严格规范评比达标表彰活动…… 363
健全完善公务员培训体系…… 363
完善事业单位岗位设置管理制度…… 363
组织事业单位公开招聘…… 363
进一步提高军转干部安置质量…… 363
劳动管理…… 363
概　况…… 363
深化国有企业负责人薪酬制度改革…… 363
构建和谐劳动关系…… 363
发布企业工资指导线…… 364
化解过剩产能劳动关系…… 364
权益保障…… 364
概　况…… 364
高效调处劳动人事争议…… 364
开展劳动保障日常监督执法检查…… 364
开展农民工工资支付情况专项检查…… 364
开展清理整顿人力资源市场秩序专项执法检查…… 364
开展用人单位遵守劳动用工和社保法律法规专项检查…… 364

社会保障

综　述…… 365
保障体制…… 365
机关事业单位养老保险制度体系基本建立…… 365
机关事业单位养老保险改革全面实施…… 366
社会保险…… 366
概　况…… 366
降低养老保险、失业保险费率…… 366
调整退休人员基本养老金…… 366
调整企业离休人员基本养老金…… 366
调整企业职工非因工及因病死亡遗属生活困难补助标准…… 366
规范参保退休人员改办连续工龄后基本养老金核算问题…… 366
完成建档立卡贫困人员参保工作…… 366
推行城乡居民养老保险便民服务体系建设…… 366
全面推进异地就医直接结算…… 366
首次开展定点医药机构准入评估…… 367
实施“助保贷款”…… 367
加大社保社会化服务工作力度…… 367
保险基金管理…… 367
概　况…… 367
加强基金监督管理…… 367
组织社保基金专项检查抽查…… 367
基金监管软件联网应用…… 367
强化企业年金合同备案管理…… 367
开展社会保险稽核清欠…… 367

社会救济

社会救助…… 368
概　况…… 368
开展城乡低保申报制试点…… 368
推进低保扶贫…… 368
加强特困供养…… 368
救灾减灾…… 368
概　况…… 368
应对新世纪以来最严重洪涝灾害…… 369
出台《关于加强全省自然灾害救助物资储备体系建设的实施意见》…… 369
出台《江西省综合防灾减灾规划（2016—2020年）》…… 369
举办全省社会力量参与防灾减灾救灾座谈会…… 370
慈善救助…… 370
概　况…… 370
推进助医助学传统慈善项目…… 370
召开省慈善总会第三次会员代表大会…… 370
设立“赣鄱慈善奖”…… 370

基层政权和社区建设

基层民主建设…… 371
概　况…… 371
推广南昌基层民主协商经验…… 371
召开全省村（社区）民主协商工作现场观摩推进会…… 371
城市社区建设…… 371

概　况……………………………………………… 371
提升社区信息化水平……………………………… 372
开展“绿色社区”创建 ………………………………… 372
农村社区建设……………………………………… 372
概　况……………………………………………… 372
启动农村社区建设试点工作……………………… 372
召开农村社区建设试点工作现场会……………… 372

社会事务管理

民间组织管理……………………………………… 373
概　况……………………………………………… 373
加强社会组织党委机构建设及“两个覆盖”工作……………………………………………… 373
区划地名管理……………………………………… 373
概　况……………………………………………… 373
完成全省行政区划变更事项……………………… 373
推进地名普查工作………………………………… 374
加强地名管理……………………………………… 374
殡葬管理…………………………………………… 374
概　况……………………………………………… 374
组织开展2015年度“绿色殡葬建设”工作考评……………………………………………… 374
推进殡葬系统“红包”问题专项治理 ……………… 374
参加第六届全国民政行业职业技能竞赛暨全国第二届殡仪服务员职业技能竞赛………………… 375
社会福利…………………………………………… 375
概　况……………………………………………… 375
养老项目加快推进………………………………… 375
完善社会福利服务功能…………………………… 375
加强彩票管理……………………………………… 375
社会工作…………………………………………… 375
概　况……………………………………………… 375
启动“三社联动”试点工作 ………………………… 375

优抚安置

军人抚恤优待……………………………………… 376
概　况……………………………………………… 376
进一步完善政策法规……………………………… 376
规范数据管理……………………………………… 376
烈士褒扬…………………………………………… 376
概　况……………………………………………… 376
举行烈士纪念日省、市（南昌）各界向烈士敬献花篮仪式……………………………………… 377
评定车超、吴献忠两人为烈士 …………………… 377
双拥活动…………………………………………… 377
概　况……………………………………………… 377
双拥创建成果丰硕………………………………… 378
驻赣部队支持地方经济社会建设………………… 378
复员退伍军人安置………………………………… 378
概　况……………………………………………… 378
出台《江西省实施〈退役士兵安置条例〉办法》 …… 379
开展江西省首届寻找军旅创新创业先进单位（人物）推选活动 ……………………………… 379
离退休军人安置…………………………………… 379
概　况……………………………………………… 379
组织开展各类军休活动…………………………… 379
全面落实军休人员生活待遇……………………… 379

妇女儿童

妇　女……………………………………………… 380
概　况……………………………………………… 380
“赣鄱女性手工精品网上行”全面上线 …………… 380
召开江西省女企业家协会成立30周年纪念大会……………………………………………… 380
国务院评估督导江西省实施“两纲”工作 ………… 380
召开全省妇女儿童工作委员会工作会议………… 380
江西省巾帼志愿服务协会成立…………………… 381
儿　童……………………………………………… 381
概　况……………………………………………… 381
举办“童心构筑梦想 学习创领未来”“六一”儿童论坛……………………………………………… 381

老龄事业

综　述…… 382
社会养老服务体系…… 383
概　况…… 383
专项督查养老服务业发展政策落实情况…… 383
完成第三轮敬老院等级评定…… 383
社会养老保障体系…… 383
概　况…… 383
上饶市纳入第一批长期护理保险制度试点城市…… 384
老年人宜居环境…… 384
概　况…… 384
丰富老年人体育文化生活…… 384
老年人合法权益保障…… 384
概　况…… 384
修订《江西省实施〈中华人民共和国老年人权益保障法〉办法》…… 384
开展敬老爱老活动…… 385
老年人社会管理…… 385
概　况…… 385
推广“协会＋中心＋站点＋巡访”模式…… 385

残疾人事业

残疾人社会保障…… 386
实施“两项补贴”制度…… 386
推进残疾人托养服务工作…… 386
开展政府购买残疾人日间照料服务试点工作…… 386
残疾人康复…… 386
实施省政府民生工程残疾人康复项目…… 386
组织实施省级残疾儿童康复救助项目…… 386
创新精神障碍患者康复工作模式…… 386
残疾人教育与就业…… 386
扎实推进特殊教育…… 386
为高考残疾考生提供便利…… 387
落实“通向明天——交通银行残疾青少年助学计划”等项目…… 387
开展就业援助月专项活动…… 387
残疾人文化体育…… 387
概　况…… 387
体育赛事取得优异成绩…… 387
残疾人维权…… 387
概　况…… 387
做好残疾人信访工作…… 387

民族宗教事务

综　述…… 388
民族事务…… 388
启动民族地区精准扶贫示范工程…… 388
召开省民族工作领导小组暨在赣新疆少数民族群众服务管理工作联席会议第二次会议…… 389
启动城市民族工作连心共建活动…… 389
组团参加第五届全国少数民族文艺会演…… 389
出台《江西省公民民族成分登记管理实施细则》…… 389
宗教事务…… 389
承办《宗教事务条例》(修订征求意见)南方片座谈会…… 389
开展全省宗教界“扶贫攻坚、五教同行”主题活动…… 389
召开“江西宗教祖庭文化研究项目”启动会议…… 389

精神文明建设

综　述…… 390
理想信念教育…… 391
大力弘扬井冈山精神…… 391
开展“我的中国梦”主题实践活动…… 391
思想道德建设…… 391
开展“学习雷锋奉献爱心”系列志愿服务活动…… 391
定期发布省级诚信红黑榜…… 392
推进乡村学校少年宫建设和管理…… 392
加强青少年心理健康教育…… 392
开展2016年“唱响中国梦”少儿文艺活动…… 392

出台《江西省道德模范礼遇帮扶实施办法（试行）》…… 392
江西省关爱好人基金成立…… 392
精神文明创建活动…… 392
开展文明行业文明单位创建…… 392
开展家庭文明建设系列活动…… 392
开展“讲文明树新风”公益广告宣传 …… 393
持续推进文化惠民工程…… 393
抓好农村精神文明建设…… 393
抓好文明旅游工作…… 393
推进网络精神文明建设…… 393
开展全省公共文明指数年度测评…… 393

市、县（区）

南昌市…… 394
概　况…… 394
全国综治“南昌会议”召开 …… 394
南昌综合保税区成立…… 394
南昌汉代海昏侯国遗址管理局成立…… 394
南昌“光谷”建设 …… 395
万达茂及主题乐园项目开业…… 395
长江中游城市群省会城市第四届会商会在南昌召开…… 395
启动“美丽南昌·幸福家园”环境综合整治行动…… 395
举办首届南昌国际马拉松赛…… 395
南昌舰退役返昌…… 395
南昌县…… 396
简　况…… 396
南昌县获“全国科普示范县”称号 …… 396
全省首套雷电监测预警系统组装完成…… 396
南昌县获“国家级妇幼健康优质服务示范县”称号…… 396
江铃集团参与研发的前置前驱 8 挡自动变速器项目获 2016 年度国家科技进步一等奖 …… 396
南昌县通过“国家卫生县城”考核验收 …… 396
南昌县通过全国义务教育发展基本均衡县（区）评估…… 396
43 条道路实行“路长制” …… 396
法律顾问制度实现全县全覆盖…… 397
进贤县…… 397
简　况…… 397
李渡镇大道社区在全省首先获评“淘宝村” …… 397
西湖李家登上中央电视台大型纪录片《记住乡愁》 …… 397
上海威敌生化（南昌）有限公司“设施蔬菜连作障碍防控关键技术及其应用”项目获 2016 年度国家科学技术进步二等奖…… 397
获批成立省级产业园…… 397
文港镇获“中国毛笔文化之乡”称号 …… 398
李渡烟花第三次登上奥运会大舞台…… 398
军山湖大闸蟹再摘全国桂冠…… 398
安义县…… 398
简　况…… 398
中国中部（安义）铝材城奠基 …… 398
2016 年江西安义（杭州）招商推介会召开 …… 398
安义县东阳镇枫树村创新方法补齐社会稳定共治短板…… 398
农民凌继河当选为县十三届委员会委员…… 398
“十一”黄金周安义县接待旅游人数和旅游收入实现双丰收…… 399
安义县法院刑事庭获“全国老年法律维权工作先进集体”称号 …… 399
相约安义 2016 黄洲千年古墟盛会在安义举行 …… 399
《新闻联播》报道包括安义县种粮能手刘高美在内的普通劳动者…… 399
2016 江西省首届房车露营高峰论坛在安义举行 …… 399
安义县徐埠村全村献血救援村民刘正琴…… 399
第三届江西（安义）铝型材及门窗展览会举行 …… 399
东湖区…… 399
简　况…… 399
举办深圳文化产业招商推介会…… 399
全省首个智能化立体停车场建成…… 400
紫金广场建成开放…… 400
东湖区获“全国计划生育优质服务先进单位”称号…… 400
全省首个智能文化馆开放…… 400
包揽全省第二届百县青少年体育比赛 3 项冠军…… 400
西湖区…… 400
简　况…… 400

"梦想小街"电商产业园实现年交易额超2亿元 …… 400
绳金塔"食全食美"美食街被评为国家级特色商业街 …… 400
企服通众创空间被评为第二批国家级众创空间 …… 401
西湖区通过全国义务教育发展基本均衡县(区)评估 …… 401
西湖消防大队八一中队党支部被评为全国先进基层党组织 …… 401
成立全省首家流动人口卫生计生一站式服务中心 …… 401
青云谱区 …… 401
简　况 …… 401
梅汝璈故居成为全国法院法治文化教育基地 …… 401
老工业城市转型发展论坛暨全国城区老工业区搬迁改造工作培训会在青云谱区举行 …… 401
举办2016全球跨境电商光谷论坛(南昌)峰会 …… 402
举办首届"青云杯"江西高校大学生创业创新大赛 …… 402
建立全国首个物联网井盖管理平台 …… 402
"救急难"试点工作 …… 402
党的组织和工作全覆盖 …… 402
南苑社区、小桔灯服务社入围第二批全国社工服务示范社区、示范单位 …… 402
湾里区 …… 402
简　况 …… 402
湾里区获批全国首批国家全域旅游示范区创建单位 …… 402
成功创建国家生态区 …… 403
森林防火工作 …… 403
提前通过国家义务教育均衡发展督导检查 …… 403
狮子峰低空旅游飞行营地运营 …… 403
青山湖区 …… 403
简　况 …… 403
参与主办第四届"红五月"文化旅游活动月暨第七届天香园国际都市候鸟节 …… 403
举办青山湖区重大项目集中签约活动和"南昌光谷"青山湖区LED产业招商项目集中签约活动 …… 404
创新开展"党员夜校"教育 …… 404
幸福蒲公英流动党员之家建成启用 …… 404
搭建"互联网+婚登服务"平台 …… 404
率先推出"1+X"联动联治模式 …… 404
打造699青少年综合服务平台 …… 404
长春村完成产权改革试点任务 …… 404
开展环境"百日整治行动" …… 404
打造"一镇一品"特色文化队伍 …… 404
新建区 …… 404
简　况 …… 404
获"实施中国妇女儿童发展纲要国家级示范县(市、区)"称号 …… 405
获评第三届国土资源节约集约模范县(市) …… 405
新建区乌沙河整治工程 …… 405
南昌智慧制造产业园项目落户新建区 …… 405
绿地国际双创中心项目动工 …… 405
首个光伏停车场并网发电 …… 405
举办首届"南昌之光"超级艺术灯会 …… 405
汉代海昏侯刘贺墓入选2015年度全国十大考古新发现 …… 405
"南昌汉代海昏侯国考古成果展"在北京首都博物馆开展 …… 405
新建区卫计委获"2015中国基层医改十佳示范单位"称号 …… 405
2016第三届环鄱阳湖国际骑游大会在新建区举行 …… 406
新建区综治中心投入运行 …… 406
举办首届大塘清明酒封坛旅游文化节 …… 406
举办首届农民剧团汇演 …… 406
九江市 …… 406
概　况 …… 406
湖口县、共青城市工业园区获批省级高新区 …… 406
成功创建国家森林城市 …… 406
夺取抗洪抢险救灾的全面胜利 …… 407
获"全国双拥模范城(县)"称号 …… 407
入选2016中国特色魅力城市200强 …… 407
实施"新工业十年行动" …… 407
江西制氧机有限公司产品成功配套"长征火箭发射"获表彰 …… 407
昌九大道全线通车 …… 407
武九高铁瑞九铁路标段单线贯通 …… 407
九江—重庆国际集装箱直达航线开通运营 …… 407
九江港进口肉类指定口岸获批筹建 …… 407
九江市获批国家物流标准化试点城市 …… 407

九江市获批国家级产城融合示范区…………………… 408
市级农村综合产权交易中心建成运行………………… 408
九江茶叶3品牌位列全国名茶百强…………………… 408
城市公立医院综合改革全面启动……………………… 408
首条跨江通信光缆架设成功…………………………… 408
修水县………………………………………………………… 408
简　况………………………………………………………… 408
宁州水乡旅游度假区综合开发项目开工……………… 408
《乡村大世界》修水专场在CCTV-7播出 ………… 408
召开第二届湘赣边网络媒体联盟交流协作会……… 408
修水农商银行挂牌营业………………………………… 409
修水县获评“全国十大魅力茶乡” ………………… 409
实施精准脱贫攻坚……………………………………… 409
修水县被纳入国家重点生态功能区范围……………… 409
成功创建“全国妇幼健康优质服务示范县” ……… 409
武宁县………………………………………………………… 409
简　况………………………………………………………… 409
生态文明先行示范区建设……………………………… 410
武宁县入选“国家全域旅游创建示范单位” ……… 410
推进全省最大的生态移民安置小区——武安锦城建设和生态移民安置……………………………… 410
中国企业家木兰汇“木兰花开”系列活动在武宁举行………………………………………………… 410
举办第二届中国滑水巡回大奖赛·武宁站比赛………………………………………………… 410
“广播惠农,爱在乡村”系列公益活动首次在武宁举行………………………………………… 410
瑞昌市………………………………………………………… 411
简　况………………………………………………………… 411
瑞昌经开区获批长江经济带国家级转型升级示范开发区…………………………………… 411
瑞昌市初步形成森林城市面貌………………………… 411
获批国家级专利质押融资试点单位…………………… 411
瑞昌凤竹公司获评全国纺织工业先进集体………… 411
长江中上游唯一木材专业码头落户瑞昌…………… 411
瑞昌农村开启“电商时代” ………………………… 411
涉35万人的特大传销案在瑞昌告破 ……………… 411
2支部队官兵驰援瑞昌抗洪取得胜利 ……………… 411
都昌县………………………………………………………… 412
简　况………………………………………………………… 412
中国(九江)首届一乡一品网络博览会都昌论坛在都昌举行…………………………………………… 412
九景衢铁路石峰山隧道贯通…………………………… 412
都昌太阳村周裔开入选“CCTV年度慈善人物”全国慈善百强………………………………… 412
“鄱湖驿站 候鸟天堂”中国·都昌首届鄱阳湖候鸟文化节暨鄱阳湖候鸟全国摄影大展在县文体中心启动………………………………………… 412
省政协海外扶贫基金会“助学行动”李文恩2016年都昌县捐赠仪式在县二中举行……………… 412
苏山乡鹤舍村入选第四批中国传统村落名录……… 412
湖口县………………………………………………………… 413
简　况………………………………………………………… 413
“湖口创谷”计划 ……………………………………… 413
湖口县下调企业社保缴费比例………………………… 413
开发林下经济惠及万名林农…………………………… 413
县新行政服务中心办事大厅投入使用……………… 413
湖口县金砂湾学校代表队获世界教育机器人大赛一等奖………………………………………… 413
同方江新院士工作站获批全国示范院士工作站………………………………………………… 414
彭泽县………………………………………………………… 414
简　况………………………………………………………… 414
启动乡镇中心幼儿园建设……………………………… 414
建管并重促城乡面貌提升……………………………… 414
电商创业基地…………………………………………… 414
红光综合枢纽港项目签约……………………………… 414
工业园区平台升级……………………………………… 414
省内建造的最大吨位船舶成功下水………………… 414
浩山乡岚陵村入选第四批中国传统村落名录……… 414
永修县………………………………………………………… 415
简　况………………………………………………………… 415
永修县获“国家农产品质量安全县”称号 ………… 415
全面融入赣江新区……………………………………… 415
艾城镇推进国家新型城镇化综合试点工作………… 415
文化旅游业……………………………………………… 415
党建与脱贫攻坚深度融合……………………………… 415
现代农业建设…………………………………………… 416
全国首家有机硅产品电商平台运营………………… 416
德安县………………………………………………………… 416
简　况………………………………………………………… 416
全县首个水生态文明新村建成………………………… 416
县人民医院医生谢俊获发明专利……………………… 416
熊菊莲家庭获全国“最美家庭”称号 ……………… 416

县首个“移动图书馆”建成 …………………………… 416
德安县获“全国土地节约集约模范县”称号 ……… 417
农民自购无人机喷洒农药…………………………… 417
被认定为2016年全国义务教育发展基本
均衡县…………………………………………… 417
共青城市…………………………………………… 417
简　况……………………………………………… 417
中青数媒移动APP产业孵化园被列入第二批
“全国青年创业示范园区” ……………………… 417
共青城科教城建设取得阶段性成果……………… 417
举办第二届中国青年APP大赛 ………………… 418
举办第四届私募基金论坛………………………… 418
招商引资…………………………………………… 418
金酷集团产业园等12个项目集中开工 ………… 418
庐山市……………………………………………… 418
简　况……………………………………………… 418
星子县撤县设庐山市……………………………… 418
发展规划实行国际招标…………………………… 418
旅游产业…………………………………………… 419
大唐国际沙岭风电项目建成投产………………… 419
红星羽绒电商创业园一期109家入园企业竣工
投产……………………………………………… 419
石材环保产业园一期入驻31家规模以上企业 …… 419
非物质文化遗产保护工作………………………… 419
九江县……………………………………………… 419
简　况……………………………………………… 419
九江还林油茶专业合作社被评为全国林业专业
合作社示范社…………………………………… 419
谭策铭被评为全国“老有所为”先进典型人物 …… 420
英特科胜动保科技有限公司通过农业部
GMP认证 ……………………………………… 420
凌华蔬菜公园挂牌成立…………………………… 420
台湾日月潭文武庙与九江县中华贤母园缔结友好
景区……………………………………………… 420
集中签约和开工29个亿元项目 ………………… 420
浔阳区……………………………………………… 420
简　况……………………………………………… 420
江州菜场升级改造竣工开业……………………… 420
刘川郁做客《浔阳讲坛》…………………………… 420
核发首张个体工商户“两证整合”营业执照 ……… 420
浔阳区“财园信贷通”放贷总量排全省第四 ……… 421
举行纪念浔阳区老年体协成立30周年展演 ……… 421
濂溪区……………………………………………… 421
简　况……………………………………………… 421
江西山水光电科技股份有限公司在“新三板”
挂牌……………………………………………… 421
江西省“抗洪抢险
——2016”军地联合演习在濂溪区举行 ………… 421
濂溪区举行揭牌仪式……………………………… 421
小品《扫帚情》获“中华颂”第七届全国小戏小品
曲艺大展金奖…………………………………… 421
九江职业技术学院与濂溪区政府合作创办
全省首家政校共建社区学院…………………… 422
景德镇市…………………………………………… 422
概　况……………………………………………… 422
九景衢铁路昌江特大桥合龙……………………… 422
“高温陶瓷大红墨水”研制成功 ………………… 422
景德镇陶瓷学院更名……………………………… 422
参与央视录制《城市1对1》栏目 ……………… 422
获批科技服务业行业试点单位…………………… 422
市政府与昌飞公司签署直升机通航合作协议……… 422
乐平市……………………………………………… 422
简　况……………………………………………… 422
左斌被授予“全国模范法官”称号 ……………… 423
陈火娇家庭获“全国五好文明家庭”称号 ……… 423
大型原创现代赣剧《青山作证》进京会演 ……… 423
举行第七届环鄱赛景德镇乐平站比赛…………… 423
第三届“大连医院杯”全国半程马拉松比赛在乐平
举行……………………………………………… 423
乐平市图书馆获评全国“2016年最美基层
图书馆” ………………………………………… 423
浮梁县……………………………………………… 423
简　况……………………………………………… 423
浮梁获“国家生态县”称号 ……………………… 423
浮梁茶获第四届“国饮杯”全国茶叶评比一等奖 … 424
西湖乡被认定为全国“一村一品”示范村镇 ……… 424
景德镇首届中国美丽乡村发展论坛在进坑举行…… 424
省瑞明科技股份有限公司在新三板挂牌上市……… 424
昌江区……………………………………………… 424
简　况……………………………………………… 424
昌江区首个小额贷款有限责任公司成立………… 424
启动千年书院——长芗书院复兴工作…………… 424
三河村被授予“中国淘宝村”称号 ……………… 424
刘泽赣获“亚洲城市田径邀请赛”男子跳高组

冠军…… 424
张忠铭家庭获全国“最美家庭”称号 …… 424
珠山区…… 424
简 况…… 424
举办2016景德镇·珠山(南京)现代服务业产业推介会…… 425
举办“诵读经典·印象珠山”大型实景诗歌朗诵会…… 425
成立“景漂”陶瓷流动党员服务中心暨流动党员党支部…… 425
举办“艺聚珠山”首届陶瓷艺术展 …… 425
“小巷讲堂”被评为全国社会科学普及基地 …… 425
萍乡市…… 425
概 况…… 425
工业经济提质增效…… 425
昌栗高速公路通车…… 425
萍乡市获“全国双拥模范城”称号 …… 426
吉内得大米项目获全国“金翼”奖 …… 426
盲人运动员贾君婷仙夺金牌并破记录…… 426
安源区…… 426
简 况…… 426
全省首家金融审判庭挂牌成立…… 426
陈森生获“全国先进个体工商户”称号 …… 426
安源区景区获评首批国家工业旅游创新单位…… 426
安源区人防办获“全国人民防空先进单位”称号…… 426
湘东区…… 427
简 况…… 427
在全省率先完成农村土地确权工作…… 427
全国500强企业——上海增鼎公司落户湘东…… 427
天涯种业首次进入全国种业50强 …… 427
麻山水厂取水口上移工程全线竣工…… 427
芦溪县…… 427
简 况…… 427
芦溪县获评国家重点生态功能区…… 427
获批全国唯一电瓷产业知名品牌创建示范区…… 428
芦溪县获评全国公立医院综合改革示范县…… 428
上栗县…… 428
简 况…… 428
上栗县获评全国首批“妇幼健康优质服务示范县”称号…… 428
文化事业发展迅速…… 428
交通建设实现跨越发展…… 428
莲花县…… 429
简 况…… 429
扶贫脱贫成效显著…… 429
莲花县被纳入“国家重点生态功能区” …… 429
莲花县与深圳高山水生态园林公司签署旅游发展合作协议书…… 429
电影《老阿姨》全国首映式在莲花县举行 …… 429
新余市…… 430
概 况…… 430
新余市跻身全国绿化模范城市…… 430
社会信用体系平台——“信用新余”上线 …… 430
2016中国(新余)七仙女文化高峰论坛举行 …… 430
新余被授予“国家公共文化服务体系示范区城市”称号…… 430
沃格光电股份有限公司实现“In－Cell抗干扰高阻技术”量产 …… 431
全面推行“党建＋颐养之家”工作 …… 431
城区公共自行车系统运营…… 431
开展向郭璐萍学习活动…… 431
渝水区…… 432
简 况…… 432
兴修水利工程…… 432
打造文化大区…… 432
袁河经济开发区升级为省级产业园…… 432
下山桥小学命名为蒋国珍小学…… 432
分宜县…… 433
简 况…… 433
推进污水系统提升改造工程…… 433
分宜县全媒体中心成立…… 433
分宜县夏绣文化参展第二届深圳文博会…… 433
分宜县获批发行国家“双创”孵化专项债券 …… 433
鹰潭市…… 433
概 况…… 433
鹰潭市获“国家森林城市”称号 …… 434
鹰潭市获“全国双拥模范城”称号 …… 434
全省首个智慧城市服务平台在鹰潭市上线运行…… 434
全省旅游产业发展大会在鹰潭市召开…… 434
中国·鹰潭观赏石博览会暨月湖区首届黄蜡石文化旅游节在鹰潭举行…… 434
贵溪市…… 434

简 况…… 434
开展向程永林学习活动…… 435
贵溪市新媒体中心成立…… 435
贵溪市生物质热电联产项目签约…… 435
白鹤湖大道建成通车…… 435
余江县…… 435
简 况…… 435
改革开放成效明显…… 436
产业发展不断加快…… 436
开展太极拳进机关活动…… 436
余江县第四中学建成…… 436
余江县“金税三期”系统上线 …… 436
月湖区…… 436
简 况…… 436
月湖区双拥工作显成效…… 437
月湖区获评全国基层中医药工作先进单位…… 437
月湖区获评全国计划生育优质服务先进单位…… 437
赣州市…… 437
概 况…… 437
“两城两谷一带”项目启动实施 …… 437
脱贫攻坚成效明显…… 438
改革创新激发新动能…… 438
获批成立蓉江新区…… 438
赣县撤县设区…… 438
创新天然药物与中药注射剂国家重点实验室揭牌…… 438
“赣南茶油”获批国家地理标志保护产品 …… 439
承办首届南北“4 + 8”地区绿色发展论坛 …… 439
章贡区…… 439
简 况…… 439
项目建设取得实效…… 439
重点改革先行落地…… 439
举办中国山地自行车公开赛(赣州章贡站) …… 440
“宋城壹号”文化创意产业园开业运营 …… 440
赣 县…… 440
简 况…… 440
赣县“稀金谷”建设成效显著 …… 440
赣县客家大桥通车…… 440
赣县红色革命题材电视剧《破阵》获金鹰奖 …… 440
全省首例在校大学生捐献遗体…… 440
《赣县古代地情文化》出版 …… 441
南康区…… 441
简 况…… 441
赣州港建设成效显著…… 441
南康区人民法院被授予“全国模范法院”称号 …… 441
推动家具产业“个转企、小升规”工作 …… 441
中国内陆口岸(江西)国检监管试验区揭牌 …… 441
信丰县…… 442
简 况…… 442
20 万吨脐橙生产线项目投产 …… 442
高端多层线路板项目投产…… 442
桃江湿地获批开展省级湿地公园试点…… 442
105 国道绕城公路改建工程开工 …… 442
大余县…… 442
简 况…… 442
爆破拆除梅关大桥、东风桥 …… 443
推进城南片区棚户区改造…… 443
开展“扶贫车间”模式扶贫 …… 443
融资服务成效明显…… 443
打造新城蔬菜基地…… 443
上犹县…… 443
简 况…… 443
上犹县获评全国美丽乡村创建先进县…… 444
双溪风力发电项目首台风机组装完成…… 444
全国玻璃纤维及复合材料行业 2016 年工作会在上犹召开…… 444
举办投资环境暨资本市场绿色通道推介会…… 444
崇义县…… 444
简 况…… 444
全国森林质量提升工作会议在崇义县召开…… 444
扶贫攻坚富有成效…… 444
“章源及图”商标被评为中国驰名商标 …… 445
崇义阳明湖国家湿地公园申报成功…… 445
聂都乡竹洞村入选第四批中国传统村落名录…… 445
安远县…… 445
简 况…… 445
精准扶贫成效显著…… 445
“三个标准化”建设收官 …… 445
启动棚改征收工作…… 445
举办安远第六届运动会…… 445
龙南县…… 446
简 况…… 446
推进招商引资工作…… 446
全面启动全域旅游…… 446

启动棚户区改造征地拆迁工作…………………………… 446
龙南保税物流中心开工建设…………………………… 447
全南县……………………………………………………… 447
简　况…………………………………………………… 447
大力推进民生事业……………………………………… 447
林下经济助民增收……………………………………… 447
全南县农村信用合作联社改制为全南农村
商业银行………………………………………………… 447
定南县……………………………………………………… 447
简　况…………………………………………………… 447
打造全域旅游示范县…………………………………… 448
加快脱贫攻坚步伐……………………………………… 448
举办宁波、深圳招商推介会 ………………………… 448
岭北镇玉石村村史馆筹建完成………………………… 448
兴国县……………………………………………………… 448
简　况…………………………………………………… 448
兴国县公安局被评为全国维护妇女儿童权益
先进集体………………………………………………… 448
兴国县潋江镇东河社区被评为全国综合
减灾示范社区…………………………………………… 449
宁都县……………………………………………………… 449
简　况…………………………………………………… 449
开展网络扶贫…………………………………………… 449
全国网络扶贫现场推进会在宁都县召开……………… 449
县水土保持科技示范园升级为国家水土保持
科技示范园……………………………………………… 450
35 千伏田埠模块化变电站建成 ……………………… 450
特种水稻“赣红优”红米品种通过审定 …………… 450
何翠莲获亚洲攀岩锦标赛冠军………………………… 450
于都县……………………………………………………… 450
简　况…………………………………………………… 450
于都县长征源合唱团《长征组歌》传播巡演
启动……………………………………………………… 450
于都屏山旅游区获评国家 4A 级旅游景区 ………… 450
中国作协“重走长征路”主题采风活动在于都
启动……………………………………………………… 451
《雄关漫道——纪念长征胜利 80 周年》主题宣传
融媒体报道启动仪式在于都举行……………………… 451
江西省广电网络公司与于都签订文化扶贫项目
框架协议………………………………………………… 451
第六届江西艺术节之“永远的红飘带——长征
之歌”纪念红军长征胜利 80 周年合唱艺术节
在于都举行……………………………………………… 451
“重走长征路”红色旅游主题活动旅游线路
发布暨启动仪式在于都举行…………………………… 451
瑞金市……………………………………………………… 451
简　况…………………………………………………… 451
瑞金经开区获评“江西省电线电缆产业基地”
称号……………………………………………………… 452
瑞金红区运动休闲旅游线路获评 2016 年中国
体育旅游十佳精品线路………………………………… 452
瑞金市现代农业产业园评为国家农业产业
示范基地………………………………………………… 452
新农村建设成绩突出…………………………………… 452
打造全国革命老区扶贫攻坚示范区…………………… 452
会昌县……………………………………………………… 453
简　况…………………………………………………… 453
优化民营经济发展环境………………………………… 453
会昌橘柚成国家地理标志产品………………………… 453
雪莲山景点被评为 4A 级乡村旅游点 ……………… 453
寻乌县……………………………………………………… 454
简　况…………………………………………………… 454
打造“一村一品”特色产业 ………………………… 454
“寻乌蜜橘”被认定为中国驰名商标 ……………… 454
“寻乌客家迎故事”被评为省级“非遗” ………… 454
陈华琳获全国田径大奖赛冠军………………………… 454
石城县……………………………………………………… 454
简　况…………………………………………………… 454
推进“六大攻坚战” ………………………………… 455
石城县被命名为“中国温泉之乡” ………………… 455
石城县工业园获批省级产业园………………………… 455
开展一系列旅游文化活动……………………………… 455
宜春市……………………………………………………… 455
概　况…………………………………………………… 455
明月山温泉风景名胜区品牌创建成效显著…………… 456
“三升级”工作取得新突破 ………………………… 456
投入 2 亿余元实施农村综合改革基本项目
建设……………………………………………………… 456
1.35 万套棚户区改造全部开工 ……………………… 456
举行第十届月亮文化旅游节…………………………… 456
出台《宜春工业绿色发展三年行动计划
(2017—2019 年)》……………………………………… 456
袁州区……………………………………………………… 457
简　况…………………………………………………… 457

加快工业企业发展 …… 457
农业产业化稳步推进 …… 457
推进乡村旅游发展 …… 457
推动居家养老服务工作 …… 457
启动城市公立医院综合改革试点工作 …… 457
邹学明入选“中国好人榜” …… 457
樟树市 …… 457
简 况 …… 457
实施大环保战略 …… 458
樟树市入选全国最具投资潜力百强县(市) …… 458
樟树市获“全国义务教育发展基本均衡市”
称号 …… 458
清江枳壳获国家地理标志保护产品 …… 458
第47届全国药材药品交易会在樟树举行 …… 458
两处遗址被列入《大遗址保护“十三五”
专项规划》 …… 458
丰城市 …… 458
简 况 …… 458
加快工业发展步伐 …… 459
招商引资成效显著 …… 459
推进供给侧改革 …… 459
江西丰城电厂“11·24”事故 …… 459
靖安县 …… 459
简 况 …… 459
靖安县被列为国家全域旅游示范区 …… 459
洪屏抽水蓄能电站一期投产发电 …… 460
靖安县被确定为农村综合改革标准化试点县 …… 460
靖安县被确定为全国青少年校园足球试点县 …… 460
雷家古村被列入第四批中国传统村落名录 …… 460
奉新县 …… 460
简 况 …… 460
开展“生态招商升级年和招商百日大会战”
活动 …… 460
提升现代农业量质 …… 460
开展生态环境整治 …… 460
推动乡村旅游业发展 …… 461
加大脱贫攻坚力度 …… 461
支月英当选2016年度“感动中国人物” …… 461
高安市 …… 461
简 况 …… 461
棚户区改造初显成效 …… 461
高安市获“全国第三届国土资源节约集约
模范市”称号 …… 461
建筑陶瓷产业基地获批第七批国家新型工业化
产业示范基地 …… 461
“西水东调”一期供水工程通水 …… 461
全媒体中心揭牌运行 …… 462
华林山镇被确定为全国美丽宜居小镇 …… 462
贾家古村入选中国美丽休闲乡村 …… 462
上高县 …… 462
简 况 …… 462
推动电子商务发展 …… 462
做好“农旅结合、农商结合、农工结合”
3篇文章 …… 462
打造多元化养老服务体系 …… 462
上高县被授予“全国义务教育发展基本均衡县”
称号 …… 463
举行纪念上高会战胜利75周年抗战文物捐赠
仪式 …… 463
宜丰县 …… 463
简 况 …… 463
开展“奋战一百天、推进产业大招商”活动 …… 463
九江银行宜丰支行开业 …… 463
宜丰县被授予“全国义务教育发展基本均衡县”
称号 …… 463
宜丰县获评全国基层中医药工作先进单位 …… 463
刘讨中入选“中国好人榜” …… 464
铜鼓县 …… 464
简 况 …… 464
铜鼓县被授予“国家生态县”称号 …… 464
铜鼓县被列为首批国家全域旅游示范区
创建县 …… 464
铜鼓县被列为全国电子商务进农村综合
示范县 …… 464
第四届湘鄂赣苏区论坛在铜鼓举行 …… 464
茶山生态公益型林场获“全国十佳林场”称号 …… 465
大塅镇获评全国科学发展千强镇 …… 465
万载县 …… 465
简 况 …… 465
铜万高速公路通车 …… 465
万载县获“全国双拥模范县”称号 …… 465
中国(万载)第三届国际花炮文化节在万载
举行 …… 465
上饶市 …… 466

概　况…………………………………………… 466
上饶市中科院云计算中心大数据研究院成立……… 466
侦办"重金求子"电信诈骗案 ……………………… 466
第三届"金驹杯"世界大学生摄影展在上饶
　举行……………………………………………… 466
全国第一所城管党校+城管行政学院在上饶
　成立……………………………………………… 466
新320国道上饶城区段通车……………………… 466
工业园区平台发展升级…………………………… 466
加速发展"两光一车"产业 ……………………… 466
推进大数据产业发展……………………………… 467
"手机版"市长热线三级管理平台建成 ………… 467
信州区……………………………………………… 467
简　况……………………………………………… 467
加快信息服务业产业发展………………………… 467
全力推进精准脱贫工作…………………………… 467
开展重点工作百日攻坚暨棚户区改造工作……… 467
推出5个合成警务工作站………………………… 467
广丰区……………………………………………… 468
简　况……………………………………………… 468
上丰大道建成通车………………………………… 468
全国美术馆馆藏精品展在广丰区吴俊发艺术馆
　举行……………………………………………… 468
黄式水入选"中国好人榜" ……………………… 468
参加全国武术之乡武术套路比赛………………… 468
洋口镇昆山村发生爆燃事故……………………… 468
上饶县……………………………………………… 468
简　况……………………………………………… 468
乡村建设全面铺开………………………………… 469
加快推进新型城镇化发展………………………… 469
上饶县获"中国乡村民宿发展示范县"称号 …… 469
上饶县被授予"全国电子商务进农村综合示范县"
　称号……………………………………………… 469
上饶县成为"腾讯智慧校园"全国唯一区域推进
　试点县…………………………………………… 469
玉山县……………………………………………… 469
简　况……………………………………………… 469
《玉山人物》出版发行 …………………………… 469
玉琊湖饮供水项目竣工…………………………… 469
2016中式台球世界锦标赛在玉山举行 ………… 470
玉山博物馆陈列布展基本完成…………………… 470
"汉腾汽车"2016斯诺克世界公开赛在玉山
　举行……………………………………………… 470
《中国共产党玉山历史》第二卷出版发行 ……… 470
杏花村公园竣工…………………………………… 470
横峰县……………………………………………… 470
简　况……………………………………………… 470
加快重点项目建设………………………………… 470
推进现代农业发展………………………………… 470
开展"秀美乡村、幸福家园"创建活动 ………… 470
横峰县被授予"全国计划生育优质服务先进单位"
　称号……………………………………………… 470
县文化馆被评定为国家二级馆…………………… 471
弋阳县……………………………………………… 471
简　况……………………………………………… 471
离厅式24小时自助办税服务点启用 …………… 471
弋阳县教育案例获全国第五届地方教育制度
　创新奖…………………………………………… 471
倪享良被授予"全国乡镇卫生院优秀院长"
　称号……………………………………………… 471
中国陶行知研究会农村教育实验专业委员会
　年会在弋阳召开………………………………… 471
弋阳农商银行揭牌开业…………………………… 471
德兴市……………………………………………… 472
简　况……………………………………………… 472
德兴市被授予"中国遮阳产业之都"称号 ……… 472
江西省一元再生资源有限公司院士工作站
　成立……………………………………………… 472
镇村公交线路开通………………………………… 472
举办首届德兴美食文化街活动…………………… 472
启动城市(城中村)棚户区改造工作 …………… 472
江西银行德兴支行成立…………………………… 472
婺源县……………………………………………… 472
简　况……………………………………………… 472
婺源县入选国际特色旅游目的地创建名单……… 473
婺源县旅游市场联合执法指挥调度中心揭牌
　成立……………………………………………… 473
举办2016首届婺源国际马拉松赛 ……………… 473
推进重点项目建设………………………………… 473
铅山县……………………………………………… 473
简　况……………………………………………… 473
第四届"万里茶道"与城市发展中蒙俄市长峰会在
　铅山举行………………………………………… 473
青溪万年大桥重建通车…………………………… 473

葛仙山景区升级改造暨索道项目开工 …… 473
启动现代农业产业示范园区建设 …… 474
伦潭水库饮水工程竣工 …… 474
铅山县移动图书馆开通 …… 474
铅山县获“中国红芽芋之乡”称号 …… 474
万年县 …… 474
简 况 …… 474
四星级万昌农贸市场开业 …… 474
李才圣获“CCTV2015 年度三农人物”称号 …… 474
电影《群工站长》在上饶首映 …… 474
稻作文化起源获权威认定 …… 474
余干县 …… 475
简 况 …… 475
余干协鑫光伏渔光互补发电基地第一期 50 兆瓦并网发电 …… 475
余干县被授予“全国科普示范县”称号 …… 475
《捧读〈清贫〉》获全国大型原创词曲展评活动二等奖 …… 475
总投资 80 亿元风电项目落户余干 …… 475
投入 23 亿元打造城市湿地公园 …… 475
余干村歌获中国村歌最高奖 …… 475
鄱阳县 …… 475
简 况 …… 475
步步高广场鄱阳店开业 …… 476
乐丰良种繁殖场被评为全国农垦农机标准化示范农场 …… 476
2016 中华龙舟大赛(鄱阳站)在鄱阳举行 …… 476
江西首座 35 千伏装配式滨田变电站投运 …… 476
鄱阳县志愿者协会获全国“最佳志愿服务组织”提名 …… 476
脱胎漆制品在央视栏目展出 …… 476
吉安市 …… 476
概 况 …… 476
吉安市 4 户家庭获全国表彰 …… 477
泰和槎滩陂入选世界灌溉工程遗产 …… 477
吉安全民健身体育中心投入使用 …… 477
新井冈山大桥建成通车 …… 477
吉州区 …… 477
简 况 …… 477
义务教育均衡发展显成效 …… 477
大力开展脱贫攻坚 …… 477
赴北京、深圳开展招商推介会 …… 478
青原区 …… 478
简 况 …… 478
举办第六届庐陵文化旅游节 …… 478
举行民族英雄文天祥诞辰 780 周年纪念活动 …… 478
青原区佛教协会成立暨第一次代表大会召开 …… 479
井冈山市 …… 479
简 况 …… 479
中央新闻媒体聚焦井冈山脱贫攻坚工作 …… 479
设立省级井冈山产业园 …… 479
江西首家“中国关心下一代教育示范基地”在井冈山揭牌 …… 479
吉安县 …… 480
简 况 …… 480
创新扶贫成效显著 …… 480
打造吉州窑陶瓷文化产业园 …… 480
吉安县跻身全国电子商务进农村综合示范县 …… 481
推进美丽乡村建设 …… 481
打造旅游强县 …… 481
举办吉安第十三届横江葡萄节 …… 481
全国动力伞冠军赛在吉安县桐坪举行 …… 481
新干县 …… 481
简 况 …… 481
改革创新成效明显 …… 482
吴宇昂获全国青年田径锦标赛冠军 …… 482
新干县融媒体中心揭牌成立 …… 482
新干县旅游发展委员会成立 …… 482
永丰县 …… 482
简 况 …… 482
狼和医疗在全国“新三板”挂牌上市 …… 483
义务教育均衡发展通过国家督导验收 …… 483
博源实业有限公司“DDS 烟道气脱硫脱硝技术”获日内瓦国际发明展览会特别金奖 …… 483
峡江县 …… 483
简 况 …… 483
义务教育均衡发展通过国家评估认定 …… 483
举办首届千年玉笥山道教文化传承与旅游发展研讨会 …… 483
张和胜入选国家“千人计划” …… 484
吉水县 …… 484
简 况 …… 484
吉水县获“江西省林化香料产业基地”称号 …… 484
城市建管水平大幅提升 …… 484

吉水外国语学校开工奠基…… 484
泰和县…… 484
简 况…… 484
泰和乌鸡获第十四届中国国际农产品展览会金奖…… 485
马市镇蜀口村、螺溪镇爵誉村列入中国传统村落…… 485
泰和废弃大桥在拆除时发生坍塌事故…… 485
万安县…… 485
简 况…… 485
"画里人家——西郎山"旅游新景区初步建成…… 486
江西赣江井冈山航电枢纽工程开工…… 486
林万青获评全国模范司法所长…… 486
遂川县…… 486
简 况…… 486
遂川县融媒体中心成立…… 486
遂兴大桥竣工通车…… 487
红六军团西征主体雕塑《长征从这里出发》落成…… 487
安福县…… 487
简 况…… 487
多点发力加速产业升级…… 487
刘虹获里约奥运会竞走冠军…… 487
举办第七届环鄱阳湖国际自行车赛安福武功山站赛…… 487
红五军寅陂桥战斗遗址及烈士纪念碑落成…… 487
永新县…… 488
简 况…… 488
龙灿珠家庭入选第二届全国"书香之家" …… 488
中国医科大学航空总医院对口支援永新县中医院签约揭牌仪式举行…… 488
永新书画教育"十百千"工程培训基地揭牌 …… 488
金融创新助推小微企业发展…… 488
永新民俗文化亮相央视…… 488
何继明将军荣登"中国好人榜" …… 488
抚州市…… 489
概 况…… 489
举办汤显祖逝世400周年主题纪念活动…… 489
唱文化大戏促绿色经济发展…… 489
2016全国大学生迷你马拉松公益挑战赛在东华理工大学启动…… 489
抚州市社会福利院获"全国老年法律维权工作先进集体"称号 …… 490
抚州市看守所蝉联"全国标兵看守所"殊荣 …… 490
首家大学生村干部创客线下实体店开业…… 490
开展首届电商创业大赛…… 490
临川区…… 490
简 况…… 490
率先在全省实施"山长制" …… 490
知识产权工作稳中有进…… 491
"微故事"传承孝廉好家风 …… 491
全省第一所孔子纪念堂仁爱启明书院在临川揭牌…… 491
南城县…… 491
简 况…… 491
南城县营造"亲商、爱商、兴商、护商"氛围 …… 491
"互联网+"升级社会服务 …… 491
南城搬迁移民全部脱贫…… 491
特色果业呈规模…… 492
朱博成为第二批国家"万人计划"领军人才 …… 492
校具产业发展升级…… 492
黎川县…… 492
简 况…… 492
森林防火工作成绩斐然…… 492
知识产权工作成绩显著…… 493
春运交管工作成绩突出…… 493
华山镇洲湖村被评为第四批中国传统村落…… 493
南丰县…… 493
简 况…… 493
举行首届网络蜜橘节…… 493
"畅游南丰·乐享橘都"第三届橘园游活动启动 …… 494
南丰傩舞首次亮相国家大剧院…… 494
黄晓军获2016"诺奖之星" …… 494
南丰蜜橘"果劲"品牌荣获国际金奖 …… 494
率先实施基层互联网慢病管理领航项目…… 494
洽湾村入选中国传统村落…… 494
崇仁县…… 494
简 况…… 494
黄云辉获国家自然科学二等奖…… 495
变电设备产业被批准为第三批全国产业集群区域品牌建设试点产业…… 495
崇仁麻鸡成为国家级农产品地理标志示范创建样板…… 495

深圳市崇仁商会成立 …… 495
江西省变电设备行业协会在崇仁成立 …… 495
乐安县 …… 495
简　况 …… 495
乐安县被授予“全国残疾人工作先进单位”称号 …… 496
双拥工作实现10个全部到位 …… 496
国税局获国家税务总局表彰 …… 496
牛田古樟林获上海大世界吉尼斯纪录 …… 496
《中国共产党乐安历史》(第一卷)出版发行 …… 496
宜黄县 …… 496
简　况 …… 496
宜黄县获评全国地质灾害防治标准“十有县” …… 496
成功申报第二批徐霞客游线标志地名单 …… 497
曹洞佛学院成立 …… 497
发现濒危种野生植物短萼黄连和中华水韭 …… 497
金溪县 …… 497
简　况 …… 497
金溪县获“全国无障碍建设示范县”称号 …… 497
金溪县获评“全国双拥模范城(县)” …… 497
八旬老人交2万元“特殊党费” …… 497
金溪县获评“全国基层中医药工作先进单位” …… 498
15个古村入选中国传统村落名录 …… 498
“党建+现代农业”助力脱贫攻坚 …… 498
资溪县 …… 498
简　况 …… 498
资(溪)光(泽)高速公路资溪段竣工通车 …… 498
资溪县被列为首批国家全域旅游示范区创建单位 …… 498
资溪县获评全国计划生育优质服务先进单位 …… 498
乌石镇新月村入选第二批中国少数民族特色村寨 …… 499
《中国共产党资溪历史》第一卷(1926—1949)出版 …… 499
广昌县 …… 499
简　况 …… 499
广昌县获评国家级电子商务进农村综合示范县 …… 499
黄阳云家庭获“第一届全国文明家庭”称号 …… 499
“重走长征路·共铸中国心”走进广昌启动仪式在广昌举行 …… 499
首个原生态有机稻种植基地增收致富 …… 500
姚西景区创“世界最大莲池”吉尼斯世界纪录 …… 500
东乡县 …… 500
简　况 …… 500
东乡撤县设区 …… 500
整治城乡低保工作 …… 500
梁志强当选全国大学生村官十佳“村民贴心人” …… 500
百辆新能源公交车投入使用 …… 500

人　　物

省级领导机构成员名录 …… 501
省直单位、中央驻赣单位、省属高校领导干部名录 …… 501
全国劳动模范 …… 515
熊　俊　刘　辉　唐　建　黄国飞　徐小平
李文华　徐高柳　罗文浩　刘羡庭　陈小杰
凌君霞　张志静　柯胜锋　陈小燕　邱赛珍
柴正海　汪龙发　温　菲　胡启初　林兰生
李建林　邓长平　宋　英　叶宏勇　陈小红
宋建华　舒敏璋　吴　英　杜建新　冯　卫
袁清华　彭少剑　杨国香　邓德华　张明旺
章金民　邱五权　张树臣　钟俊平　兰念瑛
吴永忠　王菊花　甘言明　黄贱根　罗贵英
彭发福　何水标　朱　壹　梁起禄　肖小军
李向阳　朱力群　郭学飞　马跃辉
全国先进工作者 …… 526
杨金平　雷辕生　周泽甫　周俊军　徐　斌
沈国荣　严国安　傅塘根　赵勇刚　吴雄生
熊志斌　王　勇　曾建芳　魏云秀　喻尧生
胡文海　张辉耀　杨中荣　钟万祯　刘建生
杨柏云　陈大洲　韦星林
全国三八红旗手标兵 …… 531
邹德凤
全国三八红旗手 …… 531
曲　歌　曹玲玲　丁　虹　许莉萍　廖秀英
莫子涵　文小凤　彭　芹
·资　料·
江西历代进士名录(八)

专　　录

江西省人民政府关于印发江西省国民经济和社会发展第十三个五年规划纲要的通知…………… 534
江西省人民政府印发关于进一步降低企业成本优化发展环境若干政策措施的通知………………… 563

统计资料

国民经济和社会发展主要指标与发展速度…………… 565
国民经济主要比例关系……………………………… 568
主要指标每人年平均水平…………………………… 569
地区生产总值………………………………………… 570
按城乡分的人口数(年末数) ……………………… 570
劳动力资源…………………………………………… 570
全社会固定资产投资………………………………… 570
外商直接投资情况…………………………………… 570
能源生产总量及构成………………………………… 571
能源消费总量及构成………………………………… 571
财政收支总额及增长速度…………………………… 571
各种价格指数………………………………………… 571
农、林、牧、渔业总产值和商品产值 ……………… 571
农作物播种面积和产量(2016年) ………………… 572
规模以上工业企业经济指标………………………… 573
工业产品产量………………………………………… 574
建筑业主要经济指标………………………………… 576
运输线路长度………………………………………… 577
全社会运输周转量…………………………………… 577
社会消费品零售总额………………………………… 577
旅游业发展情况……………………………………… 577
金融机构本外币信贷资金平衡表年末余额(2016年) ………………………………………… 578
房地产开发与经营主要指标………………………… 578
各类全日制学校基本情况(2016年) ……………… 579
卫生机构、床位及人员数 ………………………… 579

索　　引

主题索引……………………………………………… 580

特　　载

在中国共产党江西省第十四次代表大会上的报告

省委书记　鹿心社

（2016 年 11 月 12 日）

同志们：

现在，我代表中国共产党江西省第十三届委员会向大会作报告。

中国共产党江西省第十四次代表大会，是全面建成小康社会进入决胜阶段召开的一次十分重要的大会。大会的主题是：深入贯彻习近平总书记系列重要讲话精神和治国理政新理念新思想新战略，动员全省广大党员和干部群众，大力弘扬井冈山精神，为决胜全面建成小康社会、建设富裕美丽幸福江西而奋斗！

站在第一个百年奋斗目标接近实现的历史关口，回望近代以来江西这块红土地的苦难辉煌，我们心潮澎湃、豪情满怀。面向未来，建设富裕美丽幸福江西，是我们的重大使命。我们一定要坚定信心，奋发有为，担负起时代赋予的光荣任务。

一、坚持科学发展，绿色崛起迈出坚实步伐

五年来特别是党的十八大以来，在以习近平同志为核心的党中央正确领导下，省委团结带领全省广大党员和干部群众，紧紧围绕建设富裕和谐秀美江西奋斗目标，深入实施“发展升级、小康提速、绿色崛起、实干兴赣”工作方针，扎实推进经济建设、政治建设、文化建设、社会建设、生态文明建设和党的建设，各项事业取得新的重大成就。

经济实力显著增强。主要经济指标增速位居全国前列，生产总值由全国第 21 位前移至第 18 位，人均生产总值、财政总收入、一般公共预算收入、规模以上工业增加值、固定资产投资总额实现翻番。传统产业加快转型，战略性新兴产业快速发展，第三产业比重大幅提升，经济结构不断优化。千亿产业由 5 个增加到 11 个，重点产业集群初具规模。创新型省份建设扎实推进，“硅衬底蓝色发光二极管”项目荣获国家技术发明一等奖，科技进步贡献率进一步提高。农业基础地位不断夯实，粮食生产实现“十二连丰”，现代农业蓬勃发展。

改革开放深入推进。重点领域改革成效明显，“三单一网”、商事制度、国资国企、农业农村等改革走在全国前列，财税金融和投融资体制改革不断深化，医药卫生、教育文化、民主法制、社会治理、党的建设制度和纪检体制等改革持续深入。大众创业万众创新有力推进，非公有制经济健康发展。对外开放步伐加快，实际利用外资位居中部前列，外贸出口实现翻番。工业园区、综合保税区、出口加工区等发展平台实力增强。江西银行、江西航空公司、江西旅游集团设立运行，赣江新区和庐山市成功获批。

生态优势更加彰显。江西全境列入全国生态文明先行示范区，被确定为国家生态文明试验区。鄱阳湖生态经济区建设深入推进，“净空、净水、净土”行动成效明显，设区市城区空气质量优良率达 90.1%，主要河流监测断面水质达标率 82.4%，森林覆盖率稳定在 63.1%，万元 GDP 能耗明显下降，生态环境质量保持全国前列。在全国率先实行全境流域生态补偿，全面实施“河长制”。生态文明创建活动积极开展，全社会生态文明意识不断增强。

区域格局完善优化。昌九一体化深入推进，赣南等原中央苏区加快振兴发展，赣东北扩大开放合作、赣西转型发展成效明显，“龙头昂起、两翼齐飞、苏区振兴、绿色崛起”的区域发展格局不断完善。新型城镇化有序推进，城镇化率达51.6%，实现城镇人口超过农业人口的历史性跨越。基础设施日益完善，高速公路县县通达，告别了江西没有高铁、地铁的历史，机场布局不断完善，综合交通网络体系基本形成，一批大型能源、水利、信息重大工程建成。城乡一体化步伐加快，县域经济发展壮大，新农村建设成效显著，实现了行政村村村通水泥路、通广播电视、通电话、通宽带。

民生福祉持续提升。脱贫攻坚深入推进，贫困人口从438万减至130万。建设保障性安居工程157万套(户)，完成农村危旧房改造86万户。社会保障更加完善，养老保险、社会救助、基本医疗保险和大病保险实现全覆盖。城乡就业持续扩大。城镇、农村居民人均可支配收入分别由全国第22位、第14位前移至第15位、第12位。财政对教育投入翻番，教育公平和普及程度明显提升。公共卫生体系和基本医疗服务体系不断健全，全民体育健身卓有成效。文化事业蓬勃发展，海昏侯国遗址发掘惊艳世界，汤显祖逝世400周年纪念活动精彩纷呈，赣鄱文化影响力提升。精神文明创建广泛开展，涌现出龚全珍等一批先进模范人物。平安江西、法治江西、诚信江西建设深入推进，连续十二年被评为全国综治优秀省，社会保持和谐稳定。

党的建设不断加强。党的群众路线教育实践活动、“三严三实”专题教育成效明显，“两学一做”学习教育扎实推进，“四风”问题得到有效治理，风清气正的政治生态建设不断深化。牢固树立“党建+”理念，深入推进“连心、强基、模范”三大工程，基层党组织战斗堡垒作用和党员先锋模范作用进一步发挥。坚持正确选人用人导向，干事创业氛围日益浓厚。人才工作取得新进展。坚决肃清苏荣腐败案件毒害，党风廉政建设和反腐败斗争取得明显成效。

人大、政协工作不断加强，爱国统一战线发展壮大，工会、共青团、妇联等人民团体的桥梁纽带作用充分发挥，国防动员和后备力量建设取得新成效。

过去的五年，是科学发展成效显著的五年，是绿色崛起阔步前进的五年，是实干兴赣奋发有为的五年。这些成绩的取得，是党中央正确领导的结果，是历届省委不懈努力的结果，是全省广大党员和干部群众团结奋斗的结果。我代表中共江西省第十三届委员会，向全省广大党员和干部群众，向各民主党派、各人民团体和各界人士，向人民解放军和武警驻赣部队，向中央驻赣单位，向所有关心支持参与江西发展的海内外朋友，致以崇高的敬意和衷心的感谢！

五年的奋斗历程，深刻启示我们：必须与党中央保持高度一致，把中央精神作为确保江西工作正确方向的准绳，紧密结合实际创造性开展工作；必须以经济建设为中心，把发展作为解决江西所有问题的关键，推动经济发展不断迈上新台阶；必须深化改革开放，把解放思想作为开创江西新局面的法宝，不断增强发展的动力和活力；必须推进生态立省，把推动绿色发展作为加速江西崛起的路径，促进生态与经济协调发展；必须坚持以人民为中心的发展思想，把造福江西人民作为检验工作成效的标尺，最大限度增进人民群众的获得感、幸福感；必须加强党的领导，把全面从严治党作为成就江西各项事业的保证，努力建设风清气正的政治生态。五年的经验归结到一点，就是要把中央方针政策与省情实际结合起来，明确目标、找准路径，保持定力、真抓实干，开拓进取、攻坚克难，全面推进江西改革发展。

同时，我们也要清醒地看到存在的不足和问题，主要是：经济总量不大，主导产业不强，创新能力不足，特色优势没有充分发挥，加快发展和转型升级任务艰巨；制约发展的一些体制机制障碍依然存在，全面深化改革面临不少难啃的“硬骨头”；基本公共服务与人民群众期待还有差距，民生事业还有短板；一些党员、干部的能力素质和作风还不适应新的形势任务要求，观念滞后、不敢担当的现象还不同程度存在；党风廉政建设和反腐败斗争的形势依然严峻，任务依然艰巨，全面从严治党任重道远。我们要以科学的态度、有力的措施，切实加以解决。

二、决胜全面建成小康社会，建设富裕美丽幸福江西

新世纪以来，江西改革开放和现代化建设取得巨大成就，全省面貌发生深刻变化。但是，发展不足仍然是江西的主要矛盾，欠发达仍然是江西的基本省情，相对落后仍然是江西的最大现实。我们必须清醒认识、深刻把握这个省情特征，始终扭住发展第一要务，始终贯彻新发展理念，始终坚持真抓实干，不断开创发展新局面，实现人民新期待。

综观国内外发展大势，当前和今后一个时期，我省仍处于可以大有作为的重要战略机遇期。“一带一路”、长江经济带和长江中游城市群等国家战略深入实施，有利于发挥毗邻长三角、珠三角、闽东南三角区和拥有长江中游地利的区位优势，提升在全国发展格局中的地位；全面深化改革深入推进，有利于破除制约发展的体制机制障碍，为发展持续注入新动力；国家把生态文明建设放在更加突出位置，有利于发挥生态大省和先行先试优势，率先走出生态与经济协调发展的新路。同时，世界经济不确定不稳定因素增多，我国经济发展新常态特征更加明显，我省面临着既要加快发展又要保护生态的双重压力，面临着既要扩大总量又要提升质量的双重任务，面临着既要勇于变革又要防范风险的双重挑战。总体判断，机遇与挑战并存、机遇大于挑战。我们要抢抓机遇，迎接挑战，扎实工作，奋勇前进。

2015年3月习近平总书记参加十二届全国人大三次会议江西代表团审议作出重要指示，2016年2月习近平总书记视察我省发表重要讲话，对江西工作提出“新的希望、三个着力、四个坚持”的重要要求，为江西发展指明了方向，提供了根本遵循。我们要认真学习、深刻领会、全面贯彻，努力把江西的事情办好，以实际行动回报习近平总书记的亲切关怀。

今后五年，全省工作的总体要求是：高举中国特色社会主义伟大旗帜，以马克思列宁主义、毛泽东思想、邓小平理论、“三个代表”重要思想、科学发展观为指导，深入贯彻习近平总书记系列重要讲话精神和治国理政新理念新思想新战略，特别是对江西工作的重要要求，大力弘扬井冈山精神，深化改革开放，推进创新创业，发挥特色优势，统筹经济建设、政治建设、文化建设、社会建设、生态文明建设，全面

加强党的建设，走出具有江西特色的绿色发展新路，打造美丽中国“江西样板”，为决胜全面建成小康社会、建设富裕美丽幸福江西而奋斗。

今后五年，我们的奋斗目标是，在全面建成小康社会的基础上，带领全省人民朝着建设富裕美丽幸福江西前进。我们的主要任务，就是要解决发展不足这个最大矛盾，把经济搞上去，实现富民强省；就是要发挥绿色生态这个最大优势，打造美丽中国“江西样板”，加快绿色崛起；就是要践行全心全意为人民服务这个根本宗旨，使改革发展成果更多更公平地惠及全省人民，实现共同富裕、共创和谐、共享文明。

——经济实力持续增强。经济增速高于全国平均水平，经济总量向3万亿迈进，工业强省建设取得显著成效，服务业比重明显提高，新型城镇化有序推进，农业现代化和新农村建设取得新进展，迈入创新型省份行列，成为长三角、珠三角、闽东南三角区的重要战略腹地和长江经济带的重要战略支撑。

——国家生态文明试验区建设取得重大进展。环境保护和生态建设持续加强，生态环境质量领先全国，绿色经济率先发展，资源节约利用水平大幅提高，形成一批可复制可推广的生态文明建设制度成果，成为生态文明建设领跑者。

——人民生活水平和质量普遍提高。城乡居民收入稳步增长；基本公共服务均等化水平提升，社会保障体系更加完善；现行标准下农村贫困人口全部脱贫，贫困县提前摘帽，建设全国脱贫攻坚样板区。

——社会文明程度明显提高。文化软实力显著增强，人民思想道德、科学文化和健康素质进一步提高，精神文化生活更加丰富；社会主义法治更加完善，人民民主更加健全；社会治理现代化水平逐步提高，社会事业全面进步。

——全面从严治党水平显著提高。理论武装不断加强，党内政治生活更加严格更加规范，党组织凝聚力战斗力创造力显著增强，领导干部中坚骨干作用和党员先锋模范作用充分发挥；党风廉政建设和反腐败斗争深入推进，风清气正的政治生态建设全面加强。

新发展理念是我们做好工作的根本指针。要牢固树立和贯彻落实五大发展理念，崇尚创新、注重协调、倡导绿色、厚植开放、推进共享，用新发展理念引领发展行动。

井冈山精神是我们夺取胜利的强大力量。要结合新的时代条件大力弘扬井冈山精神，坚定执着追理想、实事求是闯新路、艰苦奋斗攻难关、依靠群众求胜利，用井冈山精神强决胜之志、扬奋进之帆。

——坚持解放思想。实践发展永无止境，解放思想永无止境。要坚决打破一切阻碍发展的僵化思维，坚决改变一切束缚发展的陈规陋习，坚决革除一切影响发展的体制弊端，以思想大解放开创发展新境界。

——坚持实事求是。尊重规律才能把握规律，立足现实才能超越现实。要一切从实际出发，把干事创业热情与科学求实精神结合起来，脚踏实地，真抓实干，努力创造经得起历史和实践检验的新业绩。

——坚持改革创新。改革开放才有出路，创新创业才有未来。要以闯关夺隘的胆识、毅力和智慧，深入推进改革攻坚，激发创新创业活力，提升双向开放水平，以改革创新的新突破增强发展的新动力。

——坚持艰苦奋斗。艰苦奋斗是我们的传家宝，任何时候都不能丢。要始终保持克勤克俭、不畏艰险、敢于担当、锐意进取的光荣传统，敢于面对新问题，勇于迎接新挑战，坚决顶起自己该顶的那片天。

——坚持依靠群众。群众路线是胜利之本，人民群众是力量之源。要始终坚持发展为了人民、发展依靠人民、发展成果由人民共享，善于从人民群众的伟大实践中汲取智慧和力量，努力使各项决策和工作得到人民群众的拥护和支持。

决胜全面建成小康社会，建设富裕美丽幸福江西，我们有良好的基础。只要坚定信心，矢志奋斗，我们的任务就一定能完成，我们的目标就一定能实现，一个富裕美丽幸福的江西就一定会崛起于祖国中部大地。

三、推进经济总量质量双提升，建设长江经济带重要战略支撑

经济建设是强省之基、富民之要。必须坚定不移加快发展，推动经济中高速增长，持续做大经济总量；必须坚定不移加快转型，不断优化经济结构，提升发展质量和效益。

江西作为长江经济带的重要组成部分，区位优势突出，战略地位重要。要扭住创新驱动“牛鼻子”，打好产业转型升级“主动仗”，建设长江中游地区先进制造业和新兴产业聚集地、中部地区新型城镇化发展示范区、内陆双向开放合作新高地，增强对接融入“一带一路”、长珠闽经济板块的实力，成为长江经济带的重要战略支撑。

（一）推动产业迈向中高端。做大做强做优产业，是我省经济发展重大而紧迫的任务。要坚持以新型工业化为核心，协同推进现代农业和现代服务业发展，把特色优势转化为竞争优势和发展优势。

深入实施工业强省战略。对接《中国制造2025》，实施“互联网+”行动计划，推进工业化和信息化深度融合，促进工业发展向质量效益型转变。优化产业布局，壮大主导产业，加快构建特色鲜明的现代产业体系。培育壮大新一代信息技术、生物医药、新型光电、航空制造、新能源、新材料等战略性新兴产业，改造提升石化、钢铁、有色、建材、纺织、轻工等优势传统产业。加强企业质量标准品牌建设和智能化改造，大力支持带动力强的龙头企业发展，形成更多百亿千亿企业。建设充满活力的产业园区，创新发展模式和体制机制，提高投资强度和精准度，推进产业集聚集群集约发展，形成产业层次高、协同效应好、公共服务优、特色优势强的产业集聚区。

加快建设现代农业强省。围绕稳粮、优供、增效目标，加快转变农业发展方式，构建现代农业产业体系、生产体系和经营体系。实施“藏粮于地、藏粮于技”战略，大力推进高标准农田建设，稳定粮食生产能力，巩固粮食主产区地位。培育特色农业、生态农业、休闲农业、品牌农业，发展精深加工，完善物流配送，使农业生产供应更好适应市场需求。推进以“百县百园”为重点的现代农业示范园区建设，积极发展多种形式的适度规模经营，培育壮大新型职业农民、家庭农场、农民合作社、农业产业化龙头企业等新型农

业经营服务主体，推动农村一二三产业融合发展，促进农业增效、农民增收、农村繁荣。

全面推进服务业发展升级。坚持生产性服务业与制造业融合发展、生活性服务业与扩大居民消费相互促进，推动服务业发展提速、比重提高、水平提升。大力发展现代金融服务业，培育发展新型金融主体和金融业态，完善和发展多层次资本市场。加快发展现代物流、电子商务、工业设计、科技服务、文化创意等生产性服务业，不断向专业化、现代化和价值链高端延伸。积极发展绿色食品、中医养生、养老服务等大健康产业，推进生活性服务业向精细化、高品质转变。提升"江西风景独好"品牌，加快建设旅游强省，迈入全域旅游新时代。

（二）推进区域城乡协调发展。协调是持续健康发展的内在要求。要坚持区域协同、城乡统筹，优化生产力布局，在增强发展协调性中壮大整体实力，在加强薄弱环节中增强发展后劲。

提升"龙头昂起、两翼齐飞、苏区振兴、绿色崛起"区域发展格局。以赣江新区建设为突破口，大力推进昌九、昌抚一体化，打造南昌核心增长极，构建南昌大都市区，深入推进九江沿江开放开发，把昌九地区建设成为率先发展的战略高地。以壮大赣东北、赣西城市群为抓手，加快转型升级、开放合作，打造充满活力、特色鲜明的经济增长区域。以建设赣州省域副中心城市为引领，纵深推进原中央苏区振兴发展，打造江西南部重要增长板块。以沪昆高铁和京九高铁为两轴，培育发展高铁经济，形成辐射带动能力强的经济轴线。

推进城乡发展一体化。坚持新型工业化、新型城镇化双轮驱动，有序推进以人为核心的新型城镇化，加快农业转移人口市民化，全面提升城镇化发展质量和水平，增强城镇化对经济社会发展的带动作用。做大中心城市，加强规划建设管理，发展城市经济，建设功能完善、集约高效、特色鲜明、生态宜居的现代化城市。做强县域经济，推动县城提质扩容，发展一批工业经济强县、现代农业强县、旅游经济强县。做精特色小镇，打造一批有活力、有魅力、有实力的中心城镇。做美宜居乡村，壮大村集体经济，全面改善农村生产条件和生活环境，共建共享整洁美丽、和谐宜居的社会主义新农村。健全城乡发展一体化体制机制，坚持工业反哺农业、城市支持农村，促进生产要素、公共资源和公共服务均衡配置，推动城乡协调发展。

完善现代化基础设施体系。加快形成连通省内外的高速铁路网，提高公路网络化水平，加强航道、港口、码头建设，优化航空网络，完善现代化综合立体交通运输体系。积极发展清洁煤电、可再生能源发电，加强特高压输电、天然气输送、成品油运输管网建设，提升能源供给保障能力。加强重大水利枢纽工程建设和中小型水库除险加固改造，提高水资源安全保障能力。加快建设高速光纤网络、新一代无线网络等信息基础设施，大力发展移动互联网、大数据、云计算和物联网，提升信息江西建设水平。

（三）建设创新江西。创新是引领发展的第一动力。要深入实施创新驱动发展战略，以科技创新为核心，全面推动制度创新、管理创新、业态创新，加快发展动力转换。

着力抓好重点产业创新。围绕重点产业领域主攻方向，加快组建一批科技协同创新体，提升协同创新和技术攻关能力。强化企业创新能力建设，推动企业与高等院校、科研机构开展产学研用合作，加快推进创新成果产业化。支持军用民用技术双向转移，推进军民融合深度发展。扎实推进创新驱动"5511"工程，提升自主创新能力，增强产业核心竞争力，推动产业向价值链中高端迈进。

深入推进大众创业万众创新。放宽政策、放活市场、放开空间，完善创新创业服务体系，激发全社会创新潜能和创造活力。打造众创、众包、众扶、众筹平台及各类众创空间，积极发展新技术、新产业、新业态、新模式。加强知识产权保护，推动科学普及。大力培育创新创业文化，让更多的人在创新创业的时代大潮中成就梦想。

加快推动创新要素集聚。创新科技投入、科技管理、科技资源配置和科技评价体系，形成有利于激发创新活力的体制机制。发展一批高水平的重点实验室、工程技术研究中心、企业技术中心等研发平台和科技成果转移转化服务平台，建设国家级自主创新示范区。加强科技创新团队建设，在创新实践中发现、培养、引进、凝聚人才，让创新人才脱颖而出。

（四）深入推进改革攻坚。深化改革是加快转型升级的关键之举。要坚持问题导向，敢于向一切顽瘴痼疾开刀，勇于破除各种利益固化藩篱，不断为发展注入强大动力。

打好供给侧结构性改革攻坚战。全面落实"三去一降一补"五大重点任务，切实化解过剩产能，分类处置"僵尸企业"。有效化解房地产库存，促进房地产业持续健康发展。增强金融服务实体经济能力，防范区域性金融风险。多措并举降低企业成本，优化企业生产经营环境。聚焦脱贫攻坚、基础设施、公共服务等领域，加快补齐发展短板，不断提高供给质量和效率。

深化重点领域改革。推进以"放管服"为重点的行政管理体制改革，加快政府职能转变。打造国有企业改革"江西样板"，增强国资国企活力和竞争力。持续优化环境，鼓励、支持、引导非公有制经济健康发展。深化财税体制改革，明确市县事权和支出责任。深化投资体制改革，强化企业投资主体地位，激发社会投资动力和活力。深化金融体制改革，健全地方金融体系。深化要素市场改革，完善市场决定价格体系。深化农村土地等集体产权制度和农业经营制度改革，健全农业支持保护制度。

凝聚改革合力。尊重基层和群众首创精神，鼓励先行先试、探索创新，及时推广改革成功经验。落实改革主体责任，加强协同配合，强化改革督察，推动各项改革部署落地生根、取得实效。

（五）打造内陆双向开放高地。扩大开放是加快发展的必由之路。要坚持"引进来"与"走出去"协调互动，构建全面开放新格局。

高水平引进来。注重引资引智引技并举，主动对接长珠闽、港澳台和国际重点区域，引进一批带动能力强的大项目、好项目，提高利用外资、人才、技术的质量和水平。大力实施外企入赣、央企入赣、民企入赣和赣商回乡创业工程，提升绿发会、赣港会、赣台会、瓷博会、药交会等品牌影响力。

多领域走出去。加快转变外贸发展方式，实施外贸优进优出行动计划，培育出口竞争新优势。推进外资、外贸、

1月13日，全省走出去企业战略合作联盟成立大会暨揭牌仪式在南昌举行

省商务厅供稿

外经融合发展。推动与“一带一路”沿线国家和地区在基础设施、国际贸易、产业投资、资源能源和文化教育等领域开展合作，深度融入全球产业链、价值链、物流链。

全方位建机制。积极复制推广自贸区改革试点经验，主动对接自由贸易协定标准规则，促进投资和贸易便利化。提升开发区、综合保税区发展水平，推进开放型经济新体制综合试点试验，引领江西开放升级。

建设长江经济带重要战略支撑，事关江西发展全局。我们要咬定目标、主动作为，加快发展、壮大实力，努力提高江西在全国发展格局中的地位。

四、建设国家生态文明试验区，打造美丽中国“江西样板”

绿色生态是江西最大财富、最大优势、最大品牌。必须始终坚持在保护中发展、在发展中保护，使绿水青山产生巨大生态效益、经济效益、社会效益。

建设国家生态文明试验区，是江西绿色发展的“金字招牌”。要牢牢把握这个历史性机遇，把生态文明理念融入经济建设、政治建设、文化建设、社会建设各方面和全过程，探索生态文明建设新模式，打造美丽中国“江西样板”。

（一）保持生态质量全国领先。保护环境就是保护生产力，改善环境就是发展生产力。要坚持保护优先、源头控制、综合治理，做好“治山理水、显山露水”文章，更好发挥江西作为我国南方生态屏障的重要作用。

加强源头系统保护。实施山水林田湖生态修复工程，推进植树造林、低产低效林改造等林业重点生态工程，加强“五河一湖”流域水系、水源涵养区、饮用水源区的保护和建设，加大湿地生态系统保护和修复力度，全面提升自然生态系统稳定性和生态服务功能。

抓好污染综合治理。实施大气、水、土壤污染防治行动计划，推动能源清洁使用，严格控制各类废气排放，加强城乡污水管网和处理设施建设，强化农业面源污染治理，加快土壤重金属污染修复，确保人民群众喝上干净水、呼吸清新空气，在优良的环境中生产生活。

增加生态服务供给。实施生态产品提升行动，依托风景名胜区、森林公园、湿地公园等生态资源，开发公众休闲、旅游观光产品，完善城市森林、城市湿地、郊野公园等生态基础设施，建设生态城镇，让人民群众共建共享更多生态福祉。

（二）探索“两型”社会建设经验。全面节约和高效利用资源是建设生态文明的重要途径。要坚持节约优先，推动资源利用方式根本转变，提升资源节约型、环境友好型社会建设水平。

加快构建高效节能体系。实行资源消耗总量和强度双控行动。推进重点行业能效提升和节能减排升级改造，实施全民节能行动计划，加强公共机构节能管理，积极发展绿色建筑。加快发展公共交通，鼓励绿色健康出行。

提升土地资源利用效率。按照主体功能定位，优化国土空间开发，构建科学合理的城市空间格局、农业发展格局、生态安全格局。加强土地利用规划管控，实行最严格的耕地保护制度，推进城乡建设用地增减挂钩、城镇低效用地再开发和工矿废弃地复垦利用，严控农村集体建设用地规模。

加强水资源管理和利用。推广海绵城市经验，建设节水型社会。推进工业节水技术改造、农业高效节水和城市生活节水。鼓励一水多用、优水优用，增强全社会水资源节约保护意识，形成节约用水、合理用水的良好习惯。

（三）推动绿色经济走在前列。绿色发展是可持续发展的必然要求。要加快发展绿色产业，倡导绿色生产生活方式，争做绿色经济发展排头兵。

完善绿色产业体系。严控高耗能、高排放行业发展和低水平重复建设，推进传统制造业绿色改造，发展节能环保产业、绿色农业、特色林业产业和绿色新兴服务业，打造国际生态旅游休闲目的地，建设绿色产业园区，构建具有江西特色的绿色产业体系。推进绿色科技创新，强化绿色金融服务，引导技术和资金更多投向绿色产业。

发展低碳循环经济。推行企业循环式生产、产业循环式组合、园区循环式改造。推进工业废气、废水、废物的综合治理和回收再利用。推广多种形式的种养结合循环农业模式。提高城乡垃圾无害化、减量化、资源化、一体化处理水平。

推行绿色生活方式。树立尊重自然、顺应自然、保护自然的生态文明理念，倡导勤俭节约、低碳绿色、文明健康的生活方式和消费模式。深入开展生态文明创建活动，建设一批生态文明示范县、示范单位，使“绿色化”成为人民群众日常生产生活的自觉行动。

（四）形成生态文明建设制度成果。制度创新是国家生态文明试验区建设的核心。要深入开展生态文明体制改革综合试验，构建具有江西特色、系统完整的生态文明建设制度体系。

健全完善生态资源保护管理制度体系。建立自然资源资产产权制度，强化生态保护红线约束。加快构建全省空间规划体系，深入推进市县“多规合一”。健全完善“河长制”。完善天然林、湿地保护与修复制度。健全生物多样性维护机制。创建国家公园体制试点。实施最严格的环境保护与监管制度，严格实行污染物排放许可制度。推进区域环境联防联控，加大生态环境执法司法力度。

健全完善生态利益公平分享制度体系。按照保护者受益者权利义务相统一原则，推进跨省流域生态保护补偿，建立健全耕地、森林、湿地、矿产资源等重点领域生态补偿制度，探索生态保护地区与生态受益地区补偿办法，构建市场化生态补偿模式，完善覆盖全省、统一规范的全流域生态保护补偿机制。

健全完善生态建设考核评价制度体系。探索编制自然资源资产负债表。推行党政领导干部自然资源资产离任审计，建立经常性审计制度。完善生态文明考评制度。实行地方党委、政府领导干部生态文明建设“一岗双责”制，对造成重大生态环境损害的事件终身追责。

绿水青山就是金山银山。我们一定要坚持绿色发展理念，当好生态文明建设领跑者，走出一条经济发展和生态文明水平提高相辅相成、相得益彰的新路。

五、增进人民福祉，创造和谐文明的幸福生活

建设富裕美丽幸福江西，根本目的是让人民生活更幸福更美好。必须更加注重民生改善，更加注重公平正义，充分调动人民群众的积极性、主动性、创造性，不断把为人民造福事业推向前进。

幸福生活，不仅要物质富裕，而且要精神富有。要始终坚持“两手抓、两手都要硬”，大力繁荣社会主义文化，大力发展社会主义民主法治，大力建设社会主义和谐社会，使人民群众有更多的获得感、幸福感。

（一）坚决打赢脱贫攻坚战。这是全面建成小康社会最艰巨的任务。要按照“核心是精准、关键在落实、确保可持续”的要求，整合资源，分类指导，打赢脱贫攻坚战，不让一个贫困群众在全面小康路上掉队。

大力推进发展脱贫。对有劳动能力的贫困群众，通过加快发展脱贫。实施产业扶持精准到户工程，采取金融扶贫、科技扶贫、电商扶贫、旅游扶贫等模式，努力发展产业、增加就业、促进创业，提高扶贫对象自我发展能力。加大移民搬迁力度，有效解决搬迁群众生计问题，让生存条件恶劣、就地脱贫难度大的贫困群众挪出“穷窝”。加强贫困地区基础设施建设，破除发展瓶颈制约，为贫困群众发展生产、改善生活创造良好条件。

大力推进保障脱贫。对劳动能力脆弱或丧失劳动能力的贫困群众，通过兜底救助脱贫。加大最低生活保障救助，坚持应保尽保、动态调整，逐步提高保障标准和供养水平。对重度残疾人、孤儿和无人供养老人等严重困难群体，给予特别救助。加大教育救助力度，让贫困家庭孩子接受更加公平、更有质量的教育，掌握更多的知识和技能，切实阻断贫困现象代际传递，增强贫困家庭脱贫致富能力。

大力推进健康脱贫。对因病致贫的群众，通过筑牢医疗健康防线脱贫。实施贫困人口健康管理计划，开展健康促进活动，完善贫困地区医疗卫生服务体系。健全新农合、大病保险、大病救助、重大疾病免费救治和商业补充保险等制度，提高医疗保障和救治水平，让贫困群众看得上病、看得起病、更好防病，有效防止因病致贫、因病返贫。

（二）加强以保障和改善民生为重点的社会建设。这是社会和谐稳定的重要基础。要坚持不懈实施民生工程，着力解决群众生产生活突出问题，提高公共服务能力，加强和创新社会治理，促进社会和谐。

扎实做好就业和社会保障工作。实施更加积极的就业政策，完善就业公共服务体系，帮助劳动者实现更高质量的就业创业。深化收入分配制度改革，拓宽城乡居民增收渠道，努力实现收入增长和经济发展同步、劳动报酬增长和劳动生产率提高同步。完善基本养老保险、基本医疗保险、社会救助制度，健全社会保障体系，稳步提高社会保障水平。保障妇女儿童和老年人合法权益，做好残疾人基本公共服务，发展人道、慈善事业。适应人口老龄化趋势，建立健全社会养老服务体系。扎实推进保障性安居工程建设，基本完成城市棚户区和农村危旧房改造任务，让群众实现“安居梦”。

努力办好人民满意的教育。坚持教育优先发展战略，加大教育投入，深化教育教学改革，促进教育公平，推动教育现代化取得重要进展。促进义务教育均衡优质发展，加快普及学前教育和高中阶段教育，加强特殊教育，大力发展现代职业教育。推动高等教育内涵式发展，建设有特色高水平大学和一流学科专业，提高服务经济社会发展的能力和水平。

加快推进健康江西建设。高度重视人民健康，加强重大疾病防治，提升医疗卫生服务能力。深化医药卫生体制改革，推进公立医院综合改革，构建分级诊疗就医新秩序，促进新增医疗卫生资源重点向农村和城市社区倾斜。大力发展体育事业，完善公共体育服务体系，推动全民健身与全民健康深度融合。坚持计划生育基本国策，提高出生人口素质，促进人口长期均衡发展。发掘利用中医药历史文化遗产，建设国家中医药综合改革试验区，打造国内领先、世界知名的中医药强省。

加强和创新社会治理。完善社会治理体制机制，提高社会治理现代化水平。深化平安江西建设，创新社会治安综合治理，依法严厉打击违法犯罪，完善立体化防控体系，不断增强公众安全感。深入开展反渗透反分裂反恐怖反邪教斗争，切实维护国家安全。加强和改进信访工作，妥善解决群众诉求。健全矛盾化解、风险处置等机制，将矛盾纠纷化解在基层和行业内部，维护良好社会秩序。全面落实安全生产责任制，加强公共安全监管，坚决遏制重特大安全生产事故和公共安全事故。健全综合防灾减灾体系，提升防灾减灾救灾能力。加强食品药品安全监管，确保人民群众饮食用药安全。

（三）加强社会主义民主法治建设。这是创造幸福美好生活的重要保障。要坚持党的领导、人民当家做主、依法治国有机统一，发展更加广泛、更加充分、更加健全的人民民主，维护社会公平正义，保障人民群众合法权益。

发展社会主义民主。支持人大及其常委会依法履行职能，保障人大代表依法行使职权，发挥人大代表作用，推动地方人大工作创新。坚持中国共产党领导的多党合作和政治协商制度，发挥人民政协作为协商民主重要渠道和专门

协商机构的作用。加强同民主党派、无党派人士的团结合作，加大党外代表人士培养、选拔、使用力度，发挥统一战线重要法宝作用。积极发展基层民主，健全基层群众自治机制，发挥人民群众建设美好家园的主人翁作用。

推进依法治省进程。加强经济、生态、社会等重点领域地方立法，完善地方性法规和政府规章。全面推行法律顾问制度。推进依法行政，深化综合行政执法，强化行政监督，扩大政务公开，建设法治政府。深化司法体制改革，完善司法管理体制和司法权力运行机制，提升公正司法水平。加强普法教育，健全公共法律服务体系。完善社会信用体系，建立联合信用惩戒机制，建设诚信江西。各级领导干部要善于运用法治思维和法治方式开展工作，弘扬尊法学法守法用法新风尚。

改进地方党委领导。发挥党委总揽全局、协调各方的领导作用，支持和保证人大、政府、政协、法院、检察院、人民团体等依照法律和章程独立负责、协调一致地开展工作。坚持把公众参与、专家论证、风险评估、合法性审查、集体讨论决定作为重大决策的法定程序，提高科学决策、民主决策、依法决策水平。深入开展双拥共建，做好优抚安置工作，巩固和发展军政军民团结。

（四）建设文化强省。赣鄱文化历史悠久、底蕴深厚。要坚持社会主义先进文化前进方向，发挥文化资源优势，加快建设文化强省，满足人民群众日益增长的精神文化需求。

坚定文化自信。践行社会主义核心价值观，弘扬以爱国主义为核心的民族精神和以改革创新为核心的时代精神，不断增强全省广大党员和干部群众的精神力量。传承红色基因，发扬优良传统，用井冈山精神、苏区精神、长征精神等凝聚人心、激励斗志。文化是血脉根系。赣鄱大地人杰地灵、俊采星驰，产生了一大批影响深远的思想文化巨擘，创造了灿烂辉煌的历史文化，这是赣鄱儿女的独特精神标识。要加大对传统优秀文化保护、研究、普及力度，赋予新的时代内涵，使之绽放出更加绚丽的光彩。

繁荣文化事业。实施哲学社会科学创新工程，不断巩固马克思主义在哲学社会科学领域的指导地位。实施文艺精品创作工程，推出一批具有江西特色的优秀作品。实施公民道德建设工程，深化群众性精神文明创建，形成崇德向善的社会风尚。实施文化惠民工程，加快构建现代公共文化服务体系。实施形象提升工程，讲好江西故事，提高江西知名度和美誉度。实施媒体融合工程，推动传统媒体和新兴媒体融合发展，营造健康清朗的网络空间。实施意识形态引领工程，高扬主旋律，传播正能量。

发展文化产业。坚持以市场为导向、企业为主体，促进文化与科技、信息、旅游等融合发展，支持骨干文化企业发展壮大，把文化产业打造成为国民经济的新支柱。深化文化体制改革，加快建设现代文化市场体系。鼓励社会资本进入文化产业，加快发展文化演艺、新闻出版、广播影视等产业。推动文化企业“走出去”，扩大海内外文化交流合作，提升江西文化影响力。

人民对美好生活的向往，就是我们的奋斗目标。全省上下积极行动起来，人人参与、人人尽力、人人享有，共同绘就赣鄱大地和谐文明的新画卷。

六、坚持全面从严治党，建设风清气正的政治生态

做好江西的工作，关键在党，关键在人。必须始终坚持全面从严治党，大力加强思想建设、组织建设、作风建设、反腐倡廉建设、制度建设，保持党的先进性和纯洁性，努力建设风清气正的政治生态。

全面从严治党，核心是加强党的领导；加强党的领导，根本是坚持党中央集中统一领导。党的十八届六中全会正式提出“以习近平同志为核心的党中央”，明确习近平总书记的核心地位，这是党心所向、民心所向，是党和国家根本利益之所在。全省党员干部要牢固树立政治意识、大局意识、核心意识、看齐意识，更加自觉地同以习近平同志为核心的党中央保持高度一致，更加坚定地维护以习近平同志为核心的党中央权威，更加有力地把党中央各项决策部署落到实处。

（一）坚守共产党人精神追求。理论上清醒，政治上才能坚定。要强化理论武装，认真学习中国特色社会主义理论体系，认真学习习近平总书记系列重要讲话精神和治国理政新理念新思想新战略，坚定中国特色社会主义道路自信、理论自信、制度自信、文化自信。加强党性修养，筑牢信仰之基、补足精神之钙、把稳思想之舵，拧紧世界观、人生观、价值观“总开关”。锤炼道德品行，坚持为民务实清廉，践行“三严三实”，巩固提升“两学一做”学习教育成果，以实际行动彰显共产党人的人格力量。强化担当精神，用新时期的“第一等工作”为党分忧、为党担责、为党尽责。

（二）严肃党内政治生活。党要管党必须从党内政治生活管起，从严治党必须从党内政治生活严起。要以党章为根本遵循，坚持党的政治路线、思想路线、组织路线、群众路线，着力增强党内政治生活的政治性、时代性、原则性、战斗性。认真贯彻执行民主集中制，完善党委（党组）议事规则和决策程序，把民主基础上的集中和集中指导下的民主有机结合起来。严格党的组织生活，坚持“三会一课”制度，坚持民主生活会和组织生活会制度，坚持谈心谈话制度，坚持对党员进行民主评议，坚持请示报告。用好批评和自我批评武器，讲党性不讲私情，讲真理不讲面子，开展积极健康的思想斗争。规范和纯洁党内同志交往，在党内建立起清清爽爽的同志关系、规规矩矩的上下级关系。领导干部要以身作则、以上率下，模范遵守党章党规，严守党的政治纪律和政治规矩，为广大党员干部树立标杆、作出表率。

（三）建设高素质干部队伍。宏伟的事业，需要忠诚干净担当的高素质干部。要坚决贯彻党管干部原则，坚持德才兼备、以德为先，坚持五湖四海、任人唯贤，坚持事业为上、公道正派，让正确的选人用人导向更加鲜明。大力选拔信念坚定、对党忠诚的干部，坚决不用信仰缺失、精神迷茫的干部；大力选拔为民服务、勤政务实的干部，坚决不用谋私钻营、作风漂浮的干部；大力选拔敢于担当、清正廉洁的干部，坚决不用消极懈怠、腐化堕落的干部。加强干部教育培训，推进干部专业化能力建设，使干部成为做好工作的行家里手。改进干部监督管理，让干部置于有效监督之下，真

正心有所畏、言有所戒、行有所止。完善干部考评体系和奖惩机制，引导干部树立正确政绩观，让能者上、庸者下、劣者汰。建立完善容错纠错机制，宽容干部在工作中特别是改革创新中的失误，旗帜鲜明地为改革者鼓劲、为实干者撑腰、为担当者担当、为负责者负责。

要加大培养选拔年轻干部力度，重视选拔优秀女干部、少数民族干部和党外干部，带着责任和感情做好老干部工作。坚持党管人才原则，统筹推进各类人才队伍建设，形成人人皆可成才、人人尽展其才的生动局面。加强青年工作，教育引导广大青年为党和人民事业奉献青春力量。

（四）增强基层党组织生机活力。基层党组织是党全部工作和战斗力的基础。要强化"党建+"理念，深入推进"连心、强基、模范"三大工程，提高基层党建工作水平。加强基层服务型党组织建设，把更多资源投向基层，切实解决联系服务党员和群众的"最后一公里"问题。健全党的基层组织体系，扩大非公有制经济组织和社会组织党的组织覆盖、工作覆盖。加强党员队伍建设，严把入口、畅通出口，加强教育、强化管理，使党员在平常时候看得出来、关键时刻站得出来、危急关头豁得出来。大力整顿软弱涣散基层党组织，选优配强基层党组织带头人。加强党内激励关怀，关爱基层干部，关心困难党员。加大党建带群建力度，增强群团组织的政治性先进性群众性。

（五）持之以恒正风肃纪。作风建设永远在路上。不正之风离我们越远，群众就会离我们越近。要深入贯彻中央八项规定精神，坚持和发扬党的优良传统和作风，始终与人民同呼吸、共命运、心连心。正风必须肃纪。要坚持把纪律挺在前面，严守政治纪律、组织纪律、廉洁纪律、群众纪律、工作纪律、生活纪律，用纪律管住全体党员。旗帜鲜明讲政治，把严守政治纪律和政治规矩摆在首要位置，党中央提倡的坚决响应，党中央决定的坚决执行，党中央禁止的坚决不做，始终做政治上的明白人、讲忠诚的知行合一者。加大监督执纪问责力度，坚持"惩前毖后、治病救人"，用好监督执纪"四种形态"，真正让纪律成为"带电的高压线"。各级领导干部要带头抵制不正之风，带动广大党员和干部群众见贤思齐，使优良作风成为江西党员干部的亮丽名片。

（六）坚定不移反对腐败。党长期执政面临的最大威胁就是腐败。要以建设廉洁政治为目标，保持高压态势，坚定不移把党风廉政建设和反腐败斗争引向深入。坚持无禁区、全覆盖、零容忍，坚持有案必查、有腐必反、有贪必肃，以最坚决的态度减少存量，以最果断的措施遏制增量。重点审查不收敛不收手，问题线索反映集中、群众反映强烈，现在重要岗位且可能还要提拔使用的领导干部。谁搞腐败就要谁付出代价，决不让腐败分子有藏身之地。推动反腐败斗争向标本兼治深化，加强制度建设，健全权力运行制约和监督体系，把权力关进制度笼子，构建不敢腐、不能腐、不想腐的体制机制。加强党风廉洁教育，培育良好家风，教育引导党员干部特别是领导干部牢固树立正确权力观，永葆共产党人政治本色。深化纪律检查体制改革，完善巡视巡察和派驻监督制度，加强反腐败协调机制建设。党内监督没有禁区、没有例外。要认真落实党委（党组）全面监督、纪律检查机关专责监督、党的工作部门职能监督、党的基层组织日常监督、党员民主监督等党内监督制度，形成监督合力，增强监督实效。

抓好党建是最大政绩，不抓党建是严重失职。我们要把全面从严治党政治责任扛在肩上、抓在手上、落在实处，做到真管真严、敢管敢严、长管长严，营造风清气正的政治生态，为江西改革发展提供坚强保证。

同志们，江西是生机蓬勃、大有作为、充满希望的热土，江西人民是勤劳智慧、朴实坚毅、敢于创新的人民。新使命催人奋进，新征程任重道远。让我们高举中国特色社会主义伟大旗帜，更加紧密地团结在以习近平同志为核心的党中央周围，不忘初心，继续前进，为决胜全面建成小康社会、建设富裕美丽幸福江西而奋斗，在新的长征路上奋力谱写中国梦的江西新篇章！

在全省经济工作会议上的讲话

省委书记　鹿心社

（2016年12月26日）

同志们：

这次全省经济工作会议的主要任务是，深入学习贯彻党的十八大和十八届三中、四中、五中、六中全会以及中央经济工作会议精神，落实省第十四次党代会工作部署，总结今年经济工作，分析当前经济形势，研究部署明年经济发展任务。

今年以来，面对错综复杂的国内外经济形势，在以习近平同志为核心的党中央坚强领导下，全省上下认真贯彻习近平总书记系列重要讲话精神和治国理政新理念新思想新战略，特别是对江西工作的重要要求，主动适应经济发展新常态，坚持稳中求进工作总基调，统筹做好稳增长、促改革、调结构、优生态、惠民生各项工作，全省经济发展总体平稳、稳中提质、稳中向好，实现了"十三五"良好开局。一是经济保持平稳增长。预计全年生产总值增长9%，财政总收入同口径增长9.6%，规模以上工业增加值增长9%，固定资产投资增长14%以上，社会消费品零售总额增长12%，主要经济指标增幅保持在全国"第一方阵"。二是产业结构进一步优化。产业升级步伐加快，服务业增加值占GDP

比重超过40%，高新技术产业增加值占规模以上工业增加值比重达到30%，战略性新兴产业、旅游业保持快速发展。三是发展动力持续增强。供给侧结构性改革扎实推进，降成本优环境专项行动成效显著，预计全年为企业减负500亿元以上。"放管服"、国资国企、农业农村等改革红利持续释放。四是生态文明建设迈出新步伐。国家生态文明试验区成功获批，"河长制"和流域生态补偿全面实施，重点生态工程深入推进，生态环境质量保持全国领先。五是民生福祉不断提升。民生工程50件实事全面完成，全年减少贫困人口70万人以上。平安江西、法治江西扎实推进，社会保持和谐稳定。今年的工作，为实现"十三五"目标奠定了坚实基础。

关于明年的经济工作，刘奇同志要作系统部署，请大家认真抓好贯彻落实。我先讲几点意见。

一、深入学习领会习近平总书记经济战略思想，坚持用党中央经济工作方略统揽发展全局

党的十八大以来，以习近平同志为核心的党中央提出了"五位一体"总体布局和"四个全面"战略布局，作出了我国经济发展进入新常态的重大判断，提出了创新、协调、绿色、开放、共享的新发展理念，推进了以"三去一降一补"为主要任务的供给侧结构性改革，实施了宏观政策要稳、产业政策要准、微观政策要活、改革政策要实、社会政策要托底五大政策，确立了适应经济发展新常态的经济政策框架，形成了逻辑严密、辩证系统的经济战略思想，对于保持我国经济平稳健康发展起到了决定性的作用。我们要深刻领会、准确把握，紧密结合省情实际贯彻落实，推动江西经济发展行稳致远。

（一）深刻领会和准确把握我国经济发展进入新常态这个重大判断。这是习近平总书记从经济发展长周期和全球政治经济大背景出发作出的重大判断，是中央谋划部署我国当前和今后一个时期经济工作的逻辑起点。习近平总书记指出，新常态下我国经济发展的主要特点是，增长速度要从高速转向中高速，发展方式要从规模速度型转向质量效率型，经济结构调整要从增量扩能为主转向调整存量、做优增量并举，发展动力要从主要依靠资源和低成本劳动力等要素投入转向创新驱动。这次中央经济工作会议进一步强调，要把认识、把握、引领新常态作为当前和今后一个时期做好经济工作的大逻辑，推动我国经济发展向形态更高级、分工更优化、结构更合理的阶段演进。作出我国经济发展进入新常态的重大判断，是我们党对经济发展规律的深刻洞察，准确标识了我国经济发展的历史坐标，为制定国家经济发展新战略、应对国际国内新挑战提供了科学依据。我们要准确把握经济发展新常态的深刻内涵，始终坚持从"发展不足仍然是江西的主要矛盾，欠发达仍然是江西的基本省情，相对落后仍然是江西的最大现实"这个省情实际出发，始终坚持发展第一要务，千方百计稳定经济增长，更加注重提高发展的质量和效益，努力做到发展速度和质量效益相统一、总量增长和结构优化相协调。

（二）深刻领会和准确把握新发展理念这个重大创新。这是习近平总书记针对我国经济发展进入新常态、世界经济复苏低迷开出的治病良方，是关系我国发展全局的一场深刻变革。习近平总书记在深刻总结国内外发展经验教训、深刻分析我国发展突出矛盾和问题的基础上，提出牢固树立创新、协调、绿色、开放、共享的发展理念，创新是引领发展的第一动力，协调是持续健康发展的内在要求，绿色是永续发展的必要条件和人民群众对美好生活追求的重要体现，开放是国家繁荣发展的必由之路，共享是中国特色社会主义的本质要求。强调新发展理念就是指挥棒、红绿灯，要把思想和行动统一到新发展理念上来，崇尚创新、注重协调、倡导绿色、厚植开放、推进共享。新发展理念，体现了坚持发展是第一要务、坚持以人民为中心的发展思想，是中国特色社会主义政治经济学理论和实践的深化，为我们党统揽经济发展全局提供了思想引领。我们要更加自觉地坚持和运用新发展理念，着力破解发展难题，着力增强发展动力，着力厚植发展优势，深入推进创新江西建设，促进城乡区域协调发展，加快绿色崛起步伐，构建全面开放新格局，提升共建共享水平，推动我省发展不断迈上新台阶。

（三）深刻领会和准确把握推进供给侧结构性改革这个重大任务。这是党中央在全面分析国内经济阶段性特征的基础上调整经济结构、转变经济发展方式的治本之策，是当前和今后一个时期我国经济工作的主线。习近平总书记从当前世界经济结构深刻调整、我国供给结构错配问题突出的现实出发，提出了大力推进供给侧结构性改革的战略任务。指出，供给侧结构性改革，既强调供给又关注需求，既突出发展社会生产力又注重完善生产关系，既发挥市场在资源配置中的决定性作用又更好发挥政府作用，既着眼当前又立足长远。供给侧结构性改革的重点任务是去产能、去库存、去杠杆、降成本、补短板，并提出了具体要求。这次中央经济工作会议进一步强调，供给侧结构性改革最终目的是满足需求，主攻方向是提高供给质量，根本途径是深化改革，要深入推进"三去一降一补"、深入推进农业供给侧结构性改革、着力振兴实体经济、促进房地产市场平稳健康发展。推进供给侧结构性改革，是适应和引领经济发展新常态的必然要求，是解决我国经济运行中诸多问题的有效途径。我们要牢牢把握供给侧结构性改革的根本要求，坚持用市场、法治的办法做好过剩行业去产能工作，着力化解中小城市房地产库存，进一步降低企业杠杆率，持续抓好降成本优环境专项行动，做大做强实体经济，加快补基础设施、公共服务等短板，努力开拓新市场、形成新供给、培育新动能，不断提高供给质量，促进经济持续健康发展。

（四）深刻领会和准确把握三大国家发展战略这个重大布局。这是习近平总书记统筹国内国际两个大局，着眼优化我国经济发展空间格局提出的重大战略，是推动我国更深层次更高水平双向开放的重要载体。总书记基于大国复兴的新使命，系统谋划了新时期我国发展空间布局的新战略，确立了陆域与海域统筹开发的大国土观，创新性地提出了"一带一路"、京津冀协同发展、长江经济带三大战略。这三大战略，点线结合、带路并举、互补推进，形成带动我国南、中、北三大经济带全面开放的新格局，并与世界经济全面接轨，实现互利共赢发展。我们要抓住机遇、主动作为，深度参与"一带一路"和长江经济带建设，全面加强基础设施、重点产业、开放平台和市场体系对接，着力构建综合交

通、产业转型升级、新型城镇化、开放合作、生态安全的大格局，把江西建设成为长江经济带重要战略支撑和内陆双向开放新高地。

（五）深刻领会和准确把握稳中求进这个重大原则。这是党中央治国理政的重要原则，是做好经济工作的方法论。习近平总书记站在新的历史起点上，面对风险和挑战交织并存的严峻局面，强调要坚持稳中求进的工作总基调，统筹处理好稳增长、促改革、调结构、惠民生、防风险的关系，把握好宏观调控的方向、力度、节奏，使经济运行处于合理区间。这次中央经济工作会议进一步强调，要保持战略定力，坚持问题导向、底线思维，坚持功成不必在我；在稳的前提下要在关键领域有所进取，稳不是无所作为，不是不敢作为，而是要在把握好度的前提下奋发有为。稳中求进，体现了党中央坚持发展是硬道理的务实思想，体现了以稳求进、以进促稳的辩证思维，有利于推动我国经济调速不减势、量增质更优。我们要牢牢把握稳中求进的工作总基调，坚持问题导向和底线思维，加大工作力度，保持经济平稳增长，保持社会和谐稳定，努力在深化改革开放上取得新突破，在保障和改善民生上取得新成效，在推进富裕美丽幸福江西建设上迈出新步伐。

习近平总书记经济战略思想，根植于我国改革开放30多年来的伟大实践，构建了中国特色社会主义政治经济学的理论框架，丰富和发展了马克思主义政治经济学，标志着我们党对执政规律、社会主义建设规律、经济社会发展规律的认识和把握达到了一个新的高度。全省上下要进一步把思想和行动统一到习近平总书记经济战略思想上来，更加自觉践行新发展理念，更加主动适应新常态，善于把握趋势性变化，善于进行战略性思考，善于按市场规律谋划发展，自觉用习近平总书记经济战略思想指导决胜全面建成小康社会、建设富裕美丽幸福江西的实践。

二、牢牢把握明年经济工作目标任务，促进经济平稳健康发展

察势者智，驭势者赢。做好明年经济工作，要准确把握当前国际国内经济形势，因势而谋、应势而动、顺势而为，努力在新常态中实现新发展。从国际看，国际战略态势对我国有利，世界经济仍将处于缓慢复苏的进程中，新兴经济体在世界经济增长中的作用继续上升，新技术革命有力推动全球经济结构调整，信息技术和其他技术深度融合，有利于我省深化供给侧结构性改革，加快创新驱动发展步伐，加快发展新产业、新业态和新模式。同时也要看到，世界经济形势严峻复杂，保护主义加剧，“逆全球化”思潮上扬，民粹主义大行其道，一些国家面临着比较严重的政治风险。这些新情况新问题，对国内经济走势具有重要影响，对我省经济发展也有直接或间接的影响，经济发展不稳定、不确定因素明显增多。从国内看，我国仍处于可以大有作为的重要战略机遇期，经济稳中向好的支撑不断增强，明年国家实施更加积极有效的财政政策和稳健中性的货币政策，深入实施“一带一路”、长江经济带、长江中游城市群、促进中部地区崛起规划等国家战略，将为我省加快新旧动能接续转换、提高发展质量和效益提供有力支撑。同时也要看到，我国经济增速换挡、结构调整阵痛、动能转换困难相互交织，产能过剩和需求结构升级矛盾突出，房地产、金融等领域风险因素进一步积累，将影响我省经济增长的可持续性，防范风险的任务将更加艰巨。我们要辩证地看待当前国内外经济发展形势，既要看到希望和机遇，又要看到困难和挑战；既要坚定发展信心，又要做好应对风险挑战的充分准备，主动适应新形势新变化，努力在错综复杂的形势下推进我省经济持续健康发展。

2017年将召开党的十九大，也是实施“十三五”规划的重要一年，是供给侧结构性改革的深化之年，做好经济工作意义重大。根据中央经济工作会议和省第十四次党代会精神，明年全省经济工作的总体要求是：以党的十八大和十八届三中、四中、五中、六中全会精神为指导，深入贯彻习近平总书记系列重要讲话精神和治国理政新理念新思想新战略，特别是对江西工作的重要要求，按照中央经济工作会议的部署，坚持稳中求进工作总基调，牢固树立和贯彻落实新发展理念，主动适应经济发展新常态，坚持以深化供给侧结构性改革为主线，强化创新驱动，狠抓改革攻坚，深化开放合作，着力扩大有效需求，着力振兴实体经济，着力培育壮大新动能，着力建设国家生态文明试验区，着力打好脱贫攻坚战，推动经济平稳健康发展和社会和谐稳定，奋力迈出决胜全面建成小康社会、建设富裕美丽幸福江西的坚实步伐，以优异成绩迎接党的十九大胜利召开。

省委考虑，明年全省经济发展的主要预期目标是：生产总值增长8.5%左右，经济发展的质量和效益稳步提升，国家生态文明试验区建设取得良好开局，城乡居民收入增长与经济增长基本同步。把经济增长预期目标定在8.5%左右，符合江西实现同步全面小康的客观要求，有利于引导市场预期、提振市场信心，有利于满足扩大就业的需要，也有利于加快调结构、转方式。各地要结合实际制定适当的增长目标，在实际工作中争取更好结果。

做好明年经济工作，要把握以下几点：一是以稳为基础。必须坚持稳是主基调、稳是大局，以实体经济为稳的坚实支撑，以有效投资为稳的关键举措，以扩大消费为稳的重要基础，以防范风险为稳的基本底线，全力保持经济社会大局稳定。二是以进为导向。必须坚持奋发有为、开拓进取，在经济发展速度上求进，在优化经济结构上求进，在加快绿色发展上求进，在保障改善民生上求进，进一步提升经济社会发展水平。三是以新为动力。必须坚持创新驱动、改革推动、开放带动，以创新培育增长新动力，以改革构建发展新机制，以开放形成竞争新优势，让发展新经济、培育新动能成为加快江西发展的主旋律。四是以好为目标。必须坚持加快转变经济发展方式，努力实现更高质量、更有效率、更加公平、更可持续的发展，真正把“好”的要求体现在经济社会发展的方方面面。

（一）深化供给侧结构性改革。推进供给侧结构性改革是经济工作的主线。今年我们以“三去一降一补”五大任务为抓手，推动供给侧结构性改革取得初步成效。全省退出粗钢产能433万吨、生铁产能50万吨，提前完成“十三五”钢铁去产能任务。截至11月底，已关闭退出煤矿229处、退出煤炭产能1400万吨，分别完成全年目标任务的111.7%、109.5%。全省商品房库存面积为5888.3万平方

米，去化时间约为11.1个月，减少7.6个月。全省规模以上工业企业资产负债率49.7%，比全国平均水平低6.4个百分点。通过开展降成本优环境专项行动，全省规模以上工业企业每百元主营业务收入成本综合下降0.3元。脱贫攻坚、基础设施等补短板工作进一步加强。推进供给侧结构性改革是长期的任务，各地各部门要切实增强思想自觉和行动自觉，把供给侧结构性改革作为促进经济平稳健康发展的根本途径，持续打好供给侧结构性改革攻坚战。

深入推进“三去一降一补”。这是我们必须全力啃下的硬骨头。积极稳妥去产能。坚持把市场化、法治化去产能摆在更加重要的位置，严格执行环保、能耗、质量、安全等法律法规和标准，严格落实差别化水、电价格和严控新增授信等措施，倒逼行业转型升级。重点抓好煤炭行业去产能，确保完成煤炭行业年度去产能任务。最近，钢铁、煤炭价格上涨明显，要切实加强监管，坚决防止关停企业和淘汰产能“死灰复燃”。“一城一策”去库存。坚持因地制宜、因城施策，支持城镇居民改善性住房需求，完善农民工市民化配套政策，积极引导利用非住宅商品房发展旅游、养老等跨界地产。加快城市棚户区和城中村改造，加大货币化安置力度，把握供地节奏，统筹房地产建设规模。坚持“房子是用来住的，不是用来炒的”这个定位，完善适应市场规律的长效机制，加强住房市场监管，促进房地产市场平稳健康发展。稳妥有序去杠杆。坚持去企业杠杆与降融资成本并举，引导企业专注实业，支持企业开展市场化、法治化债转股，充分利用多层次资本市场帮助企业拓宽股权融资渠道，加强企业自身债务杠杆约束，降低企业杠杆率。加强政府债务管理，规范政府举债行为，严格控制地方融资平台债务过快增长。千方百计降成本。目前我省规模以上工业企业每百元主营业务收入成本仍比全国平均水平高2.5元，还有进一步下降的空间。要持续抓好降成本优环境政策措施落地兑现，进一步降低企业用能、融资、物流等成本。建立投资核准、生产经营许可等清单制度，进一步减少审批环节，降低各类中介评估费用。加大力度补短板。加快推进基础设施和民生事业重大项目建设，加快推进服务业发展提速三年行动计划，深入实施创新驱动发展战略，着力补基础设施、民生保障、服务业和科技创新等短板。

大力推进农业供给侧结构性改革。这是供给侧结构性改革的重要一环。随着生活水平的提高，人们越来越关注“舌尖上的安全”“舌尖上的美味”，绿色农业、无公害农产品和有机食品越来越受到市场的欢迎，这为农业供给侧结构性改革带来了重要机遇，也为我省发展特色农业提供了广阔空间。要按照“稳粮、优供、增效”的要求，大力推进农业供给侧结构性改革，优化农业产业结构、经营结构、产品结构和区域布局，加快农业科技创新，培育农业农村发展新动能，提高农业综合效益和竞争力。“稳粮”，就是深入实施藏粮于地、藏粮于技战略，稳定粮食生产能力，巩固粮食主产区地位。“优供”，就是围绕市场需求发展生产，以“百县百园”建设为抓手，实施绿色生态有机农业品牌创建工程，做大做强绿色农业、特色农业和品牌农业，提升农产品质量安全水平，进一步优化农业供给。“增效”，就是加快发展现代农业，实施“互联网+”现代农业行动，大力推进智慧农业建设，推动“一二三”产业融合发展，促进农业提质增效和农民持续增收。深化农村产权制度改革，深入推进农村土地所有权、承包权、经营权“三权分置”，加快农村产权交易市场建设。改革财政支农投入使用机制，多层次、多形式推进涉农资金整合。加快农村金融创新，加大“三农”信贷支持力度，增强农业农村发展动力活力。

着力振兴实体经济。实体经济是经济发展的根基，振兴实体经济是供给侧结构性改革的主要任务。要坚持创新驱动发展，以提高质量和核心竞争力为中心，大力发展实体经济，不断提升我省实体经济竞争力。深入实施质量兴省战略，开展质量提升行动，全面提升产品质量和服务，打造更多江西品牌。着力提高产业集中度，重点在电子信息、生物医药、航空制造、绿色食品等领域引进国内外知名龙头企业，推动行业兼并重组，做大做强特色优势产业集群。优化产业组织体系，推行全产业链发展模式，培育一批集研发、生产、销售功能一体化的龙头企业，积极支持中小微企业参与市场公平竞争，构建大中小企业专业化分工协作的网络体系。完善促进实体经济发展的政策措施，加大企业帮扶力度，高度关注有色、采矿等困难行业以及中小企业生产经营中遇到的困难，着力帮助企业渡过难关。加强金融创新，运用好千亿级省发展升级引导基金，撬动更多资金投向实体经济，提高金融服务实体经济能力。大力弘扬实业精神，鼓励和引导企业家专注实体、做强实体，培育壮大产业队伍特别是新生代产业队伍。尊重劳动创造，发扬“工匠精神”，着力营造鼓励脚踏实地、勤劳创业、实业致富的浓厚氛围。

加快推进关键性改革。推进供给侧结构性改革，必须依靠全面深化改革，加大重点领域和关键环节改革力度。围绕加快转变政府职能，深化“放管服”改革，推进“互联网+政务服务”，加快编制公共服务清单，推动便民服务中心向基层延伸，让群众办事更加方便。围绕打造国企改革“江西样板”，深化国资国企改革，加快混合所有制改革试点工作，全面完成省属国有企业公司制改制，构建国有企业市场化经营机制，增强国有企业发展活力和竞争力。围绕建立现代财税制度，推动财政事权与支出责任划分改革，理顺省以下财政体制，加大财政支出优化整合力度，有效配置财政资源。围绕建立现代金融体制，创新融资模式和融资渠道，促进金融资本与产业发展、技术创新有效融合，加快创建赣江新区绿色金融改革创新试验区，健全金融风险防范化解机制。坚持以开放促改革，深度融入“一带一路”、长江经济带、长珠闽经济板块，加快打造内陆双向开放新高地。深入推广自贸区建设成功经验，促进投资和贸易便利化。特别是加快推进赣江新区建设，用足用好国家政策，着力推进机制创新、先行先试，努力打造成中高端产业承接基地和改革创新试验区，引领全省新一轮全面开放发展。

（二）加快培育壮大新动能。习近平总书记强调，我国经济发展进入新常态，必须用新动能推动新发展。当前，我省发展正处于动能转换、转型升级的关键时期，传统动能逐步减弱，新动能加速孕育，迫切需要新动能异军突起和传统动能加快转型，形成新的增长点。要深入实施创新驱动发展战略，以创新培育新动能，打造产业新优势，推动产业发展迈向中高端。

加快培育壮大新动能，必须大力发展新经济。新经济

2014年以来，江西万信物流有限公司独创中国物流行业“4+3”模式，打造国内领先的一站式物流公共服务平台。图为万信第四方物流平台线上服务中心办公场所

刘光森摄

是新兴生产力，是加快动能转换的主力军。当前，新经济发展进入了重要机遇期和窗口期。只有见势早、动作快、发力准，才能抢占先机。要准确把握新经济发展的新趋势，立足我省特色优势，聚焦重点精准发力，加快发展新技术、新产业、新业态、新模式和新服务，培育新的经济增长点。大力发展新制造经济。全面落实我省贯彻“中国制造2025”实施意见，加快发展以航空制造、新能源汽车、新型电子等智能制造为重点的新型制造产业，提升制造业发展水平。大力发展新服务经济。依托重点行业、重点企业开展工业设计服务、发展工业设计专利，打造一批工业设计中心，加快发展工业设计产业；创新金融产品和服务，建设区域性金融后台服务中心，加快发展现代金融业；培育第三方、第四方物流，加快发展现代物流业。大力发展智慧经济。深入推进“互联网+”行动计划，加快壮大物联网、移动互联网、数字视听等智慧产业。大力发展分享经济。实施生产能力、创新资源、生活服务等分享工程，引进培育发展分享关键平台，推动分享经济加快发展。各地各部门要加强引导，针对不同产业、业态、模式进行精准扶持，加快形成有利于新经济发展的体制机制，让人才、技术、资金、创意、信息等各种生产要素充分地流向新经济领域。

加快培育壮大新动能，必须推动新旧动能融合发展。我们强调培育新经济发展新产业，决不能忽视传统产业。新技术、新产业、新业态等新经济，既是新动能的支撑，也是改造提升传统动能的利器。新动能和传统动能提升改造结合起来，可以形成强劲的混合动能。要加快改造提升传统产业，在有色、石化、建材、钢铁、纺织、食品等行业开展大规模技术改造，推动产业链条向高端延伸。推进工业化与信息化的深度融合，大力发展智能制造，推动生产方式向柔性、智能、精细转变。通过新技术、新产品、新业态、新模式的创新创造，着力改善产品结构、优化工艺流程、提高装备水平、提升产品质量，加快传统产业转型升级，推动传统动能与新动能同频共振、协同发力。

加快培育壮大新动能，必须强化创新引领。创新是实现动能转换的第一动力，是引领和支撑新经济发展的核心。要始终把发展基点放在创新上，加快推进以科技创新为核心的全面创新，着力提高创新供给能力，依靠创新促进新旧发展动能加快接续转换。大力推进科技创新。深入实施创新驱动“5511”工程、重点创新产业化升级工程和科技协同创新计划，加强创新成果同产业对接、创新项目同现实生产力对接，推进创新链与产业链、资金链的有机衔接，加大全社会研发投入，加快产学研结合和科技成果转化。强化企业创新主体地位，围绕关键核心技术，在航空和先进装备制造、生物医药、电子信息和新型光电等领域实施一批重大科技专项，培育一批创新型引领企业和科技型中小企业。大力推进大众创业万众创新。发挥“双创”、“互联网+”集众智汇众力的乘数效应，加强新型众创空间等载体建设，着力增强创新服务资源供给，激发全社会创新创业活力。人才是创新的根基。要加快人才发展体制改革和政策创新，实施更加积极的人才引进政策，推进科技创新人才、企业家和青年优秀人才培养工程，壮大创新创业人才队伍，为创新发展提供人才支撑。

加快培育壮大新动能，必须充分发挥新型城镇化的作用。新型城镇化不仅能创造巨大的有效需求，还能创造大量的有效供给，是最大的内需所在，是经济增长的重要动力源泉。要坚持新型工业化、新型城镇化双轮驱动，有序推进以人为核心的新型城镇化，增强城镇化对经济社会发展的带动作用。优化城镇布局和形态，做大中心城市、做强县域经济、做精特色小镇，构建江西特色的新型城镇体系。加快推进农业转移人口市民化，落实好差别化落户政策，拓宽城镇就业渠道，为农业转移人口融入城镇创造良好条件。加快实施城市地下综合管廊、公共停车场等项目，提升城市承载能力。大力推进产城融合，完善城市综合服务功能，实现产业发展、城市建设和人口集聚相互促进、融合发展。实施“整洁美丽、和谐宜居”新农村建设行动，突出村庄整治、环境美化、乡风文明、和谐平安四大重点，科学制定村庄规划，着力加强公共服务设施建设，强化村庄整治管理，全面改善农村人居环境，加强农村精神文明建设，维护农村社会和谐稳定，建设幸福生活的美好家园。

（三）扎实推进国家生态文明试验区建设。建设国家生态文明试验区，是中央赋予的重要使命，是实现我省绿色崛起的重大机遇，也是打造美丽中国“江西样板”的重要支撑。我们要大胆探索、先行先试，扎实推进国家生态文明试验区建设，重点加强制度创新，为全国生态文明体制改革探索出更多可复制、可推广的经验，不断提升江西绿色发展水平。

积极探索大湖流域生态文明建设新模式。推进大湖流域生态与经济社会协调发展，江西有良好基础，在全国也有典型示范意义。要顺应并尊重鄱阳湖流域自然规律，统筹山江湖保护和管理，加快构建山水林田湖系统保护与综合治理制度体系，切实做好治山理水、显山露水的文章。全面划定生态红线，深入推进“多规合一”，加快完善国土空间开发和用途管制制度。深入实施“河长制”，健全流域生态补偿制度，积极探索流域综合管理制度。加强流域生态、森林、湿地保护和管理，健全生态系统保护和修复制度。加快建立统一的确权登记系统，建立健全自然资源产权等制度。建立碳排放权和排污权、用能权和水权交易制度，加快构建体现生态环境价值的生态保护市场体系。

不断提升绿色发展新优势。绿色生态是江西最大财富、最大优势、最大品牌。要加快发展绿色产业，更加自觉地推动绿色发展、循环发展、低碳发展，把绿色生态优势转化为发展优势。大力实施绿色生态农业十大行动，推进农产品绿色化、品牌化生产。深入开展绿色制造工程，加快传统产业绿色化改造，坚决淘汰落后产能，推动产业结构和生产方式绿色化。积极推行“生态＋旅游”“生态＋大健康”等理念，大力发展低消耗、低污染、高附加值的现代服务业，不断提高经济绿色化程度。建立产业转移承接地环境容量评估、监测制度，完善产业环保、安全准入标准，建设绿色产业园区，提升承接产业转移质量和水平。大力推进资源高效利用，抓好循环经济示范企业、示范园区和示范城市建设，打造特色鲜明的循环经济模式。

努力开辟绿色惠民新路径。良好生态环境是最公平的公共产品，是最普惠的民生福祉。江西生态环境良好，但也面临结构性生态环境问题。今年中央环境保护督察，指出了鄱阳湖水质下降、工业园区水污染、稀土开采恢复治理滞后等问题，暴露了我省环境保护工作的薄弱环节。要把抓好问题整改作为国家生态文明试验区建设的重要切入点，深入实施大气、水、土壤污染防治行动计划，加强重点流域、重点区域联防联控联治，加快治理突出环境问题，特别要切实加大开发区、工业园区环境治理，加大水源地周边环境保护，推动生态环境质量持续改善。围绕解决好生态环境问题，建立健全环境保护的监测预警、监察执法、司法保障等体制机制，构建城乡一体、水土气统筹的环境监督管理制度体系，保障人民群众共建共享更多绿色福祉。

加快构建生态文明治理体系和治理能力现代化新格局。建设生态文明是一场涉及生产方式、生活方式、思维方式和价值观念的根本性变革，必须加快推进生态治理体系和治理能力现代化。要完善差别化考评体系，健全完善体现生态文明要求的目标体系、考核办法、奖惩机制。建立和完善责任追究制度，加快编制自然资源资产负债表，对领导干部实行自然资源资产离任审计，建立生态环境损害责任终身追究制。加强生态文明考核与责任追究的统筹协调，建立考核追责统一负责制。健全生态文明建设的宣传教育机制，培育生态环保意识，倡导绿色消费、低碳生活，推动全民参与生态保护和环境治理。

（四）加大力度保障改善民生。民生是人民幸福之基、社会和谐之本。保障和改善民生，关乎人民群众的生产生活，关乎经济社会发展大局。在经济下行压力加大和财政增收减缓的情况下，我们更要积极落实共享发展理念，持续加大民生投入，深入实施民生工程，做到压力再大也要保民生，财力再紧也不能亏民生，不断提高人民群众的获得感和幸福感。

坚决打好脱贫攻坚战。脱贫攻坚是最首要的民生工程。各地要强化使命担当，真正把脱贫攻坚作为重大政治任务和头等大事，按照“核心是精准、关键在落实、确保可持续”的要求，持之以恒抓好脱贫攻坚，力争明年实现70万贫困人口脱贫、1000个贫困村退出、6个贫困县摘帽。加强分类指导，注重精准施策，大力推进产业扶贫、搬迁移民扶贫、健康扶贫、就业扶贫等十大脱贫攻坚工程，加快教育、医疗、社保等民生配套，坚持扶贫与扶志、扶智并举，打好脱贫攻坚“组合拳”。健全精准脱贫的退出机制、核查机制、激励机制，确保实现脱真贫、真脱贫、不返贫。压紧压实责任，强化组织保证，切实增强贫困县党政正职“不脱贫不调整、不摘帽不调离”的思想自觉和政治定力，真正把责任扛在肩上、抓在手上，按照既定目标把脱贫攻坚战各项任务落到实处。

大力促进就业创业。就业是民生之本。坚持就业优先战略，实施更加积极的就业创业政策，重视抓好高校毕业生、复转军人、农村转移劳动力、城镇就业困难人员的就业创业，特别在产业结构调整、化解过剩产能过程中，妥善解决下岗职工分流安置，维护职工和企业的合法权益，促进失业人员平稳转岗就业。创业是富民之道。鼓励以创业带动就业，进一步完善创业扶持政策，加强创业服务平台建设，为创业者提供宽松便利的创业环境。改进公共就业创业服务，有针对性地提供创业指导、项目咨询和跟踪服务，切实提高劳动者创业能力。引导广大青年树立正确就业创业观念，加大创业扶持力度，帮助更多青年创业者施展才华、建功立业。

推进社会治理创新。平安是人民幸福安康的前提。确保社会大局和谐稳定，是全省上下的重要政治任务。要切实增强责任感紧迫感，把深入推进社会治理创新作为建设平安江西的重要途径，更加注重联动融合、开放共治，更加注重民主法治、科技创新，不断提高社会治理的社会化、法治化、智能化、专业化水平。进一步完善信访工作责任体系，依法分类处理信访诉求，努力将矛盾纠纷化解在基层和萌芽状态。运用好全国社会治安综合治理创新工作会议成果，紧紧围绕破难题、补短板，坚持统筹规划，狠抓机制改革，激发基层活力，不断提升社会治安防控体系效能。各级党委和政府要认真抓好社会治理创新工作，切实肩负起促一方发展、保一方平安的政治责任。

加强安全生产工作。丰城发电厂“11·24”特别重大事故，给予我们极其惨痛的教训。要深刻汲取事故教训，牢固树立安全发展理念，切实增强红线意识和底线思维，不断强化安全监管和防范举措，抓细抓实安全生产各项工作。狠抓安全生产责任落实，全面落实安全生产“党政同责、一岗双责”，从严落实部门监管责任和企业主体责任。坚持问题导向，聚焦薄弱环节，深入开展安全生产大检查，紧盯重点企业、重点部位、重点岗位，彻底排查各类隐患，切实堵塞安全漏洞，坚决遏制重特大安全事故发生，确保人民群众生命和财产安全。

三、加强和改善党对经济工作的领导，为经济社会发展提供坚强保证

习近平总书记指出，发展是党执政兴国的第一要务，

作为执政党，我们必须切实加强党对经济工作的领导，扎扎实实做好经济工作。各级党委要切实增强政治意识、大局意识、核心意识、看齐意识，切实把全面从严治党要求体现在党领导经济工作之中，确保中央各项决策部署落到实处。要主动适应新形势新任务，进一步转变观念、创新方法，加强和改善对经济工作的领导，创造性地开展工作，推动经济平稳健康发展。

（一）切实改进领导经济工作的方式。经济发展新常态对党领导经济工作提出了新要求。各级党委要深化对经济发展规律的认识，主动适应经济发展新常态，切实改进领导经济工作的方式，提高领导经济工作的能力和水平。加强经济运行调度。各级党委要完善定期研究经济工作机制，坚持每季度召开经济形势分析会，把握宏观经济政策和发展趋势，准确研判，科学决策，增强工作前瞻性和针对性。强化经济运行的监测，密切监控主要经济指标动态，准确把握经济发展态势。牢牢抓住工作重点。坚持从实际出发，善于抓住"牵一发而动全身"的工作，以重点突破带动全局发展。当前，特别是要围绕深入贯彻新发展理念、推进供给侧结构性改革、支持实体经济发展、实施创新驱动发展战略、促进产业转型升级、打好脱贫攻坚战等重点工作，强化措施、精准施策，切实提高工作的针对性和实效性。善于破解难点问题。坚持问题导向，加强调查研究，把握经济发展的主要矛盾和经济运行中的突出问题，找准解决问题的突破口和切入点，善于从政策、体制、机制等层面提出对策和措施，善于用改革的思维和创新的办法化解难题、突破瓶颈，推动经济持续健康发展。提高工作法治化水平。社会主义市场经济本质上是法治经济。要弘扬法治精神，增强法治观念，以法治思维谋划发展思路，以法治手段破解发展难题，确保沿着法治轨道推动经济发展。坚持依法决策，把公众参与、专家论证、风险评估、合法性审查、集体讨论决定等结合起来，提高决策的法治化规范化水平。坚持依法办事，决不能用超越法律法规的手段和政策来抓企业、上项目。加强政府诚信、企业诚信、公民诚信体系建设，为经济发展营造良好的法治环境。

（二）着力锻造真抓实干的工作作风。好的作风是做好工作的重要保证。各级领导干部要大力弘扬求真务实、奋发有为的工作作风，把干事创业谋发展作为最大责任，主动作为、攻坚克难，推动各项工作落到实处。进一步解放思想。解放思想是我们战胜困难挑战的重要法宝。各级领导干部要在其位谋其政，任其职尽其责，大胆探索，改革创新，敢闯敢干，打破陈旧观念、不合时宜的条条框框，打破循规蹈矩、按部就班的思维和行为定势，以新理念、新思路、新举措抓好经济工作，以思想大解放开创发展新境界。发扬担当精神。担当大小，体现着干部的胸怀、勇气，有多大担当才能干多大事业，尽多大责任才会有多大成就。要增强担当意识、铸就担当品格，敢于较真碰硬，敢抓敢管，坚决反对和克服遇到问题绕道走、有了矛盾往上交、对问题坐视不理、不敢坚持原则、做"老好人"的现象。面对供给侧结构性改革、精准脱贫等攻坚战，要勇于担当作为，敢于攻坚克难，咬定目标不放松，不达目的不罢休。狠抓工作落实。各级领导干部要把抓落实作为一种追求、一种自觉，脚踏实地，埋头苦干，干在实处，走在前列。对定下来的事情、部署了的工作都要一抓到底、务求实效。健全抓落实的机制，用科学严格的管理体系，提高工作效率，增强工作执行力，推动工作落实。强化抓落实的责任，细化、量化工作任务，做到责任主体明确、工作措施明确、完成时限明确，确保每一项工作有人抓、有人管、有人去落实。严格督促检查，强化跟踪问效，对重点工作和重大事项逐项逐件抓督查、抓执行，推动各项工作落地生根。

（三）充分调动干部干事创业积极性。一个地方的发展，干部是第一推动力。要加强干部队伍建设，完善干部考评激励机制，充分调动广大干部干事创业积极性。完善政绩考核评价机制。加强和改进干部考核评价工作，科学设置考核指标，让业绩可量化、好比较，让干部知道应该做什么、不该做什么，干好有动力、不干有压力。提高考核评价的科学性，完善绩效评估、民主测评等考核办法，全面客观公正地考评干部。强化考核结果运用，把考核结果与待遇、职位、荣誉等挂钩，真正使干得好的干部有奔头。完善正向激励机制。用人导向是激励干部的风向标。要坚持崇尚实干的用人导向，以实干论英雄、凭实绩用干部，注重在领导经济工作、应对复杂局面、推动创新发展、维护群众利益等方面，考察干部的政治素养、担当精神和工作实绩；注重从实践中发现、培养、选拔干部，让各级干部争当改革发展的实干家。坚持动真碰硬推进干部能上能下，把埋头苦干、默默奉献、攻坚克难的干部用起来，对不作为、乱作为的干部坚决"亮剑"，形成能者上、庸者下、劣者汰的用人导向。完善容错纠错机制。调动干部积极性，提升干部精气神，离不开组织的支持与保护。省委出台了关于支持、保护和激励党员干部改革创新、担当有为的意见，对建立核实保护机制、容错免责机制等作了明确规定，各级党委要切实抓好落实。要进一步完善容错纠错机制，宽容干部在工作中特别是改革创新中的失误，旗帜鲜明地为担当者担当、给改革创新者撑腰鼓劲，推动形成谋发展、勇改革、善创新的良好风尚。

同志们，做好明年经济工作，责任重大、意义深远。让我们更加紧密地团结在以习近平同志为核心的党中央周围，坚定信心、保持定力，攻坚克难、真抓实干，全力以赴做好明年经济社会发展工作，以优异的成绩迎接党的十九大胜利召开。

政府工作报告

——在江西省第十二届人民代表大会第七次会议上

省 长 刘 奇

（2017 年 1 月 16 日）

各位代表：

现在，我代表省人民政府向大会报告工作，请予审议，并请各位省政协委员和列席会议的同志提出意见。

一、2016 年工作回顾

刚刚过去的 2016 年，是“十三五”的开局之年，也是全面建成小康社会进入决胜阶段的第一年。面对错综复杂的国内外经济形势和艰巨繁重的改革发展稳定任务，在党中央、国务院和省委的坚强领导下，全省上下深入学习贯彻习近平总书记系列重要讲话精神，特别是对江西工作提出的“新的希望、三个着力、四个坚持”重要要求，坚持以新发展理念为引领，牢牢把握稳中求进工作总基调，实干为本、发展为先，统筹做好稳增长、促改革、调结构、优生态、惠民生等各项工作，较好完成了省十二届人大五次会议确定的目标任务，实现了“十三五”良好开局。

——经济保持稳步增长。全省生产总值 18364.4 亿元，增长 9%。财政总收入 3143 亿元，同口径增长 9.6%，其中一般公共预算收入 2151.4 亿元，同口径增长 8.7%。固定资产投资 19378.7 亿元，增长 14%。社会消费品零售总额6634.6 亿元，增长 12%。主要经济指标增速位居全国“第一方阵”。

——产业结构优化提升。粮食总产量 427.6 亿斤，实现“十三连丰”。规模以上工业增加值 7803.6 亿元，增长 9%，其中高新技术产业增加值增长 10.8%，占规模以上工业增加值的比重达 30.1%。服务业增加值占 GDP 比重突破 40%，三次产业结构进一步优化。

——发展动能加快转换。创新驱动能力增强，R&D 经费支出增加 25 亿元，占 GDP 比重为 1.1%。专利申请总量增长 65.9%，增幅全国第一；专利授权量增长 30.3%，增幅是全国平均水平的近 3 倍。互联网与各行业加速融合，电子商务交易额增长 40% 以上。大众创业、万众创新蓬勃开展，新登记市场主体增长 17.7%。新技术、新产业、新业态、新模式不断涌现，逐步成为经济增长的新引擎。

——民生福祉持续增进。城镇新增就业 55.2 万人，新增转移农村劳动力 59.9 万人，超额完成全年计划。居民消费价格总水平上涨 2%，控制在 3% 左右的调控目标内。城镇居民人均可支配收入 28673 元，增长 8.2%；农村居民人均可支配收入 12138 元，增长 9%，人民生活进一步改善。

过去一年，重点抓了以下工作：

积极应对经济下行压力，精准有效打出稳增长“组合拳”，有力促进全省经济平稳较快发展。大力帮扶实体经济，先后出台降成本优环境 80 条、20 条政策措施，积极开展入企帮扶，全年减轻企业负担 500 亿元以上。坚定不移抓项目、扩投资，一批重大基础设施、重点产业和社会事业项目加快建设，新开工亿元以上项目 2504 个，实际投资额增长 35.6%。促进民间投资健康发展，落地省级 PPP 项目 44 个，民间投资增长 9.8%，占全部投资比重达到 71.4%。实施“扩大消费十大行动”，促进消费稳定增长。深入推进服务业发展提速三年行动计划，服务业增加值增长 10% 以上。旅游业稳步发展，旅游接待总人次增长 23.5%，旅游总收入增长 37.1%。完善省产品出口促进机制，出口结构得到优化。

聚焦向改革开放要动力，坚定不移推进改革攻坚、扩大双向开放，有效拓展经济社会发展新空间。坚持把供给侧结构性改革作为经济工作主线，着力打好“三去一降一补”攻坚战，全面完成煤炭、钢铁去产能年度任务，商品住宅库存平均去化时间比 2015 年底减少 8.1 个月，金融风险防范扎实有效。以“三单一网”建设为载体，持续深化“放管服”改革，精简行政审批事项 32 项、其他权力事项 99 项，出台了行政权责清单管理办法；取消和调整行政审批中介服务事项 77 项，对依法保留的中介服务事项实行清单管理。全面推开营改增试点。率先在全国全面实行不动产统一登记。编制公布省本级工商登记后置审批目录、公共服务事项清单，启动实施“五证合一、一照一码”登记制度，群众和企业办事更加便捷。深化国有企业改革，江铜、旅游、招标等集团混合所有制改革取得实质性进展，江钨集团重组整合和省、市国有企业社区移交工作基本完成。余江国家农村宅基地制度改革试点工作全面铺开。基本完成农村土地承包经营权确权登记颁证工作。推进农业适度规模经营，规模以上农业产业化龙头企业销售收入增长9.3%。完成党政机关公务用车改革。财税金融、医药卫生等改革取得新成效，全面完成农村信用社银行化改制。积极对接融入国家"一带一路"、长江经济带和长江中游城市群建设，成功举办泛珠行政首长联席会、绿发会、瓷博会、药交会、赣港会、赣台会等活动，实际利用外资增长10.2%，引进省外资金增长12%，对外投资增长15%，开放型经济快速发展。

突出向创新创业要活力，多措并举推动大众创业、万众创新，全面激发经济发展新动能。建立创新型省份建设"1+N"政策体系，设立省"双创"投资引导基金支持创业创新，搭建创业孵化基地等平台221个，新增国家级创新平台和载体19个、高新技术企业376家。加大技术改造和设备更新力度，积极培育壮大战略性新兴产业，航空、新型电子产业主营业务收入分别增长20%、25%。全省规模以上工业企业突破1万家，境内外上市企业达到55家，新三板挂牌企业133家。全年新增贷款突破3000亿元，企业直接融资突破2500亿元，成功发行地方政府债券1054亿元，为经济发展提供了有力支撑。

统筹推进城乡一体化发展，大力加强基础设施建设、优化区域发展布局，进一步增强区域发展的协调性。赣江新区成功获批，成为中部第2个国家级新区；昌九一体化向纵深拓展，昌抚一体化加快推进，吉泰走廊发展迅速，赣南等原中央苏区主要经济指标增速高于全省平均水平，赣东北、赣西两翼发展活力增强。城乡基础设施不断完善，建成东乡至昌傅等12条高速公路，全省高速公路通车里程基本达到6000公里。建成武九客专江西段、上饶三清山机场。赣深客专等4条铁路顺利开工。大唐抚州电厂第二台机组、西气东输三线江西段等项目建成投运，统调电力装机突破2000万千瓦；全省500千伏主干电网形成大环网，线路突破4000公里。加强城市规划建设管理，在鹰潭、萍乡等9个市县开展"多规合一"试点，一批中心镇、特色镇建设稳步推进。全省城镇化率达到53.1%，提高1.48个百分点。扎实推进新农村建设，乡村面貌展现新景象。

注重向特色优势要竞争力，坚持不懈加强生态文明建设，稳步提升绿色发展新优势。成功纳入国家首批生态文明试验区。在全国率先实施全流域生态补偿，与广东省签署了东江流域上下游横向生态补偿协议。实施大气污染防治行动计划，全省空气质量保持优良。全面推行"河长制"，大力实施"清河行动"，新建改建污水配套管网1535公里，主要河流监测断面水质达标率88.6%。深入开展农业面源污染治理，基本建成农村生活垃圾收集、转运、处理体系，土壤环境质量得到有效改善。大力开展植树造林和低产低效林改造，完成植树造林208万亩、森林抚育560万亩。九江、鹰潭成功创建国家森林城市，吉安获批国家循环经济示范城市，萍乡海绵城市建设走在全国前列。加大节能减排力度，主要污染物减排完成年度任务，万元GDP能耗下降4.9%左右。加强环保执法，立案处理环保案件1765起，办结中央环境保护督察组交办的1050件群众信访件，要求整改的问题正在抓紧认真办理。创建首批60个生态文明示范基地，生态环境质量继续稳居全国前列。

坚持以人民为中心的发展思想，千方百计办好民生实事、发展社会事业，积极回应人民群众新期待。去年确定的50件民生实事全面完成，民生福祉得到提高。全力打好精准脱贫攻坚战，77万人实现脱贫，500多个贫困村退出，两个市（县）有望率先脱贫摘帽。尤其是井冈山市率先脱贫意义重大，彰显了党和政府让老区人民过上幸福生活的根本追求，也是对革命先烈最好的告慰。做好高校毕业生、就业困难人员等重点群体就业工作，城镇登记失业率3.35%，低于全国平均水平。城乡低保、退休人员基本养老金等标准进一步提高。棚户区改造开工17.1万套，保障性安居工程基本建成20.9万套，完成农村危房改造9万户，一大批住房困难家庭圆了安居梦。教育事业全面推进，42个县（区）义务教育均衡发展通过国家专家组认定。启动健康江西建设，整合城乡居民医保制度，免费救治贫困家庭大病患者14万例。全民健身活动扎实开展，妇女儿童、青少年工作取得新进步。南昌汉代海昏侯国遗址考古发掘和保护利用取得重大进展，新余市被列为国家公共文化服务体系示范区；成功举办纪念汤显祖逝世400周年活动，有力推动了江西文化走向世界。认真做好人防和拥军优抚安置工作，军民融合发展取得实效。以承办全国综治"南昌会议"为契机，深入推进平安江西、法治江西建设，社会保持和谐稳定。

着力加强政府自身建设，努力转变政府职能、改进工作作风，政府工作效率和服务水平得到提高。扎实开展"两学一做"学习教育，认真履行"一岗双责"，严格落实中央八项规定精神和国务院"约法三章"。深入推进法治政府建设，严格依法行政。全年提交省人大常委会审议的地方性法规草案10件，制定政府规章4件。狠抓政府执行力建设，严格督导追责问效。大力推进廉洁政府建设，认真做好中央巡视组"回头看"反馈意见的整改，集中整治和查处侵害群众利益不正之风和腐败问题，一批腐败分子受到惩处。

各位代表，过去一年，全省人民戮力同心，战胜各种困难和挑战，积极迎接省第十四次党代会召开，推动各项事业取得全面进步，成绩来之不易。这是党中央、国务院和省委坚强领导、科学决策的结果，是全省人民攻坚克难、砥砺奋进的结果，是社会各界关心支持的结果。在此，我代表省人民政府，向在各个岗位上贡献智慧、付出心血和汗水的全省人民，向各民主党派、工商联、无党派和社会各界人士，向驻赣人民解放军、武警部队官兵，向中央驻赣单位，致以崇高的敬意！向所有关心和支持江西发展的港澳同胞、台湾同胞、海外侨胞和国内外友好人士，表示衷心的感谢！

需向代表说明的是，受经济下行压力较大等因素影响，投资、出口、居民收入增长几个指标略低于预期目标。同时，我们也清醒地看到，经济社会发展还存在不少困难和问题，主要是：经济稳定运行的基础还不牢固，有效需求增长乏力，实体经济面临较多困难；创新发展能力不强，产业结构不优，经济转型升级任重道远；制约发展的体制机制障碍依然存在，全面深化改革还面临不少难啃的"硬骨头"；住房、教育、医疗等基本公共服务与人民群众期待还有差距；少数干部思想保守、理念落后、缺乏担当、落实不力，政府行政效能还有待进一步提高。特别是丰城发电厂"11·24"特别重大事故，造成严重的人民群众生命财产损失，我们深感痛心和愧疚。对于这些困难和问题，我们将以对党和人民高度负责的态度,不回避、不懈怠,采取更加积极、更加有效的措施,切实解决。

二、2017年主要工作

2017年是党的十九大召开之年,也是全面落实省第十四次党代会决策部署的第一年,做好政府各项工作至关重要。今年政府工作的总体要求是:以党的十八大和十八届三中、四中、五中、六中全会精神为指导,深入贯彻习近平总书记系列重要讲话精神和治国理政新理念新思想新战略,特别是对江西工作的重要要求,按照中央经济工作会议的部署,坚持稳中求进工作总基调,牢固树立和贯彻落实新发展理念,主动适应经济发展新常态,坚持以深化供给侧结构性改革为主线,强化创新驱动,狠抓改革攻坚,深化开放合作,着力扩大有效需求,着力振兴实体经济,着力培育壮大新动能,着力建设国家生态文明试验区,着力打好脱贫攻坚战,进一步改进政府工作,推动经济平稳健康发展和社会和谐稳定,奋力迈出决胜全面建成小康社会、建设富裕美丽幸福江西的坚实步伐,以优异成绩迎接党的十九大胜利召开。

今年全省经济社会发展的主要预期目标是:生产总值增长8.5%左右,财政总收入增长5%左右,一般公共预算收入同口径增长5%左右,规模以上工业增加值增长8.8%左右,固定资产投资增长13.5%左右,社会消费品零售总额增长11.5%左右,外贸出口增长1%左右,实际利用外资增长9%左右,城镇居民人均可支配收入增长8.5%左右,农村居民人均可支配收入增长9%左右,居民消费价格总水平涨幅控制在3%左右,城镇登记失业率控制在4.5%以内,节能减排完成国家下达的计划任务。

这些目标,贯彻了中央经济工作会议精神和省第十四次党代会的战略部署,与省"十三五"规划目标相衔接,并为供给侧结构性改革、实现发展动能转换留有空间。在工作中,我们将着力把握好五个方面:一是坚持做大总量与提升质量相统一。立足经济欠发达的基本省情,在促进经济转型升级、提质增效的同时,着力保持较快的经济增长速度。二是坚持优化供给与扩大需求相结合。深入推进供给侧结构性改革,创造有效供给,扩大有效需求,实现供求关系新的动态平衡。三是坚持改革创新与全面开放相促进。着力深化改革、强化创新、扩大开放,以改革激发新活力,以创新增强新动力,以开放拓展新空间。四是坚持生态文明建设与经济社会发展相协调。牢固树立保护生态环境就是保护生产力的理念,更加自觉地推动绿色、低碳、循环发展,切实提高经济社会发展的绿色化水平。五是坚持民生改善与发展水平相适应。着力推动人民生活水平、社会保障水平与经济发展水平同步提高,让人民群众日子过得更好更幸福。

今年的政府工作,重点抓好九个方面:

(一)推动供需两端共同发力,促进经济平稳增长提质增效。把牢稳中求进工作总基调,以创新供给带动需求扩展,以扩大有效需求倒逼供给升级,全力以赴稳定经济增长、提升发展质量。

着力扩大有效投资。加快建设一批事关发展全局的重大基础设施和产业项目,重点推进980个省大中型项目,总投资1.4万亿元左右,年度力争完成投资3600亿元以上。力争开工建设昌景黄铁路,续建昌吉赣客专等6个项目,建成九景衢铁路,全线开通武九客专;力争开工建设大广高速南康至龙南段改扩建、萍莲高速等4条高速公路;重点推进43个国省道改造大中型项目;开工建设瑞金机场、明月山机场扩建工程,续建赣州黄金机场、井冈山机场二期改扩建项目;推进一批省天然气管网项目;深入实施灾后水利薄弱环节补短板三年行动计划,开工建设四方井水利枢纽工程等一批项目;加快特高压电网发展。积极扩大先进制造业和现代服务业投资,重点推进366个大中型产业项目;开工建设一批重大农业和社会事业项目。着力提高政府投资的有效性,务实推进PPP项目,进一步激活民间投资。产权保护是开启民间投资的"金钥匙"。我们将不折不扣贯彻执行好《中共中央国务院关于完善产权制度依法保护产权的意见》,平等保护公有私有产权,让投资者安心、定心。

充分挖掘消费潜力。开展"增品种、提品质、创品牌"专项行动,增加高品质产品和服务的有效供给。增强无线网络、数字影音、电子穿戴、动漫游戏等信息产品供给能力,提高信息消费市场份额。落实新能源汽车税收优惠政策,推进汽车充电桩和高速公路快充网建设,促进节能环保汽车消费。推进"旅游+"融合发展,加快18个国家级全域旅游示范区创建工作,支持鹰潭国家旅游综合改革创新先行区建设,推动庐山西海、仙女湖等景区创建5A,促进旅游消费升级。支持兴办养老、健康、医疗等服务机构,加快建设上饶国际医疗旅游先行区,打造一批康养产业综合体,促进健康养生消费。实施"互联网+流通"行动计划,促进城乡网络经济与实体经济线上线下互动发展,全面带动城乡供给与消费。加强品质监管,强化商标、品牌、标准引领,健全消费者权益保护机制,加大对电信网络诈骗、市场价格欺诈的整治力度,维护良好消费环境。

努力稳定外贸出口。实施外贸优进优出战略,巩固提升传统出口优势,促进机电、高新技术产品出口和加工贸易创新发展。大力发展外贸新业态,重点促进文化创意、服务外包等服务贸易出口,支持南昌、赣州、九江、吉安等地争取国家跨境电商试点。扩大先进技术装备、关键零部件进口。推进区域通关一体化,实施国际贸易"单一窗口",创新口岸查验机制,强化省内口岸与沿海重点口岸的对接,推动国检监管试验区建设,加快宜春海关开关运行,支持九江出口加工区升级为综合保税区,让江西企业同步享受全球低成本资源和服务平台。

大力振兴实体经济。继续抓好降成本优环境专项行动,充分释放"100条"措施的政策效应。加大减税降费力度,开展贷款中间环节收费专项整治,有效降低企业要素成本和制度性交易成本,切实减轻企业负担,着力解决"脱实向虚"问题。大力推进"众创业、个升企、企入规、规转股、扶上市、育龙头、聚集群"。全面推进"财园信贷通",创新对实体经济特别是中小微企业支持方式,扶持优势龙头企业做优做强做大,打造"百年老店"。引导企业突出主业、强化管理、降本增效,培育和发扬"工匠精神",做精产品、做优服务,全面提升实体经济的综合竞争力。

(二)大力推进重点领域改革,增强经济社会发展活力。着力解决重点领域和关键环节的突出矛盾和问题,加

大改革攻坚力度,进一步激发市场活力和社会创造力。

深入推进“三去一降一补”。坚决淘汰落后产能,有序化解过剩产能。巩固钢铁行业去产能成果,今年全省退出煤炭产能153万吨。切实做好去产能涉及的人员安置、债务处置等工作。坚持“房子是用来住的,不是用来炒的”定位,分类调控、因城因地施策,重点解决部分设区市和县城房地产库存过多问题。严格控制各类高杠杆带来的金融风险,有效化解银行不良贷款,支持符合条件的企业开展市场化、法治化债转股,降低企业负债水平。加强政府性债务管理,强化全口径融资平台负债监测,防范地方政府债务风险。

深化“放管服”改革。加强行政审批目录和行政权责清单的动态调整,年内基本完成省本级行政审批标准化建设。推行乡镇权责清单制度,抓好市县公共服务事项清单编制和公开发布工作。按照“应上必上,全程在线”要求,推动省本级服务事项网上办理和窗口办理。大力推动相对集中行政许可权改革试点,启动第二批行业协会商会与行政机关脱钩试点。积极开展“一址多照”“集群注册”等改革。积极稳妥推进承担行政职能事业单位改革试点和从事生产经营活动事业单位改革。深化市场监管体制改革,深入推进信用监管,推动“双随机、一公开”监管模式全覆盖,推进基层监管规范化建设,让市场监管更加公正、更加透明。

深化国企国资改革。加快混合所有制改革试点工作,推进大型骨干国有企业及国有控股企业引入战略投资者;全面完成省属国有企业公司制改制;提高混合所有制改革覆盖面。健全国企国资审计监督制度,完善出资人监管权力和责任清单。深化省投资集团等国有资本投资运营公司改革试点,创新管理、评价和考核模式。加快剥离中央驻赣企业办社会职能,推进国有企业瘦身健体、提质增效,打造国有企业改革“江西样板”。

深化财税金融改革。实施省以下税收收入划分改革,推动省以下财政事权和支出责任划分改革,改进省级财政专项资金管理。加大对县乡财政转移支付的支持力度。推进国税、地税征管体制改革,健全税收共治格局。开展省本级政府采购网上商城建设试点。推进金融服务的多元化、便捷化和均等化,构建覆盖广、可持续的普惠金融服务体系。促进各类金融机构、金融业态聚集发展,推动江西银行上市和九江银行增资扩股,加快组建江西裕民银行、瑞京人寿等法人金融机构。支持政策性、开发性金融机构扩大政策性贷款投放。规范发展区域性金融要素市场,推进金融结算和供应链融资增信平台建设。推动投贷联动融资试点,培育发展私募投资基金,加强多层次资本市场建设。积极推动企业直接融资,今年争取新增境内外资本市场上市企业3-4家、新三板挂牌50家、江西联合股权交易中心挂牌1000家。积极推进“小贷银保通”业务模式试点。加快“险资入赣”,力争引入保险资金200亿元以上。

深化要素市场改革。实施输配电价改革。建立医疗服务价格动态调整机制。推进盐业体制改革,建立健全适合我省盐业发展的管理体制。力争完成省直事业单位和省属国有企业公务用车改革。推进市县(区)公共资源交易平台的整合,逐步将工程建设、政府采购、国土资源、国有产权、国有集体林权、医药采购以及排污权、碳排放权纳入统一交易范围,提高公共资源配置效率。

(三)深入实施创新驱动战略,加快新旧动能接续转换。集中力量和资源,培育壮大新经济业态,大力改造提升传统产业,实现新旧动能协同发力,形成新的经济结构和增长格局。

强化创新引领作用。深入推进创新驱动“5511”工程和重点创新产业化升级工程,实施10个左右省级重大科技专项和20个左右重点创新成果产业化项目。力争在新一代信息通信、新能源、新材料、智能制造等核心技术和关键技术创新上取得新突破,引领产业转型升级。加强创新型领军企业培育,支持民营企业和中小微企业创新活动,鼓励企业设立研发机构,新增高新技术企业200家以上。扎实推进军民融合发展,在航空制造、电子信息、稀土和钨新材料及应用、装备制造等领域,实施一批军民融合重大项目。以企业为主体,强化产学研结合,促进科研成果向现实生产力转化。深入推进大众创业、万众创新,鼓励支持众创、众包、众扶、众筹,实施一批“双创”示范引领项目。落实鼓励科技人员创新创业和以增加知识价值为导向的分配政策,开展“加大全社会研发投入攻坚行动”,切实提高R&D经费支出占GDP的比重。抓好特色型知识产权强省试点,加强知识产权创造、保护和运用。完善吸引人才、激发创新的体制机制,以产业为导向、企业需求为重点,大力培养引进科技领军人才、高层次管理人才和创新团队,深化科研成果激励和人才评价、举荐、流动等制度改革,让每一个愿创新、能创新的人,都能在江西这片土地上发展有机会、事业有舞台。

促进产业转型升级。深入实施工业强省战略,加快推进战略性新兴产业“倍增计划”和传统产业转型升级工程,打好企业技术改造、企业管理提升、工业园区功能完善提升“三大战役”,推动工业扩总量、优结构。积极对接“中国制造2025”,大力推动“互联网+”,深化制造业和互联网融合发展。以智能制造为突破口,抓好“万千百十”工程,推进个性化、定制化、柔性化制造,变“江西制造”为“江西智造”,推动产业迈向中高端。全面加强质量管理,实现以质取胜、质量兴省。重点推进南昌航空城、景德镇航空小镇、吉安桐坪航空小镇建设,培育发展低空经济;推进江铃纯电动乘用车、萍乡安源客车和紫金江发新能源汽车、赣州凯马新能源汽车整车、上饶汉腾汽车整车二期、北汽昌河洪源工厂等项目建设,打造全国新能源汽车发展示范区;推进南昌VR(虚拟现实)产业基地建设;支持新余、鹰潭申报“中国制造2025”试点示范城市。实施好企业技改“三千计划”,推进有色、石化、建材、纺织等传统优势产业技术改造,让“老产业”焕发新活力。大力发展现代物流、现代金融、信息技术服务、节能环保服务、中介服务等现代服务业,推动互联网、大数据、物联网等技术深度融入教育、医疗、文化等领域,形成更多新服务业态和商业模式。支持分享经济发展,推动制造产能、关键设备、检验检测认证、标准厂房等资源整合分享。大力发展工业设计,加快引进一批国家级工业设计中心。推进17个铁路物流基地、50个物流产业集群和传化智能公路港等建设,构建成本更低、速度更快、运量更大的物流“大动脉”。

强化创新要素保障和平台支撑。全面推进宽带基础设施建设，实施公共数据资源开放共享工程，逐步向社会开放交通、医疗、教育、资格资质等公共数据资源。打造数据平台，大力推进南昌、上饶、抚州大数据云计算项目建设，推进鹰潭电信普遍服务试点和窄带物联网试点。充分发挥江西省发展升级引导基金作用，探索采用母子基金"1＋N"模式，支持社会资本参与设立生物医药、新材料、新能源、航空、旅游等产业基金。支持商业银行设立科技型中小企业服务专营机构。争创鄱阳湖国家自主创新示范区。依托互联网打造开放共享的跨界融合创新平台，加快推进景德镇"陶溪川"陶瓷文化创意园、上饶创梦空间创业园、吉安创客空间、九江共青城青创空间等众创平台建设，抓好首批省级30个融历史、文化、产业为一体的特色小镇建设，推动创新研发、管理咨询、中试孵化、公共服务等向平台、园区和产业集群集聚。加快建立一批产业和创新联盟，新增科技协同创新体10家，提高创新研发、产业配套的组织化水平。

（四）持续扩大双向开放，打造内陆开放新高地。主动适应国际经济合作竞争新形势，更大力度推进高水平双向开放，培育开放发展新优势。

主动融入国家战略。深度参与"一带一路"建设，进一步完善区域、产业、平台布局，争取更多项目纳入国家重点项目库。深化与"一带一路"沿线国家基础设施、资源开发、制造业、农业、旅游等合作，加快推进中哈赣江工业园、华美食品马来西亚农业产业园等平台建设。加强与福建、深圳、武汉等地合作，集并"陆上丝绸之路"节点城市货源，开展铁海联运，力争实现赣欧班列常态化运行。支持赣州等城市打造联接"海上丝绸之路"与"丝绸之路经济带"的重要节点城市。推进南昌构建开放型经济新体制试点试验，打造扩大开放"制度高地"。出台我省长江经济带产业准入负面清单，支持九江沿江产业园创建长江经济带重要的承接产业转移示范区。落实国家"十三五"促进中部地区崛起规划，努力在中部率先绿色崛起。

加强区域开放合作。实施深度融入"长珠闽"行动计划，推动经贸合作与市场一体化建设。加快推进赣京合作，主动对接北京非首都功能疏解和产业转移，推动设立北京中关村（江西）科技园。支持赣州国家级加工贸易承接转移示范地建设，推进赣粤、赣浙、赣闽、赣湘、赣皖合作区建设，打造赣台合作发展示范区，在深化合作中实现互利共赢、共同发展。

统筹推动"引进来"和"走出去"。坚持引资引智引技并举，大力推动外企入赣、央企入赣、民企入赣和赣商回乡创业。精心办好首届世界赣商大会、赣港会、赣台会、瓷博会、药交会、外交部江西全球推介、中国500强企业高峰论坛等重大活动。推动我省优势产业"走出去"，精心打造"江西制造""江西建设""江西援外""江西走出去联盟"四张新名片，让"走出去"走得更稳、更宽、更远。

（五）加强区域统筹联动，推进多元支撑协调发展。着力增强发展的整体性、协调性，提升"龙头昂起、两翼齐飞、苏区振兴、绿色崛起"区域发展格局。

建设赣江新区引领龙头昂起。推进儒乐湖核心区产业新城建设，抓好"水陆空"无缝对接的综合交通枢纽等一批标志性工程。推动欧菲光摄像头模组、意中产业园等项目和平台入驻新区，培育一批优势特色产业集群，打造区域性功能总部与平台。全面复制推广自贸试验区改革试点经验，积极创建国家"双创"示范基地、绿色金融改革创新试验区。支持南昌新经济试点，开展"美丽南昌、幸福家园"三年攻坚行动，推动"三谷"建设，积极构建南昌大都市区，加快打造南昌核心增长极；深入推进九江沿江开放开发，加强沿江岸线资源保护开发利用，着力打造服务全省、辐射周边的航运中心；加快昌九、昌抚一体化进程，增强"龙头"区域辐射带动力。

增强内生动力助推苏区振兴。加快赣州新能源汽车科技城、中国稀金谷、电子信息产业带建设，促进国机汽车、东风汽车等项目落地，支持赣州打造省域副中心城市。抓好赣州市国家现代物流创新发展城市试点，推进抚州海西综合物流园等平台建设。大力支持吉泰走廊电子信息等优势产业发展，推进国家新型工业化吉安电子信息产业基地建设，打造全省重要经济增长带。

发展高铁经济促进两翼齐飞。推进上饶高铁经济试验区和沿线各市高铁新区建设，提前谋划"昌吉赣深"高铁经济带建设，加快形成以沪昆、京九为主骨架的高铁经济带。推进赣浙省际生态产业合作示范区、上饶国家加工贸易梯度转移重点承接地建设。加快萍乡经开区等循环化改造、城市矿产示范基地建设，支持宜春丰樟高循环区建设，推进赣西（新余）跨行政区转型合作示范区建设，支持"鄱余万都"等滨湖地区发挥优势加快发展，全面提升"两翼"发展水平。

统筹推进城乡建设。加快新型城镇化，推动城乡统一户口登记制度和城镇基本公共服务常住人口全覆盖，促进农业转移人口市民化，争取城镇化率达到54.4%。积极推进市县空间规划暨"多规合一"。发展装配式建筑。统筹城市地上地下建设，做好城市地下空间开发利用，重点实施一批城市地下综合管廊、公共停车场等项目；推进"海绵城市"建设，提升城市综合承载力。促进产业发展与城市功能融合，打造一批产城融合示范区。推进城乡基础设施同步设计建设、一体运营，提高"水电路气通信"等城乡联网和通达水平，实现全省村村通动力电。推动城市公共服务向农村延伸，促进城乡一体化发展。开展城乡环境整治专项行动，加大拆违治乱力度，促进城乡环境改善、整洁有序、美丽宜居。

（六）扎实推进农业现代化，提升农业农村发展水平。守住确保粮食生产能力不降低、农民增收势头不逆转、农村稳定不出问题三条底线，全面推进农业供给侧结构性改革，提升农业现代化水平。

提升农业综合生产能力。在稳定粮食综合生产能力的前提下，调整优化农业种植养殖结构，促进粮食、经济作物、饲草料三元种植结构协调发展，优化畜、禽、水产供给。深入开展"绿色生态农业十大行动"，建设高安巴夫洛等一批标准高、规模大、市场竞争力强的绿色农业生产基地。大力发展特色水果、设施蔬菜、茶叶、中药材等高效经济作物，抓好绿色林业和林下经济发展，加快发展特色水产业和草食畜牧业，提高农业资源利用率和综合效益。

提高农业现代化程度。深入实施"百县百园"工程，壮大75个农业产业集群，促进农业规模化现代化发展。推进农产品标准化生产、品牌创建、质量安全监管，进一步打响“生态鄱阳湖、绿色农产品”品牌，增加绿色有机优质农产品供给。加大农业科技投入，提高农业科技创新能力。研制、推广适宜我省地理和耕作模式的农业机械，提升农业机械化水平。推进“123 + N”江西智慧农业建设，做大赣农宝、供销e家等电商平台。推进“财政惠农信贷通”工作，扩大农业政策性保险覆盖面，构建省市县三级农业担保体系，使金融服务不脱农、多惠农。

创新农业农村发展体制机制。推进农村土地“三权分置”改革，促进土地有序流转，发展多种形式适度规模经营。加快推进农村集体资产股份权能改革试点，稳步推进13个试点县“两权”抵押贷款试点。推进农村经济与城镇经济融合互动，构建农业与二三产业交叉融合的现代产业体系，提高农业全产业链收益。抓好农村产权综合交易平台建设，统筹推进农村土地征收、集体经营性建设用地入市、宅基地制度改革试点，增强农村要素市场活力。积极培育农业产业化龙头企业，支持兴办农民合作社、发展家庭农场，鼓励发展村集体经济，促进农民持续增收。

扎实推进美丽乡村建设。大力实施“整洁美丽、和谐宜居”新农村建设行动，对2万个自然村组实施整治；启动“七改三网”建设，新改建农村公路8000公里；利用两年时间完成全省25户以上自然村水泥路建设。抓好农村生活垃圾和污水治理，全面整治农业面源污染。抓好500个示范村建设，全面加强农民建房规划管理，保护和修复农村自然景观，延续好乡村人文脉络，为后人多留些“根”的回忆。加强农村精神文明建设，充分发挥村规民约的教化、约束作用，依法打击邪教等非法宗教活动，倡导节俭文明的婚丧嫁娶行为，推动移风易俗，树立文明乡风。加强和创新农村基层治理。关心农村留守妇女、留守儿童、留守老人，让他们更多地感受到党和政府及社会的关爱和温暖。

（七）抓好生态文明试验区建设，持续增强绿色发展新优势。把握国家生态文明试验区建设机遇，推动形成绿色发展方式和生活方式，构建生态文明制度体系，提升绿色发展水平。

加强生态环境综合治理。统筹推进山水林田湖生态保护和修复，筑牢生态安全屏障。开展大规模国土绿化行动，推进森林质量提升工程，完成植树造林120万亩。划定并严守生态保护红线。切实抓好中央环境保护督察组反馈问题整改。持续向环境污染“开战”，加强大气污染防治，推进燃煤电厂超低排放和节能改造、重点行业脱硫脱硝改造，实施省内、省际大气污染联防联控，合力守护同一片蓝天。加强水环境综合治理，深入开展“清河行动”，加快推进48个县（市）和25个工业园区污水管网、鄱阳湖沿线20个建制镇污水处理设施及管网项目建设，年内坚决依法关闭和搬迁禁养区内的畜禽养殖场。全面启动土壤污染状况详查，加强土壤污染防治，开工建设2个以上危险废物处置中心。通过努力，稳步提升生态环境质量，让蓝天常驻、青山常在、绿水常流。

推动绿色低碳循环发展。强化绿色清洁生产、矿产等资源综合利用，推广节能环保新技术、新装备、新产品，构建现代绿色产业体系。强化水资源、土地资源、能源消耗总量与强度“双控”，实施全面节能行动、重点用能单位“百千万”行动，推进园区循环化改造、城市矿产、资源节约利用等试点工程。根据国家统一部署，细化和落实绿色产业指导目录，发展节能环保产业。大力发展绿色建筑、低碳交通，推进公共机构节能，倡导全民勤俭节约、绿色低碳、文明健康的生活方式。

健全生态文明制度体系。着力抓好山水林田湖系统保护与综合治理制度体系、最严格的环境保护与监管体系、促进绿色产业发展制度体系、生态文明绩效考核和责任追究制度等制度体系建设。配合国家做好省级地区绿色发展指数发布工作。启动省以下环保机构垂直管理体制改革。巩固完善五级河长组织体系，打造“河长制”升级版。完善自然生态空间监测体系。完善覆盖全省、统一规范的全流域生态保护补偿机制，实施好江西广东东江跨省流域生态补偿。开展自然资源统一确权登记试点。全面开展党政领导干部自然资源离任审计。切实加大环境执法监管力度，对一切环境违法行为做到“零容忍”。

（八）织密扎牢民生保障网，增强人民群众获得感。筹集财政性资金1400亿元，办好涉及群众切身利益的50件实事。

坚决打好精准脱贫攻坚战。深入推进十大脱贫攻坚工程，全年完成70万人脱贫、1000个贫困村退出、6个贫困县摘帽。加强分类指导，注重精准施策，大力推进产业脱贫，因地制宜培育一批能带动贫困户长期稳定增收的特色优势产业。有序实施易地扶贫搬迁安置，确保搬迁户愿意搬、能就业、有收入。严格做好兜底保障脱贫，统筹推进健康、教育等脱贫工作。全面落实农村贫困人口大病医疗商业补充保险政策，防止因病致贫返贫。对精准脱贫和摘帽贫困县进行严格评估考核、严格验收，坚决杜绝“数字脱贫”“虚假脱贫”。深入开展结对帮扶，鼓励和引导社会力量参与扶贫。注重精神脱贫，激发贫困群众脱贫的内生动力，决不“养懒汉”。

着力促进创业就业。广泛开辟就业创业和群众增收渠道。深入实施高校毕业生就业创业促进计划，支持农民工返乡创业，帮助就业困难群众就业。全年新增城镇就业45万人，新增转移农村劳动力50万人。全面落实国家创业担保贷款新政策，发放创业担保贷款100亿元。深化收入分配制度改革，完善最低工资标准调整机制，在增加城乡居民收入的前提下，努力缩小城乡收入差距。

完善社会保障体系。深入推进机关事业单位养老保险制度改革。完善国有农垦企业及其职工参加基本养老保险办法。加强农村低保与贫困户脱贫的衔接、医疗救助与大病保险衔接。探索城乡低保统筹、县域内困难群众住院先诊疗后付费机制。做好贫困家庭大病免费救治工作，提高贫困人口基本医保和大病保险待遇水平。大力推进异地就医即时结算，实现省内异地就医结算全覆盖。开展低保申报制试点，健全特困人员救助供养制度，全面开展“救急难”工作。倡导并促进慈善事业发展。全年改造各类棚户区24.23万套，完成国家下达的农村建档立卡贫困户等四类困难群体农村危房改造任务，切实改善困难群众住房条件。

（九）协调推进社会事业，维护社会和谐稳定。紧紧围绕人民群众需求，补社会事业短板，推动各项社会事业全面

进步。

优先发展教育事业。编制实施第三期学前教育行动计划，加大乡镇公办幼儿园建设力度，扩大普惠性幼儿园覆盖面。推进城乡义务教育公办学校标准化建设，推动义务教育均衡优质发展。开展普通高中学生综合素质评价试点，引导普通高中优质特色办学，逐步推进高中免费教育。推进民办学校分类管理，促进民办教育健康发展。大力推进产教融合，构建现代职业教育体系。深化创新创业教育改革，加强和改进新形势下高校思想政治工作，推进特色高水平大学和一流学科专业建设，促进高等教育内涵发展。

繁荣发展文化事业。加快建设文化强省，提升文化软实力。创新公共文化服务机制和方式，积极推进现代公共文化服务体系建设。深入挖掘利用江西历史文化资源，加强文物保护、管理和利用。推进南昌汉代海昏侯国遗址公园建设和景德镇御窑厂遗址保护。大力实施"文化＋"工程，促进文化与金融、旅游等深度融合，加快文化产业示范基地建设。推进新兴媒体和传统媒体深度融合。进一步深化文化体制改革，推进省文化演艺发展集团等公司组建。繁荣发展哲学社会科学、文学艺术、新闻出版、广播影视事业。深入开展全民阅读活动。推进第二轮修志，做好参事、文史、档案等工作。精心筹办汤显祖国际戏剧节，扩大江西文化影响力。

推进健康江西建设。全面推进公立医院综合改革，建立医疗、医保、医药"三医"联动工作机制，加强基层医疗服务能力建设，加快构建分级诊疗体系，改善群众就医体验。加强卫生防疫工作。大力发展大健康产业，积极发展中医药事业，建设好国家中医药综合改革试验区，启动建设中国中医药产业创新科技城，实施樟树"中国药都"振兴工程，培育壮大一批名医、名科、名院，加快打造中医药强省。健全食品药品质量安全监管和保障体系，大力推进全国食品安全示范城市创建和农产品质量安全县创建工作，全面治理"餐桌污染"，确保人民群众"舌尖上的安全"。抓好新形势下计划生育工作，做好妇幼保健和优生优育工作。完善全民健身基础设施及服务网络，办好环鄱自行车赛等重大赛事，促进群众体育、竞技体育、体育产业协调发展。加强对残疾人的关心关爱，做好困境儿童保障工作。推进省养老服务中心等项目建设，支持社会资本设立养老机构，增加公共养老服务供给，为老年人安享幸福晚年创造更多更好的条件。

加强和创新社会治理。全面推进法治江西建设，健全公共法律服务体系。推进信用江西建设，依法处置失信行为。扎实做好全省第十届村（居）委会换届选举工作。加强和改进信访工作，强化矛盾纠纷排查调处，提高预测预警预防各类风险能力。加强国家安全工作。深入推进平安江西建设，织密视频监控"天网"，健全立体化社会治安防控体系，提高社会治理法治化、社会化、智能化、专业化水平。深刻汲取丰城发电厂"11·24"特别重大事故惨痛教训，严格落实安全生产责任和制度，坚决遏制重特大事故发生，切实保障人民群众生命财产安全。

加强国防动员和后备力量建设，深化军民融合，做好人民防空和拥军优抚安置工作，支持国防和军队改革建设。支持法院、检察院工作。支持工、青、妇、红十字会等群团组织发挥更大作用。做好民族宗教、外事、侨务、地震、气象、测绘、地质、援疆等工作。

各位代表，完成经济社会发展目标，实现美好生活愿景，必须以改革创新精神加强政府自身建设，切实担当起加快全省改革发展的历史重任。我们坚决做到恪守为民施政，始终牢记人民群众是我们的衣食父母，时刻谨记自己是人民的公仆，多做让人民群众暖心的事，多说与人民群众贴心的话，以实际行动赢得人民群众的信任和支持。严格依法行政，加快法治政府建设，把政府工作全面纳入法治轨道，强化决策法定程序的刚性约束，健全公众参与、专家论证、风险评估、合法性审查、集体讨论决定制度，确保所有政府行为都于法有据，任何部门都不得法外设权。力行阳光理政，推动公共权力、公共资源、公共服务公开透明，完善政府新闻发言人和突发事件信息发布制度，畅通政府与公众互动渠道，及时回应社会关切，向群众说真话、道实情，始终让行政权力在阳光下运行。坚守清廉为政，认真落实党风廉政建设主体责任，严格落实中央八项规定精神和国务院"约法三章"，坚决打掉权力寻租空间，坚决铲除滋生腐败的土壤，坚决查处侵害群众利益的"害群之马"，让腐败分子没有藏身之地。全面从严治政，依法接受人大及其常委会的法律监督和工作监督，接受政协的民主监督，接受司法监督、社会监督和舆论监督，推进审计监督全覆盖。坚决履约守信，坚决杜绝"新官不理旧账"。强化绩效评估，严肃行政问责。政府每一个工作人员都要忠于职守、勤勉尽责、勇于担当、善谋实干，真正无愧于时代、无愧于人民、无愧于每一位革命先烈。

各位代表，立足新起点，展望新征程，我们深感使命光荣，责任在肩。让我们更加紧密地团结在以习近平同志为核心的党中央周围，在省委的坚强领导下，撸起袖子加油干，为决胜全面小康、建设富裕美丽幸福江西而不懈奋斗，以优异成绩迎接党的十九大胜利召开！

本栏编辑 游桃琴

大　事　记

1　月

4日　省长鹿心社主持召开第55次省政府常务会议，研究贯彻落实《中国制造2025》的实施意见，推动全省制造业发展升级；传达中央农村工作会议、全国政府秘书长和办公厅主任会议精神，研究相关贯彻落实意见；部署做好2016年经济社会发展重点工作。会议审定了《关于贯彻落实〈中国制造2025〉的实施意见》，原则通过《江西省人口与计划生育条例修正案（草案）》。

5日　全省首家水产院士工作站在鄱阳县鄱阳湖壹号渔业集团成立。

8日　在北京举行的国家科学技术奖励大会上，由南昌大学、晶能光电（江西）有限公司、中节能晶和照明有限公司共同完成的“硅衬底高光效GaN基蓝色发光二极管项目”获国家技术发明奖一等奖，实现江西省获国家技术发明奖一等奖“零”的突破。全省共12项重大科技成果获国家科学技术奖，获奖项目数为历史之最。

△　赣州市自然博物馆开馆试运营。该馆是中国华南地区首家综合性自然博物馆，由植物馆、恐龙馆、植物园、人与自然地球起源厅、藏品库等组成，集“科普教育、旅游服务、标本收藏、学术研究”等功能为一体。

8—10日　国务委员、公安部部长郭声琨在江西调研，并到南昌、吉安、赣州看望慰问基层优秀民警、伤残民警、英烈家属代表和公安现役官兵。省委书记强卫、省长鹿心社分别陪同调研。

11日　江西省与工信部在南昌签署深化战略合作协议，共同推动《中国制造2025》确定的战略任务、重点领域、重大工程等实施。省委书记强卫出席签约仪式，工信部部长苗圩、省长鹿心社代表双方签署协议。

13日　南昌至宁都高速公路冈上至宁都段项目、南昌至上栗高速公路建成通车。至此，全省高速公路通车总里程突破5000千米，达到5088千米。

15日　省委常委会召开会议，传达学习十八届中央纪委六次全会精神，研究江西省贯彻意见。会议审议通过《中共江西省委关于落实把纪律挺在前面要求的意见》，讨论了省政府拟提请省十二届人大五次会议审议的《政府工作报告》和《江西省国民经济和社会发展第十三个五年规划纲要》。

16日　第四届“万里茶道”与城市发展中蒙俄市长峰会在铅山县举行。来自“万里茶道”沿线蒙古、俄罗斯8个节点城市，7个国际组织，国内9个省43个节点城市330余名嘉宾参会。峰会为期3天。其间，还举办了第四届“万里茶道”与城市发展中蒙俄市长峰会高端论坛、“万里茶道”茶产品旅游商品博览会、“万里茶道”与城市发展中蒙俄市长峰会旅游分享会、“万里茶道”与城市发展中蒙俄市长峰会市长圆桌会议暨交接旗仪式和“万里茶道2016之行活动”启动仪式等活动。

19日　全国农产品质量安全监管工作会议在南昌召开，江西省副省长尹建业、农业部副部长陈晓华出席会议并讲话。

20日　省十二届人大常委会第二十二次会议表决通过《江西省人民代表大会常务委员会关于修改〈江西省人口与计划生育条例〉的决定》，这标志着全面两孩政策的配套规定在江西省正式实施。

21日　省统计局发布2015年江西省经济运行情况：全省实现生产总值16723.8亿元，增长9.1%，居全国第五位，比上年前移2位。

21—23日　中国共产党江西省第十三届纪律检查委员会第六次全体会议在南昌举行。全会的主要任务是学习贯彻十八届中央纪委六次全会和省委十三届十二次全会精神，回顾总结2015年全省纪律检查工作，研究部署2016年任务。会议审议通过周泽民代表省纪委常委会所作的《忠诚履行职责、把纪律挺在前面，深入推进江西风清气正政治生态建设》的工作报告。赣州市、南昌市、萍乡市、鹰潭市、吉安市、抚州市、省公安厅、省国安厅、省人社厅、省旅发委、省审计厅主要负责人在会上述责述廉并接受民主测评。省委书记强卫出席并讲话，省领导鹿心社、姚亚平、李炳军、朱虹等出席会议。

22日　江西电网统调最高负荷达1606万千瓦，创冬季用电负荷新高，接近2015年夏天创下的历史最高负荷1657万千瓦。

24—27日　省政协十一届四次会议在南昌召开。会议通过省政协十一届四次会议决议，省政协十一届四次会议关于提案初步审查情况的报告；补选姚亚平为十一届省政协副主席，王殿军、邝小平、刘金炎、杨兰根、徐毅、曾粮等为十一届省政协常务委员。

25—29日　省十二届人大五次会议在南昌召开。会议表决通过关于政府工作报告的决议、关于江西省国民经济和社会发展第十三个五年规划纲要的决议、关于江西省2015年国民经济和社会发展计划执行情况与2016年国民经济和社会发展计划的决议、关于江西省2015年预算执行情况和2016年预算的决议、关于江西省人大常委会工作报告的决议、关于江西省高级人民法院工作报告的决议、关于江西省人民检察院工作报告的决议、关于江西省生态文明先行示范区建设和生态环境状况报告的决议；补选葛晓燕为省高级人民法院院长，王建农、王晓春、甘筱青、刘小华、李友鸿、李春燕、沈建华、张玉印、龚绍林、傅小健、雷晓燕、谭文英为省人大常委会委员；表决通过省人大有关专门委员会人选名单。

2 月

1—3日　中共中央总书记、国家主席、中央军委主席习近平在中共中央政治局委员、中央政策研究室主任王沪宁，中共中央政治局委员、中央军委副主席范长龙，中共中央政治局委员、中央书记处书记、中央办公厅主任栗战书等陪同下，先后到吉安、井冈山、南昌等地，深入乡村、企业、学校、社区、革命根据地纪念场馆调研考察，就贯彻落实中共十八届五中全会精神和中央经济工作会议、中央扶贫开发工作会议、中央城市工作会议精神进行指导。习近平要求江西坚持用新发展理念引领发展行动，坚持做好农业农村农民工作，坚持把共享理念落到实处，坚持弘扬井冈山精神。希望江西主动适应经济发展新常态，向改革开放要动力，向创新创业要活力，向特色优势要竞争力，奋力夺取全面建成小康社会决胜阶段新胜利。

3日　国家知识产权局公布新一批国家专利运营试点企业的名单，南昌金轩科技有限公司入选。这也是江西省首家国家专利运营试点企业。

4日　全省首个园区流动中共党员服务中心——南昌昌东工业区流动党员之家揭牌，标志着园区流动党员有了自己的“家”。

9日　江西省确诊一例输入性寨卡病毒感染病例，这也是全国发现的首例寨卡病病例。根据国家卫计委和省委省政府的工作要求，江西省及时启动突发公共卫生事件应急响应机制，确保首例输入性寨卡病毒病疫情防控工作有力、有序、有效、有度开展。14日，首例患者痊愈出院。

16日　省委书记强卫主持召开省级“总河长”第一次会议，听取全省实施“河长制”工作情况汇报，审议《2016年“河长制”工作要点》及“河长制”省级相关制度。省长鹿心社出席会议并讲话。

17日　省委书记强卫主持召开省生态文明先行示范区建设领导小组第二次会议，听取各设区市2015年生态文明先行示范区建设情况汇报及2016年工作打算，审议《江西省2016年生态文明先行示范区建设工作要点和责任分工》。省长鹿心社出席会议并讲话。

22日　省长鹿心社主持召开第56次省政府常务会议，审议《关于深入实施创新驱动发展战略推进创新型省份建设的意见》《江西省重点创新产业化升级工程实施办法》《江西省创新驱动“5511”工程实施意见》，听取省政府部门行政审批中介服务事项清理规范工作情况汇报，通过《省政府部门保留的行政审批中介服务事项目录》《省政府部门取消和调整的行政审批中介服务事项目录》和《江西省行政权责清单管理办法》。

25日　全国关工委办公室工作座谈会在景德镇召开。第十届全国人大常委会副委员长、中国关工委主任顾秀莲出席并讲话，中国关工委常务副主任兼秘书长杨志海出席并主持会议。全国政协提案委员会副主任、省关工委主任傅克诚，省关工委第一副主任王峰出席。

29日　省委常委会召开会议，传达学习中共中央总书记习近平在党的新闻舆论工作座谈会上的重要讲话精神，研究江西省贯彻落实意见。省委书记强卫主持会议。

△　省委书记强卫、省长鹿心社等省委、省人大、省政府、省政协领导与省直机关、南昌市的干部群众550余人一起参加义务植树。

是月　省政府决定设立省供销合作产业发展基金，并由省财政首期安排1000万元支持设立产业基金。

3 月

1日　金税三期优化版在江西省国税系统启动，南昌市国税局征收局等4个单位首批试点运行。此举将实现国税、地税核心征管软件系统首次统一，实现涉税事项一网通办，避免纳税人“两头跑”。

△　省委党校、江西行政学院举行2016年春季主体班开学典礼，省委常委、省委组织部部长赵爱明出席并讲话。

2日　推进江西省生态文明先行示范区建设部省恳谈会在北京举行。省委书记强卫出席讲话，省长鹿心社主持会议。

△　由省政府主办的南昌汉代海昏侯国考古新闻发布会和考古成果展在北京首都博物馆举行。南昌汉代海昏侯墓实现中国汉墓考古多项突破，墓主人为第一代海昏侯、第二代昌邑王、第九位皇帝刘贺。刘贺墓迄今出土各类珍贵文物1万余件，数量之大、种类之多均创中国汉墓考古之最。

△　江西省南昌市总工会职工服务中心和江西省公安厅交通管理局高速交警总队吕凯分别被命名为“全国学雷锋示范点”和“全国岗位学雷锋标兵”。

△　全省4处湿地公园通过国家林业局试点建设验收，成为国家湿地公园。它们分别是修河源国家湿地公园、东江源国家湿地公园、药湖国家湿地公园、南丰傩湖国家湿地公园。至此，全省共有国家级湿地公园28处。

△　中国妇幼健康科技大会暨“首届妇幼健康科学技术奖”颁奖会在北京举行。省妇幼保健院李隆玉带领的科研团队研究的“40年农村地区低成本子宫颈癌筛查技术应用研究与效果评价”项目获二等奖。该科研项目率先采用“低成本”的方案开展子宫颈癌的早诊早治现场工作，在靖安县建立起全国第一个农村子宫颈癌防治研究现场，也是现存唯一一个子宫颈癌单病种研究基地。

3日　国务院印发《关于深化泛珠三角区域合作的指导意见》，推动泛珠三角区域合作向更高层次、更深领域、更广泛发展。泛珠三角区域包括福建、江西、湖南、广东、广西、海南、四川、贵州、云南9省（区）和香港、澳门特别行政区。

△　德兴市、新干县、宁都县、余江县获全国首批结合新型城镇化开展

支持农民工等人员返乡创业试点单位。

△ 井冈山大学附属医院医生李铁华等研究发现1例世界上首次报告的人类染色体异常核型。该核型被中国人类染色体异常核型数据库收存。

7日 中共中央政治局委员、国务院副总理马凯参加出席十二届全国人大四次会议的江西代表团审议政府工作报告，审查“十三五”规划纲要草案。

△ 江西省在全国率先出台行政权责清单管理办法——《江西省行政权责清单管理办法》。该办法共分18条。

9日 省委8个巡视组全部进驻27家被巡视单位。被巡视单位主要是大专院校和培训、科研单位。

10日 省消协公布2015年消费者投诉情况。全年县级以上消协共受理消费者投诉9378件，解决8854件，解决率94.41%，消费者免受经济损失1716.62万元。

△ 省国土资源厅出台服务全省贫困地区精准扶贫工作的9条措施，全力保障脱贫攻坚用地需求，允许贫困地区利用灾毁、废弃园地进行耕地开发，支持贫困地区矿产资源勘查开发利用。

13日 中共中央政治局常委、中央书记处书记刘云山到十二届全国人大四次会议江西代表团，与代表们共同审议慈善法草案修改稿和最高人民法院工作报告、最高人民检察院工作报告。

15日 省委书记强卫、省长鹿心社在北京看望参加全国两会报道的江西新闻工作者。

15—16日 全省扶贫和移民工作暨搬迁移民扶贫现场推进会在修水县城举行。会议的主要任务是贯彻落实中共中央总书记习近平关于扶贫开发工作系列重要讲话和视察江西时重要讲话精神，总结交流经验，研究部署2016年及“十三五”全省脱贫攻坚工作。

17日 江西省金融资产管理股份有限公司获省政府批复设立。该公司独立核算、自主经营、自负盈亏、自担风险、自我约束，是全省唯一一家可从事本区域内金融机构不良资产批量收购和处置业务的地方资产管理公司。

△ 江西、云南两省能源战略合作框架协议签约仪式在北京举行。省长鹿心社会见云南省省长陈豪并共同签约。

17—21日 由景德镇市政府、省文联、景德镇陶瓷大学主办，江西省瓷画艺术研究院承办的“道法自然——首届江西省瓷画邀请展”，在省文联艺术展览中心开展。

18日 省委常委会召开会议，审议通过省委学习贯彻中共中央总书记习近平对江西工作要求的决定，传达贯彻习近平在全国政协联组会上的重要讲话精神。省委书记强卫主持会议。

19日 江西体育彩票全民健身广场对市民开放。

20日 江西省贸促会与格鲁吉亚国家伙伴基金在南昌举行经贸合作协议签约仪式。省长鹿心社会见格鲁吉亚国家伙伴基金主席大卫·萨加涅利泽并见证签约。

△ 在玉山县举行的，为期8天的第二届中式台球世界锦标赛结束。共有来自29个国家和地区的360多名选手参赛。中国选手石汉青获男子组冠军，中国选手陈思明获女子组冠军。

21日 省委常委、常务副省长毛伟明率团访问英国和埃及。

22日 省委、省政府在南昌召开全省大众创业万众创新现场推进会。省委书记强卫、省长鹿心社出席并讲话，省委副书记刘奇主持。

△ 由省政府主办、抚州市政府和省文联承办的汤显祖逝世400周年纪念活动新闻发布会在北京举行，副省长殷美根出席并讲话。汤显祖逝世400周年纪念活动将分别在海外、北京和抚州举办系列活动。

△ 二十一世纪出版社与麦克米伦世纪出版国际有限公司在伦敦签署“深化战略合作联合声明”。省委常委、常务副省长毛伟明出席签约仪式并讲话。

24日 江西省通过公开招标方式发行第一批政府置换债券400亿元，其中一般债券293.2亿元，专业债券106.8亿元。

25日 省委理论学习中心组围绕“推进供给侧结构性改革”主题举行集体学习(扩大)会。强卫、鹿心社、刘奇、黄跃金等省委、省人大、省政府、省政协领导，省法院、省检察院主要负责人出席。省委常委、省委秘书长朱虹主持。

△ 省军区召开党委扩大会议。省委书记、省军区党委第一书记强卫出席并讲话。省委常委、省军区司令员张晓明宣读2015年度表彰奖励通报和通令。省军区政委杨笑祥主持会议。省军区党委常委方建华、罗晓东、陈平等出席会议。

27日 由南昌市政府、省体育局、省旅发委主办的2016第三届环鄱阳湖国际骑游大会，在南昌市新建区开幕。

28日 省政府召开全省防汛工作电视电话会议分析研判全省防汛和地质灾害防治形势，部署防汛减灾工作，确保全省安全度汛。省委书记强卫就做好防汛工作提出要求，省长鹿心社出席并讲话，副省长、省防总总指挥尹建业主持会议并作总结讲话。

△ 在收听收看国务院第四次廉政工作会议后，省政府紧接着召开第四次廉政工作会议。省长鹿心社强调要用改革的办法和法治的思维推进政府廉政建设。省委常委、省纪委书记周泽民等出席会议。副省长谢茹主持会议。

29日 省委书记强卫在上高县主持召开第七次企业月谈会，听取农业企业、合作社负责人及种粮大户对推进现代农业强省建设的意见建议。

30日 省长鹿心社主持召开2016年省机构编制委员会第一次会议。他强调要把牢纪律“红线”，守住总量“底线”，严格落实控编减编要求。省委副书记刘奇，省委常委、省委秘书长朱虹，省委常委、省委组织部部长赵爱明出席会议。

△ 省鄱阳湖生态经济区建设(昌九一体化发展)第五次领导小组会议召开。领导小组组长、省长鹿心社强调，全面对接融入国家战略，推动昌九深度融合发展。省委副书记刘奇主持会议，省领导龚建华、李贻煌、殷美根等出席会议。

31日 省委书记强卫在主持召开赣南等原中央苏区振兴发展工作领导小组第五次会议上强调要进一步兴起苏区振兴发展的热潮，以实实在在的成绩回报党中央。

△ 省长鹿心社在江西省参与“一带一路”建设和推动长江经济带发展领导小组第一次会议上强调要积极主动服务和融入国家发展战略，促进江西更高水平更高层次开放开发。

△ 省纪委下发《关于进一步深化全省“红包”治理工作的通知》。

△ 南昌市第一医院心胸外科成功为患者实施全省首例自主呼吸麻醉下单孔胸腔镜肺大疱切除术，该技术在全国属领先水平。

△ 九江市设立政府产业投资引导基金，基金总规模50亿元，首期5亿元，由政府独资，旨在促进九江经济结构调整和产业升级，实现经济社会转型发展。

4 月

1日 省委省政府加快中医药发展工作推进会在南昌召开。会议讨论了《关于加快中医药发展的若干意见》和《共建国家中医药综合改革试验区协议书》，研究建立中医药健康服务发展、中医药文化传承工作及中医药重点产业集群和重点企业发展三项重点工作推进机制。

△ 江西省第十二届人民代表大会常务委员会第二十四次会议通过《江西武夷山国家自然保护区条例》、新修订的《江西省水资源条例》《江西省人民代表大会常务委员会关于修改〈江西省实施《中华人民共和国煤炭法》办法〉等五件地方性法规的决定》《江西省人民代表大会常务委员会关于确定萍乡、新余、鹰潭市人民代表大会及其常务委员会开始制定地方性法规的时间的决定》《江西省人民代表大会常务委员会关于各设区的市人民代表大会常务委员会组成人员名额的决定》《江西省人民代表大会常务委员会关于县、不设区的市、市辖区人民代表大会常务委员会组成人员名额的决定》、省人大常委会代表资格审查委员会关于代表资格的审查报告，任命辜华荣为江西省审计厅厅长，免去王殿军的江西省审计厅厅长的决定。

2日 南昌市鄱阳湖农牧渔产业发展有限公司“新三板”挂牌上市，实现全省渔业企业上市“零”的突破，成为全国首家在“新三板”挂牌上市的水产淡水产品养殖与加工企业。

3日 省气象局发布雷电橙色预警信号。安义县金安福园墓区内4人撑伞扫墓时被雷击中，造成1死3伤。

5日 省政府在南昌召开专题会议，研究部署降成本、去产能等相关工作。省长鹿心社强调，要打好降成本、优环境、去产能的政策“组合拳”，持续推动全省经济稳定增长、提质增效。省领导毛伟明、李贻煌出席会议。

△ 南昌市湾里区、宜春市铜鼓县、景德镇市浮梁县被环保部命名为“国家生态县（市、区）”。

6日 江西省首部景区室内情景剧《大话龙虎山》在龙虎山景区测试演出。

△ 由江西日报社主办的第七届“江西魅力乡镇十强”推选结果公布：“江西魅力乡镇十强”特别奖是赣县江口镇。“江西魅力乡镇十强”分别是吉水县乌江镇、樟树市吴城乡、宁都县小布镇、吉安市青原区值夏镇、宜春市袁州区湖田镇、遂川县营盘圩乡、武宁县鲁溪镇、峡江县金江乡、上犹县梅水乡、丰城市曲江镇。

△ “1%工程放飞足球梦想”活动启动仪式在江西陶瓷工艺美术职业技术学院举行。全国人大常委会副委员长、民进中央主席严隽琪，省政协主席黄跃金，省政协副主席、民进江西省委会主委、“1%工程”基金理事会名誉理事长汤建人出席，并向农村学校的学生代表赠送标准足球。

6—7日 省委书记强卫围绕加快推进全省生物医药产业发展主题，在企业和高校开展的专题调研，主持召开第八次企业月谈会，听取相关企业负责人意见建议。省领导朱虹、龚建华、谢茹、李贻煌陪同调研或参加座谈会。

7日 省委文明委召开2016年第一次全体会议，省委书记强卫出席并讲话。他强调，全省精神文明建设要围绕“在弘扬井冈山精神上走在前列”这条主线，推动全省精神文明建设不断取得实实在在的成效。省长鹿心社主持。

8日 省扶贫开发领导小组会议在南昌召开。省长鹿心社强调，要坚决打赢精准脱贫攻坚战，努力打造全国脱贫攻坚样板区，真正实现在脱贫攻坚上领跑。省委副书记刘奇，省委常委、常务副省长毛伟明出席会议并讲话。副省长尹建业主持会议。

8日 安远县城北工业园中国供销赣南脐橙交易中心项目开工建设。项目是央企入赣的重大项目，总投资8亿元，占地面积32.67公顷。项目建成后，安远可成为全国最大的赣南脐橙集散交易中心。

10日 江西省省直机关公车改革取消车辆首场拍卖会在南昌市国际展览中心举行，100辆公车拍卖总成交额527.5万元。

11日 商务部副部长张向晨率团访问纽约期间，带领江西、北京、上海、云南、浙江、江苏6省（市）与纽约州建立“中国省与美国纽约州贸易投资合作联合工作组”，并与纽约州副州长共同签署成立工作组谅解备忘录。江西省作为首批中方成员单位加入该机制。

12日 省委理论学习中心组举行集体学习（扩大）会，就“保险业改革与发展”进行专题学习。强卫、鹿心社、黄跃金等省委、省人大、省政府、省政协领导，省法院、省检察院主要负责人出席会议。省委常委、省委宣传部部长陈俊卿主持。会议邀请中国保监会党委书记、主席项俊波作辅导报告。

△ 江西省与俄罗斯彼尔姆边疆区在南昌签署建立友好省区关系意向书。省长鹿心社和彼尔姆边疆区州长巴萨尔金共同签署意向书，并出席彼尔姆边疆区经贸推介会。

13日 江西省长江兴铁产业基金签约仪式在南昌举行。省长鹿心社会见中国光大集团执行董事、副总经理吴少华和中国华信总裁陈秋途一行。省委常委、常务副省长毛伟明参加会见并出席签约仪式。

△ 2016中国国际电子商务博览会在浙江义乌落下帷幕。博览会公布全国“十佳电子商务园区”榜单，位于赣州市南康区的江西光明电子商务创业孵化园成为江西唯一获此荣誉的电商园区。

14日 省长鹿心社主持召开第57次省政府常务会议，学习贯彻中共中央总书记习近平重要批示精神，部署加强生态环境保护和降成本优环境等工作。

15日 省长鹿心社主持召开第

58次省政府常务会议,传达学习国务院总理李克强重要批示精神,部署做好防汛和下一步工作。

17日　著名国画家吴东魁为省南昌市新建区、鄱阳县、崇义县、宁都县等县(区)的6所小学捐赠150万元和一批画作、书籍。

18日　江西省"千企帮千村"精准扶贫行动启动仪式在南昌举行。省委书记强卫、省长鹿心社提出明确要求。省委常委、省委统战部部长蔡晓明出席会议并讲话,副省长尹建业出席。会上,40家民营企业与受帮扶的40个贫困村签订结对帮扶协议。

19日　省委召开全省"两学一做"学习教育动员部署会,学习贯彻中共中央总书记习近平关于"两学一做"学习教育重要指示和全国"两学一做"学习教育工作座谈会精神。省委书记强卫出席并讲话,省委副书记刘奇主持会议。

△　省委常委会召开会议,传达学习中共中央总书记习近平关于文物工作重要指示,研究下一步经济工作。省委书记强卫主持会议。

△　江西赴利比里亚维和警队12名队员全部被授予联合国和平勋章。

21日　江西省科技馆向社会公众免费开放。

23日　由省新闻出版广电局、省直机关工委、江西日报社等8家单位联合主办的"书香赣鄱"全民阅读宣传月系列活动之一:"书香赣鄱·世界读书日经典诵读"活动在南昌滕王阁举行。

24日　省委宣传部、省委网信办召开全省宣传、网信系统专题学习会,学习贯彻中共中央总书记习近平在网络安全和信息化工作座谈会上的重要讲话精神,部署全省网络安全和信息化工作。

25日　省长鹿心社主持召开第59次省政府常务会议,研究部署深化国企改革、全面扩大开放和生态空间保护红线区划等工作。

25—26日　国务委员王勇在江西调研国有企业改革发展。他强调,要以深化改革为动力,以供给侧结构性改革为主攻方向,全力打好提质增效攻坚战。省委书记强卫、省长鹿心社陪同调研。

26—27日　全省旅游产业发展大会在鹰潭市龙虎山举行。省委书记强卫到会并讲话,他强调,要进一步做大旅游品牌效益、集群效益、综合效益,奋力冲刺旅游强省全国前十强。省长鹿心社到会并讲话,省领导朱虹等出席,副省长殷美根主持会议。

27日　大唐抚州电厂全面竣工,正式投产发电后转为商业化运营,这是全省首个投产的百万千瓦级电厂。

28日　全省精神文明建设工作表彰大会在南昌举行。省委书记强卫出席并讲话。会议表彰了全省第五届省级文明城市、文明村镇和第十四届省级文明单位。省长鹿心社主持。

△　江西省与苏宁控股集团签署战略合作框架协议。省委书记强卫、省长鹿心社在签约前会见苏宁控股集团董事长张近东一行,省领导朱虹、刘昌林出席签约仪式。

29日 省委常委会召开会议,传达学习网络安全和信息化工作座谈会、全国宗教工作会议等精神,研究江西省贯彻落实意见。省委书记强卫主持会议。

△　全省安全生产工作会议在南昌召开。会议深入学习贯彻中共中央总书记习近平、国务院总理李克强关于安全生产的重要指示和全国安全生产电视电话会议、安全生产工作会议精神,总结"十二五"时期全省安全生产工作,研究部署"十三五"时期重点工作安排。省委书记强卫对加强安全生产工作提出了要求,省长鹿心社出席并讲话,副省长李贻煌主持会议。

是月　江西省印发《关于开展农村留守儿童摸底排查工作的实施方案》。从4月初到7月底,在全省范围内开展一次农村留守儿童摸底排查工作,以建立留守儿童信息库。

4—11月　由省政府主办,省体育局、省体育总会承办的江西省第五届全民健身运动会在全省举行。4月以来,全省各级党委、政府以"健康江西动起来"为主题,开展形式多样的全民健身活动,上千万人次参加、参与。四年一届的全省全民健身运动会是江西省在全国首创的群众性体育品牌赛事。

5　月

1日　江西省第十二届人大常委会第二十四次会议审议通过《江西武夷山国家级自然保护区条例》,5月1日起正式施行。这是江西省首部自然保护区管理地方法规,为自然保护区的保护、管理、执法及利用等方面提供重要法律依据。该条例以武夷山国家级自然保护区名义出台,但该条例明确规定,马头山、九连山、官山、九岭山4个国家级自然保护区参照执行。

3日　由中国江西国际经济技术合作公司承建的援加纳海岸角体育场项目启用。项目占地面积10公顷,总建筑面积1.58万平方米。这是迄今中国对加纳最大的援外项目。

4日　省文联、团省委、省美术家协会主办的第九届江西省青年美术作品展览,在省文联艺术展厅开展。全省青年美展创办于1998年,每两年举办一届。此届展览共有400余件作品

4月23日,由江西国际公司承建的中国政府援加纳海岸角体育场项目移交加纳政府

中国江西国际经济技术合作公司供稿

入选展览，其中7件作品获一等奖。作品种类涵盖国画、油画、版画、雕塑、水彩粉画、壁画、漆画、陶艺、艺术设计等，题材内容丰富，表现形式多样。首批展品5月4日至11日在省文联艺术展厅展出，第二场展会于5月10日至17日在南昌美术馆展出。

6日 省委书记强卫、省长鹿心社在南昌会见中国农业发展银行党委书记、董事长解学智一行。

△ 联合国驻塞浦路斯维和部队在塞浦路斯首都尼科西亚为中国、澳大利亚等7个国家赴塞浦路斯维和的16名维和警察举行授勋仪式。授勋仪式上，3名中国赴塞浦路斯维和警队队员被授予联合国和平勋章，其中两名来自江西，他们分别是南昌市公安局指挥中心的罗飞和景德镇市公安局出入境管理处的欧阳毅。

7日 省政府与国家中医药管理局在南昌签署《共同推进中医药发展合作框架协议》和《共建江西中医药大学协议》。

8日 第三场省直机关公车改革取消车辆拍卖会开槌，132辆公车被拍卖。本场拍卖会参拍车辆评估总价及起拍价总价为235.8万元，总成交价为479.9万元，总溢价率为103.52%。其中，一辆丰田皇冠轿车以12.7万元成交，成为全场“标王”，远远低于前两次“标王”价格。

9日 第15届赣港经贸合作活动——“金融·资本·绿色发展”合作交流会在香港会展中心举行。活动共举行3天，洽谈合作项目105个，签约投资总额103.02亿美元。

10日 国务院办公厅公布18处新建国家级自然保护区名单，婺源森林鸟类自然保护区入选国家级自然保护区，这是此次江西省唯一入选的国家级自然保护区。至此，全省共有15个国家级自然保护区。婺源森林鸟类自然保护区总面积1.30万公顷，以森林鸟类及其生存环境为主要保护对象，保护对象主要为蓝冠噪鹛、白腿小隼、中华秋沙鸭、白颈长尾雉、黄腹角雉、鸳鸯等珍稀鸟类种群及其栖息地。

12日 中共江西省委书记强卫在南昌会见中国国民党荣誉副主席蒋孝严及全国台企联副总会长、台湾桦达国际安养集团董事长曾新慧一行。

△ 省政府发布公报，公布《江西省人民政府关于调整九江市部分行政区划的通知》。

△ 第八个全国防灾减灾日，江西省应急广播授牌仪式在省广播电视台举行。2月，省政府下发《江西省人民政府办公厅关于指定江西交通广播为江西应急广播的函》，指定江西交通广播为江西应急广播，并纳入江西应急体系。应急广播是在发生重大自然灾害、突发事件、公共卫生与社会安全危机时，政府向公众发布权威信息的专用通讯渠道。作为突发事件应急处置广播频率，江西交通广播承担为公众提供应急广播公共服务的功能，将以“江西应急广播”的呼号播出省政府的权威信息，承担起发布预警、发布政令、组织动员、普及知识、引导舆论、稳定人心的重要作用。同日，“江西应急广播”新媒体平台同步上线。

12—16日 第十二届中国（深圳）国际文化产业博览交易会在深圳会展中心举行。江西主展馆围绕“红、古、绿”三色江西，突出“文化、科技、创新、共享”理念，充分展示全省“文化+科技”“文化+创意”“文化+旅游”等产业发展的最新成果。中共中央政治局委员、中央书记处书记、中宣部部长刘奇葆出席开幕仪式，并到江西展区参观指导。经文博会评审委员会研究决定，共有110家单位获优秀组织奖，212个单位获优秀展示奖。江西展团获得“优秀组织奖”和多项“优秀展示奖”。

13日 由省政府批准、省农业厅主办的2016年江西（上海）茶业博览会，在上海国际农展中心举行，包括“四绿一红”“江西茗茶”在内的115家省内茶叶生产企业参加。

△ 2016年全国田径大奖赛第三站的比赛进入第二个比赛日，江西省运动员陈华琳在女子短跑100米项目上，跑出11.91秒，创造个人最好成绩，获得金牌，成为新科百米女飞人。

16日 科技部公布2015年创新人才推进计划入选名单，江西省共8人入选。其中，南昌航空大学罗旭彪、南昌大学聂少平入选中青年科技创新领军人才；江西晨光新材料有限公司丁建峰、萍乡市德博科技发展有限公司杨启清、江西国燕高新材料科技有限公司张海兵、朝阳聚声泰（信丰）科技有限公司郭桥生、江西荣和特种消防设备制造有限公司涂建新、萍乡市慧成精密机电有限公司黄若入选科技创新创业人才。

17日 第八届中国国际警用装备博览会在北京举行，江西省中航工业昌飞、中国直升机设计研究所等航空企业、科研机构组团参展，其中昌飞AC311、AC313型警用直升机获8架订单。

18日 中国科协表彰494名第七届“全国优秀科技工作者”，江西农业大学猪遗传改良与养殖技术国家重点实验室研究员（二级）任军，南昌大学食品学院院长、教授刘成梅，江西中医药大学灸学院院长、教授、主任医师陈日新，南昌大学第一附属医院副院长、主任医师、二级教授刘季春，江西理工大学二级教授廖春发5人获此荣誉。

△ 省委书记强卫在南昌会见党主席彼得·古德费洛率领的新西兰国家党代表团。

20日 瑞昌市公用码头岸电系统启用，这是全省公用码头首个大型岸电项目。

23—24日 中共中央政治局常委、国务院副总理张高丽在江西调研并召开座谈会，听取江西经济社会发展、供给侧结构性改革情况汇报。

24日 由中国作家出版集团、人民文学杂志社、省文联、省作协和赣州市委宣传部联合举办的第三届革命历史题材文艺创作研讨会在宁都举行。全国50多位作家、评论家参会，探讨革命历史题材文艺创作规律，总结革命历史题材创作形成的经验，探寻革命历史题材文艺创作的未来方向和发展机遇。

27—30日 以国家发改委副主任张勇为组长的国务院促进民间投资专项督查组到江西督查。

30日 庐山市举行成立大会。庐山市人民政府驻南康镇紫阳南路45号。庐山市由省直辖、九江市代管。设立后的庐山市，人口26.79万人，面积734.1平方千米，下辖10个乡镇，基本把涉及庐山山体的所有景区划归庐山市管理。

31日 江西省巾帼志愿服务协会在南昌成立。会议选举产生巾帼志愿服务协会第一届领导班子以及理事、常务理事，选举南丁格尔奖获得者邹德凤担任协会会长,聘请"老阿姨"龚全珍为名誉顾问。

△ 500千伏抚州至红都线路工程投运,这是省内最长的500千伏线路工程。该工程2015年4月28日开工,线路全长246.5千米,铁塔574基,途径抚州、赣州2市8县,总投资5.42亿元。它的投运,构建了江西南部500千伏环网。

6 月

1日 景德镇市政府与中航工业昌河飞机工业(集团)有限责任公司直升机通航合作首航仪式在该市罗家机场举行,双方共同签署景德镇直升机通航合作协议,标志着景德镇成为江西省首个与企业联合开展直升机通航活动的城市。

△ 鄱阳县鄱阳湖水域再次发现国家一级水生保护动物中华鲟,这是该县年内第三次在鄱阳湖水域发现中华鲟踪迹。经渔政执法人员观察,中华鲟体长约1.5米,重约11千克,身体呈梭状,皮肤表面呈灰白色,没有受伤,非常健康。

1—5日 省摄影家协会策划主办的"精灵之魅——江西省首届微距摄影作品展"在省文联展览中心举行。

5日 为纪念毛泽东"发展体育运动,增强人民体质"题词暨长征胜利80周年,全国2016年"发展体育运动,增强人民体质,同心共筑中国梦"全民健身活动在瑞金市启动。

5—6日 由国家发改委、外交部、湖北省政府主办,江西等中部其他5省政府协办的中国中部国际产能合作论坛暨企业对接洽谈会在武汉市举行。江西省委常委、常务副省长毛伟明率团出席并发表题为《深化国际产能合作 实现互利共赢发展》的主旨演讲。江西国际公司、江西中煤建设、正邦集团等24家江西企业参加此次活动。其间,江联重工与三菱商事(中国)等4个合作项目签约。

6日 国务院批复同意设立江西赣江新区。赣江新区是中部地区第2个、全国第18个国家级新区,范围包括南昌市青山湖区、新建区和九江市共青城市、永修县的部分区域,规划面积465平方千米。7月4日,《江西赣江新区总体方案》经国务院同意,正式印发。10月20日,赣江新区成立揭牌。

△ 九江港瑞昌港区华中国际木业有限公司木材专用码头工程使用长江港口岸线获交通运输部批复,项目建成后可填补九江港没有木材专用码头的空白,也是长江中上游唯一的木材专用码头。华中木业木材专用码头拟建3个5000吨件杂货泊位,设计年通过能力234万吨,使用长江岸线360米。

7日 省政府与中国长江三峡集团公司能源战略合作签约仪式在北京举行。根据协议,双方就共同推动白鹤滩至江西输变电线路建设,开展新能源开发、电力体制改革等方面合作,将江西打造成三峡集团新能源创新发展示范基地。

7—8日 省十二届人大常委会第二十五次会议在南昌举行。会议表决通过《江西省人民代表大会常务委员会关于修改〈江西省立法条例〉的决定》《江西省人民代表大会常务委员会关于批准〈南昌市电动自行车管理条例〉的决定》《江西省人民代表大会常务委员会关于批准〈南昌市低碳发展促进条例〉的决定》《江西省人民代表大会常务委员会关于批准〈南昌市人民代表大会常务委员会关于废止《南昌市城市房屋拆迁管理办法》的决定〉的决定》《江西省人民代表大会常务委员会关于批准〈南昌市人民代表大会常务委员会关于废止《南昌市劳动力市场管理条例》的决定〉的决定》等决定。

8日 江西海外农业投资联盟大会在南昌成立,标志着江西省农业对外开放迈出更加坚实的步伐。

12—14日 全国政协副主席、民盟中央常务副主席陈晓光率国家特邀国土资源监察专员考察团,到赣调研稀土资源开发利用管理工作。调研期间,陈晓光一行听取了稀土开发利用管理相关情况的汇报,并到龙南、安远等地,实地了解稀土开采、深加工、矿区原地浸矿工艺、国家规划矿区视频监控系统、压覆稀土资源回收、废弃矿山环境治理等情况。在14日召开的考察意见交流座谈会上,9位国家特邀国土资源监察专员从各自专业角度,对下一步改进稀土资源开发利用和保护提出意见和建议。

16日 国家卫计委办公厅、民政部办公厅联合印发《关于确定第一批国家级医养结合试点单位的通知》,江西省南昌市和赣州市成为首批国家级医养结合试点单位。

17日 中国红十字会主办、省红十字会承办的第六届海峡两岸红十字博爱论坛江西交流活动在南昌举行。来自北京、台湾、福建、江西的近100名红十字志愿者、工作人员及其他公益组织的志愿者、专家学者参会,就造血干细胞捐献、红十字应急救护培训、老年介护培训、红十字志愿服务、红十字水上救援等工作进行交流探讨。

19日 江西省与中国电信集团公司在南昌签署合作框架协议。副省长李贻煌与中国电信集团公司副总经理高同庆代表双方签署合作框架协议。根据协议,江西省支持中国电信参与江西"互联网+"行动,中国电信把江西作为全国业务布局和发展的重点区域,双方合力推动移动互联网、云计算、大数据、物联网等技术和资源在江西经济社会各领域的全面应用。

20日 省委书记、省人大常委会主任强卫在南昌会见赤道几内亚共和国众议院议长高登西奥·穆哈巴·梅苏。

21日 "2016年中国十大古道"评选结果发布,婺源古道荣登榜首。婺源古道被誉为最美森林古道,是展现森林生态资源的完美走廊,古今修葺和保护措施堪称典范。

22日 江西省政府和格鲁吉亚国家伙伴基金在格鲁吉亚首都第比利斯共同举办"中国江西-格鲁吉亚经贸合作推介会"。副省长刘昌林出席推介会并作主旨演讲,格鲁吉亚第一副总理、经济与可持续发展部部长库姆西什维利、格鲁吉亚国家伙伴基金主席大卫·萨加涅利泽出席推介会并先后致辞。推介会上,江西铁路投资集团公司与格鲁吉亚国家伙伴基金、江西省贸促会与格鲁吉亚商业协会分别签署合作协议。

23—24日 国家企业信用信息公示系统(江西)通过验收,江西成为全国第一个通过国家工商总局验收的省份。国家企业信用信息公示系统(江西)已收集全省各相关部门的20大类行政审批和行政处罚等数据500

多万条，以及登记备案信息400多万条，基本实现主要监管执法部门涉企信息归集。

24日　交通运输部公布“十二五”绿色交通省（城市、公路、港口）等示范项目考核验收结果，昌樟高速公路改扩建工程验收结果评定为优秀等级，列为“绿色公路”示范项目。这是江西省第一条绿色循环低碳主题性示范路。

25—27日　为加快推进实施“一带一路”倡议，应哈萨克斯坦克孜勒奥尔达州州长古舍巴耶夫的邀请，副省长刘昌林率团访问哈萨克斯坦。26日，中国江西－哈萨克斯坦克孜勒奥尔达州经贸合作洽谈会举办。洽谈会上，省政府与克孜州签署建立友好省州意向书，省贸促会与克孜州工商联签署经贸合作协议，江西省企业签署了11个项目合作备忘录或协议，投资总额超过10亿美元。

26日　第十届“中国医师奖”颁奖大会在北京国际会议中心举行，江西省儿童医院新生儿外科主任黄金狮作为第十届“中国医师奖”全省唯一获奖者，代表江西登上中国医师行业最高奖项的领奖台。

△　中国（南昌）虚拟现实（VR）产业基地新闻发布暨创新孵化中心签约大会在红谷滩新区举行。

27日　应台湾新北市文化教育交流协会邀请，江西省歌舞剧院原创五幕民族歌剧《回家》2016年宝岛台湾10场巡演的首场演出，在台北松菸文创诚品表演厅进行，400多名台北观众现场观看。

△　在全国第三届国土资源节约集约模范县（市）表彰会上，玉山县获全国国土资源节约集约模范县。

△　中国南方稀土集团通过组建验收。

28日　中共中央决定：鹿心社任江西省委书记；强卫不再担任江西省委书记、常委、委员职务。29日，省委召开全省领导干部会议，宣布中共中央关于江西省主要领导职务调整的决定。

△　以江西省第四届全国道德模范龚全珍为原型的电影——《老阿姨》在莲花县首映。影片历时3年完成，主要场景取自甘祖昌将军与龚全珍长期生活工作的莲花县，是为纪念建党95周年献礼的一部爱国主义教育影片。

△　江西省最大规模、总装机容量180兆瓦的泰和高山风电项目全部投产发电。泰和高山风电项目位于泰和、兴国和万安3县交界处的山脉，总投资20亿元，于2013年10月29日开工。项目由钓鱼台、天湖山和茶园3个风电场组成，90台2000千瓦的风电机组分布在钓鱼台至轿顶石一带山脊上，总长约29千米，海拔高程为670米至1182米。

29日　经吉安出入境检验检疫局检验合格，落户于青原区新工业园区的吉安荣威生物科技有限公司生产的首批1000千克羊毛脂醇出口约旦。这是全省范围内首次出口羊毛脂类产品。羊毛脂醇是生产化妆品、防锈油及胆固醇药的必需原料，素有“软黄金”的美誉，属于自然绿色产品。

29日—10月22日　为纪念中国共产党成立95周年、红军长征胜利80周年，引导广大青年大学生学党史、知党情、跟党走，由团中央学校部联合团北京市委、团江西省委、团贵州省委，面向部分高校组织开展的“重走长征路、坚定跟党走、共筑中国梦——纪念建党95周年暨红军长征胜利80周年”全国大学生主题社会实践活动在井冈山大学启动。此次活动由北京大学、井冈山大学、延安大学、遵义师范学院发起，联合全国23所高校参与。各校组织1～2支由学生党员、“青年马克思主义者培养工程”学员、学生骨干等组成的社会实践重点营队，围绕本地本区域的红色文化资源，开展“重走长征路、坚定跟党走、共筑中国梦”主题社会实践活动。

是月　在英国布拉克内尔举行的2016年健美操国际公开赛中，代表中国大学生参赛的江西科技师范大学运动员，获混合双人操、三人操、五人操、有氧舞蹈金牌，以及男子单人操金、银牌的好成绩。

7　月

1日　庆祝中国共产党成立95周年大会在北京举行。省委、省人大常委会、省政府、省政协四套班子成员和全省广大党员群众，认真收听收看中共中央总书记习近平在大会上的重要讲话。

2日　省委、省政府与国家发改委在南昌举行合作交流会。鹿心社代表省委、省政府对国家发改委长期以来对江西经济社会发展给予的支持与帮助表示感谢。国家发改委主任徐绍史表示，江西探索实施的“降成本优环境”专项行动、河长制等好政策、好经验，反响热烈、效果良好，值得借鉴。

△　中央第十一巡视组对江西省开展巡视“回头看”工作动员会召开。会上，中央巡视工作领导小组办公室负责人就配合做好巡视工作提出要求，鹿心社主持会议并作表态发言。10月8日，中央第十一巡视组向江西省委反馈巡视“回头看”情况。12月29日，省委发布《中共江西省委关于巡视整改情况的通报》。

4日　省委常委会召开会议，学习贯彻中共中央总书记习近平在庆祝中国共产党成立95周年大会上的重要讲话精神。会议审议通过《中共江西省委关于深入学习宣传贯彻〈习近平总书记在庆祝中国共产党成立95周年大会上的讲话〉的通知》。

5日　省委副书记、省政府党组书记刘奇主持召开省政府党组会议，学习中共中央总书记习近平“七一”重要讲话精神，并就加强省政府党组自身建设进行研究部署。

△　8时，省水文局发布洪水红色预警，这是江西省年内首次发布最高级别洪水预警。10时，省防总将防汛Ⅳ级升级为防汛Ⅲ级应急响应。7日，省委书记、省长鹿心社召开全省防汛抗洪紧急部署视频会。16日，中共中央政治局委员、国务院副总理、国家防汛抗旱总指挥部总指挥汪洋到江西考察指导长江及鄱阳湖流域防汛救灾工作，慰问防汛抗洪一线广大干部群众和部队官兵。20日，全省有100个县（市、区）、1358个乡镇、582.19万人受灾，农作物受灾面积44.42万公顷，直接经济损失61.47亿元。30日，省委书记鹿心社考察鄱阳湖防汛抗洪工作，对灾后重建特别是水利建设工作提出要求。

△　江西省战略性新兴产业推介会在杭州召开，推出712个重大项目，总投资9154亿元，吸引150余位来自长三角地区的客商参加。现场签约项目48个，总投资274.1亿元。

5—6日　省政协在南昌召开十一届十七次常委会议并举行学习报告会，学习贯彻中共中央总书记习近平在庆祝中国共产党成立95周年大会上的重要讲话精神，围绕"着力加强供给侧结构性改革，培育和壮大新型消费"建言献策。会议审议通过人事事项。接受毛学东、何大欣、钟录生、李应春、汪玉奇5名委员辞去政协江西省第十一届委员会常务委员职务，接受钟录生、李应春辞去政协江西省第十一届委员会委员。

6日　由中物联冷链委员会组织评选的2015年中国冷链物流企业百强企业名单发布，新余东华龙货运有限公司、南丰县三友汽车物流配送有限公司入选，这是江西省冷链物流企业首次入选全国冷链物流企业百强。

△　深圳市青年国际旅行社江西分公司、江西赣中旅国际旅行社有限公司、美国动力航空公司在南昌联合举办中美（南昌—洛杉矶）洲际航线启动仪式。该航线启用波音767双通道宽体机型，座位数量238个。航线从南昌直飞洛杉矶，经停美国安克雷奇市，前往阿拉斯加州和加利福尼亚州。

△　国产大型民用直升机AC313在景德镇完成一类风险试飞科目"空中应急漂浮系统充气试验"，完成应急漂浮系统所有机上试验、试飞工作。AC313首开国产直升机应急漂浮试飞先河，填补了国产大型直升机应急漂浮系统研制的空白，标志着AC313直升机除能满足陆地条件下的飞行以外，还具备大面积水域执行任务的能力，应用范围可覆盖全国全疆域。

△　2015"中国双拥"年度人物在四川省西昌市揭晓，九江日报社记者、九江市爱国拥军促进会副会长徐金前入选，是全省唯一获此荣誉的人。

8日　省十二届人大常委会第二十六次会议在南昌举行。会议审议通过省人大常委会关于接受鹿心社辞去江西省人民政府省长职务的请求的决定，决定任命刘奇为江西省人民政府副省长、代理省长职务；通过省人大常委会关于召开省十二届人民代表大会第六次会议的决定。

10—14日　以港澳地区全国政协委员为主导的香港青年社团代表一行在赣，围绕"中国梦、民族魂、大众生活、就业创业、社区服务"等主题开展体验式学习考察。

13日　省委副书记、代省长刘奇主持召开企业座谈会，听取企业家代表对当前经济形势的分析和相关意见建议。

△　第14届中韩地方政府交流研讨会在南昌召开。江西与韩国已缔结10对友城。江西省对韩国的主要出口商品包括纺织服装、鞋类、箱包、塑料制品等。

14日　中央第四环境保护督察组督查江西省工作动员会在南昌召开，中央第四环境保护督察组组长李家祥、副组长赵英民就做好督查工作分别讲话，省委书记鹿心社作动员讲话，会议由代省长刘奇主持。督察组进驻时间为7月14日至8月14日。

△　东部战区司令员刘粤军到九江市长江大堤江洲堤段、永安堤段和赛城湖西堤等，实地察看汛情灾情，看望慰问抗洪抢险一线官兵。省委副书记、代省长刘奇代表省委、省政府一同看望慰问。

△　开发性金融助力江西企业"走进非洲"暨赞比亚投资推介会在南昌举行。赞比亚华大使奇贝萨孔达到江西推介商机，向江西"走出去"产业联盟的企业家介绍当地的投资环境和优惠政策。

15日　省委书记鹿心社主持召开省委理论学习中心组"两学一做"学习教育第二次集体学习会，深入学习贯彻中共中央总书记习近平"七一"重要讲话，并就"两学一做"学习教育第二个专题"实事求是闯新路"进行深入探讨。同时，勉励各级党组织和广大党员让防汛抗洪工作成为开展"两学一做"学习教育的生动实践。

△　省委副书记、代省长刘奇主持召开省政府经济形势分析会，分析上半年经济形势，研究部署下一步经济工作。

19日　省委巡视工作汇报会在南昌召开。省委巡视工作领导小组向中央巡视办汇报江西省贯彻落实中央巡视工作方针，推动巡视巡察工作深化发展的情况。中央巡视工作领导小组成员、办公室主任黎晓宏率队到赣开展巡视工作专项检查并听取汇报；省委常委、省纪委书记周泽民代表省委巡视工作领导小组作汇报。黎晓宏对江西巡视工作给予肯定。

中旬　宜黄县林业局野生植物资源调查外业组在一处山脚溪水边发现中华水韭。中华水韭是数亿年前的"活化石"，国家一级重点保护野生植物。它是中国特有野生植物种类，是经第四纪冰川后残存下来的孑遗植物，在系统演化上具有很高的研究价值，属极度濒危野生植物种类。

25日　省委、省政府召开全省科技创新大会，深入贯彻全国科技创新大会、两院院士大会、中国科协第九次全国代表大会精神特别是中共中央总书记习近平重要讲话精神，表彰2015年省科技奖获得者，研究部署全省科技创新工作。

26—28日　省十二届人大常委会第二十七次会议在南昌举行。会议表决通过《江西省税收保障条例》《江西省人民代表大会常务委员会关于批准〈景德镇市立法条例〉的决定》、省人大常委会代表资格审查委员会关于代表资格的审查报告、《江西省人民代表大会常务委员会关于批准2015年省级决算的决议》《江西省人民代表大会常务委员会关于调整江西省第十二届人民代表大会第六次会议召开时间的决定》和人事任免事项。

29日　省委常委会召开会议，学习贯彻《中国共产党问责条例》，研究进一步加强党管武装工作。会议审议并原则通过《关于加强新形势下党管武装工作的意见》《江西省深化国税、地税征管体制改革实施方案》，并研究其他事项。

△　农业部发布《关于认定第六批全国一村一品示范村镇的通知》，公布成为第六批全国一村一品示范村镇的316个村镇，江西省的靖安县高湖镇古楠村（古楠村大米）、新余市仙女湖风景名胜区仰天岗办事处湖陂村（湖陂葡萄）、上犹县梅水乡园村村（犹江绿月茶）、瑞昌市高丰镇青丰村（瑞昌山药）、余干县三塘乡明湖村（芡实）、抚州市临川区连城乡下庄村（抚州西瓜）、萍乡市湘东区麻山镇麻山村（葡萄）、浮梁县西湖乡（浮梁茶）、新干县三湖镇（三湖红橘）、安义县长均乡（蔬菜）10个村镇入选。

31日　为期7天的2016斯诺克世界公开赛在玉山县闭幕。作为国内规格最高的斯诺克国际赛事之一，此次玉山举行的比赛总奖金52万英镑，共有丁俊晖、塞尔比、希金斯等72名国内外斯诺克选手参赛。最终英国选手阿里斯特·卡特战胜乔·佩里夺得冠军，并获得9万英镑奖金。

△ 中国首家基因肿瘤知识科技馆在南昌江西建工大厦开馆，并免费开放。

8 月

1日 省委副书记、代省长刘奇主持召开第64次省政府常务会议，研究推动价格改革向纵深发展，加快完善主要由市场决定价格机制；研究加强省级财政专项资金管理，提高财政资金使用绩效；研究部署省政府8月份重点工作。会议原则通过《江西省省级财政专项资金管理办法》。

1—7日 由省政府主办，省体育局、南昌市政府、中国网球协会承办的2016江西网球公开赛在南昌举行。这是江西省有史以来举办的级别最高、规模最大的国际网球赛事。比赛共有11国家和地区的50多名运动员参加。中国选手段莹莹获冠军，中国组合梁辰/鲁晶晶获女双冠军。

2日 国家口岸办决定，将江西、重庆、陕西、贵州、内蒙古以及宁夏等6个省区市列入首批内陆沿边地区国际贸易"单一窗口"试点省区市。江西是中部地区唯一试点省份。

5日 省军民融合发展联席会议第一次会议在南昌召开。会议原则通过《江西省军民融合发展联席会议工作规划》《江西省军民融合发展2016年工作要点》。

7—12日 国家档案行政执法检查组到江西开展执法检查，并在南昌召开汇报会，听取江西2011年以来贯彻实施《中华人民共和国档案法》的情况汇报，并指出全省档案工作的薄弱环节，提出改进的意见建议。

12日 省委常委会召开会议，传达学习中共中央总书记习近平关于上半年经济形势和下半年经济工作重要讲话精神以及全国部分地区和部门"两学一做"学习教育工作座谈会精神，研究江西省贯彻落实意见。

△ 中共中央办公厅、国务院办公厅印发《关于设立统一规范的国家生态文明试验区的意见》，福建、江西和贵州3省作为生态基础较好、资源环境承载能力较强的地区，被纳入首批统一规范的国家生态文明试验区，探索形成可在全国复制推广的经验。

13日 中国共产党江西省第十三届委员会第十三次全体(扩大)会议在南昌召开。会议表决通过《关于召开中国共产党江西省第十四次代表大会的决议》，决定：中国共产党江西省第十四次代表大会于11月在南昌召开。

15日 省政府和中航工业集团在南昌签署通航产业战略合作框架协议，共同推动通用航空产业跨越发展，促进全省产业转型升级，打造新的经济增长点。

△ 南康至成都家具专列开通发车。这是江西省开通的首条至省外的家具专列，每3天一趟，开创铁路系统与地方合作的新篇章。

17日 省委常委会召开会议，传达学习全国国有企业改革座谈会、全国司法体制改革推进会精神，研究贯彻落实意见。

19日 由江西省与广东省联合培养备战里约奥运会重点运动员刘虹，在里约奥运会女子20千米竞走决赛中获得金牌。刘虹，江西安福人，1987年出生。

22日 江西首个以森林为主题的专类博物馆——九江市森林博物馆完成主体基础工程建设。博物馆位于天花井国家森林公园内，项目总投资1500万元，占地面积9282平方米，总建筑面积2544平方米。馆内运用实物、标本、图标、模型、多媒体等手段，展示森林的形成、发展及人类与森林的关系。

22—24日 中共中央政治局常委、国务院总理李克强在江西就推动经济社会发展进行考察。

22—26日 全国人大常委会副委员长吉炳轩率执法检查组到赣，就道路交通安全法进行执法检查。执法检查组到南昌市、抚州市、吉安市及高安市、南城县等地，实地了解交通管理部门执法情况、道路通行保障中存在的突出问题和难点问题。检查组对全省道路交通安全工作给予肯定。

24日 省委中心组举行专题学习会，进一步深入学习贯彻《中国共产党问责条例》。省委书记鹿心社主持，刘奇、黄跃金等省委、省人大、省政府、省政协四套班子领导成员，省法院、省检察院主要负责人参加学习会。

26日 省委常委会召开会议，传达学习全国卫生与健康大会精神，研究贯彻落实意见。会议强调，要按照中央部署要求，加快推进健康江西建设。

△ 省委常委会召开扩大会议，传达学习李克强视察江西重要讲话精神，研究贯彻落实意见。省委书记鹿心社主持会议并讲话，省委副书记、代省长刘奇传达李克强重要讲话精神。

△ 江西省信息化智库成立大会在南昌召开。智库汇聚各领域信息化方面的专家学者和杰出代表，首批进入智库的专家共56人。

29日 省委、省政府召开全省深化国有企业改革工作会议。

△ 省委副书记、代省长刘奇主持召开第65次省政府常务会议，传达学习李克强视察江西重要讲话精神，要求切实抓好贯彻落实；研究江西省发展升级引导基金设立与运作方案，扶持传统优势产业转型升级和战略性新兴产业快速发展；听取全省自然保护区生态环境保护情况督察报告，强调落实责任、齐抓共管、确保实效；研究部署省政府9月份重点工作。

30日 中国－东盟农业合作网江西分站落户共青城市。中国－东盟农业合作网是一家集信息、交易和服务于一体的大宗农产品交易平台。

是月 从8月起，东航A320/B737/B777系列机型机载纸质手册资料将全部撤除，电子飞行包(EFB)将全面替代机载纸质手册资料，实现驾驶舱无纸化。

是月 贵溪市双圳林场发现国家一级重点保护植物伯乐树群落3个，株树为20多株，胸径最大的达29.5厘米。伯乐树别名山桃树、钟萼木，树冠呈塔形，树皮为褐色，有块状灰白斑点。伯乐树是中国特有树种，被誉为"植物中的龙凤"，在研究被子植物的系统发育和古地理、古气候等方面都有重要科学价值。

9 月

1日 省政府在南昌召开国家生态文明试验区(江西)建设推进会议。

3日 2016年二十国集团工商峰会(B20)在杭州开幕,江西企业晶科能源作为基础设施议题组唯一一家新能源企业代表,提出两项主旨议题,分别是“绿色基础设施投资将成为全球经济的新增长引擎”和“太阳能发电成本低于火力发电,光伏将全面替代化石能源”。

3—4日 中共中央政治局委员、国务院副总理刘延东到江西考察指导科技、医疗、教育、文化等方面工作。她强调,要认真贯彻科技创新、卫生与健康两个大会精神,推动老区加快振兴发展。10日,省委常委会召开会议,传达贯彻刘延东在江西考察时的讲话精神。

4日 在第28届亚洲电视快棋赛的决赛上,江西18岁围棋手李钦诚击败韩国棋手申真谞,首次夺得亚洲杯冠军,并凭此冠军直接从二段棋手升格为九段棋手,这是江西省唯一一名围棋九段棋手。

5日 省委常委会召开会议,传达学习全国党委秘书长会议精神,研究江西省贯彻落实意见。会议传达学习《中共中央关于辽宁拉票贿选案查处情况及其教训警示的通报》,审议并原则通过《中共江西省委关于繁荣发展社会主义文艺的实施意见》《关于加强省委反腐败协调小组工作的意见》。

5—9日 全国政协副主席王家瑞率全国政协教科文卫体委员会联合调研组,就特殊教育和留守儿童教育相关情况在江西省进行专题调研,并在南昌召开座谈会,听取全省特殊教育发展和留守儿童教育工作的情况介绍,调研组成员还与省教育厅等部门有关负责人进行交流,对推进特殊教育和留守儿童教育工作提出意见和建议。王家瑞一行到吉安县永和镇中心小学、吉安市吉州区思源实验学校、宜春市特殊教育学校、南昌市育智学校等地考察,就相关问题听取基层学校教师、家长的意见建议。

8日 以“聚焦‘一带一路’,推动双向投资”为主题的第十九届中国国际投资贸易洽谈会在厦门国际会议展览中心开馆。江西首次作为主宾省参会。投洽会共有100多个国家(地区)、4000多家企业、约5万名客商参会。江西设立江西馆,展区展示面积1050平方米,通过文字、图片、实物、视频以及互动等形式,宣传推介江西。

9日 12时45分,江西航空编号为B-1557的全新波音737-800型飞机抵达南昌昌北国际机场。这是江西航空首架境外引进飞机,由江西航空自己的机组驾驶,飞机采用全经济舱布局,共有184个座位。

△ 上港集团九江港务有限公司与上海泛亚航运有限公司联合,在九江港城西港区集装箱码头开通九江至重庆集装箱直达航线,货物运输时间由原来的30天左右缩短到10~15天,降低了企业货物运输成本。

10日 第一次全国方志馆工作会议在景德镇市召开,会议总结全国方志馆建设基本情况,第一次在全国范围对方志馆建设标准与国家方志馆分馆建设进行研讨,成立了中国地方志学会方志馆研究会。

△ 即日起,南昌昌北国际机场新增南昌往返西安航班,由长安航空公司波音737-800机型执行,班期为每天一班,航班号9H8325/6,具体时刻为,6时40分西安起飞,8时35分飞抵南昌;10时35分南昌起飞,12时35分飞抵西安。

12日 省委副书记、代省长刘奇主持召开第66次省政府常务会议。会议传达学习国务院副总理刘延东考察江西重要讲话精神,要求切实抓好贯彻落实;审定《吉泰城镇群规划(2016—2030)》,认为该规划对培育和建设吉泰城镇群具有重要的指导作用;原则通过《江西省人民政府关于修改〈江西省流动人口服务和管理办法〉的决定(草案)》,要求全面提升流动人口管理和服务水平,大力推动公共服务均等化,推动流动人口管理信息化和市民化。

△ 由团中央、省政府共同主办的第二届中国青年APP大赛暨第三届“创青春”中国青年创新创业大赛APP专项赛,在共青城市结束。大赛自6月启动以来,共吸引全国32个省级赛区报名参赛,6378个项目报名,项目涵盖教育、科技、体育、医疗健康、绿色农业、生活服务等12个领域。“顺航卡车”(吉林赛区)获应用类项目冠军;“指上贸易APP”(江西赛区)及“基于增强现实的医学器官模型教学系统”(福建赛区)获创意类项目金奖;共青团北京市委、共青团河北省委等10家单位获优秀组织奖;内蒙古青年创业孵化器发展中心等8家单位获伯乐奖。

12—23日 由省政府主办的第七届环鄱阳湖国际自行车大赛开赛。大赛以“骑遍神州大地,江西风景独好”为主题,有除非洲外4大洲22支车队参赛,200多名车手来自33个国家和地区。全省有11个分赛站,依次为宜春靖安、九江武宁、南昌高新区、景德镇乐平、上饶横峰、抚州梦湖、鹰潭龙虎山、新余仙女湖、萍乡武功山、吉安安福武功山、赣州上犹。赛程1358.7千米,转场里程1733千米,总里程3091.7千米。哥伦比亚布莱尔车队获团体总成绩第一名,新加坡里翁车队的兹戈·格罗舍利以总成绩32小时25分35秒夺得个人总冠军,新加坡里翁车队的保格拉斯获“冲刺王”称号,哥伦比亚布莱尔车队的卡尔德隆获“爬坡王,中国快客车队的江西车手周克强”称号,获“最佳大中华运动员”称号。

14日 巴西时间14日(北京时间15日),在里约残奥会田径女子4×100米T11~T13级决赛中,来自萍乡市安源区的盲人运动员贾君婷仙和队友以47秒18的成绩夺得金牌并打破世界纪录。这是江西残疾人运动员在此届残奥会上收获的首枚金牌。

14—18日 第九届非洲航空航天与防务展在南非茨瓦纳举行。由中航工业洪都研制生产的两架猎鹰L15高级教练机参展,并首次在非洲大陆进行飞行表演。

16日 江西自主品牌汉腾汽车首款产品X7在南昌车展首次亮相。

19日 九江、鹰潭2市获“国家森林城市”称号。

20日 省委、省政府在南昌召开全国综治“南昌会议”协助筹备工作动员会暨2015年度社会治安综合治理表彰大会。

△ 由江西省天然气控股有限公司投资建设的省天然气管网工程井冈山支线,在井冈山市新城镇开工建设。支线由井冈山主干线和安福支线、莲花支线3段组成,全长203千米,设计年输量3.15亿立方米,全线设清管站1座,线路监视阀室6座,设吉安、安福、永新3座分输站及井冈

山、莲花2座合建站。这是江西省实施建设的首条数字化管道,智能化程度达到国内领先水平。

20—22日 省十二届人大常委会第28次会议在南昌举行。会议表决通过新修订的《江西省实施〈中华人民共和国老年人权益保障法〉办法》《江西省传统村落保护条例》《江西省河道采砂管理条例》《江西省人民代表大会常务委员会关于批准修订〈南昌市燃气管理条例〉的决定》、省人大常委会代表资格审查委员会关于代表资格的审查报告、《江西省人民代表大会常务委员会关于加强食品生产加工小作坊小餐饮小食杂店和食品摊贩监管工作的决议》《江西省人民代表大会常务委员会关于召开江西省第十二届人民代表大会第六次会议时间的决定》《江西省人民代表大会常务委员会关于接受谢秀琦辞去江西省人民代表大会常务委员会委员职务的请求的决定》、关于许可对省十二届人大代表黄德明采取强制措施的决定和人事任免名单。会议表决通过江西省第十二届人民代表大会第六次会议议程(草案)、主席团和秘书长名单(草案),决定提请江西省第十二届人民代表大会第六次会议预备会议审议。

22日 省政府与国家知识产权局新一轮合作会商暨特色型知识产权强省建设推进会在南昌举行。省委副书记、代省长刘奇和国家知识产权局局长申长雨共同签署《国家知识产权局 江西省人民政府新一轮知识产权合作议定书(2016—2020年)》。

22—25日 中共中央统战部副部长、全国工商联党组书记全哲洙率中央统一战线工作领导小组第六调研检查组到江西,调研检查贯彻落实中央关于统一战线一系列重大决策部署情况。全哲洙在认真听取情况汇报后,对江西省统战工作给予肯定。

23日 省委副书记、代省长刘奇在抚州会见来参加共同纪念汤显祖、莎士比亚、塞万提斯逝世400周年活动的智利、西班牙、英国、美国、泰国5个国家驻华使领馆官员一行。24日,汤显祖纪念馆新馆暨莎士比亚、塞万提斯展区开馆。24—26日,由省政府和中国人民对外友好协会联合主办的共同纪念汤显祖、莎士比亚、塞万提斯逝世400周年活动在汤显祖故里——抚州市举行。省领导陈俊卿、谢亦森、汤建人、胡幼桃和中国人民对外友好协会、文化部、教育部等相关负责人;智利、西班牙、英国、美国、泰国、厄瓜多尔、吉布提等国驻华使领馆官员参加开幕式。其间,开展了汤显祖剧目巡演、外国嘉宾"中国文化行"座谈会、汤显祖国际高峰论坛、汤显祖艺术节等一系列活动。

23—25日 2016江西旅游产业博览会在南昌举行,共吸引16.8万人次参观,现场销售额5920万元,达成意向性合同1.52亿元。

25日 省委书记鹿心社在南昌会见由国家民委专职委员管培俊率领的全国少数民族参观团。

26日 省政府在南昌召开全省脱贫攻坚推进会议,总结全年全省精准扶贫工作,分析当前精准脱贫攻坚形势,研究部署下一阶段及今后一个时期全省脱贫攻坚工作。

28日 省十二届人大六次会议在省行政中心会议中心举行。大会补选刘奇为省人民政府省长。新当选的江西省人民政府省长刘奇左手抚按红色的《中华人民共和国宪法》,右手举拳,诵读誓词。这是江西首次举行新任省长宪法宣誓仪式。

29日 省委常委会召开会议,传达学习全国党委中心组学习经验交流座谈会精神,研究贯彻落实意见。会议审议并原则通过《关于进一步加强和改进离退休干部工作的实施意见》。

△ 省政府印发《江西省战略性新兴产业倍增计划》,提出,到2020年,实现战略性新兴产业主营业务收入突破万亿元,占全省工业比重达到30%以上;培育战略性新兴产业主营业务收入超百亿元骨干龙头企业20家以上;建设20个战略性新兴产业集聚区,单个产业集聚区的产业链上下游企业主营业务收入达到1000亿元。

29—30日 省政协十一届十八次常委会议在南昌召开,会议传达学习全国政协十二届十七次常委会议精神,并围绕"实施创新驱动发展战略,推动产业转型升级"建言献策。会议接受文红莲、章凯旋委员辞去政协江西省第十一届委员会常务委员职务的请求,增补王萍(女)为政协江西省第十一届委员会委员。会议还通过人事任免事项。

30日—10月7日 由省委宣传部、省教育厅、省文化厅、省文联、省出版集团公司等15家单位共同主办的2016艺术江西国际博览会在南昌国际展览中心举行。艺博会为期8天,主展馆面积1.28万平方米,包括"瓷上中国、守望传统、油画空间、跨界论坛、红色经典、大汉江西、戏曲舞台"等12大版块,来自美国、法国、韩国、朝鲜等10多个国家和国内多个地区的百余家艺术机构、个人艺术家及多所专业艺术院校参展,参展作品达万余件,涵盖书画、陶瓷、油画、装置、雕塑、古董、文化创意等门类。4个展馆参观人数超19万人次,现场成交额突破3800万元,拍卖成交额约1300万元,达成合作意向1.5亿元。

是月 江西婺源饶河源国家湿地公园湿地科普馆建成开馆。该馆是继鄱阳湖国家湿地公园湿地科普馆后省内第二家以湿地为主题的科普宣教馆,也是迄今全国唯一的以全球极度濒危物种——蓝冠噪鹛为主题的科普馆。

10 月

1日 《江西省税收保障条例》正式实施。这是江西省首次以地方性法规的形式对税收进行立法保障,标志着全省依法治税迈出关键的一步。

8日 中央第十一巡视组向江西省委反馈巡视"回头看"情况。巡视组认为主要存在党的领导弱化、党的建设薄弱、全面从严治党力度不够的问题。提出进一步强化"四个意识"、进一步加强党的建设、进一步把好选人用人关、切实扛起全面从严治党主体责任的意见建议。会议还传达中共中央总书记习近平关于巡视工作的重要讲话精神。

9日 最高人民检察院党组书记、检察长曹建明在江西调研。他强调,要不忘初心,紧紧围绕人民群众反映最强烈、感受最直接的突出问题,加强和改进法律监督工作,不断增强人民群众安全感,保障和促进人民群众更多、更公平地享受到改革发展成果。

10日 省政府与住建部在南昌签署合作框架协议,共同推进《江西省空间规划》编制工作。根据协议,双方从建设美丽中国“江西样板”的战略高度,摸清空间资源家底,建立健全江西省空间规划体系与实施管理体制,总结出国家层面可复制、可推广的经验模式。

10—11日　全国社会治安综合治理创新工作会议在南昌举行。中共中央政治局委员、中央政法委书记、中央综治委主任孟建柱出席会议并讲话,他强调,要主动适应新形势,坚持创新引领,进一步增强人民群众安全感。国务委员、中央政法委副书记、公安部部长郭声琨作总结讲话,最高人民法院院长、中央政法委委员周强,最高人民检察院检察长、中央政法委委员曹建明,中央政法委委员汪永清等出席会议。省委书记鹿心社作发言,省长刘奇出席会议。

10—12日　由全国政协副主席卢展工率队,全国政协常委、全国政协教科文卫体委员会副主任胡振民为组长的全国政协考察组一行,在赣州于都、瑞金等地,开展“送文化下基层”活动,就“基层公共文化服务体系建设”专题进行调研,并召开座谈会。卢展工对全省基层公共文化建设给予肯定。

11日　文化部、财政部发布《关于开展第二批国家公共文化服务体系示范区(项目)验收工作的通知》,新余市、九江市文化亲民“八个一”工程、吉安市农村文化“星火”工程通过验收。

△　国家发改委批复建设赣州至深圳客运专线可行性研究报告,同意建设赣深客专。赣深客专从在建的昌赣客专赣州西站引出,经赣州市南康区、信丰县、全南县、龙南县、定南县,广东省河源市、惠州市和东莞市,接入深圳市深圳北站,线路全长432千米,其中赣州境内136千米。全线共设14个车站,赣州境内设信丰西、龙南东、定南西站。项目总投资641.3亿元,建设工期4年,主要技术标准为高速铁路、双线,设计行车速度350千米/小时。

△　南北“4+8”地区绿色发展座谈会在赣州市召开。会议期间,中国开发性金融促进会和赣州市人民政府签署战略合作协议。国家发改委、住建部、农业部、国家开发银行和内蒙古、黑龙江、吉林、辽宁、福建、江西、湖南、四川、广东、广西、贵州、云南等南北“4+8”地区的地方政府和企业参加会议。10日,还在赣州举办了南北“4+8”地区绿色发展论坛。

△　“惊世大发现——南昌汉代海昏侯国考古成果展”在省博物馆开展,共展出922件文物。

12日　中国内陆口岸(江西)国检监管试验区在赣州市南康区揭牌成立,这是全国内陆首个国检监管试验区。中国内陆口岸(江西)国检监管试验区由赣州进境木材国检监管区升格而成。

△　全国公安厅局长座谈会在南昌召开。会议要求,突出问题导向,坚持改革创新,提升公安机关社会治理能力和水平,努力在更高水平上推进平安中国建设。各省、自治区、直辖市和新疆生产建设兵团公安厅局长,各省会市、副省级市公安局局长,公安部部属局级单位主要负责人参加会议。

12—15日　中共中央政治局委员、中央书记处书记、中宣部部长刘奇葆在江西调研。调研期间,刘奇葆到南昌市和井冈山、瑞金、寻乌、于都等县市,瞻仰革命历史纪念设施、缅怀革命先辈丰功伟绩,深入企业、村户和宣传文化单位,考察革命文化保护、新闻宣传、文化扶贫等情况,与基层干部群众座谈交流。他强调,要传承弘扬红色传统,引导人们重温历史、不忘初心,汲取力量、继续前进,走好新的长征路。

13日　省委书记鹿心社、省长刘奇在南昌会见率团到江西出席2016年泛珠三角区域合作行政首长联席会议的香港特区行政长官梁振英、澳门特区行政长官崔世安。

△　赣粤两省举行行政首长会晤,共商深化赣粤合作事宜。

△　南昌至洛杉矶洲际航线开通运营,结束江西省没有洲际航线的历史。

13—15日　全国政协副主席、台盟中央主席林文漪率台盟中央调研组一行,在景德镇市调研陶瓷历史文化及产业发展情况。她指出,复兴历史的遗产,传承祖辈的文化,延续厚重的文脉,是每一个瓷都人的历史使命。

14日　赣闽两省行政首长在南昌举行会晤,共商赣闽深化合作事宜,并共同见证赣州市和龙岩市签署合作框架协议书。

△　2016年泛珠三角区域合作行政首长联席会议省部际协商会议在南昌召开。省长刘奇主持会议并介绍需要协调和说明的问题。国家发改委、环保部、国务院港澳办、国家开民银行等国家部委和金融机构相关负责人,以及泛珠合作各方行政首长或行政首长代表面对面就“设立泛珠三角区域合作基金”“粤港澳大湾区发展规划”“泛珠三角区域生态环境保护规划”等重大事项进行会商,共同签署《2016年泛珠三角区域合作行政首长联席会议纪要》。会议确定年度7方面重点工作。

15日　省委书记鹿心社、省长刘奇在南昌会见出席第十四届赣台(南昌)经贸文化合作交流大会的中国国民党副主席林政则、荣誉副主席蒋孝严,台湾工业总会理事长许胜雄,台湾商业总会理事长赖正镒,台湾工商协进会荣誉理事长黄茂雄等台湾嘉宾。

15—17日　第十四届赣台(南昌)经贸文化合作交流大会在南昌市举行。台湾工业总会、台湾商业总会、台湾工商协进会等知名协会和多家台湾知名企业负责人在内共600余人参会。会上,共签约台资入赣项目61个,金额36.6亿美元。

16日,樟树第47届全国药材药品交易会举行。现场签约26个项目,合同资金68亿元。

△　水利厅中美国际合作项目《鄱阳湖流域农业面源污染生态修复技术研究》通过验收。该项目由省灌溉试验中心站、武汉大学、美国俄亥俄州立大学共同完成。项目自2011年10月启动。

△　全国脱贫攻坚奖表彰大会在北京举行,江西省廖秀英、王晓阳分别获全国脱贫攻坚奖奋进奖、贡献奖。

17日　省政府印发《江西省人民政府关于加强困境儿童保障工作的实施意见》,对孤残儿童和建档立卡的贫困家庭残疾儿童提供包括义务教育、高中阶段教育在内的12年免费教育,并将0~6岁儿童纳入基本公共卫生服务范畴。

△　南昌大学第一附属医院院士工作站揭牌。中国工程院副院长、院士樊代明出席揭牌仪式并任院士工作站站长。

△　全国政协副主席、农工党中央常务副主席刘晓峰率全国政协社会和法制委员会调研组，在江西就“土壤污染防治与土地资源保护”开展专题调研。他指出，要从保障国家生态安全和粮食安全的战略高度，搞好土壤保护制度的顶层设计，进一步做好土壤污染防治与土地资源保护工作。

18—22 日　2016 中国景德镇国际陶瓷博览会在景德镇国际会展中心举行。会上共设有标准展位 2000 个，参展品类涵盖高端日用陶瓷、艺术陶瓷、高技术陶瓷及陶瓷原辅材料等。其间，除开展产品展示贸易外，还将举行第二届中国陶瓷电商峰会、景德镇与“一带一路”国际学术研讨会、北欧国际艺术节、明清官窑研究国际学术研讨会、“归来·丝路瓷典”——明清外销瓷精品展、景德镇国际陶瓷艺术拍卖会、中国收藏 2016 陶瓷名品评选等活动。

22 日　江西省纪念红军长征胜利 80 周年大会在南昌召开。省委书记鹿心社号召，弘扬伟大长征精神，走好今天的长征路，奋力续写江西这片红土地的时代荣光。

24 日　南昌市举行海军南昌舰欢迎仪式，标志着南昌舰正式“入列”英雄城。

28 日　省委常委会召开会议，传达学习中共十八届六中全会精神，研究贯彻落实意见。

29 日　省委召开全省领导干部会议，传达学习中共十八届六中全会精神。

31 日　省委十三届十四次全体会议在南昌举行。会议听取省第十四次党代会报告起草情况的说明、省纪委工作报告起草情况的说明，同意作修改完善后提交省第十四次党代会审议；确定省第十四党代会于 11 月 12 日至 16 日在南昌举行；酝酿第十四届省委委员、候补委员，省纪委委员候选人预备人选名单。全会审议并通过省纪委关于陈卫民、李安泽、王平严重违纪问题的审查报告，确认省委常委会之前作出的给予陈卫民、李安泽、王平开除党籍的处分。

11　月

3 日　江西同心智库揭牌仪式暨 2016 智库研究报告发布会在南昌举行。会上发布了《打造美丽中国“江西样板”的战略重点及评价体系研究》的智库研究报告。

5—8 日　第十四届中国国际农产品交易会在云南省昆明市举行。江西 82 家省级龙头企业、农民合作社携 1000 多个绿色生态农产品参展。其间，现场销售额 312 万元，签订贸易合同及意向额 3.95 亿元，创江西省参加中国国际农产品交易会以来之最。

6—8 日　第四届湘鄂赣苏区论坛在铜鼓举行。论坛以“牺牲·崛起”为主题，围绕挖掘苏区精神、弘扬红色基因、加强联动合作、推动区域发展等方面，开展主题论坛、学术研讨交流、论坛会徽交接、红色景点考察等活动。中央文献研究室、中央党史研究室、军事科学院、国家发改委和湖南、湖北、江西等地的党史专家、领导及湘鄂赣苏区元勋后代等 120 余人参加会议。

8 日　在泰国清迈召开的第二届世界灌溉论坛暨国际灌溉排水委员会 67 届国际执行理事会上，泰和槎滩陂水利灌溉工程入选世界灌溉工程遗产名录，成为迄今全省唯一的世界灌溉工程遗产。

9 日　中央宣讲团在江西省举行中共十八届六中全会精神报告会。中央宣讲团成员，最高人民法院党组成员、副院长姜伟新作宣讲报告。

△　由中国科协主办，省科协承办，万年县委、县政府实施的“2016 年科技论坛——中国稻作起源地学术研讨会”在万年举行。来自国内水稻科技界、农业文化界、农业历史界和农业考古界等方面院士、专家参会。科学家在论坛上共同签署“万年宣言”，确认万年仙人洞—吊桶环遗址为世界稻作文化起源地，且把人类稻作历史向前推进 5000 多年。

10 日　国家旅游局公布第二批创建“国家全域旅游示范区”名单，江西省景德镇市、新余市、芦溪县、宜丰县、安福县、瑞金市、龙南县入选。

12—16 日　中国共产党江西省第十四次代表大会在南昌举行。会议选举出由 82 名委员、17 名候补委员组成的中第共江西省第十四届委员会；选举出由 45 名委员组成的中共江西省十四届纪律检查委员会。中共江西省第十四届委员会举行第一次全体会议，选举鹿心社、刘奇、姚增科、李炳军、孙新阳、赵爱明、毛伟明、尹建业、殷美根、陈兴超、刘捷、赵力平 12 人为中共江西省第十四届委员会常务委员会委员；选举鹿心社为省委书记，刘奇、姚增科为省委副书记。中共江西省第十四届纪律检查委员会举行第一次全体会议，选举产生新一届省纪委领导机构，选举孙新阳为书记，刘卫平、潘东军、陈小平、肖德福为副书记。

13 日　沪昆高速抚州东乡服务区电动汽车城际快充站，成功接入国网“易充电”车联网平台，标志着全省首座高速快充站投入运行，实现高速充电站建设“零”的突破。

17 日　经中共中央、国务院批准，中央第四环境保护督察组向江西省委、省政府反馈督察情况。督察认为，江西省积极贯彻落实党中央、国务院关于生态文明建设和环境保护的决策部署，努力巩固提升山清水秀的生态环境优势。但在转变发展理念、加大环境保护力度方面与中央要求和群众期盼仍有差距，一些突出环境问题没有得到有效解决，经济发展与环境保护矛盾突出。

18 日　省委书记鹿心社、省长刘奇在南昌会见出席第三届中美友城大会暨中美健康城市论坛的美国国际姐妹城协会会长阚玛丽、董事长蒂姆·奎格利，美国卫生与公众服务部卫生副助理部长唐·赖特，美国加利福尼亚州众议长安东尼·兰登，纽约州众议院副议长菲利克斯·奥蒂斯和中国人民对外友好协会会长李小林，国家卫计委副主任、国家中医药管理局局长王国强。

△　南昌大学江西扶贫发展研究院揭牌成立。这是江西省首家扶贫发展研究院，旨在从第三方的角度督查、评估委托单位精准扶贫工作的开展情况。

18—19 日　第三届中美友好城大会暨中美健康城市论坛在南昌举行。此次会议是落实 G20 中美两国元首杭州会晤成果的重要举措，旨在推动中美友好城市和健康城市发展，深化中美地方务实合作。这是中美友好城市大会首次在中国举行。

19—22 日　全国人大常委会副委员长、民革中央主席万鄂湘率“精准立法促进社会文明”专题调研组在江西调研。对于征集到的意见建议，调研组认真梳理总结，并在此基础上继续深化调研，积极做好“精准立法促进社会文明”前期理论研究论证，为科学立法建言献策。

22日　南昌绿地国际博览中心投入运营。中心总建筑面积35万平方米，投资300亿元，是省重大重点工程项目，位于南昌市九龙湖新城核心区，是集会展、会议、商务、商业、文化、旅游、风情小镇“七位一体”的产业地产综合体。

24日　7时30分许，丰城电厂三期扩建工程D标段冷却塔平桥吊倒塌，造成上面模板混凝土通道坍塌。事故造成74人死亡，2人受伤。该项目总承包单位为中南电力设计院，施工单位为河北亿能烟塔工程有限公司。事故发生后，中共中央总书记、国家主席、中央军委主席习近平立即作出重要指示，中共中央政治局常委、国务院总理李克强作出批示。国家安监总局党组书记、局长率国务院工作组赶赴现场指导救援工作，省委书记鹿心社、省长刘奇第一时间赶赴现场指导救援和善后工作。

24日　南昌航空城瑶湖机场开工。瑶湖机场建设项目参照军用3级永备机场建设，占地约266.67公顷，总建筑面积约6万平方米，总投资约16.5亿元。

25—28日　第四届世界绿色发展投资贸易博览会绿色发展主旨论坛在南昌举行。来自世界各地的800多名嘉宾参会。会上，签约重大项目165个，签约总额2428亿元。

29日　全国网络扶贫现场推进会在宁都县召开。会议由中央网信办、国家发改委、国务院扶贫办联合江西省委、省政府共同举办。会上，由中国互联网发展基金会、中国扶贫基金会等15家单位联合发起成立网络公益扶贫联盟。国家发改委、中国农业发展银行与江西省政府签署网络扶贫合作框架协议。

△　中国致公党江西支部成立暨揭牌仪式在南昌举行。中共江西省委统战部部长蔡晓明和致公党中央副主席曹鸿鸣为中国致公党江西支部揭牌。中国致公党是以归侨、侨眷中的中上层人士和其他有海外关系的代表性人士为主组成，具有政治联盟的特点，致力于发展中国特色社会主义的参政党。

29日—12月1日　省十二届人大常委会第二十九次会议在南昌举行。会议表决通过《江西省军人军属权益保障条例》《江西省大气污染防治条例》《江西省食品小作坊小餐饮小食杂店小摊贩管理条例》《江西省人民代表大会常务委员会关于批准〈南昌市禁止燃放烟花爆竹规定〉的决定》《江西省人民代表大会常务委员会关于批准〈九江市城区烟花爆竹燃放管理条例〉的决定》《江西省人民代表大会常务委员会关于进一步加强审计工作监督的决定》《江西省人民代表大会常务委员会关于召开江西省第十二届人民代表大会第七次会议的决定》《江西省人民代表大会常务委员会关于接受刘昌林辞去江西省人民政府副省长职务的请求的决定》《江西省人民代表大会常务委员会关于接受谭晓林等辞去有关职务的请求的决定》和人事任免名单。

30日　省委书记鹿心社在南昌会见德国驻华大使柯慕贤。

12　月

1日　省第十二届人民代表大会常务委员会第二十九次会议通过《江西省大气污染防治条例》，自2017年3月1日起施行。

△　长江中游城市群三省水运合作第二次联席会在南昌召开。赣鄂湘3省及各自省会城市港航部门、重点港口企业有关人员出席会议。会议签署赣鄂湘水运合作备忘录，重点提出在基础设施、航道管理、港口经营等六大领域加强密切合作，为服务长江经济带战略保驾护航。

2日　全国政协重点督办提案办理协商座谈会在南昌召开。会议围绕“加大《国务院关于支持赣南等原中央苏区振兴发展的若干意见》实施力度，确保赣南等原中央苏区与全国同步全面建成小康社会”重点督办提案，听取江西省有关情况汇报，以及国家发改委、财政部、交通运输部、农业部、国务院扶贫办等提案办理单位的办理情况，协商解决问题。会前，全国政协副主席马飚率全国政协重点督办提案办理协商调研组到于都、瑞金、安远、龙南等县（市）实地调研。

3日　第十三届全国见义勇为英雄模范（含群体）名单揭晓，江西勇斗劫匪的何洪成当选全国见义勇为模范，救起9条生命的徐龙宝、李日辉、杜振东3人当选全国见义勇为模范群体。

4日　在2016年世界羽联黄金大奖赛澳门公开赛上，省球类运动管理中心的羽毛球运动员、南昌小将赵俊鹏获男单冠军。

7日　省政府办公厅印发《江西省版权输出奖励暂行办法的通知》设立江西省版权输出奖。江西省版权输出奖是经中央批准，由省政府设立的专项奖励，表彰省内新闻出版广播影视业实施并取得显著成效的版权输出项目，每3年评选一次，每项奖励20万元，每次奖励15项。江西省是全国首个以省政府名义设立版权输出奖的省份。

8日　江西省与浪潮集团有限公司在南昌签署战略合作协议。根据协议，浪潮集团在未来5年内将在江西省投资40亿元，打造中部地区具有影响力的云计算和大数据产业基地，形成相关产业集聚区，共同推动政府数据开放、双创等平台建设，构建新型智慧城市。

9日　乔治海因茨飞机制造有限公司与上饶县签约，计划投资50亿元，建设通用航空轻型飞机制造基地、江西省通用航空机场网络建设投建及运营管理总部基地、江西省通用航空运营管理中心、航空器维护保养中心及航空飞行培训中心等项目。这一项目的落户，可填补江西省固定翼轻型通用飞机制造空白。

△　江西省全面完成钢铁煤炭行业化解过剩产能任务，通过国家钢铁煤炭行业化解过剩产能第二验收抽查组的验收抽查。8月，全省提前完成退出粗钢产能433万吨、生铁产能50万吨的任务，占总任务的100%。年内全省关闭煤矿232处、退出产能1547万吨，分别占年度目标任务的113.2%和121.0%，超额完成任务。

9日—2017年1月5日　第六届江西艺术节在南昌举行。其间，包括江西玉茗花戏剧节、江西音乐舞蹈艺术节、江西少儿艺术节、华东“六省一市”戏剧小品大赛、农民工才艺大赛、革命歌曲演唱邀请赛等16项主要活动在南昌上演。

11日 省委常委会召开会议，传达学习中国文联第十次全国代表大会、中国作协第九次全国代表大会和全国高校思想政治工作会议精神，研究贯彻落实意见。省委书记鹿心社主持会议。

12日 江西国际商会第一次会员代表大会在南昌召开。200余家商会会员企业负责人等300余人与会。会议审议通过《江西国际商会章程》，选举产生江西国际商会第一届理事会及会长、副会长、常务理事单位。

△ 江西省首座35潜伏模块化变电站——宁都田埠35千伏变电站建成。

13日 支持赣南等原中央苏区振兴发展部际联席会议第四次会议在北京举行。会议总结第三次部际联席会议以来的工作进展情况，继续推动有关事项的落实，研究部署下一步支持赣南等原中央苏区振兴发展工作。

17日 国家中医药教育国际化(南昌)试验区签约仪式在江西中医药大学举行，标志着承担中医药国际化人才培养、交流合作、教育服务贸易“试验田”作用，为“一带一路”建设和中国教育国际化政策制定提供试点经验的国家级协同创新试验平台落户江西。试验区由教育部教育发展研究中心与江西中医药大学、江中集团三方合作。

19日 省委常委会召开扩大会议，传达贯彻中央经济工作会议精神，研究江西省贯彻落实意见。

19—23日 国务院农村食品安全专项治理工作督察组到南昌市及安义县、新余市及分宜县等地，通过听取汇报、现场检查、座谈走访、查阅资料等方式督查全省农村食品安全专项治理工作。督察组对全省农村食品安全专项治理工作取得的成效给予肯定。

22日 装载着1100吨玉米的火车专列驶入南康区赣州港，标志着漳州招商局码头至赣州港专列开通，实现闽赣两省港口间的首次合作。

△ 省高级人民法院依法对原审被告人黄志强、方春平、程发根、程立和故意杀人、抢劫、强奸、敲诈勒索再审案进行公开宣判，撤销原审判决，宣告黄志强、方春平、程发根、程立和无罪。

23日 全国首家省级法治智库——法治江西智库成立大会暨法治江西建设理论研讨会在南昌举行。

△ 江西省首座大型抽水蓄能电站——靖安洪屏电站全面投产发电。洪屏抽水蓄能电站成为华中电网最大的“蓄电池”和“应急电源”，在电网调峰、填谷、调频、调相和事故备用时发挥作用。

23—24日 由省政府、国家国防科工局和省军区共同举办的2016江西军民融合产品·技术·资本合作推进会在南昌举行。国家国防科工局副局长徐占斌在开幕式上讲话，并为两所省局共建高校(南昌航空大学、东华理工大学)授牌。开幕式上，省政府分别与中国核工业集团、中国船舶工业集团签署战略合作协议。来自国家部委、军队、央企和相关高校以及省内外军工企业、省内金融机构等近900名嘉宾参加开幕式。会上，洽谈达成签约项目213个，签约总金额699.5亿元。

23—24日 省委常委会召开会议，传达学习中央农村工作会议、第一届全国文明家庭表彰大会精神，研究贯彻落实意见。

26日 省政府印发通知，按国务院有关批复精神，同意撤销东乡县，设立抚州市东乡区。原东乡县的行政区域为抚州市东乡区的行政区域，区人民政府驻孝岗镇子山路188号(原东乡县人民政府驻地)。

△ 江西江铃集团新能源汽车有限公司年产5万辆纯电动乘用车项目由国家发改委核准通过。江铃集团新能源汽车有限公司成为国内第7家拿到独立新能源汽车生产资质的企业。

26—27日 全省经济工作会议在南昌举行。会议认为，2016年宏观经济形势错综复杂、经济下行压力仍然较大，困难比预料的多，但结果比年初预期的好，全省经济运行呈现“形稳势好、稳中趋优”态势。会议赞成省委对2017年经济工作的总体思路、主要目标、重点任务和重大举措。

27日 历时4个月，由省科技厅、省工信委、省教育厅、共青团江西省委、省科协联合主办，江西数字智能公共安全产业技术创新战略联盟承办的江西首届公共安全创新创业大赛在南昌结束。全国共有152个项目参赛，其中“消防机器人项目”获一等奖，“建筑施工起重安全监控系统”等2个项目获二等奖，“基于海量数据深度学习的校园公共安全管理系统”等3个项目获三等奖。

28日 赣州市赣县区挂牌。10月，省政府印发通知，按国务院有关批复精神，同意撤销赣县，设立赣州市赣县区，以原赣县行政区域为赣县区行政区域，区人民政府驻梅林镇梅林大街5号。赣县区成立后，赣州市辖3区、1市、14县。赣州市城区面积5416平方千米，总人口约218万人。

29日 江西省农业综合行政执法总队举行挂牌仪式，江西省和甘肃、重庆、湖北、江苏、浙江、福建、广东7省市在仪式上签订农业执法省际协作办案机制协议。

29—30日 江西省首届高校科技成果对接会在南昌召开。会上，江西通用航空研究院举行揭牌仪式。17所高校与34家企业签署35个合作协议项目，发布《江西高校科技创新服务区域经济社会发展报告(2011—2015)》。

本栏编辑 游桃琴

专　记

江西省开展"两学一做"学习教育纪略

2016年2月，中共中央总书记习近平在江西省考察时指出，井冈山时期留给中华民族最为宝贵的财富，就是跨越时空的井冈山精神，江西要在弘扬井冈山精神上努力走在前列，创造新的经验。3月13日，中央政治局常委、中央书记处书记刘云山在参加全国人大江西代表团审议时，提出希望江西在"两学一做"学习教育中能走在前列，创造好的经验。习近平的殷切嘱托，刘云山的重要指示，为江西谋划部署和抓好"两学一做"学习教育提供了根本遵循，明确了目标要求。

一、"两学一做"学习教育的总体情况

全省"两学一做"学习教育从2月开始谋划，4月19日召开动员部署大会，并利用1个月的时间自上而下开展2400多场专题宣讲，使"两学一做"在全省党员中入脑、入心、入行，推动各级党组织的学习教育高标准谋划、高质量起步、高效率开展。

（一）把"两个前列"作为根本遵循。在"两学一做"学习教育中，紧扣"两个走在前列"，把学习教育放在全面从严治党的全局下来谋划、推进、督导、落实。省委书记鹿心社多次强调，要切实按照"两个走在前列"的要求，抓实抓好"两学一做"学习教育各项任务落实，确保取得实效，真正"走在前列"。

（二）以"三个目标"为具体指引。第一个目标就是通过学习教育，使广大党员增强"四个意识"，即政治意识、大局意识、核心意识、看齐意识；做到"五个更加"，即更加自觉尊崇党章党规，更加自觉坚定理想信念，更加自觉爱党忧党兴党护党，更加自觉强化宗旨观念，更加自觉立足岗位作贡献；成为"四讲四有"的合格党员，即讲政治、有信念，讲规矩、有纪律，讲道德、有品行，讲奉献、有作为。第二个目标就是通过学习教育，牢固树立"党建+"理念，以"三大工程"为统领，全面加强党员队伍建设，做好党员发展、教育和管理各项工作，研究破解党员教育管理中的难题，进一步坚持和完善"三会一课"、组织生活会、民主评议党员等党内生活制度。同时扎实推进基层党建工作各项任务的落实，注重加强基层党支部建设，激发支部活力，增强支部的创造力、凝聚力、战斗力。第三个目标就是通过学习教育，凝聚广大党员和群众力量，为实现"十三五"良好开局和"提前翻番、同步小康"提供思想和组织保证。

（三）将"五条原则"贯彻始终。在深入推进"两学一做"学习教育过程中，坚持把深化学习贯穿始终，把传承红色基因贯穿始终，把解决突出问题贯穿始终，把作风整治贯穿始终，把做合格党员贯穿始终。

（四）认真落实好"四个动作"。以党支部为基本单位，以"三会一课"等党的组织生活为基本形式，以落实党员教育管理制度为基本依托，使每一个党支部认真落实好四个方面工作：一是落实"三会一课"制度组织学；二是深化"先锋创绩"制度推动做；三是召开专题组织生活会深入查；四是开展民主评议认真评。

（五）切实做好"五个结合"文章。"两学一做"学习教育中，注重做好"结合"文章、下足"结合"功夫。一是坚持把学习全会精神与学习贯彻中共中央总书记习近平系列重要讲话精神，特别是对江西工作"新的希望、三个着力、四个坚持"的总体要求结合起来。二是立足各领域党组织各自职责，与深化改革开放、实施创新驱动、建设生态文明、推进脱贫攻坚、保障改善民生、维护社会稳定等重点工作实际结合起来。在党政机关，把学习教育与加强机关思想政治建设和作风建设、更好服务改革发展、服务基层群众结合起来；在国有企业和非公经济组织，把学习教育与改善企业生产经营、提高质量效益结合起来；在各级各类学校，把学习教育与把握学校正确办学方向，落实教书育人根本任务结合起来；在城乡基层，把学习教育与完善基层；治理体系、维护社会和谐稳定结合起来。三是与加强党组织自身建设结合起来，切实加强党员队伍建设、基层党组织建设。四是同集中整治基层"微腐败"结合起来，夯实基层组织基础，营造风清气正的政治生态环境。

五是与扎实推进“七项重点任务”结合起来，做到学以致用、用以促学，更加自觉地落实全面从严治党各项要求，推动全省各项事业发展。

二、“两学一做”学习教育的主要做法与成效

历时10个多月的开展，全省“两学一做”学习教育围绕“两个走在前列”的目标，聚焦发挥党支部主体作用，紧盯“学”这个基础，狠抓“做”这个关键，坚持以上率下、以学促做、学做结合、知行合一，坚持全覆盖、常态化、重创新、求实效，强化问题导向，推动学习教育从“关键少数”向全体党员拓展、从集中性教育向经常性教育延伸，全省学习教育呈现出“目标明确、措施有力、推进扎实、成效显著”的特点。中共中央办公厅《工作情况交流》、中组部《“两学一做”学习教育情况通报》和《组工信息》、新华社《国内动态清样》等多次刊发江西特色做法的工作成效。其中，中共中央办公厅《工作情况交流》单篇1条，中组部《“两学一做”学习教育情况通报》8篇(条)、《组工信息》35篇(条)、《组工参阅》15篇(条)。《人民日报》、中央电视台《新闻联播》等各级各类新闻媒体先后1800多次刊登江西“两学一做”学习教育亮点和看点。其中，《人民日报》报道22篇(条)、中央电视台《新闻联播》报道3篇(条)、《中国组织人事报》报道43篇(条)，人民网对江西“两学一做”学习教育进行了专访。

(一)扎实推进，打好“学、做、改”的组合拳。全省各级党组织紧扣“两个走在前列”的要求，扎实推进“两学一做”学习教育，党支部普遍动起来，“三会一课”等基本制度得到有效落实，基层党组织的凝聚力向心力明显提升，党员主体意识明显增强，先锋模范作用进一步发挥。

第一，落实“三会一课”制度真学实学。用“坚定执着追理想、实事求是闯新路、艰苦奋斗攻难关、依靠群众求胜利”四个专题领学导学，通过多种方式组织党员系统学习党章党规，深入学习中共中央总书记习近平系列重要讲话精神。一是严格“三会一课”制度，常学常新。各设区市、各工委每月固定1天，作为“党员主题活动日”，将支委会、党员大会、党小组会、讲党课集中在“党员主题活动日”分段完成。全省各级党组织共开展专题学习38万次、讲党课31.9万次。二是聚焦重点学习内容，深学深悟。学党章党规和系列讲话，注意区分全体党员和县处级以上党员领导干部2个层次，分别确定学习的重点内容和目标要求。三是丰富内容创新形式，活学活用。各级党组织编印专题学习资料；组织到红色教育基地开展现场式党课；开展访谈式党课；开展体验式党课。全省“两学一做”微信公众号“江西党建微平台”，有33万多党员关注，实现全省各级党务工作者和基层党组织书记的基本覆盖。8.96万个党支部(占比约93%)建立微信学习群，进行“微讨论”“微发言”，交流“微体会”“微心得”。

第二，深化“先锋创绩”制度真做实做。在学习教育中，各地各单位党员在工作中身先士卒、苦干实干，真正做到在平常时候看得出来，关键时候站得出来，危急关头豁得出来。一是引导党员立足本职岗位带头贡献。党员普遍在工作学习中佩戴党徽、亮明身份，主动发挥模范带头作用，自觉接受群众监督。二是引导党员围绕中央和省委重大决策部署积极作为。全省各级党委(工委)共组织党员干部1.11万人，走访企业1.10万家，宣传讲解政策8315次，收集意见建议1.00万条，解决企业困难1.10万个。三是引导党员紧扣急难险重任务挺身而出。在5—8月的抗洪抢险斗争中，面对肆虐的洪水，各级党组织和广大党员干部把抗洪救灾作为检验“两学一做”学习教育成果的主战场，以实际行动彰显党性本色，诠释“合格党员”的时代内涵。

第三，突出问题导向真改实改。各地各单位从学习教育一开始就认真查找党组织和党员队伍中存在的问题，坚持边学、边查、边改。一是对照中央提出的“五个着力解决的问题”扎实改。全省基层党支部自觉对标，查摆问题29.5万条，即知即改解决问题26.7万条。各地各单位通过查找问题，倒排出2495个软弱涣散基层党组织，通过开展集中整顿，已有2118个完成整顿。二是对照中央巡视组巡视“回头看”反馈的问题认真改。省委常委班子成员针对巡视反馈的三个方面33个专项232个具体子项问题，带头抓好整改落实。全省各级党组织以坚定决心组织推进整改，以“整改不力是失职，不抓整改是渎职”的政治担当落实责任，确保所反馈的问题条条有整改、件件有着落。三是对照“四风”新动向新表现查找问题坚决改。全省紧盯“四风”新动向、新表现，统筹推进基层党员干部教育监督管理工作，共收到基层党员干部违纪问题线索5888条，查处问题3269个，处理3222人，移送司法机关277人；全省公开通报“微腐败”典型案例826起，涉案基层干部1193人。同时，出台《关于支持、保护和激励党员干部改革创新、担当有为的意见》，支持和保护作风正派又敢作敢为、锐意进取的党员干部，形成正面激励与反向倒逼相结合的引导机制。

(二)从严从实，念好“查、评、考”的连环诀。各级党组织认真履行“两学一做”组织领导责任，抓住健全基层党组织这个关键，抓实抓严督查指导、民主评议、考试考核等环节工作，扎实推进基层党建7项重点任务，及时调整健全基层党组织，及时指导督促基层党组织完成换届选举、改选，使非公有制企业、社会组织党组织覆盖率持续提高。

第一，召开专题组织生活会深入查。2016年年底到2017年3月底，全省利用4个月时间，组织9.6万个党支部召开专题组织生活会。截至2017年1月底，已有5.04万个支部召开组织生活会。全省专题组织生活会的召开呈现出“五度”态势。一是学习教育有“强度”，广大党员结合学习思考谈认识、讲感受，坚定查摆问题、开展批评的信心和决心，进一步深化学习效果。二是查摆问题有“精度”，坚持“背靠背”和“面对面”相结合，“请进来”和“走出去”相结合，广泛听取群众意见，确保查摆的问题见深度、有分量。三是谈心谈话有“广度”，做到领导带头谈、班子相互谈、党员主动谈、会上集中谈。四是自我剖析有“深度”，全体党员做到把准脉、画得像、有深度，确保专题组织生活会高标准高质量召开。五是开展批评有“力度”，在专题组织生活会上，广大党员

自我批评开门见山、直言问题;相互批评戳到痛处,点到要害。

第二,开展民主评议认真评。把党员民主评议作为“两学一做”学习教育的“关键动作”和重中之重,截至2017年1月底,全省已有4.19万个支部开展民主评议。各基层党组织开展党员民主评议做到“三严”。一是严格要求。自我批评有深度,相互批评有辣味,达到“团结—批评—团结”的目的。二是严格程序。按照个人自评、党员互评、民主测评、组织评定的程序进行。三是严格整改。根据民主评议情况,结合党员日常表现、关键时刻和危急关头的表现,对评议为优秀的党员予以表扬。对基本合格和不合格等次的党员,指出其存在的问题,帮助制定整改措施,促其改进提高。

第三,严格考责机制扎实考。细化考核标准,完善专项述职、民主评议、政策测试、实绩考核“四位一体”的考评制度,形成系统的考责机制。一是在对象上严格考评支部书记。设置7个方面考核指标,明确规定党支部书记开展“两学一做”学习教育的“责任清单”。对考核“不合格”的党支部书记实行“一票否决”。二是在内容上严格考评“七项重点任务”。将开展“两学一做”学习教育、落实“七项重点任务”作为党组织书记述职评议的必考必答内容。特别是通过非公企业和社会组织“两个覆盖”攻坚计划,非公企业党组织覆盖达98.88%,比年初提高80.26个百分点;社会组织党组织覆盖率达96.85%,比年初提高71.01个百分点,有效消除党组织覆盖的盲点。三是在方式上注重过程与效果同考评。在严格专项述职、实绩考核的基础上,省委组织部设计了“两学一做”应知应会试卷,坚持做到督查到哪,抽考到哪。

(三)常态长效,深化“创、研、固”的持久招。全省紧扣“两个走在前列”的目标要求,坚持创特色、出经验,做好“领跑”示范。重点研究如何解决党员队伍建设、基层党组织建设的重点难点问题,把成熟的经验、有效的做法以制度的形式固定下来。

第一,创新理念,创优手段,创造特色。“两学一做”学习中,全省特色亮点频现。一是运用本地独特资源创特色。把传承红色基因贯穿始终,弘扬井冈山精神,“学”和“做”都围绕总书记关于弘扬井冈山精神“坚定执着追理想”“实事求是闯新路”“艰苦奋斗攻难关”“依靠群众求胜利”的要求展开。二是坚持有效经验做法创特色。从党员的一贯表现以及在这次“两学一做”中的现实表现两方面,进行量化评分。三是总结运用基层经验创特色。总结运用靖安县双溪村委会坚持47年的“党员议事日”活动等,在全省范围推广“党员主题活动日”。四是敢为人先创新创造创特色。省委组织部出台《支部书记抓学习教育的考核制度》,对不认真组织开展“两学一做”学习教育的党支部书记直接评为不合格,予以“一票否决”,对基层支部较好地形成“倒逼”效应。打造全省“两学一做”微信公众号,把微信学习群建在支部上,打造党员的“微生活”。

第二,研析问题,研思方法,研探路径。加大对新形势下党建工作的规律性研究,确保基层党建工作更适应时代要求、更符合江西实际。一是研究探索推动党内组织生活制度全面落实。探讨“党员活动日”运转机制,进一步规范组织生活会召开的时间、内容和形式,发挥组织生活会在交流党员思想、总结经验教训、提升党员主体意识、增进党内团结等方面的作用。二是研究探索推动党内民主监督制度全面落实。全面探索村党组织“四议两公开”制度,做到公开公正透明,靠制度机制解决少数基层干部不作为乱作为的问题。三是研究探索推动党的组织全面覆盖。做到哪里有群众哪里就有党的工作,哪里有党员哪里就有党的组织,哪里有党组织哪里就有健全的组织生活和党组织作用的充分发挥。四是研究探索推动党员作用全面发挥。不断深化“四进四联”、党员“先锋创绩”、无职党员“设岗定责”、党员承诺践诺、党员进社区、开展志愿服务等活动,使基层党组织政治功能和服务功能全面加强。

第三,固定形式,固化制度,固实成效。坚持把“两学一做”学习教育融入日常、抓在经常,研究探索如何做到组织生活经常化、党员教育常态化、支部主体作用长效化。一是固化支部组织生活。把组织生活和交纳党费、党务公开、民主议事等结合起来,丰富和创新组织生活的时代内涵。二是固化从严管理党员。把党费管理、党员组织关系管理、党员档案管理、党籍管理、流动党员管理等基本制度健全起来,让“严、实”成为常态。三是固化党支部主体作用。坚持把全面从严治党延伸到基层,把党支部作为基本单位抓严抓实,充分发挥支部的主体作用,切实解决“最后一公里”问题。

(省委组织部)

江西省全面深化改革纪略

2016年,全省贯彻落实中共十八大和十八届三中、四中、五中、六中全会精神,围绕中央和省委改革决策部署,坚定不移推进改革攻坚,“四梁八柱”的主体框架基本确立,全省改革呈现全面发力、密集实施、多点突破、特色鲜明的良好态势。

一、夯基垒台、纵深推进,全面深化改革工作积厚成势

省委深改组严格对标中央、注重系统集成、完善工作机制,不断提高改革精准化、精细化水平,形成思改革、谋改革、促改革的强大合力。

贯彻落实以习近平为核心的党中央重大改革决策部署。一年来,省委深改组召开4次全体会议,部署167项改革任务,出台78个改革方案,确保全省各项改革部署既体现中央决策,又具有江西特色。

扭住具有标志性、引领性的重要领域改革精准发力。围绕供给侧结构性改革、“放管服”、国资国企、农业农村、科技创新、生态文明、司法体制等重要领域部署重点改革任务，推出既有利于解决突出问题、又有利于长远制度建设的系列改革举措，“降成本、优环境”专项行动、省市县三级政府权责清单制度、国有企业混合所有制改革、法媒银联动机制、公安全警情录入、健康扶贫、城市公立医院综合改革等创新做法走在全国前列。

以试点突破带动全局改革。加强和规范改革试点工作，全省累计承担国家级试点124个、安排省级试点121个。企业信用信息监管体系、国有资本经营体制、生态补偿机制、“把纪律挺在前面”、余江县农村宅基地制度改革等一批改革试点在全国产生影响，有的形成可复制可推广的经验，相关成果得到中央领导和有关部门的肯定和推广。改革试点探索，发挥了对全局改革的重要示范、突破、带动作用。

投入更大精力抓改革落实。省委书记、深改组组长鹿心社领衔推进落实“放管服”改革，专题研究部署全省改革工作20余次。省委副书记、省长、深改组副组长刘奇领衔推进落实农村土地承包经营权确权登记颁证改革，协调供给侧结构性改革、生态文明体制改革等重要领域改革。其他省领导抓所负责领域的改革落实。省委改革办、省委7个改革专项小组在坚持台账管理、调度统计、跟踪调研机制基础上，遵循改革规律和特点，着力健全省委深改组会议制度、领导领衔、改革督察、考核评价等全过程、高效率、可核实机制，推动改革举措落地见效。

更加注重宣传引导工作。提升改革宣传深度、精度，加大正面宣传力度，建立完善改革协同宣传和信息工作制度，突出宣传省委有关全面深化改革重大决策，全面准确宣传重大改革举措和成效，注重挖掘改革典型，注重讲好改革故事，注重把好舆论导向，及时回应干部群众关切的问题，为改革创造良好舆论环境。

二、精准聚焦、持续用力，重要领域改革取得重大进展

省委深改组聚焦重点、扭住关键、协同发力，使改革红利转化为发展动力和活力。年初确定的167项年度改革任务和17项省委深改组成员领衔推进落实的重大改革项目基本完成，取得重要阶段性改革成果。

聚焦增添发展新动能，推进经济体制改革。以供给侧结构性改革为主线，系统推进各领域基础性、关键性改革，打好“组合拳”打好“三去一降一补”攻坚战，提前完成煤炭、钢铁去产能年度任务，商品房库存平均去化时间同比减少8.1个月，全年减轻企业负担500亿元以上，去杠杆、补短板工作扎实推进，“降成本优环境”专项行动获中央领导肯定。“放管服”改革提升政府行政管理新水平，省级行政权力精简64.7%，省市县三级公布行政审批中介服务清单，“五证合一”“一照一码”等商事制度改革全面推开，“双随机一公开”监管深入推进，国家企业信用信息公示系统建设试点成为全国第一个通过验收的省份，以诚信为核心的新型市场监管体制正在加快形成。省属国有企业混合所有制改革稳步推开，省旅游集团混改基本完成，以管资本为主的国资监管体制初步构建，国务院领导肯定并要求打造国有企业改革“江西样板”。推出创新驱动“5511”工程，建立创新型省份建设“1+N”政策体系，全年专利申请受理量增幅居全国第一。深化重点领域投融资机制改革，全省投资增幅居全国第四，民间投资在全部投资中占比达71.7%。制定出台省级专项资金管理、省级预算公开办法，在全国率先出台统筹整合财政涉农扶贫资金实施方案；全国第三家以省人大立法形式颁布税收保障条例，深入推进国地税征管改革；加大金融支持实体经济发展的改革力度，推动省级法人金融机构、多层次资本市场体系、行政村基础金融服务、设区市股份制银行“四个全覆盖”，全省新增贷款、企业直接融资额均创历史新高。赣江新区获批，成为中部第二个国家级新区。庐山市设立运行，庐山管理体制进一步理顺。新型城镇化试点进一步深化，“多规合一”改革试点有序推进，全省城镇化率达52.97%，同比提高1.35个百分点。双向开放体制改革构建全面开放新格局。全面落实参与“一带一路”建设34条、推广自贸区改革试点经验74条，积极谋划江西自贸区，深入推进国际贸易“单一窗口”改革试点，全省利用外资和对外投资分别增长10.2%和15%。

聚焦健全现代农业体系，推进农业农村体制改革。推进农村集体产权制度改革。农村土地承包经营权确权登记颁证到户率95.7%，余江县农村宅基地制度改革试点实现“一改促六化”，农村综合产权交易平台建设取得新突破，农村土地流转率36.2%。培育新型职业农民，推进农垦改革试点，供销合作社综合改革试点面达57%，全省86家农信社全部改制为农村商业银行，全省13个试点县(市)“两权”抵押贷款增长128.6%，受益“财政惠农信贷通”的新型农业经营主体6.4万户，获中农办肯定。推进脱贫攻坚体制改革。脱贫攻坚考核、精准脱贫退出、财政涉农扶贫资金整合机制改革走在全国前列，“扶贫和移民产业信贷通”在全省推广，为打赢脱贫攻坚战提供制度保障。

聚焦打造美丽中国“江西样板”，推进生态文明体制改革。以全省全境列入首批国家生态文明试验区为重大契机，完善主体功能区制度，在全国4个试点省中第一个完成生态空间保护红线的划定，形成可复制推广的制度成果。完善生态补偿机制，在全国率先实施全流域生态补偿，与广东省签署东江流域上下游横向生态补偿协议。完善河湖管理与保护机制，全面推行“河长制”，实施“清河行动”，主要河流监测断面水质达标率88.6%。完善自然资源资产管理制度，启动实施抚州等4个市县自然资源资产负债表编制试点，完成萍乡等3个市县领导干部自然资源资产离任审计试点，出台领导干部自然资源离任审计实施意见和生态环境损害责任追究办法实施细则。

聚焦促进社会公平正义，推进民主法制和社会体制改革。健全民主制度。对人大质询、审计工作监督等作出制度安排，全面推开赋予设区市地方立法权改革；推进城乡社区协商，南昌市基层民主协商制度创新获中央改革办肯定推广；启动群团改革，制定出台省群团改革总体方案及工青妇、科协、侨联改革方案。推动法治江西建设。南昌等7个市县基本完成全国综合行政执法体制改革试点，律师参与涉法涉诉信访案件化解和代理工作在省市两级铺开，全面推行法律顾问制度，全员参与法治江西建设的工作格局基本形成。深化司法体制改革。基本建立“1+6”改革试点制度体系，员额制、司法责任制、职业保障和人财物统管改革有序推进，法官检察官遴选委员会履职模式、领导干部入额管理办法、政府购买服务方式等创新做法凸显江西特色。创新社会治理。健全守信联合激励和失信联合惩戒制度，创新推出立体化社会治安防控体系、全警情录入等改革，获公安部肯定。

聚焦激发文化创造力，推进文化体制改革。健全文化管理体制机制，深化互联网管理、内外宣体制、信息发布和政策解读机制等领域改革，增强党对宣传文化和思想舆论的掌控力。制定出台推动国有文化企业把社会效益放在首位、实现社会效益和经济效益相统一的实施意见，重点推出建立健全国有文化资产监管机制、组建江西文化演艺发展等3大文化集团等一批改革举措，全省文化产业生产力指数位居全国第七。构建现代公共文化服务体系，推进图书馆、科技馆、博物馆“三馆”建设，基本实现每个乡镇和社区有综合文化站，村村有农家书屋。

聚焦提升人民群众“获得感”，推进社会事业改革。全面推进考试招生制度、中小学教师职称制度、高校教育体制机制等领域改革，义务教育均衡发展步伐加快，42个县（区）通过义务教育发展基本均衡专家组评估认定，以地方立法形式推动学校学生人身伤害事故预防与处理机制改革，获中央领导批示肯定，教育部向全国推广。城市公立医院综合改革试点覆盖面70%，分级诊疗制度改革有序推进，社会办医加快发展，中医药综合改革试验区成功创建，精准健康扶贫工作入选全国十大医改新举措，医疗纠纷预防与处理机制改革获中改办推广。全面启动城乡居民基本医疗保险制度整合改革，全民参保登记计划试点设区市达50%以上，11个设区市均建立大病保险制度，参保率90%以上。

聚焦提高党的建设科学化水平，推进党的建设制度改革。探索干部人事制度改革，制定出台推进领导干部能上能下实施细则和支持保护激励党员干部改革创新、担当有为的意见，创新推出“三情三线三性”分析研判机制，干部选拔任用、管理监督制度改革迈出实质性步伐。推进基层党组织建设制度改革，以“党建+”为引领，提出“九抓九覆盖”基层党建工作思路，推动全面从严治党要求向基层延伸。制定出台关于深化人才发展体制机制改革意见，创新全省集聚人才的体制机制。

聚焦加强反腐败体制机制创新和制度保障，推进党的纪律检查体制改革。深化“把纪律挺在前面”先行先试，形成以省委关于落实把纪律挺在前面要求的意见为核心的“1+N”制度体系，构建党委主导、书记主责、纪委监督、党委部门和有关机关协同的纪律建设工作格局。推进“两个全覆盖”，即率先在全国实现巡视全覆盖和实现省市两级纪委派驻机构全覆盖，延伸全面从严治党的监督触角。健全党风廉政建设和反腐败工作机制，落实“两个责任”，强化上级纪委对下级纪委领导，完善反腐败协调机制，推动党风廉政建设和反腐败工作。

三、主动作为、探索创新，各地改革亮点纷呈

各地立足实际、大胆探索，推动中央和省委改革部署在基层落地生根，涌现出一批富有特色的“原创”成果，丰富全省改革内涵。

南昌市获批国家级综合保税区、全国构建开放型经济新体制综合试点试验区；在全国设区市率先颁布《低碳发展促进条例》，水环境治理改革成效获中央部委肯定和中央媒体报道。赣州市开通运营全国内陆首个口岸国检监管试验区；在全国首创医疗商业补充保险健康扶贫机制；出台改作风、提效率“一个意见、两个办法”，建立健全干部激励约束机制。九江市争取全省唯一一个国家级知识产权综合服务平台落户共青城市；创新水域综治联合执法“九江模式”，获中央领导肯定。景德镇市积极推动市属国有企业混合所有制改革试点工作；探索形成“小巷讲堂”基层理论宣讲新模式，入选中央改革办《改革案例》。萍乡市探索创新海绵城市建设模式；着力推进县级公立医院改革，芦溪县被列为全省县级公立医院改革样板县。新余市全面推进网上并联审批，在全省率先启动“一窗式”审批服务，审批制度改革升级至2.0版；全力打造“智慧新余”，以电子政务为基础的服务型政府基本建成；城市公立医院改革成效显著，列全国城市公立医院综合改革效果评价首位。鹰潭市扎实推进全国综合行政执法体制改革试点；加快推进国家新型城镇化综合改革试点改革，城镇化率提高1.3个百分点。宜春市率先在全省探索全流域生态综合整治模式；推进国家级土地确权登记颁证成果应用改革试点；推进“把管理引导立在前面”的党员教育管理机制改革试点。上饶市在全国首创公车改革“滴滴政务版”；大力推进旅游产业体制改革，三清山入选首批国家绿色旅游示范基地。吉安市创新推出“四个一”精准脱贫模式；实施“一廊五区”联动型改革，发挥改革先导区效应。抚州市着力打通乡镇简政放权和便民服务的“最后一公里”；在全省率先推行“山长制”；以“五约谈”为载体探索运用监督执纪第一种形态，推动全面从严治党落到实处。

（省委改革办秘书处）

江西赣江新区成立

2016年6月6日，国务院印发《国务院关于同意设立江西赣江新区的批复》，正式批准设立江西赣江新区，赋予其战略定位为“两区两地”，即逐步建设成为长江中游新型城镇化示范区、中部地区先进制造业基地、内陆地区重要开放高地、美丽中国“江西样板”先行区。自此，江西赣江新区建设上升为国家战略，成为全国第

18个、江西省首个国家级新区。6月29日，国家发改委发布《关于印发江西赣江新区总体方案的通知》，明确《江西赣江新区总体方案》已经国务院同意，要求江西省政府按照《国务院关于同意设立江西赣江新区的批复》（以下简称《批复》）精神和《江西赣江新区总体方案》（以下简称《总体方案》）要求，依法依规组织编制江西赣江新区发展规划，认真落实《总体方案》提出的战略定位、空间布局、发展重点等各项任务，确保实现《总体方案》确定的发展目标。

赣江新区位于江西省南昌市北部的赣江之滨，包括南昌市青山湖区、新建区和九江市共青城市、永修县的部分区域，覆盖南昌经济技术开发区、南昌临空经济区、共青城高新区、云山经开区等园区，规划面积465平方千米。设立并建设好江西赣江新区，对于促进中部崛起、推动长江经济带发展、加快内陆地区开发开放具有重要意义。

赣江新区获批历程表

2014年7月，省委十三届九次全会提出，尽快启动建设"昌九新区"的可行性研究。

2014年11月，昌九新区申报设立工作领导小组成立，昌九新区申报设立工作全面启动。

2015年2月，省政府正式向国务院申请设立国家级昌九新区。随后，国务院办公厅将江西省申请设立国家级昌九新区的请示批转国家发改委研究办理。

2015年6月，省政府向国家发改委上报昌九新区符合城镇建设规划、符合土地利用规划、与相关行政区域协调一致、水资源论证、环境评估报告5个配套要件。

2015年10月，国务院总理李克强在江西省呈报的新区等有关情况汇报材料上批示：转有关部门研究，统筹考虑支持。

2015年10月和12月，国家发改委地区司先后两次对新区总体方案进行修改完善，并根据新区设立审核办法及实施细则的要求，将江西省拟设立新区的名称调整为赣江新区。

2016年2月，中共中央总书记习近平在江西省考察时，要求江西省加强开放平台建设，积极参与一带一路建设和长江经济带发展，以大开放带动大发展。

2016年3月，国家发改委就设立江西赣江新区向国家19个部委征求意见。

2016年6月6日，国务院印发《关于同意设立江西赣江新区的批复》，正式批复设立江西赣江新区。

一、赣江新区的优越条件和新的战略定位

区位优势明显。新区是国家城镇化战略格局长江横轴和长江中游城市群京九发展轴的交汇处，向东向南联接长江三角洲、珠江三角洲和海峡西岸经济区，向西向北与武汉城市圈、环长株潭城市群和皖江城市带联动，在全国区域发展格局中具有承东启西、沟通南北的重要战略地位。交通条件优越。新区位于京九大通道和沪昆大动脉的结合部，长江黄金水道和赣鄱水运通道在此交汇，沪昆高铁、京九铁路、昌九城际铁路、福银高速、沪昆高速等多条铁路和高速公路贯通新区，南昌昌北国际机场、长江干支流高等级航道等航空和水运基础设施完备，初步形成现代化综合立体交通运输体系。产业特色鲜明。新区拥有国家级南昌经济技术开发区和多个省级产业园区，形成高端装备制造、汽车及零部件、生物医药、电子信息、新材料和现代物流等在国内外具有较强竞争力的优势产业集群，是中部地区重要的先进制造业和战略性新兴产业集聚区。创新能力较强。新区及周边集聚了江西五分之三的科研机构、三分之二的大中专院校和70%以上的科研工作人员，拥有18个国家级和220个省级重点实验室、工程（技术）研究中心、企业技术中心，2015年高新技术产业增加值约占工业增加值的28%，是中部地区科技、人才和教育资源的密集区。生态环境良好。新区依山傍水，东临全国最大淡水湖鄱阳湖，西靠庐山、云居山—柘林湖、梅岭—滕王阁等国家级风景名胜区，赣江、修河及其主要支流纵横交错，主要河流断面水质常年保持在Ⅲ类以上，水资源丰沛，拥有多处省级森林公园和湿地，生态系统和自然景观多样，可开发利用土地较多，资源环境承载能力较强，具备进一步集聚人口和产业的有利条件。

发展定位。国务院的《批复》和国家发改委的《总体方案》确定赣江新区"两区两地"的发展定位。长江中游新型城镇化示范区。充分发挥滨湖亲水、生态优美的优势，着力优化城镇空间形态和布局，提升城市品位和管理水平，增强城镇综合承载能力，率先开展农业转移人口市民化、城市建设管理创新等方面的改革探索，促进产城融合和城乡一体化发展，建设与山脉水系相融合的滨湖临江宜居宜业新城。中部地区先进制造业基地。大力实施创新驱动战略，加快提升自主创新能力，进一步释放新需求、创造新供给、培育新动力，着力培育新技术、新产业、新业态，全面落实《中国制造2025》，深入推进新型工业化产业示范基地建设，推动制造业向信息化、集群化、绿色化、智能化方向发展，引领和带动中部地区产业结构优化升级和经济发展方式转变。内陆地区重要开放高地。依托新区承东启西、连接南北的优越条件，积极融入"一带一路"建设，全面参与长江经济带分工协作，大力发展外向型产业集群，加快对外贸易优化升级，扩大开放领域，推动对内对外开放相互促进、引进来和走出去更好结合，培育国际经济竞争合作新优势，促进内陆地区更高水平开放。美丽中国"江西样板"先行区。坚定走生产发展、生活富裕、生态良好的文明发展道路，构建以战略性新兴产业和现代服务业为主导的绿色产业体系，推动低碳循环发展，全面节约和高效利用资源，加大生态环境保护和治理力度，促进人与自然和谐共生，率先形成绿色发展方式和生活方式，推进美丽中国的"江西样板"建设。

发展目标。到2020年，新区新型城镇化和生态文明建设有序推进，以先进制造业、战略性新兴产业和现代服务业为主导的现代产业体系初步形成，基础设施进一步完善，对外开放合作取得新进展，基本建成产城融合、城乡一体、生态宜居的现代化新区。到2030年，新区发展实现重大跨越，综合实力和产业竞争力大幅增强，新型城镇化水平和质量显著提升，现代产业体系更加完备，体制机制充满活力，生态环境进一步改善，成为促进中部地区崛起和推动长江经济带发展的重要支点。

空间布局。《总体方案》明确，要统筹生产、生活、生态布局，以主要交通通道和鄱阳湖、赣江等水系为依托，构建“两廊一带四组团”发展格局。“两廊”就是依托福银高速、京九铁路沿线产业园区，打造国内具有较大影响力的先进制造业和现代服务业的昌九产业走廊和以鄱阳湖滨湖控制带、赣江为主体，自然保护区、森林公园、湿地公园等生态功能区为支撑的滨湖生态廊道。“一带”就是以昌九大道为主轴，发挥依山傍水、滨湖临江优势，统筹规划沿线城镇布局和形态，构建适度紧凑、疏密有致、延绵发展的昌九新型城镇带。“四组团”。即昌北组团。依托南昌经济技术开发区，充分发挥集聚高端产业和科研人才的优势，引导和支持企业向产业链高端发展，重点发展汽车及零部件制造，新能源、新材料及节能环保等战略性新兴产业，建设高端装备制造业基地和科教研发基地。临空组团。依托南昌昌北国际机场，进一步完善立体交通系统，推进航空枢纽建设，提升开放门户功能，加快构建现代临空产业体系，重点发展航空物流、高端制造、生物医药、电子信息，建设现代临空都市区和总部经济集聚区，推动南昌临空经济区发展。永修组团。以永修县城、永修云山经济开发区为主体，重点发展新材料产业，进一步延伸产业链，提高产品附加值，培育壮大都市农业、生态旅游、高端装备制造、电子信息和现代服务业，做大做强有机硅国家新型工业化产业示范基地，建设都市观光休闲农业示范带。共青组团。充分发挥全国青年创业基地、国家生态文明教育基地的引领示范作用，重点发展电子电器、新能源、新材料、文化创意、旅游休闲、电子商务、纺织服装等产业，深入推进纺织服装国家新型工业化产业示范基地建设和国际生态经济合作交流，建设全国青年创业创新示范基地和国际生态文明交流平台。

二、赣江新区的快速发展

2016年，赣江新区在省委、省政府的正确领导下，在省赣江新区建设领导小组的决策部署下，围绕“一年打基础、三年成规模、五年大发展”的目标任务，边组建、边招商、边推进、边创新，扎实推进新区开发建设工作。全区完成地区生产总值582.32亿元，增长9.6%；规模以上工业主营业务收入1982.78亿元，增长11%；固定资产投资1070.81亿元，增长17.4%；财政总收入101.23亿元，增长12%。

新区组建。12月23日，省委、省政府正式印发《关于赣江新区管理体制的意见》。省编办陆续出台赣江新区管理机构和组团管理机构的文件，新区8个职能部门和投资开发公司组建完成，负责人已经到位，工作人员也逐步充实。同时，省国土资源厅、省地税局分别在赣江新区设立直属管理机构，第一时间服务新区发展工作。新区举行四个组团管理机构挂牌仪式，并在新建区樵舍镇、乐化镇设立管理处，纳入新区临空组团管理。下一步，新区还将任命组团管理机构负责人，加快管理机构组建，对组团范围内的经济发展进行有效管理。同时，面向全国公开选拔一批处级领导干部和企业高管，公开招录一批工作人员，引进高层次优秀人才到新区工作。

规划编制。主动对接国家、省“十三五”规划和长江经济带、长江中游城市群发展规划，有效衔接南昌大都市区规划和九江都市区规划，加快编制赣江新区总体规划和各专项规划。编制的《赣江新区空间发展战略规划》，已完成初步方案成果。编制的《赣江新区综合交通枢纽规划》和《赣江新区轨道交通工程规划》，均已完成初步成果，下一步将对综合交通枢纽站点选址进行研究论证。对集中起步区儒乐湖新城的建设规划进行深化和优化。进一步完善儒乐湖新城规划，将集中起步区建成空间形态有特色、功能内涵有内容的生态健康城区、创新发展园区。编制的临空二期（拓展区）发展规划，面积约45平方千米，已完成初步规划成果。

产业发展。在四个组团原有产业发展的基础上，明确光电信息、生物医药、智能装备制造、新能源、新材料、有机硅和现代轻纺6大主导产业。2016年，6大主导产业规模以上工业企业311家，主营业务收入1551.7亿元，占全区规模以上工业主营业务收入（1982.8亿元）的78.3%。10月20日赣江新区挂牌当天，就签约24个产业项目、12个金融机构和总部经济项目、7个基础设施项目。新区集中开工江西伊钝智能科技、江西移动大数据等8个产业项目，签约国家锂离子动力电池示范生产线、创业黑马创新创业孵化基地等22个项目。永修组团举行30个项目集中签约仪式，投资额达100亿元，进一步壮大有机硅新材料等主导产业。同时，加快北京产业园等一批专业园区建设，引导中高端产业企业在新区集聚。在赣京经济合作交流会上，赣江新区共签约7个投资与合作项目，签约金额228亿元。新区与保利国际签订总投资148亿元的军民融合产业园、意中产业园项目；与北京中关村签订战略合作框架协议，力争设立中关村（江西）科技园；与中科院签订协议，在新区建设成果转化基地。按照“推进一批、开工一批、储备一批”的原则重点跟踪推进项目115个，总投资1297亿元。中国中医药产业科技创新城、有机硅产业园、现代轻纺产业园等专业园区也正加快推进。最终在新区形成6个主导产业、N个专业园区、2个成果孵化转化基地的大项目、大园区、大产业。

开发开放。立足独特的区位优势，新区提出“一区三口岸”的发展构想，“一区”即综合保税区，“三口岸”即南昌昌北国际机场的空港口岸、龙头岗码头的水港口岸、昌北铁路物流基地的陆港口岸，共同组成水陆空铁多式联运新平台，建设江西首个国际国内多式联运中心。昌北铁路物流基地建设有序推进。龙头岗码头一期工程已完工验收，正处在试运行期。新区计划在新昌电厂铁路专线的基础上建设一条支线，将龙头岗码头与铁路物流基地连通，打通水铁联运通道。“一区三口岸”的构想也得到相关省直部门的积极响应，新区主动与南昌海关对接寻求支持，海关领导表示举全关之力支持赣江新区开放发展，正在制定相关支持举措。省商务厅与新区签订全面战略合作框架协议，在统筹新区水陆空港规划建设、申报国家临时开放口岸、开通赣欧国际铁路货运班列、申报国家服务贸易创新发展试点、推动新区企业“走出去”等方面给予支持。

金融发展。为建设赣江新区绿色金融改革试验区，正在编制新区金融规划及绿色金融改革创新试验区实施细则。在省政府金融办、省财政厅、江西银监局、人行南昌中心支行等部门的帮助下，已组建赣江新区产业投资基金；设立绿色产业引导基金、发行绿色金融债券等工作正在加快推进。赣江新区本级金库正式上线，标志着新区财税机制开始独立运行。新区管委会还与省政府金融办建立工作联席会议制度。同时，按照边申报、边推进的原则，鼓励多业态的金融机构和类金融机构落户新区，不断完善金融产业链。省银监局已批复15家银行设立赣江新区分支机构，中国银行、江西银行、建设银行赣江新区支行成立；江西文化产权交易中心已落户新区，江西金融资产交易中心、江西股权基金份额交易中心、江西药材交易中心、江西钱币线上交易中心、江西联合再生资源交易中心以及江铃集团、深圳爱施德公司等发起设立的四家网络小贷公司等项目正在加紧推进。此外，新区将支持经开组团发展互联网金融，助力共青组团建设金融特色小镇，鼓励永修组团金融创新突破，提升新区金融业发展水平。

创新发展。围绕体制机制创新、金融创新、科技创新等全方位创新引领新区发展，向创新要生产力。重点突出科技创新，坚持以创新链引领产业链，与中科院、中关村签订合作框架协议。在儒乐湖新城建设中科院（江西）成果孵化和转化中心，重点转化、转移中科院各类科研成果，推进光电信息、新能源汽车、医药食品、新材料等高科技项目的产业化；与中关村共建赣江新区科技成果产业化基地，支持中关村企业、科研院所、高校等创新主体到赣江新区发展。同时，新区在省发改委的指导下，积极申报“国家双创示范基地”；在省科技厅的指导下，组建科技协同创新体，已制定技术协同创新园的初步方案，推动省内研究中心、技术中心和重点实验室落户新区。整合腾讯众创空间、桑海国家生物医药孵化基地、中青数媒APP创客之家等“国字号”众创空间和孵化器，在新区构建全省技术最密集、要素最齐全、平台最开放、服务最优质的众创空间和服务平台集群，打造成全国创新创业特区。

（能新辉）

海昏侯国考古纪略

2016年10月9日，省委宣传部、省文化厅、省文物局联合在南昌召开新闻发布会，介绍与南昌汉代海昏侯刘贺墓有关的一系列“大动作”，标志着历时5年多，对集帝、王、侯于一身的刘贺墓的考古发掘工作阶段性结束（后续工作于2017年年初全部结束）。

2011年3月23日，省文物部门接到群众举报，在南昌市新建县（现为新建区）大塘坪乡观西村老裘村民小组东北约500米的墎墩山上，一座古代墓葬遭到盗掘。江西省文物考古研究所当即派员进行现场勘查，并及时向国家文物局做了汇报。2011年4月6日，国家文物局在南昌主持召开了新建县墎墩墓保护问题专家论证会，同意对墓葬进行抢救性考古发掘，并要求对墓葬周边区域开展考古调查。由此，这座沉睡2000多年的汉代海昏侯墓葬，逐渐进入到人们的视野，海昏侯国考古研究拉开序幕。5年来，在国家文物局“一流的考古、一流的保护、一流的展示”思路指导下，经过国内众多专家学者的不懈努力，海昏侯国考古与文物保护取得丰硕成果。这些成果概括为：（1）发现一座迄今为止全国保存最为完好的汉代侯国聚落遗址，初步摸清聚落内的城址、历代海昏侯墓园、贵族和平民墓地分布规律；（2）解剖一座保存完整的列侯墓园，发掘墓园内的车马坑、祔葬墓以及墓园内的地表建筑遗存，成为中国汉代列侯等级墓园的标尺；（3）发掘第一代海昏侯刘贺墓葬，揭示这座迄今保存完好、结构清晰、文物丰富的列侯等级墓葬，并初步认识刘贺这位历经帝王侯特殊身份的人物；（4）提取、清理、保护一批珍贵的文物，数量达1万余件，为中国汉代考古提供一份珍贵的实物资料。

此次考古共勘探面积约400万平方米，发掘约1万平方米。

（一）通过对海昏侯墓周边5平方千米区域的考古调查和勘探，发现以紫金城城址、历代海昏侯墓园、贵族和平民墓地等为核心的海昏侯国一系列重要遗存。结合文献记载，基本确认紫金城址即为汉代海昏侯都城，紫金城城址西面和南面为历代海昏侯的墓葬区、贵族和平民墓地。紫金城面积约3.6平方千米，分内城和外城。内城位于城区东部，为宫殿区，面积约12万平方米。对墓葬区钻探资料的初步分析，花骨墩、祠堂岗、墎墩、苏家山为历代海昏侯的墓葬区，海昏侯墓葬区外围还发现岭上、戴家山、五房山、龙坑、狗卵地、先发山、轿子山、夹山谷、北娘山、台盘子、杨家山、邹家墎、双墎岬、竹子山、万家山约13处贵族墓地和大量的平民墓葬。墓葬区总面积约1.4平方千米。

（二）海昏侯刘贺墓园以海昏侯和侯夫人墓为中心建成。墓园呈梯形，占地面积约4.6万平方米。由2座主墓，7座祔葬墓，1条外藏坑和园墙，北、东门及其门阙，寝堂，祠堂及园寺吏舍等建筑构成，内有完善的道路系统和排水设施，有的祔葬墓前还建有祠堂。侯墓和侯夫人2座主墓同茔异穴，占据墓园最高亢、中心的位置，2墓共用1个东西长约100、南北宽约40米，总面积约4000平方米的礼制性高台建筑。该礼制性建筑由东西厢房、寝堂和祠堂构成。

（三）海昏侯墓由墓葬本体及西侧的1个外藏车马坑组成。车马坑为真车马陪葬坑，出土实用高等级安车5辆，马匹20匹。侯墓本体规模宏大。上有高达7米的覆斗形封土，下有坐北朝南的甲字形墓穴，墓穴内建有面积达400平方米的方形木结构椁室。从整体上看，其结构呈居室化倾向，属于西汉中晚期采用“汉制”埋葬的列侯墓葬。

首先，椁室设计严密、布局清晰、功能明确。由主椁室、过道、回廊形藏椁和甬道构成。椁室中央为主椁室，面积约50平方米；周围环绕以回廊形藏椁；在主椁室与藏椁之间辟有过道，将主椁室与藏椁分隔开；主椁室由东、西室两部分构成，被隔墙分开，中间为门道。初步分析，东、西室南部数量众多的豪华随葬品大部分与日常起居用具有关。回廊形藏椁按功能区分，北藏椁自西向东分为钱库、粮库、乐器库。西藏椁从北往南分为衣笥库、武库、文书档案库、娱乐用器库。东藏椁主要为"食官"库，包括酒具库和厨具库。甬道主要为乐车库，其东、西两侧为车马库。

其次，椁室结构复杂，建筑科学。承重的椁侧板均榫卯结构，椁室内并有木桩支护。椁侧板与墓壁之间的熟土二层台宽约1.2米，采用砂、木炭、黏土分层夯筑而成。椁顶板上面用木炭、砂、白胶泥封护，厚约0.7米。椁板上刻有工匠姓氏、编号等文字和记号。墓道南部与椁室相连区域用竹编护壁。椁底板上一般都铺有一层竹席或草席。

第三，棺柩位于主椁室的东室东北部，其侧处有帷帐帐钩，使用内、外两重棺，与主椁室、过道、回廊形藏椁共同构成五重棺椁形式，和周代以来"天子棺椁七重，诸侯五重，大夫三重，士再重"的棺椁制度相符合。外棺盖上有漆画痕迹，并放置3把玉具剑。内棺盖上彩绘漆画，并有纺织品痕迹。内、外棺之间的南部随葬大量金器、精美玉器和漆器。

（四）出土金器、青铜器、铁器、玉器、漆木器、陶瓷器、竹编、草编、纺织品和简牍、木牍（签牌和奏章副本）等各类精美、珍贵文物约1万余件。

第一，5000余支竹简和近百版木牍，使多种古代文献2000年后重见天日，是中国简牍发现史上的又一次重大发现，也是江西考古史上的首次发现。初步清理发现，内容大约包括《悼亡赋》《论语》《易经》《礼记》《医书》《五色食胜》等部分。《悼亡赋》中出现描写冢墓的文字等；《易经》的经文首先解释卦名的涵义，然后自《象》传以下的内容与选择类《日书》类似，它虽然在排序上与传世《易经》相同，但又在内容上和传世《易经》差别较大；医书的内容与养生和房中术有关；《五色食胜》记述是以五种颜色代表相应食物，类比于"五行"相生相克的方术类内容。木牍大约包括属遣策类的签牌和奏牍。签牌是系在竹木笥或漆箱上的标签，上面写有盛器的编号及所盛物品的名称和数量等；奏牍是墓主人上奏皇帝、皇太后的奏章副本。

第二，出土的整套乐器，包括2架编钟、1架编磬、琴、瑟、排箫、笙和36尊伎乐木俑，形象再现西汉列侯的用乐制度，反映，汉代继承《周礼》中规定"诸侯轩悬"（诸侯三面，缺北面，形似车舆，称为"轩悬"），乐舞"六佾"（36人）的乐悬、舞列制度。

第三，外藏车马坑出土的5辆实用安车和20匹马、甬道内出土的属于导车性质的2辆3马双辕彩绘偶乐车、甬道东、西两侧车马库出土的属于从车性质的多部偶车马、仪仗类随伺木俑，反映西汉列侯车辇、出行制度。特别是2辆偶乐车，1辆为配有1件实用青铜錞于和4件青铜铙的金车，1辆为配有建鼓的鼓车，这种"金车、鼓车并用"的搭配组合为西汉列侯的车辇、出行制度作了全新的诠释，且这种出行制度可能与先秦时期的军乐有关。

第四，出土的大量青铜、漆皮陶酒器和厨具，特别是带有"昌邑食官""籍田"等文字的青铜鼎、灯，反映西汉时期的"食官"系统、饮食文化和"重农"的祭祀制度。

第五，出土10余吨、约200万枚五铢钱，反映西汉的"赙赠"制度。

第六，378件马蹄和麟趾金、金饼、金板的出土是中国汉墓考古史上保存最完整、数量最集中的一次发现。马蹄金和麟趾金为西汉皇帝"协祥瑞"而制颁赐给诸侯王的纪念品，采用花丝镶嵌等细金工艺制作，有的还镶嵌琉璃（玻璃）。金饼和金板则是具有储藏功能的硬通货，与汉代的酎金制度有关。

第七，大量工艺精湛的错金银、包金、鎏金铜器，如车马器、乐器、博山炉、连枝灯、雁鱼灯、鼎、染炉、火锅、蒸馏器、铜镜、铜镇等；玉器，如透雕龙、虎、凤纹饰的韘形佩、玉璧、玉环、玉剑具、组玉佩、玉耳杯、玉印等；图案精美的漆器，如绘制孔子及其弟子画像和记载他们生平的漆屏风、围棋盘、耳杯、扣银边的漆盘、贴金片的漆奁、漆樽、镶玉石和玛瑙的几案等；均显示出西汉时期手工业高超的工艺水平，再现当时高等级贵族的奢华生活，是西汉列侯"事死如事生"的典型标本。特别是带有器物制造者名字、机构、器物大小、重量、用工、原料用量、制造时间等文字的漆器、铜器和椁板，反映春秋战国以来手工业生产的"物勒工名"制度。另外在一件青铜豆形灯座上，清晰刻有"南昌"二字，这是关于"南昌"城的最早、最珍贵实物资料。

专家认为：南昌汉代海昏侯墓墓园是中国迄今发现的保存最好、结构最完整、功能布局最清晰、拥有最完备祭祀体系的汉代列侯墓园，对研究汉代列侯的园寝制度价值巨大；南昌汉代海昏侯墓是中国长江以南地区发现的唯一一座带有真车马陪葬坑的墓葬。南昌汉代海昏侯墓本体规模宏大，椁室设计严密、结构复杂、功能清晰明确，是西汉中晚期列侯等级墓室的典型标本，对研究、认识西汉列侯等级葬制具有重大价值；迄今已出土的1万余件文物，形象再现西汉时期高等级贵族的生活，具有极高的历史价值、艺术价值和科学价值；以紫金城城址、历代海昏侯墓园、贵族和平民墓地等为核心的海昏侯国一系列重要遗存，共同构成一个完整的大遗址单元，是重要的国家级历史文化遗产，具有重大研究和展示利用价值。

此次考古，囊括2015年所有考古奖项（全国十大考古新发现、中国社科院考古论坛六大考古新发现、田野考古奖、考古资产金尊奖）；不但跻身2015年江西十大新闻之列，还在2015、2016年连续两年获得全国最具影响力十大文物事件。

（徐长青　张杰）

本栏编辑　游桃琴

江 西 概 览

自然环境

【区域位置】 位于长江中下游交接处的南岸，在北纬24°29′14″～30°4′41″、东经113°34′36″～118°28′58″之间。因赣江是境内主要河流，故简称"赣"。东邻浙江、福建，西接湖南，南连广东，北与湖北、安徽交界。北控长江，古称"吴头楚尾，粤户闽庭"。东西宽约490千米，南北长约620千米，土地总面积16.69万平方千米，占全国陆地总面积的1.74%，居华东各省市首位。

【地势地貌】 地势周围高中间低，从外向内，由南向北，渐次向鄱阳湖倾斜，构成一个向北开口的巨大红色盆地。地貌类型齐全，区域差异明显，分布大体呈不规则的环状结构形式。以鄱阳湖为核心，向外依次为鄱阳湖平原、赣中南丘陵和边缘山地。山地占全省面积36%，丘陵占42%，岗地、平原占12%，水面占10%。素有"六山一水二分田、一分道路和庄园"之说。

【山河湖泊】 主要山脉多分布于省境边陲，走向以东北和西南走向为主体。赣东北和赣东有怀玉山、武夷山和黄山支脉，赣南有大庾岭和九连山，赣西有罗霄山脉，赣西北有幕阜山和九岭山。全省有大小河流2400多条（其中全年有水的约160条），总长约1.84万千米。主要河流有赣江、抚河、信江、修河、饶河五大河流，其中赣江自南而北流贯全省，包括贡水在内全长766千米，是江西最大河流。江西湖泊众多，并集中于五河尾间地区，以鄱阳湖最为著名。鄱阳湖是中国第一大淡水湖，湖泊面积5100平方千米。

【土地资源】 全省土地大致可分为三大类：红、黄壤土地，红壤丘陵，平岗地。土壤主要有5种类型，分别是红壤、黄壤、紫色土、潮土、水稻土。土地资源利用以耕地、林地、牧草地为主要形式。至2016年年底，全省耕地面积308.39万公顷，园地面积32.39万公顷，林地面积1032.53万公顷，草地面积27.56万公顷，城镇村及工矿用地面积97.12万公顷，交通运输用地面积24.48万公顷，水域及水利设施用地面积125.44万公顷，其他土地面积21.45万公顷。

【矿产资源】 地下矿藏丰富，矿产资源种类齐全，资源配套程度高，伴（共）生组分丰富。至2015年年底，全省发现各种有用矿产193种（以亚矿种计），矿产地5000余处。查明有资源储量的矿产有9大类139种。列入2015年矿产资源储量统计的矿产128种。探明的矿产资源保有储量在全国居前十位的有85种，其中居首位的有：钨、钽、锂辉石、锂云母、锆英石、铷、重稀土、碲、化工用白云岩、滑石、玻璃用脉石英、陶瓷土、饰面用板岩、麦饭石14种。居第二位的有：伴生金、锂、铯、伴生硫、电气石、光学萤石、粉石英、保温材料用黏土8种。居第三位的有：铜、铋、银、铍（绿柱石）、锆、轻稀土、普通萤石、冶金用砂岩、化肥用灰岩、叶蜡石、透闪石、水泥配料用页岩、海泡石黏土、饰面用辉石岩、水泥用辉绿岩、饰面用大理岩、饰面用板岩17种。居第四位的有：沙金、冶金用白云岩、硅灰石、玻璃用砂岩4种。居第五位的有：铌、铍、化肥用蛇纹岩、玻璃用砂、玻璃用大理岩、水泥配料用砂、高岭土、饰面用角闪岩、饰面用辉绿岩、水泥用凝灰岩10种。保有铜资源储量994.84万吨，占全国比重为10%；钨426.28万吨，占44%；钽4.71万吨，占33%；金（含伴生金）486.06吨，占4%；银2.23万吨，占9%。

【能源资源】 主要有水能、光能、风能及能源矿产等。水能资源理论蕴藏量682.03万千瓦，可开发利用的610.9万千瓦，全部开发年发电量可达215.6亿千瓦时。光能资源较为丰富，全年太阳总辐射能力为4057兆焦耳/平方米至4794兆焦耳/平方米，全年日照1473～2078小时，日照百分率33%～47%。风能，年平均风速为1.0～3.8米/秒（不含庐山），全省年大风日数0.5～25天，风能资源较为丰富的地方，主要集中在鄱阳湖滨、赣江和抚河下游及高山顶和峡谷地带。能源矿煤炭，产地在全省共有190处，分布在70个县；主要煤田有11个，主要分布在浙赣铁路沿线地区。

【生物资源】 全省动物资源丰富，有哺乳类100多种，鸟类420种，两栖类40种，爬行类77种，鱼类205种，还有水生哺乳类、软体动物、浮游动物等。有国家一级保护动物17种，分别为云豹、豹、虎、白鳍豚、黑麂、白鹳、黑鹳、中华秋沙鸭、金雕、黄腹角雉、白颈长尾雉、白头鹤、白鹤、鸨、蟒、中华鲟、白鲟。全省植物起源古老，组分较复杂，种类繁多，类型齐全，提供物质原料的资源生产潜力很大。主要有用材植物、木本粮食植物、油脂植物、药用植物、观赏植物等。

国家级风景名胜区

【庐山风景名胜区】 位于中国第一大江长江和第一大淡水湖鄱阳湖的交汇处，总面积333.42平方千米，全区共有景区12个，最高峰大汉阳峰海拔1474米。1982年，庐山被国务院批准列为首批国家级风景名胜区。1996年12月6日，联合国教科文组织批准庐山以“世界文化景观”列入《世界遗产名录》，成为中国第一处世界文化景观遗产。

【井冈山风景名胜区】 位于湘赣边界的罗霄山脉中段，是全国著名的革命圣地，由茨坪、龙潭、黄洋界、主峰等11个景区组成，最高峰江西坳海拔1841米，面积333平方千米。1982年，井冈山风景名胜区被国务院批准列为首批国家级风景名胜区。2009年，井冈山风景名胜区被列入第二批国家自然与文化双遗产预备名录。

【三清山风景名胜区】 位于赣东北玉山和德兴两县（市）交界处，主峰玉京、玉虚、玉华三峰似道教鼻祖玉清、上清、太清三仙列坐其巅而得名。最高玉京峰海拔1816.9米，由七大景区组成，总面积229平方千米。1988年经国务院批准列为国家级风景名胜区。2008年，被联合国教科文组织批准以“世界自然遗产”列入《世界遗产名录》，成为中国第七处、江西省第一处世界自然遗产。

【龙虎山风景名胜区】 位于江西鹰潭市，距市中心18千米，由仙水岩、龙虎山、上清宫、洪五湖、马祖岩和应天山六大景区组成，有55个景点、261个景物景观，总面积220平方千米。1988年经国务院批准列为国家级风景名胜区。2010年，被联合国教科文组织批准以“世界自然遗产”列入《世界遗产名录》。

【仙女湖风景名胜区】 位于江西新余市西南部，是一处以群岛曲水峡谷、植物基因宝库为主要特色，以山水游赏、休闲度假、科普修学为主要功能的岛屿湖泊型风景名胜区，总面积194.7平方千米，其中水域面积46.3平方千米。2002年，经国务院批准列为国家级风景名胜区。

【三百山风景名胜区】 位于江西南部安远县境内，京九铁路江西段最南端，是集古火山构造、奇山幽壑、清溪碧湖、飞瀑深潭、密林古树、珍禽异兽、怪石险滩、温泉诸奇景于一体的山岳型风景名胜区，总面积137.6平方千米。三百山风景名胜区是香港同胞饮用水的东江源头。2002年，经国务院批准列为国家级风景名胜区。

【龟峰风景名胜区】 位于江西弋阳县城区西南部，地处龙虎山、三清山、武夷山和瓷都景德镇“三山一都”的中心位置，包括龟峰景区、南岩景区、弋江景区，总面积39.3平方千米。龟峰因其“无山不龟、无石不龟”，且整个主景区就像一只昂首巨龟，故名龟峰。2004年，经国务院批准列为国家级风景名胜区。2010年，被联合国教科文组织批准以“世界自然遗产”列入《世界遗产名录》。

【云居山—柘林湖风景名胜区】 地处九江市庐山西麓，水域广阔，风景秀丽，原生态山水完美结合，被誉为中国最美的湖光山色，总面积655.2平方千米。2005年12月，经国务院批准列为国家级风景名胜区。

【高岭—瑶里风景名胜区】 位于江西景德镇市浮梁县东北部，以深厚古陶文化、群瀑名茶幽谷、原生山水环境、古朴明清街坊为主要特色，总面积95平方千米。2005年12月，经国务院批准列为国家级风景名胜区。

【武功山风景名胜区】 位于江西省中西部，地跨萍乡、宜春、吉安三市，处于湘赣边界的罗霄山脉北段，以高山草甸、千古祭坛、瀑布温泉、沩仰祖庭为主要风景特色，总面积365平方千米。2005年12月，经国务院批准列为国家级风景名胜区。按照属地管理的原则，武功山风景名胜区分为宜春片区、萍乡片区和安福片区3个片区。

【梅岭—滕王阁风景名胜区】 位于江西省会南昌市的西北部，由梅岭和滕王阁两大景区以及方志敏烈士墓、溪霞湖、西山万寿宫、梦山、小平小道5个外围独立景点组成，总面积为143.7平方千米。2004年，经国务院批准列为国家级风景名胜区。滕王阁景区位于南昌市沿江路赣江与抚河故道交汇处，以滕王阁为主体，东至榕门路，南至瓷器街，西至赣江防洪墙，北至叠山路为风景区管辖范围，面积0.12平方千米。梅岭景区位于南昌市湾里区境内，距南昌市区中心15千米，属于典型的城郊山岳型风景名胜区，面积143.58平方千米。

【灵山风景名胜区】 位于江西上饶县北部，距上饶县城、上饶市区均为25千米。灵山风景名胜区以环状花岗岩峰林地貌奇观为主要特色，面积101.5平方千米。2006年，灵山被江西省人民政府批准为省级风景名胜区。2009年12月，灵山被国务院批准列为国家级风景名胜区。

【神农源风景名胜区】 位于万年、弋阳、乐平三县（市）交界处，面积为43.13平方千米，包括仙人洞、严家、港道源、神农宫、九子溪大赦庵、黄天峰6个景区。风景名胜区内生态资源丰富，地质景观奇特，山林溪水优美，历史古迹众多，具有很高的自然景观与历史文化价值。其中，仙人洞吊桶环景区发现世界迄今为止最早的稻作遗迹，将水稻种植历史回溯直上一万二千年，是举世公认的稻作文化的发祥地。2012年10月，神农源经国务院批准列为国家级风景名胜区。

【大茅山风景名胜区】 位于德兴市东南部，距离德兴市区19千米，由大茅山、梧风洞、双溪湖、四角坪景区4部分组成，规划总面积143平方千米。景区主要景观特色可概括为“黛山幽谷、壁虎秀水、奇岩线天、史迹胜地”四大特点。2012年10月，大茅山经国务院批准列为国家级风景名胜区。

（夏萍）

历史沿革

【概　况】　江西省简称赣，因公元733年唐玄宗设江南西道而得省名，位于中国东南腹地，连接“长珠闽”，被称为“吴头、楚尾、粤户、闽起”，到明代又称“江右”。自古以来江西人文荟萃，物产富饶，经济繁荣，孕育了灿烂的地域文化，也对中华文化的传承与发展产生深远影响，有“物华天宝，人杰地灵”和“文章节义之邦，白鹤鱼米之国”的美誉。

江西开发的历史，可以上溯到约四五万年前的旧石器时代。万年县考古发现距今1.2万余年的水稻标本，该县被称为“世界稻作起源地之一”。“万年稻作文化系统”被联合国粮农组织确定为全球重要农业文化遗产保护项目。

商周时期，江西地区的水稻种植业和陶瓷业已初显优势，而铜矿开采、冶炼、青铜器铸造，在中国青铜文化中也占有重要地位。新干县大洋洲商墓考古发掘的大量青铜器表明，江西地区的文化既受中原文化的影响，又有鲜明的地方特色。

秦始皇灭六国建立统一的中央政权后，设立九江郡，辖境包括今天的九江、南昌、景德镇、上饶、抚州、吉安、赣州一带，而萍乡、宜春等地则属长沙郡管辖。

汉高祖初年设豫章郡，郡治南昌，下辖18县，分布地域为赣江、抚河、信江、修水、袁水沿岸，初步确立江西省境的规模。两汉时期江西人口迅速增加，农业、陶瓷业、采矿业、造船业等较为发达，赣抚平原成为重要的产粮区。南昌西汉海昏侯墓的考古发现，显示汉代高超的科学技术和器物制作水平，出土的数以万计竹简、木牍是中国考古史上极其重大的发现，具有十分重要的科学、历史、文学、艺术价值。

三国吴、两晋、南朝时期，中原战乱，北方地区人口第一次大规模南迁，其中一部分迁入鄱阳湖周边地区，使江西郡县数大增，农业生产水平得到很大提高。南朝时京城以外的大粮仓三分之二在豫章郡，江西成为当时粮食主要供应地之一，陶渊明也成为影响至今的田园诗人。

隋唐时期，全国经济重心逐步南移，江西开始进入勃兴期。733年，唐玄宗设江南西道监察区，下辖37县。安史之乱后，中原人口第二次大规模南下，鄱阳湖区域及偏远山区得到广泛开发，土地垦种面积扩大，粮食产量增加，茶叶和瓷器生产兴旺，行销各地。唐玄宗时，开辟穿越大庾岭、南达广州的驿道，赣江成为联系岭南和长江流域最重要的南北交通线路，沿线的江州（九江）、洪州（南昌）、吉州（吉安）、虔州（赣州），成为商旅汇聚的繁荣都邑。

五代时期，江西地区先辖于吴，后辖于南唐。此时期出现相当于下等州的新的行政区——军，划6州、4军、55县。由于南方的战争规模较小，时间较短，江西的社会经济得到较快的发展，在全国的经济比重显著增加，文化也初步繁荣，白鹿洞书院后来发展为全国最具影响的四大书院之一。

宋朝江西经济文化空前繁盛，进入大发展时期。宋代将道改为路，江西地区大部分隶属于江南西路，置9州、4军、68县。北宋末年的靖康之乱，是中原人口南迁的第三次高潮，江西的人口比唐代增加约3倍，垦田数居全国之首，漕运至京师的稻米三分之一产自江西，“天下漕米取于东南，东南之米多取于江西”，茶叶产量为全国的四分之一。景德镇窑和吉州窑进入全国名窑的行列。采矿业规模之大，出现过“坑丁10万人开采铜矿”的场景。而南昌“高甍巨栋连阡亘陌”“中户尚有千金藏”“沉檀珠犀杂万商”，呈现出大都市风貌。以经济发展为基础，文化教育也独占全国的鳌头。宋代全国书院203所，而江西则有80所。江西举进士人数达全国的五分之一。名门望族众多，华林胡氏家族“一门三刺史，四代五尚书”。出任宰相级的显宦有25人。以欧阳修、王安石、曾巩、陆九渊、洪迈、马端临、文天祥等为代表的一大批政治家、思想家、哲学家、文学家、史学家群星闪耀，为中华文化的繁荣发展作出重大贡献。董煟的《救荒活民书》不仅有补正史之缺，更是中国第一部救荒专著。

元朝开始确立行省制度，下设路、直隶州、县级州和县。江西行省辖区包括今江西绝大部分地区和今广东省的大部分地区，下辖13路、2直隶州、48个县和16个县级州。秉承宋朝的发展，元代江西的社会经济也有新的发展，经济作物的种植、矿物的开采、制瓷业的规模均有所扩大，制茶、造船、印刷也十分兴盛。

明朝基本上保留元朝的省区建制，但改行省为布政使司，改路为府和改州为县。江西布政使司设13府，下辖78县，地域基本等同今天的江西省。江西在元末农民战争中没有受到大的战争破坏，政治、经济和文化诸方面仍在全国居十分重要的地位，是全国屈指可数的人口和经济大省。江西士人对明代的中枢政治有很大影响，入阁拜相者络绎不绝，出现过“翰林多吉水，朝士半江西”的局面。南安府（大余）的梅关和赣江仍是联系广东和长江流域最繁忙的南北交通线路，赣江沿线城市的工商业更为繁荣。樟树镇、吴城镇成为新兴的航运与商业中心，景德镇和河口镇（铅山）则是著名的手工业中心，并称为“江西四大镇”。为官江西的王守仁发展了陆九渊的思想，在江西创立“致良知”学说，同陆九渊的学说一起，并称为“陆王心学”，为中华文化注入生生不息的活力。汤显祖以《临川四梦》获“东方莎什比亚”美誉，宋应星的《天工开物》在中国科技史上占有重要地位。

清代江西省行政区域基本承袭明制，经济文化发展滞缓，逐渐落后于周边省份。特别是在清后期太平天国运动中，江西成为湘军和太平天国军反复争夺的地区，损失巨大。人口从1853年的2450万人锐减至1873年的1770万人，全境城乡自然经济跌入停滞衰退之中。

民国时期，江西省共辖81县，近代工业、近代教育得到一定程度的发展。第二次国内革命战争期间，周恩来在南昌领导了“八一起义”，毛泽东带领“秋收起义”部队在井冈山建立了第一个农村革命根据地。两支队伍井冈山会师后，转战赣南闽西，开创中华苏维埃共和国，区域范围覆盖赣南闽西21县，临时中央政府驻设在瑞金。江西成为中国革命的摇篮，牺牲的有名有姓烈士达25万人之多。抗日战争中，中国军队在江西地区取得“万家岭大捷”和“上高会战”的重大胜利。

中华人民共和国成立后，江西省的行政区划曾经有过多次调整和变动。到2016年年底，全省设南昌、九江、景德镇、萍乡、新余、鹰潭、赣州、宜春、上饶、吉安、抚州11个设区市，24个市辖区，11个县级市，65个县，南昌市为江西省会。江西制造出新中国第一架飞机、第一枚海防导弹，改革开放后诞生了第一位资产过亿元民营企业家张果喜，江风益的晶能光电LED发光技术领先世界。

2016年，江西"十三五"规划起步，经济保持稳步增长，主要经济指标增速位居全国前列，生产总值由全国第二十一位前移至第十八位，综合实力和区域竞争力明显提高。产业结构进一步优化，发展动能加快转换，创新驱动能力增强，新技术、新产业、新业态、新模式不断涌现，逐步成为经济增长的新引擎。新型城镇化有序推进，城镇化率达51.6%，实现城镇人口超过农业人口的历史性跨越。城镇、农村居民人均可支配收入分别由全国第二十二位、第十四位前移至第十五位、第十二位。生态环境质量继续稳居全国前列。赣江新区建设全面展开，昌九一体化向纵深拓展，昌抚一体化加快推进，吉泰走廊发展迅速，赣南等原中央苏区振兴发展加快，赣东北开放合作扩大、赣西转型发展成效明显，"龙头昂起、两翼齐飞、苏区振兴、绿色崛起"的区域发展格局不断完善，建设"美丽中国"的"江西样板"迈出坚实步伐。

（省社科院）

人口发展状况

【概　况】 2016年，人口变动调查数据显示，江西人口发展呈现总量加快增长，"全面二孩"政策效果显现，城镇化发展更加健康，人口结构变化加快的新特征。全省人口形势向纵深发展并逐步发生转折性变化。

【人口增速】 2016年年末，全省总人口4592.26万人，比2015年增加26.63万人，增长0.58%，增幅提高0.06个百分点。2012—2016年，全省总人口增量分别为15.49万人、18.22万人、20.01万人、23.47万人、26.63万人，增速分别为0.35%、0.40%、0.44%、0.52%、0.58%，全省总人口增速呈逐步加快的趋势。

【出生人口】 2016年，全省出生人口61.59万人，比2015年增加1.48万人，出生人口总量创下2002年以来的新高。全省人口出生率13.45‰，上升0.25个千分点。人口出生率由2002年的14.74‰波动下降至2013年最低点的13.19‰，2016年出现较快上升，人口出生率触底反弹趋势逐步形成。

【老龄化程度】 2016年年末，全省65岁及以上人口450.50万人，比2015年增加19.50万人，占总人口比重为9.81%，提高0.37个百分点。老龄人口比重的不断上升导致老年抚养比的持续上升。全省老年抚养比为14.00%，提高0.56个百分点。按国家退休年龄一般标准看，全省60岁及以上人口老年抚养比达21.73%，意味着每100个15～59岁劳动年龄人口需要抚养约22个60岁及以上老年人口。

【劳动力资源】 2016年年末，全省15～64岁劳动年龄人口3217.8万人，比2015年增加11.36万人，劳动年龄人口规模继续呈现增长态势。全省0～14岁人口923.96万人，减少4.23万人，占总人口比重为20.12%，下降0.21个百分点。与全国平均水平相比，0～14岁人口比重仍然较高。2015年，全省0～14岁人口比重比全国高3.81个百分点，且随着"全面二孩"政策效应逐步显现，出生人口进一步增加、出生率进一步上升，全省0～14岁低年龄段人口比重下降的趋势得到扭转，有利于缓解劳动年龄人口下降趋势，改善全省人口年龄结构，为全省经济社会长期健康发展储备劳动力资源。

【城镇化水平】 2016年年末，全省城乡人口结构中，城镇人口2438.49万人，乡村人口2153.77万人，城镇人口比2015年增加81.71万人，乡村人口减少55.08万人。全省常住人口城镇化率为53.1%，提高1.48个百分点，增速比2015年高0.08个百分点。全省户籍人口城镇化率达35.74%，提高3.59个百分点，比常住人口城镇化率提高值高2.11个百分点，全省城镇化发展健康程度进一步提高。

【性别结构】 2016年，全省总人口中，男性人口2356.02万人，比2015年增加12.32万人；女性人口2236.24万人，增加14.31万人，女性人口比男性人口多增加1.99万人，性别比（以女性为100，下同）由105.48下降到105.36。全省出生人口性别比为113.57，下降0.62，自2007年以来连续10年下降，出生人口性别比偏高的现象得到进一步遏制。

【文化程度】 2016年，全省6岁及以上人口中，不识字或识字很少、小学、初中文化程度人口比重分别为3.35%、29.48%、41.54%，比2015年分别下降0.04、0.41、0.53个百分点；高中（含职业高中）、大专及以上文化程度人口比重分别为16.33%、9.30%，分别提高0.56、0.42个百分点。2013—2016年，大专及以上文化程度人口占6岁及以上人口比重分别比2015年提高0.2、0.22、0.25、0.42个百分点。2016年年末，全省6岁及以上人口中不识字或识字很少、小学、初中文化程度人口分别为141.27万人、1243.19万人、1751.77万人，分别减少0.67万人、8.34万人、9.76万人；高中（含职业高中）、大专及以上文化程度人口分别为688.65万人、392.19万人，分别增加28.34万人、20.37万人。

（冷晴）

环境质量

【概　况】 2016年，全省地表水水质总体良好，Ⅰ～Ⅲ类水质断面（点位）达标率81.4%，其中河流断面达标率88.6%，主要湖库点位达标率28.0%；各设区市城区集中式饮用水源地水质监测水量达标率99.8%、监测点次达标率99.7%。全省11个设区城市环境空气质量均为超二级（执行《环境空气质量标准》GB3095－2012，评价项目为6项），主要污染物为细颗粒物。全省酸雨污染仍较普遍。全省11个设区市中，9个城市区域声环境质量二级，2个城市三级；7个城市道路交通声环境质量一级，4个城市二级；功能区噪声点位达标率94.1%。全省生态环境状况优良。

【水环境】 全省地表水水质总体良好。主要河流中，长江九江段、抚河、修河和东江水质总体为优；赣江、信江、饶河、袁水、萍水河和环鄱阳湖区河流水质总体为良好。3个主要湖库中，柘林湖水质总体为优；鄱阳湖和仙女湖水质轻度污染。与2015年相比，地表水水质达标率增加0.4个百分点，其中河流增加2.4个百分点，湖库降低16.0个百分点。

赣江　Ⅰ～Ⅲ类水质断面比例为87.1%，水质良好。

抚河　Ⅰ～Ⅲ类水质断面比例为93.3%，水质优。

信江　Ⅰ～Ⅲ类水质断面比例为88.0%，水质良好。

修河　Ⅰ～Ⅲ类水质断面比例为100%，水质优。

饶河　Ⅰ～Ⅲ类水质断面比例为82.4%，水质良好。

长江九江段　Ⅰ～Ⅲ类水质断面比例为100%，水质优。

袁水　Ⅰ～Ⅲ类水质断面比例为81.3%，水质良好。

萍水河　Ⅰ～Ⅲ类水质断面比例为88.9%，水质良好。

东江　Ⅰ～Ⅲ类水质断面比例为100%，水质优。

环鄱阳湖区河流　Ⅰ～Ⅲ类水质断面比例为87.5%，水质良好。

鄱阳湖　Ⅰ～Ⅲ类水质点位比例为11.8%，水质轻度污染，营养化程度为中营养，主要污染物为总磷。

柘林湖　Ⅰ～Ⅲ类水质点位比例为100%，水质优，营养化程度为中营养。

仙女湖　Ⅰ～Ⅲ类水质点位比例为25.0%，水质轻度污染，营养化程度为中营养，主要污染物为总磷。

31个设区市城区集中式饮用水源地监测水量达标率99.8%、监测点次达标率99.7%。与2015年相比，监测水量和监测点次达标率分别下降0.2和0.3个百分点。

【大气环境】 2016年，全省11个设区城市环境空气质量为超二级，全省城市平均达标天数比例为86.4%；11个城市达标天数比例范围为73.5%～92.6%，其中抚州市最高（92.6%），萍乡市最低（73.5%）。与2015年相比，全省环境空气质量总体有所下降。

二氧化硫　11个设区城市年均值南昌、景德镇和抚州市达到一级标准，其余8城市均达到二级标准，全省年均值24微克/立方米，与2015年相比下降7.7%。

二氧化氮　11个设区城市年均值均达到一级标准，全省年均值25微克/立方米，与2015年持平。

可吸入颗粒物　11个设区城市年均值南昌、萍乡、九江、新余和宜春5市超二级标准，其余6城市年均值达到二级标准，全省年均值72微克/立方米，与2015年相比上升5.9%。

细颗粒物　11个设区城市年均值均为超二级，全省年均值45微克/立方米，与2015年持平。

一氧化碳　11个设区城市一氧化碳浓度日均95%位数值均达到一级标准，全省及11个城市一氧化碳日均值超标率均为0%。全省城市一氧化碳日均浓度第95百分位数平均值为1.6毫克/立方米。

臭氧　11个设区城市臭氧日最大8小时均值90%位数值均达到二级标准，全省臭氧日最大8小时值平均超标率为2.0%，11个城市臭氧日最大8小时值超标率范围0～4.9%，全省城市臭氧日最大8小时平均值第90百分位数平均值为132微克/立方米。

降水　全省降水pH年均值为5.11，酸雨频率为49.5%，酸雨污染仍较普遍。11个设区市中，除萍乡、九江、新余和宜春4市降水pH年均值高于5.60外，其余7个设区市降水pH年均值均低于5.60，与2015年相比，全省降水pH年均值下降0.15，酸性程度有所增强，酸雨频率下降11.5个百分点，酸雨频次减少。

【声环境】 2016年，全省区域声环境质量二级，噪声均值54.1分贝，11个设区城市中，9个城市二级，2个城市三级；全省道路交通声环境质量一级，噪声均值67.3分贝，7个设区城市一级，4个城市二级；全省设区城市功能区噪声点位达标率94.1%，11个设区城市点位达标率范围75.0%～100%，昼间声环境质量好于夜间。与2015年相比，设区城市区域和道路交通噪声质量变化不大，功能区声环境质量略有下降，点位达标率下降0.8个百分点。

【生态环境】 2016年，全省生态环境质量为优，生态环境状况指数为79.02；除南昌和新余市生态环境质量为良外，其余9个设区市均为优；68个县（市、区）生态环境质量为优、占全省面积的74.5%，26个县（市、区）生态环境质量为良，占全省面积的25.3%。与2015年相比，全省生态环境质量有所上升。

（省环保厅）

气候状况

【概　况】 受史上最长厄尔尼诺事件（2016年5月结束）影响，2016年全省天气气候反常，主要呈现：气温偏高，但波动大；入汛早，暴雨过程多；盛夏高温日数多，阶段性高温持续时间长、强度大；11月气温高、降水多、湿度大，各地出现罕见“回南天”；秋冬季节雾和霾范围广、强度强。全省平均气温18.9℃，偏高0.9℃，位居历史第二高位，全省有16个县（市、区）创历史新高。全省平均降水量1996毫米，偏多1.9成，位居历史第十高位，全省有6个县（市、区）创历史新高。

全省主要气象灾害有暴雨洪涝、风雹、雷电、干旱、台风、雨雪冰冻、雾和霾等。全年因气象灾害或由气象灾害引发的次生灾害，导致全省796.1万人次受灾，因灾死亡41人（其中，雷击死亡16人），2人失踪，紧急转移安置73.4万人次；农作物受灾面积50.96万公顷，其中绝收面积11.58万公顷；直接经济损失106.0亿元，其中农业损失50.2亿元。

降水　全年全省累计平均降水量1996.1毫米，比常年（1675.1毫米）偏多近2成。4月、5月、6月降水最多，占全年降水量的46%。与常年相比,2月、3月、8月、12月降水量偏少,其余月份均偏多,其中1月、11月降水异常偏多,分别偏多8成和9.6成。从全省11个设区市降水情况看,赣州市最多,为2273.1毫米,且创历史新高;南昌市最少,为1748.8毫米;与常年相比,11个设区市年降水量均偏多,以赣州市偏多4.3成为全省之最,上饶市基本与常年持平。各地年降水量在1512.4(高安)~2646.2毫米(寻乌)之间。降水空间分布不均,2000毫米以上的降水主要集中在东南部,其余各地1500~2000毫米;与常年相比,除赣北局部地区偏少以外,其余各地均偏多,其中赣南局部地区偏多5成以上,以寻乌偏多6.5成为全省之最。全省主汛期(4—6月)平均降水量918.1毫米,比常年同期偏多2.5成。各地降水量在599.3(遂川)~1434.7毫米(资溪)之间,降水空间分布不均,东多西少。与常年相比,全省除上高、万载偏少以外,其余各地均偏多,偏多幅度为0~5成,其中抚州市局部地区偏多5成以上。全省平均降水日数171.1天(日雨量≥0.1毫米),比常年平均偏多13天。各地降水日数在147~217天之间,大部分地区160~180天;与常年相比,全省除黎川及万载偏少以外,其余各地均偏多,偏多10天以上的县(市、区)有60个,偏多20天以上的县(市、区)有17个,主要分布在赣北北部及赣南南部,其中寻乌、铅山分别偏多30.9天、31.5天。全省平均暴雨日数14.5天(日降水量≥50毫米),比常年偏多3.2天。10个县(市、区)创历史新高。各地暴雨日数8~25天,大部分地区的暴雨日数均在10天以上,其中赣州市大部分地区及抚州市大部分地区16天以上。与常年相比,除赣北部分地区偏少以外,其余各地均偏多,其中赣南大部分地区偏多8天以上,以石城偏多13天为全省之最。

气温　全年全省平均气温18.9℃,比常年(18.0℃)平均偏高0.9℃,历史排位第二高位。全省16个县(市、区)创历史新高。与常年相比,全年除5月平均气温偏低0.2℃以外,其余月份均偏高,其中12月偏高幅度最大(2℃)。全省11个设区市平均气温比常年均偏高,偏高幅度为0.6(抚州)~1.1℃(上饶)。其中,吉安(18.9℃)、宜春(18.6℃)、上饶(19.1℃)3市平均气温为历史第二高位。各地年平均气温在17.3(九江)~20.7℃(于都)之间,全省大部分地区18~20℃,赣北西北部16~18℃,赣南大部分地区20℃以上;与常年相比,除九江偏低0.4℃以外,其余各地均偏高,偏高幅度大多在0~1℃之间,以崇义偏高1.5℃为全省之最。各地年极端最高气温36.9(寻乌)~40.1℃(瑞昌、德兴、广丰、上饶县)。其中,赣北37.3~40.1℃,赣中37.8~39.3℃,赣南36.9~39.6℃。全省有31个县(市、区)出现≥39℃的高温,71个县(市、区)出现≥38℃的高温。各地年极端最低气温-10.0(婺源)~-2.6℃(大余)。其中,赣西北、赣东北和赣中的东部最低气温在-8~-6℃,赣北的中部和赣中大部分地区-6~-4℃,赣南大部分地区-4~-2℃。庐山年最低气温-15.3℃。

日照　全年全省平均日照时数1485.8小时,比常年(1631.8小时)偏少0.9成,历史排位第六低位。各地年日照时数1026.2(泰和)~1813.6小时(湖口)。全省大部分地区日照时数1200~1600小时,赣北中部1600小时以上;与常年相比,全省大部分地区均偏少,偏少幅度大多0~2成,以泰和偏少3.7成为全省之最。

季节转换　冬季(2015/2016):各地入冬时间在11月下旬至12月上旬。与常年相比,全省大部分地区入冬偏早,其中赣南大部分地区、赣北赣中局部地区偏早11~15天,其余地区偏早4~10天,以于都、龙南、兴国偏早15天为最多。春季:各地入春时间大多在2月上旬至2月下旬,赣北局部地区在3月中旬。与常年相比,赣北大部分地区和赣中入春偏早6~14天,赣北局部地区和赣南接近常年。夏季:各地入夏时间在4月下旬至5月上旬。与常年相比,大部分地区入夏偏早3~16天,以修水偏早16天为最多。秋季:各地入秋时间在9月下旬至10月上旬。与常年相比,全省大部分地区入秋时间偏早3~9天,赣东北和赣南的局部地区偏晚3~6天,其余地区接近常年。

【主要气象灾害及影响】　全省主要气象灾害有暴雨洪涝、风雹、雷电、干旱、台风、雨雪冰冻、雾和霾等,其中暴雨洪涝灾害经济损失最大,占全年灾损86%,其次是风雹灾害,占全年灾损10%。死亡人数列前3位的为暴雨洪涝(含山体滑坡、泥石流)、雷电、风雹。年内受超强厄尔尼诺事件影响,主汛期来得早、结束晚、暴雨强、局部洪涝灾害重,人员伤亡较为严重。全年雨涝、高温、雾和霾异常指数偏高,干旱和低温异常指数正常,2016年江西省气候灾害年景评估结果为较差。

暴雨洪涝　年内暴雨过程频繁,全省区域性的暴雨日有22天(87个国家站中出现10站以上),比常年偏多6.7天,其中主汛期10站以上暴雨日13天,比常年偏多3.5天。主汛期来得早、结束晚,全省3月23日进入主汛期,比往年提前9天,7月19日主汛期结束。受强降雨影响,局部水文站点出现短时超警戒水位,多个城市、乡村发生短时内涝或积涝,农田受淹,局部地区出现山洪暴发、山体滑坡等地质灾害。全省致灾的暴雨过程主要集中在3月下旬至7月中旬,主要的暴雨致灾过程有:3月20日—23日赣南出现首场区域性暴雨天气过程,导致提前入汛;5月上中旬暴雨频袭中东部,局部地区重复受灾;6月中旬出现强降水集中期,鄱阳向阳圩出现溃口;7月上中旬暴雨过程叠加长江流域强降水,致沿江滨湖地区水位居高不下。

局地强对流　年内全省有73个县(市、区)出现532次短时8级以上雷雨大风,为近28年以来最多;35个县(市、区)62次出现冰雹,与1969年并列创历史新高。全年因雷击死亡16人,出现在4—8月。

热带气旋　年内先后有"尼伯特""妮妲""莫兰蒂""鲇鱼""莎莉嘉""海马"6个热带气旋影响江西。7月9日首个台风"尼伯特"在福建省登陆,减弱为热带低压后进入江西,受其影响,7月9日—11日赣中赣南普降大到暴雨、局部地区大暴雨。9月27日晚—28日晚,第17号台风"鲇鱼"和冷空气给全省带来近19年以来最强的风雨天气,全省有28个县(市、区)出现8级以上阵风,庐山阵风达10级(25米/秒),24个县(市、区)出现暴雨。10月18日—22日先后有2个台风影响江西，时间间隔之短，同期少见。

寒潮　年内明显的寒潮过程主要出现在1月下旬和11月下旬。其中，1月下旬的强寒潮过程导致全省多地日最低气温创近25年以来新低。

高温酷暑　夏季全省平均高温日数（≥35℃）36.2天，比常年偏多10.5天。各地高温日数为12（寻乌）～55天（上饶县），定南县高温日数创同期新高；大部分地区高温日数30～50天，上饶县和横峰则超过50天；与常年相比，偏多幅度在4～16天。年内极端最高气温40.1℃，分别出现在上饶县（7月25日）、瑞昌（7月29日）、德兴（8月16日）、广丰（8月19日）。高温出现初日为5月30日，终日为9月27日。

夏季大范围的连续性高温过程主要出现在6月下旬、7月下旬至8月下旬。6月下旬出现的首轮大范围高温天气，瑞金、大余、赣县、南康、定南和会昌6个县（市、区）连续高温日数突破同期历史极值；7月下旬至8月下旬全省出现范围广、强度大、持续时间长的晴热高温天气，大部分地区持续高温天数达20～30天，赣东北达30～38天，其间，全省平均气温和平均最高气温均创历史同期新高。

干旱　年内干旱总体偏轻，伏秋期间中北部出现阶段性的轻到中度干旱。受7月下旬至9月上旬降水偏少及7月下旬至8月下旬持续高温影响，8月中旬赣东北部分地区干旱开始发展，之后旱情继续蔓延到赣北大部分地区及赣中的东部地区，且强度逐渐增强，8月底至9月上旬，干旱范围和强度达到最大，赣东北部分地区达中到重旱，局部地区特旱等级，之后受台风“莫兰蒂”影响，旱情逐渐缓解，9月底全省旱情基本解除。

雾和霾　年内大雾和霾天气频发，全省87个国家站中共出现大雾4244站次，比常年偏多2257站次，位居历史第一高位；霾比常年偏多。全年除7—9月以外，其他月份大雾和霾站次均较多，5次出现10站以上的持续大雾天气过程，最长持续时间达12天，11月17日—19日全省2/3以上站点都出现大雾；8次出现10站以上的持续霾天气过程，持续时间最长的达21天，历史少见，其中12月6日—7日出现霾的县（市、区）数达77个。雾和霾天气给高速公路、航运和群众生活等带来不利影响。

【气候影响专题评价】　气候与农业　受史上最强的厄尔尼诺事件影响，2016年全省气候反常，气温明显偏高，入汛早、降水偏多且分布不均，冬季出现明显低温雨雪冰冻灾害，盛夏高温日数多、持续时间长，对农业的影响有利有弊，弊大于利，属略偏差年份。

气候与交通　年内出现的暴雨、局地强对流、台风、大雾或浓雾、雨雪冰冻，以及由暴雨引发的次生灾害等，导致全省公路、桥梁、航运、铁路等交通受到不同程度的影响。全年交通运营不利天气（10毫米以上降水、雾、雪、冻雨）全省均在50天以上，以庐山212天为最多。与常年相比，全省交通运营不利天气平均97.7天，偏多19.3天，为1961年以来第三多。全省绝大部分地区偏多3～30天，赣东北和抚州等地区超过60天，以婺源偏多101.5天为最多，其中有30个县（市、区）排名历史同期第一高位。

气候与水资源　江西省累计降水量1996.1毫米，根据年降水资源丰枯评定模型计算方法折合降水资源量3333.3亿立方米，比常年（2723.3亿立方米）偏多610亿立方米，属于正常年份。主汛期降水日数多，暴雨过程多，导致省内多条河流发生超警戒洪水。6月18日—19日赣北北部出现年内最强暴雨过程，昌江流域发生大洪水，为超20年一遇洪水。在昌江高水位急剧上升、洪峰叠加作用下，6月20日19时20分左右，鄱阳县向阳圩发生溃口。受长江上中游来水、长江水倒灌鄱阳湖影响，进入7月后，长江九江段，鄱阳湖全线超警。同期长江中上游“暴力梅”带来的强降水致使长江九江段水位猛涨，导致江西省沿江滨湖地区连续一个月出现超警戒水位，星子站出现21世纪以来最高水位21.83米。其间，长江九江段和鄱阳湖湖口超警戒时间均达29天，星子站水位超警戒31天。受汛期降水偏多影响，鄱阳湖主体及附近水域面积在7月中旬达到最大（4015平方千米）。7月下旬之后，受高温少雨的影响，水域面积持续下降，进入9月，汉江流域和中游干流降水稀少，长江中下游水位降低，鄱阳湖出流量加大，使得鄱阳湖水位急剧降低、水量减少、低枯水位出现时间提前，至9月22日，鄱阳湖主体及附近水域面积与历史同期相比偏小27%，比2015年同期偏小18%，为2005年以来同期第三低（仅多于2011年和2013年），水资源提前进入缺乏状态。

气候与人体健康　全省平均舒适日数237.3天，比常年（223.4天）偏多13.9天，排名1961年以来第十一高位。全省除上犹、乐平、崇义、寻乌和婺源等地偏少3～17天外，其他地区均偏多10～35天，井冈山偏多超过50天。从季节分布来看，四季舒适日数只有夏季偏少，冬春秋季均偏多。

气候与能源　降温耗能评估表明：6月，比常年同期（25.8℃）平均偏高1.0℃，降温耗能增幅大，一般在10%～70%之间，崇义和定南降温耗能增加超过1倍。7月，全省气温仍偏高，其中赣北、赣中偏高0.1～1.2℃，赣南偏高0.3～1.5℃，以崇义偏高1.5℃为全省之最，降温耗能除九江、新余、抚州和赣州部分地区减少外，绝大部分地区降温耗能均增加，增加幅度为5%～30%之间。8月，全省仍持续气温偏高态势，降温耗能仍以增加为主，增加10%～50%。

（钟微）

体制改革

【概　况】　2016年是全面深化改革的落地之年，也是“十三五”规划的开局之年。聚焦职能转变、增强国有经济活力、减税降负、金融服务、区域发展、民生保障、生态文明“七大领域”，坚持向改革开放要动力，向创新创业要活力，向特色优势要竞争力，推出一批重要改革新举措、新亮点、新成效。

【政府自身改革】　简政放权改革成果巩固。深入推进“放管服”改革，精简行政审批事项32项、其他权力事项99项，行政审批事项累计精简率达56%；取消和调整行政审批中介服务事项77项，出台行政权责清单管理办法，省市县三级公布行政审批中介服务清单，对破除“红顶中介”垄断、巩固放权成果起到重要作用。

投融资体制改革提速。抓融资，发布推广的PPP项目共落地146个，总投资580亿元，引进社会资本451.4亿元，有效带动社会投资；抓政策，制定出台江西省深化投融资体制改革的实施意见；抓平台，推动全省投资项目在线审批监管平台推广使用，实现省市县三级同平台运行，确保江西平台与中央平台数据交换。

价格管理改革步伐加快。出台江西省加快推进价格机制改革的实施意见，先后在企业用电用气、农业水价、医疗服务价格方面采取系列举措，实现工商业用电用气同价，暂缓实施江西电网季节性电价，减轻企业用能成本。

机关公车改革完成。有效实现“四个到位”：车辆统一封存到位，对所有省直参改单位的取消车辆实行统一、集中封存，共封存各类车辆1807辆；平台组建运行到位，印发两个平台运行管理办法，切实做到改革前后的无缝对接和平稳过渡，有效保障改革后全省重大调研、应急、执法等活动需要；实施方案批复到位，建立部门联合会审制度，全面完成11个设区市和97家省直部门实施方案的批复；取消车辆公开处置到位，省级层面举办了7批次公车拍卖大会，拍卖公车溢价率超过95%。

商事制度改革成效初显。注册登记更加便利。全省实施“五证合一、一照一码”企业登记制度，截至年底，全省各级工商登记机关已向35.63万户企业发放加载统一社会信用代码的一照一码营业执照，其中新设立企业15.91万户，全年新登记企业注册资本（金）7090亿元，增长37.81%。“双告知”渠道更加畅通。“双告知”服务平台与工商登记业务系统、国家企业信用信息公示系统（江西）互联互通，全年向相关部门推送企业登记信息2.52万条。信用监管系统更加完善。江西省列为7个国家企业信用信息公示系统建设试点省市之一，成为全国第一个申请、第一个通过验收的省份。

行业协会商会脱钩启动。制定出台江西省行业协会商会与行政机关脱钩实施方案，开展全省性行业协会商会机构、人员、资产等方面的摸底调查，选定26家全省性行业协会商会作为第一批脱钩试点单位，试点工作全面启动。

“信用江西”建设进展良好。出台江西省社会信用体系建设规划、省级公共信用信息资源目录（2016年版）、失信企业协同监管和联合惩戒合作备忘录等文件，省级公共信用信息平台和“信用江西”网站正式开通并上线运行，部门间信用信息共享得到进一步加强。

【国有企业及重点行业改革】 国资国企改革取得新突破。稳妥发展混合所有制经济，探索有江西特色的混改模式。省旅游集团基本完成混合所有制改革，江西国际公司混合所有制改革方案已印发，江铜集团混合所有制改革总体方案已经上报，省招标咨询集团改制总体方案初步形成。国泰民爆实现首发上市，安源管道在新三板正式挂牌，盐业集团完成股份制改造，建材集团完成公司制改造。健全完善现代企业制度，改革试点取得阶段性成果。江铜集团全年实现增效创效3.66亿元。新钢公司对10余家子企业业务进行整合，减亏9.83亿元。着力培育促进发展新动能，企业发展后劲不断增强。江铜集团、江钨集团等企业获9项全国、全省科技进步奖、专利奖。江钨集团全年获得授权专利86项，新钢集团全年开发新产品39个，江铜集团贵冶智能工厂建设项目列入工信部2016智能制造试点示范项目。

电力体制改革试点取得新进展。售电侧市场化改革、输配电价改革和组建交易机构3项重点工作进展顺利。售电侧改革试点实施方案已获国家批复，江西电力交易中心有限公司于5月31日挂牌运行，全年直购电交易达54亿千瓦时。

【财税体制改革】 税收体制改革深入推进。全面完成营改增改革任务。5月1日起，全省推开营改增试点，建筑业、房地产业、生活服务业、金融业全面减税。全面推进资源税改革。实现8月1日首个征期征收。将矿产资源补偿费率降为零，矿补费平移至资源税，企业总体税费负担下降。全面推进国地税征管改革。印发深化国税、地税征管体制改革实施方案，促进国地税合作常态化，办税便利化，征管方式科学化，税收共治法制化。

财政体制改革纵深推进。出台省级专项资金管理办法、江西省省级预算公开办法。在全国率先出台统筹整合财政涉农扶贫资金实施方案，提高财政使用绩效和财政透明度。省级综合治税信息平台已上线运行，累计采集各类数据信息1.2亿条。“财政惠农信贷通”受益新型农业经营主体6.4万户。

【金融体制改革】 金融扶持政策体

1月6日，省旅游集团混改引进战略投资者签约仪式在南昌举行

蔡涛供稿

系逐步完善。出台促进全省互联网金融业发展的若干意见、促进金融业全面开放合作的实施意见、推进普惠金融发展实施意见等一批文件,进一步完善金融服务实体经济的政策体系。

金融改革创新逐步推进。提出江西省“小贷银保通”融资平台试点工作实施方案,南昌市成为第二批促进科技和金融结合试点城市,通过“股权+债权”方式,有效降低成长期科创企业债务杠杆。

“金融赣军”逐步壮大。江西金控集团、江西银行、江西省再担保公司、江西金融资产管理公司、江西联合股权交易中心等成立运行。完成全省86家农信社改制,累计新设村镇银行62家,村镇银行县域覆盖率81%。

【区域发展和开放型经济升级】 区域发展机制进一步完善。获批建设赣江新区。江西赣江新区获批成为中部地区第二个、全国第十八个国家级新区,核心区建设全面启动,有利于打造引领全省发展的新引擎。主动融入“一带一路”倡议。组织赴英国、埃及开展经贸交流活动。组建4大产业联盟,搭建信用保险服务平台,推动一批重大国际产能合作项目落地。全面参与长江经济带建设。制定江西省长江经济带发展实施规划,推动南昌、九江、上饶等承接产业转移示范区建设,联合湘鄂两省签署省际协商合作协议。举办泛珠区域合作行政首长联席会、赣港会等活动。

开放型新体制进一步构建。出台深入贯彻开放发展新理念构建全面开放新格局的意见、提升招商引资质量和效益的实施意见、加快推进“走出去”战略的实施意见等系列文件。江西省正式纳入全国首批内陆沿边地区国际贸易“单一窗口”试点省区市,实现口岸运行方式的转型升级。在全省范围内规划布局50个物流产业集群,举办了第四届世界绿色发展投资贸易博览会。

【民生保障改革】 教育体制改革继续深化。深入实施江西省深化考试招生制度改革,制定江西省普通高中学业水平考试实施办法。全面推进中小学教师职称制度改革,制定江西省深化中小学教师职称制度改革实施意见、江西省中小学教师职称评审办法。同时,深化高校教育体制机制改革,扩大高校办学自主权,推进教育信息化试点建设等改革。

医药卫生体制改革步伐加快。公立医院综合改革稳步实施。扩大城市公立医院综合改革试点范围,新增九江等5个试点城市,覆盖面达70%左右。印发江西省推进医疗服务价格改革实施方案,探索建立现代医院管理制度框架,全面落实公立医院人事管理、运营管理等自主权。分级诊疗制度有序实施。研究制定江西省区域医疗联合体建设指导意见、江西省医疗机构双向转诊管理规范(试行)、促进社会办医加快发展的实施意见。全省社会办医疗卫生机构床位总数达2.51万张,占全省医疗机构床位总数的19%。两孩政策全面实施。省人大常委会审议通过江西省人口与计划生育条例(修正案),是全国第六个出台的省份。服务系统完成生育登记38.30万例,群众满意度99.57%。创建中医药综合改革试验区。12月1日,国家中医药管理局批复同意江西省为国家中医药综合改革试验区。

社会保障制度逐步完善。全面扩大全民参保登记计划。研究制定“全民参保登记计划”实施方案,新增九江、抚州、鹰潭等设区市纳入全国第二批“全民参保登记计划”试点,范围扩大到6个设区市。全面整合城乡居民基本医疗保险制度。印发整合统筹城乡居民基本医疗保险制度的实施意见,11个设区市均出台整合实施方案,11个设区市和100个县(市、区)全部完成机构职能整合移交。全面实施城乡居民医疗救助等制度。全省11个设区市已全面建立以政府主导的大病保险制度,参保率达90%以上,形成具有江西特色的大病保险制度。全面启动机关事业单位养老保险制度改革。印发江西省机关事业单位职业年金实施办法等配套文件,至年底,全省机关事业单位养老保险参保人数127.3万人,累计发放养老金163.2亿元。

【生态文明制度建设】 着力打造江西生态制度样板。纳入国家首批生态文明试验区,在全国率先实施全流域生态补偿,首期20.91亿元补偿资金全部下达;与广东省签署东江流域上下游横向生态补偿协议。全面推行“河长制”,省委书记、省长分别担任正副总河长,在全国覆盖面最广、规格最高、体系最完备。17个县纳入国家重点生态功能区。启动实施抚州市等4个市县自然资源资产负债表编制试点,完成萍乡市、资溪县、遂川县领导干部自然资源资产离任审计试点,出台领导干部自然资源离任审计实施意见和生态环境损害责任追究办法实施细则。

着力打造河湖管理与保护样板。实施“清河行动”,完成48个县城和25个工业园区污水处理设施及配套管网年度建设任务,建成污水管网1535千米,主要河流监测断面水质达标率88.6%。

着力打造生态试点示范样板。支持抚州建设生态文明先行示范市,新增3个国家级循环经济试点和3个国家级低碳城市试点,创建首批60家省生态文明示范基地、第二批16个生态文明示范县。

着力打造江西水生态文明样板。印发水效领跑者引领行动计划,开展水生态文明县、乡、村试点和自主创建工作,构建市、县、乡、村四级联动的水生态文明建设格局。

(李占峰)

国民经济和社会发展状况

【概　况】 2016年,全省实现地区生产总值18499.00亿元,同比增长9.0%。其中,第一产业增加值1904.53亿元,增长4.2%;第二产业增加值8829.54亿元,增长8.5%;第三产业增加值7764.93亿元,增长11.1%。三次产业结构由2015年的10.6∶50.3∶39.1调整为10.4∶49.2∶40.4,三次产业对地区生产总值增长的贡献率分别为4.8%、47.4%和47.8%。人均生产总值4.04万元,增长8.4%,按年均汇率折算为6038美元。

【农　业】 全年粮食种植面积368.62万公顷,下降0.5%。油料种植面积

72.92万公顷，下降1.5%。蔬菜种植面积60.66万公顷，增长3.6%。棉花种植面积4.93万公顷，下降39.2%。糖料种植面积1.45万公顷，增长0.5%。粮食总产量2138.1万吨，下降0.5%，为历史第三高产年份。油料产量122.0万吨，下降1.6%。棉花产量7.33万吨，下降36.4%。烟叶产量6.41万吨，增长17.4%。茶叶产量5.75万吨，增长10.9%。园林水果产量405.37万吨，下降10.0%。蔬菜产量1420.2万吨，增长4.5%。肉类总产量351.62万吨，下降0.97%。禽蛋产量62.5万吨，增长5.0%。牛奶产量10.5万吨，下降8.4%。水产品产量271.61万吨，增长2.8%。年末生猪存栏1814.28万头，下降4.2%；生猪出栏3103.1万头，下降4.3%。

【工业和建筑业】 全年规模以上工业增加值7803.55亿元，增长9.0%。高新技术产业增加值2346.5亿元，占规模以上工业的30.1%，提高4.4个百分点，增长10.8%。战略性新兴产业增加值1166.0亿元，占规模以上工业的14.9%，提高1.9个百分点，增长10.7%。规模以上工业企业实现主营业务收入35518.65亿元，增长9.4%；实现利润总额2399.4亿元，增长11.9%。主营业务收入超百亿元的企业13家。年末工业园区实际开发面积625.3平方千米，增长1.1%；完成基础设施投入716.1亿元，增长4.4%。园区内投产工业企业1.04万家，增加755家；实现工业增加值6468.4亿元，增长9.3%；实现主营业务收入28302.6亿元，增长8.9%；实现出口交货值2048.5亿元，增长0.7%。主营业务收入过百亿工业园区76个，增加3个。建筑业总产值5183.00亿元，增长12.6%；建筑业增加值1609.9亿元，增长7.5%。资质以上建筑业企业1957家，增加140家。房屋竣工面积1.48亿平方米，增长4.1%。竣工房屋价值2094.6亿元，增长11.6%。

【固定资产投资】 全年全社会固定资产投资19694.21亿元，增长13.3%。其中，固定资产投资（不含农户）19378.7亿元，增长14.0%。房地产开发投资1770.9亿元，增长16.5%。商品房竣工面积1635.6万平方米，下降14.3%；商品房销售面积4691.8万平方米，增长34.9%；商品房销售额2678.4亿元，增长43.7%。年末商品房待售面积1434.6万平方米，下降4.1%。

【国内贸易】 全年社会消费品零售总额6634.63亿元，增长12.0%。按城乡分，城镇市场零售额5491.8亿元，增长11.7%；乡村市场零售额1142.8亿元，增长13.1%。按行业分，批发业零售额987.1亿元，增长9.0%；零售业零售额4826.0亿元，增长11.9%；住宿业零售额78.3亿元，增长12.5%；餐饮业零售额743.2亿元，增长16.8%。日用生活消费品保持较快增长。粮油、食品类实现零售额228.9亿元，增长19.5%；服装、鞋帽、针纺织品类144.8亿元，增长10.0%；日用品类61.0亿元，增长8.1%。汽车销售继续快速增长。汽车类实现零售额825.5亿元，增长17.4%。与消费升级相关商品快速增长。家具类实现零售额51.8亿元，增长17.5%；通讯器材类33.6亿元，增长12.3%；建筑及装潢材料类39.0亿元，增长16.8%。

【对外经济】 全年进出口总值2643.9亿元，增长0.6%。其中，出口值1966.9亿元，下降4.1%；进口值677.0亿元，增长17.3%。新批外商投资企业568家，实际使用外商直接投资额104.4亿美元，增长10.2%。利用省外项目实际进资5905.8亿元，增长12.9%。至年底，在赣投资的具有世界500强投资背景企业66家，国内500强148家。新签对外承包工程合同项目198个，合同金额28.9亿美元，完成营业额39.4亿美元，增长12.3%。新增对外承包工程企业22家，总数达135家；新增境外投资企业104家，总数达653家。江西国际、江西中煤、中鼎国际3家“走出去”龙头企业继续入围全球最大国际工程承包商250强。

【交通、邮电和旅游】 全年货物运输量13.81亿吨，比2015年增长6.0%；货物周转量3897.55亿吨千米，增长3.8%。旅客运输量6.29亿人，增长0.7%；旅客周转量970.64亿人千米，增长1.8%。机场旅客吞吐量1050.1万人，增长6.6%。其中，昌北国际机场旅客吞吐量786.4万人，增长5.0%。年末公路通车里程16.19万千米，增加5284千米。其中，高速公路通车里程5894千米，增加836千米。铁路营运里程3909千米，基本持平。年末民用汽车保有量407.4万辆，增长17.4%；民用轿车保有量225.2万辆，增长20.4%。邮电业务总量984.1亿元，增长61.3%。其中，邮政业务总量100.3亿元，增长43.9%；电信业务总量883.8亿元，增长63.5%。快递业务量3.8亿件，增长63.2%；快递业务收入41.3亿元，增长49.2%。年末固定电话用户517.5万户，下降9.0%；移动电话用户3140.7万户，增长2.8%。接待国内旅游者4.69亿人次，增长22.2%；国内旅游收入4954.5亿元，增长37.6%。接待入境旅游者181.9万人次，增长2.8%；国际旅游外汇收入5.8亿美元，增长3.1%。

【财政、金融和保险业】 全年财政总收入3123.02亿元，增长3.4%。其中，一般公共预算收入2151.47亿元，下降0.6%；税收收入2462.6亿元，增长3.8%，占财政总收入的比重为78.4%。一般公共预算支出4617.40亿元，增长4.6%。用于教育、社保、医疗等民生方面的支出3595.3亿元，增长5.1%，占支出比重为77.8%，提高0.3个百分点。年末金融机构各项存款余额28893.11亿元，比年初增加4108.0亿元；各项贷款余额21721.77亿元，比年初增加3373.8亿元。年末辖区内上市公司36家，其中主板公司23家、中小板公司8家、创业板公司5家。辖区内证券公司2家，分公司24家，证券营业部293家，证券交易额5.34万亿元；期货公司1家，期货营业部33家，期货成交金额1.99万亿元。保险公司保费收入608.7亿元，增长19.7%；支付各类赔款及给付206.96亿元，增长16.2%。

【教育和科学技术】 全年研究生教育招生1.1万人，在校生3.0万人，毕业生0.9万人。普通高等教育招生32.3万人，在校生103.9万人，毕业生25.6万人。小学净入学率99.7%，初中毛入学率100.3%。高中阶段教育毛入学率88.5%，普通高考录取率81.3%，高等教育毛入学率39.5%。研究与试验发展（R&D）经费支出201.1亿元，占地区生产总值的比重为1.1%，提高0.06个百分点。年末共有国家工程（技术）研究中心8个，省工程（技术）研究中心255个；国家级重点实验室4个，省级重点实验室138个。获省部级以上科技奖106项，其中自然科学17项、技术发明16项、科技进步73项。受理专利申请6.05万件，授权专利3.15万件；签订技术合同1985项，技术市场合同成交金额79.0亿元，其中技术开发合同成交额34.1亿元，技术转让合同成交额19.5亿元。年末共有产品质量检测机构67个，法定计量技术机构248个；全年强制检定计量器具68.7万台（件），开展产品质量监督抽查4911批次。获3C证书的企业780家，获3C证书5125张，发放自愿性产品认证证书3332张，发放工业产品生产许可证253张。测绘部门为经济社会发展提供各种基本比例尺地形图3532张，大地成果2395点，航摄成果10.76万平方千米。

【文化、卫生和体育】 年末共有艺术表演团体84个，文化馆118个，公共图书馆113座，广播电视台86座，中、短波发射台19座，电视台8座，有线广播电视用户655.7万户。全年出版各种图书、期刊、报纸7980种，出版各类图书2.14亿册、期刊7291万册、报纸10.73亿份。年末共有各类医疗卫生机构3.83万个（含村卫生室），卫生技术人员22.1万人，医院、卫生院床位数20.91万张。年末共有全民健身中心1个，青少年俱乐部119个，城市社区多功能运动场25个，青少年户外活动营地4个；国家级体育传统项目学校15所，省级体育传统项目学校176所，省级单项体育后备人才基地33个。在国际和国内的重大比赛中共获45枚金牌、55枚银牌和44枚铜牌。

【人口、人民生活和社会保障】 年末总人口4592.26万人，增加26.6万人。其中，城镇人口2438.49万人，占总人口的比重（常住人口城镇化率）为53.1%，提高1.5个百分点。全年出生人口61.6万人，出生率13.45‰，提高0.25个千分点；死亡人口28.2万人，死亡率6.16‰，下降0.08个千分点；人口自然增长率7.29‰，提高0.33个千分点。居民人均可支配收入2.01万元，增长9.1%。其中，城镇居民人均可支配收入2.87万元，增长8.2%；农村居民人均可支配收入1.21万元，增长9.0%。居民人均生活消费支出1.33万元，增长6.9%。其中，城镇居民人均生活消费支出1.77万元，增长5.8%；农村居民人均生活消费支出9128元，增长7.6%。就业困难人员实现就业6.7万人。共发放创业担保贷款122.9亿元，扶持个人创业8.9万人次，带动就业44.7万人次。年末参加城镇职工基本养老保险人数957.3万人，参加城镇职工基本医疗保险人数591.6万人，参加工伤保险人数502.1万人，参加生育保险人数258.9万人，参加失业保险人数282.6万人。开工各类棚户区17.1万套（户），保障性安居工程基本建成20.92万套（户）。城市棚户区改造货币化安置率59.2%，提高27.4个百分点。公租房分配入住率70%。完成国家下达的12.78万户农村危房改造开工任务。年末共有提供住宿的社会福利机构1683个，床位数16.3万张，收养人数13.2万人，临时救济困难户13.0万户次。社区服务机构3472个，其中社区服务中心384个。销售社会福利彩票29.6亿元，筹集福利彩票公益金8.6亿元，直接接受社会捐赠1.7亿元。

【资源、环境与安全生产】 年末地表水Ⅰ～Ⅲ水质断面（点位）达标率81.4%，主要河流监测断面水质达标率88.6%。城市污水、生活垃圾处理率分别达88%和95%，11个设区城市环境空气质量优良率86.1%。森林覆盖率稳定在63.1%，居全国第二位。至年底，共建立自然保护区159处，其中国家级15处、省级37处、市县级107处。自然保护区面积1.07万平方千米，占全省国土面积6.4%。年平均降水量1996.1毫米，比常年偏多19.2%，位列历史第十位。平均气温18.9℃，比常年偏高0.9℃，位列历史第二位。平均日照时数1485.8小时，比常年偏少9%，位列历史第六位。全社会能源消费总量8747.2万吨标准煤，增长3.6%；万元GDP能耗0.480吨标准煤，下降4.9%，超额完成全年下降2.5%的目标任务。规模以上工业综合能源消费量5248.2万吨标准煤，增长2.3%；万元规模以上工业增加值能耗0.663吨标准煤，下降6.2%，超额完成下降4%的年度目标任务。安全生产事故2630起，安全生产事故死亡人数1649人，亿元生产总值安全生产事故死亡人数0.09人。

（杨幸丽）

本栏编辑　詹跃华

中国共产党江西省委员会

综　　述

2016年，省委坚持以邓小平理论、“三个代表”重要思想、科学发展观为指导，认真落实中共十八大、十八届三中、四中、五中、六中全会精神和中共中央总书记习近平系列重要讲话精神，深入贯彻习近平对江西工作“新的希望、三个着力、四个坚持”重要要求，牢固树立和贯彻新发展理念，大力弘扬井冈山精神，坚持向改革开放要动力，向创新创业要活力，向特色优势要竞争力，有力推动全省经济平稳较快发展，开创党的建设等各项事业新局面，实现“十三五”良好开局。

*深入学习贯彻中共中央总书记习近平治国理政新理念新思想新战略，始终自觉坚定地与以习近平为核心的党中央保持高度一致。*中共中央总书记习近平每次发表重要讲话后，省委都第一时间召开省委常委会会议传达学习、交流讨论，先后组织20次省委常委会、13次省委中心组学习会、7次专题报告会学习，并在井冈山举办全省市厅级主要领导干部学习贯彻中共十八届五中全会精神专题研讨班。2月，中共中央总书记习近平到江西视察指导并发表重要讲话，对江西工作提出“新的希望、三个着力、四个坚持”重要要求，省委第一时间召开省委常委(扩大)会议、全省领导干部会议传达学习，作出《关于学习贯彻落实习近平总书记对江西工作要求的决定》，把贯彻习近平重要要求分解成6个方面138项重点任务，明确牵头单位和责任单位，并切实抓好贯彻落实。

*切实加强党对经济工作的领导，保持全省经济平稳健康发展。*江西省委常委会每个季度听取经济工作情况汇报，实行省市领导挂点重点企业制度，全省经济总体平稳健康，增速位居全国前列。出台《深入实施创新驱动发展战略推进创新型省份建设的意见》等一揽子政策措施，启动实施战略性新兴产业倍增计划，加快推进新型光电、电子信息、生物医药、新能源汽车、航空制造等重点产业发展。深入推进供给侧结构性改革，深入落实“三去一降一补”五大重点任务，深入推进“放管服”改革、国有企业改革、金融财税改革等，健全全面深化改革督察机制，改革举措得到有效落实。深度融入长珠闽经济板块，出台推动长江经济带发展实施规划，承办2016年泛珠三角区域合作行政首长联席会议，加速推进赣江新区建设，举办世界绿色发展投资贸易博览会、赣台会、赣港会等重大招商合作活动，大力实施“一带一路”布局行动计划。坚持做好农业农村农民工作，粮食总产量实现“十三连丰”，持续深化农业农村改革，农村土地承包经营权确权登记颁证基本完成，深入开展新农村建设，制定《“整洁美丽，和谐宜居”新农村建设行动规划(2017—2020年)》。深入推进“龙头昂起、两翼齐飞、苏区振兴、绿色崛起”的区域发展战略，赣南等原中央苏区振兴发展步伐加快，推进南昌、九江一体化向纵深拓展，赣东北扩大开放、赣西经济转型取得新的成效。

*扎实推进国家生态文明试验区建设，奋力打造“美丽中国”江西样板。*大力实施生态保护工程，深入开展“净空、净水、净土”行动，下大力气集中整治鄱阳湖水质下降、工业园区水污染等突出环境问题，中央环保督察组交办江西省的1050件环境信访问题全部办结。深入推进绿色低碳循环发展，大力发展电子信息、生物制药、先进制造等科技含量高、环境污染少的绿色工业，严格控制“三高”产业新增产能项目。出台《江西省流域生态补偿办法(试行)》，首期筹集资金20.91亿元，成为全国流域生态补偿覆盖范围最广、资金筹集量最大的省份。严格落实环境保护“党政同责”“一岗双责”，构建省、市、县、乡、村五级“河长”组织体系，创建首批60个生态文明示范基地和第二批15个生态文明示范县。

*加大力度保障改善民生，让改革发展成果更多更公平地惠及全省人民。*出台《关于打赢脱贫攻坚战的实施意见》，建立脱贫攻坚考核机制，对贫困县党政正职明确提出“不脱贫不调整、不摘帽不调离”的要求，统筹整合财政涉农扶贫资金，实现70万贫困人口脱贫、500个贫困村退出，井冈山市和吉安县2个贫困县率先摘帽的目标。大力实施民生工程，筹集财政资金1200亿元，办好涉及群众切身利益的50件民生实事。认真汲取丰城发电厂“11·24”特别重大事故教训，全方位开展安全生产大检查，贯彻执行《江西省安全生产“党政同责、一岗双责”暂行规定》，做好安全生产工作。

*充分调动各方面积极性，凝聚推进江西改革发展的强大合力。*持续开展中国特色社会主义、中国道路、中国梦宣传教育，积极培育和践行社会主义核心价值观，广泛开展“最美人物”“身边好人”、道德模范等学习宣传活动。实行省委常委与民主党派对口联

系制度，支持省人大及其常委会依法履行职能，支持省政协增强政治协商实效，全力支持驻赣部队和武警部队建设，工青妇等群团组织改革有序推进，团结民主的政治局面得到巩固。推进法治江西建设，在全国率先出台国家机关落实“谁执法谁普法”责任制考核评价办法，认真抓好司法责任制等四项改革试点，推动普遍建立法律顾问制度向基层延伸，推进立体化社会治安防控体系建设，协办全国社会治安综合治理创新工作会议，全省社会大局持续保持和谐稳定。

胜利召开省第十四次党代会，开启决胜全面建成小康社会、建设富裕美丽幸福江西新征程。鹿心社作了题为《深入贯彻新发展理念，大力弘扬井冈山精神，为决胜全面小康建设富裕美丽幸福江西而奋斗》的工作报告。选举产生由82名委员、17名候补委员组成的中共江西省第十四届委员会，由45名委员组成的中共江西省第十四届纪律检查委员会。

始终坚持全面从严治党，深入推进风清气正的政治生态建设。坚决落实“两个责任”，出台《关于落实把纪律挺在前面要求的意见》，对省市县乡四级党委书记和纪委书记进行深化落实全面从严治党“两个责任”培训，对各设区市市委书记履行党建“第一责任人”情况进行述职评议。将弘扬井冈山精神、传承红色基因纳入“两学一做”学习教育，列出“坚定执着追理想、实事求是闯新路、艰苦奋斗攻难关、依靠群众求胜利”4个专题，坚持以上率下，推动“两学一做”学习教育深入开展。抓好市县乡领导班子集中换届，树立正确用人导向，选优配强各级领导班子，严肃换届纪律工作得到中组部选人用人问题整改情况“回头看”检查组肯定。坚决抓好中央巡视“回头看”反馈意见整改，将中央巡视组指出的问题和提出的意见建议分解为3大类、33个专项、232个具体子项，逐项逐条提出整改要求，明确负责人、责任单位和完成时限，建立问题清单、任务清单和责任清单。持续深化作风建设和反腐败斗争，持续贯彻中央八项规定精神，巩固“红包”治理成效，深入开展违规插手工程专项治理，大力整治群众身边“四风”和腐败问题，立案查办40名地厅级干部违纪问题、345名县处级干部违纪问题，本届省委巡视全覆盖任务全面完成，市县巡察走在全国前列。

重要会议

【全省领导干部会议】 6月29日，全省领导干部会议在南昌召开，宣布中共中央关于江西省主要领导职务调整的决定。中央组织部常务副部长陈希出席会议并宣布中央决定：鹿心社任江西省委书记；强卫不再担任江西省委书记、常委、委员职务。强卫主持会议并讲话，鹿心社、刘奇讲话。现职省级领导干部，副省级以上老干部；省委委员、候补委员；省直单位主要负责人；各设区市党政正职；省属企事业单位和高等院校主要负责人；中央驻赣单位主要负责人；各民主党派省委会主委、省工商联主要负责人出席会议。

【省委十三届十三次全体（扩大）会议】 8月13日，中共江西省委十三届十三次全体（扩大）会议在南昌召开。会议表决通过《关于召开中国共产党江西省第十四次代表大会的决议》，决定：中国共产党江西省第十四次代表大会于2016年11月在南昌召开。

省委常委会主持会议。省委书记鹿心社讲话。他强调，全省各级党组织和全体党员干部要以高度的政治责任感、使命感，坚决贯彻中央和省委决策部署，讲政治、守纪律，抓经济、谋发展，保稳定、促和谐，转作风、鼓干劲，全力以赴推进各项工作落实，全力确保全省加快发展势头不减、干事创业精神不懈、从严治党力度不松、社会大局和谐稳定，以优异成绩迎接省第十四次党代会的胜利召开，确保“十三五”开好局、起好步，向中共中央总书记习近平和党中央交出一份满意答卷。在赣工作的中共十八届中央委员会“两委”委员，省委委员、候补委员；不是省委委员、候补委员的省人大常委会、省政府、省政协班子成员中的党员领导干部和省法院院长、省检察院检察长出席会议。出席会议的还有：不是省委委员、候补委员的省纪委副书记，设区市党政主要负责人，省委工作部门和省政府组成部门党员主要负责人。

【省委十三届十四次全体会议】 10月31日，中共江西省委十三届十四次全体会议在南昌召开。

省委常委会主持会议，省委书记鹿心社讲话。全会听取了省第十四次党代会报告起草情况的说明、省纪委工作报告起草情况的说明，并分组讨论、审议这两个报告，一致同意作修改完善后提交省第十四次党代会审议；确定省第十四次党代会于11月12日至16日在南昌召开；酝酿第十四届省委委员、候补委员，省纪委委员候选人预备人选名单；递补了朱荣辉、伍再谦、梅黎明、潘玉兰、钟金根、王晖、邝小平、李舰海、杨六华、张贻奏、朱希11人为省委委员；审议并通过省纪委关于陈卫民、李安泽、王平严重违纪问题的审查报告，确认省委常委会之前作出的给予陈卫民、李安泽、王平开除党籍的处分。

鹿心社就做好当前全省重点工作提出要求。他强调，要着力抓好中共十八届六中全会精神的学习宣传贯彻，确保实现全年经济社会发展目标任务，切实抓好改善民生和社会稳定工作，集中精力做好省第十四次党代会筹备工作。省委委员、候补委员出席会议。不是省委委员、候补委员的省人大常委会、省政府、省政协党组成员，省法院院长、省检察院检察长，各设区市委书记；省纪委委员，不是省纪委委员的各设区市纪委书记列席会议。

【中国共产党江西省第十四次代表大会】 11月12日—16日，中国共产党江西省第十四次代表大会在南昌隆重召开。

12日，鹿心社代表中国共产党江西省第十三届委员会，向大会作题为《深入贯彻新发展理念 大力弘扬井冈山精神 为决胜全面小康建设富裕美丽幸福江西而奋斗》的报告。报告分六个部分：一是坚持科学发展，绿色崛起迈出坚实步伐；二是决胜全面建成小康社会，建设富裕美丽幸福江西；三是推进经济总量质量双提升，建设长江经济带重要战略支撑；四是建设国家生态文明试验区，打造美丽中国

"江西样板";五是增进人民福祉,创造和谐文明的幸福生活;六是坚持全面从严治党,建设风清气正的政治生态。

中共江西省第十三届纪律检查委员会的工作报告以书面形式提请大会审查。

16日,大会选举产生中共江西省第十四届委员会和第十四届纪律检查委员会,通过关于中共江西省第十三届委员会报告的决议、关于中共江西省第十三届纪律检查委员会工作报告的决议。

在昌的地方副省级以上党员老干部、部队正军级以上党员老干部、两院院士;各民主党派省委会主委、工商联主席和无党派知名人士等应邀出席大会开幕式并在主席台就座。

列席开幕式和此次大会的还有,不是此次党代会代表的第十三届省委委员、候补委员、省纪委委员,省委各部门、省直各单位、省属企业、省属高校党员主要负责人,省人大、省政协各专门委员会、工作委员会党员主要负责人,在昌的中央驻赣单位的党委(党组)主要负责人以及其他有关方面的负责人。

【中共江西省委十四届一次全体会议】 11月16日,中国共产党江西省第十四届委员会第一次全体会议在南昌召开。

鹿心社受省第十四次党代会大会主席团的委托,主持中国共产党江西省第十四届委员会第一次全体会议。新一届省委委员出席会议,候补委员列席会议。新一届省纪委委员列席会议。全会以无记名投票方式,选举鹿心社、刘奇、姚增科、李炳军、孙新阳、赵爱明、毛伟明、尹建业、殷美根、陈兴超、刘捷、赵力平为中共江西省第十四届委员会常务委员会委员;选举鹿心社为省委书记,刘奇、姚增科为省委副书记。

全会还通过中共江西省第十四届纪律检查委员会第一次全体会议选举结果的报告。当选的省委书记鹿心社在全会上发表了讲话:新一届省委班子肩负着团结带领全省人民决胜全面建成小康社会、建设富裕美丽幸福江西的神圣使命,一定要做讲政治守规矩的表率、改革创新的表率、推动发展的表率、为民服务的表率、团结民主的表率、廉洁自律的表率,坚定不移同以习近平为核心的党中央保持高度一致,善于破解改革发展难题,大力推进绿色崛起,持续增进人民群众福祉、着力巩固发展团结奋进的好局面,深入推进风清气正的政治生态建设,奋力完成好省党代会确定的各项目标任务,不断把江西各项事业推向前进。

重要决策

【印发《关于落实把纪律挺在前面要求的意见》】 1月20日,省委印发该意见。要求全省各级党组织要按照党委主导、书记主责、纪委监督、党委部门和有关机关协同的工作格局,全面落实把纪律挺在前面的要求。党委(党组)充分发挥领导核心作用,全面履行把纪律挺在前面的主体责任,做到班子责任、第一责任人责任、班子成员责任"三责"联动、共同发力。纪委履行组织协调、纪律监督、严格执纪、严肃问责、领导派驻监督五项责任。该意见要求实施涉纪问题线索互通共享机制、纪律教育齐抓共管机制、执行纪律处分联动机制、纪律工作考评和问责常态化机制五项协调保障机制。

【印发《关于落实发展新理念加快农业现代化实现全面小康目标的实施意见》】 1月23日,省委、省政府印发该意见,围绕"加快转变农业发展方式,提高农业质量效益和竞争力""全面深化农村改革,增强农业农村发展活力""推进城镇村联动,完善城乡统筹发展体制机制""强化农村生态文明建设,推动农业可持续发展""提高做好'三农'工作能力和水平,加强和创新农村社会治理"5个方面提出28条措施,对"十三五"时期江西省农业农村工作进行全面部署。

【印发《关于深入实施创新驱动发展战略推进创新型省份建设的意见》】 3月8日,省委、省政府印发该意见,提出力争到2020年,迈向创新型省份行列。创新型经济格局初步形成,科技进步贡献率提高到60%,高新技术产业增加值比2015年翻一番。重点实施100项重大科技专项,全社会研发经费投入占国内生产总值比重达到2%。该意见明确,实施战略性新兴产业倍增工程,重点围绕航空制造、生物和新医药、电子信息和新型光电、新材料、新能源、节能环保等产业,启动一批重大科技创新项目。每年重点扶持10个左右重大科技研发专项和20个左右重点产业领域创新成果产业化项目。

【印发《关于深入学习贯彻落实习近平总书记对江西工作要求的决定》】 3月26日,省委印发该决定,强调中共中央总书记习近平对江西工作要求,是指导江西未来发展的总方针和总遵循,是做好江西各项工作必须长期坚持的根本行动指南。要求从树立和贯彻新发展理念、推进全面创新、深化改革扩大开放、走绿色发展新路、推进现代农业强省建设、加快全面小康进程、弘扬井冈山精神7个方面进行贯彻落实,并分解为35个大项138个子项的具体举措,明确了责任领导、责任单位和参加单位,形成省委领导带头、部门齐抓共管的责任落实体系。

【印发《关于在全省党员中开展"学党章党规、学系列讲话、做合格党员"学习教育实施方案》的通知】 4月13日,经省委同意,省委办公厅印发该方案。该方案指出,开展"两学一做"学习教育,是落实党章关于加强党员教育管理要求、面向全体党员深化党内教育的重要实践,是推动党内教育从"关键少数"向广大党员拓展、从集中性教育向经常性教育延伸的重要举措,是加强党的思想政治建设的重要部署。"两学一做"学习教育要融入党的建设经常性工作,以党支部为基本单位,依托"三会一课"等党的组织生活制度,增强广大党员"四个意识",争做"讲政治、有信念,讲规矩、有纪律,讲道德、有品行,讲奉献,有作为"的合格党员,为实现"十三五"良好开局和"提前翻番、同步小康"提供思想和组织保证。

【印发《关于坚决打赢脱贫攻坚战的实施意见》】 5月23日,省委办公厅、省政府办公厅印发该意见。明确规定贫困县党政"一把手"除领导班子换届和特殊情况必须调整外，原则上在贫困县脱贫"摘帽"前不得调整岗位。提出到2018年，实现现行标准下200万贫困人口全部脱贫，2900个贫困村全部退出和25个贫困县全部摘帽，解决区域性整体贫困；到2020年，进一步巩固发展精准脱贫攻坚成果，稳定实现农村贫困人口不愁吃、不愁穿，义务教育、基本医疗和住房安全有保障，把江西省打造成全国扶贫攻坚的样板区。

【印发《关于深入贯彻开放发展新理念构建全面开放新格局的意见》】 5月24日，省委、省政府印发该意见，提出力争到2020年初步建成内陆双向开放高地。国际布局上，重点推动江西与"一带一路"沿线国家加强双向投资贸易合作；国内布局上，实施深度融入"长珠闽"行动计划，把江西建设成为"长珠闽"地区新"三个基地一个后花园"，加强与长江中游城市群的开放合作，构建"中三角"开放合作新机制；省内布局上，重点建设昌九开放合作核心区、赣江开放合作带和高铁开放合作带，形成"一核两带"全省区域开放新格局。在开放平台上，提出建设陆海空和数字开放通道，实现赣欧（亚）班列运行常态化，建设连接"一带一路"沿线重点城市的航空网络。

【印发《江西省推进领导干部能上能下实施细则（试行）的通知》】 6月24日，经省委同意，省委办公厅印发该"实施细则"。从操作层面明确七种干部"下"的渠道，着力解决为官不正、为官不为、为官乱为等问题。围绕建立健全领导干部能上能下工作责任制，提出落实工作责任、定期分析研判、正确把握认定标准、加强关心帮助、严明工作纪律、强化督促检查6项要求。

（省委办公厅编辑室）

组织工作

【概　况】 2016年，全省各级组织部门以落实全面从严治党要求为主线，以五大发展理念为引领，突出重点、统筹推进，组织部门各项工作取得新成效。

精心组织开展"两学一做"学习教育。组织开展党员组织关系集中排查，整顿软弱涣散基层党组织，深入调研收集意见建议。将弘扬井冈山精神、传承红色基因纳入"两学一做"学习教育，根据中共中央总书记习近平对井冈山精神新的诠释列出4个学习专题，制定实施方案，成立相关机构，编印学习资料，对全省"两学一做"学习教育进行动员部署。落实各级党委（党组）主要负责人及班子成员工作责任，"两学一做"学习教育开展以来，各级党委（党组）班子成员讲党课9336次，以普通党员身份参加所在支部活动1.69万次，建立联系点7487个并开展具体指导。各级党组织查摆出问题26.19万条，其中边查摆边整改21.47万条。举办全省"两学一做"学习教育专题培训会，督促各级各领域党组织分层分类培训，实现基层党务骨干和基层党支部书记培训全覆盖。开展"两学一做"学习教育巡回宣讲，开通全省"两学一做"学习教育微信公众号——江西党建微平台，广泛开展学习体会千字文、基层精彩微党课、微信学习精彩内容和格言警句等学习教育资源征集活动。江西省学习教育情况在中办《工作情况交流》、中组部《"两学一做"学习教育情况通报》《组工信息》及《人民日报》、中央电视台等各级各类媒体刊发1600多条（次）。

扎实推进市县乡领导班子集中换届。把抓好市县乡领导班子集中换届作为全省组织工作的"一号工程"来抓，将坚持党的领导贯穿换届工作全过程。严格按政策、按标准、按程序办事，做到事业为上、因事设岗、以事择人、人岗相适、用其所长，坚持老中青相结合的梯次配备，切实用好各年龄段干部，不断优化班子结构。注重优化领导班子知识结构和专业结构，注重从基层选拔在改革发展稳定一线经过扎实磨炼的干部，组织开展"三方面人员"选拔考试，切实增强班子整体功能。坚决贯彻落实中央精神，24个贫困县党政正职中除2名县（市、区）委书记超过继续提名年龄，1名县委书记"党政一肩挑"换届时不再兼任以外，其余均未调整，保持了贫困县党政正职队伍的稳定，得到中组部高度肯定。从部机关抽调86名干部，做好省第十四次党代会的会议筹备、代表选举和选举组织等各项工作，实现大会组织选举"零差错、创一流"的目标。中组部选人用人问题整改情况"回头看"检查组认为，"江西把严肃换届纪律工作摆在突出位置，切实强化换届风气督导，营造了风清气正的换届环境"。

大力加强干部教育培训。突出抓好全省党员干部的理论武装、党性教育和能力培训，全省培训各级各类干部23.9万人次，其中省本级培训1.57万人次。在井冈山举办全省市厅级主要领导干部学习贯彻中共十八届五中全会精神专题研讨班，全省在职副省级以上领导干部和市厅级主要领导干部参加学习研讨，市厅级领导干部和县（市、区）党委书记通过视频直播方式同步收听收看学习，共培训县处级以上领导干部1675人。组织指导各地各单位相应举办专题研讨班和培训班，把"坚持弘扬井冈山精神"作为红色基因教育的核心内容，结合"两学一做"学习教育，大力开展党章和党规党纪教育培训，省本级完成红色基因教育培训4088人次。举办厅干班、县处班、乡镇（街道）党委书记进修班、乡镇长培训班、中青年干部培训班等81期，培训市厅级干部3730人次、县处级干部6790人次。支持省直有关部门和单位举办34期专题培训班，培训干部2950余人。举办赴芬兰"生态文明和可持续发展"专题培训班。大力推进江西干部学院"转型发展、特色发展、创新发展、安全发展"，被中组部确定为全国十大党员教育培训示范基地之一。完善网络移动学习客户端建设，上线运行两个学习平台，实现江西省干部网络在线学习注册学员人数36.7万人。首次开展设区市与江西"一行三局"及江西43家省级银行、证券、保险金融机构互派干部交流挂职工作。

切实强化干部管理监督。深入推进换届风气监督工作，印发《关于从严从实加强换届风气监督切实营造风清气正换届环境的通知》，在中央"9严禁"的基础上，结合江西省实际，细化为"10个严禁、22个不准、11个一律、10个严格、10个不得"等具体要求，编印《江西省换届纪律手册》。组建11个换届风气巡回督查组，成立违反换届纪律问题专项查核组加大查核力度，查处并在全省通报1起党政领导班子成员在干部考察时不如实向组织反映考察对象违纪线索追责情况、1起在民主推荐领导干部中违反换届纪律问题、1起诬告陷害他人问题。认真落实中央巡视组和中组部检查组有关反馈意见整改任务，第一阶段的中组部检查组反馈意见整改工作完成率为100%，中央巡视组反馈意见整改工作完成率为96.3%。对超职数配备干部及整改消化情况进行自查，对领导干部为“裸官”身份但仍然在重要岗位任职的，督促有关单位及时作出组织处理。对57个省直单位开展选人用人专项检查，对67个省直单位和100个县（市、区）落实选人用人专项检查反馈意见的整改情况进行督促了解，对全省2015年度选人用人工作开展“一报告三评议”。全省各级组织部门对233件反映违反组织人事和违规选人用人问题的举报进行查核。不断强化领导干部日常监督，为每位省管干部建立个人有关事项报告单独档案，委托审计机构对35名领导干部开展经济责任离任审计，督促领导干部严格执行请示报告制度。

深入实施人才优先发展战略。围绕鄱阳湖生态经济区建设、赣南等原中央苏区振兴发展、生态文明先行示范区建设等国家级发展战略，扎实推进人才工作体制机制改革，深入实施人才优先发展战略。出台《江西省党管人才工作规程》《江西省人才发展规划纲要（2016—2020年）》和《江西省关于深化人才发展体制机制改革的实施意见》，进一步加强人才工作宏观指导。做好江西省新入选“千人计划”专家的跟踪服务，启动新一批“千人计划”申报工作，推荐报送33名人选到国家相应平台。制定院士后备人选支持计划、青年拔尖人才培养计划和支持优秀人才团队科研成果转化计划。会同有关部门出台院士工作站管理办法，实施高端外国专家和急需紧缺海外工程师引进计划，资助高端外国专家项目7项，急需紧缺海外工程师项目16项。开展2016年“海外人才江西行”活动，邀请27位海外人才到赣商谈项目合作和人才引进事项。在北京大学举办高层次人才专场招聘会和高端人才座谈会，紧扣大众创业万众创新主题，汇聚141家企事业单位，提供5117个岗位。举行“百人远航工程”启航仪式，选派104名中青年学者出国研修。加强“西部之光”学者跟踪培养，选派28名学者赴中央和国家机关所属高校、科研院所研修。优化“博士服务团”管理，接收26名博士到赣服务。组织优秀中青年专家和企业经营管理人才分赴清华大学和大连高级经理学院研修。

【真改实改“两学一做”查摆出来的问题】 江西“两学一做”学习教育从4月开展以来，各地各单位对照中央提出的“五个着力解决的问题”，认真查找党组织和党员队伍中存在的问题，明确问题的整改时限、整改措施、整改进度和责任人，并把查摆出来的问题与“党的群众路线教育实践活动”“三严三实”专题教育中未整改到位的问题、与巡视巡察发现的问题、与上级点出的问题、与民主生活会（组织生活会）查摆出的问题、与群众集中反映上来的问题，结合起来进行整改。省委常委班子成员针对巡视反馈的3个方面33个专项232个具体子项问题，特别是对照苏荣案及涉案人员违纪教训，主动认领、对号入座，剖析原因，深挖根源，带头抓好整改落实。全省基层党支部深入查摆出问题29.5万条，即知即改解决问题26.7万条；倒排出2495个软弱涣散基层党组织，完成整顿2118个。广大党员把解决群众的困难作为最大的事来办，让广大群众看得见、得实惠，推动了基层党风政风行风的转变。

【精选严管驻村第一书记助推精准扶贫】 2016年，省委组织部着重选派后备干部、有发展潜力的年轻干部、有较强工作能力和基层工作经验的干部、对群众有感情的干部驻村担任第一书记。第一轮选派驻村第一书记8758人，做到党组织软弱涣散村和贫困村“两个全覆盖”。制定驻村第一书记管理办法，建立健全日常考勤、工作台账、定期汇报、督查通报、管理考核等制度，对工作消极应付、成效不明显的第一书记通报批评，对255名工作不胜任的驻村第一书记全部“召回”，并取消本人和选派单位年度评先评优资格。省级先后两次对全省驻村第一书记、省直单位选派的驻村第一书记进行全员培训，各地举办驻村第一书记培训班586期，累计培训1.3万多人次。落实好驻村第一书记工作生活、经济政治待遇等各项保障措施。全年驻村第一书记帮助派驻村建立健全各项制度8596个，协助发展党员7918名，培养村级后备干部2.45万名；帮助改扩建村级组织活动场所2027个，硬化村组村内道路4.5万千米，修缮农田水利设施6270个；发展村级集体经济项目4776个，组建产业协会、合作社等4068个；结对帮扶贫困户5.42万户，帮助群众解决实际困难问题4.04万件，赢得群众广泛认可和好评。

【“两新”组织党建工作成效显著】 3月，省委成立省委非公有制经济组织与社会组织工委，统一领导和协调全省“两新”组织党的建设工作。11个设区市也相继成立非公有制经济组织与社会组织工委。60%以上的县（市、区）成立了工作机构，全省100个省级以上园区有85个园区成立了综合党委，初步形成“党委统一领导、组织部门牵头抓总、党工委具体负责、有关部门协调配合”的领导体制。建立起“园区属地管理，乡镇、村和街道、社区兜底管理、部门分类管理”的非公有制经济组织党建工作管理体系和“分级负责、条块整合、区域兜底”的社会组织党建工作管理体系。制定下发《关于实施非公有制经济组织和社会组织“两个覆盖”攻坚计划的通知》等工作指导性文件和定期联系指导等一系列制度。将“两个覆盖”攻坚计划实施情况作为2016年度市县乡党委书记抓基层党建工作述职考核评议的必述内容，层层传导工作压力，形成抓“两新”组织党建工作的强大合力。全省非公有制经济组织党的组织和党的工作覆盖率达到98.88%，社会组织的覆盖率达到96.85%。在全国率先实现党的组织和党的工作全覆盖，打造“两个覆盖”的江西样板。

【干部网络教育培训基本实现全覆盖】 自“江西干部网络学院”上线运行以来，通过新技术不断完善网络移动学习客户端建设，2016年已上线运行PC和APP两个学习平台，实现江西省干部网络在线学习注册学员人数36.7万人，将网络学院开通对象覆盖至全省科级干部，基本实现江西省干部网络学习全覆盖。同时，围绕课程建设目标，在2016年把课程建设的重点从数量建设转移到质量建设上，开设“学习系列讲话精神”“五大发展理念”“建党95周年与‘七一’讲话精神解读”“学习贯彻中共十八届六中全会精神”等专题培训，基本满足干部多样化的学习需求，有效解决了工学矛盾等实际问题。全年江西干部网络学院点击量达1300余万次，完成培训课时达2000余万学时。

（省委组织部编辑室）

宣传工作

【概　况】 2016年，全省宣传思想文化战线深入学习宣传贯彻中共十八大和十八届三中、四中、五中、六中全会精神，学习贯彻中共中央总书记习近平系列重要讲话精神特别是对江西工作的重要要求，学习宣传贯彻省委第十四次党代会精神，按照中央和省委的部署要求，高举旗帜、引领导向，围绕中心、服务大局，各项工作取得新进展。

理论学习教育扎实推进。深入开展习近平系列重要讲话精神特别是对江西工作重要要求的学习宣传研究，分4个专题推进“两学一做”学习教育，抓好各级党委中心组学习，江西省坚持“四学”做到“四有”的经验做法，在中宣部、中组部召开的党委中心组学习经验交流座谈会上作书面交流。大力推进理论工作“四大平台”建设，实施哲学社会科学创新工程、“青马工程”，加强重点马克思主义学院建设，以“江西省中国特色社会主义理论体系研究中心”名义，先后在中央“三报一刊”发表重点理论文章7篇。积极开展基层理论宣讲，南昌市青云谱区“书香青云”社区百科讲坛、吉安市委讲师团团长孙媛凤，分别被中宣部评为“基层理论宣讲先进集体”和“基层理论宣讲先进个人”。

江西正面声音更加响亮。大力实施头版头条工程，围绕党中央治国理政新理念新思想新战略、中共中央总书记习近平视察江西、国务院总理李克强考察江西、中共十八届六中全会、省第十四次党代会、红军长征胜利80周年、美丽中国“江西样板”、南昌汉代海昏侯墓考古发掘等重大主题，推出一大批要稿重稿，营造浓厚的舆论氛围。全年在《人民日报》、新华每日电讯、《光明日报》《经济日报》、中央电视台、中央人民广播电台等中央媒体，共刊发涉赣正面稿件3476篇，其中头版头条单条111篇，增长136%；中央网信办全网推送正面涉赣稿件292篇，增长412%；上中宣部《每日要情》信息16篇，其中获中央政治局委员、书记处书记、中宣部部长刘奇葆批示5篇，位居全国前列。组织开展“外媒江西行”“2016外媒看江西”等系列采访报道活动，特别是以“短小微”形式讲好江西故事的做法得到中宣部肯定，并在《每日要情》上专题刊发经验介绍。有力提升江西对外良好形象。“长征路上奔小康”网络媒体大型主题采访活动，刊发相关信息2600余条，新闻转载1万余篇，阅读点击量2.5亿次，创省委网信办成立以来新高。深化“走转改”活动，江西省7件作品获第二十六届中国新闻奖，其中一等奖3个、二等奖3个、三等奖1个，江西广播电视台记者曾佳荣获长江韬奋奖。深化新闻发布活动，全年召开1207场新闻发布会，在2016年上年度中宣部新闻发布工作考评位列全国第四。

网络舆论空间管控有力。全面落实“重双基、强双责”要求，属地管理责任和网站主体责任得到进一步明确，网上巡查制度持续发力，传播秩序明显改善。积极稳妥应对网络舆情，做到事前重会商、事中快发声、事后有引导，有效处置“南昌出租车罢运”“丰城电厂事故”等重大涉赣舆情。开展系列专项整治行动，关闭违规网站27家，关停微信公众号和微博账号32个，删除不良信息2.7万多条、负面评论跟帖近40万条。编发《舆情信息》287期，获省领导批示97条，其中省委书记批示33条，省长批示17条。全年涉赣舆情热点共270个，其中：正面210个、负面47个、中性13个，网上舆论正面声音牢牢占据主流。

社会文明风尚健康向上。全面推开“图说我们的价值观”主题街道、广场、社区、学校建设，策划开展社会主义核心价值观主题微电影创作征集和集中展播活动，实施核心价值观百场讲坛活动，充分利用红色文化加强爱国主义教育，在全社会大力培育和践行社会主义核心价值观。深入开展“我推荐、我评议身边好人”和“网传真善美”活动，挖掘推出李泉新、郭璐萍、程永林、支月英等一大批先进典型，53人荣登“中国好人榜”，中宣部新闻局就江西省重大典型宣传先后组织16次集中采访报道。中宣部部长刘奇葆在江西考察调研时，指出：“好人文化已经成为江西精神文明建设的一道亮丽风景线。”同时，建立“江西省关爱好人基金”，救助帮扶各类困难群众6000余人，营造尊崇好人、礼遇好人、关爱好人的氛围。开展“寻找最美家庭”“好家风好家训”全省百场巡讲等活动，江西省8户家庭获第一届全国文明家庭称号。深入推进诚信建设制度化，持续发布“诚信红黑榜”，打造“法媒银·失信被执行人曝光台”，受到中央领导的充分肯定。

文化事业产业繁荣发展。出台《中共江西省委关于繁荣发展社会主义文艺实施意见》，大力实施繁荣舞台艺术、纪录片创作、文艺人才培养等工程，推出赣剧《青山作证》、弋阳腔《红珠记》、畲歌戏《热血山哈》等一批优秀作品，15个项目入选国家艺术基金。大力加强主题出版，推出《跨越时空的井冈山精神》《一百个孩子的中国梦》《不朽记忆——红军长征系列丛书》、海昏侯系列等精品图书，30个项目入选国家出版规划项目，超过“十二五”期间总和；8个项目获2016年度国家出版基金资助，数量同比翻番。与央视合作，录制婺源篁岭《四季剧场》秋季音乐会。组织开展庆祝中国共产党成立95周年文艺晚会和大型群众歌咏比赛、纪念红军长征胜利80周年交响音乐会和主题展、纪念汤显祖逝世400周年系列文艺创作展演活动、第六届江西艺术节等文化活动。其中第六届江西艺术节演出42场，观众达4万多人。深化文化体制改革，大力发展文化产业，江西省文化产业发展综合指数位居全国第九。做大做强国有文化企业，省出版集团连续8年入选"中国文化企业30强"，并位列全国同行业第二，创出历史最好成绩。大力推进网络扶贫，全国网络扶贫工作现场推进会在宁都县召开，取得中国农业发展银行对江西省贫困地区授信200亿元，30多家网信企业对口帮扶江西省18个贫困市县等丰硕成果。加快推动基本公共文化服务标准化、均等化建设，全年新建基层文体广场1268个，140万户直播卫星户户通建设工程全面完成。

意识形态阵地不断巩固。认真抓好意识形态工作责任制落实，召开全省贯彻落实党委（党组）意识形态工作责任制座谈会和贯彻落实党委（党组）网络意识形态工作责任制座谈会，对各地各部门落实情况进行专题督查。下发《关于当前江西省意识形态领域有关情况通报》，加强对意识形态领域情况的分析、研判。加强网上意识形态阵地建设，大力推进媒体融合发展，全省政务新媒体综合网络平台初步建成，形成江西移动新媒体"一报一台"新格局。加强对新闻媒体、出版机构、社科研究机构、思想文化类学会协会等意识形态阵地的建设和管理，全省意识形态领域保持主流积极健康、总体平稳向上的态势。加强高校思想政治工作，巩固马克思主义在高校意识形态领域的指导地位。

队伍建设持续加强。制定下发《省委宣传部2016年干部人才培训工作计划》，围绕加强马克思主义新闻观、文艺观等教育，全年举办各类培训班26期，培训人数达3030人次。加大人才选拔力度，开展2015年度江西文化名家暨全省宣传思想文化领域"四个一批"人才评审工作，共选拔出江西省中青年文化名家人选19人、全省宣传思想文化领域"四个一批"人才52人。加大人才关怀力度，组织举办第二届共21名入选人才赴美国华盛顿大学开展为期21天的培训，组织60余名全省人文社科专家和基层一线人才前往井冈山进行暑期研修，营造重视人才、尊重人才、关爱人才的氛围。

【加强重点马克思主义学院建设】 2016年，江西重点建设南昌大学、江西师范大学、江西财经大学3所马克思主义学院。每年资助3所高校的马克思主义学院50万元，支持学院学科建设、教育教学、理论研究、理论宣传、队伍建设和人才培养。同时，向全省14所高校马克思主义学院赠送全套的马克思、恩格斯、列宁、斯大林、毛泽东、邓小平、江泽民、胡锦涛、习近平著作，帮助充实高校马克思主义学院理论书库。

【以"短小微"形式讲好江西故事】 2016年，江西省宣传部门主动适应分众化差异化传播趋势，围绕"精准扶贫攻坚""打造美丽中国'江西样板'""生态文明先行示范区建设"等专题，在全省举办"短小微"优秀作品评选活动。其中，社会主义核心价值观微电影征集活动，收到各类作品75部，评选出26部优秀微电影作品上报中宣部在全国推广。鼓励全省社科理论、新闻出版、广播影视、文学艺术、教育科技等单位及个人运用短文章、小故事、微视频、微电影等形式，创作一批接地气、沾泥土、通人心的作品。同时，在各省级主流媒体的PC端和手机端开辟专栏对作品进行展示和推送。

【加大文化"走出去"项目扶持力度】 2016年，江西制定下发《关于〈印发江西文化"走出去"项目资助暂行办法〉的通知》，每年从文化事业专项资金中划拨1000万元，用于对文化"走出去"项目的补贴，并进一步完善全省文化"走出去"项目扶持办法。对接"一带一路"国家倡议，开展交流项目21个，特别是以纪念汤显祖、莎士比亚、塞万提斯逝世400周年为契机，组织省赣剧院、抚州市采茶歌舞剧团赴英国参加纪念活动。深入实施部省对口合作项目，完成2016年度海外中国文化中心对口合作计划、对非文化交流部省对口合作计划。扎实推进赣台文化交流，组织歌剧《回家》赴台巡演，策划海昏侯国考古发掘学术讲座、景德镇御窑博物馆《意象青花瓷展》巡展。大力推动出版走出去，全年实现版权输出255种，同比增长12%；共24个项目分别入选"2016年对外出版项目""2016中国图书对外推广计划""2016年丝路书香工程重点项目"等国家级项目。

【推动网络扶贫】 2016年，江西省建立健全联动机制，全面施行网络覆盖工程、农村电商工程、网络扶智工程、信息服务工程、网络公益工程五大工程，着力推进精准网络扶贫、精准网络脱贫，尤其是加大互联网技术在公共文化产品和服务供给中的应用，推进重大文化惠民工程整合发展，提高公共文化服务数字化程度。11月29日，中央网信办、国家发改委、国务院扶贫办和省委、省政府在宁都县召开全国网络扶贫工作现场推进会，江西省经验做法得到各方代表肯定。会议为江西省精准扶贫工作搭建重大平台，形成长效机制。国家发改委、中国农发行与江西省政府签署网络扶贫合作框架协议，京东、阿里巴巴、腾讯、百度等18家企业与井冈山市、瑞金市、宁都县等18个县（市、区）签署结对帮扶战略协议，并在会后分别签订43项具体的战略合作协议。

【加强爱国主义教育基地建设管理】 2016年，江西成立由省委宣传部等12个单位组成的"全省革命历史类纪念设施、遗址和爱国主义教育基地工作联席会议"，制定下发《关于加强革命历史类纪念设施、遗址和爱国主义教育基地工作的实施意见》。为方志敏纪念馆、中央红军长征第一渡纪念碑园、南昌八一起义纪念馆等26个基地争取到陈列布展改造提升、修缮保护工作经费7316万元。组织开展《江西军区旧址陈列大纲》《上饶集中营革命烈士纪念馆陈列大纲》《三湾改编纪念馆史迹陈展大纲》《井冈山会师纪念馆陈展大纲》等一批爱国主义教育基地改陈布展大纲评审工作。通过实地考察、调查问卷、材料审核、召开座谈会等形式，对18个全国爱国主义教育示范基地（含2个新申报基地）建设、管理和使用工作情况进行测评，总体运行情况良好。

（段克和）

督查工作

【省委领导抓督查落实】 2016年，省委领导带头，扎实推进中央和省委重大决策部署贯彻落实。研究部署中央在赣重大巡视、督查整改工作。召开省委常委会会议,专题研究部署中央巡视"回头看"反馈意见及中央环保督察组督查反馈意见整改工作,推动各项整改措施落到实处。扎实推进"两学一做"学习教育。省委常委带头讲党课、带头学习研讨、带头查摆问题、带头整改提高、带头参加双重组织生活,着力推进思想政治建设常态化制度化,推动全面从严治党向基层延伸。围绕起草省第十四次党代会报告,省委主要领导亲任起草组组长,通过组织召开座谈会等形式广泛听取各方面的意见建议,省委常委带头组织开展多种形式的调研,指导党代会报告起草有关工作。带头推进全省降成本优环境专项行动。省委主要领导多次深入基层和企业进行专题调研,要求各级政府部门打出政策组合拳,精准发力,狠抓落实,千方百计帮助企业降成本、拓市场、增效益、强后劲,营造良好环境,促进企业持续健康发展。5月专项行动启动以来,省领导带头挂点联系2~3个工业园区,每个园区联系10家以上企业,带头开展政策宣讲,推进重大项目建设,协调解决重大问题,推动各项惠企政策落实。围绕"三农"工作、城市建设管理、沿江开放开发和重大项目建设、生物医药产业发展、综治工作等,省委主要领导深入宜春、九江、南昌、抚州、上饶等多地进行调研指导。就重大民生事项开展调研指导,省委主要领导多次就脱贫攻坚工作深入吉安、赣州等地进行实地调研。7月上旬,省委主要领导连夜赴省防总紧急部署全省防汛抗洪工作。"八一"建军节前夕,省委主要领导深入鄱阳湖抗洪一线看望慰问解放军和武警部队官兵。

【配合中央在赣督查活动】 5月上旬,中央办公厅派出回访调研组,对江西省贯彻落实中共中央总书记习近平视察江西重要讲话精神的初步情况进行实地回访调研。根据回访调研组反馈报告,省委办公厅牵头协调完成整改落实工作。7月中旬至8月中旬,中央第四环保督察组进驻江西,省委办公厅积极支持和配合省协调联络组开展工作,与省政府办公厅共同完成1050件督察组交办的环境问题转办督办,并参与中央环保督察组反馈意见整改工作。此外,配合中央办公厅完成对江西贯彻落实中央八项规定精神情况、实施《中国共产党党组工作条例(试行)》《中国共产党地方委员会工作条例》情况等多项书面督查调研任务。

【开展决策督查工作】 2016年,省委办公厅以贯彻落实中共中央总书记习近平对江西工作"新的希望、三个着力、四个坚持"重要要求为主线,开展决策督查28次。主要包括:①深入开展全省贯彻落实习近平对江西工作重要要求情况督查。8月,对近百个责任地区和单位共138项具体工作进展情况开展书面督查。11月底至12月初,省委办公厅牵头,会同省政府办公厅及省直有关单位组成省委、省政府督查组,赴11个设区市、若干县(市、区)以及21个省直单位开展综合督查。督查情况在全省范围内通报并要求责任地区、责任单位限期整改。②组织开展中央和省委群团工作会议及相关文件精神贯彻落实情况实地督查。6月24日,省委推进群团改革专题会议听取督查情况汇报。8月,省委办公厅对督查中发现的问题进行跟踪督办。③10月下旬至11月上旬,省委办公厅会同省扶贫和移民办就2016年度全省脱贫攻坚工作落实情况开展实地督查。针对督查中发现的问题,省委督查室、省扶贫和移民办联合进行督办。④分专题对教育体制改革、医药卫生体制改革等重大改革试点情况开展专项督查。其中《关于我省医改工作督查情况的报告》由省深改办上报中央深改办。⑤对省直管县试点工作开展专项督查。⑥开展降低企业成本、优化发展环境专项督查。⑦对2016年全国两会期间江西省与国家部委和中央企业沟通衔接重大事项开展跟踪督查。⑧牵头组织对第十五届赣港经贸合作活动需跟进落实事项的督查。此外,省委办公厅配合参加省委政协工作会议以及相关文件精神贯彻落实情况、全省电子政务内网建设、统战工作以及供销合作社综合改革工作等方面的督查。

【开展督查调研工作】 2016年,围绕贯彻落实中央八项规定精神、打造美丽中国"江西样板"等中央和省委重大决策部署情况,开展督查调研20余次。牵头开展江西省贯彻落实中央八项规定精神有关制度建设情况调研;就高安市打造现代农业样板"巴夫洛生态农业综合体"有关情况开展专题调研,省委、省政府主要领导作出批示,分管副省长带领省直有关单位在企业现场召开调度会,帮助企业解决一系列政策范围内的问题,推动项目实施。围绕上饶市光伏产业发展、江西省民营企业海外发展情况、昌铜生态经济带建设情况等开展系列调研活动。

【开展专项查办工作】 2016年,省委办公厅立项督办省委领导批示件(含指示事项)68件。强化督办分析,先后形成《2015年度强卫同志批件督办情况分析报告》《关于2016年7月份以来心社同志批示件督办情况的报告》。7月以来,对省政府办公厅移送的鹿心社在省政府工作期间138件未办结指示批示事项进行跟踪督办。对省委主要领导考察调研时所作指示精神的跟踪督办工作,从以往的年底集中回访一次调整为"事后及时跟进,两个月后看措施,一年以后查成效"的督办模式。

先后办理省委十三届十二次全会、全省经济工作会议、6次县委书记月谈会、5次企业月谈会与会人员所提意见建议及各地对江西省"十三五"时期经济社会发展、对省委领导班子所提意见建议等782条。7月,首次启用督查通报手段,对上半年省委全会等重要会议与会人员所提意见建议承办情况进行通报。

(省委办公厅编辑室)

政策研究

【概　况】 2016年,省委政研室(改革办)紧扣省委工作大局,服务省委科学决策,发挥省委核心智库作用,各项工作取得新成绩。全年完成省委重要文件起草任务23个、文稿152篇、调研报告120篇,共295篇,获省委、省政府领导批示139人次,同比增加42人次,增幅达44%。

服务省委总揽全局,起草省委重要文件和文稿。省委政研室(改革办）集中力量做好省委重要文件和文稿起草工作，共起草省委重要文件、领导讲话及重大文稿164件（篇）。起草省委重要文件。代省委起草《中共江西省委关于学习贯彻落实习近平总书记对江西工作要求的决定》《贯彻落实习近平总书记对江西工作要求责任分工方案》和《中共江西省委关于深入学习贯彻落实李克强总理视察江西重要讲话精神的责任分工方案》等。起草省委领导讲话和署名文章。起草省领导的讲话71篇，主要是牵头起草鹿心社分别在省第十四次党代会、全省经济工作会议、全省领导干部会议、省委常委会议、省委常委班子巡视"回头看"专题民主生活会、省委全面深化改革领导小组第六至第九次全体会议、全省2016年度市委书记抓基层党建工作述职评议考核会议、全省党校工作会议、全省安全生产电视电话会议、全省卫生与健康大会等会议上的讲话，以及在中共十八届六中全会分组讨论时的发言；起草省委主要领导署名文章5篇。起草《贯彻落实省第十四次党代会重点任务责任分工方案》《党的十八届六中全会和省第十四次党代会精神宣讲提纲》，编辑出版《省第十四次党代会精神学习读本》。

服务省委科学决策，抓好重大课题的调查研究和重要信息提供。省委政研室（改革办）围绕省委的重大工作部署，突出重点，创新方法，形成一批有重要参考价值的调研成果。重点围绕中共中央总书记习近平视察江西重要讲话要求，制定重大调研课题计划，形成一批有分量的调研成果：《向特色优势要竞争力——江西特色优势及其竞争力研究》报告；《关于打造"庐山天下悠、三清山天下秀、龙虎山天下绝"旅游品牌的调研报告》；"美丽中国江西样板研究"的成果体现在党代会报告的第四部分"打造美丽中国'江西样板'"。同时还形成系列调研报告《江西认真落实习近平总书记视察讲话要求探索打造美丽中国"江西样板"》《强化四种意识，打造美丽中国江西样板》《美丽中国江西样板的"安远行动"》等，助推打造美丽中国"江西样板"实际行动。《创新土地流转方式，破解农村"谁来种地"难题》《省直管县干部对改革有"六盼"》《部分企业科技协同创新体反映的问题和建议》《方大钢铁集团为何能逆势盈利》《江西人在本土也能闯出全国领先大事业——共青城挂职副市长詹政博士推动理念制度创新》《抚州以"五约谈"，探索运用监督执纪第一种形态》等调研报告，均受到省委领导批示并责成有关领导和相关部门阅研推广。深入开展"走基层、报实情"活动，为省委提供有价值的重要信息。《破解"垃圾围村"有"银行"》《给乡村游来个转型升级》《跑在云端上的校车》等一批重要信息得到省委领导批示。创新调研方法，开放合作搞调研。与江西财经大学进行室校合作，签订战略合作框架协议，联合开展"向特色优势要竞争力"专题调研，形成的调研主报告，多位省领导作出批示，给予高度肯定。

【做好改革谋划协调督察工作】 2016年，省委政研室（改革办）按照省委提出的"突出重点、狠抓落实"要求，做好改革服务工作。服务大局抓谋划。加密省委深改组会议频次，提高会议质量，全年承办省委深改组会议4次；起草省委深改组《2016年工作要点》，组织起草7个专项小组《年度工作计划》，明确全年重要改革任务的时间表、路线图；起草全省改革考评办法、督察办法、省领导领衔推进落实重大改革项目实施方案等5个改革文件；起草《江西省群团改革总体方案》，协调组织各群团组织分别起草改革方案。主动跟踪抓协调。围绕农村产权制度、省直管县、科技创新、生态文明建设等重点改革推进情况，形成调研报告12篇；按时高质量总结上报全省改革进程中的新情况、新问题、新做法的材料46篇；召开全省改革办主任会议和省委改革办与7个改革专项小组牵头部门的"1+7"定期会议。强化督察抓落实。建立台账督办落实机制、省领导对领衔重大改革项目督察机制和改革考评机制，对省委深改组年度改革要点建立台账，逐项明确责任单位、进度安排，按月督办销号。全年开展重大改革试点督察1次、重大改革项目督察2次。年底对各地各部门改革工作进行考评。

（谢明明）

统战工作

【概　况】 2016年，全省统一战线以中共中央总书记习近平系列重要讲话及对江西提出的"新的希望和三个着力、四个坚持"总体要求为引领，深入贯彻落实中共十八大和十八届三中、四中、五中、六中全会以及省第十四次党代会精神，统一战线各领域工作有力推进并取得成效。

积极开展全省统一战线凝心聚力"十三五"行动。广泛凝聚力量。省委统战部积极参与省政府举办的"第十五届赣港经贸合作活动"和"第四届世界绿色发展投资博览会"。按照省委、省政府统一部署，组织"降成本优环境"专项行动，协调非公有制企业解决困难和问题。动员全省统一战线参与脱贫攻坚战，实施统一战线脱贫攻坚"双百工程"。继续深入推进"同心·振兴广昌示范区"建设，至年底实施帮扶项目105个，累计为广昌县落实政策资金2.2亿元，捐款捐物9600万元，引进投资项目资金2.1亿元。扎实开展"千企帮千村"精准扶贫行动，省级层面统筹安排省工商联执委以上及省工商联直属商会共结对帮扶140个贫困村，全省1477家民营企业和129个商会组织与1406个建档立卡贫困村结对签约帮扶，实施产业扶贫项目658个，投入资金1.38亿多元，直接捐赠资1559.37万多元。在全国"万企帮万村"精准扶贫行动现场会上，江西省作为全国唯一的省级代表作典型发言。

切实支持民主党派履行参政党职能。进一步推进政党协商制度化规范化建设，协助各民主党派以调研报告、建议信等形式向省委、省政府主要领导直接提出意见建议，做好省委领导与民主党派的对口联系、约谈协商的联络服务工作。有序推进2017年民主党派省级组织换届的筹备工作，完成三方协商工作。支持民主党派加强组织建设，举办民主党派市级组织新任主委培训班，成立致公党江西支部。帮助民主党派解决实际问题，协调争取省财政厅调整各民主党派省直党员基数和活动经费标准。协助中华职业教育总社在共青城举办2016职业教育与城市发展高层对话会，促成中华职业教育总社与九江市政府签署“战略合作框架”协议、与共青城市政府签署“职业教育促进经济社会发展试验区建设”协议。

大力推进党外知识分子特别是新的社会阶层人士统战工作。加强教育培训，先后举办无党派代表人士理论研究班、归国留学人员培训班和全省新的社会阶层人士培训班，共调学培训160余人。建立留学人员动态数据库，及时发现和物色留学人员，已掌握近3000人归国留学人员基本资料。扎实开展新的社会阶层人士统战工作，成立新的社会阶层人士工作处。建立网络人士信息库，成立省新联会网络界人士联谊分会，60多名党外网络界人士当选为理事。召开江西统一战线“百名律师服务团”启动大会。到年底，共遴选106名律师，先后帮助非公企业协调解决多件涉法问题。

扎实做好新形势下的民族宗教工作。深入贯彻全省民族工作会议精神，召开省民族工作领导小组第二次会议暨新疆在赣少数民族服务管理工作会议，并会同相关单位开展调研督查，切实禁止针对特殊少数民族歧视性做法。参加中央统战部组织的统一战线对口支援新疆工作会议，赴新疆阿克陶县进行支援对接。妥善处置好一系列宗教领域重点事件，维护宗教领域和谐稳定。

致力促进非公有制经济健康发展和非公有制经济人士健康成长。认真履行省非公有制经济领导小组办公室职责，组织学习和贯彻落实中共中央总书记习近平在全国政协十二届四次会议民建工商联界联组会的讲话精神，编印学习手册数千份，起草关于构建新型政商关系的政策性文件。全面推进“万名干部进万企”“百媒进千企”等活动，积极为企业排忧解难、宣传推介。加强非公有制经济人士的思想政治引导，以“守法诚信、坚定信心”为重点，推动非公有制经济代表人士理想信念教育实践活动。举办设区市工商联主席、党组书记培训班和全省非公有制经济代表人士培训班。深入推进光彩事业工作，推动支农助教光彩项目，协助江西省5个光彩项目获批为2015年度全国光彩事业重点项目。

进一步加强党外代表人士队伍建设。积极推进建设全省党外干部实践锻炼基地工作，确定宜春、抚州2市和省农业厅、省发改委、省科技厅、省卫计委、省住建厅5家省直单位为第一批共建全省党外干部实践锻炼基地单位，确定14名挂职党外干部人选。协调开展市县换届党外人士安排工作专项调研检查，推动党外人士在领导班子和人大、政协安排基本达到政策要求。市县换届中，11个市级领导班子共配备58名党外干部，100个县级领导班子共配备527名党外干部。推荐2名党外干部分别担任新余学院和省科协行政正职，到年底，省直单位及高校党外干部的实职安排，特别是担任行政正职安排，是中华人民共和国成立以来最好时期。

【建设“江西同心智库”】 2016年，经各民主党派江西省委会、省工商联、省知识分子联谊会、江西海外联谊会推荐，遴选确定智库顾问1名、首批智库专家34名。3月，省编办正式批复设立“江西同心智库”，与省统战理论研究会合署办公。智库课题研究坚持“密切关注大局选好题，根据课题选好人，调查研究选好点，运用好大数据”。首个智库课题研究报告《把中医药产业打造成我省战略性支柱产业研究》得到15位省领导批示。5月7日，省政府与国家中医药管理局签署《共同推进中医药发展合作框架协议》和《共建江西中医药大学协议》，相关成果已吸收进江西“十三五”规划、《关于加快中医药发展的若干意见》《中医药健康服务发展规划(2016—2020年)》。第二个智库课题研究报告《打造美丽中国“江西样板”的战略重点及评价体系研究》，得到中共中央政治局委员、中央统战部部长孙春兰的批示。

【同心·赣港澳台青少年交流基地成立】 2016年，省委统战部联合省台办、省港澳办、省侨联、省台联等境内外13家单位、高校和社团组织，共同创建“同心·赣港澳台青少年交流基地”。3月27日，“同心·赣港澳台青少年交流基地”在江西师范大学挂牌成立，并举办第一届赣港澳台青年心连心活动，省委常委、省委统战部部长蔡晓明出席活动并讲话。香港国民教育协会会长姜玉堆、台湾中华青年之友会会长陈维德、台湾元培科技大学校长林志城，以及澳门科技大学校方代表应邀出席，省台办、省外办、省侨联、省台联和江西师范大学、江西科技师范大学等单位的负责人，以及来自省内和港澳台地区的1500余名青年学生参加活动。省委统战部常务副部长刘金炎主持揭牌仪式。第一届赣港澳台青年心连心活动共吸引港澳台地区40多所学校的280多名青年学生报名参加，在赣期间，他们将聆听中华文化、红色历史及爱国主义专题讲座，与江西师范大学等高校的学生共同开展交流活动，并赴井冈山、景德镇等地参观考察。

（李文强　杨吉星）

农村工作

【概　况】 2016年，全省上下认真贯彻落实中共中央总书记习近平视察江西重要讲话精神，稳定发展粮食生产，加快发展现代农业，深入推进农村改革，扎实推进新农村建设，持续促进农民增收，农业农村发展保持稳中有进的良好态势。

农业生产稳定发展。推进农业供给侧结构性改革，稳定发展粮食生产，抓好“菜篮子”产品生产，克服各种不利因素，农业生产实现丰收。全年粮食种植面积36.86万公顷，下降0.5%。粮食总产量2138.1万吨，下降0.5%，为历史第三高产年份。其中早稻785.9万吨，下降3.2%；中稻及一季晚稻298.6万吨，增长7.0%；二季晚稻928.1万吨，下降0.9%。油料产量122.0万吨，下降1.6%。其中油菜籽71.8万吨，下降2.9%。棉花产量7.3万吨，下降36.4%。烟叶产量6.4万吨，增长17.4%。茶叶产量5.8万吨，增长10.9%。园林水果产量405.4万吨，下降10.0%。蔬菜产量1420.2万吨，增长4.5%。全年肉类总产量351.6万吨，下降1.0%。其中，猪肉产量258.7万吨，下降3.3%；牛肉产量18.7万吨，增长5.4%；羊肉产量1.7万吨，增长7.9%。禽蛋产量62.5万吨,增长5.0%。牛奶产量10.5万吨,下降8.4%。水产品产量271.6万吨,增长2.8%。年末生猪存栏1814.3万头,下降4.2%;生猪出栏3103.1万头,下降4.3%。

现代农业建设加快推进。大力实施藏粮于地、藏粮于技战略,全年整合资金43.4亿元,推进19.33万公顷高标准农田建设,粮食综合生产能力得到巩固提高。继续推进现代农业"百县百园"工程建设,已创建国家级现代农业示范园区11个,省级现代农业示范区66个,建设初具规模的示范核心园105个,核心区建设面积5.46万公顷。大力推进农业产业化经营,培植农业产业集群75个,规模以上农业龙头企业4560家,农民合作社4.73万家,家庭农场2.7万个,种植养殖专业大户5.6万户,新型职业农民6.8万人,各类经营性社会化服务组织超过10万个。积极发展农业新型业态,各类休闲农业规模经营企业总数达4190家,农家乐经营户2.1万户,休闲农业与乡村旅游共接待游客超过2亿人次,旅游综合收入超700亿元。深入实施"互联网+农业"行动,全面推动智慧农业建设,赣农宝电商平台正式上线,已有近400家企业入驻平台,汇集千余种"三品一标"农产品。大力实施"生态鄱阳湖、绿色农产品"品牌发展战略,重点推进"四绿一红"(狗牯脑、婺源绿茶、庐山云雾、宁红茶、浮梁茶)茶叶品牌整合,稳步推进江西"地方鸡"(乌鸡、麻鸡、三黄鸡等)品牌培育,加快"鄱阳湖"水产品牌建设,已建成"鄱阳湖大闸蟹"品牌专卖店60家。

农村改革成效明显。省委农业和农村体制改革专项小组年初确定的三大类24项重点改革举措扎实推进、成效明显。农村土地承包经营权确权登记颁证基本完成,证书到户率达到95.7%,所有县都建立数据库,档案管理工作全部收齐整理到位,试点工作走在全国前列;农村土地流转率达到36.2%,超过全国平均水平。深化集体林权制度改革试点,新确定第二批20个试点县(市、区),在全国率先出台《江西省林地适度规模经营奖补办法》。全面深化水利改革,新干县小型水利工程管理体制改革国家试点工作通过验收,新干、高安、宁都、兴国等4个农田水利设施产权制度改革和创新运行管护机制国家试点县已全部完成农田水利设施的产权确权和移交工作,水权改革试点基本完成。有序推进房地一体的农村宅基地和集体建设用地使用权确权登记发证工作,农村宅基地和集体建设用地地籍测量基本完成,已测量面积6798.33平方千里。余江县农村宅基地制度改革国家试点扩大到662个自然村、覆盖率64%,全县占用农用地建房比例较2014年下降了80%。供销合作社综合改革试点扩大到56个县(市、区),试点面达到57%。农垦改革发展稳步推进,共青城市、广丰区已组建农垦集团公司。农村承包土地经营权、农民住房财产权抵押贷款试点取得新进展,13个试点县(市)"两权"抵押贷款余额3.88亿元,比年初增加2.19亿元、增长128.6%。其中10个农地抵押贷款试点累计发放贷款2.41亿元,3个农房抵押贷款试点累计发放贷款1.47亿元。

农村民生明显改善。全省农村居民人均可支配收入达1.21万元,增长9%,高于城镇居民收入增长0.8个百分点。精准脱贫攻坚十大工程扎实推进,全年实现70万人脱贫、500个贫困村退出、井冈山市率先脱贫摘帽。城乡居民基本养老保险最低缴费标准从100元提高到300元,最低缴费补贴标准从30元提高到40元。农村低保保障标准提高到每月270元,财政月人均补差水平增加30元,达到195元。农村五保户集中供养标准由每人每月305元提高到365元,分散供养标准由每人每月260元提高到290元。新型农村合作医疗财政补助标准提高到人均420元,个人缴费提高到120元,参合率达98.71%。国家下达的12.78万户农村危房改造开工任务全面完成。新建村级农民体育健身工程246个,乡镇农民体育健身工程35个。完成新改建农村公路1.1万余千米,农村公路危桥改造320余座,行政村客车通达率达95%以上。

【开展绿色生态农业"十大行动"】 2016年,扎实开展以整治农业面源污染为重点的绿色生态农业"十大行动",不断提升农产品品质,全省蔬菜、畜禽和水产品总体合格率分别达到97.2%、99.8%和99.1%,国家级绿色食品原料标准化生产基地达43个,"三品一标"农产品达3221个,其中绿色有机农产品1286个,位居全国前十位,农产品地理标志73个,位居全国第6位,被列为"全国绿色有机农产品示范基地试点省"。在全国率先实行全境流域生态补偿,全面实施"河长制",年末地表水Ⅰ~Ⅲ水质达标比例为81.4%,主要河流监测断面水质达标率88.6%,综合治理水土流失面积1100平方千米以上。全面开展农村生活垃圾治理,积极推进农村污水治理,城乡环卫一体化工作体系基本建立,115个中心镇污水处理设施建设全部完成,农村人居环境得到较大改善。

【深入推进新农村建设】 2016年,全省按照"培育中心村、整治自然村、提升特色村、扶持贫困村"和"统筹规划、镇村联动、成片建设、管理跟进、建一片成一片"的要求,筹集省市县三级财政资金22亿元,撬动社会投入和农民投入25.3亿元,深入推进新农村建设。到年底,654个中心村和5209个一般自然村完成改路13.98万千米、修建排水沟1.49万千米、改水45.5万户、改厕44.75万户,建有小学628所、幼儿园625所、卫生室682个、文化广播站596个、文体活动场所692处、便民超市710个、金融服务网点528处、公共服务场所654个。农村基础设施不断完善,公共服务水平逐步提高,农村人居环境明显改善。

【开展全省农村生活垃圾专项治理】 2016年,全省建立由10个部门组成的农村生活垃圾专项治理联席会议工作推进机制、"以县为主、乡镇为辅、省市奖补"的经费保障机制、"户分类、村收集、镇转运、县处理"的城乡环卫一体化生活垃圾收运处理机制,城乡环卫一体化工作体系基本建立。省财政落实农村生活垃圾专项资金2亿元,各设区市安排奖补资金2.03亿元,保障工作开展。大部分县按3‰的比例配备农村保洁员,一些地方通过政府购买社会服务方式,将环卫作业中经营性服务项目推向市场,实行第三方治理。认真开展"16+N"省级考核验收,委托省统计局民调中心和第三方调查机构对首批40个县(市、区)开展群众满意度调查和进村入户明察暗访,初步确定上高县等25个县通过省级考核验收。

【推进中心镇污水处理设施建设】 2016年,省委农工部组织协调有关部门,通过暗访督查、问责约谈、绩效验收等形式,推进百强中心镇和环鄱阳湖20个中心镇污水处理设施建设。截至12月底,115个有污水处理设施建设任务的中心镇,设施建设全部完成。大部分镇的设施正常运转,污水处理效果达标,其他镇正在设备调试和试运行,5个共享城区或工业园区污水处理体系的百强中心镇管网全部接入,启动环鄱阳湖20个中心镇的污水处理设施建设,产生良好的生态效应和社会效应。

【全省"财政惠农信贷通"工作扩面提升】 2016年,按照"筹得到、贷得出、用得好、还得起"的总体要求,省、市、县(市、区)三级财政按照2:1:2的比例筹集风险补偿资金,存入合作银行,财政风险补偿金年度规模总数达到14.63亿元。合作银行按照约定不低于财政风险补偿金的8倍发放"财政惠农信贷通"贷款,向新型农业经营主体提供无抵押无担保贷款。截至12月底,"财政惠农信贷通"两年累计发放贷款8.3万笔共251.5亿元,其中2016年发放贷款126.3亿元,不良贷款率1.08%。受益新型农业经营主体6.4万户,承接并推动农村重大改革落地生效,加快现代农业发展。这项工作走在全国前列,得到中央肯定,省委副书记姚增科代表省委、省政府在2016年12月中央农村工作会议上作典型发言,中央电视台《焦点访谈》栏目对此项工作进行采访报道。

(董兆华)

社会主义新农村建设工作

【概　况】 2016年,全省各地按照"培育中心村、整治自然村、提升特色村、扶持贫困村"总体思路和"缺什么补什么、建一片成一片"工作要求,组织各地以规划为先导,以中心村建设为重点,采用集镇联中心村、中心村带自然村模式,深入推进新农村建设,农村基础设施不断完善,公共服务水平逐步提高,农村人居环境明显改善,形成了共建共享新农村建设的氛围。

强化顶层设计。起草《关于认真贯彻落实习近平总书记视察江西重要讲话精神深入推进新农村建设的实施意见》,编制《江西省"整洁美丽,和谐宜居"新农村建设行动规划(2017—2020年)》,明确"整洁美丽,和谐宜居"新农村建设总体要求。

坚持规划引领。按照"统筹规划,镇村联动,成片建设,管理跟进,建一片成一片"的要求,布局安排,切实做到"四个突出":突出重点区域。把105和320国道沿线、5A景区道路沿线作为新农村建设重点区域进行打造。突出规划引领。修编完善以中心村为重点的村庄布点规划,中心村建设数量严格控制在县域行政村总数的30%以内,同时根据住建规划编制的村庄布局规划,初步筛选拟建中心村。突出竞争立项。通过公示申报条件、公开竞争程序、实地考核审查、现场答辩、聘请专家当场打分等办法,选择中心村开展建设。突出贫困优先。对于一般自然村,按照贫困村组优原则进行选择,确保每个贫困行政村有1个新农村建设村点。

夯实资金保障。全省新农村建设全年投入各类资金118.5亿元,其中各级财政专项资金34.6亿元,整合涉农项目资金30.6亿元,农民投资24.5亿元,其他投入28.8亿元。

建设成效凸显。全省新农村建设村点全年完成改路13.98万千米、修建排水沟1.49万千米、改水45.5万户、改厕44.75万户,植树502.1万株。其中,5209个一般自然村点新建或改造办公议事、文体休闲、医疗卫生、教育培训、社会治安等设施9933个,建设村级信息服务站2658个;654个中心村建有小学628所、幼儿园625所、卫生室682个、农家书屋658个、文化广播站596个、文体活动场所692处、便民超市710个、金融服务网点528处、公共服务场所654个。

【召开全省社会主义新农村建设领导小组会议】 5月19日,省社会主义新农村建设领导小组召开会议,研究部署当前和"十三五"时期全省新农村建设工作。省委书记强卫主持会议,省委副书记、省长鹿心社,省委副书记刘奇,副省长尹建业出席会议并讲话。会议审议通过《关于认真贯彻落实习近平总书记视察江西重要讲话精神深入推进新农村建设的指导意见》。省委农工部、省住建厅、省水利厅、省交通运输厅以及省电力公司主要负责人分别结合部门职能推进新农村建设作发言。省社会主义新农村建设领导小组各成员单位主要负责人参加会议。

【出台《江西省"整洁美丽,和谐宜居"新农村建设行动规划(2017—2020年)》】 2016年,省新村办站在全面建成小康社会的高度,围绕解决农村发展短板问题,在深入调研基础上,结合江西实际,组织精干力量,精心编制《江西省"整洁美丽,和谐宜居"新农村建设行动规划(2017—2020年)》。"行动规划"以"整洁美丽,和谐宜居"为总体要求,以四年完成8万个村组整治建设为目标任务,以村庄整治、环境美化、乡风问题、和谐平安为工作重点,以六项基本原则、五项规划布局、五类建设标准、九步操作办法和三大保障措施为实现路径,对全省新农村建设作系统完整的规划。该行动规划明确以后四年全省每年筹集60亿元财政资金,其中省级财政资金30亿元,整治建设2万个村组。

(马力)

机关党的建设

【概　况】 2016年,全省各级机关党组织深入学习贯彻中共中央总书记习近平系列重要讲话精神特别是对江西工作重要要求,认真贯彻落实中央和省委全面从严治党的部署,围绕中心、服务大局,改革创新、积极作为,机关党建各项工作取得新进展。

突出抓政治理论学习,实现省直机关处级党员干部集中轮训全覆盖。连续举办22期省直机关处级干部学习贯彻中共中央总书记习近平系列重要讲话特别是视察江西时重要讲话精神专题轮训班，培训处级党员干部5986人。多层次举办省直单位机关党委书记、专职副书记、机关纪委书记、支部书记研讨班，专题学习贯彻中共十八届五中、六中全会和省第十四次党代会精神，学习中央新修订出台的“两准则”“三条例”。召开中央驻赣企业机关党组织负责人座谈会，专题学习贯彻习近平在全国国有企业党的建设工作会议上的重要讲话精神。会同省委组织部、省委宣传部制定《关于加强全省机关党员领导干部政治理论学习的意见》，推动解决政治理论学习走过场等突出问题。

指导推动省直机关“两学一做”学习教育扎实开展。省领导鹿心社、刘奇等带头到省直单位基层联系点讲党课，高位推动学习教育工作。召开省直机关学习教育推进会，落实中共中央和省委部署要求。坚持学做结合、融入日常，以“党员树旗帜、支部筑堡垒、机关强服务、省直做表率”主题活动为载体，评选创新案例、优秀微型党课和学习心得，选树党员先锋示范岗，以评促学、以评促做。

坚持融入中心，服务全省改革发展大局。组织2.5万人次志愿者到生态文明帮建村、扶贫村和志愿服务工作站开展志愿服务活动，参加与南昌市共建“美丽南昌·幸福家园”环境综合整治活动。举办“美丽江西、绿色家园”摄影大赛和摄影展，展示江西打造美丽中国“江西样板”的新成就。

推动机关党内政治生活和党内监督严起来、实起来。制定下发《关于严格省直机关基层党组织党内政治生活制度的意见》，对“三会一课”、领导干部参加双重组织生活、谈心谈话、按月足额交缴党费等8个方面进行规范。开展“今天是我的政治生日”主题活动，增强党员党的意识和党员意识，不辱使命、不忘初心。将每月10日固定为省直单位“党员活动日”，使党员活动常态化。

严管细查推动基层基础工作规范有序。贯彻中央和省委部署，推进省直机关基层党建5项重点任务落实。督促省直机关496个应换届的基层党组织全部完成换届任务。对省直单位失联党员、违纪违法未处理党员开展集中排查，并进行组织处理或纳入组织管理。开展党费收缴专项检查，全面完成党费补缴工作。对软弱涣散的基层党支部开展集中整顿。完成省直单位出席省第十四次党代会代表的推荐、选举和考察工作。

持续加强党风廉政建设和反腐败工作。召开省直机关纪委工作会议，部署推进省直机关党风廉政建设和反腐败斗争工作。推动省直单位机关纪委组建，由年初54家增加至88家，实现全覆盖。先后7次开展省直机关贯彻执行中央八项规定精神、集中整治“微腐败”“违插”专项督查。先后3次对省直机关遵守工作纪律情况开展明察暗访，对发现的问题进行通报。全年函询落实中央八项规定精神不到位的省直单位13家，曝光典型案件21起，审理批复案件44件，备案30件，74名党员干部受到党纪处分。

群团组织工作活力增强。大力实施困难职工帮扶、劳模关爱和送健康进机关“三大行动”，开办省直机关“健康大讲堂”，组织开展全省第五届全民健身运动暨省直机关系列比赛，先后举办省直机关登山、乒乓球、足球、篮球、广场舞、瑜伽等比赛活动。组织7000余名省直机关团员青年深入农村、社区、企业和本系统基层单位开展“情系基层·青春担当”调研实践活动，联合有关部门开展“双休日”志愿服务和“敬老助困·一元理发”志愿服务活动。组织开展“智慧女性、书香家庭”读书活动，“讲家风故事、创家训格言”家庭助廉活动和“绿色家庭”创建活动。

【开展春节回乡调研活动】 2016年春节期间，省直机关工委组织全省机关党员干部开展春节回乡调研活动，3万余名机关党员干部撰写调研报告1万篇，梳理意见建议155条，为党委政府决策提供参考。省委主要领导先后作出3次批示，给予肯定。

【开展“万名干部进万企”服务活动】 2016年，为贯彻落实省委、省政府“降低企业成本、优化发展环境”决策部署，省直机关工委、省工信委牵头，开展“万名干部进万企”服务活动，组织省、市、县三级机关联动，1.3万余名机关干部结对帮扶联系全省100个工业园区1.4万家规模以上企业，解决1.6万个问题。

（温尊寿）

机构编制工作

【概　况】 2016年，省编办围绕全省发展大局，推进放管服改革、重点领域体制机制创新、事业单位改革、控编减编等各项工作，为决战同步全面小康发挥应有作用。

持续深化“放管服”改革，把改革红利转化为发展新动能。进一步加大“放”的力度，提升“放”的含金量协同度。衔接落实好国务院取消下放事项，分两批再精简32项行政审批事项、99项其他权力事项，协调中央驻赣单位及时制定和公布权力清单。会同有关部门编制公布省本级《工商登记后置审批事项目录》。在全国率先部署开展取消下放事项落地情况专项督导和“回头看”。制定《江西省行政权责清单管理办法》，在全国率先建立权责清单动态调整制度。进一步增强“管”的实效，强化“管”的针对性有效性。在南昌县、瑞金市、吉州区、资溪县开展相对集中行政许可权试点。指导南昌等7个城市在水务、农业、林业、文化、城市管理、城乡建设等领域开展综合行政执法体制改革试点，配合有关部门推进城市管理、卫生计生、劳动监察、商务等领域执法体制改革。进一步提升“服”的水平，提高“服”的规范性高效性。全面清理审批中介服务，省政府34家有行政审批事项的部门原120项中介服务事项，保留43项、取消和调整77项；11个设区市和100个县(市、区)相应公布审批中介服务事项清单。会同有关部门编制公布省本级《公共服务事项清单》。深入吉州工业园区开展入企帮扶行动，协调解决企业在融资、用工、税收、交通等方面存在的突出问题。

积极支持重点领域改革，破除经济社会发展体制机制障碍。认真落实省委、省政府重大部署，为创新体制机制提供参谋服务。国务院批复设立赣江新区后，及时研究提出赣江新区管理机构组建方案。积极参与庐山管理体制改革，统筹庐山管理局与庐山市功能定位、合理划分职责、明确机构设置和运行机制。围绕生态文明试验区建设，加强省法院、省检察院、省气象局等方面职责和力量；会同有关部门研究江西省自然保护区管理机构的管理意见；配合开展环保监测监察体制调整工作；调整高速公路木材检查站机构设置。同时，完善公共资源交易管理、财政资金运行监管、税务督察审计、军民融合发展、网络舆情监管、大数据管理、未成年人权益保护、专利行政执法监察等方面的职能配置和机构设置。坚定大部门制改革方向，推进机构和职能整合。全面整合省委、省人大常委会、省政府、省政协"四套班子"机关事务管理领域机构和职责，整合分散在各部门的政务服务事项和资源，在机构限额内组建省政务服务管理办公室。落实市县政府机构改革涉改部门"三定"规定，推动相关部门妥善解决市场监管体制改革后续问题，实现机构名称、执法主体资格文书证件、服装标识、案件管理系统、投诉举报平台"五统一"。协同推进纪检监察、司法、群团、经济发达镇等改革。配合做好纪检体制调整工作，明确40家省纪委派驻纪检组机构编制，相应调整81家省直部门纪检监察机构、人员编制和领导职数，理顺巡视机构管理体制，研究推动非公有制经济组织与社会组织党建工作体制创新。积极推进经济发达镇行政管理体制改革试点，配合推进司法体制改革，调整法检两院管理体制，上收机构编制。主动对接群团改革，配合团省委、省总工会、省科协、省妇联等部门完善改革实施方案。

加快推进事业单位改革，提升事业单位提供公共服务主引擎作用。基本完成省直事业单位分类。研究并批复第二批736个单位的分类意见。截至年底，已分类的事业单位编制总量占省直事业编制总量90.2%，达到中央关于基本完成事业单位分类工作的要求。将清理规范贯穿事业单位分类改革始终，持续推进"小微"单位撤并整合。积极开展承担行政职能事业单位改革试点，在上饶市和广丰区开展改革试点，指导制定试点方案，明确职能划转、机构调整、编制置换、控编减编、人员安置等措施，有序推进试点工作。积极推动生产经营类事业单位改革，针对不同经营情况，分别提出具体政策措施。积极推进公益类事业单位管理创新。明确省直70余家未定级事业单位职数管理办法。积极探索开展编制备案制管理试点。创新省属高校管理方式，印发《关于省属高校机构编制管理有关事项的通知》。进一步加强和规范事业单位登记管理。实现登记管理全事项全流程网上办理，做好事业单位法人年度报告公示和登记信息公开，加强事业单位法人登记监督管理，推进全省统一社会信用代码赋码工作，加快推进机关事业单位中文域名注册和网站挂标工作。

着力破解机构编制供需矛盾，提升机构编制资源综合使用效能。"严"字当头压增量、控总量。坚持底线思维，以2012年年底机构编制年报统计数为基数，坚决守住各类机构编制总量底数。严格落实省编委"三个一律不"要求，把好关口、顶住压力，遏制机构编制增长势头。确需加强的，坚持机构"撤一建一"或"撤多建一"，编制内部调剂。印发《关于省直机关事业单位进人核编有关事项的通知》，规范进人核编范围、内容、流程及要求。强化机构编制执纪监督，继续结合党委巡视开展机构编制巡视督查，结合党政领导经济责任审计开展机构编制审计，发挥12310举报平台作用。"调"字立身盘存量、优结构。以省编委名义出台《加强机构编制动态管理的意见》，对机构、编制和领导职数的动态管理提出针对性举措。因地制宜采取"一刀切"收回空编、"按比例"收回空编、"分类别"收回空编等方式，推动空编统一管理，进一步盘活编制存量。同时，通过加大政府购买服务力度、推行备案制管理等途径缓解增编压力。"实"字导向保发展、解难题。聚焦省委、省政府重大部署，加强纪检巡视、生态环保、财税金融监管、综合行政执法、民生保障、公共安全等领域编制配备；妥善解决基础教育、网络监管、检验检测、信息化建设、科技金融管理服务等力量薄弱问题；支持各领域高层次人才引进，提供编制保障、畅通"绿色通道"，2016年省本级用于引进博士以上高层次人才的编制200多名。针对中央巡视反馈的县级党政群机关超编问题，持续开展整治，建立超编整治重点县（市、区）、重点责任市制度，提前实现全省县级党政群机关总量不超编目标，部分市、县（区）提前完成整治任务。针对省委《民声通道情况专报》反映的人员入编问题，认真梳理情况、分类提出处理意见，妥善解决省直事业单位在分类改革暂停进人期间未核编招聘人员及经省人社厅备案的人事代理人员的核编问题。同时，组织开展机构编制年报统计工作，做好机构编制证换发及年审工作。

【江西公布行政审批中介服务事项清单】　3月3日，省政府公布江西省直部门行政审批中介服务清单。按照省政府统一部署，省审改办牵头，省政府35家有行政审批事项的部门通力配合，梳理出104项行政审批中介服务事项。省审改办会同省发改委、省财政厅、省法制办等单位从严审核，经省政府常务会议审议通过，决定保留43项行政审批中介服务事项，取消和调整60项行政审批中介服务事项。对涉及行政审批的中介服务事项目录及收费清单参照《江西省行政许可事项目录管理办法》管理，目录外事项一律不得作为行政审批的受理条件。

【中央编办在赣调研政法专项编制内部挖潜和管理创新工作】　11月22日—24日，中央编办副主任吴知论、一司司长洪都等一行4人到赣调研政法专项编制内部挖潜和管理创新工作。调研组在南昌召开政法系统机构编制管理创新调研座谈会。副省长、省公安厅党委书记、厅长郑为文出席会议并致辞。省委政法委、省法院、省检察院、省公安厅、省司法厅、省国安厅、省编办相关负责人分别汇报政法专项编制内部挖潜和管理创新工作开展情况，并就加强政法专项编制管理创新工作提出意见建议。会后，吴知论一行先后到上饶县旭日法庭、上饶县检察院、上饶县罗桥司法所、上饶看守所、上饶指挥中心（交警支队）、信州区东市派出所、上饶市人民广场警务站等地进行实地调研，深入了解民警人员配备、业务量等情况。

（邓剑）

高校党建工作

【概　况】 2016年，省委教育工委和各高校党委认真落实中央和省委关于全面从严治党的各项决策部署，坚持把抓好党建工作作为最大的政绩，进一步强化管党治党主体责任，做到守土有责、守土负责、守土尽责，高校党建工作扎实有序推进。

坚持以"两学一做"为抓手，大力营造干事创业的良好发展氛围。有序有效推进高校"两学一做"学习教育，牢牢把握高校意识形态主导权。坚持重心下移，加强和改进高校基层党组织建设。坚持以"连心、强基、模范"三大工程为抓手，积极打造具有高校特点的党建品牌。坚持大力弘扬井冈山精神，不断加强高校宣传思想工作。按照中共中央总书记习近平视察江西时提出的"坚持弘扬井冈山精神"新要求，推动教育系统弘扬井冈山精神走在前列。坚持强化执纪问责，高校党风廉洁建设取得新成果。压紧压实高校党委主体责任，推动高校巡视问题的整改，持续加强师德师风建设，强化执纪问责。坚持社会主义办学方向，助推高等教育事业取得新进步。坚持围绕中心抓党建、抓好党建促发展，大学生创新创业教育改革硕果累累，高等教育服务社会展现新成果。

【弘扬井冈山精神加强高校思想政治工作】 2016年，为贯彻中共中央总书记习近平视察江西时提出的"坚持弘扬井冈山精神"新指示，按照省委要求，省委教育工委向全省教育系统印发《关于以"两学一做"学习教育为契机 做好"坚持弘扬井冈山精神"有关工作的通知》，推出"五个一"举措：制定一个规划文件、编写一套地方教材、编创一台史诗剧、举办一场全国教育系统理论研讨会、构建一套支持保障体系。8月19日—20日，与教育部共同举办"弘扬井冈山精神与加强高校思想政治工作"专题研讨会。探索构建高校思想政治"四个五"工作格局，在全国高校思想政治工作会议上作经验交流，教育部简报推介江西省经验。12月上旬，在井冈山大学召开"弘扬井冈山精神与当代大学生成长"研讨会，全省高校近200名师生与会，进一步探讨井冈山精神"三进"有效途径，确保弘扬井冈山精神走在全国前列。

【把握高校意识形态工作主导权】 2016年，省委教育工委认真贯彻中央59号文件，组织有关专家到10余所高校进行宣讲。成立高校宣传思想政治工作领导小组、教育信息安全领导小组。在全国率先成立"大学生思想政治教育（德育）协同创新中心"，指导大学生思想政治工作实践，完善工作机制。建立《江西省教育系统贯彻落实〈党委（党组）意识形态工作责任制实施办法〉的实施细则》《关于进一步加强新形势下教育新闻宣传工作的实施意见》《全省教育系统新闻宣传工作考评暂行规定》等一系列工作制度。统筹政务信息、教育电视、教育网络等线上线下资源，组建600余人的骨干网评员队伍，并开展专题培训。制定《高校新闻宣传考核指标和计分管理办法》，建立新闻宣传工作月例会制度。2016年高考期间，有25所高校分别组织500人的信息及网评员队伍，关注把控舆情，确保高考大局稳定。

【开展"百千万"活动】 2016年，江西高校开展"百千万"活动。"百"就是百校联百园（企），组织百所高校和工业园区对接；"千"就是千博（专家）进千企（村），选派千名博士（专家）到地方企业（村）帮扶；"万"就是万师访万家，倡导万名教师进行家访，使学校党组织在服务地方经济发展、服务群众中不断增强战斗力和凝聚力。全省高校与115个市（县、市、区）的工业园、44个村（社区）建立了对接帮扶关系，覆盖3800家企事业。高校为帮扶单位培训人员6000多人次，帮扶资金累计1500万元。

【开展"三清两强"专项行动】 2016年，省委教育工委针对高校基层党建薄弱环节，结合高校巡视整改工作，扎实开展"三清两强"专项行动，即清查失联党员、清查基层党组织换届、清查党费收缴管理、增强基层党组织战斗力、增强党员素质。截至12月31日，党员组织关系隶属省委教育工委的高校共清查失联党员61名，3200多个基层党组织进行换届，补交党费2500万元。在此基础上，各高校切实加强基层党组织建设，认真做好党员的发展和教育管理服务工作，特别是以基层党组织"五星创评"和基层组织建设创新成果奖评选为抓手，推动一批软弱涣散基层党组织晋位升级，优化一批基层党组织设置，发现一批基层党建工作品牌。

【开展选树先进典型活动】 2016年，结合庆祝建党95周年，各高校积极选树一批先进典型，大力开展"向江风益、蒋国珍同志学习"活动。在教育工委评选的"两优一先"表彰对象中，共有来自高校的60名优秀共产党员、30名优秀党务工作者、30个先进基层党组织受到表彰；有7名共产党员、2名党务工作者和3个基层党组织受到省委表彰；特别是江风益被评为全国优秀共产党员。开展"感动江西教育十大年度人物"评选，江风益和宋金如受到表彰。播发《党建好声音》101期。在第十四届全省党员教育电视片观摩交流活动中，工委选送的专题片获一、二、三等奖各1项。《江西农业大学软件学院：党建+互联网·搭建服务群众的连心平台》入围第四届全国基层党建创新典型案例。

【创新高校党建工作制度】 2016年，省委教育工委坚持把高校党的制度建设放在突出位置。省委教育工委指导各高校建立大学章程，先后制定出台《关于加强和改进全省高等学校反腐倡廉建设的意见》《江西省民办高校党委书记（督导专员）选派和管理办法》《省属高校纪委副书记提名考察实施细则》《委厅"十三五"教育人才队伍建设实施意见（2016—2020年）》《江西省教育系统贯彻落实〈党委（党组）意识形态工作责任制实施办法〉的实施细则》《关于进一步加强新形势下教育新闻宣传工作的实施意见》等规范性文件。尤其是结合高校党建工作实际，研究制定《关于进一步加强新常态下高校党的建设工作指导意见》，该意见共10条（称为"党建10条"）。配套"党建10条"，建立健全高校党委书记“党建述职”制度、委厅班子成员联系高校制度、党建工作季度例会制度、高校干部队伍建设动态分析会制度、高校干部“廉政约谈”制度等,切实从制度层面进一步加强和规范党对高校的领导。

（朱易）

党校工作

【概　况】 2016年,中共江西省委党校江西行政学院深入贯彻实施《2014—2020年发展规划》,紧紧围绕中心、服务大局,统筹做好改革发展各项工作,实现“三年强基础”的目标任务。

深入推进主业升级,教学培训水平显著提升。深化教育培训改革,进一步完善布局、提升质量,干部教育培训主渠道作用更加突出。全年举办常规主体班23期、培训学员1267人;举办各类专题培训班8期、培训学员416人;举办对外合作培训班156期、培训8000多人;干部网络学习平台注册学员36.8万余人,其中29万余人参加学习,22万余人完成全年学习任务。主业主课进一步突出。党校班次理论教育和党性教育两类课程实际授课数占到总课时的70%,党性教育课占比达26%。实现“学习贯彻习近平总书记系列重要讲话精神”在所有培训班次全覆盖,及时推进中央和省委新精神、新部署进专题、进课堂、进学员头脑;党性教育结合开展“两学一做”学习教育要求,形成以“一个开学典礼、一次入学教育、一个教学单元、一份党性锻炼计划、一次主题班会、一次党性分析”为主要内容的“六个一”党性锻炼模式。教学形式灵活多样。充分利用校内校外两个课堂,发挥教师学员两个作用,进一步探索创新教学形式,扩大研讨式、案例式、互动式、体验式、现场教学的比重,加强全省应急培训基地建设。完善异地培训模式,鼓励学员加强研讨交流,提升学习成果,多篇调研报告在《领导论坛》上发表,其中《解决我省精准扶贫中几个倾向性问题》获省委主要领导批示。教学管理有效改进。优化班次学制,完善“1+X”专题研讨班办班体系,于秋季学期增加市厅级公务员专题研讨班、乡镇长(街道办主任)专题研讨班。完善教学评估机制,探索定向评估和分类评估办法。完善教学奖励制度,增设教学新秀奖、教学形式创新奖、新专题奖,开展全国校院系统和校本级精品课系列评选活动。开展学科建设评审,加强教材建设,出版教材2部,完成教材初稿6部。红色培训品牌建设有力推进。举办红色教育培训班140期,培训学员6500余人。7月下旬,举办全国部分党校创新党性教育培训专题研讨班,来自36所省级党校和副省级城市党校及4个受邀单位的126名代表参加交流研讨和现场教学观摩,扩大江西红色教育影响。与省纪委合作,在新校区规划建设党性教育馆。此外,深化在职研究生教育教学各环节改革,有效提升培养质量。

深入推进内涵发展,科研资政和人才工作水平有效提升。创新管理考核机制,增强内涵发展活力,形成既出成果、又出人才的良好局面。科研资政成果喜人。高层次课题申报再上台阶,共获批省部级以上课题26项,同比增加9项。其中,获批国家社科基金项目3项,名列全国党校系统第十三位、中部地区省级党校第二位;获批江西省软科学研究重大招标项目1项,填补校院空白;获批江西省软科学研究一般课题2项、全国党校系统重点调研课题2项、江西省经济社会发展智库项目3项、江西省社会科学“十三五”规划项目8项、民营经济研究会课题8项。争取到研究经费110余万元,为历年最高。学术影响力进一步提升,在《光明日报》《学习时报》《理论动态》《江西日报》等重要报刊发表理论文章26篇。全年教职工发表论文290余篇,出版著作3部、编著5部。《求实》办刊质量稳步提升,转载量和转载率明显提升,被评为第五届江西省优秀期刊一等奖。《地方治理研究》开局良好。《江西党校》报编辑发行水平进一步提高。新型智库作用增强,《领导论坛》刊发的调研报告获省领导肯定性批示22篇,其中省委、省政府主要领导批示5篇。编辑出版《江西省情资料手册》、汇编出版《兴赣策论》,为省委、省政府及相关部门决策提供咨询参考。

深入推进联动发展,全省党校行政学院系统整体办学水平有力提升。积极争取省委、省政府和相关部门支持,集中开展市县党校行政学校办学情况专题调研,协助省委出台《关于加强和改进新形势下党校工作的实施意见》和省政府出台《关于加强和改进新形势下行政学院工作的实施意见》。推动办学质量评估整改工作。根据国家行政学院的督查评估整改要求,对省本级行政学院设置和领导体制、教学培训、科学研究、决策咨询、开放办学、学员管理、人才队伍建设和办学保障等8个方面的问题分别列出清单,落实整改措施,确保整改实效。加强对市县党校行政学校第一轮办学质量评估整改督查,完善新一轮办学质量评估办法和措施,完善职称评审工作。加强教学科研协作。坚持以精品课评选为抓手,组织全省党校行政学院参加全国系统精品课评选活动,该校教研人员《学习习近平总书记的经济战略思想》专题在全国行政学院首届精品课评选中被评为特色课。加强精品课建设理论研究,推进精品课专题库建设,开展精品课教师巡回宣讲,推动教学水平整体提高。设立全省党校行政学院系统哲学社会科学年度课题、省情省策课题90余项,加强设区市调研基地建设指导,对全省系统科研工作先进单位和优秀科研成果进行表彰,提高科研协作水平。

【举办首期全省市厅级党员领导干部党性教育专题研讨班】 1月8日—14日,首期全省市厅级党员领导干部党性教育暨学习贯彻“一准则两条例”专题研讨班在省委党校江西行政学院举办,通过专题学习、高层次外请报告、红军将领后代现场宣讲、结构化研讨等形式开展专题培训和研讨,46名2013年以来新提任的副厅(局)级中共党员领导干部参加培训。专题研讨班旨在深入学习中共中央总书记习近平系列重要讲话精神,推动党员干部进一步加强理想信念教育和党风廉政建设,更加自觉地以“三严三实”要求做好各项工作。

【举办全国部分党校创新党性教育培训专题研讨班】 7月19日—23日,“创新党性教育培训,让红色基因代代相传”主题创新党性教育培训专题研讨班暨2016年全国部分党校对外培训协会年会在江西省委党校举办。此次专题研讨班采取专题教学、研讨交流、现场体验相结合的形式，分3个阶段分别在南昌、井冈山和赣南进行。7月19日，该班在南昌举行开班式，省委党校常务副校长舒仁庆出席并作主旨讲话，河北省委党校常务副校长刘忠昌、陕西省委党校常务副校长蔡钊利、铁道党校常务副校长赵庆国出席。来自全国23个省级党校、10个副省级党校、3个地市级党校以及4个受邀单位的126名代表参加研讨班。省委党校副校长罗志坚主持开班式并作交流发言，北京、上海、陕西、长沙党校介绍各自加强党性教育、开展红色培训的做法和经验。

【举办党校行政学院系统专题师资培训班】 11月30日，全省党校行政学院系统学习贯彻中共十八届六中全会暨省第十四次党代会精神专题师资培训班开班。培训为期4天，开设“推进全面从严治党新征程——党的十八届六中全会精神学习辅导”“深刻领会省第十四次党代会精神”“《关于新形势下党内政治生活的若干准则》学习辅导”“《中国共产党党内监督条例》学习辅导”“《党委会的工作方法》的现实启示”等专题课程。全省各设区市、县(市、区)党校行政院校的领导和骨干教师，以及省委党校的部分教师近200人参加培训。

(高佳俊)

信访工作

【概　况】 2016年，全省信访部门认真落实中央和省委、省政府决策部署，坚持围绕中心，服务大局，坚持改革创新、法治思维，着力打造“阳光信访”“责任信访”“法治信访”，扎实推进“积案化解攻坚年”“网上信访拓展年”“基础工作提升年”活动，全力打好积案化解攻坚“春季战役”和“秋季会战”，信访工作取得新成效。

达到全年信访工作目标。省委、省政府2016年年初提出的“一个上升、一个巩固、三个下降、五个达到”的全年工作目标全面实现。“一个上升”，即网上信访占比继续上升。全省网上信访量占信访总量比例达到56.4%，同比上升16个百分点；“一个巩固”，即巩固进京非访登记排位。进京非访在2014年、2015年分别下降68.4%和65.2%的基础上，再下降40.1%，在全国排第二十位；“三个下降”，即进京越级访下降1.5%，来省访下降21%，来省非访下降59.6%；“五个达到”，即信访积案化解率达到100%、群众满意率达到98%、信访事项及时受理率达到100%、办结率达到99%、复查复核率达到100%，均进入全国前列。

完成信访稳定工作任务。全国“两会”期间，江西省进京非访同比下降66.7%；中共十八届六中全会期间，进京非访下降70.2%；“G20杭州峰会”期间，江西省信访形势良好；中央巡视组开展“回头看”期间，信访安保工作完成“一个畅通、一个维护、三个不发生”目标任务；中央环保督察组在赣期间，信访安保工作扎实有效；全国综治“南昌会议”期间，会场门前没有发生群众来访，每日做到“门前清、零滞留”。

实现信访工作创先争优。江西省信访工作在连续两年进入全国先进行列基础上，继续创先争优。省信访工作联席办被“G20杭州峰会”筹委会评为“安保突出贡献集体”，2个设区市和5个先进个人受到表扬和嘉奖；信访积案化解工作，分别在全国综治“南昌会议”和全国信访工作专题会议上，介绍经验做法；信访信息化建设、引导群众依法逐级走访工作分别在全国性会议上作典型发言；《人民日报》《光明日报》、新华网和《江西日报》等中央、省级主要新闻媒体10余次对江西省信访工作经验进行宣传报道；省信访局获人民网“网民留言办理工作10周年贡献奖”。

【重点工作扎实推进】 2016年，省信访局在2015年组织“信访怪圈破解年”“网上信访推进年”“基础工作建设年”活动基础上，全力抓好“积案化解攻坚年”“网上信访拓展年”“基础工作提升年”活动，以重点突破引领信访工作全面发展。着力推动信访积案化解攻坚。推动省委、省政府出台《关于扎实推进信访积案化解攻坚的意见》，提高积案化解的效能和水平。国家信访局交办的40件信访积案和江西省自行排查的2045件信访积案，化解办结率均为100%。全省排查化解信访积案2257件，化解率达85.7%。着力拓展网上信访的建设和运用。重点从“渠道拓展、规范拓展、应用拓展、素质拓展、宣传拓展”5个方面集中发力，将省长手机、政府信箱和省信访局网上信访渠道全部接入江西信访网上服务中心系统进行统一办理，各市、县(市、区)信访局全部开通本级网上信访渠道并联通到全省系统，升级完善“信访灵通”、信访短信平台、“江西信访”微信和手机APP等。着力提升基础工作水平。加强信访系统规范登记录入；加强信访情况统计分析；加强信访信息收集运用工作。探索建立信访事项受理甄别机制、信访事项办结退出机制和群众满意度评价机制，不断夯实解决信访问题的工作基础。

【专项行动精准发力】 2016年，省信访局全力组织打好积案化解攻坚“春季战役”和“秋季会战”，重点是对中央“三办一部”和省重点交办信访事项，以及其他重点人员和重点群体，全省集中力量、集中资源，逐案分析、逐一化解。全年督查化解重点信访事项2344个。对信访活动中违法行为，坚决依法处置，充分发挥依法治访的震慑作用，全省11个设区市建立信访维稳统一调度机制，整合信访、维稳、公安、安保等各方力量，进一步加大违法上访行为的依法取证和依法处理力度。同时，结合深入开展“两学一做”学习教育，省信访局与省委组织部联合印发《关于发挥党员作用维护信访秩序的意见》，在上访群众中引导党员、群众在信访活动中自觉做到“三个不准”“六个禁止”，促进信访秩序好转。

【改革创新持续深化】 2016年，省信访局认真贯彻省委《关于在化解信访突出问题中发挥信访监督员作用的意见(试行)》，认真落实引入社会第三方参与化解信访问题工作机制，推动化解信访突出问题1100多个。认真贯彻国家信访局信访事项简易办理办法，快速高效解决群众的合理合法诉求。认真做好访诉分离工作，畅通涉法涉诉信访的入口和出口，推进通过法定途径分类处理信访投诉请求。全省已有30个省直部门建立分类处理责任清单。健全科学考评体系，导入全国、全省“三无”县(市、区)创建等内容，特别是突出变重数字指标考核为重解决信访问题质量促进工作的考核，引导基层把精力放在及时就地解决问题上，树立正确工作导向。

（省委省政府信访局）

老干部工作

【概　况】 2016年，全省各级老干部工作部门围绕党委、政府中心工作，深入推进正能量活动，扎实开展“两项建设”，认真为老干部办实事做好事。截至12月31日，全省离退休干部总数为37.59万人，其中离休干部8790人、退休干部36.72万人。全省离退休干部党员21.38万人，离退休干部党支部5634个。

贯彻落实中办发〔2016〕3号文件。2月中下旬，全省老干部工作部门围绕《人民日报》刊登的《振奋人心温暖人心凝聚人心》和中组部负责人就《关于进一步加强和改进离退休干部工作的意见》答记者问两篇文章进行调研，召开座谈会、研讨会179个，2300余名离退休干部、710余名老干部工作人员参与研讨。省委老干部局安排人员参加座谈会、研讨会12个，收集感受和建议100余条。4月27日，组织全省150名老干部工作部门主要负责人，赴中国井冈山干部学院，听取中组部老干部局局长李炎溪解读中办发〔2016〕3号文件。

加强宣传阵地建设。做好《老友》《老干部工作专辑》的办刊、学刊、用刊工作。全年编辑出版24期，《老友》月发行量20万份。创办《每周要事》，编印20期。向全省离退休干部党支部书记、老干部工作者、分管老干部工作的领导推送“手机平台”信息102次。老友新浪微博、老友腾讯微博发布500余条。老友微信公众号每天更新4~6条资讯。老友网站全新改版提升。开通“赣鄱老干部”政务新闻今日头条号，发送稿件142篇，文章累计阅读量356万次，粉丝数量近4000人。

开展调研督导活动。2月22日至3月1日，省委老干部局组成2个调研组，赴赣州、上饶、吉安等部分地市开展正能量活动专题调研；8月底，局领导带队组成5个调研组，深入各设区市专项调研；

省领导走访看望老干部。2016年春节来临之际，省领导强卫、鹿心社、黄跃金、周泽民、朱虹、周萌、蔡晓明、毛伟明、洪礼和、姚亚平等走访看望老干部许勤、吴平、万绍芬、黄智权、舒圣佑、钟起煌、朱治宏等及已故老干部夫人共59人。3月17日，省委副书记刘奇走访许勤、吴平、黄智权、舒圣佑、钟起煌、朱治宏等正省级离退休老干部。6月30日，省委书记鹿心社走访看望许勤、吴平、万绍芬、黄智权、舒圣佑、钟起煌、朱治宏等正省级离退休老干部及已故正省级老干部夫人水静。7月8日，代省长刘奇走访看望老干部许勤、吴平、万绍芬、黄智权、舒圣佑、钟起煌、朱治宏等。

为老干部做实事办好事。省委老干部局承办省领导、中组部考察组等看望省级离退休干部14次，共116人，组织各地各单位春节、元旦、重阳节走访慰问离退休干部，会同有关单位工作人员，看望易地安置离休干部167人，发放慰问金50.1万元。分别组织部分省级离退休干部、省直单位厅级老干部参观考察；分别组织26名省级老干部及其家属、40余名全省离退休干部先进集体和先进个人代表上庐山健康休养；联合省财政厅等部门下发有关文件，将生活长期完全不能自理的离休干部护理费标准，从每月1000元提高到3000元，自雇服务人员补贴发放范围扩大到正省级干部、65岁以上的副省级和享受省级医疗待遇的离休干部；调整省属企事业单位离休干部津贴补贴标准，向1221名老干部补发1066万元；加大特困离休干部的帮扶力度，分两次向66个单位拨付125万元解困资金；向185名老红军遗孀下发生活困难补助37万元；参照居民最低生活保障标准，建立无固定收入遗属生活补贴增长机制。

【老干部工作获全国表彰】 12月23日，全国老干部工作先进集体和先进工作者表彰大会在北京召开。大会对106个全国老干部工作先进集体和306名先进个人进行表彰。江西省南昌市委老干部局、省人民检察院老干部处等2个集体被授予“全国老干部工作先进集体”称号；吉安市委老干部局副局长曾炳文被授予“全国优秀老干部工作者”称号；鹰潭市委组织部副部长、老干部局局长陈小丽，省交通运输厅离退休干部管理处办事员王丽琴，修水县老年大学校长刘佐军，景德镇市委老干部局二科科长陈政，德兴市委组织部副部长、老干部局局长祝长英5人被授予“全国先进老干部工作者”称号。

【举办离退休干部“长青藤”讲堂】 6月16日，举办2016年第一期离退休干部“长青藤”讲堂。省委党校党史党建教研部主任、教授杨会清应邀作题为“学党章党规，做合格共产党员”讲座。省直单位、中央驻赣单位的离退休干部和局系统全体党员共180余人参加。

11月17日，举办2016年第二期离退休干部“长青藤”讲堂。省委党校经济学教研部副教授黄德锋应邀作题为“党支部工作实务”的讲座。省直单位、中央驻赣单位的离退休干部110余人参加。

【开展纪念红军长征胜利80周年活动】 7月8日，省委老干部局、全国老年期刊分会在于都联合主办纪念红军长征胜利80周年“重走长征路激发正能量”主题活动启动仪式，省委老干部局局长兼省委组织部副部长肖洪波，以及中组部老干部局三处调研员、副处长李忠平，办公室副主任徐运喜，赣州市、于都县有关领导出席。

【举办全省老年书画作品展】 9月21日，省委老干部局主办、省老年书画学会承办的全省老年书画作品展在南昌画院开幕。省老年书画学会会长、省人大常委会原副主任万学文，省老年书画学会名誉会长、省政府原副省长孙刚，省老年书画学会名誉会长、省政协原副主席刘运来，省委老干部局局长兼省委组织部副部长肖洪波，省委宣传部副部长朱民安，省社联党组成员、副主任刘弋涛，省文化厅副厅长任永新等参加开幕式。此书画展以纪念中国工农红军长征胜利80周年、民主革命伟大先行者孙中山诞辰150周年和世界文化巨匠汤显祖逝世400周年为主题，各设区市和省直团体会员单位选送的书画作品353幅。

【举办纪念中国工农红军长征胜利80周年文艺会演】 10月20日，由省委老干部局主办、南昌市委老干部局承办的省市县离退休干部纪念中国工农红军长征胜利80周年文艺会演在南昌老年大学举行。省委常委、省委组织部部长赵爱明，省委老干部局局长兼省委组织部副部长肖洪波，南昌市委副书记谢一平，省委老干部局副局长王海燕等领导与300多名离退休干部一同观看演出。

（刘小秀）

党史工作

【概　况】 2016年，省委党史研究室坚持“党史姓党”，紧紧围绕“一突出”“两跟进”的党史工作要求，全面落实全国党史研究室主任会议精神，把握省委工作大局，抢抓喜迎中国共产党成立95周年和中国工农红军长征胜利80周年的有利时机，凝神聚力，加快推进党史强省建设。

党史编研有成果。完成《中国共产党江西历史》（第一卷）的修订，《中国共产党江西历史》（第二卷）的出版。其他党史编研工作也推出一批重要成果。先后出版《江西历史百年图典》《闽浙皖赣苏区史》《中国工农红军第二十二军》《朱开铨专集》《跨越时空的井冈山精神》《不忘初心 继续前进——江西省纪念红军长征胜利80周年》；完成《湘鄂赣苏区史》撰稿任务和统稿工作；《人民军队从这里走来》进入初审；完成中央党史研究室布置的《改革开放实录》第三批江西相关专题的撰写任务，上报《江西昌九工业走廊建设与发展》《江西工业园区发展历史及其经验》《江西民营经济的发展》《江西农村税费改革纪略》4个专题；完成《江西改革开放实录》（第一辑）初稿；有序推进《江西省志·党史研究志》编撰等。

党史资料征集有力度。搜集、整理、编辑《省委书记强卫江西工作纪事》（2016年1月—2016年5月）、《省委书记鹿心社江西工作纪事》（2016年7月—2016年12月），按月编审《江西党史大事记》《省委副书记刘奇江西工作纪事》（2016年2月—2016年5月）、《省委副书记姚增科江西工作纪事》（2016年10月—2016年12月）；编辑、整理省委原书记万绍芬口述史资料《心系老区建设 情牵扶贫大业——省委原书记万绍芬口述历史》；参加中央办公厅秘书局中共中央总书记习近平视察江西回访调研座谈会；采访老革命朱开铨子女和老红军潘骥家属，进行专题口述史资料收集；接收省委原第一书记杨尚奎夫人水静赠送的《特殊的交往》，省委原常委、副省长钱家铭撰写的《忆我一生》等省级老干部重要资料；

党史理论研究有收获。在报刊公开发表多篇党史理论文章。先后在《苏区研究》《井冈山大学学报》《上海党史信息报》《群文天地》《老友》《风范》《江西地方志》《当代江西》《江西日报》《党史文苑》等刊物上发表数10篇党史理论文章。多篇文章入选不同层次的学术研讨会。两篇论文入选中央党史研究室宣教局、中共贵州省委党史研究室联合在贵州黎平举办的“长征论坛——长征胜利与党的民族政策”学术研讨会，两篇论文入选“第四届湘鄂赣苏区论坛”，一篇论文入选“长征中的红军将士——纪念长征胜利八十周年学术研讨会”，一篇论文入选“北京市庆祝中国共产党成立95周年学术研讨会”，一篇论文入选“邓子恢生平思想研讨会”，一篇论文入选浙江省“纪念中国工农红军长征胜利80周年学术研讨会”。积极申报课题研究。完成省委交办的“毛泽东为什么三次将中央工作会议选在庐山召开”的课题研究任务，省级重点课题《跨越时空的井冈山精神》。

纪念活动有影响。以中国共产党成立95周年和中国工农红军长征胜利80周年为契机，组织开展系列纪念活动。举办《中国共产党江西历史》第二卷（1949—1978）首发式；与省直机关工委、省教育工委、团省委、省文明办、省委关工委等单位开展“学党史、感党恩、跟党走”活动；用一个多月时间在《江西日报》开设以“知史爱党、知史爱国”为主题的图说江西党史专栏；《党史文苑》发行纪念建党95周年增刊《不忘初心——革命熔炉中的共产党员》；承担中央党史研究室组织的《图说长征》画册江西部分的组稿工作；配合中央党史研究室拍摄纪录片《永远的长征》；在《江西日报》发表题为《矢志不渝跟党走 筑梦路上勇向前》长篇理论文章，与《江西日报》“特刊部”共同举办“重温长征故事”征文活动；《党史文苑》杂志开辟专栏，以图文并茂的方式系统介绍北上抗日先遣队，红二、六军团，红一方面军、红二方面军、红四方面军等部队的长征情况；与省委宣传部、省军区政治部联合举办江西省纪念红军长征胜利80周年主题展，两万多群众参观展览。承办“纪念萧华同志诞辰100周年座谈会”、《朱开铨专集》（江西党史资料第45辑）出版座谈会等。

党史宣传领域有拓展。《党史文苑》杂志全面调整纪实版的版式和栏目设计，增加“卷首语”“百姓说史”“红歌嘹亮”“热点聚焦”“党史诗词”“党史传奇”“红色实录”“红色文物”等大众化栏目。结合重大党史纪念活动，在“专题纪念”栏目推出系列纪念文章，在“党史传奇”栏目推出“长征巾帼录”。全年编辑、出版《党史文苑》（纪实和学术）24期，增刊1期，刊登文章500余篇，300余万字。制作完成的文化墙，已成为丰富机关精神文化生活并对外进行党史文化宣传教育的一个窗口；组织编印《江西党史工作简报》12期，《党史资政专报》12期，及时反映江西省党史工作情况，发挥了指导工作、沟通信息和窗口宣传的作用。举办第四届湘鄂赣苏区论坛，指导江西省方志敏研究会在全国多地进行“可爱的中国——共和国英雄方志敏纪念展”。

互联网+党史工作有业绩。“红米饭”微信公众号和“南瓜汤”微信订阅号，定期发布融知识性、趣味性、可读性于一体的短文，计200余篇。《红米饭》官方微信被省委宣传部评为“江西省十佳政务微信”；《军魂H5》被省委宣传部评为“江西省十佳微信作品案例”；《江西抗战记忆》系列主题报道被省委宣传部评为“江西省十佳新媒体策划案例”。对党史网站栏目进行调整，增加学会工作，开辟反对历史虚无主义、纪念长征胜利80周年、纪念建党95周年专栏；更新党史微博，全年发布各类稿件近400篇。

党史资政育人有作为。在省委、省政府举办的“纪念萧华同志诞辰100周年座谈会”上，省委党史研究室主要领导作发言；受邀到南昌市西湖区作学习中共中央总书记习近平视察江西重要讲话精神辅导报告；应邀到省委老干部局、省直工委党校、上海工程技术大学、宜春交通局、泰康人寿江西分公司、江西师范大学等单位进行党史宣讲和学术讲座；向全国政协“革命老区文化遗址保护和利用”调研组提供汇报材料；参加中央办公厅赴江西调研座谈会、第二届“高校党史教育论坛”“中共历史进程中的苏维埃革命学术研讨会”“井冈山精神研究和宣传”座谈会；参与2016年度江西爱国主义教育示范基地改陈布展相关工作。为推进党史宣讲工作转化，井冈山精神研究会与江西教育出版社签署战略合作协议；全年审读各类党史著作、纪念馆陈展大纲20余部。

【举行《中国共产党江西历史》第二卷首发式】 6月27日，《中国共产党江西历史》第二卷（1949—1978）首发式在南昌举行。省委书记强卫发贺信。省委副书记刘奇出席首发式并讲话。省委常委、省委宣传部部长陈俊卿主持首发式。中央党史研究室副主任冯俊出席首发式并肯定该书出版。《中国共产党江西历史》第二卷（1949—1978）分上、下两册，共75万字，由省委党史研究室撰写。其内容主要反映1949年6月中共江西省委成立至1978年12月中共十一届三中全会召开的29年间，江西省委团结带领全省人民进行社会主义革命和建设的历史。

【第四届湘鄂赣苏区论坛在铜鼓举行】 11月6日—8日，由江西、湖南、湖北三省省委党史研究室和宜春市委、市政府主办，铜鼓县委、县政府和宜春市史志办承办的第四届湘鄂赣苏区论坛在铜鼓县举行。来自中央党史研究室、中央文献研究室、国家发改委等部委和湖南、湖北、江西等地的专家学者、领导以及老一辈革命家后人代表等120余人出席。省委党史研究室副主任卢大有主持论坛。省人大常委会副主任谢亦森出席论坛并讲话。

（翁梯敏）

11月6日—8日，第四届湘鄂赣苏区论坛在铜鼓县举行

省委党史研究室供稿

本栏编辑　陈超萍

江西省人民代表大会常务委员会

综　述

2016年，江西省各级人民代表大会1515个，其中：省级人民代表大会1个，设区市级人民代表大会11个，县级人民代表大会100个，乡(镇)人民代表大会1403个。各级人大代表10万多人，其中全国人大代表76人，省人大代表604人。省十二届人民代表大会常务委员会组成人员实有57名，其中：主任1名，副主任6名，秘书长1名，委员49名。省十二届人民代表大会设有内务司法委员会、财政经济委员会、教育科学文化卫生委员会、农业和农村委员会、环境与资源保护委员会、法制委员会6个专门委员会；省十二届人民代表大会常务委员会下设办公厅、法制工作委员会、选举任免联络工作委员会、外事华侨民族宗教工作委员会、预算工作委员会5个工作机构。

省人大常委会认真学习贯彻中共十八大及十八届三中、四中、五中、六中全会精神，深入学习贯彻中共中央总书记习近平系列重要讲话精神，特别是对江西工作"新的希望、三个着力、四个坚持"的总体要求，全面履行宪法法律赋予的职责，各项工作取得新进展。

全力推进决战同步全面小康。助推发展改革，定期召开经济形势分析会，听取审议计划、预算报告，审查批准省级预算调整方案和地方政府债务限额，促进经济平稳健康运行；围绕打造南昌光谷、建设江西LED产业基地等开展专题调研，听取审议服务业发展工作报告，推进产业结构转型升级；首次审查批准国有资本经营决算，实现对政府全口径预决算审查监督；结合审议审计查出问题整改报告，作出进一步加强审计工作监督的决定，加大审计整改督办力度；开展深化供销合作社综合改革专题调研，制定税收保障条例，修改实施煤炭法办法、文物保护条例、水资源条例，推动有关改革政策落实。聚焦脱贫攻坚，深入调研农村精准扶贫情况，听取审议扶贫开发情况报告，推进脱贫攻坚措施落实；助推旅游强省建设，推动乡村旅游扶贫；就涉及专项资金整合开展问卷调查，听取审议专项报告，进一步提高涉农资金使用效率。力促民生改善，首次启动特定问题调查，就食品小作坊小餐饮小食杂店小摊贩食品安全问题开展调查；围绕反映强烈的城市管理问题，与南昌市人大联合开展专题询问；及时修改人口与计划生育条例，针对军人军属和老年人权益保障制定地方性法规，对工会法实施办法、职业教育法实施情况进行检查，多领域保障民生改善。

助力打造美丽中国"江西样板"。依法呵护蓝天白云，顺应人民蓝天下自由呼吸的迫切愿望，制定大气污染防治条例；开展机动车排气污染防治条例执法检查，在媒体公布举报电话，以公众监督推动人大监督。从严守护一湖清水，重点关注江西省水库水环境整治情况，扎实开展专题调研，听取审议专项报告，督促完善执法协作机制，加大专项整治力度；就长江江西段和柘林湖水资源保护情况，结合听取审议专项报告，进行专项工作评议和满意度测评。就"河长制"和清河行动落实情况、生活垃圾分类处理等开展专题调研，督促各级各部门探索长效化管理机制；主动跟进新余市水源镉污染事件动态；制定采砂管理条例，保护河道生态环境。持续关注农村生态，开展环保赣江行，聚焦农业面源污染防治进行检查采访，对发现的重点环境污染问题开展"回头看"；制定全国首部传统村落保护省级地方性法规，打造美丽乡村建设升级版；出台武夷山国家级自然保护区条例，对生态资源合理利用作出规范。

着力推进民主法治建设。认真贯彻落实中央和省委关于换届选举工作总体部署，深刻汲取辽宁拉票贿选案教训，进一步严肃换届纪律，确保风清气正；适时修改相关法规，依法决定换届选举有关重大事项，会同省委有关部门召开工作会议，保障换届选举有序开展；以换届选举为契机，对贯彻落实省委《关于加强市县乡人大建设若干实施意见》情况开展问卷调查和专项督查，进一步夯实基层人大基础。推进法治江西建设深入实施，修订立法条例，打牢人大立法的法制根基；确定萍乡、新余、鹰潭3市开始制定地方性法规时间，实现设区市行使地方立法权全覆盖；听取审议省法院、省检察院关于推进司法公开情况报告，推动司法机关以公开促公正。结合督办"加强青少年禁毒工作"代表建议，开展禁毒戒毒工作专题调研，推动省政府启动禁毒条例立法；全面总结"六五"普法工作，作出第七个五年法治宣传教育决议，推动全体公民自觉尊法学法守法用法。

重要会议

【省十二届人大五次会议】　1月25日—29日在南昌举行。大会听取和审议省人民政府省长鹿心社作的政府工作报告、省人大常委会副主任洪礼和作的省人大常委会工作报告、省高级人民法院院长张忠厚作的省高级人民法院工作报告、省人民检察院检察长刘铁流作的省人民检察院工作报告,审查和批准关于江西省国民经济和社会发展第十三个五年规划纲要(草案)、关于江西省2015年国民经济和社会发展计划执行情况与2016年国民经济和社会发展计划草案的报告、关于江西省2015年全省和省级预算执行情况和2016年全省和省级预算草案的报告,受省人民政府委托省发展和改革委员会主任吴晓军作江西省生态文明先行示范区和生态环境状况的报告,通过关于上述8项报告(纲要)的决议,批准江西省2016年国民经济和社会发展计划、江西省2016年省级预算。大会决定接受张忠厚辞去江西省高级人民法院院长职务;补选葛晓燕为江西省高级人民法院院长;补选王建农、王晓春、甘筱青、刘小华、李友鸿、李春燕、沈建华、张玉印、龚绍林、傅小健、雷晓燕、谭文英为江西省人民代表大会常务委员会委员;通过江西省人民代表大会有关专门委员会主任委员、副主任委员名单。省十二届人民代表大会内务司法委员会、财政经济委员会、教育科学文化卫生委员会、农业和农村委员会、环境与资源保护委员会、法制委员会分别向会议提交工作报告(书面)。

大会收到代表建议、批评和意见602件。闭会后,由省人大常委会选举任免联络工作委员会交由有关国家机关、组织办理,并答复代表。

【省十二届人大六次会议】　9月28日在南昌举行。大会听取省委常委、省委组织部部长赵爱明作关于提名省人民政府省长候选人情况的说明;补选刘奇为江西省人民政府省长;新当选的省人民政府省长刘奇向宪法宣誓并作讲话。省委书记、省人大常委会党组书记鹿心社在闭幕会上作讲话。

【省十二届人大常委会会议】　2016年,举行常委会会议9次,即省十二届人大常委会第二十二次会议至第三十次会议。

省十二届人大常委会第二十二次会议于1月19日—20日在南昌举行。会议审议通过《江西省人民代表大会常务委员会关于修改〈江西省人口与计划生育条例〉的决定》;审议江西省人大常委会工作报告(讨论稿),决定提请省十二届人大五次会议审议;审议省十二届人大五次会议议程(草案)、省十二届人大五次会议主席团和秘书长名单(草案),决定提请省十二届人大五次会议预备会议审议;审议通过省十二届人大五次会议列席人员范围;听取和审议省十二届人大常委会代表资格审查委员会关于代表资格的审查报告,省人大常委会关于省十二届人大四次会议期间代表审议省人大常委会工作报告意见建议办理情况的报告,省人大常委会选举任免联络工作委员会关于省十二届人大四次会议代表提出的建议、批评和意见办理情况的报告,分别审议省人民政府、省高级人民法院、省人民检察院关于省十二届人大四次会议代表建议、批评和意见办理情况的报告(书面);听取和审议省人民政府关于2014年度省级预算执行和其他财政收支审计查出问题整改情况的报告;选举毛伟明、郭安为第十二届全国人民代表大会代表,其代表资格须经全国人大常委会代表资格审查委员会审查后,由全国人大常委会确认并公布;决定接受汪毓华辞去江西省第十二届人民代表大会常务委员会委员、江西省第十二届人民代表大会环境与资源保护委员会主任委员职务的请求,接受陈东有、涂勤华、梁彩云、樊耀、戴勇辞去江西省第十二届人民代表大会常务委员会委员职务的请求,并报省十二届人大五次会议备案;决定任命巫欣春为江西省人民代表大会常务委员会办公厅副主任,梁力为江西省人民代表大会常务委员会预算工作委员会副主任;免去陈东有的江西省人民代表大会内务司法委员会副主任委员职务,涂勤华的江西省人民代表大会财政经济委员会副主任委员职务,梁彩云、樊耀的江西省人民代表大会农业和农村委员会副主任委员职务;通过其他人事任免事项。

省十二届人大常委会第二十三次会议于2月23日在南昌举行。会议决定接受刘水生辞去第十二届全国人民代表大会代表职务;决定任命刘金接为江西省民政厅厅长,池红为江西省文化厅厅长;决定免去徐毅的江西省民政厅厅长职务,郜海镭的江西省文化厅厅长职务。

省十二届人大常委会第二十四次会议于3月31日至4月1日在南昌举行。会议审议通过《江西武夷山国家级自然保护区条例》《江西省人民代表大会常务委员会关于修改〈江西省实施《中华人民共和国煤炭法》办法〉等5件地方性法规的决定》《江西省人民代表大会常务委员会关于确定萍乡、新余、鹰潭市人民代表大会及其常务委员会开始制定地方性法规的时间的决定》;修订通过《江西省水资源条例》;审议《江西省立法条例修正案(草案)》、南昌市人大常委会报请批准的《南昌市电动自行车管理条例》;听取和审议省十二届人大常委会代表资格审查委员会关于代表资格的审查报告;审议通过《江西省人民代表大会常务委员会关于各设区的市人民代表大会常务委员会组成人员名额的决定》《江西省人民代表大会常务委员会关于县、不设区的市、市辖区人民代表大会常务委员会组成人员名额的决定》;决定免去刘小华的江西省人民代表大会常务委员会副秘书长职务、傅小健的江西省人民代表大会常务委员会外事华侨民族宗教工作委员会主任职务;决定任命辜华荣为江西省审计厅厅长,决定免去王殿军的江西省审计厅厅长职务;通过其他人事任免事项。

省十二届人大常委会第二十五次会议于6月7日—8日在南昌举行。会议审议通过《江西省人民代表大会常务委员会关于修改〈江西省立法条例〉的决定》,南昌市人大常委会报请批准的《南昌市电动自行车管理条例》《南昌市低碳发展促进条例》《南昌市人民代表大会常务委员会关于废止〈南昌市城市房屋拆迁管理办法〉的决定》《南昌市人民代表大会常务委员会关于废止〈南昌市劳动力市场管理条例〉的决定》;审议通过《江西省人民代表大会常务委员会关于九江市濂溪区、庐山市人民代表大会代表名额和常务委员会组成人员名额的决定》《江西省人民代表大会常务委员会关于成立食品生产加工小作坊和食品摊贩问题调查委员会的决定》;审查批准《2016年省级一般公共预算和政府性基金预算调整方案以及2016年地方政府债务限额》;听取和审议省十二届人大常委会代表资格审查委员会关于代表资格的审查报告;听取和审议省人民政府《关于我省服务业发展情况的报告》;听取和审议《关于我省"六五"普法规划实施情况和"七五"法治宣传教育安排意见的报告》,审议通过《江西省人民代表大会常务委员会关于开展第七个五年法治宣传教育的决议》;决定接受王可忠、陈春明辞去江西省第十二届人民代表大会常务委员会委员职务的请求,并报省十二届人大六次会议备案;决定任命王曼萍为江西省人民代表大会常务委员会副秘书长,聂道宏为江西省人民代表大会常务委员会外事华侨民族宗教工作委员会主任,杨润华为江西省人民代表大会常务委员会法制工作委员会副主任,决定免去李金秋的江西省人民代表大会常务委员会办公厅副主任职务;任命杨泽民为江西省人民代表大会环境与资源保护委员会副主任委员,免去王可忠的江西省人民代表大会内务司法委员会副主任委员职务、王曼萍的江西省人民代表大会财政经济委员会副主任委员职务、聂道宏的江西省人民代表大会教育科学文化卫生委员会副主任委员职务、陈春明的江西省人民代表大会法制委员会副主任委员职务;通过其他人事免职事项。

省十二届人大常委会第二十六次会议于7月8日在南昌举行。会议决定接受鹿心社辞去江西省人民政府省长职务的请求,并报省十二届人大六次会议备案;决定任命刘奇为江西省人民政府副省长;决定刘奇代理江西省人民政府省长职务;决定省十二届人大六次会议于2016年8月8日在南昌召开。

省十二届人大常委会第二十七次会议于7月26日—28日在南昌举行。会议审议通过《江西省税收保障条例》、景德镇市人大常委会报请批准的《景德镇市立法条例》;审议《江西省实施〈中华人民共和国老年人权益保障法〉办法(修订草案)》《江西省传统村落保护条例(草案)》《江西省河道采砂管理条例(草案)》;决定原定2016年8月8日召开的省十二届人大六次会议推迟召开,具体时间另行决定;听取和审议省十二届人大常委会代表资格审查委员会关于代表资格的审查报告,省人大常委会执法检查组《关于检查〈江西省实施《中华人民共和国工会法》办法〉实施情况的报告》《关于检查〈中华人民共和国职业教育法〉实施情况的报告》《关于检查〈江西省机动车排气污染防治条例〉实施情况的报告》;听取和审议省人民政府《关于2016年上半年国民经济和社会发展计划执行情况的报告》《关于2015年度省级预算执行和其他财政收支的审计工作报告》《关于我省新农村建设情况的报告》《关于全省侨务工作情况的报告》;听取和审议省人民政府《关于2015年省级决算和2016年上半年预算执行情况的报告》,通过《江西省人民代表大会常务委员会关于批准2015年省级决算的决议》;通过有关人事任免事项。

省十二届人大常委会第二十八次会议于9月20日—22日在南昌举行。会议审议通过《江西省传统村落保护条例》《江西省河道采砂管理条例》,南昌市人大常委会报请批准修订的《南昌市燃气管理条例》;修订通过《江西省实施〈中华人民共和国老年人权益保障法〉办法》;审议《江西省军人军属权益保障条例(草案)》《江西省大气污染防治保护条例(草案)》《江西省食品生产加工小作坊小餐饮和食品摊贩监督管理条例(草案)》;听取和审议省十二届人大常委会代表资格审查委员会关于代表资格的审查报告,省人民政府《关于我省涉农专项资金整合情况的报告》《关于我省水库水环境整治工作情况的报告》《关于我省扶贫开发工作情况的报告》;听取和审议省人民政府《关于我省城市管理情况的报告》,并以联组会议的形式,就该项工作开展专题询问;听取和审议省人大常委会特定调查委员会《关于食品生产加工小作坊和食品摊贩特定问题的调查报告》,通过《江西省人民代表大会常务委员会关于加强食品生产加工小作坊小餐饮小食杂店和食品摊贩监管工作的决议》;决定省十二届人大六次会议于2016年9月28日在南昌召开;审议省十二届人大六次会议议程(草案)、省十二届人大六次会议主席团和秘书长名单(草案),决定提请省十二届人大六次会议预备会议审议;决定接受谢秀琦辞去江西省第十二届人民代表大会常务委员会委员职务的请求,并报省十二届人大六次会议备案;免去谢秀琦的江西省人民代表大会教育科学文化卫生委员会副主任委员职务;通过其他人事任免事项;许可对省十二届人大代表黄德明采取强制措施。

省十二届人大常委会第二十九次会议于11月29日至12月1日在南昌举行。会议审议通过《江西省军人军属权益保障条例》《江西省大气污染防治条例》《江西省食品小作坊小餐饮小食杂店小摊贩管理条例》,南昌市人大常委会报请批准的《南昌市禁止燃放烟花爆竹规定》,九江市人大常委会报请批准的《九江市城区烟花爆竹燃放管理条例》;审议《江西省交通建设工程质量安全监督管理条例(草案)》《江西省农业生态环境保护条例(草案)》;决定省十二届人大七次会议于2017年1月16日在南昌召开;听取和审议省人大常委会执法检查组关于检查《中华人民共和国文物保护法》实施情况的报告,省人民代表大会环境和资源保护委员会《关于开展2016年环保赣江行活动情况的报告》,省人民代表大会常务委员会外事侨务民族宗教委员会《关于开展2016年助推旅游强省建设系列活动情况的报告》;听取和审议省人民政府《关于2015年度省级预算执行和其他财政收支审计查出问题整改情况的报告》,审议通过《江西省人民代表大会常务委员会关于进一步加强审计工作监督的决定》;听取和审议省人民政府《关于长江江西段和柘林湖水资源保护情况的报告》,并以联组会议的形式,就该项工作开展工作评议;听取和审议省高级人民法院《关于全省法院推进司法公开工作情况的报告》,省人民检察院《关于推进司法公开工作情况的报告》;决定接受刘昌林辞去江西省人民政府副省长职务的请求，谭晓林辞去江西省第十二届人民代表大会常务委员会委员、江西省第十二届人民代表大会教育科学文化卫生委员会主任委员职务的请求，陈毓平辞去江西省第十二届人民代表大会常务委员会委员、江西省第十二届人民代表大会农业和农村委员会主任委员职务的请求，王海、谭文英辞去江西省第十二届人民代表大会常务委员会委员职务的请求，并报省十二届人大七次会议备案；任命郭玉元为江西省人民代表大会常务委员会办公厅副主任，免去谭文英的江西省人民代表大会财政经济委员会副主任委员职务，王海的江西省人民代表大会教育科学文化卫生委员会副主任委员职务，陈洪生的江西省人民代表大会常务委员会办公厅副主任职务；决定免去胡世忠的江西省工业和信息化委员会主任职务；通过其他人事任免事项。

省十二届人大常委会第三十次会议于12月15日在南昌举行。会议决定任命李利为江西省人民政府副省长；审议江西省人大常委会2017年立法计划（草稿）、江西省人大常委会2017年监督工作计划（草稿）。

监督工作

【概　况】 2016年，省人大常委会听取和审议“一府两院”专项工作报告11项，包括：省人民政府关于江西省“六五”普法规划实施情况和“七五”普法工作安排情况的报告、关于江西省服务业发展情况的报告、关于江西省新农村建设工作情况的报告、关于全省侨务工作情况的报告、关于江西省城市管理情况的报告、关于江西省扶贫开发工作情况的报告、关于江西省水库退养工作情况的报告、关于涉农专项资金整合情况的报告、关于长江江西段和柘林湖水资源保护情况的报告；省高级人民法院关于全省法院推进司法公开工作情况的报告，省人民检察院关于推进司法公开工作情况的报告。

审查和批准决算，听取和审议计划、预算执行情况和审计工作等报告。省人大常委会听取和审议省人民政府关于2016年上半年国民经济和社会发展计划执行情况的报告、关于2015年省级决算和2016年上半年预算执行情况的报告、关于2015年度省级预算执行和其他财政收支的审计工作报告、关于2015年度省级预算执行和其他财政收支审计查出问题整改情况的报告，审查批准2016年省级一般公共预算和政府性基金预算调整方案以及2016年地方政府债务限额，批准江西省2015年省级决算。对省国资委、交通运输厅2015年部门决算草案进行重点审查。

开展法律法规实施情况检查。省人大常委会检查《江西省实施〈中华人民共和国工会法〉办法》《中华人民共和国职业教育法》《江西省机动车排气污染防治条例》《中华人民共和国文物保护法》实施情况。配合全国人大常委会检查《中华人民共和国道路交通安全法》《中华人民共和国安全生产法》《中华人民共和国环境保护法》《中华人民共和国水法》等实施情况。

开展经常性监督项目检查。连续且不间断地第22年开展“环保赣江行”，聚焦农业面源污染防治，围绕农村生活垃圾处理、农药化肥减量施用、畜禽养殖污染防治等焦点难点问题开展检查采访，对发现的重点环境污染问题开展“回头看”，推动宜春对秀江等7流域畜禽养殖污染进行全面整治，第一批排查的538家养殖场已全部退养，督促吉安、抚州、上饶等地加大畜禽养殖污染整改力度。持续开展助推旅游强省建设系列活动，以“乡村旅游与旅游扶贫”为主题，以“互联网＋旅游监督”为基本模式，省市县人大联动，推动建立乡村旅游扶贫工作数据库，将204个村纳入国家旅游扶贫重点工作村，支持52个贫困村完善旅游基础设施；赴省内外开展旅游扶贫调研，提出的6条建议，相关部门认真研究落实。依法做好规范性文件备案审查工作，印发关于规范性文件备案审查程序的规定，进一步明确向省人大常委会报送规范性文件的具体要求，规范省人大各专工委备案审查职责以及工作程序。全年收到报备规范性文件311件，比2015年增长66.7%，报备及时率达97.8%，规范率达100%。对审查中存有疑问的规范性文件以及公民、法人和其他组织通过信访等渠道反映存在问题的规范性文件，主动向制定机关了解文件制定的背景、意图和法律、政策依据，有针对性地提出意见建议，督促其自行研究处理。做好省政府规章草案征求意见工作，针对《江西省流动人口服务和管理办法》等4件规章及有关修改决定草案与上位法不一致，以及减损公民、法人和其他组织权利或者增加其义务等问题，通过书面或口头方式及时反馈。督促市县区人大常委会设立或明确备案审查工作机构，通过多种方式指导市、县人大常委会依法有序开展备案审查工作。

【开展专题监督】 2016年，省人大常委会围绕反映强烈的城市管理问题，开展重点调研。结合听取和审议专项工作报告，与南昌市人大常委会联合开展专题询问，进行现场直播，开通热线电话，实现场内场外互动，专题询问得到省内外媒体和群众普遍关注，20余家新闻网络媒体刊登或转载。首次启动特定问题调查，依法成立高规格的特定问题调查委员会，就食品小作坊、小餐饮、小食杂店、小摊贩食品安全问题开展拉网式调查，触角遍及城乡市场，实际入户3万余人次，面对面听取意见近1500人次，抽检采样近300批次。同时把监督与立法与重大事项决定有机结合，就加强“四小”监管制定法规、作出决议，全方位保障群众“舌尖上的安全”。开展长江江西段和柘林湖水资源保护情况专项监督活动，以工业污染、农业面源污染、生活污水垃圾污染以及沿江沿湖排污口许可管理等为重点开展调研，委托团省委组织大学生开展专项社会调查，掌握第一手资料；在此基础上，结合听取审议专项报告，开展专项工作评议和满意度测评，并就优化沿江产业结构、落实环境保护责任、防治农业面源污染提出意见建议。

决定重大事项

【关于确定萍乡、新余、鹰潭市人民代表大会及其常务委员会开始制定地方性法规的时间的决定】 省十二届人大常委会第二十四次会议决定,萍乡、新余、鹰潭市人民代表大会及其常务委员会自决定公布之日起,可以开始制定地方性法规。

【关于各设区的市人民代表大会常务委员会组成人员名额的决定】 省十二届人大常委会第二十四次会议确定各设区的市新一届人民代表大会常务委员会组成人员名额:赣州市51人,南昌市、九江市、吉安市、宜春市、抚州市、上饶市41人,景德镇市、萍乡市、新余市、鹰潭市39人。

【关于县、不设区的市、市辖区人民代表大会常务委员会组成人员名额的决定】 省十二届人大常委会第二十四次会议确定省内的县、不设区的市、市辖区新一届人民代表大会常务委员会组成人员名额:南昌县、于都县、宜春市袁州区、丰城市、抚州市临川区、余干县、鄱阳县41人;南昌市东湖区、青山湖区、新建区,进贤县、乐平市、修水县、都昌县、新余市渝水区、贵溪市,赣州市章贡区、南康区,赣县、信丰县、宁都县、兴国县、瑞金市、遂川县、樟树市、高安市、上饶市广丰区、上饶县、玉山县31人;南昌市西湖区、青云谱区、湾里区,安义县,景德镇市昌江区、珠山区,浮梁县,萍乡市安源区、湘东区,莲花县、上栗县、芦溪县,九江市庐山区、浔阳区,瑞昌市、共青城市、九江县、武宁县、永修县、德安县、星子县、湖口县、彭泽县、分宜县、鹰潭市月湖区、余江县、大余县、上犹县、崇义县、安远县、龙南县、定南县、全南县、会昌县、寻乌县、石城县,吉安市吉州区、青原区,井冈山市、吉安县、吉水县、峡江县、新干县、永丰县、泰和县、万安县、安福县、永新县、奉新县、万载县、上高县、宜丰县、靖安县、铜鼓县、南城县、黎川县、南丰县、崇仁县、乐安县、宜黄县、金溪县、资溪县、东乡县、广昌县、上饶市信州区、德兴市、铅山县、横峰县、弋阳县、万年县、婺源县29人。

【关于九江市濂溪区、庐山市人民代表大会代表名额和常务委员会组成人员名额的决定】 省十二届人大常委会第二十五次会议确定九江市濂溪区人民代表大会代表名额为188名,常务委员会组成人员名额为29人;庐山市人民代表大会代表名额为183名,常务委员会组成人员名额为29人。

【关于成立食品生产加工小作坊和食品摊贩问题调查委员会的决定】 为了调查了解江西省食品生产加工小作坊和食品摊贩中的有关问题,省十二届人大常委会第二十五次会议作出关于成立食品生产加工小作坊和食品摊贩问题调查委员会的决定。调查委员会依法对全省食品生产加工小作坊和食品摊贩等问题进行调查,查找问题原因,提出保障食品安全、理顺体制机制、规范管理、促进就业等对策建议,并为相关法规出台提供参考依据,于9月下旬向省人大常委会报告调查情况。同时明确调查委员会人员组成。

【关于开展第七个五年法治宣传教育的决议】 省十二届人大常委会第二十五次会议在听取和审议省人民政府关于江西省"六五"普法规划实施情况和"七五"法治宣传教育安排意见报告的基础上,作出关于开展第七个五年法治宣传教育的决议。决议指出,从2016年至2020年在全省公民中开展第七个五年法治宣传教育,十分必要。

【关于召开江西省第十二届人民代表大会第六次会议的决定】 省十二届人民代表大会常务委员会第二十六次会议决定,省十二届人民代表大会第六次会议于2016年8月8日召开。建议会议的议程是:补选江西省第十二届人民代表大会常务委员会主任;补选江西省人民政府省长。

【关于加强食品生产加工小作坊小餐饮小食杂店和食品摊贩监管工作的决议】 省十二届人大常委会第二十八次会议在听取和审议省人大常委会特定调查委员会关于食品生产加工小作坊和食品摊贩特定问题调查报告的基础上,作出关于加强食品生产加工小作坊小餐饮小食杂店和食品摊贩监管工作的决议。决议要求,进一步完善体制机制、进一步健全制度体系、进一步落实食品安全责任、进一步提升监管能力、进一步创新监管方式、进一步加强宣传教育和培训,并要求省政府认真执行决议,于2017年5月前向省人大常委会报告执行决议的情况。省人大常委会对食品安全工作进行跟踪监督,加强对决议落实情况的监督检查。

【关于召开江西省第十二届人民代表大会第六次会议时间的决定】 省十二届人大常委会第二十八次会议决定,江西省第十二届人民代表大会第六次会议于2016年9月28日在南昌召开,并建议会议议程为补选江西省人民政府省长。

【关于召开江西省第十二届人民代表大会第七次会议的决定】 省十二届人大常委会第二十九次会议决定,江西省第十二届人民代表大会第七次会议于2017年1月16日在南昌召开,并提出会议议程建议。

选举和任免

【概　况】 2016年,省人大常委会把党管干部与人大依法任免相结合,严格程序,依法做好选举、任免工作。

省十二届人大五次会议,决定接受张忠厚辞去江西省高级人民法院院长职务的请求;补选葛晓燕为江西省高级人民法院院长;补选王建农、王晓春、甘筱青、刘小华、李友鸿、李春燕、沈建华、张玉印、龚绍林、傅小健、雷晓燕、谭文英为江西省人民代表大会常务委员会委员;通过王建农为江西省人民代表大会财政经济委员会副主任委员,谭晓林为江西省人民代表大会教育科学文化卫生委员会主任委员,沈建华、傅小健为江西省人民代表大会教育科学文化卫生委员会副主任委员,陈永华、王晓春、李友鸿为江西省人民代表大会农业和农村委员会副主任委员,陈尚云为江西省人民代表大会环境与资源保护委员会主任委员,李春燕、甘筱青、雷晓燕为江西省人民代表大会环境与资源保护委员会副主任委员,刘小华为江西省人民代表大会法制委员会主任委员,张玉印为江西省人民代表大会法制委员会副主任委员。

省十二届人大六次会议,补选刘奇为江西省人民政府省长。省十二届人大常委会第二十二次会议，决定接受汪毓华辞去江西省第十二届人民代表大会常务委员会委员、江西省第十二届人民代表大会环境与资源保护委员会主任委员职务的请求，接受陈东有、涂勤华、梁彩云、樊耀、戴勇辞去江西省第十二届人民代表大会常务委员会委员职务的请求，并报省十二届人大五次会议备案；决定任命巫欣春为江西省人民代表大会常务委员会办公厅副主任、梁力为江西省人民代表大会常务委员会预算工作委员会副主任；免去陈东有的江西省人民代表大会内务司法委员会副主任委员职务，涂勤华的江西省人民代表大会财政经济委员会副主任委员职务，梁彩云、樊耀的江西省人民代表大会农业和农村委员会副主任委员职务；任命徐胜平为江西省人民检察院副检察长、检察委员会委员、检察员；批准免去徐胜平的南昌市人民检察院检察长职务，刘炽的新余市人民检察院检察长职务，罗庆华的鹰潭市人民检察院检察长职务；免去陈大兴的江西省高级人民法院审判员职务；任命丁高保为江西省人民检察院检察委员会委员、检察员，罗庆华为江西省人民检察院南昌铁路运输分院检察长；免去丁高保的江西省人民检察院南昌铁路运输分院检察长职务。

省十二届人大常委会第二十三次会议，决定接受刘水生辞去第十二届全国人民代表大会代表职务；决定任命刘金接为江西省民政厅厅长、池红为江西省文化厅厅长；决定免去徐毅的江西省民政厅厅长职务，郜海镭的江西省文化厅厅长职务。

省十二届人大常委会第二十四次会议，通过龚绍林为第十二届人民代表大会常务委员会代表资格审查委员会副主任委员，刘小华、陈尚云、谭晓林为委员；决定免去刘小华的江西省人民代表大会常务委员会副秘书长职务，傅小健的江西省人民代表大会常务委员会外事华侨民族宗教工作委员会主任职务；决定任命辜华荣为江西省审计厅厅长；决定免去王殿军的江西省审计厅厅长职务；批准任命刘炽为南昌市人民检察院检察长，施兆荣为新余市人民检察院检察长，李莉安为鹰潭市人民检察院检察长；免去唐卫华的江西省高级人民法院审判员职务；任命汪德庆、廖峰、颜萍、周志彬、徐琳、黄建平、张寿林、朱瑞群、杨然、赵福顺、曹国定、艾小元、饶洪义、廖莉红、张文玲为江西省人民检察院检察员，胡贤清为江西省南昌长埈地区人民检察院检察委员会委员，廖少林为江西省南昌长埈地区人民检察院检察员，李鹰为江西省宜春新华地区人民检察院检察长，邬广众为江西省宜春新华地区人民检察院检察员；免去任共华的江西省宜春新华地区人民检察院检察长职务、游月河的江西省上饶珠湖地区人民检察院检察委员会委员职务。

省十二届人大常委会第二十五次会议，决定接受王可忠、陈春明辞去江西省第十二届人民代表大会常务委员会委员职务的请求，并报省十二届人大六次会议备案；决定任命王曼萍为江西省人民代表大会常务委员会副秘书长，聂道宏为江西省人民代表大会常务委员会外事华侨民族宗教工作委员会主任，杨润华为江西省人民代表大会常务委员会法制工作委员会副主任；决定免去李金秋的江西省人民代表大会常务委员会办公厅副主任职务；任命杨泽民为江西省人民代表大会环境与资源保护委员会副主任委员；免去王可忠的江西省人民代表大会内务司法委员会副主任委员职务，王曼萍的江西省人民代表大会财政经济委员会副主任委员职务，聂道宏的江西省人民代表大会教育科学文化卫生委员会副主任委员职务，陈春明的江西省人民代表大会法制委员会副主任委员职务，方晓春的江西省高级人民法院副院长、审判委员会委员、审判员职务，王长河的江西省高级人民法院刑事审判第一庭副庭长、审判员职务，丁高保的江西省人民检察院检察委员会委员、检察员职务，许潮、张武川的江西省人民检察院检察员职务。

省第十二届人大常委会第二十六次会议，决定接受鹿心社辞去江西省人民政府省长职务的请求，并报省十二届人大六次会议备案；决定任命刘奇为江西省人民政府副省长；决定刘奇代理江西省人民政府省长职务。

省十二届人大常委会第二十七次会议，免去万伍金的南昌铁路运输法院审判员职务，刘敏的江西省南昌长埈地区人民检察院检察长职务；任命黄永茂为江西省人民检察院检察委员会委员、检察员，郭云水为江西省南昌长埈地区人民检察院检察长。

省十二届人大常委会第二十八次会议，决定接受谢秀琦辞去江西省第十二届人民代表大会常务委员会委员职务的请求，并报省十二届人大六次会议备案；免去谢秀琦的江西省人民代表大会教育科学文化卫生委员会副主任委员职务，邓结文的江西省高级人民法院审判员职务，徐惠敏的江西省人民检察院南昌铁路运输分院副检察长、检察委员会委员、检察员职务，万兰庭、汪晨的南昌铁路运输检察院检察员职务；任命万兰庭、汪晨为江西省人民检察院南昌铁路运输分院检察员。

省十二届人大常委会第二十九次会议，决定接受刘昌林辞去江西省人民政府副省长职务的请求，接受谭晓林辞去江西省第十二届人民代表大会常务委员会委员、江西省第十二届人民代表大会教育科学文化卫生委员会主任委员职务的请求，接受陈毓平辞去江西省第十二届人民代表大会常务委员会委员、江西省第十二届人民代表大会农业和农村委员会主任委员职务的请求，接受王海、谭文英辞去江西省第十二届人民代表大会常务委员会委员职务的请求，并报江西省第十二届人民代表大会第七次会议备案；免去谭文英的江西省人民代表大会财政经济委员会副主任委员职务，王海的江西省人民代表大会教育科学文化卫生委员会副主任委员职务；决定任命郭玉元为江西省人民代表大会常务委员会办公厅副主任；决定免去陈洪生的江西省人民代表大会常务委员会办公厅副主任职务，胡世忠的江西省工业和信息化委员会主任职务；任命柯军为江西省高级人民法院副院长、审判委员会委员、审判员；批准任命刘炽为南昌市人民检察院检察长，熊少健为九江市人民检察院检察长，刘鸿斌为景德镇市人民检察院检察长，燕晓华为萍乡市人民检察院检察长，施兆荣为新余市人民检察院检察长，李莉安为鹰潭市人民检察院检察长，江阶虎为赣州市人民检察院检察长，熊金文为宜春市人民检察院检察长，黄严宏为上饶市人民检察院检察长，朱德才为吉安市人民检察院检察长，宋智勇为抚州市人民检察院检察长；任命黄建文、杜玉东、胡俊涛、胡嘉金为江西省高级人民法院审判委员会委员，胡火箭、谢健为江西省人民检察院检察委员会委员、检察员；免去邹宇平的江西省高级人民法院审判员职务，江阶虎、刘鸿斌的江西省人民检察院检察委员会委员、检察员职务，燕晓华、吴一敏、王忠华、时润的江西省人民检察院检察员职务。省十二届人大常委会第三十次会议，决定任命李利为江西省人民政府副省长。

【依法组织宪法宣誓】 省十二届人大常委会第二十一次会议通过《江西省实施宪法宣誓制度办法》，并于2016年1月1日起施行。1月19日—20日，省十二届人大常委会第二十二次会议首次组织被任命人员宪法宣誓。全年组织25名由省人民代表大会选举和省人大常委会任命的国家工作人员进行宪法宣誓。同时，加强对各设区市、县（市、区）有关单位宪法宣誓指导，确保宪法宣誓制度在江西得到全面、规范和有效实施。

【指导县乡人大换届选举】 江西省县乡人大换届选举工作从4月初开始至10月底结束，省人大常委会坚持党的领导、人民当家做主、依法治国有机统一，精心安排、周密组织，充分发挥职能作用，保证全省市县乡人大换届选举各项工作依法进行。全省100个县（市、区）和1403个乡镇先后依法选举产生新一届县乡人大代表，分别召开新一届县乡人民代表大会第一次会议，选举产生新一届县乡国家机关领导人员，完成县乡人大换届选举任务，市县乡人大建设得到进一步完善。

代表结构得到优化。全省选出县级人大代表2.02万人、乡级人大代表8.20万人，其中来自基层一线的工人、农民、专业技术人员代表分别占43.48%和75.45%，妇女代表分别占25.53%和26.56%，县级和乡级人大连任代表分别占31.78%和33.15%。

县乡人大领导班子得到强化。县级人大常委会组成人员55周岁以下的占97.98%，大学本科以上学历的占71.57%；乡镇人大主席、副主席35周岁以下的占21.44%，大学本科以上学历的占61.91%。县乡政府领导班子成员35周岁以下的分别占6.43%和42.54%，大学本科以上学历的分别占95.86%和72.01%。2365名妇女被选为县乡国家机关领导人员，占总数的19.5%。

基层人大建设得到推进。全省各县（市、区）的人大普遍设立法制委和财经委，1403个乡镇有1357个乡镇选出专职人大主席、有1032个乡镇选出专职的人大副主席。全省无一例拉票案或贿选案，省人大常委会未收到任何关于换届选举不正之风和腐败问题的反映。

代表工作

【概　况】 省十二届人大五次会议期间，共收到代表建议、批评和意见602件。其中涉及政法综合方面的221件，工业交通方面158件，财经农林方面的132件，教科文卫方面的90件，参阅件1件。会后，省人大常委会及时将建议交有关国家机关、组织办理。其中，交省直党群部门办理16件，交省人大常委会有关部门办理4件，交省政府有关单位及部门办理576件，交省高级人民法院办理1件，交省人民检察院办理1件，交省军区办理2件，交省武警总队办理1件；参阅件1件，涉及承办单位81家。从办理时限看，绝大部分代表建议在法定时间内办理完毕并答复代表。从办理结果看：代表所提问题已获解决或基本解决的（A类）245件，占40.77%；代表所提问题正在解决或列入规划逐步解决的（B类）321件，占53.41%；因条件所限或政策不允许暂时难以解决或留作参考的35件（C类），占5.82%。从代表反馈意见看，绝大多数代表对办理工作表示满意或基本满意。

坚持经常性督办和重点督办相结合，全面考核和开展评估相结合，认真做好代表建议督办工作。扎实做好代表建议交办工作。通过会议交办、网上交办和培训协调交办等形式，及时确保省十二届人大五次会议602件代表建议准确交办。认真抓好代表建议办理的跟踪和督办工作。举办省人大代表建议办理工作培训班1期；跟踪建议办理进度，及时发现问题、督促改进，并协调指导办理工作中的难题；加强与代表沟通联系，收集代表意见征询表，及时通报办理情况和结果。切实抓好重点建议督办工作。明确10件常委会重点督办建议，由省人大常委会领导领衔，省人大各专工委具体督办，通过座谈调研、上门征求代表意见、听取承办单位专题汇报、协调相关部门办理工作等多种形式，有针对性地进行重点督办。开展办理工作考核评比。会同省政府办公厅，并邀请部分省人大代表组成联合考评小组，对省十二届人大五次会议代表所提建议的办理工作进行考核评比，评出19家办理工作先进单位和20名办理工作先进个人。

【首次组织第三方评估代表建议办理情况】 2016年，省人大常委会首次组织第三方评估代表建议办理情况。制定出台《江西省人大代表建议办理情况第三方评估办法》，并对两件代表多年提出，办理单位和代表意见分歧较大，代表对办理结果不满意的建议首次进行第三方评估。

【组织闭会期间代表活动】 2016年，省人大常委会组织15名在赣的全国人大代表围绕降低企业融资成本、优化发展环境这一主题开展专题调研。配合军委国防动员部、军委战略支援部队的全国人大代表，围绕推进军民融合深度发展存在的问题和意见建议以及江西省经济社会发展、公正司法和依法行政情况、支持国防和军队建设情况到江西省进行专题调研、视察。按照最高检的统一安排，与湖南省人大常委会一同分别组织江西和湖南两省的全国人大代表围绕检察工作开展异地相互视察。积极邀请全国、省人大代表参加全国人大、省直有关单位及部门、省人大各专工委组织的各类活动，全年邀请全国人大代表参加各类活动117人次。

·资 料·

2016年江西省地方性法规目录

法规名称	通过日期
1. 江西省人口与计划生育条例	2016年1月20日省十二届人大常委会第二十二次会议修正
2. 江西武夷山国家级自然保护区条例	2016年4月1日省十二届人大常委会第二十四次会议通过
3. 江西省水资源条例	2016年4月1日省十二届人大常委会第二十四次会议修订
4. 江西省实施《中华人民共和国煤炭法》办法	2016年4月1日省十二届人大常委会第二十四次会议修正
5. 江西省文物保护条例	2016年4月1日省十二届人大常委会第二十四次会议修正
6. 江西省乡镇人民代表大会工作条例	2016年4月1日省十二届人大常委会第二十四次会议修正
7. 江西省各级人民代表大会代表选举实施细则	2016年4月1日省十二届人大常委会第二十四次会议修正
8. 江西省实施《中华人民共和国全国人民代表大会和地方各级人民代表大会代表法》办法	2016年4月1日省十二届人大常委会第二十四次会议修正
9. 江西省立法条例	2016年6月8日省十二届人大常委会二十五次会议修正
10. 江西省人民代表大会常务委员会关于批准《南昌市电动自行车管理条例》的决定	2016年6月8日省十二届人大常委会第二十五次会议通过
11. 江西省人民代表大会常务委员会关于批准《南昌市低碳发展促进条例》的决定	2016年6月8日省十二届人大常委会第二十五次会议通过
12. 江西省人民代表大会常务委员会关于批准《南昌市人民代表大会常务委员会关于废止〈南昌市城市房屋拆迁管理办法〉的决定》的决定	2016年6月8日省十二届人大常委会第二十五次会议通过
13. 江西省人民代表大会常务委员会关于批准《南昌市人民代表大会常务委员会关于废止〈南昌市劳动力市场管理条例〉的决定》的决定	2016年6月8日省十二届人大常委会第二十五次会议通过
14. 江西省税收保障条例	2016年7月28日省十二届人大常委会第二十七次会议通过
15. 江西省人民代表大会常务委员会关于批准《景德镇市立法条例》的决定	2016年7月28日省十二届人大常委会第二十七次会议通过
16. 江西省实施《中华人民共和国老年人权益保障法》办法	2016年9月22日省十二届人大常委会第二十八次会议修订
17. 江西省传统村落保护条例	2016年9月22日省十二届人大常委会第二十八次会议通过
18. 江西省河道采砂管理条例	2016年9月22日省十二届人大常委会第二十八次会议通过
19. 江西省人民代表大会常务委员会关于批准修订《南昌市燃气管理条例》的决定	2016年9月22日省十二届人大常委会第二十八次会议通过
20. 江西省军人军属权益保障条例	2016年12月1日省十二届人大常委会第二十九次会议通过
21. 江西省大气污染防治条例	2016年12月1日省十二届人大常委会第二十九次会议通过
22. 江西省食品小作坊小餐饮小食杂店小摊贩管理条例	2016年12月1日省十二届人大常委会第二十九次会议通过
23. 江西省人民代表大会常务委员会关于批准《南昌市禁止燃放烟花爆竹规定》的决定	2016年12月1日省十二届人大常委会第二十九次会议通过
24. 江西省人民代表大会常务委员会关于批准《九江市城区烟花爆竹燃放管理条例》的决定	2016年12月1日省十二届人大常委会第二十九次会议通过

（省人大常委会办公厅）

本栏编辑　陈超萍

江西省人民政府

综　　述

2016年，全省上下主动适应经济发展新常态，坚持稳中求进工作总基调，统筹做好稳增长、促改革、调结构、优生态、惠民生等各项工作，经济运行稳中向好，实现"十三五"良好开局。全省地区生产总值18364.4亿元，增长9%。财政总收入3143亿元，增长9.6%，其中一般公共预算收入2151.4亿元，增长8.7%。固定资产投资19378.7亿元，增长14%。社会消费品零售总额6634.6亿元，增长12%。主要经济指标增速位居全国"第一方阵"。

综合施策精准发力，有力促进经济平稳较快发展。着力加大对实体经济帮扶力度，出台降成本优环境100条政策措施，全年减轻企业负担500亿元以上。坚定不移抓项目、扩投资，推动政府投资和民间投资共同发力，实施了一批重大基础设施、重点产业和社会事业项目，新开工亿元以上项目2504个，实际投资增长35.6%；落地省级PPP项目44个，民间投资增长9.8%，占全部投资比重达71.4%。实施"扩大消费十大行动"，促进消费稳定增长。深入推进服务业发展提速三年行动计划，服务业增加值增长10%以上、占地区生产总值的比重突破40%。全省旅游接待总人次和旅游总收入分别增长23.5%、37.1%。完善省产品出口促进机制，开展出口企业专项帮扶，外贸出口回稳向好。积极发展现代农业，粮食总产量达213.8亿千克，实现"十三连丰"。

突出创新优化结构，全面激发经济发展新动能。深入实施创新驱动发展战略，构建创新型省份建设"1＋N"政策体系，设立省"双创"投资引导基金和多层次创新创业平台，催生新技术、新产业、新业态、新模式。搭建创业孵化基地等平台221个，新增国家级创新平台和载体19个、高新技术企业376家。R & D经费支出增加25亿元，占地区生产总值比重达1.1%。发明专利申请量增长65.9%，专利授权量增长30.3%。60个重点工业产业集群主营业务收入达到1.1万亿元，增长10%。积极培育壮大战略性新兴产业，航空、新型电子产业主营业务收入分别增长20%、25%。全省规模以上工业企业突破1万家，境内外上市企业55家，新三板挂牌企业133家。加大金融创新力度，全年新增贷款3000亿元以上，企业直接融资规模超过2500亿元，发行地方政府债券1054亿元。互联网与各行业加速融合，电子商务交易额增长40%以上。

深化改革扩大开放，有效拓展经济社会发展新空间。坚持以供给侧结构性改革为主线，集中抓好"三去一降一补"，全面完成煤炭、钢铁行业去产能年度任务；出台"房地产去库存20条"，商品房库存平均去化时间比2015年年底减少8.1个月。深入推进"放管服"改革，行政审批事项累计精简率达到56%，精简行政审批事项32项、其他权力事项99项。营改增试点全面推开。率先在全国全面实行不动产统一登记。"五证合一""一照一码"登记制度启动实施，新登记市场主体增长17.7%。深化国资国企改革，剥离国有企业办社会职能取得成效。基本完成农村土地确权登记颁证工作。全面对接"一带一路"和长江经济带建设，举办泛珠行政首长联席会、绿发会、赣港会、瓷博会、药交会、赣台会等活动，实际利用外资增长10.2%，对外投资增长15%。

统筹推进城乡发展，进一步增强区域发展协调性。昌九两地基本实现医疗同城化，昌抚两地实现通信同城化；推动赣江新区获批并正式挂牌，成为中部第二个国家级新区；加快赣南等原中央苏区振兴发展，原中央苏区主要经济指标增速高于全省平均水平；吉泰走廊发展加快，赣东北、赣西两翼发展活力显著增强。城乡基础设施不断完善，全省高速公路通车里程基本达到6000千米。建成武九客专江西段、三清山机场，赣深客专、安九客专等铁路开工。大唐抚州电厂第二台机组、西气东输三线江西段建成投运，统调电力装机突破2000万千瓦；全省500千伏主干电网形成大环网，线路突破4000千米。加强城市规划建设管理，在鹰潭、萍乡等9个市县开展"多规合一"试点，全省城镇化率达53.1%，提高1.48个百分点。扎实推进新农村建设，乡村面貌呈现新景象。

加快推进生态文明建设，积极打造美丽中国"江西样板"。江西省纳入国家首批生态文明试验区。在全国率先实施全流域生态补偿，与广东省签署东江流域上下游横向生态补偿协议，开展排污权有偿使用和交易试点。在省市县乡村五级全面推行"河长制"，大力实施"清河行动"，新建改建污水处理管网1535千米，全省主要河流监测断面水质达标率88.6%。实施大气污染防治行动计划，集中整治工业废气、扬尘污染，全省空气质量保持优良。实施以农业面源污染治理为重点的“绿色生态农业十大行动”，基本建成农村生活垃圾收集、转运、处理体系。九江、鹰潭成功创建国家森林城市，吉安获批国家循环经济示范城市，萍乡海绵城市建设走在全国前列。加大节能减排力度，主要污染物减排完成年度任务，万元 GDP 能耗下降 4.9%左右。加大环保执法力度，办结中央环保督察组交办的1050件群众信访件。

以人为本保障民生，切实增进人民群众福祉。筹集财政性资金 1200 亿元，集中办好 50 件民生实事。全力打好精准脱贫攻坚战，实现 77 万人以上脱贫、500 个以上贫困村退出。全年城镇新增就业 55.2 万人，新增转移农村劳动力 59.9 万人，均超额完成全年计划；城镇登记失业率 3.35%，低于全国平均水平。教育事业全面推进，42 个县(区)义务教育均衡发展通过国家专家组认定。建立健全基本医疗保险及大病保险、医疗救助、疾病应急救助等制度，城乡低保、城乡基本养老、企业退休人员养老金等标准进一步提高。启动健康江西建设，整合城乡居民医保制度，免费救治贫困家庭大病患者 14 万例。加大保障性住房建设力度，全年棚改开工 17.1 万套，保障性安居工程基本建成 20.9 万套；农村危房改造开工 12.78 万户，建成 9 万户。南昌汉代海昏侯国遗址考古发掘和保护利用工作取得重大进展，举办纪念汤显祖逝世 400 周年活动。以承办全国综治“南昌会议”为契机，深入推进平安江西、法治江西建设，社会保持和谐稳定。

重要会议

【省政府全体会议】 1 月 12 日，省政府召开全体会议，讨论《政府工作报告(讨论稿)》，研究“十三五”规划纲要(草案)，总结 2015 年工作，部署下一步工作。

省长鹿心社出席并讲话，毛伟明、谢茹、李贻煌、尹建业、郑为文、刘昌林、殷美根、张勇、潘东军出席。鹿心社指出，2016 年是实施“十三五”规划、全面建成小康社会决胜阶段的开局之年，是推进结构性改革的攻坚之年，做好今年工作意义重大。要按照中央重大决策部署，认真贯彻落实好省委十三届十二次全会和全省经济工作会议精神，扎扎实实抓好各项工作，确保实现“十三五”良好开局，奋力开创“发展升级、小康提速、绿色崛起、实干兴赣”新境界。

8 月 10 日，省政府召开全体会议。毛伟明、谢茹、李贻煌、殷美根、张勇出席。省委副书记、代省长刘奇在会上强调：要深入学习贯彻中共中央总书记习近平系列重要讲话精神特别是对江西工作提出的“新的希望、三个着力、四个坚持”总体要求，进一步树立实干为本、发展为先的理念，坚持以上率下，加强政府自身建设，扎实做好政府工作，推动全省经济社会持续向好发展，确保如期全面建成小康社会。

【省政府常务会议】 2016 年，省政府共召开常务会议 18 次。

1 月 4 日，省长鹿心社主持召开第 55 次省政府常务会议。副省长毛伟明、谢茹、李贻煌、尹建业、郑为文、刘昌林、殷美根，省政府秘书长张勇出席，省政府党组成员潘东军列席。会议通过《关于贯彻落实〈中国制造 2025〉的实施意见》《江西省石油天然气管道建设和保护办法(草案)》，原则通过《关于中央农村工作会议精神及贯彻情况的汇报》，原则通过《江西省人口与计划生育条例(修正案草案)》的汇报，听取关于全国政府秘书长和办公厅主任会议精神及江西省贯彻意见的汇报。会议研究 2016 年经济社会发展重点工作，对春节前工作进行部署。

2 月 22 日，省长鹿心社主持召开第 56 次省政府常务会议。副省长毛伟明、谢茹、尹建业、郑为文、刘昌林、殷美根，省政府秘书长张勇出席，省政府党组成员潘东军列席。会议原则通过《关于深入实施创新驱动发展战略推进创新型省份建设的意见》《江西省重点创新产业化升级工程实施办法》《江西省创新驱动“5511”工程实施意见》《江西省政务服务管理办公室组建方案》；通过《省政府部门保留的行政审批中介服务事项目录》《省政府部门取消和调整的行政审批中介服务事项目录》《江西省行政权责清单管理办法》。会议对做好政府工作提出要求。

4 月 14 日，省长鹿心社主持召开第 57 次省政府常务会议。副省长毛伟明、谢茹、李贻煌、郑为文、刘昌林、殷美根，省政府秘书长张勇出席，省政府党组成员潘东军列席。会议传达学习中共中央总书记习近平在《关于青海省祁连山自然保护区和木里矿区生态环境综合整治情况的调研报告》上所作的重要批示，通报新余饮用水镉超标事件的有关情况，就贯彻落实习近平的重要批示精神作出部署。原则通过《关于贯彻落实〈中共中央国务院关于实施全面两孩政策改革完善计划生育服务管理的决定〉的实施意见》《关于开展降低企业成本优化发展环境专项行动计划的通知》《2015 年度市县科学发展综合考评结果》《2016 年度市县科学发展综合考核评价实施意见》，通过《江西省鼓励科技人员创新创业的若干规定》。

4 月 15 日，省长鹿心社主持召开第 58 次省政府常务会议。副省长毛伟明、谢茹、李贻煌、郑为文、刘昌林、殷美根，省政府秘书长张勇出席，省政府党组成员潘东军列席。会议传达学习 4 月 13 日国务院总理李克强、副总理汪洋在中办秘书局《每日汇报》刊发的《江西发生大洪水可能性极大防汛任务紧迫》信息上所作的重要批示，对江西省防汛工作进行部署。会议分析一季度全省经济形势，部署下一阶段经济工作。省发改委、省工信委、省财政厅、省农业厅、省商务厅、省政府金融办、省统计局主要负责人汇报一季度经济运行情况，省政府领导分析形势，提出要求。

4 月 25 日，省长鹿心社主持召开第 59 次省政府常务会议。副省长毛伟明、谢茹、李贻煌、郑为文、刘昌林，省政府秘书长张勇出席，省政府党组成员潘东军列席。会议通过《关于打造国有企业改革“江西样板”的实施意见》《江西省生态空间保护红线区划》，原则通过《关于深入贯彻开放发展理念构建全面开放新格局的意见》《江西省税收保障条例(草案)》。

5 月 12 日，省长鹿心社主持召开第 60 次省政府常务会议。副省长毛伟明、谢茹、李贻煌、郑为文、刘昌林，省政府秘书长张勇，省政府党组成员潘东军列席。会议通过《关于提升招商引资质量和效益的实施意见》《关于加快推进“走出去”战略的实施意见》《关于推进全省内贸流通现代化的实施意见》《江西省2016年新增政府债务限额安排意见》，通过《2015年度江西省科学技术奖授奖名单》《关于修改〈江西省烟花爆竹安全管理办法〉的决定》。

5月30日，省长鹿心社主持召开第61次省政府常务会议。副省长毛伟明、李贻煌、郑为文、刘昌林，省政府秘书长张勇出席会议。会议通过《关于积极发挥新消费引领作用加快培育形成新供给新动力的实施意见》《关于加快中医药发展的若干意见》，原则通过《关于进一步加强城市规划建设管理工作的实施意见》《关于深入推进城市执法体制改革改进城市管理工作的实施意见》《关于第七次全国人民防空会议有关情况及贯彻意见的汇报》。

6月13日，省长鹿心社主持召开第62次省政府常务会议。副省长谢茹、李贻煌、尹建业、郑为文、刘昌林、殷美根出席会议，省政府党组成员潘东军列席会议。会议分析全省经济运行情况，部署下一阶段经济工作。会议通过《关于促进金融业全面开放合作的实施意见》《关于整合城乡居民基本医疗保险制度的实施意见》，听取关于江西省实施妇女儿童发展纲要(2011—2020年)情况汇报。

6月27日，省长鹿心社主持召开第63次省政府常务会议。副省长毛伟明、尹建业、郑为文、殷美根，省政府秘书长张勇出席会议，会议通过《江西省深化国税、地税征管体制改革实施方案》，原则通过《江西省传统村落保护条例(草案)》《江西省实施〈中华人民共和国老年人权益保障法〉办法(修订草案)》《江西省河道采砂管理条例(草案)》，会议对加强经济运行调度提出明确要求。

8月1日，代省长刘奇主持召开第64次省政府常务会议。副省长毛伟明、谢茹、李贻煌、尹建业、郑为文、殷美根，省政府秘书长张勇出席，省政府党组成员潘东军列席。会议原则通过《关于加快推进价格机制改革的实施意见》、关于2015年度省直机关绩效管理考核结果的汇报，会议听取了《关于全国国有企业改革座谈会有关情况的汇报》，通过《江西省省级财政专项资金管理办法》，会议研究省政府8月份重点工作。

8月29日，代省长刘奇主持召开第65次省政府常务会议。副省长毛伟明、李贻煌、尹建业、郑为文、刘昌林、殷美根，省政府秘书长张勇出席，省政府党组成员潘东军列席。会议就学习贯彻中共中央总书记习近平、国务院总理李克强视察江西重要指示批示精神作出部署。通过《关于全省自然保护区生态环境保护情况的督查报告》《关于江西省发展升级引导基金设立与运作方案》，原则通过《2016年享受国务院和省政府特殊津贴人选名单》《江西省军人军属权益保障条例(草案)》《江西省食品生产加工小作坊小餐饮和食品摊贩监督管理条例(草案)》。会议研究省政府9月份重点工作。

9月12日，代省长刘奇主持召开第66次省政府常务会议。副省长谢茹、李贻煌、郑为文、刘昌林、殷美根，省政府秘书长张勇出席，省政府党组成员潘东军列席。会议传达学习国务院副总理刘延东考察江西重要讲话精神，部署贯彻落实工作。会议听取关于全省禁毒工作情况的汇报。通过《吉泰城镇群规划(2016—2030年)》《江西省2016年度主要学科学术和技术带头人资助计划》《江西省人民政府关于修改〈江西省流动人口服务和管理办法〉的决定(草案)》。

9月29日，省长刘奇主持召开第67次省政府常务会议。副省长毛伟明、李贻煌、尹建业、郑为文、殷美根，省政府秘书长张勇出席，省政府党组成员潘东军列席。会议原则通过《江西省行业协会商会与行政机关脱钩实施方案》，通过《江西省政府性债务管理办法》，听取关于全国推行“双随机一公开”监管工作电视电话会议精神的汇报、关于省政府文件清理结果的汇报。会议研究了省政府10月份重点工作。

10月15日，省长刘奇主持召开第68次省政府常务会议，分析研究前三季度全省经济形势，部署下一步经济工作。副省长毛伟明、谢茹、李贻煌、郑为文、刘昌林，省政府秘书长张勇出席。省发改委、省工信委、省财政厅、省农业厅、省商务厅、省政府金融办、省统计局负责人汇报前三季度经济运行情况。

10月31日，省长刘奇主持召开第69次省政府常务会议。副省长毛伟明、谢茹、李贻煌、殷美根，省政府秘书长张勇出席。会议通过《关于进一步降成本优环境的若干政策》，原则通过《关于经济建设和国防建设融合发展的实施意见》《江西省盐业体制改革实施方案》，会议听取关于省政府文史研究馆馆员选聘工作的汇报。

11月21日，省长刘奇主持召开第70次省政府常务会议。副省长谢茹、李贻煌、尹建业、郑为文、殷美根，省政府秘书长张勇出席。会议传达学习省第十四次党代会精神，研究部署贯彻落实工作，听取关于国务院第三次大督查反馈意见及相关督查结果的汇报。原则通过《江西省贯彻落实中央环保督察组督察反馈意见的问题整改责任分工》《江西省“整洁美丽，和谐宜居”新农村建设行动规划(2017—2020年)》《江西省交通建设质量安全监督管理条例(草案)》《江西省农业生态环境保护条例(草案)》，通过《关于促进通用航空业发展的实施意见》《江西省加大全社会研发投入攻坚行动方案》《关于修改〈江西省人民防空工程管理办法〉的决定》。

12月6日，省长刘奇主持召开第71次省政府常务会议。副省长谢茹、李贻煌、尹建业、郑为文、殷美根，省政府秘书长张勇出席，省政府党组成员潘东军列席。会议原则通过《关于深化投融资体制改革的实施意见》《国家生态文明试验区(江西)实施方案》《江西省推动长江经济带发展实施规划》，通过《关于建立完善守信联合激励和失信联合惩戒制度加快推进社会诚信建设的实施方案》《江西省省本级公共服务事项清单》《江西省实施〈退役士兵安置条例〉办法》，会议研究省政府12月份重点工作。

12月20日，省长刘奇主持召开第72次省政府常务会议。副省长毛伟明、谢茹、李贻煌、郑为文、李利，省政府秘书长张勇出席，省政府党组成员潘东军列席。会议传达学习中央经济工作会议精神，研究部署贯彻落实工作。原则通过《刘奇同志在全省经济工作会议上的讲话》《关于2016年全省计划执行情况和2017年经济工作的建议》《关于2017年民生工程安排的意见》《江西省全面推开营改增试点后调整省以下税收收入划分过渡方案》《江西省贯彻中央环境保护督察组督察反馈意见整改方案》《关于2017年财政预算安排的意见》，通过《江西省土壤污染防治工作方案》《江西省人民政府2017年立法工作计划》。

【省政府党组会议】 1月11日，省政府党组书记鹿心社主持召开省政府党组"三严三实"专题民主生活会，毛伟明、李贻煌、尹建业、郑为文、刘昌林、殷美根、张勇、潘东军出席会议。

7月5日，省政府党组书记主持召开省政府党组会议，毛伟明、李贻煌、尹建业、郑为文、刘昌林、殷美根、潘东军出席会议。

10月31日，省政府党组书记刘奇主持召开省政府党组扩大会议，学习贯彻中共十八届六中全会精神，部署工作。毛伟明、谢茹、李贻煌、殷美根、张勇分别发言。会议认为，全会明确习近平总书记的核心地位、正式提出"以习近平同志为核心的党中央"，反映了全党全军全国各族人民的共同心愿，是党和国家根本利益所在，是坚持和加强党的领导的根本保证，对维护党中央权威、维护党的团结和集中统一领导，对全党全军全国各族人民更好凝聚力量抓住机遇、战胜挑战，对全党团结一心、不忘初心、继续前进，对保证党和国家兴旺发达、长治久安，具有十分重大而深远的意义。

（省政府办公厅会议处）

重大政策

【印发《关于贯彻落实〈中国制造2025〉的实施意见》】 1月14日，省政府印发该意见，提出针对各领域产业发展的不同阶段，按照优势型、成长型和培育型分类施策，抢占技术创新、规模效应、运作模式的制高点，按照国家制造业强国"三步走"战略，分阶段推进江西省向制造业强省跨越。

【印发《关于2016年民生工程安排意见的通知》】 2月19日，省政府印发该通知，提出在连续9年大力实施民生工程的基础上，2016年继续加大民生投入力度，共筹集财政性资金约1200亿元，着重围绕就业和创业、社会保险、抚恤和社会救助、医疗保障、教育文化体育等社会事业、住房保障、扶贫开发、群众生产生活8个方面，集中办好涉及群众切身利益的50件实事。

【印发《关于创新驱动"5511"工程的实施意见》】 3月7日，省政府印发该意见，提出"十三五"期间在全省实施创新驱动"5511"工程，即围绕江西省优势战略性新兴产业，重点新建50个国家级创新平台和载体，新增50个国家级创新人才和团队，实施100项重大科技专项，新增1000家高新技术企业，努力实现新常态下发展动力由要素驱动向创新驱动转变、产业结构由中低端向中高端迈进，进一步提升江西省科技支撑和引领经济社会发展能力。

【印发《关于加快林业改革发展推进我省生态文明先行示范区建设十条措施的通知》】 3月9日，省政府办公厅印发该通知，提出深化集体林权制度改革、抓好国有林场改革发展、实施森林质量精准提升工程、推进森林城市建设、严格森林资源保护、完善生态补偿机制、加强森林灾害防控、大力开展油茶精准扶贫、加快毛竹产业发展、加大林下经济发展扶持力度10条措施，加快林业现代化建设进程，更好地发挥林业在生态文明先行示范区建设中的重要作用。

【印发《关于推进绿色生态农业十大行动的意见》】 4月8日，省政府办公厅印发该意见，提出推进绿色生态产业标准化建设行动、"三品一标"农产品推进行动、绿色生态品牌建设行动、化肥零增长行动、农药零增长行动、养殖污染防治行动、农田残膜污染治理行动、耕地重金属污染修复行动、秸秆综合利用行动、农业资源保护行动"十大行动"，推动农业发展方式转变，促进农业产业转型升级，加快建设现代农业强省。

【印发《关于加快中医药发展的若干意见》】 6月12日，省政府印发该意见，提出积极推进中医药产业、事业融合发展，力争到2020年基本建成以中医医疗、养生保健、康复养老、健康旅游为重点的省市县三级中医药健康服务体系，建成全国最重要的中药材种植养殖、加工、现代制药基地和交易物流中心，努力打造中医药强省。

【印发《关于整合城乡居民基本医疗保险制度的实施意见》】 6月20日，省政府印发该意见，按照党中央、国务院关于深化医药卫生体制改革的要求，坚持全覆盖、保基本、多层次、可持续的方针，整合城镇居民基本医疗保险和新型农村合作医疗制度、经办管理资源，实行统一覆盖范围、统一筹资政策、统一保障待遇、统一医保目录、统一定点管理、统一基金管理、统一统筹层次、统一大病保障机制，到2017年全面建立城乡统一的居民基本医疗保险制度。

【印发《关于打造国有企业改革"江西样板"的实施意见》】 6月22日，省政府办公厅印发该意见，从发展混合所有制经济、赋予企业独立市场主体地位、构建充满活力的市场化经营机制、推进市场化战略重组、完善国资监管体制、实现国有资产集中统一监管6个方面提出20条措施，积极探索既符合中央精神又具有江西特色的新模式，努力打造国有企业改革的"江西样板"。

【印发《关于2016年推进简政放权放管结合优化服务改革工作方案的通知》】 7月3日，省政府印发该通知，提出紧紧扭住转变政府职能这个"牛鼻子"，在更大范围、更深层次，以更有力举措推进简政放权、放管结合、优化服务改革，破除制约企业和群众办事创业的体制机制障碍，着力降低制度性交易成本，优化营商环境，激发市场活力和社会创造力，进一步推动"放管服"改革向纵深迈进。

【印发《关于江西省"十三五"脱贫攻坚规划的通知》】 12月24日，省政府印发该通知，要求全省各地各部门以中共中央总书记习近平对江西省老区扶贫攻坚提出的明确要求为指引，按照“摸清底数、区分类型、找准问题、分类施策”的思路，以建档立卡贫困户为扶贫对象，以精准扶贫、精准脱贫为根本，坚持治标与治本结合、输血与造血并举、开发扶贫与保障扶贫两轮驱动、区域发展与精准扶贫统筹推进，举全省之力打好“十三五”时期脱贫攻坚战。到2018年，实现现行标准下200万贫困人口全部脱贫，2900个贫困村全部退出和25个贫困县全部摘帽的目标，解决区域性整体贫困；到2020年，进一步巩固发展精准脱贫攻坚成果，稳定实现农村贫困人口不愁吃、不愁穿，义务教育、基本医疗和住房安全有保障，把江西省打造成为全国扶贫攻坚的样板区。

（省政府办公厅调研处）

2016年4月29日，省政府召开全省安全生产工作会议

省政府办公厅供稿

督查工作

【概　况】 2016年，省政府办公厅围绕中共中央、国务院重大方针政策和省委、省政府重大决策部署，组织开展自然保护区生态环境保护专项督查、养老服务业政策落实情况专项督查、省重大项目推进情况督查等专项督查11次；做好迎接国务院第三次大督查、国务院促进民间投资政策落实情况督查、中央环境保护督察、中央八项规定贯彻落实情况督查等4次专项督查的组织协调和自查工作；抓好省委、省政府领导关于九江市农村建房问题、吉安市企业污染问题等重要批示和调研时交办事项的督查督办。

【组织开展专项督查】 2016年，根据省政府领导指示，省政府办公厅围绕省委、省政府重大决策部署，组织开展各类专项督查活动11次。

组织开展全省经济工作会议期间与会人员所提意见建议办理情况督查。1月，省政府办公厅下发《关于印发全省经济工作会议分组讨论时与会同志所提部分意见建议办理责任分工的通知》，将全省经济工作会议与会人员提出的40意见建议交办到2个设区市政府和29个省直部门，并对办理情况开展督查。

组织开展“两会”期间江西省与国家部委中央企业沟通衔接重大事项跟踪督查。4月，省政府办公厅对“两会”期间江西与国家部委中央企业沟通衔接的127件重大事项落实情况进行跟踪督查。

组织开展高尔夫球场清理整治工作督查。4月，省政府办公厅会同省发改委、省监察厅、省国土资源厅、省住建厅、省林业厅组成督查组，对九江中信庐山西海滨水生态休闲区高尔夫球场和新余仙女湖高尔夫球场清理整治情况开展实地督查。

组织开展全省防汛工作专项督查。4月，省政府督查室对各地各有关部门防汛工作落实情况开展书面督查。

组织开展自然保护区生态环境保护专项督查。5月，省政府办公厅会同省环境保护厅、省林业厅等部门组成4个督查组，对全省11个设区市和5个省直有关部门自然保护区生态环境保护情况进行实地督查。

组织开展养老服务业政策落实情况专项督查。10月，省政府办公厅会同省发改委、省民政厅等10个部门组成5个督查组，在各设区市和27个省直部门自查的基础上，对11个设区市养老服务业政策落实情况开展实地督查。

组织开展省重大项目推进情况督查。10月，省政府办公厅会同省发改委、省工信委、省国土资源厅、省商务厅组成5个督查组，赴各设区市对省重点工程、省大中型项目和新开工亿元以上项目推进情况进行实地督查。

组织开展省政协重点提案办理情况督查。10月，省委办公厅、省政府办公厅、省政协办公厅组成督查组，对部分提案承办单位提案办理工作进行实地督查。

组织开展“降成本优环境”专项行动落实情况督查。11月，省委办公厅、省政府办公厅会同有关部门组成6个督查组，对11个设区市、75个对口省直厅局（含40个省直责任单位）开展“降成本优环境”专项行动落实情况进行实地督查。

组织开展中共中央总书记习近平对江西工作提出的重要要求贯彻落实情况督查。11—12月，省委办公厅、省政府办公厅会同有关部门组成6个督查组，对11个设区市、18个省直单位贯彻落实中共中央总书记习近平对江西工作提出的重要要求情况开展实地督查，并对省委宣传部、省编办等6个省直单位和井冈山市、于都县等4个市、县落实中办印发的《习近平总书记江西考察首次回访调研报告》有关要求情况开展回访复核。

【配合中办、国办开展督查】 2016年，做好国务院第三次大督查的自查和组织协调工作。9月，国务院组织开展第三次大督查，并派出督查组对江西进行实地督查。省政府办公厅做好督查的自查和组织协调等工作，现场督查有亮点，做法成效有特色，得到国务院督查组和有关部门的评价和充分肯定。在国务院第三次大督查结束后，国务院对江西省实施严格生态保护促进绿色发展工作进行通报表彰。

做好国务院促进民间投资政策落实情况督查的自查和组织协调工作。5月，国务院派出督查组对江西省促进民间投资政策落实情况进行实地督查，省政府办公厅积极做好督查的自查和组织协调等工作，配合完成督查任务。

做好中央环境保护督察的协调服务和信访件督查工作。7月至8月，中央第四环境保护督察组对江西省开展为期一个月的环境保护督察，省委办公厅、省政府办公厅会同省环境保护厅，做好协调服务和信访件的督办工作，督促办理环保信访件1043件。

组织开展社会领域向民间投资开放督查调研。10月，根据国办督查室要求，省政府办公厅围绕社会领域向民间投资开放情况组织开展实地督查调研，并向国办督查室报送督查调研情况报告。

做好中央八项规定贯彻落实情况书面督查工作。6月和12月，根据中办督查室、国办督查室通知要求，省委办公厅、省政府办公厅做好中央八项规定贯彻落实情况书面督查的自查和材料报送工作。

【抓好领导批示和交办事项督办落实】 2016年，对国务院总理李克强到江西视察调研，江西省提出的6个方面8件请示事项进行跟踪调度。对鹿心社在省政府工作期间1073件批示事项、调研交办事项、走访国家部委和央企商谈事项、省政府常务会议决议事项、重要会议所提工作要求等落实情况进行调度汇总。对省长刘奇关于九江市农村建房问题、吉安市境内企业污染问题等51件重要批示和调研时交办事项进行跟踪督办，并对部分调研交办事项落实情况进行回访复核；对省长刘奇在企业座谈会上企业反映的22个问题和江中药业需解决的有关问题进行跟踪督办，推动相关问题得到解决。

【抓好省《政府工作报告》重点工作任务督办】 2016年，按照"年初交办、年中督办、年末交账"的要求，印发《2016年政府工作报告重点工作责任分工的通知》，并召开交办会，将《政府工作报告》细化分解成10个方面196项具体任务，落实到62个省政府部门、11个设区市73个责任单位办理落实。同时，加大对工作任务落实情况督促检查力度，有力推动各项目标任务的完成。

（省政府办公厅督查处）

应急管理

【概　况】 2016年，应急管理工作按照省长刘奇"忠诚担当、善谋实干、严谨高效、敬业奉献"的总要求和全省应急管理工作会议部署，大力推进应急体系建设，不断提升防范和应对突发事件的能力和水平，保障全省和谐稳定。

信息报告工作取得新进步。贯彻《省委办公厅、省政府办公厅关于进一步加强值班工作的通知》，进一步健全应急值守工作制度，加强日常值班管理，尤其是加强节假日、重大活动期间及敏感时期的值守。继续落实值班工作视频点名制度，坚持每周参加国务院总值班室视频点名工作，坚持每两周对11个设区市和15个省政府应急指挥部进行值班工作视频点名，并开展值班工作电话抽查和实地抽查工作。进一步提高突发事件信息报送时效，强化首报意识，优化信息报送流程，增强大局观、敏感性，加强分析研判，基本实现突发事件信息"第一时间报告"。高效及时反馈领导批示落实情况，做到指令畅通，批示高效落实。快速准确核查突发事件信息，为领导处置和决策提供精准信息服务。坚持每季度对突发事件情况进行总结，对下一阶段趋势进行分析并提出对策建议。坚持每两月对各地各部门突发事件信息报告情况进行通报。全年接报突发事件信息和其他值班工作信息2200件，其中较大以上突发事件信息700余件；编发《值班信息专报》196期、《突发事件报告》74期、《值班短信专报》833期，督办落实领导批示指示238件；向国务院应急办上报各类信息64件；没有发生迟报、漏报、瞒报、误报现象。

"一案三制"建设取得新进步。加强应急预案建设。以省政府办公厅名义转发《国务院办公厅秘书局关于进一步加强应急预案管理的通知》，要求各地各部门高度重视预案建设工作。先后编制或修订《江西省突发环境事件应急预案》《江西省防汛抗旱应急预案》《江西省自然灾害救助应急预案》《江西省核事故应急预案》《江西省大面积停电事件应急预案》5个省级专项预案。在调研的基础上，初步编制《江西省突发事件应急工作手册》。同时，督促各地各有关部门按照"通俗、简便、管用"要求，不断制定或修订完善各类预案，不断提高应急预案管理水平。

完善应急管理政策。深入研究编制《江西省突发事件应急体系建设"十三五"规划》，印发各地各部门贯彻执行。出台《关于江西省"十三五"期间综合性应急救援队伍建设的意见》和《关于加强和改进全省应急救护培训工作意见的通知》，对应急救援队伍建设提出目标要求和政策保障。

创新体制机制。出台《关于进一步加强跨区域应急管理合作的通知》，要求各地各有关部门深化和完善跨区域应急管理合作机制，提高跨区域应急管理水平，增强跨区域应急处置联动能力。推动应急管理区域合作，主办泛珠三角区跨江（河）区域防洪抗灾联合应急桌面演练，参加泛珠三角区域内地9省（自治区）应急管理合作联席会议组织的系列活动。按时限要求完成市、县（区）应急管理工作综合考评工作。

应对突发事件能力取得新进步。开展应急演练。以落实全省应急演练计划报送制度为抓手，组织开展"抗洪抢险—2016"军地联合演习，指导南昌昌北国际机场开展"融合之翼—2016"战备暨应急救援综合演练，指导江西省食品药品安全示范演练暨萍乡市食品药品安全突发事件（Ⅲ级）应急演练。推进队伍建设。继续推动综合应急救援队伍建设，全省综合应急救援力量已近万人，基本形成省、市、县、乡四级成建制、成规模、全覆盖的网络化应急救援力量体系。推进应急管理专家组换届工作，组建省第三届应急管理专家组。推进平台建设。省政府应急平台运行平稳，运用功能有新拓展。

依托江西交通广播电台，挂牌成立江西应急广播。江西省突发事件预警信息发布平台前期工作进展较好。

协助处置取得新进步。积极应对年初雨雪冰冻天气。协助省政府召开专门会议，同时以省政府办公厅名义下发《关于切实做好雨雪低温天气防范应对工作的紧急通知》，及时启动应急响应，广泛动员，提前部署，加强调度，将灾害的危害降至最低。协调处置仙女湖“4·5”水体污染事件。新余市仙女湖“4·5”水体污染事件发生后，根据省政府分管领导指示，由省政府应急办牵头协调处置，处置取得圆满成功，得到省政府领导表扬。

【开展应急宣教培训】 2016年，省政府应急办共举办应急管理培训班5期，其中3期纳入省委组织部培训计划，共培训学员250余人。同时，指导各地各有关部门开展防灾减灾知识宣传活动，推动应急管理知识进基层、进家庭、进企业、进学校，增强公众应急意识。

【调度报送重大事故信息】 11月24日，丰城发电厂发生特别重大事故，造成73人死亡，2人受伤。事发后，省政府应急办主动及时跟进事故救援处置情况，及时向国务院总值班室和省政府领导报送信息；还通过应急平台向国务院应急办传送视频图像。此外，还及时调度报送广丰区鸿盛花炮厂爆燃事故、奉新县小汽车故意冲撞路人案件、安源区居民房坍塌事故、鄱阳县古县渡镇溃坝、袁州区北曹煤矿渗水事故等一系列敏感突发事件信息，为省政府处置提供及时准确的信息服务。

（省政府应急办）

2016年9月26日，省政府召开全省脱贫攻坚推进会议

省政府办公厅供稿

办理人大代表建议和政协委员提案

【概　况】 2016年，省十二届人大五次会议和省政协十一届四次会议期间，交由省政府系统办理的人大代表建议共576件，占总数的95.7%，交由省政府系统办理的省政协委员、政协各参加单位和各专门委员会提交的提案共519件，占全部提案的92.8%。省政府高度重视建议提案办理工作，坚持把办理建议提案作为政府接受代表委员监督、推动政府改进工作的重要举措，要求各承办单位办理好每件建议提案。在省人大常委会和省政协的监督指导下，经各承办单位共同努力，所有建议提案均在规定时间内办理完毕，办复率达100%。

精心组织，为做好办理工作提供有力保障。省政府认真研究部署建议提案办理工作，高位推动，落实责任，真抓实干，切实抓好办理工作的落实。领导重视。省长对建议提案办理工作多次作出指示，要求省政府系统各承办单位充分认识办理建议提案是接受代表委员监督的法定责任和重要形式，切实把办理建议提案与履行好职能紧密结合起来，与改进工作作风紧密结合起来，着力在办理中解决问题、推动工作。常务副省长对办理工作进行全面部署，要求各承办单位增强责任感，切实提高办理工作质量，保证办理工作实效。推进有力。省“两会”结束后，省政府就迅速组织召开交办会，对建议提案办理工作进行研究部署。省政府办公厅通过督查调度和现场检查等方式，及时了解和掌握各承办单位的工作进度，督促各承办单位在规定时限内完成办理工作。同时，加强与省人大选任联工委、省政协提案委的密切配合、通力协作，定期调度情况，协调解决问题，推动办理工作的开展。落实责任。省政府系统各承办单位坚持主要领导负总责、分管领导具体负责、办公室协调督办、承办处室办理落实的分级负责制，一级抓一级，层层抓落实。

健全制度，不断提升办理工作规范化水平。为确保办理工作有章可循、规范运行，省政府系统加强建章立制，不断提升办理工作的规范化水平。健全分办制度。省政府在召开交办会前，根据职责分工，将交由省政府系统办理的建议提案初步审核分办，提出分办建议，并征求相关单位对分办建议的意见，对有异议的分办事项，及时召集有关单位开会集中协调，进行重新调整，确保做到按职责精准分办。健全办理制度。进一步完善建议提案办理工作的登记、承办、催办、审签、答复、沟通、归档等制度，尤其是对答复环节进行了规范，强调对办理的答复必须数据真实、内容详尽、措施可行，坚决避免答复内容简单、语言模糊、措施不力、格式不规范的现象。健全“回头看”制度。建议提案办理的答复工作基本结束后，通过书面督办、电话督办、走访座谈等形式，组织各承办单位开展办理情况“回头看”，确保办理工作的效果。

突出重点，推动办理工作切实取得实效。在办理过程中，各承办单位围绕中心大局，突出重点，认真研究办理建议提案，将合理有益的建议提案转化为有效的政策措施，推动建议提案所提问题得到解决和落实。同时，结合部门职能和工作实际，确定单位重点办理的建议提案，主要负责人领衔办理工作，并以此深入改进和推动相关工作。

【沟通协作共同提高办理工作水平】 2016 年，省政府系统坚持拓宽思路，创新方法，加强沟通协作，增强合力，切实提升新形势下办理工作的水平。注重调查研究。对于涉及面广、攸关群众切身利益的建议提案，各承办单位开展调查研究，组织力量深入实际、深入现场、深入群众，把情况弄清、把问题找准，有针对性地制定解决方案，提出切实可行的办理措施。注重亲身参与。坚持“走出去”与“请进来”相结合，通过邀请代表委员参加专题调研、召开专题协商会、主动上门征求意见等方式，加强与代表委员面对面的沟通，密切提、办关系，共同推进办理工作。在具体工作中，加强“三个沟通”，即事前沟通，办理前，先与代表委员沟通，了解代表委员真实想法后，再研究制定措施；事中沟通，办理过程中与代表委员沟通，使代表委员及时了解办理进展情况，并根据意见及时改进办理工作；事后沟通，正式答复后，再次与代表委员沟通，征求对办理结果的意见和满意度。注重协商办理。对综合性强、涉及面广、需要多个部门协同办理的建议提案，主办单位主动牵头办理，与会办单位协商，会办单位积极配合，共商最佳解决方案，进一步提高办理质量。

（省政府办公厅督查处）

政策研究

【概　况】 2016 年，省政府研究室深入学习贯彻中共中央总书记习近平系列重要讲话精神和治国理政新理念新思想新战略，特别是对江西工作提出的重要要求，以提高文稿质量为核心，注重以文辅政上水平，注重调查研究上层次，注重专家咨询塑品牌，注重自身建设上台阶，完成年度各项工作任务。

以提高文稿质量为核心，下苦功夫做好文稿起草工作。省政府研究室树立以文辅政的思想，落实省长有关起草文稿“要简洁明了、认真细致”等指示精神，把握发展大局、提升文稿质量，完成各类文稿的起草工作，共撰写各类文稿 270 余篇。

以转化研究成果为导向，扎实推动调查研究接地气求重效。强化重大文稿起草的支撑研究。在组织起草政府工作报告、全省经济工作会议等重要文稿过程中，深入市县、基层、企业和省直部门调研，将稳增长、促改革、调结构、优生态、惠民生的实践在文稿中充分体现，围绕一些重要观点展开研究，为文稿起草提供有力支撑。组织对省委省政府重大决策部署进行深度解读。为了全面解读省第十四次党代会精神和“十三五”规划，组织编写《江西新发展：理念与战略》；撰写《善谋实干成就崛起大势》，全面总结过去 5 年成就。为了系统阐述经济新常态本质特征以及在江西的具体表现、应对之策，组织编写《新常态大格局》之《大思路》《大布局》《大作为》三部曲。深化开放合作搞研究。受国务院研究室委托，完成国务院领导指示的有关降低企业融资成本问题的专题调研任务，分别配合国务院研究室、国务院发展研究中心做好推进“放管服”改革、南昌市网约车行业管理等调研工作，为国家出台重大政策提供调研样本、反映江西诉求。抓住北京、上海、吉林、宁夏、云南等 10 多个省市研究室、发展研究中心到赣调研的机遇，先后围绕落实“三去一降一补”、生态文明建设、军民融合发展、新型智库建设等调研主题，实现联合调研、解剖麻雀、成果共享、经验互鉴。全年先后形成在赣江新区设北京中关村（江西）科技园、瑞金市精准扶贫、上饶培育千亿汽车产业、“中国铜都”德兴点燃“航空产业梦”、推进军民融合发展等 10 余篇调研报告。其中：《关于江西创建国家旅游综合改革试验区打造国际知名全域旅游目的地的研究报告》《江西打造生态乡居休闲养生产业大有可为——昌铜高速沿线生态乡居休闲养生产业调研与启示》获省领导肯定性批示，工作正在实质性推进。2016 年共编印《赣府研参》5 期、专报 1 期。

以打造一流智库为目标，着力加强决策咨询和政策评估工作。围绕省政府领导关注的重点问题和经济社会发展的热点难点问题，发布 50 个研究课题，研究工作全面展开。第三方评估工作迈出步伐。配合国务院发展研究中心到江西开展“投资及公共产品供给”“促进民间投资”等措施落实情况的第三方评估。组织开展省政府推进“简政放权、放管结合、转变政府职能”的落实情况的专家评估工作，形成 3 个专项评估报告和 1 个综合评估报告。决策咨询服务有成效。先后为降成本优环境 80 条和 20 条、创新型省份建设“1 + N”政策体系、全省基本公共服务均等化规划、国家生态文明建设实施方案、深化教育供给侧结构性改革、江西省高校学费调整等政策出台提出咨询意见建议。

【组建新型智库】 11 月，省政府研究室本着“个人申请、单位推荐、课题选人”原则，在继承过去传统做法的基础上，重新遴选聘请 70 名政治可靠、在专业领域有一定影响、有较强理论功底和实践经验，并参与过省级以上应用性课题研究，愿意为江西经济社会发展献计献策的中青年专家学者和政府、行业部门、知名企业的实际工作者为特约研究员。主要任务是：承担省委、省政府领导关注或省政府研究室发布的重点课题研究，参与专题研讨、政策解读、咨询论证和第三方评估等工作。结合江西经济社会发展重点、热点、难点问题，组织特约研究员安排 50 个重点研究课题。

（王苑霞）

本栏编辑　陈超萍

中国人民政治协商会议江西省委员会

综　述

2016年，省政协高举爱国主义、社会主义旗帜，坚持团结和民主两大主题，围绕大局议政建言，聚焦中心谋策献计，紧贴民生解忧帮困，大力加强自身建设，为推动江西经济发展和社会事业进步，实现“十三五”良好开局作出重要贡献。

强化理论武装，不断夯实共同思想政治基础。深入学习贯彻中共十八大和十八届三中、四中、五中、六中全会精神，深入学习贯彻中共中央总书记习近平系列重要讲话精神和治国理政新理念新思想新战略，特别是对江西工作提出的“新的希望、三个着力、四个坚持”重要要求，确保中共中央的决策部署在政协工作中得到贯彻落实。专题学习贯彻中共十八届六中全会精神，深刻领会和把握全会取得的政治成果、思想成果、理论成果和制度成果，为推进全面从严治党，建设风清气正的政治生态贡献力量。认真学习贯彻全国政协十二届四次会议精神，把握政协工作的新要求、新任务。及时学习贯彻中共江西省委十三届十三次、十四次全会和省第十四次党代会等重要会议精神，确保始终围绕中心、服务大局建言献策。抓好省委政协工作会议精神的贯彻落实，由省政协领导带队，组成5个督查组分赴11个设区市和有关县（市、区）进行督查，向省委报送督查报告。制定实施年度理论学习计划，围绕全省改革发展重点工作，举行报告会、研讨会、座谈会等各类学习活动，编发《学习参考资料》8期。分别召开新任省政协专委会负责人、新任设区市政协主席和省直管县政协主席座谈会，促使更好把握政协工作的特点和规律。在中共党员中深入开展“两学一做”学习教育。

围绕实施“十三五”规划协商议政，助推经济平稳健康发展。围绕“着力加强供给侧结构性改革、培育和壮大新兴消费”“实施创新驱动发展战略、推动产业转型升级”“优化农产品有效供给、建设现代农业强省”开展3次专题议政性常委会议协商，所提意见建议得到省委、省政府主要领导的肯定，有关部门认真吸纳，推动相关工作落实。按照“三办”联合印发的年度协商工作计划，还开展形式多样的协商活动31次。其中，就“推进城市管理综合执法”“国有文艺院团转企改制”“提升森林质量”“推进民办教育改革与发展”“大力帮扶实体经济”“县域宗教文化资源保护”“加强我省仲裁工作”“传统媒体和新兴媒体融合发展”等召开协商座谈会；就“资源枯竭型城市产业结构调整与优化”等召开18次提案办理协商座谈会；就“进一步提高省财政预算制定与执行的科学化水平”“市县落实‘河长制’情况”开展民主监督活动；并就“进一步完善我省平安景区创建及高速公路服务区安全防范工作”“金融业发展”“赣江新区建设”开展委员视察活动。傅克诚等住赣全国政协委员就《国务院关于支持赣南等原中央苏区振兴发展的若干意见》贯彻落实情况深入调研，调研成果形成全国政协委员联名提案，并确定为2016年全国政协重点督办提案，全国政协领导率队到赣调研，召开国家有关部委参加的重点督办提案办理协商座谈会，进一步推动苏区振兴发展。注重增强建言献策实效。通过搭建平台、优化服务，提高委员履职积极性，建言献策取得丰硕成果。全年收到并经审查立案的委员提案561件，向全国政协报送信息364篇，向省委、省政府反映社情民意信息和重要意见建议117篇，形成建议案和调研视察报告50篇、委员会议发言260篇。许多重要建议被党政及其部门采纳，并转化为工作举措。

坚持正向激励和履职反馈，发挥委员主体作用。开展优秀建言献策成果评选活动，在省政协常委会议上通报表彰优秀会议发言、建议案、调研视察报告、社情民意信息等160篇，反映社情民意信息工作先进单位22个、先进个人41名。加强委员履职统计、反馈，对委员参加会议、提交提案、反映社情民意信息、会议发言、撰写调研视察报告等7个方面情况进行登记，半年一统计，全年一汇总，履职情况既向委员个人书面反馈，也向委员所在单位和省委有关部门通报，增强委员履职责任感和使命感。

以纪念孙中山诞辰150周年为契机，扩大同心圆、拓宽团结面。组织开展孙中山诞辰150周年纪念活动，收听收看中共中央总书记习近平在纪念孙中山诞辰150周年大会上的重要讲话；与民革中央、民革江西省委会共同举办纪念孙中山诞辰150周年书画展，与南昌市政协共同举办纪念孙中山诞辰150周年图片展，省四套班子领导参观图片展，省政协5位党外副主席分别撰文纪念孙中山；征集整理“孙中山与江西”相关史料。深化团结联谊工作，组织港澳委员和特邀代表就江西省高新产业发展情况开展返赣视察；协助省委、省政府做好2016赣港经贸合作活动、第四届“绿发会”等外联内引工作；配合做好以港澳全国政协委员为主导的港澳青年社团代表访赣活动，举办港澳委员活动日、报告会等。发挥省政协海外扶贫基金会助力公益慈善事业的作用，引导各界人士捐资助学、扶贫济困，全年筹集资金3754.2万元。

重要会议

【省政协十一届四次会议】 1月24日—27日在南昌举行。省委书记强卫，省委副书记、省长鹿心社等领导出席开、闭幕会，并参加联组讨论和小组讨论，听取大会发言。省政协主席黄跃金主持闭幕大会并讲话，省政协副主席钟利贵主持开幕大会。会议审议通过黄跃金代表省政协十一届委员会常务委员会所作的工作报告，以及肖光明代表省政协十一届委员会常务委员会关于提案工作情况的报告。与会委员列席江西省十二届人大五次会议，听取、讨论并赞同省长鹿心社所作的省政府工作报告，讨论并赞同其他重要报告。会议期间，委员们通过大会发言、参加小组和联组讨论、提交提案、反映社情民意信息等形式协商议政，特别是联组讨论分别围绕产业转型升级战略、创新驱动发展战略、协调发展战略、基础设施提升战略、绿色崛起战略、全面开放战略、共享发展战略等专题建言献策，提升了针对性、实效性。会议举行选举大会，增选姚亚平为十一届省政协副主席，增选王殿军、邝小平、刘金炎、杨兰根、徐毅、曾粮为十一届省政协常务委员。会议审议通过省政协十一届四次会议决议和提案初步审查情况的报告。

【省政协十一届十五次常委会议】 1月21日—22日在南昌召开。省政协主席黄跃金主持第一次全体会议并在第二次全体会议上讲话；省委常委、省委统战部部长蔡晓明在会上作有关人事事项的说明；省委常委、常务副省长毛伟明作关于《政府工作报告（征求意见稿）》起草情况的说明；省政协副主席钟利贵、李华栋、汤建人、刘晓庄、郑小燕、胡幼桃、肖光明、孙菊生，秘书长肖为群出席会议；省政协副主席孙菊生主持第二次全体会议。会议决定，省政协十一届四次会议于2016年1月24日至27日在南昌召开。会议审议通过政协江西省第十一届委员会常务委员会工作报告（审议稿）和提案工作情况的报告（审议稿）；审议通过关于召开省政协十一届四次会议的决定以及会议议程（草案）和日程；听取省政协各专门委员会2015年工作总结和2016年工作建议；书面听取省政府办公厅关于2015年政府系统提案办理情况的报告；审议通过有关人事事项。

【省政协十一届十六次常委会议】 1月26日在南昌召开。省政协主席黄跃金主持会议；省政协副主席钟利贵、李华栋、汤建人、刘晓庄、郑小燕、胡幼桃、肖光明、孙菊生，秘书长肖为群出席会议；省委统战部负责人在会上作有关人事事项的情况汇报。会议审议通过《政协江西省第十一届委员会增补副主席候选人名单（草案）》；审议通过《政协江西省第十一届委员会增补常务委员候选人名单（草案）》；审议通过《政协江西省第十一届委员会第四次会议选举办法（草案）》；审议通过《政协江西省第十一届委员会第四次会议选举大会总监票人、监票人名单（草案）》；审议通过《政协江西省第十一届委员会第四次会议决议（草案）》；审议通过《政协江西省第十一届委员会第四次会议关于提案初步审查情况的报告（草稿）》。

【省政协十一届十七次常委会议】 7月5日—6日在南昌召开。会议学习贯彻中共中央总书记习近平在庆祝中国共产党成立95周年大会上的重要讲话精神，围绕“着力加强供给侧结构性改革、培育和壮大新兴消费”建言献策。省政协主席黄跃金主持第一次全体会议并在第二次全体会议上讲话；省委常委、常务副省长毛伟明应邀在学习报告会上作江西省上半年经济形势分析报告；副省长刘昌林到会介绍江西省培育和壮大新兴消费的有关情况；省政协副主席姚亚平、钟利贵、李华栋、汤建人、刘晓庄、郑小燕、胡幼桃，秘书长肖为群出席会议；省政协副主席姚亚平主持第二次全体会议；省政协副主席胡幼桃就《关于着力加强供给侧结构性改革、培育和壮大新兴消费的调研报告》作情况说明。会上，6位省政协常委、委员和专家学者作大会发言；省发改委、省工信委、省教育厅、省民政厅等单位负责人出席会议听取委员意见建议。会议审议通过有关人事事项。

【省政协十一届十八次常委会议】 9月29日—30日在南昌召开。会议传达学习全国政协十二届十七次常委会议精神，并围绕“实施创新驱动发展战略、推动产业转型升级”建言献策。省政协主席黄跃金主持第一次全体会议并在第二次全体会议上讲话；副省长谢茹到会介绍江西省实施创新驱动发展战略有关情况；省政协副主席姚亚平、钟利贵、李华栋、汤建人、刘晓庄、郑小燕、胡幼桃、孙菊生，秘书长肖为群出席会议；省政协副主席钟利贵主持第二次全体会议；省政协副主席汤建人就《关于我省实施创新驱动发展战略、推动产业转型升级的调研报告》作情况说明。会上，7位省政协常委、委员和专家学者作大会发言；省发改委、省工信委、省科技厅、省财政厅等单位负责人到会听取意见建议。会议审议通过有关人事事项。

【省政协十一届十九次常委会议】 11月10日在南昌召开。会议传达学习贯彻中共十八届六中全会精神和全国政协十二届十八次常委会议精神。省政协主席黄跃金出席并讲话；省政协副主席姚亚平、李华栋、汤建人、刘晓庄、郑小燕、胡幼桃、孙菊生，秘书长肖为群出席会议；省政协副主席钟利贵主持会议。会议印发《关于新形势下党内政治生活的若干准则》和《中国共产党党内监督条例》。与会人员一致表示，坚决拥护习近平为中共中央的核心、全党的核心；中共中央总书记习近平在全会上的重要讲话，为党和国家事业发展进一步指明了方向。

【省政协十一届二十次常委会议】 11月22日—23日在南昌召开。会议传达学习贯彻中共江西省第十四次代表大会精神，围绕“优化农产品有效供给、建设现代农业强省”协商议政。

省政协主席黄跃金主持第一次全体会议并在第二次全体会议上讲话；省委常委、副省长尹建业到会介绍全省农业发展情况；省政协副主席姚亚平、钟利贵、汤建人、刘晓庄、郑小燕、胡幼桃、孙菊生，秘书长肖为群出席会议；省政协副主席钟利贵就《关于优化农产品有效供给、建设现代农业强省的调研报告》作情况说明；省政协副主席汤建人主持第二次全体会议。会上，7位省政协常委、委员和专家学者作大会发言；省委农工部、省发改委、省科技厅、省财政厅、省国土厅、省水利厅等单位负责人到会听取意见建议。会议审议通过有关人事事项。会议对《2014—2015年度反映社情民意信息工作先进单位和先进个人、优秀社情民意信息》和《2015年度优秀建言献策成果》进行书面表彰。

【省政协十一届二十一次常委会议】 12月22日—23日在南昌召开。省政协主席黄跃金主持第一次全体会议并在第二次全体会议上讲话；省政协副主席姚亚平、钟利贵、李华栋、汤建人、刘晓庄、郑小燕、胡幼桃、孙菊生，秘书长肖为群出席会议；刘晓庄主持第二次全体会议。会议决定，省政协十一届五次会议于2017年1月15日至18日在南昌召开。会议审议并原则通过《政协江西省第十一届委员会常务委员会工作报告》（审议稿）和《政协江西省第十一届委员会常务委员会关于省政协十一届四次会议以来提案工作情况的报告》（审议稿）；审议通过关于召开省政协十一届五次会议的决定以及会议议程（草案）和日程；听取省政协各专门委员会2016年工作总结和2017年工作建议；审议通过有关人事事项。

重要活动

【开展贯彻落实省委政协工作会议精神督查】 5—6月，按照省委的统一部署，由黄跃金、姚亚平、钟利贵、胡幼桃、肖为群5位省政协党组成员率队，省委办公厅、省政协办公厅、省政协各专门委员会相关人员组成5个督查组，赴全省11个设区市及部分县（市、区），就省委政协工作会议精神和《中共江西省委关于进一步加强政协工作，充分发挥人民政协在发展协商民主中重要作用的意见》贯彻落实情况进行专项督查。督查组听取各地市委、市政府、市政协及有关部门的情况汇报，与市县党委，市县政府、政协及有关部门负责人和政协委员、政协干部进行交流，查阅有关文件资料，实地察看部分政协机关、社区政协委员工作室、乡镇政协工作组，了解各地贯彻落实省委会议和《意见》精神的做法经验，梳理工作中存在的困难和问题，广泛听取意见建议。督查结束向省委报送督查报告，提出进一步健全委员服务联络机构、着力加强民主监督制度机制建设、健全协商成果转化落实机制、加强和充实市县政协机关工作力量等7条意见建议。

【举行纪念孙中山诞辰150周年活动】 10月13日，由省政协主办，民革中央画院、民革江西省委会承办的“纪念孙中山诞辰150周年书画展”在南昌举行。省政协主席黄跃金出席并宣布画展开幕，全国政协常委，民革中央副主席何丕洁出席并讲话。此次展览展期为2天，共征集80幅书画精品。11月11日，省政协联合南昌市政协举办“纪念孙中山先生诞辰150周年图片展”，省四套班子领导参观图片展，省政协5位党外副主席分别撰文纪念孙中山。此次展览选取180余幅反映孙中山生平的图片，缅怀孙中山为民族独立、社会进步、人民幸福所建立的历史功勋，学习、继承和发扬孙中山的爱国思想、革命意志和进取精神。

【全国政协重点督办提案办理协商座谈会在南昌召开】 12月2日，全国政协重点督办提案办理协商座谈会在南昌召开。会议围绕“加大《国务院关于支持赣南等原中央苏区振兴发展的若干意见》（以下简称《若干意见》）实施力度，确保赣南等原中央苏区与全国同步全面建成小康社会”重点督办提案，听取江西省有关情况汇报，以及国家发改委、财政部、交通运输部、农业部、国务院扶贫办等提案办理单位的办理情况，协商解决问题。全国政协副主席马飚出席座谈会并讲话，全国政协提案委员会主任孙淦主持会议。会前，马飚率全国政协重点督办提案办理协商调研组深入于都、瑞金、安远、龙南等县（市）实地调研。省领导鹿心社、刘奇、姚增科会见调研组一行，黄跃金、李炳军、刘捷、郑为文、李华栋、汤建人、刘上洋、陈清华等分别陪同调研或参加座谈。黄跃金代表提案人就学习贯彻中共中央总书记习近平视察江西时重要讲话精神，落实好《若干意见》、进一步办好提案，从政策扶持、产业发展、民生工程、基础设施建设、生态环境建设5个方面提出建议。郑为文介绍江西省贯彻落实《若干意见》的有关情况。干以胜、傅克诚、马儒沛在会上发言。国家有关部委对全国政协委员和江西省有关部门的建议作回应和答复，表示要进一步加大对革命老区的支持力度，促进赣南等原中央苏区加快发展。

调查研究

【关于推进城市管理综合执法的调研】 2—4月，由省政协副主席郑小燕领衔，省政协社会和法制委员会组织调研组，围绕推进城市管理执法体制改革、改进城市管理工作、全面推进依法治国、提高政府治理能力等问题，先后赴南昌、九江、景德镇等地开展调研，总结工作经验，了解存在问题，研究对策建议。4月26日，省政协召开“推进城市管理综合执法”专题协商座谈会。会后，根据协商意见形成并向省委、省政府报送《关于推进我省城市管理综合执法的建议案》，从加快改革、实行综合、规范执法、科技创新、强化保障5个方面提出15条建议供决策参考。

【关于着力加强供给侧结构性改革、培育和壮大新兴消费的调研】 3—5月，省政协副主席胡幼桃率领由部分常委、委员及有关专家学者组成的3个调研组，分赴南昌、九江等6个设区市，围绕文化、健康、教育、养老、体育、信息六大新兴消费领域开展调研。同时，商请民盟省委会、省统计局、省委党校、江西财经大学、江西经济管理干部学院分别选择新兴消费领域某一方面进行专题调研，联合景德镇、萍乡、鹰潭、吉安、抚州等地市政协围绕新兴消费领域某一方面进行重点调研。起草形成《关于着力加强供给侧结构性改革、培育和壮大新兴消费的调研报告》，提出加大改革力度、形成文化消费的新支撑，坚持多措并举、拓展医疗消费的新领域，加大实施力度、夯实信息消费的新基础，发挥市场作用、形成体育消费的新驱动等七大方面20条建议，经省政协十一届十七次常委会议审议通过后，报省委、省政府供决策参考。

【关于资源枯竭型城市产业结构调整与优化的调研】 3—7月，由省政协副主席姚亚平领衔，省政协提案委员会邀请相关提案者、部分委员、有关提案办理单位、专家学者组成调研组，对萍乡、新余、景德镇、大余4个省内资源枯竭城市推进产业结构调整与优化情况进行专题调研。调研组通过听取汇报、实地察看、分析研究、座谈讨论等形式，了解江西省资源枯竭城市转型发展状况，对存在的问题进行剖析，并结合江西省实际及省外经验做法，提出继续加大对资源枯竭型城市财政支持力度、强化对资源枯竭型城市的规划引导、充分运用好国家出台的相关政策、扶持资源枯竭型城市科技创新和人才培养六方面建议，起草形成《关于我省资源枯竭城市转型发展情况的调研报告》报送省委、省政府。

【关于进一步提高省财政预算制定与执行科学化水平的调研】 4—5月，省政协副主席钟利贵率省政协经济委员会12名委员组成调研组，就提高省财政预算制定与执行的科学化水平开展民主监督调研，调研组先后走访省财政厅、省审计厅并赴南昌市实地调研，围绕“省财政预算制定的决策程序、存在的问题及改进方向”“省财政预算执行效果情况和优化财政预算执行的改进方向”“增加财政预算收入的潜力及其主要措施”等内容与有关部门展开深入研究讨论。形成《“进一步提高省财政预算制定与执行的科学化水平”建议》，从进一步完善政府预决算信息公开工作、加强对政府债务的预算监督、加强财政支出项目的绩效评价，加强国有资产预算监督等六大方面建言献策，报送省委、省政府供决策参考。

【关于江西省国有文艺院团转企改制的调研】 3—7月，由省政协副主席刘晓庄领衔，省政协民族和宗教委员会组织调研组，围绕江西省国有文艺院团转企改制情况开展调研。调研组邀请省编办、省财政厅、省人社厅、省文化厅等部门通报情况，并赴省直五大文艺院团和萍乡、鹰潭、宜春、上饶4个设区市调研，了解情况，发现经验和问题，提出合理化建议。7月19日，召开“江西省国有文艺院团转企改制情况”专题协商座谈会，协商形成《关于进一步深化江西省国有文艺院团转企改制的建议》，从搞好顶层设计、建立现代企业制度、加大财税扶持力度、统筹人才培养、改善转制院团排练演出条件等方面提出17条意见建议，报省委、省政府供决策参考。

【关于推进江西省传统媒体和新兴媒体融合发展的调研】 6—7月，由省政协副主席李华栋领衔，省政协文史和学习委员会组织调研组，围绕推进江西省传统媒体和新兴媒体融合发展专题，深入江西日报社、江西广播电视台、省出版集团、南昌高新区国家数字出版基地、南昌日报社等省内主要媒体单位开展实地调研，与省委宣传部、省发改委、省工信委、省财政厅、省地税局、省新闻出版广电局、省通信管理局以及电信、移动、联通三大通信运营商等有关部门和企业召开座谈会，听取情况介绍，研究对策建议。12月8日，省政协召开“传统媒体和新兴媒体融合发展”界别协商座谈会，6位委员、专家围绕主题从不同视角阐述观点，并与省直有关部门交流互动。会后根据协商意见，形成并向省委、省政府报送《关于推进我省传统媒体和新兴媒体融合发展的建议案》，从进一步明确媒体融合发展的目标和方向、进一步加大对媒体融合的政策支持、进一步提高媒体融合项目的竞争力、进一步加强全媒体人才队伍建设等方面提出14条意见建议。

【关于加强江西省仲裁工作的调研】 6—7月，由省政协副主席郑小燕领衔，省政协社会和法制委员会邀请部分委员、专家组成调研组，围绕加强江西省仲裁工作，先后赴宜春、上饶市及南昌仲裁委开展调研，通过实地考察、座谈交流了解全省仲裁工作现状、存在问题等，听取有关部门和地方意见建议。7月26日，召开“加强江西省仲裁工作”界别协商座谈会，协商形成《关于加强我省仲裁工作的建议案》，提出理顺仲裁工作行政管理体制、规范对仲裁工作的司法审查及执行工作、取消对律师仲裁员在仲裁机构的执业限制、加强队伍建设、加大仲裁宣传力度等10条意见建议，报送省委、省政府供决策参考。

【关于提升森林质量的调研】 6—7月，省政协副主席孙菊生率领省政协人资环委调研组，赴上饶、抚州、赣州、吉安的8个县（市、区），开展提升森林质量专题调研。调研中，共召开各类座谈会15次，研讨论证会6次。8月25日，召开“提升森林质量”专题协商座谈会，协商形成《关于提升我省森林质量的建议案》，从加强宣传引领、加强科学规划、扩充公益林、加大攻坚力度、找准发力点、加强科学研究、加强措施创新、加强目标考核等方面提出10条意见建议，报省委、省政府供决策参考。

【关于市县落实“河长制”情况的调研】 10—11月，由省政协副主席孙菊生领衔，省政协人口资源环境委员会组织部分委员、专家成立调研组，就江西省推行“河长制”以来的情况，赴修河、信江流域部分河段开展监督调研。调研组先后赴九江、南昌、鹰潭3市，实地考察5个河段，深入8家企业，认真了解情况，发现问题，进行对策研究。形成《关于我省推行“河长制”以来情况的建议案》，从加强宣传教育、完善法规制度、理顺工作体制机制、探索推行“一河一策”、推进“河长监督行”活动等方面提出意见建议，报送省委、省政府供决策参考。

专门委员会工作

【提案委员会】 2016年，省政协提案委员会共处理提案561件，办复率

100%。其中A类提案350件，占提案总数的62.4%；B类提案160件，占28.5%；C类提案51件，占9.1%。选择“加快发展江西省现代物流业”这一委员关注度高、提案比较集中的问题，举行提案办理协商会，省委常委、常务副省长毛伟明到会听取意见，并就认真落实好提案建议提出明确要求。以“资源枯竭型城市产业结构调整与优化”提案为切入点，会同相关部门和设区市政协开展专题调研和提案办理协商活动，形成《关于我省资源枯竭城市转型发展的建议》供决策参考。开展重点督办提案和跟踪问效活动，确定21件重点督办提案，召开提案办理协商会5次，开展调研12次，听取情况汇报13次，与提案者和承办单位联系沟通百余人次。编辑《重要提案摘报》31期。会同省委办公厅、省政府办公厅对省卫计委等5个单位开展提案办理工作进行督查，推动提案办理工作高效规范运行。

【经济委员会】 2016年，省政协经济委员会开展进一步提高省财政预算制定与执行的科学化水平民主监督工作，举办专题情况通报会，组织部分省政协委员和专家开展调研，广泛听取意见，学习借鉴外地先进经验，向省委、省政府提出进一步完善政府预决算信息公开工作等意见和建议。组织“大力帮扶实体经济、促进经济稳定增长”对口协商工作，在调研、论证的基础上，邀请省发改委等省直部门负责人与委员进行面对面的对口协商，协商成果得到省政府主要领导的肯定。做好省政协十一届二十次常委会议“优化农产品有效供给、建设现代农业强省”专题调研协商工作，共形成1份调研报告和7份子报告，协商形成的《关于优化农产品有效供给、建设现代农业强省的建议》报送省委、省政府后，省委、省政府领导批示要求有关部门落实。围绕促进江西省现代服务业加快发展、推进江西省生态农业建设两个课题开展跟踪问效，分别形成专题报告以《建言献策》的形式报送省委办公厅、省政府办公厅。发挥界别委员和专家组的作用，安排6场界别活动，活动主题涉及营改增推进情况、江西经济形势分析等。

【人口资源环境委员会】 2016年，省政协人口资源环境委员会组织召开全省政协人资环委工作座谈会暨省政协人口资源环境委员会第七次全体委员(扩大)会议，明确工作重点和工作要求。组织开展“提升森林质量”专题调研协商工作，在充分调研、反复研讨基础上形成调研报告后，召开“提升森林质量”专题协商座谈会，综合会议讨论意见，起草《关于提升我省森林质量的建议案》报省委、省政府。精准发力“河长制”民主监督活动，多次组织召开市、县座谈会，在掌握大量第一手资料后，起草《关于我省推行“河长制”以来情况的建议案》，助力省委、省政府高位推动“河长制”工作。配合全国政协开展“精准扶贫、精准脱贫”专题调研，起草的调研报告报送全国政协人资环委后，得到有关领导的肯定，有关建议被吸纳到会议材料中。组织开展城镇居民二次供水安全保障工作、扶持青年“互联网+”创业、促进城乡青年电商创业等界别视察、调研活动。组织部分资源组、环境组等委员，《人民政协报》及省内媒体记者、作家、艺术家等赴铜鼓县开展“美丽江西·生态铜鼓”主题采风活动，助推江西生态文明建设。

【教科文卫体委员会】 2016年，省政协教科文卫体委员会开展“实施创新驱动发展战略、推动产业转型升级”专题调研协商活动，调研组坚持调查与研讨并重，先后召开17次不同类型、不同层次的座谈会、研讨会，并专门召开江西省科技创新与进步促进会全体会议、教科文卫体委员会主任扩大会议、省政府有关部门协商座谈会，集思广益，在调研、扎实研究的基础上，向省政协十一届十八次常委会议提交调研报告，与会领导、常委给予高度评价。做好“推进民办教育改革与发展”专题对口协商座谈会有关工作，在协商座谈会上，组织7位委员、专家发言，与有关部门进行交流，会后根据委员、专家发言整理形成《关于推进我省民办教育改革与发展的若干建议》报送省委、省政府。围绕百姓健康把脉江西省医卫、体育领域现状与问题，先后开展重大疾病免费救治工作、加快体育产业发展、民营医院发展等专题调研、视察活动，助力健康江西建设。组织委员开展振兴传统工艺、传统村落文化、南昌西汉海昏侯墓等视察、考察活动，汇聚委员智慧助力提升江西省文化“软实力”。召开“科促会”全体大会，利用江西省科技创新与进步促进会这一平台，团结吸纳省内科研院所、高校、科技企业的专家为江西省科技水平的提高、科技成果的转化献计出力。

【社会和法制委员会】 2016年，省政府社会和法制委员会助推城市管理执法体制改革，围绕推进城市管理综合执法开展调研，召开“推进城市管理综合执法”专题协商座谈会，组织7位常委、委员、专家围绕主题发言，会后根据协商意见形成建议案报送省委、省政府。助力仲裁事业健康发展，在深入考察调研的基础上，组织召开“加强我省仲裁工作”界别协商座谈会，形成建议案报送省委、省政府，关于理顺仲裁工作行政管理体制、规范对仲裁工作的司法审查及执行工作等建议被有关文件吸纳。组织委员对江西省“两法衔接”进展情况、平安景区建设和高速公路服务区安全防范工作进行视察，并提出意见建议报送省委、省政府供决策参考。加强与立法部门联系，掌握立法工作动态，组织省政协委员对《江西省大气污染防治条例(草案)》进行研讨，委员们就该条例草案中相关条款提出许多修改意见建议；省政协参与立法协商的做法引起《人民政协报》《江西日报》等媒体关注。注重搭建界别活动平台，配合社会福利和社会保障界别、工会界别的委员开展残疾人就业福利性企业发展情况、工业园区服务农民工情况等视察活动。

【民族和宗教委员会】 2016年，省政协民族和宗教委员会做好专题协商和对口协商的组织实施工作，全年组织开展“我省国有文艺院团转企改制情况”专题协商和“我省县域宗教文化资源的挖掘与利用”对口协商活动共2次，协商成果得到省委、省政府领导批示肯定和有关部门采纳。组织委员开展发挥江西省伊斯兰教在“一带一路”中的作用、全省少数民族地区精准脱贫情况等专题调研活动，向省委、省政府报送专题调研报告供决策参考。编辑《江西省伊斯兰教简要知识读本》，助力江西融入"丝绸之路经济带"和"21世纪海上丝绸之路"建设。组织委员视察上栗县杨岐普通禅寺、上饶市古岩寺、弋阳县双岩寺、铅山县葛仙山道观、永修县云居山寺等宗教活动场所管理情况，提出保护性开发与开发性保护相结合、立足现实与长远规划相结合等建议。收集整理中央领导重要讲话、民族宗教政策法规和相关理论文章，坚持双月编印1期电子版《学习参考资料》。

【港澳台侨和外事委员会】　2016年，省政协港澳台侨和外事委员会助推江西省新兴消费成效显著，围绕"关于着力加强供给侧结构性改革、培育和壮大新兴消费"常委会专题协商议题，以文化、医疗、体育、信息、教育等消费为重点内容开展调研，调研报告提交省政协十一届十七次常委会议进行专题协商，会后形成的建议案提出7个方面20条具体建议报送省委、省政府。组织港澳委员、海外特邀代表，赴南昌、九江两市开展以"高新产业发展"为主题的视察活动。协助海外扶贫基金会开展公益活动，全年筹集资金3754.2万元，开创政府和社会合作推进卫生事业新模式，扩大省政协海外扶贫基金会在全省扶贫攻坚中的影响力。协助省委、省政府做好对外经贸交流工作，连续六年被省政府评为服务开放型经济先进单位；完成第四届"绿发会"各项工作，邀请包括全国政协委员、福建省政协常委在内的港澳客商11人。配合做好以港澳全国政协委员为主导的港澳青年社团代表访赣活动。先后应邀出席第二十届澳门缅华泼水节庆典、江西海外联谊会六届二次常务理事会议等。组织港澳地区省政协委员举行中央及省委有关精神学习班，提高省政协港澳委员参政议政的能力和水平。

【文史和学习委员会】　2016年，省政协文史和学习委员会开展"传统媒体和新兴媒体融合发展"专题调研活动，在此基础上召开"传统媒体和新兴媒体融合发展"界别协商座谈会，根据协商意见形成并向省委、省政府报送《关于推进我省传统媒体和新兴媒体融合发展的建议案》。开展江右商帮文化挖掘与研究专题调研，实地了解江右商帮与三大古镇文化的情况，并召开专题座谈会听取省直有关部门的情况介绍和专家、学者意见，形成并向省委、省政府报送《关于弘扬江右商帮文化的调研报告》。搭建界别活动平台，丰富界别活动开展形式，全年组织开展徐霞客游线文化旅游发展与精准扶贫、西汉海昏侯墓考古发掘情况、全省国防教育情况、纪念汤显祖逝世400周年等界别视察、调研等活动。紧扣孙中山诞辰150周年、红军长征胜利80周年征编"三亲"史料，收集相关稿件100余篇、出版物300多本。以征集"三亲"史料为根本，调整相关栏目，改进《文史大观》，体现政协文史资料的特点，提高办刊质量。全年编发《学习参考资料》8期，为委员履职提供参考。

（骆名坤）

1月24日，省政协十一届四次会议在南昌举行

省政协办公厅供稿

本栏编辑　陈超萍

中国共产党江西省纪律检查委员会

综　　述

2016年，江西省各级纪检监察机关认真贯彻落实中共十八大和十八届三中、四中、五中、六中全会精神，按照中央纪委六次全会部署，牢固树立“四个意识”，深入落实全面从严治党各项要求，推动党风廉政建设和反腐败工作取得明显成效。

*把守纪律讲规矩摆在更加重要位置，着力加强纪律建设。*加强对党章和党的路线方针政策、中央决策部署落实情况的监督检查，严肃查处违反政治纪律案件61件，处分71人。加强对领导班子换届纪律和作风情况的监督检查，严把党员领导干部党风廉政意见回复关，省纪委共回复党风廉政意见1500余人次。省委印发《关于落实把纪律挺在前面要求的意见》，详细列出党委、纪委、党委部门及有关机关抓纪律建设的责任清单，对建立健全协调保障机制提出明确要求，着力构建起党委主导、书记主责、纪委监督、党委部门和有关机关协同的纪律建设工作格局。

*压紧压实主体责任，全面从严治党责任意识进一步增强。*省委担负起全面从严治党主体责任，加强领导，协调各方，明确责任，检查督促，严格考核，示范引领各级党组织层层压实责任。省纪委认真履行监督责任，就贯彻中央八项规定精神、查纠“四风”、加强巡视巡察工作、党风廉政建设责任制考核等及时向省委提出意见建议，发挥参谋助手作用。各地各部门按照省委要求，逐级开展约谈、述责述廉等活动，层层传导压力。全省问责落实“两个责任”不力问题401起，处理416人，其中处级及以上领导干部33人。

*驰而不息纠正“四风”，作风建设深入推进。*紧盯年节假期，抓细节、抓具体，一个节点一个节点抓，一年一年推进；坚持以身作则、以上率下，牢牢看住“关键少数”。盯住“四风”新动向、新表现，加大正风肃纪力度，以严的标准、严的措施进行治理，越往后执纪越严。继续推进“红包”和违规插手干预工程项目问题整治，重点加强对基层行政执法和服务企业、群众的单位和人员的“红包”治理工作。大力弘扬井冈山精神、苏区精神和苏区干部好作风，深入挖掘和汲取江西红色基因、赣文化以及家规家风、乡规民约中蕴藏的廉洁文化元素，扬善抑恶、扬美抑丑，推动社会风气持续好转。

*积极运用监督执纪“四种形态”，推动形成反腐败压倒性态势。*坚持对违纪问题零容忍，对贪腐问题零容忍，保持高压态势。把握好“四种形态”，严格分类处置问题线索，扩大谈话函询覆盖面，清理暂存线索，坚决把存量减下来；切实把纪律挺在前面，红脸出汗要成为常态，党纪处分、组织处理要经常使用，坚决把增量遏制住。突出惩治重点，防止带病提拔，重点查处中共十八大后不收敛、不收手，问题严重、群众反映强烈，现在重要岗位可能还要提拔使用的党员领导干部，三类情况同时具备的是重中之重。坚决摒弃“违纪只是小节、贪腐才立案审查”的惯性思维，牢固树立“查办大案要案是成绩、抓早抓小抓好预防更是成绩”的政绩观。

*深化纪律检查体制改革，干部队伍建设得到新加强。*省纪委确定本级机关对接落实省委3号文件的任务书、时间表，按照“挂图施工”的要求，“对表作业”，及时调度解决相关问题，基本形成与聚焦监督执纪问责、实践“四种形态”要求相适应的工作格局。省纪委42家派驻纪检组全部改革到位，实现对134家省级党政机关派驻监督全覆盖。压茬推进设区市纪委派驻机构全覆盖改革，共设置284家派驻纪检组。各级纪委派驻纪检组“探头”作用初步显现，省市县三级纪委派驻纪检组立案分别增长58.4%、26.7%、8.5%。从严从实加强干部队伍建设，坚持“下管一级，下问两级”，落实纪委书记、副书记提名考察以上级纪委会同组织部门为主的要求，加强对市、县、乡纪委换届工作的监督指导。认真开展“两学一做”学习教育。

重要会议

【召开省纪委十三届六次全体会议】　1月21日—23日，中国共产党江西省第十三届纪律检查委员会第六次全体会议在南昌举行。出席会议的省纪委委员42人，列席316人。

省纪律检查委员会常务委员会主持会议。全会传达学习中共中央总书记习近平在十八届中央纪委六次全会上的重要讲话精神和中纪委书记王岐山所作的工作报告。省委书记强卫出席全会并作讲话。省领导鹿心社、姚亚平、周泽民、李炳军、朱虹、蔡晓明、赵爱明、毛伟明、龚建华等出席会议。全会审议通过周泽民代表省纪委常委会所作的《忠诚履行职责、把纪律挺在前面，深入推进江西风清气正政治生态建设》的工作报告。赣州市、南昌市、萍乡市、鹰潭市、吉安市、抚州市、省公安厅、省国安厅、省人社厅、省旅发委、省审计厅主要负责人在会上述责述廉并接受民主测评。

全会认为，2015 年，在中央纪委和省委的坚强领导下，全省各级党组织和党员领导干部深入贯彻中共中央总书记习近平系列重要讲话精神特别是对江西工作“一个希望、三个着力”重要要求，认真落实中央纪委五次全会精神，按照省纪委五次全会部署，把管党治党的政治责任扛在肩上，落实到各项工作之中。全省各级纪检监察机关聚焦中心任务，强化监督执纪问责，着力推进改革创新，完成省纪委五次全会确定的主要工作任务，各项工作取得新进展新成效。

全会强调，2016 年工作的总体要求是：深入贯彻中共十八大和十八届历次中央全会精神，认真学习贯彻中共中央总书记习近平系列重要讲话精神，全面落实中央纪委六次全会和省委十二次全会部署，忠诚履行党章赋予的职责，落实全面从严治党政治责任，坚持把纪律挺在前面，深化标本兼治，创新体制机制，聚焦监督执纪问责，持之以恒落实中央八项规定精神，保持惩治腐败高压态势，着力解决群众身边的不正之风和腐败问题，建设忠诚干净担当的纪检监察队伍，坚定不移把江西风清气正政治生态建设引向深入。一是要坚决落实全面从严治党政治责任。各级党委要认真贯彻省委《关于落实把纪律挺在前面要求的意见》，构建党委、纪委和党委各部门合力抓纪律建设的工作格局。二是要深入学习贯彻党章、准则和条例。始终把严明党的政治纪律放在首位。严肃换届纪律，认真把好党员领导干部“党风廉政意见回复”关，坚决查处买官卖官、跑官要官、拉票贿选、带病提拔、突击提拔干部等行为。三是要巩固深化作风建设成果。紧盯年节假期，抓细节、抓具体，对不收手不知止、规避组织监督，出入私人会所，组织隐秘聚会，在内部食堂搞不正之风的一律从严查处。四是要以零容忍态度坚决遏制腐败蔓延势头。坚持对违纪问题零容忍，对贪腐问题更要零容忍，惩治这一手不能有丝毫放松，保持惩治腐败高压态势。要把握好“四种形态”。五是要着力整治侵害群众利益的不正之风和腐败问题。严格落实基层党风廉政建设责任，开展侵害群众利益的不正之风和腐败问题专项治理。六是要持续深化巡视监督。坚决贯彻中央巡视工作方针，认真执行巡视工作条例，确保换届前完成巡视全覆盖任务。七是要深化纪检体制改革。落实查办腐败案件以上级纪委领导为主的要求，认真贯彻中央纪委关于向上级纪委报告线索处置和纪律审查情况办法，研究制定江西省具体办法。完成省纪委派驻机构全覆盖。八是要建设忠诚干净担当的纪检监察队伍。要配合党委做好纪委换届工作，进一步优化各级纪委及其常委会结构，明确纪委委员任职条件和履职要求，扩大纪检监察干部选用视野。

【召开省纪委十四届一次全体会议】 11 月 16 日，经中国共产党江西省第十四次代表大会选举产生的中国共产党江西省第十四届纪律检查委员会，在南昌举行第一次全体会议。会议应到 45 人，实到 44 人。

受省第十四次党代会主席团的委托，孙新阳主持会议。全会以无记名投票方式，选举产生中共江西省纪律检查委员会常务委员会委员和书记、副书记，并经省委十四届一次全会通过。新当选的省委常委、省纪委书记孙新阳发表讲话。

孙新阳、刘卫平、潘东军、陈小平、肖德福、汪爽、何刚、饶利萍、王仁辉、郑光泉、庄国良当选为中共江西省纪律检查委员会常务委员会委员，孙新阳当选为书记，刘卫平、潘东军、陈小平、肖德福当选为副书记。

孙新阳指出，新时代承载新使命，新岗位应有新作为。新一届省纪委要深入贯彻中央和省委决策部署，在历届省纪委打下的良好工作基础上，全面履行党章赋予的职责，努力创造出经得起实践、人民、历史检验的工作实绩，让中央纪委和省委放心，让全省人民满意。

廉政建设

【概　况】 2016 年，全省各级纪检监察机关深入推进作风建设。坚决查处违反中央八项规定精神问题，紧盯重要时间节点，聚焦“不吃公款吃老板”、吃请场所由高档豪华饭店向高档住宅小区“一桌餐”转移等新动向，严查乱作为、慢作为、不作为等突出问题，典型问题点名道姓通报曝光。全省查处违反中央八项规定精神问题 1123 起，处理 1597 人，纪律处分 1137 人，省市县三级纪检监察机关公开通报曝光典型问题 457 次 1004 起。深入开展突出问题专项治理。重点推进公安、交通、环保、住建 4 个系统的“红包”治理工作。2013 年 9 月至 2016 年 12 月，省市县三级廉政账户共收到违纪款累计达 2.59 亿元，查处“红包”问题 481 起、处理 561 人。深入开展违规插手工程专项治理，查实“违插”问题 660 个，给予党政纪处分 373 人，78 人因顶风违纪插手工程被免职。大力整治群众身边“四风”和腐败问题。严格落实基层党风廉政建设责任，结合“两学一做”学习教育，立足自查自纠，充分依靠党内生活解决问题。加大查处通报基层侵害群众利益不正之风和腐败问题力度，形成有效震慑。

保持惩治腐败高压态势。全省纪检监察机关接受信访举报 4.12 万件（次）、处置问题线索 1.90 万件、立案 8840 件、结案 8084 件、处分 9158 人、移送司法机关 232 人。全省立案查办地厅级干部 40 件，增长 66.7%；查办县处级干部 345 件，增长 32.2%；查办乡科级干部 1601 件，增长 0.2%。腐败存量不断减少，腐败增量得到有效遏制。坚持抓早抓小、动辄则咎，对党员干部工作、生活作风方面尚属一般性问题，廉洁自律等方面的轻微问题、倾向性问题，有针对性地开展谈话函询、警示诫勉、组织处理等。全省谈话函询 3858 件次，增长 52.8%；组织处理 2904 人次，增长 338%；党纪政纪轻处分 6778 人，占处分总人数的 74%；重处分 2380 人，占 26%。追逃追赃工作取得重要成果，中央追逃办确定江西省的 7 名外逃党员和国家工作人员已追回 5 名，缉捕、劝返在逃境外经济犯罪嫌疑人 24 名。江西省追逃追赃工作得到中央追逃办的肯定。

加强和改进巡视工作。全力配合和接受中央巡视组“回头看”，对中央第十一巡视组反馈的问题照单全收，主动认领责任，梳理8大类问题，提出36条整改措施，做到件件有着落、条条有整改。中央巡视组重点交办的43件问题线索，已基本办结。实现巡视监督全覆盖目标。紧盯党的领导弱化、党的建设缺失、全面从严治党不力三大问题，开展三轮巡视，涉及80个党组织，共发现“六项纪律”方面的问题685个，涉及领导干部问题线索724件，移交省纪委办理109件，移交省委组织部处理22件。8月，实现十三届省委巡视全覆盖。高位推进市县巡察。全省市县两级党委巡察组共对5674个地方（单位，含村、居委员会）开展巡察，发现“六项纪律”方面的问题6647个，涉及违规违纪的党员4360人，立案1465件，给予党纪政纪处分1189人，移送司法机关处理44人。加强成果运用，强化巡视巡察线索处置，提高巡视巡察线索利用率。

加强党风廉政教育。深入学习宣传中共中央总书记习近平系列重要讲话精神，认真抓好《习近平关于严明党的纪律和规矩论述摘编》等读本的学习宣传工作，引导党员干部深入学习贯彻习近平系列重要讲话精神特别是关于严明党的纪律和规矩重要论述。认真抓好十八届六中全会和省第十四次党代会精神的学习宣传。突出抓好实践监督执纪“四种形态”宣传，充分运用电视、广播、报刊、网站、微博、微信、手机报等媒体，大力宣传加强纪律建设是全面从严治党的治本之策，宣传加强党内建设、强化问责的重要意义和措施要求。深入推进党风廉政教育，省委办公厅印发《关于建立健全挺纪在前协调保障机制的实施意见》，明确各级党委以及宣传部门、组织人事部门、党校（行政学院）等在实施纪律教育中的职责。加大警示教育力度，组织拍摄警示教育片《蝇贪之害——江西基层干部违纪违法案件警示录》，要求各地各部门组织党员干部观看。加强舆论引导和网上宣传，加强对省纪委监察厅网站的管理和维护，充分发挥“两微一端”功能，传递反腐正能量，加强涉纪涉腐舆情监测和处置工作。提升廉政文化建设水平，弘扬优良家规家风传统，大力传承红色基因。

制度建设

【印发《关于从严从实加强换届风气监督切实营造风清气正换届环境的通知》】 为进一步严肃换届纪律，从严从实加强换届风气监督，切实营造风清气正的换届环境，2月23日，省纪委机关、省委组织部印发《关于从严从实加强换届风气监督切实营造风清气正换届环境的通知》。《通知》就切实把责任主体落实到位、切实把纪律规定执行到位、切实把思想教育贯彻到位、切实把违纪问题查处到位、切实把监督指导跟进到位等方面作出规定。

【印发《关于进一步加强和改进新形势下省纪委派驻纪检组纪律审查统计分析工作的通知》】 为进一步加强和改进纪律审查统计分析工作，4月11日，省纪委办公厅印发《关于进一步加强和改进新形势下省纪委派驻纪检组纪律审查统计分析工作的通知》。该通知就严格执行纪律审查统计工作制度、加大纪律审查统计考核力度、加强对纪律审查统计资料的管理和开发利用、加强对纪律审查统计工作的组织领导等事项作出具体规定。

【印发《关于印发〈委厅机关处理问题线索工作流程〉的通知》】 为深化“转职能、转方式、转作风”，提升省纪委监察厅机关工作效能和监督执纪水平，促进监督执纪问责，实践好“四种形态”，5月8日，省纪委办公厅印发《关于印发〈委厅机关处理问题线索工作流程〉的通知》。该通知明确省纪委监察厅机关处理问题线索按受理、分流、处理、督办的流程办理。

【制定《江西省纪委关于把握运用监督执纪“四种形态”的指导意见（试行）》】 为准确把握、自觉运用监督执纪“四种形态”，7月30日，省纪委印发《江西省纪委关于把握运用监督执纪“四种形态”的指导意见（试行）》。该意见就把握运用监督执纪“四种形态”总体要求和基本原则、第一种形态的适用、第二种形态的适用、第三种形态的适用、第四种形态的适用作出规定，并就把握“四种形态”的转化提出严格要求。该意见要求党委要切实履行主体责任，对纪律审查工作中提请处理的重大问题，要敢于担当、敢于负责；纪委既要敢于监督、善于监督，实现监督执纪问责经常化，又要树立法治思维，讲程序、守规矩，坚持民主集中制。

【下发《关于重申严禁党员干部出入私人会所、违规接受吃请纪律的通知》】 为进一步正风肃纪，严防“四风”问题变种反弹，严禁党员干部出入私人会所或隐蔽场所、违规接受吃请，8月8日，省纪委下发《关于重申严禁党员干部出入私人会所、违规接受吃请纪律的通知》。《通知》重申严明纪律要求、落实主体责任、坚决查处党员干部违规进入私人会所接受吃请行为。

【制定《关于纪检监察干部任免职及退休谈话的规定（试行）》】 为进一步规范纪检监察干部任免职及退休谈话工作，根据有关规定，8月16日，省纪委办公厅印发《关于纪检监察干部任免职及退休谈话的规定（试行）》。该规定主要适用于有关干部任免职及退休的个别谈话。该规定明确省纪委监察厅领导班子成员、巡视办主任、巡视组组长、正厅级巡视专员、设区市纪委书记的任免职及退休，由省纪委书记谈话。明确省纪委监察厅机关其他干部任免职及退休分别由委厅领导和组织部部长、副部长谈话。设区市纪委副书记、常委、监察局副局长的任免职及退休，一般由市纪委书记谈话。

（省纪委办公厅编辑室）

本栏编辑　陈超萍

民 主 党 派

中国国民党革命委员会江西省委员会

【概　况】 2016年年底，民革江西省委会共有地方组织12个，其中省级组织1个，设区市组织11个；基层组织275个，其中基层委员会8个，总支委员会31个，支部236个，小组1个；党员总数4649人。全年新发展党员216人，平均年龄37.3岁，其中本科以上学历占73.66%，具有中高级职称的占34.26%。党员中担任各级人大代表、政协委员的共823人，占党员总数的17.7%。其中：全国人大常委会委员1人，全国政协委员2人（其中常委1人），省人大代表12人（其中省人大常委会副主任1人，省人大常委会委员1人），省政协委员42人（其中常委8人）；担任副处级以上领导干部的共172人，其中省部级2人、厅局级11人、县处级159人。

政党协商积极作为。民革江西省委会领导参加中共江西省委、省政府、省政协及有关部门举行的党外人士协商会、座谈会、情况通报会10余次，围绕中共江西省委、省政府的中心工作尤其是关系江西省经济社会发展的重大问题建言献策，如就开好中共江西省第十四次代表大会报告发表意见和建议，就省政府主要领导人事调整问题进行民主协商，对贯彻落实中央关于统一战线一系列重大决策部署情况进行专题报告等。为提高政党协商能力与水平，6月，成立民革江西省委会专家智库，其中：综合类专家15人，社会法制类专家13人，经济社会发展类专家13人，“三农”领域专家6人。

建言献策成果显著。民革江西省委会以专委会和专家智库为平台，运用专委会会议、交流会、调查走访等形式，先后围绕“加强农业生态环境保护打造绿色农业江西品牌”“加强我省食品安全监管”“城市群城际铁路建设问题”“实施创新驱动发展战略，推动产业转型升级”“发掘样式雷中国古建筑文化”等开展相关调研，形成相关调研成果。11月，全国人大常委会副委员长、民革中央主席万鄂湘率调研组到赣就“精准立法促进社会文明”进行专题调研。民革江西省委会向省政协十一届四次会议提交集体提案17篇。其中：《关于加快推进我省城乡供水一体化建设的建议》被列为大会口头发言，得到省长鹿心社批示；《大力推进土壤污染防治，建设生态文明江西》《二孩政策来了，我们准备好了吗?》两篇被列为大会书面发言；《以南昌新港和九江港建设为中心，建设江西参与长江经济带建设的桥头堡》被选为省政协会中办案提案。全年向民革中央报送社情民意48篇，省政协报送64篇，其中《破解我国个人所得税征收“三弊端”的两种改革方案》《鼓励退休公职人员返乡 重组“乡贤”队伍，推进乡村治理现代化》《房产市场“去库存”亟需改革房屋销售面积计算办法》3篇被全国政协采用，省政协采用43篇，《支持江西开昂等生态农业示范企业发展的建议》《赣粤两省联合将梅关古道打造成丝绸之路旅游大项目》《分区域阻击柑橘黄龙病保护我省柑橘及蜜柚产业》3篇获省长鹿心社批示，《关于进一步规范工程监理机制的建议》获副省长郑为文批示。《立足“三个层面”、强力推进江西新型工业化发展》《关于制定江西省绿色城镇建设标准的建议》《以“两个基地”为支撑，推动江西融入长江经济带建设发展》获省政协2015年度优秀建言献策成果奖。民革江西省委会被省政协评为反映社情民意信息工作先进单位。

思想宣传常抓不懈。民革江西省委会以继续开展坚持和发展中国特色社会主义学习实践活动为主线，认真学习贯彻中共十八届五中、六中全会和中共中央总书记习近平系列重要讲话，特别是视察江西时的重要讲话和在纪念孙中山诞辰150周年大会上的讲话精神。11月起，开展“不忘合作初心，继续携手前进”专题教育活动。民革江西省委会对各宣传平台和媒介进行优化区分。全年，江西民革微信平台推送68次，发布文章165篇，在全国省级民革组织微信公众号影响力排名中列第六位，江西民革网站发布各类信息433条，《江西民革》内部资料刊发130篇文章28万字。6月，“多党合作宣传进楼宇——《团结报》多媒体阅报屏进驻江西”活动在南昌举行揭幕仪式，江西省成为全国第一个《团结报》多媒体阅报屏同步落户省政协、统战部门、省民主党派大楼和省社会主义学院的省份。

组织建设扎实推进。做好民革江西省委会换届前期工作。8月，成立2017年换届领导小组。9月，召开了下一届领导班子成员民主推荐会。10月，组织民革江西省委会领导班子及班子成员述职和民主评议会。重视干部培训工作。11月，在省社会主义学院举办民革基层骨干培训班1期，推荐3人参加民革中央举办的民革中青年干部培训班、2 人参加民革中央举办的民革社会法制届别骨干党员培训班、1 人参加民革中央举办的第 36 期民主党派干部培训班，8 人参加“全省党外县处级领导干部学习习近平总书记系列重要讲话精神和五大发展理念专题第八、九期轮训班”。全面开展党员党籍信息核查，完成组织管理系统升级换代的工作，锻炼和提高组工队伍的素质和业务水平，夯实组织建设工作和组织管理信息化工作的基石。积极开展党内监督工作。2016 年，民革九江、南昌、萍乡、鹰潭、宜春、赣州市监督委员会相继成立，民革全省市级监督委员会实现全覆盖，在江西省各民主党派中率先完成机构架设。干部推荐任用有新气象。11 个设区市四套班子调整后，民革各设区市市委会主委中，有副市长 2 人、市政协副主席 5 人（其中一位副主席兼任市科技局局长）、市人民检察院副检察长 2 人。1 人被提拔重用为省国土资源厅副厅长。

社会服务工作卓有成效。对口帮扶广昌县旰江镇新安村工作取得阶段性成果。民革江西省委会领导班子成员先后到新安村调研指导脱贫攻坚工作，全年协调争取省住建厅、省交通运输厅、省水利厅等省直单位项目资金 200 万元。向新安卫生院捐赠一台价值 23 万元的救护车，帮助新安村脱贫 51 户 189 人，农民人均可支配收入提高 500 余元。“博爱牵手”活动和法律援助工作继续开展。全年，民革全省各级组织开展“博爱牵手”活动 700 余次，累计捐款捐物 500 余万元。民革赣州、抚州等市级组织先后成立法律援助中心，全省设区市民革组织法律援助中心实现全覆盖，全年提供法律咨询服务 700 余人次。

祖统工作再上台阶。6 月，民革中央副主席郑建邦为江西省省直统战系统干部及民革党员作台湾形势宣讲。会后，民革中央、江西各大主流媒体都进行宣传报道，社会反响热烈。7 月，民革江西省委会与省台办、省教育厅联合主办第三届海峡两岸（南昌）青年学生夏令营，来自台湾各大高校的 40 余名青年学生通过一周时间的参观、游览、座谈等多种形式，深化赣台两地青年互动交流。全年编印《祖统工作学习资料》4 期，及时宣传对台政策、两岸时事要闻、专家时事评论等。

【开展纪念孙中山诞辰 150 周年系列活动】 10 月，民革江西省委会、省政协、民革中央画院在南昌举办“天下为公——纪念孙中山诞辰 150 周年书画展”，省政协主席黄跃金宣布画展开幕，民革中央副主席何丕洁致辞。11 月，民革江西省委会、民革上海市委会、民革青海省委会在景德镇市举办纪念孙中山诞辰 150 周年书画陶瓷艺术展。民革江西省委会开展纪念孙中山诞辰 150 周年征文活动，评选出《从萍乡各界挽联，看孙中山先生的革命功绩》《不忘初心，继续前行——做新时代民革党员，为中国梦添彩》等优秀稿件。组织开展纪念孙中山诞辰 150 周年“观故居，走多党合作之路”活动，通过实地走访李济深等民革前辈居住、工作和战斗过的地方，切身体会走中国共产党领导的多党合作之路是历史必然选择和中国民族伟大复兴的正确道路。

【举办“同饮一江水”——长江经济带合作与发展交流会】 10 月，在民革中央支持下，由民革江西省委会发起，民革沿长江 11 省市委员会与九江市政府联合举办“同饮一江水”——长江经济带合作与发展交流会。中共江西省委常委、省委统战部部长蔡晓明，民革中央副主席何丕洁出席交流会并讲话。邀请 100 多名专家学者参会，10 余位专家学者作主旨报告。会议期间，民革沿 11 个省市委员会代表签署合作纪要，并确定在贵州省举办第二届“同饮一江水——长江经济带合作与发展交流会”，主题是“脱贫攻坚与民主监督”，由民革贵州省委会主办。

（肖伟）

中国民主同盟江西省委员会

【概　况】 2016 年，全省有盟员 7785 人。其中，中上层人士 6592 人，占 84.68%；中高级职称 6012 人，占 77.22%。省政协副主席 1 人；副厅长 1 人，设区市副市长 1 人，设区市人大常委会副主任 2 人，设区市政协副主席 2 人；大学副校长 2 人。各级人大代表、政协委员 873 人，占盟员总数的 11.21%。其中：全国人大代表 1 人，全国政协委员 2 人（常委 1 人）；省人大代表 8 人（常委 2 人），省政协委员 53 人（常委 10 人）；市人大代表 65 人（常委 13 人），市政协委员 262 人（常委 43 人）。担任副处级以上行政职务 233 人，其中政府及司法部门 38 人。19 人担任省级特约监督员，2 人担任省政府参事，5 人担任省文史馆馆员。

深化坚持和发展中国特色社会主义学习实践活动。通过开展“庆祝中国共产党成立 95 周年”“纪念红军长征胜利 80 周年”学习座谈，组织参观井冈山革命博物馆、中国人民抗日战争纪念馆等系列活动，深入开展坚持和发展中国特色社会主义学习实践活动，增强广大盟员的多党合作政治共识，坚定道路自信、理论自信、制度自信、文化自信。11 月，在民盟思想宣传工作暨学习实践活动推进会上，民盟省委会获“坚持和发展中国特色社会主义学习实践活动优秀单位”称号，民盟南昌市委会、民盟都昌县总支等 9 个基层组织获“坚持和发展中国特色社会主义学习实践活动先进集体”称号。“不忘合作初心，继续携手前进”专题教育正式开展。举办首次参政党理论研讨会。“论政党协商的意义、原则和策略选择”课题获民盟中央 2015 年度理论研究课题二等奖，“彭文应小传”课题入选民盟中央 2016 年度民盟历史人物课题。《政党协商：中国化的民主政治》等多篇理论文章被中央和省级媒体刊登。大力宣传报道优秀盟员先进事迹，在省级以上媒体刊用盟务稿件超过 150 篇。在巩固原有宣传平台的基础上发挥新媒体作用，民盟省委会开通微信公众号。

围绕中心参政履职。在中共江西省委、省政府、省政协及省委统战部举行的民主协商会、情况通报会、征求意见座谈会等重要会议上，积极建言献策。由省政协副主席、民盟省委会主委刘晓庄牵头调研撰写的《关于加快我省特高压电网发展的建议》专报，获省委书记强卫、省长鹿心社的重视，相关建议被吸纳写入省第十四次党代会报告；《关于提升我省林业现代化水平的几点建议》专报获代省长刘奇的重要批示。在省政协十一届四次全会上,民盟省委会共提交10篇大会发言、13件集体提案。民盟界别政协委员围绕民生保障、教育改革、创新驱动发展、法治江西建设等议政建言。民盟省委会专职副主委任江南代表民盟省委会在会上作《做好"并联审批"改革六篇文章,"让信息多跑路、群众少跑腿"》的发言。民盟省委会集体提案《关于促进我省冷链运输企业健康发展的建议》被安排在"会中办案"。全年向盟中央、省政协、省委统战部报送信息329篇(次)。其中:被全国政协采用3篇,被民盟中央采用17篇,被省政协采用77篇,在省政协信息工作评比中获得总分排名第一。

精心开展重大调研。省政协副主席、民盟省委会主委刘晓庄就加快江西特高压电网发展进行调研,并在全国政协十二届四次会议上提交有关提案;国家能源局在提案办理答复中表示,将推动特高压加速入赣。完成统战大调研课题"江西新能源汽车产业发展调研报告"。多次配合参与省政协专题调研。承担或参与民盟中央委托的"粮食购销体系政策制度的完善""长江中下游湿地保护问题"等调研课题,成果受到民盟中央重视和采纳。组织盟员专家参加论坛研讨,向民盟教育论坛、民生论坛、经济论坛共提交论文9篇。

组织建设稳步推进。认真做好2017年民盟省委会换届筹备工作,制定并下发《民盟江西省委会2017年换届工作方案》及换届相关文件。在设区市、县(市、区)人大、政府、政协换届中,配合中共党委做好盟员的实职安排和政治安排。强化培训工作,全省盟务骨干、2013—2015年省直新盟员、全省中青年盟员等培训班先后举办,参加培训盟员250余人,提升盟务专干工作能力和盟员队伍整体素质。召开全省基层组织工作会议,推广先进经验,激发基层组织活力。

开展社会服务工作。"同心·振兴广昌示范区"帮扶产生新成效,帮助引进的盟员企业——安正利康生命科技有限公司一期开工生产,为当地提供就业岗位100多个。举行"同心·振兴广昌示范区"资助贫困学生活动,向贫困学生发放助学金2.7万元。联合南昌大学,向大禾村完小赠送电脑、多用途一体机及体育器材,并帮助改善食堂设施。参加全省统一战线开展的"孝满莲乡"系列活动,组织盟员医疗专家赴农家送医送药。支持协助大禾村莲神太子庙会申报省级非物质文化遗产名录。在都昌等地举行"文化下基层,墨宝送群众"活动,丰富基层群众文化生活。

【主办纪念中国民主同盟成立75周年书画展】 3月19日,民盟省委会主办的纪念中国民主同盟成立75周年书画展在省行政中心举行。省政协副主席、民盟省委会主委刘晓庄出席开展仪式并致辞。此次书画展精选展出盟员书画作品70余幅,既有毛国典、方学晓、刘杨等艺术名家的精品力作,也有盟员艺术爱好者的丹青妙笔。书画作品表达广大盟员对祖国及民盟组织的热爱,对中国共产党领导的多党合作和政治协商制度的忠诚拥护和坚定信心。

【举办参政党理论研讨会】 5月19日,民盟省委会"2016年参政党理论研讨会"在萍乡学院举办。民盟中央研究室主任刘圣宇,民盟省委会专职副主委、参政党理论研究会会长任江南等出席会议。民盟省委会秘书长、参政党理论研究会副会长刘新农主持。研讨会主题为"政党协商和社会主义协商民主",共有8篇论文作研讨交流。

【民盟中央美术院景德镇分院成立】 10月8日,民盟中央美术院景德镇分院成立揭牌仪式暨首届"瓷·画"联展开幕式在景德镇文化艺术馆举行。全国人大常委会委员、民盟中央副主席张平宣布仪式开幕,民盟中央宣传部部长曲伟、民盟省委会专职副主委任江南、市政协主席黄康明等出席并致辞。民盟中央美术院景德镇分院是全国盟内唯一一家集陶艺、书画等多种艺术的分院。首届"瓷·画"联展集中展出来自全国的40余件高水平国画书法作品和60余件陶瓷艺术精品。

【"超天使工程"在江西启动】 民盟中央社会服务部和西门子医疗集团2016年合作开展的"超天使工程",以极低的价格为乡镇医疗机构提供彩色超声、数字化X光机等影像诊疗设备,同时还向乡镇医师提供有针对性的培训和咨询服务,从而为强化乡镇卫生院在分级诊疗中的作用和缓解老百姓看病难、看病贵的问题作出贡献。11月8日,民盟"超天使工程"江西启动仪式暨影像培训活动在修水县举行,全国人大常委会委员、民盟中央副主席龙庄伟出席并讲话。省政协副主席、民盟省委会主委刘晓庄和专职副主委任江南等出席启动仪式。年底江西省申请"超天使工程"的乡镇医院共21家,申请彩超设备20台、数字化X光机4台,市场价近2000万元。

(刘文萍)

中国民主建国会江西省委员会

【概　况】 至2016年12月底,民建江西省委员会共有地方组织12个,其中省级组织1个,省辖市级组织11个;基层组织235个,其中:基层委员会4个,总支33个,支部198个,另有小组3个。全年新发展会员203人,净增率4.4%。会员总数4305人。其中经济界会员占75%;担任各种经济实体的正副董事长、总经理、厂长的高级管理人才963人,占会员总数22.4%;中高级以上职称2094人,占会员总数48.6%;担任各级人大代表、政协委员的有699人;担任市级以上部门特邀(约)职务的有89人;有厅级以上干部19人,县(处)级干部127人,担任政府及司法机关处级以上职务的45人。

重点专题调研深入开展。完成1项统战大调研和3个省委会重点课题调研工作。组织会员中的专家学者和骨干会员开展调研工作,顺利完成"推进供给侧结构性改革,加快江西旅游业新旧动能转换"统战大调研课题以及"农业政策性保险"重点调研课题;加强与政府有关部门的沟通,寻求对调研工作的支持,通过与省林业厅的联合调研,完成"自然保护区生态补偿"重点调研课题;结合赣南等原中央苏区扶贫工作的实际情况，通过发挥赣州市委会的积极性，完成“精准扶贫”重点调研课题。

课题征选广泛落实。精心准备，加强面向全省各级民建组织和广大会员的课题征选工作。4月，结合民建中央有关文件要求，省委会下发年度课题征选的通知，面向全省各级民建组织和广大会员进行课题征选，通过督促落实，全年征集调研成果45篇，向民建中央报送调研成果11篇。

大会发言和提案工作反响良好。在省政协十一届四次会议上，省委会共向大会提交书面发言19篇，集体提案15件，内容涉及江西省经济社会发展的难点和热点问题。省政协委员、民建江西农大支部主委刘木华代表省委会作题为《实施大数据发展战略，助推我省产业升级绿色崛起》的大会口头发言，会员中的省政协委员胡淑珠、赵波、黄占共、李秀香、朱丽萌、宋发庆、詹慧珍作联组发言，取得较好的社会影响。

反映社情民意工作取得长足进展。积极向广大会员征集社情民意信息，全年收到社情民意信息110多件，向省政协、会中央编辑报送53件，1件被全国政协采用。在省政协11月开展的评比活动中，4名会员报送的社情民意信息被省政协评为优秀社情民意。

内引外联，帮扶济困，社会服务工作有序推进。“同心·振兴赣南等原中央苏区广昌示范区”活动持续深入开展，助力广昌精准扶贫。开展“一对一帮扶结对”活动，帮扶贫困家庭10户，每户2000元扶贫款；开展春节走访慰问活动，为赤水镇杨坊村16户困难群众送去每户1000元慰问金及大米、食用油、棉被等慰问品；协助民建中央做好水南圩乡敬老院重建工程的监督管理工作；继续助力广昌推进省级生态示范县建设工作。“思源工程”助推老区教育卫生事业发展成效明显：“思源·教育移民班”落户广昌取得优异成果，3个思源班学生在每次考试中，各门功课的优秀率、及格率、平均分皆居年级之首，2016年毕业2个班，在校1个班；“思源救护”公益项目全年向兴国、宁都、修水、万安、莲花、鄱阳、余干、安远、寻乌、吉安等地捐赠救护车22辆，捐赠数量达到历年之最；民建企业家向中华思源工程扶贫基金会发起并主办的“爱的分贝”听障儿童救助计划每人捐赠1万元整，帮助贫困聋童回归有声世界。成立江西省民建企业家协会同心扶贫基金，共收到捐助资金200余万元，搭建公益平台，打造社会服务品牌。2016年，全省民建组织为“三农”办实事50件（次）；捐资建校23所；捐资助学1200人；会员办校10所，在校生2万多人；举办各类培训班40余期，为社会培养各类人才1500人；协助党和政府安置下岗职工2万人；慈善公益事业捐款捐物850万元。

【举办四省二市民建企业家培训交流活动】　5月30日至6月1日，2016年四省二市民建企业家培训交流活动在江西举行。全国政协副秘书长、民建中央副主席宋海，中共江西省委常委、统战部部长蔡晓明，省政协副主席、省委会主委孙菊生出席活动。来自北京、上海、江苏、浙江、福建和江西省的会员企业家共100余人参加活动。此次活动旨在为江西与经济发达省市的会员企业家提供交流与合作的平台。活动期间，与会人员出席江西省民建企业家协会同心扶贫基金启动仪式、e万行动农村孤儿助养项目签约仪式、民建中央画院景德镇分院成立揭牌仪式，举办四省二市民建企业家座谈会和民建组织服务非公经济发展座谈会。知名历史学家、江西师范大学教授方志远作题为“风景这边独好——江右商帮文化”的报告，景德镇市政协主席、景德镇陶瓷大学教授黄康明作题为“雅器神采·中国元素—陶瓷文化概述”的讲座。民建中央办公厅主任谷娅丽、北京市委会常务副主委任学良、上海市委会副主委葛俊杰、江苏省委会副主委郝星辰、浙江省委会副主委郭吉丰、福建省委会副主委郭学军应邀出席全部或部分活动。省委会副主委赵波全程陪同。出席活动的还有民建中央办公厅秘书处处长、民建中央画院秘书长朱旭，民建中央画院常务副院长周鸣秋，民建中央画院秘书长曹郁等。

【举办建华课堂江西分课堂暨同心大讲堂】　5月30日，2016建华课堂江西分课堂暨同心大讲堂在南昌举行。全国政协副秘书长、民建中央副主席宋海，中共江西省委常委、统战部部长蔡晓明出席活动开班仪式并致辞。省政协副主席、省委会主委孙菊生主持。民建中央经济委员会副主任、知名经济学家马光远博士作题为“中国宏观经济大势及战略应对”的报告，就如何认识中国经济的形势，把握中国经济运行过程中的风险、困难和复杂性作深入解读。京、沪、苏、浙、闽、赣四省二市民建省级组织领导和部分会员企业家以及江西省统战系统干部职工共600余人出席活动。

【江西省民建同心扶贫基金会成立】

10月26日，江西省民建同心扶贫基金会经省民政厅批准正式登记注册。12月16日，江西省慈善组织登记证书颁发仪式在省民政厅举行。江西省民建同心扶贫基金会被江西省民政厅依法认定为慈善组织，省民政厅向江西省民建同心扶贫基金会颁发证书。江西省民建同心扶贫基金旨在贯彻落实中共中央总书记习近平系列重要讲话精神及中央扶贫开发工作会议精神，为全省民建组织进一步做好精准扶贫、精准脱贫工作搭建平台。基金会将重点围绕江西省贫困地区教育培训、医疗卫生、抗灾救灾、助残济困、帮幼敬老、文化环保等领域开展慈善公益活动。

【立足本职建功立业】　2016年，全省民建会员立足本职，真抓实干，在各行各业取得成绩：陈莉莉被中宣部、司法部、全国普法办评为“2011—2015年全国法制宣传教育先进工作者”；陈佩兰家庭被全国妇联评为全国“最美家庭”；李光荣、熊明东、马庆友、赖开洪、詹慧珍、齐小平、彭华、熊春林、龚礼财、施林彬、陈晖获民建中央“民建全国社会服务先进个人”称号；赵波、郭宏文、吴智尧获政协江西省委员会“反映社情民意信息工作先进个人”称号。

（汲传余）

中国民主促进会江西省委员会

【概　况】 2016年，民进江西省委会有市级委员会9个，市级工作委员会2个，省直工作委员会1个；基层组织241个，其中基层委员会11个，总支委员会18个，支部210个，小组2个。全年发展新会员180人，平均年龄36.8岁，其中具有高中级职称35人。至年底，全省民进会员3880人，平均年龄50.9岁，高中级职称和中上层人士会员分别占总数的76.8%和88.6%，教育文化出版等主界别会员占总数的71.2%。担任政府和司法机关县（处）级以上职务41人，担任全国人大代表、全国政协委员5人，担任省人大代表、省政协委员有48人，担任市人大代表、市政协委员204人，担任县（市、区）人大代表、县（市、区）政协委员310人。吉安、九江2个市级组织完成换届工作。

深入开展坚持和发展中国特色社会主义学习实践活动。年初，民进省委会研究制定《民进江西省委会2016年学习实践活动工作安排》和《民进江西省委会学习实践活动2016年联系点有关工作分工和安排一览表》，推动全省上下继续深入开展学习实践活动。组织全省会员学习中共十八届五中、六中全会精神，中央统战工作会议精神，学习中共中央总书记习近平在江西考察时的重要讲话精神。省委会主委汤建人，副主委梅国平、姚燕平、卢天锡、欧阳剑雄、张国轩，副巡视员、秘书长陈洪萍等分别深入各自联系点民进南昌市委会、民进江西师范大学委员会、民进吉安市委会、民进九江市委会、民进萍乡市委会、民进南昌师范学院委员会、民进宜春市委会开展调研，通过报告会、座谈会、参加基层组织活动等形式，指导各地开展学习实践活动。组织力量采集整理好省委会原主委刘运来口述的省委会创建的历史资料。同时，动员部署征集整理各市级组织创建的历史资料。经过抢救性挖掘，最终征集整理到市、县民进组织创立史文章18篇，收齐11个市（地）级民进组织的创建史文稿。通过这些会史资料的收集和整理，进一步学习民进老一辈的优良传统。

2016年，江西民进网上传稿件547篇；《江西民进》杂志刊载稿件359篇，刊登基层组织稿件272篇，占总篇数的76%。省委会有189篇（次）稿件在省级以上媒体发表，其中，在中央电视台、《人民日报》《人民政协报》《团结报》、新华网等中央级媒体刊登（播放）53篇（次），在《江西日报》、江西卫视、《江南都市报》等省级媒体刊登（播放）136篇（次）。民进江西省委会被民进中央评为2016年“新闻宣传工作先进单位”。

5月27日，民进省委会机关组织参加民进全省专职干部培训班的学员在井冈山开展“重走革命路，勇攀新高度”的健步行活动

民进省委会供稿

认真做好参政议政主题年工作。年初，省委会制定《民进江西省委会2016年参政议政（主题年）工作方案》。配合民进中央扶贫大调研，向民进中央报送调研报告《产权创新、产业融动、发展共享：江西婺源篁岭村的乡村旅游扶贫富民实践》，全国人大副委员长、民进中央主席严隽琪作出重要批示与肯定。围绕“抓住发展‘窗口期’，推进一二三产融合，构建现代农业产业体系”为主题开展助推改革大调研。调研组前往抚州市、赣州市以及上海、江苏等地调研考察。形成的调研报告在大调研成果汇报会得到省委书记鹿心社的充分肯定，省长刘奇作出批示。组织专家撰写论文《鄱阳湖临湖区环境污染调查分析与对策建议》，参加民进中央在上海举行的“长江保护与发展论坛”。组织专家调研，形成《关于江西省国培计划送教下乡项目实施情况的调研报告》，参加“中国教师发展论坛”并在论坛上发言。同时，省委会以课题立项的形式组织各市级组织、省直工委、各专委会形成36篇调研成果，其中《关于进一步厘清精准扶贫工作思路的调研报告》《关于加快职业教育改革发展应对新型工业化人才需求的调研报告》得到省长刘奇等的批示。

在政协江西省十一届四次会议上，省委会共提交大会发言材料9篇、集体提案15件。在开幕式上，省委会作题为《深化高校、科研院所科技管理制度改革，促进科技成果转化》的大会发言，省教育厅、省科技厅对相关建议进行吸收采纳，共同研究制订《江西省鼓励科技人员创新创业的若干规定》，并以省政府名义印发。《关于在未成年犯服刑人员中实施职业高中（中专）教育的提案》《关于加快我省农业电子商务现代物流体系建设的提案》被选为重点督办提案。《关于在未成年服刑人员中实施职业高中（中专）教育的提案》得到省司法厅、省教育厅以及南昌市教育局、财政局的肯定答复，他们同意将未成年服刑人员纳入全省职业高中教育规划，设立“江西启明职业高中”。

举办“社情民意信息工作”培训

班。全年《江西民进信息》共编印54期,其中《建议成立反诈骗中心遏制通讯信息诈骗高发》被全国政协采用,《关于建立全国法院统一送达系统的建议》《关于完善国企采购监管的建议》等信息被民进中央单篇采用。《农村教师队伍建设问题亟需重视》《关于设立井冈山中华蜜蜂自然保护区的建议》等20篇信息被省政协采用。《关于加强耕地保护保障粮食安全的建议》获副省长尹建业的批示。

"1%工程"全年募集爱心款128.81万元,发放爱心助学助困资金120.99万元,资助贫困学生或困难家庭565人(户)。"1%工程"与江西省纵横管理顾问有限公司签订《关于设立"1%工程纵横助学基金"的合作协议》,在全省27所高等院校开展贫困学生捐助活动。资助甘肃省和政县18名贫困学生共53万元。至年底,"1%工程"已累计募集爱心款、慈善捐助物品、服务项目价值3018.1万元,发放资助款685.34万元,资助学生人数5066人,成立"1%工程志愿服务站"20个,惠及广大困难群体,受到社会各界的广泛好评。

【承办民进华东六省一市工作研讨会】 4月6日—7日,民进华东六省一市第十八次工作研讨会在景德镇召开。全国人大常委会副委员长、民进中央主席严隽琪出席开幕式并讲话。省政协主席黄跃金应邀出席。省政协副主席、省委会主委汤建人致开幕词。省政协原副主席、省委会原主委刘运来出席。民进中央组织部部长左延珠围绕"大力加强基层组织建设"作专题报告。来自民进华东六省一市省级组织的代表,应邀出席的民进重庆、黑龙江、吉林、甘肃、湖北、湖南、海南等省级组织代表,民进江西省各市级组织代表共约100人围绕"加强基层组织建设"进行专题研讨。会议期间,严隽琪在江西进行考察调研,会见江西民进老干部、老会员和各市级组织负责人,参加基层支部生活会。

【参加"同心·振兴赣南等原中央苏区广昌示范区"扶贫工作】 2016年春节前夕,省政协副主席、省委会主委汤建人前往广昌县,走访慰问驿前镇南坊村部分五保户和低保户;联系东林寺向广昌县捐赠5000套课桌凳和1.4万册图书,总价值80万元;10月9日,民进会员邬成香、彭江雁、王小平、唐涛、郭艳燕等为以"孝满莲乡,善行广昌"为主题的"同心·振兴广昌示范区"百名孝心人物表彰会表演节目;通过省青少年发展基金会联系10万元助学金,资助广昌县20名家庭经济困难、品学兼优的农村本科大学新生每人5000元。

【启动"1%工程"放飞足球梦想活动】 4月6日,"让我们的爱像泉水一样淌:1%工程放飞足球梦想"活动启动仪式在景德镇举行。全国人大常委会副委员长、民进中央主席严隽琪,省政协主席黄跃金,省政协副主席、省委会主委汤建人等出席启动仪式。严隽琪代表"1%工程"接受太平人寿保险有限公司江西分公司捐赠的标准足球6000只,省委教育工委书记黄小华代表全省农村学校从严隽琪手中接受"1%工程"的捐赠。

【举行"我身边的先进"宣讲报告会】 10月16日和11月8日,民进"我身边的先进"宣讲报告会分别在萍乡市和宜春市举行。宜春三中特级教师黄宝玲、樟树市剪纸艺术非遗传承人陈柞保、江西省月明硒谷农业开发公司总经理刘敏涛、萍乡市开发区联洪小学副校长鲍玲、建威化工填料助剂有限公司董事长蔡威、世全食美连锁机构董事长邓丹等6名会员分别宣讲在各自工作岗位中锐意进取、扶贫帮困、教书育人的事迹。

(余桂林)

中国农工民主党江西省委员会

【概　况】 2016年,农工党全省组织有省级委员会1个,设区市委会11个,县级市委会1个,县级基层委员会1个,基层组织315个。全年共发展新党员199人,平均年龄35.8岁。其中:高级职称43人,中级职称81人,研究生7人,硕士研究生17人,博士研究生8人。全省党员总数首次突破5000人,达5086人。其中:医药卫生界占50.52%,人口资源生态环境界占2.09%,文化教育和经济科技界占28.9%,政府机关占8.14%;担任各级人大代表128人,各级政协委员677人,公安部特邀监督人员1人,省政府有关部门特约人员11人,省高级人民法院、省人民检察院特约人员5人,在职副省级领导干部1人,厅级领导干部19人,县处级领导干部148人。

农工党江西省委会深入推进坚持和发展中国特色社会主义学习实践活动,积极加强自身建设,履行参政党职能,各项工作取得新成绩。

围绕中心、服务大局。农工党省委会积极参加中共江西省委召开的民主协商会、情况通报会和学习座谈会,就江西省经济社会发展中的重大问题提出意见和建议,切实履行职能。担任各级人大代表、政协委员的农工党员参加全国、全省"两会",积极提出议案、提案和建议。在全国政协十二届四次会议上,全国政协常委、江西省政协副主席、农工党省委会主委郑小燕提交《构建癌症综合防治体系,遏制癌症三高势头》等8篇大会书面发言和提案,得到国家有关部委高度重视。省委会向农工党中央报送集体提案14件。在省政协十一届四次会议期间,省委会提交大会口头发言材料1件,书面发言材料2件,报送集体提案15件,其中《关于做大做强我省油茶产业的建议》被列为省政协领导重点督办提案。担任省政协委员的党员以第一提案人身份共向会议提交个人提案70件。

干部推荐工作取得新成果。农工党省委会党员政治安排和实职安排推荐再次突破。全年推荐一名党员任正厅级领导实职,全省组织中担任正厅领导实职的党员有3人,同时推荐一名党员任副厅级领导职务。在各设区市换届中,推荐一名党员任设区市副市长,一名党员转任上饶师范学院副院长。省委会还推荐26名党员分别任正、副处级领导职务。

积极开展参政议政调研课题招标活动。农工党省委会动员全省各级组织和广大党员参与调研,全年共进行两次招标,共收到课题申报表93份,"策应'一带一路'走出去战略,打造我省中医药支柱产业”等26个课题作为Ⅱ类课题中标。省委会还在吉水县开展健康扶贫专题调研活动,组织召开专题座谈会,了解当地因病致贫返贫以及健康扶贫开展情况,剖析健康扶贫过程中面临的主要困难和问题,探讨推进健康扶贫、提高精确扶贫工作成效的相关对策建议。省委会积极参加全省统一战线课题大调研活动,确定以“推进我省中药产业供给侧结构性改革”作为选题,省委会专职副主委涂建率“推进中药产业供给侧改革”专题调研组赴武汉考察调研。

做好社情民意信息报送工作。农工党省委会全年向农工党中央和省政协报送164篇。其中:农工党中央《信息专报》采用2件,全国政协信息局采用1篇,省政协采用64篇。在农工党中央2014—2015年反映社情民意信息工作评选表彰中,省委会获得“先进集体”称号,郑小燕等5人被授予“先进个人”称号;在省政协2014—2015年反映社情民意信息工作评选表彰活动中,省委会被评为“先进单位”,4人被授予“先进个人”称号,4篇社情民意信息被评为优秀社情民意信息。在农工党中央2015年度优秀调研报告评选中,《江西省社区慢性病综合管理调查报告》获二等奖,《加快医疗卫生机构信息化建设的调研报告》和《推进司法体制改革的思考与建议》获三等奖。

积极发挥参政党作用。农工党省委会以“健康中国”“美丽中国”和实施精准扶贫工程为抓手,着眼经济发展、民生改善、社会进步,举办医疗义诊咨询、捐资助学、扶贫帮困活动,先后获2011—2014年省直(属)单位定点帮扶贫困村工作先进单位和第二十六届中国“国际科学与和平周”活动“贡献奖”。

【理论研究工作取得历史性突破】 2016年,农工党省委会理论研究工作取得历史性突破,在农工党中央2016年理论研究征文评选中,省委会报送的6篇理论成果全部获奖,其中《增强我国政党理论话语权,不断提升多党合作制度影响力和感召力》获一等奖;《基层政党协商机制创新探讨》《优化民主党派干部成长路径研究》《牢固树立“四种意识”努力建设合格参政党》获二等奖;《新媒体背景下加强民主党派思想建设研究》《完善政党协商的思考和路径》获三等奖。省委会同时荣获理论研究先进组织称号。

【开展“出生人口缺陷”调研】 根据农工党中央“出生人口缺陷的现状与对策”课题调研要求,8月15日—17日,农工党省委会联合省卫计委成立专题调研组,先后赴省妇幼保健院、南昌市、吉安市开展“出生人口缺陷现状与对策”专题调研活动。省政协副主席、省委会主委郑小燕,省委会副主委万筱明、涂建参加调研。在实地调研的基础上,结合各地在出生人口缺陷防治方面的相关数据资料和科研论文,深入了解全省出生人口缺陷防治工作开展情况,取得实效。

【支持“同心·振兴广昌示范区”建设工作】 2016年,农工党省委会加大支持“同心·振兴广昌示范区”建设工作力度,协调上海市委会支持田西村小学改扩建工程20万元校建资金,争取省发改委100万元支持田西小学改扩建项目建设,学校已建成;落实第二批“上海新华医院中西部儿科专科医师免费培训”项目,送广昌县医院儿科医生到上海新华医院免费进修培训;落实泽泻苷开发科研项目,争取省农业厅20万元资金用于泽泻开发;开展“孝满莲乡”活动,向田西村小学捐赠学生课桌椅40套,教师办公桌4套、台式电脑2台、饮水机1台。深入广昌县驿前镇田西村为10户贫困家庭医疗义诊、送医送药,捐赠价值3000元的药品;开展健康扶贫调研活动,深入驿前镇田西村实地走访贫困家庭,完成调查问卷100份,形成的调研报告得到农工党中央的肯定;总结探索可复制推广的医疗扶贫新模式,着重研究有关政策措施,完成“农村医疗扶贫模式的探索和实践”。

【开展“2016(第九届)中国环境与健康宣传周”活动】 6月12日,农工党江西省委会与江西省“中国环境与健康宣传周”活动成员单位在南昌市八一公园共同举办江西省“2016(第九届)中国环境与健康宣传周”活动。农工党员医疗专家开展“环境与健康”慢性病防治知识宣传,为群众进行医疗义诊咨询服务,各主办单位展出环境与健康宣传展板,发放宣传册、环保袋和价值2000多元的药品。

【举行第二十八届中国“国际科学与和平周”活动】 11月7日,农工党省委会在南昌市豫章书院举办以“科技强国、和平发展”为主题的第二十八届中国“国际科学与和平周”弘扬传统文化大型专题讲座活动,邀请江西省楹联学会会长、南昌大学人文学院教授文师华作“江西古代书院的办学特色和文化价值”专题讲座,弘扬传统文化,进一步增强农工党员的中国特色社会主义文化自信。

(俞晗)

九三学社江西省委员会

【概　况】 2016年,九三学社在江西的组织有省级委员会1个,市级委员会9个,市级工作委员会2个,省直基层组织24个。社员总数3258人,主体界别占86.3%,高中级职称占89.22%,体现以科技界高中级知识分子为主体的特色。社员中,有全国人大代表1人,全国政协委员2人,省、市、县(区)三级人大代表、政协委员分别为73人和372人。

参政议政取得新成绩。提交提案与报送信息。向省政协十一届四次会议提交集体提案13件;大会发言12件,其中口头发言1件,联组发言3件,书面发言11件。2篇调研报告被选为社中央集体提案和九三学社界别提案,向全国政协十二届四次会议提交。向社中央、省政协报送社情民意信息约90篇。省政协采用24篇;省政协直报全国政协14篇,全国政协采用2篇;社中央采用3篇,4篇受到省领导批示。向省委统战部报送零讯16条。开展省际联合调研。社山东、安徽、江西3省建立联合调研机制,确立农业三产融合、工业园区土地利用、残疾人就业3个选题,在三省开展联合调研。

学习实践活动取得新进展。以配

合社中央开展第三批“九三楷模”评选为契机,在社员中开展先进事迹评选活动。开展“统一战线,一致性与多样性,画好同心圆”征文活动,收到征文17篇,向社中央报送8篇,1位社员作主题发言,2篇论文入选论坛文集。开展“不忘合作初心,继续携手前进”专题教育活动。通过深入学习贯彻中共中央总书记习近平系列重要讲话精神,贯彻落实中共十八届六中全会和中共江西省第十四次代表大会精神,把“不忘合作初心,继续携手前进”专题教育作为学习实践活动的重要内容,推动学习实践活动不断深入开展,巩固共同思想政治基础。

组织建设取得新成效。遵照“三个为主”的原则,在控制全省年发展总量的前提下,发展指标向人才基础好、发展积极性高的组织倾斜,不搞平衡和照顾性发展。全年发展182名新社员。以对接系统单位党组织、突出行业特色、激发社员活力为方向,调整省直科技支社、医药支社、建设支社、大院支社、电力支社,重组成立省直医药卫生委员会、建设委员会、大院委员会、水利电力委员会、省科学院支社、南昌理工学院支社。新成立江西科技师范大学委员会、东华理工大学委员会。将梅岭支社、向塘支社并入机关支社。向纺织支社补充新生力量并更名为新联委员会。完成省林科院支社、江西财经大学支社、文化联合支社和机关支社换届工作。

社会服务取得新提升。组织南昌大学第一附属医院医疗专家赴广昌开展医疗义诊活动。在省直基层组织社员中开展献爱心活动,共募集资金近6万元,用于支持广昌小港村困难农户种植茶树菇。筹措资金3万元,帮扶1户农村五保户改造住房。争取资金48万元,帮助小港村柞树湾建设农村生活污水处理示范点。年底走访慰问小港村特困户10户。联合九江市委会赴修水开展科普进校园暨图书捐赠活动,捐赠图书购置款4万元,科普受益学生近千人。组织书画院书画师赴黑龙江、重庆开展景德镇陶瓷艺术作品展暨文化交流活动。争取王选关怀基金资助困难社员。探索建立江西九三医堂,为全省社员健康养生和就医问诊提供咨询服务。

【举办首届“江西九三论坛”】 10月12日,第一届“江西九三论坛”在南昌举行。省政协副主席、九三学社江西省委会主委李华栋出席开幕式。论坛围绕“农村生活污水治理与美丽乡村建设问题”主题开展交流讨论,11个市级组织代表针对农村生活污水治理问题找原因、求对策。与会代表认为:一直以来,中国农村水务发展严重滞后于城市。针对农村生活污水治理的迫切性、复杂性、投入机制问题,应尽快编制农村污水治理规划,因地制宜制定污水治理方案,推广投入费用较少、运营管护简便的技术工艺,分步、有序地实施农村污水管网和污水处理设施建设;要加大专项资金投入,统筹经费,统一建设,统一管理,推动农村生活污水治理工作取得实效。省委农工部、省环保厅、省住建厅、省政协人口资源环境委和提案委分别派员参加论坛。

【社中央主题常委会在南昌召开】 5月5日—6日,九三学社第十三届中央常务委员会第十五次会议在南昌召开。全国政协副主席、九三学社中央主席韩启德出席会议并讲话。九三学社中央副主席邵鸿、谢小军、张桃林、赖明、马大龙、丛斌、赵雯、卢柯、武维华、印红出席会议。中共江西省委常委、统战部部长蔡晓明到会致辞。会议的主要任务是围绕“增强全社组织动员能力”主题进行深入研讨交流,强化思想认识,提出举措,完善机制,实现全社从上到下工作贯通、组织网络有效、动员能力提升。省政协副主席、社省委主委李华栋出席会议,并作题为《对增强全社组织动员能力的几点体会和建议》的发言。北京、四川、河南、浙江、甘肃5个省级组织和社中央组织部作交流发言。九三学社中央常委出席会议。中共中央统战部、江西省委统战部有关负责人,九三学社黑龙江省委主委、部分省级组织专职副主委、九三学社中央机关各部门负责人列席会议。

【九三学社江西省青年工作委员会成立】 3月24日,九三学社江西省青年工作委员会成立大会在南昌召开。省政协副主席、社省委主委李华栋出席会议并讲话。社中央青工委副主任、社吉林省委专职副主委兼秘书长金国庆应邀出席会议并致辞。社省委副主委洪三国、辛洪波、肖礼庆,副巡视员、秘书长田荣,以及55名青工委委员出席会议。副主委张玉清主持会议。李华栋强调,青年是九三学社的未来,要把九三学社江西省青工委建成学习交流的平台、参政议政的平台、增强组织凝聚力的平台。九三学社江西省第一届青年工作委员会主任肖礼庆作履职发言。高少华代表青工委委员发言。

(闵国华)

本栏编辑 陈超萍

人 民 团 体

江西省总工会

【概　况】 2016年，全省各级工会突出重点、真抓实干，团结动员全省职工为实现“十三五”规划、全面建成小康社会建功立业，各项工作取得成效。

服务大局彰显新作为。广泛开展劳动竞赛活动。全省6万余家企事业单位开展各类劳动和技能竞赛活动，参赛职工616万人次。省总工会与有关部门联合举办2016年江西省振兴杯职业技能大赛、第十二届南昌铁路职业技能竞赛、全省地税系统业务大比武竞赛和江西省第二届高校教师教学竞赛等20余项省级竞赛。组织41万职工参加各类职业技能培训。大力弘扬劳模精神，推荐评选全国五一劳动奖状4个，全国五一劳动奖章21人，全国工人先锋号21个，省五一劳动奖状47个，省五一劳动奖章121人，省工人先锋号94个。选树49家省级劳模创新工作室，全省省级劳模创新工作室总数达104家，市县级劳模创新工作室超1000家。全省各级工会组织劳模和职工创新成果展，宣传一线职工中的能工巧匠。践行社会主义核心价值观，组织开展纪念建党95周年、红军长征80周年歌咏、演讲、征文活动，征集工匠传奇微视频，推广“希望的田野”工间操，不断深化“中国梦·劳动美”主题教育。组织江西省首届职工网上艺术节，征集作品1500余幅，“草根谈”微信公众号展播界面累计浏览量275万人次，累计投票量166万票，中工网、中国江西网开辟专题展播。

服务职工呈现新亮点。维护职工合法权益，省市两级工会共受理职工信访（职工维权热线）5122件（批）次，涉及职工6015人次，全省工会信访结案率94.2%。配合省人大常委会做好《江西省工会劳动法律监督条例（草案）》立法调研准备工作。开展双线融合第四届全省“互保杯”百万职工学法用法知识竞赛活动，参加职工超145万人，省总工会被评为全国“六五”普法先进单位。妥善处置沃尔玛南昌八一店员工群访事件，核查处理南昌出租车事件、萍矿集团职工群体事件等重大舆情，形成专题汇报材料上报省委。主动参与丰城发电厂“11·24”特别重大坍塌事故调查。95个工业园区建立健全“法律援助律师”“工资集体协商指导师”“健康工程师”进园区制度，聘请“三师”1186名，为23.4万名园区职工提供服务。实施精准帮扶工作，全省工会已建立市、县级工会职工服务（帮扶）中心111个，基层工会帮扶站点1.39万个。出台一系列规范性指导文件，精准核查困难职工底数，到年底全省已建档的困难职工15万户，涉及供养人口40.89万人。开展元旦春节“冬送温暖”活动，筹集款物1.27亿元，走访困难企业4922家，慰问困难职工18.7万户。开展工会就业创业援助月活动，组织专场招聘会350场，成功介绍12.43万人就业，组织1.59万人参加职业技能培训，4951人参加创业培训。开展困难职工家庭高校毕业生阳光就业行动。向困难职工家庭高校毕业生提供就业技能培训3125人次、提供就业岗位3306个，实习见习岗位6515个，帮助3672人次实现就业。推进会员普惠工作。制定下发《关于联合发行工会普惠服务卡的指导意见》，召开全省工会普惠龙卡工作现场推进会。全省各级工会全年发放工会普惠服务卡57万张。

服务基层开创新局面。开展基层工会规范化建设“回头看”活动。加大基层工会干部队伍建设和经费投入，优化经费支出结构，出台对园区工会补助规定，支持基层工会职工活动中心建设。全省97个省级以上工业园区职工活动中心已建面积9.8万平方米，新建、改建、扩建、待建面积14.8万平方米，比上年增加2.7万和8.7万平方米，增长率分别为38%和142%。开展非公企业集中建会和农民工集中入会行动，全省97个省级以上工业园区全部成立工会组织。全省工业园区基层工会组织建会率90.5%，新建企业工会2325家；园区工会会员130.9万人，入会率93%，新增工会会员25.4万人，其中农民工会员19.1万人。深入推进基层工会规范化建设，建立健全全省工会工作协理员队伍，明确国家级和省级重点园区各配备2～3名协理员，其他园区各配备1名协理员常驻园区开展工作，补助每县（市、区）协理员名额增至6名。创新服务方式，大力加强网上工会工作，成立“互联网＋工会”项目建设领导小组，制定“互联网＋工会”项目建设方案。

【开展工会“进园区”行动】 2016年，江西省总工会把工业园区工会工作列为重点工作，在借鉴外地成功经验的基础上，实行省、市、县三级总工会联动，对全省工业园区工会工作进行大调研、大服务、大促进，使园区工会组织建设明显加强，企业建会率和职工(农民工)入会率明显提高。省总工会在组织干部赴广东、福建两省学习考察的基础上,召开全省工会干部"进园区、强基层、惠职工、促发展"行动动员大会,印发行动方案和《江西省总工会关于加强工业园区工会工作的意见》,对省级以上工业园区工会开展调研和督导。首次举办全省工业园区工会主席培训班,召开全省"进园区"行动巡回观摩会,对全省11个设区市"进园区"行动进行学习观摩,并以视频会议的形式进行总结,评选表彰全省二十佳工业园区工会和百佳工业园区非公企业工会。"进园区"行动多次被《工人日报》《江西日报》头版头条或专版报道,并在全总执委会上作经验介绍。

6月25日,江西省"职工之家"媒体邀请赛在南昌举行

省总工会供稿

【召开庆祝"五一"国际劳动节暨全省五一劳动奖表彰大会】 4月27日,江西庆祝"五一"国际劳动节暨全省五一劳动奖表彰大会在南昌召开。省委副书记刘奇出席并讲话。省人大常委会副主任、省总工会主席谢亦森主持会议,副省长李贻煌宣读表彰决定。大会对南昌市699文化创意园等4个全国五一劳动奖状获得单位、南昌公共交通运输集团有限责任公司四分公司25线路等21个全国工人先锋号获得单位、南昌富昌石油储运有限公司等47个省五一劳动奖状获得单位、南昌欧菲光科技有限公司CL事业部白片车间CNC工序等94个省工人先锋号获得单位、万强等21名全国五一劳动奖章获得者、黄鸟英等121名省五一劳动奖章获得者进行表彰。万强代表受表彰集体和个人宣读《倡议书》。

【启动全省工会"进园区"向困难职工赠送互助保障计划】 9月1日,全省工会"进园区"向困难职工赠送互助保障计划启动仪式在吉安举行。省总工会党组书记、常务副主席傅卓成在仪式上宣布全省工会"进园区"向困难职工赠送互助保障计划启动。2016年,全省各级工会为全省省级以上园区符合条件的在册困难职工每人赠送一份价值6.5万元的大病住院自负保障计划,不符合大病住院自负保障计划参保条件的或已自行参加大病自负保障计划的困难职工,每人赠送一份人身意外医疗综合互助保障计划。

【开展金秋助学活动】 8月22日,省总工会在九江举行"2016江西省工会金秋助学资金发放仪式"。仪式现场为困难职工和受灾群众家庭子女发放助学金共108万元,为江西垒旺实业发展集团有限公司等爱心企业授牌。全省其他10个地市同步举办"金秋助学资金发放仪式"。2016年,全省各级工会组织筹集资金4394.77万元,资助1.7万名困难职工和困难农民工子女上学,与440家单位合作,为在读困难职工子女提供勤工俭学和社会实践岗位3119个。

【召开女农民工创新创业事迹报告会】 3月7日,"三八"国际劳动妇女节106周年暨女农民工创新创业事迹报告会在南昌举行。会议表彰南昌公共交通运输集团有限责任公司22路等60个江西省五一巾帼标兵岗、李钰梅等100名江西省"五一"巾帼标兵、吁火兰等30名江西省女创业带头人。省人大常委会副主任、省总工会主席谢亦森出席会议,并为获得荣誉单位和先进个人代表颁奖,省总工会党组书记、常务副主席傅卓成出席并讲话。

【开展女职工服务工作】 2016年,省总工会开展多项活动服务女职工。举办全省女职工中西面点技能决赛,对获一等奖的选手授予"江西省五一巾帼标兵"称号。与中国电信江西公司联合举办电信客户服务岗位技能竞赛,覆盖一线客服职工1000余人。组织全省女职工参加第四届书香"三八"——"健康女性幸福中国"读书征文活动,组织开展"写家书·传亲情"活动。联合省职鉴中心、省妇幼保健院举办月嫂技能培训班,学员全部获得《母婴护理专项职业能力》证书。推动爱心妈咪小屋建设,全省已建立爱心妈咪小屋300余家,为哺乳期、孕期、备孕期的女职工提供人性化的温馨服务。对在档困难女职工进行分类精准帮扶,全年共帮扶困难女职工户数4.38万户,其中单亲女职工1.70万户,大病女职工4078户,低保女职工2.05万户,困难女农民工2264户。在南昌、赣州、萍乡、新余、吉安等多个地市创建"女农民工创业、创新孵化基地",激励和引导更多女农民工投身创新、创业大潮。

【组织劳模医疗队赴新疆开展医疗指导和义诊】 7月26日至8月2日,省总工会组织医疗卫生系统劳模专家医疗队赴新疆开展医疗指导和义诊。此举为全国工会系统对口援疆工作首创。劳模专家一行14人在新疆克孜勒苏柯尔克孜自治州、阿克陶县、乌恰县等地,为当地居民和边防武警官兵送医送药,接诊病人1173人次,检查治疗422人次,手术2人次,指导当地医生诊疗78人次。

(胡靓怡)

共青团江西省委员会

【概　况】 2016年,团省委深入贯彻落实中央、省委关于群团改革决策部署,认真落实团中央要求,以强“三性”、去“四化”为根本目标,改革创新,真抓实干,推动各项工作取得新发展。

牢记根本任务,不断加强青少年思想政治引领和价值引领工作。坚持把思想政治引领和价值引领贯穿团的各项工作和活动,不断增强思想引领针对性实效性。广泛开展主题教育。持续开展各类主题教育活动,举办“我们是共产主义接班人”“四进四信”“与信仰对话”等活动5.4万余场,引导广大青少年坚定不移地听党话、跟党走。大力传承和弘扬井冈山精神。实施“红色基因代代传”工程,开展“传承长征精神 不忘革命初心”“万人上井冈”等活动,持续推动建成160个“红色班级”和1.2万余人的红领巾小小讲解员队伍,激活青少年红色基因。培育和践行社会主义核心价值观。开展“十百千万”学雷锋、“我为核心价值观代言”等活动3.6万场次。举办“向上向善好青年”“最美系列”评选活动,开展“奋斗的青春最美丽”分享会2570场,用青少年身边的“榜样”示范、带动青少年。全面深化网络新媒体引领。持续强化由34万余名团员青年组成的青年网络赣军建设,推动团属新媒体矩阵提质增效,“江西共青团”“江西红领巾”“赣青团学”等微信公众号影响日益扩大,稳居全团前列。加大网络文化产品供应,以“菠萝侠”为形象代言,推出《青闻联播》等系列产品,深受青年网民欢迎。旗帜鲜明开展网上舆论引导和斗争,在“反对台独艺人”“上海女友回乡过年”等事件中,主动发声亮剑,弘扬清风正气。

聚焦服务大局,更好团结带领团员青年在“决胜全面小康、建设富裕美丽幸福江西”进程中建功立业。坚持围绕中心、服务大局工作主线,组织动员广大青年立足岗位创新创业创优。积极投身区域经济发展。继续举全力支持共青城发展,举办第二届中国青年APP大赛,联合江西卫视推出创业真人秀《创客英雄会》。参与“降成本、优环境”专项行动,帮助余干高新技术产业园园区企业融资700万元。积极参与脱贫攻坚。结对帮扶贫困家庭青少年1.83万人,帮助圆梦微心愿4.82万个,培养2169名“青创者”成为贫困村青年创业带头人,扎实推动各级团委定点帮扶95个贫困村。助推生态文明。开展主题宣传等活动2670场,组织开展“绿色骑行”、植绿护绿等环保实践活动,建设青年林233.33余公顷,在100个自然村持续推进共青团生态文明示范村创建工作。助力社会治理创新。全面推开重点青少年群体服务管理和预防犯罪工作,持续深化有不良行为青少年专门教育“江西品牌”,得到中央领导肯定。完成第四届世界“绿发会”、南昌国际马拉松等重大活动的志愿服务。开展政府购买社会服务试点、举办首届志愿服务项目大赛等,直接联系服务青年社会组织600余家。扎实做好援疆、援藏工作。争取到全省“十三五”援疆规划期间省财政支持赣陶青少年手拉手活动资金1330万元。推动3.1万余名赣陶青少年结成对子。选派61名“西部计划”志愿者援疆援藏。

强化青年导向,不断提高服务青年和维护青少年合法权益精准度。助力青年创新创业。构建以青创空间、青创赛事、青创融资、青创教育、青创宣传为主体的“五位一体”青创工作体系,打造青创服务链条。累计建成青创空间122家,为入孵企业提供政策对接、投融资支持等服务;举办“创青春”等青年创新创业赛事,参赛项目、参赛人员创历年之最;依托青创投资联盟,帮助创业青年融资7.51亿元;深化“导师带徒”,开展青创大讲堂活动,创新推出“青创茶经会”“青创特训营”。服务青少年成长成才。深化“希望工程”公益品牌,募集资金1711万元,援建希望小学20所,资助贫困青少年2692名。开展大学生“三走”课外体育锻炼活动,覆盖在校大学生85.6%。组织30余万名大中专学生志愿者参与暑期“三下乡”社会实践活动,常态化开展“爱的约定”婚恋交友活动。认真履行全团带队职责,创新编写了全省少先队活动课程指导用书。维护青少年合法权益。深入推进“青少年维权岗”创建活动,推动基层公检法司等单位强化青少年权益保护工作。持续深化“暑假前最后一课”和“开学第一课”青少年法治教育品牌,推进青少年自护教育、中高考心理减压等专项行动。组织102万名青少年参加全国青少年禁毒知识竞赛,推进团属青少年禁毒宣传教育阵地建设,得到省领导批示肯定。

落实从严治团,大力加强团的自身建设。以改进作风为重点,加强团干部队伍建设。做好团干部教育培训工作,分级分类举办培训班300余期。以增强先进性、光荣感为重点,加强团员教育管理。严控初、高中毕业班团青比例,全年发展团员总数明显减少、控制在20.4万人。强化团员教育管理,健全和改进“三会两制一课”制度,强化团员仪式教育。发挥团员模范带头作用,改进推优入党工作,持续推动团员注册成为志愿者,激发团员先进性。以做强做活基层为重点,加强团组织建设。深化区域化团建,全面推广“一会三化五联”工作模式,促进区域内组织、阵地、资源共建共享。推动机关企事业单位青工委建设,推进中学中职共青团“强基固本”工程和高校基层团支部“活力提升”工程。加强新兴领域覆盖,新建非公有制经济和新社会组织团组织801个、市级驻外团工委4个。

【召开第19届江西青年五四奖章表彰座谈会】 5月3日,第19届江西青年五四奖章表彰座谈会在南昌召开。省委副书记刘奇出席会议,并为受表彰者颁奖。省政协副主席汤建人出席座谈会并颁奖。团省委书记曾萍主持会议,省委副秘书长李能,团省委副书记孙鑫、廖良生、伍复康等出席。第19届江西青年五四奖章获得者和提名奖获得者,以及各界团员青年代表共150余人参加座谈会。

【举办“学党史、感党恩、跟党走——传承红色基因 共建清朗网络”主题教育纪念活动】 6月30日,团省委举办“学党史、感党恩、跟党走——传承红色基因 共建清朗网络”主题教育纪念活动。省委常委、省委宣传部部长陈俊卿出席活动。陈俊卿先后参观全省青少年红色文化教育成果展,视察江西青年互联网信息中心，查看中心建设与日常运行情况，并与全省青年网络文明志愿者代表进行座谈交流。团省委书记曾萍、副书记伍复康陪同。

【举行第二届中国青年APP大赛】 9月12日，第二届中国青年APP大赛（第三届“创青春”中国青年创新创业大赛APP专项赛）应用类四强选手电视总决赛及颁奖仪式在共青城举行，团中央书记处书记汪鸿雁、副省长殷美根出席，为获奖选手颁奖并分别讲话。省政府副秘书长刘晓艺、团省委书记曾萍等出席并为获奖选手颁奖。全国32个省级赛区报名参赛，6个项目分获应用类作品一、二、三等奖；6个项目分获创意类作品一、二、三等奖。

【举办第四届绿色发展投资贸易博览会——赣港澳台青少年生态环保交流活动】 11月26日，第四届绿色发展投资贸易博览会——赣港澳台青少年生态环保交流活动在南昌举行。省委副书记姚增科代表省委、省政府对嘉宾和青少年代表到赣表示欢迎，并希望青少年朋友牢记青春誓言，践行绿色承诺，播洒热情汗水，汇聚磅礴之力，为打造美丽中国“江西样板”、成就中华民族伟大复兴的中国梦作出贡献。省委常委、副省长、南昌市委书记殷美根参加活动。团省委党组副书记马健主持活动，团省委副书记孙鑫出席活动并介绍活动相关情况。来自赣、港、澳、台四地青少年环保组织代表与江西省青年环保志愿者共200余人参与活动。

（周颖）

江西省妇女联合会

【概　况】 2016年，省妇联围绕省委、省政府工作大局，以生动活泼的妇女工作实践彰显妇联和妇女的优势，做到妇联有声音，妇女有形象。省妇联4次在全国有关会议上发言。由江西推荐的龚全珍等3户家庭获评全国首届文明家庭，受到中共中央总书记习近平接见。在农村宅基地确权登记工作中，江西率先就保障农村妇女宅基地权益出台专项文件。全年争取各类妇女儿童民生项目资金1.5亿万元。

认真学习贯彻中共中央总书记习近平系列重要讲话精神，引导广大妇女听党话跟党走。开展“两学一做”学习教育，通过收看《永远在路上》《不忘初心，继续前行》电视专题教育片、重上井冈山等多种形式，将学习贯彻中共中央总书记习近平系列重要讲话精神作为首要政治任务，引导妇联干部把思想和行动统一到中央和省委的决策部署上来。开展“巾帼心向党·扬帆新征程”等系列活动，围绕纪念建党95周年、红军长征胜利80周年，把弘扬井冈山精神、传承红色基因与深化“我与中国梦”宣传教育结合，策划制作纪念南昌起义、井冈山斗争、红军长征等微电影，在腾讯、人民网等网络平台上传播。线上线下同步开展“党的女儿话初心”“我心中的歌”“感动随手拍”“社会化推荐三八红旗手”等活动，吸引百万妇女群众参与各种形式的报告会、宣讲会以及网上阅读、点赞，引导广大妇女坚定中国特色社会主义道路自信、理论自信、制度自信、文化自信，紧密团结在以习近平为核心的党中央周围。

服务“十三五”发展良好开局，大力支持妇女创新创业创优。针对妇女创业缺资金，就业缺技术的瓶颈，从资金、技术、市场等多方面为妇女创业就业提供有力支持。发挥妇女小额创业贷款项目的培育催化作用，抓住纪念省女企业家协会成立30周年之机，为9家女性企业发放巾帼创新创业贴息贷款共720万元，最高获贷额度达400万元。全年发放妇女小额创业贷款31.9亿元，扶持妇女自主创业3.3万人次。项目期内全省发放妇女创业贷款197.12亿元，直接扶持23.56万名妇女创业创新，带动百万名妇女就业。充分发挥妇联自身桥梁纽带作用，联合省直有关部门开展“春风行动”和“红杜鹃”家政服务女性专场招聘会，全省跨地区组织劳务输出13.2万名女性，当地企业吸纳农村女性劳动力就业15.2万人，为27.9万女性提供了维权服务和法律援助，为76.7万女性提供免费服务，其中有1.1万女性接受了创业服务，2.2万女性参加职业技能培训。举办“振兴杯”红杜鹃家政服务职业技能竞赛决赛，吸引12支代表队共91名选手参赛，江西女性微信公众号上关于此次大赛的访问量达到58万余次。

围绕培育和践行社会主义核心价值观，大力推进家庭文明建设。以寻找“最美家庭”活动为载体，传播好家训，传承好家风，常态化寻美、晒美，让广大妇女群众找得到身边的模范，学得到“最美”榜样。先后联合武警江西总队表彰“十佳军嫂”，联合省武警边防总队表彰“贤内助”，联合《江西日报》选出10位慈母，并在《江西日报》专栏连续刊出慈母事迹。制定出台江西省家庭教育五年规划，举办“我爱我家”家庭情景剧展示、“我爱我家同悦书香”亲子阅读等活动。优化升级江西省网上家长学校、在移动APP江西手机报开通《家庭》栏目，线上线下同步传播科学的家庭教育理念。江西省网上家长学校日平均阅读量近5000人次，《家庭》总点击量超过829万人次。

切实维护妇女合法权益，推动妇女儿童参与共建共享。推动省“十三五”规划设立专门章节规划妇女儿童事业。推动在全省建立健全婚姻家庭纠纷人民调解工作机制，指导各地成立婚调委。到年底，江西省90%以上的市、县成立婚姻家庭纠纷人民调解委员会，有效预防“民转刑”案件发生。实施“中国妇女法律援助行动项目”，办结妇女儿童法律援助案件16件。做好信访案件协调处理，全省妇联系统共接处信访6416件，省妇联本级接待妇女群众信访近300件。对重点信访案件，积极跟进，协助妥善处理。

大力推进两纲实施，进一步加强县乡村妇联组织建设。抓住贯彻落实第五次全国妇女儿童工作会议精神有利时机，及时向省政府呈报会议精神及贯彻落实意见的报告，受到省长刘奇的高度重视。省政府首次牵头召开由相关部门参加的工作协调会议，并以省政府办纪要的形式明确在全省范围内全面推行免费婚检、将妇女儿童发展纲要（规划）目标考核列入各级政府督查内容并列入2017年省政府督查重点等工作举措。

省妇联下发《关于进一步加强县乡村妇联组织建设扩大工作覆盖面的通知》。通知要求，在完善组织体系方面，进一步加强县妇联组织建设，

2016年底五年未换届的县(市、区)妇联要按照章程全部完成换届工作;进一步加强乡镇(街道)妇联组织建设,2016年上半年在乡镇(街道)领导班子换届工作结束后,未换届的乡镇(街道)妇联要及时跟进换届工作,实现同步换届;进一步加强城乡社区妇联及村妇代会建设,扩大村级妇联试点工作;进一步加强机关事业单位等基层妇联组织建设;进一步扩大基层妇联组织覆盖。在加强队伍建设方面,选优配强妇联组织领导班子,落实乡镇(街道)妇联主席由同级党委领导班子成员兼任、同时配备1名专职副职的要求;增加基层妇联组织成员数量,提高基层妇联组织队伍教育管理。在做实做优"妇女之家"方面,以巩固和完善"妇女之家"、延伸和拓展线上线下"妇女之家"为目标,不断探索新的工作载体,拓宽新的工作阵地。在强化组织保障方面,以强化组织领导、落实经费保障为目标,加强妇联自身建设,确保各项部署落实到基层。

【举办省妇联校外活动场所建设与管理培训班】 8月17日,江西省妇联系统未成年人校外活动场所建设与管理工作培训班开班,各设区市妇联主要领导、儿童部部长和县(市、区)妇联主席共150余人参加培训。培训班邀请中国家庭教育专家、省财政厅、天津市社科院社会学研究所、省网上家长学校、省家庭教育讲师团的专家授课。省妇联副主席黄海燕对各地妇联建设儿童活动中心进行再动员再部署,同时也指出各地儿童活动中心建设相关问题和不足,提出下一步工作要求。

【省妇联系统校外教育暨家庭教育骨干培训班在永修举行】 12月19日—23日,省妇联系统校外教育暨家庭教育骨干培训班在永修县举办。各设区市妇联分管领导、儿童部部长;县(市、区)妇联主席,省市县三级妇联系统校外教育阵地负责人;各地家庭教育专家等共230余人参加培训。培训班邀请中国家庭教育专家、中国儿童活动中心负责人和省教育研究所的专家授课,各地妇联作校外教育或家庭教育经验交流,家庭教育讲师团成员作说课、试讲展示。

【举办全省妇联系统综治维权普法干部培训班】 12月5日—7日,2016年度全省妇联系统综治维权普法干部培训班在南昌举办。各设区市妇联分管副主席和综治维权普法部门负责人、县(市、区)妇联综治维权干部、省妇联机关各部室和直属单位综治干部、省女法联各联谊小组会员150余人参加培训。培训班邀请全国妇联权益部、省综治办、省法制办、省电台、省幸福文化研究中心的专家学者授课。培训班结合妇联综治维权工作实际,精心设置普法维权宣传和平安家庭创建、矛盾纠纷排查化解与反邪教知识、信访接待、婚调工作中的心理调适技巧、培养法治思维与法治方式推进妇联维权、提升婚姻质量和家庭幸福指数等课程,受到学员欢迎。

【在全国率先出台举措保障农村妇女宅基地权益】 7月,省妇联与省国土厅联合下发《关于在农村宅基地使用权确权登记发证工作中保障妇女合法权益的通知》。省妇联密切关注农村宅基地使用权确权登记发证工作,在农村土地承包经营权确权登记颁证工作经验的基础上,主动作为,与省国土资源厅联合就农村宅基地使用权确权登记发证工作中保障妇女合法权益在全国率先出台省级指导意见。各级妇联对确权发证工作高度关注,保持与国土部门的密切沟通,及时掌握相关信息,提出妇联的主张,确保农村宅基地确权登记发证工作中维护妇女权益的省级指导意见在实践中落到实处。8月15日,全国妇联《妇工要情》专门刊登"江西省妇联联合有关部门出台举措有力保障农村妇女宅基地权益"文章,在全国范围内推介江西经验。

(凌云)

江西省科学技术协会

【概　况】 2016年,省科学技术协会(简称省科协)提出"五四三二一"工作思路,融入省委、省政府中心工作,亮起当好党管人才助手"五面红旗",实施助力创新驱动"四大工程",推进科协工作"三个转变",突出品牌建设"两个重点",强化建好科技工作者之家"一个目标"。

支持指导赣州创建全国"创新驱动助力工程"示范市。实施"创新驱动助力工程示范区建设"项目,从科普公共财政资金中专门列支100万元用于项目实施,对南昌、鹰潭、赣州3个设区市,德安、靖安、乐安、德兴4个县(市)给予支持。以院士工作站"互联网+研发平台"的方式,推动院士团队科技成果向企业转化,全省建立省级院士工作站76家,柔性引进院士105人、院士团队专家800余人,覆盖全省十大战略性新兴产业。省科协为项目推广总站,分设九江、赣州、吉安、新余4个子站,推动1133家企业注册应用"专利信息数据库"。与邮储银行江西省分行建立战略合作关系,全面启动"银会合作"。引入国家级学会进江西20余次,省级学会专家进园区80多次,为企业转型提供技术服务200多次。组织学会举行各类学术活动300多次,邀请两院院士及国内外高层次人才100多人次,举办服务县域产业升级学术活动20余项。组织院士工作站进站院士36人、院士团队专家97人加入"帮扶专家数据库"。组织实施2016年决策咨询课题10项。课题"实施精准扶贫,打造江西脱贫攻坚新样板"的阶段性成果获省委书记鹿心社批示。

组织举办江西省科协第四届学术年会以及中国新型工业化与城镇化发展论坛第二届年会、中国稻作起源地学术研讨会、华东区第二届核同舟论坛、中国科协青年科学家论坛、第六届中国湖泊论坛等全国性的重大学术活动。支持省级学会承接全国性、区域性、专业性的学术会议40余场次。两院院士200余人次到赣讲学和技术指导。举办第五届"现代铁路创新与可持续发展"国际学术研讨会。美国芝加哥库克医院教授刘冰应邀到赣讲学。邀请美国教授杨杰出席全省口腔颌面外科放射学术会议。支持南大第三附属医院举办亚太角膜论坛。打造大学生科技文化夏令营活动品牌。支持学会承接政府转移职能,30余个省级学会共承接45项政府转移职能。制定出台学会能力考核办法和考核指标,对学会进行分类考核,评出省级示范学会6个、优秀学会16个。评审认定首批13家江西省"创客之家"。举办2016年全国科技工作者创新创业大赛(江西赛区)项目决赛。与省教育厅等8部门共同举办"江西省首届高校科技成果对接会"。

完成"十二五"期末具备基本科学素质公民比例超过5%的目标,达到5.1%。以省政府名义出台《江西省全民科学素质行动计划纲要实施方案(2016—2020年)》,确定"十三五"期末江西省具备基本科学素质公民比例超过10%的目标值。组织"全国科普日""科普之春暨学雷锋科普志愿者服务月""百场科普报告进社区"等科普品牌活动。省科技馆和上饶市科技馆纳入2016年全国免费开放试点单位。流动科技馆在全省27个县(市、区)进行巡展,参观人次达135万人。启动安义县鼎湖中学校园科技馆等12个省级农村中学科技馆项目建设。省科技馆新馆开工建设,被中国科协确定为全国科普信息化建设"应用试点"单位。面向江西手机报彩信版1000万用户常年发送科普信息。启动江西科普电子图书馆建设,涵盖3万多种图书。"科普江西"微平台全年点击量超过14万人次。利用江西科普云系统开发66台科普阅览屏,发送科普信息10万多条,点击量超过50万人次。加强科普e站等科普阵地建设。联合组织举办第二届科普动漫创作大赛。协办第二届中国青年APP大赛。20个农村专业技术协会、15个农村科普示范基地、13个农村科普带头人和18个科普示范社区获全国"基层科普行动计划"表彰。表彰省级精品农技协34个,优秀科普示范基地60个,优秀科普示范社区42个。启动贫困地区创业致富带头人培训。围绕培育新型职业农民,开展农村电子商务科技培训。全省5万余名青少年参加第三十一届青少年科技创新大赛。8万余名青少年参加"走进创客、体验创新"全省青少年科学调查体验活动。组织选拔140名优秀高中学生赴清华大学等9所著名高校参加全国高校科学营活动。在2016年数学、物理、化学、生物、信息学竞赛全国决赛中,江西省获7金、33银、15铜的好成绩。

与省委组织部共同深入实施"百人远航工程"。新选送104名中青年科技人员出国进修深造。新建海智工作站7家。到年底,全省已建成21家海智工作站。全年开展对外学术交流活动40余场,共签署各种合作协议39个,洽谈项目35项,引进项目8个,引进团队23个,引进人才46人,接待海外专家团体累计128人次,组团出境开展引智活动17次,与海外团体建立联系共28家。省科协被评为中国科协"海智计划工作先进单位"。加强对科技工作者状况调查、国家站点和省级站点的指导,省级站点由原来的13个增加至15个。省科协调宣部获中国科协调宣部调查站点工作优秀区域部门。联合省教育厅、省科学院、省社科院组织开展科学道德和学风建设宣讲教育活动。经省科协推荐,任军、刘成梅,陈日新、刘季春、廖春发5名科技人员被评为第七届全国优秀科技工作者。

抓好院士工作站质量建设。首次开展院士工作站考核工作,对建站满3年的22家省级院士工作站进行考核评估;首次开展示范院士工作站创建工作,评选10家单位创建省级示范院士工作站;推荐4家省级院士工作站获"全国示范院士专家工作站"称号;首次组织院士专家集中参与面向企业科技帮扶重大活动,组织133位院士专家加入省"降成本、优环境"专项行动"帮扶专家数据库";推动市级院士工作站建设取得全面突破。全年新建市级院士工作站33家,引进院士31人;除鹰潭市外,各设区市全部启动市级院士工作站建设工作,共建市级院士工作站共40家。

【举办创新驱动助力地方经济发展大型科技服务活动】 3月15日,由省科协主办,抚州市科协和乐安县委、县政府共同承办的创新驱动助力地方经济发展大型科技服务活动在乐安县举行。来自中国电子学会、省农科院、省林科院和省作物学会、省园艺学会、省水产学会、省畜牧兽医等学会的20余名专家学者、行业权威参加此次活动。此次活动以"创新驱动助力地方经济发展"为主题,针对乐安县园区重点企业、乡镇提出的科技需求,组织有关全国学会和省级学会专家深入到乐安县的园区重点企业、乡镇,进行现场技术指导、技术培训、专题研讨会、科技咨询等形式的技术服务。通过这种面对面的沟通与交流,在县企与学会之间更好地搭建沟通和联系的平台,进一步促进县企与学会有效对接和互动共赢。

【中国稻作起源地学术研讨会在万年举行】 11月9日—10日,由中国科学技术协会主办,江西省科学技术协会承办,万年县委、万年县政府具体实施的第54期中国科技论坛——中国稻作起源地学术研讨会在万年县举行。省政协副主席李华栋出席论坛开幕式并讲话。中国工程院院士袁隆平专门为论坛致贺信。中国科学院院士、福建省科协副主席谢华安,中国工程院院士、江西省科协副主席颜龙安全程出席论坛活动。省科协党组书记、常务副主席罗莹主持开幕式,省科协副主席孙卫民出席开幕式并宣读袁院士贺信。与会专家学者积极讨论并共同发布《中国科技论坛中国稻作起源地学术研讨会科学家建议》。来自全国各地的水稻科技界、农业考古界、农业文化界、农业历史学界的权威专家学者,江西省、市、县各级参会代表和全国各大新闻媒体记者260余人参加会议。

【华东区第二届核同舟论坛暨创新成果展示会在南昌举行】 11月12日,由中国科协支持,江西省科协、中国矿联核地矿专业委员会联合主办的华东区第二届核同舟论坛暨创新成果展示会在南昌举行。论坛以"助推核产业创新发展"为主题,中国工程院院士、中国核工业集团公司科技委主任潘自强,中国工程院院士、中国核工业集团公司专家委员会副主任陈念念,中国工程院院士、中国核工业集团公司科技委副主任叶奇蓁出席并作主旨报告。省科协主席卢天锡出席开幕式并致辞。潘自强、陈念念和叶奇蓁分别以"持续发展核电是减少温室气体排放,改善我国环境的有效途径""我国核燃料循环的发展""核能造福人类——核电的发展与前景"为题作报告,并与参会代表进行问答交流,从创新的角度、专业的立场有针对性回答来自企业管理人员、核科技工作者、核高校在读学生提出的问题。省有关部门负责人,华东六省一市和北京、天津、新疆、四川、广东、湖南、湖北等15

省、市、自治区的核产业界专家、论文作者和跨学科跨部门跨行业的江西有关省级学会代表近300人参加论坛。

【第六届中国湖泊论坛在南昌举行】 12月9日，由中国科协主办，江西省科协、省科学院、省鄱阳湖生态经济区建设办公室、省山江湖开发治理委员会办公室、江西师范大学、南昌工程学院共同承办，以“流域综合管理与生态文明”为主题的第六届中国湖泊论坛在南昌举行。省人大常委会副主任马志武、中国科学院院士孙鸿烈、中国科协学会服务中心主任刘兴平出席开幕式并分别致辞。省科协党组书记、常务副主席罗莹主持开幕式。中国科学院院士傅伯杰、夏军，省科学院院长王晓鸿等出席论坛。论坛上，傅伯杰、夏军分别作题为《生态系统服务与生态文明建设》《生态水文学与鄱阳湖水系统调控科学基础的几点思考》的主题报告，省人大常委会原副主任、南昌大学教授胡振鹏作题为《加强流域综合管理，建设美丽中国的“江西样板”》的主题报告。与会专家围绕“湖泊流域水环境管理与生态修复”“湖泊流域土壤环境污染防治”“湖泊流域生态系统动态监测与环境健康诊断”“湖泊流域绿色经济与产业发展”“流域综合管理的探索与实践”5个专题进行交流研讨。中国科协有关部门、中国环境科学学会、中国水利学会等12家全国学会有关代表，中国科学院南京分院、中国科学院遥感与数字地球研究所等6个科研院所和有关省（市）科协和从事环境保护和湖泊湿地研究的专家代表，入选论文的作者，高等院校、科研院所等单位代表以及各承办单位相关科技工作者、新闻媒体代表共500余人参加论坛。

【“海外专家咨询委”代表团与江西海智工作站对接】 11月7日，国务院侨办海外专家咨询委东南行代表团一行与江西省专家在南昌市红谷滩新区慧谷科技创业园举行座谈会，省外侨办巡视员吴健民主持会议，省科协党组成员、副主席彭玲华出席会议并介绍省科协相关工作情况。江西海智计划工作站、院士工作站相关专家参加座谈会。常务副省长毛伟明会见“国侨办海外专家咨询委东南行”代表团一行。会前，代表团一行专程赴华东交大参观考察江西“海智计划”射频通讯与物联网技术工作站。

·资　料·

2016年省级示范院士工作站名单

序号	建站单位名称	备注
1	江西晶安高科技股份有限公司	荣获“2016年全国示范院士专家工作站”称号
2	江西省现代农业院士工作站	荣获“2016年全国示范院士专家工作站”称号
3	双胞胎（集团）股份有限公司	荣获“2016年全国示范院士专家工作站”称号
4	同方江新造船有限公司	荣获“2016年全国示范院士专家工作站”称号
5	虔东稀土集团股份有限公司	
6	江西洪都航空工业集团有限责任公司	
7	江西省地矿局赣南地调大队	
8	江西西林科新材料有限公司	
9	江西青峰药业有限公司	
10	南昌大学第一附属医院	

（杜春发）

江西省归国华侨联合会

【概　况】 2016年，江西省侨联认真学习中共十八届三中、四中、五中、六中全会和中共中央总书记习近平系列重要讲话精神，贯彻落实江西省第十四次党代会确定的各项任务，着力强化政治意识、大局意识、核心意识、看齐意识，坚持“两个并重”“两个拓展”，坚持凝聚侨心、汇集侨智、发挥侨力、维护侨益，全力服务党和国家工作大局，真情服务归侨侨眷和海外侨胞，切实加强自身建设，奋力迈出建设富裕美丽幸福江西新步伐。

推进侨联工作改革。省侨联贯彻落实中央、省委党的群团工作会议精神，以建设广大归侨侨眷和海外侨胞可信赖的温暖之家、团结之家、奋斗之家为方向，认真谋划，扎实推进侨联改革。召开深化改革工作座谈会，组织调研组赴浙江、上海等地调研，并与重庆、湖南、安徽、山西等省市侨联沟通交流，学习、了解中国侨联和兄弟侨联及省内群团单位改革试点经验，根据江西省的侨情特点，强化问题导向，突出改革主线，起草《江西省侨联改革方案（送审稿）》，征求中国侨联同意，经江西省委全面深化改革领导小组第十二次全体会议审议通过。

积极传递侨情民意。省侨联密切联系侨界人大代表、政协委员，履行参政议政职能，充分利用各种信息平台宣传侨联、反映侨界呼声。召开江西省政协部分港澳委员及海外特邀代表座谈会，参加全省政协港澳台侨和外事工作座谈会，通过各种途径传递赣侨心声。在全国和江西省“两会”期间，全国人大代表、省人大常委会副主任、省侨联主席马志武等侨界代表委员向全国人大十二届四次会议提交建议案10余件，向省人大十二届四次会议和江西省政协十一届四次会议提交提案20余件。全省各级侨联开展侨资企业经营发展状况调查调研活动，全年报送侨情信息48篇，被中国侨联采用14篇，获全国侨联系统信息工作一等奖，编发侨联专报12期。

加强海外联谊。省侨联访问团访问纳米比亚、南非和赞比亚三国，与南非江西总商会等当地侨团及侨商侨领开展联谊。组成江西省侨联“一带一路”经贸文化交流访问团，赴柬埔寨、泰国、缅甸等国家访问。全年，江西省侨联接待美国、法国、南非、阿联酋、日本等30余个侨团(企)到昌访问，对外经贸合作交流纵深拓展，侨联海外资源日益壮大。

【海外侨领中国国情研修班在赣举行】 7月12日—16日，由中国侨联副主席、福建省侨联主席王亚君率领的2016海外侨领中国国情研修班到赣考察访问，此次研修班成员由来自美国、秘鲁、澳大利亚、英国、意大利、坦桑尼亚、印尼等32个国家和地区的60余位侨领组成。研修班邀请知名专家学者就中国经济发展形势、“一带一路”战略、新时期外交政策、海外侨务工作、社会热点难点问题、中国传统文化经典等问题举办讲座，并赴井冈山革命圣地进行现场教学。江西省委常委、统战部部长蔡晓明会见到赣出席学习考察活动的中国侨联副主席乔卫，以及研修班的侨领代表。王亚君及研修班成员在昌期间还出席由江西省侨联、省商务厅共同主办的江西绿色生态发展推介会，江西省侨联主席马志武向研修班的60余位海外侨领介绍江西独有的区位优势、资源优势和生态优势，希望更多的海外侨领、侨胞到江西走一走，看一看，进一步接触江西，了解江西，认识江西，支持和关注江西发展，进一步加强在经济、文化、社会和绿色生态建设等方面的合作与交流，推动江西经济社会持续健康发展。

【赴澳门推介江西】 4月22日—25日，江西省侨联副主席、秘鲁万新集团董事长万志新率团赴澳门出席第21届澳门缅华泼水节系列活动。在省侨联牵线搭桥下，江西瑞金红色旅游及江西吉安绿色旅游开启澳门之门，借“节”生机，搭建平台。通过这个大型活动，江西吉安及瑞金旅游宣传推介会在澳门举行，并签订澳门与瑞金及吉安旅游合作协议。在澳门期间，万志新借助万新员工圈、中国侨商、中资企业协会等几个信息平台宣传江西、推介江西。

【举行“中国侨联成立60周年海外侨胞故乡行——走进江西座谈会”】 10月3日，为庆祝中国侨联成立60周年，更好地凝聚侨心、汇聚侨智、发挥侨力，省侨联在南昌举行“中国侨联成立60周年海外侨胞故乡行——走进江西座谈会”，欢迎法国美丽城联合商会会长姜金玉率团到赣考察联谊，并与海内外侨商畅谈侨联与侨企发展。姜金玉一行分别在南昌、宜春等地对侨资企业、投资环境和农业项目进行考察。省侨联党组书记张知明对海外客人的到访表示欢迎，并介绍江西省侨联近年来的工作业绩，邀请侨胞回故乡助发展。

【举办支持侨企创新创业发展座谈会】 为贯彻落实中国侨联“两个拓展”方针，助推侨企创新发展，江西省侨联分别于4月18日、10月21日、12月14日，与省公安厅、省住建厅、省科技厅举办3场“支持侨企创新创业发展”座谈会。副省长郑为文出席省公安厅支持侨企创新发展座谈会。省侨商会、省侨联青年委员会、省侨联特聘专家委员会、省侨联文化艺术交流协会、省侨联法律顾问委员会的企业家代表参加座谈会，与省公安厅、省住建厅、省科技厅等单位的负责人进行互动交流。侨资企业是中国非公有制经济的重要组成部分，广大侨商对江西的政治经济发展做出了重要贡献，因此支持服务侨企发展具有重要意义。省公安厅、省住建厅、省科技厅等有关单位表示，将进一步加强与侨联的合作，不断优化政务环境、优化市场秩序和法制环境，做好为侨服务工作，营造亲商、爱商、安商、富商环境，为江西与全国同步建成小康社会做出应有贡献。

(刘晋)

江西省台湾同胞联谊会

【概　况】 2016年，省台联、台盟江西支部围绕两岸关系和平发展主题和全省经济社会发展大局，继续发挥民主党派和人民团体作用以及乡情亲情优势，深入做好团结、联谊、服务台胞工作，创新开展民间交流交往和社会调研，推进赣台各项合作交流和参政议政工作再上新台阶。

加强与岛内、海外台胞人士和在赣台胞台商的联系，注重与台湾社团和基层人士的联络交往。以青年委员会、陶瓷交流中心、海外经贸文化交流协会、台湾同胞同乡俱乐部、赣台青年创业学园为载体，先后接待两岸艺术文化交流会、英国台商商会、台湾江西商会、中国统一联盟、台湾体育史协会、台湾陶瓷协会、台湾逢甲大学访赣团、台湾少数民族发展委员会、南投埔里退休老师参访团、台湾大健康产业联盟、台湾跆拳道协会、台湾志阳科技股份有限公司、元培科技大学师生等13个团组和台湾知名导演邢峰等到赣访问交流。全年接待台湾各阶层人士达400余人次。

建言献策助推建设江西。台联届别政协委员认真履行职责，献计献策。提交《关于支持和加快推进“汪山土库海峡两岸(赣台)文化艺术交流基地建设项目”建设的建议》《推进智慧农业建设，加快现代农业发展》《助力发展甜菊糖产业，培育工业经济新动力》《创新农业人才培训机制，提升基层农业科技水平》《借鉴台湾先进经验，发展江西养老产业》《加强生物农药研发与应用，保障生态环境与食品安全》等提案，为促进江西经济、社会科学发展建言。

台盟江西支部结合江西的实际情况，参与台盟中央参政议政论坛，并作“从美国亚太战略看美台军事关系”发言。完成“关于民进党执政后应采取应对措施的建议”“推进智慧农业建设，加快现代农业发展”“解决融资难和技术创新问题助力台资企业升级转型”“大力发展共享经济，践行绿色生活方式”等涉及农业、经济、台商、两岸关系等各领域的专题调研。

【举办全国台联台胞青年千人夏令营江西分营活动】 7月,举办全国台联2016年台胞青年千人夏令营江西分营活动,这是省台联连续第12年举办的两岸青年活动,来自岛内的台胞青年学生和江西师生近200人汇聚在南昌职业学院,该届夏令营活动的帷幕,并为“赣台青年创业学园”揭牌。在赣期间,两岸青年互动联欢和进行体验式交流,参观滕王阁和见证南昌红谷滩新区城市建设,游览井冈山、仙女湖。

【参加同心·振兴广昌示范区扶贫工作】 2016年,省台联根据《关于省直统一战线开展“千户示范、万人脱贫”扶贫行动的实施方案》要求,按照构建精准扶贫的工作机制,着重从“特色产业、民生事业、基础设施、生态环境”等方面开展对口扶持桐斜村工作。与台盟中央社会服务部一同就助力老区脱贫攻坚为课题到广昌县开展相关帮扶调研,调研组一行实地查看台盟中央援建的敬老院建设情况,与广昌县委、县政府、县振兴办、县民政局、县水利局以及水南圩乡相关负责人进行座谈,捐赠项目资金50万元,用于广昌水南圩乡敬老院工程。

（俞红光）

江西省工商业联合会

【概　况】 2016年,江西省工商业联合会学习贯彻中共十八大和十八届三中、四中、五中、六中全会,以及中共中央总书记习近平重要讲话精神,坚持促进“两个健康”主题,围绕中心,服务大局,各项工作取得新成效。

引导和代表非公有制经济人士积极参政议政。省工商联在省政协十一届四次会议上提交《打通农村电子商务“梗阻”加快我省农业现代化进程》《关于加快培育我省互联网金融产业的提案》《有效化解产能过剩推动我省水泥行业健康发展》《增强我省非公有制企业“走出去”竞争力》4项提案,其中《打通农村电子商务“梗阻”加快我省农业现代化进程》提案被选为会中办案提案并由省政协副主席督办。省工商联主席雷元江代表省工商联在省政协十一届四次会议上作题为“加快培育我省互联网金融产业”的大会发言。

围绕促进非公有制经济发展开展各类调查研究。开展“民间投资下滑”“构建亲清政商关系”“降成本”“旅游产业”四大主题调研工作。针对当前敏感问题,完成《2016年江西省“亲”“清”新型政商关系调研报告》《全省“降成本”分析报告》,提出《关于推动构建新型政商关系的若干意见》,受到有关方面的肯定和好评。创建省民营经济研究会微信平台,承载第二届最佳优化民营经济发展环境县(市、区)微信投票评选工作;发挥决策咨询作用,《民企参与视角下国企“混改”新突破调研》的专报,得到副省长李贻煌批示;《内参》在重大热点事件上发出工商联的声音。

加强非公有制经济人士思想政治工作。以“守法诚信、坚定信心”为重点,围绕大力构建“亲、清”新型政商关系,深入开展理想信念教育实践活动,引导非公有制经济人士树立对中国特色社会主义的信念、对党和政府的信任、对企业发展的信心、对社会的信誉。贯彻中共中央总书记习近平“要引导非公有制经济人士特别是年轻一代”指示精神,深入开展年轻一代非公有制经济人士工作专题调研,成立江西省新生代企业家商会,南昌、九江、萍乡、鹰潭、宜春、上饶、吉安以及22个县级工商联成立新生代企业家商会,共有会员1212人,发挥商会教育年轻一代企业的重要作用。开展“建设美丽江西·非公有制经济人士在行动”主题实践活动,响应省委、省政府打造美丽中国“江西样板”战略部署,组织非公有制经济人士围绕“建设美丽江西”谈认识、献计策、明举措,刊登非公有制经济人士建言献策信息2800多条。发挥优秀非公企业典型示范作用,在《江西日报》大力宣传方大特钢科技股份有限公司、江西东旭投资集团有限公司、博能控股集团有限公司等8家民营企业“建设美丽江西”典型事迹,开展“百媒进千企”系列宣传活动,全省组织100家媒体,对1000余家民营企业和商会先进典型进行宣传报道,并编辑完成《江西品牌故事汇》和《江西省非公有制企业挖潜力降成本促发展典型案例》。

围绕中心,扎实开展招商引资活动。省工商联会同省商务厅对全国工商联十一届四次执委会议暨全国知名民营企业助推江西发展升级大会项目落地情况进行跟踪督查,截至12月,已注册项目2004个,注册率96.58%;已进资项目2010个,实际进资5103.77亿元,进资率44.38%;已开工项目1939个,开工率93.45%;已投产项目1363个,投产率65.69%。争取全国工商联装备商会将会长会议定在江西召开,并作为“2016江西军民融合产品技术资本合作推进会”的重要内容,促成一批项目落户江西,推动江西省军民融合产业发展。参与第四届世界绿色发展投资贸易博览会、第九届中国绿色食品博览会的筹备工作。

服务大局,积极引导民营企业走出去。省工商联组织60名民营企业家赴埃塞俄比亚、赞比亚、肯尼亚、赴印度尼西亚、澳大利亚、新西兰、赴英国、德国、赴柬埔寨、孟加拉、印度经贸考察团等4个团组,深入考察“一带一路”沿线国投资环境,促成一批合作项目。正邦集团投资2000万美元在埃塞俄比亚建立饲养基地,协助南昌涂料协会、赣州亿通外经公司等6家企业前往非洲、东南亚国家开拓市场。组织企业家参加2016赣港经贸合作活动、战略性新型产业(杭州)推介会、江西省现代服务业(南京)推介会、全国民营企业与西部高端产业合作发展大会等活动。“一带一路”服务中心基础工作进一步夯实,构建海外商会联系网络,与52个沿线国家、重点国家的57个商会建立联系,并与其中的19个商会签订经贸友好合作协议;与北京仕和世通建立战略合作关系;完善有意向“走出去”民营企业数据库;成立江西省民营企业“走出去”合作联盟,共有126家成员单位。

组建境外商会。省工商联加强同各国政府部门、商(协)会、同乡会的联系,推动组建赞比亚、印度尼西亚、柬埔寨、日本、英国5家江西商会;协助筹建美国、法国、尼日利亚、坦桑尼亚、泰国5家江西商会,为民营企业“走出去”打通渠道。接待赞比亚、印度尼西亚、英国、澳大利亚、博茨瓦纳、肯尼亚、日本等国家江西商会以及加拿大中华总商会、美国南加州江西同乡会、意大利佛罗伦萨工商业联合会的来访，签订友好经贸合作协议。

服务非公有制经济健康发展。发布江西百强民营企业。开展第三次“江西民营企业100强”调研排序工作，形成《2016江西上规模企业调研分析报告》，发布江西民营企业100强、江西民营企业制造业100强、江西民营企业服务业20强名单。百强入围门槛11.75亿元，比上年增长39.22%。开展万人培训。省工商联全年举办培训班3期，财智大讲坛11期，培训3501人次；设区市工商联举办各类培训活动91次，培训1.30万人次。筹建“赣民投”。省工商联牵头筹建“江西民营联合投资有限公司”（简称“赣民投”），约有10余家企业有意向参加筹建，促进民营企业转型升级、实现民间资本投资领域抱团发展迈出重要步伐。

引导非公有制经济人士履行社会责任。引导民营企业家参与精准扶贫、光彩事业和各类公益事业，联合省扶贫办和省光促会把开展“千企帮千村”精准扶贫行动作为政治任务来抓。截至12月底，全省有1374家民营企业帮扶贫困村1273个、贫困人口12.97万人，共实施帮扶项目1658个，投入资金4.47亿元。在全国“万企帮万村”精准扶贫行动现场会上，省委统战部副部长、省工商联党组书记李青华作为全国唯一一名省级单位代表作大会典型发言。与中国农业发展银行合作，共有55家民营企业产业申报扶贫项目融资意向，努力为帮助民营企业解决精准扶贫融资问题。组织民营企业参与“中国光彩事业庆阳行暨民企陇上行”活动和“德宏行”活动。

加强组织建设，做实非公党建。按照省非公有制经济组织党委的职能，开展非公党建工作。成立4个省非公党建工作指导小组，建立157家直属会员企业台账，实现10家规模以上直属会员企业、16家直属商（协）会和157家直属会员企业的党组织和工作“两个覆盖”。做大基层组织，吸引战略性新兴产业、先进制造业、现代服务业、文化创意产业企业入会，吸纳小微企业入会，增强会员队伍的广泛性和代表性。到年底，省工商联共有会员14.15万个，比上年增加15.0%。按照“自我发展一批、指导成立一批、团体会员吸收一批”的思路，全年省工商联新增商会12家，共有商会组织2188个。召开全省“五好”县级工商联建设现场推进会，命名第二批24家全省“五好”县级工商联，县级工商联主席进入同级人大、政府和政协领导班子的比例达到66.3%。继续做好江西省“同心谷·赣商之家”建设，着力总部基地项目软件功能与硬件建设同步配套，启动“一个基地，五个中心”规划设计工作。

【开展第二届最佳优化民营经济发展环境县（市、区）推选活动】 4月至11月，为优化民营经济发展环境，形成共同促进民营经济持续健康发展舆论氛围，省工商联和江西日报社联合开展第二届最佳优化民营经济发展环境县（市、区）推选活动，受到社会各界热烈响应和广泛参与。1.2万人参与问卷调查，113.8万人次参与网络投票，共评选出青云谱区等11个县（市、区）被推选为最佳优化民营经济发展环境县（市、区）。

【化解民营企业纠纷】 晶科能源、明冠新材料之间的经济纠纷，不但影响两企业正常生产，而且在社会上造成不良影响，引起高层领导关注。2016年，省工商联多次耐心细致做两企业的思想政治工作，晶科能源、明冠新材料握手言和。为了使维护民营企业合法权益走上规范化、制度化发展道路，巩固建设“绿色通道”，省工商联出台《江西省工商联关于加强法律服务和维权工作的意见》，组建“百名律师服务团”，积极稳妥解决企业诉求，保护民营企业合法权益。

（林繁）

江西省文学艺术界联合会

【概　况】 2016年，省文联坚持“二为”方向、“双百”方针，坚持以人民为中心的工作导向，认真履职尽责，强化作风转变，团结引导广大文艺工作者为繁荣江西省文艺事业作出贡献。

深入学习贯彻中共中央总书记习近平系列重要讲话精神，始终坚持文艺工作的正确方向。深入学习中共十八大和十八届三中、四中、五中、六中全会精神，习近平在文艺工作座谈会、中央党的群团工作会议和中国文联十大、中国作协九大开幕式上的重要讲话精神，以及省第十四次党代会精神，全年省文联党组中心组理论学习14次，举办各类型的党课、理论学习报告会10余次。在中共中央总书记习近平文艺工作座谈会重要讲话两周年之际，举办“全省文联系统深入学习贯彻习近平总书记文艺工作座谈会重要讲话专题辅导报告会”；中国文联十大、中国作协九大召开后，及时传达学习会议精神，部署江西省文联系统贯彻落实意见；对接中国文联和各全国文艺家协会，举办江西省全国文艺家协会会员“深入学习贯彻习近平总书记文艺工作座谈会重要讲话精神专题研讨班”5期。通过各种学习研讨，引导文联协会干部、广大文艺工作者不断提高思想理论素养，坚定理想信念，坚定不移走中国特色社会主义文艺发展道路。

认真履行工作职能，积极开展文艺创作和文艺实践活动，努力推动出作品、出人才、出影响。实施“深入生活、扎根人民”主题实践。围绕建党95周年和红军长征胜利80周年，组织文艺工作者开展主题采风活动，追寻革命足迹，接受精神洗礼。与中国作协联合主办中国作家“重走长征路”采风活动，接待中国电视界导演制片人“深入生活 扎根人民”上饶行、中国曲协“重走长征路”等多个采风团，宣传推介江西红色文化。精心组织文艺创作生产与文艺评论工作。抓好主题文艺创作，举办“心中的旗帜”优秀原创歌曲推选、“党在我心中”诗歌征集等创作活动，配合省委宣传部积极推进2016—2017年重大主题美术创作工程；为纪念井冈山革命根据地创建90周年，策划创作大型交响组歌《井冈山》；为宣传富裕美丽幸福江西，组织创作系列摄影作品“江西的表情”，推出《民俗江西》《魅力古村落》《锐力·文学江西》《江西文学精品丛书》等系列丛书。大力推进文艺创作工程，制订《江西省文联文艺创作与繁荣工程项目实施管理办法》，对繁荣工程项目的立项、实施、结项等诸环节进行规范管理，并召开创作工作会。抓好江西文学创作重点扶持工程，项目完成前期评审，遴选出35件优秀作品；推进"江西长篇小说重点扶持工程"，通过组织江西作家、文学工作者紧扣时代特色，创作一批优秀文学作品。与中国作家出版集团、作家出版社同力合作实施江西长篇小说重点扶持工程，推出10部优秀本土长篇小说。加强文艺评论工作，广泛团结凝聚评论人才，壮大评论队伍，围绕重点文艺作品、文艺现象开展专题研讨，召开中国文艺评论（江西）基地揭牌仪式暨基地建设座谈会，推出《江西知名文艺家研究文丛》《长征题材文艺创作研讨会文集》等一批理论成果。夯实文艺阵地建设，对《星火》《创作评谭》进行改版，所属文艺期刊健康发展，影响力不断扩大。推荐优秀作品参加全国权威文艺评奖和比赛，取得优异成绩，联合摄制的电视剧《破阵》获第28届中国电视金鹰奖优秀电视剧奖，两部微电影作品获第四届亚洲微电影艺术节二、三等奖。

举办有影响有特色的文艺活动。举办纪念红军长征胜利80周年系列活动。举办国画长卷《万里长征新画卷》全国巡展、"七一颂歌献给党，长征源头唱红军"志愿服务等系列活动，展现党的光辉历程，讴歌党的丰功伟绩。宣传江西特色文化，讲好江西故事。举办"江西风景独好"采风写生作品展、"龙红赣南采茶戏音乐演唱会"、首届江西省瓷画邀请展、江西五大山五名家摄影精品展等展览、演出活动50余场次。2016年谷雨诗会分别在赣州于都、上饶灵山、吉安青原、南昌梅岭举办4场次，品牌效应不断增强。第二届"汤显祖戏剧奖·地方戏曲经典传统小戏、折子戏大赛"取得成功，有力推动江西戏曲振兴。推动江西文化走出去。在匈牙利首都布达佩斯举行"中国竹文化展"，"八一起艺"成果之一摄影长卷《千里赣鄱锦绣图》在新西兰展出，与俄罗斯圣彼得堡市美协签订战略合作协议，接待韩国艺术家交流团，促进对外文化交流。

加强对会员和文艺人才的扶持培养。举办青年作家改稿班、青年美术书法摄影作品展、少儿舞蹈曲艺大赛等系列活动，培养文艺新人。加大文艺人才推介力度。组织文艺工作者参加全国性文艺人才培训，为文艺工作者在采风、创作、出版、展览、演出等方面提供支持，向各类人才工程举贤荐能，建立名家工作室，完善人才信息库。延伸工作手臂，热情服务新文艺群体。广泛团结联络体制外文艺工作者，积极吸纳新文艺群体代表入会、举办培训班、改稿会，不以身份划分对象，"文化名家""四个一批"等人才工程推荐选拔涵盖宣传思想文化全领域，覆盖系统内外、体制内外，增加新文艺群体代表参加全国重要会议，推荐3名体制外文艺工作者代表参加中国文联十大、中国作协九大。加强文艺界行风建设，印发《关于广泛深入开展"向阎肃同志学习"活动的通知》，号召全省文艺工作者自觉追求德艺双馨，勇攀艺术高峰。启动文艺版权保护工作，与省新闻出版广电局（版权局）签订《加强版权保护共促文艺繁荣战略合作框架协议》，保护文艺工作者的合法权益。

大力开展文艺志愿服务。将文艺志愿服务与重大主题有机结合，开展富有影响的活动，举办护士节"文艺进医院，欢乐献天使""江西是个好地方"八一起义纪念馆快闪等系列活动；配合省委宣传部、省文明办排演一台以道德模范事迹为主要内容的曲艺节目，并组织赴全省11个设区市巡演；面向基层持续开展"万名书法家送万'福'进万家"江西书法公益大讲堂、"我们的中国梦"摄影进万家等公益活动。对接中国文联文艺志愿服务项目，承办中国文联、全国文艺家协会5场次"送欢乐，下基层"慰问活动。争取到专项扶贫资金，在鄱阳县实施文艺扶贫，取得积极成效。鄱阳县在全国文艺扶贫工作培训会上作典型发言，并被授予"全国'文艺扶贫奔小康'志愿服务行动工作示范县"称号。

【在匈牙利首都举办中国竹文化展】 9月23日—26日，由中国文联、江西省文联等联合主办的中国竹文化展在匈牙利首都布达佩斯哥白尼新山展馆举行。江西省文联主席叶青带队，65件竹雕工艺品、竹制乐器，以及以中国竹文化为主题的书画、微电影，在古琴和竹笛伴奏下精彩亮相，受到当地观众的热捧以及有关媒体的关注。此次活动，传播了中华优秀传统文化，展示"江西风景独好"形象。

【举办第二届汤显祖戏剧奖地方戏曲经典传统小戏、折子戏大赛】 10月9日—12日，由省文联、抚州市政府联合主办，省剧协、抚州市文联承办的第二届汤显祖戏剧奖地方戏曲经典传统小戏、折子戏大赛在抚州举行，中国剧协分党组书记季国平出席开幕式。经过专家评审，10个剧目获演出一等奖，10个单位获优秀组织奖，10名演员获个人表演奖。此次大赛，展示弋阳腔、赣剧、赣南采茶戏、西河戏等14个赣地剧种，近2万名戏剧爱好者观看演出。

【赴京举办"万里长征新画卷"暨"江西风景独好"——国画精品展】 8月18日—21日，省文联在中国文联文艺家之家展馆举行《万里长征新画卷》暨"江西风景独好"——国画精品展。中国文联党组书记、副主席赵实，中国文联副主席李屹、左中一，党组成员、办公厅主任陈建文，中国美协分党组书记、秘书长徐里等领导和社会各界人士代表参加开幕式并参观展览。《中国艺术报》等数十家主流媒体为展览作了全方位、多角度的持续报道。

【举办道德模范先进事迹巡演】 1—2月，省委宣传部、省文明办、省文联联合主办，省曲协承办第四届江西省道德模范先进事迹巡演，通过鄱阳大鼓、永新小鼓、萍乡春锣等江西具有代表性的优秀地方曲种，讲述张秀桃、毛秉华、邹德凤等7位道德模范的感人故事，再现道德模范的先进事迹。巡演历时15天，先后赴11个设区市专场演出，观众达2万余人。

【启动"书法公益大讲堂"】 2016年，为提高基层书法工作者及书法爱好者的艺术素养、教育水平、美育理念，夯实江西书法基础，丰富提升群众业余文化生活，省书协启动"书法公益讲堂"。先后走进赣州市、宜春市、安福县、鄱阳县等20余个市县和江西师范大学等10余所高校，以及江西省未成年人管教所启明学校、江西科技学院附中等5所中小学，开展公益讲堂80余场次，近百位书法志愿者参与授课，听众数万人。

【与省新闻出版广电局(版权局)签署“加强版权保护、共促文艺繁荣战略合作框架协议”】 为加强行业管理、推动知识产权保护，省文联发挥群团组织优势，履行职能，开展文艺维权工作。4月29日，省文联与省新闻出版广电局(版权局)签署“加强版权保护共促文艺繁荣战略合作框架协议”，双方达成五项共识：共建文艺精品创作机制，共建版权保护机制，共建版权运用机制，共建版权管理机制，共同建立经常性的联系和沟通机制。签约仪式上，部分文艺家领取首批作品登记证书。

【举办2016中国(新余)七仙女文化高峰论坛】 8月8日—10日，由中国民协、省文联、新余市委、市政府共同主办，省民协、新余市委宣传部等承办的2016中国(新余)七仙女文化高峰论坛在新余举行。来自国内外的40余名专家学者在论坛发言。此次论坛，是推进民间传说深度研究和地域文化品牌构建，增强城市文化魅力的重要举措。论坛就七仙女故事的流变和生成、毛衣女的主题学和母题研究、地方性与毛衣女故事的关系等话题进行深入探讨，为站位国际视野讲好江西故事提供典范。

(徐健)

江西省红十字会

【概　况】 2016年，全省红十字会接受捐赠款物8929.21万元，同比增长133.83%；志愿者5.38万人，在全国排第十三位；救助受益人口23万余人次；培训救护师资307人，救护员21815人，普及培训48万余人次；完成6500余人份造血干细胞捐献志愿者血样采集入库工作，实现造血干细胞捐献9例；发展遗体捐献志愿者703人，实现捐献76例，其中器官捐献41例，实现大器官捐献114个；普及无偿献血知识120万余人次。江西省红十字会获“江西省第十四届文明单位”称号，江西省红十字志愿者邹德凤、顾定恩荣获全国最美志愿者。

人道作用不断凸显。发起成立江西省红十字基金会，募集408万元原始资金，成为江西省人道资源动员的重要渠道和平台。做实“博爱送万家”品牌。2016年元旦、春节期间，省红十字会自筹30万元，采购1000只家庭箱，接收中国红十字会价值85万元的救助物资2000箱，用于开展全省红十字博爱送万家活动。为孤寡老人、贫困家庭送温暖的“小小箱子、浓浓情意”网络筹资项目，筹集救助款40余万元，一大批贫困家庭受益。“小天使基金”资助白血病患儿130人，资助额434万元。在南昌市社区实施中国红十字会总会“社区慢性非传染性疾病预防和控制试点项目”。

老年介护水平不断提升。深入实施“三社互助”(社团、社区、社工)及“三位一体”(居家介护、医护结合、院养结合)的老年介护项目，得到全国人大常委会副委员长、中国红十字会会长陈竺的肯定。积极申报“全国养老服务示范基地”建设项目，推进养老服务标准化建设，受总会委托编写“培训管理”“志愿服务”和“项目实施”手册。首次通过招投标方式承接省民政厅的中级养老护理员职业资格培训项目，培训50名中级养老护理员。全年通过省彩票公益金项目支持，在全省培训老年介护师资302人，普及培训8000人次。

救护救援不断深入。强化基地站点建设。在南昌、吉安建设2个应急救护培训示范基地，开展基地化教学培训和救护知识传播。组建水上救生队伍，联合相关部门推广“泳安计划”——青少年水域安全宣教公益活动，举办培训146期，培训救护员151人，普及水上救生知识3.29万人。组建省级红十字赈灾救援队和省红十字水上救生志愿队，积极参与自然灾害救援。2016年，根据灾情，两次启动四级应急响应，先后多次向中国红十字会总会报送灾情、向各灾区及时调配救灾物资200多万元。积极参与鄱阳县等洪涝灾害和丰城“11·24”坍塌救援。6月20日，鄱阳县向阳圩溃决，省红十字水上救援队派出13名队员，携带2辆水陆两栖车赴灾区救援。这是江西省第一次在抗洪救灾中使用水陆两栖车。

【启动“泳安计划”为青少年生命安全护航】 5月6日，“江西省红十字水上救生训练基地”揭牌暨“2016泳安计划”启动仪式在南昌大学举行。截至10月，省红十字水上救援队已联合南昌大学游泳俱乐部，为南昌大学举办144期“泳安计划”——青少年水上安全与自救知识公益课程，受益人数1.6万余人。省红十字水上救援队联合共青团东湖区委开展“平安东湖泳安计划进校园”水域安全教育培训活动，为东湖区3所小学学生开展水域安全、防溺水教育培训，受益人数1200人次。南昌市西湖区红十字会、西湖区教育科技体育局、南昌市红十字雄鹰救援队联合开展“泳安计划进校园”预防溺水安全体验式教育，在该区3所小学开展10期培训，受益人数1321人次。

【姜闽林捐献淋巴细胞实现跨国救命】 8月8日，上饶鄱阳的90后志愿者姜闽林在上饶市红十字会工作人员的陪同下，在北京空军总医院成功采集65毫升的淋巴细胞，交给比利时红十字会工作人员，援助异国病患。2月，姜闽林曾在北京空军总院为此比利时患者捐献造血干细胞。姜闽林的捐献，创造江西省捐献干细胞的“三个第一”：江西第一位涉外捐献志愿者，第一位涉外二次捐献志愿者，第一位捐献淋巴细胞的志愿者。

(罗星星)

江西省社会科学界联合会

【概　况】 2016年，省社联发挥“桥梁纽带、组织协调、咨询服务、宣传普及”职能，团结带领全省社科界和广大社科工作者，围绕江西省经济社会发展大局，不断强化理论武装，大力推动理论创新，切实加强新型智库建设，深入推进社科普及宣传，进一步繁荣发展江西省哲学社会科学事业，为决胜全面建成小康社会、建设富裕美丽幸福江西作出贡献。

理论创新工作实现新突破。全年全省获国家社科基金年度项目122

项，在全国排名第十位。其中江西师范大学获32项，与复旦大学并列全国第八位，在全国师范类院校排名第一。国家社科基金重大项目实现新突破，获重大项目5项，《海昏侯墓考古发掘与历史文化资料整理研究》获资助经费300万元，是全国获得资助金额最多的国家社科基金重大项目之一。省经济社会发展重大招标课题、中国特色社会主义理论专项课题、“十三五”年度社科规划项目、“青马工程”资助项目、青年博士基金项目、江西地方历史文化研究项目等六大省级项目平台建设取得成效。

新型智库建设迈出新步伐。先行开展高端智库建设试点工作，引导和组织全省广大社科工作者对全省经济社会发展的重大理论和现实问题开展战略研究和对策探讨，主持完成大健康产业发展、中医药强省建设、江西生态文明建设等重大调研报告和《江西省大健康产业发展规划（2016—2020）》；《内部论坛》共发刊36期，获省领导肯定性批示42人次；创设省经济社会发展智库项目，一大批省哲学社会科学重点研究基地智库项目、“同心”智库项目和法治江西智库项目获得立项。

社科普及和理论宣传宣讲产生新影响。举办2016年全省社科普及宣传周暨学术活动周活动，全省400多个相关单位参与，共安排大型学术报告150多场次、基层社科普及和学术活动300多场次；社科普及立法工作取得新进展，《江西省社会科学普及条例》列入省人大2017年立法计划；做大做强“社科大讲堂”品牌，全年举办26期专题讲座，邀请欧阳志远、尹卓、张维为等一大批国内省内知名专家授课；承办华东地区社科普及工作经验交流会。省社联科普处获中组部、中宣部等9部门授予的《全民科学素质行动计划纲要》“十二五”实施工作先进集体。

学术阵地和活动平台建设取得新成绩。《老区建设》在宣传精准扶贫政策、扶贫攻坚一线进展情况以及典型经验方面作出贡献，《苏区研究》获社科界专家学者的高度赞誉，两个刊物同时被收录《中国人文社会科学期刊评价报告（AMI）》引文数据库来源期刊。联合中国社科院近代史研究所主办“中共历史进程中的苏维埃革命”学术研讨会，与华东政法大学联合主办“第九届犯罪学高层论坛”，邀请中宣部、中央党校、中央政策研究室、中国社科院、北京大学等一批知名专家学者作学术报告。

基层社联和省属学会实现新发展。不断加强对设区市、企业以及县（市、区）社联的指导、协调、服务和管理，创设省社科规划地区基金项目，进一步加大力度资助和扶持基层社联建设和发展。省属学会实现科学创新发展，省方志敏研究会、省金融学会等5个学会获“全国社科联先进学会”称号，4名学会工作者获“全国社科联优秀学会工作者”称号。

【举办“讲好江西故事”专题培训班】 9月上旬，由省社联组织的“把党的方针政策传遍千家万户——‘讲好江西故事’专题培训班”在南昌举办。省委常委、省委宣传部部长陈俊卿对做好专题培训作重要指示，省委宣传部副部长朱民安出席开班式并讲话。省社联党组书记、主席吴永明主持开班式。中宣部《党建》杂志社社长刘汉俊、江西省委宣传部原常务副部长陈东有、中国江西网副总编辑王宣海为培训班作辅导报告，6名在宣讲一线工作的人员分别结合各自工作理念与实践交流经验。基层社联负责人、基层讲堂宣讲员共100余人参加培训。

【召开“亚行技援项目——江西省生态城镇化建设研究”咨询会】 9月5日—7日，由省社联党组书记、主席吴永明主持的亚洲开发银行技术援助项目“江西省生态城镇化建设研究”咨询会在南昌召开。由亚行高级城市发展专家Antonio Ressano带队的亚行考察团一行和省发改委、省财政厅等相关单位职能部门负责人参加会议。在咨询会上，吴永明代表执行方介绍项目背景与目标、研究内容与产出、实施安排、经费预算、任务大纲、成果评价与应用等相关内容。亚行考察团肯定项目的总体设计，并对有关内容提出合理化建议，形成《亚行技术援助项目“江西省生态城镇化建设研究”考察备忘录》。该项目研究成果总结江西生态城镇化建设的经验，分析存在的不足，探索符合江西实际的生态城镇化建设模式，形成兼具科学性、前瞻性、可操作性的政策咨询报告。

（陈燕清）

本栏编辑　陈超萍

军　事

江西省军区

【概　况】 2016年，省军区坚持以强军目标为引领，凝神聚气固根本，聚焦实战抓准备，从严从实改作风，完成年度各项任务。

铸魂固本坚定自觉。深入学习贯彻中央军委主席习近平建党治国强军新理念新思想新战略，突出抓好“五个深入推进”重要指示的贯彻落实，开展“牢记领袖嘱托、建功改革强军”专题教育，组织团以上领导干部专题学习调研，研发网上答题闯关系统拓展学习平台，强化官兵“四个意识”，高举时代精神旗帜。深化改革强军主题教育和“三新”大讨论，会同省委宣传部、中央媒体开展建党95周年、长征胜利80周年主题展览和“雄关漫道”融媒体宣传系列纪念活动，打造江西军区旧址“三红”精品工程，深化“三化”红色教育“路线图”，有关做法先后3次在《解放军报》头版头条报道，并在军委国防动员部理论骨干培训班上作介绍。军委《军队情况摘报》和国防动员部《要讯》用稿位列省军区系统第一。全区官兵讲政治、听号令，干部转业任务全面完成，预备役部队按时平稳移交陆军建制领导。

动员准备扎实推进。牢记姓军为战、聚焦主业主抓，持续加强转隶接轨日常战备建设，制订军事行动方案，抓好民兵预备役组织整顿工作，推进“四个组织、一个参加”重难点攻关研练。按照“五实”要求参加“东部－运筹·2016”联合战役指挥演练，分方向完成全省重要目标防卫指挥员训考，组织兵种专业训练，完成长江九江段、鄱阳湖流域防汛抗洪任务。研究制定《江西省经济建设和国防建设融合发展的实施意见》，协调建立省军民融合深度发展联席会议制度，实施军地合署办公，持续深化信息技术、重点产业军民融合协作，总结推广新余“智慧动员”建设成果，经验做法被国防动员部转发。完成义务兵征集和士官招收任务，征兵“五率”量化考评成绩优秀，大学生征集比例实现“四连增”。

后装保障坚强有力。持续推进后勤作战准备、深化服务保障改革，延伸拓展“三室一库一中心”功能，规范完善综合保障群队建设，全力保障入赣部队过境，组织驾驶、财务、卫勤、仓库保管员技术骨干培训。落实党委管财，从严对全区财经管理情况进行监督检查，规范凭证要素、加强资产管理、清退违规开支，3个单位党委班子接受上级经济责任审计。组织违规工程建设项目和房地产擅自处置专项整治，清理解决历史遗留问题。坚决贯彻军委全面停止有偿服务决策部署，成立军地协作组织领导机构。完成清江基地转隶移交工作。开展民兵装备仓库专项普查，完成武器弹药储存布局调整和弹药调运移交，推进省军区民兵装备仓库基础设施和安防系统升级改造。

基层基础更加牢固。制定《省军区部队建设绩效考评体系》，强化目标管理、自主抓建，牵引提升基层建设正规化水平。安排师团职干部到空缺领导岗位临时负责工作，清理机关借调干部，进一步充实基层工作力量。持续深化民兵基层党组织建设，规范非公企业民兵组织和武装机构设置，确保党对后备力量的绝对领导。稳步推进军分区人武部和机关直属队“5＋1”营院规范化管理，制定下发《关于进一步加强干休所管理工作的通知》，协调将9个干休所列入全军综合整治计划。开展“服务百姓、服务基层”义诊活动，集中组织优秀士官和职工上井冈山疗养、接受革命传统教育，军地联合评选表彰全省优秀预备役军官和先进专武干部，不断激发基层官兵职工干事创业的内在动力。贯彻依法从严治军，依据安全管理“两个规范”狠抓日常管理制度落实，常态开展安全检查和隐患排查整治，部队保持安全稳定。

党管武装和双拥共建成效明显。认真落实党委议军、武委会、第一书记任职大会等基本制度，协调出台《关于加强新形势下党管武装工作的意见》《军人军属权益保障条例》。在全国率先召开高校国防教育工作会议，制定《关于运用红色资源开展全民国防教育的意见》，被国家国防教育办公室转发。始终把助力老区脱贫攻坚作为政治任务、感恩行动、反哺工程，先后召开驻赣部队和省军区推进会，组织扶贫专项调研，围绕精准到户、建强支部、产业帮扶、民生保障、助学兴教等持续发力，全区帮扶脱贫摘帽51个村383户，省军区机关挂钩点井冈山市中村村和全市一道在全国率先脱贫摘帽，中央电视台和《解放军报》等媒体对省军区参与脱贫攻坚做法进行报道。

【省军区党委召开十届四次全体(扩大)会议】 8月22日，省军区党委在南昌召开十届四次全体(扩大)会议，省军区政委杨笑祥主持会议并讲话，省军区副政委罗晓东传达东部战区党委扩大会议精神，省军区副司令员兼参谋长方建华讲评部署战备训练工作。会上，杨笑祥围绕加强党委班子建设、强化核心领导作用，确保备战改革稳定和各项任务完成，提出四点意见：更加注重强化政治领导、思想引领的首要责任，确保官兵任何时候都对党忠诚、向党看齐、听党指挥；更加注重锻造坚强有力、团结统一的领导集体，切实用团结的力量把班子凝聚成合心谋事、合力备战、合拍尽责的坚强领导集体；更加注重营造重严求实、风清气正的政治生态，传承红色基因，当好“关键引领”，严守纪律规矩，持续纠风除弊，坚持依法用权，努力打造省军区部队政治生态的“绿水青山”；更加注重发扬踏石留印、抓铁有痕的实干作风，把年度各项任务抓实、抓出成效，确保任务完成好、事故案件无。

【召开“智慧动员”试点成果推广暨指挥信息系统规范化建设现场会】 5月18日，省军区在新余召开“智慧动员”试点成果推广暨指挥信息系统规范化建设现场会。省委常委、常务副省长毛伟明，省委常委、省军区司令员张晓明出席会议并讲话；省军区政委杨笑祥主持会议；省军区副司令员方建华、副参谋长苏明宗出席会议。省军区机关有关处长，师旅单位军事主官和参谋长，各设区市有关领导共72人参加会议。军委国防动员部办公厅副主任宋海巍、战略规划办网络信息统筹局局长熊明峰、国防信息学院教授孟宝宏到会指导。会议期间，新余军分区介绍“智慧动员”建设试点经验，组织系统功能运用演示；与会人员视频观摩师旅单位野战机动指挥信息系统建设运用情况，观看省军区信息化建设成果。

【举行省民兵应急工程机械救援大队授牌仪式】 为推动后备力量军民深度融合创新发展，提升江西民兵遂行平战险重任务能力，在全省东西南北中5个方向组建重型工程机械应急力量，填补江西应急力量空白。3月23日，省军区在南昌警备区教导队举行省民兵应急工程机械救援大队授牌仪式。其间，参观救援装备，宣布干部任职，向大队授牌，干部和民兵代表分别表决心，为队伍全面建设起到示范和推进作用。省政府副秘书长涂琼理，省军区副参谋长苏明宗、政治部副主任张庆文和后勤部副部长丁海洋参加仪式。

【召开驻赣部队助力老区脱贫攻坚推进会】 4月29日，省军区在南昌召开驻赣部队助力老区脱贫攻坚推进会。省委常委、常务副省长毛伟明，省军区政委杨笑祥出席会议并讲话；省委常委、省军区司令员张晓明主持会议并讲话；省军区副司令员方建华、副政委罗晓东、政治部主任李晓亮出席会议。会议传达学习中央军委主席习近平关于扶贫工作的指示，介绍江西省扶贫工作有关情况，6个驻赣部队单位作了脱贫攻坚工作情况汇报，并就持续推进驻赣部队助力老区脱贫攻坚作出部署。驻赣部队师以上、建制团单位以及省民政厅、省扶贫办领导共90余人参加会议。

【开展全省国防教育宣讲进高校活动】 3月中旬至5月中旬，省国教办会同省教育厅、省征兵办，协调组织南昌陆军学院、省委党校和南昌大学、江西师范大学等军地院校36名专家教授及部分师团单位领导，赴全省高校开展国防教育宣讲。宣讲聚焦“强化国家意识、支持国防建设”主题，在宣讲内容上，突出中央军委主席习近平关于牢固树立国家意识的论述、中国周边安全形势、国防和军队改革情况等内容；在宣讲范围上，把上级要求到部分院校宣讲向主动到全省所有高校拓展，实现全覆盖；在教育手段上，由单纯组织专家宣讲向同步组织观看征兵宣传片、图片展、印发宣传资料拓展，增强吸引力和感染力；在组织方式上，由各级国教办单独组织向与地方同级教育部门、征兵办联合组织拓展，调动多方积极性。至5月，全省97所高校已完成宣讲92所。

【开展第16个全民国防教育日主题宣传教育活动】 9月17日，根据省军区统一部署，全省各地围绕“传承红色基因、共建巩固国防”主题，突出弘扬长征精神，突出重点对象，多措并举开展全民国防教育日宣传活动。省军区政治部协调向全省电信、移动、联通手机用户发送国防教育宣传短信，省委党校开展国防专题讲座，省人防办组织防空警报试鸣，南昌、吉安、宜春、萍乡组织新兵参观红色旧址、接受革命传统教育，赣州、上饶、九江、抚州、景德镇、鹰潭、新余开展国防文艺汇演、演讲比赛、图片展览、发放传单等活动，组织国防教育“义务宣传团”，走上街头向干部群众宣传国防知识，引导大家了解国防、关心国防、建设国防。

【纪念红军长征胜利80周年暨江西军区旧址历史陈列开展仪式在兴国举行】 10月18日，省委、省政府、省军区在兴国县举行纪念红军长征胜利80周年暨江西军区旧址历史陈列开展仪式。军委国防动员部政治工作局副主任卢玉杰，省委常委、常务副省长毛伟明，省军区政委杨笑祥出席仪式并讲话。江西军区首任总指挥（司令员）兼政委陈毅之子陈昊苏，江西军区参谋长、中华人民共和国成立后江西军区首任司令员陈奇涵之子陈崇北，省军区副政委罗晓东、政治部主任李晓亮、后勤部部长张韬，省军区各师旅单位主官，以及赣州市、兴国县代表共300余人参加。开展仪式由李晓亮主持，军地领导共同为主题雕塑揭幕，向革命先烈敬献花篮，兴国肖华红军小学学生合唱长征组歌《大会师》《我们是共产主义接班人》。新华社、中新社、《解放军报》、《中国国防报》、人民网、中国共产党新闻网等10余家主流媒体作了报道。

【省军区首长机关开展扶贫日活动】

10月13日—17日，省军区政委杨笑祥、副政委罗晓东带领机关人员赴扶贫点开展帮扶活动。其间，赴横江村实地考察省军区援建的饮水工程和工艺品厂房2个项目投入使用情况；走访慰问建档立卡贫困户；召开座谈会，听取镇、村脱贫工作情况汇报，对下步帮扶工作提出要求；组织机关干部深入挂钩的43户贫困户家中，了解结对帮扶情况，逐户研究脱贫举措；组织医疗小分队为石城县横江村、井冈山市中村村、南昌县团结村等省军区机关挂点村村民义诊1030人次，为贫困户上门巡诊106户，赠送常用药品3.3万元，发放健康宣传手册2000份；安排机关处室指导帮助横江村党支部规范"三会一课"等组织生活制度。全区部队也按要求开展形式多样的帮扶活动。

(程景伟　黄冬冬　赵子龙)

武警江西省总队

【概　况】 2016年,武警江西省总队以举旗铸魂引领看齐,以维稳备战牵引建设,以纠风除弊催生动力,以强基固本积蓄底蕴,扎实推进各项工作。

坚持看齐追随抓首位,政治引领扎实有力。紧跟中央军委主席习近平思想步伐,严密组织两级党委中心组带机关理论学习和团以上干部理论轮训,统筹推进"两项重大教育",深入系统学习习近平系列重要讲话。举行庆祝中国共产党成立95周年、纪念长征胜利80周年活动,开展"读红色经典、当红军传人"和"强军风采"系列文化活动,做好经常性思想工作,打好意识形态领域主动仗,官兵看齐追随的步伐更加坚定,维护核心的行动更加自觉。

聚焦练兵备战抓中心,各项任务完成圆满。始终坚持中心居中的工作指导,扎实推进六类勤务规范、执勤方式优化改革、"五防一体化"和"三化"战备建设,持续抓好执勤隐患治理和执勤安全教育整顿,武警江西省总队连续17年执勤无事故。围绕军事训练"八落实"大抓实战化训练,补齐训练场地和教练员队伍建设"两块短板",组织演习训练、比武竞赛和拉动考核,部队遂行任务能力不断提升。

注重强基固本抓基础,基层发展进步明显。贯彻落实武警党委1号文件精神,严密组织《军队基层建设纲要》学习月、"学法规、用法规、守法规"和"百日安全竞赛"活动,扎实开展考察帮建、当兵蹲连、精准帮扶和经常性基础性工作督导,抓好特困干部救济、优秀基层官兵疗养、"十佳军嫂"表彰等暖心工程,部队建设基础进一步巩固。

紧扣前勤要求抓保障,现代后勤稳步推进。按照"后勤变前勤"要求,突出"一组五队"应急保障建设,组织"一专多能、一兵多用"训练,规划建立战备物资储备库和应急保障社会化网点,后勤实战化保障能力得到加强。科学把握经费投向投量,优先安排资金保障部队遂行重大任务和装备、信息化、训练场地设施等重点项目建设。组织财务、给养、卫生等专业兵培训,开展被装大篷车、送医巡修下基层活动,后勤综合保障效益进一步提升。

全面肃毒除弊抓风气,优良传统逐步回归。持续保持正风肃纪的强劲态势,着力抓好专题教育、讨论辨析、对照检查等关键环节。落实全面从严治党要求,深入学习中共十八届六中全会精神,抓好《中国共产党廉洁自律准则》《中国共产党纪律处分条例》的学习贯彻,研究制定工程招标、物资采购、干部选用等规定,党内政治生活的政治性、时代性、原则性、战斗性进一步增强。始终把从严监督执纪作为有力抓手,突出抓好领导干部经济责任、大项工程建设审计,部队风气进一步纯正。

【抗洪抢险】 6—7月,省内发生洪涝灾害,长江九江段、鄱阳湖全线超警戒,武警江西省总队奉命抽调兵力参加抗洪抢险,先后转战20多个战场,历时40余天,按照"救人为先、科学抢险"原则,共转移群众2300余人,封堵决口1处,堵塞泡泉管涌225处,加固堤坝1.82万米,装填搬运沙石2.91万立方米,构筑子堤3940米,开挖引流渠4200余米,铺设防浪网4490米,实现"不死一人、不垮一坝"的目标,完成抢险救援任务。

【完成杭州G20峰会环浙"护城河"安全保卫任务】 8月20日至9月7日,武警江西省总队出动兵力2.15万人次,担负G20峰会环浙"护城河"安全保卫任务。参战官兵克服高温酷暑天气,始终坚持依法文明执勤,把峰会安保当战场,把峰会执勤当战斗,共安检人员15万余人次、车辆7.5万辆次,查缴各类违禁物品1560余件,查扣犯罪嫌疑人27人。

【召开第五届"十佳军嫂"表彰座谈会】 3月10日,武警江西省总队和省妇联在南昌召开第五届"十佳军嫂"表彰座谈会。会上,表彰了武警江西省总队第五届"五好文明家庭""十佳军嫂",组织观看"十佳军嫂"先进事迹录像片,好军嫂代表和干部代表分别发言,武警江西省总队和省妇联主要领导分别讲话。

【开展"纲要学习月"活动】 4月,武警江西省总队以支队为单位,组织开展"纲要学习月"活动。活动坚持实用、常用、管用原则,突出经常性基础性工作主题,内容包括组织一次原文精读、开展一次串讲辅导、进行一次研讨交流、举办一次知识竞赛、搞好一次对照检查、完善一次年度规划、梳理一次制度措施。通过开展"纲要学习月"活动,进一步提高领导机关按纲指导、基层按纲建队、官兵按纲争先的质量。

(杨俊)

消防部队

【概　况】 2016年,全省公安消防部队坚持聚焦中心谋打赢、聚力基础强素质、聚合优势促创新、聚积能量保稳定,持续在织网铸剑、强基固本、提质增效上下功夫,全面完成各项工作任务。

坚持除火患、保稳定,火灾防控工作成效显著。提请省政府办公厅印发《江西省消防事业发展"十三五"规划》,力促消防工作与经济社会发展同频共振。发挥消防安全委员会平台作用,常态运行年初下达任务、年中督导检查、年底专项考核的消防工作机制,构建省市县乡(镇)四级政府消防安全责任体系并实体化运作。着眼破解公共消防基础薄弱难题,通过促请政府持续加大投入、召开城乡消防规划编制推进会、会同省直相关部门联合检查等方式,推动公共消防基础设施建设年度任务落地见效。全省累计投入4000余万元,完成100%的设区市、县级市、县城及全国重点镇和75%的建制镇消防规划修编,新增市政消火栓1.16万个,建有率和完好率分别为96.2%和97.5%。坚持日常检查与基础防控相结合,相继开展冬春火灾防控、夏季消防检查、安全大排查大整治等专项行动。全年检查社会单位19万余家,督促整改火灾隐患15万余处,督办重大火灾隐患单位

105家，销案126家，南昌市万寿宫商城等一批重大火灾隐患得到有效根治。创新社会消防管理，推动政府将“智慧消防”、消防网格化管理分别纳入“智慧城市”建设和综治平台。安装独立式火灾报警器7.37万个，1634个乡镇（街道）100%实现消防工作政府管理“一体化”运转；建成重点单位和社区微型消防站7319个、区域联防组织286个。开展执法质量提升年活动，出台《全省深化消防改革服务经济社会发展十项措施》。全省配备消防监督器材装备264套、火场勘验车8台，消防执法记录仪和电子证据系统使用率100%。强化消防宣传，开创以政府购买服务的消防杂志办刊新模式，开展“春风行动”“润秋行动”和“消防工作市长访谈”等活动，累计对22万余人进行消防法律法规及知识培训，江西消防微信获评全省十佳政务微信，位列全国消防微信前十强。

坚持铸铁军、谋打赢，部队攻坚能力大幅跃升。深化执勤训练改革，持续开展岗位大练兵，不断强化“六熟悉”基础训练、整建制中队合成训练和仿真式模拟训练，突出加强“一高、一低、一大、一化”四类特殊火灾处置的课题攻关与技战术研讨，分类编制高层、地下、石油化工等灭火救援行动指南和整建制中队实战化训练操作规程，组织各类熟悉演练1.6万次、跨区域拉动演练95次、修订灭火救援数字化预案5300余份，举办全省大型石油化工企业和城市大型商业综合体实战演练。提请省政府在全国率先出台《“十三五”期间综合性应急救援队伍建设的意见》，并召开全省“十三五”应急救援工作推进会，新增政府专职消防员2000余人，基本构筑了覆盖城乡、专兼结合的灭火救援力量网络。投入3625万元，完成总队信息化建设二期工程，建成灭火救援指挥和图像语音综合集成系统并投入实战。全省消防部队接警出动1.8万次，出动警力17.8万人次，营救和疏散被困人员4.6万人，抢救财产价值11.1亿元，打赢“4·25”樟树市樟江化工有限公司火灾、“5·13”永修县星火有机硅厂仓库火灾扑救和“2·26”萍乡市跃进南路房屋坍塌、“11·24”丰城市电厂在建冷却塔施工平台坍塌等救援硬仗，完成G20杭州峰会、全国综治“南昌会议”等重大消防安保任务。

坚持强基层、夯基础，部队综合实力明显增强。协调推动地方政府履行经费保障责任，全省消防部队争取地方消防经费12.9亿元，139个基层单位消防员高危行业补贴落实到位。投入资金7.88亿元，新建、改造、续建消防队（站）等基建项目44个；省级应急救援物资储备库建设用地选址，工程立项报批等有序启动，设区市训练基地和战勤保障基地大部分已建成。出台灭火救援装备建设规划，各设区市全部完成装备建设评估论证，并建立综合应急救援工程机械购买与租赁保障机制，投入资金3.07亿元，购置消防车171辆、器材装备12.23万件（套）。

【“1·20”上饶市广丰区洋口鸿盛花炮制造有限公司爆炸事故处置】 1月20日0时20分，上饶市广丰区洋口镇昆山村鸿盛花炮制造有限公司发生爆炸事故。广丰区大队调派5辆消防车、26名官兵赶赴现场扑救。上饶支队调派4个消防中队、5辆消防车、31名官兵到场增援。20日20时30分，事故现场处置结束，共疏散群众200余人，救出被困人员29人，其中死亡3人。

【“2·26”萍乡市安源区居民楼坍塌事故救援】 2月26日14时23分，萍乡市安源区跃进南路萍师附小旁一栋6层居民楼的4层以上发生坍塌。萍乡支队调派5个消防中队、32辆消防车、198名官兵开展救援工作。省公安消防总队政委洪炳辉、参谋长刘辉率总队全勤指挥部人员现场指挥，总队长房凌春在总队指挥中心远程调度指挥救援工作。此次救援，救出被困人员14人，其中轻伤1人、死亡6人。

【“4·25”樟树市樟江化工有限公司爆炸事故火灾扑救】 4月25日1时25分，樟树市盐化基地樟江化工有限公司双氧水装置发生火灾。宜春支队调派6个现役消防中队、1个企业专职消防队，共25辆消防车、1辆消防机器人、1台无人侦察机、110余名指战员到场处置。宜春市政府调派公安、交通、安监、环保、医疗、供水、卫计委等联动部门协同作战。省公安消防总队接报后，总队长房凌春、政委洪炳辉以及司令部相关人员在总队指挥中心实施远程指挥。8时30分，流淌火全部扑灭。9时10分左右，化工装置火势基本扑灭。11时50分，火灾彻底扑灭。

【“5·13”永修县星火有机硅厂火灾扑救】 5月13日12时52分，永修县艾城镇星火工业园星火有机硅厂仓库发生火灾。九江支队调派10个中队、21辆消防车、151名官兵赶赴现场。省公安消防总队总队长房凌春在总队指挥中心远程指挥，参谋长刘辉率总队全勤指挥部人员赶赴现场指挥，并调集南昌支队到场增援。经过5个小时奋战，大火扑灭。此次事故未造成人员伤亡。

【“11·24”丰城市电厂在建冷却塔施工平台坍塌事故救援】 11月24日7时30分，丰城电厂三期工程在建冷却塔施工平台发生坍塌事故，省市县三级消防部队快速反应、联合作战、科学施救，共调集宜春、南昌、吉安、新余4个支队、43辆消防车、277名指战员、10条搜救犬、12台生命探测仪、2架无人机、1套现场自组网设备、6套单兵图传设备、1辆“动中通”通信指挥车参加救援。经过近14个小时的鏖战，完成搜救任务，所有伤亡人员全部搜救出事故现场。此次事故共造成74人死亡，2人受伤。

（省公安消防总队）

人民防空

【概　况】 2016年，省人防办按照“战时防空、平时服务、应急支援”总要求，狠抓落实，积极创新，推动全省人防工作取得新成绩。

战备建设有提升。省人防预备指挥所工程报省发改委审核立项。未建人防指挥工程的县市，在全省人防工作会议后，已有17%动工建设、41%完成立项报批。完成全省人防信息传输保密系统、短波通信系统网建设，启动全省人防战备数据采集工作，为人防大数据建设奠定基础。全省新安装防空警报器140台，城区警报音响覆盖率保持在95%以上。全省人防部门严格落实24小时战备值班、人防指挥信息系统全网系联测联训"月训"制度,多地组织开展临时指挥所开设、摩托化行军演练及跨省(跨区域)拉练,向社区居民发放一批人防应急救援包,并组织培训暨疏散演练,提升社区居民自救互救能力。

平时服务有亮点。人防资源平战结合开发利用年产值在10亿元以上,年创利税约1.5亿元,提供就业岗位1万余个。将九江市一处地下人防工程打造成大学生创业基地。利用新建人防工程平时作为停车场使用,为社会增加提供地下人防停车位。鹰潭市人防办开放人防工程供市民避暑乘凉,全年接待市民5万人次。

应急支援有作为。入汛以来,省人防办组织参加省防汛抗旱指挥部"抗洪抢险—2016"军地联合演练;多地人防部门启动应急预案,在防汛抢险一线巡堤值守、处置险情、运送物资。鄱阳县人防应急指挥通信车受命实地传输现场灾情,万年县人防绿舟救援队紧急驰援福建泰宁,冒雨奋战30多个小时,转移、安置受灾群众。

深化改革有成效。龙南县市民体育公园地下人防工程已列入《2016年江西省传统基础设施领域第二批政府和社会资本合作(PPP)推介项目库》。国家人防井冈山宣传教育基地与井冈山市委党校联合办学,省直人防疏散基地与养老产业实现融合发展。研究制订"降成本、优环境"10条措施,减轻企业负担。

安全生产无事故。围绕质量与安全,完成全省早期人防工程调查摸底,实行分类指导与管理。全年采取以补代奖方式,安排下拨早期人防工程维护资金300万元。严格落实责任主体,进一步强化巡查巡管工作。组织3个检查组,深入11个设区市及20个县(市)开展人防工程安全大检查,对检查发现的问题,坚决予以督促整改。

【印发《关于深入推进人民防空改革发展的意见》】 1月15日,省委印发《中共江西省委江西省人民政府江西省军区关于深入推进人民防空改革发展的意见》。该意见提出六点要求:一要坚持以人民防空使命任务为牵引,把握人民防空改革发展基本原则;二要适应信息化战争要求,加强城市和重要经济目标综合防护能力建设;三要强化基于信息系统的人民防空体系建设,形成人民防空新质战斗力;四要转变人民防空发展方式,推动人民防空与经济社会融合发展;五要健全完善人民防空政策法规制度,推进法治人民防空建设;六要发挥军政共同领导优势,营造人民防空改革发展环境。

8月11日,全省人民防空工作会议在南昌召开

省人防办供稿

【召开全省人民防空工作会议】 8月11日,全省人民防空工作会议在南昌召开。省委书记鹿心社会见会议代表并讲话;省委副书记、代省长刘奇,省军区政委杨笑祥出席会议并讲话;副省长郑为文主持会议;省军区副司令员方建华出席会议。会上,12个全省人民防空先进城市、43个全省人民防空先进单位、108名全省人民防空先进个人受到表彰。各设区市政府分管领导、军分区军事主官、人防办主任,各县(市、区)分管领导、人武部军事主官、人防办主任,各经开区(开发区)管委会分管领导、人防工作机构主要负责人,省直有关单位负责人和部分先进代表400余人参加会议。

【修订《江西省人民防空工程管理办法》】 4月,省人防办在征求意见和调研的基础上,向省政府法制办报送《关于修订〈江西省人民防空工程管理办法〉》送审稿。6月,省政府法制办会同省人防办开展调研,书面征求省发改委、省住建厅、省财政厅、省国土资源厅等单位意见,组织召开规章会审会、专家认证会,并在网上公开征求社会公众意见。11月8日,省政府法制办形成《关于修改〈江西省人民防空工程管理办法〉的决定(草案)》,提请省政府常务会议审议。21日,省政府第七十次常务会议审议通过,对部分不合时宜的条款作出修订,同时明确城市地下空间开发项目兼顾人防要求的比例不低于地下建筑总面积的40%。新修订的《江西省人民防空工程管理办法》自2017年1月1日起施行。

【开展人防工程质量年活动】 3月3日,省人防办印发《关于开展全省人防工程质量年活动的通知》,在全省范围开展人防工程建设质量年活动。市、县人防部门在省人防办的统筹部署下,一级抓一级,层层抓落实,共出动检查人员600余人次,检查在建和已交付使用的人防工程、人防工程参建主体单位,处理违规需整改人防工程、违规人防工程参建主体单位。通过人防工程质量年活动,提升了人防各参建单位的质量意识,从根源上打牢人防工程建设质量基础。

(张国凤)

本栏编辑 詹跃华

法　治

政法和综治工作

【概　况】 2016年，全省政法机关围绕“防控风险、服务发展”这一主线，努力破解难题、补齐短板，推进平安江西、法治江西和过硬队伍建设，提升公众安全感和人民满意度，为全省经济社会发展营造安全稳定的社会环境、公平正义的法治环境和优质高效的服务环境。

着眼于防控风险、服务发展，全省社会大局安定有序。在强化日常滚动排查基础上，组织开展重大不稳定问题和隐患摸排化解。健全完善“稳定风险评估、分类归口管理、情报信息研判、矛盾排查化解、涉稳应急处置、责任追究倒逼”六项工作机制，以及与机制相配套的“研判分析、对口会商、责任清单、工作通报、督查督办、调研剖析、延伸指导、差异考核”八项工作制度，增强维稳工作的前瞻性、系统性和实效性。组织开展2016年度“打造稳评精品案例”活动，全省对1299件重大事项实施风险评估，其中暂缓实施30件，不予实施5件，没有因评估不到位而引发的涉稳事端。进一步健全舆情监测报告制度，及时有效应对舆情事件。通过创优发展环境、开展入企帮扶、保障改善民生政策落实等有效措施，创新服务经济健康发展。

着眼于破解难题、补齐短板，防控体系建设提档升级。在全省部署开展综治中心建设年活动，全面推进综治中心建设、综治信息化建设、网格化管理建设“三项建设”。因地制宜组织开展打击“盗抢骗”“捕狼”、夏季治安攻势、严打黄赌毒“百日行动”等严打整治行动，有效震慑违法犯罪分子，不断提升公众安全感。八类严重刑事案件仅占刑事案件总量2.89%，数量同比下降1.5%。完善矛盾纠纷多元化解机制，依法治理医患纠纷，防范和治理进京非访。在全省集中开展危爆物品寄递物流清理整顿和矛盾纠纷排查化解专项行动，停产停业整顿爆破作业单位102家，整改安全隐患1240处。推动邮政寄递物品100%先验视、后封箱、寄递物流100%实名制，100%X光安检“3个100%”制度落实。加强和创新社会治理，加强对肇事肇祸等严重精神障碍患者、社区服刑人员和刑满释放人员、重点青少年、流动人口等重点人群的服务管理。

着眼于改革创新、依法治理，法治江西建设稳步推进。首批试点的九江市法院、检察院和上饶市法院、检察院等12家法院、检察院，到10月底基本完成试点任务。省法官检察官遴选委员会正式成立，首批遴选的318名法官、检察官入额履职，司法责任制改革稳步实施，法官、检察官工资改革政策落实到位，人财物省级统管工作有序推进，试点工作实现了预期目标。在此基础上，12月底在全省全面推开司法责任制改革。继续抓好社会体制改革各项工作，推进以审判为中心的刑事诉讼制度改革、人民监督员制度改革、监狱制度改革，以及轻微刑事案件快速办理、非法证据排除、量刑规范化、未成年人综合审判等改革工作，均取得成效。全面推进法治江西建设，狠抓严格执法公正司法，参与社会信用体系建设。创新工作机制，建设“法媒银失信被执行人曝光台”，有415余万人次通过平台查询信息，平台曝光的失信被执行人中，有4251人履行了义务，标的额达3.03亿元。

【开展“综治中心建设年”活动】 2016年，省委综治委部署在全省开展“综治中心建设年”活动，要求各地从实际出发，突出重点、加快推进综治信息化、综治中心、网格化管理“三项建设”。率先挂牌成立省综治中心，全省市、县、乡、村级综治中心建设扎实推进。省综治信息系统实现与11个省直单位横向连接，省、市、县、乡四级纵向贯通；综治视联网在全省11个设区市、100个县(市、区)全部开通。全省划分13万多个网格，配备16万名网格管理员、6.89万部手机终端，建成2.25万个综治中心，市、县、乡三级综治中心形成“组团式服务”1831个。

【完善矛盾纠纷多元化解机制】 2016年，以省委办公厅、省政府办公厅文件印发《关于完善矛盾纠纷多元化解机制的实施意见》，部署全省继续完善有机衔接、协调联动、高效便捷的矛盾纠纷多元化解机制。对省直57个职能部门，逐一制定矛盾纠纷行政调解工作差异化考核标准，提升工作实效。建立健全行政复议调解机制，推动行政复议裁决与行政调解“双轨”运行，强化司法确认在矛盾纠纷化解中的作用。全省化解各类矛盾纠纷5.27万件，化解成功率96.8%。

【推进律师参与化解和代理涉法涉诉信访案件】 2016年，省政法委组织召开“律师参与化解和代理涉法涉诉信访案件”专题培训会，并协调省法院、省检察院、省公安厅分别与省司法厅联合制定《关于推动律师参与化解和代理涉诉信访案件工作的实施细则（试行）》，建立律师库。省级政法单位实行律师值班制度，省法院、省司法厅就律师值班场所、律师接访规范、突发情况处置等事宜进行充分沟通协调。全年先后有5家律师事务所，70余名骨干律师到省法院值班接访，共接访处理涉诉信访案件100多件。在值班接访期间，接访律师能运用专业技能，为信访群众答疑解惑，辨法析理，引导信访群众理性表达诉求，维护信访群众的合法权益，取得良好的法律效果和社会效果。

【强化涉赣涉稳涉法舆情引导处置工作】　2016年，省委政法委落实依法处理、舆情引导、社会面管控工作"三同步"原则，建立健全涉赣涉法涉稳网络舆情监测、预警、引导机制，每天编发《舆情日报》，每月编印《月度舆情分析》发至省政法单位和各市委政法委，对具有一定舆情热度的个案，编制《个案舆情专报》，及时有效应对舆情事件。坚持网上网下打防管控相结合，部署开展"净网2016"等专项行动，及时发现、处置网上违法信息1.48万条，整治网上各类"瞎炒"行为1323起，维护网上正常秩序。

【开展"百名法学家百场报告会"活动】　2016年，省法学会联合省委组织部、省委宣传部、省委政法委等单位，以深入贯彻落实"十三五"规划纲要，依法治国基本方略为总要求，以各级领导机关、领导班子和领导干部为宣讲重点，在全省开展"百名法学家百场报告会"活动。"双百"活动的重点是着力提高领导干部运用法治思维和法治方式处理改革发展稳定问题的能力，着力弘扬社会主义法治精神、培育和践行社会主义核心价值观，增强全社会特别是公职人员尊法学法守法用法意识，为全面建成小康社会营造良好法治环境。全省各级法学会结合当地经济社会发展实际，以法治建设实践中急需解决的重点难点问题作为宣讲主题，以多种方式举办法治宣讲报告会190场次，共有5.8万人聆听报告。

（文敬峰）

地方立法工作

【概　况】　2016年，省人大常委会制定法规7件、修改法规9件；批准设区的市人大常委会法规8件。

制定的法规是：《江西武夷山国家级自然保护区条例》《江西省税收保障条例》《江西省传统村落保护条例》《江西省河道采砂管理条例》《江西省军人军属权益保障条例》《江西省大气污染防治条例》《江西省食品小作坊小餐饮小食杂店小摊贩管理条例》。

修改的法规是：《江西省人口与计划生育条例》《江西省水资源条例》《江西省实施〈中华人民共和国煤炭法〉办法》《江西省文物保护条例》《江西省乡镇人民代表大会工作条例》《江西省各级人民代表大会代表选举实施细则》《江西省实施〈中华人民共和国全国人民代表大会和地方各级人民代表大会代表法〉办法》《江西省立法条例》《江西省实施〈中华人民共和国老年人权益保障法〉办法》。

批准的法规是：批准制定《南昌市电动自行车管理条例》《南昌市低碳发展促进条例》《景德镇市立法条例》《南昌市禁止燃放烟花爆竹规定》《九江市城区烟花爆竹燃放管理条例》；批准修订《南昌市燃气管理条例》；批准废止《南昌市城市房屋拆迁管理办法》《南昌市劳动力市场管理条例》。

省人大常委会深入推进科学立法、民主立法，充分发挥人大在立法中的主导作用。始终坚持党对立法工作的领导。省人大常委会党组多次就立法规划项目库、年度立法计划、设区市立法权行使以及立法条例、规范性文件备案审查条例的制定修改等立法工作中的重大问题向省委请示报告，及时落实省委决策部署。增设法规批准审查处，新增5名行政编制。始终坚持立法为民理念。在法规立项时，始终坚持问题导向，做到民有所呼，我有所应。在法规修改审议过程中，始终以保障和改善民生为重点，正确处理、合理分配权力与权利、权利与义务、权力与责任的关系，着力研究解决人民群众普遍关心的问题，有效保护公民、法人和其他组织的合法权益不受侵害，把法立在百姓心坎上。始终坚持立法工作创新。推进立法公开，坚持法规草案网上公开征求意见；积极开展立法听证，着重听取行政相对人和利害关系人特别是基层群众意见，就大气污染防治条例草案中关系群众切身利益的小锅炉整治、服装干洗和机动车维修污染防治、露天烧烤食品、停止或者限制向排污单位供水供电供气等焦点、难点问题进行立法听证；邀请专家、顾问就法规草案中的重大问题以及专业性问题开展咨询论证，全年邀请专家、顾问和省法律顾问团成员参与立法活动70余人次；创新运用体验式调研、"暗访"、随机访谈、问卷调查等方式，有针对性深入县、乡、村、社区开展调研；充分发挥政协委员、民主党派、人民团体、社会组织在立法中的作用。始终注重统筹协调各方意见。逐条研究、充分吸收常委会组成人员审议意见，并做好说明解释；加强与有关部门的沟通协调，针对法规案的重点难点问题，通过立法沟通会进行专题协商或书面征求相关单位意见；定期召开法制委主任委员办公会议，集体听取法规草案起草部门就法规调研起草过程中的重大问题专项汇报，共同研究法规修改重点难点问题；坚持立法交接制度，妥善处理统一审议与专门委员会审议的关系，实现立法信息资源共享。

【继续开展"人大立法在进行"活动】　2016年，省人大常委会将大气污染防治条例作为"人大立法在进行"活动重点，在总结以往经验的基础上，充分发挥专栏、专题优势，不断创新新闻报道方式和渠道，结合制作暗访片形成新闻媒体联动、网上网下互动模式，动员群众积极有序参与立法重点、难点问题讨论，调动群众参与立法的积极性和主动性。先后召开各类座谈会、论证会29场次，收集意见1万多条。经广泛征求民意、反复研究各方意见，使"史上最严"大气污染防治法有关要求在江西省落地，让法规成为符合江西省实际、充分体现特色、凝聚百姓心声、适应治污渴求的管用之法。该条例的出台被评为2016年度"江西十大法治事件"。

【全面落实设区市立法权】　2016年，省人大常委会按照分批确定设区市开始制定地方性法规时间原则，再次对萍乡、鹰潭、新余3个设区市立法能力、立法需求以及人口数量、地域面积、经济社会发展情况等进行调研评估，作出《关于确定萍乡、新余、鹰潭市人民代表大会及其常务委员会开始制定地方性法规时间的决定》，江西省所有设区市开始行使立法权。积极组织设区市立法工作人员培训，分批组织设区市立法工作人员参加全国人大常委会法工委举办的地方立法培训班，分期分批组织安排九江、景德镇等7个设区市立法工作人员到省人大常委会跟班学习，派员赴有关设区市对人大代表和常委会组成人员进行立法培训。督促设区市健全立法工作机构，充实立法工作人员，建立立法工作制度，规范立法工作程序。指导设区市科学制定立法规划和立法计划，合理确定立法项目。对拟报请省人大常委会批准的法规坚持提前介入，把好立项关、质量关。

（省人大常委会办公厅）

法制建设

【概　况】　2016年，省法制办围绕中心、服务大局，勇于创新、锐意进取，全面推进政府法制各项工作落实。中共中央、国务院《法治政府建设实施纲要（2015—2020年）年》（简称纲要）出台后，省委、省政府高度重视，指示拿出贯彻意见。抓好江西省《纲要》起草工作。集中精干力量，为省委、省政府起草《江西省法治政府建设实施纲要（2016—2020）年》。《纲要》出台后，评为“2016年度江西十大法治事件”。强化贯彻《纲要》组织保障。提请省政府将江西省推进依法行政工作领导小组更名为江西省推进法治政府建设工作领导小组。省长刘奇担任领导小组组长，常务副省长毛伟明担任领导小组副组长，在省法制办设立领导小组办公室。筹备首次领导小组会议，先后两次对《纲要》实施情况进行督查。针对江西省各级政府特别是市县政府法制机构能力建设与加快法治政府要求不相适应等问题，加强调查研究，推动省政府出台《关于加强全省政府法制机构能力建设的意见》，推动省编办出台《关于进一步加强市县政府法制机构建设的意见》。为形成法治政府建设强大动力，起草《江西省法治政府建设考核评价办法》，该办法正在广泛征求意见过程中。

政府立法力求精准有效。全年审查修改地方性法规草案10件、省政府规章草案4件，按质按量完成立法任务。突出立法引领作用。将经济社会发展迫切需要和人民群众急切需求的项目纳入计划。在发展经济方面，先后审查修改《江西省税收保障条例》等法规、规章草案4件，占审查修改项目总数的28.58%；在保障民生方面，先后审查修改《江西省实施〈中华人民共和国老年人权益保障法〉办法（修订）》等法规草案4件，占审查修改项目总数的28.58%；在保护生态环境方面，先后审查修改《江西省大气污染防治条例》等3件法规草案，占审查修改项目总数的21.42%；在社会治理方面，先后审查修改《江西省流动人口服务和管理办法》等3件规章草案，占审查修改项目总数的21.42%。牵头组织省财政厅、省国税局和省地税局对2014年出台的《江西省税收保障办法》进行立法后评估，推动将《办法》上升为《条例》。强化政府立法质量。拓展立法渠道，打破部门起草立法项目草案的单一模式，组织第三方起草和评估立法项目。印发《关于开展政府立法项目组织起草和委托第三方评估工作的通知》，组织省环保厅、江西财经大学、江西理工大学共同起草《江西省大气污染防治条例（草案）》。委托农业部管理干部学院起草《江西省农业生产环境保护条例（草案）》。将《江西省河道采砂管理条例》《江西省传统村落保护条例》和《江西省食品生产加工小作坊小餐饮和食品摊贩监督管理条例》等法规草案分别委托江西财经大学等研究机构进行评估。同时，坚持开门立法，所有立法项目都通过网络、座谈、专家论证等方式，广泛征求社会公众意见。2016年，就《江西省大气污染防治条例》在全省组织开展“我们一起来立法活动”，联合省人大常委会将此项目列入“人大立法在进行”活动。中央和省内主流媒体对条例草案的调研、论证、修改和审议环节进行全程报道，群众开始关注、参与政府立法工作，大气污染防治立法工作被评为“2016年度江西十大法治事件”。务求政府立法实效。为提高法规规章的实施效能，切实将“纸面上的法”落实为“行动中的法”，起草《关于加强地方性法规、省政府规章实施的意见》，对法规规章的实施提出明确要求。

行政调解措施实。省政府法制办与省综治办联合印发《关于做好2016年全省行政调解工作的意见》。组织开展全省行政调解优秀案例、优秀案卷评选活动，促进行政调解水平提升。全年运用行政调解方式化解行政争议17件，工作经验被江西省社会治安综合治理创新工作汇编《红土地上的平安报告》选登，在全国社会治安综合治理创新工作会议上推广。

行政执法监督措施有力。为适应行政执法体制改革需要，注重改进行政执法监督工作，着力在规范行政执法行为上下功夫。健全完善工作制度。为省政府起草《江西省重大行政执法决定法制审核办法》，从源头上规范重大行政处罚、行政许可、行政强制、行政征收等行政执法行为。就统一全省市场和质量监督管理行政执法工作，专门出台规范性文件，并对全省市场和质量监督管理行政执法文书作出规范，得到省政府领导和国务院督查组的肯定。启动建设全省统一的“双随机一公开”行政执法监督平台。联合省信息中心进行“双随机一公开”执法检查系统开发，建设行政执法监督平台。共梳理省直35家执法部门的324个检查事项、2328名可参与双随机抽查的执法人员和5.15万个检查对象，平台具备上线运行的条件。抓好“两法衔接”信息共享平台建设。联合省信息中心开展“两法衔接”平台建设。信息共享平台基本建成。

切实履行法律顾问职能。认真贯彻中央四中全会精神，按照法治江西建设任务分工，当好政府的法律顾问。做好重大行政决策合法性审查。严格落实《江西省县级以上人民政府重大行政决策合法性审查规定》要求。先后对《江西省深化国税地税征管体制改革实施方案》《省政府与万达集团股份有限公司战略合作框架协议》等67件省政府重大行政决策进行合法性审查,为省政府决策提供了科学依据。全年办理法律、法规、规章和规范性文件涉法征求意见173件,其中国务院法制办立法项目论证稿39件,省政府办公厅及省直有关部门征求意见稿134件。办理其他各类涉法文件89件。做好行政审批制度改革事项合法性审查。2016年,对省审改办拟取消的81件行政权力事项和拟取消和调整的17项行政审批中介服务事项进行合法性审查。按省政府要求,对216件江西省拟继续有效的招标投标规范性文件进行合法性审查,规范招标投标市场。全面落实政府法律顾问相关制度。推动在全省各级政府及政府所属部门普遍建立政府法律顾问制度。利用省法律顾问团的专业优势,邀请省法律顾问团参与合法性审查21次,提高行政决策的合法性和政府工作的公信力。中央办公厅、国务院作出推进法律顾问制度和公职律师公司律师制度的决策部署后,根据省委主要领导批示要求,代省政府起草《关于推进法律顾问制度和公职律师公司律师制度的实施意见》,已印发实施。

【行政争议化解】 2016年,新《中华人民共和国行政诉讼法》实施后,行政复议和诉讼案件激增,为进一步规范行政复议和行政诉讼工作,为省政府起草出台《关于进一步加强行政应诉和行政复议工作的意见》。全年行政复议案件数量大,涉及面广,结案率高。全年审理行政复议案件数创历史新高,达189件,比上年增长43.4%。其中:新受理154件,转接2015年35件,办结171件。通过协调、意见书、建议函等方式,化解16起林地确权、土地征收、房屋拆迁等领域的行政争议。

【行政应诉】 2016年,省政府法制办承办省政府为被告的行政应诉案件40件,较上年增长57.5%,其中新收31件,转接2015年9件。通过规范行政应诉法律文书制作,建立进展跟踪制度,落实案件集体讨论和办案质量讲评制度等,提升行政应诉案件办理成效。承办的40件行政应诉案中,法院已裁判30件,10件尚在法院审理中,行政应诉胜诉率达100%。

【举办全省行政机关行政复议统计系统视频培训会】 12月9日,省政府法制办在省行政中心设主会场举办全省各级行政机关行政复议、行政应诉案件统计系统视频培训会。全省各级政府法制部门、各级政府部门法制机构相关人员在各地分会场通过政务网络视频系统收听收看行政复议、行政应诉案件统计系统操作讲解。省直51个部门负责案件信息统计工作的人员和省政府法制办行政复议审理处全体干部在主会场参加会议。省政府法制办行政复议审理处的负责人传达全国行政复议、行政应诉案件统计培训会会议精神,同时强调,自《中华人民共和国行政诉讼法》修订以来,行政复议、行政应诉工作面临新形势,制度层面还有空间,规范化、信息化程度都有待提高,各地、各部门要加强对行政复议、行政应诉统计工作的认识,要重视对数据的分析,加强对数据的运用。及时向本地区、本部门各填报主体传达填报方式的新变化,督促有关单位配备专门力量及时进行网上注册并做好数据填报工作。

(王县银 童鹏)

公 安

【概 况】 2016年,全省公安机关围绕"平安建设方面走在全国前列、人民群众的安全感和满意度走在全国前列"目标,深入推进公安改革和"四项建设",切实维护国家安全和社会安定。警务模式转型升级实现重大突破。强力推进公安信息化建设和"数据强警"工程,在全警情录入基础上,全面推行"全警情录入+"工作模式,风险防控由被动反应向主动预防转变,侦查破案由单打独斗向合成作战转变,队伍建设由粗放经营向精细管理转变。全警情录入警务新机制在全国公安机关改革创新大赛中获金奖。全省公众安全感、群众满意度实现双提升。大力推进平安江西建设,杀人、抢劫、抢夺案件分别下降2.8%、15.8%、21.7%,公众安全感和群众对公安机关满意度分别为96.71%、94.75%。实战攻坚能力、法治公安建设、队伍素质作风进一步加强。通过打防管控,全省破案数提高6%,命案破案率98.7%;通过推进执法规范化建设,全省执法质量考评合格率95.55%,涉警信访数和涉警舆情数分别下降21.6%、33.2%;通过严格培训,全警轮训考核一次通过率达96%。

【主动服务大局】 主动对接落实全省重大行动部署。研究制定《关于深入学习贯彻总书记重要讲话和省委重要决定切实为江西绿色发展创造良好环境的意见》,提出25条工作措施并执行。制定出台《江西省公安机关优化发展环境优化公共服务方便群众办事创业36条措施》,简化优化行政审批管理;同时选调20名干部点对点帮扶瑞金、铜鼓20家企业,帮助减负820万元、融资贷款1.02亿元。完成重大会议活动安保任务。发挥G20峰会"环浙护城河"作用,先后排查化解重大不稳定因素142条,投入28万余人次巡逻防控,在4个环浙治安检查站进行全天候治安查控。做好全国综治"南昌会议"协助筹备工作,得到中央政法委、公安部等与会领导肯定。做好省第十四次党代会安保工作,妥善处置化解一批群体上访苗头事件。对接做好重大经贸活动和南昌国际马拉松赛、环鄱阳湖国际自行车赛、纪念汤显祖诞辰400周年活动等安保工作。积极营造良好经济社会发展环境。配合党委、政府和有关部门化解各类矛盾纠纷,化解率96.3%;全省"医闹""校闹"和非正常上访事件分别下降15.3%、14.5%、59.6%。狠抓企业周边突出治安问题整治,依法妥善处置一批重大涉企案事件。开展互联网金融风险专项治理,严厉打击利用互联网金融进行集资诈骗、非法吸收公众存款等犯罪活动。参与整顿和规范市场秩序,加大对假冒伪劣、偷税漏税、合同诈骗、传销、商业贿赂等打击力度,挽回经济损失4.03亿元。

【应对安全风险】 积极应对政治安全风险。严密防范、严厉打击境内外敌对势力的各种渗透颠覆破坏活动,维护国家安全和政治稳定。坚持底线思维,改进工作方式,完成三级以上重大警卫任务38批次。积极应对恐怖安全风险。推动建立社会反恐怖工作任务分工和责任体系建设,加强反恐怖情报侦查和源头防控工作，深化严打暴恐专项行动和打击网上传播暴恐音视频活动。全面开展摸排管控工作，核查比对重点信息1150条。加强人员密集场所和重要目标的防控防范，组织实施反恐处突演习演练20次。积极应对治安安全风险。统筹抓好刑事犯罪专项打击、治安突出问题整治等工作，全年破获各类刑事案件10万余起，命案破案率98.59%；查处各类治安案件30余万起，整治治安重点地区89个。积极应对公共安全风险。加强危爆物品监管，排查涉危涉爆从业单位1.1万次，发现并整改安全隐患3200余处。加强道路交通安全监管，部署开展全省性道路交通安全集中整治14项、统一行动41次，现场查纠各类违法187.05万起。参与抗洪抢险救灾工作，累计派出武警官兵和民警21.8万人次，转移安置群众4.5万人次，减少群众财产损失2.66亿元。积极应对网络安全风险。设立网安警务室24个，在重点网上交互式平台开设网警公开巡查执法账号，及时处置信息1.4万条，警示违法滋事网民1113人次，发布权威信息、便民信息2083条。对重要信息系统和重点网站开展安全执法大检查，下达安全隐患告知书、限期整改通知书790份，关停违规网站112家。

【推进公安改革创新】 进一步提升警务实战能力。继续推进实战化指挥中心建设，以江西公安指挥中心大楼建成启用为契机，投入1亿元资金建设全国一流的刑事技术装备，建成全省合成作战中心和反信息网络诈骗中心，推行重大敏感案事件和团伙、系列犯罪多侦捆绑同步上案、串并侦查、联动侦查机制，协调九大银行和三大移动运营商进驻合署办公，建立完善涉电信诈骗资金“快速查询、紧急止付”等工作机制，提升侦查打击犯罪能力。全力打造立体化社会治安防控体系，在11个设区市城区建立51个“重点核心圈”、90个“人员密集圈”、138个“一般区域圈”，设置治安岗亭376个、临时治安卡点329个，接入“天网”视频探头6万余个，有效提升应急处置能力和防范控制水平。进一步提升执法规范水平。围绕推进执法改革创新，制定《第三批常见刑事案件证据规范》。围绕解决执法突出问题，全面完成涉案财物集中管理信息平台升级改造，基本建成省市县三级公安机关标准化物证保管室。深化户籍制度改革，大力推进昌抚户籍管理一体化，加快户口一元化改登工作，落实居住证制度改革要求，全年发放居住证150.1万张，办理转户138万余人。完成户口清理整顿，解决无户口人员落户3.2万人。全面落实身份证异地受理“三项制度”和省内户口迁移“一站式”办理，提前完成首批10年期满身份证换领制证任务。创新完善出入境管理服务，推行免交户口簿办理出入境证件，实行电子港澳证签注即时办理，向5个省直管县(市)下放出国境证件审批权限，在九江建立全省首个24小时自助办证大厅。深化交通管理改革创新，推进将驾驶人考试业务权限下放到49个县(市、区)，在全国率先完成机动车号牌选取管理方式改革。进一步提升源头管控实效。制定出台改革和加强公安派出所建设的指导意见，召开全省派出所建设工作会议进行部署。聚焦破解管控难题，实行动态管理，建立“源头控制、全程留痕、责任追溯”工作体系。

【加强信息化建设】 全面加强系统顶层设计。研究制定《江西省公安信息化建设大纲》，确立建设大数据实战应用平台、新警务综合平台、警用地理信息平台、新一代移动警务平台、图像信息联网共享平台五大平台，构建基础信息采集、业务平台整合、数据资源共享、警务综合应用、基础设施保障、工作运行管理六大体系，推进大情报、大指挥、大侦查、大防控、大监督、大保障、大服务七大应用的全省公安信息化建设总体框架。制定下发《2016—2018年江西省公安信息化建设重点任务》，确定重点任务单和推进表。全面加强平台开发建设。打造省级公安大数据实战应用平台，整合、采购服务器3500余台，打造包含12个应用系统、52个应用工具集的实战化“应用超市”。重新架构全省警综平台，对接改造146个业务系统。打造新一代移动警务平台，全省订购新型移动警务终端4.1万余台并全部投入使用。推进PGIS平台实战化应用，对接8个警种部门18类业务系统，向设区市平台共享2809万余条数据，初步形成系统联通、一次采集、全网流通的局面。升级改造省级图像信息联网共享平台，完成与11个设区市91个县区联网，接入公安机关内外部视频资源14.8万余路视频监控资源，汇聚卡口过车数据14.1亿条。全面加强数据采集共享。全年有效警情录入增长20.05%。建立健全基础信息采集共享机制，推行“工作即录入、采集即录入”模式，利用天网视频监控、智慧交通平台、电子围栏系统等进行数据智能采集。打通省厅本级之间及与设区市之间一批业务系统的数据对接，整合25家省直单位的社会数据，共汇聚公安内外部数据1540类、337.2亿条。

(刘立柱)

检 察

【概 况】 2016年，全省检察机关围绕中心，服务大局，推进平安江西、法治江西建设，加强自身监督，推进司法责任制改革，各项工作取得新进展。

依法履行审查逮捕、审查起诉职责。严格掌握逮捕、起诉条件，全年批准逮捕刑事犯罪嫌疑人2.51万人，上升6.1%；提起公诉3.46万人，上升0.8%。贯彻宽严相济刑事政策，对涉嫌犯罪但无羁押必要性的，决定不批捕2109人；对犯罪情节轻微、依法不需要判处刑罚的，决定不起诉2503人。

依法履行诉讼监督职责。加强刑事立案和侦查活动监督，对侦查机关应当立案而不立案的，监督立案224件；对不应当立案而立案的，监督撤案188件；监督纠正侦查活动中的违法情形299件次。加强审判监督，依法提出刑事抗诉198件，提出民事行政抗诉73件、再审检察建议50件。加强刑事执行监督，监督纠正减刑、假释、暂予监外执行不当624人，监督纠正监管场所违法情形109人次。

坚决惩治和预防职务犯罪。全年立案侦查各类职务犯罪案件1382人，其中贪污贿赂犯罪案件1071人、渎职侵权犯罪案件311人。立案侦查县处级以上领导干部55人，其中厅级8人。依法对最高人民检察院指定管辖、省检察院侦查终结的浙江省政协原副主席斯鑫良、中石化集团原总经理王天普受贿案提起公诉，两被告人在庭审中均表示认罪悔罪。追缴赃款赃物2亿余元，抓获在逃职务犯罪嫌疑人16人。惩治群众身边的“蝇贪”，立案侦查农村基层组织人员职务犯罪548人。结合办案提出预防职务犯罪检察建议670件，开展预防警示教育1267次。开展预防调查790次、预防职务犯罪诫告523人次。对全省276个重大建设项目开展专项预防。

依法做好维护社会稳定工作。严厉打击严重暴力犯罪和影响群众安全感的多发性犯罪，批准逮捕故意杀人、抢劫、绑架及盗窃、诈骗、毒品等犯罪嫌疑人1.27万人，提起公诉1.41万人。参与打击治理电信网络新型违法犯罪专项行动，依法办理最高人民检察院、公安部联合挂牌督办的余干县“重金求子”电信网络诈骗专案，批准逮捕103人。加大安全生产领域犯罪惩治力度，批准逮捕29人，提起公诉28人。省市县三级检察院同步介入丰城“11·24”特别重大事故调查处理，批准逮捕重大责任事故犯罪嫌疑人13人，立案侦查事故所涉职务犯罪10人。参与校园暴力、欺凌整治工作，起诉组织、教唆、胁迫、引诱中小学生实施校园欺凌和暴力犯罪案件33人，对40名在校涉罪未成年人开展心理矫正，开展“法治进校园”巡讲324场次。依法办理群众来信来访8768件，妥善化解涉检信访矛盾。

依法惩治危害民生的犯罪。依法查办发生在征地拆迁、教育就业、医疗卫生、社会保障等领域职务犯罪399人。与省扶贫移民办联合部署开展集中整治和加强预防扶贫开发领域职务犯罪专项工作，严肃查办虚报冒领、挤占挪用、截留私分扶贫资金等职务犯罪案件296人。密切关注群众对食品药品的安全需求，部署开展危害食品药品安全犯罪专项立案监督活动，监督行政执法机关移送犯罪案件98人，监督公安机关立案71人。南昌、赣州等地检察机关及时介入“问题疫苗”案件，批准逮捕犯罪嫌疑人9人。

统筹推进各项检察改革。探索完善矛盾纠纷解决机制，会同省司法厅、省律师协会出台《关于推动律师参与化解和代理涉检信访案件工作的实施细则（试行）》，制定并落实《关于律师等第三方人员参与刑事申诉案件公开审查实施办法》，提高司法办案透明度和公信力。适应以审判为中心的诉讼制度改革，引导检察人员全面贯彻证据裁判规则，依法收集、固定、审查、运用证据，从源头上确保案件质量。配合省司法厅选任新一届省级人民检察院人民监督员155人。

深入推进司法公开。推进案件信息公开，面向社会发布重要案件信息5383条，公开起诉书、不起诉决定书等法律文书2.65万件，办理辩护与代理预约业务923次，保障案件当事人的知情权。推进检察服务大厅建设，搭建集检务宣传、案件受理、案件信息查询、行贿犯罪档案查询为一体的“一站式”服务平台。实现全省检察机关官方微博、微信、新闻客户端全覆盖，全面改版全省检察机关门户网站，构建“互联网+检察”的司法公开新模式，检察新媒体受众总数达70余万人。

【加强执法司法活动监督】 依法办理刑事申诉案件216件、刑事赔偿案件54件。在办理乐平“5·24”再审案件中，检察机关建议依法作出公正判决的意见，得到省法院采纳，依法改判4名被告人无罪。在刑事执行检察方面，开展集中清理判处实刑罪犯未执行刑罚专项活动，核查出此类罪犯256人，督促纠正125人，对逃跑的102人督促有关部门采取追逃措施，对符合监外执行条件的29人依法启动监外执行程序；开展财产刑执行专项检察，监督执行罚金、没收财产等刑罚6亿余元，其中监督职务犯罪、涉黑犯罪、金融犯罪、破坏环境犯罪、危害食品安全犯罪罪犯执行财产刑9600余万元；与省公安厅联合开展看守所监管执法专项检查，针对提押不规范、混押混管等问题，提出检察建议和发出书面纠正违法通知书34件。在民事行政检察方面，会同省政府法制办联合开展行政执法调研督导和专项检查活动，针对行政执法活动中存在的问题发出检察建议498件；部署开展为期一年的非诉行政执行专项监督活动，重点监督涉及国家利益、社会公共利益的非诉行政执行问题，办理非诉行政执行案件203件；常态化开展民事虚假诉讼监督，主动挖掘线索，健全案件查办机制，办理虚假诉讼案件43件，提出抗诉25件、再审检察建议14件。

【依法保障经济健康发展】 加大打击经济犯罪力度，全年批准逮捕破坏社会主义市场经济秩序犯罪嫌疑人1283人，提起公诉1914人。突出惩治利用互联网金融平台进行的非法集资犯罪，起诉非法吸收公众存款、集资诈骗等涉众型经济犯罪489人，依法办理“e租宝”相关案件。与湖北省、湖南省检察院签署三省检察机关《关于依法保障和促进长江中游城市群非公有制经济健康发展的若干意见》。加强科技创新和知识产权司法保护，依法起诉制售假冒伪劣商品、侵犯知识产权等犯罪276人，营造有利于创新创业的法治环境。

【加强生态检察工作】 开展“加强生态检察，服务绿色崛起”专项监督活动，出台深入推进生态检察工作的12条指导意见，全年批准逮捕破坏环境资源犯罪嫌疑人296人，提起公诉1147人。媒体曝光新余市仙女湖镉污染事件后，省检察院启动办案督导机制，指导污染源所在地的宜春市检察机关介入侦查，对8名责任人依法及时批准逮捕、提起公诉。各地检察机关开展“小专项”行动，突出打击非法占用农用地、非法采砂采矿、盗伐珍稀植物、污染水资源等犯罪，深挖细查案件背后的职务犯罪，立案侦查335人。完善生态环境保护领域行政执法与刑事司法衔接机制，监督行政执法机关移送涉嫌破坏环境资源犯罪案件152人，督促依法履行监管职责431件。加强生态检察工作专业化建设，省检察院、赣州市检察院、南昌县检察院成立生态检察专门机构，省市县三级检察院在环保、林业、国土、水利等行政执法机关设立派驻检察室90个。

【推进司法责任制改革】 在九江、上饶2个设区市检察院及所辖4个基层检察院开展试点工作，实行检察官员额制，遴选首批员额内检察官144人。建立司法责任体系，制定检察官权力清单，完善办案组织形式，推行新的办案模式，加强内部监督制约，办案人员责任意识明显增强，办案质效得到提升。

【立案侦查8名厅级干部职务犯罪案件】 全省检察机关坚决惩治职务犯罪，集中力量查办大案要案，全年立案侦查县处级以上领导干部55人，含厅级8人。其中，省检察院立案侦查省政协教科文卫委员会原副主任郜海镭涉嫌受贿案，南昌市检察院立案侦查省国防科工办原副主任廖晓凌涉嫌受贿案，宜春市检察院立案侦查萍乡市政协原副主席曹光亮涉嫌受贿案、省能源集团公司原党委副书记胡运生涉嫌受贿案、省投资集团有限公司原工会主席、丰电三期扩建工程项目工程建设原总指挥邓勇超涉嫌玩忽职守案，鹰潭市检察院立案侦查省质量技术监督局原副巡视员李安运涉嫌受贿案、省稀有金属控股集团有限公司原副总经理崔源发涉嫌受贿案，上饶市检察院立案侦查省能源集团公司原副总经理张慎勇涉嫌受贿案。

【陈某某申诉案】 申诉人陈某某系赣州威绿达公司创始人兼股东，后因股东之间矛盾加深，相互控告对方侵占公司资产。2012年，陈某某控告兰某某、江某某挪用公司资金1680多万元。该案经上犹县检察院审查后对兰某某、江某某作出不起诉决定。陈某某不服该决定，屡次到省检察院、最高人民检察院上访，要求以挪用资金罪追究兰某某、江某某等人的刑事责任。2015年9月，省检察院召开陈某某刑事申诉案件专家咨询论证会，邀请专家学者、律师以及省直政法机关有关业务部门负责人参加论证。2016年1月，经省检察院组织申诉双方当事人直接沟通、直接协商后，双方达成和解，陈建华自愿向省检察院撤回刑事申诉。

（曾超）

审 判

【概 况】 2016年，受理案件39.56万件，审结38.99万件，分别上升9.29%和29.5%。

着力服务发展升级。妥善审理企业破产案件280件，涉案资产537.93亿元。以法治方式保障供给侧结构性改革，审结金融债权、民间借贷纠纷6.36万件；审结一审商事案件12.20万件，标的额605.66亿元（上升52.27%）；审结涉外、涉港澳台案件125件；审结权属、财产侵权纠纷1.09万件，知识产权案件985件。深化平安江西建设。依法惩治犯罪，维护社会稳定，审结一审刑事案件2.48万件（上升2.68%），判处罪犯2.80万人。依法打击非法集资、电信诈骗、网络犯罪、制售假冒伪劣产品等涉众型犯罪，审结案件340件。加大毒品犯罪打击力度，有效遏制毒品犯罪高发态势，审结案件2521件（下降13.75%）。依法惩治职务犯罪，始终保持严惩腐败的高压态势，审结案件936件1505人，其中副厅级以上15人、县处级49人。推进法治江西建设。依法开展行政审判，审结一审行政案件3509件（上升50.99%），审查非诉行政执行案件3542件，判决撤销、变更、确认行政行为违法503件，裁定不予执行116件。助推"美丽江西"建设。围绕打造"美丽中国"江西样板，出台20项服务措施，保障国家生态文明试验区建设；加大生态环境司法保护力度，设立环资专业审判庭23个，审结涉环境资源案件1304件（其中刑事案件733件，判处罪犯1207人），判处修复生态案件24件，补种林木面积117.82公顷。

加大司法救助力度。发放司法救助金2506.5万元，缓减免诉讼费2346.6万元。依法维护赔偿请求人合法权益，办理国家赔偿案件48件，赔偿75.46万元。维护群众民生权益。依法审理好事关群众切身利益的案件，加大对老人、妇女、儿童、残疾人等特殊群体的保护力度，审结婚姻家庭纠纷、邻里纠纷、物业纠纷、人身损害赔偿纠纷等案件6.26万件。提升诉讼服务水平。推进立案登记制改革，保障群众诉权行使，当场登记立案率97.71%。推进诉讼服务中心系统化、信息化、标准化、社会化建设，满足群众多元化需求。

全力攻克执行难题，兑现群众胜诉权益。全省法院执行立案16.32万件，结案11.91万件（上升96.18%），结案标的额383.29亿元（上升98.49%）。凝聚执行合力。拓展网络查控建设与运用，实现金融、公安、工商等七大类、50余项信息网络查控，5个设区市实现国土、房产信息网络查控。加大强制力度。开展"夏日风暴""秋季行动""冬日融冰"等专项行动，集中力量，攻克难案。综合运用各种强制措施，加大制裁力度，搜查1461人次，强制清场526次，强制审计46件，罚款1028万元，拘传5632人次，拘留2042人次；对拒不履行义务的公职人员，不论身份、职务，坚决依法予以惩处，处罚136人次。依法严惩拒执犯罪，形成公诉与自诉并行的追究模式，追究刑事责任278人。深化信用惩戒。打造"法媒银"平台升级版，与江西日报社共建"江西执行"手机客户端，向公众推送执行信息，实现网站、移动客户端、户外媒体、传统媒体等多种媒介的互融互通，"法媒银"在全国综治"南昌会议"上进行展示。

推进司法体制改革试点。根据中央、省委部署，在上饶、九江等6个法院开展四项改革试点工作。遴选首批员额法官174人，占中央政法编的28.9%。改革法律文书审签制度，实现"审理者裁判、裁判者负责"。组建新型审判团队，入额院庭长全部回归一线办案。厘清各类人员权力、责任清单，建立责任追究、绩效考评等制度，构建法官"能进能出"机制。推进信息化建设。建成全省法院信息集控中心，集成调度指挥、视频整合、审务监督等功能；全面推行网上办案，推进诉讼档案数字化和电子卷宗随案生成，应用审判节点管理系统，自动监控个案办理信息；建立全省司法数据管理平台，实时掌握审判运行态势，实现动态调度、全程督导，提升审判质效；推进执行指挥中心建设，实现全省执行统一指挥、统一管理、统一协调；深化审判流程、裁判文书、执行信息三大公开平台应用，建成第四大公开平台——江西庭审公开网，推送审判、执行案件信息37.72万条，公布裁判文书16.99万份，网络直播庭审1177次；探索司法送达事务集约化，在全国首创"一体化"司法送达服务平台，实现送达流程化、智能化管理。

【江西高院执行指挥中心启用】 8月5日，在江西省高级人民法院执行指挥中心启用仪式暨"夏日风暴"专项执行推进会上，省法院党组书记、院长葛晓燕轻击键盘，启动江西高院执行指挥中心运行，标志执行指挥中心正式使用。该执行指挥中心实现省市县三级法院远程视频会商、远程指挥调度、远程视频监督等功能，使执行联动和综合治理执行难问题的工作机制得到具体贯彻落实，为实现全省三级法院远程指挥系统互联互通奠定基础。

【乐平"5·24"案】 2000年5月23日，景德镇市所辖乐平市发生一起故意杀人、抢劫、强奸案。公安机关经侦查认定："黄志强、方春平、程发根、程立和及汪深兵（另案处理）杀害蒋某某，强奸杀害郝某某并分尸，抢走两被害人随身携带的现金、手机、IC电话卡等物品。作案后，程发根、黄志强、方春平3人用抢来的IC电话卡两次打电话给被害人蒋某某生前经营的超市，欲敲诈10万元。后因怕暴露，3人放弃敲诈企图。"景德镇检察院以故意杀人罪、抢劫罪、强奸罪、敲诈勒索罪对被告人黄志强、方春平、程发根提起公诉，以故意杀人罪、抢劫罪、强奸罪对被告人程立和提起公诉。2003年7月7日，景德镇市法院作出一审判决，判处黄志强、方春平、程发根、程立和死刑。宣判后，4名被告人提出上诉。2004年1月17日，省法院作出二审裁定，以原判认定事实不清、证据不足为由，发回景德镇市法院重审。11月18日，景德镇市法院作出一审判决，仍判处4名被告人死刑。宣判后，4名被告人再次上诉。2006年5月31日，省法院二审改判4名被告人死刑，缓期二年执行。判决发生法律效力后，黄志强、方春平、程发根、程立和提出申诉。2015年7月31日，省法院依法对该案立案审查。2016年4月27日，省法院另行组成合议庭对该案进行再审。11月30日，因涉及个人隐私，省法院对该案进行不公开开庭审理。12月22日，省法院依法对该案公开宣判，以原判事实不清，证据不足为由，撤销原审判决，宣告黄志强、方春平、程发根、程立和无罪。

【周文斌受贿、挪用公款案】 2015年12月29日，南昌大学原校长周文斌因受贿、挪用公款，被南昌市法院一审判处无期徒刑，剥夺政治权利终身，并处没收个人全部财产，赃款赃物没收，上缴国库。周文斌不服，上诉至省法院。2016年12月21日，省法院公开开庭审理该案。二审审理认定，周文斌身为国家工作人员，利用职务便利，为他人谋取利益，非法收受他人财物共计人民币1938.8万元、港元30万元、美元1万元、韩元90万元、购物卡2.4万元、卡地亚手表1块（价值3.86万元），其行为构成受贿罪，且数额特别巨大。原判程序合法，认定周文斌的主要受贿犯罪事实清楚，证据确实充分。但周文斌收受两笔合计人民币160万元贿赂，证人证言存在矛盾，证据不足；周文斌因为职工团购住房支付5875万元预付款，经院长办公会集体讨论，且全部用于项目并全部归还，挪用公款定性不当。周文斌二审期间认罪态度好，承认犯罪的主要事实和证据，并当庭表示认罪悔罪，对一审过程中的翻供行为和不当言行，认错道歉。同时，周文斌受贿的大部分赃款已被追缴。综合上述情况，省法院当庭作出判决：以受贿罪判处周文斌有期徒刑12年，并处没收个人财产100万元；对其受贿犯罪所得依法予以追缴，上缴国库。

【首例大气污染责任纠纷案】 2014年6月，江西鹰鹏化工有限公司（简称鹰鹏公司）在生产中因故导致生产废气泄漏，造成周边农林作物不同程度受损。江西星光现代生态农业发展有限公司（简称星光公司）的苗木基地遭受污染树种为绿化苗，面积20.76公顷。赣州市法院一审时，参照该地林业部门的建议补偿标准，结合原告受损苗木面积、品种、树龄等情况，判决鹰鹏公司向星光公司赔偿损失16万元。后星光公司上诉至省法院，要求鹰鹏公司按资产评估报告赔偿损失364万余元。2016年4月14日，省法院综合资产评估价值、交易价值及受损面积、受损株数等因素，判决鹰鹏公司赔偿星光公司苗木损失136万余元。该案为江西省首例大气污染责任纠纷案。

（陈书玲）

司法行政

【概　况】 2016年，全省司法行政机关围绕防控风险、服务发展，坚持问题导向、创新引领，各项工作取得新进展。

服务法治江西建设实现新突破。完成年度法建任务。召开第二次省法建领导小组会，制定年度工作要点，分解落实89项任务，开展督查考核；组建法治江西智库，选聘33人担任专家委员会委员。启动"七五"普法规划。完成"六五"普法规划任务；出台"七五"普法规划及决议；召开第十三次法治宣传教育工作会议，省委书记、省长同时出席；在全国率先出台国家机关落实"谁执法谁普法"责任制考核评价办法；开展"百万网民法律知识竞赛"和"江西十大法治人物（事件）"评选表彰活动。推进公共法律服务平台建设。省委办公厅、省政府办公厅印发《关于建立全省公共法律服务平台的意见》，制定《县级法律服务中心建设指导标准》和《江西省法律服务中心形象标识基本规范》，5个设区市和51个县（市、区）、158个乡镇（街道）建成公共法律服务实体平台；建成全省公共法律服务网上平台，省委书记鹿心社启动开通按钮。实现法律顾问制度全覆盖。印发《关于建立村（社区）法律顾问工作制度的意见》，如期实现法律顾问制度在全省党政机关、人民团体、国有企事业单位和村（居）委会的全覆盖。全省律师担任法律顾问1.02万家，参与重大决策法律咨询6400余件，审查规范性文件和合同7200余件，参与重大信访案件处理3100余件。

服务平安江西建设迈上新台阶。省委办公厅、省政府办公厅转发《省司法厅关于进一步加强监狱工作的意见》，全省监狱和省直戒毒所连续9年实现无脱逃、无重大狱所内案件、无重大安全生产事故、无重大疫情的"四无"目标。社区服刑人员重新犯罪率0.09%，刑释人员重新犯罪率1.41%，均低于全国平均数。在全省监狱戒毒场所开展"安全稳定好、教育质量好、公正执法好、队伍建设好、经济发展好、社会形象好"的"六好监所"竞赛活动，深化"查隐患、堵漏洞、找差距、化矛盾、强打击"专项活动。创新开展以危险性评估为重点的罪犯改造评估与矫治工作，在全国会议上作典型发言。完善提升具有鲜明江西特色的"1341"

戒毒模式，建立涵盖管理、教育、医疗、康复等工作的制度体系、流程规范和工作标准。开展社区矫正执法规范深化年活动，全省刑释人员接送率99.69%、帮教率91.66%。推动人民调解工作规范化建设，推进全省行业性、专业性调解平台建设，全省调处矛盾纠纷15万件，其中劳动、医疗等行业性专业性矛盾纠纷5万件，防止群体性上访1785件、群体性械斗403件、民转刑案件1220件。

凸显司法行政新作为。出台《关于服务富裕美丽幸福江西建设的意见》，推出20条具体举措，得到12位省领导批示肯定。省委办公厅、省政府办公厅出台《关于完善法律援助制度的实施意见》，全省办理法律援助案件3.2万余件，惠及3.8万余人，在全国完善法律援助制度推进会上作经验交流。印发《江西省司法厅法律服务监管"双随机一公开"工作细则》，建立法律服务行业行政检查"一单两库"，办理行政复议、行政处罚案件6件。

全面深化改革取得新成效。深化律师制度改革。出台律师参与化解和代理涉法涉诉信访案件工作制度，全省律师达4873人，实现每万人口1名律师的历史性突破，全省律师办理法律服务事务3.74万件。开展社区矫正官试点。制定《关于社区矫正官试点工作的指导意见》，在8个市、县（市）开展试点，探索社区矫正队伍正规化、专业化、职业化建设模式。推进人民监督员制度改革。制定《江西省人民监督员选任管理实施方案》，召开全面推进人民监督员制度改革工作会议，组建155人的省级人民检察院人民监督员队伍。推进公证机构体制改革。出台深化全省公证机构体制改革、推进县域公证机构规范化建设的指导意见和公证服务收费管理办法，10家行政体制公证机构完成改革，全省公证机构办理公证事项16.7万件。深化其他方面改革。开展司法鉴定管理"质量建设年"活动，8家机构通过国家级认证认可。全省司法鉴定机构办案8.5万件，鉴定结论采信率达90%以上。首次进行仲裁机构及仲裁员公告，成立全省首家南昌仲裁委员会知识产权仲裁中心。完善国家司法考试安全保障机制。参考人数首次突破1万人，实现零差错，合格率21.4%，颁发法律职业资格证书1587份。

基层基础建设取得新业绩。推进"新丰新城"项目建设。将省直监狱、戒毒所等10个项目实施迁建或新建，在南昌市新丰垦殖场建设"新丰新城"，划定340公顷建设用地。推进司法行政信息化建设。建成覆盖监狱、戒毒、社区矫正、安置帮教、公共法律服务领域的三级集中指挥平台，建成容量达47万余人的江西省特殊人群数据中心。加强基层司法所建设。深入开展"五好司法所"创建活动，启动"特色司法所"争创活动。

【举行2015年度"江西十大法治人物"颁奖礼】 1月30日，2015年度"江西十大法治人物"颁奖礼在南昌举行，省领导周萌、魏小琴、郑小燕、葛晓燕、刘铁流出席并为获奖者颁奖。上饶地税占杨班组、鹰潭市人民检察院反贪局副局长王江明、江西省总工会公职律师群体、彭泽县青少年法治宣传教育讲师团团长刘金佑、靖安县人民法院雷公尖法庭庭长陈小弟、抚州市委维稳办专职副主任陈振华、吉水县矛盾纠纷调处中心调解员胡开生、江西省女子监狱六监区副教导员胡佩燕、南昌市公安局新建分局刑侦大队情报中队中队长饶型森、南昌市新建区大塘坪乡观西村村民裘德杏获2015年度"江西十大法治人物"称号，寻乌县长宁镇城北村村民刘富祥、新余市关工委法制教育报告团成员胡乃豪获2015年度"致敬法治人物"称号。

【全省首家知识产权仲裁中心成立】 2月26日，全省首家知识产权仲裁中心——南昌仲裁委员会知识产权仲裁中心授牌成立仪式在南昌举行。该知识产权仲裁中心由省出版工作者协会、省律师协会知识产权专业委员会联合发起设立。主要受理和调解、仲裁知识产权纠纷；帮助权利人树立维权意识，推动知识产权的创造、运用、保护和管理；推行仲裁法律制度，引导当事人在合同中约定仲裁条款，为当事人提供仲裁调解服务，维护合法权益，保护创新能力和成果。

【召开全省第十三次法治宣传教育工作会议】 6月20日，全省第十三次法治宣传教育工作会议在南昌召开。省领导鹿心社、陈俊卿、谢亦森、郑小燕出席会议，省委常委、省委政法委书记周萌主持并作工作部署，副省长郑为文宣读《关于我省荣获2011—2015年全国法治宣传教育先进集体和先进个人表彰的通报》《江西省普法教育工作领导小组关于表彰2011—2015年全省法治宣传教育先进集体和先进个人的决定》，上饶市和省委教育工委、省教育厅作典型发言。

【出台《关于完善法律援助制度的实施意见》】 6月28日，省委办公厅、省政府办公厅印发《关于完善法律援助制度的实施意见》。该实施意见明确了"十三五"时期全省法律援助工作的指导思想、总体要求、主要目标和重点任务，提出4个方面16项具体措施，发挥法律援助在维护和谐稳定、促进公平正义、保障改善民生中的作用。

【江西省公共法律服务网上平台开通】 9月26日，江西省公共法律服务网上平台正式开通。该平台运用大数据技术，整合全省律师、公证、法律援助、司法鉴定、人民调解、法治宣传、司法考试等资源，通过"互联网+法律服务"的形态，将全省数万名法律服务专业人才连接在一起，实现网上找律师、办公证、求法援、寻鉴定、要调解。

【召开法治江西智库成立大会暨法治江西建设理论研讨会】 12月23日，法治江西智库成立大会暨法治江西建设理论研讨会在江西财经大学召开。省委常委、省委政法委书记、副省长、省法治江西建设领导小组副组长兼办公室主任尹建业出席会议，为智库专家颁发聘书并讲话。成立大会之后，举行法治江西建设理论研讨会，智库专家围绕"智库与法治创新"和"地方法治"两大主题，作《关于加强法治智库建设的几点看法》《深化改革背景下政府法治建设的机遇与挑战》《变局世界中的法治与中国的地方治理》《法治评估的意义、原则与基本框架》《实现看得见的法治——大数据驱动下法"智"江西设想》等主题发言。

（胡大德）

本栏编辑 詹跃华

港澳台事务

港澳事务

【概　况】　2016年，江西港澳事务部门通过增职能、做特色、融主流，全方位推进涉港澳各项活动及各领域交流合作，为全省经济社会发展助力。

高位推动赣港、赣澳务实合作。建立省"四侨"与省政协港澳委员及特邀海外代表联谊餐会机制和赣港澳台青少年心连心活动机制。与省金融办组织省金融代表团赴港出席第九届亚洲金融论坛，与境外客商达成多个投融资项目合作意向。配合做好2016年赣港招商活动有关工作，外交部驻香港特别行政区特派员公署首次与地方省区市合作举办了江西省与外国驻港领团及商会合作交流恳谈会。邀请港澳特首和国港办参加在江西省举办的2016年泛珠三角区域合作行政首长联席会议，探讨依托港澳独特优势扩大对外开放，深化发展合作，并就相关省部际协商会议议题争取到国港办的支持。

做精做强港澳交流精品活动。组织省政府代表团参加2016年澳门国际环保合作发展论坛及展览，促进江西省环保产业的国际交流与合作。接待香港高级公务员清华大学国家研习课程班、香港华侨华人总会、澳门缅华互助会等团组。赴赣江新区调研，就在赣江新区建设港澳产业园达成意向。完成多个港澳捐赠项目签约，争取上海香港应善良基金会捐赠款46.99万元，为赣州市南康区麻双乡新建桥梁，并援助江西中医药大学30名贫困生。

加强因公赴港澳管理工作。6—11月，共审批因公赴港澳53批153人次，审核颁发因公赴港澳通行证241本，退审25批次。鼓励江西与港澳有实质合作内容的经贸和人文交流，全年因公赴港澳团组经贸类占34%。

【2016年赣港经贸合作活动在香港举行】　5月9日—11日，2016年赣港经贸合作活动在香港举行。活动以"金融·资本·绿色发展"为主题，结合江西"十三五"蓝图，重点围绕创新发展、产业升级、拓宽合作，开展系列专题对接活动，深化赣港经贸交流合作。活动期间，举办了江西省加快融入"一带一路"倡议引导企业"走出去"(香港)推介会、江西现代农业产业(香港)推介会、2016"跟着诗词游江西"(香港)大型游学旅游宣传推广及投资促进活动、"境外资本助力江西发展"暨中国银行支持赣企"走出去"恳谈会、江西省国有企业引进战略投资者对接洽谈会、江西省与驻港外国领团和商协会合作恳谈会，共洽谈合作项目105个，签约投资总额103.02亿美元。在签约项目中，现代农业、现代服务业占40%，先进制造业占56%。

【2016年江西港澳事务工作研讨班在香港举行】　11月21日—25日，2016年江西港澳事务工作研讨班在香港举行，来自省直和各设区市19个单位的20名学员参加研讨班学习。学习研讨期间，学员学习了香港政治体制、商务及对外交往礼仪并进行研讨；参加了亚洲最大的物流和航运会议，听取世界各地政府及商界精英对于融入"一带一路"建设发表的见解；参观香港金融管理局，了解港币的历史变迁及汇率制度架构；参观香港中小企业服务中心，了解香港政府以人性化服务助力企业做强做大；参观香港两大电力供应商之一的中华电力有限公司，了解公司如何做到发电与环保完美结合。

(周伟丽)

台湾事务

【概　况】　2016年，全省对台工作部门贯彻落实中央对台工作方针和省委、省政府决策部署，推动赣台经济社会融合发展，对台工作取得新成绩。

赣台经贸合作持续深入。重点围绕江西电子信息、新型光电、生物医药、新能源汽车、新材料、节能环保等重大产业集群及现代服务业、现代农业招商引资，台商投资高新技术产业的比重不断加大，对台招商引资呈现量质齐升的态势。全年新注册台资项目117个，实际进资9.34亿美元，累计引进台资项目和实际进资额位居中部地区前列。举办第十四届赣台(南昌)经贸文化合作交流大会，加强对第十二届、十三届赣台会签约项目的跟踪服务和督查工作，确保签约项目早进资、早开工。发挥全国台湾同胞投资企业联谊会和全省8家台资企业协会在对台招商引资中的带动作用，邀请台商到赣考察。1月，九江市台协换届，邀请500余名台商参会，取得"以商招商"效果。8月，经省台办争取，全国台企联第四届福建江西片区第一次会议在南昌市召开，全国台企联会长王屏生率30余名各地台协会长和重要客商到赣考察洽谈，加深台商对江西的了解。开展“降成本、优环境”专项行动，仅亚东水泥矿山地质环境恢复治理保证金一项，可获国土部门返还1750万元。针对省内部分台资农业企业遭遇洪涝灾害，省台办将国台办支持的受灾慰问金80万元，全部用于帮助受灾台企恢复生产。

赣台交流往来持续热络。全年规范审批赴台团组253批1370人次，其中厅级领导33人。先后接待中国国民党副主席林政则、原副主席蒋孝严等知名人士和相关重要团组。全年走访重点台胞台属2107人，给困难台胞台属发放慰问金4.56万元。加强两地民间各领域交流交往，突出赣台青年和基层互动，打造品牌交流活动。通过乡镇、社区、学校、医院等基层交流，搭建互动交流平台，建立长期交流合作关系。至年底，赣台基层“结对子”已达53对。先后举办第二届海峡两岸（鹰潭）乡里长现代农业交流论坛、昌台两地妇女工作座谈交流会、第六届赣台（吉安）基层农会交流、赣台（九江）传统文化交流活动、海峡两岸南昌（高雄）文化艺术交流会、景德镇陶瓷艺术作品赴台展览、第三届海峡两岸（南昌）青年学生夏令营、第八届两岸青年学生中华传统文化（吉安）研习营、全国台联台胞青年千人夏令营江西分营、海峡两岸（鹰潭）青少年夏令营、第十届“两岸四地大学生科技文化夏令营”等活动。

对台宣传影响持续增强。借助网页、微信、微博、QQ等信息传播新途径新平台开展网络宣传。华夏经纬网“赣台心桥”网和中国台湾网“江西台办视窗”全年发布涉台稿600多篇，发稿量和点击率继续位居全国前列。组建的涉台宣传微信群、QQ群、“今日头条”“一点号”等新闻聚合平台影响不断扩大。一批优秀稿件在“两刊”和《人民日报》《江西日报》等主流媒体刊发。向台湾《联合报》和中天电视台等岛内媒体输送稿件200多篇，推动江西日报社与台湾《旺报》深入开展信息互换合作，协调台湾旺旺媒体集团到赣制作“大陆魅力城市——南昌”专题宣传片，邀请台湾东森电视台“一起嗨旅行”栏目到婺源实地拍摄。举办“台湾青年创业江西行”采访活动，台湾高雄新闻从业联盟协会11家媒体26名记者到赣开展专题采访。支持赣台两地首次合作拍摄反映海峡两岸情缘的大型（30集）电视连续剧《汪山土库》，推动赣台影视文化交流合作。

10月16日—18日，第十四届赣台经贸文化合作交流大会在南昌举行

省台办供稿

【第十四届赣台经贸文化合作交流大会在南昌举行】 10月16日—18日，第十四届赣台经贸文化合作交流大会在南昌举行，900多名两岸政商界人士参会。大会的主题是“两岸一家亲、携手同打拼”。大会期间，举办了赣台农业合作成果展、赣台农业合作暨南昌“绿谷”推介会、赣台电子信息产业暨南昌“光谷·慧谷”推介会、赣江新区及承接台资产业转移项目推介会，共签约台资入赣项目61个，金额达36.6亿美元。

【开展“抓学习宣讲、促台企发展”主题服务活动】 11月底至12月中旬，在全省开展“抓学习宣讲、促台企发展”主题服务活动。省委、省政府主要领导带头深入台资企业，现场为企业排忧解难。各地党委、政府领导和台办干部深入台资企业，了解台企生产经营状况和遇到的困难，集中解决一批实际问题。活动期间，走访台企852家，看望台商1270人次，召开座谈会110余次，收集各类意见建议115条，帮助台企台商解决困难和问题102个。

（夏鸿斌）

本栏编辑 詹跃华

外 事 侨 务

外事工作

【概　况】　2016年，江西外事部门坚持服务国家总体外交和服务全省经济社会发展相结合、扩大开放与加强涉外管理相结合，创新对外合作模式，营造良好涉外环境。

搭建开放合作平台。第三届中美友城大会暨中美健康城市论坛在南昌举行，会议发布《中美健康城市南昌宣言》，深化中美政府间、民间在健康、经贸、教育、文化、旅游等领域的合作；会同全国友协共同策划组织英国斯特拉福德区和抚州市共同纪念汤显祖、莎士比亚逝世400周年系列活动，抚州市与斯特拉福德区正式签订缔结友好城市关系协议；接待俄罗斯彼尔姆边疆区州长巴萨尔金率领的政府及经贸代表团，举办彼尔姆边疆区经贸推介会，在中医药、绿色农产品等领域达成多个合作意向。

提升对外交流水平。接待爱尔兰前总理伯蒂·埃亨、格鲁吉亚第一副总理迪米特里·库姆西什维利等5名外国政要，完成新西兰国家党主席、缅甸巩固与发展党副主席等12批219人次党宾、国宾团组的接待任务，接待外国使、领馆官员来访43批172人次，其中邀请并接待4名外国政要以及外国使节、友好省州代表团和世界500强企业等150余名重要外宾到赣出席第四届世界绿色发展投资贸易博览会。举办"江西省人民对外友好协会成立60周年图片展暨2016新年音乐会""外媒江西行——中东欧16国主流媒体记者代表团访赣"活动。承办、协办中韩地方政府交流研讨会、中印联合医疗队义诊、"一带一路"13个国家大型电视采访宣传等活动；继续深化友城交流，新增国际友城9对，总数达89对，友城地域分布涵盖世界五大洲，居全国第十六位。积极拓展新友城，与俄罗斯彼尔姆边疆区、泰国乌汶府签署建立友好省州关系意向书；以"一带一路"沿线国家和地区，以及江西省外资、技术、人才来源地为重点方向，安排省级团组出访，推动江西省重大对外合作项目。

筑牢外事管理成效。落实省委外事工作领导小组会议决定事项，在省外侨办增加相应职数，配备专职处级干部。针对全省外事工作出现的新情况新问题，印发《关于进一步加强外事归口管理的通知》《关于进一步强调因公出访管理有关纪律的通知》，对外事纪律进行规范和强调，并从在外管理和成果管理两方面加强规范团组境外活动。全省因公出国（境）1403批4676人次，劝退143批521人次，核减境外天数763天。共办理邀请外国人来华781人次，接收外国留学生2787人次。

践行外事为民理念。进一步理顺企业人员因公出国（境）审批流程，建立"绿色通道"，对企业人员予以优先审批、优先办理。全年办理APEC商务旅行卡177人次。服务公民和企业"走出去"，加强与外国驻华使馆联系，举办"日韩签证官江西行活动"，收集、梳理中国外国互免签证国家，美国、英国、爱尔兰及申根国等驻华大使馆采集生物指纹数据安排情况，制作《江西省因公出国签证申办指南》。妥善处置涉及18个国家的50起涉外案件，涉及15个国家的21起领事保护案件。

【第三届中美友城大会暨中美健康城市论坛在南昌举行】　11月18日—19日，第三届中美友城大会暨中美健康城市论坛在南昌举行。省长刘奇，美国密歇根州州长里克·斯奈德，美国国际姐妹城协会会长阚玛丽，中国人民对外友好协会会长李小林，国家卫计委副主任、国家中医药管理局局长王国强在开幕式上致辞。美国卫生与公众服务部代理部长玛丽·韦克菲尔德通过视频致辞。会议期间，发布《中美健康城市南昌宣言》，向里克·斯奈德和李小林等10位中美人士颁发"个人特殊贡献奖"。

【俄罗斯彼尔姆边疆区经贸代表团访问江西】　4月11日—13日，俄罗斯彼尔姆边疆区州长巴萨尔金·维克多·费多罗维奇率政府及经贸代表团访问江西。省长鹿心社出席彼尔姆边疆区经贸推介会并与州长巴萨尔金共同签署建立友好省州关系意向书。访赣期间，还举行了南昌大学俄语中心揭牌仪式；举办了两地企业项目对接会，中俄双方60多名企业家进行项目洽谈，并在中医药、绿色农产品等领域达成合作意向，与有关企业签署合作协议。

【举办江西友协成立60周年图片展暨2016新年音乐会】　1月16日，由省外侨办与省文化厅联合举办的江西友协成立60周年图片展暨2016新年音乐会，在省艺术中心举行。省外侨办主任、省友协会长赵慧出席晚会，省友协第十届理事会理事，在赣外国友人及留学生代表，华侨华人代表，外事侨务部门干部职工代表共800余人观看演出。省友协理事、著名旅日琵琶演奏家涂善祥、著名旅加二胡演奏家高韶青及江西音乐家，为观众表演了《丝绸之路》《我爱你中国》《白帝城》等经典曲目。

【"日韩签证官江西行"活动在景德镇和上饶举行】 6月23日—25日，"日韩签证官江西行"活动在景德镇、上饶两地举行，日本驻上海总领事馆签证领事、韩国驻武汉总领事馆签证领事及中方随员参加了活动。签证官不仅体验了中国陶瓷文化，领略江西独特美景，还与省、市外侨办举行工作座谈，日本、韩国签证官分别介绍各自的签证情况，中外双方就部分签证问题进行探讨和交流。

（周伟丽）

华侨事务

【概　况】 2016年，江西侨务部门坚持为大局服务和为侨服务相统一，以侨为"桥"，在引资引智上搭建经济之"桥"，在服务侨胞上搭建关爱之"桥"，在凝聚侨力上搭建联谊之"桥"，主动谋划、积极作为，为全省经济社会发展提供助力。

"侨梦苑"产业聚集加速，引领发展势头强劲。推动南昌市红谷滩新区出台区级政策、申报市级政策，增配"侨梦苑"专职工作人员，竖立"侨梦苑"标志，设立"'侨梦苑'服务通道""红谷滩侨之家"，举办对侨专项活动，不断优化服务、营造发展环境；聚焦前沿领域发展，着手打造全球首个VR（虚拟现实）产业基地，构建世界级的虚拟现实VR产业中心，先后组织4批侨务工作小组分赴6个国家宣传推介红谷滩新区"侨梦苑"、推荐南昌VR产业基地，与HTC、3Glass－es等一批软件、硬件共100余家企业达成合作意向，已有40多家VR企业签约入驻；以接待第七届海外华侨华人专业协会会长联席会访赣团为契机，促成海外17家华侨华人专业协会在江西"侨梦苑"设立联络处，在经贸、科技、人才等领域开展多种形式的交流与合作。

夯实国内基础，凝聚侨心侨力。开展"侨爱工程——走访慰问贫困归难侨"活动，做好老年归侨生活补贴发放工作。与美国欣欣教育基金会签署欣欣农村小学校长拓展研修公益国际合作项目备忘录，7月在宜春市举办欣欣农村小学校长培训班。联合省财政厅为江西争取2016年华侨事务预算资金278万元。指导华侨农场开展3期归侨侨眷职业技能培训班，完成秀谷华侨农场白茶种植项目。组织召开全省侨政工作会议，推动为侨公共服务体系建设。利用省人大常委会听取侨务工作报告的契机，推动侨务立法工作。

涵养侨务资源，扎实推进海外侨务工作。加强与世界江西同乡联谊会成员单位联谊，建立海外华侨华人微信平台，为江西省拓展"一带一路"沿线国家市场牵线搭桥。促成江西中医药大学与马来西亚沙巴的交流合作，承办国侨办"第八届世界华侨华人社团联谊大会——海外侨领看江西"活动，接待"敬贤观光团""第七届海外华侨华人专业协会会长联席会江西考察团"等重要侨领团组。此外，通过承办"海外红烛故乡行"、寻根之旅夏（冬）令营、中华文化大乐园、派遣华文教师等活动，传承中华文化。

【"第八届世界华侨华人社团联谊大会——海外侨领看江西"活动在江西举行】 6月4日—7日，"第八届世界华侨华人社团联谊大会——海外侨领看江西"活动在江西举行，来自23个国家的43位侨领侨商参加活动，开启"看江西、寻商机"的红色之旅。活动期间，省长鹿心社、副省长刘昌林会见代表团一行，省政府副秘书长王亚联、省外侨办主任赵慧及相关厅局主要负责人参加会见。代表团先后参观黄洋界、毛泽东旧居、侨梦苑，船览一江两岸建设，感受江西红色基因，了解江西发展变化。

【举行红谷滩"侨梦苑"联络处揭牌仪式暨"为侨公共服务体系建设示范单位"授牌仪式】 12月21日，红谷滩"侨梦苑"联络处揭牌仪式暨"为侨公共服务体系建设示范单位"授牌仪式在江西慧谷产业园举行。19家海外华侨华人专业协会担任红谷滩"侨梦苑"联络处。同时，为了更好地服务"侨梦苑"发展，满足归侨侨眷和海外华侨华人对创业服务的需求，省外侨办授予江西慧谷产业园"为侨公共服务体系建设示范单位"称号，充分利用园区的软、硬件资源优势，开办涉侨行政服务窗口，为归侨侨眷和华侨华人提供一站式服务，推动建立"侨之家"公共服务平台。省外侨办主任赵慧出席活动仪式并会见部分海外华侨华人专业协会代表。

【第七届海外华侨华人专业协会会长联席会江西考察团到赣参观考察】 9月14日—17日，第七届海外华侨华人专业协会会长联席会江西考察团一行访问江西。考察团先后参观考察九江市规划馆、南昌市红谷滩"侨梦苑"、汉昀孵化器、VR创新孵化中心、绿地集团303观光塔，观看3D飞行动感影片《飞越江西》，并与红谷滩新区管委会座谈，听取江西省"侨梦苑"情况介绍，进一步了解江西省"侨梦苑"在区位优势及资金、人才扶持等方面的优惠政策。部分代表在赣期间已与九江市政府、红谷滩"侨梦苑"建立关系。

（周伟丽）

本栏编辑　詹跃华

国家区域发展战略

生态文明先行示范区

【概　况】 2016年，全省森林覆盖率稳定在63.1%，居全国前列，湿地保有量保持91万公顷；设区市城区空气质量优良率86.2%，主要河流监测断面水质达标率88.6%，均远高于全国平均水平；万元GDP能耗下降4%左右。8月，江西被列入国家生态文明试验区，国家生态文明试验区和生态文明先行示范区两大战略同步推进。年内，新增17个国家重点生态功能区，新创建2个国家级生态县，新确定16个省级生态文明示范县、60个省级生态文明示范基地。完成生态移民9.6万人。争取国家下达光伏扶贫计划62万千瓦。

【初步构建国家生态文明试验区建设总体格局】 省第十四次党代会明确把建设国家生态文明试验区、打造美丽中国"江西样板"作为未来发展的总体要求；将生态文明目标体系纳入《江西省"十三五"规划纲要》。确立"四区定位"，即打造山水林田湖综合治理样板区、中部地区绿色崛起试验区、生态环境保护管理制度创新区、生态扶贫共享发展示范区。

【建立健全源头防控制度体系】 年内，建立生态保护红线制度，划定保护范围5.52万平方千米；建立水资源红线制度，制定"十三五"水资源消耗总量和强度双控行动工作方案，下达全省水资源管理红线控制指标；建立土地资源红线制度，全面划定城市周边永久基本农田246.2万公顷，出台开发区节约集约利用土地考核办法；完善自然资源产权制度，启动水流、森林、山岭、荒地、滩涂等自然生态空间统一确权登记试点工作；健全空间管控制度，启动编制省域空间规划；推动26个国家重点生态功能区实行产业准入"负面清单"制度。

【建立健全过程管理制度体系】 完善"河长制"，建立健全区域与流域相结合的5级河长组织体系和区域、流域、部门协作联动机制；完善全流域生态补偿制度，在全国率先实行全流域生态补偿，首批流域生态补偿资金20.91亿元全部下达到位；启动江西——广东东江跨流域生态保护补偿试点，国家和江西、广东2省每年安排补偿资金5亿元；完善环境管理与督察制度，推进流域水环境监测事权改革，上收流域断面水质自动监测事权，出台江西省环境保护督察方案；完善生态文明市场导向制度，制定江西省主要污染物初始排污权核定与分配技术规范、排污权出让收入管理实施办法，基本完成萍乡山口岩水库省级水权交易试点，成立江西省碳排放权交易中心。

【建立健全考核评价制度】 建立生态文明建设评价指标体系，并在南昌、赣州等地开展试点，研究制定《江西省生态文明建设目标评价考核办法（试行）》；探索自然资源资产负债表及离任审计制度，开展自然资源资产负债表试点并形成初步成果，出台江西省党政领导干部自然资源资产离任审计实施意见，完成萍乡等地试点审计；完善生态环境损害责任追究制度，出台江西省党政领导干部生态环境损害责任追究实施细则，建立精准追责机制。

【打造山水林田湖生命共同体】 实施森林质量提升工程，完成造林面积13.87万公顷，森林抚育37.33万公顷，改造低产低效林10万公顷；实施水土保持工程，综合治理水土流失面积1100平方千米以上；实施湿地保护工程，建立湿地总量管理、分级管控、占补平衡机制，湿地保有量连续5年保持稳定，湿地占国土面积比重达5.5%；实施土地整治工程，完成土地整治1.31万公顷。

【探索绿色低碳循环发展模式】 全省在产业发展上做"加减法"。在新动能培育上做"加法"，制定创新型省份建设实施意见，推动形成创新发展"1+3"政策体系，新增国家级创新平台和载体19个；在传统动能改造上做"减法"，退出粗钢产能433万吨、生铁产能50万吨，关闭退出煤矿229处、退出煤炭产能1400万吨。推进生态价值转化，推动第二批林权改革试点，全省累计流转山林171.47万公顷；创建11个国家级、66个省级现代农业示范区，"三品一标"产品3321个；创建国家级生态旅游示范区4家、省级生态旅游示范区8家，全年旅游总人次和总收入分别增长23.5%和37.1%；举办南昌"互联网+"国际大健康产业博览会，初步建成宜春中医养生、吉安休闲养生等一批重点基地；争取南昌经开区列入国家园区循环化改造试点，吉安、丰城、樟树列为国家循环经济示范城市。

（王锐）

鄱阳湖生态经济区建设

【概 况】 2016年，鄱阳湖生态经济区实现地区生产总值1.07万亿元，增长8.9%，占全省的58%；财政总收入1762.22亿元，增长6.7%，占全省的56%；一般公共预算收入1134.13亿元，增长1.8%，占全省的52.7%；固定资产投资1.12万亿元，增长13.8%，占全省的57.37%。

【教育同城化】 南昌大学与九江学院联合成立"昌九一体双核发展研究中心"，进一步加强两校教学、科研、人才和师资培养、实验室建设等方面的合作；九江职业技术学院和南昌航空大学，江西财经职业学院和江西财经大学签订联合培养应用技术型本科人才的合作协议，确定合作专业、招生计划、组织管理，并共同研究制订人才培养方案。南昌航空大学科技学院、江西财经大学现代经济管理学院共青新校区一期竣工，9月开学，两校招生2700人。江西师范大学科技学院、江西农业大学南昌商学院、南昌大学科技学院共青新校区建设正在全面推进。

【南昌打造核心增长极持续发力】 2016年，南昌九大重点产业累计完成规模以上工业增加值1357.13亿元，增长9.1%，江铃集团拿到全国第七张纯电动汽车生产资质；引进华夏九州通航总部及运营基地、鸿鹄航空AC500等通用机型研发及制造、南方云天无人机制造3个航空产业项目，航空产业向全产业链延伸；VR产业基地创新孵化中心启用，50余家企业签约入驻，VR产业开始起步。昌九高架一期工程、七里岗互通立交、南京东路道路改造和九洲高架全线通车。实施停车场3年攻坚计划，41个停车场完工，投入使用泊位数7935个。

【九江沿江开放开发取得新突破】 2016年，九江港完成货物吞吐量1.13亿吨，增长9%；集装箱完成27.39万标箱，增长7%。九江石化税收首次突破100亿元，成为全省最大纳税企业；九江钢厂利润实现翻番，税收净增2亿元。对原庐山区、星子县和庐山管理局的辖区范围进行区划调整，设立庐山市，组建成立九江市文化旅游发展集团有限公司，整合全市文化旅游资源，打造"庐山藏天下，九江通四海"城市形象。

【发展其他区域产业板块】 景德镇御窑博物馆及御窑厂保护设施和御窑厂周边道路街面改造工程项目开工。新余新增百乐米业、增鑫牧业2家企业挂牌"新三板"，新引进分宜九银村镇银行和兴业银行渝水小微支行，实现村镇银行县域全覆盖和股份制商业银行引进零的突破。鹰潭加快铜产业体系的升级，全市有铜工业企业130家，电解铜、铜材年产能分别达120万吨和300多万吨。昌抚合作示范区总体规划获省政府批复，昌抚"1+8"合作协议全面落地。樟树市被确认为中国药都、国家新型工业化中医药产业示范基地，高安市建陶行业实现主营业务收入292.04亿元，建陶基地获批全国知名品牌创建示范区，新干箱包皮具产业基地被列为中国箱包皮具生产基地。

【生态环境保护】 下达低效林改造计划1.06万公顷，森林抚育计划1.28万公顷；湿地面积近5.8万公顷，占全省城区湿地面积的62.4%。九江、鹰潭成功创建国家森林城市，贵溪国家森林公园获行政许可准予设立，区内国家级森林公园达15个。南昌市象湖抚河清淤截污、赣江市民公园三期、赣东大堤风光带等10项重大工程基本完工。新余市实施仙女湖、孔目江、袁河、袁惠渠等水环境综合整治工程，打造孔目江湿地公园和袁河生态景观工程，在城市雨污分流等项目建设上引入PPP模式。探索建立排污权交易制度，出台《江西省主要污染物初始排污权核定与分配技术规范（试行）》，组织开展火电、钢铁、水泥、造纸、印染5个试点行业现有排污单位初始排污权核定工作。

【赣江新区获发展自主权】 10月20日，赣江新区挂牌，赣江新区党工委和管委会成立。赣江新区党工委和管委会作为省委省政府派出的正厅级单位，统筹协调赣江新区规划、开发、建设工作，统筹政策制定、产业布局、对外宣传推介。建立"省级决策领导、新区独立运行、组团融合发展"的管理体制，实施赣江新区"相对独立、兼顾属地、在地统计、封闭运行"的运行机制，优化赣江新区行政区划设置，理顺赣江新区管理机构与其规划范围内各级地方人民政府及其派出机关的关系，调动各方积极性。

（盛小平）

赣南等原中央苏区振兴发展

【概 况】 2016年，国家发改委牵头召开部际联席会第四次会议，省委、省政府召开赣南等原中央苏区振兴发展领导小组第五次会议、工作推进会议，协调推进苏区振兴发展。印发实施《赣闽台产业合作示范区规划》《江西向莆经济带"十三五"发展规划》等一批规划。开展《国务院关于支持赣南等原中央苏区振兴发展的若干意见》贯彻落实督查、30个重点平台考评；出台新一轮对口支援工作要点；启动省内高校及科研机构对口支援苏区和投融资洽谈等一系列工作。

【加快产业发展步伐】 年内，南康获批国家新型工业化产业示范基地，钨和稀土、南康家具产业主营业务收入过千亿元。吉安获批国家新型工业化电子信息产业示范基地，电子信息产业主营业务收入突破700亿元。抚州汽车及零部件产业主营业务收入达200亿元。鹰潭铜产业主营业务收入超3000亿元。赣州获批全国首批现代物流创新发展试点城市。赣南等原中央苏区新增"新三板"挂牌企业22家。瑞金、井冈山等8个县（市）列入国家全域旅游示范区。6个国家级、42个省级现代农业示范区加快建设，省级以上农业产业化龙头企业406家，赣州建设规模蔬菜基地180个。赣南脐橙品牌价值达657.84亿元，井冈蜜柚种植面积突破2万公顷，南丰蜜橘种植面积4.67万公顷，"赣南茶油"等3个特色农产品获批国家地理标志保护产品。

【民生工程建设】 原中央苏区贫困人口由2011年的312.87万人减少到2016年的70.71万人，累计减少77%以上，井冈山市实现提前脱贫“摘帽”。新改造中低压线路1.1万千米，新改建农村公路1.2万千米、农村危桥218座，改造农村危房9.1万户，实施农村义务教育薄弱学校改造面积513.8万平方米，实施大型医疗卫生项目87个，苏区每千人拥有床位数4.33张。下达困难群众基本生活救助、抚恤补助等民政资金55.91亿元。赣州市将在乡退伍红军老战士、红军失散人员生活补助标准分别提高到每人每年4.18万元和1.88万元。吉安市1.29万名农村老龄退役士兵、8886名烈士子女享受国家定期生活补助。

【完善基础设施建设】 赣深客专、兴泉铁路开工建设，吉抚武温铁路、渝长厦铁路列入国家《中长期铁路网规划》。三清山机场试飞成功。宁定、兴赣等5条高速公路建成通车，原中央苏区实现县县通高速。大唐抚州电厂第二台机组、赣州东(红都)至抚州500千伏输电线路工程、西气东输三线(江西段)建成投运。峡江水利枢纽建成投运，太湖、寒山水库加快建设，廖坊水利枢纽灌区二期开工建设。

【加强生态保护治理】 年内，实施防护林造林9266.67公顷，封山育林1.43万公顷，改造低效林3.29万公顷。治理废弃矿山47.7平方千米，完成水土流失综合治理面积718平方千米，建成工业污水管网512.2千米。落实全流域生态补偿机制，赣州市获拨流域生态补偿资金8.27亿元。开工建设117个中小河流治理项目，实行东江跨流域生态补偿试点。吉安市、樟树市获批国家循环经济示范城市，吉安市、抚州市纳入国家低碳城市试点。新增12个苏区县纳入国家重点生态功能区。启动实施宜春市、抚州市、兴国县、安福县自然资源资产负债表试点。

【深入开展对口支援】 43个部委出台新的对口支援方案。4个省直单位指导赣州、吉安、抚州国家级高新区、经开区发展，8个省直单位帮助推进袁州低碳发展试验区17个重大事项，52个省直单位同步开展对口支援，省内27所高等院校、4个科研机构对口支援赣南等原中央苏区。新一轮中央国家机关及有关单位52名对口支援干部赴苏区挂职。在贵溪市召开挂职干部专题推进会，帮助非对口支援地区协调推进10个重大事项，实现对口支援“由点到面”。

(江东灿　吕瑞林)

罗霄山片区区域发展与扶贫攻坚

【概　况】 2016年，罗霄山片区17个县共投入罗霄山片区各类民政服务对象生活保障资金25亿元；安排38.5亿元中央和省级补助资金用于交通基础设施建设；投入中央和省级财政专项扶贫资金16.3亿元，增长约41.4%；安排村庄整治资金3.07亿元，约占全省资金45%的比例；投入产业扶贫资金3.4亿元，每个片区县2000万元。中央安排农网改造升级工程预算15亿元、农村安全饮水巩固提升工程1.3亿元，省级投入农田水利和环境整治等项目1.6亿元，县乡村道路、桥梁项目4.99亿元。完成约1.8万户贫困农户危旧房改造。培训贫困人口1.92万人，为扶贫对象提供就业创业政策咨询、就业指导、职业介绍、技能或创业培训等免费服务。省扶贫移民办、省发改委共同编制印发《江西省罗霄山片区区域发展与脱贫攻坚实施规划(2016—2020年)》。

【落实教育扶贫】 凡经县(市、区)扶贫机构确认的建档立卡困难户子女就读各级各类学校，可不经评审直接享受对应的学生资助政策，且资助分类等级以就高为原则。对就读建档立卡贫困家庭儿童，按每人每年1500元标准发放学前教育资助金。从2016年秋季学期起，对建档立卡家庭经济困难学生和残疾学生免除普通高中学杂费。

【创新健康扶贫举措】 8月，省政府出台《江西省健康扶贫工程实施方案》，明确为建档立卡贫困户免费参加新农合，贫困户参加新农合大病保险报销起付线下降50%并提高报销比例5个百分点；将建档立卡贫困人口门诊慢性病补偿比例由40%提高到50%，年度封顶线由3000元提高到4000元；按照每人每年不低于90元的标准，为建档立卡贫困户购买重大疾病商业补充保险。

【加大民生保障力度】 2016年，片区城市低保标准和补差水平分别达480元和320元，农村低保标准和补差水平分别达270元和195元；重点优抚对象生活补助资金普遍增长15%以上。累计下拨罗霄山片区救灾资金8840万元和一批救灾物资；指导片区创建全国和全省综合减灾示范社区分别为10和19个，全省综合减灾示范乡镇(街道)1个，为所有片区县(市)配备救灾专用车辆，推进灾后民房恢复重建1014套。投入1343万元，资助民政公共服务项目37个；中央预算内投资2716万元，资助养老服务体系项目15个；投入2655万元，资助“三院”、城镇居家养老服务中心、救助管理站、留守儿童关爱之家、殡葬服务设施等项目70余个。打造示范社区服务站19个。

【发展片区医疗卫生事业】 2016年，扶持片区30个卫生计生建设项目，建设规模22.87万平方米，下达投资8.59亿元，投资总额增长111.58%。实施2个市级医院项目、6个县级医院项目、2个县级疾控中心项目、19个乡镇卫生院项目建设。下达各类医疗资金56.34亿元(中央投资45.61亿元，省级投资10.73亿元)，增长70.16%。在片区的8个县定向招收41名医学本科生、33名医学专科生，为片区基层医疗卫生计生单位免费、半免费进修38名技术人员，全科医生转岗培训36名。

【改善教育条件和设施】 全年省财政安排10亿元，扩充学前教育资源；安排15亿元，推进城乡义务教育均衡发展；安排4亿元，按生均500元标准安排普通高中生均财政补助；安排1000万元，重点改善贫困县特殊教育学校办学条件。安排6.76亿元，实现17个片区县3744所学校、83.77万名学生开学开餐，食堂供餐学校数2295所、学生人数53.58万名，分别占总数的61.30%和63.96%。2016年起，每年新增赣南原中央苏区县、集中连片特殊困难县和国家扶贫开发重点县700名左右招生计划，由南昌大学等10所公办本科高校共同承担。为贫困地区培养1000名农村技术人员或专业户。争取“国培计划”专项资金1.18亿元，计划培训中小学教师10万人次，落实艰苦边远地区农村中小学教师特殊津贴、连片特困地区乡村教师生活补助和乡镇工作补贴3项津贴补助政策，安排1亿元推进农村教师周转房建设，提高农村教师的工资待遇和生活水平。

【超额实现减贫预期目标】 全省76万贫困人口、贫困发生率降到3.3%，比2015年年底下降2.4个百分点。贫困地区农民可支配收入增长11%，高于全省平均水平2个百分点。其中，井冈山市成为全国首个脱贫“摘帽”的贫困县。

（王炜）

对口支援新疆阿克陶县

【概　况】 作为全国最早援疆的8个省份之一，江西于1997年开始支援新疆建设。20年来，江西援疆工作走过一条从“干部人才援疆”到“全方位对口援疆”，再到“聚焦总目标对口援疆”之路，先后派出援疆干部人才9批503人，投入援助资金16.4亿元。2010年，新一轮援疆工作启动以来，在江西全面援助下，克孜勒苏柯尔克孜自治州（以下简称克州）阿克陶县生产总值、地方财政收入、城镇居民人均可支配收入、农村居民人均可支配收入年均增长率分别为20.61%、22.45%、15.76%、22.39%。2016年，江西规划实施项目54个，安排援助资金3亿元，实现“十三五”援疆工作良好开局。阿克陶县生产总值、地方财政收入、城镇居民人均可支配收入、农村居民人均可支配收入比上年分别增长11.20%、31.33%、21.56%、16.77%。

【民生工程建设】 2016年，江西安排民生项目27个，资金1.88亿元，用于改善群众生产生活条件。帮扶创业就业。帮扶当地开展技能培训35期，协调江西技师学院、南昌工学院等院校开展多种形式培训，全年累计培训5400余人次；全年帮扶4200余人次就近就地就业，扶持40余人成功创业。帮扶医疗卫生事业。建成克州人民医院儿科病房大楼，启动县医疗卫生信息化建设工程；组织11名获全国五一劳动奖章的医疗专家赴新疆义诊和40名阿克陶县医务人员到赣培训，帮带提升当地医疗水平。推进基础设施建设。改善7200户低收入城乡居民住房条件；建成15个乡镇便民服务中心。

【教育援疆】 2016年，安排教育相关项目15个，资金5945万元，帮助当地提高教学质量和办学水平。抓好教育基础设施建设，推进县雪松中学二期、第一双语幼儿园改扩建工程，建成12所乡镇双语幼儿园。强化双语教育，配齐配强师资力量，继续办好克州二中“江西班”、雪松中学“江西实验班”，集中培训双语教师600名，表彰奖励双语教育优教优学师生1193名。加大内地就学力度，安排资金200万元，支持南昌莲塘一中继续办好“内高班”；安排300万元，资助阿克陶县500名内地就学的贫困家庭大学生。

【开展干部人才精准援疆】 实施干部人才培训培养工程。2016年，组织完成克州党政干部、青年科技和高层次人才赴赣培训、挂职锻炼和当地培训共9批次500人。选派专业技术人才支援建设。根据当地实际需求，选派农业、水利、教育、新闻宣传等方面专家、技术人员30多名前往克州进行技术指导和现场帮带。支持克州实施帕米尔3123人才培养工程，帮助克州柔性引进江西各类人才近100人。发挥援疆干部人才传帮带作用，通过“双带帮扶、惠民连心”活动和开设专题讲座等多种形式做好传帮带工作。

【基层基础建设】 加强基层阵地建设，安排资金400万元，加强阿克陶县乡、村两级党组织政权建设。加强反恐维稳基础设施建设，安排资金2655万元，推进阿克陶县民兵训练基地、技防工程和反恐维稳情报信息中心建设。加强技术指导，江西省公安厅选派5名干警，在阿克陶县开展为期6个月反恐维稳技术指导。

【赣新两地各族群众交流交往】 2016年，安排资金1820万元，推进赣新两地各族群众交流交往交融。深化青少年交往交流，赣新两地20余所中小学校开展互访交流活动，167名少年儿童参加“手拉手”融情实践夏令营，近千名少年儿童参与“我心中的新疆”绘画大赛，近万名青少年开展“手拉手”书信交流。创新文化艺术交流，组织36名江西知名书画家和摄影家赴新疆采风创作，150余幅反映当地风土人情的作品在江西美术馆展出；协调景德镇学院以“瓷器遇上艾德莱斯”为主题创作一批蕴含新疆少数民族文化元素的陶瓷作品参展第四届新疆文博会和第十三届景德镇国际陶瓷博览会。拓展交流交往维度，促成阿克陶民族美食店在南昌青云小镇开张，组织两地劳动模范、优秀党员、妇女代表等社会各界人士开展交流互访活动。

【新疆土陶与艾德莱斯参加第十三届中国景德镇国际瓷博会展览】 10月18日，由江西省对口支援新疆工作领导小组办公室、新疆互联网信息办公室、江西省对口支援新疆工作前方指挥部主办，景德镇陶瓷学院和新疆克孜勒苏柯尔克孜自治州阿克陶县政府承办的瓷国之光——“一带一路”新篇章——新疆阿克陶土陶与艾德莱斯走进景德镇活动在第十三届中国景德镇国际陶瓷博览会主会场B馆二楼开展。展区包括“艾德莱斯出天山”创意展品展示、阿克陶土陶创意展品展示、瓷乐与新疆民族乐器展演、现场手工创作等部分。

（李庆　金业辉　陈文强）

本栏编辑　游桃琴

农　业

综　述

2016年,全省农业农村经济发展在高起点上完成各项工作既定目标,实现"十三五"良好开局,为全省经济社会发展全局提供有力支撑。全省农业总产值增长4.3%左右;农村居民人均可支配收入1.21万元,增长9%,增幅位居中部首位。

主要农产品获得好收成。全年粮食总产量2138.1万吨,连续4年稳定在2100万吨以上,全面完成年初目标。蔬菜、水果、肉类、水产品等"菜篮子"产品市场供给充足,产量分别为1800万吨、405.37万吨、351.6万吨、271.61万吨。农业产业结构进一步优化,茶叶、中药材、花卉、特种水产、草地畜牧业等特色产业发展势头良好。

农业改革不断深化。坚持向改革要活力,稳扎稳打,精准发力。全省农地确权登记颁证工作进入全面验收阶段,农地确权证书到户率95.7%。多元化新型农业经营主体不断壮大,累计发展家庭农场2.7万家,农民合作社4.73万家,规模以上农业产业化龙头企业4763家,新型职业农民4.6万人。农地流转规范有序,建成11个市级、102个县级、1454个乡级农村土地流转服务平台,累计流转农村土地76.69万公顷,流转率36.4%,超过全国平均水平。农村集体产权改革试点稳步推进,试点范围扩大至310个村组,建成南昌、九江、鹰潭、吉安、抚州5个市级农村综合产权交易中心。农垦等其他农村改革统筹推进。

绿色生态农业优势更加彰显。大力实施绿色生态农业"十大行动",规模猪场配套建设粪污处理设施比例76%,减少不合理农药、化肥使用量(折纯量)300吨、9.7万吨;有"三品一标"产品3657个,其中绿色食品590个、有机产品1024个、农产品地理标志74个;创建1个国家农产品质量安全市、10个国家农产品质量安全县、省级绿色有机示范县15个。年初,农业部将江西省列为"全国绿色有机农产品示范基地试点省",全国独此一省。

农业转型升级步伐加快。抓加工、育龙头、创品牌、拓功能、建园区,加快推进农业三产融合发展、提质增效。全省农产品加工率54%,规模以上龙头企业销售收入4720亿元,增长9.3%;省级龙头企业销售收入3250亿元,增长9.4%。新增各类休闲农业规模企业540家、总数4190家,休闲农业与乡村旅游接待游客超2亿人次、综合收入700亿元。创建国家级现代农业示范区11个、省级现代农业示范区66个,建设示范核心园121个。"四绿一红"茶叶品牌整合取得实效,"江西茶 香天下"深入人心,享誉全国;江西地方鸡、"鄱阳湖"水产品品牌建设有序推进。

农业科技支撑持续发力。多措并举推动农业科技推广模式创新、服务手段创新,率先在全国开展公益性农技推广体系与经营性服务体系融合发展试点,建立水稻、生猪、大宗淡水鱼等10个现代农业产业技术体系,全省农业科技进步贡献率达57%,主要农作物综合机械化水平达69%,水稻耕种收机械化水平达74%。整合39.88亿元建设高标准农田19.33万公顷,全省累计高标准农田面积达111.13万公顷。智慧农业建设走在全国前列,"123+N"框架基本构建,纳入国家PPP示范项目;被列为农业部信息化进村入户试点省和全国农业农村大数据建设试点省。

农业风险管控有力有效。强化源头预防,狠抓过程监管,注重风险防范,农产品质量安全持续向好,主要农产品抽检合格率98.8%,连续多年未发生重大农产品质量安全事件。成立省级农业行政综合执法总队,"江西农业综合执法实现省市县全覆盖"入选为2016年度"江西十大法治事件"。联合公安部门开展打击整治生猪屠宰突出问题"扫雷行动",有效处置鹰潭市高致病性禽流感疫情、九江市口蹄疫疫情,全省未发生区域性重大动植物疫情。

农业对外开放势头强劲。扩大农业有效投资,举办香港、青岛、深圳等5场现代农业专题招商推介活动,引进农业投资新项目190个,实际进资200.82亿元,增长14%;成立由141家企业组成的江西海外农业投资联盟,新增农业对外投资1.3亿美元。累计发放"财政惠农信贷通"贷款251.58亿元,省农业产业化龙头企业担保公司为农业龙头企业担保贷款8.66亿元;新增上市企业15家,总数达31家,其中境外上市企业6家、主板上市3家、"新三板"挂牌22家。财政支农力度不断加大,农业项目及补贴资金达121.5亿元。

(黄大山)

种植业

【概　况】 2016年,全省粮食播种面积368.62万公顷,比上年减少1.94万公顷,减少0.5%;粮食单产386.69千克/亩,比上年增加0.12千克/亩,增加0.03%;全省粮食总产量2138.11万吨,比上年减少11.05万吨,减少0.5%。其中,水稻播种面积331.63万公顷,比上年减少2.61万公顷,减少0.78%;水稻单产404.6千克/亩,比上年增加0.2千克/亩;稻谷总产2012.6万吨,比上年减少14.6万吨,减少0.7%。全省经济作物总播种面积146.73万公顷,增加5.4万公顷;产量2164万吨,减少30万吨。其中,蔬菜播种面积60.74万公顷,产量1420万吨;水果面积42.73万公顷,产量405.37万吨;茶园面积9.91万公顷,干毛茶总产量5.75万吨;花卉苗木种植面积7.33万公顷;中药材种植面积2.42万公顷,产量29.1万吨;桑园面积1.49万公顷,蚕茧总产量6737吨;苎麻种植面积3670公顷,产量5682吨;糖料种植面积1.24万公顷,产量61.6万吨。

全面推进农业"三项补贴"改革,共下达耕地地力保护补贴资金43.59亿元、适度规模经营补贴资金2.26亿元。继续整合小农水、千亿斤增粮、土地整治等农田基本建设项目资金39.88亿元,新建高标准农田19.33万公顷,全省高标准农田面积111.33万公顷。

【绿色高产高效模式攻关】 在全省13个县深入推进13个粮油绿色高效示范创建。创新设立"核心专家自组团队、蹲点包县整体推进"技术服务形式,示范效果显著。全省创建示范区双季稻平均亩产1025.6千克,比非示范区亩均增产64.6千克,增幅6.3%。油菜创建示范区平均亩产102.3千克,比非示范区平均增产5.3千克,增5.2%。示范区推广应用全程机械化、病虫害专业化统防统治、绿色防控、"三控"技术、增施有机肥等技术措施,实现水稻绿色高效生产。与普通种粮比较,示范区综合应用节本增效技术,亩节本120元,亩增产64.6千克,亩节本增效281.5元。

【防灾减灾工作】 全年发布13个农业防灾减灾紧急通知,下发农业防灾减灾紧急通知9个,指导全省采取有效防范措施。针对年内二化螟等病虫灾害发生较严重的情况,建立病虫害实时自动监测系统,发布病虫情报2100余期次。推广应用"江西微农"微信服务平台,发布病虫情报产品608期,气象为农服务产品942期。

【经济作物产业供给侧改革】 确定新的经济作物产业结构布局。蔬菜产业:逐步形成8个优势蔬菜产区即环南昌、乐平、上饶、九江、萍宜新、鹰抚、赣南、永丰优势产区;建设5个特色蔬菜产区即白莲、食用菌、山药、水生蔬菜、西甜瓜产区。水果产业:明确"一主多特"的产业发展格局,即做大做强以"脐橙、蜜橘、甜柚"等柑橘为主优势产区,发展早熟梨、猕猴桃、葡萄等特色水果产区,培育火龙果等新型特色水果示范基地。茶叶产业:重点划分为赣东北茶区、赣西北茶区、赣中南3大茶区。棉花产业:重点发展赣北棉花核心区。中药材产业:恢复道地中药材生产,重点建设宜春、抚州、吉安、九江4个10万亩主产市。

【提升产品品质】 全年新增标准化基地1.43万公顷,依托"科技下乡""农资打假"、园艺作物标准化创建等活动,推广绿色植保防控、水肥一体化等生态栽培技术10余项,印发茶叶种植模式图2000份,园艺作物标准化创建技术资料200份。年内,全省"三品一标"经济作物产品总数1145个,其中无公害产品927个,绿色食品产品163个,中绿华夏有机认证15个,农产品地理标志产品40个。

(李朴　邹剑)

茶产业

【概　况】 2016年,全省围绕茶叶品牌抓手,聚焦重点、突破难点,茶产业总体保持稳定发展,呈现"总量、企业、品牌、销售"同步发展的态势。全年全省茶园面积9.91万公顷,增长6.5%;全年干毛茶总产量5.75万吨,增长9.6%;全年干毛茶总产值45亿元,增长7.1%。

【持续推进茶叶品牌整合】 4月,省农业厅组织召开全省茶叶品牌整合工作调度会,对5个重点品牌下一步工作作具体的部署。全年省级财政统筹整合相关涉农资金1亿元,专项支持茶叶品牌整合。省级专项资金主要从品牌主体建设、市场开拓奖补、宣传营销等方面对省级重点整合品牌进行扶持。品牌主体建设主要扶持品牌主体创新研发、标准制定和质量监管、标准生态茶园新建、低产茶园改造、加工设备升级等。市场开拓重点奖补茶叶实体店、网店、出口。宣传营销主要是由省里统一组织省茶叶重点品牌宣传营销推介工作,包括媒体广告、茶事活动、电子商务等活动。

【举办2016江西(上海)茶博会】 5月13日—15日,2016年江西(上海)茶叶博览会在上海国际农展中心举行。展会围绕"江西茶 香天下"主题,举行展示展销、茶艺表演、新闻发布与推介会等多项活动,重点推介江西省"四绿一红"茶叶品牌和部分地方名茶。上海市民不仅可以买到狗牯脑茶、婺源绿茶、庐山云雾茶、浮梁茶、宁红茶"四绿一红"五大整合品牌,还能现场欣赏到茶艺表演,直观感受江西茶文化历史。省内115家茶叶企业参展,进驻电商平台24家。

【创新茶叶线上推广】 年内,省农业厅与江西淘鑫电子商务有限公司签订合作协议,启动江西春茶、秋冬礼品茶线上推广活动,联动茶叶电商上千家、互联网媒体60余家,举办春夏秋冬四大主题共18场营销活动,吸引点击量500万人次以上、广告曝光率9000万人次以上,营造"互联网+茶叶"的氛围,为江西茶叶走向全国提供更为宽广的新平台。遂川、浮梁县分别建成狗牯脑茶电商城、浮梁茶电子商务平台,入驻百家以上茶叶电子商家。全年"四绿一红"品牌新增网上专卖店55家,总数达214家。

【茶叶品牌影响增强】 农业部农产

品品牌管理中心与浙江大学评估发布的2016年度全国茶叶区域公用品牌估价中,庐山云雾茶品牌价值17.86亿元,增7.5%,排23名;浮梁茶14.56亿元,增19.9%,排34名;婺源绿茶14.45亿元,增14.2%,排36名;狗牯脑13.44亿元,增16.4%,排42名;宁红茶11.18亿元,增15.3%,排54名。2016中国茶叶企业产品品牌价值评估报告中江西省宁红集团、婺源县鄣公山茶叶实业有限公司、江西省修水神茶实业有限公司、浮梁县浮瑶仙芝茶业有限公司等企业品牌进入前100强,分别以3.52亿元、2.53亿元、2.47亿元、2.3亿元的品牌价值排24、45、50、60名。

(车洪杰)

林　业

【概　况】 2016年,出台规范性文件《加快林业改革发展推进我省生态文明先行示范区建设十条措施》《关于进一步深化国有林场改革的意见》《江西省林地适度规模经营奖补办法(试行)》,印发《江西省林业发展"十三五"规划》。全省完成造林13.89万公顷,森林蓄积量增至5.07亿立方米。全年实现林业总产值3504.82亿元,增长14.4%。其中,第一产业1061.62亿元、第二产业1651.62亿元、第三产业791.58亿元,分别增长8.3%、13.1%和27.3%,三次产值比重由上年的32:48:20调整到30:47:23,产业结构继续优化。全年生产商品材228万立方米、大径竹1.84亿根、小杂竹139.48万吨,生产木竹加工产品8229万立方米、林产化工产品36.53万吨、各类经济林产品463.8万吨。全省林产工业企业共5000余家,其中9家入选第二批国家林业重点龙头企业,总数增至18家。江西飞尚林产有限公司获评国家林业标准化示范企业。11家企业入选"中国林业产业诚信企业品牌"。省级林业龙头企业353家,总资产规模443亿元。

全年下达产业发展专项资金1.7亿元,重点支持油茶、毛竹和林下种植业等绿色富民产业发展,强化林业精准扶贫典型示范作用。全年油茶产业产值232亿元,增长12%。全省油茶加工企业103家,其中国家级林业龙头企业7家、全国油茶产业重点企业8家、省级林业龙头企业54家,年茶油生产能力21万吨。宜春元博山茶油科技农业开发有限公司在英国伦敦证券交易所标准版挂牌上市,成为全国首家在海外上市的油茶企业;3家企业在"新三板"上市。全省新造高产油茶林4.71万公顷,增长107.5%,创历史新高,其中个体农户、大户、合作社占81.6%。油茶项目造林3.65万公顷,占计划的195.4%。省级油茶项目低改合格面积1.67万公顷,占计划的110.6%。结合精准扶贫新造油茶林1.54万公顷,涉及贫困户11.6万户。新认定3个高产油茶采穗圃,续认9个高产油茶采穗圃,全省27个。油茶定点育苗单位44家。省级油茶产业发展专项资金提高到8000万元,比上年增加60%;高产油茶林建设补助标准由每亩300元提高至500元。中国农业银行江西分行专设"金穗油茶贷",累计发放贷款超20亿元,支持油茶产业客户8000多户。全年油茶贷款贴息865.23万元,占贴息补助资金总额33%。

全省竹产业产值345亿元,增长7%。省级竹产业发展专项资金提高到6000万元,增加20%。实施毛竹低产林改造突破3.33万公顷,建设笋材两用林基地651.75公顷。新修竹林经营道路2000千米。全面取消毛竹及其产品办理采伐运输证,毛竹育林基金降为零。

全省林下经济产值194亿元,增长8%。全年生产森林食品9.87万吨、森林药材3.45万吨。新增8个国家级林下经济及绿色产业示范基地,总数增至15家,省级林下经济示范基地增至200家。省级林下经济发展专项资金3000万元,增加200%。安排全南等10个林下经济发展重点县每县100万元以奖代补,补助林下经济种植面积866.67公顷,种植铁皮石斛等24个品种;安排补助林下经济未进入重点县政策扶持范围的其他实施主体以奖代补2000万元,补助种植面积2221.07公顷,涉及白术等50多个品种。选择兴国等10个贫困县(市、区),开展中央财政林下草本药材培育补贴试点工作,每县补贴30万元。新增森林食品基地认定13个、面积4500公顷;对2014年、2015年授牌的基地开展产地环境监测,其中2014年的3个基地被预警。

全省林木种苗产业产值106.20亿元,增长52%。全年完成林木良种调剂3860.5千克,可产合格苗木6400万株,可供造林2万公顷。下达中央财政林木良种补贴资金1498万元,支持9个国家重点林木良种基地建设和14个国有苗圃先进技术育苗补贴。4个种质资源库列入国家林木种质资源库。陈山红心杉一代种子园种子被国家林业局审定为林木良种。国家林业局抽查江西13个县(市、区)40家林木种苗生产经营和造林单位种苗质量8个指标,获"6个百分之百""2个大幅度提升"的佳绩。全年核发《林木种子生产经营许可证》37份。全面启动全省第二次林木种质资源调查工作。

全省野生动物繁育与利用产业产值10亿元,下降9%。省级将5种野生动物驯养繁殖和经营利用审批权限,下放至设区市和省管县林业局;取消20厘米以上野生植物出省限制。全年办理野生动植物行政许可审批628起。

全省森林公园接待游客9162万人次,森林旅游与休闲服务产业产值632.48亿元、增长30%,直接带动其他产业产值1121亿元。江西被列为全国第二个"森林风景资源调查与评价"试点省,鹰潭市双圳林场被列为第一批"全国森林康养基地"试点建设单位。南昌市湾里区被国家林业局命名为"全国森林旅游示范县(区)";婺源县饶河源国家湿地公园、遂川县白水仙风景名胜区、安福县羊狮慕景区获评2016年"中国森林氧吧";梅岭、仰天岗、陡水湖、阳岭4处国家级森林公园被命名为首批"江西省生态文明示范基地"。婺源县、井冈山市等9个县级城市入选由中国国土经济学会发布的"2016百佳深呼吸小城"榜单。发行2016年度"江西风景独好——森林旅游年票"。

全省家具产业产值862.23亿元,增长18%,基本形成南康实木家具、南城教学课桌、广丰和瑞昌红木家具等家具产业集群。中国(赣州)第三届家具产业博览会在赣州市南康区开幕,采购商28.05万人次,签约21.58

亿元,分别增长69.0%和43.3%。赣州港开通全省首趟家具专列。南康家具产业产值突破千亿元,变成"家具之都"。

全年完成林业投资116.32亿元。其中,国家预算资金56.23亿元、国内贷款8.16亿元、利用外资0.42亿元、自筹资金19.96亿元、其他31.55亿元。全年林业固定资产实际完成投资5亿元。争取中央和省级林业项目资金39.6亿元,增长7%。其中:中央投资25.3亿元,增长1%;省级投入14.3亿元,增长18%。原省级9个财政补助林业项目整合为3个,并新增古树名木保护、风景林建设和森林城市创建补助项目。省级油茶产业、竹产业和林下经济财政投入由每年0.5亿元、0.5亿元和0.1亿元,分别增加到0.8亿元、0.6亿元和0.3亿元;原基层森林防火项目调整为生物防火林带建设,并增加投资0.2亿元。全省森林植被恢复费征收7.93亿元,增长72%;1月,全省育林基金征收1771.18万元,2月1日开始育林基金征收标准降为零。国家林业局出台《对口支援江西万安县2016—2017年工作分工方案》,从造林绿化、林业产业与生态脱贫等15个方面加大对万安县帮扶力度。启动赣州市全国木本油料产业精准扶贫试点,获60亿元(2016—2019年)信贷额度。国家下达中央林业贴息贷款建议计划24.10亿元,增长122%;安排中央林业贷款贴息补助资金2596.31万元,扶持林农和林业职工3800余户,农户人均贴息0.3万元。下达专项资金7000万元,在集中连片特殊困难地区和国家扶贫开发工作重点县的建档立卡贫困人口中选聘生态护林员7000人,帮助7000个贫困家庭脱贫。"财政惠农信贷通"累计发放贷款92.05亿元,新增受益户1.86万户。实施林业利用外资贷款项目2个,协议利用外资976万美元,实际利用外资655万美元。全省林业招商引资项目145个,签订协议资金181.1942亿元,实际进资60.84亿元。

【多举措推动林业改革】 省政府办公厅出台《加快林业改革发展推进我省生态文明先行示范区建设十条措施》;省林业厅出台《江西省集体林权流转管理办法》《江西省集体林权流转管理服务体系建设指南》;省国土资源厅、省林业厅印发《关于做好林权类不动产登记和林权管理服务工作的指导意见》,在全国率先联合建立林权管理新机制。新增安义县等20个县为省级深化集体林权制度改革试点,使试点县增至31个,涵盖11个设区市。省林业厅成立9个深化集体林权制度改革试点督导调研组,定期对各试点县进展情况督促指导,对进展缓慢的县下发督办通知。各试点县加大县级林权管理服务机构建设力度,所涉477个林区乡镇有351个设立林地流转服务窗口,5292个行政村有3344个设立信息员;省市县乡村五级信息共享、网络互通的林权流转信息管理平台、林权流转信息服务平台、"惠农绿桥"APP在31个试点县上线运行,以管理、服务为一体,统一省市县乡村五级体系建设为关键的组织机制基本形成。8个设区市的13个县(市、区)开展林地经营权流转证发证业务,办理林地经营权流转证64本,涉及面积1127公顷。在全国率先启动规范流转前提下以合作社、家庭林场为经营主体的适度规模经营奖补,破解林地资源闲置和细碎化问题。集体林地承包经营纠纷调处纳入当地综治工作考核范围。探索生态环境领域综合执法改革,安远县森林公安局成立全省首个集农林、水务与国土、矿管、环保、市监为一体的生态执法大队。

【林业科技创新】 召开全省林业科技创新推进工作会议,实施省林业厅科技创新专项项目37项,其中2016年新增13项,安排项目资金470万元。争取中央财政林业科技推广项目资金1900万元,重点对油茶、湿加松、木荷、北美栎树等重要树种良种进行大规模繁育推广。公益性行业科研专项"木通科特色膏葖果良种选育及高效栽培技术研究"及948项目"利用微生物促进污染退化地植被恢复技术引进"通过国家林业局验收。推进"互联网+"林业行动,打造7个领域31项重点工程,实现林业互联网思维、大数据决策、智能型生产、协同化办公、云信息服务。新批建江西桃红岭梅花鹿省级林业生态定位观测研究站;南昌城市森林湿地生态系统野外科学观测研究站投入运行。樟树"千叶香"等10个新品种被国家林业局授予植物新品种权,成为江西获新品种数量最多的一年。省林科院与南京林业大学合作的"林木良种细胞工程繁育技术及产业化应用"获国家科技进步二等奖,"武夷山自然保护区鸟类多样性保护与研究"获江西省科技进步二等奖;"油茶幼林高效生态经营技术"等3个项目和"亚热带人工林经营的生态化学计量学原理与应用"项目分别获第七届梁希林业科技奖二等奖和三等奖。

【林业国际合作】 直接从美国引进国外松家系113个,引进美国艾博金公司湿地松和火炬松家系101个;首次从美国阿肯色等州引进的纳塔栎、舒玛栎、北美红栎和柳叶栎4个北美栎树树种的播种育苗获得成功;江西省培育具有知识产权的"福禄紫枫"林木新品种首次与瑞典、法国签订经贸合同。办理5个自组团组共25人次出国学习交流,7人次赴台湾合作交流,1人次赴香港参加研讨会。

【召开全省林业重点工作现场推进会】 9月29日,省政府在南昌召开全省林业重点工作现场推进会,总结全省森林防火、松材线虫病防控、湿地候鸟保护、植树造林和森林城市创建工作,表彰先进,部署今冬明春森林防火等林业重点工作。会议通报2015年入冬以来林业重点工作进展情况,表彰先进,下达《森林防火责任书》,九江等6个市(县)分别作交流发言。

【江西纳入全国林业发展两大生态战略区域】 5月6日,国家林业局印发《林业发展"十三五"规划》,明确江西纳入南方经营修复区和长江(经济带)生态涵养带两大生态战略区域,承担全面保护天然林、湿地和重要物种,改善沿江自然生态廊道环境,扩大生态空间、提高区域生态承载力和巩固国土生态安全等任务。南方经营修复区范围包括赣州、吉安、抚州、宜春(除靖安县)、上饶(除鄱阳、余干县)、鹰潭、萍乡、新余及景德镇市乐平市等72个县(区、市);长江(经济带)生态涵养带范围包括南昌、九江,景德镇(除乐平市)及上饶市鄱阳、余干县,宜春市靖安县共28个县(区、市)。

【欧投贷款生物质能源林示范项目竣工】 7月4日,省林业厅通知各地做好欧洲投资银行贷款江西生物质能源林示范项目竣工总结工作。2009年以来,江西利用欧洲投资银行贷款2.05亿元,在赣州、抚州、九江、吉安、新余、上饶、萍乡、景德镇等设区市21个县(市、区、林场)建立能源林示范基地2.03万公顷,其中油茶基地1.91万公顷、光皮树基地1200公顷,全面完成建设任务。项目实施进入稳产期后,年均可生产生物柴油3065.40吨、毛油1.56万吨、食用茶油1.53万吨,年产值可达5.29亿元。该项目实施不仅有效提高当地森林资源质量、改善生态环境,而且进一步增加项目区林农收入、加快山区脱贫致富步伐。

(黄柏祯)

畜牧业

【概　况】 2016年,全省畜牧业围绕"稳增长、保安全、促转型"总目标,推进畜牧业提质增效和转型升级,为全省农业农村经济发展提供重要支撑。全省肉类总产351.6万吨,增长1.0%;禽蛋产量62.5万吨,增长4.9%;鲜奶产量10.5万吨,下降8.3%。生猪出栏3103.10万头,增长63.9%;存栏1814.28万头,下降4.3%,能繁母猪存栏182万头,下降2.3%。家禽出栏5亿只,增长6.3%;存栏2.23亿只,增长5.7%。牛出栏159万头,增长2.7%;存栏335万头,下降3.7%。羊出栏100万只,增长4.3%;存栏73万只,增长4.4%。养蜂箱数60万箱,增长18.7%。

【开展畜禽养殖污染防治工作】 全省100个县(市、区)政府出台畜禽养殖"三区"规划文件,其中27个县(市、区)完成地理标注。落实南方水网地区生猪养殖布局调整优化的实施意见。抓好安远"高床生态养猪"、万年"微生物滤床"等模式试点示范,探索粪污治理整县推进新做法和各种有效治理模式,减排COD 140万吨。启动畜牧业绿色示范县创建工作,开展农业生产全程社会化服务试点,探索畜禽粪污综合利用技术路线和PPP运作模式。按照河长制和"清河行动"要求,印发《2016年全省畜禽养殖污染专项整治行动方案》,参与"环保赣江行"活动。

【病死畜禽无害化处理】 贯彻落实省政府《关于建立病死畜禽无害化处理机制的实施意见》,推进病死畜禽无害化集中处理体系项目建设,全省立项备案38个,已建成无害化集中处理场14个,新增日处理能力105吨,在建项目24个。落实生猪养殖环节病死猪无害化处理补助政策,实施能繁母猪和育肥猪保险政策,将病死猪无害化处理与保险理赔相结合,推进病死猪无害化处理工作。全省承保能繁母猪84.6万头,承保育肥猪1059.6万头,增长110%。强化病死畜禽无害化处理日常监管,开展专项整治,加强联合执法,打击收购加工销售病死畜禽等违法犯罪行为。

【重大动物疫病防控】 强化强制免疫、疫病监测、疫病净化、应急管理等措施,提升重大动物疫病防控能力。推进春秋季防疫集中行动,全省重大动物疫病免疫抗体平均合格率86%。探索强制免疫补贴政策改革,推行"先免后补"直补方式。实施全省动物疫病监测计划,加强动物流行病学调查,完成动物疫病监测样品27.6万份。采取"病原检测—淘汰阳性动物—监测阴性健康群—维持疫病净化状态"技术模式,推进全省动物疫病净化工作。对鹰潭市高致病性禽流感疫情和九江市口蹄疫疫情,及时启动应急预案,组织开展扑杀、消毒灭源、无害化处理、紧急免疫等应急处置工作,有效控制疫情蔓延扩散。

【加强畜产品质量安全监管】 推动定点屠宰资格审核清理工作,全省审核合格符合换发新证条件的企业189家,依法取缔不合格屠宰场点151个。联合省公安厅,开展打击整治生猪屠宰突出问题"扫雷行动",全省开展屠宰执法6470件,捣毁私屠滥宰窝点206个。实施兽药质量监督抽检和兽药残留监控计划,兽药抽检合格率93.9%,兽药残留抽检合格率100%。加强饲料产品质量监测,饲料产品抽检合格率98.1%,违禁添加物抽检合格率100%。开展产地检疫和屠宰检疫,加强检疫监管。

(徐轩郴)

水产业

【概　况】 2016年,全省实现渔业经济总产值979.39亿元,增长5.83%,其中第一产业产值483.52亿元。水产品产量271.61万吨;增加7.37万吨,增长2.8%。其中:养殖产量244.07万吨,增长2.62%;捕捞产量27.54万吨,增长4.3%。养殖面积43.82万公顷,增加660公顷。出口水产品1万吨,出口额2.6亿美元。水产品市场供应充足,价格综合指数105.48,总体运行平稳。全省渔民家庭人均纯收入1.33万元,增长8%。

【养殖结构调整】 年内,全省加快养殖结构调整,重点发展名特优养殖,着力推广稻田综合种养、池塘养蟹,推广池塘净水渔业、工厂化养殖、池塘循环流水养殖等养殖模式。全省特种水产养殖面积20万公顷,增加2666.67公顷,增幅1.5%左右。可完成产量92.53万吨,增幅5.6%,特种水产品占比提高1个百分点。一些省优势特种水产品种产量大幅提高,小龙虾、泥鳅、棘胸蛙、黄颡鱼产量比上年同期分别增长20%、8.2%、8.6%、4.5%。

【持续改善渔业基础设施】 2016年,全省持续加快池塘标准化改造进程,投入中央资金6500万元,改造2016.67公顷养殖基础设施,改扩建3个规模化良繁场,确保水产品的基本供应能力。同时,按照"生产智能化、经营网络化、管理数据化、服务在线化"的总体思路,搭建1个全省渔业地理信息数据平台、3个信息服务平台、1个省级智慧渔业运行调度中心、4大核心数据库建设及N个水产养殖物联网平台的全省智慧渔业总框架,省级平台已纳入全省智慧农业PPP建设项目。

【提升产业化经营水平】 年内,全省

持续加大整合省内水产企业力度，推进鄱阳湖水产品品牌建设，新增水产品品牌专卖店40家，授权企业22个。制定并完善10余项“鄱阳湖”水产品品牌标准。同时，推进渔业新型经营主体建设，全年新增9家省级以上龙头企业，150多家渔业专业合作社，省级以上龙头企业达69家，专业合作社达1650家；建设国家级示范基地19家、省级22家、各类休闲渔业基地（点）788个、水面近百万亩，产值近30亿元。

【开展生态健康养殖模式】 2016年，全省新申报部级健康养殖示范场38家，示范面积超2.32万公顷，部级健康养殖示范场总数达518家，示范面积超8.67万公顷，并在示范基地配套推广草鱼免疫打针、补碳施肥等水质综合调控技术，用药量明显下降。重点示范推广池塘鱼——菜共生、稻田综合种养、池塘循环流水养殖等技术，试验示范面积200公顷。

【保障水产品质量安全】 将水产品质量安全纳入地方党委政府考核，高位推动属地管理责任的巩固落实，与有关部门联合组织开展4次专项整治行动，检查水产养殖场户135个次。建立全省养殖大户、健康养殖示范场、龙头企业基地等1570户监管对象的数据库，全年组织实施660批次抽检，合格率达99%。

（陈诗伟）

农　垦

【概　况】 2016年，全省农垦拥有独立核算单位163个。其中，垦殖场、企业集团156个，独立核算的工业企业2个，独立核算的农垦农工商公司5个。垦殖场（企业集团）办工业企业1054个、商业企业2347个、建筑企业82个、运输企业283个。拥有土地总面积69.21万公顷，其中耕地面积8.34万公顷，林地面积47.64万公顷，水面面积2.99万公顷，茶桑、果园面积1.53万公顷，宜林荒山面积6679.66公顷，分别占土地总面积的12.04%、68.83%、4.33%、2.21%、0.97%。年末总人口130.9万人，从业人员32.13万人。年人均纯收入1.30万元，比上年增加1658元，增长14.58%。

全系统实现生产总值228.21亿元，比上年增长8.36%。其中：第一产业增加值27.88亿元，增长7.1%；第二产业增加值151.47亿元，增长9.44%；第三产业增加值48.86亿元，增长5.81%。工农业总产值805.04亿元，增长12.21%；固定资产总投入289.35亿元，增长14.18%；利润5.85亿元，增长2.6%。163个独立核算单位中，盈利110个，盈利面67.5%，盈利总额6.75亿元，亏损53个，亏损面32.5%，亏损总额0.9亿元。

全年农业产值57.47亿元，比上年增长7.12%，占工农业总产值的6.2%。其中：种植业产值28.74亿元，占农业总产值的50%；林业产值4.85亿元，占8.44%；牧业产值14.98亿元，占26.07%；渔业产值5.34亿元，占9.29%；服务业产值3.56亿元，占6.2%。农作物方面，农作物总播种面积13.66万公顷，比上年减少0.18%。其中：粮豆播种面积10.56万公顷，减少0.04%；油料播种面积1.44万公顷，减少1.95%；棉花播种面积1550.76公顷，减少21.87%；茶叶种植面积5865.15公顷，减少1.48%；水果种植面积9181.01公顷，增加2.53%。粮豆产量73.46万吨，增长0.65%；油料产量2.87万吨，减少3.26%；棉花产量3511.04吨，减少17.44%；茶叶产量4387吨，增加0.94%；水果产量7.89万吨，减少0.95%。畜牧业方面，大牲畜年末存栏4.06万头，增加1.25%；生猪出栏92.03万头，增加2.75%；牛奶产量1.24万吨，减少0.04%；肉类总产量9.15万吨，增加1.75%。水产业方面，水产品产量5.15万吨，增长6.8%，其中养殖产量3.66万吨，占水产品总产量的71.1%。全年工业产值747.56亿元，比上年增长12.63%；其中轻工业产值582.4亿元，占工业总产值的77.91%。规模较大的上5亿元的行业21个，累计工业产值725.5亿元，占工业总产值的97.05%。非国有经济经营单位1.40万个。其中，集体经济单位39个，个体经济单位11743个，私有经济单位2244个，港澳台经济单位10个。拥有从业人员14.35万人，从业人员总收入29.2亿元，年平均收入2.03万元。实现生产总值113.47亿元，税金3.86亿元。

【农垦改革取得阶段性成果】 2016年，江西全面推进新一轮农垦改革，取得阶段性成果。12月19日，省委、省政府制定出台《关于进一步推进农垦改革发展的实施意见》，这是时隔23年后江西再次专门出台全面指导农垦改革发展的纲领性文件。年内，上饶市广丰区整合铜钹山垦殖场、五峰山垦殖场、鹤山垦殖场和黄尖山林场资源，组建成立广丰区农垦集团公司。全年广丰区农垦集团公司投资6.3亿元建设广丰区现代农业示范区，总规划面积333.33公顷，一期土建工程于10月2日开工。鹰潭市余江县采取“县级为指导主体、垦殖场为责任主体、分场为实施主体”的模式，全面开展农垦系统国有土地确权登记颁证工作，4月底率先完成农垦国有土地使用权确权登记发证试点工作，为全省农垦系统推进农垦国有土地使用权确权登记发证工作提供可复制、可推广的经验。

【农垦农产品质量追溯体系建设继续走在全国前列】 2016年，全省农垦农产品质量追溯体系建设新增项目单位7家，追溯体系项目建设单位达41家，质量追溯基地面积超过8万公顷，溯源产品产量达15万吨；另有11家农垦企业纳入2017年全国农垦农产品质量追溯体系项目建设计划。全省农垦农产品质量追溯体系建设在数量、建设规模、建设质量等方面都走在全国农垦前列。

【“茗龙红韵”茶获第四届中国茶叶博览会红茶茶王奖】 10月，在第四届中国茶叶博览会茶叶评比大赛中，江西农垦展团选送的江西茗龙实业集团有限公司金竹排牌“茗龙红韵”茶获斗茶比赛红茶茶王奖。“茗龙红韵”产自海拔800～1000米以上的高山，常年云雾缭绕，空气全年优良率100%，为红茶上品。

（徐协强）

绿色食品

【概　况】 全省利用优越生态环境条件，加大“三品一标”工作力度，实现绿色农业健康稳步发展。截至12月底，共有“三品一标”产品3657个（其中无公害农产品1969个、绿色食品590个、有机食品1024个、农产品地理标志74个）；有全国绿色食品原料标准化生产基地43个，面积55.9万公顷；有全国有机农业（德兴红花茶油）示范基地1个，种植面积2533.33公顷。年内在农业技术应用与公共服务专项（农产品质量安全专项经费）中安排“三品一标”认证奖补1000万元，对全省851家2016年度新获证及换证的“三品一标”企业、全国绿色食品原料标准化生产基地进行补助。

【绿色食品产业】 安排“三品一标”证后监管费80万元用于获证产品抽检，委托检测机构抽检无公害农产品120个、绿色食品55个、农产品地理标志4个；安排“三品一标”展示展销费60万元，组织企业参加农业部举办的3个专业展会，对参展展位费进行全额补贴并通过公开招标进行特装展示。

【壮大专业技术人员队伍】 年内举办培训班3次，培训人员1360人次，选派12人次参加农业部举办的各类培训班，新注册和重新注册检查员106名。截至12月，全省有无公害农产品检查员381名、绿色食品检查员121名、绿色食品标志监管员174名、有机产品检查员7名、农产品地理标志核查员7名，企业内检员1779人。

【创建原料基地与示范样板】 新创建3个全国绿色食品原料标准化生产基地，组织1个创建期全国绿色食品原料标准化生产基地的现场验收，完成9个全国绿色食品原料标准化生产基地续报工作，涉及面积13.8万公顷。经农业部批准，江西省地理标志农产品——崇仁麻鸡获得2016年国家级农产品地理标志示范样板创建资格。在2015年创建5个省级绿色有机农产品示范县的基础上，年内新创建10个省级绿色有机农产品示范县并给予每个示范基地100万元奖励。

【组织参加食品博览会】 年内，组织10家有机食品企业和1个全国有机农业示范基地赴上海参加“第十届中国国际有机食品博览会”，江西展团获“最佳组织单位奖”、4个企业的参展产品获“产品金奖”、3个企业的参展产品获“产品优秀奖”；组织21家绿色食品等“三品一标”企业赴长春参加“第十七届中国绿色食品博览会”，省绿色食品发展中心获“最佳组织奖”，10家企业的产品获“金奖”，2家企业获“优秀商务奖”；组织7个特色地理标志农产品企业，参加在昆明国际会展中心举办的“第十四届中国国际农产品交易会农产品地理标志专展”，省农产品质量安全中心获优秀组织奖，江西金山食用菌专业合作社的临川虎奶菇获“金奖”，广丰区农业局、江西省鸿远果业股份有限公司获优秀参展单位。

（康升云）

花卉业

【概　况】 2016年，全省花卉苗木种植面积5.08万公顷（不含广义食用花卉），实现花卉销售收入50.7亿元，出口创汇约45万美元。全省有花卉苗木企业1337家，其中大中型企业275家，均比上年有一定幅度增长。

【行业调研取得成效】 年内，全省以花协为平台，按照东线、北线、南线、西线片区及南昌片区对花卉、苗木企业进行调查摸底。根据调查情况，结合历史发展数据，最后形成《2014—2015年江西省花卉产业发展报告》。报告对全省花卉、苗木业的发展概况、优势和特点、成功经验、存在主要问题、今后发展思路等方面进行论述，提出有针对性的具体建议。

【举办多种花事活动】 3月6日—4月6日，省花协与南昌市高新区合作，在南昌市瑶湖郊野森林公园举办江西（瑶湖）荷兰郁金香展。活动得到中央电视台等上百家主流媒体的报道，网上点击量超过2000万人次，最高单日人流量5.7万人次，是一次以市场化手段运作花展的有益尝试。全省还先后举办井冈山第七届杜鹃花展暨江西省第二届盆景精品展、2016江西（东乡）首届花海文化节暨特色果蔬采摘节、2016江西（万安）花花世界醉美花海赏花汇试开园活动、莲花县第五届莲文化旅游节等，在区域花卉品牌、乡村花卉旅游方面进行探索。年内，以省农业厅为组织单位，以省花卉协会为承办单位，争取省级财政资金600万元，筹备省第四届花博会和中国第九届花博会的办展参展工作。中国第九届花卉园艺博览会将于2017年9月在银川举办。

（王晨）

农业机械化

【概　况】 2016年，全省农机总动力2201.62万千瓦；水稻机耕、机插、机收水平分别为95.92%、26.38%、92.93%；机械烘干水平达29.12%。主要农作物综合机械化水平达69.23%，其中水稻耕种收综合机械化水平达74.16%。争取省财政专项资金2000万元，通过“以奖代补”试点建设标准机库棚13.34万平方米，为解决农机“住房难”探索江西经验。实现农机免费监理全面覆盖，减免农机手费用357万元，全省拖拉机、联合收割机登记入户和新机上牌率100%。

【农机装备结构优化】 全年全省完成农机购置补贴资金6.99亿元，比上年增加400多万元；已结算资金6.78亿元，结算率96.92%。补贴机具超过12万台套，受益农户10.34万户。积极开展农机报废更新补贴试点，全年报废农机2644台。

【农机化服务】 全省新增乘坐式插秧机971台、烘干机2795套、无人植保机523架，均多于2016年前历年新增量总和。在重要农时，全省有112.3万台套耕作、播种、收获等机具投入生产，组织100多个农机维修服务小分队进村开展服务。邀请并支持罗锡文院士团队在省内开展水稻机械化精量穴直播试验示范与科研合作，培训800余人，试点面积200余公顷。新增农机合作社120余个，5家农机专业合作社被评为“全国农机合作社示范社”，1家农机专业合作社获“精耕杯”全国三十佳优秀创新示范农机合作社。

【农机化发展】 举行农机“一赛一会一展”活动，创新性地将竞赛与农机发展座谈会、农机展融合举办，营造农机发展良好氛围。加大农机化信息宣传力度，农机化信息网点击率超300万次，发布信息3500条，增长60%；《江西日报》、江西卫视、《农民日报》等集中报道农机化成效70余次，增进全社会对江西农机发展的认识。

（黄兰）

农业综合开发

【概　况】 2016年，国家农业综合开发项目总投资26.65亿元。其中，中央财政投资15.24亿元，地方财政配套资金5.99亿元，农民和企业自筹资金5.42亿元。项目投资中，土地治理项目14.91亿元，产业化发展项目6.28亿元，现代农业园区项目1.75亿元；世行项目0.41亿元，农林水等部门项目3.3亿元。安排农业综合开发部门项目财政资金2.24亿元。其中：安排4100万元用于农业良种繁育、优势特色示范等项目建设；安排1.17亿元用于加强中型灌区节水配套改造项目和水土保持项目建设；安排3600万元用于林业生态和经济林示范基地建设；安排4000万用于新型合作示范和新型农业社会化服务体系项目建设。

【集中力量建设高标准农田】 2016年，全省高标准农田建设项目主要安排在赣江流域、鄱阳湖平原、吉泰盆地、赣西等粮食主产区，小流域治理项目主要集中在赣南山区等生态脆弱区。全年全省土地治理项目总投资14.66亿元，共建设高标准农田5.56万公顷，亩均提升粮食生产能力100千克以上。

【打造农业优势特色产业集群】 2016年，安排扶持优势产业项目财政资金1.46亿元，立项扶持龙头企业191家，扶持农民专业合作社128家，其他新型农业经营主体9家。围绕“粮油、蔬菜、畜牧、林果”等主导产业，重点扶持粮食、油茶、蔬菜、果品、茶叶、生猪、水产产业等具有江西传统和地方特色的优势产业发展壮大，推动农业种植业、养殖业、农产品加工，储藏保鲜和流通服务业转型升级。打造以赣南山区为重点的脐橙产业；以环鄱阳湖地区为主的水禽产业；以浮梁、婺源为主的茶叶产业；以南昌城区周边为主的农产品加工和休闲观光农业产业。

【推进世界银行贷款可持续发展农业项目】 2016年，世行贷款可持续发展农业项目安排投资4093万元，涉及进贤县、兴国县、高安市、安福县、新余市渝水区、金溪县6县（市、区）8乡（镇）的10个村委会。建设高标准农田1820公顷，开挖疏浚渠道180.8千米，衬砌渠道141.3千米，配套各类建筑物7537座，修筑机耕路67.8千米，改良土壤1015公顷，建设农田防护林70公顷，开展病虫害综合防治1040公顷，示范推广新品种新技术380公顷，开展农民培训88人/月，发展农民专业合作社、农民用水户协会3个。

【改革创新农业综合开发工作】 2016年开始，产业化发展项目评审工作全部下放，由各设区市农发机构组织专家对各项目县申报的项目开展评审，省农业综合开发办按10%的比例进行抽查评审。产业化财政补助项目资金全部实行“先建后补”管理方式改革。开展土地治理和产业化发展两类项目结合创新试点，集中资金办大事，项目资金安排分别按1000万元以内、1500万元以内、2000万元以内3个档次，开展竞争立项。全省申报36个项目，择优立项17个项目，安排财政资金4.28亿元，有效解决“撒胡椒粉”的现象，创新项目和资金投入方式，提升农业综合开发的地位和影响力。

【参与统筹涉农资金整合助力扶贫攻坚】 2016年，省农业综合开发办把农业综合开发存量资金切块5000万元中央财政资金，重点用于38个贫困县的扶贫开发，整合1亿元农发省级配套资金用于精准扶贫。因地制宜支持贫困村基础设施建设，发展种植业、养殖业、加工业，提高贫困群众的参与面和受益度。支持愿意与贫困户建立稳固利益联结机制的农业龙头企业、农发专业合作社，带动农民脱贫致富。

（赖正峰）

科教兴农

【概　况】 2016年，省农业科教系统继续联合省农科院、江西农业大学、省科学院、南昌大学、江西师范大学、省气象局等省直单位，稳固“农科教大联合、省市县大联动”的“全省农业送科技下乡活动”格局。全年举办各类讲座和培训165场，培训和指导农民14万人次，赠送种子、化肥、农药等物资近536万元，解决技术难题1200多个，辐射农民超过100万人。率先在全国开展两大体系融合发展试点，探索总结出可复制、可推广、多个经营主体、多种融合方式的发展模式。同时，在全省遴选出南昌市新建区、宜丰县、浮梁县、上栗县、瑞昌市、贵溪市、兴国县、铅山县、安福县、金溪县10个县（市、区）开展基层农技推广服务体系标准化建设，制定指导性文件《全省基层农技推广服务体系标准化建设方案》。

【农业科教】 全省农业科技进步率达57%。基层农技推广补助项目绩效考评连续4年被农业部考评为“优秀”，农业部重点实验室建设项目考评为“优秀”。“2014—2016年度全国农牧渔业丰收奖”获成果奖一等奖2项、二等奖6项、三等奖7项，贡献奖20人。成功与南京农业大学签署战略合作协议。农业部科教司副司长江文胜高度肯定江西省率先在全国开展公益性融合发展试点取得的经验及成效。

【农业科技服务】 在相继实施大宗淡水鱼、茶叶、生猪、水稻、猕猴桃5个产业体系建设的基础上，新增启动蔬菜、柑橘、油菜、水禽和特种水产5个产业体系建设，基本覆盖全省主导产业，并构建农科教结合、产学研体系、省市县贯通的协同创新体系。十大体系共设首席专家10名，岗位专家49名，综合试验推广站37个，涵盖江西农业大学、市农科院等省、市、县三级优秀专家和企业优秀人才1000多人。按照“严格生源标准，规范培养管理，优化专业配置，对接服务岗位”的思路，定向培养基层农技人员，全年共招收定向生282人。截至年底，全省1413个乡镇综合站共有1.01万名乡镇农技员，其中大专以上学历的占41%，同比上升4个百分点。

【新型职业农民培育】 3月，农业部批复江西省为全国新型职业农民培育整省推进示范省（全国同类省份只有8个），新型职业农民培育由县（市）区试点示范向整省示范推进。出台《江西省新型职业农民培育“十三五”规划》，实现精准化培育向针对性、精英式、全产业链培育模式扩展。全省有94个农业县实施新型职业农民培育工程，培育新型职业农民4.6万人。新型职业农民创业创新能力明显增强，涌现大批多样化自主实践创业兴业的优秀典型，成立“江西现代青年农场主联合会”。

（魏星）

扶贫开发和水库移民

【概　况】 2016年，中央和省级共投入扶贫资金59.9亿元，其中中央下达财政专项扶贫资金22.97亿元，省本级投入36.93亿元（其中发行易地搬迁扶贫地方政府债19.5亿元），投入产业专项扶贫资金9.3亿元，撬动银行产业贷款67.9亿元。全年全省减贫76万人，贫困人口下降到113万人，贫困发生率由2015年的5.7%降至3.3%，下降2.4个百分点。贫困地区农民可支配收入增长速度高于全省平均水平2百分点，达9110元，增长11%。出台农村最低生活保障制度与扶贫开发政策有效衔接实施办法，农村低保标准高于国家贫困标准，月均270元；农村五保分散供养标准高于国家贫困标准，月均290元。完成易地扶贫搬迁9.6万人，贫困农户危旧房改造4.95万户。

出台《江西省“十三五”大中型水库移民后期扶持规划》《关于进一步规范扶贫和移民项目及资金管理的指导意见》等。2016年，核定全省大中型水库移民人口166.45万人。其中，新增大中型水库移民人口3548人，核减6790名直补人口（转为项目扶持）。全省下达库区基金3838万元，以每个村庄整治建设点投入50万元为标准。共安排村庄整治项目79个，3057.8万元；基础设施类项目60个，513.1万元；基本口粮及农田水利项目56个，231.7万元；生态及环境项目5个，28.7万元；产业扶持配套项目1个，6.7万元。全省大中型水库移民培训1.13万人，其中职业教育培训3105人；“转移就业技能”培训8173人。实际使用培训资金1378.90万元，其中用于职业教育培训618.60万元，用于转移就业技能培训760.30万元。实用技术培训861.75万元。

【井冈山市在全国率先脱贫“摘帽”】 4月，中办国办印发《关于建立贫困退出机制的意见》，其中明确贫困县退出以贫困发生率为主要衡量标准，原则上贫困县贫困发生率需降至2%以下（西部地区降至3%以下）。井冈山市突出精准为先，把握产业、安居、保障、基础设施4大关键，贫困人口由2014年初的4638户1.69万人，减少到539户1417人，贫困发生率由2014年年初的13.8%降至1.60%，低于国家2%的贫困县退出标准；农民人均纯收入由2013年的5857元增长到8647元，贫困户人均纯收入由2013年的2600元增长到4500元以上。截至年底，井冈山市成为全国贫困退出机制建立后首个脱贫“摘帽”的贫困县。

【构筑健康扶贫“四道防线”】 2016年，江西在实施新农合、新农合大病保险、民政医疗救助三道防线基础上，探索试点实施农村贫困人口疾病医疗商业补充保险政策，构筑健康保障“四道保障线”。提高新农合住院和门诊慢病保障水平，取消建档立卡贫困人口在县级定点医疗机构住院补偿起付线。将建档立卡贫困人口门诊慢病补偿比例由40%提高到50%，年度封顶线由3000元提高到4000元。对建档立卡贫困人口新农合大病保险报销起付线下降50%，同时补偿比例提高5个百分点。年底，全省全面建立农村贫困人口重大疾病医疗补充保险制度，按每人每年不低于90元的筹资标准，为全省342万通过精准识别建档立卡的贫困户家庭成员、农村特困供养人员和80多万未进入贫困建档立卡系统的农村家庭低保人员整年投保。

【2集体、4个人获全国首届脱贫攻坚奖表彰大会表彰】 10月16日，国务院扶贫开发领导小组在北京召开全国脱贫攻坚奖表彰大会，表彰脱贫攻坚奖58人（奋进奖10人、贡献奖10人、奉献奖9人、创新奖9人）和全国扶贫系统先进集体49个单位、先进工作者55人。瑞金市壬田镇凤岗村农民廖秀英、九江市人民检察院退休干部王晓阳分别获全国脱贫攻坚奖奋进奖、贡献奖。省扶贫和移民办计划财务处处长勒系永、瑞金市扶贫和移民办主任曾能贵获“全国扶贫系统先进工作者”称号，赣州市精准扶贫办、井冈山市扶贫和移民办获“全国扶贫系统先进集体”称号。

（龚亮保）

本栏编辑　游桃琴

工 业

综 述

2016年,全省工业经济缓中趋稳、稳中有进、进中提质。规模以上工业增加值7803.55亿元,增长9.0%,高于全国平均3个百分点,增速列全国第四、中部第一;主营业务收入3.55万亿元,增长8.6%;利润总额2399.4亿元,增长11.9%。完成工业投资1.03万亿元,增长15.3%。规模以上工业单位增加值能耗下降4%。

优势产业稳步增强。全年全省11个千亿元产业保持平稳增长。其中:电子信息制造业主营业务收入1838.6亿元,增长29.2%,领跑行业;汽车制造业1436.7亿元,增长19.8%;石化产业3270.9亿元,增长12.5%;建材产业突破3000亿元,达3228.8亿元,增长9.1%;食品产业3081.7亿元,增长8.7%;纺织产业2771.8亿元,增长3.2%;医药产业1299亿元,增长6.3%;光伏产业1011亿元,增长7.5%。受主要产品市场价格回升等拉动,有色、冶金等资源型产业止降回升。其中:有色行业6812.4亿元,增长4.9%,稳居产业龙头地位;钢铁行业2364.7亿元,增长4.9%;轻工业突破5000亿元,达5554.1亿元,增长10%。航空产业主营业务收入608亿元,增长20.9%。

工业结构持续优化。全年全省高新技术产业实现增加值2346.5亿元,增长10.8%,占规模以上工业比重的30.1%,高出上年4.4个百分点。6大高耗能行业实现增加值2812.6亿元,增长6.1%,占规模以上工业的36%,比上年下降1.8个百分点。非公有制工业实现增加值6665亿元,增长10.4%,占全省工业比重85.4%,拉动工业增长8.7个百分点,贡献率96.9%。小型企业增加值增长12.2%,分别高出大型企业4.2个百分点、中型企业4.7个百分点。全年光伏电池、智能手机、新能源汽车等新产品分别增长29.5%、120%和200%。软件产业主营业务收入158亿元,增长12%。培育省级工业设计中心10家。鉴定备案省级新产品242项,评选2015年度省级优秀新产品139项,列入省级新产品开发和试产计划379项,完成验收260项,一批适销对路新产品在关键技术或自主知识产权上取得突破,达到国内领先或国际先进水平。"中国稀金谷"启动建设。

龙头骨干企业实力增强。全年全省百家优强企业共实现主营业务收入7308.7亿元,增长8.6%;利税704.7亿元,增长16.3%,高出全省平均8.9个百分点;利润259.7亿元,增长31.8%,高出全省平均19.9个百分点;分别占全省规模以上工业的20.6%、18.4%、10.8%。九江石化创税123亿元、为全省第一税收大户。江铃全年整车产销量突破40万辆,主营业务收入突破600亿元。中国南方稀土集团组建通过国家验收。昌河汽车获"国家工业品牌培育示范企业"称号,昌河飞机被授予"全国质量标杆"称号,泰豪科技获"工业企业知识产权运用标杆"称号。省委、省政府出台降成本优环境100条措施,为企业减负500亿元以上,推动规模以上工业企业每百元主营业务收入综合成本下降0.3元,主营业务收入利润率6.76%,高出全国平均水平0.79个百分点。深入开展省领导联点重点企业、省市县"万名干部入万企业"帮扶活动,实现省市县三级领导、工业园区、规模以上企业全覆盖。其中省四套班子领导、75个省直部门、1000余名省直干部结对帮扶100个工业园区、1014家工业企业。开发运行企业精准帮扶手机APP平台。入企帮扶线上线下收集1630个问题办结率78.5%,省领导联点重点企业反映的105个问题办结率87.6%。

园区集群实力不断壮大。全年全省工业园区主营业务收入2.83万亿元,增长8.9%;工业增加值6468.4亿元,增长9.3%;利税总额3337.1亿元,增长8.9%;招商引资实际到位资金4376.8亿元,增长12%。截至12月末,园区内在建工业企业3269家,投产企业1.04万家,比上年底增加755家。新增4个主营业务收入过百亿元园区(金溪工业园区、宁都工业园区、万安工业园区、瑞金经济技术开发区),总数达79个(含筹建园区);新增2个过500亿元园区(景德镇高新区、奉新工业园区),总数达18个。重点工业产业集群主营业务收入1.1万亿元,占全省园区的41.6%,比上年提高1个百分点,其中南康家具达1010亿元,成为全省首个过千亿产业集群。省政府出台《江西省重点工业产业集群考核评价试行办法》,全年培育2个产业集聚区、5个产业基地;调整充实7个重点产业集群,产业集群总数达64个。南康家具、高安建陶获批国家新型工业化产业示范基地,鹰潭变电铜及铜合金循环利用设备产业集群、崇仁变电设备产业集群纳入全国产业集群区域品牌建设试点。建

成一批公共服务平台、标准厂房，进一步完善一批园区交通、通信、能源、商贸等生产生活服务配套设施，园区亩均投资强度、主营业务收入、利税水平不断提高，集聚程度不断提升。

*创新创业蓬勃发展。*新增国家级技术创新示范企业1家、省级企业技术中心43家、全省省级企业技术中心总数达296家，覆盖全省主要产业；新增三川智慧1家国家技术创新示范企业，全省国家技术创新示范企业总数达7家。省政府出台《重点创新成果产业化升级工程实施办法》，安排3.2亿元专项扶持资金对17个重点创新成果产业化项目进行重点扶持。培育262家专精特新企业，3家企业列入国家制造业单项冠军培育企业；创建6个省级小微企业创业创新示范基地，4个基地入选国家级。企业培育取得重大成效，全年净增入规工业企业1000家以上、全省规模以上工业企业总数达1.11万家。全省调度推进2230个亿元以上项目、总投资9959亿元，1019个开工、678个投产。其中，省级重点调度推进10亿元以上重大项目130个，36个开工，32个投产。实施156家企业国家重大工业节能专项监察，围绕绿色发展实施86个重点节能技改和技术开发推广项目，完成世行GEF省级能效推广项目江西子项目各项任务。

*两化融合持续提升。*省政府出台《江西省人民政府关于加快推进制造业与互联网融合发展实施意见》《江西省促进大数据发展实施方案》《江西省智能制造实施方案》等系列文件，全年培育2个省级智能制造基地、40个试点示范项目，其中2个项目纳入国家智能制造试点示范。组织883家企业开展两化融合诊断评估和对标，新增省级两化融合贯标企业46家、国家级9家，培育3个省级两化融合示范园区、50家示范企业，两化融合水平进一步提升，两化融合发展指数71。

（万镇铭）

煤炭工业

【概　况】　2016年，全省原煤产量1432.09万吨，减少641.6万吨，降幅31.5%。其中，省能源集团公司原煤产量379.8万吨，市县属和乡镇煤矿原煤产量347.8万吨。商品煤销量783.8万吨，减少523.3万吨，降幅40.0%；省能源集团公司商品煤价格全年平均价格427.67元/吨（不含税价），上涨27.59元/吨，涨幅6.9%。全省煤矿发生各类死亡事故12起、死亡19人，分别下降42.86%和45.71%，萍乡、新余、吉安、景德镇4个市全年实现煤矿零事故。截至年底，全省有煤矿268处、产能1779万吨，其中省能源集团公司所属煤矿15处、产能508万吨，市县属和乡镇煤矿253处、产能1271万吨。

【化解煤炭过剩产能年度任务超额完成】　2016年，全省关闭煤矿232处、退出产能1547万吨（含1处产能为9万吨/年的央企控股煤矿），分别占年度目标任务的113.2%和121.0%，超额完成任务。12月6日至8日，国家钢铁煤炭行业化解过剩产能第二验收抽查组对江西省2016年化解煤炭过剩产能工作完成情况进行验收抽查，认为做到产能真去真退、符合要求。

【职工分流安置和债务处置】　年内，省人社厅组织衔接原国有企业改制政策，进一步完善去产能职工安置措施，出台创业人员可一次性领取应领未领的失业保险金、一次性申领5000元创业补贴等创新举措，支持企业推进职工分流安置工作。全年全省煤炭去产能分流安置职工3.7万人。省财政厅在中央下达专项奖补资金12.28亿元的基础上，筹集下达省级专项奖补资金4.5亿元；11月7日，省国土资源厅、省财政厅印发《关于开展对全省关闭退出煤矿退还采矿权价款和矿山地质环境恢复保证金工作的通知》，省安监局组织退还安全生产风险抵押金，为去产能提供资金保障。省政府金融办牵头，督促、指导金融机构按照市场化、法治化原则处置金融债务26.8亿元。

【实现煤炭产能零新增】　2016年，全省贯彻落实《国务院关于煤炭行业化解过剩产能实现脱困发展的意见》《江西省煤炭行业化解过剩产能实现脱困发展实施方案》，严格控制新增煤炭产能，全年未审批新建煤矿项目、新增产能的技术改造项目和产能核增项目，杜绝煤炭产能边减边增现象，年内实现煤炭产能零新增。

【煤矿核减16%的产能】　4月6日和7月11日，省发改委、省安监局、省煤监局2次开展生产煤矿产能重新确认工作，按照全年276个工作日制度，对全省258处生产煤矿逐矿核减，下达产能重新确认结果。同时，组织煤矿进行减量化生产，降低生产规模，并加强督查暗访，严防违法违规生产、超能力生产。全年核减16%的产能。

【成立江西省赣浙能源有限公司】
11月4日，江西省能源集团公司与浙江省能源集团公司在南昌签订战略合作框架协议，决定联合成立江西赣浙能源有限公司，在能源（电力）、综合能源服务、新能源产业、能源金融等领域展开合作，实现资源共享、共同发展。12月19日，江西省赣浙能源有限公司召开第一次股东会暨一届一次董事监事会。会议审议通过公司章程和相关合作协议，选举产生第一届董事会董事和监事会监事。

【推进三个专项行动】　省直有关部门先后组织开展淘汰落后产能、违法违规建设项目清理、联合执法“三个专项行动”，加大淘汰落后产能工作力度，强化安全、能耗、国土、环保等执法检查，查处违法违规行为，限期关闭退出落后产能煤矿，运用法治化方式倒逼过剩产能、落后产能加快退出。国家钢铁煤炭行业淘汰落后产能第一督查组对江西省煤炭行业淘汰落后产能工作进行专项督查，认为江西省落实相关工作，符合任务要求。

（陈小飞）

电力工业

【概　况】　2016年，全省电力行业全口径发电总装机容量约2881万千瓦，比上年增加399万千瓦。其中：火电1918万千瓦，增加130万千瓦；水电613万千瓦，增加123万千瓦；风电

122万千瓦，增加20万千瓦；光伏发电228万千瓦，增加126万千瓦。统调装机容量2173万千瓦。其中：火电1694万千瓦，新增100万千瓦；水电297万千瓦，新增120万千瓦；风电103万千瓦，新增24万千瓦；光伏发电79万千瓦，新增43万千瓦。全省有500千伏变电站20座，开关站1座，主变32台，总容量2475万千伏安；线路53条，总长度4293千米。220千伏变电站153座，开关站7座，总容量4099万千伏安；线路480条，总长度1.19万千米。投产6项500千伏电网项目，变电容量300万千伏安，线路长度392.8千米；投产21项220千伏项目，变电容量306万千伏安，线路长度711.7千米。全口径发电量922.89亿千瓦时，增长9.4%。统调发电量821.6亿千瓦时，增长9.4%。其中：水电发电量66.5亿千瓦时，增长35.4%；火电发电量733.3亿千瓦时，增长6.1%；风电发电量18.0亿千瓦时，增长72.2%；光伏发电量3.8亿千瓦时，增长531.6%。购入电量累计101.09亿千瓦时，下降3.01%。购入电量中，三峡电量65.57亿千瓦时，增长5.21%（三峡来水比2015年多）；葛洲坝电量6.62亿千瓦时，下降5.77%；华北特高压电量12.93亿千瓦时，下降7.99%；西北直流电量9.19亿千瓦时，下降44.27%；河南、湖北及水电应急交易等临时购入电量6.77亿千瓦时。全社会用电量1182.5亿千瓦时，增长8.8%。其中：第一产业用电量11.7亿千瓦时，增长11.6%；第二产业用电量790.8亿千瓦时，增长5.8%；第三产业用电量169.9亿千瓦时，增长17.5%；城乡居民生活用电量210.1亿千瓦时，增长13.9%。

【洪屏抽水蓄能电站投产】 12月7日，省内首个抽水蓄能项目——洪屏抽水蓄能电站一期4台30万千瓦抽水蓄能机组投产，规划最大调峰能力240万千瓦，能有效缓解全省电力峰谷差大的矛盾，应对电力系统负荷急剧变化等突发情况，同时承担系统调频、事故备用等应急服务任务。该项目位于靖安县境内，于2010年6月开工，总投资约51.88亿元。

【电力直接交易】 自2014年开展电力直接交易试点以来，全省市场化交易规模不断扩大，2016年全省累计实现交易电量54亿千瓦时，比上年增加29亿千瓦时。其中：晶科能源等34家110千伏及以上电力大用户直接交易电量51亿千瓦时；江西建筑陶瓷基地探索开展工业园区整体电力直接交易，累计交易电量3亿千瓦时。

【启动统调煤电超低排放改造】 年内，全省统调煤电机组完成超低排放改造631万千瓦，超出国家下达任务98万千瓦。截至年底，全省有831万千瓦机组实现超低排放改造。超低排放指在基准含氧量6%条件下，烟尘、二氧化硫、氮氧化物排放浓度分别不低于10、35、50毫克/立方米。

（刘炳均）

钢铁工业

【概　况】 2016年，随着国家稳增长政策陆续出台和供给侧结构改革深入，需求形势趋于好转，钢材价格触底反弹，但由于钢铁生产仍保持较高水平，供大于求的局面未有明显改观，钢铁企业面临的经营形势依然较为严峻。出台《江西省钢铁产品制造升级行动计划（2016—2020）》，引导行业钢铁产品制造升级和结构调整。截至年底，全省全行业有222家企业，其中铁矿采选企业80家、铁合金企业4家、焦化企业5家、废钢加工企业13家、钢铁冶炼企业13家、压延加工企业107家。主要产品有建筑用材、中厚板、薄板、无缝钢管、钢绞线、硅钢、汽车用钢、易切削钢、带钢等，形成门类齐全、比较完备的上下游产业链。全省生铁产量2081.97万吨，下降0.06%；粗钢产量2241.53万吨，增长1.8%，钢材产量2584.99万吨，增长0.3%。钢材出口量159.12万吨，增长6.44%，出口值56.53亿元，增长1.65%；铁合金出口量2919吨，增长10.74%，出口值4.88亿元，下降11.37%。全省重点钢企自发电量32.85亿千瓦时，增长1.53%，占重点钢企总用电量的42.19%，为企业创效约16.42亿元，可节约标准煤403万吨，减少CO_2排放量432万吨。

【行业盈利能力大幅好转】 2016年，全省钢铁行业主营业务收入2364.70亿元，增长4.91%。利税201.92亿元，增长19.54%。其中：利润119.72亿元，增长42.01%；销售利润率5.06%，比上年提高1.33个百分点。年内，中钢协会员钢铁企业实现利润总额303.78亿元，江西省纳入统计的3家重点钢铁企业利润总额25亿元，占比8.23%。3家企业粗钢总产量2224.72万吨，占比仅为3.56%，其中方大特钢的吨材利润在全国钢铁对标企业中排名第三。

【钢材价格大幅波动】 2016年，受市场需求有所好转、钢材库存处于历史低位等多重因素影响，国内市场钢材价格波动回升。钢材综合价格指数从年初的56.37点一路波动上涨，12月末达99.51点，上涨43.14点，涨幅76.5%。江西省前4个月钢材价格快速上涨，进入5月以后大幅回落，6月止跌企稳再次上扬，9月小幅下调后再次大幅上涨，12月中旬涨到最高点。Φ6.5mm（直径6.5毫米）高线年初价格为2070元/吨，4月30日报价为2840元/吨，而5月30日报价为2180元/吨，12月19日报价为3560元/吨，12月30日报价为3320元/吨，比年初上涨60.39%。

【原材料价格大幅上涨】 2016年，焦炭价格综合指数从年初的618点上涨到年末的1983点；铁矿石价格大幅上涨，年末，国产铁精矿价格为606元/吨，进口铁矿石粉矿到岸价格为78美元/吨，比年初分别上涨40%和88%。

【提前4个月完成化解过剩产能任务】 5月，江西省与钢铁煤炭行业化解过剩产能和脱困发展工作部际联席会议签订化解钢铁行业过剩产能的目标任务。至8月底，已拆除电炉（转炉）8座、高炉1座，累计退出粗钢产能433万吨、生铁产能50万吨，占总任务的100%，提前完成2016年全省退出粗钢产能的任务，受到钢铁煤炭行业化解过剩产能和脱困发展工作部际联席会议的肯定和通报表扬。

【开展打击“地条钢”生产销售行为专项整治行动】 2016年，在下发《关于转发国家钢铁煤炭化解过剩产能和脱困发展工作部际联席会议办公室〈关于江苏省新沂小钢厂违法生产销售有关情况的通报〉的通知》的基础上，省化解过剩产能工作领导小组组织各设区市开展淘汰用于生产建筑用材的中频炉、工频炉等落后生产设备和打击、取缔“地条钢”生产销售行为专项整治行动，通过拉网式排查，全省发现10家违规企业。通过压实各方责任，所有违规企业均已整改到位。

【推进上下游产业链对接】 2016年，全省钢铁行业推动上下游产业链对接。推进钢材与建筑部件对接，组织企业赴外省学习考察钢铁企业转型升级、发展钢结构和建筑部件的成功做法和先进经验，组织钢结构产业基地企业与省重点钢铁企业进行中厚板产品需求对接。与省住建厅共同草拟《关于推进装配式建筑发展的指导意见》，并以省政府名义下发执行。推进汽车用钢与整车企业对接，召开新钢集团汽车用钢与江铃集团、昌河汽车、汉腾汽车的对接会，初步达成合作意向，取得合作发展的共识。

（董琳琳）

有色金属工业

【概　况】 2016年，全省有色金属产业完成增加值979亿元，增加4.9%；主营业务收入6812.3亿元，增长4.9%；利税509.5亿元，增长1.5%；利润297.4亿元，增长12.6%。行业规模以上企业全面实现增长，主要产业铜、钨实现主营业务收入4649.6亿元和486.3亿元，分别增长3.7%和10.9%。受价格上涨等利好因素影响，铜、钨产业利润分别为153.9亿元和49.2亿元，分别增长10.3%和10.9%。同时亏损企业亏损总额7亿元，同比大幅下降，降幅为41.7%。精深加工行业主营业务收入2199.7亿元，增长7.4%，在全省有色产业收入总量中占比提高0.8个百分点，利润增长9.9%。印发《江西省有色金属行业“十三五”发展规划》《江西省有色金属产业行动计划（2016—2020）》。

【中国南方稀土集团组建工作通过验收】 6月27日，经工信部同意，受省政府委托，省工信委在赣州组织召开中国南方稀土集团组建验收会。会议认为江西省、赣州市政府及有关部门和相关企业按照组建要求，履行属地监管责任，打击稀土违法违规行为，淘汰压缩稀土过剩产能，分类处置稀土综合利用项目，区域行业秩序得到规范，组建工作达到预期目标，同意中国南方稀土集团组建工作通过验收。

【印发实施《江西省分类处置稀土资源回收利用项目分工方案》】 按照《中国南方稀土集团组建工作会议要》要求，对全省范围内的稀土企业情况进行摸底调查后，省工信委代省政府办公厅草拟《江西省分类处置稀土资源回收利用项目分工方案》，成为全省清理整顿稀土资源回收利用项目纲领性文件。

【中国南方稀土集团按“国有金股”模式吸收企业加入集团】 9月，中国南方稀土集团按照“国有金股”模式吸收企业加入集团，并对监管过程中发现存在非法交易、加工稀土矿产品行为的企业实行“一票否决”（将坚决予以关闭该企业），而该金股不参与整合企业的分红和管理。截至年底，已有22家企业以“国有金股”模式加入集团，标志着全省分类处置稀土资源回收利用项目工作取得突破性进展。

【助推赣州“中国稀金谷”建设】 9月，省工信委配合赣州市政府向工信部等部委争取支持“中国稀金谷”建设，并取得成效。工信部发布的《有色金属工业发展规划（2016—2020年）》和《稀土行业发展规划（2016—2020年）》，将“支持江西赣州‘中国稀金谷’建设”写入规划，明确将赣州稀土功能材料和器件项目列入“十三五”稀土材料和器件项目库，利用部专项资金予以支持；将赣州列为稀土、有色金属高值利用示范重点城市；利用产业转型升级专项资金等支持南方稀土集团建设。

（何磊）

机械工业

【概　况】 2016年，全省机械工业经济总量约占全省工业的16%左右，规模以上企业2280家，从业人员约45万人，机械产品品种数8000余种。全省机械工业主营业务收入5256亿元，约占全国机械工业的2.2%；增长12.3%，高出全国机械工业平均水平4.9个百分点。利润349.4亿元，增长10.1%，高出全国机械工业平均水平4.6个百分点。两大重点行业汽车产业、电气机械和器材制造业（电工电器）是全行业的重要支柱，主营业务收入占全省机械工业比重的53.5%。其中，汽车产业主营业务收入1436.7亿元，增长19.8%；利润83.7亿元，增长7.4%。全年累计生产整车53.7万辆、销售53.4万辆，分别增长27.6%和25%。电气机械和器材制造业（电工电器）主营业务收入1378.6亿元，增长8.1%；利润83.1亿元，增长11.5%。

【新能源汽车产业体系初步形成】 2016年，出台《江西省新能源汽车产业“十三五”发展规划》《2016年新能源汽车推广应用财政补助方案》《2016—2020年江西省新能源汽车推广应用实施方案》等政策文件，助推新能源汽车产业体系形成。全省新能源汽车生产形成从整车到“三电”关键零部件较完整的产业体系，整车建成南昌、上饶2个聚集区，动力电池建成宜春、赣州、抚州3个聚集区，并形成三元材料、磷酸铁锂等多种技术路线同步发展的格局。同时，组建新能源汽车产业联盟，推进上下游产业链融合发展。全年，新能源汽车产销量分别为1.89万辆和1.84万辆，同比均增长1.6倍，销量占全国的3.4%，占比增长1倍；整车产能3.1万辆，增长1倍。

【江铃集团取得国内第七张新能源乘用车生产牌照】 年底，江铃集团新能源汽车有限公司取得全省第一张、国内第七张新能源乘用车生产牌照，为全省新能源轿车的发展奠定基础。该公司抓住国内新能源汽车快速发展

3月9日，江铃新能源汽车E200上市

南昌市史志办供

的契机，加大对研发的投入，提升整车控制系统、电池管理系统、电驱动系统等关键核心技术开发和应用能力，已掌握电动化底盘技术、整车系统集成匹配技术、整车轻量化技术。经过几年的高速发展，公司已成为集新能源汽车整车和三电系统的研发、生产、销售为一体的新能源汽车公司，并向市场推出E100、E160、E200、E200S四款纯电动乘用车。2016年，新能源汽车销售1.56万辆，同比增长近2倍，销量排全国第七位。

【智能制造】 2016年，全行业深入推进《中国制造2025》，实施国家"强基工程""智能制造"等专项以及重大技术改造升级工程，制定出台《江西省"互联网+"智能制造实施方案(2016—2018)》《江西省智能制造试点示范项目实施方案》，为推动装备工业转型升级提供政策保障。年内，江铃汽车股份有限公司的整车智能制造技术集成新模式应用项目等40个项目被评为省级智能制造试点示范项目，江铜公司的铜冶炼智能工厂和江中药业的中药保健品智能制造车间两个项目入选国家工业和信息化部智能制造试点示范项目。南昌高新技术产业开发区、吉安井冈山经济技术开发区2个产业园区被评为省级智能制造产业基地，为智能制造装备产业集聚发展创造条件。

【技术创新】 2016年，全省机械行业自主创新能力增强。南昌矿山机械有限公司、江西江铃李尔内饰系统有限公司、江西迪比科股份有限公司、江西江铃集团轻型汽车有限公司、江西瑞金金字电线电缆有限公司、亚洲富士长林电梯(新余)有限公司、孚能科技(赣州)有限公司7家企业技术中心获批为省级企业技术中心，使全省机械行业的省级企业技术中心增加到57家，企业发展后劲进一步增强。全行业新产品开发收获硕果，江西昌河汽车有限责任公司研发的Q35小型SUV乘用车(CH7152AB22/24/62/64)等8个新产品获省优秀新产品一等奖，江西赣电电气有限公司研发的S(B)H15－M－30～1600/10系列油浸式非晶合金变压器等19个新产品获省优秀新产品二等奖，江西江铃底盘股份有限公司研发的江铃JMC2024Q系列前桥总成(JMC2024QPOS－A/JMC2024QR1S－A)等17个新产品获省优秀新产品三等奖，全行业获奖产品数占全省获奖产品的30%。

【重大项目建设】 年内，机械工业一批科技含量高、带动作用强、市场前景好的重大项目建设稳步推进。赣州中航新能源科技有限责任公司的年产20万辆纯电动汽车、20亿AH动力锂电池生产项目，江西昌河汽车有限责任公司的年产24万辆整车和24万台发动机技术改造项一期项目，江联重工股份有限公司的年产15.7万吨锅炉、压力容器和环保项目，江西汉腾汽车有限公司的年产45万台整机发动机项目等20亿以上的项目，2016年计划完成投资30.58亿元，实际完成投资35.88亿元，占当年计划的117.3%。

(罗冰)

国防工业

【概 况】 2016年，全省国防科技工业营业收入1132亿元，增长11.3%；工业增加值242.4亿元，增长11.3%；利润52.7亿元，增长8.9%。省国防科工办和省发改委联合发布《江西省国防科技工业"十三五"发展规划》，同时省国防科工办组织编制了航空、船舶、民爆和军民融合、科技创新、人才发展等行业(领域)发展规划，形成一套完整规划体系。

【2016江西军民融合产品技术资本合作推进会在南昌举行】 12月23日，2016江西军民融合产品技术资本合作推进会在南昌举行。大会由省人民政府、国家国防科工局、省军区共同主办。各相关单位领导、代表共1000余人出席大会。大会累计落实签约项目213个、签约金额699.5亿元，为军地双方搭建军民融合信息交流平台、对接合作平台、政策宣贯平台和对外开放平台，推动建立政府主导、军地协同、需求对接、资源共享的军民融合发展新机制。

【国泰集团首次公开发行股票并在上海证券交易所上市】 11月11日，江西国泰集团首次公开发行股票并在上海证券交易所上市，公司成为时隔13年后首次登陆上海证券交易所主板市场的江西企业。国泰集团此次公开发行股票5528万股，发行价格6.45元/股，当日开盘后，涨逾44.03%，报收9.29元/股。

【江西通航产业快速起步】 2016年，全省通航产业快速起步。成立江西省通用航空协会；省政府与中航工业集团签署通航产业战略合作协议，在加强通航产业布局、培育通航市场主体、打造通航发展平台、开展通航运营合作等方面开展全面合作；幸福航空控股与南昌市高新区就发展水上飞机租用航空签订合作协议，建设水上飞机运营综合基地；中航工业昌飞牵头合资成立华夏九州通用航空有限公司，开启中航工业直升机万里行系列品牌推广活动；全省首个民间资本投资的武功山通用机场获军方核准并开工建设；乔治海茵茨投资50亿元通航产业项目落户上饶县，可填补全省固定翼轻型通用飞机制造空白。

【中国首制、亚洲最领先物探采集作业支持船——“海洋石油771”号高端海工船在同方江新完工交船】 8月18日，由同方江新造船有限公司为中海油服（COSL）建造，中国首制、亚洲最领先的物探采集作业支持船——“海洋石油771”号高端海工船，举行命名交船仪式。该船具有领先的混合推进PTO/PTI模式系统，配备有先进的DPI动力定位功能，可与物探作业船同步伴航。同方江新在建造精度和重量控制、超长轴系对中安装、船舶减震降噪等方面取得重大突破，各舱室内噪声及震动指标均比相应规范降低10%以上，生成并成功申报10多项专利技术。

【高分辨率对地观测系统江西数据与应用中心揭牌】 2月25日，高分辨率对地观测系统江西数据与应用中心在南昌市揭牌。该中心依托省国防科技情报研究所设立，由省国防科工办负责建设管理、组织协调和业务指导。该中心的成立，对打通江西卫星应用产业链，培育战略性新兴产业，助力江西军民融合深度发展具有重要意义。

【北汽集团与江西省战略合作向纵深发展取得阶段性重大成果】 5月16日，北汽昌河九江工厂“三车两发”项目厂房主体工程竣工暨N100发动机点火活动在北汽昌河九江基地举行。17日，北汽昌河汽车研发中心奠基动工。同日，北京通航江西直升机总装厂房竣工仪式暨江西赣翔通航公司揭牌活动在景德镇举行。3大项目的推进，标志着北汽集团与江西省战略合作向纵深发展取得阶段性重大成果。

【AC352、AC311A等民用直升机研发取得丰硕成果】 年内，以AC352、AC311A为代表的民用直升机研制取得丰硕成果。11月17日，2吨级轻型直升机AC311A继获颁中国民航（CAAC）型号合格证之后又通过AEG评审，标志着该型号可投入市场运营，成为继AC313、AC311之后，国产AC家族投入运营的新成员。12月20日，中型多用途直升机AC352成功首飞，填补中国民用直升机7吨级的空白。

【江西国科军工集团中标陆军竞争性装备采购2个项目】 7月，在陆军装备部召开的1个项目开标评标会上，江西国科军工集团承研单位九江国科以实物竞标、专家评审及综合评分均第一中标。该项目是国科军工集团成立以来首个参与装备竞争性采购的整单项目，也是陆军改革后的首个竞标项目。12月，国科军工集团又以高分中标1个项目。这两个项目的中标，彰显了江西国科军工研发水平和综合能力。

【AC313直升机完成“空中应急漂浮系统充气试验”】 7月6日，国产大型民用直升机AC313在景德镇吕蒙机场完成一类风险试飞科目“空中应急漂浮系统充气试验”，首开国产直升机应急漂浮试飞先河，填补国产大型直升机应急漂浮系统研制的空白。这标志着AC313型直升机不仅能陆地起飞，还能“水上着陆”，应用范围可覆盖全国全疆域。

【新余国科股份公司全力做好G20杭州峰会气象保障】 根据G20杭州峰会气象保障的要求，新余国科公司在最短时间内保质保量地准备好1900枚BL-1发防雹增雨火箭弹、2000枚机载焰弹等气象保障物资，先后开展多次人工影响天气作业，保障了峰会期间的天气，受到G20杭州峰会组织领导小组气象保障部门的肯定。这次气象保障活动任务的完成，是继公司参与2008年北京奥运会、2009年国庆阅兵式、2015年纪念抗战70周年阅兵式等重大活动气象保障的又一次成功之举。

（杨章跃）

轻工业

【概　况】 2016年，全省轻工业（不含食品）规模以上工业企业实现工业增加值1483.5亿元、主营业务收入5554亿元、利润总额490.6亿元，分别增长9.4%、10%和9.3%。其中：陶瓷制品制造业工业增加值207.7亿元、主营业务收入812.1亿元、利润总额92.1亿元，分别增长7.2%、7.5%和5.9%，是全行业规模最大的子行业；家具制造业工业增加值85亿元、主营业务收入329.7亿元、利润总额24.9亿元，分别增长20.1%、20.1%和29%，是全行业发展最快的子行业；皮革、毛皮、羽毛（绒）及其制品业工业增加值186.3亿元、主营业务收入609.9亿元、利润总额56.5亿元，分别增长8.3%、7.5%和4.6%；造纸及纸制品业工业增加值96.8亿元、主营业务收入369亿元、利润总额26.9亿元，分别增长7.7%、8.8%和11.9%；工艺美术品制造业工业增加值103.3亿元、主营业务收入374.3亿元、利润总额31.8亿元，分别增长14.5%、15.8%和13.8%；塑料制品业工业增加值143.4亿元、主营业务收入583.7亿元、利润总额40.5亿元，分别增长14.3%、15%和17.6%；电池制造业工业增加值105.2亿元、主营业务收入448.9亿元、利润总额40.9亿元，分别增长11.5%、13%和30.5%；家用电力器具制造工业增加值32.1亿元、主营业务收入145.7亿元、利润总额10亿元，分别增长4%、-4.4%和9.8%；照明器具制造业工业增加值87.4亿元、主营业务收入330.3亿元、利润总额27.5亿元，分别增长16.8%、15.7%和19.8%；焰火、鞭炮产品制造业主营业务收入227.1亿元、利润总额30.9亿元，分别增长10.3%和5.5%。

【主要产品产量】 2016年，全省灯具及照明装置产量9408.6万套，增长54.7%，是全行业产量增长最快的产品；家具产量2508.8万件，增长16%；机制纸及纸板产量200.3万吨，增长10.9%；卫生陶瓷制品产量411.9万件，增长5%；轻革产量4354.1平方米，增长3.5%；眼镜成镜产量6539.6万副，增长3.2%。

【产业基地集群】　2016年，全省培育3家省级产业基地，即万载县烟花爆竹产业基地、宜丰县储能设备绿色制造产业基地和吉水县林化香料产业基地，轻工业省级以上产业基地达21家。全年全省21个轻工产业基地主营业务收入2410亿元、利税总额150亿元，分别增长10%和8%，分别占全省轻工业总量的43.39%和30.57%，比上年提高4.3个百分点和1.7个百分点。其中，南康家具产业基地主营业务收入1010亿元、利税总额18.2亿元，分别增长22.9%和13.6%，成为全省轻工业第一个主营业务收入过千亿元的产业基地。

【启动盐业体制改革工作】　12月30日，省政府出台《江西省人民政府关于印发江西省盐业体制改革实施方案的通知》，全面启动全省盐业体制改革工作。省直各有关部门先后出台一系列配套政策措施，包括《江西省政府办公厅关于印发江西省食盐储备实施方案的通知》《江西省工信委江西省发改委关于印发江西省打击制贩假盐专项行动实施方案的通知》《江西省工信委关于建立江西省制贩假盐专项治理联席会议制度的通知》《江西省工信委江西省发改委江西省食药监局江西省工商局江西省公安厅关于加强食盐市场经营管理的通告》《江西省工信委关于印发加强我省工业盐管理的实施意见的通知》《江西省工信委关于印发江西省食盐供应突发事件应急预案的函》，推动全省盐业体制改革工作。

【建立烟草产业三级四方协调机制】　3月18日，省政府召开省产烟培育协调会，明确提出推动省产烟发展的6条具体措施，并落实相关责任单位，高位推动省产烟的发展。4月14日，省工信委、省工商局、省烟草专卖局（公司）有关领导赴江西中烟工业公司调研，建立工信、工商和烟草工商（烟草工商指江西中烟工业公司和省烟草专卖局）四方省级协调机制。6—7月，省工信委会同省工商局、省烟草专卖局、江西中烟工业公司联合下发《关于建立健全市县两级四方协调机制的通知》，并先后召集各有关设区市工信、工商、烟草专卖局和卷烟厂召开省产烟协调推进会，进一步落实市县两级四方协调机制。

【开展第五届江西省工艺美术“杜鹃奖”评选工作】　10月25日—26日，江西省第五届工艺美术“杜鹃奖”评比活动在新余市召开。该次活动由省工信委和省人社厅联合主办，省工艺美术学会、省工艺美术协会、省陶瓷行业协会和新余市工信委承办。大赛共收到参赛作品400余件，有陶瓷、漆画、木雕、剪纸、玉雕、刺绣、砚雕、黄腊石等18类工艺美术品。共评出金奖10件、银奖30件、铜奖40件，其中陶瓷类获奖作品48件、雕刻类21件、漆画类6件。

（付志伟）

陶瓷工业

【概　况】　2016年，全省陶瓷制品制造业规模以上工业企业实现工业增加值207.7亿元、主营业务收入812.1亿元、利润92.1亿元，分别增长7.2%、7.5%和5.9%，连续2年成为全省轻工业（不含食品）中规模最大的子行业。其中，特种陶瓷制品制造业工业增加值144.9亿元、主营业务收入567.7亿元、利润74.8亿元，分别增长5.8%、6%和4.7%；日用陶瓷制品制造业工业增加值43.1亿元、主营业务收入166.2亿元、利润13.6亿元，分别增长9.3%、10.2%和9.8%；园林、陈设艺术及其他陶瓷制品制造业工业增加值19.2亿元、主营业务收入74.8亿元、利润3.5亿元，分别增长12.9%、13.3%和13.7%。

【景德镇国际陶瓷博览会在景德镇市举行】　10月18日—22日，2016年第十三届中国景德镇国际陶瓷博览会在景德镇市国际会展中心举行。活动由商务部、中国轻工业联合会、中国国际贸易促进委员会、江西省人民政府共同主办。共有35个国家和地区的900多家品牌陶瓷企业参展，品类涵盖高档日用陶瓷、精品艺术陶瓷、高技术陶瓷，以及陶瓷原辅材料等。瓷博会期间，除开展经贸洽谈外，还举办2016第二届中国陶瓷电商峰会、景德镇与“一带一路”国际学术研讨会、北欧国际艺术节、明清官窑研究国际学术研讨会、景德镇国际陶瓷艺术拍卖会、清代狮子窑复烧点火仪式、“归来·丝路瓷典”——明清外销瓷精品展等40余项配套活动。

【景德镇陶瓷大学实验室被认定为首批中国轻工业重点实验室】　7月27日，中国轻工业联合会下发《关于认定首批中国轻工业重点实验室的通知》，景德镇陶瓷大学“中国轻工业功能陶瓷材料重点实验室”被认定为首批中国轻工业重点实验室。

【景德镇市推出“电商贷”助陶瓷电商发展】　10月，景德镇市政府联合邮政储蓄银行，签署电商金融服务战略合作协议，共同推出“电商贷”新产品。该市电子商务创业者不需要机关事业单位在职人员提供反担保、不再需要资产抵押担保，就可获得小额担保贷款的扶持，大大降低电子商务创业者的贷款门槛。年内，该市共扶持87家电子商务创业者成功创业，提供1307万元资金的小额贴息贷款帮扶，其中有9户通过“电商贷”得到390万元免抵押、免担保的贴息资金扶持。

【黎川开展县校合作推进陶瓷产业升级发展】　12月16日，黎川县与景德镇陶瓷大学签订产学研合作框架协议，协议由景德镇陶瓷大学负责基地建设、技术培训、产品研发、成果转让、产品检测等方面进行提供支持，全面开展县校科技合作，进一步推动黎川陶瓷产业升级。2016年，该县陶瓷及配套企业实现产值28.8亿元，利税2.27亿元，分别增长17%和19%，其中23家陶瓷骨干企业科技贡献率超过60%。

【景德镇市“大陶瓷”格局形成】　2016年，景德镇市以互联网引领陶瓷产业转型升级，发展高新技术陶瓷和陶瓷文化创意产业，打造集陶瓷制作、陶瓷经贸、陶瓷科技、陶瓷文化为一体的“大陶瓷”产业格局。该市陶瓷工业园以推进本土陶瓷企业发展为主体，聚集整合较大型日用瓷生产企业，打响“景瓷”品牌；通过人才及科技优势，引进一批国际国内高端日用瓷企业。同时，在陶瓷科技与创新领域谋求国际合作，发展结构陶瓷、生物陶瓷、电子陶瓷等。引进全国知名窑口建设手工制瓷基地，形成一企一特色。全年景德镇陶瓷产业基地实现主营业务收入170亿元、利税15.4亿元，分别增长10%和11%。规模以上企业数达87户，增长12.9%。

（付志伟）

石化工业

【概 况】 2016年，全省石化行业主营业务收入3271亿元，增长12.5%；工业增加值780亿元，增长13.1%；利税489亿元，增长20.7%。重点子产业平稳发展，石油化工产业主营业务收入375.7亿元，增长23.9%；利税141.4亿元，增长53%。有机硅产业主营业务收入275亿元，增长11.3%；利税31.2亿元，增长16.2%。盐化工产业主营业务收入586元，增长7.1%；利税104亿元，增长6%。氟化工产业主营业务收入138.3亿元，增长7.3%；利税16.2亿元，增长7.2%。重点子行业中增长较快的有：橡胶制品业主营业务收入168.8亿元，增长16%；基础化学原料制造业主营业务收入787亿元，增长11.2%；化学农药制造业主营业务收入93.3亿元，增长8.8%；合成材料制造业主营业务收入60.6亿元，增长8.7%。重点产业集群中，永修有机硅产业集群主营业务收入265亿元，增长11.3%；利税27.3亿元，增长16.3%。新干盐卤药化产业集群主营业务收入90.5亿元，增长14.1%；利税10.8亿元，增长14%。

【重点产品优势】 2016年，全省石化产品品种不断增多，产品结构进一步优化。江西蓝星星火有机硅有限公司生产有机硅单体32.03万吨，国内市场占有率30%；江西世龙实业股份有限公司AC发泡剂产能6万吨、国内市场占有率23%，氯化亚砜产能3.5万吨/年、国内市场占有率15%；黑猫股份炭黑产能106万吨/年、国内市场占有率15%；昌九农科丙烯酰胺产能6.5万吨/年、国内市场占有率28%；江西西林科股份有限公司高性能汽油抗爆剂1000吨/年，国内市场占有率51%。

【重点企业主要经济指标增多降少】 重点跟踪调度的18家重点企业中，主营业务收入增长的有12家，占66.7%。其中：增长最快的是江西蓝星星火有机硅有限公司，增长39%；利润增幅最快的是中石化股份九江分公司，增长1054%。

2016年石化行业18家重点企业主要经济指标

序号	企业名称	主营业务收入（亿元）	增幅（%）	利润（亿元）	增幅（%）
1	中石化股份九江分公司	326	22.6	19.15	1054
2	江西蓝星星火有机硅有限公司	22.2	39	-6.17	减亏2.04亿元
3	江西嘉懿新材料有限公司	12.9	3.92	1.28	7.35
4	卡博特蓝星化工（江西）有限公司	11.4	13.9	1.65	23.5
5	江西虹润化工有限公司	11.35	16.1	1.21	22.3
6	江西星蓝化工有限公司	10.9	16.2	1.42	17.4
7	江西天合化工有限公司	10.2	22.9	0.96	19.7
8	江西海多化工有限公司	9.72	11.5	1.15	12
9	江西世龙实业股份有限公司	9.86	15	1.01	174
10	江西昌宁化工有限责任公司	9.56	16.5	0.77	8.2
11	九江嘉恒化工有限公司	9.42	47.5	1.18	46.5
12	江西星火狮达科技有限公司	8.2	97	0.89	108.3
13	江西六国化工有限责任公司	8.5	-9.8	-0.50	13
14	江西金龙化工有限公司	5.65	-9.5	0.08	减亏2200万元
15	景德镇宏柏化学有限公司	5.8	-5.3	0.65	14.3
16	江西添光化工有限责任公司	4.2	-0.001	0.02	减亏5900万元
17	海利贵溪化工农药有限公司	4.0	-4.2	0.39	12
18	江西三美化工有限公司	3.3	-3.9	0.11	6.2

九江石化连续重整装置

王上文供

【举办江西省有机硅产业联盟成立大会暨有机硅产业创新绿色发展推介会】 7月15日，由省工信委及九江市政府联合主办，永修县委县政府承办的江西省有机硅产业联盟成立大会暨有机硅产业创新绿色发展推介会在永修县召开。该产业联盟由省工信委牵头组织推动，江西蓝星星火有机硅有限公司等23家企业和单位发起成立。联盟成立后，将发挥产业发展平台、桥梁和纽带作用，增强产业上、中、下游的有机联系，加大有机硅产品的推广应用，提升产业发展核心竞争力，为改变全省有机硅产业大而不强的现状，增强产业核心竞争力发挥作用。

【两化融合建设】 2016年，中石化股份九江分公司率先建成投用智能工厂，成为全国石化行业第一家试点示范企业，也成为江西智能制造的样板。中石化股份九江分公司将先进的信息化技术与石化生产最本质环节密切结合，在“计划调度、安全环保、装置操作、能源管理、IT管控”5个业务域，开展具有“自动化、数字化、可视化、模型化、集成化”特征的智能化应用，初步打造一个集绿色、高效、安全和可持续发展于一体的石化智能工厂。得益于建成投用的智能工厂及管理改善，全年实现主营业务收入326亿元，增长22.6%；利润19.15亿元，增长1054%，创税123亿元，成为全省第一税收大户。 （王上文）

纺织工业

【概 况】 2016年，江西纺织服装行业克服宏观经济下行、外贸出口下降、生产成本上升等诸多不利因素影响，加快产业升级步伐，开拓内销市场，推进重大项目建设，主要经济指标平稳增长。全行业规模以上企业工业增加值648亿元，增长5.3%。主营业务收入2772亿元，增长3.2%；利税296亿元，增长1.3%。其中，利润202亿元，增长3%。

【印发《全省纺织服装行业“十三五”发展规划》】 8月，印发《全省纺织服装行业“十三五”发展规划》。规划提出，“十三五”期间，全省纺织服装行业将重点推进服装、棉纺织、化纤、产业用纺织品、针织、麻丝6个子产业转型发展。到2020年，全省规模以上纺织工业主营业务收入突破4000亿元，利税总额400亿元，成为国内新兴纺织服装产业基地。

【骨干企业数量大幅增加】 2016年，全省纺织服装行业主营业务收入过10亿元企业达34家，比上年增加14户，增幅70%。34家企业主营业务收入共550亿元，占全省纺织服装行业总量的19.8%。其中，金源纺织主营业务收入62亿元，增长28.9%；赛得利（江西）化纤25亿元，增长18.4%；恩达麻世纪23亿元，增长16.2%；鸭鸭股份公司40亿元，下降18.7%。

【产业基地运行】 年内，共青城市、南昌市青山湖区、奉新县、分宜县4个国家级纺织产业基地通过中国纺织工业联合会组织的复评工作。全省9大省级纺织服装产业基地8个实现平稳增长，其中，瑞昌市、奉新县、青山湖区、德安县4个产业基地规模以上企业主营业务收入分别达158亿元、157亿元、147亿元、138亿元，分别增长4.9%、3.3%、8.2%和8.2%。只有共青城羽绒服装产业基地主营业务收入256亿元，下降9.3%。

【出口持续下降】 由于国际需求下降、出口优势的慢慢消失和东南亚、印巴等地纺织产业的兴起，全省纺织服装出口形势严峻，全年处于持续下降状态。2016年，全省纺织品服装实际出口45.8亿美元，下降14.2%。其中，服装出口34.3亿美元，下降13.9%；纺织品出口10.8亿美元，下降15.2%。

【举办2016中国（江西）国际麻纺博览会】 10月28日—30日，省工信委和中国国际贸促会纺织行业分会、中国麻纺行业协会、省贸促会、新余市政府联合主办2016中国（江西）国际麻纺博览会。博览会主题为“生态江西、时尚麻艺”，有江西、黑龙江、重庆、江苏、湖南、浙江等10余个省（市）的100余家企业在主展馆和麻艺风情街参展。博览会期间，有2016中国麻纺织产品流行趋势发布、江西麻纺产业推介会暨项目签约仪式等多项活动，签约麻纺项目8个，投资金额6.35亿元。

（郑宜涛）

建材工业

【概 况】 2016年，全省建材行业主营业务收入3228.8亿元，增长9.1%；利税422.8亿元，增长9.3%；利润296.2亿元，增长12.4%。其中，特种陶瓷制品制造主营业务收入

567.7亿元,增长6.0%;利税93.9亿元,增长2.4%;利润74.8亿元,增长4.7%。建筑陶瓷行业主营业务收入518.1亿元,增长15.0%;利税56.0亿元,增长8.7%;利润38.7亿元,增长11.7%。水泥行业主营业务收入416.5亿元,增长5.0%,占全国比重的4.8%;利税61.3亿元,增长20.5%;利润42.2亿元,增长26.8%,占全国比重的8.1%。水泥制品制造主营业务收入306.0亿元,增长3.9%;利税30.5亿元,增长0.7%;利润19.6亿元,增长2.8%。人造板制造主营业务收入219.8亿元,增长8.4%;利税26.6亿元,增长10.9%;利润18.5亿元,增长16.0%。石墨及其他非金属矿物制品制造主营业务收入164.1亿元,增长10.7%;利税14.2亿元,增长6.7%;利润19.6亿元,增长6.7%。玻璃纤维纱行业主营业务收入119.2亿元,增长14.3%;利税12.7亿元,增长6.6%;利润9.4亿元,增长12.5%。全省水泥产量9513.03万吨,增长0.3%;熟料产能5731万吨,增长4%。瓷质砖产量12.9亿平方米,增长4.3%,占全国总产量的15.4%。玻璃纤维纱产量56.5万吨,增长10.5%。平板玻璃产量1382.7万重量箱,增长0.8%,占全国总产的1.8%。其中,水泥和熟料的产能利用率分别为86.5%和91.3%,高于全国平均水平。

【水泥效益持续改善】 2016年,全省水泥产量占全国比重的4.0%,利润占全国比重的8.1%,水泥行业运行的经济质量好于全国平均水平。水泥价格自2014年年初开始下跌,至2016年3月触底反弹,年底水泥价格比年初上涨80元/吨。利润增幅26.8%远高于产量和主营业务收入的增幅(二者增幅分别为0.3%和5.0%),主要原因一是水泥价格持续上涨,二是10月之前煤炭价格低位运行(400~420元/吨),大幅降低企业的成本,江西亚东水泥有限公司水泥综合成本下降17元/吨,降幅达10%;江西万年青水泥股份有限公司水泥综合成本下降8元/吨。

【玻纤行业龙头企业受益明显】 自2014年开始,玻纤行业需求稳定,价格一路上涨,龙头企业受益越发明显。2016年,玻璃纤维纱行业利润9.4亿元,增长12.5%;巨石集团九江有限公司受益于大环境和自身的智能化改造,全面提升产品质量与生产效率,全年利润增加7000万元,增长41.3%。"中国建材"和"中国中材"合并使国内前两位的玻纤企业中国巨石和泰山玻纤都归属于中国建材集团,玻纤行业的产业集中度进一步提高。10月,巨石集团九江有限公司计划总投资12亿元,年产12万吨玻纤池窑拉丝生产线项目开工;元源新材料有限公司计划总投资10亿元,年产10万吨玻璃纤维池窑拉丝生产线也已开工。

【产业集群集聚效应】 2016年,8家建材产业基地主营业务收入共872.2亿元,增长10.2%,占全行业主营业务收入的27.0%;利润总额66.8亿元,增长16.2%,占全行业利润总额的22.6%,成为全省建材行业发展的有力支撑。其中,高安建陶产业基地是全省全行业中首家主营业务收入超过300亿元的产业基地和首家"国家新型工业化示范基地"。

2016年江西省建材产业基地情况表

基地名称	主营业务收入(亿元)	增幅(%)	利润(亿元)	增幅(%)
江西建筑陶瓷产业基地(宜春市高安市)	326.7	11.9	25.7	17.2
江西省工业陶瓷产业基地(萍乡市湘东区)	137.7	5.5	10.9	5.1
江西铝合金塑料型材及制品产业基地(南昌市安义县)	136.0	15.9	8.2	17.3
江西省碳酸钙新材料产业基地(吉安市永丰县)	102.0	9.0	10.5	9.2
江西省玻璃纤维及复合材料产业基地(九江市濂溪区)	49.9	21.1	1.9	-1.9
江西省玻纤及新型复合材料产业基地(赣州市上犹县)	60.5	21.6	4.3	16.7
江西省新型建材产业基地(上饶市玉山县)	42.9	10.0	3.7	12.1
江西省特种玻璃产业基地(萍乡市安源区)	16.5	1.7	1.6	1.6

【水泥市场协同有待进一步提高】 全省水泥产量保持平稳,始终在9500万吨上下浮动300万吨。其中,2013年突破9000万吨、达到9204万吨,2014年达到峰值9804万吨,2015年9438万吨,2016年9513万吨,产量变化波动不大,行业效益受产量影响不明显,主要受水泥价格影响。因此,规范市场竞争,加强大企业之间的价格协同,稳定市场秩序,使企业由竞争转为竞合,有利于企业和整个行业的健康发展,且全省水泥行业经过多年联合重组也具备市场协同的条件。

【水泥行业产业集中度】 全省水泥行业的兼并重组自2009年开始,到2016年已形成以江西南方水泥有限公司和江西万年青水泥股份有限公司为代表的5家大型企业(集团),这5家水泥企业的熟料产能集中度达91.5%,比上年提高4.9个百分点,居全国前茅。年内,随着"中国建材"和"中国中材"的整合,水泥行业的整合由之前的"大企业兼并小企业"进入到“强强联合”的阶段，行业的整合迈入更高水平和更成熟的阶段。“中国建材”和“中国中材”在江西都设有生产企业，随着整合的深入，有利于全省水泥行业产业集中度的提升和市场的进一步协同。

5 家重点水泥企业主要指标

企业名称	产量（万吨）	增幅（%）	主营业务收入（亿元）	增幅（%）	利润（亿元）	增幅（%）
江西万年青水泥股份有限公司	2102	-1.1	56.8	1.7	5.3	55.9
江西南方水泥有限公司	1480	8.2	55.7	-9.5	2.9	-17.1
海螺水泥（江西区域）	1703	5.5	44.7	24.1	6.1	27.5
江西亚东水泥有限公司	900	5.0	38.0	8.1	4.0	376.2
红狮水泥（江西区域）	881	5.1	20.7	7.49	2.4	12.0

（毛斅）

医药工业

【概　况】　2016 年，全省医药产业主营业务收入 1299.02 亿元，增长 6.28%，增幅比上年回落 3.32 个百分点；利税 169.94 亿元，增长 7.78%；利润 110.50 亿元，增长 11.07%。全省医药产业规模以上企业 360 家（不含兽药企业），主营业务收入过亿元企业有 60 家。全年中药子行业主营业务收入 550.4 亿元，增长 4.59%。其中：中成药 454.46 亿元，增长 1.97%；中药饮片 95.95 亿元，增长 19.06%。化学药子行业主营业务收入 426.38 亿元，增长 8.68%，增幅略高于全省医药行业平均水平。其中：化药制剂 219.95 亿元，增长 14.26%；化学原料药 206.42 亿元，增长 3.31%。医疗设备制造子行业主营业务收入 265.13 亿元，增长 12.34%，增幅高于全省医药行业平均水平 6.06 个百分点。其中：医用卫生材料 126.86 亿元，增长 14.79%；医疗器械 138.27 亿元，增长 10.17%。全省医药产业共有 52 个年销售额过亿元的优势品种，比上年增加 4 个。全省 4 个主要医药制造业产业集群共实现主营业务收入 580.48 亿元，增长 17.85%，占全行业比重的 44.68%，比上年提高 5.58 个百分点。其中：袁州医药产业集群 205 亿元，增长 36%；樟树医药产业集群 152.9 亿元，增长 18.4%；进贤医疗器械产业集群 112.35 亿元，增长 10.65%；小蓝医药产业集群 110.23 亿元，下降 4.45%。

【试点示范实现新突破】　江中集团成为全省医药行业首家被工信部列为 2016 年智能制造试点示范企业；推动实施全省中药配方颗粒科研专项，百神药业、青春康源、天施康 3 家企业项目列入 2016 年科研专项，为中药配方颗粒产业化发展奠定基础。

【中医药生产增长较为缓慢】　现行医改、医药政策对促进中医药发展并未形成支持，非治疗型中成药被列入辅助用药范围，大范围的药企飞检等，加之部分药材特别是稀缺性中药材价格上涨，多数中药企业生产经营受到影响。全省中医药以中小企业为主，龙头企业不多，消化政策变化和成本上涨能力较弱，导致全省中药产业生产增幅低于行业总体增幅。

【加强行业规划引导】　年内，先后出台《江西省生物医药产业“十三五”发展规划》《全省生物医药产业发展行动计划》《关于支持江中集团做大做强的若干意见》等一批行业规划性文件和支持企业做大做强的措施意见等，对“十三五”时期医药产业发展目标、发展方向、主要任务、政策措施等作了系统全面的规划。

（潜九庆）

食品工业

【概　况】　2016 年，全省规模以上食品工业企业 792 家，净增 62 家，增长 8.5%。全年全省规模以上食品工业总产值 3280.47 亿元，增长 8.4%，产品销售率 99.5%；工业增加值 838.07 亿元，增长 7.0%；主营业务收入 3081.67 亿元（不含烟草制品业），增长 8.7%，增速高出全国食品工业平均水平 2.6 个百分点；利税 312.13 亿元（不含烟草制品业），增长 11.2%；利润 221.16 亿元（不含烟草制品业），增长 16.4%，增速高出全国食品工业平均水平 10.3 个百分点；资产 1419.24 亿元（不含烟草制品业），增长 12.2%；产成品存货 82.65 亿元，增长 11.9%；出口交货值 140.63 亿元，下降 8.4%。水产品冷冻加工、罐头制造和精制茶加工外贸出口继续保持增长，分别增长 22.9%、11.0% 和 7.3%。

【三大行业利润全面增长】　2016 年，全省农副食品加工业实现利润 139.70 亿元，增长 22.1%，增幅高出全省食品工业 5.7 个百分点；食品制造业实现利润 49.61 亿元，增长 9.35%；酒、饮料和精制茶制造业实现利润 31.84 亿元，增长 5.2%。

·资 料·

江西省规模以上食品工业增加值

分类	产值(万元)	同比增长(%)	增加值(万元)	同比增长(%)
食品工业合计	32804654	8.4	8380736	7.0
农副食品加工业	21667949	9.7	4455519	10.5
食品制造业	5992115	10.2	1563410	10.8
酒、饮料和精制茶制造业	3391242	4.8	979495	4.7
烟草制品业	1753349	-4.8	1382312	-5.0

【主要食品工业产品产量降多增少】 截至年底,全省12种主要食品工业产品中5种产品产量继续保持增长,其中增速最快为精制食用油224.14万吨,增长16.8%;其次,为冷冻饮品,产量10.12万吨,增长11.4%。7种产品产量呈下降趋势,降幅最大的是软饮料,下降19.6%;其次,为包装饮用水,下降15.9%。

【各设区市食品工业发展良好】 2016年,全省各设区市食品工业保持良好发展态势。其中:南昌市总产值1194.96亿元,增长5.1%,继续保持全省领先;宜春市总产值492.78亿元,增长14.0%;吉安市总产值381.07亿元,增长17.4%;九江市总产值363.29亿元,增长1.4%;赣州市总产值315.87亿元,增长14.8%;上饶市总产值199.35亿元,增长8.8%;抚州市总产值132.49亿元,增长10.1%;新余市总产值96.82亿元,增长9.8%;萍乡市总产值46.42亿元,增长7.3%。

2016年江西省食品工业主要产品产量

产品名称	单位	产量	同比增长(%)
精制食用油	吨	2241366	16.8
冷冻饮品	吨	101204	11.4
乳制品	吨	346983	4.4
液体乳	吨	305391	2.9
罐头	吨	152850	1.3
精制茶	吨	85757	-0.5
啤酒	千升	1255067	-3.1
卷烟	万支	6461000	-4.7
大米	吨	7193635	-4.8
白酒	千升	160143	-12.2
包装饮用水	吨	1681809	-15.9
软饮料	吨	3322310	-19.6

【行业技术创新取得可喜成绩】 江西阳光乳业集团有限公司、南昌旷达生物科技有限公司等企业依托南昌大学食品科学与技术国家重点实验室研发的“果蔬益生菌发酵关键技术与产业化应用”项目获2016年度国家科技进步奖二等奖。江西省修水神茶实业有限公司研发的青钱柳叶制成健康食品技术和江西省英才食品科技有限公司研发的桑叶营养性饮品的生产研究和技术改进获2016“中国食品工业协会科学技术奖”一等奖。四特酒有限责任公司研发的特香型大曲制曲工艺中防止青霉菌污染方法的应用获2016“中国食品工业协会科学技术奖”二等奖。江西大家食品有限公司研发的淡水酒糟鱼熟制保鲜技术获2016“中国食品工业协会科学技术奖”三等奖。

【开展行业交流】 7月8日—9日,省食品工业办公室和省食品工业协会组织企业参加由中国食品工业协会举办的2016中国食品工业龙头企业峰会。4月5日—9日,省食品工业办公室和省食品工业协会组织全省26家黄酒企业30余人赴浙江古越龙山绍兴酒股份有限公司、会稽山绍兴酒股份有限公司、浙江塔牌绍兴酒有限公司、绍兴女儿红酿酒有限公司、绍兴白塔酿酒有限公司和绍兴王宝和酒厂学习考察，为省内黄酒企业增强沟通、寻找差距，明确发展方向。

【召开江西省食品工业协会第五届会员代表大会】 10月27日，江西省食品工业协会第五届会员代表大会在南昌召开。会议总结交流第四届理事会成立以来行业发展成果，完成协会换届选举工作。大会投票选举煌上煌集团有限公司总裁褚建庚为第五届协会会长，王迪汗、钟虹光、廖昶、张跃、汪玲、喻宜洋、杨立志、汤向阳、况冬生、詹周荣、袁威、龚火根、袁利人、刘善茂、丁炎山、姜雪、邓万德、张军兵、潘新华、宋栋、余金德21人为协会副会长，余金德兼任秘书长。

（陈叔然）

烟 草 业

【概 况】 2016年，全省工业生产卷烟129.22万箱，下降4.7%；调拨销售卷烟133.83万箱，下降7.2%。商业销售卷烟125.02万箱，减少19.67万箱，下降13.59%。其中，省产烟销售48.31万箱，减少8.63万箱，下降15.15%，占全省卷烟销售的38.64%。省产烟中金圣品牌销售29.39万箱，减少4.91万箱，下降14.33%。全省卷烟单箱结构增长8.25%。工商税利227.71亿元。其中：烟草商业税利118.01亿元，增长0.71%；工业税利109.7亿元，下降12.37%。全省烟叶种植面积3.09万公顷，烟叶收购107.79万担，增加12.6万担，增长13.2%；烟叶税利12.39亿元，增加2.4亿元，增长23.98%。全省烟叶总产值13.38亿元，增长16.35%；烟农户均收入8.46万元（含补贴），增加1.14万元，增幅15.6%，高于全国烟农户均收入3.54万元；地方政府烟叶税收2.94亿元，增加0.42亿元。烟叶产值、户均收入、烟叶税等指标均创历史新高。全年落实国家烟草专卖局援建资金13.13亿元。全年省外销售总量27.82万箱，净增0.8万箱，增长2.98%。其中，金圣品牌销售8.93万箱，净增1.17万箱，增长15.02%。

【推进精益管理实现降本增效】 年内，全省烟草系统紧盯降低研发、营销、物流、财务、信息、烟叶成本，提高管理效率，严控费用支出，全年实现降本增效2.78亿元，其中商业实现降本增效1.31亿元，工业实现降本增效1.47亿元。加强投资管理，从严控制投资规模。全省系统共取消或降低投资额的项目17个，减少投资额2415万元，暂缓实施项目16个，暂缓投资额6130万元。加强审计监督，规范财务收支活动。商业企业开展省级资金统一监管平台建设和应用，在行业首家实现对财务数据的实时加工、实时展示、实时分析。开展群众性QC活动和科技创新工作，4项QC成果获烟草行业发布奖，其中一等奖1项、二等奖1项、三等奖2项；获专利授权17项，其中发明专利6项、实用新型专利11项。信息化工作加速推进，完成营销管理系统升级改造，部署行业专卖管理系统，完善数据中心和应用集成平台，建立工商信息共享机制。

【强化行业内外监管】 年内，组织开展打击制售假烟网络专项行动，组织实施互联网环节涉烟问题专项治理。建立烟草、邮管、公安联合协作机制，开展全省物流快递行业联合检查，在交通卡口设立检查点，畅通举报渠道，加大线索收集，对于涉案价值大、范围广的重大案件进行统筹安排，集中力量，重点侦破。调整和规范行政处罚自由裁量标准，加大对未在当地烟草专卖批发企业进货违法行为的打击力度。全省查处各类涉烟案件2.2万起，增长0.81%。其中，假烟案件3020起，增长55.35%；查处各类违法卷烟1.61亿支，增长3.17%；查获5万元以上大要案899起，增长17.82%，其中涉假案件235起；全省查获寄递行业涉烟案件1035起，查获卷烟7.79万条；完成国标网络案件27起，省标网络案件19起；逮捕94人，判刑107人。查获于都县寄递假烟案被央视财经频道、新华网等媒体相继报道。省烟草专卖局和南昌市烟草专卖局稽查支队被国家烟草专卖局、公安部评为“全国卷烟打假工作成绩突出集体”，全系统5人被评为“全国卷烟打假工作成绩突出个人”。

【金圣品牌创新发展】 年内，金圣品牌高端卷烟培育取得突破，全年智圣出山销售3088箱，净增1437箱，增长87%，销量在省内千元价位品牌中排第二名，在行业千元价位品牌中排第九名。围绕满足市场需求和丰富“阁瓷香”产品体系，全年完成13款新品的研发储备和12款老产品的提质改造。其中，硬红瑞香、滕王阁香两岸、滕王阁紫光、庐山有滋有味4款新品年内上市，硬滕王阁销售5.69万箱，成长为行业销量第一的新品规格和省内10元价位区的强势规格，创造工业新品上市的新纪录，华天下（沉香、檀香）、金圣（瓷）3款产品生产出口成功，填补江西卷烟出口的空白。

【实施产业精准扶贫】 年内，烟草商业企业拨付1亿元用于对口支援赣南等原中央苏区振兴发展，向定点帮扶贫困村赣州市安远县筼筜村派驻驻村干部和“第一书记”，投入144万元帮助筼筜村新建筼筜小学等2所学校，整治村容村貌、改善村民生产生活条件。2016年，用于贫困产区烟叶基础设施建设投资1.86亿元。累计投入2亿元资金开展新农村建设，其中1.06亿元资金安排在贫困烟区、贫困村，涉及赣州、抚州、吉安等地的86个贫困村、9854户贫困户，惠及贫困人口3.9万人。烟草工业企业确定吉安、赣州等4个地区的32个对口支援县，批复井冈山市拿山乡江边村空心村整治、永和镇超果村产业基地建设等52个民生项目。寻乌、吉安、龙南等16个市、县（区）共6360万元专项资金拨付到位，涉及村庄整治、产业扶贫、村民文化中心项目。烟草工商企业累计投入5000万元启动实施“刨穷根、栽富树、扶自立”3大扶贫工程。中国新闻社、赣南日报社记者深入赣南等原中央苏区于都、龙南、寻乌、吉安等地采访并专题报道。

（毛永强 印劲之）

本栏编辑 游桃琴

非公有制经济

综　述

2016年，全省非公有制经济实现增加值1.07万亿元，增长9.6%，占全省地区生产总值的58.5%，非公有制经济对地区生产总值增长的贡献率62.1%；非公有制经济缴纳税金1729.9亿元，下降0.6%，占全省税收总额的66.7%；全省非公有制经济完成固定资产投资1.51万亿元，增长15.8%，占全社会固定资产投资的77.9%；私营企业和个体工商户的数量分别为47.95万户、165.58万户，市场主体总数为213.53万户，增长3.47%。

*深入开展“学讲话、优环境、降成本、增活力、促发展”为主题的万名干部进万企帮扶活动。*以新发展理念引领非公有制经济助推发展，落实中央和全省“去产能、去库存、去杠杆、降成本、补短板”经济工作部署。在全省继续集中开展“万名干部进万企”主题帮扶活动，组织开展实体企业“降成本”专项调研。由全省各级促进非公有制经济发展领导小组成员单位相关领导深入帮扶企业，开展调查研究和跟踪帮扶工作，加强政企联动，及时发现并协调解决问题，着重调查全省实体企业和重点行业的经营状况、企业成本结构、降低成本空间，分析全省实体企业发展现状和走势，研究政策调整方向，服务供给侧结构性改革，以“降成本”的实际行动，激发供给主体活力，坚定非公有制经济人士发展壮大企业信心。近500余家成员单位参与活动，覆盖全省90家工业园区（其中17个国家级开发区），参与的各级干部人数有1.11万人，走访企业1.10万家，宣传讲解政策8315次，收集意见建议1.00万条，回收问卷6060份，解决企业困难1.10万个，待跟踪落实问题2216个，取得环境有改善、企业得实惠、干部受教育的良好成效。

*以“守法诚信、坚定信心”为重点，持续深化理想信念教育实践活动。*在全省非公有制经济人士中组织开展以“守法诚信、坚定信心”为重点的理想信念教育实践活动，组织动员非公有制经济人士加强自我学习、自我提升，践行社会主义核心价值观，做爱国敬业、守法经营、创业创新、回报社会的典范，增强非公有制经济人士对中国特色社会主义的信念、对党和政府的信任、对企业发展的信心和对社会的信誉。坚持鼓励支持和教育引导两手抓，开展“建设美丽江西·非公经济人士在行动”主题实践活动，增进价值观认同。组织非公有制经济人士围绕“建设美丽江西”谈认识、献计策、明举措，刊发2800多条非公有制经济人士建言献策信息。

*开展“百媒进千企”促进非公经济更好更快发展系列宣传活动。*省领导小组办公室会同省委宣传部、省工商联在全省范围内开展“百媒进千企”系列宣传活动，组织100家左右中央驻赣和省内各级主流媒体走进非公有制企业，走近非公有制经济人士，向1000家以上非公有制企业和商会进行宣传，重点报道全省非公有制经济发展环境、主要成就、典型案例，深入宣传全省各级党委、政府推动非公有制经济发展的政策措施，有关部门服务非公有制经济发展的具体举措，展示江西非公有制经济创新发展的生动实践，编辑完成《江西品牌故事汇》。省第十四党代会召开期间，在《江西日报》专版宣传全省8家民营企业建设美丽江西典型事迹。

*开展“民间投资增速下滑成因及对策”专题调研和挖潜力降成本促发展典型案例评选活动。*省非公办围绕“民间投资增速下滑成因及对策”开展专题调研，着眼优化民间投资环境，消除民间投资障碍，促进民间投资回暖，切实摸清全省民间投资情况，找准民间投资增速持续下滑的全局性、根本性、深层次原因，提出促进民间投资的针对性、有效性对策建议，完成《我省民间投资增速下滑的成因及对策》调研报告，为省委省政府决策提供参考意见。为加强对全省非公有制企业降低成本的示范推广，省非公办在全省范围内筛选出100家特色鲜明、亮点突出、成效明显、典型示范性强的挖潜力降成本非公有制企业，集中编印《江西省非公有制企业挖潜力降成本促发展典型案例》。

*扎实开展“千企帮千村”精准扶贫行动。*召开“千企帮千村”活动启动仪式，启动部署“千企帮千村”精准扶贫行动，组织有意愿的企业结对帮扶，发挥非公有制企业在产业扶贫、就业扶贫、公益扶贫方面的优势，通过产业拉动、项目支持、教育扶贫等措施，因地制宜，因村施策，实现精准对接、精准帮扶。截至12月底，全省有1374家民营企业帮扶贫困村1273个、贫困人口12.97万人，共实施帮扶项目1658个，投入资金4.47亿元，活动取得初步成效。

*拓展“民企入赣”主题招商引资活动成果。*坚持抓项目注册落地不放松，持续巩固招商引资成果，落实“民

企入赣”主题活动成果，开展签约项目督查和跟踪问效，督促各地把签约项目落到实处。截至年底，“民企入赣”签约项目已注册项目1923个，注册率92.67%；已进资项目1836个，实际进资3084.88亿元，进资率26.83%；已开工项目1641个，开工率79.08%；已投产项目826个，投产率39.81%。招商项目落地、建设进展总体良好，项目注册率、项目进资率、开工率和投产率稳步提升。

召开以“稳增长、促投资”为主题的全省非公有制经济发展现场推进会。12月，在上饶市召开全省促进非公有制经济发展现场推进会。会议聚焦全省民间投资增速持续放缓态势，通过现场考察、典型交流等方式，发现促进民间投资体制机制方面存在的差距和不足，挖掘民间投资下滑的成因及其后续影响，总结工作经验，推广先进典型，推动各地细化、量化政策举措，加大对民间投资的政策支持力度，不断优化创业投资环境。

为创业创新培育氛围和提供支持。省非公办和省工信委主办2016江西创业创新大赛，打造项目征集、辅导优化、路演竞赛、创投对接等完整服务链条，大赛10强项目达成邀约投资金额13.51亿元。省电视台等众多媒体对大赛进行报道，微信公众号关注量达600多万次。省非公办和省工商联开展第二届最佳优化民营经济发展环境县（市、区）推选工作，1.2万人参与问卷调查，113.8万人参与网络投票，评选出南昌市青云谱区等11个县（市、区）为最佳优化民营经济发展环境县（市、区）；省工信委指导江西创业大学制定全省中小企业、非公有制企业培训方案，共培训学员5000余人次；省政府金融办扩大对非公有制经济的信贷投入，营造有利于非公有制经济发展的金融环境；省国税、省地税深入推进简政放权，推开营改增试点改革；省工商局深入推进商事登记制度改革，加大对市场主体信息公示；省科技厅加强科技创新顶层设计，优化全省科技创新环境；省教育厅加大对民办教育的政策扶持力度；省民政厅稳妥推进行业协会商会与行政机关脱钩，促进和规范行业协会商会的发展等。以上领导小组各成员单位打出服务非公有制经济发展的“组合拳”，进一步降低企业税负，培育非公有制经济加快发展的新氛围，为企业发展壮大和大众创业、万众创新提供新动能。

（吴楚）

外商、中国港澳台商投资企业

【概　况】 2016年，全省工商和市场监管机关围绕“放管服”要求，支持规范外商投资企业与中国港澳台投资企业健康发展。全省外资企业发展呈现数量略有下降、资本规模稳步增强的态势。

截至年底，全省实有登记外商投资企业6918户，下降2.48%；全省外商投资企业注册资本为3325.06万元（已按期末汇率折算为人民币元），增长11.41%。从行业分布看，全省外商投资企业从事制造业共有3413户，下降4.18%，占外资企业总户数的46.96%；批发和零售业1049户，增长5.96%，占总户数的15.16%；农林牧渔业466户，下降10.21%，占总户数的6.74%；租赁和商务服务业385户，增长5.77%，占总户数的5.57%；房地产业355户，下降4.05%，占总户数的5.13%；信息传输、软件和信息技术服务业351户，下降15.42%，占总户数的5.07%，其余行业占总户数的16.21%。从产业分布看，第一产业共有466户，下降10.21%；第二产业共有3502户，下降4.63%；第三产业共有2950户，增长1.62%。从区域分布看，期末实有外资企业户数排名前三位的地区是南昌、赣州、九江。南昌市实有1958户，占全省外资企业总户数的28.3%；赣州市实有1433户，占20.71%；九江市实有985户，占14.24%，全省其余地区实有外资企业2542户，占36.79%。从增长速度看，新余市实有外资企业户数增长3.82%，居全省第一位；景德镇市实有外资企业户数增长3.5%，居第二位；上饶市实有外资企业户数增长3.22%，排第三。

年末，全省外商投资企业（法人企业）的投资方来自30个国家（地区），投资方来自亚洲的外资企业所占比重最大，占86.2%，其次为拉丁美洲、北美洲等国家或地区，占13.8%。

全省新登记外资企业580户，增长1.05%；全省新登记外资企业注册资本为344.09亿元，下降0.57%。从行业分布看，制造业新登记257户，减少11.99%，仍占年度新登记总户数的44.31%；批发和零售业119户，增长33.71%，占20.52%；租赁和商务服务业39户，减少44.29%，占6.72%；住宿和餐饮业36户，增长54.17%，占6.38%；农林牧渔业30户，减少6.25%，占5.17%；信息传输、软件和信息技术服务业26户，增长271.43%，占4.48%，其他行业占12.42%。从产业分布看，第一产业新登记30户，减少6.25%，占年度新设外资企业总户数的5.17%；第二产业新登记272户，减少10.53%，占46.9%；第三产业新登记278户，增长10.32%，占47.93%。从区域分布看，吉安市新登记119户，占全省外资企业新登记总户数的20.52%；南昌市新登记114户，占19.66%；九江市新登记89户，占15.34%；赣州市新登记80户，占13.79%；上饶市新登记48户，占8.28%；其余设区市合计新登记130户，占22.41%。从增长速度看，景德镇市年度新登记外资企业户数增长77.78%，居全省第一位；上饶市增长65.52%，居全省第二位；宜春市增长42.11%，居第三位。

全省各级工商登记机关共办理外资企业注销登记699户，增加167.82%；注销企业注册资本总额256.42亿元，增长387.29%。2016年，注销外资企业集中分布在制造业（385户）、农林牧渔业（78户）、批发和零售业（55户），这三大行业占注销总户数的89.31%，其余行业占10.69%。

【全省外商投资企业及中国台胞投资企业有关登记事项由审批改为备案】 9月3日，全国人大常委会表决通过关于修改《中华人民共和国外资企业法》《中华人民共和国合资经营企业法》《中华人民共和国合作经营企业法》《中华人民共和国台湾同胞投资保护法》的决定，将不涉及国家规定实施准入特别管理措施的外商投资企业和中国台胞投资企业的设立及变更等登记事项由审批改为备案。省商务厅、省工商局联合下发《关于做好实行备案管理后全省外商投资企业审批、备案和登记工作的通知》，明确备案、审批的范围，除《外商投资产业指导目录》中限制类、禁止类及鼓励类中有股权要求、高管要求的之外，一律由审批改为备案。2016年10月1日起，全省的外商投资企业及中国台胞投资企业有关登记事项，均由审批改为备案。

【简化外资准入审批程序】 全省工商和市场监管机关在外商投资企业登记事项由审批改为备案的基础上，优化外商投资企业设立及变更的流程，将商务、工商等管理部门工作重心转向加强事中事后监管，提供优质服务上来。通过落实审批改备案的改革举措，进一步降低外商投资企业准入门槛和成本，提升外商投资企业注册的便利化、规范化及透明度。

（省工商局）

个体私营经济

【概 况】 2016年，全省工商和市场监管机关积极探索个体私营经济服务监管创新，完善事中事后监管机制，扶持小微企业健康发展，为促进大众创业万众创新营造良好的市场环境。全省新登记个体工商户27.97万户，增长14.39%；新登记从业人员66.74万人，增长11.53%，户均从业人员2.38人；新登记资金数额501.17亿元，增长20.83%，户均投入资金18.29万元。截至年底，全省个体工商户总数165.58万户，下降0.22%；从业人员414.55万人，增长6.52%；登记资金数额达1946.59亿元，增长16.96%。全年全省办理个体工商户注销28.78万户，增长130%。全省新登记私营企业11.16万户，实有私营企业47.95万户，增长18.59%；私营企业注册资本金23410.07亿元，增长40.39%。全年全省新登记农民专业合作社1.09万户，增长26.59%；新登记农民专业合作社出资金额242.45亿元，增长7.74%；新登记农民专业合作社成员总数12.24万人，增长33.08%。全省实有农民专业合作社5.4万户，增长22.85%；出资总额1276.46亿元，增长26.03%；成员总数90.2万人，增长18.21%。

【实施登记注册改革】 年内，各地加快部署个体工商户营业执照和税务登记证“两证整合”工作，并在网站开辟“两证整合”专栏。将登记业务系统改造升级，完成与税务部门的数据交换测试。省工商局会同省国税局、省地税局开展相关师资培训，省工商局组织个体登记窗口工作人员视频培训，在每个设区市确定一个县区先行开展试点工作，12月1日起全省全面实施个体工商户“两证整合”。省工商局专门就规范保险专属门店办理工商登记下发文件，指导基层探索对新业态开展个体登记，全省已登记保险专属代理门店个体工商户46户。

【开展简易注销试点】 5月，省工商局组织召开全省个体工商户简易注销改革工作现场会，总结九江市试点工作经验，部署全省推广个体工商户简易注销工作，进一步规范有关文书表格，完善直接注销的办理程序，固化成批处理的做法，明确救济途径。省工商局要求各地及时向地方政府呈报专题报告，争取政府对简易注销改革工作的支持。积极与法院、法制办等部门沟通，为改革创造良好的法制环境。对处于拆迁规划区域、存在债务、诉讼纠纷的谨慎对待，有异议及时启动内部行政救济途径。同时遵循以增量去存量的原则，每年注销总量不超过本年度的新增数量。注意舆论正面引导，多做少说，防止片面解读，造成负面影响。

【个体工商户年报工作】 年内，全省加大个体工商户年报工作力度，强化信用约束和社会监督。各地加大年报宣传力度，扩大知晓面，制定年报工作规范，统一年报要求，规范工作程序。同时加强业务培训，开展年报督导，及时收集基层问题反馈。全省有115.12万户个体工商户报送2015年度年报，年报率达79.1%；3.31万户农民专业合作社报送年报，年报率达76.2%。有30.41万户个体工商户被标记经营异常状态，1.03万户农民专业合作社被列入经营异常名录。全省共抽查3.39万户个体工商户、865户农民专业合作社的年报信息，其中有1710户个体工商户、42户农民专业合作社在抽查中被标记或列入异常。

【整合建设“江西工商创业咨询一点通（江西省小微企业名录系统）”综合性创业服务平台】 2016年，省工商局以创立“扶小”品牌为目标，整合建设“江西工商创业咨询一点通（江西省小微企业名录系统）”综合性创业服务平台，在保留小微企业名录系统规定栏目的同时，进一步细化申请扶持导航内容，突出江西省特色栏目，借助数字地图技术，实现“工商导航地图”“市场主体分布地图”等地图导航功能，融合建设工作稳步推进。截至12月，小微企业名录系统入库小微企业共167.25万户（其中企业33.53万户），公示企业享受扶持政策数据3.47万条，归集公示地方扶持政策153条。

【非公经济组织党建工作】 全省建立非公党建交流平台，指导有条件的非公企业组建党组织，加强非公经济组织中共组织的凝聚力和战斗力。选择具有较好基础的2户个体工商户、52户私营企业、1个专业市场，建立55个非公党建联系点。选派政治素质高、组织能力强、党务工作经验丰富的党员干部担任党建联络员。以“小个专”为重点，在11个设区市开展非公经济基层示范党组织阵地建设，省财政下拨50万元专项经费用于“小个专”非公党建基层示范党组织建设。开展非公党团建“百日攻坚”行动。1月至10月，全省小微企业中新增党员人数2.24万人（累计11.28万人），新建立党的组织25个（累计5443个）；个体工商户中新增党员人数2012人（累计2.20万人），新建立党支部（联建）11个。江西省提高非公经济组织党建数据质量的做法得到国家工商总局领导的肯定。

（省工商局）

本栏编辑 游桃琴

信息化建设

综　述

2016 年，全省信息通信基础设施建设逐步完善，社会各领域信息技术应用进一步拓展，公共信息服务领域进一步深化，信息化助推经济发展的能力进一步提高。

信息基础设施建设加快。实施“宽带中国”江西工程，深入开展信息通信基础设施建设。江西电信业务总量完成 883.8 亿元，增长 63.5%；电信业务收入 270.1 亿元，增长 5.6%。电话用户总数 3658.2 万户，其中移动电话用户 3140.7 万户，增长 2.8%；固定电话用户 517.5 万户，下降 9.0%。固定互联网宽带接入用户 822.5 万户，其中光纤到户（FTTH）用户数 469.4 万户，占总数的 57.1%。全省广播综合人口覆盖率 98.0%，电视综合人口覆盖率 98.8%。

信息化和工业化向深度融合。组织开展两化深度融合试点示范，培育 3 个示范园区、48 家示范企业。支持企业参与两化融合管理体系贯标，截至年底，48 家企业参与两化融合管理体系贯标，30 家企业列入全国两化融合贯标试点，5 家企业通过两化融合管理体系认证。在各设区市和县开设分平台，不定期组织企业登陆江西省两化融合咨询服务平台参加评估诊断，开展两化融合发展水平自评估，定量摸清企业信息化情况，让企业查找在全国、同行业间的差距和潜力。

企业信息化水平整体提升。组织企业登录江西两化融合服务平台参加两化融合发展水平评估，903 家企业登录注册，参加 1100 多次自评估。企业信息技术应用水平逐渐普及和提高，基本接近全国平均水平，其中 33.23% 企业处在起步建设阶段，50.83% 企业处在两化融合发展单项覆盖阶段，12.63% 企业处在集成提升阶段，3.31% 企业处在创新突破阶段。

创新创业活力持续迸发。推进大众创业万众创新，利用信息技术打造一批“双创”平台，全社会创新创业活力竞相迸发，新技术、新产业、新业态、新模式不断涌现。专利申请总量增长 65.9%，专利授权量增长 30.3%；新登记市场主体增长 17.7%。产业升级步伐加快，新业态、新模式方兴未艾，航空、新型电子主营业务收入分别增长 20%、25%，高新技术产业增加值占规模以上工业增加值比重的 30.1%，服务业增加值占地区生产总值的比重突破 40%。

电子商务蓬勃发展。全年全省电子商务销售额 4361.2 亿元，增长 51.88%。其中：工业电子商务交易额超 3000 亿元；网络零售额 988.6 亿元，增长 45.23%；涉农电商销售额 323.7 亿元，增长 75.6%。全省电子商务经营主体约 8.6 万家，其中电商应用企业约 1 万家（含涉农电商企业 5000 余家），个体户网店约 7.6 万家。南昌、上饶、萍乡、鹰潭 4 设区市电子商务销售额突破 400 亿元。其中南昌市电子商务销售额首次突破千亿元，达 1109.3 亿元。

信息安全保障体系逐步完善。重点开展信息安全政策法规、网络安全宣传周、信息安全基础设施建设，以及重点领域网络与信息安全检查、政府网站安全监测等。继续推进以身份认证及密码技术、电子认证为基础的网络信任体系建设，推广数字证书在电子政务、电子商务等领域的应用，探索重要基础数据和个人信息保护的新手段、新方法，以安全促进信息消费。

电子信息主导产业保持较快增长。全年全省半导体照明、通信和数字视听 3 大主导产业继续保持平稳增长，累计完成主营业务收入 1278.4 亿元，增长 30.8%，占全行业比重的 68.0%。其中，半导体照明主营业务收入 323.5 亿元，通信产业主营业务收入 586.7 亿元，数字视听主营业务收入 368.2 亿元，分别增长 35.9%、24.3%、18.7%。

无线电管理全面对接社会信息化。加大行政执法力度，加强监测检测工作，组织开展无线电频谱评估专项活动，完成省市县三级频谱使用评估报告，工作成果列全国第二。各级无线电管理机构主动对接经济建设积极作为，精准发力。全省各级无线电管理机构共受理行政许可申请 161 起，指配频率 162 个，审批台站 1.85 万台部，收回频率 32 个，撤销台站 2615 台部。

（申甲林）

信息基础设施

【概　况】　2016 年，全省所有设区市建成“光网城市”，4G 基站数达 8.7 万个，排全国第十三位。全省重点场所电信基础设施共建共享继续推进，共建基站 708 个、共建杆路 24 线路千米、共建管道 72 千米、共建铁塔 693 座、共享杆路 712 线路千米。全省电信业务总量达 883.8 亿元，保持

63.5%高速增长,且全省宽带资费在全国继续保持较低水平。全省电信业务收入270.1亿元,增长5.6%。电话用户总数3658.2万户,其中移动电话用户3140.7万户,增长2.8%。固定电话用户517.5万户,下降9.0%。其中:城市电话用户337.4万户,下降7.3%;乡村电话用户180.1万户,下降12.0%。固定互联网宽带接入用户822.5万户,其中光纤到户(FTTH)用户数469.4万户,占比57.1%。固定互联网宽带用户中,接入速率在20Mbps及以上用户占比82.9%,人均移动互联网使用流量1080.4MB/(人·月)。全省城市影院总数285家,银幕总数1357块(3D厅1148个)。全省有线广播电视用户数681.6万户,入户率53.8%。全省有线电视双向覆盖用户496万户,其中CMTS覆盖用户10万户,EOC覆盖用户264万户,LAN覆盖用户19万户,FTTH覆盖用户203万户。

【信息基础设施保障能力】 2016年,完成信息基础设施固定资产投资107.0亿元,全省光缆线路长度达68.3万千米,其中本地网中继光缆线路长度达到54.5万千米。4G基站8.7万个,WLAN公共运营接入点(AP)数达10.8万个。

【完善电信普遍服务试点基础设施建设】 2016年,赣州、上饶、九江、抚州和鹰潭列为国家电信普遍服务试点地区。省通信管理局会同省工信委、省财政厅等单位开展电信普遍服务试点,组织各地市申报国家开展的电信普遍服务试点工作,争取中央补助资金7461万元,完善所涉农村信息通信基础设施建设,试点工作完成后,可实现2747个行政村光纤化改造和180个未通村通光纤,所涉及行政村宽带速率可达到12M以上,并保持6年以上稳定运行。

【赣南原中央苏区农村无线宽带建设全覆盖列入国家试点】 3月,赣南原中央苏区农村无线宽带建设全覆盖被列入国家试点工作,在试点的赣州地区农村,采用无线局域网技术对农村偏远地区特别是山区居民生活区域网络进行信号覆盖,可以大量节省布线安装等多方面的费用,而且在无线局域网中增加或减少用户相当容易,通过增加无线接入点的数量就可以增大用户数量和覆盖范围。

【广电信息基础设施建设】 2016年,广播电视基础设施建设由村村通向户户通升级,全省完成4.6个自然村的工程建设,项目总投资5.30亿元,共采购140万套直播卫星接收设备。省广电网络公司固定资产投资7.8亿元,全省光缆线路长度达30.28万千米,其中长途光缆线路达0.9万千米,本地网中继光缆线路长度达29.38万千米。

【有线电视数字化整体转换】 2016年,全省有线广播电视用户数681.6万户,入户率53.8%。其中,城市有线广播电视用户数361.7万户,农村有线广播电视用户数319.9万户。数字电视用户数602.95万户,增加39.61万户,数字电视入户率47.6%,全省有线电视数字化整转率94.73%。全省高清互动机顶盒约45.6万台,网内传输的高清频道数量增加到70套以上,数字电视节目频道达200余套以上。

(申甲林)

信息技术应用

【实施南昌和抚州通信同城化】 1月1日起,南昌和抚州正式实施通信同城化,南昌、抚州两地间固定电话、移动电话通话的漫游通话费和长途通话费取消,调整为本地通话费标准执行。此次通信同城化不改变固定电话长途区号、不改变现有网络结构和拨号方式,由基础电信企业通过调整计费标准的方式实现。

【江西政务服务网实现省市县三级联网】 江西政务服务网二期11个设区市、100个县(市、区)分厅建设实现省市县三级联网,标志着江西省"三单一网"改革阶段性目标实现。全省所有行政审批、便民服务、阳光政务事项既可实现纵向贯通联动,又可在各层级政府部门横向贯通联动。政府部门有什么权、担什么责,办事有什么流程,找谁办、怎么办,通过江西政务服务网查询,全部一目了然。公众足不出户就能办成过去想办而很难办成的事,减少办事时间与成本。

【江西省与工信部签署深化战略合作协议】 1月11日,江西省与工信部在南昌签署深化战略合作协议,共同推动《中国制造2025》确定的战略任务、重点领域、重大工程等实施,在共同推进江西先进制造业向中高端发展、传统制造业加快转型提升、信息化和工业化深度融合发展、生态文明先行示范区建设、赣南等原中央苏区产业振兴升级5个方面进一步深化战略合作。

【江西省公共信用信息平台"信用江西"开通】 2月25日,"信用江西"网站开通运行。公共信用信息平台作为社会信用体系建设的重要支撑,是全省信用建设成果的集中展示平台和公共信用信息交换共享、集中公示和"一站式"查询服务平台,可以逐步打破部门之间的信息壁垒,实现公共信用信息的交换共享,为社会公众、政府机关和企事业单位提供"一站式"信用信息服务。

【"交管12123"手机APP上线运行】 4月26日,江西省"交管12123"手机APP上线运行,通过该APP可随时随地办理交管业务。同时该平台提供交管业务咨询电话、业务办理服务导航等个性化贴心服务和最权威、最准确、最及时的机动车检验、交通违法、驾驶证记分、换证、审验等信息查询服务,并可实现在线办理机动车选号、补领机动车号牌等业务。

【江西省省级物流公共信息平台上线】 6月8日,江西省省级物流公共信息平台上线,该平台将企业、车辆、货源、物流仓储园区、驾驶员等与交通物流相关的信息整合展示,实现全省物流信息覆盖,为全省中小企业和物流从业者提供有效的信息交换服务,破除物流行业长期存在的"信息孤岛",实现运力与货源的有效对接,降低全社会物流成本。

【国家企业信用信息公示系统(江西)通过验收】 7月6日,国家企业信用信息公示系统(江西)通过验收,也是全国第一个通过验收的省份。系统由面向社会公众的企业信用信息公示平台和面向政府各监管部门的一体化监管协同平台组成。公示系统已归集全省各相关部门的20大类的行政审批和行政处罚等数据500多万条以及登记备案信息400多万条。

【江西新余公职人员信用网上可查】 7月6日,新余完成全市690家机关事业单位和2.77万名公职人员信用信息首轮征集工作,公职人员评先评优、选拔任用、竞争上岗、职称评定等方面,信用状况将作为重要依据。公民在“信用新余”网站,可实名注册、查询机关单位和公职人员信用评级情况,这在全国尚属首创。

【江西省公共法律服务网络平台上线】 9月26日,江西省公共法律服务平台上线,各地可在线获取司法考试、司法鉴定、法律援助、律师服务、公证服务、人民调解等多项法律服务。该平台是国内最大规模的省级公共法律服务云平台上,也是全国司法行政系统整合度最高、数据量最大、覆盖范围最广的信息化综合应用平台。平台整合了全省420家律师事务所、112家公证处、111家法律援助中心、198家司法鉴定中心、2154家人民调解委员会,汇聚1.44万名法律服务人员,建立覆盖全省的法律服务地图。

【江西电信率先在中部地区建成全光网省】 江西电信城市家庭光网覆盖率100%,商务楼宇光网覆盖率100%,行政村光改占比90%,光宽带用户占比85%,百兆宽带用户占比65%,全省光网各项指标全部达到“全光网省”的标准。江西电信出省带宽6860G(占全省出口总带宽的85%),实现全省所有城区、农村乡镇100%光纤覆盖及行政村90%的光纤覆盖,11个设区市全部建成“全光网城市”,全省光网接入能力达1500万端口,光纤宽带用户占比超过85%,电信宽带用户平均速率比上年实现翻番,达50M;4G网络覆盖到乡镇及发达农村以上区域,最高下载速率可达300 M。

12月9日,中国电信江西公司在南昌举行新闻发布会,宣布率先在中部地区建成全光网省

申甲林供稿

【全省推动涉税信息大应用】 12月1日,省国税部门开发建设的数据管理平台上线运行。平台整合全省海量涉税数据,共采集系统内数据51.13亿条,第三方数据521万条,互联网数据1975万条,实现涉税信息的大归集、大共享和大应用,平台数据包含国税内部数据、综合治税平台数据、互联网抓取数据等各种来源数据共820GB,将来源不一、标准不一的数据按照“金税三期”标准统一转换成标准化数据。平台提供一户式全景分析、一局式查询、千户重点税源企业分析等应用功能,税务机关可以从申报征收数据、发票数据、财务报表数据、综合治税数据等海量信息中挖掘出有价值的税收管理信息,将复杂的企业投资关系、控制关系以及交易关系抽象为纳税人利益关联网络,从中发现企业税收风险点。

【江西省教育资源公共服务平台上线】 10月18日,江西省教育资源公共服务平台建成上线。该项目总投资3800万元,于2015年年初全面启动建设。该平台是一个覆盖全省、多级分布、互联互通、为“优质资源班班通”和“网络学习空间人人通”提供技术支撑和网络服务的云服务体系,为师生提供覆盖课前、课中、课后环节的网络备课、课堂教学、网络教研、在线答疑、网上评课等13个基本的教学应用系统,同时为教师、学生、家长提供网络学习空间“人人通”服务,为教育部门、学校、班级提供机构空间,为名师、教研员提供专题空间。平台连接电信、移动、联通3条共2G互联网链路带宽;建有生产中心和备份中心2个中心机房,安装90多台服务器和100多台相关网络设备,还设置虚拟化服务器200多个;存储容量达2PB,可向全省每位教师提供10G云存储空间。

【江西省与浪潮集团签署战略合作协议】 12月8日,江西省与浪潮集团有限公司在南昌签署战略合作协议。副省长李贻煌与浪潮集团副总裁王方代表双方签署战略合作协议。浪潮集团5年内在江西投资40亿元,打造中部地区具有影响力的云计算和大数据产业基地,形成相关产业集聚区,共同推动政府数据开放、双创等平台建设,构建新型智慧城市,全方位推进信息江西建设。

【江西省公共资源电子交易平台产权交易子系统启动】 12月29日,江西省公共资源电子交易平台产权交易子系统启动。为提升江西省公共资源电子平台交易范围和服务质量,2015年下半年以来,在2012年建成使用的公共资源交易系统的基础上,江西省启动公共资源交易系统升级改造。在各方共同努力下，国有产权交易、水利工程招投标、房建和市政工程招投标、政府采购等部分交易子系统经过反复开发、反复测试，于2016年12月底启动试运行，遴选真实项目在真实的交易环境下进行交易。

（申甲林）

电子信息制造业

【概　况】 2016年，全省电子信息行业克服经济发展新常态下经济下行压力等多种不利因素影响，完成年初预定的确保1500亿元，力争1600亿元的目标任务。纳入统计口径的456家规模以上企业（年内新增168家），全年累计完成主营业务收入1838.6亿元，增长29.2%，增速居全省工业各行业之首，高于全国电子信息制造业增速20.8个百分点，高于全省工业增速20.6个百分点；实现利税161.4亿元，增长30.7%。

全省累计生产手机4620万部，增长36.9%；触控屏8.76亿片，增长46.9%；车载视听产品305.6万套，增长5.9%；各类尺寸LED芯片373.9亿粒，增长22.2%；LED背光源5052.7万片，增长10.7%；各类LED灯具1.21亿盏，增长9.6%（其中LED路灯26.7万只，增长23.1%）。

全省9大重点电子信息类产业集群累计完成主营业务收入1445.7亿元，增长30.9%。主营业务收入占全省产业集群总量的12.2%，比上年提高0.5个百分点。其中，南昌高新区光电及通讯、南昌经开区光电、共青城手机产业集群、井开区通讯终端设备、吉安县数字视听、吉州区通讯传输系统产业集群6大产业集群主营业务收入过百亿元。

【细分领域主营业务收入实现25%以上增长】 2016年，全省细分领域除计算机领域外，主营业务收入均实现25%以上的增长。其中：电子元件制造领域主营业务收入490.5亿元，增长38.7%；电子器件制造领域主营业务收入551亿元，增长29.2%；电子元器件主营业务收入1041.5亿元，占全行业总量的56.6%；通信设备制造领域主营业务收入320.5亿元，增长42.2%；视听设备制造领域主营业务收入133.2亿元，增长26.1%；其他电子设备制造领域主营业务收入77.9亿元，增长28%。计算机领域主营业务收入152.7亿元，下降1.6%。

【重点企业】 截至年底，智慧海派科技有限公司主营业务收入增长339.8%，利税增长225.4%，已成为南昌规模最大的手机整机生产企业；南昌欧菲生物识别技术有限公司主营业务收入增长195.3%，利税增长28倍；联创电子主营业务收入增长25.3%，利税增长14.6%；吉安航盛电子有限公司车载视听产品主营业务收入增长75.9%，利税增长42.1%。晶能光电主营业务收入增长13.7%，利税下降76%。

【硅衬底LED项目获2015年度国家技术发明一等奖】 1月8日，由南昌大学及南昌高新区企业晶能光电（江西）有限公司、中节能晶和照明有限公司共同完成的“硅衬底高光效GaN基蓝色发光二极管项目”（简称硅衬底LED技术）获国家技术发明一等奖。这是全省首个获国家技术发明一等奖的项目，也是2015年度国家科学技术奖励大会颁发的唯一一个技术发明一等奖。在半导体照明领域存在3条LED技术路线，分别是蓝宝石衬底、碳化硅衬底和硅衬底LED技术路线。前2条技术路线分别是以日本和美国为主发展起来的。此次获奖的硅衬底LED技术从南昌大学诞生，晶能光电投巨资持续研发并产业化，并经晶和照明等众多企业应用推广，已经从实验室走向市场。项目主要完成人包括晶能光电联合创始人、南昌大学副校长江风益，晶能光电副总裁孙钱，晶能光电联合创始人、CEO及晶和照明创始人王敏等人。

【《江西省电子信息制造业三年行动计划(2016—2018年)》出台】 1月7日，省工信委印发《江西省电子信息制造业三年行动计划（2016—2018年）》，规定：江西将充分发挥现有产业基础优势，以产业集群发展为导向，坚持创新驱动、投资推动和需求拉动相结合，加快形成结构高级化、发展集群化、竞争力高端化的产业体系，实现全省电子信息制造业跨越式发展，力争2018年全省电子信息制造业主营业务收入达到2000亿元。

【江西省电子信息产业投资基金设立】 3月14日，全省首支电子信息产业投资基金，由江西省工业创业投资引导基金与江西银行共同发起设立。此次基金总规模10亿元，分8年期运作，重点围绕光电子、电子信息等全省战略性新兴产业展开布局，将有效促进创业资本、项目、技术和人才向电子信息产业集聚。

【江西省电子信息和铜材产业联盟成立】 7月29日，江西省电子信息和铜材产业联盟成立大会暨企业对接合作活动在南昌举行。会议讨论并表决通过《江西电子信息和铜材产业联盟章程》，选举出联盟第一届领导机构，江铜—耶兹铜箔有限公司任第一届理事长单位，红板（江西）有限公司、江西中信华电子有限公司、江西凯安铜业有限公司、江西省航宇新材料股份有限公司、九江德福电子材料有限公司5家企业出任副理事长单位。会上，江铜—耶兹铜箔有限公司和红板（江西）有限公司、江西航宇新材料股份有限公司和江西华源新材料股份有限公司、江西凯安铜业有限公司和章乐电缆（瑞金）有限公司分别签署合作备忘录。

【举行赣台电子信息产业暨南昌市“光谷、慧谷”推介会】 10月16日，由省工信委、南昌市政府共同承办，相关设区市政府、台湾工业总会、台湾电机电子工业同业公会、台湾创业投资商业同业公会、台湾智慧自动化与机器人协会共同协办的第十四届赣台（南昌）经贸文化合作交流大会——赣台电子信息产业暨南昌市“光谷、慧谷”推介会在南昌市举行。相关设区市政府领导，省工信委、省台办、市工信委及台商代表共180多人参加推介会。会议得到大会组委会的高度肯定。

【组团参加第四届中国电子信息博览会】 4月8日—10日，省工信委组织全省电子信息骨干企业参加工信部和深圳市政府联合主办的第四届中国电子信息博览会。工信部电子司司长刁石京、巡视员胡燕及国家集成电路产业投资基金股份有限公司副总经理张春生、国家半导体照明/LED产业联盟秘书长关白玉等到江西省展位参观指导，对江西省硅衬底技术获发明一等奖、产业化取得新成果表示祝贺。同时对省工信委展示的睿宁半导体材料、派路特车载平视显示系统等新产品新亮点给予关注和好评。通过博览会宣传全省电子信息产业发展情况，对促进全省电子信息产业招商引资可起到推动作用。全省9个设区市工信委，14个县区工信局、经发局及企业代表近100人参加博览会。

【举行江西省半导体照明(LED)产业联盟会员大会暨企业对接合作活动】 12月28日，由省工信委组织的江西省半导体照明(LED)产业联盟会员大会暨企业对接合作活动在南昌举行。会议审议通过新修订的《江西省半导体照明(LED)产业联盟暨LED企业"走出去"合作联盟章程》，选举晶能光电(江西)有限公司为新一届联盟理事长单位，增选江西合力照明电器有限公司、江西晶瑞光电有限公司、江西申安亚明光电科技有限公司、省工业和信息产品监督检验院等11家企业(单位)为副理事长单位，吸纳奥其斯科技股份有限公司、江西康铭盛光电科技有限公司等15家企业为理事单位，成员单位达73家。会议就加快适应市场需求、集中产业优势资源、推动行业有序发展等达成共识。

（电子信息处）

软件和信息服务业

【概　况】 2016年，全省软件服务业产业规模继续壮大，保持发展势头，全年实现营业收入160亿元，增长12%。全省软件产业实现利税17.7亿元，增长5.3%；技术含量较高的软件产品收入达34.1亿元，增长15%。其中，28家企业实现营业收入过亿元，占全省软件产业营业收入的79.6%。建成北大软件科技园。帮助用友产业园、浙大科技园2家软件园区及汇天科技、金格软件等6企业成功申报2016年全省现代服务业集聚区及服务业龙头企业。

【资质指导监管】 2016年，省工信委加强与赛宝、省电子检验院等认证服务机构和评审机构的工作联动，推进信息系统集成及服务资质工作监督指导，13家企业成功申报计算机信息系统集成及服务资质，19家企业完成计算机信息系统集成及服务资质换证，全省计算机信息系统集成及服务资质企业总数达到85家。

【落实企业减免税收政策】 年内，落实国家《关于软件和集成电路产业企业所得税优惠政策有关问题的通知》精神，宣传贯彻软件企业税收减免最新政策，对省国税局、省地税局移交的企业减免税备案材料进行核查，减免税收5032万元。

【举办2期信息系统集成资质企业IT服务项目经理培训考试】 年内，省工信委软件服务业处指导软件行业协会和赛宝认证中心及省电子检验院于上半年和下半年分别举办信息系统集成资质企业IT服务项目经理培训，共有120余人获中国电子联合会颁发的信息系统集成及服务项目管理人员登记证书。

【举办第二届中国青年APP大赛江西赛区选拔赛】 7月31日，由团省委、省商务厅、省工信委、省科技厅、省教育厅、省文化厅、省科协主办的第二届中国青年APP大赛江西赛区选拔赛决赛在南昌举行。决赛分为应用类和创意类2类。来自全省各地、各高校的60个项目团队参赛，经过项目展示和答辩，现场评出一等奖项目2个，二等奖项目4个，三等奖作品6个。其中，代表江西参加第二届中国青年APP大赛全国半决赛的优胜项目有7个，包括应用类的一等奖"卡圈"和创意类一等奖"'译手语'APP"。

（饶建平）

电子政务

【概　况】 2016年，全省电子政务工作围绕政府职能转变和公共服务需求，进一步完善全省电子政务顶层设计、强化机制保障和制度建设，以政府网站日常监测和绩效评估为抓手的网站管理工作常抓不懈，以全省公共信用信息平台、江西省企业精准帮扶APP平台等为代表的电子政务应用日益深化，电子政务业务系统的互联互通及业务协同也取得一定进展。

【出台《促进大数据发展实施方案》】 1月23日，以省政府名义印发《促进大数据发展实施方案》。该方案提出全省大数据发展的总体要求，确定加快政府数据开放共享、推动数据资源整合汇聚、提升政府社会治理水平、丰富公共服务数据资源等8项重点任务，明确省工信委在全省促进大数据发展工作中的牵头统筹地位。

【建立江西省大数据联席会议制度】 8月，成立以分管副省长为总召集人、省工信委主任和省政府副秘书长为副总召集人，省工信委、省发改委等42个部门组成的大数据联席会议制度，统筹协调解决全省大数据发展和应用中遇到的重大问题，联席会议办公室设在省工信委。

【印发《江西省"十三五"时期电子政务发展规划》】 8月12日，省工信委、省发改委联合印发《江西省"十三五"时期电子政务发展规划》。《发展规划》提出推进电子政务协调发展、促进信息资源有效管理、提升政府决策管理水平、强化政府公共服务能力、加大信息安全保障力度5项主要任务，明确加强组织领导、加大财政扶持、开展绩效评估、强化培训工作4项保障措施。

【开展全省政府网站日常监测】 7月，启动2016年全省政府网站日常监测工作。按季度对省政府门户网站、78家省直和11个设区市进行全面监测，同时对全省县及县以下政府网站按10%比例开展抽查。监测结束后，将监测报告点对点发送到被监测单位，限时整改并对督促整改进度、复核整改结果，最后将监测和整改情况按要求上报省政府办公厅。年内共完成1500余个网站的监测任务。

【开展全省政府网站绩效评估】 7月1日起，全面启动2016年度全省政府网站绩效评估工作，印发《2016年度全省政府网站绩效评估指标体系》（四套）、评估实施方案、年底综合测评及发展引导评估表，并由合作的第三方机构对全省45个省直单位、11个设区市、103个县区市政府门户网站开展技术监测。

（李静）

无线电管理

【概　况】 2016年，全省无线电管理机构组织开展无线电频谱评估专项活动，完成省市县三级频谱使用评估报告，工作成果经考评名列全国第二。创新无线电宣传方式方法，无线电宣传工作投稿量全国排名第六。截至年底，全省录入数据库的各类无线电台站总数17.28万台部。其中，广播电视台325座，数传电台283部，短波电台20部，超短波电台2.49万部，船舶电台46部，蜂窝无线电通信基站14.62万个，集群通信及无线接入固定站6个，卫星地球站149座，微波站349座，业余电台536台。

【服务工业和信息化深度融合】 年内，各级无线电管理机构主动服务经济建设。抚州市、新余市无线电管理局履行市信息化领导小组成员单位职责，为"智慧城市""互联网+"、天网工程等提供频率支持和技术保障；景德镇市将基站规划建设领导小组办公室设在市无线电管理局，统筹全市基站规划布局，实现一站式审批，提高基站共建共享率；鹰潭市无线电管理局履行市窄带物联网领导小组成员单位职责，审批NB-IOT基站135座。省无线电办公室重新规划全省800 MHz频率，新增7对800 MHz频率支持南昌地铁工程的建设需求。为提升电力系统智能化管理水平，指配上饶电力部门申请1.8G频率用于TD-LTE无线宽带接入电力控制系统。

【完成无线电频谱评估专项活动】 年内，省工信委组织开展全省频谱评估专项活动。7月中旬至9月中旬，对100个县（区、市）进行移动路测工作，路测行程1.10万千米，实地核查卫星地球站115个。南昌、景德镇、新余市作为路测先行先试单位，为全省频谱路测工作提供借鉴经验，提高全省的效率。南昌市率先进行30 MHz至18 GHz全频段数据采集，各设区市还对当地调频广播、民航频率、1.4 GHz、1.8 GHz等频段作了评估分析，超额完成国家无线电管理局部署的工作任务。通过评估，摸清家底，真实掌握全省频率使用情况，同时，查处非法用频，净化电波秩序。

【提升台站数据质量】 2016年，全省各级无线电管理机构采取各种措施，提升台站数据质量。吉安市、萍乡市无线电管理局建立台站月报制度，要求3大运营商的台站管理员每月上报一次数据，实现基站入库率100%；各地加大台站数据库更新力度，台站入库率和数据准确率大幅提升，南昌市无线电管理局加强与铁路无委共建，及时导入GSM-R基站70台，基本做到台站入库全覆盖；南昌市无线电管理局在市帝王大厦架设超短波数字中继台，用于业余无线电爱好者通联交流，提升业余无线电爱好者的操作技能和水平。

【组织开展整治信号屏蔽设备和打击"黑广播"专项行动】 全年组织开展打击治理"黑广播"违法犯罪专项行动，7月至9月组织开展整治信号屏蔽设备专项行动。这两个专项行动，确保军事部门、高铁、机场等重点敏感部位的用频安全。登记信号屏蔽设备1.70万余台，核查使用单位190家，查处非法使用信号案件39起。仅上饶市无线电管理局就查处干扰高铁案件5起，确保高铁运行安全。全年查处"黑广播"案件63起，为历年之最，基本做到"黑广播"露头就打，发现一起查处一起。

【无线电监督执法】 全年开展行政执法活动218起，实施有效行政处罚156起，抓获犯罪嫌疑人25名，查获设备339台套。围绕群众反映强烈的民生问题，查处伪基站、手机诈骗及卫星电视干扰器等案件70多起，协调处理和排查各类无线电干扰128起，确保部队、民航、铁路用频安全，维护群众权益及财产安全。

【做好重大活动无线电保障工作】 7月，江西省成立无线电安全保障工作领导小组和无线电应急分队，制定保障工作方案和应急预案。G20杭州峰会期间，派出由省无线电监测站、九江市、鹰潭市、抚州市无线电管理局骨干组成的保障分队赴浙江金华市协助保障，完成各项保障任务。10月9日至13日，全国社会治安综合治理创新工作会议期间，查获"伪基站"案件1起，确保会议安全；全年全省累计保障各类考试25场次，保障考场3万多个，查获考试作弊案件56起，维护了考试的公平公正。

【完成12项无线电技术设施建设】 2016年，全省无线电监测网六期工程技术设施建设完成无线电智能监测管理系统、无线电压制系统升级、基站检测设备、民航无线电监测系统、高铁沿线无线电监测小型站、无线电监测小型站、移动监测测向系统、短波逼近天线、便携微波测试系统、隐蔽式测向及伪基站查找系统、九江智能感知网、非法中继管制系统共12个建设项目。

（赵耀　程福星）

信息安全

【概　况】 2016年，全省信息安全工作以构建信息安全保障体系为中心，重点开展了信息安全政策法规建设、信息安全宣传培训、重点网站安全监测预警、关键信息基础设施安全检查等工作。全省信息安全态势有所改善，但还存在技术防护措施、安全管理不完善，安全防护水平不高等问题，部分重要系统及党政机关、事业单位网站等关键信息基础设施还存在高危安全漏洞或发生入侵篡改等安全事件，需引起重视，并采取有效措施。

【推动《江西省电子认证服务管理办法》出台】 8月起，省工信委会同省国家密码管理局对江西CA等电子认证服务机构及国税等应用单位进行调研，了解全省电子认证服务业现状、存在问题,并征询相关单位意见。在此基础上,起草《江西省电子认证服务管理办法》,并印发省直各相关部门、电子认证服务机构等单位征求意见,推进《江西省电子认证服务管理办法》的出台。

【开展政府信息系统安全抽查】 7—11月,省工信委组织专业测评机构对近20个重要政府信息系统进行了安全抽查,查找安全隐患。抽查发现,有的系统安全防护措施较为完善,防护水平较高。但部分系统还存在安全漏洞,易被黑客入侵攻击,引发信息泄露、被篡改等重大安全事件。省工信委及时将抽查发现的问题反馈给相关单位,做好分析和研判,指导和督促整改,消除安全隐患。

【开展全省党政机关、事业单位网站安全监测】 2016年,省工信委采取工具扫描和人工验证相结合的方式对全省1400余家党政机关、事业单位网站进行安全监测。全年发现234家党政机关、事业单位网站存在332个中高危漏洞或发生被篡改(网站页面内容被篡改、域名被劫持、被植入博彩暗链)等安全事件,累计下发通知或通报220余次,督促问题单位进行整改,整改率达89.7%。通过开展持续监测和整改,全省党政机关、事业单位网站安全状况有所改善。

【开展全省关键信息基础设施网络安全检查】 7月开始,省工信委会同省委网信办等开展全省关键信息基础设施网络安全检查工作,指导和督促各地、各单位填写关键信息基础设施登记表和安全自查表等,并对相关数据进行统计、分析和汇总,共梳理出全省首批近1200个关键信息基础设施,并上报国家。

【举办第三届江西省网络安全宣传周】 9月19日—25日,省工信委会同省委网信办等部门举办以"网络安全为人民、网络安全依靠人民"为主题的第三届江西省"国家网络安全宣传周"活动。围绕电子政务、电子商务等重点领域和社会公众关注的网络安全热点问题,开展网络安全现场咨询、专家在线访谈、知识图片展、短信推送等主题宣传活动。编制《网络安全基础知识手册》向社会进行发放,宣传和普及网络安全知识和技能,提高全社会网络安全意识和防护能力。

【举办信息安全专题培训】 2016年,省工信委于第二、第三季度分别举办"业务系统安全防护""政府网站安全防护"和"关键信息基础设施网络安全检查"3个专题培训,先后培训省直有关单位、省属高校信息安全责任部门负责人、安全管理人员近400人次。培训从课程内容、培训方式上突出实战技能培训。

(陈昊)

邮　　政

【概　况】 2016年,全省邮政业务总量100.32亿元,增长43.92%;业务收入77.11亿元,增长30.67%。其中,快递业务量3.83亿件,增长63.19%,高出全国平均增幅约12个百分点;业务收入41.29亿元,增长49.23%,高出全国平均增幅约6个百分点。出台《关于促进快递业发展的实施意见》,在快递园区建设、农村电商发展、快递收投、智能快件箱、乡村网点建设等方面得到政策、资金、项目支持,各市对邮政业发展支持资金累计达2000余万元。省、市局完成邮政业发展"十三五"规划的编制发布工作,其中萍乡、鹰潭、宜春、上饶、九江、抚州6个市局以市政府专项规划名义发布。"快递下乡"工程纵深推进,模式多样,乡镇快递网点覆盖率达98%。"邮快合作"扎实推进,43个县级邮政分公司与品牌快递公司签订战略合作协议,建成108个农村电商快递综合服务中心,累计代理业务70万件,业务高峰日均达1万件以上。全省建成标准化网点787个、城市末端综合配送平台1883处。全省"十二五"农村普服设施与机要通信基础设施改造项目基本完成,初步实现村村直接通邮。实现全省机要网点安全检查全覆盖,连续21年全省邮政机要通信未发生失泄密事件。开展纪特邮票销售情况检查,依法监督各纪特邮票销售网点,下发检查通报6份、责令改正通知书14份,作出行政处罚决定4起。进一步完善和落实快递业务经营许可审核工作全流程网上审批,全年核准下发经营许可申请企业235家、核准变更申请企业827家;推行"双随机、一公开"机制,开展执法检查,下达整改通知131份、行政处罚决定220份,罚款66.9万元;办理普服行政执法案件31起,处罚金额38.3万元,实现执法案件、处罚金额全国"双第一";受理申诉2.27万件,消费者对申诉处理满意率达97.4%,调解企业赔偿消费者经济损失近80万元,维护了法律的权威和群众的合法权益。

【铜鼓县"快递下乡"三级物流网络建设获国家发改委专项扶持资金】 铜鼓县捷一商务服务公司通过整合中通、申通、圆通、韵达等8家快递网点,推进"快递下乡"工程,建设快递驿站和物流仓储中心,实行统一配送,构建县乡村三级物流网络体系,解决末端配送难及配送成本高的问题,打通"工业品下乡""农产品进城"双向物流渠道,创造"铜鼓模式",在省内外产生积极影响,《人民日报》以《快递下乡难,江西铜鼓探索县域快递整合》为题进行报道。国家发改委给予专项扶持资金300万元,这是国家专项资金首次对江西省的快递企业给予支持。公司经理罗芳成为全省唯一一个获2016年"全国十佳最美快递员"的人。

【快递园区建设】 2016年,重点推进快递园区建设,全省已有10个设区市的快递物流园区建成投入运营。其中,新余市建成第一家由快递企业自建自营的快递园区,吉安第二快递园区由快递企业自建,业已开工,南昌市推动"南昌快递(电商)物流园"项目开工建设等。各设区市稳步推进县级快递园区建设,已有23个县(市、区)快递企业入驻县级电商快递园区,享受约定免租、税收减免等优惠政策,产业集聚效果显现。

【赣州被授予"全国快递服务现代农业示范基地"称号】 2016年,赣州通过推行"快递+赣南脐橙"项目,取得多方共赢的良好成效,被授予"全国快递服务现代农业示范基地"称号。

全年全市脐橙电商销售额27.29亿元,线上销售量26.59万吨,交易额和交易量均呈现爆发式增长。脐橙电商交易额占鲜果销售比重由上年的8.92%增长到45.12%。全市快递企业脐橙快递业务量560多万件,脐橙快递业务收入7770多万元。国务院总理李克强在赣州视察时对赣州脐橙网上销售给农民带来的增收给予高度赞扬。

【赣州市"政府买单"推动快递下乡】 赣州市邮政管理局通过"政府补贴合作"模式,争取政府资金支持,即由邮政企业承担该地区电子商务进农村物流配送体系项目建设,对快递企业发往乡村,以及乡村发出的快件进行统一派送,当地政府按照快件实际配送量、项目建设情况、新建邮路数量等标准对邮政企业给予财政补贴支持。此模式在石城县、上犹县、全南县、龙南县等地实行。自4月20日实施以来,累计配送下乡快件35万件,日均快件交寄量达1600余件。

【保障G20杭州峰会寄递渠道安全畅通】 8月2日至9月7日,省邮政管理局按照国家邮政管理局《二十国集团(G20)峰会寄递渠道安全保障工作实施方案》的安排部署,坚持落实收寄验视、实名收寄、过机安检3项措施,提高寄递渠道堵截禁寄物品的能力;组织各市邮政管理局对江西省直发浙江的邮件快件线路进行摸底调查,确保直发浙江线路落实过机安检;组成联合检查组,督导各市各单位进一步加强管理,严密措施,查漏补缺,保障G20杭州峰会期间寄递渠道安全畅通。

(林卫东)

通　信

【概　况】 2016年,全省电话用户3658.2万户,新增59.4万户,电话普及率80.1部/百人。固定电话用户517.5万户,减少50.9万户,固定电话普及率11.3部/百人。移动电话用户3140.7万户,新增110.3万户,其中3G用户307.1万户,4G用户1914.8万户,移动电话普及率68.8部/百人。固定互联网宽带用户822.5万户,新增111.6万户,固定宽带家庭普及率61.8%,其中接入速率大于8M的用户721.3万户,占所有用户的87.7%。电信业务总量883.8亿元,增长63.5%;电信业务收入270.1亿元,增长5.6%。电信固定资产投资107.0亿元,下降8.5%。光缆线路长度68.3万千米,新增4.5万千米。移动电话交换机容量4183.9万户,新增75.0万户。移动电话基站数18.3万个,新增4.1万个。其中:3G基站4.5万个,与上年持平;4G基站8.7万个,新增3.5万个。互联网省级出口带宽580.6万M,移动互联网接入流量2.27亿G,互联网宽带接入端口2066.5万个。全省所有设区市均建成"光网城市",92.5%的行政村通光纤,80%的行政村具备光纤接入点,20Mbps及以上接入速率固定宽带用户占固定宽带用户总数比例达82.9%,比目标提高22.9个百分点。新建4G基站3.5万个,比目标提高1万个,4G网络已基本覆盖行政村,4G移动电话用户占移动电话用户总数的61%,比目标提高1个百分点。宽带资费在全国保持较低水平,截至12月底,全省手机上网流量资费水平为43.6元/G,全国排名第26位。移动互联网接入流量(包括手机上网流量和无线上网卡流量)资费水平为43.7元/G,全国排名第21位。固定互联网宽带接入资费水平为36.9元/户·月,全国排名第28位。全省累计共建基站708个(其中铁塔693个),共建杆路24线路千米,共建管道72线路千米,共建室内分布系统15个,共享铁塔1.03万个,共享杆路712线路千米,共享管道16.52线路千米,共享室内分布系统25个。全省各地累计协调赔补资金6600多万元。

【联合举办城市通信基础设施专项规划编制工作宣贯会】 3月29日,省通信管理局、省住建厅联合举办城市通信基础设施专项规划编制工作宣贯会,来自各通信运营企业、铁塔公司省市公司和省市规划部门、共建共享办代表近160人参加会议。会议对城市总体规划编制体系及流程、通信基础设施专项规划与城市总体规划的衔接、城市通信基础设施专项规划导则进行解读。省通信管理局、省住建厅分别对城市通信基础设施专项规划提出具体部署和要求。

【开展防范打击通信信息诈骗专项行动】 2月5日,省通信管理局出台防范打击通讯信息诈骗专项行动方案,针对重点电信业务中存在的违规出租、违规使用、违规经营、主叫号码传送不规范等问题。专项行动期间,全省通信行业关闭违规外呼中继线529条,关闭3.1万余个不符合实名规范的400号码,拦截疑似诈骗电话90个,处理"呼死你"投诉3000份,受理通信诈骗举报电话1727起;发送1.8亿条如何防范诈骗的公益短信,配合公安机关查处转售企业涉案号码9次,配合公安机关破获伪基站案件20起,抓获嫌疑犯23人,缴获设备24套。

【出台《2016年江西省电信行业行风建设暨纠风工作实施方案》】 5月18日,省通信管理局出台《2016年江西省电信行业行风建设暨纠风工作实施方案》,全面部署2016年全省电信行业行风纠风工作。该方案明确9项重点任务:加强网络基础建设;强化企业责任意识;畅通社会监督渠道;规范计费收费行为;防治骚扰电话、诈骗电话;规范信息通信市场秩序;加强用户信息保护;全面落实"实名制";提升移动电话号码携号转网服务水平。

【部署高考期间应急通信保障工作】 6月2日—9日,省通信管理局部署高考期间应急通信保障工作,组织通信运营企业做好线路畅通和技术保障,将全省12个教育考试考务指挥中心、105个县区招考办、205个标准化考点的网上视频巡查系统出口带宽提速至100 M,并保证高考期间系统通信畅通;联合有关部门加强互联网上高考信息的监测、有害信息清理和违法违规网站的查处;配合相关部门持续开展防范打击通信信息诈骗、打击伪基站等专项行动,为高考营造良好外部环境;协调通信运营企业发送公益短信,提醒考生沉着应考,遵守考纪。

【联合开展高校迎新电信服务市场综合治理工作】 7月1日—10月1日,省通讯管理局组织省文明办、省综治办、省教育厅、省工商局等7部门召开高校迎新电信服务市场联合治理工作联席会,会议决定继续开展高校迎新服务市场综合治理工作。与省教育厅联合下发《关于进一步开展高校迎新电信服务市场综合治理 切实保障学生合法权益的通知》,在高校迎新工作开展前,对迎新电信服务作出整体工作部署和要求。联合省教育厅、省工商局等部门开展全省高校电信市场专项巡查工作,共专项巡查江西中医药大学、南昌工学院、井冈山大学等20余所高校,现场纠正违规行为,及时督促相关部门整改。通过独立的第三方在全省范围内的高校迎新期间开展暗访检查,在全省8个设区市共33所高校(含38个校区)通过暗访的形式,以视频、新生采访笔录等方式记录高校通信服务市场情况,及时发现问题。通过各方努力,全年近30万名高校(含中专、职业学校等)学生通信服务市场总体局面良好。

【保障台风"尼伯特"期间通信畅通】 7月9日—10日,受台风"尼伯特"影响,全省累计停电303基站,24个基站退出服务。为保障台风期间,全省通信安全畅通,省通讯管理局牵头成立防"尼伯特"台风应急保障领导小组和办公室,8—12日期间实行24小时值班和领导带班;实行"跨代维、跨地市、跨片区"的调度管理;加强与气象和供电部门的联动,第一时间掌握天气过程及影响程度和停电区域、时长及检修恢复情况,做到应急保障过程中心中有数,确定重点保障站点,协同力量,共同应对;提前抽调应急资源部署到台风期间的重点保障区域,做到资源投入有的放矢。截至11日10时,全省发生2次应急通信保障,派出通信应急抢险人员368人次,应急抢险车辆154台次,油机294次,基本保障受影响地区通信正常运行。

【组织开展"赣通—2016"应急通信保障突击演练】 12月1日,省通信管理局组织开展"赣通—2016"应急通信保障演练。清晨6:40,省通信管理局采取无预先通知时间、地点,不和公司打招呼的突击演练方式,向各公司发出紧急演练指令:南昌市东湖区扬子洲镇发生"重大自然灾害",造成通信系统损毁和通信中断。各通信运营企业省公司和铁塔江西省分公司共出动交换、传输、基站、线路、电源、卫星、应急指挥车相关专业98名应急保障人员、14辆应急保障车参加演练,基本覆盖应急通信领域的各个方面,分别开展建立应急指挥部、开通应急指挥车、接入视频会议系统参加组会、"动中通"便携视频传输系统及卫星电话灾情汇报、开通固定电话和4G手机、开通100 M宽带网络、紧急排水等7个演练科目。"灾区"于10:30恢复通信。此次演练,省通信管理局首次在省内通过卫星通道建立现场应急通信指挥部,各通信运营企业首次共同进行4G移动通信网络应急演练。

(夏金栋)

互 联 网

【概 况】 截至年底,全省固定互联网宽带用户822.5万户,新增111.6万户,光纤到户(FTTH)网络覆盖家庭1882万户。新增互联网宽带接入端口281.1万个,总数达2066.5万个。其中全省8M及以上用户占比87.7%,比上年末增长18.1个百分点;20M及以上用户占比82.9%,比上年末增长33.7个百分点。

【加强互联网基础管理】 年内,以提高网站备案率和备案信息主体准确率为重点,推进互联网站备案基础工作。对工信部ICP/IP地址信息备案管理系统的网站备案信息进行日常审核,核实网站主办者的信息资料,截至12月底,注销网站1.20万家,对3.55万个申请网站备案数据进行审核,新增审核1.27万家网站,拒绝1919家网站备案申请,网站备案率保持100%。委托第三方技术力量抽查,督促全省互联网接入服务企业加强互联网站备案主体准确率核验工作,截至年底,全省互联网站备案信息主体准确率97.47%,位列全国第五。配合工信部和地方互联网管理相关部门查处各类违法违规网站53个。

【开展网络安全日常信息通报和事件处置工作】 年内,省通讯管理局开展面向通信行业、政府部门以及社会公众的网络安全信息通报和预警工作,发布《江西省互联网网络安全通报》120期、《江西省互联网网络安全通报》12期、《江西省互联网网络安全动态》12期和《2015年度江西省互联网网络安全报告》。全年开展24次木马僵尸网络专项治理,下发木马僵尸网络控制端4011个、受控端3.35万个,下发感染"飞客"蠕虫主机4214余个,开展24次移动恶意程序专项治理,下发移动互联网恶意控制端和传播源(IP和URL)3274个。开展专项保障活动,G20杭州峰会期间,共协调处置网站后门事件1900余起,网站漏洞45个,并及时通知相关单位处置。

【举办2016(第二届)江西省互联网大会】 10月28日,2016(第二届)江西省互联网大会在南昌召开。大会主题为"启智创业创新、谋求转型发展,繁荣我省互联网经济"。省内互联网企业、高校学生、基础运营企业代表等400多人参加会议。来自国家互联网应急中心、360集团、腾讯、蚂蚁金服、土巴兔、巴士在线、启明星辰等专家作专题演讲。大会可进一步激发全省互联网企业创业创新的积极性,推动互联网技术与优势产业深度融合。

(夏金栋)

本栏编辑 游桃琴

园区经济

综述

2016年，全省100个工业园区主营业务收入2.83万亿元，增长8.9%；工业增加值6468.4亿元，增长9.3%；利税3337.1亿元，增长8.9%。60个重点工业产业集群主营业务收入11874.9亿元，增长15.1%；利税1000.4亿元，增长12.3%。

*经济总量继续扩张，综合实力不断增强。*全年全省工业园区主营业务收入比上年增加2794.3亿元，增速提高4.3个百分点；工业增加值比上年增加461.4亿元，增速超过全省规模以上工业0.3个百分点。各园区综合实力稳步增强，主营业务收入过百亿元工业园区79个，新增4个，其中过千亿元园区4个；过500亿元园区18个，新增2个；过300亿元园区32个，新增2个。发展升级步伐不断加快，在上年国家级园区17家的基础上，贵溪经济开发区等园区又在申报国家级园区，并作为候选单位列入2年考察期。

*载体建设卓有成效，承载能力不断提高。*制定《江西省战略性新兴产业集聚区认定管理办法（试行）》，培育园区产业升级和经济增长的新动力。经园区申报、设区市审核、委托第三方评审，确定南昌高新区光电产业集聚区和井冈山经开区电子信息产业集聚区2个战略性新兴产业集聚区。南昌高新区光电产业集聚区拥有晶能光电、联创光电、晶和照明等LED企业及相关配套企业30多家，初步形成从衬底材料、外延片、芯片制造到封装及应用的完整产业链，其中晶能光电、中节能晶和照明与南昌大学联合研发的“硅衬底高光效GAN基蓝色发光二极管”获2015年度国家技术发明奖一等奖，成功开辟全球第三条蓝光LED技术路线，填补江西空白，为打造“南昌光谷”核心区抢占世界产业发展的制高点。各工业园区不断夯实平台，加快建设发展载体，提升园区发展能级。鹰潭高新区铜及铜合金循环利用产业集群被工信部确定为全国第三批产业集群区域品牌建设试点区。新建长埈工业园区以全省综合指标排名第一的优势，被国家发改委确定为“长江经济带国家级转型升级示范开发区”。南昌经开区成为2016年度全省唯一一家被批复的“国家级循环化改造园区”，并获得7000万元中央循环化改造项目资金。

*产业结构持续优化，集聚水平不断提升。*出台《江西省“十三五”工业园区和产业集群发展升级规划（2016—2020）》，明确“一核四区百群”目标，即重点打造昌九一体化核心区，突出中部吉抚、赣东北景鹰饶、赣西新宜萍、南部赣州4大区域，到2020年培育壮大100个重点工业产业集群，推进各地特色块状经济集群化发展。2016年，汽车及零部件、电子信息、生物医药等新兴产业快速发展，集聚水平不断增强，调整充实新余高新区光电信息等7个重点产业集群，使全省重点工业产业集群达64个；全省重点工业产业集群主营业务收入占全省园区比重提高1个百分点，达41.6%。各工业园区注重发展首位产业，围绕当地比较优势和产业定位，培育1～2个主导产业，进一步提升产业集群的协作效应，增强产业核心竞争力，壮大园区经济实力。赣州市规划建设19个首位产业，包括赣州经开区新能源汽车科技城、赣州高新区“中国稀金谷”、龙南经开区电子信息产业科技城、赣州章贡经开区“青峰药谷”、南康经开区现代家居城等。吉安市13个工业园区首位产业集群主营业务收入超过1000亿元，占全市园区1/3以上，过百亿元产业集群数达4个。

*服务配套日益完善，发展环境不断创优。*持续推进省级标准厂房建设专项资金落实，下达项目补助资金3.7亿元，对第二批369.1万平方米的工业标准厂房予以补助。通过这一举措，促进全省工业园区标准厂房加快建设，近两年，全省园区已规划建设标准厂房1020多万平方米，推动企业集聚、产业集群、用地集约。借助工信部“领军人才培训计划”，举办为期1年的电商培训班，培训园区企业高层管理人员70余人。开展降成本优环境专项行动，实现省市县领导干部联点帮扶在工业园区、重点企业全覆盖，为全省降成本、优环境活动开展提供支持。鹰潭市共收集企业285条问题及建议并建立台账，已答复问题283条，办结率99%，并着手建设精准帮扶企业APP，在全市范围全面推广。抚州市推进工业园区“十个有”，即每个园区有1个医院、1所学校、1个幼儿园、1条公交线路、1个产业公共检测机构、1个金融服务机构、1个公安派出所、1个办事大厅、1个零担物流网络体系、1个职工小区，促进园区产城融合。

*改革创新继续深化，发展动力不断增强。*推动各工业园区根据自身需要，不断完善内部机构设置和运行模式，进一步凸显“小机构、大服务”的

高效运行模式。吉安市出台2016年度全市工业园区体制机制改革创新考评办法和考评细则，井冈山经开区、吉安高新区及泰和、吉州、吉水、永新工业园区等6个园区完成财政体制改革，其余园区均成立财政分局(财政所)。萍乡市出台《关于推进工业园区体制机制创新的实施意见》《关于进一步推进工业园区节约集约用地的实施意见》，为园区机制创新和集约用地管理模式提供政策支持。九江市专门组织园区主要负责人赴南昌临空经济区、南昌高新区，考察学习园区组织保障、管理机构、工作机制、激励机制等，继续推动园区机制体制创新，九江经开区、永修云山经开区、修水工业园区等已实施绩效考核制度1年以上，大多园区体制机制改革稳步推进。

(江海)

南昌高新技术产业开发区

【概　况】 位于南昌市城东，辖2镇、1管理处。总面积231平方千米。户籍人口24.98万人。全年实现地区生产总值496.66亿元，增长9.7%。主营业务收入1911.1亿元，增长8.2%；规模以上工业增加值392.36亿元，增长9.8%。固定资产投资543.48亿元，增长15.6%。财政总收入77亿元，增长7.8%。新增注册各类企业2388家，企业总数超8000家。新增规模以上工业企业15家，规模以上工业企业达153家。主营业务收入超亿元的57家，完成主营业务收入1068.56亿元，占全区规模以上工业主营业务收入的95.7%。利用外资5.65亿美元，增长12.64%；利用内资149.33亿元，增长17.22%；出口创汇17.64亿美元。新签约项目98个，签约投资总额744.78亿元。引进重大项目83个，其中20亿元以上项目10个，10亿元以上项目17个。

【贝谷科技股份有限公司等2家企业获2016年度国家科学技术进步二等奖、技术发明二等奖】 南昌高新区高科技企业贝谷科技股份有限公司联合东华理工大学研发的“面向铀矿与环境的辐射探测关键技术、设备及其应用”项目获2016年度国家科技进步二等奖。此项技术推动全国铀矿勘查、辐射环境计量标准、民用辐射检测仪器的技术进步，技术成果总体上达到国际先进水平，部分技术达到国际领先水平。江西日月明测控科技股份有限公司与西南交通大学研发的“高速铁路轨道平顺性保持技术”获2016年度国家技术发明二等奖。此项技术发明了单点形式轨道控制CPⅢ网建网、无砟轨道标准框精密标定、基于轨迹偏差的轨道快速精调等技术，实现高铁轨道几何形态的亚毫米级精度控制及其劣化速率的大幅降低，形成《高速铁路工程测量规范》，该项技术达到国际领先水平。

【全省首家汽车穿梭西式餐厅落户南昌高新区】 2月3日，肯德基汽车穿梭餐厅在南昌高新区开业，这是全省首家汽车穿梭西式餐厅。餐厅提供汽车购餐模式，市民只需先按秩序将车驶入购餐车道，停在购餐车道的购餐感应点，然后将所需购买的食物品种通过语音方式告知服务人员，最后把车开往取餐窗口，将购餐的费用交付并取餐。这种模式不仅新颖，还方便市民购餐。

【2016江西(瑶湖)荷兰郁金香主题花卉展在瑶湖开展】 3月3日—4月10日，以“花为媒·春之歌”为主题的2016江西(瑶湖)荷兰郁金香主题花卉展在瑶湖开展。花展由省花卉协会主办，南昌瑶湖郊野森林公园、南昌爱尚园艺有限公司承办。每日9:00开园，17:00闭园。在活动现场，种植了百万余株从荷兰原装进口的郁金香，搭配300余万株风信子、洋水仙、虞美人、二月兰等其他花卉，形成荷兰风情、风车王国、香庭花径等景区。同时，展区还设置文艺表演主题活动区、儿童游乐区、商业餐饮区、花卉交易区等功能区域。花展期间，组委会在园区内组织开展“花仙子”形象代言人评选、“花开遇见你”联谊活动、“花为媒”音乐节、微摄影大赛等系列活动。

【江西比太科技首台RIE干法制绒设备下线】 3月17日，江西比太科技首台用于多晶硅电池的干法制绒设备Tysol3000完成生产调试，出货到中国一线电池制造厂家。RIE干法制绒是新一代高效太阳能电池制造技术，它能在多晶硅表面形成纳米级“倒金字塔”绒面，经过干法制绒的多晶硅比常规湿法制绒光电转换效率提升0.6%以上。该设备属国内首创，并超越之前的世界先进水平。江西比太科技位于南昌高新区的欧洲工业园，由常州比太科技有限公司全资投资设立，专业从事制造真空镀膜、真空刻蚀等装备，首期投资达产后每年能生产100台装备。

【南昌高新区获批国家科技服务业区域试点】 3月，科技部公布国家第二批科技服务业区域试点单位名单，南昌高新区榜上有名，实现全省科技服务业区域试点单位“零”的突破。科技服务业区域试点是科技部深入贯彻《国务院关于加快科技服务业发展的若干意见》精神实施的一项创新工程。鼓励试点区域围绕“大众创业、万众创新”，建设科技服务业集聚区，搭建科技服务平台，打造创新创业科技服务生态系统，带动区域创新能力大幅提高，助推产业规模进一步壮大。

【全国性金融法人保险机构恒邦保险落户南昌高新区】 4月15日，南昌高新区与恒邦财产保险股份公司江西分公司战略合作协议签字仪式在高新大厦举行。恒邦保险是总部设在江西的首家全国性金融法人保险机构，填补了江西在全国性法人保险机构的空白。

【江西省首批百公斤级蓝宝石晶体亮相】 4月19日，江西东海蓝玉光电科技有限公司在南昌高新区举行首批蓝宝石晶体发布仪式，这也是全省首批百公斤级蓝宝石晶体正式亮相。蓝宝石晶体是制作LED灯的关键材料，该公司自主研发的120公斤蓝宝石晶体问世，突破了以往晶体生长品质不稳定、规格不大等众多难题，标志着江西蓝宝石晶体具备规模化量产条件。

【付羿入选第十二批国家“千人计划”】 2016年，南昌高新区晶能光电(江西)有限公司外延中心副总裁付羿入选第十二批国家“千人计划”,成为继杨旸、赵汉民之后,南昌高新区第三位自主培养的“千人计划”专家。博士付羿现任晶能光电(江西)有限公司外延中心副总裁、“洪城特聘专家”,具有2项外国专利,发表30余篇论文报告。其作为大尺寸外延技术负责人,使大尺寸硅衬底路线在生产上完全成熟。为未来的LED制造兼容硅半导体工艺,朝超大规模,自动化和低成本的制造模式进化打下基础。

【研究院、产业园、生产基地等落户南昌高新区】 6月5日,由航天科工江西科技创新服务中心和哈尔滨工业大学管理学院联合共建的“航天科创中心——哈工大管理学院江西研究院”揭牌仪式在南昌人才大厦举行。该研究院可提供区域经济规划、地方政策研究、政府企业规划咨询、企业工业4.0规划发展、制造业发展前沿技术应用和研究、中小企业双创训练营等一系列全要素的科技服务。8月11日,中海重工集团投资10亿元建设的中海重工集团中海科技产业园落户南昌高新区,首期入驻项目为深圳善领汽车电子科技有限公司的汽车电子设备生产基地和山东瑞通停车设备有限公司的南方智能停车生产基地,同时还计划在产业园设立全国第一家智慧停车研究院,并将船舶研究院及院士工作站迁驻该园。8月16日,华夏九州通用航空有限公司落户瑶湖郊野森林公园,并实现首航。该公司由中航工业昌飞与江西凯文科技有限公司、江西军工思波通用航空服务有限公司3家共同出资组建,由通航总部、通航运营基地和通航服务中心3部分组成。12月21日,中国振华集团智能终端设备生产基地落户南昌高新区。该项目可填补南昌智能终端产品(含手机、平板整机套料)制造方面的空白,契合南昌重点打造智能终端的配套需求。

【瑶湖机场开工建设】 11月24日,瑶湖机场建设项目开工仪式在南昌航空工业城南区举行。瑶湖机场建设项目参照军用三级永备机场建设,占地约266.67公顷,总建筑面积约6万平方米,总投资约16.5亿元。规划新建1条长3600米、宽60米的跑道;1条与跑道等长、道面宽23米的平行滑行道,5条垂直联络道;100个停机坪、9个起飞线停机坪机位;同时,建设通导、助航灯光、供电、给排水、通风供暖、消防等工程,以及业务用房等相关配套设施。

【南昌城东核心区首个大型商业体开业】 11月18日,位于南昌高新区的新城吾悦广场开业。该广场是新城集团布局华中地区的标杆型购物中心项目,56万平方米的城市综合体,以“吃、喝、玩、乐、购一站式时尚生活中心”为定位的南昌城东核心区首个大型商业地标。涵盖大型生活超市、IMAX国际影城院线、大型儿童主题乐园、国内外知名快时尚服饰集群、特色餐饮集群、时尚潮流步行街等多个业态为一体的购物中心。

【开展降成本优环境专项行动】 年内,南昌高新区开展降成本优环境专项行动。编制300余家企业帮扶名单,做到每个产业出台精准的招商和扶持政策,为园区企业做大做强打造全方位的政策服务体系。设立企业奖励扶持资金6.5亿元。共收集企业各类问题和建议385个,已解决328个。累计为区内企业降低税负约7.9亿元,累计兑现省、市、区三级补助资金5.15亿元,为区内157家小微企业发放贷款约7.8亿元,兑现“新三板”奖励资金1500万元,切实推动区内企业快速发展。

【打造南昌(国家)大学科技城】 4月,南昌(国家)大学科技城在南昌高新区内启动建设。科技城定位为:高校科技成果转化基地、人才创新创业孵化基地和产学研协同发展示范基地。总规划占地约3.5平方千米,建设物理空间400万平方米,分三期建设。一期以双创为切入点打造创业梦想街区。已建成物理空间20余万平方米,建有国家级大学生双创示范基地、互联网+创业示范区、跨境电商产业园、国家级软件产业创业基地、共青团创新创业基地。年内完成文化创意产业园、人力资源产业园、科技广场、江西省共青团省委青年创业基地、台湾青年创业基地等建设,入驻谷歌、微软、百度、大唐电信、阿里巴巴菜鸟等400余家企业,已有26所高校科研平台或成果转化类项目落户。

【建设全省首个网上诉讼服务中心】 年内,南昌高新区法院推出全省首个网上诉讼服务中心和移动终端APP版,全面公开法院信息、诉讼引导、立案服务、司法公开、咨询服务、投诉建议6大类共33项司法信息,并针对辖区多发的婚姻家庭、交通肇事、劳动争议3类纠纷开通民生诉讼通道。该平台的建立,为江西法院审判综合服务平台的建设提供现实蓝本,应用效果也得到最高法院有关领导和先进省份同行专家的肯定。

(汪南)

新余高新技术产业开发区

【概　况】 位于新余市城东,辖1镇、2街道办事处。总面积266平方千米,园区规划面积100平方千米,城区绿化率超46.6%。全区总人口16万人;人口自然增长率9.44‰。2016年,地区生产总值271.83亿元,增长9%。财政总收入20.16亿元,增长5.18%;财政支出17.64亿元。园区工业企业主营业务收入727.6亿元,增长8.1%;工业增加值155.8亿元,增长7.1%;固定资产投资290亿元,增长12%;利税总额50.8亿元,增长10.8%。出口总额5.2亿美元,增长34.64%。全年新签约项目89个,签约资金150.41亿元,实际到位资金109.4亿元。其中,亿元以上项目27个,10亿元以上项目6个。新建(续建)项目78个,其中56个项目实现投产。年度新增规模以上企业24家,总数达168家。社会消费品零售总额23.6亿元,增长11%。城镇居民人均可支配收入3.23万元,增长8.02%;农民人均可支配收入1.53万元,增长9.03%。全区新增就业人口1.18万人,新增转移农村劳动力2800人。城乡居民养老保险参保率98.55%,城镇居民医疗保险参保率97%,农村居民医疗保险参保率98.5%,社会保险基金征缴总量4525万元。2015年度安排的910套棚户区改造项目主体工程完成,2016年度121套棚户区改造全部实现货币化安置。

【沃格光电成为国内首家实现In-Cell抗干扰高阻技术量产的企业】
10月,江西沃格光电股份有限公司成为国内首家拥有In-Cell抗干扰高阻技术并量产的公司,打破原本被苹果公司垄断的技术壁垒,填补国内技术空白。In-Cell抗干扰高阻技术是一种把触摸功能直接做到TFT显示面板上的新技术,实现图像显示与触摸功能的融合。公司从2月开始利用该技术小批量试产,逐步放量,并于10月大批量生产。

【开展降成本优环境专项行动】
2016年,新余高新区共收集梳理协调帮扶解决各类企业发展问题和困难185个,开展企业事务代办服务,为企业解决立项、环评、法律咨询、报表审计、报批报建等问题1000多个,为园区400余家企业减少政策咨询、法律事务服务、会计事务服务等费用2000多万元。通过"财园通""科贷通""惠农通""出口通"为企业解决融资贷款5.1亿元;为企业担保和反担保16.38亿元。协助区内148家企业,争取信贷资金5.5亿元。

【2家中小企业在"新三板"挂牌】
2016年,园区企业江西增鑫牧业科技股份有限公司和江西百乐米业股份有限公司分别于1月15日和2月22日在"新三板"挂牌。增鑫牧业成立于2006年7月,主要从事畜牧设备的研发、设计、生产、销售与相关技术服务;生猪养殖;货物与技术进出口业务。新三板证券简称"增鑫牧业",股票代码835767。2016年,公司主营业务收入1.66亿元,营业利润1462.6万元,利润总额1688.7万元,上缴税收785万元。百乐米业成立于2000年8月,主要从事粮食的收购、加工生产和销售业务。新三板证券简称"百乐米业",股票代码836499。2016年,公司主营业务收入4.51亿元,营业利润3550万元,缴纳税收552万元。

【2个重大项目落户高新区】 5月22日,由宁夏锦绣集团投资兴建的循环经济轻量化物流装备生产项目落户新余高新区。该项目计划总投资20亿元(其中固定资产投资10亿元),打造年产1万台循环经济轻量化物流装备的生产基地。12月17日,由中科钢研节能科技有限公司投资兴建的中科钢研人造蓝宝石项目落户高新区。该项目总投资10亿元,占地10公顷,分两期建设。一期投资约4亿元,设定产能1000万毫米蓝宝石晶棒;二期投资约6亿元。

【赛维公司获第十八届中国专利优秀奖】 11月,江西赛维LDK太阳能高科技有限公司专利号为ZL201310033073.6的多晶硅锭及其制备方法和多晶硅片专利获第十八届中国专利优秀奖,并得到联合国世界知识产权组织(WIPO)的认可。采用该制备方法能使多晶硅锭得到良好的初始形核,降低了多晶硅锭在生长过程中的位错繁殖。该发明还同时公开了一种通过该制备方法获得的多晶硅锭,以及以多晶硅锭为原料制得的多晶硅片。该专利技术已在赛维公司硅片生产中大规模推广应用,自2013年实施以来,累计实现销售收入72亿多元,带动当地就业2000人以上,围绕该核心专利企业已在中、美等国家获得发明专利授权16项。

(龚卫亮　肖鸿　杨小明)

景德镇高新技术产业开发区

【概　况】 位于景德镇西城区城郊结合部。2016年,开发区主营业务收入326.19亿元,增长5.91%。固定资产投资120.3亿元,增长13.5%。工业增加值65.01亿元,增长9%。财政总收入10.1亿元,增长4.1%。规模以上企业82家,其中新增6家。新签约项目30个,签约投资总额14.57亿元,其中亿元以上项目6个。实际利用外资4500万美元,增长109.6%;实际利用内资92亿元,增长112.2%。外贸出口1.5亿美元,增长103.7%。园区开工建设环保路、顺风路、工业一路、工业三路、直升机大道等道路,启动滨江东路、环保路延伸、顺风路延伸、工业四路项目建设前期工作。完成滨江公园、梧桐大道路口等4处景观改造。

【吕蒙航空小镇建设项目融资进展顺利】 年内,景德镇高新区与相关金融机构对接,获批7.1亿元贷款,并于11月29日与工商银行签署总规模20亿元的航空产业发展基金合作框架协议。基金主要用于景德镇吕蒙航空小镇建设项目和入园相关企业的扶持。航空小镇,总用地面积约11.97平方千米,沿昌江东西两岸布局四大产业功能分区(航空研发制造产业区、航空零部件配套、通航文化旅游休闲综合服务区、通航产业发展区)。

【景德镇现代创业科技发展有限公司在昌南·慧谷项目基地举行工业标准厂房开盘仪式】 1月18日,景德镇现代创业科技发展有限公司在昌南·慧谷项目基地举行工业标准厂房开盘仪式。该项目位于景德镇高新区航空工业园核心区域,占地24公顷,规划总建筑面积30万平方米,分2期建设。其中,一期项目占地17.33公顷,规划建筑面积20万平方米,前期总投资3.2亿元,后期设备、技术及流动资金等投入约6亿元,建成后可容纳入园中小微企业150家。

【参加第15届赣港经贸合作活动会】
5月9日—11日,景德镇高新区代表参加在香港举办的第15届赣港经贸合作活动会。会上,高新区签约赛锡资产重组项目,由奥纳斯投资控股有限公司重组并购,以盘活赛锡资产。

【举行2016景德镇高新区航空产业推介会】 11月3日,景德镇高新区在珠海举行航空产业推介会。会上,与昌飞集团签署战略合作协议,双方还就航空旋翼、数控项目、航空座椅及内饰件项目、航空航电项目、航空机载设备项目、航空新材料项目等16个航空零部件项目签约,资金总额8.3亿元。

【16家航空零部件企业集中开工】
11月18日,总投资8.3亿元,用地面积约20公顷的景德镇昌飞航空零部件产业园举行集中开工仪式,园内昌

航航空、江西昌恒航空、江西昌柘伟业、江西英洛菲特、景德镇军工思波智能科技、江西美德航空航天等16家企业开工。

【美菱冰箱高速生产线项目落户景德镇高新区】 12月23日，景德镇高新区与合肥美菱股份公司就智能高速冰箱生产线项目签订投资协议书。该项目总投资2亿元，规划建设年产100万台环保节能冰箱智能生产线及5万平方米厂房仓库。

（汪光华）

鹰潭高新技术产业开发区

【概　况】 位于鹰潭市城区西南处。全年技工贸主营业务收入1000亿元，增长23.5%；工业主营业务收入620亿元，增长8.8%；工业增加值94亿元，增长7.7%；利税总额49.1亿元，增长11.1%。财政总收入19.07亿元，增长5%，税收占财政收入的84.2%。地方财政收入11.61亿元，地方财政支出12.69亿元。完成固定资产投资60.7亿元，增长13%；外贸出口2亿美元，增长7.9%。引进省外资金81.8亿元，增长11.9%；实际利用外资7700万美元，增长22.9%。全年引进产业项目48个，其中亿元以上项目27个，实施产业项目53个，投产项目32个。

【三大主导产业加快升级】 年内，铜基新材料产业加快转型，实现主营业务收入470亿元，增长13.9%，一批铜企业转型精深加工，实现逆势发展。大健康产业加快聚集，实现主营业务收入29亿元，增长8%，养元"六个核桃"、吉智饮料、云露木耳饮料等项目建成投产。绿色水工产业加快提升，实现主营业务收入30亿元，增长6.5%；三川智慧智能表销量大幅增加，销量比上年增加45%。

【科技创新成果显著】 全年企业专利申请量1210件，增长105%；授权量851件，增长72%。江西天施康中药股份有限公司"一种治疗急、慢性肠炎的药物组合物"项目获第十八届中国专利优秀奖。全国铜及铜合金循环利用产业知名品牌创建示范区建设深入推进，新增"江西省名牌产品"2个。新增省级工程技术研究中心和省级企业技术中心4家。新增高新技术企业9家，总数达30家。高新技术产业产值达274亿元，占全区工业主营业务收入的44%。

【胜华集团年产22万吨SCR铜杆项目投产】 3月，胜华集团年产22万吨SCR铜杆项目投产。该项目于2015年3月落户高新区，由上海胜华电缆集团投资建设，一期投资5亿元。

【开展降成本优环境专项行动】 5月，鹰潭高新区启动降成本优环境专项行动。在政策的基础上，结合自身实际和特色，出台降低企业成本优化发展环境38条政策，设立总额约2.35亿元的专项基金和专项资金，加大科技创新、品牌创建、人才引进、上市融资等方面的奖励力度以及用电、用能、社保、融资等方面的补贴力度，全年为企业减负约3亿元。深入开展"百名干部进百企"活动，加强企业服务中心建设，制定并落实一系列安商服务机制，服务效能进一步提升。

【江西贝融循环材料股份有限公司在"新三板"挂牌】 5月，江西贝融循环材料股份有限公司在全国中小企业股份转让系统（新三板）挂牌。该公司是一家集商品混凝土、预拌砂浆、加气砖、墙体板材等新型环保建材研发、生产与销售为一体的专业化新型建材企业，拥有4家子公司。

【成功申报"中国营养大健康产业发展示范基地"】 7月，鹰潭高新区通过中国食品工业协会营养指导委员会专家评审，成功申报"中国营养大健康产业发展示范基地"。高新区积极把生态优势转化为发展优势，引进培育以食品加工为主的大健康企业，建成国内产销规模最大的核桃饮品企业养元智汇饮品、"王老吉"授权生产商吉智饮料以及云露木耳饮料等重大项目，培育壮大华宝香精香料、天施康药业等一批企业，大健康产业取得突破性发展。

【入围全国产业集群区域品牌建设试点区】 9月，鹰潭高新区铜及铜合金循环利用产业集群入围全国产业集群区域品牌建设试点区，成为全省三个产业集群区域品牌建设试点地区之一。高新区积极引导铜企业加快转型、精深加工，90%以上的铜企业转型精深加工；江南铜业阳极磷铜球产量居全省第一，国内市场占有率达20%，广信铜业银铜合金国内市场占有率位居前列；铜基新材料产业登上中国品牌榜，品牌价值15.8亿元。

【举行重大项目集中签约仪式】 9月，鹰潭高新区举行重大项目集中签约仪式。华宝香精公司食品香精及食品加工、广东金叶公司香料生产、尚绿科技公司净水滤芯及高能活性碳、连展科技公司食品加工等项目成功签约，总投资20亿元。建成后年产值可达30亿元，实现利税3亿元。

【三川智慧科技股份有限公司入选国家技术创新示范企业】 11月，三川智慧科技股份有限公司入选2016年国家技术创新示范企业，是全省唯一一家入选的企业。该公司是国内水表行业的龙头企业、国内最大的水表铜配件生产企业和智能水表生产企业，是国内首家上市水表企业、省内首家在创业板上市企业；公司主导产品三川牌水表国内市场占有率连续13年第一，智能基表国内销量第一，市场占有率30%。

（严志征）

抚州高新技术产业开发区

【概　况】 位于抚州市新城区，辖1镇、2街道办事处。总面积158.6平方千米。实际开发面积15平方千米，户籍人口8.9万人，务工人员3.5万人。共落户各类工业企业280余家，其中规模以上企业156家，高新技术企业24家，上市企业4家（深交所1家、"新三板"2家、"Q版"1家）。全年主营业务收入420.92亿元，增长14.7%；新增规模以上企业19家，总数达156家；规模以上工业增加值85.57亿元，增长10%。财政收入14.56亿元，增长15.4%。实际利用外资1亿美元，增长115%；外贸出口2.9亿美元，增长25%。全年新引进亿元以上工业项目24个，其中10亿元以上项目7个；新老项目实际进资63.18亿元，完成全年任务的117%。赣闽合作示范区设在高新区内，规划面积21.9平方千米。

【江西博雅生物制药股份有限公司与复旦大学共建国家重点实验室】 1月，复旦大学与高新区内的江西博雅生物制药股份有限公司签订合作协议，双方联合共建“复旦大学博雅实验室”。实验室由国家工程院院士、复旦大学教授陈芬儿带队创建，双方计划联合投资2亿元在复旦大学新校区建设国家重点实验室（博雅生物楼），研究方向为心脑血管类、抗感染类（抗病毒类）、抗肿瘤类药品。这是高新区创建的第三个国家级实验室，也是高新区搭建技术创新服务平台，推动企业与大专院校合作，加快科学技术研发及应用转换的又一成果。

【10个重大项目开工】 7月22日，抚州高新区10个重大项目开工，开工项目总投资超过70亿元，其中投资20亿元以上的项目2个，投资10亿元以上的项目1个，亩均投资达500万元以上。10个项目中涉及电子科技生产项目4个、生物医药生产项目3个、汽车零部件生产项目2个、生物质集中供热项目1个。

【抚州高新区1天落户16个重大项目】 7月22日，抚州高新区举行重大招商引资项目签约仪式，现场签约项目16个。其中，重大工业项目10个，涵盖生物医药、电子信息、汽车零部件和新能源新材料等主导产业，总投资达130亿元；新业态项目6个，包括现代金融、现代物流、互联网电商等多个领域。这次集中签约的项目实现高新区工业智能化、信息化的新突破，改变高新区利用外资区域单一的格局，填补了高新区大数据产业空白。

【总投资45亿元的云计算大数据中心项目落户高新区】 9月14日，总投资45亿元的云计算大数据中心项目落户抚州高新区。该项目包括云计算大数据中心、信息技术产业园、科创园和宜居化生活配套设施等，总用地62公顷。项目由上市公司——天津松江股份有限公司、天津卓朗科技发展有限公司及抚州高新区管委会三方出资组建合资公司进行建设。

【海利不锈钢项目投产】 9月26日，投资30亿元的江西海利科技有限公司不锈钢项目一期投产。该项目由国内不锈钢第一品牌——广东海利集团投资兴建，占地17.33公顷，主要生产不锈钢制管和板材、磨砂板、花纹板、真空镀膜彩色板等。项目分两期，一期投资15亿元，建设300条不锈钢制管生产线和五金配件生产线；二期年产5万吨磨砂板、花纹板、真空镀膜彩色板项目已于2016年年底开工建设。项目被高新区确定为百亿企业培植工程之一。

【抚州高新区及区内企业平台共获4项国家级荣誉】 年内，江西江铃底盘股份有限公司技术中心通过专家评审，被国家发改委、科技部等5部委认定为“国家企业技术中心”（全省只有2家企业技术中心入选），实现抚州市“国家级企业技术中心”零的突破。抚州高新区科技企业孵化器通过科技部专家评审，被认定为“国家级科技企业孵化器”（全省共有3家孵化器入选），实现抚州市“国家级科技企业孵化器”零的突破。抚州高新区中小企业创业孵化基地通过人社部专家评审，被认定为“全国创业孵化示范基地”（截至2016年全省共有3家入选），实现抚州市“全国创业孵化示范基地”零的突破。12月30日，国家知识产权局公布2016年新一批国家知识产权试点示范园区的名单，确定19个园区为国家知识产权试点园区，抚州高新技术产业开发区是全省唯一入选的，也是全省第二家国家知识产权试点园区，实现抚州市“国家知识产权试点园区”零的突破。

【成立抚州高新区总工会】 6月28日，高新区总工会召开成立大会暨第一次工会代表大会，选举产生第一届委员会委员，经费审查委员会委员及总工会第一届委员会主席（骆顺泉）、副主席（黄伟、唐斌）。高新区是全市第一个成立总工会的开发区。高新区有投产工业企业260余家，从业人员3万余人，组建工会187个，建会率72.9%，会员入会率达83.6%。

（龚伟明）

赣州高新技术产业开发区

【概 况】 位于赣县城区，辖3园区。规划面积125平方千米。截至年底，园区共有企业336家，其中规模以上企业97家，高新技术企业22家。全年完成工业增加值77.3亿元，增长9.4%；主营业务收入349.2亿元，增长12.7%；利税总额28.7亿元，增长25.3%；上缴税金10.65亿元，增长13.35%，固定资产投资，39.2亿元。年内，新签约项目26个，投资总额133.59亿元，其中已完成注册项目22个，开工项目19个，投产项目8个。

【启动打造“中国稀金谷”工作】 年内，启动打造“中国稀金谷”工作。2015年12月，赣州市委、市政府作出打造中国稀土稀有金属高新技术产业集聚区（简称“中国稀金谷”）的战略决策。“中国稀金谷”规划为“一核两区”，即以国家级赣州高新区为核心，以2个国家级经开区（赣州经开区、龙南经开区）为两区。核心区规划为协同创新园、钨和稀土产业园、产业服务园，规划面积125平方千米。工信部同意将“中国稀金谷”建设列入《中国制造2025》重大项目库并纳入《稀土行业发展规划（2016—2020年）》和《有色金属工业发展规划（2016—2020年）》。科技部将赣南稀土、钨新材料应用产业发展纳入“十三五”国家科技创新规划。截至6月，“中国稀金谷”建设已投入征地拆迁、场地平整、道路及市政设施等资金约7.6亿元，征地364公顷。

【开展“创新驱动助力工程”和“海智计划”活动】 年内，赣州高新区开展“创新驱动助力工程”和“海智计划”活动，鼓励和引导企业加强人才智库建设。与欧美科技产业联盟签订战略合作协议，帮助全标生物有限公司引进5位海外专家，12月10日在全标生物有限公司建立江西“海智计划”工作站。

【加强与高校院所合作】 赣州高新区坚持加强与高校院所合作，推动协同创新发展，推进科技与产业紧密结合。分别在5月5日与江西理工大学、12月14日与大连理工大学签订《战略合作协议》，8月4日与九江学院、南昌师院签署《对口支援合作协》，把高校的科技、人才、智力全方位融入赣州高新区和重点企业的发展中，发挥人才库的作用，针对关键技术进行重点攻关，发挥科技库、智力库的作用。通过推行产学研结合，鼓励企业与科研院所合作，邀请专家到企业进行现场指导等，帮助园区企业提升高层管理人员管理能力和专业技能。

【2个国家科技项目通过验收】 4月26日，国家科技型中小企业技术创新基金网站公布2016年第一批验收合格项目名单，赣州高新区赣州伟嘉合金有限责任公司承担的“大晶粒高韧性盾构硬质合金新材料及制备技术”，以及赣州新盛稀土实业有限公司承担的“荧光粉废料复合优溶联动萃取制备高纯稀土元素”2个项目通过验收。赣州伟嘉合金有限责任公司承担的“大晶粒高韧性盾构硬质合金新材料及制备技术”，通过改变原料的化学组成配方，采用新工艺，提高硬质合金的耐磨性、抗弯强度等多项性能指标，并获得多项实用新型专利。赣州新盛稀土实业有限公司承担的“荧光粉废料复合优溶联动萃取制备高纯稀土元素”项目以荧光粉废料为原料，实现中试规模生产，促进企业技术创新能力和管理水平提升。

（谢弘）

吉安高新技术产业开发区

【概　况】 位于吉安县境内，规划面积18平方千米。2016年，共有落户企业268家，其中规模以上工业企业105家，上市及拟上市企业30余家，台资企业40余家；从业人员达3.8万余人。财政总收入5.7亿元，增长20.2%；财政支出3.6亿元，增长23.1%。固定资产投资67.0亿元，增长21.5%；全年新增规模以上企业11家（总数达105家），实现主营业务收入346.44亿元，增长8.10%；利税41.9亿元，增长11.6%；工业增加值80.73亿元，增长10.9%；基础设施投入7.28亿元，增长；新增就业2221人，下降12.0%。全年新签约项目24个，签约资金87亿元，实际到位65.1亿元。新建（续建）项目14个，其中9个项目投产。

【加快提升科技创新能力】 2016年，园区新增8家高新技术企业，总数达23家。创新平台和载体建设取得突破，与中国工程院院士侯立安合作创建江西九福源院士工作站；协讯电子被认定为省级工业设计中心；青年创业孵化园获批省级科技孵化器（培育期1年）；引进广东盛创蜂巢咖啡孵化器有限公司，规划用3年时间合力打造国家级众创空间。实施知识产权战略，年内园区企业申请专利270件，获批授权249件，高新区获批省级知识产权试点园区。国泰化工、协讯电子分别获批省级知识产权优势企业和优势培育企业，祥和电商获批江西省电商知识产权保护合作单位。

【加速产业集聚发展步伐】 年内，抓住电子信息数字视听产业列入省级重点产业集群的时机，以先歌音响、航盛电子、航盛机电、联创电声等企业研发技术为核心，发挥博硕科技、协讯电子、璐琪电子及其零配件产能优势，进一步健全完整配套、相互支撑的电子元器件行业体系。在巩固发展现有产品的同时，加快立讯产业园的建设，重点引进发展数字电视终端设备、数字家庭设备及其配套元器件，培育服务平台与软件信息服务业，形成集研发、生产、销售为一体，产业配套完整的新一代数字视听产业链。截至年底，电子信息产业完成主营业务收入181.3亿元，增长17%，增加值45.3亿元，增长17%；实现利税21亿元，增长10.3%，税金8.16亿元，增长14.6%。

【龙净碳素、锅丰米业等6家企业在上海股交所（Q板）挂牌】 2016年，龙净碳素、锅丰米业、科创电气、九洁负氧离子、九福源、庐陵食品6家企业在上海使用股权托管交易中心Q版挂牌。龙净碳素是一家集生产、科研、销售、服务为一体的企业，主要产品有水过滤器、净水器。锅丰米业成立于1993年，是一家集稻谷种植，生猪养殖、粮食收购、加工、仓储、运输、大米批发、超市配送于一体的农产品加工流通企业。锅丰商标先后获江西省著名商标、中国驰名商标等多项荣誉。科创电器筹建于2006年，专业制造电器成套设备，主要提供高低压配电柜、电表箱、防盗门、桥架、风机等产品制造、销售、免费设计、施工一条龙服务，并为客户订制各种非标准产品箱（壳）体，产品主要以出口为主。九洁负氧离子与九福源同属一家企业，属“十二五”国家战略性新兴产业发展规划要求的先进环保产业，主要生产草本空气维生素、草本负氧离子空气源系列产品、草本空气源负氧离子涂料、提取液、草本空气维生素木塑板。庐陵食品是吉安市最早引进并生产法式面包、奶酪椰蓉包、韩式煎包、面包夹心棒、沙拉堡及广式月饼的厂家之一，产品在2007年通过国家质量监督检验检疫总局安全认证。

【鑫泰科技在“新三板”挂牌】 8月12日，鑫泰科技838975.OC在“新三板”挂牌，股票代码为838975。截至2015年年底，鑫泰科技的营业收入达3.91亿元，净利润1934.28万元，总资产达1.81亿元。鑫泰科技公司自成立以来，始终专注于钕铁硼废料的综合利用，集研发、采购、生产、销售于一体，年处理能力分别为钕铁硼废料5000吨、荧光粉废料1000吨，可生产高纯稀土氧化物1500吨。（刘晓光）

南昌经济技术开发区

【概 况】 位于南昌市北郊,辖1产业园、1镇、3管理处。总面积229平方千米。总人口约40万人。全年全区(包含临空区)实现地区生产总值357.96亿元,增长9.7%。主营业务收入1108.68亿元,增长9.1%。其中,规模以上工业增加值292.47亿元,增长9.7%。财政总收入53.58亿元,增长5.9%。地方一般公共预算收入16.84亿元,增长10.6%。固定资产投资638.96亿元,增长16.9%。实际利用外资5.64亿美元,增长10.04%;实际利用内资228.05亿元,增长13.7%。新签约项目100个,总投资额709.1亿元。新注册项目83个,已投产项目5个,已竣工项目6个,新开工项目18个。社会消费品零售总额120.6亿元,增长15.4%。新增转移农村劳动力2029人,其中省内新增转移农村劳动力1792人。安置"4050"人员就业359人,创业培训人数3296人,省内工业园区定向培训4820人。养老保险参保3.12万人,城乡居民医疗保险参保7.14万人。

【创新推动项目建设】 2016年,南昌经开区通过流程再造,建立"零障碍"项目推进机制,解决项目"落地难、建设慢"的问题。创新机制体制,建立"一六一"工作机制:一个领导机构,即成立区重大重点项目推进工作领导小组,综合协调项目推进;建立六大机制保障即围绕一套表、一张图、一位挂点领导、一名服务专员、一盏灯(建立亮灯机制)、一个考核加快项目推进;成立一个专门服务机构,即区重大重点项目办具体跟踪落实项目的协调推进。创新政策支持,制定出台《南昌经济技术开发区小微企业创业创新基地城市示范专项资金管理办法(试行)》《南昌经济技术开发区关于鼓励支持企业自主创新的若干政策(2014年修订)》《南昌经开区关于加快总部经济发展的若干政策试行》等一系列文件和政策。创新企业服务,擦亮管家式服务、企情收处中心、企业大走访三张服务名片。全年收集处理企业反映的问题和建议1377件。区级兑现扶持区内企业产业发展资金2.08亿元,发放"财园信贷通"贷款8.04亿元。

【推动儒乐湖新城建设】 2016年,南昌经开区高规格推动28平方千米的儒乐湖新城建设。邀请美国SOM、美国SWA、上海同济等国际国内一流的规划设计团队,高起点编制完成儒乐湖新城概念规划和儒乐湖滨江公园、南昌光谷产业园、新能源汽车产业城等重大规划。完成近50万平方米(含附属建筑、违章建筑面积)的房屋征迁,创下规模大、速度快、效果好的新佳绩。推进总投资近20亿元的13个在建工程。探索采取EPC模式,完成总投资52亿元的3个项目包的招投标。3个项目包年内已开工建设。以儒乐湖新城为落户平台,已签约项目8个、总投资150多亿元。

【百路佳公司新能源汽车入选国家推荐目录】 1月28日,在工信部发布的《新能源汽车推广应用推荐车型目录》中,南昌经开区百路佳客车公司有10款车型入选。同时,南昌经开区百路佳公司成为全省唯一一家进入工信部2016年首批新能源汽车推荐目录的新能源汽车公司。

【北大科技园晋升国家级科技企业孵化器】 2月14日,江西北大科技园科技企业孵化器被确定为国家级科技企业孵化器。截至年底,南昌经开区国家级科技企业孵化器共有3家,另2家分别是江西启迪科技企业孵化器(清华科技园)、江西桑海生物高科孵化器。江西北大科技园位于南昌经济技术开发区双港西大街528号,是北京大学与省政府、南昌市政府合作共建的国家大学科技园。占地面积5.47公顷,重点支持电子信息产业高科技项目入园孵化。年内,"北大众创"空间入选首批"江西众创";科技园被授予"国家传统文化产业众创基地"称号。

【中意产业园项目落户南昌经开区】 5月20日,南昌经开区举行中意产业园战略合作协议暨3D裸眼显示项目签约仪式。中意产业园项目落户儒乐湖产业新城,主要以中意企业对接合作为主,引入意大利的企业、技术、资金、管理和人才,架起中意企业合作的桥梁,作为中意企业合作的基地。其中,意大利REALVISION公司将在南昌经开区投资发展,重点生产裸眼2D、3D显示模组,其中包括手机、IPAD、显示器,主要用于医疗设备上。其产品可以将当今世界领先的微创手术摄像头与显示器的延时从0.02秒降至0.01秒,几乎保持同步。其客户也覆盖到美国、德国、俄罗斯、英国等多个国家。

【腾讯众创空间(南昌)开园】 7月12日,全省规模最大的众创空间——腾讯众创空间(南昌)开园。该园位于经开区枫林西大街917号世纪新宸中心,建筑面积1.10万平方米。由江西省、南昌市、经开区三级政府联合腾讯、共青团省委合作共建,政府提供优惠政策,腾讯线上线下一体化资源注入,团省委利用组织优势推介优秀创业团队,"三位一体"打造全要素众创空间。

【猪八戒网江西园区开园】 12月20日,位于南昌经开区的猪八戒网江西园区开园,为南昌经开区再添"双创"平台。该项目于7月6日签约落户以来,年内共引进企业20家,年销售额6500万元。重庆猪八戒网络有限公司创办于2006年,已拥有500万家中外雇主,1000万家服务商,2015年平台交易额近75亿元,市场占有率超80%。服务涵盖平面设计、开发建站、营销推广、文案策划、动画视频、工业设计、建筑设计八大主打类目,六百细分品类,是一个连接供需双方、匹配服务资源、共享平台数据的O2O文创综合体。

(万志平)

南昌小蓝经济技术开发区

【概 况】 小蓝经开区规划核准面

积18平方千米,已建成面积27平方千米,辖2管理处。全年实现工业总产值1140.32亿元,增长13.47%。主营业务收入1047.43亿元,增长5.6%。工业增加值275.37亿元,增长6.3%。财政收入51.86亿元,增长15.3%。工业固定资产投资额54.51亿元,增长8%。实际利用外资4.16亿美元,增长9.53%。其中,现汇进资9760万美元,现汇率(现汇占实际利用外资比)23.44%。实际利用内资141.31亿元,增长7.08%。出口6.78亿美元。新增签约项目39个,总投资额182.05亿元。新增竣工投产项目17个。

【获园区发展专项奖(包括工业园区六大指标综合先进单位、上缴税金第一名、安置就业第一名、工业增加值第一名)】 省政府公布的《关于表彰2013—2015年度加快工业发展加速工业崛起先进单位的决定》,小蓝开发区获工业园区六大指标综合先进单位、工业园区上缴税金第一名、工业园区安置就业第一名、工业园区工业增加值第一名和“三年强攻”专项等5个奖项。

【惠企减负成效显著】 2016年,小蓝经开区提升服务做“加法”。推行一次告知、全程代办、一站服务、效能问责等县区高度融合的行政审批机制,试点开展行政审批权相对集中改革,审批时限压缩率达78%。创新开展企业网格化管理服务机制,构建“片区服务、精准服务、分类服务、专业服务”四轮驱动的服务体系。建立企业诉求、投诉、建议“三张清单”,累计收集各类问题600余个,协调解决580余个,问题解决、解释率达98%。降低成本做“减法”,全年累计降低企业成本近9亿元。同时,与省建行合作成立全省首家科技银行——小蓝科技银行,共同实施“瞪羚三年计划”;财政参与筹集社会各类资金1.5亿元,设立1.3亿元的增信保证金、5000万元的还贷周转金,“财园信贷通”为215家企业发放无抵押、无担保、利率优惠的银行贷款超8亿元,缓解企业融资难、融资贵难题。

【智美科技工业园开工】 9月21日,江西智美广电科技有限公司工业园项目举行开工典礼。该项目总投资4亿元,占地8.33公顷,主要包括生产厂房、宿舍楼、营销中心等,总建筑面积9.26万平方米。项目建成后,可对全区优化产业布局、延伸产业链条、提升产业层次起到巨大的推动作用。

(杨碧丹)

九江经济技术开发区

【概　况】 位于九江市区域区西南,辖1乡2场3街道办事处。总人口约16万人,人口自然出生率9.78‰。2016年,工业主营业务收入1062.8亿元,增长9.3%。财政总收入60.67亿元,增长21.4%。固定资产投资290.4亿元,增长17.5%。其中,工业固定资产投资246.6亿元,增长24.6%。外贸出口12.58亿美元,增长2%。实际利用内资166亿元,增长66%;实际利用外资2.38亿美元,增长12%。全年新引进重大工业项目49个,签约资金过200亿元。新开工项目41个,建成投产项目37个,新增规模以上工业企业15家,新增高新企业15家,企业专利申请824件、新增授权513件,均创历史新高。新登记注册企业、个体工商户3000多家,增长36%。实施城建项目72个,完成投资31.64亿元。城西港进口肉类指定口岸获批建设。智慧城管平台项目一期投入使用,实现城区12平方千米范围24小时监控。全年投入28亿元用于民生事业。完成9409余套安置房分配,解决2万多群众的住房问题。通过国家义务教育均衡发展督导评估。实施公共卫生服务“五进”活动。

【美凯宝科技股份有限公司在“新三板”挂牌】 1月20日,美凯宝科技股份有限公司在北京举行挂牌“新三板”仪式。美凯宝公司于2015年5月与北京亿丰伟业集团合作进行股份制改造,由亿丰伟业持股80%、美庐公司持股20%,更名为江西美凯宝科技股份有限公司,并成功挂牌“新三板”,股票代码835214。

【北汽昌河举行“三车两发”暨N100发动机点火仪式】 5月16日,位于九江经开区的北汽昌河九江工厂举行“三车两发”项目厂房主体工程竣工暨N100发动机点火活动。北汽昌河公司在九江工厂导入F42S(MPV车型)、F41S(7座SUV车型)、L31M(北斗星二代车型)三款全新整车,与英国里卡多公司联合开发N100和N130两款全新发动机。

【北汽昌河汽车M70车型量产下线】 12月29日,北汽集团在昌河汽车九江工厂举行北汽昌河汽车M70下线仪式,这是北汽昌河九江工厂实施“三车两发”项目取得的新成果。北汽昌河M70车型量产下线,是继北汽昌河汽车Q25、Q35量产上市后又一全新力作,是北汽集团九江战略落地项目的首款产品。M70是一款七座中型多用途车,搭载1.5L排量汽油发动机,配备5MT变速器,采用“2+2+3”的座椅布局。

(张双宝)

赣州经济技术开发区

【概　况】 位于赣州市中心城区西北部,辖5乡(镇、街道办事处)和1赣州新能源汽车科技城管理处,面积201平方千米,建成区面积57平方千米,人口33万人。全年地区生产总值222亿元,增长9.5%。财政总收入36.36亿元,增长2%。社会消费品零售总额47.5亿元,增长10.5%。工业主营业务收入760亿元,增长22%。固定资产投资284.8亿元,增长16.2%。规模以上工业增加值115亿元,增长9.5%。规模以上工业主营业务收入732亿元,增长22%。其中,新能源及新能源汽车、钨及稀土新材料、电子信息等主导产业实现总产值438亿元,占全区的60%。工业用电量增长9.7%。全区签约项目44个,签约资金430.65亿元。引进亿元以上项目27个(其中5亿元以上项目9个,10亿元以上项目6个)。新开工工业项目42个,新投产工业项目35

个。已交付安居公寓及棚改项目2个，共1023套；新开工安居公寓及棚改项目7个，共2673套；竣工安居公寓及棚改项目5个，共873套；实际竣工返迁地基础及配套项目4个，共完成项目总投资4.25亿元。投入校建资金6547万元建设46个项目，新增学生席位2500个。

【四项指标总量实现较快增长】 截至年底，赣州经开区实际利用内资88.54亿元、增长13.47%，其中实际利用省外亿元以上项目资金85.72亿元、增长16.14%。实际利用外资1.75亿美元，增长11.9%，其中现汇进资4528万美元。外贸进出口10.21亿美元，增长2.06%。其中，外贸出口6.95亿美元，增长3.71%。实际利用省外亿元以上项目资金、实际利用外资、外贸进出口和外贸出口四项指标总量连续4年排名赣州市第一。

【新能源汽车科技城开工】 4月，新能源汽车科技城开工建设。项目总规划面积35.2平方千米，定位为集新能源汽车制造、产学研同步、产居融合、产景兼优的综合型生态汽车科技新城。在基础设施建设的同时，相关部门还紧抓项目引进，年内落户1所工科大学、1所职业技术学院及1所工程研究院，科技城建设初具雏形。8月22日，中央政治局常委、国务院总理李克强到赣州经开区考察时，对新能源汽车产业的发展表示肯定。

【赣州综合保税区通关运行】 10月19日，赣州综合保税区通关运行，标志着赣州进入"港口"时代。赣州综合保税区整体规划面积4平方千米，规划建设保税物流区、保税服务区、保税加工区和口岸作业区四大功能区。已建设一期，面积1.90平方千米，其中围网面积1.79平方千米。

【完成行政区划调整】 8月，按照市委、市政府部署，与蓉江新区、南康区配合，完成将潭东镇、潭口镇划入蓉江新区管理和将三江乡、凤岗镇、太窝乡6个村、唐江镇3个村划入赣州经开区管理的移接交工作，经开区的发展体制机制更加顺畅。

（欧阳景春）

井冈山经济技术开发区

【概　况】 位于吉安市城南，以京九铁路为界分东、西二区。2016年，井冈山经开区主营业务收入突破600亿元，达603.2亿元，增长10.1%，在全省所有园区排第11位；工业增加值125亿元，增长11.6%；固定资产投资80亿元，增长17.8%；引进内资109亿元，增长15%；实际利用外资1.98亿美元，增长10.1%；外贸出口7.1亿美元，增长2.45%；财政总收入17.2亿元，增长19.9%。

【井冈山经开区与兴业银行南昌分行签订电子信息产业引导基金合作协议】 4月1日，井冈山经开区与兴业银行南昌分行签订电子信息产业引导基金合作框架协议。双方约定发行建立电子信息产业引导基金50亿元，首期发行10亿元。这标志着"井兴电子信息产业引导基金"进入实质性运作阶段。

【绿丰新材料股份有限公司在"新三板"挂牌】 10月18日，江西绿丰新材料股份有限公司在北京举行"新三板"挂牌仪式。江西绿丰新材料是经开区首家上市的本土企业，股票简称"绿丰新材"，股票代码：839139。该公司是一家为人造板提供制胶原料和提供技术服务的企业。

【11个重大工业项目集中开工、竣工】

11月18日，全市重大工业项目集中开工竣工暨鼎智通讯科技园开工奠基活动在井冈山经开区东区举行。经开区有11个重大工业项目开工、竣工。其中：集中开工的重大工业项目有鼎智科技园项目、软件产业园项目、中韩产业园项目、合力泰二期3D手机盖板项目和循环产业园项目，总投资79.6亿元；集中竣工的重大工业项目有江西木林森电子科技有限公司、江西冠德新材料有限公司、互联网+众创产业园、触控显示面板生产项目、智能家电领域显示产品生产项目、IC集成电路板生产加工项目，总投资146.6亿元。

【举行广州新业态招商推介会】 11月28日，井冈山经开区新业态招商推介会在广州市举行。推介会共有生物制药项目、仪器、仪表互联网电子商务平台项目、兄弟连IT教育培训、百富源TMT基金项目、总部经济项目等8个项目签约。其中，大健康项目2个、互联网项目4个、金融项目1个、总部经济项目1个；签约资金16.5亿元。

（胡学兰）

上饶经济技术开发区

【概　况】 位于上饶市西郊，辖1乡、1街道办事处。总面积176平方千米，规划建设面积58平方千米，已建成面积18平方千米。总人口11万人，其中产业工人5万余人。全年主营业务收入855亿元，增长16.8%；工业增加值165亿元，增长11.4%。综合园工业固定资产投资130亿元，增长17.1%。区管委会本级财政收入13.1亿元，增长11.5%。财政支出8.59亿元，下降12.5%。实际利用外资2.33亿美元，实际利用省外资金143.72亿元。外贸出口值16.47亿美元。新签约项目52个，总投资额478.63亿元。新注册项目55个；新增投产项目39个；新增开工项目48个。入区企业346家，其中规模以上企业120家。

【重特大项目招商实现历史性突破】

8月，引进的汉腾汽车总投资100亿元、年产20万辆乘用车及新能源汽车和核心零部件项目开工。该项目是集整车研发、实验试制、生产检验、总部办公、电池总成和电机电控等核心零部件生产为一体的综合性项目。年内，引进总投资133亿元的爱驰亿维新能源汽车项目。该项目是上饶市有史以来招商引进的单体投资最大的工业项目，建设数字化的年产30万辆纯电动SUV、MPV整车基地和电池PACK生产线。引进投资过30亿元项目2

个，即中汽瑞华投资31亿元、年产2万辆新能源客车、特种车及核心零部件生产项目和博能集团投资30亿元、年产2万辆新能源商用车项目。

【开放型经济主要指标实现历史性突破】 2016年，引进项目50个，总投资469亿元、超过前8年的总和，位居全省开发区第一；新开建厂房面积216万平方米，超过前7年的总和，居全省开发区第一；利用省外项目个数和增幅均居全省国家级开发区第二。

【晶科能源成为全球最大太阳能产品制造商和供应商】 2016年，晶科能源有限公司出货量6.65GW，主营业务收入416亿元，成为全球最大太阳能产品制造商和供应商。该公司于2006年12月落户上饶经开区，注册资金4.05亿美元，是一家集太阳能硅片、太阳能电池片及电池组件研发、生产、销售和应用为一体的光伏制造商、供应商及太阳能电站建造商，也是一家在美国纽约证券交易所上市的国家级高新技术企业，国家星火计划重点高新技术企业，属于外商投资民营企业。2016年，晶科公司在全球拥有7个生产基地、15个分公司、11个销售办公室，在职员工1.80万余人。业务营销网络涵盖全国五大洲70多个国家。

【云济公司发行5亿元债券】 2016年，江西云济投资有限公司发行债券5亿元，有效缓解地方融资平台及企业项目建设的资金需求。江西云济投资有限公司的前身为上饶市新区投资发展有限公司，2010年11月30日注册成立，注册资本1000万元，由上饶经开区管委会100%控股，后调整注册资本为3000万元。2015年3月11日，上饶市新区投资发展有限公司完成工商变更登记，除公司名称变更为江西云济投资有限公司外，公司原股东变更为上饶经济技术开发区国有资本运营有限公司，注册资本变更为3亿元。

【提升服务企业水平】 2016年，健全亲商安商"十二项"工作制度，巩固和提升在建项目"五人行"、百名干部联百企等工作做法，强化项目调度、现场办公、问题调处、微信督察等服务举措。成立经开区不动产登记中心，完成中介机构集中入驻服务大厅；成立5只产业基金吸引投资，帮助企业与银行对接争取融资7亿元，争取财园信贷通资金3.5亿元；增强业扩报装（受理客户用电申请，依据客户用电的需求并结合供电网络的状况制定安全、经济、合理的供电方案）时效性，缩短接电时间，加强电网运行维护，提高安全用电保障能力。制定经开区"118条"政策措施，出台支持光学、汽车产业发展若干意见。

（上饶经开区党政办）

萍乡经济技术开发区

【概　况】 位于萍乡市中心城区东北部，辖15个村、14个社区。总面积57.6平方千米，城区绿化率39.18%。人口20万人。全年实现地区生产总值148.69亿元，增长9.1%。工业主营业务收入602.31亿元，增长9.3%；利税87.12亿元，增长13%；规模以上工业增加值118.98亿元，增长8.3%。财政总收入21.01亿元，增长3.94%；财政支出19.21亿元，下降10.6%。固定资产投资156.65亿元，增长13.8%。实际利用外资6536万美元，增长10%；利用内资77.35亿元，增长12.43%。出口总额5.70亿美元，增长25.69%。全年新签约项目37个，总投资额123.5亿元。新增注册项目35个，新增投产项目20个，新增竣工项目28个，新增开工项目32个。社会消费品零售总额36.16亿元，增长12.4%。城乡居民人均可支配收入分别达3.27万元和1.64万元，分别增长10%和13.7%。全区新增就业人数3021人，新增转移农村劳动力3768人，城乡居民养老保险参保率100%，城镇居民医疗保险参保率100.5%，农村居民医疗保险参保率98%，社会保险基金征缴总量1126万元，完成棚户区改造2604套。

【推出"基金引导、股权招商"的办法】 2016年，利用5个亿元股权投资基金、10个亿元产业引导基金、20个亿元的不良资产处理基金的优势，以股权作质押、以债券换项目，将资本优势、政策优势转化为招商优势，提升项目精准招商核心竞争力。基金采取股权投资、债权投资、股债结合、设立项目子基金和PIPE基金等方式运作。全年引进2000万以上项目37个，其中亿元以上项目21个。

【推进海绵城市建设】 2016年，新建、续建44个重点项目，总投资超300亿元。在建项目全部按照海绵城市建设要求，对设计进行调整，增加下沉式绿地、透水铺装、雨污管网分流等内容，新建项目也全部按照海绵城市建设要求进行设计。全年项目建设完成融资近90亿元，其中争取专项债23亿元，列全省开发区第一；完成项目建设投资近100亿元，竣工近20个项目，打造投资50亿元的萍水湖湿地公园、投资10亿元的320国道、投资5亿元的聚龙公园、投资1.4亿元的玉湖公园等一批海绵城市亮点工程。

【推动企业上市】 2016年，萍乡经开区出台一系列政策支持企业上市，对挂牌企业直接补助200万元；在"新三板"挂牌企业如果需启动二期建设，优先给予供地；园区产业基金也优先投资区内的"新三板"上市企业。全年新增鑫陶科技、美孚伦科技、安源管道3家"新三板"上市企业，共有6家企业在"新三板"挂牌。

【启动金融商务区项目建设】 7月，金融商务区各建筑单体正式开工。项目位于安源大道以东，祥龙东路以南，焕文路以北，仁和路以西围合的两个地块，总投资约25亿元，占地面积约7.13公顷，建筑面积约28万平方米。项目由农商大厦、浙商大厦、商赢大厦、金融综合体4个部分组成，其中商赢大厦、金融综合体由萍乡市汇翔建设发展有限公司投资建设，浙商大厦由萍乡市南国置业有限公司投资建设，农商大厦由萍乡农村商业银行投资建设。项目建成后，可成为萍乡市中央商务区（CBD）重要载体和金融总部聚集基地。

【经开区企创电商Mall开园】 9月，萍乡经开区企创电商Mall开园。园区位于苏州街，总规划建筑面积近4

万平方米，集电商办公、产业运营、技术研发、人才培训、会议展览、青年公寓功能于一体，是全省首个综合类电子商务创业园项目，是萍乡市产业集聚度最高的电商园区。已有阿里巴巴、京东、唯品会、亚马逊等120多家企业入驻，涵盖互联网平台、软件开发、电商培训、跨境电商和返乡创业等多种类型企业，带动就业1000余人。

【打造“双创”新高地】 2016年，为推进“大众创业、万众创新”，打造“双创”示范基地和乐美家居创业孵化基地，设立“经开区电子商务创业培训中心”和“经开区创业指导中心”，组建创业指导专家服务团，聘请专业的教学师资和培训团队授课指导，为初期创业者提供创业指导、政策服务、创业贷款等服务。截至年底，两基地已吸纳商家500余户，带动创业就业4000多人，举办SYB等各类创业培训13期，通过培训实现自主创业104人。

【推动简政放权】 2016年，推行“一站三联三办”审批服务模式，实现一站式联合办税、联合办证照、联合办项目审批手续整合集结，实现国税、地税、市场监督管理等22个职能部门窗口集中办理。进一步整合优化国地税办税窗口，实施国地税一体化办税；并对行政审批事项进行第二次修改，取消4项审批事项，审批清单减至147项；全面清理行政性收费清单，取消8项收费项目，收费清单减至26项。

【加强人才队伍建设】 2016年，萍乡经开区依托科技服务平台，探索“人才+项目”的发展模式，形成“高层人才创新科技，产业人才扩大生产”氛围，为培育本土品牌做好智力支撑。蓝翔重工批准建立萍乡市成立的第二家“企业博士科研工作站”；人才创业项目累计达969个，其中投资1000万元以上的项目148个，亿元以上的项目45个，获批专利累计1600余项，拥有企业经营管理人才累计8000余人，技能技术人才累计近万人，高级职称累计1000余人，高级技师累计56人；获省“赣鄱英才555工程”人选累计14人。

（肖勇）

宜春经济技术开发区

【概　况】 位于宜春市中心城区北部，辖1街道办事处。规划面积81.5平方千米，建成区面积约22平方千米。园区绿化率30%。常住人口约6万人，人口自然增长率10.11‰。全年实现地区生产总值130.5亿元，增长17.6%。主营业务收入800.8亿元，增长15.2%。其中，工业主营业务收入383.1亿元，增长10.2%；工业增加值87.39亿元，增长9.9%；利税总额44.44亿元，增长17.69%；上缴税金19.61亿元，增长10.49%。财政总收入20.65亿元，增长20.66%。外贸出口6.15亿美元，增长4.29%。实际利用外资8508万美元，增长9.08%；实际利用省外资金70.94亿元，增长26.68%。社会消费品零售总额66.2亿元，增长13.4%。新增签约项目25个，新增投产项目30个，新增开工项目53个。新增注册企业299家，共有注册企业1392家。其中：新增规模以上企业28家，总数119家；新增国家高新技术企业8家，总数33家。新增就业人口6200余人，新增转移农村劳动力200余人。城乡居民养老保险参保率40.8%，其余主要参加被征地农民城镇职工养老保险。城镇居民医疗保险参保率49%，农村居民医疗保险参保率92.49%。棚户区改造以货币补偿的方式安置300户。脱贫户数61户168人。

【赣西物流园区入选2016年全国优秀物流园区】 7月，经中国物流与采购联合会物流园区专业委员会组织专家评审，宜春经济技术开发区赣西物流园区入选2016年全国优秀物流园区，成为全省4家入选物流园区之一，也是继2015年后再次获此荣誉。物流园占地20多公顷，总投资8亿元。截至年底，引进物流公司160余家，其中开业80余家，正在装修80余家，物流总量突破30万吨。项目全部投入运营后，可容纳各类物流企业200多家。入园物流企业中，有专线联盟30余家，三方物流企业40家，全国性网络物流龙头企业10余家，对接全国网点1500多家，电商企业350多家。物流园可停放各种车辆1830余辆，年运量可达350多万吨，年交易额可达25亿元以上，年税收可超亿元。

【重大项目集中开工竣工投产】 2016年，宜春经开区集中开工项目25个，集中竣工投产项目27个，投资总额197.96亿元，涵盖锂电新能源、机电、新型材料、服务业等产业，项目全部建成达产达标后，可实现税收40亿元，新增就业近2万人。

【锂电产业集聚效应初步凸现】 2016年，宜春经开区锂电产业主营业务收入增长26%，是全区工业增幅的2倍多，产业集聚效应初步凸现。宜春经开区致力强攻“首位产业”，打造“亚洲锂都”，截至年底，共引进锂电企业100多家，其中投产46家。全年新签约锂电项目8个，在建8个，投产10个，形成良好产业发展梯队。在锂电产业链上构建碳酸锂、电池材料、动力电池、新能源汽车和锂电池应用五大板块，每一个板块都布局10家左右重点项目。其中，远东福斯特、合纵锂业、升华科技、江特电动车、雷恒科技作为五大板块的龙头企业，都具备打造百亿元企业的潜力。

（宜春经开区党政办）

龙南经济技术开发区

【概　况】 位于龙南县境内。总人口32万人。2016年，主营业务收入271亿元，增长7.9%；工业增加值67.1亿元，增长11.3%；利税总额24.9亿元，增长13.8%。完成500万元以上工业投资62.8亿元，增长32.3%。进出口总额6.6亿美元，增长8.51%。其中出口5.74亿美元，增长8.89%。电子信息、稀土新材料、现代轻工、食品药品四大主导产业主营业务收入215.2亿元，增长19.5%，占园区主营业务收入的79.4%。其中，电子信息、稀土新材料两大产业集群主营业务收入141.88亿元,占园区主营业务收入的52.35%。新增规模以上企业11家,总数达89家。

【推进赣州电子信息产业科技城建设】 年底,赣州电子信息产业科技城完成一期466.67公顷用地基础设施建设。该项目位于龙南东江乡境内,距大广高速东江出口1.5千米,距城区6千米。这是龙南县着力打造全市电子信息产业科技城核心区的重要承载平台,可为龙南打造超百亿元产业提供良好的承接平台。项目总体规划10平方千米,总投资200亿元,其中基础设施平台建设投资40亿元,产业项目建设投资160亿元。项目于2015年开工,二期约200公顷建设用地土方平整工程正在加速推进中。

【招商成效显著】 2016年,龙南经开区签约项目40个,签约金额209.91亿元,是上年的2.1倍;平均每个投资5.25亿元,是上年的3倍。其中,签约亿元以上项目21个,签约10亿元以上项目6个(包括投资30亿元的志浩电子和红井坊酒业,投资25亿元的比邦科技,投资22亿元的优信普科技,投资10亿元的文熙科技和骏亚数字)。志浩电子、优信普等17个项目开工,优信普创造当年签约、当年建成18万平方米厂房、当年试投产的"龙南速度"。恋伊工业、新正耀新能源汽车配件、汇森明达等20个项目先后试投产。

【加快对外开放合作步伐】 年内,龙南经开区与工信部电子第五研究所签订战略合作框架协议,面向龙南及周边地区电子信息产业关键材料、关键零部件等提供科研、人才培养和培训等需求,支撑龙南产业转型升级,推动建设龙南电子信息产业质量与可靠性公共技术服务平台。12月与重庆长寿、新疆喀什经开区签订战略合作协议,建立龙南(深圳)电子信息产业共建基地,主要在园区建设、服务体系、科研开发、招商引资等方面展开交流合作,实现互利互惠、发展共赢。

【开展降成本优环境专项行动】 2016年,龙南经开区为企业融资贷款39.14亿元,为企业减负3.92亿元。帮助企业解决用水、用电、用工、管线搬迁等事宜314起,帮助园区企业招工3465人。设立首期1亿元企业还贷周转金,累计发放企业还贷周转金1.7亿元,帮助29家企业解决资金周转问题。为优信普、志浩电子等5家企业提供产业引导基金约5.1亿元,兑现工业发展奖励资金1650.2万元、企业增产增效奖励资金105.37万元。

(刘和龙)

瑞金经济技术开发区

【概　况】 由台商产业园、金沙工业园、金龙工业园三部分组成。总规划面积66平方千米,建成区面积约8.5平方千米。2016年,工业主营业务收入130.57亿元,增长48.61%;引进项目23个、开工项目6个、建成投产项目6个、新增高新企业7家和规模以上企业12家。基础设施建设投入资金6.9亿元。财政收入6010万元。工业总产值130.88亿元,增长28.42%;利税总额3.97亿元,增长26.55%;工业增加值33.37亿元,增长15.6%。出口交货值35.67亿元,增长5.7%。固定资产投资31.37亿元,增长66.7%。主导产业为电气机械及器材制造、绿色食品和生物医药,同时重点发展新能源、新材料及其运用、新型建材、现代轻纺等产业。落户工业企业190家,其中规模以上工业企业49家,初步形成电气机械及器材制造产业、绿色食品产业和现代轻纺产业三大产业集群。

【瑞金台商创业园设立为省级产业园】 3月19日,经省政府批复同意,瑞金台商创业园设立为省级产业园,核准规划面积为625.08公顷,重点发展电气机械及器材制造、绿色食品、纺织服装等产业。

【瑞金经开区与南昌小蓝经开区、南昌高新区分别签订结对帮扶协议】 4月27日、5月4日,瑞金经开区与南昌小蓝经开区、南昌高新区分别签订结对帮扶合作协议。进一步推动双方在平台建设、产业发展、金融服务、科技创新、人力资源等领域多层次、多方位的交流合作,促进双方协同共进、产业合作、资源共享,形成优势互补、互利共赢、共同发展的新局面。特别是瑞金经开区可纳入南昌小蓝经开区汽车线缆线束和食品产业配套首选基地,纳入南昌高新区LED和铜铝材料加工、运用产业的配套生产首选基地。

【重大项目集中开工】 4月28日,主攻工业攻坚战重大项目集中开工仪式在经开区大健康饮料项目基地举行。此次集中开工的重点项目分别是总投资10亿元的大健康饮料生产项目,总投资4.5亿元的西德电梯生产项目,总投资3亿元的黄酒生产项目,总投资1.5亿元的贵金属再生环保生产项目和总投资1.5亿元的智能电表箱及互感器生产项目。

【企业服务中心投入运营】 4月1日,瑞金经开区企业服务中心投入运营。服务中心设立综合服务、立项注册、报建办证、用地环评、收费、预约审批、预约服务7个窗口,可办理从企业工商注册登记至建设竣工验收这一阶段的各项服务。

【经开区"南昌大学产学研合作基地""南昌大学(瑞金)科技园"成立】 10月20日,"南昌大学产学研合作基地"挂牌成立;12月9日,"南昌大学(瑞金)科技园"挂牌成立。瑞金经开区与南昌大学的合作重点是发展电线电缆、光电照明、绿色食品、生物医药等领域中的高新技术和高科技产品,搭建技术成果转移、投融资服务、人才培训服务、"互联网+"、中介服务、政策支撑、物业服务等各类平台,促进"大众创业、万众创新"深入实施,共同开启产学研全方位合作新局面。

【经开区首家省级企业技术中心获批】 12月19日,省工信委、省财政厅、省国税局、省地税局联合发文,公布了第十九批江西省省级企业技术中心名单,瑞金经开区电线电缆产业龙头企业——江西瑞金金字电线有限公司位列其中,成为全区首家拥有省级企业技术中心的企业。

(胡振方)

南昌出口加工区

【概 况】 2006年5月,南昌出口加工区被批准设立。加工区位于南昌国家高新技术产业开发区内。2016年,加工区实际利用外资5900万美元,现汇进资4200万美元;实际进出口总值19.1亿美元,其中出口9.63亿美元。园区签约落户项目1个,累计引入企业35家,其中生产型企业21家,物流企业10家,检测、研发企业2家,跨境电商企业2家。生产型企业主要以光电产业制造为主,累计吸引合同外资5.59亿美元,累计完成现汇进资4.42亿美元。随着欧菲多媒体、富港电子等企业规模的不断扩大,园区就业人数超过5000人;企业员工转为正式职工后,养老保险和基本医疗保险参保率达100%。

【南昌出口加工区出口总量位列中部第二】 2016年,南昌出口加工区进出口总值19.1亿美元,其中出口9.63亿美元。进出口总量、出口总量位居中部9家海关特殊监管区域第二位,省内4家海关特殊监管区域第一位。

【南昌出口加工区整合优化为南昌综合保税区】 2月9日,南昌综合保税区经国务院批准设立。根据批复,南昌综合保税区总规划面积为2平方千米,一片区位于南昌出口加工区A区,规划面积0.31平方千米,是已封关运行的原南昌出口加工区A区;;二片区位于临空经济区直管区内,规划面积1.69平方千米。

(郑小萍)

九江出口加工区

【概 况】 位于九江市老城区西南。分关内、关外两部分。规划面积4.5平方千米。关外建成面积3.5平方千米,关内建成区面积0.99平方千米。2016年,园区累计落户投产企业69家,企业用工1.1万人。工业主营业务收入243.3亿元,利税18亿元。实际利用外资2500万美元。实际利用内资30亿元,出口创汇9.5亿美元。新增对外投资额400万美元。年内自主引进10个项目,全部实现当年引进当年开工,其中9个项目实现当年投产,3个被认定为规模以上企业。

【重点项目建设取得突破】 年内,巨石二期项目开工,公司效益再创新高,实现利润增长40%。旭阳雷迪投资4.6亿元技改扩产基本完成,硅片月产能翻番;实现产值37亿元,净利润4637万元。盛祥电子公司吸市沿江产业基金入股,外购安徽覆铜板项目,企业产销两旺,发展迅速。

【创新升级效果明显】 年内,加工区围绕项目创新做文章,引进杭州跨境电商产业园和深圳跨境维修等新业态项目,填补省内空白,为加工区发展开辟新路;推动现有企业转型升级,绿冬丝科把“互联网+”与丝绸产业深度融合,开发“天虫商城”电商平台,上线3个月实现销售额过亿元。完成专利申请量175件,授权量110件。新增3家高新技术企业,有科研投入的规模以上企业达10家。

【盘活存量资产】 年内,通过“腾笼换鸟”引进项目8个,盘活存量土地13.93公顷,利用闲置厂房3.5万平方米、办公用房7400平方米。

【推进落实降成本优环境专项行动】 年内,加工区推进落实降成本优环境专项行动,为园区企业降成本8000余万元;通过茶叙会、现场办公等方式为企业排忧解难;搭建银企合作平台,协助企业融资1.2亿元;全年为企业招工5773人,岗前培训2083人。引进中高端人才561人,其中硕士21人,本科生209人。

【中国巨石九江年产12万吨玻纤生产线项目奠基】 10月28日,中国巨石九江年产12万吨玻璃纤维生产线项目奠基开工仪式在加工区举行,标志着该重大项目全面开工建设。中国巨石按照规划建设九江30万吨池窑拉丝生产线项目基地,分两期建设。一期项目于2010年7月全面建成投产,分别为年产15万吨无碱双池窑拉丝生产线和2.5万吨高性能玻璃纤维池窑拉丝生产线。二期项目计划建设年产12万吨玻璃纤维生产线,项目投产后九江基地玻璃纤维产能可达30万吨,项目计划总投资10.13亿元。

(姜正生)

井冈山出口加工区

【概 况】 位于井冈山经济技术开发区内,一期开发0.63平方千米。2016年,按海关总署整改要求,提出核减面积申请,国务院批复后,加工区面积将核减至0.48平方千米。落户企业14家,其中生产型企业5家、商贸物流企业9家。全年累计完成进出境(区)贸易额8278万美元,其中出境(区)3473万美元。

【招商引进多家实力企业】 2016年,加工区管理局结合工作实际,开拓招商思路,与微网公司达成投资协议,利用出口加工区平台功能,搭建“吉安跨境电商集聚贸易区”;与吉安邮政速递公司、广州威时沛运公司达成投资意向,依托出口加工区保税监管库区,向海关总署申报设立吉安国际快件中心,同时在区内成立商贸公司,从事跨境电子商贸业务。

【吉安陆地港进口商品直销中心揭牌运营】 1月16日,加工区引进的、入驻于吉安陆地港的进口商品直销中心揭牌运营。吉安陆地港暨口岸作业区是服务吉安市外向型经济的口岸窗口和物流平台,由厦门港务集团投资建设。进口商品直销中心依托集团港口主业,采用“自主进口、自主报关、直运直销”的运营模式,商品主要来自欧洲、澳洲、日本、韩国、东南亚和中国台湾地区,前期经营的多是日用品,价格偏向中低档。绝大部分进口商品为厦门港务集团旗下港务贸易、港务酒业、外轮代理等企业代理进口或报关,商品的来源可以追溯到每一张原产地证、商检单和报关单,能确保品质。截至年底,直销中心共实现营业额近350多万元。

【加工区与吉安海关共同商讨解决浚图公司困难问题】 吉安市浚图科技有限公司是加工区内一家专业生产高密度线路板、软板、软硬结合板的企业。该项目属省重大招商引资项目。受全球经济下行影响，公司原计划原材料大部分进口，产品大部分销往境外，实际所需原材料全部可以国内购买，产品内外销约各占一半，企业在出口加工区内生产经营，每年将增加税负约4000万元，2016年5月企业要求划出井冈山出口加工区。同时，海关总署发函，要求对井冈山出口加工区进行整改。加工区结合实际，在已验收的0.63平方千米范围内申请核减浚图公司项目用地0.15平方千米，并由海关总署牵头将10部委会签同意的意见报国务院批复。

（肖思伟）

·资　料·

全省省级以上开发区(工业园区)一览

南昌市

1 南昌高新技术产业开发区(南昌出口加工区)
2 南昌经济技术开发区
3 南昌小蓝经济技术开发区
4 南昌昌东工业园区
5 新建长堎工业园区
6 安义工业园区
7 南昌昌南工业园区
8 进贤经济开发区(筹建省级)

九江市

9 九江经济技术开发区(九江出口加工区)
10 共青城高新技术产业园区
11 瑞昌经济开发区
12 九江沙城工业园区
13 武宁工业园区
14 修水工业园区
15 永修云山经济开发区
16 德安工业园区
17 庐山工业园区
18 湖口高新技术产业园区
19 都昌工业园区
20 彭泽工业园区

景德镇市

21 景德镇高新技术产业开发区
22 乐平工业园区
23 景德镇陶瓷工业园区

萍乡市

24 萍乡经济技术开发区
25 莲花工业园区
26 芦溪工业园区
27 萍乡湘东工业园区(筹建省级)
28 萍乡安源工业园区(筹建省级)
29 上栗工业园区(筹建省级)

新余市

30 新余高新技术产业开发区
31 分宜工业园区
32 新余袁河经济开发区(筹建省级)

鹰潭市

33 鹰潭高新技术产业开发区
34 贵溪经济开发区
35 余江工业园区

赣州市

36 赣州经济技术开发区
37 赣州章贡经济开发区
38 赣州高新技术产业开发区
39 南康经济开发区
40 信丰工业园区
41 大余工业园区
42 上犹工业园区
43 安远工业园区
44 龙南经济技术开发区
45 定南工业园区
46 宁都工业园区
47 全南工业园区
48 于都工业园区
49 兴国经济开发区
50 会昌工业园区
51 瑞金经济技术开发区
52 寻乌工业园区(筹建省级)
53 崇义工业园区(筹建省级)
54 石城工业园区(筹建省级)

宜春市

55 宜春经济技术开发区
56 樟树工业园区
57 丰城高新技术产业园区
58 靖安工业园区
59 高安工业园区
60 奉新工业园区
61 上高工业园区
62 宜丰工业园区
63 万载工业园区
64 宜春袁州工业园区(筹建省级)
65 铜鼓工业园区(筹建省级)

上饶市

66 上饶经济技术开发区
67 上饶高新技术产业园区
68 玉山经济开发区
69 横峰经济开发区
70 铅山工业园区
71 弋阳高新技术产业园区
72 婺源工业园区
73 万年高新技术产业园区
74 鄱阳工业园区
75 余干高新技术产业园区
76 德兴经济开发区

吉安市

77 井冈山经济技术开发区(井冈山出口加工区)
78 吉安河东经济开发区
79 吉州工业园区
80 吉安高新技术产业开发区
81 吉水工业园区
82 永丰工业园区
83 新干工业园区
84 安福工业园区
85 峡江工业园区
86 泰和工业园区
87 遂川工业园区
88 永新工业园区
89 万安工业园区

抚州市

90 抚州高新技术产业开发区
91 抚北工业园区
92 崇仁工业园区
93 金溪工业园区
94 南城工业园区
95 南丰工业园区
96 广昌工业园区
97 东乡经济开发区
98 宜黄工业园区
99 黎川工业园区
100 乐安工业园区(筹建省级)

注：对外园区数为100家，其中筹建省级工业园区11家，原星子工业园区更名为庐山工业园区，原广丰经济开发区更名为上饶高新技术产业园区。

（江海）

本栏编辑　游桃琴

旅　游　业

综　述

2016年，全省旅游行业围绕“文明、有序、安全、便利、富民强国”五大目标，推出旅游十大行动，开展52项举措和推进旅游强省战略目标，加快旅游改革发展步伐，加大旅游秩序及文明旅游建设力度，加强旅游市场推广营销，促进旅游业态创新，提升旅游服务质量，强化旅游人才培养，推动旅游产业保持了强劲发展势头。全年全省累计接待游客4.7亿人次，旅游总收入4993.29亿元，同比分别增长22.11%、37.27%。

【推进旅游综合改革】 配合省人大常委会开展以乡村旅游和旅游扶贫为主题的助推旅游强省建设系列活动。省旅发委与省政府研究室、省社科院联合进行专题调研。与省高级人民法院共同协商制定《关于加强协作共同促进全省旅游业健康发展的指导意见》。大力支持省旅游集团公司开展混合所有制改革，1月6日与战略投资者正式签约，旅游集团混改顺利完成。各地通过旅游综合改革激发内在活力。南昌市、萍乡市建立市旅发委兼职委员制度，南昌市成立汉代海昏侯国遗址管理局。九江市印发实施《关于深化改革创新加快旅游发展的决定》，确定构建“两圈两带”的环庐山大旅游发展格局的目标，庐山市正式挂牌成立，九江市文化旅游集团公司挂牌运营。鹰潭市推进国家旅游业改革创新先行区和全域旅游示范区创建工作。抚州市旅游专项资金由1000万元提高至3000万元，且增加副主任职数和7个事业编制。新余市组建江西仙女湖旅游股份有限公司。上饶市获批设立上饶国际医疗旅游先行区，成立市公安局旅游警察支队，在三清山、婺源县设立旅游警察大队。吉安市组建井冈山行政执法处，集中行使景区执法权。井冈山、庐山、梅岭、流坑等9个景区设立旅游法庭。

【全省旅游产业发展大会召开】 4月26日—27日，第三届全省旅游产业发展大会在鹰潭市龙虎山召开。大会对加快旅游强省建设作出全面部署，会上提出“决战一万亿”的“十三五”奋斗目标，省委书记强卫、省长鹿心社讲话。27日下午，江西省推进旅游强省战略、决战旅游产业一万亿动员会举行，副省长殷美根出席会议并作动员讲话。

【首届江西省旅游产业博览会举办】 9月23日—25日，首届江西旅游产业博览会在南昌国际展览中心举办，3天共接待进场参观、咨询和赏购的游客16.8万人次，现场销售额5920万元，达成意向性合同1.52亿元。人民网、大江网等国内主要媒体纷纷报道，在业内外引起较大的关注和好评。“旅博会”期间，组织开展2016江西旅游商品大赛，评选出特等奖3件、金奖12件、银奖20件、铜奖30件。景德镇市、吉安市选送的《望庐山瀑布》将军罐、五谷杂粮画获“2016中国旅游商品大赛”铜奖。赣州、抚州成功举办首届旅游商品博览会。

【组织开展2016年乡村旅游提升年系列活动】 年内相继在武宁举办“江西风景独好山水武宁醉美”2016年江西乡村旅游提升年启动仪式，并开展系列丰富多彩的过大年活动。在赣州石城启动乡村旅游提升年之“春景”篇——《画乡景》活动，在萍乡武功山举办2016“赏乡音”江西乡村旅游音乐节暨第九届萍乡武功山帐篷节。评定新余凯光国家亚热带植物园等3家单位为省级乡村旅游点，大余县周屋乡村旅游点等18家单位为市级乡村旅游点，婺源篁岭等10家单位为2016年全省旅游风情小镇，鹰潭龙虎山风景名胜区龙虎山镇等20家单位为2016年全省生态旅游示范乡镇。

【创新发展红色旅游】 吉安井冈山市以红带绿、以绿衬红，大力实施“全景吉安、全域旅游”旅游发展战略，着力推进全域旅游示范区建设，进一步提升“红色摇篮 绿色家园”品牌形象。赣州市通过把发展红色旅游与美丽乡村建设结合，实现直接就业3万人次，带动间接就业21万人次，辐射受益贫困人口近32万人。全省红色旅游接待人次、综合收入继续保持增长态势。

【旅游扶贫工作】 多次组织专家组对各地乡村旅游、旅游扶贫进行指导，帮助各地将“商、学、养、闲、情、奇”等体验性要素注入乡村旅游，延展产业链，促进乡村旅游+多种业态蓬勃发展。与省扶贫办合作，在全省范围内开展乡村旅游扶贫摸底调查，建档立卡贫困村741个、贫困户54754户、贫困人口168335人，建立乡村旅游扶贫工程数据库，并将此纳入国家乡村旅游扶贫工程信息化网络平台。推广乡村旅游、旅游扶贫先进经验。不断提炼全省涌现出来的各类创新做法和有效经验，如总结推广婺源篁岭、大余丫山、于都屏山牧场及赣州、吉安国家旅游扶贫先行示范区经验，促进各地旅游扶贫工作。

（万晶）

景区建设

【概　况】 2016年新签约旅游项目221个，签约资金1387.59亿元，较上年增加566.7亿元，增长69.03%；全年共组织实施旅游重点项目611个，投资总额3206.92亿元，完成投资约606.55亿元，是全年550亿目标任务的110.28%。新开工项目230个，投资总额783.41亿元，完成投资107.13亿元；在建项目541个，投资总额3060.04亿元，完成投资549.32亿元；新竣工项目70个，投资总额146.88亿元，完成投资57.23亿元。全年国家旅游项目管理系统调度江西旅游重点项目536个，总投资超3000亿元，全年实际完成投资413.49亿元。其中：政府投资72.72亿元，占17.59%；企业投资340.77亿元，占82.41%。民营企业投资328.06亿元，占79.34%，旅游领域民间投资势头强劲。

【强化旅游规划引领作用】 编制印发《江西省旅游业发展“十三五”规划》，对全省21个扶贫村开展“旅游规划扶贫”工作，已基本完成规划文本的制作。制定《江西省空间规划旅游专题研究编制工作方案》，组织赣西旅游合作规划编制工作。宜春、新余等设区市完成旅游总规修编工作。开展全省旅游产品规划设计优秀成果评选活动，评选出一等奖2个，二等奖4个，三等奖6个，优秀奖6个。

【旅游重点项目建设】 全省旅游项目呈现出新签约、新开工、新竣工的阶梯式推进的良好态势。南昌市滕王阁景区推出《滕王宴乐》实景演出，“赣江夜游”品牌广受好评，梅岭狮子峰飞行营地正式运营。鹰潭市龙虎山花语世界、圣井山漂流、逍遥城旅游综合体开园营业，大型山水实景演出《寻梦龙虎山》公演。上饶市加快建设上饶旅游集散中心、上饶高铁漫城、信江夜游等项目。抚州市文昌里历史文化街区、抚河两岸灯光秀等重点景区建设得到有效提升。井冈山直升机低空旅游对外运营。

【创建高A级旅游景区】 2016年全力开展高A级景区创建工作。抚州大觉山景区、上饶龟峰成功创建国家5A级旅游景区。南昌滕王阁景区、萍乡武功山景区已通过全国旅资委资源与景观质量专家评审，列入创建5A级旅游景区预备名单。萍乡市安源景区获全国首届工业旅游创新先进单位称号，莲花县充分发掘农民将军甘祖昌和龚全珍老阿姨先进事迹，在沿背村打造“全国党员干部教育基地”，获得省委鹿心社书记的高度评价。全省共有A级旅游景区308家，其中5A级景区10家、4A级景区105家、3A及以下景区193家。

【旅游厕所建管工作】 2016年，全省各地全面铺开旅游厕所建管工作，涉及区域更广，设计更加富有地方特色、文化品位和旅游吸引力。全年共新建、改扩建旅游厕所940座，占年初计划数的104%，完成旅游厕所投入2.6亿元，南昌、九江、吉安、抚州获“2016年全国厕所革命先进市”称号，景德镇古窑民俗博览区获“厕所革命十大典型景区”称号。

【壮大旅游产业集群】 全省35个旅游重点产业集群继续保持大跨步前进态势，南昌万达旅游产业集群，日均入园人数保持在万人以上，游客接待总量屡创新高。其中，南昌万达乐园开业4天，入园游客量就突破3.5万人次，端午节小长假客流量突破5万人。景德镇市在城市建设、城市旅游功能、城市旅游符号等方面下大力气、做大文章，打造陶溪川、御窑景象等以文化创意为主的新业态旅游景区，建设西河湿地休闲景区。

（万晶）

市场促销

【概　况】 2016年2月，中共中央总书记习近平在江西视察时提出“庐山天下悠、三清天下秀、龙虎天下绝”的赞誉，国内外对江西的关注度不断上升，绿色生态江西的美誉度越来越好。江西抓住这一机遇，深耕内容，创新形式，立足本省，面向全国，做到“周周有亮点、月月有活动”，不断扩大“江西风景独好”品牌影响力。

【持续投放“江西风景独好”广告宣传片】 2016年，完成“江西风景独好”全新高清旅游形象宣传片的央视投放，年内，央视江西旅游形象广告参与单位由17家增加到22家，全新编排的“江西风景独好”高清形象广告片在央视第一频道、新闻频道早间《朝闻天下》，午间《今日说法》栏目播出。为增加“江西风景独好”央视广告投放频次，扩大收视人群，从9月16日开始，优化播出方案，保留《朝闻天下》和《今日说法》等重点栏目投放，另新增《国际时讯》《新闻周刊》《世界周刊》等晚间栏目的投放。在全国“两会”期间，400幅“江西风景独好”旅游形象风光图片亮相于北京公交候车厅中，这是连续5年在北京候车亭灯箱投放全省性的旅游形象宣传广告。5月，为配合赣港经贸活动之一——江西游学旅游宣传日活动，在香港公交车身、公交站台和地铁等投放“江西风景独好”形象宣传广告。围绕“悠、秀、绝”的宣传工作，在省内机场、高速公路、高铁、《中国旅游报》《江西日报》《江西旅游画刊》《中国铁路文艺/旅游地理》及“江西风景独好”官方微信微博、江西旅游网进行全媒体宣传江西旅游。

【策划推出百城营销“蝶翼计划”】 2016年，在上年“百城战役”营销的成功经验上，精准定位客源市场，进一步打造“百城战役”升级版，全省联动开展“江西风景独好”宣传营销“蝶翼计划”，整合出击，点线面逐级辐射，引发江西省重点客源市场宣传连锁效应。江西旅游大型推广活动走进北京、上海、长沙、武汉、济南、青岛、福州、天津、深圳、成都、厦门等主要目标城市，启动客源地市场“十百千万”工程：组织11设区市旅发委、14个重点景区，选择100个重点客源城市、联合1000家组团社和媒体（OTA、个性游组织、自媒体），在10000个社区和学校开展“江西风景独好”品牌推广和市场营销系列活动，特别是进社区、进商圈、进校区，将游学旅游市场作为全年的主题。在“蝶翼”没有直接覆盖的地区产生“蝶翼效应”，进一步探索、介入、培育旅游市场。

【举办2016江西旅游大型推广活动】 7月8日—10日，“跟着诗文游江西”2016江西旅游（北京）大型推广活动在北京王府井商业街及部分重点社区举行，省领导及设区市政府分管领导到场指导。活动期间，王府井商业大街活动主会场近2000平方米展示面积展出200多幅江西美景，以历代文人墨客赞颂江西美景的诗词与风光图片相结合设计而成的32块形象展板，引起参展游客的诵读热情。活动推出40余条“跟着诗文游江西”游学旅游线路，现场猜灯谜、VR体验，线上背诗词赢话费等精彩活动不断。除王府井主会场外，社区推广是年内江西旅游在京营销的新形式。9—10日，以国瑞城中区、前门大街、远洋天地3个高品质的北京核心社区为活动阵地，直接面向社区居民，零距离展示江西旅游资源，营销各地特色旅游线路产品，推广“江西风景独好”旅游品牌。活动期间，各地共发放6.8万（套）宣传资料，送出5000多份旅游纪念品，接待公众12.26万人次，3万余人次达成赴赣旅游意向。

10月28日—30日，“跟着诗文游江西”2016江西旅游（杭州）大型推广活动在杭州举行。活动以人流量较大的杭州吴山广场和延安路解百商圈为宣传推广主阵地，线上线下联动，通过“江西风景独好——跟着诗文游江西”主题展览及线路产品展示、江西旅游诗曲CD首发式、“浙赣诗文对诗会”、线上诗文填词游戏等互动活动，让江西旅游和杭州市民亲密接触，受到杭州市民热捧。此次活动首次引入网红直播和现场快闪，引爆线上线下粉丝围观。杭州地铁LED视频展示和高档住宅小区特色线路电梯广告，将活动影响半径有效拓展。整合景区、酒店资源推出众多优惠政策，并直接将展台搬进商场，开设旅游咨询报名专区，营销各地特色旅游产品。

11月30日，“江西风景独好”江西旅游招商项目暨新线路产品（广州）说明会在广州举行。江西旅游牵手“全国五强、广东第一社”广东广之旅旅行社策划推出12条新线路、新产品，同时在广东全省180多家营业网络、自驾车俱乐部和线上平台进行线上线下的全方位营销推广。江西省70家景区、酒店推出近百项优惠政策，迎候广东游客。此次推广活动，首次联手产品销售终端，主打“新线路、新发现”的旅游新产品推广，将推广阵地设在旅行社门店，直接将新颖优惠的江西旅游产品植入广州旅游市场。活动后续还将配合公交广告、大型展会江西产品专区展示等形式，持续提升宣传效果。

【举办首届“美丽中国·寻梦江西”旅游美文征文大赛】 由省旅发委主办、《江西日报》社承办，旨在以游记、评论、传记等体验式题材形式，发现江西乡村旅游提升发展中的种种变迁和江西乡村休闲旅游独特之美，力求以体验式的文章传播游客旅途中的所见所感，发现江西乡村旅游开发中的各种“新、奇、美”，为江西旅游的发展和建设发出好声音。此次征文大赛还特别针对大中小学生群体加设一个征文子栏目“少年说”投稿栏目。大赛引起广泛关注，共收到征文超过3000篇，在《江西日报》旅游版刊出30篇。大赛评出特等奖一名、一等奖一名、二等奖两名、三等奖三名。

【开展“祝福G20·特惠江西行”江西旅游大型优惠活动】 G20杭州峰会期间，整合全省123家涉旅单位（其中旅游景区82个、景区酒店39家、旅游演艺2家）推出不同幅度的价格优惠，向浙江游客赠送出不低于10亿的旅游优惠大礼包。G20杭州峰会期间，到三清山、龙虎山、婺源、景德镇古窑、明月山等景区游览的浙江游客大幅增加。

【组织参加大型旅游会展活动】 省旅发委组团参加在厦门举办的“第十二届海峡旅游博览会”、在山西举办的“第二届中国山西‘一带一路’古城古镇国际文化旅游暨第三届国际旅行商采购大会”、在西安举办的2016西安丝绸之路国际旅游博览会、在天津举办的中国产业博览会、在广州举办的2016中国（广东）国际旅游产业博览会、在桂林举办的2016中国—东盟博览会旅游展、在台北举办的第十一届海峡两岸台北旅展、在上海举办的2016中国国际旅游交易会等境内大型旅游会展活动，获多个优秀组织及展台奖项，以会展为平台提升江西旅游知名度。

【开展江西（香港）游学旅游宣传系列活动】 香港旅游推广活动以耳熟能详的江西山水诗文为媒介，推介江西游学旅游线路产品，宣传“江西风景独好”旅游品牌。3月，举办“香港青少年红色之旅江西行2016”活动，组织逾200名香港青少年学生赴井冈山、南昌、庐山、赣州等地开展红色旅游游学。4月，启动“江西风景独好”大型香港中学生江西旅游知识竞赛活动，以体验式真人秀的形式宣传江西的旅游文化和人文历史，活动吸引逾万名学生竞逐“江西旅游知识王”。5月，赣港经贸活动期间举办2016江西（香港）游学旅游宣传日活动，通过江西旅游诗词歌舞表演、VCR视频互动、香港电视台主持人粤语推介、智能机器人互动等活泼新颖的方式推广江西游学旅游产品。江西省旅游发展委员会与香港教育工作者联会、香港国民教育促进会、旅游学库（香港）有限公司分别签署《香港青少年江西旅游合作协议》，全力推动“香港青少年江西旅学”品牌项目的常态化进程。

【依托“万里茶道”中蒙俄旅游联盟平台推广江西旅游】 年初，第四届“万里茶道”与城市发展（铅山）中蒙俄市长峰会期间，举办“江西风景独好”旅游分享会，知名影星陈红（铅山籍），滴滴打车创始人兼CEO程维亲力助阵，现场向来自俄罗斯圣彼得堡、蒙古国中央省等9个城市和7个组织和“万里茶道”沿线国内43个节点城市的嘉宾推介江西丰富的旅游资源。10月，中俄蒙“万里茶道”相识之旅之高山流水宣传推广活动在上饶市婺源县举办，再一次向来自中俄蒙三国200余名旅游部门、旅游企业代表以及国内外媒体展示江西优质旅游资源。

【邀请境外资深媒体到赣考察采风】 为强化“美丽中国——2016丝绸之

路旅游年”主题宣传力度，提升海上丝路品牌及区域沿线产品在加拿大的知名度，加拿大资深专业媒体记者一行11人应国家旅游局驻多伦多旅游办事处与加拿大航空公司、香港航空公司联合邀请，省旅发委于3月26日—31日期间负责接待该团在赣采访考察工作，加拿大航空《enRoute》杂志对活动进行大篇幅报道。为进一步提升“江西风景独好”在泰国乃至整个东盟地区的知名度，吸引更多的东南亚人到赣旅游和投资，借亚航开通泰国芭提雅至南昌市的航班，省旅发委于4月25日—30日邀请泰国资深媒体记者和旅游达人一行17人到赣实地考察采风。

【组织境外旅游宣传推广活动】 以中美旅游年、一路一带发展战略等为契机，组团或随团赴北美、东欧、南美、韩国、马来西亚、南非等地区开展宣传推广，达成多项合作意向。参与国家旅游局组织的“美丽中国”——海上丝绸之路美加推广，进一步扩大江西旅游国际影响力。进一步发挥江西旅游海外推广工作站作用，全省旅游发展大会期间，邀请海外推广工作站负责人参会，进一步借力各海外推广工作站宣传推广平台推介江西旅游。

【组织实施入境旅游奖励政策】 为进一步推动江西省旅游强省建设，省旅发委和省财政厅研究制订《江西省入境旅游奖励试行办法》，在省级旅游产业发展专项资金和省级航空发展专项资金中安排奖金，用于支持开拓到赣入境旅游客源市场。“办法”于2016年1月1日起正式试行，相关旅游企业反响强烈，各旅行社和旅游景区加大投放境外宣传力度。在奖励办法的引导下，部分旅游企业开始尝试开展洲际包机、境外参展和促销等新业务和新手段。

【升级改造“江西风景独好”微信平台】 “江西风景独好”微信微博继续发挥新媒体精准营销作用，及时发布国内省内最新政策法规和旅游新闻，开展温泉免费体验、龙虎山剧场送票、万达乐园送票、婺源民宿送房、“江西风景独好”粉丝活动日、凤凰沟体验等一系列粉丝回馈活动，建立“江西风景独好”铁杆粉丝群，其中微信平台全年净增粉丝2万余个，推送微信推文800余条。在全国省级旅游局官微排行榜上，稳定10名以内，其中“江西风光秀美的六大魅力县城，你最想去哪定居”的县城评比，“探秘江西夏季避暑界的九大地下网红”的最美溶洞评比及“武功山门票索道全免费！江西乡村旅游音乐节不来你就亏了！”，推文阅读量均破10万，微信周榜排名创造了全国第一的好成绩。为更好发挥新媒体的作用，已完成微信后台的升级改造，并借助平台技术开展10余次线上线下粉丝互动活动，较好地配合大型推广活动和政务新闻的传播。“江西风景独好”在江西旅游政务微博中影响力保持稳居前列。

【开展各类旅游节庆及宣传活动】 举办2016赣州旅游博览会等综合性旅游展会，“花为媒·春之歌”2016江西（瑶湖）荷兰郁金香主题花卉展（南昌），第九届凤凰沟樱花节（南昌），安义金花文化旅游节，第七届井冈山杜鹃花节，万载百合旅游文化节等季节性赏花活动，2016首届中德（南昌）啤酒音乐节暨第五届湾里纳凉节，靖安象湖湾大型泼水节，2016年阳光照耀29度假区金沙滩音乐节（武宁）等夏季纳凉活动。针对“乡村旅游提升年”“中国旅游日”“G20杭州峰会”“国庆黄金周”等开展各类丰富多彩的宣传推广活动，丰富旅游市场。

（万晶）

行业管理

【概　况】 2016年，省政府办公厅印发实施《关于进一步加强旅游市场综合监管的通知》。在全省范围内组织开展一系列旅游市场秩序整治活动，坚决查处违法违规行为。9月底对全省11各设区市和鄱阳县、瑞金市进行旅游市场秩序联合检查。10月1日，省委书记鹿心社检查了省旅发委值班应急工作，详细了解了当日全省景区情况，要求全省旅游部门干部职工真心投入、全力以赴，坚决打好国庆黄金周旅游的这场硬仗。全年在全省范围内组织开展了一系列旅游市场秩序整治活动，坚决查处违法违规行为，优化诚信经营市场环境，提升旅游市场综合监管效率和治理效果，维护旅游者和旅游经营者合法权益。

【推进旅游标准化建设和质量兴省工作】 开展旅游强县的申报和评定验收工作，完成对井冈山市、南昌市湾里区、武宁县、石城县、靖安县、芦溪县等6个县区的评定和命名授牌，对湖口县、永修县、鄱阳县、吉安市青原区等第二批参评县区开展评定工作，进一步促进县域旅游经济的快速健康发展。推进全国第三批旅游标准化试点工作，完成景德镇古窑民俗博览区创建全国旅游标准化示范企业评估验收工作。开展第三届全国旅游服务质量标杆单位遴选和服务质量标杆培育单位的推荐工作。开展2016年星级导游员评定工作，开展2016年“江西名牌”产品（服务业）和第二届“井冈质量奖”推荐申报工作。

【加快推进智慧旅游建设】 省旅发委与省旅游集团签订《江西省“智慧旅游”建设委托书》，与上饶市签订《江西省旅游大数据中心建设战略合作框架协议》，与腾讯科技（北京）有限公司签订战略合作框架协议，完成江西省旅游产业运行监测与应急指挥平台一期建设，全省5A级景区全部接入国家旅游应急指挥平台。与中国银行江西省分行联合发布中行版“旅游一卡通”——江西风景独好旅游联名卡，累计发行14万余张旅游借记卡、5万余张旅游信用卡，拓展涉及景区、住宿、餐饮、航空等旅游合作商户900余户。鹰潭市建成龙虎山智慧旅游体验中心，赣州市、九江市推出旅游APP，新余市实施“一部手机畅游新余”智慧旅游项目建设，上饶市“会旅游”平台全面建成上线，抚州市发行惠民旅游卡。

【开展文明旅游建设】 省旅发委与省文明办、团省委共同组织开展“传承红色基因，推进旅游文明”主题活动。在全省范围内开展“为中国加分”文明旅游公益活动，开展2016文明旅游先进单位评选和典型事迹征集宣传活动，全省各地推荐文明旅游先进单位18家，其中南昌滕王阁景区等

5 家单位被推荐申报全国文明旅游先进单位。开展 2016“四个一批”旅游志愿服务先锋行动，通过培育挖掘，向国家旅游局推荐志愿者先锋项目 1 个、先锋组织 2 个、示范基地 3 个、先锋人物 3 人。

【严格实行旅游业优胜劣汰机制】 组织开展 2015 年度江西省“十佳”导游员评选活动，召开 2016 全省星级饭店总经理会议，表彰“2015 年度星级饭店经营二十佳饭店”。开展全省星级饭店年度复核和双随机检查，取消抚州市资溪县绿岛国际大酒店等 33 家饭店星级（四星级 1 家、三星级 16 家、二星级 16 家），责令九江市共青城中航（茶山）迎宾馆等 13 家饭店（四星级 4 家、三星级 9 家）限期整改。全省共有星级饭店 407 家，其中五星级 17 家、四星级 127 家。同时，评定批复金树叶级绿色饭店 1 家和五星级温泉旅游企业 2 家。2016 年，全省新审批旅行社 24 家，注销旅行社 25 家，新批出境组团社 11 家，共有 13128 名导游参加导游年审。

【旅游人才培养】 在全省范围内开展《江西旅游知识读本》“进学校、进乡村、进社区”工程，联合团省委在全省高校开展旅游微电影创作大赛。与省教育厅联合主办“大学生旅游商品创意设计大赛”，共收到稿件 121 件，评选出金奖 2 件、银奖 10 件、铜奖 14 件、优秀奖 20 件，与江西财经大学联合主办全省旅游产业高级管理人才研修班，首届 36 位学员结业，71 位学员参加为期 1 年半的第二期研修班学习。全省乡村旅游人才“百县千人”培训班分别在萍乡和大余举办。上饶市旅发委、吉安市青原区旅发委获评全国旅游系统先进集体，张波、施国平、姜和平 3 人获评全国旅游系统劳动模范。

（万晶）

风景名胜区

【概　况】 全省有庐山、井冈山、三清山、龙虎山、仙女湖、三百山、梅岭—滕王阁、龟峰、云居山—柘林湖、高岭—瑶里、武功山、灵山、神龙源、大茅山等 14 处国家级风景名胜区和通天岩、翠微峰、罗汉岩、汉仙岩、梅关—丫山等 28 处省级风景名胜区，风景名胜区总面积 5430 平方千米，占全省国土总面积的 3.2%。庐山、三清山、龙虎山和龟峰等风景名胜区被联合国教科文组织世界遗产委员会列入《世界遗产名录》。国家级风景名胜区数量全国排名并列第三位。2016 年，江西省新增天门岭和相山 2 处省级风景名胜区，瑞金、小武当、杨岐山、汉仙岩等省级风景名胜区申报国家级风景名胜区已由住建部上报国务院待批。风景名胜区已经成为生态文明建设和旅游产业发展的主要载体。2016 年，国家级风景名胜区接待游客 4900 万多人次，旅游综合收入 480 多亿元，其中门票收入 21 亿元。

【风景名胜区申报工作】 抚州市政府出台政策，支持风景名胜区申报晋级工作，申报成功国家级风景名胜区奖励 500 万元。抚州市流坑、麻姑山 2 个景区已经确定了申报范围并编制完成申报国家级风景名胜区材料上报至省政府。赣州市的瑞金、小武当、杨岐山、汉仙岩 4 个景区申报国家级风景名胜区已经全部取得国家林业局同意，住建部已经上报国务院办公厅待批。完成金溪县天门岭、崇仁县相山等 2 个景区申报省级风景名胜区工作，全省省级风景名胜区增至 28 处。启动乐安大华山、南丰车磨湖和广昌青龙湖—龙凤岩等景区申报省级风景名胜区工作。继续开展风景名胜资源普查工作，完成《江西风景名胜资源调查和评价》文本初稿。组织编写《江西省风景名胜区事业发展报告（1982—2015）》文本，完成初稿。

【武夷山（江西铅山）申遗工作】 3 月在铅山县召开武夷山（江西铅山）申报世界自然与文化遗产工作协调会，确定从拓展申报简化为遗产边界微小调整，部署落实了申报方案、申报材料编写等有关工作，并争取住建部及福建省的支持。武夷山（江西铅山）申报世界自然与文化遗产申报材料已由中国联合国教科文组织全委会报送世界遗产委员会。

【推进规划编制报批工作】 国务院批复龟峰、灵山风景名胜区总体规划，江西省 14 个国家级风景名胜区总体规划已有 9 个获国务院批复；完成武功山、高岭—瑶里、三百山、大茅山、神农源等 5 个风景名胜区总体规划的修改，并已上报住建部，其中高岭—瑶里风景名胜区总体规划已通过部际会议审查。继续做好省级风景名胜区总体规划编制工作，完成翠微峰、通天岩 2 个风景名胜区总体规划的修编，待报省政府审批；受理梅关—丫山、白丈山—萝卜潭等 2 个风景名胜区总体规划实施评估报告；督导修水县编制完成南崖—清水岩风景名胜区总体规划初稿；会同省政府城乡规划督察员，对流坑、潭湖、葛源、船屋等风景名胜区的总体规划编制工作进行督导。继续抓好详细规划编制与实施管理，编制完成梅岭—滕王阁梅岭头景区、狮子峰景区、神龙潭景区详细规划，大茅山黄歇田旅游村、龟峰景区、三清山枫林旅游服务区、龙虎山正一观景区等 9 个详细规划，上报住建部 7 个并全部通过住建部专家评审，待批复；完成井冈山茨坪接待服务区、武功山金顶景区、龟峰旅游集散中心、高岭—瑶里瑶里镇新区等 4 详细规划的修改上报工作；对云居山—柘林湖巾口旅游镇中部组团等 2 个详细规划局部地块调整方案进行了专家论证。

【加强资源保护和规划监管】 完成风景名胜区规划实施和资源保护年度报告工作。完成住建部国家级风景名胜区执法检查整改验收工作，梅岭—滕王阁、仙女湖和神农源景区均通过验收。完成风景名胜区遥感图斑核查工作。完成世界自然遗产地保护管理工作执法检查，对庐山、三清山、龙虎山和龟峰 4 个遗产地开展保护管理工作检查。核准了井冈山龙潭景区大峡谷地面缆车等 11 个项目选址。做好建设项目批后监管工作。

（省住建厅）

·资 料·

江西省省级风景名胜区基本情况

序号	风景名胜区	所在地	面积(平方千米)	批准设立时间
1	通天岩风景名胜区	赣州市	5.60	1995年
2	翠微峰风景名胜区	赣州市宁都县	16.10	1995年
3	罗汉岩风景名胜区	赣州市瑞金市	22.00	1995年
4	汉仙岩风景名胜区	赣州市会昌县	40.40	1995年
5	梅关—丫山风景名胜区	赣州市大余县	58.90	1995年
6	小武当风景名胜区	赣州市龙南县	13.50	1995年
7	陡水湖风景名胜区	赣州市上犹县	28.60	1995年
8	聂都风景名胜区	赣州市崇义县	109.90	1995年
9	青原山风景名胜区	吉安市青原区	19.40	1995年
10	玉笥山风景名胜区	吉安市峡江县	47.50	1995年
11	白水仙—泉江风景名胜区	吉安市遂川县	30.66	1995年
12	麻姑山风景名胜区	抚州市南城县	36.00	1995年
13	杨岐山风景名胜区	萍乡市上栗县	30.94	1995年
14	玉壶山风景名胜区	萍乡市莲花县	51.24	1995年
15	洪岩风景名胜区	景德镇市乐平市	100.00	1995年
16	秦山风景名胜区	九江市瑞昌市	102.95	1995年
17	南崖—清水岩风景名胜区	九江市修水县	50.00	1995年
18	灵岩洞风景名胜区	上饶市婺源县	38.00	1995年
19	百丈山—萝卜潭风景名胜区	宜春市奉新县	155.00	1999年
20	华林寨—上游湖风景名胜区	宜春市高安市	178.00	2006年
21	洞山风景名胜区	宜春市宜丰县	80.21	2006年
22	象湖风景名胜区	南昌市	6.65	2007年
23	葛源风景名胜区	上饶市横峰县	115.00	2013年
24	流坑风景名胜区	抚州乐安县	50.00	2013年
25	潭湖风景名胜区	抚州市南丰县	47.88	2013年
26	船屋风景名胜区	抚州市黎川县	34.00	2014年
27	天门岭风景名胜区	抚州市金溪县	30.50	2016年
28	相山风景名胜区	抚州市崇仁县	33.70	2016年

江西省五星级饭店备案表

序号	饭店名称	城市	评定时间	总机电话(含区号)	地址
1	江西宾馆	南昌市	2003	0791-86206666	南昌市八一大道368号
2	南昌凯莱大酒店	南昌市	2003	0791-86738855	南昌市沿江北路88号
3	九江远洲国际大酒店	九江市	2007	0792-8888888	九江市南湖路116号
4	锦峰大酒店	南昌市	2007	0791-88867777	南昌市站前西路281号
5	嘉莱特和平国际酒店	南昌市	2007	0791-86111118	南昌市广场南路10号

续表

序号	饭店名称	城市	评定时间	总机电话（含区号）	地址
6	泰耐克国际大酒店	南昌市	2009	0791－88828888	红谷滩新府路28号
7	园中源大酒店	南昌市	2009	0791－88863333	南昌高新区火炬大街539号
8	东方豪景花园酒店	南昌市	2011	0791－86288888	南昌市民德路411号
9	紫晶宾馆	景德镇市	2013	0798－8591137	昌南大道紫晶路9号
10	赣州锦江国际大酒店	赣州市	2012	0797－8333333	赣州经济开发区金东北路88号
11	九江信华建国酒店	九江市	2012	0792－8189999	九江市滨江路299号
12	荣誉国际大酒店	抚州市	2013	0794－8200000	抚州市迎宾大道566号
13	力高皇冠假日酒店	南昌市	2013	0791－8669999	南昌市西湖区沿江中大道266号
14	南康大酒店	赣州市	2014	0797－6677888	南康市中心天马山大道9号
15	宜春迎宾馆	宜春市	2014	0795－3688888	宜春市卢州北路669号
16	新余市融城酒店	新余市	2014	0790－6699999	新余市劳动北路799号
17	明月山维景国际温泉度假酒店	宜春市	2015	0795－2177777	宜春市温汤镇江源北路8号

江西省四星级饭店备案表

序号	饭店名称	城市	评定时间	总机电话（含区号）	地址
1	赣江宾馆	南昌市	2005	0791－88856888	南昌市八一大道138号
2	锦都皇冠酒店	南昌市	2006	0791－86429999	南昌市洪城路99号
3	江西饭店	南昌市	2006	0791－88858888	南昌市八一大道356号
4	江西师大白鹿会馆	南昌市	2006	0791－88121888	江西师范大学瑶湖校区
5	国贸酒店	南昌市	2007	0791－88855555	南昌洪城路2号
6	京西宾馆	南昌市	2009	0791－88850666	省政府大院南一路9号
7	百瑞四季酒店	南昌市	2009	0791－88688198	南昌洪都北大道10号
8	玉泉岛大酒店	南昌市	2009	0791－88811111	南昌市文博路33号
9	七星商务酒店	南昌市	2005	0791－88866666	南京西路225号
10	鑫峰假日酒店	南昌市	2008	0791－88827388	红谷滩会展路29号
11	唯客丽晶大酒店	南昌市	2012	0791－88599999	南昌市洛阳路70号
12	富庭苑酒店	南昌市	2012	0791－85236666	井冈山大道388号
13	新吉花园酒店	南昌市	2012	0791－83822222	丰和北大道299号
14	立生国际酒店	南昌市	2013	0791－88213076	解放东路1888号
15	进贤皇庭大酒店	南昌市	2013	0791－85539666	进贤胜利中路68号
16	进贤军山湖国际酒店	南昌市	2014	0791－85680888	进贤胜利中路
17	南昌市君亭红牛酒店	南昌市	2014	0791－86300666	南昌市二七南路552号
18	江西锦怡大酒店	南昌市	2015	0791－86112720	南昌市洛阳路25号
19	江西鼎昇大酒店	南昌市	2015	0791－87788888	南昌市洪都大道207号
20	南昌市琴源山庄	南昌市	2016	0791－88681000	南昌湾里区乌井路28号
21	庐山西湖宾馆	九江市	2001	0792－8285850	庐山大林路719号

续表

序号	饭店名称	城市	评定时间	总机电话（含区号）	地址
22	庐山天沐温泉度假村	九江市	2005	0792－2615888	星子县温泉镇
23	龙湾温泉度假村	九江市	2006	0792－2612222	星子县温泉镇
24	国脉宾馆	九江市	2006	0792－8282040	庐山大月山路15号
25	北戴河宾馆	九江市	2008	0792－3068888	柘林镇南岸
26	花旗假日大酒店	九江市	2008	0792－2178877	前进东路19号
27	金轩益君大酒店	九江市	2009	0792－8907777	长虹大道
28	共青茶山迎宾馆	九江市	2010	0792－7728888	共青城共青大道1号
29	修水珠江大酒店	九江市	2011	0792－7833888	修水县城南秀水大道1号
30	九江山水国际大酒店	九江市	2013	0792－8199999	十里大道202号
31	修水君豪大酒店	九江市	2013	0792－7696666	修水县散源路1号
32	武宁宾馆	九江市	2013	0792－2781499	武宁县城古艾路1号
33	龙震饭店	九江市	2013	0792－2660888	星子县白鹿大道
34	湖口鄱阳湖大酒店	九江市	2014	0792－2300000	湖口县钟山大道
35	德安国际大酒店	九江市	2014	0792－4333333	德安县十力路雁湖新天地2号
36	上汤温泉度假村	九江市	2014	0792－2619888	星子县温泉镇
37	开门子大酒店	景德镇市	2004	0798－8577777	瓷都大道1055号
38	朗逸酒店	景德镇市	2008	0798－8389292	德镇市珠山西路5号
39	乐平东方国际酒店	景德镇市	2013	0798－7058888	乐平市乐平大道5号
40	豪门大酒店	景德镇市	2013	0798－8595625	昌江大道西侧1号
41	萍乡市蓝波湾花园酒店	萍乡市	2005	0799－6654228	萍乡市经济开发区安源东大道16号
42	萍乡迎宾馆	萍乡市	2012	0799－6266666	萍乡经济开发区大冲路1号
43	赣电大厦	赣州市	2001	0797－8202388	赣州市红旗大道27号
44	上犹希桥酒店	赣州市	2007	0797－8528888	上犹县文兴路
45	大余章源宾馆	赣州市	2008	0797－8731888	大余县南安镇陶园路
46	崇义耀升国际饭店	赣州市	2007	0797－3818888	崇义县枫山路
47	山水大厦	赣州市	2008	0797－8329188	赣州市红旗大道23号
48	瑞金美瑞欧大酒店	赣州市	2008	0797－2558777	瑞金市金都大道市政府后
49	瑞金宾馆	赣州市	2010	0797－2522001	瑞金市象湖镇东升先街
50	兴国品禄园酒店	赣州市	2011	0797－5323081	兴国县激江镇品禄园路
51	聚德山庄	赣州市	2011	0797－8161080	赣州市水东镇时间公园对面
52	全南希桥酒店	赣州市	2012	0797－2688888	全南县金龙大道希桥路
53	赣州香江湾大酒店	赣州市	2012	0797－7077777	赣州市章江北大道40号
54	龙南富业大酒店	赣州市	2012	0797－3575888	龙南县金水大道500号
55	南康市宝辉酒店	赣州市	2013	0797－7788999	南康市工业一部
56	定南山水香格里拉酒店	赣州市	2015	0797－4268888	定南县迎宾大道
57	安远热泉河酒店	赣州市	2015	0797－3708888	安远县三百山镇虎岗村

续表

序号	饭店名称	城市	评定时间	总机电话（含区号）	地址
58	石城县赣江源国际酒店	赣州市	2015	0797－5798888	石城县城北大道
59	江西桃江大酒店	赣州市	2015	0797－2055555	信丰县嘉定镇迎宾大道中段
60	江西欧利酒店	瑞金市	2016	0797－2500616	瑞金市中心南路
61	瑞金市金和大酒店	瑞金市	2016	0797－7119818	瑞金市桦林北路
62	北湖宾馆	新余市	2007	0790－6422222	新余市北湖中路508号
63	龙华国际大酒店	新余市	2013	0790－2182888	新余市仙女湖新码头
64	华侨饭店	鹰潭市	2006	0701－6696236	鹰潭市站江路21号
65	华盛大酒店	鹰潭市	2012	0701－6699999	鹰潭市站江路25号
66	江西骏安国际大酒店	鹰潭市	2014	0701－3529999	贵溪市象山路8号
67	江西锦都金源酒店	鹰潭市	2016	0701－6316699	鹰潭南站路46号
68	宜春德和大酒店	宜春市	2005	0795－3299999	宜春市朝阳路36号
69	宜春博能宾馆	宜春市	2011	0795－3635000	宜阳大道19号
70	丰城市洪州大酒店	宜春市	2011	0795－6666777	丰城市新城区
71	丰城市昌龙国际大酒店	宜春市	2011	0795－6666888	丰城市人民路237号
72	樟树航天国际大酒店	宜春市	2011	0795－7846888	樟树四特大道中段
73	铜鼓皇庭国际大酒店	宜春市	2013	0795－7178888	铜鼓县城南西路
74	靖安江鸽度假村	宜春市	2012	0795－7191111	靖安县高湖镇
75	奉新朝日大酒店	宜春市	2012	0795－4628888	奉新县潦河南路368号
76	江西银河假日酒店	宜春市	2014	0795－7370888	樟树市杏佛路89号
77	江西金乾大酒店	宜春市	2014	0795－7108888	万载县康乐大道429号
78	高安市希尔顿大酒店	宜春市	2014	0795－5287777	高安市高安大道777号
79	宜春泉月山庄度假酒店	宜春市	2014	0795－3139999	宜春市温泉路999号
80	上高迎宾馆	宜春市	2015	0795－2488888	上高县镜山大道2号
81	江西新源大酒店	宜春市	2015	0795－7269888	万载县将军中大道202号
82	文山国际大酒店	吉安市	2004. 1	0796－8289999	吉安市井冈山大道118号
83	映山红宾馆	吉安市	2005. 2	0796－6550888	井冈山市茨坪长坑路5号
84	井冈山天乐府大酒店	吉安市	2006. 6	0796－6566666	井冈山市茨坪天街C栋
85	井冈山锦江大酒店	吉安市	2006. 9	0796－6560888	井冈山市茨坪红军北路41号
86	中建财富国际大饭店	吉安市	2007. 7	0796－8113333	吉安市青原大道渼陂大道18号
87	井冈山市星期酒店	吉安市	2007. 12	0796－6559700	井冈山市茨坪红军南路3号
88	井冈山景园大酒店	吉安市	2011. 3	0796－7166888	井冈山茨坪红军南路37号
89	吉安开元洲际大酒店	吉安市	2011. 3	0796－8269999	吉安市吉州区永叔路88号
90	吉安宏泰酒店	吉安市	2011. 9	0796－8406511	井冈山经济技术开发区君山大道247号
91	遂川县伟业国际大酒店	吉安市	2012. 7	0796－6319999	吉安市遂川县城东路大道61号
92	京都国际大酒店	上饶市	2006	0793－8459999	上饶县旭日北大道8号
93	广丰永利国际大酒店	上饶市	2008	0793－2679999	广丰县永丰南大道1号

续表

序号	饭店名称	城市	评定时间	总机电话（含区号）	地址
94	婺源江湾大酒店	上饶市	2008	0793－7343288	婺源县文博路37号
95	婺源宾馆	上饶市	2010	0793－7298888	婺源县蚺城路24号
96	上饶华都国际大酒店	上饶市	2009	0793－8258888	信州区带湖路66－68号
97	上饶和平国际大酒店	上饶市	2009	0793－8158888	信州区五三大道88号
98	婺源茶博府公馆	上饶市	2010	0793－7366999	婺源县文博路33号
99	婺源清华婺国际酒店	上饶市	2011	0793－7392888	婺源县茶乡东路202号
100	上饶天龙山大酒店	上饶市	2011	0793－7165501	德兴市畈大乡付家湾
101	三清山水云山庄	上饶市	2011	0793－2186666	三清山东部
102	余干县金源大酒店	上饶市	2011	0793－3333333	余干县沿湖路50号
103	玉山县玉台国际旅游大酒店	上饶市	2012	0793－2259966	玉山县人民北路1188号
104	上饶市欣凯皇冠酒店	上饶市	2012	0793－8278888	信州区凤凰大道99号
105	婺源县风景酒店	上饶市	2012	0793－7213555	婺源县环城南路88号
106	玉山华云大酒店	上饶市	2013	0793－2357888	玉山县龙庭嘉苑
107	三清山锦都南星宾馆	上饶市	2013	0793－2180373	三清山外双溪南部景区
108	三清山金沙湾大酒店	上饶市	2013	0793－2187888	三清山东部索道边
109	上饶维多利亚皇家酒店	上饶市	2013	0793－8257666	信州区带湖路71号
110	玉山皇朝国际大酒店	上饶市	2014	0793－2259999	玉山县人民北路99号
111	玉山县豪泰国际酒店	上饶市	2014	0793－7138888	玉山县怀玉大道179号
112	上饶市瑞弘酒店	上饶市	2014	0793－8788888	上饶县旭日南大道101号
113	三清山风景名胜区华克山庄	上饶市	2014	0793－2355999	三清山东部金沙服务区
114	德兴市东方国际大酒店	上饶市	2015	0793－6038888	德兴市银城镇滨河大道18号
115	豪盛国际大酒店	上饶市	2015	0793－2555555	玉山县冰溪镇三清山大道555号
116	婺源县星江湾假日酒店	上饶市	2015	0793－7345888	婺源县紫阳镇环城东路
117	抚州临川大酒店	抚州市	2007	0794－8258999	抚州市临川大道429号
118	波尔度假酒店	抚州市	2007	0794－5256888	金溪县316国道旁
119	宜黄国际大酒店	抚州市	2011	0794－7118888	宜黄县狮子湾大道
120	南城法莱德国际酒店	抚州市	2012	0794－7366666	南城县建昌南大道1号
121	江西法水森林温泉旅游度假村	抚州市	2013	0794－5666106	资溪县嵩市镇法水村
122	南丰琴湖花园酒店	抚州市	2013	0794－3333888	南丰县琴湖中路
123	黎川国安假日酒店	抚州市	2013	0794－6666666	黎川县国安大道88号
124	临川才子国际大酒店	抚州市	2015	0794－8826885	抚州市公园路行政中心旁
125	南丰县国安假日酒店	抚州市	2015	0794－7666666	南丰县国安路
126	南城县温馨九九迎宾馆	南城县	2016	0794－7399999	南城县迎宾大道16号
127	金溪大酒店	抚州市	2016	0794－7899555	金溪县秀分西大道156号

本栏编辑　邓玉兰

商贸服务业

综　　述

2016年,全省推进内贸流通现代化建设,加快内贸流通创新,推动供给侧结构性改革,取得显著成效。消费增速较快位居全国前列。全省消费品市场呈现"稳中有进"发展态势,全年实现社会消费品零售总额6634.63亿元,同比增长12.0%,高于全国平均1.6个百分点,增速排名位列全国第六位,中部第二位。消费对经济增长贡献率达47.4%,较上年同期提高3.1个百分点。

限额以上企业规模效应日益突出。开展限上企业培育工作,对新增限上企业给予财政资金奖励,限上企业规模效应日益突出。年末全省列入统计的限上企业5140家,较上年末净增1143家。限上企业实现消费品零售额占社零总额比重达40.5%,比上年同期占比提高2.0个百分点。

开展"江西百年经典商品"评选活动。省商务厅牵头在全省范围开展"江西百年经典商品"评选活动,评选出瓷器、茶叶、大米、中医药、山茶油等5类"江西百年经典商品"和花炮、白酒、麻纺、木雕、竹编等5类"江西传统特色精品",通过新闻媒体和绿发会设立专区宣传推广,活动影响力进一步扩大。

现代商贸物流业快速发展。印发《江西省降低社会物流成行动计划》,出台24条举措,力争物流费用占GDP比重降低0.5个百分点。争取中央财政资金1.6亿元,支持南昌、九江开展全国物流标准化试点建设。安排800万元,启动吉安、萍乡为省级城市配送试点建设。评审确定南昌向塘综合物流产业集群、九江水运口岸物流产业集群、赣州南康家具物流产业集群、宜春高安陶瓷物流产业集群、抚州综合物流产业集群5个省级重点物流产业集群。推动省政府与传化集团签订战略合作框架协议。全年全省物流业主营收入720亿元,增长10%。

电子商务产业蓬勃发展。出台《关于深入实施"互联网+流通"行动计划加快线上线下互动发展的实施意见》,大力实施"互联网+流通"行动计划。推动省政府与苏宁集团签订战略合作框架协议。扎实推进电商平台对接专项行动和电商人才培育工程,新培训电商人才9万余人次。举办第二届中国青年APP大赛、电商创业创新经验分享会、电商财富故事展播、农村电商创业创新和电商扶贫典型案例征集等活动,浓厚了电商发展氛围。全年电商交易额达4200亿元,增长50%。

消费促进工作扎实推进。"赣品行天下"成效不断扩大。在福州、广州举办"2016江西省地方特色商品展销会",广泛宣传和展示江西绿色生态品牌。组织全省各地上千家企业参与"2016年全国消费促进月"活动,开展以"活跃消费市场、惠及百姓生活"为主题的2016年全省第八届金秋购物消费月活动,有效扩大了居民消费。

流通市场秩序更加规范。在新余市、瑞金市、信丰县开展商务领域综合行政执法体制改革试点,推进商务系统简政放权。深入开展"诚信兴商宣传月""百城万店无假货""信用消费进万家"主题日等活动,增强了企业诚信经营意识和商业品牌意识。加强打击侵权假冒制度和机制建设,创新区域协作机制,联合开展"2016——长三角云剑"行动,打击互联网领域侵权假冒违法行为。加强成品油市场安全监管工作,成品油安全生产实现零事故。

新经济不断加快发展。组织举办绿发会新经济赣江论坛暨现代服务业合作对接会,启动休闲服务业试点工程。加快商务咨询业发展,促成上海钢联、深圳土巴兔等现代服务业企业落户南昌高新区、西湖区。与北京银行南昌支行联合召开政银企对接会,缓解企业融资难融资贵等问题。

市场监测工作位居全国前列。全省已建成生活必需品、重点流通企业等八大市场监测系统,监测统计样本企业超1000家,全国排位第六名。

(刘仁文)

市场秩序建设

【加强打击侵权假冒工作机制建设】

履行省打击侵权假冒工作领导小组办公室职责,按照国家打击侵权假冒工作总体部署和省打击侵权假冒工作领导小组的要求,制定下发《2016年全省打击侵权假冒工作要点》,召开全省打击侵权假冒工作电视电话会议部署工作。加强专项行动的组织协调,健全打击侵权假冒领域"两法衔接"平台工作机制和行政处罚信息公开机制。建立信息公开统计月报与通报制度,组织开展"两法衔接"和行政处罚信息公开工作督查,推进侵权假冒行政处罚信息公开。截至年底,全省打击侵权假冒领域行政执法信息录入量达1.4万余条。参与和推动江西、浙江、安徽、江苏、上海等4省1市跨区域跨部门执法协作，借助阿里巴巴平台联合开展打击互联网领域侵权假冒违法行为的“2016——长三角云剑”行动。江西省“2016——长三角云剑”行动共立案4起，破案1起，抓获犯罪嫌疑人4名，涉案金额4000余万元。全省打击侵权假冒工作成效明显，全年全省行政执法部门共查处侵权假冒案件3524起，涉案金额2979万元。全省公安机关破获侵权假冒案件65起，抓捕犯罪嫌疑人101人，涉案金额1.3亿元。全省检察机关共批捕侵权假冒案件116起146人，起诉178起276人。全省各级法院审理侵犯侵权假冒刑事案件59起，审结60起，判决115人。

【完善商务领域信用体系建设】 完善江西省商务信用信息平台建设和信用信息查询制度，指导商业联合会开展“江西省商贸流通服务业诚信示范企业创建与评选活动”，开展“诚信兴商宣传月”“百城万店无假货”“信用消费进万家”主题日等活动，增强企业诚信经营意识和商业品牌意识。活动期间各级商务主管部门在此次宣传活动中共出动工作人员3600多人次，发放宣传材料25万份，张贴宣传画5万张，制作展板1000多个，发布专题新闻、信息5万余条，诚信宣传短信1万多条，制作播放各类公益广告2万次，播放广播、电视专题节目及新闻报道总数6000次，总时长150分钟。“诚信兴商”的理念得到加强，取得了良好宣传成效。对发挥行业自律作用，维护企业信誉、培育企业品牌、加大对知识产权的保护，树立诚信立商、诚信经商、诚信活商、诚信兴商起到积极作用。

【重要产品追溯体系建设工作】 按照国务院办公厅和省政府领导的要求，省商务厅会同相关部门以省政府办公厅行文印发《江西省加快推进重要产品追溯体系建设的意见》，统筹推进江西省重要产品追溯体系建设工作。并指导南昌市加强肉菜追溯体系试点项目建设和开展运维工作，9月，南昌市肉菜流通追溯体系建设试点项目通过专家验收，至年底南昌市肉菜流通建设试点项目基本完成。抓好全省中药材流通追溯体系试点项目建设，初步实现与中央平台系统对接。至年底已完成7家种植基地，93家商户、6家饮片企业、2家药店的系统建设，其中87户商户已使用追溯秤，4家饮片企业使用追溯系统，并向商务部报送71万张溯源码。

【商务综合执法体制改革】 联合省机构编制委员会办公室制定印发《关于江西省商务综合行政执法体制改革试点工作实施意见》。在新余市、瑞金市、信丰县开展商务领域综合行政执法体制改革试点。加强商务综合执法队伍建设，厘清执法职责，落实权力清单与责任清单制度，强化事中事后监管，探索建立顺应商务系统简政放权改革需要和江西省经济社会发展要求的商务综合行政执法体制机制，努力形成可复制可推广经验。同时推进各地使用商务综合行政执法业务管理系统，推广“12312商务执法”微信公众号使用。

【市场重点领域监管】 不断健全打破封锁垄断长效机制，通过与江西省商业联合会等社会机构，加强全省地区封锁状况监测调查工作。为进一步加强零售商供应商交易监管工作，组织各地商务主管部门开展零售商、供应商交易行为的日常监管和专项检查活动，以检查违规收费为重点，规范零售商、供应商公平交易行为，推动零售商、供应商建立依法经营、公平竞争、互利互惠、和谐相依、共同发展的双赢关系。组织开展单用途商业预付卡领域非法集资风险专项排查活动和“双随机”“一公开”商务检查。落实鄱阳湖区联谊联防第十二届年会精神，加强鄱阳湖水域成品油市场的执法工作和督查。做好江西大地医药保健品有限公司、吉安市梵媛生物科技有限公司资格申报，审核通过佳莱科技有限公司、北京罗麦科技有限公司、广东九极生物科技公司在江西省设立直销江西分公司服务网点。会同工商部门加强对全省直销经营活动的事中事后监管，开展打击传销违法行为，依法严查超范围经营、欺骗、误导消费者等违法违规行为，促进行业健康发展。

（冷萧）

市场体系建设

【全国电子商务进农村综合示范县工作】 2016年，全省有7个县进入全国电子商务进农村综合示范县，每个示范县获得中央财政支持资金1500万元。截至年底，全省共有29个县（市、区）进入全国电子商务进村综合示范县，累计获得中央财政支持资金5.23亿元，是中部地区综合示范县数量最多的省份。江西省电子商务进农村综合示范工作走在全国前列，多次得到商务部的通报表扬，并在全国大会上作了典型发言。

【推进县乡农贸市场建设改造工程】 2016年，江西省政府将全省县乡农贸市场建设改造列入全省50项重点民生工程之一，省政府办公厅出台《全省“十三五”期间县乡农贸市场建设改造总体方案》，省级财政安排县乡农贸市场建设改造专项资金3500万元。全年全省建设改造县乡农贸市场98个，带动各地投入建设改造农贸市场资金3.58亿元。

【启动跨区域农产品流通基础设施建设】 江西省被列入全国跨区域农产品流通基础设施建设试点省份后，省政府批准出台《江西省跨区域农产品流通基础设施建设实施方案》，组织项目申报，开展项目尽职调查，已进入项目确定阶段。

【城市商业街区建设有突破】 2016年，省商务厅会同省文化厅、省旅发委联合出台《江西省商业旅游文化融合发展示范区认定管理办法》，这是全国首个省级部门联合促进商旅文融合发展文件，中国商业街委员会将江西省做法在全国推广。南昌市绳金塔商业街被评定为2016年度全国5条中国特色商业街之一，也是江西省第三条“国字号”的特色街。在2016年度全国商街委年会上，南昌市西湖区政府作典型发言。开展首批“江西省商业旅游文化融合发展示范区”和第五批“江西省特色商业街”评选活动。会同有关部门研究出台《推进商品交易市场转型升级实施意见》。

【汽车流通行业管理工作】 2016年，推动省政府出台《关于促进江西省二手车便利交易的实施意见》，进一步推进全省汽车消费环境的改善。会同有关部门加大对黄标车淘汰力度，加强对报废汽车回收行业规范管理。全年全省汽车销售额同比增长17.4%，高于全省社会消费品零售总额增幅5.4个百分点，汽车销售总量占全省限额以上商品零售额比重将近三分之一。全省二手车交易额83.6亿元，比上年增长23.94%；交易量增加4.9万辆，增幅30.4%。会同有关部门加大对黄标车淘汰力度，加强对报废汽车回收行业规范管理。

【推动区域市场一体化发展】 江西省作为长三角区域市场一体化发展工作机制成员，参与长三角区域市场一体化发展进程，牵头推进长三角区域电子口岸合作机制建设，参与长三角物流标准化、农产品流通、市场整治专项行动等各项工作，组织省、市商务主管部门有关负责人赴江苏省学习考察商品交易市场转型升级工作经验等。同时，江西省还与湖北、湖南两省一起共同编制完成长江中游商贸功能区发展规划。

【开展培育创建特色商贸小镇工作】 为推进城乡一体化、流通现代化和新型城镇化，加快农村商贸服务体系建设，着力培育打造一批辐射带动能力强的商贸强镇，更好地发挥商贸服务业对县城经济发展的推动作用，省商务厅出台《关于在全省开展特色商贸小镇培育创建工作的通知》，在全省开展培育创建特色商贸小镇工作，创新探索农村商贸流通发展工作的新模式。

（付蓉）

商贸服务管理

【概 况】 2016年，全省餐饮业营业额895.20亿元，增长16.1%；住宿业实现营业额239亿元，增长12.5%。家政、美容美发、沐浴、洗染、家电服务、人像摄影等行业平均增速10%以上，保持平稳增长。

【打造江西餐饮特色名片】 深度挖掘赣菜历史文化传承，创新赣菜推广形式，运用新技术、新手段组织“大众最喜爱的20道赣菜”走进京交会、中国食餐会等大型展会，通过精品图片展示、宣传片循环播放、专题展板宣传、仿真模型示范等多种方式，进一步增强赣菜餐饮企业“走出去”的信心。精心打造特色美食街餐饮业产业集聚发展平台，引导餐饮企业推广“文化餐饮”“多元餐饮”理念，推进街区餐饮多元化进程，先后在南昌、萍乡、赣州、上饶等多地举办赣菜文化美食节、乡村生态美食节等5场形式多样的大型赣菜宣传推广活动，充分展示各地美食文化，增进美食文化交流，打响了赣菜美食品牌。

【完善大众化养老服务体系】 创新工作方式，联合省卫计委在南昌市开展社区健康养老管理体系建设试点。省商务厅、省卫计委、南昌市商务局、南昌市卫计委、省家庭服务业协会及南昌市企业代表共同参与研究制定方案，确定选取1家试点企业在3个社区卫生服务中心开设健康养老服务点，为社区内老年人提供健康监测、家政、助医等服务，建立老年人健康档案大数据平台，鼓励企业有针对性地为老年人提供不同层次、个性化健康养老定制服务，满足老年人对健康养老的各类需求，形成可复制模式在全省推广。

【促进家政服务提速发展】 大力推广“江西家服”公共平台，不断完善平台建设，加大宣传力度，聚集企业资源，平台知名度和影响力不断提升。全年网站浏览771.58万次、微信关注8.10万人、入驻企业466家、实现供需对接1089单，入驻企业平台业务收入460万元。逐步完善行业标准体系，江西省地方标准《钟点工服务质量规范》《养老助餐服务质量规范》于7月1日起正式实施，《养老护理服务质量规范》《医疗陪护服务质量规范》于11月通过立项，家庭服务业规范化、职业化水平不断提升。

【创新社区便民服务形式】 开展电商平台+社区网点+自助终端+线上线下支付创新型试点，指导赣州毅德九樱电子商务有限公司在赣州主城区建设开通5个便民服务中心以及对应的5个社区网上商城，接入优质商品、公共缴费、消息通知、生活服务和九樱自有的樱桃厨房、旅行、医疗等垂直服务。通过向社区提供保洁、家电清洗、管道疏通、宽带安装、家电维修、衣物清洗、外卖、代缴水电气费等服务10余项，接入自由特色服务“樱桃旅行（社区定制化旅游）、维他引擎（智能医生）、社区厨房（健康美味的定制晚餐）、樱桃养老、樱桃租车”等服务近20项。

（胡浩）

市场运行调节

【完善市场统计监测体系】 2016年，市场统计监测样本结构不断得到优化。全省已建成生活必需品、重点流通企业等8个市场监测系统，样本企业总数795家，涵盖全省11个设区市和100%的县（区），其中重点流通样本企业413家、生活必需品样本企业162家、生产资料样本企业62家、应急商品数据库企业34家、酒类流通样本企业58家、茧丝绸样本企业15家，信息泵监测企业51家。此外，在江西省27个商贸流通行业中，另选取1163家典型调查企业，7个行政记录行业中的典型调查企业为523家，20个划类选典行业中的典型调查企业为640家。

【市场应急保供能力稳步提高】 2016年，江西省中央储备食糖2.64万吨。督导各地建立市级储备，九江、新余、鹰潭、宜春等4个设区市落实活猪储备815吨。进一步加强省、市、县三级应急骨干队伍和应急商品投放网点建设，健全全省应急网络体系，提高应急能力和水平。

【省产品市场进一步开拓】 组织开展“赣品行天下”活动，5月18日—22日、12月15日—19日，省商务厅分别在福州、广州举办江西省地方特色商品展销会，现场销售额540.8万元，签订购销合同4423.6万元，签订意向购销合同7438.6万元。

（郎进良　王立男）

现代物流

【开展降物流成本专项行动】 2016年，省商务厅出台《江西省降低社会物流成本专项行动计划》，在推进物流产业集群发展，构建综合交通运输体系，搭建综合网络信息平台，推动物流标准化建设，开展城市配送试点，促进物流业对外开放，促进降低社会物流成本等7个方面提出24条措施。

【物流产业集群加快发展】 2016年，为贯彻落实《江西省物流产业集群发展规划》（2015—2020年），通过专家评审确定向塘综合、九江水运、南康家具、高安陶瓷、抚州综合等5个重点物流产业集群，提出具体指导意见，全省物流产业集群得到快速发展，全年主营收入超750亿元，增长10%左右。赣州南康家具物流产业集群有物流企业370家，主营收入近70亿元。向塘综合物流产业集群铁路一级物流基地列入国家中欧班列直达线路规划，作为南昌省会城市第二个一类对外开放口岸建设项目，列入全国63个交通运输与物流融合项目。引进投资3亿元招商物流南昌配送中心项目，投资5亿元平安物流南昌物流中心项目，京东南昌物流中心项目等20多个重大项目，铁路商品车物流基地完成商品车运输2万余辆，向塘物流产业集群进入良性发展轨道。

【物流标准化建设】 南昌、九江成功进入全国第三批物流标准化试点城市行列，共获得中央财政资金1.6亿元支持，是江西省商贸物流领域首次获得国家层面政策支持。南昌、九江已确定第一批24个试点项目，以建立（1200mm×1000mm）标准托盘的循环共用体系为切入点，带动上下游物流设施设备和包装的标准化水平提升。九江联商、上饶大顺实业被商务部确定为第二批全国商贸物流标准专项行动重点企业。

【省级城市配送试点数量扩大】 高度重视城市配送试点，不断提升城市物流发展水平，构建区域性物流园区、城市配送中心、末端配送网络，组建绿色配送车队，搭建城市配送信息平台等城市配送体系。2016年省级城市配送试点城市扩大到吉安、萍乡，累计支持财政资金2258万元，其中九江市城市配送试点与物流标准化试点同步实施。

【物流业重大项目快速推进】 7月，省政府与浙江传化集团签订战略合作协议，推动传化集团在江西建设“一枢纽五中心”智能公路港项目，构建江西省公路物流体系。总体投资8.28亿元，占地面积39.40公顷，泊位岸线408米，陆域纵深800余米，4个2000吨级泊位，设计年吞吐量集装箱20万标箱、180万吨的南昌龙头岗现代化综合码头投入使用，8万吨的玉丰冷库建成投产。南昌临空经济区的快递物流园、新建区的新太好10万吨冷库项目、鹰潭大三江电商物流配送中心等一批重大项目快速推进。

【“互联网+高效物流”发展初具成效】 6月，南昌市获得全国第一批智慧物流配送示范城市，蓝海物流获得全国智慧物流配送示范基地，江西万佶物流、五洲医药、江西正广通供应链、江西国磊物流等一批企业获得智慧物流示范企业。江西万佶物流自建物流电商平台“运物联”已全面推向市场，有注册用户46.8万个，平台服务企业近3万家，平台交易总额突破5000多万元。江西尧泰供应链物流团城市配送公共信息平台投入运营，其“风快”产品获得2016年全国城市物流APP最佳解决平台，上线运行5个月交易额突破600万元；国控物流天合云物流管理系统与九江联商物流对接合作。

（蔡金伟）

电子商务

【推进“互联网+流通”行动计划】 9月，省政府出台《关于深入实施“互联网+流通”行动计划，加快线上线下互动发展的实施意见》，12月，制定《江西省电子商务物流专项发展规划（2016—2020年）》，健全了省市县三级联动的电商工作推进机制，进一步推进电子商务进农村、进中小城市、进社区，加快网络经济与实体经济线上线下互动发展，全省吃住行游乐娱等生活服务业电商化程度进一步提高。如滴滴出行在江西日均交易额达500万元，百度外卖全年在线订餐近10亿元，“赣游通”智慧旅游平台已超20万用户，微信、支付宝等网络支付应用比例持续提升，网络经济与实体经济线上线下互动发展已成为江西省经济转型升级的新动力。

【加快电子商务示范体系建设】 推进电商示范工程。首次完成对南昌、赣州国家电商示范城市及国家电商示范基地的综合评价工作，对29个国家级电商进农村综合示范县和10个省级电商进农村示范县加大指导力度，推进电子商务进农村综合示范工作。启动第四批省级电子商务示范企业评选认定工作，新培育省级电商示范企业30家，累计103家。南昌、赣州两市电商创新创业、电商扶贫、电商公共服务、产业园建设成效明显，有近20个电商项目已列入全省重点调度项目和“十三五”规划重大项目。29个国家级电商进农村综合示范县已建成县级电商运营中心及孵化园84个、乡镇级电商服务站205个、村级服务网点2595个，有效促进了农业增效、农村发展、农民增收。电子商务示范基地、示范企业带动效应不断增强，赣州南康家具市场国家电子商务示范基地已集聚1062家电商企业及配套企业，年电商交易额超过50亿元；江西新余高新区国家电子商务产业园，其金利达医药B2B平台交易额达10亿元，注册医药会员企业6万余家；萍乡互通（网优二手网）和万佶物流平台交易额、入驻企业数量稳步提升。

【打造电子商务扶贫新样板】 联合省扶贫办、省邮政公司深入推进电商精准脱贫工程，出台《2016年江西省电商脱贫工程实施方案》及具体操作办法等政策举措，建立健全省、市、县一体联动的工作推进机制，先后召开全省推进电商脱贫省、市、县三级电视电话会议，广泛实施电商扶贫万人培训计划，促成全国网络扶贫现场会、中国邮政农村电商推进会分别在江西赣州、吉安召开。至年底全省建成各类电商脱贫服务中心（站点）3000余个，带动1.2万余名贫困对象创业脱贫，间接带动全省40余万贫困对象就业增收，涌现出宁都模式、安远模式、廖奶奶、老俵情等扶贫典型和品牌。特别是在全国率先打造电商扶贫的江西样板，受到国务院总理李克强等领导的高度肯定和社会各界的高度关注。

【优化电子商务发展环境】 首次举办电子商务品牌创建培训班，推动商务部在江西省举办电子商务信息化培训班。以政银企对接会、平台企业对接会等形式，帮助电商企业解决“融资难”“入驻难”等问题。策划并举办第二届中国青年APP大赛、电商“双创”经验分享会、电商财富故事展播、农村电商“双创”案例征集等活动，并在2016年全省大众创业万众创新现场推进会、科技创新大会等重大活动上进行电子商务创新创业典型交流，全省电子商务发展氛围进一步浓厚。

（范超群）

粮食贸易

【概　况】 2016年，全省粮食行业围绕巩固粮食主产区地位，以“抓收购、保粮安、稳基础、强产业”为重点，推动粮食贸易各项工作实现新发展。全省共收购稻谷117亿千克，同比增加12亿千克，其中收购早稻38亿千克。托市收购19.5亿千克，其中托市早稻13.5亿千克，占全国托市早稻收购总量的54%，早稻收购总量、托市收购量连续4年居全国第一。全省外销稻谷超过60亿千克，从省外购进玉米、小麦等50亿千克左右。全省粮油加工业企业完成工业总产值906.5亿元，实现销售收入896.2亿元，利润总额23.8亿元。

【粮食收购工作】 7月26日，省政府召开全省早稻收购工作电视电话会议，副省长尹建业出席会议并作重要讲话，各设区市政府分管领导、各县区主要领导参加会议。7月28日，江西省较周边省份提前2天启动早稻收购工作预案，第一时间托住了市场，稳定了农民卖粮收入。省粮食局、中储粮江西分公司、农发行江西省分行联合召开全省中晚稻托市收购工作视频动员会，并建立三家联席会议制度，共同商讨和部署粮食收购工作。为解决收购仓容急缺问题，全面做好中央事权粮的“去库存”和地方储备轮换及临时储备粮的销售工作。加快推进新建仓项目建设进度，积极修缮部分老旧仓库，增加收购有效仓容；争取国家同意，允许地方国有粮食企业租借社会仓容入市收购，缓解仓容紧张矛盾。全省未出现农民“卖粮难”和“打白条”等情况，促进农民增收近20亿元，实现了政府、企业、农民“三满意”。

【完善粮食储备、粮食应急保障体系】 省市县三级地方粮食储备体系进一步完善。出台省级储备粮管理办法，制定省级动态储备粮管理办法。国家下达江西省的地方储备粮17亿千克的指导性计划，已基本落实到位，其中建立成品粮储备6000万千克。逐步完善粮食应急保障预警体系，新修订粮食市场信息监测管理办法，粮食市场监测点扩大到234个，实现国有与民营、收储与加工、批发与零售全覆盖。应急保障供应体系进一步完善，全省已建成粮食应急加工点245个，应急配送中心91个，粮食应急供应网点1525个，基本实现全省各市、县（区）全覆盖，形成了较为完备的应急供应、应急加工网络体系。

【提升安全储粮能力】 着力加快粮油仓储设施建设，全年争取中央预算内投资补助建仓项目39个，总仓容7.5亿千克，中央和省财政补助资金1.5亿元，建成并投入使用的新仓近5亿千克，争取省财政资金9600万元用于旧仓维修和功能提升，全省粮油仓储设施明显改善。着力抓好粮库智能化改造，江西省被列为国家“粮安工程”粮库智能化升级重点支持省份，中央财政已下达补助资金1.8亿元，省财政补助9000万元，开发建设省级综合信息平台，为推进“智慧赣粮”建设打下了坚实的基础。抓好储粮技术革新，在地方国有粮食中心库推广绿色充氮气调储粮和谷物冷却低温储粮技术应用，增强了安全储粮保障能力。加强安全储粮管理，开展了“两个安全”工作培训和储粮安全、安全生产大检查。节粮减损、放心粮油、农户科学储粮等工作稳步推进。

【加强粮食市场监管】 建立健全“双随机一公开”检查制度，制定全省粮食流通监督检查随机抽查事项清单，建立全省粮食流通监督检查对象名录库和粮食流通监督检查人员名录库。采取“双随机”抽查方式，开展全省粮食库存检查和地方储备粮专项检查，有效营造了守法诚信的市场环境，激发了粮食流通市场活力。此项工作受到国家粮食局充分肯定和省政府通报表扬。按照在地监管原则，各地依法加强对超期储存粮销售和地方临储粮的处置监管，确保了超期存粮和严重超标粮未流入口粮市场，维护了社会稳定，并为财政节约支出1亿元以上。

【推进粮食行业改革】 形成静态和动态相结合的省级储备粮管理新模式，采用“互联网+粮食”技术，对动态承储企业进行在线监控，每年为财政节约支出近5000万元。推动省级储备粮相对集中管理，提高了管理效率，降低了管理成本，确保了储备粮数量真实、质量良好。推进国有粮食企业经营模式创新，各地国有粮食企业依托现有仓储设施，引进民营资本合作建立粮食烘干基地，为粮农提供粮食烘干中转服务。加快推进地方国有粮食企业整合重组，创新管理机制和经营机制，地方国有粮食企业“一县一企，一企多点”的粮食流通新格局基本形成。出台粮食产业经济发展意见，推动品牌化、集约化发展。构建新型产销协作关系，拓展粮食工作新空间。支持玉米收储制度改革，抓住玉米“去库存”的有利时机，组织相关企业参与竞标采购，调入玉米30多亿千克，为企业降低成本7亿元左右。

【建立粮食安全责任制】 省政府高度重视落实粮食安全省长责任制工作，省长刘奇、副省长尹建业均作出重要批示。在省政府的高位推动下，建立了粮食安全省长责任制联席会议制度，明确相关部门任务分工，下发粮食安全责任书，建立工作联络机制，制定考核工作方案，组织开展督导检查。各地高度重视，认真承担保障区域粮食安全主体责任，及时出台贯彻意见措施。

（陈志伟）

供销合作

【概　况】 2016年是深化供销合作社综合改革启动之年。全省供销合作社系统把握稳中求进工作总基调，稳步推进综合改革，全力构建“四大新型体系”，统筹做好各项工作，较好地完成全年各项目标任务。全系统实现销售总额1337.82亿元、汇总利润5.19亿元、年末所有者权益达53.6亿元，同比分别增长13.4%、10.6%和13.9%。省供销合作社获全国供销合作社综合业绩考评二等奖，在全国供销系统排名第十二位。

【启动供销合作社综合改革工作】 中共中央、国务院《关于深化供销合作社综合改革的决定》和中共江西省委、江西省政府《关于深化供销合作社综合改革的实施意见》出台后，省政府印发《江西省深化供销合作社综合改革试点实施方案》，将5年综合改革目标任务细化分解，确定了改革路线图和时间表。召开全省深化供销合作社综合改革电视电话会议，成立省深化供销合作社综合改革领导小组，部署改革任务，明确责任分工。至年底，全省11个设区市全部出台改革试点实施方案，其中南昌、新余、九江等地政府在资金、土地、税收方面还落实了较好的优惠政策，为深化供销合作社综合改革提供了强有力的政策支撑。加快推进赣州市安远县、萍乡市上栗县2个省级试点县和南昌市南昌县、九江市彭泽县等7个市级试点县的综合改革。安远县基层组织体系快速恢复，基层社乡镇覆盖率由几乎空白迅速提升到80%；上栗县探索开展农业社会化服务颇有成效，开展大田托管1333.33公顷；其他试点县社也围绕组织创新、服务创新、经营创新、机制创新进行了有益探索。同时，进一步扩大试点范围，新增51个市级改革试点县，全省试点县60个。新增试点县均已出台了改革方案。省深化供销合作社综合改革领导小组印发《2016年全省深化供销合作社综合改革试点工作要点》，领导小组办公室印发《2016年省社本级综合改革责任分工方案》，分别明确各设区市的重点改革任务和省供销合作社机关各处室的具体任务分工。省委改革办将省供销合作社列为2016年重大改革省直牵头单位，年底，会同省委改革办对各设区市深化供销合作社综合改革进行了专项督察，对各地深化综合改革进行了考核评价。

【夯实基层组织基础】 全省供销合作系统坚持规划引领、改造提升，打造综合实力较强、服务功能较全、与农民联结比较紧密的基层组织体系。至年底，累计创建1393个基层社、3403个农民合作社、12895个农村综合服务社。实施分类指导，改造提升及新建再造了一批综合型、融合型和创新型基层社。南昌县供销合作社依托基层社发展农资服务网络，巩固了基层基础。大力培育农民合作社示范社、发展农民合作社联合社，增强了供销合作社带动农民专业合作的能力。赣州市供销合作社领办的农民合作社联合社开展了农村电商、农资团购、农产品销售等业务和职业技能培训、质量认证辅导、注册共有商标等服务，实现了较好的社会效益和经济效益。创新服务模式，贴近农村社区需求，丰富农村综合服务社服务形式。鹰潭市供销合作社与市委组织部联合实施“党建带社建、社村共建”活动，推动农村综合服务社和村集体经济组织融合发展。

【拓展为农服务领域】 坚持突出特色、注重实效，开展农业社会化服务。宜春、萍乡、南昌、吉安、景德镇等地实施农业社会化服务惠农工程，开展订单式、保姆式服务。湘东区供销合作社农业服务公司被省委、省政府表彰为“全省农业社会化服务先进组织”。全系统土地托管5.18万公顷、测土配方施肥2.04万公顷、统防统治2.25万公顷。坚持“因地制宜、试点先行、控制风险、稳妥推进”原则，开展农村合作金融服务。省供销合作社在新余市渝水区、九江市濂溪区、石城县3个县（区）各选择1个农民专业合作社，开展内部资金信用互助业务试点工作。石城县华丰畜禽专业合作社信用合作部吸纳股东131户，发放信用贷款600余万元，在2016年度全国供销合作社金融自律检查星级评比中获得唯一最高四星级评分。发展农村电子商务，打造供销电商服务平台。重组设立省供销电子商务有限公司，牵头组建省农村电子商务协会。全省供销系统开展电商业务的企业143家，注册从事电子商务业务的企业81家，全年实现电子商务销售额38亿元，是2015年的2倍。寻乌县供销合作社在14个乡镇、26个行政村设立了“供销e家”综合服务站点，探索实践“电子商务+物流服务+村口服务”模式，取得了初步成效。

【推动社有企业发展】 全省供销合作社坚持项目带动、提质增效，大力推进以社有企业为支撑的经营服务体系建设。至年底，累计创办各类社有企业924家，其中社有资产全资企业366家、控股企业226家，社有企业实现销售总额754.6亿元，占全省供销系统商品销售总额的56.4%。江西沃尔得农资集团公司正式启动“新三板”挂牌上市工作，已经完成股份制改造，实现定向增资募股。上饶在市级社率先成立供销集团，经营范围涵盖所有涉农业务和一、二、三产融合经营。新余市供销合作社成立会计核算中心，健全直属企业的财务、投资和风控机制。加大资金投入，实施项目带动战略。省供销合作社社有企业续建、新建12个重大项目，累计完成投资12.1亿元。安远县占地32.66公顷、总投资额8亿元，建筑面积16万平方米的中国供销赣南脐橙交易中心一期工程竣工并已完成近600户入驻商户确认。南昌市供销合作社自筹资金2亿元，投资建设“南昌供销为农服务中心”项目。九江市供销合作社投资1.6亿元建设的九江供销大楼成为核心城区商业中心，年收入800万元以上。

（吕杭）

本栏编辑　邓玉兰

对外贸易与经济合作

综　述

2016年，全省商务部门积极应对错综复杂的国内外经济形势，着力抓招商扩投资，抓外贸拓市场，抓外经促合作，抓口岸强功能，开放型经济保持稳中有进，稳中向好的发展态势，为全省经济社会发展作出了贡献。

*出台一系列扩大开放配套政策文件。*创新提出"打造内陆双向开放高地"战略构想，出台《关于贯彻开放发展理念构建全面开放新格局的意见》《关于提升招商引资质量和效益的实施意见》《江西省构建走出去战略新布局的实施方案》等系列扩大开放配套政策文件。编制《江西省开放型经济"十三五"发展规划》等发展规划。制定《关于深度融入长珠闽经济板块行动计划》《江西省降低社会物流成本行动计划》等文件，促进开放型经济良性发展。

*成功举办第四届世界绿色发展投资贸易博览会。*争取中央批准世界绿色发展投资贸易博览会落户江西。11月24日—28日，第四届世界绿色发展投资贸易博览会在南昌举行，大会以"绿色发展让世界更美好"为主题，精心组织绿色发展主旨论坛、9场特色专题活动和绿色发展成果展览展示，充分体现了生态文明建设的时代特色，体现了发展绿色经济的国际交流合作，体现了江西贯彻落实绿色发展理念和中共中央总书记习近平对江西总体要求的具体行动。大会参会规模、嘉宾层次、国际化水平、展览展示、签约项目等均创历史新高。

*招商引资提质增效。*把招商引资作为开放工作的头号工程，以招商促开放，以开放促发展。组织重大活动招商。先后举办赣港经贸合作活动、赣台经贸文化合作交流大会、江西与跨国公司(上海)合作恳谈会等19场重大招商活动，累计签约合作项目2129个，投资总额1.06万亿元。创新招商方式。综合运用跨国并购、资本招商、以商招商、网络招商、小分队招商等多种招商方法，组织企业到赣投资考察，推进项目合作。年内共组建31支产业招商小分队，对接洽谈项目1227个，签约项目212个，签约投资总额2089亿元，全省累计引进世界500强66家，国内500强148家。加强区域经济合作。加快融入"长珠闽"经济板块，参与泛珠"9+2"区域经济合作，主动承接北京非首都功能疏解和产业转移，加强与周边省份的产业合作。赣商回乡创业重特大项目取得突破，深圳赣商企业科陆电子在江西投资100亿元锂离子电池项目。狠抓项目落地。2015年民企入赣大会签约2075个项目，已开工1641个，开工率79.1%。第十五届赣港会签约105个项目，已开工71个，开工率67.6%。开展降成本优环境专项行动，降低了企业经营成本，增强了企业信心，全省共有190家外资企业增资，增加合同外资24.3亿美元，占全省合同外资33.1%。

*对外贸易回稳向好。*面对国际市场萎缩的严峻形势，抓调度促出口，拓市场调结构，稳存量扩增量，强帮扶优环境，实现了外贸回稳向好。加大市场开拓力度。积极对接"一带一路"倡议，组织2000余家企业参加重点境内外展会164个，对"一带一路"沿线国家市场开拓成效明显。积极培育新型贸易业态。推动谷歌体验中心、阿里巴巴易达通等国内外知名跨境电商和外贸综合服务平台落户江西，做大做强跨境电商。加强与招商联动，先后在昆山、深圳、泉州、温州举办4场加工贸易专题招商活动，引进一批出口型企业和项目，有效推动加工贸易发展。完善外贸发展平台。出台《关于加快培育外贸综合服务企业的实施意见》，认定首批3家省级外贸综合服务企业，搭建"雷震子""特文茳"等服务贸易交易促进平台，赣州获批全国承接加工贸易转移示范地，打造了外贸发展平台。优化外贸发展环境。抓好外贸发展促进政策落实，建立全省促进外贸出口回稳向好专项工作协调机制，及时研究解决外贸出口出现的问题，积极应对贸易摩擦，优化外贸发展环境。推动24个市、县(市、区)设立出口退税周转金，加快退税进度。

*国际经济合作展现新作为。*加强国际产能合作。启动江西国际承建的东部非洲最大光伏电站建设等一批国际产能合作重大项目。实施马来西亚光伏太阳能、哈萨克斯坦赣江工业园等综合带动强的项目，促进江西优势产业"走出去"和富余产能有效转移。精心做好对外援助。承担国家援助多哥农业示范中心、赤道几内亚示范农场进展顺利。举办22期援外培训班，为88个发展中国家培训536名政府官员和专业技术人才。壮大"走出去"企业队伍。全省新增对外承包工程企业22家，总数135家；新增境外投资企业104家，总数653家。健全"走出去"服务平台。在"一带一路"沿线国家组织10多场次200多家企业参加系列促进活动，组建江西"走

出去”战略合作联盟。

口岸建设取得新成效。拓宽口岸通道。开通江西(宜春)至福州、赣州(吉安)至深圳集装箱快速班列。推动九江港扩大开放、赣州黄金机场航空口岸开放纳入国家口岸“十三五”规划,赣州铁路集装箱场站获批临时开放口岸,江西航空有限公司正式营运载客,开通南昌至美国洛杉矶洲际直航航线。推动口岸建设“国家试点”。南昌成为首批经台湾桃园机场“陆客中转”业务三个试点城市之一。江西纳入全国首批内陆沿边地区国际贸易“单一窗口”试点省。开展口岸大通关合作。与上海、福建和宁波等周边省市开展国际贸易“单一窗口”合作,通关效率大幅提升。

功能性平台建设取得新进展。争取商务部、国家发改委等部委支持,南昌市列为国家开放型经济新体制综合试点试验城市,江西省加入中国省与美国纽约州贸易投资合作联合工作组中方成员单位,南昌市加入中英地方合作联合工作组中方成员单位,南昌综合保税区获国家批准。组建江西“走出去”企业联盟、江西国际商会。以开展国家级经开区考核为抓手,推动国家级经开区转型升级,提升开放承载能力。开放平台成为全省引爆项目的主战场、产业升级的发动机,发挥着要素集聚和辐射带动作用。

(王春雷)

货物贸易

【概　况】　2016年,全省累计实现外贸进出口2643.9亿元,增长0.6%。其中:出口1966.9亿元,下降4.1%;进口677亿元,增长17.3%。进出口占全国比重为1.09%,较上年提高0.01个百分点。受国际国内一系列不确定和不可预见因素影响,全年虽不及年初出口增长2%左右预期目标,但实现了出口增幅逐季回稳。出口在全国的位次、份额保持了稳定。出口总额列全国第十三位、中部第二位。进出口和进口总值在全国的位次前移,分别前移了1位和2位。进出口和进口增幅进入全国第一方阵,分别增长0.6%、17.3%,高于全国1.4个百分点、17个百分点,分别列第九位和第四位。2016年,江西外贸工作得到国务院领导的充分肯定,在10月17日,国务院副总理汪洋主持召开的全国外贸工作座谈会上,江西省被会议指定为6个促进外贸回稳向好发言省之一,副省长刘昌林在会上作经验交流。

【外贸质量实现向好】　结构更优。出口市场更趋多元化,2016年与全世界223个国家和地区发生贸易往来,其中出口总值超过1亿美元的国家和地区44个。对“一带一路”沿线主要国家出口突破100亿美元,达100.9亿美元,占全省出口总值的33.8%。一般贸易出口占比达85.8%,较上年提高2.1个百分点。出口队伍更壮大。有出口实绩的企业达到3411家,其中新增发生出口实绩企业329家。民营企业成为核心动力引擎,出口226.9亿美元,占比较上年提高1.8个百分点,出口第一大主体地位进一步凸显。出口效益更好。生产企业出口占比提升了1.6个百分点。加工贸易增值率更高,全省加工贸易增值率为35.25%,高出全国1.15个百分点。

【促进加工贸易创新发展】　赣州获批国家级加工贸易承接转移示范地,全国只有重庆、郑州和赣州获此殊荣。开展加工贸易招商活动,采取省市联动的方式,先后在广州市、温州市举办加工贸易企业专题招商活动,有效对接了一批重点加工贸易企业和重要客商,促进了一批项目落户。

【降低出口企业成本】　推动24个县(区)及开发区成立出口退税周转金,加快退税进度。加大“出口企业财园信贷通”政策支持力度,共为500余家有订单、有效益的企业解决贷款20多亿元。进一步降低广交会、华交会参展费用,有效降低出口企业成本。

【完善调度和协调两大工作机制】
建立促进外贸出口回稳向好专题调度会机制,自6月份开始每月召开专题调度会,累计共召开10次会议。建立专项工作协调机制,由主要涉外部门负责人参与,共同研究解决外贸出口遇到的困难和问题。如针对外贸综合服务企业在退税等方面遇到的问题,会同国税部门研究制定帮扶措施,帮助企业更好地享受通关便利化措施。

【培育新业态】　风信子、全球贸易通等一批跨境电商平台落户江西。认定首批3家省级外贸综合服务企业,为1000余家中小微企业提供外贸全流程服务,累计带动出口超过3亿美元。

(汪飞)

服务贸易

【概　况】　2016年,全省服务贸易进出口总额57.13亿美元,增长27.39%。其中:出口14.33亿美元,下降9.30%;进口42.8亿美元,增长47.08%。进出口总额排名全国第二十二位。全省新增服务外包企业229家,减少22.64%;新增从业人员7665人,下降47.63%;接包合同金额15.74亿美元,增加4.04%;接包合同执行金额13.90亿美元,增加8.21%。接包合同签约额全国排名第十五位。技术进出口额1.42亿美元,下降19.22%;出口额0.24亿美元,下降51.62%。全省文化贸易进出口总额7.24亿美元,下降20.35%,进出口额全国排名第十三位。其中:出口7.05亿美元,下降20.52%;进口0.19亿美元,下降29.63%。2016年度江西省获国家外经贸发展专项资金4312万元,用于支持承接国际服务外包和技术出口。

【打造服务贸易发展平台】　2016年,联合省工信委、省科技厅对评选出的14个省级服务外包示范园区进行考核管理。强化平台的产业聚集作用,在电商平台方面指导并支持省服务外包产业协会搭建“雷震子”服务外包和“特文茳”文化贸易服务平台,解决传统企业转型升级遇到的问题,为传统企业走向“互联网+”牵线搭桥。申报赣州市、赣江新区为全国服务外包示范城市和服务贸易创新发展试点区。

【帮助企业开拓市场】　组织企业参加中国(北京)国际服务贸易交易会、中国国际软件和信息服务交易会(简称软交会)、中国(上海)国际技术进出口交易会(简称上交会)、中国(深圳)国际文化产业博览交易会、第七届2016年海峡两岸文化创意产业展,组织企业到澳大利亚、新西兰等地开展服务贸易推介,帮助企业开拓国内外市场。

【开展服务贸易培训活动】 举办全省服务贸易(服务外包)业务培训班,全省11个设区市商务主管部门负责人及重点企业共100余人参加培训。支持并指导省服务外包产业协会举办“中国长江经济带服务贸易(外包)产业城市发展高峰论坛”和文化贸易专业培训,长江经济带11省市服务贸易协会代表、江西省11个设区市商务主管部门负责人及重点企业代表共300人参加了论坛。推动长江经济带沿线11个省市协商成立中国长江经济带服务贸易产业联盟。

【举办服务外包技能大赛】 12月9日—11日,由省商务厅与省教育厅、宜春市政府共同主办的江西省第四届大学生服务外包创新创业大赛在宜春举行。全省30余所本科高校的400多支队伍、约2000名学生参赛。大赛期间举办系列活动,包括创新创业大赛评审、优秀作品展示、特等奖晋级路演、论坛及颁奖典礼等。

(吴萍)

利用外资及港澳台资

【概　况】 全面对接国家“一带一路”倡议、长江经济带建设战略,承接长珠闽和北京非首都功能疏解产业转移。2016年,全省实际利用外资104.4亿美元,增长10.21%。其中现汇进资14.1亿美元。按商务部统计数据,现汇进资列全国第十三位,中部地区第二位,仅次于湖北省。全省11个设区市全部完成利用外资计划任务,增长幅度较大的有南昌市、九江市、赣州市。全省共有湖口县等22个县(市、区)现汇进资超过1000万美元。全省累计新批投资总额1000万美元以上项目100个,总投资额62.51亿美元,其中投资总额1亿美元以上项目18个。随着九江沿江开放开发、打造南昌核心增长极、推进赣南中央苏区振兴等重大区域发展战略的深入推进,为上述地区加快发展带来新的历史机遇。2016年,南昌、九江、赣州、上饶、吉安、抚州等6个设区市实际利用外资均实现较大幅度增长,总量占全省的81.85%。鄱阳湖生态经济区实际利用外资59.05亿美元,占全省56.56%,增长11.72%%。

2016年,全省一、二、三产业利用外资占比分别为4.97%、68.17%、26.85%,其中第二产业利用外资主要集中在制造业。服务业利用外资渐趋活跃,引进了一批重大服务业项目;金融业领域利用外资趋势增强,全省外资融资租赁公司达到11家。外商投资方式和渠道更加多样化。外资通过并购形式投资、境内企业赴境外上市融资、跨境人民币投资、境外举债增加投资等方式百花齐放。

战略性新兴产业利用外资发展稳步推进,招商引资项目质量水平不断提升。全年全省新批十大新兴产业外资项目173个,其中风能核能产业及节能技术和电子信息产业70个、绿色食品产业30个、金属新材料产业35个、文化及创业产业13个、非金属新材料产业7个、半导体照明产业4个、新能源汽车及动力电池产业5个、光伏产业5个、生物产业4个。新增合同外资和实际利用外资分别为21.32亿美元和23.33亿美元,分别占全省的28.47%、22.35%。全省累计引进世界500强企业达到66家,投资项目91个。

开发区利用外资发展快速,主战场作用明显增强。2016年,开发区发挥土地资源优势,盘活存量、用好增量,主动对接产业转移,成为全省利用外资的主战场。全年全省各类工业园区实际利用外资81.49亿美元,占全省的78.05%,其中17个国家级开发区实际利用外资32.41亿美元,占工业园区利用外资的比重达到近39.77%,占全省的比重31.05%。南昌高新区、南昌经开区、小蓝经开区、九江经开区、上饶经开区、井冈山经开区成为各级工业园区利用外资的“排头兵”。

【举办2016年赣港经贸合作等重大经贸活动】 5月9日—11日,在香港举办第十五届赣港经贸合作活动。省委书记强卫率江西省代表团参加,省委常委、省委秘书长朱虹,省政府副省长刘昌林出席活动。活动期间,江西省在香港举办“1+6”系列经贸活动,签约合作项目105个,投资总额103.02亿美元。

年内,还先后举办第十四届赣台经贸文化合作交流大会、第十三届中国景德镇国际陶瓷博览会等重大经贸活动,举办江西与跨国公司合作(上海)恳谈会、江西(昆山)承接长三角地区加工贸易企业转移恳谈会、江西省承接闽东南三角区加工贸易产业转移推介会、江西(深圳)承接珠三角加工贸易企业转移恳谈会等18场重大招商活动。全年全省重大招商活动共签约合作项目2129个,投资总额1.06万亿元。

【举办第四届世界绿色发展投资贸易博览会】 11月24日—28日,第四届世界绿色发展投资贸易博览会暨第九届中国绿色食品博览会在南昌举办。有63家世界500强企业参会参展,300多家国内500强企业、知名民营企业、新经济龙头企业和知名赣商企业代表,以及台港澳企业和工商界人士、境内外商协会、行业协会和投促机构、贸促机构代表参会参展。省级层面举办17场重大招商活动,着力推动外企入赣、民企入赣、央企入赣和赣商回乡创业创新。该届大会签约项目165个,签约合同金额2428亿元;项目投资规模大,单个项目平均投资规模达14.72亿元,投资总额30亿元以上项目22个。投资项目中工业项目121个,占73.3%,主要涉及节能环保、新能源、新材料、生物和新医药、新一代信息技术、先进装备制造、锂电及电动汽车等战略性新兴产业。服务业项目35个,占21.2%,主要涉及文化创意、商贸综合体、现代物流、电子商务、教育、旅游等。投资项目主要来自长珠闽和京津地区,以及韩国、新加坡、美国等地外资项目。

·资 料·

2016年江西省利用外资分行业比重

行　业	新批外商投资企业数		合同外资金额		实际使用外资金额	
	企业数（家）	比重（%）	金　额（万美元）	比重（%）	金　额（万美元）	比重（%）
全省合计	568	100	748776	100	1044056	100
第一产业	**43**	**7.57**	**99792**	**13.33**	**51916**	**4.97**
农、林、牧、渔业	43	7.57	99792	13.33	51916	4.97
第二产业	**408**	**71.83**	**455004**	**60.77**	**711765**	**68.17**
采矿业	2	0.35	1960	0.26	2011	0.19
制造业	395	69.54	476159	63.59	675828	64.73
电力、燃气及水的生产和供应业	7	1.23	11999	1.60	18198	1.74
建筑业	4	0.70	-35114		15728	1.51
第三产业	**117**	**20.60**	**193980**	**25.91**	**280375**	**26.86**
交通运输、仓储和邮政业	4	0.70	5583	0.75	14008	1.34
信息传输、计算机服务和软件业	13	2.29	12469	1.67	6870	0.66
批发和零售业	37	6.51	26318	3.51	55326	5.30
住宿和餐饮业	2	0.35	1720	0.23	2175	0.21
金融业			7735	1.03	9733	0.93
房地产业	10	1.76	71724	9.58	143424	13.74
租赁和商务服务业	28	4.93	44780	5.98	38355	3.67
科学研究、技术服务和地质勘查业	5	0.88	5366	0.72	1020	0.10
水利、环境和公共设施管理业	7	1.23	8723	1.16	2350	0.23
居民服务和其他服务业	5	0.88	3197	0.43	954	0.09
教育			1031	0.14		
卫生、社会保障和社会福利业					1221	0.12
文化、体育和娱乐业	6	1.06	5334	0.71	4939	0.47

【构建开放型经济新体制】 2016年，推动完成《江西省推广自由贸易试验区改革试点经验实施方案》中确定的49项改革事项。5月，经党中央、国务院批准，南昌市被列为构建开放型经济新体制试点试验城市。8月23日，南昌市政府正式印发《南昌市构建开放型经济新体制综合试点试验实施方案》，并上报商务部备案。完成改革创新事项22项，部分重大改革事项取得突破性进展。

【出台系列加快全省开放发展重大文件】 5月24日，省委、省政府印发《关于深入贯彻开放发展新理念构建全面开放新格局的意见》，内容分6部分、25条。12月8日，省政府印发《江西省开放型经济"十三五"发展规划》，加速推进江西开放型经济发展，构建全面开放新格局，培育开放发展新优势。出台《关于提升招商引资质量和效益的实施意见》《关于加快推进走出去战略的实施意见》等专项文件。通过"2+N"文件框架（"2"指一个管总的文件和一个总体规划，"N"指若干配套文件）对全省开放发展进行“顶层设计”,这在全国是首创。

(龚蕾 陈香莲)

境外经贸合作

【概 况】 2016年,全省对外投资合作工作结合实际,坚持问题导向,抓住对外承包工程这项主要工作,大力推动江西企业走出去,参与“一带一路”共建和国际产能合作,全省对外承包工程业务持续保持“稳中有进、稳中向好”的良好发展态势,对外承包工程营业额全国排名位次不断前移。全省实现对外直接投资额12.4亿美元,增长18%;完成对外承包工程营业额39.43亿美元,增长12.3%,高出全国平均增幅8.8个百分点,总量首次跻身全国前十,位居第九。这也是近年来江西省商务经济首个进入全国前十名的主要业务指标,“江西建设”国际合作名片再一次得到实力验证。

【出台完善“走出去”顶层设计政策文件】 省委、省政府高度重视“走出去”工作,在2015年9月以省政府名义出台《关于加快融入“一带一路”战略鼓励企业参与国际合作实施方案》的基础上,2016年上半年又先后制定下发《中共江西省委江西省人民政府关于深入贯彻开放发展新理念构建全面开放新格局的意见》和《江西省人民政府办公厅关于加快推进“走出去”战略的实施意见》,明确了全省“走出去”的发展目标,并对投资合作重点区域、重点行业和领域以及重大平台建设等方面进行了顶层规划和设计,指导、鼓励和支持江西省企业走出去参与“一带一路”共同建设和国际产能合作。

【鼓励企业“走出去”】 2016年,省领导率团高位推动“走出去”工作。充分发挥香港在推进“一带一路”建设中的重要作用,5月,省主要领导率团赴香港,举办第十五届赣港经贸合作活动,签约合作项目105个,投资总额103.02亿美元,增长4.2%,再创历史新高。5月10日,省商务厅、省发改委在香港联合举办江西省加快融入“一带一路”倡议引导企业“走出去”推介会,推出一批重大合作项目,取得丰硕成果。3月和6月,省委常委、常务副省长毛伟明和副省长刘昌林先后率江西省政府代表团访问英国、埃及和格鲁吉亚、哈萨克斯坦、吉尔吉斯斯坦,推进江西省在“一带一路”沿线国家开展的农业、矿业、基础设施建设以及境外经贸合作建设项目。9月,副省长刘昌林、李贻煌分别率团访问尼日利亚、肯尼亚、埃塞俄比亚、加拿大、巴西、智利等国家,进一步推动江西省企业赴非洲和南美洲开展投资合作。11月,在第四届世界绿色发展投资贸易博览会期间,成功举办“一带一路”国际产能合作会和江西现代农业项目推介会,务实推进了江西与“一带一路”沿线及非洲等国家的交流合作。

【搭建“走出去”业务对接平台】 集中全省“走出去”企业的智慧,协调推动成立“江西‘走出去’企业战略合作联盟”,这是全省首个全行业、全领域覆盖的专门以“走出去”为主要内容的产业联盟,引起了省委省政府领导和社会各界的关注。通过搭建“央企—赣企国际工程业务对接会”“来赣研修国际商务官员与企业对接座谈会”等各类“走出去”业务对接平台,引导企业加快“走出去”。

【打造优质公共服务体系】 始终坚持把服务好企业放在首位。建立专项服务机制。实行企业重大项目“一对一”专项调度协调制度,贯彻于项目跟踪、洽谈、签约、开工全过程,及时帮助企业协调解决遇到的各类困难问题。搭建项目融资平台。省商务厅与省政府金融办和各大银行及保险机构联合组织召开政银企对接会,并组建走出去融资项目服务小组,帮助企业解决国际合作项目融资需求。狠抓风险防范。开设“江西走出去信息服务平台”微信公众号,及时发布各类市场信息和风险预警信息,提醒企业加强管理,防范风险。

【对外承包工程业务跨越式发展】 2016年,全省新增对外承包工程企业22家,总数135家,基本囊括了江西省具有特级和一级资质的建筑企业,形成“建筑企业为主力,装备生产企业与综合设计企业齐头并进”的良性发展局面。坚持扶优扶强提升企业实力。综合运用中央和省两级外经贸发展资金,对大型企业和大型项目在市场开拓、人员保险、信用保险、项目贷款贴息等方面给予倾斜,帮助企业降低成本,支持企业做大做强。已培育出江西国际、江西中煤、中鼎国际等3家对外承包工程龙头企业,连续14年入围ENR全球最大国际承包商250强,且排名不断前移。坚持推动转型升级实现质量效益双提升。紧跟国际承包工程市场发展趋势,鼓励、引导和推动企业实现在承揽项目的类型、项目承揽的方式及项目合作模式上的转型升级。江联国际6.47亿美元的埃塞俄比亚糖厂项目、江西国际3.6亿美元的赞比亚卢萨卡机场升级改造项目和江西赣粮实业有限公司与中国路桥工程有限公司联合体赤道几内亚5.4亿美元的农业开发项目等实现了跨越式发展。坚持打造符合江西实际的国际产能合作之路。立足省情,牢固树立三外融合发展理念,鼓励和引导对外承包工程企业在做大做强主业的同时,发挥对全省经济发展,特别是对省产货物、技术和服务等的出口带动作用,走出了一条符合江西实际、有江西特色的,以对外承包工程带动产能输出的国际产能合作之路。坚持加大市场开拓力度,储备发展后劲。指导企业“实施好一批项目、储备好一批项目、跟踪好一批项目”,经过积极开拓,年内签订了一批新的重特大项目,如江联国际4亿美元的中非共和国糖厂建设项目和2亿美元的政府住房项目,江西中煤5亿美元的埃塞俄比亚首都快速公交系统建设项目、江西国际4.8亿美元的赤道几内亚工业园建设项目和2.8亿美元的赞比亚国家住房协会项目等,为全省对外承包工程业务进一步发展和开展国际产能合作储备了强大后劲。

(张千帆)

国内经济合作

【概 况】 2016年,全省推动更高水平“引进来”和全方位“走出去”。实施招商引资重大项目攻坚行动,提高招商引资质量和效益。实施“央企入赣”“赣商回归”提升工程，国内投资和经济合作保持平稳较快发展势头，在建项目实际进资5905.76亿元，增长12.87%，完成年度任务的100.78%。招大引强保持良好态势。全省新增纳入统计亿元以上项目1522个，在建项目实际进资5336.98亿元，增长14.67%。较大的项目有神华集团在湖口县投资80亿元的神华煤电一体化（一期）项目、中电投在分宜县投资50亿元的中2×66万千瓦机组扩建项目、深圳新博商实业有限公司在泰和县投资20亿元的新博商电子通讯设备科技园项目等。瞄准重点区域招商引资成效突出。全省各地对接“一带一路”“长江经济带”和“京津冀协同发展”，抢抓国家支持沿海地区加工贸易产业向中西部地区转移重大利好政策机遇，承接长珠闽和非首都功能产业转移，以及加强与周边省份的产业合作取得成效。全省实际引进项目资金情况是：广东1754.98亿元、占29.72%，浙江1336.02亿元、占22.62%，北京741.49亿元、占12.56%，福建465.59亿元、占7.88%，上海356.62亿元、占6.04%，湖南307.95亿元、占5.21%，江苏284.01亿元、占4.81%。重大经贸活动平台推进产业招商成效明显。全省充分利用举办第四届世界绿色发展（江西）投资贸易博览会、第十一届泛珠会、渝洽会、西博会、中国亚欧博览会等各类经贸洽谈合作平台，大力开展产业招商活动，产业集聚提升明显。实际引进江西贯彻落实《中国制造2025》重点产业项目进资1743.34亿元、占32.67%，实际引进现代服务业项目进资1573.34亿元、占29.48%。其中，电子信息产业实际进资347.33亿元、占6.51%，汽车制造及其零配件产业261.28亿元、占4.9%，生物医药产业240.92亿元、占4.51%。

【项目调度推进和管理】 围绕扩大有效投资，狠抓招商项目落地，增强全省发展后劲，坚持“一月一调度、一季一通报、半年一核查”制度，促进一批重大招商引资项目早开工、早投产、早见效。重点围绕2015年“民企入赣”签约投资总额1.15万亿元的2075个重点签约项目，进一步加大了调度推进力度，加强服务，推进了项目进展。强化项目现场调研核查，6月、12月，分两次联合省直有关部门、各设区市商务主管部门业务科长赴各设区市进行全省招商引资重点签约项目核查调研，严把项目审核认定关，规范项目报表报送，进一步完善项目管理规范和工作机制，提高项目管理水平和工作成效。

【实施“赣商回归”提升工程】 全省大力实施“赣商回归”提升工程，鼓励和引导赣商回乡创业，省委书记强卫利用率团出席第十五届赣港经贸合作活动的机会在深圳会见赣籍上市公司负责人及创新人才，副省长刘昌林在西宁会见青海省江西商会赣商代表，进一步激发广大赣商回乡投资的热情。北京、深圳、广东、福建、天津、重庆等省市江西商会均组团回乡考察，一批赣商回乡投资项目相继签约落户。全省新增纳入统计赣商返乡投资创业项目472个，占17.85%；实际引进赣商投资资金843.28亿元，占14.28%。

【赣商发展大会在南昌举行】 11月26日，由省政府主办，省商务厅牵头，会同省工商联承办，江西赣商联合总会协办的赣商发展大会在南昌举行。这次大会是第四届世界绿色发展投资贸易博览会9场特色专题活动之一。省委常委陈兴超出席大会并致辞，外省江西商会会长、秘书长及各商会已投资或有投资意向的赣商代表，以及省直有关单位、各设区市政府、赣江新区负责人等500余人与会。

【区域经济合作活跃】 充分利用第四届世界绿色发展投资贸易博览会、第十一届泛珠三角区域合作与发展论坛暨经贸洽谈会、2016丝博会暨西洽会、中国西部国际博览会、第五届中国亚欧博览会、2016津洽会等区域合作平台，“请进来”“走出去”融入“一带一路”“长江经济带”建设，对接“京津冀协同发展”，深度融入“长珠闽”地区，密切加强省际区域经济合作。走访北京市商务委员会、北京市经济和信息化委员会、北京市国资委、亦庄经开区、中关村高新区等部门和单位，主动承接北京非首都功能，开展信息交流、活动配合、结对服务等合作，密切了赣京两省市产业合作关系，进一步拓展了合作空间。省领导率队走访上海、深圳、温州、泉州等地企业，开展承接沿海地区加工贸易企业产业转移招商推介会，推进对接加工贸易企业，深化与沿海地区经济交流，密切与“长珠闽”地区产业合作。组织60多家企业参加渝洽会、青洽会等国家大型经贸活动，宣传推介了江西的发展战略、发展优势、名优特产品，进一步加强了与重庆、四川、青海、新疆等“一带一路”沿线地区间的双边省际交流与合作。

【对口支援工作持续推进】 2016年，江西省认真贯彻《江西省对口支援三峡库区合作规划（2014—2020）》和国务院三峡办2016年对口支援三峡库区工作安排的意见，省商务厅领导带队参加7月在宜昌召开的全国对口支援三峡库区工作会议和11月召开的对口支援三峡库区生态产业合作开发工作座谈会，7月赴重庆武隆县、石柱县察看援建的白马镇人饮项目、公路硬化工程和加宽改造及硬化工程、农田标准化建设工程、中医院设备购置等项目，对接移民小区帮扶进展情况。全年江西省已安排250万元社会公益类援助资金，用于武隆县、石柱县的移民小区配套、道路改造建设等基础设施建设。

（曾园辉）

本栏编辑　邓玉兰

交 通 运 输

公 路

【概　况】 2016年,全省交通基础设施建设完成投资626亿元。其中,高速公路项目投资376亿元,普通国省道投资146亿元,农村公路投资88亿元,运输场站投资4亿元,水运建设投资12亿元。全省高速公路通车里程基本达6000千米,“纵贯南北、横跨东西、覆盖全省、连接周边”高速公路网基本形成。完成普通国省道升级改造662千米,养护大中修882千米,危桥改造79座,安全生命防护工程1378千米。

新建和改造农村公路1.3万千米,超额完成交通运输部下达的任务。完成生命防护工程1751千米,改造危桥632座。建成普通公路服务区5对,公路驿站15个,打造“畅安舒美”示范路905千米。建成集“养护、应急、服务”三位一体的50个普通干线综合养护中心,其中市级20个、县级30个。9个市、县交通质监机构通过达标验收,35个县(区、市)完成质监机构标准化建设。

全年查处超限超载货运车辆7.2万辆,卸载货物171万吨,恢复非法改装车辆8011辆,超限超载车辆占比从治理前的29.7%下降到7%左右。

全省完成公路客运量5.3亿人次,旅客周转量282.31亿人千米,分别下降0.6%、0.85%;完成公路货运量12.3亿吨,货物周转量3147.50亿吨千米,分别增长6.5%、4.1%。全省道路客运安全事故各项指标大幅下降,发生道路客运安全事故8起,其中较大事故1起;死亡11人(其中旅客死亡4人),受伤20人。事故起数、死亡人数、受伤人数下降57.9%、74.2%、63.8%,总体上保持稳中向好的态势。

【全省高速公路通车里程基本达6000千米】 年内,建成东乡至昌傅、上饶至万年、修水至平江、铜鼓至万载、船顶隘至广昌、宁定高速宁都至安远段、宁定高速安远至定南段、宁定高速定南联络线、都九高速都昌至星子段(不含鄱阳湖二桥)、昌宁高速南昌连接线、兴国至赣县、资溪花山界至里木12个项目820千米,打通28个出省通道,全省高速公路通车里程基本达6000千米。从2012年跨越4000千米、2014年实现县县通高速、2015年跨越5000千米,到2016年基本实现6000千米,高速公路实现“四级连跳”,这12个项目总投资604亿元,其中11个项目在2014年12月开工,同期开工和同期建成通车项目在全省高速公路建设史上前所未有。

【全省首个“定制客运”试点获批】 11月21日,江西九江长途汽车运输集团有限公司获批开展“定制客运”试点工作,试点由江西九江长途汽车运输集团有限公司对该公司原有九江市至南昌昌北国际机场道路客运班线进行改造的方式进行,在运营车辆符合相关规定的前提下,自行确定停靠站点、日发班次、车型、车辆数及行驶路线,分别上报市级、省级道路运输管理机构备案后执行。车辆使用“九江至昌北机场”定制客运线路牌。这是江西省道路客运行业借助“互联网+”转型升级,发挥道路客运比较优势的破冰之举。

【昌九管理处昌北所推出支付宝支付通行费服务】 10月起,凡从昌北所下高速且所带现金不足以缴纳通行费的司乘人员,可用手机扫描指定支付宝二维码,并经过实时转账、现金代付、打票抬杆等步骤,完成缴费通行。这在全省还是首例。该项服务主要涉及现金代交电子钱包还款业务,即由收费站为现金不足的车主代交通行费,车主通过支付宝、微信电子钱包等将费用转账至昌北所专用收款账户。在实施过程中,昌北所通过开设支付宝、微信电子钱包专用收款账户,用于及时收取临时性通行费欠款,帮助车主解决因现金不足而无法办理交费业务的困难,还可有效避免通行费流失。

【创新项目质量管理】 打造“品质工程”,九江长江二桥项目继2015年获得“中国建设工程鲁班奖”后,2016年又通过“中国土木工程詹天佑奖”评审,分别代表国内工程建设质量和技术创新最高水平。昌九高速改扩建项目打造20公顷的大型预制场,实行全线构件集中预制,实现生产方式由“作坊式”向“工厂化、流水化”突破,管理手段由“人工式”向“信息化、智能化”突破。东乡至昌傅项目赣江特大桥主跨采用180米悬浇预应力混凝土连续钢构,是同类桥梁单跨长度的“江西第一”。广吉高速项目开展钢结构桥梁应用试点,抚州东外环和铜万高速宜丰联络线2项目为钢结构桥梁推广应用示范项目。

【超额完成新增建制村通客车任务】 2016年,全省新增通客车建制村

152个，完成交通运输部下达的年度任务数的300%。再次争取到省级财政3000万元的专项奖补资金，选取高安市、贵溪市、德兴市、峡江县、芦溪县5个市(县)继续开展镇村公交试点。在试点工作的示范带动下，全省各地通过政策措施引导公交企业延伸公交线路，或对农村客运班线进行公交化改造，不断提升农村客运通达水平。全省建制村通客率由2015年的94.8%提升至2016年的96%。

【提升运输服务能力】 南昌、南昌西、宜春西3个综合客运枢纽建成并投入试运行，上饶、抚州、萍乡3个综合客运枢纽站和井冈山旅游客运站基本完成。道路客运联网售票系统连接116个客运站，实现二级以上客运站全覆盖。南昌、赣州、吉安公交一卡通基本完成互联互通工作。开通接驳长途客运线路64条，接驳运输联盟运转良好。ETC赣通卡用户突破150万户。

【推进出租汽车行业改革】 11月，省政府出台《全省深化改革推进出租汽车行业健康发展的实施方案》，规定出租汽车服务主要包括巡游、网络预约等方式。鼓励巡游车经营者与网约车经营者通过兼并、重组、吸收入股等方式，实行公司化经营，实现新老业态融合发展。同时，鼓励、支持和引导企业、行业协会、驾驶员、工会组织集体协商并动态调整出租汽车承包费标准或定额任务，有效降低驾驶员负担，切实降低过高承包费用和押金。网约车实行市场调节价，各地认为确有必要的可实行政府指导价。城市政府要根据相关法律法规规定，结合当地实际，对网约车车型标准、平台接入及驾驶员许可条件等作出具体规定。省商务、公安、交通运输部门要制定全省网约车报废标准的具体规定。

【城市公交】 年初，省交通运输厅、省财政厅联合开展"公交城市"试点创建工作，赣州市、上饶市被列为2016年江西省"公交城市"创建工作试点城市。全省各地市结合实际，创新性开展探索实践，截至年底全省有城市公共交通企业超过110户，从业人员超过2.1万人，车辆超过1万辆，各设区市中心城区公交站点覆盖率达95%，年运营里程超过9.13亿千米，年客运量近15亿人次。

【机动车驾驶培训服务模式改革全面铺开】 截至年底，全省638所驾校中有496所实行"按学时收费、先培训后付费"服务模式，覆盖率77.7%，超额完成交通运输部下达的目标任务。其中，萍乡、新余、瑞金、安福、丰城5个市(县)已实现全覆盖，宜春、吉安、上饶、抚州、鹰潭5个设区市的覆盖率超过80%。

【新余市公路局分宜分局养护管理应用卫星遥感技术】 3月起，新余市公路局分宜分局采用卫星传感器对公路进行养护管理。该采集器将GSP定位导航+AGPS蜂窝网定位系统一起安装在一台强固型平板电脑中，内置无线网卡和路面技术状况评定系统平台，技术人员手提这个路网数据采集器，传感器就像一台雷达，又像复印机，只要进过的路面，该路段路面适时状况就立即上传至卫星上，卫星立即将数据传输到内置的软件中，系统就能立即计算相关数据，自动评定路面技术状况，又快又准确。同时，该采集器内存大，能存储电子地图、采集的照片、自动按里程建立数据库等功能。回到办公室连接电脑，就能与省、市公路局平台链接，上传路面技术状况数据，为精准制定养护政策，实行精细化养护提供数据条件。

【省高速集团跨省界绿通车信息共享平台】 4月起，由省高速集团牵头的粤、湘、鄂、浙、闽、皖、赣7个省高速公路运营管理单位加入的"跨省界绿通车辆查验联勤联动机制和信息共享平台"启动。该平台实现省界站全覆盖，省内各省界站和重点站及粤、湘、鄂、浙、闽、皖6个邻省省界站等近60余个收费站及相关人员加入平台，实现重要省界站绿通车信息的全网罗、全筛查。每天多达10多条假绿通车信息在平台内实现共享，在QQ、手机微信等工具的助推下，平台可实现信息发布交流及时、绿通车查验查实迅速。此外，该平台可对绿通车精准定位。为实现对绿通车的精准打逃，平台对绿通车通行卡进行分类标记，即在正常车牌后加输识别代码，识别码对应相应的绿通信息，含混装、装载空间不足、装载重量不达标及营运证过期等假冒绿通等信息。出口收费站收费员刷通行卡，直接获取有关信息，实现对假绿通车的精确定位和精准查处，提高绿通车查验效果，打击假冒绿通车辆。

【江西高速推出"赣通宝"APP应用】 6月底，省高速公路联网管理中心推出"赣通宝"APP，并同步在苹果APP STORE和"豌豆荚""百度应用""360应用市场""应用宝"等主流安卓应用市场上线。客户下载"赣通宝"APP后，只需通过简单的赣通卡绑定认证步骤，即可通过手机足不出户享受充值、互联网OBU购买、消费记录查询、高速公路通行费费率查询、互联网OBU激活等众多便捷服务。

【道路运政管理信息系统互联互通基本实现】 年内，全省全部完成交通运输部规定的各项运政系统互联互通接口调试工作任务，实现运政系统部、省市县互联互通，数据报送时间与实际数据产生时间缩短至5分钟以内，基本实现实时上报。江西省成为全国第一批完成年度目标任务的4个省份之一。

【昌樟高速公路改扩建工程被列为"绿色公路"示范项目】 年内，交通运输部公布"十二五"绿色交通省(城市、公路、港口)等示范项目考核验收结果，昌樟高速公路改扩建工程验收结果评定为优秀等级，列为"绿色公路"示范项目。这是江西省第一条绿色循环低碳主题性示范路。该工程项目办按照一项绿色低碳技术一个实施方案的原则，编制28项绿色低碳技术工程实施方案，并针对每项技术工程制定进度和技术要求。全线共实现节约能量约20万吨标准煤，替代燃料量约1.5万吨标准油，减排二氧化碳约60万吨，节约用地406.67公顷。全线共移植植物15万株，借用公路沿线自然风光、农田景观、民居景观，将道路景观和原有的人文、生态要素相结合，实现公路与自然的和谐统一。

(游小荣)

铁 路

【概 况】 2016年,南昌铁路局管辖赣闽2省全部和湘鄂浙3省部分铁路,共管辖车站453个(江西境内202个)。

铁路分界站(点):京九线北端(蔡山站)K1277+000处与武汉铁路局分界,京九线南端(定南站)K2008+200处与广州铁路(集团)公司分界;沪昆线东端(新塘边站)K502+200处与上海铁路局分界,沪昆线西端(株洲站)K1102+000处与广州铁路(集团)公司分界;皖赣线(倒湖站)K342+500处与上海铁路局分界;武九线(西河村站)K185+809处与武汉铁路局分界;合九线(孔垄站)K278+871处与上海铁路局分界;漳龙线(琥市站)K143+037处与广州铁路(集团)公司分界;铜九线(香隅站)K164+000处与上海铁路局分界;杭深线北端(苍南站)K664+589处与上海铁路局分界;杭深线南端(诏安站)K1259.992处与广州铁路(集团)公司分界;吉衡线(严家垄站)K282+108处与广州铁路(集团)公司分界;赣韶线(珠玑巷站)K66+819处与广州铁路(集团)公司分界;沪昆高速线东端(江山站)K429+202处与上海铁路局分界;沪昆高速线西端(醴陵东站)K1006+798处与广州铁路(集团)公司分界;合福高速线(黄山北站)K1307+230处与上海铁路局分界。

年末,南昌铁路局管辖营业里程7503.3千米(江西境内3873.1千米)。其中,国家铁路营业里程3768.7千米(江西境内2499.0千米),合资铁路营业里程3734.6千米(江西境内1374.1千米)。线路延展里程1.53万千米,增加121.0千米、增长0.8%。复线里程4327.5千米,复线率57.7%;电气化里程5873.5千米,电化率78.3%。区段线路允许时速200千米及以上铁路营业里程2762.4千米。

全年旅客发送量1.98亿人,占计划的102.5%,增长11.3%;货物发送量7244.7万吨,占计划的108.9%,增长6.5%;换算周转量1734.63亿吨千米,占计划的102.6%,增长4.2%。旅客周转量687.99亿人千米,占计划的97.6%,增长5.1%;货物周转量514.78亿吨千米,占计划的111.6%,增长3.6%。货车周转时间2.63天,占计划的97.0%,同比延长0.08天。货运列车平均总重2588吨,占计划的98.4%,下降3.2%;货运机车日产量104.4万吨千米,占计划的101.7%,下降0.1%;货运机车日车428千米,占计划的103.1%,增长1.4%。

全年完成大中型基建项目投资379.77亿元(含合资铁路项目),占计划的100%;完成更新改造项目投资11.40亿元,占计划的93.12%。

【重点物资运输增多降少】 全年,铁路局运送煤炭1696.4万吨,增加93.4万吨,增长5.8%;运送粮食24.8万吨,增加8.7万吨,增长53.8%;运送金属矿石1520.2万吨,增加240.7万吨,增长18.8%;运送钢铁806.0万吨,增加60.9万吨,增长8.2%。运送化肥60.1万吨,减少22.4万吨,下降27.2%;运送石油297.7万吨,减少1.1万吨,下降0.4%。

【按需组织铁路货运运输】 年内,南昌铁路局调度部门采取"以交定接、以卸定装"的措施,控制列车临时保留和主要站点压车,做到车流与运行线、运行线与机车机班紧密衔接,班计划兑现率90.0%。全年组织机车在京九线向塘西站"南通北"2793列、"北通南"1725列,在沪昆线鹰潭站"西通东"2357列,减少机车使用1334.1台日,缓解沪昆西线机车、机班供需不足的矛盾。组织港口站按直达、成组装车,增加始发直达列车比重,组织列车均衡到达、解编、出发,确保编组站运输畅通。分界口货物列车交接日均299.7列(交出149.4列、接入150.3列),增加27.3列,增长10.0%,运行图兑现率89.5%,提高16个百分点;分界口交接货物列车1.36万辆,增加1109辆,增长8.8%。

【组织开行特需列车】 年内,为满足客户个性化运输需求,组织开行特需列车,加强40英尺(12.19米)、20英尺(6.10米)空集装箱调配,全年开行特需列车968列、2.13万辆。加大焦炭、钢材、集装箱装车组织力度,焦炭日均装车169辆,增加46辆,增长37.4%;钢材日均装车359辆,增加36辆,增长11.1%;集装箱日均装车474辆,增加106辆,增长28.8%。

【赣深客专开工建设】 12月19日,赣深客专先期工程开工建设。该线路自昌赣客专赣州西站引出,经赣州市南康区、信丰县、龙南县、定南县等地,进入广东省河源市、惠州市和东莞市,接入深圳市深圳北站,线路全长约432千米,其中江西省境内136.4千米、广东省境内295.6千米。全线设14个车站,其中江西境内设赣州西、信丰西、龙南东、定南西4站。项目总投资641.3亿元,建设工期4年,主要技术标准为高速铁路、双线,设计行车速度350千米/小时。

【南康至成都79618次家具专列首发】 8月15日16时23分,首趟南康至成都79618次家具专列从南康站驶出,驶向成都。专列在沿途不解挂,只办技术作业,定点定时,时间从原来的六七天缩短至60个小时。初期每周开行2趟,以后根据货主实际需求开行,家具年发送量可达120万件。专列的开行,可进一步提升赣州铁路对南康家具的发送能力,稳定成都等西南地区的家具销售渠道,巩固南康家具在全国实木家具中"龙头老大"地位,为南康家具提升销售量、降低物流成本提供有力支撑。

(曾进)

民 航

【概 况】 2016年,江西省机场集团公司(以下简称江西机场)围绕首都机场集团"1-3-5-2"总体工作思路,坚持安全第一、践行真情服务、致力改革创新、抢抓发展机遇、全面加强党的建设,连续14年实现安全运行,生产运输稳中有升,完成各项重点工作。召开江西机场第二届党代会,确定"管理先进高效的机场集团"和"企业发展、员工幸福"的发展目标。

【生产运输】 2016年,江西机场完

成运输起降9.69万架次，增长0.83%；旅客吞吐量1051万人次，增长6.6%；货邮吞吐量6.3万吨，增长0.78%。其中，南昌昌北国际机场完成运输起降6.64万架次，下降1.33%；旅客吞吐量786.4万人次，增长5.02%；货邮吞吐量5.06万吨，下降0.93%，通航城市66个。国际（地区）航线方面，总体发展势头良好，全年国际（地区）旅客吞吐量54.76万人次，增长15.28%，南昌昌北国际机场航空公司和本场运力明显增加，新增直飞越南芽庄的旅游包机，南昌昌北国际机场过夜飞机总量达15架，在南昌运营的航空公司达44家。赣州机场旅客吞吐量108.3万人次，成为省内首家百万级支线机场，吉安机场、景德镇机场旅客吞吐量均突破50万人次。

【航线网络结构】　年内，南昌昌北国际机场定期通航点达53个，国内航线上加密长珠闽、京津冀和东部沿海地区航线，填补了广东、江浙等重点区域空白航点；国际航线上主攻东南亚和日韩市场，填补南昌直飞东北亚和东南亚区域的空白航点城市航线，探索打造中部地区至东南亚航空市场的高地，继续配合省政府增开洲际航线。不断提升国内航线网络通达性，增开乌鲁木齐、重庆、成都、大连等热点需求航线，填补石家庄、台州、博鳌等国内干支机场空白航点。与省旅游集团、包机商和旅行社合作，鼓励开发南昌包机航线。

【洲际航线开通】　为弥补南昌直飞美国等洲际航线间的空白，10月23日，南昌昌北国际机场首次开通南昌直飞美国航线，截至12月31日，共运送旅客2443人次。

【开展“安全提升”专项行动】　全年江西机场所属各机场未发生责任范围内的事故及严重事故征候，安全形势总体平稳。持续深化安全质量体系建设，安全管理体系进一步完善，南昌机场安全质量管理体系和宜春机场SMS效能建设通过审核。开展“三看”（看得到、看得出、看得透）专项行动，隐患排查治理进一步强化，安全风险管控水平显著提升。开展安全文化宣传，全员安全意识持续增强。建立健全反恐防暴常态化工作机制，南昌机场作为主备降机场之一，保证G20杭州峰会期间“绝对安全”。深入开展专项安全整治工作，机坪运行、鸟击防范、控制区非法人侵等风险得到集中整治。机场应急保障实战能力进一步加强，举办“融合之翼—2016”战备暨应急救援演练，得到省政府、中国民用航空局的肯定评价。

【开展“服务提升”专项行动】　为进一步提高航班正常性管理工作，专门成立南昌机场运行管理委员会，研讨大面积航班备降保障、国际航班保障、要客航班保障，加强航班运行流程协调优化工作，开展平安机场建设，连续21年获江西省综治先进单位。各机场提升服务亮点纷呈，包括南昌机场“服务大咖秀”，吉安机场“庆中秋，喜拍全家福”，景德镇机场与旅客分享“20周年庆”，赣州机场、宜春机场改进航站楼的服务设施。四季度南昌机场旅客整体满意度为4.83分，同比提升0.01分，在全球参加测评的266个机场中名列第二十二位，在首都机场集团公司成员机场中排名第四位。各机场分公司旅客整体满意度也保持较高水平。

（蒋护纹）

水　路

【概　况】　2016年，全省港航基础设施建设完成投资24.6亿元，其中交通项目完成投资14.4亿元，社会投资项目完成投资10.2亿元。

全省拥有港口59个，港区71个，生产性码头泊位1741个，泊位总长6.86万米。非生产用泊位74个，泊位总长3725米。千吨级以上泊位158个，最大靠泊能力5000吨级。港口生产性仓库面积23.53万平方米，生产用仓库容积44.46万立方米、堆场面积108.26万平方米。铁路专用线总长7239米，其中装卸线1170米。港口装卸机械2794台（套），其中起重机械1436台（套）、装卸搬运机械708台（套）、输送机械440台（套）、专用作业机械27台（套）、其他装卸机械183台；最大起重能力800吨。

全省港口完成货物吞吐量3.1亿吨，下降5.2%。其中，出口1.7亿吨，进口1.4亿吨，分别下降13.26%、增长6.8%；旅客吞吐量为323.3万人次，下降6.2%，其中出港164.5万人次，进港158.8人次；集装箱吞吐量38.8万标准箱、567.5万吨，分别增长7.2%和增长13.8%。

全省拥有运输船舶3293艘、净载重量223.28万吨位、功率72.26万千瓦，其中海船40艘、净载重量18.74万吨位、功率6.12万千瓦。全省完成水路货运量1.1亿吨、货物周转量235.28亿吨千米，分别下降0.05%、增长0.7%。其中：内河货物运量1.05亿吨、货物周转量183.98亿吨千米，均增长0.78%；沿海货物运量390.7万吨、货物周转量51.30亿吨千米，分别下降18.1%、增长0.58%。完成客运量261.3万人、客运周转量3410万人千米，分别下降4.4%、下降1.9%。

全省通航里程5560千米（不含长江江西段156千米）。其中：Ⅱ级航道175千米，Ⅲ级航道284千米，Ⅳ级航道87千米，Ⅴ级航道167千米，Ⅵ级航道399千米，Ⅶ级航道1160千米，等外级航道3289千米。

完成231艘（20.7万吨）运输船舶生活污水防污染改造和1艘单壳油船改造（488总吨），发放政府补贴资金685万元。柘林湖库区新增标准化节能型游船21艘1764客位。

全省通过核查的经营户237家（其中企业148家，个体经营户54家，限期整改企业35家）、2087艘营运船舶、222.90万载重吨、1.25万客位，平均载重吨位1068吨。船舶继续向大型化、专业化、标准化发展。全省水路危货企业由原来17家减至15家，经营资质全部符合要求。取消3家不合要求的省际客运企业经营资质。全省水路客运企业由原来30家减至27家，经营资质基本符合要求。

全省发生3起一般及以上水上交通事故，死亡3人，沉船2艘，直接经济损失约121万元，水上交通事故4项指数稳中下降，死亡（失踪）人数连续8年控制在个位数，连续6年控制在5人之内。港口作业发生一起死亡1人安全生产事故。

9月，南昌龙头岗综合码头一期工程建成试运营。图为南昌龙头岗综合码头

省交通运输厅供稿

【南昌龙头岗综合码头一期工程建成并投入试运营】 11月，南昌龙头岗综合码头一期工程建成，正式开港。2016年，南昌龙头岗综合码头工程完成投资1.63亿元，累计完成投资7.31亿元，占总投资的88.3%，新建4个2000吨级泊位，设计年吞吐量集装箱20万标准箱，件杂货180万吨，为新中国成立以来江西省赣江规模最大、靠泊能力最强的现代化综合码头。龙头岗码头于2012年开工建设，总投资8.28亿元，年内已交工验收。

【航道维护疏浚】 年内，全省对赣江瓦窑滩、向莆大桥滩、熊家洲滩及鄱阳湖龙口滩群等浅滩进行疏浚，共疏浚土方28万立方米，赣江、鄱阳湖区主航道通航保证率达95%以上。针对汛期大型船舶（最大船舶吨位达1.40万吨、船舶吃水8米）进入赣江，桥梁净空高度不能满足船舶航行要求的情况，在赣江中下游水域所有桥梁均设置桥梁净高水尺警示标志，提示过往船舶注意安全。

【强化源头安全管理】 全年派出40余个明察暗访督查组进行港航系统安全生产工作督查暗访，查找安全隐患并督促整改落实。开展全省内河水上安全生产大排查行动，检查运输企业、码头496户（座）、渡口400余道，排查整改各类安全隐患620个。建成标准化渡口112道，发放补助资金1999.5万元。组织水上交通安全知识进校园活动，发放宣传手册和《小学生水上交通安全教育读本》3000余份、救生衣600余件。

【长江中游城市群三省水运合作第二次联席会在南昌召开】 12月1日，赣鄂湘三省港航部门、重点港口企业在南昌召开长江中游城市群水运合作第二次联席会议。赣鄂湘三省及各自省会城市港航部门、重点港口企业有关人员出席会议。会议签署赣鄂湘水运合作备忘录，围绕加强水运基础设施建设、航道管理、港口经营管理、航运、水上交通安全监管、船舶检验等六方面加强合作，共同推进长江中游水运发展。

【省港投公司首次获外资银行授信】 3月28日，香港东亚银行授信批复省港航建设投资有限公司额度为1亿元人民币的流动资金用款，利率为不超过人民银行同档期基准利率，这是省港投公司首次获得全资附属外资法人银行授信，也是香港东亚银行投放给江西交通运输行业的第一笔贷款。

【2个水运枢纽工程开建】 12月28日，江西赣江井冈山航电枢纽工程与九江港彭泽港区红光作业区综合枢纽码头一期工程项目开建。赣江井冈山航电枢纽工程是交通运输部和江西省重点建设项目，总投资45.56亿元。工程地处赣江中游河段，吉安市万安县境内，是一座以航运为主，兼有发电等综合利用价值的大型航电枢纽工程。其船闸工程为三级航道标准，设计年单向通过能力946万吨，并预留一线船闸位置。电站总装机容量133兆瓦，年平均发电量5.08亿千瓦时。九江港彭泽港区红光作业区综合枢纽码头一期工程总投资11.89亿元，占用长江岸线572米，新建4个5000吨级集装箱泊位，设计靠泊400标箱集装箱船，码头水上结构兼顾靠泊万吨级江海直达货船，设计货物吞吐能力67.8万标准箱/年。

【赣江新干航电枢纽工程完成全国首个仿自然鱼道模型试验】 1月29日，赣江新干航电枢纽工程完成全国首个仿自然鱼道模型试验。仿自然鱼道是建于闸坝等过鱼障碍物外侧，并尽可能模拟天然河流的一种鱼道布置方式。新干航电枢纽工程仿自然鱼道布置在电站厂房右岸滩地上，鱼道总长度1125米，平均坡度1/150，平均糙率0.073，边坡不陡于1∶2，进出口均布置检修闸门，中间设置鱼道观察室，穿土坝位置设置挡洪闸门。鱼道为旁路水道形式，采用人工堆石将鱼道沿程分隔形成一个个水池以消减鱼道上下游水头差，池间落差6.04厘米，每级池室留有过鱼口，整个鱼道内流态复杂。鱼道设计建设费用1400万元。为达到保护和弥补双管其下的作用，该项目还设计渔业增殖站，通过人工增殖放流达到遏制赣江鱼类资源衰退的目的。

【石虎塘航电枢纽首次突破年设计发电量】 截至12月17日24时，赣江石虎塘航电枢纽2016年累计发电量达5.271亿千瓦时，首次突破年设计发电量5.27亿千瓦时。

【江西省第一艘多功能海巡艇投入使用】 7月26日，由湖南益阳中海船厂承建的江西省第一艘多功能海巡艇出厂，装备到吉水县地方海事处投入使用。该船为钢铝结构，长32米，宽6.5米，吃水1.2米，时速25千米/时，是一艘集海事巡航、搜救，航道设标、维护于一体的新型海事艇。该船的投入使用可进一步提升辖区水上安全监管水平和应急反应能力，为辖区水上交通安全的持续稳定提供支撑。

（游小荣　蒋少全）

本栏编辑　游桃琴

金　融

综　述

2016年，江西金融业围绕省委、省政府有关金融工作的决策部署，支持供给侧结构性改革，增强金融服务能力，防范和化解金融风险，不断提升对经济发展的贡献度。全省银行业稳健发展，存贷款规模适度增长，贷款利率稳中有降，信贷投放结构更趋合理；证券业平稳运行，规模日益壮大，经营不断规范；保险业较快发展，服务民生力度加大。全省金融业总体呈现规模、效益和质量同步提升的良好态势，有力支撑和保障了经济社会平稳健康发展。年末，全省共有银行业金融机构（以中国银行业监督管理委员会江西监管局统计口径，不含人民银行机构数）7140个，同比增长1.42%；从业人员106706人，增长4.64%。其中：政策性银行3家，机构98个，从业人员2281人；国有商业银行5家，机构1879个，从业人员40516人；全国性股份制商业银行8家，机构279个，从业人员5013人；邮政储蓄银行1家，机构1490个，从业人员13552人；城市商业银行4家，机构706个，从业人员12173人；农村法人金融机构155家，机构2674个，从业人员32050人；财务公司2家，从业人员220人；信托公司2家，从业人员585人；金融资产管理公司4家，从业人员180人；外资金融机构4家，机构5个，从业人员97人。

社会融资规模增长较快。2016年，江西省年度社会融资规模为3875.75亿元，多增857.13亿元，占全国的比重为2.18%，上升0.22个百分点。社会融资规模结构改善。间接融资占比过高的局面有所缓解，表内贷款占社会融资规模的84.14%，下降10.57个百分点；表外业务减幅收窄，表外融资减少86.81亿元，少减486.49亿元，其中，委托贷款新增741.10亿元，多增547.15亿元；直接融资增长平稳，直接融资新增606.53亿元，少增42.27亿元，其中，非金融企业境内股票融资增加185.49亿元，多增142.69亿元，占全省社会融资规模的4.79%，上升3.37个百分点。

存款余额排位前移。年末，江西省金融机构本外币各项存款余额为29105.23亿元，比年初增加4062.25亿元，多增1008.32亿元。存款余额比年初增长16.22%，高出全国平均增速4.96个百分点。存款增速在全国排名第六位，中部6省排名第二位。1月末存款余额超过云南省，成为全国第十九位，这是江西省自2012年以来首次实现的全国排位前移。年末江西省存款余额比第十八位的天津市低961.81亿元，该差距比年初缩小2144.59亿元。分结构看：一是住户存款同比多增。住户存款余额为14065.67亿元，比年初增加1625.19亿元，多增266.52亿元。其中，住户活期存款余额5977.36亿元，比年初增加853.61亿元。二是非金融企业存款增长较快。非金融企业存款余额8466.17亿元，比年初增加1572.96亿元，多增608.12亿元。其中，非金融企业活期存款余额4461.66亿元，比年初增加1300.71亿元。三是广义政府存款增量占比大幅提升。广义政府存款余额为5515.58亿元，比年初增加790.73亿元，多增466.07亿元，广义政府存款比年初增量占各项存款比年初增量的19.47%，提高8.83个百分点。

贷款总量实现跨越。年末，江西省金融机构本外币各项贷款余额为21847.43亿元，比年初增加3286.34亿元，同比多增423.01亿元。贷款余额比年初增长17.71%，高出全国平均增速4.91个百分点，贷款增速在全国排名第四位，中部6省第二名。贷款总量实现跨越：5月末贷款余额为20246.66亿元，首次跨入2万亿元大关；1月末贷款余额首次超过山西省，成为中部六省第五位，全国第十九位。年末江西省比第十八位的云南省低1643.94亿元，该差距比年初缩小1037.54亿元；贷存比跨过75%关口，年末达到75.06%，为2005年以来的最高值。贷款的主要特点为：一是中长期贷款保持较快增长。本外币中长期贷款余额13127.56亿元，比年初增加2812.56亿元，同比多增1097.24亿元，比年初增长27.27%，高于各项贷款增速9.56个百分点。二是短期贷款低速增长。本外币短期贷款余额7562.03亿元，比年初增加203.54亿元，同比少增525.25亿元，比年初增长2.77%，低于各项贷款增速14.94个百分点。三是票据融资同比少增。本外币票据融资余额为1009.35亿元，比年初增加203.91亿元，同比少增179.46亿元，比年初增长25.32%。

（谢云峰）

银行业监管

【概　况】　2016年，江西银监局守牢系统性和区域性风险防控底线，不断提升监管工作能力水平，在新的起点上实现了“整体提升、重点突破、争创一流”目标。年末全省银行业机构资产总额3.73万亿元，同比增长16.08%；不良贷款率2.24%，较年初下降0.21个百分点；全年实现税后净利润355亿元，多盈12亿元。

【策应国家区域经济发展战略】 强化政策引领，抓好战略对接，着力提升银行业服务区域发展战略匹配度。助推全省生态文明试验区建设，开展“绿色信贷示范年”活动，推动建立绿色信贷长效机制，绿色信贷余额1392亿元，增长52%。出台银行业支持“一带一路”建设指导意见，引导支持企业“走出去”，年末“一带一路”建设贷款余额87.76亿元，增长89.83%。持续推进赣南原中央苏区振兴发展，赣南苏区各项贷款余额7215亿元，增长19.92%。指导政策性银行重点项目建设基金投放，全年投放项目795个、金额627亿元，有力助推了全省经济的稳投资、稳增长。

【银行业供给侧结构性改革】 在全国率先启动银行业债委会组建，精心制定指导意见及工作方案，建成银行业债委会信息共享平台。至年末，完成565家银行业债委会组建工作，覆盖省市县三级，涉及融资余额超3000亿元。通过因地制宜创新银企对接模式，有效发挥稳贷、增贷、减贷、重组作用，实现对优质企业支持有力、困难企业帮扶到位、僵尸企业退出有序。

【破解金融精准扶贫难题】 对接省委、省政府脱贫攻坚战略，研究出台推进银行业精准扶贫实施意见，在全国率先实行建档立卡贫困户乡镇分片包干责任制，实现对全省1493个有建档立卡贫困户乡镇“三个全覆盖”（责任银行对贫困乡镇全覆盖、建档立卡贫困户信贷需求调查全覆盖、符合贷款条件的建档立卡贫困户信贷投放全覆盖），扶贫小额信贷建档立卡贫困户贷款余额60.91亿元，涉及13.27万户，分别较年初增长1216%和685%。创新扶贫产品模式，建立省级易地扶贫搬迁专项基金，大力发放扶贫搬迁和危旧土坯房改造项目贷款、生源地助学贷款，激活金融扶贫“造血”功能。全省25个贫困县贷款余额2468.85亿元，高于全省各项贷款增速8.62个百分点。一系列“组合拳”打造出银行业精准扶贫的“江西样板”，央视新闻联播等主流媒体予以报道。

【提升小微三农金融服务水平】 有效传导政策要求和监管压力，确保各项惠企惠农政策落到实处。协助组织召开政银企对接会，成功对接企业1464家，发放贷款657亿元。督促涉农机构单列涉农信贷计划，引导资源配置向“三农”客户倾斜。在全面实现基础金融服务“村村通”基础上，进一步拓宽基层网点服务功能。年末，小微企业、涉农贷款余额分别为7672亿元、8432亿元，分别实现“三个不低于”（小微企业贷款增速不低于各项贷款增速的，小微企业贷款户数不低于上年同期户数，小微企业申贷获得率不低于上年同期水平）和“两个不低于”（涉农贷款增速不低于各项贷款增速，涉农贷款增量不低于上年增量）目标。

【主动帮扶解困降低企业融资成本】

配合省政府有关部门，协调解决萍钢集团、省能源集团等多家企业融资难题。深度参与省委、省政府“降成本、优环境”专项行动，出台降低企业融资成本优化融资环境的意见。开展小微企业续贷、民营企业“融资难融资贵”专项检查，清退违规收费1521万元，对政策落实不力的银行机构实施行政处罚及责任追究。督促引导银行业减费让利，推广无还本续贷和循环贷款，用好政府应急转贷基金，全年为企业节省支出约69亿元。

【完成农合机构产权制度改革】 将高风险机构风险处置与改制工作有机结合，综合运用政府支持、内部挖潜、系统帮扶、市场化处置等方式，累计消化不良贷款39.56亿元，完成剩余15家农合机构改制工作，全省86家农合机构全部改制到位，成为全国第五个完成农合机构改革省份。

【不断完善普惠金融服务】 引导银行业机构进一步下沉服务重心，城商行实现县域“全覆盖”，村镇银行县域覆盖率88.61%。助推第一批银行机构入驻赣江新区。鼓励银行机构创新推广低成本、可复制、易推广的金融产品和模式。组织签订“银税互动”合作协议，实现省、市、县三级银行机构“全覆盖”。做好金融消费者权益保护工作。推进理财代销产品销售专区建设，实现消费者权益保护站县域全覆盖。

【进一步丰富银行业机构体系】 统筹规划、着力弥补辖内银行机构体系单一短板，促进金融要素和资源加快集聚。大力推进股份制银行入赣，平安银行南昌分行获批筹建，广发银行开业。支持裕民银行、高速财务公司筹建取得实质进展，消费金融公司组建启动。

【重拳出击遏制银行业机构违规】

组织开展“两个加强、两个遏制”（加强内部管控、加强外部监管，遏制违规经营、遏制违法犯罪）回头看监管检查。该次监管检查由江西银监局主要领导带队，共派出40个检查小组、319人，对辖内41家法人银行业机构、7家全国性银行业机构一级分支机构开展了现场检查，发现问题1150个。检查统一违规定性及处罚标准，有力推动“查、改、问”配套推进，做到应处尽处、应罚尽罚，有效增强了监管执法的震慑力。

（邬为敏）

金融服务

【信贷调控的针对性和有效性进一步增强】 执行宏观审慎评估政策，引导金融机构合理调整信贷结构，把握信贷投放节奏，实现信贷稳步增长。加大对薄弱环节的信贷支持力度。年末，江西省小微企业本外币贷款余额5306.11亿元，增长25.40%，增速提高2.97个百分点；本外币涉农贷款余额8432.00亿元，增长17.32%，增速提高0.10个百分点。强化房地产信贷业务指导，实施差别化住房政策，支持全省住宅和商用房快速去库存。房地产开发贷款余额1651.72亿元，增长18.22%，增速下降9.62个百分点；

购房贷款余额4466.15亿元，增长32.37%，增速提高10.10个百分点。推动“两权”抵押贷款试点工作，江西省有13个县（市）纳入全国“两权”抵押贷款试点。年末，江西省试点县（市）“两权”抵押贷款余额为3.88亿元，比年初增长128.62%。

【降低企业融资成本】 大力推广债务融资工具新品种运用，发行了全国首单统一注册模式超短期融资券和江西首单永续中期票据，注册全国最大单笔的永续债券。年内，全省28家企业发行45只债务融资工具，融资金额524.5亿元。推动应收账款服务平台运用，全年促成应收账款融资922.7亿元，增长65%。加强市场利率自律建设，引导金融机构合理定价，全省金融机构发放给企业贷款的加权平均利率为5.54%，下降0.23个百分点。3项举措为江西省企业降低融资成本100亿元。

【启动金融精准扶贫工作】 牵头会同有关部门制定并出台《江西省金融扶贫工作规划》《关于信贷支持江西脱贫攻坚的指导意见》等文件，推动省市县三级政府建立金融扶贫工作协调机制。全省推广扶贫和移民产业担保贷款，整合金融扶贫资源，打通金融扶贫“最后一公里”。全省已建立金融扶贫工作站700家，各责任银行已完成全省80%的建档立卡贫困户的信贷需求调查。组织好“金融精准扶贫信息系统”的上线运行工作，340万名贫困人员信息导入系统。

【金融改革工作】 组织实施存款保险制度，加强全国存保舆情监测。贯彻落实“江西金融改革发展30条”，支持广发银行、平安银行等金融机构入驻江西，推动江西省首家金融租赁公司成功开业，全力支持农信社改制成农商行，成为全国第五个全面完成农信社银行化改革的省份。推动村镇银行实现县域全覆盖，农村金融组织体系得到进一步优化。推进宜春、九江和萍乡3市开展早期风险识别试点工作取得初步成效，将431家企业纳入早期识别监测范围。配合省政府开展互联网金融风险专项整治工作。参与江西赛维LDK公司破产重整的协调工作。成功处置一起集中取款事件，有效控制了事件的外溢效应。

【金融消费权益保护有新举措】 推动在赣州市设立江西省首家金融审判庭，建立金融案件快速处置机制。探索小额疑难金融纠纷快速调解机制，综合运用行政调解、行政指导、行政调查等多种方式解决金融消费权益投诉纠纷，2016年投诉结案率100%，客户满意度95%。

【反洗钱监管】 加强与司法侦查机关合作，实现江西省第一例涉黑洗钱罪正式立案，3起洗钱二类案件破获判决，4起洗钱一类案件被侦查机关正式立案。加强反恐融资情报搜集、研判报送工作，组织开展金融机构反恐怖融资应急演练，在江西省直单位中唯一被江西省反恐办评为二级反恐怖情报信息单位。

【优化支付服务环境】 完成中央银行会计核算数据集中系统（ACS）子系统推广上线。开展移动金融和金融IC卡受理环境安全和标准符合性专项抽查、银行卡信息泄露风险专项排查、整治非法买卖银行卡信息专项行动和打击电信网络新型违法犯罪专项活动，有力维护了支付安全。加大电子商业汇票推广力度。进一步加大对农村支付基础设施的投入，年内，新增54家农村地区银行机构加入支付清算系统，累计布放29399个银行卡助农取款点。进一步推动网上支付等新型电子支付工具及票据在农村地区的普及运用。

【加强国库业务管理】 协同江西省财政部门制定《江西省省级国库现金管理实施细则（试行）》等制度，公开招标4期地方国库现金管理，资金600亿元。大力推进国库信息化建设，协调海关成功上线关库银横联系统。至年末，江西省国税、地税系统电子纳税分别占税收总额的82.85%和94.78%。

【信用体系建设】 探索建立“数据库＋网络”为核心的信用信息服务平台，江西省建立农村信用体系建设相关组织机构的县域覆盖率达100%，开展农村信用创建工作的县域覆盖率达97%。推进开展信用评级，年内完成借款企业、小额贷款公司以及融资性担保公司共295家法人单位的外部信用评级。

【进一步加强货币发行和人民币管理】 全面开展深化人民币净化工程，落实小面额现金供应制度，优化流通中人民币券别结构；开展打击整治假币违法犯罪专项行动，成功破获江西省个案缴获假币数量最多的伪造货币案件；推动硬币自循环工作并在全国相关工作会上做经验交流发言。推进普通纪念币发行方式改革，组织好普通纪念币的预约兑换工作。安全、高效地完成清分、复点、销毁残损人民币的任务。

（谢云峰）

外汇管理

【概　况】 2016年，国家外汇管理局江西省分局坚持“扩流入、控流出、稳预期、防风险”的工作思路，抓好各项改革政策实施，防范跨境资金流动冲击，增加外汇市场有效供给，建立健全宏观审慎管理框架下的跨境资本流动管理体系，严厉打击外汇领域违法违规活动，有效促进了江西开放型经济平稳健康发展。年内，江西省跨境收支和银行结售汇总额有所下降，跨境收支总额376.82亿美元，下降1.79%；银行结售汇总额220.52亿美元，下降12.59%。跨境收支和银行结售汇顺差收窄，分别为25.97亿美元和10.62亿美元，分别下降59.13%和29.84%。

【打击外汇业务违法违规行为】 联合整治出口不收汇。建立7部门监管工作机制，加大信息互换共享，共同处置无法联系或信息失实的企业。提前排查可疑购付汇行为。对购付汇快速增长或偏离正常水平的银行，以及大额购付汇的企业进行约谈。全年共筛选核查大额购付汇企业750家次，约谈银行和企业共56家，有效抑制大额购付汇对跨境收支带来的影响。严厉打击外汇业务违法违规行为。组织开展2

批次流出项下专项检查,成果突出;对2家银行开展全面检查,促进银行外汇业务规范化;处置非法集资和网络炒汇取得进展;打击地下钱庄实现“零突破”,排查移交2条线索均被立案和受理。全年查处各类外汇违法违规案件33起,处行政罚款909万元。

【跨境资金预警体系不断完善】 提高监测频率。开展特色专题分析和月度贸易信贷抽样调查,主动调整监测分析频率,增加旬度简报,提升外汇收支报告时效性。完善监测手段。结合实际及典型案例特点,创新设计6套监测分析指标;利用个人外汇业务监测系统开展个人结售汇和外币现钞监测,143人列入“关注名单”;健全“货物贸易外汇监测辅助工具”,提升核查精准度。夯实常规监管基础。为203家金融机构办理标识码新建、变更和停用工作。纠正各类统计申报数据错误2700余笔,数据质量得到提升。江西省存量权益登记和境外投资企业参检率比上年分别提高4.3和5.3个百分点。加强名录登记和辅导期企业管理,强制注销412家连续两年未发生贸易外汇收支的企业名录。

【外汇改革任务落实到位】 实施全口径跨境融资宏观审慎管理。通过培训、公告等形式向涉汇公众进行政策传导,推动外债管理改革红利落到实处。强化数据核对,把握全省跨境融资宏观审慎风险加权余额控制情况。促成江西省全口径跨境融资提款4亿美元,占新增外债提款额的52%。改革规范资本项目结汇管理。落实外债资金意愿结汇政策,统一境内机构资本项目外汇收入意愿结汇政策,对资本项目收入用途实施统一的负面清单管理模式,为企业提供规避汇率波动风险的政策支撑。进一步促进便利化政策落地。简化A类企业收汇和结汇手续,降低收结汇资金成本。扩容跨国公司外汇资金集中运营参与企业,江西省已备案企业8家,涉及成员企业69家,参与合作银行6家。

【优化外汇和跨境人民币业务服务工作】 加强市场监管预期引导。推动江西省外汇和跨境人民币业务展业自律机制顺利搭建,对相关业务展业内容标准进行细化。建立银行执行外汇政策情况定期回访制度,实施资本项下大额资金汇出报告制,将银行逆差管理相关情况纳入考核内容。窗口指导12家企业主动终止提前归还外债和对外放款,以及主动降低境外放款登记额度等行为。坚持“阳光审批”。加大对县支行业务授权,全省县级外汇服务中心增至27家。深入工业园区和重点企业提供上门指导,主动帮扶企业解决实际问题,允许资信良好的大型企业在海关的监管下,自主、灵活开展铜精矿进料加工贸易复出口白银业务。强化宣传舆情管理。通过省政府网站在线访谈进行政策宣讲;编写《资本项目外汇政策释疑》宣传册;开展外汇舆情监测,及时处置辖内外汇负面舆情事件。

(谢云峰)

保险业监管

【概　况】 2016年,江西保监局加快发展现代保险服务业,引领保险业服务全省经济社会发展大局,保险市场运行呈现平稳向好的发展态势。全省保费收入608.71亿元,增长19.7%。其中:财产险公司实现保费收入195.17亿元,增长14%;人身险公司实现保费收入413.53亿元,增长22.6%。全省保险业总资产1113.17亿元,较年初增长205.84亿元,增速为22.7%。保险密度为1333.13元,较上年增加219.52元;保险深度为3.31%,较上增加0.27个百分点。2016年,江西保险业累计提供25.5万亿元的风险保障,增长117.8%。支付各类赔款和给付206.96亿元,增长16.2%。农业保险累计为377.85万户次参保农户提供风险保障381.29亿元。大病保险实现全覆盖,累计向17.39万人次支付医疗保险补偿金9.27亿元。责任保险提供风险保障1.41万亿元,涉及经济社会多个领域。信用保险累计支持全省外贸出口42.27亿美元。行业创造税收5.15亿元,代收车船税10.66亿元,吸纳就业21.06万人,新增就业岗位6.14万个。2016年,江西保险市场主体增至42家,其中财产保险总公司1家。全省各级保险机构共2724家。保险专业中介机构163家。此外,江西省首家人身险法人公司瑞京人寿正在筹建中。

【开展保险精准扶贫】 开展精准扶贫医疗保险。在赣州市试点建档立卡贫困人口重大疾病商业补充保险,个人实际补偿比例达90%以上,贫困个人因病自付的医疗费用由过去的36%下降到10%以下,最低的个人负担不到4%,极大地减轻了贫困人口就医难、就医贵问题,2016年实际承保107.23万人,已向7429人次建档立卡贫困人口支付精准扶贫医疗保险补偿金7608.77万元,该模式得到中央政治局委员、国务院副总理汪洋批示。与省扶贫办等6部门联合下发《关于建立农村贫困人口重大疾病商业补充保险制度的工作方案》,推动精准扶贫医疗保险在全省铺开。开展产业扶贫。与省财政厅、省扶贫办联合印发《关于在部分贫困县开展特色农业保险试点的意见》,推动省财政连续3年每年出资2000万元,通过“以奖代补”方式,在全省25个贫困县开展“一县一品”特色农业保险试点,井冈蜜柚、宁都黄鸡等25种特色优势农产品被纳入保障范围。推动“人保支农支小项目资产支持计划”落地,引导保险资金定向投放至“三农”及小微企业,项目总规模5亿元,累计放款2.38亿元。对接赣州“产业扶贫信贷通”,在赣州开展“金信保”扶贫贷款保证保险,由政府为贫困户提供全额保费补贴和贷款贴息,帮助贫困户解决融资难融资贵问题。推动吉安县、井冈山市等地出台政策,用扶贫产业发展资金为贫困户投保农业保险,涵盖茶叶、水果等多个产业。组织保险公益捐赠。组织全省保险业在各市、县(区)开展各类助学、扶贫、助残、济困公益捐赠活动,累计捐款2000余万元。

【发展农业保险】 2016年,全省农业保险累计实现保费收入8.11亿元。稳步扩大保险覆盖面。继续推动水稻、生猪等大宗粮食作物和主要农产品保险扩面发展。全年承保水稻173.48万公顷,约占江西省水稻种植面积的一半,承保生猪3242.5万头,承保数量均居全国第五位。创新农业保险产品。开发水稻产量保险、蚕桑价格指数保险、生猪价格指数保险、蜜橘采摘期连阴雨气象指数保险等特色产品，农险品种由15个增至35个。如：在宜黄开办水稻制种保险，保额1500元/亩，领先全国其他省份；开展“油茶贷”保险，通过保险和信贷的结合，将保额由800元/亩提升至最高5800元/亩，提升农户的融资授信额度，拉动贷款3810.8万元。发挥财政资金放大效应。全年全省农业保险累计获得财政补贴资金5.67亿元，其中中央财政补贴3.2亿元，省财政补贴1.78亿元。累计支付赔款5.51亿元，是省财政补贴资金的3.1倍，户均赔款1309.7元，占江西省农村人均年收入的11%左右。提升农业保险市场活力。推进农业保险市场化进程，联合省政府有关部门在全省开展农业保险政府采购工作，全省100个县（市、区）全部完成招投标程序，市场集中度由100%下降至88.6%；农险经营成本不断下降，市场配置资源效率得到提高。

【拓展保险功能作用服务实体经济发展】 支持外向型经济发展，出口信用保险服务江西省出口企业1888家，赔款610.5万美元。加快发展小额贷款保证保险，累计帮助442家（次）小微企业获得贷款融资2.2亿元，缓解小微企业“融资难、融资贵”问题。推进科技保险试点，助力南昌市获批第二批促进科技与金融结合试点城市，累计为科技企业提供232.8亿元风险保障。落实首台（套）重大技术装备保险补偿机制，已为5台（套）重大技术装备提供3.12亿元风险保障。做好“险资入赣”工作。推动保监会、平安集团等与省政府签署战略合作备忘录，平安集团计划5年内在江西省投资1000亿元。截至年底，在江西落地保险资金193.4亿元。全年投资江西基础设施的保险资金为69.1亿元，其中太平资产已分别投资江西振兴发展基金45亿元、江西水利基础设施建设10亿元，太平洋资产已投资赣州棚户区改造项目10亿元。探索研究赣江新区保险创新试验区建设。

【发展健康养老保险】 推进大病保险业务。2016年城乡居民大病保险覆盖全省4135万参保群众，共向17.39万人支付大病保险补偿金9.27亿元。推进健康险发展。以赣江新区设立为契机，对接上海保交所，探索设立健康保险交易中心。推动个人税优健康险发展，加强对税优健康险的宣传力度，督促试点公司提高医疗费用管控能力，为消费者提供便捷、高效、全面的健康管理服务。推动上饶市纳入长期护理保险制度试点城市。参与养老保障业务。支持保险业充分发挥养老保障第二支柱作用，参与企业年金业务，累计受托管理资产88.53亿元、投资管理资产85.91亿元，分别占全省业务的九成和六成以上。推动保险业参与江西职业年金政策制定，相关工作请示获省政府领导批示。积极引导保险机构到赣投资养老社区。

【发展责任保险】 年内，加快发展与公众利益关系密切的环境污染、食品安全、公众安全等领域责任保险，有效化解社会矛盾纠纷。环境污染责任险实现“参保企业、承保机构、承保模式”3个全面放开。医疗责任险实现全省二级以上医疗机构全覆盖，并延伸至基层医疗机构，覆盖辖区4452家医疗机构。

【加强灾害风险管理】 在“11·24”丰城坍塌事故发生后，保险业跨省联动，快速理赔。在事故发生后4日内，保险业便全额赔付每位罹难者120万元，并协助政府完成所有罹难者赔款发放工作，得到省委、省政府领导的高度肯定。积极应对汛期暴雨灾害，已决赔案1.22万件，已决赔款1.13亿元。向吉安泰和赣江大桥倒塌事故预估赔款515万元，其中已支付死亡保险金210万元，还将向5名重伤者赔付医疗费及伤残费合计约305万元。保险业累计提取道路交通事故社会救助基金3.6亿元。推广交通事故快处快赔机制，其中南昌市自实施交通事故快处快赔新规以来，共受理交通事故5.23万起，全市交通拥堵报警起数同比下降41.3%。

【加强保险监管维护市场安全稳定】 加强风险防范。突出问题导向和底线思维，重点加强对满期给付和退保、政策性保险业务经营、非法集资、互联网保险、金融交叉传递等风险的监测和排查，牢牢守住风险防范的底线，江西保险业未发生群体性事件和案件风险。保持从严监管高压态势。开展“加强内部管控、加强外部监管、遏制违规经营、遏制违法犯罪”回头看，开展非法集资、互联网保险等专项检查。推进银邮机构保险销售过程录音录像同步监控试点工作，全面推行银保渠道访后付费工作，以车险监管阈值为抓手，加大对苗头性问题和市场反映突出问题的查处力度。经过专项治理，保险市场秩序明显好转。保护保险消费者权益。建立车险保单渠道信息披露机制，启动第三方寿险产品评点工作，持续治理理赔难和销售误导。深化保险纠纷调处机制建设，提高诉调效率，全年受理调解申请358件，调解成功率63.7%，提高16个百分点，为消费者挽回经济损失1885万元。坚持“双快处”原则，着重提升保险消费投诉件首访首诉的化解率。加大保险消费投诉处理力度，做好12378江西分中心建设工作，全年共处理各类保险消费投诉咨询6871件，办结率100%。

（冯莹）

证券期货

【概　况】 截至年底，江西共有上市公司36家。同和药业、海能实业、耐普矿机、汇仁药业、3L医用制品、新余国科等6家公司在证监会审核。新三板挂牌企业135家，进入创新层的挂牌企业9家。在审企业20家。江西联合股权交易中心挂牌展示企业1043家。辖区36家上市公司市值4247.25亿元，同比增长0.23%。截至年底，辖区有证券公司2家，证券分公司24家，证券营业部293家；期货公司1家，期货营业部33家；备案的私募基金管理人120家，备案的基金产品230只，管理基金规模645.21亿元。证券经营机构开立资金账户总数477.82万户，托管客户资产3626.02亿元，增长2.67%；全年累计证券交易金额53442.93亿元，减少38.92%；期货经营机构客户总数3.85万户，客户总权益 24.06 亿元,增长 99.83%,全年累计代理成交金额 19871.43 亿元,减少 78.24%。截至年底,辖区证券期货公司总资产 333.28 亿元,总负债 218.33 亿元,净资产 113.95 亿元;全年累计实现营业收入 21.37 亿元,减少 42.43 %;净利润 9.61 亿元,减少 38.91%。辖区证券分支机构全年累计实现营业收入 26.63 亿元,减少 57.89%;净利润 11.01 亿元,减少 70.82%。辖区期货经营机构全年累计实现营业收入 10672.64 万元,减少 6.88%;净利润 1450.06 万元,增长 75.09%。

【强化市场主体监管】 以风险问题为导向,提高上市公司监管有效性和针对性。以风险问题为导向,加强信息披露监测监控和分析研判,明确监管风险点和重点对象。截至年底,审阅公告 4603 份,关注跟进媒体报道 34 次,核查或回复信访举报 7 家次,下发问询函 10 份,现场走访新上市、钢铁煤炭行业和私募股权投资行业等多家公司,对 5 家公司年报、重大资产重组进行现场检查,发现问题 41 个。下发监管措施 1 件,约见谈话 5 次,1 家公司转初步调查。

加强监测监控,严格证券期货私募经营机构监管。建立发现分支经营机构问题向公司总部的通报谈话制度。做好 3 家法人公司分类评价工作。推动成立江西省投资基金业协会,加强自律管理,组织签订《江西省私募投资基金行业规范自律倡议书》,引导私募基金规范发展。规范行政许可,完善备案事项管理,办理行政许可事项 11 项,核发许可证 155 家次,审阅报备事项 446 份。加大执法力度,开展现场检查 52 家次,发现问题 96 个,全年辖区共下发行政监管措施 2 件,下发监管函 28 件,约见谈话 62 人次。

严格新三板挂牌公司监管,引导规范运作。坚守底线监管思维,以事中事后监管为主,强化监管协作,在促进市场发展与监管方面进行有效探索。以问题为导向,对辖区 9 家新三板挂牌公司控股股东及其关联方资金占用情况进行专项检查,发现问题 30 个,对 4 家公司下发行政监管措施,对 1 家公司进行立案调查。组织召开新三板挂牌公司监管座谈会,对监管政策进行宣讲,通报 4 家被采取行政监管措施的挂牌公司的问题和处理措施。

强化中介机构监管。强化年报审计监管。加强与审计机构和审计师的沟通,明确审计监管要求和审计风险领域及关注点,就 2 个重点审计项目下发审计监管备忘录,对 8 个年报审计项目开展现场检查,对 3 家年报审计机构下发了监管关注函。开展业务专项检查。发现问题 4 个,已督促整改;同时对 3 家评估机构 3 个执业项目的执业质量开展现场检查。

【防范和化解市场风险】 对 5 家债券发行人年报进行审核,及时向交易所反馈 2 家公司的问题,对 4 家单位开展债券发行人现场检查,发现问题 9 个。对 1 家首发在审企业正开展现场检查。开展互联网金融风险专项整治工作。制定辖区股权众筹风险专项整治工作实施方案,协调省金融办开展专项整治工作培训。开展辖区证券期货经营机构和私募机构互联网金融风险专项排查,对 12 家私募机构进行了现场检查。开展各类交易场所风险防范工作。加强与地方政府部门协作,及时处理交易场所投诉举报事项,推动省金融办就相关违规交易场所存在的风险刊发风险警示。督促省股交中心做好企业挂牌、合格投资者制度、合规管理及风险控制。开展现场检查工作,及时向清整办反馈检查情况。四是组织辖区法人证券公司、私募基金管理人开展“加强内部管控、加强外部监管、遏制违规经营、遏制违法犯罪”回头看自查。

【打击证券期货违法违规行为】 严厉查处违法违规行为,对辖区 1 家新三板挂牌企业进行立案调查,对 1 家上市公司开展初步调查。全年共办理案件 8 件,办理协查案件 16 件。严厉打击非法证券期货活动。加强司法协作,对 4 家机构进行证券期货经营资质认定,对 2 起非法经营期货业务案件进行性质认定,完成举报事项核查 18 件。组织开展“防非宣教进社区”活动,定期开展证券期货私募机构非法集资风险专项排查。

【开展投资者保护工作】 组织开展多形式宣教活动。开展私募基金投资者权益保护教育宣传专项活动、“3·15 国际消费者权益日”“权利责任风险”主题活动、投资者走进上市公司活动等。督促辖区市场主体全方位、多层次开展投资者教育宣传。如中航证券建设互联网投资者教育基地,国盛证券建立统一的投顾咨询服务平台等。推进证券期货纠纷多元化解机制试点工作,与江西省高院、南昌市中院协商建立证券期货纠纷诉调工作机制。对 10 家证券期货经营机构开展检查督导。开展投诉处理工作,截至年底,处理来电 278 件,来信 11 件,来访 41 批次 61 人次,办结证监会“12386”热线工单 26 件。

【服务实体经济发展】 2016 年,联合相关部门印发《关于金融支持实体经济发展的若干意见》和《关于做好促进我省贫困地区利用资本市场脱贫发展工作的通知》,提升金融对实体经济的支持和促进作用。加大宣传和推动力度,培育市场成效显著。江西国泰民爆集团股份有限公司首发上市,募集资金 35655.6 万元。IPO 在审公司新增 1 家,辅导备案企业新增 4 家,新三板挂牌公司新增 60 家;上市公司、新三板公司和债券发行人融资达 251.47 亿元,增长 35.56%。支持证券期货基金行业规范发展。支持法人公司增资扩股,国盛证券注册资本由 20.35 亿元增至 38.03 亿元,瑞奇期货注册资本由 0.64 亿增至 3.46 亿元。支持共青城私募园建设。推动设立鸡蛋期货交割库。批复法人机构设立分支机构 56 家,异地证券公司到赣设立证券分支机构 21 家。

(李齐)

本栏编辑 邓玉兰

财 政 税 收

财政管理

【概　况】 2016年,全省各级财政部门深入推进供给侧结构性改革,统筹做好财政稳增长、促改革、调结构、优生态、惠民生、防风险等各项工作,预算执行总体平稳,完成各项工作任务。全省财政总收入3123.02亿元,增长3.4%,考虑营改增减税170亿元因素,同口径增长9.6%;一般公共预算收入2151.47亿元,下降0.6%,考虑营改增及中央与地方增值税收入分成体制调整因素,同口径增长8.7%。全省一般公共预算支出4617.40亿元,增长4.6%。财政总收入超20亿元的县(市、区)38个,超30亿元的18个,超50亿元的6个,南昌县104.4亿元。

【促进全省经济发展】 围绕省委、省政府决策部署,着力发挥职能作用,实施积极财政政策,深入推进供给侧结构性改革,促进全省经济持续平稳发展。着力支持实体经济,开展降低企业成本、优化发展环境专项行动,落实结构性减税和普遍性降费政策,取消行政事业性收费5项,为企业减轻负担500亿元。“财园信贷通”“财政惠农信贷通”当年发放贷款合计564亿元,省融资担保公司担保业务累计突破300亿元。省农业信用担保公司正式挂牌运营,注册资本20亿元。省财政安排3亿元支持创新驱动“5511”工程实施,统筹10.1亿元支持“中国制造2025”,安排1.3亿元用于新能源汽车推广应用和充电基础设施建设,下达16.8亿元支持化解煤炭、钢铁行业过剩产能工作;继续实施农村一、二、三产业融合试点,支持粮食等主导产业融合发展。启动全流域生态补偿机制,省财政首期下达资金20.9亿元。江西、广东两省签署东江流域横向生态保护补偿协议,启动共产主义水库省内跨流域横向补偿试点,国家重点生态功能区转移支付县由9个扩大到25个,融资45亿元支持全省48个县及25个园区污水管网建设,在全省3个设区市开展省级海绵城市试点工作。全省自主发行地方政府债券1054亿元,新增债券重点用于稳增长、惠民生领域,置换债券累计降低利息成本约70亿元。以省政府办公厅名义印发《江西省发展升级引导基金设立与运作方案》,成立投决会并召开第一次会议,基金运作顺利推进。着力推广运用PPP模式,建立PPP综合信息平台,对地方实施PPP项目实施一次性奖励,全省14个PPP项目纳入全国示范项目。

【深入推进财税改革】 完善预算管理制度。研究出台全面推开营改增试点后调整省以下税收收入划分过渡方案,理顺省以下财政体制。提请省政府出台《省级财政专项资金管理办法》,将省级财政专项资金由139项调整压缩至39项,改革和完善省对市县转移支付制度,制定省级和市县预算公开办法,主动引入社会监督机制。完善政府性债务管理制度,加强债务风险预警和监测。探索跨年度预算平衡机制,试点编制省级2016—2018年中期财政规划和省级部门滚动预算。全面实施营改增,直接减税170亿元。推开资源税改革,将矿产资源补偿费率降为零。出台房地产去库存税收优惠政策,降低房地产交易成本。颁布《江西省税收保障条例》,成为江西省第四部财政地方性法规。省级综合治税信息平台成功上线试运行,累计采集数据信息1.2亿条。政府购买服务试点项目总量达到93项。加快推进机关事业单位养老保险改革,调整提高全省机关事业单位工作人员基本工资标准。支持司法责任制改革,对部分试点市县法院、检察院财物实行省级统管。推进全省党政机关公务用车制度改革。

【加大强农惠农资金投入】 以深入推进农业供给侧结构性改革为主线,不断健全强农惠农政策,为推动江西省与全国同步全面建成小康社会不懈努力。推进农业“三项补贴”改革,安排41.9亿元支持耕地地力保护,安排15.5亿元支持粮食适度规模经营,投入12.2亿元用于全省森林质量提升、林业资源保护和林业产业发展,筹集51.6亿元加快农田水利、水土保持和江河湖库水系综合整治,安排39.9亿元支持高标准绿色生态农田建设,投入6.3亿元发展现代农业特色优势产业。整合9000万元支持现代农业示范园区建设。此外,省财政安排7.2亿元用于农村基础设施建设“一事一议”财政奖补。下达3.2亿元开展扶持村级集体经济发展、美丽乡村建设和建制镇示范试点;投入1.2亿元支持传统村落保护。防汛救灾等应急支出得到及时保障。省农业信贷担保公司正式挂牌运营。

【全力支持脱贫攻坚】 2016年,省级新增可统筹财力的30%用于脱贫攻坚,全省扶贫支出增长94.4%。在全国率先出台统筹整合财政涉农扶贫资金实施方案,58个试点县统筹整合资金152亿元。融资100亿元用于"十三五"期间易地扶贫搬迁。完善激励机制,开展财政扶贫资金绩效评价,对2016年率先脱贫摘帽的地区加大支持力度并予以奖补。

【不断夯实民生基础】 2016年,全省用于民生领域支出3595.3亿元,占总支出的77.8%。省本级统筹1200亿元财政性资金实施民生工程,50件惠民实事全部完成,老百姓的获得感和幸福感进一步增强。全省新增发放创业担保贷款122.9亿元,直接扶持个人创业和带动就业53.6万人次。深入实施大学生就业促进计划和创业引领计划;对化解产能企业有创业意愿的职工和失业人员给予创业补贴等优惠政策。省财政连续12年提高企业退休人员基本养老金,并首次实行机关事业单位退休人员与企业退休人员同步调整养老金待遇。阶段性降低企业职工养老保险、失业保险费率,将机关工作人员纳入工伤保险覆盖范围。整合城镇居民医保和新农合制度,城乡居民基本医疗保险财政补助标准均提高40元,每人每年420元。全省城乡低保财政月人均补差水平分别为320元、195元,分列全国第十六位和第八位。将农村特困人员集中供养、分散供养标准分别提高到每人每月365元和290元。按照每人每月50元的标准分别向困难残疾人、重度残疾人发放生活补贴和护理补贴。统筹做好其他各类困难群体基本生活保障工作。支持深化医药卫生体制改革,将基本公共卫生服务经费财政补助标准由每人每年40元提高到45元;安排4亿元支持公立医院改革。推进城乡义务教育经费保障机制改革,统一公办学校和民办学校公用经费补助基准定额,将省属高职院校生均拨款水平提高到不低于1万元。继续推进文化体育公共设施免费或低收费开放。筹集82.4亿元支持保障性住房建设和农村危房改造,融资300亿元用于市县棚户区改造。

【规范财政管理】 省财政厅组织开展财政资金安全检查,严格省级预算单位银行账户和财政专户管理。推进扶贫等民生资金监督检查,集中整治损害群众利益的不正之风。做好贯彻执行中央八项规定精神、彩票公益金项目等专项检查,严肃财经纪律。完成全省行政事业单位资产清查。预算绩效目标管理实现部门、项目两个"全覆盖",省直部门项目资金评价量占本部门项目支出总额的63.8%。对环保、食品药品抽验、困难群众大病医疗救助等群众关心、社会关注的民生项目实施重点绩效评价。省级政府投资项目预算评审审减投资预算5.7亿元。厉行勤俭节约,在全国率先推进公务消费网络监管平台建设,选择10个省直部门、3个设区市、7个县(区)开展试点。启动财政内部控制制度体系建设,制定《江西省财政厅内部控制基本制度(试行)》和预算编制、预算执行、政府采购、岗位利益冲突4个风险内控办法,切实提高财政部门风险防控能力。

(姜欢欢)

国家税收

【概　况】 2016年,省国税局围绕"十三五"时期改革发展规划纲要,以推进税收现代化建设为目标,以提升税收治理能力和水平为主题,着力抓好"稳增长、促改革、强法治、防风险、铸铁军"5个方面的工作,取得"十三五"良好开局。纳税服务不断优化,纳税人满意度排名继续保持在全国前列。干部队伍素质不断提升,税收业务大比武竞赛排在全国第一方阵;在全国绩效管理考评中,继续保持全国国税前八位。

2016年,全省国税部门应对经济下行压力不断加大、税制改革深入推进的复杂形势和严峻挑战,贯彻全省"降成本、优环境"专项行动部署,全力以赴抓好收入,精准实施定向减免,恪尽职守服务发展,保持了收入平稳较好增长。全年共完成税收收入1338.22亿元,增收210.29亿元,增长18.6%。其中:国税部门组织收入1271.59亿元,增收195.6亿元,增长18.2%,增幅排全国第十位;海关代征税收66.63亿元,增收14.68亿元,增长28.3%。国税收入主要特点有:一是税收收入持续增长。二是主体税种"三升一降"。国内增值税、国内消费税、企业所得税和车辆购置税四大税种分别入库792.24亿元、207.03亿元、208.29亿元和64.02亿元,分别增长30.4%、8.8%、-3.2%和1.8%。除企业所得税出现小幅下降外,其余三大税种均保持增收。三是二产三产齐头并进。全省第二、第三产业税收均保持两位数增长态势,第二产业税收683.79亿元,增长14.2%。第三产业税收582亿元,增长22.3%。四是地方收入高于中央。受增值税预算级次调整影响,地方级收入大幅增收,达454.62亿元,增长40.6%,比总收入、中央级收入增幅分别高22个和32个百分点。五是收入质量明显提升。至12月底全省国税系统多缴税金余额环比下降26.8%。

【服务地方经济发展】 主动策应全省发展战略,围绕推进供给侧结构性改革,推出落实"降成本、优环境"专项行动的"双十六条",省国税局班子成员带队赴挂点园区开展政策宣讲和调研,解决回复挂点企业反映的76个问题及诉求;全力支持赣江新区建设发展,从6个方面制定20项措施,有针对性地为新区建设提供了税收服务和政策支持。全面落实税收优惠政策,开展政策落实自查自纠和专项督查,保证了支持小微企业、促进科技创新、推动就业创业、助推苏区振兴发展等税收优惠政策落地见效;建立走出去"三会、二讲、一课"服务体系,加快出口退税办理进度,助推江西省外向型经济发展。充分发挥参谋助手作用,围绕税收支持扶贫攻坚、促进制造业发展、推动江铃集团等支柱企业做大做强等选题,开展专题调研,积极建言献策,多篇分析报告得到省领导和相关部门好评。全年办理各项减免税316.6亿元,增长44%,办理出口退(免)税118亿元,有力支持了经济社会持续健康发展。

【深化税收征管体制改革】 提请省政府成立征管体制改革领导小组,出台全省改革实施方案。与地税部门联合推进62项改革项目,共同把第一阶段的改革往前推、逐项落地,2016年度国家税务总局部署的改革事项和江西自主改革事项均按期保质完成。尤其是在联合办税、委托代征、稽查协作、信息共享、互派干部挂职交流、合作示范区建设等方面取得新突破。全面推广代开发票环节“一窗一人一机一系统”的国税、地税合作征收方式，有效提升办税效率，联合编印《企业研发费用加计扣除操作指引》得到各方好评，全省国税系统、地税系统双方互派64名税务干部挂职，有力保障国税、地税征管体制改革的顺利推进。

【全面推开“营改增”试点】 5月1日起，全省国税部门全面推开营改增试点，营改增试点范围将扩大到建筑业、房地产业、金融业和生活服务业，并将所有企业新增不动产所含增值税纳入抵扣范围，确保所有行业税负只减不增。在时间紧、任务重、要求高的情况下，全省国税部门发扬拼搏精神，按要求做到5月1日开票、6月1日申报。试点各项工作平稳有序推进，全省14万纳税人顺利完成税制转换，全年试点行业入库增值税145.56亿元，与同期营业税相比减少148.73亿元，减税面达98.3%，建筑业、房地产业、金融业、生活服务业分别下降59.3%、18.4%、13.4%、90.7%，实现了所有行业只减不增的预期目标。

【贯彻落实《江西省税收保障条例》】 7月28日，《江西省税收保障条例》经省十二届人大常委会第二十七次会议表决通过，省国税局及时传达学习，并在省国税局、省地税局第十四次联席会议上专题研究贯彻落实工作，联合省财政厅、省地税局出台贯彻落实《江西省税收保障条例》实施工作方案，组织各地各部门调查统计涉税信息目录，提请省政府成立税收保障协调工作领导小组和印发《江西省税收保障条例》实施意见，全省社会综合治税走在全国税务系统前列。

【推进税务风险管理】 进一步加大风险防控力度，开展税收风险自查自纠，推广上线“决策支持风险管理系统”，搭建17个行业分析模型，统一应对户籍管理、税种管理、发票管理、大企业税收管理、进出口税收管理、非居民税收管理中存在的风险，全面推行所得税专业化团队风险应对。开展非居民股权转让专项核查，补税超亿元，成功办结反避税单笔最高补税案，追缴税款及利息1256.3万元，境外团体到赣文体演出（比赛）征税取得历史性突破。年内通过风险防控查补入库36.7亿元。

【推广金税三期工程】 制定金税三期工程推广工作实施方案，组成业务技术攻坚团队，采取倒排工期、完成差异分析、初始化设置、数据清理、数据迁移、功能测试、师资培训、双轨试运行、单轨切换等工作任务。7月8日，金税三期工程优化版顺利上线，通过搭建服务管理平台，有效保障了金税三期工程应用系统的安全稳定运行，在新旧系统转换期间没有发生系统异常，没有出现负面舆情。年内通过新系统办理涉税业务1558万次。

【开展“便民办税春风行动”】 采取一系列行之有效的服务举措，提升纳税服务水平。贴近纳税人需求，改造提升省国税局门户网站，推广网上办税服务平台及手机APP，全面实行同城通办和全省通办，推行“二维码”一次告知，升级12366纳税服务热线系统，优化小微企业所得税优惠自动提示校验计算功能，开展出口退税无纸化管理试点，试行大企业首席联络员制度，向“走出去”企业、高新技术企业提供个性化服务，实体与网络纳税人学堂培训纳税人18.2万人次。深入推进“银税互动”项目，与全省23家金融机构签订合作协议，帮助小微企业获得信用贷款33亿元。

【打击涉税违法犯罪】 设立公安派驻国税联络机制办公室，建立320户随机抽查对象分类名录库和100名省级执法检查人员分类名录库。开展出口供货风险企业和营改增收入高占比重点县区专项检查，配合国家税务总局驻赣检查组工作，重拳打击虚开发票、骗取出口退税等涉税违法犯罪，挽回税款损失17.5亿元，在省级以上媒体曝光典型案件38起，公安抓捕犯罪嫌疑人123人。全年稽查查补收入15.32亿元。

【绩效考评获得全国国税第八名】 科学制定制度和指标，合理分解和归并绩效指标后，指标机考率达到59%，远高于全国平均水平。建立工作台账，时时跟踪提醒，在考评关键时间节点向相关处室下发工作提醒单，防范扣分风险。通过绩效信息系统对基层单位绩效管理经常性开展情况分析，及时发现存在的问题，按月下发绩效通报，提出针对性改进建议。通过绩效加分提升排名，累计获得加分26.55分，加分位列全国第四位，在全国税务绩效考评中，获得全国国税第八名。

（项青　付江峰）

地方税收

【概　况】 2016年，全省地税部门坚持抓收入、促改革、优服务、严管理，各项工作成效明显。“营改增”工作得到国务院总理李克强的表扬，在国家税务总局和省政府绩效管理考评中均位列优秀等次，在2016年全国纳税人满意度调查中继续保持先进、位居前列。

面对复杂严峻的经济税收形势和“营改增”等结构性减税带来的挑战，全省各级地税部门精心组织，科学调度，较好地完成了组织收入预期目标。2016年，组织入库各项收入1338.4亿元，下降7.3%，其中，地税收入1253.8亿元，减收103.4亿元，下降7.6%。剔除营业税和代征增值税后地税收入完成918.1亿元，增收61.9亿元，增长7.2%。收入总量在全国排第十三位，比上年前移2位，增幅在全国排第十一位。2016年地税收入呈现5个主要特点：一是“营改增”影响凸显，地税收入逐月下行。“营改增”前，1—5月地税收入增长27.7%，“营改增”后，6—9月地税收入下降27.1%，第四季度下降40.0%。二是所得税较快增长，成为地方税收增收主要来源。企业所得税和个人所得税分别完成200.4亿和124.5亿元，分别增长16.5%和17.4%，均高于地税收入平均增幅。三是第三产业税收较快增长，产业结构调整持续见效。剔除营业税和代征增值税，第三产业税收完成606.1亿元，增长10.3%，税收占比为65.8%，较上年提高1.8个百分点。四是强化税收征管，堵漏增收成效明显。开展营业税纳税人清票、清税、清户“三清”工作，清理清收税款127.0亿元；强化综合治税，增加地税收入31.4亿元；加强欠税管理，追缴欠税37.0亿元；强化风险管理，风险应对入库地税收入76.6亿元。

【服务全省发展大局】 落实省委、省政府决策部署，开展“降成本、优环境”专项行动，出台“支持降成本、优环境政策服务措施30条”，制定专项行动的工作方案和任务推进表，形成省市县三级地税部门联动工作机制。落实支持大众创业、万众创新、小微企业发展等各项税收优惠政策，依法减免地方各税123亿元。制定并提请省政府出台支持房地产去库存税收优惠政策措施，2016年减轻纳税人税收负担24亿元。深化税收分析，辅助决策参考，形成一批高质量调研报告，其中《“营改增”对江西经济税收的影响分析》得到省委书记鹿心社的批示肯定，房地产新政效应分析、资源税改革情况分析被国务院办公厅专报信息采用。

【全面推开“营改增”试点】 落实“营改增”试点工作部署，强化组织领导，成立工作领导小组，在改革的关键节点，落实省地税局领导每日带班制度，实行24小时值班制。强化管户移交，对全省地税61.2万户纳税人进行全面梳理，及时向国税部门移交18.9万户纳税人数据。强化部门合作。联合召开4次专题工作联席会，升级改造并向国税部门移交不动产及建筑业税收管理软件。强化代征准备，完成征管系统改造和人员培训，开展二手房和个人不动产增值税的委托代征工作，累计代征二手房和个人不动产增值税1.77亿元。强化政策宣传，广泛宣传“营改增”相关政策，使纳税人及时了解税收新政及办税流程。强化督促检查，将“营改增”工作纳入“一号督查”事项，制定专项绩效考核办法，保证各项工作落到实处。

【金税三期上线】 按照国家税务总局金税三期上线安排，按期完成初始化配置、数据迁移、特色软件改造、小双轨测试等工作，2016年3月实现双轨运行；7月8日，单轨一次性上线成功，系统运行平稳。依托金税三期信息化系统，省地税部门大力推进网上办税、财税库银联网和全省通办业务，全年网上办税666万户次，电子缴税1042亿元，占总收入的76%。深化“互联网+税务”应用，打造集移动办税、移动办公、移动服务“三位一体”的电子税务局，赣州市地税局“互联网+自然人税收管理”、萍乡市地税局“互联网+龚全珍工作室”入选全国税务系统“互联网+税务”可复制可推广优秀推荐项目。

【推进地税征管体制改革】 认真落实《深化国税、地税征管体制改革方案》，统筹谋划和推动地税各项工作。成立征管体制改革领导小组及其办公室，建立深化改革信息报送机制和工作台账，对改革任务落实情况进行专项督导。联合省国税、财政部门向省委、省政府和税务总局汇报，经过深入调研，反复征求各方意见建议，由省委、省政府办公厅印发《江西省深化国税 地税征管体制改革实施方案》。按照方案的要求，对全省地税系统深入推进征管体制改革进行了详细系统的部署安排，并组成5个督查组，对各级税务部门贯彻落实改革实施方案的情况开展了联合督查，促进了各项改革措施的落实到位。

【推动综合治税】 推动《江西省税收保障办法》通过省人大立法上升为《江西省税收保障条例》，并于2016年10月1日起实施，为强化综合治税提供了法制保障。落实《江西省税收保障条例》，全面启用涵盖工商、公安等40个省直机关单位、涉及151个类别涉税信息的省级综合治税信息平台，并打通与金税三期系统及各市级综合治税平台的有机对接。实现涉税信息采集“横向到边、纵向到底”。同时，健全综合治税联席会议制度，建立涉税数据日常交换机制，强化涉税数据分析利用，全年通过省级综合治税信息平台向各级地税部门推送信息205.05万条，征收税款2.92亿元，通过第三方涉税信息风险应对增加税收收入31.42亿元。

【深化国地税合作】 贯彻落实《国地税合作规范》，召开两次国地税联席会，年初与省国税局联合推出28项深度合作举措，“营改增”后，又着力打造国地税合作的加强版，推动办税厅业务深度融合，全省所有县（市、区）分别以共建、共驻或互派等形式实现联合大厅办税服务，为纳税人提供“一站式办结”服务，让纳税人“进一家门、取一个号、办两家事”。推行关联税费委托代征模式，合作代征税费3.6亿元。打通金税三期系统国地税委托代征、协同办理注销登记、协同管理非正常户等关键业务，推广委托国税代征地方税费功能模块，实现了国税窗口代征地方税费“一窗一人一机一系统”的征收模式。联合开展共管户进户检查和协同开展案件协查工作，推动信息高度聚合，共享涉税信息890.8万条，联合采集第三方涉税信息690.6万条，经分析应对增加税款2.98亿元。

【开展“便民办税春风行动”】 深入开展“便民办税春风行动”，推出12类40项便民措施。落实纳税服务规范，按照“流程更优、环节更简、耗时更短、效果更佳”的原则，持续优化现有办税流程，纳税人报送资料平均减少41%，办税环节平均压缩59%，办税时限平均缩减78%。不断完善网上办税服务厅、12366服务热线功能，运行“移动地税”手机客户端，持续完善多元办税、提高服务效率，提升纳税人满意度。加强纳税信用管理，联合省国税局、江西银监局，与全省23家商业银行签订“银税互动”战略合作协议，帮助守信企业将“纳税信用”转化为“融资信用”，在全国率先实现“银税互动”商业性银行全覆盖，累计为400多户诚信纳税企业办理信用贷款14亿多元，支持了诚信企业发展。

（邓远峰）

本栏编辑　邓玉兰

经济管理与监督

综合管理与宏观调控

【概　况】 2016年,江西省主动适应把握经济新常态,坚持稳中求进工作总基调,统筹做好稳增长、促改革、调结构、优生态、惠民生各项工作,全省经济发展总体平稳、稳中提质、稳中向好,社会事业全面进步。全年地区生产总值18499.00亿元,增长9%;人均地区生产总值40400元,增长8.4%;粮食总产213.81亿千克,财政总收入3123.02亿元,增长3.4%。其中一般公共预算收入2151.47亿元,下降0.6%。规模以上工业增加值7803.6亿元,增长9%。固定资产投资19694.21亿元,增长13.3%。社会消费品零售总额6634.63亿元,增长12%。进出口总值2638.45亿元,增长0.6%。

【产业转型升级步伐加快】 坚持把创新摆在发展全局的核心位置,以创新引领产业转型升级,建立创新型省份建设"1+N"政策体系,设立省"双创"投资引导基金支持创业创新。战略性新兴产业发展壮大,航空、新型电子产业主营业务收入分别增长20%和25%,高新技术产业增加值增长10.8%,占规模以上工业增加值比重30.1%;加快现代农业强省建设,深入实施"百县百园"工程,全省农产品加工率54%,规模以上龙头企业销售收入增长9.3%。深入实施服务业发展提速三年行动计划,出台服务业发展"十三五"规划,制定实施发挥新消费引领作用、加快发展生活性服务业等实施意见,旅游接待总人数和旅游总收入分别增长23.5%、37.1%,服务业增加值增长10%以上、占GDP的比重突破40%,对GDP贡献率为47.8%,贡献率首次超过第二产业,发展动能加速转换,发展质量和效益进一步提升。

【基础设施更趋完善】 着力抓项目扩投资,强化项目调度推进,实行定期调度、定期通报,全年省重点工程完成投资1437.05亿元。赣深客专、安九客专、兴泉铁路、皖赣铁路改线等项目开工,武九客专江西段建成。广吉高速开工,东乡至昌傅、兴国至赣县等12条高速公路建成通车,高速公路通车里程基本达到6000千米。瑶湖机场开工,上饶三清山机场建成试飞。大唐抚州电厂第二台机组、西气东输三线江西段等项目建成投运,统调电力装机突破2000万千瓦;全省500千伏主干电网形成大环网,线路突破4000千米。

【改革开放深入推进】 坚持以供给侧结构性改革为主线,立足江西实际,突出重点任务,深入推进"三去一降一补"各项工作。全面启动降低企业成本、优化发展环境专项行动,先后出台含金量高的80条、20条政策措施,实行"三级联动"帮扶,开展领导挂点、干部入企、专家帮扶、金融帮扶、产业链对接等五大活动,全年为企业减负500亿元以上。钢铁五年去产能任务一年完成,煤炭去产能超额完成年度任务。出台去库存20条政策,房地产市场总体稳定。同时,去杠杆、补短板等重点任务进展顺利。重点领域改革取得实效,"三单一网"(权力清单、责任清单、负面清单和江西政务服务网)基本形成,"营改增"顺利实施,江钨、建工集团、盐业集团改制重组和股份制改造取得实质性进展,农村土地承包经营权确权工作全面完成。开放型经济活力增强,抓住"一带一路"倡议机遇,江西省出台《关于加快推进"走出去"战略的实施意见》,制定长江经济带发展实施规划,举办绿发会、泛珠行政首长会等重大活动。

【区域城乡协调发展】 赣江新区获批成为中部第二个国家级新区,核心区建设全面启动,建立"省级决策领导、新区独立运行、组团融合发展"的新区管理体制,打造引领全省发展的重大功能平台。昌九一体化纵深推进,南昌综保区获批设立,昌九两地基本实现医疗同城化。苏区振兴发展步伐加快,苏区振兴阶段性目标任务完成,土坯房改造、安全饮用水等突出民生问题基本解决,特色优势产业快速发展,一批重大产业发展平台加快推进,钨和稀土、南康家具产业主营业务过千亿。赣东北扩大开放、赣西经济转型深入推进,抓住沪昆、合福等高铁开通运营机遇,启动编制沪昆高铁经济带规划,加快推进上饶高铁经济试验区建设,赣东、赣西发展进一步加快。昌抚两地实现通信同城化。城乡发展更加协调,城镇化率提高1.48个百分点,达到53.1%,美丽乡村建设取得新成效。

【创建国家生态文明试验区】 成功纳入国家首批生态文明试验区。在全国率先实施全流域生态补偿,与广东省签署东江流域上下游横向生态补偿协议,实施覆盖全省主要河流湖泊的五级“河长制”，启动自然资源资产负债表编制试点。实施大气污染防治行动计划，全省空气质量保持优良。大力实施“清河行动”，新建改建污水配套管网1535千米，主要河流监测断面水质达标率88.6%。开展农业面源污染治理，基本建成农村生活垃圾收集、转运、处理体系，土壤环境质量得到有效改善。开展植树造林和低产低效林改造，完成植树造林13.87万公顷、森林抚育37.34万公顷。九江、鹰潭成功创建国家森林城市，吉安获批国家循环经济示范城市，萍乡海绵城市建设走在全国前列。加大节能减排力度，主要污染物减排完成年度任务，万元GDP能耗下降4.9%左右。加强环保执法，立案处理环保案件1765起，办结中央环境保护督察组交办的1050件群众信访件，要求整改的问题正在抓紧认真办理。启动实施抚河流域综合治理工程，创建首批60个生态文明示范基地，生态环境质量继续稳居全国前列。

【1200亿元资金用于民生工程】 在财政收支压力加大的情况下，安排1200亿元资金用于民生工程，年初确定的民生工程50件实事全面完成。打好发展扶贫、保障扶贫、健康扶贫三大攻坚战，全年76万人实现脱贫，井冈山市在全国率先脱贫摘帽，500个贫困村退出。居民收入继续增加，城镇、农村居民人均可支配收入分别增长8.2%和9%。扎实做好高校毕业生、农民工等重点群体就业工作，就业形势保持稳定，全省新增城镇就业55.2万人。出台农村低保与扶贫开发制度衔接方案，构筑基本医保、大病医疗保险、医疗救助、大病救治等多道防线，整合城乡医保制度，免费救治贫困家庭大病患者14万例。棚户区改造开工17.1万套，保障性安居工程基本建成20.9万套，完成农村危房改造9万户。

（刘上舰）

重点工程建设

【概　况】 2016年，全省着力抓项目扩投资，推进一批调结构、补短板、增后劲、惠民生的重大项目建设，取得明显成效，为全省经济平稳健康发展提供了有力支撑。

全年分两批共安排省重点项目188项，总投资6279.67亿元，年计划投资1432.16亿元。其中，计划建成投产项目43项，续建项目55项，计划新开工项目83项，预备项目7项。全年共完成投资1437.05亿元，占年计划的100.3%。其中：计划建成投产项目完成投资464.6亿元，占该计划的107.1%；续建项目完成投资668.1亿元，占该计划的106.5%；计划新开工项目完成投资304.35亿元，占该计划的82.08%。

【铁路项目建设】 武九客专基本建成，具备静态验收条件，计划2017年8月正式通车；九景衢铁路线下工程全面结束，铺架完成70%。昌吉赣客专全线路基、桥梁、隧道均完成近70%，工程推进速度在全国同期开工铁路项目位居前列。蒙华煤运通道路基土石方完成45%，控制性工程总长15390米的九岭山隧道掘进过半。4个新开工项目顺利推进，安九客专引入庐山站段、赣深客专江西段、兴泉铁路江西段、皖赣铁路浯溪口水库段改线工程开工建设。

【高速公路建设】 东乡至昌傅、上饶至万年、船顶隘至广昌、昌宁南昌连接线、都九都昌至星子段、修水至平江、宁都至安远、安远至定南、定南联络线、铜鼓至万载、兴国至赣县、花山界至里木等12条高速公路于2017年1月4日建成通车，一次新增高速公路820千米，全省高速公路总里程基本建成6000千米。昌九改扩建已完成路基土石方60%；都九二期鄱阳湖特大桥主墩承台、塔座全部完成，梁板预制完成75%，安装完成70%。广昌至吉安项目全线开工建设。

【机场建设】 上饶三清山机场建成并已成功完成校飞，井冈山机场二期扩建飞行区机坪道面砼已完成，临时航站楼主体基本完成。赣州黄金机场改扩建飞行区场道基本完成土石方，T2航站楼桩基基本完成。瑶湖机场2016年11月开工建设。南昌昌北国际机场1号航站楼启动整体改造。

【能源项目建设】 4月27日，抚州电厂第二台百万千瓦机组正式投运，洪屏抽水蓄能电站4台30万千瓦机组全部建成投运，神华九江电厂等火力项目建设进展顺利，一批风电、光伏电站加快建设，一批500千伏、220千伏等骨干电网建设顺利推进，江西省能源综合保障能力进一步提升。

【重大产业项目建设】 井冈山卷烟厂易地技术改造项目、江西核工业金建机械有限责任公司新建年产3万吨汽车零部件项目、江西昌河汽车有限责任公司年产30万辆整车和30万台发动机技术改造项目等已建成。“宽带中国”4G高速网络基站及室内分布系统建设工程完成63640个铁塔项目的建设交付。南昌航空工业城北区已建成，南区各厂房主体工程基本完成。全球首个万达城在南昌隆重开业。新洪城大市场及洪大物流电商产业园项目部分主体完成，正在试营业。南昌国际博览中心一期正式营业。江铃汽车股份有限公司年产30万辆整车零部件配套生产扩能项目车身车架冲压车间主体竣工，设备正在调试。

【重大民生项目建设】 南昌轨道交通2号线、3号线同时建设。南昌大学第二附属医院红角洲分院、南昌大学第一附属医院象湖院区项目、省儿童医院红谷滩新院、省人民医院红谷分院项目主体工程已全部封顶，正在进行墙体砌筑等工作；省妇幼保健院红谷滩医院主体工程、省文化中心、省养老服务中心等项目均已按计划开工建设。

（文素琴　陈平　刘波）

国有资产管理

【概　况】 至2016年年底，全省国有企业资产总额20740.8亿元、净资产7714.5亿元、累计营业收入5195.2亿元、利润总额203亿元、累计完成增加值842.3亿元，同比分别增长17.7%、12.8%、8.8%、16.7%、9.2%。省出资监管企业资产总额10061.8亿元、净资产2727.2亿元、累计营业收入3685.2亿元、利润总额63.3亿元、累计完成增加值 522.4 亿元，分别增长 17.6%、11.4%、5.1%、10.4%、5.3%。与上年相比，省出资监管企业资产总额、营业收入同列全国第十五位，分别前移 5 位、1 位。江铜集团、新钢集团、省高速集团、省水投集团、省建材集团等企业效益快速提升，利润总额 40% 以上的增长。各地市级投融资平台公司扩容明显，推动当地国资总量快速增长，市属国企资产总量、经营效益等主要经济指标均实现两位数快速增长，南昌市、赣州市、九江市、上饶市 4 市资产超千亿元。

【探索有江西特色的混合所有制改革模式】 省旅游集团混改基本完成，引进非国有资本 16 亿元。江铜集团混改引进战投工作取得实质性进展；江西国际公司混改方案已经印发；省招标咨询集团混改取得阶段性成效，已在省产交所进行挂牌，引进战投工作有序推进。为进一步规范混改工作，制定了《省出资监管企业混合所有制改革操作指引（试行）》，进一步用制度成果固化混改试点经验，形成了具有江西特色的混改模式。

【推进重点企业市场化战略重组】 基本完成江西钨业控股集团的重组整合，组建江西钨业股份公司，启动上市准备工作。新组建的省军工控股集团，正积极打造有较强竞争力的地方军工集团；组建省绿色产业集团，为整合江西绿色优势产业打下了坚实基础；组建省地产开发集团，正在开展所属企业整合工作。省属国控公司完成对南冶资产公司的重组整合，江西报业传媒集团、省文化演艺发展集团、省广电传媒集团等企业改革重组工作有序推进。

【重点领域和关键环节改革】 相继出台省属国有企业董事会规范运作、企业领导人员能上能下暂行办法等配套文件。推进企业经理层成员任期制和契约化管理，深化职业经理人制度试点。在省出资监管企业全面推广江铜集团"三自"改革等 5 项改革试点成果，进一步凝聚了全员参与改革发展的热情和创造力。省建材集团公司制改造基本完成，省投资集团公司制改造取得实质性进展。

【加快推进企业上市工作】 11 月 11 日，国泰集团实现首发上市，成为 13 年来首次登陆国内 A 股主板市场的江西企业。12 月 16 日，安源管道在新三板正式挂牌。新余国科和江西国科已完成上市辅导，盐业集团正式完成股份制改造，智明星通、同济监理等中小企业已完成新三板上市材料报审工作。建工集团、中国瑞林、江西水务公司和省出版集团所属华章汉辰与华章东信的上市工作正在加快推进。

【降低企业运营成本】 省出资监管企业全年享受"80 条"政策"红利"达 6.38 亿元。通过挖潜革新，省出资监管企业全年成本费用总额增幅低于同期营业收入增幅 1 个百分点，平均成本费用利润率 1.7%，同比提高 0.1 个百分点。江铜集团加强考核、精细管理，全年实现降本增效 3.6 亿元。新钢集团抓采购控成本、强创新优结构扭亏增利 15.1 亿元，实现利润 3 亿元。江中集团严控费用开支，累计期间费用较上年同期下降 34.9%；省投资集团强化资金管理，全年降低财务费用 1.4 亿元，下降 16.1%。省民爆投资公司内部整合有序推进，集团管控模式初步形成。

【扩展企业发展空间】 依托江西海外能源资源开发联盟，推动江铜集团牵头发起设立江西海外资源能源开发基金，基金总规模 3 亿美元，已完成首期募集 1.5 亿美元并开始运营。省建工集团公司"两外"（省外、海外）市场业务份额占比高达 67%。江西国际公司列 250 家最大国际承包商第 103 位，较上年大幅前移 36 位。江中集团与国药集团开展战略合作，对接央企助推优势产业发展、实现合作共赢。央企入赣工程成绩喜人，130 个签约项目的注册、进资、开工占比分别为 90.8%、89.2%、87.7%。

【化解过剩产能和处置"僵尸企业"】 省能源集团关闭矿井 20 对，完成去产能任务年度计划的 152%（计划完成 320 万吨，实际完成 485 万吨），安置职工 2.3 万人，争取到中央拨付的奖补资金 8.8 亿元。督促省出资监管企业对长期亏损企业和低效无效资产进行调查摸底，"一企一策"研究制定处置方案，对低效无效、限期扭亏不达目标的企业，坚决关停并转，强力堵漏止血。大成国资公司梳理出 355 户"僵尸"企业，平稳有序地推进 129 户"僵尸"企业出清，总结形成了分类处置、托底安置、平台整合等系列经验做法。其中，洪钢公司制定《依法破产清理退出总体方案》，已向法院申请进行破产清算。

【完成省属国有企业社区移交工作】 通过签订目标责任书，省国资委班子成员挂点督导，层层压实责任，实施时间任务倒排，用半年左右时间完成剩下的 192 个社区的移交签约工作。这标志着江西省地方国企社区移交工作已基本完成，受到了国务院国企改革领导小组的充分肯定，江西省在全国国有企业"三供一业"分离移交工作视频会议上作了典型发言。

【创新驱动促进转型升级】 完善促进创新的体制机制。印发《关于加强出资监管企业科技创新工作推动产业转型升级的实施意见》，与省工信委共同制定《江西省重点创新产业化升级工程产业化项目遴选办法》和《江西省重点创新产业化升级工程重点产业骨干工程项目遴选办法》，明确加强省属国有企业科技创新等工作的目标、任务和具体举措。推进科技创新和产品创新。江铜集团、江钨集团、江中集团、新钢股份等企业获 11 项国家或全省科技进步奖、专利奖。江钨集团全年获得授权专利 86 项，其中发明专利 50 项，专利授权总量达到 550 项，金环公司的"大型立环磁选机磁系结构"发明专利获得第十八届中国专利优秀奖，为江西省年内获得的唯一国家专利奖项目。江铜集团、新钢集团、江钨控股集团等企业多个产品入选国家名牌产品。新钢集团全年共开发新产品 39 个，汽车用钢成功打入整车制造及配套企业，产品中标多个国家、省级重点工程项目。探索推进业态创新。通过大力实施"互联网+"行动计划，加快多元业态融合发展步伐，逐步形成了更多新业态、新模式。江铜集团贵冶智能工厂建设项目和"互联网+"矿山大数据中心分别列入国家示范或重大工程项目。省投资集团所属天然气控股公司建立省内首个LNG“互联网+”平台，吸引供应商50余家。省属国控公司与江西省大型商贸制造企业进行合作，布局物流战略初显成效。省出版集团加快文化金融领域创新步伐，出版领域物流网产业蓬勃发展。省金控集团丰富金融业态模式，创新业务品种，为江西省实体企业提供金融支持。省铁投集团发起设立的国内首支市场化运作的省级铁路产业基金成功募集300亿元。

【转变职能强化监督管理】 制定出台《省推进法治机构建设 提升监管服务水平实施方案》，开展监管提升活动。深入实施清单管理和“三管三转”，在下放两批、38项审核事项的基础上，再下放和整合3项权利。牵头推进全省国有企业车改工作，启动省属国有企业集团层面公务用车改革。适应职业院校管理体制调整新形势，着力提升职教集团内涵建设。依法履行出资人职责定位，向省投资集团、国控公司、大成公司分别单独印发运营管理办法，国有资本投资运营公司改革试点取得初步成果。南昌、赣州、抚州、景德镇、萍乡等多数设区市的国企改革“1+N”文件体系初步形成。新余市国资委进一步增强了对地方政府投融资平台公司的监管考核科学性，宜春、上饶、鹰潭等设区市国资委推动平台公司整合，服务地方经济发展作用进一步发挥。制订出台“1+5”经营业绩考核制度，加强对企业收入分配的事中监控和事后监督，有效遏制了企业人均工资过快增长的势头。进一步加强和完善法务总监制度，启动法治国企建设，加大重大涉法纠纷案件的协调指导力度，全年止损、挽损20亿元。强化监事会监督，当期监督揭示企业风险问题385个，年度监督检查揭示企业风险问题104个，提出建议441条，有效防控了企业风险。

（陈灿）

安全生产监管

【概　况】 2016年，全省发生各类生产安全事故2630起，死亡1649人，平均每天7.2起、死亡4.5人，死亡人数较“十二五”期间平均数减少30人，下降1.79%；发生各类较大事故55起，较大事故起数较“十二五”期间平均数减少1起。但是安全生产形势依然严峻，11月24日，丰城电厂发生冷却塔施工平台坍塌特别重大事故，造成74人死亡、2人受伤，影响特别恶劣，教训极为深刻，值得高度警醒和深刻反思。

【推动安全生产责任落实】 制定和实施权力清单和责任清单，安全生产责任体系更加健全；制定和实施《江西省安全生产工作考核办法》，安全生产责任考核更加规范；规模以上企业公开承诺和公布“黑名单”企业，企业安全生产主体责任落实更加有效；严肃事故查处挂牌督办和约谈，省安委办对6起较大事故实施挂牌督办，给予35名责任人党纪政纪处分，约谈2个县级党委政府主要领导和2家企业主要负责人，安全生产责任追究更加有序。

【安全生产法治建设】 省人大常委会组织开展新《中华人民共和国安全生产法》执法检查，对《江西省安全生产条例》进行调研评估，并启动修订立法程序，有力推动安全生产工作。省政府公布《江西省石油天然气管道建设和保护办法》、修订《江西省烟花爆竹安全管理办法》，新拟定3项安全生产和职业卫生地方标准。省政府办公厅印发《关于进一步加强园区安全生产工作的意见》。省安委会配套制定《2016年度安全生产工作考核细则》，对市、县（区）政府和省安委会成员单位开展了2016年度安全生产工作考核。以“提升依法监管执法能力、督促落实企业主体责任”为主题，在全系统开展安全生产“监管执法年”活动，安全生产监管执法能力得到提升。5月，国家统计局在江西进行的企业接受部门检查的抽样调查中，江西安监部门检查规范率为91.53%，在列入调查的9个部门中居前列。持续深化打非治违，严格监督执法，有效减少非法违法行为导致的各类事故。

【持续强化重点领域整治攻坚】 推进矿山、危化品、烟花爆竹等领域重点县整顿攻坚，列入全国第二批煤矿安全攻坚的5个重点县，已有上栗、乐平、丰城、瑞昌等4县（市）完成攻坚目标，列入全国首批危化品重点县名单的永修县已经销号。国务院安委办确定的159项油气输送管道隐患全部整改到位，是全国首批完成整治攻坚任务的省份之一。同时，统筹推进道路交通、有限空间、粉尘涉爆、消防等行业领域安全生产专项整治；抓好尘毒危害状况抽样调查和职业病危害申报工作，纵深推进陶瓷生产、耐火材料制造等领域粉尘危害治理，开展尘毒危害治理示范企业创建，每个设区市确定了2~3个尘毒危害严重的行业开展专项治理、选择2个重点县作为尘毒危害严重的行业开展专项治理；开展职业卫生技术服务机构专项监督检查工作，重点抽检6家技术服务机构，探索安全生产与职业卫生监管执法一体化。开展安全生产技术服务机构专项检查，进行年度考核，并对群众举报的机构严肃查处。

【安全生产改革创新】 推进煤矿安全监管体制机制创新，落实供给侧结构性改革有关要求，坚持淘汰落后产能和化解过剩产能相促进，全年关闭煤矿232处、退出产能1547万吨，其中淘汰落后煤矿228处、产能1280万吨，淘汰落后产能、化解过剩产能量分别占年度任务的188.2%和120.95%。抓住列为隐患排查治理体系建设全国试点地区契机，研发隐患排查治理体系信息系统，并在新余市、国防科工系统和23个县（市、区）组织试运行。截至2017年1月底，已有2313家企业登记注册，录入隐患1.27万余条，已整改1.25万余条。优化安全生产监管行政审批，以“三单一网”（权力清单、责任清单、负面清单和江西政务服务网）建设为抓手，注重抓好行政审批网建设，开展全省安全生产行政审批专项监督检查，对擅自增设审批条件、超越范围实施审批、违反行政审批程序等行为给予严厉处置，有力推动安全生产监管工作服务经济发展。加强安全生产诚信体系建设，首次公布省级安全生产“黑名单”。推进安全生产统计制度改革，事故信息直报运行良好，事故统计分析更加科学。建立政府购买安全生产专业技术服务制度，制定实施生产经营单位安全生产责任保险制度。

【抓好事故防控措施落实】 省安委会制定下发《江西省防范遏制重特大事故工作方案》，赣州市为全国试点城市并在钨和稀土行业建立双重预防性工作机制，煤矿、非煤矿山、危化品、烟花爆竹、工贸等重点行业领域分别制定实施方案。强化安全生产监督检查，在G20杭州峰会等重要时段，组织开展安全生产综合督查、专项检查，排查整治了一大批安全隐患。10月，国家安全监管总局对江西G20杭州峰会安全保障工作和峰会焰火产品产地有关安监部门予以通报表扬。

【组织开展大排查集中行动】 深刻汲取丰城发电厂"11·24"特别重大事故教训，在前期安全生产大检查及"回头看"的基础上，自11月底，在全省范围内开展安全生产大排查集中行动，重点以"一承诺、两典型，一整治、两行动"活动为抓手，推动企业落实主体责任。已有6000余家规模以上企业主要负责人、实际控制人在省、市、县主流媒体作出公开安全承诺。全省组织督查组1.1万个，参加检查人员3.4万人次，查处问题与隐患6.5万条，整改问题与隐患6.2万条，责令改正、限期整改、停止违法行为3415起，责令停产、停业、停止建设企业342家，暂扣或吊销有关许可证、职业资格33件，关闭非法违法企业30家。

【夯实安全生产基础】 关闭退出非煤矿山企业187家、烟花爆竹生产企业27家，非煤矿山、危险化学品、烟花爆竹、工贸等四大行业二级以上达标企业532家，安全生产基础进一步夯实。编制并发布安全生产"十三五"专项规划，"机械化换人、自动化减人"专项行动取得进展。加大资金投入提高装备配置水平，开展应急救援装备及物资储备的普查工作，建立全省应急救援资源管理数据库。加强应急预案体系建设，督促指导企业开展应急预案制(修)订工作。做好应急处置评估工作，分析各有关联动部门事故应急救援和处置情况，并将应急处置评估内容纳入事故调查报告。省安监局、省委宣传部等8部门联合印发《关于加强全社会安全生产宣传教育工作的实施意见》，统筹抓好门户网站、报纸专刊、协会杂志、微博微信4个平台建设，"江西安全生产"微信公众号在全国省级安监局中影响力稳居前列；广泛开展"安全生产月"活动，加强全社会安全宣教工作，开展"安康杯"竞赛、青年安全生产示范岗创建、江西公共安全创新创业大赛等活动，全省各级使用国家题库和网络计算机考试实现全覆盖。深入开展安全生产培训工作，全年共培训安全生产"三项岗位"人员近6万人，其中特种作业人员3.4万余人、安全管理人员1.4万余人、生产经营单位主要负责人1.2万余人。

(陈勇)

煤矿安全监察

【概　况】 2016年，全省煤矿安全监管监察部门和煤矿企业在预防和治本上继续狠下功夫，有力推动煤矿安全生产主体责任的落实，实现了江西煤矿安全形势平稳向好，全年煤矿发生事故12起、死亡19人，同比下降42.9%和45.7%。没有发生重大以上事故，创历史最高水平。煤矿数量大幅度减少，由2016年年初的500处减少到265处，关闭退出235处。

【狠抓《煤矿安全规程》落实】 新修订的《煤矿安全规程》自2月颁布后，利用多种形式，广泛进行了宣传和培训，确保10月1日起施行后各煤矿企业等单位严格执行新标准。结合江西煤矿实际和事故暴露出的主要问题，江西煤监局先后出台《加强煤矿顶板管理工作的若干规定》《加强防治煤与瓦斯突出工作若干规定》《加强井下防火工作若干规定》《加强煤矿防治水若干规定》，汇编成册，印发给全省煤矿监管监察部门和所有煤矿企业贯彻落实。

【推进安全生产责任落实】 大力推进安全生产责任的落实，萍乡、宜春、新余、景德镇、吉安等市落实省属煤矿地方监管工作，进一步充实人员、明确责任，全省形成"国家监察、地方监管、企业负责"的煤矿安全工作格局，共同形成合力，有力促进了煤矿安全生产工作。江西煤监局和省安监局联合召开省属煤矿和乡镇煤矿安全工作座谈会，督促年初所部署的各项安全工作措施落实。各地高度重视煤矿安全生产工作，吉安、景德镇两市煤矿实现"零死亡"，萍乡、新余两市的市县国有及乡镇煤矿没有发生事故。省能源集团公司将安全工作作为天字号工程，在做好煤炭去产能工作的同时，全力抓好安全生产工作，事故大幅下降，全年事故起数、死亡人数分别同比下降80%和84%，未发生较大以上事故，丰城矿务局和乐平矿务局消灭了死亡事故，流舍煤矿安全生产周期已15年。

【严格安全准入】 组织宣贯落实《煤矿企业安全生产许可证实施办法》，江西煤监局分片开展宣讲和解读，修订《江西煤矿安全监察局煤矿安全生产许可证管理办法》，制定《加强煤矿企业安全生产许可证管理工作若干规定》，取消安全生产许可证直接延期，所有煤矿都要经过安全评价、书面审查、现场核查合格后方可换证，发证时矿长要签订安全承诺书。严格安全生产条件。以2014年全省第三轮安全生产许可证延期换证为抓手，对不符合安全生产条件的所有煤矿一律不予换证，正规开采、取消木支护是发证的必备条件，到年底，有176处矿井取得了新的安全生产许可证，占现有煤矿数量的66.4%。加强安全生产许可证管理工作。对安全生产许可证到期未申请的矿井，及时注销安全生产许可证，每月向社会公布，全年分6批次共注销144个到期未申请延期矿井的安全生产许可证，对235处关闭矿井注销了安全生产许可证，相关部门加强后续监管工作，有力防范了无证非法组织生产。

【严格煤矿监管监察执法】 按照国家煤监局批复的监察计划，严格执法。确定煤与瓦斯突出矿井、高瓦斯矿井、水患矿井、高温矿井、列入去产能规划矿井等为重点监管监察对象。全年重点开展4项专项监察。一季度对国有煤矿开展列表式专项监察，特别对突出矿井是否采取非本煤层的区域防突措施进行检查。二季度开展水害防治和发证矿井专项监察,采取“双随机”(随机抽取检查对象、随机选派执法检查人员)抽查方式和联合执法形式进行。共监察矿井64处,查处隐患463条,下达执法文书176份,行政处罚罚款6万元,责令全矿井停产整顿2处,责令停止作业头面15个,暂扣安全生产许可证煤矿3处,向地方政府下达加强和改善煤矿安全管理建议书11份。在雨季及时发送警示信息26803条,督促落实暴雨期间停产撤人措施,有效防范了暴雨等极端天气引发的水害事故。开展煤矿安全生产许可证专项监察。共监察矿井39处,下达执法文书175份,查处隐患272条,行政处罚17矿次,行政罚款29万元,暂扣安全许可证7处,责令矿井停产整顿5处,责令矿井停止生产17处,责令停止作业头面12个。三季度开展异地瓦斯防治专项监察。根据国家煤监局开展煤矿瓦斯防治专项监察方案的要求,在煤矿企业进行瓦斯防治自查的基础上配合辽宁煤监局到江西省开展异地执法,共对曲江公司、尚庄煤矿、青山煤矿、安源煤矿等4处煤矿进行了现场检查。全省瓦斯治理取得一定成效,1—12月份,煤矿抽采瓦斯量7245.94万立方米,瓦斯利用量2573.08万立方米,占抽采总量35.51%。瓦斯超限次数持续下降,全年瓦斯超限次数31次,同比少99次,绝大多数矿井没有瓦斯超限,杜绝了瓦斯超限作业,全年未发生瓦斯事故。

按照国家煤监局的要求,还开展了超能力生产、安全投入、安全培训、设备安全、建设项目、职业健康、事故防范处理等专项监察,聘请专家对青山、杉林、桥二、东村、伍家等5处煤矿进行专家“会诊”。煤监系统全年共监察矿井499矿次,查处事故隐患2734条,责令停产整顿矿井26矿次、责令停止生产矿井64矿次、责令停止作业头面218个次、责令设备停止使用121台(件)。严格落实重大隐患停产整改的要求,对采矿许可证、矿长安全资格证过期、未实施正规开采、使用木支护、安全监控系统不能正常使用的矿井以及存在其他重大隐患的,一律暂扣安全生产许可证,年底共扣证68个。深化“打非治违”行动,严厉打击假整改、假密闭、假数据、假图纸、假报告和超能力、超强度、超定员、超层越界、证照超期仍生产等“五假五超”违法违规行为,在春节、国庆、中共十八届六中全会、G20会议等期间,组织开展安全巡查、暗查暗访和对重点矿井突击检查,严防煤矿非法违法违规组织生产。监管监察部门开展联合执法16次、66矿次,其中采取“双随机”抽查52矿次,占比78.8%。萍乡对煤矿严格实施分类监管,对重点矿井加大执法力度和频次。

【严格事故调查和警示教育】 严肃查处煤矿事故。为规范事故调查工作,江西煤监局出台《事故调查处理工作若干意见》,发生事故矿井实施停产整顿,并向所有煤矿发出事故警示信息,事故调查报告及时向社会公开,对发生的典型事故,及时下发事故通报。年内发生的事故已结案10起,给予党纪政纪处分31人,撤销矿长16人。进行事故通报,开展安全责任约谈,其中对因复产验收把关不严、存在重大隐患组织生产,以及事故单位管理不到位等因素约谈相关人员6次。大力开展事故警示教育。前三季度以汲取永吉煤矿“10·9”事故教训为主、四季度以全国全省煤矿典型事故为案例,在全省煤矿广泛开展了警示教育。全年年全省开展事故警示教育活动122场次,参加警示教育煤矿387处,13364人次参加警示教育活动,其中监管人员570人次,“五职矿长”2117人次,其他煤矿安全管理人员1949人次,煤矿职工8728人次。上饶市组织永吉煤矿“10·9”事故警示日活动,事故煤矿相关人员现身说法,效果较好。抓好事故举报核查工作,全年接到并批转事故举报6件,回复4件举报案件核查情况,2件在核查之中。上饶县认真吸取永吉煤矿“10·9”事故教训,从2015年发生事故后,全县煤矿一直停产,达不到安全条件的煤矿决不允许复产开工。宜春市自11月22日北槽煤矿发生透水事故后,全市煤矿一律停产整顿,暂扣安全生产许可证,严防再发生事故。

【开展安全生产大检查工作】 四季度,煤价上涨,全省和全国一样,事故出现反弹,全省煤炭系统按照《关于深化煤矿安全生产大检查的通知》,开展以“八查”为重点的大检查,大部分地区逐矿落实驻矿盯守人员,大多数煤矿企业认真组织自查,监管监察部门加大督查力度,持续开展巡查,并采取突击检查、随机抽查、暗查暗访等方式,督促企业落实安全生产责任。省安监局、江西煤监局及分局领导带队开展安全大检查,对持证矿井实施全覆盖,对发现的问题坚决依法从严从快处理。

【加强应急救援工作】 抓好应急管理工作,加强救援队伍建设和应急演练,强化煤矿职工避险逃生能力,督促企业完善落实发现事故征兆及时果断停产撤人的相关制度措施,筑牢煤矿安全最后一道防线。2月29日伍家煤矿井下火灾、3月7日涌山煤矿井下煤炭自燃、8月1日八景中林煤矿井下火灾、11月17日曲江煤矿中央风井垮冒等涉险事故,江西煤监局和省安监局迅速派人赶赴现场指导处置工作,采取禁止人员下井、封闭火区(垮冒区)、灌水灭火等一系列针对性措施,避免了事故扩大和人员伤亡。

【大力推进科技兴安】 巩固深化“煤矿科技进江西”活动成果,推广适合江西煤矿的高速坑道钻机治理瓦斯、三相泡沫防灭火技术、激光监测监控等先进适用技术,有效解决瓦斯治理抽采空白带、井下自燃发火的快速治理、监控系统对瓦斯数据误报等问题,消除重大隐患,进一步提高了煤矿安全保障能力。抓好煤矿安全培训,重点加强煤矿企业主要负责人、安全管理人员、班组长三类人员的安全培训,突出抓好新修订的《煤矿安全规程》宣贯和培训工作,全年完成培训2309人次。

【加强煤矿中介机构资质认可管理和监督检查】 按照国家安全监管总局第12号令、22号令以及79号文件的规定,对跨区域开展服务工作的机构实施有效监管。省外2个甲级机构(辽宁信达检测有限公司、北京华煤安信科技有限公司)、湖南煤矿安全监察局安全技术中心、国家安全生产长沙矿山机电检测检验中心、长沙矿山研究院有限责任公司检测中心申请在江西开展服务事项进行审查备案,并对其在江西省开展煤矿相关中介技术服务工作进行监管。组织对中介机构工作情况开展检查核查。向全省煤矿中介服务机构转发《国家安全监管总局关于撤销天津中滨海盛卫生安全评价监测有限公司甲级安全评价机构资质的通知》的通知,组织修订2014版《江西省煤矿安全现状综合评价标准》。对北京华煤安信科技有限公司评价报告失实,作出了停止在赣安全评价服务工作的处理。

【加强对地方监管工作监督检查】 江西煤监局对8个产煤设区市监督检查8次、分局对34个产煤县(市、区)地方政府及监管部门监督检查39次,监督检查增加了贯彻落实《国务院关于煤炭行业化解过剩产能实现脱困发展的意见》《国家安全监管总局国家煤矿安监局关于支持钢铁煤炭行业化解过剩产能实现脱困发展的意见》精神,加快小煤矿关闭退出,落实监管职责等主要内容。向地方政府监管部门下达《加强和改善安全监管建议书》47份,提出加强和改善煤矿安全监管建议与意见191条。

【煤矿去产能工作】 为做好化解煤炭过剩产能工作,主动与相关部门对接,对全省取得安全生产许可证的253处煤矿生产能力按276天进行了重新核定。根据省政府会议精神,协助省能源局、省工信委等部门拟定《江西省煤炭行业化解过剩产能实现脱困发展实施方案》,配合有关部门化解煤炭产能,大力推进煤矿去产能工作,淘汰关闭了一大批不符合安全生产条件的煤矿。全省已关闭矿井235处,其中宜春65处、萍乡53处、上饶45处、赣州16处、九江13处、新余10处、吉安9处、景德镇4处、江西省能源集团公司20处。

(周华)

价格管理

【概　况】 2016年,江西各级价格主管部门致力优化经济社会发展新环境,纵深推进价格机制改革,稳妥推进重点领域价格改革,开展价格调控和价格服务工作,统筹民生改善和价格监管,保持了价格总水平基本稳定。1—12月份,全省居民消费价格指数CPI总体呈现温和上涨的运行态势,同比平均上涨2.0%,低于年初预期目标3.0%;工业生产者出厂价格指数PPI同比平均下降1.3%。

【价格监测预警分析】 密切关注市场价格变化,每月向社会适时发布CPI和PPI走势变化情况通报。做好月度、季度价格形势分析,严格履行价格监测报告制度,全年共上报国家各类价格监测报告制度报表500余份,发布各类价格监测信息300余条,并根据具体情况启动监测预警机制。

【调度督查重点价格改革任务】 对推行全省居民阶梯气价、居民阶梯水价制度、污水处理费调整、输配电价改革试点、完善机动车停放服务收费政策等5项重点改革任务工作进展情况进行月度调度督查,各项重点改革任务年度工作目标完成。

【落实涉农价格调控】 执行国家稻谷最低收购价政策,落实和完善鲜活农产品运输"绿色通道"政策,建立健全农产品流通费用调查统计制度,不断推进农副产品"平价商店"规范化、常态化发展。

【修改完善民生兜底价格政策】 进一步完善社会救助和保障标准与物价上涨挂钩联动机制,在启动条件、补贴标准和发放时间上做了较大调整,更好地保障了困难群众基本生活不因物价上涨而降低。

【推进重大价格政策出台及贯彻落实】 《中共江西省委、江西省人民政府关于推进价格机制改革的实施意见》(赣发〔2016〕17号)印发实施。组织开展全省贯彻落实政府定价目录清单监督检查工作,各地取消、放开的商品和服务价格政策执行基本到位,做到令行禁止。

【推进价格改革】 《江西电网输配电价改革试点方案》经省政府同意后上报国家发改委,进一步下放409座小水电站价格管理权限,出台推进农业水价综合改革的实施意见,完善机动车停放服务收费政策,制定公证服务收费管理办法和车用汽、柴油质量升级实行优质加价实施意见。放开食盐价格改革顺利,市场价格稳定。新建住宅供配电设施(保障性住房除外)建设收费实行市场调节。城市地下综合管廊收费由供需双方协商确定。调整公办普通高校学费标准,制定共青科教城独立学院学费收费标准指导意见,核定2016年春、秋季中小学教材价格。出台医疗服务价格改革实施方案和新增医疗服务价格项目管理工作规则。进一步推进江西省城镇居民生活用水阶梯价格制度。

【推进降成本优环境的价格政策】 2016年,降低船舶及船用产品设施检验费、电梯定期检验检测费等4项行政事业性收费标准,免收工业生产厂房及直接为工业生产服务的配套设施人防工程易地建设费。政府定价管理涉企经营服务性收费一律按下限标准执行,公布了长江沿线涉及航运企业的政府定价或政府指导价的经营服务性收费目录清单和涉企行政审批前置收费目录清单。降低一般工商业及其他用电类别电价、大工业用电基本电价和农业生产用电价格。降低临时接电、高可靠性供电费用收费标准,江西电网暂缓实施季节性电价,降低非居民平均用气价格,降低省内居民用气管输价格,省内天然气管输价格实行不再区分用户类别的统一价格,全部用于降低企业用气成本,以上五项措施每年可减轻企业用电、用气负担18.48亿元。

【开展系列价格专题调研和课题研究】 组织开展全省出租车运价、铁路货物运输两端作业服务收费情况、价格市场化测算、稻谷最低收购价、大米加工企业收入产出情况、生猪养殖及市场情况等一系列价格专题调研。完成"创新价格机制,促进供给侧结构性改革""围绕降低企业成本,精准调控涉企价费措施""完善价格机制,助力江西新经济异军突起"等课题研究,供省委省政府决策参考。

【抓好事中事后价格监管】 年内,出台推广随机抽查规范事中事后价格监管实施方案,大力推进价格"双随机一公开”，确保监管公平规范。组织开展全省环保电价、药品价格、商品房销售明码标价等专项检查，共查处价格违法案件1003件，实施经济制裁总额5814.17万元。突出监管前移、引导自律，全年共召开电信、医疗、普通高校、网络零售等行业价费行为4场提醒告诫会。切实发挥12358价格举报平台作用，与全国联网，实现了多种途径举报的四级价格举报系统运行顺畅，全省各级价格举报中心共受理价格举报和咨询7592件，办结7385件，办结率97.27%。经济制裁498.71万元。

【开展农产品成本调查】 完成早籼稻等18个重要农产品的常规和直报调查任务，开展农户存售粮、农资购买和种植意向等专项调查、主要农产品生产成本收益预测调查。

【开展电价成本监审】 开展对广东电网、广州电网输配电定价成本异地交叉实地监审和省内多座水电站上网电价成本监审，完成全省水土保持补偿收费、峡江水电站上网电价等成本调查。探索逐步建立健全成本公开制度，不断完善成本监审机制。

【开展价格监测专项调查和涉纪、涉案价格认定】 开展劳动力市场价格监测，对部分城市房地产行业的库存、价格、政策变化等进行了专项调查。加强重大涉纪、涉案财物价格认定复核工作，共完成价格认定及复核工作20件，标的额1726万元。与国税、地税、海关部门建立长效联系机制，进一步推进涉税财物价格认定工作。

【加强价格法制工作】 依法依规受理并处置价格行政复议案件7件，作出行政复议决定5件，不予受理2件，未发生因不服而提请行政诉讼情况。开展价格行政处罚案卷管理工作检查和价格认定工作法治建设年活动。严格履行法定程序召开公办普通高校学费调整听证会。

【通过媒体宣传重大价格事件】 实时通过江西发展改革委官网向社会公布最新价格政策和动态，定期通过部门官网向社会发布居民生活必需品、果蔬批发和生猪市场价格信息。实时通过主流报刊、电视媒体对加快推进价格机制改革、地下综合管廊有偿使用及完善社会救助等重大价格事件进行深度宣传报道，定期通过主流媒体网络平台发布涉及生产生活的商品和服务价格信息。

（徐帆）

工商行政管理

【概　况】 2016年，全省工商和市场监管机关围绕“放管服”要求，推进商事制度改革，加强事中事后监管，服务创新创业，为推动全省经济社会发展作出积极贡献。全省启动实施“五证合一（营业执照、组织机构代码证、税务登记证、社会保险登记证、统计登记证）、一照一码”（工商注册号、税务登记号、组织机构代码三个编号合并为一个编号）登记制度，运用“互联网+注册登记理念”，全面推广市场主体简易注销改革，注册登记改革推动全省市场主体持续较快增长。全省新登记市场主体40.89万户，同比增长17.68%。其中，企业11.84万户，增长25.4%；日均新登记企业474户。至年底，全省实有市场主体226.62万户，其中企业55.65万户。全省工商和市场监管机关探索创新，事中事后监管取得新成效。将江西省企业信用监管警示系统升级改造，扩大数据总量，优化结构功能，促进广泛应用，在全国率先实现“国家企业信用信息系统（江西）”（简称江西“一张网”）上线运行，归集企业数据1195万余条、访问量1500万人次，为政府决策、市场监管及企业经营提供数据分析参考。各地加大公平交易执法力度，加强广告监管和网络交易监管，严厉打击侵犯知识产权及制售假冒伪劣行为。创新消费维权工作，优化消费环境，全省查办各类案件1162件，市场经营环境呈现新面貌。全省持续推进商标战略实施，优化和创新服务，为企业和个体工商户发展增添新动力。全年全省商标注册新申请数57838件，增加68%，新增注册商标31563件，增加4%。工商和市场监管机关充分发挥职能作用，服务全省经济社会健康发展。

【启动注册登记改革】 全省工商和市场监管机关围绕宽进畅出要求，拓宽注册登记渠道，畅通企业退出通道，持续深化商事制度改革。启动实施“五证合一、一照一码”登记制度。在做好改革各项准备工作的基础上，9月29日，全省“五证合一、一照一码”登记制度改革在共青城市展开，副省长谢茹出席启动仪式并颁发全省首张“五证合一、一照一码”营业执照。各地将企业“三证合一”改革延伸到个体工商户，自12月1日起在全省全面实施个体工商户营业执照和税务登记证“两证整合”改革。

【开通工商企业网上注册服务平台】 运用“互联网+注册登记”理念，建成“江西工商企业网上注册服务平台”，4月1日上线运行，申请人足不出户，即可进行内资公司名称登记、内资有限责任公司设立登记申报。至年底，网上注册服务平台已办结企业名称预先核准12386户，有限公司设立登记3361户。省工商局指导支持南城县、共青城市、吉安县、万载县等地在注册窗口设立工商业务“自助服务区”，为企业提供便利服务。

【建立“双告知服务平台”】 建立“双告知（告知相关审批部门、告知企业）服务平台”。通过信息化手段，将企业注册登记信息及时推送给相关部门，方便各部门认领；同时，告知申请人需要申请审批的经营项目和审批部门，并由申请人作出书面承诺，有效解决“先照后证”后产生的监管“盲区”和办照容易、办证难的问题。至年底，平台发布23158户新设立市场主体的“双告知”信息。

【推广市场主体简易注销改革】 总结九江市未开业企业、无债权债务企业和个体工商户简易注销改革试点经验，在全省全面推广，实现市场主体退出便利化。年内全省共办理企业注销2.93万户，增长29.73%，办理个体工商户注销28.78万户，增长130%。推动“新增市场主体及活跃度”列入全省市县科学发展综合考核内容，本着公平公正、利于工作原则，进行了考核。

【江西“一张网”上线运行】 利用国

家工商总局将江西列为国家企业信用信息公示系统建设试点省市的契机，在2015年建成江西省企业信用监管警示系统的基础上，按照国家工商总局要求，对警示系统进行升级改造，建成“国家企业信用信息公示系统（江西）”（简称江西“一张网”）。6月24日，江西“一张网”全国第一个通过工商总局验收，在全国率先实现“一张网”上线运行。坚持“以用促归”，坚持重点归集和一般归集相结合，先后同36个省直部门和单位签订合作备忘录，加大部门涉企数据归集力度，实现省、市、县三级相关部门数据归集全覆盖。至年底，江西“一张网”归集行政审批、行政处罚等20大类企业数据共1195万余条。江西“一张网”既满足了国家企业信用信息公示系统的总体要求，又发展了原有警示系统特色，增加了监管平台（内网）。在外网，除企业查询外，还设置了网监服务、消费提示、创业指导、网上注册“双告知”等功能，形成“一站式”综合性平台。在内网，通过“企业全景图”功能，将同一投资人涉及的相关企业在“一张图”全部展示出来。通过“行业全景图”，为各部门“双随机”提供便利；通过“红盾数据分析系统”，对注册、消费、年报、处罚等大数据进行深入挖掘分析，为政府决策、市场监管、企业经营提供参考。江西“一张网”为全省各级各类部门开放内网登录账号4012个。至年底，访问量突破1500万人次。多个部门将江西“一张网”数据，作为优秀出口企业、“守重”企业等评定的重要依据；系统自动拦截失信被执行人注册登记或变更登记申请704人次；省财政厅利用江西“一张网”，对“财园信贷通”政策性贷款进行事前把关、事中防控、事后监督；利用“红盾数据分析系统”，在2.6万家投资类企业中，筛选出42家疑似违法集资高风险投资类企业，并通报省金融办核实查处。

【加大公平交易执法力度】 根据工商总局统一部署，在全省集中开展整治公用企业限制竞争和垄断行为突出问题专项执法行动，首次以新闻发布会形式公布执法行动情况，严厉查处水电气、公共交通等公用企业滥收费用、强制交易等违法行为，共立案56起，罚没623.4万元，督促各地供电部门退还违规收费3403万元。九江等地公共交通企业作出规定，免收初次办理公交IC卡工本费。开展涉及传销不稳定问题和隐患摸排化解工作，加大传销特别是网络传销打击防范力度，依法查处某网络科技有限公司涉嫌组织传销案，涉案资金近7亿元。建立烟草产业协调机制，加强对卷烟市场的整顿规范。开展经济检查各项工作，打击非法销售卫星地面接收设施等行为。深化“红盾护农”行动，加强农资市场监管，查处农资案件620件。组织开展“诚信市场”“诚信加油站”创建工作。广泛开展“守合同重信用”工作，公示2015年度“守合同重信用”单位299户。

【打击侵犯知识产权及制售假冒伪劣行为】 将“双打”工作纳入地方政府综治工作（平安建设）考核。重点查处以高知名度商标、农产品商标、地理标志商标和特色产品商标的“傍名牌”，网络商品假冒侵权等违法行为。与全省驰名、著名、知名商标企业建立维权打假保名优联系机制，开展“海昏侯”“赣南脐橙”“靖安白茶”等注册商标专用权、地理标志商标专用权专项保护行动，维护了团体和企业的合法权益。

【加强网络交易监管】 推动线上线下一体化监管，开展网络市场监管专项行动、集中促销专项整治行动，开展网上检查网站、网店30458个次，责令整改网站377个次，查办各类网络案件137件。探索开展在线旅游产品信息和“双十一”集中促销商品信息定向监测，受到国家工商总局肯定。与奇虎360公司、京东商城建立初步合作，拓宽省内网络经营主体有效数据来源。加强全国网络平台监管服务系统应用，获得违法线索认定准确率全国第三名。同时，优化江西省工商局网络交易监管平台功能，基本建立“以网管网”格局。

【加强广告监管】 组织开展房地产广告、互联网金融广告、违背社会良好风尚和不良影响广告、涉嫌非法集资广告等专项整治，开展对涉嫌非法集资广告咨询信息排查清理工作，办理广告违法案件359起，转办案件1100余件，罚款699万元。萍乡、宜春两市实现全年广告零违法，全省广告违法势头得到了根本性的扭转。

【创新消费维权工作】 加大《江西省实施〈中华人民共和国消费者权益保护法〉办法》贯彻力度，推动组建江西省消费者权益保护委员会，增强消费维权力量。在景德镇、婺源、井冈山试点开展“放心消费示范店”创建活动，挂牌经营户均作出“不销售假冒伪劣、不搞价格欺诈（明码标价）、先行赔付”的经营承诺，促进市场主体诚信经营，净化消费环境。加大合同格式条款监管力度，在汽车等行业推广合同示范文本。拓宽消费维权渠道，设立9家“12315网络消费维权服务站”，开辟网络消费维权快速通道。加强商品质量抽检，开展儿童服装、压力锅等流通领域商品质量抽检3671组。按照工商总局部署，在全省试点开展消费投诉公示。

【优化服务市场主体发展】 按照全省“降成本、优环境”专项行动要求，各地充分发挥工商职能，服务企业发展。争取国家工商总局支持，在南昌市市场和质量监督管理局设立注册商标专用权质权登记申请受理点，方便企业就近办理。与北京银行、上饶银行等金融机构联合推行“商标贷”商标专用权质押贷款，至年底，累计授信金额1.3亿元，贷款金额8400余万元。发挥动产抵押登记职能，全省共办理动产抵押登记1105份，登记抵押担保金额233.6亿元。吉安、九江在全市范围内推广个体工商户信用贷款“永丰模式”，累计提供信用贷款超10亿元。

【支持企业股权托管交易】 年内，省工商局会同省金融办出台《关于开展全省非上市股份有限公司股权集中登记托管工作的指导意见》，支持省联合股权交易中心开展非上市股份有限公司股权质押登记、托管和交易服务，提高区域性股权市场服务实体经济的能力。

【打造江西米粉品牌】 省工商局指导省个私协会和全省10户知名米粉

生产经营企业共同发起成立江西米粉协会，首批登记会员企业65户，申请“江西米粉”集体商标，促进米粉行业抱团发展，探索协会组织、商标品牌、产业发展为一体的发展新模式。

【促进广告产业规范发展】 省工商局会同省发改委出台《关于促进全省广告业发展的意见》，明确“十三五”期间江西省广告业发展的目标、重点任务、政策措施、保障机制。在全省开展“你创业我铺路、你发展我服务”为主题的第一届百家江西省名特优产品与广告策划创意对接活动，得到国家工商总局肯定。

【监管机制统一规范】 针对市县工商、质监、食药监部门“二合一、三合一”改革后出现的新情况、新问题，省工商局会同有关部门，进一步理顺改革后市场监管执法机制，增强市场监管合力。着力抓好工商行政管理部门牵头的3项重点工作。统一执法服装和标识。综合工商、质监、食药监原有服装、标识元素，统一设计改革后市场监管机构执法识别服和标识，由设区市组织招标采购，统一规范着装。统一投诉举报平台。在现有“12315”投诉举报系统基础上，整合工商、质监、食药监3条投诉举报热线，建成全省市场监管部门投诉举报统一技术平台，基本实现统一平台、数据上传、分级负责、三号融合，平台建设费用列入省财政预算保障。统一案件管理系统。按照统一数据标准、适度统分结合、促进互联共享原则，建成统一的市场和质量监管案件管理系统并上线运行，为规范执法、提高效能提供保障。

（李崇　彭永忠）

质量技术监督

【概　况】 2016年，江西省制造业质量竞争力指数排名前移四位，列全国第十九位；产品质量省级监督抽查合格率93.8%，同比提高3.3个百分点；万台设备事故死亡率控制在0.095，低于全国平均水平。省质监局被评为全省安全生产工作优秀单位，在国家统计局5月开展的企业接受政府部门检查情况调查中，省质监局规范率达89.05%，在被调查的政府部门中排名第三。省委书记鹿心社、省长刘奇、副省长谢茹等省领导先后对省质监局呈送的《江西省质量状况分析报告》作出批示，肯定全省质量工作取得的成绩，并提出明确要求。

【完成G20杭州峰会专供焰火产品质量监管和特种设备安全保障任务】 对G20杭州峰会文艺演出焰火产品质量进行省级专项监督抽查，强化产品质量监督，确保了专供焰火产品质量批批合格。组织对全省重点市区、重点旅游景区、重点场所特种设备开展全面排查，尤其是针对与浙江接壤的上饶市境内的客运索道、大型游乐设施、景区内电梯和厂（场）内专用车辆等特种设备进行逐一安全检查，确保G20杭州峰会期间，全省特种设备安全态势良好，无一事故发生。

【推进质量共治】 主动加强协调，在构建质量共治上迈出关键性步伐，初步形成合力抓质量、提质量的良好局面。提出的“坚持质量兴省、品牌兴业、标准引领，推动江西省质量工作上新台阶”建议被采纳，并在全省经济和社会发展“十三五”规划中专设“全面加强质量品牌建设”一节，首次将工业产品质量监督抽查合格率纳入市县科学发展综合考核评价内容。省政府和国家标准委建立省部合作机制，省质监局与南昌大学、江西师范大学等省内重点高校签订《标准化战略合作协议》，搭建起标准化科技创新平台。整合后的市县（区）市场监管机构统一名称为市场和质量监督管理局。省质监稽查总队更名为省质监局稽查局，工作职能从单一执法打假向行政执法综合管理职能转变。

【加强质量宏观管理】 提请省政府调整了省质量兴省领导小组成员单位，由23个增加为27个。制定出台《2016年江西省质量兴省工作要点及任务分工》和《贯彻实施江西省质量发展纲要2016年行动计划》。以省政府名义通报2015年设区市政府质量工作考核结果，顺利迎接了国务院考核组2015—2016年度质量工作考核。开展全省制造业产品质量合格率统计调查，《2015年江西省质量状况分析报告》得到省委、省政府主要领导重要批示。省质监局2016年度社会信用体系建设工作被省社会信用体系建设联席会议考核为优秀。

【开展质量品牌提升行动】 出台质量品牌提升行动计划，提出“三培育”“三创建”“三承诺”“三提升”“三加强”，共计15条具体措施。制定出台江西名牌培育发展“十三五”规划，举办卓越绩效评价准则宣贯培训班，启动第二届井冈质量奖评审工作，上饶市设立市长质量奖，至此全省设区市均设立并相继开展市长质量奖评选表彰工作。萍乡市芦溪县获批“全国电瓷产业知名品牌创建示范区”，武宁工业园区“全国绿色光电产业知名品牌创建示范区”获批筹建。新增“赣南茶油”“铅山连四纸”“会昌桔柚”“清江枳壳”为国家地理标志保护产品，“赣南脐橙”以668.11亿元的品牌价值，再次获得国家初级农产品地理标志区域品牌价值榜首。认定2016年度江西名牌产品159个。

【开展消费品质量提升专项行动】 以“提升消费品质量，改善消费品供给”为主题，以儿童玩具等10类消费品为重点，综合运用标准、计量、认证认可、质量监督、执法查处等手段，督促企业落实产品质量主体责任。对列入10类消费品质量提升的218批次产品进行产品质量省级监督抽查，合格209批次，抽查合格率为95.9%。创建消费品质量提升示范项目，向质检总局推荐南康家具、分宜苎麻产业为国家质量提升示范区，通过树立典型推动消费品质量提升行动开展。

【高位推动标准化工作】 省政府组织召开省标准化战略领导小组会议，副省长谢茹部署2016年及“十三五”期间标准化工作，省政府办公厅相继出台《江西省标准化体系建设发展规划（2016—2020年）》及2016年行动计划等文件。推动标准化工作改革，全省已有412项企业标准在网上自我声明公开。清理评估江西省现行强制性地方标准34项和5项强制性地方标准制修订计划项目，集中复审542项推荐性地方标准和180项标准计划项目。加强标准化工作，发布地方标准52项。批准成立家具、碳酸钙专业省级标准化技术委员会，按期完成18个国家级和13个省级农业标准化示范区目标考核工作，推荐晶能光电编制的企业标准获“中国标准创新贡献奖”三等奖，靖安、会昌、金溪3个县获批为国家美丽乡村标准化试点单位，陶瓷文化创意旅游、动漫衍生品获批国家级服务业标准化试点项目。

【计量工作】 研究出台《江西省省级产业计量测试中心建设指导意见（试行）》，为江西省优势产业提供全溯源链计量支撑。出台《缝隙、段差测量仪》和《超声波燃气表》等两项省地方计量技术规范。建立12项社会公用计量标准，开展计量检定、校准工作，承担量传溯源职责。开展法定计量检定机构监督检查，部署“计量保春耕”、电子计价秤监督检查、商品包装计量监督检查等专项行动，维护群众的合法权益。推进国家城市能源计量中心（江西）建设，建立江西省能源计量数据采集、监测平台，能源计量审查重点用能单位298家。组织开发“碳盘查系统”，为2017年全面启动碳交易工作做好技术准备。与江中药业合作开展的能源计量项目被列入国家质检总局服务示范项目。

【认证监管】 做好检验检测机构资质认定审批工作，对710家检验检测机构进行审核，其中687家通过资质认定，不予许可14家，注销110家。组织开展检验检测机构资质认定监督检查，共检查检验检测机构347家，下达整改通知书85家，约谈10家，立案查处违法案件2起。组织检验检测机构参加能力验证，51家被责令整改，2家被撤销其相关项目资质。至年底，全省获认证证书累计18893张，列全国第十九位。组织开展认证活动监督检查，针对检查中发现的问题依法进行了处理，国家认监委据此撤销强制性产品认证证书10张。

【检验检测机构建设】 推进国家级质检中心建设，组织专家组对江西省铜材、家具和建筑卫生陶瓷产品3个筹建国家级质检中心的单位进行预验收后，正式向国家质检总局提出验收申请。批复筹建赣州油茶、永丰有色金属、崇仁中低压输变电、瑞金电线电缆、上饶光学镜头镜片5个省级质检中心。服务检验检测产业发展，获省级资质认定检验检测机构1067家，检验检测服务业总收入24.9亿元，从业人员约2万人。

【加强事中事后监管】 推进“双随机一公开”、风险监测和缺陷产品召回工作，开展“质监利剑”行动、电梯安全攻坚战、油气输送管道隐患整治攻坚战，确保不发生系统性、区域性和行业性的质量安全事故。年内出动执法人员16686人次，检查企业3336家（次）；查办案件439起，其中大案要案4起。开展特种设备安全检查和专项整治，全省7类特种设备综合定检率94.52，较上年底提高7.62%，其中电梯定检率由上年底的81.97%提高到96.4%，较上年底提高14.62%；检查设备26098台（套），排查安全隐患2334个，发出安全监察指令书1302份，封停隐患设备920台（套），拆除隐患设备69台（套）。

【开展降成本优环境专项行动】 落实省委、省政府降成本优环境有关措施，制定省质监局降成本优环境实施细则，在2015年下半年取消3项收费的基础上，2016年再取消安检考试费等3项收费，将6项计量收费免征范围扩大到所有单位和个人，对电梯定期检验检测费等3项收费降低标准征收，共计减免质监收费3000余万元。开展对口帮扶鄱阳县工业园区工作，采取一对一帮扶等措施，解决实际问题60个，有效减轻了企业负担。

【做好统一社会信用代码工作】 推进法人和其他组织统一社会信用代码制度建设，江西省组织机构代码工作全面退出办证窗口，不再向企业、机关、事业单位、社会团体及其他依法成立的机构发放和更换组织机构代码证书，转为后台信息管理与服务工作。与省工商局形成定期反馈数据核查报告机制，实现每日定时接收省工商数据回传、比对并将比对后的工商信用代码数据导入机构代码库，及时上报到全国组织机构代码管理中心，共接收工商行政管理部门回传数据39.9万条，协助省民政厅做好全省2万余条存量代码转换和映射工作。

（曾亮）

国土资源管理

【概　况】 截至2016年年底，全省土地总面积1669.36万公顷（16.69万平方千米）。其中：耕地308.39万公顷，占18.47%；园地32.39万公顷，占1.94%；林地1032.53万公顷，占61.85%；草地27.56万公顷，占1.65%；城镇村及工矿用地97.12万公顷，占5.82%；交通运输用地24.48万公顷，占1.47%；水域及水利设施用地125.44万公顷，占7.51%；其他土地21.45万公顷，占1.29%。全年共批准建设用地661件，总面积1.86万公顷。其中：使用农用地1.54万公顷，占总面积比例82.79%（含耕地6432.47公顷，占34.6%）；建设用地2002.8公顷，占10.77%；未利用地1198公顷，占6.44%。沪昆铁路客专杭州至长沙（江西段）建设项目、蒙西至华中地区铁路煤运通道工程、G105国道南昌市新祺周至新港公路新建工程、南昌青云谱机场迁建工程、广昌至吉安高速公路和宁都至定南（赣粤界）高速公路龙布连接线等国家、省重点项目用地获国务院批准。

截至2015年年底，全省发现各种有用矿产193种（以亚矿种计），矿产地5000余处。查明有资源储量的矿产有九大类139种。列入2015年矿产资源储量统计的矿产128种。探明的矿产资源保有储量在全国居前十位的有85种，其中居首位的有：钨、钽、锂辉石、锂云母、锆英石、铷、重稀土、碲、化工用白云岩、滑石、玻璃用脉石英、陶瓷土、饰面用板岩、麦饭石等14种。居第二位的有：伴生金、锂、铯、伴生硫、电气石、光学萤石、粉石英、保温材料用粘土等8种。居第三位的有：铜、铋、银、铍（绿柱石）、锆（ZrO_2）、轻稀土、普通萤石、冶金用砂岩、化肥用灰岩、叶蜡石、透闪石、水泥配料用页岩、海泡石黏土、饰面用辉石岩、水泥用辉绿岩、饰面用大理岩、饰面用板岩等17种；居第四位的有：砂金、冶金用白云岩、硅灰石、玻璃用砂岩等4种。

居第五位的有：铌、铍（BeO）、化肥用蛇纹岩、玻璃用砂、玻璃用大理岩、水泥配料用砂、高岭土、饰面用角闪岩、饰面用辉绿岩、水泥用凝灰岩等10种。保有铜资源储量994.84万吨，占全国比重为10%；钨426.28万吨，占44%；钽4.71万吨，占33%；金（含伴生金）486.06吨，占4%；银2.23万吨，占9%。全省矿山总数为5236个，其中大型矿山74个，中型389个，小型3105个，小矿1668个。2015年全省采掘量3.02亿吨，矿业总产值290.1亿元，利润总额25.12亿元。

2016年，全省地质勘查工作投入资金6.46亿元，减少15.31%。按资金来源分：中央财政1.23亿元，减少6.34%；地方财政2.95亿元，增减少3.97%；社会资金2.28亿元，减少29.70%。按资金投向分：矿产勘查45868.63万元，减少18.72%；基础性地质调查5267万元，增长80.37%；地质环境与地质灾害调查评价8281.12万元，减少37.72%；地质科技及其他5217.44万元，增长42.04%。全年共办理新立探矿权96宗，延续、变更、保留探矿权603宗，注销探矿权130宗，转让探矿权27宗。公开出让探矿权51宗，出让探矿权价款4773.8万元。

全年共征收入库矿产资源补偿费1.57亿元。5月，财政部、国家税务总局发布的《关于全面推进资源税改革的通知》规定，从2016年7月1日开始，矿产资源补偿费费率降为零，国土资源部门暂停征收矿产资源补偿费。

【国土资源管理改革创新亮点多】 2月26日，全省市、县不动产统一登记“旧停新开”，成为全国第一个实现全面不动产统一登记“旧停新开”的省份。全省96%的市、县不动产登记信息系统接入国家级平台。余江农村宅基地制度改革试点继续走在全国前列。大力推进宅基地管理制度创新，编制行政村总体规划和自然村村庄规划，探索建立宅基地使用约束和激励机制，有效节约集约了宅基地。放管服改革深入推进。经省政府批准下放、调整4项行政权力，配套出台《关于进一步改进国土资源行政审批工作提高行政审批效率的若干意见》，提出10项简政放权举措。清理一批中介服务。经省政府批准，保留行政许可中介服务事项1项，取消、调整9项。完成3个批次国务院取消下放项目的梳理衔接工作和工商登记后置审批事项梳理工作，完善“双随机一公开”工作制度，制定省国土资源厅“双随机一公开”工作细则。开展简政放权和改革创新政策落实情况大检查，组织6个检查组开展实地检查，确保各项改革措施落地见效。

【实行最严格耕地保护制度】 年内，省国土资源厅出台并实施《关于严格保护耕地严守耕地红线的意见》《关于在贫困县利用废弃园地开发补充耕地的通知》《关于改进土地整治项目备案审查工作的通知》《关于土地整治项目新增耕地用于占补平衡有关事项的通知》等文件。全面完成永久基本农田划定工作，各市县城市周边永久基本农田划定成果通过论证审核，全域永久基本农田已形成划定成果，完成市级初验工作。组织完成省长与各设区市市长的耕地保护目标责任状签订工作，完成2015年度市县科学发展考评中耕地保有量和基本农田保护面积指标考评工作，完成2015年度市县政府耕地保护责任目标考核。出台耕地占补平衡指标交易管理暂行办法等多项政策。全省286.67万公顷耕地保有量、242.73万公顷基本农田保护面积和19.33万公顷建设高标准农田的年度耕地保护目标任务分解到位。2016年，全省土地开发复垦补充耕地7440公顷，实现建设占用耕地“占一补一”“先补后占”，耕地占补平衡落实。

【服务精准扶贫】 研究出台国土资源全力服务全省精准扶贫工作若干措施9条和贯彻落实国土资源部办公厅进一步加强定点扶贫工作意见14条。出台《关于在贫困县利用废弃园地开发补充耕地的通知》，为破解耕地占补平衡难题开辟了一条新路径。支持国定贫困县（市、区）修改土地利用总体规划。协调地方政府购买国定贫困县增减挂钩节余指标。配合南京地质调查中心编制《支撑服务赣南苏区脱贫攻坚地质调查2016—2020年总体实施方案》，在赣南原中央苏区共安排30个地勘基金项目，投入经费6064万元。2016年，省国土资源厅拨付7个扶贫帮建单位扶贫补助资金共

·资　料·

2015年主要矿产资源储量增减变化

序号	矿产名称	保有资源储量	较2014年增长（±%）	序号	矿产名称	保有资源储量	较2014年增长（±%）
1	煤炭	13.46亿吨	-0.58	8	钽矿	4.71万吨	-5.63
2	铁矿	10.03亿吨	9.14	9	银矿	2.23万吨	5.12
3	铜矿	994.84万吨	-0.05	10	金矿	486.06吨	-5.45
4	铅矿	351.39万吨	-0.28	11	盐矿	139.28亿吨	-0.02
5	锌矿	515.39万吨	-0.14	12	高岭土	1.71亿吨	5.88
6	钨矿	—	123.06	13	水泥用灰岩	38.89亿吨	-0.79
7	锡矿	30.01万吨	9.67				

计100万元。根据扶贫帮建贫困村的实际需求,提前拨付2017年2个扶贫帮建单位扶贫补助资金30万元。在第四轮省直单位对口支援民族乡村经济社会发展工作中被考核验收为优秀单位。

【加强国土资源管理法治建设】 出台修订《江西省建立城镇建设用地增加规模同吸纳农业转移人口落户数量挂钩机制的实施方案》《矿产资源总体规划调整及修改办法》等一系列制度办法。建立行政复议行政应诉案件月通报制度,定期通报各设区市行政复议行政应诉及其他相关行政争议案件,强化行政争议属地化解责任。开展规范性文件清理工作。依法审理行政复议案件。进一步提升违法举报案件查处和反馈效率。出台《江西省耕地破坏鉴定暂行办法》,推进"两法衔接"及共同责任有效落实。加强土地执法监察巡查。完成2015年度土地矿产卫片执法监督检查,继续实现国家层面"零约谈、零问责"。创新开展全省"1+1"中期卫片执法检查,督促各地切实消除土地违法状态,全省土地矿产资源开发利用秩序进一步好转。

【完善国土资源规划】 依法依规支持共青城市、修水县、德安县等37个县(市、区)土地规划修改,涉及规划修改规模8140公顷。基本完成省市县乡4级土地规划调整完善方案编制工作,省级和南昌市规划的相关指标已由省政府上报国务院待批。组织编制"十三五"国土资源保护和开发利用规划,完成"十三五"土地整治规划专题研究编制。省市县三级矿产资源总体规划编制基本完成,省级矿产资源规划报国土资源部审查,11个市级、64个县级矿产资源总体规划的评审论证工作已完成。

【合理安排新增建设用地计划】 国土资源部下达江西省2016年度新增建设用地计划总量1.59万公顷(含奖励10个节约集约模范县333.33公顷用地指标),其中农用地1.47万公顷(含耕地7166.67公顷),未利用地1220公顷。在全国计划总量比上年减少6.33万公顷的情况下,江西省计划总量比上年增加160公顷,其中农用地增加106.67公顷,耕地减少1533.33公顷,未利用地增加533.33公顷。截至2016年年底,全省共安排使用新增建设用地计划1.20万公顷,其中农用地1.12万公顷(耕地5220公顷),未利用地853.33公顷。在保障省重大项目上,全年涉及使用省预留新增建设用地计划1360公顷,占年初省预留新增建设用地计划总量的37.15%。

【推进增减挂钩、低丘缓坡、工矿废弃地三项试点工作】 推进城乡建设用地增减挂钩试点。年内共批复27个增减挂钩项目区,涉及拆旧区总规模640公顷,其中预计新增耕地546.67公顷(水田246.67公顷)。共下达62个项目区验收确认文件,确认验收面积1560公顷,其中耕地1053.33公顷;核定建新区面积1533.33公顷,其中耕地1146.67公顷。推进低丘缓坡荒滩等未利用地开发利用试点。2016年28个低丘缓坡试点项目(涉及控制规模2066.67公顷实施方案)批复下达后,国土资源部下达江西省2012—2016年的1万公顷低丘缓坡试点规模已全部立项。推进工矿废弃地复垦利用试点。组织审查了横峰县龙门畈乡等5个乡(镇)工矿废弃地试点项目实施方案,批复试点规模18.25公顷。

【农村土地整治工作】 全年共安排土地整治项目521个,计划建设规模4.63万公顷,计划投资18.87亿元,验收项目293个,验收建设规模1.82万公顷。全年共下达省级新增费10.21亿元,新立项土地整理和高标准农田项目174个,计划建设总规模4.34万公顷。组织开展农村土地整治项目督查和绩效考核。赣南等原中央苏区农村土地整治重大工程被国土资源部列入首批重大工程论证审查。

【征地信息公开】 核查各市、县(区)2015年4月1日至2016年3月31日期间,国务院和省政府批复的建设用地征地信息"征地信息专栏"网上公开情况,核查内容包括批复文件、一书三(四)方案、征地告知书、补偿方案、批后公告,检查情况在全省国土资源系统进行了通报。

【不动产统一登记工作】 截至年底,全省已设立不动产登记窗口1004个,登记机构在岗人员2490人。全省共受理不动产登记业务138.1万件,办结130.7万件,累计颁发不动产权证书62.4万本,不动产登记证明52.2万份,全省市、县不动产登记系统接入国家级平台达95%,远超过国家40%的接入目标要求。农垦国有土地使用权确权登记发证工作完成摸底调查。先后制定出台《关于切实做好当前不动产登记工作的通知》《关于印发标准厂房不动产登记有关问题处理意见的通知》《关于印发积极稳妥做好当前不动产登记工作指导意见的通知》等指导性文件,为解决过去分散登记遗留的房地权利不一致等历史问题、规范不动产登记行为、保证不动产登记平稳运行提供了政策支撑和制度保障。会昌、婺源、余江3个农村住房抵押贷款试点县率先开展农村房地一体的宅基地和集体建设用地使用权确权登记发证工作。赣州市所辖各县(市、区)农村房地一体确权登记发证工作进展有序。

【保障建设用地合理需求】 全年土地供应总量1.78万公顷,较上年同期增加573.33公顷,增幅3.34%。其中,工矿仓储用地425.33公顷、商服用地1053.33公顷、住宅用地2586.67公顷、交通运输和公共管理与公共服务等其他用地9860公顷,分别占土地供应总量的比重的23.96%、5.93%、14.57%和55.54%。

【强化住房、工业用地供应管理】 制定印发《关于进一步优化住房用地供应及促进城市地下空间开发利用的通知》,要求住房用地供应偏多或在建住房用地规模过大的市、县,应适当降低或暂缓商品住房用地供应。出台《江西省工业用地长期租赁、先租后让、租让结合暂行办法》,对工业用地长期租赁、先租后让、租让结合供应方式的约定条件、基本程序、权利义务、法律责任等进行规范。

【摸清全省新增建设用地利用情况】

及时准确掌握全省2008—2015年度新增建设用地利用情况和批而未用土地位置、面积与分布,编制全省

2008—2015年新增国有建设用地供应和利用情况总台账、开发区新增国有建设用地供应和利用情况等6套台账，摸清全省新增国有建设用地利用情况。

【推进批而未用土地消化】　督促市县政府强化责任，推进批而未用土地消化利用。根据批而未用率排名情况，向省政府建议分别扣减赣州市年度10%、景德镇市8%、鹰潭市6%的新增建设用地计划指标；暂停受理乐安县、章贡区、兴国县、安源区、全南县等5县（区）除民生工程和国家重点工程用地外的新增建设用地审核审批；对5县（区）政府分管副县（区）长进行约谈。组织开展节约集约用地情况专项检查，对批而未供、批而未用土地有关情况开展现场核查，督促各地加快消化闲置和批而未用土地。

【严格控制新增建设用地规模】　执行《限制用地项目目录》和《禁止用地项目目录》，对不符合产业政策、污染严重和低水平重复建设的项目及严重影响生态、环境安全的项目用地，不予审核或审批。严格土地使用标准，依据《江西省建设用地控制指标》核减预审申报项目的不合理用地；对江铜城门山尾矿库、宜春四方井水库等无用地标准和建设标准特殊的项目，开展项目节地评价并组织专家论证。

【闲置土地集中处置】　督促各地对国家土地督察南京局向江西省移送的969宗、4460.4公顷闲置土地集中攻坚整改。已处置946宗，面积4393.33公顷，处置到位率分别为97.62%、99.39%。11个设区市中8个设区市全部处置到位，处置率继续位居全国前列。建立处置月报制度，督促各地加强跟踪管理，做好处置核销工作。

【节约集约用地】　完成“十二五”单位国内生产总值建设用地下降33.02%的任务（国家下达江西省目标为31%），用地效率明显提高。将国土资源部、国家发改委下达江西省“十三五”单位国内生产总值建设用地下降22%的目标和江西省国土资源保护和开发利用“十三五”规划确定的下降25%的目标下达至各设区市。新建区、永新县、玉山县、全南县、赣县、靖安县、高安市、井冈山市、德安县、宜丰县等10个县（市、区）被评为第三届全国国土资源节约集约模范县（市），并获部用地计划指标奖励。

【加强开发区用地管理】　省政府办公厅出台《关于印发江西省开发区节约集约利用土地考核办法的通知》。完成20个国家级开发区和72个省级开发区2016年度土地集约利用更新评价工作，编制完成省级审核汇总分析报告。支持九江共青城和宜春丰城高新技术产业园区申报升级为国家级开发区，重新出具14个省级开发区扩区调区以及9个新设省级产业园的审查意见，出具6个省级开发区扩区调区以及3个新设省级产业园的审核意见，促进开发区“布局集中、产业集聚、用地集约”。

【地质找矿取得重要进展】　全年共实施矿产勘查项目398项，完成钻探工作量33.31万米，坑探工作量2.83万米，槽探工作量14.43万立方米，浅井工作量920米。取得3项重要勘查成果。分别为：瑞昌市武山矿区铜矿深部补充勘探在矿山采矿权扩深预划定范围（－400米以下）新增（332＋333）类铜资源量54.13万吨；崇仁县聚源钨矿补充详查新增三氧化钨（WO_3）11.99万吨；浮梁县铜坞－乐平市柏树坞铜多金属矿普查已控制三氧化钨（WO_3）57.85万吨。均达到大型或超大型规模。

【江西省矿产资源开发监测监管系统运行】　5月，江西省矿产资源开发监测监管系统正式运行，将开拓井巷工程、资源储量分布和矿区范围进行叠合，形成三维图像，足不出户就可直观掌握矿山实际开采现状，有效提升采矿权管理的科学化、精细化、信息化水平。有40个钨、稀土、铜、煤等代表性矿山纳入系统监测。

【地质灾害防治】　全年全省发生地质灾害灾险情452起，造成10人死亡、3人受伤，直接经济损失2583万元。地质灾害发生数、造成的人员伤亡数和直接经济损失较上年度分别减少82%、24%和70%。

全年各地共开展专业排查1813人次，排查隐患点9453个；基层及群众巡（排）查1.20万人次，巡（排）查隐患点3.24万点次。年度新增隐患点2440处，累计设立群测群防点2.45万个，发放防灾避险明白卡11.22万张，落实群测群防员1.25万人。发布省级地质灾害气象风险预警32次，市、县级地质灾害气象风险预警835次。有14处地质灾害隐患点组织人员转移后，房屋被崩塌、滑坡摧毁，463人成功避灾。全省启动Ⅲ级应急响应2次、Ⅳ级应急响应37次，派出应急专家组823批次、专家3371人次，对重要突发地质灾害灾情、险情及重要地质事件及时开展调查。

2016年度中央财政、省财政安排资金5552.88万元，对10处重要地质灾害隐患立项治理。各地通过新农村建设、库区深山区扶贫移民搬迁等渠道，继续搬迁受地质灾害威胁群众5732人、消除地灾隐患点815处。启动井冈山、瑞昌等5个县（市）地质灾害综合防治体系建设试点；新增武宁县等31个县（市、区）获得国土资源部地质灾害防治高标准“十有县”命名，有9个设区市和41个县（市、区）正式组建地质灾害应急中心。组织地质灾害防灾专业培训250次、培训人员3.16万人次，组织科普宣传1143次、约55万名群众接受防灾科普教育，开展地质灾害应急演练171次、5.40万人次参练。

【矿山地质环境保护】　完成7项矿山地质环境恢复治理与土地复垦方案（二合一）审批，完成全省首次省级发证矿山的矿山地质环境保护与恢复治理义务履行情况“双随机”抽查。完成景德镇资源枯竭城市矿山地质环境综合治理重点工程首期项目和赣县稀土废弃矿山地质环境综合治理等11项矿山环境治理重大项目竣工验收。

【地质环境项目管理】　组织开展年度地质环境项目立项论证，共安排资金1.31亿元（其中中央财政0.5亿元，省财政0.81亿元），组织实施各类地质环境项目22个。对21个县（市、区）1/5万地质灾害调查项目野外调查工作和47个重要地质环境项目的实施和预算执行情况进行专项检查，对63个已竣工项目进行绩效评价。

【规范行政执法检查】 深入推进“双随机一公开”(依法实施行政检查时,随机抽取检查对象,随机选派执法检查人员,抽查情况及查处结果及时向社会公开),出台《江西省国土资源厅“双随机一公开”工作细则》,制定随机抽查事项清单,建立检查对象名录库和执法检查人员名录库。对历年出台的行政处罚自由裁量权标准进行修订,出台《江西省国土资源行政处罚自由裁量权执行标准》。

【制定出台国土资源“七五”普法规划】 为全面推进法治国土建设,不断提升国土资源法治宣传教育工作水平,根据省委、省政府转发的《江西省普法教育工作领导小组关于在全省公民中开展法治宣传教育的第七个五年规划(2016—2020年)》和国土资源部《国土资源管理系统开展法治宣传教育的第七个五年规划(2016—2020年)》,制定出台《关于在全省国土资源系统开展法治宣传教育的第七个五年规划(2016—2020年)》。在树立法治信仰、提高干部法治素养,强化法治思维、提高依法行政水平,强化普法措施、培育国土法治文化3个方面作了具体部署。

【开展2015年度卫片执法监督检查】 土地方面,全省违法用地5569宗,面积1800公顷(含耕地773.33公顷),面积比2014年度下降50.18%(其中耕地面积下降40.21%)。扣除2016年6月前已整改到位的地块、已履职到位的国家和省级重点工程、已取得采矿权证的采矿用地、保障性安居工程、农村宅基地等情况后,全省违法占用耕地比例为1.39%,没有1个市、县达到15%。截至2016年7月,各级国土部门立案查处3897宗,面积1400公顷(含耕地634.61公顷),落实罚没款8873.17万元,没收违法建筑物面积190.96万平方米,拆除违法建筑面积119.86万平方米,没收违法所得190.14万元,建议纪检监察部门追究党纪政纪处分860人。全省履职到位率99.25%,查处整改到位率79.08%。

矿产方面,全省违法勘查开采图斑91个,比2014年度下降38.1%。其中,无证开采29个、越界开采55个,以采代探2个,越界勘查1个,其他违法行为4个。截至2016年7月,各级国土部门立案查处73宗,落实罚没款369.1万元,没收违法采出矿产品2.8万吨。7月14日,省政府召开2015年度全省土地矿产卫片执法监督检查警示约谈会议,对违法用地情况相对严重的萍乡市湘东区、东乡县、南昌县和万载县等4个县(区)政府的主要负责人进行警示约谈。

【开展国土资源执法巡查】 土地方面,发现新发生违法用地4389宗,总面积1220公顷、耕地515.442公顷。与2015年度卫片检查相比,违法宗数、面积和耕地面积分别下降21.12%、32.12%、33.54%。对发现的违法违规行为,各级国土部门正在积极组织立案查处。

矿产方面,发现存在问题的矿业权24个(均为采矿权),已基本处理到位。与2015年省级矿产执法巡查相比,存在问题矿业权数下降了7.69%。

【开展违法案卷质量评查】 按国土资源部要求开展按照违法案卷质量评查工作,共抽查案卷110宗,其中土地案卷89宗、矿产案卷21宗。经评查,全省平均分85.86分。其中:优秀案卷35宗,占比31.82%;良好案卷38宗,占34.55%;合格案卷31宗,占28.18%;不合格案卷6宗,占5.45%。

【依法受理行政复议】 全年省国土资源厅共受理行政复议案件18宗,已全部审结,其中经调解申请人撤回申请的3宗、责令市局依法履行职责的5宗、维持市局行政行为或驳回复议申请的10宗。省政府、国土资源部受理的以国土资源厅为被申请人的行政复议案件36宗,已审结22宗,除1宗撤回申请外,均维持国土资源厅行政行为或驳回复议申请。

【依法进行行政应诉】 全年共收到一审行政诉讼案件17宗,二审案件7宗,承办省政府应诉案件1宗。一审案件已审结13宗,除1宗撤诉外,其余案件国土资源厅均胜诉;二审案件已审结2宗,1宗撤诉,1宗国土资源厅胜诉。

【信息化建设与应用】 完成全省国土资源信息化“十三五”规划编制。进一步完善江西省国土资源电子政务平台、自动办公、移动办公系统功能。基本完成江西省矿产资源开发利用监测监管系统、江西省国土资源厅纪检监察业务管理系统、江西省建设用地网上审批系统(升级改造)开发。整合2015年度全省遥感影像数据、2015年度全省土地利用现状数据、2016年度土地利用总体规划等数据,完成国土资源“一张图”核心数据库的更新维护。完成江西省国土资源电子政务系统、江西省国土资源网站群的信息安全等级保护测评及整改,完成国土资源厅信息系统安全建设改造(内网一期)项目。接受省国家保密局的保密检查,并被评价为“优秀”。

开展江西省省级不动产登记信息管理基础平台和“国土资源云”建设的各项前期研究和准备工作,完成江西省省级不动产登记信息管理基础平台和“国土资源云”建设可行性研究报告的编制工作。

【开展降成本优环境专项行动】 制定出台《关于降低企业成本、优化发展环境实施意见》,提出16条政策措施。降低企业用地成本方面,提出鼓励已有工业用地提高土地利用率等6条措施,降低涉企收费方面,提出免收2016—2018年度探矿权使用费等3条措施。降低企业财务成本方面,提出暂缓实施采矿权有偿处置工作等3条措施。在改进行政服务措施方面,提出调整省属国有企业改制土地评估机构确定主体等4条措施。

简化采矿权审批程序,合并矿山矿产资源开发利用方案、地质环境保护与治理恢复方案及土地复垦方案的编制及审查。该举措已纳入《江西省人民政府印发关于进一步降低企业成本优化发展环境若干政策措施的通知》中的20条新措施之一。全省3362家企业享受到国土资源惠企政策,企业办事成本和办事时间得到有效压缩,同时减免或缓缴各类费用8.29亿元,有效缓解了企业资金压力。

全年共计收到降成本优环境专项行动或企业帮扶平台转来企业反映问

题41件,其中属于省国土资源厅职责予以承办的23件,已全部办理完毕,办结率100%。

【开展信访工作三项重要活动】 开展“法定途径分类处理信访投诉请求工作”“信访积案攻坚年”“信访业务基础规范年”三项重要活动,规范信访事项办理程序,实现信访总量持续下降目标。全年共受理群众来信426件,接待来访206批次669人次,信访总量下降18.2%,来访批次和人次分别下降23.8%和14.7%。

【加强农村宅基地管理】 农村宅基地管理情况纳入全省国土资源系统绩效考核体系。印发《关于进一步加强农村宅基地管理的指导意见》,在加强规划管控、严格用地审批、强化监管职责、探索创新机制等4个方面提出切实搞好规划衔接、严格控制占用耕地、科学指导用地选址、合理安排用地计划、规范履行审批程序、严格落实占补平衡、严格执行面积标准、落实动态巡查责任、构建共同责任机制、全面纳入考核问责、探索有偿使用机制、有偿退出机制和农民自主管理等13项措施。组织开展全省农村建房违法违规占地集中整治活动,完成全省农村建房违规占地检查并建立自查台账。

(肖彦明　马新平)

食品药品监管

【概　况】 截至2016年年底,江西省共有持证食品生产企业4239家、持证食品经营企业28.27万家,餐饮服务企业9.75万家,小作坊1.8万家、小餐饮4.5万家、小摊贩4.4万家、小食杂店17.9万家。药品生产企业205家,药品经营企业1.09万家。医疗器械生产企业366家、医疗器械经营企业8422家。全年食品工业主营业务收入3280亿元,增长9.03%;医药产业主营业务收入1299.02亿元,增长6.28%。

全年共抽检8.26万批次,增长55%。其中:一般食品抽检2.94万批次,不合格1599批次,不合格率5.45%;食用农产品抽检3.02万批次,不合格81批次,不合格率0.27%;保健食品抽检954批次,不合格50批次,不合格率5.24%;药品抽检1.89万批次,不合格率3.18%;化妆品抽检1135批次,不合格16批次,不合格率1.41%;医疗器械抽检1987批次,不合格93批次,不合格率4.68%。

查处山东济南非法经营疫苗系列案件,撤销1家企业药品经营许可证。及时查处非法生产“鹿龟酒”“甲醇”严重超标系列产品案和南昌5家非法添加复合泡打粉“毒包子”案,5名当事人获刑6个月至1年不等。严厉打击违法违规生产经营婴幼儿配方谷粉单位,检查企业1.23万户次,查扣问题婴幼儿配方谷粉1.39万千克,立案42起。查处食品药品违法违规案件7318件,捣毁制售假窝点56个,抓获违法犯罪人员648人。其中批捕303人、移送起诉265人、判决37人,涉案金额2.2亿元,11起案件公安部督办、28起省公安厅督办、2起全国联办,破获大案要案数量为近年最高。

【食品安全监管】 探索建立婴幼儿配方食品、特膳食品、乳制品、白酒、食品添加剂、食用植物油等重点产品可查询、可管控、可召回的质量安全追溯体系。在部分开发区、新区、风景区管委会和乡镇(街道)设立食品安全委员会及其办公室,建立省市县乡四级食品药品安全监管网络。以“双安双创”为契机,将赣州、景德镇2个设区市和南昌县、共青城等10个县(市、区)列为江西省第一批食品安全示范城市创建试点。

全年检查食品生产经营者8.87万户次,检查批发市场、集贸市场等各类市场2194个次,捣毁售假窝点2个,查处不符合食品安全标准的食品案件663件,罚没收285.17万元;查处不符合食品标准的食用农产品242.13千克,移送司法机关案件5件。开展农村食品“清源、净流、扫雷、利剑”行动,检查农资及农产品生产经营单位3.55万家,立案查处各类问题771起,取缔无证照企业175家,吊销证照54家,没收假劣种子、假劣添加剂等3.66万千克,换发各类经营许可证158家,撤销、收回GSP证书102家,不予许可5家,通报批评2家,约谈12家。对1132家餐饮单位、4家银杏叶提取物保健食品生产企业开展“双随机”和飞行检查。8170家餐饮单位实施“洁厨亮灶”。妥善处置误食毒蘑菇中毒、保健药酒中毒等多起突发事件,完成中共中央总书记习近平视察江西、全国综治南昌会议、赣台会、绿发会等重要接待任务和重大活动32项,保障了50.41万人次餐饮安全。

【药品安全监管】 开展中药饮片和鲜竹沥药品生产、人工牛黄原料药生产使用和贵细中药材等专项检查,飞行(跟踪)检查药品生产企业42家,收回药品GMP证6张。对药品经营企业开展日常监督检查1.20万家(次)、跟踪检查4914家(次)、飞行检查1548家(次),撤销GSP证40家、收回GSP证43家、吊销药品经营许可证12家、责令停业整顿13家、立案查处479家、警告1548家、责令整改3574家。对43家企业进行了“一对一”飞行检查,撤销4家批发企业GSP证、收回3家批发企业GSP证。开展化妆品生产许可培训和化妆品生产企业统一换证工作,核发新证5家。

【医疗器械监管】 开展定制式义齿专项检查、经营企业冷链管理监督检查、整治流通领域违法违规行为、无菌和植入性医疗器械监督检查等专项检查,共检查医疗器械生产经营企业、使用单位3254家次,责令整改1744家次,查处违法违规企业304家,警告221家次,罚没金额374.57万元。对39家重点医疗器械生产经营企业进行飞行检查和跟踪检查,对113家次企业开展全项监督检查,发现缺陷1105项,16家企业出现严重缺陷,占比14%。公布5期《医疗器械生产监督检查及处理情况通报》。

【行政许可管理】 核发食品生产许可证593张,换发1218张,变更226张,注销422张,吊销4张。受理保健食品品种注册审查198件,新发放《保健食品生产许可证》35家,注销1家。批准筹建药品批发(连锁)企业52家,审批新开办药品批发(连锁)企业30家,审批药品零售企业660家,注销药品批发(连锁)企业2家。审批各类药品生产许可569项,通过GMP

认证企业154家。完成60个药品品种技术转让申请、4个技术审评。审核审批注册申请4473件，受理再注册申请781件，完成认证生产企业214家、经营企业319家。全年受理医疗器械注册申请249项，审结产品344个，不予注册事项15个。国产非特殊用途化妆品备案779项。

【药品、医疗器械不良反应/事件监测】 2016年，共收集药品不良反应报告5.73万份，增长15%。百万人口报告1262份，增长13%，位居全国第三。其中，严重药品不良反应报告6126份，增长98%，位居全国第一。医疗器械不良事件报告1.24万份，增长14%。其中，严重医疗器械不良事件报告3149份，增长5%。药物滥用调查表8465份，增长37%。化妆品不良反应报告2532份，增长673%。

【行政受理与投诉举报】 2016年，受理行政许可申请3694件，办结事项3694件，办结率达100%。其中：食品生产类144件，占比4%；药化注册类1123件，占比31%；药化生产类596件，占比16%；药化流通类737件，占比20%；保健食品类567件，占比15%；医疗器械类527件，占比14%。共发放相关许可证件(批件)3771件，所有证件全部送达，无一差错。全年共收到投诉举报信息10984件，同比增长27.17%，100%按时办结。发放投诉举报宣传资料1.20万余份，接待咨询群众2600余人次。印发带有“12331”标志春联5万余份。

【行政审批制度改革】 2016年，江西省取消“麻醉药品和精神药品实验研究活动批准审核”“国产保健食品注册审核转报”等8项行政权力事项，下放权力事项4项，整合1项，保留行政审批事项17项、行政权力事项137项。将食品流通和餐饮服务许可、卫生和食品经营许可整合，落实饭馆、咖啡馆、酒吧、茶座4类公共场所“两证合一”，新发食品经营许可证8.68万张。编制行政权力中介服务清单和公共服务清单，实施审批项目合并检查制度。

【加强食品药品安全宣传】 2016年，江西省食品药品安全监管在中央、省级主流媒体播报254条，增长10%，中央人民广播电台、新华网、中国食品安全报刊等数10家媒体报刊进行了宣传报道。其中，中国医药报刊2次头版头条、10次头版报道。在江西省电视台组织发布2015年食品药品监督抽检、稽查打假“十大典型案例”“3·15”系列执法活动等情况；在江西广播电台《党风政风热线》发布“三小一市场”(食品生产加工小作坊、小食杂店、小餐饮、集贸市场)专项整治等工作成果；开展全省食品安全周等系列宣传活动，成功举办首届江西省药品安全论坛。稳妥控制“陈立光水饺馅”舆情传播。

【完善食品药品信息化体系建设】 2016年，完成食品药品“十二五”示范区信息化建设项目“12331”呼叫中心、应急指挥大屏、医疗器械监管软件项目，完成餐饮监管系统客户端执法设备和设区市、直管县视频会议系统招标工作。实现与国家总局“四品一械”(食品、药品、保健食品、化妆品、医疗器械)数据自动对接、上传，实现市县局三级网络联通。全年发布“四品一械”抽检信息998期，公布不合格食品704批次、药品369批次，曝光食品药品企业“黑名单”128家。

【加强食品药品法制建设】 出台《江西省食品生产加工小作坊小餐饮和食品摊贩监督管理条例》，“四小”(食品小作坊、小餐饮、小食杂店、小摊贩)治理纳入法制化轨道。制定和实施食品生产经营日常监督检查办法、保健食品注册与备案管理办法、网络食品安全违法行为查处办法、农村集体聚餐食品安全风险防控管理办法等20余项制度规范。下发《江西省食品安全工作评议考核办法》《江西省食品安全风险会商制度》《进一步加强全省旅游餐饮服务食品安全监管工作》等工作制度。在全国率先实施统一机构名称，统一执法主体和执法文书，统一执法服装，统一投诉举报平台，统一培训与会议“五统一”市场监管机制。全年办理行政复议39件。

【服务食品医药企业】 主动服务企业，妥善解决春节后首个工作日省领导走访调研企业时江中制药、江西博雅、江西青峰3家药业公司提出的产品升级、再评价等5个突出问题。通过走访企业、网上征询意见、召开座谈会等方式，收集到36家食品药品生产企业反映的123个具体问题，建立清单，帮助企业100%解决生产许可、品种转让、区域政策研制等困难。为企业“降成本优环境”，对口帮扶解决10家企业29个问题。11次深入偏远市、县和企业开展巡回服务，现场受理行政许可申请160余件，接待企业办事人员250余人，送达许可证50余件，为企业节省开支140万元以上。服务中药大企业大品种做大做强，协助济民可信的金水宝分步进行临床疗效评价，保证其市场销售不受影响，并减少企业资金投入上亿元。支持药品生产企业品种技术转移，盘活中药品种31个，指导3家企业开展中药配方颗粒科研立项。对32个药品品种开展仿制药质量和疗效一致性评价。

(李立)

统计管理

【概　况】 2016年，全省统计部门以建立现代统计体系为目标，全力推进统计质量、统计服务、统计创新、统计基础、统计法治、统计队伍建设，着力打造统计智库品牌，组织实施常规统计调查和大型国情国力调查，履行信息、咨询、监督三大职能，更加及时、准确地反映和揭示了新常态下江西经济运行态势和社会发展状况，为党政领导科学决策和宏观管理提供了优质服务，为“十三五”良好开局提供了有力保障。

【加强统计法治建设】 印发《关于坚决防范统计造假弄虚作假的通知》，筑牢思想防线，强化各级责任意识，明确惩处措施，从严防范统计造假弄虚作假。推进“五证合一、一照一码”登记制度改革，利用部门行政登记资料，进一步完善名录信息的更新维护，规范基本单位名录库管理。出台《江西省统计数据质量管理工作规范》，完善数据审核评估制度，优化了工业、能源、服务业、贸易、投资等专业数据审核评估办法，对数据生产的全过程实施了更加有效的质量监控。强化统计法治保障，深入开展统计法治教育，改善统计法治环境，加强统计执法。全年执法检查单位8546个，立案案件246起，结案数239起，罚款30余万元，公示统计上严重失信企业2家，对5个设区市开展统计巡查，推动解决实际问题。

【加快统计方法制度创新步伐】 跟进GDP统一核算改革，修订《季度GDP核算方案》，进一步理顺核算数据来源，强化了质量评估。争取省政府支持设立"三新"（新产业、新业态、新商业模式）统计机构，组织实施江西省"三新"专项统计调查。开展网上零售额统计工作和城市商业综合体的统计调查，组织实施"四众"（众创、众包、众扶、众筹）企业专项统计调查。持续推进投资统计改革，加强部门间信息共享和项目入库，在赣州组织实施投资项目信息共享及入库统计责任制试点。改进大城市月度劳动力调查，开展城镇失业率调查。开展自然资源资产负债表编制试点，完成试点地区的土地、林木和水资源资产账户编制。研究探索生态文明建设评价指标体系，初步构建了江西生态文明指标体系基本框架，研究制定《江西省生态文明建设综合评价暂行办法》，建立并实施服务业集聚区统计、电子商务统计调查。对赣州南康家具产业、上饶光伏光学产业开展产业集群统计试点工作，在全国率先开展科技贡献率测算，初步制定军民融合产业统计方法、指标体系。

【统计智库作用日益凸显】 省统计局成立了经济形势研判领导小组，每季度深入基层调研，掌握第一手情况。加强统计数据与部门、企业、市场信息的关联性分析，及时研判苗头性问题，提出了诸多务实管用的政策建议。及时报送各类统计资料，省统计局创刊《统计专报》直送有关领导，有50期获省领导批示或圈阅。围绕供给侧结构性改革、同步小康、生态文明建设等领域开展了统计分析研究，一批统计分析报告和研究课题获党政领导批示。通过召开新闻发布会和电视广播网络等渠道，及时发布和解读全省经济运行情况；设立推广江西统计微信公众号，更加便捷地服务社会公众统计需求。参加"降低企业成本、优化发展环境"专项行动，深入挂点企业，宣讲惠企政策，帮助解决了实际困难。

【统计基层基础更加牢固】 研究制定县级统计规范化考核办法和乡镇统计工作情况调查方案，对县级统计局规范化建设进行考核，对乡镇统计工作情况进行摸底，激发了基层规范化建设的动力与活力。通过召开现场会、观摩先进单位建设成果，发挥先进典型的示范引领作用，营造了"比、学、赶、帮、超"的争先氛围。组织部分县级统计局长和业务骨干参加国家统计局业务培训，各专业也有针对性地加强了业务培训，有效提升了基层业务能力水平。推动乡卡、县卡联网直报，启动全省统计数据生产管理基础平台、视频会议系统建设，加快了基层统计工作信息化、网络化、自动化进程。

【各项调查有序开展】 推进农业普查。省市县乡村五级普查机构全面组建，各部门协同配合工作机制运转良好，各级农业普查经费和普查设备、物资基本落实到位。做好业务储备和技术储备，业务培训、普查试点和清查摸底顺利完成。开展宣传动员，为普查营造了良好的舆论环境。组织常规统计，工业、能源、贸易、投资、服务业、人口就业、社会科技和文化产业统计工作更加规范有序。组织党风廉政建设、群众安全感等10余项季度调查和简政放权政策落实情况等调查，累计完成有效样本30余万，群众安全感、"双创"等多项调查报告引起了省领导高度重视。

（涂珊华）

审计监督

【概　况】 2016年，全省共审计（调查）6278个项目，查出各类违规问题金额239.68亿元，促进整改落实有关问题资金143.69亿元。其中已上交财政资金66.12亿元；提出审计建议11372条，被审计单位采纳7010条；提交审计报告和专项审计调查报告7452篇；向地方党委、政府上报综合报告、审计要情、审计专报等审计信息2061篇，被批示采用771篇。围绕深化财税改革、规范收入征管、提高资金绩效、防范财政风险，组织开展预算执行、财政专项资金、税收征管等审计，重点关注财政财务收支的真实、合法和绩效情况、专项资金管理情况、"三公经费"、会议费、培训费的管理使用情况。

【重大政策措施落实情况跟踪审计】

为更好地促进省委、省政府"大众创业、万众创新"决策部署贯彻落实，省审计厅组织实施了非税收入、就业资金、科技专项资金、标准厂房建设资金、战略性新兴产业引导资金等5个财政专项资金审计调查，从政策执行、制度设计、管理体制等方面揭露深层次矛盾和问题，及时向省政府呈报审计综合报告，从体制机制和制度层面提出政策建议。

【资源环保审计】 开展领导干部自然资源资产离任审计试点工作是省委、省政府和审计署赋予审计机关的一项重要任务。年内，全省审计机关探索开展审计试点，按照审计署统一部署，省审计厅组织实施水污染防治专项资金审计，针对资金被挤占挪用、项目管理不规范、水环境存在风险隐患等问题，向省政府提交了审计综合报告，有力地推动了水污染防治政策措施落实。

【民生资金和项目审计】 围绕江西省打赢脱贫攻坚战的总体任务要求，省、市两级审计机关加大对涉及群众切身利益的扶贫、教育、"三农"等资金和项目的审计力度，对赣南等原中央苏区和特困片区58个县财政扶贫资金进行审计调查，揭示了贫困户识别不精准、监督机制流于形式、资金分配"撒胡椒面"、群众利益被侵占等问题，严肃查处了优亲厚友、违规骗取资金、私存私放资金等违法违纪问题。全省审计机关连续4年对保障性安居工程进行跟踪审计，有力地揭示了在项目建设、政策落实、资金使用、住房分配和资产运营等方面存在的问题。

【经济责任审计】 2016年，全省审计机关贯彻执行有关经济责任审计规定，推进经济责任审计工作深化发展，促进领导干部理好财、用好权、尽好责。全年共审计领导干部2492人。省审计厅组织实施九江市原市长等24名厅级领导干部经济责任审计，重点关注领导干部贯彻执行有关方针政策和决策部署、推动部门事业发展情况、重大经济决策情况，以及遵守有关廉洁从政规定情况，促进领导干部理好财、用好权、尽好责。

【国有企业审计】 围绕推动企业完善治理、规范经营、防范风险、提高效益，省审计厅组织实施省出版集团财务收支审计、省高速公路投资集团资产负债损益审计。在省高速公路投资集团审计中，充分运用"中央企业预警系统审计软件"对财务状况进行分析，揭示了集团在公路投资建设、经营和资金等方面存在系统性潜在风险。

【医保基金审计】 根据审计署统一部署，全省审计机关派出112个审计组、800多名审计人员，对省本级、11个设区市本级和100个县医保基金筹集管理使用情况进行了全覆盖审计，是全国实行医保基金审计全覆盖的4个省份之一。全省医保基金审计共发现问题金额43.91亿元，已移送问题案件线索71件，涉及金额1.76亿元。

【推进数字化审计】 省审计厅探索大数据环境下的审计工作新模式，大力推进数字化审计，在撤销一个业务处的基础上，整合计算机审计资源，成立电子数据审计办公室，并将信息中心划归数据办统一管理，打破数据与业务"两张皮"的现状，实现信息技术与审计业务的有效融合。同时，选拔一批既熟悉审计业务又精通计算机的业务骨干充实电子数据审计办公室。

【创新审计组织方式】 省审计厅打破部门、人员和业务管理界限，以审计项目为平台整合审计力量，实行审计组长统一竞聘，在全厅范围内配置人员，集中力量实施审计，以充分激发审计人员主观能动性和争先创优的意识。同时，探索结合型审计组织方式，将领导干部经济责任审计与自然资源资产审计、医保基金审计有机结合，发挥项目的协同作用，实现成果共享互用。

【督查审计机关公务员队伍建设】 为进一步把好市、县审计机关人员进口关，做好审计机关换届工作，4月，省审计厅联合省委组织部、省公务员局组成5个督查组，组织开展"加强审计机关公务员队伍建设，切实把好审计机关公务员进口关"专项督查工作。根据专项督查中发现的一些基层审计机关专业化建设薄弱、人员进口把关不严、专业结构不合理等问题，省审计厅专门下发通知，要求市、县审计机关在地方党委、政府换届中，要积极与有关方面加强沟通协调，严格把好人员进口关。

（邹晓明　叶敏）

口岸管理

【概　况】 2016年，江西省口岸共完成进出口货运量441.59万吨、国际集装箱27.28万重标箱，分别下降5.57%和3.82%。其中，九江水运（河港）口岸进出口货运253.66万吨、国际集装箱14.92万重标箱，南昌港水运进出口货运75.99万吨、国际集装箱5.32万重标箱。上饶—宁波铁海联运共运送货物37.47万吨，增长25.48%。南康进境木材监管区共运送货物0.55万吨。南昌航空口岸出入境人员58.78万人次，增长17.02%，出入境飞机3934架次，增长23.40%。

【口岸平台规划和建设】 争取国家对口岸开放的支持。10月，赣州铁路集装箱场站作为临时口岸获得国家口岸办批准，成为全国第八个、中部第二个国家临时开放口岸。11月底，国务院正式批复赣州黄金机场设立航空口岸对外开放、九江港口岸扩大开放、南昌铁路口岸开放纳入国家"十三五"口岸发展规划。编制完成全省"十三五"口岸发展规划。根据规划，江西省将打造"一核两翼三带"的口岸开放格局，即着力打造南昌核心口岸开放经济区，着力推进九江和赣州两个区域口岸开放中心，着力沿着京九线、沪昆线和向莆线构建3条对接"长珠闽"口岸开放经济带。推进口岸查验区建设。根据全省特色产业发展的需要，推动省内口岸查验区建设，完成8个口岸查验区的信息系统联网和改造升级。

【拓展口岸通道】 主动融入"一带一路"倡议。10月，首次开通南昌至美国洛杉矶洲际直航航班，填补了江西省洲际航线的空白。11月，正式开通南昌到韩国济州的定期航线，改变了江西省无东北亚定期航线的历史。2月，南昌经台湾桃园机场"陆客中转"业务正式开通，成为全国首批办理这一业务的三个城市之一。12月，南昌至香港航线将加密至每周五班。大力发展铁海联运集装箱快速班列，深度对接"长珠闽"。在维护发展好现有上饶—宁波、赣州—厦门快速班列的基础上，8月，开通江西（宜春）至福州铁海联运集装箱快速班列，11月，开通赣州（吉安）至深圳集装箱快速班列，形成江西省与沿海主要港口联结的铁海联运快速班列网络化格局。进一步加强与广东、福建口岸合作，建立合作机制，实现"绿色通道"常态化运行，为江西省农产品出口提供了有效保障。大力发展江西航空，推动江西航空产业发展。1月26日，江西航空有限公司正式开始载客飞行，公司已运营5架波音737-800飞机，通航南昌至西安、天津、哈尔滨等13个城市，16个点。

【深化大通关改革】 2016年在九江、鹰潭两地开展国际贸易"单一窗口"建设试点，6月，完成货物申报、运输工具申报和公共查询等功能，进一步简化了企业申报程序，提升了通关效率，实现了口岸运行方式的转型升级，并受到了国家口岸办的充分肯定。7月，在全国统一版"一次申报"的基础上，实现了"一次查验""一次放行"数据对碰，在全国内陆地区率先实现关检合作"三个一""一次查验"电子指令对碰。8月，江西省国际贸易"单一窗口"建设被国家口岸办列入首批内陆沿边地区国家试点。全面推广关检合作一次申报、一次查验、一次放行的"三个一"通关新模式。协调推进"全国通关一体化"和"检验检疫一体化"建设。2016年，南昌海关通关一体化率居中部第一位和全国第五位。无纸化率98.57%，检验检疫无纸化报检覆盖率60%，口岸通关时间缩短了5天左右。

【夯实口岸服务基础】 服务企业，降低港口收费。4月，会同省财政厅、南昌海关等有关部门，在中部地区率先执行免除海关查验没有问题外贸企业吊装移位仓储费用工作，得到了广大外贸企业、口岸经营场所和货代企业的一致好评。全年，共为企业减免相关收费40余万元。先后召开近20余次口岸协调及保障会议，成功保障G20杭州峰会、泛珠9+2行政首长会议、第四届世界绿色发展投资贸易博览会、赣台会等国家和江西省重大活动。开展口岸基础设施建设，夯实服务基础。10月，江西省商务厅口岸大厦正式挂牌。口岸大厦正式投入使用后，将成为全省口岸的应急指挥中心和电子口岸大数据备份中心，并且将作为智慧商务建设的一部分开展智慧口岸建设。

（江斌）

海　关

【概　况】 2016年，南昌海关落实省委、省政府扩大对外开放、促外贸稳增长一系列工作措施和部署要求，主动作为，尽责担当，全力以赴促进江西开放型经济发展。省委书记鹿心社、省长刘奇、常务副省长毛伟明等省领导21次对南昌海关工作作出批示，海关总署党组成员、副署长孙毅彪视察南昌海关，对南昌海关工作给予充分肯定。全年江西省进出口总值2643.9亿元，同比增长0.6%。其中：出口1966.9亿元，下降4.1%；进口677亿元，增长17.3%。全年税收入库70.92亿元，增长27.67%，增幅列全国第三位。

【助力扩大开放】 争取海关总署、国家口岸办支持，全力推动赣州（南康）铁路集装箱海关监管场站获批对外开放，赣州机场对外开放、九江港扩大开放、南昌中欧班列铁路场站对外开放并列入国家口岸发展“十三五”规划。江西形成了从北向南贯通全省、涵盖水陆空铁的立体开放格局。支持江西特殊监管区域建设，主动与南昌市政府签署合作备忘录，全力支持南昌综保区规划建设，力争2017年第一季度组织预验收并报请国家验收。为赣州综保区取得监管代码并已开办业务，组织推进龙南保税物流中心获国家四部委批准设立。推动九江、井冈山出口加工区健康发展。审批验收瑞昌码头海关监管场所、进贤保税仓库，批复设立共青城保税仓库。成立宜春海关筹备工作组并派员进驻宜春市配合做好开关筹建工作。

【促进贸易便利化】 落实“三互”、推动大通关建设，主动会同省商务厅、江西出入境检验检疫局等相关部门推动全省口岸物流信息平台在全省海关监管场所上线联网，江西省在中部6省率先在网上实现关检合作“三个一”“一次申报、一次查验”全流程电子对碰。深化通关一体化改革，实现“百关一体、如同一关”“本地报关、全国放行”，通关一体化率居中部6省第一位和全国第五位。深化通关作业无纸化改革，“让数据多跑路、企业少跑腿”，无纸化率98.27%，居中部6省第一位和全国第十位。江西省企业在南昌海关进口货物通关效率居中部6省第一位和全国第六位，出口货物通关效率居中部6省第一位和全国第八位。深化“双随机一公开”监管，减少对企业正常通关的干预，随机派员查验率100%，随机选择查验对象率96.95%，海关执法更加阳光透明，企业通关更加高效便捷，省委常委、常务副省长毛伟明给予充分肯定。

【着力降成本优环境】 对接供给侧结构性改革，贯彻省委、省政府重大决策部署，推进“放管服”改革。严格执行海关总署经营性服务收费正面清单，取消所有行政性收费。下调1个百分点左右的出口商品查验率，南昌海关出口查验率1.54%，低于海关总署2%的要求。会同省商务厅、省财政厅等在内陆省份率先实施免除海关查验正常外贸企业吊装、移位、仓储等费用政策，全年免除费用51.8万余元，惠及企业524家。关区可复制推广自贸区海关监管创新制度21项，持续深化集中汇总纳税改革，每月为江铜、江铃、欧菲光等10家重点企业节省资金占用约数亿元。帮助企业用足用好国家减免税优惠政策，审批减免税2.6亿元，同比增长23.9%，增幅居中部6省第一位和全国第六位。优化税收征管方式，税费电子支付比例达92.3%，居中部第二位。参与企业信用体系建设，审核并报请总署批准江铜、新钢、江铃等27家为高级认证企业，帮助其适用较低查验率，优先办理验放手续，享受AEO互认国家（地区）海关提供的通关便利措施。优化海关统计监测预警和分析服务，客观反映分析外贸发展情况，为省委、省政府及各地市提供决策参考，全年统计工作获省领导批示16次。

【依法依规加强监管】 开展“8·12”事故警示教育和整治，推进监管作业场所规范管理，暂停保税物流中心业务1家，关闭监管场所卡口2家，注销海关监管场所、保税仓库共4家。开展“国门利剑2016”专项行动，严厉打击重点涉税商品走私、出口骗退税、大米等农产品走私等违法活动，查获走私武器弹药案5起，有力维护了江西进出口秩序，获得多位省领导高度肯定。全年行政立案188起，案值2.2亿元；刑事立案12起，案值2.1亿元。

（陈斌）

出入境检验检疫

【概　况】 2016年，江西检验检疫局共检验检疫出入境货物63181批35.5亿美元，同比分别下降8.5%、27.1%；累计签发各类原产地证书54414份，金额31.7亿美元，分别下降37.2%和44.9%；检疫出入境飞机3986架次，增长25.7%；查验出入境人员595548人次，增长19.5%；受理集装箱检验检疫128466标箱，下降16%。

【构建江西口岸开放新平台】 全国首个内陆国检监管区试验区在赣州进境木材国检监管区挂牌成立，得到江西省委书记鹿心社肯定，专门作出批示。以此为契机，赣州进境木材“多口岸”直通取得突破性进展，新增蛇口口岸进境全直通，推动当地家具产业产值从2014年的450亿元飚升至2016年逾千亿元。以赣州进境木材国检监管区为载体，赣州港获批国家临时对外开放口岸。九江进口粮食指定口岸正式获批，全年直接进口大豆、高粱、豌豆等粮食96批次、7.5万吨，分别增长291%、358%。九江进口肉类指定口岸获批筹建。

【扶持“特、优”产业发展】 指导帮扶安远县成为全国首个脐橙类国家级出口质量安全示范区，降低企业商务成本约100元/吨，推动出口增速15%以上。帮扶江铃汽车、华意压缩等16家企业获“中国进出口质量诚信企业”称号。积极融入美丽中国“江西样板”建设，帮助分宜“恩达”苎麻制品获得生态原产地产品保护，指导帮扶资溪县、浮梁县成为有机产品认证示范创建县，婺源县成为有机产品认证示范县，促使婺源县有机绿茶出口占到欧盟市场60%以上份额，面积、产量、出口量等均位居全国县级之首。服务南昌万达文化旅游城建设，为项目设施、观赏动物等便捷入境提供全天候服务保障。促进南丰蜜橘产业发展，设立检验检疫现场业务办公室，缩短蜜橘放行时间2天，降低企业商务成本，促进蜜橘扩大出口，2016年产季10月—12月共出口南丰蜜橘2203批、7.13万吨、1.1亿美元，分别增长99.9%、74.3%和151%。

【有效保障国门口岸安全】 严防有害生物入侵，截获入境外来有害生物1540批次3654种次，分别增长44.3%和68.9%。其中，截获进境植物检疫性有害生物244批次386种次。严防寨卡病毒等疫情疫病传入传出，查处进出境违规1624人次，增长23.7%，查处违规携带物2022批，增长17.5%。检出集装箱问题标箱10272标箱，不合格箱数下降55.5%。完成出入境人员健康体检10426人次，发现病例1365人次，下降20.1%。完成艾滋病监测10242人次，增长3.4%。完成预防接种7358人次，增长6.2%。首次在南昌航空口岸查处携带特殊物品案例、带土种苗案例及入境旅客、货物核辐射超标等事件。

2016年10月12日，中国内陆口岸(江西)国检监管试验区揭牌

江西出入境检验检疫局供稿

【严把进出口产品质量关】 2016年检验检疫不合格出入境货物1486批、6733万美元。严把进出口烟花爆竹、危险化学品质量安全关，对224家进出口危险货物企业进行摸底排查，加强对烟花爆竹等危险货物的严格监管，暂停38家不符合要求烟花爆竹企业的出口资质。稳妥应对“江西供港猪检出哮喘类药物”不实事件，挽回了江西供港产品形象。

【创新举措力促通关提速、企业减负】

自主研发“国检口岸业务辅助系统”，对接江西“电子口岸信息平台”，实现与其他口岸联检单位的信息互联、数据共享，打造“一站式”通关放行服务模式。推进中国电子检验检疫(e－CIQ)主干系统在江西省全面上线运行，推进国际贸易“单一窗口”建设，全省首个陆路口岸“单一窗口”检验检疫辅助系统在鹰潭成功上线试运行，缩短江西口岸通关时间3～5天，每个集装箱节约成本2000～3000元。开展“降成本优环境”专项行动，出台促进外贸回稳向好若干措施14项，2条检验检疫改革创新政策措施被省政府采纳。签发优惠原产地证书31.7亿美元，帮助江西出口企业获得国外关税减免近1.6亿美元。

【召开“国门生物安全暨农产品优进优出”新闻发布会】 4月14日，江西检验检疫局召开“国门生物安全暨农产品优进优出”新闻发布会，江西检验检疫局党组书记、局长温珍才以及植检处、办公室负责人出席发布会，江西检验检疫局机关118名干部职工，新华社江西分社、《人民日报》《江西日报》等8家媒体记者参加发布会。发布会通报江西省外来有害生物入侵现状及江西检验检疫部门截获工作开展情况，介绍完善国门生物安全防控体系、推动质量安全示范区建设、深化通关模式改革、促进江西特色农产品出口、进境货物直通江西等方面所做工作，并回答记者提问。

(张璐)

本栏编辑　邓玉兰

城乡建设

综　述

2016年,全省房地产去库存成效显著,棚户区改造任务完成,城乡规划工作实现乡镇总体规划编制全覆盖,市政基础设施建设力度明显加大,建筑业实现新发展。

全面贯彻落实城市工作会议精神。5月25日—26日,省委、省政府在南昌召开全省城市工作会议暨城市工作现场推进会。省委常委,省政府副省长,省人大、省政协分管领导,省委有关部门、省直有关单位主要负责人等500多人参加会议。省委书记强卫、省长鹿心社分别作重要讲话,省委副书记刘奇主持。省委、省政府出台《关于进一步加强城市规划建设管理工作的实施意见》《关于深入推进城市执法体制改革 改进城市管理工作的实施意见》。之后,各地采取举措,贯彻落实全省城市工作会议精神,围绕城市规划、建设、管理、体制机制4个方面,推动15项重点工作。城市规划方面,提出制定规划要科学、执行规划要严格、违反规划要追责,充分发挥规划引领作用,科学谋划城市发展美好蓝图;城市建设方面,提出要注重完善城市功能、塑造城市特色、确保安居安全、推进绿色发展,着力提升城市建设水平,切实增强城市综合承载能力;城市管理方面,提出要创新完善城市管理体制、打造智慧城市、提升城市公共服务、提高城市居民素质,创新城市管理方式,提升城市精细化管理水平;体制机制方面,提出要创新城镇化体制机制、城市建设投融资机制、用地管理制度、队伍建设机制,着力解决"人、钱、地、智"的难题,为城市持续健康发展提供有力保障。

房地产去库存成效显著。各地贯彻落实"房地产去库存20条措施",坚持分类调控,因城施策,一城一策,采取"组合拳",大力去库存,实现库存大幅下降,房地产市场运行总体平稳。截至年底,全省商品房库存面积同比下降26.9%,去化时间由2015年底的19.3个月减少到10.2个月。其中,商品住宅库存面积同比下降40.6%;去化时间6.1个月,减少8.1个月。全年完成住房公积金归集294.86亿元,当年提取176.95亿元,发放个人住房贷款317.13亿元,有力支持了职工居民购房。

打赢棚户区改造攻坚战。力推棚改货币化安置和政府购买服务,落实棚改贷款,解决资金难题,取得较好成效。全年开工各类棚户区17.1万套(户),保障性安居工程基本建成20.92万套(户),均提前超额完成国家任务,全国排名居于前列。全省城市棚户区改造货币化安置率59.2%,比上年提高27.4个百分点。赣州货币化安置的经验做法得到中央领导的肯定。公租房分配入住率70%。全面完成国家下达的12.78万户农村危房改造开工任务。

城乡规划工作不断加强。大力推进省域空间规划改革,成为国家试点。签订《江西省空间规划》合作协议。深入推进"多规合一",实现由规模扩张向限定城市边界、优化空间结构转变。9个市县"多规合一"试点取得初步成效,经验已在全省推开。国家和省级新型城镇化综合试点有序推进。强化规划引领,科学编制环鄱阳湖生态城市群、南昌大都市区、吉泰城镇群、新宜萍城镇群等大型规划,加强对市县城市总体规划修编工作的指导和审查,实现乡镇总体规划编制全覆盖。加强规划实施监管,完善城市总体规划实施和评估制度,发挥督察员作用。8月开展城市违法建设专项治理以来,4个月共拆除违法建筑120万平方米。严肃查处违反规定调整规划和违法建设行为。全面启动城市设计工作,从法定城市规划城市设计专篇和重点区域专项城市设计两个层面,推动城市设计工作。

市政基础设施建设力度加大。落实海绵城市建设实施意见,召开现场会有力推进全省海绵城市建设。萍乡市试点工作在国家绩效评价中名列前茅,南昌市、吉安市、抚州市3个省级试点工作有序开展。大力推进地下综合管廊建设。景德镇市成为国家地下综合管廊建设试点城市。组织学习厦门建设城市地下综合管廊先进经验。开工建设55.8千米地下综合管廊。着力推进48个县(市)污水管网项目建设,召开全省污水管网融资工作会,加大金融协调服务,全年完成城镇污水配套管网建设900千米。推进PPP模式,拓宽融资渠道,召开项目融资对接会,搭建政银企对接平台,破解融资难题。

建筑业实现新发展。全省建筑业总产值突破5000亿元,增长10%以上;"走出去"成果累累,对外承包工程总产值列全国第十三位。全年新增特级企业5家,共11家。3项工程入选鲁班奖。新增绿色建筑项目55个、建筑面积600万平方米,累计160个工程取得绿色建筑评价标识,绿色建筑面积突破2000万平方米。发展装

配式建筑，省政府印发推进装配式建筑发展的指导意见，在上海召开全省学习考察座谈会，部署装配式建筑发展工作。6个装配式建筑试点城市全面启动工作。贯彻落实“降成本、优环境”，支持重点骨干建筑企业加快发展，支持侨企创新创业发展。集中开展清理规范工程建设领域保证金专项治理，共清退各类保证金6.1亿元，切实减轻了企业负担。推进建筑业“营改增”工作，完善建筑市场信息化监管平台，营造公开公平、规范有序的建筑市场。狠抓建筑安全生产，深入推进工程质量治理两年行动，安全生产总体平稳。

城乡人居环境进一步改善。5县、1镇被命名为国家园林县城和城镇，园林绿化三大指标在全国继续保持前列。深入推进市容环境专项治理，城市污水、生活垃圾处理率分别为88%和95%。省政府公布第二批14个历史文化街区。加快城市综合执法管理体制改革，新余、樟树2个试点有序推进。以限高限大治乱为抓手，全面加强农房建设。大力开展农村垃圾和污水治理工程，120个百强中心镇污水设施建设基本完成，20个鄱阳湖沿线建制镇污水处理设施建设全面启动，分宜等3县列入全国农村生活污水治理示范县。在全国率先出台《江西省传统村落保护条例》，36个村镇入选中国传统村落，2镇4村入选第三批全国宜居小镇、宜居村庄示范，17镇23村被评定为首批美丽宜居小镇、村庄示范，4个镇入选第一批全国特色小镇。

（夏萍）

城市规划与建设

【概　况】 南昌、赣州、景德镇、鹰潭、萍乡、上饶、新余、抚州、贵溪、乐平、德兴、瑞昌、丰城13个市设立一级规划局，九江市规划局升格为正处级单位。宜春、吉安、九江、樟树、高安、井冈山、瑞金7个市设立一级规划建设局，吉安设立规划管理处，高安市设立规划管理办，新设立庐山市规划建设局。德安、武宁、修水、都昌、上栗、余江、上饶县、玉山、鄱阳、婺源、万年、铅山、余干、弋阳、横峰15个县设立规划局，南昌县、进贤、安义、湖口、兴国、于都、宁都、石城、会昌、大余、上犹、信丰、崇义、龙南、全南、定南、寻乌、安远、铜鼓、宜丰、奉新、万载、上高、靖安24个县设立规划建设局。赣县、东乡县撤县设区。11个设区市均成立城市规划委员会，由市委书记或市长担任主任，具体研究解决城市规划发展和建设的重大问题。同时各地普遍实行城市规划专家技术审查制度，对事关城市规划、建设和发展的重大问题，注意广泛听取专家和社会各界的意见，科学决策、民主决策的意识进一步加强。全省有南昌、景德镇、赣州市、瑞金市4个国家历史文化名城，吉安市、井冈山市、九江市3个省级历史文化名城，32个省级历史文化街区。

2016年，全省完成城镇污水配套管网建设900千米，城镇生活污水处理率达到86.5%，城镇生活垃圾无害化处理率达到80.7%。园林绿化三大指标在全国稳居前三位，开工建设地下综合管廊50千米以上，完成海绵城市建设面积0.9平方千米。景德镇市获2016年全国城市地下管廊建设试点城市，萍乡市海绵城市建设试点工作在住建部、财政部、水利部组织的2015年度绩效评价中名列前茅，黑臭水体整治工作成果居全国中上，德安县、峡江县、分宜县、奉新县和上高县被命名为国家园林县城，分宜县双林镇被命名为国家园林城镇。

开展城市市容环境专项治理行动。组织完成对全省11个设区市市容环境专项治理工作的暗访督查工作，下发了通报，并将暗访现场光盘下发各地。

【完善空间规划体系】 印发实施《关于编制〈江西省空间规划（2016—2030年）〉推进全域空间“多规合一”工作实施方案的通知》，成立推进省域空间规划编制工作领导小组，召开空间规划领导小组第一次会议，会议确定中国城市规划设计研究院为技术总牵头单位，原则同意规划编制思路和主要内容框架。省政府和住建部签订省部合作框架协议，共同推进江西省空间规划编制工作。加快完成鹰潭等8个省级“多规合一”试点市（县）规划编制工作。湖口县、吉安县、鹰潭市、婺源县、丰城市、樟树市等6地规划纲要已审查通过。

【加快推进全省跨区域体系规划编制】 《环鄱阳湖生态城市群规划》《南昌大都市区规划》两项规划成果均已经省政府组织专家审查通过，并上报省政府待批。《吉泰城镇群规划》已经省政府批复实施，《新宜萍城镇群战略规划》成果已审查通过，推进《信江河谷城镇群规划》编制。指导九江市加快推进《九江都市区总体规划》。

【加强对市县城市总体规划修编工作指导】 推进上饶市、抚州市、赣州市、贵溪市、瑞金市、安福县等城市总体规划修编工作。上饶市、瑞金市、贵溪市、安福县已完成总规纲要审查，南昌市、九江市、萍乡市等地开展总规修编前期研究工作。印发《关于开展“十三五”近期建设规划编制工作的通知》，推进全省各市县开展“十三五”近期建设规划编制工作。根据住建部《关于印发海绵城市专项规划编制暂行规定的通知》要求，指导各设区市城市抓紧编制海绵城市专项规划。制定《江西省控制性详细规划编制技术导则》。

【加快推进新型城镇化建设】 至年底，全省城镇化水平达到53.1%，比上年提高1.48%。印发《关于深入推进新型城镇化建设的实施意见和工作责任分工方案》，进一步完善城镇化工作机制，强化对各地新型城镇化工作的指导与监督，统筹协调各类推进城镇化发展的配套政策研究与制定，加强对配套政策实施效果的跟踪分析。按照新型城镇化发展评价指标体系，组织第三方评估机构，对各地新型城镇化发展质量情况进行系统评价，对城镇化发展质量问题突出的地区及时预警，形成《江西省新型城镇化发展质量评价报告》印发全省。会同省发改委开展省级新型城镇化综合试点工作，确定吉安市、共青城市、余江县、芦溪县、于都县、玉山县、靖安县，高安市八景镇、吉安县永和镇、会昌麻州镇、鄱阳县田畈街镇、铅山县永平镇等12个市县镇作为省级新型城镇化综合试点单位。配合省发改委推进全省生态文明示范区建设,成功申报国家生态文明试验区,完成全省第二批生态文明示范县的申报审核工作。

【推动全省城市设计工作】 从法定城市规划城市设计专篇和重点区域专项城市设计两个层面,全面推动全省城市设计工作,要求各地完善法定城市规划城市设计专篇,在编和新编的城市总体规划、控制性详细规划要强化城市设计内容,增加城市设计篇章。开展重点区域专项城市设计,设市城市和县城的中心区、重点地段、重要的风貌区等城市重点区域必须编制专项城市设计。

【开展违法建设专项治理工作】 开展第一批督察员督察意见落实"回头看"工作,完成第二批省派督察员的遴选和派驻工作。对南昌市钻石广场挂牌督办处理情况进行全省通报。查处一批违法违规项目,研究推进违法建设案件挂牌督办制度。开展全省领导干部违规插手干预工程项目问题专项治理,牵头房地产规划与容积率审批、调整及土地性质变更专项治理工作。全省共抽查11个设区市、县(市)房地产项目规划258个。做好全省高尔夫球场清理整治工作。开展城市建成区违法建设专项治理工作,坚决遏制新增违法建设。至年底,全省设市城市共摸排出违法用地173.16万平方米,违法建设约390.16万平方米,已查处新增违法建设24.95万平方米,已拆除存量违法建设114.57万平方米。做好重大项目、开发区审查工作。

【城镇污水处理设施建设】 10月,省政府在吉安市召开会议,对48个县污水管网建设情况进行通报和部署。印发《关于加快推进48个县(市)污水管网建设的通知》《关于抓紧推进48个县(市)污水管网建设任务的通知》等文件。组织专家对48个县污水管网建设情况进行检查督导。会同省国开行、省发改委联合召开全省污水管网融资工作会,与江西省城镇开发投资有限公司签订江西省县(市)城镇污水管网建设项目《政府购买服务协议》。

【垃圾处理设施建设与运行】 加大对尚未建成无害化生活垃圾处理场的县(市)的督促指导。完成对南昌市餐厨垃圾处理项目国家验收的初审工作,南昌市餐厨垃圾处理项目通过国家3部委综合评审验收,成为全国33个试点城市中首批通过验收的6个城市之一。指导和督促南昌市、宜春市加快推进生活垃圾分类试点工作,会同省人大常委会开展进行省内外生活垃圾分类工作调研。

【海绵城市和地下综合管廊建设】 推荐景德镇市作为全省城市地下综合管廊试点城市,并列入国家建设试点城市。先后两次召开全省地下综合管廊建设等工作推进会。印发《关于加快推进地下综合管廊建设有关工作的通知》《关于确保2016年地下综合管廊项目开工建设的紧急通知》。赴厦门市学习考察城市地下综合管廊建设运营,并形成调研报告印发全省。组织部分城市参加全国城市地下综合管廊建设项目对接洽谈会,召开全省海绵城市和地下综合管廊建设项目融资对接会。会同省发改委出台《关于城市地下综合管廊实行有偿使用制度的实施意见》。出台关于推进海绵城市建设的实施意见。在萍乡市召开全省海绵城市建设工作现场会,推广萍乡市海绵城市经验做法。

【加强园林城市创建工作】 推进创建工作,加强对创建园林城市的指导,德安县、峡江县、分宜县、奉新县和上高县被命名为国家园林县城,分宜县双林镇被命名为国家园林城镇。推荐贵溪市申报国家园林城市,推荐靖安县、湖口县申报国家园林县城,推荐婺源县江湾镇、宜春温汤镇、靖安县宝峰镇申报国家园林城镇。下发《关于在全省开展城镇闲置及裸露土地绿化工作的通知》,指导各地开展城镇闲置及裸露土地排查和复绿工作。

【城市综合执法体制改革】 出台《深入推进城市执法体制改革 改进城市管理工作的实施意见》。确定新余市、樟树市为全省城管执法体制试点城市,并指导两市开展有关工作。会同省法制办对新余市、宜春市、安福县开展城市管理综合执法管理办法立法调研,会同省人大常委会财经委到南昌、鹰潭、景德镇、吉安、赣州、九江市开展城市管理调研。参加江西省人大常委会对全省城市管理情况进行专题询问,出台《关于我省城市管理情况的报告》。对南昌市1000余名城管队员重点解读《中共中央国务院关于深入推进城市执法体制改革改进城市管理工作的指导意见》《中共江西省委江西省人民政府关于深入推进城市执法体制改革改进城市管理工作的实施意见》,并结合实际对城市管理及综合执法体制改革工作进行了讲解。

(殷亦琮　杨剑辉)

村镇规划与建设

【概　况】 2016年,全省乡镇域总面积15.93万平方千米,建成区面积17.48万公顷,村庄用地面积48.36万公顷。有建制镇703个,乡567个,农场34个(不含城关镇和纳入城市统计范围的乡镇),行政村16846个,自然村162884个。全省村镇总人口3922.5万人,其中小城镇镇区人口856.9万人,村庄人口3065.6万人。全省已建立镇(乡)级村镇规划建设管理机构1284个,配备工作人员6874人,其中专职人员2761人。全年全省村镇建设总投资486.2亿元,年度村镇住宅竣工建筑面积4067万平方米,年末村镇实有住宅建筑面积15.29亿平方米,人均住宅建筑面积40.33平方米。同时,村镇公用设施逐步完善,96.2%的建制镇、89.6%的集镇建有集中供水设施,小城镇自来水普及率68.4%。小城镇建成供水管道、排水管渠、道路分别有16271千米、10522千米、14989千米,有公共厕所5605座,环卫车3658辆,公园绿地面积1024公顷。

【提升村镇规划建设】 村镇规划覆盖率进一步提高。乡镇总体规划编制实现全覆盖,全省行政村规划覆盖率约90%。全省120个百强中心镇总体规划修编全部完成,历史文化名镇名村和前三批中国传统村落保护规划完成率98%。开展村镇规划试点。编制《江西省乡村规划五年工作方案》，开展县域乡村建设规划和实用型村庄规划试点，确定在武宁等6个县、安义县长均乡观察四方村等25个村开展全国乡村规划试点。南昌县黄马乡罗渡村、新建区溪霞镇店前村村庄规划列入全国村庄规划示范，推动了实用性村庄规划的编制与实施，村庄规划理念和方法得到进一步提升。组织开展全省优秀村庄规划评选。

【加强农村建房规划管理】 起草《关于进一步加强农村建房规划管理的意见》。组织召开全省镇村建设规划管理改善农村人居环境工作现场推进会，重点部署推动农村建设管理和开展农村超高超大建房专项治理工作。建立健全村镇规划建设管理员队伍，加强村庄规划建设审批管理，严格执行乡村建设规划许可制度，乡村建设规划许可证规范发放率从35%左右提升至60%以上。强化乡村建设风貌指引。组织召开全省乡村建设风貌管控工作部署会，组织开展地方特色农房设计方案征集完善工作，选定57套有地方特色农房设计方案通过互联网向全省推广。组织开展“江西省传统建筑传承与解析”课题研究。

【农村危房改造工作】 组织开展2015年度农村危房改造省级验收及绩效考评工作。组织编制《全省农村危房改造“十三五”规划》。提前下达2016年度第一批农村危房改造计划，要求各地抓紧确定对象、尽早开工建房。开展集中整治农村危房改造工作中侵害群众利益不正之风和腐败问题的专项行动，配合审计部门完成全省农村危房改造专项审计问题整改工作。共清查出案件3109件，涉及对象不实2556户，清退2515户。根据国家部委下达的12.78万户农村危房改造任务，召开全省工作会议，全面实施2016年农村危房改造工作。截至年底，已全面开工，其中竣工93732户。

【抓好传统村落保护】 组织申报第四批中国传统村落，会同有关部门推荐申报222个村落，其中50个村落列入第四批中国传统村落名录，全省传统村落总数175个，列全国第八位。36个村镇入选中国传统村落，全省125个中国传统村落全部列入中央财政支持范围。出台全国首个省级传统村落保护条例《江西省传统村落保护条例》。启动“十三五”历史文化名镇名村保护设施建设项目。会同省发改委争取到11个镇村列入全国“十三五”历史文化名城名镇名村保护设施建设项目库，其中广昌县驿前镇列入2016年启动项目，获得610万元中央财政补助资金。开展历史文化名镇名村和传统村落内传统建筑的调查工作，全省共登记上报4700余处传统建筑。组织开展第七批中国历史文化名镇名村申报工作。

【组织第一批全国特色小镇申报工作】 印发实施《江西省特色小镇建设工作方案》。8月，组织第一批全国特色小镇申报工作，争取进贤县文港镇、明月山温汤镇、婺源县江湾镇、龙虎山上清镇等4镇列入第一批全国特色小镇名录。

【百强中心镇污水设施建设】 对百强中心镇污水处理项目实施情况进行年度绩效考核。2016年下达1.92亿元小城镇污水处理设施建设资金。对120个中心镇进行项目总绩效评价验收工作。启动鄱阳湖沿线20个建制镇污水处理项目建设工作，并召开会议专题部署工作推进。安排省财政专项资金3800万元，用于支持项目建设。

【美丽宜居镇村示范工作】 3镇、16村入选第四批全国宜居小镇、宜居村庄示范，全省共有9镇24村入选全国美丽宜居村镇，分别列全国第五位和第九位。开展首批省级美丽宜居小镇、村庄示范工作，17镇、23村被评定为首批省级美丽宜居村镇。

【对口帮扶工作】 2016年，制定下发《对口支援峡江县金坪民族乡经济社会发展工作方案》，确定在金坪民族乡的镇村规划编制、市政基础设施建设和人居环境改善等方面进行重点帮扶。抓好扶贫攻坚帮扶点的帮扶工作，继续对泰和县马市镇柳塘村开展农村垃圾治理、实施农村危房改造、推进太阳能光伏发电、发展乌鸡养殖特色产业、帮扶困难群众的精准扶贫工作。

（蔡正杰）

·资 料·

江西省国家级历史文化名镇名村

序号	设区市	镇村名称	公布批次
1	南昌市	安义县石鼻镇罗田村	第四批
2	景德镇市	浮梁县瑶里镇	第二批
3		浮梁县勒功乡沧溪村	第五批
4		浮梁县江村乡严台村	第四批
5	萍乡市	安源区安源镇	第六批
6	鹰潭市	鹰潭龙虎山上清镇	第三批
7	赣州市	赣县白鹭乡白鹭村	第四批
8		宁都县田埠乡东龙村	第六批

续表

序号	设区市	镇村名称	公布批次
9		龙南县关西镇关西村	第五批
10		高安市新街镇贾家村	第三批
11		宜丰县天宝乡天宝村	第四批
12	上饶市	婺源县江湾镇汪口村	第三批
13		婺源县沱川乡理坑村	第二批
14		婺源县思口镇延村	第四批
15		婺源县思口镇思溪村	第六批
16		婺源县浙源乡虹关村	第五批
17		铅山县河口镇	第六批
18		铅山县石塘镇	第六批
19		横峰县葛源镇	第四批
20	吉安市	安福县洲湖镇塘边村	第六批
21		青原区富田镇	第五批
22		青原区文陂乡渼陂村	第二批
23		青原区富田镇陂下村	第四批
24		吉水县金滩镇燕坊村	第三批
25		吉水县金滩镇桑园村	第六批
26		吉安县永和镇	第六批
27		吉州区兴桥镇钓源村	第五批
28		峡江县水边镇湖洲村	第六批
29	抚州市	乐安县牛田镇流坑村	第一批
30		金溪县双塘镇竹桥村	第五批
31		金溪县琉璃乡东源曾家村	第六批
32		金溪县浒湾镇	第六批
33		广昌县驿前镇	第六批

江西省省级历史文化名镇名村

序号	设区市	镇村名称	公布批次
1	南昌市	安义县万埠镇梓源民国村	第五批
2		进贤县架桥镇陈家村	第二批
3		进贤县文港镇周坊村	第五批
4		进贤县温圳镇杨溪李家村	第五批
5		新建县大塘坪乡汪山村	第三批
6		南昌县三江镇前后万村	第三批
7		青云谱区青云谱镇朱桥梅村	第五批
8	九江市	修水县山口镇	第四批

续表

序号	设区市	镇村名称	公布批次
9		修水县黄坳乡朱砂村	第五批
10		都昌县苏山乡鹤舍村	第四批
11	景德镇市	浮梁县浮梁镇旧城村	第四批
12		浮梁县峙滩乡英溪村	第四批
13		浮梁县西湖乡磻溪村	第三批
14		浮梁县瑶里镇高岭东埠村	第一批
15		浮梁县蛟潭镇礼芳村	第五批
16		乐平市涌山镇涌山村	第四批
17	萍乡市	莲花县路口镇湖塘村	第三批
18	新余市	分宜县分宜镇介桥村	第三批
19		分宜县钤山镇防里村	第五批
20		渝水区罗坊镇下寸村	第五批
21	鹰潭市	贵溪市塘湾镇	第一批
22		贵溪市耳口乡曾家村	第一批
23	赣州市	南康区坪市乡谭邦村	第五批
24		赣县湖江乡夏府村	第三批
25		赣县大埠乡大坑村	第五批
26		兴国县梅窖镇三僚村	第三批
27		兴国县兴莲乡官田村	第五批
28		于都县马安乡上宝村	第一批
29		于都县葛坳乡澄江村	第五批
30		龙南县里仁镇新园村(栗园围)	第五批
31		瑞金市九堡镇密溪村	第一批
32		寻乌县澄江镇周田村	第一批
33		安远县镇岗乡老围村	第一批
34		定南县天九镇九曲村	第三批
35		会昌县筠门岭镇羊角村(羊角水堡)	第五批
36	宜春市	丰城市张巷镇白马寨村	第一批
37		丰城市筱塘乡厚板塘村	第一批
38		万载县株潭镇周家大屋	第二批
39		铜鼓县排埠镇	第三批
40		樟树市临江镇	第二批
41	上饶市	婺源县江湾镇江湾村	第一批
42		婺源县江湾镇晓起村	第一批
43		婺源县秋口镇李坑村	第一批
44		婺源县镇头镇游山村	第二批

续表

序号	设区市	镇村名称	公布批次
45		婺源县思口镇西冲村	第二批
46		婺源县段莘乡庆源村	第二批
47		婺源县浙源乡凤山村	第三批
48		婺源县紫阳镇考水村	第三批
49		婺源县江湾镇篁岭村	第五批
50		铅山县篁碧畲族乡畲族村	第五批
51		横峰县姚家乡兰子畲族村	第三批
52		德兴市银城镇新营村	第四批
53		德兴市海口镇	第四批
54		广丰县嵩峰乡十都村	第五批
55	吉安市	安福县金田乡柘溪村	第二批
56		安福县洋门乡上街村	第五批
57		青原区新圩镇江头毛家村	第三批
58		青原区富田镇横坑古村	第四批
59		青原区富田镇夻田村	第五批
60		吉水县金滩镇仁和店村	第二批
61		吉水县白沙镇桥上村	第四批
62		吉安县横江镇唐贤坊村	第二批
63		吉安县敦厚镇圳头村	第五批
64		吉安县横江镇公塘村	第五批
65		泰和县马市镇蜀江村	第四批
66		泰和县螺溪镇爵誉村	第四批
67		峡江县水边镇何君村	第五批
68		峡江县水边镇沂溪村	第五批
69		峡江县巴邱镇	第五批
70		永新县石桥镇樟枧村	第四批
71	抚州市	乐安县牛田镇水南村	第三批
72		乐安县湖坪乡湖坪村	第四批
73		崇仁县相山镇浯漳村	第四批
74		黎川县华山场洲湖村	第四批
75		金溪县浒湾镇黄坊村	第五批
76		金溪县合市镇全坊村	第五批
77		金溪县合市镇东岗村	第五批
78		金溪县合市镇游垫村	第五批
79		金溪县陈坊积乡岐山村	第五批
80		金溪县琅琚镇疏口村	第五批
81		东乡县黎圩镇浯溪村	第二批
82		东乡县黎圩镇上池村	第五批
83		宜黄县棠阴镇	第一批

建筑业与房地产业

【概　况】 2016年,全省建筑企业克服经济下行压力加大、投资增速放缓、转型发展困难的不利局面,实现新发展,建筑业总产值突破5000亿大关,主要指标增速好于全国平均水平。

2016年,全省特级企业新增5家,达11家,特级企业增加幅度列全国第五位;一级企业增加到427家。全省特级和一级企业完成建筑业总产值3059.8亿元,增长11.0%,占全省建筑业总产值的59.1%,比上年提高3.6%。全省建筑骨干企业实力进一步提升,骨干企业对推动全省建筑业发展发挥了重要作用。江西国际、中煤集团、中鼎国际等3家企业连续多年入选全球"ENR国际承包商250强",江西省入选企业居全国第三、中部第一位。全省建筑业企业共完成建筑业总产值5179.03亿元,增长12.5%,增速高于全国平均增幅5.4个百分点。建筑业总产值在全国排位前移1位,列全国第十六位。全省建筑企业在外省完成产值1853.1亿元,增长21.3%,增速比全部产值高8.8%,占建筑业总产值的比重达35.8%。全年全省建筑企业对外承包工程完成营业额39.4亿美元,增长12.2%,居全国第十三位。2016年,全省建筑业企业签订合同额9239.5亿元,比上年增长13.6%,其中,新签合同额5248.9亿元,增长13.0%;上年结转合同额3990.6亿元,增长14.5%。企业签订合同额高于全国增速2.9%,居中部6省第三位。

全省建筑业民营成分、市场份额均超过90%。21家建筑企业进入2016江西民营企业100强,比上年增加6家,占全省"百强"民营企业的21%;入围建筑企业营业收入合计804.6亿元,比上年增加339.3亿元,增长73%。

2016年,全省房地产市场运行主要指标呈现"七升三降"的特点,房地产市场运行基本平稳。房地产开发投资保持增长。全省房地产开发完成投资1770.94亿元,增长16.5%。其中,住宅开发投资为1247.59亿元,增长12.1%。商品房销售面积同比增长。全省商品房销售面积4691.84万平方米,增长34.9%。其中,商品住宅4140.55万平方米,增长31.6%。商品房销售价格同比增长。全省商品房综合销售价格5709元/平方米,增长6.54%;其中,住宅综合销售价格5331元/平方米,增长4.38%。二手房交易面积同比增长。全省二手房交易面积1486.45万平方米,增长10.89%。其中,二手住宅交易面积1275.41万平方米,增长11.72%。商品房新开工面积同比增长。全省商品房新开工面积3875.00万平方米,增长4.6%;其中,住宅新开工面积为2855.03万平方米,增长8%。房地产业信贷规模增长。全省发放住房公积金个人住房贷款319.31亿元,增长6.82%。银行贷款规模291.73亿元,增长26.4%;个人按揭贷款规模580.69亿元,增长29.6%。土地平均购置价格同比增长。全省土地购置平均价格2735元/平方米(约182万元/亩),增长0.67%。房地产税收同比下降。全省房地产业地方税收368.6亿元,下降10.4%。房地产业地方税收占全省地税收入(1253.8亿元)29.4%。商品房竣工面积同比下降。全省商品房竣工面积1635.61万平方米,下降14.3%。其中,商品住宅竣工面积1316.26万平方米,下降14%。土地购置面积和土地成交价款同比下降。全省土地购置面积443.13万平方米,下降18.4%。土地成交价款121.20亿元,下降17.8%。去库存取得明显成效。截至年底,全省商品房库存面积降幅为26.9%;去化时间约为10.2个月。其中商品住宅降幅为40.4%,去化时间约为6.1个月。

【4项工程获得中国建设工程鲁班奖】 2016年,全省4项工程获得中国建设工程鲁班奖,分别是:江西建工二建承建的南昌银行金融服务中心、发达控股集团有限公司承建的南昌西综合客运枢纽站站房(含地下室)工程、中国建筑股份有限公司承建的南昌地铁大厦、中煤集团承建的境外项目——蒙巴萨—内罗毕—亚的斯亚贝巴公路走廊发展项目第二标段。新批省级建设工程工法72项,全省建筑业新技术应用示范工程立项工程23项。

【推进装配式建筑发展工作】 1月,住建部批复原则同意江西省创建建筑产业现代化试点省份。8月,省政府正式颁布《关于推进装配式建筑发展的指导意见》,全面部署和安排全省装配式建筑发展的具体工作,南昌、抚州、上饶、九江、吉安、赣州等6市纳入装配式建筑发展试点城市。南昌县启动装配式建筑产业园建设,全省第一家装配式建筑生产基地——赣州建筑工业化有限公司开工。

【规范工程建设保证金】 9月,下发《关于江西省清理规范工程建设领域保证金工作的通知》,明确取消除国务院规定的投标保证金、履约保证金、质量保证金和农民工工资保证金以外的其他所有保证金,并对保留的4类保证金进行规范。全省建设系统共清理各类保证金5.83亿元,退还超额收取的4类保证金1428万元。

【加强房地产市场调控】 加强房地产市场监测分析,每月完成房地产市场分析报告,定期向省政府报送。及时转发国家出台的房地产调控政策,督促各地贯彻落实,并向省政府报送专项报告。开展房地产市场专项检查,下发《关于开展整顿规范房地产市场秩序专项督查的通知》,并约谈房地产企业,要求规范经营行为。

【做好不动产登记衔接工作】 印发《关于做好不动产统一登记与房屋交易管理衔接工作的通知》,保证房产部门的交易、档案保存等职能,明确全省不动产登记"先交易后登记"的工作流程。

【开展物业管理专项检查】 7月下发《关于开展全省物业管理专项检查的通知》,11月至2017年1月开展物业管理检查,检查重点为上年物业专项督查中发现问题企业的整改情况,群众投诉集中、反映较强烈的物业服务企业和服务项目,二级及以上物业服务企业资质情况及其服务项目情况。并对检查情况进行了通报。

【城市棚户区改造】 创新棚改方式,推进棚改货币化安置,政府购买服务,全省棚户区改造提前两个月超额完成国家任务，2016年国家下达全省城市棚户区改造目标任务为开工改造11.6万套(户)，省增加任务0.5万套(户)，全省城市棚户区改造开工12.39万户，完成国家任务的106%。货币化安置率59.2%；基本建成安置房12.52万套，基本建成率168.7%。加大国开行、农发行的棚改融资协调工作，为棚户区改造项目提供融资帮助，全年全省棚户区改造共批准融资685.87亿元，其中省农发行2016年已批准贷款382.87亿元，已发放贷款63.7亿元。省国开行2015年二期棚改项目已获批准贷款196亿元，已发放贷款93.6亿元；2016年棚改项目已授信金额107亿元。

（丁锦琳　刘瑞金）

勘察设计与建设科技

【概　况】 2016年，全省工程勘察设计单位共428家，其中甲级企业118家；从业人员88092人，其中技术人员26999人（高级职称人员6195人）；注册执业人员6417人，其中注册建筑师657人（一级330人，二级327人），注册结构工程师623人（一级400人，二级223人），注册土木工程师（岩土）171人，其他注册工程师4592人。全年全省勘察设计营业收入总额527.91亿元，增长33.83%。其中：工程勘察收入12.41亿元，增长-4.66%；工程设计收入33.83亿元，增长-1.56%；工程总承包收入313.11亿元，增长53.06%；营业税金及附加13.84亿元，增长18.51%。

2016年，全省开展了建筑节能与绿色建筑专项检查工作。通过督促检查，有力地推动建筑市场各方主体提高节能意识，执行节能标准。截至年底，新建建筑设计阶段执行节能强制性标准比例100%，施工阶段执行节能强制性标准比例98.5%。全省累计共有171项工程取得绿色建筑评价标识，建筑面积突破2000万米，年新增绿色建筑项目60个，建筑面积约650万平方米。强化平台建设。在保障省级建筑能耗监测平台正常运行的同时，大力推进市级分平台建设，九江市分平台一期工程已实施完毕，南昌和省直平台完成招标工作。至年底，省级平台已实时监测85栋楼宇，监测点共1209个。结合省重大科技专项《夏热冬冷地区绿色建筑关键技术研究》，一批相关的技术标准陆续制订出台，《江西省绿色建筑评价标准》（2016版）颁布实施，可再生能源建筑应用验收技术导则、能效测评导则，建筑遮阳的图集和技术导则都已通过评审。做好新技术推广。截至年底，共完成建设领域新技术、新产品推广项目35项。组织专家对"南昌地铁1号线""南昌三医院朝阳院区"等7个"十项新技术示范工程"进行验收。向住建部申报"高性能预应力混凝土板制作技术"等4项课题。组织专家对省建筑科学研究院"江西省中小学校舍抗震加固技术研究"课题进行评定结题。支持企业和项目开展被动式超低能耗探索和交流。推进绿色建材工作。联合省工信委对省绿色建材推广和应用协调组进行了调整。

组织2016年度全国勘察设计注册工程师执业资格考试报名资格审查工作。全省2221名专业技术人员参加全国勘察设计注册工程师执业资格考试。组织全省勘察设计注册工程师和建筑师执业资格考试收费标准的重新核定报批工作。组织全省2016年度注册建筑师继续教育工作，免费培训注册建筑师721人。完成工程勘察设计行业统计工作。

【完成工程建设标准编制审查及发布工作】 先后3次组织召开工程建设标准行政审查会，完成《江西省绿色建筑评价标准》《遮阳技术应用规程》《烧结保温转自保温墙体系统应用技术规程》《无源温控自动喷水灭火系统技术规程》《江西省建筑遮阳工程现场检测与质量验收规程》《江西省民用建筑能效标识与测评技术规程》等6个工程建设地方标准和《建筑一体化遮阳构件》《住宅厨卫组合变压式耐火排烟气道》《WY复合自保温砌块外墙系统建筑构造》《YL自粘卷材、涂料建筑防水构造》《HHD卷材、涂料建筑防水构造》等5个标准图集以及《江西省可再生能源建筑应用工程测评导则》《江西省可再生能源建筑应用工程施工质量验收范本》的审查和发布工作。

【开展工程勘察设计质量监督执法检查】 组织全省各地及相关单位开展自查自纠和迎检工作。住建部检查组对赣州市建筑工程勘察设计质量进行执法检查，随机抽查6个工程项目，对反馈的问题责成限期完成整改，并对涉及违反相关标准和技术法规的单位和人员依法依规进行处理。开展全省房屋建筑工程勘察设计质量安全检查，检查建设工程项目65个（保障性住房项目7个，商品住宅39个，公建项目19个），涉及勘察设计单位84家；施工图审查机构16家，对13个违反工程建设强制性标准的工程项目进行通报及处理。

【组织申报鲁班奖工程优秀设计评审】 组织专家对申报鲁班奖的南昌市地铁大厦、江西银行金融服务中心、南昌西综合客运枢纽站站房等3个工程进行设计评审，通过听取设计等相关单位的汇报，审阅设计图纸，踏勘工程现场，形成专家评审意见，认定南昌市地铁大厦等3个工程设计为省优秀设计。

【推进建筑行业简政放权工作】 省管项目的施工图设计文件审查备案工作下放至项目所在地的建设行政主管部门办理，建筑师、勘察设计工程师执业资格考试报名（包括中央驻赣及省直单位）资格审查工作下放给所在地的建设行政主管部门负责。

【推进建筑节能和绿色建筑工作】 就贯彻落实《江西省民用建筑节能和推进绿色建筑发展办法》在省人民政府网进行在线访谈活动。在全省5个片区宣讲《江西省民用建筑节能和推进绿色建筑发展办法》《江西省绿色建筑评价标准》（2016版），各设区市及省直管县近2000余人参加宣贯会。

（省住建厅）

本栏编辑　邓玉兰

水　　利

综　　述

2016年，全省水利工作稳中有序，亮点纷呈，成功抗击长江鄱阳湖大洪水，河长制工作成效显著，水生态文明建设不断提升，灾后水利建设推进有力，依法治水管水取得重大突破，水利精准扶贫全力推进。

水利投资力度加大。全年累计落实水利投资209亿元(含预拨2017年资金)，比上年增长49%。包括已落实2016年中央水利投资46亿元、省级水利投资30亿元，中央专项建设基金和抵押补充贷款166亿元。

防汛抗洪取得胜利。全省平均降雨量1947毫米，比多年均值偏多19%。五大江河干支流及长江、鄱阳湖均发生超警戒洪水。自7月3日起，长江和鄱阳湖水位全线超警戒，出现21世纪以来最高洪水位，超警戒水位持续近1个月时间。面对强降雨、高水位，江西省各地各部门、部队官兵、广大干部群众共同努力，采取科学防洪、蓄泄兼筹、转移避险、妥善安置等措施，全力开展抗洪抢险救灾，取得“无一人员伤亡、无一水库垮坝、无一万亩圩堤溃决”的关键性胜利。

水利工程建设加速。全省水利投资计划完成率96%，重大项目完成率90%，面上项目完成率96%，提前完成水利部确定目标任务。廖坊水利枢纽灌区二期工程开工建设，峡江水利枢纽工程竣工扫尾，浯溪口水利枢纽大坝工程基本完工，伦潭水库完成下闸蓄水验收，寒山水库和太湖水库截流，鄱阳湖区防洪治理工程第六个单项完工，赣抚尾闾综合整治工程南支疏浚项目建设正在推进。投入3700万元完成九江长江干堤崩岸应急治理。农村饮水安全工程继续巩固提升。73个农田水利项目县投资完成率96%。全年累积完成高效节水灌溉建设面积1.25万公顷；大型灌区续建配套与节水改造项目饶丰、七一灌区完成到位资金90%。26座大中型病险水库除险加固全面完工，4928座一般小(2)型病险水库除险加固完成扫尾，252座新增小型病险水库完成建设任务。完成282个中小河流治理规划项目中央投资任务。完成水土保持综合治理面积1196平方千米。

水利改革继续深化。推进“河长制”，开展10个专项的“清河行动”。全省铺开小型水利工程管理体制改革，76个县已制定实施方案。高安、新干、东乡3个水权改革试点县试点任务基本完成。赣江新区和萍乡市湘东区陶瓷产业基地开展规划水资源论证，启动规划水资源论证。高安、新干、宁都、兴国4个国家农田水利设施产权制度改革和创新运行管护机制试点县完成阶段性评估。省政府办公厅印发《关于推进农业水价综合改革的实施意见》，启动2016年农业水价综合改革省级试点。赣州市水土保持改革试验区建设取得成效，南昌、新余、萍乡3个全国水生态文明城市建设试点继续推进，水生态文明县、乡、村试点和自主创建已命名113个省级水生态文明乡(镇)村。

最严格水资源管理制度进一步落实。2015年度及“十二五”考核获得“良好”等级。制定并下达全省水资源管理“三条红线”控制指标，制定《江西省水效领跑者引领行动计划》《江西省“十三五”水资源消耗总量和强度双控行动工作方案》，印发《江西省地下水超采区治理方案》，划定并公布江西省地下水禁采区和限采区范围。编制完成《江西省节水型社会建设“十三五”规划》。规范新建入河排污口设置审批，开展全省入河湖排污口专项整治。国家水资源监控能力建设一期项目完成并试运行。省级水资源费征收额连续3年增长超15%。

水利科技成果丰硕。全年水利系统获奖成果31项，其中获得大禹水利科学技术奖三等奖4项，分别为：“水量分配方案锚上流域非汛期水量调度研究及其在抚河流域的应用”“库岸土质边坡失稳机理及防治措施研究”“鄱阳湖地理信息系统研究”“鄱阳湖沙山地区风力侵蚀监测与防治关键技术研究”；获省科技进步奖2项，分别为“江西省主要作物灌溉用水定额研究与应用”获二等奖、“江西崩岗侵蚀预测方法与防治技术研究及应用示范”获三等奖；获赣鄱奖成果17项，其中一等奖2项、二等奖5项、三等奖10项；“峡江水利枢纽工程测量”获2016年度全国优秀测绘工程银奖；“水天一色建筑基坑安全监测”获2016年江西省优秀测绘工程一等奖；“江西省第一次地理国情普查试生产项目(静安县)”获2016年江西省优秀测绘工程二等奖；“江西省第一次地理国情普查生产项目(永修县)”获2016年江西省优秀测绘工程三等奖；“鄱阳湖区坡地C－N－P迁移过程与水土保持调控”获中国水土保持学会科学技术进步三等奖；“江西农村水环境治理与生态修复研究与示范”“江西省水稻灌溉定额等值线图研究”“峡江抬田工程关键技术研究——测坑与大田试验研究”等3项成果分别获中国农业节水科技奖三等奖。全年申请并授权国家专利8项，其中发明专利1项，实用新型专利7项。

（孙礼）

水利工程建设与管理

【加快重大水利工程项目建设】 全省共有11个项目列入172项重大水利工程。其中，完工项目2个，峡江水利枢纽和田间高效节水灌溉工程。在建项目3个，括浯溪口水利枢纽、廖坊灌区二期、大中型灌区续建配套节水改造骨干工程。拟建项目6个，鄱阳湖水利枢纽、宜春四方井水库，“洞庭湖、鄱阳湖治理”项目中的鄱阳湖蓄滞洪区安全建设工程、鄱阳湖五河尾闾疏浚工程、鄱阳湖单退圩堤加固整治、1万～5万亩及其他重要圩堤除险加固工程等4个子项目。省水利厅协同有关部门加大与国家发改委、水利部等相关部委的沟通协调力度，建立重大水利工程定期调度机制，通过召开视频会、推进会，现场督导等方式，加快项目建设。57个田间高效节水灌溉工程项目已全部完成。峡江水利枢纽已通过正常蓄水位46米下闸蓄水、水土保持专项、消防专项、环保竣工、移民安置竣工等7项验收，计划2017年底完成工程竣工验收。浯溪口水利枢纽工程大坝主体工程已完工，正在开展库区皖赣铁路改线工程建设。廖坊灌区二期工程6月完成初步设计报告批复，9月开工建设。12座大型灌区续建配套节水改造骨干工程中的赣抚平原、袁惠渠、潦河、柘林、南车、锦北、丰东、袁北、章江等9座大型灌区已完成骨干工程中央投资计划，其余3座大型灌区正在有序开展施工。四方井水库正在开展可研阶段工作，计划2017年开工。其余拟建项目正在开展可研报告阶段工作。

【灾后水利工程重建】 8月，编制完成《江西省加快灾后水利薄弱环节建设实施方案（2016—2019年）》，并上报水利部。经多方争取，省中小河流治理、主要支流治理、小型病险水库除险加固、重点区域排涝能力建设、农村基层防汛预报预警体系建设等工程已列入全国实施方案。同时，针对2016年防汛工作中暴露出防汛应急能力不足等短板问题，及早谋划灾后水利建设。9月，省政府办公厅印发《江西省防汛能力提升工程总体方案》，计划3年时间，投资104亿元，重点实施“两千、两万、两治理、两提升”防汛能力提升八大工程，着力解决2016年、2017年两年防汛保安问题。11月，省水利厅印发《江西省防汛能力提升工程实施方案（2016—2018年）》，按轻重缓急、分步实施的原则，将八大工程分年度分解到地方、细化到项目。经省政府授权，省水利厅已于年底前完成与各市政府、省直管试点县政府签订防汛能力提升工程建设责任书。至年底，全省已筹集资金33.76亿元，滨湖地区千亩以上圩堤填塘压浸应急整治等八大工程全面启动。

（陈巍）

【堤防工程建设质量稳步提升】 组织实施千亩以上圩堤以填塘压浸为主、兼顾险工险段的应急整治工程建设，提升江西省圩堤防洪抗灾能力，完成圩堤治理长度750千米。顺利完成长江（江西段）崩岸治理应急整治工程，完成抛石36万立方米，投资3700万元。鄱阳湖区二期防洪工程第五个单项、第六个单项基本完成建设任务，工程进入扫尾验收阶段。五河治理防洪工程累计完成投资42亿元，2016年度开工建设19个堤段，4个堤段续建，完成投资14.5亿元，建设进度明显加快，工程质量稳步提升。

【中小河流治理】 2013—2015年国家规划内中小河流治理项目282个，截至年底，已全部开工建设，开工率100%，完工项目133个，完工率47%。完成治理河长2212千米，累计完成投资55.6亿元。

【加强小型水库及堤防安全管理人员监管和考核】 狠抓安全管理责任制落实，将每座水库行政责任人、主管部门责任人和管理单位责任人在媒体上向社会公示，接受社会监督。加强小型水库及堤防安全管理人员监管和考核。将小型水库及堤防安全员职责由只承担汛期巡查和报汛调整为负责全年工程运行管理、巡查检查和报汛工作，省级补助资金由每名安全员每年600元提高为5000元。印发《江西省小型水库及堤防安全管理员考核办法》，将考核结果与安全管理员工作报酬及续聘挂钩。加强安全管理培训，提高管理水平，全省培训水库技术管理人员和安全员900余人次。大力推行智能化巡查与管理现代化，通过总结新干县小型水库智能化巡查与管理信息化试点经验，在全省大中型水库中全面推行智能化巡查，为工程安全运行提供保障。

【加强水利工程管理】 制定《江西省水利工程管理考核实施细则》，建立考核结果与中央和省级维修养护补助资金挂钩机制，对53个考核先进管理单位进行了通报表彰，并给予一定的维修养护资金奖励。对7个考核不合格的管理单位全省通报批评，取消中央和省级维修养护资金安排。狠抓运行管理督查及整改，对水利部督查发现问题现场督促整改，确保限期整改到位，并举一反三，在全省开展自查，以全面提高工程运行管理水平。学习借鉴浙江省水利工程标准化管理做法和经验，在全省有序推进水利工程运行管理标准化试点工作。

落实全省大中型水库安全管理责任人，开展“四无”水库清查，完成水库注册登记换证。开展涉河在建项目汛前大检查，编制水域岸线开发利用和保护规划，出台《水利工程稽察项目整改工作制度》。实现了新开工水利建设项目质量安全监督全覆盖，大中型水利工程项目验收合格率100%，小型水利工程项目验收合格率98%以上。

【鄱阳湖区二期防洪工程】 鄱阳湖区二期防洪工程第五个单项非主体工程堤顶道路7个标段年底全面完工，鄱阳湖区二期防洪工程第六个单项截至年底主体工程已全部完工。累计完成投资3620万元。余干县、永修县管理房已完成建设，樟树、德安、共青城管理房也在有序施工。2016年共安排鄱阳、余干、万年、新建、南昌、永修县等10座圩堤，共安排投资2.05亿元。其中，鄱阳、余干、万年、新建已开工建设，南昌、永修完成标段的招投标准备开工建设。

（韩志宇）

【基本建立河长制组织体系】 基本建立省、市、县、乡、村五级河长制组织体系。按区域，省、市、县均明确由党委、政府主要领导担任行政区域内的总河长和副总河长。按流域，共明确市级河长90人，县级河长834人，乡级河长3824人、村级河长15029人。全省基层共设巡查员或专管员20105人、保洁员51249人。3月，以省政府名义出台省级会议制度、信息通报制度、工作督办制度、考核制度等4项制度。根据相关制度，先后召开省级总河长会议、省级河长会议、省级责任单位联席会议及联络员会议共计10次，印发河长制工作简报9期、通报1期、专报1期，省级督办河湖污染等问题共计15个。制定《2016年河长制工作考核细则》，组织开展全省河长制工作考核，考评结果纳入市县科学发展综合考评体系和生态补偿机制。责任追究制度纳入《江西省党政领导干部生态环境损害责任追究实施细则（试行）》执行。省市县三级财政结合实际，安排河长制专项工作经费2亿元，其中省财政专门安排5000万元资金。完成覆盖到县的交界断面水质监测网络建设，实现每月一测。启动全省河湖管理地理信息系统平台建设和江西省“五河一湖一江”流域保护治理规划的编制工作，完成“五河一湖一江”水系图制作工作，县级均建立河长制即时通信平台。对52处不达标断面涉及的32县（市、区）建立覆盖到乡、村的河长制组织体系，明确39名县（市、区）级河长、127名乡河长、453名村河长、561名巡查员和684名保洁员。组织开展全省河长制工作培训班，河长制主题LOGO、宣传语库社会征集活动及中小学生河湖保护教育读本编制工作，协助中央媒体赴基层采访，接待外省考察调研活动14次。省市县三级分别在政府网站公布河长名单，设立投诉举报平台，并在河道设置河长制公示牌和宣传牌，营造河湖保护管理的良好氛围。

（晏美巧）

【推进农田水利灌区工程】 国家“十三五”期间172项重大水利工程——廖坊水利枢纽灌区二期工程开工建设。工程范围涉及临川、金溪、东乡、高新技术产业园4县（园区）19个乡（镇、场、街办），工期30个月，总投资12.89亿元，项目于9月20日开工，至年底，完成投资2.81亿元，超额完成当年建设任务。年内国家下达江西省大型灌区续建配套与节水改造投资计划6750万元，其中中央资金5148万元，用于饶丰灌区、七一灌区改造。进贤县秧塘等8座中型灌区立项为农业综合开发中型灌区节水配套改造项目，下达投资计划1.27亿元，其中中央资金0.8亿元。

【高效节水任务超额完成】 高效节水灌溉项目是年内水利工作的硬任务、硬指标，涉及水利、发展改革、财政、农业、国土资源、林业、农业综合开发等部门，江西省建立了高效节水灌溉发展工作联席工作机制，多部门协力推进项目建设。5月，江西省及时将“十三五”时期6.66万公顷面积及2016年度1.13万公顷高效节水灌溉工程建设任务分解至各县（市、区）。截至年底，高效节水灌溉建设项目实施方案新增审批的项目有198个，累积已完成建设面积1.25万公顷，占年度计划110.23%，其中喷灌0.40万公顷，微灌0.50万公顷，管灌0.35万公顷。提前超额完成了年度任务。

【小农水建设持续发力】 2016年，江西省继续扎实推进小型农田水利重点县建设，全省农田水利建设与管理资金投入19.23亿元，其中中央财政资金8.025亿元、省级财政9.6亿元、县级财政资金2.61亿元。实施小农水重点县和项目县73个，其中第六批重点县26个、新增农田水利建设项目县44个（中央项目县34个、省级项目县10个），高效节水县3个。同时安排1.95亿元省级专项资金进行山塘专项整治，共整治山塘2000余座。

【实施农村饮水安全巩固提升工程】 3月，在全省各地县级规划的基础上，省水利厅组织编制了省级规划，发改、财政、水利、卫计、环保、住建等6部门联合审查，报经江西省政府批准后，上报国家6部委。规划至2020年年底，规划巩固提升农村饮水安全工程12956处，江西省农村集中供水率达到85%以上，自来水普及率80%以上，水质达标率大幅度提高，100%解决贫困人口饮水问题，规划总投资59.30亿元。2016年，全省共完成农村饮水安全巩固提升工程投资6.98亿元，其中中央补助资金1.3亿元，地方投资5.68亿元（其中省级补助资金1.95亿元），完成巩固提升工程567处，工程受益人口173余万人，提升了1108个贫困村共7.86万户25.12万贫困人口饮水安全保障水平。

（陈强）

防汛抗旱

【概　况】 2016年，江西平均降雨量1947毫米，比多年均值偏多19%，遭遇多年少有的洪涝灾害。赣南出现罕见早汛，万安水库出现运行以来第三大入库流量。昌江、修河发生历史第二高洪水，部分支流洪水超历史，鄱阳湖出现21世纪以来最高洪水位，超警戒时间持续35天。8月以后，受持续晴热高温、降雨时空分布不均影响，赣北大部及赣中的东部地区出现旱情。全省11个设区市、104个县（市、区和单位）1394个乡镇受灾，受灾人口587万人，农作物受灾面积4.46万公顷，倒塌房屋7658间，因灾死亡失踪8人，许多工矿企业停工，交通、供电、通讯线路中断，直接经济总损失104亿元，其中水利设施直接经济损失44亿元。

【防汛工作做到早研判、早安排、早排查】 早研判，先后2次组织汛情会商，提前9天进入汛期。召开全省防汛工作电视电话会议，要求全省按照防御1998年大洪水的要求，扎实做好“98抗洪”加强版的防汛准备工作，逐级落实以行政首长负责制为核心的防汛责任制。省防总及时启动6次防汛Ⅳ级、3次Ⅲ级、1次Ⅱ级应急响应，科学调度水库310次腾库迎洪、蓄水抗旱。早安排，修订完善各类预案方案，开展桌面推演，编发《防汛抗旱指挥长防汛工作手册》，举行“抗洪抢险——2016”军地联合演习，安排省级以上防汛资金1230万元帮助各地加强防汛物资储备，筹措3700万元资金，专项用于长江九江段崩岸应急治理，并于5月31日全面完成治理任务。早排查，对梳理出近600座在建涉水工程实行重点监管，两次组织开展防汛大检查，针对检查中发现的问题，跟踪督导，采取“一市一单”方式，严格抓好整改落实。入汛后，针对性开展了涉河在建项目、鄱阳湖区重点圩堤、农村水电站安全度汛专项检查。

【军民携手力保万里堤防安全】 有序统筹抗洪力量。省防总各成员单位建立联合办公机制，省市县三级均成立军地联合指挥部，统一指挥协调军地和部门联合抢险救援工作。全省共投入1.30万多名兵力，累计投入抗洪抢险人力297万人次，投入抗洪抢险机械设备11073台套，物料109万立方米。鄱阳县向阳圩发生溃口险情中，24小时内紧急转移5600人，无一人伤亡，奋战47小时，溃口成功合龙。科学处置险情险段。编制巡堤查险“46553”要诀，编印下发《堤防防汛抢险手册》5000册，指导各地科学巡堤查险。在38条圩堤新开辟1232千米的巡查通道。强化防雷电知识宣传和普及，落实防雷措施，做好晴热高温天气安全保障，确保抗洪抢险人员安全。7月以来，省防总50多个专家组、工作组，根据需要被派驻至长江及鄱阳湖区周边各重点圩堤指导查险、排险、抢险工作。

【省防总首次启动问责机制】 派出含纪检监察人员组成的8个督导小组，进行“巡查通道”开辟工作专项督导，共发现并纠正责任人不重视、组织不到位、进展缓慢、通道标准不高等各类问题80余个，针对违反防汛纪律行为的3名干部，分别移交当地监察部门予以问责。南昌、九江等市严肃防汛纪律，依纪依规通报处分违反防汛纪律50余人。

（郑文龙）

水资源管理

【概 况】 2016年属丰水年份，全省水资源总量2223亿立方米，其中地表水资源量2205亿立方米，地下水资源量501亿立方米，比多年平均水资源量多42%。全年总用水量245.36亿立方米，其中农业用水154.16亿立方米，工业用水60.53亿立方米，生活用水28.47亿立方米，生态环境用水2.20亿立方米。全省万元GDP用水量132立方米，万元工业增加值用水量77立方米，农田灌溉亩均用水量551立方米，农业灌溉水有效利用系数0.495。

【最严格水资源管理制度通过考核】
通过2015年国家对省最严格水资源管理制度考核，年度及“十二五”时期考核成绩均获得“良好”等级，反馈问题整改措施基本落实到位。进一步优化省考指标和程序，完成2016年度省考工作，“一市一单”“一县一单”向11个设区市和96个县反馈问题整改清单。强化考核结果运用，把2015年度考核结果作为2016年度省级水资源费补助市县资金分配的主要依据，考核排名50名以后的县（市、区）不安排补助资金。建立覆盖省市县三级的水资源管理控制指标体系，严格水资源“红线”管理，把水资源管理“三条红线”作为全省生态文明先行示范县评选和流域生态补偿评分的重要指标，在全省GDP增速保持9%、用水总量控制指标偏紧情况下，主要用水指标未突破“红线”。

【加快推进水资源管理改革】 高安、新干、东乡等3个全国水权改革试点县（市）水资源确权登记试点工作加快推进。萍乡市山口岩水库水权交易各项协议基本落实，九江自主开展水权改革试点方案已通过市政府常务会审议。出台《江西省水效领跑者引领行动计划》《江西省“十三五”水资源消耗总量和强度双控行动方案》，增加发文单位和相关工作任务。开展水资源承载能力预警机制研究，各设区市评价报告完成初稿。推进规划水资源论证工作，《江西赣江新区总体方案水资源论证报告书》通过水利部审查，指导推动设区市完成3个工业园区规划水资源论证审查。

【加强取用水管理】 强化取水许可管理，提前发文督促取水许可证即将到期的取水户及时办理相关手续。严格水资源论证编制质量管理，委托省水利规划设计院组织省管取水建设项目水资源论证审查，全年完成5个项目水资源论证报告审查。实行空白取水许可证统一管理，杜绝滥发证和发证不录入系统的问题。开展取水许可证延续评估工作，通过政府购买服务完成两个省管取水户取水许可延续评估。强化水资源费征收，在经济下行压力较大、火电出力不足的情况下，省级水资源费征收1.95亿元，超额完成年度征收任务（全年预算1.30亿元），连续3年年均增长20%左右。从严核定和审批省管取水户年度用水计划，2016年核减计划用水量2亿立方米，督促取用水户严格执行用水计划。

【加强水资源保护工作】 划定地下水禁采区和限采区范围，印发《江西省地下水超采区治理方案》，加大治理力度，根据近几年监测数据，全省5个地下水超采区水位每年回升1米左右。完成全国和省级重要水功能区确界立碑工作，省级重要水功能区监测实现全覆盖，部分水功能区监测频次进一步增加。完成5个全国重要饮用水水源地安全达标建设自评工作，全省主要城市饮用水水源水质达标率保持100%。全面加强入河湖排污口管理，分两次将全省291个重要入河排污口信息录入年报统计系统，初步实现台账化管理。联合省环保厅、省住建厅、省农业厅印发《江西省入河湖排污口专项整治工作方案》，年底4部门分管厅级领导分别带队督查各地专项整治工作。2016年省人大专题对省政府长江和柘林湖水资源保护工作进行评议和满意度测评，进一步提高了相关政府和部门对水资源保护工作的重视程度，最终人大代表测评满意度98%，为历次省人大专项评议满意度最高的项目。

【健全水资源管理法规】 新修订的《江西省水资源条例》2016年6月1日起正式施行，增加最严格水资源管理制度、水权改革等一系列重要内容，把推进最严格水资源管理制度提高到地方立法的高度。国家水资源监控系统建设（一期）项目完成竣工验收，开始试运行。二期工程完成建设方案编制，建设工作全面启动。省水资源监控系统一期工程加快实施，建设经费全部落实。编制《江西省节水型社会“十三五”规划》，工业、城市生活、农业用水定额的修订工作基本完成。在提高《江西省水资源公报》编制质量和时效性的基础上，推进县级水资源公报编制，2016年全省已有10余个县编制了水资源公报。

（何力）

水政监察

【概　况】 2016年，完善水利法治建设，推动非法采砂入刑工作，《江西省河道采砂管理条例》经省第十二届人民代表大会常务委员会第二十八次会议表决通过。严厉打击非法采运砂行为，开展清江清湖行动，维护河湖秩序。建立河湖保护管理联合执法机制，扩大铺开河道采砂政府统管模式。持续推进采砂船切割工作，推动采砂船从业人员转产转业。《江西省水资源条例》《江西省河道采砂管理条例》相继实施，向省政府申报《江西省湖泊保护条例》作为2017年地方性法规项目。推进水利系统信用体系建设，设立“双随机一公开”制度，规范行政检查行为，解决执法不公、检查扰民等问题。

【加强采砂管理工作】 启动《赣江、抚河、饶河中下游干流河道和鄱阳湖采砂规划（2019—2023年）》的修编工作。指导南昌市、九江市、鄱阳县、余干县等地开展采砂船切割淘汰工作，全省共完成采砂船切割848条，各地财政投入切割资金共约6.3亿元，省本级补助各地财政资金2亿元。加大赣江中下游和鄱阳湖实行采砂统一管理的推进力度，继九江市、南昌市、余干县后，鹰潭市也正式启动政府统管模式。鹰潭市改革执法模式，整合行政职责，成立河湖综合行政执法支队。

【严厉打击非法采砂运砂行为】 多次组织全省各级水政队伍开展大规模清江（湖）行动，下到各市开展督查，全省开展执法400余次，巡查1000余次，查处非法采砂船121艘，拆除非法机具141台，现场制止违法行为263次，取缔非法采砂143家，拆除沿河猪场218家，立案查办57起，下达文书48件。加强对全省现场管理情况监督检查，深入“五河”及鄱阳湖重点采砂区进行检查，重点打击赣江丰城、樟树和新干水域非法采砂行为，督促地方政府加强管理。在鄱阳湖采砂区统一使用有预选证的采砂船舶，力促樟树市和鄱阳县对非法采砂船进行集中停靠，组织切割淘汰。

【规范水资源费征收工作】 加大水资源费征收力度，及时规范征收流程，按照有关文件要求足额征收水资源费。进一步加大水资源费催缴力度，对3家拖欠水资源费的取水户进行催缴。加强日常监管和基层业务指导，完成省管取水户和长江委委托监管取水户的日常监督检查任务，加强对各市、县水资源监督执法工作的指导。

【加大水保监督执法力度】 推进水保制度全面落实。加强对大中型生产建设项目水土保持“三同时”制度落实的监督检查，全年对省管的177个项目进行执法检查，下发整改通知书和意见，对16个违反水土保持法的项目进行了查处，严查突发案件，对群众举报的4起水土流失事件开展专项调查。

【加强水法规宣传】 以中国水周、世界水日等为契机，宣传“生态文明、生态文化、生态安全，五大发展理念”，开展送法进校园、送法进企业、“2016年江西水生态科普校园行”活动，增强水生态文明意识。举办《中华人民共和国水土保持法》《江西省水资源条例》《江西省河道采砂管理条例》《江西省农田水利条例》等系列专题学习培训和讲座，提升全省水利系统干部职工法治意识和法治能力。

（郭鹤）

农村水电

【概　况】 全省水能资源理论蕴藏量685万千瓦，技术可开发量633万千瓦，其中农村水电技术可开发量423万千瓦。至年底，建成农村水电站3950座，装机容量335.9万千瓦，全年发电量122.44亿千瓦时。

【加强小水电安全管理】 全面落实3925座农村水电站安全生产“双主体”责任人，并在网上进行公示。开展农村水电站安全度汛专项检查。完成全省农村水电站水工建筑物运行情况摸底调查，对调查发现的问题进行专项整改。组织开展全省农村水电站安全生产大检查。完成水利部下达江西省90座农村水电安全生产标准化试点电站的达标评级任务。

【实现农村水电增效扩容改造目标】 组织完成480个农村水电增效扩容改造项目的实施、验收和绩效评价，并以较好成绩通过了财政部、水利部对江西省增效扩容改造项目的绩效评价复核。通过改造，共增加装机容量9万千瓦，增加年发电量6亿千瓦时，增效幅度48%，完成投资13亿元，实现农村水电增效扩容改造设计目标。

【“十三五”农村水电项目申报】 编制完成《江西省农村水电增效扩容改造实施方案（2016—2019）》并通过水利部、财政部审核备案。共纳入112条河流、214座水电站，共实施项目433个，项目总投资7.4亿元，申请中央财政奖励资金2.80亿元，其中1.24亿元中央奖励资金已于2016年预拨江西省并分解下达。

【启动小水电扶贫试点】 江西省被列入全国小水电扶贫6个试点省份之一，启动瑞金山岐、宁都永宁、修水车联堰坝下3座水电站的扶贫试点项目建设，项目建成后装机容量4300千瓦，总投资4683万元，其中中央补助资金1650万元已全部下达，省级配套资金已下达407万元。截至年底，项目建设进展顺利，已完成项目总投资约95%。

（尹镜明　夏树刚）

本栏编辑　邓玉兰

自 然 观 测

气象工作

【概　况】 2016年，全省气象部门履行气象防减灾职责，立足防大汛、抗大灾，严密监视天气变化，及时开展气象服务，有效应对了汛期暴雨、长江九江段和鄱阳湖全线长时间超警戒、阶段性高温干旱、秋冬雾和霾等极端天气气候事件。省级全年报送重大决策服务材料312期，省领导批示42次。针对鄱阳湖向阳圩溃口，第一时间启动应急响应和现场服务，受到省防总通报表彰。

【加强气象为农服务】 构建以省农业气象中心为核心、以南昌农试站为阵地、以特色农业气象中心为骨干、以气科所和相关科研机构为支撑的115＋N(1个省农业气象中心，1个南昌农业气象试验站，5个特色农产品气象中心，N个多元化农业气象科研、服务机构)农业气象业务服务体系，气象为农服务科技内涵明显提升。联合省委农工部开展标准化气象为农服务示范区创建，全省19县、174个乡镇通过认定。发布服务材料3000余期。发展智慧农业气象，优化"江西微农"微信平台，覆盖新型农业经营主体超过60%。

【提升气象服务能力】 开展城市内涝风险普查和风险区划，建立内涝预警信息共享和发布机制。参与南昌、萍乡海绵城市建设，吉安市预警信息发布系统纳入智慧城市建设。新余建成城市内涝监测预报预警系统。打造全媒体气象服务，在传统媒体基础上，推进APP、微博、微信、网站等新媒体气象服务。围绕中央领导视察江西、"两会"、春运、中高考、国际马拉松等重要活动和节假日提供专题服务。发布了江西省公共气象服务白皮书、雷电活动白皮书。

【加强生态文明气象保障服务】 编制生态文明试验区建设气象保障行动方案，开展生态质量气象评价，完成武宁、三清山、井冈山负离子、空气质量、舒适度等分析评估，启动温室气体观测站建设。成立乐平工业园区专业气象台。向省政府提供气候变化咨询。参与温室气体排放考核。成为首批碳排放核查第三方机构，开展重点行业企业温室气体排放核算。完成气候可行性论证19项。在新余、瑞金2市建设光伏发电监测示范基地。开展了定南双山等9个风电场选址服务。

【加快气象现代化建设】 与省委农工部、省统计局联合印发《江西省基本实现气象现代化指标体系和评价办法》。新增5类观测数据质量控制业务，建成装备动态信息管理系统，建立集约化、智能化气象装备运行监控系统。启动集约化、智慧型现代气象预报业务平台建设，全省短临预警一体化平台投入业务运行。完成突发事件预警信息发布平台与省应急办等10个部门业务对接，建成预警信息一键式发布系统。启动公共气象服务系统和智慧旅游气象服务系统建设。24小时晴雨预报准确率为86.1%，暴雨、雷雨大风、冰雹等预警信号提前量≥17分钟，暴雨预警准确率≥72%。

【深化气象改革】 防雷检测向市场开放，制定制度和流程，与省工商局建立信息联通机制，加强事中、事后监管和服务。完成防雷减灾机构编制、人员调整，成立气象灾害防御技术中心，建立新型防雷减灾业务体系。取消一批气象行政审批事项，清理规范8项行政审批中介服务。完善行政审批办事指南和服务规范。编制权力清单、责任清单以及公共信息资源目录并对外公布。开展区域自动站、交通气象站、自动负离子站业务流程调整。制定省级基础设施资源池准入机制和迁移方案，有序推进集约化业务系统向基础设施资源池迁移。开展政府购买服务试点和推广工作。

【气象科技创新】 召开气象科技创新会议，规划部署科技创新工作，制定气象科技创新体系建设实施意见。制定科研项目管理办法，规范科技项目管理，加强重大科研项目动态管理。争取省部级科研项目9项，获省科技进步二等奖2项(其中1项参与)、国家专利1项。省气象学会被中国科协等9部委评为《全民科学素质行动计划纲要》"十二五"实施工作先进集体。与省教育厅、省科协联合开展"首席预报员进校园"活动。实施"151"人才计划，选拔8名省级首席，2人获评正研高工，1人进入全国攻关团队，1人入选省百千万人才工程，1人入选省"百人远航工程"，1人当选为中国科协委员。

【编制气象事业"十三五"规划】 省、市、县同步编制"十三五"气象事业发展规划。气象重点工作、重点任务和重大工程纳入全省"十三五"发展规划纲要。经省政府同意,与省发改委联合印发江西省"十三五"气象事业发展规划,全省气象部门87个单位已印发"十三五"发展规划。

【气象重大工程项目】 飞机人工增雨赣州基地已完成土地征用,并正式启动前期工作。省级突发事件预警信息发布系统基本建成,省级高性能计算机完成安装调试并交付业务使用,实施了省市县一体化业务平台、区域自动站探测环境改善工程等一批现代化建设项目。

(钟微)

水 文

【概 况】 受厄尔尼诺现象影响,五河来水比常年偏多44%,最高超警7.02米。6月中下旬饶河昌江、修河接连发生仅次于1998年的历史第二大洪水。鄱阳湖水位超警戒2.34米,持续超警时间34天。面对严峻汛情,江西各级水文部门加密监测频次,加强分级预报会商,有力保证了关键预报成果的准确性。全年共发布洪水预警79次,为抗洪抢险救灾提供及时科学的水文情报预报等服务。6月14日,省水文局、省气象局联合发布了第一期江西省中小河流洪水及山洪灾害气象预警。

【开展水文改革】 在全国率先开展水文监测改革试点以来,完成《单站巡测分析论证》《水文巡测方案》,将全省划为43个巡测片区,明确职责范围、服务内容、操作要求等。吉安、赣州、景德镇3市已全面推行巡测,其他选择具备条件的基站开展巡测。从运行效果看,整合了水文资源,促进了先进仪器设备的推广运用,水文监测能力大幅提升。在萍乡开展城市水文试点工作,编制萍乡市城市水文实施方案,中心城区主要河流、湖泊及城市饮用水源地等11个水质监测断面布设及监测进入运行状态。九江、赣州等地从不同的侧面推进城市水文工作。各市局找准政府和社会需求,充分利用水文部门专业技术优势,开展山洪灾害调查评价、县域水资源调查评价、县级水资源公报编制等工作。

【举办江西省第六届水文勘测技能大赛】 为提高江西省水文干部职工专业技能,建设培养一支精兵高效的水文专业技术队伍,以备战第六届全国水文勘测技能大赛为契机,10月11日—14日,由省水利厅主办、省水文局承办的第六届江西省水文勘测技能大赛在赣州举办。共23名选手参加9个项目的比赛,大赛无论是规模还是水平都创下历史新高,得到了水利部水文局领导的肯定。大赛不仅树立了学习技术、钻研业务的新风尚,还推动了新仪器、新设备、新技术的应用和推广。

【加强水文项目建设】 中小河流水文监测系统基本完成2011—2014年度新(改)建土建安装工程合同完工验收,开展预警预报系统软件系统上线测试。鄱阳湖水文生态监测研究基地完成一期工程合同验收,二期工程水生态样本库等主体工程完成。水资源管理系统省控一期工程完成7419万元的招标,完成项目整体工作量的76%;国控二期项目完成取用水户199户现场查勘,完成技术方案的招标和编制工作。国家地下水监测工程已完成88个新建井、14个改建井土建工程。

【水文监测设施设备维护经费稳定投入】 省财政厅和省水利厅在2015年和2016年分别下达水文监测设施运行维护经费3000万元,用于水文基础设施设备运行维修养护。水文监测设施运行维养经费有了稳定的投入机制,确保了全省水文监测设施设备的正常运行。

(熊能)

地震工作

【概 况】 2016年,江西地震台网共记录境内1.0~1.9级地震18次,2.0~2.9级地震4次,最大地震为3月1日萍乡2.9级地震。地震活动频度与上年持平,从空间分布来看,小震活动仍主要分布在江西省中西部地区,分别在6月21日宁都2.8级地震,8月28日瑞金2.8级地震,11月2日宜春2.8级地震。

省政府、中国地震局共同推进江西防震减灾综合能力建设合作协议,完成省地震应急指挥中心建设,推进实施国家烈度速报与预警工程江西分项、氡观测重点实验室建设。省防震保安服务工程项目建设列入省2016年生态文明先行示范区建设工作要点任务。

为丰城发电厂"11·24"特别重大事故、上饶烟花厂"1·20"爆炸、萍乡矿震等突发事件,提供相关地震监测数据和震情信息服务。对寻乌—平远3.1级、瑞金2.7级等有感地震进行了跟踪研判,发布权威信息。配合中国地震台网中心自主开发"地震信息播报机器人",5秒钟自动发布速报参数、震中地图、震区天气和震区历史地震等内容。

围绕国家生态文明试验区、鄱阳湖生态经济区、赣江新区等发展战略的安全需求,加强机场、核电、水利枢纽、轨道交通等重点设施的抗震设防能力建设。建立全省基层基础能力建设项目库,备案项目110个。吉安市科普馆、兴国县特色文化、寻乌县应急装备、景德镇市监测应急指挥中心和瑞金市监测应急指挥中心等项目获得财政专项支持。全省地震系统落实中央精准扶贫要求,结合棚户区改造、农村危房改造和新农村建设,实施推进农居地震安全工程,加强技术指导与经费支持,新增受益农户18.8万户。

深入研究江西汛期、高温期、地震应急期三期叠加的应急工作特点,完善抗震救灾指挥部工作机制,建立"属地为主、分级负责、上下联动、资源共享"应急处置机制,明确市县政府和防震减灾局在应急处置中的主体作用。建成省级地震应急专业装备储备库,实施景德镇、吉安、宜春等6个设区市应急指挥技术系统升级改造。在7月16日防汛时期,及时发布权威信息,遏制一则题为《地震警示,江西》的地震谣言传播。参加2016年中国杭州G20峰会地震安全保障暨华东地震应急联动协作区应急支援演练。全省各级成立应急救援队215支,总人数12358人。

【省防震减灾"十三五"规划发布实施】 9月12日,经省政府同意,省发改委、省地震局联合印发《江西省防震减灾"十三五"规划》。规划推进功能性平台建设,建立防震减灾公共服务信息平台系统,形成应急指挥平台、行业管理平台、氡观测平台、科技孵化平台、科普宣教平台等八大平台。省防震减灾能力提升工程纳入省政府"十三五"重点项目管理系统。

【GB18306-2015中国地震动参数区划图实施】 5月31日,省政府新闻办、省地震局、省住建厅联合召开GB18306-2015中国地震动参数区划图实施新闻发布会。新一代区划图从6月1日正式实施,江西设防面积由30%提高到100%,实现抗震设防全覆盖。其中瑞金市、安远县城区从Ⅵ度设防提高到Ⅶ度。举办全省抗震设防监管制度学习研讨班,南昌、宜春、景德镇等地开展地震、规划、建设、国土、质监等多部门联合培训,参训人数近2000。

【省地震应急指挥中心投入运行】 省地震应急指挥中心位于南昌市昌东大道6929号,项目总投资6820万元,于12月投入运行。主体功能为地震应急指挥大厅、数字地震台网中心、氡观测重点实验室、震害预测与评估中心、地震资料档案馆、信息网络等技术系统,服务于全省地震监测、灾害预警、灾情评估和应急决策。

【防震减灾工作领导小组会议召开】 3月21日,副省长、省防震减灾工作领导小组组长谢茹组织召开2016年防震减灾工作领导小组会议。省军区副司令员方建华、省防震减灾工作领导小组全体成员共37人参会,省政府副秘书长陈敏主持会议。会议深入学习贯彻中共中央总书记习近平视察江西工作时重要讲话精神,传达国务院防震减灾工作联席会议精神,提出以五大发展理念统领新时期防震减灾工作。谢茹充分肯定全省"十二五"防震减灾工作,从着力加强抗震设防管理、着力提高监测预报水平、着力提升应急救援能力、着力强化宣传引导成效等4个方面要求做好2016年全省防震减灾工作,要求领导小组成员进一步强化工作合力,为"五年决战同步全面小康"提供有力地震安全保障。

(吕钊炜)

测　绘

【概　况】 2016年,江西省测绘地理信息局更新制作了《江西区域经济分布图》《江西省地图》《江西省交通图》《南昌市地图》。全省共完成江西省地图、江西省交通图等共享用图14幅。分别为省有关部门制作《五河一湖一江水系图》9幅、《江西融入"一带一路"战略走向示意图》《江西融入"一带一路"参与国际合作示意图》《赣江新区影像图》《江西公路交通图》《江西省105、320国道沿线农村地图》等专题地图。推出新版江西省系列地图,并在局政务信息网站进行更新发布,供社会各界下载使用。另外,全省11个设区市地图也于2016年上线发布。与省发展和改革委员会印发《江西省测绘地理信息发展与应用"十三五"规划》,是全省16个重点专项规划之一。江西省测绘成果质量监督检验测试中心获"全国测绘地理信息系统先进集体"称号。

利用地理国情普查成果开展省重点工程——昌九一体化、赣江新区等区域的地表沉降监测,为全国18个国家级新区之一的赣江新区申报,做了大量前期性服务。协调省扶贫办以编制扶贫点专题图入手,将各类扶贫数据空间化、可视化,建立扶贫地理信息服务平台,为精准扶贫提供技术支撑。完成江西省现代大地基准完善项目。江西省1:1万基础地理信息数据库全省覆盖。1:5万基础地理信息数据库动态更新。

【为抗洪抢险提供测绘应急保障】 6月,受强降雨影响,导致鄱阳县滨田水库泄洪道河堤(滨田河)溃坝。省测绘地理信息局工作人员通宵奋战,利用无人机获取的高清影像资料,制作完成鄱阳县古县渡镇灾前灾后对比图、灾情分析图、受灾区域三维飞行演示视频等,并在第一时间将成果资料送往省政府、省防汛抗旱总指挥部及省国土资源厅,得到相关部门的充分肯定和高度赞扬。省测绘地理信息局赶制的长江江西境内主河段影像图及地形图,为抗洪抢险提供了及时可靠的测绘应急保障,受到省委书记鹿心社等省领导的充分肯定。

【地理国情普查工作】 5月完成地理国情普查省级数据库建库建设,7月完成市级数据库建设,9月完成县级数据库建设,10月完成数据库平台管理软件的开发工作。至11月底已经完成省、市、县三级基本统计,开始编制基本统计报告和图件制作。12月5日上午,省政府组织召开第一次地理国情普查领导小组全体会议,副省长李贻煌主持会议并讲话。

【数字城市建设】 推进智慧城市时空信息云平台建设试点。南昌、新余、吉安已被国家测绘地理信息局确立为智慧城市时空信息云平台建设试点城市,其中新余、吉安完成设计书评审,申报了航空摄影计划,落实年度建设经费,开展部分项目建设。南昌市完成设计书的编写,申报了航空摄影计划。江西省11个设区市除南昌市直接开展智慧城市建设外,其余10个设区市全部完成数字城市建设。井冈山市、婺源县、瑞金市、万安县、铅山县、永新县、泰和县、万年县等8个市县开展了县级数字城市建设,其中井冈山市、婺源县已经完成验收。

【搭建"江西测绘资质客服群"】 通过测绘资质管理信息系统研发单位,搭建"江西测绘资质客服群",吸纳全省近500家测绘单位共800余人进入客服群,对各类涉及资质申请、信用管理、项目备案、市场发展等问题及时解答,帮助测绘单位解决问题,极大地加强了江西省行业单位的凝聚力。

【测绘统一监管】 对国务院、省政府取消下放的两项涉及测绘地理信息行政审批事项的衔接落实情况进行梳理自查。开展行政权力事项自查工作,经省政府审议通过江西省测绘地理信息局保留权力事项79项。联合九江市政府共同举办2016年江西省测绘法宣传日主场活动,首次利用微信公众平台、掌中九江APP等方式对活动进行宣传。开展测绘质量监督检查、测绘资质申请材料核查、测绘地理信息安全保密检查、地图市场专项监管、测绘资质巡查等多项专项执法检查并依法查处测绘违法案件。

【测绘重大设施管理与升级】 成立国家测绘地理信息局卫星中心江西分中心，并于10月27日正式挂牌。与中科遥感科技集团有限公司签订《关于加强江西省遥感支撑服务战略合作协议》，双方加强合作。全面升级改造完成全省卫星导航定位服务系统，在国内省级CORS中率先采用三星系统（BDS、GPS、GLONASS）定位技术。

【测绘地理信息科技创新活动】 面向社会公开征集流域生态与地理环境监测国家测绘地理信息局重点实验室开放基金课题40余个，正式立项课题18个，其中重点课题3个，一般课题15个。组织编制《流域生态与地理环境监测国家测绘地理信息局重点实验室“十三五”建设规划》。成功申请江西省博士后创新实践基地及江西省测绘地理信息工程研究中心。

（周寅）

地质勘查

【概　况】 2016年，全省国有地勘单位主要有省地质矿产勘查开发局、省核工业地质局、省煤田地质局、江西有色地质勘查局等4家。全年开展矿产勘查项目368个，投入金额5.37亿元。完成主要实物工作量：钻探33.68万米，槽探15.55万立方米，1:5万地质测量12092平方千米，1:5万水系沉积物测量5060平方千米，1:5万磁法测量2755平方千米，1:1万地质测量1223.6平方千米。

继续实施找矿突破战略，在钨、铜、稀土、萤石、高岭土等矿产勘查方面实现持续突破。浮梁县朱溪钨铜矿普查在2015年提交333+334钨资源量286.5万吨的基础上，新增333+334类钨资源量57.85万吨，不断刷新钨矿资源量的世界纪录，靖安县大雾塘钨矿详查新提交钨资源量26万吨，崇仁县聚源钨矿提交钨资源量12万吨。新发现3个与宁都县葛藤嘴同类型的新型稀土矿，规模均达中型以上，进一步提升了江西省新型稀土矿找矿潜力。九江县金鸡窝铜矿详查、瑞昌市通江岭铜多金属矿普查等项目新圈出14条铜矿体，新增铜资源量60万吨。石城楂山里萤石矿探明萤石资源量500万吨，是江西省探明储量最大的萤石矿；于都胎子岽萤石矿普查估算萤石资源量400万吨。浮梁鹅湖高岭土详查圈定8个主矿体，估算（332+333）高岭土资源量300多万吨。

进一步拓展地质工作服务领域，全年实施各类水文工程地质工程环境工程地质项目433项，投入金额3.3亿元，加大地灾治理、矿山恢复治理、土地复垦、城市地质、旅游地质、重大项目工程勘察工作力度，服务全省经济社会发展。围绕重点工程开展服务，实施“九江—瑞昌地区水文地质工程地质调查”“鄱阳湖生态经济区环境地质综合调查”“鄱阳湖经济区沪昆高铁沿线城镇群地质环境综合调查”、江西地下水监测工程等重点项目。加大地热资源调查评价，石城县楂山里地热水温54℃，水量4300吨/日，系江西省基岩裂隙型地热水量第一；宁都县蓝田地热水温83℃，系江西省最高水温地热。开展地质灾害调查和治理，开展10项大型地灾项目，承担29个县（市）地质灾害调查项目、8个地质环境类专项项目，取得良好的社会效益。

【加快开辟国外市场】 2016年，省煤田地质局在哈萨克斯坦、巴基斯坦、吉布提、蒙古等国新设4个办事处，至年底，国外办事处总数20个。局属中煤集团再次入选“ENR全球最大250强国际承包商”，最新排名第111位，已连续5年入选全球最大250家国际承包商。局属中煤集团承建的肯尼亚A2公路项目获“中国建设工程鲁班奖（境外工程）”，这是继承建的肯尼亚供水项目后，连续2年获此荣誉。签订赞比亚军营项目的商务合同，合同金额约2.01亿美元。参加江西“走出去”企业战略联盟，在农业、能源、交通、建材、立体停车场、客车厂等不同领域的项目展开合作；省核工业地质局加大“走出去”力度，在加纳、津巴布韦、赞比亚、澳大利亚等国开展地质找矿，承接9个勘查项目；省地矿局取得伊朗下拉夫阿巴德金矿控股权，加大采矿场和选矿厂建设力度，加快建设国外矿业开发基地。

【大力延伸地质产业链】 省地矿局新成立矿业开发平台赣地矿业有限公司，整合内部矿业资源，完成收入1.2亿元，实现利润1000万元。开展多元化经营，地质工程勘察及建筑业完成收入35.6亿元，同比增长40.6%。省核工业地质局拓展工作领域，在工程勘察测量、地质灾害评估、地质灾害防治、公路勘测、工程咨询、测绘制图、储量核算、矿山技术服务等方面完成产值8.9亿元，实现利润1.2万元。省煤田地质局与赣州市城投、章贡区建投合同成立赣州建筑工业化有限公司，建设江西首个集研发、设计、制造、安装为一体的现代化装配式建筑产业示范基地，总投资10亿元。

【创新地质科技工作】 省地矿局围绕重点难点地质问题与重点勘查项目，对接深地探测战略，新立科研项目6项，在研科研项目38项，参与国家“深地资源勘查开采”“穿透性地球化学勘查技术”“华南陆内成矿系统的深部过程与物质响应”等科技项目。赣南队院士工作站、912队院士工作站、页岩气院士工作站围绕页岩气、钨及贵多金属矿等开展工作，在钨的成岩成矿规律、典型矿床研究、页岩气评价、贵多金属矿找矿预测、第二空间深部找矿等方面取得一定研究成果；省核工业地质局新立9项地质科技创新基金项目，涉及地质找矿潜力分析、成矿地质特征研究、新型无人机技术研究应用、地质行业教学等多方面，省有色地勘局新立高气压潜孔冲击凿岩工艺应用、无人机航测技术应用等5个科技创新项目，完成“XY－4型钻机离合器的改造及应用”等2个科研项目验收，进一步提升了地质技术和工艺水平。

（省地矿局）

本栏编辑　邓玉兰

环境保护

综　述

2016年，全省林业部门、环保部门以打造美丽中国"江西样板"为中心，主动适应生态文明试验区建设新形势，加强生态环境建设和保护，推进生态文化建设。在全国率先实施流域生态补偿机制，省级以上自然保护区、森林公园、重要湿地(湿地公园)、生态公益林等重要地段全部纳入生态红线管控范围。全省地表水Ⅰ~Ⅲ水质断面(点位)达标比例为81.4%，比2015年提高0.4个百分点，城市空气环境质量优良率86.4%，全省环境质量高位持稳、稳中有进。

国土绿化。各地坚持造林增量和森林提质两手抓，全年完成造林13.89万公顷，任务完成率173%；完成森林抚育37.33万公顷、退化林修复10.67万公顷、封山育林6.21万公顷。全省人工造林合格率98.3%，封山育林合格率93.1%。全年完成乡村风景林示范点建设1145个，面积8490.69公顷。其中，保护型示范点549个，面积5675.30公顷；完善型示范点327个，面积1510.37公顷；建设型示范点269个，面积1305.02公顷。省财政安排1000万元用于古树名木保护和乡村风景林建设补助，其中700万元补助140个省级乡村风景林示范村，完成建设面积0.17万公顷。

森林管理。完成全省林地年度变更调查暨森林资源数据更新外业调查。开展年度营造林实绩核查，省级对40个样板县(区)营造林实绩进行全查，并同步对20个县森林抚育补贴项目进行核查。江西列为首批全国天然林保护"扩面提标"省份，全面停止22.67万公顷国有天然林商业性采伐，协议停止390万公顷集体和个人天然林商业性采伐，严格控制天然低产低效林改造，严禁移植天然大树进城。中央和省级财政安排生态公益林补偿资金10.5亿元。全省开展为期3个月的公益林补偿资金专项检查，以及公益林年度管护县级自查、设区市抽查、省级核查工作。调整公益林补偿资金管理制度，管护补助提高到2元/亩，监管支出提高到1元/亩，监管主体由乡(镇)林业工作站改为乡(镇)政府及林业工作站。启动全省公益林资源监测，完成20个县100个监测点林分因子、土壤、灌草及有关生物多样性调查。全省生态公益林新增保险赔付155起，获赔2529.77万元；完成受灾迹地更新造林验收150起，完成植被恢复4400公顷，拨付资金1971万元。3月21日起，根据地类和使用林地项目类别不同，对原森林植被恢复费征收标准进行调整，引导节约集约利用林地。全年审核审批建设项目使用林地1113起，面积0.75万公顷，征收森林植被恢复费7.99亿元。

林业"三防"。省林业厅、省气象局签署深化合作协议，加强应对森林火险、林业有害生物和极端天气等方面合作。全面推进森林防火责任、预防、扑救、保障四大体系建设，落实火源管理"三个管住、两个规范"(管住重点时段、重点地段、重点人群，规范生产线用火、祭祀用火)机制，开展集中焚烧纸钱试点；建立护林员防火绩效考核办法，提高护林员管控野外火源成效。全年发生森林火灾43起，过火面积674.39公顷，受害森林190.2公顷，分别下降15.8%、65.6%和56.7%，火灾次数和灾害损失均处于历史最低值；火灾发生率0.4次/10万公顷，受害率0.02‰，均控制在国家规定达标范围；火灾致死2人、致伤2人，未发生重特大森林火灾和群死群伤事故。抓好普查、监测预警防治、检疫联合执法、科技示范项目建设4项工作，全面完成目标管理任务，有害生物成灾面积2360公顷，成灾率0.25‰，低于国家标准4.75个千分点。完成防治面积15.46万公顷，其中无公害防治13.97万公顷，无公害防治率90.4%，高于国家下达指标0.4个百分点；预测发生面积25万公顷，实际发生22.46万公顷，测报准确率88.7%，高于国家下达指标0.7个百分点；应施种苗产地检疫4.08万公顷，实施种苗产地检疫4.07万公顷，种苗产地检疫率99.8%，高于国家下达指标3.8个百分点。完成全省第三次林业有害生物普查，开展2015—2016年度松材线虫病等重大林业有害生物防控目标和"双线"目标责任制考核，首次对考核结果较差的县(市、区)政府进行约谈。开展松材线虫病防控目标年度考核，萍乡、宜春、景德镇、鹰潭市政府为设区市级优胜单位，鄱阳县、共青城市政府为省直管县(市)优胜单位。省森林公安指挥中心建成并投入使用。

"一区两园"建设。国务院批准婺源森林鸟类保护区晋升为国家级自然保护区，面积1.30万公顷。开展自然保护区监督检查专项行动，完成对2010年以来县级自然保护区审核和认定。江西桃红岭国家级自然保护区获"全国先进自然保护区"称号。完成鄱阳湖、庐山、九岭山、九连山4个国家级自然保护区违规项目整改工作，并通过中央第四环保督察组、国家林业局督察组检查验收。完成梅岭等10处森林公园总体规划编制，其中5处通过专家评审；全省国家级森林公园总体规划编制率由2015年度78%提升到91%，省级森林公园总体规划编制率由2015年度22%提升到30%。规范森林公园行政审批审查，完成3起省级森林公园范围调整事项以及国家级、省级森林公园林地征占用建设项目各8起。启动省级示范森林公园创建活动，被评为省级示范森林公园的一次性奖补30万～50万元。国家林业局批准婺源饶河源、武宁庐山西海、赣县大湖江、会昌湘江4处湿地公园为国家湿地公园，同意莲花莲江、崇义阳明湖、大余章水、全南桃江、万安湖5处湿地开展国家湿地公园建设试点；省政府批准上饶槠溪、南丰潭湖、遂川遂川江3处湿地公园为省级湿地公园，同意信丰桃江、抚州梦湖、广昌抚河源、共青城珍珠湖4处湿地开展省级湿地公园建设试点。省财政对验收达标的国家湿地公园和省级湿地公园分别给予50万元和30万元补助。婺源饶河源、高安锦江、寻乌东江源、宁都梅江4处国家湿地公园成为长江湿地保护网络新成员，江西纳入该网络成员增至24个。

湿地管理。省林业厅将全省湿地保有量分解到各市、县（区），并划定湿地保有量红线，对自然湿地实行普遍保护；严格湿地征占用审核审批制度，建立湿地资源动态监测机制，对违法行为依法查处。开展2016年世界湿地日宣传活动。实施中央财政湿地补贴项目16个，项目资金5900万元。完成全省城市规划区湿地资源调查和湿地植物图谱编制。参加长江经济带共抓大保护突出问题专项检查。开展集中整治鄱阳湖违法开垦湿地专项行动，有效遏制非法破坏湿地行为。查处并制止瑞昌虹源光伏发电有限公司在长江沿岸赤湖省级重要湿地建设光伏发电项目非法行为，限期6个月恢复原状，并行政处罚2054.60万元。

物种保护。召开江西鄱阳湖区越冬候鸟和湿地保护工作会议，鄱阳湖国家级自然保护区管理局与当地政府整合执法力量，开展整治行动。鄱阳湖区越冬候鸟和湿地保护工作联合保护委员会成立考评组，对各地候鸟和湿地保护工作进行年度考评。开展江西省第三十五届"爱鸟周"宣传活动。湘鄂赣签订野生动物疫源疫病监测合作协议。妥善处置吉水县明惠蓝孔雀专业合作社人工驯养繁殖蓝孔雀死亡770只疫情。完成2015—2016年度全省国家重点保护野生植物外业调查。完善江西省古树名木信息管理系统，全省古树名木12万余株。对19个县484株一级保护古树名木中树龄高、长势弱、病虫害严重等急待重点保护对象开展养护及抢救复壮。

污染防治。落实大气污染防治行动计划。加强工业污染防治，完成列入《珠三角及周边地区重点行业大气污染限期治理方案》的158个项目。深入开展VOCs整治，印发《江西省工业企业挥发性有机物整治方案》，会同省财政厅、省发改委启动VOCs排放收费试点工作。加快推进《江西省大气污染防治条例》出台，完善大气环境监测预警体系建设。会同省公安厅强力推进黄标车淘汰工作，至9月5日，全省淘汰黄标车及老旧车8.19万辆，超额完成国家下达的7.50万辆淘汰任务。落实水污染防治行动计划。加强水环境质量管理，省环保厅分7次对各设区市纳入考核的水质情况进行通报，并对11个设区市水污染防治工作现场督办，全省"水十条"落实情况总体良好，考核断面水质达标率93.3%，达到国家考核目标要求。加大饮用水水源日常监管力度，先后对南昌和赣州等设区市的饮用水水源地管理情况进行现场不定期检查，共检查饮用水源地7个。推进农村饮用水水源保护区划定，向各县（区）、各设区市政府印发《江西省环境保护厅关于加快推进农村饮用水水源保护区划定工作的函》《江西省环境保护委员会办公室关于农村饮用水水源保护区划定工作的督办通知》。实施土壤污染防治行动计划。编制完成《江西省土壤污染防治工作方案》，统筹推进土壤污染防治工作。完成增加布设风险控制点位372个，全省基本形成1700多个点位的国控土壤环境质量监测网络。

（省林业厅　省环保厅）

生态环境建设

【概　况】　2016年，全省完成国家营造林项目22万公顷，下达中央财政补助资金5.96亿元；完成省级营造林项目3.3万公顷，下达省级财政补助资金1亿元。完成国家防护林工程造林3.40万公顷，其中"长防林"工程2.07万公顷、"珠防林"工程0.33万公顷、"血防林"工程1.00万公顷。落实退耕还林任务2000公顷。完成国家木材战略储备基地项目1.34万公顷；划定国家储备林9.33万公顷、后备林1.2万公顷，涉及10个市38个县（区）159个存储主体。完成欧洲投资银行贷款江西生物质能源林示范基地2.03万公顷、亚洲开发银行江西林业发展项目造林0.31万公顷。完成亚行赠款林业应对气候变化项目遥感数据分类、碳储量计算、森林碳汇监测验证报告系统建设。

全民义务植树。2月29日，省委、省人大、省政府、省政协领导与省直机关、南昌市的干部群众550余人，到南昌市新建区溪霞国家农业综合开发现代农业园参加义务植树活动，共栽种苗木3200余株，面积2.67公顷。各设区市、县（市、区）共72.49万人参加义务植树活动，植树379.84万株。

森林城市创建。九江市、鹰潭市被授予"国家森林城市"称号，全省国家森林城市增至7个。新余市成为全省首个通过国家森林城市复查的设区市。12个县（区）获"江西省森林城市"称号；8个县（区）创建省级森林城市通过专家评审。各地将创建森林城市作为城市基础设施建设的重要内容，创建经费纳入各级政府公共财政预算。省财政每年安排2000万元，用于创森以奖代补，获"国家森林城市"称号奖励500万元、获"江西省森林城市"称号奖励80万元。各地财政也相应落实配套政策，南昌、九江对获省级森林城市奖励50万元。在加大财政投入的同时，鼓励和吸引社会资金参与森林城市建设，各地投入创森资金79.11亿元，新增造林绿化面积15.48万公顷，并呈逐年增加趋势。

森林质量提升。省林业厅印发

《江西省低产低效林改造规划（2014—2020）》，出台《江西省省级森林质量提升专项资金管理暂行办法》《江西省森林抚育规程实施细则》《江西省低产低效林改造检查验收办法》。省政府与财政部签署《欧洲投资银行中国气候变化框架贷款江西省鄱阳湖流域森林质量提升示范项目转贷协议》，利用欧洲投资银行贷款2500万欧元，在九江等8市15个县（区）新造用材林2.03万公顷。完成中央财政森林抚育补贴项目10.67万公顷；完成省财政低产低效林改造专项5.17万公顷，安排资金2.5亿元。下达省级森林质量提升专项林木良种繁育与推广资金773万元，支持7个省级重点林木良种基地和13个省级保障性苗圃建设。下达补助资金600万元，实施森林质量精准提升良种良法骨干示范基地项目34个，示范面积863.33公顷。崇义县实施全国森林经营样板基地建设3.31万公顷，并设立84个监测样地，持续开展样板基地成效监测工作。广丰、德兴、崇义3个国家珍贵树种培育示范县（区）新育苗15.33公顷，培育珍贵树种1366.67公顷，其中人工新造566.67公顷、定向改培800公顷。崇义县高坌林场等4个珍贵树种培育示范基地完成264.47公顷。全省重点打造崇义县高丘山地大径材培育模式、信丰县生态脆弱地区马尾松纯林质量提升模式、德安县低丘岗地天然次生林质量提升模式、永丰县珍贵树种培育模式等一批森林经营样板基地。全省森林质量呈现森林蓄积、林分亩平蓄积、针阔混交林面积增加和低产低效林面积减少的"三增一减"发展态势。

【全国森林质量提升工作会议在崇义县召开】 11月17日—18日，国家林业局在崇义县召开全国森林质量提升工作会议。国家林业局党组书记、局长张建龙，江西省委常委、副省长尹建业出席会议并讲话。全国31个省（自治区、直辖市）林业厅（局）主要负责人和5个森工集团、新疆生产建设兵团负责人及相关专家参加会议。会上，尹建业代表省委、省政府介绍江西坚持生态立省战略，全力打造美丽中国"江西样板"，组织实施一系列植树造林工程和森林质量精准提升工程，坚持增量和提质两手抓，实现森林面积和蓄积"双增长"。省林业厅就江西森林质量提升工作主要做法和成效作典型发言。与会人员到崇义县高坌林场、横水镇大密村蛤蟆湖山场观摩森林资源保护和经营工作情况。会议对崇义县森林资源保护和经营的做法给予肯定，指出崇义县"为可持续森林经营积累了成功经验，为全国提高森林质量作出了示范，值得各地认真学习借鉴"。

【扶持赣南等原中央苏区生态建设】 5月11日，省林业厅出台《2016年支持赣南等原中央苏区振兴发展工作方案》，落实林业资金24.25亿元，持续加大对赣南等原中央苏区生态建设扶持力度。其中，下达防护林造林任务1.29万公顷、封山育林任务1.43万公顷，安排资金1.33亿元，占全省总量70.3%；下达低产低效林改造任务3.29万公顷，安排资金1.63亿元，占全省总量65.3%。安排油茶造林项目0.69万公顷、低改项目0.22万公顷，涉及资金6660余万元；批复筹建油茶科技示范园4个，占全省总数1/3；落实2015年度油茶科技示范园建设补助资金850万元，超过全省总量60%。安排竹类特色产业项目资金4363万元，占全省总量72.7%。安排村级森林防火补助和生物防火林带建设资金4828万元，占全省总量53.6%。申报国家林业重点龙头企业10家，超过全省总数一半。安排省级林下经济补助资金1651万元，占全省总量55%；认定省级林下经济示范基地85家，占全省总数72.7%。支持13个县（区）26个林场2626户职工实施危旧房改造工程项目，占全省总数73.6%；下达资金1.2亿元，占总投资73.1%。审核使用林地建设项目425个，使用林地0.33万公顷，占国家下达全省建设项目使用林地定额数61.7%。下达专项资金1420万元，改善贫困林场生产生活条件，占全省总量54%。下达建档立卡贫困人口林业管护费补助6016万元，占全省总量86%。

【抚州市实施四级"山长制"】 8月，抚州市委、市政府印发《抚州市"山长制"工作实施方案》，在全省率先实施市县（区）、乡（镇、场）、村四级"山长制"，规定市级"总山长""副总山长"分别由市委、市政府主要领导担任；县级、乡级、村级党政主要负责人分别担任县级、乡级、村级"山长""副山长"。各级"山长"对辖区森林资源保护管理负总责，组织开展森林资源保护督查，协调解决整治重点难点问题，落实"三保、三增、三防"（保森林面积、林地面积和林区秩序稳定，增森林蓄积总量、公益林面积和林业经济实力，防森林火灾、森林病虫害和生态破坏）目标。市、县（区）、乡（镇、场）设立"山长制"办公室，组织、宣传、发改、审计、财政、农业、环保、林业部门为"山长制"责任单位。市政府将"山长制"落实情况纳入县（区）政府考核内容。"山长制"专项经费列入各级财政预算，市财政每年安排2000万元，用于激励各地领导当好"山长"。全市确定"山长""副山长"共3916人。

【新余市矿山生态修复】 新余市对仰天岗铅锌矿实施矿山生态修复示范点建设工程，补植油桐等树种，修复24万吨矿渣山，重金属砷、镉削减率分别达97.7%、89.4%，综合评估污染物削减率62.7%；经过废弃矿区的地表水由修复前的Ⅴ类标准提高到Ⅲ类；铅锌矿重金属污染矿区生态修复项目通过国内专家鉴定，整体研究成果达到国内先进水平。同时，在九龙山铁矿区补种杉树、泡桐等，修复面积20公顷；在百丈峰以"见缝插针"方式种植枫香等，改造林相13.33公顷。

（省林业厅）

生态环境保护

【概　况】 至2016年年底，全省建立林业自然保护区186处，其中国家级15处、省级31处、县级140处；总面积105.93万公顷，占全省国土面积6.35%。建立森林公园180处，其中国家级46处、省级121处、市县级13处；经营总面积51.87万公顷，占全省国土面积3.1%。全省湿地总面积91.01万公顷，占全省国土面积5.45%，低于全国5.58%的平均水平；建立湿地公园91处，其中国家湿地公园11处、国家湿地公园建设试点22处,省级湿地公园3处、省级湿地公园建设试点55处。全年新增湿地保护面积7249.45公顷,湿地保护率增至46.1%。全面启动天然林保护工程;国家和省级补偿生态公益林面积保持在340万公顷,占全省国土面积20.4%。赣粤两省签署东江流域上下游横向生态补偿协议,实行流域联防联控和流域共治的长效机制。赣鄂湘3省签订《关于建立长江中游地区省际协商合作机制的协议》,从推进生态环境联防联控等6个方面开展区域合作。省财政下拨流域生态补偿资金20.91亿元,涉及全省100个县(区)。

林政执法。开展全省林政资源管理检查,在各县(区)自查基础上,随机抽取广昌等6个县(区),重点检查领导干部保护发展森林资源目标责任制建立和执行、森林采伐、林地管理等情况,共查出非法使用林地案件73起、面积224.6公顷,非法采伐林木30起、面积129.55公顷,对所有查出的问题全省通报,并向相关县(区)政府下达限期整改通知书。首次采用卫片判图与实地核实相结合的办法,开展全省林政资源管理综合检查。全省林业行政案件下降16%。全省林业工作站受理林政案件2840起,参与调处林权纠纷2613件,受理林业承包合同纠纷505件;完成8个高尔夫球场占用林地核查任务,对违法占用林地行为进行处理,对不符合占用条件的林地进行恢复,核查结果全部通过国家林业局审查。全省209个固定木材检查站查验运输木材车辆6.57万辆次,查验木材221.56万立方米、活立木2.16万株,其中查处违法运输木材案件1659起,涉及木材9499立方米,为国家挽回直接经济损失471.4万元。

森林防火。全省森林防火工作实行各级行政首长负责制,层层签订责任书,明确奖惩措施,火灾预防和扑救呈良好态势。制定《2015—2016年度全省森林防火责任目标考核办法》,对考核原则、内容、办法、奖惩措施作出规定。1—4月,开展全省森林防火“平安春季行动”。10月,全省开展以“预防森林火灾,共建生态样板”为主题的森林防火宣传月活动。举办市县森林防火指挥长培训班。对设区市和省直管县(市)完成森林防火责任书情况进行检查考核,9个单位被评选为目标考核优胜单位。制定《江西省航空护林飞机使用管理办法(试行)》,明确飞机使用管理的原则、范围和要求。全年组织9架飞机开展航空护林作业86架次,飞行283小时22分,发现火情3起,直接扑火2起,增加降雨2.4亿吨。全省审批造林炼山1987起,无一“跑火”。省财政安排森林防火基础设施建设经费1.09亿元。建成林火监控300余套,重点区域监测率达70%。省财政首次设立省级林业资源保护专项生物防火林带建设补助资金,启动生物防火林带建设试点,每年安排补贴0.4亿元。开展全省森林防火专业队员扑火技能大练兵活动,3286名队员达标,占队员总数98.6%。开展骨干队员集训考核,523名队员通过省级考核,通过率96.8%。组织专业队省级教员集训,遴选44名队员组建省级业务培训团队。建立森林防火专业队基本信息报告制度;全年出动专业队3133队次、队员4.8万人次,完成各项防火扑火及抢险救灾任务。

林业有害生物防控。将林业有害生物成灾率、松材线虫病等重大林业有害生物防控目标责任纳入江西省市县科学发展综合考核评价体系和全省农业农村工作先进县(区)考评体系。省林业厅将国家下达的林业有害生物防控目标管理指标分解到各设区市、直管县(市),签订责任书,进行年度考核。启动约谈机制,对新建区等5个县(区)政府分管领导进行约谈。省级林业有害生物防治补助经费从每年1000万元增至2000万元。全省建立防治专业队99个、专业人员3000余人,社会化防治作业公司(队)35家、从业人员1800余人。调整70个省级重点测报点测报对象,99个县(区)开通林业有害生物灾害预警电话“966312”。选择12种(类)主要林业有害生物作为测报对象,实行应急周报、月报制度。与安徽、浙江共同编制包括九江、上饶、景德镇在内的《环黄山松材线虫病防控总体方案》。省林业厅与江西出入境检验检疫局联合执法,先后对抚州等5个设区市以及南城、共青城等省管县(市、区)开展林业植物专项检疫执法,重点查处4起跨省非法调运疫木案件。全省除治松林面积1.47万公顷,除治死亡松树13.7万余株;实施产地检疫苗木4.07万公顷、种子8.2万千克、花卉5191.07万株;完成调运检疫苗木1.47亿株、种子64.5万千克、木材156.66万立方米、毛竹920.92万根、花卉288.53万株、药材2159千克。各批次检疫均未发现检疫性和危险性有害生物。全年使用药剂211吨、药械1527台,释放花绒寄甲成虫211.38万头,张贴花绒寄甲卵卡5.23万张,注射注杆药剂4.07万支,悬挂诱捕器0.84万个,设置诱木0.57万棵;林业有害生物灾害保险参保率超过60%;灾害理赔470万元,提高44.6%。全省林业有害生物发生总面积22.46万公顷,下降8.0%,发生率2.36%。

林业严打整治。开展代号为“清网行动”的保护鸟类等野生动物专项整治行动,各相关部门迅速联动,对重点区域和线路进行巡查,对各集市、餐饮店、农贸市场、驯养场所进行检查,并公布省市县(区)24小时举报电话。至12月底,出动执法人员1.2万人次,清理野生动物驯养繁殖、加工经营场所,检查野生动物活动区域2000余处,检查农贸市场、餐饮酒店等4000余处;查获非法经营、运输的野生动物2367只,野生动物制品300余千克;收缴非法猎捕野生动物猎具1000余副,清除猎捕鸟类天网1195张2万余米、林网205张3460余米;查处非法猎捕候鸟案件3起,收缴捕鸟网10余张,缴获摩托车25辆;救护鸟类等野生动物100余只。开展严厉打击非法占用林地等涉林违法犯罪专项行动、“严厉整治四乱、服务绿色崛起”、保护鄱阳湖湿地和候鸟等一系列专项行动,依法查处各类森林案件2.9万起,刑事立案3600起,移送起诉3200人,为国家挽回直接经济损失1.4亿元。全省木材检查站开展为期3个月的打击非法运输木材专项行动,出动执法人员1.23万人次,查处违法运输木材案件1133起,涉案木材4682.6立方米、野生苗木339株,为国家挽回直接经济损失351.8万元。

【完成第九次全国森林资源清查江西省调查工作】 5月25日,省林业厅召开全省电视电话会议,部署第九次全国森林资源清查江西省调查工作。省级和11个设区市均成立清查工作领导小组，召开启动会，举办培训班，组建45个外业工组、6个督导检查组，并自主增加样地土壤、生物量调查内容，全面采用数据采集仪，首次实现全程无纸化样地调查。至12月，完成固定样地2608个、生物多样性样地1623个、森林土壤样地480个的调查任务。12月30日，国家林业局公布江西省第九次森林资源清查结果，与第八次（2011年）清查相比，全省森林面积1021万公顷，增加19万公顷，增长1.9%；森林覆盖率61.16%，提高1.15个百分点；森林蓄积5.07亿立方米，增加9825万立方米，提高24.06%。

【完成全省城区湿地资源调查】 7月，完成全省城区湿地资源调查，全省城区湿地斑块6108个，总面积9.3万公顷，城区湿地率7.9%。其中，河流湿地5.03万公顷，占城区湿地总面积54.1%；湖泊湿地1.14万公顷，占城区湿地总面积12.3%；沼泽湿地326公顷，占城区湿地总面积0.3%；人工湿地3.1万公顷，占城区湿地总面积33.3%。该项调查活动从2015年4月1日开始，调查内容为城市规划范围内1公顷以上湖泊湿地、沼泽湿地、河流湿地、人工湿地，以及长度1000米以上、宽度5米以上河流湿地的面积、类型、分布、植被类型、主要优势植物、水质和保护管理、利用、社会经济状况及受威胁状况。

【开展鄱阳湖越冬候鸟和湿地保护专项整治】 自2015年10月在鄱阳湖区开展越冬候鸟和湿地保护专项整治行动以来，省林业厅召开鄱阳湖区越冬候鸟和湿地保护工作会议，沿湖15个县（区）成立或调整领导协调机构，层层续签责任状，加强部门联动、巡查督导，建立激励机制。由林业部门、村治保会、村民小组组成护鸟巡查体系，做到密切配合、全面覆盖，切实保障专项行动落到实处。至2016年4月，各地各部门组织召开候鸟、湿地保护工作专题会议27场（次）；开展湖区联合执法巡查920次，出动人员2700人次；对市场及餐馆酒店进行执法检查380次，出动人员1200人次；湖区主要出入口设卡检查190次，参与人员1500人次。查处破坏野生动物刑事案件6起，办理行政案件22起，行政处罚34人；清除“天网”约1.5万米，救治、放飞野生鸟类337只；平毁非法围堰3处，恢复湿地333.33公顷。

【开展全省冬季水鸟野外同步调查】 1月11日—15日，开展全省冬季水鸟野外同步调查工作。国家林业局野生动植物保护司、江西农业大学等20余家单位40余名专业技术人员和各地野生动植物保护管理站130余名工作人员组成53个野外调查组，按照《全国第二次陆生野生动物资源调查鸟类同步调查技术方案》确定的水鸟集群分布选点标准，结合江西湿地和鸟类分布特点，在鄱阳湖区44个同步点和“五河”流域53个同步点开展水鸟调查。调查记录越冬水鸟98种、48万余只，分别占全国水鸟记录数的25.7%和23.6%，居全国前列，其中白鹤2568只、东方白鹳5125只、雁鸭类41万余只。

【出台《江西武夷山国家级自然保护区条例》】 4月1日，《江西武夷山国家级自然保护区条例》经江西省第十二届人大常委会第二十四次会议审议通过，于5月1日起施行。该条例分总则、保护管理机构与职责、保护措施、合理利用、法律责任、附则6章43条。该条例授予江西武夷山保护区管理机构“依法查处破坏保护区内自然资源、自然环境、保护管理设施的违法行为”的职责，明确保护措施、合理利用和法律行为，并规定江西马头山、官山、九连山、九岭山4个国家级自然保护区参照执行。该条例是江西结合实际制定的首部自然保护区法规，为江西武夷山自然保护区的保护、管理及利用提供了法律依据。

（省林业厅）

【加强自然保护区管理工作】 完成市县级自然保护区的核定工作，经省政府同意，发布全省107处市县级自然保护区名单、面积、范围及四至边界，并提出相应的管理要求。根据环保部要求，督导江西南风面省级自然保护区申请晋升国家级自然保护区进行整改，并报送整改报告。联合省政府办公厅、省林业厅、省国土资源厅和省农业厅对全省自然保护区生态环境保护情况开展实地督查，共核查17处省级以上自然保护区，并将核查情况上报省政府常务会，省政府办公厅将督查情况和整改要求发至各设区市政府和省直单位。对全省15个国家级自然保护区遥感发现的问题进行实地核查，并将核查情况上报环保部。落实《江西省人民政府办公厅关于全省自然保护区生态环境保护情况专项督查的通报》的有关要求，组织专家对宁都凌云山、井冈山大鲵、上犹五指峰、崇义章江源、铜鼓棘胸蛙5处拟调整功能区划的自然保护区进行实地考察。组织召开省级自然保护区评审委员会，对拟晋升省级的会昌湘江源、信丰金盆山、修水程坊3个县级自然保护区和拟调整功能区划的铜鼓棘胸蛙省级自然保护区进行评审，并提交江西省自然保护区建设和管理工作领导小组第五次会议审定。

【印发《江西省生态空间保护红线区划》】 7月，省政府印发《江西省生态空间保护红线区划》，全省生态空间保护红线总面积为5.52万平方千米，占全省国土面积33.09%。其中，一级管控区面积5878.1平方千米，占全省国土面积3.52%；二级管控区面积4.94万平方千米，占全省国土面积29.57%。保护红线范围基本涵盖禁止开发区、重点生态功能区、生态环境脆弱区和敏感区，包括世界文化和自然遗产、省级以上自然保护区、省级以上风景名胜区、省级以上森林公园、省级以上地质公园、省级以上重要湿地（湿地公园）、集中式饮用水水源保护区、《国家蓄滞洪区修订名录》中江西省洪水调蓄区、重点生态功能区、省级以上生态公益林以及对局部生态环境具有保护意义的区域等11类生态区域。

（省环保厅）

·资 料·

江西省国家级和省级湿地公园

单位:公顷

序号	名称	所在地	总面积	湿地面积	批建时间	管理机构
一	国家级湿地公园					
1	孔目江国家湿地公园	新余市	1295.00	677.40	2007年11月15日	孔目江国家湿地公园管理处
2	东鄱阳湖国家湿地公园	鄱阳县	36285.00	35116.10	2008年11月19日	东鄱阳湖国家湿地公园管委会
3	修河国家湿地公园	永修县	11041.00	9671.00	2008年11月19日	江西修河国家湿地公园管理局
4	东江源国家湿地公园	安远县	2675.70	547.00	2008年11月19日	东江源国家湿地公园管理局
5	丰城药湖国家湿地公园	丰城市	2560.00	2150.40	2009年12月23日	江西药湖国家湿地公园管理局
6	南丰傩湖国家湿地公园	南丰县	1727.00	372.50	2009年12月23日	江西南丰傩湖国家湿地公园管理局
7	武宁庐山西海国家湿地公园	武宁县	4016.30	3821.00	2011年3月25日	武宁县庐山西海国家湿地公园管理局
8	修水修河源国家湿地公园	修水县	4342.40	3577.20	2011年3月25日	江西修河源国家湿地公园管理局
9	赣县大湖江国家湿地公园	赣县区	6655.00	5353.70	2011年3月25日	江西大湖江湿地公园管理局
10	会昌湘江国家湿地公园	会昌县	1264.70	1038.80	2012年12月31日	江西会昌湘江国家湿地公园管理局
11	婺源饶河源国家湿地公园	婺源县	346.60	320.60	2013年12月31日	江西婺源国家湿地公园管理办公室
二	国家级湿地公园试点					
1	兴国潋江国家湿地公园	兴国县	3577.00	2362.45	2011年3月25日	江西潋江国家湿地公园管理局
2	赣州章江国家湿地公园	赣州市	1054.80	788.20	2012年12月31日	赣州市林业局
3	万年珠溪国家湿地公园	万年县	1025.10	506.80	2012年12月31日	万年县林业局
4	上犹南湖国家湿地公园	上犹县	671.17	627.38	2012年12月31日	上犹县林业局
5	南城洪门湖国家湿地公园	南城县	8089.31	4313.34	2012年12月31日	南城县林业局
6	景德镇玉田湖国家湿地公园	景德镇市	387.50	199.50	2013年12月31日	景德镇市玉田水库管理处
7	宁都梅江国家湿地公园	宁都县	6345.80	4471.20	2013年12月31日	宁都县林业局
8	庐陵赣江国家湿地公园	吉安市	777.10	657.34	2014年12月31日	吉安市林业局
9	芦溪山口岩国家湿地公园	芦溪县	1043.47	419.01	2014年12月31日	芦溪县林业局
10	三清山信江源国家湿地公园	玉山县	1053.04	672.73	2014年12月31日	玉山县林业局
11	遂川五斗江国家湿地公园	遂川县	897.30	447.80	2014年12月31日	遂川县林业局

续表

序号	名称	所在地	总面积	湿地面积	批建时间	管理机构
12	鹰潭信江国家湿地公园	鹰潭市	1684.68	1447.02	2014年12月31日	鹰潭市林业局
13	高安锦江国家湿地公园	高安市	2600.00	2255.00	2015年12月31日	高安市林业局
14	寻乌东江源国家湿地公园	寻乌县	1546.80	947.20	2015年12月31日	寻乌县林业局
15	石城赣江源国家湿地公园	石城县	1254.60	982.10	2015年12月31日	石城县林业局
16	资溪九龙湖国家湿地公园	资溪县	367.14	127.64	2015年12月31日	资溪县林业局
17	横峰岑港河国家湿地公园	横峰县	329.60	266.08	2015年12月31日	横峰县林业局
18	崇义阳明湖国家湿地公园	崇义县	2122.96	2056.94	2016年12月30日	崇义县林业局
19	大余章水国家湿地公园	大余县	1468.40	636.70	2016年12月30日	大余县林业局
20	莲花莲江国家湿地公园	莲花县	755.07	622.34	2016年12月30日	莲花县林业局
21	全南桃江国家湿地公园	全南县	898.90	595.18	2016年12月30日	全南县林业局
22	万安湖国家湿地公园	万安县	4075.88	2052.98	2016年12月30日	万安县林业局
三	**省级湿地公园**					
1	上饶槠溪省级湿地公园	上饶县	393.00	25.00	2010年9月28日	江西上饶槠溪省级湿地公园管理办公室
2	遂川遂川江省级湿地公园	遂川县	665.93	519.73	2010年9月28日	江西遂川遂川江省级湿地公园管理站
3	南丰潭湖省级湿地公园	南丰县	871.10	561.00	2010年9月28日	潭湖水库管理局
四	**省级湿地公园试点**					
1	浮梁三贤湖省级湿地公园	浮梁县	41.36	23.19	2010年9月28日	浮梁县林业局
2	余江白塔河省级湿地公园	余江县	621.00	516.30	2010年9月28日	余江县林业局
3	瑞金绵江省级湿地公园	瑞金市	1802.89	993.75	2010年9月28日	瑞金市林业局
4	于都长征源省级湿地公园	于都县	1150.66	858.84	2010年9月28日	于都县林业局
5	高安瑞州省级湿地公园	高安市	56.00	55.00	2010年9月28日	高安市林业局
6	丰城玉龙河省级湿地公园	丰城市	235.70	228.70	2010年9月28日	丰城市林业局
7	宜丰新昌湖省级湿地公园	宜丰县	35.60	25.60	2010年9月28日	宜丰县林业局
8	奉新华林省级湿地公园	奉新县	138.00	87.00	2010年9月28日	奉新县林业局
9	德兴洎水河省级湿地公园	德兴市	353.00	255.10	2010年9月28日	德兴市林业局
10	万安云洲省级湿地公园	万安县	42.67	16.09	2010年9月28日	万安县林业局
11	金溪白马湖省级湿地公园	金溪县	629.56	375.85	2010年9月28日	金溪县林业局
12	宜黄百鹭洲省级湿地公园	宜黄县	126.46	123.01	2010年9月28日	宜黄县林业局
13	乐安龙潭省级湿地公园	乐安县	135.55	119.24	2010年9月28日	乐安县林业局
14	南昌澄碧湖省级湿地公园	南昌县	90.39	54.33	2011年11月29日	南昌县林业局
15	进贤磨盘洲省级湿地公园	进贤县	49.50	41.05	2011年11月29日	进贤县林业局
16	萍乡南岗口省级湿地公园	萍乡市	102.00	63.90	2011年11月29日	萍乡湘东区林业局
17	鹰潭白露河省级湿地公园	鹰潭市	34.58	25.36	2011年11月29日	鹰潭月湖区农林局
18	广丰丰溪省级湿地公园	广丰区	106.70	93.30	2011年11月29日	上饶广丰区林业局
19	铅山宋家源省级湿地公园	铅山县	150.70	72.10	2011年11月29日	铅山县林业局

续表

序号	名称	所在地	总面积	湿地面积	批建时间	管理机构
20	余干琵琶湖省级湿地公园	余干县	603.80	366.80	2011年11月29日	余干县林业局
21	吉水吉水湖省级湿地公园	吉水县	1897.11	1558.03	2011年11月29日	吉水县林业局
22	抚州廖坊省级湿地公园	抚州市	2639.84	2184.57	2011年11月29日	抚州廖坊水库管理局
23	崇仁宝水省级湿地公园	崇仁县	103.30	50.50	2011年11月29日	崇仁县林业局
24	南丰琴湖省级湿地公园	南丰县	195.52	170.10	2011年11月29日	南丰县林业局
25	南城盱江省级湿地公园	南城县	632.60	603.30	2011年11月29日	南城县林业局
26	黎川黎滩河省级湿地公园	黎川县	150.75	116.64	2011年11月29日	黎川县林业局
27	龙南渥江省级湿地公园	龙南县	71.26	32.84	2013年3月18日	龙南县林业局
28	安福泸水河省级湿地公园	安福县	201.69	171.48	2013年3月18日	安福县林业局
29	德安隆平省级湿地公园	德安县	79.48	48.21	2013年12月31日	德安县林业局
30	庐山星湖湾省级湿地公园	庐山市	4334.18	4005.48	2013年12月31日	庐山市林业局
31	乐平东湖省级湿地公园	乐平市	36.50	27.65	2013年12月31日	乐平市林业局
32	萍乡玉湖省级湿地公园	萍乡市	58.68	35.33	2013年12月31日	萍乡市林业局开发区分局
33	南康蓉江河省级湿地公园	南康区	153.10	93.10	2013年12月31日	赣州南康区林业局
34	龙南桃江窑头省级湿地公园	龙南县	188.84	117.07	2013年12月31日	龙南县林业局
35	樟树芗溪省级湿地公园	樟树市	65.60	40.00	2013年12月31日	樟树市林业局
36	峡江玉峡湖省级湿地公园	峡江县	2889.80	1188.50	2013年12月31日	峡江县林业局
37	临川白鹭省级湿地公园	临川区	103.28	62.10	2013年12月31日	抚州临川区林业局
38	都昌北鄱阳湖省级湿地公园	都昌县	4332.00	4031.00	2014年12月31日	都昌县林业局
39	湖口洋港省级湿地公园	湖口县	322.48	271.51	2014年12月31日	湖口县林业局
40	彭泽长江省级湿地公园	彭泽县	3048.00	2730.00	2014年12月31日	彭泽县林业局
41	九江小城门湖省级湿地公园	九江县	130.22	109.79	2014年12月31日	九江县林业局
42	奉新潦河省级湿地公园	奉新县	449.76	344.65	2014年12月31日	奉新县林业局
43	上高锦江省级湿地公园	上高县	500.85	307.52	2014年12月31日	上高县林业局
44	万载龙河省级湿地公园	万载县	202.00	126.00	2014年12月31日	万载县林业局
45	吉安君山湖省级湿地公园	吉安县	164.40	113.10	2014年12月31日	吉安县林业局
46	新干湄湘河省级湿地公园	新干县	715.80	637.40	2014年12月31日	新干县林业局
47	瑞昌安定湖省级湿地公园	瑞昌市	260.50	222.00	2015年12月30日	瑞昌市林业局
48	永修鹤田省级湿地公园	永修县	437.67	418.56	2015年12月30日	永修县林业局
49	宁都黄陂河省级湿地公园	宁都县	390.71	380.59	2015年12月30日	宁都县林业局
50	铜鼓定江省级湿地公园	铜鼓县	131.56	111.83	2015年12月30日	铜鼓县林业局
51	鄱阳鸦鹊湖省级湿地公园	鄱阳县	683.10	649.60	2015年12月30日	鄱阳县林业局
52	信丰桃江省级湿地公园	信丰县	469.68	349.80	2016年12月30日	信丰县林业局
53	共青城珍珠湖省级湿地公园	共青城市	122.10	79.00	2016年12月30日	共青城市农林局
54	抚州梦湖省级湿地公园	抚州市	787.20	637.16	2016年12月30日	抚州市园林局
55	广昌抚河源省级湿地公园	广昌县	1050.45	652.66	2016年12月30日	广昌县林业局

江西省国家级和省级森林公园

单位:公顷

序号	名称	批建时间	批复面积	经营管理单位
一	**国家级森林公园**			
1	三爪仑国家示范森林公园	1993年3月	12396.23	靖安县旅游局
2	庐山山南国家森林公园	1993年5月	3346.67	庐山市东牯山林场
3	梅岭国家森林公园	1993年5月	11173.10	梅岭国家森林公园管理办公室(湾里区林业局)
4	三百山国家森林公园	1993年5月	3330.00	安远县林业局
5	马祖山国家森林公园	1993年5月	666.67	濂溪区林业局
6	鄱阳湖口国家森林公园	1993年5月	1280.00	湖口县三里林场
7	灵岩洞国家森林公园	1993年5月	3000.00	婺源县灵岩洞国家森林公园管理局
8	明月山国家森林公园	1994年12月	7842.00	宜春市明月山温泉风景名胜区管理局
9	翠微峰国家森林公园	1999年1月	7866.67	宁都县翠微峰管理委员会
10	天柱峰国家森林公园	2000年2月	20757.00	铜鼓县国有城郊林场
11	泰和国家森林公园	2000年12月	3000.00	泰和白鹭湖国家森林公园管理处
12	鹅湖山国家森林公园	2000年12月	7950.00	铅山县鹅湖山国家森林公园
13	龟峰国家森林公园	2000年12月	7400.00	上饶市龟峰国家森林公园管理委员会
14	上清国家森林公园	2000年12月	11800.00	龙虎山风景旅游区上清林场
15	梅关国家森林公园	2001年11月	5300.00	大余县林业局
16	永丰国家森林公园	2001年11月	7600.00	永丰国家森林公园管理局
17	阁皂山国家森林公园	2001年11月	6946.37	樟树市林业局
18	三叠泉国家森林公园	2001年11月	1650.97	庐山市三叠泉风景区管理处
19	武功山国家森林公园	2002年12月	24190.00	安福县武功山国家森林公园管理局
20	铜钹山国家森林公园	2002年12月	19500.00	上饶市铜钹山国家森林公园管理委员会
21	阳岭国家森林公园	2003年12月	6889.80	阳岭国家森林公园管理处
22	天花井国家森林公园	2003年12月	685.00	九江市林科所
23	五指峰国家森林公园	2003年12月	24533.00	上犹县五指峰林场
24	柘林湖国家森林公园	2004年12月	16450.00	永修县林业局
25	陡水湖国家森林公园	2004年12月	22666.67	赣州市陡水湖国家森林公园管理处(犹江林场)
26	万安国家森林公园	2004年12月	16333.00	万安国家森林公园管理办公室
27	三湾国家森林公园	2004年12月	15513.30	永新县三湾国家森林公园管理办公室
28	安源国家森林公园	2004年12月	11069.00	江西省安源国家森林公园管理委员会
29	九连山国家森林公园	2005年12月	20063.00	龙南县九连山林场
30	岩泉国家森林公园	2005年12月	4885.39	黎川县岩泉国家森林公园管理办公室
31	云碧峰国家森林公园	2005年12月	872.50	云碧峰国家森林公园管理委员会
32	景德镇国家森林公园	2005年12月	5479.70	景德镇市枫树山林场
33	瑶里国家森林公园	2005年12月	4471.00	江西省瑶里国家森林公园管理局

续表

序号	名称	批建时间	批复面积	经营管理单位
34	清凉山国家森林公园	2006年12月	3397.82	资溪县株溪采育林场
35	峰山国家级森林公园	2006年12月	20635.20	赣州市峰山森林公园管理处
36	九岭山国家级森林公园	2006年12月	1266.16	武宁县林业局
37	岑山国家级森林公园	2008年1月	955.00	横峰县林业局
38	五府山国家级森林公园	2008年1月	1715.00	上饶县五府山林场
39	军峰山国家级森林公园	2008年1月	1217.15	南丰县林业局
40	碧湖潭国家森林公园	2008年12月	6838.70	萍乡湘东区林业局
41	怀玉山国家森林公园	2008年12月	3354.00	玉山县林业局
42	仰天岗国家森林公园	2009年8月	2178.93	新余市仙女湖区仰天岗国家森林公园管理处
43	圣水堂国家森林公园	2009年12月	4060.10	国营安义县峤岭林场
44	鄱阳莲花山国家森林公园	2012年1月	6510.00	鄱阳县莲花山林场
45	彭泽国家森林公园	2013年1月	2505.00	江西彭泽森林公园管理处(彭泽县林业局)
46	金盆山国家级森林公园	2014年1月	5981.85	信丰县金盆山林场
二	省级森林公园			
1	龙泉山省级森林公园	1990年12月	353.33	安远县林业局
2	青山省级森林公园	1993年2月	3400.00	瑞昌市青山林场
3	上高县省级森林公园	1993年2月	160.00	上高县九峰林场
4	宜丰县省级森林公园	1993年2月	2805.07	宜丰县林业局
5	狮山省级森林公园	1993年2月	193.33	奉新县林业局
6	青原山省级森林公园	1993年2月	450.00	吉安市林科所
7	玉笥山省级森林公园	1993年2月	900.00	峡江县玉笥山林场
8	洪源省级森林公园	1993年2月	400.00	乐平市洪源镇人民政府
9	贵溪省级森林公园	1993年2月	120.00	贵溪市林业局
10	水鸡崇省级森林公园	1993年2月	7666.67	赣县区林业局
11	武当山省级森林公园	1993年2月	533.20	龙南县小武当山风景区管理处
12	罗汉岩省级森林公园	1993年2月	500.00	瑞金市林业局
13	会昌山省级森林公园	1993年2月	333.32	会昌县会昌山省级森林公园管理处(会昌山林场)
14	西华山省级森林公园	1993年2月	175.33	石城县林业局
15	三清省级森林公园	1993年5月	666.67	德兴市林业局
16	象山省级森林公园	1993年5月	1674.00	新建区象山集体林场
17	广昌县省级森林公园	1993年5月	2852.00	广昌县盱江林场
18	百丈峰省级森林公园	1993年5月	2133.33	渝水区百丈峰林场
19	均福山省级森林公园	1993年6月	1488.00	兴国县均福山采育林场
20	浮梁省级森林公园	1993年6月	53.33	浮梁县银鸽林场
21	梦山省级森林公园	1993年1月	2666.67	南昌新建区红岭林场

续表

序号	名称	批建时间	批复面积	经营管理单位
22	南山省级森林公园	1994 年 1 月	536.67	赣州南康区林业局
23	麻姑山省级森林公园	1994 年 9 月	4969.32	南城县洪门岭林场
24	玉壶山省级森林公园	1994 年 9 月	393.33	莲花县林业局
25	吉安省级森林公园	1994 年 9 月	100.00	吉安县林业局
26	龙宫洞省级森林公园	1995 年 4 月	669.27	彭泽县龙宫洞旅游发展有限公司
27	罗田岩省级森林公园	1996 年 2 月	400.00	于都县罗田岩森林公园管理处
28	黄畲山省级森林公园	1996 年 1 月	600.00	寻乌县林业局
29	马岗岭省级森林公园	1997 年 8 月	26.67	余江县林业工业公司
30	大东山省级森林公园	1997 年 11 月	4000.00	吉水县芦溪岭林场
31	玉华山省级森林公园	2000 年 11 月	666.70	泰和县澄江镇人民政府
32	江西省遂川森林公园	2000 年 6 月	970.00	遂川县林业局
33	莲花洞省级森林公园	2001 年 2 月	1610.00	庐山莲花洞森林公园有限公司
34	郭璞峰省级森林公园	2001 年 4 月	733.00	景德镇昌江区林业局
35	义门陈省级森林公园	2005 年 12 月	1281.40	德安县林业局
36	远泉省级森林公园	2005 年 12 月	1050.00	远泉集团公司
37	江西省三尖源森林公园	2006 年 9 月	12000.00	都昌县林业局
38	江西省九龙庙森林公园	2006 年 9 月	4950.00	万载县九龙垦殖场
39	江西省东江源桠髻钵山森林公园	2006 年 9 月	2980.00	寻乌县富寨林场
40	江西省六石岩森林公园	2006 年 9 月	993.74	上饶广丰区嵩峰乡人民政府
41	江西省白云山森林公园	2006 年 9 月	2187.60	吉安青原区白云山林场
42	江西省太宝峰森林公园	2006 年 11 月	2038.00	新余市仙女湖风景名胜区东坑林场
43	江西省香炉峰森林公园	2006 年 11 月	661.30	进贤县前岭林场
44	江西省屏山森林公园	2006 年 11 月	4528.60	于都县林业局
45	江西省兴农沙漠生态森林公园	2006 年 12 月	232.00	南昌县林业局
46	江西省白鸡峰森林公园	2006 年 12 月	666.60	余江县高公寨林场
47	江西省大南森林公园	2010 年 8 月	637.07	上饶广丰区大南镇人民政府
48	江西省通天寨森林公园	2007 年 6 月	2112.00	石城县林业局
49	江西省大砻下森林公园	2007 年 6 月	675.00	分宜县大砻下林场
50	江西省仙人寨森林公园	2009 年 9 月	1041.22	铅山县林业局
51	江西省三尖峰森林公园	2007 年 8 月	630.80	萍乡市南坑林场(芦溪县)
52	江西省寒山森林公园	2007 年 12 月	1168.00	莲花县林业局
53	江西省理田源森林公园	2007 年 12 月	166.70	婺源县思口镇人民政府
54	江西省翠云峰森林公园	2008 年 6 月	173.10	金溪县翠云峰森林公园管理委员会
55	江西省小金山森林公园	2008 年 8 月	438.80	萍乡安源区高坑镇人民政府
56	江西省马形山森林公园	2008 年 8 月	800.00	宜丰县潭山镇店上村民委员会

续表

序号	名称	批建时间	批复面积	经营管理单位
57	江西省睦州山森林公园	2008 年 10 月	1542.00	上饶市信州区林业局
58	江西省芦泉湖森林公园	2008 年 11 月	946.00	高安市新街镇景贤村民委员会
59	江西省仙隐洞森林公园	2009 年 12 月	920.00	宜丰县芳溪镇人民政府
60	江西省龙口源省级森林公园	2010 年 7 月	303.00	瑞昌市林业局
61	江西省东湖南山省级森林公园	2010 年 7 月	322.50	都昌县林业局
62	彭泽县双尖峰省级森林公园	2010 年 7 月	579.00	彭泽县林业局
63	江西省台山省级森林公园	2010 年 7 月	223.00	湖口县林业局
64	江西省万寿寺省级森林公园	2010 年 7 月	473.27	浮梁县万寿山垦殖场
65	江西省四亩里省级森林公园	2010 年 7 月	75.00	浮梁县林业局
66	江西省风龙省级森林公园	2010 年 7 月	531.23	萍乡安源区青山镇人民政府
67	江西省鸡冠山省级森林公园	2010 年 7 月	1120.80	上栗县鸡冠营林林场
68	江西省李畋省级森林公园	2010 年 7 月	368.80	上栗县林业局
69	江西省湖仙山省级森林公园	2010 年 7 月	182.00	莲花县林业局
70	江西省园岭省级森林公园	2010 年 7 月	2853.77	兴国县园岭森林公园管理局
71	江西省李腊石省级森林公园	2010 年 7 月	112.90	石城县林业局
72	江西省梅子山省级森林公园	2010 年 7 月	180.51	全南县林业局
73	江西省大山脑省级森林公园	2010 年 7 月	337.90	赣州南康区林业局
74	江西省天工开物省级森林公园	2010 年 7 月	67.00	奉新县林业局
75	江西省龙津湖省级森林公园	2010 年 7 月	210.00	丰城市总部经济基地办公室
76	江西省东方禅文化省级森林公园	2010 年 7 月	68.00	宜丰县林业局
77	江西省龙泉湖省级森林公园	2010 年 7 月	219.00	万年县林业局
78	江西省李梅岭省级森林公园	2010 年 7 月	657.00	余干县李梅林场
79	江西省黄金山省级森林公园	2010 年 7 月	107.85	信州区林业局
80	江西省骆驼山省级森林公园	2010 年 7 月	389.90	铅山县林业局
81	江西省珍珠山省级森林公园	2010 年 7 月	316.67	婺源县珍珠山林场
82	江西省兴安省级森林公园	2010 年 7 月	87.47	横峰县林业局
83	江西省广丰三山省级森林公园	2010 年 7 月	116.00	上饶广丰区林业局
84	江西省清水湾省级森林公园	2010 年 7 月	154.67	上饶县罗桥街道办事处
85	江西省冰江省级森林公园	2010 年 7 月	71.53	玉山县林业局
86	江西省聚远楼省级森林公园	2010 年 7 月	647.97	德兴市林业局
87	江西省龙山省级森林公园	2010 年 7 月	247.30	新干县林业局
88	江西省君华省级森林公园	2010 年 7 月	222.95	吉安吉州区林业局
89	江西省西龙山省级森林公园	2010 年 7 月	539.30	吉安县林业局
90	江西省白凤省级森林公园	2010 年 7 月	168.33	泰和县林业局
91	江西省龙江省级森林公园	2010 年 7 月	81.60	井冈山市林业局

续表

序号	名称	批建时间	批复面积	经营管理单位
92	江西省汝水省级森林公园	2010 年 7 月	70.67	抚州市林业局
93	江西省乐安省级森林公园	2010 年 7 月	67.87	乐安县林业局
94	江西省卓望山省级森林公园	2010 年 7 月	732.40	宜黄县林业局
95	江西省泰伯省级森林公园	2010 年 7 月	66.73	资溪县林业局
96	江西省龙华山省级森林公园	2010 年 12 月	153.33	上饶广丰区桐畈镇人民政府
97	江西省仙峰岩省级森林公园	2010 年 12 月	415.12	萍乡安源区城郊管理委员会
98	江西山谷省级森林公园	2012 年 5 月	139.10	修水县林业局
99	江西双圳省级森林公园	2012 年 5 月	760.00	贵溪市林业局、双圳林场
100	江西东江源仙人寨省级森林公园	2012 年 5 月	620.00	寻乌县林业局
101	江西螺峰尖省级森林公园	2012 年 5 月	71.10	宜丰县林业局
102	江西老鹰山省级森林公园	2013 年 6 月	593.76	宁都县林业局
103	江西虎峰山省级森林公园	2013 年 6 月	484.25	鄱阳县田畈镇政府
104	江西芦溪狮山省级森林公园	2013 年 12 月	121.19	芦溪县林业局
105	江西贵溪象山省级森林公园	2013 年 12 月	988.43	贵溪市雄石办事处
106	江西罗山省级森林公园	2013 年 12 月	608.42	丰城市洛市镇政府
107	江西鹤坪省级森林公园	2013 年 12 月	408.20	靖安县林业局
108	江西日峰山省级森林公园	2013 年 12 月	69.40	黎川县林业局
109	江西豫宁省级森林公园	2013 年 12 月	120.85	武宁县林业局
110	江西安基山省级森林公园	2013 年 12 月	580.54	龙南县林业局
111	江西九仙岭省级森林公园	2014 年 7 月	134.10	德安县林业局
112	江西湖东省级森林公园	2014 年 7 月	108.40	永修县林业局
113	江西金鸡寨省级森林公园	2014 年 7 月	87.63	龙南县林业局
114	江西龙泉省级森林公园	2014 年 7 月	150.32	江西农业大学
115	江西中华贤母园省级森林公园	2014 年 7 月	72.53	九江县中华贤母园管理处
116	株山省级森林公园	2014 年 12 月	436.80	丰城市株山林场
117	九峰省级森林公园	2014 年 12 月	792.00	上高县九峰林场
118	蒙岗岭省级森林公园	2014 年 12 月	97.40	安福县林业局
119	银凤岭省级森林公园	2015 年 12 月	731.85	萍乡市玉女峰林场
120	十八湾省级森林公园	2015 年 12 月	1581.08	芦溪县新泉乡人民政府
121	林湾省级森林公园	2016 年 5 月	36.91	南昌湾里区生态公益林场

江西省国家级和省级林业自然保护区

单位：公顷

序号	名称	类型	所在地	面积	批建时间	管理机构
一	国家级自然保护区					

续表

序号	名称	类型	所在地	面积	批建时间	管理机构
1	江西鄱阳湖国家级自然保护区	湿地	新建区、永修县、庐山市	22400.0	1988 年	江西鄱阳湖国家级自然保护区管理局
2	江西井冈山国家级自然保护区	森林	井冈山市	21449.0	2000 年	江西井冈山国家级自然保护区管理局
3	江西桃红岭梅花鹿国家级自然保护区	动物	彭泽县	12500.0	2001 年	江西桃红岭梅花鹿国家级自然保护区管理局
4	江西武夷山国家级自然保护区	森林	铅山县	16007.0	2002 年	江西武夷山国家级自然保护区管理局
5	江西九连山国家级自然保护区	森林	龙南县	13411.6	2003 年	江西九连山国家级自然保护区管理局
6	江西官山国家级自然保护区	动物	宜丰县、铜鼓县	11500.5	2007 年	江西官山国家级自然保护区管理局
7	江西马头山国家级自然保护区	植物	资溪县	13866.5	2008 年	江西马头山国家级自然保护区管理局
8	江西鄱阳湖南矶湿地国家级自然保护区	湿地	新建区	33300.0	2008 年	江西鄱阳湖南矶湿地国家级自然保护区管理局
9	江西九岭山国家级自然保护区	森林	靖安县	11541.0	2011 年	江西九岭山国家级自然保护区管理局
10	江西齐云山国家级自然保护区	森林	崇义县	17105.0	2012 年	江西齐云山国家级自然保护区管理局
11	江西阳际峰国家级自然保护区	森林	贵溪市	10946.0	2012 年	江西阳际峰国家级自然保护区管理局
12	江西赣江源国家级自然保护区	森林	石城县、瑞金市	16100.9	2013 年	江西赣江源国家级自然保护区管理局
13	江西庐山国家级自然保护区	森林	庐山市、濂溪区、九江县	20120.0	2013 年	江西庐山国家级自然保护区管理局
14	江西铜钹山国家级自然保护区	森林	广丰区	10800.0	2014 年	江西铜钹山国家级自然保护区管理办公室
15	江西婺源森林鸟类国家级自然保护区	动物	婺源县	12922.7	2016 年	江西婺源森林鸟类自然保护区管理局
二	**省级自然保护区**					
1	江西七溪岭省级自然保护区	森林	永新县	10500.0	2010 年	永新县七溪岭林场
2	江西华南虎省级自然保护区	动物	宜黄县	58300.0	2001 年	江西宜黄华南虎省级自然保护区管理办公室
3	江西岩泉省级自然保护区	植物	黎川县	2460.0	2001 年	江西岩泉省级自然保护区管理委员会
4	江西老虎脑省级自然保护区	动物	乐安县	14502.6	2004 年	江西老虎脑省级自然保护区管理办公室
5	江西抚河源省级自然保护区	森林	广昌县	8187.7	2010 年	广昌县抚河源省级自然保护区管理局

续表

序号	名称	类型	所在地	面积	批建时间	管理机构
6	江西信江源省级自然保护区	森林	玉山县	4535.0	2011 年	江西玉山信江源省级自然保护区管理办公室
7	江西水浆省级自然保护区	森林	永丰县	2000.0	1997 年	水浆自然保护区管理站
8	江西南风面省级自然保护区	森林	遂川县	4205.0	2010 年	江西南风面自然保护区管理委员会
9	江西凌云山省级自然保护区	森林	宁都县	11342.6	2011 年	宁都县林业局
10	江西三十把省级自然保护区	森林	万载县	2100.0	2001 年	万载县林业局
11	江西玉京山省级自然保护区	植物	宜春市	1199.0	2011 年	江西宜春明月山林业局
12	江西南方红豆杉省级自然保护区	植物	瑞昌市	2500.0	2011 年	江西瑞昌市南方红豆杉自然保护区管理局
13	江西伊山省级自然保护区	森林	武宁县	11340.0	2011 年	武宁县伊山自然保护区管理局
14	江西瑶里省级自然保护区	森林	浮梁县	3658.0	2001 年	浮梁县林业局
15	江西黄字号黑鹿省级自然保护区	动物	浮梁县	17356.2	2010 年	浮梁县林业局
16	江西羊狮幕省级自然保护区	森林	芦溪县	7006.0	2004 年	萍乡市林业局武功山林业分局
17	江西高天岩省级自然保护区	森林	莲花县	4780.0	2010 年	江西莲花县高天岩省级自然保护区管理局
18	江西阳岭省级自然保护区	森林	崇义县	1880.0	1997 年	崇义县阳岭省级自然保护区管理站
19	江西章江源省级自然保护区	森林	崇义县	10452.0	2010 年	章江源自然保护区管理站
20	江西桃江源省级自然保护区	森林	全南县	11560.0	2010 年	全南县林业局
21	江西五指峰省级自然保护区	森林	上犹县	6368.0	2010 年	江西上犹五峰指省级自然保护区管理局
22	江西青岚湖省级自然保护区	湿地	进贤县	1000.0	1997 年	进贤县林业局
23	江西峤岭省级自然保护区	森林	安义县	4490.0	2004 年	安义县林业局
24	江西云居山省级自然保护区	森林	永修县	2480.0	1997 年	江西云居山省级自然保护区管理处
25	江西都昌候鸟省级自然保护区	湿地	都昌县	41100.0	2004 年	江西都昌候鸟省级自然保护区管理局
26	江西修河源五梅山省级自然保护区	森林	修水县	14485.0	2010 年	修河源五梅山自然保护区管理局

续表

序号	名称	类型	所在地	面积	批建时间	管理机构
27	江西中华秋沙鸭省级自然保护区	动物	宜黄县	1693.5	2014 年	宜黄县林业局
28	江西铁丝岭省级自然保护区	森林	安福县	2046.9	2014 年	安福县林业局
29	江西五府山省级自然保护区	森林	上饶县	5104.2	2014 年	上饶县林业局
30	江西大龙山省级自然保护区	森林	宁都县	5238.2	2014 年	宁都县林业局
31	江西芙蓉山省级自然保护区	森林	南城县	3600.0	2015 年	南城县林业局

（省林业厅）

水土保持

【概　况】 2016 年，全省水土保持工作以实施国家水土保持重点工程建设为重点，进一步加大水土保持综合治理力度，加大配套制度建设和审批制度深化改革，强化水土保持监督管理和依法行政。超额完成水利部下达的 8 万公顷水土流失治理任务，《江西省水土保持规划》(2016—2030 年)获省政府批复组织实施。贯彻落实水土保持法及其宣传培训和赣州全国水土保持改革试验区推进得到水利部肯定。水土保持宣传教育和示范工程建设力度加大，中央 12 家主要媒体深入江西采访水土保持及赣州改革试验区建设取得较好效果。

【加强水土保持综合治理】 2016 年，江西省实施的重点工程包括国家水土保持重点建设工程、国家农业综合开发水土保持项目、新增财政资金国家水土保持重点工程和坡耕地水土流失综合治理工程。全年落实中央水保投资 3.20 亿元，落实省级配套资金 8277.6 万元。共治理水土流失面积 816.13 平方千米，坡改梯 0.16 万公顷。

推进赣州全国水土保持改革试验区建设取得阶段性成效。根据全国水土保持改革的总体要求，按照省水利厅与赣州市政府联合下发的《赣州水土保持改革试验区实施方案》，积极探索，创新工作，赣州水土保持改革试验区在监督、治理、监测、科技信息、宣传和廉政 6 个方面取得阶段性成果。上犹县园村生态清洁小流域通过水利部专家评审。上饶远泉水土保持科技园通过水利部中期评估。

【举办水土保持监督管理培训】 10 月 17 日—19 日，在南昌市举办全省 100 个县(区)政府分管领导水土保持法专题培训，邀请水利部领导授课。培训主要内容有中国水土保持的主要经验、水土保持法重点内容解析、新形势下对水土保持工作的要求。8 月 23 日—25 日，在德安县举办全省水土保持审批暨事中事后监督管理培训班，各市、县(区)水利局分管领导及部分省级水保评审专家，共 130 余人参加培训。培训主要内容有水利部文件新要求和水土保持方案编制与审查要点，水土保持设施验收技术评估工作、第三方评估工作主要内容、自验报告要点、行政验收审批程序、事中事后监督检查。

【加大水土保持监督执法力度】 建立和完善联合执法检查、回访检查机制，严查了一批人为造成水土流失事件。全年全省检查生产建设项目 2265 个，检查次数 3040 次，查处水土保持违法案件 81 起，其中省级检查生产建设项目 177 个，检查次数 203 次，查处水土保持违法案件 16 起。同时配合长江委完成对新建铁路南昌至赣州客运专线和江西赣江新干航电枢纽工程落实水土保持方案情况进行现场监督检查，并对整改情况予以跟踪、督查。

【开展水土保持方案验收审批】 2016 年，全省省、市、县共批复生产建设项目水土保持方案 825 个，其中省级 24 个、市级 227 个、县级 574 个。全省省市县三级共开展生产建设项目水土保持设施验收 193 个，其中省级 18 个、市级 40 个、县级 135 个。

（钟伟伟）

污染防治

【概　况】 2016 年，落实大气污染防治行动计划和水污染防治行动计划，实施土壤污染防治行动计划，全省环境空气质量总体稳定，二氧化硫、二氧化氮和 PM10 浓度年均值分别为 24 微克/立方米、25 微克/立方米和 72 微克/立方米，分别比 2015 年下降 7.7%、0% 和 5.9%。11 个设区市执行空气质量新标准，达标天数比例范围为 76.4% ~97.0%，全省空气质量指数 AQI 平均达标天数比例为 86.4%。

【加强建筑施工扬尘治理】 进一步加强建筑施工工地标准化管理，按照住建部颁布的《建设工程施工现场环境与卫生标准》，对每个建筑工地在工程开工前实行安全环境与卫生生产条件审查，要求各类建筑工地出口硬化并配备车辆冲洗设施。加大对渣土运输车密闭运输的管理，安装卫星定位系统，指定专门倾倒地点，并要求渣土盛装不得超出车厢高度，严禁沿路遗撒和乱倾倒。提高道路机械化清扫率，11个设区市购置各类洒水车、洗扫车60多辆，实施机械化清扫道路面积4612.31万平方米，道路机械化清扫率71.6%。

【实施多污染物协同控制】 按照《江西省石化行业VOCs综合整治实施方案》，深入推进全省石化行业挥发性有机物综合整治工作。同时，印发《江西省工业企业挥发性有机物整治方案》，启动有机化工、医药、表面涂装、塑料制品以及包装印刷5大行业VOCs综合整治工作。省环保厅会同省工商局、省商务厅印发《关于开展干洗行业挥发性有机物污染专项整治行动的通知》，开展全省干洗行业挥发性有机物污染专项整治行动。与省发改委、省农业厅联合下发《关于开展挥发性有机物排污费收费试点的通知》，开始在石油化工及医药行业进行VOCs收费试点。

【完成杭州G20峰会江西环境空气质量保障任务】 江西省被纳入杭州G20峰会环境空气质量保障区域，按照保障领导小组的统一部署，严控峰会期间江西省特别是赣东北景德镇、上饶等区域输出型大气污染源对杭州市产生不良影响。省环保厅开展以县级环监部门为主力的现场督察，对717家列入停限产名单企业上门检查，要求企业结合自身情况编制详细的“一厂一策”停限产方案，做到会前有动员、有方案、有部署，会中有督查、有保障、有措施，会后有总结、有评估，填报8月23日至9月12日期间电厂、非电工业企业、重点源逐时在线监测信息、施工扬尘、机动车、机动车逐时车流量、非道路移动源、船舶、餐饮、加油站、储油库等污染源的信息，配合开展峰会保障预评估工作。

【贯彻落实《水污染防治行动计划》】 3月，省政府分管领导与各设区市市长签订《水污染防治目标责任书》，分解全省水污染防治考核任务目标。4月，省政府办公厅印发《2016年江西省水污染防治工作计划》。省环保厅编制《2016年江西省水污染防治工作计划》，进一步细化各地、各部门的年度工作任务，明确工作要求和完成时限。向各设区市政府、省直有关任务牵头单位和各设区市环保局下发有关报送工作推进情况的函，要求各单位将工作任务及工程项目的工作计划和进展情况及时上报，同时督促各地建设、水利(务)、卫生等部门按要求定期向社会公开有关饮水安全信息。梳理全省地表水考核断面和纳入考核饮用水水源地水质情况，分7次向各设区市政府下发水质情况通报的函，要求各设区市政府对照区域目标要求，分析超标原因，研究整治措施，确保水质符合考核要求。

【加强饮用水水源保护】 4月，印发《关于开展饮用水水源环境状况调查评估和加强水源地环境管理工作的通知》，要求各地及时对饮用水水源地开展调查评估，并按时提交评估报告。完善视频监控和预警监控工作，加强能力建设和日常巡查，对可能影响水源地水质的风险源进行排查整治。1—6月，先后对南昌和赣州2个设区市的饮用水水源地管理情况进行现场不定期检查，共检查饮用水源地6个。7月，省环保厅上报2015年度全省地级以上饮用水水源评估报告，全省地级以上饮用水水源达标率100%。

(省环保厅)

节能减排

【概　况】 2016年，坚持政府主导、企业主体、市场驱动、社会参与，加快建设资源节约型、环境友好型社会。通过强化责任落实，加强法制建设，完善政策措施，全省节能减排工作取得明显成效。单位生产总值能耗下降4.93%，万元生产总值综合能耗0.480吨标准煤，二氧化硫排放总量下降3%以上，氮氧化物排放总量下降3%以上，化学需氧量排放总量下降0.9%以上，氨氮排放总量下降0.8%以上，完成国家下达的年度节能减排任务。

【推进消费侧能源节约集约管理】 强化工业节能减排。推进有色、建材等9个行业50个重点节能技改示范项目建设，完成309家企业清洁生产改造。强化建筑节能。出台《江西省民用建筑节能和推进绿色建筑发展办法》《江西省绿色建筑评价标准》(2016版)，保障省级建筑能耗监测平台正常运行，推进市级分平台建设。开展2016年建筑节能与绿色建筑专项检查，全省新建建筑设计阶段执行节能强制性标准比例达100%，新增绿色建筑项目60个，建筑面积约650万平方米。强化交通运输节能。推广节能驾驶，以新能源和清洁燃料车辆为主，严格市场车辆准入，禁止高耗能车船进入运输市场。出台全省营运黄标车和老旧车辆淘汰工作的指导意见，淘汰黄标车和老旧车辆，新增新能源和清洁能源汽车1350辆。支持高速公路服务区电动汽车充电基础设施建设，开工建设服务区快充站36个，建成22个。强化公共机构节能。把建筑维护结构、办公区配电、空调、水泵等重点耗能设备和食堂、数据中心机房等高耗能附属设施节能改造作为节能降耗重点，引入专业节能服务企业为公共机构开展节能诊断和服务，协调相关部门加大对公共机构领域节能的支持力度，完成一批设施设备节能改造项目。强化农业减排。全省创建畜禽养殖标准化示范场631家，水产健康养殖场518家，农作物病虫害专业化统防统治和绿色防控融合推进农药减量示范基地150个，示范面积10.67万公顷，绿色防控覆盖率达25%，低毒低残留农药应用比例71.3%，年推广测土配方施肥面积455.33万公顷，施用配方肥(折纯量)39万吨，施用配方肥面积155.87万公顷。

【加强节能重点工程建设】 加快推进节能产品产业化和节能技术改造项目建设工程，实施结构减排、工程减排、监督减排三大工程，将污染减排由工业、生活领域拓展到交通运输和农村领域。抓好节能环保产品技术推广,组织省产的节能家电、节能电机等高效节能产品申报列入国家节能产品惠民工程推广目录。引导企业优先购置列入国家“环境标志政府采购清单”和“节能产品政府采购清单”的节能环保产品。推进资源综合利用,重点推进南昌、赣州城市餐厨垃圾收集系统和处理设施建设。继续推进共伴生矿及尾矿、农作物秸秆、农林废弃物、煤矸石、粉煤灰及废旧物资的综合利用。抓好环保民生项目实施,推进污水垃圾处理设施及污水配套管网建设,加快大型城镇污水处理厂收集管网建设;推进县级污水处理厂及其配套管网建设运行。

【强化监测预警和监督检查】 实施节能减排目标责任考评,对全省11个设区市进行节能目标责任评价考核,并向社会公布“十二五”各设区市节能目标完成情况及万家企业2015年度节能目标责任考核结果。开展工业园区污水处理设施调研督查工作,配合省政府做好25个重点工业园区污水处理厂配套管网建设项目推进工作。建立预测预警机制,按季度通报各设区市单位GDP能耗等指标完成进展情况,印发各设区市节能目标完成情况晴雨表,推进各设区市加大工作力度,确保完成节能减排任务。

【开展2016年节能宣传周活动】 6月13日—19日,省发改委牵头会同有关部门开展2016年节能宣传周活动。活动以“节能领跑 绿色发展”为宣传主题。省发改委在吉安市举办节能宣传周启动仪式暨绿色低碳健步行活动,并协调省直有关单位做好各自领域内的主题活动;组织广大青少年参与“节能减排家庭社区行动”,在全社会倡导形成勤俭节约的低碳生活。《江西日报》、江西电视台等媒体对系列宣传活动作了全面报道,对新近出台的系列政策措施作了专题报道,并借助移动公司、联通公司、电信公司等短信平台发布相关信息,宣传节能减排理念与知识。

(梁梁)

【完善减排经济政策】 落实国家环保电价政策,省环保厅会同省发改委先后印发《燃煤发电机组环保电价及环保设施运行监管办法》《关于实行燃煤电厂超低排放电价支持政策有关问题的通知》,并严格燃煤发电机组环保电价管理,及时兑现火电企业环保电价,适当增加超低排放机组发电利用小时数。全省8台机组总装机容量502万千瓦已享受超低排放电价,奖励超低排放机组发电量约3.6亿千瓦时,有效推进燃煤发电机组环保设施建设和运行。实施减排“以奖代补”政策,对30家大气重点减排企业实行“以奖代补”3700多万元。会同省国开行、省发改委召开全省污水管网融资工作会,会同相关部门推动项目融资工作,对申请贷款材料上报较慢的武宁县、永新县、安义县、赣县4个县进行督办,推动项目融资。

【推进重点行业重点领域减排】 加快推进燃煤电厂超低排放改造,省环保厅会同省发改委印发《江西省全面实施燃煤电厂超低排放和节能改造专项实施方案》,完成超低排放改造机组13台,总装机容量831万千瓦。加强造纸印染行业主要污染物总量控制,督促企业限期完成深度治理工程建设与改造、规范完善中控系统及在线监控设施。各地进一步加强对造纸、印染等重点减排设施运行、维护和管理情况的日常巡查,对运行不正常、超标排污的企业责令限期整改并依法处罚。加快推进电能替代,会同发改、财政、电力等部门印发《加快推进江西省电能替代工作指导意见的通知》,形成赣州南康木材烘干、景德镇陶瓷制造、新干玻璃制造以及赣江沿线港口岸电等典型区域典型项目,近100家企业申请电能替代财政奖励,叠加电气化铁路和新能源汽车等新增用电,全年实现电能替代电量约20亿千瓦时。推进省政府重点支持的48个县(区)污水管网建设,先后下发《关于加快推进48个县(市)污水管网建设的通知》《关于抓紧推进48个县(市)污水管网建设任务的通知》,至12月底,全省48个县(区)建成污水管网1102.95千米,完成投资26.21亿元。召开鄱阳湖沿线建制镇污水处理项目建设推进工作会议,专题部署相关工作。安排1.92亿元,支持镇村污水处理设施建设;安排3800万元,启动实施环鄱阳湖区域20个建制镇的污水处理设施建设。推进畜禽清洁生产行动,将列入年度减排计划的畜禽养殖企业作为工作重点,指导督促其完善配套设施设备,减少污染物排放。组织对列入年度减排计划的畜禽养殖场减排设施建设、运行情况,以及已认定减排量的国家减排目标责任书项目和养殖量较大项目减排设施运行情况开展执法检查,责令污染治理设施不完善、超标排污的养殖场限期整改,确保设施有效运行。

【强化督查调度通报】 加大对重点减排项目运行问题较突出的地市的督办力度,建立火电、钢铁、水泥、平板玻璃等重点行业主要污染物总量减排全口径生产情况及脱硫脱硝除尘设施运行情况月报制度,为研判减排形势和决策提供依据。重点调度审核全省火电、钢铁、水泥、平板玻璃等重点行业脱硫脱硝除尘设施电子台账,通报所在地污染减排面临的形势及存在的问题。在吉安市召开推进省政府重点支持的48个县(区)污水管网建设工作现场推进会,并对项目建设进展情况进行通报,对下一步工作提出明确要求。组织召开48个县(区)污水管网建设工作调度会;分四个组对48个县(区)污水管网开工及建设等情况进行实地督查,并印发通报;对项目建设进展缓慢的29个县(区)和相关设区市进行督办,强化调度和督导。

(省环保厅)

本栏编辑 詹跃华

教　育

综　述

2016年，江西教育部门按照“学前教育补课创新、义务教育均衡发展、高中教育加快普及、职业教育打造特色、高等教育争创一流”的发展思路，夯基础、补短板、抓关键、促发展，全面完成各项工作任务。

*教育长远谋划有了新蓝图。*编制出台《江西省教育事业发展“十三五”规划》，明确“3710”目标任务。发挥教育新型智库专家建言献策作用，向智库专家学者发布研究课题33个，在高校思想政治、职业教育结构调整、教育服务供给侧结构性改革等方面推出多项研究成果，为破解江西教育有关战略、难点问题提供指导。谋划全省教育信息化发展，在鹰潭市召开全省教育信息化会议，发布中小学教育信息化建设标准。推进“三通两平台”（网络校校通、资源班班通、空间人人通，教育资源服务平台、教育管理服务平台）建设，“三通”覆盖率分别达82%、74%、23%，分别提高16、14和15个百分点。

*教育依法治理完善新机制。*实施《江西省学校学生人身伤害事故预防与处理条例》，取得效果，9家中央媒体到赣采访，央视焦点访谈、教育部简报报道推介。印发全省《教育系统开展法治宣传教育的第七个五年规划》和《依法治教实施规划（2016—2020年）》，组织召开“七五”普法动员部署视频会，部署中小学章程建设，评选出依法治校示范校130所。健全督政督学机制，与省委组织部联合建立县（市、区）党政领导干部履行教育职责督导评价机制，督导评价结果作为教育项目、资金分配和领导干部选拔任用重要依据。印发《江西省省督学聘任管理办法（试行）》，新聘省督学190人、省督导评估专家344人。

*教育综合改革激发新活力。*考试招生制度改革不断深化。以省政府名义出台《江西省深化考试招生制度改革实施方案》，组织宣讲解读，并在南昌、新余开展试点。进一步减少和规范高考加分项目与分值，扩大平行志愿，优化批次结构。高考录取率81.31%，比2015年提高2.5个百分点。创新创业教育改革有声有色。首期投资3.8亿元建设国家级大学生创新创业示范基地，带动就业5000余人。编写出版全国首套创新创业教育教材。在第二届中国“互联网+”大学生创新创业大赛中，江西获奖总数并列全国第一。江西经验做法在教育部经验交流会上作为典型推介，并在《教育部简报》《中国教育报》头版头条报道。科研领域“放管服”改革提速。印发《江西省鼓励科技人员创新创业的若干规定》，推出成果处置权和收益分配权“两自主”、提高科技人员收益分享比例等10个方面举措，进一步落实和扩大高校科研自主权。教育开放合作继续扩大。举办首届教育合作项目（北京）对接会，并首次作为省级招商引资活动，签约项目40余项，涉及资金40亿元。

*人才队伍建设推出新举措。*12月21日，制定印发《关于加强“十三五”期间教育人才队伍建设的意见》，进一步细化落实教育“十三五”规划中人才队伍建设工程的“3132”（培育骨干教师30000人、学科带头人10000人、培育引进高层次人才3000人、打造200个创新平台和团队）目标任务。表彰首届“感动江西十大教育年度人物”，评选出龚全珍、江风益等首届“感动江西十大教育年度人物”。支月英被评为全国十大教书育人楷模，当选为“感动中国2016年度人物”。在赣州和鹰潭实施教师资格定期注册试点，8.1万名中小学教师首次注册。加强高校领军人才队伍建设。全省高校新增长江学者特聘教授、“国家杰青”“国家优青”各1人，新增长江学者讲座教授2人，入选“万人计划”5人，入选“国家创新人才推进计划”中的“青年科技创新领军人才”2人。

*各级各类教育取得新成绩。*学前教育普惠资源有效扩充。出台《江西省普惠性民办幼儿园认定及扶持办法》。中央、省财政投入15.87亿元，实施学前教育三年行动计划，扶持2776所惠普性民办幼儿园，竣工217所公办幼儿园，公办园占比由2015年12%上升到23.9%。义务教育均衡发展有序推进。研究制定《关于统筹推进县域内城乡义务教育一体化改革发展的实施意见》。“全面改薄”项目校舍建设竣工率和设备采购完成率全国排位分别上升至第四位和第六位。用好省财政15亿元资金，重点化解城镇学校“大班额”等，约3500所学校受益。全省42个县（区）通过国家义务教育发展基本均衡督导评估组的认定，通过比例提高到57%，全国排名前移11位。高中教育特色发展取得实效。争取中央资金3.76亿元，改扩建校舍和体育场地约33万平方米。省财政投入4亿元安排普通高中生均财政补助。遴选56所高中参与第二批普通高中特色发展试验，总数达

100所。现代职业教育体系不断健全。推动全省撤销、合并中职学校158所，中职学校由509所减少为351所。高等教育内涵发展不断推进。持续开展本科专业评价，23所高校申请停办、停招专业点120个。6所高校开展本科教学审核评估。16所高职院校联合11所本科高校，在24个专业开展应用技术型本科人才培养试点。分学科组织首届全省研究生创新创业学术交流活动。民族教育、音体美教育各具特色。安排1000万元支持20个民族乡镇学校改善办学条件。以省政府办公厅名义印发《关于强化学校体育促进学生身心健康全面发展的实施意见》《关于全面加强和改进学校美育工作的实施意见》，联合省发改委、省财政厅等6个部门出台《关于加快发展青少年校园足球的实施意见》。在全国第五届中小学生艺术展演活动中，江西推荐的20个节目全部获奖。

教育服务能力得到新提升。开展"十百千"专项行动。落实省委、省政府"降成本优环境"专项行动，开展"加强校地合作"主题调研，收集意见建议3700余条。全省高校与115个县市区或工业园区、3800家企业在科技咨询、技术研发、成果转化等方面建立合作关系；选派1100多名博士、教授入企帮扶。构建线上线下校企对接机制。启动"江西省校企合作信息服务平台"，汇总校企数据近1万条。举办首届高校科技成果对接会，63所高校、800多家企业到会，签约项目35个，金额8041万元；会后又有65个项目落地。高校科研创新能力显著增强。南昌大学、江西农业大学、江西理工大学、东华理工大学4所高校4个项目获2016年国家科技进步二等奖，在地方高校获奖排名全国第一。在2016年全省三大科技奖中，高校共获41项，占38.3%。共青科教城建设取得重要进展。南昌航空大学科技学院、江西财经大学现代经管学院共青新校区2016年秋季如期开学，两校新生报到率超过90%。服务"三农"举措更加务实。以省政府名义印发《关于加强面向"三农"职业教育和职业培训的若干意见》，推出"八个一"措施服务现代农业强省建设。

（省教育厅）

基础教育

【概　况】　2016年，按照全省教育"十三五"规划总体部署，围绕立德树人根本任务，以提升质量、促进公平为中心，谋全局、抓关键，补短板、攻难点，全省基础教育工作取得新突破。全省基础教育学生人数856.37万人。其中，小学在校生422.76万人，小学净入学率99.68%；初中在校生180.28万人，初中阶段毛入学率100.31%；高中在校生94.29万人，高中阶段毛入学率88.5%；幼儿园1.41万所，在园幼儿159.04万人，学前教育毛入园率75.24%。特殊教育学校88所，在校学生2.8万人。

【加强中小学德育工作】　转发《教育部关于加强和改进中小学品德课教学工作的意见》，将德育有机融入中小学教育教学全过程；制定《关于贯彻落实〈教育部关于加强家庭教育工作的指导意见〉的实施意见》，发挥家庭教育在育人中的作用；组织开展全省中小学生思想状况和德育工作现状专题调研。在全省中小学校组织开展红色、绿色、古色三项文化主题教育活动，300多万名中小学生参加活动。制定下发"文明校园"评价细则，推动全省中小学开展文明校园创建活动。在中小学校开展"绿色学校"创建活动，评出省级绿色学校48所。开展心理健康教育特色学校创建活动，评出全省第二批中小学心理健康教育特色学校21所。在全省青少年校外活动中心开展暑期"圆梦蒲公英"主题活动，组织10余万名学生参加各种社会实践。开展"圆一个微心愿·关爱农村留守儿童"活动，校外活动中心将活动送到所有乡镇。举办2016年中小学"假期读好书"活动，以纪念红军长征胜利80周年等为主题，发动、引导中小学生多读书、读好书。

【推动学前教育普及普惠】　争取中央、省财政投入16.9亿元发展学前教育，其中省财政投入10亿元，比2015年增加7亿元。把公办园建设任务层层分解落实到各市、县（市、区），协调省编办解决农村小学附属幼儿园设立登记的有关事项。全省竣工公办幼儿园217所、转为独立办园的农村附属园1719所，分别达到年度目标任务的108%和114%。全省公办园占比上升到23.9%，比2015年提高11.6个百分点。会同省委政研室开展专题调研，形成调研报告《让更多适龄幼儿接受优质普惠的学前教育》。会同省发改委、省财政厅下发《江西省普惠性民办幼儿园认定及扶持办法》，引导民办幼儿园办成收费较低、质量合格的普惠性幼儿园。争取芦溪县和赣县进入36个国家学前教育改革发展实验区，确定南昌市等11个市县（区）为省级学前教育改革发展实验区。开展以"幼小协同科学衔接"为主题的全省学前教育宣传月活动。组织专家对8所幼儿园进行省示范幼儿园评估，对18所省示范幼儿园进行复评，引领各级各类幼儿园科学办园、规范办园。

【推动义务教育均衡发展】　省教育厅会同省发改委、省财政厅、省公安厅等13个单位印发《关于加快推进全省基础教育项目建设工作的意见》，进一步加强项目管理、加快建设进度、提高资金使用效益。10月25日，在萍乡召开全省基础教育重点项目建设暨义务教育均衡发展现场推进会，全面部署工作，推动各地加快基础教育项目建设和义务教育均衡发展步伐。累计投入资金46.53亿元，新建、改扩建农村学校1.11万所，超额完成三年规划新建、改扩建农村学校1万所任务。《江西日报》和《中国教育报》先后对工程建设取得的成效作了报道。全省"全面改薄"项目累计投入资金172.11亿元，校舍建设竣工率和设备采购完成率分别达82.02%、75.53%，分别高出全国平均水平22.62和16.14个百分点，在全国排位分别由2015年的第十一位、第十八位上升至第四位、第六位。组织开展"家、校、社"协同育人机制专项调研，联合有关部门出台《关于加强"家、校、社"协同育人关爱农村留守儿童的实施意见》，指导各地建立完善协同关爱留守儿童机制。

【启动基础教育重大改革试点】 7月5日，省教育厅下发《关于开展基础教育重大改革试点的通知》，在南昌、宜春、吉安、新余4市开展基础教育重大改革试点，以点带面，推动全省教育事业发展。在南昌市开展基础教育热点难点问题改革试点，探索破解基础教育"大班额"、入园难、择校热、学生课余学业辅导、课后活动管理等热点难点问题。在宜春市、吉安市开展农村义务教育学校网点调整试点，破解农村学校"空心化"问题。在南昌市、新余市开展普通高中教育考试招生制度改革试点，探索普通高中学业水平考试，实施全面选课走班、加强学生综合素质评价等改革。

【推动高中教育健康发展】 争取中央资金3.76亿元，改、扩建校舍和体育场地约33万平方米。省财政投入4亿元安排普通高中生均财政补助。对全省普通高中落实国家课程方案进行专项检查，组织开展"我的课改故事"征文活动、学生综合实践活动和通用技术设计成果展示，随机抽取20所重点中学进行评估，推动学校提升建设水平，规范学校管理，推进素质教育。省教育厅下发《关于进一步做好全省民办普通高中招生工作的通知》，全省民办高中招生工作运行平稳。组织开展第二批普通高中特色发展试验工作，遴选确定56所学校参与试验，试验学校范围扩大到100所。

【进一步推进中小学教育信息化建设与应用】 省教育厅下发《关于开展"网络学习空间人人通"工作的通知》，指导各地加快推进"三通"建设。争取教育部为吉安市支持建设移动多媒体教室学校40所，争取省财政在改薄项目资金中安排罗霄山脉贫困县区农村初中录播教室建设项目34个。加强对2015—2016年度"一师一优课、一课一名师"活动的发动培训和巡回指导，全省有15.7万名教师参与活动，共晒课16.1万节，列全国第十三位；评出省级"优课"4062节，获部级"优课"745节，增长160%，有4个学科工作室、2个在线会客室入选教育部优课活动优秀工作室，促进信息技术与课堂教学融合。

【强化中小学安全管理工作】 召开全省校车管理工作座谈会，组织开展中小学生安全教育日活动，会同省直有关部门开展校车安全运行情况检查，强化中小学校安全工作的日常管理。召开全省中小学防溺水工作现场会，下发专项行动方案，组织开展为期200天的防溺水专项行动。先后两次对防溺水工作进行专项督导。全年中小学生溺水164人，比2015年溺亡226人下降27.4%；一次死亡3人及以上的溺亡事故（7起），比2015年（13起）下降46.2%。下发《全省中小学校园欺凌专项治理工作方案》，建立月报制度，部署开展防治中小学生欺凌和暴力集中排查整治工作，派出7个督导组赴28个县（市、区）215所学校进行专项督导。组织开展为期6个月的全省学校危险化学品安全专项整治，重点整治学校实验室、危化品仓库、食堂和餐饮场所、水电气设施等，共排查治理危险化学品安全隐患315处。印发《全省学校安全工作专项检查督导方案》，派出14个督导组开展为期3个月专项督导检查。

（省教育厅）

职业教育与成人教育

【概　况】 2016年，全省职业教育与成人教育紧扣重点任务，聚焦关键问题，优化发展环境，树立职业教育新形象，推动职业教育"专业化、实用化、特色化、品牌化"发展。全省中等职业教育学校483所，招生18.63万人，比2015年减少9.17%；在校生67.12万人，比2015年减少0.68%。

【全国高职高专校长联席会议2016年年会在南昌召开】 10月28日，全国高职高专校长联席会议2016年年会在南昌召开。会议围绕"质量开放融合"主题，展示全国高职院校在提升质量、开放创新、融合发展的经验和成果，探讨新形势下高职教育发展的重心和路径。省委教育工委书记黄小华出席会议，工委副书记、省教育厅厅长叶仁荪介绍江西省高职教育发展情况，教育部职成司巡视员王继平作主旨讲话。全国高职院校近2000名代表参加会议，其中学校主要负责人有400多人。

【开展"职业教育活动周"活动】 5月8日—14日，省教育厅、省委宣传部、省人社厅联合在全省范围内开展以"弘扬工匠精神、打造技能强国"为主题的"职业教育活动周"活动。活动周通过多种形式的职教展示、交流和服务活动，使社会了解职教、体验职教、参与职教、共享职教成果，持续传播职教正能量，弘扬时代风尚，营造社会氛围，提升职业教育社会影响力和吸引力。中国政府网对江西省活动作了报道，教育部门户网报道14次，省政府网报道1次，《江西日报》报道2次。

【提升校地校企合作水平】 围绕全省降成本优环境专项行动，开展"加强校地合作、提升教育服务能力"专项调研，发放调查问卷1200多份，从政府、高校、企业等收集高校、地方、企业对接与合作方面的意见和建议3694条，并开展"百校联百园""千博进千企"活动。全省高职学校社会服务贡献度明显提升。2016年中国高等职业教育质量年度报告显示，江西交通职业技术学院、江西应用技术职业学院在全国1341所高职高专学校中，跻身高等职业院校服务贡献50强。

【规范中职学校管理】 9月30日，制定印发《江西省中等职业学校教学工作诊断与改进执行方案》（试行），建立和完善教育行政部门统筹规划、各中等职业学校自主诊断与改进（简称诊改）、利益相关方有效参与、主管（办）部门协同改进的常态化周期性教学工作诊改制度与运行机制。分别召开中职、高职学校教学工作诊断与改进培训会，全面开展职业院校教学诊改工作。组织参加2016年全国职业院校评估工作，指导207所中职学校、49所高职院校进行网上数据采集，并编制完成全省职业教育评估报告。组织开展中等职业院校招生工作专项督导，实地抽查11个设区市中职学校及部分省属普通中专学校，了解全省中等职业学校招生情况，及时发现问题，规范招生秩序。全面应用全国中等职业学校学生管理信息系统和全国学生资助管理信息系统中职子系统,完成2016年中职新生13.10万人注册。组织开展中等职业学校学生学籍管理和资助工作专项治理,实地检查54所学校,重点核查“双重学籍”“在籍不在校”等方面问题。出台中等职业教育毕业证书管理办法,统一全省中等职业教育证书格式和编号。

【创新职业院校人才培养模式】 以示范骨干高职院校为核心,联合行业、企业共同组建职业教育集团23个,各高职院校与行业、园区和企业广泛互动、密切合作,建立优势互补、共同发展的集团化办学机制,健全产教融合、协同育人机制。开展订单培养和现代学徒制等工学结合人才培养模式改革,江西应用技术职业学院和江西航空职业技术学院2所高职院校成为全国首批现代学徒制试点单位。全省高职院校合作企业达5322家,有合作企业的专业点1049个,占比73.72%;订单培养学生2.37万人,增长21.51%。继续扩大中高职衔接试点范围,新增一批中高职对接试点专业,涉及15所高职、37所中职、59个专业。首次在转型试点本科高校安排本科招生计划,招收中职毕业生,重点围绕国家和省重点产业领域,培养本科层次应用型技术技能人才。完成“三校生”考试大纲的修订,并印发新版考试大纲。

【提升学生职业素养】 开展江西省第十三届中等职业学校技能竞赛节活动,全省1200余名选手参加电工电子、汽车运用与维修、信息技术、现代制造等11大类42个单项省级决赛。选派102名中职组选手和176名高职组选手组成代表队参加2016年全国职业院校技能大赛,共获86个奖项,其中中职组一等奖4项、二等奖10项、三等奖21项,高职组一等奖11项、二等奖23项、三等奖17项。在第十二届全国中等职业学校“文明风采”竞赛活动决赛中,江西作品获一等奖9个、二等奖33个、三等奖42个、优秀奖156个。

【促进教师专业化发展】 省财政安排300万元,在江西师范大学等9个省级职教师资培训基地重点培训600名中职学校专业骨干教师,提升教育教学能力、科研能力和信息化技术应用能力。继续实施中职学校“特聘兼职教师项目”,省财政安排900万元,资助聘请600名能工巧匠担任特聘兼职教师。全省高职院校投入9157.77万元,用于师资队伍建设,参加各类进修培训教师3234人次,下企业锻炼513人次,聘请行业企业一线技术专家、能工巧匠担任兼职教师4475人。

(省教育厅)

【加强技能大师工作室建设】 立足鄱阳湖生态经济区建设和十大战略性新兴产业发展需要,以“技兴赣鄱”专项行动为依托,以技工院校和大型企业为平台,加强大师工作室建设,形成国家级、省级、设区市和行业(企业)级大师工作室体系。全年新增各类大师工作室60家,其中国家级5家、省级18家。至年底,全省已建设国家级技能大师工作室20家,省级技能大师工作室83家,设区市级90家,行业(企业)级近200家。

【加强高技能人才培训基地建设】 依托技师学院、高级技校、大型企业,建设高技能人才培训基地,其中技工院校建设了钢铁、汽车、电子信息、制造技术等高技能人才培养基地25个。全省已建成国家级高技能人才培训基地18家,国家给每个基地安排建设项目资金500万元;已建成省级高技能培训基地80家,2016年省财政安排5家省级建设项目资金每家300万元。

【推进技工院校发展】 组织开展中职教育资源整合和技工院校办学质量评估,摸清全省技工院校办学底数。全省拥有技工院校89所,新设立技师学院2所、高级技工学校2所;全年完成招生5.04万人,比2015年度增加5%,毕业3.15万人,就业率稳定在98%以上;为社会培养各类技能人才12.71万人;全省技工院校教职工9604人,师生比保持在1:13左右。

【推进技工教育改革】 推进中职产教融合发展工程建设规划,“十三五”期间共有42个中职产教融合发展工程建设规划项目,有6所技工学校纳入规划。加大资金支持力度,分配31所技工院校现代职业教育质量提升计划资金5100万元,增长44%。规范质量提升计划专项资金使用,严格资金管理,实时上报资金使用情况。开展“我能出彩”技校主题活动,运用活动成果,在中等职业教育质量提升计划中央专项资金分配时对5所“出彩学校”进行资金倾斜,7名教师享受“出彩活动成绩比照专业教学业绩”待遇。

(袁伟华)

高等教育

【概　况】 2016年,全省高等教育以改革为动力,实施创新驱动发展战略,推进人才培养模式改革,推进协同创新,深化高等学校创新创业教育改革,提高高校人才培养质量,提升科学研究水平和服务经济社会发展能力,完成年初确定的各项任务。至年底,全省有普通高等学校、独立学院和成人高等学校106所,其中普通高等学校98所(含独立学院13所)、成人高等学校8所。各类高等教育在学人数总规模135.01万人,高等教育毛入学率39.5%,提高3个百分点。

【江西省国家级大学生创新创业示范基地落地】 省教育厅与南昌市政府、高新区管委会共同创建江西省国家级大学生创新创业示范基地,南昌(国家)大学科技城建设全面启动。该基地是省教育厅为大学生搭建的一个集政策扶持、创业指导、创业培训和综合服务为一体的省级大学生创业孵化服务平台。至年底,已入驻大学生创业团队100多个,第三方服务机构30个,投融资机构20个。有5个大学生创新创业项目获4400万元签约投资。省内外10余所高校已与基地建立长期合作共建协议。基地全年接待中央领导、省领导以及兄弟省市、国外有关机构参观考察30多次。

【高校创新创业教育】 在第二届全国“互联网+”大学生创新创业大赛中,江西省高校参赛项目和参赛人数均名列全国第一。入围全国总决赛项目31个,获9银22铜,并列全国第一,获奖总数比2015年增长121%。《中国教育报》《教育部简报》分别对江西创新创业教育情况作了头版头条报道。组织开展全省大学生科技创新与职业技能竞赛，有 89 所院校 4.52 万名选手参赛，竞赛项目覆盖面广、参与人数多，激发了学生创新创业活力，拓宽学生动手能力和就业能力的培养途径。

【提升本科教学质量】 对全省 33 所本科高校 62 个专业 379 个布点开展专业综合评价工作，成立 15 个教指委，建立由 382 名专家组成的评价队伍。通过评价，已有 23 所高校申请停办或停招共 120 个专业点。组织省内外 60 多名专家对省内 6 所高校开展本科教学审核评估，加强对高校的宏观管理和分类指导，引导高校合理定位。健全质量保障体系，建立全省高校质量年报制度。完成本科教改课题的遴选，从 1281 项申报课题中遴选确定 645 项省级教学改革研究课题，进一步推动高等教育教学改革研究。新增江西理工大学化工冶金实验教学中心等 3 个国家级实验教学示范中心，南昌大学医学虚拟仿真实验教学中心等 2 个国家级虚拟仿真实验教学中心。

【出台《江西省鼓励科技人员创新创业的若干规定》】 省教育厅会同省科技厅修订《江西省鼓励科技人员创新创业的若干规定》，并于 4 月 20 日以省政府名义印发。该规定在完善成果转化机制、健全收益分配制度、明确创新创业措施上采取 10 项新举措。在结构上分为两大部分：第 1 ~7 条为第一部分，主要内容为科技成果使用、处置、收益分配“三权”管理，科技成果转移转化方式，转移转化收益分配、激励以及政策保障制度等；第 8 ~ 10 条为第二部分，主要内容为科研人员，尤其是“双肩挑”人员的离岗、在岗创新创业有关情况。

【科技创新项目创历史新高】 2016 年，全省高校获中央引导地方科技发展专项资金 840 万元；获国家重点研发计划项目 2 项（全省共 3 项），项目经费 7587 万元；获国家自然科学基金项目 741 项，经费 2.7 亿元，立项数和经费数均创历史新高。获省科技成果奖 41 项，占全省奖励总数 38.3%，获奖数量创历史新高。

【科技创新平台建设】 依托江西师范大学建设的国家单糖化学合成工程技术研究中心通过验收，新增“分子筛膜材料”国家地方联合工程实验室 1 个。全省高校（含附属医院）共新增江西省重点实验室 13 个、江西省工程技术研究中心 5 个、江西省工程研究中心（工程实验室）16 个，高校创新平台布局进一步优化。

【高校领军人才建设】 继续加强对高校师资的培养培训，共完成高校新进教师素质培训 3000 人、青年教师教研推进项目培训 2000 人、资助优秀教师到国内外高校访学 234 人、管理人员能力提升培训 300 人。尤其是在领军人才建设方面获得新进展，华东交通大学教授徐长节入选长江学者特聘教授，江西财经大学新增 2 名长江学者讲座教授；全省高校有 5 人入选万人计划，2 人入选国家创新人才推进计划中青年科技创新领军人才；新增国家杰青、国家优青各 1 人。

【举办江西省首届高校科技成果对接会】 12 月 29 日—30 日，省委教育工委、省教育厅、省发改委、省工信委、省国资委、省科技厅、省科协、省工商联 8 部门在南昌举办江西省首届高校科技成果对接会。省内共有 63 所高校和 7 个园区、企业参加对接会，并在会上推介成果、技术近万项，有 800 多家省内外企业到会参观交流对接。开幕式上有 17 所学校和 34 个企业签署了 35 个项目的合作协议，金额达 8041 万元。对接会期间，还举办了校企协同创新论坛、高校科技成果展演、新闻发布会等系列活动。

（省教育厅）

师资教育

【概 况】 2016 年，坚持师德师风为先，聚焦乡村教师队伍建设，以促进公平和提高质量为核心，不断优化教师资源配置，深化教师管理改革，健全教师培养补充机制，创新教师培训模式，培养“四有”高素质专业化教师队伍。省教育厅会同省人社厅统一组织招聘中小学教师 1.1 万人，其中“特岗计划”招聘 4523 人。落实部属师范大学免费师范生回省任教 221 人，招收定向师范生 5228 人、江西师范大学本科免费师范生 231 人。争取“国培计划”资金 1.18 亿元、省培资金 2200 万元，培训中小学教师 13.6 万人次。全面推开义务教育学校校长教师交流轮岗改革，各县（市、区）都以政府名义出台实施方案，参加交流轮岗的校长教师 1.29 万人，促进教师资源均衡配置。奉新县澡下镇白洋教学点教师支月英获“2016 年全国十大教书育人楷

江西省首届高校科技成果对接会期间，省政协主席黄跃金（前排右二）一行到对接会现场巡视指导

省教育厅供稿

模”称号，并作为全国教书育人楷模和长期从教乡村教师代表在全国乡村教师队伍建设工作推进会上发言。

【组织开展“万师访万家”活动】 5月，省委教育工委、省教育厅在全省启动“万师访万家”活动，要求党员干部带头、教师广泛参与，开展以“访家庭、正教风、立师德”为主题的家访活动。全省11万余名教师家访学生195万人，回收问卷89万份，征集家长意见83万条，家长满意度反馈达90分以上。7月20日，《中国教师报》用3个版面重点报道江西省“万师访万家”活动开展情况，引发全国对重拾家访传统的热议。新华社、《江西日报》《中国教育报》等多家媒体对活动开展进行追踪报道。

【开展首届“感动江西十大教育年度人物”评选活动】 5月18日，省委教育工委、省教育厅召开新闻发布会，启动首届“感动江西十大教育年度人物”评选活动。活动分为推荐初选、展播推介、组织评审和颁奖表彰四个阶段。经专家审阅、评议和网上大众评审，最终产生20名候选人选。9月5日，省委教育工委、省教育厅举行“感动江西十大教育年度人物”颁奖晚会，江风益、龚全珍、廖小文、支月英、严水石、邝美云、吕余锋、杨乐文、宋金如、蒋国珍10人获首届“感动江西十大教育年度人物”称号，龚千锋、焦静、张佩芳、翁俊水、罗光祥、刘锡全、李堂华、李雨才、郑垚婷、周裔开10人获首届“感动江西十大教育年度人物”提名奖。

【加强中小学教师培训】 争取“国培计划”资金1.18亿元、省培资金2200万元，按照国家和省教育脱贫攻坚工作部署，重点向乡村教师倾斜，以教师持续发展为本，通过教师培训团队置换脱产研修、送教下乡培训、教师网络研修、乡村教师访名校培训和乡村校园长培训等项目，培训中小学教师13.6万人次，提高了教师能力水平，乡村学校音、体、美教师紧缺的现状得到改善。

【开展江西省第三届学科带头人、骨干教师评选活动】 6—8月，省教育厅组织开展江西省第三届学科带头人、骨干教师评选活动。在各设区市、省直管县（市）遴选推荐的基础上，组织专家评选出省学科带头人293人、省骨干教师575人。首次将信息化应用教师单列评审，全省评审信息化应用骨干教师291人。

（省教育厅）

民办教育

【概　况】 2016年，严格规范办学行为，加强专项资金管理和民办高校领导班子建设，推动民办教育健康发展。至年底，全省各级各类民办学校1.13万所，比2015年增加406所；在校生191.67万人，占全省在校生总数18.82%。其中，民办普通高校31所（民办高校本科6所，专科12所，独立学院13所），普通本专科在校生27.95万人，占全省26.90%；民办中等职业学校134所，比2015年减少4所，在校生5.43万人，占全省15.01%；民办普通高中140所，比2015年增加5所，在校生13.95万人，占全省14.80%；民办初中166所，比2015年增加8所，在校生15.38万人，占全省8.53%；民办小学53所，在校生13.94万人，占全省3.30%；民办幼儿园1.08万所，在园幼儿115.00万人，占全省72.31%；民办特殊教育学校1所，在校生153人，占全省0.55%。

【出台《江西省民办非学历高等教育机构设置管理办法》】 6月15日，根据《中华人民共和国高等教育法》《中华人民共和国民办教育促进法》《中华人民共和国民办教育促进法实施条例》和《江西省民办教育促进条例》等法律法规，结合江西省实际情况，出台《江西省民办非学历高等教育机构设置管理办法》。该办法自发布之日起施行，原《江西省民办非学历高等教育机构设置标准》同时废止。该办法界定了民办非学历高等教育机构的概念，即国家机构以外的社会组织或者个人，利用非国家财政性经费，面向社会举办的教学内容属于高等教育层次但不具备颁发国家高等教育学历证书资格的各类助学、培训、辅导等专修和培训学院、学校；明确了举办学校应当具备的基本条件，进一步强化对学校的管理和监督措施，还对申请程序、审批流程、变更与终止办学、违规处理等方面重新进行规范。

【开展专项督查民办高校招生工作】 就招生宣传、招生行为、学生学籍身份以及退学退费等工作，对全省18所民办高校招生工作进行专项督查。1—6月，省教育厅开展民办高校、民办高等教育机构招生简章及广告备案工作，各民办高校（民办高等教育机构）的招生简章及广告印发前需经省教育厅审批。8—10月，省教育厅派出招生督查工作小组前往各民办高校实地督查，各学校基本做到阳光招生，在报到大厅明显位置设置公示牌，公示学校的办学性质、办学层次、收费标准等，并在省财政厅统一印制的收费票据上相应注明“统招生”或“自考生”，总体情况比较规范。

【开展全省民办教育机构年度检查】 11月，省教育厅对全省18所民办高校、16所民办专修学院和2所民办中专开展2015—2016学年度检查，组织专家实地核查，全面了解办学情况。对民办高校年检基本合格的学校，要求其进一步采取有效措施，解决办学中存在的困难和问题，并在文件印发后30日内向省教育厅提交书面整改报告。对限期整改不到位的学校，省教育厅将在专项资金安排、评先评优资格、招生计划安排等方面对学校进行限制；对民办高等教育机构年检结论为“基本合格”的学校，责令学校进行整改，整改期限半年，整改期间暂停招生。对在期限内完成整改并提出恢复招生申请的学校，由教育行政部门对照《江西省民办非学历高等教育机构设置管理办法》第二章设置标准进行整改验收，验收合格的学校，恢复其招生资格。对未在期限内完成整改或验收不合格的学校，当年年检结论定为“不合格”。对年检结论为“不合格”的学校，取消次年年检资格。在省民政厅公布撤销其法人登记后，终止办学。对独立学院、民办普通高校、民办专修学院开展2015年度财务审计。

【印发《关于进一步做好全省民办普通高中招生工作的通知》】 5月9日，省教育厅印发《关于进一步做好全省民办普通高中招生工作的通知》。要求各设区市教育行政部门严格审批民办普通高中。要对已审批的民办普通高中特别是公办学校参与举办的民办普通高中进行一次全面核查，凡不符合规定的要坚决予以纠正。核查后，要将按照规定审批的民办普通高中有关情况，通过教育局门户网站、当地报纸等新闻媒体或其他途径进行公布，并设立联系举报电话，接受社会监督。各地教育行政部门要根据办学条件和实际需要核定下达民办普通高中的招生计划，不得减少参与举办民办学校的公办学校的高中招生计划并应根据当地普及高中阶段教育的进度相应增加招生计划。民办普通高中不得招收已经被他校录取并已到校报到的学生，不得超计划招生，不得采取派人上门动员、虚假承诺宣传、支付生源组织费、给予学生高额补助或其他不正当行为抢挖生源。参与举办民办学校的公办学校不得假借民办学校名义进行招生，民办学校不得假借参与举办的公办学校名义进行宣传。各地教育行政部门要严格普通高中学籍管理，按照中招部门提供的录取报到名单办理高一新生学籍，不得为民办普通高中违规招收的学生建立学籍。

（省教育厅）

国际合作与交流

【概　况】 2016年，落实年初工作部署，推动教育对外开放，在教育国际合作交流方面取得新进展。省教育厅、省属本科院校及厅属高职院校全年因公出国(境)访问、学术交流、进修、培训798人次；赴台访问、学术交流、进修、培训298人次；聘专资格院校123所、长短期外籍教师710人，获2016年江西省政府"庐山友谊奖"外国文教专家6人；中外合作办学项目117个；接受中国政府奖学金留学生资格院校8所，来华留学生4500多人；国家公派留学面上项目录取53人，地方合作项目录取77人，中西部大学校长海外研修7人，青年骨干教师出国研修项目69人，其他国家公派出国留学项目录取20人；孔子学院12个，孔子课堂6个，汉语国际推广中小学基地3个。

【首次公布江西省本科高校教育国际化总体水平排行榜】 7月，省教育厅首次向社会公布江西省本科高校教育国际化总体水平及各单项排名前10位（2014年）排行榜，江西财经大学、南昌大学、江西中医药大学、江西师范大学、江西农业大学、华东交通大学、东华理工大学、南昌航空大学、赣南师范学院（已更名为赣南师范大学）、江西科技师范大学分列全省本科高校教育国际化总体水平前10位。省教育厅于2015年5月委托江西师范大学高等教育研究中心，对全省2014年本科高校教育国际化水平进行评估，设计《江西省教育国际化评价指标体系》，包括国际化保障、师生国际化、国际学术交流、教学国际化、科研国际化5个一级指标、17个二级指标、79个三级指标。在对相关信息和数据进行审核校对、统计分析、综合评分的基础上，形成该排行榜。

【出台《江西省推进共建"一带一路"教育行动计划》】 12月19日，出台《江西省推进共建"一带一路"教育行动计划》。该计划明确了江西教育"一带一路"向西北、西南、东南的三大战略行动走向；重点实施"丝绸之路"教育联通计划、留学推进计划、合作办学计划、科研合作计划、语言互通计划、国别区域研究计划、人文交流计划7项重点工作任务，促进全省与"一带一路"沿线国家教育交流与合作。

【规范自费留学中介服务机构审批】 为打击自费出国留学服务市场非法中介活动，保护自费出国留学人员利益，加强对自费出国留学中介机构的管理，根据《江西省自费出国留学中介服务机构资格认定与监督管理办法》要求，审核批准江西荣耀出国服务有限公司等6家自费留学中介服务机构资格。8月19日，省教育厅在江西教育网公布江西省具有合法资格自费留学中介服务机构名单8家，分别为江西教育出国留学咨询服务中心、江西友好出国留学服务中心、江西理工留学教育发展有限公司、江西金才教育发展有限公司、藤门国际教育咨询(南昌)有限公司、江西燕兴出国留学服务有限公司、江西荣耀出国服务有限公司、南昌回音谷教育投资有限责任公司。

【中外合作办学】 推动教育部批准南昌理工学院与韩国南部大学合作举办汽车服务工程专业本科教育项目。省教育厅受理江西青年职业学院、宜春职业技术学院2个中外合作办学教育项目，批准宜春职业技术学院学前教育专业专科教育项目。至年底，全省有中外合作办学项目117个。

【汉语国际推广】 2016年，获国家汉办批准，新增2所孔子学院，分别是江西科技师范大学与摩洛哥阿卜杜·马立克·阿萨德大学合作共建孔子学院、南昌大学与西班牙卡斯蒂利亚拉曼查大学合作共建孔子学院，全省孔子学院从10所增至12所。各孔子学院在海外共开设各类汉语教学班800多个，学员总数近3万人；举办中文系列讲座、展览及各类文化活动500多场；受众10多万人。选派100余位汉语教师及志愿者赴海外担任教学工作。

【举办江西省第四届外国留学生汉语大赛】 10—11月，省教育厅举办江西省第四届外国留学生汉语大赛。大赛以"江西风景独好"为主题，宣传赣鄱特色文化，展示江西省高校外国留学生教育成果。通过海选、预赛和复赛，来自6所高校的10名选手进入决赛。决赛包括"多彩赣鄱"旅游名胜文章诵读、"绿色江西"才艺表演、"感动江西"主题演讲、知识问答等多个环节，全面考察参赛选手的汉语语言、才艺展示等能力。此次比赛共决出一等奖2名、二等奖3名、三等奖5名和优秀奖10名。

（省教育厅）

本栏编辑　詹跃华

科 学 技 术

综 述

2016年，江西省科技工作以深化科技体制改革为主线，以提升企业技术创新能力为重点，实施创新驱动“5511”工程，创新型省份建设迈出新步伐。

突出加强科技创新顶层设计。召开全省科技创新大会暨科技奖励大会，举办“十二五”全省科技创新成果展，表彰2015年度全省科技奖获得者。不断优化科技创新政策环境，制定出台一系列科技创新政策文件，初步形成推动创新发展的“1 + N”政策框架体系。编制发布《江西省“十三五”科技创新升级规划》，明确“十三五”时期全省科技创新的重点领域、重点任务和保障措施。

突出推进创新驱动“5511”工程。启动实施11个重大科技研发专项，每项给予550万元的支持。新组建科技协同创新体15个，涉及节能环保、新材料、航空和先进装备制造、生物和新医药、锂电与电动汽车及绿色食品等战略性新兴产业领域。全省科技协同创新体总数达48个。新增国家级创新人才15人，其中千人计划人才3人、长江学者3人、国家杰出青年基金获得者1人、中青年科技创新领军人才2人、科技创新创业人才6人。另有1人获国家优秀青年基金、16人入选第二批国家“万人计划”科技创新、创业领军人才和百千万工程领军人才。新增省级学科学术带头人23人，青年科学家培养对象60人。新增国家级科技企业孵化器5个、国家级众创空间11个、国家级企业技术中心2个。获批国家级星创天地21个、国家地方联合工程研究中心（工程实验室）3个。组织金达莱、华东交通大学、江西理工大学、双胞胎4家单位申报国家工程技术研究中心，东华理工大学申报省部共建核资源与环境国家重点实验室。永新农业科技园区获批扩建，成为国家农业科技园区。新增省级重点实验室17家，工程技术研究中心40家。新增高新技术企业360家。全省申报高新技术企业886家，申报量增长80%。共有635家企业通过认定，通过率71.67%。至年底，全省高新技术企业总数达1455家。

突出深化科技体制机制改革。全面启动国家自主创新示范区申报工作，向国务院提出建设江西鄱阳湖国家自主创新示范区申请，与国家有关部门进行联系与沟通。持续深化省级科技计划管理改革，会同省财政厅代拟《关于深化省级财政科技计划（专项、基金等）管理改革的意见》，整合各类计划，形成五大类计划。加快推动知识、技术、管理、技能等要素按贡献参与分配。做好《鼓励科研人员创新创业的若干规定》等政策的制订和落实，“赣十条”激励科技人员创新创业取得成效。升级完善科技综合业务管理系统，初步建成统一的科技计划项目管理信息系统和科技报告系统，探索建立依托专业机构管理科研项目的机制。大力促进科技与金融结合，获批组建江西省科技金融管理服务中心，“科贷通”业务完成流动资金贷款4298万元，科技担保贷款超3亿元，南昌获批为国家第二批9个促进科技和金融结合试点城市之一。

突出推动重点领域的创新升级。发展高新技术产业，新认定省级科技企业孵化器、众创空间、大学科技园74家；2个国家高新技术产业化基地通过现场考评和会议评审。高品质、全光谱无机半导体照明项目获国家重点专项扶持。制订出台《科技型中小微企业标准和认定管理办法（试行）》。加速推动农业农村科技创新，育成水稻新品种77个，累计推广283.33万公顷以上；果蔬发酵益生菌种等技术取得突破并实现产业化，直接经济效益21.38亿元；抗病高产转基因猪新品种培育等4项课题获科技部立项支持。井冈山省级农高区获批建设，庐山植物园新引种具有重要经济价值植物1000余种。提升生态文明建设和民生保障科技支撑能力，污水处理重大专项突破畜禽养殖、重金属、焦化和高浓度氨氮等7项重点污水治理关键技术。牵头或参与承担国家项目8项；国家中药现代化科技产业基地建设持续推进，科技惠民示范项目推广32项，受惠人口480.6万人；批复建设省级生态文明科技示范基地17家，新增认定节能减排科技创新示范企业60家。开展基础研究工作，获国家自然科学基金项目774项，争取直接经费2.85亿元。省自然科学基金结题532项，结题率80%以上。

突出强化大众创新创业服务。强化科技创新公共服务，江西省录入国家大仪网络平台的仪器设备数量列全国第十三位，分析测试累计检测样品6000多批次；提供科技文献下载服务20余万页次、检索查新和科技咨询服务1300余项次；超级计算能力大幅提升至120万亿次，为社会提供超算服务160万核小时。加强“双创”基地建设，认定省级科技企业孵化器19

家、众创空间77家。举办第五届中国创新创业大赛江西赛区暨第一届“洪城之星”创新创业大赛和首届江西公共安全创新创业大赛。加快建设网上常设技术市场，全年组织举办科技成果在线对接会4场，实现技术对接1506次，达成意向205次。新增省级技术转移示范机构11家。全年技术合同交易额75.56亿元。开展科技精准帮扶活动，成立专家帮扶顾问团11个，帮扶企业334家；解决技术难题347个；“科技入园”共服务企业2万余家，为园区企业提供咨询服务5万余项，提供信息服务40余万次，提供培训服务12万多人次。实施科技特派团富民强县工程，全省科技特派团204个，深入92个县，对接农林企业、合作社2695家，开展产业科技服务3616次，引进新品种42个，推广先进生产技术556项。

突出持续深化科技开放合作。加强与发达国家（地区）的科技合作，组织申报一批政府间国际科技合作项目，引进和合作研发一批关键和共性技术。中材江西电瓷被批准为国家示范型国际科技合作基地，南昌医药国际创新园通过现场验收。加强与“一带一路”国家科技合作，组织举办“一带一路”“江西省中医药国际科技合作”推进会以及“一带一路”国家农业技术等培训班。组织参加“中—越”“中国—南亚”“中国—东盟”技术转移与创新大会等对接会，推动全省科技“走出去”。加强与港澳地区科技合作，推动全省与港澳在生物医药、环境保护等领域成果对接，促进江西金达莱股份有限公司与香港三菱商事在香港推广“兼氧型生物污水处理器”。加强与大院大所、重点高校的科技合作，组织中国科学院绿色城市产业联盟赴江西开展科技成果对接；举办江西省与中科院全面战略合作座谈会，实现中国科学院院属研究所与设区市政府和企业签署合作协议。

突出实施知识产权战略行动计划。力促专利申请和授权量大幅增长。全年发明专利申请8379件，增幅46.4%，是全国平均增幅的2.2倍。实施知识产权强省战略。国家知识产权局批复江西省为特色型知识产权强省建设试点省份；省政府、国家知识产权局在南昌联合召开新一轮合作会商暨特色型知识产权强省建设推进会。省政府印发《关于加快特色型知识产权强省建设的实施意见》。开展知识产权入园强企行动。全省企业专利申请占比53.2%、授权占比55.7%，分别增长92.1%、50.5%。全省新增专利过千园区4个、专利过百高新技术企业35家、专利过十规模以上企业224家、专利消零中小微企业3000家。推动知识产权质押融资超常规发展。前三季度，全省知识产权质押融资额超3亿元，增长2.8倍，超额完成全年目标。强化知识产权执法维权服务。中国景德镇（陶瓷）知识产权快速维权中心获批为全国中部地区唯一快维中心；制定下发《关于进一步加强知识产权（专利）执法维权工作的意见》，全年处理专利行政执法案件580件。

（省科技厅）

科技发展计划

【安排基础研究计划项目】 省自然（青年）科学基金计划共受理申请项目2711项，资助项目589项，资助总经费4300万元，平均资助强度7.3万元/项、平均资助率21.73%。安排一般项目546项，资助经费3130万元。其中，面上项目281项，资助经费1607万元；青年基金项目265项，资助经费1523万元。安排重点项目43项，资助经费1170万元。其中，面上项目22项，资助经费750万元；青年项目21项，资助经费420万元。按照紧跟基础研究和应用基础研究国际前沿，围绕江西特色资源和十大战略性新兴产业，设置数理科学、信息科学、化学化工与环境科学、材料与工程科学、农业与生物科学、医药卫生科学6个学科领域。

【安排科技重大专项计划项目】 按照省委、省政府要求，启动“5511”工程专项计划，重点聚焦航空及先进装备制造、生物和新医药、新材料、节能环保、新一代信息通信等全省重点发展的战略性新兴产业，严格按照项目申报立项程序，遴选出11个重大研发专项，每项给予550万元的支持。

【安排重点研发计划项目】 全年安排省级科技支撑项目125项，资助经费2500万元。立项支持省重点研发计划农业项目170项，资助经费3500万元，其中50万元以上的重大项目24项、经费1200万元。立项实施省级科技计划项目328项，其中重大项目18项、重点和一般项目238项、科技惠民项目72项，资助经费3100万元，平均支持强度9.45万元/项，提高1.04%。对外科技合作计划重点支持省校合作、省院合作、区域合作、国际合作4个方面的项目合作，共支持项目90个，资助经费1500万元，其中重大项目10个、经费500万元。

【安排科技成果重点转移转化计划项目】 围绕经济社会发展需求，以创新驱动发展为主线，以企业创新为主体，以产业优化升级为目标，着力推进行业产业共性关键技术和社会公益技术成果的开发、应用、示范、转移、辐射、推广和产业化发展，加快推动传统产业的改造提升和新兴产业的发展壮大，为全省产业结构调整和经济社会可持续发展提供科技支撑。全年省科技厅安排科技成果重点转移转化计划项目69项，累计下达科技经费850万元。其中，重大项目15项，资助经费450万元，平均支持强度为30万元/每项；重点项目及一般项目54项，资助经费400万元，项目平均支持强度比2015年度有很大提升。

【安排重点新产品计划项目】 全省分三批安排重点新产品计划项目944项。省科技厅单列200万元资金，设立省重点新产品后补助计划，对前3年验收的重点新产品项目以后补助形式给予支持，鼓励企业技术市场成果转化，加大研发投入。2016年，通过省科技受理中心《江西省科技业务综合管理系统》在网上受理后补助项目90项，分7个技术专业领域评审，专家按照规定的形式和程序，对企业技术研发创新活动中的新产品、新技术的主要性能、技术水平、试（投）产或在生产中试（使）用的可行性、市场前景、社会经济效益等进行综合审查和评价，并作出相应结论，评审后择优资助重点新产品项目44项，经费220万元，平均支持强度5万元。

【安排“5511”工程优势科技创新团队建设计划项目】 该项计划重点聚焦航空制造、半导体照明、生物和新医药、新一代信息技术、新材料、新能源、节能环保等战略性新兴产业和优势特色产业，要求所申报的项目与创新团队确定的研究方向一致，通过项目的实施突破行业关键核心技术，抢占技术制高点和价值链高端环节，推进产业迈向中高端。同时加大支持力度，要求团队在项目2~3年的执行期结束后，创新能力和研发水平显著提升，基本具备竞争国家级重点领域创新团队的资格。为保证评审的公平、公正、公开，省科技厅制定出台《2016年江西省“5511”工程创新平台人才团队培育项目遴选细则》，对评审工作安排、评审结果的计算、项目立项原则、拟立项项目审批和评审监督等均做了规定。按照遴选细则，经单位推荐、形式审查、网上评审、会议答辩评审、厅务会和党组会审定等程序，最后确定2016年度“5511”工程优势科技创新团队项目18个，每项资助经费50万元。

【科技协同创新体建设】 新增战略性新兴产业科技协同创新体15家，涵盖节能环保、新材料、先进装备制造、生物和新医药、绿色食品和锂电与电动汽车多个领域。至年底，全省有科技协同创新体48家，其中节能环保9家、锂电与电动汽车3家、生物和新医药8家、先进装备制造5家、新材料16家、新能源2家、新一代信息技术2家、绿色食品3家。科技协同创新体累计完成投资24.66亿元，占企业自筹资金总额的80.27%。其中，研发投入5.51亿元，占完成投资的22.34%；固定资产投资16.31亿元，占完成投资的66.14%。拥有研发土地面积286.53万平方米，研发大楼28.72万平方米。20万元以上研发设备累计到位639台(套)。

（省科技厅）

科技基础条件建设

【概　况】 2016年，按照《江西省“十三五”科技发展专项规划》的部署，实施创新驱动发展战略，加大建设力度，提升科技创新服务能力。国家级科技创新研发平台工作稳步推进。主动与科技部沟通，争取国家支持。组织金达莱、华东交通大学、江西理工大学、双胞胎4家单位申报国家工程技术研究中心，遴选10项“5511”工程重大科技创新平台培育，指导单糖完成验收，指导陶瓷、铜、LED、红壤、光伏准备评估，完成省部共建猪遗传改良与养殖技术国家重点实验室、创新药物与高效节能降耗制药设备国家重点实验室、创新天然药物与中药注射剂国家重点实验室等新建的实验室建设与运行实施方案论证。省级科技创新研发平台快速发展。新批准组建省重点实验室17个，省工程技术研究中心40个，全省有省重点实验室138个，省工程技术研究中心255个。加强绩效评价，促进科技创新研发平台发展。实行绩效考评、优胜劣汰、择优扶持的动态管理机制，提升研发平台的质量和水平。对2012年组建的14个省重点实验室和14个省工程技术研究中心开展验收工作，经专家评审，全部通过验收。并对验收结果为优秀的9个重点实验室和工程技术研究中心给予20万~70万元的绩效奖励。科技基础条件平台服务能力增强。出台《江西省重大科研基础设施和大型科研仪器开放共享管理办法》，建成江西省大型科研仪器网络管理平台，并与国家网络管理平台实现对接和相关数据信息的同步；实验动物生产和使用许可证的审批发放工作稳步推进；《江西省网上常设技术市场建设项目》和《江西省科技综合业务管理系统》上线试运行；超级计算公共服务平台计算能力从50万亿次/秒提升到120万亿次/秒。

【加快重点实验室和工程技术研究中心建设】 围绕增强企业技术创新能力，加快企业技术创新平台建设，提升科技服务能力。至年底，全省有国家重点实验室4个(食品科学与技术国家重点实验室、创新药物与高效节能降耗制药设备国家重点实验室、创新天然药物与中药注射剂国家重点实验室和省部共建猪遗传改良与养殖技术国家重点实验室)，省部共建国家重点实验室培育基地1个，省级重点实验室138个；国家工程技术研究中心8个(国家日用及建筑陶瓷工程技术研究中心、国家铜冶炼及加工工程技术研究中心、国家光伏工程技术研究中心、国家硅基LED工程技术研究中心、国家红壤改良工程技术研究中心、国家单糖化学合成工程技术研究中心、国家脐橙工程技术研究中心和国家离子型稀土资源高效开发利用工程技术研究中心)，省级工程技术研究中心255个。全省建有14个国家级创新研发平台。研发平台拥有固定人员1.41万人，其中博士2316人、副高职称以上5752人，用房面积93.24万平方米，设备总价值42.09亿元，工程技术研究中心中试生产线377条，实验室和工程技术研究中心相关文献、技术资料247.32万册，累计承担各类科技项目2.50万项，硬件建设投资51.44亿元。转化科技成果4426项，工程技术研究中心对已转化成果直接投资25.09亿元。

【推动大型科学仪器开放共用】 6月2日，省科技厅下发《关于2016年贯彻落实〈国务院关于国家重大科研基础设施和大型科研仪器向社会开放的意见〉相关工作安排的通知》，要求仪器管理单位登录国家网络管理平台，上报有关科研仪器信息。至年底，全省有55家单位在国家网络管理平台提交仪器设备信息611台(套)，有50家单位在国家网络管理平台发布科研设施与仪器开放共享管理制度。12月15日，发布《江西省重大科研基础设施和大型科研仪器开放共享管理办法》。委托北京国科知源科技有限公司改版升级江西省大型科研仪器网络管理平台，并与国家网络管理平台实现对接和相关数据信息的同步。12月19日，召开全省重大科研基础设施和大型科研仪器开放共享工作推进会，解读《国务院关于国家重大科研基础设施和大型科研仪器向社会开放的意见》，介绍国家科研设施与仪器网络管理平台的系统功能、信息填报和数据对接等情况。制定《2016年江西省大型科研仪器开放共享绩效评估工作实施方案》，组织开展全省大型科研仪器开放共享绩效考评奖励工作，对开放共享服务业绩突出的14家单位给予表彰奖励。

【加强科技创新公共服务平台建设】 成立江西省科技创新公共服务平台建设领导小组，由省科技厅主要负责人任组长，相关处室及厅属单位主要负责人为成员，主要负责平台建设整体规划工作，对平台建设重大问题进行协商和协调，联合审定平台重大建设任务，组织跨部门、跨行业、跨地区科技基础条件资源的整合与共享工作和制定相关政策等。领导小组下设办公室，由厅条财处主要负责人任办公室主任，负责日常组织、指导、协调、督促、检查等工作。5月，在南昌组织召开《江西省科技创新公共服务平台改造升级建设总体方案》专家论证会，专家组通过听取项目总体建设方案汇报，并经质询讨论，同意该方案通过论证。完成《江西省网上常设技术市场建设项目》和《江西省科技综合业务管理系统》的招投标及开发工作，系统上线试运行。

【加强实验动物管理】 开展实验动物资源现状调查工作，完成全省30余个取得实验动物许可证单位的实验动物资源现状调查，并向国家科技基础条件平台中心报送江西省实验动物服务平台建设与运行情况信息。10月27日，召开全省实验动物许可证年检工作座谈会。换发3家单位(江西青峰药业有限公司、中牧实业股份有限公司江西生物药厂和九江博美莱生物制品有限公司)实验动物使用许可证，新发1家单位(江西省医疗器械检测中心)实验动物使用许可证，取消2家单位(南昌市食品药品检验所、赣州市食品药品检验所)实验动物使用许可证、1家单位(江西中医药大学)生产许可证。至年底，全省有实验动物使用许可证26个，生产许可证3个。

【推动科技与金融深度融合】 1月21日，省科技厅与中国银行签署全面战略合作协议。中国银行江西省分行设立南昌市科技支行，加大对科技型企业的金融支持力度。5月30日，科技部、中国人民银行、中国银监会、中国证监会、中国保监会印发《关于确定第二批促进科技和金融结合试点的通知》，南昌市等9个城市被确定为国家第二批促进科技和金融结合试点城市。省科技担保公司发挥政策性担保机构职能，为科技型中小企业解决融资难、融资贵问题，全年受理担保业务100余笔，为60家科技企业提供科技担保贷款共3.07亿元，增长35%，在保责任余额1.17亿元。担保业务涵盖生物医药、信息技术、新材料、新能源汽车等新兴产业。“科贷通”业务实现省、市联动，试点市和高新区落实配套“科贷通”资金2600万元。全年发放“科贷通”贷款15笔，贷款总额4298万元。

（省科技厅）

高新技术及产业

【概　况】 2016年，全省高新技术产业保持稳步发展态势，助推供给侧结构性改革，为全省经济发展注入新活力。全年实现工业增加值2346.52亿元，增长10.8%。高新技术产业出口交货值822.48亿元，增长4.97%，其中新材料领域与电子信息领域企业出口交货值增速最高，分别达12.2%和7.8%。全省高新技术产业建成投产项目1586个，比2015年增加205个；新开工项目1477个，比2015年增加76个。全年完成投资2660.4亿元，增长25.0%。其中，光机电一体化领域完成投资1127.6亿元，增长25.0%。组织2批省级众创空间认定，共认定省级众创空间88家；认定省级科技企业孵化器13个、省级科技企业孵化器(培育)8个。获批国家级众创空间11家，获批国家级科技企业孵化器5个，获批国家级高新技术产业化基地2个。7个国家级高新技术产业开发区实现主营业务收入4886.67亿元，工业增加值1098.98亿元；7个省级高新技术产业园区实现主营业务收入2700.57亿元，工业增加值573.01亿元。

【特色产业基地建设】 全省有国家级高新产业化基地22个，11个设区市实现全覆盖，数量居全国前列。同时，拥有国家火炬计划特色产业基地5个、国家级软件园1个、国家级文化和科技融合示范基地1个，省级高新技术产业化基地12个。全省41家基地内共建立研发机构1297个，公共技术服务平台234个，人才培养机构95个，规模以上企业2655家。基地内共有主导产品3702项，其中国家知名品牌110个、省级知名品牌435个；骨干企业1848家，其中国内500强企业47家，高新技术企业1141家，国家级创新型企业52家，省级创新型企业191家，年销售收入过5000万元的企业1610家。41家基地全年实现工业总产值16086亿元，工业增加值3800亿元。其中，主导产业产值7207亿元，主导产业增加值1517亿元；高新技术产值6661亿元，高新技术增加值1918亿元。完成固定资产投资3338亿元。销售收入17329亿元，利润816亿元，利税1592亿元。基地内共有科技人员18万余人，企业研发经费投入435亿元，承担国家级研发项目67项，经费6亿元；承担省级研发项目1389项，经费13亿元；获专利总数4.47万件。

【大学科技园建设】 全省有国家级大学科技园3家，省级大学科技园3家。全省省级以上大学科技园实现总收入1346万元，孵化场地面积9.7万平方米，拥有创业导师176人。全省6个大学科技园均在园内建立众创空间，吸引了一大批创业者到园区创业。全省大学科技园在孵企业420家，其中在技术、成果、人才方面与依托高校有实质性关联的企业256家。各大学科技园通过提供创业导师指导和举办信息分享会、项目路演、投资对接、创业论坛、创业沙龙等活动，帮助创业企业快速成长，全省大学科技园在孵企业总收入8.5亿元，从业人数7000人，在孵企业获知识产权授权210件，有13家获风险投资2565万元；全省大学科技园累计毕业企业446家，实现税收3543万元，转化科技成果274项。

【科技企业孵化器实现设区市全覆盖】 全省新获批国家级科技企业孵化器5家，新认定省级科技企业孵化器13家，新认定省级科技企业孵化器(培育)8家。首次认定省级科技企业孵化器(培育)，为全省科技企业孵化器的发展提供后备力量。至年底，全省有国家级科技企业孵化器13家，省级21家，省级(培育)8家，实现全省设区市全覆盖。全省省级以上科技企业孵化器总体运行良好，全年实现总收入7亿元，运营成本2.6亿元；政府部门对科技企业孵化器支持力度有所增加，省级以上科技企业孵化器全年获财政资助5600万元(其中国家科技计划经费330万元)，国家级科技企业孵化器享受税收优惠政策，免税金额达400万元。

【实施制造业信息化科技工程】 2016年，江西省承担的“十二五”制造业信息化科技工程重大项目课题“江西省制造业信息化综合应用示范”通过科技部验收。该课题在航空、汽车、钢铁、陶瓷、制药等特色支柱产业领域，开展了数字化综合集成、制造服务和制造物联、服务支撑平台等关键技术研究与示范应用，培育了2家数字化综合集成应用示范企业、2家制造服务及制造物联应用示范企业。获国家科技奖励3项，申请软件著作权11项，发表论文20篇，出版专著1部，为300家以上中小企业提供多类型的信息化服务，培训各类信息化人才3万余人次。筹建新一届制造业信息化专家组，专家组主要负责全省制造业信息化规划和实施方案的编制、项目调研、考评、验收以及进行技术咨询服务与培训。

(省科技厅)

农业科技

【概　况】 2016年，围绕提升农业科技创新能力、完善农业科技服务体系、加快科技成果转化等重点任务，组织实施农业科技计划项目，推进科技特派员富民强县工程、农业科技园区建设、科技扶贫等工作。牵头起草并以省政府办公厅下发《关于深入推进科技特派员制度的实施意见》，提出鼓励科技特派员开展农村科技公益服务和深入农村开展科技创业等政策措施。做好江西省“十二五”农业科技成果展览，共展出“十二五”期间江西省39项科技创新成果、34项实物(模型)和科技特派团富民强县工程、农业科技园区星创天地、科技精准扶贫3项工作成效。全年立项支持省农业科技研发与技术示范项目255项，经费4300万元。其中，重大项目24项，经费1200万元。验收科技研发项目70项，验收项目获授权专利32件。建立示范基地0.75万公顷，实现销售收入535.1亿元。全省科技特派团开展培训736期，培训4.37万人次，培养技术骨干471人，推广先进技术385项，引进新品种58个。组建由14家农业科技园区组成的江西省农业科技园区协同创新战略联盟，并与江苏省农业科技园区联盟对接，签署创新合作协议。探索“星创天地”建设，21家“星创天地”获科技部批准备案，成为首批国家“星创天地”。

【继续实施江西省科技特派团富民强县工程】 继续实施江西省科技特派团富民强县工程，从143个省、市级高校、科研院所等选派科技人员1216人(省级867人、市级349人)，按照水稻、水果、畜禽、蔬菜、茶叶、水产、油茶、林业、中草药和食用菌等优势特色产业组成科技特派团204个，挂点服务92个县(市、区)，累计为3.87万人提供技术服务，对接企业和农村合作社2695家，指导农业种养大户3336户，推广先进农业生产技术556项，成果转化45项，引进品种42个，获专利38个，发现农业产业发展技术瓶颈418个，立项支持科技特派团牵头申报的农村科技项目124项，开展农业产业生产技术、企业财务管理和知识产权培训共241期，培训4.88万人次。

【开展科技下乡集中服务活动】 1月30日，由省委宣传部、省农业厅、省科技厅、省文化厅等12个单位举办的文化、科技、卫生“三下乡”集中服务活动仪式在星子县举行。省科技厅按照集中活动的统一部署，组织江西农业大学、省农科院和对接星子县的2个科技特派团共18名专家参加活动。针对当地的优势主导产业，购置《茶叶优质高产栽培技术》《农村养猪实用手册》《无公害柑橘栽培技术》《茶叶优质高产栽培技术》和《网箱养鱼新技术》等涉及10多个产业100多种农业实用技术书籍和科普宣传册，准备了水稻优良种子和白三叶草种等农用物资，免费现场发放给农民。科技特派团通过宣讲强农、惠农政策，推介主导品种和种植、加工先进技术，使农民在有机茶(果)园建设、肥料的选择与施用、病虫害防治等方面有了新认识，提升科学种植管理水平。

【组建江西省农业科技园区协同创新战略联盟】 为推进创新驱动发展，经江西省国家农业科技园区的联合倡议，省科技厅批准组建江西省农业科技园区协同创新战略联盟。6月8日，江西省农业科技园区协同创新战略联盟工作启动会在丰城市召开。会上，省科技厅政策法规处相关人员宣读《省科技厅关于同意组建江西省农业科技园区协同创新战略联盟的通知》。首批园区联盟成员单位14家，包括井冈山、井冈山八角楼、赣州和上饶等9个国家农业科技园区和5个省级农业科技园区，园区联盟首届理事长单位为井冈山国家农业科技园区。

【加强与江苏省国家农业科技园区合作】 省科技厅组织江西省国家农业科技园区与江苏省国家园区开展多方合作，要求每个国家农业科技园区选择一个江苏省的国家园区开展对接。3月，完成向园区征集技术、成果等方面的需求。为共同推进农业供给侧结构性改革和长江经济带建设，推动特色产业和农业现代化发展，12月，两省农业科技园区协同创新战略联盟本着“优势互补、创新驱动、市场导向、企业主体、互利互惠、双赢发展”的原则，在井冈山签订创新发展战略合作协议书。

【组织新余国家农业科技园区开展验收工作】 根据《科技部农村司关于开展第三、第四批国家农业科技园区验收工作的通知》，省科技厅组织第三批认定的新余国家农业科技园区撰写《国家农业科技园区建设总结报告》，并向科技部提交申请验收函和现场考察方案。7月5日，组织专家组对园区进行实地考察，听取园区管委会工作汇报，审查有关材料，对园区建设各项指标进行讨论和评估，形成专家考察报告，现场考察结果为优秀园区。8月26日，科技部召开验收视频答辩会，园区负责人进行汇报并答疑。10月，科技部办公厅印发《关于第三、第四批国家农业科技园区验收结果的通知》，新余园区通过验收。

（省科技厅）

社会发展科技

【概 况】 2016年，围绕建设生态文明试验区战略要求，立足打造"美丽江西""健康江西""平安江西"需求，突出节能减排和生物与新医药两大产业发展，通过创新机制、争取资源、狠抓落实，推进节能环保产业、生物和新医药产业等战略性新兴产业发展，推进环境保护、人口健康、公共安全、绿色建筑、城镇化等民生科技工作，完成各项目标任务。全年社发科技领域立项实施省级科技计划项目328项，投入科技经费3100万元；争取国家重点研发计划项目及课题10项，专项经费3508万元，增长118%；在节能减排及生物医药领域获"5511"工程首批重大科技专项2项，投入科技经费1100万元。批复建设省级生态文明科技示范基地17家，认定省级节能减排科技创新示范企业60家。

【开展全省节能减排科技创新示范企业认定工作】 省科技厅联合省发改委、省工信委、省环保厅等单位，开展全省节能减排科技创新示范企业认定工作。全年受理申报节能减排科技示范企业124家，经申报企业汇报（答辩）、专家评审、实地考察等环节，认定节能减排科技创新示范企业60家，其中南昌市4家、九江市6家、抚州市4家、上饶市6家、景德镇市1家、鹰潭市5家、萍乡市7家、宜春市11家、新余市2家、吉安市10家、赣州市4家。同时，开展2013—2014年度节能减排科技创新示范企业考核工作，考核认定企业70家，其中优秀17家、合格46家、不合格7家。

【开展江西省生态文明科技示范基地评定工作】 为全面落实建设全国生态文明先行示范区的战略任务，促进江西省农村和社区生态文明建设，发挥社会发展领域科技的示范导向和支撑作用。6月24日，省科技厅下发《关于组织申报2016年度江西省生态文明科技示范基地的通知》。组织专家材料评审和现场考察，认定武宁县杨洲乡南屏村委会、彭泽县马当街社区居委会、余江县黄庄乡峨门村委会、黎川县华山垦殖场洲湖村委会、资溪县嵩市镇法水村委会、上饶市信洲区沙溪镇宋寨村委会、弋阳县葛溪乡李畈村委会、赣州市章贡区南外街道下壕塘社区居委会、瑞金市叶坪乡田坞村委会、乐平市镇桥镇百乐村委会、芦溪县宣风镇栗湾村委会、铜鼓县大塅镇古桥村委会、宜丰县花桥乡义源村委会、渝水区良山镇下保村委会、泰和县螺溪镇普田村委会、万安县田北农民画村委会、吉安市吉州区兴桥镇泉塘村委会17个行政村（社区）为2016年江西省生态文明科技示范基地创建单位。

【组织实施4项国家科技惠民计划】 2016年，组织实施4项国家科技惠民计划取得实效。永新县实施"永新县健康服务平台构建和常见多发病防治技术应用示范"项目，开展远程会诊1080余例次，远程教育28次，培训7700多人次，实施试点乡镇远程监护101人次；举办各类培训班151期，培训基层医务人员1.96万人次；编制《永新县科技惠民项目八种病的防治一体化技术集成汇编》《永新县科技惠民项目八种病防治一体化——临床路径与优质护理汇编》《永新县科技惠民项目文件资料汇编》和《永新县科技惠民项目八种病健康教育宣传指南》，为6.68万名居民健康建档，开展健康教育随访6.80万人次。兴国县实施"兴国县常见病多发病防治一体化和远程医疗技术推广应用示范"项目，在6个试点乡镇18个自然村开展高血压、尿结石、慢阻肺、乙肝、糖尿病、宫颈癌6种疾病的筛查、监测及防治，受益群众1.90万人，编制"防治一体化技术"培训教材、《健康教育处方》和《健康知识问答》等资料，组织开展培训2250人次。赣县实施"基于污染治理的赣县生态园林工程示范"项目，已完成一期、二期工程建成，建设照壁1座，廊、亭6个并投入使用，三期工程建设正在推进。定南实施"定南县废弃稀土矿区生态修复示范"项目，开展集中技术培训和分散技术培训近900人次，完成土建工程，种植竹柳11万株、樟树1万株、湿地松1万株、桂花1万株、红叶石楠1万株；应用护坡植生毯专利技术，开展边坡治理，完成林下及坡面的草皮种植53.33公顷。

（省科技厅）

高校科研与成果转化

【概 况】 2016年，全省高校实施创新驱动发展战略，推进创新驱动"5511"工程，鼓励高校师生创新创业，促进高校科技成果转移转化，在国家级科技奖励、创新人才培养、推进政产学研用结合等方面取得新进展。全省高校从事科技活动人员2.70万人，其中科学家与工程师2.64万人，占总数97.5%。共获科技经费13.85亿元，其中R&D经费10.54亿元。承担各级各类科技项目1.06万项，共投入经费10.89亿元。全省高校发表学术论文1.60万篇，其中SCIE收录2210篇，EI收录1805篇。共出版科技著作67部。申请专利4012项，其中发明专利1445项；获专利授权2755项，其中发明专利676项。

【承担科技项目能力稳步提升】 高校承担国家级重大项目的能力稳步提升，全年承担国家级项目2195项，其中国家自然科学基金项目2064项、"973"计划12项、"863"计划23项、国家科技支撑计划92项、科技部重大专项4项；投入项目经费3.92亿元。全省高校承担企事业委托科技项目2502项，项目经费3.54亿元。江西农业大学教授任军获国家杰出青年基金项目。

【高校获国家科技进步二等奖4项】 全省高校获省部级以上科学技术奖励48项。其中，南昌大学教授谢明勇主持的"果蔬益生菌发酵关键技术与产业化应用"、江西农业大学教授贺浩华主持的"江西双季超级稻新品种选育与示范推广"、江西理工大学教授万林生主持的"铵盐体系白钨绿色冶炼关键技术和装备集成创新及产业化"、东华理工大学教授汤彬主持的"面向铀矿与环境的核辐射探测关键技术、设备及其应用”4个项目获2016年度国家科技进步二等奖，获奖数量创历史新高。

【创新平台建设】 引导和支持高校整合创新资源，围绕江西省优势学科和战略性新兴产业，新建一批重点实验室和工程研究中心等平台。依托江西师范大学建设的国家单糖化学合成工程技术研究中心通过验收。新增“分子筛膜材料”国家地方联合工程实验室1个。全省高校新增省级科技创新平台34个，其中省重点实验室13个、省工程技术研究中心5个、省工程研究中心（工程实验室）16个。南昌大学科技园发展有限公司的星火众创空间等平台和载体入选省级众创空间。

【开展“校地合作增强高等教育服务区域经济社会发展能力”专项行动】

2016年，在全省高校开展“校地合作增强高等教育服务区域经济社会发展能力”专项行动，启动“百校联百园、千博进千企”等系列行动，全省高校与115个县（市、区）或工业园区、3800家企业在人才培养、科技咨询、技术研发、成果转化等方面建立合作关系，遴选1100多名博士、教授入企帮扶，帮助园区和企业提升创新能力。开发启用江西省校企合作信息服务平台，发挥高校人才、学科、科研优势，推动高校创新创业持续发展。

【推动高校科技成果转化】 全省高校签订技术转让合同75项，合同金额2847万元，实际收入2542.9万元。省教育厅联合省发改委、省工信委、省国资委、省科技厅等单位举办江西省首届高校科技成果对接会，有63所高校、7个园区和企业展示科技创新成果，800多家企业到展会参观交流对接。会上，签订校企合作、成果转化协议35项，签约金额8041万元。华东交通大学、江西科技学院两所高校获批为2016年度省级技术转移示范机构。

（省教育厅）

科技合作与交流

【概　况】 2016年，江西省重点参与的区域科技合作主要有泛珠三角区域科技合作、鄂湘赣中部3省科技合作、海西区域科技合作。全年对外科技合作计划支持泛珠三角区域合作项目12项，支持经费204万元。省科技厅围绕省重点产业的发展需求，继续深化与国内高校的科技合作，支持省内高校、企业、科研院所与清华大学、浙江大学、武汉大学、北京航空航天大学、中南大学、哈尔滨工业大学等省外19所高校开展合作项目29项，涉及电子信息、新材料、生物医药、医学、机电、轻工食品、农业等领域，支持经费491万元。

为进一步扩大开放、拓宽合作渠道，省科技厅编制、申报因公临时出国（境）计划，完成审核审批“农业科技创新交流团”和“中国—越南技术与投资对接会”等出国交流团组4批次，出国（境）14人次；完成审核审批参加省外侨办组织的“国际关系与涉外事务管理能力提升培训班”1批次，出国（境）1人次；组织赴港澳台团组1批，5人次，执行港澳相关科技交流合作任务。

【中科院—江西省政府全面战略合作座谈会在南昌召开】 9月13日，中科院—江西省政府全面战略合作座谈会在南昌举行。省政府秘书长张勇主持会议，副省长谢茹出席会议并致辞，省科技厅党组书记郭学勤、副厅长卢福财，省科学院院长王晓鸿参加会议。会上，双方围绕全面贯彻落实全国科技创新大会精神，如何更有效地推进江西更高水平创新型省份建设和中科院“率先行动”计划实施展开会商等问题进行交流，确定建立省院合作高层工作会商机制，从合作共建中科院江西科技服务网络体系、共同支持产业技术研发机构建设、开展关键技术研发、打造创新集群和战略性新兴产业集群、加强人才培养和交流合作、探索科技金融结合新机制等方面予以推进。座谈会还举行签约仪式，中科院宁波材料所分别与江西铜业集团、江西赣锋锂业股份有限公司，中科院武汉植物园与江西省科学院签署合作协议。

【举办“一带一路”科技合作推进会】

11月25日，由省政府主办，省科技厅、中国—东盟技术转移中心承办的“一带一路”科技合作推进会在南昌举行。来自14个国家25名海外嘉宾参会，省发改委、省工信委、省商务厅、省农业厅、省科学院、省农科院和省内部分高校、高新区及各设区市科技局、有关企业代表近200人参会。会上，省科技厅副厅长卢福财介绍江西省产业及科技发展情况，13位国内外嘉宾介绍各自科技、产业方面的情况，为省内相关机构走出去搭建平台。会后，省内企业、高校和研究院所代表与参会各国嘉宾进行面对面的对接座谈，洽谈合作。

【举办江西中医药国际合作推进会】

11月22日，由省科技厅主办，省科技厅国际合作处、省科技交流中心共同承办的江西中医药国际合作推进会在南昌举行。会议邀请来自港澳地区和日本及省内中医药领域专家作主题发言，与省内7家科研机构、19家企业代表共79人，就中药检验检测技术、海外中医药发展、中医药发展策略等问题展开交流与探讨。

【新增1家国家级国际科技合作基地】 12月16日，在杭州召开的2016年度国家级国际科技合作基地工作座谈会上，中材江西电瓷电气有限公司被科技部授予高压绝缘材料研究开发国际科技合作基地。省科技厅组织推荐江西仪能新能源微电网协同创新有限公司、国网江西省电力科学研究院、中材江西电瓷电气有限公司、江西冠亿研磨股份有限公司4个省级国际科技合作基地申报国家示范型国际科技合作基地。其中，中材江西电瓷电气有限公司申报的高压绝缘材料研究开发国际科技合作基地通过科技部的复评，获批国家示范型国际科技合作基地。

（省科技厅）

科技成果与奖励

【概　况】 2016年，围绕“规范管理、提质增效”主题，不断完善和规范科技成果登记管理，全面推进科技评价制度改革。全年登记科技成果801

项,比2015年788项增加13项,上升16.50%。其中,国家科技计划项目成果145项,部门计划49项,地方计划269项,自选269项,其他69项。全省登记的科技成果以应用技术成果为主,为764项,上升2.55%,占成果总数95.38%;基础理论成果37项,占成果总数4.62%,比2015年下降13.95%。全省登记成果中,已获专利授权747件。其中,独立科研机构36件,占授权总数4.82%;大专院校75件,占授权总数10.04%;企业622件,占授权总数83.27%;医疗机构6件,占授权总数0.80%;其他8件,占授权总数1.07%。全省登记的成果经费累计投入296.81亿元。其中,国家投入9294万元,占投入总额0.31%,比2015年下降4.2个百分点;部门投入85.41亿元,占投入总额28.77%,上升25.29个百分点;地方投入8286万元,占投入总额0.28%,下降3.49个百分点;基金投入552万元,占投入总额0.02%;自有资金投入188.93亿元,占投入总额63.65%;银行贷款5.00亿元,占投入总额1.68%;国外资金42万元,占投入总额0.001%;其他资金投入15.66亿元,占投入总额5.28%。

【应用技术成果分类及占比】 全省登记科技成果801项,其中应用技术成果764项。在应用技术成果中,高新技术领域有482项,占科技成果总数60.17%。其中,电子信息39项,占高新技术领域成果总量8.09%;先进制造52项,占高新技术领域成果总量10.79%;航空航天4项,占高新技术领域成果总量0.83%;现代交通11项,占高新技术领域成果总量2.28%;生物医药和医疗器械164项,占高新技术领域成果总量34.02%;新材料76项,占高新技术领域成果总量15.77%;新能源与节能35项,占高新技术领域成果总量7.26%;环境保护19项,占高新技术领域成果总量3.94%;地球、空间与海洋7项,占高新技术领域成果总量1.45%;核应用技术1项,占高新技术领域成果总量0.21%;现代农业74项,占高新技术领域成果总量15.35%。已应用项目655项,占应用技术成果总数85.73%;试用项目100项;未应用项目9项。自我转化产生经济效益的成果280项,占应用技术成果总数36.65%。

【开展2016年度江西省科技奖申报评审工作】 2—7月,省科技厅组织开展2016年度江西省科技奖申报评审工作。各单位推荐候选项目共297项,比2015年减少19项。经形式审查,受理257项(其中自然科学奖43项、技术发明奖22项、科技进步奖192项),受理项目总数比2015年增加2项。11月13日,经评审组评审,省科技奖励办公室在《江西日报》和江西省科技厅网站公布自然科学奖、技术发明奖、科技进步奖候选项目112项。

·资 料·

江西省获2016年度国家科学技术奖项目

一、主持完成项目

序号	奖种	等级	项目名称	主要完成人	主要完成单位	推荐单位
1	国家科技进步奖	二等	面向铀矿与环境的核辐射探测关键技术、设备及其应用	汤彬、张积运、王仁波、唐方东、周书民、胡明考、张雄杰、王海涛、张海平、黄凡	东华理工大学,核工业航测遥感中心,上海市计量测试技术研究院(中国上海测试中心、华东国家计量测试中心、上海市计量器具强制检定中心),贝谷科技股份有限公司	江西省
2	国家科技进步奖	二等	铵盐体系白钨绿色冶炼关键技术和装备集成创新及产业化	万林生、赵立夫、徐国钻、李红超、梁勇、杨亮、黄泽辉、章秋霖、代亚琦、谢海根	江西理工大学,崇义章源钨业股份有限公司,赣州海创钨业有限公司	江西省
3	国家科技进步奖	二等	江西双季超级稻新品种选育与示范推广	贺浩华、蔡耀辉、傅军如、尹建华、贺晓鹏、肖叶青、程飞虎、朱昌兰、胡兰香、陈小荣	江西农业大学,江西省农业科学院水稻研究所,江西省农业技术推广总站,江西现代种业股份有限公司,江西大众种业有限公司	江西省
4	国家科技进步奖	二等	果蔬益生菌发酵关键技术与产业化应用	谢明勇、熊涛、聂少平、关倩倩、钟虹光、殷军艺、帅高平、蔡永峰、黄涛、宋苏华	南昌大学,江西江中制药(集团)有限责任公司,蜡笔小新(福建)食品工业有限公司,江西阳光乳业集团有限公司,南昌旷达生物科技有限公司,中国食品工业(集团)公司	中国产学研合作促进会

二、参与完成项目

序号	奖种	等级	项目名称	主要完成人	主要完成单位	推荐单位
1	国家技术发明奖	二等	高速铁路轨道平顺性保持技术	陶捷（江西日月明测控科技股份有限公司）、（排名第四）		四川省
2	国家科技进步奖	二等	电弧炉炼钢复合吹炼技术的研究应用	冯小明（排名第六）、陈三芽（排名第十）	新余钢铁集团有限公司（排名第五）	中国钢铁工业协会
3	国家科技进步奖	二等	林木良种细胞工程繁育技术及产业化应用	江香梅（排名第四）	江西省林业科学院（排名第三）	国家林业局
4	国家科技进步奖	一等	前置前驱8挡自动变速器（8AT）研发及产业化	单丰武（排名第十四）	江铃汽车集团公司（排名第三）	中国汽车工程学会
5	国家科技进步奖	二等	滨海地区粉细砂路基修筑与长期性能保障技术	卢山（排名第二）、任东红（排名第七）	江西省公路管理局（排名第五）	交通运输部
6	国家科技进步奖	二等	有色金属共伴生硫铁矿资源综合利用关键技术及应用	项拥军（排名第五）、罗仙平（排名第十）	江西铜业股份有限公司德兴铜矿（排名第五）	中国有色金属工业协会
7	国家科技进步奖	二等	瑞舒伐他汀钙及制剂产业化新制备体系的构建与临床合理应用	夏春华（排名第三）、熊玉卿（排名第五）	南昌大学（排名第二）	山东省
8	国家科技进步奖	二等	设施蔬菜连作障碍防控关键技术及其应用		上海威敌生化（南昌）有限公司（排名第七）	教育部

（省科技厅）

知识产权

【概　况】　2016年，坚持创新，攻坚克难，进位赶超，从专利量质并进、知识产权特色强省建设、加大两个专项投入、加强执法队伍体系建设和执法力度提升、强化专利人才培养及知识产权宣传培训等10个方面，推进知识产权事业稳步发展。全省专利申请受理总量6.05万件，增长63.8%，增幅位列全国首位，是全国平均增幅的2.5倍。其中，发明专利申请8202件，增长43.4%，超过全国平均增幅19个百分点。全省授权专利3.15万件，增长30.3%，达全国平均增幅的3倍。全省万人发明专利拥有量1.52件，超过年初制定的1.5件。

【加大专利保护力度】　根据《国务院关于新形势下加快知识产权强国的若干意见》中“实行严格的知识产权保护”的新形势新要求，以江西省知识产权工作联席会议名义出台《关于进一步加强知识产权（专利）执法维权工作的意见》，印发至各设区市政府和省直成员单位。4月26日，由省知识产权局牵头在江西省华南城电子商务示范基地举行江西省电商知识产权保护合作备忘录签字暨“426”知识产权宣传周启动仪式。省知识产权局联合省工商、版权部门与江西省华南城电子商务示范基地等9家首批江西省电商知识产权保护合作单位逐一签订《江西省电商知识产权保护合作备忘录》，推动建立健全处理电子商务领域知识产权侵权行为的长效机制。5月20日，国家知识产权局给景德镇快维中心授章，正式开展工作。景德镇市陶瓷外观设计专利的授权时间由原来的3个月缩短至最长10个工作日，最短一周，同时对外开展陶瓷知识产权纠纷调解工作。全年快维中心受理、处理专利侵权案件8件，结案2件；查处假冒专利案件17件，接待各类专利维权援助、咨询600余人次。

【开展专利行政执法专项行动】 省知识产权系统重拳出击，加大知识产权保护力度，聚焦当地优势产业、创新资源集聚区域及各类大型商品集散地，开展专利行政执法专项行动，共排查专利产品商品3000多件，排查涉嫌假冒专利产品30多件，对不规范企业提出整改意见，限定整改期限。全年处理专利行政执法案件580件，增长24%。其中，侵权纠纷案件186件，增长62%。通过"12330"专线接受举报投诉案件89件，增长178%，做到所有案件及时反馈、及时移送。

【推进知识产权富民强县示范县建设】 加强富民强县建设专项的实施管理，对全省已验收和未验收的项目进行绩效考评，编制《中期检查汇报编写提纲》及《中期检查评分表》，对2015年度30个示范县建设项目进行中期检查。通过检查及时协调项目执行情况，督促项目实施单位进一步做好后续实施工作。修改制定知识产权"十强县"和知识产权工作"进步十强县"的考评表，筹备相关评审工作。通过富民强县项目的促动，政策的激励，全省县（区）知识产权管理机构实现全覆盖。

【开展知识产权人才培训工作】 全年开展市、县（区）知识产权人才培训142期，培训1.88万人，培训项目总数、培训规模创历年新高。承办全国专利代理人资格考试南昌考点各项工作，依托国家知识产权培训（江西）基地举办为期20天的代理人资格考试脱产培训班，通过考试，33人达到国家线，增长10%。在全国率先出台《江西省专利代理人实习培训基地管理办法》，确定江西省专利事务所等4家单位为首批江西省专利代理人才实习培训基地。

【开展知识产权试点工作】 4月，省知识产权局组织开展第二批省级知识产权试点示范园区、优势示范企业和优势培育企业的认定工作。6月，召开省级知识产权示范园区企业答辩评审会。根据管理办法和专家组评分结果，最终确定南昌经济技术开发区等4家为省级知识产权示范园区，景德镇高新技术产业开发区等12家为试点园区；江西雄鹰铝业股份有限公司等6家为省级知识产权示范企业，江西省环球陶瓷有限公司等88家为优势企业，江西金泰新能源有限公司等58家为优势培育企业。新增国家示范企业2家，优势企业29家。全省培育国家知识产权试点园区2家，省级知识产权示范园区7家，省级知识产权试点园区22家；国家级知识产权示范企业5家，国家级知识产权优势企业48家，省级知识产权示范企业16家，省级知识产权优势企业118家。

【举办第十一届泛珠三角区域知识产权合作联席会议】 12月13日，由省知识产权局主办的第十一届泛珠三角区域知识产权合作联席会议在南昌举行，泛珠三角区域"9+2"各方专利、商标、版权管理部门代表共50余人参加会议。会上，泛珠三角区域"9+2"各方代表签署《泛珠三角区域深化知识产权合作协议》，并初步议定在专利技术产业化、知识产权强省建设、区域内跨省区执法协作、知识产权综合管理体制改革等领域开展下一阶段合作项目，会后以会议纪要形式确定并印发。

（省科技厅）

技术市场

【概　况】 2016年，围绕经济社会发展需求和产业转型升级重点领域，实施创新驱动发展战略，以加快技术转移和成果转化为主线，发挥市场配置科技资源的决定性作用，营造技术市场发展环境，建设网上常设技术市场，举办科技成果对接会，培育技术转移示范机构，运用"互联网+科技成果转移转化"手段，促使科技成果从高校院所转移到企业，提升政产学研用结合水平。全省技术市场全年登记各类技术合同1985项，增长75%；成交额79.01亿元，增长22%。技术开发类合同990项，成交额34.13亿元，占"四技"合同总数和成交额的一半，成交额增长70.9%。以技术产权转让和专利许可形式交易的合同330项，成交额19.51亿元，合同成交数增长89.7%。技术咨询、技术服务类合同登记665项，成交额25.37亿元，分别增长195%和20.05%。企业法人共签订技术输出合同1349项，成交额62.47亿元，占成交总金额79%；签订吸纳技术合同1422项，成交额61.52亿元，占成交总额77.9%。全省技术合同交易涉及19个国民经济行业和12个重点技术领域，其中先进制造技术领域技术合同成交额11.38亿元，占12个技术领域技术合同成交总额46.6%，居首位；电子信息技术合同成交额8.81亿元，紧随其后；航空航天、生物医药和医疗器械、新材料及其应用、新能源与高效节能等战略性新兴产业领域技术合同成交额均超4亿元。高等院校、科研院所等科研事业单位技术输出成交额10.2亿元，签订技术输出合同551项，占全省技术合同总数27.8%。

【举办4场科技成果在线对接会】 为引导高校院所的科技成果向企业和产业聚集，促进技术、资本、人才和创新服务的信息化集成共享，加快科技成果转移转化及产业化。5月27日，省科技厅在鹰潭市举办江西省（鹰潭）科技创新成果在线对接会。10月28日，在吉安市举办苏赣（吉安）科技成果对接会。11月22日，在萍乡市举办"赣西（萍乡）科技成果在线对接会"。12月22日，在南昌市举办江西省中医药强省科技成果对接会。4场在线对接会共征集符合展会要求的科技成果1679项，技术需求828项，邀请了81所高校、研究机构的89位专家到场参与在线对接。在线对接会共实现技术对接1501次，产生意向954次，达成意向253次，吸引访客5.33万人。

【网上常设技术市场投入运行】 12月30日，省科技厅在南昌举办“江西省网上常设技术市场”平台上线开通仪式，网上常设技术市场正式投入运行。该平台以需求为导向，应用现代化信息技术手段，集成“展示、交易、共享、服务、交流”等综合服务，主要功能包括技术成果和技术需求在线发布与展示、专家咨询、技术展会、成果评价、在线洽谈与签约、第三方支付等，已汇集省内外科技成果和专利技术7.00万项，技术专家1.90万人。

【召开2016年度全省技术市场工作座谈会】 4月29日，省科技厅在南昌组织召开2016年度全省技术市场工作座谈会。会议总结2015年全省技术市场工作成效，部署2016年全省技术市场建设重点任务，交流技术市场经验举措，组织了政策与业务知识培训，编制印发《技术市场政策汇编》《技术合同认定登记彩页》《技术市场工作经验交流材料》等资料。各设区市科技局、各国家技术转移示范机构、中国创新驿站江西站、有关省属高等院校、各国家级高新区管委会等单位代表60余人参加会议。

【举办江西省“十二五”科技创新成果展】 7月24日—27日，省科技厅会同省发改委、省工信委、省财政厅、省委组织部、省教育厅、省人社厅、省住建厅、省农业厅等18个单位，在南昌国际会展中心举办江西省“十二五”科技创新成果展。展览以“创新驱动发展，科技引领未来”为主题，以“支撑经济转型发展”为主线，以图片、模型、实物样品和多媒体为主要呈现手段，分为总况展区、高新技术展区、农业科技展区、社会发展科技展区、基础研究与人才团队展区、协同创新展区、创新平台展区、创新创业与科学普及展区、知识产权展区、国际科技合作展区10个展区，展出面积9000余平方米，参展项目330余项，展出实物及模型290余项。展览期间，全省科技人员以及大学生、普通市民等近5000余人前往现场参观。《江西日报》《江南都市报》、江西卫视等媒体记者到现场采访报道，中国政府网、新华网、搜狐网、中国青年网等媒体转载报道。

【组团参加第十八届中国国际高新技术成果交易会】 11月16日—21日，第十八届中国国际高新技术成果交易会在深圳举行。江西省组织120个项目参展，涵盖新一代信息技术、航空制造技术、新能源技术、新材料技术、生物与新医药技术、先进制造技术等领域。重点展示武装直升机、商用无人机、教练机、新能源汽车、机器人、智能机械臂等先进制造业高端产品和硅衬底氮化镓LED、精细陶瓷、稀有金属、光伏发电组件等新材料科研产品，以及VR教育、VR运动、电子书包、智能插座等新一代信息技术前沿产品，还有现代农业、生物医药、节能环保等民生领域的新技术新成果。江西省展团获优秀组织奖和优秀展示奖，部分参展项目获优秀产品奖。

（省科技厅）

科学技术普及

【概　况】 2016年，省科协融入江西经济社会发展大局，落实《全民科学素质行动计划纲要》，推动“科技+金融”工作，推进科普供给侧改革创新，推进科普信息化，加强科普能力建设，构建科普公共服务体系。省科技馆和上饶市科技馆纳入2016年全国免费开放试点单位。实施“基层科普行动计划”，基层科普能力持续增强，全省有20个农村专业技术协会、15个农村科普示范基地、13个农村科普带头人和18个科普示范社区共获国家财政奖补1125万元。组织举办第三十一届青少年科技创新大赛、全省青少年科学调查体验活动、全国高校科学营活动，组织学生参加数学、物理、化学、生物、信息学竞赛全国决赛。联合省教育厅、团省委、省文化厅、省科技厅举办第二届科普动漫创作大赛，3件作品获一等奖，15件作品获二等奖，89件作品获三等奖，81件作品获优秀奖，3人获优秀指导教师奖，6个单位和个人获优秀组织奖。协办第二届中国青年APP大赛（第三届“创青春”中国青年创新创业大赛APP专项赛），全省有450个项目参赛，位列全国第一。开展2016年科普公共财政项目评选，经过自愿申报、专家评审，共有54个科普教育基地特色科普活动项目、12个农村中学科技馆、55个科普云终端项目、54个重大科普活动及科普报告项目、49个互联网+科普项目入围，经费达790万元。

【搭建江西科普云平台系统】 通过公开招标，采购一批科普云终端，搭建江西科普云平台系统。全年定制55台科普云终端，全省已达105台，分布全省各地人群密集地方。科普云终端共建立一级频道13个、二级频道54个，基层自主发布文章378篇、上传图片372张、视频7个、推送通知110条。各科普e站推送科普中国“V视速递”视频63个，1500集，科普信息10万多条、科普画廊6期、应知应会19期、专题45期315篇文章，同时订阅报刊300期以上。已超过50万人次点击浏览各类科普信息。

【开展系列主题科普活动】 3月，围绕“提升全民科学素质促进和谐社会发展”主题，开展2016年科普之春暨学雷锋科普志愿者服务月活动，组织科普志愿者5554人、专家学者1352人参与，社区开展科普活动297场，农村开展科普活动285场，学校开展科普活动167场，直接参加活动的社区居民14.44万人、农村人员13.07万人、学生14.81万人。从8月开始，在全省开展“科学，让生活更美好——江西省百场科普报告进社区”活动，各级科协，上下联动，在11个设区市、100个县（市、区）的社区面向公众组织开展科普报告118场。9月17日—23日，在全省范围内集中开展“创新放飞梦想，科技引领未来”为主题的全国科普日活动，共有5000余名科普工作者、3万余名科普志愿者参与，共举办科普报告会500余场、科普知识展览1200余场次、培训班800余期，发放科普资料90余万份，播放科普录像500余场，展出科普展板4000余块，参与群众达160万人次。

【继续实施“十百千万”培训工程】 围绕转型升级农业主导产业，开展十大农业产业科技培训，全年举办产业科技培训班26期，并组建“茶叶培训科技联盟”，共享茶叶生产加工技术。围绕培育新型职业农民，开展农村电子商务科技培训，在黎川、万年、德安、寻乌、袁州、万安等地举办“新型职业农民（农村电商领军人才）科技培训”精品班6期，引导农民发展农村电商市场。围绕打造升级版农技协，开展领办人素质提升培训，在全省11个设区市开展精品培训12期，增强全省农技协领办人的科技、市场、合作、服务、品牌和生态等意识，推进“银会合作”工程实施。围绕提升农村党员“双带”能力，开展农村党员科技致富带头人大培训，与省委组织部联合在全省开展科技培训294期。围绕帮建点创建“文明生态村”，开展“‘两学一做’+精准扶贫”支部共建。省农函大在芳洲村举办生猪养殖产业化班1期，开展集中理论授课5次，深入猪场实地指导6次，解决技术问题21个，突破技术瓶颈1个。全省各级农函大举办各类培训班410余期，培养各类农村人才2.70万人；通过远程教学、“掌上农技”等互联网平台培训一大批农村人才；录制微课视频140余节，制作完成并上传至“掌上农技”的有80余节。

【开展科普宣教活动】 开展中国流动科技馆项目江西巡展活动，在东乡县、龙南县、宁都县、寻乌县、吉州区、峡江县、永丰县、袁州区、奉新县、信州区、广丰区、弋阳县、玉山县、横峰县、黎川县、星子县、湖口县、濂溪区、浮梁县、昌江区、渝水区、分宜县、进贤县、南昌县、安义县、石城县、资溪县27个县（区）完成中国流动科技馆江西巡展活动，全年参观135万人次，同步配套赠送《中国流动科技馆江西巡展活动知识读本》《知识就是力量》《聪明泉》等科普读物2万余册。与团省委、省科技厅、省教育厅等省直单位和设区市、县（市、区）科协合作，开展“科普大篷车”巡展活动，延伸服务触角，扩大受益覆盖面，推进大篷车进农村、进社区、进学校。参与全国科普日、科技活动周、“六一”欢乐科普大篷车校园行等主题科普活动，行驶轨迹覆盖赣州、吉安、南昌、宜春、抚州等9个设区市的26个县（市、区），行程达1.2万千米，受益公众12万人次。

【组织开展青少年科技竞赛和实践活动】 开展第三十一届江西省青少年科技创新大赛，组织5万余名青少年参赛，其中74项青少年科技创新成果、150件少年儿童科学幻想画参加省级大赛终评。组织参加第三十一届全国青少年科技创新大赛，获青少年科技创新项目、辅导员科技创新项目二等奖1项、三等奖6项，青少年创意项目优秀创意奖13项，科幻画项目一等奖3项、二等奖9项，科技实践活动一等奖1项、二等奖5项。组织8万余名中小学生参加以“走进创客、体验创新”为主题的全省青少年科学调查体验活动。组织选拔11个设区市的140名优秀高中学生分别赴清华大学、北京理工大学、上海交通大学、浙江大学等9所全国知名高校参加为期1周的科学营、专题营活动。组织开展或指导相关省级学会五学科（数学、物理、化学、生物、信息学）奥赛，6万余名学生报名参赛。在2016年五学科奥赛全国决赛中，江西省获7金、33银、15铜。组织开展“开启天宫的梦想”——全国青少年航天科普系列活动，在全省中学生中征集“天宫二号”目标飞行器搭载科学实验方案和太空画作品。组织参加第十六届中国青少年机器人竞赛等全国比赛，获一等奖2项、二等奖1项、三等奖5项、专项奖1项。组织参加第七届全国青少年科学影像节，新余市第一中学《奇怪的声响》作品入围全国终评展示活动。

【推进“银会合作”】 5月20日，省科协和邮储银行江西省分行在吉安召开全省“银会合作”推进会。省科协党组书记、常务副主席罗莹，邮储银行江西省分行行长肖天星出席会议并讲话。省科协党组成员、副主席梁纯平，邮储银行江西省分行副行长宋育珍分别主持会议。省科协、邮储银行江西省分行相关部门负责人，各设区市、县（市、区）科协、邮储银行分支行领导、部门负责人共260余人参加会议。全年以省财政320万元贴息奖补资金，撬动银行发放贷款3.78亿元，支持农技协及农业科普基地建设。

【江西省科技馆免费开放】 4月21日，省政府新闻办、省科协举行新闻发布会，正式宣布江西省科技馆免费开放，开放时间为每周三至周日9:00—16:30，每周一、周二闭馆。省科技馆先后制定免费开放预案及相关制度，强化安全措施，优化场馆服务，游客参观平稳有序。全年展厅参观16.51万人次，增加50%；儿童科学乐园接待游客8.00万人次，增加40%。

（杜春发）

本栏编辑　詹跃华

社 会 科 学

综 述

2016年,全省社科界围绕经济社会发展大局,强化理论武装,推动理论创新,推进社科普及宣传,加强新型智库建设,进一步繁荣发展了江西哲学社会科学事业。

强化理论武装,切实用习近平治国理政思想统领哲学社会科学工作。全省社科界始终把学习宣传贯彻中共十八大和十八届三中、四中、五中、六中全会精神以及中共中央总书记习近平治国理政新理念新思想新战略,特别是习近平在哲学社会科学工作座谈会上的讲话精神,作为首要政治任务,先学一步、学深一层,做到与中央在认识上一致、在思想上统一、在行动上同步。采取省市县三级联动方式,举办2016年全省社科普及宣传周暨学术活动周活动。围绕学习贯彻习近平对江西工作提出"新的希望、三个着力、四个坚持"的重要要求以及贯彻落实省第十四次党代会精神,凝练一批重大研究选题,引领全省广大社科工作者论真理、出良策、建真言,发挥"思想库""智囊团"作用。

深化理论创新,国家社科基金项目立项稳居全国第一方阵。提高国家社科基金项目申报质量和层次,使其成为培养江西省社科优秀人才的"孵化器",进一步增强"理论赣军"在全国的话语权和影响力。全省获国家社科基金年度立项122项,在全国排名第十位。获国家社科基金重大项目5项,总数为历年之最,尤其是《海昏侯墓考古发掘与历史文化资料整理研究》被立为重大委托项目,获资助经费300万元。

建设特色新型智库,为富裕美丽幸福江西提供理论支撑和智力支持。《鄱阳湖区农业面源污染治理亟待破解制度困境》等一批重大应用对策研究成果获中央领导张高丽、汪洋、孙春兰等批示。省社联设立智库建设与成果管理处和省情研究中心,开展理论阐释、政策研究和实践探索,主持完成大健康产业发展、中医药强省建设、江西生态文明建设等重大调研报告和《江西省大健康产业发展规划(2016—2020)》,提出一系列切实可行的对策建议。《内部论坛》《专报》《领导论坛》等一大批决策咨询内刊,组织广大社科工作者开展应用对策研究,获省领导肯定性批示200余篇(次)。加快全省哲学社会科学高水平研究平台建设,全省建设赣学研究院、苏区振兴研究院等26个省哲学社会科学重点研究基地;同时,创设省社科规划经济社会发展智库项目。省委党校、省社科院等8家智库机构入选中国智库索引(CTTI)首批智库名录。

打造六大项目平台,扎实推进社科理论研究。与省委宣传部联合设立省经济社会发展重大招标课题6个,研究阐释江西省全局性、战略性、前瞻性问题,为省委、省政府科学决策提供参考。评审立项中国特色社会主义理论专项课题41项,为推进马克思主义中国化、时代化、大众化作出贡献。评审立项"十三五"年度社科规划项目292项,增强全省学术研究的生命力、创造力和影响力。评审立项"青年马克思主义者理论研究创新工程"资助项目106项,帮助青年学生扣好学术研究"第一粒纽扣",登好学术高峰"第一级台阶"。创设省社科规划青年博士基金项目,共评审立项50项,培养一批政治方向正确、理论创新丰富、社会贡献突出、引领作用明显的中青年学术带头人。深化江西地方历史文化研究,运用村史馆建设研究、县城历史文化研究、江西红色文化传承与弘扬研究等专项课题,为创造性继承、创新性发展全省地方历史文化提供理论支撑。在此基础上,全省社科界推出一大批高质量的研究成果。其中,省社科院发表学术论文318篇,出版学术著作21部;南昌大学发表学术论文620篇,出版学术著作97部;江西师范大学发表学术论文520篇,出版学术著作42部;江西财经大学发表学术论文923篇,出版学术著作59部。

创新基层宣传宣讲,把党的方针政策传遍千家万户。利用全省各级各类讲堂、讲坛,做好基层宣传宣讲工作,青云谱区"书香青云"社区百科讲坛被中宣部评为2016年度"全国基层宣讲先进集体"。做大做强"社科大讲堂"品牌,全年举办专题讲座26期,邀请欧阳自远、尹卓、张维为等一大批国内省内知名专家作学术报告,省社联科普处被中组部、中宣部等9部门评为《全民科学素质行动计划纲要》"十二五"实施工作先进集体。创建高质量的江西省社科普及宣传基地,形成覆盖城乡的社科普及宣传工作网络,通过举办各类展览、讲座、咨询、表演等活动,把党的方针政策和社会科学知识送进基层、惠及群众,一大批社科普及专家、社科普及工作者、社科普及宣传基地、社科普及读物受到全国表彰。

夯实社联组织基础,建设温馨和谐的社科工作者之家。社联组织建设走在全国前列。省社联在全国各省(市、区)社联中,属于机构建制最完备的省级社联之一;全省11个设区市全部建立社联组织,除南昌、吉安个别县区外全部建立社联组织,所有本科院校(含江西科技学院、南昌理工学院、江西服装学院3所民办本科院校)均已建立社联组织。夯实基层社联发展基础。举办"把党的方针政策传遍千家万户——'讲好江西故事'专题培训班",与浙江大学合作举办"全省社联系统青年干部能力提升研修班",提高基层社联干部的业务能力和素质;设立省社科规划地区基金项目,规范和引导基层社科工作者为地方经济社会发展服务。进一步增强省属学会活力和凝聚力。通过规范管理和加强服务、加大资助扶持力度、发挥"品牌学会"示范引领作用等方式,省属学会实现科学创新发展,省方志敏研究会、省金融学会等5个学会获评全国社科联先进学会,4名学会工作者获评全国社科联优秀学会工作者。

(省社联)

学术活动

【举办"中共历史进程中的苏维埃革命"学术研讨会】 4月22日—23日,《苏区研究》编辑部、中国社会科学院近代史研究所革命史研究室、中国社会科学院近代史研究所《近代史研究》编辑部在井冈山共同举办"中共历史进程中的苏维埃革命"学术研讨会。省社联党组书记、主席吴永明出席会议并致辞;省社联党组成员、副主席刘弋涛,副巡视员熊建出席会议;来自中国社会科学院近代史研究所、中国人民大学书报资料中心、解放军出版社、浙江大学等单位的专家学者、期刊编辑共40人参加研讨。研讨会上,与会专家围绕共产国际与中共苏维埃革命的关系、抗战时期中共的苏维埃观、苏维埃革命在中共近百年历程中的地位、主力红军的组织形态与建设、南京国民政府的政治和军事应对、中央苏区的卫生工作干部思想和队伍建设、苏维埃革命研究的方法论、苏区史研究的创新策略等问题进行交流与研讨。

【华东地区社科普及工作经验交流会在井冈山召开】 5月31日至6月3日,由省社联承办的华东地区社科普及工作经验交流会在井冈山召开。会议围绕"学习贯彻习近平总书记在哲学社会科学工作座谈会上的重要讲话精神,开创社科普及工作新局面"这一主题进行交流研讨。江西省社联党组成员、副主席胡春晓主持会议并致辞,华东六省一市和湖南省社联的社科普及工作者30人参加会议。江西省社联副巡视员熊建陪同与会代表考察参观井冈山革命烈士陵园、井冈山革命博物馆等社科普及基地。会上,各省社联代表介绍各自开展的社科普及工作,并结合自身实际及工作特色,就如何在新形势下繁荣发展哲学社会科学、推进社科普及经常化社会化制度化、建设社科普及基地、打造社科普及品牌、促进与落实社科普及立法等进行研讨。

【举行江西省"2016青马论坛"】 7月8日,"2016青马论坛"——学习贯彻习近平"七一"重要讲话精神研讨会在江西师范大学举行,省社联党组成员、副主席刘弋涛出席会议并讲话,江西师范大学副校长赵明出席会议,省委宣传部、省社联等相关处室负责人以及省内7所高校的50余名研究生参加研讨会。江西师范大学、南昌大学、江西财经大学等省内7所高校的博士、硕士研究生代表,先后围绕中共中央总书记习近平"七一"重要讲话精神谈学习体会、讲理解感悟、说初心理想、道责任担当。南昌大学马克思主义学院院长、教授胡伯项,江西师范大学马克思主义学院博士生导师、教授吴瑾菁对学生发言作了点评。

【举办第九届犯罪学高层论坛】 10月15日—16日,由省社联、华东政法大学刑事司法学院主办,南昌大学法学院、法治江西建设研究中心承办的第九届犯罪学高层论坛在南昌大学举行。省社联党组成员、副主席刘弋涛到会致辞。来自全国犯罪学研究领域的专家学者共40余人参加论坛。论坛会上,与会专家学者围绕论坛主题,就中国犯罪学的研究方法、研究途径、成果转化与应用以及人才培养等议题展开探讨,提出许多建设性意见。

【开展"2016年江西省社科普及宣传周暨学术活动周"活动】 10月29日至11月4日,开展"2016年江西省社科普及宣传周暨学术活动周"活动。活动以"深入学习宣传贯彻党的十八届六中全会精神和习近平总书记系列重要讲话精神,喜迎江西省第十四次党代会召开"为主题,采取省市县三级联动方式在全省开展。活动期间,全省有400余个相关单位参与,共安排学术报告、现场咨询、展览展演、知识竞赛等300多场次活动,发放图书、资料数十万份。各地各单位邀请中宣部、人力资源和社会保障部、中央党校、中央政策研究室、中国社会科学院等省内外知名专家学者,聚焦中共十八届六中全会精神和习近平系列重要讲话精神以及群众关心关注的社会热点难点问题作学术报告。

(省社联)

【召开"创新驱动促进绿色崛起"中俄学者学术座谈会】 5月17日,省社科院在南昌召开"创新驱动促进绿色崛起"中俄学者学术座谈会。俄罗斯科学院区域社会经济发展研究所学者康斯坦丁 安纳托伊维奇 古林、奥加尔 尼克拉维娜 卡拉奇可娃、谢尔盖亚历山大维奇 科兹伊夫尼科夫分别围绕"俄罗斯废物处理发展问题研究""绿色经济和居民健康""基于'绿色'科技的俄罗斯公共住宅转型升级"作了发言。省社科院学者赖丽华、何雄伟、盛方富分别就"优化营商环境,促进区域经济发展""科技创新平台:助推区域经济转型升级""以科技创新支撑江西跨越式发展"发表了学术观点。通过交流,给江西绿色崛起的理论升华和实践探索带来新的启示。会后,双方在合作出版著作、互刊学术论文、交流研究计划和下一次论坛的举办等方面达成共识。

【举办《江西家庭发展报告(2016)》发布会】 5月17日,省社科院与省卫计委在新余市共同举办2016年国际家庭日江西纪念大会暨《江西家庭发展报告(2016)》发布会,专家学者及卫计部门相关人员160余人出席会

5月17日，2016年国际家庭日江西纪念大会暨《江西家庭发展报告（2016）》发布会在新余举行

省社科院供稿

议。省社科院二级研究员马雪松、社会学研究所所长邓虹、社会调查事务所所长易外庚分别发布皮书的主要内容和观点。皮书由省社科院和省卫计委联合编著，江西人民出版社出版发行，分为综合报告、专题报告、典型调查3个篇章，对江西家庭关系变迁的特点与发展趋势、江西出生人口性别比、城乡家庭生计状况与发展能力、贫困家庭脱贫以及现阶段家庭发展中存在的主要问题等，做了探讨研究，总结江西家庭发展的基本特征，提出促进江西家庭发展的相关政策建议。

【2016江西智库论坛举行】 9月27日，由省社科院主办的2016江西智库论坛在南昌举行，主题为“共享经济促进城市创新发展”，40余位专家学者出席论坛。会上，6位专家作了主题报告。专家提出，共享经济作为互联网时代的“新经济”“新商业”形态，正在日益改变传统的经济模式，江西应主动顺应大势，结合自身经济发展阶段特征，因地制宜实施共享型发展战略，激发社会力量参与共享型城市建设，促进共享型城市建设持续推进；应鼓励成熟性的共享经济模式发展，相信民间的创新能力和智慧，培育和发展新兴共享经济业态；以“互联网+全产业链”为导向，构建产业共享经济新格局；进一步增强大中城市人口聚集和经济聚集的规模效应，促进大中小城镇协调发展；突破环境治理技术障碍，以共享经济提升环境保护水平；将共享经济和制造业转型升级结合起来，推动重点行业企业的兼并重组。

（省社科院）

高校社科研究

【概　况】 2016年，全省高校有人文社会科学活动人员20765人，其中高级职称6783人、中级职称9196人、初级职称3477人、初级一和初级二（大专以上尚未评定职称人员）1297人、其他人员12人。研究与发展人员1366人，其中高级职称628人、中级职称576人、初级职称32人。研究与发展全时人数24人，其中高级职称9人、中级职称13人、初级职称1人、初级一和初级二（大专以上尚未评定职称人员）1人。投入人文社会科学研究与发展经费1.66亿元。全省高校承担人文社会科学研究课题1.13万项，出版人文社会科学著作546部，发表论文8082篇，其中在国际学术刊物发表186篇。举办国际学术会议49次，参加会议359人次，提交论文408篇。举办国内学术会议156次，参加会议2355人次，提交论文2135篇。与国际合作研究课题30项，与国内合作研究课题137项。申请国家专利965项，授权682项。

【开展人文社会科学研究】 全省高校围绕国家战略和省委决策部署，聚焦重大理论和现实问题，开展一系列具有战略性、前瞻性的重大理论和应用对策研究。全年高校获国家社科基金项目立项105项，其中重点项目4项、一般项目79项、青年项目22项；资助经费2160万元。全省高校获教育部人文社会科学研究项目32项，其中规划基金项目9项、青年基金项目20项、思想政治工作专项3项，资助经费254万元。全省高校人文社会科学研究项目立项877项，其中一般项目604项、思想政治工作专项90项、人文社会科学重点研究基地研究项目183项，研究经费1168.7万元。

【加强高校人文社会科学重点研究基地建设】 加强基地建设，规范基地管理。组织开展对31个高校人文社会科学重点研究基地进行评估，评出优秀3个、良好14个、合格14个。指导教育部人文社会科学重点研究基地“南昌大学中国中部经济社会发展研究中心”通过教育部测评，社会服务能力排名进入全国高校人文社会科学重点研究基地前50名。各重点研究基地通过学术交流、外出访学、培训研修、咨政建言、专项咨询等方式，提升人才培养质量和社会服务能力。

【加强江西教育与经济社会发展智库建设】 1月17日、3月29日分别在北京、上海召开江西教育与经济社会发展智库专家咨询会，组织专家对《江西省高水平大学和一流学科建设方案》《江西省教育事业发展“十三五”规划》进行咨询。拟定研究项目指南，面向智库专家招标，确定30项与江西教育改革和经济社会发展相关的课题立项。筹备江西百家高校智库联盟，制定联盟章程。

【举办2016年度全省哲学社会科学教学科研骨干研修班】 省委教育工委、省教育厅会同省委宣传部、省委组织部、省委党校、省财政厅举办2016年度全省哲学社会科学教学科研骨干研修班，深入学习中共中央总书记习近平系列重要讲话精神，学习中共十八大和十八届三中、四中、五中、六中全会，以及全国哲学社会科学工作座谈会议精神，学习贯彻“四个全面”（全面建成小康社会、全面深化改革、全面依法治国、全面从严治党）战略布局及“五大发展理念”（创新发展、协调发展、绿色发展、开放发展、共享发展），加强和改进大学生思想政治教育的有关精神，学习贯彻省委十三届第十一次、十二次全委会和省第十四次党代会精神，正确认识、深刻把握江西省情等。研修班以听取专题报告、现场教学、学员论坛、分组研讨、集中交流、在线学习、研读经典原著和文件、学员座谈会、社会考察为基本形式。全年举办 4 期，每期 21 天，参加研修 304 人。

（省教育厅）

5 月 9 日，2016 年江西省经济社会发展重大招标课题评审会在南昌召开

省社联供稿

社科成果与奖励

【全省获国家社科基金年度项目立项 122 项】 全省获国家社科基金年度项目立项 122 项，在全国排名第十位。其中，江西师范大学获 32 项，与复旦大学并列全国第八位，在全国师范类院校排名第一；江西财经大学获 23 项，列全国第三十七位，在全国财经类院校排名第二；马列科社、党史党建、应用经济、中国文学、中国历史、管理学、统计学等学科的立项数排名均在全国前 5 位。

【全省获国家社科基金重大项目 5 项】 全省获国家社科基金重大项目 5 项。其中，江西师范大学梅国平主持的“‘互联网 +’驱动传统产业创新发展路径及模式研究”、江西师范大学傅修延主持的“中西叙事传统比较研究”、江西财经大学王乔主持的“国家创新驱动发展战略的财税支持政策”、江西财经大学易剑东主持的“北京 2022 年冬奥会筹办的基本原则、重点领域与关键问题研究”获 2016 年度国家社科基金重大招标项目；“海昏侯墓考古发掘与历史文化资料整理研究”被立为 2016 年度国家社科基金重大委托项目，资助研究经费 300 万元，这是江西省历年来获得资助金额最多的一项国家社科基金重大项目。

【召开 2016 年江西省经济社会发展重大招标课题评审会】 5 月 9 日，2016 年江西省经济社会发展重大招标课题评审会在南昌召开。省委常委、省委宣传部部长陈俊卿出席会议并讲话，省委宣传部副部长朱民安主持会议。省社联党组书记、主席吴永明对招标课题有关情况作简要介绍，有关厅局负责人及高校专家学者担任评审专家。各课题组负责人及成员和相关单位科研管理部门负责人共 60 余人参加会议。省内外共有 26 个课题组参与竞标，经过专家审阅课题申请书、听取课题负责人论证汇报和专家提问答辩三个环节，投票选出 6 个中标课题组，分别是江西财经大学教授蒋金法主持的“江西推进供给侧结构性改革的重点方向和举措研究”、北京城市发展研究院研究员金良浚主持的“‘十三五’时期江西实施创新驱动战略的重点与对策研究”、江西农业大学教授曹国庆主持的“江西脱贫攻坚的典型模式研究”、江西省社科院研究员梁勇主持的“美丽中国‘江西样板’的经验总结及下一步建设方略”、井冈山大学教授曾建平主持的“新时代条件下弘扬井冈山精神研究”、江西财经大学教授张利国主持的“新发展理念引领下江西现代农业产业体系建设研究”，每项中标课题资助经费 10 万元。

【召开第三批江西省社科普及宣传基地评审会】 6 月 20 日，第三批江西省社科普及宣传基地评审会在省社联召开。省社联党组成员、副主席刘弋涛主持会议，省社联副巡视员熊建及省直机关、高校社科专家参加评审会。评委在听取基地情况介绍后进行评审，并投票表决，评出中央红军长征出发纪念馆（含于都长征文化馆）、卢德铭烈士陵园、毛泽东作长冈乡调查纪念馆、界首红十军建军旧址纪念馆、景德镇市昌江区荷塘农垦展览馆、八大山人纪念馆、青原区阳明书院、盱江书院、江西省鄱阳湖生态经济区规划馆、庐山博物馆、鹰潭市博物馆、宜春市博物馆、吉安市博物馆、吉州窑博物馆、小巷讲堂、鹰潭市余江县春涛镇文化站、乐安县流坑古村、三清山风景名胜区（三清山世界地质公园）、中国税票博物馆、南昌大学四方艺术研究院、江西省新余市心理学会、王阳明与地域文化研究中心 22 家单位为第三批江西省社科普及宣传基地。

（省社联）

本栏编辑 詹跃华

文化艺术

综　述

2016年，全省文化系统在艺术创作、公共文化服务、文化产业、文化遗产、对外文化交流等方面迈出新步伐，实现"十三五"良好开局。

艺术创作生产成果。歌剧《回家》入选"第十五届文华大奖"参评剧目；舞蹈《青花瓷》参加全国舞蹈展演；吉安市畲歌剧《热血山哈》获第五届全国少数民族文艺会演银奖；鹰潭市现代赣剧《青山作证》入选2016年全国基层院团戏曲会演。6个舞台剧目入选年度全省文艺创作繁荣工程；15个项目获国家艺术基金立项；话剧《遥远的乡土》入选2016年度国家舞台艺术精品工程。举办第六届江西艺术节，26台大型剧目和34台小型剧目入选艺术节集中展演；举办红军长征胜利90周年、汤显祖逝世400周年等纪念活动，组织抚州汤显祖戏曲乡音版《临川四梦》赴京演出。举办"中国梦·民族魂"江西美术家、摄影家新疆创作采风展。全省文艺院团完成送戏下乡8000多场。

公共文化服务体系建设。省文化中心（含省博物馆、省图书馆、省科技馆共25万平方米）建设完成全部桩基工程；新余市、萍乡市等地一批市、县重点文化设施相继竣工，全省新建基层文体广场1268个，形成省、市、县、乡镇（街道）、村五级公共文化服务设施体系。完成第二批创建国家公共文化服务体系示范区（项目）实地验收。举办第二届江西省"赣鄱群星奖"、第十三届华东六省一市戏剧小品大赛。成立江西省文化馆协会。举办2016年全国公共文化巡讲暨江西省文化（群艺）馆馆长、江西省文化志愿者（局长）、中国非物质文化遗产传承人群研修普及培训班。

文化产业发展。南昌市入选国家首批文化消费试点城市。深入推进文化金融合作，召开全省文化金融合作座谈会。江西文化演艺发展集团组建准备工作基本就绪。6个项目入选2016年中央财政文化产业发展专项资金扶持项目，4部动漫作品入选2016年文化部弘扬社会主义核心价值观动漫扶持计划。全省文化产业公共服务平台正式上线运营，全省文化市场监管与服务平台运用全面加强。有序推进文物单位文化创意产品开发试点工作。举办2016艺术江西国际博览会、全省首届REC电子竞技大赛、2016江西文化休闲娱乐产业博览会。制定江西省推进文化市场综合执法改革实施意见，制定加强游戏游艺场所监管文件，组织开展留守儿童健康上网试点。

文化遗产保护。南昌汉代海昏侯墓考古发掘囊括"2015年度全国十大考古新发现""全国田野考古奖（2011—2015年度）二等奖""首届考古资产保护金尊奖"等考古领域所有奖项，考古成果展于2016年全国"两会"期间在首都博物馆展出，引发京城"海昏热"；出土成果展作为一项长期展于全国社会治安综合治理创新工作南昌会议前在省博物馆开展。2016年，江西省获国家文物保护专项资金5.3亿元，占全国总量近十分之一，列全国第一。景德镇御窑遗址保护利用扎实推进，赣南等原中央苏区革命遗址保护利用工程争取到国家文物局工程项目393个，保护利用工程作为样板和示范工程在全国推介。《客家文化（赣南）生态保护实验区总体规划》实施，赣州市正式成为国家级文化生态保护实验区。《江西省图书馆古籍善本书目》获全国优秀古籍图书奖一等奖。

对外文化交流。对接"一带一路"国家倡议，讲好江西故事，完成交流项目21个（其中走出去17个、引进来4个）。组织省赣剧院、抚州市采茶歌舞剧团赴英国参加汤显祖、莎士比亚逝世400周年纪念活动，组团参加英国爱丁堡艺术节。深入实施部省对口合作项目，先后组织3个出访项目、接待3个来访团组，完成2016年度海外中国文化中心对口合作计划、对非文化交流部省对口合作计划。组织歌剧《回家》赴台开展为期12天的巡演，组织海昏侯国考古发掘学术讲座、景德镇御窑博物馆《意象青花瓷展》赴台交流，扎实推进赣台文化交流。

（宋来源）

文　学

【概　况】 2016年，江西省作家协会履行联络、协调、服务职责，以"出作品、出人才"为目标，坚持正确导向，积极开展文学活动。

组织文学活动。4—5月，在上饶市上饶县、吉安市青原区、赣州市于都县、南昌市湾里区等地举办江西谷雨诗会。4—8月，为纪念建党95周年、红军长征胜利80周年，承办中国作协重走长征路江西段采风活动、中国网络作家重走长征路采风活动、纪念红军长征胜利 80 周年作家红色赣州行暨第三届革命历史题材文学创作研讨会,包括网络作家在内的部分优秀江西作家参与系列活动;举办“党在我心中”纪念建党95周年主题诗歌征稿活动,19位作者的作品入围并在中国江西网展示,推荐优秀作品到《星火》杂志发表。联合社会部门开展多种形式的文学采风活动。与省公安厅宣传处联合举办江西作家进警营采风活动,部分优秀散文作家赴鹰潭采访公安英模;推荐优秀散文作家参加《中国国家地理》杂志社举办的长征路采风活动;与《诗刊》社、上饶三清山管委会合办“三清天下秀”诗歌采风创作活动,江西 20 余位诗人参加活动。举办深入生活典型作家作品研讨会。举办江华明书写景德镇从 20 世纪 60 年代至今时代变迁的长篇小说《尖锐的瓷片》研讨会;举办江西籍作家吴仕民描写鄱阳湖风情及命运的长篇小说《铁网铜钩》研讨会。

实施文学扶持工程。推进江西长篇小说重点扶持工程。与中国作家出版集团、作家出版社合作的江西长篇小说重点扶持工程稳步进行,入围的 15 位作家完成创作,在南昌举行改稿会,中国作协副主席何建明、作家出版社原总编辑张陵、中国社科院文学研究所党委原书记包明德到会,提出修改意见。作家创作完成后,经过中国作家出版集团组织评审团进行评审,10 部作品最终入围。开展江西省文艺创作与繁荣工程。完成《锐力·文学江西》文学丛书的约稿和出版。该丛书旨在为具有一定创作成绩的青年作家出版第一本书,王明明小说集《舞翩翩》、樊专砚小说集《卖汗人》、范剑鸣诗歌集《向万物致敬》、五里路诗歌集《金盆形》、刘义诗歌集《明月之诗》5 位青年作家作品集由长江文艺出版社出版,谢宝光散文集《捡影子的人》、江榕诗集《归去来》与出版社签订出版合同,进入出版操作阶段。完成《江西文学精品丛书》第三辑出版发行,丁伯刚小说集《有人将归》、三子诗集《镜中记》、江华明小说集《炮楼》、杨帆小说集《黄金屋》、傅太平小说集《秋日》、樊健军小说集《行善记》6 位实力作家的作品集由长江文艺出版社出版。开展江西文学重点扶持工程。省委宣传部出资、江西省文联操作的江西文学重点扶持工程选题征集和评审工作,有 40 多位作家的选题入围第二阶段评审。组织作家申报中国作协重点扶持项目。在 2016 年中国作协定点深入生活扶持项目评审中,江西省推荐 10 个选题,获批 7 个,分别是洪忠佩(深入生活地点为江西省婺源县考水村)、刘爱红(深入生活地点为江西省安福县)、旷胡兰(深入生活地点为江西省井冈山市)、文非(深入生活地点为江西省南昌市、抚州市等地)、王芸(深入生活地点为江西省南昌县)、陈蔚文(深入生活地点为江西省精神卫生中心)、彭学军(深入生活地点为江西省景德镇),入选人数为全国第一。蒋泽先、詹文格、杨帆 3 位作家选题入选重点作品扶持项目。

文学创作有新成果。陈世旭、阿袁、温燕霞、王芸、杨帆、宋小词、樊健军、陈蔚文、文非等人的小说作品在《人民文学》《北京文学》《上海文学》《小说选刊》《新华文摘》等报刊发表和选载,范晓波、李晓君、朱强、傅菲、武向春、朝颜、陈蔚文、洪忠佩、丁伯刚、王晓莉、夏磊、詹文格、杨怡、浇洁等人的散文作品在《散文》《花城》《钟山》《北京文学》《天涯》等报刊发表,林莉、邓诗鸿、卢游、范剑鸣、圻子、颜溶、龙安、林珊、刘义、胡刚毅、王彦山等人的诗歌在《人民文学》《诗刊》《星星》《诗选刊》等报刊发表或转载,温燕霞长篇小说《磷火》、江华明长篇小说《尖锐的瓷片》、程维长篇小说《海昏:王的自述》、陈杰敏长篇小说《永远的义门陈》、徐观潮长篇小说《名将陶侃》,王芸小说集《羽毛》、杨帆小说集《天鹅》、宋小词小说集《瞳孔》,陶江长篇人物传记《气节文章·蒋士铨传》,卜谷、水耕长篇人物传记《理学宗师·朱熹传》,吴邦国儿童小说《海昏国历险记》,朝颜散文集《天空下的麦莱岭》,傅菲散文集《大地理想》,李晓君散文集《暮色春秋》出版发行。刘勇获国家计划生育委员会、广播电影电视部、中国文学艺术界联合会、中国作家协会和中国人口文化促进会联合主办的中国人口文化奖文学类三等奖,朝颜获《民族文学》2015 年度散文奖,安然获《北京文学》重点优秀作品奖,杨剑敏获《广州文艺》第三届都市小说双年展优秀作品奖。

【举办 2016 年江西谷雨诗会】 4 月 16 日,江西省作家协会等单位在上饶县主办“红色岁月 人民生活”2016 年江西(灵山)谷雨诗会。其间,开展“起于八十年代——灵山诗群研讨会”“红色岁月 人民生活”2016 年江西(灵山)谷雨诗歌朗诵会、“红色上饶 诗意灵山”2016 江西谷雨诗会采风创作活动、2015 江西年度诗人奖颁奖活动。在诗歌朗诵会上,诗人邓诗鸿获 2015 江西年度诗人奖。4 月 19 日,江西省文联、赣州市委宣传部、江西省作家协会主办的“红色诗章——2016 年江西谷雨诗歌朗诵会”在于都县举行,江西省诗人与诗歌爱好者 1000 余人参加活动。4 月 23 日—24 日,江西省作家协会、中共青原区委、青原区人民政府、吉安市文学艺术界联合会、吉安市作家协会联合主办的“情系燕京 醇美青原”——2016“燕京杯”江西谷雨诗会在青原区渼陂古村举行,全省各地诗人、作家代表 200 余人参加活动。其间,数十位作家在吉安进行采风活动。5 月 21 日,江西省作家协会、梅岭风景名胜区管委会、江西林恩茶业有限公司联合主办的“翡翠之夜 洪崖飘香”第四届江西林恩谷雨茶诗会在国家级风景名胜区南昌梅岭举行,数十名诗人参加活动。

(石兰芳)

艺 术

【概 况】 2016 年,围绕第六届江西艺术节、国家艺术基金项目申报、艺术精品巡展和巡演等重点工作和“激励创作,鼓励演出,出戏出人”工作思路,把握创作导向,激发创作活力。

组织开展各项艺术展演和赛事。五幕原创民族歌剧《回家》作为江西省唯一参评第十一届中国艺术节“第十五届文华大奖”的剧目,在陕西展演。话剧《遥远的乡土》入选 2016 年度国家舞台艺术精品工程重点创作剧目;舞蹈《青花瓷》参加全国舞蹈展演;吉安市畲歌剧《热血山哈》获第五届全国少数民族文艺会演银奖;鹰潭市现代赣剧《青山作证》入选 2016 年全国基层院团戏曲会演。在江西艺术中心演出“长路漫漫、红旗飘飘——

江西省纪念红军长征胜利90周年大型交响音乐会”。

推动地方戏曲振兴工程。文艺创作繁荣工程入选剧目6台，赣剧《邯郸梦记》、赣剧《青山作证》、兴国山歌《老镜子》、采茶戏《三家坪》4台地方戏曲入选。繁荣工程资金600万元，地方戏曲扶持资金365.5万元，占总扶持资金的61%。地方戏曲演出纳入基本公共文化服务目录，基本完成地方戏曲剧种普查工作。出台《关于振兴江西地方戏曲的实施意见》。

商业演出与公益性演出相结合，取得良好社会效益。元旦、春节期间，开展“我们的中国梦”文化进万家演出活动，在80多个乡镇演出200余场，观众80万人次。全省国有改制院团完成演出1.27万场，实现演出收入6691万元，其中下乡演出8725场，观众569万人次。

【举办第六届江西艺术节】 9月始，第六届江西艺术节在南昌举办。12月9日，在南昌举行开幕式。此届艺术节由省委宣传部、省文化厅共同主办，各设区市委宣传部、市文广新局承办，包括开幕式、第十届江西玉茗花戏剧节、第九届江西音乐舞蹈艺术节（江西省优秀舞蹈作品展演、永远的红飘带——纪念中国工农红军长征胜利80周年长征之歌合唱艺术节、第四届江西省钢琴艺术节、首届江西·德兴声乐艺术节）、第十一届江西少儿艺术节、第十三届华东“六省一市”戏剧小品大赛、第二届农民工才艺大赛、江西省非物质文化遗产展演展示展览活动、首届“我是微故事演说家”大赛、2016首届“百姓大舞台”群众艺术节、2016首届“艺术江西”国际博览会、“中国梦·民族魂”江西美术家、摄影家赴新疆创作采风作品展、江西文艺创作与繁荣工程优秀成果展、第四届全国漆画作品展、惊世大发现——南昌汉代海昏侯国考古成果展、“红色记忆·代代相传”——革命歌曲演唱邀请赛、“赣风鄱韵”艺术讲座等16项主要活动。基本涵盖文学、戏剧、音乐、舞蹈、曲艺、美术、书法、摄影、民间文艺等文化艺术领域各个方面。此届艺术节，全省市、县、乡三级有2000个业余群众文艺团体参加群众文艺活动，参演的演员约3万余人；参加遴选的节目3000多个，参加展演的节目1000多个，美术、书法、摄影作品、艺术藏品、非遗作品、民间工艺品参加遴选的约1万件，参加展览的作品近3000件；从全省各级专业院团、民营院团及部分高校遴选出24台大型剧目和34台小型剧目进行集中展演，是历届艺术节活动项目最多、内容最丰富、参与面最广、社会影响最大的一届。

【举办纪念汤显祖逝世400周年系列活动】 3月22日，在北京人民大会堂召开纪念汤显祖逝世400周年活动新闻发布会。4月22日，赴英国参加中国抚州文化活动周，共同纪念汤显祖、莎士比亚逝世400周年。8月6日—20日，省文化厅率省赣剧院赴英国爱丁堡演出14场（街头宣传7场，剧场演出7场），活动取得成功。9月23日—27日，集中纪念活动在抚州举行；10月16日—20日，为纪念汤显祖逝世400周年，乡音版《临川四梦》晋京展演，在国家大剧院、北京大学百年讲堂、清华大学演出。

【举办全省优秀舞蹈作品展演】 5月13日—15日，2016年全省优秀舞蹈作品展演活动在江西省话剧团经典剧场上演。全省各设区市、部分高校及省直单位组成的15支代表队上演56个舞蹈作品，这些作品是2013年以来创作演出且未参加全国性文艺评比展演的原创舞蹈作品，以反映时代精神，贴近实际、贴近生活、贴近群众的现实题材为主。此次展演参演人数近800余人。展演设立独舞、双人舞、三人舞组别和群舞组别，评选出13件优秀舞蹈作品，其中《青花瓷》代表江西参加9月全国舞蹈展演。

【举办“中国梦·民族魂”江西美术家、摄影家赴新疆创作采风作品展】

7月中下旬，江西省援疆办、省文化厅组织省内30余名美术家和摄影家走进新疆阿克陶县，开展“中国梦·民族魂”主题创作采风活动，活动由江西画院承办。活动期间，创作作品小样1000余件，遴选出150件精品参加在江西美术馆和北京民族文化宫举办的展览，其中典藏作品30幅。江西画院专门组织美术家精心创作近30幅美术作品赠送给中共阿克陶县委、县政府，由阿克陶县美术馆永久收藏。

【15个项目获国家艺术基金资助】 2016年，全省申报国家艺术基金资助项目127项，入选项目15项，涵盖所有申报项目，获资助金额1145万元。与2015年相比，获立项数增加50%。15个获国家艺术基金资助的项目分别是：大型舞台剧《青山作证》《南田印象》；小型舞台剧（节）目《赔禾记》；美术创作资助项目《天工开物》《二十一世纪的一次远行》《徽派建筑》；青年艺术创作人才资助项目舞蹈编导《咫尺之间》、舞蹈编导《绝调弋阳腔》、摄影创作《南昌汉代海昏侯墓考古发掘全景录》；工艺美术创作《瓷本丹培拉》；传播交流推广项目京剧《生死愿》、昌南美术馆2017中国第二届瓷画双年展；艺术人才培养资助项目“景德镇民间青花瓷技艺传承与创新人才培养”“赣剧青年表演人才培养”“陶瓷古彩与现代陶艺创作人才培养”。

【出台《关于振兴江西地方戏曲的实施意见》】 12月28日，省政府办公厅印发《关于振兴江西地方戏曲的实施意见》。该意见包括9部分、20条。主要内容有：实施国有戏曲院团评级制度、支持民营戏曲院团发展、落实有关财税优惠政策；构建省、市、县、村“四级”演出场所体系、解决戏曲院团排练场所问题；将地方戏曲演出纳入基本公共文化服务目录、组织优秀地方戏曲剧目开展对外巡演、省内展演；鼓励戏曲剧本创作、建立有利于戏曲剧目创作的长效机制；抢救濒危剧种（剧目）、推动戏曲传承发展、打造戏曲文化品牌；加强戏曲专业人才培养、畅通引进优秀戏曲专业人才的渠道。

（陈星）

社会文化

【概　况】 2016年，全省公共文化服务体系建设取得突破性进展。出台《关于推进基层综合性文化服务中心建设的实施方案》《江西省“十三五”时期贫困地区公共文化服务体系建设工作方案》。新余市、九江市和吉安市创建第二批国家公共文化服务体系示范区和示范项目通过国家验收。举办第十一届江西省少儿艺术节、第十三届华东六省一市戏剧小品大赛、第二届江西省"赣鄱群星奖"等重大文化活动。萍乡市选送的曲艺作品《身边的老阿姨》(渔鼓)入围第十七届群星奖决赛。

开展公共文化督查工作。开展全省乡镇文化站服务效能抽查工作。8月,印发《开展乡镇综合文化站服务效能抽查方案》。9月起,每月随机选定1个设区市中1个县(市、区)抽取2个乡镇作为抽查对象进行实地抽查,抽查组由省文化厅和设区市文化行政部门工作人员组成。截至12月,完成对九江市湖口县、抚州市临川区、鹰潭市贵溪市、赣州市赣县等地乡镇综合文化站服务效能情况抽查工作。开展全省贯彻落实《关于加快构建现代公共文化服务体系的实施意见》实地督查工作。11月底至12月初,省公共文化服务体系建设协调组办公室联合省新闻出版广电局、省体育局分组赴各设区市开展实地督查。对江西省基本公共文化服务标准化、均等化,基层综合性文化服务中心和公共文化机构法人治理结构建设三项试点工作进行实地验收。

【完成第二批国家公共文化服务体系示范区(项目)验收工作】 4月24日—27日,文化部全国公共文化发展中心副主任陈胜利任组长,江苏省文化馆党总支书记、研究员戴珩任副组长的文化部第七验收组对新余市创建国家公共文化服务体系示范区工作和成效进行检查验收。验收组认为,在中部验收标准的7方面、28项、72个指标中,新余全面达标,一些做法和经验在全省和全国具有示范意义和推广价值,通过验收。5月16日—18日,文化部、财政部在中央文化管理干部学院举行第二批国家公共文化服务体系示范项目集中评审验收会。项目评审按照东、中、西部分组进行。九江市"八个一"(一份报纸、一份刊物、一个讲坛、一个沙龙、一个网站、一个舞台、一个展览、一套丛书)文化亲民工程以低于第一名0.2分的成绩获得好评,通过验收;吉安市农村文化"星火"工程示范项目通过验收。

【完成第十七届群星奖参赛暨第二届江西省"赣鄱群星奖"评选工作】 4月,省文化厅组织开展文化部第十七届"群星奖"初选申报暨江西省第二届"赣鄱群星奖"评选工作。活动收到40个参评作品,少儿舞蹈《画荻教子》、小戏《半边门》和永新小鼓《老克的遗产》等16个作品获江西省第二届"赣鄱群星奖"。在此基础上,遴选出永新小鼓《老克的遗产》、渔鼓《身边的老阿姨》等8个作品参评文化部第十七届群星奖复赛。其中,萍乡市选送的渔鼓《身边的老阿姨》入围曲艺类作品决赛。

【举办第十一届江西省少儿艺术节】 9月28日,省委宣传部、省文化厅主办,省群众艺术馆承办的2016江西省第十一届少儿艺术节优秀文艺节目在江西省艺术中心大剧院集中展演。此次少儿艺术节是第六届江西艺术节16项活动之一,也是开幕式后率先亮相的项目,展演节目包括少儿美术、书法、摄影、文艺作品等7个门类。全省共创作美术、书法、摄影作品3000余幅,百余幅参展;共创作文艺节目200多个,15个入选优秀文艺节目展演。

【举办第十三届华东六省一市戏剧小品大赛】 11月21日,第十三届华东六省一市戏剧小品大赛在南昌市群众艺术馆群星剧场开幕。华东六省一市戏剧小品大赛两年一届,由华东六省一市文化厅(局)共同主办。江西省作为轮值东道主选送8个节目参赛,其余6省(市)各选送4个节目,共计32个节目,向市民免费演出。

(涂安宁)

非物质文化遗产

【概　况】 截至年底,全省有国家级"非遗"代表性项目名录70项,国家级"非遗"项目代表性传承人32人,省级"非遗"代表性项目名录488项,省级"非遗"项目代表性传承人478人,省级传承人比上年增加110人。

完善非物质文化遗产保护体系。进一步落实《中华人民共和国非物质文化遗产法》《江西省非物质文化遗产条例》,开展为期4个月《中华人民共和国非物质文化遗产法》贯彻落实情况检查工作,对全省非遗保护工作情况进行梳理。完善四级名录体系,公布第三批省级非物质文化遗产项目代表性传承人和非物质文化遗产生产性保护示范基地。组织开展第五批省级"非遗"项目名录申报评审工作,提出第五批省级非物质文化遗产代表性项目名录推荐名单73项。评定公布110名省级非物质文化遗产项目代表性传承人,鼓励和支持传承人开展传习活动。实施国家级"非遗"项目代表性传承人抢救性记录工程。完善省级代表性传承人的资助、培养、支持、管理措施。

开展"非遗"宣传活动。举办南昌、赣州两市专场"非遗"展演、展示、展览活动,举办全省非物质文化遗产摄影大赛暨全省巡展活动,选派特色"非遗"项目参加山东、河南等地大型非遗展演展示活动。组织参加第四届中国非物质文化遗产博览会,参与传统工艺项目比赛、民歌大赛、传统工艺振兴论坛、"非遗"学术成果展、"非遗"项目、中国"非遗"传承人群研修研习培训计划成果展等活动,省文化厅获优秀组织奖。

【《江西文化蓝皮书——江西非物质文化遗产发展报告(2016)》发布】 12月18日,《江西文化蓝皮书——江西非物质文化遗产发展报告(2016)》发布会在江西师范大学召开,江西师范大学党委书记田延光,社会科学文献出版社社会政法分社社长王绯,江西省文化厅党组书记、厅长池红出席发布会。《江西文化蓝皮书——江西非物质文化遗产发展报告(2016)》是在省文化厅、省科技厅等单位指导下,由江西师范大学文化研究院组织研究机构、高校学者和政府研究人员撰写,分总报告、分报告、对策篇、生态保护篇、案例篇和附录六大部分。蓝皮书从"非遗"项目数量、传承人数量等方面,对江西非物质文化遗产保护工作成绩在全国及中部六省的发展定位进行深入分析,认为:江西非物质文化遗产保护工作处于全国中等略偏下的位置,但在阶段整体性保护、生产性保护等方面取得突出成就，走在全国前列；在中部地区，江西处于中间位置，但省级“非遗”项目总体发展态势较好，基础较好。蓝皮书报告建议：直面“后申遗”时代，开启“非遗”保护的全民参与模式；顺应新型城镇化进程，探索“非遗”保护协同发展路径；对接“一带一路”倡议，加强江西“非遗”的海内外传播；利用高科技手段，加快“非遗”的保护与利用；借力江西旅游产业，推动“非遗”衍生品的创意开发；通过融资、免税等形式，开拓保护资金融资渠道。

【举办地区专场“非遗”展演】　6月11日—12日、10月15日—16日，围绕“让非遗走进现代生活”的主题，分别在南昌市和赣州市开展江西省非物质文化遗产展演、展示、展览专场活动。展览、展示以两市市级以上“非遗”代表性项目为主，通过文字、特色图片、手工技艺和表演类的展演、展示，展现两市文化底蕴和文化建设新成果，推动“非遗”走进百姓生活。

【举办全省非物质文化遗产摄影大赛】　1月，印发《关于举办江西省非物质文化遗产摄影大赛的通知》。非物质文化遗产摄影大赛历时5个月，全省400余名摄影爱好者、非物质文化遗产保护工作者1152幅摄影作品参赛。经过评审，评出非物质文化遗产类作品金奖1名、银奖3名、铜奖6名、优秀40名、入选50名，传统村落类作品金奖1名、银奖2名、铜奖3名、优秀18名、入选28名。传统村落类，李少勇《古桥落日》获金奖；非物质文化遗产类，赵闽光《赣西傩舞》（组照）获金奖。6月11日，第十一个“文化遗产日”以“珍惜定格的历史，爱护不朽的文明”为主题的全省非物质文化遗产摄影大赛作品展览在南昌举行并在全省巡展。

【开展“非遗”传承人群研培计划】　4月20日—5月19日、10月8日—11月6日、11月27日—12月23日，省文化厅联合景德镇陶瓷大学举办5期“非遗”传承人群“手工制瓷技艺——陶瓷造型和陶瓷装饰”培训班。培训内容围绕国家级“非遗”保护项目“景德镇手工制瓷技艺”设立非物质文化遗产理论、创作实践、观摩交流、创作展示四大课程内容，包含非物质文化遗产理论、中国陶瓷史简述（造型篇）、现代陶艺成型技法示例精讲、非物质文化遗产传承与现代陶瓷艺术等。全国各地300余名陶瓷技艺手工业者参与培训。研培计划有助“非遗”传承人群在秉承传统、不失其本的基础上，实现行业“活态流变”，实现非物质文化遗产在现代社会的可持续发展。

【实施国家级“非遗”项目代表性传承人抢救性记录工程】　2016年，省文化厅启动实施国家级“非遗”项目代表性传承人抢救性记录工程。实施国家级项目兴国山歌传承人徐盛久，万载夏布织造技艺传承人宋树牙，南丰跳傩传承人罗会武，徽剧传承人江裕民，瑞昌剪纸传承人刘诗英，景德镇传统瓷窑作坊营造技艺传承人余云山，古陂蔗狮、犁狮传承人谢达祥，婺源傩舞传承人程金生，抚州采茶戏传承人万安安，德安潘公戏传承人桂训锦10位国家级项目代表性传承人抢救性记录工程，通过制作口述片、实践片、教学片、综述片，全面、真实、系统地记录代表性传承人掌握的非物质文化遗产知识和精湛技艺，为后人传承、研究、宣传、利用非物质文化遗产留下宝贵资料。

【评定非物质文化遗产生产性保护示范基地】　1月，省文化厅开展省级非物质文化遗产生产性保护示范基地评审工作。经过评审，江西樟树天齐堂中药饮片有限公司、樟树市德泰木制品有限公司、江西会昌县非杨藤器厂、江西吉贡茶业有限公司、东井冈华艺工艺雕刻厂、吉安宝泥房陶瓷文化有限公司、萍乡市赖氏传统傩面雕刻有限公司、新余市渝州绣坊有限责任公司、南昌晴耕雨读文化艺术传媒有限公司、江西李渡酒业有限公司、南昌城南龙灯实业有限公司、婺源县华龙木雕有限公司、婺源县甲路工艺伞有限公司、景德镇诚德轩瓷业有限公司、景德镇鼎窑瓷艺文化传媒有限公司、景德镇镇尚三宝陶瓷文化交流中心、景德镇华弘陶瓷企业有限公司、景德镇市金桂园农业开发有限公司、九江市清真梁义隆食品有限公司、江西中鼎金属工艺有限公司20家企业为省级生产性保护示范基地。生产性保护示范基地对引导和探索“非遗”生产性保护的方式、拓展公众参与非物质文化遗产事业建设渠道发挥着积极作用。

（平懿）

图书馆

【概　况】　2016年，全省有公共图书馆114座，其中省级1座、市级11座、县区级102座。全省各级图书馆不断加强基础设施与基础业务建设，在公共文化服务体系建设、数字图书馆服务、主题图书馆建设、古籍普查与保护、公共图书馆业务交流等方面实现全面提升。

加强业务培训与服务推广。全国文化共享工程江西省分中心在《江西文化信息资源网》上设立“远程培训”专栏，发布国家中心编制的培训教材、培训视频课件等内容，组织各设区市、县（区）支中心与基层服务点参加“数字学习港”网络培训，全年以网络培训形式为全省各设区市、县（区）支中心和乡镇（村）级基层服务点培训业务骨干4.11万人次，各设区市、县（区）支中心举办网络培训501期，培训人员3.34万人次。制定全省《2016年“数字图书馆推广工程”服务推广活动方案》，江西省图书馆联动各地市图书馆开展全省推广服务活动11次，服务8.6万余人次。省古籍保护中心在萍乡召开2016年全省古籍保护培训工作会议，全省69名古籍普查、修复工作者参训。组织人员参加全国古籍修复技术与工作管理研修班和全国古籍保护工作管理人员研修班。组织实施“三区”文化帮扶工作，派员16批118人次前往吉安、宁都、于都、安远、上犹、石城、寻乌等12个县、市开展业务帮扶和培训，推动基层业务能力和服务水平提升。

加强地方特色数字资源建设。全省地方特色资源项目建设总数据量为文字3917万字、图片2.88万张、视频226集1.11万分钟，库总容量1733GB。省图书馆组织全省各市级公共图书馆开展文化部专项资金申报工作，取得公共文化服务云平台建设、《陶瓷文化艺术互动学习体验库》《江西革命旧址系列专题片瑞金篇》《江西历史文化名镇名村3》系列专题片、《江西戏曲经典动漫》等项目，以及图书馆地方文献数字化、图书馆公开课资源建设、专题资源建设、数字资源整合与揭示、互联网信息资源保存与服务等方面的建设批复。

做优阅读推广品牌。省图书馆举办全省第六届“读好书”活动，以重大活动为切入点，引领全省公共图书馆共同开展系列活动。建立全省“讲座展览联盟”，推出书院文化系列讲座，带动全省公共图书馆讲座联动机制。“赣图大讲堂”全年举办52场讲座，听众8600人次；巡讲5场，听众3000人次。“赣图展览”全年举办展览17场，内容涵盖民俗、科普、人文教育、艺术等，参观人数74万人次。

古籍保护成果取得新突破。建立完善全省古籍普查登记管理体制和工作机制，全面开展古籍普查登记工作。全省古籍总藏量约为8.96万部，初步完成71家单位、7.08万条目登记工作。《江西省图书馆古籍善本书目》获全国优秀古籍图书奖一等奖。开展古籍修复和数字化工作，修复古籍48种77册3769叶，缩微拍摄54卷3.20万拍。搭建江西珍贵古籍数字资源库和共享平台，实现古籍资源有效利用。

【推进全省数字图书馆建设】 依托“数字图书馆推广工程”，开通国家图书馆到江西省的光纤专网，覆盖全省各节点虚拟网络，向各级公共图书馆推送120TB数字资源。建立省图书馆微信公众号，“世界读书日”开通微信图书馆。举办“网络书香数字图书馆建设与服务”宣传推广项目，开展“基层图书馆数字资源提升活动”。举办四次全省文化共享工程暨数字图书馆推广工程培训班，全省111个市、县图书馆参加培训，全面推动全省公共图书馆数字图书馆建设。

【完成数字图书馆推广工程软硬件平台搭建】 2016年，按照《文化部办公厅关于印发“数字图书馆推广工程”省级、市级数字图书馆硬件配置标准的通知》要求，省图书馆和11个市图书馆完成设备采购，完成硬件平台建设的具体工作，完成率100%；全省11个设区市级图书馆实现与数字图书馆国家中心及省图书馆节点的虚拟网联通，虚拟网和专网覆盖率100%；35个县级公共图书馆参与全国数字图书馆推广工程互联互通建设申报，其中分宜县、井冈山市、新余市渝水区、吉安市青原区、安远县、宁都县、于都县7个基层县（区）级图书馆入选立项。

（温凌云）

10月11日，“惊世大发现——南昌汉代海昏侯国考古成果展”在省博物馆开幕

省文化厅供稿

博物馆

【概　况】 2016年，全省在省级文化行政管理部门登记备案且功能比较完善的博物馆有145家，其中文化（文物）系统管理的109家、行业博物馆10家、民办博物馆26家。拥有国家一级博物馆4家、二级博物馆5家、三级博物馆22家。全年推出陈列展览700余个，免费接待国内外观众2676万人次。

全面完成第一次可移动文物普查工作。“海昏侯国考古成果展”分别在北京、南昌展出。举办全省革命场馆讲解员培训班。培训对象涵盖全省全国爱国主义教育基地和革命史专题博物馆，主要讲授“革命场馆讲解员的综合素质”“讲好江西故事”“江西革命史”等课程，参训学员50人。推进文化创意产品开发。参加国家文物局举办的全国文博单位文化创意产品开发工作推进会、“让文物活起来——全国文博单位文化创意产品联展”等。组织部分博物馆、相关企业参加成都、广州举办的大型博览会。江西省博物馆、南昌八一起义纪念馆、瑞金中央革命根据地纪念馆3家列入全国博物馆文化创意产品开发试点单位名单。

【“海昏侯国考古成果展”分别在北京、南昌展出】 3月2日—6月26日，江西省文物局、北京市文物局在首都博物馆主办“五色炫曜——南昌汉代海昏侯国考古成果展”，展出青铜雁鱼灯、青铜编钟、金饼、马蹄金、麟趾金等文物441件，观众42万人次，成为文化遗产活起来的典型案例。10月11日，省文化厅、省文物局、南昌汉代海昏侯国遗址管理局主办，省博物馆、江西省文物考古研究所承办的“惊世大发现——南昌汉代海昏侯国出土成果展”在江西省博物馆对外开放，新增刘贺玉印金版、砝码、虫珀、“南昌”铭青铜灯座、琥珀饰件、四神玉带钩等展品，共展出922件文物。截至年底，近20余万观众观展。

【完成第一次可移动文物普查】 2016年，省普查办组织开展全省可移动文物普查数据审核与评估总结、验收及成果转化工作，全面完成全省可移动文物普查任务。此次普查为国家工程，历时五年。2012年以来，江西省按照国普办统一制定的普查工作规范和技术标准，结合地方实际开展工作。全省成立各级各类普查机构400余个，参与普查人员2600余人，投入资金3100多万元，对全省4.81万家各级各类国有单位进行深入调查，全面摸清全省可移动文物遗产家底。国普办最终确认,江西省登录文物收藏单位398家,登录文物32.75万件/套(共计64.16万件)。鹰潭市第一次全国可移动文物普查领导小组办公室(鹰潭市博物馆)、婺源县文物局被评为“第一次全国可移动文物普查先进集体”,白光华、赵德林被评为“第一次全国可移动文物普查先进个人”。

【组织省“5·18国际博物馆日”暨“中国文化遗产日”宣传活动】 5月18日,省文物局、鹰潭市政府在世界遗产地鹰潭龙虎山游客接待中心广场联合主办江西省“5·18国际博物馆日”暨“中国文化遗产日”主会场宣传活动,300余人参加启动仪式。全省各地围绕“博物馆与文化景观”主题,精心策划,开展内容丰富、形式多样的宣传普及活动,诠释保护理念,传播文物价值。

(王琴红)

文物保护与考古发掘

【概　况】 2016年,全省争取国家重点文物保护专项资金5.27亿元,排名全国第一。赣南等原中央苏区革命遗址保护利用工程争取国家下拨资金3.46亿元、项目393个,遗址保护利用工程得到国家文物局肯定,将其作为全国革命文物保护利用样板和示范工程进行推介。南昌汉代海昏侯墓考古发掘囊括2016年国家所有考古方面奖项。文保工程实施推进监管力度进一步加大。开展红军长征遗迹全面普查和险情排查工作。完成第六批省级文物保护单位终评。截至年底,全省有全国重点文物保护单位128处,省级文物保护单位266处,市县级文物保护单位3000余处。

加强基层文物保护。组织专家对技术方案和经费预算进行审核,与省财政厅下达基层文保资金3000万元,项目36个。完成第四批中国传统村落申报工作,全省有50个村入选中国传统村落名单。向住建部、国家文物局申报32个第七批国家级历史文化名镇(村),提请省政府公布14个第二批省级历史文化街区。争取国家文物局暴雨灾害文物抢修经费70万元,用于4处受灾较严重国保单位的应急抢险维修。完成第六批省级文物保护单位的实地核查工作,增补革命文物和抗战文物申报材料,提出第六批省保专家终评会初步名单。

加强大遗址保护利用。吴城遗址(含筑卫城遗址)、湖田窑遗址、御窑厂遗址(含高岭瓷土矿)、吉州窑遗址、铜岭铜矿遗址、紫金城城址与铁河古墓群等遗址入选国家文物局“十三五”期间重要大遗址。国家文物局支持景德镇御窑厂遗址区环境治理工程、御窑厂遗址保护规划(修编)、御窑博物馆(新馆)区域考古发掘等资金1905万元,御窑厂遗址博物馆开工建设,御窑厂遗址数字化展示工程立项、遗址博物馆选址,游客服务中心、停车场及其他保护性设施建设项目选址及建设方案获批。国家文物局批复同意将景德镇御窑厂遗址列入《中国世界文化遗产预备名单》。国家文物局对御窑厂遗址“十二五”期间大遗址保护工程实施情况和效果进行专项检查、评估,评估结果良好。

推进赣南等原中央苏区革命遗址保护利用工程。争取国家下拨赣南等原中央苏区革命遗址保护利用工程资金3.46亿元、项目393个。按照政治工程、文保工程、惠民工程要求,严把项目“准入关”“进度关”“质量关”“验收关”“管理关”“利用关”,一大批革命遗址得到有效保护和合理利用,富田村诚敬堂入围全国优秀保护利用优秀工程终评名单。江西省赣南等原中央苏区革命遗址保护利用的做法得到国家文物局肯定,9月,在吉林召开的全国革命文物工作座谈会上作典型经验发言,作为全国革命文物保护利用样板和示范工程进行推介。开展2014—2015年赣南等原中央苏区革命遗址保护工程项目中期评估工作,财政部和国家文物局对工程项目实施进行绩效评估,确定为优良。10月18日,《中国文物报》对赣南等原中央苏区革命遗址保护工程进行宣传报道。

监管文物保护工程。印发《关于进一步加强文物保护工程项目管理有关事项的通知》《关于印发〈文物保护工程项目实施有关问题专项整治方案〉的通知》《关于切实做好全国重点文物保护单位文物保护工程竣工验收工作的通知》。严格落实项目进度月报制度,6—7月,组织开展实地督导检查,在重点地区召开督促调度座谈会。召开全省文物保护与安全工作推进会。

【南昌汉代海昏侯墓考古发掘和利用】 2016年,南昌汉代海昏侯墓考古发掘囊括年度国家所有考古方面奖项。以得票第一获“2015年中国考古六大新发现”和“2015年度全国十大考古新发现”,获全国田野考古奖(2011—2015年度)二等奖和首届“考古资产保护金尊奖”。3—6月,在北京首都博物馆举办南昌汉代海昏侯国考古成果新闻发布会和“五色炫曜——南昌汉代海昏侯国考古成果展”。3月3日,国务院副总理刘延东在江西省委办公厅呈报的《南昌西汉海昏侯墓考古发掘和保护利用工作取得重大成果》信息上作重要批示:“江西省、国家文物局历时四年科学发掘西汉海昏侯墓重要遗存,取得成果值得赞许”。10月11日,在江西省博物馆举办“惊世大发现——南昌汉代海昏侯国考古成果展”,展出文物922件。组织对《紫金城址和铁汉古墓群保护规划》进行初审并上报国家文物局,与故宫博物院合作修复9件出土青铜器,协调9件出土文物赴美参加“秦汉文明展”。

【启动万里茶道和江西古村落群申遗工作】 万里茶道列入国家“十三五”期间大遗址保护。4月,遴选出河红茶产区、宁红茶产区、浮红茶产区、赣闽古道、徽饶古道、大姑塘海关——万里茶道第一关、河口镇——万里茶道第一镇、九江市——全国第二大茶市、“天祥”号茶庄、“协和昌”号茶庄等10多处文物点上报万里茶道联合申遗办公室,协调做好专家组实地考察工作。11月29日,组织召开申遗启动会议,印发《关于启动“江西古村落群”申报世界文化遗产预备名单工作方案》,聘请北京编制单位编制申报文本,对拟申遗村落的保存现状、价值、已开展的保护利用工作等情况进行整理,召开申遗推进会,组织编制单位和申遗专家前往拟申遗村落进行现场实地考察等。编制《“江西古村落群”申报世界文化遗产技术咨询服务工作计划》并开展实地考察。

【加强革命文物保护】 6月,开展红军长征遗迹全面普查和险情排查工作。全省有长征文物点108处,其中全国重点文物保护单位3处16个点,省级文物保护单位6处,市县级文物保护单位49处,一般文物点37个。争取国家文保专项补助资金1729万元,用于中央红军长征出发地旧址等长征文物维修,多处长征遗迹列入国家文物局编纂书刊重点内容。向国家文物局呈报《江西省革命文物保护经费需求规划报告》,全省952处革命文物上报资金需求24亿多元。印发《关于做好红色标语普查和保护利用专项工作的通知》《江西省红色标语保护利用试点工作方案》,稳步推进江西革命老区红色标语保护工作。

（蔡宇）

文化交流

【概　况】 2016年,省文化厅积极对接国家"一带一路"战略,参与部省合作项目。省委常委、省委宣传部部长姚亚平率团出访突尼斯、坦桑尼亚、埃塞俄比亚,开展"一带一路"文化交流。精心打造江西文化"走出去"品牌,参加"中拉文化交流年"对外文化交流项目;南昌市歌舞团赴斯洛文尼亚、马其顿开展"欢乐春节"文化交流演出活动;赴尼日利亚、加纳、坦桑尼亚举办"中国文化聚焦——江西文化周"系列活动;组成"江西省戏曲文化演出团"赴坦桑尼亚、尼日利亚巡演;接待坦桑尼亚、尼日利亚参访团到赣进行文化交流。深化对港澳台文化交流与合作,组织五幕原创民族歌剧《回家》演出团赴台北、嘉义、高雄巡回演出,组织4人参加由台湾江西商会在彰化举办的"成美文化节"。全年完成交流项目21个,其中走出去17个、引进来4个。

【出访突尼斯、坦桑尼亚、埃塞俄比亚】 1月10日—20日,应突尼斯文化部部长法蒂玛拉赫达、坦桑尼亚信息和青年文化体育部副部长(常秘)穆瓦索、坦桑尼亚恩琼贝省省长恩赤姆比、埃塞俄比亚阿姆哈拉州州长杰度安达嘎酋邀请,省委常委、省委宣传部部长姚亚平率团一行5人在三国访问。1月10日—12日,访问突尼斯,开展世界文化遗产和陶瓷文化交流;1月13日—16日,访问坦桑尼亚,开展2016年度部省对口合作计划调研工作;1月17日—20日,访问埃塞俄比亚,开展"一带一路"文化交流,推进江西与埃塞俄比亚经贸文化合作。此访旨在落实文化部和江西省"2016年度海外中国文化中心对口合作计划"和"2016年度对非文化交流工作部省对口合作计划"文化交流项目,畅通江西省对外文化交流渠道,推进中国和江西省与上述国家文化交流与合作,实现中国文化走出去的战略目标。

【南昌市歌舞团赴斯洛文尼亚、马其顿开展"欢乐春节"文化交流演出活动】 1月30日—2月6日,省文化厅组织南昌市歌舞团45人赴斯洛文尼亚、马其顿开展"欢乐春节"文化交流演出活动。1月30日—2月2日,在斯洛文尼亚举办中国春节演出活动,中国驻斯洛文尼亚大使叶皓及500余名观众观看演出。2月3日—2月6日,在马其顿斯科普里市举办中国春节演出活动。独具地方特色和代表性的民歌《又唱江西是个好地方》、民族歌舞和戏曲《前门情思大碗茶》《龙船调》《桑园访妻》让观众领略到中国各地民俗民风,歌唱家吴卫、秦烨林等用马其顿语演唱马其顿民歌《马其顿姑娘》引起全场马其顿观众共鸣,近600名观众观看演出。

9月29日,省文化交流团赴尼日利亚、加纳、坦桑尼亚举办"中国文化聚焦——江西省文化周"系列活动

省文化厅供稿

【赴尼日利亚、加纳、坦桑尼亚举办"中国文化聚焦——江西文化周"系列活动】 9月23日—10月5日,省文化厅组织江西文化交流团一行31人,赴尼日利亚、加纳、坦桑尼亚举办"中国文化聚焦——江西文化周"系列活动。"江西文化周"期间,江西省图书馆馆长讲授《汤显祖与中国的戏曲文化》讲座;江西省杂技团的杂技晚会《我们的生活比蜜甜》通过《春光无限》《花坛》《青花随想》《丰收随想》等12个相对独立小单元,展现江西风景独好的绿色生态,底蕴深厚的传统文化,幸福快乐的百姓生活,激情奋进的发展乐章;江西画报社"中国——江西摄影图片展"展出主题为"秀美江西""人文江西""魅力江西"摄影图片60幅,展示江西秀美山水、风俗民情及经济建设成就;江西中医药大学及其附属医院为非洲三国人民展示中医文化。

【参加"中拉文化交流年"对外文化交流项目】 11月6日—13日,省文化厅组织《美丽中国,江西样板——中国生态文明建设摄影巡展》赴秘鲁首都利马"中拉智库人文对话"会场、里卡多帕尔马大学、巴西圣保罗州立大学、里约热内卢天主教大学展出。11

月 24 日始，组织“志合山海——中国当代陶瓷艺术展”在厄瓜多尔天主教大学文化中心展出，展出中国当代陶瓷艺术品 86 件（套）。展品源自各大窑口和瓷区，有传承“珠山八友”瓷上绘画工艺的《夏恋》（宁钢）、《童趣》（吕金泉）、《小栖》（龚保家），展现当代紫砂工艺的《空寂寥》（吴鸣）、《洞天》（葛军）、《晓竹》（李正安），从传统器物中挖掘陶瓷美学含义的《菊花“瓷道合一”盒》（孟树峰）、《连年有鱼》（陈列汉）、《荷口梅瓶》（孔相卿），采用材料性延展、跨媒介实验、语言性探索、当代观念介入表现形式的《盛开》（陈小丹）、《新文人石 1》（张清渊）、《阿福》（吕品昌）和《海公子》（耿雪）等不同风格展品。这些作品通过陶瓷的艺术语言，集中呈现中国艺术家对当代生活的思考和情感体验。两个展览是“中拉文化交流年”和国家主席习近平访问拉丁美洲的文化交流项目。

【“江西省戏曲文化演出团”赴坦桑尼亚、尼日利亚巡演】　11 月 17 日—26 日，江西省京剧团 13 人组成“江西省戏曲文化演出团”赴坦桑尼亚、尼日利亚巡演。演出剧目为京剧《三岔口》《贵妃醉酒》《京武荟萃》，巡演 6 场。这次巡演是根据 2016 年省部对口合作计划安排，江西省与坦桑尼亚、尼日利亚中国文化中心合作开展文化交流合作项目，为江西省京剧团第一次走出国门开展文化交流演出。

【坦桑尼亚文化交流团到赣参访】　7 月 28 日—8 月 3 日，坦桑尼亚中国文化中心“合作伙伴”与“奖学之旅”两个文化交流团到赣进行参观访问。“合作伙伴”交流团成员包括坦桑尼亚文化部文化司司长、艺术司司长和国家博物馆馆长，“奖学之旅”文化交流团包括两位尼日利亚中国文化中心选送的优秀学员。在赣期间，两个交流团参访鹰潭、景德镇和南昌市。

【坦桑尼亚、尼日利亚“来华创作”交流团到赣创作交流】　作为 2016 年省部对口合作计划安排的文化交流项目之一，坦桑尼亚、尼日利亚中国文化中心选派画家到赣进行创作交流。8 月 16 日—24 日，尼日利亚“来华创作”交流团两名画家到赣进行为期 9 天的参访。11 月 15 日—22 日，坦桑尼亚、尼日利亚“来华创作”交流团 10 名画家到赣进行为期 8 天的参访。两批次共 12 名画家到赣开展创作写生、与江西艺术家进行面对面交流等活动，有效地增进两国文化交流和文化认同。

【组织原创歌剧《回家》赴台巡演】　6 月 24 日—7 月 5 日，应台湾新北市文化教育交流协会邀请，江西省文化演出指导团和江西省歌舞剧院有限责任公司一行 47 人，组织五幕原创民族歌剧《回家》演出团赴台北、嘉义、高雄进行巡回演出。演出采取巡回模式，共演出 10 场，其中台北 4 场，高雄 3 场，嘉义 3 场。该剧以海峡两岸关系为时代背景，以台湾老兵回大陆老家探亲的真实故事为题材，讲述台湾老兵罗旺篼 1949 年离家至 1988 年回家 38 年辗转曲折、感人肺腑的回家故事。10 场演出观众达 6000 人次。

（李福军）

文化市场

【概　况】　2016 年，全省举办营业性演出 2.9 万余场（次），审批同意涉外演出 128 场（次），1000 余名国（境）外演艺人员到赣演出。全省出动检查人员 12 万人次，检查各类文化经营场所 4 万家，立案 133 件，办结案件 203 件。举办江西省首届 REC 电子竞技大赛、2016 艺术江西国际博览会、2016 江西文化休闲娱乐产业博览会。

开展文化市场政策落实和行政审批规范化督查。省文化厅从地方抽调人员组成 3 个督查组，采取召开座谈会、听取汇报等方式，赴 11 个设区市和 6 个省直管县开展全省文化市场政策落实和行政审批规范化督查。完善全国文化市场监管与服务平台运用。严格执行网上审批制度，做到 5 个工作日内受理申请，15 个工作日内完成审批。执法工作按标准在平台中进行。启用新版许可证工作。3 月，制定《全国文化市场技术监管与服务平台在线培训考试系统推广应用工作方案》，在宜春开展平台培训，全省 11 个地市平台执法管理员和执法骨干 52 人参训。启动娱乐行业转型升级。与省公安厅联合下发《省文化厅 省公安厅关于进一步加强我省游戏游艺场所监管促进游戏游艺行业健康有序发展的通知》，促进游戏游艺行业健康有序发展。推动文化市场综合执法改革。草拟《江西省关于进一步推进文化市场综合执法改革的实施意见》，10 月，召开文化市场综合执法改革座谈会。开展留守儿童健康上网试点工作。赴九江德安、永修、修水，吉安安福等地召开 5 次座谈会，研究制定《江西省开展留守儿童健康上网试点工作方案（征求意见稿）》，确定 4 家上网服务营业场所为首批开展留守儿童健康上网试点单位。推动全省文化市场执法工作。以网络游戏、网络动漫和艺术品市场等为监管重点，依法严厉查处文化市场重大案件。从加强网络游戏推广和宣传活动监督、开展网络文化市场专项整治、加强艺术品市场监管三方面推动全省文化市场执法工作。全省有 3 起案件入选文化部 2016 年全国文化市场重大案件。

【举办江西省 2016 年“REC”电子竞技大赛】　9—12 月，省文化厅、省体育局共同主办江西省 2016 年“REC”电子竞技大赛。比赛分为 MOBA 类（英雄联盟）和卡牌对战类（炉石传说）2 个项目，设置南昌、九江、赣州、上饶、宜春、景德镇、抚州、吉安、新余、鹰潭、萍乡及共青城、丰城、鄱阳、安福、瑞金、南城等选拔赛赛区，400 多支队伍、2000 余人参加比赛。12 月 24 日—25 日，总决赛在南昌国际展览中心举行。萍乡市文广新局代表队获江西省 2016 年度“REC”电子竞技大赛冠军，九江大咖电竞代表队获亚军。

【举办 2016 艺术江西国际博览会】　10 月 1 日—7 日，2016 艺术江西国际博览会在南昌国际展览中心举行。2016 艺术江西国际博览会在“2015 艺术南昌国际博览会”基础上升级更名，会场设置升级为“1 + 3”模式，设四个展馆。主题板块在保留上年“瓷上中国、守望传统、油画空间、跨界论坛”基础上，新增设红色经典、区域萃取、立传当代、江右山水、大汉江西、戏曲舞台、好书荟等十二大板块。博览会汇聚美国、法国、韩国、朝鲜等10多个国家和国内多个地区的80余家参展单位，涵盖100余家高端专业文化艺术类机构。参展作品涵盖书画、陶瓷、油画、装置、雕塑、古董、文化创意等多个艺术门类，展出国内外艺术精品和特色文化创意产品万余件。参观人数超19万人次，其中南昌国际展览中心主展馆参观人数逾16万人次；总成交额突破5100万元，其中现场成交额3800万元，拍卖成交额1300万元；达成合作意向超1.5亿元。

【举办2016年首届江西文化休闲娱乐产业博览会】 11月9日，省政府新闻办、省文化厅举行新闻发布会，介绍博览会有关情况。12月9日—11日，2016江西文化休闲娱乐产业博览会在南昌绿地国际博览城举行。博览会展出面积3万平方米，参展企业96家，参观人数10万余人，会展交易金额120万元。此次博览会是江西省首次打造的综合性、国际性文化娱乐休闲产业博览盛会。

（胡梦蝶）

文化产业

【概　况】 2016年，全省文化产业发展稳中有进，总量规模不断扩大，全省规模以上文化企业实现营业收入1849.81亿元。文化产业综合实力和竞争力不断提高，江西省文化产业综合指数全国排名第九、生产力指数全国排名第七、驱动力指数全国排名第十，位次和进入前十的指数均有提升。文化金融合作进一步深化，证、银、企对接通畅，有效拓宽文化企业融资渠道。截至年底，全省有上市文化企业13家，其中主板上市2家、香港上市2家、新三板7家、其他区域上市2家。

积极争取中央政策资金扶持。全年向文化部遴选推荐31个项目，婺源大型山水实景演出项目、非物质文化遗产（金属錾雕）生产性保护项目、《天工开物》益智绿色游戏开发项目等6个项目入选，获扶持资金1990万元。实施2016年文化部弘扬社会主义核心价值观动漫扶持计划，推荐8个动漫作品申报产品项目和创意项目，《马小乐玩具也疯狂》等4部作品入选，入选比例达历年之最。

夯实文化产业发展基础。6月，省文化厅、省发改委联合印发《江西省文化产业发展“十三五”规划》。推进国家文化消费试点工作，南昌市列入国家首批文化消费试点城市名单。实施国家级和省级文化产业示范基地（园区）品质提升工程，开展省级文化产业示范基地、商业旅游文化融合发展示范区、现代服务业集聚区和服务业龙头企业等评选活动，引导企业向规模化、集约化发展。推荐和引导景德镇市陶溪川文创街区、抚州汤显祖文化产业园等创建国家级文化产业示范园区。全省新增12家省级文化产业示范基地。截至年底，全省有国家级文化产业示范基地9家、国家级印刷包装产业基地2家，国家级数字出版基地1家，国家级版权示范基地1家，国家级文化和科技融合示范基地1家，国家级非物质文化遗产项目70个，国家级文化生态保护实验区2个，国家级生产性保护示范基地4个，省级文化产业示范基地124家，省级非物质文化遗产项目488项，全省文化产业发展基础得到有效夯实。

优化文化产业发展环境。开展降低企业成本优化发展环境专项行动，面向全省文化企业发布《江西省惠企政策汇编》，解读80条惠企政策。推动江西省文化产业公共服务平台上线运营，协调全省文化企业、产业园区、行业协会等500余家单位入驻，打造全方位一站式文化产业服务新平台。组织文化企业参加第11届义乌文交会、第12届深圳文博会、首届长沙藏博会、第9届海峡两岸（厦门）文博会等国内大型展销平台，获第9届海峡两岸（厦门）文博会组织奖。

打造品牌赛事。5月，与团省委等7个省直部门共同主办第二届中国青年APP大赛江西赛区选拔赛。10月，与省科协等省直单位共同举办江西省第二届大学生科普动漫创作大赛，有效促进青年学生从创意思维到创意经济转化。支持省文联、南昌市委宣传部举办“2016年南昌华夏文房四宝展”。

【出台《江西省文化产业发展“十三五”规划》】 7月，省文化厅、省发改委编制的《江西省文化产业发展“十三五”规划》出台。该规划提出，到2020年，江西省文化产业主营业务收入达到5000亿元，比2015年翻一番，年均增速达到15%以上。全省文化产业增加值实现1500亿元，占全省地区生产总值比重达到5%以上，文化产业成为全省国民经济中引导带动力强的支柱性产业。“十三五”期间，全省力争上市文化企业达到40家以上，形成50家主营业务收入过10亿元、10家过50亿元的骨干文化企业，打造5家以上年经营收入过100亿元的“赣”字号文化企业航母。文化产业年均新增就业岗位超过6万个，到2020年末，从业人员占全社会就业人数比重超过15%。该规划提出，江西省将借力赣台经贸文化合作交流、景德镇陶瓷博览会、中国（抚州）汤显祖艺术节等国际展会、赛事，拓宽文化产品和服务贸易渠道。加快与文化部合作共建葡萄牙中国文化中心，建设非洲中国文化基地，构建中华文化海外展示体验综合平台、对外文化交流基地和对外招商引资活动的窗口。

（张爱辉）

本栏编辑　邓诚君

档案与地方志

档案工作

【概　况】　截至2016年年底，全省有7个设区市、43个县（市、区）档案馆建成并投入使用，景德镇市档案馆和28个县（市、区）档案馆在建，鹰潭市、上饶市档案馆和13个县（市、区）档案馆在筹建中。全省各级综合档案馆馆藏档案资料754.4万余卷（册）、873.3万件，新增38.4万卷（册）、108.4万件。全省综合档案馆接待查档人员19.8万人次，查阅档案资料49.3万卷次。2016年，全省有190家机关、企事业单位档案工作规范化管理达到省三级以上水平。

全省档案事业发展环境持续改善。档案工作获得更多政策支持。省数字档案馆建设写入全省国民经济和社会发展“十三五”规划纲要，民生档案“一站式”查档服务工作写入大数据发展规划。宜春、鹰潭、赣州和共青城等地把档案工作列入当地国民经济和社会发展规划。中央下达江西省8个县级档案馆建设项目投资计划3068万元，县级综合档案馆建设扎实推进。

档案服务工作成效明显。为配合中国井冈山干部学院设立“家风家书”党性教育主题教室工作，省档案馆征集并提供珍贵档案资料11件。抚州市档案局围绕纪念汤显祖逝世400周年、创建全国卫生城市等活动，全力做好档案服务；南昌市档案局编辑出版《南昌市四套班子历届领导通览》。省档案局召开省属国有企业档案工作座谈会，指导企业完成《文件材料归档范围和档案保管期限表》的编制。南昌市档案局对国有企业社区移交中的档案归属与流向提出督查意见；上饶市档案局与市直有关单位和市经济技术开发区签订《档案管理合作协议》，实行档案代整、代收、代管、数字化和开发利用“一条龙”服务；九江市档案局出台《加强开发区、工业园及民营企业档案管理工作的意见》，举办“九江工业发展史档案专题展”，服务全市新工业十年行动。重点建设项目档案工作监管有序。省档案局对72个省重点建设项目进行档案管理登记，对7个项目通过档案专项验收。新余市市级重点建设项目档案登记率达98%。服务民生工作有新成效。省档案局开展农地确权和精准扶贫档案工作调研指导，组织农地确权档案人员业务培训，制定农地确权档案验收标准。抚州出台《困难职工建档工作管理办法》，黎川、广昌印发《精准扶贫档案管理办法》。

档案基础业务建设不断加强。档案资源建设持续推进。省档案馆接收省直单位档案6100卷、3.8万件，赴台湾地区征集蒋经国书信集、蒋经国与宋美龄往来函电等珍贵档案资料104件。九江市档案馆开展“寻找记忆中的九江”老照片征集活动；上饶市档案馆开展方言建档工作。重点档案保护与开发工作全面启动。省档案局开展国家重点档案信息普查，建立国家重点档案保护与开发项目储备库，10个国家重点档案保护与开发项目、1个目录基础体系建设项目通过国家档案局审核。档案开发利用成效明显。省档案局与湖北、湖南省档案局联合编撰赣鄂湘红军长征档案史料丛书，牵头编纂出版《铁血破重围壮举挽危澜——解码中央红军长征起始

8月8日—12日，国家档案行政执法检查组对江西省2011—2016年贯彻实施《中华人民共和国档案法》情况进行检查

省档案局供稿

前后的历史记忆》。抚州编辑出版《红旗漫卷烽火路——见证历史的抚州红军标语》;吉安编辑出版《清末民初江苏扬州江西吉安籍盐商旧事记录》。其他各地也推出一批有影响的档案文化宣传产品。机关档案工作扎实推进。省档案局修订《江西省归档文件整理规范》。

档案信息化建设全面提速。馆藏档案数字化工作进展顺利。省档案局编制《县级综合档案馆馆藏纸质档案数字化项目操作手册》。省档案馆完成1.14万卷档案的数字化任务,瑞昌、乐平、新干、安福、万年、信丰等地档案数字化项目基本完工。数字档案馆建设有序推进。省档案局与省信息中心联合建成省政务外网全省档案纵向业务网,全省档案云中心基础构件基本建成并投入使用,区域平台应用软件上线应用,113个档案局(馆)全部接入全省档案纵向业务网和登录区域平台,导入档案目录数据1400余万条。电子档案接收数量不断增长。省档案馆接收省编办等18家单位移交的电子档案7.78万件,与江西画报社、省赣剧院签订"电子档案资料移交共享合作协议书"。新余对80家市直单位开展电子文件在线归档。科研与标准化建设成果丰硕。省档案局承担的"基于云计算的全省档案资料共享利用研究"课题获国家档案局2016年优秀科技成果二等奖,编制的档案行业标准《录音录像类电子档案元数据方案》已报批。

档案法制宣传工作有声有色。完成国家档案行政执法检查受检工作。8月8日—13日,国家档案行政执法检查组对江西省贯彻执行档案法律法规情况进行执法检查。为全力做好迎检工作,全省各级档案部门开展全面自查自纠,详细列出问题清单,以问题倒逼的方式强化整改。开展档案工作执法检查。省档案局印发《档案行政执法监督检查工作实施指南》《档案行政执法监督检查告知手册》,对20个省直单位档案工作开展执法检查,在全省率先完成"两随机一公开"执法改革。全面启动全省档案"七五"普法工作。省档案局制发《江西省档案系统"七五"法制宣传教育规划》,全省各级档案部门以"国际档案日""世界音像遗产日"和"法制宣传日"等活动为载体,开展档案进社区、档案法制讲座等形式多样的主题活动,增强社会档案意识。

档案干部队伍建设扎实推进。在"两学一做"学习教育过程中,省档案局开展"党员攻坚日""党员活动日"等活动,并配合省委巡视组工作,抓好问题整改,机关作风持续改进。此外,省档案局与南昌大学签订"合作建设档案专业实习基地协议",联合南昌大学和四川大学等高校举办档案领导干部培训班,使干部教育培训工作取得实效。

【赴台湾征集蒋经国档案】 4月,省档案局组织人员赴台湾开展合作交流与档案征集复制工作,代表团先后参观国史馆台北馆、国史馆台湾文献馆、国民党党史馆等档案机构,征集《永续经国》《蒋经国书信集(上、下册)》《赣南与淞沪劄记(上、下册)》共6本出版物,以及蒋经国和蒋介石夫妻往来信件、函电104件。这些档案资料反映蒋经国生平事迹,尤其是其主政赣南时期的工作情况,填补了省档案馆馆藏空白。

【《江西省档案事业发展"十三五"规划纲要》出台】 6月,《江西省档案事业发展"十三五"规划纲要》正式对外发布。该纲要分为发展基础和条件、指导思想、发展目标、主要任务、实施项目和保障措施六部分。纲要提出,建设"百县新馆"项目。完成32个纳入"十三五"国家中西部地区县级综合档案馆建设规划和5个纳入"十二五"建设规划未开工的县级综合档案馆建设任务;11个未列入国家中西部地区建设规划的县(区)综合档案馆,争取新建或改(扩)建档案馆。到"十三五"末,100个县(区)综合档案馆基本建成。建设数字档案馆项目。基本完成全省区域性数字档案馆应用平台建设,全面开展综合档案馆馆藏档案数字化,档案基础数据库建设取得明显成效。省、市、县(区)综合档案馆馆藏永久档案数字化率分别达到30%、40%和40%以上,馆藏档案目录数据库建设全面完成。实施国家重点档案保护与开发项目。开展综合档案馆馆藏国家重点档案保管、整理、修裱、数字化、异地异质备份和开发利用等情况调查,建立普查信息数据库;建立国家重点档案文件级目录数据库;对国家重点档案进行修裱、整理、全文数字化、仿真复制等;组织开展国家重点档案深层次开发。

【《江西省县级档案馆建设成果掠影》画册印行】 6月,《江西省县级档案馆建设成果掠影》画册印行。2009—2015年,省财政下达江西省县级档案馆维修改造专项资金项目(档案馆新建改造项目)102个,累计下达财政专项资金1.27亿元。为直观反映"十二五"期间各地县级档案馆建设成就,省档案局通过收集各地县级档案馆新馆建设项目相关的文字、图片、音频等资料,梳理编辑,制作成图文并茂的画册。画册收录36个县级档案馆文字概况1.1万余字、照片248张,集中展示江西省县级档案馆建设成果。

【建立江西省国家重点档案保护与开发项目管理库】 5月3日,国家档案局印发《国家重点档案保护与开发项目管理办法》,对国家重点档案保护与开发项目实行项目库管理。8月,江西省档案局申报的国家重点档案保护与开发项目、1个目录基础体系建设项目通过国家档案局审核,成为江西省国家重点档案保护与开发项目。国家重点档案保护与开发项目包括民国时期商会活动档案史料开发与研究、民国手工业制瓷档案资料开发与研究、民国九江口岸档案资料开发与研究、全南县苏区革命斗争档案史料开发与研究、长征出发地——于都革命历史档案开发与研究、兴国县革命历史档案开发与研究、万载县民国时期宗教与地方基层社会研究、上饶集中营档案史料开发与研究、吉安红色档案珍品展、党和国家领导人与井冈山儿女在一起10个项目。目录基础体系建设项目包括民国江西省政府、民国江西省水利局、民国江西省民政厅、民国江西省建设厅、民国江西省教育厅、民国江西省农业院、民国南昌市政府(第一批)、民国南昌县政府、民国九江县政府、民国九江县警察大队、民国招商局九江分局、民国黎川盐务局、民国南城盐务局、民国南城电信局14个项目。

【建立全省档案纵向业务网】 4月，省档案局联合省信息中心印发《关于建设政务外网全省档案纵向业务网与启用区域平台的通知》，正式启动全省档案纵向业务网建设工作。全省档案纵向业务网是基于政务外网和MPLS VPN构建而成，具有性能高、带宽高、稳定性强和安全可靠的特点，是江西省区域性数字档案馆建设的重点工作之一。全省各级档案部门按照要求，组织开展全省档案纵向业务网连通工作。上饶、萍乡、南昌和抚州市档案局先行先试，率先完成网络连通，积累经验。10月30日，全省11个设区市和100个县区全部接通全省档案纵向业务网。

（姚伦）

地方志工作

【概 况】 2016年，全省地方志系统贯彻落实中共中央总书记习近平“高度重视修史修志”讲话精神、李克强总理两次重要批示精神和国务院“一纳入、八到位”的要求，创新工作方法，坚持依法治志。

贯彻落实《全国地方志事业发展规划纲要（2015—2020年）》和《江西省地方志事业发展规划纲要（2016—2020年）》。《全国地方志事业发展规划纲要（2015—2020年）》颁布后，省地方志办积极推动全省贯彻落实文件出台，广泛征求全省11个设区市、省编办及省地方志编纂委员会28家委员单位意见建议。2月22日，省政府办公厅印发《江西省地方志事业发展规划纲要（2016—2020年）》。全省各地认真贯彻落实两个《纲要》精神，南昌市政府办公厅印发《南昌市地方志事业“十三五”（2016—2020年）发展规划》；赣州市政府办公厅印发《赣州市贯彻落实〈全国地方志事业发展规划纲要（2015—2020年）〉实施方案》；吉安市政府办公室印发《吉安市地方志事业发展实施方案（2016—2020年）》，泰和县印发《关于印发〈泰和县地方志事业发展规划（2016—2020年）〉的通知》。地方志事业发展写入《省政府工作报告》和《江西省国民经济和社会发展第十三个五年规划纲要》，地位得到进一步提升。

续志编纂工作深入推进。2016年是省志编纂进入快车道的一年，全办根据省政府相关文件精神，坚持依法治志，5月17日在南昌召开第二轮《江西省志》编纂工作第二次调度会，副省长殷美根出席会议并讲话。全年省地方志办累计修改《食品药品监督管理志》《文物和非物质文化遗产志》等10部志书篇目；审读承、参编单位递交的资料长编、试写稿、内审稿30余部；《农业志》《交通运输志》《水利志》《烟草志》《残疾人事业志》《信访志》《广播电影电视志》《盐业志》《机关党建志》《公安志》《市县概况》11部分志通过初审；《烟草志》《水利志》《残疾人事业志》通过复审。审读资料长编、试写稿、内审稿和征求意见稿等32部，并对二轮省志102部分志的篇目进行审定。接待省残联、省直机关工委、省国税、省委组织部、省委办公厅、省国资委等108次到访单位并举行座谈。接听咨询电话459次。多次讨论修改《江西省志》凡例，经20余次修改后定稿。市县两级志书及专志、部门志编纂进展喜人。年内，《九江市志（1991—2010）》完成终审验收并付梓出版；《赣州市志（1986—2000）》完成终审验收并申报“中国精品志书工程”，省委常委、赣州市委书记李炳军为该书作序；《赣南苏区振兴发展志略》（2010—2015）综合成稿；《南昌大事图记》（2015）、《九江职业大学志》《九江市工商行政管理局志》《遂川县政协志》《水北镇志》等出版发行；《武宁县教育志》《武宁县甫田乡志》《九江市冶金煤炭志》等交付印刷；《德安县志（1985—2008）》等形成总纂稿。近一半省志分志完成部分资料长编和初稿，11部完成初审，2部完成复审；出版二轮市级志书8部，二轮县（市、区）级志书92部，共100部，占111个市县区的90%。

年鉴编辑工作进展顺利。省地方志办理顺年鉴管理工作，改进编审办法，按照《地方志工作条例》《江西省实施〈地方志工作条例〉办法》，完成各级综合年鉴的编辑任务，取得较大成效。一是编辑《江西年鉴（2016）》。《江西年鉴（2016）》在重视质量的前提下，缩短出版周期，于10月28日出版发行，发行量1500册，发行时间创历史最早纪录。二是推进市县区年鉴编辑工作。全省各级地方志工作机构把编辑综合年鉴纳入到日常工作中，年鉴工作不断走向常态化。在市级年鉴编辑工作中，11个设区市全部实现综合年鉴一年一鉴，51个县（市、区）实现一年一鉴连续出版。

旧志整理与理论建设取得重要成果。年内，全省旧志整理成果丰硕。《光绪吉安府志》由中华书局出版发行；《德化县志》（同治）整理重印1500册；重印民国《万载县志》；《永新县志》（同治）出版发行；《都昌县志》（道光）、《永丰县志》（同治十三年版）等点校工作正式启动。《义宁州志》（同治）整理工作持续推进。理论建设方面，编辑出版发行《江西地方志》（双月刊）6期；编辑《江西省地方志工作动态》55期，其中《省志工作专刊》14期。全省各级地方志工作者共发表志鉴编纂理论研究文章60余篇，参加学术活动11场，15人次。开展省级课题“上海、南昌知青与塔桥园艺场研究”的研究，形成《上海、南昌知青与塔桥园艺农场资料汇编》编纂方案并组织开展编写工作。

方志馆工作与信息化建设取得新成绩。方志馆开发利用持续深入。2016年，省方志馆超额完成全年图书采购任务，共采购图书3406册；接待中国地方志指导小组办公室、北京市地方志办公室、山东省地方史志办公室、常州市地方志办公室等中央和部分省市地方志机构来访；接待省林业厅、省档案局等查阅资料的工作人员，省直机关工委党校等集体参观者和读者2000余人次。方志馆建设工作形势喜人。赣州市方志馆于7月挂牌，新余市方志馆于9月29日开馆，全省一半以上设区市开设方志馆。信息化建设步伐加快。年内，省地方志办上传数十部省级综合年鉴、设区市志和县志至中国赣网，丰富了中国赣网的地方志数据库；在方志馆局域网中建立丛书、报刊数据库，包含《四库全书》《清实录》《国家图书馆古籍题跋丛刊》等书籍，以及《人民日报》《申报》《江西省政府公报》《东方杂志》《〈解放〉周刊》《新青年》等报纸期刊；上传1000余部史料性电子书。“景德镇市情网”开通上线；吉安市志办网页建设进展顺利；“九江史志网”

于7月完成升级改版。武宁县启动建立影像数据库工作，拍摄和收集新农村建设、教育文化、环保、林业等部门大量影像资料。

“微信公众号”新媒体建设与地方志宣传取得丰硕成果。省地方志办官方微信公众号“方志江西”影响力不断彰显，为地方志工作者搭建共同交流的信息平台。“方志江西”在内容和形式方面积极完善，受到读者喜爱，得到广泛传播。截至12月20日，“方志江西”累计发出295篇文章，累计点击量超过30万人次，在全国方志系统中处于领先地位，得到中国地方志指导小组领导好评。同时，“方志江西”与《江西手机报》、中国江西网、大江网、今日头条、新浪等其他媒体展开合作，将部分优秀原创文章和重要工作动态发布到其他媒体，进一步扩大江西地方志文化的影响。

市县指导及地方志统计工作力度加大。年内，加大对市县业务指导力度。年初，从尚未完成的2部市志、8部县志中，选送《赣州市志》《铅山县志》参加“中国精品志书工程评选”。按照精品志书标准，组织有关专家及时介入评审。完成《贵溪市志》复审、《泰和年鉴(2016)》审稿。截至年底，未出版的2部市志中，《赣州市志》完成验收，《景德镇市志》基本完成初稿；8部县志中，德安、湖口、共青城、贵溪、宁都、铅山、乐安、南城等县市正在编纂。按照中指组办公室要求，开展《中国名镇志》《中国名村志》编纂工作。江西申报的《富田镇志》完成初稿，《东龙村志》启动筹备工作。地方志统计工作方面，根据中指办《2016年度全国地方志系统统计工作的通知》，完成2015年11月1日至2016年9月30日出版的全省各类志、鉴、地情书出版及方志馆建设、信息化建设、修志机构、修志队伍等情况的统计。

对外沟通交流持续深入。承办第一次全国方志馆工作会议。6月24日—25日，北京市委原常委、市委原秘书长，北京市人大常委会原副主任，中国地方志指导小组成员、北京市地方志编纂委员会常务副主任、《北京志》主编段柄仁一行先后至省方志馆、婺源、赣州等地考察调研。6月26日—27日，中国地方志指导小组副秘书长兼办公室主任冀祥德，中国社会科学院人事教育局副局长高京斋，中国地方志指导小组办公室副主任刘玉宏率督查调研组一行6人到赣州市督查调研地方志工作并召开江西省地方志工作督查调研会。8月11日，山东省政府办公厅党组成员、省史志办主任刘爱军带领山东省史志系统领导干部培训班全体学员赴江西省地方志办考察交流并举行座谈会，双方就志鉴编纂、方志馆建设、馆际交流、旧志整理等相关事宜举行座谈交流。省地方志办继续深入推进“江西省地方志系统考察团”第五次赴台湾学习考察活动，并形成考察报告。

不断拓宽地方志服务新领域。全省各级地方志机构利用地情资源，为政府、为社会、为大众提供资源服务，发挥了存史、资政的作用。《江西方志文化丛书》完成初稿编纂250多万字；《当代南昌日史(1986—1995)》完成文稿约65万字，并送出版社审读；《当代南昌日史(1996—2005)》编纂工作深入推进；《南昌大事图记》(2015)出版发行；九江市史志办参加由国务院地名普查领导小组组织的“加强地名文化保护暨清理整治不规范地名工作”，为九江市城市规划市政设计院编制老城区保护开发规划、江西师范大学历史文化与旅游学院“庐山文化景观数字运用关键技术”项目、南昌大学微电影大赛等提供地情资料；吉安市《吉安概况》编纂工作进展喜人，《吉安登科考》完成终审并交付印刷；《文游新余》初稿编写工作完成；出版地情书籍《新四军与鹰潭》《抗战在鹰潭》等。

【《江西省地方志事业发展规划纲要(2016—2020年)》出台】 《全国地方志事业发展规划纲要(2015—2020年)》颁布后，省地方志办积极推动全省贯彻落实文件出台，广泛征求全省11个设区市、省编办及省地方志编纂委员会28家委员单位意见建议。2月22日，省政府办公厅印发《江西省地方志事业发展规划纲要(2016—2020年)》。《江西省地方志事业发展规划纲要(2016—2020年)》要求，全面落实“一纳入、八到位”，即把地方志工作纳入国民经济和社会发展规划、各级政府工作任务之中，做到认识到位、领导到位、机构到位、编制到位、经费到位、设施到位、规划到位、工作到位。至2020年，全面完成省、市、县第二轮修志规划任务，做好第三轮修志工作准备，实现省、市、县三级地方综合年鉴全覆盖；完善志鉴质量保障制度，提高志鉴编纂质量，开拓地方志资源开发利用途径，加强旧志收集、保存和整理工作，建设高素质的地方志人才队伍。《江西省地方志事业发展规划纲要(2016—2020年)》是江西制定印发的第一个地方志事业发展的设计规划，对地方志事业的发展进行设计规划和科学规范，符合地方志工作实际，前瞻性、指导性、可操作性强，对于推动全省地方志事业发展具有现实意义和历史意义。

【地方志事业发展写入《省政府工作报告》和《十三五规划纲要》】 在江西省第十二届人民代表大会第五次会议提请审查的《江西省国民经济和社会发展第十三个五年规划纲要(草案)》中，对全省地方志工作提出要求。该规划纲要第三章“增强赣鄱文化影响力”的第一节“传承和弘扬赣鄱文化”中强调：“要实施第二轮《江西省志》编纂工程”。2015年省政府工作报告也肯定了“地方志工作取得新成效”，在2016年工作部署中强调“要开展第二批省志编纂工作。”在省第十二届人民代表大会第七次会议上，地方志工作再次被写入政府工作报告，作为2017年全省主要工作内容之一，明确要求“推进第二轮修志”。省政府工作报告连续2年3次强调地方志工作，并列入“省发展规划纲要”和省政府重点工作，尚属首次，表明全省地方志工作取得长足的进步和发展，地方志事业的地位得到进一步提升。

【“方志江西”微信公众号在全国方志系统领先】 2016年，“方志江西”微信公众号在内容和形式方面积极完善。在内容方面，“方志江西”依托省地方志办的地情资源，全面、系统整理和宣传江西山水、江西风物、江西古村、江西古镇、江西地名由来等江西地方志文化。完成对全省设区市、县(区)地名由来的内容制作和推送，对全省11个设区市主要风物的介绍，对大部分入选的江西国家级历史文化名村和江西省省级历史文化名村的梳理、内容制作以及推送。在编辑形式方面，“方志江西”图文、音频、视频相结合，精心选取图片，保持新颖、生动、简洁明快、准确的风格。在重大事件和重要时间节点推出H5形式的微信文章。截至12月20日，“方志江西”累计发出295篇文章，累计点击量超过30万人次，平均每篇文章的点击率超过1000人次，在全国方志系统中处于领先地位。其中，《江西风景独好》点击率最高，超过2.5万次，被省内外众多微信公众号转载；《沉海昏，出吴城：探秘千年古镇吴城》《江西唯一皇后——成恭夏皇后》等文章累计点击率过万次。《江西风景独好》一文还获“2015年度江西省十佳微信文章”荣誉。同时，“方志江西”与《江西手机报》、中国江西网、大江网、今日头条、新浪等其他媒体展开合作，将部分优秀原创文章和重要工作动态同时发布到其他媒体上。“方志江西”成为全省地方志系统工作交流的重要平台，极大的便捷了全省地方志系统的工作，更广泛地传播了江西地方志文化。

9月10日，第一次全国方志馆工作会议在景德镇市召开

朱岳供稿

【承办第一次全国方志馆工作会议】

9月10日，第一次全国方志馆工作会议在景德镇市召开。副省长殷美根出席会议并致辞，中国地方志指导小组办公室主任冀祥德出席会议并讲话。省政府副秘书长刘晓艺，省地方志办公室党组书记、主任梅宏，市领导钟志生、梅亦、熊皓出席会议。市长梅亦致辞。中国地方志指导小组办公室副主任刘玉宏主持会议。会议总结全国方志馆建设基本情况，第一次在全国范围对方志馆建设标准与国家方志馆分馆建设进行研讨，成立中国地方志学会方志馆研究会，选举产生中国地方志学会方志馆研究会第一届理事会会长、副会长、秘书长、常务理事、理事。各省（自治区、直辖市）、新疆生产建设兵团、副省级城市地方志工作机构，国土资源部史志办公室，北京大学、清华大学等高校和国家博物馆、国家图书馆、故宫博物院等相关部门的专家学者约140人参加会议。

【组织江西省地方志学会第五次赴台湾学习考察】 5月4日—11日，江西省地方志学会第五批地方志专业考察团一行14人赴台湾进行文化交流和学习考察。考察团成员来自省、市、县三级地方志机构，由赣州市地方志办副主任廖伟东任团长，宜春市地方志办副主任鲍焱任副团长。考察期间，先后参观考察台湾文献馆、中国国民党党史馆、台北故宫博物院、佛光寺等，深入了解台湾地方文献的编修、收集、整理及收藏利用情况，并与台湾修志专业人员和学者就两岸编修地方志的学术问题进行学术交流。针对此次学术交流，考察团进行了认真总结，并形成考察报告，完成考察任务。

【基本完成《江西方志文化丛书》编纂工作】 为贯彻落实第五次全国地方志工作会议精神，开发利用全省地方志资源，为干部群众提供通俗易懂的地方志读本，省地方志办公室以江西省地方志书为依托，挖掘、整理地情资源，编纂一套《江西方志文化丛书》。该丛书从2014年3月启动编纂工作，由各市、县（市、区）提供第一手资料，省地方志办承担编纂任务，全省地情、修志专家参加审稿。稿件经过三次评审，2016年8月基本成稿。《江西方志文化丛书》分为《江西古桥古渡》《江西书院》《江西古代名人》《江西进士》《江西古楼塔》《江西寺观》《江西古窑》《江西名人墓》《江西古祠堂》《江西地方戏》《江西地名由来》11卷，从风景、历史、人物、建筑、遗迹、艺术等不同方面展示江西独具特色的地方文化。整套书约270万字，配图千余幅，文笔简洁生动，资料翔实准确，可读性强，对广大干部群众了解江西地情和文化具有参考价值。

（朱岳）

本栏编辑　邓诚君

新闻出版　广播电影电视

公共服务

【概　况】　2016年,全省农村电影公益放映27.7万场,直播卫星户户通用户突破100万户,为1万个农家书屋更新补充图书280多万册。推进全省高山无线发射台基础设施改造一期工程,新启动10座无线发射台基础设施建设工程和12个贫困地区县级广播电视台制播能力建设工程项目。完成中央广播电视节目无线数字化覆盖工程技术方案设计及发射机等主体设备招标采购。配合中宣部"百县万村"活动,支持全省400余个贫困村启动综合文化服务中心建设和应急广播建设。组织实施直播卫星户户通工程、中央广播电视节目无线数字化覆盖工程、高山台基础设施改造建设工程、农村电影放映工程、农家书屋工程等,进一步完善新闻出版广播影视公共服务基础设施。

超额完成直播卫星户户通建设任务。2016年,省政府将全面完成直播卫星户户通建设任务列为重点为民办好的实事,将户户通建设任务完成情况列入对地方科学发展业绩年度考核的重要内容。省新闻出版广电局召开7次协调推进会专题督查,协调省政府督查室向相关设区市政府下达督办函;建立QQ群、微信群,及时沟通情况定点督查。截至年底,超额完成140万户建设任务。

开展"书香赣鄱"全民阅读活动。3—4月,举办"阅读的力量"名家论坛、"韬奋精神"书法展、滕王阁经典名篇诵读、"醉美婺源 全民阅读"图书会展等重点活动;组织开展江西省"2016年少儿报刊阅读季""我的书屋我的梦"农村少年儿童阅读实践等系列活动。向获第二届全国"书香之家"代表授牌,向读者推荐20种优秀阅读书目,发布"纪念全民阅读活动10周年"特种邮票及"书香赣鄱"纪念封,发布赣鄂湘三省"开展全民阅读、共建书香社会"联合倡议。曹文轩、陆天明、叶永烈、雅坤、鞠萍、敬一丹、白岩松、杨红樱等文化名人应邀到江西参与论坛、讲座、读者见面会。全省新华书店、邮政网点开展优惠售书、优惠报刊订阅活动。中央电视台《新闻联播》对江西省"4·23世界读书日"全民阅读活动开展情况予以报道。国庆前夕,与湖北省、湖南省联合举办三大名楼名诗名篇经典诵读电视晚会,联合启动"寻找最美读书人"活动。

【"农家书屋+电商"创新文化惠民新模式】　推进农家书屋数字化网络化标准化建设,引导赣州等地开展"农家书屋+电商"试点探索,农民拿起鼠标做电商,取得初步成效。中宣部部长刘奇葆在赣州市调研时指出,江西推行农家书屋+电商"既带动了更多群众来看书,又促进了经济发展。"国家新闻出版广电总局编发简报,刊发《江西探索"农家书屋+电商"文化富民创新农家书屋服务新模式》一文。省新闻出版广电局会同省残联、省人社厅、省财政厅联合下发文件,进一步对农家书屋残疾人管理员选用和考核工作进行规范。国家新闻出版广电总局印刷发行管理司组织中国农业出版社等中央级出版单位到江西省开展农家书屋导读和帮扶活动,受到农村群众欢迎。

【加强农村公益电影放映规范化标准化】　针对农村公益电影放映中存在的虚报场次、冒领补贴现象,坚持运用科技手段强化监管,改变手工填报场次数据容易造假的弊端;组织开展为期3个月的集中整治,对发现的问题,协调设区市局按照属地管理、下管一级的原则,及时督促整改。坚持实行群众点片放映制度,通过现场点片、上网点片、手机短信点片等方式,让群众看上自己想看的影片。全年全省农村公益放映故事片651部、科教片231部。影片内容更加丰富多样,激发群众观影热情。12月1日,省新闻出版广电局会同国家新闻出版广电总局电影局、国家新闻出版广电总局电影数字节目管理中心、中影集团公司等在赣县举行"百年小康路 长征再启程——贯彻落实习近平总书记在纪念红军长征胜利80周年大会上的讲话精神"主题放映活动启动仪式。

（江巍）

改革与产业发展

【概　况】　2016年,全省新闻出版广播影视产业稳步增长。全省新闻出版广播影视收入1326.54亿元,同比增加224.48亿元,增长20.37%。新闻出版广播影视七大门类收入总体结构保持稳定,其中印刷复制业实现收入712.73亿元,位列第一;广播影视制造业、图书出版和发行分列其后,分别为203.56亿元、168.78亿元;广播影视服务业94.71亿元,出版相关产业79.60亿元,报刊出版业30.03亿元,广播影视流通业及其他产业

37.13亿元。印刷复制业、广播影视制造业、图书和出版发行业3个门类收入占全行业收入82%。

全年15个新闻出版广播影视产业项目获中央文化产业资金4800万元支持，占全省中央文化产业项目资助资金的71.5%。6个新闻出版改革发展产业项目进入新闻出版改革发展项目库，2个新闻出版项目被评为全国首批新闻出版产业示范项目，1个项目入选国家新闻出版改革发展融合实验室项目，1个项目入选国家新闻出版科技标准实验室。其中，广电传媒获得支持890万元，出版发行获得支持1810万元，基地平台建设获得支持2100万元。省新闻出版广电局和江西国家数字出版基地、赣州吉安国家印刷包装产业基地入选2016年度新闻出版产业基地（园区）工作优秀单位和优秀基地（园区）名单。

全年新闻出版广播影视产业新增个私经济企业220家，其中传媒影视经营企业新增30多家，新增投资近70亿元。全省遴选80个项目参加2016深圳文博会、北京文博会，签约资金20.5亿元。

推进全省新闻出版广播影视产业改革。建立推行“双随机”执法抽查机制，行政许可、行政处罚信用信息“双公示”机制，构建行业信用体系。制定印发《关于推广随机抽查加强新闻出版广电行政审批事中事后监管工作的实施方案》。“双随机”工作在全国反响强烈，3月11日，《中国新闻出版广电报》第二版刊登《江西省局推行“双随机”抽查机制》文章，将省新闻出版广电局“双随机”工作开展情况作为先进典型进行介绍，山东等兄弟省局到赣学习经验。实行“四个结合”促进“放管服”改革。即权力下放与跟踪监管结合，行使权力与精简权力结合，网上审批与网下服务结合，审批项目与招引项目相结合。优化审批程序，开展招商引资。全年办理行政审批项目1166件，其中网上办理935件，网上审批率80.19%，全流程、各环节实行网上统一管理，实现行政审批“零投诉”。深化国有企业体制机制改革。推动江西出版集团深化内部机制改革，推进传统媒体和新兴媒体融合、文化与科技融合、文化与金融融合，江西出版集团实现社会效益和发展质量“双提升”。集团旗下8家图书出版社2家进入全国前50名，3家进入前100名，3家进入前200名。中文传媒“物联网出版融合实验室”获评国家新闻出版广电总局出版融合发展重点实验室。

【中文传媒“物联网出版融合实验室”获评重点实验室】 12月，国家新闻出版广电总局发布《关于确定出版融合发展重点实验室的通知》，公布20个出版融合发展重点实验室的依托单位和共建单位名单。中文传媒“物联网出版融合实验室”入选。中文传媒以“创新驱动、融合发展”为发展思路，大力推动传统出版与新兴出版融合发展，着力推进“互联网＋物联网”，组建新华瑞章物联网科技有限公司，大力推进物联网技术产业化，着力建设“物联网出版融合实验室”。中文传媒“物联网出版融合实验室”分为两个子实验室，即物联网应用实验室和数字出版技术研发实验室。其中，“物联网应用实验室”主要瞄准出版业物联网技术应用，研制物联网技术应用行业标准，开展物联网技术在出版业全产业链、跨领域、行业间融合等应用模式研究，建立物联网应用与数据服务平台，支撑行业的精细化管理。“数字出版技术研发实验室”侧重于开展内容资源数字化技术研究，创新符合CNONIX国家标准的数字出版资源管理平台；研发及应用基于云计算的数字内容编纂技术、结构化加工、多媒体资源管理及协同编纂系统，创新和升级内容生产模式。

（周文婷）

报纸期刊

【概　况】 2016年，全省有报纸74种，报纸年度总印数10.74亿份，年度总印张数为227.89万千印张，年度定价总金额10.18亿元；全省有期刊165种，期刊年度总印数7291万册，年度总印张数为22.28万千印张，年度定价总金额3.09亿元。

报刊名称变更。报纸《赣南师院报》更名为《赣南师大报》，《陶瓷学院报》更名为《陶瓷大学报》；期刊《赣南师范学院学报》更名为《赣南师范大学学报》，《江西青年职业学院学报》更名为《青年发展论坛》；新创办1种期刊《红色文化学刊》。

突出主题宣传。组织、引导报刊围绕中国特色社会主义、中国道路、中国梦、社会主义核心价值观、中华优秀传统文化、“四个全面”战略布局、“一带一路”倡议、“五大发展理念”等重大主题，推出专栏专题和重点报道。组织报刊开展纪念建党95周年和长征胜利80周年、中共十八届六中全会精神和省第十四次党代会精神宣传。

开展公益宣传活动。组织开展“书香赣鄱”全民阅读宣传月活动、“2016年少儿报刊阅读季”活动以及禁毒防艾、生态文明先行示范区建设、安全生产、消防宣传等一系列主题公益宣传活动。在“书香赣鄱”全民阅读宣传月期间，全省报刊媒体刊发活动文字、图片原创稿件263篇，开设专栏专题41个，微信微博客户端202条（篇）。刊载全民阅读公益广告83次46版。与省教育厅、省出版集团公司联合组织开展“2016年少儿报刊阅读季”活动，全省少儿报刊全部参加，推出10项重点活动，受到总局通报表扬。省局与省禁毒办开展“禁毒宣传月”活动，印发《关于开展“禁毒宣传月”活动的通知》，组织全省新闻单位加强禁毒宣传工作。

加强导向管理。拓宽报刊审读范围，组织江西日报社、省出版集团公司、中文传媒、省教育厅等单位对其主管的报刊进行集中审读，加强报刊内容建设。开展报刊社会主义核心价值观宣传专题审读，对《江西日报》《当代江西》等10种报刊进行专题审读，推动报刊加强社会主义核心价值观宣传。组织开展报刊刊登公益广告情况的抽查，引导报刊履行社会责任，倡导良好社会风尚。

加强新闻报刊监管。开展报纸期刊年度核验工作，对2种报刊予以缓验。加强报刊广告治理，纠正报刊刊登违法广告问题。开展第二批学术期刊认定和清理工作，新增《小学教学研究》《声屏世界》《疯狂英语》《生物化工》《苏区研究》《江西教育》《蚕桑茶叶通讯》《教师博览》8种学术期刊，截至年底，全省有111种期刊被认定为学术期刊。深入开展打击新闻敲诈和假新闻专项行动。加大违规采编监管力度，对5种报刊采编人员违规采访问题通报批评。全年新闻敲诈举报案件、总局交办案件、行政处罚案件均为0件，监管效果良好。

加强报刊精品建设。推进报刊宣传创新创优。在第二十六届中国新闻奖评选中，江西省报刊作品获2个一等奖、1个二等奖、1个三等奖。江西日报社所属的中国江西网“千年大墓惊世挖掘——南昌海昏侯墓出土”网络专题获第二十六届中国新闻奖网络专题一等奖；南昌日报社“啄木鸟在行动”专栏获第二十六届中国新闻奖新闻名专栏一等奖。积极争取总局支持，赣南师范大学依托其教育部重点研究基地“中国共产党革命精神与文化资源研究中心”，创办《红色文化学刊》，填补国内红色文化学术研究期刊空白。在国家新闻出版广电总局组织的2016年全国优秀少儿报刊推荐活动中，省局推荐的《小星星》《小学生之友》《亲子》3种少儿报刊入选，入选数量列全国各省区市第三。江西省推荐参评的8种少儿期刊编校质量全部合格，合格率100%。其中，《亲子》《小星星》《开心幼儿》《小学生之友》4种少儿期刊编校差错为0，全国差错率为0的期刊为27种，江西省占15%，受到总局通报表扬。组织召开文艺类报刊座谈会，引导文艺报刊提高质量，打造品牌。组织精品期刊单位负责人到吉林等省开展学习考察活动。组织50多种精品期刊参加中国武汉期刊交易博览会，江西省展团获优秀组织奖和创意设计优秀奖。

加强采编队伍建设。全年组织新闻采编人员培训考试2次，参加培训考试人数1196人。认真落实《新闻记者证管理办法》，加强对新闻记者证的审核、发放和管理工作。完成2016年全省广播电视编辑记者、播音员主持人资格考试，省新闻出版广电局获全国广播电视编辑记者播音员主持人资格考试先进单位一等奖。

推进报刊融合发展。组织开展省传统媒体与新兴媒体融合发展专题调研工作，撰写《关于我省传统媒体和新兴媒体融合发展的调研报告》。江西家庭医生报传媒有限公司“搭建医疗咨询全覆盖O2O平台”项目获“2014—2016全国报刊媒体融合创新案例30佳”称号。支持江西日报社“大江传媒”发展，中国江西网获“省级网站传播力十强”。《知识窗》《家庭百事通》《农村百事通》《教师博览》4种期刊进入全国期刊数字传播影响力国内排行100强，《知识窗》《家庭百事通》进入海外排行100强。《知识窗》《家庭百事通》《微型小说选刊》《幸福家庭》4种期刊进入2016移动终端阅读100强期刊排行。

【赣南师范大学《红色文化学刊》创刊】　6月8日，国家新闻出版广电总局批复同意赣南师范大学创办学术期刊《红色文化学刊》。《红色文化学刊》由教育部人文社科重点研究基地“赣南师范大学中国共产党革命精神与文化资源研究中心”创办，国内统一连续出版物号为CN36－1345/D，国内外公开发行。省委常委、省委秘书长朱虹批示：“很好，传承红色基因，发扬优良传统，将《红色文化学刊》办成全国精品期刊。”省新闻出版局指出，“《红色文化学刊》创办，填补了国内专门研究红色文化刊物的空白，成为国内研究和传承创新红色文化的新平台，是江西省期刊品牌建设的新成果”。

（蒋洪波）

图书和数字出版

【概　况】　2016年，全省图书、音像电子出版单位出版图书、音像电子出版物1.25万种，比2015年增长9.82%。其中，新出图书、音像电子出版物4995种；重印7468种，重印率59.92%。全省数字出版总产值146.2亿元，出版电子书1.29万余种，电子期刊66种，数字报2.26万余期，手机图书5700余种，手机报22种。

严格质量管理。开展“质量管理2016”专项行动，对全省出版单位图书质量管理保障体系建设和实施情况进行检查，分阶段对全省出版单位出版的辞书、少儿读物、教辅读物及养生保健类图书进行编校质量抽查。全年抽查图书139种，其中129种合格、10种不合格，合格率为92.80%。

推动转型升级。发挥江西省5家国家级转型示范单位和11家省级转型示范单位引领示范作用，总结推广数字化转型先进经验，推动全省传统出版业整体转型升级。11月2日—3日，全国第二次数字出版转型示范现场会在南昌召开，江西省中文传媒股份公司和江西日报传媒集团在会上作专题经验发言。推动江西国家数字出版基地标准化、规模化、特色化发展。制定《江西国家数字出版基地中长期发展规划（2016—2025）》。组织江西国家数字出版基地企业参加第十二届深圳文博会数字出版展示交易会，被组委会授予“优秀展示奖”。在文博会现场专门举办江西省数字出版项目签约仪式，江西大江传媒网络股份有限公司、山东浪潮集团、江西新媒体出版有限公司等12家单位就数字出版领域6大合作项目进行现场签约，总投资额达20.50亿元。

【突出主题出版】　2016年，围绕中国梦、社会主义核心价值观、中华优秀传统文化、纪念汤显祖逝世400周年、纪念长征胜利80周年等重大主题和时间节点，推出一系列重大主题出版物。二十一世纪出版社集团《一百个孩子的中国梦》《我的第一本美德图画书》和红星电子音像出版社《暖流》入选总局2016年主题出版重点出版物。江西高校出版社《长征路上的“红小鬼”——纪念红军长征胜利80周年》《我来保护你》和二十一世纪出版社集团《一百个孩子的中国梦》《约克先生系列》4种图书入选国家新闻出版广电总局2016年向全国青少年推荐百种优秀出版物。百花洲文艺出版社《雪窗帘》和红星电子音像出版社《暖流》入选国家新闻出版广电总局2016年向全国老年人推荐优秀出版物。

【实施精品出版工程】　以《江西省精品出版战略规划纲要》为统领，推出一系列重点出版物。在首批“十三五”国家重点图书、音像、电子出版物出版规划项目中，江西人民出版社《中国共产党执政兴国研究丛书》、江西教育出版社《中国共产党和平思想研究》、江西美术出版社《美术馆的历史》等30种出版物入选，比入选“十二五”国家重点图书、音像、电子出版物出版规划项目总量还多5种。在第六届中华优秀出版物奖评选中，江西教育出版社《汉语语法演化史》、江西美术出版社《八大山人研究大系》(18册)、江西科学技术出版社《中华当代护理大全》(5册)3种出版物入选图书奖正式奖；红星电子音像出版社《中国景德镇传统陶瓷工艺》和北京智明星通科技有限公司《列王的纷争》入选音像电子游戏出版正式奖。百花洲文艺出版社《马克思主义哲学在中国传播与发展的百年历史》、江西人民出版社《中国共产党怎样解决作风建设问题》、江西美术出版社《石渠宝笈》(精选配图版)、二十一世纪出版社集团《非常成长书》(8册)和中国和平音像电子出版社《深圳人的南疆情歌》5种出版物入选图书奖提名奖。二十一世纪出版社集团《森林里的小火车》入选2016年中国文艺原创精品出版工程项目。二十一世纪出版社集团《环保知识漫画·儿童百问百答》(6~10册)入选国家新闻出版广电总局2016年"原动力"中国原创动漫出版扶持计划扶持项目。江西科学技术出版社《常用养生古法选编》入选"2016年度普及类古籍整理图书"专项资助项目。百花洲文艺出版社《汉字与书法艺术》《中华节日》入选"经典中国国际出版工程"资助项目。4月，由中国图书评论学会和中央电视台科教频道联合组织的"2015中国好书"揭晓，二十一世纪出版社集团的《森林里的小火车》入选少儿类获奖图书。

【全国第二次数字出版转型示范现场会在南昌召开】 11月2日—3日，全国第二次数字出版转型示范现场会在南昌召开。会议以"总结经验，凝聚共识，明确下一阶段工作重点，进而推动新闻出版业数字化转型升级和融合发展再迈上新台阶"为主要任务。副省长殷美根致辞，国家新闻出版广电总局副局长孙寿山讲话。国家新闻出版广电总局数字出版司司长张毅君主持会议。江西省中文传媒股份公司和江西日报传媒集团在会上作专题经验发言。会议期间，孙寿山等在中文天地出版传媒股份有限公司、江西日报传媒集团进行现场观摩。国家新闻出版广电总局规划发展司司长朱伟峰，总署信息中心主任刘晓凯，省政府副秘书长刘晓艺，省新闻出版广电局局长杨六华参加会议。全国各地200多家新闻出版单位和媒体单位参会。

（王谱声）

版　权

【概　况】 2016年，全省各级版权部门加大版权执法监管，有序推进软件正版化，优化升级版权服务体系。全省5个单位和10名个人获全国查处侵权盗版案件有功单位及有功个人。打击侵权假冒工作在全国"双打"绩效考核中再次获评满分。全年各级版权执法部门查办侵权盗版行政处罚案件95起，比上年增长150%。向公安机关移送2起涉嫌刑事犯罪的侵犯著作权案件。

开展互联网领域版权执法。首次开展网络文学领域版权执法调研。开展私人影院侵权盗版首次专项集中整治行动，检查整治私人影院数十家，对11家涉嫌违法的私人影院依法进行行政处罚，处罚金额共8.8万元。牵头开展"剑网2016"专项行动，查办网络侵权盗版案件16起，成效和做法获国家版权局肯定。

有序推进软件正版化工作。调整省推进使用正版软件工作领导小组，理顺工作机制。落实《政府机关使用正版软件管理办法》，规范软件资产采购、管理和使用，软件正版化工作成果不断巩固。10月，国家检查组到江西检查，对江西省推进软件正版化工作做法和成效进行高度评价。印发《2016年江西省推进使用正版软件工作实施方案》《关于做好推进地方国有企业使用正版软件工作有关事项的通知》等文件，与省工商联联合下发《关于做好推进民营企业使用正版软件工作有关事项的通知》，严格落实层级负责制，高位推动软件正版化各项工作。全省普遍建立完善软件正版化工作常态化管理机制和软件正版化责任人省、市、县三级数据库，逐步完善普遍自查与集中督查相结合的"双查"工作机制，全省各地开展普遍自查和3次集中督查。

推进版权"走出去"战略。省版权局大力实施版权"走出去"战略，鼓励和支持全省出版单位开展各类版权贸易活动。12月7日，省政府办公厅下发《江西省人民政府办公厅关于印发江西省版权输出奖励暂行办法的通知》，江西成为全国首个以省政府名义设立版权输出奖的省份。3月，国家新闻出版广电总局首次对中国图书版权输出给予普遍奖励和重点奖励，江西省3种图书获国家版权输出奖励。省版权局积极组织出版单位参展各类国际性博览会。8月，组织中文传媒旗下8家图书出版社携1200余种赣版"走出去"精品出版物参展第23届北京国际图书博览会，输出版权67项、引进版权28项，达成图书版权输出意向76项、版权引进意向137项。12月，景德镇200余件特色版权陶瓷展品参展第六届中国国际版权博览会，获"金慧奖"最佳组织奖和优秀企业奖。

推进版权示范单位建设。全省有2家单位获批"全国版权示范单位"，17家单位获批"全省版权示范单位"，挖掘和培养一批在版权保护方面有示范效益的优秀单位和典型企业。江西网络广播电视台获中国版权领域内评选的最高奖项——中国版权金奖，是江西省广播电视领域首次获得该项奖励。

构建多媒体版权宣传矩阵。省版权局整合广播、电视、报刊、微博、微信、qq，以及网络媒体、户外媒体、手机媒体等各类宣传资源，形成多媒体版权宣传矩阵。在"3·15国际消费者权益日""4·26世界知识产权日""12·4法治宣传日"等重要时间节点开展版权宣传。打造"江西版权保护宣讲会"品牌，开展版权特色宣传，受众3000余人次，发放版权保护宣传手册近万份。组织开展"版权宣传进影院"活动，在省内各大院线播放版权保护公益宣传片。"4.26知识产权宣传周"期间，星河院线4.10万场次播放版权保护公益宣传片，南昌华影、万达、中影在大厅电视、LED屏循环播放版权保护公益宣传片1716次、278小时。

【设立江西省版权输出奖】 12月7日，省政府办公厅印发《江西省版权输出奖励暂行办法的通知》，设立江西省版权输出奖。江西省成为全国首个以省政府名义设立版权输出奖的省份。

江西省版权输出奖是经中央批准，由省政府设立的专项奖励，表彰省内新闻出版广播影视业实施并取得显著成效的版权输出项目。省版权输出奖每3年评选一次，每次奖励15项，每项奖励20万元。省政府从省级文化事业建设费中列支300万元作为奖励经费。获奖单位和个人由省政府统一颁发证书和奖金。江西省版权输出奖的奖励范围包括：已实现出版物版权输出、广播电视节目输出、电影电视剧、动漫作品境外发行的项目；已与境外达成版权输出意向并正在译制的项目或合作出版、合作制作的项目。奖励类别包括：出版物版权输出和广播影视版权输出。其中，出版物版权输出类别包括江西省出版单位出版的图书、报纸（含刊登的文章、图片）、期刊（含刊登的文章、图片）、音像制品、电子出版物、数字出版物等通过向境外出版单位授权在境外出版（刊登）或合作出版；广播影视版权输出类别包括江西省广播影视机构拥有自主版权或与境外广播影视机构共享版权的原创作品（包括广播电视节目、电影、电视剧、动画片、纪录片、互联网视听节目等），授权在境外发行、播映、落地。

江西省版权输出奖由省政府统一组织领导，省新闻出版广电主管部门牵头成立省版权输出奖励工作部门联席会议。联席会议由宣传、新闻出版广播影视、财政、商务、海关等部门组成。联席会议办公室设在省新闻出版广电局，具体负责省版权输出奖评审的组织、协调和日常管理工作。

【江西网络广播电视台获2016“中国版权金奖”】　12月5日，中国版权领域最权威奖项——中国版权金奖在广州揭晓，江西网络广播电视台、腾讯公司等20家机构或作品获奖，这是江西省版权领域首次获此殊荣。“中国版权金奖”由世界知识产权组织（WIPO）和中国国家版权局于2008年联合创设，是中国版权领域内评选的唯一国际性奖项，也是中国版权领域最高奖项。奖项旨在奖励版权创造、运用、保护和管理环节的先进典型，形成激励版权创造和运用的长效机制，每两年举办一次，已举办五届。江西网络广播电视台2013年成立，在版权推广运用方面走在全国同行业前列。江西网络台成立专门的版权管理部门，利用网络和数字技术，对拥有独家授权的江西广播电视台广播电视节目著作权中信息网络传播权节目资源进行运营和管理，有针对性地进行结构优化、图像数字化加工、节目整体包装，以适应互联网传播。先后与腾讯、搜狐、爱奇艺、乐视等国内主流新媒体平台建立长期稳定的合作关系，其节目点击量、阅读量等每年增长47%以上，江西广播电视台的品牌价值和节目影响力在互联网领域得到极大提升。

（钟娜）

印刷复制

【概　况】　2016年，全省有印刷复制企业1794家（不含复印打字店），其中出版物印刷企业140家，包装装潢印刷企业562家，其他印刷品印刷企业1089家，复制企业3家。全省印刷营业收入531.60亿元，增长3.2%。其中，出版物印刷34.75亿元，包装装潢印刷356.92亿元，其他印刷品印刷136.96亿元，复制0.20亿元，打字复印2.77亿元。印刷复制从业人数约9.17万人。

【中国印刷博物馆在江西设立分馆】　4月，国家新闻出版广电总局批复同意设立中国印刷博物馆浒湾书铺街分馆，在中国（浒湾）雕版印刷博物馆加挂分馆牌子。中国浒湾雕版印刷博物馆建在中国古代四大雕版印刷基地之一金溪县浒湾镇，总投资100多万元，面积逾600平方米，主要展示该镇宋、元、明、清时期各类珍贵木刻雕版和不同时期雕版印刷的古书藏品。该博物馆的设立，有利于传承和保护濒临失传的雕版印刷技术。

【江西组团参展“2016年中国（上海）国际印刷周”】　3月9日，以“创新融合 发展”为主题的2016年中国（上海）国际印刷周在上海国家会展中心开幕，展会为期4天。江西省14家国家印刷示范企业、特色印刷骨干企业200多种产品汇集“江西展馆”参展。江西协泰彩印有限公司以“国际赛事指定印制企业”设置展台，江西星瀚包装印刷有限公司主打儿童益智立体书刊和APP互动产品，宜春市同茂印务有限公司和江西含珠实业有限公司推出连四纸古籍印刷和高仿复制产品，展示江西印刷业“绿色、创新”发展理念和产品特色。展会期间，江西展馆接待人数超过1.65万人，现场签订产品订单9笔。江西省是唯一在展会上开展印刷产业项目招商的省份，《中国新闻出版广电报》对江西参展企业和特色产品进行专题报道。

【江西新华印刷集团保持行业龙头地位】　2016年，江西新华印刷集团完成销售收入6.54亿元，净资产达到8亿元，连续3年获“国家印刷示范企业”称号，继续保持全省印刷业龙头地位。承印的江西人民出版社《青灯童趣》一书，获第四届中国出版政府奖印刷复制提名奖。旗下印刷公司全部取得“环境标志产品认证”证书，教材印刷质量合格品率保持100%，被国家新闻出版广电总局授予“3·15”质检活动先进单位。在全面实施绿色印刷的基础上开展数字印刷，成立数码印刷分公司，引进一条数字印刷生产线，实现按需印刷、个性化印刷。

（谢年鑫）

出版物发行

【概　况】　截至2016年年底，全省出版物发行网点5275个，其中邮政报刊发行网点2658个，新华书店发行网点286家。全省出版物发行企业有2331家，年销售收入178.62亿元，从业人员3.65万人。其中，出版物批发企业264家，年销售收入155.14亿元，从业人员2.68万人；出版物零售企业2067家，年销售收入23.48亿元，从业人员9746人。

开展核验工作。参加核验的发行单位2318家，通过年度核验2205家，缓期登记99家，不予通过14家。其中，参加年度核验的出版物批发单位251家，通过年度核验229家，缓期登记14家，不予通过8家；参加年度核验的出版物零售单位2067家，通过年度核验1976家，缓期登记85家，不予通过6家。

开展春、秋两季教材发行工作专项检查。春、秋两季开学之前，在全省范围内开展教材发行工作专项检查。重点检查新华书店教材发行情况及中小学校教材用书情况，查处侵权盗版等非法出版发行教材的经营行为，有效监管全省教材发行工作。全省全年教材发行册数9612万册，码洋8.03亿元。册数与码洋同比都有下降，册数下降1.66%，码洋下降1.44%，下降的主要原因是2016年循环教材改版结束，全面开始循环使用；学生人数明显下降，2016年全省中小学学生人数为690万人，2015年707万人，下降17万人，下降率2.4%。

继续扶持实体书店。根据国家新闻出版广电总局办公厅《关于征集2016年度文化产业发展专项资金新闻出版广播影视重大项目的通知》，鼓励和指导符合条件的企业准备申报材料。在各设区市、省直管县推荐基础上，经专家评审，推荐3家国营书店、3家民营书店共6家实体书店申报优秀实体书店，申请专项资金项目奖励。经报审，井冈山红色书店、婺源乡村书店、新余会友书店3家实体书店获中央财政扶持，扶持资金共250万元。

【举办全省出版物批发企业法人代表法律法规培训班】　12月，2016年全省出版物批发企业法人代表法律法规培训班在南昌举办。全省出版物批发企业法人代表，各设区市、省直管试点县文广新局从事行政审批和行政执法的部门负责人等249人参加培训。省新闻出版广电局党组成员、副局长周世敏出席开班仪式并作动员讲话。国家新闻出版广电总局印刷发行司徐雪就新修订的《出版物市场管理规定》进行解读和辅导，北京印刷学院教授王延祥作题为《发行企业如何转型升级》的专题讲座。

【组织参加全国性图书交易活动】　1月7日—9日，2016北京图书订货会在北京中国国际展览中心举行。江西人民出版社、江西教育出版社、江西科学技术出版社、江西少年儿童出版社、百花洲文艺出版社、江西美术出版社、红星电子音像出版社、江西高校出版社、中国和平出版社9家出版社组成江西代表团参加订货会，实现订货码洋7332万元，超额16%完成目标值。7月28日—30日，由国家新闻出版广电总局、内蒙古自治区人民政府联合主办的第26届全国图书交易博览会在包头市举办，江西省组织8家出版单位、19家期刊社以及江西新华印刷集团、江西新华发行集团参加。江西省展区200平方米，展出图书2000余种，其中新版图书800余种，并集中展示《江西通史》《赣文化通典》《千古悲摧帝王侯》等近63种赣版经典图书，展示江西出版的出版理念和整体实力；同时，在乌海市分会场，组织江西省图书参加展示和展销活动，并向乌海市图书馆捐赠价值约5万元精品图书。

（何琼）

出版物市场监管

【概　况】　2016年，江西省出版物市场监管及“扫黄打非”工作以打击违禁内容出版物为首要任务、以互联网为主战场，以查办大案要案为主抓手，以专项行动和联防协作工程为主要平台，组织开展“清源2016”“净网2016”“秋风2016”和“护苗2016”专项行动，持续打击各类非法出版活动。全省查缴各类非法出版物19.99万件，其中非法出版物7.40万件、违禁出版物2.10万件、侵权盗版出版物8.91万件。省“扫黄打非”办连续第四年获全国“扫黄打非”先进集体称号。

查办大案要案。全年全省查办案件166起，其中全国“扫黄打非”办挂牌督办案件3起。省“扫黄打非”办、省公安厅治安总队联合挂牌督办案件9起。

强化“扫黄打非”组织领导工作。省委、省政府主要领导和分管领导先后作出专门批示5件，各设区市“扫黄打非”工作领导小组主要领导作出批示40余件。召开全省“扫黄打非”工作专题会议3次，组织开展全省“扫黄打非”工作执法骨干人员培训班1期，组织开展全省督导检查2次。

加强“扫黄打非”宣传。省“扫黄打非”办公室编辑江西“扫黄打非”工作简报58期，被全国“扫黄打非”工作简报采用3条，中国“扫黄打非”网采用99篇。《人民日报》《中国新闻出版广电报》《江西日报》等传统媒体刊登江西省“扫黄打非”工作动态20余篇。新华网、中国文明网、光明网、人民网、中国江西网、凤凰江西网等网络媒体刊登“扫黄打非”和“护苗·绿书签”等工作动态180余篇。

【持续开展出版物市场监管专项行动】　2016年，以专项行动作为出版物市场监管和“扫黄打非”工作重要抓手。开展“清源2016”专项行动。全省各级“扫黄打非”部门坚持两“源”并清，严管市场，聚焦“源头”，盯住重点“人员”。开展“护苗2016”专项行动。继上年创新开展“护苗·绿书签”“三个一百”活动后，2016年大力抓好“三个一百+”，打造“护苗·绿书签”品牌。2016年全省开展“护苗2016·绿书签”公益讲座活动200场，参加“绿书签”系列宣传活动的中小学生45万余人次，派发“绿书签”50万余张。开展“净网2016”专项行动。省“扫黄打非”办会同省公安厅、省网信办、省通信管理局、省新闻出版广电局实施综合整治，关闭“健康100”等违规违法网站43个，关停“百味萍乡”等微信公众号和微博账号18个，删除各类不良信息和图片7000余条，整改网站栏目7个。开展“秋风2016”专项行动。省“扫黄打非”办将打击新闻“三假”和高校及周边复印店整治作为行动重点，严厉打击假媒体、假记者站、假记者及校园周边侵权盗版活动。全省对200多家新闻单位5000多个持证人员进行核验，注销200多个不符合条件的人员持有的新闻记者证，对2种存在对外转让出版权、刊名标识不规范、超越业务范围违规出版和发布违法违规广告行为的报刊予以缓验，取缔校园周边无证无照打字复印店22家，取缔关闭音像制品店2家，收缴盗版教辅读物2.34万件，收缴非法音像制品5950件，销毁小游戏机、老虎机137台。

（欧阳东来）

电影电视剧

【概　况】　2016年,全省有数字影院285家,影厅1357个,座位16.77万个;比2015年底新增影院21家,新增影厅190个,新增座位2.63万个。全省电影总票房10.02亿元,增长17.5%;观影人数达3000万人,增长18%。全年票房超1000万元的影院20家。全年通过24个电影项目和7个电视剧项目备案申请,审查7部电影、3部国产电视剧和5部引进境外剧,其中5部电影、1部国产电视剧和5部引进境外剧获新闻出版广电总局发行许可。

推动全省电影产业发展。制定和落实对数字影院建设的各项优惠政策。7月12日,省财政厅、省新闻出版广电局联合出台《江西省国家电影事业发展专项资金征收使用管理办法》,明确江西省电影专项资金支持重点。11月4日,省委宣传部、省新闻出版广电局联合下发《关于补助县乡数字影院建设的通知》,对符合条件的县乡数字影院给予补助。2016年,省新闻出版广电局争取到各类影院补助资金1.26亿元,其中国家电影事业发展专项资金管委会下拨补助资金8388万元、省级配套资金补助3425万元和省文化产业发展专项资金补助855万元,有力推动全省数字影院建设工作。

精品建设有新成效。省新闻出版广电局重视电影《建军大业》摄制工作,两任省委书记强卫、鹿心社先后听取电影出品单位汇报影片进展情况,作出重要批示,推动省委、省政府全方位支持剧组影片立项、剧本创作、投拍资金、拍摄场地、调派武警战士参加演出等方面工作,保障《建军大业》拍摄。电视剧《破阵》获第28届中国电视金鹰奖优秀电视剧奖;电影《五彩梦》和《热血雷锋侠之激情营救》入选总局电影精品专项资金资助项目库;电影《我在这里等你》获加拿大欧亚国际电影节最佳摄影奖;江西省参与投资的电影《澳门风云3》在国内热映,票房11亿元。

加强电影创作生产扶持。12月,省新闻出版广电局、省财政厅共同印发《江西省国家电影事业发展专项资金扶持电影创作生产实施细则(试行)》。文件从电影剧本创作、电影完成片创作、票房佳作、中央电视台电影频道播出、影片参赛参展5个方面,对优秀电影给予资助,是江西省出台的第一个专门扶持电影创作生产的重要政策。

【举办第二届“中国梦·江西风景独好”微电影大赛】　6月起,省委宣传部、省网信办、省新闻出版广电局、省广播电视台联合举办第二届“中国梦·江西风景独好”微电影大赛,面向全国征集微电影作品。6月15日,4家主办单位和省直机关工委、省委教育工委、省国资委、江西广播电视台公共频道、人民网、新华网、中国江西网、《江南都市报》《江西晨报》《江西广播电视报》等十几家单位和媒体,共同开展微电影大赛征集宣传月活动,刊登征集启事、播出大赛宣传片。在征集期间,组委会征集到169部投稿作品。经过两轮评选,大赛评出一等奖3部、二等奖6部、三等奖9部、优秀奖12部。11月底,江西广播电视台公共频道和江西网络广播电视台对获奖微电影进行电视展播和网络展播。

【开展全省电影市场秩序专项治理】　1月28日,召开全省电影市场管理工作会议,部署开展全省电影市场秩序专项治理工作。3—4月,省电影专项资金管理办公室、省电影发行放映协会联合组成4个巡查组,实地检查11个设区市78家影院,重点治理不规范使用票务系统、偷漏瞒报票房收入、侵权放映、侵权盗录等违法违规行为。12月,对全省80多家影院进行检查,查处一批涉嫌偷漏瞒报票房收入的影院。全年核查举报线索50余件,纠正涉嫌违规问题26起,保障了电影版权方和发行方利益。

(郑华臻)

广播电视宣传

【概　况】　2016年,省新闻出版广电局组织全省广播电视媒体宣传江西在经济、政治、文化、社会、生态文明建设和党的建设方面取得的成就,深入宣传全国全省“两会”、建党95周年、红军长征胜利80周年、党的十八届六中全会、省第十四次党代会等重大主题宣传,组织开展“美丽中国·江西样板”全省广播电视台新闻故事联播展播活动和“乡愁——赣文化的保护与传承”电视纪录片征集展播活动;组织全省各级广电媒体做好反腐倡廉、全民阅读宣传周、生态文明示范区建设、抗洪救灾、森林防火、安全生产、科技宣传、食品安全宣传、艾滋病防治、节能宣传周、网络安全宣传周等宣传工作。

完善广播电视宣传管理。把握正确导向。省新闻出版广电局及时转发和传达中宣部、国家新闻出版广电总局和省委宣传部有关宣传管理要求,对于重大紧急的宣传要求,及时编发《宣传通报》。做好收听收看工作。召开收听收看工作会议,开展业务培训,加强收听收看员队伍业务素质建设;提高《收听收看简报》时效性、针对性,全年编发《收听收看简报》60期。总局《监听监看日报》转载《收听收看简报》稿件2篇;省领导2次在简报上作出重要批示。加大监管力度。省新闻出版广电局对全省突出的违纪违规问题下发《警示谈话通知书》,对相关单位负责人、节目制作单位负责人、宣传管理部门负责人进行警示谈话。开展“治理过度炒作、抵制低俗之风”专项行动,确保广播电视宣传导向正确,节目遵章守纪,格调积极健康。推动宣传创新。贯彻落实中宣部、国家新闻出版广电总局和省委宣传部要求,持续开展“名播名记走基层”活动。在第二十六届中国新闻奖评选中,电视现场直播《南昌西汉海昏侯墓主椁室考古发掘》(江西广播电视台)获一等奖。在中国广播影视大奖·广播电视节目奖第24届电视文艺“星光奖”评选中,江西广播电视台《挑战文化名人》(第9期)获电视综艺节目提名奖;江西广播电视台等10省(自治区、直辖市)台联合制作的《童话未来——2015年十省市少儿春晚》获少儿电视节目提名奖。在2015年度国家新闻出版广电总局“百人百部中国梦短纪录片扶持计划”项目评审中,南昌广播电视台创作生产的电视纪录片《从市长到农夫》入选，位列第一位。在国家新闻出版广电总局2015年度少儿节目精品发展专项资金项目评审中，南昌人民广播电台《小耳朵》栏目获优秀少儿栏目二等奖；江西广播电视台广播栏目《儿童欢乐谷》获优秀少儿栏目三等奖；吉安广播电视台电视栏目《成长梦乐园》获优秀少儿栏目鼓励奖。

加强国产电视动画片审批管理。2016年，全省电视动画片制作机构申报备案公示通过4部190集2108分钟，审查通过1部9集117分钟，颁发《国产电视动画片发行许可证》1个。

【举办"美丽中国·江西样板"全省广播电视台新闻故事联播展播活动】 6月起，省新闻出版广电局组织开展"美丽中国·江西样板"全省广播电视台新闻故事联播展播活动。6—10月中旬，全省各级广播电视媒体在主要新闻节目栏目中开辟专栏，开展"美丽中国·江西样板"全省广播电视台新闻故事联播活动。7月起，江西网络广播电视台和各设区市台的网络媒体开辟"美丽中国·样板江西"专题，展播各媒体单位推荐的优秀新闻故事。11月，省局组织专家评审，评选一批优秀新闻故事作品。

【开展"治理过度炒作、抵制低俗之风"专项行动】 2016年，省新闻出版广电局在全省组织开展"治理过度炒作、抵制低俗之风"专项行动，集中清除广播电视宣传中的不良现象。专项行动采取播出机构自查与广电行政部门检查相结合的方式进行，重点对各类广播电视宣传中存在的9种现象进行清理和整改。3月起，全省各级广播电视行政部门和播出机构组织开展自查工作。6月起，省局组织对全省开展专项行动情况进行检查督导。活动有利于江西省广播电视播出机构把握正确导向、遵守宣传纪律。

【组织"名播名记走基层"萍乡行活动】 4月8日—9日，省新闻出版广电局、江西广播电视台组织江西广播电视"名播名记走基层"萍乡行活动。此次"名播名记走基层"活动，聚集江西卫视、江西二套、江西七套、《江西广播电视报》、江西网络广播电视台等省级媒体10余名栏目优秀记者、编辑和播音员、主持人。"名播名记"来到萍乡市广电传媒大厦，参观机房和演播厅，观摩评议市台电视新闻作品，参观考察市电视台播音制作室并召开业务交流座谈会，与萍乡市广播电视台播音、采编制作人员一起进行业务培训和经验交流。

【评选首届江西省广播电视"十佳"播音员主持人】 11月8日，庆祝第17个中国记者节暨首届江西省广播电视"十佳"播音员主持人颁奖仪式在南昌举行。江西广播电视台综合新闻频率《江广早班车》栏目播音员王霖（播音名凌洁）、吉安广播电视台新闻综合频道《骄傲吉安人》栏目主持人叶舒浩、江西广播电视台卫视频道《社会传真》栏目主持人包丽平、江西广播电视台综合新闻频率《江广早班车》栏目播音员冯雷、江西广播电视台卫视频道《江西新闻联播》栏目播音员刘玲华、宜春广播电视台新闻综合频道《宜春新闻》栏目播音员李娜（播音名李欣阳）、江西广播电视台都市频道《都市现场》栏目主持人徐庆元（播音名庆元）、景德镇广播电视台新闻综合频率《瓷都新播客》栏目播音员殷红、江西广播电视台信息交通频率《交通在线》栏目主持人蔡静、江西广播电视台卫视频道《江西新闻联播》栏目播音员翟量获评首届江西省广播电视"十佳"播音员主持人。江西广播电视台李程、何莉玲、姜一娜、高颖、章亭、揭婷，南昌广播电视台梁爽，新余广播电视台黄为春，抚州广播电视台姜萍，宜丰县广播电视台董湘玲10人获首届江西省广播电视"十佳"播音员主持人提名奖。

（万里波　胡小玲）

广播电视科技

【概　况】 2016年，全省有线广播电视用户数681.6万户，其中数字电视用户数602.95万户，双向覆盖用户496万户，宽带用户超过16万户。全省高清互动机顶盒45.6万台，网内传输高清频道数量70余套，数字电视节目频道200余套。

推进实施广播电视技术更新改造工程项目。全年实施无线数字化覆盖工程，直播卫星户户通工程，广播电视无线发射台站基础设施建设工程二期和贫困地区县级广播电视播出机构制播能力建设工程，江西广播电视台全媒体演播室建设，江西广播电视台基于AOIP的广播播控监测和信号分配传输系统建设，卫星地球站天线大修工程，江西广电网络互动融合平台建设，江西广电网络光缆资源管理系统一期工程，江西电影制片厂有限责任公司演播室改造项目，江西网络广播电视台手机江西台项目，南昌市文化广电新闻出版融合监管平台系统项目，广电网络双向化、宽带化改造和云平台建设项目等多类技术更新改造工程项目。

继续推广全省应急广播建设项目。先后配合国家应急广播中心，协调国家广播电影电视总局广播科学研究院、省网络公司，完成相关设备安装调试和省网络公司业务管理系统和条件接收系统相关软件的开发工作，以及中央平台、省平台、省网络公司前端之间的物理链路联通工作。与中央台经过多次联调，实现中央人民广播电台国家应急广播预警适配系统—省局应急广播示范平台—省有线数字网络前端—试验区域有线网络分前端的预警信息准确传送，开展单条信息单区域发布、单条信息多区域发布、多条信息单区域发布和同一地市不同县对比电视字幕发布试验。

打击"黑广播"违法犯罪活动。全省出动检查人员5000余人次，出动车辆100余台次，发放宣传单7000多份，播出广播、电视宣传报道29条，公益广告66条，检查经营单位3000余家，责令停业整顿58家，下发书面整改通知书103份，查处"黑广播"案件8件。通过破获非法使用"伪基站""黑广播"违法犯罪案件，有力打击非法广播电视台（黑广播）行为，维护无线通讯、空中电波、广播电视无线传输覆盖网络秩序。

加强科技人才培养。举办全省广播电视节目无线数字化覆盖工程技术培训班。全省各设区市、省直管试点县（市）新闻出版广电局分管技术的领导及主管科室负责人、68个台站技术负责人110余人参加培训。吉安

802台胡凌峰，江西广播电视台周志豪、邓先攀分别获“2016年度全国广播电视技术能手竞赛”调幅广播、调频和电视广播、卫星传输专业三等奖，被国家新闻出版广电总局授予“2016年全国广播电视技术能手”称号，18名选手获“2016年度全省广播电视技术能手”称号。江西省广播电视网络传输有限公司樟树市分公司肖瑾，在2016年中国技能大赛暨第二届全国有线广播电视机线员职业技能竞赛中列全国第六名，获大赛二等奖。

加强科技合作与交流。12月30日，在南昌召开主题为“落实‘十三五’规划，办好江西广播电视”电视技术交流会。组织全省各级新闻出版广电部门参加第24届北京国际广播电影电视展览会（BIRTV2016）、第24届中国国家广播电视信息网络展览会（CCBN2016）、第22届上海电视节白玉兰国际广播影视技术论坛、华东电视技术交流年会等活动，选派有关技术骨干参加总局举办的各类广播影视高新技术培训班，组织全省各级新闻出版广电部门参加2016年“新闻科技学术论文集征文活动”、新闻科技“优秀论文”征集评选活动和2016年“王选新闻科学技术奖（人才奖）”。

加强安全播出管理。全年完成春节、“两会”、G20峰会、“十一”“第三届世界互联网大会”等广播电视安全播出重要期的保障任务，确保重大活动、重要节日、重点时段广播电视安全播出。

【一批广播电视科技成果获奖】 2016年，江西广播电视科技成果丰硕，获奖颇丰。《江西广电网络光缆资源管理系统》获广播影视科技创新奖科技成果应用与技术革新类三等奖，《江西五套全流程数字化高标清多媒体融合制播平台》获广播影视科技创新奖工程技术类三等奖，《江西广播电视台全媒体演播室》获第十一届中照照明工程设计奖一等奖，《基于AOIP的广播信号分配传输和播控监测系统建设》和《江西广电网络光缆资源管理系统》获中国电影电视技术学会科技进步奖三等奖，《江西广电网络互动融合平台》获华东电视技术年会技术进步奖一等奖。11月24日，“江西广电网络互动电视融合平台系统”通过省新闻出版广电局组织的科技成果鉴定。在全国广播电视节目技术质量奖（金帆奖、金鹿奖）评比中，江西广播电视台9个项目获奖。其中，公益广告《一生守候》获金帆奖视频图形制作技术质量二等奖；《大墓追踪——揭秘南昌西汉海昏侯墓》获金鹿奖录制技术质量奖语言类二等奖；江西广播电视台综合新闻频率节目播出，获金鹿奖播出技术质量奖二等奖；《新闻夜航》获金帆奖标清录制技术质量新闻类三等奖；《道行天下》获金帆奖高清录制技术质量专题类三等奖；《江西方言大会总决赛》获金帆奖高清录制技术质量综艺类三等奖；《超霸花神》获金帆奖高清录制技术质量电视剧类三等奖；《中华美德系列宣传片之尊老爱幼》获金帆奖高清视频图形制作质量短片类三等奖；江西广播电视台电视节目播出，获金帆奖播出技术质量三等奖。

【江西广播电视台全媒体演播室启用】 2月1日，江西广播电视台全媒体演播室正式启用，开启江西广播电视台全媒体融合序幕。2014年9月，江西广播电视台全媒体演播室项目正式立项；同年10月，拆除原电视台星光苑、搬移部分设施、整理场地，正式启动全媒体演播室建设；2015年11月，建成并进入试用阶段。江西广播电视台全媒体演播室是一个6讯道高标清全媒体交互式演播室，是省内第一个具备媒体融合新闻生产能力的全媒体演播室。演播室运用高清视音频技术、通信技术、互联网技术，综合各种媒体的传播交流形式，可实现节目全媒体采集、制作与发布以及不同数字终端用户的广泛参与和互动；同时采用大屏和多屏结合、前后景虚实结合、虚拟智能机器臂等先进技术手段，配以完善的演播室景区设计，美化演播室视觉效果，从而实现节目内容及整体视觉传达上的统一，提升节目播出效果。

【基于AOIP的广播播控监测和信号分配传输系统投入使用】 2016年，基于AOIP的广播播控监测和信号分配传输系统投入使用。该项目于2014年12月—2016年1月由江西广播电视台实施，是国内广电领域第一家基于全新AOIP技术的广播播控整体技改工程项目。该项目有利于确保对日常播控系统的全监控，能够对各种常见安全播出隐患提前预警，快速进行信号分配与切换，对各类播出异常情况提供更为直观有效的事件查询与分析，大幅提升广播安全播出技术保障水平。

【启动江西网络广播电视台手机江西台项目工程建设】 2月，启动江西网络广播电视台手机江西台项目工程建设。该项目从整体设计上充分考虑安全性、高效性、高质量性、实用性、先进性、扩展性、开放性、可靠性，满足各类节目来源的聚合、加工、转码推送、发布等方面要求。在内容方面，“手机江西台”利用江西广播电视台新闻资源、视音频节目制作能力和品牌节目资源，通过江西网络广播电视台全媒体整合能力，实现重大新闻实时权威发布、突发事件及时呈现推送，以独有的视频、民生视角全方位传递优质新闻资讯和深度报道。

（马力）

本栏编辑　邓诚君

卫 生

综 述

2016年，全省卫生计生系统以深化医疗改革和调整完善生育政策为重点，积极推进公立医院综合改革、计划生育服务管理、卫生计生服务能力建设等工作，各项工作取得新进展。

建立机制，推进公立医院改革。全省新增5个公立医院综合改革国家试点城市，改革覆盖面达到70%左右。选择新余市和芦溪、于都等5个县（市）开展公立医院综合改革示范工作，联系国内知名医改专家“点对点”进行指导。在2016年国务院医改办组织的考评中，新余市综合评价位居34个城市第一名，芦溪县位居90个县第四名。省政府出台《关于推进分级诊疗制度建设的实施意见》，制定医联体建设等5个配套文件，分级诊疗制度框架初步建立。对部分高价药品实施重点监控，大力推广临床路径管理，有效遏制医药费用不合理增长。创新医疗纠纷处置机制，全年全省医疗纠纷数量下降6.7%，扰乱医疗秩序事件下降28%。

优化配套，强化计划生育管理。省人大常委会审议通过《江西省人口与计划生育条例（修正案）》，省委、省政府印发《贯彻落实〈中共中央国务院关于实施全面两孩政策改革完善计划生育服务管理的决定〉的实施意见》，全面两孩政策全面落地。稳步推进生育服务制度改革，研发启用江西省计划生育服务信息系统，实现生育服务登记、再生育审批网上全程办理，全年完成生育登记网上办理38.4万例，其中异地办理4.25万例，群众满意度99.7%。加强母婴安全保障，全省孕产妇死亡率11.03/10万，婴儿死亡率6.0‰，优于全国平均水平，提前实现2020年两纲终期目标。进一步完善计划生育家庭奖励和扶助政策，完成出生人口性别比国家目标任务。

筑牢防线，优化医疗卫生保障。推动出台《江西省健康扶贫工程实施方案》，提出23条具体政策措施。继续做好10种大病免费救治工作，全省累计救治大病患者71.04万例，其中2016年救治16.88万例。全面推开贫困人口重大疾病商业补充保险，进一步减轻贫困人群医疗费用负担。2016年，全省因病致贫户数减少10.76万户，占全年脱贫总户数的44.73%。“精准施策助力健康扶贫”被评为2016年度全国“推进医改、服务百姓健康”十大新举措。

健全网络，提升卫生服务能力。启动实施“提升县级公立医院综合能力三年行动计划”，选派400名县级公立医院骨干医师到北京、上海、广州等地进修学习，30多名县级公立医院院长赴境外研修培训，联络近600名赣籍知名医学专家一对一帮扶县级公立医院重点专科。制定《江西省远程医疗建设规划》，启动建设覆盖省、市、县、乡的四级远程医疗系统。推进省直5所医院新区建设，累计完成投资25.5亿元。安排2000万元建设资金，用于建设乡镇卫生院职工周转房1000套。新建或改扩建标准化村卫生室3958个，全省公有产权比例由2014年的11%提高到50%。省政府出台《关于促进社会办医加快发展的实施意见》，全年全省新增社会办医医疗机构44所，新增床位3015张，社会办医床位总数和服务量占比分别为15.9%、27.8%。

严把关口，保障公共卫生服务水平。人均基本公共卫生服务经费标准提高到45元，全省城乡居民健康档案电子建档率84.5%。扎实做好鄱阳县向阳圩溃口等防汛抗洪卫生应急工作，积极开展丰城电厂“11·24”事故等突发事件紧急医学救援，保障群众身心健康和生命安全。成功处置全国首例输入性寨卡病毒病疫情，有效处置霍乱、人禽流感疫情，全面加强艾滋病、结核病、手足口病等重点传染病疫情防控，重点传染病疫情形势保持平稳。坚持以控制传染源为主的血吸虫病综合防治策略，血吸虫病传播控制成果进一步巩固。

促进融合，加快中医中药事业发展。省政府与国家中医药局签署合作框架协议，共同打造中医药振兴发展“江西样板”。获批国家中医药综合改革试验区，成为全国第二个以省为单位的国家中医药综合试验区。省政府出台《关于加快中医药发展的若干意见》和《江西省中医药健康服务发展规划（2016—2020年）》，提出打造中医药强省战略。大力推广热敏灸技术，全国有27个省500余家医院应用该技术，并在葡萄牙、阿根廷开办热敏灸分院。开展中医食疗科技创新和法规试点，实施中药配方颗粒科研专项，推进中医药协同创新平台建设，申报国家中医药健康旅游示范区（基地、项目）。

（徐潮　朱烈滨）

医疗改革

【概　况】　2016年,继续推进新余市、鹰潭市城市公立医院综合改革试点工作;九江、景德镇、萍乡、宜春、上饶市5个城市被列入国家第四批试点城市;选择新余市和芦溪、于都等县市开展公立医院综合改革示范工作。全省城市公立医院综合改革覆盖面达70%。积极申报全国第三批综合医疗改革试点省,研究制定《江西省综合医改试点方案(2017—2020)》。开展公立医院综合改革效果评价,对考核结果进行排名通报,并建立"抽慢补快"的激励约束制度。在国务院医改办等六部委开展的公立医院综合改革效果评价中,新余市在全国现场督查的34个城市中排名第一;芦溪县在现场督查的90个县市中排名第四,江西省获得国家专项奖励资金1400万元。国务院医改办、国家卫生计生委在新余市召开城市公立医院综合改革媒体沟通会,总结推广江西省城市公立医院综合改革经验做法。

分级诊疗体系建设加快推进。研究制定推进医疗联合体建设的实施意见、医疗机构双向转诊实施意见和县乡两级医疗机构分级诊疗病种等政策文件,分级诊疗制度框架进一步完善。召开全省分级诊疗制度建设推进会,在7个公立医院改革试点城市和县(市)启动分级诊疗试点工作。组建江西省人民医院与浮梁县人民医院、南昌大学一附院与芦溪县人民医院、南昌大学二附院与南昌县人民医院以及江西省儿童医院联盟、江西省呼吸专科医疗联合体等综合、专科联合体,推动医疗工作重心下移,优质医疗资源下沉。允许基层医疗卫生机构在医保药品目录中配备30%～40%的非基本药物,实行药品零差率销售,并纳入医保报销,满足常见病、慢性病等患者用药需要,为基层就诊、转至基层治疗患者提供必要的药品供应保障。

医疗保障制度改革不断深化。整合城乡医保制度,省政府印发《关于整合城乡居民基本医疗保险制度的实施意见》,城乡医保制度实现覆盖范围、筹资政策、保障待遇、医保目录、定点管理、基金管理、统筹层次和大病保障机制等"八统一"。提高城乡居民保障水平,2016年,全省城乡居民医保筹资标准提高到人均540元,其中各级财政补助420元,个人缴费120元,参保率稳定在96%以上,政策范围内住院补偿比达75%以上,城乡居民大病保险实际报销比例提高近10个百分点。推进支付方式改革,完善医保付费总额控制,推行以按病种付费为主,按人头付费、按床日付费为辅的复合型付费方式改革,15类重大疾病实行按病种定额付费,城市三级公立医院开展按疾病诊断相关分组(DRGs)绩效评价工作,基层医疗卫生机构全面开展基本诊疗路径管理,完成路径病例10万例以上,南昌、新余市在职工医保开展按病种分值付费,探索日间手术试点并将其纳入医保报销范围。

【开展卫生计生服务能力建设】　启动实施"提升县级公立医院综合能力三年行动计划",安排400名县级医院骨干医师到北京、上海、广州、武汉、长沙等地进修学习,安排34名县级公立医院院长到新加坡、中国台湾地区等地研修交流,制定全省县级公立医院重点专科建设和《江西省远程医疗服务体系建设规划》,其中建设600个县级公立医院重点专科和建设覆盖省、市、县、乡四级远程医疗服务体系,纳入江西省"十三五"国民经济和社会事业发展项目库。

【完善社会办医政策】　省政府制定下发《关于促进社会办医加快发展的实施意见》,全面优化社会办医政策环境。2016年,全省社会办医疗卫生机构床位总数达2.51万张,占全省医疗机构床位数的19%,社会办医疗卫生机构门诊量占全省门诊总量的34.5%。

【严格控制医疗费用不合理增长】　下发《关于严格落实2016年医疗费用增长控制目标的通知》,将公立医院医疗收入增长幅度控制目标分解到区域和单体医疗机构。公立医院改革试点城市列出辅助性、营养性药品清单,并对10种典型单病种费用实施重点监控。强化临床路径管理,试点城市公立医院实施临床路径管理的病例数达到出院病例数的30%。

【出台《关于促进社会办医加快发展的实施意见》】　7月13日,省政府办公厅印发《关于促进社会办医加快发展的实施意见》。该意见从拓展社会办医发展空间、清理规范医疗机构设立审批、放宽大型设备采购审批限制、促进人才队伍和学科建设、拓宽投融资渠道、完善社会办医疗机构医保政策、落实税收价格政策、保障社会办医用地、优化社会办医发展环境9个方面,出台放宽社会办医准入范围、合理控制公立医院规模、分类处理国有企业办医疗机构、建立公立医院与社会办医疗机构合作机制等25条具体措施,加快推进江西省社会办医健康发展。

(黄智德　蓝希梅　龚建平)

医政工作

【概　况】　2016年,医疗管理工作围绕卫生计生事业改革发展大局,加强医疗服务体系和能力建设,落实深化医疗改革重点任务,各项工作均取得较好成绩。

医疗纠纷预防处置法治化。印发《关于进一步贯彻落实条例依法维护医疗秩序工作的通知》,开展全省严厉打击涉医违法犯罪和清理积案专项行动。以市为单位完成二级以上公立医院的医疗责任险统保,1/3以上基层医疗机构参加统保,累计投保近亿元,保险赔付结案率达95%。开展第二届"江西省平安医院"创建考评。2016年,纠纷总数、信访总数、医闹事件数在连续三年下降的基础上,同比再次分别下降6.7%、16%、28%。全国人大常委会委员长张德江对江西省工作批示肯定,《人民日报》等14家主流媒体集中采访和报道,《焦点访谈》栏目专门进行深度报道,中央深改办专题刊登《江西健全六大机制化解医疗纠纷 从应急处置向长效治理转型》。

提升医疗质量控制与服务能力。新增设置5个省级质控中心,现有省级质控中心29个、市级质控中心117

个。编写《江西省2015年度医疗质控报告》。制定《江西省临床实践技能培训和比武活动五年规划(2016—2020年)》,组织开展省市两级14次、20个专业、1049人次参与的大比武活动。对全省近5万家基层医疗机构实施医院感染专项督导,完成270家血透室督查和66家消毒供应中心评估。组织7次2230余人省级院感管理培训,完成230余家重点医院院感暴发信息数据的采集分析。印发《关于规范城市三级医院医师到基层服务管理工作的通知》,组织39所城市三级医院对口支援148所县级医院,加强21个贫困县、42所贫困县县级医院对口支援,对270余名县级公立医院院长、400余名内分泌科和心内科骨干医师进行专业化培训。编写《江西省医院临床疾病护理常规》《江西省医院护理质量管理评价标准》。以省政府办公厅名义印发《江西省加强儿童医疗卫生服务改革发展实施方案》,转岗培训县级医院儿科医师78人。做好1例寨卡病毒病、2例人感染H10N8禽流感患者救治工作,有效保障突发公共卫生事件医疗救援。

开展医疗服务要素监管。将社会办二级专科医院等设置审批权限下放给设区市卫生计生委。组织2016年全省医师资格考试,2万余人参加考试;组织口腔、公共卫生类别954人综合笔试机考试点工作。印发《江西省医师多点执业管理办法》,全省办理医师多点执业141人。为112家医院备案技术4196项、公示2778项。组织开展医疗技术临床应用专项督查和人体器官捐献移植年度检查。

继续实施重大卫生民生工程。完成10种16.88万例次的重大疾病免费救治,得到国务院副总理刘延东高度评价。5部门联合对全省疾病应急救助基金管理使用情况进行督查,全年受理1.06万例5800余万元基金申请,审核通过4272例2046万余元。开展服务百姓健康活动,全省1300余家医疗机构提供义诊服务72万余人次,收治住院3684人次,免费手术1586台次,减免费用335万元。出台《全省精神卫生规划2016—2020年》,落实严重精神障碍管理治疗项目。全省患病报告率列全国第二、服药率列全国第四。

改善医疗服务行动。印发《江西省2016年深入落实进一步改善医疗服务行动计划重点工作方案》。18家三级医院与省预约诊疗系统号源池实时同步对接,协调开展全省日间手术试点工作,实施形式多样的诊疗信息推送服务、床旁诊间等多种结算服务,240家医院成立常态化志愿者队伍。全省编辑工作简报75期,征集典型案例400余例,国家卫生计生委官网和卫生计生专刊分别刊登3篇。

疾病诊断分组推广。举办5期共1400余人的DRGs专题培训班。印发《江西省DRGs手术分级分类目录(试行版)》。对42家三级医院进行分析评价,发布4次全省三级医院分析报告。全省238家二级及以上医院与DRGs平台对接,190家上传数据。

医院评审评价。印发三级眼科、口腔、皮肤、传染病、肺科医院的评审标准实施细则及附则。印发骨科、儿科、病案室的建设管理标准,对全省48家三级医院开展不定期评价,对8家医院13个科室进行复核。委托卫生计生委信息中心完成27家三级医院满意度调查,满意率95.87%。完成16家三级医院现场评审。

合理诊疗合理用药。印发《关于进一步加强药械管理,促进合理用药用械工作的通知》,推行合理用药用械十项措施,开展麻醉药品和精神药品管理监督检查、全省公立医疗机构药品集中采购工作专项整治,实施合理用药培训、合理用药监测、细菌耐药监测和处方点评工作。

血液供应与血液安全。实现全省12个血站血液核酸检测全覆盖,全年累计完成9.45万人份嗜T淋巴细胞病毒监测,完成任务量的118.1%。联合省交通厅为全省87辆采(送)血车颁发"收费公路通行证"。积极推进血费直报工作,直报率达60%。全年全省采集血液35.38万人次,采血总量127.9吨。

【《焦点访谈》栏目报道江西省医疗纠纷立法工作】 3月19日,中央电视台《焦点访谈》栏目以医疗纠纷预防处理情况为切入点,深度报道江西省医疗纠纷立法工作及实施成效情况,报道历时9分多钟。江西省坚持问题导向和务实管用原则,破解医疗纠纷难题。2014年3月,在全国率先出台医疗纠纷预防与处理地方性法规——《江西省医疗纠纷预防与处理条例》。该条例实施以来,全省医疗机构医疗秩序和医疗纠纷呈现"两个没有发生、三个明显减少、五个明显提高"的态势,即没有发生影响恶劣的涉医事(案)件和重大医疗安全事件;医疗纠纷总量同比下降37.7%、扰乱医疗秩序的"医闹"事件下降78.7%、医疗纠纷上访次数下降77%;医疗治安保卫能力、"医闹"处理力度、医疗纠纷调解水平、医疗质量安全水平和从业人员信心明显提高。江西省依法破解医疗纠纷难题被评为2014年全国"推进医改、服务百姓健康"十大新举措之一,《人民日报》、新华社、《光明日报》、中央人民广播电视台、中央电视台、《中国卫生杂志》《健康报》《江西日报》等国内权威媒体多次进行报道。10月,中央深化改革领导小组《改革情况交流》上,专门以"江西健全六大机制化解医疗纠纷 从应急处置向长效治理转型"为题,肯定江西省依法调处医疗纠纷的经验做法。

(王卓　罗礼生)

基层与妇幼卫生

【概　况】 2016年,全省社区卫生服务机构696个,其中社区卫生服务中心220个、社区卫生服务站476个;乡镇卫生院1658所,其中中心卫生院506所、一般卫生院1152所;村卫生室3.06万个,乡村医生5.17万人。全省有妇幼保健机构114所,其中三级妇幼保健院8所、二级妇幼保健机构68所。全年全省活产数63.3万人,住院分娩率99.99%,孕产妇死亡率11.03/10万,婴儿死亡率6‰。

开展基层医疗卫生机构规范化管理和建设"群众满意乡镇卫生院"活动。规范机构管理,提升服务能力,全省新增152个乡镇卫生院获评"全国群众满意乡镇卫生院",新增省级示范社区卫生服务中心11个,乡镇卫生院25个,村卫生室50个。全省有4家社区卫生服务中心被评为"全国百强",数量位居全国第六名。开展乡镇卫生院职工周转房建设和对口支援工作。安排2000万元建设资金,在全省65个县(市、区)100所乡镇卫生院建设周转房1000套。在21个国家贫困县126所乡镇卫生院统筹安排二级以上医疗卫生机构开展对口支援工作。联合省总工会、省妇联在全省组织开展基层卫生岗位练兵和技能竞赛活动,全省1902个基层机构,3.2万人参加练兵和竞赛,对表现优异的选手,分别由省总工会、省妇联颁发“江西省五一劳动奖章”和授予“巾帼建功标兵”称号。在全国竞赛中,江西省获全国一等奖1个、二等奖2个、三等奖1个。

全年全省投入4.95亿元,新(改、扩)建3958个村卫生计生服务室,公有产权村卫生计生服务室比例由2014年的11%提高到50%,有效改善“以家代室”状况。村卫生室建设得到社会力量大力支持,江西赣商联合总会将村卫生计生服务室建设作为赣商扶贫重点项目,发动“一企帮一村”活动,捐建资金超过5500万元。省卫生计生委、省财政厅、省发改委联合印发《江西省村卫生计生服务室标准化建设指导意见》,明确用3年时间,到2018年基本实现每个行政村至少有1所产权公有化、建设标准化、服务规范化、运行信息化、管理一体化的村卫生计生服务室。

2016年,人均基本公共卫生服务经费标准提高到45元。继续实施健康档案、健康教育、健康管理等12类45项服务。全省建立城乡居民健康电子档案3823.31万份,电子建档率84.5%。为328.31万65岁以上老年人、322.47万0～6岁儿童、33.39万孕产妇实施健康管理,对274.37万高血压人群、81.19万2型糖尿病病人进行有效健康管理。对18.09万重型精神病患者进行登记管理,其中对15.32万人开展健康随访。上转结核病患者1.83万人,将1.86万名结核病患者纳入随访服务管理。

落实母婴安全关键措施。组织高龄高危孕产妇管理培训,统一使用新版《孕产妇保健手册》,印发《关于切实做好高龄孕产妇管理服务和临床救治的意见》,成立保障母婴安全工作领导小组及产科急救和新生儿急救专家组,进一步加强高龄孕产妇管理。开展危急重症孕产妇急救演练,落实孕产妇死亡、新生儿死亡评审,进一步提高危重孕产妇、新生儿救治能力。推进妇幼保健和计划生育技术服务资源优化整合,市、县、乡三级整合率分别为100%、92%、70%。新创建3个国家级、9个省级优质服务县,创建1个国家级、9个省级儿童早期发展示范基地,进一步强化妇幼健康服务能力。

落实免费计划生育技术服务。实施失独家庭再生育工程,为2381人次提供再生育技术服务,213对夫妻实现再生育梦。推行避孕节育知情选择,为1.3万名育龄妇女取出节育环,2450人进行输卵管复通。

【加强乡村医生队伍建设】 2016年,落实省政府办公厅《关于进一步加强乡村医生队伍建设实施方案》,提高离岗退出的老年乡村医生养老生活补贴待遇,由每月80元增加到300元。落实艰苦边远山区和连片特困地区乡村医生岗位补助制度,由市、县财政每月补助300元。全年省级财政下达乡村医生养老生活补贴1488万元,乡村医生公共卫生服务岗位补助8843万元。启动开展村卫生室订单定向医学生培养工作,联合省财政厅、省教育厅制定实施方案,实行面向村卫生室的四年制中专免费医学生培养,累计培养5000人,省财政给予定额补助,医学生在校期间免缴学费、住宿费、书本费,并每月补助300元生活费。首期完成招生801人。初步建立乡村医生进退机制。

【实施健康扶贫工程】 8月1日,省政府办公厅下发《江西省健康扶贫工程实施方案》,重点围绕让贫困人口“看得起病、看得好病、看得上病、更好防病”,明确财政资助参加新农合、提高新农合住院和门诊慢病保障水平、提高新农合大病保险补偿比例、继续实施十类重大疾病免费救治、继续提高15种重大疾病新农合保障水平等22条具体措施,建立起贫困人口基本医保、大病保险、重大疾病医疗补充保险、民政医疗救助“四道医疗保障线”。9月,国务院副总理刘延东、国家卫生计生委主任李斌在赣州市视察调研,对江西健康扶贫工作给予肯定。江西省健康扶贫工作在全国卫生计生工作会议、全国健康扶贫工作会议上作经验介绍。省精准扶贫的创新制度被评为2016年度全国“推进医改、服务百姓健康”十大新举措。

【实施妇幼重大公共卫生服务项目】 2016年,全省为36.2万名农村孕产妇提供住院分娩补助,向46.6万名育龄妇女免费发放叶酸预防胎儿神经管缺陷,免费宫颈癌检查34.6万人,免费乳腺癌检查4.2万人。实施预防艾滋病、梅毒和乙肝母婴传播项目,免费筛查孕产妇61.7万人,为所有阳性孕产妇及所生婴儿免费提供母婴阻断措施。落实出生缺陷防治措施。开展免费婚检试点,全省婚检率47.8%;孕前优生健康检查实现城乡全覆盖,免费检查44.9万人次,查出5.8万高危人群。实施贫困地区儿童营养改善试点项目,发放营养包5.6万人次;落实贫困地区新生儿疾病筛查项目,筛查2.4万人;推进贫困地区地中海贫血防控试点项目,筛查6.4万对夫妇,基因检测764对,产前诊断67人,诊断阳性并终止妊娠24例。规范孕期妇女保健、产前筛查、新生儿疾病筛查管理。

(郭龙龙　范蓉)

疾病预防控制

【概　况】 2016年,全省法定传染病报告发病率为439.55/10万,甲类传染病无发病、死亡病例报告;乙类传染病报告发病率为224.09/10万,发病数居前5位的病种分别为病毒性肝炎、肺结核、梅毒、细菌性和阿米巴性痢疾、淋病,占97.18%;丙类传染病报告发病率为215.46/10万,发病数居前5位的病种依次为手足口病、其他感染性腹泻病、流行性感冒、流行性腮腺炎和急性出血性结膜炎,占99.93%。继续实施全省疾控科研发展规划和人才培养规划,公共卫生课题立项56项,新建省级领先学科1个,开展省、市领先学科共建1项。按照《江西省消除疟疾行动计划(2010—2020年)》和《江西省消除疟疾考核评估方案(2014年版)》要求,全省100个县(市、区)提前通过消除疟疾县级考评，全部实现消除疟疾目标。

重大疾病防控。截至年底，江西省存活的艾滋病病毒感染者和病人9042人，疫情维持低流行态势，居全国第十九位。全省设立194个艾滋病监测哨点，新建15个艾滋病筛查实验室和98个艾滋病检测点，全年检测370.8万人次。继续开展美沙酮维持治疗、针具交换、宣传教育、心理支持、安全套发放、咨询检测、健康体检、转介治疗等服务，全年暗娼、吸毒者和男男性行为者月均干预覆盖率分别为90.2%、74.2%和76.1%。至6月底，全省符合治疗标准的感染者和病人接受抗病毒治疗比例75.9%。全省贫困艾滋病患者免费救治工作进展顺利，免费救治2510名贫困艾滋病患者，随访管理9502名艾滋病患者。全省各级结核病防治机构和定点医院相互合作、密切配合，加强肺结核患者发现、治疗和管理工作，取得明显成效，共发现活动性肺结核患者3.36万人，对涂阳肺结核患者密切接触者筛查率达99.8%，新涂阳肺结核患者治愈率95.4%，病人发现和治愈均超过国家要求。

免疫规划工作。全省保持常规免疫高水平接种率，适龄儿童接种率90%以上，继续保持无脊灰状态，有效控制疫苗针对疾病的发生和流行。全年重点开展全省预防接种规范管理专项活动，规范接种单位设置和人员资质、规范疫苗和冷链管理、规范预防接种告知和宣传行为、规范预防接种记录和报告。开展脊灰疫苗免疫策略转换工作，继续做好维持无脊灰状态工作，根据《国家卫生计生委关于停用三价脊髓灰质炎减毒活疫苗的通知》，5月1日起，实施新的脊髓灰质炎疫苗免疫策略，停用三价脊髓灰质炎减毒活疫苗（tOPV），用二价脊髓灰质炎减毒活疫苗（bOPV）替代tOPV，并将脊髓灰质炎灭活疫苗（IPV）纳入国家免疫规划，全省销毁136.5万粒tOPV。在南昌市、新余市、鹰潭市、赣州市、宜春市、抚州市、上饶市7个设区市的16个县开展8月龄～4岁儿童麻风疫苗补充免疫活动，下拨疫苗和注射器各56.55万支。积极应对“山东疫苗非法经营事件”，做好预防接种宣传工作，加强疫苗采购和管理工作。省级复核、抽检通过25家五星级预防接种门诊、10家四星级门诊，全省预防接种门诊星级门诊比例突破70%，全省预防接种门诊服务能力水平进一步提高。

急性重点传染病防控。科学规范做好重点传染病和新发传染病的调查处置和预防控制工作，利用重点传染病监测信息，为疾病预测、预警和疾病控制服务。组织开展疫情研判和公共卫生风险评估，建立突发事件卫生应急关口前移、强化预防新机制。成功处置霍乱、寨卡病毒病、细菌性痢疾、手足口病、流行性出血热、布鲁氏菌病、流感等21起突发传染病疫情。在应对全国首例输入性寨卡病毒病患者处置工作中，实现“患者痊愈出院，密切接触人群零感染”的防控成效，得到国家卫生计生委书面表扬。救灾防病工作及时深入，针对抚州市、景德镇市、上饶市、九江市、南昌市等地灾情，及时派出省级救灾防病专家队伍并调拨试剂和物资，确保大灾之后无大疫，“6·20鄱阳向阳圩溃口”救灾防病工作得到省防汛抗旱总指挥部通报表扬。及时调整部署疫情防控策略，落实重症病例早发现、早诊断、早治疗，有效控制重症病例病死率。传染病监测体系不断完善优化，全省226个传染病监测点监测完成率100%，全省出血热病例实验室诊断率首次达到国家70%的要求。《脑膜炎奈瑟菌基因分型和菌群变迁规律的研究》《江西省人感染禽流感监测体系建立与防控策略研究》等3项课题通过省科技成果鉴定验收，达到国内领先水平；一人获省“百千万人才工程”称号；获省研究生创新基金2项。

慢性非传染性疾病防控。在全省100个县（市、区）全面推进全民健康生活方式行动，培训859人次，开展现场活动与健康讲座283次。开展国家级和省级慢性病综合防控示范区创建工作，东湖区完成国家慢性病综合防控示范区第三方现场评估；鹰潭市余江县、九江市浔阳区、上饶市铅山县通过省级慢性病综合防控示范区验收。开展心血管病高危人群早期筛查与综合干预项目，完成初筛对象筛查7.19万人，完成率99.92%；完成高危人群筛查1.67万人，完成率92.76%。开展上消化道和大肠癌早诊早治项目，完成上消化道早诊早治项目诊断性筛查任务数2000人；完成大肠癌早诊早治项目诊断性筛查任务数1000人，实现目标人群早诊率100%，治疗率100%。提升20个国家级死因监测县（区）和12个国家级肿瘤登记县（区）死因监测和肿瘤登记工作质量。举办多期针对全省基层慢性病防控人员培训，培训300余人次。国家卫生计生委在江西省东湖区、万年县等6县（区）启动中国儿童与乳母营养健康监测，为政府制定0～17岁儿童青少年和乳母营养与健康相关政策提供基础信息。儿童口腔窝沟封闭项目工作进展顺利，全年累计实施窝沟封闭11.3万颗牙，为1.5万人实施两次局部用氟。

麻风病防治。组织开展《江西省消除麻风病危害规划（2011—2020年）》中期自评和省级现场复核，通过国家卫计委复核检查。加强中央补助地方麻风病防治项目工作，落实病例早期发现措施，促进病例规范化管理。强化麻风病疫情网络直报，完成全省麻风病治愈存活者调查，通过国家麻风病防治管理信息系统考核。完成《江西麻风病防治（1949—2015年）》编修及定稿，举行全省麻风病防治技能比武，南康区皮肤病防治所副所长张升伟获“马海德奖”。截至年底，麻风病现症患者数量、新发病人2级畸残率、新发病例规则治疗率、开始联疗后2年内新发2级畸残比、密切接触者年检查率、严重麻风病不良反应治疗率6项指标，均达到《全国消除麻风病危害规划（2011—2020年）》年度目标。

环境卫生工作。全省城区饮用水卫生监测网络覆盖11个设区市和17个区、81个县。监测范围涵盖市政集中供水、二次供水、自建供水，设置监测点1046个，检测水样2092份。在南昌市青云谱区、青山湖区两个城市点和上饶市婺源县一个农村点开展空气污染（雾霾）对健康影响的监测，完成雾霾特征污染物监测和成分分析、环保和气象数据收集、小学生健康影响调查、人群出行模式调查等工作。在赣州开展公共场所健康危害因素监测，对宾馆（酒店）、游泳场（馆）、沐浴场所、理发（美容）店、候车室5类共50家重点公共场所按季度开展健康危害因素监测。

职业病防控。全省重点职业病监测和职业健康风险评估项目工作全面铺开，项目工作地市级开展率100%，区县覆盖率95%。全年报告职业病419例，其中尘肺病407例，尘肺病累积现患病人1.95万例；报告农药中毒974例；报告进行职业健康检查企业数260家，体检人数约4.98万人。完成放射作业人员个人剂量测量5000余人份，建设项目职业病危害放射防护评价37项，核医学单位放射防护检测23家，X线机、CT机、医用电子加速器、头部伽玛刀、SPECT等仪器设备性能及场所防护检测2605台。

【4县(区)达到血吸虫病消除标准】 11月、12月，省卫生计生委、省农业厅、省林业厅、省水利厅先后组织对鹰潭市余江县、上饶市婺源县、景德镇市昌江区和浮梁县血吸虫病消除达标工作进行评估。评估显示，余江县连续58年未发现当地感染血吸虫病人、病畜和感染性钉螺；婺源县连续23年未发生当地感染的血吸虫病人，连续26年未发现当地感染血吸虫病畜，连续27年未发现感染性钉螺；昌江区连续33年未发现当地新感染血吸虫病人和病畜，连续13年未发现感染性钉螺；浮梁县连续46年未发现当地感染血吸虫病人、病畜及钉螺；4县(区)血吸虫病防治和监测资料规范齐全，监测体系建立，对照《血吸虫病控制和消除标准》(GB 15976－2015)，达到血吸虫消除标准。

【开展抗洪部队官兵血吸虫病查治】 2016年，江西境内发生洪涝灾害，省卫生计生委重点加强抗洪部队官兵血吸虫病防护。8—10月，先后组织6支血防医疗队，赴福建、浙江、湖北及省内抚州、新余、鹰潭、高安、靖安等部队驻地，为参加江西省防汛抗洪的第1集团军、第31集团军、火箭军、江西省军区、省武警总队、省消防总队8410名官兵进行血吸虫病查治，查病结果良好，未发现急性血吸虫感染病人。

【获全国寄生虫病防治技术竞赛奖项】 10月12日—13日，国家卫生计生委在广州市举办全国寄生虫病防治技术竞赛，江西省卫生计生委组织代表队参加比赛，获团体三等奖，个人二等奖1项、三等奖2项。其中，玉山县疾控中心陈俊飞获个人综合考核二等奖和操作考核三等奖，上饶县疾控中心苏小梅获操作考核二等奖。

(徐鹏　杨成军　李崇葵)

卫生应急与监督

【概　况】 开展突发事件紧急医学救援工作。省应急办协调各级卫生计生部门医疗专家参与指导奉新县"1·19"重大交通事故、上饶市广丰区鸿盛花炮厂爆炸事故、高安市新街镇中心小学突发学生拥挤踩踏事件、红谷滩九龙湖(南昌工学院学生)交通事故、乐平液化气罐爆炸事故、济广高速宁都段交通事故、泰和大桥旧桥塌桥事件、丰城发电厂"11·24"特别重大事故8起突发事件紧急医学救援工作，协调调派专家8批次36余人。

有效开展汛期救灾防病工作。2016年，江西省遭受1998年以来最严重汛情，全省卫生计生部门围绕"救大灾、防大疫"目标，科学、有序、高效地做好防汛抗洪卫生应急和救灾防病工作，确保大灾之后无大疫。6月20日，鄱阳县向阳圩发生溃口，省卫生计生委派出4支省级救灾防病卫生应急队共56人，赶赴灾区开展救灾防病工作。先后派出8批省级工作组、专家组赴各灾区督导开展工作，向受灾地区紧急下拨5.53吨漂白精片、5.16吨84消毒液、200千克奋斗呐、16套喷雾器、5000多人份霍乱等肠道传染病诊断试剂等消杀药品器械，6300份藿香正气水、人丹等防暑降温药品以及16万份卫生防病知识宣传材料。全省各级卫生计生部门设置临时医疗站点216个，累计派出医疗、防疫小分队1978支4.43万人次，诊治服务灾区群众和一线救援人员7.10万人次，开展消杀2315万平方米。

开展卫生计生执法监督。9月，印发《关于进一步加强卫生计生综合监督行政执法工作的实施意见》。组织开展全省计划生育行政执法专项督查。10月，联合省水利厅对全省11个设区市开展农村千吨以上集中供水单位卫生专项督查情况进行稽查。开展《中华人民共和国人口与计划生育法》《职业病防治法》等法律法规及配套规章落实情况监督检查。坚持案件查处定期通报制度，推动联合执法及"双随机一公开"执法抽查试点工作。全年查处案件7525件，罚款金额1947.84万元，分别比上年同期增长84.21%、88.92%，查办案件数列全国第五位；开展集中整治"号贩子"和"网络医托"专项行动，查处"医托"案件11起；针对山东济南非法经营疫苗系列案件引发的问题，开展预防接种单位专项督查。推进全省统一卫生计生监督移动执法平台建设和建立执法全过程记录制度；省级全年培训各类监督业务骨干1354人；加快推进首批市级首席监督员评选聘任工作；争取中央公共卫生补助经费400万元，用于全省监督检查工作。优化消毒产品、放射诊疗、公共场所等卫生许可证审批流程，取消对饭馆、咖啡馆、酒吧、茶座4类公共场所的卫生许可证；优化消毒产品生产企业卫生许可审批程序，细化消毒产品备案工作，推广量化分级管理；调整补充全省涉水产品、放射卫生技术审查专家库，组织技术审查专家培训。

【处置全国首例寨卡病毒疫情】 2月9日，江西省发现全国首例输入性寨卡病毒感染病例。患者为一名34岁男性，江西省赣州市赣县人，为广东省东莞市某公司工作人员，发病前有委内瑞拉旅行史。

1月28日，患者在委内瑞拉出现发热伴头晕、头痛症状，曾在当地医院接受门诊治疗；2月2日，从委内瑞拉出发，途经中国香港特别行政区、广东省深圳市；2月5日抵达江西省赣州市赣县，2月6日收入赣县人民医院感染性疾病科接受隔离治疗；2月9日，确诊该病例为中国首例输入性寨卡病毒感染病例。

寨卡病毒病(Zika Virus Disease)是由寨卡病毒(Zika Virus)引起并通过蚊媒传播的一种自限性急性疾病，1947年首次在乌干达恒河猴体内发现。2015年5月确诊第一例寨卡病毒感染病例后，"寨卡"在巴西迅速蔓延。

2月14日，患者经有效救治痊愈出院。省、市、县三级卫生计生部门科

2 月 14 日，全国首例输入性寨卡病毒感染者痊愈出院

省卫计委供稿

学、有序、有效地处置该起疫情，未出现传播扩散，受到国务院副总理刘延东、省政府副省长谢茹和国家工作组肯定。国家卫生计生委应急办来函予以通报表扬："江西省、市、县卫生计生部门及时发现、科学处置全国首例输入性寨卡病毒疫情，充分体现了传染病防控工作的高度敏感性和极端责任心。"

【举办全省卫生应急队伍集结拉动演练】 12 月 13 日—15 日，省卫生计生委在共青城市举行 2016 年全省卫生应急队伍集结拉动演练。省政府应急办专职副主任廖裕良向集结拉动演练卫生应急队伍授旗，省卫生计生委副主任万筱明授旗并讲话，共青城市市委常委、副市长张宁波致辞。各设区市卫生计生委分管主任、应急办主任及疾控中心主任，省直有关医疗卫生单位分管领导 40 余人观摩演练。省集结拉动演练考评专家组专家现场点评。此次集结拉动演练采取贴近实战与现场考核相结合的模式，通过队伍集结拉动、分科目检验性演练、卫生应急装备展示、队列与团队拓展训练、专业知识和技能培训、野外餐饮保障训练等环节，检验、考核各支卫生应急队伍综合应急能力。南昌大学第一附属医院、南昌大学第二附属医院、江西中医药大学附属医院、省儿童医院、省疾病预防控制中心、省寄生虫病防治研究所、省职业病防治研究院、省健康教育与促进中心、省精神病院及九江市、赣州市、抚州市疾病预防控制中心的 12 支省级、市级卫生应急队伍 200 余名队员参加集结拉动演练。

（姜晓明 刘思海）

中医药工作

【概 况】 2016 年，全省中医医院门、急诊人次 1211.8 万人次，增长 3.1%；出院病人数 92.97 万人，增长 13.4%；开放病床 2.94 万张，增加 12.7%；病床使用率 94.8%，减少 2.4%；业务收入 83.49 亿元，增长 25.6%；人均业务收入 25.6 万元，减少 30%；中药收入 11.82 亿元，增长 24.4%；中药收入占药品收入比 32.5%，增长 1%。中医药人员 4911 人，增长 0.6%。

深化中医药改革力度。5 月 7 日，省政府和国家中医药管理局召开共同推进中医药发展座谈会，签订《共同推进中医药发展合作框架协议》，在推动中医药综合改革、促进中医药产业绿色发展、提升中医医疗服务能力、加强中医药继承创新、打造中医药文化品牌 5 个方面进一步深化战略合作。完善中医药发展政策机制。省政府成立由常务副省长担任组长的省推进中医药发展领导小组，下设两个由分管副省长担任组长的事业和产业推进小组。出台《关于加快中医药发展的若干意见》《江西省中医药健康服务发展规划（2016—2020 年）》，提出打造中医药强省战略。研究印发《加快中医药发展 2016—2017 年工作要点》和《〈省局合作框架协议〉2016—2017 年工作要点》，推动工作落实。积极推动中医药综合改革。12 月 1 日，国家中医药管理局正式批复同意江西省为国家中医药综合改革试验区。贯彻《关于同步推进公立中医医院综合改革的实施意见》，在公立中医医院综合改革中积极落实中医药各项倾斜政策。推进社会办中医，南昌市积极申报国家社会办中医试点地区。推进中医诊疗模式创新试点，组织全省三级中医医院申报中医诊疗模式创新试点工作。做大中医康复（热敏灸）联盟。制定《江西省中医康复（热敏灸）联盟管理办法》，第二批 3 家江西热敏灸医院分院相继挂牌运营，新确定第三批 4 家联盟成员单位。10 月 26 日，江西热敏灸医院与湖北蕲春中医院合作，开办省外第二家分院。

提升中医服务能力。推进优势病种治疗中心建设，遴选确定 10 个优势病种治疗中心和 10 个优势病种治疗中心培育项目。加强中医重点（特色）专科建设，完成 2 个国家中医药管理局中医重点专科整改复核工作和 33 个国家中医重点专科建设项目验收自评工作。全省评选出 20 个省级临床重点专科和 50 个基层特色专科，在全国综合医院中医药工作示范单位中确定 10 个专科作为省级临床重点专科建设项目名单。促进中西医优势互补与发展。开展全国综合医院、专科医院、妇幼保健院中医药工作示范单位申报评估工作，组织专家对南昌市第九医院等 5 家单位进行复评，对江西省皮肤病专科医院等 5 家新申报单位进行初评。推进中西医临床协作，做好省中医院和省人民医院重大疑难疾病中西医临床协作试点工作。加强江西省国家中医应急队伍建设，做好中医药应急和传染病防控工作。推广中医药防治慢性病适宜技术和方法，继续做好中医药治疗艾滋病试点工作。推进基层中医药工作。完成南昌市青云谱区、赣州市龙南县全省基层中医药工作先进单位评审工作和新余市渝水区、鹰潭市月湖区、赣州市上犹县全国基层中医药工作先进单位评审工作。遴选2016年基层医疗卫生机构中医馆项目单位279个，推进中医综合服务区(中医馆)建设。

中医医院管理逐步规范。开展医疗机构中药饮片管理专项行动，组织12个督查组分赴11个地市和省直省管医疗机构开展实地督查，共督查中医类医院65家，综合(专科)医院99家，基层医疗卫生机构178家。开展全省中医医院中药制剂生产使用情况调查。启动大型中医医院巡查工作，协助完成省中医院巡查工作。继续实施“进一步改进医疗服务行动计划”，扎实开展“服务百姓健康行动”大型义诊活动，推进三级中医医院对口帮扶贫困县中医医院工作。开展中医综合监督执法检查，对省、设区市卫生计生委发证的所有中医医疗机构进行逐一监督检查。每个设区市抽查2～3个县(市、区)，每个县(市、区)抽查2家中医医疗机构。重点监督检查中医医疗机构及人员依法执业情况。

加强中医科教工作。推进住院医师规培工作。配合完成中医住院医师规范化培训基地能力建设专项督导。举办中医住院医师规范化培训骨干师资培训班和管理人员培训班，完成230名住院医师规范化培训招录工作。完成中医药科教考核工作。完成第五批42名全国老中医药专家学术经验继承工作继承人临床医学(中医师承)结业考核、第三批19名全国优秀中医临床人才研修项目结业考核和2012年10个全国名老中医药专家传承工作室、盱江中医学术流派传承工作室建设项目验收。加强中医药人才队伍建设。启动“国医大师”和“全国名中医”省级评选推荐工作，做好江西省“国医名师”评选表彰项目申报和筹备工作。完成2期中医药优势特色教育培训班和2期中药炮制技术推广培训班。新增建设3个基层名老中医药专家传承工作室和3个全国名老中医药专家传承工作室。完成20名中药特色技术传承人才培养对象考核工作和44名农村订单定向免费医学生培养工作。推进中医药科研管理创新。省级中医药科研课题首次实行网上申报，累计申报课题522项、重点37项，为历年申报最高数量。完成江西省中医药传统知识调查研究项目验收。“荷叶降脂颗粒剂对脂肪肝影响的随机双盲对照临床研究”通过鉴定达到国内领先水平。

【中医药健康产业见成效】 开展食疗科技创新和法规试点。组织召开食疗科技创新和法规试点工作推进会，协调5家省级医院支持江中集团开展食疗产品和保健食品临床研究，探索建立中医食疗产品评价体系。推进中药资源普查工作。召开中药资源普查联络员会议，对玉山等5个自行普查县进行预验收。积极研讨推动铁皮石斛、德兴覆盘子产业发展。推进中医药健康旅游示范创建。会同省旅发委评审推荐上饶市、樟树市申报国家中医药健康旅游示范区，推荐江中博览园等10家单位申报国家中医药健康旅游示范基地，推荐万安红豆杉养生谷等42家单位申报国家中医药健康旅游示范项目。加强中医药协同创新平台建设。依托江西中医药大学组建江西省中医药文化旅游协同创新中心，依托省中医药研究院组建江西省中药资源协同创新中心和“生态平糖”协同创新中心，开展“生态平糖”综合疗法等方面研究。启动建设占地面积3000平方米，集理疗、康复、休闲、娱乐、药膳为一体的“平糖八法”体验馆。

【遴选中医优势病种治疗中心项目】 3月11日，江西省中医优势病种治疗中心遴选结果公示，江西中医药大学附属医院肺胀病、江西中医药大学附属医院流产病、江西中医药大学第二附属医院骨质疏松症、南昌市中西医结合医院四弯风病、新余市中医院胃脘痛、九江市中医医院腰椎间盘突出、九江市中医医院肝癖病(非酒精性脂肪性肝炎)、南昌市洪都中医院跟骨骨折、新余市中医院慢性肾衰、南昌市中西医结合医院消渴病10个项目入选江西省中医优势病种治疗中心建设项目名单，景德镇市中医医院腰痛病、南昌市洪都中医院股骨粗隆间骨折、景德镇市中医医院偏头痛、泰和县中医院慢性乙型肝炎、南丰县中医院中风病、赣州市中医院股骨头坏死、萍乡市中医院肝癌病、乐平市中医医院糖尿病、泰和县中医院慢性肾衰、宜春市中西医结合医院膝痹病10个项目入选江西省中医优势病种治疗中心培育项目名单。

(郑林华)

计划生育

【概　况】 2016年，全省计划生育工作围绕调整政策、深化改革、攻坚克难、开拓创新目标理念，依法稳妥实施全面两孩政策，改革创新计划生育服务管理，稳步提升计划生育信息化建设水平，计划生育工作取得新进展。

人口计划目标得到有效控制。2016年，全省出生人口61.59万人，比2015年增加1.48万人，增长2.46%。自然增长率7.29‰，政策外多孩生育率8.32%，年末总人口4592.26万人。各项指标均低于年初目标控制值。

积极稳妥落实全面两孩政策。“积极稳妥实施全面两孩政策”列入省委全面深化改革重点任务和省政府工作报告重点分工。省委、省政府印发《贯彻落实〈中共中央、国务院关于实施全面两孩政策改革完善计划生育服务管理的决定〉的实施意见》《关于坚持和完善计划生育目标管理责任制的实施意见》等，对新时期计划生育工作进行全面部署，稳步实施全面两孩政策。省人大修正《江西省人口与计划生育条例》，实行生育登记制度、放宽再生育审批范围、增加计划生育奖励假、明确城镇独生子女父母年老奖励政策等。全省二孩生育率48.42%，提升4.83%。其中，7月以来，全省二孩生育率51%，提升7%。

积极推进生育服务证制度改革。印发《关于进一步推进生育服务证制度改革的实施意见》，实施生育登记制度，推动各地建立一次性告知制、首接责任制、限时办结制、全程代办制以及承诺制等便民利民制度。研发并启用“江西省计划生育服务系统”，实行网上生育登记和再生育审批办理，并开通微信公众号和工作人员手机APP。

推进计划生育信息化建设。积极推进计划生育信息化建设，建立以全员人口信息库为核心，集生育登记、流动人口、利益导向等几大应用系统为支撑的计划生育信息化网络；强化部门信息共享，健全出生人口监测预警机制，坚持全员信息协查制度，信息交流全省联动，开展全员人口基础信息专项核查，提升出生人口监测信息准确率；11月，全国计划生育信息化工作会议在南昌召开，肯定江西省在实施全面两孩政策过程中，在计划生育信息化建设工作上所做的创新。

计划生育家庭利导工作取得新突破。计划生育奖励和扶助新政策出台，城镇居民独生子女父母奖励纳入2017年省政府重大民生项目。1月24日，省政府办公厅印发《江西省城镇居民独生子女父母奖励办法》。推动失独的计划生育特殊家庭一次性扶助政策出台。拓展失独家庭帮扶模式。建立和完善计划特殊家庭联系人制度，为每个特殊家庭确定一名乡镇领导干部、一名村干部和一名医务人员作为社会关怀服务联系人。举办全省利导信息系统培训班，启用“计划特殊家庭基本信息档案管理系统”。开展计生特殊家庭心理扶助。与省精神病院共同开展“失独家庭心理援助模式探讨”课题研究，对一些存在心理障碍的失独者，由心理援助骨干作个案辅导。

出生性别比综合治理工作取得新成效。积极开展宣传倡导工作。开展“关爱女孩阳光助学”“圆梦女孩志愿行动”和第五个“国际女童日”纪念活动，完成联合国第七周期性别平等课题组在靖安县开展的五年研究计划，规范因医学需要的胎儿性别鉴定行政审批权限。深入推进打击“两非”（非医学需要的胎儿性别鉴定和非医学需要的选择性别的人工终止妊娠行为）工作。9月，全国整治“两非”区域协作经验交流会上，江西省作《“严”字当头，实处着力，强力推进整治“两非”工作》经验介绍。

流动人口基本公共卫生计生服务均等化全面推进。6月，省卫生计生委印发《关于全面推进流动人口基本公共卫生计生服务的通知》，确定在全省流动人口聚集地范围内，实现基本公共卫生计生服务均等化全面覆盖。8月，召开全省流动人口均等化服务现场推进会，总结国家重点联系城市南昌市和10个省级重点联系区县试点工作经验，推动均等化服务全面开展。10月，江西省新修订的《江西省流动人口服务和管理办法》将流动人口基本公共卫生计生服务内容纳入流动人口享有的权益和公共服务的相应条款，为做好流动人口均等化服务工作提供可靠的法制保障。11月5日，国家卫计委流动人口司王谦司长在南昌市调研、指导江西省流动人口均等化等工作。

印发《关于进一步做好流动人口区域协作工作的通知》，推动各市县区域协作交流规范有序开展。印发《关于积极配合江西省驻粤流动人口卫生计生联络站做好相关工作的通知》，促进驻粤流动人口联络站在服务在粤赣籍人口、密切与广东省的交流协作方面发挥作用。在粤流动人口计生协会108个，覆盖江西省近六成在粤流动人口。6月，启动赣粤两省流动人口信息共享对接平台建设，进一步完善两地双向服务管理长效机制，实现信息资源共享。

全省取消纸质流动人口婚育证明，全面实现电子化。开通“江西卫生计生流动人口之家”微信公众号，为流动育龄群众提供便捷、优质服务。开发基层工作及婚育证明查验手机客户端软件。全省流动育龄妇女网络协查信息反馈及时率99.5%，服务通报及时接受率98.4%，流动人口信息协查、服务通报及时处理率继续保持较高水平。集中开展全省流动人口基础信息清查专项行动，更新流动人口基础信息129万人次。

持续开展关怀关爱流动人口和留守儿童活动。元旦、春节期间，省卫生计生委、省计生协会联合印发《关于在2016年春节期间开展流动人口卫生计生关怀关爱活动的通知》，组织各地开展流动人口关怀关爱活动。印发《关于做好农村留守儿童健康关爱工作的通知》《关于印发农村留守儿童健康关爱工作任务分工的通知》等相关文件，将农村留守儿童关爱保护工作细化分工。10月，于都县、上饶县被确定为国家留守儿童健康教育项目县。

【全国计划生育信息化工作会议在南昌召开】 11月4日，国家卫生计生委在南昌市召开全国计划生育信息化工作会议。国家卫生计生委副主任王培安出席会议并讲话，副省长谢茹出席会议并致辞。会上，中国人口与发展研究中心通报计划生育互联互通进展情况，计生协会介绍协会信息化工作情况。江西、湖北等省（市）和江西九江等市县作交流发言。各省（区、市）卫生计生委、新疆生产建设兵团人口计生委分管领导及指导处（相关处室）处长，国家卫生计生委相关司局和直属联系单位负责人，以及有关专家参加会议。

【研发启用江西省计划生育服务系统】 3月15日，省计划生育服务系统上线运行。省卫生计生委秉承“互联网＋”的现代服务管理理念，研发并启用“江西省计划生育服务系统”。通过“江西省计划生育服务系统”，公众可从网络上传相关证件进行网上自助登记，并提供受理、审核、办结等办理进度查询服务，办结后系统会自动发送短信告知公众；开通微信公众号服务，公众可自助进行生育登记，查阅、咨询计生政策，享受计生宣传等多种服务。开发生育登记后台管理和手机APP软件，工作人员可通过APP随时随地接收查验、协查反馈生育登记信息，实现办证全程服务，简化操作流程，提高办事效率。服务系统对办事流程、信息协查处理及时率、及时办结率等实施在线监控、动态监管和满意度测评，公众完成生育登记后，可以通过服务系统进行满意度测评。截至12月底，完成生育登记网上办理38.42万例，公众满意度99.73%。

（周斌　蔡飞　李斌斌　江蓉）

爱国卫生运动

【概　况】 建立健康城市健康村镇建设体系。转发全国爱国卫生运动办公室建设健康城市和健康村镇纲领性文件《关于国家卫生城市卫生村镇建设的指导意见》。成立“省健康城市健康村镇评价办公室”。在原卫生创建专家库的基础上成立“省健康城市健康村镇评价专家库”，增加中医养生、社会学等方面专家。筹备组建“江西省爱国卫生运动委员会健康促进办公室”。确定宜春市列为国家健康城市试点城市，研究省级健康城市健康村镇试点单位。健康城市建设开局良好,江西省4个国家卫生城市部分健康城市指数排名靠前,井冈山市、宜春市、南昌市在中部地区近40个城市的环境健康指数位列前三位。“健康细胞”工程建设取得良好成绩,南昌市西湖区里洲社区和东湖区光明社区健康社区建设成效显著,中共中央总书记习近平、国务院副总理刘延东及省委、省政府主要领导分别视察指导,受到全国爱卫办关注。

推进国家卫生城镇创建工作。组织专家对南昌县、峡江县、崇义县、南昌市湾里区太平镇、赣州市龙南县关西镇、赣州市宁都县小布镇、宜春市靖安县宝峰镇、宜春市明月山区温汤镇、鹰潭市贵溪市唐湾镇创建国家卫生县城、卫生镇工作进行技术指导。省级卫生创建取得新进展。命名贵溪市、共青城市为“江西省卫生城市”,彭泽县、龙南县为“江西省卫生县城”。省级卫生城市增至16个,省级卫生县城增至40个。

推进城乡环境卫生整洁行动。2016年,全省农村生活饮用水水质合格率99.6%,农村卫生厕所普及率91%,农村无害化卫生厕所普及率68%,全省11个设区市建成区拆除违章建筑8000多处50多万平方米,清理户外广告3.90万块,清理垃圾小广告180多万条,清理卫生死角1.5万余处,新增公园绿地和街头游园面积2540.5万平方米,规范整治建筑立面1380处37万平方米。

实施农村水质卫生监测和环境卫生监测项目。农村水质监测项目覆盖11个设区市、67个项目县(市、区)、3350个监测点,农村环境卫生监测项目覆盖11个设区市、28个项目县(市、区)、560个监测点。受资金减少影响,项目推进趋缓。

开展除“四害”工作。抓好病媒生物滋生地治理。南昌市、鹰潭市深入开展以灭蚊、灭鼠、灭蟑为主题的专项城乡环境卫生整治行动,萍乡市动员群众开展家庭卫生大扫除,上饶市坚持“环境治理为主,化学消杀为辅”的原则,全面清理“四害”滋生地。南昌市投放灭鼠药13.46万份,灭蚊蝇、蟑螂药物各19万份,在公共外环境使用卫生杀虫剂12吨;宜春市投放灭鼠药8万余包、灭蟑螂药2.5万余包。赣州市放灭鼠毒饵盒1.5万个,为重点单位免费发放灭蚊蟑烟片、灭鼠毒饵、灭蟑毒饵和强力粘鼠板2.0万份。上饶市投放鼠药5.08万包、蟑药2.10万包,有效控制中心城区“四害”密度。各地借助疾病预防控制机构力量加强“四害”密度监测。南昌市组织疾病控制部门对灭鼠前和灭鼠后的鼠密度进行监测,全市鼠密度控制在国家卫生城市标准范围之内。临川区通过室内鼠密度夹夜法、室外鼠密度粉迹法对鼠密度进行监测,结果显示灭鼠效果明显。

协助开展控烟工作。聘请江西广播电视台《金牌调解》主持人胡剑云、江西广播电视台《江西新闻联播》主播刘玲华、江西广播电视台记者曾佳、江西经视频道《天天健康》《健康江西》主持人尹颂4人为江西省控烟宣传形象大使。5月22日,江西省“俏夕阳”舞蹈队代表参加“健康中国行无烟多精彩”控烟广场舞比赛获全国总冠军。

【开展春季爱国卫生运动】　3月3日,全省“清洁家园、灭蚊防病”春季爱国卫生运动在南昌市启动。国家卫生计生委副巡视员苏海军等一行3人专程督查指导江西省启动情况。省政府副秘书长王亚联、省卫生计生委副主任程关华和省委办公厅、省委宣传部、省住建厅、省农业厅、省军区后勤部、南昌市政府等委员单位有关负责人出席启动仪式。王亚联宣布启动全省春季爱国卫生运动。江西电视台、江西广播电台、《江西日报》等25家本地主流媒体专题报道现场活动。江西电视台制作播放“寨卡病毒病的防与治”专题片,《江西卫生报》《江西人口》杂志连续刊登《带你认识“寨卡”病毒》《防蚊灭蚊宣传知识要点》及世界卫生组织有关寨卡病毒的文章。省爱卫办印刷发放宣传折页10万份,宣传画2万份。

【开展爱国卫生月活动】　4月,为第28个全国爱国卫生月。省爱卫办会同有关部门转发《全国爱卫办关于开展第28个爱国卫生月活动通知》,在全省开展爱国卫生月活动。南昌市将春季灭鼠活动作为爱国卫生月活动主要内容;清理卫生死角2100余处,清除杂草9600余平方米,清运垃圾1300余吨,翻盆倒罐2万余个,涂抹缝隙6万余米。吉安市做好病媒生物防治、巩固国家卫生城市等工作,专题部署开展春季公共卫生周和第28个爱国卫生活动月活动,爱卫系统共派发各类宣传资料8万余份,制作卫生墙报、展板180多版栏,解答咨询人数约1.2万余人次。4月18日,宜春市召开专题动员大会,将爱国卫生月活动与迎接国家卫生城市复审工作同部署、同落实。抚州市活动期间张贴宣传标语205幅,黑板报125期,发送各类宣传短信、微信等5万余条,发放各类宣传单、册子等4万余份,发动群众近11万人次,清扫道路46万余米,清理排水沟6万余米,清除牛皮癣近10万处,清理卫生死角近2万处,清理绿化带积存垃圾3200余处。上饶市、景德镇市发挥电视、广播、报纸等传统媒体作用,普及文明健康知识,不断提高群众自我保健能力和卫生意识。赣州市清除垃圾9262吨,清沟排淤4080吨,清理卫生死角3239处。新余市出动8万余人次,清洁大街小巷和房前屋后800余万平方米,清理卫生死角垃圾、水塘(沟渠)垃圾和漂浮物5500余吨。

(徐鹏　杨成军　李崇葵)

本栏编辑　邓诚君

体　育

综　述

2016年,全省体育工作按照群众体育、竞技体育和体育产业统筹规划、协调发展、各具特色的总体工作思路,深化改革认识,创新工作举措,突出品牌赛事,各项工作呈现新气象。

全民健身潮起潮涌气势新。省体育局针对全民健身上升为国家战略的新形势,一是出台新的实施计划。经过调研论证,以省政府名义印发《江西省全民健身实施计划(2016—2020年)》,对2016—2020年全省全民健身事业发展指明方向,提出目标和实施措施。二是推出新的全民健身品牌赛事。行业系统赛事方面,在江西"天使"健身大联赛之后,推出银行系统体育健身大联赛等赛事;江西特色赛事方面,在全国农耕大赛之后,推出纪念长征胜利80周年系列健身活动;各类协会社团赛事方面,在全省乒乓球协会段位赛之后,推出系列积分赛;地市部门赛事方面,在常规的机关运动会、职工运动会之后,推出南昌马拉松赛、围棋赛等各类赛事。江西省第五届全民健身运动会的举行,吸引近千万人次的群众参与到全民健身活动中,促进全省全民健身事业向上发展。三是加快建设新的健身设施。全年完成14个省"民生工程",建设1个县级全民健身活动中心、16个社区多功能运动场、9个笼式足球场、35个乡镇农民体育健身工程、246个村级农民体育健身工程。

竞技体育立志立强面貌新。竞技体育以里约奥运争金夺牌为目标,围绕备战天津全运会和东京奥运会,狠抓训练管理,科学制定实施方案,各项工作取得新成果。一是里约奥运会上再获金牌,实现奥运会届届夺金目标。江西籍运动员刘虹获2016里约奥运会女子20公里竞走冠军,为江西争得荣誉。全年,江西运动员参加国际比赛获1枚金牌、3枚银牌、3枚铜牌;参加全国各类赛事获20枚金牌、20枚银牌、27枚铜牌;参加全国各类青年比赛获22枚金牌、32枚银牌、13枚铜牌。二是瞄准天津全运会和东京奥运会,开拓新项目,打造新团队。针对攀岩项目入选奥运会竞赛项目,及时将在全国具有优势的攀岩项目列入全省竞技体育备战项目,为备战东京奥运会储备优秀的运动苗子。在日常训练中,以"三个方案"为基础,加强复合型团队建设,落实人盯人工作,强化运动队保障,强化运动员公寓和训练场地日常管理,强化赛风赛纪和反兴奋剂意识。全年审核国家级运动健将25人,审批一级运动员86人。三是青少年业余训练出新招。在狠抓县级青少年业余训练,创建业余训练"十强县"和"30精品县"基础上,加强国家高水平后备人才基地、省级后备人才单项基地建设和管理。田径、足球、篮球3个百县运动会取得新成效。全省注册运动员1.32万人,确认8807人,新注册4391人,参赛5717人,达优秀1156人,达优率20%;达良1599人,达良率27.9%。四是筹备第十五届省运会有新进展。与景德镇市加强沟通衔接,省运会场馆建设陆续起动,着手拟订省运会总则。

体育产业创新创业领域新。全省体育产业利用国家多项体育产业政策出台的政策环境,开拓思路,创新举措。一是出台一批新的政策措施。省体育局出台体育彩票"1+5"改革创新系列文件;研究制定《全省体育产业基地管理办法》等多项产业措施;南昌市出台《关于鼓励社会资本进入体育领域的实施办法》《关于加快发展体育产业促进体育消费的实施意见》等。二是"一县一品"发展战略取得新进展。南康乒乓球训练基地运行模式基本形成。省体育局与九江市政府、华体集团公司达成战略合作协议,共同打造庐山西海全国体育旅游示范区建设。命名婺源县为"全民健身示范县",推动体育与旅游的深度融合。一批有特色的体育健身俱乐部、全民健身基地和业余体育赛事逐步形成。三是体育彩票完成目标任务。全年体育彩票不断完善管理体制机制,夯实产品、渠道、队伍、品牌、技术等各项工作基础,进一步提升发展质量和效益,销量达31.41亿元,筹集公益金7.77亿元。四是传统品牌赛事引领作用得到新提升。举办第七届环鄱阳湖国际自行车大赛、第三届江西女子网球公开赛、第二届玉山中式台球世锦赛、玉山斯诺克世界公开赛等高水平职业体育赛事,赛事品牌知名度得到提升,带动相关体育运动在省内的广泛发展,培育了体育消费市场。五是体育场馆开放利用有新进展。全省各地体育场馆开放利用工作进一步得到重视,场馆开放力度明显加大,开放时间、场次有明显增加,利用率有所提高。宜春"体育游园"形成特色,省奥体中心打造"全民健身广场",免费向社会提供健身场地。落实国家对体育场馆免费低收费开放补助资金工作。积极争取省财政厅支持,在全省首次下拨体育场馆免费低收费开放补助资金,为体育场馆免费低收费开放提供保障。

（王伟）

群众体育

【概 况】 2016年，全省群众体育工作按照“蓬勃发展创亮点”发展目标，进一步加强对群众体育的主导、引导、指导作用，构建全民健身服务体系。通过运动会的引领示范，推动全民健身活动普遍化、大众化。加强公共体育设施建设，全年争取省级和中央资金9587万元，完成省“民生工程”14个，建设县级全民健身活动中心1个、社区多功能运动场16个、笼式足球场9个、乡镇农民体育健身工程35个、村级农民体育健身工程246个。扎实推进国民体质监测工作。全年完成国民体质监测9400多人次。开展儿童青少年体育健身活动状况调查，完成调查样本4500人次。

【开展全民健身赛事活动】 2016年，全省开展一系列全民健身赛事。稳步推进精品赛事。举办江西“天使”健身大联赛、银行系统体育健身大联赛、全国农耕大赛、中华龙舟大赛、全国象棋围棋业余棋王赛、全国传统武术比赛、全国全民健身操舞大赛、全国气排球赛、全国百城千村健身气功交流展示活动、江西瑜伽艺术节等全国全省群众性体育赛事。在重要节日举办特色全民健身活动。举办8月8日全民健身日活动、全国新年登高健身大会、全国“龙腾狮跃闹元宵”大联动、纪念毛泽东题词全民健身活动、纪念长征胜利80周年系列活动、元旦贺岁杯足球赛。各级体育协会举办赛事。省乒协举办全省乒乓球系列积分赛，省羽毛球协会举办中行杯、水投杯羽毛球赛，省定向协会举办城市挑战赛，省体育舞蹈协会举办全省体育舞蹈锦标赛，各项赛事参赛人数多，影响大。全民健身基地举办特色赛事。章贡区举办全国山地自行车赛，庐山西海举办全省垂钓比赛，白鹿奥体举办系列全民健身活动。全省各地举办机关运动会、职工运动会、行业运动会以及自行车赛、马拉松赛、足球赛、篮球赛、龙舟赛、围棋赛等，赛事活动数量、参赛人数都有较大增长。南昌市、九江市、新余市等地在市运会赛事中，将竞技体育和全民健身活动相结合，发挥了重大赛事对全民健身的带动作用。

【举办江西省第五届全民健身运动会】 4—11月，江西省第五届全民健身运动会在全省范围举行。活动历时8个月，完成16个大项86个小项比赛，产生177枚金牌。全省各市、县（市、区）同步开展形式多样的体育活动，各类比赛和展示活动近2000场，参与人数近千万人次。

运动会分两个阶段进行。第一阶段，各设区市、县（市、区）和各行业系统围绕运动会主题，坚持“突出群众体育元素，展示江西风采”理念，层层发动，广泛动员，深入到村落和社区，因地制宜举办各类群众喜闻乐见、简便易行的全民健身活动。11个设区市结合实际，共开展43个比赛项目，212万余人次参与。88个县（市、区）开展47个比赛项目，400余万群众参与。

第二阶段，采取赛区承办的方式举行省级集中竞赛，14个赛区分别承办16个比赛项目。比赛设置网球、足球、乒乓球、羽毛球、气排球、太极拳、广场舞、健美操、登山、攀岩、山地自行车、轮滑、航空模型、风筝、健身气功、健身瑜伽16个大项、86个小项，全省11个设区市2237名运动员角逐，产生177枚金牌。省直机关工委、省卫计委、省金融办、省农业厅、省总工会、南昌铁路局、省老年体协等分别举办各行业系统比赛。

【《江西省全民健身实施计划（2016—2020年）》出台】 10月28日，省政府印发《江西省全民健身实施计划（2016—2020年）》。该实施计划提出：到2020年，江西省每周参加1次及以上体育锻炼人数要达到2300万人，经常参加体育锻炼人数达到全省总人口的34%，全省70%以上的县（市、区）建有全民健身活动中心，城市街道、乡镇健身设施覆盖率超过80%，行政村（社区）健身设施全覆盖，人均体育场地面积达到1.8平方米。该实施计划自2015年3月开始起草，至2016年10月28日正式出台，历时一年半，围绕发展目标、主要任务、保障措施、组织实施四个部分，对江西省2016—2020年的全民健身工作进行系统规划部署，是“十三五”时期江西省开展全民健身工作的总体

12月17日，江西省第五届全民健身运动会在婺源闭幕

王伟摄

规划和行动纲领。

【社会体育指导员技能日益提升】 2016年，省体育局采取多项措施，提升社会体育指导员专业技能水平。改革社会体育指导员培训方式。一级社会体育指导员培训首次采取先审批后培训方式进行，全年举办8期一级社会体育指导员培训班，审核批准575人参加各基地一级社会指导员培训，有效解决培训后资格不符合而浪费培训资源的情况。搭建社会体育指导员技能交流平台。9月3日—6日，江西省社会体育指导员素质交流展示大赛在萍乡市举办，全省102名社会体育指导员通过理论测试、演讲和技能展示，展现他们在组织、创编、技能、指导、语言等方面综合能力。2016年，国家体育总局分片区开展技能培训（江西划为黄山片区），江西省推荐78名一线社会体育指导员参加培训。10月，全国社会体育指导员技能交流展示大赛在重庆举行，江西省获一等奖2个、二等奖1个、三等奖1个，成绩突出；参加在安徽池州举办的全国社会体育指导员技能交流展示大赛。

（伍小玲）

竞技体育

【概　况】 2016年，省体育局全力备战天津全运会和东京奥运会，认真组织夏训和冬训，提高竞技运动水平和竞技成绩，竞技体育扎实推进。全年，审核国家级运动健将25人，审批一级运动员86人。江西省运动员参加国际比赛获得金牌1枚、银牌3枚、铜牌3枚；参加全国各类赛事获得金牌20枚、银牌20枚、铜牌27枚；参加全国各类青年比赛获金牌22枚、银牌32枚、铜牌13枚。

积极备战2016里约奥运会、2017天津全运会。制定《人盯人工作方案》《科学训练复合型团队运行工作方案》《吃好睡好练好工作方案》，加强复合型团队建设，落实“人盯人”工作，强化运动队保障，强化运动员公寓和训练场地日常管理，强化赛风赛纪和反兴奋剂意识。江西省跆拳道名将吴静钰、竞走世界纪录保持者刘虹、男子游泳运动员胡逸轩入选国家代表队参加里约奥运会比赛。刘虹获女子20公里竞走比赛冠军；吴静钰获女子跆拳道49公斤级第七名。积极谋划东京奥运会队伍建设，针对攀岩入选东京奥运会项目，着手在攀岩等项目上选拔培养备战东京奥运会运动员。

7月5日—8日，江西省第二届青少年“未来之星”阳光体育大会在新余市举行

王伟摄

加强青少年业余训练工作。继续狠抓县级青少年业余训练，创建业余训练“十强县”和“30精品县”，加强国家高水平后备人才基地、省级后备人才单项基地的建设和管理。组织举办18个项目的全省青少年锦标赛和3个项目的体育传统学校比赛。举办田径、足球、篮球3个百县运动会，圆满完成中日青少年和体育指导者体育交流活动。组队参加16项次全国体育传统学校联赛、青少年俱乐部比赛、冰雪冬令营、户外营地展示大会、阳光体育大会等活动。

【举办全省第二届青少年“未来之星”阳光体育大会】 7月5日—8日，江西省第二届青少年“未来之星”阳光体育大会在新余市启动。活动由省体育局、省教育厅和团省委主办，新余市体育局、新余市教育局、共青团新余市委共同承办。11个设区市和5个省直管县的16支代表队、316名学生运动员参加五人制足球、三人制篮球、跳绳、踢毽、定向跑、拔河等体育项目。青少年“未来之星”阳光体育大会是一个汇集体育竞赛、文化交流、运动展示、科普健身等多项功能的综合性活动平台。

【举办2016年中日青少年体育交流活动】 8月11日—17日，2016年中日青少年体育交流活动在上饶举行。活动由国家体育总局主办，江西省体育局、上饶市人民政府承办，上饶市体育局协办。国家体育总局青少年体育司司长刘扶民、江西省体育局副局长王勇、日方代表团团长井上征三和中日两国青少年、教练员、管理人员80余人参加活动。日方代表团8名指导员、32名青少年参加羽毛球、乒乓球、游泳、武术、网球5个运动项目交流活动。活动期间，开展才艺展示、野外拓展登山、嬉水、采摘葡萄等娱乐活动。中日青少年体育交流活动旨在让中日两国青少年进行各类体育项目技术、战术交流，帮助两国青少年了解彼此文化，增进两国青少年情谊。

【举办2016年中日青少年体育指导者交流活动】 10月16日—25日，日本体育少年团副本部长山本今朝雄率2016年中日青少年体育指导者交流访问团一行5人在江西进行为期10天的交流访问。国家体育总局青少年体育司综合处处长黄金，江西省体育局副巡视员黄卫民，新余市委常委、副市长周杰，吉安市副市长左继生，萍乡市副市长肖双燕等分别会见访问团成员。在赣期间，访问团一行赴新余市、吉安市、萍乡市体育中心及市县少儿体校进行参观访问，了解江西省青少年业余训练的办学情况及特色，并与新钢一小体操跳水俱乐部、萍乡市火车头青少年体育俱乐部、萍乡市奥盛青少年体育俱乐部、萍乡市武功山麻田中心小学等青少年活动机构的师生面对面进行互动交流；参观新余市抱石博物馆、吉安吉州窑博物馆、井冈山革命历史博物馆和武功山青少年户外营地。17日、24日，中方举办中日青少年体育指导者交流活动工作论坛，就提高两国青少年体质和做好青少年课外活动进行交流。

【举办"三个百县青少年运动会"】 2016年，省体育局、省教育厅继续举办三个百县青少年运动会：江西省第二届百县青少年足球运动会（五人制，4男+1女）、江西省第二届百县青少年篮球运动会（分男、女队，三人制）、江西省第十届百县青少年田径运动会，均为江西省覆盖面最广、参赛单位最多、规模最大和人数最多的单项比赛，推动全省县级青少年体育运动的发展和县际青少年体育之间的交流，为发现、挖掘青少年体育后备人才起到良好的效果。

9月9日—12日，江西省第二届百县青少年足球运动会（五人制，4男+1女）在九江举行，全省各县（市、区）98支代表队762名运动员参加比赛。此次比赛分小组循环赛和淘汰赛两个阶段进行，执行国际足联审定的《五人制足球竞赛规则》。参赛队伍历经12轮300场比赛，决出32个团队优胜奖。其中，南昌市东湖区代表队、新余市渝水区代表队、南昌市红谷滩代表队分获冠、亚、季军。

9月19日—25日，江西省第二届百县青少年"三人制"篮球运动会在婺源县婺源中学举行。全省99个县（市、区）166支代表队（97个男子队，69个女子队）777名选手参加比赛。此次比赛采用2015年国际篮联新制订的三人制篮球赛规则，分男、女组进行，比赛近500场。东湖区代表队获男子组比赛冠军，高安市、婺源县、大余县、临川区、会昌县、吉安县、湘东区代表队分获二至八名；东湖区代表队获女子组冠军，婺源县、瑞金市、安福县、武宁县、泰和县、芦溪县、珠山区代表队分获二至八名。

10月29日—31日，江西省第十届百县田径运动会在上饶市玉山县举行。全省11个设区市102支代表队854名运动员140余名裁判员参加比赛。运动会参赛队员年龄限制在12~15岁，分为12~13岁组和14~15岁组，分别进行男女竞走、100米栏、跳高、跳远、铅球、铁饼等项目比赛。南昌市西湖区代表队获团体总分第一名；上饶市、南昌市、赣州市等5个设区市获"设区市优秀组织奖"；玉山县、进贤县、高安市等10个县（市、区）代表队获"体育道德风尚奖"。

（伍小玲）

·资 料·

2016年江西省运动员参加国际比赛获奖情况

姓名	项目	成绩	名次	比赛名称	比赛时间	比赛地点	备注
刘 虹	女子竞走20公里	1:28′35″	1	第31届夏季奥运会	8月20日	巴西里约	联合培养
吴静钰	女子跆拳道49公斤级		7	第31届夏季奥运会	8月20日	巴西里约	联合培养
杨佳丽	女子500米单人皮艇	1′58″	4	世界青年锦标赛	7月28日至31日	白俄罗斯明斯克	
杨佳丽	女子200米单人皮艇		6	世界青年锦标赛	7月28日至31日	白俄罗斯明斯克	
杨佳丽 秦 佳	女子500米四人皮艇	1′43″	6	世界青年锦标赛	7月28日至31日	白俄罗斯明斯克	
门 欢	女子200米双人划艇	49″	6	世界青年锦标赛	7月28日至31日	白俄罗斯明斯克	
李金铭/外省	女子双人10米跳台	323.60分	1	国际泳联跳水大奖赛	4月4日	波多黎各	
赵俊鹏	男子羽毛球单打		1	澳门羽毛球公开赛	11月29日至12月4日	澳门	
李金铭	女子10米跳台	320.00分	2	国际泳联跳水大奖赛	4月4日	波多黎各	
李金铭/外省	女子双人10米跳台	312.60分	2	国际泳联跳水大奖赛	4月7日	加拿大	
赵俊鹏	男子羽毛球单打		2	国际羽毛球挑战赛	1月19日至24日	海南陵水	
李金铭	女子10米跳台	290.00分	3	国际泳联大奖赛	1月18日	西班牙	

续表

姓名	项目	成绩	名次	比赛名称	比赛时间	比赛地点	备注
李　云	女子羽毛球单打		3	国际羽毛球挑战赛	1月19日至24日	海南陵水	
赵俊鹏	羽毛球单打		3	世界羽联黄金大奖赛印尼大师	9月6日至11日	巴厘巴板	
张艺曼	羽毛球单打		3	澳门羽毛球公开赛	11月29日至12月4日	澳门	
郑妩双/外省	女子网球双打		4	国际女子网球巡回赛	5月16日至5月20日	意大利	
杨佳丽	女子单人皮艇	54′17″51	6	国际皮划艇12公里马拉松	4月2日	上海静安	
胡逸轩	男子100米混合泳	53″92	6	世界短池游泳系列赛	9月30日	中国北京	

2016年江西省运动员参加全国最高水平比赛获奖情况

姓名	项目	成绩	名次	比赛名称	比赛时间	比赛地点	备注
赵俊鹏	男子羽毛球单打		1	全国羽毛球单项锦标赛	6月14日至21日	安徽合肥	
熊亚瑄	女子25米运动手枪	资:583环 决:7分	1	全国射击团体个人锦标赛	9月18日至25日	重庆	
胡逸轩	男子200米混合泳	2′00″23	2	全国游泳冠军赛暨里约奥运会选拔赛	4月3日至10日	广东广州	
万　勇	男子链球	71.50米	2	2016年全国田径锦标赛	9月14日至17日	天津	
张亚军	女子10米气步枪	资:419.9环 决:209.0环	2	全国射击团体个人锦标赛	9月18日至25日	江西南昌	
周　鹏	男子200米单人皮艇	35″971	2	全国皮划艇(静水)锦标赛	9月22日至25日	福建福州	
危洪佳	女子跆拳道49公斤级		3	全国跆拳道锦标赛	4月25日至29日	河北迁安	
夏玲杰	男子拳击60公斤级		3	全国男子拳击锦标赛总决赛暨拳王争霸赛	5月7日至12日	山东淄博	
岳　琪	男子跳水个人全能	805.850分	3	全国跳水冠军赛	5月7日至13日	广西南宁	
陆师师 印心怡 王　青 王　欣	女子赛艇四人双桨	6′40″19	3	全国赛艇锦标赛暨大学生锦标赛	10月16日至21日	福建福州	
李　云 吉淑婷 张艺曼	女子羽毛球团体		3	全国羽毛球团体锦标赛	10月6日至13日	广东佛山	
周　鹏 李贵强	男子200米双人皮艇	34″411	4	全国皮划艇(静水)锦标赛	9月22日至25日	福建福州	

续表

姓名	项目	成绩	名次	比赛名称	比赛时间	比赛地点	备注
徐鑫颖	女子链球	61.61 米	4	2016 年全国田径锦标赛	9 月 14 日至 17 日	天津	
张艺曼	女子羽毛球单打		5	全国羽毛球单项锦标赛	6 月 14 日至 21 日	安徽合肥	
黄志勇	男子举重 62 公斤级	总成绩 303 公斤	5	全国男子举重锦标赛暨里约奥运会选拔赛	4 月 16 日至 19 日	浙江江山	
饶圣雪	女子 100 米仰泳	1′01″27	5	全国游泳冠军赛暨里约奥运会选拔赛	4 月 3 日至 10 日	广东广州	
李胜男	男子散打 80 公斤级		5	全国武术散打冠军赛	8 月 10 日至 14 日	江苏无锡	
杨佳丽 林慧群	女子 500 米双人皮艇	1′47″504	5	全国皮划艇(静水)锦标赛	9 月 22 日至 25 日	福建福州	
黄嘉艳 李　琰	女子赛艇双人双桨	7′23″07	5	全国赛艇锦标赛暨大学生锦标赛	10 月 16 日至 21 日	福建福州	
饶圣雪	女子 200 米仰泳	2′13″05	6	全国游泳冠军赛暨里约奥运会选拔赛	4 月 3 日至 10 日	广东广州	
陈诗韵 饶圣雪 兰田玉 胡慧倩	女子 4X200 米自由泳接力	8′15″41	6	全国游泳冠军赛暨里约奥运会选拔赛	4 月 3 日至 10 日	广东广州	
杨佳丽	女子 200 米单人皮艇	42″501	6	全国皮划艇(静水)锦标赛	9 月 22 日至 25 日	福建福州	
李　晴	女子飞碟双向	71 中	7	全国射击团体个人锦标赛	10 月 2 日	河北保定	
陈　柏 晁竟雄 张　驰 黎　松	男子 1000 米四人皮艇	3′06″578	7	全国皮划艇(静水)锦标赛	9 月 22 日至 25 日	福建福州	
罗　莺	女子七项全能	4891 分	7	2016 年全国田径锦标赛	9 月 14 日至 17 日	天津	
宁　鹏 胡　韬 章赛一 董小敏 杨乐平 黄　俊 李淑亮	男子竞走 20 公里团体	5:59′33″	7	2016 年全国竞走锦标赛	9 月 8 日至 10 日	内蒙古呼和浩特	
敖　辉	女子举重 75 公斤级	总成绩 238 公斤	8	全国女子举重锦标赛暨里约奥运会选拔赛	4 月 9 日至 12 日	福建龙岩	
岳　琪 胡子杰	男子跳水双人三米板	386.0 分	8	全国跳水冠军赛	5 月 7 日至 13 日	广西南宁	
吴　鹏	男子 10 米气步枪	资:625.7 环 决:80.2 环	8	全国射击团体个人锦标赛	9 月 18 日至 25 日	江西南昌	
张冬莲	女子飞碟双向	71 中	8	全国射击团体个人锦标赛	10 月 2 日	河北保定	
林慧群	女子 500 米单人皮艇	1′59″469	8	全国皮划艇(静水)锦标赛	9 月 22 日至 25 日	福建福州	

(伍小玲)

体育产业

【打造庐山西海全国体育旅游示范区】 10月31日，省体育局、九江市政府、华体集团有限公司三方在九江市签署《打造庐山西海全国体育旅游示范区战略合作协议》。根据协议，三方规划合作投资80多亿元，用3～5年时间，把庐山西海打造成“国际知名、全国示范、体育特色、融合发展”的全国体育旅游示范区。三方依托山水温泉旅游度假胜地庐山西海，采用股份制公司、单纯融资建设、运营维护管理承包、PPP等多种模式，围绕七个主要内容合作开发：以省体育局为主体，建设省级游泳、跳水、射击运动竞技基地；以庐山西海管委会为主体，华体集团、省体育局合作，打造区域球类运动休闲基地和运动培训基地；以中海集团为主体，华体集团、庐山西海管委会合作，打造中华民族体育运动村和航空运动小镇；由庐山西海管委会牵头，以华体集团为平台，以社会资本注入为手段，以环湖旅游公路为纽带，打造北线运动休闲带；三方共同招引项目，打造“空中看西海、水上玩西海、水下探西海”水上运动游乐基地；依托华体集团和省体育局赛事资源，以华体集团为平台，以省体育局为支撑，庐山西海管委会配合，建设赛事基地；在庐山西海旅游经济圈核心区，把运动休闲主题贯穿到每一个新进旅游项目之中。

【实施体育彩票工作“1＋5”改革】 2016年，针对体育彩票销售政策变化，省体育局深化发展举措，出台《关于进一步加强全省体育彩票销售工作的意见》《江西省体育彩票销售管理办法》《江西省体育彩票分级分类考核办法》《江西省体育彩票渠道工作考核方案》《关于加强全省体育彩票宣传工作的通知》《关于加强全省有纸即开型体育彩票销售工作的通知》6个文件，俗称“1＋5”改革方案。从管理机制、销售管理、销售渠道、分级分类考核、营销宣传和即开彩票等方面进行全方位改革。“1＋5”改革主要内容：一是进一步完善现行管理体制。省体育局负责全省体育彩票管理工作。省体育彩票管理中心（简称“省体彩中心”）在省体育局的领导和国家体育总局体育彩票管理中心统一组织下，具体负责全省体育彩票销售工作，并与设区市体育局共同管理设区市体育彩票分中心（简称“分中心”）。设区市体育局负责市内体育彩票销售工作，负责市内分中心日常管理工作。县（市、区）体育部门在设区市体育局具体领导和分中心统一组织下，负责当地体育彩票销售工作，负责当地专管员队伍日常管理工作。二是进一步理顺销售工作机制。设区市体育彩票销售工作的事务管理权、人员管理权和经费管理权由设区市体育局负责，分中心主任人选由设区市体育局与省体育彩票管理中心商定。设区市体育局按照“权责一致”原则对本地体育彩票销售工作全权负责。同时推行分级分类考核管理机制。依据主要经济指标及市场销售数据，科学设置相应维度。对设区市和县（市、区）体育彩票销售工作进行分类，并据此分配任务、实施分级考核，促进区域均衡发展。实行体育彩票销售情况与彩票公益金分配相挂钩机制。三是促进县域市场发展。不断提升县域彩票市场的发展质量和效益，不断激发彩票市场活力，促进县域彩票市场均衡发展。四是强化销售渠道建设。构建“布局合理、覆盖城乡”的销售渠道网络。不断扩大传统实体网点规模。积极拓展行业合作渠道。设区市体育局对当地销售网点进行规范化、常规性建设。促进网点营销能力提升，促进网点服务质量提升，切实把销售网点建设成准确、快捷、高效的传递产品、服务、信息的通道。五是加强体育彩票宣传。搭建体育彩票宣传的“高速公路”。推动体育彩票宣传传统媒体与新兴媒体融合发展，着力构建多层次的传播渠道。用好体育彩票宣传的“体育元素”。打造体育彩票宣传的“江西风景”。六是加强有纸即开型体育彩票销售工作。进一步完善有纸即开票销售管理模式，积极探索、创新销售新方式，扩大销售覆盖面，拓宽市场发展空间。重视户外营销活动的销售安全和宣传规范等行为，扩大规模，力争在“十三五”期间以县为单位的户外营销活动逐年递增、效益提升。

【开展全省体育产业专项调查】 5—10月，按照国家体育总局统一部署，全省体育产业专项调查工作全面展开。专项调查范围涵盖体育管理活动、体育竞赛表演活动、体育健身休闲活动、体育场馆服务、体育培训与教育、体育传媒与信息、体育爱好者用品及相关产业制造、体育产品用品销售、贸易代理与出租、体育场地设施建设、其他与体育相关的服务11个大类。省体育局建立三方合作机制，明确省体育局牵头，各级体育部门负责名录库建设；省统计局协助调查实施；国家统计局江西调查总队作为第三方负责专项调查数据采集。11个设区市、100个县（市、区）体育部门和11个市级、38个县级调查队参与全省体育产业专项调查工作，建立体育产业单位名录1849个，实际进行数据采集样本1892个。

【参加2016年中国体育文化·体育旅游博览会】 9月1日—5日，2016年中国体育文化·体育旅游博览会在新疆乌鲁木齐市举行。省体育局组织8家单位13个精品项目参加博览会。其中，瑞金红区运动休闲旅游线路获中国体育旅游十佳精品线路；庐山西海旅游名胜风景区、南昌湾里梅岭旅游风景区获中国体育旅游精品景区；环鄱阳湖国际自行车大赛、江西女子网球公开赛、宜春全国农耕大赛获中国体育旅游精品赛事；南康乒乓球体育旅游线路和崇义上堡乡客家梯田露营获中国体育旅游精品线路。

（王伟）

本栏编辑　邓诚君

居民生活

婚姻

【概　况】　2016年，全省586个婚姻登记机关，全年办理结婚登记38.8万对，离婚登记9.4万对，补领婚姻登记证12.1万对，登记合格率达99.99%以上。累计免除群众登记费用663万元。

开展婚姻业务工作人员培训。举办全省婚姻登记业务培训班。5月26日—27日，在南昌市举办全省婚姻登记员业务培训班，重点培训《婚姻登记工作规范》等相关政策文件，共培训学员120人。以省级财政购买社会服务形式培训婚姻家庭辅导员。首次以政府购买服务的方式，委托江西省婚姻家庭协会对全省婚姻登记机关遴选的70名骨干婚姻家庭辅导员进行为期6个月的远程网络学习和集中培训。50名婚姻家庭辅导员通过考试，取得全国三级婚姻家庭咨询师资格证。

启用婚姻登记新规范。根据民政部《婚姻登记工作规范》要求，全省婚姻登记机关按照新规范要求办理婚姻登记业务。采取自学和集中培训相结合的方式，对全省婚姻登记处骨干婚姻登记员进行培训。

规范婚姻登记信息查询。针对社会对婚姻信息查询需求，由省民政厅社会事务处制定《婚姻登记信息查询工作规范》，明确查询范围、查询程序和信息提供方式，保证婚姻登记信息查询合法、规范、有序。

【开展全省婚姻规范化工作督查】　3月，下发《关于做好我省婚姻收养规范化迎检工作的通知》，组织各级婚姻登记部门对照《婚姻登记工作规范》开展自查自纠，查漏补缺，发现问题及时整改，提升婚姻登记工作管理和服务水平。10月12日—14日，民政部海峡两岸婚姻服务中心副主任杨文涛带队，对江西省丰城市、抚州市临川区、南昌市青云谱区、西湖区等5个地方婚姻登记工作规范化情况进行督查检查，肯定江西省婚姻登记管理工作。

【开展“寻找两岸美丽新人”公益活动】　2月，根据民政部统一安排，由省民政厅主办，省婚姻家庭协会承办，在全省开展第一期“寻找两岸美丽新人”公益活动。活动期间，在全省婚姻登记处设立公益活动服务站点58个，发放宣传资料1.16万份，组织高安市等地23对新人参与全国网络评选，展现江西省新人良好形象。

（刘学平）

家庭

【概　况】　2016年，以寻找“最美家庭”活动为载体，传播好家训，传承好家风。联合武警江西总队表彰“十佳军嫂”，联合省武警边防总队表彰“贤内助”，联合《江西日报》选出10位慈母，在《江西日报》专栏连续刊出慈母事迹。龚全珍等8户家庭获评全国首届文明家庭。制定出台江西省家庭教育五年规划。举办“我爱我家”家庭情景剧展示、“我爱我家同悦书香”亲子阅读等活动。优化升级江西省网上家长学校、在移动APP江西手机报开通《家庭》栏目，线上线下同步传播科学的家庭教育理念。江西省网上家长学校日平均阅读量近5000人次，《家庭》总点击量超过829万人次。建立健全婚姻家庭纠纷人民调解工作机制，指导各地成立婚姻家庭纠纷人民调解委员会。截至年底，全省90%以上县（市、区）成立婚调委，有效预防“民转刑”案件发生。宣传解读《反家庭暴力法》，组织省政协妇联界别委员就《反家庭暴力法》进行调研并提出对策建议，引导广大妇女群众反对家庭暴力。

【举办校外教育暨家庭教育骨干培训班】　12月19日—23日，省妇联部门在永修县举办校外教育暨家庭教育骨干培训班，学习习近平在第一届全国文明家庭表彰大会上的讲话精神，落实全国《关于指导推进家庭教育的五年规划（2016—2020年）》目标任务，发掘和培养江西省家庭教育力量，进一步提高家庭教育工作者能力素质。中国家庭教育专家、中国儿童活动中心负责人和省教育研究所专家授课，省教育科学研究所家庭教育研究室副研究员王梅雾作《江西省家庭教育工作现状及趋势》报告。各设区市妇联分管领导、儿童部部长，县（市、区）妇联主席，省、市、县三级妇联部门校外教育阵地负责人，各地家庭教育专家等230余人参加。

【《关于指导推进江西省家庭教育的五年规划（2016—2020年）》出台】　12月19日，省妇联印发《关于指导推进江西省家庭教育的五年规划（2016—2020年）》。该规划提出，形成以道德教育为核心的家庭教育内容和服务体系；巩固发展学校为主、家庭参与、社区支持的指导服务网络,城市社区、学校建设家庭教育指导服务站点或家长学校的比率达到90%,农村社区(村)、学校建立家庭教育指导服务站点或家长学校的比率达到80%;逐步引入专业化的指导服务力量,提升家庭教育指导服务的质量和水平;推动完善家庭教育政策措施,出台家庭教育法律法规,初步构建以法律制度为基础的法律法规政策框架。到2020年,基本建成适应城乡发展、满足家长和儿童需求的家庭教育指导服务体系。

【开展"我爱我家"家庭情景剧评选活动】 5月,"我爱我家"2015家庭情景剧评选活动结果揭晓。南昌市妇联《永远,家》、湖口县妇联《家是一首诗》、鹰潭市月湖区妇联《拒绝毒品 从孩子抓起》3部作品获一等奖;萍乡市妇联《"骗人"的爸爸》、南昌市东湖区妇联《爱的传递》等7部作品获二等奖;南昌市青山湖区妇联《社区妈妈》、鄱阳县妇联《妈妈别走》等10部作品获三等奖;德安县妇联《榜样》等15部作品获优秀作品奖;南昌市妇联等11个单位获优秀组织奖。

活动于2015年6月1日在南昌启动,旨在展现中华民族优秀传统美德和现代文明家教家风。期间,收到各设区市推选参评情景剧和随手拍作品近120部。省妇联向全国妇联推选《精忠报国》《防溺水》《妈妈,我想您》《打工情》4部优秀情景剧参加全国评选。《妈妈,我想您》《防溺水》网络关注点击投票3万余次,获优秀提名奖,江西省妇联获优秀组织奖。

【龚全珍等8户家庭获评全国首届文明家庭】 12月12日,中央文明委发布《关于表彰第一届全国文明家庭的决定》,表彰300户全国首届文明家庭。江西省会昌县小密乡小密村廖祖彬家庭、南昌市西湖区南站街办二七南路社区邹德凤家庭、景德镇市珠山区周路口街道广场社区王锡良家庭、玉山县六都乡华山村虞元顺家庭、广昌县千善乡上堡村黄阳云家庭、莲花县琴亭镇金城社区龚全珍家庭、井冈山市茨坪镇黄竹坳社区毛秉华家庭、南昌市西湖区洪城路923号肖莉芬家庭8户家庭获评全国首届文明家庭。

(凌云　石爱忠)

居民收入

【概　况】 2016年,江西省农村居民人均可支配收入1.21万元,比上年增加999元,增长9%,扣除价格因素实际增长7%。全省城镇居民人均可支配收入2.87万元,比上年增加2173元,增长8.2%,增幅比全国平均水平高0.4个百分点,扣除价格因素实际增长6.1%。农村居民人均可支配收入增幅高于城镇居民0.8个百分点,自2010年以来江西省农村居民增收已连续7年跑赢城镇居民增收。城乡居民收入差距再度缩小,2016年,全省城乡居民收入比2.36,比上年的2.38缩小0.02,更低于2009年的2.76∶1。

农村居民收入结构持续优化。农村居民收入四大项中,工资性收入4955元,占40.8%;经营净收入4692元,占38.7%;财产净收入204元,占1.7%;转移净收入2286元,占18.8%。四大项构成比例从2010年的41.4∶50.4∶1.7∶6.5发展到2016年的40.8∶38.7∶1.7∶18.8,农村居民收入结构向更加均衡格局转变,增收来源和后劲也更加雄厚。农村居民四项收入均有不同程度增长。其中,工资性收入增长最快,为12.8%;其次为财产净收入,增长10.7%;第三为转移净收入,增长7.3%;第四为经营净收入,增长5.9%。从增收贡献率来看,工资性收入增加额最高,达562元,对农村居民增收贡献率最大,达56.2%;其次为经营净收入,增收贡献率26.1%。工资性收入和经营净收入仍是农民收入主要组成部分,对江西农民增收起主要作用。

全省农村居民人均可支配收入增幅居全国第十位、中部六省第一位,连续两年保持中部六省增幅第一。收入水平居全国第十一位,比上年提升1位。同时,收入水平与全国平均水平的相对差距进一步缩小,由上年相当于全国平均水平的97.5%提高为98.2%,缩小0.7个百分点,绝对差距由上年的283元缩小为226元。

2016年,江西精准扶贫成效显著,贫困地区农村居民生活水平明显提升。全省贫困地区(25个国家扶贫工作重点县)农村居民人均可支配收入8643元,比上年增长11.4%,高出全省平均水平2.4个百分点。分市来看,赣州市、吉安市农民收入分别增长12.1%、9.9%,增幅分别居全省第一、二位。全省农村居民收入水平最高的萍乡市和最低的赣州市收入之比为1.75∶1,比率相比上年缩小0.05,区域协调性继续改善。

2016年,构成城镇居民可支配收入的四大项均呈现全面增长态势。其中,工资性收入1.81万元,占比63.3%,增长7.7%;经营净收入2385元,占比8.3%,增长13.1%;财产净收入2619元,占比9.1%,增长1.1%;转移净收入5533元,占比19.3%,增长11.4%。

从增收贡献率来看,工资性收入对城镇居民增收贡献率最大,达59.9%;其次为转移净收入,贡献率26.1%;经营净收入和财产净收入增收贡献率分别为12.7%、1.3%。工资性收入和转移净收入是城镇居民收入主要组成部分,对增收起主要作用。

【农民增收五大支撑】 一是外出务工形势较好。江西省外出务工人员数量今年仍然保持稳定略增态势,务工工资水平持续提高。全省县域经济不断发展,重点项目建设加速推进,农村居民本地就业机会增加,本地农民工数量增长6.5%。同时,2016年江西省再次提高最低工资标准,企业工资增长基准线为8%,带动农村外出从业人员工资增长。二是农业增收较稳定。2016年江西省粮食实现稳产丰收,生猪、蔬菜、油料、水产品等价格都有不同程度的上涨,尤其是生猪价格大幅上涨。全年农产品价格上涨4.1%,对农民收入增长提供有力支撑。2016年,全省农村居民人均第一产业经营净收入3209元,比上年增长2.7%。其中,农民人均出售牧业产品收入增长35.5%。三是非农经营收入快速增长。受益于经营环境改善、各类减税政策加快落实、产业扶贫等政策帮扶,农村小微企业、休闲观光农业、农庄经济发展较快,农民工返乡创业日益活跃,为农民增收助力。2016年,全省农村居民人均二三产业经营净收入1483元,比上年增长13.5%,

增幅超出全国平均水平4.5个百分点。其中,农民人均批发和零售业、交通运输业分别增长10.1%、34.4%。四是财产净收入保持较快增长。农村集体经济进一步壮大,经营收益稳步提高,合理分配至农村居民的分红增加,全省农村居民人均获得的红利收入增长46.1%。城镇化进程加快,农村房屋租赁市场逐步扩大,出租房屋收入稳定增长,2016年江西农村居民出租房屋人均净收入增长11.8%。五是强农惠农政策力度持续加大。各地全面落实中央、省关于改善民生和打赢脱贫攻坚战的要求,扶贫力度空前加大,低保、医疗、养老标准陆续提高,各地继续加大对种粮农民的补贴力度。全省农村居民人均最低生活保障收入增长12.5%,人均获得的直接到户扶贫款增长281.2%,各类其他社会救济收入增长16.6%。

【四大因素助推城镇居民收入稳步增长】 就业形势稳定。全省继续实施就业政策,保持就业形势的稳定,全年城镇新增就业55.15万人,就业困难人员就业6.73万人,有效保障城镇居民收入平稳增长。工资收入稳步增加。全省城镇居民人均工资性收入为1.81万元,增加1301元,增长7.7%。这主要得益于各地陆续提高津补贴和奖金发放标准,以及车改、职级并行等多项增资政策的稳步推进。同时,随着最低工资标准连年提高,也在一定程度上带动全社会工资水平上升,拉动城镇居民工资收入增长。经营收入取得较快增长。全省城镇居民人均经营净收入为2385元,增长13.1%,其中人均第三产业经营净收入增长9%。得益于全省各地出台一系列针对小微企业免税降费等扶持措施,降低经营者的成本,提升了生产经营的积极性,生产经营环境得到改善,加之各级政府采取有力政策扶持有能力的城镇居民自主创业,城镇居民经营净收入实现较快增长。转移收入持续提高。全省各地全面落实党中央、国务院和省委、省政府关于改善民生要求,加大扶持力度,城镇居民低保、医疗、养老标准陆续提高,企业退休人员基本养老金持续上调,全省转移收入持续保持两位数增长。2016年,全省城镇居民人均转移净收入为5533元,增长11.44%,其中人均养老金或离退休金收入增长10.1%。

(刘巍　王敏)

居民消费

【概　况】 2016年,全省农村居民人均生活消费支出9128元,比上年增加643元,名义增长7.6%,实际增长5.6%;全省城镇居民人均消费支出1.77万元,增长5.8%。农村居民人均消费名义增速和实际增速分别高于城镇居民1.8和1.9个百分点。

江西农村居民消费水平稳步提高,消费结构进一步优化,生活质量继续改善。生活消费支出八大项呈全面增长态势,其中增幅前三位的是居住、医疗保健、生活用品及服务,分别增长14.5%、14.1%、5.7%。从生活消费支出八大项具体来看,人均食品烟酒消费支出3222元,增长4.9%;人均衣着支出454元,增长5%;人均居住支出2320元,增长14.5%;人均生活用品及服务支出520元,增长5.7%;人均交通通信支出894元,增长3.3%;人均教育文化娱乐支出922元,增长4.5%;人均医疗保健支出650元,增长14.1%;人均其他用品和服务支出148元,增长1.2%。

随着收入水平不断提高,城镇居民消费理念和消费层次发生变化,消费结构进一步趋于优化。构成消费支出的八大类呈现"七升一降"态势,分别为人均食品烟酒支出增长4.8%,居住支出增长8.2%,生活用品及服务支出增长2.1%,交通通信支出增长10.9%,教育文化娱乐支出增长4.8%,医疗保健支出增长5.5%,其他用品和服务支出增长7.4%,衣着支出下降0.4%。八大类支出对消费支出贡献最大的前三位分别是居住、食品烟酒、交通通信支出,分别贡献30.7%、26.9%、23.5%。

【城镇居民消费结构呈现四大优化】 食品消费结构不断优化。城镇居民更加注重安全、健康、营养、有机的绿色食品,饮食结构得到进一步优化。2016年,全省城镇居民人均食品支出4299元,增长4.1%。其中,人均谷物支出481元,下降1.9%;蔬菜和食用菌支出786元,增长7.8%;肉类支出974元,增长9.1%;禽类支出272元,增长2.6%;水产品支出334元,增长2.1%;奶类支出246元,增长5.9%;干鲜瓜果类支出450元,增长2.3%。从食品消费比重看,排在前五位的分别是肉类、蔬菜和食用菌、谷物、干鲜瓜果类、水产品支出,分别占食品支出比重的22.7%、18.3%、11.2%、10.5%、7.8%。城镇居民在外用餐的热情持续高涨,人均在外饮食支出为804元,增加55元,增长7.4%。住房租赁消费大幅上涨。随着城镇化快速推进,全省各级政府不断加大民生保障和改善力度,加快发展公共租赁住房,扩大住房保障范围,改善新就业职工、进城外来务工人员居住条件,特别是有效缓解中等偏下收入家庭阶段性居住困难。2016年,全省城镇居民人均居住支出为3916元,增加296元,增长8.2%。其中,人均租赁房房租支出增长52.4%。交通支出快速增长。随着城镇居民收入的不断提高,以及政府刺激汽车消费各项政策的推出,汽车消费成为居民家庭的消费增长热点,汽车拥有量不断增加。截至年末,全省城镇居民家庭平均每百户家用汽车拥有量达26辆,增长30.9%。汽车数量的快速增加带动交通、维修、燃料、停车费等消费支出的增长。全省城镇居民人均交通支出为1589元,增长13.5%。其中,交通工具支出增长10.7%、交通工具用燃料支出增长21.2%、交通工具使用及维修支出增长22.7%。网络消费日趋火热。随着移动互联网快速发展,通信工具更新换代速度加快,网络购物更加便捷,智能终端、网络电子支付手段逐渐改变着城镇居民消费习惯。截至年末,城镇居民家庭平均每百户拥有接入互联网移动电话达126部,增长23.6%;人均通过互联网购买的商品和服务支出为290元,增长30.5%。

(刘巍　王敏)

本栏编辑　邓诚君

人 力 资 源

综 述

2016年，江西省人力资源工作坚持民生为本、人才优先工作主线，推进人力资源社会保障事业改革发展，完成全年工作任务，实现“十三五”良好开局。

全面推进人社事业规划和法治人社建设。编制发布《江西省人力资源和社会保障事业发展“十三五”规划》，完成就业、社会保险、信息化等3个专项规划的编制工作，明确“十三五”时期人社事业改革发展的工作思路、主要目标、重点任务和政策措施。制定《江西省人力资源社会保障法治建设实施纲要（2016—2020年）》，印发《江西省人社系统法治宣传教育第七个五年规划（2016—2020年）》。制定《人力资源社会保障行政复议听证会程序》，规范行政复议听证活动，稳妥处理行政争议案件，全年共受理行政复议申请118件、受理率95.2%；已审结92件、结案率78%；全省共处理被行政复议案件135件，同比减少25.4%；全年涉及人社系统行政机关的行政诉讼案件318件，同比减少1.6%。加强规范性文件制定和备案，全年对150余件省人社厅本级规范性文件进行了合法性审查，向省政府报备规范性文件7件。发挥法律顾问服务和专家咨询论证作用，全年省人社厅法律顾问提供法律服务38次，出具法律意见书20份，召开6次专家咨询论证会。

全面加强人社领域政务服务。进一步推进简政放权、转变职能，取消“聘请外国专家资格认可”行政许可审批事项和“两定机构”非行政许可审批事项，下放“劳务派遣单位行政许可”部分权限，新增“事业单位工作人员再申诉处理”1项行政权力；将“设立高级技工学校审批”等5个行政许可项目全部列为工商登记后置审批事项。在权力清单和责任清单的基础上，率先建立27项办事指南类公共服务事项清单以及收费清单、其他事项清单。出台加强和改进人力资源社会保障领域公共服务实施方案，取消9项证明或手续，简化优化流程12项，部署20项长期推进的公共服务事项。全面建立“一库五清单”，建立近300万字的“政策法规库”，全部在省人社阳光政务信息系统网上办事大厅公开；编印《人力资源和社会保障法律法规规章汇编》，免费向全省人社系统发放。制定人社系统“双随机一公开”实施细则，建立省人社厅本级随机抽查事项清单、执法人员名录库和检查对象名录库，进一步规范执法行为。推进阳光政务系统建设，人社阳光政务信息系统在省本级和5个设区市本级、33个县（市、区）上线运行，在江西人社阳光政务信息系统网上办事大厅提供面向单位和个人服务的人社业务办理事项233项，其中有196项实现网上在线办理，网上办理率达到84.1%。衔接落实国家职业资格制度改革，清理职业资格和认定事项。推行“五证合一”登记制度，取消社会保险登记证定期验证、换证制度。

支持对口援疆和支持赣南等原中央苏区人社事业发展。建立涵盖就业创业、职业培训、技能培训、劳务输出等方面的就业援疆工作机制，全年完成3批次、149名新疆克州未就业大学生、自主创业人员、紧缺技能人才培训，帮扶阿克陶县富余劳动力转移到内地就业3900余人次、实现劳务创收9000余万元，组织200多名阿克陶县农村劳动力到江西就业。建设九江彭泽—克州、阿克陶县江西劳务就业实训基地，选派76名专业技术人员到新疆轮换，组织技工学校专家赴克州及阿克陶县指导技工学校建设，利用江西技工学校师资为克州及阿克陶县培养紧缺型技能人才9人、高级技工30人，安排资金300万元用于克州和阿克陶县人社局信息化建设。加大对赣南原中央苏区“一村一品”项目资金扶持，全年安排新农村建设试点村“一村一品”产业项目资金488万元，占全省资金的32.5%；安排“一村一品”项目资金163万元，占全省资金的27.2%。支持宁都县享受省直管试点县（市）的经济社会管理权限，赋予其24项人社管理权限。加强对赣南等原中央苏区创业孵化基地、公共实训基地建设等扶持，加大对其城镇居民基本医疗保险财政补助，支持帮助赣县组织举办2016年赣州海外高层次人才项目对接会。推进基层就业和社会保障服务设施项目建设，全年新增3个县、12个乡镇开展项目建设，累计有70个县、280个乡镇开展项目建设。

深入推进全省人社系统作风建设。集中整治查处人社系统基层侵害群众利益问题，在省直机关率先出台《项目建设和政府采购招投标监督管理办法（试行）》，全年对项目建设开评标、政府采购等158个项目实施现场监督。健全人社系统窗口单位作风建设长效机制，深入推进优质服务窗口创建，全省12个窗口单位被评为“2014—2016年度全国人力资源社会保障系统优质服务窗口单位”。省人社厅政策法规处被中宣部、司法部、全国普法办评为“2011—2015年全国法治宣传教育先进单位”；省人社厅劳动关系处被国务院授予“全国实施妇女儿童发展纲要先进集体”称号，省人社厅劳动监察局（江西省劳动监察总队）被团中央、中央综治办、最高法、最高检、人社部等12个部委联合授予“全国青少年维权岗”称号；江西省“12333”电话咨询服务中心被人社部评为“2014—2016年度全国人社系统优质服务窗口”。

（袁伟华）

人力资源市场

【概　况】 2016年，全省全面完成人才市场和劳动力市场整合。推进人力资源服务业快速发展，创新人力资源市场事中事后监管方式，将人力资源服务机构目录和负面清单列入劳动监察部门监管信息系统，进一步加强人力资源市场管理，简化年检材料、优化年检程序。启动赣江新区人力资源服务产业园建设，申报国家级人力资源服务产业园，批准设立江西南昌经开区、江西南昌高新区、江西南昌小蓝经开区3个省级人力资源服务产业园，建成集产业集聚、产业培育以及人才引进、开发、配置、使用、培养和公共人力资源服务等功能于一体的人力资源要素市场。推进人力资源市场诚信体系建设，引导人力资源服务机构依法经营、诚信自律，开展第二次人力资源服务机构诚信等级评定。进一步完善人力资源供求信息系统，每季发布全省人力资源供求信息，引导人才合理流动，促进人力资源合理配置。

根据2016年全省113个人力资源市场市场信息监测点统计分析，共为17.5万家用人单位提供招聘服务，提供有效岗位336.7万个，提供求职登记服务297.5人次，同比招聘单位增加4.9万个，岗位数量增加9%，登记求职数增加7.4%；举办各类专场招聘会3074场次、有80.3万人次实现流动，增长8%、平均成交率29.93%。

【深化公共就业和人才服务机构改革】 深入推进设区市及以上公共就业和人才服务机构改革，全面开展人力资源市场整合。截至年底，上饶市完成公共就业和人才服务机构整合，10个设区市进行了场地、职能、业务和信息的整合，7个设区市完成市本级人力资源市场的整合，10个设区市完成市本级公共服务与经营性服务的分离。

【人力资源服务产业园建设】 贯彻落实省政府“实现赣江新区人力资源服务加速突破”要求，强力推进人力资源服务产业园建设。8月，省人社厅会同南昌市启动赣江新区人力资源服务产业园建设。11月，批准设立江西南昌经开区、江西南昌高新区、江西南昌小蓝经开区3个省级人力资源服务产业园。11月26日，以省政府名义向人社部申报国家级人力资源服务产业园。截至年底，江西省已建设3个省级人力资源服务产业园，1个市级人力资源服务产业园。

【开展人力资源服务机构诚信等级评定】 推进人力资源市场诚信体系建设，开展第二次人力资源服务机构诚信等级评定，评定首次采取委托第三方评审、省评审委员会审核的方式进行，共评选出江西省人才市场、江西省人力资源有限公司、江西省同济人力资源有限公司、南昌市人力资源服务中心、南昌市智通人力资源有限公司、吉安市人才市场6个诚信示范单位，AAA级诚信单位12个，AA级诚信单位25个，A级诚信单位3个。

【强化人力资源市场管理】 进一步加强人力资源市场管理。简化年检材料、优化年检程序，建立事中事后监管机制，会同劳动监察部门建立“双随机、一公开”监管制度，将人力资源服务机构目录和负面清单列入劳动监察部门监管信息系统。全省共有465家人力资源服务机构通过2015年度年检，33家经营不规范、管理不严格、资质不符合规定的人力资源服务机构未通过年检。

（袁伟华）

人才队伍建设

【概　况】 专业技术人才队伍建设进一步加强。全年全省新增专业技术人才20万人，增长9%。截至年底，全省专业技术人才259万人。组织选拔产生145名享受国务院和省政府特殊津贴人选，评选出110名省级“百千万人才工程”人选。全省新增专业技术人才20万人，增长9%。建立省引进高层次人才工作联席会议制度，实施“急需紧缺高层次人才引进计划”，发布6460个博士以上引才岗位，引进博士以上高层次人才600余人，创历年新高。落实省校合作战略协议，在北京大学举办江西省引进高层次人才专场招聘会，组织参加15场次系列招聘活动，组织200多家单位赴东北、西北、西南等14个省市招揽博士以上高层次人才。加快博士后事业发展，全年新增博士后研究人员142人、增长21.4%；开展博士后创新实践基地申报评审，新增设立博士后创新实践基地30家；组织省博士后科研项目和日常经费资助申报评审，资助科研项目60项、资助日常经费60人，资助资金450万元。做好中国博士后科学基金第59、60批面上资助和第九批特别资助申报，全省42人获得资助，增加16.7%。资助61名百千万人才工程人选赴国（境）外研修；组织开展专家服务300余人次。

技能人才队伍建设进一步推进。全年全省新增技能人才14万人，新增国务院特殊津贴人员6人，新增全国技术能手4人，8位高技能人才被省政府授予江西省特殊津贴，18个单位被授予江西省技能大师工作室称号。全省共拥有技能人才429万人，占城镇从业人员总量的41.8%；拥有高级工以上高技能人才128.17万人，占技能劳动者的29.87%。开展“技兴赣鄱”专项行动，新增国家级高技能人才培训基地建设项目3家、国家级技能大师工作室5家，已建成国家级高技能人才培训基地18家、省级高技能培训基地80家、国家级技能大师工作室20家，省级技能大师工作室83家。组织江西省“振兴杯”职业技能竞赛活动，开展省级竞赛90项，直接参赛人数5万余人，带动60万余人岗位练兵。承办中国技能大赛——全国第二届陶瓷行业技能竞赛，中国陶瓷工业协会将景德镇作为“全国陶瓷职业技能竞赛”总决赛基地。组队参加33项世界技能竞赛全国选拔赛，15人入选国家集训队，为江西历史最好成绩。加强世界技能大赛集训基地建设，配套5家竞赛基地建设资金1200万元，安排6家省级高技能人才培养基地建设资金2000万元。推进公共实训基地建设，启动赣州市、吉安市两个市级公共实训基地建设。强化技工教育资金支持，有7所技工院校纳入“十三五”中职产教融合发展工程建设规划，分配31所技工院校现代职业教育质量提升计划中央专项资金5100万元。深入推进技工教育发展，新设2所技师学院、2所高级技工学校，全省共有技工院校86所，全年完成招生5.04万人、增长5%，技工院校毕业生就业率稳定保持在98%以上。

引进国外智力工作力度进一步加大。启动实施一批国家级和省级引智项目，全年共执行各类国家外国专家项目13项、各类省级外国专家引进计划及资助项目37项，引进各类海外人才124人到赣工作，增长67%；引智项目单位在外国人才帮助下获得专利授权53项、专利申请45项，取得重大科技突破、解决重大技术难题27项。加强引智示范基地和示范单位建设，全年新增1家国家级引智成果示范基地、15家省级示范推广基地和示范单位。开展“海外人才江西行”系列活动，邀请27位海外人才与省内需求单位面对面洽谈对接，达成合作意向5项、签订合作协议7项。举办“海智惠赣鄱——江西国际合作教育与科研大讲堂、德国专家社保专业大讲堂、赣俄人才交流合作”系列活动，邀请15位高层次外国专家到赣开展合作交流。加大外国专家表彰激励力度，1人获“中国政府友谊奖”、15人获“庐山友谊奖”。加强出国（境）培训审核管理，全年共派出各类团组15个、301人次。

人事考试和职业技能鉴定工作平稳有序。人事考试和技能鉴定平稳有序。推进依法依规治考，健全教育、公安、工信多部门配合的考试协调机制作用，共同打击高科技作弊和集团化作弊，重大考试实行雷同答卷甄别和认定制度，全年完成各类人事考试66项，报考人数53.8万人。进一步规范职业技能鉴定，开展职业技能鉴定所站年度检查，撤销15家鉴定所站，对3家鉴定所站实施限期整改；加强鉴定服务管理信息化建设，组织实地调研查看省管108个鉴定所（站）和11个设区市，完成江西省职业技能鉴定管理服务平台可行性研究报告、预算调整、项目评审和招标等准备。进一步优化简化鉴定程序，取消部分需提供身份证原件、第三方学历证明流程，开通证书快递业务。完善职业技能鉴定考务管理工作流程，加强实操考核质量控制和监管，严肃考场考风考纪，全年完成职业技能鉴定30万人次，近4万人取得三级以上职业资格证书。

【鼓励专业技术人员创业创新】 6月，省人社厅出台《关于深化职称评价改革鼓励专业技术人员创新创业的若干意见》《有突出贡献人才高级专业技术资格审定办法》，提出10项优惠政策鼓励专业技术人员创业创新，突出以品德、能力、业绩和贡献为主的评价导向，根据不同地区、不同行业、不同层级单位的差异和特点，分类设置资格条件，实行差别化评价。对社会发展有突出贡献人才，不唯学历、不唯职称、不唯资历、不唯身份，开辟职称审定“绿色通道”。

【组团参加北京大学2016年毕业生就业洽谈会】 3月18日，省人社厅组织全省45家单位赴京参加“北京大学2016年毕业生就业洽谈会”，现场初步达成协议189人，其中博士、博士后55人，引才成效明显。参加组团的45家招聘单位都是江西省大型国有控股企业、高新企业、上市公司、科研院所和高等院校，提供各类高层次人才岗位1237个，其中引进博士以上高层次人才岗位802个，占整个岗位需求的64%，涵盖江西省新兴产业、支柱产业等方面急需和紧缺的高层次人才；参加招聘的单位都提供了颇具竞争力的薪酬待遇。活动依托北京江西籍博士联合会组织，采取微信等新媒体，对招聘单位、岗位信息等进行了宣传。

【举办引进高层次人才北京专场系列活动】 11月6日，江西省在北京大学组织召开2016年江西省引进高层次人才工作恳谈会，北京大学党委副书记叶静漪到会致辞，省人社厅副厅长庄文玥出席并讲话，省政府驻京办副主任高延平主持恳谈会，省委组织部有关领导介绍了江西省人才政策。中国工程院院士、北京邮电大学原校长方滨兴教授等知名学者及部分在京赣籍优秀学生代表受邀出席。当天同步举行专场招聘会，收到简历1945份，意向签约641人，其中博导（正高）1人、博士（博士后）199人、硕士427人、重点院校本科14人。

【组团赴东北3省引进高层次人才】 12月中旬，省引进优秀高层次专业技术人才工作办公室（设省人社厅）组织省内14家企事业单位，赴东北3省参加“第十九届东北3省硕士、博士人才招聘会暨第十二届东北三省医学、药学硕士、博士招聘会”。招聘活动分别在哈尔滨、长春、沈阳、大连4个城市举办专场招聘会9场，用人单位深入黑龙江大学、吉林大学等6所国内著名高校与即将毕业的硕博人才面对面洽谈交流，宣传介绍江西省及各单位的引才优惠政策、薪酬待遇。此次招聘共提供高层次人才岗位350个，涉及教育、医疗卫生行业，参加招聘单位提供了年薪、安家费、科研经费、住房补贴等有竞争力的薪酬待遇，共收到简历571份，当场签订引进意向122人，其中博士（博士后）53人、硕士69人。

【第27批中国博士后科技服务团江西行活动启动仪式举行】 10月19日，由全国博士后管委会办公室、中国博士后科学基金会、江西省人社厅主办，南昌市人社局承办的第27批中国博士后科技服务团江西行活动启动仪式在南昌市举行，这是服务团第三次到江西开展服务。中国博士后科学基金会、省博管办的有关负责人，清华大学、北京科技大学、上海交通大学、华中科技大学、同济大学、中科院等高校和科研单位的15位博士后服务团成员，与江铃集团等11个单位进行对接，围绕20个研发项目进行洽谈。

【加快博士后事业发展】 全年新增博士后研究人员142人、增长21.4%；开展博士后创新实践基地申报评审，新增设立博士后创新实践基地30家。至年底，全省博士后设站总数由2011年的55家增加到117家，博士后创新实践基地61家。招收博士后人数由2011年的43人增加到2015年117人，平均每年递增28%，累计招收博士后人员近700人。在站博士后人数由2011年的150人增加到400人。

【加大对博士后人才培养资助力度】 组织省博士后科研项目和日常经费资助申报评审，资助科研项目60项、资助日常经费60人，资助资金450万元。申报评审中平均获选率、工作站获选率、自然科学类获选率、企业获选率、年龄在35岁以下人员获选率均创出新高，资助人数由原来的30人增加到60人，资助面进一步扩大。从2012年起，每年从省人才发展专项资金中单独划拨经费，用于择优资助博士后研究人员。至年底，累计资助博士后日常经费180人，资助资金540万元。

【27名博士后获得中国博士后科学基金面上资助】 5月，中国博士后科学基金会下发《关于公布中国博士后科学基金第59批面上资助获资助人员的通知》，江西省27名博士后人员获得中国博士后科学基金面上资助，为历年来获得面上资助人数最多的一次，增长50%，也是工作站博士后人员获资助最多的一次，其中4家企业博士后工作站实现了申报中国博士后科学基金特别资助零的突破。全省累计获得中国博士后科学基金各项资助共228人。

【2名博士入选“香江学者计划”】 5月，全国博士后管理委员会办公室公布2016年“香江学者计划”入选者名单，南昌大学姚凯、殷军艺两名博士人选“香江学者计划”，获准到香港理工大学开展博士后研究，为期两年，每人获资助人民币30万元和港元30万元。2016年，该项计划主要支持基础研究、生物医学、信息技术等专业领域，共有4人入选该计划。

【开展优秀高技能人才直接认定】 11月11日，省人社厅印发《关于开展江西省优秀高技能人才直接认定工作的通知》，明确江西省区划内确有绝技绝活、工作业绩突出、贡献较大、公认达到技师或高级技师水平的技能劳动者，在国家职业资格许可和认定范围内，因江西省未开展相关职业资格考核鉴定、无法取得职业资格证书的技能人才，经专家评审、公示等环节后，可直接授予技师或高级技师职业资格证书。直接认定的技师、高级技师，与职业技能鉴定等方式取得技师、高级技师享受同等待遇。

【举办第二届全国陶瓷职业技能竞赛总决赛】 10月23日，第二届全国陶瓷职业技能竞赛总决赛、全国职业院校陶瓷类专业学生职业技能大赛在江西省景德镇举办，11个省主要产瓷区的212名全国陶瓷类技能“高手”参加陶瓷装饰工、陶瓷产品设计师两个职业的全国总决赛，江西省省级陶瓷彩绘技能大师工作室领办人欧阳敏获得陶瓷装饰工全国第一名。此外，中国陶瓷工业协会宣布授予景德镇大学生创业孵化基地为“中国技能大赛——全国陶瓷职业技能竞赛总决赛基地”，标志着中国技能大赛——全国陶瓷职业技能竞赛总决赛长期落户江西省景德镇。

【举行“技能中国行2016——走进江西”展示交流活动】 12月14日，“技能中国行2016——走进江西”展示交流活动在中航工业江西洪都航空工业集团举行。人社部副部长汤涛、省政府副省长谢茹、人社部职建司司长张立新、省人社厅厅长刘三秋启动展示交流活动并为在赣世界技能大赛集训基地授牌。中航工业总经理助理刘井宏、中航工业洪都集团董事长宋承志、省人社厅副厅长刘滇鸣等领导出席活动。此次展示交流活动由人社部职业能力建设司、中国就业培训技术指导中心主办，省人社厅、中航工业集团承办，中航工业洪都集团协办。世界技能大赛5个项目的指导专家、教练和参赛选手，南昌地区技工院校师生代表，以及福建、安徽、四川等省代表1000余人参加开幕式。

【举办“海外人才江西行”系列活动】 4月，省人社厅、省委组织部联合开展“海外人才江西行”系列活动，邀请27位海外人才与省内需求单位面对面洽谈对接，达成合作意向5项、签订合作协议7项。首次启动、连续举办3期“海智惠赣鄱”系列活动，先后请进国外科学院院士等15位高层次外国专家到赣开展合作交流。

【推进引智成果示范推广建设】 选拔推荐江西首批引智成果示范单位——东华理工大学质谱科学与仪器重点实验室被国家外国专家局命名为国家级引智成果示范单位（2016年全国仅命名12家）。评选出江西第二批引智成果示范推广基地和示范单位15家。截至年底，江西共建成国家级引智成果示范单位1家、省级引智成果示范推广基地12家、省级引智成果示范单位12家，初步形成国家级、省级两级引智成果示范推广体系。

【强化聘请外国专家单位监管】 探索聘专单位事中和事后监管，将首次办理外国专家到华工作许可审批调整为核验程序，并将核验权限下放到各设区市。建立随机抽查事后监管机制，组织对80%的聘专单位进行抽查，建立聘专单位社会信用体系，完善投诉处理机制，及时调查处理违法违规行为，对违规的单位按规定纳入国家外专局聘专“黑名单”。

【开展“庐山友谊奖”评选表彰】 报经省政府批复同意保留江西省唯一的外国专家表彰项目——“庐山友谊奖”。9月，开展“庐山友谊奖”评选推荐工作，从全省3500多名外国专家中评选出15名优秀外国人才享受庐山友谊奖，组织举办颁奖仪式。推荐1名优秀外国人才享受“中国政府友谊奖”。

【加强引进国外智力工作宣传】 组织召开全省引进国外智力工作会议，总结“十二五”时期全省引智工作，分析“十三五”时期面临形势任务，部署2016年全省引智工作任务。开展全省“十三五”引智规划编制工作，会同高校引智工作专家组织联合编写，基本完成初稿。继续开展《全省引智工作30周年纪实》编撰，对改革开放以来江西省引智工作情况进行全面梳理汇编，已完成文字稿50万余字、图片1000余张。出版发行《赣鄱大地的洋朋友》一书，从不同角度呈现外国人在赣真实工作生活状态，宣传展示江西省人才政策、引智成效和江西形象。

【严格出国（境）培训管理】 贯彻落实中央有关出国（境）规定要求，坚持"从严控制、为我所用、突出重点、少而精"方针，围绕服务江西省人才发展的目标，强化出国（境）培训管理。结合鄱阳湖生态经济区建设、"一带一路"倡议实施、推进苏区振兴、生态文明示范区建设、供给侧结构性改革等重点战略组织培训项目，重点支持民生保障、生态文明、低碳经济和循环经济、环境保护、食品安全、现代农业、科技创新等方面培训项目。全年全省共派出党政机关、企事业单位等各个领域不同行业团组15个、301人次，其中专业技术类团组9个、168人次。

（袁伟华）

就业创业

【概　况】 2016年，全省城镇新增就业55.2万人，完成年计划的122.6%；失业人员再就业24.7万人，完成年计划的129.8%；城镇登记失业率3.35%，低于4.5%的年度控制目标；帮助6.7万名就业困难人员实现就业，完成年计划的168.2%；零就业家庭安置率100%，继续保持动态清零。全省新增转移农村劳动力59.89万人，完成年计划的119.8%，其中省内新增转移就业40.43万人，完成年计划的115.5%；工业园区企业定向培训34.56万人，完成年计划的115.2%；创业培训14.99万人，完成年计划的124.9%；电商培训6.05万人，完成年计划的120.9%。失业保险参保人数283万人，完成年计划的104%。

创业促就业成效突出。制定出台《加快构建大众创业万众创新支撑平台的实施意见》，搭建创业孵化平台，提供资金补贴、税费减免等"六补三扶一减免"的政策扶持。全省建设创业孵化基地等平台229个（其中国家级创业孵化示范基地3个），吸纳创业实体1.73万个，带动就业15.67万人。组织全省双创工作现场推进会，开展青创茶经会、江西"青创板"新闻发布会、江西青年（大学生）创新创业投融资对接会等双创活动周系列活动，全省共举办389场活动，直接辐射150万人次。连续3年开展"大学生创业公开课"活动，连续2年举办"中国创翼"青年创业大赛，2016年共吸引组织822个项目参赛，有17个晋级全国总决赛、3个获二等奖，5个获优胜奖，多个项目和风投机构签约，省人社厅获得"优秀组织奖"。加大创业担保贷款力度，全年新增发放创业担保贷款122.9亿元，完成年计划的122.9%；扶持个人创业8.9万人次、带动就业44.7万人次。人社部劳动科学研究所开展以江西创业担保贷款为蓝本的政策效应评估，评估结果显示江西创业担保贷款成效显著。

重点群体就业保持稳定。继续实施高校毕业生就业促进计划，全省实名登记高校毕业生4.19万人，已帮助实现就业3.65万人，占登记总人数的86.97%；高校毕业生就业率95.3%，较初次就业率提高9.5个百分点，实现高校毕业生就业水平不降低、有提高的目标。加强"三支一扶"选拔培养，全年招募"三支一扶"大学生2126名，超额完成任务；妥善安置2058名服务期满的"三支一扶"大学生，安置率100%。组织开发就业扶贫信息监测模块，通过公共服务活动对接一批、跨省劳务输出一批、扶贫车间就地转移一批、自主创业一批、公益性岗位托底一批等办法，积极为贫困人员提供公共就业服务。开展春风行动、就业援助月、民营企业招聘周、高校毕业生就业援助月等专项活动，仅"春风行动"全省就举办招聘会1472场次，提供就业岗位70.7万个，参加招聘会175.2万人次，达成就业意向27.1万人。

化解过剩产能职工安置稳妥推进。制定出台去产能职工安置实施意见，实行省、市、县、乡"四级联动"和逐级、逐企、逐人核查职工信息，利用就业精准帮扶网、社会保障网提供安置服务，建立工作推动、安置报告、联合办公和应急处置工作机制，切实保护企业和职工的合法权益。全年全省去产能的239家煤炭钢铁企业、在职职工5.13万人，安置分流4.06万人，完成计划数的109.4%；全省各地组织各类针对性专场招聘会200多场，提供岗位5.8万个，帮助1万余人实现就业。

公共就业服务水平稳步提升。健全完善离校未就业高校毕业生就业创业服务"一键通"平台，组织农村劳动力转移就业和工业园区企业用工调查，扩大"一网五点"监测范围，由原来的5个县50个行政村扩大到10个

2016年5月，赣州市南康区就业扶贫服务中心为贫困劳动力提供就业援助

省人社厅供稿

县100个行政村。开展基层平台规范化建设试点和绩效考核，开发就业扶贫、去产能职工安置、劳动力转移监测等信息化模块，做好就业信息基础性数据采集。

【降低失业保险费率】 5月6日，省人社厅、省财政厅联合下发《关于阶段性降低失业保险费率的通知》，明确规定从2016年5月1日起，失业保险总费率在2015年已降低1个百分点基础上降低至1%，其中用人单位缴纳的失业保险费比例从1.5%降至0.5%，职工个人缴纳的失业保险费比例为0.5%。降低费率的期限暂按两年执行。全年全省执行新费率后减征3.44亿元，有效减轻了企业负担。

【推进大学生创业引领计划】 深入实施大学生创业引领计划，举办江西省大学生创业公开课活动，采取项目路演、导师经验分享、导师选徒、创业问答、创业沙龙等方式提升创业团队的能力和水平。联合团省委、省教育厅等组织"创青春"大学生创业大赛、"互联网+"大学生创业大赛等活动，采取创业培训、落实创业政策、开展创业活动等举措，全年全省注册登记创业大学生1.66万人，为2.56万名大学生开展创业培训。

【发放高校毕业生求职补贴】 落实《关于做好困难高校毕业生一次性求职创业补贴和大学生一次性创业补贴发放工作的通知》，向2016届城乡居民最低生活保障家庭、残疾和已获得国家助学贷款的应届高校毕业生发放一次性求职创业补贴，补贴标准为每人1000元。全年共为2.24万名符合条件的高校毕业生发放补贴2241.3万元，增长612.7%。

【开展高校毕业生就业服务月活动】 9月1日—30日，全省组织开展以"实名登记精准服务，帮助更多高校毕业生就业"为主题的高校毕业生就业服务月活动，为高校毕业生提供职业介绍、职业指导、求职登记、失业登记、技能培训、创业培训、小额贷款、政策咨询等公共就业服务，印发各类政策宣传资料34.1万份，发布岗位信息6.4万条次，提供职业指导2.4万人次，提供就业推荐2.1万人次，组织各类专场招聘活动179场、提供就业岗位5.3万个、达成就业意向1.1万人。

【组织就业援助月活动】 2016年元旦、春节期间，全省各级人社部门组织开展以"就业帮扶、真情相助"为主题的就业援助月专项活动，共入户走访困难家庭1.02万户，登记认定未就业困难人员1.2万人，帮扶援助对象实现就业1.12万人(其中残疾就业困难人员2318人)，帮助1.02万人次落实就业困难人员相关政策补贴。

【开展民营企业招聘周活动】 4月，联合教育、总工会、工商联等部门组织开展以"促进供需对接，助力转型发展"为主题的大型民营企业招聘活动，共有4282家民营企业提供15.21万个就业岗位(其中适合高校毕业生就业岗位6.48万个)，帮助3.74万人与用人单位达成就业意向。

【组织开展2016年度"春风行动"】 2—3月，省人社厅联合省扶贫办、省总工会、省妇联开展以"搭建供需平台 促进转移就业"为主题的"春风行动"系列招聘会，全省共举办各类招聘会1472场次，参加招聘活动用人单位1.15万家，提供就业岗位70.7万个，入场参加招聘会175.2万人次，达成就业意向27.1万人，发放春风卡等宣传资料410万份。

【举办"中国创翼"创新创业大赛江西赛区初、复赛】 6—7月，省人社厅先后组织举办第二届"中国创翼"青年创业创新大赛江西赛区初、复赛，全省共有822个项目报名参赛，504个项目参加各设区市的初赛，实际参赛数量同比增长1.8倍。参赛项目中涌现出一批富有创意、具有特色、科技含量高、商业模式新的优秀创业项目，赢得了社会各界和专家评委的好评。复赛前，组织举办赛前培训、创业沙龙、创业讲座等系列活动；复赛阶段邀请创投行业专家、青年创业导师等国内相关行业领军人士担任评委；为参赛项目送出"创业政策大礼包"，开辟创业担保贷款"直通车"，对获得全省一、二、三等奖的选手分别给以10万元、6万元、3万元奖励，探索出了"大赛+"推动创业的新模式。

【开展"大众创业万众创新活动周"】 10月12日—17日，全省各级人社部门开展以"发展新经济、培育新动力"为主题的全国"大众创业万众创新活动周"，通过展板、宣讲、发放手册、微信推广等各种形式，将创业创新政策、项目送进园区、企业、社区、校园，营造了大众创业万众创新的浓厚氛围。其中，10月17日，开讲江西省第三届大学生创业公开课，全国各地的创业导师与江西省大学生创业者面对面对创业项目进行现场把脉问诊、牵手孵化。抚州市举办"青年之声"创业分享会，邀请来自农村的大学生创业者分享创业经历。吉安市组织"聚力创业、聚焦创新"为主题的企业家创业沙上，十几名本土知名企业代表介绍创业创新经验做法。宜春市举行青年创业与投资专题讲座，特邀中国创翼青年创业创新大赛主评委王京露授课辅导。

【大学生创业人才公寓签约发布仪式举行】 10月15日，省人社厅、南昌市人社局在南昌市大学生电子商务创业孵化基地共同举行2016年大学生创业人才公寓签约发布仪式，省人社厅副厅长刘滇鸣出席仪式并为入住人才公寓的创业者颁发公寓钥匙。5月，南昌市大学生电子商务创业孵化基地电商人才公寓正式立项。该项目一期人才公寓房源已交付使用，建设面积3000平方米，累计投资2500万元，可满足250位电商创业人才居住。此外，签约发布仪式现场还开展了创业政策宣传咨询活动，邀请6家孵化基地进行创业项目推荐、高校毕业生现场招聘等活动。

【开展就业创业培训】 将工业园区企业定向培训补贴扩大到所有符合产业政策的企业，帮促企业降低用工成本。对创业培训定点机构认定实行分级管理，由省人社厅认定省本级创业培训定点机构，将其他创业培训定点机构认定权限下放至各设区市、省直管县人社部门。探索创业培训与产业项目、电子商务相结合的培训模式，大规模组织开展SYB+电子商务创业培训，重点开发实施网络创业培训项目，举办两期电子商务创业师资培训班，全年新聘用182名电子商务创业培训师。全年工业园区企业定向培训34.56万人、完成目标任务的115.2%，创业培训14.99万人、完成目标任务的124.9%，电商培训6.05万人、完成目标任务的120.9%。

【创业担保贷款稳中有进】 充分发挥创业担保贷款作用，将小额担保贷款调整为创业担保贷款，进一步健全完善政策措施。印发《创业担保贷款创建“三个十”活动实施方案》，突出重点扶持、发挥政策引领。全年全省共发放创业担保贷款122.9亿元，完成民生工程任务的122.9%，直接扶持个人创业8.9万人次、带动就业44.7万人次，到期贷款回收率99.9%。连续3年新增发放突破100亿元，继续保持了创业担保贷款工作在全国的领先位置，多次受到人社部、省委省政府领导的表扬肯定。省创业担保贷款中心分别在全国创业担保贷款工作会议、全国创业政策培训班上作了经验介绍和授课辅导，宜春市创业贷款担保中心获得2016年中国银行业协会微型创业奖最佳创新发展奖。

【继续实施高校毕业生“三支一扶”计划】 2016年，人社部下达江西省“三支一扶”大学生招募计划1600名，省政府“民生工程”下达招募计划2000名。全省各级人社部门调整招募政策、创新招募方法、完善安置措施。全省共有55246人参加“三支一扶”招募统一考试，实际招募“三支一扶”大学生2126名，超额完成国家和省里的指标任务。安置服务期满考核合格的“三支一扶”大学生2141名，安置率100%。重视宣传“三支一扶”大学生先进事迹，《中国组织人事报》、全国高校毕业生“三支一扶”工作简报、《中国人力资源社会保障》杂志和江西有关媒体分别刊载过江西省“三支一扶”大学生事迹。

（袁伟华）

人事管理

【概　况】 公务员队伍建设不断加强。坚持和完善公务员“凡进必考”和“四级联考”制度，组织全省公务员四级联考、政法干警招录培养体制改革试点、公安机关面向社会招录人民警察及面向公安院校公安专业毕业生招录人民警察招考，全省招录公务员3363名、招录人民警察1150余人。扩大公务员平时考核试点范围，在省市县三级人力资源社会保障部门同步开展公务员平时考核。严格参照管理审批，全年共批准13个事业单位参照管理，撤销54家事业单位参照管理。严格规范评比达标表彰活动，全年新增7个表彰项目、叫停33个未经批准要求开展的表彰活动。规范公务员转任、调任及职数备案审核，做好机场公安、省机管局等单位机构改革人员分流安置，开展公务员遴选工作，共遴选412名基层公务员进入上级机关工作。制定印发《省“十三五”机关公务员培训纲要》，开展公务员“四类”培训（初任培训、在职培训、任职培训、专门业务培训）和对口培训，全年培训公务员15.6万人次。

事业单位人事管理不断加强。组织全省事业单位统一招聘和退役大学毕业生士兵、中小学教师等招聘工作，较好缓解了事业单位人手不足的矛盾。全年共招聘事业单位工作人员26378人。开展基层农技、水利等定向招聘和培养，有效解决边远、艰苦行业专业技术人才招聘难和留人难等问题。开展事业单位管理岗位职员等级晋升改革试点，拓宽了事业单位管理人员职业发展空间。组织首批事业单位专业技术二级岗位人员聘期考核工作和岗位动态管理工作，逐步解决过去一聘定终身、能上不能下的难题。支持事业单位科研人员创新创业，全年共批准离岗创业2082人。

职称制度改革不断深化。全面推开中小学教师职称制度改革，启动卫生高级专业技术资格职称制度改革，对省市县及乡镇卫生技术人员实行分类评价，鼓励卫生技术人员服务基层。出台深化职称评价改革鼓励专技人员创新创业意见，在专业技术人员职称评价标准等方面实现创新突破。出台有突出贡献人才高级专业技术资格审定办法，开辟职称审定“绿色通道”，突出以品德、能力、业绩和贡献为主的评价导向，激发专业技术人才创新创业活力。完善高技能人才评价办法，启动重点产业的大中型企业技能人才自主评价。

军转安置任务顺利完成。继续推行考试考核与积分选岗相结合的阳光安置办法，全省11个设区市的10个设区市和省直实行了量化考核、积分择岗的安置办法。全年接收安置计划分配军转干部633名，安置到党政群机关和参公事业单位的占95.4%；全省11个设区市的6个设区市100%安置到党政群机关和参公单位，实现了安置进度快于往年、安置质量好于往年的目标。加强自主择业军转干部管理服务，接收安置自主择业军转干部236名、增长138%，不断提高军转干部医疗待遇和生活补贴标准，深入开展关爱行动，企业军转干部群体保持稳定。妥善做好随军家属就业安置工作，全年全省调配安置随军家属174人、推荐就业安置124人。

工资收入分配更加合理有序。调整了机关事业单位工作人员基本工资标准，增加离休人员离休费，提高了机关事业单位工作人员遗属生活补助标准；完成县以下机关建立公务员职务与职级并行制度实施工作，全省共有4.3万人晋升职级，人均月增资额289.8元；调整乡镇工作补贴，基层和艰苦边远地区工资待遇水平进一步提高；调整人民警察警衔工资，推进法官、检察官工资制度改革，制定法官、检察官工资制度改革试点方案和实施意见，确定法官、检察官等级对应津贴补贴标准和工作人员绩效考核奖金。健全完善省直事业单位绩效工资申报政策，明确了绩效工资总量申报原则和纳入绩效工资管理的项目范围等；调整了省直事业单位绩效工资基本标准线，省直驻南昌城区及设区市单位实行统一的基本标准线；做好省直事业单位绩效工资总量申报核定备案，审核批复省直149家单位的绩效工资总量，备案了省直340余家单位的绩效工资总量。

【加大对基层边远艰苦地区考录支持力度】 落实艰苦边远地区基层公务员考试录用工作实施意见，采取降低门槛、放宽条件、降低比例、单独划线、限制户籍等措施，解决基层边远艰苦地区招录难、留人难问题。全年全省公务员招录岗位中共有13.1%的县乡基层职位限本县户籍或生源报考，21.1%的乡镇职位定向招录基层服务项目人员，近90%的乡镇基层公务员职位不限专业、工作年限和经历。

【严格规范评比达标表彰活动】 加强评比达标表彰活动管理，坚持控制总量、限制增量、用好存量原则，严格控制评比表彰活动的规格、规模和人数，适时调整评比表彰项目目录，注重发挥好存量项目的社会效果。全年共叫停33项未经批准、要求开展的表彰活动，按照规定程序新增7项表彰项目。江西省经批准保留的评比达标表彰项目共有62项。

【健全完善公务员培训体系】 印发《江西省十三五机关公务员培训纲要》，健全完善公务员培训体系，重点抓好公务员五大发展理念培训，加强基层公务员和机关一般岗位公务员培训，开展四类培训和对口培训。建立省直机关公务员出省培训审批制度，省直机关公务员赴外省培训计划需报省委组织部、省公务员局、省财政厅3家联审，提高了培训质量和经费使用效益。全年全省培训公务员15.6万人次。

【完善事业单位岗位设置管理制度】 出台《江西省省直事业单位管理岗位职员制改革试点方案》，在南昌大学等8家省直事业单位推进管理岗位职员制改革试点。开展江西省首批事业单位专业技术二级岗位人员聘期考核，对2011年聘用的全省首批356名事业单位专业技术二级岗位人员开展聘期考核工作。开展2016年全省事业单位专业技术二级岗位审定，经专家审定产生了64名二级岗位人选。

【组织事业单位公开招聘】 开展2016年度全省中小学教师招聘，全省共计划招聘中小学教师13054人，其中中小学在编教师8175人、特岗教师4879人。开展全省事业单位招聘退役大学毕业生士兵工作，共有204家事业单位、发布招聘岗位464个，有1288名江西籍全日制大学毕业生士兵参加考试，实际招聘退役大学生士兵251人。重新启动省直事业单位公开招聘，共发布招聘公告130个、计划招聘1559人；发布省直高层次人才招聘公告156个，计划招聘2414人，其中博士1090人，占总数45%。

【进一步提高军转干部安置质量】 全面落实全国军转安置工作会议部署，继续推行考试考核与积分选岗相结合的阳光安置办法，全省11个设区市的10个设区市和省直实行了量化考核、积分择岗的安置办法，覆盖率92%。全年中央下达计划分配军转干部指标635名、增长19.4%；接收安置633名，安置到党政群机关和参公事业单位的占95.4%、增长3.1%；全省11个设区市的6个设区市100%安置到党政群机关和参公单位；师团职军转干部安排领导职务的占75%、增长5.6%，实现了安置进度快于往年、安置质量好于往年的目标。

（袁伟华）

劳动管理

【概　况】 2016年，调整充实省构建和谐劳动关系工作领导小组，完善政府绩效考核、市县科学发展考评和谐劳动关系考核指标，建立省级模范劳动关系和谐企业、工业园区、乡镇（街道）表彰制度，开展和谐劳动关系企业与工业园区创建。开展劳务派遣核验，发布《2015年度劳务派遣核验工作公告》；加强特殊工时审批，共审批实行特殊工时制企业1839户，涉及职工13.76万人；启动女职工劳动保护立法修订工作；完成全省妇女儿童发展"两纲"实施情况中期评估，得到国务院"两纲"中期督导组充分肯定。

推进国有企业负责人薪酬制度改革。完成南昌、景德镇、宜春、上饶、抚州等5个国家试点城市、2333家企业、15.3万名劳动者薪酬调查，调查企业户数增长13%。发布2016年企业工资指导线，基准线为8%，增长下线为3%，不设上线。

抓好省政府支持农民工等人员返乡创业实施意见等文件贯彻落实，继续将农民工工作列入市县科学发展综合考评，联合江西调查总队开展农民工群体情况监测调查，发布《2015年江西农村劳动力转移就业和农民工监测报告》，组织开展第十次全省农民工工作自查，有序推进农民工市民化。推进家庭服务业发展，调整全省民生工程"家庭服务业新增就业人员、家庭服务业从业人员培训人数"指标，从全省就业资金分配中安排3013万元作为发展家庭服务业专项资金，制定江西省家庭服务业发展"十三五"规划，正式实施《钟点工服务质量规范》和《养老助餐服务质量规范》，申请立项编制《养老护理服务质量规范》和《医院陪护服务质量规范》，举办全省首届月嫂师资培训班和钟点工师资培训班。全年全省家庭服务业新增从业人员9.1万人、完成目标任务的114%，从业人员培训5.1万人、完成目标任务的127%。制定出台人力资源社会保障系统精准扶贫行动方案，实施"五大扶贫行动计划"，有针对性地对全省200万建档立卡农村贫困人口集中开展扶贫，已建立110万人的就业扶贫台账，帮助18.5万人实现就业脱贫、为40万名建档立卡对象全部由政府兜底代缴近4000万元的社保费。

【深化国有企业负责人薪酬制度改革】 出台《省属企业负责人薪酬监督检查办法》《省属企业功能性质调节系数确定办法》和《省属企业负责人薪酬信息披露办法》，召开全省贯彻落实深化国有企业负责人薪酬制度改革工作会议，完成全省11个设区市市属国有企业负责人薪酬制度改革意见审核，发布2015年度省属国有企业负责人基本年薪计算基数，开展2015年度省属企业负责人薪酬审核兑现和福利性待遇情况备案，组织2015年度省属国有企业负责人薪酬自查和监督检查，全省国有企业负责人薪酬制度改革全面推开，国有企业负责人全部按照新的薪酬制度入轨运行。省属国有企业在岗职工年平均工资增长10.2%，主要负责人平均薪酬与企业在岗职工工资收入差距缩小3.6倍。

【构建和谐劳动关系】 贯彻落实中央、省委构建和谐劳动关系实施意见，新增省编办、省发改委等4个部门为省构建和谐劳动关系工作领导小组成员，4次召开省协调劳动关系三方四家专题协商会议，共同研究重要政策文件、和谐劳动关系企业、工业园区评审等重大问题。将和谐劳动关系继续列入政府绩效目标考核体系，完善市县科学发展综合考评构建和谐劳动关系考核指标。制定《贯彻落实〈中共江西省委 江西省人民政府关于构建和谐劳动关系的实施意见〉重要政策措施分工方案》，印发2016年省协调劳动关系三方工作重点；申请设立"江西省模范劳动关系和谐企业、工业园区、乡镇（街道）"表彰项目并获国务院批复，建立省级模范劳动关系和谐企业、工业园区、乡镇（街道）表彰制度，开展和谐劳动关系企业与工业园区创建，新增省级劳动关系和谐企业62家，5年累计达到337家；新增省级劳动关系和谐工业园区2个，累计达到23个。

【发布企业工资指导线】 8月1日，省人社厅印发《关于发布江西省2016年企业工资指导线的通知》，明确江西省2016年企业年度货币平均工资增长基准线为8%，增长下线为3%，企业年度货币平均工资增长不设上线。企业工资指导线适用于企业在岗职工工资调整和分配。

【化解过剩产能劳动关系】 开展化解过剩产能职工安置人数核查，全面掌握全省212家化解过剩产能企业职工人数、分流安置渠道及实际进展，开展化解过剩产能工作专项督查，审核批复了省能源集团所属16个单位的职工安置方案。组织化解过剩产能职工安置工作培训，宣讲职工安置中的劳动关系处理、就业创业、社会保险转移接续等政策；落实人社部《关于做好当前劳动关系领域突出矛盾预防化解工作的通知》，指导各地做好劳动关系领域矛盾分析研判。

（袁伟华）

权益保障

【概　况】 2016年，全省人社部门加大调解仲裁力度，将调解仲裁工作纳入全省综合治理（平安建设）考核体系，制定劳动人事争议调解仲裁综治考评办法和考评指标。加强裁审衔接，联合省高院率先在全国仲裁系统开展仲裁提起诉讼率、仲裁诉讼一致率的统计分析；进一步规范仲裁员管理，建立办案交流制度，做到全省类案同裁。全年共受理劳动人事争议案件2.2万件，结案率96.4%，调解率71.8%，91.2%的案件化解在调解仲裁阶段，江西省调解仲裁做法在全国综治工作会议上进行了交流汇报。完善劳动保障监察省、市联动投诉举报平台，强化劳动保障监察与刑事司法衔接制度，坚决打击拒不支付劳动报酬等违法行为。优化劳动保障监察网格化、网络化管理，全面推行建筑领域农民工工资实名制监管信息化系统。将用人单位劳动保障书面审查与诚信等级评价工作紧密结合，不断扩大覆盖面。推进人社领域社会信用建设，制定《行政管理信用信息查询办法》《失信行为清单和惩戒措施清单》，全年上传人社领域行政处罚、企业缴纳社保、拖欠农民工工资企业、重大劳动保障违法行为、人力资源机构违规等方面信息15项、98万余条。

健全治理拖欠农民工工资工作机制，出台《关于治理拖欠农民工工资问题的实施意见》，将治理拖欠农民工工资工作纳入政府绩效考核、综治考核和科学发展观考核体系。完善工资保证金制度，全面推行银行代发工资制度，强化行政司法联动机制，坚决打击拒不支付劳动报酬行为。探索"互联网＋劳动保障监察执法"方式，在全省全面推开农民工工资实名制监管信息化工作。组织开展农民工工资支付情况专项检查、清理整顿人力资源市场秩序专项行动、用人单位遵守劳动用工和社会保险法律法规情况专项检查，全年全省共查处劳动保障违法案件8677件，结案率98.7%。

【高效调处劳动人事争议】 省人社厅高度重视群体性和涉农民工劳动争议案件，及时高效处理各类劳动人事争议。全年各调解组织、仲裁机构依法受理劳动人事争议案件2.19万件，增长7.8%；结案2.15万件（含上期结存案件421件），结案率96.4%，其中仲裁结案率97.2%，调解成功率71.8%，终局裁决率27.3%；调处10人以上集体案件297件，涉农民工案件3434件。

【开展劳动保障日常监督执法检查】 加强劳动保障日常监督执法，全年全省各级劳动监察机构共检查用人单位3.3万户，涉及劳动者180余万人，责令退赔求职者中介服务费、押金或其他费用50.52万元；全年接受群众举报投诉案件8677件，立案5402件，结案5314件，结案率98%以上。

【开展农民工工资支付情况专项检查】 2015年11月15日至2016年春节前夕，省人社厅在全省组织开展农民工工资支付情况专项检查活动，共出动执法检查人员1946人、检查用人单位6234万户次、涉及劳动者48.69万人，发放宣传资料39.43万份，开展法律咨询服务848次，执法部门依法责令用人单位支付1.87万名农民工工资及赔偿金2.45亿元。

【开展清理整顿人力资源市场秩序专项执法检查】 3月1日—31日，省人社厅在全省组织开展清理整顿人力资源市场秩序专项执法检查，共检查职业中介机构2612户次，查处违反就业管理相关规定的违法案件198件，取缔非法职业介绍活动40件，吊销许可证10件，吊销营业执照8件，责令退赔求职者中介服务费、押金及其他费用12.73万元，罚款7.34万元。

【开展用人单位遵守劳动用工和社保法律法规专项检查】 6月20日至7月29日，省人社厅在全省开展用人单位遵守劳动用工和社会保险法律法规情况专项检查活动，共出动执法人员1199人次，检查各类用人单位8599户，涉及劳动者61.3万人，责令补签劳动合同5.02万人，责令支付工资及赔偿金2307.08万元，督促社会保险登记716户，督促缴纳社会保险费2038.97万元。

（袁伟华）

本栏编辑　邓玉兰

社会保障

综　　述

全面推进全民参保计划。稳步推进宜春、鹰潭、景德镇等6个设区市全民参保登记。规范被征地农民养老保险工作，38万被征地农民纳入城镇职工和城乡居民基本养老保险范围。全面落实“助保贷款”，累计办理发放助保贷款8580万元。推进以建筑业参加工伤保险为重点的专项扩面行动，全年新建项目参保率为100%。推动南昌铁路局、中电投等中央驻赣单位医疗、工伤和生育保险整体纳入省本级管理，推动江西省能源集团等省属企业医疗生育保险实现属地化管理；强化社会保险欠费清理收回，清理企业养老保险欠费10.43亿元；加强改制企业欠费挂账资金清偿，偿还挂账资金55亿元。全年全省基本养老、医疗、失业、工伤、生育保险参保人数分别为957.3万人、1807.04万人、283万人、502.11万人、258.91万人，参保总人数3808.4万人次、同比增长12.5%；城乡居民基本养老保险参保人数1844.1万人，增长0.8%。全省基本养老、基本医疗（含城镇居民）、失业、工伤和生育保险基金征缴收入分别为481.63亿元、211.74亿元、9.04亿元，11.25亿元、4.57亿元，征缴五项保险基金达到718.23亿元，增长14.9%。

全面实施机关事业单位养老保险制度。出台职业年金实施办法、视同缴费指数计算办法等配套政策，形成了比较完备的制度政策体系，全年全省机关事业单位参保单位2.8万家、参保人数127万人。完善企业职工基本养老保险省级统筹制度和基金省级统筹预算管理办法，进一步提高省级统筹水平。

全面整合城乡居民基本医疗保险制度。实现覆盖范围、筹资政策、保障待遇、医保目录、定点管理、基金管理、统筹层次、大病保障机制等“八个统一”，全部完成机构、职能的整合移交；大病保险制度实现全省统一并覆盖所有城乡居民；全面实行医疗保险付费总额控制，推广按病种分值付费南昌经验，启动“日间手术”按病种付费试点；取消医疗机构医保定点资格非行政审批，启动医保定点机构综合评估准入工作机制；在上饶市启动长期护理保险制度试点，在南昌、九江、赣州市开展工伤预防试点。

落实人社部门惠企扶持政策。继2015年降低工伤、失业保险费费率后，从2016年5月起将企业职工养老保险单位缴费比例阶段性由20%降低至19%；失业保险总费率阶段性降低至1%，全年可降低企业成本22.7亿元；继续实施失业保险稳岗补贴政策，为1210家企业支付稳岗补贴1.48亿元。全省补助国有和大集体已关闭、破产、改制企业退休人员和连续停产停工一年以上的困难企业职工参加医保人数140万人、共投入财政补助资金约30亿元。深入开展全省“降成本、优环境”专项行动，对口联系上饶经开区和广丰经开区2个工业园区，在全省人社部门同步开展“去产能、降成本、促双创、优服务”专项行动，选派20名机关干部常驻蹲点帮扶。全年接办省里移交需人社部门解决的问题、建议148条，占全省总数的16.5%，受理数和办结数均位列省直部门第一；转送对口工业园区反映省直部门的问题建议84个，帮助协调解决61个，两个对口工业园区累计减负12.2亿元、主营业务收入分别增长9.65%和9.3%。

（袁伟华）

保障体制

【机关事业单位养老保险制度体系基本建立】 1月，省人社厅、省财政厅印发《关于贯彻落实省政府机关事业单位工作人员养老保险制度改革实施办法的通知》，明确机关事业单位养老保险实施范围、基金筹集、待遇计发、中人过渡、基金管理、统筹层次等事项。4月，省人社厅、省财政厅印发《关于明确机关事业单位养老保险个人缴费工资项目和纳入基本养老保险基金支付的统筹项目的通知》，明确缴费基数政策和纳入基金支付的项目。8月，省人社厅、省财政厅印发《关于印发机关事业单位基本养老保险视同缴费指数的通知》，明确机关事业单位工作人员视同缴费指数计算办法和标准。10月，省人社厅、省委组织部、省财政厅出台《关于机关事业单位工作人员养老金计发有关问题的通知》，提出了影响养老金计发有关重大问题处理意见。12月，省人社厅、省财政厅出台《关于机关事业单位养老保险制度改革后职务升降工作人员养老保险待遇计发等有关问题的通知》，明确2014年10月后职务变动人员养老金处理办法。江西省“1+2+N”（1是指机关事业单位和企业职工养老保险制度并轨，2是指机关事业单位工作人员基本养老保险制度和职业年金制度，N是指相关配套政策。）的机关事业单位养老保险制度和政策体系逐步形成。

【机关事业单位养老保险改革全面实施】 坚持“积极稳妥、先易后难、分批分期操作”的工作思路，有序推进机关事业单位养老保险改革实施工作。在全省范围广泛开展政策业务宣传培训，印发机关事业单位养老保险制度改革“宣传提纲”和工作简报，采取各种形式进行政策宣讲解读。到年底，信息系统全部上线运行，业务经办全面展开，全省机关事业单位参保人数127万人，整体工作进度全国靠前，得到人社部的充分肯定。

（袁伟华）

社会保险

【概　况】 2016年，首次实现机关事业单位和企业退休人员基本养老金同步调整，惠及全省283.4万名退休人员。提高城镇大集体等困难企业未参保退休职工养老生活补助标准，由每人每月320元调整到450元，增长40.6%。将城镇居民基本医疗保险补助标准提高到420元，增长10.5%；将7种治疗大病的特殊药品纳入大病保险基金支付范围；确定2016及2017年度全省特药医保结算价以及药价调整机制，全省特药价格平均降幅15.5%。将企业职工非因工及因病死亡遗属生活困难补助标准提高到每人每月450元，增长40.6%。调整因工致残人员伤残津贴、护理费和供养亲属抚恤金，伤残津贴每人每月增加190~130元，护理费分别调整到2015年统筹地区在岗职工月平均工资的50%、40%和30%，供养亲属抚恤金配偶、其他亲属每人每月分别增加85元、65元。全面梳理窗口公共服务事项，构建临柜经办服务、网上服务、自助终端服务、基层平台服务等立体化服务体系。全面推行“五证合一”登记制度改革工作，取消社会保险登记证换证周期规定。大力推行“统征分付”经办模式，全面启动机关事业单位参加养老保险业务经办。推动城乡居民基本养老保险费由金融机构代扣代缴，代扣代缴率80%；“多险合一”信息系统在新余、鹰潭、萍乡、景德镇、九江等5个设区市和省本级上线运行；全部实现参保人员到昌异地就医即时结算，省内外异地就医即时结算城市范围进一步扩大。依托异地退管系统开展异地协助认证，省内协助认证率为88.1%。全年新增发放社会保障卡224万张，累计发行2839万张，社保卡应用项目开通92项，开通率为90%，在公共文化、民政等领域跨部门应用。全年全省“12333”电话咨询总量520万人次，增长50%，全国排名第六位。

【降低养老保险、失业保险费率】 5月6日，省人社厅、省财政厅联合下发《关于阶段性降低失业保险费率的通知》，规定从2016年5月1日起，企业职工养老保险单位缴费比例阶段性由20%降低至19%；失业保险总费率在2015年已降低1个百分点基础上降低至1%，其中，用人单位缴纳的失业保险费比例从1.5%降至0.5%，职工个人缴纳的失业保险费比例为0.5%。降低费率的期限暂按两年执行。

【调整退休人员基本养老金】 9月，省人社厅、省财政厅印发《关于江西省2016年调整退休人员基本养老金的通知》，决定从2016年1月1日起，同步调整江西省企业和机关事业单位退休人员基本养老金，基本养老金总体调整水平按照略高于2015年退休人员月人均基本养老金的6.5%、企业平均增幅略高于机关事业单位平均增幅的原则确定。

【调整企业离休人员基本养老金】 2017年1月，经省政府同意，省人社厅、省财政厅印发《关于调整企业离休人员基本养老金的通知》，明确从2016年7月1日起，提高企业离休人员基本养老金水平，企业离休人员比照机关事业单位离休人员增加离休费的办法增加基本养老金。

【调整企业职工非因工及因病死亡遗属生活困难补助标准】 9月，省人社厅、省财政厅、省总工会印发《关于调整企业职工非因工及因病死亡遗属生活困难补助标准的通知》，明确自2016年1月1日起对企业职工非因工及因病死亡后遗属生活困难补助标准进行调整，调整后遗属生活困难补助标准增长40.6%。

【规范参保退休人员改办连续工龄后基本养老金核算问题】 1月，省人社厅下发《关于参加企业职工基本养老保险退休人员重新核定视同缴费年限后基本养老金计发和调整办法的通知》，进一步明确规范参保职工办理退休手续后，补充提供了可按国家及省政策规定计算连续工龄的原始材料，社保经办机构重新核定其连续工龄，重新计算基本养老金核算问题。

【完成建档立卡贫困人员参保工作】 做好国家贫困县建档立卡贫困户参加城乡居民养老保险工作，组织全省25个国家贫困县人社部门开展比对核查、摸清核准参保人员底数、做好参保经办服务。全年25个贫困县、130万符合参保条件的建档立卡贫困人员全部参加城乡居民养老保险，由县财政代缴最低缴费档次的人数39万人，投入代缴兜底资金3919万元；九江市所有县、赣州大部分县已将政府代缴最低标准养老保险费范围扩大为精准扶贫建档立卡全部对象。

【推行城乡居民养老保险便民服务体系建设】 全面推行城乡居民养老保险费金融机构代扣代缴，全省有96个县（市、区）启动代扣代缴，代扣代缴人数851.8万人，代扣代缴试点乡镇（街道）覆盖率87%，试点地区养老保险费代扣代缴率74%，累计代扣代缴金额10.37亿元。推进城乡居民养老保险金融便民服务点建设，实现为农村居民办理持卡缴费、待遇领取、信息查询等养老保险业务，并逐步将社保、就业信息查询和社会保障卡挂失等服务事项纳入办理范围。全省有93个县（市、区）、15245个行政村启动金融便民服务点试点，便民服务点行政村覆盖率86%，布置POS机16902台。

【全面推进异地就医直接结算】 截至年底，全省11个设区市已全面实现参保人员到昌异地就医直接结算，南昌、九江、赣州、吉安、上饶、抚州、宜春等7个设区市实现了异地就医直接结算双向互通，赣州与吉安之间、新余与宜春之间已实现设区市之间的异地就医直接结算多向互通；南昌市与广州市通过“泛珠平台”实现泛珠异地就医直接结算，与武汉、长沙、合肥3个中部省会城市实现跨省异地就医直接结算；九江与武汉、黄冈，上饶与上海、杭州根据地区位置、就医流向等具体情况，以“点对点”模式实现了与部分省外定点医疗机构的异地就医直接结算。异地就医直接结算惠及人数及直接结算基金金额持续增长。

【首次开展定点医药机构准入评估】 9月30日，省人社厅发布《关于开展2016年江西省本级基本医疗保险定点医药机构评估准入工作的通告》，按照发布公告、受理材料、组织评估、分数统计、结果公示、签订协议等环节，完成全省首次定点准入综合评估工作。全省共受理完整资料314家（其中医疗机构30家、零售药店284家），经综合评估准入的医药机构87家（其中医疗机构5家，零售药店82家），通过率为27.71%。

【实施“助保贷款”】 全面推行“助保贷款”，对按规定参加城镇职工基本养老保险、生活困难无力缴纳基本养老保险费、符合相关条件的个体参保人员，按照个人自愿申请、政府担保贴息、银行贷款缴费的筹资机制，帮助生活困难人员续保缴费。截至2016年底，全省各设区市均出台助保贷款实施办法，53个市、县（区）启动办理“助保贷款”业务，累计办理“助保贷款”3460人次，发放贷款8685万元，为1530名困难助保对象办理了领取养老金手续。

【加大社保社会化服务工作力度】 稳步提高社会保险社会化服务水平，先后推出社保信息披露、个人权益记录查询和免费邮寄等人性化服务；养老金按时足额发放到位，直发率达98%，省直机关事业单位医疗保险零星报销费直发率达98%以上。建立异地居住离退休人员养老金领取资格认证平台，省内和省外协助认证率均位居全国前列。

（袁伟华）

保险基金管理

【概　况】 加强基金监督制度建设，制定企业职工基本养老保险中央及省级财政补助资金管理办法和省级调剂金管理办法，印发《关于进一步规范企业年金基金管理合同备案及企业年金数据统计等有关问题的通知》，规范企业年金合同报备和数据资料统计工作。下拨2016年企业职工基本养老保险省级调剂金10.65亿元，下拨2014年至2015年工伤保险省级调剂金3083.4万元。加强内控风险管理机制建设，对吉安、赣州市本级社会保险经办机构开展经办风险管理实地评估。组织开展医保基金专项审计，全省6个统筹区上线运行医保智能监控系统，建立社会保险违法失信行为联合惩戒机制。加强基金征缴和待遇支付稽核，查出企业少缴养老、医疗保险费5988万元，追回5956万元，追回到账率为99.47%。

【加强基金监督管理】 推进社保基金监督制度建设，加强全省内控监督和评估，在全省范围开展社会保险基金、就业等民生资金专项检查和养老保险退休审批检查。加大基金监管力度，出台《江西省人民政府办公厅关于完善江西省企业职工基本养老保险基金省级统筹办法的通知》，提高省级调剂金上缴比例至6%，建立风险储备金制度，要求地方政府加强扩面征缴力度、加大对养老保险的资金投入。至年底，养老、医保、生育、工伤4项保险基金累计结余865亿元，抗风险能力进一步增强。

【组织社保基金专项检查抽查】 在全省范围开展医疗保险基金专项检查和企业职工退休审核审批专项检查。5—7月，组织对省社保中心及南昌、新余、鹰潭、吉安、赣州、宜春等6个设区市医保经办机构进行抽查，11月，组织对九江市本级、瑞昌市、抚州市本级及南城县开展退休审核审批检查情况进行抽查，针对检查发现的问题，及时下发检查问题整改通知，督促抓好整改落实。

【基金监管软件联网应用】 落实《江西省社会保险基金监管软件系统管理实施办法》，规范全省基金监管人员基金监管软件操作应用，利用信息化手段提高基金监管效率。通过基金监管软件筛选了1.23万条疑点信息，分3批“点对点”下发至各设区市，督促各地查清每条疑点信息，书面反馈处理结果。各级社保经办机构对疑点信息核查后，采取追回基金、暂停发放重复领取社保待遇等手段，有效保障了社保基金的安全完整。

【强化企业年金合同备案管理】 及时受理新增和变更的企业年金合同备案申请，认真审核并予以备案。全年新增中航信托企业年金合同备案，新增职工人数194人，新增年金规模4066万元。组织对中国烟草总公司江西省分公司、江西省电力公司所属单位、昌河飞机工业（集团）有限责任公司等单位年金计划变更进行备案。

【开展社会保险稽核清欠】 组织社会保险稽核清欠工作，全省养老、医疗保险实地征缴稽核分别占总参保户数的36.08%、40.18%；完成省本级25家参保单位年度实地稽核和后续追踪，稽核补缴社会保险费金额5387万元。开展养老、医疗保险待遇支付稽核，查出冒领养老保险费256万元，追回249万元，追回到账率97.27%；查出医疗保险待遇涉及违规金额1160万元，追回1146万元，追回到账率为98.79%。做好已改制企业养老保险欠费挂账资金清偿，落实欠费挂账资金清偿情况与转移支付补助资金挂钩约束机制，累计清偿欠费挂账资金56.04亿元。印发《企业基本养老保险欠费清理结算试点工作方案》，率先在萍乡、抚州启动欠费清理结算试点，对两市试点开展情况进行实地督导。2016年，全省清理企业养老保险欠费10.43亿元，萍乡、新余、赣州、宜春、抚州5个设区市清欠大于新欠。

（袁伟华）

本栏编辑　邓玉兰

社会救济

社会救助

【概　况】　2016年，全省城市低保标准达到480元/月，月人均补差320元；农村低保标准达到270元/月，月人均补差195元；农村五保集中供养标准达到365元，分散供养标准290元。20世纪60年代精减退职老职工救济平均每人每月提高30元，城市达到365元，农村达到325元。实施临时救助11.2万户次，发放临时救助资金1.96亿元，户均次救助1750元。

健全医疗救助。开展医疗救助交叉检查，根据检查结果，下发《关于进一步提高医疗救助水平全面加强和规范医疗救助管理的通知》。开展2015年省级财政医疗救助专项资金绩效管理评价工作、医疗救助资金使用自查整改工作，细化完善2012—2015年医疗救助工作台账。全年实施城乡医疗救助人次153.81万人次，支出11.03亿元。其中，住院救助44.38万人次，支出9.64亿元，平均每人次2125元；门诊救助108.43万人次，支出1.38万元，人均每次128元。

【开展城乡低保申报制试点】　6—8月，在吉安县大冲乡冻头村、横峰县莲荷乡义门村、兴国县埠头乡垓上村，10月起，在德安县林泉乡、高安市祥符乡和峡江县戈坪乡开展低保申报制试点工作，探索“政府制定标准，群众自行申报，县乡审核审批”的低保工作新模式。

【推进低保扶贫】　2016年，省民政厅出台一系列政策，推进低保扶贫工作。2月4日，下发《江西省人民政府印发关于加强农村低保与扶贫开发制度衔接实施方案的通知》，明确农村低保与扶贫开发在“保障标准、对象确定、帮扶政策、工作机制”四个方面进行衔接。下发考核通知，对25个贫困县2015年社会救助保障扶贫进行考核，对建档立卡贫困户中的低保户，其低保补助水平提高5%；对低保户、五保户、支出型贫困户医疗救助比例提高5%。全省农村常补对象占比由12%提高到15%。联合省扶移办下发《关于开展建档立卡贫困人口和农村低保对象台账比对工作的通知》，在县级层面开展两项数据比对，建立详细台账，低保与扶贫数据做到“统一精准、相互明白、相互融合”；12月，两部门再次进行排查，形成排查报告上报国家。开展“拉网式”摸底排查，将新增符合条件的困难群众全部纳入低保。12月15日，省政府在全国率先召开农村低保与扶贫开发衔接会议，中央改革办《改革情况交流》转发江西工作经验。下发《关于进一步提升低保管理水平专项活动的实施方案》，全面开展低保对象核查，确保“应保尽保、应退尽退”，组织6个工作组开展督导检查。新增农村低保对象10万人，完成2014—2016三年增加30万农村低保对象的工作任务。新增对象主要来自扶贫建档立卡贫困人口，扩面重点向国定贫困县、赣南等原中央苏区、罗霄山片区等地倾斜。

【加强特困供养】　出台《江西省人民政府关于进一步健全特困人员救助供养制度的实施意见》，将农村五保、城市“三无”人员供养统筹为特困人员救助供养，首次设立照料护理标准。通过定期调度、召开现场会等方式，推动试点工作进入实质性操作阶段，为1000名失能特困人员提供优质、规范的护理服务。全国推进特困人员救助供养制度工作会上，江西作经验介绍，各省参会代表实地参观考察失能特困人员护理服务工作。全省评定三星级敬老院326所，二星级敬老院427所，一星级敬老院265所，分别占1498所敬老院的22%、27%、18%。通过等级评定，促进农村敬老院走上规范化管理与发展的轨道。

（张海龙）

救灾减灾

【概　况】　2016年，全省各类自然灾害造成796.2万人受灾，因灾死亡41人，因灾失踪2人，紧急转移安置73.4万人，需紧急生活救助63.9万人，因旱需生活救助5.2万人；农作物受灾50.98万公顷，其中绝收11.58万公顷；倒塌房屋5066户1.25万间，严重损坏房屋4816户9029间，一般损坏房屋2.01万户4.34万间；直接经济损失106.3亿元，其中农业损失50.4亿元。省民政厅会同省财政厅下拨中央和省级救灾资金5.23亿元，调运毛巾被1.09万床、毛毯9655床、棉被3700床等物资发往重灾区，保障受灾群众基本生活。积极引导36支、6000余人次专业性社会力量参与抗洪救灾。九江、上饶、景德镇、萍乡等地应对洪灾有力有序。及时把工作重心从应急救灾转移到灾后救助和恢复重建。加强与省住建厅协调，6713户因灾倒损房户全部纳入危房改造范围,开工率100%。加强与人保财险公司对接,农房保险已决赔款684万元,增长71%。通过争取资金、统筹资源,救助受灾困难群众300万人次。

推动综合减灾救灾工作重大改革创新。省政府办公厅印发《江西省综合防灾减灾规划(2016—2020年)》,继福建、青海后在全国第三个出台省级规划。举办综合防灾减灾与可持续发展研讨会,召开省减灾委员会全体会议,研究部署防灾减灾体制机制改革任务。构建政社协同减灾救灾新模式,出台有关支持社会力量参与救灾工作的指导文件,举办全省首次社会力量参与防灾减灾救灾座谈会,搭建社会力量有序参与的"五大平台"。建立社会力量数据库,从各地上报的94个社会力量中,择优选择58个进入省级信息库,并建立"江西协同减灾救灾"QQ群工作平台及平台工作规则。在部、省政策文件推动下,全省参与防灾减灾救灾的社会力量就超过100家。《中国社会报》《江西日报》等主要媒体先后连续报道江西省社会力量参与救灾工作情况。推动综合减灾示范县(市)创建工作,出台综合减灾示范县(市、区)和示范乡镇(街道)创建"两个标准"。在第二届"中国减灾杯"(2016)减灾救灾摄影大赛评选活动中,江西省入围作品总数和获集体奖数排名全国第一,获一等奖全国第一,省民政厅获全国集体组织奖。民政部先后以《参阅文件》形式转发江西省4个规范性文件,江西省有关经验做法先后在全国减灾救灾工作会议、全国冬春救助工作视频会议等全国会议上作8次经验介绍,减灾救灾"江西品牌"影响力不断扩大。

推动减灾救灾重大基础项目建设。省减灾救灾指挥中心大楼全面竣工并投入使用。争取民政部"十三五"期间支持江西省9个地市级、51个县级储备库建设,建设数量排全国第二位。其中,2016年支持3个地市级、8个县级储备库建设,争取中央财政资金支持3453万元、地方相应配套资金2280万元。省政府出台《关于加强全省自然灾害救助物资储备体系建设的实施意见》,对救灾物资储备库建设布局、建设规模、储备规模、储备种类和方式等内容作出指导性规定。编制《市县救灾物资储备库设计参考》,为市县储备库建设提供设计蓝本和建设指引。

【应对新世纪以来最严重洪涝灾害】 7月,江西省持续降雨天气,部分地区普降暴雨到大暴雨。其中,7月2日—4日,全省平均降雨量56毫米,九江市222毫米、宜春市125毫米、景德镇市103毫米。点最大降雨量为彭泽县棉船站465毫米,其次为彭泽县东冲王家站442毫米。7月15日晚开始,江西省自北向南再次出现强降雨天气。其中,15日16时—16日16时,强降雨集中在赣北和赣中北部,南昌、上饶、景德镇、九江局部出现大暴雨。自然灾害造成九江、上饶、宜春、赣州、吉安、萍乡、抚州、景德镇、南昌9个设区市61个县(市、区)314.8万人受灾,因灾死亡10人,紧急转移安置32.5万人,需紧急生活救助32.8万人,农作物受灾20.83万公顷,绝收8.54万公顷,倒塌房屋2036户5036间,严重损坏1144户1957间,一般损坏6565户1.63万间,直接经济损失45.7亿元,其中农业损失23.6亿元。

省委、省政府高度重视长江和鄱阳湖水情、汛情和灾情。7月2日晚,省委书记鹿心社作出批示,要求加强指挥调度,确保群众安全。7月5日,再次作出重要指示,要求"作好最扎实的准备、最困难的打算"。7月7日晚,鹿心社主持召开防汛抗洪紧急部署视频会,传达中共中央、国务院关于防汛抗洪的决策部署。7月8日晚,省委副书记、代省长刘奇就做好防汛抗洪抢险作出指示,7月9日、7月10日,刘奇先后赴九江县、鄱阳县、余干县等地指导防汛救灾工作。7月8日、7月11日和7月12日,副省长尹建业先后召开3次防汛紧急会商会,并到九江、上饶等地查看灾情。省防总从7月6日开始,连续6天召开6次成员单位会议,会商落实各项应对措施,启动防汛二级响应。7月3日20时,省减灾委、省民政厅启动全省救灾预警响应,7月4日12时,紧急启动省级救灾四级应急响应。4日下午,会同省财政厅紧急派出联合工作组赶赴九江等地查灾、核灾,指导群众转移安置和灾民救助工作。此后,根据严重洪涝灾情和严峻防汛救灾形势,省减灾委、省民政厅将响应等级提升为三级,再次派出3个工作组赶赴九江、上饶、宜春等地指导救灾工作。省财政厅、省民政厅密切配合,在前期下拨救灾资金1760万元基础上,再次下拨省级救灾资金530万元,紧急调运3900床毛巾被、3100床毛毯、900床棉被、230顶帐篷发往重灾区。省军区、武警江西总队、武警水电二总队、省公安消防总队、森林武警积极参与防汛救灾工作,投入兵力1.07万人。全省累计投入抗洪抢险75万人次。

【出台《关于加强全省自然灾害救助物资储备体系建设的实施意见》】 9月28日,省政府办公厅印发《关于加强全省自然灾害救助物资储备体系建设的实施意见》。该意见首次提出构建救灾物资四级储备体系。根据中央9部委指导意见,江西省首次提出建设省、市、县、乡四级救灾物资储备体系。在南昌市建设省级储备库,在赣北、赣中、赣南、赣西和赣东北建设6个区域库,其他地区建设5个一般市级库,在多灾易灾县(市)建设县级区域库,其他有条件的县(市)建设一般县级库,在多灾易灾乡镇(街道)和城乡社区建立救灾物资储备点(室),加快形成省级储备库、区域库(重点市级库)、一般市级库、县级区域库、一般县级库和乡镇(街道)储备点等"四级储备、六类定位"的全省救灾物资储备网络体系。该意见对各级救灾物资储备库储备规模进行明确:省级救灾物资储备库按照0.3~0.5元/人标准储备物资,地级市按照0.5~1元/人标准储备物资,县级按照1~2元/人标准储备物资,乡镇按照0.5~1元/人标准储备物资。

【出台《江西省综合防灾减灾规划(2016—2020年)》】 9月19日,省政府办公厅印发《江西省综合防灾减灾规划(2016—2020年)》。该规划明确"十三五"时期江西防灾减灾救灾的发展思路、发展目标、发展任务,是指导江西防灾减灾救灾事业科学发展的纲领性文件。该规划系统提出"十三五"时期十大主要任务。"十三五"时期,要健全防灾减灾救灾体制机制,加强自然灾害监测预警与风险管理能力、自然灾害应急处置能力、自然灾害救助和恢复重建能力、工程防灾减灾能力、防灾减灾科技支撑能力、区域防灾减灾能力、基层防灾减灾能力、防灾减灾科普宣传教育能力、社会力量参与防灾减灾能力。该规划强调，确保自然灾害发生12小时之内受灾人员基本生活得到初步救助，实现年均因灾直接经济损失占江西省国内生产总值比例控制在1.3%以内，年均每百万人口因灾死亡率控制在1.3以内。该规划要求，"十三五"时期实施五大重大工程。一是实施减灾救灾应急指挥系统建设工程，二是实施自然灾害综合评估业务平台建设工程，三是实施救灾物资储备库建设工程，四是实施减灾救灾技术装备建设工程，五是实施城乡综合减灾示范区与应急避难场所示范工程。

【举办全省社会力量参与防灾减灾救灾座谈会】 10月13日，全省社会力量参与防灾减灾救灾工作座谈会在南昌召开。南昌市民政局、上饶市民政局、景德镇市驰援应急救援队、上饶市蓝天救援队、省红十字心理救援队、赣州市应急救援协会、章金媛爱心奉献团围绕社会力量参与抗洪救灾、防灾减灾等作重点发言。省民政厅领导及江西保监局、省民政厅民间组织管理局、省慈善总会秘书处有关负责人，全省14个社会组织代表、11个设区市民政局分管局长参会。会议提出要切实明确一个定位、做好三项功课、创建五大平台，即对民政部门和社会力量进行准确的"角色定位"；做好防灾、减灾、救灾三项功课；创建统筹协调、信息互通、供需匹配、教育培训、激励保障五个平台。

（邱伟）

慈善救助

【概　况】 2016年，江西省慈善总会大力开展慈善募捐、慈善救助、慈善服务、慈善宣传等工作。全年募集款物及争取项目资金5.21亿元，比上年增长69.8%。其中，募集善款1.76亿元，募集物资和争取项目资金折合人民币3.45亿元。支出善款和物资折价合计3.66亿元，惠及灾民和困难群众20余万人。

推动慈善事业发展。1—4月，积极沟通会商省人社厅、省财政厅设立赣鄱慈善奖事项。5月，组织召开全省慈善法宣传贯彻工作培训班。6月，历经四年的赣鄱慈善奖获中央批准设立，成为全国为数不多由省级政府主办的慈善表彰奖项；6月16日，召开江西省慈善总会第三次会员代表大会，选举新一届产生理事会。8月，提请省政府出台《赣鄱慈善奖评选表彰办法》，该办法获民政部参阅文件全文转发。9月，组织开展"中华慈善日"系列宣传贯彻活动；9月7日，在南昌市办理全省慈善历史上首单慈善信托备案。截至12月底，全省7个设区市以市政府名义出台促进慈善事业健康发展的实施意见。

慈善募捐有重大突破。6月，科瑞集团董事长郑跃文向慈善扶贫专项基金捐赠1亿元，为江西有认捐史以来最大一笔个人捐款。12月，中国烟草系统向扶贫专项基金首批捐赠5000万元。6—7月，江西省遭遇多轮强降雨过程，省慈善总会反应迅速，开展各项救灾救援工作和款物筹募工作。湖北劲牌集团、鸿来福珠宝、旺旺集团、南方黑芝麻集团、江中集团及杨钰莹等爱心企业和爱心人士捐赠资金170万元，捐赠物资价值2274.86万元。

【推进助医助学传统慈善项目】 2016年，省慈善总会被捐赠方中国衣恋集团授予全国"最佳衣恋阳光班"和"衣恋助学项目"突出贡献奖。做好"慈善药品援助"项目工作，争取药物价值和医疗资金近3.23亿元，帮助困难群众1.29万人次。继续实施"青苗关爱工程"，救助全省大病贫困患儿307人，发放救助资金330.54万元。实施金圣助学、四特助学等贫困高考学子助学项目，资助学生70人，发放助学金41万元。开展慈善志愿者服务和"慈善情暖万家"走访慰问等活动，省慈善总会义工中心组织慈善义工参与服务3604人次，义务服务时间1.16万小时，发放慰问金33万元，毛毯1100床。

【召开省慈善总会第三次会员代表大会】 6月16日，省慈善总会第三次会员代表大会在南昌召开。会议传达省委书记强卫、省长鹿心社关于进一步做好江西省慈善工作的批示，中华慈善总会会长李本公，省领导洪礼和、尹建业、郑小燕和彭宏松出席会议。会议全面回顾和总结省慈善总会第二届理事会工作，审议通过工作报告和财务报告，对《江西省慈善总会章程》作部分修改和完善，选举产生省慈善总会新一届理事会，省人大常委会副主任洪礼和当选为省慈善总会第三届理事会会长。新一届理事会共有理事137人，其中常务理事64人。

【设立"赣鄱慈善奖"】 6月，"赣鄱慈善奖"由国务院同意批准设立。"赣鄱慈善奖"由省政府主办，省民政厅、省评比达标表彰工作领导小组办公室承办，每3年评选一次，是江西省慈善领域首个由政府设立且级别最高的慈善奖项。8月29日，省政府办公厅印发《关于印发江西省赣鄱慈善奖评选表彰办法的通知》，规定评选对象为在全省扶老助残、救孤恤幼、灾害救助、扶贫济困、医疗救助、教育救助等公益慈善领域作出突出贡献、影响广泛的个人、企业（单位）和项目，包括港澳台同胞、海外侨胞、在赣国际友人及其所属组织。"赣鄱慈善奖"设五个奖项，共表彰60个名额，其中"最具爱心慈善楷模"10个、"最具影响力慈善项目"20个、"最具爱心捐赠企业（单位）"10个、"最具爱心捐赠个人"10个、"优秀慈善工作者"10个。每名候选对象可连续参选，但每届只能参加一类奖项的评选。

（蔡仕祥）

本栏编辑　邓诚君

基层政权和社区建设

基层民主建设

【概　况】　2016年，全省有村民委员会1.69万个，社区居委会总数3552个。村“两委”干部10.43万人，其中村党组织成员6.18万人，村民委员会成员5.83万人，村“两委”干部平均年龄44.96岁。社区干部1.96万人，其中社区党组织成员1.01万人，居委会成员1.24万人。全省市辖区社区干部月平均薪酬1600元左右，南昌、吉安、赣州等地2100元以上；县（市）社区干部月平均报酬1200～1300元，与“十一五”末相比均实现翻番。村干部月平均报酬1300元左右。

推进城乡社区协商民主建设。将城乡社区民主协商纳入民主法治领域改革重要内容，由省领导领衔推动落实。6月6日，省委办公厅、省政府办公厅下发《关于加强城乡社区协商的实施意见》，进一步明确城乡社区协商的目标任务、协商程序和组织保障。江西省是全国较早出台城乡社区协商相关文件的省份，得到民政部肯定。省民政厅举办基层民主协商专题示范培训班，编印全省城乡社区协商案例，切实提升基层干部开展社区协商工作的能力和水平，在全省创建56个城乡社区民主协商工作示范单位，有力推动城乡社区民主协商工作新发展。

加强村（居）民理事会建设。推动落实“一个健全，两个规范”。“一个健全”即健全村（居）民理事会制度。至年底，全省建立村（居）民理事会8.43万个，实现村（居）民委员会全覆盖，城乡基层民主管理平台实现全搭建。“两个规范”即规范村级议事内容和程序，推动城乡社区议事协商常态化、制度化、规范化。

规范村级民主监督工作。实行“一个建立，两项公开，三级监督”。“一个建立”就是全面建立村务监督委员会。截至年底，全省1.69万个村全部建立村务监督委员会，实现村务监督委员会全覆盖。“两项公开”即村级事务公开、村级财务公开。指导并督促各地贯彻落实省民政厅、省委组织部《关于印发〈江西省村务监督委员会工作规程〉的通知》，进一步明确村务监督委员会的工作职责、权利义务、监督内容和程序等，切实推动村级事务、村级财务两公开。“三级监督”即逐步建立起村民监督、村民理事会成员监督、村务监督委员会监督的制度，通过三级监督，推动村务监督工作规范有序。

【推广南昌基层民主协商经验】　年内，省委组织部、省民政厅下发《关于印发〈南昌市推进村（社区）民主协商经验做法〉的通知》，在全省推广南昌基层民主协商经验。2014年，南昌市在9个村（社区）开展民主协商试点，出台《关于推进基层协商民主试点工作的指导意见》。2015年，将试点范围扩大到112个村（社区）。在总结试点工作的基础上，制定下发《关于在村（社区）全面推进基层协商的若干意见》和《村（社区）民主协商操作工作手册》，在全市范围内推进村（社区）民主协商工作。南昌经验的主要做法为搭建协商平台、明确协商主体、规范协商内容、规范协商程序，即以“民情理事会”为平台和载体，以广泛利益相关方为主体，以“五议三不议”为内容，以“六个环节”为流程。

【召开全省村（社区）民主协商工作现场观摩推进会】　1月28日，省委组织部、省民政厅联合在南昌召开全省村（社区）民主协商工作现场观摩推进会，总结推广南昌市村（社区）协商治理经验，全面推进全省村（社区）民主协商工作。省委组织部副部长、省党建领导小组办公室主任周训国讲话，省民政厅副厅长饶剑明主持会议，省党建领导小组办公室副主任王家龙出席会议。各设区市委组织部、民政局分管领导，县（市、区）委组织部部长130余人参加会议。会议提出，在全省全面推广南昌市开展村（社区）民主协商的做法，按照“协商于民、协商为民”要求，进一步搭建协商平台，明确协商主体，规范协商内容和程序，强化协商成果运用，着力在村（社区）民主协商制度化、规范化和程序化上下功夫，推动全省村（社区）民主协商健康有序发展，提升基层社会治理水平，年内在全省所有村（社区）普遍开展民主协商工作。

（吴新传）

城市社区建设

【概　况】　2016年，全省城市社区建设工作进展顺利。健全社区建设领导协调机制。将“江西省城乡社区建设工作领导小组”调整为“江西省城乡社区建设部门联席会议”，召开江西省城乡社区建设部门联席会议第一次全体会议，审议通过《江西省城乡社区建设部门联席会议制度》《江西省城乡社区建设部门联席会议成员单位职责分工》等制度文件，明确联席会议工作制度和28个成员单位职责，构建党委领导、政府主导、组织部门抓总、民政部门牵头、成员单位配合的城乡社区建设工作机制，强化工作领导和沟通协调。

改善社区服务设施。各地采取新建、购买、置换、清理、调剂等多种方式和途径改善社区办公服务用房，新建、改造一大批集党建、医疗、养老、托幼、文体、协商等多功能于一体的社区综合服务站（中心），社区综合服务设施覆盖率达93%，增长2%。

社区干部待遇明显提高。李金霞、余梅等优秀社区干部被推荐担任全国党代表、全国人大代表，其他符合条件的优秀社区干部被推荐担任省、市、区党代表、人大代表、政协委员和劳动模范，部分优秀社区干部考录公务员、选任为街道（乡镇）事业编制干部，一些工作成绩突出、居民群众满意的优秀社区干部受到表彰奖励。把提高社区干部报酬作为稳定社区干部队伍、推动社区建设的重要抓手，通过纳入民生工程和年度目标考评等方式抓落实，社区干部报酬不断提高。全省设区市城区社区干部月均报酬普遍超过2000元，部分设区市超过3000元，其他社区干部月均报酬基本超过1500元，比"十一五"末翻一番。部分地方为社区干部解决养老保险和医疗保险。

优化社区干部队伍结构。通过公开选聘、依法选举等方式，将一大批思想好、作风正、能力强、愿意为群众服务的大中专毕业生、复员退伍军人和下岗职工充实到社区工作第一线，社区干部年龄、学历、能力结构更加合理。全省社区党组织和社区居委会干部年龄在45周岁以下的分别占49.3%、66%，拥有大专以上学历的社区干部分别占33%、35.1%，这一比例在设区市城区超过50%。

【提升社区信息化水平】 推进社区公共服务综合信息平台建设，指导新余市、吉州区、章贡区开展社区信息化建设试点，新余市社区数字化服务管理平台、吉州区社区"一口式"受理平台建成并投入使用，章贡区"智慧社区"信息服务平台运行良好，得到社会各界和居民群众认可。将鹰潭市、上饶市等6个单位纳入国家首批社区公共服务综合信息平台和智慧社区建设试点单位，试点工作进展顺利。全面指导各地建立社区居民信息数据库及管理系统，推进"12343"社区服务热线、社区服务网、社区QQ群、社区微信公众号等信息化平台和载体在社区的应用，切实提升社区信息化水平，推动社区服务管理实现由传统型向现代化、信息化转变。

【开展"绿色社区"创建】 2016年，出台《关于在全省城乡社区开展"绿色社区 美丽家园"创建活动的意见》，根据该意见内容，从2016年开始，按照组织体系规范化、平台建设标准化、办事服务便捷化、协商议事制度化、居民活动常态化、生活环境宜居化"六化"创建标准，用5年时间在全省打造1000个服务完善、管理有序、美丽宜居、幸福和谐的省级"绿色社区"。全国城乡社区建设部际联席会议办公室肯定这一做法，并在全国推广。

（吴新传）

农村社区建设

【概　况】 2016年，继续推进农村社区建设。开展农村社区建设试点工作。2月，省委办公厅、省政府办公厅出台《关于深入推进全省农村社区建设试点工作的实施意见》，全面部署开展农村社区建设试点工作。做好选点布点工作。下发《关于做好2016年全省农村社区建设试点选点布点工作的通知》，确定19个县（市、区）74个农村社区为2016年全省农村社区建设试点社区。12月，在兴国县召开全省农村社区建设试点工作现场会，深入推进全省农村社区建设试点工作。制定试点工作指导标准。省民政厅联合省委农工部等单位制定《江西省农村社区建设试点工作指导标准（试行）》，对农村社区建设试点工作组织领导、公共服务、措施保障等进一步明确和细化，为各地开展农村社区建设试点提供参考。组织专题示范培训。8月，在南昌举办全省农村社区建设试点工作示范培训班，邀请民政部基层政权和社区建设司相关领导和省内外有关专家学者授课，对各试点社区负责人进行系统培训，提高试点社区政策水平和操作能力。抓好试点社区验收考评。组织工作组对各试点社区试点工作情况进行检查验收，命名56个社区为全省第一批农村社区建设试点示范社区。

【启动农村社区建设试点工作】 2月，省委办公厅、省政府办公厅印发《关于深入推进全省农村社区建设试点工作的实施意见》，全面部署开展农村社区建设试点工作。根据该实施意见要求，从2016年起，在11个设区市各选择1个县（市、区）开展农村社区建设试点，试点县（市、区）结合当地实际，选择3～5个村进行试点，新农村建设的中心村同步推进农村社区建设，择优纳入试点范围。到"十三五"末，全省30%行政村启动社区建设，试点社区基础设施建设达标，综合公共服务平台基本普及，社区农民自治的有效机制日趋完善，农村社会和谐稳定。

【召开农村社区建设试点工作现场会】 12月28日，全省农村社区建设试点工作现场会在兴国县召开。会议的主要任务是深入贯彻落实中共中央办公厅、国务院办公厅《关于深入推进农村社区建设试点工作的指导意见》和江西省《关于深入推进农村社区建设试点工作的实施意见》以及全国农村社区服务体系建设现场会精神，总结前期农村社区建设试点工作经验成效，分析存在的问题，进一步深入推进全省农村社区建设试点工作。民政部基层政权和社区建设司司长陈越良，省民政厅副巡视员李小荣出席。赣州市、抚州市、贵溪市、兴国县等市、县民政部门主要负责人分别作交流发言。全体与会人员参观龙口镇文院村文院社区、埠头乡枫林村铭恩社区、长冈乡塘石村塘石社区，现场参观学习兴国县农村社区建设试点工作，推广其经验。

（吴新传）

本栏编辑　邓诚君

社会事务管理

民间组织管理

【概　况】　截至2016年年底，全省各级民政部门登记注册各类社会组织2.20万家。其中，社会团体1.11万家、民办非企业单位1.08万家、基金会69家。实施社会组织党组织和党的工作“两覆盖”攻坚计划，推进社会组织党建工作和登记管理工作融合，全省社会组织中共组织覆盖率达96.85%。在民政部综合评估中，社会组织管理评估成绩位居前列。省民间组织管理局被省法治办评为依法行政先进单位。

加强社会组织政策创制。联合团省委印发《关于加强全省青年社会组织建设与管理的意见》，联合省妇联印发《关于加强女性社会组织建设的意见》，进一步规范女性和青年社会组织发展。联合省财政厅印发《关于进一步规范社会团体收费行为的通知》，严格规范行业协会商会及相关社会团体的服务和收费行为。出台《江西省社会团体选举工作指引》，进一步健全江西省社会团体的组织机构和运行机制，规范社会团体法人治理行为。出台《江西省民政厅关于支持引导社会力量参与救灾工作的实施意见》，进一步完善社会组织参与救灾工作机制。

完成行业协会商会与行政机关第一批脱钩试点工作。根据中办、国办《行业协会商会与行政机关脱钩总体方案》和江西省脱钩改革任务，2016年，江西省完成第一批脱钩试点19个业务主管单位和26个行业协会商会脱钩任务。其中，25个行业协会商会与行政机关实现“五分离五规范”，1个办理注销登记。

实施社会组织统一代码工作。结合“数字民政”民管系统建设，实施全省社会组织统一代码工作。印发《江西省社会组织统一社会信用代码实施方案（试行）》，联合省发改委、省质监局等部门向社会发布江西省实施社会组织统一社会信用代码公告，实现社会组织登记证与组织机构代码证“二证合一”。

开展2016年社会组织培育发展创新项目。印发《2016年省社会组织培育发展创新项目实施方案》，深化公益创投项目，进一步加大社会组织培育扶持力度。经各设区市民政局推荐、专家组评审、实地核查、网上公示等程序，对19个项目予以立项，在省、市、区分级打造社会组织综合服务平台。

宣传贯彻《中华人民共和国慈善法》及慈善组织认定工作。建立省级社会组织专家库，6月底，召开省社会组织专家学者和社会组织负责人学习宣传贯彻《中华人民共和国慈善法》座谈会，推动江西省慈善组织健康发展。依据《中华人民共和国慈善法》以及《慈善组织认定办法》，制定慈善组织认定指南，规范慈善组织认定工作。全省20家社会组织被认定为“慈善组织”。

【加强社会组织党委机构建设及“两个覆盖”工作】　4月，经省委批准，依托省委组织部成立中共江西省非公有制经济组织与社会组织工作委员会，同时撤销原“中共江西省社会组织工作委员会”，在省民政厅成立“中共江西省社会组织委员会”。12月，省编办印发《关于增加省民政厅处级领导职数的批复》，同意在省民政厅民间组织管理局增挂“中共江西省社会组织委员会办公室”牌子，增加正、副处级领导职数各1名。根据省委组织部《关于实施非公有制经济组织和社会组织“两个覆盖”攻坚计划的通知》要求，省社会组织党委印发《关于开展无业务主管单位的全省性社会组织“两个覆盖”攻坚行动的通知》。

（刘石呈）

区划地名管理

【概　况】　2016年，全省完成行政区划调整事项13件，含县级以上行政区划调整4件，乡级行政区划调整9件。其中，完成撤县设市1件，县（市、区）更名1件，撤县设区2件；撤乡设镇3件，撤乡（镇）设街道办事处2件，增设建制镇2件，增设建制乡1件，乡镇更名1件。涉及九江市、赣州市、吉安市、抚州市、上饶市5个设区市。

截至年底，全省有设区市11个，县（市、区）100个，其中市辖区24个、县64个、县级市12个；乡级行政区划建制单位1555个，其中街道办事处152个、镇824个、乡579个（含民族乡8个）。

【完成全省行政区划变更事项】　九江市：撤销星子县，设立县级庐山市，将九江市庐山区牯岭镇划归庐山市管辖，以原星子县和九江市庐山区牯岭镇行政区域为新庐山市行政区域，庐山市政府驻南康镇紫阳南路45号。

庐山市由省直辖，九江市代管。调整后的庐山市蓼花镇更名为庐山市星子镇。

庐山区更名为濂溪区。驻濂溪区赛阳镇的庐山云雾茶场（含剪刀峡景区入口）、庐山茶科所，驻莲花镇的莲花林场，驻海会镇庐山茶场管理范围划入庐山市牯岭镇管辖。濂溪区海会镇析出高垅、庐山水泥厂、五星、双垅、银门、谷山、青山7个村（居）委会，设立濂溪区高垅乡，乡政府驻高垅居委会。调整后的濂溪区海会镇（海会、庐星、彭山、长岭、五洲、光明6个村、居委会）划归庐山市管辖。

赣州市：撤销赣县，设立赣州市赣县区，以原赣县行政区域为赣县区行政区域，赣县区人民政府驻梅林镇梅林大街5号。

龙南县设立九连山镇，新设立的九连山镇辖古坑、润洞、墩头3个村委会，镇政府驻古坑村。

抚州市：撤销东乡县，设立抚州市东乡区，以原东乡县行政区域为东乡区行政区域，东乡区人民政府驻孝岗镇子山路188号。

广昌县撤销塘坊乡，设立塘坊镇，新设立的塘坊镇行政区域范围保持原塘坊乡行政区域范围不变，镇政府驻原乡政府驻地。

吉安市：井冈山市撤销拿山乡，设立拿山镇，新设立的拿山镇行政区域范围保持原拿山乡行政区域范围不变，镇政府驻现乡政府驻地。

遂川县撤销枚江乡，设立枚江镇，新设立的枚江镇行政区域范围保持原枚江乡行政区域范围不变，镇政府驻原乡政府驻地。

上饶市：广丰区撤销下溪镇，设立下溪街道办事处；撤销大石乡，设立大石街道办事处。调整后的行政区域范围和政府驻地均保持不变。

弋阳县设立三县岭镇，将曹溪镇姚畈、陈屋2个居委会和龙家、沙湾、程桥、徐门、店上、前坂、瑶上、浪湾、港王9个村委会整建制划入，镇政府驻姚畈居委会。

【推进地名普查工作】 截至年底，全省100个县（市、区）全部完成外包、外业任务，采集地名53万余条，全省总体完成全部普查任务的80%。

落实地名普查保障。下拨2016年中央财政地名普查补助资金2674万元，各级政府共配套8335万元。委托专业技术公司开发全省地名普查数据建库与管理软件，采购地名普查保密软件与设备，并下发11个设区市100个县（市、区）使用，夯实地名普查工作基础。

加强地名普查督导。建立地名普查信息报送、督查、约谈和周报等系列制度，每周、每月调度地名普查进展情况，下发地名普查进展情况通报5期，工作简报10期；建立地名普查交流QQ群、微信群；厅党组成员、副厅长龚建辉带队对全省11个设区市50多个县（市、区）地名普查工作进行全方位督导。

组织开展地名普查宣传活动。开展地名普查宣传月活动，借助微博、微信等新媒体推送地名普查信息200多篇。组织参加“地名情 中国梦”微视频征集活动，江西省提交的地名普查微视频作品总数占全国提交总数的11%，获奖总数占全国18%；省地名普查办获最佳组织奖。组织开展“最美地名故事”网络征集活动，江西省上报作品总数位列全国第二，入选作品数全国第一。

【加强地名管理】 启动地名文化保护与清理整治不规范地名工作。召开加强地名文化保护暨清理整治不规范地名工作动员部署会，印发实施方案。各地整改不规范地名500余条。加强地名公共服务工程建设，指导抚州市出台地名管理办法。推进地名标志设置与管护工作，全省投入设标经费700多万元，新设置地名标志4500多块。强化地名信息化服务，指导新余市开展地名地址库示范创建工作。加强地名文化建设。推进奉新县、上饶县申报千年古县；在《江西民政》杂志上开辟专栏，累计登载地名故事100余篇；联合省边界办制作、出版《和的旋律》边界地名画册，宣传优秀赣鄱地名文化。

（熊崧麟 聂丽红）

殡葬管理

【概 况】 截至2016年年底，全省有火化殡仪馆86个、经营性公墓99个，73个县（市、区）建立全民免费火化制度。清明节期间，全省殡葬服务单位接待祭扫群众292万人次，疏导车辆31万台次，分别比上年增加3.9%和10.7%。鲜花祭扫、社区公祭等低碳文明祭扫方式在南昌、九江等城市渐成主流。

推进绿色殡葬建设。省民政厅印发《2016年度市县科学发展综合考核评价“绿色殡葬建设”指标评分办法》。“绿色殡葬建设”从“民生工程”调整为市、县科学发展“生态文明建设”考核指标，设置2分考评分值，占项目分值36.4%。11月21日，省民政厅、省发改委等9部门联合印发《关于推进绿色殡葬建设的实施意见》，明确“绿色殡葬建设”推进路径和保障措施。

实施殡葬设施项目建设。争取中央预算内投资2520万元、中央和省级福彩金565万元，支持新建火化殡仪馆5个、改（扩）建殡仪馆5个、新（改、扩）建城乡公益性安葬设施51个。开通全省殡葬互联网信息服务平台——“往生缘”。11月29日，省殡葬协会和江西思爱文化科技服务园发展有限公司采取股份合作方式，建成开通全省殡葬互联网信息服务平台——“往生缘”，通过建立殡葬服务单位和丧属的互联网信息平台，破解群众办丧难问题。

【组织开展2015年度“绿色殡葬建设”工作考评】 1月11日—20日，省殡葬管理工作联席会议安排各成员单位副厅级领导带队，组成11个考评组，采取抽签方式，对11个设区市35个县（市、区）2015年度“绿色殡葬建设”工作进行抽查考评。2月29日，以联席会议办公室名义向省考核评价工作领导小组办公室上报考评结果及考评报告，对考评排名前3名、后2名的设区市和后10名的县（市、区）进行全省通报。

【推进殡葬系统“红包”问题专项治理】 持续推进殡葬系统“红包”问题专项治理。8月12日，省民政厅召开全省殡葬系统“红包”问题专项治理推进会，印发《江西省民政厅关于进一步加强殡葬行业管理改进行风建设的意见》，组织各设区市签订《贯彻落实省民政厅关于殡葬系统行风建设“红包”治理工作要求承诺书》。南昌等地殡葬服务单位“五严禁、八不准”“六惠民、六便民”“办理丧事不求人”等“红包”治理典型做法得到民政部和省纪委肯定。

【参加第六届全国民政行业职业技能竞赛暨全国第二届殡仪服务员职业技能竞赛】 8月9日—12日，第六届全国民政行业职业技能竞赛暨全国第二届殡仪服务员职业技能竞赛在内蒙古自治区包头市举行，23个省、自治区、直辖市74家殡仪馆和殡葬服务中心共80名殡仪服务员和4所高职院校19名学生参赛。江西省遴选南昌市西山万寿园周燕、上饶市福山陵园孙卓浩和九江市殡葬管理处宋微微、曹幼4位一线殡葬职工参加竞赛，周燕、宋微微、曹幼分别获职工组个人一、二、三等奖，省民政厅代表队获团体三等奖。

（郑华锋）

社会福利

【概　况】 截至2016年年底，全省建成各类养老机构1824个，其中民办养老机构353个；养老床位20.2万张，其中民办养老机构5.6万张；在院服务对象13.03万人，每千名老人床位数31张。养老机构从业人员1.39万人，其中管理人员4222人、养老护理员5635人、医护人员976人、社会工作者1028人。全省城镇“三无”对象2.23万人。

养老服务体系逐步成熟。修订《江西省实施老年人权益保障法办法》，出台医养融合、养老服务设施规划建设、新建住宅小区配建居家养老服务设施、金融支持养老服务业发展、养老服务人才培养、养老机构设立许可等系列政策文件，初步构成具有江西特色的养老服务业政策支撑体系。

【养老项目加快推进】 2016年，省级以上投入养老服务业发展资金2.68亿元，其中中央预算内投资1.35亿元，省本级福彩公益金和配套资金0.87亿元，带动地方资金和社会资本10多亿元，资助建设养老服务体系项目300余个。南昌、九江、萍乡、鹰潭、上饶、余干、信丰等地大型养老机构项目加快推进。开展第二批公办养老机构改革试点，资溪、安福等地公办示范性养老机构投入运营；赣州、新余、青山湖、德兴、青原等地公办福利院实现公建民营。南昌市、赣州市、抚州市纳入国家医养结合改革试点，南昌市成功申报国家级居家养老服务改革试点，获专项资金3521万元；上高县社会福利中心纳入国家第三批政府与社会资本合作PPP项目库。养老护理员队伍不断壮大，协助民政部开展千名养老护理员培训班6期，为赣湘两省800多名贫困人员开展为期半月的专业技能培训。

【完善社会福利服务功能】 出台高龄津贴政策，编制《社会福利服务设施建设“十三五”规划》。实施江西省困难残疾人生活补贴和重度残疾人护理补贴制度，对43.2万困难残疾人和32.1万重度残疾人，按照每人每月50元标准发放补贴，累计拨付省级补助资金2.86亿元；推进赣州、九江、宜春、抚州、吉安5地精神卫生福利机构建设；实施残疾人福康工程。11月，发文取消社会福利企业资格认定。

【加强彩票管理】 进一步规范彩票管理，全年销售福利彩票29.64亿元，筹集公益金8.61亿元。制（修）订儿童福利机构建设省级补助资金、福彩公益金资助民办养老机构项目管理办法，纳入管理办法项目达19个。及时公布福彩公益金使用情况，协助省财政厅开展公益金支持项目专项检查。九江、景德镇、赣州等地制定养老机构补助资金管理办法，吉安市成立福彩公益金项目评审委员会。

（蔡仕祥）

社会工作

【概　况】 2016年，全省社会工作专业人才6.50万人，比上年增长近10%。全省663人通过社会工作者职业资格考试，取得社会工作者职业水平证书人员达3141人。

加强社工人才队伍建设。组织参加民政部举办的社工系列培训7期，省本级承办5期，市、县级举办20期，共培训5000多人次。组织第二批全国专业社会工作领军人才申报工作，推荐6人参加评选。联合省委人才办召开社会工作专业人才资源统计座谈会，对全省社会工作专业人才资源状况进行全面摸底分析。面向社会公开招聘省社工协会专职秘书长1人。

拓宽社工发展领域。继续实施“三区”计划，确定修水等8个县为社会工作“三区”计划受援县，组织35名社会工作专业人才参加“三区”专项支持计划，从受援县选派15人参加民政部“三区”社工培养计划。成功推荐申报南昌市青云谱区三家店街道南苑社区、青云谱区小橘灯服务社为第二批全国社会工作服务示范单位。投入资金100万元，向社会组织购买24个岗位，为全省12个农村留守儿童关爱保护工作试点单位提供专业社工服务。

推广志愿服务信息系统。指导全省11个设区市全面完成志愿服务系统试运行工作，提高志愿服务信息化水平。全省登记志愿者397.45万人，登记注册志愿者服务组织206家，发起志愿服务项目8.99万个。

【启动“三社联动”试点工作】 2016年，制定下发《江西省民政厅关于开展“三社联动”试点工作的通知》，开展以社区为平台、社会组织为载体、社会工作人才队伍为骨干的“三社联动”试点工作。确定南昌市青云谱区岱山街道八大山人社区、南昌市红谷滩新区沙井街道世纪中央城社区、九江市庐山区十里街道新路岭社区、赣州市章贡区社区综合服务中心、赣州市石城县琴江镇城北社区、宜春市袁州区湛郎街道湛郎桥社区、吉安市吉州区永叔街道上后街社区、吉安市吉州区文山街道平安里社区8个社区为试点单位。全年争取福彩公益金219万元用于试点单位购买社会工作服务，资助社工服务项目15个，试点工作有序开展。

（何珊）

本栏编辑　邓诚君

优 抚 安 置

军人抚恤优待

【概　况】　2016年，全面落实义务兵家庭优待金和优抚对象抚恤补助提标政策，惠及优抚对象33万余人。组织299名参试退役人员进行评残检查，办理退役军人、人民警察、公务员及其他人员残疾等级评定(调整)362人，办理退役残疾军人抚恤关系转入接收315人，伤残证件补换发127人次，带病回乡退伍军人待遇认定备案448人，为200名残疾军人配置、维修、更换康复辅助器具621件，为177名抗战老战士配置安装助听器。办理权限内烈士评定2人，省级人民警察因公牺牲复核1人。指导省荣军医院组织2支医疗队，赴5个设区市20个县(市、区)开展免费巡诊、送医送药活动，为1099名重点优抚对象进行健康体检和建立健康档案，答疑解惑2348人次，免费送药送医近22万元。制定下发《关于做好2016年优抚对象休养工作的通知》，安排优抚对象短期休养1200人次。配合做好复退军人信访工作，全勤参加厅长接待日接访和复退军人优抚政策解释工作，累计接待群众来访1000余人次，办理重要信访件30余件。

加大争资争项力度。2016年，协调下拨抚恤、生活补助及医疗补助资金19.16亿元。编制2017年全省民生工程以及2017—2019年度抚恤补助资金等省级专项资金建议；做好优抚事业单位项目实施工作。县级光荣院建设纳入江西省"十三五"发展规划，争取中央和省优抚事业单位补助和福彩公益金4910万元，增长36%。支持13所县级光荣院、18处烈士纪念设施和省荣军医院的新建、改扩建。做好国家级和省级烈士纪念设施保护单位申报工作。瑞金烈士纪念馆、石城烈士纪念馆、泰和烈士纪念馆、万载烈士纪念馆、抚州烈士陵园和上高抗日阵亡将士陵园6处纪念设施被列为第六批国家级烈士纪念设施。

新增江西神州司法鉴定中心为省级残疾等级鉴定机构，成为全国首个将司法鉴定引入省级残疾等级鉴定的省份。调整残疾等级鉴定专家库，对参试退役人员残疾等级鉴定专家组成员进行调整和优化。建立评残调级省级公示制度。指导广丰、婺源、德兴、万年、横峰等县(市、区)建立社区优抚之家10个。

【进一步完善政策法规】　2016年，制定、完善一批法规政策。12月1日，《江西省军人军属权益保障条例》经省人大常委会第二十九次会议表决通过，自2017年1月1日开始实施。制定《江西省〈伤残抚恤管理办法〉实施细则》，完善申报和评定等程序。印发《关于省直管试点县(市)带病回乡退伍军人认定审批工作的通知》，下放审批权限，从2016年5月1日起，省直管试点县(市)带病回乡退伍军人认定工作由省直管试点县(市)民政局负责。落实民政部办公厅《关于如何把握人民警察在依法查处违法犯罪行为中致残的复函》的通知，进一步明确人民警察在依法查处违法犯罪行为中致残的残疾性质认定。配合省委组织部、省委宣传部、省人社厅等单位先后完成《关于调整机关事业单位工作人员遗属和老红军、抗战离休干部配偶生活补助计发办法等有关问题的通知》《关于加强革命历史类纪念设施、遗址和爱国主义教育基地工作的实施意见》《关于调整2016年企业军转干部解困标准等有关问题的通知》《关于提高1953年底前参军、后在企业退休的军转干部和退役士兵生活补助标准的通知》和《关于习总书记江西考察首次回访调研报告》整改落实情况等文件的起草和印发。

【规范数据管理】　强化优抚信息系统建设，购置优抚对象核查设备279台，在省、市、县三级全面开展优抚对象核查工作。全省年度核查人数12.95万人，核查比例达到总人数的43.5%，完成全年任务的231%。完成优抚群体调查项目，采集信息数据800余份，完成涉及优抚对象医疗、生活和社会满意度等情况的调研报告。开展优抚工作基础信息调查摸底，完成全省234所光荣院、431处红军烈士纪念设施、30处非民政部门管理的烈士纪念设施管理归属和零散烈士纪念设施长效管理调查工作，为制定《光荣院管理办法》实施细则提供支持。完成267名"两红"人员住房情况调查，启动实施轮椅、手杖等辅助器具配置工作。

(钟声)

烈士褒扬

【概　况】　2016年，新评定烈士2人。全省有姓名可查的烈士25万多人，烈士墓10万多座，烈士纪念设施700多处。其中，国家级烈士纪念设施15处，省级烈士纪念设施32处，市县级烈士纪念设施174处。

开展烈士褒扬纪念活动。完成烈士纪念日省市（南昌）各界向烈士敬献花篮仪式活动，督促指导各地开展纪念活动，全省参与人数200万人次。做好纪念红军长征胜利80周年活动各项工作。下发《关于向红军老战士发放一次性生活补助金的通知》《关于做好慰问红军老战士工作的通知》，发放纪念长征胜利80周年纪念章320枚、慰问金634万元。8月22日—24日，民政部牵头组织，《人民日报》、新华社、《解放军报》、中国网、《中国青年报》等中央媒体，以及《中国社会报》、中国民政杂志社、中国双拥杂志社记者组成采访组赴赣州市，采取组织座谈会、参观烈士纪念设施、实地采访健在老红军及家人等形式，开展"长征英烈纪念行"采访宣传活动。10月12日，民政部、财政部、国家卫生计生委组成慰问团，到红军长征出发地之一——江西省兴国县，举行向烈士敬献花篮仪式，瞻仰烈士陵园和纪念馆并慰问当地健在的张恒仁、钟发镇、钟享元三位红军老战士。10月18日，民政部档案资料馆联合长征路线上的11个省份民政厅和11家代表性烈士陵园举办"缅怀先烈、不忘初心——纪念红军长征胜利80周年"烈士档案主题联展，瑞金市革命烈士纪念馆代表江西省参加联展，展出瑞金第一个党支部书记刘忠恩、第一任县委书记邓希平、瑞金长征途中牺牲的烈士等资料。

提高行业工作人员服务能力。连续3年开展纪念设施管理人员和讲解员培训，培训400人次；首次以馆长论坛形式举办烈士纪念设施服务管理人员培训，全省15处国家级烈士纪念设施保护单位、32处省级保护单位及部分市（县）级烈士纪念设施保护单位管理人员70余人参加培训，交流学习烈士纪念设施建设管理机制、优抚事业单位能力建设等方面论文40余篇；开展全省优抚业务和数据核查培训，培训130余人。

【举行烈士纪念日省、市（南昌）各界向烈士敬献花篮仪式】 9月30日，为法定烈士纪念日。省委书记鹿心社、省长刘奇等省委、省人大、省政府、省政协、省军区领导班子成员，省法院、省检察院、省武警总队主要负责人与全省各界代表到江西革命烈士纪念堂向烈士敬献花篮，省委各部门、省直各单位、各人民团体主要负责人，各民主党派省委会、省工商联主要负责人和无党派人士代表，南昌市党政军负责人，解放军、武警官兵，老战士、老干部和烈属代表，学校师生代表，社会各界群众代表出席仪式。烈士纪念日期间，全省各地组织烈士纪念日纪念活动，参与人数200万人次。

【评定车超、吴献忠两人为烈士】 6月21日，省政府签署《关于同意评定车超同志为烈士的批复》，批准车超为烈士；7月5日，省政府签署《关于同意评定吴献忠同志为烈士的批复》，批准吴献忠为烈士。

车超，男，汉族，1986年2月出生，江西省抚州市人，生前为江西鹰潭供电公司职工。2009年11月28日晚，车超与3名同事受公司委派乘车前往资溪县高埠施工现场，途经龚资线蔡家桥路段一个弯道陡坡时，在帮助一辆三轮摩托车向前行驶的过程中，迎面驶来一辆装满矿石的货车，车超见状，当即上前挥手并大声呼喊示意该货车停车，不幸被货车撞击，当场牺牲。

吴献忠，男，汉族，1963年11月出生，新余市分宜县钤山镇大岗山村人，生前为分宜县钤山镇大岗山村护林员。1995年10月12日上午，吴献忠在收缴村民李健民、李亮根父子非法砍伐的木料时，被李亮根持柴刀砍中左后颈部，不幸牺牲。

（唐飞翔）

双拥活动

【概　况】 2016年，全面落实拥军优属政策。全年落实年度抚恤和生活补助资金19.16亿元，发放优待金3亿多元；安置军转干部873人（其中自主择业238人），安置随军家属180人，安置退役士兵1.7万余人（其中符合安排工作条件的1300余人），培训自主择业退役士兵1.3万余人。

开展各项双拥活动。春节期间，以省委、省政府名义在"一报两台"刊发刊播致驻赣人民解放军和武警部队全体官兵，全省红军老战士、军队离退休干部、烈军属、残疾军人、转业、复员、退伍军人的《慰问信》和《关于做好春节期间拥军优属、拥政爱民工作的通知》；做好省党政军迎新春座谈会筹备工作，制作反映江西省一年来双拥工作情况的专题片；筹备召开省双拥工作领导小组第十九次全体会议，总结江西省新一轮双拥模范创建和部署下一轮双拥模范创建工作；做

1月9日，驻南昌部队未婚军官与省妇幼保健院未婚女青年开展《青春同行，情暖军营》大型联谊会活动

省民政厅供稿

好春节和“八一”建军节省领导走访慰问驻赣部队基层单位、驻昌部队团以上建制单位和省主要领导走访慰问抗洪抢险一线官兵工作；筹备召开江西省双拥模范城（县）命名表彰大会；按照政府采购程序做好慰问品和年画采购工作，及时将党委、政府对子弟兵的关怀送到每个驻赣部队官兵手中。

深入开展双拥宣传。以建党建国建军纪念日、国家公祭日、烈士纪念日、抗日战争胜利纪念日为契机，广泛开展群众性国防教育主题纪念活动。配合有关单位开展纪念红军长征胜利80周年活动，推进爱国主义和国防教育基地建设，县级以上纪念设施全部纳入爱国主义和国防教育基地。持续开展“双拥在基层”活动，帮助基层部队和优抚对象排忧解难。创新双拥活动内容，首次以省民政厅、江西日报社名义，联合开展“江西省首届寻找军旅创新创业先进单位（人物）推选活动”，评出“十大军旅创新创业模范单位（人物）”和“20个军旅创新创业先进单位（人物）”。组织驻昌部队未婚军官与省妇幼保健院未婚女青年开展《青春同行，情暖军营》大型联谊会活动。

军民融合深度发展。推进《关于推进军民融合深度发展的实施意见》和《关于深化军民融合加速推进军民结合产业发展的意见》落实。成立江西省军民融合联席会议制度，联合军地59家成员单位，辐射驻赣部队75支团以上部队。在省发改委设立“经济与国防建设协调发展处”实行军地合署办公，标志江西省从体制机制上推进军民融合深度发展迈出关键一步。结合江西省实际，抓好“一批创新示范区、一批重大项目、一批龙头企业、一批产业基地、一批创新平台”五个军民融合建设重点。在全国首创发起“互联网＋”国防动员领域的实践探索，其经验做法得到军委国防动员部肯定。

【双拥创建成果丰硕】 2016年，全省有9个设区市、4个县（市）被评为“全国双拥模范城（县）”，2人被评为全国“爱国拥军模范”，军地各有1个单位被评为“全国双拥模范单位”。南昌市作为全国双拥模范城代表和1名爱国拥军模范代表受邀参加全国双拥模范座谈会及国防部“八一”建军节招待会。南昌市在全国双拥模范城座谈会上作典型发言。9月21日，江西省双拥模范命名表彰大会召开，58个市、县（市、区）和5人被省委、省政府、省军区授予江西省“双拥模范城（县）”和“爱国拥军模范”称号，129个军地单位、109人受到省双拥工作领导小组办公室表彰。江西省双拥工作在创建“98抗洪精神”基础上，突出“红”字，创造党管武装的“江西品牌”、国防教育的“红色篇章”、涉军维权的“宜春经验”，受到全国双拥办、东部战区肯定和表扬。江西省受国家命名表彰的双拥模范城（县）由上一届12个增加到13个。景德镇市民政局开展“双拥在基层”活动成绩突出，在全国“双拥在基层”总结会上作典型发言。

【驻赣部队支持地方经济社会建设】 2016年，省军区协调筹措资金1.6亿元，定点帮扶120贫困村，结对帮扶1340户贫困户。协调战区9个市（区）与江西省井冈山市开展“三联”活动，落实资金6668万元，确定帮扶项目57个。武警江西省总队按照省“四个一”组合式扶贫工作部署，确定1个县、3个乡、26个村、5所学校、3所乡镇卫生院投入近500万元开展精准扶贫工作；部队常年组织200余个学雷锋小组，对53所敬老院、480名军烈属、孤寡老人定期走访慰问，与22名贫困学生建立稳定帮扶关系。火箭军机关把参与脱贫攻坚作为重大政治任务，与于都县葛坳乡建立扶贫点，投入1000万元扶持基础设施、助学兴教、产业发展、文化惠民和医疗卫生等六项22件实事。

（朱显华）

复员退伍军人安置

【概　况】 2016年，全省各级复员退伍军人安置主管部门及时接收年度退役士兵和计划集中移交的退役军人。截至年底，全省符合安排工作条件退役士兵岗位落实率达到100%，其中安置到机关事业单位达82%，位居全国前列；具备移交条件的伤病残退役军人全部接收安置。各级政府在全面落实退役士兵就业服务、小额贷款、税费减免等政策，及时足额向自主就业退役士兵发放一次性经济补助资金2.24亿元。省直机关落实460多个事业单位岗位，定向招录大学生退役士兵。

安置改革建章创制。省政府第71次常务会议审议通过《江西省实施〈退役士兵安置条例〉办法》，以省政府令的形式颁布实施，为江西省退役士兵安置工作提供法制保障。省政府、省军区联合下发《关于做好2016年度退役士兵安置工作的意见》和《江西省退役士兵职业教育和技能培训实施办法》，为退役士兵安排工作、教育培训提供政策保障。省民政厅会同省军区司令部联合印发《江西省符

4月6日，退役士兵在江西新东方烹饪学院参加免费技能培训。图为参训学员展示刀工绝技——气球上切肉丝

省民政厅供稿

合政府安排工作条件退役士兵服役表现量化评分表》，增强退役士兵安排工作的科学性。

加强退役士兵职业教育和技能培训。围绕提高退役士兵免费教育培训政策知晓率、参训率、合格率、就业率目标，按照“扬特色优势、创典型品牌”要求，开展订单式培训、创业培训，提高教育培训质量和效益。全年组织9500余名退役士兵参加免费教育培训，自主就业退役士兵政策知晓率、自愿参训率均达到100%，参训退役士兵合格率达到98%，参训后就业率达到95%。

【出台《江西省实施〈退役士兵安置条例〉办法》】 12月6日，省政府第71次常务会议审议通过《江西省实施〈退役士兵安置条例〉办法》，自2017年2月1日起施行。1988年11月10日省政府发布的《江西省实施〈退伍义务兵安置条例〉细则》同时废止。该办法分为总则、接收与移交、自主就业、安排工作、退休与供养、保险关系的接续、法律责任、附则8章，共40条。根据该办法，退役士兵符合士官服现役满12年、服现役期间平时获二等功以上奖励或者战时获三等功以上奖励、因战致残被评定为五级至八级残疾等级、烈士子女四项条件之一的，由政府安排工作；中级以上士官符合年满55周岁、服现役满30年、因战（因公）致残被评定为一级至六级残疾等级、经军队医院证明和军级以上单位卫生部门审核确认因病基本丧失工作能力四项条件之一的，作退休安置；退役士兵不符合安排工作或者退休、供养条件，或符合安排工作条件，但退役时选择自主就业的，由安置地政府扶持自主就业。

【开展江西省首届寻找军旅创新创业先进单位（人物）推选活动】 5月，省民政厅和江西日报社启动“江西省首届寻找军旅创新创业先进单位（人物）推选活动”。通过各地各部门推荐（自荐），确定候选名单55人。10月，经组委会专家评审，并征求省军区和省双拥办意见，评出“十大军旅创新创业模范单位（人物）”和“20个军旅创新创业先进单位（人物）”。赣州御景堂家具有限公司赖福来、江西蓝筹农业发展有限公司熊正星等获十大模范单位（人物）；赣州岑峰酒业有限责任公司赖炳光、江西瑞阳陶瓷集团公司陈光辉等获先进单位（人物）。

（董光红）

离退休军人安置

【概　况】 2016年，江西省军休工作以推进军休服务管理规范化建设为抓手，落实军休干部“两个待遇”为重点，完成年度工作任务，军休服务管理水平明显提升。全年上级下达江西省接收安置任务46人，实际接收安置55人，接收安置率120%。截至2016年年底，全省有13个军队离退休干部军休所，1个无军籍职工军休所，共接收安置军队离退休干部2255人，无军籍职工1741人。

提升军休服务管理水平。12月，出台《江西省军队离休退休干部服务管理工作规程》。该规程共分13章105条，进一步细化军休工作职责和服务内容，规范服务流程和服务方式。编制《军队离休退休干部安置管理工作文件汇编（三）》，收集整理2012—2015年民政部、省本级有关安置管理文件共20份，按年份、文件类型编辑目录，印刷成册200份发至各设区市军休服务管理机构。组织开展消防安全知识培训暨现场交流会。5月11日，组织全省近80名军休服务管理机构工作人员在南昌市进行消防安全知识培训暨现场交流会。

推进军休所服务用房建设。九江军休一所、吉安军休所和上饶市军休所等服务用房更新改造项目取得成效。开展上饶军休所选址工作，九江军休一所完成动工前期准备工作，吉安军休所用房更新改造全面完成，12月28日竣工揭牌。

【组织开展各类军休活动】 9月9日，组织参加民政部纪念建党95周年和红军长征胜利80周年全国军休干部歌咏比赛，江西省自创的组唱——情景音诗画《等你回来》在东部片区8个省（市）10个代表队中获三等奖。5月24日—27日，组织11名具有较高专业技术职称与临床工作经验丰富的军队离退休干部和省荣军医院医务工作人员到上饶市玉山县、上饶县开展义诊送温暖活动。10月25日—28日，在宜春组织开展江西省第七届军队离退休干部“健康杯”运动会，全省11个设区市183名军队离（退）休干部参加象棋、跳棋、男子乒乓球、女子乒乓球、自行车慢骑车、垒球投准等12个比赛项目比赛。

【全面落实军休人员生活待遇】 2016年，下拨军休退役安置补助资金3.07亿元；根据民政部、财政部、中国人民解放军总政治部和总后勤部《关于调整移交政府安置的军队离休退休干部退休士官公勤费和护理费标准的通知》，每人每月提高1200元，共下拨经费607万元；根据民政部、财政部、中央军委政治工作部和中央军委后勤保障部《关于调整军队离休退休干部、退休士官基本津贴补贴和高山海岛津贴标准的通知》《关于调整军队离休退休干部遗属和1955年前后复员女兵生活补助费标准的通知》，下拨调标经费2192万元；根据民政部优安局《关于抓紧落实军休系统退休干部（含退休士官）2016年度定期增资经费的函》要求，下拨定期增资经费1158万元。 （方利鹏）

本栏编辑　邓诚君

妇 女 儿 童

妇 女

【概　况】　2016年，省妇联围绕妇女权益，促进妇女全面进步。支持妇女就业创业。全年发放妇女小额创业贷款31.9亿元，扶持妇女自主创业3.3万人次。召开女企业家协会成立30周年会议，为9家女性企业发放巾帼创新创业贴息贷款720万元，最高获贷额度达400万元。联合省直有关部门开展“春风行动”和“红杜鹃”家政服务女性专场招聘会，全省跨地区组织劳务输出13.2万名女性，当地企业吸纳农村女性劳动力就业15.2万人，为27.9万名女性提供维权服务和法律援助，为76.7万名女性提供免费服务，其中1.1万名女性接受创业服务，2.2万名女性参加职业技能培训。

维护妇女合法权益。推动省“十三五”规划设立专门章节规划妇女儿童事业。推动在全省建立健全婚姻家庭纠纷人民调解工作机制，指导各地成立婚姻家庭纠纷人民调解委员会。实施“中国妇女法律援助行动项目”，办结妇女儿童法律援助案件16件。做好信访案件协调处理，全省妇联系统接处信访6416件，省妇联本级接待妇女群众信访近300件。省妇女儿童基金会募集资金39万元，开展母亲邮包项目，向石城县、安远县及参与募捐的省直单位扶贫点妇女发放邮包，惠及2000户贫困家庭母亲。

【“赣鄱女性手工精品网上行”全面上线】　2016年，“推动巾帼创新创业——赣鄱女性手工精品网上行”活动各设区市产品全面上线。该项目是省妇联为展示江西妇女生产者的风采和成果，推动赣鄱女性创新创业，推广江西巾帼手工制品所采取的重要举措。省妇联把发展妇女手工业与精准扶贫、传承民族文化相结合，推动相关部门出台政策措施，帮助妇女通过绣、编、织、剪、画、陶艺等多种手工技能实现居家灵活就业创业。“赣鄱女性手工精品网上行”与中国江西网、大江直购网联合，在大江直购网开辟网络端口，展示、展销全省妇女手工产品。

【召开江西省女企业家协会成立30周年纪念大会】　6月7日，江西省女企业家协会成立30周年暨第六届三次会议在江西南昌召开。省委副书记刘奇、副省长谢茹、省政协副主席郑小燕、省妇联主席潘玉兰、省女企协会会长李亚平等出席会议。李亚平主持会议并作工作报告，刘奇讲话。刘奇现场为9家女性创办的企业发放巾帼创新创业贴息贷款720万元，其中获贷最高额度400万元。为发挥优秀女企业家的创业典型示范作用，经各设区市妇联、市女企业家协会和省女企协各直属分会、团体会员单位推荐，专家严格评审，省妇联和省女企业家协会联合评选出20位“优秀创新创业女企业家”。江西省女企业家协会成立于1986年10月，已成为凝聚全省各行各业女性生产经营法人代表和管理者、江西籍省外女企业家的社会组织。

【国务院评估督导江西省实施“两纲”工作】　4月11日—15日，国务院《中国妇女发展纲要（2011—2020年）》和《中国儿童发展纲要（2011—2020年）》中期评估督导组对江西省实施“两纲”情况进行评估督导。督导组听取江西省“两纲”实施情况汇报，与省委组织部、省教育厅、省卫计委、省水利厅等妇儿工委成员单位、相关部门以及部分市县妇儿工委负责人进行座谈。深入新余市渝水区、分宜县，吉安市吉州区、万安县，实地考察渝水区第六小学、分宜县中心幼儿园、分宜县妇幼保健院、吉安市社会福利中心、吉安市妇女儿童活动中心、万安县留守妇女文化创作基地和妇女就业培训基地等近20个现场。督导组认为：江西省各级党委、政府重视妇女儿童工作，坚持男女平等基本国策，坚持儿童优先原则，工作力度不断加大，妇女儿童生存发展环境日益优化。截至2015年底，妇女纲要43项可量化指标中达标和预期可达标指标为40项，难以达标2项，1项指标暂无数据；儿童纲要32项可量化指标中达标和预期可达标指标30项，难以达标1项，1项指标暂无数据。其中，学前三年毛入园率、高中阶段毛入学率、3岁以下儿童系统保健管理率等指标提升幅度较大，孕产妇死亡率、低出生体重发生率、5岁以下儿童贫血患病率等指标位于全国前列或者优于全国平均水平。但是妇女常见病筛查率、村委会主任中女性比例等指标距离纲要终期要求有较大差距。江西省副省长、省妇儿工委主任谢茹代表省政府在汇报会上作汇报，陪同考察渝水区和吉州区，在反馈会上作表态发言。省妇儿工委副主任、省政府副秘书长陈敏主持汇报会和反馈会，全程陪同考察。

【召开全省妇女儿童工作委员会工作会议】　7月8日，全省妇女儿童工作委员会工作会议在南昌召开。副省长、省妇儿工委主任谢茹出席会议并讲话。会议肯定“两纲”实施取得的成绩,就“两纲”中期评估反馈的重难点问题进行剖析。会议要求,各级政府要切实承担起“两纲”实施的主体责任,加强对妇女儿童工作的领导;各成员单位要加强统筹协调,积极开展跨部门合作,合力攻坚解决重难点问题;各级妇儿工委及办公室要搞好督导检查,建立完善责任考评机制和监测评估机制,有效推动“两纲”目标逐年、逐级、逐层落实。

【江西省巾帼志愿服务协会成立】 5月31日,江西省巾帼志愿服务协会成立大会在南昌举行。会议通过《江西省巾帼志愿服务协会章程》,选举产生第一届理事会理事。“老阿姨”龚全珍被聘为协会名誉顾问,南丁格尔奖章获得者邹德凤当选为第一届理事会会长。

(凌云　石爱忠)

儿　童

【概　况】 截至2016年年底,全省有农村留守儿童103.45万人,占全省农村儿童的15.6%。其中,由(外)祖父母监护的98.7万人,占农村留守儿童的95.4%。赣州市、上饶市、宜春市、吉安市、九江市5市农村留守儿童超过10万人,占全省总数的78.7%。困境儿童12.59万人,其中特困供养儿童8.46万人,重病重残儿童4.13万人,孤儿2.31万人。孤儿中,社会福利机构集中供养孤儿3100人,社会散居孤儿2.00万人。

加大关爱困境与孤残儿童力度。10月,省政府出台《关于加强困境儿童保障工作的实施意见》,要求每个村(居)民委员会至少设立1名由村(居)民委员会委员、大学生村官或专业社会工作者担(兼)任儿童福利督导员或儿童权利监察员;并要求各级政府进一步加大财政支持力度,保障儿童福利督导员或儿童权利监察员必要的工作经费。孤儿基本生活保障费全面落实,机构供养和社会散居孤儿保障标准分别达到每人每月1100元和700元;开展“孤儿保障大行动”,投保重大疾病保险2.3万份;编制《社会福利服务设施建设“十三五”规划》;实施孤残儿童“明天计划”,新增省级定点医院1家,为1.02万名孤残儿童进行治疗;培训孤残儿童护理员600余人次。

关爱农村留守儿童。5月,省民政厅在社会事务处挂牌成立未成年人(留守儿童)保护处牌子。全年新建改建未成年人保护中心48个,“儿童之家”“儿童驿站”1万多个;安排彩票公益金9240万元在31个重点市、县区建设儿童活动中心。以政府购买服务方式聘请24名专业社工,分驻12个试点县开展农村留守儿童关爱保护工作,累计培训儿保专干和临时监护人47次,培训2123人。4—7月,摸底排查农村留守儿童,确定市县乡村四级联络员1.13万人。7月,省政府出台《关于加强农村留守儿童关爱保护工作的实施意见》,成立江西省农村留守儿童关爱保护工作领导小组,制定《江西省农村留守儿童关爱保护工作领导小组成员单位职责任务分工》。12月,制定《江西省农村留守儿童信息管理操作办法(试行)》,在县、乡、村三级建立农村留守儿童台账,巩固发展“代理家长”和“爱心妈妈”近17万人;11—12月,开展农村留守儿童“合力监护、相伴成长”专项行动。开展重点对象干预帮扶,对1.2万名残疾和患病儿童给予生活救助和医疗救助。

2016年,省妇女儿童基金会自筹资金400万元开展自主公益项目帮扶贫困妇女儿童和家庭。自筹春蕾专项资金104万余元,开展春蕾系列项目,资助近千名贫困学生继续学业。自筹资金47万元,建立儿童成长数字图书馆,帮助2600多名贫困乡村小学师生免费获取先进教育资源。向爱心人士筹集20万元资金援建湘东区东桥镇4个村级卫生计生服务室,10万元帮助苏云希望小学贫困学生解决学杂费用,2万元添置取暖设备。向爱心人士筹集资金5万元、图书2000册、文具书包玩具等3200多份,开展“爱的传递”项目,走访看望弋阳、泰和、都昌、安义等县500名留守儿童。

【举办“童心构筑梦想 学习创领未来”“六一”儿童论坛】 2016年,江西省儿童少年活动中心、南昌市少年宫、南昌市中小学生活动中心、江西省图书馆少儿部共同主办“童心构筑梦想 学习创领未来”“六一”儿童论坛,论坛包括征文比赛和演讲比赛2项。3月,启动征文活动;5月29日,在江西省儿童少年活动中心举行演讲比赛。征文活动收到南昌市各学校“家风、家规、家训”征文500余份,有32名同学获奖,其中一等奖6人,二等奖12人,三等奖14人。获奖学生作为选手参加“六一”论坛演讲比赛。

(高宏　蔡仕祥　凌云　石爱忠)

本栏编辑　邓诚君

老龄事业

综　述

2016年，全省人口老龄化进程继续加快。至年底，全省60岁及以上人口654.86万人，65岁及以上人口450.5万人，比上年分别增加21.15万人、19.5万人，占总人口比重分别为14.26%、9.81%，比上年分别提高0.38%和0.37%。

推进社会养老服务体系建设。培养养老服务员。协助民政部开展罗霄山片区千名养老护理员培训4期。开展养老护理员培训政府购买服务工作，指导中标单位举办管理人员和师资培训班3期、养老护理人员培训班2期。出台《关于推进医疗卫生和养老服务融合发展的实施意见》《关于金融支持养老服务业加快发展的实施意见》《关于推进养老服务设施建设通知》《新建住宅小区配建社区居家养老服务设施和社区管理服务设施建设、移交与管理办法》《养老护理服务质量规范》等一系列养老服务政策及标准，提高养老服务质量。开展专题政策调研。就老年人意外伤害保险、居家养老服务、落实老年优待政策、落实高龄津贴、老年协会发展模式等业务工作开展调研，在全省范围内评选出10篇优秀调研成果推荐至全国老龄办，其中2篇获三等奖，2篇获优秀奖。下发《关于做好我省高龄津贴发放工作的通知》，出台《江西省老龄事业发展评估办法》。

推进社会养老保障体系建设。调整企业和机关事业单位退休人员基本养老金，调整机关事业单位工作人员遗属和老红军、抗战离休干部配偶生活补助计发办法及标准。出台《关于进一步做好我省未参保城镇大集体企业退休人员等养老生活补助标准调整工作的通知》。人力资源社会保障部将上饶市纳入第一批长期护理保险制度试点城市。出台《关于整合城乡居民基本医疗保险制度的实施意见》，明确低收入家庭60周岁以上老年人参加城乡居民基本医疗保险的个人缴费部分，由财政全额补助。深化医保支付方式改革，推进大病免费救治工作。健全特困人员救助供养制度，实现农村五保供养、城市“三无”人员供养制度城乡统筹。启动老年人意外伤害保险工作，结合江西实质，制定实施细则，落实国家4部委《关于开展老年人意外伤害保险工作的指导意见》。

建设老年人宜居环境。改善老年人基本住房条件，把符合政策条件的分散供养五保户，优先列为农村危房改造补助对象，提高补助标准，实施“交钥匙”工程。改善老年健身条件，建设1个县级全民健身活动中心、16个社区多功能运动场、35个乡镇农民体育健身工程、246个村级农民体育健身工程。改善老年人出行条件，在新通车服务区设置无障碍设施及无障碍标志，在旅游客运场站、码头、站点设置老年人无障碍通道（路）、电（楼）梯，方便老年人出行。印发全省老年人体育工作纲领性文件《关于加强新形势下老年人体育工作的意见》，明确新形势下加强老年人体育工作目标任务、措施保障。创新养老模式，引导社会力量参与居家养老服务，实现居家养老服务连锁经营，在全省推广

9月21日，2016年“中国人寿”杯江西省首届九九重阳大型公益庆典活动在南昌举行

省老龄委供稿

"宜春经验"。

保障老年人合法权益。出台《江西省实施〈中华人民共和国老年人权益保障法〉办法》，起草《老龄事业发展"十三五"规划》。公安机关健全完善老年父母随成年子女落户政策，化解各类涉老矛盾纠纷，严厉打击涉老违法犯罪。全省司法部门健全法律援助网络，积极开展"法律援助为民服务创先争优"活动和"老年人精品案例评选活动"，增强办理老年人法律援助案件的积极性。各级法院对涉老案件坚持优先制度，继续开展老年维权示范岗创建工作，加强对涉老案件的司法救助。

（段玉冰）

社会养老服务体系

【概　况】　2016年，全省养老机构床位数20.9万张，比上年增加1.5万张，增长7.7%。日间照料中心、老年人活动中心等服务设施覆盖全部城市社区、90%以上乡镇和60%以上农村社区，建立包括养老服务在内的社区综合服务设施和站点。年内，争取到中央预算内投资1.35亿元，支持49个养老公寓、福利院、光荣院、敬老院、日间照料中心等机构业务用房建设；新建、扩建、改造提升敬老院195所，完成第三轮敬老院等级评定。有15个社会养老机构项目获得3.47亿元专项建设基金支持，带动社会资本投资48亿余元。

建设养老服务队伍。协助民政部开展罗霄山片区千名养老护理员培训4期，为江西、湖南两省500名家庭贫困人员开展为期半个月养老护理技能培训。开展养老护理员培训政府购买服务工作，指导中标单位举办管理人员和师资培训班3期、养老护理人员培训班2期。加强养老服务等专业培养，部分技校开设养老服务相关专业，全省技校在校生中，保健按摩及护理专业646人，占比0.52%。

出台一系列养老服务政策。出台《关于推进医疗卫生和养老服务融合发展的实施意见》《关于金融支持养老服务业加快发展的实施意见》《关于推进养老服务设施建设通知》《新建住宅小区配建社区居家养老服务设施和社区管理服务设施建设、移交与管理办法》《养老护理服务质量规范》等一系列养老服务政策及标准，提出具体措施和办法，促进养老机构与医疗机构融合发展，破解养老服务投融资体制机制障碍，保障养老服务设施用地及用房，提高养老服务质量。

推出养老服务优惠政策。按照人均养老服务设施用地不少于0.1平方米标准，明确新建居住小区新建住宅和老城区连片改造居民区、棚户区项目应分别按照每百户不少于20平方米和15平方米建筑面积配建社区居家养老服务设施，且单处用房面积不得少于150平方米。将养老项目用地全部纳入国有建设用地供应计划，全年供应养老服务设施用地27宗，面积25.68公顷（不包括房地产、旅游等项目用地中配建的养老服务设施用地），其中出让8宗，面积8.45公顷；划拨19宗，面积17.98公顷。对238家医院、养老等非营利性养老机构减免企业所得税、房产税、城镇土地使用税，对129户涉及养老服务企业养护服务免征营业税。对民办养老机构，一律按照居民用水用气价格标准收取用水用气费用，并减免有关行政事业性建设费用和政府性基金。

【专项督查养老服务业发展政策落实情况】　10—11月，省发改委、省民政厅、省卫计委、省国土资源厅、省住建厅5部门联合对全省贯彻落实《江西省人民政府关于加快发展养老服务业的实施意见》情况进行实地督查。其间，督查组听取有关情况汇报，查阅有关政策文件资料1300多份，召开座谈会17次，102个养老机构的负责人和老年人代表参加座谈，随机抽查25个县（区）30个社区居家养老服务设施和44家养老机构。

【完成第三轮敬老院等级评定】　2016年，第三轮敬老院等级评定工作完成，共评定三星级敬老院326所，二星级敬老院427所，一星级敬老院265所，分别占1498所敬老院的22%、27%、18%。在等级评定活动中，安排中央和省级福彩公益金3700万元，资助195所敬老院新建、扩建、改造提升。争取省纪委安排省廉政账号资金1000万元，资助敬老院添置空调、洗衣机、太阳能热水器等设备。

（王超　段玉冰）

社会养老保障体系

【概　况】　2016，全省城市低保标准达到480元/月，月人均补差标准达到320元；农村低保标准达到270元/月，月人均补差标准达到195元；农村五保集中供养标准达到365元/月，分散供养标准达到290元/月；20世纪60年代精减退职老弱残职工救济水平平均每人每月提高30元；实施城乡医疗救助180.5万人次，临时救助13.8万户次。

加强社会救助和社会福利。健全特困人员救助供养制度，实现农村五保供养、城市"三无"人员供养制度城乡统筹。将困难老年人家庭和困难老年人列为农村低保常补对象，按照低保标准予以全额保障。计划生育家庭特别奖励、扶助制度得到完善。启动老年人意外伤害保险招标工作。

完善养老保险。经省政府同意并报人社部、财政部审批，从1月1日起，调整全省企业和机关事业单位退休人员基本养老金，280多万名企业和机关事业单位退休人员受益。从7月1日起，增加全省机关事业单位离休人员离休费，同时比照机关事业单位离休人员增加离休费办法提高企业离休人员、企业和机关事业单位1949年10月前参加工作老工人基本养老金。从1月1日起，调整机关事业单位工作人员遗属和老红军、抗战离休干部配偶生活补助计发办法及标准。出台《关于进一步做好我省未参保城镇大集体企业退休人员等养老生活补助标准调整工作的通知》，明确城镇大集体困难企业未参保退休职工、手工业联社大集体企业未参保退休职工和未参保返城未安置就业知青月人均养老生活补助标准具体由各地自行制定。6月27日，人社部将上饶市纳入第一批长期护理保险制度试点城市。

完善医疗保险工作。根据省委全面深化改革领导小组第六次全体会议工作部署，6月，省政府出台《关于整合城乡居民基本医疗保险制度的实施意见》，明确低收入家庭60周岁以上老年人参加城乡居民基本医疗保险的个人缴费部分，由财政全额补助。深化医保支付方式改革，推行以按病种付费为主，按人头、按服务单元付费等复合型付费方式。推进大病免费救治工作，从2016年起，全面建立贫困人口重大疾病商业补充保险制度，各级财政投入3.11亿元，按每人每年不低于90元的标准，为全省346万建档立卡贫困人口购买补充保险，惠及贫困老年人。

【上饶市纳入第一批长期护理保险制度试点城市】 7月，人社部在全国范围内探索建立长期护理保险制度，保障失能人员基本生活权益，上饶市纳入首批试点范围，开展1～2年试点。长期护理保险制度是不同于基本医保的全新险种，原则上主要覆盖职工医保参保人群。长期护理保险制度以长期处于失能状态的参保人群为保障对象，重点解决重度失能人员基本生活照料和与基本生活密切相关的医疗护理等所需费用。试点期间，上饶市将探索长期护理保险的保障范围、参保缴费、待遇支付等政策体系；探索护理需求认定和等级评定等标准体系和管理办法；探索各类长期护理服务机构和护理人员服务质量评价、协议管理和费用结算等办法；探索长期护理保险管理服务规范和运行机制。探索建立长期护理保险制度，有利于保障失能人员基本生活权益，提升他们的生活质量。

（王超　段玉冰）

老年人宜居环境

【概　况】 加强适老健康支持环境建设。2016年，老年人人均基本公共卫生服务补助标准增加到45元。强化实施老年人基本公共卫生服务，扩大项目覆盖面，优化服务内容。老年人就医享有优先就诊、化验、检查、交费、取药、住院的优待。开展老年心理卫生服务，增强老年人自我保健能力。继续开展“光明·微笑”工程。实施白内障复明手术（含光明工程）人数为4.78万例，其中60岁以上老年人4.15万人，占86.9%。加强老年性疾病领域研究，重点部署开展老年心理健康监测及干预技术、老年难治性肺炎、心力衰竭、老年痴呆症等老年性常见疾病防治技术研究。老年性疾病技术研究领域立项支持61项，经费485万元。开展社区健康养老管理体系建设试点，选取南昌市1家企业依托社区卫生服务中心为老年人提供健康监测、家政、助医等服务，建立老年人健康档案大数据平台，提供个性化健康养老定制服务。

改善适老居住和生活环境。改善老年人基本住房条件，把符合政策条件的分散供养五保户优先列为农村危房改造补助对象，并提高补助标准，实施“交钥匙”工程。改善老年健身条件，全年新建1个县级全民健身活动中心、16个社区多功能运动场、35个乡镇农民体育健身工程、246个村级农民体育健身工程。改善老年人出行条件，在13对新开通服务区设置无障碍设施及无障碍标志，在旅游客运场站、码头、站点设置老年人无障碍通道（路）、电（楼）梯，方便老年人出行。

加强适老体育设施建设。9月1日，省委办公厅、省政府办公厅印发《关于加强新形势下老年人体育工作的意见》通知。通知明确新形势下加强老年人体育工作的重要性、目标任务、措施保障等，是全省老年人体育工作纲领性文件。2016年，根据老年人生理特点和健身需要进行规划和设计，支持建设11人制标准足球场9个，非标准足球场6个，县级田径场9个，为老年人健身创造条件。

【丰富老年人体育文化生活】 2016年，全省举办一系列活动，丰富老年人体育文化生活。先后举办全省第五届全民健身运动会、全省老年人门球比赛、全省老年人气排球比赛、全省老年人乒乓球比赛、赣昌老年桥牌邀请赛、全省老年人创新创编优秀体育项目展示交流等赛事活动，选派江西老年大学艺术团参加第十八届“永远的辉煌”——中国老年合唱节大赛，组织开展全省优秀剧目集中展演、“我们的中国梦——文化进万家”“百姓大舞台——合唱艺术节”“放歌赣江源”声乐大赛等公益展演活动。

（王超　段玉冰）

老年人合法权益保障

【概　况】 2016年，老年人权益保障工作有新进步。全省公安机关办理父母投靠城镇成年子女落户1.2万余人，为老年人提供服务6.8万余人次、制作身份证9.5万余人次、送证上门2万人次，排查化解涉老矛盾纠纷1.4万余起、调解成功率达96.2%，救助迷路老人560余人次、走访慰问老人7500余次，救助和资助受困老人388人，查破涉老违法犯罪案件4100余起。

全省司法部门健全法律援助网络，积极开展“法律援助为民服务创先争优”活动和“老年人精品案例评选活动”，进一步降低老年人法律援助门槛，扩大法律援助范围，简化和规范法律援助程序，对老年人法律咨询实行“一站式”服务。2016年，江西省利用中央专项彩票公益金办理老年人法律援助案件229件，占中央专项彩票公益金案件总数14.6%，各级法律援助机构及工作站点接待老年人来信来访、解答法律咨询2.89万人次，占总咨询人数13.2%；办理各种涉及老年人法律援助案件2687件，占总案件数12.1%；受援老年人3158人次，占受援对象总数12.3%，为老年人挽回或避免经济损失1000多万元。

全省各级法院对涉老案件坚持优先制度，继续开展老年维权示范岗创建工作，加强对涉老案件的司法救助，依法减、缓、免老年当事人诉讼费用。妥善处理涉老纠纷，注重对老年人合法权益的实体维护。审理涉老案件以公开审理为原则，以不公开审理为例外，对一些典型涉老案件组织一定范围的公开审判、巡回审判和当众宣判，宣传普及有关维护老年人合法权益的法律法规。

【修订《江西省实施〈中华人民共和国老年人权益保障法〉办法》】 9月22日，《江西省实施〈中华人民共和国老年人权益保障法〉办法》经江西省十二届人大常委会第二十八次会议表决通过，自2017年1月1日起施行。新修订的该实施办法依据《中华人民共和国老年人权益保障法》和中央关于

10月19日,"敬老爱老,全民行动"江西省2016年老年节暨"中国人寿杯"江西老年艺术展演活动在南昌八一广场举行

省老龄委供稿

老龄工作的最新精神,结合江西实际,坚持问题导向,针对江西省老龄事业发展中遇到的实际问题完善制度设计,对2002年通过的实施办法作了较大修改。该实施办法由38条增加到9章64条,除一条未做改动,其余均为新增或修改条款,整个体例与上位法保持一致。

【开展敬老爱老活动】 开展以"敬老爱老,全民行动"为主题的"敬老月"活动,举办2016年"中国人寿杯"江西省首届九九重阳大型公益庆典活动和"敬老爱老,全民行动"江西省2016年老年节暨"中国人寿杯"江西老年艺术展演活动,组织全国老龄系统先进集体和先进工作者、敬老爱老助老、"老有所为"先进典型人物等评选宣传工作,结合"五好文明家庭"等精神文明创建工作,向全国老龄办推荐1个先进集体、1名先进工作者、30个"敬老文明号"、55个"敬老爱老助老模范人物"、2名"老有所为"先进典型人物。加强敬老爱老宣传。《江西日报》、江西广播电视台等省内主流报纸和广播电视媒体刊登涉老有关稿件136篇、图片报16篇、宣传报道100多条,江西卫视亲情孝道节目《带着爸妈去旅行》收视率52城0.60%,省级卫视同时段排名保持第六名,《人民日报》刊文对该节目给予高度评价。

(王超 段玉冰)

老年人社会管理

【概　况】 2016年,全省有老年大学102个,老年协会1.44万个,老年文艺团队984个,老年体协9358个,其他老年社团组织388个。老年人社会管理工作有序进行。拓展老年教育,推动电大向开放大学转变,向社会最大程度开放优质教育资源,发展继续教育、社区教育与老年教育,服务全民学习。建设江西老年开放大学、"老年开放教育网"数字化平台,南昌电大挂牌"南昌市社区教育指导中心","南昌市民学习网——南昌市市民终身教育平台"上线服务。

加强基层老年协会管理。根据《关于加强基层老年协会建设的意见》《关于进一步加强城乡老年协会建设的通知》,指导城乡老年协会开展规范化建设,实行注册登记管理。按照《江西省基层老年协会星级评定办法》,指导全省城乡基层老年协会开展第二届"四星级"创建工作。

省老年活动中心接待参加日常活动老干部16万余人次;组织老干部各类知识讲座42场次,参加人数5500多人次;为老干部医疗咨询6000余人次,测量血压6.2万余人次;为老干部法律咨询2923人次;理发4100人次;播放影视录像100场;举办各种舞会262场;举办太极拳、围棋、象棋学习班8次;编印《活动月报》12期,寄发1.5万余份。

【推广"协会+中心+站点+巡访"模式】 2016年,省老龄办总结推广景德镇市、鹰潭市"协会+中心+站点+巡访"为老服务模式。这一模式将居家养老中心交由农村老年协会进行日常管理服务,在远离居家养老服务中心的自然村落,设立服务站点,对中心(站点)辐射不到的偏远村庄采取巡访方式,开展为老服务,有助于解决农村困难老人问题。

(段玉冰)

本栏编辑　邓诚君

残疾人事业

残疾人社会保障

【实施“两项补贴”制度】 2016年，为了贯彻落实《江西省人民政府关于印发江西省困难残疾人生活补贴和重度残疾人护理补贴制度实施办法的通知》，省残联、省民政厅联合出台《关于加快贯彻落实江西省困难残疾人生活补贴和重度残疾人护理补贴制度实施办法的通知》，全省各地相继出台残疾人两项补贴实施细则。全省持证残疾人有98.7万人，其中重度残疾37.3万人。至12月底，全省护理补贴发放32.1万人，生活补贴发放42.7万人，两项补贴实际发放总人数74.8万人，护理补贴覆盖率达到86%，两项补贴覆盖率达到76%。

【推进残疾人托养服务工作】 2016年，江西省残联根据中国残联《“十三五”残疾人托养服务工作计划》要求，制定出台《江西省“十三五”残疾人托养服务工作计划》和《江西省阳光家园计划——智力、精神和重度残疾人托养服务实施方案》。通过实施“阳光家园计划”项目，对全省各地6208名接受托养服务的智力、精神和重度残疾人（次）给予每人每年1500元服务补助，为残疾人提供基本生活照料、自理能力训练、劳动技能训练和辅助性就业等方面的服务，打造残疾人基本公共服务的“阳光品牌”，解决部分重度残疾人家庭照看难的问题。

【开展政府购买残疾人日间照料服务试点工作】 2016年，江西省残联下拨省级“两彩”资金300万元，在南昌、景德镇、鹰潭、吉安、宜春、萍乡6个设区市城区开展政府购买残疾人日间照料服务试点工作。各试点设区市按照《政府购买残疾人日间照料服务试点工作实施方案》要求，认真组织实施。宜春市在政府购买残疾人日间照料服务工作中，针对不同残疾人的不同需求，提供个性化、精准化的上门服务，打造出全省政府购买残疾人日间照料服务“升级版”。2016年，全省有300余名精神、智力和重度残疾人入托。通过实施政府购买残疾人日间照料服务项目，解决部分残疾人家庭的实际困难。

残疾人康复

【实施省政府民生工程残疾人康复项目】 2016年，通过实施省政府民生工程残疾人康复项目，共为11.71万残疾人提供各类康复服务与救助。其中，为10万名残疾人提供社区康复服务并建立康复服务档案；为1500名0～6岁残疾儿童实施抢救性康复救助；为600名贫困白内障患者实施免费复明手术；为残疾人免费适配各类辅助器具1.3万件；为1000名肢体残疾缺肢者免费装配假肢1000条。

【组织实施省级残疾儿童康复救助项目】 2016年，省残联根据《财政部关于下达2016年残疾人事业发展补助资金（中央专项彩票公益金）的通知》精神，经过市级、省级双重审核，综合考虑符合条件的有康复需求残疾儿童数量、机构承训能力、项目执行力度及已承接残疾儿童康复项目情况等因素，组织实施2016年度中央彩票公益金和省级残疾儿童康复救助项目，共为5029名0～6岁的听力、孤独症、智力及肢体残疾儿童提供免费康复救助，救助人数比上年增长17%。为提升残疾儿童康复服务能力，全省举办各类残疾人康复专业及管理人员培训班7期，培训800余人。

【创新精神障碍患者康复工作模式】 7月6日，省残联在萍乡召开全省稳定期精神障碍患者社区康复现场会，推广以安源区为代表的社区康复新模式。并在全省选定20个县（市、区）进行扩大试点，继续推进稳定期精神障碍患者社区康复工作，为600名稳定期精神障碍患者提供社区康复服务。通过构建政府主导、部门配合、社区主动作为的组织架构，整合社区内教育、就业、康复、医疗卫生等资源，指导各项目县（市、区）开展工疗、娱疗、农疗、心理支持和日间照料、职业技能培训、家庭康复指导及转介转诊服务，初步形成具有江西特色的稳定期精神障碍患者社区康复工作模式。

残疾人教育与就业

【扎实推进特殊教育】 2016年，完成提升计划中提出的三类残疾学生入学率和提高生均经费的目标。三类残疾学生义务教育入学率提高到91%，特教学校生均预算内公用经费达到每生每年6000元。为贯彻落实列支5%保障金用于劳技教育的政策，省残联与省教育厅联合出台《关于资助特殊教育学校开展职业教育培训工作的实施方案的通知》,从残保金中按5%比例列支150万元,用于扶持全省17所初中和高中阶段(含中专和技校)特殊教育学校开展劳动技能教育培训。

【为高考残疾考生提供便利】 2016年,省残联采取有效措施,确保全省达到录取分数线的335名残疾考生全部被全国各高等院校录取,残疾考生的录取率达到100%。为残疾人平等参加考试提供合理便利,为全省29名残疾人申请享受考试便利,25人申请2项及以上合理便利事项。

【落实"通向明天——交通银行残疾青少年助学计划"等项目】 2016年,省残联落实"通向明天——交通银行残疾青少年助学计划"等项目。实施学前教育助学项目,对省内学前教育机构中就读的500名家庭贫困残疾儿童进行资助;江西省李宜萍、温琛、黎金花、章虹、曾城5名特教教师获"全国交通银行特教园丁奖";华东交通大学苏琦获2016年"交通银行残疾大学生励志奖"。

【开展就业援助月专项活动】 1~2月,省残联开展就业援助月专项活动,促进残疾人就业。全省就业援助月活动期间,各地共走访残疾登记失业人员家庭1.07万户,登记失业残疾人员3.71万人;组织残疾人专场招聘会共205场;实名制纳入年度培训计划残疾人7576人,帮助失业残疾人员实现就业5336人。其中:社会用人单位按比例吸纳就业2039人,帮助残疾人享受专项扶持政策6614人。

残疾人文化体育

【概　况】 2016年,省残联利用舆论造势,不断提高残疾人宣传舆论引导能力。加强网络宣传工作,建设一支网评员队伍,残疾人事业网络舆情监控得到健康发展;加强通讯员队伍建设,举办通讯员培训班。

组织开展残疾人文化周活动,举办残疾人文化艺术节,组织"第八届全省残疾人文艺汇演";举办中残联2016年"共享芬芳"中西部地区巡演展览之走进江西公益巡演展览活动;挖掘举荐特殊艺术人才,参加全国残疾人书画艺术展,选送12幅江西省残疾人书画家作品,参加由全国政协、中国残联举办的残疾人书画作品展;着眼大局,推进残疾人文化服务、文化产业、特殊艺术人才培养的发展,注重民间残疾人手工艺等非物质文化的传承和保护,打造一批由南昌市残疾人特殊艺术人才基地为龙头的残疾人文化创意基地。

实施"康复体育关爱家庭计划"项目试点。为全省4000户不易出户的重度残疾人提供康复体育器材、方法和服务。11个设区市47个试点县(区)工作扎实有效,入户见人见账见图片,让更多的足不出户的中重度残疾人享受到个性化、精细化的居家体育康复服务。

继续实施"自强健身工程"。创建命名30个省残疾人自强健身示范点,推广和普及一批适合残疾人康复健身体育项目;举办江西省青少年校园足球融合组海选赛和全省残疾人飞镖推广训练营;基层开展丰富多彩的残疾人体育赛事、全国特奥日和残疾人健身周活动;挂牌命名省残奥训练基地3个、特奥省级训练基地8个。逐步建立省、市、县残疾人运动员选拔培养输送机制。

【体育赛事取得优异成绩】 2016年,江西省残疾人运动员在各项国内外赛事中共获11金、5银、7铜奖牌,其中1人破2次世界纪录,1人破1次亚洲纪录。其中:在巴西里约残奥会上,江西省4名残疾人运动员获1金、1铜、1个第四、2个第五的好成绩。

残疾人维权

【概　况】 2016年,省残联不断完善残疾人法制建设。开展残疾人法律救助和法律援助服务,全年省本级为26人次残疾人提供法律咨询,参加1名残疾人的庭审旁听,为1名困难残疾人提供法律救助费3万元。编印《残疾人法律法规政策及文件汇编(第七册)》和《残疾人政策法规手册》,省残联维权处获"2011—2015年全国法治宣传教育先进单位"称号,成为全国残联唯一获得该称号的单位。

切实保障残疾人权益。省残联党组、理事会成员到设区市调研,与市委组织部、市委统战部领导沟通,积极赢得支持,确保将残疾人、残疾人亲友和残疾人工作者提名推荐工作纳入人大、政协换届工作大局。推荐工作取得明显成效,全省换届后市、县两级人大代表共38人,其中残疾人28人、亲友5人、工作者5人;市、县两级政协委员共139人,其中:残疾人68人、亲友7人、工作者64人。省残联联合省公安厅、省交通厅、省卫计委等厅局,转发国家七部门《关于切实做好单眼视力障碍人士和上肢残疾人驾驶汽车相关工作的通知》,进一步明确江西省单眼视力障碍人士和上肢残疾人申领驾驶证21家体检定点医院,保障残疾人的驾驶出行权益。全省累计为2.16万名残疾人发放残疾人机动轮椅车燃油补贴562万元,为1017户贫困残疾人家庭实施无障碍改造,补助改造资金513万元,为残疾人家庭生活和出行融入社会提供便利。

【做好残疾人信访工作】 2016年,省本级全年办理信访事项1243件,其中接待来访200批次,共365人次;来信访和网上信访89件;接听来电789通,来访、来信、来电及网上信访办结率均达100%,残疾人的满意度达95%以上,受到省信访局和中国残联信访办的肯定。在加强日常信访处理的同时,积极靠前做工作,排查矛盾隐患,先后向各设区市残联发文,指导做好"两会"、国庆及"南昌会议"等重要节点的残疾人信访工作。做好残疾人信访网上平台的建设和运行工作,全省10个设区市和大部分县(市、区)的网上信访平台运行良好。重视12385残疾人服务热线建设工作,全省11个设区市全部建成12385热线。

(邱雨)

本栏编辑　陈超萍

民族宗教事务

综　述

2016年，全省民族宗教部门落实中央和省委、省政府重大决策部署，做好全省民族宗教事务管理工作，维护全省民族宗教领域和谐稳定。

民族工作扎实推进。抓实全省少数民族事业发展"十三五"规划编制；召开省民族工作领导小组暨在赣新疆少数民族群众服务管理工作联席会议，总结部署新一轮省直单位对口支援民族乡村工作，对口支援单位由29个增至36个；以精准扶贫示范为重点，探索打赢民族乡村扶贫攻坚好经验、好模式，加快民族地区扶贫攻坚步伐；加强贯彻落实全国城市民族工作会议精神调研，推进宜春开展全省城市民族工作"连心共建"活动试点，推动南昌市第二批少数民族流动人口服务管理示范城市建设；迎接全国少数民族参观团199人到赣参观考察，参观团成员涵盖24个民族成分，分别来自31个省、自治区、直辖市和新疆生产建设兵团，以及解放军和武警部队；深入开展民族团结进步创建活动，创新活动载体，扩大工作覆盖面；进一步做好涉疆服务管理工作。推进少数民族特色村寨保护与发展，推动少数民族乡村文化设施和文化活动场所的新建与改扩建；组织开展民族节庆文艺演出和联欢活动，让各族同胞相互交流交往；安排少数民族教育专项资金1000万元，助推民族地区教育事业全面进步。南昌市青山湖区塘山镇上坊路社区、铅山县太源畲族乡、九江恒通自动控制器有限公司被授予"第三批全国民族团结进步创建活动示范单位"称号，宜春市公安局、萍乡市卫生学校、永丰县龙冈畲族乡、资溪县乌石镇新月畲族村被授予"第四批全国民族团结进步创建活动示范单位"称号，南昌市被国家民委确定为第二批少数民族流动人口服务管理示范城市，横峰县弋横武装起义指挥部旧址被国家民委命名为第五批全国民族团结进步教育基地。

宗教工作全面推动。以"7+1"（一次汇报、一次调研、一份文件、一次会议、一期培训班、一次学习、一轮宣讲和江西祖庭文化课题研究）工作举措，贯彻落实全国宗教工作会议精神；通过指导宗教界开展讲经交流和抄经活动，推进基督教中国化理论研讨、神学思想建设创新，协调圣经学校师生赴广东开展爱国主义教育，举办全省天主教爱国主义教育培训班等活动，在宗教界培育和践行社会主义核心价值观；进一步规范宗教团体、宗教院校、宗教活动场所等建设，建立完善全省性宗教团体负责人联席会议、重大事故事件防范报告及内部管理等制度；进一步完善宗教基础信息数据库，开展宗教院校、宗教活动场所统一社会信用代码赋码全国试点；开展以"规范"为主题的双和谐创建，推荐评选第三届全国创建和谐寺观教堂先进集体和先进个人；开展"文明进香、合理放生、建设生态寺院"活动；支持省伊协开展清真认证工作；指导省佛协发放佛教教职人员证书；开展佛教、道教省级以上重点寺院、宫观悬挂标识牌。加强宗教人才建设，筹备设立江西佛学院和曹洞佛学院；提质改造省圣经学校；规范汉传佛教寺院传戒活动；开展省基督教"两会"常委以上班子成员述职考评；做好宗教领域重点难点工作，指导做好2016年度伊斯兰教朝觐；加大工作力度，做好天主教工作；做好民间信仰和网络宗教工作，强化舆情监测与引导，传递正能量；发挥宗教界作用，支持宗教界参与公益事业；鼓励宗教界开展对外友好交流；开展宗教文化研究，宗教祖庭文化、城镇化进程中的基督教和基层宗教工作网络建设课题研究，"庐山文化·万杉论坛""相聚崇仁·揭秘相山"等文化研讨活动和《花开千年》禅宗纪录片拍摄工作。

其他工作有序展开。1月29日，在南昌召开全省民族宗教局局长会议，传达学习中央和国家有关会议精神，总结2015年度工作，部署2016年度和"十三五"期间全省民族宗教工作；印发《江西省民族宗教事务局关于贯彻落实〈江西省法治政府建设实施纲要（2016—2020年）〉实施意见》和《全省民族宗教系统法治宣传教育第七个五年规划（2016—2020年）》；完成国务院《宗教事务条例》（修订征求意见稿）南方片座谈会承办工作。

（省民宗局）

民族事务

【启动民族地区精准扶贫示范工程】 3月24日，省民宗局下发《省民宗局关于做好民族地区精准扶贫工作的通知》，启动民族地区精准扶贫示范工程。在每个民族乡选择1~2个少数民族人口较多、贫困人口较多的村组；在民族乡之外的82个民族村和12个民族工作重点乡镇，选择25个基础条件较差、少数民族人口和贫困人口较多的村组,作为精准扶贫示范村组。对实施精准扶贫示范的民族村组,每个村组每年安排少数民族发展资金20万元,用于对精准脱贫、全面小康有支撑作用的基础设施建设、民生改善和产业扶贫项目;对部分发展差距较大、水平较落后的民族村组,叠加安排第五轮省直部门对口支援。做到以点带面,推动民族地区贫困人口精准脱贫。

【召开省民族工作领导小组暨在赣新疆少数民族群众服务管理工作联席会议第二次会议】 6月3日,省民族工作领导小组暨在赣新疆少数民族群众服务管理工作联席会议第二次会议在南昌召开。省民族工作领导小组组长、省委常委、省委统战部部长蔡晓明出席会议并讲话,省民族工作领导小组副组长、省政府副省长尹建业主持会议,省政府副秘书长宋雷鸣出席会议;省民族工作领导小组成员单位、在赣新疆少数民族群众服务管理工作联席会议成员单位、省援疆办负责人和联系处室负责人共80多人参加会议。会议听取第四轮省直有关部门对口支援民族乡村经济社会发展工作和在赣新疆少数民族群众服务管理工作汇报,对第四轮省直单位对口支援民族乡村经济社会发展工作考核验收优秀单位进行通报表扬,讨论并原则通过《在赣新疆少数民族群众服务管理工作联席会议成员单位职责分工方案》和《省民族工作领导小组成员单位对口支援民族乡村经济社会发展工作方案(2016年—2020年)》。

【启动城市民族工作连心共建活动】 7月25日,省民宗局与省委统战部联合下发《关于开展城市民族工作连心共建活动的意见》,要求各地从经常开展联系走访、主动关心帮助群众、注重解决实际问题、提供政策服务保障、及时化解矛盾纠纷五个方面做好连心活动;从经常开展民族政策宣传教育和文化活动、丰富民族团结进步创建活动内容、创造接纳包容的人文环境、搭建各民族交流互助平台、建立健全城市少数民族流动人口服务管理体系5个方面做好共建活动。省民宗局与省委统战部在宜春市开展先行试点,各设区市主要抓好1个以上的“连心共建”活动试点,全省在取得阶段性成果后,以点带面,逐步推开。12月28日,江西省城市民族工作连心共建活动经验交流会在宜春召开,会议交流试点工作经验,展示试点取得的阶段性成果。

【组团参加第五届全国少数民族文艺会演】 8月18日至9月14日,第五届全国少数民族文艺会演在北京举行。江西代表团由省委常委、省委统战部部长蔡晓明担任顾问,副省长尹建业担任团长,省委统战部副部长、省民宗局局长张勇担任常务副团长,选送大型采茶畲歌戏《热血山哈》参加会演。此剧由吉安市采茶歌舞剧院创作,于2015年在江西省第二届畲族文化艺术节开幕式上首演,后经省民宗局、省文化厅和吉安市委、市政府联合打造与二次创作编排。8月26日、27日晚,《热血山哈》在北京民族剧院演出,并获剧目银奖。

【出台《江西省公民民族成分登记管理实施细则》】 9月1日,省民宗局与省公安厅联合颁布《江西省公民民族成分登记管理实施细则》,并于2017年1月1日起实行。该实施细则以《中国公民民族成分登记管理办法》为蓝本,结合江西实际制定,包括立法依据、适用范围、概念界定、工作职责、基本原则、审批程序、备案监管机制、信息共享机制、权利救济机制、责任追究机制、特殊情况、相关表格、颁布说明等23条内容。该实施细则对省民宗局、省公安厅的工作职责,各设区市及省直管县(市)民宗工作部门办理民族成分变更程序,体现父母子女关系的六种证明材料,民族成分变更的报备方式及报备时间进行明确,并对涉及业务办理的相关表格进行规范。

(省民宗局)

宗教事务

【承办《宗教事务条例》(修订征求意见)南方片座谈会】 3月3日,国务院《宗教事务条例》(修订征求意见稿)南方片区座谈会在南昌召开,中央统战部、国宗局、国务院法制办的领导、专家,上海、江苏、浙江、江西、贵州、海南、福建、安徽、湖南、广东、广西、湖北12省(自治区、直辖市)的统战、宗教、法制以及部分县(区)民宗局代表共60余人参会。会上,江西省委统战部副部长、省民宗局局长张勇代表承办方致辞,中共中央统战部副巡视员褚有奇作《宗教事务条例》修订有关工作情况介绍,12省(区、市)分别进行发言。

【开展全省宗教界“扶贫攻坚、五教同行”主题活动】 3月28日,省民宗局制定《江西省宗教界“扶贫攻坚、五教同行”主题活动方案》,对口抚州市广昌县赤水镇回辛村开展“扶贫攻坚、五教同行”主题活动,引导全省宗教界以善行义举践行信仰。5月6日,按照“扶贫攻坚、五教同行”活动方案,各全省性宗教团体主要负责人深入回辛村实地考察,了解具体帮扶诉求,梳理确定扶贫项目。10月27日,在省民宗局倡议下,全省性宗教团体及信教群众在回辛村举行“扶贫攻坚、五教同行”活动捐赠仪式,募集资金80万元,重点支持回辛村8个扶贫项目的建设工作。

【召开“江西宗教祖庭文化研究项目”启动会议】 6月28日,省民宗局在南昌召开“江西宗教祖庭文化研究项目”启动会议,省社科院和南昌大学、江西师范大学等高校的专家学者20余人参加会议。省政府副秘书长、省政府研究室主任陈石俊出席会议。省委统战部副部长、省民宗局局长张勇作讲话。启动仪式由省民宗局副局长梅仕灿主持。江西宗教祖庭文化研究项目是贯彻落实全国宗教工作会议精神,发掘江西宗教祖庭文化资源,阐释和探索宗教祖庭文化的现实意义及与社会主义社会相适应的实现路径,是国内唯一一个以省级区域为对象研究宗教祖庭文化的项目。

(省民宗局)

本栏编辑 詹跃华

精神文明建设

综　　述

2016年，全省精神文明部门以培育和践行社会主义核心价值观为根本，着眼凝魂聚力、固本强基，大力加强公民思想道德建设，不断深化群众性精神文明创建活动，促进全省精神文明建设向前发展，推动城乡文明新风新貌显著提升。

深入开展中国特色社会主义和中国梦主题宣传教育，坚定干部群众的理想信念。掀起学习宣传贯彻习近平系列重要讲话精神热潮。省文明委各成员单位结合“两学一做”教育，突出学习贯彻习近平系列重要讲话精神，尤其是视察江西工作时的讲话精神，全年组织专题学习会近400次，安排赴基层专题学习调研160多次，发放《习近平谈治国理政》《习近平总书记系列重要讲话读本(2016年版)》《党委会的工作方法》等各类学习资料3万多册。各地组织开展各种讲话学习宣讲活动，创新宣讲形式，发挥民嘴讲堂、小巷讲堂以及社科大讲堂的示范作用，培育了一批基层宣讲典型，推动讲话精神进企业、进农村、进机关、进学校、进社区。省直主要媒体刊(播)发学习讲话精神稿件140篇(条)，并在“两微一端”推送、转发近20多万次，实现“全媒体、全覆盖”。

深化中国特色社会主义和中国梦宣传教育。广泛开展“我的中国梦”主题实践活动。清明期间举办的“祭英烈网上签名寄语”活动，共有500万人参加，位居全国前列。全省举办“红色基因代代传——清明祭英烈井冈在我心”“学党史、感党恩、跟党走”等活动2800余场次，参与的青少年达260万人。

大力培育和践行社会主义核心价值观，公民思想道德建设取得丰硕成果。着力打造“好人文化”风景线。注重创新发掘好人机制，持续推进“身边好人榜”发布工作，全年发布“江西好人”133人；在基层设立“身边好人榜”，定期重点发布身边好人好事，年发布量超50万人次。省委宣传部、省文明办重点部署、全力推动各媒体全方位、多角度、立体式宣传身边的好人好事。省级媒体均开设《身边好人风采录》专栏，通过消息、特写、通讯、评论等形式宣传好人好事。“江西好人网”汇总全省各地各级各类网站发布的“身边好人榜”，并设立互动版块；“江西网上好人馆”上线运行，展示全省历年道德模范、身边好人的事迹和图片。江西网络广播电视台、中央网媒江西频道链接“江西好人榜”专题。各地各级各类网站开设当地“身边好人榜”专题，每天适时更新、及时发布。组织开展全省道德模范和“身边好人”先进事迹大型图片巡展，在各设区市巡回展出，并同步进行手机网上巡展，近百万群众参与，点赞留言10万余条，发放宣传册8万余份。省文明办每季度举办全省道德模范与“身边好人”现场交流活动暨“江西好人”发布仪式。全省近50个全国和省级文明城市、提名资格城市率先打造一批好人主题公园、文化广场或“好人一条街”主题街道。各地特别是基层县、乡，制作了一大批“身边好人榜”和好人事迹流动展板，摆放在公园、广场供群众参观，并定期走进各级学校、机关、军营、社区等巡回展出。同时，还制定出台一系列帮扶资助、优待礼遇办法，解决好人实际困难。全年直接帮扶153人，下拨资金76万多元。全省有50多万人参与“好人帮好人”系列活动，开展大型公益活动40多场，帮助身边好人解决困难3万多个，募集善款360多万元，救助帮扶各类困难群众1万余人。

扎实推进学雷锋志愿服务制度化。坚持立足江西实际，着力在“常”“长”上做文章、下功夫，抓住党员干部这个重点群体，不断开创全省学雷锋志愿服务工作新局面。高考期间，省文明办、江西广播电视台继续组织由广大市民、出租车司机组成的“高考爱心车队”，免费接送考生参加高考。省科协组织“2016年科普之春暨学雷锋科普志愿者服务月活动”，5554名科普志愿者，1352名专家、学者，深入全省100个县(市、区)，开展科普活动近1000场，服务城乡群众50万人次。全省有9个单位和个人入选全国学雷锋志愿服务“四个100”先进典型。推荐5家单位和5名个人参评全国岗位学雷锋示范点和示范个人。筹建江西省志愿服务联合会。依托“江西志愿服务网”建立志愿者档案和志愿服务数据库，并实现与全国志愿服务信息系统联网对接。至年底，在江西志愿服务网登记注册的志愿者达397万人(占全省人口比率8.6%)、志愿组织近3万个，累计开展志愿项目9万余个，奉献志愿时间6245万个小时。

深入开展群众性精神文明创建，城乡文明程度大幅提升。推进文明城市建设。修订江西省文明城市的动态管理办法，并下发《关于2015年度全国文明城市测评情况通报及推进全国

10月24日—25日，省文明办召开全省农村精神文明建设流动现场会，与会人员先后赴南昌市新建区、安义县，九江市德安县、武宁县，宜春市宜丰县考察。图为宜丰县座谈会

省文明办供稿

文明城市创建的几点意见》。同时，省文明办重点抓了萍乡等5个设区市、瑞金等6个县(市)全国文明城市提名资格城市日常创建的指导督促，加大监督问责力度，并以点带面推动全省县(市、区)争创文明城市。

抓好农村精神文明建设工作。省文明委召开全省农村精神文明建设工作推进会，启动第十四届省级文明单位的结对帮扶。省文明办指导协调市县两级文明单位开展结对帮扶，至年底，各级帮建单位累计投入资金近600万元，援建各类农业产业、公共设施、文体设施等项目196个。推进文明村镇创建活动，发挥集镇对行政村的辐射作用和带动效应。

扎实推进未成年人思想道德建设，未成年人成长环境不断优化。启动文明校园创建。贯彻落实中央文明办、教育部《关于深入开展文明校园创建活动的实施意见》，省文明办、省教育厅共同组织研究出台江西省文明校园考评细则，对全省文明校园创建活动进行安排部署，推动各级各类学校围绕领导班子建设、思想道德教育、活动阵地建设、教师队伍建设、校园文化建设、优美环境建设等方面开展工作。

组织实施农村留守儿童等特殊群体未成年人关爱工程。全省儿童重大疾病免费救治工作稳步实施，全省卫生部门免费收治儿童先天性心脏病772例，儿童白血病77例。省民政厅开展农村留守儿童摸底排查工作，牵头推动建立农村留守儿童关爱和困境儿童保障机制体制，对残疾、患病、失学辍学、无户籍等农村留守儿童和弃婴、孤儿、受艾滋病感染儿童等困境儿童，给予有针对性的救助和关爱。省妇联在全省范围开展向社会力量购买妇女儿童公共服务项目，实施服务妇女儿童的公益项目。全省关工委发动6万多名“五老”与农村留守儿童结成对子，开展帮扶帮教。团省委等部门为留守儿童群体开设“杜鹃花爱心小屋”“七彩小屋”，并不断扩展覆盖面。

(章亮华)

理想信念教育

【大力弘扬井冈山精神】 5月6日，省委中心组全体成员围绕“坚定执着追理想”主题开展集体学习，所有副省级以上党员领导干部撰写的学习体会在《江西日报》上摘要刊发。随后，各级中心组围绕四个专题进行深入学习。省内重点新闻网站原创或转载《做井冈山精神的忠实践行者》等弘扬井冈山精神的主题图文稿件120多篇，浏览量超100万次。全省各类网络媒体通过网页、“两微一端”等发布弘扬井冈山精神相关报道200多条，转评量1.7万余次，阅读覆盖276万人。举办“学习习近平总书记关于弘扬井冈山精神重要讲话”座谈会和“让井冈山精神放射出新的时代光芒”集体备课会，深入全省各地宣讲井冈山精神百余场，直接受众10万余人。加强红色资源保护利用，改进提升红色旧址、纪念设施陈展，讲好江西红色故事。

【开展“我的中国梦”主题实践活动】 6月8日，省文明办、省教育厅、团省委、省妇联、省关工委联合下发《深入开展“我的中国梦”主题教育实践活动的通知》，在全省范围内对主题活动进行专题部署，以“我的中国梦”为主题，突出爱国主义教育内容，抓住重要时间节点，结合纪念中国共产党成立95周年和中国工农红军长征胜利80周年，坚持集中与经常相结合、网上与网下相结合，开展系列教育实践活动。团省委先后组织“我们是共产主义接班人”“红领巾相约中国梦”等主题团(队)日活动和全省第二届“少年演说家”大赛以及“共筑中国梦——网界青年的责任与担当”“青春建功中国梦”等活动。全省举办“红色基因代代传——清明祭英烈井冈在我心”“学党史、感党恩、跟党走”等活动2800余场次，参与的青少年达260万人。

(章亮华)

思想道德建设

【开展“学习雷锋奉献爱心”系列志愿服务活动】 3月2日，省文明办下发《关于在3月5日前后集中开展“学习雷锋奉献爱心”系列志愿服务活动的通知》，在全省集中开展学雷锋志愿服务活动。活动内容有开展“送温暖、献爱心”学雷锋志愿服务活动、开展“关爱空巢老人”学雷锋志愿服务活动、开展“保护环境、爱护家园”学雷锋志愿服务活动、开展“文明行为宣传”学雷锋志愿服务活动、开展“文明安全交通”学雷锋志愿服务活动、开展“文明健身”学雷锋志愿服务活动。各级各类志愿服务组织开展法律、文体、科技、医疗卫生“四进”社区活动，帮扶困难群众近30万人次，并在《江西日报》、江西广播电视台集中宣传了一批优秀志愿者、优秀志愿服务组织、优秀志愿服务项目和优秀志愿服务社区。

【定期发布省级诚信红黑榜】 省文明办联合省高院、省国税局、省地税局、省工商局、省安监局、省质监局、南昌海关等单位,每季度发布省级"诚信红黑榜",全年发布4期,109家企业登入诚信红榜,52名严重失信被执行人和失信企业被列入黑榜。榜单在《江西日报》、江西卫视等近20家省直主要新闻媒体公布。省通信管理局公布电信企业行政许可和处罚信息307条,实施失信违法联合惩戒。

5月31日,唱响中国梦少儿文艺汇演在南昌举行

省文明办供稿

【推进乡村学校少年宫建设和管理】 加强全省乡村学校少年宫项目建设、运行管理,确保乡村学校少年宫建得好、用得上、效益大。推进160个新增中央乡村学校少年宫项目建设,累计争取经费5000万元,解决24个国定贫困县160个乡镇未成年人的课外活动场所。全省建成乡村学校少年宫790所,其中国家级490所、省级300所;争取中央财政支持1.61亿元、省级财政支持7700万元。结合当地优势,挖掘乡土资源、特色文化,丰富活动形式,创办了很多具有特色的活动项目,乡村学校少年宫成为未成年人思想道德建设的实事工程和品牌。

【加强青少年心理健康教育】 4月5日,启动第四届全省青少年心理导航系列活动。利用江西省青少年心理健康教育辅导中心,交流和推广各地青少年心理健康教育的经验和信息;开展全省青少年心理健康教育辅导宣传活动以及举办心理素质拓展训练营,推进省市县三级青少年心理健康教育工作网络的高效运行。举办青少年心理健康教育工作方法与技能培训班,全省各地青少年心理健康教育辅导中心的200多名心理健康教育辅导骨干参加培训。组织编写《中小学生心理素质教育丛书》,得到中央文明办和教育部的好评,在全国青少年心理健康教育培训班上,南昌市代表江西省作典型发言。11月29日,中央文明办《未成年人思想道德建设工作》简报刊发南昌市多方联动深化未成年人思想道德建设的经验做法。

【开展2016年"唱响中国梦"少儿文艺活动】 3月14日,省委宣传部、省文明办下发《关于开展2016年"唱响中国梦"少儿文艺活动的通知》。"六一"前后,各地中小学、幼儿园、青少年活动中心、儿童活动中心、青少年宫、乡村学校少年宫开展"唱响中国梦"少儿文艺活动。5月31日,全省2016"唱响中国梦""六一"少儿文艺汇演在南昌举行,观众达1000人。省领导陈俊卿、马志武、汤建人与少年儿童一同观看演出、欢庆"六一"。

【出台《江西省道德模范礼遇帮扶实施办法(试行)》】 5月4日,省委办公厅、省政府办公厅出台《江西省道德模范礼遇帮扶实施办法(试行)》,内容包括出席庆典活动、走访慰问、免费参观景区、医疗保健、免费乘车5项礼遇措施和资助日常生活、就学费用、医疗保险、优先办理低保、志愿服务、劳动就业等7项帮扶措施。5月10日,《人民日报》以《江西出台办法道德模范可享多项礼遇》为题进行报道,中国文明网、新华网、中国政府网、网易、搜狐、凤凰网等国内数十家新闻网站和商业网站也进行报道。人民网江西频道还就"实施办法"作了专题报道,深度解读江西省道德模范可享受的礼遇帮扶政策。

【江西省关爱好人基金成立】 10月,省委宣传部、省文明办联合省慈善总会根据《中华人民共和国慈善法》《社会团体登记管理条例》及《江西省慈善总会章程》的有关规定,发起成立江西省关爱好人基金。基金主要用于定向帮扶资助限于现有政策规定难于享受有关奖励、救助和帮助的生产生活困难的道德模范和"身边好人"。

(章亮华)

精神文明创建活动

【开展文明行业文明单位创建】 加强窗口服务行业创建工作,提升群众对便民惠民服务的满意度和社会认可度。开发应用省级文明单位动态管理系统,对现有省级以上文明单位进行年度复查。省文明办、省公安厅继续组织实施"文明交通行动计划",深入学校、社区、农村开展文明交通宣传活动600余场次,举办各类文明交通主题班会、体验活动200余次,发放宣传资料13万份,张贴宣传提示标识3.2万张。省文明办、省交通运输厅继续推进公路"百姓满意服务区"创评,全省高速公路服务区参与覆盖率98.6%,按照"一区一特色、一路一品牌"的思路,打造了庐山西海、三清山、吉安服务区等一批星级服务区和特色品牌。

【开展家庭文明建设系列活动】 开展"弘扬井冈山精神传承良好家风"2016年寻找"最美家庭"活动,30户家庭被评为2016年全国最美家庭，并组织开展“好家风好家训”全省百场巡讲活动。7月18日，中央文明办《精神文明建设》简报第22期以《江西传承好家风弘扬新风尚》为题，介绍江西省的做法。12月12日，中央文明委表彰第一届全国文明家庭，龚全珍家庭、毛秉华家庭、廖祖彬家庭、邹德凤家庭、王锡良家庭、虞元顺家庭、黄阳云家庭、肖莉芬家庭名列其中，《人民日报》、新华社、中央电视台等媒体对龚全珍家庭、毛秉华家庭作了重点宣传。同时组织开展第一届江西省文明家庭评选活动，20户家庭受到表彰。

【开展“讲文明树新风”公益广告宣传】 根据中宣部、中央文明办的统一部署，落实国家《公益广告促进和管理暂行办法》，在全国率先出台省级实施细则。省委宣传部、省文明办大力推动“讲文明树新风”公益广告宣传，打造“四个一”（一个协调机制、一个共享平台、一项数据通报、一项征集活动）的工作机制。全省形成纵横联动的刊播网络，实现全省公益广告宣传多层级联动、各媒体互动、全媒体覆盖。至12月底，省级报刊历年共刊发372期2232个版，其他各级报刊刊发400期2000个版；各级广播、电视播出公益广告片近40万条（次），超过200万分钟。省直主要新闻网站在显要位置发布图片、视频等各类公益广告近千条。省属各类期刊刊播300余条，共400个版面。各设区市户外公益广告覆盖率均超20%，建筑围挡公益广告覆盖面超过30%。

【持续推进文化惠民工程】 深化全省基本公共文化服务标准化均等化建设，推进贫困地区“百县万村综合文化服务中心”示范工程建设，共帮建206个贫困村，下拨资金1030万元，省财政统筹中央和省级公共文化服务体系建设专项资金1.2亿元。完成全省农村直播卫星“户户通”建设任务，140多万户农村群众可以通过“户户通”收看收听58套电视节目、45套广播节目。有序推进全省32座高山台基础设施改造、68座无线发射台数字化改造等重点民生工程。继续推广全省应急广播建设项目。全年公益放映电影超过26万多场次，为1万个农家书屋新增图书280多万册，进一步丰富群众的精神文化生活。

【抓好农村精神文明建设】 8月4日，省文明委召开全省农村精神文明建设工作推进会，传达学习省委书记鹿心社的批示精神，省委宣传部、省委农工部、省民政厅、省公安厅、省民宗局5个单位分别就农村公共文化建设、新农村建设、文明绿色殡葬、治理农村赌博、打击农村非法宗教活动等工作作专项动员和部署。启动第十四届省级文明单位的结对帮扶，省级文明单位“点对点”帮扶1587个创建积极性较高、工作基础较扎实、常住农户在50户以上的自然村。同时，省文明办指导协调市、县两级文明单位开展结对帮扶，至年底，各级帮建单位已累计投入资金600万元，援建各类农业产业、公共设施、文体设施等项目196个。深入推进文明村镇创建活动，发挥集镇对行政村的辐射作用和带动效应，评选表彰新一批省级文明村镇。10月24日—25日，省文明办召开全省农村精神文明建设流动现场会，传达贯彻全国农村精神文明建设工作经验交流会精神，总结推广南昌市等地家风建设的经验做法，交流部署全省农村精神文明建设工作。

【抓好文明旅游工作】 贯彻落实《省文明委关于进一步加强文明旅游工作的实施意见》，探索逐步建立公民旅游文明信用记录，完善诚信机制。发挥红色旅游景区在革命传统教育与传播旅游文明的作用，组织开展“传承红色基因，推进旅游文明”主题活动，组织省内红色旅游景区创建文明旅游景区，策划组织红色旅游夏令营线路，开展文明旅游公益志愿行动。推进“为中国加分”文明旅游公益活动，组织文明旅游宣传活动20余场，并在“3·15”消费者权益保护日、“中国旅游日”举办文明旅游宣传活动。

【推进网络精神文明建设】 加强江西文明网及所属微信公众号的建设管理，“文明江西”微信公众号上线半年，关注数达5.30万人次，发布、推送微信近1000条。合作开发并上线运行“江西省文明单位动态管理系统”，将1600余家省级以上文明单位纳入平台，强化文明单位日常动态监督的实时性和反馈跟踪。开通网上“江西好人馆”，推出道德模范网上专题展览。“文明瑞金”微信公众号关注量达10万人次，经省文明办推荐，瑞金市在中央文明办举办的全国地方文明网站建设管理培训班上，以《苦练十八掌，打造10万+微信公众号》为题作经验介绍。

【开展全省公共文明指数年度测评】 11月，修订下发2016年度市县公共文明指数测评体系，结合江西实际，设置能集中反映城市公共文明水平的公共环境、公共秩序、公共设施和服务、未成年人工作、公益广告、培育和践行社会主义核心价值观、诚信建设制度化、志愿服务制度化、文明旅游、特色加分10个测评类别。抽调人员对11个市和100个县（区）进行实地测评。

（章亮华）

本栏编辑　詹跃华

市、县(区)

南昌市

【概　况】　位于江西省中部偏北，辖3县6区3开发区和1新区。总面积7402.36平方千米，其中城市建成区面积307.3平方千米(含各区，不含南昌县、进贤县、安义县)。耕地面积27.79万公顷，森林覆盖率22.9%，城市绿化覆盖率40.84%。户籍人口522.79万人，其中城镇人口289.5万人；人口自然增长率6.93‰。2016年，地区生产总值4354.99亿元，增长9%。其中：第一产业增加值181.77亿元，增长3.9%；第二产业增加值2307.24亿元，增长8.3%；第三产业增加值1865.98亿元，增长10.3%。三次产业结构比例调整为4.2:53.0:42.8。财政总收入790.8亿元，增长8.7%；税收占财政总收入的86.5%。其中：地方一般公共财政预算收入402.18亿元，增长3.3%；地方一般公共财政预算支出587.69亿元，增长8.2%。规模以上工业增加值1611.5亿元，增长9.2%，占全省比重的20.7%。主要工业产品有光电子器件产量11.5亿只(片)，增长23.8%；水泥产量747.5万吨，下降3.3%；精制食用植物油产量35.37万吨，增长12.3%；汽车产量41.1万辆，增长26.6%。500万元以上固定资产投资4540.26亿元，增长13.5%。社会消费品零售总额1868亿元，增长11.8%。南昌地区内企业(含中央、省属公司)进出口总值94.07亿美元，下降17.28%。其中，出口值57.84亿美元，下降31.97%；进口值36.23亿美元，增长26.23%。实际利用外资30.65亿美元，增长13.25%；实际利用内资1158.35亿元，增长13.84%。农业总产值319.06亿元，增长4%。粮食总产量242.74万吨，减少1.24%。主要农产品有棉花0.18万吨，下降17.8%；油料12.06万吨，下降5.9%；生猪出栏332.66万头，下降3.7%；家禽出笼5523.76万只，增长2.2%；禽蛋总产量17.2万吨，增长1.1%。万元GDP能耗下降3.17%，城市生活污水集中处理率93.5%。城镇居民人均可支配收入3.46万元，增长8.4%；农村居民人均可支配收入1.50万元，增长9.2%。城镇新增就业8.6万人；新增转移农村劳动力4.7万人；跨省劳务输出25.9万人。城镇参加基本养老保险185.04万人(其中参保职工131.16万人，参保离退休人员53.88万人)，参加城乡居民养老保险140.82万人，参加被征地农民基本养老保险30.1万人，参加城镇基本医疗保险528.5万人，参加工伤保险93.94万人，参加生育保险48.1万人。社会保险基金征缴总量165.13亿元。建设公租房2269套，国有林区、垦区住房452套。完成农村危房改造1222套，廉租住房租赁补贴2.84万套。棚户区改造完成2.6万户。全市贫困人口由4.65万人减少到2.4万人。

【全国综治“南昌会议”召开】　10月10日—11日，全国社会治安综合治理创新工作会议在南昌市前湖迎宾馆举行。会议传达中共中央总书记习近平就加强和创新社会治理作出的指示精神，播放江西、云南、新疆、江苏等地社会综治工作创新实践经验专题片，听取江西省、国家信访局、教育部等单位综治工作经验介绍。中央综治委委员，中央和国家机关有关部门负责人，各省(区、市)和新疆生产建设兵团党委政法委书记、综治委主任、党委政法委常务副书记、综治办主任、维稳办主任、信访局局长、公安厅(局)长和分管治安工作的副厅(局)长，各省会城市(自治区首府)和计划单列市党委政法委书记、综治委主任，有关企业代表参加会议。全国省市县和乡镇四级政法干警和综治干部约200万人通过电视电话会议系统收听收看会议。

【南昌综合保税区成立】　2月9日，国务院下发《关于南昌出口加工区整合优化为综合保税区的批复》，同意成立南昌综合保税区。保税区总规划面积2平方千米，区块一为原南昌出口加工区A区，区块二位于南昌临空经济区内。范围包括东至金水大道，南至福银高速调整隔离带边界，西至新昌电厂铁路专线隔离带边界，北至新昌电厂铁路专线与金水大道交叉口，由综合办公区、口岸作业区、保税加工区、保税物流区、保税服务区、综保配套区综合保税区是设立在内陆地区的具有保税港区功能的海关特殊监管区域，由海关参照有关规定对综合保税区进行管理，执行保税港区的税收和外汇政策，集保税区、出口加工区、保税物流区、港口的功能于一身，可以发展国际中转、配送、采购、转口贸易和出口加工等业务。

【南昌汉代海昏侯国遗址管理局成立】　6月7日，南昌汉代海昏侯国遗址管理局成立，办公地点设在南昌市公交集团大厦。该局是省属市管的副厅级参公事业单位,机构编制40人,下属南昌汉代海昏侯国遗址博物馆(南昌市文物考古研究院),为正县级全额拨款事业单位,机构编制50人。其主要职责:贯彻执行有关国家文物保护的法律法规及相关政策;按照遗址保护规划,制定区域控制性详细规划和遗址公园建设规划并组织实施;负责遗址区内文物保护、研究、利用与考古发掘工作;负责全国旅游AAAAA级景区、国家考古遗址公园和世界文化遗产及其他有关项目的申报工作;负责遗址公园、博物馆等区域内建设项目的规划、论证、建设和管理;负责遗址区统一规划、建设、管理;负责协调、参与项目建设中涉及的土地征用、房屋拆迁等工作;负责管理、协调遗址区内社会事务工作;负责遗址区内的招商引资、商贸旅游等服务业的指导和管理;负责遗址公园的管理、运营、维护与对外交流工作等。

【南昌"光谷"建设】　南昌光谷是南昌"三谷"(光谷、慧谷、绿谷)之一,即把南昌打造成全国LED照明重要的研发基地、生产基地、产品供应集散基地和出口基地。2016年,南昌市在建设"南昌光谷"的总框架下,建设LED产业园、智能移动终端产业园、应用电子产业园、光伏产业园等多个园区,规划"一谷多园"的产业布局。9月,为壮大硅衬底LED下游应用规模,由金沙江创投、洪城资本、文信投资等机构投资成立南昌光谷集团公司。该公司于12月2日向全球招募事业合伙人,共同将硅衬底LED产业的技术优势加速转化为市场优势。同时,南昌市加快建立国家级光电检测中心、光电产业研究机构、MOCVD产业化研究平台、硅衬底技术推广应用平台等专业化服务平台。加快完善光电产业投融资平台、资本股权交易平台、金融租赁平台、职业教育平台、用工对接平台、政策咨询平台等综合性服务平台,为光电企业提供"一站式、全方位"服务。至年底,全市光电产业累计完成主营业务收入598亿元,增长50.1%。

【万达茂及主题乐园项目开业】　5月28日,由中建二局三公司承建的全球最大、国内首个青花瓷建筑——南昌万达茂及主题乐园项目开业。项目位于红谷滩新区九龙湖新城,总投资400亿元,可同时容纳3万名游客。南昌万达茂总建筑面积19万平方米,由26个不同的青花瓷造型组成,4.5万块真正烧制的陶瓷瓷板以8种不同图案构成"青花瓷韵"的整体建筑,瓷板的规格多达上千种。该建筑是由英国著名设计公司stufish负责造型设计、景德镇陶瓷大学陶瓷美术学院院长何炳钦负责青花瓷纹饰设计,是世界最大的青花瓷建筑,南昌市地标性城市艺术品建筑,是万达集团第一座四代城市综合体。南昌万达主题乐园是全省首座世界级乐园,由60余项世界顶级游乐设备组成,有世界最高、最快、最长的三大超级过山车;国内首家竹文化大型旋转舞台魔幻秀等。

【长江中游城市群省会城市第四届会商会在南昌召开】　3月1日,长江中游城市群省会城市第四届会商会在南昌市前湖迎宾馆召开。会议围绕"优势互补、立足实干,开创长江中游城市群省会城市合作新局面"主题,就如何进一步提升四省会城市在长江中游城市群乃至全国发展格局中的战略地位,如何进一步加强交通互联互通、公共服务共建共享、市场体系统一开放等内容开展讨论,并签署《长江中游城市群省会城市第四届会商会合作协议(南昌行动)》,在共同建设具有国际竞争力的特大城市群、共同推动区域开放融合创新发展等方面达成共识。《南昌行动》约定四省会城市共同打通长江中游城市群水陆空交通大通道,提高客流、物流通行效率;四省会城市公共服务一体化水平明显提高;四省会城市产业集群配套率显著提高。会上,四市还共同签署旅游合作协议。

【启动"美丽南昌·幸福家园"环境综合整治行动】　12月12日,南昌市委、市政府在红谷滩会议中心召开"美丽南昌·幸福家园"环境综合整治千人动员大会。会议强调从2016年12月起,全市开展3年环境综合整治,按照"一年有变化、两年出形象、三年上台阶"的总体要求,实施"三四五六"(三大重点、四大目标、五大原则、六大措施)的路径图。三大重点,就是重点实施市容环境整治工程、城市交通畅通工程、城市文明提升工程。四大目标,就是通过3年攻坚,实现南昌城"干净整齐、畅通有序、文明友善、和谐宜居"。五大原则,就是坚持标本兼治、建管并重、点面结合、疏堵兼顾、政社联手的原则。六大措施,就是按照以上重点、目标和原则,多措并举、多管齐下、多方协同,突出"建、改、拆、治、管、优"六大举措,确保城市环境综合整治行动达到预期成效。

【举办首届南昌国际马拉松赛】　11月20日8时,由中国田径协会、省体育局、南昌市政府主办,南昌市体育局承办的江铃驭胜·2016南昌国际马拉松在红谷滩秋水广场前开跑。来自41个国家和地区的1.5万名选手参赛。此次比赛设有全程马拉松(42.195千米),半程马拉松(21.0975千米),迷你马拉松(5千米)3个比赛项目,其中参加全程马拉松赛3000人、半程马拉松赛5000人、迷你马拉松赛7000人。比赛由秋水广场出发,途径八一大桥、滕王阁、"八一南昌起义"纪念碑、"南昌之星"摩天轮等标志性人文自然景观,整条路线充分展现南昌红色、古色和绿色的特点。肯尼亚选手托马斯埃斯托埃克鲁以2小时16分15秒的成绩夺得首届南昌国际马拉松的男子组冠军,埃塞俄比亚选手阿彦图阿比拉德密斯以2小时37分53秒成绩夺得女子组冠军。

【南昌舰退役返昌】　9月8日,国产第一代导弹驱逐舰南昌舰退役降旗暨交接仪式在北海舰队某驱逐舰支队军港码头举行。交接后,南昌舰驶离大连旅顺港,跨越辽宁、山东、上海、江苏、安徽回到江西,航线途经渤海、黄海、东海、长江、赣江等水域,总航程约1890千米(海上航程约900千米、内河航程约990千米)。10月10日12时左右,南昌舰抵达南昌,停泊在凤凰洲市民公园赣江水域。10月24日,市委、市政府、南昌警备区举行仪式,欢迎退役海军南昌舰"回家"。南昌舰,舷号163,是国产第一代导弹驱逐舰,1976年在广州造船厂开工建造,1979年11月下水,1982年11月加入人民海军战斗序列,隶属南海舰队某驱逐舰支队,1986年8月1日正式命名为南昌舰，2004年5月转隶至北海舰队某驱逐舰支队，2016年9月退役，服役34年。该舰排水量3250吨（标准）、3670吨（满载），长132米，宽12.8米，吃水4.6米，累计航程17万余海里，多次完成战备巡逻、军事演习等重大任务。

主要领导人 市委书记：龚建华（任至11月）、殷美根（11月任）。市人大常委会主任：蔡社宝（任至11月）、陈德寿（11月任）。市长：郭安。市政协主席：周关。

（南昌市史志办公室）

·南昌县·

【简 况】 位于江西省中部，辖9镇7乡2开发区和银三角管委会。区域面积1683平方千米。耕地面积6.41万公顷，林地面积3333公顷，森林覆盖率40.9%，城区绿化率11.79%。总人口104.91万人，其中城镇人口28.60万人；人口自然增长率7.04‰。2016年，地区生产总值666.70亿元，增长率9.5%。其中：第一产业增加值53.22亿元，增长5.5%；第二产业增加值429.52亿元，增长9.2%；第三产业增加值183.96亿元，增长11.3%。三次产业比为8:64.4:27.6。财政总收入104.42亿元，增长3.5%；人均1.19万元；税收占财政收入的85.2%。地方公共财政预算收入59.24亿元，增长2.3%；地方财政支出86.67亿元，增长9.8%。工业总产值1140.32亿元，增长13.5%。规模以上工业增加值282.98亿元，增长9.6%。外贸出口9.73亿元。固定资产投资790.03亿元，增长13.6%。实际利用外商投资4.65亿美元增长10.4%；实际利用内资173亿元，增长13.7%。农业总产值94.96亿元，增长7.86%。粮食总产量101.28万吨。主要农产品有蔬菜65.48万吨，增长2%；油料1.17万吨，增长2%；家禽出笼2755.67万只，增长1.02%；禽蛋11.41万吨，增长1.4%；水产品14.75万吨，增长4.09%。万元GDP能耗0.24吨标准煤，城市污水处理率85%。社会消费品零售总额155.8亿元，增长15%。城镇居民人均可支配收入3.11万元，增加2460元，增长8.6%；农村居民人均可支配收入1.64万元，增加1440元，增长9.4%。城乡居民年末储蓄余额322.11亿元。城镇新增就业人口0.85万人，新增转移农村劳动力1.26万人。城乡居民养老保险参保全覆盖，城乡居民基本医疗保险参保率99.82%。社会保险基金征缴总量12.34亿元。完成城市棚户区（城中村）改造6000户、面积63.4万平方米，摇号分配公租房572套。全年减贫6445人。

【南昌县获“全国科普示范县”称号】 3月，中国科协公布首批“2016—2020年度全国科普示范县（市、区）”，南昌县入选。2014年12月以来，南昌县启动创建“2016—2020年度全国科普示范县”工作。推进科普示范创建活动，江西凤凰山庄生态农业发展有限公司被命名为“全省科普教育基地”。开展科普宣讲活动。结合“科普惠农兴村计划”“科普益民计划”的实施，开展送科技下乡活动。举办全国科普日活动；承办2016年南昌市全国科普日主场活动启动仪式暨南昌县科普惠农10周年成果展活动。县科协被中国科协等9部委授予“全民科学素质纲要实施工作先进集体”称号，科普日主场系列活动受中国科协办公厅表彰。

【全省首套雷电监测预警系统组装完成】 2016年，全省首个雷电监测预警系统在南昌县组装完成。该系统能准确监测雷暴活动和演变，提前10到30分钟发出雷电预警信息。该系统是一套基于大气电场仪和闪电定位网的雷电监测和预警系统，由四套大气电场仪组成，覆盖范围东至塔城乡，南至向塘镇，西至赣江。南昌县地处赣中偏北，雷暴高发，年均雷暴日58.6天，属于多雷区。预警系统建成后，可及时提醒公众采取避险措施，进一步避免和减少雷电灾害发生。

【南昌县获“国家级妇幼健康优质服务示范县”称号】 12月27日，南昌县被国家卫计委确定为2016年度“国家级妇幼健康优质服务示范县”。2014年起，南昌县深入开展妇幼健康优质示范工程创建工作，通过采取“五个强化”（强化组织领导、强化能力建设、强化日常监管、强化制度建设、强化民生）项目，推动妇幼健康工作，至2015年年底，全县婴儿死亡率为5.09‰，5岁以下儿童死亡率为3.42‰。孕产妇死亡率为7.96/10万，均低于全省平均水平。在获得“省级妇幼健康优质服务示范县”的基础上，南昌县于2016年11月通过国家卫计委“国家级妇幼健康优质服务示范县”的复核验收。

【江铃集团参与研发的前置前驱8挡自动变速器项目获2016年度国家科技进步一等奖】 由中国汽车工程学会推荐的盛瑞传动“前置前驱8挡自动变速器（8AT）研发及产业化”项目获2016年度国家科技进步一等奖。这是2016年除高校院所外，全国地方获得的唯一的一个一等奖，也是建国以来第一个获此荣誉的汽车零部件项目。该项目主要完成单位为盛瑞传动股份有限公司、北京航空航天大学、江铃汽车集团公司。

【南昌县通过“国家卫生县城”考核验收】 10月，南昌县通过“国家卫生县城”考核验收。南昌县自1994年获“江西省卫生县城”称号以来，不断加大投入，改造提升开放式老旧社区、村中村、集贸市场，完善城市路网、学校、医院、运动场等公建配套设施，强化公共经营场所监督管理，城乡环境更加宜居宜业。

【南昌县通过全国义务教育发展基本均衡县（区）评估】 2月5日，教育部印发《关于公布2015年全国义务教育发展基本均衡县（市、区）名单的决定》，南昌县入选。2011年至2016年，南昌县财政性教育经济支出累计达69亿元。全面完善城区布点，2016年3所新校投入使用，新增近6000余个学位。提升农村学校办学条件，2015年第一批标准化工程全面开工建设，8所农村中心学校有6所主体已经完成，启动12所学校运动场项目建设。建成农村教师周转房670套，改善农村教师生活条件。

【43条道路实行“路长制”】 2016年，南昌县明确43条道路的“路长”责任分工，将城区主要交通干道标号

分段,由全县副县级以上领导认领,对指定路段负总责,具体标号路段分配到人。对县城主次干道的道路设施、市政设施、市容市貌、交通秩序、绿化管理和环境卫生中的突出问题实施全面综合管理。“路长”制的实施,可进一步压实责任,加大市容环境秩序整治力度,推动文明创建巡查常态化。

【法律顾问制度实现全县全覆盖】 2016年,南昌县创新工作方式方法,通过政府列出专项资金,向社会购买服务的方式,与6家社会律师事务所签订合同,为345个村(社区)配备127名专业律师。南昌县每年拿出70余万元专项资金用于每个村(社区)法律顾问工作补助。至此,全县18个乡镇、管理处(管委会)、53个党政部门,9家国有企业、11个人民团体、345个村(社区)均配备专业性法律顾问,实现法律顾问制度全覆盖。这一工作模式,开创全省村级法律顾问工作的先例。

主要领导人 县委书记:郭毅(任至8月)、胡晓海(8月任)。县人大常委会主任:胡小明(任至10月)、黄芝亮(10月任)。县长:刘闯(任至8月)、陈翔(8月任)。县政协主席:陈圣栋(任至10月)、郑响龙(10月任)。

(熊勤)

·进贤县·

【简　况】 位于江西省中部,辖9镇12乡。总面积1971平方千米,其中城区面积24.9平方千米,新增规划建设面积12.35平方千米。耕地面积7.59万公顷,有林面积4.98万公顷,森林覆盖率24%,城区绿化率45.26%。总人口86.51万人,其中城镇人口28.21万人;人口自然增长率7.87‰。2016年,地区生产总值296.82亿元,增长8.1%。其中:第一产业增加值53.46亿元,增长5.0%;第二产业增加值147.70亿元,增长9.0%;第三产业增加值95.66亿元,增长8.2%。财政总收入22.53亿元,增长3.1%;人均2645元;税收占财政总收入的41.77%。地方财政收入14.74亿元,下降1.1%;地方财政支出35.74亿元,下降5.1%。工业总产值392.05亿元,增长14%。规模以上工业增加值85.60亿元,占地区生产总值的28.84%。外贸出口占地区生产总值的2.57%。固定资产投资148.77亿元,增长16.6%。实际利用外商投资1.11亿美元,增长10.0%;省外投资1.11亿美元,增长10%。主要工业产品有医疗器械产值103.13亿元、钢架结构产值62.92亿元、食品加工产值65.96亿元、文化用品产值26亿元、烟花鞭炮产值30.55亿元。农业总产值92.22亿元,增长5.1%。粮食总产量54.34万吨。主要农产品有稻谷52.7万吨、花生2.81万吨、芝麻0.45万吨、肉类总产量10.78万吨、水产品总量13.41万吨。万元GDP能耗0.27吨标准煤,城市污水处理率100%。城镇居民人均可支配收入2.93万元,增加2200元;农村居民人均可支配收入1.54万元,增加1300元。城乡居民年末储蓄余额206.4亿元,增长14.6%。城镇新增就业0.55万人,新增转移农村劳动力1.3万人。城乡居民养老保险参保率90.4%,城乡居民基本医疗保险参保率98%,社会保险基金征缴总量10.03亿元。新增棚户区改造安置房1600套。全年减贫3165人,完成扶贫移民搬迁0.20万人。

【李渡镇大道社区在全省首先获评“淘宝村”】 1月,阿里研究院发布《2015年中国淘宝村研究报告》,揭晓2015年度“淘宝村”“淘宝镇”的名单,江西省有3个“淘宝村”,进贤县李渡镇大道社区为其中之一。医疗器械是李渡镇的重要产业,在该镇大道社区,网店卖家销售最多的除了医疗用品,还有鞋帽及日用百货。

【西湖李家登上中央电视台大型纪录片《记住乡愁》】 2月24日晚8时,百集大型纪录片《记住乡愁》第二季五十一集《西湖李家——不忘本原》在央视中文国际频道播出,中央新闻媒体再次聚焦进贤县前坊镇西湖李家新农村建设。纪录片围绕西湖李家,讲述四位李姓后人“不忘本原”的故事。李国英是西湖李家的第26代,2006年退休后,他辗转千里、追根溯源,将西湖李家的族谱接上了甘肃省定西县的李氏祖谱,并将李氏宗祖上溯到唐高祖李渊、西汉名将李广、道家创始人老子李耳等先祖……。从政多年的李豆罗卸任后,回到西湖李家做起“青岚农夫”,在“花40年时间从农民做到市长”后,“用4个小时从市长做回了农民”。每年中秋,在赣州工作的李九华全家都要回西湖李家与族人们团圆,他是西湖李家建村600多年来第一个考入“京城”的农家子弟,他捐资设立助学基金,修缮祖屋,为家乡建设作贡献。居住在台湾的李森永夫妻每年中秋节也会来到西湖李家,身为台湾李氏宗亲会长的李森永和妻子频繁往返于大陆与台湾之间,寻根问祖,并找到先祖600多年前迁往台湾的“来龙去脉”。

【上海威敌生化(南昌)有限公司“设施蔬菜连作障碍防控关键技术及其应用”项目获2016年度国家科学技术进步二等奖】 上海威敌生化(南昌)有限公司“设施蔬菜连作障碍防控关键技术及其应用”项目获2016年度国家科学技术进步二等奖。该公司位于进贤县工业开发区内,创建于1993年7月,是一家集生产、研发、销售、农技服务为一体的公司。威敌公司开发的28—高芸苔素内酯原药和制剂产品,对于解决全国主要果菜的连作障碍特别是土传病害具有很好的效果,并在山东、河南、浙江等地果菜生产得到大面积应用。

【获批成立省级产业园】 3月,省政府批准同意在进贤县设立省级产业园,实行现行省级开发区政策。产业园总体规划面积1027公顷,重点发展医疗器械、电子信息、低压电器、装备制造四大产业集群。进贤县通过对传统产业转型升级,以及开放招商、专业招商、产业招商,已形成比较完备的四大产业集群。在医疗器械产业上,继续加大对韩国医疗器械企业招商力度,承接更多韩国企业落户;在电子信息产业上,服务好深圳宝安电子产业园现有项目,确保2~4家大体量的企业竣工投产;在低压电器产业上,加强与正泰集团的沟通、对接,吸引更多正泰集团配套和外协;在装备制造产业上,发挥江联重工等企业的龙头带动作用,依托钢构网架产业基础,引进更多重轻型装备制造企业落户。

【文港镇获“中国毛笔文化之乡”称号】 5月6日，中国文联、中国民间文艺家协会授予进贤县文港镇“中国毛笔文化之乡”称号。这是文港镇继“华夏笔都”“中国毛笔之乡”“中国楹联之乡”之后，获得的又一“国字号”称号。文港毛笔在坚持传统的基础上，适应市场需求，对工艺进行改进、创新，不断增添现代元素，把毛笔生产从实用型转向工艺型、礼品型，不断满足消费者需求。全镇大小毛笔生产作坊和经营企业共有2200多家，从业人员达1.5万人，年产销毛笔7.2亿支，年产值达15.8亿元，出口创汇3000万美元。

【李渡烟花第三次登上奥运会大舞台】 8月6日，在里约奥运会的开幕式上，3000枚李渡烟花漫天绽放，惊艳全球亿万观众。此次高空礼花弹大部分都是由进贤县李渡烟花集团有限公司制作的，这也是继北京奥运会、伦敦奥运会之后，李渡烟花第三次登上奥运会这一国际大舞台。从2006年起，李渡烟花就开始进行新型环保烟花的研发和生产，并对传统工艺进行改进升级，一批无硫、微烟、环保污染低的新品种迅速抢占市场制高点，生产的烟花扩大到8个系列3000多个品种，其中低碳环保烟花占一半以上，拥有128项专利。

【军山湖大闸蟹再摘全国桂冠】 11月15日，上海海洋大学第十届蟹文化节暨2016年“王宝和杯”全国河蟹大赛在上海举行。来自上海、江苏、安徽、浙江、江西、山东、河南等地70多家企业选送的1900余只河蟹参加角逐，由进贤县军山湖开发公司选送的一只重366克母蟹摘得“蟹后”桂冠，这是军山湖大闸蟹第六次获此殊荣。另外，产自军山湖的清水大闸蟹还获得3个金蟹奖、1个最佳种质奖、1个最佳口感奖和1个优质奖。

主要领导人 县委书记：万凯（任至7月）、钟益民（7月任）。县人大常委会主任：万晓鸣（任至7月）、胡鹏飞（7月任）。县长：钟益民（任至7月）、叶修堂（10月任）。县政协主席：钱和平。

（武中立　王方）

·安义县·

【简　况】 位于江西省西北部，辖7镇3乡和1垦殖场。总面积665.49平方千米，其中城区面积22.68平方千米（含开发区面积）。耕地面积2.53万公顷，有林面积2.6万公顷，森林覆盖率45.57%，城区绿化率28.85%。总人口30.48万人，其中城镇人口9.62万人；人口自然增长7.92‰。2016年，地区生产总值98.64亿元，增长9.0%。其中：第一产业增加值11.25亿元，增长5.3%；第二产业增加值48.79亿元，增长9.0%；第三产业增加值38.60亿元，增长10.0%。财政总收入12.22亿元，增长8.5%。税收占财政总收入的49%。地方财政收入9.38亿元，增长5.7%；地方财政支出20.11亿元，增长4.03%。工业总产值172.36亿元，增长11.68%。规模以上工业增加值44.43亿元，占地区生产总值的45%。外贸出口总额1.42亿美元，增长5.2%，外贸出口占地区生产总值的1.4%。全年500万元及以上项目完成投资106.67亿元，增长15.3%。实际利用外资4956万美元，增长10%；实际利用内资48.74亿元，增长13.6%。主要工业产品有建材加工总产值105.31亿元、纺织服装总产值17.56亿元、新材料总产值13.21亿元、医药化工总产值16.34亿元、新能源总产值7.9亿元。农业总产值20.02亿元，增长5.4%。粮食总产量20.6万吨。主要农产品有稻谷16.43万吨、油料2.32万吨、蔬菜类19.77万吨、肉类总产量2.37万吨、水产品总量3.54万吨。万元GDP能耗0.5431吨标准煤，下降3.2%；城市污水处理率69.2%。城镇居民人均可支配收入2.75万元，增加2108元；农村居民人均纯收入1.33万元，增加1095元。城乡居民年末储蓄余额90.18亿元，增加10.59亿元。城镇新增就业人数2851人；新增转移农村劳动力人数6110人。城乡居民养老保险参保率92%；城乡居民基本医疗保险参保率99%；社会保险基金征缴总量1.0291亿元。棚户区改造安置货币补偿2.68亿元，安置面积8307平方米。全年减贫1267户3187人。

【中国中部（安义）铝材城奠基】 11月18日，中国中部（安义）铝材城在安义县迎宾大道举行奠基暨开工仪式。项目规划建设用地13.33公顷，总投资约6亿元。该项目以“产业+商业”的模式，弥补安义县铝型材产业集群延伸链上的空白，使安义的铝型材由生产到销售形成完整的产业链，加速安义县打造铝型材产业集聚发展。

【2016年江西安义（杭州）招商推介会召开】 12月1日，2016年江西安义（杭州）招商推介会暨“盈创小微创业园”投资论坛在杭州市萧山区召开。推介会上，东方宝红建筑防水材料、万兔岁科技有限公司品牌童装童鞋、梓源民国村旅游综合开发、天穹棚业遮阳建材生产基地、行知国际学校等17个项目与安义县签约，签约金额共计47.84亿元。

【安义县东阳镇枫树村创新方法补齐社会稳定共治短板】 安义县东阳镇枫树自然村毗邻安义工业园区，随着周边入驻企业逐渐增多，流动人口大量增加，治安防控形势日渐复杂。枫树村村民共同倡议，在整合原有的义务巡逻队、矛盾调解组等综治资源基础上，借鉴农村合作社抱团发展、互帮互助、互利共赢的理念，2016年，成立枫树“综治合作社”，创办枫树“综治银行”，通过给参加义务巡逻、调解纠纷、志愿服务等活动的村民加分，对参与非访、打架斗殴、“黄赌毒”等村民扣分的形式，记录村民在综治方面的表现情况，推动群防群治、社会共治的综治事务自治。作为奖励，超过100分的村民还可以到村里的商店兑换等价物品。自从成立“综治银行”，村民参加村里综治事务的积极性更高。

【农民凌继河当选为县十三届委员会委员】 在8月29日—31日召开的安义县第十三次党代会上，42名党代表被选举成为县十三届委员会委员，安义县鼎湖镇西路凌家村村民凌继河是唯一一个没有公职、不拿工资的农民委员。凌继河是闻名全国的种粮大户，也是江西唯一获“全国十佳农民”2016年度资助项目提名资格的候选人。2016年春节前夕，中共中央总书记习近平在江西视察工作结束时的重要讲话中,给予他充分的肯定。年内,他又创新推出"田保姆"农田托管模式,带动更多农民共同致富。

【"十一"黄金周安义县接待旅游人数和旅游收入实现双丰收】 "十一"黄金周期间,安义县分别举办南昌首届七彩蝴蝶旅游文化节——斐然百亩醉蝶花盛大开园、"2016 江西安义古村首届民俗文化节"、2016 江西首届汽车文化旅游节等。全县旅游接待人数和旅游收入获得双丰收。黄金周期间,全县接待游客数量 25 万人次,增长 25%;旅游综合收入 1.4 亿元,增长 28%。

【安义县法院刑事庭获"全国老年法律维权工作先进集体"称号】 3 月,安义县人民法院刑事庭获全国老龄办、最高人民法院、最高人民检察院等单位联合颁发的"全国老年法律维权工作先进集体"称号。安义县法院刑事庭认真贯彻《中华人民共和国刑法》《中华人民共和国老年人权益保障法》,健全"司法护老"制度,营造"爱老便老"氛围,并发挥审判职能作用,严厉打击各类侵害老年人合法权益、损害老年人人身财产权利的刑事犯罪。同时,通过设立宣传展板、定期设点宣传、进村入户进行现场开庭等方式,多形式、多层次开展老年人权益保障法律宣传活动,促进老年人家庭邻里和睦,提高老年人自我维权、防范侵害的能力。

【相约安义 2016 黄洲千年古墟盛会在安义举行】 6 月 17 日—19 日,相约安义 2016 黄洲千年古墟盛会在安义县黄洲镇举行。盛会立足于黄洲镇历史悠久的集市文化以及对传统文化的大力发展、弘扬和保护,利用旅游与集市相结合的方式,围绕"牛市""集市""演艺"三大特色展开,打造出一场集吃、喝、玩、乐、购为一体的活动。

【《新闻联播》报道包括安义县种粮能手刘高美在内的普通劳动者】 4 月 30 日,央视《新闻联播》播出"劳动创造美好生活"报道,镜头对准包括安义县种粮能手刘高美在内的劳动者,探寻劳动者的收获,也分享普通劳动者的获得感。刘高美是安义县种粮能手,连续几年获江西绿能农业发展有限公司"高产状元"称号。2016 年,公司为表彰刘高美的突出贡献,为他颁发 23 万元超额奖。靠种田,刘高美也成了百万富翁,用辛勤劳动证明自己的人生价值。

【2016 江西省首届房车露营高峰论坛在安义举行】 3 月 19 日,由安义县政府和省旅游规划研究院主办,安义县文化广电旅游新闻出版局、江西季候风房车露营集团承办的 2016 江西省首届房车露营高峰论坛在安义县东方港湾度假村举行。来自海内外房车露营产业相关领域专家、业界资深人士、全省各设区市旅发委和重点旅游景区负责人出席,聚焦当下全域旅游最热门的话题——自驾车房车营地旅游。论坛以"构筑产业发展交流为平台,推动江西旅游发展创新"为主旨,研析全国自驾游及房车露营行业发展动态,探讨行业发展模式与相关行业的发展规划,促成自驾游及房车露营产业链上下游企业之间的合作。

【安义县徐埠村全村献血救援村民刘正琴】 2 月 15 日,安义县徐埠村村民 58 岁的刘正琴被确诊为患有一种极其罕见的病——"血栓性血小板减少性紫癜"。国外数据显示它的发病率只有百万分之一,短期内得不到治疗就可能死亡。唯一现实的治疗途径是大幅置换血浆。仅有 100 多户的徐埠村,献血的献血,捐钱的捐钱。截至 2 月 27 日,徐埠村有 166 人参与献血,累计献血总量 5.66 万毫升,使刘正琴转危为安,病情逐渐好转。

【第三届江西(安义)铝型材及门窗展览会举行】 2 月 15 日—17 日,第三届江西(安义)铝型材及门窗展览会在安义县举行。展会以"转型 创新 制胜未来"为主题,设展位近 600 个,展出面积 1000 平方米,吸引 150 余家企业参展。相比上两届,展会加入"互联网"元素,利用互联网进行宣传,评出十佳最具人气的企业来参展,进一步提高展会的宣传效果。

主要领导人 县委书记:李松殿 。县人大常委会主任:刘万勇。县长:梅梅(任至 6 月)、彭开先(6 月任)。县政协主席:黄小平。

(王计)

·东湖区·

【简 况】 位于江西省中部偏北,辖 1 镇 9 街道办事处和 2 管理处。总面积 56.95 平方千米,城区绿化率 29.63%。总人口 47.37 万人,人口自然增长率 5.75‰。2016 年,地区生产总值 417.68 亿元,增长 8.1%。其中:第一产业增加值 0.67 亿元,下降 46.7%;第二产业增加值 36.44 亿元,增长 5.3%;第三产业增加值 380.57 亿元,增长 8.6%。财政总收入 62.9 亿元,增长 9.8%。税收占财政总收入的 93.71%。地方一般公共预算收入 12.33 亿元,增长 10.18%;地方财政一般预算支出 20.01 亿元,增长 10.07%。全社会固定资产投资 181.92 亿元,增长 13.5%。社会消费品零售总额 259.92 亿元,增长 3.2%。实际利用外资 1.85 亿美元,增长 22.12%;实际利用内资 40.78 亿元,增长 15.07%;出口创汇 3.4 亿美元。农业总产值 1.2 亿元,下降 42.3%。万元 GDP 能耗 0.2455 吨标准煤,城市污水处理率 80% ~90%。城镇居民人均可支配收入 3.64 万元,增加 2731 元。城镇新增就业 1.02 万人,城乡居民基本医疗保险参保率 100%,社会保险基金征缴总量 2.8 亿元。首期 780 户安置房项目全面完工,新开工安置房 2531 套,为 6898 户享受公租房家庭发放公租补贴 1193 万元。

【举办深圳文化产业招商推介会】 5 月 11 日,江西日报传媒集团与东湖区联合在深圳市福田区香格里拉大酒店举行"2016(深圳)文化产业招商推介会",东湖区、福田区相关部门领导,苏宁集团、中海地产、昆吾九鼎投资等 98 家企业约 150 余名代表出席。由省级文化集团联手地方政府在深圳举办文化产业招商推介会,在全省尚属首次。推介会涵盖地产、金融、科技、传媒、文化设计、非物质文化遗产、园区运营等领域。有 18 个项目达成合作约定,签约总金额 115.7 亿元。

【全省首个智能化立体停车场建成】 9月,东湖区投资约1000万元,在南昌市子固路与铁街交叉口新建一个面积约3400平方米的立体停车库——铁街停车场,提供115个停车位以缓解老城区停车难问题。该停车场为7层机械平移式停车楼,下宽上窄,逐层退减,是全省首个智能化立体停车场。停车设施采用全封闭或半封闭式设计,车辆存放能避免风吹、雨淋、日晒、被盗、被撬及被剐蹭等问题,还可减少尾气排放及土地覆盖,实现人车分流;车主进入车库停车刷卡或交费后即可存取车,一般一次存取车时间不超过2分钟。具有"节省空间、存车安全便捷、综合投资少、配置灵活、改善环境"的特点,空间利用率比建筑自走式停车场提高75%。

【紫金广场建成开放】 12月,东湖区紫金广场建成开放。紫金广场位于沿江北大道以南、旭照路以东,起凤路以南,证券街以北的区域,紧邻沿江景观走廊。项目于8月开工建设,投入资金8000万元,建设总面积约5.5万平方米,其中硬质铺装面积1.8万平方米,景观园林区面积2.6万平方米,生态停车场面积1.1万平方米,新增车位415个。广场商业城街区西立面长度约400米,建筑立面高度约35米,钟楼立面高度79米,整个外立面造型凸显欧式风格。紫金广场是南昌市"城市地标级商业配套广场"和滨江景观地标,形成"南有秋水广场、北有紫金广场"的城市格局。

【东湖区获"全国计划生育优质服务先进单位"称号】 12月29日,国家卫计委下发《关于命名2014—2016年全国计划生育优质服务先进单位的通知》,东湖区入选。东湖区人口计生工作坚持以实施好全面两孩政策为重点,不断创新工作机制,深化服务转型。创新特扶家庭"暖心"工程,精准服务特殊困难群体;加大对贫困家庭帮扶力度,精准服务贫困家庭育龄孩童;创新流动人口均衡服务,精准服务流动人口;因地制宜创建品牌,精准服务辖区特殊人群。通过推进"四个精准"服务,群众的获得感和满意度不断增强。

【全省首个智能文化馆开放】 1月,东湖区文化馆免费对外开放。该馆位于南昌市龙沙路55号,面积4000余平方米,为全省首个智能文化馆,国家一级文化馆。馆内所有硬件设施均参照智能化标准建设,以网络科技的便捷,提高文化工作效率。馆内设有舞蹈、声乐、器乐、戏曲、曲艺、美术等排练厅10个,非遗、美术、文博等展览厅3个,培训报告厅、琴房、影音体验室、录音室等功能房5个,420座专业剧场1个。

【包揽全省第二届百县青少年体育比赛3项冠军】 8月18日—28日,东湖区派出10名运动员(5名男篮,5名女篮)参加在婺源县婺源中学举行的"中国体育彩票"杯江西省第二届百县青少年"三人制"篮球运动会,获男篮、女篮双冠军;9月7日—13日,"中国体育彩票"杯2016年江西省第二届百县青少年"五人制"足球运动会在九江市体育中心举行,东湖区派出的8名运动员(6男、2女)代表队在比赛中又获冠军。在这两次运动会上,东湖区包揽3项比赛冠军,并获"体育道德风尚奖",取得南昌市县区代表队参加全省百县比赛的最好成绩。

主要领导人 区委书记:杨文斌(任至7月)、刘闯(7月任)。区人大常委会主任:闵建波(任至10月)、喻国泰(10月任)。区长:李云峰(任至10月)、高辉红(10月任)。区政协主席:王玮。

(陈耀武)

·西湖区·

【简　况】 位于江西省中部偏北,辖1镇1管理处10街道办事处。总面积34.8平方千米,城区绿化覆盖率39.2%。总人口53.12万人,其中城区人口53.12万人;人口自然增长率5.51‰。2016年,地区生产总值465.06亿元,增长8.3%。其中:第二产业增加值103.73亿元,增长8.2%;第三产业增加值361.33亿元,增长8.3%。财政总收入89.4亿元,增长11%。地方财政收入14.7亿元,增长0.2%。规模以上工业总产值19.45亿元,增长15.7%。规模以上工业增加值11.24亿元,增长7.8%,占地区生产总值的2.4%。500万元及以上固定资产投资359.62亿元,增长14.1%。社会消费品零售总额348.6亿元,增长10.8%。实际利用外资2.17亿美元,增长22.3%;实际利用内资46.21亿元,增长15.07%。城市污水处理率100%。城镇居民人均可支配收入3.57万元,增长8.1%。城镇新增就业人口1.17万人。城镇就业率95%,城乡居民养老保险参保率100%,城乡居民基本医疗保险参保率100%。社会保险基金征缴总量4.85亿元。新增各类保障性住房1619户。

【"梦想小街"电商产业园实现年交易额超2亿元】 年内,"梦想小街"电商产业园引进甲骨文创新创业孵化平台、土巴兔装修平台、物流团购等企业入驻,实现平台年交易额2亿元以上。甲骨文Oracle创新创业孵化基地由甲骨文(Oracle)(中国)软件系统有限公司打造,融合创业创新、科技项目孵化的功能。土巴兔江西公司项目是西湖区重点招商引资项目,总公司是深圳市彬讯科技有限公司(简称土巴兔),是一家从事互联网家装的国家高新技术企业,在全国所有品类电商中排第18位,在泛家居电商圈位居第一。物流团购项目由江西尧泰供应链管理有限公司运营管理,是一家物流供应链管理有限公司,运营着全国领先的综合性第四方物流公共交易服务平台——风快平台。

【绳金塔"食全食美"美食街被评为国家级特色商业街】 9月18日,绳金塔"食全食美"美食街被中国城市商业网点建设管理委员会步行商业街工作委员会评为国家级特色商业街。"食全食美"美食夜市街以餐饮休闲为主,有特色商铺62家,其中全国各地特色美食餐饮企业54户。街区建筑采用外扩骑楼设计,形成外廊、露台、挑台等立体景观空间。街面采取"引水入街"策略,再现"水塘塔影"的历史风貌。在文化元素上,建有九佬十八匠印章雕像、"乔迁大吉"及"牛郎织女"铜像,还有南昌历史记忆"水井边的故事""外婆的厨房""南昌理发店"等景观雕塑墙。绳金塔公园内设有采用多媒体3D裸眼灯光秀,每晚演绎千年“金塔传奇”故事，弘扬绳金塔美食文化、夜游文化、夜市文化、街区文化。

【企服通众创空间被评为第二批国家级众创空间】 2月15日，企服通众创空间被科技部评为第二批国家级众创空间。“企服通”由江西企业服务股份有限公司创建，是全国首批“国家中小企业公共服务示范平台”，并获“生物医药科技企业孵化平台”称号。自2013年以来，先后孵化5000余家企业，为1.1万多家中小企业服务4.7万余次，帮扶20余家企业在上海股权托管交易中心挂牌上市，带动樟树市金属家具和食品两个产业的大发展，帮助解决就业10万余人的，创造5亿元以上的税收。

【西湖区通过全国义务教育发展基本均衡县(区)评估】 2月5日，教育部印发《关于公布2015年全国义务教育发展基本均衡县(市、区)名单的决定》，西湖区入选。西湖区政府坚持规划优先、投入优先、保障优先，采取“名校孕育新校模式、教育资源整合模式、片区链式带动模式、城乡教育一体模式、初中学区管理模式”五大模式，近4年新改扩建学校8所。2016年，成立南昌一中教育集团、外国语学校教育集团2个义务教育集团，实现优质教育资源扩充的最大化。教育事业实现跨越式的发展，被打造为引领全省教育改革发展的示范区，城市推进义务教育均衡发展的样本区。西湖区还以全国首家康复教育实验学校育智学校为依托，成立全省第一家“西湖区特教资源中心”，完善西湖区特殊教育资源中心建设和22个资源教室的建设，被教育部确定为“国家特殊教育改革实验区”。

【西湖消防大队八一中队党支部被评为全国先进基层党组织】 7月1日，庆祝中国共产党成立95周年大会在北京人民大会堂举行。江西南昌市公安消防支队西湖大队八一中队党支部作为公安现役部队唯一代表受到中央表彰，被中共中央授予“全国先进基层党组织”称号。八一中队全体指战员共31人，官兵始终坚持把对党绝对忠诚作为建队兴队之魂，坚持用“八一”精神铸魂育人，打牢官兵“忠在骨子里、诚在根子上”的思想基础。10年来，中队先后作为首战和主战中队，扑救各类火灾和参加抢险救援战斗6800余起，挽回经济损失10亿余元，抢救疏散被困群众3000余人。

【成立全省首家流动人口卫生计生一站式服务中心】 2016年，西湖区依托火车站地区作为大型人口集散地的区位优势，在二七南路389号(约420平方米)建成流动人口卫生计生一站式服务中心，为辖区流动人口提供卫生和计划生育基本公共服务。该中心整合民政、公安、劳动、教育、房管、卫生计生等部门的部分职能，一站式提供劳务信息、困难扶助、子女入学、卫生计生服务、《居住证》办理、房屋租赁等各项服务；重点打造“健康小屋”自助检测中心，借助区域卫生信息化健康小屋管理系统，使居民及时了解和掌握自己的健康指标动态变化，获得个人健康数据分析评价及建议；通过“互联网+远程控制新模式”，做到父母家中量，子女和医生通过微信互联及时守护，为外出流动人口解决后顾之忧。

主要领导人 区委书记：梅茂发。区人大常委会主任：马力。区长：黄小燕。区政协主席：唐于禄。

(肖惠康)

·青云谱区·

【简　况】 位于江西省中部偏南，辖1镇5街道办事处和1省级工业园区。总面积43.2平方千米，城区绿化覆盖率34.58%。总人口约33.49万人，人口自然增长率5.78‰。2016年，地区生产总值316.07亿元，增长8.4%。其中：第二产业增加值190.35亿元，增长7.3%；第三产业增加值125.72元，增长10.3%。三次产业构成比重为0:60.2:39.8。人均生产总值9.44万元。财政总收入40.92亿元，增长0.4%。其中，税收占91.87%，人均财政总收入1.26万元。地方公共财政预算收入9.46亿元，下降7.9%。地方公共财政预算支出14.05亿元(含上级转移支付和各项补助)，增长3.6%。规模以上工业增加值85.34亿元，增长8.0%，占地区生产总值的27%。500万元以上固定资产投资214.73亿元，增长13.5%。实际利用外资1.71亿美元，增长15.29%；实际利用内资38.13亿元，增长17.21%。出口总额4.29亿美元，下降35.72%。万元GDP能耗0.19吨标准煤。社会消费品零售总额218.97亿元，增长13.9%。城镇居民人均可支配收入3.51万元，增长8.5%。城镇新增就业人口1.06万人。全区企业养老保险参保人数2.83万人，基本医疗保险参保人数11.17万人。社会保险基金征缴总量1.88亿元。新增棚户区(旧城)改造安置房1460套、17万平方米。

【梅汝璈故居成为全国法院法治文化教育基地】 11月15日，最高人民法院下发《关于命名梅汝璈故居为全国法院法治文化教育基地的决定》，将梅汝璈故居命名为“全国法院法治文化教育基地”。梅汝璈故居位于南昌市青云谱区朱姑桥梅村内，清咸丰六年(1856)建造。2011年，青云谱区按照“原址修复、修旧如旧”的原则对梅汝璈故居进行修缮，并利用故居现有部分房间陈列布展，展出梅汝璈学习过的法律书籍、书写的学习笔记、使用过的笔、书签、沙发等，通过实物重点介绍“东京审判”“二战历史”“南京大屠杀”“中国人民抗日战争”和“梅汝璈家族发展史”等史实。同时，梅汝璈故居也是江西省法官教育基地、南昌市青少年法治教育基地、南昌市档案教育示范基地及南昌市文物保护单位。

【老工业城市转型发展论坛暨全国城区老工业区搬迁改造工作培训会在青云谱区举行】 12月7日—9日，由国家发改委主办，省发改委、南昌市政府承办，南昌市发改委、青云谱区委、区政府协办的2016年中国南昌(青云谱)老工业城市转型升级发展论坛暨全国城区老工业区搬迁改造工作培训会在青云谱区举行。来自国家相关部委、部分省市、省内各地市相关部门共300余人参加会议。论坛得到中央和省、市主流媒体关注，中国江西网六大平台直播，累计点击量150万人次。论坛举办期间，国家发改委宏观经济研究院国土开发与地区经济研究所副所长张庆杰，浙江大学教授、博导应放天，清华大学新经济与新产业研究中心主任李季做主旨演讲，南昌市青云谱区、哈尔滨市香坊区和洛阳市涧西区作为全国120个老工业城区代表作典型经验交流发言。

【举办2016全球跨境电商光谷论坛(南昌)峰会】 12月3日，由青云谱区政府、省县域经济研究会、省县域经济竞争力软科学研究基地等单位联合主办的2016全球跨境电商光谷论坛(南昌)峰会在青云谱区举行。峰会邀请网来云商董事长何恩培、俄罗斯知名2B电商平台Fis CEO穆济琴科·亚历山大、德国著名消费平台sundheit. de CEO兰勒·马茨特以及北美地区最大的批发平台toptenwholesale国际营销总监蔡斯·万斯等200多位国内外电商从业者参会。与会者围绕跨境电商机遇及趋势进行畅谈和分享，并对发展江西跨境电商提出意见建议。会议期间还举行了青云谱区、网来云商和3家跨境电商平台项目签约仪式。

【举办首届"青云杯"江西高校大学生创业创新大赛】 11月20日—12月27日，由南昌市商务局、青云谱区政府联合主办的2016年南昌服务外包技能大赛暨首届"青云杯"江西高校大学生创业创新大赛在青云谱区举行。来自省内20多所院校324支队伍参赛，最终产生优秀导师以及优胜奖若干项、三等奖6项、二等奖4项、一等奖2项、特等奖1项。其中有7个优秀获奖项目赛后分别入驻青云谱区优联众创空间、中航长江设计产业园、青云谱区电子商务孵化基地并且享受园区内相关的优惠扶持政策。该赛事的举办，有助于为优秀获奖项目提供创业、创新的平台和机会，帮助大学生实现创业、创新的梦想。

【建立全国首个物联网井盖管理平台】 6月，青云谱区首开全国智能井盖管理平台建设"先河"，规划3条主干道为示范试点，建设智能井盖管理平台，委托社会力量对辖区井盖进行智能化改建。智能井盖具备动态报警、液位感应、防坠、高度调节等功能，一旦出现15度的水平高差，就会自动向智能管理平台报警，并同步发送到工作人员手机上。该项目也是全国第一个获工信部专项资金支持的项目。

【"救急难"试点工作】 2016年，作为全国"救急难"综合试点单位，青云谱区坚持高位推动、高频宣传、高效联动、高压问责，逐步形成民政部门主动救助、有关部门各司其职、社会力量齐抓共管的"救急难"工作新局面。自试点以来，该区主动发现实施救助224人次，办理转介救助197人次，部门会商急难个案17次，发放各类急难救助资金180余万元。社工开展探访400余次，重点跟进个案服务39个，小组工作85次，社区活动230余次。

【党的组织和工作全覆盖】 10月，在江西省非公有制经济组织和社会组织"两个覆盖"攻坚工作推进会召开后，青云谱区紧扣会议精神，探索通过定基数、扫盲点、建体系、搭框架、配队伍、抓配套、强制度"七步工作法"，推进非公有制经济组织和社会组织"两个覆盖"。截至12月31日，该区共有列入党建工作基数的非公企业7022家(含6014家个体工商户)，建立非公经济党组织272个(单建39个，联建233个)，其中新组建228个；共有列入党建工作基数的社会组织224家，建立社会组织党组织86个(单建56个，联建30个)，其中新组建31个，实现非公有制经济组织和社会组织党的组织和工作全覆盖。

【南苑社区、小桔灯服务社入围第二批全国社工服务示范社区、示范单位】 11月，民政部公示第二批全国社会工作服务示范地区、社区和单位名单。其中，青云谱区三家店街道南苑社区入围全国社会工作服务示范社区，青云谱区小桔灯服务社入围全国社会工作服务示范单位，分别为全省唯一一家入围的社区和单位。南苑社区和小桔灯服务社党支部围绕"党建+社会组织"主题，以"党建+公益服务"为载体，形成"党员+社工+志愿者"的创新模式和志愿服务队伍，推动社区志愿服务常态化和长效化。

主要领导人 区委书记：胡晓海(任至7月)、孙毅(7月任)。区人大常委会主任：李小逢(任至10月)、魏根金(10月任)。区长：孙毅(任至7月)、吴江辉(7月任)。区政协主席：曾建华(任至10月)、胥萍(10月任)。

(王锋)

·湾里区·

【简　况】 位于江西省中部偏西北，辖4镇2街道办事处1管理处。总面积238平方千米，其中城区面积23.47平方千米。耕地面积3150公顷，林地面积1.76万公顷，森林覆盖率73.9%，城区绿化率49.5%。常住人口6.72万人，户籍人口7.91万人，其中城镇人口3.93万人；人口自然增长率7.62‰。2016年，地区生产总值54.92亿元，增长9.2%。其中：第一产业增加值2.71亿元，增长2.5%；第二产业增加值22.96亿元，增长7.4%；第三产业增加值29.25亿元，增长11.4%。三次产业比为4.9∶41.8∶53.3。财政总收入11.35亿元，增长0.9%；人均1.70万元；税收占财政总收入的43.8%。地方公共财政预算收入6.21亿元，下降0.8%；地方一般公共预算支出11.52亿元，增长6.0%。工业增加值10.10亿元，增长7.9%。规模以上工业增加值4.58亿元，增长9.0%。固定资产投资50.77亿元，增长15.3%。实际利用内资24.23亿元，外贸出口1731万美元，增长18.9%。主要工业产品有米粉3.42万吨，增长1.2%；塑料制品2084吨，下降4.6%；造纸助剂5935吨，增长24.8%；汽车板簧5405吨，增长43.8%；矿山设备1.97万吨，下降1.8%。农业总产值4.75亿元，增长2.6%。粮食总产量1.28万吨。主要农产品有蔬菜3020吨，下降12.1%；花卉苗木产值1.07亿元，增长9.8%。万元GDP能耗0.2173吨标准煤。社会消费品零售总额7.51亿元，增长14.9%。城镇居民人均可支配收入3.11万元，增长8.7%，农村居民人均可支配收入1.14万元，增长9.3%。

【湾里区获批全国首批国家全域旅游示范区创建单位】 2月，国家旅游局公布全国首批国家全域旅游示范区创建单位,湾里区入选。2013年10月起,湾里区启动旅游强区、全域旅游示范区创建工作,几年来先后实施3轮旧城改造,对旅游主干道沿线的2个集镇、42个村庄进行统一规划、改造,打造南昌市最美丽的城乡;成功创建狮子峰、竹海明珠、洪崖丹井3家国家4A级旅游景区,大客天下、豫章酒店三星级宾馆和琴源山庄四星级宾馆。完成游客服务中心、百里登山游步道建设,新建、改造旅游公路9条100多千米,停车场10个、停车位5000余个,公厕30多个,交通指路牌200余套。初步形成太平"心街"、梅岭美食街2个旅游集镇,梅湾文化大苑、湾里文化商业街2条特色文化街。先后获国家生态区、省级旅游度假区、全省首批旅游强县(区)等荣誉。

【成功创建国家生态区】 2016年,湾里区成功创建国家生态区,成为全省5个国家生态县(区)之一。自2013年开展国家生态区创建工作以来,湾里区积极开展生态乡镇、生态村的创建。全区4个镇成功创建国家级生态乡镇,4个行政村成功创建省级生态村,35个行政村成功创建市级生态村,生态村创建率89.7%。同时,开展农村环境综合整治。争取上级配套资金近3000万元,实施农村环境连片整治乡镇全覆盖,村民饮用水卫生合格率达95%;项目区域生活污水处理率达60%;生活垃圾定点存放清运率达100%,垃圾无害化处理率大于70%;村民对环境状况满意率达90%以上。

【森林防火工作】 2016年,湾里区贯彻"预防为主,积极消灭"的方针,落实行政领导负责制,广泛宣传,全民动员,社会参与,齐抓共管,落实防火安全各项措施,实现森林防火年度工作目标,创造连续21年无森林火灾,连续8年被省政府评为全省森林防火平安县区,获2016年全省森林防火考核第一名,且在2016年全省春季森林防火扑火战术案例PPT演讲赛中获第三名。全区累计投入资金1946万余元,改善扑火队伍装备,装备不断改善。7月上旬,对专业森林消防队伍进行强化培训,使扑火能力不断加强。全面实施半专业扑火队伍标准化建设,重新整合资源,保持扑火队伍的灵活性和稳定性,提升了全区扑火队伍的整体素质。

【提前通过国家义务教育均衡发展督导检查】 12月7日,国家教育督导检查组对湾里区义务教育发展基本均衡县(市)区进行督导检查。通过检查督导,认为湾里区各项指标均达到相应标准,通过国家义务教育均衡发展评估。湾里区为实现教育均衡发展,主要措施有:畅通"四大通道",即随迁子女就学"绿色通道"、留守儿童就学"爱心通道"、残疾儿童就学"春风通道"、就近入学"阳光通道",入学机会阳光均等。2016年秋季,全区义务教育学校接纳外来务工随迁人员子女206人,就学率100%。同时,做到"六个到位",即待遇落实到位、师资配备到位、教师交流到位、师资培训到位、师德教育到位、管理体制到位。近4年共补充招录教师135人,全区义务教育阶段教职工609人,超过省定应配专任教师数的标准。交流校长教师140人。

【狮子峰低空旅游飞行营地运营】 8月1日,狮子峰低空旅游飞行营地正式运营,标志着"湾里低空飞行营地及总部投资合作"项目一期工程完工。5月,湾里区政府与省旅游集团旗下全资子公司江西通用航空有限公司签订"湾里低空飞行营地及总部投资合作"项目协议书。约定:江西通用航空有限公司总部落户湾里区,投资1亿元在狮子峰景区建设低空旅游综合飞行营地项目。项目分两期建设。一期用地面积约0.90公顷,起飞场地用地约0.23公顷,于5月底动工,开展热气球、动力伞、滑翔伞等相关业务。截至年底,狮子峰滑翔伞飞行营地接待游客183人,收入11.36万元。

主要领导人 区委书记:王建平(任至7月)、于立山(7月任)。区人大常委会主任:李传强。区长:杨晓辉(任至5月)、饶绍清(10月任)。区政协主席:喻玫。 (张近荣)

·青山湖区·

【简　况】 位于江西省中部偏东,辖4镇3街道办事处和1省级工业园区。总面积127.6平方千米,其中耕地面积1533公顷,城区绿化率27.5%。总人口51.6万人,其中常住人口47.3万人;人口自然增长率7.85‰。2016年,地区生产总值539.1亿元,增长8.3%。其中:第一产业增加值0.6亿元,下降12.7%;第二产业增加值350.9亿元,增长8.9%;第三产业增加值187.6亿元,增长7.2%。财政总收入53.65亿元,增长0.5%;税收占财政总收入的92%。地方一般公共预算收入16.12亿元,下降5.2%;地方财政支出23.27亿元,下降0.1%。工业总产值595.1亿元,增长1.2%。规模以上工业增加值146.42亿元,增长8.2%。外贸出口总额6.72亿美元。固定资产投资594.51亿元,增长2.3%。实际利用外资3.66亿美元,增长10.3%;实际利用内资134.77亿元,增长13.7%。农业总产值9919万元,下降12.8%。粮食总产量0.84万吨,下降15.15%。主要农产品有生猪出栏3.2万头,下降8.69%;禽蛋总产量125吨,下降20.89%;水产品总产量1316吨,与上年持平。万元GDP能耗0.61吨标准煤,下降4.78%。社会消费品零售总额209.62亿元,增长13.7%。城镇居民人均可支配收入3.52万元,增长8.8%;农村居民人均可支配收入1.71万元,增长8.9%。城镇新增就业6505人,新增转移农村劳动力1063人,城乡居民养老保险参保人数7.48万人,城乡居民基本医疗保险参保人数24.28万人。社会保险基金征缴总量达3.03亿元。保障性住房实物分配767户、货币补贴9722户,发放救助补贴4463万元。完成棚户区改造安置房共8.84万平方米。

【参与主办第四届"红五月"文化旅游活动月暨第七届天香园国际都市候鸟节】 4月9日—5月中旬,中国·南昌(青山湖)第四届"红五月"文化旅游活动月暨第七届天香园国际都市候鸟节(首届牡丹节)在青山湖区天香园举行。此次活动以"观候鸟、赏牡丹"为主题,在天香园展出九大系列、八大色系、100多个品种、6万多株牡丹以及100多个国际名贵花种,同时还吸引32个品种、约30万只野生候鸟。其间,还举办以花鸟为主题的瓷版画展、人与鸟摄影创作展及“畅游候鸟王国”亲子一日游等活动。

【举办青山湖区重大项目集中签约活动和“南昌光谷”青山湖区 LED 产业招商项目集中签约活动】 6 月和 9 月,青山湖区分别举办青山湖区重大项目集中签约活动和“南昌光谷”青山湖区 LED 产业招商项目集中签约活动,签约项目 22 个,签约金额 66.95 亿元,其中包含总投资 22.45 亿元的艾立特、盛烨支架、中韩合资 CSP 等 10 大 LED 产业项目。截至年底,全区有光电产业规模以上企业 10 家,主营业务收入 20.6 亿元。

【创新开展“党员夜校”教育】 2016 年,青山湖区依托已有的党建服务中心、村社党组织活动场所以及党员干部现代远程教育终端站点,建立 23 个党工委党员夜校、150 个村(社区)党员夜校授课站、2 个流动党员夜校授课站,每周至少利用 1 个晚上开展学习,形成多层次、广覆盖的党员夜校学习体系,实现对全区 1.5 万余名党员全方位、多平台的教育覆盖。

【幸福蒲公英流动党员之家建成启用】 2 月,全省首个园区党建服务中心——昌东工业园区幸福蒲公英流动党员之家建成,并迎来首批“回家”党员。该中心共 450 多平方米,设有“一个红色大厅、三个服务窗口、五间功能活动室、七彩助力众创梦”,可为辖区 695 家非公企业流动党员提供政策咨询、教育培训、调解纠纷等 10 大主题的便捷服务,是传递党的温暖、指导非公企业党建、展示流动党员风采的综合服务平台。截至年底,该中心集中开展“回娘家”活动共精准帮扶困难党员 100 多起,发放入党政治生日贺卡 100 余张,补上党课 5 次。

【搭建“互联网 + 婚登服务”平台】 11 月,青山湖区率先在全省推出婚姻登记服务微信公众号“南昌市青山湖区家和社工服务社”,搭建“互联网 + 婚登服务”平台。该公众号开通业务介绍、登记预约以及信息审核等服务,居民可提前登录公众号了解结婚登记、离婚登记、补领登记以及无婚姻登记记录证明所需材料,上传个人相关信息至区婚姻登记中心进行初审,待审核通过后预约时间办理业务,真正做到一次性办结。截至年底,已有 502 人关注公众号,预约人数 48 人。

【率先推出“1 + X”联动联治模式】 2016 年,青山湖区在全市率先推出“1 + X”联动联治模式,将“五车”“黑车”并轨合二为一,长效管理。“五车”“黑车”整治时间推行“5 + 2 + 2”机制,即每周 5 个工作日加上双休日的整治,以及每月至少 2 次的夜间整治。全区共有 96 人从事该工作,共查扣拐的、非法改拼装三轮车 260 多辆,检查疑似非法营运车 126 辆、非法改装车 35 辆,查扣并处罚非法营运“黑车”46 辆,查扣违规电动车 6776 辆。

【打造 699 青少年综合服务平台】 1 月,青山湖区打造 699 青少年综合服务平台——青年空间,为青年创业提供力量和平台。该青年空间以“团委引导 + 园区配合 + 商户联动 + 社会公益组织入驻 + 青少年参与”的运行模式,构建 2 大服务体系(线上网络服务体系和线下基地服务体系),并依靠 3 个组织(699 团总支、青山湖区青年创业者协会、社会公益组织)支撑空间常态化运转。项目已开放艺术博览区、创业孵化区、艺术体验区、读书分享区、亲子教育区、餐饮娱乐区、公益服务区 7 个功能区域。

【长春村完成产权改革试点任务】 5 月,青山湖区湖坊镇长春村完成全省首个农村集体经济组织产权制度改革试点任务。长春村选举产生南昌市兴隆物业管理有限公司董事会和监事会机构作为股份经济组织,此次股改长春村共核实经营性净资产 3.4 亿元,量化资产 1.7 亿元,量化配置股份 5600 多万股,全村累计股东人数 1084 人,参股人数 385 人,至 12 月底,每个参股人分红 6000 元。

【开展环境“百日整治行动”】 10 月,青山湖区开展环境“百日整治行动”,重点对全区 59 个开放式社区进行分类指导、分类考核。自活动开展以来,共清理卫生死角垃圾 453 吨、清运生活垃圾 8500 多吨,治理杂物堆放 1140 余处,治理垃圾广告 11.8 万条,粉刷墙面 10.4 万平方米。

【打造“一镇一品”特色文化队伍】 11 月,青山湖区重点打造“一镇一品”特色文化队伍,进一步提升公共文化服务水平。全区有艺术团队 17 支、特色队伍 15 支,成员 2127 人,优秀民间艺术领头人 50 多人,各镇街综合文化站专职人员达 1000 多人,每个村社配有 1 名专职或兼职文化管理人员。

主要领导人 区委书记:陈匡辉(任至 7 月)、熊运浪(7 月任)。区人大常委会主任:熊庆华(任至 1 月)、黄志平(10 月任)。区长:熊运浪(任至 7 月)、王强(7 月任)。区政协主席:王继军(任至 10 月)、邹艾民(10 月任)。

(王琳)

· 新建区 ·

【简 况】 位于江西省中部偏北,辖 12 镇 6 乡 1 省级开发区。总面积 2193.32 平方千米,其中城区发展用地面积 42.9 平方千米。耕地面积 7.75 万公顷,林地面积 3.92 万公顷。林木覆盖率 18.9%,城区绿化率 44.5%。总人口 69.14 万人,其中城镇人口 19.20 万人;人口自然增长率 8.66‰。2016 年,地区生产总值 387.73 亿元,增长 9.1%。其中:第一产业增加值 51.93 亿元,增长 5.6%;第二产业增加值 211.28 亿元,增长 8.6%;第三产业增加值 124.52 亿元,增长 11.5%。财政总收入 44.51 亿元,增长 11.1%;人均财政总收入 6766 元。地方一般公共预算收入 28.62 亿元,增长 11.6%;税收占地方一般公共预算收入的 72.7%。工业增加值 177.28 亿元,增长 8.6%;规模以上工业增加值 144.32 亿元,增长 8.8%。固定资产投资 374.73 亿元,增长 16.6%。社会消费品零售总额 75 亿元,增长 15.5%。利用外资 2.2 亿美元,增长 22.1%;实际利用内资 73.99 亿元,增长 14.3%。外贸出口 1.5 亿美元,增长 2.1%。主要工业产品有汽车、变压器、医药、食品。农业总产值 91.02 亿元,增长 5.7%。主要农产品有稻谷、油料、水产品。万元 GDP 能耗 0.2646 吨标准煤。城镇居民人均可支配收入3.09万元,增长8.6%;农村居民人均可支配收入1.46万元,增长9.3%。城镇新增就业人数7093人,新增转移农村劳动力人数8773人。城乡居民养老保险城乡居民养老保险参保人数24.19万人,完成参保任务的100%,参保率34.9%;城乡居民基本医疗保险参保人数65.5万人。社会保险基金征缴总量9.95亿元。新增各类保障性住房4450套,棚户区改造安置3269户。全年减贫人数4093人。

【获“实施中国妇女儿童发展纲要国家级示范县(市、区)”称号】 5月,国务院妇女儿童工作委员会确定全国64个获“实施中国妇女儿童发展纲要国家级示范县(市、区)(2016—2020年)”名单,新建区第二次获此荣誉,成为全省2个的区(县、市)之一。新建区妇女儿童生存发展环境得到明显改善,妇女儿童幸福指数和对政府履行职责的满意度持续上升。每年举办“全国知名家教专家巡讲报告会”,家教工作辐射学校和社区达100%。开展以“寻找最美家庭、弘扬良好家风”主题活动,南矶乡卫生院院长陈凡经家庭获全国“最美家庭”称号,组建“心理咨询师志愿者”和“心语志愿者”,为城乡妇儿服务。

【获评第三届国土资源节约集约模范县(市)】 7月,全省10个县(市、区)获评第三届国土资源节约集约模范县(市),新建区为其中之一。新建区积极引导“工业向园区集中、人口向城镇集中、居住向社区集中”,切实发挥土地的集聚效益。通过处置闲置土地、实施增减挂钩项目等举措,盘活建设用地;通过设置投资强度、容积率等准入“门槛”,倒逼企业集约用地。同时,实行差别化分类供地,对投资强度高、投资额度大、投产后税收高的企业优先供地,对用地面积较大的项目实行分期供地。5年来,采取用地预审的方式,否决超控制指标的用地项目、核减项目用地面积,节省533.33公顷用地指标。

【新建区乌沙河整治工程】 年底,乌沙河整治(新建段)整体竣工。乌沙河是穿越昌北城区的重要泄洪河道,流经湾里区、新建区、红谷滩新区、经开区,37.8千米的河道被划分为13个治理段。新建区境内3个治理段总长6.15千米,总投资2.95亿元。整治后,乌沙河、礼步湖、欣悦湖等组成的公共绿地系统初步形成。

【南昌智慧制造产业园项目落户新建区】 2016年,新建区引进由协鑫(集团)控股有限公司投资建设万亩智慧制造产业园。项目选址在新建区长埃工业园区,总投资超200亿元,主要包括新能源汽车制造、动力电池PACK工厂、聚酰亚胺锂电池隔膜项目、尼桑动力电池、储能项目和中国邮政绿色物流项目、分布式能源及微电网、绿色小镇及文化旅游、智慧城市及绿色云仓、碳交易、电力交易和金融资产交易等项目。该项目的落户填补了南昌市新能源汽车整车及配套产业项目的空白。

【绿地国际双创中心项目动工】 8月10日,绿地国际双创中心项目全面动工。该项目位于新建区红湾公路以南,总投资200亿元,总建筑面积120万平方米,包含超高层办公、国际双创中心、五星级酒店及购物中心、高端配套住宅等。在项目启动之际,绿地与一批创客资源实现合作签约,包括国家科技部火炬中心、中国中小商住企业协会、南昌大学、江西师范大学、江西财经大学等,形成一个创新创业要素集中、产业集群、人才集聚的双创产业集聚区。

【首个光伏停车场并网发电】 6月,南昌首个6.3 MWp停车场遮阳棚光伏发电一体化项目通过南昌市供电部门的验收,正式并网发电。该项目总投资约5300万元,由方大集团全资子公司深圳市方大新能源有限公司出资建设,位于新建区长埃工业区江西五十铃汽车有限公司厂区。该光伏停车场项目首年可实现年发电量约665万千瓦时,25年期年均发电量约为605万千瓦时;年可节约标准煤约1993吨,减少粉尘、二氧化碳、二氧化硫、氮氧化物等排放量约6567吨。

【举办首届“南昌之光”超级艺术灯会】 2月4日晚,2016首届“南昌之光”超级艺术灯会在望城新区滨水公园开幕。灯会由省文化产业促进会、江西日报社、江西广播电视台、南昌市委宣传部、新建区委宣传部联合主办。灯会活动持续50天,共吸引50余万名游客参观。灯会设计《我爱北京天安门》等超大型灯组20多组,《盛世龙舟》等水面大型灯组10多组,以“震撼体量、科技灯秀、工艺独特、集锦组合”为核心,在策划设计中突出“形色声光动、高大新奇特”的理念。

【汉代海昏侯刘贺墓入选2015年度全国十大考古新发现】 5月16日,2015年全国十大考古新发现终评会在北京举行。在25个入围项目中,新建区汉代海昏侯刘贺墓以最高票数入选“2015年度全国十大考古新发现”。刘贺墓是中国迄今为止发现的文物保存最好、墓主及主墓结构最完整、墓园区及城池区布局最清晰、出土文物品类数量最丰富的汉代侯国遗址。墓葬主人为第一代海昏侯刘贺,他是中国历史上唯一一个历经王、帝、侯变迁的人,具有历史唯一性。

【“南昌汉代海昏侯国考古成果展”在北京首都博物馆开展】 3月2日,“五色炫曜——南昌汉代海昏侯国考古成果展”在北京首都博物馆开展。展品是从出土的1万余件(套)文物中精选符合展出条件并具有代表性的文物388件套,玉器、青铜器、金饼等珍贵文物。成果展从“惊现侯国”“王侯威仪”“刘贺其人”“保护共享”四个方面展示南昌汉代海昏侯国的考古发掘成果。

【新建区卫计委获“2015中国基层医改十佳示范单位”称号】 1月,中国医疗卫生改革委员会、中国医院管理发展协会、中国医疗质量检验中心、时代导报联合授予区卫计委“2015中国基层医改十佳示范单位”称号。自全面启动县级公立医院改革试点工作以来,新建区大胆探索、积极创新,采取药品零加成,直接让利群众,患者医药费用过快增长的势头得到遏制,医疗服务水平得到提升,医药卫生体制改革取得初步成效,基本实现“党委政府得民心、人民群众得实惠、卫生事业得发展、医务人员受鼓舞”的目标。

【2016 第三届环鄱阳湖国际骑游大会在新建区举行】 3月27日,2016第三届环鄱阳湖国际骑游大会在新建区汪山土库开幕。骑游大会由南昌市政府、省体育局、省旅发委主办。此次骑游大会的起终点设在新建区大塘乡汪山土库游客服务中心,途径海昏侯陵墓群,全程骑游里程约15千米,设置4个打卡点,关门时间为2小时内,安全到达终点可获得大会完赛纪念奖牌。活动全民均可参与,不限骑行车型、不以竞速为目的,鼓励全民参与。来自30多个国家的500余名骑友参与活动。活动以"春赏浪漫金花、骑游汪山土库、踏青海昏侯墓"为主题,通过"互联网+体育休闲旅游"的方式,突出环鄱阳湖旅游品牌,推广环鄱阳湖旅游资源。

【新建区综治中心投入运行】 4月22日,南昌市首个区级社会治安综合治理服务中心——新建区综治中心投入运行。该中心是以网格化管理为基础、信息化建设为支撑、组团式服务为载体的社会治安综合治理工作的工作平台,按照"综治办+综合信息化"模式,由综治、法院、检察、公安、司法、信访、民政、住建、城管9个相关职能部门组成,受理事项范围包括:群众反映的热点治安问题;乡镇提交需要解决的社会治安综合治理问题;跨乡镇(园区)、部门的社会治安矛盾纠纷问题;法院、检察、公安、司法、信访、民政、住建、城管8个部门的业务咨询解答问题。

【举办首届大塘清明酒封坛旅游文化节】 5月14日,由区文化广播电视旅游局、大塘坪乡政府举办的首届大塘清明酒封坛旅游文化节在新建区大塘坪乡汪山土库举行,600余名南昌市民参加封坛文化节活动。现场600余名嘉宾在系着象征喜庆吉祥红绸布的坛口上签名,把自己的封坛心愿写在封签上。封坛节活动还举行孝心义卖活动,将6箱19年的陈年老酒现场义卖,所得6000元善款当场捐给大塘坪乡敬老院。这次的封坛旅游文化节,让大家既能了解西汉文化,参观府第文化,还可以感受孝道文化,体验亲情文化。

【举办首届农民剧团汇演】 10月25日—27日,由区委宣传部、区文广新局主办、区文化馆承办的新建区首届农民剧团汇演在区文化会堂举行。全区18支农民剧团登台表演。节目包含传统戏、现代戏、小品戏曲、歌舞等,一批群众自创的《小平小道》《新建情》等歌曲登台参演,吸引近万名群众前来观看。

主要领导人 区委书记:樊三宝(任至7月)、李伟(7月任)。区人大常委会主任:徐才保(任至10月)、刘珠(10月任)。区长:李伟(任至7月)、陈吉炜(10月任)。区政协主席:曾志毅(任至10月)、陈圣栋(10月任)。

(杜建平 邹斌)

九江市

【概 况】 位于江西省北部,辖2区3市8县和1开发区2风景名胜管理局。总面积1.91万平方千米,中心城区建成区面积105.63平方千米。耕地面积25.49万公顷。有林面积110.13万公顷。森林覆盖率55.2%,城市绿化覆盖率50.14%。总人口484.76万人,增长4.52‰。其中城镇人口252.94万人。人口自然增长率7.11‰。2016年,地区生产总值2096.13亿元,增长9.4%。其中:第一产业增加值152.67亿元,增长4.1%;第二产业增加值1088.9亿元,增长8.6%;第三产业增加值854.56亿元,增长11.5%。三次产业结构调整为7.3∶51.9∶40.8。财政总收入415.23亿元,增长7.7%;人均8585元,增长7.2%;税收占财政总收入的78.4%。公共财政预算收入260.52亿元,增长5.4%;财政支出465.46亿元,增长率5.1%。规模以上工业增加值1115.73亿元,增长9.3%。外贸出口284.3亿元,下降6.7%,占地区生产总值的13.56%。固定资产投资2428.58亿元,增长14.6%。实际利用外商投资18.03亿元,增长10.6%。实际利用省外5000万元以上项目资金765.65亿元,增长13.3%。主要工业产品有发电量103.93亿千瓦时,增长1.9%;原油加工量725.01万吨,增长30.5%;服装4.56亿件,增长3.2%;水泥1641.71万吨,增长0.1%;粗钢538.72万吨,增长4.2%。农业总产值277.14亿元,增长4.2%。粮食总产量172.59万吨。主要农作物有稻谷145.05万吨,增长1.1%;小麦2.11万吨,增长25.7%;茶叶0.81万吨,增长27.2%;蔬菜105.99万吨,增长9.8%。万元GDP能耗0.602吨标准煤。城镇居民人均可支配收入3.00万元,增长8.6%;农村居民人均可支配收入1.21万元,增长9.1%。城乡居民年末储蓄余额1324.39亿元。城镇新增就业人口6.49万人。新增转移农村劳动力6.00万人。城乡居民基本养老保险参保人数192.31万人,增加3.76万人。城乡居民医疗参保人数446.34万人(含新农合),减少1.97万人。完成棚户区改造开工任务2.02万户。棚户区改造货币化安置1.12万户,棚改货币化安置率55.7%。全年减贫人数9.12万人。完成扶贫移民搬迁6831人。

【湖口县、共青城市工业园区获批省级高新区】 2月,省政府下发《关于同意江西共青城经济开发区等3家工业园区更名的批复》,同意将共青城市、湖口县、余干县3家工业园区更名为省级高新区。江西共青城经济开发区更名为江西九江共青城高新技术产业园区,江西湖口金砂湾工业园区更名为江西湖口高新技术产业园区。获批省级高新区2家,实现九江市省级高新区零的突破。

【成功创建国家森林城市】 9月19日,在陕西省延安市召开的2016森林城市建设会上,九江市获"国家森林城市"称号。2012年起,九江市启动创建国家森林城市工作。5年来,全市新增银杏、无患子等树种23种。城市规划区内树种达607种,全市木本植物达1140种。全市新增造林绿化面积6.6万公顷。市域森林覆盖率55.15%,城市建成区绿化覆盖率50.14%,建成区人均公园绿地面积17.77平方米,城区新增树木近百万株,人均新增1株树,全市所辖11个县(市)全部成功创建省级森林城市。

【夺取抗洪抢险救灾的全面胜利】
入汛后,九江市遭受1998年以来最为严重的汛情,先后经历22次强降雨过程,平均降水比往年多5.2成。特别是7月,出现的高强度暴雨历史少见,严重的外洪内涝形势严峻,长江、鄱阳湖水位持续超警戒线1个月,有10来天时间超过1998年同期水位。7月16日,国务院副总理、国家防汛抗旱总指挥部总指挥汪洋到九江指导防汛救灾工作。全市上下全力以赴防大汛、抗大洪、抢大险,动员组织各方面力量展开斗争,排险处险5280多处,转移群众21.3万人,确保群众生命财产安全。

【获“全国双拥模范城(县)”称号】
7月29日,在全国双拥模范城(县)命名暨双拥模范单位和个人表彰大会上,九江市获“全国双拥模范城(县)”称号,这是九江市连续五届获此荣誉。2011年以来,九江市接收退役士兵1.13万人,普遍得到岗前培训、岗位安置和自谋职业一次性经济补助等形式的妥善安置。全市接收安置军休干部45人,军队无军籍职工61人,及时完成军休干部住房改革工作,市军休一所先后被民政部授予“和谐军休家园”,被民政部、总政治部授予“全国军休工作先进单位”称号。建立健全军供应急预案,5年保障过往部队650批11.8万人次。下拨各项优抚事业费8.71亿元,准确核实各类优抚对象,建立2.69万名重点优抚对象数据信息库。全市筹集资金5832.5万元抢救保护零散烈士纪念设施101座、完成7625座散葬烈士墓修缮工作,投入资金453.88万元维修改造1121户重点优抚对象危房;高规格做好延安双拥运动70周年和抗战胜利70周年等纪念活动。为待安置期间随军家属发放生活补助金311.04万元。

【入选2016中国特色魅力城市200强】　12月13日,由爱国华商投资促进机构美中经贸投资总商会(USCGC)、世界品牌组织(WBO)、世界城市世界企业研究会(WWRA)、欧美亚工商界投资开发联盟(EAAIU)、亚投世界基金管理联盟(AIWFU)、全球战略经济发展委员会(GSEDC)等机构联合推选的2016中国特色魅力城市200强名单在纽约发布,九江上榜。榜单是根据候选城市开放、创新发展、互联网+新经济、规划管理、历史风貌、地域文化、生态文明、保护自然8个方面城市特色的17项城市指标表现,通过独立公众问卷调查、统计数据分析、实地考察调研和权威专家函评等程序进行综合评价的。入选城市有机会获得邀请,在美国、日本、英国、新加坡、韩国等举行招商引资重点项目发布和投资环境推介等活动。

【实施“新工业十年行动”】　1月20日,中共九江市委第十届九次全体(扩大)会议提出实施“新工业十年行动”。2月29日,市委、市政府印发《关于实施新工业十年行动的决定》。全年全市净增规模以上工业企业171户,工业固定投资1863.2亿元,增长20.7%,集中开工工业项目387个。

【江西制氧机有限公司产品成功配套“长征火箭发射”获表彰】　6月25日、11月3日,长征七号和长征五号火箭分别在中国文昌航天发射场完成首次飞行。江西制氧机有限公司配套长征七号和长征五号火箭发射承制的液氧汽化车系统完成保障任务,为中国航天事业发展作出贡献。11月3日,西昌卫星发射中心表彰江西制氧机有限公司为中国文昌航天发射场“长征七号和长征五号首飞任务”优秀单位。

【昌九大道全线通车】　6月30日,昌九一体化的标志性工程、省市重大重点工程昌九大道全线通车。在南昌市境内的七里岗互通立交、昌九大道(G105)新建工程(七里岗互通—坎樵大道)工程等随之开通。昌九大道为昌九一体化重要基础建设工程,规划为城际快速通道,按双向6车道的一级公路技术标准规划,设计速度80千米/小时。路线全长83.45千米,其中南昌市境内长8千米,九江市境内长75.45千米。昌九大道全程免费,与平行设计的昌九高速比,不仅路况更好,且九江至南昌的路程由原来的97千米缩短至80千米,九江至南昌只需1个小时。同时,昌九大道是一条非封闭的快速路,与沿线各地的道路互通,各个入口都可通达,扩散性比封闭的昌九高速更好。

【武九高铁瑞九铁路标段单线贯通】
11月,武九高铁瑞九铁路标段实现单线贯通。瑞九铁路属武九高铁项目一标段,该项目主要工程量为桥梁25座,总长16.054千米;隧道12座,总长10.924千米;路基32段,总长8.15千米;涵洞37座,地面车站瑞昌西站1座,双块式无砟轨道11.28千米。2014年1月1日动工,规划线路自西向东贯穿九江市,横跨瑞昌市、九江县,双线客运专线,设计速度250千米/小时。

【九江—重庆国际集装箱直达航线开通运营】　9月9日,上港集团九江港务有限公司与泛亚航运联合,开通“九江—重庆”集装箱直达航线。开通后,九江到重庆的运输时间由原来的30天左右缩短到10~15天,有效解决九江及周边地区往西南方向货物进出舱位不足、运输时间过长的问题,此举对打造九江港物流集聚中心具有战略意义。

【九江港进口肉类指定口岸获批筹建】　9月,国家质检总局批准九江口岸筹建进口肉类指定口岸,这是江西获批筹建的首个肉类指定口岸。国家对肉类进口实行指定口岸入境,未经批准的口岸不准进口肉类。此前,江西市场销售的进口肉类均从沿海口岸进口,再陆路运输销往江西,进口周期长,物流环节多,肉类质量监管难度大、成本高,很难满足江西及周边地区群众的需求。九江进口肉类指定口岸建成后,进口肉类直达九江口岸,当地肉类进口企业进口成本将明显降低。

【九江市获批国家物流标准化试点城市】　7月,通过竞争性申报,商务部、财政部、国家标准委3部委批准,九江市被列入第三批全国物流标准化试点城市。试点期2年(2016年7月至2018年7月)内,中央财政安排8000万元试点专项资金,在快消品、农副产品、医药、电商四大领域推广物流标准化。开展物流标准化试点,有利于促进九江物流业健康发展。年内,九江市新增物流企业187家,总数超1500家。

【九江市获批国家级产城融合示范区】 9月22日,国家发改委办公厅印发《关于支持各地开展产城融合示范区建设的通知》,确定全国首批58个产城融合示范区,九江市入选。规划总面积198平方千米。其中,核心区范围包括九江经济技术开发区、八里湖新区和赛城湖新区,总面积142平方千米;拓展区为赤湖产业集聚区,面积56平方千米。示范区建设的主要任务是推动形成空间融合、产业联动发展模式;完善城乡建设投融资等体制机制。

【市级农村综合产权交易中心建成运行】 4月28日,九江市农村综合产权交易中心建成运行,市县乡三级联动,信息互联共享。设计可进行的交易品种为十大类,从土地流转、“四荒地”经营权、养殖水面经营权等产权流转起步,积累经验,根据国家相关政策逐步扩大交易种类。

【九江茶叶3品牌位列全国名茶百强】 4月12日,中国农业品牌研究中心公布《2016年茶叶区域公用品牌价值》报告,九江茶叶3品牌庐山云雾、宁红、双井绿位列全国名茶百强,品牌价值大幅提升。其中庐山云雾茶品牌价值达17.86亿元,比上年增加1.24亿元,在中国茶叶区域公用品牌价值排第23位,继续列江西省茶叶品牌价值榜首;宁红茶品牌价值11.18亿元,比上年增加1.48亿元,在中国茶叶区域公用品牌价值排第54位;修水双井绿品牌价值7.47亿元,比上年增加0.26亿元,在中国茶叶区域公用品牌价值排第75位。

【城市公立医院综合改革全面启动】 5月10日,九江被国家卫计委、财政部、国务院医改办确定为第四批公立医院改革国家联系试点城市。8月25日,《九江市城市公立医院综合改革试点方案》出台。实施范围为6所市属三级公立医院、2所区属(浔阳区、濂溪区)二级公立医院。9月1日零时起,市、区所属试点公立医院全部取消药品加成(中药饮片除外)。将公立医院补偿由服务收费、药品加成收入和政府补助3个渠道改为服务收费和政府补助2个渠道。

【首条跨江通信光缆架设成功】 4月12日,九江市电力部门对承载长江江心岛用电的重要线路进行跨江改造,通过在35千伏金洲线上架设通信光缆,解决江洲镇3.6万居民的网络通信环境。这是九江市首次成功实现跨越长江架设通信光缆工程。

主要领导人 市委书记:杨伟东。市人大常委会主任:冯静。市长:林彬杨。市政协主席:杨小华。

(黄开福 杨磊)

·修水县·

【简 况】 位于江西省西北部,辖19镇17乡。总面积4504平方千米,中心城区面积近25平方千米。耕地面积3.79万公顷,山林面积33.92万公顷,森林覆盖率73.46%,城市绿化率43.17%。总人口87万,其中城区人口10.2万人。2016年,地区生产总值145.45亿元,增长9.2%。其中:第一产业增加值18.57亿元,增长5.1%;第二产业增加值70.70亿元,增长8.8%;第三产业增加值56.18亿元,增长11.2%。三次产业结构比为12.8∶48.6∶38.6。财政总收入21.79亿元,下降5.9%;税收占财政收入的83.56%。地方预算收入17.03亿元,下降7.1%;一般公共预算支出47.29亿元,增长3.8%。规模以上工业总产值365.19亿元,增长14.0%;规模以上工业增加值75.20亿元,增长9.3%。社会固定资产投资185.00亿元,增长15.3%。实际利用外资9681万美元,增长12.53%;市外投资92.97亿元。外贸出口1.36亿美元,占地区生产总值的6.18%。主要工业产品有蚕丝679吨,增长10.0%;钨精矿4000吨,下降15.9%;大米4.66万吨,增长12.0%。农业总产值27.11亿元,增长6.8%。粮食总产量27.15万吨。主要农产品有稻谷23.71万吨、红薯1.12万吨、油菜籽1.22万吨、蔬菜(含菜用瓜)8.69万吨、生猪存栏31.41万头。社会消费品零售总额52.99亿元,增长13.9%。万元GDP能耗0.293吨标准煤,城市污水处理率87%。年末城乡居民存款余额113.5亿元,增长13.6%。城镇居民人均可支配收入2.42万元,增长8.8%;农村居民人均纯收入8465元,增长11.4%。城镇新增就业人口9138人,新增转移农村劳动力4.65万人。城乡居民养老保险参保率97%,城镇居民医疗保险参保率98%,农村居民医疗保险参保率99%。社会保险基金征缴总量7.66亿元,其中新农合基金征缴总量3.96亿元,社保基金征缴总量3.48亿元,新农保基金征缴总量2211.04万元。新增棚户区改造安置房200套。全县30个贫困村退出,9525户2.91万人脱贫,整体移民搬迁安置5800余人,易地扶贫搬迁安置3518人。

【宁州水乡旅游度假区综合开发项目开工】 10月,宁州水乡旅游度假区综合开发项目开工。项目位于竹坪乡和程坊风景区鹿坑村,总投资约30亿元。项目建设包括宁州水乡、九龙湖水库、九龙湖度假村、情人谷婚庆公园、妙趣农业休闲园、花溪谷休闲园、羽岭运动公园、桃花尖公园、鹿坑隐逸谷、宁洲美乐城、绿野馨居、水乡雅园、游客接待中心、沈坊至东津水库隧道引水工程、竹坪河整治、景区道路、景观水系、竹坪河休闲景观带及旅游配套项目。建成后可对外开放。

【《乡村大世界》修水专场在CCTV-7播出】 3月14日—21日,央视军事农业频道《乡村大世界》栏目制作组到修水县创作一台主题为“修身养心、乐山乐水”的文艺节目。31日下午,央视中国农业电影电视中心演播室录制现场,县委书记孙朝辉介绍修水县经济社会发展情况,邀请全国电视观众到修水做客;播放了反映修水县历史文化、风土人情、特色产业和旅游资源的4个电视短片;进行宁红茶茶道表演、修水哨子制作、修水“老猴王”荣定贤等表演。节目由央视主持人毕铭鑫、付玉龙、刘刚担任主持,于4月30日18:05播出。

【召开第二届湘赣边网络媒体联盟交流协作会】 11月10日—11日,由湘赣边网络媒体联盟、中共修水县委宣传部主办,修水县旅发委协办,修水报社承办的第二届湘赣边网络媒体联盟交流协作会在修水县召开。会议主题为“创新、分享、合作、做强、做大旅游”。会议发布修水旅游精品线路图,宣布赣边劳务合作服务平台上线,并为浏阳发布、微上栗等10家经营案例获奖单位颁奖。会议确定第三届湘赣边网络媒体联盟交流协作会在莲花县召开。会议期间,各成员单位就如何推动新媒体发展、加强合作与交流等进行交流。

【修水农商银行挂牌营业】 6月24日,江西修水农村商业银行股份有限公司挂牌营业。修水农商银行的前身是修水农村信用社。经过60多年的发展,农商银行已有43个营业网点,网点数占全县金融机构的55%;各项存款余额60多亿元,占全县市场份额的35%;各项贷款余额32亿元,占全县市场份额31.4%;农业贷款占全县金融机构的95%、下岗再就业担保贷款占市场份额的50%、生源地国家助学贷款占市场份额的100%、个私经济贷款和中小企业贷款占市场份额的60%。该行是全县经营网点最多、客户资源最广、业务规模最大的地方性金融机构。

【修水县获评“全国十大魅力茶乡”】 9月27日,由中国农业国际合作促进会茶产业委员会、中国合作经济学会旅游合作专业委员会主办的2016年度“全国十大魅力茶乡、全国三十座最美茶园”评选结果揭晓,修水县最终以综合第六名的成绩被评定为“全国十大魅力茶乡”,也是全省唯一获此荣誉的县市。这是修水县继去年“宁红”茶入选百年世博中国名茶金奖、金骆驼奖公共品牌和企业品牌后,获得的又一块金字招牌。年内,修水茶叶种植面积达1.08万公顷,茶叶产量近8000吨,有注册茶叶企业108家,茶叶系列综合产值达15亿元。

【实施精准脱贫攻坚】 年内,修水县打出脱贫攻坚“组合拳”。加大资金整合力度,整合中央省市县四级财政涉农扶贫资金98项4.2亿元。投入产业发展资金3034万元,实施产业项目428个,扶持建档立卡贫困户新建养蚕大棚1.30万平方米,新扩桑园133.33公顷、茶园(菊花)180公顷、果园133.33公顷,新造油茶200公顷,新增牛羊猪饲养2.5万头,扶持农业专业合作社262个,建设村级光伏扶贫电站23个;第二期紫竹小区、津怡小区整体搬迁移民进行摇号分房和入住培训,第三期移民安置小区金竹小区21栋房屋开工建设;投入基础扶贫资金5336万元,实施项目446个;对650名建档立卡贫困户进行转移就业技能培训,帮助300余名整体搬迁移民与用工企业实现劳务对接;全县2.93万人纳入农村低保,3736人纳入五保供养,全部实现应保尽保。通过省级扶贫部门考核和第三方调查评估,全县有30个贫困村退出,9525户贫困户2.91万人如期脱贫。

【修水县被纳入国家重点生态功能区范围】 10月3日,中国政府网发布《国务院关于同意新增部分县(市、区、旗)纳入国家重点生态功能区的批复》,原则同意国家发改委会同有关部门提出的新增纳入国家重点生态功能区的县(市、区、旗)名单,修水县入选。修水县委、县政府一直坚持把生态建设融入经济、政治、文化、社会等方面建设,结合人文景观,突出生态特色,加快经济发展方式转变,推进节能减排工作,促进工业经济转型升级,有效保持并提高生态产品供给能力。

【成功创建“全国妇幼健康优质服务示范县”】 12月27日,国家卫生计生委办公厅发布的《关于2016年度妇幼健康优质服务示范工程情况的通报》中,修水县入选《2016年度“国家级妇幼健康优质服务示范县(市、区)”名单》。修水县一直重视妇幼健康工作,健全三级妇幼服务体系。县级3家医院均创建“爱婴医院”,建设两个“产科急救中心”;对县妇幼保健院实行改扩建,投入新建(改扩建)卫生院房屋3.6万平方米;乡镇卫生院设有专职妇幼计生员,100%的中心卫生院、76%普通乡卫生院、64%村级卫计服务室达到规范化建设标准;村卫生计生服务室设有“四员”。县妇幼保健院实行“一院四部”管理,妇幼保健和临床服务融为一体;实行保健员月例会制度,全县妇幼健康信息工作高度统一;推行导乐分娩、无痛分娩等措施,剖宫产率有效下降;开展儿童保健、孕产妇保健工作,儿童保健管理率86.04%,孕产妇管理率95.37%;推进孕妇学校工作。与教育、妇联、工会等部门配合,加强托幼机构的管理,开展妇女儿童健康宣传和促进工作,推介妇幼健康示范典型,开展培训比武活动。

主要领导人 县委书记:孙朝辉。县人大常委会主任:胡荣军。县长:张林。县政协主席:贺观群(9月任)。

(车明星)

·武宁县·

【简　况】 位于江西省西北部,辖8镇11乡1街道办事处和1工业园。总面积3504.6平方千米,其中城区面积46平方千米。耕地面积2.31万公顷,林地面积27万公顷,森林覆盖率72.1%,城区绿化覆盖率56.38%。总人口40.7万人,人口自然增长率7.62‰。2016年,地区生产总值107.82亿元,增长9.1%。其中:第一产业增加值15.15亿元,增长3.3%;第二产业增加值53.07亿元,增长8.7%;第三产业增加值39.6亿元,增长12.1%。财政总收入17.4亿元,增长0.2%;税收占财政总收入的80%;人均4715.76元。地方公共财政预算收入14.14亿元,增长4.1%;公共财政支出30.4亿元,增长4.3%。工业总产值335.32万元,增长8.9%。规模以上工业增加值71.49亿元,增长8.6%。外贸出口2.2亿美元,增长4%,占地区生产总值的10.1%。社会固定资产投资154.4亿元,增长16.7%。实际利用外商投资9513万美元,增长10.53%;实际利用内资92亿元,增长率31.4%。农林牧渔业总产值26.9亿元,增长4.2%。粮食总产量15.36万吨。主要农产品及产量为棉花212.6吨、油料1.47万吨、水产品3.98万吨、肉类总产2.08万吨。万元GDP能耗0.2334吨标准煤。城市污水处理率80%。社会消费品零售总额40.4亿元,增长12.4%。城镇居民人均可支配收入2.79万元,增长8.9%。农村居民人均可支配收入1.29万元,增长9.2%。城乡居民年末储蓄存款83.4亿元,增长14.6%。城镇新增就业人口8700人,新增转移农村劳动力8900人。城乡居民养老保险参保率97.89%,城乡居民基本医疗保险参保率99.08%，社会保险基金征缴总量2.34亿元。新增各类保障性住房1553套，棚户区改造安置房1400套。全年减贫人数7743人，完成扶贫移民搬迁人数504户2137人。

【生态文明先行示范区建设】 完成生态文明先行示范区建设规划编制工作，划定保护区总面积1941.7平方千米，占国土面积55.4%。重点加强沙田河流域和源口水库生态保护，查处破坏湖区渔业秩序行为38起，关停整顿违规经营砂厂、砖厂、石厂26家，两河流域内排污口全部取缔。完成造林绿化面积2800公顷，实施封山育林933公顷，查处非法占用林地行为48起，完成1998株古树名木普查建档、挂牌保护工作。开展农村生活垃圾专项治理，投资4600万元建成压缩式中转站16座、非压缩式中转站3座、无害化垃圾焚烧中心17座。工业污水处理厂运行，铺设污水管网7.6千米，实现150家重点排污企业截污纳管全覆盖。加强园区汞污染治理，21家毛管生产企业全部完成液改固改造，17家企业完成汞蒸气回收改造。启动国家循环经济示范县、国家森林城市等多项创建工作。庐山西海国家湿地公园通过国家林业局验收授牌。

【武宁县入选"国家全域旅游创建示范单位"】 2月，武宁县入选国家旅游局首批国家全域旅游示范区创建名录。全年全县接待游客458万人次，增长20.9%；旅游收入36.7亿元，增长21.7%。武宁县充分利用优美山水生态资源，按照"政府引导、社会参与、多元投入、市场运作"机制，把城区建设、乡村整治和旅游景区开发有机结合起来，推进集农业观光、农趣娱乐、农家饮食及民俗风情为一体的乡村旅游开发。先后打造西海湾、武陵岩桃源2个国家水利风景区，西海湾景区、阳光照耀29度假区2个国家4A景区，武陵岩景区、罗坪长水景区2个国家3A景区，全国十佳休闲农庄——新光山庄等景区和乡村旅游景点。杨洲乡获评"江西最美旅游休闲乡镇"；罗坪镇长水村获评"中国乡村旅游模范村"，新光山庄、甫田乡茶棋村平尧政鸿农庄、罗坪镇长水村红豆杉饭庄获评"中国乡村旅游金牌农家乐"。初步形成湖岛观光、峡谷漂流、山岳避暑、温泉洗浴、溶洞探险、宗教朝觐、乡村体验及休闲娱乐八大类旅游观光产业。

【推进全省最大的生态移民安置小区——武安锦城建设和生态移民安置】 武安锦城梦想家园安置区位于新宁镇团结村（武宁工业园区），占地46.44公顷，总建筑面积57.39万平方米，另配建小学、综合商场、社区卫生服务中心、菜市场等附属公建5万平方米，通过规划一步到位、建设三期实施，可安置移民4373户近2万人。对迁入武安锦城安置并审核验收合格的"建档立卡"搬迁贫困户，人均搬迁补助不低于2万元；同步搬迁的非建档立卡户按人均补助0.6万元。符合危房改造条件的农户，可叠加享受危房改造补助；符合城乡建设用地"增减挂"条件的农户，在农村集体土地上有住房的，补助标准按原住房占地面积计算，300平方米以下（含300平方米）每户补助3万元，超过300平方米每户补助3.5万元；仅有宅基地但房已倒塌或此前自行拆除的无房户，只能享受一个宅基地补助1万元。至2016年底，总投资10.35亿元，建成153栋4373套，安置2569户3859人搬迁入住武安锦城，其中2016年安置446户1820人。

【中国企业家木兰汇"木兰花开"系列活动在武宁举行】 3月31日—4月2日，近30位商界精英出席中国企业家木兰汇"木兰花开"系列之"木兰花开·九江"活动。"木兰花开"是中国企业家木兰汇的品牌项目，致力于为商界女性精英搭建与地方政府、机关、知名国际组织交流互动的平台。活动由《中国企业家》杂志社与九江市委、市政府联合主办，九江市委宣传部、武宁县委县政府、中国企业家木兰汇联合承办。活动期间，举办了2016"木兰生态论坛""生态经济新机遇论坛"和"消费升级新趋势论坛"。企业家们用自己的经历畅谈各自对论坛主题的独到见解、交流心得。

【举办第二届中国滑水巡回大奖赛·武宁站比赛】 10月15日，为期2天的2016年第二届中国滑水巡回大奖赛·武宁站比赛在武宁县八音公园开赛，包括江西武宁队在内的全国15支队伍共80人参赛。比赛共设4个竞技项目，分别为男子花样组、女子花样组和男子尾波组、女子尾波组，每个项目设一、二、三等奖各一名。江西武宁代表队的史隆飞、钟俊杰和三亚水上漂代表队的罗丰分别获男子花样组第一、二、三名；江西武宁代表队的龚浪波、湖南代表队的蒋慧、湖南代表队的黄美丽分别获女子花样组第一、二、三名；天津天海丰代表队的罗坚、湖南代表队的黄振坤、香港代表队的朱莲分别获男子尾波组第一、二、三名；四川代表队的韩秋、段振坤，江西武宁代表队的万伟丹分别获女子尾波组第一、二、三名。

【"广播惠农，爱在乡村"系列公益活动首次在武宁举行】 10月28日，国家新闻出版广电总局"三贴近"暨中国乡村之声"广播惠农，爱在乡村"系列公益活动首次在武宁举行。活动邀请魏金栋、刘静、杨倩琳等歌唱家演出，还邀请国家级农技、医疗等方面专家到农村基层，开展送农技、送医疗活动，为广大农民解答实际问题，零距离服务群众。中央人民广播电台社教中心副主任陶炜，著名农技专家、中国农业科学院果树研究所果树应用技术研究中心主任王海波率农技服务小分队到清江乡罗洞村葡萄庄园实地了解葡萄种植状况，就种植葡萄时出现"双霉""灰霉"和错峰种植等问题现场为农户释疑解惑；并进行葡萄种植技术培训。北京中医药大学东方医院中西医结合心内科、博士、副主任医师、硕士生导师谢连娣率医疗服务小分队到县人民医院住院部内一科进行查房巡诊，对医生的治疗方案进行现场指导；并作"心力衰竭临床新理念新思维"的授课培训。

主要领导人 县委书记：沈阳（任至8月）、杜少华（8月任）。县人大常委会主任：杨叶青（任至10月）、余育民（10月任）。县长：郭晓明（任至8月）、李广松（10月任）。县政协主席：余育民（任至10月）、朱必香（10月任）。

（郑双虎）

·瑞昌市·

【简　况】 位于江西省北部,辖8镇8乡2街道办事处3场。总面积1419平方千米,其中城区面积27平方千米。耕地面积1.71万公顷,有林面积9.1万公顷,森林覆盖率60.9%,城区绿化率44.09%。总人口46.53万人,其中城区人口21.18万人;人口自然增长率8.55‰。2016年,地区生产总值164.19亿元,增长9.7%。其中,第一产业增加值14.62亿元,增长4.4%;第二产业增加值109.62亿元,增长10.0%;第三产业增加值39.85亿元,增长10.8%。财政总收入25.61亿元,增长9.8%;人均5984元;税收占财政总收入的83.2%。地方财政收入20.52亿元,下降4.5%;地方财政支出34.86亿元,增长0.9%。工业总产值495.98亿元,增长11.3%,规模以上工业增加值102.75亿元,外贸出口3.33亿美元。固定资产投资268.17亿元。实际利用外商投资2.18亿美元,省外投资107.93亿元。主要工业产品有纱17.64万吨、服装154.3万件、水泥992万吨、铸铁件3.57万吨。农业总产值25.59亿元,增长12.9%。粮食总产量10.30万吨。主要农产品有稻谷7.79万吨、棉花4044吨、油菜籽2.36万吨、蔬菜13.16万吨、肉类2.62万吨。万元GDP能耗1.4899吨标准煤,城市污水处理率82%。城镇居民人均可支配收入2.82万元,增加2289元;农村居民人均可支配收入1.32万元,增加1137元。城乡居民年末储蓄余额107.95亿元,增长15.2%。城镇新增就业7436人,新增转移农村劳动力8369人。城乡居民养老保险参保率97.2%,城乡居民基本医疗保险参保率98%,社会保险基金征缴总额2.57亿元。新增各类保障性住房3109套,棚户区改造安置房2564套。全年减贫8041人。

【瑞昌经开区获批长江经济带国家级转型升级示范开发区】 5月,国家发改委公布《关于建设长江经济带国家级转型升级示范开发区的通知》,将全国33个开发区确定为长江经济带转型升级示范开发区,瑞昌经开区被列其中,成为全省3家之一。瑞昌经开区将在规划引导、改革试点、项目安排等方面获得更多国家层面的重点支持。

【瑞昌市初步形成森林城市面貌】 4月,瑞昌市获评"江西省森林城市"。瑞昌市于2013年启动省级森林城市创建工作,一直把生态发展和地域特色有机结合,重点推进"森林城市、森林乡村、绿色通道、绿色屏障、生态文化、生态保护"六大创森工程。3年累计投入资金5亿余元,共完成各种造林1.33余万公顷。全市森林覆盖率达60.9%,城区绿化覆盖率达44.09%,市内宜林地段绿化率达95%以上,初步形成"青山拥翠、水岸铜都"的森林城市风格。

【获批国家级专利质押融资试点单位】 8月,国家知识产权局批准瑞昌市为国家级专利质押融资试点单位,试点时间自2016年8月起,为期3年。专利质押融资试点工作是国家知识产权局积极实施知识产权战略,促进知识产权运用,支持企业创新发展的重要举措。国家专利质押融资试点单位的批准,为瑞昌知识产权质押融资提供政策保障和发展优势。

【瑞昌凤竹公司获评全国纺织工业先进集体】 2016年,在人力资源社会保障部与中国纺织工业联合会举办的全国纺织工业先进集体、劳动模范和先进工作者表彰大会上,全国100家企业受到表彰,其中瑞昌市凤竹棉纺有限公司获"全国纺织工业先进集体"称号,这是全省唯一受表彰的纺织企业。一直以来,凤竹棉纺有限公司加大技改投入,产品不断换代升级,建成全省第一个全瑞士立达设备车间,自动化、智能化程度居国内同行业领先水平,持续推出高档纯棉赛络纺、紧密赛络纺、紧密纺光洁纱、赛络纺光洁纱等新品精品,生产总规模11万锭。

【长江中上游唯一木材专业码头落户瑞昌】 6月,九江港瑞昌港区华中国际木业有限公司木材专业码头工程使用长江港口岸线获交通运输部批复,项目建成后可填补九江港没有木材专业码头的空白,也是长江中上游唯一木材专业码头。木材专业码头拟建3个5000吨件杂货泊位,设计年通过能力234万吨,使用长江岸线360米,为打造华中地区重要的木材贸易加工基地,重新定位中国木材行业新的格局提供重要的水运通道保障奠定基础。

【瑞昌农村开启"电商时代"】 6月8日,阿里巴巴"农村淘宝"瑞昌市服务中心开业运营,同步建成33个村级服务站和80个淘宝帮手服务站投入使用,瑞昌由此开启农村"电商时代"。瑞昌市是九江市首家阿里巴巴"农村淘宝"项目示范县。项目建成投用,农产品"入网",实现小生产与大市场有效对接。截至11月底,共完成营业额1500万元,33名村级服务站合伙人平均每人每月收入在3000元以上,最高的月收入超过1万元。

【涉35万人的特大传销案在瑞昌告破】 2016年,瑞昌市公安局经过6个多月侦查,破获一起特大组织传销案,传销人员涉及全国31个省(市)35万人,涉案总金额达7.87亿元。经查实,2013年2月,犯罪嫌疑人马某在江苏省南京市江宁区注册成立南京"缘来一家"网络科技有限公司,销售自己注册的"好老婆(LOOOPOOO)"牌商品。2015年2月,马某开发"好老婆"网络销售软件,并开始组织传销活动。至2016年5月,共发展会员近35万人,其中区域代理5700余人,层级达109级以上,收取会员费5.2亿元。案件告破,抓获主要犯罪嫌疑人29人,在逃5人,查封冻结涉案资产2亿多元。

【2支部队官兵驰援瑞昌抗洪取得胜利】 2016年,瑞昌市遭遇1998年以来最严重汛情。6月底,瑞昌城区以东的赛湖水位持续上涨。7月15日,水位高达21.66米,超警戒水位2.66米,赛湖堤坝危在旦夕,瑞昌城区及周边25万人口和1万公顷耕地面临洪灾威胁。7月8日、11日,驻浙江某部官兵和驻江西南昌武警水电二总队四支队官兵携50余台(套)推土机、挖掘机、装卸机等驰援瑞昌抗洪抢险。20天内,与瑞昌干群一起,加高垒筑

子堤10.4千米、1万余方,排除险情600余次,确保赛湖堤坝安全度汛。7月28日,抗洪抢险取得阶段性胜利,瑞昌市委、市政府举行仪式,欢送官兵返回部队,数千名干部群众夹道欢送防汛抗洪部队官兵。

主要领导人 市委书记:罗文江(任至8月)、郭小云(8月任)。市人大常委会主任:徐修武(任至9月)、郭少雄(9月任)。市长:郭小云(任至8月)、江训开(9月任)。市政协主席:郭少雄(任至9月)、周洪文(9月任)。

(冯国成)

·都昌县·

【简　况】 位于江西省北部,辖12镇12乡12社区居委会。总面积2669.53平方千米,其中城区面积13平方千米。耕地面积5.0万公顷,林地面积6.21万公顷,森林绿化率32.56%。总人口82.09万人,其中城镇人口65.61万人;人口自然增长率8.61‰。2016年,地区生产总值115.32亿元,增长9%。其中:第一产业增加值22.53亿元,增长4.5%;第二产业增加值53.13亿元,增长9.3%;第三产业增加值39.66亿元,增长11.3%,人均1.58万元。财政总收入14.7亿元,下降1%;人均1790元;税收占财政总收入的77.7%。地方财政收入11.74亿元,增长0.6%;地方财政支出35.7亿元,增长6.3%。规模以上工业总产值198亿元,增长6.5%。规模以上工业增加值39.5亿元,增长8.7%。外贸出口1.11亿美元。固定资产投资103.8亿元。实际利用外商投资9110万美元;实际利用省外投资92.17亿元。粮食总产量8.2万吨。主要农产品有生猪出栏22.97万头、家禽出笼207.6万只,水产品总量8.85吨。城市污水处理率100%。城镇居民人均可支配收入2.27万元,增长8.5%;农村居民人均可支配收入7066元,增长13%。城镇新增就业人口4354人,新增转移农村劳动力1.2万人。城乡居民养老保险参保率42.59%,城乡居民基本医疗保险参保率97%,社会保险基金征缴总量2554.66万元。新增各类保障性住房1261套,棚户区改造安置房500套。全年减贫1.61万人,完成扶贫移民搬迁1151人。

【中国(九江)首届一乡一品网络博览会都昌论坛在都昌举行】 1月6日,由江西麦稻佳网络科技有限公司主办的中国(九江)首届一乡一品网络博览会都昌论坛在都昌县万宜集团电商产业园举行。国务院扶贫办政策法规司司长、扶贫政策专家刘福合,中国电子商务协会副秘书长、电子商务专家李建华和21省市电商大V及专家学者出席论坛,都昌县相关领导和代表共200余人参加论坛。论坛主题为《农村电商精准扶贫可持续发展》。与会者认为,都昌县委、县政府可以结合都昌的实际,鼓励、支持面向农村、农业、农民的电子商务应用平台建设,让电商在农村田野上落地生根,造福农民、服务农民、富裕农村。

【九景衢铁路石峰山隧道贯通】 4月8日,由中铁二十五局一公司承建的九景衢铁路2标最后一座隧道——石峰山隧道贯通,标志着九景衢铁路建设再获新突破。石峰山隧道位于都昌县鸣山乡高塘张村附近,全长702米,隧道设计为时速200千米客货共线铁路双线隧道,全隧最大埋深56.2米。局部地形陡峭,施工难度大。自2015年开工以来,该公司克服地质构造复杂,地形起伏较大、隧道进出口浅埋段岩体破碎等施工难题,实现"零事故"的预期目标,确保隧道顺利贯通。九景衢铁路为国家一级双线电气化铁路,设计时速200千米,建设里程333.33千米。铁路建成后,可填补鄱阳县、都昌县无铁路的历史。

【都昌太阳村周裔开入选"CCTV年度慈善人物"全国慈善百强】 5月24日,都昌太阳村理事长周裔开入选2015年"CCTV年度慈善人物"全国慈善百强。周裔开是江西慈善救助战线上的一员"老兵",参与创建都昌太阳村。太阳村当前在册儿童227人。为了太阳村的生存发展,年近七旬的周裔开日夜奔走,千方百计筹资金、争取援助。经过不懈努力,该救助中心成为困境儿童的温馨家园。

【"鄱湖驿站 候鸟天堂"中国·都昌首届鄱阳湖候鸟文化节暨鄱阳湖候鸟全国摄影大展在县文体中心启动】 11月18日,由县委、县政府、海外华文传媒协会、中国摄影报社联合主办的"鄱湖驿站 候鸟天堂"中国·都昌首届鄱阳湖候鸟文化节暨鄱阳湖候鸟全国摄影大展在县文体中心启动。活动内容分为鄱阳湖候鸟全国摄影大展、鄱阳湖候鸟文化展、首届鄱阳湖候鸟文化论坛、鄱阳湖书画展、"人鸟共家园"主题征文,吸引来自海内外100余名新闻媒体记者和摄影家参加活动,整个活动将持续至2017年4月20日。此次大赛进一步宣传都昌鄱阳湖文化品牌,彰显都昌生态文明魅力。

【省政协海外扶贫基金会"助学行动"李文恩2016年都昌县捐赠仪式在县二中举行】 11月20日,省政协海外扶贫基金会"助学行动"李文恩2016年都昌县捐赠仪式在县二中举行。海外扶贫基金会主要是对家境贫困、品学兼优的高中学生进行助学捐赠。捐赠仪式上,共为130名贫困学生发放助学金30万元。都昌县是省政协海外扶贫基金会12个对口扶贫县(区)之一,该基金会将连续3年对都昌县150名家境贫困、品学兼优的高中学生进行捐赠,每人每年捐赠助学金2000元。2016年是捐资助学活动开展的第二年。

【苏山乡鹤舍村入选第四批中国传统村落名录】 11月8日,住建部等7部委公示第四批中国传统村落名录,全省有50个村入选,都昌县苏山乡鹤舍村也在其中。鹤舍村始建于东汉末年,距今已有1800多年的历史。全村为袁姓一支聚族而居,是一个耕读并重,农商并立的历史古村,迄今保存完好的古徽派建筑有25栋。明朝天顺年间成村,距今500多年,属都昌热门景点之一,曾被众多媒体称为"赣北第一古村"。村中整个建筑群为一栋曲尺形,由十八间大屋联合组成,围着建筑群前一方池塘而建,以祖厅为中心,建筑群外观整齐划一,每栋屋之间屏头叠起,凤尾飞翘,屋屋墙体相连,户户道门相通,雨天串门不踏泥泞,所有通道由麻石铺成,其建筑环境因地制宜,错落有致。全村古屋、石巷保存完好度在95%以上,2012年被列为省级历史文化名村。村民对村内一些损坏的麻石路面进行完善,对古徽派建筑站檐进行修复,并修建历史文化广场、停车场,围绕农耕、书香、瓷业和军政四大主题打造鹤舍古村的人文历史。

主要领导人 县委书记:周毛春(任至8月)、肖立新(8月任)。县人大常委会主任:詹幸春(任至9月)、石和平(9月任)。县长:陈云滚(任至9月)、钟有林(9月任)。县政协主席:石和平(任至9月)、李建华(9月任)。

(程芬)

·湖口县·

【简　况】 位于江西省北部,辖6镇6乡和2场。总面积673.66平方千米,其中城区面积13.6平方千米。耕地面积2.18万公顷,森林覆盖率24.8%,城区绿化覆盖率49.6%。总人口30.12万人,其中城区人口7.79万人;人口自然增长率7.58‰。2016年,地区生产总值120亿元,增长9.4%。其中:第一产业增加值12.4亿元,增长4.3%;第二产业增加值83.8亿元,增长9.6%;第三产业增加值23.8亿元,增长11.6%。财政总收入24.71亿元,增长2.6%;人均财政收入8204元,增长2.1%;税收占财政收入的88.8%。在财政总收入中,地方财政收入16.38亿元,增长5.5%。财政支出24.77亿元,增长0.8%。工业总产值392.25亿元,增长13.7%。规模以上工业增加值76.58亿元,增长9.5%,占地区生产总值的63.8%。外贸出口25.25亿元,增长83.3%,占地区生产总值的21.0%。固定资产投资230.81亿元,增长15.7%。实际利用外资1.37亿美元,增长18.5%。主要工业产品有钢材526.11万吨,增长3.8%;化学纤维10.79万吨,下降27.2%;水泥51.18万吨,增长28.3%;硫酸23.86万吨,下降6.8%。万元GDP能耗0.77吨标准煤,下降0.05吨;城市污水处理率86.7%。农业总产值21.22亿元,增长4.3%。粮食总产量11.1万吨,下降3.5%。主要农产品有棉花0.48万吨,下降53.1%;油料2.64万吨,增长4.8%;蔬菜瓜果7.17万吨,增长6.9%;水产品4.36万吨,增长3.6%。城镇居民人均可支配收入2.93万元,增加2392元,增长8.9%;农村居民人均可支配收入1.34万元,增加1092元,增长8.9%。全县居民存款余额73.36亿元,增长10.2%。城镇新增就业5050人,新增转移农村劳动力6226人。城乡居民养老保险参保率99%,城乡居民基本医疗保险参保率100%,社会保险基金征缴总量3.76亿元。新增棚户区改造安置151户。全年减贫1546户4897人。

【"湖口创谷"计划】 2月,湖口高新技术产业园晋升为省级高新技术产业园区。借此契机,10月21日,湖口县委、县政府联合出台《关于实施创新驱动发展战略打造"湖口创谷"的意见》。全县先后制定实施创新驱动民展战略、打造"湖口创谷"等政策性文件,完善财税、金融、人才等科技创新服务保障机制,支持和鼓励科技创新。2016年,全社会研发投入超过1.5亿元,研究与开发经费占地区生产总值的1.25%。全县围绕产业链布局创新链,高起点规划并启动建设5.6平方千米的海山科技创新试验区。县财政每年列支1000万元人才发展专项资金,实施"梧桐计划"和"2233人才工程"。全县已柔性聚集院士、博士等高端科创人才48人,拥有"国家创新创业人才""赣鄱英才"和"双百·双千"等领军人才23人。全年全县专利申请量322件,增长109%;专利授权量201件,增长145%。全县技术合同完成交易额1600万元,引进高新技术项目达85%,实施新技术改造项目105个,完成技改固投4.12亿元,晨光新材料、力山环保、天赐新材料、中星医药等被评为全省节能减排创新示范企业,九江钢厂通过新技术改造,公司吨钢盈利能力行业排名全国第二,被评为省级"两化融合"示范企业。

【湖口县下调企业社保缴费比例】 5月,湖口县下调企业职工基本养老保险费单位缴费比例、失业保险费缴费比例。调整前,全县企业职工基本养老保险缴费比例为28%,其中单位缴纳20%,个人缴纳8%。下调后,企业职工基本养老保险缴费比例为27%,其中单位缴纳19%,个人缴纳8%。在2年阶段性下调期内,全县将减征基本养老保险费约1000万元。同时,从5月1日起,将全县失业保险总费率由2%降至1%,其中单位费率由1.5%降至0.5%,个人费率为0.5%,因下调费率,2年内将减征失业保险费1000万元,惠及100余家参保单位、1.5万名参保人员。下调保险缴费比率,只是减少统筹基金的收入,不会影响参保人的个人权益。

【开发林下经济惠及万名林农】 至2016年,湖口县通过外引内联,组织68家造林公司和林业专业合作社、130多个造林大户参与林下经济开发。全年全县林下经济产值总量5亿元,其中林下种植业产值3亿元,养殖业产值0.5亿元,森林旅游和农家乐等行业的产值1.5亿元。凡参与开发的林农,当年人均纯收入达到2万余元,比一般农民翻一番。从2010年开始,湖口县每年安排专项资金对从事发展油茶等特色林业的对象给予奖励和补贴;启动林权抵押贷款及"财政惠农信贷通"等业务,向林农发放林业贷款近亿元。引导"合作社+龙头企业+基地+林农"的运作模式开发林下经济,建成油茶、红榉、桂花、香樟、早熟梨、黄栀子、牡丹、茶叶、森林旅游等产业基地6700多公顷,在泡桐、杨树、柑橘等林下养殖鸡鸭良禽30万只。

【县新行政服务中心办事大厅投入使用】 湖口县新行政服务中心办事大厅位于县城新区学苑路与台山大道交汇处的"湖口力山世贸大厦"内,占三、四楼2层,使用面积6645平方米。大厅配有宽带网络、无线通信、电子显示屏、电子触摸屏、叫号机等现代化办公设施。12月,22家具有行政审批和公共服务职能的单位入驻办事大厅,可开展169项行政许可、416项公共服务业务。至年底,中心受理各类办件5943件,增长193.77%;办理各类证照5249个,办结率100%。

【湖口县金砂湾学校代表队获世界教育机器人大赛一等奖】 11月20日,湖口县金砂湾学校机器人代表队获在上海举办的、由30多个国家5000名队员参加的世界教育机器人大赛WER2016赛季世界锦标赛一等奖。金砂湾学校参赛队员为吴政、梅佳乐、吴溪泽。自2015年3月组队以来，金砂湾学校获省赛一等奖2次、国赛二等奖2次、国赛一等奖1次、世锦赛一等奖1次。世界教育机器人大赛(WER)由世界教育机器人学会(Federation of World Educational Robot)发起和主办，是一项针对5~18岁青少年的国际性机器人比赛。

【同方江新院士工作站获批全国示范院士工作站】 2016年，同方江新造船厂有限公司(简称同方公司)院士工作站，获中国科协批准为"全国100家示范院士工作站"。该站成立于2013年6月，由中国工程院院士、中船重工大连造船集团公司研究员、高级工程师、教授沈闻孙任工作站首席科学家。该站成立后，一直尽力帮助同方公司提高船舶设计、构造工艺、船舶舾装水平，同时还为企业破解生产过程中出现的难题。

主要领导人 县委书记：李小平(2月任)。县人大常委会主任：杨剑(任至10月)、阮洋(10月任)。县长：李小平(任至8月)、鲍成庚(10月任)。县政协主席：杨小林。

(谭晓生 沈文初)

·彭泽县·

【简 况】 位于江西省北部，辖10镇3乡1区3场1厂1所。总面积1544平方千米，森林覆盖率49.2%，城区绿化率40%。总人口38.4万人，人口自然增长率7.8‰。2016年，地区生产总值95亿元，增长9%。其中：第一产业增加值18.1亿元，增长10.77%；第二产业增加值52.6亿元，增长13.09%；第三产业增加值24.3亿元，增长12.2%。社会消费品零售总额28.5亿元，增长13%。财政收入20亿元，增长9.2%；人均5208元，税收占财政总收入的57.8%。规模以上工业增加值68亿元，增长9%。实际引进内资106亿元；实际利用外资1.21亿美元。外贸出口2.842亿美元，增长8.06%。万元GDP能耗下降3.3%。粮食总产量11.23万吨。主要农产品有皮棉1.05万吨、油料3.67万吨、水产品5.67万吨、生猪出栏12.5万头。城镇居民人均可支配收入2.73万元，增长8.5%；农村居民人均可支配收入1.31万元，增长11%。城乡居民年末储蓄存款余额82.31亿元。

【启动乡镇中心幼儿园建设】 2016年，彭泽县在6个乡镇启动中心幼儿园建设，即棉船中心幼儿园、太平中心幼儿园、浪溪中心幼儿园、芙蓉中心幼儿园、天红中心幼儿园、定山中心幼儿园。总投资1698.7万元，建筑总面积1.45万平方米，可容纳幼儿1590名。年内，棉船中心幼儿园、太平中心幼儿园主体工程已完工；其余幼儿园或办理前期手续，或落实建设土地。

【建管并重促城乡面貌提升】 2016年，彭泽县推动城市发展由拉框架向聚人气转变，提升城市形象。城乡环境整治双向发力，城乡呼应。在城区，以"治脏、治乱、治差、治破"为重点，实施环境卫生、渣土运输、占道经营等"十大整治工程"，修复破损路面9000平方米，路灯亮化率95%以上。在农村，实施清洁工程，围绕公路沿线和集镇"十无"目标，重点集中治理"六乱"(垃圾乱倒、房棚乱建、车辆乱行、广告乱挂、杂物乱堆、坟墓乱葬)，建成垃圾中转站5座，路障、广告牌、垃圾池、违章建筑得到清理，镇村面貌改观明显。

【电商创业基地】 年内，彭泽县电子商务创业示范基地投入运营以来，实现销售额1000余万元，为彭泽农村电商注入新的活力。该基地已有5个线上平台投入运营(不包含入驻企业和各分销商的运营的线上平台)，并与当地供销合作社(供销E家)、邮政公司(农村E邮)、农业局(益农社)在农村电子商务项目上达成合作协议，已建成"农村E邮"农村服务站网点48家。

【红光综合枢纽港项目签约】 9月2日，总投资50亿元的彭泽红光综合枢纽港项目签约。该项目是省重点工程，规划建设13个5000吨级泊位，其中通用泊位6个，集装箱泊位6个，年吞吐量1500万吨，项目全部建成后，可为园区企业提供通江达海的区域交通大枢纽。

【工业园区平台升级】 2016年，彭泽县在绿色发展的引领下，继续加快园区调区扩区步伐，完成矶山四期、彭湖湾红光棚户区征地拆迁。"腾笼换鸟"，盘活土地40余公顷，园区生产生态条件明显改善。累计投入9947万元环境治理资金，落实整改措施37项，立案查处3起环境违法行为；矶山园区所有企业排污实现"一企一管"，污水处理厂稳定运行，清理整顿非法码头13家，园区环境得到全面提升。

【省内建造的最大吨位船舶成功下水】 11月24日，由九江翔升造船有限公司为香港海昌船运有限公司建造的"SEA FORTUNE11"号28000载重吨成品油/二类化学品船成功下水，这是迄今江西省内建造的最大吨位船舶。该船总长176米，型宽28米，型深14.1米，入级法国船级社。该船设计先进，采用无人机舱一人桥楼，满足当前国际船舶最新设计规范条件，附加值高，合同造价3600万美元。

【浩山乡岚陵村入选第四批中国传统村落名录】 12月9日，《关于公布第四批列入中国传统村落名录的村落名单的通知》发布，彭泽县浩山乡岚陵村入选。南宋咸淳元年(1265)，岚陵村的祖先因避战乱从都昌迁来此地，至今已有700多年。岚陵分为上湾下湾自然村，呈C形布局，山溪傍村而过，村中房屋以江南民居为主，外观整体性和美感很强，青砖黑瓦，色彩典雅，室内木柱支架，木板墙体，木雕窗栏，其形状有磨角、有拆角和扯角等，村内青石小径，交叉纵横。该村人口不多、村庄不大，历史上却有20多人考中举人或进士，也曾因出过"帝师"道光帝的老师——张锦枝而闻名四方。村中保存完好的旗鼓、旗夹有20多只。

主要领导人 县委书记：孙金淼(任至8月)、宁小球(8月任)。县人大常委会主任：方柏生(任至9月)、查秋玲(9月任)。县长：宁小球(任至9月)、邵九思(9月任)。县政协主席：

江先来(任至9月)、张国安(9月任)。

(高异)

·永修县·

【简 况】 位于江西省西北部,辖11镇4乡2垦殖场2企业集团。总面积2047平方千米(含已划归共青城市部分),其中城区面积16平方千米。耕地面积3.1万公顷,林地面积7.66万公顷,森林覆盖率33.6%,城区绿化率41.36%。总人口39.86万人,其中城镇人口14.24万人;人口自然增长率8.26‰。2016年,地区生产总值136.07亿元,增长9.4%。其中:第一产业增加值15.68亿元,增长4.8%;第二产业增加值87.05亿元,增长9.6%;第三产业增加值33.34亿元,增长11.0%。财政总收入21.46亿元,下降0.3%,人均5400元。地方财政收入17.88亿元,下降0.5%;财政总支出32.92亿元,增下降0.5%。工业总产值498.39亿元,增长3.0%。规模以上工业增加值101.85亿元,增长20.4%。外贸出口占地区生产总值的15.2%。固定资产投资242.08亿元。实际利用外商投资1.19亿美元。主要工业产品有机制纸7.42万吨、烧碱5.19万吨、盐酸11.72万吨。农业总产值30.19亿元,增长12.21%。粮食总产量24.93万吨。主要农产品有棉花4500吨、油料1.72万吨、蔬菜16.38万吨、柑橘5.27万吨。城镇居民人均可支配收入2.86万元,增加2288元。农村居民人均可支配收入1.38万元,增加1152元。城乡居民年末储蓄余额96.05亿元,增长12.9%。城镇新增就业人口4250人,新增转移农村劳动力4162人。城乡居民养老保险参保率99.8%;城乡居民基本医疗保险参保率99.5%。社会保险基金征缴总量2.7亿元。棚户区改造200套,货币化安置。全年减贫3235人。

【永修县获“国家农产品质量安全县”称号】 2016年,江西省有3个县获农业部命名的全国首批“国家农产品质量安全县”,永修县是其中之一。永修县积极推进“国家农产品质量安全县”创建活动,建立政府、部门、企业和社会“四位一体”责任体系。强化源头监管,加强对农业投入品的监管力度,把全县农产品生产销售企业、农民专业合作经济组织、生产基地、种养殖大户和收购储运企业纳入监管范畴,重点对农资门市店和农药、兽药、饲料进行监管,落实农产品自检制度,年抽检农产品样品数量8600余个。同时,强化标准化生产,采取统一生产基地布局、统一生产标准和操作规程、统一农业投入品供给、统一种子种苗供应、统一技术服务指导,保障农产品质量安全。至年底,全县已通过无公害农产品认证企业30多家,创建省级以上农产品品牌8个,“云居”牌柑橘被评为第十四届中国国际农产品交易会金奖,燕山青茶叶获全省茶叶制作一等奖。

【全面融入赣江新区】 作为赣江新区四大组团之一的永修县,抓住机遇围绕有机硅、高端装备、新型电子和科技孵化器产业,加速融入赣江新区进程。全县明确产业发展导向,以高端装备产业为突破口,推动成立江西省环保投资公司,规划建设永修环保产业园,完善产业园基础设施。为促进有机硅产业发展,成立江西省有机硅产业联盟,加入泛长三角新材料产业战略联盟,以终端应用为重点,全力发展有机硅新材料产业,加强与清华大学长三角研究院、浙江大学创新研究院的合作,推动创新中心建设,为有机硅产业发展提供技术支持。同时,通过永修工业投资有限公司,采用逆向并购方式收购国际、国内与关联企业股权,推动企业新项目投向永修,实现新技术在永修产业化,为工业经济发展提供强力支撑。

【艾城镇推进国家新型城镇化综合试点工作】 2016年,作为国家新型城镇化建设试点乡镇的永修县艾城镇,在推进国家新型城镇化综合试点工作时,突破产业、土地、门槛等制约,打造“产城融合、绿色生态、宜业宜居、和谐幸福”特色城镇。该镇立足赣江新区产业定位,依托园区平台,引进有机硅下游产品企业、高端装备、新型电子等产业,建好项目集聚平台、开放融合窗口和产业配套高地,推动园区工业转型升级。同时,打造现代农业生态区,创新家庭农场主、专业合作社等生产经营方式,促进农业产业多元化发展。健全农村产权制度,建立农村土地承包经营权流转服务中心,把全镇流转土地放入该中心,进行规范化操作,确保农民利益不受损失。全镇已流转耕地1080公顷、林地322.87公顷,分别占总耕地面积的50%和22.3%。艾城镇还把户籍制度改革作为试点工作的突破口,建立“一元化”登记管理制度,吸引辖区及周边农民、各类人才到艾城落户,每年安排专项基金,为创业者提供资金、场租补贴等扶持,利用农村e邮平台,帮创业农民发展乡村电商,助农民实现家门口就业梦想。艾城镇对辖区内户籍人口取消“农业”与“非农业”户口性质之分,吸引1000余人落户;全镇有3200余人在园区就业,农民创业者达400人。

【文化旅游业】 永修县加快云居山、鄱阳湖、柘林湖景区联动发展,积极承接海昏侯遗址公园品牌辐射,把禅宗文化、红色文化、农垦文化等特色元素融入旅游发展,唱响“鹤舞鄱湖,永修人生”旅游品牌。为加快旅游开发,完善旅游发展总体规划,永修县把县旅游局更名为县旅游发展委员会,组建旅游发展有限公司,收回云居山景区经营管理权。推进旅游项目建设,加速旅游产业招商,云居山国际禅修院、大唐“磨刀李”文化博览园等旅游项目加速推进。强化旅游宣传营销,拍摄制作完成《永修旅游风光片》,举办第二届杨梅节、第十届桃花节和采橘节等旅游节庆活动,为发展乡村游汇聚人气。2016年,全县接待游客545.38万人次,创旅游社会收入38.59亿元。柘林镇、易家河村分获“省级美丽宜居小镇”和“省级美丽宜居村庄”称号,吴城镇成为全省旅游特色镇。

【党建与脱贫攻坚深度融合】 永修县以抓党建促脱贫为突破口,全力推进党建与脱贫攻坚深度融合,探索出一条“党建+扶贫”新路子。注重从党组织基础抓起,加快基层组织保障建设。2016年,全县调整配齐贫困村及软弱涣散村党组织书记6人,向4个贫困村、3个软弱涣散村选派大学毕业生;全县19个贫困村均建立村级活动场所，成为贫困户脱贫致富的重要窗口。全县19个下派第一书记帮贫困村健全各项制度59项，提供产业信息100多条，协调扶贫资金330多万元，为贫困村民解决难题110多个。该县还把党组织活动向农业生产领域延伸，在每个乡镇实施1个产业党建示范点项目、1个村级组织建设示范点项目及X个其他项目，推行农村党建项目“1+1+X”模式，每年整合300多万元帮贫困村发展产业，打造马口镇林丰村猕猴桃种植专业合作社、九合乡光明村蔬菜种植基地等农业特色产业基地。此外，全县采用统一种苗供应、统一技术培训、统一防疫防病、统一市场收购等模式，建立“党建+龙头企业+合作社+产业基地+贫困户”机制。该县已组建起农村产业党组织69个，全县19个贫困村形成以水蜜桃、葡萄等为主的村级产业，辐射带动1.2万户群众走上致富路。

【现代农业建设】 永修县突出优质粮食、特种水产、特色水果、绿色蔬菜4大主导产业，推进现代农业的建设步伐。年内共整合资金2.62亿元，先后实施中低产田改造、现代农业粮田标准化、种粮大户建设、高标准粮田等一系列项目建设，建成高标准粮田578.67公顷，每亩提高经济效益300元左右，每年为群众增收2600余万元，连续3年获“全省农业综合开发先进单位”称号。上年省农业厅批复永修现代农业标准粮田项目，项目建设资金990万元，建设规模516公顷，建设地点位于永修县宏康现代农业示范园。该项目已新改建提灌站3座，改扩建灌溉沟渠、管道等2.17万米，新建渠系建筑1367座，平整土地20.02公顷；修筑田埂、田间道4738米。项目建成后，每亩可增产粮食117.8千克，每亩增收300元，年增加总产量91.17万千克，年增加产值230余万元。

【全国首家有机硅产品电商平台运营】 3月，全国首家有机硅产品电商平台——永修云硅电子商务平台运营。平台总投资3000万元，建筑面积2000平方米，以“中国有机硅交易网”为载体，旨在打造国内具有较大影响力的工业实体企业电子商务聚集区和电子商务培训基地。年内已有30家园内实体企业进驻平台，全年入驻企业已突破100家，在线交易订单总额突破5亿元，缴纳税收6000万元。

主要领导人 县委书记：应炯。县人大常委会主任：张品娥。县长：郑绍。县政协主席：杨泽旗。

（陈汉铭）

·德安县·

【简　况】 位于江西省北部，辖5镇8乡2场。总面积863平方千米，其中城区面积12平方千米。耕地面积0.89万公顷，有林面积4.02万公顷，森林覆盖率60.56%，城区绿化率43.47%。总人口17.61万人，其中城区人口5.83人；人口自然增长率7.9‰。2016年，地区生产总值97.03亿元，增长9.8%。其中：第一产业增加值5.83亿元，增长4%；第二产业增加值65.2亿元，增长9.5%；第三产业增加值26亿元，增长12.4%。财政总收入16.53亿元，增长5.22%，人均1.04万元；税收占财政总收入的82.1%。地方财政收入12.99亿元，增长1.3%；地方财政支出22.32亿元，增长3.7%。规模以上工业总产值443.35亿元，增长7.7%。规模以上工业增加值92.51亿元，出口总值1.63亿美元。社会固定资产投资额117.16亿元，增长17.9%。实际利用外商投资1.19亿美元。主要工业产品有轮胎41.2万条、纱17.3万吨、水泥43万吨、服装3092.5万件。农业总产值11.54亿元，增长5.5%。粮食总产量5.96万吨。主要农产品有油料8032吨、棉花3177吨、生猪出栏8.65万头、水产品产量7170吨、水果产量5269吨。万元GDP能耗0.48吨标准煤，城市污水处理率88%。城镇居民人均可支配收入2.90万元，增加2369元；农村居民人均可支配收入1.39万元，增长9%。城乡居民年末储蓄余额55.6亿元，比年初增长11.1%。城镇新增就业2391人，新增转移农村劳动力2125人。城乡居民养老保险参保率99.6%，城乡居民基本医疗保险参保率98.8%，社会保险基金征缴总量2.55亿元。新增棚户区改造安置房710套。全年减贫4400人。

【全县首个水生态文明新村建成】 1月5日，磨溪乡尖山村建成全县首个水生态文明新村。县政府先后投入100多万元，通过对村容村貌、村口水塘整治，新建亲水平台和思源亭等设施，不仅解决困扰村民多年生产生活用水问题，还在全县率先探索农村水环境综合治理模式，实现水系连通，消除农业面源污染、生活垃圾散乱等现象，建成“水动、水清、河畅、岸绿、景美”的水生态样板村。

【县人民医院医生谢俊获发明专利】

经过多年临床实践，1月18日，县人民医院医生谢俊研制的“一种颈内静脉导管固定装置”被国家知识产权局授予《实用新型专利证书》（专利号为ZL 2015 2 0519747.8），这是县医院首位获得发明专利的医生。他发明的这种颈内静脉固定装置，与原先装置相比，具有结构简单、使用方便、固定牢固、美观卫生等优点，能有效减少导管并发症的发生，提高患者舒适度。

【熊菊莲家庭获全国“最美家庭”称号】 5月20日，全国妇联在京表彰2016年全国“最美家庭”961户、全国“五好文明家庭”979户、全国“五好文明家庭标兵”98户，德安熊菊莲获全国“最美家庭”称号。熊菊莲是德安县高塘乡顾田村的党支部副书记，在工作上，她勤勤恳恳、兢兢业业，在平凡的岗位上默默耕耘。在家庭上，她与丈夫建立了一个和谐美满的家庭，成为村民们学习的榜样。

【县首个“移动图书馆”建成】 5月26日，德安县图书馆将移动阅读变成现实，建成县内首个“移动图书馆”。“移动图书馆”内数字资源丰富多元，包括电子图书100多万册，少儿类数字资源2000多本，海量报纸文章以及中外文献元数据，还有上万集视频、公开课、有声读物等资源。读者通过手机或平板电脑等移动阅读终端，就能轻松访问和享用图书资源，随时随地查阅馆藏纸质及数字资源，也可对馆藏的纸质资源进行检索，并进行全文下载。

【德安县获"全国土地节约集约模范县"称号】　6月27日,第三届国土资源节约集约模范县(市)表彰会在北京召开,授予全国225个县(市)"国土资源节约集约模范县(市)"称号,德安县是其中之一。2015年以来,德安县科学划分土地利用功能,坚持耕地保护制度,多举措提高土地使用效率。两年来,全县实现新增耕地136.8公顷,建设高标准农田3333.33公顷,园区"腾笼换鸟"企业22家,盘活用地37.47公顷,在城区、园区拆迁安置过程中,变统规自建安置为商品房集中安置或者全部货币化补偿,节约土地约26.67公顷,逐步形成资源节约型、环境友好型、发展可持续的土地管理态势。

【农民自购无人机喷洒农药】　德安县林泉乡种粮大户舒本军投资8万元购买一架无人机,用于喷洒农药。8月17日,他在丰林镇境内一片百亩水稻示范基地上,操纵无人机喷洒农药。该无人机可承载10千克重药剂,每次可持续飞行10分钟,喷洒面积达0.67公顷,日喷洒农药20~26.67公顷。与传统喷洒相比,无人机喷洒细密低量,既减少农药过量污染,又能连片喷洒,快速抑制病虫害传播,其效率比传统喷洒高出60倍。

【被认定为2016年全国义务教育发展基本均衡县】　2017年2月21日,国务院教育督导委员会办公室公布2016年全国义务教育发展基本均衡县(市、区)名单,德安县是其中之一。2013年以来,德安县高位推动义务教育发展。4年累计投入义务教育经费5.92亿元,预算内义务教育年生均公用经费按省定标准全部拨付到位。补充教师219名,交流校级干部34人,选派103名城区优秀教师到农村学校支教帮扶,选调74名农村教师到城区任教。投入资金2.76亿元在城区新建5所学校并投入使用,解决近5000名进城随迁学生入学难问题;农村学校先后启动校舍维修改造、校园安全、薄弱学校改造、学校标准化等工程建设。制定《德安县城区学校招生实施方案》,自觉接受社会监督。全面推行"阳光招生",实现"零择校"目标。每年妥善安排外来务工人员子女全部在义务教育公办学校就读。全面落实义务教育阶段学生免除学杂费和免费提供教科书政策。4年累计投入各类扶贫资助资金751.8万元,资助学生9693人次;县妇联、团县委等部门开展"春蕾计划""希望工程"等助学活动,筹措资金74.7万元,资助家庭贫困学生684人次。

主要领导人　县委书记:骆效农(任至8月)、熊晋喜(8月任)。县人大常委会主任:王金华(任至10月)、袁有福(10月任)。县长:熊晋喜(任至8月)、周三连(10月任)。县政协主席:高茂木(任至10月)、江昌英(10月任)。

(郭任初)

·共青城市·

【简　况】　位于江西省北部,辖2镇3乡1街道办事处。总面积287.19平方千米,其中城区面积59.19平方千米。耕地面积8550.49公顷,林地面积5065.45公顷,森林覆盖率19.89%,城区绿化率47.6%。总人口13.5万,其中城镇人口8.78万人;人口自然增长率6.92‰。2016年,地区生产总值98.37亿元,增长9.6%。其中:第一产业增加值4.98亿元,增长4.1%;第二产业增加值64.74亿元,增长8.5%;第三产业增加值28.65亿元,增长13.2%。财政总收入16.4亿元,增长13%;人均1.25万元,税收占财政总收入的83.75%。地方公共财政预算收入11.94亿元,下降8.1%;公共财政支出20.30亿元,增长2.5%。工业总产值446亿元,增长9.0%。规模以上工业增加值83.77亿元,增长8.9%。外贸出口2.37亿美元,下降31.4%。固定资产投资178.7亿元,增长16%。实际利用外商投资1.43亿美元,省外投资89.13亿元。主要工业产品有服装5421万件(套)、棉纱3万吨、鞋167万双、啤酒14.4万千升、手机2587.6万部、商品混凝土125.8万立方米。农业总产值6.7亿元,增长14.7%。粮食总产量4.93万吨。主要农产品有棉花828吨、油料5902吨、水产品2.87亿吨、肉类总产7231吨。万元GDP能耗0.09吨标准煤,城市污水处理率85.4%。社会消费品零售总额19.8亿元,增长14.3%。城镇居民人均可支配收入2.97万元,增长8.5%。农村居民人均可支配收入1.38万元,增长8.7%。城乡居民年末储蓄存款72.88亿元,增长43.8%。城镇新增就业人口2317人,新增转移农村劳动力1318人。城乡居民养老保险参保率96.32%,城乡居民基本医疗保险参保率95%,社会保险基金征缴总量1.28亿元。全年减贫人数1756人、522户。

【中青数媒移动APP产业孵化园被列入第二批"全国青年创业示范园区"】
12月30日,中青数媒移动APP产业孵化园被列入第二批"全国青年创业示范园区",成为全省4个该类园区之一。2015年,中青数媒科技发展有限公司在共青城市注册成立。注册资金5000万元,建筑面积5000平方米,是培训、工作、资本对接、生活娱乐一体化的综合型产业孵化园,为初创型企业提供研发、生产、经营的办公场地。2016年,孵化园共开展12期青年创业集中式培训,培训青年创客人数超过800人,涉及APP创新企业155家,70名创业者签订入孵意向,35家公司签订入孵协议,28家企业确定长期入驻共青城,25家企业已在共青城注册新公司。开发"青创谷"股权交易平台,聚集200多个APP投资项目,天使汇、广东天使会、联想之星、IDG、红杉、深创投等投资公司均注册成VIP会员。孵化园配备100位导师,帮助入孵企业(项目)整合、落实税收、金融等优惠政策,提供孵化场地、配套产业等支持,帮助优秀的项目和团队对接金融机构、创投基金、创业导师等资源,已形成中国青年移动APP创业大赛线上线下互动的"大赛+孵化+投资+产业集群"四轮驱动的商业模式。

【共青城科教城建设取得阶段性成果】　9月22日,南昌航空大学科技学院、江西财经大学现代经济管理学院共青城新校区迎来首批新生报到。两高校当年入校新生近5000名,标志着共青城科教城建设取得阶段性成果。共青城科教城于2014年12月开工建设,城内第四所高校江西农业大学南昌商学院(共青校区)于2016年4月22日开工建设。9月28日,九江卫校开工建设。

【举办第二届中国青年APP大赛】 9月12日,由团中央、省政府共同主办,团省委、省商务厅、共青城市政府共同承办的第二届中国青年APP大赛暨第三届“创青春”中国青年创新创业大赛APP专项赛在共青城市举行。自6月初启动以来,共吸引全国30多个省级赛区6000多个APP项目报名参赛,项目涵盖教育、科技、体育、医疗健康、绿色农业、生活服务等多个领域。经过激烈竞赛,“顺航卡车”“室内空气检测治理云平台”“卡圈”“忆年”4个项目获应用类金奖,其中“顺航卡车”项目为冠军;“指上贸易APP”“基于增强现实的医学器官模型教学系统”2个项目获创意类金奖,银奖铜奖若干。获应用类金奖的4个项目,现场获得共1400万元的投资。获得应用类金奖的“卡圈”、创意类金奖的“指上贸易APP”、应用类铜奖的“三维秀”属于江西本土项目。

【举办第四届私募基金论坛】 10月29日,2016共青城财富管理·私募基金创新论坛暨私募规范发展与“双创”融合研讨会在共青城市举行。来自全国的业界精英、专家学者、优秀企业家共200多人参会。会议期间,还举行共青城私募基金小镇合作建设启动仪式。同时,共青城市与浙江蓝源资本签订战略合作协议、与中信证券签订千里私募学堂项目。

【招商引资】 2016年,共青城市专业招商、平台招商、以商招商多措并举,在北斗导航、3D打印、机器人等新兴产业领域抢滩,吸引一批高精尖项目入驻。9月27日,共青城市举行对接中高端产业推介会——对话世界500强暨重大项目签约仪式。金酷集团产业园、中信重工开诚智能装备、志阳石墨烯、机锋手游、北大青鸟音乐小镇、国泰针织等一批项目当天签约入户共青城市,合同资金近200亿元。

【金酷集团产业园等12个项目集中开工】 9月28日,金酷集团产业园等12个项目在共青城市工业园区举行集中开工仪式。金酷集团产业园项目总投资50亿元,主要研发、设计、生产制造EMSA组装代工OMD+组装代工零部件生产;中电投项目总投资17亿元,建设区域性光伏并网发电及应用推广示范;出口服装产业园项目总投资10亿元;石墨烯产业园项目总投资2亿元,建设年产100吨石墨烯粉剂及应用产品生产基地;格力特生态饲料项目总投资2亿元,建设年产30万吨新格力特生态饲料项目;九江卫校共青校区项目,总投资1.5亿元,新建九江市卫生学校共青校区(组建九江卫生职业学院);联家照明项目总投资0.5亿元,建设生产LED灯、软性灯泡、注塑等项目;永创粮食加工项目总投资0.5亿元,建设集稻谷烘干、收购和稻谷加工优质大米销售为一体的基地;机锋手游项目总投资1.5亿元,租赁标准办公场地3000平方米,打造国内最大移动游戏运营基地;荷茶科技项目总投资0.4亿元,建设荷茶生产加工基地;车库咖啡项目,建设车库咖啡众创空间项目,主要针对生态环保、智能制造和现代服务业领域的项目和团队进行孵化投资;国泰针织服装项目总投资0.3亿元,建设高端针织服装生产基地。

主要领导人 市委书记:黄斌(5月被免职。8月19日,因涉嫌严重违纪,接受组织调查)、王丰鹏(5月任)。市人大常委会主任:黄惠华。市长:卢宝云。市政协主席:况泉水。

(汪官全)

·庐山市·

【简 况】 位于江西省北部,辖9镇1乡1场1处。总面积913平方千米。耕地面积1.14万公顷,林地2.34万公顷,森林覆盖率29.84%,城区绿化率43.82%。总人口28.68万人,其中城镇人口11.35万人;人口自然增长率10.65‰。2016年,地区生产总值105.74亿元,增长9.4%。其中:第一产业增加值6.05亿元,增长2.3%;第二产业增加值32.68亿元,增长7.1%;第三产业增加值67.01亿元,增长11.4%。财政总收入14.62亿元,增长1.1%;税收占财政总收入的76.2%,地方财政收入11.86亿元,增长2.7%;地方财政支出20.99亿元,增长2.3%。工业总产值210.96亿元,增长3.55%;规模以上工业增加值45.6亿元,占地区生产总值的21.6%。外贸出口值2.34亿美元,占地区生产总值的15.19%。固定资产投资86.67亿元,增长20.8%。实际利用外商投资9115万美元。主要工业产品有石材、服装、球类、汽车零部件等,总产值120亿元。农业总产值13.15亿元,增长4.23%。粮食总产量8.7万吨。主要农业产品有水稻7.75万吨、棉花2000吨、油菜8800吨、茶叶500吨。城市污水处理率83%。社会消费品零售总额24.58亿元,增长14.8%。城镇居民人均可支配收入2.80万元,增长9%;农村居民人均可支配收入1.30万元,增长9.4%。城乡居民年末储蓄余额50.30亿元,增长8.75%。城镇新增就业人口2472人,新增转移农村劳动力4.33万人。城乡居民养老保险参保率88.3%,新型农村合作医疗参合率99.13%,城镇居民基本医疗保险参保率95%。社会保险基金征缴总量3.29亿元。分配各类保障性住房175套,其中公租房67套、廉租房108套,并为332户发放困难群众住房补贴54.7万元。棚户区改造安置房918套。全年减贫人数5433人。

【星子县撤县设庐山市】 3月,经国务院批复同意,星子县撤县设庐山市。根据《江西省人民政府关于调整九江市部分行政区划的通知》,撤销星子县,设立县级庐山市,将九江市庐山区牯岭镇划归庐山市管辖。以原星子县和九江市庐山区牯岭镇的行政区域为庐山市的行政区域,庐山市人民政府驻南康镇紫阳南路45号。庐山市由省直辖,九江市代管。将九江市庐山区更名为濂溪区。将驻九江市濂溪区赛阳镇的庐山云雾茶场(含剪刀峡景区入口)、庐山茶科所,驻莲花镇的莲花林场,驻海会镇庐山茶场管理范围划入庐山市牯岭镇管辖。将九江市濂溪区海会镇(海会、庐星、彭山、长岭、五洲、光明等6个村、居委会)划归庐山市管辖。将调整后的庐山市蓼花镇更名为庐山市星子镇。

【发展规划实行国际招标】 为构建

"大庐山、环庐山、泛庐山"旅游经济圈,实现旅游产业转型升级,9月29日,庐山市向全球发布大庐山旅游发展规划国际招标公告,招募规划团队对大庐山旅游发展战略、总体建设、市场营销等6个方面进行统一规划,统一设计。截至年底,共有18家境内外设计单位报名并公告。最终,由上海同济城市规划设计研究院中标。同时,启动庐山市城市总体规划、庐山市土地利用总体规划等多个规划的编制,共同为庐山市的发展提供引领和遵循。

【旅游产业】 投资6.1亿元的庐山交通索道主体竣工,完成白鹿洞书院保护、小平旧居维修等工程;投资30亿元的中航归宗旅游度假综合体项目商业区建成开业,投资15亿元的东林寺净土苑基本建成并对外开放。中华百家姓成功创建国家AAA景区。三石饭店获"全国先进个体工商户"称号。参加省、市组织的系列旅游推介会,在央视一套等主流媒体、大型车站机场投放旅游广告。全年接待游客和旅游总收入分别达4235万人次、292亿元,分别增长15.3%和23.5%。

【大唐国际沙岭风电项目建成投产】 年内,大唐国际沙岭风电项目建成投产。项目位于庐山市蓼南乡境内,场址范围北起张家湾、南至石子勘、西止老屋、东临鄱阳湖西岸,区域面积约12平方千米。项目由大唐国际江西新能源有限公司投资兴建,总投资3.46亿元。总装机容量为40兆瓦,单机容量为2.5兆瓦的风电机组16台,变压容量为2800千伏安箱式变电站16台,风机安装场地16处;新建110千伏升压变电站1座,集电线路11.7千米;新修进站道路0.20千米,施工及检修道路14.0千米。主体工程于2015年12月开工建设,2016年9月底建成,总工期10个月。

【红星羽绒电商创业园一期109家入园企业竣工投产】 年内,红星羽绒电商创业园一期109家入园企业陆续竣工投产。创业园位于庐山市横塘镇红星村,总投资5.5亿元,占地面积20公顷。已建成现代化标准厂房53个单元16.1万平方米,入驻企业160余家(含租住电商企业、配套企业);园区路网、水、电已基本到位。正在申请入园企业42家。园区主营业务收入50亿元。实施"互联网+"模式,电商销售突破35亿元,"双十一"当天销售额突破2.8亿元。2016年,园区先后获"江西省创业孵化基地""江西省服务业集聚区""鄱阳湖生态经济区农村电子商务示范基地""九江市创业孵化基地"等称号。红星村获"中国淘宝村""江西省一村一品示范村"等称号。

【石材环保产业园一期入驻31家规模以上企业】 针对石材加工企业点多面广、粉尘污染和污水排放等环境问题,2016年,庐山市委、市政府开展环保专项整治行动。在鄱阳高新科技项目区建设环保石材加工产业园,规划总面积333.33公顷。一期已投资60亿元,占地面积134公顷,建成厂房160万平方米和标准的治污达标排放及石材废料回收设施。并将沿山363家石材加工企业(含加工点),整合形成31家规模以上企业入驻产业园,从根本上解决石材加工业的环境污染问题。同时,日昌升矿业、鑫煌石业、大余石材、卓众石材等27个大型项目已开工建设。环保加工产业园建成投产后,可实现年销售收入80亿元,年利税20亿元。

【非物质文化遗产保护工作】 2016年,拍摄金星砚制作技艺传承人及相关专家制作国家非物质文化遗产金星砚制作技艺纪录片,主办"金星砚创作大赛",制作展出精品砚台70余方。选送金星砚作品参加深圳文博会、第四届成都国际非遗博览会,金星砚作品《形影不离》《塘趣》分别获"中国工艺美术文化创意奖银奖""中国(深圳)国际文化博览会铜奖"。连续展演西河戏《吕布戏貂蝉》《桑园会》《打篱笆》《孟丽君》《芦花河》《北天门》6本剧目,协助江西电视台联合拍摄大型系列江西非物质文化遗产纪实片《赣风》之《星子西河戏》。重新整理星子县非物质文化遗产传承人名录,举办传承人培训班,邀请专家学者为非遗传承人及乡镇非遗工作人员授课。启动申报第四批国家级项目《星子镌石技艺》和市级第五批非遗项目《神医董奉与杏林的传说》。

主要领导人 县(市)委书记:严盛平(任至9月)、杨健(9月任)。县(市)人大常委会主任:欧阳勤喜(任至9月)、雷高兴(9月任)。市长:严盛平(9月任)。县(市)政协主席:雷高兴(任至9月)、查代藩(9月任)。

(吴倩)

·九江县·

【简　况】 位于江西省北部,辖7镇4乡。总面积873.33平方千米,其中城区面积16.50平方千米。耕地面积1.69万公顷,有林面积2.8万公顷,森林覆盖率25.18%,城区绿化率35.89%。总人口33.42万人,其中非农业人口9.16万人。2016年,地区生产总值109.13亿元,增长9.5%,人均3.63万元。其中,第一产业增加值13.54亿元,第二产业增加值59.89亿元,第三产业增加值35.70亿元。财政总收入16.57亿元,下降3.0%。地方财政一般预算收入14.24亿元,下降1.3%。财政总支出27.28亿元,增长17.6%。工业总产值319.05亿元,规模以上工业总产值284.28亿元。社会固定资产投资140.08亿元,增长16.9%。外贸出口总值2.51亿美元,增长12%。实际利用外资1.19亿美元,增长17.5%。农业总产值26.22亿元,粮食总产量9.54亿吨。主要农产品有棉花5733万吨、油料1.74亿吨。社会消费品零售总额27.44亿元,增长12.8%。城镇居民人均可支配收入2.86万元,增长8.6%;农村人均可支配收入1.31万元,增长9%。城乡居民年末储蓄余额74.41亿元,增长12.7%。城镇新增就业人数2221人,新增转移农村劳动力人数4647人。城乡居民养老保险参保5.52万人,城乡居民基本医疗保险参保6.20万人。新型农村合作医疗参合率99.9%。新增各类保障性住房751套,棚户区改造安置3531户37.08万平方米。全年减贫人数2950人,完成脱贫人口3217人,脱贫率56.9%,贫困村脱贫率100%。

【九江还林油茶专业合作社被评为全国林业专业合作社示范社】 1月30

日,国家林业局公布全国林业专业合作社示范社名单,马回岭镇的九江还林油茶专业合作社入选。该油茶专业合作社有社员 102 户,种植油茶 180 公顷。10 年来秉承为当地林农服务宗旨,带动当地农民发展种植油茶 1333.33 公顷,每年向造林公司、基地、大户提供优质油茶苗 40 余万株,年创收 300 余万元。

【谭策铭被评为全国"老有所为"先进典型人物】 2 月 27 日,全国老龄办公布 2015 年全国"老有所为"先进典型人物推选结果,九江县林业局退休高级工程师谭策铭入选。谭策铭,1953 年出生,多年来深入赣粤湘鄂皖浙闽 7 省林区,翻越全国 200 余座大小山头、300 多处山区林区,收集标本 6.2 万份,鉴定植物 4000 多种,发表各类植物学术论文 10 多篇。自费 400 万元建成全国民营规模最大、馆藏标本最多、集植物标本科学研究、科普展览和教学实习于一体的民营森林植物标本馆,向社会免费开放。标本馆被评为"江西省科普教育基地""江西省林业科普教育基地"。

【英特科胜动保科技有限公司通过农业部 GMP 认证】 8 月 1 日,农业部 GMP 认证专家组一行 7 人,到九江县 2015 年唯一入选省"专精特新"中小企业的英特科胜动保科技有限公司认证检查。通过对该公司 8 条生产线 10 种剂型按新版 GMP 标准进行的现场认证检查,和对公司生产环境、厂房设施、人员资质、生产管理、质量管理等各方面软、硬件现场进行的动态检查,最终以 96 分最高分通过该公司的 GMP 认证。

【凌华蔬菜公园挂牌成立】 10 月 29 日,位于九江县新合镇的凌华蔬菜公园成立,这是全省首家蔬菜公园。该公园是集科普示范、亲子体验、家庭领养、采集品尝、休闲观光为一体的生态农业示范观光园。园内设花卉观赏、儿童采摘、农事体验,蔬菜、家庭领种及蔬菜文化展示等项目,让参观者了解蔬菜栽培过程、蔬菜的营养价值和功能等,提高市民的健康意识。该公园由九江凌华实业有限公司创建,公司董事长邓丽华曾是一名下岗女工,2005 年成立九江凌华实业有限公司,2016 年被授予"省级优秀劳模"称号,并被国家林业局授予"全国林业系统劳动模范"称号。

【台湾日月潭文武庙与九江县中华贤母园缔结友好景区】 4 月 7 日,台湾日月潭文武庙与中华贤母园缔结友好景区签约仪式在九江县举行。双方约定,充分借助友好景区平台,共同弘扬中华民族优秀传统文化,不断加强旅游推介、游客宣传等方面合作,进一步促进两地经贸、文化交流交往,为海峡两岸的和平发展作出贡献。

【集中签约和开工 29 个亿元项目】 4 月 12 日,九江县在赤湖工业园举行一批重大项目集中签约开工仪式。此次集中签约和开工的 29 个重点项目,总投资达 158.5 亿元。其中:投资 20 亿元的项目 2 个,分别是晶科渔光互补太阳能发电项目、赤湖工业园综合码头项目;投资 10 亿元的项目 5 个,分别是仙客来食用菌多糖加工项目、历源逆变器及风电逆变储能项目、金瑞明胶项目、密胺餐具项目、联盛易佳电商产业园项目。

主要领导人 县委书记:徐耀纯(任至 8 月)、骆效农(8 月任)。县人大常委会主任:罗会林(任至 9 月)、李照培(9 月任)。县长:陶晔(任至 5 月)、赵和平(9 月任)。县政协主席:李照培(任至 9 月)、袁汝明(9 月任)。

(张树华　陈新)

·浔阳区·

【简　况】 位于江西省北部,辖 5 街道办事处。总面积 26 平方千米。总人口 31.75 万人,人口自然增长率 4.31‰。2016 年,地区生产总值 341.94 亿元,增长 8.5%。其中:第一产业增加值 0.31 亿元,增长 0.6%;第二产业增加值 58.68 亿元,增长 2.9%;第三产业增加值 282.95 亿元,增长 10.6%。财政总收入 32.3 亿元,增长 12.1%;税收占财政总收入的 87.4%。地方财政收入 10 亿元,下降 26%;地方财政支出 13 亿元,下降 21.6%。工业总产值 5.8 亿元,下降 24.3%。规模以上工业增加值 14.15 亿元,占地区生产总值的 4.1%。固定资产投资 13.26 亿元,减少 46.8%。实际利用外资 8689 万美元,增长 7.98%;引进内资 65.77 亿元,增长 1%。社会消费品零售总额 192.64 亿元,增长 11.3%。城镇居民人均可支配收入 3.34 万元,增长 7.9%;农村居民人均可支配收入 1.76 万元,增长 8.2%。城镇新增就业人口 4780 人,城乡居民养老保险任务完成率 130%,城乡居民基本医疗保险参保率 99%。全年改造棚户区 25 万平方米、3033 户,安置房项目在建面积超过 40 万平方米。

【江州菜场升级改造竣工开业】 2 月 4 日,九江城区最大的农贸市场——江州农贸市场升级改造后开业。江州农贸市场始建于 1995 年。但设施简陋、排水不畅,采光通风效果差,消防设施滞后等问题日益凸显。2015 年,浔阳区政府对该市场进行升级改造,市场软硬件实现全面升级,合理划定鲜、活、生、熟、干、湿功能交易区,蔬菜瓜果、水产品、禽蛋类、肉类、豆制品、粮油、熟食及调味品八大区域。市场参考价电子显示屏、蔬菜残留农药检测处、公称处等服务设施一应俱全。改造后的农贸市场达 5361 平方米,可容纳从业人员 800 余人,年交易额可达 4 亿余元。

【刘川郁做客《浔阳讲坛》】 "猪八戒网"的联合创始人、副总裁、传媒学博士刘川郁做客《浔阳讲坛》,畅谈"互联网 + 现代服务产业群产业园"的概念及建设。区领导和市直单位相关领导及负责人、园区企业代表、楼宇商户代表、银行代表等 300 多人聆听讲座。讲座中,刘川郁用生动的语言诠释"猪八戒网的九江构想——九江互联网 + 现代服务业产业集群,未来 3 年倾力扶持的天梯计划"等,并紧贴浔阳实际,讲解如何在"互联网 +"的大潮中打造现代服务业集群。"猪八戒网"是全国著名的互联网品牌企业、全国最大的众包服务。

【核发首张个体工商户"两证整合"营业执照】 11 月 29 日,在浔阳区市场和质量监督管理局九龙分局个体工商户窗口发出全市首张个体工商户"两证整合”营业执照。标志着个体工商户营业执照、税务登记证“两证整合”登记制度在全市施行。个体工商户“两证整合”改革,是将市场监管、税务部门分别核发个体工商户营业执照和税务登记证,改由市场监管部门核发一个加载统一社会信用代码的营业执照。公民只需填写“一张表”,向“一个窗口”提交“一套材料”即可办理个体工商户工商及税务登记的登记制度,简化个体工商户登记注册程序,实现“一窗受理、一表申请、互联共享、核发一照”。

【浔阳区“财园信贷通”放贷总量排全省第四】 截至10月31日,浔阳区“财园信贷通”累计为380户中小微企业发放贷款18.82亿元,排在全省第四名。浔阳区把“财园信贷通”工作作为支持企业发展,降低企业成本的首要任务来抓。一方面加大中小微企业宣传力度,做好跟踪服务工作,缓解企业融资难题;另一方面,切实减少企业负担,尽可能为企业排忧解难办实事。通过政府“搭台子”、园区银行“唱主角”、企业“得实惠”的方式,发挥财政杠杆作用。

【举行纪念浔阳区老年体协成立30周年展演】 为纪念浔阳区老年人体育协会成立30周年,11月11日,由区老年人体育协会主办的柔力球、文艺节目展演在和中广场举行。展演汇集来自全区老年人体育协会的6支表演队共200多人,先后演出柔力球和文艺节目。区老体协于1986年成立,历经30年,全区各街道及大部分社区都建立了老体协组织,并配备工作力量。区老体协先后组建柔力球、健身球、太极拳等20多支团队。

主要领导人 区委书记:戴晓慧(任至8月)、宋细妹(8月任)。区人大常委会主任:张显旺(任至9月)、王向东(9月任)。区长:左延(任至8月)、徐昭国(9月任)。区政协主席:文建华(任至9月)、范初芳(9月任)。

(郑伟)

·濂溪区·

【简 况】 位于江西省北部,辖5镇2乡2街道办事处。总面积370平方千米,其中城区面积42平方千米。耕地面积0.37万公顷,有林面积0.93万公顷,森林覆盖率35.8%,城区绿化率47.6%。总人口21.8万人,其中非农业人口14.3万人,人口自然增长率7.37‰。2016年,地区生产总值223.02亿元,增长9.3%。其中:第一产业增加值4.23亿元,增长1.9%;第二产业增加值119.79亿元,增长7.4%;第三产业增加值99亿元,增长12.3%。财政总收入28.3亿元,增长6.2%;人均1.30万元,税收占财政总收入的88.11%。一般公共财政预算收入13.21亿元,减少19.3%;一般公共财政预算支出19.35亿元,增长12.9%。规模以上工业企业产值473.10亿元,增长10.25%;规模以上工业增加值99.62亿元,增长8.9%,占地区生产总值的44.67%。外贸出口3.5亿美元,增长12.9%,占地区生产总值的1.57%。利税总额35亿元,增长9.7%。固定资产投资245亿元,增长3.9%。实际利用境外资金1.47亿美元,增长21.9%;实际利用市外资金110亿元,增长37.5%。主要工业产品有商品混凝土、服装、印染布、电动手提式工具、工业电炉。农业总产值7.52亿元。粮食总产量2.49万吨。主要农产品有油料5359吨、棉花1153吨、茶叶206吨、园林水果6164吨、蔬菜3.74万吨。社会消费品零售总额26.6亿元,增长12.6%。城镇居民可支配收入3.24万元,增长8.2%。农村居民人均可支配收入1.54万元,增长8.5%。城镇新增就业5915人。建成安置房26.1万平方米。

【江西山水光电科技股份有限公司在“新三板”挂牌】 3月16日,江西山水光电科技股份有限公司在“新三板”挂牌,这是该区首家在“新三板”挂牌的公司。公司位于区生态工业城内,是一家集通信接入终端设备的研发、生产、销售为一体的高新技术企业。该公司不断加大创新研发力度,主营业务收入及市场占有率均以20%以上的速度递增,新产品开发投入占主营业务收入的15%以上。公司拥有10余项发明专利和20余项软件著作权,其中设备中的关键核心技术——芯片具有完全自主知识产权。

【江西省“抗洪抢险——2016”军地联合演习在濂溪区举行】 5月18日,江西省“抗洪抢险——2016”军地联合演习在庐山区新港镇长江大堤益公堤段、长江庐山区官洲河段举行。演练主要模拟入汛以来,长江九江段已超警戒并仍在持续上涨,已经先后安全通过3次洪峰,新一轮洪峰7.35万立方米/秒,预计在5月18日到达长江九江段。经巡堤发现,庐山区长江大堤益公堤段出现漫溢、管涌、崩岸、滑坡、决口等一系列险情,部分群众被洪水围困。九江市立即启动应急预案,武警水电二总队、九江军分区迅速抽组官兵赶赴事发地域,根据三维激光地形扫描、固定翼无人机航拍正射影像、GPS测量仪、雷达流速仪侦测的险情情况,研究制定抢险方案,实施抢险救援行动。演练最大限度地模拟实战状态,完成各项演练任务,达到强化军民联合实战、锻炼防汛抢险队伍的目标。

【濂溪区举行揭牌仪式】 9月27日,濂溪区举行揭牌仪式。根据《江西省人民政府关于调整九江市部门行政区划的通知》精神,撤销星子县,设立县级庐山市,将九江市庐山区牯岭镇划归庐山市管辖。将九江市庐山区更名为濂溪区,从九江市濂溪区海会镇析出高垅、庐山水泥厂、五星、双垅、银门、谷山、青山等7个村(居)委会,设立九江市濂溪区高垅乡,乡政府驻高垅居委会,将调整后的九江市濂溪区海会镇(海会、庐星、彭山、长岭、五洲、光明等6个村、居委会)划归庐山市管辖。濂溪区总面积由548平方千米调整为370平方千米。

【小品《扫帚情》获“中华颂”第七届全国小戏小品曲艺大展金奖】 11月8日,由区文化馆选送的小品《扫帚情》获“中华颂”第七届全国小戏小品曲艺大展金奖。小品由区文化馆自编自导自演,演员通过朴实的表演,讲述一对老年环卫工人在十几年工作中结下深厚的友谊,反映基层环卫工人的生活经历,演绎环卫工人无私奉献的工作精神,得到评委和现场观众的好评。该区着力打造特色文化品牌,创新公共文化服务供给能力和服务体系，创作出一批文化精品在全国获奖，区文化馆连续两年获评“全省大型公益文化活动”先进单位。

【九江职业技术学院与濂溪区政府合作创办全省首家政校共建社区学院】

12月14日，九江职业技术学院濂溪区社区学院揭牌仪式暨理事会第一次会议举行。九江职业技术学院濂溪区社区学院的成立，是贯彻落实《国家中长期教育改革和发展规划纲要》、省政府《关于加快发展现代职业教育的实施意见》、教育部《高等职业教育创新发展行动计划》、教育部等九部门《关于进一步推进社区教育发展的意见》等文件关于“服务社区教育和终身学习”的精神和要求，依托全省唯一一所国家示范性高等职业院校——九江职业技术学院的优质教育资源，合作共建的社区学院。这是该区发展创新社区教育的一件大事，是造福该区群众的一项民生工程，对深化该区教育改革、构建终身学习体系、建设学习型城市、打造美丽繁荣文明幸福濂溪具有深远影响和现实意义。

主要领导人 区委书记：汪泽宇（任至8月）、柯尊玉（8月任）。区人大常委会主任：陈飞林（任至9月）、王正发（9月任）。区长：柯尊玉（任至8月）、容长贵（9月任）。区政协主席：刘建（任至9月）、张金水（9月任）。

（杨小岛）

景德镇市

【概　况】 位于江西省东北部，辖1市1县2区。总面积5256平方千米。林地面积35.24万公顷，森林覆盖率65.73%。总人口165.49万人，其中城镇人口107.22万人。2016年，地区生产总值840.15亿元，同比增长8.6%。其中，第一产业增加值61.94亿元，增长4.2%；第二产业增加值466.51亿元，增长7.9%；第三产业增加值311.70亿元，增长10.5%。规模以上工业增加值276.38亿元（不含军工企业），增长8.5%。农业总产值91.43亿元，增长4.2%；粮食总产量64.73万吨，增产1.8%；茶叶总产量7710吨，增产7.2%。全年接待国内外游客人数3120.18万人次，增长27.9%；旅游总收入359.26亿元，增长37.5%。财政总收入115.82亿元，增长3.8%；一般公共预算收入88.72亿元，下降2.1%。固定资产投资783.64亿元，增长13.4%。货物出口总额6.66亿美元，实际利用外资1.88亿美元，增长9.7%。城镇居民人均可支配收入3.14万元，增长8.0%；农村居民人均可支配收入1.39万元，增长9.0%。

【九景衢铁路昌江特大桥合龙】 1月2日，九景衢铁路昌江特大桥合龙。昌江特大桥为九景衢铁路江西段重难点控制性工程，2014年8月开工建设，由中铁十七局集团承建。西起昌江区吕蒙乡石岭村，东至珠山区竟城镇青塘村，全长1068.79米，为V级通航河道，双向通航。昌江特大桥主要为跨越昌江而设，同时线路跨越景德镇发电厂及青塘公路。跨越昌江的连续桥面长度为257米，桥梁最高墩为37米。

【“高温陶瓷大红墨水”研制成功】
1月9日，景德镇陶瓷学院教授汪永清领衔的团队与广东宏宇集团合作，历经3年，成功研制出“高温陶瓷大红墨水”，攻破建筑陶瓷行业的世界性难题。经广东省科技厅组织鉴定，“高温陶瓷大红墨水”大红色发色纯正、鲜艳夺目，开发出的系列陶瓷砖产品质量优于现有进口粉红墨水的喷墨烧成效果，表面装饰颜色更加鲜艳，色彩范围更为宽广，项目综合技术水平达到国际领先水平。已获国际PCT专利。

【景德镇陶瓷学院更名】 3月1日，教育部复函江西省人民政府，同意景德镇陶瓷学院更名为景德镇陶瓷大学。同时，撤销景德镇陶瓷学院的建制。普通本科学院参与举办的独立学院，景德镇陶瓷学院科技艺术学院，更名为景德镇陶瓷大学科技艺术学院。

【参与央视录制《城市1对1》栏目】
3月7日，景德镇和意大利旅游与工业城市威尼斯共同参与录制中央电视台中文国际频道CCTV-4的《城市1对1》栏目，向全世界介绍两地的历史风貌、特色文化、风土人情以及城市形象。《城市1对1》栏目是全球唯一一档固定的城市交流访谈节目，通过中央电视台中文国际频道面向全球播出。节目中，主持人和嘉宾紧扣城市旅游话题，具体内容涉及城市美食美景、人文故事、历史文化等广大观众关心并希望了解的内容，展示饮食特色、风貌建筑，探寻人文故事、城市个性，挖掘历史文化、城市内涵，为观众呈现城市独特的魅力。

【获批科技服务业行业试点单位】 3月，景德镇陶瓷大学国家日用及建筑陶瓷工程技术研究中心作为江西省唯一上报的科技服务业行业试点申报单位，经过初评、复评及现场答辩，获批科技部第二批科技服务业行业试点单位（面向陶瓷产业集群的科技服务业试点）。

【市政府与昌飞公司签署直升机通航合作协议】 6月1日，景德镇市政府与中航工业昌河飞机工业（集团）有限责任公司直升机通航合作首航仪式在景德镇罗家机场举行，AC311直升机实现通航旅游首航。景德镇成为江西省首个与企业联合开展直升机通航公共服务的城市。景德镇直升机通航合作，开启政企通航合作的新模式，是响应和落实省委、省政府“旅游强省”“航空强省”发展战略的重要举措，也是着力构建景德镇特色的“3+1”产业体系、做大航空产业、做旺旅游产业的创新性举措。

主要领导人 市委书记：钟志生。市人大常委会主任：汪立耕。市长：颜赣辉（任至5月）、梅亦（6月任）。市政协主席：梁高潮（任至1月）、黄康明（1月任）。

（饶璟）

·乐平市·

【简　况】 位于江西省东北部，辖15镇1乡2街道办事处1农科园和1个大型水库管理局。总面积1980平方千米。全市总人口93.99万人，人口自然增长率8.89‰。2016年，地区生产总值289.9亿元,同比增长8.6%。规模以上工业增加值104.7亿元,增长9%。财政总收入37.67亿元,增长1.8%,剔除"营改增"因素同口径增长12.5%。固定资产投资370.2亿元,增长12.7%。外贸出口2.66亿美元,增长13.7%。社会消费品零售总额83亿元,增长12.5%。城镇居民人均可支配收入 万元,分别增长8.1%和8.8%。

【左斌被授予"全国模范法官"称号】 1月,人力资源社会保障部与最高人民法院联合发文,决定对38个单位及全国法院69名法官分别授予"全国模范法院"和"全国模范法官"的称号。乐平市法院法官左斌被授予"全国模范法官"称号。左斌因工作成绩突出,曾先后获得"全省优秀法官""全国指导人民调解工作先进个人""全省法院调解能手""全省为民服务十佳标兵""江西十大法治人物""全国优秀法官"等称号。

【陈火娇家庭获"全国五好文明家庭"称号】 5月,2016年全国"最美家庭"揭晓暨第十届全国五好文明家庭表彰大会在人民大会堂举行。乐平市陈火娇家庭获"全国五好文明家庭"称号。陈火娇家庭是"院士之家":大儿子詹启敏是中国工程院院士、北京大学医学部主任,二儿子詹启安任景德镇陶瓷大学副校长,三儿子詹启军为惠州九联科技有限公司董事长兼总经理。陈火娇养育的3个儿子,都出类拔萃、业绩骄人。

【大型原创现代赣剧《青山作证》进京会演】 7月20日,大型原创现代赣剧《青山作证》在北京长安大戏院精彩上演。会演汇集来自全国31个省区市的31台剧目,涵盖26个地方剧种,《青山作证》作为江西省唯一入选剧目,7月20日、21日在北京长安大戏院连续演出两场。

《青山作证》由鹰潭市委宣传部、鹰潭市文广新局和乐平市委宣传部、乐平市文广新局合作创排,是一部严肃的现实主义作品。该剧记录了中国农民在党支书带领下,用整整28年,打通一条通向外部世界的路,实现脱贫致富的梦想。表现了两代三任支书带领全村百姓,前仆后继,百折不回,顽强拼搏的奋斗精神。

为了排演好这部优秀剧目、打造赣剧艺术精品,乐平市与鹰潭市精诚合作,组建国内一流水准的主创团队:由国家一级编剧、国务院特殊津贴专家姜朝皋担任编剧,国家一级导演李杰担任导演,国家一级作曲程烈清负责音乐唱腔设计,国家一级演员龚洛娃负责服装造型设计,国家一级舞美设计张怀群负责舞美道具设计。剧中角色则主要由乐平市赣剧演艺有限公司演员出演。

【举行第七届环鄱赛景德镇乐平站比赛】 9月15日,由江西省政府主办的2016年第七届环鄱阳湖国际自行车大赛景德镇乐平站比赛在乐平举行。来自中国、美国、俄罗斯、意大利、澳大利亚、法国、英国、泰国等30多个国家和地区的20多支职业自行车队、120名职业选手参加比赛。这次比赛全程112千米,比赛选手由市政广场前出发,途经东风路、乐平大道、洪岩路、大连路回到市政广场,按原路线环骑16圈,最终至终点市政广场。意大利选手马泰奥·马陆赛利获冠军、意大利选手瑞恩·奥古斯汀·麦克纳利获亚军、澳大利亚选手埃里克斯·弗雷姆获季军。

【第三届"大连医院杯"全国半程马拉松比赛在乐平举行】 11月13日,2016年乐平市第三届"大连医院杯"全国半程马拉松比赛在乐平市举行。来自肯尼亚、赞比亚、埃塞俄比亚等5国15名外国选手,以及全国各地的长跑爱好者2100多人参加比赛。比赛分为男子组、女子组。比赛起(终)点设于市政广场古戏台前,途经东风路、乐平大道、迎宾东路、洎阳路、天湖路、洪皓路、凤凰大道、洎阳北路、大连路等,全程21.10千米。经过激烈的角逐,肯尼亚的选手安德鲁以1小时07分50秒的成绩夺得男子组冠军,肯尼亚的选手利斯基以1小时17分06秒的成绩夺得女子组冠军。李少壮、李文杰分别以1小时14分40秒和1小时20分56秒的成绩夺得中国籍选手男、女组第一名。

【乐平市图书馆获评全国"2016年最美基层图书馆"】 12月,2016年中国图书馆年会在安徽铜陵召开,乐平市图书馆被评为"2016年最美基层图书馆"。最美基层图书馆评选活动由文化部主办,自2014年开始,每年评选一次,2016年全国有25家图书馆被评为"2016年最美基层图书馆"。"乐平市图书馆"是评选活动开展以来,江西省首个获评单位。

主要领导人 市委书记:吴龙强(任至7月)、俞小平(7月任)。市人大常委会主任:吴长寿(任至8月)、万玉华(10月任)。市长:罗璇(任至8月)、徐辉(8月任)。市政协主席:万玉华(任至10月)、傅金林(10月任)。

(彭建光)

·浮梁县·

【简　况】 位于江西省东北部,辖10镇7乡。总面积2851平方千米。总人口31.45万人。2016年,地区生产总值110亿元,同比增长8.5%。第一产业增加值17亿元,增长4.8%。三次产业结构比为15.5:53.6:30.9,产业结构进一步优化。财政总收入13.3亿元,增长7.8%。固定资产投资76亿元,增长15%。城镇居民人均可支配收入2.59万元,增长9.3%;农村居民人均可支配收入1.41万元,增长10%。全年新增规模以上工业企业8家,共86家;完成工业增加值59亿元,增长9.5%,外贸出口1.56亿美元,增长10.9%。粮食产量达18.9万吨,实现"十三连增"。主要农产品有茶叶,产量7034吨,总产值4.57亿元,分别增长7.9%和5.6%。全年接待旅游总人数759.6万人次,旅游总收入59.7亿元,增长15%。金融机构各项存款余额104.6亿元,增长14.8%;贷款余额44.9亿元,增长17.8%,存贷比达到43%。利用外资4987万美元,增长13.9%;完成外贸出口1.56亿美元,增长10.9%。

【浮梁获"国家生态县"称号】 3月30日,浮梁县被环保部批准为第二批"国家生态县"。浮梁县自2005年启动国家生态县创建工作以来,积极响应省委、省政府提出的“既要金山银山,又要绿水青山”的发展理念,认真实施“生态立县、绿色崛起”战略,着力推进生态建设和环境保护,在实现经济持续稳步发展的同时,保持优良的生态环境。该县森林覆盖率达81%,各类水源水质达标率100%。

【浮梁茶获第四届“国饮杯”全国茶叶评比一等奖】 7月17日,浮梁县天祥茶号有限公司生产的“江氏天祥牌天祥浮红”获第四届“国饮杯”全国茶叶评比一等奖。这是该公司继获“中绿杯”中国名优绿茶评比金奖之后,获得的又一项全国性大奖。此次获奖的“江氏天祥牌天祥浮红”采自浮梁县江村乡严台高山古树的一芽二叶鲜叶,按照江资甫《做茶要诀》制成。外形条索细紧,黑褐油润;汤色红艳,金箍明显;香鲜馥郁,花蜜显著,回味甘醇。

【西湖乡被认定为全国“一村一品”示范村镇】 7月22日,浮梁县西湖乡被农业部认定为全国“一村一品”示范村镇。西湖乡经济发展以农业为主,以浮梁茶为主导产业,带农致富效果显著。该乡属亚热带季风性气候,年降雨量1768.9毫米,年均气温15.2度。雨量充沛,光照充足,无霜期长,优越的地理环境适宜优质茶的生长。全乡茶园面积793.33公顷,茶叶年产量159吨,年产值3600万元。该乡各类茶叶专业合作社不断发展壮大,到年底,该乡有农民茶叶专业合作社22家,起到拓宽市场,农民增收的作用。

【景德镇首届中国美丽乡村发展论坛在进坑举行】 10月19日,景德镇首届中国美丽乡村发展论坛在浮梁县进坑村开幕。市委书记钟志生宣布开幕,市长梅亦致辞,景德镇市东郊学堂陶瓷历史文化交流中心负责人黄薇主持开幕式。浮梁县委书记罗建国,代县长邱晨阳和国内外知名专家学者、媒体记者参加开幕式。此次乡村发展论坛至21日结束,为期3天,是2016年瓷博会分会场“北欧遇见北宋”进坑乡村文化艺术节主题活动。在活动中,国内外专家学者围绕陶瓷艺术和乡村文化发展这一主题展开交流与讨论,探讨历史与现代艺术在乡村文化中的交融。

【省瑞明科技股份有限公司在新三板挂牌上市】 12月21日,在北京金融街举行的全国中小企业股份转让系统第757期企业集体挂牌仪式上,浮梁县的江西省瑞明科技股份有限公司正式在新三板挂牌上市,股票名称:瑞明科技,股票代码:839647。该公司致力于航空和汽车零部件的研发、生产、加工、销售和配套业务,拥有数10项实用专利,是浮梁县的军民融合企业和高新技术企业。

主要领导人 县委书记:林群(任至7月)、罗建国(8月任)。县人大常委会主任:江萍(任至10月)、张永进(10月任)。县长:孙艳峰(任至7月)、邱晨阳(10月任)。县政协主席:金秋来。

(金寿进)

·昌江区·

【简　况】 位于江西省东北部,辖2镇2乡2街道办事处。总面积318平方千米。耕地面积3733.33公顷,有林面积1.70万公顷,森林覆盖率54.77%。总人口15.9万人,人口自然增长率低于7.6‰。2016年,地区生产总值222.22亿元,增长8.5%。其中:第一产业6.74亿元,增长3.7%;第二产业156.48亿元,增长7.7%,第三产业59.00亿元,增长11.5%。财政总收入11.14亿元,增长4.3%。规模以上工业增加值99.5亿元,增长8.4%。固定资产投资229.2亿元,增长13.5%。社会消费品零售总额66.5亿元,增长11.2%。城镇居民可支配收入3.29万元,增长9%;农民人均可支配收入1.45万元,增长10%。单位生产总值能耗下降2%。全区粮食播种面积4760公顷,粮食总产3.49万吨。

【昌江区首个小额贷款有限责任公司成立】 1月26日,省政府金融办同意设立注册资本为5000万元的昌江区永昌小额贷款有限责任公司,在昌江区及周边县域开展小额贷款业务和经省政府金融办批准的其他业务。

【启动千年书院——长芗书院复兴工作】 4月23日,正值第21个世界读书日,长芗书院首次讲座在禅师山举行,50余名专家学者参加讲学活动。千年书院——长芗书院复兴工作正式启动,长芗书院始建于南宋庆元三年(1197),是江南地区有较大影响的书院之一。

【三河村被授予“中国淘宝村”称号】 10月29日—30日,由阿里巴巴集团、沭阳县共同主办的以“新乡村、新经济”为主题的第四届中国淘宝村高峰论坛在江苏沭阳举行,昌江区新枫街道三河村被授予“中国淘宝村”称号。三河村的“三河购”电商村借助陶瓷城零售批发市场的地理优势,发展成为有1000户个体淘宝商的特色村,其中200多户初具规模。

【刘泽赣获“亚洲城市田径邀请赛”男子跳高组冠军】 11月6日,昌江区籍运动员刘泽赣在澳门举行的“亚洲城市田径邀请赛”中,获男子跳高组冠军。刘泽赣,昌江区荷塘乡人,1996年出生,2012年6月入区体校田径队,2014年进入江西省体工队。在2014年的第十四届全省运动会上,刘泽赣破男子甲组跳高全省纪录。

【张忠铭家庭获全国“最美家庭”称号】 2016年,在全国妇联举办的寻找“最美家庭”活动中,张忠铭家庭被推选为2016年全国“最美家庭”。张忠铭自幼跟随父亲学医,保持勤俭持家,乐于助人的好作风。行医数十年,坚持免费为低保户、特困户看病治病,对农村或邻县就诊者,不但医药费全免,有的还要赠送十天半月的药。

主要领导人 区委书记:廖云东(任至6月)、罗璇(6月任)。区人大常委会主任:彭冬仔(任至10月)、李恩清(10月任)。区长:方霞云(任至10月)、朱仕木(10月任)。区政协主席:程少华(任至10月)、陈华清(10月任)。

(汪立琴　洪东亮)

·珠山区·

【简　况】 位于江西省东北部,辖1镇9街道办事处。总面积111.14平方千米。耕地面积500公顷,有林面积6200公顷,森林覆盖率56%。全区常住人口33.14万人。全年实现地区生产总值218.12亿元,同比增长8.8%。其中,第一产业增加值0.55亿元,同比增长3.7%;第二产业增加值91.76亿元,增长8.6%;第三产业增加值125.81,同比增长9%;财政总收入14.55亿元,增长4.2%,税收占财政总收入85%,其中工业总产值95.21亿元,增长25.36%,规模以上工业增加值21.62亿元,增长12%;占全市生产总值的7.8%。主要工业产品产值有陶瓷产值7.73亿元,增长2.8%;汽车及汽车零配件产值61.3亿元,增长28.6%。混凝土产值12.58亿元,增长15%。引进内资49亿元,实际利用外资1790万美元;外贸出口完成5050万美元;万元GDP能耗0.4146吨标煤/万元,降低率3.45%;城镇居民人均可支配收入3.32万元,增长3174元。

【举办2016景德镇·珠山(南京)现代服务业产业推介会】 4月18日,2016景德镇·珠山(南京)现代服务业产业推介会在南京市建邺区举办。来自江苏(南京)、浙江、上海、江西等地的160余位企业家和江苏省江西商会、江苏省级异地商会、南京市景德镇商会的代表出席产业推介活动。推介内容主要包括文化创意、电子商务、金融服务、居家养老等现代服务业产业。珠山区现场签约20个项目,合同引进内资22.6亿元,外资7500万美元。

【举办"诵读经典·印象珠山"大型实景诗歌朗诵会】 5月29日,"诵读经典·印象珠山"大型实景诗歌朗诵会在"珠山东市"陶瓷文化博览城举行。朗诵会首次采用多舞台交替的实景演出方式,以朗诵加舞蹈的艺术形式演绎10余首经典和原创诗词。诗词、朗诵艺术爱好者和市民1500多人到场观看。

【成立"景漂"陶瓷流动党员服务中心暨流动党员党支部】 珠山区针对流动党员多、散的特点,区工信委党委在区委组织部的指导与支持下,经过认真组织,精心筹备,在三宝瓷谷内成立珠山区"景漂"陶瓷流动党员服务中心和"景漂"陶瓷流动党员党支部。7月1日,"景漂"陶瓷流动党员服务中心暨珠山区"景漂"陶瓷流动党员党支部成立及揭牌仪式在三宝国际瓷谷内举行,区委书记俞小平出席活动并揭牌。在景德镇的外地流动党员和建党对象,珠山区部分企业负责人和各界代表共50余人出席活动。

【举办"艺聚珠山"首届陶瓷艺术展】

10月17日,"艺聚珠山"首届陶瓷艺术展在市东方龙陶瓷艺术馆开幕。作为2016中国景德镇国际陶瓷博览会的系列活动之一,"艺聚珠山"首届陶瓷艺术展备受瞩目。此次展览是景德镇珠山区美术家协会成立以来的第一场对外的大型集体展览,共展出原创陶瓷艺术精品300余件,囊括了150多名陶瓷艺术家的精品力作,展现珠山艺术家们独特的陶瓷艺术探索风貌。

【"小巷讲堂"被评为全国社会科学普及基地】 10月,珠山区"小巷讲堂",以其鲜明的地域特点、接地气的宣讲方式,在全国数百个参评单位中胜出,获"全国社会科学普及基地"称号。珠山区"小巷讲堂"依托城市辖区特点,创新思路、打造队伍、精选内容、建设基地、激活机制,以小巷居民为主要对象,围绕"宣政策、讲故事、传心声、促和谐"的宗旨,通过外来专家专题讲、书记带头亲自讲、民生部门下去讲、社区居民现身讲、教师学生互动讲等形式,讲好百姓喜闻乐见的珠山故事,让政策理论宣讲和社会科学普及进里弄、入街巷、暖民心、促和谐。

主要领导人 区委书记:俞小平(任至7月)、林卫春(7月任)。区人大常委会主任:李天亮(任至10月)、张文帮(10月任)。区长:林卫春(任至10月)、罗文军(10月任)。区政协主席:施向阳(任至10月)、邵继纲(10月任)。

(洪靓)

萍乡市

【概　况】 位于江西省西部,辖3县2区。总面积3831平方千米。森林覆盖率66.87%。年末常住人口191.42万人,人口自然增长率7.2‰。2016年,地区生产总值998.28亿元,同比增长9.1%。其中:第一产业增加值68.66亿元,增长3.8%;第二产业增加值549.04亿元,增长7.9%;第三产业增加值380.58亿元,增长11.9%。财政总收入135.64亿元,增长4.0%,税收占财政总收入的比重为77.6%;公共财政预算收入105.49亿元,下降0.5%;公共财政预算支出200.02亿元,增长7.7%。工业增加值492.79亿元,增长8.1%,占地区生产总值的比重为49.4%。其中规模以上工业增加值436.27亿元,增长8.5%。外贸出口占地区生产总值比重9.2%。固定资产投资1162.86亿元,增长13.3%。实际利用外商投资3.37亿美元,增长9.4%。主要工业产品有原煤430.63万吨,陶瓷694.17万吨,水泥744.39万吨,钢材478.98万吨,烟花鞭炮2257.68万箱。农林牧渔业增加值69.12亿元,增长3.8%。主要农产品有谷物52.13万吨,油料4.08万吨,蔬菜64.24万吨,瓜果6.51万吨,肉类总产量14.31万吨。万元GDP能耗0.895吨标准煤。城镇居民人均可支配收入3.06万元,增加2295元;农村居民人均可支配收入1.53万元,增加1228元。住户存款余额513.5亿元,增长12%。

【工业经济提质增效】 2016年,萍乡市获江西省工业崛起年度贡献奖。工业用电量实现正增长,工业增值税同比增长5.4%,扭转多年来负增长的局面。工业结构更加优化,战略性新兴产业完成工业增加值增幅达到12.6%,比萍乡市规模以上工业和传统产业增加值分别高出4.1和10.4个百分点。积极化解过剩产能,钢铁行业实现去产能215万吨,关闭煤矿54个,化解产能324万吨,超额完成年度目标任务。萍乡国家环保材料及装备高新技术产业基地通过国家认证,湘东区获批全国工业陶瓷产业知名品牌创建示范区,经开区获批江西省两化深度融合示范园区。

【昌栗高速公路通车】 1月,(南)昌(上)栗高速公路建成通车。从南昌至上栗由原来4小时30分路程缩短至2小时30分。该高速公路全长223.09千米,设计速度100千米/小时,采用双向4车道高速公路建设标准,与2014年建成通车的萍(乡)洪(口)高速公路连通。成为江西省鄱阳湖生态经济圈与长株潭城市群之间又一快速通道,对改善区域投资环境、促进赣湘经济合作发挥重要作用。

【萍乡市获“全国双拥模范城”称号】 7月29日,萍乡市被全国双拥工作领导小组、民政部、中央军委政治工作部授予“全国双拥模范城”称号。这是1992年以来,萍乡市连续六次获此称号。

2016年,该市高位推进,把创建新一届全省、全国双拥模范城作为全市人民共同的奋斗目标,进一步加强对双拥工作的组织领导,成立市军民融合深度发展工作领导小组,把双拥工作列入“一把手工程”来实施,制定《萍乡市军民融合深度发展实施意见》。各县(区)、市直各单位把双拥工作摆在突出位置,签订双拥工作责任状,市、县两级双拥办配备专编专人,实行军地合署办公,负责双拥日常工作,政府及时拨给双拥工作经费,为推进新一轮双拥创建工作提供有力保障。

【吉内得大米项目获全国“金翼”奖】 9月,由中国宋庆龄基金会、人力资源和社会保障部主办的第二届“中国创翼”青年创业创新大赛中,萍乡经济技术开发区选派的江西萍乡吉内得大米项目从全国“综合类”总决赛创业创新项目中脱颖而出,获全国总决赛“金翼”奖,这是江西唯一获该奖项目。

“吉内得”大米项目属于绿色有机食品创业创新项目,种植基地位于莲花县高洲乡高滩村,属于罗霄山脉中段,平均海拔800多米,其土壤水质自然含硒。2016年,种植基地有机米种植66.67余公顷,绿色优质米种植基地近266.67公顷,并建有自有育种基地,采用会发芽、具有生命力、可复播的老种子进行育种。著名产品有“吉内得冷水硒泉活米”。

【盲人运动员贾君婷仙夺金牌并破纪录】 9月15日,在巴西里约热内卢举行的第15届残奥会上,萍乡市盲人运动员贾君婷仙与队友刘翠青(广西)、周国华(广东)、沈亚琴(江苏)顽强拼搏,以47秒18的成绩夺盲人女子T11~T13级4×100米接力金牌,并打破她们在4月举行的第四届中国残疾人田径公开赛暨2016年国际残奥委会田径大奖赛(北京站)上创造的48秒33的世界纪录。

主要领导人 市委书记:刘卫平(任至3月)、李小豹(3月任)。市人大常委会主任:黎德廉(任至3月)、周敏(3月任)。市长:李小豹(任至3月)、李江河(3月任)。市政协主席:彭艳萍(任至10月)、吴运波(10月任)。

(易文浩)

·安源区·

【简　况】 位于江西省西部,辖4镇6街道办事处和1管理委员会(乡级)。总面积198.78平方千米。总人口(常住)47.03万人,人口自然增长率7.02‰。2016年,地区生产总值269.21亿元,增长8.7%;三次产业比例调整为1.75:45.42:52.83。财政总收入40.31亿元,增长12.6%。公共财政预算收入30.67亿元。规模以上工业增加值52.67亿元,增长8.2%。全社会固定资产投资325.72亿元,增长13.4%。社会消费品零售总额137.04亿元,增长9.9%。农民人均纯收入、城镇居民人均可支配收入分别增长8.6%、8.1%。

【全省首家金融审判庭挂牌成立】 11月8日,安源区法院金融审判庭挂牌成立。该院成立的金融审判庭为全省首家。安源区法院金融审判庭主要负责金融商事案件,配备通晓法律、熟悉经济、金融知识的金融审判专业型法官队伍组成合议庭审理相关案件。金融审判庭在审理金融案件过程中,通过对案件精细划分、专人专审、启动小额速裁机制、开辟绿色通道、共享信息资源等措施促进金融案件公正、高效审理。同时,金融审判庭通过法律宣传、法律指导,对在金融审判中发现的金融风险问题及时发出司法建议等措施,防范金融风险,规范金融市场,并在审判实践中有针对性地开展研究,进一步完善金融案件审理工作机制。

【陈淼生获“全国先进个体工商户”称号】 12月5日,全国先进个体工商户表彰大会暨纪念中国个体劳动者协会成立30周年座谈会在北京召开,萍乡市装饰建材行业协会党支部书记陈淼生获“全国先进个体工商户”称号。陈淼生,1974年出生,从部队转业到地方,下岗后创业,创办一站式山水建材广场,经营面积近3000平方米,带动近90人就业。是一个拥有十几个建材行业一线品牌的代理经销商。陈淼生是市、区两级政协委员,他热心公益事业,积极参政。企业迅速壮大后,陈淼生并没有满足于此。他长期热衷于参与社会事务,带动更多的人致富,代表更多的人发声。

【安源区景区获评首批国家工业旅游创新单位】 11月,安源区获评首批国家工业旅游创新单位。安源区重视安源工业旅游的发展,把景区放在和园区、城区三区共同推进的战略地位,重点打造以工业旅游和红色旅游相融合的安源景区品牌平台,取得显著成绩。安源景区曾被评为全国红色旅游十大经典景区之一,全国首批国家爱国主义教育示范基地。景区内拥有安源工人运动纪念馆、安源锦绣城两个国家4A级景区,以及国家矿山公园,国家历史文化名镇、全国傩文化传承保护基地、国家级文化产业示范基地等诸多国家级旅游名片。2015年,工业旅游累计接待游客473.7万人次,增长26.59%;实现旅游收入41.68亿元,增31.28%。

【安源区人防办获“全国人民防空先进单位”称号】 5月,安源区人防办获国家人民防空办公室颁发的“全国人民防空先进单位”称号。该区人防办在全市率先规范基层人防建设,大力推进人防依法行政工作,做到应收尽收,应建尽建。并与规划、住建等部门建立人防行政许可联审联批制度,对应建防空地下室的新建民用建筑,与规划、住建部门共同参与审核、验收。否则不得发放建设工程规划许可证、施工许可证、竣工验收报告等,确保项目审批上不落单。

主要领导人　区委书记:黄万林(7月任)。区人大常委会主任:肖锋。区长:康峰(7月任)。区政协主席:陈建荣(7月任)。

(周菁)

·湘东区·

【简　况】　位于江西省西部,辖8镇2乡1街道办事处。总面积858.75平方千米,其中城区面积13.1平方千米。耕地面积1.32万公顷,森林面积6.22万公顷,森林覆盖率69.84%,城区绿化率37.7%。总人口41.2万人,其中城镇人口23.64万人;人口自然增长率7.23‰。2016年,地区生产总值194.66亿元,同比增长8.6%。其中:第一产业增加值18.73亿元,增长3.8%;第二产业增加值113.93亿元,增长7.8%;第三产业增加值62.0亿元,增长11.8%。财政总收入18.78亿元,增长3.63%,人均5101元;税收占财政总收入的比重72.4%。地方财政收入15.52(亿元),下降0.7%,地方财政支出29.13亿元,增长12%。规模以上工业增加值86.51亿元,占地区生产总值的比重为44.44%。外贸出口总额1.58亿美元,外贸出口总额占地区生产总值的比重为5.61%。固定资产投资235.24亿元,增长13.2%。工业主要产品有,陶瓷357.16万吨、原煤产量23.58万吨,水泥产量71.78万吨。农业总产值28.12亿元,增长3.9%。粮食总产量11.78万吨,主要农产品有稻谷产量10.78万吨,生猪出栏44.86万头、油菜籽产量8054吨。万元GDP能耗0.858吨标准煤,城市污水处理率55%。社会消费品零售总额48.47亿元,增长11.4%。城镇居民人均可支配收入3.09万元,增长7.9%;农村居民人均可支配收入1.55万元,增长8.5%。城乡居民年末储蓄余额73.09亿元,增长12.6%。

【在全省率先完成农村土地确权工作】　2016年,湘东区农村土地确权工作全部完成,并率先在江西省测绘质检中心进行质检,被江西省确权办确定为全省唯一的成果验收试点县区,得到农业部和省农业厅的肯定,该区创新工作方法,通过邀请招标方式遴选技术力量强的施工队,全国首创平板电脑现场作业法(首先将制作后的航拍图录入电脑,携带平板电脑到田间地头现场指界、录入信息),避免勾绘草图、二次录入等环节,确保质量,极大提高工作效率,获省测绘质检中心的肯定和推荐。严把技术工程质量关。聘请省测绘质检中心全程参与,全面负责工程质量把关,确保高标准、严要求施工,在省测绘质检中心全程指导下,反复检测整改,工程质量精益求精;严把工程验收关,成立专门机构负责验收;专项检查验收由省测绘质监中心专家组负责,综合验收分乡镇自查、区级自查、市级验收,其中区级自查严格按照国家、省、市标准和区方案执行,每个乡镇随机抽取农户地块样本,按照方案逐项审核查验评分,全区11个乡(镇、街)的区级自查得分均在80分以上,农户满意度达90%以上,全部合格。

【全国500强企业——上海增鼎公司落户湘东】　11月29日,全国500强企业——新希望集团上海增鼎公司与湘东区下埠镇江西樟丰化工有限公司达成合作协议。江西樟丰化工有限公司改扩建7.5万吨离子膜氢氧化钾生产线项目建设,项目建成竣工后年生产总值可达10亿元以上,税收5000万元以上。

【天涯种业首次进入全国种业50强】
10月,天涯种业首次进入全国种业50强,是江西省2016年唯一上榜企业,获国家育、繁、推一体化A证,是自新种子法实施以来,江西省首个获得国家育、繁、推一体化A证的企业。同时,天涯种业还获中国种子协会“信用骨干企业”称号,是江西省唯一获此殊荣的企业。

江西天涯种业有限公司是湘东区省级龙头企业,天涯种业每年投入科研经费1000余万元,先后成立两个院士工作站,并组建6个育种课题组。同时,在萍乡和海南分别建立育种基地。经过多代选育,打造出在形态、抗性和米质各方面都很出色的“雅占”品系,并依靠其强大的适配性,培育出“农香优雅占”“天优雅占”等优质超级稻。2016年,天涯种业种子年产量达1000万千克,产值3亿元。

【麻山水厂取水口上移工程全线竣工】　10月1日,麻山水厂取水口上移工程正式竣工取水。麻山水厂是萍乡市中心城区和湘东区主要供水水源,取水口上移工程途经湘东区白竺乡、麻山镇、湘东镇,工程管网总长23.82千米,项目设计日供水16万吨,工程完成总投资1.1亿元。该工程的完工可确保萍乡市中心城区和湘东区百姓喝上优质的山泉水。

主要领导人　区委书记:姚虎(任至7月)、杨志(7月任)。区人大常委会主任:文发萍(任至7月)、王志才(7月任)。区长:杨劲松(任至7月)、杨博(7月任)。区政协主席:汤其安(任至7月)、彭建达(7月任)。

(彭国强　杨立)

·芦溪县·

【简　况】　位于江西省西部,辖5镇4乡,总面积960平方千米。总人口31.19万人,其中农业人口23.08万人;人口自然增长率7.32‰。2016年,地区生产总值138.74亿元,同比增长10.5%。其中:第一产业增加值17.07亿元,增长3.9%;第二产业增加值75.21亿元,增长9.3%;第三产业增加值46.46亿元,增长13.8%。财政总收入14.08亿元,增长4.6%。全社会固定资产投资29.3亿元,增长12.1%。实际利用外商投资5633万美元,增长15.3%;全年引进省外2000万元以上项目资金77.52亿元,增长12.64%。城镇居民人均可支配收入2.82万元,增长8.3%;农村居民人均可支配收入1.55万元,增长9.0%。全县银行贷款余额107.2亿元,新增贷款15.7亿元,存贷比为129%。

【芦溪县获评国家重点生态功能区】
9月,芦溪县获批国家重点生态功能区。芦溪县始终坚持生态立县发展战略,大力推进营林造林、封山育林等工程,大力实施“三净”工程,积极发展生态工业、生态农业和生态旅游,走出一条经济发展与生态文明相得益彰的发展路子。全县全面封山育林6.89万公顷,生态公益林3.93万公顷,森林覆盖率70.81%。有国家级湿地公园1个,省级森林公园4个,国家级生态乡镇2个,省级生态乡镇7个,国家3A旅游景区2家,省4A级乡村旅游点6家。全县村庄垃圾收集设施覆盖率100%,地表水水质达标率100%,集中式饮用水源水质达标率100%,空气质量达标率93.5%,农村生活垃圾无害化处理率90%,出境河流保持国家三类水质。

【获批全国唯一电瓷产业知名品牌创建示范区】 12月28日,芦溪县获批全国唯一电瓷产业知名品牌创建示范区。芦溪是中国电瓷的重要发源地,工业化制瓷已有110年历史。2016年,全县有84家电瓷企业。其中规模企业51家;有10家企业进入国网采购名录,占全国的10/23;4家企业进入中国铁路总公司采购名录,占全国的1/2。成功搭建电瓷检验检测中心、电瓷生产力促进中心、省电瓷产业技术创新战略联盟等一批科研平台,全县6家电瓷企业获江西省名牌产品,9家获江西省著名商标,40余项电瓷新产品通过省级以上鉴定,获专利62项,获国家级重点新产品奖2项,获省级以上奖励12项,8项新技术处于国际领先水平。2016年,芦溪电瓷荣获中国最具潜力区域品牌30强,同比前进了8位。全县电瓷产业实现产量121.5万吨、产值108.3亿元、利税26.8亿元,分别增长15.2%、16.1%、27.4%。

【芦溪县获评全国公立医院综合改革示范县】 12月,芦溪县被国务院医改办确定为"全国公立医院综合改革真抓实干成效明显予以表扬激励示范县",成为全国40个市、县(区)之一,为全省唯一县。芦溪县坚持体制机制创新,积极探索因地制宜的改革路子,在创新医院管理体制和推进补偿机制改革、人事薪酬制度改革、医保支付方式改革等综合改革重点领域和关键环节取得新突破,各项指标管控成效突出。医疗费用增长率控制增幅10%以内,药占比(不含中药饮片)控制在34.88%,较上年下降5.18个百分点,门诊和住院均次费用、平均住院日均低于全省平均增幅,县域内就诊率提高至83%,高于全省平均水平6.98个百分点,取得群众、医院、政府"三方满意"的明显成效。连续三年获全省公立医院改革试点考评第一,2016年被确定为省级公立医院改革示范县,在国家医改办组织考评的1977个县中,芦溪县以全国第四、全省第一的成绩通过国务院医改办评价验收。

主要领导人 县委书记:杨劲松。县人大常委会主任:胡世燕。县长:刘占纯。县政协主席:夏坤勇。

(彭建荣)

·上栗县·

【简　况】 位于江西省西部,辖6镇4乡,总面积725平方千米。其中城区面积9平方千米。耕地面积1.27万公顷,林地面积4.33万公顷,森林覆盖率60.3%,城区绿化覆盖率40%。总人口52万人,其中非农业人口7.93万人;人口自然增长率7.98‰。2016年,地区生产总值186.97亿元,同比增长9.8%。其中:第一产业增加值17.78亿元,增长4.0%;第二产业增加值108.64亿元,增长8.1%;第三产业增加值60.55亿元,增长14.8%。财政总收入20.58亿元,增长3.94%。工业总产值392.96亿元,增长5.4%。其中规模以上工业产值295.36亿元,增长6.3%;全社会固定资产投资222.56亿元,增长13.1%;全年引进省外2000万元以上项目资金77.32亿元,增长12.45%。主要工业产品:花炮年销售额182亿元、建材年销售额36.6亿元、装备制造业年销售额62.4亿元。农业总产值29.06亿元,增长4.06%。万元GDP能耗0.495吨/标准煤,下降6.12%;城市污水处理率91.14%。城镇居民人均可支配收入2.86万元,增长8.1%;农民人均纯收入1.51万元,增长8.8%。城乡居民年末储蓄余额72.23亿元,增长17%。

【上栗县获评全国首批"妇幼健康优质服务示范县"称号】 2016年,上栗县获全国首批百个"妇幼健康优质服务示范县(市、区)"称号。该县重视妇幼健康工作,将其纳入经济社会发展规划,在政策支持、经费保障、人员建设等方面给予倾斜与支持。率先成立孕产妇管理中心,完善网格化管理机制,构建横向到边,纵向到底的工作管理模式;率先成立儿童健康管理中心,细化儿童健康责任考核机制,加强对全县的儿童保健管理工作,切实强化三级儿童保健的网络建设;整合妇幼保健院免费婚检与计划生育服务站孕前优生健康检查工作,实现"一条龙""一站式"服务;率先开展乳腺癌钼靶筛查,乳腺癌和宫颈癌防治卓有成效;预防艾滋病母婴传播综合服务体系持续创新发展,实现婚检人群和孕产妇艾滋病咨询检测全覆盖;儿童早期综合发展项目开展有声有色,得到省妇儿工委领导的肯定。近三年来,保持孕产妇死亡率为0,新生儿破伤风发生率为0,孕产妇住院分娩率为100%,高危住院分娩率为100%,产前检查覆盖率达99.4%以上。

【文化事业发展迅速】 2016年,上栗县紧扣建设"文化名县"目标,推动文化事业与文化产业的快速发展,取得显著成绩。上栗县文化志愿者协会被国家文化部评为全国文化志愿服务典型团队,文化志愿活动被省文化厅评定为免费开放优秀活动品牌;李畋崇拜习俗入选第五批省级非物质文化遗产代表性项目名录;石洞口傩舞艺术团参加中国郑州全国傩舞展演喜获金奖;杨岐山风景名胜区游客接待人数再创新高;萍乡饮食博物馆、红色文化陈列馆、民俗文化陈列馆开创三产新业态,花炮文化博览园、一方杨岐禅宗文化创意产业园、赤山傩文小镇为文化旅游产业注入新内涵。先后举办省级非物质文化遗产"牛带茶灯"入户送春、"傩舞出行"展演,"全国龙腾狮跃闹元宵"江西大联动暨上栗县第四届"龙腾狮跃闹元宵"民间武术表演大赛、纪念爆竹祖师李畋诞辰1395周年等民俗文化活动。组建江西萍实文化产业园,创建萍乡饮食文化博览园、红色文化陈列馆、民俗文化陈列馆、非物质文化遗产展示馆、皮影戏传承基地,新批复设立天马皮影戏文化艺术团、长平牛带茶灯文化艺术团等民间文艺团体。

【交通建设实现跨越发展】 2016年,上栗县交通基础设施完成投资3.56亿元。其中重点交通建设项目2.18亿元;县道升级改造和农村客运网络化连通工程7504万元;通自然村公路建设2575万元;危桥改造3340万元;公路养护县本级投入350万元。大投入、大建设,促进交通事业实现跨越式发展。萍洪高速上栗连接线、昌栗高速上栗连接线的相继通车,是该县打造现代交通路网大格局迈出的坚实步伐。作为赣湘开放合作先行示范区的重要连接通道,县北工业大道完成6千米建设。G319绕城公路栗水河中桥、石洋水库大桥完成全部48根桩基浇筑,基本完成路基土石方工程;S231上栗至六市(上栗段)全面完成并致力打造省级示范路;S308万东线长平至荷尧段改造路基全面完成,并完成2千米沥青路面铺设;S312上栗至水源村8千米一级公路升级改造全面完成。萍洪高速福田连接线、昌栗高速桐木连接线正在进行路基施工;杨宣公路上栗段、中环北路均启动施工;吴楚路、站东路、站西路全面恢复施工。

主要领导人 县委书记:严荣华(任至7月)、肖妮娜(7月任)。县人大常委会主任:兰先湖。县长:彭文华(任至7月)、利军(8月任)。县政协主席:关翠屏。

(邓花萍 卢正江)

·莲花县·

【简 况】 位于江西省西部,辖5镇8乡1垦殖场。总面积1072平方千米。耕地面积1.49万公顷,山地面积7.47万公顷,森林面积5.32万公顷,森林覆盖率71.35%。总人口27.9万人,其中乡村户籍人口20.2万人。2016年,地区生产总值60亿元,同比增长8.5%。其中:第一产业增加值9.1亿元,增长3.7%;第二产业增加值26.6亿元,增长8.2%;第三产业增加值24.3亿元,增长10.7%。三次产业结构由上年的15.4:45.7:38.9调整为15.1:44.4:40.5。财政总收入8.15亿元,增长3.94%。固定资产投资61.5亿元,增长13.6%。社会消费品零售总额22.1亿元,增长11.4%。规模以上工业增加值20.3亿元,增长8.5%;规模以上工业主营业务收入90.9亿元,增长5.6%。城镇居民人均可支配收入2.15万元,增长8.2%;农村居民人均可支配收入8518元,增长11.4%。金融机构各项存款余额91.6亿元,增长15.8%;贷款余额34.1亿元,增长4.6%。

【扶贫脱贫成效显著】 2016年,莲花县实现5个重点贫困村3309户、1.15万名贫困人口脱贫的目标。在国务院扶贫开发领导小组专项督查、省扶贫专项考核等上级检查中,得到高度评价。该县围绕脱贫攻坚总体任务,坚持政策向扶贫倾斜、资金向扶贫聚焦、力量向扶贫集中,全力以赴推进脱贫攻坚工作。建立"周六扶贫日"制度,组织全县干部深入贫困村、贫困家庭开展帮扶工作。实行脱贫攻坚"战区化"管理,由县四套班子分别负责一个"战区"。投入资金1.46亿元,大力实施"2345"产业工程和摇钱树工程,种植苗木3.37万株、油茶313.33公顷,惠及4000余贫困户。完成2800余贫困户屋顶光伏发电设备安装,户均每年可增收3000元。整合资金6180万元,完成整村推进项目216个,道路硬化178.8千米;建设集中安置点7个,实施人饮工程27个,有效解决13万余人的"行路难"问题,3万余人的安全饮水问题。为1624户贫困户免费安装有线电视或"户户通"设备,确保贫困户家家户户广播电视全覆盖。依托"雨露计划"等政策,开展就业技能培训,全面提高贫困群众创业就业能力。统筹实施最低生活保障、特困人员供养等制度,兜住民生保障底线。大力实施教育扶贫,资助贫困学生3833人,发放补助1300余万元,基本实现贫困家庭学生从学前教育到大学教育的资助全覆盖。

【莲花县被纳入"国家重点生态功能区"】 9月14日,国务院正式批复莲花县纳入国家重点生态功能区。莲花县境内丘陵起伏、丛林密布、生态优美,有林地7.5万公顷,森林覆盖率达71.35%。莲花县属亚热带季风气候区,气候温和、雨量充足,是多种野生动物栖息的场所,也是多种珍稀植物自然生长的理想场所。莲江国家湿地公园(试点)正式获批,现有一处省级自然保护区、三处省级森林公园和一处省级风景名胜区。该县始终把改善生态、保护环境、节约资源作为重大责任,开展山上造林绿化、城镇公共绿化和县乡道路绿化,加大对破坏森林违法行为的打击力度,加强矿山废弃地的植被恢复,增强招商引资的选择性,鼓励发展低碳技术、环保产业和绿色经济,建立可持续发展的环境保护体系,取得较好成绩。

【莲花县与深圳高山水生态园林公司签署旅游发展合作协议书】 12月28日,莲花县政府与深圳市高山水生态园林股份有限公司签署《莲花县全域旅游发展战略合作协议书》等旅游开发"1+4"协议,拉开全域旅游战略序幕。莲花县有红、绿、古三种旅游资源,红色是毛泽东引兵井冈的决策之地和井冈山革命根据地的重要组成部分;绿色是自然生态好,是江西省首届十佳生态县;古色是汉代刘邦后裔安成侯繁衍生息之地。

该县通过整合各类资源,打造以国家4A级景区荷花博览园、国家3A级景区花塘官厅等为代表的自然人文景观,唱响荷花、油菜花、桃花、梅花等一批特色花卉品牌,吸引了周边县市区大量游客,成为"人人都想来、来了不想走、走了还想来"的知名旅游目的地。2016年,该县以和深圳市高山水生态园林股份有限公司合作开发为契机,注重全景化打造、全领域互动、全资源整合、全社会参与并举,加快实现从"景点旅游"向"全域旅游"转变。

【电影《老阿姨》全国首映式在莲花县举行】 6月28日,向建党95周年献礼影片《老阿姨》全国首映式在莲花县举行。电影《老阿姨》创作历时3年,由长影集团总导演雷献禾执导,郭中束、史建全等编剧,李雪健和陶慧敏联袂主演,主要场景取自甘祖昌将军与龚全珍老阿姨长期生活工作的莲花县,部分配角也是由熟悉两位楷模事迹的当地群众用地方方言饰演。影片创作团队精益求精,以主旋律的创作脉络,融入现代影像拍摄手段和创意主流价值观传播理念,讲述将军农民甘祖昌的夫人龚全珍追随丈夫脱下军装、返乡务农的传奇往事。影片一经首映,就得到现场观众的普遍称赞,称影片是一部"有道德、有筋骨、有温度"的正能量影片。大家认为电影《老阿姨》的上映,将进一步加深全社会对龚全珍老阿姨先进事迹、崇高品质的理解和认识,激励大家传承艰苦奋斗、助人为乐的精神,激励党员干部向老阿姨学习,做全心全意为人民服务的合格党员。

主要领导人 县委书记:刘乡。县人大常委会主任:刘绍华。县长:张运来。县政协主席:刘海林。

(朱亮)

新余市

【概 况】 位于江西省中部偏西,辖1县1区1高新技术产业开发区和仙女湖风景名胜区。总面积3178平方千米。森林覆盖率50.44%,城市绿化覆盖率54.1%。总人口117.37万人,增长0.6%;人口自然增长率7.59‰。2016年,地区生产总值1028.17亿元,同比增长8.6%。其中,第一产业增加值58.95亿元,增长4.1%;第二产业增加值564.70亿元,增长8.3%;第三产业增加值404.52亿元,增长9.6%。人均生产总值8.77万元,增长7.8%。三次产业结比构调整为5.7∶54.9∶39.4。财政总收入137.2亿元,增长3.3%。一般公共预算支出152.95亿元,下降0.2%。工业增加值493.16亿元,增长8.7%,占地区生产总值比重48.0%。钢铁、新能源、光电信息、装备制造四大产业增加值241.38亿元,增长3.7%。外贸进出口总额123.63亿元,增长10%。其中,出口84.34亿元,增长7.7%;进口39.29亿元,增长15.1%。固定资产投资(不含农户)921.32亿元,增长12.0%。粮食种植面积9.92万公顷,下降0.6%;粮食总产量61.35万吨,增长1.0%,实现"十三连丰"。能源消耗总量943.95万吨标准煤,下降0.97%。万元生产总值能耗0.9185吨标准煤,下降8.76%。城镇居民人均可支配收入3.22万元,增长7.8%;农村居民人均可支配收入1.52万元,增长8.7%。年末金融机构本外币各项存款余额968.86亿元,增长6.9%。社会消费零售总额239.95亿元,增长11.7%。年末参加城镇基本养老保险人数26.7万人,参加城镇职工医疗保险人数27.57万人,参加农村新型合作医疗人数51.69万人,参加失业保险人数11.19万人。年末全社会从业人员67.21万人,增加1.86万人。新增城镇就业2.39万人,转移农村劳动力1.71万人,城镇登记失业率控制在3.3%。

【新余市跻身全国绿化模范城市】 3月,全国绿化委员会下发《关于表彰全国绿化模范单位和颁发全国绿化奖章的决定》,新余市榜上有名。新余市坚持把"生态立市、绿色崛起"和"既要金山银山,更要绿水青山"作为发展理念。2016年,全市林地面积17.4万公顷,森林面积15.33万公顷,森林覆盖率50.44%;森林活立木蓄积量681万立方米,城市绿化覆盖率54.1%,绿地率52.5%,人均公园绿地面积18.95平方米。全市平均每年参加义务植树活动人数70多万人次,植树270多万株,义务植树存活率为92%以上,义务植树尽责率93%以上。全市拥有休闲公园绿地逾50处,主城区公共绿地面积400多万平方米,城市居民出门500米以内就有一定规模的休闲绿地、公园或广场;建成袁河湿地公园等6处生态旅游休闲场所。全市建设绿道10余条,总长55千米;加快境内各类通道绿化建设,完成通道绿化788.2千米,全市道路林木绿化率达97%;推进境内主要水系和农田林网绿化保护与建设,水岸林木绿化率达92%。城乡绿化与城市建设同步,实现生态与经济效益的双赢。2016年,全市发展林下经济3.12万公顷,涉及农户参与数7.5万户,年产值达8.61亿元。发展高产油茶面积1.2万公顷、苗木花卉面积0.99万公顷,建成早熟梨、葡萄、新余蜜橘等6大林果产业基地。建成24个省级林业龙头企业、亿元销售规模以上林果龙头企业2家。

【社会信用体系平台——"信用新余"上线】 4月7日,新余市社会信用体系平台——"信用新余"正式上线,"信用新余"模型初步形成。"信用新余"主要功能架构为"一库三平台",即:信用信息资源库、数据采集处理平台、信用应用平台和信用展示平台。"信用新余"网址为http://www.creditxy.gov.cn,通过网站和手机客户端,可以进行用户注册、登录、查询信用主体报告及信用申诉和反馈等内容。2013年,新余市在全省率先搭建"新余企业信用与金融服务一体化平台",给全市2万余家小微企业建立全方位、立体式的"信用档案",破解政府、银行、企业信用信息不对称难题。2015年,在企业信用建设工作基础上,启动全市社会信用体系建设工作。2016年1月,启动机关事业单位和公职人员信用信息征集工作。3月底,信用信息资源库完成全市市直机关事业单位、市直单位公职人员信用信息数据库建设,收集市直机关事业单位(含二级单位)258家,公职人员1.14万人,收集公职人员和机关事业单位信息数据4.45万组。在公职人员信用信息征集的基础上,将逐步启动社会自然人的信用信息征集工作。平台的正式上线,有利于加快"信用新余"建设步伐,为全省乃至全国的社会信用体系建设探索新的经验。

【2016中国(新余)七仙女文化高峰论坛举行】 8月8日,中国民间文艺家协会、江西省文联、中共新余市委、市政府在新余市共同主办2016中国(新余)七仙女文化高峰论坛。中国民间文艺家协会、省委宣传部、省文联、省民间文艺家协会的领导嘉宾以及国内外专家学者40余人与会。论坛围绕七仙女传说在中国仙女文化中的意义地位、七仙女传说与新余毛衣女传说的关系、毛衣女传说的申遗保护和再利用、七仙女传说的传承发展、七仙女传说与地方民间信仰、七仙女传说在海外的传播以及七仙女文化中的姻缘理想等10个方面的话题探讨交流。东晋史学家干宝《搜神记》记载,新余是神话传说仙女下凡的发祥地。新余留存着神牛洞、织女洞、龙母庙、神山、鹊桥、赶仙桥、仰天岗、仙女湖、会仙岩等大量仙迹、仙踪。在民间流传着"白鹭精背磨""毛衣女下凡"等诸多传奇故事。该活动旨在充分挖掘七仙女文化内涵,进一步扩大"中国七仙女传说之乡"的品牌影响力。

【新余被授予"国家公共文化服务体系示范区城市"称号】 10月26日,第二批国家公共文化服务体系示范区名单公布,授予32座城市为国家公共文化服务体系示范区城市,新余市为江西唯一入选城市。2013年11月,新余市被列为第二批国家公共文化服务体系示范区创建城市。新余市围绕"全省领先、中部示范"工作目标,秉持构建"精美特新"现代公共文化服务体系中小城市典范理念,按照文化部、财政部制定的第二批国家公共文化服务体系示范区创建标准和《新余市创建国家公共文化服务体系示范区工作规划(2013—2015年)》,打造"四一三六"工程,即着力构建文化设施、产品供给、人才队伍、绩效考核四大体系;开展文化类社会组织培育和参与公共文化服务机制一项制度设计;打造数字文化网、农家书屋"1+X+电商"和新余文化艺术大学三大亮点工程;推行协调机制、法人结构治理、基层综合文化服务中心、标准化、网格化和吸引社会力量参与公共文化服务,以及建立信息反馈机制六项改革创新工作。投入资金20亿元,其中创建经费5000多万元,资金投入比2013年增加40.6%,人均投入增加40.46%;文化设施总面积85万余平方米,人均占有面积0.73平方米,新增面积40余万平方米,人均面积增加34.5%。2016年4月,新余市创建规划制定的83项目标任务全面完成,文化部、财政部制定的《第二批国家公共文化服务体系示范区验收标准(中部)》中28项72个指标,新余市90%以上达优。

【沃格光电股份有限公司实现"In-Cell抗干扰高阻技术"量产】 11月,江西沃格光电股份有限公司董事会对外发布公告称,成为国内首家实现In-Cell抗干扰高阻技术量产的企业,打破美国苹果公司技术垄断的壁垒,填补国内技术空白。In-Cell抗干扰高阻技术是一种把触摸功能直接做到TFT显示面板上的新技术,实现图像显示与触摸功能的融合。其核心技术之一就是一层既能抗噪又能防静电的透明功能膜,它让"防静电"和"抗干扰"这对长期困扰手机屏的矛盾体,第一次完美融合。苹果iPhone5是最早使用In-Cell技术的一款手机。但In-Cell抗干扰高阻技术从材料到工艺都被苹果公司申请专利保护,因此,其他手机品牌厂商要使用In-Cell抗干扰高阻技术,必须得到苹果公司的授权。2015年2月,位于江西省新余市的沃格光电接到关于In-Cell抗干扰高阻技术的研发课题,经过近10个月的反复试验,实现该技术的重大突破,2016年2月,开始小批量试产;10月,开始大批量生产。与苹果技术完全不同的是,沃格光电自主研发的In-Cell抗干扰高阻技术,是在显示玻璃表面采用真空镀膜的方法在液晶显示屏的表面沉积一层抗干扰防静电高膜层。两者在材料上、工艺上、结构上完全不同,却能实现相同的功能,且成本更低。国内的金立、华为、小米等手机厂商部分机型已经使用In-Cell触摸屏技术。通过自主研发,采用新工艺、新材料,沃格光电已形成独家的技术集群,成为国内首家,也是国内独家拥有In-Cell抗干扰高阻技术的公司。

【全面推行"党建+颐养之家"工作】 12月16日,中共新余市委八届六次常委会讨论通过《关于在全市农村推行"党建+颐养之家"工作的指导意见》。该意见提出要遵循项目化抓手、标准化实施、一体化推进、社会化运作、惠民化目标"五化"原则,把颐养之家工作与基层服务型党组织建设结合起来,有计划地分阶段分层次推进,明确到2017年底全市80%以上的行政村建成颐养之家,到2018年6月底前覆盖全市409个行政村,形成具有新余特色的农村养老服务体系。全市颐养之家养老模式主要包括四种:由政府、爱心人士和家庭共同解决场地建设及食宿经费的众筹集中供养型;由企业家全部承担场地建设和老人一日三餐费用的企业家捐助型;整合新农村建设挂点帮扶资源开展养老服务的资源整合型;只向老人提供文化娱乐活动场所的活动场所服务型。截至年底,全市投入1400余万元,其中企业家捐助800余万元,建成、运行颐养之家91家,为1100余名60岁以上老人提供形式多样的养老服务。

【城区公共自行车系统运营】 8月30日,新余市城区公共自行车系统全面正式运营。为进一步完善城市公共交通体系,缓解城区交通压力,2016年4月,新余市在市公共资源交易中心完成主城区公共自行车系统建设及运营管理PPP项目招标,引进社会资本参与城市交通基础设施建设。北京泰豪智能工程有限公司以4288万元中标,比财政预算节约资金127万元。项目规划在城市主城区范围内布设自行车站点210个,投放公共自行车5000辆,智能锁止器5600套,雨棚30个,其中城北片区站点95个,城南片区站点79个,高新片区36个。项目采用PPP模式,由北京泰豪智能工程有限公司负责项目前期建设、后期运营维护等各项工作,为市民提供5年公共自行车租赁服务。新余市政府制定《新余市公共自行车考核细则》对项目进行日常监督管理和考核,每年按政府采购公共服务的方式,给予北京泰豪智能工程有限公司一定资金补贴,5年运营期满后,该公司将自行车运营管理、维护权及设备一并无偿移交给新余市政府。5月,项目正式开工建设;8月20日,全市站点投入试运行阶段;8月30日,全市公共自行车系统全面正式运营。新余市民可凭身份证并缴纳200元押金办理租车卡,预存80元以上消费金额。每次租车1小时内免费,超时后按1元/小时收取费用。

【开展向郭璐萍学习活动】 4月,市委、市政府下发《关于在全市开展向郭璐萍同志学习的决定》,在全市开展向郭璐萍学习的活动。郭璐萍,女,1976年2月出生,江西峡江人。1997年7月毕业于井冈山医专医疗专业,1997年7月至1999年8月在峡江县砚溪中心医院工作,1999年9月调入新余市妇幼保健院从事妇产科工作。2014年4月,郭璐萍主动请缨参加中国第21批援非医疗队。2016年1月,不幸被诊断出罹患乳腺癌。在突尼斯工作期间,郭璐萍不畏艰苦,努力工作,累计完成手术496台。她用过硬的技术、细心的诊断抢救了"前置胎盘大出血"产妇、"产后大出血至休克"产妇;她顶住压力,打破常规,20分钟内独立完成产妇大量脐带脱出抢救手术;她认真钻研、因地制宜,通过附加手术子宫动静脉上行支高位结扎术加子宫背带式缝合术治疗突尼斯妇女子宫收缩不良病例。她用实力和热情赢得突方的认可和信任,为江西省援外工作争得荣誉。

主要领导人 市委书记:刘捷(任至9月)、蒋斌(9月任)。市人大常委会主任:张荣生。市长:董晓健。市政协主席:廖兰芳(任至2月)、陈九根(2月任至10月)、卢伟平(10月任)。

(傅媛媛)

·渝水区·

【简 况】 位于江西省中部偏西,辖6镇5乡6街道办事处。总面积1110平方千米。森林覆盖率55.6%。总人口69.09万人,人口自然增长率7.33‰。2016年,地区生产总值244.81亿元,同比增长9.3%。其中,第一产业增加值29.00亿元,增长3.9%;第二产业增加值130.15亿元,增长9.2%;第三产业增加值85.66亿元,增长11.7%。财政总收入33.8亿元,增长6.3%。其中,税收收入30.5亿元,占财政总收入比重90%。固定资产投资277.3亿元,增长15.9%。规模以上工业增加值70.58亿元,增长12%;主营业务收入337.51亿元,增长10.3%。进出口总额1.65亿美元,增长5%。实际利用外资1.02亿美元,增长9%。实际引进内资137亿元,增长12.2%。社会消费品零售总额147.61亿元,增长11.6%。城镇居民人均可支配收入3.35万元,增长8.5%;农村居民人均可支配收入1.56万元,增长9%。各类民生支出22.1亿元,占公共财政预算支出60%,增长7.3%。五大社会保险参保人数64.5万人次,基金征缴5.08亿元。

【兴修水利工程】 2016年,渝水区争取各类水利项目十大项,总投资4.5亿元。完成总投资1412万元的鹄山水库、下村镇调水工程,大幅提升防汛抗旱减灾能力。实施水库除险加固工程。投资3860万元,对全区6座小(1)型水库、12座小(2)型水库除险加固,投资710万元对全区66座山塘水库进行整治。兴修袁河水利工程。完成总投入7065万元袁河南联圩姚圩段除险加固;袁河南联圩新溪段投入8512万元,项目完成形象进度70%;投资9105万元兴建袁河南堤花田至航桥段城市防洪工程。实施中小河流经县综合整治及水系连通工程。投资1.07亿元分别实施鹄山、下村、南安、界水项目区建设,投资2244万元实施小农水重点县工程。

【打造文化大区】 2016年,渝水区以创建公共文化服务示范区为契机,投入资金2000万元,全力推动全区文化事业大发展大繁荣。全区"一乡一站一戏台"建设实现全覆盖,17个乡镇(办)全部设有面积300平方米以上、正常开放的综合文化站。通过新建、改建、资源整合等形式,建成225个村(社区、管理处)文化活动室和113个文化广场。建成文化场所总面积27万余平方米,基本建成覆盖区、乡、村三级文化设施网络。区文化馆开设舞蹈课堂、二胡课堂、戏曲课堂、油画课堂、国画课堂等免费开放服务项目。区图书馆开展"魁星阁读书会"和"图书漂流"等品牌服务活动。通过业务指导、资金政策扶持等方式,加大社会文化团体培育力度,全区各类文化团体达387个。成立文化志愿服务中心,吸纳1000余名文化志愿者。开展"激情渝水·寻找民间之星"渝水区社会文艺团体展演、"城乡文化互动月"、罗坊镇第二届荷花艺术节等大型品牌活动,丰富城乡文化生活。全年全区组织送戏下乡137场,观看人数5.58万人次;送电影下乡2642场,引导各乡镇(办)和行政村(社区)开展自办活动258场,参与人数7.5万人次。

【袁河经济开发区升级为省级产业园】 2016年,省政府办公厅〔2016〕11号文件批复同意新余袁河经济开发区实行现行省级开发区政策,标志着新余袁河经济开发区升级为省级产业园。新余袁河经济开发区作为渝水区工业园区,是新余市三大工业园区之一。园区有工业企业153户,其中规模以上企业54户。"十二五"期间,园区按照打造钢铁产业集聚区和最具活力经济增长区要求,以建设省级特钢产业和战略性新材料产业基地为动力,大力发展钢铁精深加工、工程机械、农业机械和现代装备制造产业。推进扩大开放和招商引资,累计引进外资80亿元,完成固定资产投资32亿元,引进投资40亿元的中冶新材冷60万吨冷轧硅钢项目、投资4亿元的瀚德科技年产7000万只汽车滤清器项目、投资4亿元的南方农业机械城项目、投资6亿元的新联泰汽车年产330万套一体化轮毂生产项目、投资10亿元的科利亚农业机械项目等一大批重点项目,基本建成集钢铁深加工、装备制造、农机产业、汽车配件、特钢铸造为一体的新型特色园区。

【下山桥小学命名为蒋国珍小学】 12月28日,蒋国珍小学揭牌仪式在罗坊下山桥小学举行。区委书记何慕良,区委常委、区委宣传部部长何智勇,区委常委、副区长曾羽为学校揭牌。罗坊中学、下山桥小学部分师生参加。

蒋国珍,1930年出生,全国优秀共产党员、全国道德模范提名奖获得者、全国最美乡村教师。蒋国珍一生清贫,终生未娶,无儿无女。1983年,他因病提前离休后,主动与罗坊镇下山桥中学联系,对每学期期终考试成绩前50名者,分等级分别给予每人5元、10元、20元奖励;对一些家境贫困面临辍学的学生,十几元、几十元地代交学费。蒋国珍几十年如一日,倾其所有奉献无数学子。37年前,他把9600元补发工资一次性捐献给国家;37年来,他资助、奖励学生达2万人,累计金额40余万元。

10余年前,蒋国珍曾经执教的六元小学并入到下山桥小学,退休后蒋老师经常到学校开展捐资助学活动。2008年,蒋国珍搬进下山桥小学,在此生活近8年,度过他人生最后的岁月。2016年6月15日,蒋国珍与世长辞。为纪念蒋国珍,罗坊镇将原下山桥小学改名为蒋国珍小学,并成立蒋国珍教育基金会。基金会通过政府配套、爱心人士捐助等形式,筹措资金20多万元奖用于励优秀师生、扶持贫困学生。

主要领导人 区委书记:徐文泊(任至7月)、何慕良(7月任)。区人大常委会主任:周梅生(任至10月)、李克华(10月任)。区长:聂志新(任至4月)、李虹(4月代,10月任)。区政协主席:周平根(任至3月)、王钦国(3月任)。

(龚招生)

·分宜县·

【简　况】 位于江西省中部,辖7镇3乡1工业园区1林场1街道办事处。总面积1391.76平方千米,其中城区建成区面积13.8平方千米。林地面积6.67万公顷。森林覆盖率62.66%,城区绿化率43.12%。总人口31.37万人,其中非农业人口16.82万人;人口自然增长率7.42‰。2016年,地区生产总值224.8亿元,同比增长8.5%。其中,第一产业增加值18.6亿元,增长4.6%;第二产业增加值116.9亿元,增长8.1%;第三产业增加值89.3亿元,增长10%。地方财政收入24.8亿元,下降2.2%。地方财政支出37.58亿元,增长1.3%。税收占财政收入比重62.1%。工业总产值222.2亿元,下降3.1%;规模以上工业增加值42.7亿元,增长6.4%,占地区生产总值19%。外贸出口额1.9亿美元,占地区生产总值5.6%。固定资产投资190.97亿元,增长13.7%。主要工业产品:原煤66.1万吨,水泥219.3万吨,驱动桥2898台套,发电量20.7亿千瓦时,苎麻布0.41亿米。农业总产值18.6亿元,增长4.6%。粮食总产量15.9万吨。主要农产品:西瓜1691公顷,产量3.66万吨;蔬菜3898公顷,产量5.33万吨;生猪出栏28万头,猪肉2.35万吨;家禽141.55万只,水产品1.65万吨。万元GDP能耗0.344吨标准煤,城市污水处理率86%。城镇居民人均可支配收入2.74万元,增加2002元;农村居民人均纯收入1.48万元,增长1175元。城乡居民年末储蓄余额134.3亿元,增长16.2%。城镇新增就业4517人,新增转移农村劳动力5104人。城乡居民养老保险参保率98%,城乡居民基本医疗保险参保率99.1%,社会保险基金征缴总量3.3亿元。全年减贫3105人。

【推进污水系统提升改造工程】 2016年,分宜县投入资金,稳步推进污水管网建设,确保城区实行雨污分流。2009年,分宜县率先建起全省第一个县级污水处理厂,2013年建成分宜工业园污水处理厂,2015年建成分宜县第二期污水处理工程。但县城污水收集管网仍不完善,城区大部分未经处理的生活污水直接排入水体,影响县城南边钤阳湖、仙女湖等水源地水质,威胁人民生活环境和身体健康。2016年,分宜县把污水管网提升改造工程列入县重点项目之一,工程计划总投资9271.4万元,建设污水管网25.14千米。年底,分宜县污水系统升级改造工程项目完工,实现雨污分流。

【分宜县全媒体中心成立】 9月1日,分宜县全媒体中心揭牌成立,县属媒体新闻采集、生产、传播流水线告别单一模式,在统一平台上形成"一次采集、多次生成、N次传播"的新局面,传统媒体与新兴媒体开始融合发展。分宜县现有分宜广播电台、分宜电视台、《分宜报》、官方微博分宜发布、微信公众号分宜发布、江西手机报和分宜政府网7个媒体,长期以来,因管办不分,体制机制不灵活,人才奇缺等多问题,各媒体间"各自为战",导致资源共享难,精品生产难,工作效率低的局面。分宜县"拆小灶建大灶",建成"全媒体中心",整合媒体资源,重构党报、新闻网站、视频、音频、两微一端的采、编、播流水线,统一部署策划,统一采编播发,多媒体同时响应;建立全新体制机制,搭建各岗位人员共享的集电视、网站、报纸、手机和智能终端为一体的组合信息终端平台,力促各媒体信息数据通过平台推广延伸,形成"前端采集一体化、终端传播多样化、受众互动全程化"的全方位立体咨询服务管理体系,走出一条具有本土特色的融媒模式,起到加速传媒、优化"纸媒"、做强"指媒"的预期成效,推动"+互联网"向"互联网+"转型。同时,致力打造"新闻超市",形成县与市、省、甚至中央媒体的互通对接,填平纵向"信息鸿沟"。

【分宜县夏绣文化参展第二届深圳文博会】 5月12日—16日,被誉为"中国文化产业第一展"的第十二届中国(深圳)国际文化产业博览交易会(简称"深圳文博会")在深圳国际会展中心举行。分宜县以夏绣文化为主导组团参展,集中力量推介分宜文化产业。在1号馆江西馆分宜展区,代表分宜县参展的江西夏布文化传播有限公司展示了千余件展品,主要包括夏布绣品、家居用品、饰品等。其中,夏布绣作品《江山如此多娇》凭其独特的艺术魅力和文化内涵在数以万件的参展作品中脱颖而出,获2016年中国(深圳)国际文化产业博览交易会"中国工艺美术文化创意奖"铜奖。深圳文博会的8号馆是"非物质文化遗产馆",它代表着所有展品的最高级别,分宜夏布绣成为江西唯一入驻展品。

【分宜县获批发行国家"双创"孵化专项债券】 7月29日,国家发改委批复同意分宜县城市建设投资开发有限公司发行"双创"孵化专项债券14.5亿元,其中9.7亿元用于分宜县新创业示范基地建设项目,4.8亿元用于补充营运资金。此期债券为实名制记账式,采用簿记建档、集中配售的方式,通过承销团成员设置的发行网点向境内机构投资者公开发行以及通过上海证券交易所向机构投资者公开发行,并分别在中央国债登记结算有限责任公司和中国证券登记结算有限责任公司登记托管。为规避风险,分宜县城投公司采取设置偿债资金专户,聘请当地银行担任偿债资金账户的监管。发行企业债券是响应国家"大众创业、万众创新"号召,发展分宜县大众创业新局面的需要,可以缓解项目资金需求压力,促进地方经济发展。分宜县"双创"孵化项目建设规划用地面积为46.4公顷,总建筑面积为1111万平方米,分为产学研联合创新基地、企业科技孵化基地、小微企业孵化基地、新材料高新技术产业化基地4个基地,建设麻纺产业、装备制造、新材料、光电信息、电力能源、矿产加工等产业群。

主要领导人 县委书记:李逸翔。县人大常委会主任:张学武(任至9月)、袁传胜(10月任)。县长:胡军。县政协主席:朱运书。

(杨诚)

鹰 潭 市

【概　况】 位于江西省东北部,辖1

市1县1区及市龙虎山风景名胜区、鹰潭高新技术产业开发区、市信江新区。总面积3560平方千米，其中市区建成区面积39平方千米。耕地面积9.22万公顷，林地面积20万公顷，森林覆盖率58.2%。总人口115.93万人，其中市区人口22.01万人；人口自然增长率7.1‰，城镇化率57.48%。2016年，地区生产总值695.34亿元，同比增长8.8%。其中，第一产业增加值52.80亿元，增长4.2%；第二产业增加值404.55亿元，增长8%；第三产业增加值237.99亿元，增长11.3%。农林牧渔业总产值84.73亿元，规模以上工业总产值2027.1亿元。财政总收入116.82亿元，增长10%；一般公共预算收入81.62亿元，增长5%。规模以上工业增加值330.87亿元，增长8.4%。固定资产投资604.16亿元，增长13.7%。社会消费品零售总额194.66亿元，增长12.8%。城镇居民人均可支配收入2.91万元，增长8%；农村居民人均可支配收入1.35万元，增长9.3%。年末住户储蓄余额364.86亿元，增长11.1%。

【鹰潭市获"国家森林城市"称号】 9月19日，鹰潭市被国家林业局授予"国家森林城市"称号。2013年7月25日召开创建国家森林城市动员会以来，鹰潭市围绕创建国家森林城市目标，努力打造森林之城，各项指标达到或超过国家森林城市建设标准。三年累计整合创建资金35.6亿元，全方位推进县(市)省级森林城市同步创建。三年完成人工造林9200公顷，全市村庄绿化率30%以上，农田林网绿化率86%，基本形成以乡镇、林庄绿化为点，通道水岸绿化为线，山上、平原绿地为面的"森林围城"格局，成为全省首个辖区县(市)100%成功创建省级森林城市的设区市。全市森林覆盖率58.12%，中心城区绿化覆盖率42.64%，人均公园绿地面积15.91平方米。城区建设16个大型公园，10个大型绿城广场，美化改造40多个小游园。国家森林城市创建工作推动全市苗木、旅游等绿色产业经济发展，年吸引游客1800万人次。

【鹰潭市获"全国双拥模范城"称号】

7月29日，全国双拥模范城(县)命名暨双拥模范单位和个人表彰大会在北京举行，鹰潭市被全国双拥工作领导小组、民政部、中央军委政治工作部授予"全国双拥模范城"称号。鹰潭市素有拥军优属、拥政爱民传统，2012年以来，鹰潭市认真贯彻落实中央关于加强新时期双拥工作的决策部署，将双拥工作纳入经济社会发展和部队建设总体规划，列入党政军领导考核重要内容，完善党委议军会议、军地联席会议、军地定期走访等一系列制度。制定《鹰潭市创建全国双拥模范城工作实施方案》《关于推进军民融合深度发展的意见》等文件，建立双拥工作目标决策机制、责任执行机制和效能监督机制。全市100多个军民共建单位被评为文明单位，军地文明建设得到极大发展。余江县创下自1958年以来，56年无责任退兵的纪录，获"全国征兵工作先进单位""全省征兵工作模范县"等称号。

【全省首个智慧城市服务平台在鹰潭市上线运行】 4月11日，"互联网+"鹰潭发布会暨智慧鹰潭服务平台、腾讯城市服务上线仪式举行，标志鹰潭市新型智慧城市建设迈出坚实步伐，成为全省首个上线运行"智慧城市服务平台"和腾讯"城市服务"的城市。智慧鹰潭服务平台基于政府公开数据搭建面向社会服务的平台，在公共服务数据基础上，运用云计算、大数据、移动互联网等新一代信息技术，让公众方便快捷地享受政务的、公共的、社会的在线服务，获取市民生活息息相关、社会关注度高的民生、政务、管理、产业等领域信息。服务平台依托腾讯公司用户数据基础、微信社交平台、腾讯网媒体平台等优势，整合鹰潭教育、卫生、产业、旅游等领域信息资源，打造城市便捷公共服务平台。鹰潭市民通过"互联网+鹰潭"微信公众服务号、腾讯新闻客户端和微信城市服务三大平台，可在线办理医院预约挂号、缴纳水费、电费、新生儿重名查询、机动车违章查询、中考成绩查询、天气预报查询等24项服务。

【全省旅游产业发展大会在鹰潭市召开】 4月27日，省委、省政府在鹰潭市龙虎山召开全省旅游产业发展大会，总结江西省"十二五"时期旅游业发展情况，谋划"十三五"全省旅游改革发展工作，推动全省旅游产业在新起点上实现新发展。省委书记强卫、省长鹿心社出席大会并讲话。省领导朱虹、龚建华、冯桃莲、孙菊生等出席会议，副省长殷美根主持会议。鹰潭市委书记陈兴超、市长熊茂平等出席会议。强卫指出，要抓住机遇，借势而上，做大江西旅游品牌效益、集群效益、综合效益。

【中国·鹰潭观赏石博览会暨月湖区首届黄蜡石文化旅游节在鹰潭举行】

4月18日，中国·鹰潭观赏石博览会暨月湖区首届黄蜡石文化旅游节在鹰潭市月湖新城铜锣湾国际旅游文化城开幕。国土资源部原副部长、中国观赏石协会会长寿嘉华出席开幕式，并为月湖区授"国家级非物质文化遗产代表性项目'赏石艺术'传承保护项目"牌匾。此届博览会由中国观赏石协会、鹰潭市人民政府主办，月湖区人民政府、鹰潭市铜锣湾国际旅游文化城承办。博览会共设展位600余个，为期12天，江西、广东、浙江、山东、广西、内蒙古等20多个省(市、自治区)的知名藏家、石商参展。

主要领导人 市委书记：陈兴超。市人大常委会主任：杜德春(任至11月)、郭清(11月任)。市长：熊茂平(任至8月)、曹淑敏(8月代，11月任)。市政协主席：潘赞海(任至1月)、王家林(1月任至11月)、戴春英(11月任)。

(杨保平)

·贵溪市·

【简　况】 位于江西省东北部，辖12镇6乡3街道办事处7林(垦殖、园艺)场。全市国土面积2492.79平方千米，其中中心城区建成区面积30.8平方千米。耕地面积3.57万公顷，有林面积13.45万公顷，森林覆盖率64.23%，城区绿化率38.02%。总人口64.54万人，其中市区人口11.59万人；人口自然增长率8.65‰。2016年，地区生产总值358.58亿元，同比增长7.6%。其中，第一产业增加值20.06亿元，增长3.2%；第二产业增加值239.95亿元，增长6.3%；第三产业增加值98.57亿元,增长12%。地方财政收入34.26亿元,增长5.45%;地方财政支出38.97亿元,增长8.61%。财政总收入47.59亿元,增长1.8%,人均7373元。税收收入22.47亿元,增长0.49%,占财政总收入47%。规模以上工业企业总产值1100.60亿元,下降12%。规模以上工业增加值186.5亿元,增长4.8%,占地区生产总值52.01%。外贸出口7.08亿美元,增长14.0%,外贸出口占地区生产总值13.6%。固定资产投资377.91亿元,增长13.8%。实际引进市外5000万元以上项目资金108.45亿元,增长13%。实际利用外商投资1.06亿元,增长5.1%。市属规模以上工业主营业务收入617亿元,增长8.6%。主要工业产品:精炼铜101.54万吨,电解铜88万吨,铜材37万吨,硫酸193.39万吨,化学农药1.78万吨,化肥26.82万吨,水泥193.24万吨。农业总产值33.96亿元,增长5.99%。粮食总产量36.30万吨,下降0.02%。主要农产品:稻谷36.17万吨、蔬菜16.36万吨、水果3.03万吨、油料0.71万吨、肉类总产3.01万吨。万元工业产值能耗0.628吨标准煤,下降7.5%。二氧化硫排放总量1.18万吨,城市污水处理率85.3%。城镇居民人均可支配收入2.92万元,增长7.1%;农村居民人均纯收入1.35万元,增长7.3%。城乡居民年末储蓄余额133.12亿元,增长11.4%。城镇新增就业9833人,新增转移农村劳动力8824人。城乡居民养老保险参保率100%,城乡居民基本医疗保险参保率99.6%,社会保险基金征缴总量7.65亿元。“以购代建”采购保障性住房570套,棚户区改造安置房1067套。全年减贫5155人,完成易地扶贫搬迁141人。

【开展向程永林学习活动】 5月26日,贵溪市委办公室印发《中共贵溪市委关于开展向程永林同志学习活动的决定》,号召在全市范围内广泛开展向程永林学习的活动,并成立程永林先进事迹报告团。4月25日,贵溪市公安局民警程永林、汪志明、张雯在执行公务时,遭犯罪嫌疑人恶意驾车撞击,致程永林头部、腿部等多处重伤,被送往贵溪市人民医院救治。5月9日转院至上海交通大学医学院附属第九人民医院进行后续治疗。5月24日,鹰潭市总工会为程永林颁发“鹰潭市五一劳动奖章”。6月30日,程永林先进事迹报告会在贵溪市文博大楼开讲;7月8日,在贵溪市骏安大酒店会议中心举行;7月15日,在鹰潭市华侨饭店会议中心举行。7月25日,鹰潭地区公安系统学习程永林先进事迹报告会在华侨饭店会议中心举行;7月26日,受副省长、省公安厅厅长郑为文委托,省公安厅副厅长胡满松率省公安厅刑警总队总队长胡景辉,省公安厅副督察长、督察总队长吴国高等领导到贵溪市人民医院看望慰问英雄民警程永林。8月18日,省委书记鹿心社专门就学习程永林先进事迹作出批示,要求全省各级各部门加大对程永林先进事迹宣传力度。11月4日,《经济日报》“中国故事”专版刊发题为《英勇的“铁面王子”》长篇通讯,报道贵溪市英雄民警程永林感人事迹。12月8日,程永林当选2016年度“江西十大法治人物”。12月10日,中央电视台《焦点访谈》栏目以《为人民撑起平安伞》为题,报道程永林等“公安楷模”先进事迹。

【贵溪市新媒体中心成立】 10月,贵溪市新媒体中心成立。中心隶属于贵溪市委宣传部,涵盖贵溪市《贵溪报》、贵溪发布微信公众号、江西手机报贵溪端、掌中贵溪客户端、贵溪新闻网以及贵溪手机报(彩信版)六大新媒体平台。六大平台各有侧重,构建贵溪市全方位宣传阵地。贵溪发布微信公众号:重点报道贵溪市委、市政府重大决策部署,经济社会发展重大成就,时政要闻等。《贵溪报》微信平台:打造社会民生类平台。贵溪新闻网:贵溪第一新闻门户网站,代表贵溪对外发声。江西手机报贵溪端、掌中贵溪客户端:打造贵溪移动宣传窗口,一机在手,便知贵溪事。贵溪手机报(彩信版):通过短信发送平台,传送贵溪精彩信息到市内外各界人士手中,及时传递贵溪声音。

【贵溪市生物质热电联产项目签约】 12月26日,贵溪市生物质热电联产项目签约仪式在骏安国际酒店举行。贵溪市市长周谷昌,市委常委、市委组织部部长冯玮,贵溪经开区管委会主任黄建军出席签约仪式。贵溪市生物质热电联产项目由中国光大集团子公司中国光大绿色环保有限公司和中国电力建设集团子公司中国电建江西水电工程局联合投资建设,总投资额5亿元。这是贵溪市在央企入赣投资合作方面取得的成果,项目建设成为贵溪市打造“能源新都”生力军,有利于促进贵溪优化产业结构,带动周边产业发展。

【白鹤湖大道建成通车】 7月1日,由鹰潭市城区直达白鹤湖国家级现代农业示范区的白鹤湖大道正式建成通车。白鹤湖大道工程由太平洋建设第二十五集团承建,于2013年10月开工建设。大道起于沪昆高速鹰潭东互通出口约500米,终于江西圣农实业公司处,全长11.985千米,路基宽度25.5米,双向4车道,设计行车速度为80千米/时,概算总投资3.5亿元。全线采用一级公路、沥青混凝土路面标准建设。全线设沪昆高速跨线桥一座(长151米),桥梁6座(共长393.2米)。

主要领导人 市委书记:张福庆(任至8月)、梅峰(8月任)。市人大常委会主任:张福庆(任至8月)、祝晓勤(10月任)。市长:梅峰(任至8月)、周谷昌(10月任)。市政协主席:祝晓勤(任至10月)、李中华(10月任)。

(裴爱兰)

·余江县·

【简　况】 位于江西省东北部,辖7镇4乡。总面积932.84平方千米,其中城区面积20.96平方千米。耕地面积3.43万公顷,林地面积3.39万公顷。总人口39.77万人,其中非农业人口8.51万人。2016年,地区生产总值121.03亿元,同比增长10%。其中,第一产业增加值31.05亿元,增长5%;第二产业增加值65.21亿元,增长12.7%;第三产业增加值24.77亿元,增长10.3%。三次产业结构比调整为28:50:22。财政总收入18.05亿元,增长3.1%,税收占财政收入比重83.3%;公共财政预算收入12.85亿元,下降9.9%。外贸出口1.37亿美元。固定资产投资105亿元,增长14.9%。社会消费品零售总额40.01亿元,增长14%。规模以上工业总产值322.44亿元,增长9.7%。规模以上工业增加值60.06亿元,增加10.5%。主要工业产品:铜材44.72万吨,服装1119万件,眼镜成镜3227万副。农业总产值48.89亿元,增长7.1%。粮食总产量30.04万吨。主要农产品:花生1.29万吨。万元GDP能耗0.2196吨标准煤,城市污水处理率92%。城镇居民人均可支配收入2.70万元,增长9.5%;农村居民人均可支配收入1.35万元,增长7%。新增城镇就业5327人,新增转移农村劳动力5224人。全县参加基本养老保险4.75万人,参加失业保险1.24万人,职工基本医疗保险参保3.62万人,城镇居民基本医疗保险参保5.07万人,城乡居民社会养老保险参保16.4万人。城镇居民最低生活保障0.73万人,农村居民最低生活保障1.21万人。全年减贫2660人,退出市级贫困村2个。

【改革开放成效明显】 国家农村宅基地制度改革试点工作走在全国前列,获省委、省政府、国土资源部肯定。"一改促六化"工作深入推进,建设美丽乡村、打造"一改促六化"余江样板现场推进会、全省农村宅基地管理工作现场会、全市农村宅基地管理试点工作现场会在余江县召开。农村土地承包经营权确权登记颁证工作通过市级验收,支持农民工等人员返乡创业试点、土地承包经营权有偿退出试点、重要农产品收入保险试点等改革试点工作有序推进。行政审批制度改革、"双随机一公开"监管工作稳步推进,第一批公车改革基本完成,供销社综合体制改革正式启动。大力实施开放合作战略,主动争取项目资金支持,全年引进省外2000万元以上项目56个,争取省级以上投资项目57个、资金3.8亿元,争取国家专项建设基金项目13个、资金5.57亿元。

【产业发展不断加快】 2016年,余江县三次产业结构由2015年28.4:49.9:21.7调整为28:50:22。现代农业示范区建设初见成效,东瑞园林、神农氏、九草石斛等农业企业发展壮大,新增省、市级农业龙头企业8家。工业园区虎山片区拓园扩区抓紧推进,全县新建标准厂房5万平方米。眼镜、雕刻、微型元件、循环经济产业加速发展,果喜集团、保太集团再次位列全省百强民营企业。全年引进工业项目42个,领秀眼镜、华清眼镜等11个项目实现当年引进、当年投产。建材家居城、申通快递转运中心等项目建成运营,大唐农博城、余江物流园等项目进展顺利,智诚电商、百盈光电等电商企业快速发展。设立产业发展引导基金,扎实开展"降低企业成本,优化发展环境"专项行动。

【开展太极拳进机关活动】 12月20日,余江县总工会、县教体局主办,余江县陈式太极拳推广中心承办的"太极拳进机关首期骨干培训班"在余江县第四小学室内篮球馆开班。活动为期一个月,余江县太极拳协会会长、陈家沟陈式太极拳第十三代传承人熊子兴授课,培训内容为太极拳基础及陈式太极拳28式。学员由每个机关单位选送,培训人数138人。

【余江县第四中学建成】 11月18日,余江县第四中学落成典礼暨揭牌仪式举行。余江县第四中学为公办初级中学,由余江县教育体育局举办、余江县人民政府批准设立。学校坐落在余江城东新区东渠大道以西,安山路以东,三山西路以南,迎洲路以北;总投资近1亿元,占地面积约5.5万平方米,总建筑面积3.27万平方米;设计规模为48个教学班,共2400名学生;校园内有教学楼2栋,实验楼1栋,综合办公楼1栋,食堂及室内体育馆1栋,学生宿舍1栋及其他配套设施。学校正式教师80人。2016年9月1日,余江县第四中学正式开学。

【余江县"金税三期"系统上线】 7月8日,余江县地税局"金税三期"系统上线运行,地税大厅窗口开出第一张金税三期印花税税票。金税三期工程属国家级信息系统工程,是国家电子政务建设的重要组成部分。该系统融合税收征管变革和技术创新,统一全国国税、地税征管应用系统版本,搭建统一的纳税服务平台,实现全国税收数据大集中,对于降低税务机关征纳成本和执法风险,提高纳税人遵从度和满意度具有重要意义。余江地税用8个月时间,完成金税三期从准备阶段到双轨运行再到单轨运行的数据清理、初始化、前期宣传等准备工作。金税三期单轨运行当天,地税大厅窗口于8点19分开出第一张金税三期印花税税票,各代征点总共在金三系统中办理415项业务,标志金税三期系统在余江县成功上线。

主要领导人 县委书记:张子建(任至7月)、路文革(7月任)。县人大常委会主任:杨小明(任至10月)、谭建新(10月任)。县长:路文革(任至8月)、苏建军(10月任)。县政协主席:谭建新(任至10月)、金建华(10月任)。

(胡明娥)

·月湖区·

【简　况】 位于江西省东北部,辖1镇5街道办事处。总面积90.5平方千米。耕地面积1262公顷,有林面积2231公顷,森林覆盖率21.8%,城区绿化38.2%。总人口18.2万人,其中非农业人口14.35万人;人口自然增长率6.01‰。2016年,地区生产总值118.5亿元,同比增长10%。其中,第一产业增加值1.9亿元,与上年持平;第二产业增加值20.6亿元,增长9.8%;第三产业增加值96.0亿元,增长10.2%。财政总收入11.78亿元,增长0.5%,税收占财政总收入88.8%。地方财政收入8.57亿元,下降11.0%;地方财政支出12.15亿元,增长22.2%。规模以上工业增加值4.03亿元,占地区生产总值3.4%,外贸出口占生产总值1.05%。固定资产投资57.73亿元,增长11.0%。实际利用外资1801万美元,增长4.8%;省外5000万元以上项目投资23.18亿元,增长10.3%。农业总产值2.70亿元,下降1.93%,粮食总产量1.62万吨。主要农产品:生猪出栏3.88万头,水产2150吨,稻谷1.57万吨,蔬菜1.49万吨。农村居民人均可支配收入1.45万元,增加1263元,增长9.5%;城镇居民人均可支配收入3.23万元,增加2729元,增长9.2%。城乡居民年末储蓄余额146.56亿元,增长8.58%。各类民生资金支出3.7亿元,占一般公共预算支出30.4%。全区城镇新增就业6435人,新增转移农村劳动力406人,城乡居民养老保险参保率99.7%,城乡居民医疗保险参保率99.9%。城乡低保标准分别提高到每人每月480元、270元,全年累计发放保障金2425万元。新增各类保障性住房980套、棚户区改造安置房1080套。

【月湖区双拥工作显成效】 月湖区地处鹰潭市中心城区,是鹰潭市政治文化商贸中心,辖区内有驻鹰潭部队19支,重点优抚对象670余人,双拥工作非常重要。月湖区委、区政府、区人武部重视双拥工作。妥善安置退伍军人,2011年来,安置退役士兵178名,转业士官18名,每年拿出100多万元用于补贴无军籍退休退职人员工资差额部分,解决退伍军人后顾之忧。建立和完善制度。完善军地联席会议、军地领导共同参加双拥活动、军地走访信息互通等制度,增拨专项经费和配备专业人员,形成党委、政府主导,部门协作配合,社会积极参与双拥工作的新格局。抓好政策落实,做好拥军优属工作。把优抚对象经费列入财政预算,实行专户管理,采取"一卡通"形式,按时足额发放各类抚慰金。全区发放优待金约550余万元,抚恤补助经费1270多万元,走访物资52万元。支持驻区部队建设,无偿划拨1.04公顷土地用于区人武部新营房建设,增拨24.6万元经费用于省高炮实弹射击演练。为困难优抚对象解决住房、看病等资金问题40余万元。抓服务保障,做好拥政爱民工作。驻区部队参与抢险救灾25次,出动官兵近千人次,车辆50余台,组织干部职工和民兵预备役人员3600余人次;出动人员4000余人次支持地方重点工程。2016年,月湖区被省委、省政府、省军区评为双拥模范区。

【月湖区获评全国基层中医药工作先进单位】 2016年,月湖区被评为全国基层中医药工作先进单位。月湖区重视中医药工作,中医院经费实行财政单列,每年增加10%以上投入。为基层添购中医药诊疗设备3批次,共24.5万元。中医药队伍不断壮大,执业医师136人,中医执业医师75人,占比55.15%。中药处方占比63.58%,中药饮片处方占比31.29%。中医院开设泪道病专病、腰痛病专病、脾胃病科、中风病科、脊柱病科等中医项目。加大中医药知识宣传力度,组织安排中药知识进乡村、进社区、进家庭活动,通过义诊咨询、健康宣教、展览展示、科普资料发放,介绍中医药防病治病和养生保健知识,宣传中医药在亚健康状态防治中的独特作用,使中医药文化融入百姓生活。

【月湖区获评全国计划生育优质服务先进单位】 2016年,月湖区被国家卫生计生委评为2014—2016年全国计划生育优质服务先进单位。月湖区重视计生服务工作。按照新《人口与计划生育条例》规定,改革生育服务证办理,取消一孩二孩生育审批,实行登记制。做好全面落实两孩政策解读和优生优育宣传,控制政策外多孩生育。做好计划生育家庭扶助。对城镇独生子女父母年满60周岁,每对夫妇一次发放奖励不低于2000元;对独生子女死亡家庭76人发放扶助金34.5万元;独生子女伤残家庭38人发放扶助金12.3万元;落实计划生育奖励扶助制度68人,发放扶助金8.2万元;落实计划生育家庭爱心保险3376人,共10.2万元。成立"关爱女孩基金",对独女户和二女户父母奖励扶助基金。2016年,主要工作指标控制在规定范围以内。全区新出生人口1577人;人口出生率8.39%,人口自然增长率6.10‰,分别低于鹰潭市下达的15.5%、9.2‰以内的目标控制值。出生政策符合率90.11%,政策外多孩率4.75%,控制在鹰潭市下达的8%目标值范围内,政策外出生人数比上年同期减少53%。性别比115.14:100,免费孕前优生健康检查完成686对,占目标任务85.75%。

主要领导人 区委书记:杨鹏(任至7月)、刘军生(7月任)。区长:刘军生(任至7月)、李志兵(8月任)。区人大常委会主任:卢力新(任至10月)、朱淑英(10月任)。区政协主席:欧阳宝(任至10月)、曾文锋(10月任)。

(雷荷莲)

赣州市

【概　况】 位于江西省南部,辖3区1市14县。总面积3.94万平方千米,其中城市中心城区建成区面积158平方千米。耕地面积43.73万公顷,有林面积291.78万公顷,森林覆盖率76.2%。总人口960.63万人,其中非农业人口228.24万人。2016年,地区生产总值2194.34亿元,同比增长9.5%。其中,第一产业增加值320.12亿元,增长4.2%;第二产业增加值936.87亿元,增长8.9%;第三产业增加值937.35亿元,增长12.1%。三次产业结构调整至14.6:42.7:42.7。财政总收入366.32亿元,增长3.7%。其中,公共财政预算收入243.18亿元,下降9.0%。财政总收入占地区生产总值比重16.7%,下降1.2%。各项税收收入299.23亿元,增长1.7%。公共财政预算支出676.83亿元,增长10%。规模以上工业增加值847.90亿元,增长9.2%。货物进出口总额41.12亿美元,下降0.9%。其中,货物出口33.91亿美元,增长0.1%;货物进口7.22亿美元,下降5.4%。固定资产投资2205.51亿元,增长16.6%。实际利用外资15.15亿美元,增长10.6%。实际利用省外项目资金676.75亿元,增长12.7%。主要工业产品:原煤29.91万吨,家具1505.95万件,发电量61.68亿千瓦时,水泥1762.26万吨,10种有色金属2.70万吨。农林牧渔总产值2205.51亿元,增长16.6%。粮食总产量287.50万吨。主要农产品:蔬菜299.61万吨,水果142.78万吨,肉类71.14万吨,水产品31.27万吨。农村居民人均可支配收入8729元,增长12.1%;城镇居民人均可支配收入2.71万元,增长8.3%。

【"两城两谷一带"项目启动实施】 2016年,赣州市围绕特色优势产业,引进培育一批带动性强的龙头项目,全面启动"两城两谷一带"(新能源汽车科技城、现代家居城、"中国稀金谷""青峰药谷"、赣粤电子信息产业带)项目建设,项目建设成效初显。

"新能源汽车科技城"获批江西省新能源汽车动力电池产业基地,孚能科技入围符合《汽车动力蓄电池行业规范条件》企业目录(第四批);孚能科技三期、台湾昶洧汽车、凯马汽车、中航新能源汽车二期等重点项目先后落户新能源汽车科技城。新能源电动汽车传动系统工程研究中心等4个工程研究中心被认定为省级工程研究中心。"现代家居城"以赣州港为平台,构建九大产业平台+出口贸易服务中心、废料回收利用中心的"9+2"平台格局,开辟"买全球木材、卖全球家具"的无阻碍通道;南康家具向"家居"转型升级。"中国稀金谷"被列入《中国制造2025》重大项目库、《稀土行业发展规划(2016—2020年)》和《有色金属工业发展规划(2016—2020年)》。"青峰药谷"格局初现,青峰药业"创新天然药物与中药注射剂国家重点实验室"正式揭牌。"赣粤电子信息产业带"产业细分布局初步形成,沿带各地新引进重大项目40余个,投资额超过190亿元。

【脱贫攻坚成效明显】 2016年,赣州市构建市、县、乡、村四级书记抓扶贫工作格局,打好精准脱贫组合拳,全年脱贫26.4万人,107个贫困村摘帽。突出抓好产业扶贫,建立产业扶贫"五个一"机制,实施旅游扶贫、电商扶贫、光伏扶贫、扶贫车间等产业扶贫项目,覆盖带动9.93万户、36.1万贫困人口进入产业链。推进搬迁脱贫,年内完成搬迁5.4万人。实施兜底脱贫,推进农村低保与扶贫开发制度有效衔接,实现贫困人口应保尽保;市、县两级财政每年拿出1亿元,为贫困户购买医疗商业补充保险,构建四道医疗保障线,有效缓解因病致贫返贫问题,得到省委书记鹿心社的批示肯定,并在全省推广;开工建设农村保障房8661套,竣工6371套,为无力建房贫困户解决住房难题。用活金融扶贫杠杆,设立10亿元风险缓释金,在全省首创"产业扶贫信贷通",撬动银行扶贫信贷资金80亿元,启动国家开发银行支持整村推进贷款项目,金融助推扶贫工作取得成效,全市发放扶贫贷款217.61亿元。承办全国网络扶贫工作现场推进会,推进"网络红利"惠及贫困地区。

【改革创新激发新动能】 全面实施"五证合一、一照一码"登记制度改革,以企业信用信息公示"一张网"为核心的市场主体新型监管机制初步形成。赣州、龙南、瑞金经开区和赣州高新区建成企业服务综合受理中心,基本实现园区事情园内办结。农业农村改革走在前列。获批国家农村综合改革标准化试点,基本完成农村"四项产权"确权登记颁证工作。不动产统一登记改革实现"新开旧停",全域发放新证,走在全国前列。全面铺开房地一体的农村宅基地和集体建设用地使用权确权登记发证工作。积极稳妥推进农房抵押贷款和农村承包土地经营权抵押贷款试点。推进土地流转,在283个乡镇建立土地流转服务中心,市、县、乡三级农村产权交易平台正式运营。推进供销社综合改革试点,在安远建设中国供销·赣南脐橙交易中心,在章贡区建设一级农产品批发市场。在全国首创"险资支农支小"模式,全市政府投资产业基金总规模超1400亿元,新增"新三板"挂牌企业10家,"五个信贷通"发放贷款219.9亿元。中国南方稀土集团组建运营,市属国有企业整合重组有序推进。部省共建教育改革发展试验区等试点示范事项扎实推进。章源钨业国家企业技术中心等研发平台建设进展顺利。铵盐体系白钨绿色冶炼关键技术和装备集成创新及产业化项目获国家科学技术奖二等奖。专利申请量突破万件。建成各级科技企业孵化器、创业孵化基地、众创空间78家,创新创业活力持续迸发。

【获批成立蓉江新区】 3月,江西省第七个城市新区——赣州蓉江新区获批成立。10月,启动蓉江新区城市设计、生态景观规划、交通组织规划编制工作。蓉江新区是赣州市设立的城市新区,为赣州市政府派出机构,正县级建制。新区位于赣州中心城区南部,管理区域范围:北起上犹江(凤岗至蟠龙段),南至潭口镇上元村,西起蓉江(潭口龙岭交界段),东至章江,包括潭东镇、潭口镇全域,以及蟠龙镇武陵村、坝上村、当塘村、虎形村、箩渡村5个行政村全域(含黄金村位于坝上村的部分土地),黄金岭街道办事处坪路村、新路村2个行政村全域。

【赣县撤县设区】 12月28日,赣县召开撤县设区大会,赣州市赣县区正式设立。市委副书记、市长曾文明,市人大常委会主任陈晓春,市政协主席刘建平,以及市领导李恭进、唐舒龙、邹宇平、江阶虎等出席。2016年10月,根据国函〔2016〕156号文件和江西省政府有关通知精神,同意撤销赣县,设立赣州市赣县区,以原赣县行政区域为赣县区行政区域,区政府驻梅林镇梅林大街5号。赣县区成立后,赣州市辖3区、1市、14县。赣州市城区面积5416平方千米,总人口约218万人。赣县撤县设区对赣县及赣州市全面发展具有重要的里程碑意义。为推进赣县区与赣州中心城区同城化、一体化发展,构建市区一体、协调联动、共赢发展新格局,赣州市委、市政府印发《关于调整赣县区管理体制的意见》,提出在保持赣县经济社会发展稳定前提下,设立5年过渡期,有序推进市区管理体制调整。过渡期内,将保持赣县区的经济管理、社会事务、城市管理、财税体制、公安管理体制等基本不变;属于市政府权限范围内的经济管理以及科、教、文、卫、体、劳动就业、社会保障、城乡基础设施建设管理等事务,委托赣县区政府管理。

【创新天然药物与中药注射剂国家重点实验室揭牌】 11月24日,创新天然药物与中药注射剂国家重点实验室在章贡经开区沙河产业园江西青峰药业公司揭牌成立。省委常委、赣州市委书记李炳军,省政府副省长谢茹,省政府副秘书长陈敏,省科技厅厅长洪三国,省科技厅纪检组长邓季芳,中国科学院院士裴钢等出席揭牌仪式。创新天然药物与中药注射剂国家重点实验室依托江西青峰药业有限公司,于2015年获科技部批准建设。实验室为赣州市首家、全省首批企业国家重点实验室,总面积达1万平方米,拥有先进的仪器设备1000余台(套),研发仪器设备原值达1.2亿元,专职研发人员400多人(其中引进海归博士近20人),已建立跨地区、多学科、以自主研发为核心的研发体系。实验室主要从事研究天然药物化学成分从实验室到创新天然药物成药的转化、产业化制备及中药注射剂安全性的关键共性问题。

【“赣南茶油”获批国家地理标志保护产品】　2月,国家质检总局发布《关于批准对赣南茶油等产品实施地理标志产品保护的公告》,批准对赣南茶油实施国家地理标志产品保护。根据该公告,赣南茶油产地范围为赣州市行政管辖区域,所辖区域内赣南茶油的生产者,可向赣州市质量技术监督局和赣州出入境检验检疫局提出使用“地理标志产品专用标志”申请。该公告同时公布赣南茶油品种、立地条件、栽培管理、采收与处理、加工、质量特色六方面质量技术要求。“赣南茶油”是赣州市第八个国家地理标志保护产品,是继“赣南脐橙”之后,生态赣州的又一名片。赣州市建设有高标准、规模化、集约化高产油茶林基地4.33万公顷,改造低产油茶林9万公顷;规模油茶加工龙头企业9家,年产茶油1.2万吨以上。赣南茶油在工艺温度不超过60℃的条件下生产加工,具有赣南原产地特色风味,销售遍及国内主要大中城市。

【承办首届南北“4+8”地区绿色发展论坛】　10月10日,中国开发性金融促进会、赣州市人民政府在赣州市主办首届南北“4+8”地区绿色发展论坛。南北“4+8”地区是指内蒙古、黑龙江、吉林、辽宁北方4省(自治区)和福建、江西、湖南、四川、广东、广西、贵州、云南南方8省(自治区)。南北“4+8”地区有良好的自然禀赋和生态文明建设基础,产业发展、生产要素、市场需求互为补充,有共同推动绿色发展的条件。论坛围绕绿色发展、生态扶贫和特色小镇等主题,进行相关政策解读,探索产融结合创新模式。首届南北“4+8”地区绿色发展论坛开创了一个新的交流模式,为行业主管部门、地方政府、会员企业、金融机构和专家学者搭建交流合作平台,促进南北地区绿色发展。其间,中国开发性金融促进会和赣州市人民政府签署战略合作协议,启动中国开发性金融促进会与中国市长协会等单位发起的“中国特色小镇投资基金”。该基金重点关注养生养老、休闲旅游、文化体育、创客空间、特色农业等特色小镇建设投资,运用政府和社会资本合作等模式支持“4+8”地区特色小镇建设和特色产业发展。

主要领导人　市委书记:李炳军。市人大常委会主任:陈晓春。市长:冷新生(9月免)、曾文明(9月任)。市政协主席:曾新方(11月免)、刘建平(11月任)。

(徐文菁)

·章贡区·

【简　况】　位于江西省南部,辖5镇4街道办事处。总面积375.52平方千米。耕地面积0.35万公顷,有林面积2.11万公顷,森林覆盖率60.54%。总人口49.50万人,其中城镇人口45.09万人;人口自然增长率10.07‰。2016年,实现地区生产总值328.37亿元,同比增长10.3%。其中,第一产业增加值4.76亿元,增长3.8%;第二产业增加值109.98亿元,增长8.9%;第三产业增加值213.63亿元,增长11.2%。财政总收入35.18亿元,增长4.6%,税收占财政总收入的比重82.84%;公共财政预算收入21.86亿元,增长20.7%;公共财政预算支出21.83亿元,与上年持平。工业总产值340.32亿元,增长13.3%。规模以上工业增加值80.84亿元,增长9.7%。固定资产投资362.97亿元,增长17.5%。实际利用外资1.18亿美元,增长11.4%;实际利用省外资金58亿元,增长15.4%;出口总额5.17亿美元。主要工业产品:单一稀土金属853.85万千克、水泥159.58万吨、钢材12.58万吨、精制茶1224吨、机制纸及纸板9.41万吨。农业总产值7.86亿元,增长8.0%。粮食总产量2.98万吨。主要农产品:油料637吨、水果产量2260吨、肉类产量1.45万吨、水产品7136吨。社会消费品零售总额255.53亿元,增长9.9%。城镇居民人均可支配收入3.19亿元,增长9.1%;农村居民人均可支配收入1.28亿元,增长11.6%。金融机构存款余额1671.94亿元,增长41.0%;贷款余额1337.85亿元,增长38.3%。新增城镇就业9489人。基本养老保险年末参保职工人数10.51万人,增长12.2%,比上年提高8.3%;城镇基本医疗保险年末参保人数27.08万人,增长2.7%。全年实现1495名贫困人口脱贫。

【项目建设取得实效】　2016年,章贡区实施“六大攻坚战”项目87个,总投资533.55亿元,年度完成投资130.32亿元。青峰药谷列为全市“两城两谷一带”重点主攻项目,超跃科技、中盛隆电子、秋田微电子等一批项目竣工投产。完成项目征地104.85公顷,拆迁2915户、28.2万平方米;新增可建设用地规模308.84公顷,建设用地报批343.29公顷,保障昌吉赣客专等重大项目建设。争取上级各类补助资金12.62亿元、债券9.56亿元。实施民企入赣、赣商回归工程,举办电子信息、硬质合金、金融产业等多场专题招商会,新引进亿元以上项目25个,总投资189亿元;龙川极地海洋世界、时光赣州(七里古镇)、赣州复兴之路文化科技主题园等大型文旅项目正式启动。落地实施PPP项目3个,其中环卫工程提升暨停车场建设运营项目成为全区第二个国家财政部示范项目。

【重点改革先行落地】　2016年,章贡区建立市、区联动协调工作机制,进一步理顺城管、城建、房管体制机制。深化“放、管、服”改革,408项许可审批事项实现集中办理、83个审批项目网上审批。开展“降成本、优环境”专项行动,全面推进“营改增”试点,累计为企业减负30.64亿元。出台《章贡区促进现代金融业发展实施方案》《章贡金融商务总部经济区建设实施方案》和《章贡区金融服务中心组建方案》,稳步推进金融健康发展。年内组建区金融服务中心,简化“信贷通”审批流程,充分发挥财政保证金的杠杆作用,使区属企业在申请“信贷通”过程中实现受理、审核、向银行推荐一站式快捷服务,实现信贷通评审工作常态化,帮助区属企业解决融资难题。对于企业重大项目建设,设立产业发展引导基金,直接以股权方式进行投资,协助企业申报相关资金支持。为企业提供融资、担保等一条龙服务,五个“信贷通”放款15亿元,其中,财园信贷通贷款列全省第一;提供融资担保1亿元、还贷周转金5.9亿元,惠及企业(农户)2324家。在全市率先设立民间融资登记服务机构,撮合融资需求5170万元。推进企业上市和上市公司再融资工作,经纬科技、科睿特软件、红一种业在“新三板”挂牌。区建投集团与江西中煤集团合作组建新一建公司,落户全省第一家装配式建筑生产企业。

【举办中国山地自行车公开赛(赣州章贡站)】 11月26日—27日,中国自行车运动协会、章贡区人民政府共同主办的2016年中国山地自行车公开赛(赣州章贡站)在沙河镇罗坑体育公园举行。该赛事以“亲近自然 骑向未来”为主题,以业余大众参与为主,特设专业组比赛。全国150余名专业选手和600余名业余选手参加男子公开组、男子健身组、男子专业组、女子专业组、女子公开组、男子体验组、男子山地越野淘汰组7个组别比赛。比赛期间还邀请各地摄影家,以赛场内外精彩片段、比赛场地美丽风光及章贡区独特的人文与自然景观为主题内容,进行摄影比赛,展现选手的拼搏精神。此项全国最高级别的山地自行车赛事在江西省为首次举办。12月,章贡区河镇罗坑村山地自行车赛道被省体育局授予“江西省全民健身活动山地自行车基地”。

【“宋城壹号”文化创意产业园开业运营】 9月28日,赣州“宋城壹号”文化创意产业园开园。“宋城壹号”位于赣州市章贡区文明大道8号(原赣州水泵制造有限公司),占地面积5.94公顷,建筑面积约4万平方米,总投资1.2亿元,建有众创孵化、创意体验、文化展示三个功能板块。该园通过对赣州水泵制造有限公司资源整合、转型升级,以“创客文化”为核心,集“宋城文化、工业文化、客家文化”为元素,以“文化旅游、工业遗产、文化创意”三大要素为支撑,打造赣州首席文化创意综合体,被列为省级重点文化产业园和省级现代服务集聚区。截至年底,入驻企业47家,签约企业56家。

主要领导人 区委书记:刘文华。区人大常委会主任:谢春明(任至9月)、刘铭忠(9月任)。区长:赖正文(任至8月)、连天浪(8月任)。区政协主席:曾伟林(任至9月)、廖小波(9月任)。

(连明)

·赣　县·

【简　况】 位于江西省南部,辖12镇7乡。总面积2993.09平方千米。耕地面积2.15万公顷,林地面积23.16万公顷,公园绿地面积490.5公顷,绿地率达35.6%。总人口65.26万人,其中乡村人口53.66万人,城镇人口11.60万人。2016年,地区生产总值145.6亿元,增长9.2%。财政总收入21.19亿元,增长3%。一般公共预算收入17.94亿元,增长3.49%。规模以上工业增加值77.3亿元,增长9.4%。规模以上工业主营业务收入349.5亿元,增长12.7%。固定资产投资165亿元,增长18.2%。社会消费品零售总额32.73亿元,增长13.5%。实际利用外资9883万美元,增长10.3%。出口总额2.76亿美元。城镇居民人均可支配收入2.44万元,增长8.5%;农民人均纯收入8588元,增长10.85%。

【赣县“稀金谷”建设成效显著】 2016年,赣县“稀金谷”完成工业固定资产投资39.23亿元,增长56%;实现工业利税28.7亿元,增长25.3%。平台建设实现新突破,“中国稀金谷”被列入《中国制造2025》重大项目库和国家《稀土行业发展规划》《有色金属工业发展规划》。投入7.6亿元用于“稀金谷”核心区建设。“五路两桥”(赣储路、幸福路、储鱼路、赣水路、储君大道和赣水桥、赣储桥)建设全面展开,9号桥、城北大道北段、江口塘路东段等工业平台重点项目完工。开工在建标准厂房31万平方米。项目建设实现新突破,永骏泰等14个工业项目竣工投产或试生产,稀土低温锂电池、永磁电机、移动机器人等一批重大项目相继落地开工。珐玛珈智能设备入驻一个月就生产出第一台自动化设备产品,实现从签约到投产前所未有的赣县速度。创新能力实现新突破,高新区科技企业孵化器获批省科技企业孵化器。全年申请专利887件,授权710件。新增高新技术企业6家,总数达到22家。帮扶企业实现新突破,深入开展“降成本、优环境”专项行动,累计为企业减负5.6亿元。为企业担保贷款近7亿元,帮助困难企业解决2.2亿元还贷周转金。新增规模企业17家,达98家。腾远钴业上市挂牌取得阶段性成效。

【赣县客家大桥通车】 9月28日,赣州市重点工程项目客家大桥正式通车。2012年11月,客家大桥开工建设。2016年5月10日,客家大桥合龙,标志大桥桥梁结构全面贯通。新建成的客家大桥属赣州中心城区“四桥十路一公园”项目,在贡江北侧与赣县县城贡江大道衔接,贡江南侧与323国道、章贡区沙河镇连接,横跨贡江。大桥全长1.99千米,主线为双向四车道,主桥上设置8个风雨亭,侧面采用客家建筑风格仿宋代城墙砖装饰。该桥建成通车,对进一步提升和完善中心城区市政路网,增加赣县与赣州中心城区联系,加快赣县融入赣州中心城区步伐,加强赣县与中心城区的连接和同城化具有重要意义。

【赣县红色革命题材电视剧《破阵》获金鹰奖】 10月16日,第28届中国电视金鹰奖颁奖晚会在湖南长沙举行。反映赣州赣县红色革命题材的36集电视连续剧《破阵》获金鹰奖。此届金鹰节有113部热播电视剧参加评选,11部作品获奖。中国电视金鹰奖是中国最具权威性和影响力的电视奖项,《破阵》作为江西唯一一部电视剧参评并获金鹰奖。36集电视连续剧《破阵》由赣县和尚世星河影视传媒有限公司联合拍摄,2015年10月29日在央视梅地亚中心举办首播发布会,同年11月4日—13日在央视电视剧频道热播,2016年9月25日—10月15日在央视第一频道作为优秀电视剧展播,收视率一路飙升,受到广大电视观众热捧。主演陈昭获华鼎奖“观众最喜爱十佳电视明星奖”。

【全省首例在校大学生捐献遗体】 6月7日,宜春学院外国语学院2014级英语2班学生钟善祺因患白血病不幸离世,向红十字会捐献眼角膜和遗体,宜春市红十字会工作人员向家属颁发《中国人体器官捐献荣誉证书》。这是全省首例在校大学生遗体捐献。钟善祺是赣州市赣县人,6月3日,钟善祺突发急性淋巴细胞白血病,引发颅内出血,紧急入住宜春市人民医院,因病情急剧恶化,导致脑死亡。4日,钟善祺父母见儿子已无救治希望,商议后作出决定,无偿捐献钟善祺遗体,造福社会。7日早上,钟善祺因抢救无效离世。钟善祺患白血病,除了眼角膜,其他器官均不能用于移植。家属向宜春市红十字会提出申请,无偿捐献钟善祺眼角膜,其遗体捐献给国家医学事业。

【《赣县古代地情文化》出版】 9月,《赣县古代地情文化》出版。该书由赣县地方志办公室承编,赣县名山名水名井、赣县古桥古渡、赣县古村镇、赣县书院、赣县古代名人、赣县进士名录、赣县古楼塔戏台、赣县寺观、赣县古窑、赣县古代墓葬、赣县古祠堂、赣县地方戏和附录《赣县乡土志·清代》11部分组成,21万字,首印2000册。

主要领导人 县委书记:胡晓平。县人大常委会主任:刘吉龙。县长:张景霖。县政协主席:黄辉(任至8月)、罗宗祺(8月任)。

(朱祥福)

·南康区·

【简　况】 位于江西省南部,辖6镇12乡2街道办事处。总面积1722.35平方千米,其中城区面积34.8平方千米。耕地面积3.23万公顷,有林面积9.29万公顷,森林覆盖率62.46%,城区覆盖绿化率42.23%。总人口76.07万人,其中城区人口39.24万人,非农业人口21.19万人;人口自然增长率7.78‰。2016年,地区生产总值187亿元,同比增长10.2%。其中,第一产业增加值25亿元,增长4.2%;第二产业增加值93亿元,增长9.6%;第三产业增加值69亿元,增长13.4%。财政总收入25.82亿元,增长4.5%;公共财政预算收入18.83亿元,增长2.2%;地方财政支出48.12亿元,增长8%。工业总产值850亿元,增长13.9%。规模以上工业增加值77.61亿元,增长10.1%。固定资产投资171.65亿元,增长18.4%。主要工业产品产值:家具630亿元、矿产品145亿元、服装28.9亿元、电子27.5亿元。外贸出口1.65亿美元。实际利用外商投资1.54亿美元、省外投资45.03亿元。农业总产值40.40亿元,增长8.5%。粮食总产量24.08万吨。主要农产品:生猪出栏81.73万头、油料作物2.37万吨(含油茶5600吨)、蔬菜25.26万吨、瓜果1.3万吨、茶叶20吨。实现社会消费品零售总额42.15亿元,增长13.8%。二氧化硫排放总量1230吨,削减率52.3%,城市污水处理总量1095万吨。城镇居民人均可支配收入2.57万元,增长8.6%;农村居民人均纯收入9166元,增长11.3%。金融机构存款余额364亿元,增长20.31%;贷款余额280亿元,增长22.38%。城镇新增就业5248人,新增转移农村劳动力1.41万人。城乡居民养老保险参保40.2万人,城镇基本医疗保险实际参保12.74万人。新增棚户区改造1179户。

【赣州港建设成效显著】 2016年,赣州港建设成效显著。港口功能日趋完善,赣州国际港站一期投入使用,建成5万平方米货物监管仓。关检协作更加顺畅,通关通检效率明显提升。开通多趟家具、外贸专列。5月28日,赣州港首趟家具专列发车;8月15日,南康至成都家具专列开通,为首列通往外省的家具专列;9月24日,首列南康至海口南"点到点"快速货物(家具)列车在赣州进境木材检验检疫监管区开行;11月30日,江西省对接21世纪海上丝绸之路赣州港至盐田港铁海联运外贸专列在赣州铁路国际集装箱中心(赣州港)首发。赣州港至盐田、厦门铁海联运外贸"五定"(定点、定车次、定线路、定时、定价)专列年吞吐量达6.3万标箱,其中进出口2.8万标箱。外贸服务体系更加健全,家具进出口外贸服务中心运转良好,新引进报关报检、船代货代、供应链金融等各类外贸服务企业8家,总数达到22家。开放型经济快速发展,外贸企业大量涌入,全区外贸登记企业由3家增至280家。以木材、家具为主的外贸进出口逆势增长,完成外贸进出口1.97亿美元,增长30.9%。其中,出口1.65亿美元,增长23.3%。

【南康区人民法院被授予"全国模范法院"称号】 1月,在全国高级法院院长会议上,南康区人民法院被最高人民法院授予"全国模范法院"称号。"全国模范法院"是法院系统最高荣誉,每四年评选一次。南康区人民法院是此次江西省唯一获"全国模范法院"称号的法院。南康区人民法院内设机构15个,在编干警89名。2011年以来,审(执)结各类案件1.59万件,其中审结诉讼类案件1.10万件,执结案件4954件,执结标的2.46亿元。全院没有出现一起冤假错案,没有发生一起干警违法违纪案件。先后获"全国人民满意的公务员集体""全国文明单位""全国模范法院""全国优秀法院""全国三八红旗集体"等国家级荣誉14项,"江西省文明单位""全省优秀法院"等省级荣誉55项;干警个人获得省级以上表彰444人(次)。

【推动家具产业"个转企、小升规"工作】 2016年,南康区推动家具产业"个转企、小升规"。南康区下发《关于加快推进家具产业"个转企、小升规"工作的实施意见》,出台政策优惠、财税奖励、入园优惠、税费减免、水电优先、金融奖励6个方面共18条扶持政策,重点培育2000家左右优质家具企业,力争在土地集约利用、企业环保水平、家具对外贸易、产业科技创新4个方面有新提升,解决南康家具产品档次不高、家具企业"小弱乱"、缺乏龙头标杆企业等问题。借鉴浙江温州、义乌等地经验做法,利用3年时间,推动2100家个体工商户转为企业、300~500家小微企业达到规模以上企业标准。对达到"规上"标准的家具企业,南康区允许其在生产经营活动中使用"南康家具"区域品牌,并一次性给予5万元奖励;经省级以上部门核准的,再追加7万元省、市奖励;对完成"个转企"的企业,一次性奖励5000元。南康区"转企升规"工作启动45天,有1000多家企业有意向"入规",400家达到规上标准并申报入规,申报省级核准108家,通过101家,成效显著。

【中国内陆口岸(江西)国检监管试验区揭牌】 10月12日,国家质检总局党组副书记、副局长梅克保为全国内陆首个国检监管试验区——中国内陆口岸(江西)国检监管试验区揭牌。

江西省出入境检验检疫局局长温珍才，市委副书记、代市长曾文明，区委书记徐兵一同揭牌，国家质检总局计划财务司司长黄冠胜，国家质检总局直属机关党委常务副书记袁长祥、省质监局局长王福平，市委常委、副市长彭业明等出席揭牌仪式。

以赣州进境木材国检监管区为基础的赣州港获批中国内陆口岸（江西）国检监管试验区，创新了内陆口岸检验检疫监管新模式，在确保疫病疫情和质量安全风险可控前提下，以"进境全直通、出口全直放"为目标，建立内陆与沿海沿边无障碍通道，加快推动以赣州港集装箱多式联运为基础的多口岸直通、多品种运营。

主要领导人 区委书记：徐兵。区人大常委会主任：彭秀生（8月任）。区长：何善锦。区政协主席：彭秀生（任至8月）、严国雄（8月任）。

（倪贵清）

·信丰县·

【简　况】 位于江西省南部，辖13镇3乡1工业园区管理委员会。总面积2878平方千米。耕地面积3.17万公顷，森林覆盖率71.3%。总人口77.07万人。2016年，地区生产总值170.69亿元，增长10%。其中，第一产业增加值29.57亿元，增长4.4%；第二产业增加值68.73亿元，增长9.6%；第三产业增加值72.39亿元，增长12.9%。财政总收入16.38亿元，增长2.4%。公共财政收入11.43亿元，增长0.3%。500万元以上固定资产投资162.09亿元，增长15.5%。实际利用外资9843万美元，增长10.4%。社会消费品零售总额44.44亿元，增长9.7%。规模以上工业增加值57.01亿元，增长9.8%。主要工业产品：水泥250.01万吨，饮料酒（白酒）3.83万千升，纸制品4.96万吨，饲料41.3万吨。农业总产值45.66亿元，增长5.9%。粮食总产量26.71万吨。主要农产品：烤烟3128吨，脐橙16.47万吨，蔬菜48.47万吨，生猪出栏80.12万头。农村居民人均可支配收入1.08万元，增长11.4%；城镇居民可支配收入2.57万元，增长8.6%。城乡居民年末储蓄余额156.74亿元，增长13.4%。

【20万吨脐橙生产线项目投产】 12月8日，年加工20万吨鲜果的农夫山泉信丰脐橙深加工项目正式竣工投产。农夫山泉信丰脐橙加工生产基地项目总投资10亿元，占地面积30公顷，2015年6月签约落户信丰工业园区，同年11月开工建设。该基地主要经营脐橙榨汁、终端品灌装及其产品销售，其他水果及农副产品收购、加工、销售。一期项目占地20.67公顷，已完成固定资产投资6.8亿元，完成厂房建筑面积13.8万平方米，购买国际最先进的美国产榨汁线1条，法国产鲜果分选线1条，美国产鲜果包装线4条，国产大型注塑机1台，冷冻库8000余平方米及其相应生产辅助设备。该项目是农夫山泉股份有限公司迄今为止单体面积最大的工厂，采用全球最先进的榨汁技术，是全亚洲乃至全球最大的脐橙加工企业，对赣南脐橙转型升级起到示范推动作用。

【高端多层线路板项目投产】 12月18日，信丰迅捷兴电路科技有限公司年产160万平方米高端多层线路板项目投产。该项目总投资8亿元，其中固定资产投资6亿元，占地4.67公顷。信丰迅捷兴电路科技有限公司从台湾、德国购买最先进生产设备，自动化程度高。公司采用环保无铅制程工艺，高起点、高规格建设环保设施，由上市公司东江环保设计承建污水处理站，确保做到达标排放，为做大绿色环保的线路板产业起到引领示范作用。公司一期投产后6个月内进入规模以上企业，两期投资完成后，成为该县线路板行业的重点企业。一期项目达产达标后，可年产80万平方米高密度印制电路板，实现年销售收入7亿元，年创税4000多万元。

【桃江湿地获批开展省级湿地公园试点】 12月30日，省林业厅发布《关于同意信丰桃江等4处湿地开展省级湿地公园试点工作的通知》，同意信丰桃江湿地开展省级湿地公园试点工作。该湿地公园位于信丰县嘉定镇桃江沿岸，总面积325.43公顷，其中湿地面积205.55公顷，湿地率63.16%，以河流湿地为主。湿地内自然生态特征和地域景观特色明显，动植物资源丰富，地理条件优越，适合开展湿地保护、科普宣传教育和休闲体验。信丰县桃江省级湿地公园有维管植物88科235属350种，陆生脊椎动物27目76科265种，其中国家Ⅱ级重点保护野生植物3种，国家Ⅱ级重点保护野生动物5种，省级保护野生动物38种。试点建设期至2021年，分为湿地保育区、宣教展示区、合理利用区和管理服务区四大功能区。

【105国道绕城公路改建工程开工】 11月3日，105国道绕城公路改建工程开工。105国道北澳线信丰县绕城公路改建工程，起点位于西牛镇石古前，接105国道K2185+500，经西牛镇上龙、团山背、松山下、肖家坝、狮形上、马路坑，终点位于马坑村，接105国道K2201+100处，路线全长20.05千米，按一级公路兼城市道路标准建设，路基宽24.5米，沥青混凝土路面结构。项目总投资5.10亿元，工期24个月。

主要领导人 县委书记：张逸（任至1月）、刘勇（1月任）。县人大常委会主任：邹长东。县长：黄蕙。县政协主席：张克喜（任至9月）、何文庆（9月任）。

（罗才胜）

·大余县·

【简　况】 位于江西省西南部，辖8镇3乡。总面积1367.63平方千米，其中耕地面积1.30万公顷，林地面积10.73万公顷。森林覆盖率72.56%，城区绿化率13.6%。总人口31.36万人，其中乡镇人口14.24万人。人口自然增长率12.24‰。2016年，地区生产总值100.11亿元，同比增长9.2%。其中，第一产业增加值11.89亿元，增长4.2%；第二产业增加值49.11亿元，增长8.4%；第三产业增加值39.11亿元，增长11.8%。三次产业结构比由上年11.9∶49∶39.1调整为12∶50.4∶37.6。财政总收入11.03亿元，增长4%，人均财政总收入3521元；财政支出23.9亿元，增长10.6%。全社会固定资产投资108.56亿元，增长5.8%。其中，500万元以上固定资产投资100.47亿元，增长16.3%。实际利用外资1亿美元,增长10.3%。进出口总额0.44亿美元,增长70.5%。其中,出口总额0.4亿美元,增长81%。农林牧渔总产值20.05亿元,增长4.4%。粮食总产量9.2万吨,增长1.3%。社会消费品零售总额27.66亿元,增长12.9%。金融机构存款余额98.02亿元,增长12.7%;金融机构贷款64.19亿元,增长21%。城镇居民人均可支配收入2.40万元,增长8.3%;农村居民人均可支配收入9664元,增长11.4%。城镇新增就业2769人,新增转移农村劳动力4448人。新增各类保障性住房23套,棚户区改造安置房81套。全年减贫9886人,完成扶贫移民搬迁860人。

【爆破拆除梅关大桥、东风桥】 6月27日16时,大余县梅关大桥、东风桥爆破拆除。梅关大桥横跨章江,是连接大余县城新老城区的主要桥梁之一,东风桥与梅关大桥平行。梅关大桥桥龄26年,东风桥桥龄81年。两座桥爆破共打炮孔近1000个,爆破用炸药200千克,导爆管雷管1500发。爆破拆除后,原址上规划重建一座长106米、宽34米,双向六车道大桥,以缓解区域交通压力。

【推进城南片区棚户区改造】 大余县大力推进城南片区棚户区改造,将其列为基础设施重大攻坚战项目。县委、县政府主要领导主持召开7次以上调度会进行专题研究讨论;从部分乡镇、公安、城建、国土等单位抽调精干人员,协同所有村干部成立5个征地组、4个拆迁组、1个丈量及核算组、1个拆违组、1个综合协调组,县、乡、村"三级"联动。开展征地拆迁工作前期,对征地拆迁红线范围内征拆户及房屋、土地情况进行调查摸底,登记造册,制定具有操作性的实施方案。全面实行公示制度,将征收补偿政策标准、补偿安置方案、安置房源等信息公开,接受群众监督,做到"阳光"拆迁。拆迁工作中,无一起上访投诉、无一起群体性事件、无一起安全事故、无一起强制拆除。全年征收土地363公顷,拆迁1937栋897户,征拆资金6亿多元。拆迁规模、资金额为前10年总和。

【开展"扶贫车间"模式扶贫】 2016年,大余县出台《大余县就业扶贫车间工作实施方案》《大余县"百企帮百村带千户"精准扶贫行动实施方案》等政策文件,在实施精准扶贫攻坚中,采取"企业+车间+贫困户"的"扶贫车间"模式,即引导县内企业在有条件的乡镇创建就业扶贫车间(加工点),由乡镇组织当地贫困家庭劳动力进车间务工,为贫困群众在家门口就业创造条件。县财政安排600万元专项资金,用于支持扶贫车间的贫困户手工费补助;每一个扶贫车间财政补助1万元用于标识牌、音响、茶壶等相关设施完善;挂点扶贫单位补助车间租金、水、电等费用3年;县精准办、相关金融部门加大对扶贫车间企业信贷扶持力度,使企业享受或参照享受"产业扶贫信贷通"政策,为扶贫车间办理100万元贷款;县人社局为扶贫车间提供劳动就业创业贴息,提供100个就业岗位补贴,给所有车间主任每人每月700元。扶贫车间严格按照"十个一"标准建设,即一个不少于80平方米的"扶贫车间"场所、一个统一的"扶贫车间"标识牌、一份"扶贫车间"的基本情况简介、一套完整的安全生产制度、一条统一的对外扶贫就业宣传形象标语、一个产品展示区、一台优化工作环境的音响设备、一个贫困户就业情况公示栏、一张工艺制作流程图和光碟、一个挂点单位帮扶机制。7月,扶贫车间在全县22个省级贫困村实现全覆盖。通过示范引领,辐射带动全县更多村(居)设立扶贫车间。

【融资服务成效明显】 2016年,大余县大力开展融资服务工作。通过银行融资金额8.09亿元。其中,通过赣州发展融资租赁有限公司和北京银行为大余中学新校区融资1亿元;通过工商银行为标准厂房建设融资1亿元;通过农业银行为"三园两路一桥"建设融资1亿元;通过农业发展银行为异地搬迁扶贫融资2亿元;通过九江银行设立产业基金融资3.09亿元。全年"五通一贷"发放贷款6.91亿元。其中,"财园信贷通"发放57户,发放贷款2.84亿元;"小微信贷通"发放70户,发放贷款7641万元;"创业信贷通"发放38户,发放贷款1506万元;"产业扶贫信贷通"向2178户贫困户、13家企业、126个合作社发放贷款1.81亿元,完成全年信贷计划的100.85%;"财政惠农信贷通"发放贷款9203万元;"助保贷"发放5户,发放贷款4295万元。做好政银企融资对接工作。组织县内50家企业与8家银行签定4.49亿元贷款合同,2016年全部履约到位。组织中小企业转贷资金工作,为42余家企业完成99笔共6.59亿元的"还旧续贷"。

【打造新城蔬菜基地】 4月,新城200公顷蔬菜基地创建。新城蔬菜基地位于新城镇东南部,是大余县2016年现代农业攻坚战重点建设工程。项目规划总面积200公顷,分二期建设,第一期规划100公顷,分蔬菜集约化育苗中心、蔬菜新品种引进试验展示中心、无公害蔬菜标准化生产示范基地、休闲观光体验区、综合服务区五大功能区,建设内容包括0.33公顷高标准温控育苗大棚,3.33公顷连体钢结构塑料大棚,23.33公顷简易单体大棚,66.67公顷露天无公害蔬菜种植基地,1.33公顷综合服务区,5公顷果蔬观光基地和全部配套喷滴灌等现代农业设施建设。项目由大余鹭溪农业发展有限公司负责组织实施,通过"龙头企业+合作社+农户"方式打造高产高效蔬菜种植示范基地、休闲农业观光基地、特色精准扶贫基地。基地完成土地流转66.67公顷,涉及周屋、南丰、桥西3个行政村650户农户;成立两个蔬菜种植农民专业合作社,社员达900人;带动周边6个村3000多户农户发展蔬菜产业,间接带动就业1000多人。

主要领导人 县委书记:曹爱珍。县人大常委会主任:李细妹。县长:邱凌(8月免)、钟旭辉(8月任)。县政协主席:吴昌星(9月免)、邓金健(9月任)。

(谭景毅)

·上犹县·

【简　况】 位于江西省西南部,辖6镇8乡。总面积1543.87平方千米。耕地面积8666.7公顷,森林面积1.2万公顷,森林覆盖率81.4%。总人口

32.22万人,其中农业人口26.8万人;人口自然增长率5‰。2016年,地区生产总值57.11亿元,增长9.6%。三次产业结构比为19.2:37.4:43.4。财政总收入8.35亿元,增长4%。其中,一般公共预算收入6.02亿元。财政收入税占比达77%。固定资产投资53.34亿元,增长16.2%。其中,工业固定资产投资21.64亿元,增长42.8%。规模以上工业增加值15.04亿元,增长9%。社会消费品零售总额16.22亿元,增长13.3%。实际利用外资6820万美元,增长10.2%。进出口总额1.06亿美元。全年民生支出18.46亿元,占公共财政支出78.5%。发放城乡低保金3098.3万元、五保供养金708.6万元。城镇居民人均可支配收入2.23万元,农村居民人均可支配收入8494元。

【上犹县获评全国美丽乡村创建先进县】 11月,第二届全国生态文明建设高峰论坛暨城市与景区、美丽乡村成果发布会在北京举行,经过“提名推荐、媒体评议、公众投票、专家评议”等遴选环节,上犹县被评为“全国美丽乡村创建先进县”。该活动由新华社《半月谈》杂志社、中国国情调查研究中心共同主办。上犹县围绕赣州市“十三五”旅游产业发展规划“一核三区”中生态休闲度假旅游区定位,以“建成赣州都市区的休闲旅游、居住养生后花园”“打造江南最美乡愁旅游目的地”等为目标,树立“全域旅游”发展理念,把“美丽城镇、诗画乡村”融入城乡一体化建设,纵深推进“保护一江清水”,发展以采摘、垂钓、餐饮、民宿、赏石为特色的犹梅乡村旅游产业带,打造柏水寨、社溪沙坳等多个“基地景区化”农旅结合精品示范点,招商签约天沐温泉度假小镇、桃花源旅游开发、中华油茶文化园、齐云原舍精品度假村等项目,主攻旅游业为龙头的现代服务业攻坚战项目,旅游产业发展空间多面延伸、旅游业态及产品不断丰富、旅游产业集聚效应逐渐增强,旅游业成为实施“同城发展、绿色赶超”战略,建设“宜居、宜业、宜游上犹”的支柱型产业之一。全年接待游客突破200万人次,增长48%;实现旅游综合收入12.9亿元,增长49.2%。

【双溪风力发电项目首台风机组装完成】 8月12日,双溪仙鹅塘风力发电第一期项目首台风机组装完成。双溪乡仙鹅塘风力发电项目由中电投江西电力有限公司投资兴建,动态投资4.35亿元,项目装机容量4.8万千瓦。该项目分为3期,一期共安装24台单机,三期全部建成投产后,成为赣南最大风力发电群。与同等规模火电厂相比,每年可减少使用标准煤3.10万吨,置换成原煤为4.35万吨。

【全国玻璃纤维及复合材料行业2016年工作会在上犹召开】 4月26日—29日,全国玻璃纤维及复合材料行业2016年工作会在上犹县陡水湖召开。工信部、省工信委、市工信委领导及玻璃纤维行业专家、企业家代表300余人与会。工信部产业政策司原处长袁克兰就玻璃纤维行业准入公告管理申报与审核最新进展作详细解读;工信部产业政策司处长匡佩远就复合材料行业大型生产基地和重点领军企业的培育等作讲授。会议期间,与会人员共同解读纤维复合材料行业“十三五”发展规划,探讨行业未来发展应用方向。

【举办投资环境暨资本市场绿色通道推介会】 12月17日,上犹县在广东省东莞市举办投资环境暨资本市场绿色通道推介会。东莞、广州、深圳等地客商300多人参加推介会。会上,全面推介上犹投资发展环境和企业上市政策,推介两大工业主导产业和以旅游为龙头的现代服务业及重点招商项目。会议签约振力达科技、龙门旅游综合开发、华鑫纳米科技、卓越培训基地、塑胶模具生产、高端精密紧固系统生产6个项目,签约合同资金42.8亿元。

主要领导人 县委书记:赖晓岚。县人大常委会主任:吴增京(任至8月)、蓝青(8月任)。县长:余业伟。县政协主席:陈卫国(任至8月)、钟恢森(8月任)。

(谢东才)

·崇义县·

【简　况】 位于江西省西南部,辖6镇10乡。总面积2206.27平方千米。总人口21.68万人,其中城镇居民4.06万人;人口自然增长率8.68‰。2016年,地区生产总值71.16亿元,同比增长9.3%。其中,第一产业增加值10.47亿元,增长4.3%;第二产业增加值40.05亿元,增长8.2%;第三产业增加值20.64亿元,增长14.3%。财政总收入10.7亿元,增长4.1%;公共财政预算收入8.36亿元,增长16.9%。固定资产投资45.38亿元,增长16.5%。社会消费品零售总额15.32亿元,增长12.5%。规模以上工业总产值102.28亿元,增长5.4%。主要工业主品:钨精矿6510吨,原煤7.29万吨,竹胶合板3.23万立方米,南酸枣糕5589吨,仲钨酸铵1.62万吨。农业总产值15.05亿元,增长6.2%。主要农产品:油茶籽4000吨,柑橘3.68万吨,家禽出笼7851百羽,猪肉6563吨,水产品1.28万吨。城镇居民人均可支配收入2.29万元,增长8.1%;农村居民人均可支配收入8515元,增长11.6%。城乡居民年末储蓄余额46.4亿元,增长12.6%。全年民生支出17.56亿元,增长27.6%,占公共财政支出83.9%。

【全国森林质量提升工作会议在崇义县召开】 11月17日—18日,全国森林质量提升工作会议在崇义县召开。会议研究部署森林质量提升工作,强调要着力构建健康稳定的森林生态系统,维护国土生态安全。国家林业局党组书记、局长张建龙,江西省委常委、副省长尹建业出席会议并讲话。全国31个省、自治区、直辖市林业界领导、专家与会。会前,与会人员到崇义县高坌林场、横水镇大密村蛤蟆湖山场调研,现场观摩森林资源保护和经营工作。

【扶贫攻坚富有成效】 2016年,崇义县投入6.32亿元开展精准扶贫工作,扶贫攻坚取得成效。投入1.94亿元推进产业扶贫,引导3851户贫困户种植刺葡萄68.6公顷,578户贫困户养蜂5808箱,打造3.33公顷以上规模蔬菜基地14个106.67公顷,形成以刺葡萄、养蜂、蔬菜等为主导的优势特色产业扶贫格局。持续加大金融扶贫力度,发放易地搬迁扶贫贷款 5 亿元,发放产业扶贫信贷通贷款 1.78 亿元。统筹推进创业扶贫、就业扶贫、教育扶贫,完成脱贫 1408 户 4669 人,全县贫困发生率下降 2.61%。建成农村保障房 156 套,丰州雁湖、杰坝长潭等 9 个行政村列为全国乡村旅游扶贫重点村,铅厂义安、横水左溪、龙勾良田 3 个省级贫困村脱贫"摘帽"。

【"章源及图"商标被评为中国驰名商标】 10 月,省工商局转达国家工商总局商标局《关于认定"章源及图"商标为驰名商标的批复》到章源钨业股份有限公司,该批复根据《中华人民共和国商标法》《中华人民共和国商标法实施条例》及《驰名商标认定和保护规定》有关规定,认定章源钨业公司使用的"章源及图"注册商标为中国驰名商标。这是崇义县首件中国驰名商标,也是中国钨行业中第 3 件中国驰名商标。"章源及图"是章源钨业使用在商标注册用商品和服务国际分类第 6 类钨粉、普通金属合金商品上的商标。

【崇义阳明湖国家湿地公园申报成功】 12 月,国家林业局正式批复同意江西崇义阳明湖等 134 处湿地开展国家湿地公园试点工作。崇义阳明湖国家湿地公园面积 2122.96 公顷,湿地范围包括崇义县横水镇、过埠镇、杰坝乡、思顺乡、麟潭乡、上堡乡河流水库区域以及周边部分森林生态系统和农田,湿地区域具有典型性、代表性鲜明的河库型湿地生态系统。

【聂都乡竹洞村入选第四批中国传统村落名录】 12 月,住建部公布第四批中国传统村落名录,聂都乡竹洞村入选。中国传统村落指民国以前所建,聚居年代久远,拥有丰富传统物质和非物质形态文化遗产资源,具有历史、文化、科学、艺术、社会、经济价值,应予以保护的村落,其特点是:建筑环境、建筑风貌、村落选址未有大的变动,具有独特民俗民风。竹洞村为畲族村,是崇义县 3 个少数民族村之一,具有民族特色生活习俗、服饰及节庆活动等,是聂都风景名胜区人文景观的主要内容之一。

主要领导人　县委书记:许志辉(7 月免)、许斌(7 月任)。县人大常委会主任:郭兰。县长:许斌(任至 7 月)、邱凌(7 月代,9 月任)。县政协主席:陈金发。

(郭文良)

·安远县·

【简　况】 位于江西省南部,辖 8 镇 10 乡。总面积 2374.59 平方千米,其中城区面积 10 平方千米。耕地面积 1.08 万公顷,森林面积 20.05 万公顷,森林覆盖率 84.25%,城区绿化率 35.3%。总人口 40.27 万人,其中农业人口 32.50 万人,非农业人口 7.77 万人。2016 年,地区生产总值 58.54 亿元,增长 9%。其中,第一产业增加值 16.15 亿元,第二产业增加值 12.85 亿元,第三产增加值 29.54 亿元。财政总收入 7.23 亿元,增长 3.3%。其中,公共财政收入 5.13 亿元,下降 3.9%。500 万元以上项目固定资产投资 36.54 亿元,增长 18%。谷物产量 11. 87 万吨。主要农产品:水果产量 17.51 万吨,产值 9.7 亿元;烟叶 1733.33 公顷,产值 0.78 亿元。规模以上工业增加值 8.3 亿元,增长 8.1%。主要工业产品:稀土 339 吨,产值 2.92 亿元;塑料薄膜 1.36 吨,产值 2.31 亿元;中成药 114 吨,产值 1.05 亿元。节能减排任务全面完成。社会消费品零售总额 18.1 亿元,增长 12.6%。农民人均纯收入 8371 元,增长 11.1%;城镇居民可支配收入 2.13 亿元,增长 8%。各项存款余额 106.2 亿元,贷款余额 62.5 亿元,存贷比 58.8%。民生支出 22.08 亿元,占公共财政预算支出 86.9%。贫困人口脱贫 1.28 万人,10 个贫困村退出。

【精准扶贫成效显著】 2016 年,安远县全面落实"3315"扶贫工作要求和"五看"脱贫理念,突出打好精准脱贫攻坚战。通过易地搬迁扶贫、原址改建、农村保障房安置、敬老院养老、子女赡养等方式,基本解决一家两代、一家三代居住在危旧土坯房贫困户的安全住房问题。大力实施产业扶贫,发放产业直补资金 305.6 万元、产业扶贫贷款 3.6 亿元,建立紫薯种植、肉兔养殖等一批产业扶贫基地。完成 70 个贫困村进村主干道畅通工程和 25 户以上自然村通组公路建设,其中实施 56 个贫困村进村主干道"油化"工程。推进所有贫困村公有产权卫生室建设。农村低保与扶贫开发实现有效衔接。大病医疗救助工作扎实推进。全年实现建档立卡贫困人口 1.28 万人脱贫,10 个贫困村退出。

【"三个标准化"建设收官】 2016 年是安远乡村学校、敬老院、卫生院"三个标准化"建设收官之年。12 月 26 日—29 日,安远召开"三个标准化"建设流动现场会,县人大代表、政协委员先后到 18 个乡镇义务教育学校、乡镇卫生院、农村敬老院标准化建设点实地考察,全面了解建设成效。2014 年起,安远连续三年投入 7.8 亿元加大农村学校、敬老院、卫生院"三个标准化"建设,改造硬件、提升软件。3 年间,完成 168 所义务教育学校、11 所乡镇敬老院标准改造,10 所乡镇卫生院的新建或扩建,70 所村卫生计生服务室新建工作,基本实现既定目标。

【启动棚改征收工作】 10 月 17 日,安远县召开棚户区改造项目土地房屋征收工作动员大会,启动棚改土地房屋征收工作。此次棚改土地房屋征收是安远征收史上涉及面积最大、区域最广、动员力量最强、投入资金最多的一次征收。县领导担任 11 个征收工作组正副组长,94 个责任单位参与棚户区土地房屋征收工作。征迁工作中,一个多月时间完成签约 903 户,零质疑、零上访、零拒签、零强拆,实现征地拆迁"安远模式""安远速度",孕育形成安远"征收精神"。12 月 17 日,县委书记严水石在弘扬征收精神改进工作作风提高工作效率动员大会上,首次提出并阐释以"真情为民、上下齐心、公正无私、不畏艰难、勇于争先"为主要内容的安远"征收精神"。

【举办安远第六届运动会】 12 月 3 日—7 日,安远县第六届运动会举行。运动会设乡镇组、县直系统组、学校组 3 个组别,包括田径、拔河、篮球等 13 个竞赛大项目、103 个小项目,各乡镇、县直系统 41 支代表团 4000 余名运动员参赛。此届运动会是安远规模最大、人数最多、水平最高的一届运动会。教育系统、政法系统、财税系统获系统组团体总分前三名；孔田镇、欣山镇、三百山镇获乡镇组团体总分前三名；安远二中获学生组（高中组）团体总分第一名；濂江中学、安远三中、思源学校获得学生组（初中组）前三名；东江源小学、九龙小学、思源学校获学生组（小学组）前三名；教育系统在系统组中获金牌数第一；欣山镇在乡镇组中获金牌总数第一。

主要领导人 县委书记：严水石。县人大常委会主任：曹志坚。县长：肖斐杰。县政协主席：袁志勇（任至8月）、刘惠宗（8月任）。

（叶春泉）

·龙南县·

【简 况】 位于江西省最南端，辖8镇5乡2林场2管委会。总面积1641平方千米，其中城区面积18.96平方千米。耕地面积1.24万公顷，有林面积12.53万公顷，森林覆盖率82.16%。总人口33.49万人，其中城镇人口17.49万人。城镇化率达47.4%，人口自然增长率9.29‰。2016年，地区生产总值134.85亿元，同比增长9.2%。其中，第一产业增加值12.73亿元，增长4.2%；第二产业增加值73.63亿元，增长9.2%；第三产业增加值48.49亿元，增长10.6%。财政总收入16.75亿元，增长1.0%，人均5460元。地方财政收入12.45亿元，下降1.0%；地方一般预算支出29.79亿元，增长10.0%。工业增加值65.55亿元，增长9.3%。规模以上工业增加值65.1亿元，增长9.7%。进出口总额6.60亿美元，增长8.5%。其中，出口5.74亿美元，增长8.9%；进口8543万美元，增长6.03%。500万元以上固定资产投资150.1亿元，增长16.5%。实际利用外资1.03亿美元，增长11.0%；实际利用省外5000万元以上项目资金56.6亿元，增长15.1%。工业用电量7.13亿千瓦时，增长7.3%。农业总产值19.89亿元，增长6.7%。粮食总产量6.54万吨，增长0.5%。主要农产品：柑橘类水果5.90万吨，增长0.7%；肉类2.88万吨，增长6.8%；家禽出笼486万只，增长5.2%。社会消费品零售总额31.18亿元，增长11.7%。城镇居民人均可支配收入2.52万元，增加1974元，增长8.51%；农村居民人均可支配收入9506元，增加934元，增长10.9%。金融机构年末存款余额137.76亿元，增长30.1%。城镇新增就业2550人，新增转移农村劳动力4135人。城乡居民养老保险参保14.02万人，城镇职工基本养老保险参保3.63万人，城乡居民基本医疗保险参保率98.84%，社会保险基金征集总量2.24亿元。新增各类保障性住房1104套。全年减贫9883人，完成扶贫移民搬迁2026人。

【推进招商引资工作】 2016年，龙南县坚定不移扩大开放，推进招商引资工作。与重庆长寿经开区、新疆喀什经开区签订战略合作协议，与深圳电子信息产业联合会、中国科技开发研究院投资促进中心联合设立龙南（深圳）电子信息产业共建基地，推动“走出去”和“请进来”双向发力，促进投资和贸易双向互动。实施招商引资攻坚行动，围绕做大做强电子信息首位产业和稀土新材料、现代轻工、食品药品等主导产业，创新招商方式，抓好以商招商、组团招商、产业招商、专业招商、商会招商、“互联网＋招商”，深化央企对接，大力实施“回引工程”，先后在佛山、深圳、厦门举办电子信息产业招商推介会，引进一批关联度高、辐射力强、带动力大的龙头型、科技型、集群型项目。赣州电子信息产业科技城落户龙南，志浩电子、优信普科技、骏亚精密等17个项目相继开工，恋伊工业、新正耀新能源汽车配件、汇森明达等20个项目试投产。年内签约项目40个，签约金额210亿元，是2015年2倍；平均单个项目投资5.25亿元，是2015年3倍；签约亿元以上项目21个，其中签约10亿元以上项目6个。

【全面启动全域旅游】 11月，列入第二批国家全域旅游示范区创建单位。年内，龙南县高标准编制完成《龙南县旅游产业发展总体规划》，全面启动全域旅游。做好正桂酒桂度假区、关西围屋群、虔心小镇、正桂美丽乡村、黄道生骑楼历史老街、悦龙湾、南武当山、龙秀温泉、城市绿化亮化工程、城市园林景观提升工程等专项规划编制工作。实施旅游招商行动，引进大型涉旅集团参与旅游项目开发建设。与《中国企业报》集团合作建设总投资50亿元的武当和平玫瑰特色小镇，与新华社合作打造互联网小镇，福建天沐集团独资开发建设临塘温泉小镇，与赣州林业集团合作打造投资近80亿元的安基山森林小镇。改善旅游发展环境，加快推进旅游资源收储。收回小武当山景区监督管理权和门票专营权，进一步理顺关西新围经营管理权。成立县旅游产业发展委员会和县旅游投资发展有限公司，设立20亿元的旅游产业发展投资基金。筹备客家美食节、客家山歌邀请赛、环龙南主要景区景点山地自行车赛等18项节庆活动。推进关西围屋4A级景区完善提升项目，南武当山、栗园围创4A级景区项目等10大旅游重大项目，以及旅游公路、星级酒店建设、旅游商品开发等9大旅游基础设施配套项目建设。全年接待游客262.1万人次，实现旅游综合收入20.12亿元，分别增长24.2%、23.7%。

【启动棚户区改造征地拆迁工作】 10月19日，龙南县启动实施人民大道延伸段、石人片区和玉环北路棚户区改造房屋征收工作。龙南县组建房屋征收指挥部，分设15个征收工作小组，由龙南经开区、龙南县领导任组长，每个工作组安排一名副科以上领导干部担任联络员，一名村（社区）干部为村级联络员，成员由全县76个单位组成。各责任单位履行“六包”责任，即一包宣传动员、二包纠纷调解、三包协议签订、四包搬迁弃房、五包房屋拆除、六包后续稳定工作。总结以往经验教训，借鉴兄弟县市经验，制定比较优惠的征收补偿政策。全面推行货币安置，集体土地上的房屋补偿标准为3800～4200元/平方米，国有土地上房屋补偿标准4000～4500元/平方米，国有土地上店面补偿标准8000～14000元/平方米。制定征收户凭弃房证明优惠、优先购房政策，孤寡老人临时过渡安置政策，违建户优惠购房政策等。棚改指挥部下设办公室、测绘评估组、疑难问题研判组、房屋合法性认定组、资金审核组、监察组、征收工作组。坚持每天召开联络员会议和疑难问题研判会议，对房屋征收工作遇到的难题，基本做到当天的问题当天解决。通过科学调度，两个月内完成棚改征迁1306户31.2万平方米。

【龙南保税物流中心开工建设】 12月28日，龙南保税物流中心开工建设。龙南保税物流中心(B型)位于龙南经开区新圳工业园，规划面积10.27公顷。建设内容包括综合办公大楼、电子商务、展示中心、海关查验平台、保税仓库、堆场仓储区、隔离围网、智能卡口、视频监控系统等满足保税物流监管、仓储、配送的配套设施。中心由龙南经开区建投公司申报、建设和运营。龙南保税物流中心于3月29日重新确定选址；7月7日，省政府批复赣州市政府同意设立龙南保税物流中心(B型)；10月26日，海关总署、财政部、国税总局、国家外汇管理局联合下发准予设立龙南保税物流中心(B型)的通知，正式予以批复。龙南保税物流中心是江西省获批的第二家保税物流中心，也是赣州市赣州综保区外又一国家级海关特殊监管场所；是继龙南经开区后，龙南县又一国家级开放服务平台。

主要领导人 县委书记：薛强(任至7月)、缪兰英(7月任)。县人大常委会主任：李德恭(任至9月)、曾明健(9月任)。县长：刘定辉(任至1月)、缪兰英(1月任，7月免)、邱建军(7月任)。县政协主席：曾明健(任至9月)、王慧君(9月任)。

(赖日金)

·全南县·

【简　况】 位于江西省南部，辖6镇3乡1林场。总面积1535平方千米，其中城区面积8.78平方千米。耕地面积1.06万公顷，林地面积12.73万公顷，森林覆盖率82.87%。总人口19.80万人，人口出生率12.75‰。2016年，地区生产总值58.15亿元，增长8.5%。其中，第一产业增加值8.81亿元，增长4.2%；第二产业增加值29.20亿元，增长9.0%；第三产业增加值20.14亿元，增长9.7%。三次产业结构比由15.4∶51.1∶33.5调整为14.9∶50∶35.1。财政总收入9.00亿元，增长2%。公共财政预算收入6.81亿元，下降3.1%；公共财政预算支出19.58亿元，增长14%。规模以上工业增加值22.55亿元，增长9.6%。500万元以上固定资产投资40.57亿元，增长15.6%。外贸出口1.33亿美元，增长9.2%。实际利用内资35.13亿元，增长10.5%；实际利用外资6576万美元，增长10.2%。社会消费品零售总额16.38亿元，增长12.2%。城镇居民人均可支配收入2.26万元，增长7.9%；农村居民人均可支配收入6839元，增长14%。城镇居民年末储蓄存款42.80亿元。

【大力推进民生事业】 2016年，全县民生支出15.2亿元，占一般公共预算支出77.7%，省、市90项民生实事全部达到进度要求。全县84套农村保障房完工；城乡低保对象、精简退职老弱残职工、农村五保对象救助标准全面提标，新增城乡低保1127户2243人，发放低保金2305.78万元；发放慈善救助、临时救助、救急难资金100余万元。新农合参合人数13.5万人，参合率95.6%；城镇新增就业2026人，城镇就业率96.5%。实施全南二中改扩建和职业学校实训大楼建设工程，龙下小学等6所学校新建校舍工程竣工投入使用。推进县老年人文体活动中心、陂头中心光荣敬老院改扩建及城西居家养老服务中心项目。推进公共文化服务均等化，完成全南第一个中共党小组成立旧址维修工程。基本建成覆盖城乡的社会保险体系，完成城乡居民医保整合工作。全面落实二孩政策，促进人口科学均衡发展。全县社会大局和谐稳定，公众安全感指数为98.5%。

【林下经济助民增收】 全南县是国家南方48个重点林业县之一，林地面积12.73万公顷，有林面积11.13万公顷，被江西省列为2012—2017年度省级林下经济发展重点县。全南县充分利用林业优势，重点发展以森林药材种植为主导的林下经济，带动林下种植、林下养殖、林下产品采集加工产业协调发展，打造“全国有特色、江西有规模、全南有产值、林农有效益”的现代林下经济发展模式。截至2016年年底，全县发展林下经济总面积1.55万公顷，其中，国家级示范基地、省级林下经济发展重点县示范基地建设面积467公顷，有以森林药材为主的百亩以上各类林下经济基地25个，基地总面积5667公顷；全县林下经济种养专业户107家，累计带动林区1.2万户参与发展林下经济产业，年产值2.41亿元。其中，林下种植药材厚朴、黄柏、杉木石蒜、金银花、罗汉果和生物菌灵芝、金线莲、香菇、木耳等面积4667余公顷；林下养殖鸡、鸭、鹅等30万只，山羊、黄牛等1.2万头，石蛙、乌龟等2万只，中华鲟年出水20万尾；套种蔬菜等133.33公顷；林下松脂采集模式1333.33公顷，竹笋采挖模式8000公顷。利用森林景观兴办农家山庄、专业合作社，引进企业开发森林特色文化景区，初步形成以桂花产业园和梅花景观园为龙头，省级桃江源自然保护区、省级桃江源湿地公园、省级梅子山森林公园赣江源生态示范基地、森林温泉休闲养生度假区、野生桂花观赏区等为景点的森林旅游产业雏形。

【全南县农村信用合作联社改制为全南农村商业银行】 6月30日，江西全南农村商业银行股份有限公司举行揭牌仪式，县委书记邱建军，县委副书记、县长温扬汉，省联社赣州辖区党组副书记陈晓军，全南农商银行党委书记、董事长孙灵等出席揭牌仪式。中国银监会全南监管办为全南农商银行颁发《江西全南农村商业银行股份有限公司金融许可证》。江西全南农村商业银行股份有限公司简称全南农商银行，在全南县农村信用合作联社基础上组建成立，主要为“三农”和中小企业提供金融服务。全南农商银行正式挂牌开业，标志着全南县农村信用社改革工作全面完成，拥有60年历史的“农村信用社”正式退出历史舞台。

主要领导人 县委书记：邱建军(任至7月)、余钟华(7月任)。县人大常委会主任：曹东春。县长：温扬汉。县政协主席：黄立忠(任至9月)、马石旺(9月任)。

(江裕来　王立之)

·定南县·

【简　况】 位于江西省最南端，辖7

镇。总面积1321.13平方千米。耕地面积7147公顷,有林面积10.08万公顷,森林覆盖率80.9%。总人口22.21万人,其中城镇人口5.05万人;人口自然增长率6.76‰。2016年,地区生产总值66.47亿元,同比增长7.1%。其中,第一产业增加值9.87亿元,增长4.4%;第二产业增加值29.29亿元,增长7.7%;第三产业增加值27.31亿元,增长7.4%。规模以上工业增加值19.79亿元,增长7.9%。500万元以上项目固定资产投资62.7亿元,增长4.4%。财政总收入11.11亿元,增长1%。其中,一般公共预算收入9.25亿元,增长2.6%。社会消费品零售总额15.32亿元,增长11.6%。实际利用外资7277万美元,增长10.21%。外贸出口5631万美元,增长4.96%。工业总产值73.31亿元,下降14.8%。农业总产值17.43亿元,增长8.7%。城镇居民人均可支配收入2.45万元,增长8.0%;农村居民人均可支配收入7722元,增长13.6%。全年民生支出达17.73亿元,占财政总支出86%。新增城镇就业1921人,农村劳动力转移就业2634人。完成棚户区改造158户、农村危房改造715户。

【打造全域旅游示范县】 定南县以建设“三南”客家文化体验区、南方生态屏障为契机,着力打造全域旅游示范县,把旅游业打造成重要经济增长点。2016年,先后与江西窜客惠家达成总投资30亿元开花小镇项目建设合作协议,与幸福时代集团签订5亿元的绿野仙谷(白水寨)投资协议,与江西慧虎达成总投资约6亿元的定南自驾车房车露营地项目意向协议。推进莲塘古城、山地体育公园、客家风情村等景区景点建设,改造提升九曲度假村,培育发展一批乡村旅游点,完善旅游公路、星级酒店和旅游星级公厕等旅游基础配套设施建设。拓展“智慧旅游”平台,为游客提供智能化、个性化旅游服务。全县接待国内旅游人数92.44万人次,增长5.52%;接待入境旅游人数0.16万人次,增长4.88%;实现旅游总收入6.30亿元,增长10.80%。

【加快脱贫攻坚步伐】 2016年,定南县精准识别贫困户5038户、贫困人口1.18万人。4126名贫困人口有序退出,贫困发生率下降至3.5%。大风、含水两个省级贫困村实现整村脱贫。大力实施产业扶贫,新造油茶林2066.67公顷,改造低产油茶林133.33公顷,种植茭白533.33公顷。打造康之源蔬菜、龙塘花卉苗木、万佳诚双孢菇等一批产业扶贫示范基地。发放产业扶贫信贷通贷款1.71亿元,向4795户贫困户发放产业扶贫补助资金1988.2万元。推进就业扶贫和教育扶贫,转移培训贫困劳动力3600人,发放贫困生助学金1611万元。积极实施易地搬迁扶贫,移民搬迁316户1348人,建成农村保障房198套。扎实开展兜底扶贫,1.58万名贫困人口免费纳入疾病医疗“四道保障线”。

【举办宁波、深圳招商推介会】 12月17日,2016江西定南(宁波)招商推介会在浙江省宁波市举行。定南(宁波)招商推介会上,定南县与中国稀土行业协会签署稀土产业发展战略合作框架协议,与宁波赣州商会签署委托中介招商服务合同,相关部门负责人与客商签署恒丰纺织产业园、智慧城市物联网、瑞鑫永磁二期微电机、赣悦二期超白光伏玻璃生产线、新概念红标鸡养殖5个项目,涵盖产业发展、新型城镇化、现代农业等领域。12月28日,2016江西定南(深圳)招商推介会在深圳市举行。定南(深圳)招商推介会上,定南县与深圳市定南商会签署战略合作框架协议,台湾王信纺织有限公司签订年产6000吨纺织产品项目,启懋电子(定南)有限公司签订年产80万平方米双面多层高精密线路板二期项目,赣州华骜实业有限公司签署定南县4A级乡村旅游项目,深圳安投投资有限公司签署江西安投油茶科技有限公司项目,签约资金16亿元。

【岭北镇玉石村村史馆筹建完成】 3月,定南县岭北镇玉石村村史馆筹建完成。该馆总面积100余平方米,总投资近10万元。展出内容涵盖客家人文、宗教文化、五谷神与农耕文化、赖布衣与堪舆文化、民间文化、红色文化等,内容独具特色、图文并茂、实物丰富,充分反映村民生产生活及劳动记忆,再现了村历史。

主要领导人 县委书记:陈阳霞(任至7月)、赖正文(7月任)。县人大常委会主任:曾小良。县长:吴建平。县政协主席:魏明耕(任至9月)、袁建(9月任)。

(赖春梅)

·兴国县·

【简 况】 位于江西省中南部,辖6镇19乡1经济开发区。总面积3215平方千米,其中县城建成区面积26.39平方千米。耕地面积4.20万公顷,城区绿化率40.16%,森林覆盖率74.57%。总人口84.67万人,其中城市人口27.4万人;城镇化率48.9%,人口自然增长率8.06‰。2016年,地区生产总值141.56亿元,增长9.3%。三产结构比由22.1∶46.8∶31.1调整为21.9∶46.3∶31.8。财政总收入15.04亿元,增长10.2%。公共财政预算收入7.6亿元,增长5.6%。税收占财政总收入比重达86.3%。完成500万元以上固定资产投资115.3亿元,增长17.2%。社会消费品零售总额38.5亿元,增长13.7%。城市污水处理率67.71%。城镇居民人均可支配收入2.39万元,增长8.39%;农村居民人均可支配收入8794元,增长12.04%。民生支出36.53亿元,增长7.1%,占公共预算支出比重上升至90.3%。全年减少贫困村32个、贫困户6754户2.46万人,贫困发生率由9.7%下降到6.3%。完成农村特困户保障房建设495套、棚户区改造6.7万平方米,发放公共租赁住房补贴500户,棚户区改造安置房480套。城镇新增就业4680人,新增转移农业劳动力8890人。城乡居民基本医疗保险参保率96.8%,社会保险基金征缴总量2.02亿元(不含机关事业4635万元)。

【兴国县公安局被评为全国维护妇女儿童权益先进集体】 2016年,中华全国妇女联合会表彰全国维护妇女儿童权益先进集体,兴国县公安局获“全国维护妇女儿童权益先进集体”称号。兴国县公安局以贯彻落实《中华人民共和国妇女权益保障法》《中华人民共和国未成年人保护法》和男女平等基本国策为契机，以维护妇女权益为核心，全面推进依法行政，为维护妇女权益建设作出重要贡献。县公安局挤出经费为民警购买《中华人民共和国妇女权益保障法》等法律书籍，通过开展专题辅导和自我学习相结合，掌握有关妇女儿童权益最新的法律法规，指导办案，严厉打击侵害妇女儿童权益的违法犯罪行为。破获拐卖妇女案件1起，抓获犯罪嫌疑人2人，解救妇女1人；拐卖儿童案件8起，抓获犯罪嫌疑人15人；婚姻诈骗案件3起，抓获犯罪嫌疑人5人，有力地维护了妇女儿童合法权益。采取日常送法与专门普法宣传相结合，开展维护妇女儿童权益法律法规的宣传和咨询服务活动，共办法制宣传栏300期；编印宣传资料26种；制作法制宣传展板1860块；送法下乡270余次，送法进社区3500余次，发放宣传资料46.8万余份，受教育人数23万余人次。县公安局先后获"全国公安机关执法示范单位""全国公安机关执法示范单位"等称号。

【兴国县潋江镇东河社区被评为全国综合减灾示范社区】 2016年，兴国县潋江镇东河社区获国家减灾委"全国综合减灾示范社区"称号。东河社区隶属于兴国县潋江镇，位于城区东部，辖区面积约1.8平方千米，现设7个居民小组，有居民2743户，总人口约1.17万人。辖区内有2个单位、2所学校。东河社区办公用房300余平方米，设有综合减灾办公室、社区公共服务站、图书阅览室、棋牌活动室等，有800平方米的休闲小广场可供社区组织较大规模的社区活动。兴国县潋江镇东河社区以地理环境"优"、社区减灾设施"全"、救助演练"实"、社区减灾宣传教育"新"为特色开展创建工作，社区根据地理环境特点，把易出现的灾害险情、必要的减灾自救基本技能、社区的避难场所及行走路线和安全通道情况及时向居民公布，使群众掌握灾害来临时的应对知识和方法，形成综合减灾工作全民参与的氛围。东河社区在类型上突出沿江防洪、老区防火等减灾社区建设，在手段上突出运用计算机网络、小区监控等现代技术，对社区空巢老人、留守儿童、残障人员建立结对帮扶机制，设置防灾减灾知识专栏，定期组织社区居民参加防灾减灾培训，鼓励居民参加城乡社会治安综治保险，通过政策性惠民保险，对受灾户给予一定金额的补偿，使居民的利益得到最大限度的保护，确保社会平安稳定。1月，东河社区被省减灾委、省民政厅授予"全省综合减灾示范社区"称号。

主要领导人 县委书记：赖晓军。县人大常委会主任：陈文俊。县长：陈黎。县政协主席：董世倬（任至8月）、魏国寿（9月任）。

（李文）

·宁都县·

【简　况】 位于江西省东南部，辖12镇12乡。总面积4053.16平方千米，其中县城建成区面积21平方千米。总人口84.9万人，其中城镇人口15.2万人。2016年，地区生产总值142.38亿元，同比增长9.1%。其中，第一产业增加值31.05亿元，增长4.3%；第二产业增加值55.72亿元，增长8.1%；第三产业增加值55.61亿元，增长13%。三次产业结构比为21.8∶39.1∶39.1。规模以上工业增加值29.01亿元，增长8.5%。500万元以上固定资产投资79.41亿元，增长16.8%。社会消费品零售总额41.19亿元，增长12.7%。财政总收入10.42亿元，增长3%；一般公共预算收入7.68亿元，增长2.6%。实际引进内资27.2亿元，增长12.1%；实际利用外资6418万美元，增长10.5%。外贸出口3494万美元，增长46.5%。城镇居民人均可支配收入2.08万元，增长8.3%；农村居民人均可支配收入8609元，增长11.9%。金融机构存款余额260亿元，增长26.6%；贷款余额127亿元，增长18%。

【开展网络扶贫】 2016年，宁都县积极开展网络扶贫。大力开展电商进农村。依托互联网，破解农产品销售困境，推动互联网与扶贫攻坚融合发展，建立科学先进的信息管理系统，将全县贫困对象的信息分类识别、全面建档立卡，建立扶贫信息大数据库；引导和鼓励贫困对象和结对干部手机安装扶贫APP，在线互动获取扶贫信息。全县通过互联网渠道受理建议、咨询、投诉、求助等各类诉求3600多件，办结率99.42%。实施电商进农村选点布站工程。开设阿里巴巴、京东、中国邮政、飞天买光光等大公司网上"宁都馆"，建立宁都生鲜农业电商基地，建成阿里巴巴"农村淘宝"、京东帮、邮政e邮、飞天买光光4个县级运营中心及136个村级服务站，形成覆盖城乡的三级电商服务网络。发展电商产业。企业将生产基地落户乡镇村组，贫困户家门口搞生产，企业网上接订单，引导贫困户加入专业合作社；扶持专业合作社、家庭农场，助力脐橙、黄鸡、白莲等优势产业生产标准化、品牌化、规模化。年底，全县有各类土特产网店近1000余家、农业企业81家、抱团农民专业合作社265家，8000余贫困对象从事电商产业，实现网络销售32.6亿元，人均增收6000多元，贫困发生率由23.2%下降至10.3%。

【全国网络扶贫现场推进会在宁都县召开】 11月29日，中央网信办、国家发改委、国务院扶贫办联合江西省委、省政府在宁都县召开全国网络扶贫现场推进会，部署实施《网络扶贫行动计划》，总结交流做法经验。中央网信办副主任庄荣文，国务院扶贫办副主任洪天云，省委常委、市委书记李炳军，省委常委赵力平及中组部、教育部、科技部、国家民委、民政部、人社部、交通运输部、农业部、商务部、国家卫生计生委、国家旅游局、共青团中央、全国妇联等网络扶贫部际协调工作组成员单位有关负责人，中国农业发展银行、中国邮政集团公司、中国扶贫基金会等相关单位，中国电信、苏宁云商、新华网、新浪等代表，以及各省（自治区、直辖市）网信办、发改委、扶贫办相关负责人300余人参加会议。

会上，点击开通国家贫困县名优特产品网络博览会平台，正式启动网络扶贫"双百"项目。中国互联网发展基金会、中国扶贫基金会等15家单位联合发起成立网络公益扶贫联盟。国家发改委、中国农业发展银行与江西省政府签署网络扶贫合作框架协议。京东、阿里、腾讯、百度、去哪儿、最美我村、沪江教育、春雨医生、诚成资本、好未来、国安社区、美团、易华录、匡恩网络、供销 e 家、乐村淘、航天数字、亚信等网信企业分别与赣州市、吉安市、宁都县等地签署结对帮扶协议。其间,与会人员实地考察宁都电商园、赖沙电商村、小布镇“互联网 + 农家书屋”、网络扶智开展情况。

【县水土保持科技示范园升级为国家水土保持科技示范园】 10 月,水利部发文批准宁都县水土保持科技示范园升级为“国家水土保持科技示范园”。2011 年,宁都县建立水土保持科技示范园,聘请专家根据当地水土流失、土地利用、经济发展现状,对园区进行统一规划,把水土流失治理、小流域治理和现代农业发展相结合,发展以脐橙、油茶为主的特色生态产业。示范园建设坚持政府和民间投资相结合,除整合农、林、水、交通、扶贫等部门项目资金 3500 万元外,以治理大户宁都县森旺公司投资为主。旺森公司先后投入资金 5000 多万元用于开发经营产业,配套园区绿化,改良园区水果品种,完善基础设施等,共营造水保林 210 公顷,修建水平梯田 1005 公顷。示范园组建 100 余人的经营管理队伍,建立管护制度,实行分片包干责任制,维护各项小型水利水保工程,确保水保科技示范园正常运行、良性发展。至 2016 年年底,以示范园为标本,宁都县开展 12 条小流域综合治理,治理水土流失面积 1.25 万公顷,营造水保林 3257.64 公顷,修筑各类水保工程 243 座。示范园逐步形成产供销一体化、农林牧渔业相结合的现代农业产业链。

【35 千伏田埠模块化变电站建成】 12 月,全省首座 35 千伏模块化变电站——宁都 35 千伏田埠变电站建成。田埠变电站是国家电网公司 100 座模块化建设示范工程之一,也是国家电网公司首个建成的 35 千伏模块化变电站,占地面积 1226.67 平方米。工程打破现场施工传统做法,推行标准化设计、工业化生产、模块化建设、机械化施工,统一设备技术参数、土建和电气一次、二次接口标准,大部分设备由厂家模块化生产运至现场直接装配,大幅提高项目建设效率。工期仅用 82 天,比常规变电站工期压缩 54.4%,刷新江西省 35 千伏变电站建设工期最短纪录。

【特种水稻“赣红优”红米品种通过审定】 11 月,经宁都县农技人员 22 年选育的特种水稻“赣红优”红米品种,通过江西省农作物品种审定委员会审定。“赣红优”红米品种与国内现有红米品种比较,具有熟期适中、高产、抗性强、高效等特点,改变了特种稻红米“早熟、优质”不高产、高产不优质的现状。“赣红优”红米每千克含钙 71.2 毫克、铁 3.3 毫克、锌 21.7 毫克、硒 0.018 毫克,有独特功效。

【何翠莲获亚洲攀岩锦标赛冠军】 8 月,在贵州都匀举行的第二十四届“新都汇”亚洲攀岩锦标赛上,宁都籍运动员何翠莲获女子速度赛冠军,并与队友合作获女子速度赛团体亚军。何翠莲,女,宁都县青塘镇人,1991 年 11 月 25 日生,国际健将、世界冠军、女子速度攀岩赛 15 米国际标准赛道世界纪录保持者。2009 年 7 月,青海西宁第十届世界攀岩锦标赛,何翠莲以绝对优势获女子 15 米速度赛、女子 10 米速度赛两个项目冠军。同年 7 月 18 日,何翠莲克服疲劳,在台湾高雄第八届世界运动会上,以 10 秒 02 的成绩再次获女子 15 米速度攀岩赛冠军。

主要领导人 县委书记:王四华。县人大常委会主任:余路晓。县长:刘定辉。县政协主席:黄海印。

(刘红彦)

· 于都县 ·

【简 况】 位于江西省南部,辖 9 镇 14 乡。总面积 2892.32 平方千米,其中城区面积 26.42 平方千米。总人口 110.94 万人,其中城市人口 27.08 万人;人口自然增长率 7.3‰。2016 年,地区生产总值 183.24 亿元,同比增长 9.5%。其中,第一产业增加值 25.35 亿元,增长 4.3%;第二产业增加值 89.31 亿元,增长 8.8%;第三产业增加值 68.58 亿元,增长 12.6%。财政总收入 16.9 亿元,增长 2%;公共财政预算收入 12.29 亿元。工业总产值 253.54 亿元,增长 10.7%。规模以上工业增加值 64.2 亿元。外贸进出口总额 1.36 亿美元,增长 5.4%。500 万元以上固定资产投资 168.73 亿元,增长 16.6%。实际利用外资 9409 万美元,增长 10.3%。出口总额 1.2 亿美元,增长 7.8%。主要工业产品:铜精矿 1567 吨,钨精矿 7565.52 吨,乳制品 9436.8 吨,纸制品 4981.45 吨,水泥 185.42 万吨。农业总产值 39.81 亿元,增长 8.62%。粮食总产量 25.83 万吨,减少 0.42%。主要农产品:稻谷 24.56 万吨,花生 1.21 万吨,油菜籽 2071 吨,蔬菜 20.95 万吨,瓜果 1.05 万吨。社会消费品零售总额 49.2 亿元,增长 12.7%。工业用电量 3.48 亿千瓦时。城镇居民人均可支配收入 2.43 万元,增长 8.3%;农村居民人均可支配收入 8799 元,增长 11.9%。金融机构存款余额 273.99 亿元,比年初增长 18.0%;贷款余额 139.94 亿元,比年初增长 22.7%。

【于都县长征源合唱团《长征组歌》传播巡演启动】 1 月 8 日,于都县长征源合唱团《长征组歌》全国传播巡演启动仪式在中央红军长征出发地于都纪念园纪念广场举行。国家艺术基金理事会理事张雅芳为启动仪式致辞并向于都县长征源合唱团授旗,国家艺术基金管理中心办公室主任周瑞出席仪式。仪式上,长征源小学红娃唢呐队开场表演《十送红军》,长征源合唱团进行《长征组歌》传播巡演首场表演。《长征组歌》通过合唱形式塑造长征队伍群体形象,热情颂扬老一辈无产阶级革命家不怕困难、不怕牺牲、勇于担当、勇于胜利的精神品格,以及于都人民支援抗战、投身抗战的奉献精神,是一个集思想性、艺术性、观赏性于一体的优秀艺术作品。2015 年,于都县长征源合唱团“《长征组歌》传播巡演”项目被确定为国家艺术基金资助项目。

【于都屏山旅游区获评国家 4A 级旅游景区】 2 月 17 日,江西省旅游景区质量等级评定委员会批准于都屏山旅游区为国家 4A 级旅游景区。于都屏山旅游区位于靖石乡黄沙村,屏山属武夷山余脉,海拔 1312 米,是于都县内最高峰。景区内有被称为“江南第二大牧场”的屏山牧场,草场总面积 30 余平方千米,春、夏、秋三季绿草成被，延绵起伏数十千米。景区山顶终日云锁雾绕，有极为罕见的天然盆景树带、河西走廊壁墙，保存完好的原始森林、高山草原风光等景观。

【中国作协“重走长征路”主题采风活动在于都启动】 4月7日，中国作协“重走长征路”主题采风活动在于都县中央红军长征出发地纪念园启动。中国作家协会党组书记、副主席钱小芊讲话并向参加重走长征路的作家代表授旗，江西省政协副主席、省委宣传部部长姚亚平讲话。中国作家协会及省文联相关领导嘉宾出席。“重走长征路”主题采风活动中，中国作家协会组织100多名作家组成4个采风团、多个小分队，分期分批沿红一方面军、红二方面军、红四方面军和红二十五军团4条不同行军路线采访创作。在于都县启动仪式后，中国作家重走长征路第一个采风团从于都出发，沿着红一方面军长征路线，跨越江西和贵州两省采访采风。

【《雄关漫道——纪念长征胜利80周年》主题宣传融媒体报道启动仪式在于都举行】 7月25日，解放军报社、解放军电视宣传中心、江西省军区、省委宣传部联合主办《雄关漫道——纪念长征胜利80周年》主题宣传融媒体报道启动仪式在于都长征广场举行。解放军报社社长李秀宝，省委常委、省委宣传部部长陈俊卿，江西省军区政委杨笑祥，解放军电视宣传中心主任唐水福，江西省军区政治部主任李晓亮等军队和地方领导出席相关活动。此次融媒体报道活动是军队新闻单位推动报网融合、台网融合，传统媒体与新兴媒体优势互补、合作共赢的一次全方位创新尝试和探索。解放军报社、解放军电视宣传中心派出融媒体报道记者采访团重走红军长征路，深入红军部队进行采访，联合推出“雄关漫道不忘初心再出发”“雄关漫道走进红军连队”等栏目。8月初至10月下旬，《解放军报》推出60个版面纪念长征胜利80周年特刊。中国军网、中国军视网及相关新媒体平台开设纪念红军长征胜利80周年专栏专题，通过视频和图文实时报道记者采访团重走红军长征路所见所闻，开办党史专家、著名学者访谈节目，集中展示红军长征纪念物、文献史料、图片视频、研究成果等。

【江西省广电网络公司与于都签订文化扶贫项目框架协议】 8月9日，江西省广播电视网络传输有限公司与于都县签订文化扶贫项目框架协议，为于都县建设一张集宽带、有线电视、智慧城市的复合网络。根据协议，省广电网络公司在于都县投入2.20亿元，用于广播电视网络基础建设，以快速提高于都县广播电视网络覆盖率和入户率，确保在3年内实现全县所有乡镇、村组广电网络全覆盖。省广电网络公司对于都县“五保户”和“三无”人员有线电视初装费和收视维护费全减免，对建档立卡贫困户等低收入用户有线电视初装费和3年收视维护费减免一半。

【第六届江西艺术节之“永远的红飘带——长征之歌”纪念红军长征胜利80周年合唱艺术节在于都举行】 10月21日晚，由省委宣传部、省文化厅主办，赣州市委宣传部和于都县共同承办的第六届江西艺术节之“永远的红飘带——长征之歌”纪念红军长征胜利80周年合唱艺术节在于都县文化艺术中心举行。江西、四川、福建、广东、湖南、广西、贵州等长征沿线省份12支合唱队伍，同台唱响“长征之歌”，千余名观众观看晚会。整场晚会以大型情景史诗形式，综合运用音乐、舞蹈、戏剧、情景表演、多媒体等舞台手段，表现红军将士在长征途中浴血奋战、克服艰难险阻的战斗生活。

【“重走长征路”红色旅游主题活动旅游线路发布暨启动仪式在于都举行】 12月1日，国家旅游局和省委、省政府在于都县共同主办“重走长征路”红色旅游主题活动旅游线路发布暨启动仪式。国家旅游局党组书记、局长李金早，省委常委、省委宣传部部长赵力平，副省长谢茹，中宣部宣教局局长常勃，中央军委政治工作部宣传局副局长毛乃国，民政部优抚安置局副局长李桂广，省旅游发展委员会主任丁晓群，赣州市委副书记、市长曾文明出席活动并为“首发团”授旗。国家旅游局副局长魏洪涛主持活动。活动中，国家旅游局正式发布“重走长征路”国家红色旅游精品线路，该线路以中央红军长征路线为基础，分主干线路1条和专题线路8条。中国国际旅行社总社、中国旅行社总社、中青旅、中信旅游集团、中国康辉旅行社5家旅行社联合组成“重走长征路”主题活动“首发团”。“首发团”采取分段接续的方式用一个月时间重走长征路，对发布的线路进行踩线、勘察，奠定线路推广基础。

主要领导人　县委书记：蓝捷。县人大常委会主任：黄小龙。县长：陈阳山。县政协主席：曾庆银（任至9月）、肖惜才（9月任）。

（黄育坚）

·瑞金市·

【简　况】 位于江西省东南部，辖7镇10乡。总面积2441平方千米，其中城市建成区面积27.7平方千米。耕地面积2.89万公顷。总人口70.38万人，其中非农人口15.27万人；人口自然增长率7.34‰。2016年，地区生产总值134.47亿元，同比增长9.1%。其中，第一产业增加值20.33亿元，增长4.3%；第二产业增加值44.72亿元，增长9.1%；第三产业增加值69.92亿元，增长4.3%。财政总收入17.5亿元，增长10.1%。其中，公共财政预算收入12.45亿元，增长6.4%。财政收入占地区生产总值比重13%。税收收入14.11亿元，占财政总收入80.6%。财政支出43.30亿元，增长16.9%。全社会固定资产投资总额80.15亿元，增长17.8%。外贸进出口2.69亿美元，增长0.5%。其中，出口创汇2.65亿美元，增长0.3%。实际利用外资6748万美元，增长10.6%。规模以上工业企业总产值138.76亿元，增长25.3%；增加值32.53亿元，增长9.2%。主要工业产品：九华痔疮栓5800万粒，烤鳗3839吨，水泥303万吨，电力电缆4.94万千米。农林牧渔业总产值33.49亿元，增长4.3%。粮食总产量20.00万吨，下降0.3%。主要农产品：油料7448吨，脐橙8.87万吨，牛出栏4.41万头，水产品2.36万吨。城镇生活污水处理率为87%，主要河流断面优质水率100%，农村生活垃圾处理率92.9%。社会消费品零售总额38.29亿元,增长13%。镇城居民人均可支配收入2.53万元,增长8.6%;农村居民人均可支配收入9211元,增长11.6%。金融机构各项存款余额220.71亿元,增长24.9%。新增城镇就业4967人。参加城镇职工基本养老保险6.88万人,参加新型农村社会养老保险29.28万人,职工参加失业保险1.10万人,城镇居民参加基本医疗保险10.64万人,参加新型农村合作医疗保险56.4万人。

【瑞金经开区获评“江西省电线电缆产业基地”称号】 3月,瑞金经开区获评“江西省电线电缆产业基地”称号,为江西省首个省级电线电缆产业基地。电线电缆是瑞金市传统优势产业,瑞金市六大主导产业之一,列入瑞金经济产业振兴和产业集聚发展规划。瑞金先后出台《瑞金市三年主攻工业推进计划》《瑞金市促进电线电缆配套产业发展扶持办法》《瑞金市主导产业发展资金管理暂行办法》等扶持该产业集群发展的一系列文件,每年安排不少于300万元电线电缆产业发展资金,设立300万元创新引领资金、200万元企业人才培训专项教育资金,支持电线电缆生产企业技术改造、科技创新、品牌建设、人才培养和产学研合作。金字电线、金一电缆等品牌企业实现整体产业升级,中赣金属新材料、金色铜业、盛源金属、德科精密等一批项目落地,上下游产业链不断延伸。

【瑞金红区运动休闲旅游线路获评2016年中国体育旅游十佳精品线路】

国家体育总局、中国奥委会发布“2016年中国体育旅游十佳精品线路”名单,瑞金红区运动休闲旅游线路入选,是江西唯一入选的线路。瑞金红区运动休闲旅游线路全程长约23千米,起点为叶坪“五卅”体育运动大会遗址,沿苏维埃大道、金都大道、七彩大道、323国道,途经红井、二苏大、中央革命根据地历史博物馆等红色精品区,终点为“长征第一山”云石山。依托瑞金市丰富的红色文化资源,2015年该线路推出以来,先后举办“长征从这里出发”千人骑行、全国2016年“发展体育运动,增强人民体质,同心共筑中国梦”全民健身活动启动仪式等活动,得到社会认同。

【瑞金市现代农业产业园评为国家农业产业示范基地】 2016年,瑞金市现代农业产业园被农业部认定为国家农业产业示范基地。该园成立于2007年,园区区域范围包括叶坪、黄柏、壬田、沙洲坝、武阳5个乡镇及瑞金市食品产业园,规划面积8793.3公顷。2007年以来,市委、市政府先后出台《关于推进农业产业化发展的实施意见》《关于加快农民专业合作社发展的实施意见》《关于印发瑞金市2013年蔬菜等7个产业发展工作方案的通知》等一系列文件,制定一系列扶持产业基地建设、龙头企业培养、农民专业合作社发展政策,对园区基层建设集中安排各类项目扶持。2012年扶持园区资金达3.2亿元,2016年度政府实际投资4200万元。至2016年,园区建成10万头和3万头生猪养殖基地各1个,20万羽鸡养殖基地3个,千亩以上脐橙基地13个,千亩花卉苗木基地1个,200公顷蔬菜生产基地1个。拥有县级以上龙头企业35家,省级5家,国家级1家,初步建成质量检测、物流信息平台。园区有农业产业化组织总数156个,其中农业专业合作社108个,带动农户2.10万户。建有高标准农产品生产基地63个,面积3000公顷,规模以上农产品加工企业35家,有完善的仓储、包装、运输等配套产业,满足园区内农产品仓储、包装、运输的需要。注重品牌建设,先后获“三品一标”认证产品14个,省著名农产品、著名商标5个。全年实现生产总产值48亿元,其中农产品产值9亿元,农产品加工产值30.2亿元。

【新农村建设成绩突出】 2016年,瑞金市出台《2016年全市新农村建设工作方案》,编制完成《县域村镇布局规划》及《全市农村生活垃圾治理专项规划》,筹集新农村建设资金2.7亿元(其中省财政专项款1105万元,赣州市财政专项资金662万元,瑞金市各部门涉农资金1.4亿元),开展壬田示范镇和10个中心村、69个一般自然村新整治。推进“七改三网”基础设施和“8+4”公共服务建设。完成外墙装修57万平方米,单项改坡项目15万平方米,新修道路84千米,改水7410户,改厕7530户,拆除破旧猪牛栏、残垣断壁3.7万平方米,改塘21口,新修水沟91千米,电力、广电、电信等线路架设基本到点。新建小学、幼儿园、卫生室、农家书屋、文体活动场所、便民超市、农村电商等公共设施。开展连线连片组团推进村庄整治,先后实施3个中心村点和20个一般自然村点的三期村庄整治工程,对1300余户民房进行改造升级。实施产业发展战略,建成供港蔬菜基地26.7公顷,大棚蔬菜基地20.7公顷,生态观光园及农业体验园73公顷,优质稻生产供应基地133公顷。建成叶坪卫生院医技楼及职工周转房,建成2所小学,2所公办幼儿园,5个老年颐养之家、5个文化活动中心及可容纳500人养老的敬老院。开展存量垃圾清理,推行“户分类、村收集、乡转运、市处理”的城乡环卫一体化处理模式。瑞金市被评为全省新农村建设先进县(市)。

【打造全国革命老区扶贫攻坚示范区】 2016年,瑞金市积极探索可复制、可推广的经验做法,打造全国革命老区扶贫攻坚示范区。整合投入涉农扶贫资金6.1亿元,撬动各类金融资金13.6亿元,统筹实施产业扶贫、健康扶贫、搬迁扶贫、教育扶贫、保障扶贫、就业扶贫、生态保护扶贫、危房改造、村庄整治、基础设施建设扶贫十大项精准扶贫。坚持宜农则农、宜果则果原则,帮助贫困村制定产业发展规划,因地制宜发展蔬菜、油茶、脐橙、烟叶、白莲、养蜂等特色产业,形成“一村一品”,培育龙头企业或合作社、家庭农场及致富带头人等新型农业经营主体。采用“龙头企业+基地+贫困户”“合作社+基地+贫困户”等多种经营模式,发挥龙头企业的示范引领作用,农户以扶贫资金、山林、土地入股,享受分红,获得稳定收益。组建信贷担保风险基金,创新“扶贫信贷通”“油茶贷”“移民搬迁贷”、农户抵押贷等金融产品,帮助贫困户发展解决融资难问题。对生产生活条件差,就地脱贫难的贫困户,叠加各类补助政策,坚持整体搬迁、梯度安置和差别化扶持,高标准建设移民集中安置点10

个,558户、2568人实现整体搬迁。推广梦想家园贫困户保障房兜底建设模式,实施24个移民安置点建设和村级保障房建设,异地搬迁贫困户补助标准达2万元/人,并按2.3万元/人的标准统筹资金配套基础公共服务设施建设,开工建设农村保障房827套,村级组织活动场所26个,村级文化活动中心55个,卫生计生服务室214个,并结合新农村建设,实施"七改三网"工程建设。全面落实低保应保尽保,构筑医疗四道保障线,城乡最低生活保障标准分别达到每人480元/月和270元/月,贫困人口住院费用承担部分控制在10%以内。大力推进光伏扶贫、旅游扶贫、电商扶贫、健康扶贫模式,走出多元化扶贫的新路子。860户贫困户、41个贫困村建设光伏电站;依托全国电子商务进村综合示范,全国农村"邮政e邮"工程等国家级试点示范,廖妈妈咸鸭蛋合作社成为扶贫攻坚品牌。探索扶贫连片开发,在贫困村比较集中的区域实施2条精准扶贫示范带建设,仅发展产业一项就增加人均纯收入1200元,带动周边267户贫困户实现脱贫致富。年内全市实现减贫2.8万人,退出贫困村29个,贫困发生率降至5.02%。扶贫攻坚经验做法在中央电视台专题报道,受到《人民日报》《经济日报》等媒体关注报道。

主要领导人 市委书记:许锐。市人大常委会主任:李学通。市长:赖联春。市政协主席:彭强。

(杨溢)

·会昌县·

【简 况】 位于江西省东南部,辖6镇13乡。总面积2709.91平方千米,其中城区面积13.5平方千米。耕地面积2.18万公顷,林地面积20.5万公顷,森林覆盖率79.84%。城区绿化率46.4%,城镇化率43.57%。总人口52.91万人,其中乡村人口43.37万人;人口自然增长率8.18‰。2016年,地区生产总值90.04亿元,同比增长10.1%。其中,第一产业增加值17.09亿元,增长4.1%;第二产业增加值34.55亿元,增长8.6%;第三产业增加值38.40亿元,增长14.5%。财政总收入12.12亿元,增长2.4%;人均财政收入2659元。实现税收8.68亿元,税收占财政总收入比重71.7%。地方财政收入8.92亿元,增长2.9%。财政总支出29.36亿元,增长3.82%。工业总产值135.32亿元,增长15.1%。规模以上工业增加值35.34亿元,增长8.9%。农业生产总值27.10亿元,增长8.51%。粮食总产量16.9万吨,下降1.25%。主要农产品:烟叶产量4528吨,脐橙、橘柚总产量13.31万吨,生猪出栏71.01万头,家禽出笼470.69万羽,水产品1.62万吨。外贸出口7450万美元,实际利用外资5761万美元。固定资产投资52.91亿元,增长17.3%。城市污水处理率83%。城镇居民人均可支配收入2.31万元,增长8.24%;农村居民人均可支配收入8714.8元,增长12.25%。城乡居民年末储蓄存款余额89.56亿元,增长15.2%。建设农村保障性住房427套,全年减贫1.6万人,完成扶贫移民搬迁4594人。

【优化民营经济发展环境】 年内,会昌县民营经济依托非公经济发展势头,积极开展"百企帮百村"行动,结合"产业扶贫、就业扶贫、公益扶贫"等帮扶方式,县内56家非公企业筹资100万元用于各挂点村产业发展,助力精准扶贫取得显著实效。利用各种融资平台,着力破解融资难题,13家企业与银行业金融机构签订融资意向协议,签约金额5.6亿元。年末,全县非公经济组织1.68万户,其中非公企业1877户。非公经济实现增加值45.65亿元,占全县生产总值58.2%,成为推动经济增长、吸纳社会就业、促进群众增收的主渠道。在全省第二届推选和宣传最佳优化民营经济发展环境县评选活动中,会昌县微信投票居全省第一,入选并被评为全省第二届最佳优化民营经济发展环境县。11月28日,会昌县在全省表彰大会上作典型经验发言。

【会昌橘柚成国家地理标志产品】 12月,国家质检总局发布公告,批准会昌橘柚为国家地理标志保护产品,这是赣州市第9个国家地理标志保护产品。根据公告,会昌橘柚产地范围为江西省会昌县文武坝镇、筠门岭镇、周田镇、麻州镇、右水乡、高排乡、晓龙乡、西江镇、小密乡、庄口镇、珠兰乡、站塘乡、洞头乡、富城乡、清溪乡、永隆乡、庄埠乡、白鹅乡、中村乡19个乡镇现辖行政区域。以上范围内会昌橘柚生产者,可向县市场和质量监督管理局提出使用"地理标志产品专用标志"申请。会昌县调整果业发展思路,引进橘柚进行试验栽培,在开发、营销、产业管理等方面制定专项扶持政策,大力培植龙头企业,对具备发展潜力的种植大户、专业合作社和龙头企业给予信贷扶持,推动全县种植橘柚面积3067公顷,其中连片千亩以上种植基地5个,年产量5万吨,是全国橘柚主产区。会昌县实施"产业兴龙头,龙头带产业"战略,支持龙头企业创建标准化橘柚基地,做大做强一批橘柚产业龙头企业,在果业抵押贷款、营销扶持、产业管理扶持上给予倾斜。引导企业跨区域连锁经营,发展农超对接、物流配送和电子商务等措施,扩大橘柚市场份额。鼓励和扶持各类农民专业合作社发展,培育农村经纪人队伍,促进橘柚生产销售。为保证橘柚产业良性发展,会昌县在周田镇中桂村优质橘柚产区组织380余户种植户打造万亩橘柚基地,提纯橘柚"血统",创建正宗会昌橘柚种植标准。2014年,会昌橘柚列入第八批国家农业综合标准化示范项目。2015年,中国果品流通协会授予会昌县"中国橘柚之乡"称号。

【雪莲山景点被评为4A级乡村旅游点】 雪莲山生态旅游度假区位于会昌县洞头乡,距县城48千米,与福建省相邻。景区内森林覆盖率88%,平均海拔600米以上。有洞头畲族特色风情小镇、梯田花海、太平飞瀑、枫情谷四大景点,有联班第、苞茂第、千年红豆杉林、枫情谷溪流徒步道等人文、生态景观。景区内常年平均温度比县城低2~3度,是养生休闲避暑的好去处。该乡利用国家质检总局对口支援重大机遇,大胆先行先试,结合当地自然生态资源优势和畲族民俗文化特色,以雪莲山生态旅游度假区建设为平台,启动美丽乡村建设和乡村旅游开发,把资源优势转变为发展优势。2016年,雪莲山景点被评为省4A级乡村旅游点。

主要领导人　县委书记：蔡小卫。县人大常委会主任：郭贤富。县长：余学明。县政协主席：刘为民。

（曾礼国）

·寻乌县·

【简　况】　位于江西省南部，辖7镇8乡。总面积2351.55平方千米，其中城区（建成）面积10.47平方千米。耕地面积1.39万公顷，有林面积19.12万公顷，森林覆盖率81.3%，城区（建成）绿化覆盖率41.08%。总人口33.05万人，其中非农业人口5.97万人；人口自然增长率11.9‰。2016年，地区生产总值62.23亿元，同比增长9.4%。其中，第一产业增加值17.80亿元，增长4.3%；第二产业增加值18.36亿元，增长9.5%；第三产业增加值26.07亿元，增长13.1%。财政总收入6.86亿元，增长4.5%；人均2076元，减少164元。税收收入5.43亿元，税收占财政总收入79.1%；地方财政收入4.83亿元，减少2.2%。地方财政支出24.02亿元，增长3.2%。规模以上工业总产值47.16亿元，增长16.6%。规模以上工业增加值11.99亿元，占地区生产总值比重19.3%。外贸出口4580万美元，占地区生产总值比重4.9%。固定资产投资42.63亿元。实际引进外资220万美元，增加204万美元，增长10.2%。主要工业产品：水泥102.40万吨，发电量4997万千瓦时。农林牧渔业总产值36.75亿元，增长4.12%。粮食总产量11.26万吨。主要农产品：柑橘9.52万吨、脐橙22.29万吨、生猪出栏22.91万头、禽蛋产量1.42万吨、蔬菜类及食用菌5.71万吨。万元GDP能耗降低率2.58%，二氧化硫排放总量673吨，二氧化硫排放总量削减率10.1%，城市污水处理率92%。农村居民人均可支配收入8444元，增长11.2%。城乡居民年末储蓄余额53.91亿元，增长9.2%。城乡居民人均储蓄存款余额1.83万元。社会保障和就业支出2.95亿元，增长4.2%。

【打造“一村一品”特色产业】　2016年，寻乌县通过调查和规划、广泛征求群众意见、听取专家意见、进行市场调查、外出考察学习，确立“北保南转”产业转型脱贫攻坚战新路子。聘请江西农业大学专家为寻乌量身定制农林产业转型发展计划，设定各乡镇“一村一品”的多元发展道路。全县每个村都确定各自“一村一品”发展方向，先后建立起百香果、罗汉果、葡萄、鹰嘴桃、果蔬、花卉苗木等多元化特色农业基地。全年全县新增蔬菜种植面积4533.33公顷、经济作物面积5833.33公顷，新型农业经营主体覆盖近20个行业。晨光镇新群村村民按计划先后试种桑葚、枇杷、冬桃、猕猴桃等品种，最后综合土壤成分、气候条件等因素，选定猕猴桃为该村产业扶贫主攻方向。至年底，建起近千亩猕猴桃种植基地，成功挂果上市，亩产达2500～3000千克。通过推行“合作社＋基地＋贫困户”现代农业模式，改变粗放无序的小农种植模式，寻乌产业格局“一村一品”特色产业初步形成。

【“寻乌蜜橘”被认定为中国驰名商标】　年内，国家工商总局商标局根据《中华人民共和国商标法》《中华人民共和国商标法实施条例》及《驰名商标认定和保护规定》的有关规定，认定“寻乌蜜橘”注册商标为中国驰名商标。20世纪90年代以来，寻乌大力发展以蜜橘、脐橙为主的果业特色产业，成为果业大县。寻乌蜜橘色泽鲜艳、皮薄肉厚、酸甜适口，品质独特，享誉海内外，寻乌先后被授予“中国蜜橘之乡”“中国脐橙之乡”“全国绿色食品原料标准化生产基地”等称号。寻乌蜜橘在全国柑橘质量评比中长期名列前茅，先后获“首届农产品博览会铜质奖”“昆明世博会铜奖”“江西名牌产品”等称号。2006年，国家质监总局批准对“寻乌蜜橘”实施地理标志产品保护；2011年，省工商局认定“寻乌蜜橘”商标为江西省著名商标。寻乌注重“寻乌蜜橘”品牌建设，采取有力措施从源头上保证寻乌蜜橘的优良品质，凭借优异品质大力宣传品牌，在流通领域加强协作打假维权，打造和维护寻乌蜜橘声誉，寻乌蜜橘销量和市场占有率连续多年在全国同行业中名列前茅。在2012年中国农产品区域公用品牌价值评估中，“寻乌蜜橘”品牌价值为19.08亿元。

【“寻乌客家迎故事”被评为省级“非遗”】　“寻乌客家迎故事”习俗通过专家评审，被评定为省第四批省级非物质文化遗产代表性项目。“寻乌客家迎故事”是把一个个历史传说、民间故事、人文景观等制作成人物造型进行沿街巡游的一项群众集游活动。活动以编扎、抬架方式，由挑选出来的6～8岁男女儿童，扮演各种故事中人物造型，将其固定在木架上，由男青年抬着沿街巡游，向人们表演各种传说。“迎故事”民俗在寻乌由来已久，具有浓厚的客家生活气息，世代流传。全县以南桥镇为代表，文峰乡长举村，澄江镇汶口村、周田村，水源乡坳背村，留车镇等也有该项活动。

【陈华琳获全国田径大奖赛冠军】　5月12日—14日，2016全国田径大奖赛郑州站比赛在河南省体育中心举行。江西省有31名运动员参赛。13日，在女子百米决赛中，寻乌籍运动员陈华琳以11.91秒的成绩获女子100米冠军。陈华琳，1996年生，寻乌人，赣南师范大学体育学院运动训练专业15级本科班学生。此前，她多次获江西省青少年女子100米项目冠军。

主要领导人　县委书记：柯岩松。县人大常委会主任：黄志高。县长：杨永飞。县政协主席：刘琼招。

（钟玉华）

·石城县·

【简　况】　位于江西省东南部，辖5镇5乡。总面积1581.53平方千米，其中城区面积9.3平方千米。耕地面积2.26万公顷，有林面积1.15万公顷，森林覆盖率75.1%，城区绿化率40.98%。总人口33.3万人，其中非农业人口5.99万人；人口自然增长率11.8‰。2016年，地区生产总值46.25亿元，同比增长9.1%。其中，第一产业增加值13.04亿元，增长4.4%；第二产业增加值13.55亿元，增长8.3%；第三产业增加值19.66亿元，增长13.1%。财政总收入6.80亿元，增幅4.9%；人均2042元。税收占财政收入77.6%。地方财政收入4.98亿元，增长3.9%；地方财政支出19.43亿元，增长9.1%。工业总产值

33.6亿元,增长6%。规模以上工业增加值8.19亿元,增长8.1%,占地区生产总值17.7%;外贸出口3313万美元,增长13.3%,占地区生产总值4.97%。500万元以上固定资产投资30.7亿元,增长18.3%。实际利用外资2365万美元,实际利用内资15.1亿元。主要工业产品:鞋500万双、服装2000万件、包450万个、米粉2100万吨、水泥93万吨。农业总产值21.5亿元,增长4.4%。粮食总产量9.26万吨。主要农产品:花生产量1270吨,烟叶总产量3842吨,莲子总产量2985吨。万元GDP能耗0.32吨标准煤,污水处理率85.02%。城镇居民人均可支配收入2.11万元,增加1562元;农村居民人均纯收入7398元,增加733元。人均居民年末储蓄存款余额1.89万元,增长17.9%。在岗职工人均工资5.53万元,增长17.4%。城镇新增就业人口2042人,新增转移农村劳动力4365人。社会保险基金征缴1065.36万元。新增各类保障性住房100套,棚户区改造安置房388套。全年减贫9704人。

【推进“六大攻坚战”】 2016年,石城县以“六大攻坚战”为抓手,全力推动项目建设。4月15日,举行温泉养老基地建设项目、通天寨景区5A提升等“六大攻坚战”项目集中开工仪式,十大项目集中开工,总投资达68亿元,项目涵盖城建、基础设施、工业、农业、现代服务业、扶贫等多个领域。10月28日,启动“决战六十天 打赢攻坚战”活动,开工项目有效增加,工程建设进度明显加快。全年全县谋划实施重大项目100个,实施子项目建设157个,完成投资46.3亿元,项目开工113个,竣工26个。

【石城县被命名为“中国温泉之乡”】 12月27日,石城县被中国矿业联合会命名为“中国温泉之乡”,成为继宜春温汤镇之后江西省第二个中国温泉之乡。石城县位于武夷山隆起带西溪,屏山红层盆地沉降带核心部位。县内探明温泉7处,常年喷涌出水量300万吨以上,地热流体温度介于40~63℃之间。全县境内地热水自流量+可采资源量突破1万立方米每天,预期后期勘查总开采量可达每天1.5万立方米。石城地热资源含矿物元素丰富,富含偏硅酸、硫、氟、氡等元素,具有多种理疗用途,对皮肤病、肌肉劳损、心血管疾病等具有治疗和保健作用。

【石城县工业园获批省级产业园】 3月19日,石城县工业园被省政府批准为省级产业园。石城县工业园区于2002年5月开工建设,园区获批总体规划面积338.25公顷,重点发展轻纺鞋服、机械制造、绿色食品、矿产品精深加工等产业,逐步改造提升传统产业,拓展配套产业,打造产业集聚。2016年,全县新入规工业企业16家,全县规模以上工业企业主营业务收入24.67亿元,增长14.8%;实现增加值8.2亿元,增长8.1%;固定资产投资14.35亿元,增长35.9%。鞋服首位产业集群加速形成,总产值达到25亿元,占工业总产值60%。总投资31.3亿元的鞋服产业园初显规模,新百伦领跑、斯哌纹奇、阿迪达斯、奇酷等重大项目加快推进,中国鞋材网在全国设立6个省级分部,入驻平台企业11.4万家。

【开展一系列旅游文化活动】 2016年,石城县围绕旅游强县战略,开展旅游宣传推介活动,知名度和美誉度不断提升。4月2日,2016中国江西石城“石泉石美花朝天下”花朝节在雍和文园开幕。活动为期90天,以花朝园、八卦脑景区、通天寨旅游文化艺术馆、古戏台等为主要区域。同日,石城县花朝园开园,展示百年杜鹃、海棠、樱花、紫荆等多种珍稀名贵花卉品种。7月23日,在县市民公园举行中国石城第四届旅游文化节开幕式。活动以“夏韵莲香欢乐石城”为主题,开展环球旅游小姐国际大赛中国总决赛暨第四届“莲乡靓妹”评选大赛、石城县“国家全域旅游示范区”创建动员大会、创建头脑风暴大会、2016中国候鸟石城健康旅居论坛、旅游产业招商会暨石城县夏季产业推介会“五场大会”,百位佳丽角逐石城代言人、百里乡村欢乐游、百件旅游商品展评、百米客宴迎新人、百位名家画石城等“五个一百”系列旅游营销活动。中国文化发展集团、声彩投资管理有限公司等企业现场签约文化产业园、旅游开发、绿色食品加工、电商产业园开发等项目13个,项目签约额93.1亿元。11月9日,以“传承千年客家灯彩文化,建设实力时尚幸福石城”为主题的石城县第二届灯彩艺术节在县市民公园举行,主要包括灯彩灯具展和灯彩节目汇演两大项目。从10月初开始,在雍和文园至文化艺术中心广场路段展出荷花灯、杜鹃灯、茶篮灯等10组灯彩灯具。

主要领导人 县委书记:鲍峰庭。县人大常委会主任:陈艳明(任至10月)、刘晓波(10月任)。县长:尹忠。县政协主席:黄运群。

(曾燕)

宜春市

【概　况】 位于江西省西北部,辖3市6县1区。总面积1.87万平方千米。总人口553.25万人,人口自然增长率7.29‰。2016年,地区生产总值1770.4亿元,同比增长9%。三次产业结构比调整为14.0:50.9:35.1。财政总收入320.9亿元,增幅为3.9%。公共财政预算收入220亿元,增长2.3%。规模以上工业增加值956.2亿元,增长9.2%。外贸出口突破155.1亿元,增长4.7%。500万元以上固定资产投资1821.4亿元,增长14.7%。实际利用外资7.1亿美元,增长8.1%。农业总产值440.63亿元,增长4.14%。粮食总产量428.97万吨。主要农产品有棉花总产量1.24万吨,增长5.20%;油料作物总产量22.19万吨,增长0.55%;生猪存栏346.87万头,下降5.55%;生猪出栏610.44万头,下降5.67%;牛存栏73.02万头、下降1.93%;牛出栏32.04万头,增长6.45%;羊存栏11.8万头,增长2.32%;羊出栏23.12万头,增长5.97%;家禽出笼4726.47万只,增长4.38%;肉类总产量62万吨,下降2.65%;水产品产量37.74万吨,增长2.83%。城镇居民人均可支配收入2.75万元,增长8.2%;农村居民人均可支配收入1.26万元,增长8.8%。社会消费品零售总额596.2亿元,增长11.8%。新增城镇就业

5.82万人，新增转移农村劳动力8.35万人。金融机构各项储蓄存款余额2430.56亿元，增长13.55%。各项贷款余额1566.17亿元，增长18.78%。城乡居民基本养老保险率99.1%，零就业家庭就业安置率继续保持100%。完成扶贫移民搬迁6008人，全年减贫5.2万人。

【明月山温泉风景名胜区品牌创建成效显著】 明月山温泉风景名胜区以品牌创建为动力，以项目建设为抓手，先后投入30亿元推进一批重大项目建设，其中投资2亿元的明月山游客服务中心完成土建及外装，投资8亿元的温泉文化综合体（古井泉街）完成主体工程，投资8亿元的耀安开元名都大酒店、华夏温泉度假酒店完成土建及外装，投资5亿元的四季明月大酒店、玉盘大酒店已投入使用，省工人疗养院、泰轩酒店（省交通疗养院）等一批疗养院完成三星级以上升级改造，温汤集镇大布窑前棚户区改造、铲石组改造和山顶人车分流工程等全面完工，温汤集镇绿化亮化提升、温汤河景观改造、温古公路改造、崩山组棚户区改造等一批项目正在推进。全年接待游客649.55万人次，增长44.17%；实现旅游综合收入44.82亿元，增长45.34%。在2016中国温泉旅游推广季暨首届世界温泉论坛大会上，明月山天沐温泉度假村、维景国际温泉度假酒店获评“中国五星级温泉度假村（酒店）”。

【“三升级”工作取得新突破】 全市围绕工业、农业、旅游服务业“三升级”，持续发力，获得六个第一、五个前列。六个第一：列入省重点产业集群32个，引进世界500强项目5个，境外上市企业5家，列入全省重点调度的22个10亿元以上重大工业项目全部开工，“三品一标”（无公害农产品、绿色食品、有机农产品和农产品地理标志）认证产品776个，“三去一降一补”（去产能、去库存、去杠杆，降成本，补短板）关闭退出煤矿数量和退出产能总量，均列全省第一。五个前列：全市工业用电量102亿千瓦时，列全省第二；净增规模以上工业企业164户，列全省第二；新增高新技术企业75家，总数179家，列全省第二；“新三板”挂牌企业20家，列全省第三；明月山被央视新闻频道评为2016全国“十大最美赏月地”第二名。此外，电子商务交易额增长50%，新登记市场主体增长接近20%。

【投入2亿余元实施农村综合改革基本项目建设】 宜春市投入资金2.04亿元，其中上级转移支付补助资金1.25亿元、整合其他资金7917.5万元，组织实施农村综合改革基本项目，建设村内小型水利设施491个，村内道路992条（348.27千米），桥涵102座，村内环卫设施19个，村容美化亮化107处，村级公共活动场所69处，其他公共设施50个，受益群众166万人。

【1.35万套棚户区改造全部开工】 为推进棚改工作，宜春市成立市保障性住房建设领导小组和市棚户区改造“三年攻坚”领导小组，对全市棚户区改造在实际操作中遇到的问题进行统筹协调、统一解决。坚持棚户区改造等民生工程中的“三个一”（每月一督查、一通报、一调度）制度。对项目进度达不到规定时间要求的，启动约谈问责机制，以推进项目进度。对项目建设的资金预算作通盘考虑，除中央投资补助资金和配套资金外，拓宽筹资渠道，争取国家政策性银行的融资贷款。至12月底，全市1.35万套棚户区改造全部开工，其中城市棚户区改造1.03万套、国有工矿棚户区改造332套、林场棚户区改造737套、垦区棚户区改造2168套，开工率100%。全市城市棚户区改造1.03万套中有8500套采取货币化安置，货币化安置率82.59%。

【举行第十届月亮文化旅游节】 9月8日至14日，第十届月亮文化旅游节在宜春举行。此届文化旅游节以“花好月圆·十全十美”为活动主题，活动内容分为中秋拜月·火龙追月暨焰火晚会、宜春市第三届菊花展、“情月相印·爱满宜春”大型相亲交友联谊会、暴雪啤酒美食音乐广场、旅游商品展销会、歌伦贝尔房车音乐发现之旅、宜春首届中老年才艺大赛、2016年宜春市第三届静卿动漫游戏展、《月圆中秋》特种邮票首发式、2016嫦娥奔月灯光艺术展暨侏罗纪恐龙展、“明月山杯”第三届中日韩围棋邀请赛、禅都寻梦——江西四方书画院一门十二家国画精品展、中央电视台《乡村大世界》——走进明月山暨第十届月亮文化旅游节开幕式、首届世界温泉健康名镇（明月山）高峰论坛、江西·宜春·竹文化节、“五洲同泡硒温泉”创上海大世界基尼斯纪录、首届“明月山禅游记”徒步禅活动、2016年全国农耕健身大赛、江西省第五届全民健身运动会登山比赛、宜春秋季汽车博览会、“古井泉街杯”——明月山硒温泉卡通人物形象“硒硒公主”全球有奖征集大赛暨颁奖晚会21项。

【出台《宜春工业绿色发展三年行动计划（2017—2019年）》】 12月，宜春市制定出台《宜春工业绿色发展三年行动计划（2017—2019年）》。该计划重点聚焦机械电子、建筑材料、生物医药、化学工业、电力能源、绿色食品、纺织服装、节能环保8个重点行业；提出实施高耗能行业能耗双控工程、燃煤锅炉专项整治工程、电机能效提升工程、清洁生产水平提升工程、资源综合利用工程、节能新技术新产品推广工程、工业能耗在线监测平台建设工程、绿色工厂示范工程、绿色工业园区示范工程、绿色工业先行示范区工程10个重点工程；明确加大工业绿色发展激励政策力度、建立完善工业绿色发展基础支撑体系、强化工业绿色发展倒逼机制、加强工业绿色发展综合监管、开展工业绿色发展宣传培训5个方面的保障措施。到2019年，全市规模以上工业能源消费总量控制在900万吨标准煤以内，工业能源消费增速不超过5%，实现节能量50万吨标准煤以上，规模以上单位工业增加值能耗累计下降12%，工业固体废弃物综合利用率达65%，工业用水重复利用率达85.5%。

主要领导人　市委书记：邓保生。市人大常委会主任：肖伏芝（任至10月）、张鉴武（10月任）。市长：蒋斌（任至10月）、张小平（10月任）。市政协主席：李树才（任至10月）、陈荣（10月任）。

（熊利军　袁宁）

·袁州区·

【简　况】　位于江西省西北部，辖19镇3乡10街道办事处。总面积2532.36平方千米，其中建成区面积70平方千米。耕地面积5.50万公顷，森林覆盖率62.7%，城区绿化率44.57%。总人口114.62万人，其中非农业人口58.56万人；人口自然增长率6.93‰。2016年，地区生产总值248.94亿元，同比增长9.3%。其中，第一产业增加值30.07亿元，增长4.3%；第二产业增加值93.73亿元，增长9.1%；第三产业增加值125.14亿元，增长10.9%。工业总产值368.91亿元，增长13.5%；规模以上工业增加值84.01亿元，占地区生产总值比重33.75%。主要工业产品：交流电动机237.17万千瓦，下降1.1%；中成药1.87万吨，增长1.6%；水泥12.60万吨，增长20.9%；锂离子电池4.09亿只，增长27.2%；锂云母8.35万吨，减少0.5%。农业总产值51.54亿元，增长5.45%。粮食总产量45.50万吨，减少0.3%。主要农产品：谷物44.06万吨，减少0.4%；油料1.83万吨，增长1.7%；油脂8312吨，减少4.6%；肉类9.58万吨，减少3.0%；水产品4.32万吨，增长3.4%。财政总收入28.63亿元，增长3.9%；地方性财政收入17.99亿元，增长4.5%。地方财政支出45.66亿元，增长9.6%。全社会固定资产投资241.83亿元，实际利用外资5706万美元。城镇居民人均可支配收入3.06万元，增加2208元；农村居民人均可支配收入1.23万元，增加966元。城乡居民年末储蓄余额287.29亿元，增长17.14%。

【加快工业企业发展】　新增规模以上工业企业22户。规模以上工业企业完成主营业务收入129.2亿元，增长8.4%。生物医药产业投产项目增至38个，实现主营业务收入200亿元，增长34.2%；机电锂电产业实现主营业务收入59亿元，增长38%。新批国家高新技术企业8户、省知识产权优势企业1户，高新技术产业增加值达49亿元。科伦医械成为全球最大输液产品制造商，济民、科伦分别位居中国制药工业百强榜第七位、第二十位。金辉再生资源、海尔思药业、航宇新材料、润心科技在“新三板”上市。

【农业产业化稳步推进】　完成标准粮田改造0.11万公顷，粮食总产量47.5万吨，获评全省粮食生产先进县。新造高产油茶0.18万公顷，总面积达1.53万公顷，“袁州茶油”农产品地理标志通过农业部评审，承办全省油茶造林整地暨管护工作现场会、油茶产业科技园区现场会。宜春元博获评“国家林业重点龙头企业”，青龙油脂获评中国食品社会责任“百强企业”，宜春蓝玉获国家首批“星创天地”备案。新增富硒基地133.33公顷、“菜篮子”蔬菜基地33.33公顷。生猪、肉牛分别出栏113.2万头、1.1万头。新增农民合作社123个，获批全省水稻生产全程社会化服务试点。推进基层国有粮食企业退城进郊，完成三阳粮库主体工程建设。

【推进乡村旅游发展】　加快推进乡村旅游发展，组建乡村旅游协会，筹办乡村旅游年系列节庆活动，累计接待游客148万人次，实现旅游总收入6亿元，获评国家休闲农业与乡村旅游示范县。创评新康府庄园、湖冈台山庄2户AAAA级乡村旅游点，白马农庄、禅农庄园、梅花农庄等5户“中国乡村旅游金牌农家乐”成为全省乡村旅游样板。

【推动居家养老服务工作】　为进一步推进居家养老服务工作，提升广大老年人的幸福指数，建设5个高标准示范性居家养老服务中心和一个“12349”居家养老服务平台。5个服务中心每日接待老年人1000余人，成为宜春中心城区为老服务的“温馨之家”；“12349”服务平台每日接听、受理老年人上门服务需求电话30～50次，成为为老服务的桥梁和纽带。

【启动城市公立医院综合改革试点工作】　9月1日，3所区属公立医院和6所市属公立医院启动城市公立医院综合改革试点工作。该次改革将破除“以药补医”机制，全面取消药品加成，实行零差率销售（中药饮片除外），调整293项医疗服务项目价格，同步调整医保统筹基金支付政策范围等，缓解群众“看病贵、看病难”的问题。

【邹学明入选“中国好人榜”】　1月，袁州区寨下镇梅公式村白沙村民小组组长邹学明入选“中国好人榜”。1990年，45岁的邹学明被村民选举为白沙村民小组组长。26年来，他带领白沙人改造旧村，绿化荒山，兴办集体事业，被干部群众誉为“世上难寻的好组长”。

主要领导人　区委书记：郑声宝（任至7月）、鲁旭东（7月任）。区人大常委会主任：温玉铭（任至10月）、谢密蜂（10月任）。区长：鲁旭东（任至7月）、李晓楚（7月代，10月任）。区政协主席：兰书华（任至10月）、孙智红（10月任）。

（窦忠平　何子健　吴哲）

·樟树市·

【简　况】　位于江西省中部，辖10镇4乡5街道办事处。总面积1290.99平方千米，其中市区面积26.1平方千米。耕地面积6.07万公顷，有林面积2.54万公顷，森林覆盖率30.62%。总人口56.14万人，其中城镇人口23.41万人，农村人口32.73万人；人口自然增长率7.25‰。2016年，地区生产总值333.59亿元，同比增长8.8%。其中，第一产业增加值32.67亿元，增长4.6%；第二产业增加值190.45亿元，增长8.5%；第三产业增加值110.47亿元，增长10.5%。三次产业结构比为9.8∶57.1∶33.1。规模以上工业增加值156.1亿元，增长8.9%。主要工业产品有白酒3.89万千升、原盐16.51万吨、中成药4123吨、电动葫芦2257台、单双梁起重机1962台、香料2182.84吨、水泥47.52万吨。农林牧渔业总产值56.33亿元，增长5.4%。主要农产品有粮食59.03万吨、油料5.55万吨、中药材5633吨。财政总收入52.18亿元，增长3.9%；财政支出53.72亿元，增长2.9%。城镇居民人均可支配收入2.95万元，增长8.3%；农村居民人均可支配收入1.44万元，增长8.6%。

金融机构各项存款余额310.44亿元，增长14.1%；各项贷款余额208.75亿元，增长13.4%。

【实施大环保战略】 樟树市围绕建设幸福美丽新樟树目标，实施大环保战略，全面打响工业污染、生猪养殖和水库水质污染、农村生活垃圾污染、城区扬尘污染、餐厨垃圾污染五大专项治理攻坚战。举全市之力实施“蓝天碧水”工程：实施国家循环经济示范县创建、工业“三废”治理、企业退城进园等工程，治理工业污染，构建绿色工业体系；出台“河长制”工作方案，把境内江河流域及山塘水库纳入“河长制”保护管理范围，明确所有小(2)型以上水库禁止肥水养鱼，全部实行人放天养；开展生猪养殖污染综合治理，投入1.5亿元对主动拆除猪场的养殖户进行补贴，拆除猪场2042户，面积57.8万平方米；投入3亿多元实施城乡垃圾处理一体化工程，同时开展城区扬尘污染、餐厨垃圾污染等系列专项整治行动。从生态视角布局经济发展，培育壮大生态农业、养生旅游、电子商务、绿色能源、现代物流等生态经济，逐步构建以绿色工业、生态农业和现代服务业为主的绿色产业体系。

【樟树市入选全国最具投资潜力百强县(市)】 12月，《2016中国中小城市发展报告绿皮书》发布，樟树市入选全国中小城市最具投资潜力百强县(市)，同时入选全国中小城市新型城镇化质量百强县(市)。樟树市主动适应经济发展新常态，积极探索中小城市科学发展模式，按照“一江两岸、三园四区、西扩东调、南优北进”的城市布局，通过创新驱动、绿色发展，不断加快县域经济和新型城镇化建设步伐，先后启动滨江新城、药都大桥、镇村联动等项目，加快城市基础设施建设，促进城市加速扩容提质和资源承载力提升。同时把提升三产比重作为产业转型升级的突破口，发展现代金融、物流、旅游、房地产等现代服务业，不断聚集人气、商气、财气，依托政策优势和投资环境，使樟树成为各地客商创业兴业的投资热土。

【樟树市获“全国义务教育发展基本均衡市”称号】 2月5日，樟树市被国务院教育督导委员会评估认定为全国义务教育发展基本均衡县(市)。樟树市在加快经济发展的同时，始终把教育摆在优化发展的位置，树立“抓教育就是抓关键、抓发展、抓未来、抓核心竞争力”的理念，通过科学谋划，高位推进，逐步形成“政府主导、学校主抓、社会参与”的格局。先后投入45亿元用于发展教育，构建起不同层次、不同类型教育互补支撑的现代教育体系。同时，投入14亿元兴建一批现代化学校，全面推进中小学校升级改造工程，教学条件、硬件设施等得到明显提升，为教育事业的长远发展打下坚实基础。樟树市先后被评为江西省“两基”巩固提高工作先进县(市)、江西省教育工作先进县(市)、江西省教育工作目标考核优秀单位。

【清江枳壳获国家地理标志保护产品】 12月28日，国家质检总局发布公告，批准清江枳壳实施国家地理标志产品保护。清江枳壳原产地为樟树市，是中国药都的传统药材。樟树市是全省最大的枳壳生产基地，拥有种植面积1600多公顷，年产量3600吨。清江枳壳商品药材外观形态呈半球形，直径3～5厘米，具有皮青、肉厚、色白、香味纯正等特色，其味苦酸、微寒，有破气、行痰、散积、消痞的功能。2012年，樟树市政府启动清江枳壳原产地保护申报工作，专门成立清江枳壳专家调研小组，对清江枳壳种植、生长、采收、加工等作细致研究，并进行具体指导。2014年1月，成立以市长为组长、市委副书记为副组长的清江枳壳申报国家地理标志产品领导小组，开始对清江枳壳进行国家地理标志产品申报工作，并向国家地理标志产品保护办公室递交申报手续。2016年6月23日，经国家质检总局审查合格，发布受理公告。

【第47届全国药材药品交易会在樟树举行】 10月16日—18日，由省政府、中国中药协会主办，省食品药品监督管理局、宜春市政府、樟树市政府、威联公司承办的第47届全国药材药品交易会在樟树市举行。此次交易会以“发展樟树药业，振兴中国药都，弘扬中医药文化，促进人类健康和谐”为目标，突出“创新·传承·合作·共赢”的主题，在为期3天的会期中安排专业交易会展、江西(樟树)医药产业招商引资推介会暨江西省中医药产业联盟启动仪式、中国药都·樟树中医药健康产业发展论坛等11项活动，参会医药厂商1万余家，参展品种9000多种，开幕式当天成交额达37.2亿元。

【两处遗址被列入《大遗址保护“十三五”专项规划》】 12月，国家文物局发布《大遗址保护“十三五”专项规划》，吴城遗址和筑卫城遗址均被列入国家大遗址和保护利用项目。樟树市境内的吴城遗址和筑卫城遗址是国家重点文物保护单位。吴城遗址发现于1973年，是中国长江以南地区最早发现的大规模商代人类居住遗址，其发现、发掘否定“商文化不过长江”的论断，标志江西省早期文明进入崭新的阶段，揭开南方地区商代考古的新篇章。筑卫城遗址于1947年10月被发现，是江南印纹陶遗址“核心”地区的一处较为典型的新石器时代晚期遗址，也是距今为止发现的中国保存最完善的早期文明时期大型土城之一。

主要领导人 市委书记：刘安安。市人大常委会主任：孙子凤(任至10月)、傅亚红(10月任)。市长：胡江萍(任至8月)、董晓明(8月任)。市政协主席：傅理学(任至10月)、谌厚有(10月任)。

（陈云芽　曾磊）

·丰城市·

【简　况】 位于江西省中部，辖20镇7乡5街道办事处。总面积2845平方千米，其中城区规划面积80平方千米，建成区面积49.8平方千米。耕地面积8.85万公顷。总人口150.2万人，其中非农业人口48.3万人；人口自然增长率7.89‰。2016年，地区生产总值423.67亿元，同比增长8.6%。其中，第一产业增加值63.32亿元，增长4.3%；第二产业增加值220.68亿元，增长8.5%；第三产业增加值139.67亿元，增长11.0%。财政总收入64.27亿元，增长3.2%，人均3.12元。税收占财政总收入的比重

78%。地方财政收入48.37亿元,增长5.5%;地方财政支出81.52亿元,增长8.8%。工业总产值749亿元,增长9.5%。规模以上工业增加值178亿元,增长9%,占地区生产总值比重42.0%。外贸出口占地区生产总值比重1.7%。固定资产投资395.09亿元。实际利用外资8230万美元。主要工业产品有原煤447.23万吨,下降30.8%;火力发电量123亿千瓦时,下降10.2%。农业总产值92.72亿元,增长4.1%。粮食总产量106.99万吨。主要农产品有稻谷101.33万吨,增长0.1%;小麦158吨,下降36.3%;玉米3933吨,增长1.2%。社会消费品零售总额106.7亿元,增长12.1%。城镇居民人均可支配收入2.91万元,增长8%;农村居民人均可支配收入1.43万元,增长8.2%。城乡居民年末储蓄余额316.82亿元,增长11.4%。

【加快工业发展步伐】 全市规模以上工业实现主营业务收入720亿元,增长8.9%;工业用电量21.08亿千瓦时,增长1.23%。新增规模以上工业企业28家,总数达205家。高端装备制造、生命健康、新材料三大主导产业主营业务收入分别为120亿元、125亿元和260亿元。高新园区申报国家级高新区工作通过科技部专家组考察评审,成为国家第一批工业资源综合利用示范基地。循环园区获批为省级产业园区,丰城市成为全省首个具有"一园两区"的县级市。新增国家级高新技术企业10家,总数达30家。新增省级工程技术研究中心1家、省级工程研究中心3家、省级企业技术中心1家、院士工作站1个、省级博士后创新实践基地1个、省级科技计划项目18项。先后与上海科技大学、浙江大学、沈阳工业大学等开展校企合作项目20余项。

【招商引资成效显著】 全年签约项目43个,签约资金77.6亿元,其中10亿元以上项目3个。宏瑞锂云母、深圳捷和电机等22个项目正式动工,东江环保固废处理、顶翔智控等19个项目竣工投产。华伍股份、江西格林美、好帮手电子3家企业被评为省级两化深度融合示范企业。促成江西联合股权交易中心在丰城设立全省唯一的县级分支机构,11家企业在新四板挂牌。引进国内最大的技术交易市场和创新服务平台——科易网入驻高新园区。先后设立5000万元高新技术产业发展引导基金、20亿元循环产业发展基金和30亿元城市基础设施建设基金。

【推进供给侧改革】 出台购房财政补贴政策,10—12月销售备案面积44.4万平方米,增长94.8%。全年商品住宅销售101.31万平方米,比2015年增加25.32万平方米,增长33.32%。完成29处地方煤矿退出计划,退出产能183万吨。出台《丰城市关于降低企业成本优化发展环境的若干意见》,收集企业反映问题336个,化解问题249个,累计减轻企业负担8.11亿元。推进"营改增"试点改革,实现减税1.11亿元。推动乡镇财政管理体制和分类考核改革,建立更为科学的收支挂钩激励机制、上解财力发展机制和科学考评机制,增强乡镇经济发展和社会管理能力。

【江西丰城电厂"11·24"事故】 11月24日7时,江西丰城电厂三期工程在建项目一处冷却塔施工平桥吊坍塌,造成横板混凝土通道坍塌。在建施工平台发生坍塌的冷却塔设计总高度165米,4月开工建设,事发时已完成70多米。丰城三期电厂内有五六百名工人,分ABC三个班组。事故发生时,工人正拆除冷凝塔外围的木制脚手架,但是尚未干透的混凝土开始脱落,最后坍塌。

事故发生后,从丰城、宜春,以及周边的新余、南昌、吉安等地调集公安消防部队、武警官兵、矿山救护队伍和卫生医疗工作人员共300多人参与救援。事发现场,施工平桥吊坍塌在地上,钢筋扭曲叠杂在一起。现场救援人员用液压剪等工具,剪断纠缠在一起的钢筋,清理现场,搜救被压工人。事故造成现场74人死亡,2人受伤。

主要领导人 市委书记:杨玉平(任至8月)、胡江萍(8月任)。市人大常委会主任:邹小平。市长:金三元(任至8月)、江伟斌(8月任)。市政协主席:熊建清。 (丰远)

·靖安县·

【简　况】 位于江西省西北部,辖5镇6乡。总面积1377.49平方千米,其中城区面积8.0平方千米。耕地面积1.17万公顷,林地面积11.76万公顷,森林覆盖率84.1%,城区绿化率44.17%。总人口15.25万人,其中非农业人口4.15万人;人口自然增长率7.07‰。2016年,地区生产总值39.30亿元,同比增长8.8%。其中,第一产业增加值6.56亿元,增长4.8%;第二产业增加值19.19亿元,增长8.2%;第三产业增加值13.55亿元,增长11.7%。财政总收入8.67亿元,增长3.9%。人均财政收入5683元,其中税收收入7.19亿元,占财政总收入82.9%。公共财政预算收入6.76亿元,下降0.3%;公共财政预算支出19.53亿元,增长29.2%。社会消费品零售总额7.75亿元,增长12.8%。固定资产投资50.96亿元,增长13.94%。实际引进省外资金33.15亿元,增长9.41%;利用外资2518万美元,增长13.94%。外贸出口1.23亿美元,增长5.82%。工业总产值82.24亿元,增长9.5%。规模以上工业增加值16.5亿元,增长9.6%。主要工业产品产量:铸钢件6.4万吨、铜材1.9万吨、电光源9.86亿只、锂离子电池803万只。农业总产值12.6亿元,增长4.65%。粮食总产量9.4万吨。主要农产品产量:水稻8.5万吨、棉花0.1万吨、柑橘4.5万吨、茶叶357吨、油菜籽0.6万吨。万元GDP能耗0.2396吨标准煤。城市污水处理率90.03%。城镇居民人均可支配收入2.54万元,增加1928元;农民人均纯收入1.20万元,增加1013元。城乡居民年末储蓄余额43.22亿元,增长11.4%。新增城镇就业2026人,转移农村劳动力1828人,完成保障房861套,棚户区、危旧房改造791户。城乡居民养老保险参保率98%,城乡居民医保参保率99%,社会保险基金征缴2.38亿元,减贫1425人。

【靖安县被列为国家全域旅游示范区】 2月,靖安县被国家旅游局列为国家全域旅游示范区首批创建名单。靖安县充分挖掘旅游资源,提升旅游吸引力,及时启动城市总体规划修编,先后完成县城沿途房屋外立面改造、县城旅游集散中心、宝峰游客中心、雷公尖休闲服务节点。签约引进中源民宿、太平山庄等项目,完成高山滑雪场、竹溪谷、禅意养生乐园、靖安故事度假区等项目前期准备工作,推进东白源生态养生谷、三爪仑核心资源整合等项目,唱响"乡村旅游"品牌,大力发展乡村游、采摘游、农家乐等休闲旅游。

【洪屏抽水蓄能电站一期投产发电】 12月,靖安洪屏抽水蓄能电站一期投产发电,成为华中电网最大的"蓄电池"和"应急电源"。洪屏电站于2010年6月开工,一期工程安装4台30万千瓦可逆式水泵水轮机组,总装机容量120万千瓦。建有上、下两个水库,上水库利用天然高山盆地修建,总库容为3077万立方米;下水库利用天然河道修建,总库容为6316万立方米,上、下水库落差550米。一期总投资51.88亿元。洪屏电站建成投运,每年可替代原煤12万吨,减排二氧化碳25.3万吨,上缴税额近1亿元。

【靖安县被确定为农村综合改革标准化试点县】 11月,靖安县被国家标准委确定为农村综合改革标准化试点县。靖安县农村综合改革标准化试点项目以"美丽乡村标准化建设"为主要内容,主要在农村生产设施、生活设施、生态环境、公共基础设施、农村生活环境治理、农业生态保护、农业资源综合利用、产业化经营、农村文化传承和农村基层组织建设等方面进行标准化管理,项目实施时间为3年并将进行考核验收。

【靖安县被确定为全国青少年校园足球试点县】 6月,靖安县被教育部确定为全国青少年校园足球试点县,靖安第三中学、靖安县职业中学、靖安县第二小学、靖安县宝峰镇中心小学成为全国青少年校园足球特色学校。全县新建和改造足球场地11块,组建足球队26支,球员600余人。承办2015年全国"谁是球王"初中组江西赛区争霸赛、江西省校园足球中小学5人制锦标赛等赛事。

【雷家古村被列入第四批中国传统村落名录】 11月,雷家古村被住建部列入第四批中国传统村落名录。雷家古村位于仁首镇大团村,始建于明代,为雷姓聚居地。整个村落呈长方形,保存有明、清古民居12栋,接官厅1栋,包括"士大夫第""文林世弟""儒林世第""保家楼"、无字匾商贸世家楼。古建筑由青砖砌成,小巷用青石板铺就。民居结构大致相同,长方体,每栋高10余米、长40余米、宽20余米,由厅堂、天井、厢房等组成,两边山子墙高耸,属典型赣派建筑风格。存有古门头2座,古井两口。

主要领导人 县委书记:田辉。县人大常委会主任:陈霞(任至10月)、陈基先(10月任)。县长:江伟斌(任至10月)、严旭辉(10月任)。县政协主席:彭峰(任至10月)、贾秋林(10月任)。

(蔡会如 黄烈花 赖丰芳)

·奉新县·

【简 况】 位于江西省西北部,辖10镇3乡3场1街道办事处1管委会。总面积1642.81平方千米,其中城区建成面积16.76平方千米。耕地面积3.94万公顷,有林面积10.79万公顷,森林覆盖率64.48%,城区绿化率41.52%。总人口33.77万人,其中非农业人口10.49万人;人口自然增长率7.46‰。2016年,地区生产总值123.12亿元,同比增长9.6%。其中,第一产业增加值18.04亿元,增长4.5%;第二产业增加值65.81亿元,增长9.3%;第三产业增加值39.27亿元,增长12.9%。财政总收入22.04亿元,增长3.9%;税收收入18.88亿元,占财政总收入85.66%。公共财政预算收入16.10亿元,增长1.9%;公共财政预算支出29.37亿元,增长5.8%。工业总产值552.5亿元,增长9.7%。规模以上工业增加值123亿元,增长9.1%。外贸出口1.35亿美元,增长8.54%。实际引进外资7502万美元,增长6.79%;引进省外资金61.51亿元,增长11.66%。500万元以上固定资产投资161.40亿元,增长17.1%。主要工业产品有大米2740吨、纺织棉纱27.77万吨、塑料制品6678吨、罐头3188吨。农业总产值28.22亿元,增长5.47%。粮食总产量33.37万吨。主要农产品有稻谷31.41万吨、生猪出栏15.29万头、水产品总产量2.03万吨、猕猴桃2.57万吨。万元GDP能耗下降至283.40千克标准煤,城市污水处理率90%,垃圾处理率100%。城镇居民人均可支配收入2.76万元,增加2069元;农民人均纯收入1.42万元,增加1098元。城乡居民年末储蓄余额118.35亿元,增长9.4%。社会消费品零售总额40.2亿元,增长11.6%。城镇新增就业4848人,新增转移农村劳动力5188人。城乡居民养老保险参保率95%,城乡居民基本医疗保险参保率98%,社会保险基金征缴总量12.42亿元。新增各类保障性住房1290套,棚户区改造安置房953套。全年实现脱贫4564人,完成扶贫搬迁79户158人。

【开展"生态招商升级年和招商百日大会战"活动】 策划系列招商活动,实施"奉商回归"工程,开展"生态招商升级年和招商百日大会战"活动,引进实施一批科技带动型、创业创新型、循环发展型的优质大项目,签约新能源电动汽车及其配套设备、15万千瓦风电场、九银村镇银行等项目50个,其中超10亿元项目6个,签约资金133亿元。

【提升现代农业量质】 落实强农惠农支农政策,发挥生态优势,提升现代农业量质。全县培植省级龙头企业8家,对接农产品原料生产基地3万公顷;农民合作社324家,其中国家级示范社3家,带动农户4.4万户。会埠镇云飞扬千亩有机生态农业基地初具规模,干洲镇建成全省首个CSA可视化农业示范基地。创建省级休闲农业示范县,获评全省农业和农村工作先进县。

【开展生态环境整治】 先后开展"污染源全面排查""清理违法违规建设项目""零点行动"等"净空、净水、净土"行动。重点实施工业企业污染、非煤矿山、水库退养等10个专项整治,依法关闭非煤矿山16家、环保不达标企业9家、养猪场7个;全面实施"河(库)长制""清河行动",依法拆除45家非法采砂场设备，从根本上杜绝滥采盗挖现象发生；潦河水质稳定在三类水以上标准，空气质量达到国家二级以上标准，通过省级生态县考核验收，成为全省首批“生态文明先行示范县之一”。

【推动乡村旅游业发展】 新增梯田谷、圆梦山庄、星苑生态园3家3A级乡村旅游示范点；形成避暑温泉修身、禅宗修心、山水休闲、果园采摘、文化村落等一批特色乡村游集群；开发乡村旅游线路21条，发展农家乐312家、床位5000张，获评“华中最美避暑小城”；高标准建设旅游示范点，深度挖掘人文资源，拍摄《溪谷山庄》等微电影；举办互联网+乡村旅游行业培训，全县农家乐实行网上营销。

【加大脱贫攻坚力度】 坚持把脱贫攻坚作为头等大事和第一民生来抓，找准致贫原因精准施策；大力发展光伏扶贫、产业扶贫、安居扶贫、保障扶贫，全年精准脱贫4564人。投资500万元为200户389名贫困对象实施光伏发电项目，户均增收3000元；引导和支持68户贫困户加入农村花卉苗木、中药材、猕猴桃等经济合作组织，人均年增收2000元；79户158名深山穷困居民实施移民搬迁；发放大病救助金100万元。

【支月英当选2016年度“感动中国人物”】 12月28日，支月英当选2016年度“感动中国人物”。1980年支月英到奉新县澡下镇泥洋村任教，坚守在偏僻山村教学点36年，克服无数难以想象的困难，从“支姐姐”到“支妈妈”，再到“支奶奶”，教育大山深处两代人。这位山里“孩子王”的“不舍”“无私”“慈爱”让每一个人为之动容。她先后获“全国优秀共产党员”“全国模范教师”“全国教书育人楷模”“全国三八红旗手”等称号。

主要领导人 县委书记：张家良（任至8月）、甘贤武（8月任）。县人大常委会主任：严美根（任至10月）、邹俊明（10月任）。县长：甘贤武（任至8月）、李国兴（8月任）。县政协主席：卢英（任至10月）、胡健（10月任）。

（熊正秋）

·高安市·

【简　况】 位于江西省西北部，辖19镇2乡2街道办事处1垦殖场。总面积2439.33平方千米，其中城区面积31.94平方千米。耕地面积10.33万公顷，林地面积8.63万公顷，森林覆盖率37.96%，城区绿地率21.09%。总人口87.61万人，其中城镇人口27.64万人；人口自然增长率7.86‰。2016年，地区生产总值208.05亿元，同比增长9.5%。其中，第一产业增加值35.53亿元，增长4.3%；第二产业增加值104.32亿元，增长9.7%；第三产业增加值68.20亿元，增长12.2%。一、二、三产业比为17.08∶50.14∶32.78。财政总收入36.38亿元，增长3.9%；公共财政预算收入26.09亿元，下降0.81%。税收收入占财政总收入85.97%（含省煤炭划转增值税、城建税）。规模以上工业总产值532.84亿元，增长10.92%；规模以上工业增加值119.90亿元，增长9.5%。实际利用外资1.3亿美元。外贸出口1.65亿美元。500万元以上项目固定资产投资231.72亿元，增长20.8%。主要工业产品有瓷砖12.02亿平方米、水泥434.09万吨、食品添加剂1.34万吨、原煤61.3万吨、饲料77.99万吨。农业总产值70.50亿元，增长4.03%。粮食总产量75.01万吨，下降0.01%。主要农产品有稻谷70.7万吨、棉花0.89万吨、油料5.74万吨、生猪出栏165.98万头、肉牛出栏13.04万头。城镇居民人均可支配收入2.82万元；农村居民人均可支配收入1.39万元，增长8.3%。新增贷款49.47亿元，存贷比66.26%。城区生活污水处理率82.4%。万元GDP能耗1.268吨标准煤。

【棚户区改造初显成效】 高安市把棚户区改造工程列为重大民生工程，市领导全部参与项目实施。全市城乡棚户区改造涉及3826户（套），改造项目4个，改造面积50.41万平方米，总投资20.01亿元。至年底，完成七一四路棚户区改造项目，所涉2616户签订征收补偿协议，改造面积36.3万平方米中完成拆迁面积22.25万平方米。

【高安市获“全国第三届国土资源节约集约模范市”称号】 6月，高安市被国土资源部授予“全国第三届国土资源节约集约模范市”称号。高安市按照“布局集中、产业集聚、用地集约”的原则，利用土地总体规划的刚性制约作用，合理规划土地利用功能区，引导用地项目向工业园区集中。严格按照耕地保护规划和基本农田红线，禁止占用基本农田，尽量不占或少占耕地，占用耕地实行先补后占、占一补一。全市耕地保有量10.32万公顷，基本农田保护面积8.49万公顷。非农建设占用耕地89.27公顷，通过各类方式补充耕地166.73公顷。整合采石场8个，取缔非法瓷土矿7个，关闭小煤矿13处。累计投入资金3.72亿元，整治土地面积1.29万公顷，建设基本农田1.22万公顷，新增耕地面积0.08万公顷。实施城乡建设用地增减挂钩项目15个，累计投入资金2.1亿元，拆旧区面积619.8公顷，建新区面积592.27公顷。实施低丘缓坡综合开发利用试点项目2个，新增建设用地148.93公顷。

【建筑陶瓷产业基地获批第七批国家新型工业化产业示范基地】 6月28日，工信部授予江西省建筑陶瓷产业为第七批国家新型工业化产业示范基地。建筑陶瓷产业基地坚持走环保保发展、科技强发展、品牌促发展的可持续发展道路，发挥基地独有的国检中心、铁路专用线等平台优势，不断推进产业转型升级。全市陶瓷及配套企业壮大到178家，陶瓷生产线发展到186条，产能8亿平方米，成为全国第三大建筑陶瓷产区。全市陶瓷产业主营业务收入346.48亿元，增长18.64%；实现利税36.04亿元，增长19.20%。建筑陶瓷产业基地拥有实训中心、口岸作业区、天然气站等各种配套设施，是国内产业配套功能最为完善的建筑陶瓷生产基地。

【“西水东调”一期供水工程通水】 8月，“西水东调”一期供水工程竣工并通水试运行。高安市委、市政府为满足城镇居民生活和工业发展的需要，实施“西水东调”供水工程，以上游水库为水源,在村前镇建设村前水厂(设计规模10万吨/日)。从上游水库引水到村前水厂,经制水工艺处理后,饮用水沿村华公路、320国道及沪昆高铁,途经村前镇、杨圩镇、龙潭镇、石脑镇至高安城区,全长38千米;再从高安城区向祥符镇、大城镇敷设输水管24.8千米。工程总投资5.6亿元,分3期建设,其中一期工程于2014年12月7日动工,日供水能力2.5万吨,总投资1.9亿元。

【全媒体中心揭牌运行】 8月30日,全媒体中心揭牌运行。高安市投入资金120余万元,增加事业编制3个,购买社会力量5人,整合官方主办的媒体《高安报》、高安新闻网、高安广播电视台、高品高安微信、高安发布微博和社会媒体20余家,组建全省首家县级全媒体中心,实行"统一办公、统一调度、统一发布",中心通过构建优势互补的媒体矩阵,确保同一条新闻在不同的媒体平台上以不同的形态呈现,形成"快在微博、活在微信、深在报纸、广在电视、全在网站"的立体传播格局;打通与中央、省级主流媒体的纵向联系,及时将亮点突出、特色鲜明的新闻素材向上推送。

【华林山镇被确定为全国美丽宜居小镇】 1月,高安市华林山镇被住建部确定为全国美丽宜居小镇。华林山镇按照高安市委、市政府把华林打造成"绿三角"龙头的要求,进一步发挥自然生态风光和历史文化遗产一脉相承、相得益彰的优势,突出"山水风光、胡氏文化、历史遗迹"三大特色,做好"景区、古村、遗址"3个拓展,推进华林生态旅游产业发展,打造旅游名镇,提升华林对外的知名度。华林山镇先后获评国家级生态镇、江西省最美休闲旅游乡镇、江西省4A级乡村旅游点。

【贾家古村入选中国美丽休闲乡村】 9月,在农业部组织开展的中国美丽休闲乡村推介活动中,高安市贾家古村入选中国美丽休闲乡村。畲山贾家古村是江南保存最完整的集元、明、清建筑于一村,融儒、释、道文化于一体的千年生态古村,保存的古建筑有300余栋,其中有堂号的房屋达119栋,明清建筑140余栋。6月5日,第十二届中国(深圳)文博会重要主题活动——第六届全国生态旅游文化产业发展高峰论坛发布《最美古村落》名单,贾家古村入选全国最美古村落。

主要领导人 市委书记:聂智胜(任至7月)、袁和庚(7月任)。市人大常委会主任:黄雪刚。市长:袁和庚(任至7月)、潘劲松(10月任)。市政协主席:陈细牛(任至10月)、丁杏花(10月任)。

(高安市史志办)

·上高县·

【简　况】 位于江西省西北部,辖9镇5乡1场1街道办事处。总面积1350平方千米,其中城区面积21.66平方千米。耕地面积3.49万公顷,有林面积6.87万公顷,森林覆盖率44.7%,城区绿化率35.1%。总人口38.23万人,其中城镇人口14.57万人;人口自然增长率7.91‰。2016年,地区生产总值143.16亿元,同比增长9.1%。其中,第一产业增加值20.67亿元,增长4.6%;第二产业增加值75.76亿元,增长9.1%;第三产业增加值46.73亿元,增长11.5%。财政总收入25.20亿元,增长3.9%;税收占财政总收入88.8%。一般公共预算收入15.66亿元,增长2.7%;一般公共预算支出28.90亿元,增长2.5%。规模以上工业总产值558.89亿元,增长13.2%。规模以上工业增加值136亿元,增长9.3%。外贸出口4.2亿美元。固定资产投资202.83亿元。实际利用外资8510万美元,利用省外资金62.3亿元。主要工业产品有水泥147.72万吨,饮料酒110.97万升,服装686.13万件。农业总产值49.17亿元,增长4.4%。粮食总产量34.42万吨。主要农产品有油料总产量1.71万吨,生猪出栏90.24万头,牛存栏4.02万头。万元GDP能耗0.4吨标准煤,城市污水处理率85%。城镇居民人均可支配收入2.75万元,增加2135元;农村居民人均可支配收入1.49万元,增加1166元。住户存款余额122.55亿元,增长14%。城镇新增就业5400人,新增转移农村劳动力5700人。城乡居民养老保险参保率103%。新增各类保障性住房300套,棚户区改造安置473套。减贫1904人,扶贫移民搬迁638人。

【推动电子商务发展】 按照"打造1个电商孵化基地,上高电商园实现200家企业触网电子商务应用企业,300家店铺在线个体网店,培育电商400人次,适时启动电子商务进农村打造50个电商村"目标,推动电子商务发展。利用敖阳街道办事处1栋4000余平方米办公楼,创建大学生电商创业孵化基地,为入驻电商创业企业实行免租金、免宽带等各项扶持政策,鼓励挖掘县内产品资源上线网销,已有17家电商创业企业落户。扶持创新创业人才卢群斌创建上高县久亿电商产业基地。通过整合上高供销实业公司、江西绿万佳电商、上高久亿有限公司,组建上高供销电商有限公司;建立占地面积0.95公顷的上高县农村电商孵化园;以江西省锦江农产品批发市场为依托,创建上高县农村电商运营中心,总面积6600平方米。总投资10亿元的中国网库赣西(宜春)电商谷项目,首批20个企业单品已经落地,并全面开展数据初始化的上线运营。至年底,全县入库电商企业55家,交易额16.48亿元。

【做好"农旅结合、农商结合、农工结合"3篇文章】 上高县加快新兴行业与传统农业的融合,做好"农旅结合、农商结合、农工结合"3篇文章,打造农业综合体。发展休闲观光农业,形成以敖山镇少数民族聚居村的皇菊花、泗溪镇中宅村的栀子花、蒙山镇的薰衣草、锦江镇的荷花4个特色观光农业基地,休闲观光农业年产值超过1800万元。以江西绿万佳种养专业联社、中国网库投资建设"赣西电商谷"、江西金农米业集团等为龙头,通过"互联网+农业"让传统农业快速发展。围绕"建设千亿绿色食品生态产业园,打造国家级绿色食品产业基地"的目标,规划面积20平方千米的绿色食品产业园,总投资70亿元,入驻规模以上企业22家。

【打造多元化养老服务体系】 上高县出台《上高县加快发展养老服务业的实施意见》,对全县养老服务业发展进行规划,打造以县城社区老年人日间照料中心、农村老年人颐养之家(幸福院)、扩建城区老年人公寓和改造升级农村敬老院为主的多元化养老服务新模式,满足城乡老年人需求。至年底,全县已投入3550万元,打造多元化养老服务体系。其中,投资730万元,建成县城社区老年人日间照料中心11个,农村老年人颐养之家(幸福院)23个,拥有养老床位2100张,惠及城乡老年人2600多人;投资820万元,改造14所农村敬老院的宿舍、餐厅、浴室等硬件设施;投资2000万元,扩建集医养为一体的上高县老年人公寓。

【上高县被授予“全国义务教育发展基本均衡县”称号】 2月5日,上高县被国务院教育督导委员会授予“全国义务教育发展基本均衡县”称号。上高县推进义务教育优质均衡发展,形成“网点布局相近,建设标准相同,办学条件相似,师资力量相通,质量管理相当”的优质均衡格局。2014年以来,投入教育技术装备经费2929.3万元,图书馆(室)建设基本实现信息化管理,有3所农村学校图书馆(室)达到省二级标准,所有完小以上学校都能开设信息技术教育课程。投资2000多万元对县特殊学校实行整体搬迁,落实教育民生工程,确保学生不因家庭经济困难而失学,外来务工、经商人员子女与当地学生享有同等权利。贯彻落实《关于开展“乡校进修,名师支教”活动的实施意见》,每个县城学校每年定期选派优秀教师到农村中小学进行为期一年的支教。同时,各农村中小学根据自身实际需要选派教师到县城学校“跟班”学习进修。制定下发《上高县关于推进义务教育学校校长教师交流轮岗工作实施办法(试行)》,建立城区学校对农村薄弱学校的对口帮扶制度和实施“名校1+2”工程,促进城乡办学水平的均衡发展。

【举行纪念上高会战胜利75周年抗战文物捐赠仪式】 4月1日,纪念上高会战胜利75周年抗战文物捐赠仪式在县博物馆举行,副县长晏慧珍代表县政府接受县收藏协会捐赠的70余件上高会战文物,县委常委、县委宣传部部长罗咏向捐赠方代表颁发捐赠证书,县文广新局局长赵勇强主持捐赠仪式。县收藏协会捐赠的抗战文物有中国军队使用的毛毯、带鞘刺刀、行军地图筒、民国抗战胜利纪念邮票1套(4枚)、军号、军用壶、抗战内容课本及日军指挥刀、防毒面具、证章、军哨、绑腿带、炮弹头、锦旗、军用望远镜、手雷、1941年军用债券、难民证等,丰富了上高会战陈展内容。

主要领导人 县委书记:刘平(任至7月)、龚法生(7月任)。县人大常委会主任:江建辉(任至7月)、况国高(7月任)。县长:龚法生(任至7月)、胡海洋(7月任)。县政协主席:况国高(任至7月)、晏晓勤(7月任)。

(晏紫春)

·宜丰县·

【简　况】 位于江西省西北部,辖8镇4乡2林场2垦殖场。总面积1935平方千米,其中城区面积8.5平方千米。耕地面积2.85万公顷,林地面积13.93万公顷,森林覆盖率71.9%,城区绿化率40.1%。总人口30.1万人,其中城镇人口10.2万人;人口自然增长率7.92‰。2016年,地区生产总值102.75亿元,同比增长8.5%。其中,第一产业增加值20.53亿元,增长3.3%;第二产业增加值51.12亿元,增长8.9%;第三产业增加值31.10亿元,增长11.3%。财政总收入17.46亿元,增长3.9%;税收占财政总收入的比重82.7%。地方财政收入11.69亿元,增长4.5%;财政总支出24.15亿元,增长6.6%。工业总产值159.89亿元,增长8.2%。规模以上工业增加值62亿元,增长9.4%。500万元以上固定资产投资101.52亿元,增长20.2%。实际利用外资5900万美元;省外投资34.3亿元。规模以上工业主要产品产量有原煤26.4万吨、人造板6.9万立方米、水泥141万吨。农业总产值38.83亿元,增长3.4%。粮食总产量28.06万吨。主要农产品产量有水产品2.03万吨、肉类3.2万吨、生猪出栏35.67万头、禽蛋1.87万吨。万元GDP能耗下降3.45%,城市污水处理率77%。城镇居民人均可支配收入2.73万元,增加2001元;农村居民人均纯收入1.31万元,增加1014元。城乡居民年末储蓄余额95.35亿元,增长13.5%。城镇新增就业4877人,新增转移农村劳动力4939人。

【开展“奋战一百天、推进产业大招商”活动】 4月18日,宜丰县印发《“奋战一百天、推进产业大招商”活动实施方案》,在全县开展“奋战一百天,推进产业大招商”活动。县委、县政府主要领导带头赴北京、浙江、深圳、南昌等地招商33人次,小分队外出招商92批次。至8月,全县新签约项目65个,合同资金68.08亿元。其中,绿色高效储能系统制造业类项目9个,绿色服饰材料产业类项目14个,绿色食品饮料产业类项目3个,高端生态旅游服服产业类项目10个,其他项目29个。

【九江银行宜丰支行开业】 11月1日,九江银行宜丰支行开业仪式在宜丰县城举行。宜春市市长助理李超杰、九江银行行长潘明、县委书记张俊等领导出席开业仪式,并共同为九江银行宜丰支行开业按下启动球。九江银行原名为九江市商业银行,由九江市8家城市信用社于2000年11月18日共同发起成立。九江银行在宜丰县设立支行,为当地客户提供快捷的金融服务。

【宜丰县被授予“全国义务教育发展基本均衡县”称号】 2月5日,宜丰县被国务院教育督导委员会授予“全国义务教育发展基本均衡县”称号。宜丰县将推进义务教育均衡发展作为重大民生工程,先后投入校建资金6亿多元,新增教育用地33.33公顷,新建改建校舍30多万平方米。全县32所完全小学、8所初级中学和1所特殊教育学校的校园校舍、文化体育设施、教学仪器设备、班额等条件都达到省定标准以上,学校之间无明显差异。建立公办义务教育学校校长、教师交流轮岗机制,交流轮岗教师300多人,交流轮岗比例近20%,校长交流面达50%。

【宜丰县获评全国基层中医药工作先进单位】 1月,宜丰县被国家中医药管理局授予“全国基层中医药工作先进单位”称号。全县开展乡镇中医药人员知识与技能培训1240人次，推广应用中医药适宜技术16项。全县中医药人员培训率达90%以上。投入200多万元，添置中医专科设备，设立“治未病”科，加大省级中医重点专科骨伤、针灸康复科等科室建设，基本形成以中医骨伤、针灸康复、肛肠、中医儿为龙头的一批中医特色品牌科室。

【刘讨中入选“中国好人榜”】　8月31日，中央文明办在哈尔滨举办全国道德模范与身边好人现场交流活动，发布8月“中国好人榜”，宜丰县天宝乡黄沙村党支部书记刘讨中入选“诚实守信”类中国好人。刘讨中40年来，不忘初心，以实际行动践行自己对村民的承诺，倾心尽力为村民办好事实事，带领村民走上致富路。在他的倡导下，黄沙村文明和谐，民风淳朴，全村人23年赡养一位“疯婆婆”，使其晚年安享幸福生活。

主要领导人　县委书记：邓伟（任至2月）、张俊（2月任）。县人大常委会主任：张美荣（任至7月）、刘毅力（7月任）。县长：张智萍（任至7月）、徐彩云（7月任）。县政协主席：李和平（任至7月）、舒彬（7月任）。

（纪睿）

·铜鼓县·

【简　况】　位于江西省西北部，辖6镇3乡4林场。总面积1551.94平方千米，其中城区面积6.2平方千米。耕地面积8699.18公顷，林地面积13.83万公顷，森林覆盖率87.42%。总人口14.00万人，人口自然增长率6.79‰。2016年，地区生产总值39.07亿元，同比增长8.6%。其中，第一产业增加值5.94亿元，增长4%；第二产业增加值16.49亿元，增长8.5%；第三产业增加值16.64亿元，增长10.4%。一、二、三产业比为15.2∶42.2∶42.6。财政总收入8.67亿元，增长3.9%。税收占财政总收入80.1%　。地方财政收入6.97亿元，增长3.0%；地方财政支出13.95亿元，增长4.3%。规模以上工业总产值39.24亿元，增长9.3%；规模以上工业增加值占地区生产总值23.54%。500万元以上固定资产投资28.5亿元，增长17.8%。实际利用外资2400万美元，利用省外投资13.7亿元。主要工业产品有医药、化工、纺织等。农业总产值11.03亿元，增长5.79%。粮食总产量4.63万吨，增长1.47%。主要农产品有茶叶0.30万吨、红薯0.13万吨、大豆0.11万吨、西瓜0.24万吨、山羊出栏2.8万只。万元GDP能耗0.2054吨标准煤，城市污水处理率90%。城镇居民人均可支配收入2.20万元，增长8.4%；农村居民人均可支配收入8490元，增长9.9%。城乡居民年末储蓄余额27.41亿元，增长15.99%。城镇新增就业2439人，新增转移农村劳动力1826人。城乡居民养老保险参保率97.8%，城乡居民基本医疗保险率96%，社会保险基金征缴总量0.78亿元。棚户区改造安置房195套。全年减贫3781人，完成扶贫移民搬迁0.09万人。

【铜鼓县被授予“国家生态县”称号】　3月20日，铜鼓县被环保部授予“国家生态县”称号。铜鼓县以“生态立县”为基础，在发展中保护生态，做到“既要金山银山，更要绿水青山”。全面推行“河长制”，开展“清河行动”，62家非法采砂场全部关闭并拆除，境内地表水、地下水水质均达《地表水环境质量标准》中Ⅲ类水质标准，饮用水源达标率100%，大气环境质量优良，城镇空气质量保持国家环境空气质量二类标准，景区和自然保护区空气质量保持国家环境空气质量一类标准。完成造林面积0.15万公顷，森林覆盖率87.42%。推进有机农业发展，有机种植面积达2万公顷。工业园通过省级园区创建评审，入驻企业29家。生态环境质量总体达到“大气净化、水面清化、荒山绿化、环境美化”的要求。通过创建生态乡（镇）、村等活动，全县有8个乡镇获“省级生态乡镇”称号，12个行政村获“省级生态村”称号，7个乡镇获“国家级生态乡镇”称号。

【铜鼓县被列为首批国家全域旅游示范区创建县】　2月，铜鼓县被国家旅游局列为首批国家全域旅游示范区创建县。县委制定《关于创建国家全域旅游示范区的实施方案》，启动全省旅游强县和国家全域旅游示范县创建，以全域旅游的理念引领旅游产业升级，逐步打造集生态观光、文化体验、乡村旅游、康体娱乐、养生度假于一体的旅游目的地。推出“长寿铜鼓、养生福地”旅游形象宣传，制作铜鼓首部旅游微电影《心灵原乡》。秋收起义纪念地、汤里景区创建国家4A级旅游景区通过验收。新增省级生态旅游示范乡镇1个、省级3A乡村旅游点3个，接待游客170万人次，增长25%；实现旅游综合收入9.5亿元，增长17%。

【铜鼓县被列为全国电子商务进农村综合示范县】　6月，铜鼓县被商务部列为全国电子商务进农村综合示范县。铜鼓县设立电子商务发展专项资金，由县财政在年度预算中安排专项资金，用于电子商务产业的扶持补助、培训、融资以及服务平台支撑体系建设。年内投资300万元改造建设电子商务创业园，由捷一商务负责运营和管理，免费提供给电子商务企业和个人使用，已有200多名青年入住创业，孵化电商企业30家；成立电商协会，成员单位已达100家；探索县、乡、村三级电商配送体系建设，与捷一商务合作完成对9个乡镇22个电商快递综合服务站改造建设工作，实现乡镇快递服务全覆盖，同时探索“电商+扶贫”模式，与邮政公司合作成立“农村e邮”游源村电商扶贫站点和“农村e邮”永丰村电商扶贫站点。全县从事电商企业（网店）321家，80%的竹木深加工产品、70%的农产品通过电商平台销售，实现电子商务网络销售额10.2亿元，增长42%。

【第四届湘鄂赣苏区论坛在铜鼓举行】　11月6日—8日，第四届湘鄂赣苏区论坛在铜鼓举行。中央党史研究室、中央文献研究室、中央党校、军事科学院、国家发改委、国防大学和湖南、湖北、福建等地的领导、党史专家及革命后代120余人参会。此届论坛经中央党史研究室同意，报江西省委批准，由江西、湖南、湖北三省省委党史研究室和宜春市委、市政府主办，铜鼓县委、县政府和宜春市史志办承办。论坛以“牺牲·崛起”为主题,围绕挖掘苏区精神、弘扬红色基因、加强联动合作、推动区域发展等方面,开展主题论坛、学术交流、会徽交接、文艺演出、实地考察等项活动。

【茶山生态公益型林场获“全国十佳林场”称号】　11月,中国林场协会授予铜鼓县茶山生态公益型林场为“全国十佳林场”称号。茶山生态公益型林场山林面积0.41万公顷,森林覆盖率98%。林场从2012年开始,坚持“政府主导、民营参与、市场运作、合作共赢”的总体经营模式,协调各方资本参与茶山森林康养基地建设,并结合自身优势,探索转型升级,变“砍树”为“看树”,转型发展旅游业。2013年开始,自主经营长沙、南昌、武汉、宜春及周边县市200人左右休闲度假、拓展训练、登山探险及自驾游活动等。全年接待游客25万人次,入住游客1.8万人次,旅游业主营业务收入2400余万元。2015年,省林业厅确定茶山生态公益型林场为首批后续扶持示范林场,省委宣传部、省科技厅将茶山生态公益型林场列为红豆杉科普基地。年内,由国内知名策划人陈发凯主导的湖北客商张云清团队,投资20亿元建设《云清养生文化综合体项目》,分4期建设;农业部将茶山八角莲基地列为江西省野生珍稀保护区重点项目。

【大塅镇获评全国科学发展千强镇】
7月,铜鼓县大塅镇被中国城市经济学会中小城市经济发展委员会、中小城市发展战略研究院、中国社会科学院城市发展与环境研究所评为全国科学发展千强镇。大塅镇围绕打造“国内知名休闲养生小镇”的目标,推进项目建设,全力做好养生养老产业、文化旅游产业、有机生态农业。全年投入76万元开展清洁工程建设;投入75万元建设集镇、公益2个水生态文明示范点。汤里景区创建国家4A级旅游景区。新增古桥、浒口中药材种植基地2个,面积240公顷;新增中药材收购、销售公司1家,签约资金3000万元;完成鹤叽等村高标准农田改造66.67公顷;启动古桥农业示范园高标准规划设计,有机农业带动全镇人均增收2580元。通过“基地+农户”“合作社+农户”模式,产业扶贫613人。投入资金200余万元,改扩建古桥小学。完成隘口中心村和4个新村点建设。完善社会治安防控体系建设,集镇及周边重点区域监控实现全覆盖。

主要领导人　县委书记:胡国瑞(任至2月)、罗光荣(2月任)。县人大常委会主任:林上旺(任至10月)、李鸣(10月任)。县长:董晓明(任至7月)、黄为民(7月任)。县政协主席:李鸣(任至10月)、赖国梁(10月任)。

(刘书琴)

·万载县·

【简　况】　位于江西省西北部,辖9镇7乡1街道办事处。总面积1719.63平方千米,其中城区面积10.6平方千米。耕地面积3.29万公顷,有林面积11.36万公顷,森林覆盖率67.27%。总人口57.14万人,其中城镇人口15.78万人;人口自然增长率8.60‰。2016年,地区生产总值120.03亿元,同比增长9.0%。其中,第一产业增加值14.97亿元,增长4.5%;第二产业增加值67.43亿元,增长9.3%;第三产业增加值37.63亿元,增长10.4%。一、二、三产业比为12.47∶56.17∶31.35。财政总收入24.11亿元,增长3.9%。税收总额20.51亿元,增长0.5%。其中,公共财政预算收入14.89亿元,增长4.4%。财政支出32.43亿元,增长6.3%。工业总产值299.8亿元,增长9.5%。规模以上工业增加值71.5亿元,增长9.8%。固定资产投资140.82亿元。实际利用外资5903万美元,增长10.34%;利用省外资金39.75亿元,增长10.29%。主要工业产品有花炮、有机食品、新型建材、机械电子、橡胶化工。农业总产值29.71亿元,增长5.2%。粮食总产量30.57万吨。主要农产品有稻谷、有机蔬菜、水果、茶叶。万元GDP能耗0.3345吨标准煤。城镇居民人均可支配收入2.41万元,增长8.1%;农村居民人均可支配收入1.02万元,增加9.7%元。城乡居民年末储蓄余额106.24亿元,增长16.4%。全年减贫7845人。

【铜万高速公路通车】　1月4日,铜鼓至万载高速公路正式通车。该高速公路于2015年1月开工建设,路线起于宜春市铜鼓县三都镇小浪坑村附近,与建成的杭州至长沙国家高速公路昌铜段相接,途经铜鼓县三都镇,宜丰县黄岗镇、车上林场、芳溪镇,万载县罗城镇、三兴镇、白良乡、马步乡,终于万载县城西北侧“南昌至上栗高速公路”与“万载至宜春高速公路”相交的四肢枢纽互通处,全长约69.22千米,共设置枢纽互通3处、出口互通5处、服务区1处。

【万载县获“全国双拥模范县”称号】
6月22日,全国双拥工作领导小组办公室公布2016年全国双拥模范城(县)名单,万载县名列其中。这是万载县第三次获“全国双拥模范县”称号。县委、县政府先后制定和完善《万载县拥军优属实施若干规定》《万载县驻县部队拥政爱民若干规定》《万载县重点优抚对象医疗保障暂行实施办法》等,在全省率先实行优抚对象医疗“一站式”服务,对一至六级残疾军人的门诊和住院医疗实行全额报销。县财政解决重点优抚对象医保、医疗补助经费460多万元,对解放军某部官兵每人每年补助门诊医疗240元;县卫生部门为解放军某部官兵办理医保,每年组织医疗巡诊小分队,为解放军某部官兵和重点优抚对象开展“情系老优抚,爱心献功臣”医疗巡诊活动,为老复员军人建立健康档案,免费发放药品10多万元。举办各类技能培训班12期,培训退役士兵,培训率95%以上。

【中国(万载)第三届国际花炮文化节在万载举行】　10月21日—24日,中国(万载)第三届国际花炮文化节在万载县龙湖公园(烟花燃放国际赛事中心)举行。此届节会由中国烟花爆竹协会和万载县烟花爆竹商会共同主办,以创新发展,共享共治——构建烟花爆竹安全与文化命运共同体为主题,共举行了焰火文艺汇演、“安全发展、科学发展”主题论坛、花炮先进机械设备展览、国际花炮产品交易、安全环保创新产品燃放展示等10项活动。

主要领导人 县委书记:胡全顺。县人大常委会主任:张清华。县长:邓湧川。县政协主席:龙社庚。

(黄德娥)

上饶市

【概 况】 位于江西省东北部,辖1市9县2区。总面积2.3万平方千米,其中中心城区面积112.5平方千米。耕地面积45.9万公顷,林地面积131.78万公顷,森林覆盖率57.5%,林木绿化率61.8%。总人口675.2万人,其中中心城区91.2万人;人口自然增长率7.31‰。2016年,地区生产总值1811.07亿元,同比增长9%。其中,第一产业增加值235.40亿元,增长3.9%;第二产业增加值863.97亿元,增长8.7%;第三产业增加值711.70亿元,增长11.1%。财政总收入302亿元,增长9.2%。其中,一般公共预算收入227.5亿元,增长9.1%。税收收入占财政总收入的比重70.7%。一般公共预算支出495.5亿元,增长8.4%。规模以上工业增加值751.2亿元,增长9.3%,占地区生产总值的比重41.5%。500万元以上项目固定资产投资1790.3亿元,增长14.7%。社会消费品零售总额721.1亿元,增长12.6%。引进省外2000万元以上项目资金576.7亿元,增长13.2%。实际利用外资10.4亿美元,增长10.4%。出口总值252.9亿元,增长7%。主要工业产品有铜材30万吨、轴承1.3亿套、光学仪器2.2万台、水泥1632万吨、新能源汽车1366辆。总用电量132.85亿千瓦时,其中工业用电量83.5亿千瓦时。农林牧渔业总产值383.9亿元,增长3.9%。粮食总产量351.3万吨。金融机构存款余额2716.2亿元,增长20.3%;贷款余额1742.1亿元,增长18.2%。万元GDP能耗0.4吨标准煤,城市生活污水集中处理率100%。城镇居民人均可支配收入2.92万元,增长8.3%;农村居民人均可支配收入1.11万元,增长9.8%。退出省级贫困村112个,实现脱贫13.7万人。整合城乡居民基本医疗保险制度,完成城镇居民基本医疗保险和大病保险政策调整,每人筹资标准分别提高40元、15元。农村危房改造2.5万户。

【上饶市中科院云计算中心大数据研究院成立】 8月8日,上饶市中科院云计算中心大数据研究院完成事业单位登记,标志上饶市政府与中科院云计算中心联合共建的江西首个创新型研发机构成立。研究院结合中科院云计算中心的业内影响力,吸引国际国内一流的大数据研究人员,推动上饶大数据产业创新发展。重点在旅游大数据、金融大数据、工业大数据、医疗大数据等领域进行学术研究、技术创新、人才培养和成果产业化,致力于全国领先的大数据产业育成生态系统建设。

【侦办"重金求子"电信诈骗案】 上饶市公安局在侦办一起"重金求子"电信诈骗案件过程中,经循线追查,发现该案涉及多个犯罪团伙,涉案人员众多,并成立"4·20"专案组。5月30日,国务院打击治理电信网络新型违法犯罪部际联席会议办公室对该案挂牌督办。经过侦查,市公安机关逐步掌握了全国涉案线索,摸清"重金求子"诈骗犯罪的团伙架构、犯罪脉络、成员关系。9月25日,在公安部指挥下集中开展统一收网行动,上饶作为主战场,投入警力占全国投入总数87.1%;抓获犯罪嫌疑人119人,占全国抓获总数78.3%。该案侦办被公安部列为国内打击电信诈骗的经典案例。

【第三届"金驹杯"世界大学生摄影展在上饶举行】 12月17日—19日,第三届"金驹杯"世界大学生摄影展在上饶举行。摄影展由中国摄影家协会、北京电影学院和上饶市政府举办,收到来自国内外325所高校、2249名大学生的1.43万幅作品。大展分为感知上饶单元、金驹杯单元,包括专业组与非专业组,每组内有图片摄影、多媒体影像、金驹伯乐、最佳组织院校奖。这次摄影展成为上饶面向全世界宣传"大美上饶"、推介"大美上饶"、扩大"大美上饶"影响力的窗口。

【全国第一所城管党校+城管行政学院在上饶成立】 12月24日,上饶市举行市委党校城管分校、行政学院城管分院揭牌暨首期业务培训班开班仪式,标志全国第一所市委党校城管分校、行政学院城管分院成立。住建部稽查办副主任董红梅、市委副书记吴井勇为党校城管分校揭牌,省住建厅副厅长吴昌平、副市长李高兴为行政学院城管分院揭牌。揭牌仪式后,董红梅以"改革城市执法体制、改进城市管理工作"为题,为城管党校(行政分院)首期业务培训班的200余名学员进行首堂授课。

【新320国道上饶城区段通车】 12月25日,新320国道上饶城区段正式通车,全长59.74千米,总投资16.8亿元,是全省一次性投资规模最大、建设里程最长的国道改建项目。路线起于信州区沙溪镇,终于横峰县司铺乡,途经信州、广丰、上饶、上饶经济技术开发区、横峰5个县(区、开发区)10个乡镇,连接上饶三清山机场、上饶火车站、上铅快速通道和上丰大道。

【工业园区平台发展升级】 全市工业园区(经济开发区、高新产业园区)累计实际开发面积96.1平方千米,列全省第二;增幅2.1%,列全省第三。实现主营业务收入2749.6亿元,列全省第四;增长8.1%,提高1.1个百分点。引进亿元以上项目投资413.2亿元,增长37.3%。上饶经开区全年完成征地333.33公顷,平整土地466.66公顷;新开工厂房面积216万平方米,在全省开发区中排名第一;主营业务收入达855.9亿元,列全省第五。广丰经开区更名为上饶高新技术产业园区,余干、弋阳工业园区分别更名为余干高新技术产业园区、弋阳高新技术产业园区。省级高新技术产业园区在全省7家中占有4家。

【加速发展"两光一车"产业】 突出上饶经开区主平台,加速发展"两光一车"产业。全年光伏产业实现主营业务收入560亿元,增长21.7%。龙头企业晶科能源实现主营业务收入416亿元,跃居全球最大光伏组件制造商;光学产业实现主营业务收入20亿元,增长10%。光学产业集聚区落户企业逾200家,初步形成一个龙头(凤凰光学)、3个基地(孵化园、生产基地和光电创谷)的新格局。汽车产业实现主营业务收入30亿元,增长66%。形成"四整车一整机"的汽车产业发展格局,落户汽车及相关配套产业项目30多个,总投资450亿元,初步构建包括轿车、客车、SUV、大巴车、新能源汽车等在内的汽车产业集群。

【推进大数据产业发展】 按照"一个园区、八个中心、一个基地"(大数据产业园,智慧城市、智慧旅游、互联网医疗、互联网金融4个产业运营中心和知识产权大数据运营中心、创新创业孵化中心、呼叫和服务外包中心、区域大数据中心4个产业支撑平台,物联网产业基地)的建设思路,全面推进大数据产业发展。完成大数据产业园一期133.33公顷选址、立项、规划。12月21日,首批华为云数据中心、呼叫和服务外包中心、创新创业孵化中心、上饶大数据创新创业中心4个项目开工。

【"手机版"市长热线三级管理平台建成】 "手机版"市长热线平台是在已有"电话版""网络版"市长热线平台的基础上,针对智能手机用户开发的综合信息服务平台。至年底,后台管理系统、手机APP工作端、市民端等多个子项目全部建成达标。依托该平台,上饶市市长热线初步形成覆盖市、县、乡三级的立体式管理平台,全市81个市直单位、12个县(市、区)、215个乡(镇、街道、场)、591个县直单位纳入热线工作网络,拥有专兼职工作人员1344人。市长热线APP下载量63万余人次,注册量12万余人次。

主要领导人 市委书记:陈俊卿(任至4月)、马承祖(4月任)。市人大常委会主任:张跃岭(任至10月)、汪东进(10月任)。市长:马承祖(任至5月)、颜赣辉(5月代,7月任)。市政协主席:程建平。

(李娴)

·信州区·

【简　况】 位于江西省东北部,辖4镇5街道办事处。总面积339平方千米,其中城区面积49.76平方千米。有林面积933.33公顷,森林覆盖率40.14%,城区绿化率46.08%。总人口42.92万人,其中城镇人口30.76万人,人口自然增长率9.77‰。2016年,地区生产总值212.6亿元,同比增长8.9%。其中,第一产业增加值7.0亿元,增长3.7%;第二产业增加值48.4亿元,增长10.3%;第三产业增加值157.2亿元,增长8.7%。财政总收入21.9亿元,增长4.3%;人均5132元;税收占财政总收入的比重83.5%。公共财政预算收入16.1亿元,增长-4.3%;公共财政预算支出26.6亿元,增长14.3%。规模以上工业总产值22.1亿元,与上年持平。外贸出口2.34亿美元。固定资产投资158.3亿元,增长12.9%。实际利用外资8071万美元,增长10.17%。省外投资42.09亿元,增长12.94%。主要工业产品及产量:布9万米、铜材3.65万吨。农业总产值11亿元,增长4%。粮食总产量4.95万吨。主要农产品及产量:谷物4.48万吨、肉类6460吨、蔬菜9.4万吨、油料2575吨、水果1078吨。万元GDP能耗0.230吨标准煤,城市污水处理率88.86%。城镇居民人均可支配收入3.17万元,增加2356元;农村居民人均可支配收入1.44万元,增长976元。城乡居民年末储蓄余额266.0亿元,增长7.7%。

【加快信息服务业产业发展】 信州区加快信息服务业产业发展,形成以信息服务业产业园为主平台,配套上饶慧谷大厦、上饶淘宝园的"一业三园"及7890众创空间、六号仓库、经济园、智慧信州的七大信息产业集聚区,占地面积20.6万平方米。成立以信息服务业为主的招商小分队,设立全省唯一的信息产业零散税收代征点。继巨网科技在新三板上市后,先后培育遥望科技(付网科技)、网库股份、明家联合(创赢科技)、酷炫网络(合一科技)、联创科技(捷酷科技)等互联网上市企业。全年引进纳税互联网企业117家,园区互联网企业增至333家,完成营业额34.67亿元,实现税收2.6亿元。

【全力推进精准脱贫工作】 信州区围绕2016年率先脱贫的目标,制订脱贫工作规划,细化路线图,明确时间表,按时间节点稳步推进。派驻帮扶队伍,高位督查推动。做到全区所有村扶贫工作队全覆盖,贫困村派驻第一书记全覆盖,区领导联系乡镇帮扶全覆盖,区直单位参与精准扶贫全覆盖。实施产业、就业、社会保障、教育、健康、危旧房改造、基础设施、结对帮扶八大扶贫工程。全区农村贫困户由2014年年底3315户8715人减少到2016年年底的1061户2866人,贫困发生率由8.7%下降至1.4%,达到国家规定2%以内的标准。

【开展重点工作百日攻坚暨棚户区改造工作】 9月20日,信州区召开重点工作百日攻坚暨棚户区改造动员大会,启动重点工作百日攻坚暨棚户区改造工作。每个项目由1~2名县级领导挂点,同时从区直单位、各镇(街道)和村(居)抽调党员干部组建征迁小组。各棚改项目部实行挂图作战,任务上墙,分解到每一组、落实到每个人。推行"三级认证、三榜公示"的工作机制,做到拆前拆后一个样、拆贫拆富一个样、拆官拆民一个样、拆善拆恶一个样。至12月底,完成46个项目、7215户、2.10万人、288.98万平方米的征迁任务。

【推出5个合成警务工作站】 2月,信州公安在全省首创推出5个合成警务工作站,分布在高铁火车站、人民广场、行政中心、商贸城等商业繁华、人员密集区域,实行"三班两运转"模式。按照"1分钟反恐处突响应、5分钟接处警、15分钟环线巡逻圈"的要求,民警24小时在网格范围内动中备勤。警务站内设接警区、调解区、备勤区和自助服务区,承担"接处警、巡逻防控、打击犯罪、反恐处突、便民服务、交通管理、法制宣传、消防应急"八大主要职能。警务站运行以来,接处警数量占全区总警情51.78%,67%的矛盾纠纷在警务站得到调处。全区刑案发案数下降10.3%,街面扒窃类警情下降39%,警务站抓获移送的犯罪嫌疑人占全局刑拘总数29.4%。

主要领导人 区委书记:蒋丽华(任至8月)、王其中(8月任)。区人大常委会主任:付德峰(任至10月)、徐志勇(10月任)。区长:王其中(任至8月)、胡心田(8月代,10月任)。区政协主席:徐中平(任至10月)、程茹(10月任)。

(李霞)

·广丰区·

【简　况】　位于江西省东北部,辖15镇3乡5街道办事处。总面积1377.79平方千米,其中建成区面积27.8平方千米。耕地面积2.94万公顷,有林面积6.28万公顷,森林覆盖率58.6%,城区绿地率41.6%。总人口97.1万人,人口自然增长率14.9‰。2016年,地区生产总值321.90亿元,同比增长9.9%。其中,第一产业增加值21.97亿元,增长4.1%;第二产业增加值174.77亿元,增长8.4%;第三产业增加值125.16亿元,增长13.4%。一、二、三产业比为6.8∶54.3∶38.9,第三产业比重比上年增加2.3个百分点。财政总收入43.55亿元,增长4.16%。固定资产投资总额240.7亿元,增长15.4%。社会消费品零售总额15.2亿元,增长14.5%。农民人均可支配收入1.38万元,增长9.72%;城镇居民人均可支配收入3.10万元,增长8.33%。年末金融机构存款余额223.46亿元,增长23.41%;贷款余额149.35亿元,增长17.92%。

【上丰大道建成通车】　12月25日,广丰通往上饶高铁站的上丰大道通车,标志着广丰已全面融入上饶主城区。上丰大道于2013年年初开工建设,总投资约8亿元,全长17.2千米,涵盖1个隧道、2座大桥、3座中桥的一级公路,路基宽32米,双向六车道,是广丰投资规模最大、建设标准最高的单体道路工程。大道贯通了上饶市中心城区东南片区和广丰西北部,为上饶市城东片区和高铁经济试验区构建了大通道,使广丰至市主城区里程缩短8千米。

【全国美术馆馆藏精品展在广丰区吴俊发艺术馆举行】　按照全国美术馆馆藏精品展出季活动的巡展安排,4月26日至6月10日,珠海美术馆从古元的捐赠作品中精选出80幅,作为《"展望与回顾"——古元版画作品展》作品在广丰区吴俊发艺术馆展出。古元系中国著名美术家、美术教育家,被徐悲鸿誉为"中国美术界卓绝之天才,中国新版画界一巨星",擅长水粉、水彩、版画,其作品充满生活气息,纯朴而优美。

【黄式水入选"中国好人榜"】　9月,黄式水在"我推荐、我评议身边好人"活动中,入选"中国好人榜"。黄式水是广丰区吴村镇东塘村人,14年前只身到广州市增城市打工,因突发疾病,在增城市人民医院治疗欠下3000元医药费,承诺有钱一定偿还。14年后,他从广丰乘坐10多个小时的火车、汽车到增城区人民医院,归还所欠3000元医药费。黄式水信守承诺的事迹引起社会反响,5月5日,广州市增城区《增城日报》刊登《江西男子辗转千里送还14年前区人民医院欠款》。5月6日,《广州日报》刊登《黄式水还钱记》。5月7日,《江西日报》发表《诚信的楷模》时评一文。5月9日,中央电视台、新华社等多家媒体记者,走进黄式水家乡,探寻这位"诚信好人"。

【参加全国武术之乡武术套路比赛】

8月25日—27日,2016年全国武术之乡武术套路比赛在江苏徐州举行,全国98个武术之乡1600多名运动员在自选、规定、传统、对练、集体、展示六大项目上展开角逐。广丰区派出10名运动员,参加24个项目的比赛,经过三天拼博,最终获得金牌2枚、银牌2枚、铜牌12枚和集体项目三等奖。

【洋口镇昆山村发生爆燃事故】　1月20日零点30分左右,洋口镇昆山村鸿盛花炮厂发生爆燃事故,造成死亡3人,重伤2人,轻伤13人。事故发生后,省委、省政府主要领导作出指示,上饶市委、市政府及广丰区委、区政府立即部署落实,重点开展了8个方面的工作:一是及时救治伤员,全力调动医疗专家、医疗队伍抢救重伤人员;二是听取专家意见,科学开展救援,有序排除隐患,避免造成二次伤害;三是明确伤亡人员信息、数量,确保准确无误,及时向上汇报;四是成立领导机构,专门负责周边财产损失登记,制定赔偿标准并赔偿到位;五是调查事故原因,事故发生企业负责人在事故发生后已被公安机关控制;六是准确回应媒体,市区两级宣传部门主动加强与媒体沟通,减少负面反应;七是举一反三,责成所有烟花鞭炮企业停产整顿,开展专项安全检查;八是成立一对一安抚小组,主动对接安抚重伤、失联、死亡家属情绪,妥善安置因此次事故造成生活困难的群众。

主要领导人　区委书记:郑光泉(任至6月)、谭赣明(8月任)。区人大常委会主任:刘月林(任至10月)、皮晓瑶(10月任)。区长:谭赣明(任至8月)、郑华森(8月代、10月任)。区政协主席:方有水。

(吴选美)

·上饶县·

【简　况】　位于江西省东北部,辖11镇10乡3街道办事处。总面积2240平方千米,其中城区面积17平方千米。耕地面积3.16万公顷,林地面积16.07万公顷,城区绿化率46.8%。总人口84.2万人,人口自然增长率7.92‰。2016年,地区生产总值191.82亿元,同比增长8.9%。其中,第一产业增加值17.02亿元,增长3.9%;第二产业增加值144.45亿元,增长9.0%;第三产业增加值30.35亿元,增长11.4%。财政总收入23.45亿元,增长4.2%;财政总支出42.86亿元。规模以上工业总产值98.3亿元,增长50.91%。主要工业产品有电解铜、铜杆、铜线、电线、电缆。农业总产值25.69亿元,增长6.13%。主要农产品有稻谷16.42万吨、茶叶802吨、园林水果12.5万吨、生猪出栏11.3万头。固定资产投资254.4亿元,增长15.1%。社会消费品零售总额50.71亿元,增长12.8%。城镇居民人均可支配收入2.39万元,增长8.8%;农村居民人均可支配收入8535元,增长10.47%。金融机构年末储蓄余额256.35亿元,增长40.75%;贷款余额202.69亿元,增长37.28%。贫困村脱贫36个,脱贫人口2.6万人。完成棚户区改造2882户、72万平方米。

【乡村建设全面铺开】 上饶县按照“城乡统筹、保护生态环境、彰显地方特色”原则，对村庄进行全域谋划、整体规划，分类编制中心村布点规划50个、村庄整治建设规划40个、秀美乡村规划20个。投入1亿元，实施145个新农村建设，创建高品质农家示范户200户，打造秀美乡村示范点20个，清水双溪(花千谷)、皂头三联、田墩七峰、五府山船坑等成为秀美乡村精品点；深入推进农村清洁工程，农村垃圾无害化处理率86%。

【加快推进新型城镇化发展】 上饶县注重以城带乡、城乡互动，加快推进城乡一体化进程。城区面积由10平方千米拓展到17平方千米，城区人口超过14万人，城镇化率45.8%，凤凰大道、三清山大道、武夷山大道、春江大道等8条城市道路与上饶市中心区无缝对接，槠溪湿地公园、樱花公园、城南文化主题公园等9大公园相继建成。8月，上饶县被江西网络广播电视台、江西广播电视台都市频道、江西广播电视报社3家联合授予首届“江西新型城镇化发展十大典型案例”示范县称号。

【上饶县获“中国乡村民宿发展示范县”称号】 5月30日，上饶县被中国新闻社、中国乡村文化研究院及海外华文传媒协会联合授予“中国乡村民宿发展示范县”称号。上饶县通过高位推动、政策扶持、科学规划、规范服务等系列举措，推动乡村旅游健康快速发展。全县有以天康生态园、荷塘月色为代表的乡村民宿旅游重点户2375家，三星级以上农家乐35家，乡村旅游从业人员1.39万人。其中，茶亭荷塘月色、茶亭岩龙寨、石狮老扁山庄3家被国家旅游局评为金牌农家乐，煌固镇沿坂村获中国乡村旅游模范村品牌。

【上饶县被授予“全国电子商务进农村综合示范县”称号】 6月，上饶县被商务部授予“全国电子商务进农村示范县”称号。上饶县鼓励电子商务发展，出台实施方案，加快推进全县电子商务进农村和农村电子商务精准脱贫工作。推进精准扶贫工作和省邮政公司合作，建设“邮乐购”电商平台，做到每个乡镇选好“一个点，一个人”专门负责农村电子商务工作，在每个乡镇建立电子商务服务中心，开辟县—乡—村邮路，解决服务农村电商最后一千米问题，电子商务服务站(点)实现全县200余个行政村全覆盖。建设完成邮乐购站点98个，累计帮助农户销售农产品4.2万余单，购买商品7万余件，办理助农取款5.5万笔。

【上饶县成为“腾讯智慧校园”全国唯一区域推进试点县】 5月，上饶县被确定为“腾讯智慧校园”全国唯一区域推进试点县，上饶县中学和上饶县第五小学成为“腾讯智慧校园”全国试点学校(全国只有4所)。“腾讯智慧校园”是腾讯公司在国家大力推进“互联网+”的战略背景下，结合自身产品和平台优势，面向各类学校(普通高校、职业学校、中小学、幼儿园)研发的产品，县委、县政府高位推动，至9月，全县390所中小学校全面推广使用这个低成本推进教育信息化的项目——“腾讯智慧校园”。12月25日，上饶市“腾讯智慧校园”试点工作现场推进会在上饶县召开，国家信息中心党委书记、常务副主任杜平率领多名“国”字号专家教授应邀出席会议。该项目实施以来，全县在推进教育信息化、促进优质教育资源均衡配置、降低家庭教育成本、提升教师办公效率、关爱留守儿童成长等方面取得阶段性成果。

主要领导人 县委书记：熊孙魁。县人大常委会主任：潘玉斌。县长：何党生。县政协主席：肖万松(任至9月)、童晓闻(10月任)。

（刘佳侣）

·玉山县·

【简　况】 位于江西省东北部，辖11镇5乡。总面积1728平方千米。耕地面积1.88万公顷，林地面积11.47万公顷，森林覆盖率65.4%，城区绿化率42.21%。总人口62.38万人，其中非农业人口12.31万人；人口自然增长率7.38‰。2016年，地区生产总值148.31亿元，同比增长9.4%。其中，第一产业增加值15.70亿元，增长4%；第二产业增加值75.44亿元，增长9.2%；第三产业增加值57.17亿元，增长11.2%。财政总收入22.13亿元，增长4.3%；人均3548元；税收占财政总收入73.4%；公共财政预算收入16.89亿元，增长2.3%。地方财政支出36.12亿元，增长17.3%。固定资产投资132.42亿元，增长15%。外贸出口2.74亿美元，增长11.9%。实际利用外资7133万美元。工业增加值67.37亿元，增长9.4%；规模以上工业增加值87.5亿元，增长9.6%。主要工业产品有水泥658万吨、轴承1.29亿套。农业总产值24.68亿元，增长6.3%。粮食总产量20.77万吨。主要农产品有蔬菜及食用菌4.43万吨、水产品3.17万吨、油料1.34万吨、茶叶651吨。城镇居民人均可支配收入2.66万元，增长9.73%；农村居民人均可支配收入1.28万元，增长10.43%。金融机构存款余额203.94亿元，增长13.3%；贷款余额142.3亿元，增长12.3%。社会消费品零售总额60.2亿元，增长14%。万元GDP能耗0.629吨标准煤，下降3.13%。二氧化碳排放总量消减率4.2%，城区污水处理率96%。

【《玉山人物》出版发行】 1月，《玉山人物》由中国文史出版社出版发行。该书由玉山县地方志办公室编纂，历时6年，于2015年12月底定稿。全书选录历代玉山人物传略141人，人物简介642人，玉山籍历代职官表1019人，玉山县历代县官表607人，玉山县党政机构主要负责人表210人，玉山籍院士5人、博士生导师35人、博士304人。

【玉琊湖饮供水项目竣工】 1月，玉琊湖饮供水项目竣工。该项目于2015年7月动工，总投资460万元，兼有农业灌溉、旅游观光等功能。玉琊湖坝高18米，长72米，宽3.5米，横截面呈直角梯形，外坡1：0.7，钢筋混凝土结构，设计库容9.8万立方米，属塘坝水库。库容满蓄后水面海拔902米，是玉山县境内海拔最高的水库之一。玉琊湖饮供水项目的竣工，解决了怀玉乡玉峰村1200余人的饮水问题。

【2016 中式台球世界锦标赛在玉山举行】 3 月 13 日—20 日，中国·上饶·玉山 2016CBSA“上菱电梯”杯中式台球世界锦标赛在玉山举行，来自 30 个国家和地区的 364 名选手参赛。中式台球世界锦标赛由国家体育总局小球运动管理中心、中国台球协会、江西省体育局、上饶市政府主办，玉山县政府、北京星牌伟业体育发展有限公司承办，分为外围赛（3 月 13 日—15 日）、开幕式暨开杆仪式（3 月 16 日）、正赛（3 月 17 日—20 日）。经过 8 天角逐，中国选手石汉青、陈思明分别夺得男子组、女子组冠军，英国选手迈克·希尔、凯莉·费雪分别获得男子组、女子组亚军。

【玉山博物馆陈列布展基本完成】 6 月，玉山博物馆陈列布展基本完成。玉山博物馆位于三清公园东边，2013 年完成土建，2015 年 6 月开始陈列布展，总投资 4010 万元，占地面积 9218.9 平方米，建筑占地面积 3794.1 平方米，总建筑面积 7414.8 平方米。该馆展览面积 3500 平方米，设有基本陈列、黄家驷纪念馆、柳子谷纪念馆和临时展厅等。其中，基本陈列面积 2000 平方米，分设奇山秀水、文脉流长、文明遗珍、民俗风情、千古流芳 5 个部分，共有 400 多件展品、200 余幅照片。

【“汉腾汽车”2016 斯诺克世界公开赛在玉山举行】 7 月 25 日—31 日，中国·上饶·玉山“汉腾汽车”2016 斯诺克世界公开赛在玉山举行。此次世界公开赛由中国台球协会、江西省体育局、上饶市政府主办，上饶市体育局、玉山县政府、江西星牌体育发展有限公司承办。赛事总奖金 52 万英镑，冠军奖金高达 9 万英镑，72 名世界顶级斯诺克选手参加比赛。经过 7 天角逐，英格兰选手卡特、乔·佩里分别获得冠、亚军。

【《中国共产党玉山历史》第二卷出版发行】 9 月，《中国共产党玉山历史》第二卷由中共党史出版社出版发行。该书由玉山县委党史办编写，历时 2 年。全书设 4 编 13 章 42 节 135 目，共 25.6 万字，记述玉山县 1949 年至 1978 年的 30 年历史，再现玉山县各级党组织带领群众艰苦创业、发奋图强的历程，讴歌干部群众团结一心、战天斗地的精神风貌，总结前进道路上的经验与教训。

【杏花村公园竣工】 12 月，杏花村公园竣工。杏花村公园位于玉山县城东南侧，2015 年 9 月动工，总投资 7000 多万元，建设规划面积约 4 公顷，分为西路口广场区块、南门亭廊组合区块、东门浮桥广场区块、江心亭区块、杏花村落场景区块，建有冰溪楼、金沙月楼、画禅阁、杏花村落等。杏花村公园的竣工，对提升城市品位，打造全国旅游名城，促进玉山经济社会发展具有重要意义。

主要领导人 县委书记：郑晓春（任至 8 月）、胡剑飞（8 月任）。县人大常委会主任：刘礼火（任至 4 月）、张常青（4 月任）。县长：饶清华（任至 4 月）、徐树斌（4 月任）。县政协主席：周岐清（任至 4 月）、朱明善（4 月任）。

（占裕田）

·横峰县·

【简　况】 位于江西省东北部，辖 2 镇 6 乡 2 街道办事处 1 垦殖场。总面积 655.24 平方千米，其中建成区面积 16.2 平方千米。城区绿化率 48.54%。耕地面积 0.91 万公顷，林地面积 4.46 万公顷，森林覆盖率 63.6%。总人口 22.78 万人，其中非农业人口 5.16 万人；人口自然增长率 7.41‰。2016 年，地区生产总值 76.82 亿元，同比增长 9%。其中，第一产业增加值 7.21 亿元，增长 3.7%；第二产业增加值 45.75 亿元，增长 9.1%；第三产业增加值 23.86 亿元，增长 10.4%。财政总收入 11.98 亿元，增长 4%。税收增幅达 10.2%，税收占财政收入比重提高 3.2 个百分点。规模以上工业总产值 210.6 亿元，增长 19.2%。规模以上工业增加值 40.36 亿元，增长 8.9%。社会消费品零售总额 25.32 亿元，增长 13.3%。固定资产投资 64.86 亿元，增长 14.8%。实际利用外资 5010 万美元，增长 10.8%。外贸出口 1.06 亿美元，增长 2.1%。城镇居民人均可支配收入 2.21 万元，增长 11.3%；农民人均纯收入 8633 元，增长 13.2%。金融机构各项存款余额 76.9 亿元，增长 26.9%；贷款余额 53.77 亿元，增长 22.5%。

【加快重点项目建设】 全年安排重点项目 102 个，总投资 132.6 亿元。其中，开工 81 个，开工率 80%。上万高速连接线、枫青公路、瑶鹅线改造、广场西路北延等一批路网项目建成通车；人民公园、人民大道街区风貌改造等城建项目基本竣工；城市引供水工程如期通水，管道天然气实现供气；电网改造工程快速推进，新建、改造电力线路 328 千米。争取国家政策性银行中长期低息贷款 34 亿元，争取上级政策性资金 9.85 亿元，均创历史新高。

【推进现代农业发展】 加快推进农业示范园、药植园、荷博园、竹博园和葛博馆“四园一馆”建设，农业园区新增基地 166.67 公顷，示范带动效应逐步显现，全年新增农业企业 28 家。着力培育“一乡一业、一村一品”，继续推进葛根、水稻育种、葡萄、蔬菜、白莲、甘蔗、猕猴桃、马家柚等示范基地建设，新增药材、茶叶、蜂蜜、皇菊等产业基地 70 余个。兴安种业市级院士工作站已获审批。探索推动休闲农业发展，鼓励发展新型经营主体，全县合作社 500 家、家庭农场 300 家、种养大户 1000 户，创建市级休闲农业示范点 8 个。

【开展“秀美乡村、幸福家园”创建活动】 4 月 5 日，召开全县农村工作暨“秀美乡村、幸福家园”创建活动动员大会，对“秀美乡村、幸福家园”创建活动进行全面部署。创建活动围绕“一核一线四区”总体布局，把秀美乡村建设与全域旅游、脱贫攻坚相结合，沿线推进、连片打造、挂图作战，首期 113 个秀美乡村点基本建成。11 月 4 日，全市“秀美乡村”建设现场推进会在横峰召开，“横峰经验”得到推广，横峰县获评全省新农村建设工作先进县。

【横峰县被授予“全国计划生育优质服务先进单位”称号】 12 月，横峰县被国家卫计委授予“全国计划生育优质服务先进单位”称号。横峰县贯彻落实中央决策部署，坚持计划生育基本国策，以实施全面两孩政策为重点，以改革完善计划生育服务管理为动力，以增进家庭幸福和谐、促进人口长期均衡发展为主线，广泛开展计划生育服务先进单位创建活动，全面提升计划生育工作水平，不断增强群众的获得感和满意度。

【县文化馆被评定为国家二级馆】 5月18日，横峰县文化馆被文化部评定为国家二级馆。县文化馆发挥文艺人才骨干优势、资源优势，强化硬件建设，突出软件服务水平，组织开展大型文化活动，创立每年一届的特色文化活动品牌——“中国梦·岑山情”系列文艺活动，参与活动演职人员近1000人。培育“一乡一色”“一村一品”的特色文化，形成莲荷乡红土情巡回演出队、龙门畈乡板凳灯、葛源镇红歌会等文化队伍，让群众在家门口享受“文化大餐”。创新“点单”培训方式，常态化开展免费培训工作。做好非物质文化遗产抢救发掘、保护整理和传承工作。

主要领导人　县委书记：饶清华。县人大常委会主任：李秋文（任至9月）、李必良（9月任）。县长：潘琍。县政协主席：徐弼金（任至9月）、杨学园（9月任）。

（孙军）

·弋阳县·

【简　况】 位于江西省东北部，辖10镇5乡1垦殖场1街道办事处。总面积1592.5平方千米，其中城区面积16.3平方千米。耕地面积2.2万公顷，有林面积9.75万公顷，森林覆盖率59.27%，城区绿化率46.5%。总人口42.46万人，其中非农业人口10.07万人；人口自然增长率12‰。2016年，地区生产总值91.61亿元，同比增长8.5%。其中，第一产业增加值14.83亿元，增长3.8%；第二产业增加值42.83亿元，增长8.1%；第三产业增加值33.95亿元，增长11%。工业增加值36.86亿元，增长8.7%；规模以上工业增加值34.25亿元，增长9.2%。主要工业产品有铜金属、铜材、水泥、罐头、中成药、机制纸。农业总产值24.53亿元，增长4.7%。粮食总产量22.74万吨。主要农产品有水稻、蔬菜、油菜、花生、甘蔗。财政总收入14.18亿元，增长9.2%；完成一般预算收入11.93亿元，增长4%。税收收入占财政总收入68%。财政总支出98.75亿元，增长209.7%。固定资产投资96.98亿元，增长12.3%。实际利用外资5583万美元，省外2000万元以上项目资金36.33亿元。城镇居民人均可支配收入2.66万元，增长8.2%；农民人均纯收入1.15万元，增长9.6%。金融机构存款余额142.4亿元，增长31.3%；贷款余额64亿元，增长8.2%。社会消费品零售总额42.51亿元，增长12.5%。万元GDP能耗量降低2.66个百分点，城市污水处理率100%。

【离厅式24小时自助办税服务点启用】 为方便纳税人纳税申报不受工作时间和节假日限制，享受“全天候”的办税服务，12月5日，县国税局离厅式24小时自助办税服务点正式启用。县国税局开展“便民办税春风行动”，通过与离该局办税服务厅不足30米的蓝海村镇银行合作，将24小时自助办税服务点设在蓝海村镇银行24小时自助服务区内，纳税人可在自助办税终端办理发票领用、发票认证、涉税查询等业务，只需根据机器提示就可按键操作，缩减办税时间，提升服务效率。

【弋阳县教育案例获全国第五届地方教育制度创新奖】 12月18日，由二十一世纪教育研究院主办的全国第五届地方教育制度创新奖颁奖典礼暨地方教育制度创新研讨会在北京举行，弋阳县教育案例《维峰填谷，化解城“挤”乡“空”难题》获第五届地方教育制度创新奖。专家及与会代表认为，针对当前城镇化进程带来的农村教育发展的新情况新问题，弋阳县教育案例在县域教育均衡发展中具有借鉴价值。该案例围绕“在城镇化的进程中，乡村生源大量流向城市，城镇学校人满为患，乡村学校日渐萎缩”这一主题，着力化解城“挤”乡“空”问题，办好农村孩子家门口的学校。

【倪享良被授予“全国乡镇卫生院优秀院长”称号】 11月4日—6日，第四届中国农村卫生大会暨第十届乡镇卫生院院长年会在西安市召开，弋阳县圭峰中心卫生院院长倪享良被中国农村卫生协会授予“全国乡镇卫生院优秀院长”称号。倪享良于1994年卫校毕业走上农村医疗卫生岗位，长期扎根农村。他担任圭峰镇中心卫生院院长后，结合临床实践，先后开创胆囊切除术、胆总管切开取石“T”管引流术、脾切除术、胃肠穿孔修补术等新技术，使一个只能开展一般普外手术，发展到普外、泌外、骨外等各种手术并驾齐驱，功能齐全的乡镇卫生院。他个人也因技术全面、医术高超、医德高尚，赢得患者信任和同行尊敬，成为群众公认的外科“一把刀”。

【中国陶行知研究会农村教育实验专业委员会年会在弋阳召开】 12月28日—30日，以“整合乡村教育资源，促进学校特色发展”为主题的“中国陶行知研究会‘弋阳乡村教育以优良的校风影响家风改变民风’全国现场推介会暨中国陶行知研究会农村教育实验专业委员会2016年年会”在弋阳召开。会议由中国陶行知研究会主办，中国陶行知研究会农村教育实验专业委员会、弋阳县教育局承办。教育部基础教育一司义教处副处长杨崇武，中国陶行知研究会常务副会长、二十一世纪教育研究院院长、国家教育咨询委员会委员、北京理工大学教授杨东平，省教育厅总督学汤赛南，上饶市委常委、市委宣传部部长丁晓胜，中国陶行知研究会农村教育实验专业委员会理事长汤勇等出席会议。全国各级陶行知研究会专家、教师500余人参会。会议宣读了2016年乡村教育特色发展案例及教育论文征集评选结果，并为全国各地的中国陶行知研究会实验新会员学校（单位）授牌。

【弋阳农商银行揭牌开业】 12月28日，在弋阳农商银行揭牌开业仪式上，县委副书记、县长陈敏为弋阳农商银行揭牌，省联社上饶辖区党组副书记何民宣读贺信，副县长张善冬致辞，上饶银监分局弋阳监管办李真华宣读《江西银监局关于江西弋阳农商银行股份有限公司开业的批复》，并颁发金融许可证。弋阳农商银行前身为弋阳县农村信用联社,于11月17日完成股份制改革并正式创建。

主要领导人 县委书记:谢柏清。县人大常委会主任:徐明华(任至10月)、宣功成(10月任)。县长:陈敏(3月任)。县政协主席:陈康。

(杜育和)

·德兴市·

【简　况】 位于江西省东北部,辖5镇6乡3街道办事处。总面积2079.77平方千米,其中城区面积10.6平方千米。耕地面积2.82万公顷,林地面积14.49万公顷,森林覆盖率76.2%。总人口33.76万人,其中乡村人口18.48万人;人口自然增长率7.41‰。2016年,地区生产总值126.51亿元(不含德兴铜矿主业),同比增长8.2%。其中,第一产业增加值10.76亿元,第二产业增加值52.88亿元,第三产业增加值62.87亿元。财政总收入34.3亿元,增长3.6%。规模以上工业增加值34.37亿元,增长9.8%。外贸出口1.3亿美元;实际利用外资4638万美元,增长17.4%。固定资产投资149.2亿元,增长13%。社会消费品零售总额49.1亿元,增长13.4%。农业总产值19.16亿元。粮食总产量11.16万吨。城镇居民人均可支配收入2.88万元,增长8.1%;农村居民人均可支配收入1.29万元,增长9.6%。金融机构各项存款145.1亿元,贷款83.7亿元,存贷比57.6%。新增城镇就业5863人,新增转移农村劳动力6536人,城镇人口登记失业率3.47%。贫困人口减少3104人,贫困发生率1.39%,下降3.41个百分点。

【德兴市被授予"中国遮阳产业之都"称号】 9月20日,德兴遮阳产业招商推介会暨"中国(德兴)遮阳产业之都"授牌仪式在银鹿宾馆举行,德兴市被中国建筑遮阳材料协会授予"中国遮阳产业之都"称号。

德兴遮阳产业始于20世纪90年代,经过20多年的发展,从最初的窗帘产品加工批发,发展到集产品研发、规模生产、连锁经营为一体的遮阳产业链。为进一步做大做强遮阳产业,市委、市政府专门成立遮阳产业办公室,设立窗帘合作社、遮阳产业商会。围绕打造"国际遮阳产业城",谋划打造"三个一"(一个小微企业孵化中心、一个窗帘产业基地、一个遮阳产品交易博览中心)的产业集群,发掘区位、资源、环境等优势,先后引进20多家遮阳产业企业落户。2016年,遮阳产业从业人员达2万余人,大小企业2000多家,网点遍布全国,产品畅销海内外,实现年销售收入200余亿元,约占全国80%的市场份额。

【江西省一元再生资源有限公司院士工作站成立】 7月5日,江西省一元再生资源有限公司院士工作站揭牌成立。该院士工作站由中国科学院院士、博士生导师闻邦椿领衔,主要从事二次资源综合回收、无害化及无尾化关键技术和设备研发。其战略合作单位为中南大学、东北大学、北京科技大学、福州大学、中国地质科学院、北京矿冶研究总院。

【镇村公交线路开通】 12月1日,35条镇村公交线路全面开通,覆盖全市75个行政村,开通率91.45%。镇村公交线路是在原有客运班线基础上开通,票价在原有客运班车票价基础上下降30%左右,每千米在0.23元左右。对持有老年证、残疾证和伤残军人证等人群实行免费乘坐。镇村公交每天发车时间根据线路不同、路途长短和季节而定,最早发班时间为早上6时,最晚发班时间为下午5时30分。线路最近的为新营,最远为畈大的汾水,全程90多千米。

【举办首届德兴美食文化街活动】 12月16日—19日,由市旅发委主办,凤凰湖景区管委会、大茅山风景名胜区管委会及各乡镇(街道)承办,全市各协会协办的首届德兴美食文化街活动在和兴古街举行。美食文化街活动以乡镇为单位,以主题展馆(摊位)形式,现场展现美食制作的精湛技艺和文化底蕴。

【启动城市(城中村)棚户区改造工作】 11月,启动城市(城中村)棚户区改造工作,投入资金32.6亿元,实施改造户数6500户,房屋征收面积72万平方米。棚改区域分为城东、城西两大项目。其中,城东城中村棚户区改造项目包括银鹿社区棚户区、朱潭埠棚户区、朱家坪棚户区、红山社区棚户区、泗洲棚户区5个棚户区改造子项目,城西城中村棚户区改造项目包括胜利亭社区棚户区、武安路至朝阳路棚户区、朝阳路至上海路棚户区、上海路至步行街棚户区、河西棚户区5个棚户区改造子项目。

【江西银行德兴支行成立】 1月26日,江西银行德兴支行挂牌成立。江西银行德兴支行是经中国银行监督管理委员会批准,隶属于江西银行的县域支行。经营范围:吸收公众存款,发放短期、中期和长期贷款,办理国内外结算、票据承兑和贴现,代理发行、兑付,承销政府债券,从事银行卡业务等。为企业和市民提供方便、快捷的金融服务。

主要领导人 市委书记:谢冠森(任至8月)、刘瑞英(8月任)。市人大常委会主任:张跃平。市长:刘瑞英(任至8月)、郭峰(10月任)。市政协主席:刘德奖。

(吴英红　翁本有)

·婺源县·

【简　况】 位于江西省东北部,辖10镇6乡1街道办事处。总面积2967.78平方千米。耕地面积2.15万公顷,林地面积24.57万公顷,森林覆盖率82.64%,城镇化率45.64%。总人口37.4万人,人口自然增长率8.66‰。2016年,地区生产总值91.26亿元,同比增长8.5%。其中,第一产业增加值12.02亿元,增长3.9%;第二产业增加值29.83亿元,增长8.8%;第三产业增加值49.41亿元,增长9.5%。财政总收入13.69亿元,增长4.2%。其中,一般预算收入10.57亿元,增长3.8%。工业增加值20.19亿元,增长7.4%。规模以上主要工业产品有精制茶2.72万吨、人造板16.7万立方米、中成药585吨。农林牧渔业总产值17.1亿元,增长6.1%。粮食总产量10.24万吨。主要农产品有油料8117吨、茶叶1.61万吨、水果1159吨、生猪存栏9.59万头、生猪出栏14.87万头、肉类总产量1.5万吨。实际利用省外资金43.83亿元,增长12.9%;利用外资4813万美元,增长11%。社会消费品零售总额48.85亿元,增长12.7%。城镇居民人均可支配收入2.17万元,增长8.3%;农村居民人均可支配收入1.08万元,增长9.6%。金融机构存款余额137.96亿元,增长9.1%;贷款余额76.5亿元,增长15.4%。城镇新增就业5305人。城乡居民基本养老保险参保率97.5%,发放养老金4112.21万元。危房改造1836户,林垦区危旧房改造790套。贫困村脱贫2个,脱贫人口3737人。

【婺源县入选国际特色旅游目的地创建名单】 1月,国家旅游局下发《关于公布中国国际特色旅游目的地创建名单的通知》,婺源县名列其中,为江西省唯一入选单位。婺源县高标准修编《婺源县旅游产业总体规划》《国家乡村旅游度假实验区总体规划》。加快推进鑫邦国际酒店、篁岭景区二期、精益斋文化博览园等项目建设。新开发了保鉴山房、月亮湾俞家等一批精品古宅民宿,全县精品民宿60家。投资8000万元,拓宽改建重点旅游公路7条,新增停车位4000余个。拥有国家5A级景区1个;4A级景区13个,继续保持全国县级第一。源头村获评江西省5A级乡村旅游点,庆源村获评江西省4A级乡村旅游点。全年接待游客1750万人次,增长14.4%;门票收入4.3亿元,增长19.4%;综合收入110亿元,增长44.7%。

【婺源县旅游市场联合执法指挥调度中心揭牌成立】 5月15日,婺源县旅游市场联合执法指挥调度中心(简称“旅游110”)揭牌成立,属全国首创。婺源县整合19个涉旅单位职能,组建旅游市场联合执法指挥调度中心,从县旅游、市场监管、公安、物价、交通、城管6个常驻部门抽调23人集中办公,法院、交警等13个非常驻部门统一接受调度;各乡镇及150多个村建立旅游联合监管机制,全面开展旅游市场整治,推进旅游诚信体系建设。

【举办2016首届婺源国际马拉松赛】 5月15日,由中国田径协会、江西省体育局、江西省体育竞赛管理中心、婺源县政府举办的2016首届婺源国际马拉松赛在婺源举行,来自肯尼亚、埃塞俄比亚、乌干达、美国、日本、加拿大等国家和国内的1.5万名选手参赛。赛事项目分为全程马拉松、半程马拉松和迷你马拉松。肯尼亚选手包揽男女组冠军。

【推进重点项目建设】 全年报批土地138.15公顷;完成房屋征收7.75万平方米;抓住政策窗口期,与国开行、农发行等金融机构达成融资意向48亿元,通过审批额度27亿元。实施重点建设项目60个,总投资116.87亿元,年内完成投资35.44亿元。

主要领导人 县委书记:张志坚(任至8月)、吴曙(8月任)。县人大常委会主任:汪培欣。县长:吴曙(任至8月)、吴云飞(8月任)。县政协主席:汪春萍。

(方华军)

·铅山县·

【简　况】 位于江西省东北部,辖7镇10乡1青溪服务中心。总面积2177.66平方千米,其中城区面积15平方千米。耕地面积1.93万公顷,林地面积16.52万公顷,森林覆盖率74.25%,城区绿化率40.6%。总人口48.1万人。2016年,地区生产总值107.71亿元,同比增长9.7%。其中,第一产业增加值17.88亿元,增长4.0%;第二产业增加值48.53亿元,增长9.1%;第三产业增加值41.30亿元,增长12.9%。财政总收入18.83亿元,增长4.51%;税收占财政总收入56.1%;地方财政收入16亿元,增长8.5%;地方财政支出29.21亿元,增长16.47%。工业增加值42.8亿元,增长9.0%。规模以上工业增加值32.4亿元,占地区生产总值30.08%。外贸出口1.94亿美元。固定资产投资134.24亿元,增长14.0%。实际利用外资5320万美元。农业总产值28.51亿元,增长3.98%。粮食总产量23.08万吨。主要农产品有蔬菜18.29万吨、油料0.34万吨、生猪存栏12.84万头。城镇居民人均可支配收入2.25万元,增长8.2%;农村居民人均可支配收入1.09万元,增长9.8%。城乡居民年末储蓄余额98.58亿元,增长14.33%。新增城镇就业6078人,转移农村劳动力6664人。城乡居民养老保险参保率15.68%,城乡居民基本医疗保险参保率84.59%,社会保险基金征缴总量4.69亿元。改造农村危旧房726户、城市棚户区944户。贫困村脱贫3个,贫困人口减少4320人。

【第四届“万里茶道”与城市发展中蒙俄市长峰会在铅山举行】 1月15日—17日,第四届“万里茶道”与城市发展中蒙俄市长峰会在铅山举行,来自“万里茶道”沿线蒙古、俄罗斯8个节点城市,7个国际组织,国内9个省份的43个节点城市,共330余人参会。此次峰会由中华文化促进会和江西省农业厅、省旅发委、上饶市政府主办,铅山县政府承办。会议期间,举行了峰会开幕式、高峰论坛、旅游商品博览会、旅游分享会、市长圆桌会议暨第五届峰会会旗交接旗仪式、启动“万里茶道2016之行”等活动。江西省黄岗山有机资源开发有限公司选送的“铅山河红”“黄岗山玉绿”分获红茶组和绿茶组“茶王”奖。

【青溪万年大桥重建通车】 2月6日,青溪万年大桥建成通车。青溪万年大桥始建于1950年,由解放军工兵第三团建造,是连接甘溪河两岸群众的重要通道。由于年久失修,桥梁多处护栏缺失,桥面破损严重,桥墩也被洪水冲空,存在安全隐患。拆除老桥后在原址重建新桥,投资200多万元,新桥长88米、宽5.5米,工期为5个月。该桥重建后,确保了后周村、石溪村、孔家及上饶县茶亭乡2万人的安全出行。

【葛仙山景区升级改造暨索道项目开工】 3月5日,江西鑫邦葛仙山旅游投资管理有限公司与法国POMA SAS公司正式签订索道进口合同,采用国际先进的直接驱动系统。5月16日,铅山县举行葛仙山景区升级改造暨索道项目建设开工仪式。该项目为省重点项目,总投资5亿元以上,建设内容包括游客服务中心、进口型客运索道、景区4A提升工程、景区旅游公路、度假酒店和养生度假区。

【启动现代农业产业示范园区建设】 4月，现代农业产业示范园区选址在沪昆高速公路周边，总布局为“一核一园五区”（农产品精深加工区，“河红茶”文化生态园，现代农业综合服务区、农产品冷链物流交易区、都市休闲农业观光区、新型城镇化示范区、生态屏障保护区）。6月28日，成立铅山县现代农业示范园区管理委员会。至12月，签约落户现代农业示范园区企业10家，其中7家企业地块已确定，3家企业正在做初设、环评等前期工作。

【伦潭水库饮水工程竣工】 5月6日，铅山县举行伦潭水库饮水工程竣工暨通水仪式。该饮水工程于2015年11月开工建设，全长约28千米，总投资2.7亿元，总供水规模13万立方米/日，水源地为伦潭水库，引水管起点清潭水库，取水口高程约134米，引水管道途经葛仙山乡、永平镇、永平铜矿、河口镇、新滩乡等地，服务范围为河口镇、永平镇、鹅湖镇、虹桥乡、永平铜矿、新滩乡、葛仙山乡（港东、杨村），惠及沿线20万人。

【铅山县移动图书馆开通】 6月30日，铅山县移动图书馆开通仪式在辛弃疾广场举行。该图书馆含有北京超星数图的100多万册中文电子图书，扫描版，原版原貌；超3亿条中外文文献元数据，其中中文期刊元数据7000万篇、外文期刊1.19亿篇、中文学位论文350万篇、外文学位论文394万篇；视频公开课3万门；EPUB图书5万册，全文本化，可放大缩小自适应屏幕；8700多万篇报纸，400多种报纸当日更新；休闲阅读实时更新，可在网站和手机移动端搜索“超星移动图书馆”进行登录翻阅。

【铅山县获“中国红芽芋之乡”称号】 8月，中国园艺学会授予铅山县“中国红芽芋之乡”称号，并颁发奖牌。铅山县拥有红芽芋种植合作社46家、家庭农场5家、加工企业2家、种植专业户500余户，湖坊镇、鹅湖镇、石塘镇、紫溪乡建有千亩种植示范基地。全县红芽芋种植面积由2015年的5333.33公顷发展到6666.67公顷，总产量16万吨，产值6亿余元。

主要领导人 县委书记：万冬梅（任至8月）、周金明（8月任）。县人大常委会主任：徐建明（任至8月）、陈晓琴（8月任）。县长：周金明（任至8月）、危岩（8月代，10月任）。县政协主席：黄金福（任至8月）、陈武洲（8月任）。

（郑冬香）

·万年县·

【简　况】 位于江西省东北部，辖6镇6乡2管委会（神农源管委会和高新区管委会）。总面积1140.76平方千米。耕地面积2.16万公顷，林地面积7万公顷，森林覆盖率64.1%，城区绿化率48.4%。总人口43.07万人，其中农业人口35.03万人；人口自然增长率7.56‰。2016年，地区生产总值120.6亿元，同比增长9.3%。其中，第一产业增加值13.6亿元，增长3.8%；第二产业增加值68.1亿元，增长8.9%；第三产业增加值38.9亿元，增长12%。财政总收入17.72亿元，增长4.2%。规模以上工业增加值60.5亿元。引进省外5000万元以上工业项目23个，实际进资49.88亿元，增长12.96%。实际利用外资6700万美元，增长10.9%；外贸出口2.7亿美元，增长4.2%。农业总产值32.1亿元，增长4.9%。粮食总产量24.7万吨，增长1.7%。主要农产品及生产基地有：贡米产业新增基地1333.76公顷、花卉苗木基地2000公顷、油茶基地2666.78公顷、雷竹丰产林基地2000公顷，生猪年出栏80万头，珍珠产量38吨。农民人均可支配收入1.14万元，增长9.9%；城镇居民人均可支配收入2.68万元，增长8.8%。年末金融机构存款余额130.71亿元；贷款余额87.48亿元，增长16.4%；贷存比达66.9%。投入扶贫移民资金7600万元，实施脱贫攻坚项目248个。棚改签约1029户，搬迁验收537户。

【四星级万昌农贸市场开业】 1月1日，四星级万昌农贸市场正式开业。万昌农贸市场总投资5000多万元，占地面积1.4万平方米，容纳商户500户，覆盖3千米区域，成为全县首个四星级农贸市场。一楼主要经营蔬菜、卤菜、豆制品、水产及冷冻，二楼主要经营猪肉、牛肉、羊肉、禽类及海产品，能满足全县消费者的购物需求。该农贸市场改造升级后，改善了以往“脏、乱、差”的市场环境，达到政府满意、经营户满意、消费者满意的“三满意”目标。

【李才圣获“CCTV2015年度三农人物”称号】 1月23日，2015年度CCTV三农人物颁奖典礼在北京举行，李才圣获“CCTV2015年度三农人物”称号。万年县南溪乡李才圣于2014年创立深圳天鹰兄弟无人机科技创新有限公司，并主持研制入选国家双创项目的智能植保无人机，提高了打药效率和效果，其科技惠农事迹引起社会各界关注，被誉为“农业新创客”，成为助推社会主义新农村建设的典型。

【电影《群工站长》在上饶首映】 9月28日，由上饶市委宣传部，万年县委、县政府，艺海纳川国际文化发展（北京）有限公司联合摄制的电影《群工站长》在上饶首映。电影《群工站长》定位为城乡观众喜闻乐见的当代农村轻喜剧，由万年县本土作家蔡光云潜心创作的同名小说改编而成，于2015年7月28日在大源镇开机拍摄。该片以万年县围绕“民情、民生”为主线，以创新基层工作、开展“指尖上的微政务”等活动为素材，展现了一个女性基层党政工作者（群工站长）的精神面貌。

【稻作文化起源获权威认定】 11月9日，第54期中国科技论坛——中国稻作起源地学术研讨会在万年举行。袁隆平、颜龙安等20名科学家共同签署《科学家建议》，确认万年仙人洞—吊桶环遗址是世界稻作文化发源地，新华社和《人民日报》《光明日报》等中央媒体予以报道。万年仙人洞—吊桶环遗址正式写入人教版、川教版、中华书局版《中国历史》七年级上册历史教材。

主要领导人 县委书记：潘表光。县人大常委会主任:侯如文。县长:吴树俭。县政协主席:乐志华。

(朱国爱)

·余干县·

【简　况】　位于江西省东北部,辖9镇11乡3垦殖场2林场1水产场1良种场。总面积2331平方千米,其中城区面积20平方千米。耕地面积7.95万公顷,林地面积4.92万公顷,森林覆盖率21.9%,城区绿化率40%。总人口108.26万人,其中非农业人口18.81万人。2016年,地区生产总值132.13亿元,同比增长9.1%。其中,第一产业增加值37.96亿元,增长3.8%;第二产业增加值48.45亿元,增长9.2%;第三产业增加值45.72亿元,增长13.7%。财政总收入15.19亿元,增长4.3%;税收占财政总收入85.2%。一般预算收入10.64亿元,增长0.4%;一般预算支出42.78亿元,增长5.9%。农业总产值59.10亿元,增长3.9%。主要农产品有粮食86.2万吨、油料3.8万吨、蔬菜17.17万吨、家禽(出栏)764.27万只、水产品15万吨。规模以上工业增加值38.84亿元,占地区生产总值29.4%。社会消费品零售总额56.88亿元,增长14.1%。500万元以上固定资产投资总额142.45亿元,实际利用外资6024万美元,利用省外5000万元以上项目资金42.7亿元。主要工业产品有化学纤维6168吨、纸制品2.02万吨、铅酸蓄电池123.06万千伏安时、玻纤纱6458吨、蚕丝414.74吨。城镇居民人均可支配收入2.13万元,增长9.84%;农民人均纯收入8577元,增长10.86%。城乡居民年末储蓄余额255.92亿元,比年初增长19.73%。

【余干协鑫光伏渔光互补发电基地第一期50兆瓦并网发电】　1月27日,余干协鑫光伏渔光互补200兆瓦发电基地第一期50兆瓦并网发电,标志余干协鑫光伏渔光互补发电基地成为余干第二大发电厂。该项目坐落在三塘乡大口湖,总投资约8亿元,占地面积约146.67公顷,上层可以利用太阳能发电,下层进行高效养殖,实现水面资源高效利用。项目全部建成后,年均发电量1.3亿千瓦时,收入1.3亿元,创税3000万元。

【余干县被授予"全国科普示范县"称号】　2月4日,余干县被中国科协授予"全国科普示范县"称号。余干县坚持"政府推动、全民参与、提升素质、促进和谐"的方针,将《科学素质纲要》工作纳入党政工作议事日程及各级党政领导机关年度工作目标责任考核范围,做到组织保障、经费落实、队伍建设、设施完善"四个到位",开展以进机关、进学校、进社区、进乡镇、进企业、进军营的"科普六进"活动。全县27个乡镇场、18个社区、1个省级工业园区实现科协组织全覆盖,培养科普致富带头人1000余人次,并涌现出"全国科普带头人"水稻土专家朱炼章等典型,建成近百个科普示范基地。

【《捧读〈清贫〉》获全国大型原创词曲展评活动二等奖】　4月25日,文化部中国大众音乐协会第五届中国艺术盛典"感动中国"群文杯——第三届全国大型原创词曲展评活动优秀作品颁奖大会在北京举行,由余干作家史俊、史卫城作词,作曲家宋铁雄作曲的《捧读〈清贫〉》在5000多件作品中脱颖而出,获"感动中国"群文杯——第三届全国大型原创词曲展评活动优秀作品二等奖。音乐电视《捧读〈清贫〉》以第一人称回忆儿时在学校初读《清贫》受到方志敏精神的陶冶,到长大成为公务员后,在清贫精神影响下成为人民公仆的一段心路历程,展示了方志敏清贫精神的无穷生命力,词曲亲切感人,格调优美向上,给人一种奋发向上的动力。

【总投资80亿元风电项目落户余干】

5月29日,余干县与远景能源(江苏)有限公司在"长三角"(上海)重点产业项目对接大会上,签约开发建设100万千瓦风电项目,总投资约80亿元。远景能源有限公司对余干县风电开发进行整体规划,根据规划情况进行加密测风工作,并根据风资源条件以及风电建设条件择优选址分期开发。项目建成后,为余干经济发展提供电力能源。

【投入23亿元打造城市湿地公园】

9月1日,余干县启动县城环琵琶湖城市棚户区(城中村)改造工程。该项目总投资23亿元,涉及房屋征收户4300户、房屋征收总建筑面积97万平方米。至年底,房屋征迁工作基本完成。余干县把琵琶湖棚改与湿地公园建设、琵琶湖环境综合治理结合在一起,紧扣"建设全国一流城市湿地公园,打造鄱阳湖畔一颗璀璨明珠"的目标,在环琵琶湖周边配套规划建设东山书院、名人文化园、湿地展示馆、四季景园、回迁居住区等特色人文生态景观,使之成为集休闲、娱乐、文化、旅游为一体的城市湿地公园。同时,对环湖11千米进行整体建设,对琵琶湖沿岸进行生态护坡5.6千米,全面铺设污水管网,杜绝污水流入琵琶湖。

【余干村歌获中国村歌最高奖】　12月11日,2016年"小康同行,乡村乐鸣"第八届村歌大赛汇演活动在北京举行,由余干县文广新局选送的瑞洪镇湾头村村歌《梦回水乡》和乌泥镇铜鼓包村村歌《花海水乡》分别获中国村歌最高奖——"中国村歌十大金曲"和"中国十佳村歌"。《梦回水乡》展示在外水乡儿女思念家乡、立志报效家乡的心路历程,曲调抒情奔放,富有水乡特色和时代特征。《花海水乡》以余干建设鄱阳湖生态文化旅游区和"秀美余干"中打造万亩花海和开发湖区景点为切入点,讲述外出务工人员回乡创业的雄心壮志,讴歌湖区人民团结奋斗、开拓创新的精神风貌,格调优美,旋律动人。

主要领导人　县委书记:胡伟。县人大常委会主任:谭学显。县长:黄胜富。县政协主席:王晓燕。

(邓建锋　孙健)

·鄱阳县·

【简　况】　位于江西省东北部,辖14镇15乡1街道办事处。总面积4214.68平方千米。耕地面积11.88万公顷,山林面积15.6万公顷,森林覆盖率34.1%。总人口157.04万人,人口自然增长率8.39‰。2016年,地区生产总值189.8亿元,同比增长

8.1%。其中,第一产业增加值59.4亿元,增长3.8%;第二产业增加值82.5亿元,增长8.3%;第三产业增加值47.9亿元,增长12.8%。三次产业结构比为31.3∶43.5∶25.2。财政总收入16.8亿元,增长10.2%。其中,一般公共预算收入13.3亿元,下降1.1%。规模以上工业增加值64.8亿元,增长9.4%。粮食总产量109.8万吨。固定资产投资161.7亿元,增长14%。社会消费品零售总额72亿元,增长12.9%。外贸出口1.25亿美元,增长2.2%。金融机构年末各项存款余额317.9亿元,增长17.9%;各项贷款余额116.9亿元,增长24.2%。城镇居民人均可支配收入2.05万元,增长8.7%;农村居民人均可支配收入8574元,增长10.9%。贫困村脱贫27个,脱贫人口3.49万人。

【步步高广场鄱阳店开业】 1月9日,步步高广场鄱阳店开业,步步高集团购物中心事业群总裁张露丹、江西中硕投资有限公司总经理戈建荣,县人大常委会副主任陈荣桃、副县长应美星,以及县商务局、县房管局、饶埠镇等有关人员出席开业仪式。步步高广场鄱阳店位于县城新民路与滨州路交汇处,为鄱阳县招商引资项目,全省县级唯一一家集购物、休闲、文化、娱乐于一体的大型商贸企业。

【乐丰良种繁殖场被评为全国农垦农机标准化示范农场】 2月,乐丰良种繁殖场被农业部评为全国农垦农机标准化示范农场。鄱阳县乐丰良种繁殖场根据《全国农垦农机标准化示范农场创建活动实施方案》的要求,开展全国农垦农机标准化示范农场创建活动,加大投入,把创建农机标准化示范农场作为推进农垦农机标准化工作的平台和载体,把建设标准化机务区、建立健全农机标准化体系作为提升农机化发展整体质量效益的切入点和抓手,创建活动取得成效,通过专家组现场综合验收。

【2016中华龙舟大赛(鄱阳站)在鄱阳举行】 4月23日—24日,2016中华龙舟大赛(鄱阳站)在鄱阳湖国家湿地公园举行。大赛设职业组和青少组两个组别,竞赛项目分为22人龙舟100米、200米、500米直道赛和12人龙舟100米、200米、500米直道赛,全国36支龙舟队(职业组男队18支、女队6支,青少组男队6支、女队6支)参赛。经过比赛争夺,乐从家具城龙舟队、广东远航九江龙舟队分获职业男子组、女子组总分第一名,东北电力龙舟队、聊城大学龙舟队分获青少年男子组、女子组总分第一名。

【江西首座35千伏装配式滨田变电站投运】 10月28日,国网鄱阳县供电公司新建35千伏高滨线受电,当晚,新建35千伏滨田变电站两台主变及14个10千伏间隔带电,这是江西首座35千伏综合自动化装配式变电站投运。滨田35千伏变电站位于鄱阳县游城乡乌沙余家村,围墙内占地面积0.11公顷,对比常规变电站占地面积0.2公顷,节约占地面积46.3%。建筑全部采用钢结构,除去客观因素影响按实际施工期算,土建工期有所减少。

【鄱阳县志愿者协会获全国"最佳志愿服务组织"提名】 11月18日,在中央宣传部、中央组织部、中央文明办、民政部、环保部、共青团中央、全国妇联等组织开展宣传推选100个最美志愿者、100个最佳志愿服务项目、100个最佳志愿服务组织、100个最美志愿服务社区等志愿服务"四个100"先进典型活动中,鄱阳县志愿者协会获全国"最佳志愿服务组织"提名。鄱阳县志愿者协会于2013年8月成立,是隶属于县文明办的公益组织,已有注册网络志愿者7.67万人。协会奉行"奉献、友爱、互助、进步"志愿者精神,在鄱阳创建全国卫生城市和全省文明城市等活动中,通过开展文明交通劝导、绿色生态宣传、文明礼仪培训、推广文明用语等活动,发挥示范作用。

【脱胎漆制品在央视栏目展出】 12月8日,由鄱阳县饶州脱胎漆有限公司李波生选送的脱胎漆制品,在中央电视台一套《我有传家宝》栏目展出。李波生是鄱阳脱胎漆器制作技艺国家级代表性传承人,早期随父学习大漆髹饰技艺并从事彩绘设计工作,吸取漆工张鑫生等名师的传统技法,并结合新兴艺术,创新推出一批独特的工艺产品。2004年,设计制作脱胎漆器"稳操胜券"和"星星相印",获联合国教科文组织国际民间艺术精品博览会金奖。作品多次在国外展出,被玩家收藏。

主要领导人 县委书记:张祯祥。县人大常委会主任:陈振华。县长:胡斌。县政协主席:占梦来。

(薛文)

吉安市

【概　况】 位于江西中西部,辖2区10县1市。总面积2.53万平方千米,其中城区面积230平方千米。耕地面积44.39万公顷,有林面积147.3万公顷,森林覆盖率67.6%,城区绿地率41.29%。总人口535.25万人,其中城镇人口222.39万人;人口自然增长率7.59‰。2016年,地区生产总值1461.37亿元,同比增长9.2%。其中,第一产业增加值233.21亿元,增长4.3%;第二产业增加值708.96亿元,增长9.1%;第三产业增加值519.20亿元,增长11.6%。财政总收入229.08亿元,增长10.9%;人均4279.9元;税收占财政总收入比重78.7%。公共财政预算收入157.02亿元,下降2.9%;公共财政预算支出382.84亿元,增长6.5%。工业总产值3317.66亿元,增长10.3%。规模以上工业增加值760.8亿元,占地区生产总值比重52.1%,外贸出口42.53亿美元。固定资产投资1710.16亿元,其中利用外商投资9.75亿美元。主要工业产品:水泥853.2万吨、铁矿石原矿439.99万吨、液晶显示屏3.9亿片。农业总产值391亿元,增长4.3%。粮食总产量41.5亿千克。主要农产品:肉类56.26万吨、油料18.89万吨、水果产量48.23万吨。万元GDP能耗0.3309吨标准煤,二氧化硫排放总量3.08万吨、削减率21.6%,城市污水处理率82%。城镇居民人均可支配收入2.93万元,增长8.2%;农民人均纯收入1.14万元,增长9.9%。城乡居民年末储蓄存款1448.72亿元,增长13.5%。

【吉安市4户家庭获全国表彰】　5月15日,2016年全国"最美家庭"揭晓暨全国五好文明家庭表彰大会在北京举行。吉安市井冈山尹白兰家庭、遂川陈清华家庭获全国"最美家庭",峡江符敏家庭获全国五好文明家庭,井冈山毛秉华家庭获全国五好文明家庭标兵。毛秉华家庭作为代表进京参加表彰会。吉安市依托城乡社区"妇女之家",全力开展寻找"最美家庭"活动,启动开展"传承红色基因、弘扬庐陵好家风"寻找"最美"系列活动,先后举办寻找"最美家庭"主题活动、"十佳和谐家庭""美丽乡村乡风美孝顺公婆好媳妇"评选表彰活动,有力推动吉安市和谐家庭文化建设。

【泰和槎滩陂入选世界灌溉工程遗产】　11月8日,在泰国清迈召开的第二届世界灌溉论坛暨国际灌溉排水委员会67届国际执行理事会上,泰和槎滩陂水利灌溉工程被列入世界灌溉工程遗产名录,成为江西省内唯一的世界灌溉工程遗产。泰和槎滩陂水利灌溉工程被誉为"江南都江堰",是一座拥有千年历史的水利工程,地处泰和县禾市镇内,始建于南唐(937年),至今仍灌溉泰和、吉安两县农田2666.67公顷。2013年,槎滩陂被国务院核定为第七批全国重点文物保护单位,是继四川都江堰、安徽丰塘芍陂、福建木兰陂后第四个"国宝"级水利灌溉工程。

【吉安全民健身体育中心投入使用】　6月30日,吉安最大的体育中心——吉安全民健身体育中心建成投入使用。该中心于2012年开工建设,2013年、2014年、2015年度纳入省发改委下达的全省重点建设项目。中心规划面积71.47公顷,主要建设内容有:体育场、体校、综合训练馆、综合训练场、游泳馆、网球馆和相关配套设施,总建筑面积约14.9万平方米,总投资7亿元。中心集体育赛事、全民健身、休闲娱乐和体育产业开发为一体,整体设计标准为国家体育建筑乙级标准,可以满足国内单项比赛和省级综合性运动会要求。

【新井冈山大桥建成通车】　6月30日,新井冈山大桥正式竣工通车。该大桥起于井冈山北大道,终于105国道跨京九铁路桥处,2013年9月26日开工建设,总投资10.9亿元。井冈山大桥始建于1970年,是吉安市区第一座跨赣江大桥,历经46载,逐渐难以满足城市交通需求。吉安市委、市政府决定,由此顺江而下4.6千米处,将省道222进行改道,建设一座新井冈山大桥。新井冈山大桥建设暨中心城区省道222改道工程,全长10千米,为独塔双索面钢混叠合梁斜拉桥,塔高124米,主桥宽38米,主跨为2×150米,双向六车道;引道红线宽60米,双向八车道。桥梁按城市-A标准建设,设计速度每小时60千米,设计洪水频率300年一遇,通航等级3级,两岸皆建有蝶形全互通立交。新井冈山大桥的建设,对于形成城市外环快速通道,缓解中心城区交通压力,进一步拓展城市空间,完善城市功能,尤其是对于吉泰走廊形成交通大贯通、促成城市大格局、完善区域大融合,具有现实意义和历史意义。

主要领导人　市委书记:王萍(任至9月)、胡世忠(9月任)。市人大常委会主任:吴敏(任至11月)、刘连根(11月任)。市长:王少玄。市政协主席:李庐琦(任至11月)、龙波舟(11月任)。

(黄俐　丁声)

·吉州区·

【简　况】　位于江西省中部,辖4镇7街道办事处。总面积425平方千米,其中城区面积43.5平方千米。耕地面积1.38万公顷,林地面积1.16万公顷,森林覆盖率29.47%,城区绿地率31.02%。总人口36.3万人,人口自然增长率10.4‰。2016年,地区生产总值142.5亿元,同比增长9.4%。其中,第一产业增加值10.5亿元,增长3.9%;第二产业增加值53.7亿元,增长7.5%;第三产业增加值78.3亿元,增长11.6%。一、二、三产业比由上年7.7:38.4:53.9调整为7.4:37.6:55。财政总收入14.27亿元,增长1.7%;税收收入11.66亿元,下降1.5%;地方财政收入9.62亿元,下降10.8%;地方财政支出22.75亿元,增长8.5%。全区规模以上工业企业主营业务收入246亿元,增长7.6%;利润总额20亿元,增长22.4%。主要工业产品有:水泥22.9万吨、白酒10177千升、金属切削机床176台、电力电缆3.14万千米。农业总产值1.6亿元,增长7.2%。主要农产品有:稻谷10.8万吨、油料2824吨、蔬菜9.1万吨、瓜果1.02万吨、肉类1.2万吨。城镇居民人均可支配收入3.14万元,增长8.6%;农民人均可支配收入1.39万元,增长9.8%。金融机构各项存款余额634亿元,增长24.6%;各项贷款余额428亿元,增长15.4%。

【义务教育均衡发展显成效】　2016年,在国家县域义务教育均衡发展督导评估中,吉州区获全省第一名。2014—2016年,吉州区相继印发《推进义务教育均衡发展改革实施方案》《推进义务教育均衡发展改革实施方案工作监督和问责机制的实施意见》等文件。3年内,累计投入10.1亿元,划拨土地63.33余公顷,新、改、扩建思源学校等8所义务教育学校,新增学位1.6万余个,全面消除义务教育学校"大班额"现象。实行义务教育学校划学区管理改革。搭建教育资源共享平台、强弱校"一对一"拉手帮扶、组建义务教育学校办学联盟等方式,实现优质教育资源效用最大化;全面推行校长教师交流轮岗机制,校际教学差距不断缩小。2014年始,每年安排"五个一百万",用于教师奖励、体检、赴外研修和发放农村边远中小学教师特殊津贴、帮扶困难教职工,保障优质师资队伍建设。向农村学校及薄弱学校倾斜投放教育资源,用两年时间,全面消除农村学校"大通铺""冷水浴""旱厕""露天食堂"等问题,实现"不让一个孩子因贫困而失学"的承诺。

【大力开展脱贫攻坚】　2016年,吉州区印发《2016—2017全区"十三五"贫困村定点扶贫工作方案》《吉州区"十三五"脱贫攻坚规划》等文件,在全区4个镇和19个贫困村分别建立扶贫工作站和扶贫工作室,对全区19个贫困村安排19名区领导和21个区直单位进行定点帮扶。选派19名优秀干部担任村第一书记,组织35名区领导,78个区直部门、10个镇街500余名干部,对全区农村880户2501名贫困人口和城市社区285户673名贫困人口实施结对帮扶。持续强化“三个一”(每户贫困户一名干部、一个农民合作社或产业帮带人、一万元资金)帮扶举措,实施“四个一”(一亩井冈蜜柚、一亩蔬菜、一栏畜禽、一人园区劳务)农业产业扶贫模式。全年帮扶贫困村、贫困户发展特色产业面积约106.67公顷。至年底,19个贫困村实现光伏发电全覆盖,8个电商脱贫站全部投入运营;樟山镇东陂村和1339名贫困群众实现脱贫摘帽。城市社区实施一个社会组织、一项职业技能、一个就业岗位、一个创业支持“四个一"模式,首批285户673名贫困群众生活稳步改善。

【赴北京、深圳开展招商推介会】 3月16日、10月27日,分别在北京、深圳举办2016吉州(北京)重点产业招商推介会和2016年吉州(深圳)重点产业招商推介会。2016吉州(北京)重点产业招商推介会上,吉州区与德安杰环球顾问集团、创意中国产业联盟、中国网库集团、北京清大卓筑有限公司、中国温泉在线产业集团等企业签约,涉及吉安文创基地、吉安2049双创四众平台、中国网库吉安电商谷、中关村互联网文创产业园吉安文创园、吉安创意之窗文创产业园项目、“印象吉安”文旅商业街等文创、电商、旅游、医疗多个产业项目。区委书记徐明等区领导出席。国家税务总局机关工会主席施长恩、纳税司司长汤钧出席。2016年吉州(深圳)重点产业招商推介会在深圳彭年大酒店举办。区委书记朱谋俊,区委副书记、区长黄国栋等区领导出席,广州、深圳、东莞等地100多位客商参会。会上,吉州区与添越实业有限公司、宏业铜箔有限公司和东莞市食滋源食品有限公司等9家企业签约,签约金额达51亿元。

主要领导人 区委书记:徐明(任至8月)、朱谋俊(8月任)。区人大常委会主任:郭捷(任至10月)、刘大水(10月任)。区长:朱谋俊(任至8月)、黄国栋(8月任)。区政协主席:刘大水(任至10月)、汤耀明(10月任)。

(雷嘉庆　万宁娜)

·青原区·

【简　况】 位于江西省中部,辖6镇1乡2街道办事处,其中滨江街道办事处由吉安市庐陵新区代管。总面积914.62平方千米。城区绿化覆盖率47.3%,城镇化率50%。户籍总人口22.41万人,非农业人口8.64万人;人口自然增长率8.2‰。2016年,地区生产总值90.35亿元,同比增长9.1%。其中:第一产业增加值8.65亿元,增长4.5%;第二产业增加值52.93亿元,增长8.6%;第三产业增加值28.77亿元,增长11.7%。三次产业结构比为9.6∶58.6∶31.8。财政总收入8.6亿元,增长1.7%。其中,地方财政收入5.78亿元,下降12.7%。地方财政总支出14.15亿元,增长1.3%。工业总产值268.87亿元,增长5.2%。规模以上工业企业总产值237.12亿元,增长1.2%。规模以上工业增加值57.47亿元,增长9.3%。500万元以上项目固定资产投资60.69亿元。引进内资32.28亿元,实际利用外资5592万美元。出口总额1.92亿美元。主要工业产品有火电、水泥、机制纸、粗铜、塑料制品。实现农林牧渔业总产值14.25亿元,增长6.7%。粮食产量13.44万吨,增长0.1%。主要农产品:蔬菜9.24万吨,生猪出栏8.31万头,牛出栏1.36万头,家禽出笼89.2万羽,肉类0.98万吨。全年居民消费价格指数上涨1.3%。社会消费品零售总额24.20亿元,增长12.8%。农村居民人均可支配收入1.14万元,增长9.5%;城镇居民人均可支配收入3.14万元,增长8.6%。在岗职工年平均工资5.64万元,增长4.3%。新增城镇就业2537人,城镇登记失业率控制在4%以内。投入扶贫资金0.87亿元,6个贫困村摘帽,819户2214人脱贫。

【举办第六届庐陵文化旅游节】 3月7日—10日,以“天祥正气 醇美青原”为主题的第六届庐陵文化旅游节在国家4A旅游景区青原山、渼陂古村、富田陂下古村,国家3A景区东固畲乡四大景区举办。旅游节主要包括渼陂古村文化旅游节、富田古镇民俗文化旅游节、青原山禅文化节、东固二月二庙会等活动。3月8日,第六届庐陵文化旅游节暨第十四届渼陂旅游文化节在渼陂古村开幕。开幕式现场举行彩擎、妆犛等民俗表演,青原乡村旅游精品线路图片展,印象渼陂书画作品展,祠堂宴等活动;同日,富田景区陂下古村第八届民俗文化旅游节开幕,举行“喊船”表演,进行《爸爸去哪儿》和《记住乡愁》展播,开展《红色富田》讲堂举办状元宴等活动;9日,青原山景区举行禅意书画展、第四届春季禅修营、素斋宴、禅韵音乐会等禅文化活动;10日,东固景区举行东固传统“二月二”庙会,举行畲乡风情节目表演、知青文化展、畲乡宴等。《新华每日电讯》头版图文并茂报道庐陵文化旅游节相关活动新闻,新华社微信客户端和人民网分别刊发《青原区文化旅游节“进京”秀美 惊呆两会代表委员》《江西吉安:文化节展非遗民俗表演,百姓享“全民盛宴”》,微信、微博、网站等各种渠道刊登或转载庐陵文化旅游节报道、微博、论坛、评论均达到万条以上,浏览点击量突破1000万人次。活动期间接待游客8.73万人次,同比增长28.39%,门票收入增长33.75%,旅游收入增长35.21%。

【举行民族英雄文天祥诞辰780周年纪念活动】 6月6日,民族英雄文天祥诞辰780周年纪念日。青原区在文天祥家乡青原区富田镇举行文丞相祠重建开放仪式,为民族英雄文天祥塑像揭幕;在吉安宾馆会议中心举行“文山精神与文化”研讨会。中国人民大学博士生导师、教授刘后滨主持研讨会,市委书记王萍出席并讲话,陈东有、方志远、王东林、章文钦、文幸福等7位专家学者作主旨演讲。市相关领导、专家学者代表、文氏宗亲代表、青原干部群众代表等300余人参加活动。6月3日,《江西日报》以《激发千年风骨的光芒》专题对青原区如何挖掘弘扬正气文化进行专版报道;6月6日,人民网、新华网、《光明日报》等中央媒体分别以《江西吉安举办纪念文天祥诞辰780周年系列活动》《文天祥故里举行文天祥诞辰780周年系列活动》《江西纪念文天祥诞辰780周年》为题报道文丞相祠开放仪式和"文山精神与文化"研讨会。

【青原区佛教协会成立暨第一次代表大会召开】 7月11日,青原区佛教协会成立暨第一次代表大会在禅宗圣地、文化名山青原山召开。青原区委副书记邹卫梅等区领导,江西省佛教协会副会长、宜春市佛教协会会长、青原山净居禅寺方丈妙安法师,江西省佛教协会副会长、吉安市佛教协会会长、资国寺住持妙心法师,吉安市佛教协会副会长兼秘书长、铁佛寺住持早还法师,青原山净居寺首座源起法师,青原山净居寺首座、东固楞严禅寺住持妙回法师,文陂镇云兴山寺住持常安法师,富田镇大兴古寺住持坚明法师,值夏镇天梁山寺住持妙法法师,富滩镇经书庵住持妙启法师,东固宝石山庵住持宏忠法师等高僧大德和道教界人士、基督教界人士等80余人出席大会。成立大会后,青原区佛教协会召开第一次代表会议,审议通过《青原区佛教协会章程》《青原区佛教协会选举办法》,选举产生第一届青原区佛教协会理事会,青原山净居禅寺首座、楞严禅寺住持妙回法师任首届会长,舒实波、源起法师、坚明法师、常安法师、张爱祥、张宏伟当选副会长,副会长张宏伟兼任秘书长。会议通过关于聘请名誉会长、顾问和成立咨议委员会的决议并颁发聘书。

主要领导人 区委书记:程以金(任至8月)、李军(8月任)。区人大常委会主任:郭清华(任至10月)、肖萌(10月任)。区长:李军(任至8月)、邹卫梅(8月代,10月任)。区政协主席:肖萌(任至10月)、郭小健(10月任)。

(王平发)

·井冈山市·

【简　况】 位于江西省西南部,辖6镇12乡1街道办事处。总面积1288.1平方千米,其中中心城区面积8.9平方千米。耕地面积8420公顷,林地面积10.58万公顷,森林覆盖率77.56%,城区绿化率49%。总人口16.97万人,其中城市人口4.33万人;人口自然增长率9.93‰。2016年,地区生产总值62.88亿元,同比增长9.8%。其中,第一产业增加值5.19亿元,增长4.5%;第二产业增加值19.79亿元,增长6.5%;第三产业增加值37.90亿元,增加12.3%。财政总收入7.39亿元,增长4.8%,人均4679元。税收占财政总收入85.92%,增长9.45%。地方财政收入5.04亿元;地方财政支出18.67亿元,增长14.4%。工业总产值65.44亿元,增长10.1%。实现规模以上工业增加值6.92亿元,增长9.4%,占地区生产总值11%。外贸出口占地区生产总值1.25%。固定资产投资72.95亿元,增长15.7%。实际利用外商投资600万美元,省外投资31.71亿元。主要工业产品:塑料制品1.43万吨,钢材1.10万吨,水泥10.22万吨,光缆16.1万千米,水力发电量8591万千瓦时。农业总产值10.64亿元,增长5.98%。粮食总产量8.12万吨。主要农产品:油料2332吨,水果4901吨,生猪出栏6.17万头,水产品844吨。万元GDP能耗0.322吨标准煤,二氧化硫排放总量1126.03吨,城市污水处理率89.93%。城镇居民人均可支配收入2.92万元,增长8.4%;农村居民人均可支配收入8577元,增长11.6%。城乡居民年末储蓄余额52.76亿元,增长9.55%。城镇新增就业1687人,新增转移农村劳动力1884人。城乡居民养老保险参保率90.85%。城乡居民基本医疗保险参保率96%,社会保险基金征缴总量2.04亿元。新增保障性住房390套,棚户区改造安置房200套。全年减贫5705人,贫困发生率降至1.6%,完成扶贫移民搬迁1627人。

【中央新闻媒体聚焦井冈山脱贫攻坚工作】 12月,《人民日报》、新华社、《光明日报》《经济日报》《中国日报》、中央人民广播电台、中央电视台、中国国际广播电台、《农民日报》、中国新闻社等10多家中央主要新闻媒体记者齐聚井冈山,对井冈山脱贫攻坚工作开展为期10天采访。中央新闻媒体采访团先后深入茅坪、拿山、新城、柏露、厦坪、黄坳、大陇、东上、大井林场等脱贫攻坚一线,采取集中采访、自主蹲点体验采访等方式,全方位、多角度报道井冈山脱贫攻坚工作的生动实践和显著成效,突出宣传井冈山在脱贫攻坚中率先脱贫"摘帽"的经验做法、典型经验、典型人物等。其间,中央新闻媒体记者参观瞻仰井冈山革命烈士陵园,向革命先烈敬献花圈,重温革命历史,缅怀革命英烈的丰功伟绩。

井冈山牢记习近平"在全面小康的进程中,决不让一个贫困群众掉队""井冈山要在脱贫攻坚中作示范、带好头"的嘱托,大力弘扬跨越时空的井冈山精神,坚持"红色引领、绿色崛起",紧扣"两不愁、三保障"目标,把脱贫攻坚作为第一号工程和头号政治任务,脱贫攻坚取得成效,贫困人口大幅减少。2016年年底,井冈山市贫困发生率降至1.6%,低于国家2%的贫困县退出标准;贫困村从2015年的35个减少到6个,退出率达83%,远高于省定60%的贫困县退出要求;贫困户人均纯收入由2013年2600元增长到4500元以上。

【设立省级井冈山产业园】 12月,经省政府批准,井冈山正式设立省级产业园,定名为井冈山产业园,实行现行省级开发区政策。2014年6月,井冈山市委、市政府在井冈山市工业园基础上,启动省级产业园创建工作。经过省工信委、省国土资源厅、省住建厅、省商务厅、省统计局、省环保厅等部门严格审核,最终经省政府同意,井冈山市设立省级产业园。产业园总体规划面积275.83公顷,现为"一园两区"布局,分新城区工业区和古城产业区,园区建成面积2.8平方千米,以传统陶瓷、电子信息和旅游产品为主导产业。

【江西首家"中国关心下一代教育示范基地"在井冈山揭牌】 3月7日,由中国关心下一代工作委员会、中国社会福利基金会关心下一代基金和中国信托慈善基金会共同实施的"中国关心下一代教育示范基地"在井冈山东上学校揭牌成立。这是全国第二十二个教育示范基地,也是江西省第一个教育示范基地。中国关心下一代工作委员会常务副主任武韬,省关工委第一副主任王峰,中国社会福利基金会关心下一代基金秘书长闻瑾瑜等出席揭牌仪式。仪式上,中国关工委向井冈山东上学校捐赠资金50万元。中国关心下一代教育示范基地项目创办于2013年,旨在通过援助贫困、边远地区中、小学硬件设施建设并挂牌立项,从而带动地方各级政府、社会爱心企业和爱心人士的资金投入,在较短时间内,使挂牌学校在硬件和软件上得到显著提升和改善,为挂牌学校师生提供全方位、多渠道的培训与交流,改善边远、贫困地区的整体教育水平。

主要领导人 市委书记:龙波舟(任至8月)、刘洪(8月任)。市人大常委会主任:傅建华(任至10月)、姚九华(10月任)。市长:刘洪(2月任至9月)、焦学军(9月任)。市政协主席:曾炳龙(任至10月)、张伟(10月任)。

(黄斌)

·吉安县·

【简　况】 位于江西省中部,辖13镇6乡。总面积2122平方千米,其中城区面积15平方千米。耕地面积3.77万公顷,有林面积12.14万公顷,森林覆盖率63.50%。总人口52.06万人,其中非农业人口21.48万人;人口自然增长率8.29‰。2016年,地区生产总值157.16亿元,同比增长9.50%。其中,第一产业增加值29.09亿元,增长4.4%;第二产业增加值84.16亿元,增长10.0%;第三产业增加值43.91亿元,增长11.9%。财政总收入25.40亿元,增长0.3%。其中,税收收入18.20亿元,增长0.20%,占财政总收入比重71.70%;公共财政预算收入19.82亿元,下降2.2%。公共财产预算支出37.91亿元,增长8.90%。规模以上工业总产值376.75亿元,增长12.26%;规模以上工业增加值90.16亿元,增长10%。全社会固定资产投资241.6亿元,增长17.3%。实际利用外资1.06亿美元,增长10.21%;实际利用省外项目资金49.40亿元,增长13.59%。进出口总额4.79亿美元。主要工业产品:水泥23.78万吨、啤酒7.23万千升、软饮料20.21万吨、饲料3.39万吨、煤炭11.38万吨、铁精粉107.54万吨。农业总产值42.54亿元,增长4.5%。粮食总产量46.22万吨。主要农产品:水产品2.16万吨、油料2.17万吨、葡萄4110吨、肉类总量11.99万吨。二氧化硫排放总量3031.80吨,城市污水处理率90%。全县规模工业万元GDP能耗0.138吨标准煤。城镇居民人均可支配收入2.75万元,增长8%;农村居民人均可支配收入9317元,增长12.49%。全社会年末存款余额199.02亿元,增长14.01%。社会消费品零售总额44.21亿元,增长13.5%。城镇新增就业6762人,新增转移农村劳动力9840人。全县参加新农合农民38.05万人,参合率98.82%。城镇职工基本养老保险参保人数5.00万人。城镇职工基本养老保险基金征缴2.80亿元。城镇职工基本医疗保险3.66万人,城镇居民基本医疗保险8.58万人。新增保障性住房700套,4.60万平方米;棚户区改造530户,6万平方米。全年减贫2.77万人,扶贫移民搬迁1443人。

【创新扶贫成效显著】 2016年,吉安县抓住“精准、落实、可持续”三大关键,推进十大脱贫工程,全面推行“支部引领、干部带头、群众参与、贫困户全覆盖”产业发展模式,投入产业扶贫资金5151万元。落实一户一亩井冈蜜柚贫困户6250户866.67公顷、一户一亩横江葡萄贫困户818户152.2公顷、一户一个鸡棚贫困户1973户13.5万平方米,一户一人进园务工5468人。推动光伏产业发展,因地制宜发展油茶、山羊、火龙果、黑木耳等区域特色产业。成立农民专业合作社334个,给予每户贫困户2000元产业扶持资金,带动1.46万户贫困户增收致富。通过“代缴、提标、扩面”提高保障兜底水平,农村低保制度与扶贫开发政策有效衔接工作经验在全省推广。投入450万元按每人每月30元标准提高低保保障水平,投入1123万元新增农村低保扩面4000人;投入299万元代缴养老保险费,投入545万元代缴新农合,投入380万元购买大病医疗附加保险;投入444万元提高贫困学生资助水平。投入3.7亿元,统筹推进村卫生计生服务室、图书室和水、电、路、通信等基础设施建设。拆除危旧土坯房2.99万栋、167万平方米,新建3663户、改建2070户;建设集中供水工程28处,解决353户1121人饮水安全问题。完成农村公路建设项目143个83.1千米,25户以上自然村全部通水泥路。通过省第三方评估,接受国家省际交叉考核结果良好。2月24日,中共中央总书记习近平考察江西时肯定吉安县扶贫模式。5月15日,吉安县委书记李克坚作为3个县级代表之一,在全国抓党建促脱贫攻坚工作座谈会作典型发言。

【打造吉州窑陶瓷文化产业园】 2016年,吉安县全力打造吉州窑陶瓷文化产业园,成为经济发展新增长点,实现社会效益和经济效益双赢。吉州窑文化产业园项目规划133.33公顷,孵化3~5个吉州窑陶瓷文化龙头企业,培育20~30家吉州窑骨干企业,打造5个以上省著名商标,培育100余家中小企业,扶持300余家工作室或个体陶艺坊。把产业园建成以工艺瓷为主,以日用瓷和其他板块为辅的园区,形成集文化旅游、观光休闲、教学科研、陶瓷制造、营销和销售为一体的大型吉州窑商业圈和产学研相结合的陶瓷产业发展体系,使吉州窑成为全国具有权威的陶瓷技术研发中心、创意设计中心、文化体验中心、产品会展中心、企业交流中心和人才集聚中心。全年,完成征地40余公顷,完成投资1300万元,永和瓷业、上海古瀛艺术公司、香港向荣集团、红凤坊等10家陶瓷文化企业入驻园区,年产值1000万元。为加强制瓷工艺研发,吉安县实施大师招引优惠政策,引进社会资金和专家技术,促进陶瓷产业发展。引进刘品三、刘晓玉、伍映山等4位陶艺大师,在吉州窑公园景区内成立嘉瑞陶瓷有限公司、宝泥房、本觉房、吉州窑创新研究院4家集陶瓷研创生产销售为一体的工作室。吉州窑玳瑁釉茶具、“兔毫盏”等陶瓷产品在各类大赛中获奖,获江西省旅游商品大赛一等奖。在第十一届中国(深圳)国际文化博览会上,吉州窑产品“吉祥平安石榴瓶”“龙腾盛世青天球瓶”“木叶天目茶具”“彩绘鹭鸶牡丹纹大盘”获铜奖。

【吉安县跻身全国电子商务进农村综合示范县】 2016年,吉安县在全省申报国家"电子商务进农村综合示范"试点县评审中,跻身全国电子商务进农村综合示范县行列。吉安县各类电子商务经营企业(主体)321家,新增电子商务年交易额1000万元以上的企业9家,实现电子商务交易额8.9亿元,同比增长128%。2014年、2015年连续两年进入阿里巴巴公布的全国电子商务交易"百强县"。阿里巴巴旗下吉安县农村淘宝位于吉安县祥和物流园,由县级服务中心和村级服务站组成,县级服务中心和52个村级服务站于2015年12月30日开业,项目筹建仅用21天时间,是全国220个合作县开业最快的县。开业以来,实现网上交易额2亿元,其中当地特色产品网上交易额4600多万元。梅塘镇敛溪村级服务站成为阿里巴巴2016财年中国网淘第一村。在"双11"购物节中,吉安县村淘站一天交易额超300万元(其中农产品交易额近80万元)。通过"工业下乡,本地特色产品上行"拉动全县电商氛围,提升消费经济转型。2016年,横江葡萄、井冈蜜柚、温氏养鸡等农村致富产业,采取"电商企业+农村淘宝村级服务站+专业合作社+农户"、邮政E邮网等模式,为贫困户网上销售各类农副产品近1000万元,覆盖19个乡镇1400多户农户,户平均增收1200多元。通过农村淘宝,吉安县物流最后一公里问题得到解决,从原有的单个村点,创新发展成淘帮手,扩大到合伙人网店60个点,淘帮手62人,并覆盖全县。

【推进美丽乡村建设】 2016年,吉安县由点到面推进美丽乡村建设,取得明显成效。累计整合各类资金6.5亿元,重点建设1808个美丽乡村建设点,涉及农户8.5万余户33.2万余人,高标准抓好6个中心村点、126个新农村建设点、544个村庄整治点共676个村庄环境整治点,全面完成"十三五"贫困村550个自然村村庄环境整治建设任务,实现"十三五"贫困村村庄整治全覆盖。开展农村安居工程,全县农村危旧土坯房基本拆除完毕,拆除面积167万平方米,落实改造对象5672户,发放安居扶贫资金6862万元。村民实现"走平坦路、喝干净水、上卫生厕、住整洁房、用洁净能源、居优美村"目标,打造了一批环境优美、产业发展、功能完善、乡风文明、各具特色的美丽乡村。

【打造旅游强县】 2016年,吉安县围绕"吉安市旅游休闲的后花园,井冈山下庐陵文化游首选地"定位,打造旅游强县,旅游行业得到快速发展。推进吉州窑景区建设,游客接待中心投入使用,陶瓷创意村、桥头古村改造基本完工,开展吉州窑景区创建国家5A级景区工作,推进吉州窑遗址工程、陶瓷产业园和赣江水上旅游吉州窑景区观光线建设,提升吉州窑景区品质,将吉州窑景区打造成集庐陵文化、古镇文化、陶瓷文化于一体的世界文化遗产、国家级风景名胜区和国家5A级旅游景区。大力发展休闲农业和生态乡村旅游,实施乡村旅游扶贫工程,高标准建设永阳中洲村、安塘淡江村、敖城湖陂村、敦厚老峰溪村、固江枫墅村等一批乡村旅游精品村,推进永和镇、桐坪镇、梅塘镇建设成陶瓷旅游小镇、航空旅游小镇、文化旅游小镇,打造全省休闲旅游目的地。安塘淡江村、敖城湖陂村等5个村列为"十三五"全国乡村旅游扶贫重点村,鲤鱼灯舞、吉州窑陶瓷炼制技艺为全国休闲农村和乡村旅游示范点,横江公塘村获中国乡村旅游模范村,中洲岛旅游规划设计获江西省旅游产品规划设计优秀成果评选活动二等奖。全年全县实现旅游收入23亿元,增长25.4%;接待游客356.2万人次,增长21.2%。

【举办吉安第十三届横江葡萄节】 7月18日,吉安第十三届横江葡萄节开幕式暨文艺演出在县影剧院隆重举行。市委常委、政法委书记杨丹宣布葡萄节开幕,县委书记、县长李克坚致辞,县委副书记解芳云主持。葡萄节期间,举行"农超对接"签约、大众趣味游艺比赛、横江葡萄节观光采摘旅游月等活动。湖南、深圳及南昌、赣州等地10家大型超市、水果批发市场与吉安县葡萄生产基地、合作社、经销商现场签约销售7500吨横江葡萄,约占总产的五分之一。

【全国动力伞冠军赛在吉安县桐坪举行】 12月10日—13日,全国动力伞冠军赛在吉安县桐坪通用机场举行。国家体育总局航空无线电模型运动管理中心主任贾冰,省体育局党组书记、局长晏驹腾,吉安市领导胡世忠等出席开幕式。开幕式上,国家体育总局航管中心授予江西省航空运动管理中心桐坪机场为中国航协飞行营地,并现场授牌。开幕式期间,举行航空模型、动力三角翼、热气球、飞机跳伞等表演。

比赛分别进行精确起飞、梅花标杆、保龄降落、日本杆、三角绕标、经济与距离6个项目角逐,30名来自全国各地顶尖动力伞选手参赛。河南聂玉男以满分210分夺得全能冠军,安徽李明利以175分夺得全能亚军,河南顾延鹏以157分夺得全能季军。全国动力伞冠军赛是一项集技能、体能、智能于一体的时尚体育运动赛事,对国家经济建设、国防建设和科技后备人才培养、航空航天技术发展具有重要作用。

主要领导人 县委书记:刘洪(任至1月)、李克坚(3月任)。县人大常委会主任:罗福祥(任至10月)、张迪俊(10月任)。县长:李克坚(任至3月)、解芳云(10月任)。县政协主席:张迪俊(任至10月)、郭钰山(10月任)。

(郭绢)

·新干县·

【简　况】 位于江西省中部,辖7镇6乡1街道办事处2国有农林场。总面积1248平方千米,其中城区面积25.54平方千米。耕地面积3.36万公顷,林地面积7.25万公顷,森林覆盖率59.74%,城区绿化率44.76%。总人口35.34万人,其中城镇人口16.10万人;人口自然增长率11.2‰。2016年,地区生产总值114.17亿元,同比增长率9.2%。其中,第一产业增加值20.91亿元,增长4.4%;第二产业增加值59.00亿元,增长9.6%;第三产业增加值34.26亿元,增长11.5%。财政总收入14.54亿元,增长10.05%;人均4114元;税收占财政总收入比重77.1%。地方财政收入10.19亿元,下降3.8%;地方财政支出25.55亿元。

规模以上工业总产值259.07亿元,增长13.5%。规模以上工业增加值58.9亿元,占地区生产总值比重51.6%。外贸出口3.3亿元,占地区生产总值比重19.9%。固定资产投资132.6亿元,增长15.6%。实际利用外商投资7141万美元,增长9.2%;省外投资45亿元,增长13.6%。主要工业产品:食用盐89.4万吨、水泥60万吨、大米63万吨、铜材4.97万吨、箱包3300万只。农业总产值31.41亿元,增长4.47%。粮食总产量37.72万吨。主要农产品:蔬菜瓜类20.78万吨、柑橘22.19万吨、生猪86.95万吨、油菜籽总产量1.36万吨、水产品总量2.21万吨。万元GDP(规模以上工业增加值)能耗下降4%,城市污水处理率87.57%。城镇居民人均可支配收入2.77万元,增加2669元;农村居民人均纯收入1.32万元,增长1475元。城乡居民年末储蓄余额116亿元,增长15.4%。城镇新增就业4554人,新增转移农村劳动力7427人。城乡居民基本医疗保险参保率96.5%,社会保险基金征缴总量2.6亿元。棚户区改造安置房622套。全年减贫2489人,完成扶贫移民搬迁951人。全年民生支出21.4亿元,增加3.6亿元;9个省级贫困村、2489名贫困人口脱贫。

【改革创新成效明显】 2016年,完成行政单位公务用车改革,城镇居民医保和新农合并轨整合,城乡医疗保障制度改革全面完成。全面实现工商登记"五证合一、一照一码",建立"双随机、一公开"制度,行政审批效率不断提高。财税体制改革有序推进,税制结构、预算管理、资金监管、资金运作得到优化。创新政府投融资方式,推进政府投融资平台转型,政府与社会资本合作(PPP)模式在探索中创新发展。城市管理体制、农民工返乡创业全国试点、国家农田水利设施产权制度、农村宅基地制度、扩权强镇等改革稳步推进。组织申报实施科技计划44项,实现专利授权78件,天宇化工"2,4-D"产品通过省级成果鉴定,被评为吉安市10个科技协同创新体之一,获得2016年度江西两化深度融合示范企业。新瑞丰与深圳融昱资本签订IPO上市协议,赣酒公司在江西股权交易中心挂牌,成为江西省首批十户挂牌企业之一。高铁新区被列入首批PPP省级示范项目计划,发行10亿元地下综合管廊建设专项债券,实现吉安市县级平台专项债和企业债发行零的突破。

【吴宇昂获全国青年田径锦标赛冠军】 6月27日,在内蒙古鄂尔多斯举行的2016全国青年田径锦标赛400米决赛中,新干籍运动员吴宇昂以46秒33的成绩获取冠军。吴宇昂,18岁,金川镇人。2014年5月,被省体育局选中并调入省体工大队接受田径400米专项训练。2014年8月,吴宇昂在第12届全国学生运动会上获400米银牌。2015年3月,在全国室内田径锦标赛南京站比赛中获400米铜牌。2015年4月8日—9日,在重庆举行的2015年全国少年田径锦标赛暨世界少年(16~17岁)田径锦标赛选拔赛上,夺得400米和400米栏两项冠军,其中以47.33秒的成绩打破男子400米全国少年田径纪录。

【新干县融媒体中心揭牌成立】 12月16日,新干县融媒体中心揭牌成立。市委常委、市委宣传部部长刘兰芳,县委书记包静,县委副书记、县长曾亮,市委宣传部副部长陶建华,井冈山报社社长沈志平,吉安广播电视台台长于江铁,县人大常委会主任陈春延,县政协主席曾春保出席揭牌仪式,县委副书记谭晓艳主持揭牌仪式。融媒体中心是吉安市成立的第二家县级融媒体中心,该中心整合《新干县报》、"掌中新干"客户端、新干县电视台、新干人民广播电台、新干网络电视台、微信公众号"微新干"、官方微博"新干发布"、新干县人民政府网新闻版块8个县属媒体,实现广播、电视、报纸、网站、微博、微信、移动客户端等媒体资源和人员、技术、内容、平台等生产要素的有效融合,以及生产流程、组织架构、管理体制的调整完善,为最终实现媒体间深度融合,产生"一次采集、多次生成、多元传播、全方位覆盖"的最大效应,推进集新闻宣传、政务服务、民生应用、广告发布"四位一体"的综合体建设,打下坚实基础。

【新干县旅游发展委员会成立】 4月,新干县旅游发展委员会成立,为正科级全额拨款事业单位。8月,省人社厅同意新干县旅游发展委员会列入参照《中华人民共和国公务员法》管理单位。新干县旅游发展委员会主要职能是负责全县旅游业发展的综合协调和监督管理,研究编制旅游产业发展规划、计划并组织实施,参与重大旅游项目建设的论证、指导和推进工作。协调推进县旅游公共服务体系建设管理,负责旅游统计和行业信息发布工作。指导旅游的应急救援和行业组织的业务工作,会同有关部门组织实施旅游从业人员职业资格标准和等级标准。

主要领导人 县委书记:刘毓名(任至8月)、包静(8月任)。县人大常委会主任:侯建国(任至10月)、陈春延(10月任)。县长:包静(任至8月)、曾亮(8月任)。县政协主席:张梅生(任至10月)、曾春保(10月任)。

(朱静 邹洪生)

·永丰县·

【简 况】 位于江西省中部,辖8镇13乡2林场1垦殖场。总面积2695平方千米,其中县城建成区面积16.2平方千米。耕地面积4.48万公顷,林地面积19.9万公顷,森林覆盖率71.6%,城区绿地率39.8%。总人口48.82万人。城镇化率43.03%,人口自然增长率8.89‰。2016年,地区生产总值137.5亿元,同比增长9.5%。其中,第一产业增加值21.9亿元,增长4.7%;第二产业增加值67.2亿元,增长9.4%;第三产业增加值48.4亿元,增长12.1%。财政总收入16.2亿元,增长3.6%;人均3318.3元。财政总收入占地区生产总值比重11.75%,税收占财政总收入比重80.4%;公共财政预算收入11.3亿元,增长5.1%;公共财政预算支出27.8亿元,增长10.6%。工业总产值287.21亿元,增长11%。规模以上工业增加值63.6亿元。服务业增加值48.4亿元,增长12.2%;社会消费品零售总额35.6亿元,增长13.7%。全社会固定资产投资195.4亿元,增长16.3%。实际利用省外资金35.6亿元,增长16.11%;实际利用外资7453万美元,增长16.8%。外贸出口额3.83亿美元,增长20%;外贸出口占地区生产总值比重18.3%。主要工业产品:中成药413吨,下降19.6%;水泥56.34万吨,下降31.6%;机制纸2.84万吨,增长6.3%。农业总产值42.63亿元,增长4.8%。粮食总产量37.74万吨,下降0.7%。主要农产品:蔬菜28.09万吨,增长2.2%;肉类总产2.89万吨,增长6.9%;水产品1.73万吨,增长3.2%。万元GDP能耗0.51吨标准煤,规模工业万元增加值能耗0.63吨标准煤,城市污水处理率88.9%。农村居民人均可支配收入1.33万元,增长9.7%;城镇居民人均可支配收入2.63万元,增长8.8%。城乡居民年末储蓄余额105.7亿元,增长15.2%。城镇新增就业3569人,新增转移农村劳动力8850人。城乡居民养老保险参保率99.8%,城乡居民基本医疗保险参保率96.5%,社会保险基金征缴总量2.7亿元。新增各类保障性住房627套,棚户区改造安置房568套。全年减贫5408人,完成扶贫移民搬迁566人。

【狼和医疗在全国"新三板"挂牌上市】 4月19日,江西狼和医疗器械股份有限公司(证券简称狼和医疗,证券代码836795)在全国中小企业股转系统挂牌申请获得批准,成为吉安市首家在"新三板"上市企业。狼和医疗公司是一家集研发、生产、销售、服务为一体的高科技企业。公司自主研发的"狼和牌一次性包皮环切缝合器"产品属高值耗材类II类基础外科手术器械。

【义务教育均衡发展通过国家督导验收】 12月7日,国家教育督导委员会第10督导评估组对永丰县义务教育均衡发展情况进行督导检查。督导组从义务教育学校办学基本标准达标情况、义务教育校际差距、政府推进义务教育均衡发展措施、公众满意度等方面进行考核评估。根据督导评估结果,永丰县义务教育发展达到基本均衡。国务院教育督导委员会正式认定永丰县为2016年全国义务教育发展基本均衡县。

【博源实业有限公司"DDS烟道气脱硫脱硝技术"获日内瓦国际发明展览会特别金奖】 4月13日—17日,第44届日内瓦国际发明展览会在瑞士日内瓦举行,45个国家和地区790个参展单位1000余项发明参加展览,永丰县博源实业有限公司发明的"DDS烟道气脱硫脱硝技术"获特别金奖。"DDS烟道气脱硫脱硝技术"由永丰县博源实业有限公司博士魏雄辉研发,是全球最先进最前沿的大气处理环保技术。该技术能够同时进行脱硫脱硝,将废气中的二氧化硫降至30 ppm(百万分比浓度)以下,氮氧化物50 ppm以下,同时还能将废气中二氧化硫、氮氧化物分离提纯,可产生极大的经济效益、环境效益和社会效益。日内瓦国际发明展创办于1973年,每年举办一届,与德国纽伦堡发明展、美国匹兹堡发明展并列世界三大发明展,由世界知识产权组织和瑞士联邦政府联合举办。

主要领导人　县委书记:朱新堂(任至8月)、钟义山(8月任)。县人大常委会主任:聂建国(任至10月)、傅伟(10月任)。县长:钟义山(任至8月)、娄致文(10月任)。县政协主席:陈全根(任至10月)、陶保平(10月任)。

(宋军平)

·峡江县·

【简　况】 位于江西省中部,辖6镇5乡。总面积1287.43平方千米,其中城区面积6.8平方千米。耕地面积2.49万公顷,有林面积8.73万公顷,森林覆盖率65.5%。总人口18.97万人,人口自然增长率8.62‰。2016年,地区生产总值65.3亿元,同比增长8.7%。其中,第一产业增加值12.7亿元,增长5.5%;第二产业增加值32.4亿元,增长9.3%;第三产业增加值20.2亿元,增长12.5%。财政总收入10.3亿元,增长3.1%;人均5428元;税收占财政总收入80.1%。公共财政预算收入6.9亿元;财政总支出14.2亿元,增长3%。工业总产值196.3亿元,增长9.9%。规模以上工业增加值24.67亿元,占地区生产总值37.8%。外贸出口占地区生产总值21.2%。固定资产投资80.6亿元。实际利用外资3270万美元,引进省外5000万元以上项目资金31.25亿元。主要工业产品有生物医药、金属加工、机械制造、新型纸业、绿色食品等。农业总产值18.92亿元,增长3.92%。粮食总产量28.86万吨。主要农产品:烟叶2533公顷、蔬菜7133公顷、肉类总产量3.24万吨、水产品1.69万吨。全县COD、氨氮减排量分别下降2.7%和3.9%,城市污水处理率85%。城镇居民人均可支配收入2.34万元,增长8.4%;农村居民人均可支配收入1.04万元,增长9.5%。城乡居民年末储蓄余额54.98亿元,增长16%。城镇新增就业2780人,新增转移农村劳动力4716人。城乡居民养老保险参保率95.6%,城乡居民基本医疗保险参保率100%,社会保险基金征缴总量2.82亿元。实施农村危旧房改造2000户,棚户区改造货币化安置614套。全年921户2290人实现脱贫。

【义务教育均衡发展通过国家评估认定】 12月10日,在南昌召开的国家县域义务教育均衡发展督导检查反馈会上,峡江县通过"全国义务教育发展基本均衡县"评估认定。全国义务教育发展基本均衡县评估组按照"国家义务教育发展基本均衡县"相关指标,对峡江义务教育阶段学校办学进行全方位评估。峡江县围绕优质均衡、公平普惠两条主线,坚持教育优先发展,合理配置教育资源。累计投入教育经费7.35亿元,新建县实验二小、巴邱城北小学,新建恢复教学点5个。高考一本上线人数156人;坚持义务教育阶段免试就近入学,外来务工人员子女纳入招生计划,确保入学机会均等;大力实施"帮困助学",免收义务教育课本费、作业本费,盲聋哑及智障儿童少年义务教育入学率达96.7%。

【举办首届千年玉笥山道教文化传承与旅游发展研讨会】 12月30日,峡江县举办"首届千年玉笥山道教文化传承与旅游发展研讨会",200余名全国各地道教、学术、旅游等相关界域专家和人士参会,对玉笥山道教文化资源开发管理机制、深入挖掘玉笥山道教文化资源、将玉笥山道教文化资源转化为旅游产品、玉笥山文化旅游发展定位和运作模式等一系列问题进行讨论。此次研讨会对于挖掘玉笥山道教文化遗产、重振玉笥山道教文化发展意义重大。

【张和胜入选国家“千人计划”】 3月，海外高层次人才引进工作专项办公室公布第十二批国家“千人计划”青年人才、创业人才入选人员名单，峡江和美药业有限公司董事长、留美医学博士张和胜入选第十二批国家“千人计划”创业人才名单，实现吉安市“千人计划”人才零的突破。张和胜，峡江和美药业有限公司董事长，是峡江县2012年2月引进的高层次创新创业人才。他于1999年2月取得美国新泽西州立大学药物化学博士学位，历任中国军事医学科学院毒物药物所开发部经理、美国Cadus制药公司高级研究员、美国OSI制药公司课题组长、美国和美公司总裁、天津和美公司总经理。创办的峡江和美药业有限公司，依照国内GMP及欧美医药企业标准，致力于打造成专利新药产业化基地、国际医药出口基地、抗癌新药研发中心，主要研发项目为不可逆HER2-TK抑制剂Hemay022—乳腺癌治疗用化学1.1类新药。

主要领导人 县委书记：徐开萍（任至8月）、刘志斌（8月任）。县人大常委会主任：王振军。县长：刘志斌（任至8月）、郑军平（8月任）。县政协主席：毛润根（任至8月）、胡新明（8月任）。

（高小平）

·吉水县·

【简 况】 位于江西省中部，辖15镇3乡。总面积2509.73平方千米，其中县城建成区面积17平方千米。耕地面积5.33万公顷，有林面积16.7万公顷。森林覆盖率61.6%，城区绿化率43%。总人口56.1万人，其中非农人口24.7万人；人口自然增长率7.52‰。2016年，地区生产总值133.4亿元，同比增长9.6%。其中，第一产业增加值24.3亿元，增长4.4%；第二产业增加值61.5亿元，增长9.6%；第三产业增加值47.6亿元，增长12.4%。财政总收入14.6亿元，增长3.2%；人均财政收入2849元；税收占财政总收入比重80.8%；地方财政支出31.7亿元，增长17%。规模以上工业增加值50.9亿元，占地区生产总值比重38.2%。外贸出口4.47亿美元，占地区生产总值比重21.1%。固定资产投资150.2亿元，增长15.6%。实际利用外商投资8298万美元，省外投资5000万元以上项目资金37.3亿元。主要工业产品：原煤22.9万吨、棉纱3.7万吨、布4249.6万米、大米85.09万吨、电子元件6890万件。农业总产值46.2亿元，粮食总产量64.6万吨。主要农产品：稻谷55.7万吨、水果2.99吨、豆类8514万吨。万元GDP能耗0.57吨标准煤，城市污水处理率71%。城镇居民人均可支配收入2.47万元，增加1895元；农村居民可支配收入1.38万元，增加1257元。年末居民储蓄存款余额120亿元，增长13.5%。

【吉水县获“江西省林化香料产业基地”称号】 12月，省工信委授予吉水县“江西省林化香料产业基地”称号。吉水县香料产业发展迅速。兴华香料、嘉源香料、赫信化学等40多家林化香料企业快速发展，衍生林化香料、药用香料两大系列200多个品种，畅销欧美、马来西亚和中国香港等地。截至年底，全县林化香料企业57家，成为全国有影响的林化香料加工、配送中心和全省最具活力林化香料产业发展中心和产业基地。吉水高度重视林化香料产业技术研发。2008年起，从各公司抽调一批技术骨干，组成林化香料产业科研开发团队，致力于新产品开发和科研项目研究。研发设备、检测设施、分析设备和场地能满足研究开发和工程化、产业化需求，处于国内领先水平。通过产学研合作，与高等院校签订科技入园入企协议，为林化香料产业新产品开发、工艺技术改进、技术诊断等方面提供技术支撑。

【城市建管水平大幅提升】 年内，吉水县策应“一城两翼”大吉安布局和金樟组团建设，实施“跨江融城三大工程”。项目总投资约30亿元，包括路堤结合、吉阳大桥、文峰大桥、吉阳大道等项目。路堤结合工程包括滨江景观工程、滨江大道和城市防洪堤工程，其中滨江景观工程（即赣江两岸风光带吉水段旅游景点）规划建设新城活力、古城遗韵、郊野湿地、漫步休闲等四大主题区，设计扬帆广场、城市阳台、移民广场、古城墙等18个景点，新城活力区6个景点和古城墙（西门瓮城）建成开放，古城墙二期（南门瓮城）全面开工；城市防洪堤工程基本完成，防洪标准由10年一遇提高到50年一遇；滨江大道全线通车，城市交通大幅改善。吉阳大桥全长1750米，主桥宽36米，双向6车道，项目总投资5.2亿元，建成通车；文峰大桥全长848米，主桥宽36.5米，双向6车道，建成通车；吉阳大道全长约2千米，项目总投资6500余万元，为双向6车道城市主干道，建成通车。

【吉水外国语学校开工奠基】 12月10日，吉安市吉水外国语学校举行开工奠基典庆。县委书记袁守旺，县委副书记、县长陈克龙等县领导及深圳东升教育集团总校长文志国出席。吉水县外国语学校由深圳东升教育集团投资兴办，计划投资2亿元，占地面积8万平方米，规划建筑面积7万平方米，可容纳学生3600人，是吉水县最大的民办教育项目。学校以“优质+特色”作为办学定位，致力于创办全国有影响、全省一流的“优良考风、优异成绩、优质课程、优秀队伍、优秀环境”的五优学校。学校建成后，有助于缩小区域、校际间的教育差距。

主要领导人 县委书记：袁守旺。县人大常委会主任：刘龙林。县长：陈克龙。县政协主席：王克齐。

（王琦）

·泰和县·

【简 况】 位于江西省中部偏南，辖16镇6乡2垦殖场。总面积2660.15平方千米，其中县城区建成面积21.15平方千米。城镇化率55.7%。耕地面积5.84万公顷，林地面积16.09万公顷。森林覆盖率61.19%，城区绿地率42.5%。总人口59.54万人，其中城镇人口20.26万人；人口自然增长率13.38‰。2016年，地区生产总值147.05亿元，同比增长9.3%。其中，第一产业增加值28.62亿元，增长3.9%；第二产业增加值76.69亿元，增长10%；第三产业增加值41.74

亿元,增长11.9%。三次产业结构为19.46∶52.15∶28.39。财政总收入19.31亿元,增长0.8%;地方财政收入13.8亿元,下降3.2%。税收收入占财政总收入比重75.1%,增长2.2%。一般公共预算支出完成33.04亿元,增长3.5%。其中,县本级一般公共预算支出完成31.07亿元,增长3.5%。规模以上工业企业主营业务收入276.2亿元,增长7.2%;实现增加值69.4亿元,增长9.7%,占地区生产总值48.46%。固定资产投资143.2亿元,增长16.6%。实际利用内资48.5亿元,增长12.4%;实际利用外资8430万美元,增长7%。外贸出口5.04亿美元,占地区生产总值24.64%。农业总产值29.14亿元,增长4%。粮食总产量51.91万吨。主要农产品:家禽2389.68万只(其中乌鸡1710万只),生猪45.33万头,肉牛14.28万头,种植烟叶437公顷。城市污水处理率92%。社会消费品零售总额41.56亿元,增长12.4%。居民消费价格指数上涨1.8%。城镇居民人均可支配收入2.45万元,增长8.3%;农村居民人均纯收入1.14万元,增长9.7%。城乡居民年末储蓄余额、贷款余额分别为159.85亿元、59.47亿元,分别增加16.08亿元、14.32亿元,增长11.18%、31.72%。新增就业5763人,新增转移农村劳动力7783人。城镇企业职工养老、城乡居民养老、城镇基本医疗、工伤、生育和失业保险参保人数分别为5.70万人、22.90万人、14.54万人、4.80万人、2.82万人、2.19万人,六项社会保险基金分别征缴1.91亿元、1806.67万元、1.41亿元、1494万元、484万元和511.98万元。新农合参合率99.37%。新增棚户区改造868套(含城区、小龙矿业公司、林业部门、垦殖场危房改造)。完成扶贫移民搬迁117户463人,6个贫困村、2106户5534人实现脱贫,贫困发生率降至1.48%。

【泰和乌鸡获第十四届中国国际农产品展览会金奖】 11月5日—8日,第十四届中国国际农产品交易会暨第十二届昆明国际农业博览会在昆明国际会展中心(主会场)及斗南国际花卉产业园区(分会场)举行。泰和乌鸡及系列产品分别在江西馆贡字号展馆和中国地理标志产品专馆展出,泰和乌鸡获参展产品金奖。泰和乌鸡是江西著名农产品,曾获巴拿马万国博览会金奖、世界粮农组织评选的"中国国际食品科技之星奖"等国际大奖。此届展会由农业部和云南省政府共同主办。

【马市镇蜀口村、螺溪镇爵誉村列入中国传统村落】 11月,住建部将泰和马市镇蜀口村、螺溪镇爵誉村列入第四批中国传统村落。蜀口村地处泰和县城西南蜀水与赣江汇合的绿洲上,总面积12.85平方千米,四面环水,又称蜀口洲。被誉为"千里赣江第一岛",是3A级旅游风景区,2011年被评为"江西省历史文化名村"。该村历史文化厚重,村内古祠、古墓、古碑、古匾、古民居及名木古树保护完好。有明清时期建成的欧阳氏宗祠——崇德堂等大小祠堂9座和省内稀有皇冠形古墓——国辅公墓。该村特产蜀口茶为清朝皇宫贡品,先后获上海世博会"绿茶类"银奖、首届"国饮杯"全国茶叶评比一等奖、第三届江西省茶博会名优茶银奖。9月,该村被农业部评为2016年中国最美休闲乡村。爵誉村原称"龙源",周氏和康氏两族在唐末迁居此地。该村历代中进士者42人,曾有大小宗祠近50座和庙宇20多座,现存周氏宗祠(久大堂)、康氏宗祠(孝德堂)等宗祠和庙宇20多座,以及大量保存较好的古民居。

【泰和废弃大桥在拆除时发生坍塌事故】 9月11日9时许,江西荣达爆破新技术开发有限公司(下称"荣达公司")在对319国道赣江泰和大桥老桥桥面进行拆除施工中,违反安全操作管理规定,导致桥面突然发生坍塌,整座桥梁断裂,大部分桥体、多台挖掘机及车辆落入赣江。8名施工人员掉入江中,其中3人死亡,5人不同程度受伤。该桥1992年1月28日建成通车,全长828米,曾为泰和县城至河东片乡镇的必经路桥,后被鉴定为危桥。2015年1月19日,319国道泰和赣江大桥危桥改造工程开工,先实行限重限高限行,在该桥下游侧新建右幅桥梁。2015年年底主体工程基本完成,2016年春节前交付使用,老桥废弃,全面禁止通行,由荣达公司进行爆破拆除。

主要领导人 县委书记:胡小勇(3月任)。县人大常委会主任:钟用洪(任至10月)、詹学锋(10月任)。县长:李军(任至3月)、邓永翔(3月任)。县政协主席:詹学锋(任至10月)、万建中(10月任)。

(刘捷)

·万安县·

【简　况】 位于江西省中南部,辖9镇7乡1垦殖场。总面积2051平方千米,其中城区面积12平方千米。耕地面积2.63万公顷,有林面积12.44万公顷,森林覆盖率68.8%,城区绿化率36.47%。总人口31.86万人,人口自然增长率8.94‰。2016年,地区生产总值67.77亿元,同比增长8.8%。其中,第一产业增加值13.46亿元,增长3.9%;第二产业增加值31.23亿元,增长9.6%;第三产业增加值23.08亿元,增长10.8%。一、二、三产业比为19.9∶46.1∶34.0。固定资产投资完成74.36亿元,增长15.1%。实际利用省外项目资金31.9亿元,增长12.64%;实际利用外资5559美元,增长9.73%。规模以上工业增加值28.95亿元,增长9.5%。全县工业用电量3.42亿千瓦时,增长34.8%。主要工业产品有印制电路板、电子元件、光电源、啤酒、胶合板、工业锅炉。农业总产值21.24亿元。主要农产品有水稻、油料、蔬菜、水果、生猪、肉牛、水产品。财政总收入10.43亿元,增长2.8%;公共财政预算收入7.49亿元,下降2.2%。城镇居民人均可支配收入2.26万元,增长7.9%;农村居民人均可支配收入8490元,增长11.0%。年末金融机构各项存款余额109.82亿元,增长15.7%。其中,储蓄存款余额77.96亿元,增长13.7%;各项贷款余额54.09亿元,增长33.8%。社会消费品零售总额17.59亿元,增长11.8%。全县2752户1.08万人实现脱贫,35个贫困村退出,贫困发生率降至2.56%。

【“画里人家——西郎山”旅游新景区初步建成】 2016年，“画里人家——西郎山”旅游新景区初步建成。西郎山地处万安县高陂镇，与高陂田北自然村相邻。2015年起，西郎山与田北画村无缝对接，打造一个集民俗体验、文化传承、旅游扶贫等功能为一体的全国旅游脱贫攻坚试点村和全域旅游示范样板。该村建造画里人家综合馆农民画历史展示墙、趣味石园、农民墙画、民俗风情园等代表性景观点。结合当地风格独特的客家建筑、客家饮食、客家民俗，开发农民画艺术体验、民俗文化表演等一批旅游产业项目。出台奖补政策，引导农户新建和改造民宿33栋，开办农家乐12家，创设竹编培训生产基地。引进“农村e邮”和“农村淘宝”，让农民画及衍生产品、农副土特产品进行网上营销。全村近一半村民和80%贫困户参与旅游项目经营，年人均增收3200多元。

【江西赣江井冈山航电枢纽工程开工】 12月28日，江西赣江井冈山航电枢纽工程项目开工建设。江西赣江井冈山航电枢纽工程是江西省和交通运输部“十三五”重点建设项目，项目业主为江西省港航建设投资有限公司。工程地处赣江中游河段，江西省吉安市境内，坝址右岸位于万安县窑头镇，左岸位于万安县韶口乡与泰和县马市镇交界处，坝址上距万安水电站35.8千米，是一座以航运为主、兼有发电等综合利用效益的大型航电枢纽工程，总投资45.6亿元。枢纽主要建设内容包括：船闸、泄水闸、电站、鱼道、大坝、坝顶公路桥、库区防护工程及相应配套工程设施。其中，船闸工程为三级航道标准，闸室有效尺寸为长180米×宽23米×门槛水深3.5米，设计年单向通过能力为946万吨，并预留一线船闸位置；泄水闸23孔，其中左区泄水闸段8孔，右区泄水闸段15孔；电站安装6台单机容量为22.17兆瓦灯泡贯流式机组，总装机容量133兆瓦，年平均发电量5.077亿千瓦时；坝顶公路桥设计为三级公路双向两车道，桥面总宽9.5米；枢纽工程正常蓄水位为67.5米，库容为2.93亿立方米。项目建成后，对于加快建设赣江高等级航道，促进水资源综合利用，适应赣江水运和腹地经济社会发展需要，保证赣江全线到2020年达到Ⅲ级高等级航道标准，实现“千年赣鄱黄金水道”全线通航，进而带动和推进沿江产业合理布局，促进沿江经济发展具有重要意义。

【林万青获评全国模范司法所长】 7月7日，万安县百嘉司法所所长林万青被司法部评为“全国模范司法所长”。林万青1981年参加工作，先后做过公安民警、司法助理员、乡镇干部，扎根基层30年。2003年，万安县普建司法所，时任武术乡副乡长的林万青，凭着对司法工作的一腔热血，主动放弃副乡长岗位，选择到偏远山区担任司法所长。十多年来，调解矛盾纠纷2000多起，先后获上级表彰20余次，被评为“全国人民调解能手”“全国模范司法所长”。

主要领导人 县委书记：李伟平。县人大常委会主任：郭世辉（任至8月）、胡影秋（8月任）。县长：刘军芳。县政协主席：邱炎生（任至8月）、郭白云（8月任）。

（梁亮平）

·遂川县·

【简 况】 位于江西省西南部，辖11镇12乡2国有林场。总面积3144.17平方千米，其中建城区面积18平方千米。耕地面积2.98万公顷，有林面积25.73万公顷，森林覆盖率78.5%，城区绿化率13%。总人口61.80万人，其中城镇人口19.60万人；人口自然增长率9.13‰。2016年，地区生产总值113.53亿元，同比增长9.1%。其中，第一产业增加值16.36亿元，增长4.6%；第二产业增加值53.87亿元，增长9.2%；第三产业增加值43.30亿元，增长10.9%。三次产业结构比为14.4:47.4:38.1。财政总收入13.3亿元，增长2.8%；税收收入10.06亿元，占财政总收入75.6%。地方财政收入10.29亿元，下降4.4%；地方财政支出33.30亿元，增长12%。规模以上工业企业总产值192.05亿元，增长8.3%；规模以上工业增加值48.3亿元，增长9.6%。实际引进外资4246万美元，增长4%。外贸出口2.24亿美元，增长9.7%。社会固定资产投资139.22亿元。增长15.5%。主要工业产品：发电量8506万千瓦时，软饮料（包括饮用水）25.86万吨，人造板17.06万立方米，家具11.44万件，服装438.5万件，精制茶509.27吨，第一稀土金属94.1万千克。农业总产值28.22亿元，增长5.7%。粮食总产量27.01万吨。主要农产品：油料8482吨，茶叶4476吨，水果5.56万吨，生猪出栏25.64万头。万元GDP能耗0.29吨标准煤，城市污水处理率93.5%。城镇居民可支配收入2.35万元，增长8.1%；农村居民可支配收入8570元，增长11.6%。城乡居民年末储蓄存款余额101.15亿元，增长16%；贷款余额84.90亿元，增长28.08%。社会消费品零售总额34.29亿元，增长12.4%。城镇新增就业4060人，新增转移农村劳动力8301人。城乡居民养老保险参保率97.1%，城乡居民基本医疗保险参保率98.6%，社会保险基金征缴总量3.83亿元。完成农村土坯房改造1.06万套，易地扶贫搬迁户保障性住房910套，棚户区改造安置房511套。全年脱贫1.79万人，完成扶贫移民搬迁3613人。

【遂川县融媒体中心成立】 11月9日，遂川县委办公室和县政府办公室印发《关于进一步推进我县新闻媒体融合改革发展的工作方案》，成立“遂川县新闻媒体融合改革发展工作领导小组”，按照“三定”（定机构、定职能、定编制）原则，推进该县新闻媒体融合改革发展。11月18日，遂川县融媒体中心揭牌成立，为县委直属正科级全额拨款事业单位（对外仍保留县广播电视台和《今日遂川》编辑部两块牌子）。吉安市委常委、市委宣传部部长刘兰芳为中心成立揭牌。遂川县融媒体中心主要融合《今日遂川》，县广播电视台，县网信办管理的遂川新闻网、官方微博“遂川发布”、遂川新闻网官方微信公众号、江西手机报遂川版、新华社手机客户端——“茶乡遂川”，《遂川县人民政府网》新闻中心栏目，凤凰网融媒体专栏——遂川发布等，承担对外、对内新闻宣传两大职能。内设行政部、新闻部、总编室、制作部、广告部5个股级职能部

(室)。融媒体中心根据“一次采集、多种生成、多元传播、全方位覆盖”要求,汇聚媒介资源全力建设全媒体“中央厨房”,逐步推动传统媒体和新兴媒体在内容、渠道、平台、经营、管理5个方面深度融合。

【遂兴大桥竣工通车】 6月22日,遂川县遂兴大桥竣工通车。该大桥位于县城城东片区,连接该县工业园西区和东区,连接遂兴大道和井冈山大道,对接大广高速公路连接线,是横跨县城南北的第四座桥梁。大桥按照一级桥梁技术标准兼城市主干道功能建设,总投资1.06亿元,桥梁长306米,全长586米,总宽47米,双向六车道。遂兴大桥竣工通车,有利于提升全县货物吞吐量和流通速度,降低园区企业运输成本。

【红六军团西征主体雕塑《长征从这里出发》落成】 10月28日,遂川县在红军长征最早出发地“万里长征第一村”——新江乡横石村,举行纪念红军长征胜利80周年暨红六军团西征主体雕塑落成揭幕仪式。中国井冈山干部学院常务副院长梅黎明,吉安市委常委、市委政法委书记刘贤清,开国上将萧克之子萧星华,遂川县委书记张智萍共同为红六军团西征主体雕塑落成揭幕。

红六军团西征主体雕塑《长征从这里出发》为横石长征纪念园的一部分,雕塑高6米,其中基座约2米,主体约4米。雕塑主体为5名红军将士(不特定人物)及马匹造型,背景为“旗帜”抽象造型,两边为“船翅”抽象造型。马头朝西寓意西征马到功成,船帆造型寓意起航一帆风顺,鹰翅造型寓意英勇突破重围。基座正面刻“江西遂川横石中国工农红军第六军团长征始发地”,两侧分别为《军民惜别情》《破敌封锁线》浮雕,背面为《长征从这里出发——红六军团西征主体雕塑简介》。主体雕塑背后数米开外为大幅红旗背景造型,红旗下方为石刻红六军团西征线路图。雕塑距水黄线30余米,立于一直径19.34米圆形平台上;基座正面距圆正边沿8.7米,圆形寓意圆满和西征功成;圆形平台下,铺砌一长约22米、宽约16米,连接水黄线的石阶平台。19.34米、8.7米寓意红六军团1934年8月7日出征。

主要领导人 县委书记:张平亮(任至8月)、张智萍(8月任)。县人大常委会主任:洪刚(任至10月)、陈道萍(10月任)。县长:肖凌秋。县政协主席:陈道萍(任至10月)、刘路生(10月任)。

(张春艳)

·安福县·

【简 况】 位于江西省中西部,辖7镇12乡。总面积2795.81平方千米,其中城区面积14.9平方千米。耕地面积4.55万公顷,林地面积17.45万公顷,森林覆盖率66.41%,城区绿化率41%。总人口41.96万人,其中非农业人口13.81万人;人口自然增长率8.08‰。2016年,地区生产总值131.2亿元,同比增长9.0%。其中,第一产业增加值23.2亿元,增长4.4%;第二产业增加值68.6亿元,增长9.6%;第三产业增加值39.4亿元,增长11.0%。财政总收入16.9亿元,增长0.62%,人均4027.50元;税收收入12.53亿元,占财政总收入74.14%,下降5.5%。地方财政收入13.35亿元,下降0.8%;地方财政支出28.94亿元,增长0.9%。工业总产值245.15亿元,增长7.4%。规模以上工业增加值229.15亿元,增长8.1%。外贸出口3.48亿美元,增长2.4%。固定资产投资139.5亿元,增长16%。实际利用外资6238万美元、内资38.6亿元。主要工业产品:煤77.76万吨、铁精矿260.18万吨、水泥熟料105.46万吨、水泥107.46万吨、液压元件52.65万件、供电量5.05亿千瓦时。农业总产值34.11亿元,增长8.1%。粮食总产量38.18万吨。主要农产品:稻谷36.12万吨、蔬菜14.34万吨、肉类4.26万吨、油料总产2.30万吨、水果1.49万吨。城镇居民人均可支配收入2.46万元,增长8.3%;农村居民人均纯收入1.21万元,增长9.6%。全社会消费品零售总额41.35亿元,增长12.1%。各金融机构年末存款余额144.45亿元,增长9.79%;贷款余额64.97亿元,增长19.80%。

【多点发力加速产业升级】 2016年,安福县以培育壮大新兴产业和骨干企业提振发展动能,加快推进中广核实华、超威(立白)日化、协鑫新能源等17个重点项目建设,新增规模以上工业企业15家。着力发展新型农业经营主体,重点打造烤烟、井冈蜜柚、高产油茶、龙脑樟、黄栀子等富民产业,共新增种植面积1440公顷,新增省、市级龙头企业3家。启动实施全域旅游战略,羊狮慕景区正式对外开放,索道建成投入使用,乡村旅游加速发展,安福武功山景区游客接待人数和收入呈现爆发性增长。打造望京国际城市综合体、豪德国际商贸物流城等现代服务业重大平台,新增服务业和商贸业规模以上企业29家。

【刘虹获里约奥运会竞走冠军】 8月20日凌晨,在里约奥运会田径女子20公里竞走比赛中,安福籍运动员刘虹以1小时28分35秒的成绩夺得金牌。这是刘虹个人首枚奥运金牌,并实现个人职业生涯奥运冠军、世锦赛冠军、世界纪录大满贯。刘虹成为安福县历史上首位奥运冠军。

【举办第七届环鄱阳湖国际自行车赛安福武功山站赛】 9月22日,安福县举办第七届环鄱阳湖国际自行车赛安福武功山站赛,31个国家和地区21支车队120多名选手参赛。此次赛程从2015年环城6圈111千米增加到2016年环城8圈128.9千米,起点为安福广场,终点为武功山三天门。该赛道起点与终点海拔落差1200余米,哥伦比亚赛手蒂亚戈·毛里西奥·卡尔德隆(PWC)夺得该赛段冠军。这是安福县第二次举办此项国际赛事。奥运冠军刘虹为优秀运动员颁奖,大赛组委会向安福县颁发“优秀赛区”奖牌。

【红五军寅陂桥战斗遗址及烈士纪念碑落成】 10月22日,安福县在横龙镇利田村寅陂桥战斗遗址举行纪念红军长征胜利80周年暨红五军寅陂桥战斗纪念碑落成揭幕仪式。县委书记贺利华,县委副书记、代县长王玮出席仪式并揭牌,县委副书记、武功山管委会主任龚海生主持仪式。红五军寅陂桥战斗遗址及烈士纪念碑建设用地面积1500多平方米,总投入100多万元,2015年11月动工建设。主要建设内容有红五军寅陂桥战斗纪念碑,刘之至、贺国中烈士墓以及红五军在安福战斗轨迹介绍等。

主要领导人 县委书记:陈军民(任至9月)、贺利华(9月任)。县人大常委会主任:郑莲华(任至10月)、杨红大(10月任)。县长:李发芽(任至8月)、王玮(8月代,10月任)。县政协主席:高芳林(任至10月)、吴杰(10月任)。

(彭文汇)

·永新县·

【简　况】 位于江西省西部,辖10镇13乡2场(七溪林场,综合垦殖场)。总面积2195平方千米,其中县城建成面积14.28平方千米。耕地面积3.28万公顷,森林面积12.7万公顷,森林覆盖率67.76%,城区绿化率35.6%。总人口53.14万人,其中城镇人口20.51万人;人口自然增长率6.87‰。全年地区生产总值93.5亿元,同比增长8.9%。其中,第一产业增加值18.3亿元,增长4.0%;第二产业增加值41.5亿元,增长9.4%;第三产业增加值33.7亿元,增长11.2%。财政总收入10.15亿元,增长1.5%,地方财政收入7.42亿元,增长3.3%;地方财政支出28.69亿元,增长17.2%。工业总产值161.5亿元,增长8.7%。规模以上工业主营业务收入160.45亿元,增长9.5%。新增规模以上企业13家,规模以上工业增加值32亿元。外贸出口2.04亿美元,增长3.4%。固定资产投资112.9亿元,增长14.5%。实际利用外商投资3493万美元,增长8%;省外投资34亿元,增长12.5%。主要工业产品:轻革2772万平方米,化学药品原药2153吨,蚕丝1590吨。农业总产值31.1亿元,增长4.1%。粮食总产量30.63万吨。主要农产品:稻谷29.96万吨,红薯3846吨,油菜籽2.43万吨,蔬菜9.95万吨。城镇居民年人均可支配收入2.10万元,增长7.8%;农村居民年人均纯收入8520元,增长11.8%。城乡居民年末储蓄存款余额119.6亿元,增长13.2%。

【龙灿珠家庭入选第二届全国“书香之家”】 5月,国家新闻出版广电总局开展的第二届全国“书香之家”推荐活动结束。全国评选出959个“书香之家”,永新县龙灿珠家庭入选。龙灿珠家庭是一个几代人同堂读书,耕读传家、诗书继世的“书香门第”,祖祖辈辈素有爱书、惜书、购书、藏书的习惯,读书之风极为浓厚。他在老家永新县象形乡合心村建有一栋专门藏书的“半边书屋”,藏书达二万册,大多数是古今中外名著。全家酷爱读书之风在邻里、社区、村镇、工作单位等具有一定的知名度、影响力。

【中国医科大学航空总医院对口支援永新县中医院签约揭牌仪式举行】 5月20日,永新县中医院与中国医科大学航空总医院举行建立对口支援医院签约揭牌仪式。中国医科大学航空总医院院长高国兰,县委书记肖兵,县委副书记、县长孙劲涛,副县长廖慧华参加揭牌仪式。中国医科大学航空总医院是一所集医疗、教学、科研、预防为一体的大型公立三级综合医院,拥有一流的医疗设备。此次建立协作关系后,中国医科大学航空总医院与县中医院进行更深入、更广泛的协作,帮助县中医院提高医疗水平和服务能力,为全县乃至周边地区广大人民群众提供优质的医疗服务。

【永新书画教育“十百千”工程培训基地揭牌】 7月16日,永新书画教育“十百千”工程培训基地揭牌仪式在城西小学举行。中央美术学院教授、博士生导师、书法与绘画比较研究中心主任邱振中等13名书法家及吉安市教育局局长张万安、吉安市文联主席郭继国,县委书记肖兵、县人大常委会主任甘立平等县领导出席揭牌仪式。永新从古至今书画氛围浓厚,书画文化丰富,2000年、2008年、2011年和2014年四度获文化部授予的“中国民间文化艺术书法之乡”称号。全县有中国书协会员13人,省书协会员56人,书法爱好者数万人,在全国书坛形成颇具影响的“永新现象”。“十百千”工程旨在传承中华书画艺术,推进学校素质教育,激发广大师生从事书画教育和培训的积极性、主动性,打造永新书法强县。该工程在全县建立10个书画教学培训点,每年培训100名中小学书画教师,每年培养1000名在书画方面有潜力的中小学生。城西小学书画培训基地作为10个教学培训点的主阵地,设有创作室1间、培训室3间、小型展厅1个,总面积约510平方米,第一期投入资金42万元。

【金融创新助推小微企业发展】 永新县不断强化金融服务能力,创新金融模式和金融产品,为实体经济注入动力。推出有别于传统银行的新金融业态——民间借贷登记服务中心,成立一家全民融资性担保机构——吉安豪林佳担保有限公司,进一步疏通民间融资渠道,增强地方担保机构资本实力。2016年,民间借贷中心和民间融资担保机构运行良好,借贷中心累计对接业务508笔,对接金额5075万元,为民间创造资本财富118万元;豪林担保实现民间融资担保业务96笔,担保金额1116万元。推出工业地产按揭贷款项目,并由县财政出资创设“还贷周转金”,专项用于小微企业临时性“过桥”还贷,解决企业倒贷资金困难,帮助企业渡过难关,促进小微企业加快发展。

【永新民俗文化亮相央视】 8月12日—17日,中央电视台第7频道《农广天地》栏目组走进永新县,录制“千里共婵娟——中秋”特辑。摄制组分别在三湾、龙源口、里田枧田村、高市下洲村、莲洲溶溪村等地取景拍摄,重点介绍和子四珍制作方法,烧瓦塔、放火灯、舞龙、望月等多个中秋民俗及盾牌舞、永新小鼓等非物质文化遗产。此次特辑在山西、湖北、赣州、永新4个地区拍摄不同地方的中秋节民俗,总时长85分钟,永新占时30分钟,节目在9月13号中秋节期间播出。

【何继明将军荣登“中国好人榜”】 11月30日,全国道德模范与身边好人现场交流活动在上海市长宁区举行并发布11月“中国好人榜”。永新义务宣讲“三湾改编”精神的何继明上榜。何继明,少将,男,72岁,永新县三湾乡人,中共党员,解放军信息工程大学原副校长、井冈红军人物研究分会副会长兼秘书长、江西干部学院特聘教师。2006年以来,何继明在三湾、南昌、井冈山等地为来自全国各地的学员义务宣讲"三湾改编"精神,每年讲课180多场,听众3万多人次。

主要领导人 县委书记:肖兵。县人大常委会主任:甘立平(任至10月)、尹毅斌(10月任)。县长:孙劲涛。县政协主席:唐龙平(任至10月)、曾志华(10月任)。

(张贤高)

抚州市

【概　况】 位于江西省东部,辖10县1区1国家高新技术产业开发区。总面积1.88万平方千米,其中市中心城区建成区面积60.10平方千米;城镇化率46.65%。耕地面积24.53万公顷,林业用地面积132.40万公顷,森林覆盖率和城市绿地率、绿化覆盖率分别为65.6%、42.05%和45.81%。总人口400.18万人,其中城镇人口187.11万人;人口自然增长率7.40‰。2016年,地区生产总值1210.91亿元,同比增长8.8%。其中:第一产业增加值197.00亿元,增长4.0%;第二产业增加值591.34亿元,增长8.9%;第三产业增加值422.57亿元,增长11.2%。三次产业比由2015年的16.5∶49.7∶33.8调整为16.3∶48.8∶34.9。工业增加值484.41亿元,增长9.2%,占地区生产总值比重40.0%。规模以上工业增加值394亿元,增长9.5%。主要工业产品有:布2.46亿米,纱1.36亿千克,农用氮、磷、钾化学肥料3202.6万千克,塑料制品3.47亿千克,变压器1354.88万千伏安,铜材4.92亿千克,中成药6271万千克。农林牧渔业总产值356.45亿元,增长4.0%。主要农业产品:粮食总产量29.66亿千克,甘蔗2.02亿千克,油料6014.8万千克,烤烟2133.1万千克,茶叶256.2万千克,棉花312.2万千克;肉类总产量3.48亿千克;水产品产量1.96亿千克。生猪出栏270.87万头,年末存栏167.38万头;家禽年末数2977.58万只。经环保部核定,化学需氧量,氨氮、氮氧化物和二氧化硫分别比2015年下降0.7%,0.66%、0.14%和0.61%。全市22个水质监测断面水质良好,水质达标率100%,集中式饮用水水源地水质达标率100%。财政总收入171.62亿元,增长3.9%。其中税收收入143.93亿元,增长1.7%;公共财政预算收入122.80亿元,下降3.2%;公共财政预算支出312.34亿元,增长6.0%。城镇居民人均可支配收入2.72万元,增长8.5%;农村居民人均可支配收入1.24万元,增长8.8%。

【举办汤显祖逝世400周年主题纪念活动】 9月24日—26日,纪念汤显祖、莎士比亚、塞万提斯逝世400周年活动在汤显祖故乡——江西省抚州市举行。来自莎士比亚故乡斯特拉福德、塞万提斯故乡阿尔卡拉的代表团到抚州参与纪念,这是全球第一次共同纪念这3位文学巨匠。全国政协副主席马飚,江西省委副书记、省政府代省长刘奇,中国人民对外友好协会秘书长李希奎,文化部部长助理于群,教育部原副部长章新胜,江西省委常委、省委宣传部部长陈俊卿等出席纪念活动开幕式。出席这次纪念活动开幕式的还有厄瓜多尔驻华大使、吉布提驻华大使、智利驻华大使、西班牙驻华使馆公使等,以及美国、加拿大等国家的国际友人和国内外专家学者、社会团体代表、社会各界人士代表6000多人。

活动期间,开展拜谒汤墓、汤显祖纪念馆新馆开馆,莎士比亚、塞万提斯展区展、2016中国抚州汤显祖剧目展演暨国际高峰学术论坛、第三届中国(抚州)汤显祖艺术节、"中国文化行"座谈会等10多项活动。来自莎士比亚故乡斯特拉福德的英国朋友和来自塞万提斯故乡阿尔卡拉的西班牙朋友,带来精心演绎的汤显祖戏剧、具有浓郁西班牙风情的弗拉明戈舞蹈;英国驻广州总领事馆和抚州市政府在临川一中共同主办"当莎士比亚遇见汤显祖"文化交流活动。在汤显祖纪念馆新馆开辟莎士比亚、塞万提斯展区,集中展示莎士比亚、塞万提斯一些珍贵展品。抚州市与斯特拉福德区签订进一步加强友好交流合作备忘录。

【唱文化大戏促绿色经济发展】 11月5日晚,由北京舞蹈学院青年舞团、江西省南丰县石邮村傩班联合研创的非遗舞剧——《傩情》在北京舞蹈学院公演,这是该舞剧自排演后首次对外公开演出,吸引众多媒体人士和北京舞蹈学院师生观看。11月7日,南丰县石邮村傩班的10位农民与北京舞蹈学院的青年舞蹈家在国家大剧院同台献艺,受到首都观众欢迎。同日,抚州市携手上海音乐学院合力打造的音乐剧《汤显祖》,将舞台搬到地铁音乐角,拉开在上海连演5场大戏的序幕,上海地铁10号线汤显祖文化专列正式启动;10月16日—20日,抚州乡音版《临川四梦》先后在国家大剧院、清华大学新清华学堂、北京大学百周年纪念讲堂上演,引起轰动。

近两年来,抚州市贯彻新发展理念,大打文化牌,抓住纪念汤显祖逝世400周年活动契机,组织44项纪念活动,掀起海外文化行、集中纪念、晋京演出引发的汤翁热活动高潮,在海内外刮起一股"抚州文化风"。一大批文化生态项目借势推进。以汤家山汤显祖旧居建设为突破口,大力推进文昌里历史文化街区改造项目,使之成为抚州文化创意、休闲旅游的龙头和品牌。同时,加强优秀传统文化的挖掘,与中国传媒大学、中国戏曲学院、北京舞蹈学院等高校合作,创作一批艺术作品,提升广昌孟戏、金溪手摇狮、南丰傩舞等非物质文化遗产的艺术水准和市场张力。以戏为媒,以文为媒,推动抚州经济绿色发展。国家发改委同意追报抚州为全国新型城镇化综合试点市,文化部同意抚州列入国家文化产业示范市,北京大学联合有关企业将在抚州建立健康养老基地和中西文化交流研究中心。北京锦绣投资集团将捐赠1亿元用于抚州文化产业发展。抚州高新区与清华大学医学中心细胞治疗研究所、清华大学软件学院,就企业关键技术及新产品开发等合作项目进行深入对接,并达成在抚州建设科研中心的合作意向。抚州博雅制药与复旦大学共建联合实验室,转化的他汀类心脑血管原料药及中间体产业化重大科技成果项目,将在博雅欣和投产。

【2016全国大学生迷你马拉松公益挑战赛在东华理工大学启动】 10月23日,2016年全国大学生迷你马拉松

公益挑战赛在东华理工大学东华广场启动。此项公益活动由《中国青年报》社、中国高校传媒联盟、东华理工大学通讯社等单位联合举办。目的是鼓励青年学子树立“健康生活，公益人生”的生活观念，为听障儿童募集善款、捐献耳蜗。每有一名大学生完成公益挑战赛，爱心企业就为听障儿童捐献100元公益基金。是年，东华理工大学陆续举办失聪跑、荧光跑、彩虹跑、百里健行等4场全国大学生迷你马拉松公益挑战赛活动，共有1020名东华理工学子参加并完成比赛，为贫困失聪儿童争取到公益基金10.2万元。

【抚州市社会福利院获“全国老年法律维权工作先进集体”称号】 6月29日，抚州市社会福利院被全国老龄办、最高人民法院、最高人民检察院、公安部、民政部、司法部授予“全国老年法律维权工作先进集体”称号。抚州市社会福利院是抚州市民政局所属的社会福利机构。社会福利院成立15年来，先后有600多名老人在此度过幸福晚年生活，未出现过歧视、虐待或侵犯老人权益的问题。因工作业绩突出，该福利院先后18次受上级表彰，曾获“江西省敬老文明号”“全国敬老文明号”、全国民政系统窗口单位为民服务创先争优活动“优秀服务品牌”、“全省民政系统先进集体”等荣誉称号。

【抚州市看守所蝉联“全国标兵看守所”殊荣】 5月，抚州市看守所被公安部评为2014—2015年度全国标兵看守所。该所始终围绕监所安全为中心，抓好监所管理创新工作，打造自己的品牌特色；坚持文化育人，利用文化引擎助推教育转化工作，积极营造阳光、健康、人性化的监所环境。市看守所求真务实、认真履责、遵章守纪，用铁的手段、铁的纪律、铁的决心铸造一支让领导放心、群众满意的公安监管铁军。该看守所民警敬业精神强，工作认真负责，连续18年安全无事故，民警无违纪。先后获得全国先进集体、全国三共建设先进单位等部、省、市级多项荣誉，并荣立集体二等功一次。2015年，该所3人荣立个人二等功，4人荣立个人三等功。

【首家大学生村干部创客线下实体店开业】 3月17日，抚州市第一家大学生村干部创客线下实体店在临川区腾桥镇邓坊村开业。邓坊村大学生村干部陈韫联合江西亿企通电子商务有限公司，在邓坊村设立农村电商线下实体店。该线下实体店通过电子商务平台提供的服务，让其辐射范围内的村民足不出户即能买到全国各地的名优产品、农资。在给村民带来便捷优惠的购买体验的同时，线下实体店利用网络拓宽当地农产品的销售渠道，打通农村电商“最后一公里”。农村电商线下实体店将当地的农副产品、加工产品通过网络与更多的用户相连，使之迈入销售“快车道”，为农民提供一条致富新路。

【开展首届电商创业大赛】 12月8日—30日，抚州市举办“昌佳安防杯”首届电商创业大赛，共有116名选手通过网络报名参赛。该活动由抚州市人社局、商务局、抚州日报社联合主办，大赛组委会组织评委对选手的参赛项目进行现场打分，综合线上线下成绩后，评出获奖选手：第一名到第十名为抚州市十佳电商，第十一名到第二十名为抚州市十大优秀电商，第二十一名到第三十名为抚州市十大潜力电商。线上投票阶段，活动页面访问量达72.8万人次。通过比赛，选手们得到一个充分向消费者展示自我的机会，消费者也通过比赛对电商及其产品有进一步了解。

主要领导人 市委书记：肖毅。市人大常委会主任：魏建锋。市长：张鸿星。市政协主席：谢发明（任至10月）、黄晓波（10月任）。

（饶国旺）

·临川区·

【简　况】 位于江西省东部，辖17镇9乡2垦殖场和5街道办事处。总面积2121平方千米，其中城区面积84平方千米。耕地面积4.8万公顷，有林面积9.8万公顷，全区森林覆盖率达44%。总人口111.48万人，其中城镇人口59.10万人，农村人口52.38万人；城镇化率53.01%。2016年，地区生产总值371.1亿元，同比增长8.8%。其中：第一产业增加值44.3亿元，增长3.4%；第二产业增加值203.4亿元，增长8.5%；第三产业增加值123.4亿元，增长11.4%。一、二、三产业比：11.9∶54.7∶33.4。工业总产值186.4亿元，下降6.3%。规模以上工业增加值50.7亿元，增长9.5%。主要工业产品有水泥172.4万吨、精炼铜12.6万吨、人造板22.4万立方米、化学农药0.1万吨、饲料18.7万吨。农业总产值79.87亿元，增长3.96%。粮食产量63.07万吨。主要农产品有：西瓜29.1万吨、生猪出栏45.6万头、家禽出笼555.6万只、水产品2.98万吨、果树种植面积7079.26公顷。财政总收入21.78亿元，增长2.9%；税收收入17.52亿元，占财政总收入的比重80.4%；地方财政收入17.19亿元，增长0.9%。固定资产投资209.8亿元，增长14.2%；实际利用外资5320万美元，增长20.5%。社会消费品零售总额174.2亿元，增长11.2%。城镇居民人均可支配收入3.32万元，增长8.6%；农民人均纯收入1.52万元，增长8.8%。城乡居民年末储蓄余额415.45亿元，增长17.8%。

【率先在全省实施“山长制”】 3月，临川区创新森林资源保护管理模式，率先在全省实施“山长制”。制定实施方案，建立“山长制”森林资源保护管理机制，形成政府主导、部门联动、全民参与的森林资源保护管理体系。该区各乡镇、村结合封山育林工作，在林区主要路口和重点地段设立“山长”公示牌和封山育林禁牌，公布山场范围、山长姓名职务、主要职责和联系方式。充分利用电视、广播、网络、报刊等宣传媒体平台，广泛开展“山长制”和封山育林宣传报道，使“山长制”和封山育林在全区范围内家喻户晓。全年竖立公示禁牌475块，埋设封山育林界桩1920个，印发“山长制”封山育林通告3万余份，出动宣传车辆200余人次，刷写标语、横幅1000余条。同时，结合封山育林，加强对护林人员的管理，全区共聘用专职护林员217名，护林员每人每年6000元的工资经费全部纳入区财政预算。该区森林覆盖率从之前的42.8%，提升至2016年底的47.49%，活立木蓄积量达221.6万立方米，林地面积、湿地面积保有量分别为10.15万公顷、1.11万公顷。

【知识产权工作稳中有进】 经省知识产权领导小组办公室和省知识产权局综合评估，临川区获2016年度江西省“专利十强县”称号。2016年，临川区知识产权工作稳中有进，知识产权创造实现量质齐升，知识产权运用和保护取得明显进步，知识产权管理和服务能力得到稳步提高，有力支撑临川区创新驱动发展战略的实施。全区组织申报专利1183件，增长53.4%。其中：发明专利申请量169件；专利授权727件，增长35.9%，其中发明专利授权83件。

【“微故事”传承孝廉好家风】 2016年，临川区纪委围绕“说临川才子，讲孝廉故事”主题，邀请15名本土党员干部，制作66个临川古今孝廉故事“微视频”，每个故事5～10分钟。故事选自区纪委组织编撰的《临川古今孝廉故事》。孝廉故事在该区纪委“勤廉临川”政务微信的“孝廉讲坛”栏目中正式推出，每日一期。该区影响较大的政务微信平台“临川发布”“临川今视”以及临川廉政网和临川电视台等同步播出，受到干部群众和微友网民的广泛好评。

【全省第一所孔子纪念堂仁爱启明书院在临川揭牌】 11月12日，全省第一所孔子纪念堂仁爱启明书院在抚北镇万家巷村正式揭牌。区委宣传部、区文明办、北京市仁爱慈善基金会相关负责人及孔子纪念堂出资兴建人万世松老人出席仪式并揭牌。北京市仁爱慈善基金会向孔子纪念堂赠送上千册图书，并向抚北镇万家巷村11名家庭贫困老人，赠送价值2000多元大米、食用油、牛奶和营养品。抚北镇万家巷村孔子纪念堂由该村七旬老人万世松个人出资50万元兴建，纪念堂建筑面积400多平方米，内设孔子塑像，并存有上千册书籍。

主要领导人 区委书记：胡领高。区人大常委会主任：吴茂发。区长：董东明。区政协主席：江瑞庆。

（肖玲芬）

·南城县·

【简　况】 位于江西省东部，辖10镇2乡。总面积1713平方千米，其中城区建成面积16.8平方千米。耕地面积2.18万公顷，有林面积9.34万公顷，森林覆盖率62.5%。总人口34.36万人，其中城镇人口16.47万人，乡村人口17.89万人；人口自然增长率7.65‰。2016年，地区生产总值115.93亿元，同比增长8.6%。其中：第一产业增加值17亿元，增长4.0%；第二产业增加值52.93亿元，增长8.7%；第三产业增加值46亿元，增长10.2%。一、二、三产业比为14.7∶45.6∶39.7。工业总产值217.1亿元，增长9.8%。规模以上工业增加值33.61亿元，增长9.3%，占GDP比重30.4%。主要工业产品有水泥65万吨、各类砖3.69亿块、饮料酒21.5万吨、服装2848.7万件(套)。农业总产值32.17亿元，增长3.9%。粮食总产量28.59万吨。主要农产品有：水产品产量4.35万吨、水果总产量9.74万吨、柑橘产量9.57万吨、稻谷总产量26.52万吨、家禽产量389.29万只、禽蛋总产量1.85万吨、生猪(出栏)23.52万头。固定资产投资151.12亿元，增长13.8%。财政总收入14.78亿元，增长2.6%；占财政总收入的比重82.1%；地方财政收入10.51亿元，下降2.1%；财政支出23.85亿元，下降1.4%。社会消费品零售总额43.76亿元，增长11.8%。实际利用外资4800万美元，增长26.4%。出口总额2.1亿美元，增长10.2%；万元GDP能耗0.3800吨标煤，二氧化硫排放总量0.16万吨、削减率10.2%，氮氧化物排放量0.18万吨、消减率11.3%，城市污水处理率90.4%。城镇居民人均可支配收入2.89万元，增长8.8%；农村居民人均可支配收入1.41万元，增长9.1%。住户存款储蓄余额78.96亿元，增长13.1%。

【南城县营造“亲商、爱商、兴商、护商”氛围】 1月9日，由中国江西网、中华赣商网等联合主办的“投资江西十大首选地”推选活动结束，南城县被评为“投资江西十大首选地”。

该县营造“亲商、爱商、兴商、护商”的氛围。南城投资环境优越，全天候、全方位、全过程“保姆式”服务，让客商发展安心省心。该县围绕打造投资“洼地”、服务“高地”的目标，在抓好城南工业带、创业工业园建设的同时，投入近10亿元启动800公顷河东工业园建设，打造招商平台。机电、高档轻纺、循环经济、五金建材和食品医药五大产业园和配套的污水处理厂、自来水厂、110千伏变电站，以及与济广高速连接线相接的4.5千米工业大道、横跨盱江的河东工业大桥、园区自来水厂、园区综合大楼、公共租赁房、园区小学和幼儿园等基础设施全部建成。同时，出台一系列政策和举措，让软环境更优。该县还十分注重为转移过来的客商企业培育产业“土壤”，专门规划建立食品深加工、机械制造等特色工业园区，实现“上下游配套企业在隔壁、商务成本优势进家门”的效应。

【“互联网+”升级社会服务】 2016年，南城县以互联网为支撑，构建县委书记实名博客、县长信箱、行风热线、党建微信群、QQ数字城管等平台，让它们成为群众的“倾诉站”“解难处”。同时通过媒体予以公告，群众可以随时通过发帖、拨打热线电话、编发手机短信等方式，在问政平台表达自己诉求。该县141个“连心”小分队、近1000名党员干部下到各村组进行精准扶贫，县委组织部门积极创新思维，引进微信功能，通过微信互相晒、互动学，实现党组织和党员、群众之间亲密、即时接触。与此同时，引导“连心”小分队成员对活动开展中存在的问题建言献策，并及时建立处理和反馈机制，对群众及“连心”小分队成员的普通咨询事项和诉求，由专人即时在线解答；对较为复杂的事项，则转至分管领导或挂点领导批示办理，力求件件有答复、事事有回音，进一步密切了干群关系。

【南城搬迁移民全部脱贫】 南城县按照“迁得出、稳得住、能脱贫”的总体要求，坚持政府积极组织、群众主动参与的原则，对因资源、交通等硬件条件限制无法就地脱贫的群众进行扶贫移民搬迁，取得丰硕成果。2011年深山区和水灾害区群众生存状况调查统计，该县深山区和地质灾害区农户中95%的家庭人均纯收入低于3000元；2016年，已搬迁的659户搬迁户依靠较好的生产生活条件，发展产业，到外地务工经商，开辟新的增收渠道，人均纯收入增加到8000余元，100%的搬迁户实现了脱贫，贫困面貌彻底改变。

南城县把扶贫移民搬迁规划纳入县国民经济和社会发展规划，强化规划的约束性和可操作性。以安置点为载体，以项目建设为支撑，由县扶贫移民搬迁领导小组统筹下达安置点住房、道路交通、农田水利、教育卫生、农村电力等生产生活性基础设施建设项目年度投资计划，切实解决搬迁群众的基本生产生活和后续发展投入问题。同时，加大科技培训和劳动力转移培训力度。充分发挥贫困地区劳动力转移培训和技术培训平台的优势，优先将移民对象纳入年度培训计划。搬迁移民户每户至少拥有1名“农技土专家”，掌握1~2门实用生产技术。

【特色果业呈规模】 南城县把果业作为富裕农民、扶贫攻坚的支柱产业来抓，不断提升壮大南丰蜜橘、麻姑仙枣及板栗、梨、桃、李等特色水果种植优势，基本实现了“人均一亩果”的发展目标，特色果业正成长为农业“当家树”、农村“致富树”和农民“摇钱树”。2016年，全县拥有果业面积2万公顷，其中南丰蜜橘总面积达1.57万公顷，总产量30万吨，直接产值6亿元；麻姑仙枣面积1066.67公顷，产值2亿元，成为江南第一鲜食枣生产基地。

该县采取“示范带动、效益推动、贫困户联动”的办法，通过“农业龙头企业+贫困户”“专业合作社+贫困户”“党员种植大户+贫困户”模式，引导贫困户参与果业发展。到2016年，全县参与果业种植的贫困户有400多户，占贫困户总数的近六分之一，仅通过果业种植一项，贫困户户均增收6000多元。

该县围绕果业做足文章，发展各类专业合作组织194个，带动农民就业增收。不少农民从农业劳动中分离出来，从事果业信息、中介、农资、包装、加工、运输等行业，全县共有果品营销企业20多家，深加工企业3家，绿色果品基地认证1000公顷、无公害果品基地认证6666.67公顷，果业生产、储藏、加工、销售一体化的现代农业产业化格局逐步形成。

【朱博成为第二批国家“万人计划”领军人才】 7月12日，南城县农业科技型企业——江西博君生态农业开发有限公司法人代表、董事长朱博入选第二批国家“万人计划”领军人才。

朱博，博士研究生学历，江西农业大学硕士生导师，高级农艺师。2001年，刚捧上“铁饭碗”的朱博离岗承包13.33公顷果园自主创业。到年底，共开发果树面积达200多公顷，建立6.67公顷的良种繁育苗圃、品种园、标准示范园、母本园。2010年，朱博投资3000多万元在南城县金山口工业园区建设以南丰蜜橘深加工为主的江西博君生态农业开发有限公司，生产果糕、果醋和蜜橘酵素系列产品。2016年，该企业已发展成为拥有30多项自主知识产权、总资产达1亿元的国家高新技术企业和省级农业产业化龙头企业。

【校具产业发展升级】 2015年，南城县获“全国校具生产基地”称号。2016年，该县不断加大校具加工企业科技创新投入，提升产品品质。全县拥有校具加工及相关企业140余家。其中：年主营业务收入上亿元企业9家、校具加工产业中拥有自主品牌的企业28家、上规模企业16家、省名牌产品企业4家、省著名商标企业6家，获得实用新型及外观设计国家专利9项。科技创新为该县校具加工产业提供技术支撑，已形成平面阶梯课桌椅、软座椅、排椅、钢木课桌椅、塑料课桌椅、木制课桌椅、餐桌、公寓组合床、学生床、讲台及阅览桌、体育器材等12个产品系列的规模化生产，产品畅销全国20多个省（市、自治区）。全县校具加工企业年生产各类校具可达1200余万套，占全国同行业总产量的35%以上；年创产值超30亿元，成为特色产业的一张“金名片”。

主要领导人 县委书记：王小林。县人大常委会主任：陈胜堂。县长：汪华辉。县政协主席：过初良。

（吴云华）

·黎川县·

【简　况】 位于江西省中部偏东，辖7镇8乡1企业集团和1垦殖场。总面积1728.56平方千米。耕地面积1.59万公顷，林地面积13.2万公倾，森林覆盖率68.65%。常住人口23.58万人，其中非农人口5.6万人；人口自然增长率8.13‰。2016年，地区生产总值65.5亿元，同比增长9.3%。其中：第一产业增加值10.3亿元，增长3.9%；第二产业增加值32.7亿元，增长9%；第三产业增加值22.5亿元，增长12.2%。一、二、三产业比为15.7∶49.9∶34.4。规模以上工业增加值26.2亿元，增长9.2%。占地区生产总值的比重为40%。全年固定资产投资累计完成投资额81.9亿元，增长13.4%。主要工业产品有日用瓷、服装等，年产量分别为5.83亿件、226万件。农业总产值19.5亿元，增长8.9%。主要农产品及产量：粮食总产量16.5万吨，生猪出栏14.4万头，生猪存栏8.3万头，家禽出笼653.8万只，存笼175.5万只。财政总收入10.4亿元，增长2.6%；税收占财政总收入的比重为84%；地方财政收入7.8亿元，下降6.1%；地方财政支出20.3亿元，增长9.7%。农民人均可支配收入1.18亿元，增加892元。城乡居民年末储蓄余额53.34亿元，增长9.8%。

【森林防火工作成绩斐然】 2016年，黎川县全面实行森林防火工作主体责任制，防火工作取得显著成效，被省森林防火总指挥部评为2016年度森林防火平安县。该县认真抓好重点防火期防火宣传，进入重点防火期以来，县防火办组织防火宣传车和工作人员深入各乡（镇）开展防火宣传，张贴宣传标语、防火通告、散发宣传单，县电视台记者和防火办的人员一道下乡宣传，采访林农，在全县大力营造森林防火、保护森林资源的氛围，牢固树立林农森林防火与营林造林、合理开发、安全生产第一的思想。县林业局投入5万多元印刷森林防火通告，致广大林农的一封信、宣传年画，并制作大型不锈钢防火宣传牌发至各乡（镇）、国营生态林场等。此外，该县认真组织专业森林消防队开展大练兵活动,县防火办从1月份开始,在重点防火期间分阶段组织全体专业森林消防队员开展大练兵活动,春季期间组织开展两批次集中训练活动,参加集中训练的专业队人员共46人。在全国"两会"和春节清明期间,县专业队全体队员集中训练待命,统一食宿,领导带班作业,全面进入防火战备状态。同时全面落实"五个禁止"规定,停止炼山审批,禁止一切野外用火,对一些易引发山火的坟山提前审批、砍杂,组织人员清理堆烧。实现3个确保:确保不发生重大森林火灾,确保不发生人员伤亡事故,确保重点林区不发生森林火灾。

【知识产权工作成绩显著】 2016年,黎川县被江西省知识产权领导小组评为"专利十强县"。该县高度重视知识产权工作,先后成立实施国家知识产权强县工程工作领导小组、黎川县知识产权局和知识产权服务站,设立知识产权专项资金(每年50万元),制定《关于提升企业自主创新能力的意见》《关于加强专利工作的实施意见及其奖励办法》《关于降低成本优环境全面推进实体经济健康发展的实施意见》等一系列政策措施,推进该县知识产权工作的发展。2016年,全县专利申请381件,授权261件,比2015年翻番,专利申请及授权位列全省前列。

【春运交管工作成绩突出】 2016年,黎川县公安局交警大队采取有力措施,认真抓好春运道路交通安全管理工作,被省公安厅授予"春运交管工作成绩突出集体"称号。

该县交警大队深入运输企业开展安全大检查,督促运输企业整改安全主体责任落实不到位、营运车辆安全性能和驾驶人资质不合格、重点车辆动态监控不到位等隐患9起;安排警力开展道路隐患排查,及时通报责任单位整改危险路段、事故多发路段安全隐患11处;每天将三分之二以上警力投入路面巡逻执勤,在杉关省际交通服务站和道路执勤点,对客车、危险品运输车等实行"六必查",加强城乡道路交通秩序管理。投入警力552人次,警车69辆次,查处违法停车、面包车超员、无证驾驶、酒后驾驶、农用车载人等各类交通违法行为1130起;利用县城13个单位开放免费停车场,解决4000辆机动车停车难问题;大力做好交通安全法制宣传和道路交通"两公布一提示",引导广大群众遵守交规安全出行预防事故。2016年春运期间,黎川未发生道路交通死亡事故,交通事故发生率比上年下降7%;未发生严重道路交通拥堵,未发生执法管理问题和负面舆情,春运交通安全管理任务得以圆满完成。

【华山镇洲湖村被评为第四批中国传统村落】 2016年,华山镇洲湖村被住建部评为第四批中国传统古村落。该村位于黎川县东北部,辖11个村民小组,473户2176人。该村保留了较大的历史沿革,蕴藏着丰富的历史信息和文化景观。核心保护范围北至洲湖小学,南至何氏宅,西至山体,东至洲湖大夫第,面积约4.98万平方米。历史建筑和文物保护单位建筑有船屋古建筑群、黄家祠堂、红军标语墙,彭德怀、萧劲光、毛泽民故居,面积达1.29万平方米;还拥有形态完整、传统风貌连续的船屋、下陈及繁荣等历史古街3条共1449米。根据《洲湖历史文化名村保护规划》,该村立足"完整性、真实性、可持续"的原则,针对古村情况分类保护:一是保护"文物保护单位"、保护建筑等文物古迹与历史环境要素;二是保护洲湖周边的整体环境景观风貌,包括古村平面与空间总体格局、聚落特征;三是保护非物质历史文化遗产,包括历史事件、历史人物、历史变迁、民俗风情等。该村采取多种措施对传统建筑、地形地貌、河湖水系、农田、乡土景观、自然生态等各个方面实施严格保护,并遵循发展与保护相结合原则,创造一个人文与自然宜居的环境。

主要领导人 县委书记:聂仕雄(5月任)。县人大常委会主任:黄小明(任至10月)、顾波(10月任)。县长:聂仕雄(任至8月)、江志坚(10月任)。县政协主席:徐小明。

(过印光)

·南丰县·

【简　况】 位于江西省东部,辖7镇5乡1场。总面积1920平方千米,其中城区建成面积14.5平方千米(城区绿化覆盖率43.4%)。耕地面积1.73万公顷,林地面积9.56万公顷,森林覆盖率76.28%。总人口31.5万人,其中非农业人口6.2万人;人口自然增长率8.02‰。2016年,地区生产总值115亿元,同比增长8.5%。其中,第一产业增加值32亿元,增长3.7%;第二产业增加值35.2亿元,增长8.5%;第三产业增加值47.8亿元,增长11.9%。一、二、三产业比为27.8:30.6:41.6。工业增加值30.39亿元,增长8.7%;规模以上工业总产值90.7亿元,增长7.7%;规模以上工业企业增加值22.5亿元,增长9.3%,占地区生产总值比重19.5%。外贸出口占地区生产总值8.02%。固定资产投资89.2亿元,增长12.7%。实际利用外商投资2650万美元。主要工业产品有中成药199.5吨、塑料制品20.38万吨、啤酒9.68万千升、饮料18.81万吨、布1909万米。农业总产值59.1亿元,增长3.5%。粮食总产量22.8万吨。主要农产品有南丰蜜橘120.2万吨、稻谷20.3万吨、蔬菜17.8万吨、西瓜5万吨、生猪(出栏)6.7万头。全县财政总收入11.97亿元,增长2.6%;人均4065元;税收占财政总收入的比重81.8%。地方财政收入8.9亿元,下降8.9%;财政支出21.8亿元,增长11.7%。万元GDP能耗0.34吨标准煤,二氧化硫排放量1120吨、削减率10.3%,氮氧化物排放量107.52吨、消减率12%,城市污水处理率92%。农民人均可支配收入1.85万元,增加1372元。城乡居民年末储蓄余额60.4亿元,增长13.9%。

【举行首届网络蜜橘节】 10月24日—25日,2016年"把脉南丰电商,共话未来发展"峰会暨首届中国·南丰网络蜜橘节在南丰举行。按照"互联网+"模式,拥抱电商平台,融合新老媒体,与《人民日报》、新华社、央视网、新浪、搜狐、腾讯、凤凰网、阿里巴巴官媒、网商在线等65家传统媒体和新兴媒体合作,以圆桌沙龙、线上线下互动、网红推介等形式,分析研讨县域电商发展趋势,搭建农村O2O体系,让南丰蜜橘产业、专业合作社、种植农户借助互联网提品质、扩品牌、强创业、促增收。

【“畅游南丰·乐享橘都”第三届橘园游活动启动】 11月5日，“畅游南丰·乐享橘都”第三届橘园游活动在南丰火车站站前广场启动。抚州市委常委、市委宣传部部长傅云，市政府副市长、市工商联主席蔡青，市旅发委主任陈素芳出席启动仪式。南丰县四套班子领导、向莆旅游专列的游客及南丰干群代表共计2000多人参加启动仪式。

南丰县立足资源优势，尤其是借助南丰蜜橘优势品牌和4.67万公顷橘海景观，推出数十个以“橘园游”为亮点的生态农业和休闲旅游示范项目。建成一批“生态观光、文化体验、休闲度假”三位一体的景区景点，不断完善旅游要素配套，推进“智慧旅游”建设，形成春赏花、夏避暑、秋采橘、冬泡泉的“四季游”格局。南丰开放繁荣，四季宜游，通过“橘旅融合”，全力推动“卖橘”向“卖园”转变、橘园向“游园、公园”转变，全面引爆“橘园游”活动，打造观必上乐园、潭湖生态养生岛、南湾农庄、泸溪橘村、国安风情商业街和橘温泉等30多个休闲旅游项目，逐步打响“世界橘都·休闲南丰”旅游品牌，创建全国首个旅游+地方特色文化产业集群，国家4A级旅游景区——橘文化旅游产业集聚区，创建省4A级乡村旅游示范点3个、省3A级乡村旅游示范点8个，开设多条自驾游、亲子游、乡村游及橘园采摘体验游等10余条精品休闲游线路，成为首批国家全域旅游示范区创建单位。

【南丰傩舞首次亮相国家大剧院】 11月7日晚，由北京舞蹈学院青年舞团和江西省南丰县石邮村傩班联合主演的非物质文化遗产原创作品《傩·情》在国家大剧院演出。南丰傩舞，俗称“南丰跳傩”，因其动作简朴、刚劲，极具原始舞蹈风格，被誉为“中国古代舞蹈活化石”，深受中外专家学者和游客的喜爱。这次演出的舞蹈作品《傩·情》，由来自南丰石邮村的10名民间傩舞艺人和北京舞蹈学院师生共同完成。南丰傩舞艺人通过原始动作和敬拜神灵仪式，用最饱满的精神状态呈现出原汁原味的传统傩舞；而北京舞蹈学院的师生则通过舞台化、舞蹈化的再造，用想象力和创造力演绎出富有表现力的傩文化，形成了传统与现代的完美结合。

【黄晓军获2016“诺奖之星”】 11月22日，由诺贝尔奖获得者、国内院士、国家有关部委管理专家组成的“诺奖之星”评审委员会经过层层选拔，最终评选出2016“诺奖之星”，南丰人黄晓军因其在恶性血液病研究领域作出的重大贡献，获此殊荣。

“诺奖之星”由诺贝尔奖得主国际科学交流协会发起，中国诺贝尔奖得主国际医学交流基金支持，由国内外最权威科研机构和权威专家通过严格的考量，主要用于奖励在医学生命科学相关专业领域作出突出贡献、取得显著成果的中青年骨干专家。

黄晓军是土生土长的南丰人，大学之前的学业均在南丰完成，高中在南丰一中就读。他是教育部长江学者特聘教授、国家杰出青年科学基金获得者、国家百千万人才工程“有突出贡献中青年专家”、科技北京百名领军人才、享受国务院特殊津贴专家。他竭力钻研白血病治疗领域，结合临床研究的项目单倍体移植，解决了中国大部分白血病患者的供者问题，为医学界作出了贡献。

【南丰蜜橘“果劲”品牌荣获国际金奖】 11月，在第十四届中国国际农产品交易会展会暨第十二届昆明国际农业博览会上，南丰县选送的“果劲”南丰蜜橘获中国国际农产品交易会参展农产品金奖。南丰县因地制宜、科学规划南丰蜜橘种植规模，狠抓生产、管理、加工、运输、销售等关键环节，构筑南丰蜜橘质量安全追溯体系。持续实施南丰蜜橘提质、提效“双提工程”，加快改造老橘园，大力推广生态新型栽培，重点实施大枝修剪、高接换种、增施有机肥、病虫害绿色防治四大关键技术，使南丰蜜橘品质不断提升。南丰蜜橘先后获“A级绿色食品”“中国名牌农产品”“中国驰名商标”；该县先后被评为首批全国绿色食品原料生产基地、全国农产品标准化示范县、首批国家级出口农产品水果类质量安全示范区。

【率先实施基层互联网慢病管理领航项目】 7月13日，中华预防医学基层互联网慢病管理领航项目南丰启动会在南丰县人民医院举行。标志着该县人民医院成为全国首批、全省首个实施基层互联网慢病管理领航项目的县级医院。基层互联网慢病管理领航项目由中华预防医学会主办，旨在探索“互联网+”模式下，建立更完善、有效的基层慢病管理体系，提高基层慢病管理能力。项目的实施使县级医院慢病管理的各个环节更加紧密准确地联系在一起，为患者提供有效的跟踪随访和持续管理服务，构建医生和患者院外的交流路径，更好地对慢病患者进行长期指导，让基层患者积极参与到慢病自我管理过程中。

【洽湾村入选中国传统村落】 11月，南丰县洽湾村被列入第四批中国传统村落名录。该村以船型古镇最具特色，整个古镇建在沧浪河边，区域面积1平方千米，呈椭圆形，东西长，两头尖，犹如巨型船舱。洽湾船型古镇人文底蕴深厚，民俗文化丰富，极具观赏、研究价值。古镇现今保存明清古建筑26幢，有被誉为“江南第一祠”的胡氏宗祠，有造型奇特的大夫第、少爷府等古民居，也有省级文化保护单位宋代葛氏墓及关帝庙、福主殿等古寺庙，马口古街等。

主要领导人 县委书记：祝宏根（任至7月）、吴自胜（7月任）。县人大常委会主任：邓春水（任至10月）、段云来（10月任）。县长：姚飞翔（任至8月）、乐启文（10月任）。县政协主席：李履才（任至10月）、邓军（10月任）。

（李燕青）

·崇仁县·

【简　况】 位于江西省中部偏东，辖7镇8乡。总面积1520平方千米，其中城区面积13平方千米。耕地面积2.62万公顷，有林面积8.39万公顷，森林覆盖率60.75%，城区绿化率34.8%。总人口38.49万人，其中城镇人口14.92万人；人口自然增长率7.9‰。2016年，地区生产总值107.06亿元，增长9.2%。其中：第一产业增加值25.57亿元，增长4.4%；

第二产业增加值50.11亿元,增长9.2%;第三产业增加值31.38亿元,增长13.1%。一、二、三产业比为23.9:46.8:29.3。规模以上工业总产值195.47亿元,增长6.3%;规模以上工业增加值43.33亿元,增长9.7%。外贸出口2.1亿美元,增长10.5%。实际利用外商投资4000万美元。主要工业产品有互感器59000台,变压器1224.8万千伏安,服装937.7万件,铜材0.6万吨,电动手提式工具61.10万台(均为规模以上工业企业的产量)。农业总产值39.32亿元,增长10.6%。粮食总产量31.1万吨。主要农产品有麻鸡饲养7433万只,棉花1410吨,油料1.76万吨,蔬菜3436吨,烟叶2004吨。财政收入10.8亿元,增长2.6%;占地区生产总值的比重为10.1%,其中税收占财政总收入74.3%。财政支出24.64亿元,增长12.0%。城镇居民人均可支配收入2.47万元,增长8.9%;农民人均可支配收入1.49万元,增长8.4%。

【黄云辉获国家自然科学二等奖】 崇仁籍科学家、教授黄云辉在2016年度国家科学技术奖励大会上,凭借"储能用高性能复合电极材料的构筑及协同机理"成果,获国家自然科学二等奖。黄云辉,1966年生于崇仁县石庄乡曾家塅上村,小学就读曾家小学,中学读于崇仁一中,学习成绩一直优异。1984年进入北京大学化学与分子工程学院化学专业学习,先后在北大获理学学士学位、硕士学位、博士学位。2000年至2002年,在北京大学化学与分子工程学院稀土材料化学及应用国家重点实验室攻读博士后,从事磁电阻材料研究。任华中科技大学材料学院院长。其获奖成果高效能量存储,是发展电动汽车、智能电网的关键技术,对新能源、新材料和新能源汽车国家战略新兴产业的发展具有重要意义。

【变电设备产业被批准为第三批全国产业集群区域品牌建设试点产业】 4月,崇仁变电设备产业被工信部批准为第三批全国产业集群区域品牌建设试点产业,这是获批"国家新型工业化产业示范基地"后的又一国家级殊荣。变电设备一直是崇仁的"拳头产品"。崇仁县围绕"变电设备五百亿工程"目标,不断壮大变电产业聚集优势,推动县域经济快速发展。积极引导资源、人才、技术、资金等要素,向变电设备产业和核心企业聚集,鼓励和扶持在外能人领头创办企业,同时实行链式招商。到年底,变电产业拥有企业105家,且以年均20%的增速快速壮大。为增强产业发展后劲,引进各类变电技术人才,设立产业发展专项基金,引导企业加强与科研院校合作,出台加快企业自主创新的实施意见。有变电产品达38大系列2000多种规格;拥有7家国家级高新技术企业、6个省级企业技术中心、3个省级工程技术研究中心;有2个中国驰名商标、8个江西省著名商标、98个国家专利产品。产品全省市场占有率达70%以上,全国市场覆盖面居同行第三,并出口至欧洲、非洲、东南亚等国外地区。

【崇仁麻鸡成为国家级农产品地理标志示范创建样板】 7月,崇仁麻鸡获"2016年度国家级农产品地理标志示范创建样板"称号,全省是唯一一个。麻鸡是崇仁县地方鸡种,蛋肉兼用型,分黄麻与黑麻两类,具有显著的"三高一低"特点,是中国十大名鸡之一,2007年通过国家质检总局"地理标志产品保护"认证,2010年被农业部批准实施农产品地理标志保护。

崇仁县把麻鸡产业作为富民强县的主导产业和打好农业产业化升级战的头号产业来抓,在政策环境、品牌建设、产业发展等方面综合施策。崇仁麻鸡已形成"大产业",2015年,全县从事麻鸡产业达3万余人;有规模以上麻鸡加工企业6家,开发的麻鸡系列产品六大系列20多个品种;有麻鸡生产专业合作社22家;全县饲养麻鸡8100万只,出栏7500万只,实现产值18.9亿元,全县农民仅此一项人均增收1200元。

【深圳市崇仁商会成立】 5月8日,深圳市崇仁商会成立大会在深圳召开。崇仁籍在深圳企业家及全国各地商会300余人参会。深圳崇仁商会的成立,为企业与政府之间、会员企业之间搭建起一个交流沟通的平台,进一步密切崇仁深圳两地经济文化交流与合作,对拓展合作新领域起到独特的促进作用。成立商会理事会,李水保担任理事会会长,张帆为执行会长,甘万军为名誉会长。商会共有100多个会员单位,30多个理事会员成员单位。

【江西省变电设备行业协会在崇仁成立】 10月21日,江西省变电设备行业协会成立大会在崇仁县举行。中国电器工业协会变压器分会会长、沈阳变压器研究院院长刘杰,江西省社会组织党工委副书记王永,省工信委装备处副处长郭芳,市委常委、副市长董朝武分别讲话;中国电力科学院高压所变压器室主任高飞,县委书记程新飞等有关领导出席。最后,国家、省、市、县领导为协会授牌。协会成员单位共107家,由来自全省的变电设备公司及上下游配套企业组成,其中崇仁县变电企业83家。成立协会理事会,中国人民电器集团董事长郑元豹担任会长,江西明正变电设备有限公司董事长孙建辉担任执行会长。

主要领导人 县委书记:方百春(任至7月)、程新飞(7月任)。县人大常委会主任:龙雪荣。县长:程新飞(任至10月)、周国华(10月任)。县政协主席:魏友旗(任至10月)、高自辉(10月任)。

(杨文才)

·乐安县·

【简　况】 位于江西省中部辖9镇7乡(含1个农林垦殖场)。总面积2412.59平方千米。耕地面积2.33万公顷,林地面积18.48万公顷,森林覆盖率69.7%。常住人口36.46万人,其中乡村人口31.05万人;人口自然增长率7.66‰。2016年,地区生产总值56.72亿元,同比增长8.9%。其中:第一产业增加值10.44亿元,增长4.3%;第二产业增加值20.69亿元,增长7.4%;第三产业增加值25.59亿元,增长12.2%。第一、二、三产业比例为18.4:36.5:45.1。规模以上工业企业实现产值17.06亿元。农业总产值18.82亿元,增长4.2%。主要农产品有粮食28.17万吨、油料1762吨、烟叶6098吨、茶叶产量26吨,家禽出笼1.97万只、肉类总产量1.07万吨、水产品8830吨。公共预算财政收入5.29亿元,增长1.3%。财政总收入7.03亿元,增长2.6%;财政支出23.04亿元,增长12.5%。城镇居民可支配收入2.07万元,增长8.1%;农村居民人均可支配收入7898元,增长11.5%。

【乐安县被授予"全国残疾人工作先进单位"称号】 9月,乐安县残疾人工作委员会荣获国务院表彰的"全国残疾人工作先进单位"称号。乐安县以实施嘉道理社区康复项目为契机,围绕"康复一人,造福一家,影响一片,和谐一方"的目标,运用"参与式"和"康复+"全新工作理念,整合社会资源,精心组织,残疾预防、康复训练和康复救助等工作,逐步形成"政府主导、部门配合、社会参与"的残疾人康复工作长效机制。到年底,全县残疾人就业人数达4462人,建档立卡贫困残疾人实现脱贫517人,同比高出20%。其中公溪镇祝康工艺品厂厂长残疾人刘柱,创办自己的企业,安置20多名残疾人进厂就业。并自筹资金,创办全县第一家民办残疾人社区托养机构——公溪镇721社区残疾人托养中心,入选"中国好人榜"。残疾人张乐平创办金竹畲族乡众盛竹笋合作社,安置就业人员90人,其中残疾人20人、贫困户35人。

【双拥工作实现10个全部到位】 2016年,乐安县被省委、省政府、省军区命名为全省双拥模范县。该县在继承发扬双拥优良传统的基础上,创新双拥机制,实现10个全部:一是转业干部全部安置到行政单位;二是城镇退役士兵全部按政策安置;三是随调、随迁的军转干部家属全部安置到位;四是驻军连以上单位全部配有电脑、图书室、室内训练场等科技拥军设施;五是驻县部队子女入学全部享有优惠;六是农村义务兵优待金全部按时按标准兑付;七是重点优抚对象全部纳入农村合作医疗或城镇居民医保;八是军警民共建单位全部被评为县、市级以上文明单位;九是重点优抚对象抚恤补助金全部实行"一卡通"及时发放;十是重点优抚对象全部纳入医疗救助范围,报销住院费用实行"一站式"服务。

【国税局获国家税务总局表彰】 2016年,乐安县国税局被国家税务总局表彰为先进集体;乐安县国税局秉着"马上就办,办就办好"的工作态度,在组织收入上注重一个"优"字。运用涉及25个单位的网上综合治税信息平台,全年采集涉税信息11万余条,通过第三方信息平台征收建筑业及房地产税收3796万元。累计完成税收收入23.42亿元,增长3.68%;在便民办税上,注重一个"简"字。开展"将成本、有环境、促发展"专项行动,每个班子成员联系2家重点企业,累计带队46次深入企业调研,实行现场办公,帮助企业做大做强;在执行力度上,注重一个"干"字。以"忠诚、责任、敬业、务实、争先"为乐安国税职业操守,与省国税局扶贫工作组一起投入55.6万元,帮助93户296人脱贫致富,完成扶贫项目9个。金税三期、国地税合作高效推进,保质保量完成"营改增"税制转换工作,累计入库四大行业税款4203万元,全县456户营改增纳税人生产经营正常。

【牛田古樟林获上海大世界吉尼斯纪录】 5月6日,在乐安县牛田古樟林内举行"规模最大的古樟林——中国第一古樟林"上海大世界吉尼斯纪录颁证仪式。乐安古樟树群位于乐安县牛田镇水南村头,距"千古第一村"流坑5千米。乐安森林覆盖率69.78%,年空气质量优良天数达336天。古樟树群沿乌江绵延5千米,与流坑村相依相伴,主要为香樟,夹杂少许青枫,共有1万多棵,树龄大多在200~800年之间,其中500年以上的有3000多棵,800年以上的有1400多棵;树龄最长的一棵围径6米多,树龄超过1000年。平均围径最大、观赏价值最高的为水南洲樟树林。

【《中国共产党乐安历史》(第一卷)出版发行】 2016年,由乐安县委党史办撰写的《中国共产党乐安历史》(第一卷)由中共党史出版社出版发行。全书共14万余字,记述1921年至1949年中国共产党在乐安这片红色土地上开展的各项斗争活动,为乐安县第一部党史著作。全书分为:中国共产党的创立至大革命时期的乐安,土地革命时期的中共乐安地方组织,乐安县苏维埃政权的建立和发展,乐安苏区反"围剿"战事,乐安苏区建设,抗日战争中乐安人民为支援抗日而斗争,解放战争中乐安人民迎接解放7章。前设概述,后加附录,收录图片50余幅。

主要领导人 县委书记:彭银贵。县人大常委会主任:陈绍平(任至10月)、张乐明(10月任)。县长:吴宜文。县政协主席:李以庚。

(王国庆)

·宜黄县·

【简　况】 位于江西省中部偏东、抚州中南部,辖8镇4乡1工业园区和2垦殖场。总面积1944.2平方千米。耕地面积1.93万公顷,森林覆盖率76.25%。总人口(公安年报数)23.79万人,人口自然增长率7.57‰。2016年,地区生产总值63.18亿元,同比增长8.8%。其中:第一产业增加值9.21亿元,增长4.3%;第二产业增加值35.11亿元,增长9.0%;第三产业增加值18.86亿元,增长10.6%。一、二、三产业比为14.6:55.6:29.9。工业总产值121.47亿元,增长8.3%。规模以上工业企业增加值26.21亿元,增长13.3%,占地区生产总值比重42.78%。主要工业产品有棉纱0.1万吨、有色金属1.4万吨、机制纸及纸板8.4万吨、化学药品原药0.3万吨、塑料2.5万吨。农业总产值15.61亿元,增长7.9%。主要农产品有稻谷15.12万吨、油料1689吨、烟叶3120吨、蔬菜7.95万吨、水果3929吨。固定资产投资73.31亿元,增长13.9%。社会消费品零售总额19.52亿元,增长11.7%。财政总收入9.12亿元,增长2.64%;税收占财政总收入的比重85.43%。公共财政预算收入6.93亿元,下降5.25%;支出19亿元,增长11.8%。城镇居民可支配收入2.31万元,增长8.3%;农村居民可支配收入1.19万元,增长8.3%。住户存款余额47.45亿元,增长10.94%。

【宜黄县获评全国地质灾害防治标准"十有县"】 12月,宜黄县列入国土资源部公布的2016年全国地质灾害防治高标准"十有县"名单。国土资源部于2014年启动地质灾害防治高标准"十有县"建设工作。宜黄县严格按照国家地质灾害防治高标准"十有县"要求,采取多种措施,不断强化地质灾害群测群防网络和监测预警体系建设等工作,着力推动地质灾害防治工作向高标准、高水平、科学化发展。通过不懈努力,达到地质灾害工作有制度、有机构、有经费、有监测、有预警、有评估、有避让、有宣传、有演练、有效果的"十有县"的建设标准。

【成功申报第二批徐霞客游线标志地名单】　5月18日,第二批徐霞客游线标志地寻找与认证行动现场评审暨相关研讨会在浙江宁海举行。经严格评审,专家组通过6个县市的徐霞客游线标志地,其中宜黄县的军峰山、芙蓉山(棠阴古镇)、宜黄古城、玉泉山、石巩片区、曹山寺等被认定,宜黄县是此次江西省唯一入围的县。这些标志地都是徐霞客游线上的地标,有可靠资料证明是徐霞客游历考察过的文化或自然遗存点。这对于宜黄县徐霞客游线标志地加盟申世遗,促进标志地自然与文化遗产保护和开发利用,打造"风景宜黄"和推动旅游发展及精准扶贫有着十分重要意义。

【曹洞佛学院成立】　10月,曹洞佛学院经国家宗教事务局批准正式成立。曹洞佛学院是全国第三所、江西省唯一一所独立的尼众佛学院,院址位于抚州市宜黄县曹洞宗祖庭——曹山宝积寺。学院礼请中央美院院长王书杰为总指导师,由中央美院从事宗教绘画的教授、老师亲临学院教授书法、篆刻、线描花卉、线描佛像等课程,师资力量雄厚,受到学僧普遍欢迎。曹洞佛学院学制为本科,学期4年,开设专业有禅学、戒律学、佛教艺术、养生养护四类。立足江西,面向全国招生。

【发现濒危种野生植物短萼黄连和中华水韭】　2016年,宜黄县在开展重点保护野生植物资源调查时,先后发现濒危种野生植物短萼黄连和"活化石"中华水韭。短萼黄连属毛茛科黄连属植物,药用价值很高,为国家三级保护植物,零星分布于安徽、浙江、福建等华东南地区,主要生长于海拔600~1600米间的山地沟边林下或山谷阴湿处。由于过度采挖和旅游开发等因素大量破坏其生存环境,短萼黄连的野生资源已极为稀少,处于濒临灭绝的边缘。

中华水韭为中国特有野生植物种类,是经第四纪冰川后残存下来的孑遗植物,因为没有复杂的叶脉组织,在分类上被列为似蕨类(小型蕨),因此它在系统演化上具有很高的研究价值,属极度濒危野生植物种类,无比珍贵。中华水韭是中国第一批公布的50多种一级重点保护野生植物之一。

主要领导人　县委书记:许中伟(任至7月)、姚飞翔(7月任)。县人大常委会主任:万贻茂(任至10月)、罗建顺(10月任)。县长:叶峰(10月任)。县政协主席:谢光明。

（罗来福）

·金溪县·

【简　况】　位于江西省东部,辖8镇5乡。总面积1358平方千米,有林面积6.61万公顷,森林覆盖率57.2%。总人口32.02万人,其中城镇人口7.52万人。2016年,地区生产总值79.1亿元,同比增长9%。其中:第一产业实现增加值为12.6亿元,增长4.2%;第二产业实现增加值为35.6亿元,增长9.0%;第三产业完成增加值30.9亿元,增长10.9%。一、二、三产业比为15.9:45.1:39。主要工业产品:纱3.13万吨,化纤长丝机织物8196万米,化学试剂6463吨,化学药品原药131.57吨,蚕丝64吨,精炼铜(电解铜)4.62万吨,铝材2.23万吨。农业总产值23.3亿元,增长8.41%。主要农业产品粮食总产37.4万吨,蔬菜及食用菌12.11万吨、西瓜3.18万吨、梨3.42万吨,柑橘5.71万吨、生猪(出栏)20.2万头。财政总收入10.4亿元,增长2.7%;财政支出21.3亿元,增长7.9%。万元GDP能耗0.36吨标准煤,二氧化硫排放量462.53吨、削减率1.2%。氮氧化物排放量55.32吨、消减率1.2%。城市污水处理率62.8%。城镇居民人均可支配收入2.59万元,增长8.2%;农村居民人均可支配收入1.26万元,增长9%。

【金溪县获"全国无障碍建设示范县"称号】　2016年年初,金溪县被住建部、中国残联等5部委授予全国无障碍建设示范县。"十二五"期间,金溪县坚持把无障碍环境建设作为一项重要的民生工作来抓,大力推进城市道路、城市公园、特殊设施等一系列硬件的建设和改造,着力为残疾人、老年人和全体社会成员创造一个安全、便利、舒适的社会生活环境。"十二五"期间,金溪县投入1000多万元,新建、扩建人行道4.80万米,新建盲道2.65万米,新建和改扩建城市广场7个、城市绿地3个、室外公共厕所5个;全县新(改、扩)建的养老机构和老年人服务设施,设置无障碍设施的项目所占比例100%;各类医院、居民小区、加油站等公共建筑都建有无障碍设施设置,完好率达100%。

【金溪县获评"全国双拥模范城(县)"】　7月29日,在全国双拥模范城(县)命名暨双拥模范单位和个人表彰大会上,金溪县被全国双拥工作领导小组、民政部、中央军委政治工作部命名为"全国双拥模范城(县)",这是金溪县第二次获得该项殊荣。金溪县本着围绕发展抓双拥、抓好双拥促发展的原则,坚持把国防教育和双拥宣传作为提高双拥工作水平的基础性工作,通过不断拓宽宣传教育渠道,丰富活动内容,不断推动全县双拥工作向更高层次、更高质量跨越。

【八旬老人交2万元"特殊党费"】　2016年"七一"前夕,金溪县退休老党员余元发把平时省吃俭用积累下来的2万元作为"特殊党费",交到县委组织部。余元发,83岁,党龄56年,参加过抗美援朝,因立下战功受到嘉奖。老人始终牢记自己是共产党员,退休后,始终坚定理想信念、始终加强党性修养、始终严守党纪法规。他拿出1万多元用于本单位退休党支部开展活动。余元发还是远近闻名的"多管闲事"者,群众有困难找他,他尽力帮忙;邻里有矛盾纠纷找他,他出面调解。在力所能及的情况下,余元发坚持为居住的小区义务搞清洁。

【金溪县获评“全国基层中医药工作先进单位”】 2016年年初,金溪县被评为“全国基层中医药工作先进单位”。为加强中医药工作支持力度,该县先后出台《金溪县全国基层中医药工作先进单位复评工作实施方案》《金溪县“十二五”卫生事业发展规划》和《金溪县2013—2017年中医药事业发展规划》等一系列政策性文件,加快全县中医药基础设施建设、服务能力建设、中医网络建设和人才培养步伐。通过政策支持、资金扶持、完善人才培养、技术创新等多种方式的强力推动,中医药工作迈上新台阶。

【15个古村入选中国传统村落名录】 12月9日,住建部、文化部、国家文物局、国家旅游局等7部门联合公布第四批中国传统村落名录,金溪县有15个古村入选:浒湾镇浒湾村、黄坊村,合市镇霞澌龚家村、大耿村、游垫村、戌源村、乌墩塘村,左坊镇后车村,对桥镇旸田村,陆坊乡下李村,陈坊积乡岐山村,琉璃乡谢坊村、蒲塘村、北坑村,石门乡石门村。这些村落历史悠久、文化底蕴深厚、有独特的民风民俗。金溪县一直高度重视传统村落保护,村民们自觉守护传统村落。11月22日,合市镇游垫村文保员胡庆华获评国家文物局和中国文物保护基金会颁布的“传统村落守护者杰出人物”。

【“党建+现代农业”助力脱贫攻坚】 2016年,金溪县积极探索“党建+现代农业”模式,采取单建、合建、联建方式,在浒湾镇下陈村蔬菜专业合作社、陆坊乡桥上村青田土地股份合作社、秀谷镇陶家村水产养殖协会等各类农村新型经营主体中组建产业党组织。产业党组织注重从返乡青年、大学生村官、退伍军人中选拔带头人,孵化培养党员队伍,全面推广“党组织+合作社(协会)+基地+农户”模式,通过组织牵动、制度推动、技术拉动、效益促动等多项举措,将党组织融入到现代农业产业链和各类农村新型经营主体之中,使基层党组织成为带领群众脱贫致富的中坚力量,实现党建与富民的“双赢”。截至年底,全县各乡镇组建产业党总支11个、党支部49个,党员2237人;建立农村党员创业示范基地61个,培育农村党员创业致富示范户196户,辐射带动周边1243户4312人实现致富增收。

主要领导人 县委书记:王成兵。县人大常委会主任:肖奇(任至10月)、王树标(10月任)。县长:高连珠(10月任)。县政协主席:黄祖光(任至10月)、刘文波(10月任)。

(李山冕 曾铭)

·资溪县·

【简 况】 位于江西省东部,辖5镇2乡5场。总面积1251平方千米,其中城区建成面积15平方千米。耕地面积6300公顷,有林面积10.19万公顷,森林覆盖率87.3%。总人口11.72万人,其中非农业人口2.83万人;人口自然增长率7.46‰。2016年,地区生产总值33.95亿元,同比增长8.6%。其中:第一产业增加值3.77亿元,增长3.8%;第二产业增加值14.68亿元,增长7.6%;第三产业增加值15.5亿元,增长10.9%。一、二、三产业比为11.10∶43.25∶45.65。工业总产值11.07亿元,增长7.8%。规模以上工业企业增加值3.3亿元,占地区生产总值比重9.72%。主要工业产品有竹地板、细木工艺板、鞋帽、电子等。农业总产值6.74亿元,增长3.71%。粮食总产量3.51万吨。主要农产品有烟叶产量928吨、白茶产量70吨、水果产量368吨、西瓜产量1439吨、生猪(出栏)3.64万头、家禽(出栏)11.8万只。固定资产投资21.29亿元。财政总收入5亿元,税收占财政总收入比重86.6%。公共财政预算收入3.19亿元;财政总支出10.39亿元,下降1.43%。城镇居民人均可支配收入2.21万元,增长8.1%;农村居民人均可支配收入1.16万元,增长8.2%。

【资(溪)光(泽)高速公路资溪段竣工通车】 2016年年底,资(溪)光(泽)高速公路资溪段建成通车。该高速公路于2013年10月动工建设,全长38.58千米,总投资27.01亿元。全线按双向四车道高速公路标准建设,设计速度80千米/小时,主线路基宽24.5米。资溪高速是江西省高速公路网中的一条地方加密高速,起于资溪县鹤城镇花山界与福建省光泽县古城镇铁关村交界处,途经该县鹤城镇、高阜林场、高阜镇、嵩市镇、高田乡,终于鹰潭至瑞金高速公路,与金溪至抚州、抚州至吉安两条地方加密高速公路共同组成江西省S46高速交通干线,贯穿江西中部东西向,直通海峡西岸经济区,连接江西境内的济广、福银、大广“三纵”国家高速公路,把福建邵光高速、济广高速、抚吉高速连成一个整体,开辟出江西与海西经济区一条快速通道,对于促进沿线经济发展具有重大意义。

【资溪县被列为首批国家全域旅游示范区创建单位】 3月,资溪县被国家旅游局列为首批国家全域旅游示范区创建单位,标志着该县旅游将由“景区旅游”向“全域旅游”发展模式转变,最终实现旅游业全域共建、全域共融、全域共享的发展模式。资溪县围绕创建全国生态旅游胜地的目标,树立“全景资溪、全域旅游”发展理念,邀请国内旅游规划界知名团队进一步完善细化《资溪县生态旅游发展总体规划》,围绕“三线十景”,因山亮景、借水造势,融入鄱阳湖生态旅游示范区,成为赣北“五彩精华”旅游圈中的亮点;与三清山、龙虎山、武夷山、大金湖等著名风景名胜连为一体,全力塑造“纯净资溪”旅游品牌。全县拥有国家4A级景区1个、3A级景区3个,省级3A以上乡村旅游点达12个,发展乡村农家乐100余家。全年接待国内外游客300余万人次。

【资溪县获评全国计划生育优质服务先进单位】 12月,资溪县被国家卫计委评为2014—2016年全国计划生育优质服务先进单位。2014年以来,资溪县在计划生育优质服务创建活动中,围绕“创新”两字做文章,加强服务体系建设,提高服务质量,以群众满意为出发点和落脚点,构建依法行政、优质服务、科学管理、群众满意的人口计生工作新格局。该县创新利益导向机制,加大对计划生育家庭扶助力度,建立民政救助与计生帮扶联动机制,落实计划生育奖扶与公共卫生服务的共享服务,深入开展关爱女孩行动;创新管理服务,成立流动人口办公室,实行流入人口与常住户籍人口同管理、同服务。创新宣传教育载体,大力开展婚育新风进万家、婚育文化“三百工程”。创新健康教育平台,开设青春健康教育俱乐部。

【乌石镇新月村入选第二批中国少数民族特色村寨】 10月,资溪县乌石镇新月村被国家民委命名为第二批中国少数民族特色村寨。乌石镇新月畲族村是资溪县唯一的少数民族村。该村通过发展苗木产业成为富裕村,先后被评为全国绿色小康村、全国文明村镇等多项荣誉称号。8月31日至9月1日,该村举办第二届资溪畲乡文化节,2000余名省内外游客、摄影爱好者和民俗文化爱好者前来感受独特的民俗文化与畲族风情。新月村被命名为少数民族特色村寨,将进一步扩大该县少数民族特色村寨品牌的影响力和辐射力,对村寨保护与发展起到重要的示范推动作用。

【《中国共产党资溪历史》第一卷(1926—1949)出版】 6月,《中国共产党资溪历史》第一卷(1926—1949)由中共党史出版社出版发行。全书分4章,前设概述,后辍附录,共16万字,图片60余张。该书全面、系统、科学、准确地辑录大革命时期、党组织初创和土地革命战争时期、抗日战争时期及解放战争时期资溪党组织创建和发展的历史资料。该书的编辑出版,填补资溪县党史正本的空白,丰富了党史征编研成果,资政育人,凝聚正能量,为资溪全县党员干部和群众提供一座紧接地气、集聚人气的精神宝库,也为开展青少年爱国主义和革命传统教育提供良好的乡土教材。

主要领导人 县委书记:徐国义(任至8月)、吴建华(8月任)。县人大常委会主任:李莉华(任至10月)、王锋(10月任)。县长:吴建华(任至8月)、黄智迅(8月任)。县政协主席:万鸣。

(帅建忠　谢金凤)

·广昌县·

【简　况】 位于江西省东部,辖5镇6乡1场。总面积1603平方千米,其中城区建成面积8.8平方千米。耕地面积1.48万公顷,有林面积9.99万公顷,森林覆盖率66.7%。总人口25.11万人,其中:城镇人口10.88万人,乡村人口14.23万人;人口自然增长率5.39‰。2016年,地区生产总值57.63亿元,同比增长8.7%。其中:第一产业增加值10.13亿元,增长4.5%;第二产业增加值24.99亿元,增长9.0%;第三产业增加值22.51亿元,增长10.2%。一、二、三产业比为17.6:43.4:39。规模以上工业企业增加值18.86亿元,增长9.8%,占地区生产总值比重32.7%。主要工业产品有纺织服装4741万件、食品加工9285.7吨、汽车配件610万件、发电量1.05亿千瓦时。农业总产值18.14亿元,增长4.3%。主要农产品有稻谷、通芯白莲、烟叶。粮食总产量10.77万吨、通芯白莲总产量0.47万吨、烟叶总产量5.46万担、生猪(出栏)6.52万头。固定资产投资57.09亿元,增长14.1%。财政总收入8.43亿元,增长2.6%,税收占财政总收入的比重85.99%。公共财政预算收入5.95亿元,减少7.66%;财政支出19.14亿元,增长11.78%。万元GDP能耗0.2594吨标准煤,下降2.33%;二氧化硫排放总量1450吨,下降2%;氮氧化物排放量98吨,下降57%;城市污水集中处理率81.33%。农村居民人均可支配收入8304元,增加874元,增长11.76%;城镇居民人均可支配收入2.25万元,增长8%。

【广昌县获评国家级电子商务进农村综合示范县】 6月4日,广昌县获评全国电子商务进农村综合示范县,为江西的7个全国示范县之一。广昌县紧抓“互联网+”发展机遇,加大政策扶持力度,着力推进电商产业迅速发展,先后出台《关于加快广昌县电子商务产业发展的实施意见》《关于加快推进服务业发展的实施意见》《广昌县促进电子商务产业发展扶持办法》等政策,启动电商产业园建设,并由县财政每年安排100万元电子商务发展基金用于扶持电商企业做大做强。同时,成立广昌县电商协会,开展电商人员培训,至2016年累计培训5000余人次;在全县建立15家“农村e邮”电商服务站,积极探索O2O模式,整合“万村千乡市场工程”、电子商务服务中心、聚超网广昌县域网等资源,为农村电子商务提供良好的公共服务平台;依托广昌白莲、茶薪菇、油茶、泽泻等农业产业优势,引导农民通过“互联网+”平台不断拓宽农产品市场销售渠道。2016年,广昌县有电商个体户和电商企业450多家,从业人员4000多人,电子商务交易额逾8.52亿元。

【黄阳云家庭获“第一届全国文明家庭”称号】 12月12日,第一届全国文明家庭评选表彰活动在北京举行,广昌县黄阳云家庭获“第一届全国文明家庭”称号。黄阳云是上堡村村委会主任,被誉为村民的“跑腿员”,随叫随到帮民解困;家庭成员5人,妻子吴淑梅是乡村医生,20多年如一日,为山区群众治病除疾。他们家庭幸福和谐美满。吴淑梅25年来,一年到头几乎没有休息日,黄阳云主动担负起家庭责任,精心照顾体弱多病的岳父。夫妻俩不但互爱敬业,还重视对子女的思想教育,引导子女勤奋好学,乐施助人,3个子女都以优异成绩大学毕业并在各自岗位建功立业。

【“重走长征路·共铸中国心”走进广昌启动仪式在广昌举行】 7月7日,为纪念红军长征胜利80周年和推动对口支援广昌振兴工作,由中共中央统战部、国家卫计委、国务院侨办指导,中国红十字基金会、“同心·共铸中国心”组委会举办的“重走长征路·共铸中国心”走进广昌活动启动仪式在广昌县举行。中共江西省委统战部副部长高鹰群、“同心·共铸中国心”组委会江西省副秘书长史帅伟以及116名来自北京、南京、武汉、西安等国内一线城市的医疗专家及志愿者参加启动仪式。“同心·共铸中国心”组委会向广昌县赠送价值100万元的药品和医疗设备;全体“共铸中国心”专家志愿者进行宣誓,专家志愿者分成“红一连”至“红五连”等5个连队,分赴广昌县人民医院及甘竹、头陂、尖峰等8个乡村卫生院或五保户家中开展义诊巡诊、捐赠药品、讲座培训和走访慰问等公益活动,共义诊服务4000多人次,走访慰问五保户39户。

【首个原生态有机稻种植基地增收致富】 2016年,广昌县头陂镇亿豪粮食专业合作社利用当地优越的自然生态环境,引进种植全县首个原生态有机稻基地24公顷,严格按照有机水稻生产标准,在生产过程中不打农药、不施除草剂、不施化肥,使用山泉水灌溉,以绿肥、菜枯作肥料,采用“稻鸭共生”模式、配以灯光杀虫、人工除草等农业综合防治技术,生产出来的有机稻米绿色安全健康,深受消费者青睐。是年,基地种植的有机稻亩产达到250~300千克,每千克市场价可达20多元,比普通稻米价格高出5~6倍,产值近200万元,实现增产增效,并带动当地近百名贫困村民在家门口增收致富。

【姚西景区创“世界最大莲池”吉尼斯世界纪录】 7月9日,“世界上最大莲池”吉尼斯纪录挑战活动在广昌驿前镇姚西景区举行。姚西景区测区总面积为114.73公顷,其中莲池108公顷,灌溉水渠5.15公顷,农村机耕道1.25公顷,各项指标符合挑战要求。在经过一系列的认证流程后,吉尼斯世界纪录大中华区官方认证官 Maggie Lou 女士代表吉尼斯世界纪录当场宣布:2016年7月9日,中国江西广昌创下了新的吉尼斯世界纪录——最大的莲池面积为1.08平方千米。

主要领导人 县委书记:许爱军。县人大常委会主任:符忠林(任至10月)、李广文(10月任)。县长:欧阳巧文。县政协主席:揭秉华。

(谢衔生)

·东乡县·

【简 况】 位于江西省东部,辖9镇4乡3垦殖场1林场和1省级经济开发区。总面积1270平方千米,其中建成区面积20.6平方千米(城区绿地率30.39%)。耕地面积5.02万公顷,林地面积5.13万公顷,森林覆盖率45.7%。总人口48.76万人,其中非农业人口17.40万人;人口自然增长率7.36‰。2016年,地区生产总值145.49亿元,同比增长9.1%。其中:第一产业增加值21.73亿元,增长4.4%;第二产业增加值85.52亿元,增长9.2%;第三产业增加值38.24亿元,增长11.5%。一、二、三产业比为14.9:58.8:26.3。规模以上工业总产值237.43亿元,增长9.1%;工业增加值54.88亿元,增长9.4%,占地区生产总值比重37.71%。主要工业产品有大米、化学肥料和农药、瓷质砖、纱、蚕丝及交织机织物、铜材、饲料等。农业总产值40.21亿元,增长7.64%。主要农产品有稻谷、生猪、油料、甘蔗、水果等。粮食总产量32.31万吨,增长1.09%;全年生猪(出栏)114.66万头,减少2.21%,生猪存栏74.86万头。固定资产投资206.36亿元,增长13.9%。财政总收入22.65亿元,增长2.64%,税收占财政总收入的比重82.34%。地方财政收入16.13亿元,增长0.18%;财政总支出35.48亿元,增长6.08%。万元GDP能耗0.083吨标准煤,二氧化硫排放总量218吨、削减率9.08%,氮氧化物削减22.41吨、消减率1.57%,城市污水处理率70%。农民人均纯收入1.45万元,增长8.6%。城乡居民年末储蓄余额112.14亿元,增长13%。

【东乡撤县设区】 11月24日,《国务院关于同意江西省调整抚州市部分行政区划的批复》同意撤销东乡县,设立抚州市东乡区,以原东乡县的行政区域为东乡区的行政区域,东乡区人民政府驻孝岗镇子山路188号。东乡建县于明正德七年(1512年),是北宋杰出的政治家、改革家、文学家王安石故里,孕育出明代开科状元吴伯宗、晚明“四大才子”之首艾南英、清代西江派著名诗人吴嵩梁以及著名书法家舒同等名人。

【整治城乡低保工作】 2016年,东乡县加大对城乡低保工作的整治力度,成立居民家庭经济状况核对中心,负责核实低保对象的家庭经济状况。推行县乡村“三级调查、三级评议、三榜公示”制度,使低保工作在阳光下操作。在上门入户实地调查的基础上,必须召开低保民主听证评议会,评议代表由乡村干部和在当地有声望的群众组成,享受低保资格的人员或其代理人在会上当众说明家庭情况后,评议代表无记名投票,当场计票,获得有效票的人员方可享受低保资格。2016年共清理城乡低保对象838人,新增1055人。

【梁志强当选全国大学生村官十佳“村民贴心人”】 12月,东乡县大学生村官梁志强当选为全国大学生村官十佳“村民贴心人”,系全省唯一当选者。此次评选活动始于9月2日,由全国大学生村官论坛组委会主办。梁志强在担任大学生村官并成为邓家乡嵇坊村党支部书记后,脚踏实地为群众办实事。成立大学生村官创业示范基地,将百亩苗圃示范基地打造成集苗圃种植、观光、旅游休闲和农家乐为一体的综合示范产业基地,建成“四季有花、三季有果,常年有绿”的“花果山”生态园,并将其打造成为国家3A级乡村旅游景点、省级4A乡村旅游景点。年接待游客15.8万人次,带动周边3个行政村、6个自然村、610户村民家门口就业。

【百辆新能源公交车投入使用】 2016年,东乡投入3150万元购置100辆新能源纯电动公交车,方便群众绿色出行。为推广使用电动汽车,县里在城南划拨1.33公顷土地,由盛星公交公司投资1000万元,于10月中旬建成全省最大的大型充电站投入使用。截至12月底,全县纯电动公交车100辆投入使用,运营于县城的8条公交线路。

主要领导人 县委书记:李茂荣(5月任)。县人大常委会主任:陈文(任至10月)、姚英华(10月任)。县长:许萍乡(任至7月)、曾春(7月任)。县政协主席:陈勤(任至10月)、杨卫国(10月任)。

(东乡县党史办)

本栏编辑 陈超萍

人　　物

省级领导机构成员名录

中共江西省委

强　卫　书记(任至6月)
鹿心社　书记(6月任)、副书记(任至6月)
刘　奇　副书记(2月任)
姚增科　副书记(10月任)
姚亚平　常委(任至1月)
周泽民　常委(任至10月)
李炳军　常委
朱　虹　常委、秘书长(任至11月)
周　萌　常委(任至11月)
蔡晓明　常委(任至11月)
孙新阳　常委(10月任)
赵爱明　(女)常委
毛伟明　常委
龚建华　常委(任至11月)
张晓明　常委(任至11月)
陈俊卿　常委(3月任,任至11月)
尹建业　(白族)常委(11月任)
殷美根　常委(11月任)
陈兴超　常委(11月任)
刘　捷　常委、秘书长(11月任)
赵力平　常委(11月任)

江西省人大常委会

强　卫　党组书记(任至7月)、主任
鹿心社　党组书记(7月任)
洪礼和　党组副书记、副主任
史文清　(蒙古族)党组成员、副主任
魏小琴　(女)党组成员、副主任
谢亦森　党组成员、副主任
马志武　(回族)副主任
冯桃莲　(女)党组成员、副主任
魏　民　党组成员、秘书长

江西省人民政府

鹿心社　党组书记、省长(任至7月)
刘　奇　党组书记(7月任)、省长(7月代、9月任)
毛伟明　党组副书记、常务副省长
谢　茹　(女)副省长
李贻煌　党组成员、副省长
尹建业　(白族)党组成员、副省长
郑为文　党组成员、副省长
刘昌林　党组成员、副省长(任至10月)
殷美根　党组成员、副省长
李　利　党组成员、副省长(12月任)
张　勇　党组成员、秘书长
潘东军　党组成员

政协江西省委员会

黄跃金　党组书记、主席
姚亚平　党组副书记、副主席(1月任)
钟利贵　党组副书记、副主席
李华栋　副主席
汤建人　副主席
刘晓庄　副主席
郑小燕　(女)副主席
胡幼桃　党组成员、副主席
肖光明　党组成员、副主席(任至1月)
孙菊生　副主席
肖为群　党组成员、秘书长

省直单位、中央驻赣单位、省属高校领导干部名录

省纪委(省监察厅)

周泽民　书记(任至10月)
孙新阳　书记(10月任)
陈尚云　省纪委常务副书记(任至2月)
刘卫平　省纪委常务副书记(2月任)
潘东军　省纪委副书记、省监察厅厅长、省预防腐败局局长(兼)
陈小平　省纪委副书记
肖德福　省纪委副书记
刘三秋　(女)省纪委常委(任至11月)
汪　爽　省纪委常委、秘书长(1月任)
何建洋　省监察厅副厅长、省预防腐败局副局长(兼)
何　刚　省纪委常委、省监察厅副厅长(6月任)
饶利萍　(女)省纪委常委
王仁辉　省纪委常委、省监察厅副厅长
郑光泉　省纪委常委(4月任)
庄国良　省纪委常委(11月任)、调研法规室主任
裴忠彪　省预防腐败局专职副局长
鲍小慧　正厅级纪检员、监察专员
邓剑锋　省纪委常委(任至3月)
唐舒龙　副秘书长、办公厅(省预防腐败局办公室)主任(任至4月)

罗 进 副秘书长、办公厅(省预防腐败局办公室)主任(6月任)
胡国庆 组织部部长(任至5月)
郑志军 组织部部长(6月任)
施新华 宣传部部长
陈阳霞 (女)党风政风监督室主任(7月任),8月因违反中央八项规定精神被免职
单庆娇 (女)信访室主任(任至6月)
杨志军 信访室主任(任至9月)
吕朝明 案件监督管理室主任(6月任)
程新生 案件审理室主任
张 明 纪检监察干部监督室主任
胡文南 (女)离退休干部室主任
刘玉椿 机关党委专职副书记
曾亦冰 第一纪检监察室主任
王 玮 第二纪检监察室主任(任至1月)
史国珍 (女)第二纪检监察室主任(6月任)
姚军章 第三纪检监察室主任
周重和 第四纪检监察室主任
景有富 第五纪检监察室主任(任至2月)
陶 亮 第六纪检监察室主任
刘永华 第七纪检监察室主任
黄以华 副厅级纪检员、监察专员
王南平 副厅级纪检员、监察专员(任至8月)
胡晋茂 副厅级纪检员、监察专员(任至12月)
李启真 副厅级纪检员、监察专员(任至11月)

省委办公厅

徐延彬 省委副秘书长、办公厅主任
沈谦芳 省委副秘书长
刘义硚 省委副秘书长
毛祖逊 省委副秘书长
梅 毅 省委副秘书长、省委省政府接待办主任(5月任)
翟 明 省委副秘书长、办公厅督查专员 (任至5月)
犹 瑾 (土家族)省委副秘书长(7月任)
李绪先 省委副秘书长(4月任)
李 能 省委副秘书长(4月任)
张 锋 副主任(4月任)
马 健 副主任(任至9月)
刘志远 副主任
黄之猛 副主任(9月任),兼省委滨江招待所所长
吕 伟 省纪委驻省委办公厅纪检组组长
巫雄军 巡视员、厅直机关党委书记
费先志 省委机要局局长
邬裕彬 省委总值班室主任
席 宏 法规室主任
汤俊峰 督查专员
王 俊 省国家保密局局长(5月任)
徐建文 副巡视员
周益民 副巡视员 (任至4月)
金建明 副巡视员(7月任)
李先进 副巡视员(12月任)

省信访局

刘义硚 局长
徐贵闽 (女)正厅级信访督查专员
孙解生 副局长
徐 力 副局长
罗 强 副局长
姚学明 副巡视员
聂明慧 副巡视员

省委组织部

赵爱明 (女)部长
赵力平 常务副部长(任至12月)
徐南凯 常务副部长(正厅长级,12月任)
龚绍林 副部长
刘三秋 (女)副部长
周训国 副部长兼省委非公有制经济组织与社会组织工作委员会书记
傅世平 副部长兼省委老干部局局长(任至1月)
肖洪波 副部长兼省委老干部局局长(4月任)
宋 斌 省纪委驻省委组织部纪检组组长
徐 忠 副部长
屈 泉 部务委员
邹绍辉 部务委员
王家龙 省委党建工作领导小组办公室副主任、非公有制经济组织与社会组织工作委员会专职副书记
黄式贤 省第八批援疆工作前方指挥部党委书记(任至12月)
俞银先 部务委员(任至12月)
陈 峰 副巡视员
陈长根 副巡视员(任至11月)

省委老干部局

傅世平 局长(任至1月)
肖洪波 局长(4月任)
王海燕 (女)副局长
陈渊平 副局长(12月任)

省关工委

范斌华 专职副主任(任至1月)

省委宣传部

姚亚平 部长(任至4月)
陈俊卿 部长(4月任,任至11月)
赵力平 部长(11月任)
郭建晖 常务副部长、省互联网信息办公室主任
杨六华 副部长
朱民安 副部长
张天清 省精神文明建设指导委员会办公室主任
李晓浩 省纪委驻省委宣传部纪检组组长
罗勇兵 副部长、省委对外宣传办公室(省政府新闻办公室)主任
黎隆武 副部长
李绪先 副部长(任至4月)
周森昆 省互联网信息办公室专职副主任
刘元敏 副巡视员
涂芸芸 副巡视员(任至11月)
雷 健 副巡视员

省委统战部

蔡晓明 部长(任至11月)
陈兴超 部长(11月任)
刘金炎 常务副部长
张 勇 副部长
李青华 (女)副部长
胡志平 副部长
高鹰群 副部长
廖元柱 省纪委驻省委统战部纪检组组长
万 坚 副巡视员

朱 瑅 省促进非公有制经济发展领导小组办公室专职副主任（4月任）

省委政法委

周 萌 书记（任至11月）
尹建业 （白族）书记（11月任）
林 强 常务副书记、省维稳办主任（任至4月）
徐南凯 副书记、省综治办主任（任至12月）
刘 烁 省维稳办主任（4月任）
李 煌 省610办主任
蔡文龙 省综治办副主任
马青林 省纪委驻省委政法委纪检组组长
万小根 省维稳办专职副主任
沈亚男 省维稳办专职副主任
毛保国 省委政法委秘书长
梁启有 省610办专职副主任
张鹤翔 省法学会专职副会长
吴 鹏 省委政法委政治部主任
余水根 省委政法委副巡视员
樊国花 （女）省委政法委副巡视员

省委农工部

毛祖逊 部长
倪美堂 副部长
赖金生 副部长
龙宇闻 副部长
陈江林 巡视员
刘 伟 副巡视员

省委政研室（改革办）

沈谦芳 省委副秘书长、政研室主任、省委改革办副主任
陈 强 省委改革办专职副主任
黄光明 省委政研室副主任
利继忠 省委政研室副主任
何建辉 省委政研室巡视员
林毓敏 省委政研室副巡视员

省委台办

欧阳泉华 主任
徐建星 副主任
何 晞 副主任
陈幸福 副巡视员
林挺华 副巡视员

省编办

傅世平 主任（1月任）
何剑锋 副主任
廖 涛 （女）副主任
王云标 副主任
胡庆华 副巡视员
王大杰 副巡视员

省直机关工委

彭世东 书记（1月任）
李跃进 （女）副书记
雷 音 副书记（9月任）
孔德然 委员、组织部部长（12月任）
刘大胜 委员、宣传部部长
方瑞增 委员、纪工委书记
喻子显 委员、省直机关工会工委主任
陈圣泉 副巡视员、党校常务副校长

省委巡视办

彭光华 主任（1月任）
王爱东 副主任（1月任）
肖平学 副主任（4月任）
王晓庆 省委第一巡视组组长
尹 健 省委第一巡视组副组长
沈冬阳 省委第一巡视组副厅级巡视专员
陈松远 省委第二巡视组组长
李 云 （女）省委第二巡视组正厅级巡视专员（任至9月）
黄赛荣 省委第二巡视组正厅级巡视专员（9月任）
汪永华 省委第二巡视组副组长（5月任）
李泉新 省委第三巡视组组长（5月去世）
涂志柏 省委第三巡视组组长（5月任）
晏苏节 省委第三巡视组正厅级巡视专员（任至12月）
熊桂生 省委第三巡视组副组长
卢作全 省委第四巡视组组长（9月任）
谢一平 省委第四巡视组组长（任至9月）
毛 敏 省委第四巡视组正厅级巡视专员（9月任）
吴小瑜 （女）省委第四巡视组副组长
孙正森 省委第五巡视组组长（9月任）
徐森鸣 省委第五巡视组组长（任至7月）
虞小京 （女）省委第五巡视组副组长
王旭景 省委第五巡视组副厅级巡视专员
郭 家 省委第六巡视组组长
曾崇新 省委第六巡视组副组长
吴宜文 省委第六巡视组副厅级巡视专员
邹国荣 省委第七巡视组组长
徐志华 省委第七巡视组正厅级巡视专员（9月任）
宋江涌 省委第七巡视组副组长
胡伟荣 省委第八巡视组组长
茆荣权 省委第八巡视组副组长

省委党史研究室

俞银先 副主任（主持工作）
卢大有 副主任
彭 勃 （女）副主任
史爱国 副巡视员

省委党校（行政学院）

舒仁庆 常务副校（院）长
曾志刚 副校（院）长（9月任）
杨 超 副校（院）长
罗志坚 副校（院）长
黄祥兴 副校（院）长
廖清成 副校（院）长
杨解生 副校（院）长
戚东江 副巡视员（任至12月）
黄世贤 副巡视员
黄 勇 副巡视员
王 毅 副巡视员（12月任）

省人大常委会办公厅

张振球 省人大常委会副秘书长、办公厅主任
刘小华 （女）省人大常委会副秘书长（任至4月）
王曼萍 （女）省人大常委会副秘书长（6月任）
李金秋 副主任（任至6月）
陈洪生 副主任（任至12月）
郭玉元 副主任（12月任）
巫欣春 副主任（1月任）

省人大内司委

胡　宪　主任委员
刘和平　副主任委员
段景来　副主任委员
王可忠　副主任委员(任至6月)
陈东有　副主任委员(任至1月)
赵锦成　副主任委员
陈友锦　副主任委员

省人大财经委

谢碧联　主任委员
王建农　副主任委员(1月任)
伍再谦　副主任委员
高小琼　副主任委员
张贻奏　副主任委员
周山印　副主任委员、预算工委主任
王曼萍　(女)副主任委员(任至6月)
谭文英　(女)副主任委员(任至12月)

省人大教科文卫委

谭晓林　主任委员(1月任,任至12月)、副主任委员(任至1月)
沈建华　副主任委员(1月任)
王　海　副主任委员(任至12月)
李水弟　副主任委员
谢秀琦　副主任委员(任至9月)
傅小健　副主任委员(1月任)
聂道宏　副主任委员(任至6月)
刘　伟　副巡视员(任至8月)

省人大农委

陈毓平　主任委员
梁彩云　(女)副主任委员(任至1月)
樊　耀　副主任委员(任至1月)
陈永华　(女)副主任委员(1月任)
刘永思　副主任委员
王晓春　副主任委员(1月任)
李友鸿　副主任委员(1月任)
罗小茶　(女)副主任委员
王贤春　副巡视员
杨新华　副巡视员

省人大环资委

汪毓华　(女)主任委员(任至1月)
陈尚云　主任委员(1月任)
李春燕　(女)副主任委员(1月任)
虞国庆　副主任委员
甘筱青　副主任委员(1月任)
屠永发　副主任委员
雷晓燕　副主任委员(1月任)
杨泽民　副主任委员(6月任)
柳　铭　副巡视员
文建华　副巡视员(任至3月)

省人大法制委

刘小华　(女)主任委员(1月任)
张玉印　副主任委员(1月任)
李　锐　副主任委员
肖伟根　副主任委员
陈春明　副主任委员(任至6月)
叶敏健　副主任委员

省人大常委会法工委

韩　军　主任
周　雍　副主任
刘永亮　副主任
杨润华　副主任(6月任)

省人大常委会选任联工委

龚绍林　主任
李元生　副主任
公艳萍　(女)副主任

省人大常委会外侨民宗工委

傅小健　(女)主任(任至4月)
聂道宏　主任(6月任)

省人大常委会预算工委

周山印　主任
李　雪　副主任
梁　力　副主任(1月任)

省政协办公厅

杨春燕　(女)省政协副秘书长、机关党组成员、主任
徐良平　省政协副秘书长
曾　粮　机关党组成员、副主任(任至1月)
罗亦斌　机关党组成员、省纪委驻机关纪检组组长(1月任)
杨木生　机关党组成员、副主任
周寥寥　机关党组成员、副主任
刘海华　副巡视员(任至6月)

省政协提案委员会

杨　斌　主任(专职)
张桃生　副主任
朱荣辉　副主任(任至1月)
陈智祥　副主任
张国轩　副主任
张康平　副主任(专职)
马岩波　副主任

省政协经济委员会

李贤书　主任(任至1月)
肖四如　主任(1月任)
汪玉奇　副主任(任至7月)
谢　斌　副主任
朱力群　副主任
邝小平　副主任
王殿军　副主任(1月任)
王　斌　副主任
尹小明　副主任(专职)

省政协人口资源环境委员会

文红莲　(女)主任(任至1月)
朱荣辉　主任(1月任)
揭赣元　副主任(任至1月)
刘德意　副主任(任至1月)
徐　毅　副主任(1月任)
熊根泉　副主任
熊　毅　副主任
李晓琼　副主任
陈　荣　副主任(任至11月)
樊　欣　副主任(专职)

省政协教科文卫体委员会

龚林儿　主任(专职)
刘　鹰　副主任
史蓉蓉　(女)副主任
熊正明　副主任(任至12月)
毛学东　副主任(任至7月)
王　萍　(女)副主任(9月任)

郜海镭 副主任(1月任),8月12日因涉嫌严重违纪接受组织调查
陈 坚 副主任(专职,任至7月)
张玉清 副主任
招则庆 副巡视员

省政协社会和法制委员会

张 莉 (女)主任(专职)
徐效钢 副主任
章凯旋 副主任(任至9月)
张传发 副主任
胡淑珠 (女)副主任
李 智 副主任
李东山 副主任(专职,任至7月)
辜 清 副主任(专职,9月任)

省政协民族和宗教委员会

舒国华 主任
孙晓山 副主任
甘良淼 副主任
扶名福 副主任(任至12月)
方 娅 (女)副主任
张 勇 副主任
李冬妮 (女)副主任
释纯一 副主任
陈淦彬 副主任(专职)

省政协港澳台侨和外事委员会

冷芬俊 省政协副秘书长(任至7月)、主任(专职)
周 锦 (女)副主任
钟录生 副主任(任至7月)
何大欣 副主任(任至7月)
张知明 (女)副主任
陈金乐 巡视员、副主任(专职,任至7月)
徐景坤 副主任

省政协文史和学习委员会

曾 粮 机关党组成员、主任(1月任)
姚 电 副主任
陈绵水 副主任
沈谦芳 副主任
杨兰根 副主任(1月任)
祝黄河 副主任
苏明宗 副主任
黄菊花 (女)副主任
傅兆良 副主任(专职,7月任)

省法院

葛晓燕 党组书记、院长
方晓春 党组副书记、副院长(任至7月)
郭 兵 党组副书记、副院长
胡淑珠 (女)副院长
朱 浔 党组成员、副院长
纪红华 党组成员、纪检组组长
夏克勤 党组成员、副院长
勒世标 党组成员、政治部主任
柯 军 党组成员、副院长(11月任)
赵九重 党组成员、执行局局长
楼建群 审判委员会专职委员
杨国安 审判委员会专职委员
何大新 副巡视员
刘洪芳 副巡视员、基建办主任

省检察院

刘铁流 党组书记、检察长
李 智 党组副书记、副检察长
张国轩 副检察长
罗晓泉 党组成员、副检察长
邱 利 党组成员、副检察长、反贪污贿赂局局长(任至5月)
魏运亭 党组成员、省纪委派驻省检察院纪检组组长(任至7月)、巡视员(7月任)
徐胜平 党组成员、副检察长(1月任)
张勇玲 (女)党组成员、政治部主任
黄永茂 党组成员、反贪污贿赂局局长(5月任)
胡火箭 党组成员、检察委员会专职委员(9月任)
江阶虎 检察委员会专职委员(任至9月)
孙牯昌 检察委员会专职委员
丁高保 巡视员(任至5月)、南昌铁路运输分院党组书记、检察长(任至1月)
罗庆华 南昌铁路运输分院党组书记、检察长(1月任)
黄 杰 反渎职侵权局局长(任至9月)
谢 健 巡视员(9月任)
刘恩祥 副巡视员
吴智勇 副巡视员
姜玉娟 (女)副巡视员
谭显厚 副巡视员(12月任)

省政府办公厅

张 勇 省政府秘书长、办公厅党组书记、主任
翟 明 省政府副秘书长、省机关事务管理局局长(6月任)
陈石俊 省政府副秘书长、办公厅党组成员、省政府研究室主任
张小平 省政府副秘书长、办公厅党组成员(任至9月)
谢茂林 省政府副秘书长、办公厅党组成员(任至1月)
涂琼理 省政府副秘书长、办公厅党组成员
宋雷鸣 省政府副秘书长、办公厅党组成员
犹 瑾 (土家族)省政府副秘书长、办公厅党组成员(任至7月)
刘晓艺 (女)省政府副秘书长、办公厅党组成员
吴龙强 省政府副秘书长、办公厅党组成员(10月任)
王亚联 省政府副秘书长、办公厅党组成员
陈 敏 省政府副秘书长、办公厅党组成员
江枝英 (女)省政府副秘书长、省政府驻京办主任(1月任)
徐小平 办公厅党组成员、省纪委驻厅纪检组组长
杜章彪 办公厅党组成员、副主任
朱小平 办公厅党组成员、省政府机关事务管理局局长(任至6月)
樊雅强 办公厅党组成员、副主任
熊科平 办公厅党组成员、副主任
徐松柏 办公厅党组成员、副主任
廖裕良 办公厅党组成员、省政府应急办专职副主任
闵圣忠 副厅级纪检员、监察专员(任至8月)
罗时跃 副巡视员
章小刚 副巡视员
曹铭文 副巡视员(任至2月)
彭 林 副巡视员(任至11月)
胡德明 副巡视员(1月任)
邹平安 副巡视员(7月任)

叶澄平　副巡视员(7月任)
彭　峰　省政府研究室副主任
利继忠　省政府研究室副主任(任至10月)
刘礼明　省政府研究室巡视员(任至5月)

省发改委

吴晓军　党组书记、主任、省鄱阳湖生态经济区建设办公室(省赣南等原中央苏区振兴发展工作办公室)主任
叶柏青　党组成员、副主任、省物价局局长(任至8月)
曾文明　党组成员(任至1月)、副主任、省鄱阳湖生态经济区建设办公室(省赣南等原中央苏区振兴发展工作办公室)常务副主任(任至2月)
周光华　党组成员(9月任)、省鄱阳湖生态经济区建设办公室(省赣南等原中央苏区振兴发展工作办公室)常务副主任(11月任)
宋迪维　党组成员、副主任
熊　毅　副主任
郑沐春　党组成员、省能源局局长
王前虎　党组成员、副主任
李志刚　党组成员、副主任
邝先华　党组成员、驻委纪检组组长
李庆红　党组成员、省政府投资项目评审中心主任
赖南京　省鄱阳湖生态经济区建设办公室副主任
郭新宇　省第八批援疆工作前方指挥部总指挥、党委副书记(任至12月)
刘　兵　省鄱阳湖生态经济区建设办公室副主任
严佛元　省第八批援疆工作前方指挥部副总指挥、党委委员(任至12月);省第九批援疆工作前方指挥部党委书记、总指挥(12月任)
谢宝河　省赣南等原中央苏区振兴发展工作办公室副主任(任至10月)
邹　洪　省赣南等原中央苏区振兴发展工作办公室副主任
薛　强　省赣南等原中央苏区振兴发展工作办公室副主任(10月任)
赵鹏高　省赣南等原中央苏区振兴发展工作办公室副主任(4月任)
皮仄郑　省赣南等原中央苏区振兴发展工作办公室副主任(4月任)
戴星照　省山江湖委办公室主任
金俊平　省信息中心主任
陈一星　巡视员(任至1月)
杨　毅　副巡视员(任至4月)
方贤会　副巡视员(1月任,任至4月)
黄海根　副巡视员(1月任,任至5月)
李接福　副巡视员(1月任,任至8月)
成　华　副巡视员(7月任)
李金平　副巡视员(7月任,任至10月)
宋志德　副巡视员(7月任)

省财政厅

胡　强　党组书记、厅长
潘昌坤　党组成员、副厅长
辜华荣　党组成员、副厅长(任至2月)
王　斌　副厅长
朱　斌　党组成员、副厅长
胡彦斌　党组成员、省纪委驻省财政厅纪检组组长
张耀霞　(女)党组成员、副厅长(12月任)
钟心平　副巡视员
刘维平　副巡视员

省人社厅

刘三秋　(女)党组书记、厅长
刘滇鸣　党组成员、副厅长
姚睿钦　党组成员、省纪委驻厅纪检组组长(2月任)
吴福全　党组成员、副厅长
庄文玥　(女)党组成员、副厅长
王书红　党组成员、副厅长
吴国平　省社会保险管理中心党委书记
侯仲华　党组成员、副厅长、省社会保险管理中心主任
揭赣元　省人力资源和社会保障学会会长(任至2月)
万庆华　副巡视员(任至2月)
何仁缘　副巡视员(7月任)
刘万平　副巡视员(7月任)

省审计厅

王殿军　党组书记(任至2月)、厅长(任至4月)
辜华荣　党组书记(2月任)、厅长(4月任)
刘　达　(女)党组成员、副厅长
邹水成　党组成员、副厅长
徐　鸿　党组成员、纪检组组长
章丁万　党组成员(任至8月)、副厅长(任至10月)
胡志勇　党组成员、副厅长
刘斌良　党组成员、总审计师
黄正宇　党组成员(12月任)、省经济责任审计办公室专职副主任
何萍高　巡视员(任至11月)
伍金条　副巡视员(任至7月)

省民政厅

徐　毅　党组书记(任至1月)、厅长(任至2月)
刘金接　党组书记(1月任)、厅长(2月任)
凌学仁　党组成员、副厅长(任至8月),巡视员(8月任)
刘英城　党组成员、省纪委驻厅纪检组组长
饶剑明　党组成员、副厅长(任至9月)
刘立松　党组成员、副厅长
龚建辉　党组成员、副厅长
罗良意　党组成员
李小荣　副巡视员

省老龄办

刘金接　主任
罗良意　专职副主任

省统计局

王建农　党组书记(任至1月)、局长(任至2月)
曾文明　党组书记(1月任,任至9月)、局长(2月任,任至10月)
万庆胜　党组书记(12月任)

姚睿钦 党组成员、纪检组组长(任至2月)
韩志生 党组成员、副局长
曹青云 党组成员、副局长
彭勇平 (女)党组成员、副局长
彭道宾 巡视员(任至5月)
金 绮 (女)副巡视员
张家玉 (女)副巡视员(7月任)

国家统计局江西调查总队

邓盛平 党组书记、总队长
刘文峰 党组副书记、副总队长(7—12月挂职国家统计局城市司副司长)
符史武 党组成员、副总队长(任至8月),巡视员(8月任)
梁 冰 党组成员、副总队长(7月任)
章 勤 党组成员、纪检组组长(任至7月)
周献华 党组成员、副总队长
赵兰香 (女)党组成员、纪检组组长(8月任)
赖建军 副巡视员(8月任)

省政府法制办公室

谢茂林 党组书记、主任(2月任)
凌 云 党组成员、副主任
邱荣飞 党组成员、副主任
龚河兴 党组成员、副主任
刘晨华 副巡视员

省档案局

汪晓勇 党组书记、局长(任至2月)
方维华 (女)党组书记、局长(12月任),党组成员、副局长(任至12月)
方华清 党组成员、副局长
谭向文 党组成员、副局长
谭荣鹏 副巡视员

省国税局

胡立升 党组书记、局长
肖光远 党组成员、副局长(任至10月)
黄中根 党组成员、副局长
李德平 党组成员、副局长
胥敏锋 党组成员、副局长
王 勇 党组成员、纪检组组长
陈国英 党组成员、总会计师(任至10月)、副局长(10月任)
姚慧玲 (女)党组成员、总经济师
张建平 党组成员、总会计师(10月任)
张 成 副巡视员
刘纯福 副巡视员(5月任)
夏文川 副巡视员(7月任)

省地税局

张和平 党组书记、局长
胡 平 党组成员、副局长
尹玉光 党组成员、纪检组组长
赖新生 党组成员、总经济师
王显和 党组成员、副局长
黄正逊 党组成员、副局长
刘金保 副巡视员
徐志刚 副巡视员

省国资委

陈德勤 党委书记、主任
李晓刚 党委委员、副主任
沙甲先 党委委员、副主任
王金林 党委委员、省纪委驻省国资委纪检组组长
郑高清 党委委员、副主任
文翠萍 党委委员、副主任(12月任)
张爱国 副巡视员
聂志强 副巡视员(任至9月)
张思益 副巡视员
涂 勇 副巡视员
王成饶 省出资监管企业监事会主席
龚建平 省出资监管企业监事会主席
谢 敏 省出资监管企业监事会主席
郑德才 省出资监管企业监事会主席
钟宇晖 省出资监管企业监事会主席
谢 言 省出资监管企业监事会主席
项 文 省出资监管企业监事会主席
张秋宾 省纪委驻省国资委纪检组副厅级纪检员(12月任)

省工信委

胡世忠 党组书记、主任(任至9月)
章志锋 党组成员、纪检组组长
王亦斌 党组成员、副主任
刘 煜 党组成员、副主任
江明成 党组成员、副主任
辛清华 党组成员、总工程师
马 勇 副巡视员
王江南 副巡视员

省交通运输厅

朱 希 党委书记、厅长
王爱和 党委委员、副厅长、厅直属机关党委书记
彭志先 副厅长(任至1月)
胡钊芳 党委委员、总工程师
陈 兵 党委委员、省纪委驻省交通运输厅纪检组组长(2月任)
梁必康 党委委员、副厅长
谢德强 党委委员、副厅长
王昭春 党委委员、副厅长
杜继涛 党委委员、副厅长(1月任)
谢元银 副巡视员(7月任,任至12月)
王圣义 副巡视员(7月任)
夏太胜 副巡视员(任至1月)
吴铭汉 副巡视员(1月任)

省住房和城乡建设厅

陈 平 党组书记、厅长
吴昌平 党组成员、副厅长
曾绍平 党组成员、副厅长
章雪儿 党组成员、总工程师
周晓朗 党组成员、纪检组组长
李道鹏 副厅长
高 浪 巡视员
王 融 副巡视员

省环保厅

邓兴明 党组书记、厅长
陈 荣 党组成员、副厅长(任至9月)
罗小璋 党组成员、副厅长
罗伟华 (女)党组成员、纪检组组长
石 晶 (女)党组成员、副厅长
曹永琳 党组成员、总工程师
段惠民 副巡视员(任至7月)
朱百鸣 副巡视员
冀常和 副巡视员(7月任)

省质量技术监督局

王福平 党组书记、局长
蔡 玮 党组成员、副局长
张正新 党组成员、副局长
张龙飞 党组成员、副局长

黄富华 党组成员、副局长(2月任)
马　灵 党组成员
赵泰初 副巡视员(任至2月)
周元根 副巡视员(任至5月)
吴生龙 副巡视员(7月任)

省安全生产监督管理局

龙卿吉 党组书记、局长,省煤矿安全生产监督管理局局长
汪少舟 党组成员、副局长
周　平 党组成员、总工程师
彭建华 党组成员、纪检组组长
余　钢 党组成员、副局长
张贤义 党组成员、副局长
程应田 巡视员
丁志明 副巡视员

江西煤矿安全监察局

赵苏启 党组书记、局长
郑江萍 党组成员、副局长
钱陈保 党组成员、副局长(任至9月)
杨市龙 党组成员、副局长
马成荣 党组成员、纪检组组长

省国防科工办

杨贵平 党组书记、主任
郑正春 党组成员、副主任
瞿小华 党组成员、副主任(2月任)
邓季芳 党组成员、纪检组组长(任至3月)
肖建国 巡视员
刘　星 巡视员
沈　辉 副巡视员

省人防办

刘金接 党组书记(任至1月)、主任(任至2月)
唐高潮 党组成员、省纪委驻省人防办纪检组组长(任至1月)
林显君 党组成员、副主任(2月主持工作)
钟　斌 党组成员、副主任

省烟草专卖局

魏　平 党组书记、局长、中国烟草总公司江西分公司总经理(任至10月)
周恩海 党组成员、副局长(10月任)
徐素珍 (女)党组成员
胡义强 党组成员、副局长
章建华 党组成员、纪检组组长
李　民 党组成员
陈建辉 总会计师
顾厚武 党组成员、副总经理(任至10月)
熊也农 副巡视员

省邮政管理局

杜继涛 党组书记、局长
周慧锋 党组成员、副局长(5月任)
万卫国 党组成员(任至6月)

省通信管理局

黄建新 党组书记、局长
胡素仁 党组成员、纪检组长、副局长
高　伟 党组成员、省专用通信局局长

省机场集团公司

万　林 党委委员、总经理
周敏生 党委书记
李运昌 党委委员、副总经理
欧阳智 党委委员、副总经理
黄肇春 党委委员、副总经理
张　微 党委委员、副总经理
华民涛 党委副书记、纪委书记、工会主席
周　军 党委委员、副总经理

南昌铁路局

王　培 党委副书记、局长
卢文星 党委书记
钟生贵 党委委员、副局长
万　军 党委副书记
戴平峰 党委委员、副局长
任朝阳 党委委员、副局长
彭　磊 党委委员、副局长
刘明亮 党委委员、副局长
陈寿卿 党委委员、副局长
黄少雄 党委委员、副局长
詹志文 党委委员、总工程师
郭建波 党委委员、总会计师

省煤田地质局

黄登龙 党委书记、局长
周锦中 党委委员、副局长
夏会泳 党委委员、副局长
张明锋 党委委员、中煤集团董事长

省地矿局

苗　壮 党委书记、局长
余忠珍 党委委员、副局长
何龙清 党委委员、副局长
陶学明 党委委员、省纪委驻省地矿局纪检组组长
洪文忠 党委委员、总工程师
肖　中 副巡视员
罗卫江 副巡视员

省核工业地质局

黄江明 党组书记、局长
潘克森 党组成员、省纪委驻省核工业地质局纪检组组长
朱永刚 党组成员、副局长
江天红 党组成员、副局长
韦星林 总工程师
程祖杰 副巡视员

江西有色地质勘查局

何观生 党委委员、局长
邝颂华 党委书记
朱小茅 党委委员、副局长
魏　斌 党委委员、副局长
黄中敏 党委委员、副局长

省商务厅

王水平 党组书记、厅长
刘翠兰 (女)党组成员、副厅长、中国国际贸易促进委员会江西省分会会长
梁小康 党组成员、副厅长
李文尧 党组成员(任至7月)、副厅长(任至9月)、巡视员(9月任)
陶莉萍 (女)党组成员、副厅长
杨远林 党组成员、驻厅纪检组组长
朱元发 党组成员、副厅长
方向军 党组成员(12月任)
邓　宇 中国国际贸易促进委员会江

西省分会副会长
赵向阳　中国国际贸易促进委员会江西省分会副会长(1月任)
王仪林　副巡视员(任至2月)
裴晓华　副巡视员(任至12月)
杨筱红　(女)副巡视员(2月任)

省供销社

吴伏生　党组书记、主任(任至8月)
喻晓社　党组书记(12月任)
欧阳太来　党组成员、副主任
卢　建　党组成员、纪检组组长(任至1月)
卢　忠　党组成员、副主任
杨晓琴　(女)党组成员、副主任
江际华　副巡视员
江欢平　副巡视员(任至4月)

省工商局

吴治云　党组书记、局长
沈庆中　党组成员、副局长
刘建华　党组成员、副局长
魏晓奎　党组成员、副局长(任至9月)
张　新　党组成员、副局长(任至6月)
谭文英　(女)副局长(11月任)
王　玮　党组成员、纪检组组长(2月任,任至9月)
刘邦琰　党组成员、纪检组组长(9月任)
袁建军　副巡视员
吕晓平　副巡视员(任至8月)

省旅发委

丁晓群　党组书记、主任
余晓明　(女)党组成员、副主任
陈晓平　党组成员、副主任
丁新权　党组成员、副主任
屈乾娜　(女)巡视员
徐信国　副巡视员

省外侨办

赵　慧　(女)党组书记、主任
黄加文　党组成员、副主任
李雨强　党组成员、副主任
陈绪峰　党组成员、副主任(任至2月)
胡志扬　党组成员(12月任)
吴健民　巡视员

南昌海关

肖　军　党组书记、关长
辛建民　党组副书记、政治部主任
赵月淦　党组成员、缉私局局长、局党组书记、督察长
周维颖　党组成员、副关长
赵　光　党组成员、副关长
李　宇　党组成员、副关长
褚碧波　党组成员、党组纪检组组长
李文君　缉私局政委

江西出入境检验检疫局

温珍才　党组书记、局长
易克钦　党组成员、副局长
刘海葆　党组成员、副局长
张国清　党组成员、副局长
陈　宇　党组成员、纪检组组长
桂家祥　副巡视员

省政府驻外办事处

江枝英　(女)省政府驻北京办事处党组书记、副主任(任至1月)、主任(1月任)
吴文凯　省政府驻北京办事处党组成员、副主任
高延平　省政府驻北京办事处党组成员、副主任
王　猛　省政府驻北京办事处巡视员(任至11月)
王敦范　省政府驻上海办事处党组书记、主任(4月任),党组副书记、副主任(任至4月)
温浙兴　省政府驻上海办事处党组成员、副主任(任至10月)
张雪萍　(女)省政府驻上海办事处党组成员、副主任
王坚真　(女)省政府驻上海办事处党组成员、副主任
唐晓东　省政府驻上海办事处副巡视员(任至7月)
刘友龙　省政府驻广东(深圳)办事处党组书记、主任(12月任),省政府驻深圳办事处党组书记、主任(任至12月)
柳　林　省政府驻广东(深圳)办事处党组成员、副主任(6月任),省政府驻深圳办事处党组成员、副主任(任至6月)
胡汉羽　省政府驻广东(深圳)办事处党组成员、副主任(6月任),省政府驻深圳办事处党组成员、副主任(任至6月)

人民银行南昌中心支行

王　信　党委书记、行长兼国家外汇管理局江西省分局局长(任至12月)
张智富　党委书记、行长兼国家外汇管理局江西省分局局长(12月任)
郭云喜　党委委员、副行长兼国家外汇管理局江西省分局副局长
吴豪声　党委委员、副行长
陈　锋　党委委员、副行长
宋剑锋　党委委员、纪委书记(5月任)

江西银监局

李　虎　党委书记、局长
柯愈华　党委委员、副局长
李　洪　党委委员、副局长
郭汉强　党委委员、纪委书记
曾　晖　(女)党委委员、副局长
卫功琦　党委委员、副局长(5月任)

江西证监局

滕必焱　党委书记、局长(任至10月)
何庆文　党委书记、局长(10月任)
刘谷庭　党委委员、副局长(任至10月)
周　军　党委委员、副局长
匡晓凤　(女)党委委员、副局长
张　松　党委委员、纪委书记(10月任)

江西保监局

陈　静　(女)党委书记、局长
余祖典　党委委员、副巡视员、副局长
程健荣　党委委员、副巡视员、副局长
叶慧霖　党委委员、纪委书记、副局长

省农业厅

陈日武　党委书记

胡汉平 厅长
严　卫 党委委员、省纪委驻省农业厅纪检组组长(3月任)
唐安来 党委委员、副厅长
程关怀 党委委员、副厅长
万国根 党委委员、副厅长
刘光华 党委委员、副厅长
刘建堂 党委委员、总经济师
吴国昌 党委委员、省畜牧兽医局局长
邓贤贵 党委委员、副厅长(12月任)
张跃远 副巡视员
万秋根 副巡视员
官少飞 副巡视员(2月任)

省农垦事业管理办

唐安来 党组书记、主任
陈志宏 党组成员、副主任
胡位淮 党组成员、副主任

省林业厅

阎钢军 党组书记、厅长
詹春森 党组成员、副厅长(任至1月),巡视员(1月任)
罗　勤 党组成员、副厅长
邱水文 党组成员、副厅长
黄小春 党组成员
胡跃进 党组成员、总工程师
赵　国 党组成员、驻厅纪检组组长(2月任)
魏运华 巡视员
毛赣华 副巡视员(任至1月)
钟　明 副巡视员

省水利厅

罗小云 党委书记、厅长,省鄱建办党委书记
朱来友 党委委员、副厅长,省鄱建办主任、党委委员
杨丕龙 党委委员、副厅长
张文捷 党委委员、总工程师
廖瑞钊 党委委员、副厅长
吴信根 党委委员、省纪委驻水利厅纪检组组长
吴义泉 党委委员、副厅长
王　纯 党委委员、副厅长
祝水贵 副巡视员

省国土资源厅

刘定明 党组书记、厅长
邓又林 党组成员、副厅长
侯克常 党组成员、副厅长
李来木 党组成员、省纪委驻厅纪检组组长
许建平 党组成员、副厅长
梁春祥 党组成员(9月任)、总规划师
陈祥云 省测绘地理信息局党委副书记、局长(12月任)
匡　猛 省测绘地理信息局党委书记
蔡建平 省国土资源执法监察总队总队长(3月任)
罗小明 副巡视员(任至2月)
叶銮清 副巡视员(任至2月)
葛祖明 副巡视员(任至2月)
赵建宁 副巡视员
彭　伟 副巡视员(1月任)
罗光华 副巡视员(7月任)

省测绘地理信息局

高振华 局长(任至2月)
陈祥云 局长、党委副书记(12月任)
匡　猛 党委书记

省粮食局

黄　河 党组书记、局长
罗　洪 党组成员、副局长
刘福元 党组成员、副局长
赵　国 党组成员、纪检组组长(任至2月)
廖小平 党组成员、总工程师(12月任)
杜晓林 副巡视员
辛洪光 副巡视员(2月任,任至12月)

省扶贫和移民办

章康华 党组书记、主任
涂俊伟 党组成员、副主任
刘英城 省纪委派驻纪检组组长
饶振华 党组成员、副主任
胡跃明 党组成员、副主任

省地震局

王建荣 党组书记、局长
柴劲松 党组成员、副局长
熊　斌 党组成员、副局长、纪检组组长
陈家兴 党组成员、副局长
张福平 巡视员

省气象局

薛根元 党组书记、局长
詹丰兴 党组成员、副局长
吴万友 党组成员、副局长
谢梦莉 (女)党组成员、纪检组组长
汪金福 党组成员、副局长
朱胜瑞 副巡视员
汪洋清 副巡视员

省科技厅

郭学勤 党组书记
洪三国 厅长
卢福财 党组成员、副厅长
赵金城 党组成员、副厅长
熊绍员 党组成员
邓季芳 党组成员、纪检组组长
傅道言 副巡视员
贺志胜 副巡视员

省委教育工委、省教育厅

黄小华 (女)工委书记
叶仁荪 工委副书记、厅长
喻晓社 工委副书记、副厅长
郭奕珊 工委委员、副厅长
杨慧文 工委委员、副厅长
刘润保 工委委员、省教育考试院党委书记
汤赛南 工委委员、省教育厅总督学
肖志华 工委委员、副厅长
杜志刚 工委委员、驻厅纪检组组长
刘雪平 (女)省教育考试院院长
周金堂 省教育厅巡视员
胡新明 (女)省教育厅副巡视员(1月任,任至11月)
吕玉琪 省教育厅副巡视员(任至9月)

省体育局

晏驹腾 党组书记、局长
李小平 党组成员、副局长
林 军 党组成员、副局长
宗玉明 党组成员、纪检组组长(任至3月)
王 勇 党组成员、副局长(1月任)
夏守国 副厅级纪检员、监察专员(任至3月)
古芳远 副巡视员(任至4月)
陈建国 副巡视员
黄卫民 副巡视员(7月任)

省卫生计生委

李 利 党组书记、主任
李晓琼 (女)党组成员、副主任
万筱明 (女)副主任
关晏民 (满族)党组成员、副主任
程关华 党组成员、副主任
曾传美 党组成员、副主任兼省食品药品监督管理局副局长
罗聪明 (女)党组成员、省纪委驻委纪检组组长
汤卫平 副厅级监察专员
刘慧玲 (女)省计划生育协会专职副会长
赖厚明 巡视员
钟玉祥 副巡视员
汪伟华 副巡视员
方 晓 (女)副巡视员
余少良 副巡视员

省食品药品监督管理局

李舰海 党组书记、局长
曹 麒 党组成员、副局长
上官新晨 副局长
姜 红 (女)党组成员、省纪委驻局纪检组正厅级纪检员(12月任)
肖一华 党组成员、副局长
曾传美 副局长(兼)
梁义敏 党组成员、食品药品安全总监
吴 维 党组成员、副局长
付新华 副巡视员(1月任)
黄富强 副巡视员(1月任)

省文化厅

池 红 党组书记、厅长(2月任)
郜海镭 党组书记(任至1月)、厅长(任至2月),8月12日因涉嫌严重违纪接受组织调查
徐琳琳 党组成员、副厅长、省文物局局长(任至7月),巡视员(7月任)
宗玉明 (女)党组成员、省纪委驻省文化厅纪检组组长(2月任)
任永新 党组成员、副厅长
郎道先 党组成员、副厅长
魏 玮 省纪委驻省文化厅纪检组正厅级纪检员(任至1月)
夏守国 省纪委驻省文化厅纪检组副厅级纪检员(2月任)
谌洪敏 副巡视员
丁 跃 副巡视员(1月任)
孙家骅 副巡视员(任至2月)

省新闻出版广电局(省版权局)

杨六华 党组书记、局长
周 文 党组副书记(任至6月)、副局长(任至7月)
杨玲玲 党组成员、江西广播电视台党委书记、台长
王朝新 党组成员、副局长
刘玉东 党组成员(任至9月)、副局长(任至10月),巡视员(10月任)
刘 平 党组成员(任至9月)、副局长(任至10月),巡视员(10月任)
白文松 党组成员、副局长
周世敏 党组成员、副局长
李 薇 (女)党组成员、纪检组组长(2月任)
刘兴英 (女)党组成员、纪检组组长(任至2月)
兰丽华 (女)党组成员(9月任)、省版权局副局长(10月任),副巡视员(任至10月)
杨 松 巡视员(任至11月)
阮小扣 副巡视员
王晓燕 副巡视员(3月任,任至7月)
郑德明 副巡视员(7月任)

省民族宗教事务局

张 勇 党组书记、局长
梅仕灿 党组成员、副局长(任至9月)
王希贤 党组成员、副局长
肖争鸣 巡视员
费红鹰 副巡视员(任至5月)

省地方志办

梅 宏 党组书记、主任
周 慧 党组成员、副主任
杨志华 党组成员、副主任

省社科院

姜 玮 党组书记
梁 勇 党组副书记、院长
毛智勇 党组成员、副院长
龚建文 (女)党组成员、副院长
孔凡斌 党组成员、副院长

省公安厅

郑为文 党委书记、厅长、督察长
王国强 党委副书记、常务副厅长
余升淮 党委委员,江西警察学院党委书记(任至1月)
李 煌 党委委员、副厅长,省610办主任
叶国兵 党委委员、副厅长,江西警察学院党委书记(12月任)
涂建生 党委委员,南昌市公安局党委书记、局长、督察长
王跃辉 党委委员、副厅长
陈光明 党委委员、政治部主任
张冬庆 党委委员、治安警察总队总队长
胡满松 党委委员、副厅长
龚惠民 党委委员、省纪委驻厅纪检组组长、第一副督察长(2月任)
史克冰 党委委员、厅长助理(挂职至7月)
刘 刚 副巡视员(8月病逝)
陈晓平 副巡视员(任至11月)
杨 军 副巡视员
孙 勇 副巡视员(1月任)
刘日华 副巡视员(1月任)
王少刚 副巡视员(1月任)

省公安消防总队

房凌春 总队长
洪炳辉 政治委员
万德庭 副总队长
肖纯栋 副总队长
饶春风 副政治委员
朱飞勇 总工程师
刘　辉 参谋长
关中安 政治部主任
张小新 后勤部部长
梁智勇 防火监督部部长

省司法厅

沙闻麟 党组书记、厅长,省监狱管理局第一政委
江　涛 党组成员(9月任)、副厅长(11月任)
邓奕强 党组成员、副厅长
肖　良 党组成员(任至9月)、副厅长(任至10月)
刘品韬 党组成员、政治部主任
陈德群 党组成员、驻厅纪检组组长
罗　冈 省监狱管理局党委副书记、局长
阎循店 省监狱管理局党委副书记、政委
罗冬苟 省监狱管理局党委委员、副局长(任至11月)
于少晗 省戒毒管理局党委书记、局长
简明龙 巡视员
叶　青 副巡视员
魏　伟 副巡视员
马金云 省监狱管理局副巡视员(任至3月)

省总工会

谢亦森 主席
傅卓成 党组书记、常务副主席
林玉华 (女)党组成员、副主席
陈文明 党组成员、副主席
吴海平 党组成员、副主席
吴福才 党组成员、副主席
吴　峰 党组成员、纪检组组长(2月任)
吴丽云 (女)党组成员、经审会主任(9月任)
柯进水 巡视员(任至8月)
曲　清 副巡视员、省总工会干部学校党委书记(7月任)
龚荣才 副巡视员(12月任)

团省委

曾　萍 (女)党组书记、书记(任至9月)
马　健 党组副书记(9月任)
孙　鑫 党组成员、副书记
廖良生 党组成员、副书记
伍复康 党组成员、副书记

省妇联

潘玉兰 (女)党组书记(任至9月)、主席(任至11月)
王　庆 (女)党组书记(9月任)、主席(11月任)
黄海燕 (女)党组成员、副主席
肖晓兰 (女)党组成员、副主席
饶冬梅 (女)党组成员、副主席
李景芝 (女)党组成员(12月任)、组织部部长
孙　颖 (女)副巡视员(12月任)、省儿童少年活动中心主任

省文联

汪天行 党组书记(任至6月)、常务副主席
叶　青 党组成员、主席
鄢平原 党组成员、副主席
张　越 党组成员、副主席
龙　红 副主席

省社联

吴永明 党组书记、主席
胡春晓 (女)党组成员、副主席(任至12月)
刘弋涛 党组成员、副主席
熊　建 副巡视员

省科协

李华栋 主席(任至10月)
罗　莹 党组书记、常务副主席
卢天锡 主席(10月任)
彭玲华 (女)党组成员、副主席
梁纯平 党组成员、副主席
孙卫民 党组成员、副主席

省侨联

马志武 (回族)主席
张知明 (女)党组书记
周　浪 副主席
王　强 党组成员、副主席

省台联

曾鲁台 会长

省残联

陈卫华 党组书记、理事长
李芳萍 党组成员、副理事长(任至8月)
邹晓辉 (女)党组成员(4月任)、副理事长(6月任)
肖久刚 党组成员、副理事长
李志刚 副巡视员

省红十字会

周海涛 党组书记、常务副会长
袁才华 党组成员、专职副会长
刘安娜 (女)党组成员、专职副会长(任至5月)
戴　莹 (女)党组成员、专职副会长(12月任)

民革江西省委会

马志武 (回族)主委
胡汉平 副主委
陈春平 (女)副主委(专职)
徐景坤 副主委
李家祥 副主委
熊　皓 副主委

民盟江西省委会

刘晓庄 主委、省社会主义学院院长
罗慧芬 (女)副主委(兼职)
任江南 省政协副秘书长、民盟省委会副主委(专职)
王东林 副主委(兼职)
何建洋 副主委(兼职)
黄菊花 (女)副主委(兼职)

民建江西省委会

孙菊生 主委

胡淑珠 (女)副主委
唐玉英 (女)副主委
杨文龙 副主委
左继生 副主委
赵 波 (女)省政协副秘书长、专职副主委
沈 翔 副巡视员、秘书长

民进江西省委会

汤建人 主委
梅国平 副主委
姚燕平 (女)副主委
卢天锡 副主委
欧阳剑雄 副主委(专职)
张国轩 副主委
陈洪萍 (女)副巡视员、秘书长

农工党江西省委会

郑小燕 (女)全国政协常委,农工党中央常委、农工党江西省委会主委
王 斌 农工党中央委员,农工党江西省委会副主委
万筱明 (女)副主委
涂 建 专职副主委,农工党江西省监督委员会主任
史 可 副主委
罗胜联 副主委
余少良 副主委

九三学社江西省委会

李华栋 主委、全国政协常委
洪三国 副主委
李广振 副主委、九三学社南昌市委会主委、南昌市政协副主席
张玉清 副主委
辛洪波 副主委
肖礼庆 专职副主委
田 荣 副巡视员、秘书长

省工商业联合会

雷元江 主席
李青华 (女)党组书记、常务副主席
谭文英 (女)副主席(任至11月)
洪跃平 党组成员、副主席
刘星平 党组成员、副主席
于也明 巡视员

南昌大学

胡永新 党委书记
周创兵 党委副书记、校长
徐求真 党委副书记
李建民 党委委员、副校长(任至6月)
谢明勇 党委委员、副校长
黄 云 党委委员、纪委书记
朱友林 副校长
江风益 党委委员、副校长
辛洪波 副校长
李葆明 党委委员、副校长
邓晓华 党委委员、副校长

江西师范大学

田延光 党委书记
梅国平 校长
聂 剑 党委副书记(任至6月)
刘光华 党委副书记(12月任)
赵 明 党委委员、副校长(任至10月)
张艳国 党委委员、副校长
涂宗财 党委委员、副校长
姚弋霞 (女)党委委员、副校长
项国雄 副校长
贾俊芳 党委委员、纪委书记
丁 晖 党委委员(12月任)
刘 俊 党委委员(12月任)
陈运平 党委委员(12月任)

江西农业大学

曹国庆 党委书记
黄路生 党委副书记、校长
陈金印 党委副书记(任至12月)
胡春晓 (女)党委副书记(12月任)
赵小敏 党委委员、副校长
贺浩华 党委委员、副校长
许斌华 党委委员、副校长
白 浔 党委委员、纪委书记
黄英金 党委委员、副校长
邱晓辉 党委委员(12月任)
曾志将 党委委员(12月任)

江西财经大学

廖进球 党委书记
王 乔 党委副书记、校长
易小明 党委副书记
吴照云 党委委员、副校长(任至2月)
蒋金法 党委委员、副校长
易剑东 党委委员、副校长(任至5月)
杨建林 党委委员、纪委书记
邓 辉 副校长
王小平 党委委员、副校长
阙善栋 党委委员、副校长

华东交通大学

万 明 党委书记
罗玉峰 党委副书记、校长(5月任)
汪立夏 党委副书记
高海生 党委委员、副校长
张玉清 副校长
张 坚 党委委员、副校长
史焕平 党委委员、副校长
刘海文 党委委员、副校长
陈梦成 党委委员、副校长
朱卫国 党委委员、纪委书记
范 勇 党委委员、副校长

东华理工大学

徐跃进 党委书记
柳和生 党委副书记、校长
刘紫春 党委副书记(5月任)
孙占学 党委委员、副校长
刘晓东 党委委员、副校长
汤 彬 副校长
郭福生 党委委员、副校长
陈晓勇 副校长
聂逢君 党委委员、副校长
李德平 党委委员、副校长
万继锋 党委委员、纪委书记

江西理工大学

罗嗣海 党委书记
杨 斌 党委副书记、校长
张建中 党委副书记
钟健生 副校长(10月任)
肖文群 纪委书记(任至9月)
温和瑞 党委委员、副校长
邱廷省 党委委员、副校长
伍自强 党委委员、副校长
何舜平 党委委员、副校长
李国金 党委委员、副校长(1月任)
刘祖文 党委委员、副校长(1月任)
徐盛明 党委委员(5月任)、副校长

（6 月任）（挂职）
龚姚腾 党委委员

南昌航空大学

傅克刚 党委书记
罗胜联 校长
黄士安 党委副书记
周世健 党委委员、副校长
黎　明 党委委员、副校长
王玉芝 （女）党委委员、纪委书记（任至 5 月）
唐星华 党委委员、副校长
何兴道 党委委员、副校长
刘卫东 党委委员、副校长
聂　威 党委委员、副校长
杨晓光 党委委员、副校长（5 月任）

井冈山大学

彭涉晗 党委书记
曾建平 党委副书记、校长
肖长春 党委副书记
左继生 副校长（10 月任）
桂国庆 党委常委、副校长
王伴青 副校长（任至 11 月）
龙　进 党委常委、副校长（12 月任）
吕玉华 党委常委、副校长
史胜平 党委常委、纪委书记
陈小林 党委常委、副校长
黄俭根 党委常委、副校长
肖宜安 党委常委、副校长

江西科技师范大学

李红勇 党委书记
左和平 校长
池泽新 党委副书记
魏新华 党委委员、纪委书记
朱爱莹 （女）党委委员（任至 12 月）、副校长
胡业华 党委委员、副校长
蒲守智 党委委员、副校长
朱　笃 党委委员、副校长
徐景坤 副校长
李玉保 党委委员、副校长
邓　弘 党委委员（12 月任）
刘建飞 党委委员（12 月任）

景德镇陶瓷大学

郭杰忠 党委书记
江伟辉 党委副书记、校长
胡林荣 党委副书记
叶观荣 党委委员、纪委书记
吴　隽 党委委员、副校长（任至 10 月）
吴本荣 党委委员、副校长
刘小丽 （女）党委委员、副校长（任至 12 月）
宁　钢 党委委员、副校长
占启安 党委委员、副校长

江西中医药大学

刘红宁 党委书记
陈明人 党委副书记、校长
左铮云 党委委员、副校长（任至 12 月），党委副书记（12 月任）
朱卫丰 （女）党委委员、副校长
杨　明 党委委员、副校长
刘　青 党委委员、纪委书记
简　晖 党委委员、副校长
章德林 党委委员、副校长
彭映梅 （女）党委委员、副校长

赣南医学院

黄林邦 党委书记
韩立民 党委副书记、院长（任至 8 月）
陈　新 党委副书记
刘　潜 党委委员、副院长
王柏群 副院长
刘　民 党委委员、副院长
张裕生 党委委员、纪委书记
陈　亮 党委委员、副院长

赣南师范大学

孙弘安 党委书记
曾志刚 党委副书记、校长（任至 10 月）
胡龙华 党委副书记
曾泽鑫 党委委员、副校长
胡　海 党委委员、副校长（11 月任）
陈　勃 副校长
陈春生 副校长
邱小云 党委委员、副校长
吴剑波 党委委员、副校长
幸跃凌 党委委员、纪委书记

南昌工程学院

刘谟炎 党委书记（任至 12 月）
徐兰宾 党委书记（12 月任）
金志农 党委副书记、院长
张立青 党委副书记
梁　钢 （女）党委委员、纪委书记
吴泽俊 党委委员、副院长
汪胜前 党委委员、副院长
李　明 党委委员、副院长
樊后保 党委委员、副院长
汪荣有 党委委员、副院长
胡　敏 党委委员、副院长

江西广播电视大学

徐兰宾 党委书记（任至 12 月）
易小明 党委书记（12 月任）
沈建华 党委副书记、校长（任至 2 月）
朱爱莹 （女）党委副书记、校长（12 月任）
刘紫春 党委副书记（任至 5 月）
黄平槐 党委委员、副校长（任至 12 月），党委副书记（12 月任）
钟志贤 副校长
王水平 党委委员、纪委书记
陈江鸿 党委委员（12 月任）

南昌师范学院

王金平 党委书记
林加奇 党委副书记、院长
席芳宽 党委委员、副院长
徐晓泉 副院长
夏启国 党委委员（任至 9 月）、副院长（任至 10 月）
邬小辉 党委委员、纪委书记
谢晓国 党委委员、副院长
周毛春 党委委员（9 月任）、副院长（11 月任）
胡小萍 （女）党委委员（12 月任）

九江学院

郑　翔 党委书记
甘筱青 党委副书记、院长（任至 2 月）
吴桃娥 （女）党委委员、副院长（任至 7 月）
纪岗昌 副校长
王万山 党委委员、副院长
陶春元 副校长
杨焱林 党委委员、副院长
魏立平 党委委员、纪委书记

杨耀防 党委委员、副院长
夏启国 党委委员、副院长(9月任)

新余学院

刘 冬 党委书记
罗玉峰 党委副书记、院长(任至6月)
史 可 院长(6月任)
刘晓燕 (女)党委副书记
宁世春 党委委员、副院长
胡 涌 党委委员、副院长
陈裕先 党委委员、副院长
简少华 党委委员、纪委书记
李 敏 党委委员、副院长
龚丽春 (女)党委委员、副院长

宜春学院

肖华茵 党委书记
李雪南 党委副书记、院长
胡国瑞 党委副书记
龙 进 党委委员、副院长(任至12月)
彭外生 党委委员、纪委书记
梅光泉 副院长
曾晓春 党委委员、副院长
李明斌 党委委员、副院长
蒋 钰 (女)党委委员、副院长
余新卫 (女)党委委员、副院长
罗 政 党委委员、副院长

上饶师范学院

李友鸿 党委书记(任至1月)
朱寅健 党委书记(9月任)
詹世友 党委副书记、院长
王胜华 党委副书记(任至11月)
王秀章 党委委员、副院长
刘国云 党委委员、副院长,党委副书记(12月任)
王德荣 党委委员、副院长
赖明谷 党委委员、副院长
周厚丰 党委委员、副院长
饶爱京 (女)副院长(10月任)
吴亦丰 副院长(10月任)
郑大贵 院长助理、教务处处长,党委委员(12月任)

萍乡学院

陈金印 党委书记(12月任)
范小林 党委副书记、院长(任至12月)
史焕平 党委副书记、院长(12月任)
蔡宝琦 党委副书记(12月任)
郭 伟 党委委员、副院长
邱建丁 党委委员、副院长
潘运华 党委委员、纪委书记(12月任)
刘卫林 党委委员、副院长(12月任)

景德镇学院

蔡付斌 党委书记
陈雨前 党委副书记、院长
钱鸣华 (女)党委委员、纪委书记
吴 丁 党委委员、副院长
郑富年 党委委员、副院长
郑昕芾 党委委员、副院长

全国劳动模范

熊 俊 江西省丰城市人,1975年9月生,大学本科学历,南昌银行股份有限公司科技支行行长,江西省肢残人协会副主席。从事金融工作20年,他从基层储蓄员开始干起,先后从事过储蓄员、会计员、事后监督员、办公室主任、独立审贷员、支行行长等职,多次在行业技术比武中创造佳绩。2006年,他以笔试第一、面试第一的成绩,成为南昌银行总行首位"独立授信审贷员",负责授信审批业务。通过无数个日日夜夜的煎熬,为南昌银行建立一套行之有效的授信审批制度,让授信的时间平均缩短30%,授信的业务量提升400%,为南昌银行挽回数亿元的经济损失,为银行千亿元的信贷资产筑上一道"安全防护网"。南昌银行在英国权威杂志《银行家》公布的全球1000家银行排名中位列483位。一直以来,他始终尽自己最大的能力从事公益事业,积极帮扶困难家庭,使一批又一批的贫困、残障人士找到工作,长期资助贫困学生,援助SOS儿童村。2008年,北京残奥会期间,他入选由北京奥组委、中残联主办的中国100位残疾人精英。2014年5月,获"全国自强模范"称号。

刘 辉 江苏省南通市人,1969年11月生,本科学历,中共党员,江西省"首席技师"、江铃汽车股份公司车架厂冲压车间模具钳工高级技师。他不断改进和开发模具结构工艺,使模具的使用寿命更长、产品质量更稳定,为企业每年节约成本300多万元,效率提高30%。他设计改造的许多工具推广到江铃其他分厂使用。他积极参与模具的多项技术改善,参与并实施的5000T冲压自动化关键技术的运用项目获江铃集团公司科技进步一等奖、全顺15座纵梁三工位模氮气结构改善项目获江铃集团公司科技进步奖三等奖(年节约氮气及管路式氮气缸采购费用15万余元)、NKR(16*6J)8改7轮辐项目获江铃集团公司科技进步奖二等奖(年节约原材料成本及模具投资成本费用328.2万元)、全顺15*6J客车轮辐外圆免车削工艺获得江铃集团公司科技进步三等奖。他将多年来掌握的模具制造与维修技巧技术制作成《汽车覆盖件拉延模特性》《模具堆焊工艺要点》《断裂模块的修复技巧》《各种量具精密测量运用》等18项PPT培训教材,对班组及公司相关专业厂模具钳工进行系统培训。先后获"全国五一劳动奖章""江西省劳动模范""江西省第一届首席技师"称号。2013年4月,"刘辉劳模创新工作室"被全国机械冶金建材系统授予"创新工作室"称号,2013年获选江西省"赣鄱英才555工程"高技能领军人才,获10万元创新项目基金。

唐 建 1975年2月生,安徽省六安市人,大专文化,中共党员,方大特钢公司炼钢厂冶炼车间主任。他围绕提高产量、质量攻坚克难。在生产组织上推行高效化生产管理模式,班产、日产屡创新高。在成本管理上,提出对钢种的主要合金成分进行窄成分设

定，通过稳定外部条件，提高操作工的技能水平，钢种的窄成分控制达标率逐年改善，由2012年的64.12%上升到2013年的74.21%，2014年达86.81%；通过控制冶炼前期的升温和后期的压枪工作提高终点锰的收得率，2013年冶炼车间合金成本下降743万元，2014年冶炼车间合金成本下降1988万元；通过合理搭配入炉造渣材料，采用少渣操作，降低入炉造渣材料的使用量，2014年入炉造渣材料消耗为49.31千克/吨，同比下降4.74千克/吨，节约成本609万元。他参与组织2010年的《降低钢铁料消耗攻关》获方大特钢公司2010年科技进步特等奖。他坚持开展全方位挖潜增效活动，2014年炼钢厂实现全年降成本7130万元，提前4个月完成全年降成本4000万元的目标，为公司完成全年利润目标作出贡献。2003年被授予“江西省五一劳动奖章”；2005年，获“江西省劳动模范”称号；2013年，被授予“全国五一劳动奖章”。

黄国飞 江西省南昌市人，1974年1月生，高中学历，中共党员，江西泓泰企业集团有限公司（泓泰集团）生产总监。他善于动脑筋，肯钻研，具有很强的发现和解决问题的能力。在担任生产部经理期间，公司产品综合标准利用率由91%左右稳定提高到92.5%左右，最高达到94%。仅此一项指标每年就能为公司多创造150万元左右综合利润。为解决产销矛盾，他提出“设备改造和工艺调整提升产能”设想，组织技术人员进行设备改造和工艺调整，化烤复合两条线的线速分别由12米/分钟和3.2米/分钟，提高到22米/分钟和5米/分钟，月产能力由4.5万标准张提升到7.5万标准张，生产效率提高67%，单线复合生产效率为行业同类生产线最高。2009年，被授予“江西省五一劳动奖章”；2012年，获“江西省劳动模范”称号。

徐小平 江西省新建县人，1960年6月生，大专学历，中共党员，南昌市昌北防洪排涝工程管理处处长。2011年，他以创建国家级水利工程管理单位为契机，投资200余万元，用不到一年的时间建成前湖电排站、双港电排站、前湖大坝等水利工程视频监控系统，实现防汛排涝自动化控制，使自动化管理水平在全国同行业中处于领先地位。2012年，他投入研发昌北数字化水利工程管理软件系统，实现水利工程设施多画面监控、自动化远程控制、信息采集、数据收集和日常维护巡查、保洁设备更新指令发布、报警和无纸化办公等功能。同年5月12日，南昌降特大暴雨，前湖、红谷滩3小时降雨达100毫米；8月21日20时至23时，南昌再次遭遇突发性强降雨。昌北城区防汛指挥部启动排涝预案，迅速开启前湖水库、白水湖水库闸门，开闸泄洪，成功应对“5·12”“8·21”集中强降雨，确保大昌北地区人民群众生命和财产安全。他患有严重心血管病，但深知自己肩上的担子有多重，高烧到40多度也不肯下一线。2007年，被授予“江西省五一劳动奖章”；2010年，获“江西省劳动模范”称号；2013年，被授予“全国五一劳动奖章”。

李文华 江西省南昌市人，1969年11月生，本科学历，中共党员，江西招贤实业发展有限公司副总经理。他鼓励村民大力种植花卉苗木，村里100多户村民得他帮助种植苗木、盆景发家致富。在他帮助、带动下，招贤村成立园林苗木专业合作社，实现家家种花木、户户搞盆景的喜人局面。2014年，全村在外有花卉苗木种植面积666.67公顷，创办园林苗木公司20家，村民自办企业业务量上千万元，为农村提供就业岗位300多个。2008年，他和村干部共同努力，成立江西招贤实业发展有限公司，并担任公司副总经理。2010年，村“两委”接受他建议，村集体投入5500万元，村民集资4300万元发展混凝土搅拌业务。招贤实业从建厂之初3000余万元固定资产，发展成固定资产2.5亿元、占地面积2万平方米、员工280人的南昌市混凝土行业骨干企业，公司拥有全自动化计算机控制生产线3条，搅拌车33辆，泵车8辆（两台地泵），年生产混凝土100万立方米。2007年获“江西省五一劳动奖章”，2010年获“江西省劳动模范”称号。

徐高柳 1953年7月生，江西省南昌县人，初中学历，中共党员，南昌县南新乡爱民村村民。30多年来，他带领乡亲及志愿者在赣江两岸和鄱阳湖滨植树造林80多万株，绿化60平方千米公路、水道、农田林网，有效抑制血吸虫传播蔓延。他以人为本，挨家挨户宣传绿化好处，出钱帮村民修路和水渠。他先后投资160多万元用于绿化国土，且负债20多万元。2004年3月，他骑自行车经江西、湖北、河南、河北至北京，沿途深入社区、大学、公共场所、机关单位宣传绿化国土，并进行图片展览，号召广大群众参与保护生态环境，受到全国绿化委、江西省绿化委好评。中央电视台、凤凰卫视等新闻媒体先后报道其先进事迹。2000年获“全国绿化奖章”，2001年获“全国绿化劳动模范”称号，2003年获评全省个体私营造林大户，2007年获“SEETNC生态”二等奖，2008年获“福特汽车环保奖自然环境保护项目”一等奖。

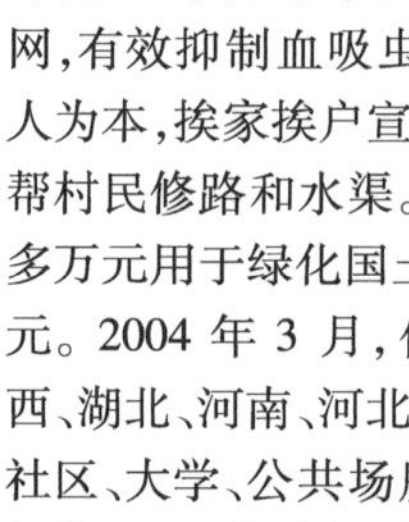

罗文浩 江西省高安市人，1963年12月生，本科学历，中共党员，江西中慧城乡建设开发公司总经理。他带领公司先后改建破损道

路300多条、机动车道约11万平方米、人行道约3万平方米，打通20多处断头路，修复1300多点位坑洼路、危险道。通过10多年运营，公司由全国市政公用工程施工总承包贰级资质跃升为壹级资质，由完成道路单一的修修补补到承接上亿元道路建设项目。近3年来，先后完成站前路、站前西路、抚生北路、朝阳新城道路等40多条道路建设，每年平均10多个项目，项目总额达到6亿多元，年利润平均近8000万元，工程合格率100%。建设的项目屡获殊荣，其中二七南路被评为江西省"优良工程"，抚生北路被评为全国市政"金杯奖"、江西省"杜鹃奖"。他不仅关注沿街大道建设，也关心老百姓家门口小街小巷的建设，这些小路老百姓常称为"连心路"。在他带动、影响下，单位涌现出一大批先进个人，先后有3人获全国"优秀项目经理"殊荣。2010年，获"江西省劳动模范"称号。

刘羡庭 江西省安福县人，1961年8月生，研究生学历，中共党员，九江银行股份有限公司董事长、党委书记。2000年11月，九江市商业银行成立时，资产总额仅7亿元、存款余额5.3亿元、贷款余额3.3亿元，其中不良贷款近9296万元，不良贷款率高达27.8%。在董事长刘羡庭带领下，截至2014年年末（不含村镇银行），全行资产总额达到1273亿元、各项存款余额843.3亿元、各项贷款余额355.4亿元，系统员工突破2000人，省外机构达到6家，全行系统网点达到117家，实现全国网点布局"南北呼应"，九江银行发展成为区域型商业银行。从2006年开始连续8年入选英国权威金融媒体《The Banker》"中国银行业100强榜单"，从2007年开始连续7年被中国银监会评定中国银行业机构最佳级别银行，从2011年度开始连续3年获中国银监会颁发的"小企业金融服务表现突出的银行"等称号。2007年被授予"江西省五一劳动奖章"，2010年获"江西省劳动模范"称号。

陈小杰 湖北省黄梅县人，1973年4月生，本科学历，中共党员，国家电网江西省电力公司九江供电分公司输电带电作业班班长。他带领班员积极开展各类技术革新近30项，其中QC成果13项，发表论文16篇，开展带电作业新项目6项，2013年获国家实用新型专利2项。2014年他提出的1条合理化建议获国家电网公司"优秀合理化建议"，1条建议获国网江西省电力公司"十大优秀合理化建议奖"，同年7月该班创新成果《变电站110 kV～220 kV支柱瓷瓶桩头侧等电位作业绝缘梯具的研制》获江西省QC成果二等奖、国网江西省电力公司QC成果一等奖。

2012年3月，以他的名字命名的劳模创新工作室成立。他总结出"细、严、硬、钻、传、暖"的"六字工作法"，通过"职工小家""谈心会"等活动载体，提升工作室凝聚力和向心力。在他带领下，劳模创新工作室每年开展一项带电作业新项目、研制一套带电作业新工具、制定一套带电作业新方法，年均为国家节约电量5000万度。3年来，工作室有4人获评高级技师，培养省、市公司优秀专家人才3人，为公司班组长及以上管理岗位输送人才15人。他提出建设"人员无盲点，系统无缺陷，管理无漏洞，设备无障碍"的"四无"本质安全型班组的目标，从影响安全的4个方面彻底排除隐患，截至2015年3月，输电带电班实现安全生产1.14万天。输电带电班2014年4月获"全国工人先锋号"，2015年1月获国家电网公司"先进班组"，被国家电网公司领导誉为"特别能吃苦、特别能奉献、特别能战斗"的"电网铁军优秀集体的代表"。2008年被授予"全国五一劳动奖章"，获"江西省劳动模范"称号。

凌君霞 女，1970年9月生，江西省彭泽县人，高中学历，中共党员，江西华孚纺织有限公司综合办主任。作为一名普通一线工作岗位管理者，她坚持把学习作为提高管理水平和业务技能的主要途径，自己花钱购买大量新

型企业管理和业务知识等方面书籍，加强学习和钻研细纱和成品的专业知识。从"6S"现场管理到挡车工的小小生头、接头动作，她都高标准严要求。在担任纺织车间主任8年时间里，她所率领的团队年完成订单7078条，生产计划达成率达106.4%。她所带领的车间产品客户投诉率全年控制在0.5%以内。她精心钻研，通过加大棉花回用力度，使棉耗指标始终控制在范围之内，仅此一项就为公司每年节约原料成本近百万元。2008年被授予"江西省五一劳动奖章"；2012年被授予"全国五一劳动奖章"，获"江西省劳动模范"称号。

张志静 女，江西省九江市人，1964年6月生，高中学历，九江鑫星玻纤材料有限公司车间主任。作为车间主任，她先后制定和完善《挡车工机台考核制度》《各岗位操作规程》《安全操作规程》《各岗位生产工艺操作规程》等。通过规范管理，车间生产工作正常开展，超额完成公司下达的各项生产工作任务。在她主持下，组织开展多项技术改造项目和车间现场管理创新，取得丰硕成果。一是230布机压布棍改造。将压布棍改吊带撑压，避免边松，控制褶皱翻边。二是为增加纬纱张力，用扁铁一头装上瓷眼固定在机台上，使纬纱通过时三点固定，增加张力，减少勾纬、毛丝等疵点。三是布机离合器的固定，缩短修机时间，提高效力。四是综头改造。将综头上下综条孔处用小铁块包封，综条不得逃出，综框稳定，使布面瑕疵减少，从而延长综头使用寿命。五是2014年织布车间设备改造，更新喷气织机，组织人员安装144台喷气机。六是织造过程中，玮纱脱圈后造成织机断玮率高，浪费大，针对此现象，她提出前道工序将原纱成形改成网覆式，杜绝脱圈、提管现象。2012年被授予"江西省五一劳动奖

章”;2013年被授予“全国五一劳动奖章”,获“江西省劳动模范”称号。

柯胜锋 江西省九江县人,1973年8月生,高中学历,九江市东方出租汽车运输有限公司出租车司机。他从事出租车营运工作10余年,一直恪守出租车司机职业道德,文明行车、礼貌待客、热情服务,在司机中起到了模范带头作用。2010年4月17日19时30分,他在车后座发现一个手提包,内有3万余元现金、数万元发票、一把保险柜钥匙、6张银行卡、欠条及有价证券,价值近百万元。面对巨额现金,他没有丝毫动心和犹豫,立即拨打110报警电话备案,并将手提包交到市公安局公交分局后转交失主。同年8月4日,一市民致电,要找赣G08461驾驶员当面致谢。经询问得知,2010年8月3日下午,一女士在逛街时腿不慎摔伤,倒卧在地。他正好驾车经过,看到这种情况,立即停车,将伤者送到附近医院,给伤者挂号、缴费,并扶伤者拍片。当伤者家属来到医院后,他却离开了医院。他积极参加社会公益事业,被广大市民誉为“浔城好的哥”。每当有地方受灾,他总是第一时间赶到公司捐款。2011年获“江西省第二届道德模范”称号;2012年被授予“江西省五一劳动奖章”“江西省五四青年奖章”;2014年被授予“全国五一劳动奖章”,获“江西省劳动模范”称号。

陈小燕 女,江西省修水县人,1971年6月生,初中学历,中共党员,九江凯达服装织造有限公司生产组长。2013年6月,公司接到1.5万件棉袄订单,需要在3个工作日完成。为完成任务,她带领员工连续3天加班到凌晨4时。2014年7月的一天,气温高达35度,陈小燕将一大捆需加工的服装搬到7楼一位个体户家里,汗水湿透衣衫。个体户感动地说:“陈组长,凯达就好比是你家开的一样,你做事真是太认真了!”作为技术骨干、生产组长,她非常注重产品质量,多次举办服装理论知识讲座,培训员工,提升技术水平。公司产品质量由98%提高到100%,未发生一例退单现象。同年6月,公司成立以她名字命名的劳模创新工作室;8月,她根据多年经验,摸索出一套流水生产线管理办法,使员工减轻压力、提高效率、保证质量;9月,工作室员工在全县“缝纫车工技能大比武”中,一举夺得一、二、三等奖。工作室成为撑起凯达公司的绝对主力,年产生效益占公司总产值80%以上。2014年,被授予“江西省五一劳动奖章”。

邱赛珍 女,江西省鄱阳县人,1970年5月生,初中学历,中共党员,景德镇陶瓷股份有限公司彩绘车间贴花工段工段长。在长期实践中,她刻苦钻研技术,多次带领贴花女工攻克并解决贴花关键技术难关,使全厂釉中彩瓷产品合格率提升近20个百分点。她不仅是产品生产者,也是产品检验者。在她严格把关下,釉上彩青合格率保持在96%以上,釉中彩青保持在98%以上。2005年,国家主席胡锦涛到公司视察,看到她娴熟的贴花技能,称赞道:“你的手真是太灵巧了”。2014年,景德镇陶瓷股份有限公司接到任务,制作中南海、人民大会堂专门招待参加北京APEC会议各国元首的茶具《如意》和瓷器餐具《青花缠枝牡丹》。为保证彩烤质量,她每天加班到晚上10点多钟,连续跟班30多天。她带领贴花女工先后完成第一代中南海用瓷、国宴用瓷、上海APEC会议用瓷及建国60周年庆典用瓷、中南海二代瓷、中南海瀛台瓷、人民大会堂用瓷等一系列订单加彩任务。2014年,被授予“全国五一劳动奖章”,获“江西省劳动模范”称号。

柴正海 1964年12月生,高中学历,江西省乐平市洪岩镇大坑村人,乐平市致富能手,市渔业养殖协会会长,乐平市正海生态养殖园有限公司董事长。他通过“公司+基地+合作社(农户)”模式,带动全市139户农户发展规模化养殖,促进当地养殖业发展,带动农民增收,为发展当地林下经济、水产、肉牛养殖做出示范带头作用。正海生态养殖园有限公司为下岗职工、农民工提供100多个就业岗位。他致富不忘回馈社会,投资10多万元为村里清理被洪水冲毁的河道和进村道路,向乐平市职工服务中心等单位捐款,帮助困难群众解决生产生活、无钱治病、子女上学等问题,每年拿出10多万元资金义务帮助困难农村家庭收割稻田。2006年被评为江西省“水产养殖大户先进个人”,2010年获“江西省劳动模范”称号。

汪龙发 江西省浮梁县人,1957年7月生,初中学历,中共党员,浮梁县浮梁镇查大村党支部书记。担任村干部10余年来,他带领村“两委”班子兴教育、修马路、装路灯、创山庄、建宾馆、办公司,使昔日闻名的穷查大变成聚宝盆,跻身于浮梁县先进村行列。他着重发展村集体经济,村委会投资兴建红砖厂、千头养猪场、千亩杨梅基地、33.33公顷无公害蔬菜基地、23.33公顷红豆杉繁育基地、133.33公顷有机水稻生产基地,兴办有机大米加工厂,创办并营业龙湖山庄、新平宾馆,组建农业开发公司,360余村民实现就业,村集体总资产达2亿元。村委会出资为60岁以上老年人每人每月发放保健金200元,80岁以上发放250元;出资为村民上缴农村医保参保费、有线电视初装费及每月收视费;村委会承担村民子女从小学到初中全部杂费、校服、保险费,承担独生子女和二女户的其中一个女孩从高中到大学全部学费。他个人对全村特困户实行1+4结对帮扶,每年扶贫帮困出资达1万元以

上。2010 年,获"江西省劳动模范"称号。

温 菲 江西省萍乡市人,1972 年 8 月生,本科学历,中共党员,萍乡萍钢钢铁有限公司炼铁厂成本技术科科长。在成本管理工作中,他坚持"精耕细作",配合企业做好原料配矿工作,同时进一步优化烧结、高炉生产工艺,使生产技术指标稳步上升,他分管的工作 2013 年累计创效达 1.77 亿元,2014 年累计创效达 1.01 亿元。他建议通过调整烧结原料结构来实行降本增效,提出大量增加进口外富矿粉配比,通过性价比测算在精粉中配加部分硫酸渣,创效达 3956 万元。2014 年,他主持的 5 项科技攻关项目有 4 项达到集团、公司目标,共为公司创造经济效益 1.23 亿元。在技术改造工作中,2013 年、2014 年他分别参加 1#、4#高炉及 2#、3#高炉扩容大修工作,主持设计与技改协调工作。他利用长期在生产一线积累的经验,科学、周密地确立开炉方案,使 4 座高炉的开炉顺利进行,在短期内达产达标,为公司降低开炉成本。他勤思肯学,发表学术论文多篇,其中《萍钢风口大量破损原因分析与对策》《2#、3#高炉延长炉龄实践》2 篇论文同时获江西省金属学会 2013 年度炼铁学术年会成果优秀奖。2005 年,获"江西省劳动模范"称号。

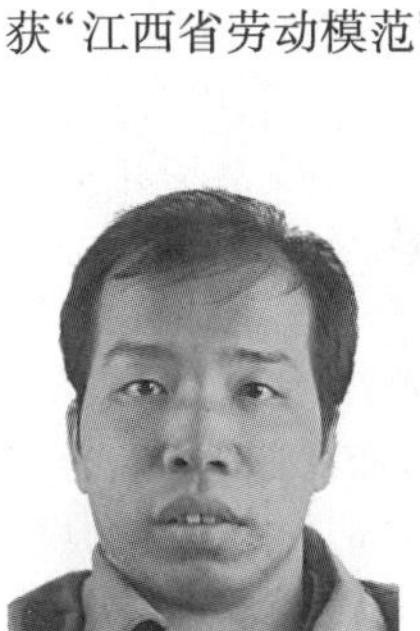

胡启初 江西省芦溪县人,1974 年 8 月生,初中学历,中共党员,芦溪县南坑镇窑下村村民。他高位瘫痪,对写作有极大兴趣。他坐在轮椅上写出一批散文和小诗,写出 200 多万字的长篇小说《又见杜十娘》和《情剑归鞘》。一些年轻人被他的顽强毅力、身残志不残的精神震撼,尊称他是"中国的保尔"。2012 年,他的事迹引起社会各界强烈反响,许多学校邀请他举办励志讲座,在这一过程中,他注意到一个社会问题——留守儿童。于是,他建立留守儿童之家,并取名为"守望之家"。在他多方联系和倡导下,700 多名志愿者加入义务关爱留守儿童的队伍中,每个星期六为偏远山区村的孩子们组织活动。为进一步做大做强关爱留守儿童事业,2014 年他注册成立萍乡市启初关爱志愿者协会。2014 年,被授予"江西省五四青年奖章",7 月荣登"中国好人榜";2015 年,获全国第三届"未成年人思想道德建设先进工作者"称号。

林兰生 江西省萍乡市人,1966 年 6 月生,初中学历,中共党员,萍乡市环境卫生管理处工人。1983 年,他自愿来到萍乡市环卫处当一名清扫工人。因为工作需要,他当上一名垃圾车清运司机,从小四轮到大东风,他认真钻研驾驶技术。凭着过硬的驾驶技术,他负责的丹江片区 30 多个垃圾点清运任务天天做到日产日清。2007 年 1 月,他被调到垃圾场从事垃圾覆盖工作。每天天不亮他就赶到垃圾场,开着推土机将垃圾压实覆盖,确保垃圾场的整洁有序。2009 年 7 月 1 日晚,一场持续强降雨造成垃圾场填埋库区部分山体滑坡,库区截洪沟被泥石阻塞。他带头赶往截洪沟,冒着山体滑坡的危险,成功疏通截洪沟。他家庭困难,父母年过 70 岁,妻子患有严重的低血糖且没有工作,儿子在外打工,他自己患有肩周炎、慢性胃溃疡等职业病,可是他从来没有向组织提要求。从 17 岁扛起扫帚以来,他几乎没有过双休、节假日概念,在平凡岗位上作出了不平凡业绩。2005 年 10 月,他成为江西省 12 名"城市美容师"之一,2011 年 2 月,获中国城市环境卫生协会"2010 年度环境卫生行业杰出人物"。2005 年被授予"江西省五一劳动奖章";2012 年被授予"全国五一劳动奖章",获"江西省劳动模范"称号。

李建林 安徽省无为县人,1956 年 8 月生,大专学历,中共党员,江西三川集团有限公司董事长兼总裁。他经过 30 多年的艰苦创业,将员工只有 28 人、年销售收入仅 5 万元的小作坊打造成为拥有三川股份、三川水泵、三川置业、三川铜业、三川生态园林,建有江西鹰潭、山东临沂、浙江甬岭三大水表生产基地,水表年生产能力 1000 万台的现代高科技集团。他诚信经营、奉公守法、多谋善举。三川集团先后被省工商局授予重合同守信用 AAA 企业,获省国税、地税联合颁发的 A 级纳税信用企业,被省工商银行授予信用等级 AA。他主动承担社会责任,组织员工捐款参与"春蕾计划";出资 130 万元改善鹰潭市原陶瓷厂区居民水、电路等问题;设立"三川集团助学奖励基金",资助鹰潭一中贫困生;2010 年支援江西省余江县抗洪救灾 50 万元。1996 年来连续 15 年被评为江西省优秀厂长(经理),2004 年获"中国优秀民营企业家"称号,2006 年获"江西省十大创业先锋"桂冠,2009 年被评为"江西省优秀企业家",2010 年被江西省政府评为"十大经济人物"。1991 年被授予"全国五一劳动奖章";1992 年、2000 年两次获"江西省劳动模范"称号;2003 年被授予"江西省五一劳动奖章"。

邓长平 江西省鹰潭市人,1977 年 2 月生,大专学历,中共党员,龙虎山景区上清镇桂洲村村民。他 2004 年担任村委会书记后,请求上清公安分局在桂洲村设立警务室,村里盛行的打牌赌博风气被制止,中央电视台新闻联播对此进行 1 分钟的宣传报道。2010 年 6 月 19 日,一场特大山洪袭击上清镇,他迅速组织抢险队将群众一个个安全转移,桂洲村创造无一人伤亡的奇迹,但是他妻子开的商店物品被洪水全部冲走,直接经济损失 6 万多元。2014 年卸任村干部后,他带领 12 户村民开发桂洲沼

泽地，挖出水产养殖基地近百亩，从事鱼、鸭养殖等。当年实现销售收入300万元，带动农户12户，户均增收2万元。2015年，扩大养殖面积到14公顷，实现销售收入450万元，带动农户40户，户均增收达2.5万元。他通过土地流转方式，将耕地进行大棚蔬菜开发，与30户农户一起发展绿色无公害蔬菜产品，使桂洲村成为上清镇的绿色蔬菜基地。2010年12月，被中共中央组织部授予“防汛抗洪救灾优秀共产党员”称号；2012年享受江西省劳动模范待遇。

宋　英　女，江西省贵溪市人，1969年4月生，高中学历，中共党员，贵溪华泰铜业有限公司职工。她积极参加技术发明和技术革新活动。2014年，她和同事研发出7项新项目，1项成功申请国家专利。她建议公司与南开大学合作进行技术革新，引进线切割火花机，使公司走出困境，经济效益得到提高，为公司节约成本350多万元。华泰公司是一个特殊群体，员工中有25%是残疾人。为让残疾工友掌握更多生产技能，她耐心学习哑语，和聋哑职工进行语言沟通，建议公司为残疾工友举办各类业务培训班，使残疾工人成为生产多面手，工人视她为贴心人。她经常给工友们打气，在她的鼓励和带动下，班组被鹰潭市总工会授予“工人先锋号”称号。她关心弱势群体，捐助贵溪特殊学校2000元，资助两名大学生5000元，多次去贵溪市罗河福利院看望老人。2011年被授予“江西省五一劳动奖章”；2012年被授予“全国五一劳动奖章”，获“江西省劳动模范”称号。

叶宏勇　江西省上饶县人，1975年10月生，大学本科学历，江西省新钢集团公司冷轧厂电气自动化主管工程师。他刻苦钻研技术，先后完成新钢1#和7#高炉炉顶上料、厚板矫直机、厚板冷床等多个工程项目仪表和自动化控制系统硬件和软件的设计、安装、调试。2011年，冷轧厂建立“叶宏勇冷轧自动化控制维护大师工作室”，他带领维护人员完成技术攻关和小改革230多项，创造和节约资金达1300万元以上。2013年江西省成立“叶宏勇冷轧厂自动化控制大师工作室”，他毫无保留地将自己在工作中积累的经验和技巧传授给大师工作室成员。他负责的《酸轧机组卸卷小车倒卷原因分析和改进措施》获得新钢创新成果大赛十大创新项目奖，《酸轧机组活套张力失张攻关》和《酸轧机组轧机液压漏油原因分析和改进措施》被评为新钢公司工会技师工作站优秀攻关项目。他完成的《改进的冷轧酸轧联合机组带钢焊缝标记孔检测装置》在2014年获得实用新型专利证书。2011年获“国务院政府特殊津贴”，2014年获“全国钢铁行业技术能手”称号。

陈小红　江西省分宜县人，1971年5月生，大专学历，中共党员，分宜县红阳农产品专业合作社理事长。他2003年在分宜试种1亩大棚麒麟西瓜，到2007年，带动全乡种植面积达80公顷，麒麟西瓜产业初具规模。2008年1月，他组织部分技术骨干和种植大户成立分宜县红阳农产品专业合作社，成为大棚西瓜产业的龙头，通过“基地+农户”经营模式与农户签订种植、购销合同，注册凤扬牌商标，通过无公害农产品认证，建成产供销完整产业链，大棚麒麟西瓜产业走向产业化发展轨道。2014年种植面积达3133.33公顷，年总产值3亿多元，分布在分宜县9个乡镇和周边5个县区，带动4300户1万多农民参与，户均增收近5万元。其事迹先后在《人民日报》《江西日报》宣传报道。2009年，被授予“江西省五一劳动奖章”；2010年，获“江西省劳动模范”称号。

宋建华　江西省奉新县人，1957年4月生，初中学历，奉新县宋埠镇宋埠社区牌楼三组村民。2001年，他租赁罗塘分场7公顷水田，开启种粮大户之路。2005年开始，他致力于实现粮食生产品种优质化、耕作机械化、生产规模化发展，逐渐形成粮食种植、水产养殖、粮棉油加工三大基地。2009年投资350万元建成日产60吨的大米加工厂，实现从浸种催芽、耕整、插播、收割、烘干、加工、包装等一条龙的机械化产业生产模式，拥有“种粮大户”“应星大米”两大自主品牌。2014年，他投入100多万元建成全县唯一的工厂化育秧生产线，并成功申报省级水稻工厂化育秧示范点。在他影响和带领下，附近村涌现出种、养、加工大户63户，其中种粮3.33公顷以上的8户，1.33公顷以上的达30余户，养殖专业户20多户，形成人人想创业、个个谋发展的局面。他创办的建华农业专业合作社有农户43户，社员146人，拥有固定资产1000余万元，年产值达950万元以上；拥有各种农业机械设备98台（套），土地承包、流转面积达233.33公顷。2003年，被农业部授予“全国种粮大户”称号；2005年，获“江西省劳动模范”称号；2008年，获“全省粮食生产先进个人”称号。

舒敏璋　江西省靖安县人，1974年8月生，大专学历，中共党员，靖安县华利实业有限责任公司业务经理。2012年3月，他鼓励55户村民共同创办古楠生态种养专业合作社，合作社把社员们的山林、田地租赁后统一经营，水田改建成有机大米种植基地，山林改建成经济林、观赏林；在林间建造鸡、鸭、猪3个养殖场和1个100立方米沼气池，在山脚层级递进开挖水塘养鱼，形成立体生态特色种养链。他精心打理合作社事务，带动村民致富，自己却不取分文报酬。2010年起每年春节，他出资给村内20多位70岁以上的老人每人发

100元长寿包和2.5千克猪肉,50多个孩子每人发50元压岁包;每逢老人生日,他都会自己出钱买上大蛋糕,带着村里孩子,上门为老人庆祝生日,在全村推崇倡导尊老、爱老、敬老的风尚。2012年提出并制定四年规划打造"古楠无烟村"。雅安地震第三天,全部52户古楠村村民自发为灾区人民捐款7600元。2013年,当选全国诚实守信好人。

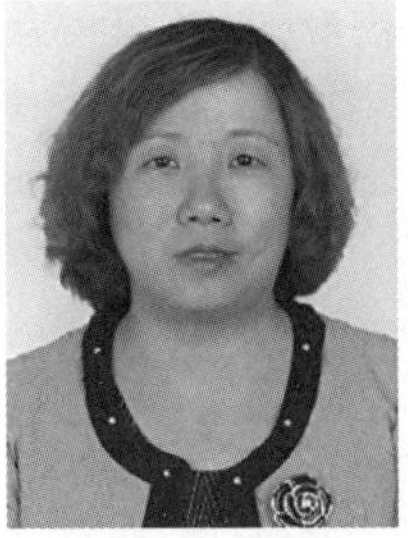

吴　英　女,广东省揭阳市人,1966年9月生,大学学历,江西高安超鹰齿轮制造有限公司董事长,助理工程师。她脚踏实地,潜心钻研,大胆革新攻技术,为企业发展呕心沥血,公司飞速发展,厂子由几名员工的家庭小作坊壮大成拥有现代化机械设备100余台、技术人员10余人、员工近70人的专业机械制造厂。在她带领下,企业科技创新,产品质量提高,生产成本下降,取得8个实用型专利,并承担江西省科技厅创新项目的研发。公司与江铃、五菱等大型国有企业合作,专门从事自动化制造汽车从动齿轮生产,公司产品销往全国16个省(自治区、直辖市),是科技部科技中小企业创新基金承担单位。她积极参加各项社会活动,热心公益事业,结对帮扶近20名失学儿童。2008年当选为江西省第十一届人大代表,2013年当选为第十二届全国人大代表。2004年,被评为"全国归侨侨眷先进个人"。

杜建新　女,新疆维吾尔自治区鄯善县人,1963年5月生,大专学历,中共党员,江西金利达钾业有限责任公司副总经理,工程师。2004年,她在改造"复分解法循环生产硝酸钾工艺"基础上,对宜春腾达化工有限公司进行技术改革和生产线改造,达到年产1万吨硝酸钾的产能。同年,利用该技术新建湖南浏阳美奥化工有限公司年产2万吨工业硝酸钾生产线。2007年,通过对腾达公司生产硝酸钾的工艺进一步研发,新建江西金利达钾业有限责任公司年产5万吨硝酸钾项目,使金利达钾业公司成为国内唯一能长期执行国家硝酸钾标准优等品指标的大型企业。2009年,她带领技术人员研发的"复分解法新工艺"达到国际先进水平,被列为国家创新基金项目,获得项目扶持资金100万元,获"国家重点新产品证书""江西省科学技术进步奖"二等奖。2012年发明"一步法"制取光学玻璃用硝酸钾生产工艺,利用该工艺对金利达钾业生产线进行改造,新建年产3万吨光学玻璃(触摸屏)用硝酸钾生产线。该项目通过工信部国家产业振兴和技术改造项目立项并获得无偿扶持资金648万元。2013年,被授予"全国五一劳动奖章"。

冯　卫　江西省广丰县人,1975年2月生,本科学历,中共党员,国网江西省电力公司宜春供电分公司信息运检班班长。2006年,他研制出第一台拥有自主知识产权的网络路由器防火墙,通过国家公安部和信息部的检测鉴定,填补江西省该项技术空白,是全国电力系统首创,改变了几乎整个江西电网任由防火墙生产厂家定价销售的局面。2008年,经过上千次试验,他开发出网络防火墙LED监视器,最终获2008年国家个人发明专利。其后,他开发的计算机附件防盗锁,获2009年国家个人发明专利。2012年,公司成立他劳模工作室。他组织调动公司信息系统员工,引导他们开展科技攻关和管理创新。团队开展的《光链路无源多复用装置推广应用》研究,解决了灵活组网、光纤最大化使用效率、末端设备接入及减少中间节点、正常距离80千米内光纤损耗过大及150千米一个节点超远距离传输等一系列问题。该项目获2014年江西省电力公司优秀QC成果一等奖等奖项。他带领团队撰写的技术论文《以可靠高效为目标的通信网络升级与运维管理》获第十六届江西省企业管理现代化创新成果一等奖。2012年,获国家电网公司"劳动模范"称号。

袁清华　江西省高安市人,1974年8月生,大专学历,中共党员,江西煤业集团有限责任公司建新煤矿副区长。他对安全工作十分较真,不管是分内还是分外的事,只要涉及到安全隐患,他都会主动处理。仅在2014年一年,他就制止违章作业20人次,查出隐患100余条,并处理相关单位的安全隐患40余条。他的安全观影响和带动其他人,使工友们有了安全上的保障。2006年,他与巷修区领导一道打报告,建议在回风巷用单体代替圆木支护,矿领导同意他们搞试验。试验成功后,这一做法在全矿推广,提高功效3倍多,一年仅节省圆木材料费用就达110多万元。参加工作以来,他参与巷修会战的巷道不少于71条,平均一年维修巷道近4条,处理巷道较大以上的垮区不少于43个,巷修工程量达到31.6千米以上,所有维修的巷道均达到合格品,优良品率95%以上。他每年出勤360天以上,从未休过年休假,义务奉献工时1779天。2010年,获"江西省劳动模范"称号。

彭少剑　江西省余干县人,1966年5月生,大专文化学历,中共党员,江西鹏辉高科粮业有限公司董事长,高级工程师。2008年5月,他投资1500万元,联系当地11户农户,办起以粮食加工为主的高科粮业公司。2010年,他与当地171户农户合作成立"余干县绿之源农业专业合作社",在康垦落脚湖建立202公顷无公害水稻种植基地。他们培育种植适宜糖尿病患者食用的"五谷丰一号"26.67公顷,经省农科院检测,该产品为低谷蛋白米,能解决糖尿病患者特殊人群的饥饿问题。中央电视台

第七频道专程在当地采访拍摄《饥饿催生的灵感》农业科教片。2014年，种植基地辐射面积扩大至2666.67公顷，直接带动4100户农户增产增收，合作社农户户均增收3926元。他关心弱势群体，资助特困生、贫困户，捐助希望工程、修建贫困村村级道路、残疾人事业等公益事业款(物)达300多万元。2010年，获“江西省劳动模范”称号；2012年，被农业部授予“全国种粮大户”称号。

杨国香 女，江西省上饶市人，1959年9月生，专科学历，中共党员，上饶江安消防器材有限公司副经理。她认真研究企业销售制度，制定财产抵押、产品买卖、销售奖惩等多种销售承包方案，把销售任务、资金回笼、售后服务有机地结合在一起，落实到每个办事处和每个销售员身上。营销管理的改革调动了营销人员积极性，使公司夺回一度失去的广东、湖北、安徽等市场，开拓了上海、北京、四川、陕西等新市场，销售额、市场占有率迅速提高，销售量跃居全国同类产品之首，年销售额从几十万增到百万以上。2005年始，她到东北三省开拓市场。凭着一股韧劲，她勤跑东北三省消防器材经销店、消防工程相关项目，给客户提供样品，帮助对方选择产品类型，陪同技术人员解释产品特点，先后理顺各省消防总队、消防支队渠道。经过几年努力，成功打开东北市场，年销售量突破500万元，并建立一批长期稳定的销售客户。2000年，获“江西省劳动模范”称号；2007年，被授予“全国五一巾帼奖”“全国五一劳动奖章”。

邓德华 江西省玉山县人，1968年1月生，本科学历，中共党员，玉山县自来水公司技术总监。1992年5月，因强降雨，茗坞水库溢洪道干渠发生跨堤。他带领50多个民工，苦战4天4夜恢复水毁工程，确保了水库安全。2009年，他担任县城城东水厂2万吨/日项目技改工程建设总指挥，带领技术人员进行老设备中水锤对水泵经常冲击造成停水以及供水压力不恒定耗电大等技术攻关，并取得重大突破，每年为自来水公司节约电费50余万元。2012年，玉山县新上10万吨城市引供水工程，新建一座10万吨自来水厂。他负责17.5千米长的直径1000管道和水厂建设。他冒着35度以上的高温天天深入现场，解决一道道技术难关，仅用3个月时间就完成引水管道安装，节约资金1000多万元。在10万吨自来水厂各项设备的安装中，他通过变频节电技术改造，为公司年节约电费150万元以上。他任自来水公司总监后，带领技术攻关小组，一举攻克低温细微泥沙过滤问题，把自来水合格率提高3个百分点，结束县城居民喝浑水的历史。2013年，被授予“江西省五一劳动奖章”。

张明旺 江西省横峰县人，1971年12月生，初中学历，横峰县市容环境卫生管理所司机。他任劳任怨、甘于奉献。每天早上四点，无论刮风下雨，他按时驾驶垃圾清运车在垃圾转运站与郊外垃圾场之间往返近10个来回，每天清运行程40多千米，清运行程累计23万多千米。他是司机，不负责垃圾装卸，但他从未向单位提过一次要求，一直坚持自己装卸垃圾，一个人兼做几个人的工作。有一家大型公司负责人听说他的事迹，想高薪聘请，但他拒绝了，他的回答很简单：“我来的时候是环卫收留了我，十几年了所里没亏待我，我不能忘本。”他艰苦朴素、勤俭节约。城区通往垃圾场的道路年久失修，他总是一铲一铲地挖，一锹一锹地填，保障道路畅通，每年为环卫所节省开支3万余元。垃圾清运车经常有小毛病，他自己修车，自己洗车，每年为环卫所节约修理费和燃油费3万多元，累计为单位节约开支60余万元。

章金民 江西省余干县人，1978年10月生，大专学历，中共党员，江西万年青水泥股份有限公司万年水泥厂熟料车间工段长。他勤于思考、勇于探索，用较短时间掌握了熟料煅烧各生产环节的技能，被工友们誉为熟料煅烧“行家里手”。2008年11月，他由设备润滑工直接提拔为3#窑烧成工段副工段长。2009年4月，3#窑进行大修，他带领工段职工主动承担急、难、险、重的大修项目30多项，既当指挥员、又当战斗员，按时保质保量地完成大修任务。2011年年初，他担任6#窑烧成工段工段长，围绕车间的熟料生产任务和对标管理目标，带领工段人员领下“6#窑冷却机结大块导致停窑现象频繁”工作难题，通过改造窑口空气炮、改造三联体、增加岗位工巡检窑口的频次、加强现场与中控联系等行之有效的措施，6#窑没有一次因窑口结大块而停窑。他经常主动放弃休息时间，尤其是在窑系统出现结料、堵料、漏料等异常情况时，长期24小时蹲守现场，与工友们拧成一股绳，将全部精力投入到生产当中去。2013年8月，被人社部、中国建筑材料联合会授予“全国建材行业劳动模范”称号。

邱五权 江西省婺源县人，1958年10月生，小学文化，中共党员，婺源县秋口镇李坑村村民。2001年，李坑在全县率先开发旅游，他承包李坑村委会食堂搞农家乐，迈出人生创业的第一步。2007年，投资80万元在山庄旁新建一栋楼，山庄住宿床位达110个，餐位600个。他秉承“诚信第一，顾客至上”的经营理念，对顾客遗忘的贵重物品，主动联系，及时归还，获得消费者好评，各地游客纷至沓来。老邱山庄被授予“江西省第一批三星级农家旅馆”“全省先进个体工商户”称号，被网友评为“最受驴友喜欢的婺源10大农家饭

店”。温州大学美术学院、湖北经济学院、广州美术学院、湖州美术学院等美术院系在老邱山庄挂牌成立写生基地。2009 年，他成立全县第一家农家乐协会，探索“协会联产业，产业带民富”模式，带动万余农民发展农家乐致富。2010 年，获“江西省劳动模范”称号。

张树臣 内蒙古自治区赤峰市人，满族，1970 年 11 月生，研究生学历，中共党员，江西大唐国际抚州发电有限责任公司总经理，高级工程师。他全力投入到抚州电厂项目建设中，开启江西省首台百万火电机组建设的新征程。他带领团队紧盯项目核准流程，原本应在 2 年之内拿到的核准文件，他的团队仅用 8 个月时间就通过水资源论证、水土保持方案、土地预审、节能评估报告、环境影响报告书、电网接入系统、铁路专用线、社会稳定风险分析报告 8 个支持性文件的批复。他带领全公司员工攻坚克难、砥砺奋进，通过创新思维、优化设计，降低工程造价 6.5 亿元，大幅提升电厂经济效益。他带领团队建立明晰的质量控制流程和标准，科学编制达标创优规划，实现土建验收、安装验收、整改完成合格率三个百分之百的控制目标。他撰写的《2 × 1000MW 机组现代化电厂建设技术创新和整体优化设计》《试析加强电场运行管理的途径》2 篇科技论文，分别发表在中国科技核心期刊《电网与清洁能源》与《中国电力教育》杂志上。2013 年，被授予“江西省五一劳动奖章”；2014 年，获中国大唐集团公司“劳动模范”称号。

钟俊平 江西省瑞金市人，1980 年 2 月生，大专学历，江西森科实业股份有限公司车间主任。他勤奋好学，兢兢业业。他制作生产所需的治具、工具，通过工序中的防呆法、防错法、人机配置法改善生产过程中不良工序问题点，使良率提升 20%，人力下降 25%。在寻求解决车间人力闲置问题时，他把键盘 PCB 工序改为 SMD 工艺生产，通过打板测试、模具修改，实现键盘 PCB 板自动化生产，其车间人力降低 30 余人，产品品质及生产稳定性得到提高。他以身作则，废寝忘食。森科实业成立时，他所有时间都用在工作上，用最快的速度安装、调试设备。在第一批新员工入厂的时候，他手把手教导、培训。他建立起完善的车间管理制度，让生产工序和工艺标准化、规范化，公司实现当年建厂、当年投产。他组织工厂内部优秀的技术人员成立自动化小组，制作自动化设备及治具 22 件，节省人力 35 人，使生产效率及品质进一步提升。2014 年，被授予“全国五一劳动奖章”。

兰念瑛 女，浙江省建德市人，畲族，1958 年 10 月生，高中文化，中共党员，资溪县乌石镇新月畲族村党支部书记。她把新月畲族村发展思路定位在做大做强花卉苗木产业上。为打消畲民担忧，她带领村组干部率先种植苗木，背着家人拿出全部积蓄购买种子、化肥，不断培养种苗能手，并作出“所有的种子由我提供，所有的苗木由我包销”的承诺。新月苗木产业如一夜春风，40 公顷花卉苗木，50 多个品种在造林、绿化、盆景市场展现异彩。部分畲民在浙江、江苏、福建等地创办苗木基地，“新月苗木”成为知名品牌。她提出成立资溪县新月畲族苗木股份公司，吸纳汉族群众加入，畲汉群众拧成一股绳，苗木产业更加壮大。数百名汉族群众与新月村苗木公司签订合同，户均苗木纯收入万元以上。新月畲族村农民年纯收入由 1995 年建村时 800 元提高到 1 万多元。电影《我们村的女当家》以兰念瑛为原型创作，客观真实地再现她带领畲族群众实干创业、脱贫致富的感人事迹。她是第十一、十二届全国人大代表。1999 年被授予“全国三八绿色奖章”；2000 年获“江西省劳动模范”称号；2005 年被评为“全国民族团结进步模范个人”；2014 年被评为“全省民族团结进步模范个人”，获“全国三八红旗手”称号。

吴永忠 福建省沙县人，1964 年 5 月生，本科学历，中共党员，普正药业股份有限公司技术中心研发总监。自 20 世纪 90 年代开始，他先后主持完成国家“八五”科技攻关项目“常用中药材品种整理和质量研究——枳壳、蔓荆子类专题研究”、国家自然科学基金项目“江西道地药材枳壳、蔓荆子道地性的系统研究”、国家“十五”攻关项目“江西道地药材规范化种植基地建设——蔓荆子、泽泻、乌骨鸡规范化种（养）植专题研究”、江西省科技厅重大科技招标项目“江西道地药材——栀子、枳壳规范化种植研究”、江西省科技厅重点课题“抗衰老药用植物乌饭树的综合开发利用研究”等科研项目，主持完成夏枯草、白芨、栀子、吴茱萸、杜仲、了哥王等药材的规范化种植研究，并建立规范化种植示范基地；主持完成“赛美丁”“硒、锌、铁口服液”“妍丽祛斑胶囊”等 23 种保健食品的研制。获得发明专利授权 17 项。他主持的科研项目获多种奖项，其中党参等 58 种中药材品种整理和质量研究（主持其中巴戟天类专题研究）获 1992 年国家科技进步奖一等奖，蔓荆子等五种中药材种植研究获 2005 年江西省科技进步二等奖。2014 年，被授予“全国五一劳动奖章”，获“江西省劳动模范”称号。

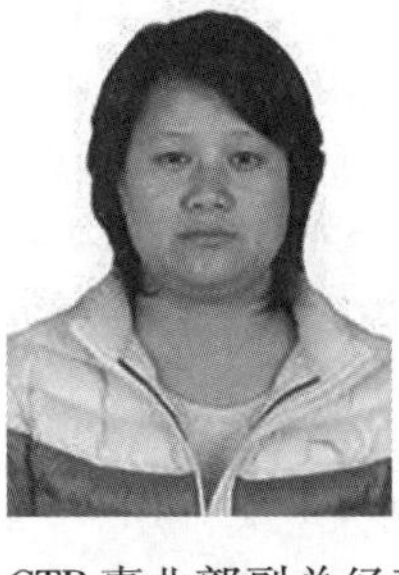

王菊花 女，江西省新余市人，1975 年 12 月生，大专学历，中共党员，江西合力泰科技有限公司 CTP3 事业部副总经理。担任 CTP 事业部副总经理后，她从未休过一个完整的节假日，每天都工作 10 小时以上。只要不参加公司会议，她坚

持每天进2次生产车间，夜间查岗，晚上参加品质分析会议。她接手CTP事业部后，短短几个月时间，日产能由不到15K上升到30K，销售额达到2500万元。她积极开展新技术和创新研究，勇当技术创新急先锋。2009年以来，她作为总工程师，筹建触控事业群CTP5、CTP1、CTP2三条电容屏生产线并实现正常生产。2012年，CTP从生物谷厂区整体搬迁至科技园厂区。2个月内，她在不耽误原有产线生产的情况下，完成整体搬迁，并实现人、机转换。她技术精湛，职业道德高尚，在合力泰公司有口皆碑。2013年，被授予“全国五一劳动奖章”，获“江西省劳动模范”称号。

甘言明　江西省新干县人，1973年1月生，本科学历，中共党员，江西燕京啤酒有限责任公司技术质量科科长。他带领技术骨干经过实验，提出在内加热器上方安装1个高度可调的伞形罩，增加2个蒸汽疏水阀的改造方案，解决了糖化车间煮沸强度达不到麦汁制造要求的难题，每年为公司节约费用15万元以上。他带领党员骨干技术队伍参与低压煮沸及两罐发酵法新工艺的技术改造，提出回收煮沸时产生的二次蒸汽中热能的设想。改造后，煮沸时间缩短三分之一，每年可节约能源成本58.8万元。他在配料工艺上寻求突破，通过亲自跟班，与技术人员、操作人员进行主、辅料配比试验，取得多项成果，每年为公司节省生产成本约300万元。他作为主要成员参加并成功开发8度吉安啤酒、燕京8度特爽啤酒、燕京菊花啤酒、8度冰爽、8度清爽、8度纯生态、7度爽啤、7度清纯、8度吉品特爽等一系列产品。2007年，被授予“江西省五一劳动奖章”；2009年，被授予“全国五一劳动奖章”，获“江西省劳动模范”称号。

黄贱根　江西省吉水县人，1970年2月生，高中文化，中共预备党员，八都“绿康生猪养殖专业合作社”理事长。他是吉水县八都镇太山村人，为带领

村民一起脱贫致富，借款办饲料加工厂，组建“太山养殖协会”和“绿康生猪养殖专业合作社”，全镇养猪、养牛、养羊、养鱼、养鸡、养鸭41个专业户加入协会。通过他的示范、帮扶和协会、合作社“公司+农户”经营模式的带动，全镇养殖户达到130余户，镇年养殖产值突破亿元，养殖业户增年收入2万~5万元。2013年，他出资创建种养培训室，为全镇种养户提供规范的学习培训场所。至2015年，培训50多期，培训学员2000多人次。他组织成立金融信贷部，专为种养户提供信用担保贷款与社会融资资助服务，资助种养户50多户，资助资金2000多万元。为帮助困难养殖户，他垫付饲料、种苗款达200余万元。他热心社会公益事业，捐款修桥修路；每年“感恩节”“春节”为敬老院的老人送猪送鱼，问寒送暖；常年资助特困户、残疾人、贫困学生。2000年，获“江西省劳动模范”称号。

罗贵英　女，江西省赣州市人，1973年6月生，高中文化，赣州市市容环境卫生管理处解放环卫所清扫班班长。1998年，她担任解放环卫所中山路班班长，管理中山路、解放路、大华兴街、曹老巷、烧饼巷等2条主干道、10条小巷以及所属庭院小区。班组负责的环卫所范围内情况比较复杂，她安排自己做最辛苦的班次和路段，负责保洁车流、人流最为集中的健康路。作为班长，她十分注重路面和垃圾池的卫生保洁，经常在街上来回查看。每年农历大年三十晚上，她扫了一堆又一堆鞭炮烟花屑，才回家吃年饭。她像大姐一样关爱同事，经常教导同事们作业时要穿工作服，注意人身安全。谁家有困难，她积极帮助解决；谁生病在家，自己主动承担清扫工作任务。从事环卫工作10余年，她从未请过一天私假。2013年，获“全国优秀环卫工作者”称号。

彭发福　江西省兴国县人，1970年12月生，大专学历，中共党员，格特拉克（江西）传动系统有限公司赣州经济技术开发区分公司员工。他勤于学习，刻苦钻研数控技术，从普通工人很快晋升为数控机床调试工、数控车工组领班，成为班组中的技术先锋。他提出合理化建议30多条，主持参与技术革新项目100余项。他班组承担的B6项目和DCT项目试制任务中，DCT轴类零件外输入轴是薄壁且深孔，内输入轴是细长轴，加工难度大，他编辑数控程序巧妙解决加工难题，确保新产品开发进程。他运用所掌握的技术编写格特拉克赣州分公司《数控车工培训教材》，该教材每年培训利用达40个课时以上。在他培训教育下，新员工能在最短的时间掌握数控调试和编程技术，他指导的技术人员参加赣州市和江西省技能比武频传佳绩，选手董来志、李建民、曾飞等参加省赛获得前6名的成绩，班组培养的数控车工选手郭平，获公司第四届职工技能比武赣州工厂数控车工组第一名和GJT总部数控车工组第一名。2008年，其班组被全国总工会评为“全国模范职工小家”。2011年，被授予“江西省五一劳动奖章”。

何水标　江西省东乡县人，1971年6月生，本科学历，中共党员，江西省高速公路投资集团有限责任公司赣州管理中心泰赣养护中心主任。1998年，他作为路面施工负责人，参建九江至湖口高速公路。有一次，碰上摊铺水稳层需要不间断连续作业，在其他技术人员、设备操作人员都有换班的情况下，他放弃换班，连续在工地上工作36个小时。2014年是泰赣路面专项工程实施的关键之年。此次路面专项工程采用就地冷再生技术，在江西属首次应用。他发扬“钉钉子”精神，利用空闲时间积极钻研相关业务知识，经常连夜召集施工

技术人员研究探讨施工技术难点的解决方案。面对路面坑槽严重等问题，他带领广大职工积极进行研究和探索，2010年成立QC质量管理小组，并以“降低沥青路面坑槽修补返修率”为研究课题。2012年7月，中心QC质量管理小组获全国交通行业优秀质量管理小组称号，QC成果《降低公路沥青路面坑槽修补的返修率》被推荐参加国家优秀质量管理小组评比，获发布奖。2010年，获“江西省劳动模范”称号。

朱 壹 江西省信丰县人，1976年4月生，本科学历，江西绿萌科技控股有限公司董事长兼总经理，高级工程师。2001年，他成立江西绿萌农业发展有限公司(现江西绿萌科技控股有限公司)，生产和国际同步的分选机，服务中国果蔬采后商品化处理。2003年中国第一台电子果蔬分选机在绿萌诞生，成功销售到深圳布吉农产品市场，大量赣南脐橙通过这台设备分选后出口到香港，进入国内跨国超市。2006年他组建研发团队，与中国科学院、中国农科院合作，在北京、深圳设立分支机构，研发“果蔬多源信息融合超大型分选设备”。2011年成功研制出产品，填补国内空白，改变中国高性能果蔬自动分选设备长期依赖进口的局面。赣南200多家脐橙采后包装厂，有95%采用他的设备，占全国猕猴桃电子分选设备的80%、柠檬电子分选设备的80%。公司拥有40余项专利，先后获“江西省优秀重点新产品”奖、“江西省科技进步三等奖”。2005年，获“江西省劳动模范”称号。

梁起禄 江西省赣县人，1987年9月生，高中文化，江西金力永磁科技有限公司生产部班长。他在入职第四个月时，将原操作方法进行适当调整，使单个产品生产用时缩短，提高设备使用效率；并将此方法与其他班组长进行探讨改进，最终得以广泛使用，使工段的生产效率大幅提升，为公司创造较大的效益。他主动加入工段物料管理班组，为确保生产前备齐全部物料，他每天早上坚持提前1小时上班，待物料准确无误地备好才匆忙去吃早餐。工段的产品包装材料缺乏管理，他主动维护整理，与班组长协商探讨管理方案，物料取用更便捷，物料库存量更清楚明了，为物料管理工作顺畅开展打下一定的基础。他与同事对工段作业设备进行多方面的改良，节约氮气使用量，设备氮耗下降20%。他凭着对设备的了解，着力解决易损件维修率高的问题，取得显著成效，使设备易损件寿命提高50%。2015年，在一项新的工作中，工段所使用的清洗设备效率不高、员工清洗方法存在一定安全隐患。他探索并实施新的工作方案，使工序的用工、能耗成本减少30%，生产效率得到大幅提高，确保了公司订单及时完成。2013年，被授予“江西省五一劳动奖章”。

肖小军 湖南省祁东县人，1974年1月生，大学学历，中共党员，江西铜业股份有限公司贵溪冶炼厂车间党总支部书记，高级工程师。作为车间管理者，他坚持以“打造世界炼铜标杆”为追求，严管理、勇创新。在“中间物料产处平衡”这一世界铜冶炼企业都难以解决的课题上，他将“消化大户”转炉的造铜期吹炼时间精确到分钟，使炉龄由210炉攀升到342炉；将影响阳极炉作业时间的设备故障考核由15小时降到1.8小时。仅一年时间，实现中间物料的产处平衡，节约电炉用电1500多万千瓦时，减少流动资金占用近2亿元。2014年2月，他从管理提升和技术进步入手，先后实施多氧燃烧技术改进、圆盘浇铸提速等一系列举措，将初始设计18小时生产1炉阳极铜的作业挤压到12小时；12月，进入2台阳极炉生产模式，每年节约运行成本4050万元。他主导实施《一系统闪速炉炉体改造》《1#闪速炉锅炉辐射部改造》等近20项科技攻关和技术改造项目，其中《降低阳极炉燃料单耗》项目，每年节约燃料成本1500万元、减少二氧化碳排放约6000吨。在担任熔炼车间主任和书记近5年时间里，他创造2个世界第一：闪速炉作业率98.77%，世界第一；铜冶炼综合回收率99.01%，世界第一。两项指标每年创造效益1.68亿元。2010年，获“江西省劳动模范”称号。

李向阳 江西省南昌县人，1966年12月生，本科学历，中共党员，江西省建工集团有限责任公司总工程师。1998年11月，他被任命为华能井冈山电厂2台30万千瓦燃煤发电机组建设项目部总工程师，30出头的他第一次成为项目部技术领域最高负责人。电厂210米钢筋混凝土烟囱和干煤棚工程，一举获1999年和2000年江西省优质建设工程奖。2014年，出任总工程师后，他积极推动新技术、新工艺在集团项目的推广与应用。他负责编写4项国家级工法；他参与的《钢筋混凝土烟囱外立柱式液压爬升倒模施工技术》《大口径顶管穿越浅覆土及建构物保护综合技术》获江西省科技进步三等奖；他参与发明的《大跨度巨型梁预应力拉杆施工工艺》获国家发明专利。在他推动和支持下，集团科技工作人员先后编写国家级工法6项，省级工法58项；通过发明专利5项，实用新型专利22项，江西省十项新技术应用示范工程10项；2项工程获全国建筑行业工程质量最高荣誉——鲁班奖，43项工程获江西省建筑行业工程质量最高荣誉——杜鹃花奖。2012年，他获省政府特殊津贴；2014年，被授予“江西省五一劳动奖章”。

朱力群 江苏省无锡市人，1957年10月生，研究生学历，中共党员，国家开发银行江西省分行行长，高级工程师。他带领团队创新提出“统一融资、集中建设，整合资金、专款专用，配置资源、统一还款”保障性住房融资模式，2年

内发放银团贷款130亿元，解决62万低收入人群住房难题，保障房建设融资的“江西模式”在全国进行推广运用。2013年，他带领团队创新融资模式，提供贷款25亿元帮助解决赣州农村土坯房改造项目，惠及5.6万农户。他设计批发式生源地助学贷款模式，发放贷款13.2亿元，占全省助学贷款总量53%以上，圆了22.3万寒门学子大学梦。他组织专业力量推出“五统一”融资模式，牵头省内7家银行组建银团，2年内融资53亿元贷款支持江西省84个生活污水处理厂建设，使全省污水实际处理率达到70%。他带领团队创造“工业园区”“融资租赁”“商银合作”“小贷公司转贷”等多种融资模式，发放贷款215亿元，解决4200户中小企业融资难题。5年来，他全力支持全省重大项目建设，分行累计直接投放贷款1372亿元，引入外省资金890亿元，重点支持鹰瑞等22条高速公路、沪昆等13条铁路、新昌等21个电厂、南昌等11市52县基础设施建设，支持铜、航空等8个重点产业发展。2013年，被评为“实干江西——建设富裕和谐秀美江西十大先锋人物”。

郭学飞 江西省上饶县人，1975年10月生，大专学历，中共党员，南昌铁路局向塘机务段机车司机。他是排故障专家和技术明星，行车20多年从未发生一起责任机破事故及事故事苗。他把掌握的200多种机车故障处理办法编成《机车应急故障处理20条》《内燃机车区段作业标准》《走车电路故障处理思路》《励磁电路故障处理思路》等书籍与火车司机分享。他积极参与段《防止柴油机破损》《防止轮箍抱松》等主题QC攻关，为段节约200多万元。他根据自己的行车经验编写一套稳、准、快、巧“四字”电力机车平稳操纵法，降低电力机车坡停、掉分相的几率，以他名字命名的“郭学飞电力机车平稳操纵法”在全段范围内推广。他注意培养业务尖子，做好“传、帮、带”工作。他带的30余名徒弟，有12名获路局职业技能竞赛前3名，8名晋升为技师。以他名字命名的“郭学飞劳模创新工作室”被江西省命名为省劳模创新工作室。他曾获“全国铁路技术能手”“全国技术能手”“全国铁路劳动模范”“全国铁路首席技师”称号。2014年，被授予“全国五一劳动奖章”。

马跃辉 山东人，1969年12月生，本科学历，中共党员，中航工业江西洪都航空工业集团有限责任公司钳焊液压附件厂铣工，高级技师。他凭借扎实的专业技能，创造出许多实用的零件加工方法，提高零件加工效率和质量。他在技术上毫无保留，主动做好“传、帮、带”工作，以“导师带徒”形式带徒弟13人，多名徒弟成长为技术骨干。他积极带领班组成员钻研业务，参加岗位练兵活动，总结提升专业技术水平。其班组人均年工时高达6000余小时，提出合理化建议80余条，创造经济价值93万元。班组连续3年获公司“青年文明号”“优秀班组”称号。他个人年均完成工时8000余小时，连续多年实现安全、质量“零缺陷”；提出技术革新和合理化建议240条，创造直接经济价值110余万元。2013年8月，以他名字命名的劳模创新工作室成立；2014年5月，马跃辉劳模创新工作室被江西省总工会授予“首批劳模创新工作室”称号；同年11月，马跃辉劳模创新工作室获中航工业“劳模创新工作室”称号。他2004年被授予“江西省五一劳动奖章”；2013年，被授予“全国五一劳动奖章”；2014年，获中航工业“首席技能专家”称号。

（省总工会）

全国先进工作者

杨金平 江西省樟树市人，1973年11月生，研究生学历，中共党员，南昌市公安局西湖分局副局长兼筷子巷派出所所长。筷子巷派出所是全国公安战线一级英模邱娥国曾经工作过的派出所，是公安战线上的一面旗帜。他克服工作繁重的困难，挤出时间带头学习政治理论、业务知识，多次在国家、省、市报刊发表理论研讨文章。他大力推行制度建警，以科学的绩效考评机制来规范警务活动，不断提升严格、公正执法的能力和水平。他抓好情报信息收集、阵地控制，做好维稳档案建设和经常性的敌、社、政情基础调查和情报信息分析研判工作，多条信息被省公安厅、市公安局及市委采用。他对派出所工作模式和管理机制进行大刀阔斧地改革，将派出所治安队伍和巡逻队伍合并办公，组建治安巡逻队伍，成为西湖公安分局“两队一室”警务工作运作模式，辖区可防案件得到有效遏制。筷子巷派出所获“全国模范公安派出所”“全国创建文明行业工作先进单位”“全国青年文明号”“全国优秀公安基层单位”“人民满意派出所”等称号，他荣立个人三等功6次，曾获“江西省劳动模范”称号。

雷辕生 江西省新建县人，畲族，1960年1月生，研究生结业，中共党员，新建县第二中学党支部书记、校长，中学高级教师。他长期致力于校园文化、中国传统文化研究，他主编的校本课程《弟子规》获中央教科所重点研究课题“传统文化与语文教学”国家教科研成果一等奖。他倡导“以人为善”的“和善文化”，在

全校开展“十心”树师德、“十力”强师能、“十气”修师表的“三师”活动，激发教师创造力。在学生中推动“五个一工程”（一首班歌、一枚班徽、一面班旗、一个班训、一份班报或班刊），激发每位学生的想象力、创造力。他把“爱心”作为新建二中所有教育理念和素质教育的核心，要求行政领导善待教职工，为教职工做好服务；教师善待学生尤其是“待优生”；教育学生要善待父母、兄弟，学会关爱、帮助同学及他人。在他带领下，新建二中发展迅速，与1999年相比，在校学生翻了近5倍，连续10年高考二本上线总人数全市第一，连续7年二本上线人数占全市1/6，学校先后获“全国教育系统先进集体”“省级文明单位”、江西省“五一劳动奖状”等称号。他曾获“全国五一劳动奖章”“江西省先进工作者”等称号。

周泽甫 江西省德安县人，1961年10月生，研究生学历，中共党员，九江市第一人民医院院长，主任医师。他常常带领科室同仁研究新技术、新课题。“冠状动脉64层螺旋CT血管成像与冠脉造影的对照研究”“应用Endo－PAT评估冠状动脉慢血流性心绞痛患者内皮功能障碍的相关性研究”获省部级科研课题。他参加指导心血管介入手术，医院心脏介入手术质量、数量在卫生部排名中位列江西省第四位，地市级医院第一位。他注重培育医院骨干力量，从学科建设入手，全面提高医务人员科研水平和技术实力。医院多个科室获卫生部培训基地和省级重点学科专业称号，开展新技术新项目40余项，仅两年就有36项课题获奖，发表论文326篇，其中国家核心期刊24篇，美国《科学引文索引》收录期刊8篇。他先后发表医学论文近40余篇，主持编辑出版《急重症诊断流程》《临床医师技术操作规范》《临床护理实践指南》等工具书类著作，开展10余项医学科研攻关，获科技进步奖、新技术应用奖和重大效益奖5项。他享受国务院特殊津贴，曾获“全国五一劳动奖章”“全国卫生系统先进工作者”“江西省先进工作者”等称号。

周俊军 江西省瑞昌市人，1972年5月出生，本科学历，瑞昌市公安局肇陈派出所教导员。他曾是一名中学副校长，为实现儿时梦想，2005年弃教从警，成为一名基层民警。在工作实践中，他产生创建警务室信息平台的想法。2006年10月始，他白天走村串户，采集信息，晚上钻研电脑技术、处理信息、制作平台。跑遍辖区每一个村庄、每一家农户，行程6000多千米，拍摄照片9000多幅，记录文字信息5000多条，制作表格400多张，经历3次改版，建成洪一乡警务室信息平台。他善于思考工作，总结出“走、钻、创、用”四字工作法，群众对他的工作给予极大的信任和支持。2013年，他当选为十二届全国人大代表，提交《关于要求毒驾入刑的建议》《关于增设袭警罪的建议》《关于新生儿申报户口提取DNA材料，逐步建立全民DNA数据库的建议》等21份建议，把基层声音准确反映到中央。《江西日报》《人民公安报》、江西电视台、中央电视台等先后报道他的先进事迹。他多次获个人一、二、三等功，曾获“全国特级优秀人民警察”、全国公安机关“二级英雄模范”“全国五一劳动奖章”“中国青年五四奖章”称号。

徐 斌 江西省都昌县人，1977年11月生，本科学历，中共党员，都昌县苏山中心小学特高级教师。1998年特大洪灾，他从中心小学赴最偏远的山村小学任教。为让孩子们喝上干净的井水，在学校打井过程中，他不幸从井口摔落12米深的井底，造成腰椎骨折。10余年来他每天吊着尿袋，坚守在农村三尺讲台上。他探索出一套数学课堂生活化、生活情景数学化的教学方法，设置“今天我当家”“数学情景剧”“探索无极限”等环节，把数学课变成孩子们喜欢的游戏。他的生活化教学经验被迅速推广，2008年1月18日，《光明日报》报道其生活化教学经验。他结合农村实际，摸索出一套破解农村德育工作难题的方法——周末道德实践。他设计道德实践题，通过细小事情培养学生道德情操。2006年教师节前夕，他在全省庆祝教师节大会上作为唯一一名教师代表发言介绍经验。他坚持深入教学一线，为同事确立研究课题，为青年教师进行说课指导。每年“六一”期间，他都拿出部分工资组织学生对孤残儿童进行帮扶。2012年，个人拿出1200元成立爱心助学启动基金，带动社会各界捐款2万多元。中央电视台、《人民日报》《光明日报》《中国教育报》、人民网、新华网等数十家媒体采访和报道过他的先进事迹。

沈国荣 女，江西省都昌县人，1957年12月生，大学学历，中共党员，景德镇市第二医院大内科副主任，内分泌科主任，风湿免疫科主任。她主攻内科心血管病及重症监护治疗工作，医疗技术精湛，成功抢救大量的疑难、危重症患者，在景德镇市享有盛誉，得到省内同行公认。1994—1996年、2000—2002年，她两次被省卫生厅选派为中国援助突尼斯医疗队心血管病专家，赴突尼斯工作。其间，她受到所在省省长嘉奖，被省卫生厅授予“优秀援外医疗队员”称号。她积极参与科研活动，发表《内科重症监护室对心脑血管急症的治疗价值》，参与“前列腺素E1对心功能衰竭肺压影响研究”“动态心电图对活动平板缺血性ST段改变患者分析研究”等多项科研活动，其中“重症监护病房微机管理系列”获江西省科学技术进步三等奖。在抗击非典型肺炎、人猪链球菌感染及人禽流感等传染病防治中，她始终站在临床一线指导监测。她重视临床带教工作，把自己的经验传给年轻医师，培养一大批优秀的临床医师和医疗骨干。她领导的团队获2014年“江西省青年文明号”称

号，个人曾获“江西省先进工作者”“全国卫生系统先进工作者”称号。

严国安 江西省鹰潭市人，1962年11月生，本科学历，民革党员，鹰潭市中医院口腔科主任。他勤奋敬业，医德高尚。市中医院口腔科门诊量大、医疗用房少、候诊环境较差时期，他始终带头坚持在第一线，平均每天诊治20多个病人，连续多年个人业务量在中医院排第一。他在鹰潭首创无节假日科室，连续20多年未休公休假。他十分体恤病人，坚持精准诊治。坚持治病谨慎用药原则，即使是一块钱也要替病人节省，对残疾人和经济较为困难的病人尽量减免治疗费。他勤于学习，善于吸收新知识。在鹰潭地区首先开展成人、儿童固定正畸、精密附着体义齿等新技术、新项目，在国家级、省级杂志上发表论文7篇。2005年由他负责的“生大黄湖剂治疗复发性口疮”课题获好评。作为市人大代表，他提出的议案“鹰潭市中医院门诊部改造工程列为市重点工程”被采纳；同其他代表共同提出的“成立鹰潭市职业技术学院的议案”成为现实，改变鹰潭无高校的历史。曾获“江西省先进工作者”“江西省五一劳动奖章”称号。

傅塘根 江西省新余市人，1957年10月生，大专学历，中共党员，中共新余市委政法委员会常务副书记、维稳办主任。他2004年从团级干部转业至地方，一直在新余市从事维稳工作。他坚持每天提前1小时上班，十余年来，他利用提前上班的时间，接待来访群众5000多批次，解决实际问题4000余件次。他总是尽最大努力满足群众合理诉求。上饶市退休教师叶玉秀的儿子在新余被怀疑偷窃，遭追打致死。法院判决嫌疑犯有期徒刑11年，并处民事赔偿46万元。但赔偿款一直不到位，她还不了因儿子治病欠下的高利贷，经常到新余上访。傅塘根带头为她捐款1000元。受他影响，渝水区法院干警自发为她捐款近万元。他还为叶玉秀从市慈善总会争取慈善款1万元，从市涉法涉诉救助基金争取10万元。2010年5月，特大暴雨袭击新余，他作为抢险救灾督查指导工作组组长，连续6天深入灾区，指导群众自救互助。在他组织协调下，7895名受灾群众得到妥善安置。而他因劳累致旧伤复发，一个人到医院打点滴。他荣立二等战功2次，三等战功8次。转业后曾获“全国涉军维权先进个人”“全国政法系统优秀党员干警”等称号。

赵勇刚 江西省新余市人，1974年8月生，大专学历，中共党员，新余市渝水区城北街道沙土社区卫生服务中心主任。他先后担任马洪、良山、姚圩、水北、城北5个卫生院院长，因为他管理出色，使这几个靠“吊氧瓶”过日子的卫生院起死回生，被尊称为“救火院长”。他从小志于行医济世，并如愿考入新余卫校。虽然起点低，但他善于钻研，不仅学习西药，还自学中医。通过20多年实践，他在中医和西医方面颇有造诣，市医院医师评价他“是个难得的外科人才”。他常说：“医者，先做人，后行医”。乡镇卫生院面向的是农民，他从不开大处方、不作不必要的检查。他坚决杜绝药品采购中的不正之风。他每到一个卫生院，药费都会下降，让患者花最少的钱治好病。有一位病人家境贫寒，他知道实际情况后，给病人减免一半医疗费，还捐赠200元钱。20多年来，他积极参加送温暖、送爱心活动，捐赠150多次，捐款金额2万多元。曾多次获全国、省卫生系统先进个人等称号。

吴雄生 江西省高安市人，1966年3月生，本科学历，中共党员，宜春市公路管理局科长，高级经济师。作为一名基层路政执法者，他爱路护路，长年奔走在2300千米的公路上，开展路域环境整治工作；依法治超，昼夜奋战在

所管辖的公路上，确保公路安全畅通。2014年年初，宜春市开展治超专项整治。他和同事在安福与袁州区新坊镇路段查处50多辆严重超载装沙车，经过整整48个小时的工作，成功使违法车主接受检查和处罚。他的脸因被山风强力吹打，引发面瘫。治疗期间，针对中心城区混凝土车辆整治行动出现的一些状况，他顾不上疼痛，重新分析专项整治工作。执法公平、公正是人们对执法者的普遍期望。他根据自身经验摸索出路政管理信息系统，实现网上办案、网上审批，各类收费标准电脑控制，确保执法工作统一。此举得到省公路管理局肯定，在全省推广使用，取得实效。他牵头率先在全省公路系统组建路政警务大队，有力打击阻挠路政治超执法的行为。2013年，他当选为“江西十大法治人物”；2014年被授予“2011—2013年度江西省依法行政先进个人”称号。曾获“江西省五一劳动奖章”。

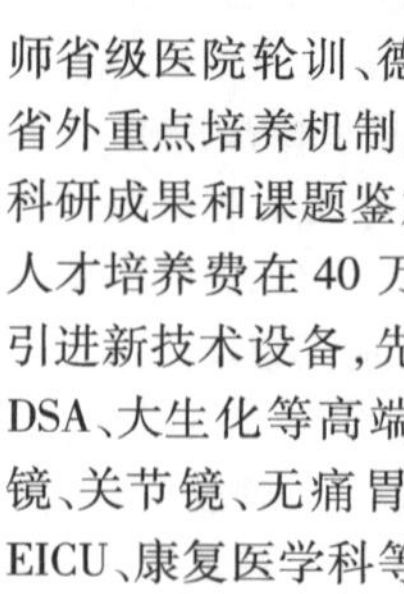

熊志斌 江西省丰城市人，1966年10月生，本科学历，中共党员，丰城市人民医院院长。他注重发展专科技术特色。医院建立年轻医师省级医院轮训、德才兼备技术骨干省外重点培养机制，制定不同级别的科研成果和课题鉴定奖励制度，每年人才培养费在40万元以上。他积极引进新技术设备，先后引进CT、MRI、DSA、大生化等高端设备，介入、腹腔镜、关节镜、无痛胃肠镜、无痛分娩、EICU、康复医学科等特色服务成为全省县市级医院亮点。医院有9人考取上海瑞金医院、广东中山医科大学、湖南湘雅医院等研究生，先后有1项课题获江西省科技进步三等奖，2项课题获宜春市科技进步二等奖，4项课题获宜春市科技进步三等奖，6个专科获评宜春市重点专科、知名专科。他每天坚持行医，年手术量100台以

上。他廉洁自律，先后拒收、退回有数可计的红包近20万元，无法统计数目的封口红包68次。在他带领下，2010年1月，丰城市人民医院成为全省唯一一家县市级三级综合医院。曾获“江西省五一劳动奖章”“江西省先进工作者”称号。

王　勇　江西省铅山县人，1970年8月生，本科学历，中共党员，铅山县人民法院永平人民法庭庭长。他身残志坚，忘我工作。扎根山区法庭20年，凭着积极、进取、拼搏的精神，他连续11年保持案件调解率、撤诉率82%以上，案件审结率100%、执结率100%和案件无一例发回重审、无一例改判、无一例差错、无一例缠诉、无一例投诉的“一个82%以上、两个100%和五个无”的业绩。他对自己很吝啬，对群众却很慷慨。他总是用军人伤残补助去帮助他人。汶川地震他多次捐款，学生失学他主动捐助，自己身体不好，时常咯血却去义务献血。20多年来，他累计捐款金额有据可查的超过11万元。新华通讯社、《人民法院报》《法制日报》《江西日报》等主流媒体报道其事迹，上饶市中级法院以他日记为主要素材组织编写《法官王勇》一书。省高级人民法院、上饶市委印发《关于开展向王勇同志学习活动的决定》，号召全省法官、全市党员干部向他学习。他荣立个人三等功3次，曾获“全国优秀法官”“全国法院人民法庭工作先进个人”“江西十大法治人物”等称号。2015年1月，当选全国“敬业奉献好人”。

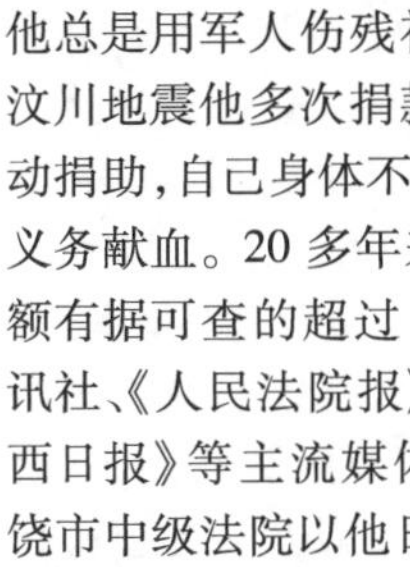

曾建芳　女，江西省上饶县人，1963年11月生，本科学历，中共党员，上饶县血防站党支部书记、站长。她常年深入血防工作最前线，吃住在疫区百姓家。有一次，她查螺时因在烈日下工作时间太久，中暑晕倒了。同事们劝她回去休息，她却只是就地休息一会儿，又投入到工作中。2005年“五一”长假期间，她在春季查螺工作中被狗咬伤，同事们劝她赶紧回县里注射疫苗，她却直到傍晚工作结束后才注射疫苗。她对业务精益求精，慕名找她看病的人很多，她总是本着一个白衣天使的爱心善待每一位病人。能用普通药品达到最佳治疗效果的，她决不用昂贵药品以提高利润。她是一个乐善好施的人，常常帮助有困难的患者。2005年9月，田墩镇一村民在治疗血吸虫病时发现合并肺结核，需要马上转定点医院治疗。得知患者家境贫困，她马上掏出仅有的400元给他，并帮他联系转院。2007年4月，来了一位肾结核患者，这位患者曾因患结核性脑膜炎致下肢瘫痪，贫病交加。曾建芳请来专家为她会诊治病，并组织全站职工为其捐款3000余元。她曾获“全国血防先进个人”“江西省先进工作者”“全国医药卫生系统创先争优活动先进个人”称号。

魏云秀　女，江西省南昌市人，1963年10月生，大专学历，中共党员，广昌县人民检察院检察委员会专职委员、侦查监督科科长。2000年，她响应最高人民检察院、共青团中央号召，在全省检察机关创建第一家“青少年维权岗”，用法律、思想、道德、亲情去教育、感化失足青少年，她先后帮助20多个失足青少年。她和学校联系，调查摸底“留守学生”“单亲学生”的数量和现状，对其中表现不良的学生登记造册建档，结对帮扶，组织检察院女干警与留守学生开展手拉手活动。她建议县政府启动30万元司法救助专项资金，部分用于未成年人救助，为未成年人救助工作机制打下坚实的物质基础。针对未成年人心理特征，她从“爱”出发，从“帮”入手，探索出对涉案人员未成年子女、未成年犯、未成年被害人进行心理疏导、挽救、教育的新思路。广昌县未成年人违法犯罪占全县犯罪人数的比例从2006年16%下降到不足4%，她被人们称为“维权妈妈”。广昌县人民检察院先后获“全国优秀青少年维权岗”“全国未成年人思想道德建设先进单位”称号。她曾荣立个人二等功，获“江西省检察工作先进工作者”“江西省先进工作者”“全国模范检察官”等称号。

喻尧生　江西省抚州市人，1964年9月生，本科学历，中共党员，抚州市临川区农业综合开发办公室副主任。身为农技员，他花了整整3年时间研究，让“抚州西瓜”由均重10千克瘦身为5千克，含糖量从7%提到9%，适应市场需求。他在瓜乡成功推广新品黄瓤“无籽西瓜”，被当地媒体誉为“种无籽瓜做有为人”，被称为“喻专家”。他在西瓜产区推广“瓜—菜—瓜”轮作示范，使精品西瓜年产达3000千克以上，瓜农每亩大棚纯收益达到万元以上。临川西瓜种植面积达0.53万公顷，瓜农每年从中获利2.4亿元，临川成为优质西瓜基地。他向政府推荐开发红壤荒山。历经8年奋斗，在临川七里岗等5乡镇建成全国闻名的“黄栀子”生产基地，全区种植黄栀子6666.67公顷，带动项目区7000户农民加盟，人均增收4000元。他协助领导做全区农业综合开发工作，临川农业开发上百个项目他一人包干、一人跑。临川东馆镇等8个乡镇建成高标准粮田4533.33公顷，新增灌溉排涝面积2533.33公顷，年新增粮食产量1006.4万千克。曾获“江西省农牧渔业技术改进奖”一等奖、农业部“丰收奖”及“江西省先进工作者”称号。

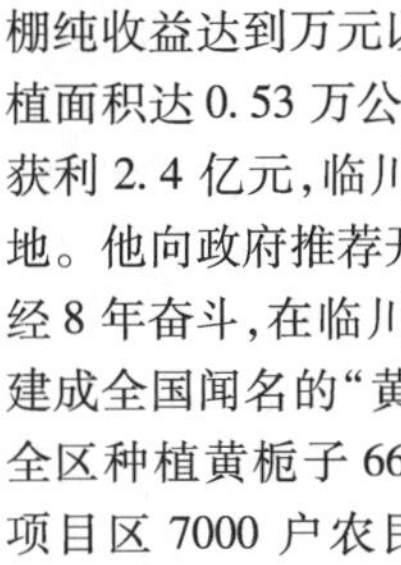

胡文海　江西省吉安市人，1973年1月生，无党派人士，井冈山大学生态环境与资源研究所副所长，博士、教授。他重视科学研究。自2005年以来，他获国家自然科学基金项目3项、教育部新世纪优秀

人才计划项目1项、其他省部级科研项目6项，发表论文40余篇；获教育部自然科学一等奖1项（排名第六）、江西省高等学校科技成果二等奖1项（排名第四）。2007—2013年，他担任生命科学学院副院长，分管教学与实验室工作。他开拓思路，勇于创新，学院共成功申报“生物科学国家特色专业”“基本生物学实验教学示范中心”等多项国家和省级本科工程项目。担任井冈山大学生态环境与资源研究所副所长后，在他带领下，成功申报“吉安市现代农林种质繁育工程技术研究中心”。他热爱教学，他的口头禅就是“教学是一件令人身心快乐的事”。他讲课旁征博引、深入浅出，深受学生欢迎。他指导学生在各种学术期刊上发表数十篇学术论文，获“挑战杯”全国大学生课外学术科技作品竞赛三等奖和江西省赛区三等奖各1项。曾获“江西省先进工作者”“江西省首届十佳青年教师”称号。

张辉耀　江西省永丰县人，1963年6月生，中共党员，大学学历，江西省永丰中学校长、校党总支书记，中学数学高级教师。他殚精竭虑，通过各种渠道筹措资金，化解1000多万元建校债务，并争取到上级部门建设资金，兴建第三栋教学大楼，兴建教师公寓、学生公寓各一栋，极大地改善教学条件。他潜心科研，主持完成教育部“十一五”规划重点课题，获全国二等奖；主持完成教育部“十二五”规划重点课题子课题，并作为第一参与人完成两项省级课题研究工作；牵头撰写科研文章《东风吹绽花千朵》《创新载体深入开展荣辱观教育》《放眼尽看烂漫景》等获论文评比一等奖。他每年亲自主抓高三年级工作。2003年以来，永丰中学高考年年创辉煌，一大批学子被清华大学、北京大学等名校录取。在他带领下，永丰中学被评为“省德育示范学校”“江西省园林化单位”“全国现代教育信息技术研究示范学校”“江西省2007年度人民群众满意学校”“全省基础教育课程改革先进单位”和“江西省中小学科研先进单位”。他曾获“江西省中小学优秀校长”“江西省先进工作者”等称号。

杨中荣　江西省兴国县人，1958年5月生，兴国县高兴镇墩丘村卫生所医生。他3岁时因高烧导致左下肢全瘫。高中毕业后，他拜一位老中医为师，开始学医。25岁时成为村里的“赤脚医生”。2000年，他获“乡村医师资格证”，从“赤脚医生”正式成为“乡村医生”。他身背药箱，拄着拐杖，长年穿梭在墩丘村的田间地头，成为一所乡村“流动医院”。村民叶素兰怀孕困难，四处求医无果，家里一贫如洗。他毅然选择到她家去帮她诊治。两个多月间，他常常背着药箱艰难地行走在田间地头。经过细心调理，叶素兰产下一名健康女孩，他却没有收一分钱。他看病尽量开小药方和普通药，减轻患者负担。遇到一些慢性病老年人，他经常用针灸、中药帮助调理，降低费用。因为他开的药单子便宜、实在，大家都乐于到他诊所拿药。有一次，村民杨中仁的孙女突然全身发紫、呼吸困难。他检查后，初步判断是食物中毒引起，立即采取相应措施，使小女孩转危为安。30多年来，他坚守这片淳朴而熟悉的土地，被乡亲们称为“折翼天使”。2013年获“江西省优秀乡村医生”称号，曾获“江西省五一劳动奖章”“2014江西最美乡村医生奖”。

钟万祯　江西省于都县人，1975年1月生，中共党员，于都县贡江镇民政所副所长。作为一名基层民政工作者，他走遍全镇26个村、14个居委会每一户民政对象的家。全镇3660户民政对象的家庭状况、困难原因他都了如指掌，被同事们称为“活字典”。他把困难群众当成自己朋友，为患者担保住院，为民政对象处理后事，为数以千计的困难群众送去关怀和帮助。在困难群众眼里，他是热心扶危济困的“救星”。然而，很多人不知道，他的女儿患先天性心脏病，妻子下岗，家庭特别困难。尽管如此，他从没向组织提过任何要求，没有向民政部门寻求任何帮助，没有得过一点“好处”。20年来，他尽心尽力、真情奉献，得到广大群众的认可和赞扬，得到各级组织的肯定，于都县在社区推出“钟万祯服务岗”，成为窗口服务行业标杆。其事迹被新华社、《中国社会报》《中国民政》《江西日报》《当代江西》、中央电视台、江西电视台等媒体报道。曾获“全国民政系统劳动模范”“江西省致敬2009十大人物”“江西青年五四奖章”等称号。

刘建生　江西省赣州市人，1973年12月生，硕士学位，九三学社社员，赣州市人民医院副院长。他潜心钻研专业知识，大量阅读专业相关书籍，从一名普通医师迅速成长，在呼吸内科疑难病、危重病，电子支气管镜检查及镜下介入诊治，有创和无创呼吸机的使用等领域拥有较高权威。他主编国家级医学教材5部，主持或参与各级科研课题10余项，在国家级和省级杂志发表论文10余篇。他牵头组建赣南首个拥有多功能病床、中心输氧、中心负压吸引、心电多参数监护系统、高端呼吸机、除颤仪等先进医疗设施的全科医学科VIP病区，成为赣南医疗界一张名片，确立了VIP诊疗服务在省内的领先地位。他带领并指导老年病科医疗团队，建立完善的老年疾病诊疗、康复、护理流程。创造性提出“医养结合服务模式”的构想并付出实施，积极筹备设立赣州市首家“赣州市老年医学研究所”。作为医学教育工作者，他依托临床经验，结合病例资料，将专业理论讲透彻，教学督导成绩多次排名第一。作为省人大代表，他提出《关于“看病难、看病贵”的现状与思考》《整治医院周边混乱环境》等多个调研报告。曾获“全国五一劳动奖章”。

杨柏云　江西省进贤县人，1963年2

月生，博士研究生，中共党员，南昌大学生命科学学院教授。他积极推广甘薯、龙牙百合、山药等作物的脱毒种苗种薯，在安远县、崇义县、宁都县等建立各级脱毒种薯基地，实现良种"快引进、快推广、快上市、快见效"目标，取得较好社会效益和经济效益。他从事技术培训工作，做到种苗种薯到哪里，技术就跟到哪里，培训班就办到哪里。举办各类培训班达200多次，接受培训人员达2万多人次。他认定科技兴农、科技兴赣的方向，在南昌市、进贤县、宜丰县和井冈山市等市县建立铁皮石斛、金线莲、龙牙百合、红豆杉和山药实验种植基地。他根据自己专业特长和研究成果，在2007年主持申报园林植物与观赏园艺硕士点获教育部批准，是南昌大学第一个农学硕士点。他团结全院从事植物学教学与研究的教师，凝练出三个研究方向，主持申报的江西省植物资源重点实验室获省科技厅批准。他十分注重生产应用，2013年，在省科技厅支持下，"江西省植物药产业国家科技特派员创业链"获批，为南昌大学争取到一个国家级的生产应用开发平台。曾获"全国五一劳动奖章""全国模范教师""全省科普工作先进工作者"称号。

陈大洲 江西省会昌县人，1955年9月生，研究生学历，中共党员，江西省农业科学院总农艺师、水稻所所长。1999—2003年，他主持国家"早稻品质改良产业工程江西分项"重大产业工程，选育出早稻优质稻7个品种，赣早籼49号、金优F6等，达到部颁优质二级米标准，仅4年累计推广81.51万公顷，增产2.45亿千克，项目成果获2004年省科技进步二等奖。2005—2010年，他作为首席专家主持江西省超级稻示范推广项目，建立超级稻示范推广重点县11个，建立百亩核心区178个、千亩示范片125个和万亩示范区60个，举办技术培训班3830期，培训农民62.9万人。5年累计推广178.51万公顷，平均亩产增51.4千克，项目获2010年全国农牧渔业丰收奖一等奖。他首创"三位一体"野生稻保护模式，发掘强耐冷基因，选育出能在江西自然越冬的新品种，达到国际领先水平。2007年，"东乡野生稻的发现、遗传多样性保护与利用研究"获江西省科技进步一等奖。由他主持的超级稻品种选育，2011年被农业部认定为早籼超级杂交稻品种"03优66"，2011年选育出晚籼杂交稻"99优468"，主持选育成的"赣香A"不育系，在12个省的科教和种业单位进行大量应用，为中国粮食安全作出重大贡献。曾获"全国农业科技推广标兵""全国五一劳动奖章"称号。

韦星林 广西壮族自治区上林县人，1960年10月生，本科学历，中共党员，江西有色地质勘查局副局长、总工程师，教授级高级工程师。2009年来，他组织探明弋阳来龙岗瓷石矿2亿余吨（达超大型瓷石矿床），为景德镇陶瓷业振兴与可持续发展提供新的资源支撑；力推危机矿山接替资源勘查，促使西华山、浒坑、铁砂街等一批濒临关闭的老矿山探矿增储、重焕生机；探索新形势下"企+研+探"找矿运作模式，在钦杭成矿带发现余坊铅锌铜矿，取得隐伏矿找矿新突破；组织指导亚洲最大的横峰葛源钽铌矿勘探，为建设国家稀有金属、特种陶瓷原料基地提供依据；在金山金矿田再找矿，新增探明金资源储量100余吨。他响应"走出去"战略，在东南亚、非洲、南美找到一批有潜力的金、铁、铜、铬、锆砂矿产地，得到合作方赞誉。参加工作30多年来，他没有请过探亲假、公休假，全身心扑在地质找矿工作上，节假日也大都忙着看资料、审报告，每年有近一半时间在野外。赴国外地质考察期间，他拒绝外商重金利诱，经受住国格、人格的考验；在市场经济大潮中，不少单位以上百万年薪聘请他，他毫不动心，婉言谢绝。曾获"全国矿产资源利用现状调查优秀专家奖""江西省先进工作者"等称号。

（省总工会）

全国三八红旗手标兵

邹德凤 女，1956年7月生，中共党员，南昌大学第四附属医院医疗服务部主任、江西省红十字会兼职副会长、江西省巾帼志愿服务协会会长、中国人体器官捐献志愿服务总队常务副队长、江西省第十四届党代会代表。她从事护理工作40多年，用真诚服务病患，感动患者及其家属。2002年，她倡导成立江西省红十字志愿服务中心南昌大学第四附属医院服务组，14年来，她做义工累计达3万多小时。服务组从最初几个人发展成为1万多人的志愿团队，服务范围达20个社区，服务人口达20万人，累计为90多万人次提供志愿服务。2014年，以她名字命名的江西省邹德凤公益发展中心在省民政厅注册成立，有爱心志愿者8000余人，注册志愿者6000多人。2016年，江西省巾帼志愿服务协会在南昌成立，她任会长；9月，邹德凤公益发展中心获"全国优秀巾帼志愿服务队"称号，"临终关怀"项目获"全国优秀巾帼志愿服务项目"称号。2013年，获第44届"国际南丁格尔奖章""全国三八红旗手"称号。2015年，获"全国医德楷模""江西省道德模范"称号。

（省妇联）

全国三八红旗手

曲　歌 女，满族，1968年4月生，江西广播电视台主任播音员。1987年，她凭中学时期在省市报刊发表的众多作品，破格成为本钢电视新闻中心记者。1994年被江西电视台作为特殊

人才引进，成为《江西新闻联播》主播。20 多年来，她工作兢兢业业、一丝不苟，10 次获江西广播电视播音作品一等奖，2 次受到江西电视台通令嘉奖，2 次获中国播音主持作品政府奖，1 次获中国播音主持作品一等奖。2012 年，她获江西电视台建台 30 周年特别贡献奖，将 5 万多元奖金全部资助给江西和延安革命老区 20 多名贫困儿童。她是江西省第十一届、第十二届人大代表，担任江西省青少年利益代言人、江西省妇联恒爱大使、江西省慈善总会理事、江西省未成年犯权益监督人、江西省高级人民法院司法监督员等社会职务。2003 年，获江西电视台"十佳播音员主持人"称号，2004 年获江西省直机关"十大杰出青年"、江西省"十佳编辑记者""全国优秀新闻工作者"称号，2005 年获"江西省宣传文化系统优秀拔尖人才"称号，2007 年获全国"金话筒模范爱心大使"称号，2014 年获"江西省三八红旗手"称号。

曹玲玲 女，1976 年 2 月生，民主促进会会员，九江市第一人民医院内分泌一科主任，第九届全国科协代表、第十六届九江市政协委员。她出生于医生家庭，立志为天下人仁心治病。在糖尿病、垂体疾病的诊治上不断取得突破，很多疑难杂症在她手上得到治疗。主持多项国家级、省级课题，发表 SCI 论文 6 篇。担任江西省医学会骨质疏松分会委员，江西省医学会遗传分会青年委员等学术职务。她带领科室获 2014 年度全国第二届品管圈大赛优秀奖、2016 年度全国"糖尿病健康教育管理认证单位"。她周末经常带领科室成员到基层社区义诊，10 余年免费义诊患者 1 万余人次。2008 年入选江西省百千万人才工程，2011 年入选江西省卫生系统第六批学术与技术带头人培养对象，2014 年入选九江市第二批"双百双千"人才工程，2014 年获"九江市优秀青年"称号，2015 年获"江西省三八红旗手"称号。

丁　虹 女，1965 年 1 月生，江西省陶瓷研究所教授级高级工艺美术师。景德镇市工艺美术学会副会长，江西省工艺美术大师，江西省工艺美术学会常务理事，中国陶瓷工业协会陶瓷艺术委员会常务理事。2015 年被评为"景德镇市三八红旗手"，2016 年 2 月被评为"江西省三八红旗手"。她从事陶瓷美术创作近 30 年，有 70 件作品入选刊登和发表在各类大型专业画集中，2 件作品被国家博物馆收藏，1 件作品被中国工艺美术馆收藏，1 件作品被江西省博物馆收藏，多次向社会捐赠作品。在《陶瓷研究》杂志发表论文 4 篇，在《中国陶瓷》发表论文 3 篇，《陶瓷研究》先后有四期分别介绍其陶瓷艺术。由她设计的礼品瓷投入市场后销售产值 100 多万元，上缴国家税收 6 万多元。2010 年为世博会作出贡献，受到世博会组委会表彰。2012 年，作品《菩提福"钵"》获第十四届中国（国家级）工艺美术大师精品博览会金奖；2013 年，作品《古木幽楼》获中国工艺美术"百花奖"金奖；2015 年，作品千件镶器"咏荷"获第十届全国陶瓷艺术设计创新评比金奖，作品《家园》获中国工艺美术"百花奖"金奖；2016 年，作品《窃窃私语》获中国收藏十大艺术陶瓷名品金奖。

许莉萍 女，1961 年 4 月生，中共党员，鹰潭市直属机关工作委员会副书记。无论是在宣传部，还是在文化局、机关工委工作，她干一行、爱一行、专一行。策划和组织创排鹰潭艺术名片《七彩畲乡》，代表江西省参加全国少数民族文艺汇演获多个奖项；完成《青山作证》排演工作，为江西省唯一参加全国基层院团戏曲会演剧目。她在机关党建工作勤勉履职，加大违纪党员查处力度，严把党员发展关口；牵头开展"机关效能年""创业服务年""发展提升年"等工作，成绩名列全省前茅；创办市直机关文化大讲堂，主编机关党建刊物《北极阁》。她为妇女事业出谋出力，作为鹰潭市妇联第七届常委，协助市妇联理顺市直机关妇女组织隶属关系，促成市直机关妇工委成立。她发挥文化资源方面优势，联系市群艺馆协助市妇女儿童活动中心举办舞蹈、音乐等各类公益培训，丰富妇女儿童文化生活。2014 年获"江西省三八红旗手"称号。

廖秀英 女，1932 年 9 月生，江西省瑞金市壬田镇凤岗村村民。她从 16 岁开始腌制、售卖咸鸭蛋。2015 年尝试在网上售卖咸鸭蛋，通过电商平台销往全国各地，由一个月销售咸鸭蛋几百个，发展到一天销售几千个。组建成立廖奶奶咸鸭蛋专业合作社，吸纳贫困户社员 32 户，提供劳务就业机会，帮助贫困户年均增收 2 万余元。作为电商脱贫攻坚典范，按照农业产业化发展模式大力推进蛋鸭产业基地建设，利用 20 余万元扶持资金，对生产车间进行升级改造，扩大生产规模，使日出蛋量提升近 1 倍。2016 年获"全国脱贫攻坚奖"。

莫子涵 女，1981 年 12 月生，民盟会员，抚州民生农业科技有限公司董事长、江西新农人电商运营有限公司董事长。作为一名大学生创业者，她用 5 年时间带领抚州民生农业科技有限公司先后被评为全国"三八绿色工程基地"、江西省"农业产业化龙头企业"、江西省"一村一品"示范企业；获中国国际农产品展销会金奖、首届江西鄱阳湖绿色农产品（深圳）展销会金奖、第六届江西鄱阳湖绿色农产品（上海）展销会金奖、青岛国际农产品展销会金奖、江西上海农产品展销会最畅销金奖等多种奖项。她

积极履行社会责任，个人和公司为外省地震灾区和当地洪水灾区捐款10万元；出资帮助特困家庭学生，发动职工参与。2013年以来，她整合农业类别企业100家，创办新思维众创电商平台带动创业就业100万人，3年来面向全国免费开设各类培训班40场，线上线下培训受益17万多人次，带动销售5亿多元。她2012年获“江西省三八红旗手”称号，2013年获“全国农村致富女能手”称号，2014年被评为中国“三农”模范人物，2015年被评为江西省杰出创业女性。

文小凤 女，1972年2月生，江西龙河物流有限公司董事长、豫章汇景国际大酒店董事长。她生于南昌市城郊农村，23岁时与丈夫一起走上自主创业之路，先后开办餐馆、销售水泥、批发服装、经营物流托运。2007年，与朋友共同创建龙河物流大市场；2013年，与朋友共同创建汇景国际大酒店。作为大股东，她分别担任两个公司董事长。龙河物流大市场总投资6000万元，占地面积4公顷，总建筑面积4万平方米，拥有物流店铺160间，大型泊车位200余个，集物流、停车、仓储、配送、信息、办公、展示、餐饮、住宿、娱乐为一体。汇景国际大酒店装修总投资6000万元，占地面积2公顷，建筑面积3万平方米，拥有200多间中西风格客房。为广大农民工、下岗工人、退伍军人、各类院校毕业生提供3000多个就业岗位。曾获“江西省三八红旗手”“江西省劳动模范”“江西省杰出创业女性”“中国优秀民营企业家”称号。

彭 芹 女，1964年7月生，中共党员，江西省萍乡市妇联党组书记、主席。

她在妇联工作20多年，2011年担任萍乡市妇联主席，提出并实行“打品牌、创特色、出亮点”“借力、给力”的工作思路，多项工作跻身先进行列。在全省实施妇女儿童发展纲要主要目标综合考评中，萍乡市连续5年名列第一。她协调和争取各方支持，累计争取各类资金2000余万元，开展一系列惠及妇女儿童的公益慈善活动。她热爱妇女工作，思考妇女工作新方法，总结妇女工作新经验，对待基层困难妇女和儿童有求必应、有苦能诉、有难必帮，赢得基层妇女群众高度评价和普遍赞誉。2012—2015年连续4年被评为优秀县级干部并记三等功1次。曾获“江西省三八红旗手”称号。

（省妇联）

·资 料·

江西历代进士名录（八）

姓名	籍贯	朝 代	上榜时间	姓名	籍贯	朝 代	上榜时间
刘良肱	吉水	宋	皇祐元年(1049)	虞太熙	铅山	宋	皇祐元年(1049)
董唐臣	永丰	宋	皇祐元年(1049)	王纯中	分宁	宋	皇祐五年(1053)
董 偁	永丰	宋	皇祐元年(1049)	叶公望	南昌	宋	皇祐五年(1053)
董 伋	永丰	宋	皇祐元年(1049)	黄 序	分宁	宋	皇祐五年(1053)
董 偕	永丰	宋	皇祐元年(1049)	黄 浚	分宁	宋	皇祐五年(1053)
蒋 概	龙泉	宋	皇祐元年(1049)	李仲堪	鄱阳	宋	皇祐五年(1053)
胡 向	清江	宋	皇祐元年(1049)	刘 定	鄱阳	宋	皇祐五年(1053)
廖鼎臣	清江	宋	皇祐元年(1049)	金 材	乐平	宋	皇祐五年(1053)
胡舜举	清江	宋	皇祐元年(1049)	王复古	乐平	宋	皇祐五年(1053)
何 洎	新淦	宋	皇祐元年(1049)	马康民	乐平	宋	皇祐五年(1053)
宋 球	新淦	宋	皇祐元年(1049)	程博文	乐平	宋	皇祐五年(1053)
陈公琰	新淦	宋	皇祐元年(1049)	万师诏	德兴	宋	皇祐五年(1053)
刘 景	赣县	宋	皇祐元年(1049)	董 休	德兴	宋	皇祐五年(1053)
张 醇	大庾	宋	皇祐元年(1049)	汪 谷	婺源	宋	皇祐五年(1053)

本栏编辑 邓诚君

专　录

江西省人民政府关于印发江西省国民经济和社会发展第十三个五年规划纲要的通知

2016年2月29日

各市、县(区)人民政府,省政府各部门:

《江西省国民经济和社会发展第十三个五年规划纲要》已经江西省第十二届人民代表大会第五次会议审议通过,现印发给你们,请认真贯彻实施。

江西省国民经济和社会发展第十三个五年规划纲要

江西省国民经济和社会发展第十三个五年(2016—2020年)规划纲要,根据《中共江西省委关于制定全省国民经济和社会发展第十三个五年规划的建议》编制,主要阐明政府战略意图,明确未来五年经济社会发展的宏伟目标、主要任务和重大举措,是政府履行职责的重要依据,是市场主体的行为导向,是全省人民的共同愿景。

第一篇　与全国同步全面建成小康社会

"十三五"时期,是我省与全国同步全面建成小康社会的决胜阶段,必须深刻认识并准确把握发展形势的新变化和新特点,必须适应和引领经济发展新常态,必须紧紧抓住和用好可以大有作为的重要战略机遇期,努力实现经济社会发展新跨越。

第一章　发展基础

"十二五"时期是我省发展史上极不平凡的五年,特别是省委十三届七次全会以来,面对错综复杂的国内外发展环境和经济下行压力,在党中央、国务院的坚强领导下,省委、省政府团结带领全省人民,主动适应、积极引领经济发展新常态,坚持稳中求进、改革创新,经济社会发展取得新的重大成就,"十二五"规划确定的主要目标和任务总体实现,江西站在了新的更高的发展起点上。

——经济总量迈上新台阶。经济保持平稳较快增长,主要经济指标增速位居全国前列,地区生产总值跨越万亿元台阶迈向两万亿元,2015年达到16724亿元、居全国18位,比2010年前移1位。实现财政总收入、规模以上工业增加值、固定资产投资四年翻番、外贸出口三年翻番、对外直接投资两年翻番。

——产业结构调整取得重大进展。农业基础地位不断夯实,服务业和战略性新兴产业成为拉动经济增长的新引擎,服务业比重提高了5.6个百分点,高新技术产业增加值超过1700亿元。产业集聚发展成效明显,主营业务收入超千亿的产业由4个增加到10个,国家级开发区(高新区)由9个增加到17个。

——城乡面貌发生深刻变化。新型城镇化有序推进,实现城镇人口超过农村人口的历史性突破。社会主义新农村建设扎实推进,农村面貌发生深刻变化。城乡基础设施全面跃升,高速公路通车里程突破5000公里,实现县县通高速；铁路运营里程超过4000公里，高铁实现零的突破；民用航空旅客吞吐量接近1000万人次，统调电力装机容量超过1800万千瓦。

——生态文明建设取得突破。成功争取全境纳入国家首批生态文明先行示范区建设，重点领域先行先试开局良好，一批生态环境工程加快推进，生态环境优势得到巩固提升，节能减排圆满完成规划目标，在全国生态文明建设中的地位和作用进一步彰显。

——区域发展格局进一步完善。全面对接"一带一路"和长江经济带国家战略，赣南等原中央苏区振兴发展和罗霄山集中连片特困地区扶贫攻坚成功上升为国家区域发展战略，鄱阳湖生态经济区建设顺利推进，昌九一体化步伐明显加快，赣东赣西协调发展，"龙头昂起、两翼齐飞、苏区振兴、绿色崛起"的区域发展格局基本形成。

——改革开放全面推进。全面深化改革取得阶段性成效，简政放权力度前所未有，财税、金融、投融资、价格管理、国资国企、省直管县等重点领域和关键环节改革取得重要突破。开放型经济取得重要成效，"走出去"步伐明显加快，进出口总额突破400亿美元，实际利用外资突破90亿美元，赣州综合保税区成功设立，赣欧（亚）国际货运铁路班列成功开行，江西航空成功组建。

——社会事业全面进步。人民生活水平和质量明显提高，城乡居民人均可支配收入分别年均增长11.1%、13.2%；教育、文化、医疗卫生、社会保障等各项社会事业加快发展，城镇新增就业不断扩大，覆盖城乡居民的社会保障体系进一步完善，城乡居民大病保险等制度全面实施，扶贫攻坚成效显著，社会保持和谐稳定。

——风清气正的政治生态进一步形成。全面从严治党开创新局面，反腐倡廉成效显著，党的群众路线教育实践活动成果丰硕。政风行风全面好转，行政效能明显提高。基层民主不断发展，法治江西建设全面展开。

尤为重要的是，省委十三届七次全会以来，我们坚定不移贯彻习近平总书记系列重要讲话精神，坚定不移落实党中央、国务院各项决策部署，始终保持政治定力、战略定力和实干定力，立足江西发展实际，拓展提升发展思路，提出并实施了"发展升级、小康提速、绿色崛起、实干兴赣"的十六字方针，初步探索出了一条加快发展与转型升级相统一、经济发展与生态环境相协调的发展新路。实践证明，十六字方针是贯彻党中央"四个全面"战略布局的江西行动，完全符合中央精神，顺应时代要求；是对江西多年来发展实践的总结提升，符合发展规律，切合江西实际。"十三五"时期，必须持之以恒、坚持不懈抓下去。

第二章　发展环境

"十三五"时期，和平与发展的时代主题没有变，世界多极化、经济全球化、文化多样化、社会信息化深入发展，世界经济在深度调整中曲折复苏，我国经济长期向好的基本面没有改变，有利于营造较好的外部环境；新一轮科技革命和产业变革孕育新突破，有利于发挥后发优势、加快产业转型升级；全面深化改革和创新驱动发展深入推进，有利于激发发展动力和活力；国家聚焦聚力于推进"一带一路"、长江经济带等重大战略，生产力布局向内陆腹地拓展，有利于开拓发展新空间；国家把生态文明建设摆到更加重要位置，有利于我省把生态优势转化为发展优势。

与此同时，国际国内发展环境错综复杂，国际金融危机深层次影响在相当长时期依然存在，国内面临诸多矛盾叠加、风险隐患增多的严峻挑战，我省发展外部环境的不稳定性和不确定性因素增多。发展不足仍然是我省面临的主要矛盾，同时面临一系列新的挑战：有效需求不足，传统动力减弱，保持经济平稳健康发展的难度增加；产业层次总体较低，创新能力不强，转型升级任务艰巨；企业效益下滑，商品房库存偏高，经济领域风险隐患较多；资源约束进一步增强，生态环境压力不断加大；人口老龄化加快，基本公共服务供给不足，扶贫攻坚任务十分繁重，影响社会稳定的因素增多；社会文明素质有待提高，法治江西建设任重道远，党员干部作风建设还有待进一步加强。

总体来看，"十三五"时期我省将向中高收入发展时期和工业化中后期阶段迈进，我省仍然处于大有作为的重要战略机遇期，但也面临诸多矛盾和严峻挑战，经济社会发展突出表现为"六期融合"的阶段性特征，即迈向全面小康的决胜期、经济转型升级的关键期、区域开放融合的深化期、生态文明建设的提升期、全面深化改革的攻坚期、法治江西建设的推进期。全省上下务必适应新常态、把握新常态、引领新常态，保持战略定力，抓住用好机遇，应对风险挑战，不断开创发展新局面！

第三章　指导思想

"十三五"全省经济社会发展的指导思想是：高举中国特色社会主义伟大旗帜，以马列主义、毛泽东思想、邓小平理论、"三个代表"重要思想和科学发展观为指导，深入贯彻习近平总书记系列重要讲话精神，遵循"四个全面"的战略布局，坚持发展第一要务和五大发展理念，紧紧围绕"提前翻番、同步小康"的总目标，以提质、增效、升级为中心，以创新、改革、开放为动力，协同推进新型工业化、农业现代化和现代服务业，全面提升新型城镇化、信息化和绿色化水平，奋力开创"发展升级、小康提速、绿色崛起、实干兴赣"新境界，努力走出一条具有江西特色的绿色发展新路子。

如期实现与全国同步全面建成小康社会的奋斗目标，必须牢固树立创新、协调、绿色、开放、共享发展理念，以发展理念的创新来破解发展难题、增强发展动力、厚植发展优势。在发展中始终坚持以下原则：

——必须以人民为中心。实现好、维护好、发展好最广大人民根本利益是发展的根本目的。要把增进人民福祉、促进人的全面发展作为发展的出发点和落脚点，发展人民民主，维护社会公平正义，充分调动人民群众的积极性、主动性、创造性。

——必须加快转型升级。实施创新驱动、推动经济转型升级是适应和引领新常态的必然选择。要坚持加快发展不动摇，着力推进供给侧结构性改革，在加快发展中调结构、促转型，在做大总量中提质量、增效益，推动发展向更多依靠创新驱动转变，实现更高质量、更有效率、更加公平、更可持续的发展。

——必须推进绿色崛起。绿色生态是江西最大的财富、最大的优势、最大的品牌。要以建设国家生态文明先行示范区为抓手,大力发展绿色产业,实施绿色工程,培育绿色文化,打造绿色品牌,健全绿色制度,加快绿色崛起步伐,打造美丽中国的"江西样板"。

——必须深化改革开放。改革开放是推动发展的强大动力。要以经济体制改革为重点,破除一切不利于科学发展的体制机制障碍,有效激发市场主体的活力和创造力。要深化全方位对外开放合作,充分利用好两个市场、两种资源,强化区域合作,拓展发展空间。

——必须建设法治江西。法治是发展的可靠保障。要坚持走中国特色社会主义法治道路,坚持依法治省,推进科学立法、严格执法、公正司法、全民守法,加快建设法治经济和法治社会,把经济社会纳入法治轨道。

——必须加强党的领导。党的领导是实现经济社会持续健康发展的根本政治保证。要贯彻全面从严治党要求,不断增强党的创造力、凝聚力、战斗力,不断提高党的执政能力和执政水平,团结带领全省人民为江西的美好明天不懈奋斗。

第四章　发展目标

全省经济社会发展的总体目标是:与2010年相比,地区生产总值和城乡居民人均收入提前实现翻一番,全面建成小康社会。

——综合实力再上新台阶。在提高发展平衡性、包容性、可持续性的基础上,保持经济中高速增长,地区生产总值年均增长8.5%左右。财政总收入年均增长9%左右。消费对经济增长的贡献度明显提高,投资、消费、出口协同拉动增长的格局基本形成。

——转型升级取得突破性进展。战略性新兴产业和先进制造业加快发展,服务业比重明显提高,农业现代化取得新进展,一二三产互促融合发展,三产比例进一步优化调整为8∶50∶42。投资效率和企业效益明显上升,工业化和信息化融合水平大幅提升,工业化和城镇化良性互动,户籍人口城镇化率大幅提高;创新能力不断增强,科技进步贡献度明显上升,迈入创新型省份行列。

——生态文明先行示范区基本建成。主体功能区布局基本形成,生态文明制度体系基本健全。生态环境质量进一步提升,森林覆盖率稳定在63%以上,全省主要地表水监测断面Ⅲ类以上水质提高到81%以上。万元GDP能耗和用水量、二氧化碳以及主要污染物排放量持续下降,县级及以上城市空气质量明显改善,城镇生活污水集中处理和生活垃圾无害化处理水平进一步提高。

——人民生活水平和质量普遍提高。居民收入与经济增长同步,城镇居民人均可支配收入年均增长9%左右,农民人均可支配收入年均增长9.5%左右。就业比较充分,医疗、社保、住房等公共服务体系更加健全,现代教育体系基本建成。现行标准下农村贫困人口全面脱贫,贫困县全部摘帽。

——人民文明素质和社会文明程度明显提高。中国梦和社会主义核心价值观更加深入人心,向上向善、诚信互助的社会风尚更加浓厚,人民思想道德素质、科学文化素质、健康素质明显提高。文化事业繁荣发展,文化产业成为支柱性产业,文化软实力和影响力显著增强,基本建成文化强省。

——社会治理体系和治理能力现代化取得重大进展。深化改革取得决定性成果,若干领域成为全国改革创新试验区。人民民主更加健全,法治政府基本建成,司法公信力明显提高。人权得到切实保障,产权受到有效保护。开放型经济新体制基本形成。党的建设制度化水平显著提高。各方面制度更加定型更加成熟。

第二篇　建立现代产业新体系

顺应全球产业变革和国内外产业分工变动趋势,以新型工业化为核心,协同推进现代农业和现代服务业加快发展,促进三次产业互动融合发展,推动产业结构加快向中高端迈进,构建技术先进、协调融合、优质高效、绿色低碳的新型产业体系。

第一章　建设现代农业强省

坚持走产出高效、产品安全、资源节约、环境友好的现代农业强省之路,加快转变农业经营方式、生产方式、资源利用方式和管理方式,积极拓展农业功能,全面提高农业质量、效益和竞争力。

第一节　深入推进农业结构调整

巩固全国粮食主产区地位。落实最严格的耕地保护制度,全面划定永久基本农田,建立一批粮食生产功能区。实施藏粮于地、藏粮于技战略,大规模推进土地整治、中低产田改造和高标准绿色生态农田建设,深入开展粮食高产创建和绿色增产模式攻关,力争粮食产能达500亿斤以上。推进粮改饲试点,鼓励粮食就地转化加工。加强粮食物流、储备和应急保障能力建设。

在稳定粮食生产前提下,构建粮经饲统筹、农林牧渔结合、种养加一体的现代农业产业体系。进一步优化特色农产品生产布局,推进以"百县百园"为重点的现代农业示范园区建设,促进特色农业集群化发展。着力发展特色果业、特色水产、设施蔬菜、茶叶、油茶、畜牧业、花卉苗木等优势特色产业,高标准打造一批绿色有机农产品生产基地。实施园艺产品提质增效工程,推进园艺作物标准化创建。推动畜禽、水产标准化规模化养殖,做大做强肉牛肉羊等草食畜牧业,加快发展特色渔业和外向型渔业。

第二节　构建现代农业经营体系

在稳定农村土地承包关系的基础上,着力发展多种形式的适度规模经营,探索实现所有权、承包权、经营权三权分置有效途径,引导和鼓励农民采取租赁、托管、股份合作等方式流转土地。建立培育新型农业经营主体的政策体系,支持种养大户、家庭农场、农民合作社、农业产业化龙头企业等新型经营主体发展，着力培育新型职业农民。创新农业产业链组织形式和利益联结机制，构建农户、合作社、企业互利共赢的合作模式，鼓励集体经济组织领办、入股农民合作社和参股龙头企业，发展混合所有制经济。推进农业生产全程社会化服务创新试点，加快培育经营性服务组织，积极推广合作式、托管式、订单式等服务形式。加强农产品流通设施和市场建设，创新直销、配送、电子商务等新型流通方式，完善冷链物流体系。

第三节 促进农业“接二连三”

积极开发农业多种功能，推动农业由生产环节向产前产后延伸，形成一产接二产连三产的互动型融合发展格局。着力发展农产品精深加工，延长农产品产业链条，提高农产品附加值，创建一批农业产业化示范基地和农产品加工物流园区。实施农业产业化企业“千亿目标计划”，打造一批加工水平高、处于国内行业领先地位的大型龙头企业，力争农业产业化产值超万亿元。挖掘农业生态、休闲、文化及教育功能，推进农业与健康养生、休闲娱乐、教育文化等深度融合，加快发展观光农业、体验农业、创意农业等新业态。加快发展都市现代农业。

第四节 大力发展生态友好型农业

强化农产品质量安全和标准化生产，大力发展无公害农产品、绿色食品、有机食品和地理标志农产品，建立健全农产品质量安全体系，实现从农田到餐桌全过程质量安全可追溯。实施绿色生态有机农业品牌创建工程，着力提升“生态鄱阳湖、绿色农产品”品牌形象和价值。鼓励发展种养结合的循环农业，积极推广农林牧渔多业共生、立体复合的循环型生产方式。开展农业面源污染治理，实施农药减量、化肥零增长行动，推动农作物秸秆、畜禽粪污、病死畜禽、农膜等农业废弃物资源化利用。积极创建国家农业可持续发展试验示范区，探索形成增产增收与资源生态永续利用、协调兼顾的农业可持续发展模式。

第五节 提升农业支持保障能力

深入推进科技兴农，加快生物育种、智慧农业、农业机械等领域的科技创新、成果转化和技术推广，提高农业科技服务到位率和转化率。做大做强现代种业，加快种子生产基地建设，打造一批“育繁推一体化”的现代种业集团。推进农业全程机械化，促进农机农艺融合，力争主要农作物综合机械化水平70%以上。加快农业信息化建设，推进农业物联网应用，提高农业智能化和精准化水平。实施农村实用人才培育工程，提高农民科技素质和技能。建立各级财政农业投入稳定增长机制，健全以资金整合使用为重点的财政支持新方式，完善农业补贴政策，积极推进农业“三项补贴”合并为农业支持保护补贴试点，健全有机肥使用鼓励政策。加大农业保险支持力度，扩大农业保险覆盖面，切实增强农业防风险能力。创新金融支农服务机制。强化农业基础支撑，重点解决农田灌排和机耕道“最后一公里”问题。加强农业气象服务体系建设，推进农业气候资源开发和高效利用。

第二章 加快构建新型工业体系

深入实施工业强省战略，以优势传统产业为基础，以战略性新兴产业为先导，以制造业智能化为主攻方向，加快信息化与新型工业化的深度融合，推动工业向高端化、智能化、集聚化、绿色化、品牌化方向转变，构建特色鲜明、集约高效、环境友好、市场竞争力强的新型工业体系。

第一节 加快推进传统产业转型升级

大力实施传统产业改造升级行动，以石化、钢铁、有色、食品、建材建筑、纺织服装、轻工等为重点，通过淘汰落后、兼并重组、技术改造、模式创新等手段，推动产业链从前端向后端、低端向中高端延伸转变，实现产品技术、工艺装备、能效环保等水平全面跃升。

石化产业。进一步提升原油加工能力，积极培育精细化工、盐化工、生物化工、硫磷化工等领域，着力提高企业集聚化、生产绿色化、产品精深化水平，打造国内具有影响力的特色化工生产基地。

钢铁产业。以结构调整、转型升级、做精产品、做强企业为主要思路，支持和推进钢铁企业兼并重组，发展钢材精深加工业，鼓励钢铁产业向沿江布局，打造全国重要的新型钢铁产业基地。

有色产业。以终端产品为主攻方向，推动铜、钨和稀土等产业链条拓展延伸，提高技术含量、产品附加值和回收利用比例，在细分领域培育一批高端产品、高端品牌，总体达到国际先进水平。

食品产业。以初级加工向精深加工转变为主线，促进加工与种养、流通和销售等环节的衔接，着力发展方便休闲食品、营养保健食品、绿色有机食品、功能特色食品等现代食品，打造全国绿色食品产业基地。

建材建筑产业。大力发展无机非金属新材料和非金属矿精深加工产业，加大去产能力度，着力打造多功能建筑材料、绿色生态水泥和新型工业陶瓷、玻纤复合材料、建筑陶瓷等高端化建材。推行建筑设计标准化、部品生产工厂化、建筑施工装配化、结构装修一体化、过程管理信息化的建筑新方式。

纺织服装产业。以服装、棉纺、麻纺、针织、化纤及特色家纺为重点，加快产品和技术升级换代，推进产业在线协同设计和电子商务等应用，培育一批国内服装知名品牌和驰名商标。

轻工产业。做大做强陶瓷、家具、造纸等行业领域，推动产品结构向多样化方向发展，提升产品质量和档次，形成一批特色轻工产业基地。

更加注重运用市场机制、经济手段、法治办法，加大政策引导力度，建立以能耗、环保、质量、安全等为约束条件的推进机制，强化行业规范和准入管理，坚决淘汰落后产能，削减低效产能，严控新增产能。促进企业兼并重组，分类有序、积极稳妥处置产能过剩行业的企业退出问题。

第二节 推动战略性新兴产业跨越发展

以高端化、集约化、特色化为导向，以掌握核心技术为关键，实施战略性新兴产业倍增计划，进一步培育壮大电子信息和新型光电、生物医药、节能环保、新能源、新材料、航空、先进装备制造等新兴产业，努力实现全省战略性新兴产业规模倍增、龙头企业倍增、示范基地倍增，力争战略性新兴产业增加值占工业增加值比重达到30%以上。

围绕打造“领跑方阵”，推动电子信息和新型光电、生物医药、航空等产业爆发式增长，部分领域进入全球领先行列。电子信息和新型光电产业，推动由加工装配生产向研发制造服务转型，加强硅衬底LED技术等自主知识产权和系统集成能力建设，加快发展通信设备、半导体照明、数字视听、北斗卫星导航等产业，着力打造“南昌光谷”和“吉安电子城”，建成中部地区重要的电子信息制造业产业高地。生物医药产业，突出增强企业技术创新能力，进一步提升中药、化学药、生物技术药和医疗器械产品市场竞争力和占有率，大力发展生物农业、生物制造等产业，建设全国重要的生物医药产业基地。航空产业，依托研发环节基础优势，积极参与全球航空制造业分工合作，着力提升教练机、直升机、固定翼飞机和大飞机及零部件制造水平，延伸运营和服务价值链，打造航空制造、民航运输、通用航空、临空经济“四位一体”协同发展产业体系。

围绕打造“新兴方阵”，推动节能环保、新能源、新材料、先进装备制造等产业跨越式发展，部分特色领域进入国内领先行列。节能环保产业，加快节能环保技术装备研发、产业化和推广应用，着力推进节能环保重点领域和区域发展，逐步构建功能完备、特色突出、布局合理的节能环保产业体系。新能源产业，充分发挥龙头企业引领作用，促进光伏、风电等产业技术创新、产业集聚和完善产业链，着力推进硅晶电池、薄膜电池发展，加强终端环节应用，全面提升新能源发展水平。新材料产业，推进新材料向多功能、智能化方向发展及上下游融合，延伸配套新材料产业链条，提升自主创新能力和市场竞争力。先进装备制造业，以技术高新化、产品特色化、产业集群化为方向，加快发展汽车及零部件、特种船舶、先进电工、农机与矿山机械、轨道交通等先进装备制造业，建成中部地区重要的先进制造业基地。

围绕打造“潜力方阵”，推动新能源汽车、智能制造装备、集成电路等产业突破式增长，力争部分产品占据市场竞争制高点。新能源汽车产业，突出关键技术研发和引进，着力推进纯电动汽车及关键零部件产业化，大力发展锂电动力电池产业和混合动力汽车，促进新能源汽车整车及配套设备生产能力大幅跃升。智能制造装备产业，坚持本地培育与招大引强相结合，大力发展机器人及智能制造装备产业，力争在工业机器人、高档数控机床、智能测控装置、3D打印等智能装备和产品上取得新突破。集成电路产业，以应用芯片设计为切入点，积极引进和培育龙头企业，着力打造完整的集成电路产业链，争取在重点领域实现零的突破。

强化对新兴产业的政策支持。发挥产业政策导向和促进竞争功能，统筹科技研发、产业化、标准制定和应用示范，为产业培育和拓展市场创造有利条件。完善支持新兴产业发展的税收优惠政策，加大企业研发投入所得税前加计抵扣力度。更好发挥战略性新兴产业发展基金、创业投资引导基金对不同发展阶段企业的支持作用。

第三节 推进“两化”融合和制造业智能化

推动工业化和信息化深度融合。进一步完善“两化”融合推进机制，分层、分类实施“两化”融合试点示范，加快“两化”融合公共服务平台、技术服务平台等建设，全面增强“两化”融合技术支撑和服务能力，推动新一代信息技术向市场、设计、生产环节全面渗透，力争全省重点领域生产装备数控化率达到60%以上，“两化”深度融合发展水平指数达到85以上。

加快推进制造业智能化。对接“中国制造2025”，实施智能制造示范工程，推动企业应用智能制造装备，发展基于互联网的新型制造模式，促进制造业生产方式向柔性、智能、精细转变，重点推广应用10000台（套）智能制造装备、打造1000个智能制造车间、培育100家智能制造装备企业。鼓励建立智能制造产业联盟，着力打造一批智能制造示范企业和智能制造集聚区。

第四节 促进产业集聚集约集群发展

发挥龙头企业带动作用。实施产业、企业、项目、技术、团队“五位一体”扶持，鼓励企业兼并重组，加速培育一批主业突出、创新能力强、关联度大、带动性强的龙头企业，力争百亿企业总数达到30家以上。引导中小企业与龙头企业开展合作，完善产业链条，提高专业化协作水平，走集群化发展道路。

促进工业园区集约高效特色发展。以工业园区为载体，引导关联产业集中布局，鼓励每个园区重点发展1～2个主导产业，加速培育100个重点产业集群，建设一批战略性新兴产业集聚区和“智慧园区”。支持有条件的工业园区扩区升级，力争超千亿园区达到15个以上。深化工业园区体制机制改革，推进管理标准化、服务企业化和去行政化，提升园区服务水平。

完善产业集群支撑体系。健全研发、技术、检测等各类创新平台，提升产业集群创新要素和技术人才集聚能力。加快建设集展示、交易、共享、服务、交流为一体的专业化特色市场，推动专业市场与产业集群互动发展。加强产业集群公共服务平台建设，满足企业信息、金融、中介、物流配送、生活配套等方面的共性需求。完善产业集聚区道路、通信、能源等基础设施体系，着力发展产业综合体。

第五节 全面加强质量品牌建设

坚持质量兴省、品牌兴业、标准引领，大力实施产品质量标准提升行动，全面提升江西制造质量水平和整体形象。支持企业瞄准国际国内同行业标杆推进技术改造，推动重点工业产品质量水平全面达到国家和行业标准，加快将LED、稀土新材料等具有自主知识产权的核心关键技术转化为标准，增强企业在国际国内标准领域的话语权。健全质量发展政策与规章制度，实施企业产品和服务标准自我声明公开和监督制度，支持企业提高质量在线检测、在线控制和产品全生命周期质量追溯能力，制造业产品质量合格率达到97%。完善质量监管体系，加强检测与评定中心和检验检测公共服务平台建设。开展知名品牌创建活动，加强集体商标、证明商标、区域名牌和专业品牌基地建设，鼓励企业品牌抱团发展，支持品牌培育和运营专业服务机构发展，强化品牌保护。

第三章 推动服务业量质齐升

推动生产性服务业向专业化和价值链高端延伸、生活性服务业向精细化和高品质转变，着力放宽市场准入、创新业态模式、增强服务功能，促进服务业发展明显提速、比重明显提高、水平明显提升。

第一节 促进生产性服务业专业化

以促进服务业与农业、工业等在更高水平上有机融合为目标，加快服务环节的分离和外包，鼓励生产性服务企业与制造企业从设计、生产到营销的全业务流程融合，促进我省产业逐步由生产制造型向生产服务型转变。

金融服务业。完善和发展多层次金融市场，加强金融体制、组织、产品和服务创新，大力培育壮大互联网金融等新业态，积极发展融资租赁行业，加快建设南昌、赣州两大金融核心区域，支持有条件的地区发展金融特色街区、金融超市等，构建适应经济社会发展的多元化金融体系。

现代物流业。以降低全社会物流成本为核心，着力打造昌九核心物流集聚带，赣中南、赣西、赣东北、赣东南省级重要物流集聚带，培育发展一批现代物流产业集聚区和龙头示范企业，大力发展第三方、第四方物流，优化城乡配送网络，提高物流标准化、信息化、智能化水平。

电子商务业。促进电子商务在各领域的推广普及应用，积极拓展农村电子商务、跨境电子商务、移动电子商务等新领域，大力培育特色电子商务平台及品牌，实施电子商务示范工程。

服务外包业。顺应服务智能化、专业化的产业组织新特征，着力发展高技术、高附加值服务外包业务，做大做强南昌服务外包示范城市，推进服务外包产业园区提挡升级，拓展高端服务外包市场。

节能环保服务业。大力推行合同能源管理、环境污染第三方治理等节能环保服务新机制，大力发展生态环保、节能评估等第三方服务，推进节能环保和各行业的深度融合，积极开展环境托管服务试点。

加快信息服务、科技服务、会展服务、检验检测认证、研发设计、商务咨询、售后服务、人力资源服务和品牌建设等其他重点领域生产性服务业同步发展，为产业转型升级提供专业化服务支撑。

第二节 提高生活性服务业品质

顺应生活消费方式向发展型、现代型、服务型转变趋势，发展贴近人民群众生活、需求潜力大、带动作用强的生活性服务领域，增加服务供给，丰富服务种类，提升服务质量，推动生活性服务业便利化、精细化、品质化发展。

商贸流通业。深化流通机制、流通模式、流通方式改革创新，着力推进城市商业智能化、农村市场现代化、国内外市场一体化，推动工商、农商、商旅联动，促进商贸流通产业线上与线下协调发展、内贸外贸融合发展。

健康养老服务业。依托生态优势、医药优势、区位优势，大力培育发展健康养老与文化、旅游、医疗、家政、体育相互融合的新业态，逐步建立覆盖全生命周期、业态丰富、结构合理的健康养老服务体系，重点培育一批健康养老集聚区和连锁集团，打造全国大健康产业发展基地。

住宿餐饮业。大力推进食宿餐饮业连锁化、品牌化发展，提高住宿餐饮服务的文化品位和绿色安全保障水平，培育一批具有市场竞争力的知名酒店和赣菜品牌，努力形成以大众化市场为主体、适应多层次多样化消费需求的住宿餐饮发展新格局。

家庭服务业。重点规范和发展家政服务、养老托幼、母婴护理等服务，整合、升级家庭服务业公共平台，推进家庭服务规范化、职业化建设，创建一批知名家庭服务品牌。

房地产业。合理引导住房消费，积极培育住房租赁市场，大力发展旅游地产、养老地产、文化地产等新业态，着力扩大有效需求，促进房地产市场稳定健康发展。

推动法律服务、体育服务、教育培训服务等其他重点领域生活性服务业协同发展，进一步满足城乡居民个性化、多层次消费需求。

第三节 着力建设旅游强省

加快构建开放有序、业态多样、产品丰富、协调发展的旅游业发展体系，全面打响“江西风景独好”旅游品牌，打造全国重要、国际知名的旅游目的地，力争全省旅游总收入突破万亿元，旅游业增加值占全省地区生产总值的12%以上，把旅游业培育成为综合性战略支柱产业。推动传统旅游景区向旅游经济综合体转变，重点培育5个左右的复合旅游著名景区，打造20个5A级、150个4A级旅游景区。实施精品旅游圈（线、区）工程，优化整合红色、绿色、古色旅游资源，着力打造一批跨区域、多看点的特色旅游精品线路和景点集群。推动浙闽赣皖国家东部生态旅游示范区建设。实施“旅游+”行动计划，促进旅游与文化、教育、健康、养老、农业等领域互动融合发展，大力发展研学游、养生养老游、自驾车营地游、农业观光游等多元化旅游业态。加强旅游商品创意研发，开发线上线下有机结合的旅游服务产品。鼓励社会资本参与各类旅游资源开发，支持中小旅游企业提升特色化和专业化水平，推进大型旅游企业集团化和品牌化发展。实施入境旅游促进工程。

第四节 完善服务业发展体制机制

进一步放开服务业市场准入，消除服务业发展的制度性障碍和歧视性政策，鼓励和引导各类资本投向服务业，建立统一、开放、竞争、有序的服务业市场。扩大政府采购服务范围，推动竞争性购买第三方公共服务。推进服务业标准化建设，健全以质量管理制度、诚信制度、监管制度和监测制度为核心的服务质量治理体系，支持从业人员参加职业培训和专项能力考核，提升服务业标准化、专业化水平。着力完善支持服务业发展的财税、金融、土地和价格等政策。实施服务业重大项目推进、集聚区创建、龙头企业认定、领军人才培育、品牌创建等工程，推进服务业综合改革试点。健全服务业统计体系。

第三篇　增强创新发展新动力

把创新摆在发展全局的核心位置，坚持重点领域创新与大众创业万众创新结合，坚持企业主体与协同创新融合，坚持创新链与产业链、资金链有机衔接，以科技创新为重点统筹推进全面创新，加快迈向创新型省份行列。

第一章　强化科技创新引领作用

充分发挥市场配置创新资源的决定性作用，进一步强化企业创新主体地位和主导作用，加快推动政府职能从研发管理向创新服务转变，大力实施创新驱动“5511”工程，全面提升科技进步对经济发展的贡献度。

第一节　推动重点领域创新突破

坚持战略和前沿导向，采取差异化策略，集中力量加大事关全局的关键技术研究力度，实施100项重大科技专项，力争部分领域技术水平达到国际领先、重点产品达到国内领先或国际先进水平。紧紧围绕航空和先进装备制造、生物医药、电子信息和新型光电、新材料、新能源等重点产业，主攻直升机、教练机、生化制品、LED、智能终端、高性能硬质合金、高性能稀土磁性材料、光伏风电原辅材料及关键零部件等细分领域的科技创新。围绕农业科技创新，推进以设施农业和农产品精深加工为重点的技术研发，培育推广高产、优质、抗逆、适应机械化生产的新品种。围绕生态环保和社会发展，加强以资源环境绿色处理、临床医学、食品安全、网络安全及矿山预警为重点的创新研发。

第二节　大力促进科技协同创新

实施科技协同创新计划，建设一批以企业为主导的产学研用协同创新体、产业技术创新战略联盟，打造一批协同创新平台、团队和成果转化基地，着力建设50个国家级创新平台和载体、50个国家级创新人才和团队。加大创新型企业培育力度，鼓励大企业、大集团开展基础性前沿性创新研究，突出核心关键技术重点攻关，培育一批科技创新领军企业，实施科技型初创企业孵化计划、科技小巨人培育计划、科技型中小企业成长计划，力争新增认定高新技术企业1000家以上，构建层次分明、梯度发展的创新型企业体系。鼓励企业采取委托研发、技术入股、投资入股等方式，主动介入高校和科研院所早期研发，共建实验室、研发中心、博士后实践基地等载体。推动军工体系开放竞争和科技成果向现实生产力转化，支持军用技术和民用技术双向转移，引导优势民营企业进入军品科研、生产和维修领域，打造一批军民融合创新示范区。

第三节　加快推进科技成果产业化

加快科技成果使用、处置和收益分配改革，全面推动科技成果使用权、处置权和收益权向项目单位下放。扩大高校和科研院所自主权，鼓励和引导高校、科研院所以科技成果作价出资创办企业，放宽股权激励、股权出售对企业的相关限制。赋予国有企事业单位科技成果更多的自主处置权，赋予创新领军人才更大财物支配权、技术路线决定权。鼓励科技人员以技术发明、创新成果及其他形式的非货币性资产投资科技型企业，研究探索体现科研人员劳动价值的收入分配制度，提高科研人员成果转化收益分享比例。推动开放式创新、引进式创新，实施更加开放的创新政策、更加灵活的合作模式，促进重大科技成果在我省转移转化。建立健全展示、交易、共享、服务、交流“五位一体”的网上科技大市场。

第四节　完善科技创新体制机制

深化科技体制改革，加快形成创新活力竞相迸发、创新成果高效转化、创新价值充分体现的政策机制和体制架构。完善财政科技投入稳定增长机制，确保省级财政科技投入80%投向企业，确保投入企业研发经费的80%投向战略性新兴产业。改革科技项目评价导向，以成果突破性和产业贡献度为重点，推行“同行评议”“第三方评价”等方法。探索建立依托专业机构管理科研项目的机制，建立跨部门的财政科技项目统筹决策和联动管理制度。切实落实普惠性财税支持政策和企业研发费用加计扣除政策，扩大固定资产加速折旧实施范围。建立从实验研究、中试到生产的全过程科技创新融资模式，鼓励多层次资本市场融资，推动创新型骨干企业上市、中小微企业挂牌，探索建立政策性科技担保公司、科技保险公司。实行严格的知识产权保护制度，建立健全知识产权侵权查处快速反应机制，完善知识产权资助奖励政策。强化对创新产品的首购、订购政策支持。积极开展全面创新改革试验，支持南昌高新区创建国家自主创新示范区。

第二章　推动大众创业万众创新

进一步放宽政策、放开市场、放活主体，激发各类创业创新主体活力，促进创业创新向不同所有制领域延伸、向各个产业领域拓展，使创业创新成为推动江西发展的新引擎。

第一节　营造便利创业的政策环境

树立创业光荣、创新可贵的价值取向，培育大众创业、万众创新的社会生态，在全社会营造勇于探索、敢为人先、鼓励创新、宽容失败的浓厚氛围。加强创业的制度性供给，逐步清理并废除妨碍创业发展的制度和规定，深化行政审批、商事、注册资本登记等相关领域的制度改革，为创业者提供统一规范、宽松便捷的准入环境。落实和完善鼓励劳动者自主创业的扶持政策，统筹安排各类支持小微企业和创业创新的资金，强化信贷扶持和担保贷款扶持，引导创业投资、天使投资等风险投资投向创业创新领域和企业。完善涉企收费目录管理制度，减免有关行政事业性收费、服务性收费，落实创业负担举报反馈机制。支持中小企业公共服务平台和服务机构建设，为初创企业提供法律、知识产权和技术转移等服务。

第二节 培育壮大创业创新主体

推动创业创新主体由小众向大众转变，形成多元化创业创新人才群落。落实和完善高等学校、科研院所在人才流动、成果处置、收益分配等方面的政策，激励高校、科研院所等事业单位专业技术人员在职创业、离岗创业。完善青年创业服务体系。大力实施大学生创业引领计划，建立大学生创业导师制和政策支持体系，健全弹性学制管理办法，支持大学生保留学籍休学创业。开展引才引智创业创新基地建设试点，推进海外招才引智、省校省院省企战略合作，吸引海外及港澳台高层次人才来赣创业创新。支持赣商回乡创业和农民工返乡创业。

第三节 促进创业创新模式多样化

依托"互联网 +"等新技术新模式，加快推动众创、众包、众扶、众筹等创业创新支撑平台发展，形成大众参与、各方协同的创业创新格局。推动创客空间、创业咖啡、创新工场等新型众创空间发展，鼓励网络平台众创，积极培育企业内部创客文化，强化创新资源共享合作。广泛应用研发创意众包，大力推进制造运维众包，加快推广知识内容众包，鼓励发展生活服务众包，推动大众参与线上生产流通分工。通过政府和公益机构扶持、企业分享众扶、公众互助众扶等多种方式，营造多方支持、互助互扶的众扶生态，集聚创业创新合力。积极开展实物众筹，稳步推进股权众筹，规范发展网络借贷，拓展创业创新融资渠道。

第三章 促进供给侧和需求侧双向发力

在适度扩大总需求的同时，聚焦供给侧结构性改革，培育壮大"新动能"，提升改造"旧动能"，努力形成供给与需求高效对接、消费与投资良性互动的增长动力新机制。

第一节 大力推进供给侧结构性改革

把改善供给结构作为主攻方向，着力推动去产能、去库存、去杠杆、降成本、补短板，通过供给创新引领需求、激活需求，实现由低水平供需平衡向高水平供需平衡跃升。着力提高供给体系质量和效率，重点培育蛙跳式产业，支持企业技术改造和设备更新，鼓励市场主体提高产品质量、增加优质新型产品和生活服务等有效供给。进一步优化存量、引导增量、主动减量，通过兼并重组、债务重组甚至破产清算，积极稳妥处置"僵尸企业"。深化以满足新市民为出发点的住房制度改革，打通住房供需通道，化解房地产库存。加快降低企业交易成本、税费负担、财务成本、物流成本等各类成本，积极破解小微企业发展空间、融资渠道和政策支持等问题。

第二节 挖掘和释放新需求

有效发挥投资的关键作用。积极对接国家政策导向，深入实施重大项目带动战略，扩大基础设施互联互通、城市空间综合开发、公共服务共建共享等领域的有效投资。提高政府投资质量和效率，优化投资结构和方向，创新投融资方式和公共基础设施投融资体制，推广政府与社会资本合作模式，增强政府投资的杠杆撬动作用，引导社会投资快速增长。

大力推进消费升级和消费模式创新。加快培育形成一批消费热点和新的增长点，激发品质提升型消费增长潜力，大力开发个性化、多样化时尚消费，开拓农村消费市场。推进实施一批重点领域消费促进工程，支持信息、绿色、汽车、旅游休闲、教育文体、养老健康、家政等新兴消费，加快信息网络、新能源汽车充电设施、旅游休闲及健康养老配套设施等新型消费基础设施建设。着力营造便利、安全、放心的消费环境。

第四章 加快人才强省建设

确立人才优先发展战略，加快各层次人才的引进和培养，营造人才发展的良好环境，最大限度地释放人才红利，打造支撑和引领创新发展的人才高地。

第一节 建设规模宏大的人才队伍

以培养高层次人才和急需紧缺人才为重点，以增强创业创新能力为导向，加快培养门类齐全、素质优良、适应经济社会发展的宏大人才队伍。突出"高精尖缺"导向，创新推进"赣鄱英才 555 工程"，加快实施院士后备人才培养计划、百千万人才工程，重点落实科学家工作室计划、院士后备人才培养计划、主要学科学术和技术带头人培养计划、青年科学家培养计划和优势科技创新团队等各类创新人才计划，打造一支高水平的科技领军人才队伍。遵循企业经营管理人才成长规律，建立企业高级经营管理人才库，积极探索市场化选聘经营管理者的新途径，加快建设职业化、现代化的高素质企业经营管理人才队伍。加快职业技术学院、高级技工学校建设，重点培养能够适应市场需要的工程师和高级技工，培养大批经济建设一线急需的技能型人才队伍。统筹推进党政人才、社会工作人才、农村实用人才、哲学社会科学人才等队伍建设。

第二节 全方位多渠道引进人才

加大引才引智力度，积极引进国外、境外和省外各类人才。加强与国家"千人计划""万人计划"等国家高层次人才计划对接，采取柔性引才方式，大力引进具有国际国内行业领先水平的科技人才和核心专家。突出重点领域和重大产业，加快引进一批急需紧缺的专业技术人才和高层次经营管理人才。顺应国际化需要，积极引进一批熟悉国际规范的高层次经贸人才和通晓国际金融、经济、法律的专业技术人才。强化市场发现、市场认可、市场评价的人才引进机制，探索实行海外高层次人才引进"绿色通道"制度。鼓励引导企业、高校、医院、科研院所建设院士工作站、"海智"工作站、重点实验室、工程(技术)研究中心、博士后科研工作站、协同创新中心等各类创新平台，抓好领军人才和核心团队建设。

第三节 营造良好的人才发展环境

把握人才成长规律，紧扣培养引进、使用评价、分配激励等重点环节，完善有利于创业创新的人才发展政策体系，在全社会大兴识才、爱才、重才、用才之风。强化对人才的物质和精神激励,保障人才以知识、技术、管理、技能等创新要素参与利益分配。分类推进人才评价机制改革,坚持业绩和贡献导向,完善人才评价标准。打破制约人才合理流动的体制机制障碍,促进人才在不同性质单位和不同地域间自由流动,推进科研院所、高等学校人才与企业科技人才的双向流动。健全人才服务保障体系,着力解决好引进的重点高层次人才的配偶就业和子女入学等问题。

第五章 全面提高教育质量

全面贯彻党的教育方针,切实把教育摆在优先发展的战略位置,全面深化教育领域综合改革,全面推进依法治教,促进教育公平,提升教育质量,增强教育在服务发展、创新驱动、文化传承中的基础性、先导性作用,基本建成现代教育体系,基本实现教育现代化。

第一节 坚持立德树人的根本任务

把立德树人作为教育的根本出发点和落脚点,加强中华优秀传统文化教育传承,引导和教育学生自觉践行社会主义核心价值观,培养具有中华文化底蕴、中国特色社会主义共同理想的社会主义建设者和接班人。全面推进素质教育,实施文化育人工程,增强学生的诚信意识、社会责任感、创新精神和实践能力。全面加强和改进高校宣传思想工作,实施高校思想政治理论课建设体系创新计划和哲学社会科学繁荣计划。深化中小学课程改革,丰富德育内容,创新德育形式,改进德育评价机制,突出实践育人,加强学校美育,促进学生德智体美全面发展。加强学生心理健康教育和人文关怀,培养积极的心理素质和乐观向上的品格。

第二节 强化基础教育的普惠性和公平性

全面普及公平、有质量和包容发展的15年教育,加快缩小城乡、区域、校际、群体间的差距。加快扩充公办学前教育资源,扶持并规范民办幼儿园发展,强化农村幼儿园和城区薄弱幼儿园建设管理,学前教育毛入园率达到85%。全面推进义务教育学校标准化、信息化建设,实施乡村教师支持计划,实现县域义务教育均衡发展,义务教育巩固率提高到96%。普及高中阶段教育,推进普通高中特色办学,高中阶段教育毛入学率达到92%。支持和重视特殊教育发展,提升特殊教育水平,视力、听力、智力三类残疾儿童义务教育入学率达到90%以上。率先对家庭经济困难学生实施普通高中免除学杂费。财政教育支出优先支持农村和贫困地区。

第三节 建立职业教育产教融合新体系

加强现代职业教育体系建设,推进中等职业教育资源整合,建设一批高水平现代化职业学校和技工学校。深化产教融合、校企合作,推进校企一体化办学、中高等职业教育对接培养,健全专业设置、课程内容随产业发展动态调整的机制,促进职业学校教师和企业技术人才双向交流。推进职教园区与产业园区的融合发展,鼓励多元主体组建职教集团,推动职业院校融入国家和区域创新体系。促进职业教育与普通教育双向沟通、纵向流动。实现中等职业教育免学费全覆盖。

第四节 提升高等教育的适应性和创新性

提升高等教育大众化水平,高等教育毛入学率达到45%以上。推动高等教育内涵式发展,全面提升高校创新能力,推动高等教育由规模扩张向质量提升转变、由均衡推进向重点突破转变,分类型、分层次建成若干所特色高水平大学、一批一流学科专业。丰富院校类别,建立高校分类管理体系,引导一批普通高校向应用技术型高校转型发展。优化学科专业布局和人才培养机制,实行学术人才和应用人才分类、通识教育和专业教育并行的培养制度。鼓励和引导高校围绕经济社会发展重点领域开展科学研究、项目攻关和成果转化,提高高等教育的服务水平和能力。开展多种形式的教育合作办学与国际交流,争取引进国内外知名高等院校在我省创办高水平大学。

第五节 增强教育发展活力

全面推开义务教育学校校长和教师交流轮岗,促进城乡义务教育师资均衡化配置。全面推进教育信息化,扩大优质教育资源覆盖面。落实并深化考试招生制度改革,在高中教育阶段普遍推行学业水平考试和综合素质评价。全面推开中小学教师职称制度改革,改善教师待遇。积极支持和规范民办教育发展,鼓励社会力量和民间资本提供多样化教育服务。加快现代学校制度建设,推进教育管办评分离,扩大学校办学自主权,强化教育督导和质量监测体系。健全资助体系,实现家庭经济困难学生资助全覆盖。深化学校后勤改革与创新。

第六节 建设学习型社会

依托和利用现有教育资源,积极构建惠及全民的终身教育体系,建设"人人皆学、时时能学、处处可学"的学习型社会。推动各类学习资源开放共享,大力发展远程教育和继续教育。建立个人学习账号和学分累计制度,建设江西省终身学习系统。畅通继续教育、终身学习通道,推进非学历教育学习成果、职业技能等级学分转换互认。积极开展学习型社区、学习型机关、学习型企业、学习型城市创建活动。鼓励个人、社会组织兴办各类老年教育机构,建立多元化的老年教育供给模式。推进城市语言文字规范化建设。

第四篇 迈向信息化发展新时代

抓住大数据、云计算、物联网等信息技术变革机遇,加快建设新一代信息网络,加强信息资源开发共享和信息安全保障,推动信息技术的广泛渗透和运用,构筑全省经济社会发展新优势、新动能,全面推进信息江西建设。

第一章 构建泛在高效安全的信息网络

以建光网、提速度、促普及、扩应用、降资费、惠民生为总目标，深入实施“宽带中国”江西工程，加速推进信息基础设施建设，促进多种网络无缝链接，形成泛在、高效、安全的新一代信息网络。

第一节 推进新一代高速光纤网络建设

加快“全光网”城市建设，推进宽带接入光纤化进程，绝大部分城镇地区实现光网覆盖，提供1000兆以上接入服务能力，部分城市家庭用户带宽实现100兆以上灵活选择。加快农村地区光纤宽带建设，实现行政村光纤全通达，并向有条件的自然村延伸，提供100兆以上接入服务能力，农村家庭用户宽带实现50兆以上灵活选择。实施骨干网建设升级工程，优化骨干网络架构，提升高速传送、灵活调度和智能适配能力，争取开通国家级互联网骨干直联点。超前布局下一代互联网，向互联网协议第6版(Ipv6)演进升级。加快下一代广播电视网建设，推动重点城区发展高清电视、互动电视。完善电信普遍服务机制，开展网络提速降费行动。深入推进“三网融合”，推动信息网络基础设施互联互通和资源共享。

第二节 构筑先进泛在的无线网络

加快推进第四代移动通信(4G)网络建设，鼓励移动用户向4G迁移，实现乡镇及人口密集的行政村全面深度覆盖，在重点城市适时推进第五代移动通信(5G)建设。加速无线局域网(WLAN)普及推广，鼓励城镇热点公共场所提供免费无线宽带服务。推进无线网络向山区、库区、湖区等边远地区延伸，打通信息孤岛。提升移动通信网络服务能力，大幅提高网络访问速率。优化各类区域网络，促进网间互联互通，提高话音、视频、数据等多业务综合承载能力。

第三节 强化信息安全保障

贯彻落实国家信息安全等级保护制度，推动信息安全与信息化同步规划、同步建设、同步运行，完善信息安全基础设施，加强信息安全应急处置，提高信息安全风险防范能力。统筹规划全省通信干线双路由建设，实现本地网业务可迂回比例达到100%。加强重要数据资源在采集、存储、应用和开放等环节的安全保护，建立重要数据资源防泄漏、防窃取的监测、控制、预警与应急处置等安全保障机制。加强重点领域信息安全管理，强化各类公共服务的社会数据资源在公开、共享等环节的安全评估与保护。强化企业、机构在网络经济活动中保护用户数据和国家基础数据的责任，加强个人数据资源隐私保护。推进网络社会管理，完善网络信用体系，加强网络舆情研判。

第二章 大力实施“互联网+”行动

加快推进互联网与经济社会各领域深度融合发展，促进产业变革和商业模式、服务模式、管理模式创新，使“互联网+”成为创新发展的重要驱动力。

第一节 推动重点领域互联网融合发展

围绕经济社会发展重点领域，加快实施“互联网+”行动，促进网络经济与实体经济协同互动、公共服务线上线下紧密结合。推动基于互联网的产业组织、商业模式、供应链、物流链等各类创新，培育新兴业态和新增长点，基本建立网络化、智能化、服务化、协同化的“互联网+”产业生态体系。充分发挥互联网在社会服务领域的高效、便捷优势，构建面向公众的一体化在线公共服务体系。升级改造全省统一的电子政务网络，实施电子政务云建设工程，实现省市两级政务业务系统同平台应用、政务信息跨部门整合。加强互联网创新要素、创新体系和创新理念与实体经济对接应用，形成网络化协同分工新格局。鼓励基于互联网的资源整合，创新发展分享经济模式。引导大型互联网企业向小微企业和创业团队开放创新资源，鼓励各类创新主体利用互联网，建立开放式创新联盟。

第二节 完善“互联网+”发展环境

放宽融合性产品和服务的市场准入限制，实施各行业互联网准入负面清单。执行“互联网+”融合标准体系，推进相关领域与互联网融合应用的标准化、规范化。开展“互联网+”创新政策试点，支持“互联网+”创新创业项目的孵化与实施。面向重点领域加强行业云服务平台建设，支持行业信息系统向云平台迁移。设立省级“互联网+”专项引导资金，加大对“互联网+”企业的信贷支持力度。加强复合型人才培养与引进，采用政府购买服务方式向社会提供互联网知识技能培训。

第三章 推进大数据广泛深度应用

顺应大数据时代潮流，树立大数据理念，推动大数据资源共享开放，强化大数据在各领域的应用，加快培育发展大数据产业，释放数据资源红利。

第一节 强化大数据应用

推动信息数据资源向社会开放，先行开放交通出行、医疗健康、教育文化、食品安全、空间位置、资格资质、经济统计、产品质量等与经济社会发展密切相关的资源数据。建立政府和社会互动的大数据采集形成机制，引导企业、行业协会、科研机构、公共组织等主动采集并开放数据。整合公共数据资源，重点推进人口、法人单位、空间地理、宏观经济、文化和档案等信息资源库共建共享。加强互联网数据资源与政务数据资源的配合应用，完善对经济动态监测、产业安全预警等的决策支持。鼓励企业及科研机构利用民生领域大数据开展研究，开发个性化便民服务应用，提高民生服务的在线化、便捷化、均等化水平。整合城市规划、国土资源、交通、治安、城管、环境、气象等方面的数据资源，有效疏导、防范和处理城市管理领域的风险和问题。推动社会治理大数据应用，破解公共安全难题，增强社会风险防范和应急处置能力。

第二节 培育大数据产业

加快海量数据存储、数据清洗、数据可视化、数据分析挖掘、安全与隐私保护等领域关键技术攻关，形成安全可靠的大数据技术体系。加快大数据软硬件产品发展，建立大数据产品体系。推动大数据在企业研发设计、生产制造、经营管理、市场营销、售后服务等环节全程应用，积极引进和培育一批大数据企业，努力创建国家级大数据产业发展基地。分类开展面向企业的云应用平台示范建设，快速推进云计算规模化应用，打造集数据挖掘、数据传输与服务为一体的云计算产业集群。加强物联网技术引进、创新和集成应用，推动射频识别、传感器等重点领域发展，逐步建立物联网产业体系。加快大数据与移动互联网、云计算、物联网的深度融合，促进应用模式、商业模式和服务业态创新。

第五篇 打造内陆双向开放新高地

紧紧抓住“一带一路”和长江经济带战略的重大机遇，大力实施全面开放战略，以全球化视野拓展市场空间、配置资源要素，促进市场深度开放、内外一体开放、进出双向开放，打造开放型经济升级版。

第一章 主动对接融入“一带一路”

充分发挥我省特色产业、历史文化和生态资源优势，积极推进与“一带一路”沿线国家的经贸合作和人文交流，努力把我省建设成为连接“一带一路”的内陆重要战略支点和内陆双向开放示范区，重塑江西丝绸之路的历史荣光。

第一节 加快打通对外开放战略通道

强化通道引领作用，突出与国内重要节点城市和沿线主要国家的互联互通，加快构建衔接顺畅、海陆空一体的战略通道。依托中欧国际货运班列和泛亚铁路运输通道，稳定开行赣欧(亚)国际货运铁路班列，主动对接“汉新欧”、“渝新欧”国际班列，积极参与构建全程运输协调机制，开辟通往西安、乌鲁木齐和借道广西、云南的快速客运货运通道，打通对接“陆上丝绸之路”的通道。统筹通达东南沿海的出海铁路和高速公路，强化与周边省市沿海港口和口岸合作，进一步畅通“海上丝绸之路”通道。加密国际国内航班航线，积极拓展东南亚航线，推进开通洲际航线，发展连接“一带一路”重点城市的高效便捷的航空运输网络。

第二节 提升与沿线国家经济合作水平

结合我省开放型经济发展需求，发挥铜、陶瓷、航空、医药、稀土和钨等产业独特优势，强化产业双向投资和市场开发，不断提高合作水平。办好景德镇世界陶瓷博览会平台，推动景德镇陶瓷走出去，提升“一带一路”重要商品基地和起点城市的历史地位。支持有色金属龙头企业到沿线地区开发矿产资源和兼并重组冶炼企业，积极参与沿线地区铀资源勘探开发和油气合作。加强与德国、俄罗斯、意大利、比利时等国家的合作，引进航空发动机等关键零部件技术，推动开展教练机、通用飞机、直升机研发合作和生产组装。积极引进跨国药企入赣，合作开发生物技术药物，推动中医国际合作。

第三节 积极拓展人文交流合作

广泛开展旅游、环保、教育、科技、文化、人道等领域合作，构建民官并举、多方参与的人文交流机制。加强与沿线国家旅游部门和机构的合作交流，联合国内相关省份推出一批丝绸之路概念的特色旅游线路，积极参与国际性、区域性旅游展会，打造国际旅游目的地。依托世界低碳与生态经济大会、世界生命湖泊大会等国际生态合作平台，与沿线国家共同探索大湖流域综合开发治理新路径。推进口岸签证便利化，实行外国人来赣落地签证。深入开展我省高校与俄罗斯伏尔加河沿岸地区高校合作，继续开展中俄等青少年友好交流活动。积极发展友好省州关系，务实推进我省与巴什科尔托斯坦共和国、彼尔姆边疆区等地区的合作交往，支持所有设区市在沿线地区发展友好城市。

第二章 全面参与长江经济带建设

充分发挥我省承东启西的区位优势，着力加强与沿长江省份的基础设施、重点产业、开放平台和市场体系对接，创新开放合作模式，努力把我省建设成为长江经济带的重要战略支撑。

第一节 构建联江通海的综合交通体系

以积极对接沿江综合立体交通走廊为先导，以高等级航道、高速公路和快速铁路建设为重点，统筹推进水运、铁路、公路、航空、能源通道及综合枢纽工程建设，形成便捷高效、联江通海的综合立体交通格局。加快长江深水航道和内河高等级航道建设，健全港口设施和集疏运体系，建设航运智能服务和安全保障系统，全面提升千年赣鄱黄金水道的通航能力。加快打造以武九、九景衢、合安九等快速铁路为主、其他普通铁路为辅的沿江大通道，推进省际便捷畅通的公路网建设，密切与长三角、长江中游城市群的沟通联系。鼓励增加往返长江沿线主要城市航班密度，积极开辟支线航班。

第二节 提升产业对接合作水平

立足自身产业基础和资源禀赋，主动对接上海、南京、武汉、重庆等地临港产业，引导生产要素向九江沿江、昌九走廊、沪昆沿线等区域集聚，联动省内腹地发展，形成一批外向型产业集群和产业基地。创新产业转移承接模式，探索产业整体转移、共建产业园区、建设“飞地”园区等多种方式，吸引长江经济带重点区域产业转移。积极参与长江沿线特别是长江中游地区的跨区域旅游协作，联合构建跨省无障碍旅游区，建立互为旅游目的地客源联动机制。鼓励大型港航企业以资本为纽带，整合我省沿江沿河港口和航运资源。鼓励长三角等粮食主销区到我省建设粮食生产基地、兴建粮食仓储设施等。

第三节 健全沿江协同协作机制

主动对接上海自贸区发展，借鉴复制其试点经验，加快推进投资、金融、贸易便利化和行政管理体制等改革，争取在我省设立自由贸易区。主动融入长江经济带海关区域通关一体化和检验检疫一体化，继续深化通关作业无纸化改革，提升通关效率。建立与沿江省市间沟通协商制度，共同推进区域市场一体化、公共服务资源共建共享、社会治理联动。积极参与长江流域生态环境联防联治，推动建立长江重要支流和沿线湖泊的省际横向生态补偿机制，巩固提升我省在长江流域生态安全格局中的重要地位。

第三章　促进高水平“引进来”

顺应全球产业布局和分工体系的新形势，从注重引进资金向更加注重获取高端资源转变，从注重追求外资规模向更加注重外资溢出效应促进自身能力提升转变，全面提高利用外资的质量和水平。

第一节　全面扩大开放领域

全面放开制造业投资领域，除国家法律法规另有限制性规定外，一律放开，引导外部资金和先进技术更多投向先进制造、高新技术、节能环保等领域。加快推动服务业领域开放，放开育幼、建筑设计、会计审计等服务领域外资准入，扩大银行、保险、证券、养老等市场准入，重点吸引跨国公司在赣设立地区性总部、研发中心、贸易中心、物流中心和结算中心等功能机构。推进农业深度开放，引导外商投资从农产品加工领域向农业综合开发领域延伸，从农业生产领域向农业社会化服务领域延伸，积极引进国际农业新品种、新技术、新装备。

第二节　提升招商引资质量

树立全要素招商引资理念，推进“引资、引技、引智”三位一体招商，推动招商引资向招商选资转变、向精准招商转变。强化区域定向招商，主攻欧美韩、巩固港澳台、深化长珠闽、拓展新兴体，加快形成招商引资新格局。围绕重点产业招大引强，实施招商引资重特大项目攻坚行动，大力推进新一轮央企入赣，着力引进世界和国内500强企业、跨国公司、行业领军企业，力争新增世界500强企业10家以上、国内500强企业20家以上。创新招商方式，建立和完善“互联网+”招商新模式，大力开展产业链招商、产业集群化招商、园区招商、资本招商、以商招商、小分队招商。加强招商引资人员的培训，全面打造国际化和专业化招商队伍。探索建立重大招商项目成果共享机制和第三方项目评估机制，引导区域间招商项目和资源的合理配置。

第三节　做大做强开放平台

积极创建海关特殊监管区和各类口岸等开放平台，加快形成覆盖全省、多点支撑的开放平台体系。着力推进赣粤、赣浙、赣闽、赣皖、赣湘合作区建设，打造赣台合作发展示范区，构建全国重要的承接产业转移基地。鼓励开发区创新体制和机制，形成新的集聚效应和增长动力。推进南昌、九江、赣州口岸建设，争取其他有条件的铁路、内河港口和机场建设成为国家开放口岸，构建集水、铁、公、空、信息于一体的专业化、网络化口岸服务体系。

第四节　优化投资营商环境

进一步简政放权、转变职能，大幅减少审批事项和审批环节，着力提高行政效率和公共服务水平，营造平等公平的市场环境、高效廉洁的政务环境、公平透明的法律政策环境和开放包容的人文环境，把江西打造成中部地区审批事项最少、行政成本最低、发展环境最优的省份。积极推动南昌开展全国开放型经济新体制试点。加快完善涉及营商环境的法规规章体系，实行准入前国民待遇加负面清单管理制度，完善外商投资安全审查制度，全面实施单一窗口制度和通关一体化。创新服务方式方法，畅通招商引资和项目建设的“绿色通道”，为客商提供主动、快捷、方便的服务，积极营造重商、亲商、安商、富商的良好环境。

第四章　积极推动“走出去”

以推进国际产能和装备制造合作为重点，推动我省优势产业参与国际产业分工，多形式、多渠道“走出去”，深度融入全球产业链、价值链、物流链。

第一节　开展国际产能和装备制造合作

以矿产资源、轻工纺织、有色金属、光伏新能源等领域为重点，主攻周边亚洲国家和非洲国家，拓展与中东欧、南太平洋、欧美等国家的国际产能合作。积极推动钢铁、水泥、建材等产能过剩行业加快转出去，鼓励行业骨干企业到境外建设生产、加工、组装基地。支持企业参与境外矿产资源勘探开发，开展能源资源产品加工，建立能源生产和供应基地，增强海外资源能源保障能力。支持农业龙头企业“走出去”，到境外建设农产品种养加工基地和现代农业示范园区。鼓励对外承包工程企业抱团参与国家重大产能国际合作项目以及铁路、核电等重大装备“走出去”建设项目，打响“江西建设”品牌。

第二节　提升对外贸易发展水平

推进对外贸易向优质优价、优进优出转变，积极培育新型业态和功能，形成以技术、品牌、质量、服务为核心的出口竞争新优势。提升出口产品质量、档次和创新要素比重，推动产品、技术、服务的“全产业链出口”，扩大优势农产品出口，力争机电产品出口比重超过50%。进一步推进出口市场多元化，巩固提升港澳台和东南亚等传统市场份额，大力开拓中亚、中东欧、非洲、拉美等新兴市场。引导商贸物流、电子商务、供应链型外贸企业向沿线国家拓展，鼓励企业到国外建设中国江西商贸城和海外仓储及物流体系。优化进口商品结构，稳定资源性产品进口，鼓励先进技术、关键设备和零部件进口。建立和完善省产产品出口促进机制，鼓励外贸商业模式创新。加大出口退税、检验检疫、信贷保险、跨境结算等政策支持。

第三节　完善政策支持体系

用足用好国家鼓励“走出去”的各项优惠政策，积极争取国家各类政策性扶持资金和援外资金，统筹用好省级财政各类专项资金。健全备案为主、核准为辅的对外投资管理体制，简化境外投资项目核准手续、企业人员出国（境）

手续，推进对外投资便利化。积极争取政策性金融机构对我省“走出去”企业的信贷、保险支持，支持银行业金融机构为企业“走出去”创新金融产品，支持“走出去”企业在境内外上市。完善“走出去”的监管和风险防范机制。健全合格境内个人投资者制度。

第六篇　构建区域协调发展新格局

统筹谋划全省人口分布、经济布局、国土开发和城镇化发展，深入实施“龙头昂起、两翼齐飞、苏区振兴、绿色崛起”区域发展战略，着力构建“一核两带一板块”区域布局，推动形成各具优势、融合互动、多点支撑、竞相发展的经济板块。

第一章　深入推进昌九一体化

按照“做强南昌、做大九江、昌九一体、龙头昂起”总要求，全面提升昌九整体实力和发展活力，构建我省对接“一带一路”、长江经济带的核心区，引领带动全省发展升级。

第一节　强化昌九核心引领作用

深入实施打造南昌核心增长极战略，加强与周边地区空间规划、公共交通、产业体系、体制机制等衔接，着力构建南昌大都市区，进一步辐射带动抚州、宜春、新余、上饶、鹰潭等部分区域发展。全面推进九江新一轮沿江开放开发，加快九江中心城区与沿江县城联动发展，优化、集约开发港口资源，强化沿江产业协作，着力打造我省对接融入长江经济带的重要门户。聚焦聚力昌九新区建设，系统推进全面创新改革试验，引导高端要素向昌九新区集聚，形成支撑昌九一体发展和对接国家战略的“引擎”。

第二节　推动产业竞合发展

准确把握昌九产业发展定位，支持南昌优先培育发展高新技术产业和产业高端环节，推动九江优先集聚发展重化工业和优势制造业，加快形成以战略性新兴产业为主导的各具特色、各有侧重的新型产业体系。支持建立昌九产业联盟，加强航空、汽车、电子信息、生物医药等制造业协作，推动旅游、物流、金融、服务外包、健康养老等现代服务业融合，共建现代生态农业品牌和服务体系，努力打造全国重要的新型工业化基地、中部地区重要的现代服务业集聚区和现代特色农业集聚区。

第三节　全面实现一体化发展

全面形成昌九一体的综合交通体系，加快昌九大道、昌九客专等重大项目建设，建设畅通高效、无缝对接的快速通道，加强南昌等内河港口与九江沿江港口对接，完善港口物流和集疏运体系。积极推动创新资源合理流动，加快实现教育、医疗资源共享、社保互通，建设一批科技创新、公共服务领域合作平台。推动大气、水污染治理联防联控，共同开展生态功能重要区域保护与建设。构建一体化治安防控体系，加强防灾减灾和应急管理协作，建设“平安昌九”。

第二章　支持原中央苏区整体跨越发展

坚持“输血”与“造血”相结合，全面解决突出民生问题，破除发展瓶颈，提升自我发展能力，努力实现苏区整体跨越式发展、同步小康，打造最具潜力、支撑全省协调发展的重要增长板块。

第一节　着力提升自我发展能力

强化赣州在“苏区振兴”战略中的核心引领作用，充分发挥其在对接珠三角中的桥头堡作用，以主攻工业为强动力，加快建设赣州都市区，集聚发展“瑞兴于”经济振兴试验区、“三南”加工贸易承接示范地，形成“一核两区”引领、全面振兴发展的新格局。以吉泰走廊为重点，推动“五化”协调发展示范区建设，打造产城融合、城乡一体的重要增长带。支持抚州沿向莆线优化生产力布局，深入推进昌抚一体化和赣闽开放合作。实施基础设施提升工程，加快建设一批保基础、管长远重大项目。实施特色产业培育工程，打造千亿产业、培育百亿企业。实施重点平台集聚提升工程，统筹推进30个重点平台建设，促进平台差异发展。

第二节　全面解决突出民生问题

围绕苏区同步小康目标，集中力量打好罗霄山连片特困地区扶贫攻坚战，加大精准脱贫推进力度，尽早消除苏区绝对贫困现象。继续推进农村危房改造、农村饮水安全、农村电网改造、农村道路建设等重点民生工程，提前解决好突出民生问题。加快提升基本公共服务水平，优先发展教育，完善低保、大病保险和城乡医疗救助等保障制度，落实更加积极的就业创业政策，切实增强县乡医疗能力，使苏区基本公共服务水平接近或达到全国平均水平。

第三节　落实和完善各项扶持政策

用足用好中央和省级各项优惠政策，重点推动涉及长远发展重大项目落地。深入推进对口支援工作，进一步健全与中央国家机关及有关单位的常态化联系沟通机制，加强人才、技术、产业、项目等方面的对口支援。实施央企入赣工程，推动央企与苏区重点企业建立合作关系，引导企业在苏区设立生产基地和研发中心，鼓励大型军工企业在苏区设立军民融合产业园。

第三章　促进赣东赣西“两翼齐飞”

进一步优化沿沪昆线“两翼”生产力布局，积极支持赣东、赣西区域板块发挥优势、壮大实力，促进赣东、赣西内部融合、双向发展，打造充满活力、特色鲜明的重要增长带。

第一节　全面提升赣东开放合作水平

充分发挥上饶、景德镇、鹰潭区位优势，加快大通关服务体系建设，强化与长三角、海西经济区全方位合作对接，探索发展“飞地经济”，吸引新材料、新能源、航空制造、节能环保等新兴产业集聚，打造中部地区重要的产业转移承接示范区。加快赣东旅游一体化发展，推进资源共享、客源互动、品牌共建、市场齐管，加快建设赣东旅游精品圈，推动设立跨省无障碍旅游区，打造全国著名的文化生态旅游地。促进农业开放，建设一批特色农产品生产和加工基地、农业合作示范基地、农产品出口基地，打造沿海地区优质农产品供应基地。

第二节　加快赣西经济转型升级步伐

充分发挥新余、宜春、萍乡特色产业基础优势，加快建设动力储能电池、新材料、生物医药、新能源汽车、装备制造等新兴产业基地，提升钢铁、煤炭、建材、盐化等传统产业创新能力和市场竞争力，构建产业转型升级示范区。着力建设“新宜萍”城镇密集带，建设跨行政区转型合作试验区，加快赣西一体化发展，促进与长株潭城市群全面深化合作，打造新型城镇化先行区。加快完成赣西工业园区循环化改造，推进资源枯竭型城市、城市矿产等建设，加快建设昌铜生态经济带，开展袁河全流域生态环境整治试点，打造“两型”社会综合改革试验区。

第四章　着力打造高铁经济带

紧紧抓住高铁快速发展的历史机遇，大力推动人力、技术、信息、资本等要素在沿线节点优化配置、集聚发展，促进沿线城市在更大范围内开展分工协作，放大高铁同城化、一体化效应，形成以沪昆、京九为主骨架的高铁经济带。

第一节　优化高铁经济带布局

加快建设沪昆高铁经济带，调整沿线地区产业发展重点和城市功能布局，同步推进相关基础设施等配套工程建设，加强城际协作，形成以南昌为核心，连接九江、上饶、抚州、鹰潭、新余、宜春、萍乡的一小时通勤圈，连接上海、武汉、长沙、杭州的三小时合作圈。依托沪昆、京福和京九等高铁，科学布局建设高铁经济试验区、高铁新区，加快推进上饶高铁经济试验区建设。

第二节　放大高铁经济效应

推进高铁与机场、快速路、公路等交通系统的无缝连接、“零距离”换乘，提升沿线城市间同城化水平。遵循高铁经济发展规律，推动与高铁沿线发达地区优势产业互补，优先发展旅游、大健康、商贸、物流、金融、文化创意等产业，把高铁沿线建设成为黄金旅游线、现代服务业集聚带。充分借助高铁优势引进紧缺人才，采取“季节型”“假日型”“候鸟型”等多种方式，吸引人才来赣发展。

第五章　完善区域协调发展机制

着眼于缩小区域差距、增强区域发展合力，创新合作机制，完善政策体系，促进区域协调发展走上制度化轨道。

第一节　强化区域规划的有效性

健全省级层面区域规划、政策文件贯彻落实保障机制，加强市县发展规划与相关区域发展战略的衔接，进一步强化市县政府的主体责任，确保“一张蓝图”干到底。建立区域战略评估考核机制，适时调整相关规划、充实相关政策，提高战略的适应性和有效性。加强区域战略相关规划与省直部门政策协调，实行具体任务的责任部门限期落实制。建立各区域规划和政策文件的衔接机制，增强全省区域战略统一性、协调性。

第二节　建立区域良性互动机制

积极推进行政管理改革创新，根据市场规律促进生产要素跨行政区域整合，统筹调整行政区划，提升资源配置空间效率。加强各区域板块产业协调，引导产业向优势区域集中集聚，探索建立区域间产业有序转移机制和利益补偿机制，推动建设一批跨区域产业联盟和发展平台，打造支撑区域发展的核心板块和体制改革创新区。健全区域间帮扶机制，鼓励经济实力较强地区支持欠发达地区。

第六章　深入实施主体功能区战略

全面落实主体功能区规划，完善主体功能区政策，促进生产空间集约高效、生活空间宜居适度、生态空间山清水秀。

第一节　基本形成主体功能区布局

提升重点开发区集聚人口和经济要素的能力，以“五大片区”城市化核心区域为重点，加快形成现代产业体系，促进产业和人口集聚。以“四区二十四基地”为重点，加大对农产品主产区强农惠农富农政策支持力度，鼓励加强耕地保护，稳定粮食生产，构建循环型农业体系。以“五片山地”为重点，保护和修复生态环境，建立产业准入“负面清单”，引导超载人口有序转移，增强重点生态功能区提供生态产品的能力。在重点生态功能区的生态地位极重要区域，开展非国有林地、湿地、水源地政府赎买（租赁）永久性保护试点。依据法律法规和相关规划加强禁止开发区域监管。根据不同主体功能区定位要求，健全差别化的财政、产业、投资、建设用地、资源开发、环境保护等政策，实行分类考核的绩效评价办法。

第二节　加强空间管控和综合整治

根据生态文明先行示范区建设要求，适时启动主体功能区调整工作，拓展重点生态功能区覆盖范围。以主体功能区规划为依据，推进经济社会发展规划、城市建设规划、土地利用规划、生态环境保护规划等“多规合一”。以市县级行政区为单元，划定生产、生活、生态空间管制界限，落实空间用途管制，统筹推进聚集开发、分类保护和综合整治，引导各类区域按照主体功能定位谋发展，约束各地不合理的空间开发行为。建立资源环境承载能力监测预警机制，对接近或达到警戒线的地区实行限制性措施。

第七篇 建设城乡统筹发展新家园

大力推进以人为核心的新型城镇化，全面提升城镇化发展质量，加快构建新型城乡关系，促进经济转型升级与社会和谐进步，建设幸福美好家园。

第一章 推进以人为核心的新型城镇化

坚持以人为本、科学发展、改革创新、依法治市，突出人的城镇化，不断完善城市治理体系，解决城市病等突出问题，建设和谐宜居、富有活力、各具特色的现代化城市，让全体居民共享新型城镇化发展成果。

第一节 加快农业转移人口市民化

建立城乡统一的户口登记制度，放宽城镇落户限制。全面实施居住证制度，促进有能力在城镇稳定就业和生活的农业转移人口举家进城落户，并与城镇居民享有同等权利和义务，力争全省户籍人口城镇化率达到40%左右，常住人口城镇化率达到60%左右，新增落户城镇人口350万左右。建立财政转移支付同农业转移人口市民化挂钩机制，建立城镇建设用地增加规模、财政性建设资金对城市基础设施补贴数额同吸纳农业转移人口落户数量挂钩机制。按照人口分布，合理规划布局教育、医疗、文化、体育等公共服务设施，切实增加公共服务供给，进一步增强中小城市和重点县城人口吸纳能力、资源聚集能力、综合承载能力。维护进城落户农民土地承包权、宅基地使用权、集体收益分配权，并支持引导依法自愿有偿转让。推进农民工融入企业、子女融入学校、家庭融入社区、群体融入社会，促进城市和谐。加快建立农业转移人口市民化成本分担机制，落实政府、企业、个人支出责任。推进新型城镇化综合试点。

第二节 强化城市规划引领

树立以人为本、尊重自然、传承历史、绿色低碳的城市规划理念，充分认识和把握城市发展规律，综合考虑城市功能定位、文化特色、建设管理等因素，提高城市规划的前瞻性、科学性、指导性。加强城市规划与各类空间规划衔接，统筹好城市空间、规模、产业三大结构和生产、生活、生态三大布局。强化城市规划“三区四线”约束，全面落实规划全过程监管制度、完善规划督察制度、严格执行责任追究制度。全面开展城市设计，提倡城市修补。认真贯彻“适用、经济、绿色、美观”的新时期建筑方针，加强城镇风貌规划设计，注重旧城改造中的历史遗迹保护与文化传承，注重新城区建设融入传统文化元素，延续历史文脉，建设具有独特气质和内涵的赣鄱城镇。

第三节 推进新型城市建设

加强城市地下和地上基础设施建设，统筹各类市政管线规划建设和管理，实施管网配套、地下综合管廊等工程，建设“海绵城市”，提升城市建设内在品质。优化城市街区路网结构，优先发展公共交通，提高城市运行效率。加快城镇棚户区和危房改造，基本完成棚户区改造工程，棚户区改造政策向重点镇延伸，结合人口变化情况合理安排建设保障性住房。推进城市绿色发展和生态环境保护，加强城市公园绿地等生态设施建设，逐步恢复自然生态，扩大自然生态空间。完善城市污水、垃圾收集运输处理体系，妥善解决城市黑臭水体和“垃圾围城”问题。加强工程质量监督，落实建设、勘察、设计、施工和监理五方主体责任，严格终身质量责任追究，积极推广钢结构建筑，高度重视建筑节能。

第四节 提升城市管理水平

坚持“为了人而管好城市”，加快建立完备、系统的城市管理法规体系，实行城市规划、建设、管理一体的“全周期管理”，切实加强城市公共管理，创新政府城市治理方式，实行网格化、智能化、精细化、人性化城市管理。加快建设智慧城市，实施城市信息基础设施提升和无线网络全覆盖工程，形成快速通畅、质优价廉、便捷高效的宽带网络基础设施和服务体系，着力发展大数据民生、物联网和城市管理信息化，实施一批智慧城市示范工程。推行政府和社会资本合作等新型投融资模式，破解城市建设融资难题。全面提升市民素质，切实保障市民对城市发展决策的知情权、参与权、监督权。

第二章 优化城市化格局

按照统筹规划、合理布局、分工协作、以大带小原则，加快发展集聚效率高、辐射作用大、城镇体系优、功能互补强的城镇群，构筑“一群两带三区四组团”为主骨架的城镇发展格局。

第一节 更加注重城市群发展

抓紧制定各城镇群（组团）发展规划，进一步明确各城镇的功能定位，探索建立城市联合体，加快城市群一体化进程。加强城镇群内部产业对接，以市场为导向，结合资源禀赋和区位优势，明确主导产业和特色产业，强化大中小城市和小城镇产业协作协同，形成横向错位、纵向协作的发展格局。建立跨地区投资、地区生产总值、财税等利益分享机制，推动城镇间产业分工整合、园区共建共享。统筹城镇群内交通基础设施和信息网络布局，建立高效畅通的物流体系和一体化的信息网络。鼓励城镇群建立内部协作机制，及时协调解决城镇群发展重大问题，合力推动重大项目建设和重点产业发展。

第二节 增强中心城市集聚辐射带动作用

充分发挥中心城市的核心带动作用，以加快产业集群和人口集聚为重点，提高要素集聚、科技创新、文化引领和综合服务等功能，辐射带动周边城镇加快发展。

南昌市。建设长江中游城市群的核心城市和“一带一路”开放节点城市、全国重要的综合交通枢纽、全国有影响的先进制造业基地和现代消费中心、走向世界的现代美好宜居都市。

九江市。建设省域副中心城市、长江中游城市群重要节点城市、中部地区重要物流枢纽和先进制造业基地、现代化港口旅游城市。

景德镇市。建设世界瓷都、国家直升机产业基地、南方重要的汽车产业制造基地、全国文化旅游和生态宜居名城。

萍乡市。建设转型升级示范城市、创新创业活力城市、生态人文旅游城市、赣湘合作先行城市、江南特色海绵城市。

新余市。建设新能源科技示范城、中部地区重要的新型工业城、全省统筹城乡发展和改革创新先行先试区、中小智慧城市样板。

鹰潭市。建设绿色世界铜都、全国著名休闲旅游目的地、区域物流中心、国家新型城镇化综合试点城市。

赣州市。建设省域副中心城市，赣粤闽湘四省通衢的现代化中心城市，全国稀有金属产业和先进制造业基地，区域性金融、文化旅游、物流、健康养老中心和综合交通枢纽。

宜春市。建设区域性中心城市和综合交通枢纽、生态文明和转型发展示范城市、国际知名健康养生休闲度假目的地。

上饶市。建设省域副中心城市、赣浙闽皖四省交界高铁枢纽城市、江西融入长三角对接海西的桥头堡、生态宜居示范城市、国内外有影响的旅游目的地。

吉安市。建设全国红色旅游精品城市、全国重要的电子信息产业基地、国家循环经济示范城市、产城融合发展和生态文明示范区、赣中区域性综合交通枢纽。

抚州市。建设南昌大都市区副中心城市、江西对接“21世纪海上丝绸之路”的桥头堡、生态文明先行示范城市、历史文化名城。

第三节 积极参与长江中游城市群建设

促进环鄱阳湖生态城市群与武汉城市圈、长株潭城市群融合发展，依托主要交通轴线，共建沿江、沪昆等重点发展轴，形成现代产业密集带、新型城镇连绵带和生态文明示范带。推动南昌与武汉、长沙共同构建“三角形、放射状”城际交通网络，进一步密切城市群联系。全面参与长江中游城市群世界级、国家级产业集群建设，重点打造高端装备制造、航空、新一代信息技术、生物医药、新型光电等产业基地。完善生态共建机制，加强水环境、城市群“绿心”和城市群内生态廊道建设。建立健全资源要素优化配置、共建共享、流转顺畅、协作管理的社会公共事务管理体制，提升区域公共服务均等化水平。

第三章 加快县域经济发展

坚持发挥优势、因地制宜，突出做大县域经济总量、激发县域发展活力，构建城乡统筹、产城融合、各具特色的县域经济发展板块，全面提升县域在统筹城乡发展中的纽带功能。

第一节 壮大县域经济实力

坚持宜农则农、宜工则工、宜商则商、宜游则游，促进县域因地制宜发展特色经济，做大总量、壮大财源，力争一半以上的县级财政总收入超30亿元，争取更多的县进入全国百强。引导产业向工业园区（开发区）集中布局、链式发展，支持每个县打造2~3个支柱产业和特色产业集群。大力发展食品加工业和农产品精深加工业，促进县域由农产品主产区向农产品加工区转变。实施县域服务业倍增计划，重点做强旅游业，积极发展乡村休闲游、民宿游、农家乐等特色旅游业态。

第二节 提升重点镇发展水平

实施新生中小城市培育工程，推动有条件的县城和重点镇发展为中小城市，引导促进优质公共资源集聚，不断完善城市功能，提高管理水平，增强产业集聚和就业吸纳能力。实施重点镇产业培育工程，着力打造一批工业强镇、农业大镇、商贸重镇、文化名镇、旅游旺镇等特色小镇，支持人口集中的乡镇建设产业小区。加强基础设施和公共服务配套能力建设，增强重点镇带动县域、联系城乡的重要功能，提升城乡一体化发展水平。

第三节 激发县域发展活力

积极推进省直管县改革，科学匹配事权与财权，赋予县域经济最大自主发展空间。出台扩大县级经济社会管理权限事项目录及其配套政策，除国家有明确规定的外，将面向基层、量大面广的经济管理权限一律下放到县。深化县级政府机构改革，积极探索实行职能有机统一的大部门体制。加快拓展人口经济重镇功能，同步开展行政管理体制改革试点。积极推动县改区、县改市。实施县域经济发展试点示范工程，鼓励探索县域经济发展的新模式。完善农民收入增长支持政策体系。

第四章 建设和谐秀美新农村

着力改善农村经济社会发展环境和生产生活条件，推进城乡基本公共服务均等化，建设田园牧歌、秀山丽水、和谐幸福的美丽乡村。

第一节 建设赣鄱特色乡村

将乡村建设规划纳入县市“全域规划”统筹考虑，划定乡村居民点管控边界，分区分类制定村庄整治指引，全面推进乡村建设规划许可管理。支持发展乡村经济，积极推广“一村一品”+“农村电商”等模式，鼓励城镇工商资本到农村发展特色产业。保护和发展乡土文化，加大传统村落民居和历史文化名镇名村保护力度，实施古民居抢修性保护工程、农村非物质文化遗产传承人培育工程。实施绿色乡村建设工程，加大古树名木保护力度，彰显山水林田的自然风光，留住淳朴的乡村风貌，让人们记得住“乡愁”。大力推广“中心村+社区”建设模式，提高农村管理水平，加快建设管理有序、服务完善、文明祥和、乡风浓郁的新型农村社区。

第二节 改善农村人居环境

深入实施新农村建设工程，重点推进1000个中心村改造，切实改善村容村貌。实施农村环境综合整治工程，开展生活垃圾专项治理、妥善处理农村生活污水，推进城乡环卫一体化和“七改三网”建设，实施农村门（山）塘及小流域整治、畜禽水产养殖污染治理和重点水源地保护工程，确保农村环境质量明显提升。深入实施农村公路网络化、自来水普及、农田水利建设、信息通信提升等基础设施建设工程，切实增加公共服务供给，让农民生产生活更加便利。积极培育农村居民生态文明意识，开展生态文明乡村等创建活动，推进自然生态保护小区建设，把保护青山绿水变成村民自觉行动。

第五章　完善城乡一体化体制机制

加快消除制约城乡协调发展的体制性障碍，促进城乡之间公共资源均衡配置、生产要素平等交换和自由流动，推动城乡互动融合发展。

第一节　统筹城乡基础设施建设

促进城市基础设施向农村延伸，积极探索城乡基础设施同步设计建设、一体运营。加快连接城乡“断头路”建设，着力打通进村入户“最后一公里”。改善农村供水和能源设施，全面完成偏远农村低电压改造、安全饮水工程，城镇供电网、供水网、供气网完全覆盖周边农村地区。实施城乡结合部和“城中村”改造工程，引导社会资本参与改造建设。健全农村基础设施投入长效机制，积极探索农村公路等基础设施运营管护的有效机制。

第二节　优化城乡公共服务配置

推进城乡要素平等交换、合理配置和基本公共服务均等化。把社会事业发展重点转向农村和接纳农业转移人口较多的城镇，加快公共服务向农村覆盖，推进城乡社会保障制度衔接，促进城乡教育均衡发展，进一步提高新型农村合作医疗实际报销水平，基本实现城乡基本公共服务均等化。建立公共服务的城乡帮扶机制，鼓励城乡教师、医护人员、科技推广人员等专业人才相互交流。建立城乡一体的污染物防控体系，加强对城乡结合部的环境综合整治。加快推进快递下乡工程，完善农村邮政设施和物流网络。实施城乡统筹体制机制创新示范工程。

第八篇　构筑现代基础设施新支撑

坚持“统筹规划、适度超前，合理布局、优化结构”原则，加强以交通、能源、水利为重点的基础设施建设，加快构建综合立体、功能完备、安全高效的现代化基础设施体系。

第一章　建设现代化立体交通体系

坚持网络化布局、智能化管理、一体化服务方向，统筹铁路、公路、航空、水运建设，形成以南昌为中心，内外通道联通、城乡覆盖广泛、节点功能完善、运输服务高效的现代综合交通运输体系，构建对接“一带一路”和长江经济带的战略大通道。

第一节　推进主要铁路通道快速化

进一步加快铁路干线尤其是快速铁路建设，建成昌吉赣客专、武九客专、合九客专、赣深客专、九景衢铁路、蒙西至华中铁路煤运通道岳吉段、吉永泉铁路等重点铁路工程，积极推进城际铁路建设，形成对接周边、联通重要经济区的铁路快速通道，构建“五纵五横”铁路网主骨架。到2020年，全省铁路运营里程超过5000公里，其中快速铁路里程达到2500公里，形成南昌至省内各设区市和长江中游城市群中心城市1～2小时、至上海、广州等周边主要城市3～4小时、至北京6小时交通圈。

第二节　提升公路网络化水平

建设路网完善、畅通高效、安全可靠、服务优质的公路体系。实施1000公里高速公路建设工程，全面打通出省高速通道，建成“四纵六横八射十七联”高速公路网。实施4000公里国省道升级改造和1.6万公里路面养护改造工程，普通国道二级以上比例达到95%、省道二级以上比例力争达到65%。实施1.2万公里农村公路改造工程。到2020年，实现高速公路通车里程突破6000公里，基本实现乡镇、3A级旅游景点通三级以上公路、具备条件的行政村100%通班车。

第三节　增强港航通行能力

建设通江达海、干支畅达的水运大通道。重点实施长江江西段、赣江、信江高等级航道建设，形成以长江九江段一级航道、南昌至湖口二级航道、赣州至南昌、贵溪至都昌三级航道为主，干支航道有机衔接的“两横一纵”高等级航道网络③。着力加强以九江港、南昌港两个国家级内河港口为主体，赣江、信江及鄱阳湖区域性港口为补充的港口群建设。加快推进九江港和南昌港一体化发展。到2020年，全省三级及以上航道达到或接近800公里，港口货运新增年吞吐能力1.4亿吨，集装箱吞吐能力185万标箱。

第四节　完善机场布局

围绕建设通达全球的航空运输网络，做大做强干线机场，提升支线机场，有序推进通用机场建设。推进南昌昌北国际机场改扩建、景德镇机场迁建、宜春明月山机场改扩建工程，建设鹰潭、抚州、瑞金4C级支线机场。完成赣州黄金机场、吉安井冈山机场改扩建。支持做大江西航空公司。适应国家低空空域开放趋势，大力发展通用航空，建设一批通用机场。到2020年，形成以南昌国际航空港为龙头的“一干九支”机场布局，旅客吞吐总量突破1600万人次。

第五节　推动运输服务智能发展

强化交通与互联网技术深度融合，完善交通运输感知体系和集成体系，构建交通运行状态查询、出行路线规划、网上购票、智能停车等服务平台，推进多种出行方式信息服务对接和一站式服务，建立公众出行需求、枢纽客流规模、车辆船舶行驶特征等综合分析管理系统。加快出租汽车行业改革，促进网络预约等定制交通健康发展。到2020年，初步形成较为完善的全省交通运行监测应急处置体系和交通出行信息服务体系，实现全省二级及以上客运站联网售票和主要城市公共交通智能化调度。

第二章 构建现代能源供应体系

坚持适度超前、以电为主、多能互补，强化能源总量保障，推动能源生产和消费革命，促进能源结构优化，建设稳定、安全、经济、清洁的现代能源体系。

第一节 提升能源供给能力

积极推进清洁煤电项目建设，建成大唐抚州电厂、神华九江电厂、华能瑞金二期、赣能丰城三期、中电投分宜扩建、大唐新余二期等项目，新增1000万千瓦燃煤发电机组。积极发展光伏发电，建成一批以渔光互补、农光互补等为重点的光伏发电综合利用示范项目，新增光伏发电装机200万千瓦。因地制宜开发风能、生物质能等新能源，鼓励分布接入就地转化利用。深度开发水电，推进龙头山等水电站建设。建成洪屏抽水蓄能电站，推进新一轮抽水蓄能电站建设。力争启动彭泽（万安）核电项目建设，有序推进其他核电项目前期工作。安全有效勘探开发煤炭资源，加快淘汰落后产能，做好小煤矿关闭退出。加快推动修水-武宁页岩气资源富集区勘查开发。到2020年，全省发电装机容量力争达到4000万千瓦，非化石能源消费占比提升至11%。

第二节 完善能源输送体系

在现有电网骨干网架基础上，加快向南、向东500千伏环状电网建设，继续优化220千伏电网结构。适时启动西南水电直流特高压入赣工程。加快现代配电网建设，推进配电自动化和智能化应用。推进新一轮农村电网改造升级，全面解决农村低压用电问题。配合国家实施西气东输三线和新疆煤制气外输管道工程，加快建设省级天然气管道，形成以“三横一纵”国家天然气输气管网和“环鄱阳湖”省级管网为主骨架的天然气输送网络。完善成品油运输管网布局，力争建成樟树—株洲成品油输送管道，积极推进其他成品油跨省管道建设，形成“十字架形”成品油管道网络。加快蒙西至华中煤运通道建设。到2020年，力争长输管道天然气覆盖全省所有县（市、区），管道里程突破5000公里，成品油输送管道里程突破1000公里。

第三章 加强水利基础设施建设

围绕防灾减灾、改善民生、促进发展，着力构建集防洪安全、供水安全、水生态安全和保障能力建设于一体的水利体系，不断提高水安全保障能力、水资源和水环境承载能力。

第一节 健全防洪减灾体系

开展长江干流（江西段）河势控制和河道整治，实施五河防洪治理和中小河流治理、鄱阳湖综合治理工程，全面提升重要江河湖泊及支流防洪减灾能力，推动南昌、九江等重要防洪城市和重点地区达到国家防洪标准。加快流域控制性枢纽工程建设，积极推进鄱阳湖水利枢纽工程。加强山洪灾害防治，实施病险水库（闸）除险加固工程。建设重点城镇、圩垸和粮食主产区排涝设施。加强灾害监测、预警预报和应急处置能力建设。

第二节 强化水资源供给保障

实施重点水源工程，建成浯溪口水利枢纽，推动花桥等大型水库前期工作，建设四方井水库和15座中型水库及100座小型水库。实施大中型灌区新建和续建配套工程，新建廖坊水利枢纽灌区二期，推进大坳、峡江等大型灌区前期工作，实施10座大型灌区和205座中型灌区节水配套改造。实施农村饮水安全巩固提升工程，推进城乡供水一体化。实施城市应急备用水源配套工程，提高应对供水安全突发事件的能力。加大小型农田水利建设力度，推进大中型灌排泵站更新改造。到2020年，新增供水能力20亿立方米，新增及恢复农田有效灌溉面积400万亩。

第九篇 开辟绿色发展新路径

坚持绿色强省、绿色惠民，全面建设生态文明先行示范区，把生态文明建设融入经济社会发展各方面和全过程，加快打造美丽中国的“江西样板”。

第一章 巩固提升生态优势

坚持保护优先和自然恢复为主，实施山水林田湖生态修复工程，构建生态廊道和生物多样性保护网络，全面提升自然生态系统稳定性和生态服务功能，形成“一湖五河三屏”生态安全格局。

第一节 建设质量更优的森林生态系统

实施新一轮造林绿化与退耕还林、封山育林、低产低效林改造、乡村风景林建设等生态林业工程，改善林分结构，丰富物种总量，增加森林面积和蓄积量。启动天然林保护工程，实行严格的天然林保护制度，全面停止天然林商业性采伐，严禁移植天然大树进城，增强森林资源生态功能。发挥国有林场在绿化国土中的带动作用。创新林业产权模式，引导各方面资金投入植树造林。

第二节 加大湿地保护和修复力度

实施鄱阳湖流域清洁水系工程，强化水源涵养区、江河源头、饮用水源保护区和备用水源地等重点区域保护与生态修复，切实保护“一湖清水”。实施鄱阳湖湿地生态修复工程，加强“五河”源头、重点湖库、江河干流地区和城市规划区域的湿地保护。全面提升湿地公园建设管理水平。建立健全湿地资源监测体系，加大湿地生物资源保护力度，提升湿地生态系统功能。

第三节 加强生物多样性保护

实施自然保护区升级工程，加大典型生态系统、物种、基因和景观多样性保护力度。开展生物多样性本底调查与评估。实施珍稀濒危物种繁衍野化工程,维护种群数量。加强重点工程建设范围内的野生动植物抢救性迁地保护。严防外来有害物种入侵。争取设立国家公园。

第四节 增加生态公共服务供给

丰富生态产品,优化生态服务空间配置,增强生态公共服务供给能力。整体推进山水田路综合整治,保护田园景观。依托自然保护区、风景名胜区、森林公园、湿地公园等生态资源,适度开发公众休闲、旅游观光服务和产品。加快城市森林、城市湿地、城乡绿道、郊野公园等城乡生态基础设施建设,建设一批森林城市和森林小镇,培育一批特色鲜明的生态体验精品线路,拓宽绿色宜人的生态空间。

第二章 推动生产方式绿色化

坚持存量绿色化改造和增量绿色化构建并举,努力形成科技含量高、资源消耗低、环境污染少的产业结构和生产方式,大幅度提高经济绿色化程度。

第一节 构建绿色产业体系

加快构建以低碳工业、生态农业和现代服务业为主要内容的绿色产业体系,努力建设成为全国重要的绿色产业基地。采用先进适用和节能低碳环保技术改造提升传统产业,在各工业领域普遍推行清洁生产和循环化改造,大力发展节能环保产业,推进产品全生命周期绿色管理,构建环境友好的绿色工业体系。广泛推行各种生态农业模式,大力发展无公害农业,因地制宜发展特色经济林、林下经济等林产业,着力推出优质、安全的农产品,构建生态有机的绿色农业体系。大力发展低消耗、低污染的现代服务业,推动服务主体绿色化、服务过程清洁化,依托良好的生态资源优势,着力发展生态旅游、健康养老等服务业,构建集约高效的绿色服务业体系。

第二节 节约高效利用资源

实行资源消耗总量和强度双控行动,健全节能、节水、节地、节材、节矿标准体系,有效降低资源消耗强度。实施全民节能行动计划,推进重点行业能效提升和节能减排升级改造,实施重点用能单位“百千万”行动和节能自愿活动,严格节能评估审查,实行能源消费预算管理制度,开展用能节能审计,完成国家下达的能源消费总量目标。大力推行绿色建筑,提高建筑节能标准,实现重点行业、设备节能标准全覆盖。建设节水型社会,实施全民节水行动计划,鼓励一水多用、优水优用、分质利用,推进雨洪资源利用和再生水利用。实行节约集约利用土地,加强土地利用的规划管控、市场调节、标准控制和考核监管,推进建设用地多功能开发、地上地下立体开发利用,开展城乡建设用地增减挂钩、城镇低效用地再开发和工矿废弃地复垦利用试点,严格控制农村集体建设用地规模。探索实行耕地轮作休耕制度试点。开展地质找矿突破行动,引导小型矿山兼并重组,发展绿色矿业,提高矿产资源开采回采率、选矿回收率和综合利用率。

第三节 大力发展循环经济

实施循环发展引领计划,推进生产和生活系统循环链接,加快废弃物资源化利用。实施产业园区、重点企业循环化改造工程,促进企业循环式生产、园区循环式发展、产业循环式组合。加强工业固废、建筑垃圾等大宗废弃物资源化利用,加快建设城市餐厨废弃物资源化利用和无害化处理系统。健全再生资源回收利用网络,加强生活垃圾分类回收与再生资源回收的衔接。全面实行生产者责任延伸制度。推动汽车零部件、办公设备等再制造,建设再生产品推广和再制造服务基地,大力发展“城市矿产”。

第四节 全面推行清洁生产

加强污染防治重点防控行业和产能过剩行业的清洁生产审核、评估和验收,从源头和全过程控制污染物产生和排放。大力推进铜、钨、稀土、铀等重点行业清洁生产改造,提高采选、冶炼生产系统和环保系统清洁生产能力,实现“三废”近零排放。积极推进农业清洁生产,推广节肥节药节水技术,减少农业自身污染排放。推进服务业清洁生产,以商贸服务、交通运输、公共设施等领域为重点,开展服务业清洁生产试点示范。

第五节 积极应对气候变化

优化能源结构,推动煤炭等传统能源安全绿色开发和清洁低碳利用,发展清洁能源、可再生能源,实施碳排放强度和总量双控行动。促进钢铁、有色、建材、化工等重点行业碳排放零增长,推进交通运输低碳发展,大力发展低碳建筑,努力增加森林碳汇。控制非二氧化碳温室气体排放。实行重点单位温室气体排放报告、核查、核证、配额管理和碳交易制度。实施近零碳排放示范工程,建成一批具有示范作用的低碳城市、低碳园区和低碳社区。加大低碳技术和产品推广应用力度。健全碳排放统计核算、评价考核和责任追究制度。加大人工影响天气能力建设,加强对极端天气和气候事件的监测、预警和预防。

第三章 培育绿色化生活方式

倡导绿色价值观,建立生态文明推广体系,在全社会形成生态文明的良好氛围,实现生活方式和消费模式向勤俭节约、绿色低碳、文明健康的方向转变。

第一节 增强全民生态文明意识

把生态文明教育纳入国民教育、继续教育、干部培训和企业培训体系。开展节约型机关、绿色学校、绿色医院、绿色商场、绿色社区、绿色家庭等创建活动,广泛动员全民参与生态文明建设。创建一批生态文化遗产丰富、保持完整的生态文化保护区。组织好世界环境日、世界水日、全国节能宣传周等主题宣传活动,积极举办具有江西特色和广泛影响力的生态文明普及活动。

第二节 推行生活方式低碳化

广泛开展绿色生活行动,积极引导居民绿色消费、绿色出行、绿色家居。倡导合理消费,力戒奢侈浪费,制止奢靡之风。管住公款消费，深入开展反过度包装、反食品浪费、反过度消费行动，推动形成勤俭节约的社会风尚。限制使用一次性用品，鼓励消费者购买和使用节能环保产品、节能省地住宅。积极推进生活垃圾分类回收处理。实行公共交通优先，鼓励自行车出行，实施新能源汽车推广计划。政府办公建筑和大型公共建筑严格执行空调温度控制标准。强化政府绿色采购制度。

第四章 强化环境治理和保护

实行最严格的环境保护制度，形成政府、市场、公众多元共治的环境治理体系，进一步提高环境质量，让老百姓喝上更干净的水、呼吸更新鲜的空气，在良好的环境中生产生活。

第一节 深入实施“净空”工程

实施火电、钢铁、有色、水泥等重点行业脱硫脱硝、除尘设施改造升级工程，强化设施稳定运行，有效降低污染物排放。加大施工扬尘、矿山扬尘和城市扬尘监管。在重点区域、重点行业推进挥发性有机物排放总量控制。加大重点化工园区有毒有害气体监管力度。构建机动车环保达标监管体系，大力开展机动车尾气污染防治，积极实施国Ⅵ排放标准，加大黄标车和老旧车淘汰力度。全面实施城市空气质量达标时间表，提高治霾效果。建立大气污染区域联防联控机制，在县级以上城市开展细颗粒物实时监测，力争空气质量指数达到优良天数比率位居全国前列。加强环境噪声污染防治。

第二节 深入实施“净水”工程

加强水环境保护和综合治理，实行从水源地到水龙头全过程监管。以“五河一湖”等水域为重点，全面清理整治沿江、沿湖污染企业。加大对造纸、印染、化工、制革等重点行业的污染治理，强化化学需氧量和氨氮减排。实施城镇和工业园区污水处理设施及配套管网建设改造工程，推行城镇雨污分流，全省城市和县城污水集中处理率分别达到95%和85%左右，实现工业污水全面达标排放、城镇生活污水处理设施全覆盖和稳定达标运行。对敏感区域、水质总体较差地区制定更加严格的污水处理设施排放标准。关闭禁养区内畜禽养殖场。强化农村污水处理设施建设，保障农村饮水安全。积极预防和修复地下水污染。

第三节 深入实施“净土”工程

全面开展重点区域土壤环境质量评估和污染源排查，加强土壤污染分类防治，严格控制新增土壤污染。推进土壤重金属污染修复，开展重点区域防控试点示范。建立和完善重金属污染农作物处置长效机制。加大有害废弃物的回收力度，加强危险废弃物污染防治，有效降低环境风险。加快城乡垃圾处理设施建设，完善收集储运系统，推进垃圾无害化、减量化、资源化处理，城镇生活垃圾无害化处理率达85%。强化矿山治理恢复，加大对无主尾矿库治理力度。

第五章 建立健全生态文明制度

严守生态红线、总量控制、准入门槛，加快形成源头预防、过程控制、损害赔偿、责任追究的生态文明制度体系，引导、规范和约束各类开发、利用、保护自然资源的行为。

第一节 建立多元化生态补偿机制

完善重点流域、森林、湿地、矿产资源开发等领域生态补偿制度，形成有利于生态文明建设的利益导向机制。全面实行覆盖全省主要流域的生态补偿办法，建立地区间横向生态保护补偿制度，引导生态受益地区与保护地区之间、流域上游与下游之间，通过资金、产业转移等方式实施补偿。健全矿产资源有偿使用、矿山环境治理和生态恢复保证金制度，建立矿产资源开发生态补偿长效机制。完善生态保护成效与资金分配挂钩机制。

第二节 健全生态环境保护市场化机制

建立充分反映资源稀缺、所有者权益、生态环境损害及修复成本的价格形成机制。完善土地、矿产、森林、湿地等资源有偿使用制度，扩大招拍挂出让比例。建立健全用能权、用水权、排污权、碳排放权初始分配制度，推行有偿使用和交易制度，加强交易平台建设，完善权利核定、价格形成和市场机制。大力推行合同能源和水资源管理、环境污染第三方治理。研究建立生态价值评估制度，发展绿色信贷、绿色债券和绿色基金。建立健全生态环境损害估价和赔偿制度，在高风险行业推行环境污染强制责任保险。

第三节 完善自然资源管理制度

对水流、湖泊、森林、荒地、滩涂等自然生态空间进行统一确权登记，划定产权主体，创新产权实现形式，建立健全归属清晰、保护严格、流转顺畅的自然资源资产产权制度。健全自然资源资产管理体制，构建统一的自然资源监管体制。完善自然资源资产用途管制制度，合理确定并严守资源消耗上限、环境质量底线、生态保护红线。严格水资源论证和取水许可证制度，严格土地用途管制。

第四节 构建生态文明绩效评价体系

根据不同区域主体功能定位，进一步完善市县科学发展综合考评指标体系，实行差异化绩效考核，把资源消耗、环境损害、生态效益等绿色发展指标纳入评价体系，提高绿色考评权重，强化指标约束。建立整流域环境综合治理制度，健全涉河、涉湖规划制度，制订完善相关技术标准。落实党政“一把手”负责的“河(库)长制”，实行河流、水库水质改善的领导负责制和环保问责制，对河湖生命健康负总责。加快编制自然资源资产负债表，建立健全领导干部任期生态文明责任制度、自然资源资产和环境责任离任审计和生态环境损害责任终身追究制。

第五节 创新环境治理体制机制

改革环境治理基础制度，建立覆盖所有固定污染源的企业排放许可制度。建立企业环境违法黑名单制度，坚决关闭排放不达标企业。探索建立统一监管所有污染物排放的环境保护管理制度，实行省以下环保机构监测监察执法垂直管理。建立全省统一的实时在线环境监测系统，推进生态环境大数据建设。健全环境信息公布制度，强化重污染天气、饮用水水源地、有毒有害污染等关系公众健康的重点领域风险预警，健全省市县三级联动的环境应急响应机制，完善突发生态环境事件信息报告和公开机制。建立健全环保督察制度，落实环境保护“党政同责”和“一岗双责”。开展环境保护督察巡视，严格环保执法。创新和完善公众参与环境监督保护的机制。

第十篇 打造脱贫攻坚新样板

把脱贫攻坚工程作为“第一民生工程”，以罗霄山集中连片特困地区、特别是革命老区贫困县为主战场，推进精准扶贫脱贫，确保贫困群众在全面建成小康社会进程中不掉队。

第一章 着力推进精准扶贫脱贫

按照“摸清底数、区分类型、找准问题、分类施策”的总要求，以建档立卡扶贫对象为重点，瞄准致贫因素精准发力，集中力量坚决打赢脱贫攻坚战，确保现行标准下贫困人口全部脱贫。

第一节 实施特色产业脱贫

加快完善“四位一体”产业扶贫模式，支持贫困群众通过发展特色产业脱贫致富。强化农民合作社、龙头企业与贫困户利益连结机制，构建“以企带村、以村带社、以大户带贫困户”的帮扶体系，提升贫困群众产业发展的组织化程度。统筹涉农资金，支持贫困村“一村一品”扶贫工程，重点扶持农林牧业、生态和绿色产业、乡村旅游、传统手工业、光伏发电等特色优势产业，建设一批贫困人口参与度高的特色农业基地。

第二节 实施转移就业脱贫

以就业为导向，建立贫困人员就业台账，开展职业技能、实用技术、自主创业和新型农民培训，确保贫困家庭劳动力至少掌握一门致富技能。实施职业教育扶贫，引导职业(技工)院校采取顶岗实习或校企合作等方式，提高贫困家庭子女就业能力，阻断贫困现象代际传递。支持贫困地区县乡基层劳动就业和社会保障服务平台建设。鼓励工业园区面向贫困群众开展订单培训、定向就业。利用生态补偿和生态工程资金开发生态保护就业岗位，吸纳当地贫困群众就业。

第三节 实施移民搬迁脱贫

对居住在深山区、库区和地质灾害区、地方病多发等生存环境恶劣、不具备生产条件，以及生态环境脆弱地区的贫困群众，实施整体移民搬迁扶贫，合理确定搬迁安置房建设标准，适当提高补助标准。支持贫困地区结合小城镇建设、工业园区发展，设立移民扶贫集中安置点，加大后续产业和就业扶持力度，加大金融支持力度，做到搬得出、稳得住、能致富。探索利用农民进城落户后自愿有偿退出的农村安置房屋和土地安置搬迁农户。

第四节 实施兜底性保障脱贫

完善农村最低生活保障制度，对无法依靠产业扶持和就业帮助脱贫的贫困群众实行政策性保障兜底，全部纳入最低生活保障范围，做到应保尽保。构筑基本医保、大病医疗保险、医疗救助、大病救治等多道防线，进一步加大对特困人群的医疗费用救助力度，扩大大病保险覆盖面，制定贫困家庭医疗优惠政策，降低贫困群众医疗负担，降低因病致贫、因病返贫风险。

第二章 促进贫困地区加快发展

以开发扶贫为重点，持续加大投入，切实改善贫困群众生产生活环境，着力提升贫困地区自我发展能力，确保国家扶贫开发工作重点县全部“摘帽”。

第一节 着力消除区域性整体贫困

加大对重点扶贫攻坚县的民生投入，集中实施一批教育、卫生、文化、就业、社会保障等民生工程。扩大贫困地区基础设施覆盖面，因地制宜解决通路、通水、通电、通网络等问题，加强与大中城市的互联互通。切实增强贫困区域“造血”功能，集中力量支持每个贫困县培育一个特色优势产业集群。深入实施贫困村整村推进工程，全面完成2900个省级贫困村村庄整治任务，全面消除贫困村。对贫困县已享受的扶贫政策、安排的省级扶持资金规模只增不减。

第二节 改善贫困群众生产生活条件

坚持扶贫地区优先，提前完成25户以上宜居自然村的通村道路硬化，全面完成农村电网改造升级，基本实现农村通信网络全覆盖。加大贫困地区以工代赈投入力度，支持农村山水田林路建设和小流域综合治理。实施贫困地区基本公共服务能力提升工程，重点提高基础教育质量和医疗服务水平，尽快建立农村留守儿童、妇女、老人关爱服务体系。探索对贫困人口实行资产收益扶持制度，对在贫困地区开发水电、矿产资源占用集体土地的，试行给原住居民集体股权方式进行补偿，探索对贫困人口实行资产收益扶持制度。

第三章 强化扶贫脱贫实施保障

加大政策、资金、项目统筹力度，建立健全政府主导、市场运作、社会参与的扶贫脱贫新机制，确保精准扶贫脱贫目标任务落到实处。

第一节 建立健全扶贫脱贫机制

落实市县党政一把手扶贫脱贫工作责任制，完善扶贫考核机制，对贫困县重点考核脱贫成效，降低GDP考核权重，对生态脆弱地区不考核GDP。建立扶贫督察制度，实施贫困县约束制度，强化对必须作为和禁止作为事项监管。健全地区协作机制和党政机关、驻赣部队、人民团体、国有企业定点扶贫机制，深入推进“四个一”扶贫。完善行业扶贫机制，落实行业扶贫主体责任，把改善贫困地区发展环境和条件纳入本行业发展规划的重要内容，强化扶贫工作队驻村帮扶和村支部“第一书记”帮扶脱贫。健全社会力量参与扶贫机制，鼓励支持民营企业、社会组织、个人参与扶贫开发。建立扶贫对象退出制度，明确贫困县、贫困村、贫困户退出标准、程序和后续政策。

第二节　加大扶贫脱贫政策扶持

加大各级财政扶贫投入，发挥政策性金融和商业性金融互补作用，整合各类扶贫资源，拓宽资金渠道。中央下达和我省财政扶贫资金新增部分主要用于罗霄山连片特困地区、国家级贫困县。各部门安排的各项惠民政策、项目和工程，最大限度向重点扶贫攻坚县、贫困村、贫困人口倾斜。中央安排我省贫困地区公益性建设项目，取消县以下（含县）配套资金。优先保证扶贫开发用地需要，专项安排国家级贫困县年度新增建设用地计划指标。

第十一篇　开创共享发展新局面

按照人人参与、人人尽力、人人享有的要求，坚守底线、突出重点、完善制度、引导预期，注重机会公平，保障基本民生，增进人民福祉，实现全省人民共同迈向小康社会。

第一章　加快推进基本公共服务均等化

坚持普惠性、保基本、均等化、可持续方向，增强政府公共服务职责，扩大公共服务供给，提高公共服务共建能力和共享水平。

第一节　调整完善服务范围和标准

坚持尽力而为、量力而行，加强义务教育、就业服务、社会保障、基本医疗和公共卫生、公共文化、环境保护等基本公共服务，努力实现基本公共服务全覆盖。实行基本公共服务项目和标准动态调整机制，促进城乡区域间服务项目和标准有机衔接。加强对特定人群特殊困难的帮扶。建立基本公共服务项目清单，推动服务项目、服务流程、审核监督公开透明。

第二节　强化公共服务保障能力

持续增加基本公共服务财政支出，保障扩围提标和均等化需要。稳步提高统筹层次，合理界定省市县三级政府公共服务事权和支出责任，适当增强县级财政保障能力，加大对贫困地区的转移支付。积极应用新技术、发展新业态，促进线上线下服务衔接，让人民群众享受高效便捷优质服务。健全基层服务网络，推进服务机构资源和功能整合，提高服务可及性和质量。

第三节　创新公共服务供给方式

区分公共服务种类，推动供给方式多元化。政府不再直接承办可以通过购买提供的服务，制定购买公共服务目录或清单。能由政府和社会资本合作提供的服务，广泛吸引社会资本参与，推行特许经营、合同委托、服务外包、土地出让协议配建等方式，引入竞争机制。健全公共服务机构法人治理结构，推动从事生产经营活动的事业单位转制为企业。鼓励发展医疗、养老、文化、体育等领域非基本公共服务，满足人民群众多样化公共服务需求。

第二章　推动实现更高质量的就业

坚持就业优先，着力解决结构性就业矛盾，全面提升就业岗位创造能力、劳动力市场流动能力和供求匹配能力，鼓励以创业带动就业，实现比较充分和高质量就业。

第一节　实施更加积极的就业政策

通过援企稳岗、社保补贴、税费减免等政策，鼓励各类企业更多吸纳就业，稳定并扩大就业规模，城镇登记失业率控制在5%以内。加强对灵活就业、新就业形态的支持，促进劳动者自主就业。完善创业扶持政策，实施新一轮创业担保贷款优惠政策，建立面向人人的创业服业平台。落实高校毕业生就业促进和创业引领计划，健全高校毕业生自主创业、到基层就业的激励政策。促进农村富余劳动力转移就业和外出务工人员返乡创业，做好退役军人就业安置工作。高度关注边缘就业群体，积极化解隐性失业风险。加强就业援助，对就业困难人员实行实名动态管理和分类托底帮扶。规范劳动用工制度，落实职工带薪年休假制度。健全劳动关系协调机制，加强劳动保障监察和争议调解仲裁，维护职工和企业合法权益，构建和谐劳动关系。

第二节　加快公共就业服务能力建设

建立健全覆盖城乡的公共就业服务体系，提高就业创业服务能力。支持公共职业技能实训基地建设，实施新生代农民工就业技能提升计划，开展贫困家庭子女、未升学初高中毕业生、农民工、失业人员和转岗职工、退役军人免费接受职业培训行动。推行终身职业技能培训制度。推行工学结合、校企合作的工人培养模式，支持企业开展新型学徒制培训。完善职称评定、技术等级认定等政策。提高公共就业创业服务信息化水平，推进各类就业信息共享开放。

第三章　形成合理有序的收入分配格局

深化收入分配制度改革，努力实现居民收入增长和经济发展同步、劳动报酬增长和劳动生产率提高同步，基尼系数和城乡居民收入差距持续下降。

第一节　完善初次分配机制

完善市场评价要素贡献并按贡献分配的机制。健全科学的工资水平决定机制、正常增长机制和支付保障机制，完善最低工资增长机制。推行企业工资集体协商制度，推进国有企业负责人薪酬改革。完善适应机关事业单位工资特点的工资制度，健全高技能人才薪酬体系。注重收入分配政策激励作用，拓展知识、技术和管理要素参与分配途径。多渠道增加居民财产性收入。

第二节　健全再分配调节机制

实行有利于缩小收入差距的政策，明显增加低收入劳动者收入，扩大中等收入者比重。减轻中低收入者和小微企业税费负担，完善个人所得税和消费税制度。增加财政民生支出，公共资源出让收益更多用于民生保障，逐步提高国有资本收益上缴公共财政比例，提高居民转移性收入。健全针对困难群体的动态社会保障兜底机制。完善鼓励回馈社会、扶贫济困的税收政策，广泛动员社会力量开展慈善事业、社会救济互助、志愿服务活动。

第三节　规范收入分配秩序

保护合法收入，规范隐性收入，遏制以权力、行政垄断等非市场因素获取收入，取缔非法收入。严格规范工资外收入和非货币性福利。建立个人收入和财产登记信息系统，完善现代支付和收入监测体系。

第四章　建立更加公平更可持续的社会保障制度

坚持全民覆盖、保障适度、权责清晰、运行高效，增强制度的公平性和可持续性，稳步提高社会保障水平，实现人人享有基本社会保障。

第一节　完善社会保险制度

实施全民参保计划，基本实现法定人员全覆盖。适时适当降低社会保险费率。完善职工养老保险省级统筹，按照国家部署，实现职工基础养老金全国统筹。完善职工养老保险个人账户制度，健全多缴多得激励机制，建立基本养老金合理调整机制和最低缴费标准动态调整机制。制定弹性领取养老金政策，建立更加便捷的社会保险转移接续机制。落实渐进式延迟退休年龄政策。健全医疗保险稳定可持续筹资和报销比例调整机制，研究实行职工退休人员医保缴费参保政策。完善国有资本充实社保基金措施。全面实施城乡居民大病保险制度。改革医保支付方式，合理控制医疗费用。改进个人账户，开展门诊费用统筹。实现跨省异地安置退休人员住院医疗费用直接结算和省内异地就医即时结算。整合城乡居民医保政策和经办管理，鼓励商业保险机构参与医保经办。将生育保险合并到基本医疗保险，探索建立医疗生育住院津贴保险制度。更好发挥失业、工伤保险作用，增强费率确定的灵活性，优化调整适用范围。实施社会保障卡工程，持卡人口覆盖率达到90%。

第二节　健全社会救助体系

加强社会救助制度与其他社会保障制度、专项救助与低保救助的统筹衔接，构建综合救助工作格局。推进社会救助城乡统筹发展，丰富救助内容，合理提高救助标准，实现社会救助“一门受理、协同办理”。建立困难和低收入家庭经济状况核对机制，努力做到应助尽助、应退尽退。探索试行在居住地申请低保制度。积极推进支出型贫困家庭救助机制，健全重特大疾病救助和疾病应急救助制度。加强和改进对生活无着流浪乞讨人员救助管理。加强自然灾害救助。充分发挥红十字会人道救助主渠道作用，拓展社会救助方式，扩大社会参与范围。

第三节　建设多层次社会保障体系

大力发展职业年金、企业年金、商业养老保险，鼓励发展补充医疗保险和商业健康保险，满足人们多元化、多层次的养老医疗需求。统筹推进扶老、助残、救孤、济困等社会福利事业发展，建立针对老年群体、困境儿童和重度残疾人等特殊人群的补缺型福利制度。创新家庭发展福利政策，进一步增强家庭养老扶幼功能。加快公办福利机构改革，优化机构布局和资源共享。提高优抚安置军休保障服务水平。发展公益性基本殡葬服务，支持公共殡仪馆、公益性骨灰安放（葬）设施和墓地建设。

第四节　健全住房保障和供应体系

深化城镇住房制度改革，构建以政府为主提供基本保障，以市场为主满足多层次需求的住房供应体系。以解决城镇新居民住房问题为重点，建立健全购租并举的住房供应体系和制度。对具备购房能力的居民，支持其通过住房市场购买商品住房；对不具备购房能力的居民，支持其通过住房租赁市场租房居住；对符合条件的住房困难家庭，通过提供公共租赁住房或发放租赁补贴保障基本住房需求。将居住证持有人纳入城镇住房保障范围。统筹规划保障性住房、棚户区改造和配套设施建设，方便住户日常生活和出行。完善投资、信贷、土地、税费等支持政策。多元化实施公共租赁住房保障，多渠道筹集公共租赁房源。逐步实行实物保障与货币补贴并举，加大租赁补贴发放力度。健全保障性住房投资运营管理机制，完善准入和退出管理机制。

第五章　着力推进健康江西建设

实行医疗、医保、医药联动，建立健全覆盖城乡居民的基本医疗卫生制度，提高医疗卫生服务能力和水平，发展体育事业，努力满足人民群众健康需求。

第一节　全面深化医药卫生体制改革

全面推进公立医院综合改革，坚持公益属性，破除逐利机制，取消药品加成，完善服务收费和财政补助机制，建立健全符合医疗行业特点的人事薪酬管理制度和现代医院管理制度，落实公立医院独立法人地位。完善基本药物制度，健全药品供应保障机制，理顺药品价格。巩固完善基层医疗卫生机构综合改革。鼓励社会力量举办规模化、差异化的医疗机构，推进非营利性民营医院和公立医院同等待遇。加强医疗质量监管，完善纠纷调处机制，构建和谐医患关系。

第二节　提高公共卫生服务水平

调整完善基本公共卫生服务和重大公共卫生服务项

目，增加艾滋病防治等特殊药物免费供给，强化血吸虫病等重大传染病、慢性病、地方病的综合防治和职业病危害防治，通过多种方式降低大病慢性病医疗费用。建立健全全民电子健康档案，加强电子健康档案的规范使用和动态管理，提高流动人口、农村留守儿童和老年人公共卫生服务可及性。实施全民健康行动计划，提升健康素养。深入开展爱国卫生运动。推动遗体器官、造血干细胞捐献。

第三节　加强医疗卫生服务能力建设

优化医疗卫生机构布局，促进医疗资源向基层、农村流动。加强妇幼健康、儿科、公共卫生、精神疾病防治、院前急救、康复医疗等薄弱环节和急需领域能力建设，婴儿死亡率、5岁以下儿童死亡率、孕产妇死亡率分别降为8‰、10‰、0.18‰。加强专业公共卫生机构、基层医疗卫生机构和医院之间的分工协作，健全上下联动、衔接互补的医疗服务体系，完善基层医疗服务模式，全面建立分级诊疗制度。加强医疗卫生队伍建设，大力培养全科医生，健全住院医师规范化培训制度，改善医护人员从业环境，允许医师多点执业，推进家庭医生签约模式，每千人口执业（助理）医师数达到2名。全面实施临床路径管理。建设人口健康信息平台，发展远程医疗和智慧医疗。

第四节　推进中医药传承与发展

坚持中西医并重，加强中医药服务体系和服务能力建设，实施中医医院标准化建设工程。推广中医药适宜技术，创新中医药服务模式。支持中医药科研机构、科研基地和临床研究基地建设，加强中药资源保护、研究开发和合理利用。实施中药标准化行动计划，加快推动中药材种植绿色发展和中药产业转型升级。充分利用中国（樟树）药交会等平台，推动中医药服务"走出去"。

第五节　广泛开展全民健身运动

实施全民健身计划，提高城乡居民身体素质和健康水平。深入开展体育惠民活动，加强群众健身活动场所和设施建设，推动公共体育设施免费或低收费开放。培育青少年体育爱好和运动技能，实施青少年体育活动促进计划，建立健全青少年体育公共服务和竞技体育后备人才培养体系，推广普及足球、篮球、排球等运动项目。发展群众体育休闲项目，促进竞技体育健康发展。完善国民体质监测制度，定期发布国民体质监测报告。鼓励实行工间健身制度。加快发展体育产业。

第六章　切实保障妇女儿童等群体基本权益

坚持男女平等基本国策和儿童优先，加强妇女、儿童、青少年、残疾人等社会群体权益保护，保障其生存与发展权益，平等参与并更多分享发展成果。

第一节　保障妇女儿童发展权益

保障妇女平等获得就学、就业、婚姻财产和参与社会事务等权利，加强妇女卫生保健及生育服务、扶贫减贫、劳动保护、法律援助等工作。强化对儿童生存权、发展权、受保护权、参与权的依法保障和社会责任，完善儿童监护制度，构建儿童关爱社会网络，健全社区儿童保护与服务体系，使90%以上城乡社区建有儿童综合活动场所及设施。全面实施贫困地区儿童营养改善和新生儿疾病筛查项目。严厉打击拐卖妇女儿童、暴力侵害妇女、弃婴等违法行为。完善艾滋孤儿救助机制，将困境儿童纳入儿童福利保障制度。严格规范儿童收养制度。

第二节　促进青少年健康成长

积极构建学校、家庭、社会三位一体的青少年教育服务体系，营造良好的成长成才环境。强化社区对青少年课余托管、兴趣发展、文化生活等服务功能。加强学校及周边社会治安综合治理，严厉打击危害青少年身心健康的违法行为。加强青少年法制教育和心理健康引导，有效预防青少年违法犯罪。开展特殊青少年成长关爱行动。鼓励青少年更多参与志愿服务和社会公益活动。

第三节　加强残疾人保障服务

支持残疾人事业发展，建立健全残疾人基本福利制度，实现残疾人基本民生兜底保障。完善重度残疾人医疗报销制度。建立困难残疾人生活补贴和重度残疾人护理补贴制度。实施0－6岁残疾儿童免费康复、贫困残疾人基本型辅助器具适配等重点康复工程。优先保障残疾人基本住房。完善残疾人就业创业扶持政策，健全公共机构为残疾人提供就业岗位制度。建立健全残疾人康复矫正、托养、职业培训、文化、体育等基本公共服务平台，鼓励社会力量提供残疾人康复和托养服务。加强无障碍环境建设和维护。

第七章　积极应对人口老龄化

完善人口发展战略和生育政策，建立健全应对人口老龄化的综合政策和服务体系，促进人口长期均衡发展。

第一节　统筹做好人口和计划生育工作

坚持计划生育的基本国策，全面实施一对夫妇可生育两个孩子政策。改革完善计划生育服务管理，实行生育登记服务制度，取消两孩以内生育审批。加强生殖健康、妇幼保健、托幼等服务能力建设。做好相关经济社会政策与全面两孩政策的有效衔接，完善农村计划生育家庭奖励扶助和计划生育家庭特别扶助制度，注重家庭发展。推进优生优育全程服务，落实孕前优生健康检查，加大出生缺陷综合防治力度。加强出生人口性别比综合治理，出生人口性别比下降3个百分点。建立健全人口动态监测机制和预报预警机制。

第二节　加快推进养老服务体系建设

建立以居家为基础、社区为依托、机构为补充的多层次社会养老服务体系。统筹规划建设公益性养老服务设施，支持面向失能半失能老人的老年养护院、社区日间照料中心等设施建设。实施适老化无障碍设施改造工程，建设老年人宜居环境。推动医养融合发展，建立老年医疗、老年护理和养老服务相衔接的机制。实施老年人长期照护计划，逐步建立生活长期不能自理、经济困难老年人护理补贴和生活困难的老年人养老服务补贴制度，探索建立长期护理保险制度。加强专业化养老服务护理人员和管理人才队伍建设。全面放开养老服务市场，健全养老服务标准、行业规范和管理制度，加大民办养老机构扶持力度。重视解决失独家庭的养老保障问题。弘扬敬老、养老、助老社会风尚。

第十二篇 培育文化强省新优势

坚持社会主义先进文化前进方向，坚持把社会效益放在首位、社会效益和经济效益相统一，繁荣文化事业，壮大文化产业，扩大文化交流合作，全面提升文化创新力、竞争力和影响力。

第一章 提升公民文明素质和社会文明程度

坚持以德育人、以文化人，把社会主义核心价值体系贯穿于精神文明建设的各个方面，弘扬中华传统美德和时代新风，进一步增强公民思想道德素质和科学文化素质，全面提升公民道德文明素质。

第一节 培育和践行社会主义核心价值观

坚持用邓小平理论、“三个代表”重要思想、科学发展观和习近平总书记系列重要讲话精神武装全党、教育人民，用中国梦和社会主义核心价值观凝聚共识、汇聚力量。深入开展爱国主义、集体主义、社会主义教育，发展先进文化，支持健康有益文化，改造落后文化，抵制腐朽文化。实施哲学社会科学创新工程，建设江西特色新型智库。加强教育引导、舆论宣传、文化熏陶、行为实践和制度保障，使社会主义核心价值观内化为人们的坚定信念、外化为人们的自觉行动。

第二节 全面提高公民道德素质

坚持宣传引导、实践养成、示范带动相结合，深入实施公民道德建设工程，加强社会公德、职业道德、家庭美德、个人品德教育，引导人们明大德、守公德、严私德。继承和弘扬中华民族传统美德，激发人们形成向善的道德意愿和道德情感，培育正确的道德判断和道德责任。实行现代文明养成教育，切实加强未成年人思想道德建设和大学生思想政治教育。广泛开展道德模范评选表彰，积极培育“身边好人”，修订完善市民公约、村规民约、行业规范，推动爱国、敬业、诚信、友善等道德规范深入人心。

第三节 深化群众性精神文明创建活动

以教育人、培养人、发展人为核心内容，扎实推进群众性精神文明创建工作。广泛开展学雷锋志愿服务等活动，全面推进文明城市、文明村镇、文明单位和文明家庭等创建活动，引导群众在精神文明建设中自我表现、自我教育、自我服务。依托重要传统节日、重大礼仪活动和公益广告，深入开展“文明、礼仪、诚信”等专题宣传教育活动，充分发挥思想熏陶和文化教育功能。

第二章 推动文化繁荣发展

坚持以人民为中心的工作导向，加大公共文化产品供给，基本形成普遍均等、覆盖城乡的公共文化服务体系，以文化建设的丰硕成果满足人民群众多层次、多方面、多样化的精神文化需求。

第一节 完善公共文化服务体系

加大公共文化设施建设力度，实施省文化中心、省群众艺术馆、省美术馆等重大文化工程，全面改造提升市县公共文化设施服务水平。加快农村公共文化服务体系建设，推进乡镇综合文化站、社区文化中心建设，推动公共文化资源向基层、向农村倾斜。广泛开展广播电视全覆盖、农村电影放映、农家书屋、出版物发行网点和电影院延伸到乡镇等重大文化惠民工程，开展全民阅读主题活动，推进数字阅读平台建设。加强面向基层、面向群众的精神文化产品的创作生产，创新开展农村文化三项活动，深入推进公共文化服务机构免费开放。加强面向特定地域、特殊群体的文化关怀。

第二节 加快重点文化产业发展

以市场为导向、企业为主体，促进文化与科技、信息、旅游、金融、制造、体育等相融合，加快发展文化创意、新闻出版、广播影视、动漫展演等产业，提高文化产业规模化、集约化、专业化水平，文化产业增加值占全省地区生产总值比重达到5%。推动新闻出版业转型升级，做强做大国家和省级印刷包装产业基地，建设国家综合性数字出版产业聚集区。加快发展广播影视产业，繁荣原创舞台剧目，加快广播电视媒体和品牌建设。积极发展文化创意产业，利用工业厂房、仓储用房、传统院落、传统商业街和历史文化保护街区，建设文化创意产业集聚区。引导要素资源向重点题材、重点项目、重大活动聚焦，大力支持文学、影视剧、戏曲、音乐、美术等文艺创作，打造赣版图书、报刊精品和红色影视剧项目，不断推出一批思想性、艺术性、观赏性有机统一的文化精品力作。

第三节 发展积极向上的网络文化

增强网络文化供给能力，加大各级政府网站、知名商业网站和专业文化类网站建设力度，打造若干在全国有影响力的网络平台。依托优秀传统文化瑰宝和当代文化精品，加快建设网上图书馆、网上博物馆、网上展览馆、网上剧场等网络文化载体，构建公共文化信息服务体系。加强和改进网络文化建设和管理，实施网络内容建设工程，推动传统媒体和新兴媒体融合发展，加快媒体数字化建设，打造一批形态多样、手段先进、具有竞争力的新型主流媒体，弘扬主旋律，传播正能量。广泛开展文明网站创建，推动文明办网，引导文明上网。加强对社交网络和即时通信工具等的引导和管理，加大网上个人信息保护力度，维护公共利益和信息安全。

第四节 推动文化体制创新

创新文化宏观管理体制，引导社会力量有序参与公共文化服务，逐步实现政府部门由办文化为主向管文化为主转变。推进公益性文化事业单位改革，加快经营性文化单位转企改制，增强公益性文化单位在公共文化服务中的骨干作用。实施文化产业骨干企业培育工程，鼓励业务相近、资源相通的文化企业兼并重组，培育一批知名文化品牌、龙头企业和上市企业。扩大政府文化资助。加强版权保护。鼓励、支持、引导社会资本以独资或参股等形式兴办国家政策许可的各种文化经营企业，参与文化事业项目建设。

第三章 增强赣鄱文化影响力

充分挖掘和弘扬江西底蕴深厚、丰富多彩的红色文化、绿色文化和古色文化，统筹推进文化交流、文化传播、文化贸易，讲好江西故事，推动赣鄱文化走向全国、走向世界。

第一节 传承和弘扬赣鄱文化

加大文化遗产的固态保护、活态传承、业态提升，强化独特的地理精神标识，建设赣鄱人民共同的精神家园。大力弘扬以井冈山精神和苏区精神为代表的红色文化，充分挖掘红色革命资源，加强革命遗迹保护、开发和利用，传承并强化红色基因。培育发展以生态文明为主题的绿色文化，构建生态文明教育体系，开发体现江西自然山水、生态资源特色的绿色文化精品。深度挖掘具有江西特色的古色文化，加大南昌汉代海昏侯国遗址、景德镇御窑厂遗址等文化遗产保护力度，拓展传承利用途径，实现传统文化创造性转化和创新性发展。实施第二轮《江西省志》编纂工程。

第二节 加强文化交流与合作

积极开展多渠道、多形式、多层次的文化交流，创新对外宣传方式方法，开拓国际国内文化市场，增强文化互信和人文交融。发挥长江经济带地缘相近、人文相亲的独特优势，把握地域文化与经济社会发展的互动关系，全面推进人文交流与合作，进一步增强文化认同感和联系度。适应“一带一路”战略实施需要，立足陶瓷、茶叶、丝绸、夏布等文化元素，建设一批独具魅力的丝绸之路特色文化交流展示区，打造“江西文化丝路行”重要平台，建设西班牙马德里和葡萄牙里斯本中国文化中心、北美图书馆中文出版发行中心。发挥各类信息网络的文化传播作用，丰富赣鄱文化传播渠道和方式。

第十三篇 全面深化改革

以经济体制改革为重点，正确处理政府、市场、社会的关系，努力在重点领域和关键环节改革上取得决定性成果，为经济社会发展提供持久动力和制度保障。

第一章 激发市场主体活力

坚持公有制为主体、多种所有制经济共同发展，毫不动摇巩固和发展公有制经济，毫不动摇鼓励、支持、引导非公有制经济发展，推进产权保护法治化，充分调动各类市场主体积极性和创造性。

第一节 健全现代产权制度

依法合规界定产权归属，坚持“谁投资、谁所有”的原则确定企业财产权。全面完成农村承包经营土地、集体建设用地确权登记，完善集体经济组织成员资格认定办法和集体经济资产所有权实现形式。健全激励创新的知识产权归属制度。强化各类产权保护，完善农村集体资产处置决策程序，依法保障国有资本、私有财产权、自然资源资产和知识产权。健全产权交易制度，规范发展各类产权交易市场，推动产权有序流转、高效配置。

第二节 深化国有企业改革

实行分类发展、分类监管、分类定责、分类考核，推动国有企业完善现代企业制度，不断增强国有经济活力、控制力、影响力、创新力和抗风险能力。以管资本为主加强国有资产监管，实现经营性国有资产集中统一监管，建立覆盖全部国有企业、分级管理的国有资本经营预算管理制度，全面落实保值增值责任，防止国有资产流失。改组组建一批国有资本投资、运营公司。加快公有制经济之间股权多元化改革，推进国有企业发展混合所有制经济，鼓励非国有资本投资主体通过多种方式参与国有企业改制重组，鼓励国有资本以多种方式入股非国有企业，探索实行混合所有制企业员工持股。推进国有资本布局战略性调整，提高国有资本配置和运行效率。加强和改进党对国有企业的领导。建立国有企业职业经理人制度，完善差异化薪酬制度。

第三节 大力发展非公有制经济

坚持内商外商一视同仁、国企民企平等竞争、大企小企同等对待，依法保护各种所有制经济利益，进一步破除各种形式的隐性壁垒，放手、放心、放权鼓励支持非公有制经济发展。支持非公有制企业参与政府购买公共服务，引导进入特许经营领域。加大对非公有制企业的金融、科技、人才等支持和服务，鼓励非公有制企业建立健全现代企业制度。开展降低实体经济企业成本行动，清理和规范涉企行政事业性收费，减轻企业负担。激发企业家精神，依法保护企业家财产和创新收益。

第四节 有效发挥市场中介作用

加快推进中介组织与行业主管部门或挂靠部门脱钩，健全法人治理结构。加大政府向市场中介组织购买服务，把部分公共服务和市场监管事项交由市场中介承担，不断扩大市场中介组织的业务范围。加强市场中介的监督管理，规范发展市场中介组织。

第二章 加快完善现代市场体系

建立公平开放透明的市场规则，大力推进要素市场建设，加快形成统一开放、竞争有序的现代市场体系。

第一节 维护市场竞争秩序

全面实行统一的市场准入和市场监管制度，清理和废除妨碍统一市场和公平竞争的规定和做法。实施公平竞争审查制度，充分发挥竞争性政策作用。严格产品质量、安全生产、能源消耗、环境损害的强制性标准，健全市场价格行为规则。健全市场化退出机制。制定科学有效的市场监管规则、流程和标准，健全监管责任制和社会化监管机制，加强互联网交易监管。

第二节 健全社会信用体系

强化全社会规则意识、契约精神，全面建设信用江西。健全信用信息管理制度，全面实施统一社会信用代码制度，依法推进信用信息在采集、共享、使用、公开等环节的分类管理，加强涉及个人隐私和商业秘密的信用信息保护。强化信用信息共建共享，加快完善各类市场主体和社会成员信用记录，建设和完善全省统一的信用信息共享交换平台，完善中小企业和农村信用体系，依法推进全社会信用信息资源开放共享。完善诚信褒奖和失信行为惩戒机制，建立跨地区、跨部门、跨行业联动响应和联动惩戒机制，建立失信黑名单制度、市场退出机制。加强信用服务市场监管，培育规范信用服务市场。

第三节 建设城乡统一的用地市场

在符合规划、用途管制和依法取得前提下，推进农村集体经营性建设用地与国有建设用地同等入市、同权同价。缩小征地范围，规范征收程序，完善被征地农民权益保障机制。积极开展宅基地融资抵押、适度流转、有偿退出等试点，逐步建立依法公平取得、节约集约利用、自愿有偿退出的农村宅基地制度。完善工业用地市场化配置制度。进一步扩大市场配置新增建设用地范围，大力发展和规范完善租赁、转让、抵押市场，鼓励支持盘活存量建设用地。

第四节 完善统一开放的人力资源市场

破除歧视、消除障碍，实行平等的就业准入和同工同酬制度，健全统筹城乡、区域的人力资源市场体系，促进人力资源合理流动和有效配置。健全统一的人力资源市场监管体系，构建跨地区劳动监察联合执法机制，推进人力资源市场诚信体系建设和标准化建设。全面实行国有企业事业单位公开招聘制度。规范发展人才招聘、人才推荐、人员培训、劳务派遣、人力资源外包等人力资源服务，推进人力资源服务业加快发展。建立健全党政机关、企业事业单位和社会各方面之间人才流动的制度体系。

第五节 构建现代高效的金融体系

推动地方法人金融机构改革转型，加快发展中小型银行等金融机构，做大做强江西银行、金融控股集团。引导民间资本进入银行业，发展一批民间资本控股的商业银行，降低准入门槛，实现民营银行设立常态化。推动民间融资阳光化，规范小额贷款，推进融资担保机构转型发展。努力扩大信贷规模，不断优化信贷结构，进一步加强信贷对实体经济的支持。加强多层次资本市场体系建设，大力发展区域性股权市场，提高直接融资比重，积极鼓励和引导企业上市或挂牌并开展股权融资，稳步扩大债券市场规模，着力发展期货市场。做大保险市场，大力推进“险资入赣”。发展普惠金融，着力加强对中小微企业、农村特别是贫困地区金融服务。加大金融创新，丰富金融市场层次和产品，提高金融机构管理水平和服务质量，降低企业融资成本。创新发展互联网金融、绿色金融等新型金融市场。优化金融发展环境，防范系统性、区域性金融风险。规范金融机构行为，维护金融消费者合法权益。

第六节 发展开放共享的技术市场

加快各类技术交易平台建设，发展多层次的实体技术交易体系，健全全省统一的网上技术交易平台，构建全省开放共享的技术市场体系。实施技术中介服务机构培育工程，大力发展技术认定、咨询、估价等中介服务，发展适应技术交易需求的科技服务新业态，形成服务完善、高效配置的新型技术交易中介服务体系。支持有条件的高等院校、科研院所和企业设立技术转移机构，鼓励企业积极承接转化科技成果。健全科技成果转移转化部门协同促进机制，完善促进科技成果转移转化政策保障机制，建立健全科技成果转化后补助机制。健全知识产权运用体系和技术转移机制。

第三章 进一步转变政府职能

深化行政管理体制改革，创新行政管理方式，协同推进简政放权、放管结合、优化服务，提高政府效能。

第一节 健全省级经济调控体系

完善省级经济调控目标体系，保持总体经济稳定运行，促进重大经济结构和生产力布局优化，实现经济持续健康发展。加强投资、消费、财税、价格、金融、产业、土地等政策手段协调配合，进一步强化发展战略和规划的导向作用，增强调控的前瞻性、针对性和协同性。运用统计云、大数据技术，提高经济运行信息及时性和准确性。建立风险识别和预警机制，健全经济形势分析研判机制，强化重大问题研究和政策储备，构建有效的宏观调控政策执行体系。建立健全政策预评估和政策后评价机制，注重实施预调微调。建立健全与调控目标相衔接的发展成果考核评价体系。

第二节 深化行政审批制度改革

进一步简政放权，对于市场机制能够自行调节的一律取消，对于社会组织能够自律管理的一律转移，对于市县政府能够更方便有效管理的一律下放。对行政审批事项实行目录管理制度，做到标准明确、程序严密、运作透明、制约有效、权责分明。深入推进“三单一网”①建设，提高行政效能。增强依法履职能力，强化各级政府制定和实施发展战略、规划、政策、标准和提供各类公共服务的职责。加强事中事后监管，健全跨部门、跨地区的协作联动机制，推广随机抽查监管,积极运用信息化手段推进智能监管,强化社会监督,提高监管效能。

第三节 推进投融资体制改革

改革企业投资核准制和备案制,最大限度地缩小企业投资的核准范围,更好落实企业投资自主权。最大程度精简前置审批,只保留规划选址、用地预审两项前置条件,其他审批事项实行并联办理。进一步放宽基础设施、公用事业等领域的市场准入限制,推广政府和社会资本合作模式,鼓励社会资本参与投资建设运营。改进财政资金的投资模式,通过设立创业投资引导基金、产业投资基金等方式,撬动引导更多社会资本参与重点领域投资建设。进一步规范政府投资,加强政府投资分类管理和项目监管,推进政府投资项目代建制。

第四节 加快财税体制改革

实施全面规范公开透明的预算制度,实施跨年度预算平衡机制和中期财政规划管理,建立权责发生制的政府综合财务报告制度、规范合理的地方政府债务管理及风险预警机制。进一步理顺省以下收入划分,建立省市县事权与支出责任相适应的制度。完善转移支付资金科学合理分配机制,提高一般性转移支付比重,进一步加大对贫困地区、限制类主体功能区的转移支付。积极推进税制改革,全面完成营改增,着力培育地方主体税种,构建地方税费体系。深入推进综合治税,依法清理规范税收优惠政策,构建税收保障长效机制。

第五节 完善市场决定价格机制

减少政府对价格形成的干预,全面放开竞争性领域商品和服务价格,有序放开电力、天然气、交通运输、电信服务等领域的竞争性环节价格,理顺药品和医疗服务价格,完善水价形成机制,完善促进节能减排的价格体系。完善居民阶梯价格和物价补贴联动机制。建立健全公用事业和公益性服务政府投入与价格调整相协调机制。规范定价程序,加强成本监审,推进成本公开。

第十四篇 全面依法治省

着眼于维护最广大人民的根本利益,发展更加广泛、更加充分、更加健全的人民民主,发挥法治在社会治理中的重要作用,最大限度增加和谐因素,不断增强社会发展活力。

第一章 建设法治江西

弘扬社会主义法治精神,坚持运用法治思维和法治方式推动发展,努力营造公平公正的法治环境。

第一节 加强地方立法

完善立法体制机制,发挥人大及其常委会在立法中的主导作用,依法赋予设区市地方立法权。适应改革发展和民生需要,加强经济、文化、公共服务、社会治理、生态环境等重点领域立法。着力提高立法质量,切实提高立法精准性、针对性和可执行性,增强地方立法的系统性和配套性。推进科学立法、民主立法,健全立法机关主导、社会各方参与立法的途径。坚持立改废释并举,促进法律体系内在和谐统一。

第二节 深入推进依法行政

依法设定权力、行使权力、制约权力、监督权力,依法调控和治理经济,全面推进政务公开,实现政府活动全面纳入法治轨道。完善重大决策法定程序,进一步落实重大决策终身责任追究制度和责任倒查制度。积极推行政府法律顾问制度。改革行政执法体制,推进执法重心向市县两级政府下移。健全行政执法与刑事司法衔接机制。完善行政执法程序,建立执法全过程记录制度和行政执法权限协调机制。严格执行重大行政执法决定法制审核制度。加强行政执法监督,建立健全投诉举报、情况通报等制度。全面落实行政执法责任制,加强行政执法保障。

第三节 提高司法公信力

深化司法体制改革,完善对权利的司法保障、对权力的司法监督,着力解决影响司法公正和制约司法能力的深层次问题。建立领导干部违法干预司法活动的预防和惩处机制,健全行政机关负责人出庭应诉、尊重并执行法院生效裁判的制度。进一步推动司法公开,防止枉法裁判,健全错案防止、纠正和责任追究机制,建立办案质量终身负责制。建立健全司法人员履行法定职责保护机制。推进覆盖城乡居民的公共法律服务体系建设,完善法律援助制度,健全司法救助体系。

第四节 增强全民法治观念

增强全社会特别是公职人员尊法学法守法用法观念,在全社会形成良好法治氛围和法治习惯。把法治教育纳入国民教育体系,落实"谁执法、谁普法"责任制。健全领导干部带头学法守法、依法办事制度。深入开展法治宣传教育活动,引导全民自觉守法、遇事找法、解决问题靠法。加强法治文化建设。

第二章 创新社会治理

深入推进平安江西建设,促进多层次、多领域依法治理,提高社会治理法治化水平,确保全省人民安居乐业、社会安定有序。

第一节 构建社会治理新格局

完善党委领导、政府主导、社会协同、公众参与、法治保障的社会治理体制,实现政府治理和社会调节、居民自治良性互动。提升政府治理能力和水平,充分运用现代技术改进社会治理手段,推进社会治理精细化,完善政府社会治理考核问责机制。增强社区服务功能,健全城乡社区综合服务管理平台,实现一站式服务,推进社区工作者队伍职业化,城市和农村社区综合服务设施覆盖率分别达到100%和50%,注册志愿者人数占居民人口比例达到13%。发挥社会组织作用,改革社会组织管理制度,推动社会组织承接政府转移职能。完善公众参与机制,对关系公众切身利益的重大决策,广泛征求公众意见建议,加强公众监督评估。健全军民融合发展的组织管理体系、工作运行体系、政策制度体系,扎实开展"双拥"活动。切实提高宗教事务管理水平。

第二节　预防化解社会矛盾

健全重大决策社会稳定风险评估机制,从源头上预防社会稳定风险。完善社会矛盾排查预警和多元化解决机制,建立畅通有序的诉求表达、心理干预、矛盾调处、权益保障机制。全面推行阳光信访,落实及时就地化解责任,建立诉讼与信访分离和涉法涉诉信访依法终结制度。改革行政复议体制,健全行政复议案件审理机制,加强行政复议与行政审判衔接。完善人民调解、行政调解、司法调解联动工作体系。健全社会心理服务体系,加强对特殊人群的心理疏导和矫治。

第三节　健全公共安全体系

牢固树立安全发展观念,加强全民安全意识教育,编织全方位、立体化的公共安全网。完善社会综合治理体制机制,以信息化为支撑加快建设立体化社会治安防控体系,严密防范、依法惩治违法犯罪活动。完善和落实安全生产责任和管理制度,实行党政同责、一岗双责、失职追责,改革安全评审制度,加强执法监管。加强安全生产基础能力建设,深入实施危险化学品和化工企业生产、仓储安全环保搬迁工程,遏制重特大安全事故,千名就业人员生产安全事故率下降19%。职业病危害得到进一步控制。实施食品安全战略,健全严密高效、社会共治的食品药品质量安全治理体系,加大农村食品药品治理力度,保障饮食用药安全。全面提高抵御气象、水文、地震、地质等自然灾害的综合防范和应急救护救援能力。强化应急管理基础能力建设,提高重特大突发事件处置能力,基本建成统一指挥、功能完善、保障有力、运转高效的全省突发事件应急体系。

第三章　发展社会主义民主政治

坚持和完善人民代表大会制度,推进协商民主广泛多层制度化发展,发展基层民主,保证人民依法实行民主选举、民主决策、民主管理、民主监督。

第一节　加强协商民主制度建设

构建程序合理、环节完整的协商民主体系,拓宽国家政权机关、政协组织、党派团体、基层组织、群团组织、社会组织的协商渠道。更好发挥人民政协作为协商民主重要渠道作用,推进政治协商、民主监督、参政议政制度化、规范化、程序化。深入开展立法协商、行政协商、民主协商、参政协商、社会协商。加强经济社会发展重大问题和涉及群众切身利益问题的协商。促进网络协商民主健康发展。充分发挥民主党派、工商联、无党派人士作用,切实做好民族、宗教、侨务和港澳台工作。

第二节　积极发展基层民主

完善基层民主制度,畅通民主渠道,健全基层选举、议事、公开、述职、问责等机制。完善群众在城乡社区治理、基层公共事务和公益事业中的自治机制,提高自治能力。加强自治组织规范化建设。健全以职工代表大会为基本形式的企事业单位民主管理制度,保障职工参与管理和监督的民主权利。

第十五篇　强化规划实施保障

全面建成小康社会,关键在党、关键在人、关键在实干,要强化党的领导核心作用,切实履行政府职责,举全省之力、集全民之智,确保实现未来五年发展的宏伟蓝图。

第一章　发挥党的领导核心作用

充分发挥党总揽全局、协调各方的核心作用,加强制度化建设,改进工作体制机制和方式方法,提高依法做好经济社会发展工作的能力和水平。

第一节　完善党领导经济工作体制机制

强化全委会决策和监督作用,完善党委研究经济社会发展战略、定期分析经济形势、研究重大方针政策的工作机制,健全决策咨询机制。注重培养选拔政治强、懂专业、善治理、敢担当的领导干部,推进干部培训改革创新,提高把握发展规律、领导经济社会发展的专业化水平。深入推进"连心、强基、模范"工程,强化基层党组织整体功能,发挥战斗堡垒作用和党员先锋模范作用,团结带领广大群众积极投身到全面建成小康社会的伟大事业中。

第二节　建设风清气正的政治生态

着力推进作风建设,建设廉洁政治,努力实现干部清正、政府清廉、政治清明。坚持全面从严治党,落实"三严三实"要求,落实党风廉政建设主体责任和监督责任,巩固反腐败成果,构建不敢腐、不能腐、不想腐的有效机制。坚持正确用人导向,深化干部人事制度改革,改进领导干部政绩考核评价和奖惩机制,支持和保护作风正派、敢作敢为、锐意进取的干部,充分激发各级干部的积极性、主动性和创造性。大力弘扬井冈山精神和苏区精神,始终保持艰苦奋斗、求真务实、清正廉洁的优良作风。

第二章　努力形成规划实施合力

强化规划对经济社会发展的统领作用,充分发挥市场机制的决定性作用和更好发挥政府作用,健全规划实施机制,凝聚各方面力量推动规划顺利实施。

第一节 健全规划实施机制

健全以总体规划为统领，专项规划、市县规划、区域规划等为支撑的发展规划体系。加强各级各类规划与总体规划的衔接协调，形成规划工作合力。年度计划要与总体规划衔接并予以滚动落实。

本规划确定的约束性指标以及重大工程、重大项目、重大政策和重要改革任务，要明确责任主体、实施进度要求，并纳入各地各部门经济社会发展综合评价和绩效考核体系，确保如期完成。强化重大工程项目支撑作用，对纳入本规划的重大工程项目，要简化审批核准程序，优先保障规划选址、土地供应和融资安排。

加强规划实施情况动态监测，及时发现规划实施中存在的问题。开展规划实施中期评估和末期全面评估，并提请全省人民代表大会常务委员会审议，把监测评估结果作为改进政府工作和绩效考核的重要依据。根据形势变化和发展需要，适时对规划进行修订调整，由省政府提出方案报全省人民代表大会常务委员会批准。发挥审计机关推动规划落实的作用。

第二节 强化财力保障

按照公共财政服从和服务于公共政策的原则，加强财政预算与规划实施的衔接协调，强化公共财政对规划实施的保障作用。中期财政规划和年度预算要结合本规划提出的目标任务和财力可能，合理安排支出规模和结构，充分考虑本规划实施需要。年度预算安排要优先考虑本规划实施的年度需要。加快政府投资地方立法，建立与规划实施相匹配的政府投资规模形成机制。建立健全“先规划后项目、先项目后预算”的项目预算编制机制。

第三节 动员全社会力量参与

本规划提出的预期性指标和产业发展、结构调整等任务，主要依靠市场主体的自主行为实现。要激发全省人民参与规划实施、建设美好家园的主人翁意识，充分发挥各级政府、社会各界参与规划实施的积极性、主动性和创造性，尊重基层首创精神，最大限度地汇聚人民群众的力量和智慧，形成群策群力、共建共享的生动局面。

全省上下要更加紧密地团结在以习近平同志为总书记的党中央周围，高举中国特色社会主义伟大旗帜，在中共江西省委的正确领导下，进一步解放思想、改革创新、坚定信心、攻坚克难，为全面实现“十三五”规划宏伟蓝图、共同谱写赣鄱人民幸福美好生活新篇章而努力奋斗！

江西省人民政府印发关于进一步降低企业成本优化发展环境若干政策措施的通知

2016 年 11 月 4 日

各市、县(区)人民政府，省政府各部门：

现将《关于进一步降低企业成本优化发展环境的若干政策措施》印发给你们，请认真贯彻执行。

关于进一步降低企业成本优化发展环境的若干政策措施

为认真贯彻落实《国务院关于印发降低实体经济企业成本工作方案的通知》(国发〔2016〕48 号)精神，精准、深入推进全省降低企业成本优化发展环境专项行动，进一步营造主动扶企降成本、共推改革促发展的良好氛围，在《中共江西省委江西省人民政府关于开展降低企业成本优化发展环境专项行动的通知》(赣字〔2016〕22 号)已明确 80 条政策措施的基础上，提出以下 20 条政策措施。

1. 企业在生产经营活动中发生的合理的不需要资本化的借款费用，准予在计算企业所得税时扣除。非金融企业向金融企业借款的利息支出、金融企业的各项存款利息支出和同业拆借利息支出、企业经批准发行债券的利息支出，准予在计算企业所得税时扣除。非金融企业向非金融企业借款的利息支出，不超过按照金融企业同期同类贷款利率计算的数额的部分，准予在计算企业所得税时扣除。(责任单位：省国税局、省地税局、省财政厅)

2. 对企业利用工业生产过程中产生余热、余压发电且符合税法规定条件的，可享受增值税 100% 即征即退政策。对企业工业生产过程中余热、余压发电取得的收入且符合税法规定的，可按规定减按 90% 计入收入总额计算缴纳企业所得税。(责任单位：省国税局、省地税局、省财政厅)

3. 纳税人开采或者生产矿产品过程中，因意外事故或者自然灾害等原因遭受重大损失的，经县级以上人民政府批准的，可减免相关资源税。对经所在地县级煤炭行业管理部门认定的衰竭期煤矿开采的煤炭，资源税减征 30%。2017 年 12 月 31 日前，对小微企业与金融机构签订的借款合同免征印花税。(责任单位：省地税局、省财政厅)

4. 对因严重自然灾害或其他意外因素等不可抗力遭受重大损失，或属于国家及省级重点建设项目，或从事国家

公益事业及公共服务，纳税确有困难符合减免条件的，可申请核准减免房产税、城镇土地使用税。（责任单位：省地税局、省财政厅）

5. 将国内植物检疫费、社会公用计量标准证书费等18项行政事业性收费的免征范围从小微企业扩大到所有企业个人。取消机动车安全技术检验机构检验人员考试收费。将免征教育费附加、地方教育附加、水利建设基金的范围，由月销售额或营业额不超过3万元的缴纳义务人，扩大到月销售额或营业额不超过10万元的缴纳义务人。将新菜地开发建设基金、育林基金征收标准降低为零，停征价格调节基金，整合归并水库移民扶持基金等7项政府性基金。（责任单位：省财政厅、省发改委、省地税局、省交通运输厅、省直有关部门）

6. 推广"无间贷款""连连贷"等业务模式，支持扩大无还本续贷政策适用主体范围，持续提高续贷比例。提高江西省中小微企业政策性担保机构融资担保能力，加大对中小微企业的金融支持力度。（责任单位：省政府金融办、江西银监局、省财政厅）

7. 扩大抵（质）押资产范围，支持银行业金融机构开展存货、应收账款、知识产权（专利商标）、著作权等质押业务，提高固定资产抵押贷款折扣比例。支持企业利用抵押物剩余价值进行顺位抵押，有效盘活企业固定资产。试点并推广个体工商户信用贷款。（责任单位：省政府金融办、江西银监局、省工商局）

8. 投资额30万元（含）以下或建筑面积300平方米（含）以下的建设工程，可不实行消防设计和竣工验收备案。建筑面积在1000平方米（含）以下的办公场所装修工程，可不提交消防设计单位资质证明文件，消防设计文件可采用能真实反映建设工程情形的示意图。建设单位和使用单位一致、具备申报条件的公众聚集场所，可申请实行建设工程消防验收和公众聚集场所投入使用营业前消防安全检查合并办理。（责任单位：省公安厅、省住房城乡建设厅）

9. 鼓励支持各地探索开展投资项目相关报建手续区域性统一评价，对已经整体规划、主导产业明确、功能定位清晰的工业园区（开发区）、产业聚集区或功能区，由政府委托统一进行环境影响、水土保持、矿床压覆、文化保护、地质灾害危险性、地震安全性、气候可行性等评价评估，入驻区域的符合整体规划、主导产业、功能定位的投资项目可不再单独进行评价或简化评价手续。（市县人民政府负责，省直有关部门指导）

10. 阶段性适当降低住房公积金缴存比例。生产经营困难企业除可降低缴存比例外，还可以依法申请缓缴住房公积金，待效益好转后再提高缴存比例，或恢复缴存并补缴原先缓缴的住房公积金。（责任单位：省住房城乡建设厅）

11. 对各类企业（单位）招用就业困难人员，与之签订劳动合同并缴纳社会保险费的，可从就业资金中，按企业（单位）为就业困难人员实际缴纳的基本养老保险费、基本医疗保险费和失业保险费给予补贴。将现有工业园区企业定向培训补贴范围扩大到所有符合产业政策的企业。（责任单位：省人社厅）

12. 简化采矿权审批程序，提高审批效率，减轻矿山企业负担，合并矿山矿产资源开发利用方案、地质环境保护与治理恢复方案及土地复垦方案的编制及审查工作。（责任单位：省国土资源厅）

13. 完善两部制电价用户基本电价执行方式，放宽基本电价计费方式变更周期，基本电价按变压器容量或最大需量计费，由用户选择；放宽减容（暂停）期限限制，减容（暂停）设备自设备加封之日起，减容（暂停）部分免收基本电费。在全省范围内选择符合条件且积极性较高的区域，开展售电侧改革和增量配网投资项目试点，并逐步推广到全省。（责任单位：省发改委、省电力公司）

14. 简化企业用户电力增容、减容、暂停、变更等办理手续，缩短办理时限。开展大用户优化用电服务，免费为企业提供优化用电建议书，合理配置变压器容量。（责任单位：省电力公司）

15. 在赣南等原中央苏区实施的"进出境检验检疫监管区"建设试点，扩大到赣江新区，探索检验检疫集装箱监管新模式。检验检疫机构对部分进出口工业产品，采信符合资质的第三方检验机构的检测结果。探索建立高风险项目严密监管和低风险产品快速放行相结合的检验检疫监管机制。（责任单位：江西出入境检验检疫局）

16. 直接受理国家质检总局授权的正面清单以内的动植物产品，以及进入综合保税区、海关特殊监管区存放、加工的所有进境非食用动植物产品的进境检疫审批，审批时限由15个工作日缩短为7个工作日。（责任单位：江西出入境检验检疫局）

17. 降低出口商品海关查验率，在2015年降低出口查验率的基础上再次下调1个百分点，出口查验率为2%。扩大我省免除查验没有问题外贸企业吊装、移位、仓储费用试点范围。（责任单位：南昌海关、省商务厅、省财政厅）

18. 开展"互联网+便捷退税"创新试点，优化出口企业分类管理，重新核定出口企业分类；缩短规范出口退（免）税时限，对一类出口企业5个工作日内、二类出口企业10个工作日内、三类出口企业15个工作日内办结出口退（免）税手续。（责任单位：省国税局）

19. 健全企业守信联合激励和失信联合惩罚制度，对获得县级以上"守合同重信用"公示资格的企业，在政府采购、工程招投标、投融资、土地出让、荣誉授予、行政许可、资质审核等方面，同等条件下予以优先；限制相关失信主体参与政府采购活动。（责任单位：省工商局、省发改委、省财政厅、省住房城乡建设厅、省国土资源厅）

20. 推行设立工商业务"自助服务区"试点，实行网上名称申报、网上注册、企业年报、信息公示、商标申请、创业咨询等自助服务。（责任单位：省工商局）

本栏编辑　詹跃华

统 计 资 料

国民经济和社会发展主要指标与发展速度

指　标	2016 年	2016 年比 2015 年增长(%)
人口(万人)		
年末总人口	4592.26	0.6
男性人口	2356.02	0.5
女性人口	2236.24	0.6
城镇人口	2438.49	3.5
乡村人口	2153.77	-2.5
就业(万人)		
年末社会就业人数	2637.6	0.8
职工人数	431.8	-1.9
年末城镇登记失业人数	31.33	4.6
地区生产总值(亿元)	18499.00	9.0
第一产业	1904.53	4.2
第二产业	8829.54	8.5
第三产业	7764.93	11.1
人均生产总值(元)	40400	8.4
固定资产投资(亿元)		
全社会固定资产投资总额	19694.21	13.3
房地产开发投资	1770.94	16.5
新增固定资产	10922.11	-11.6
财政(亿元)		
财政总收入	3123.02	3.4
公共财政预算收入	2151.47	-0.6
公共财政预算支出	4617.40	4.6
能源生产与消费(万吨标准煤)		
能源生产总量	2000.89	-15.1
能源消费总量	8747.18	3.6
价格指数(上年=100)		
居民消费价格指数	102.0	2.0
商品零售价格指数	100.6	0.6
工业生产者出厂价格指数	98.6	-1.4
工业生产者购进价格指数	97.7	-2.3
固定资产投资价格指数	100	0
人民生活		
城镇非私营单位职工平均工资(元)	56136	10.2
城镇居民人均可支配收入(元)	28673.28	8.2
农村居民人均可支配收入(元)	12137.72	9.0
人民币住户存款年末余额(亿元)	13980.95	12.8
城镇居民人均住宅建筑面积(平方米)	42.40	2.2

注:1. 地区生产总值、农业总产值、工业增加值的发展速度均按可比价格计算。

2. 固定资产投资项目统计起点为计划投资 500 万元及以上。

续表1

指　标	2016年	2016年比2015年增长(%)
农村居民人均住宅建筑面积(平方米)	54.20	4.6
城市建设、环境保护		
人工煤气供气量(万立方米)	19362	-22.9
液化石油气供气量(吨)	242942	6.1
道路长度(千米)	8977	9.7
排水管道长度(千米)	13326	11.2
公共车辆(汽、电车)运营数(辆)	10813	4.1
绿化覆盖面积(公顷)	61259	4.7
一般工业固体废物综合利用量(万吨)	4909.48	-14.6
一般工业固体废物综合利用率(%)	38.69	
农业		
农业总产值(亿元)	3130.29	4.1
主要农产品产量		
粮食(万吨)	2138.1	-0.5
棉花(万吨)	7.33	-36.4
油料折油(万吨)	45.55	-4.2
油料(万吨)	122.20	-1.4
黄红麻(万吨)	0.06	-2.9
烟叶(万吨)	6.41	17.4
茶叶(吨)	57528	10.9
蚕茧(吨)	6737	-5.6
甘蔗(万吨)	65.75	-0.1
水果(万吨)	405.37	-10.0
肉类总产量(万吨)	351.62	-0.97
水产品(万吨)	271.61	2.8
生猪年末存栏(万头)	1814.28	63.9
生猪当年出栏(万头)	3103.10	-4.3
工业		
主要工业产品产量		
化学纤维(万吨)	45.82	-2.3
布(混合数)(万米)	134572	2.0
机制纸及纸板(万吨)	200.34	10.9
卷烟(万箱)	129.22	-4.7
原煤产量(万吨)	1432.09	-31.5
原油加工量(万吨)	725.01	30.5
发电量(亿千瓦时)	922.89	9.4
粗钢 (万吨)	2241.53	1.8
钢材 (万吨)	2584.99	0.3
水泥(万吨)	9513.03	0.3
汽车(万辆)	53.74	27.4
照相机(万架)	126.76	-62.4
化学肥料(折合100%)(万吨)	148.18	5.2
化学农药(原药)(吨)	55743	9.6
规模以上工业企业主要指标(亿元)		
工业增加值	7803.55	9.0
资产总计	21432.66	13.0
主营业务收入	35518.65	9.4
建筑业(资级企业)		
建筑业企业人数(万人)	152.64	7.3

注:1. 工业产品产量为规模以上产量。

2. 公路通车里程包括村道。

续表 2

指　标	2016 年	2016 年比 2015 年增长(%)
建筑业总产值(亿元)	5183.00	12.6
施工房屋面积(万平方米)	28446.16	-1.6
竣工房屋面积(万平方米)	14835.79	4.1
交通运输业		
铁路营业里程(千米)	3909	0
公路通车里程(千米)	161909	3.4
货物周转量(亿吨千米)	3897.55	3.8
铁路(亿吨千米)	514.78	3.6
公路(亿吨千米)	3147.50	4.1
水运(亿吨千米)	235.28	0.7
旅客周转量(亿人千米)	970.64	1.8
铁路(亿人千米)	687.99	2.9
公路(亿人千米)	282.31	-0.9
水运(亿人千米)	0.34	-1.9
邮电通信业		
邮电业务总量(亿元)	486.82	-21.4
函件(万件)	3244	-10.7
移动电话用户(万户)	3140.7	2.8
固定电话用户(万户)	517.5	-9.0
城市	337.4	-7.3
农村	180.1	-12.0
计算机互联网用户(万户)	822.5	86.1
内外贸易和旅游		
社会消费品零售总额(亿元)	6634.63	12.0
海关进出口总额(万美元)	4002841	-5.6
出口额	2979840	-10.0
进口额	1023001	10.2
外商直接投资合同金额(万美元)	748776	1.6
外商直接投资实际使用金额(万美元)	1044056	10.2
旅游总收入(亿元)	4993.29	37.3
涉外旅游人数(人次)	1648342	6.2
涉外旅游收汇(万美元)	58454	3.1
金融业(亿元)		
金融机构人民币存款余额	28893.11	16.6
金融机构人民币贷款余额	21721.77	18.4
教育、文化、卫生		
高等学校在校学生数(人)	1038951	5.5
中等专业学校在校学生数(人)	219960	-11.9
普通中学在校学生数(万人)	274.57	2.0
小学在校学生数(万人)	422.76	0.1
学龄儿童入学率(%)	99.68	-0.2
报纸出版数量(万份)	107365	-6.0
期刊出版数量(万册)	7291	-2.5
图书出版数量(万册)	21423	11.7
卫生机构数(个)	7879	0.2
卫生技术人员(人)	220979	4.8
医生	79183	3.1
病床数(张)	209085	5.7

注:1. 邮电业务总量按 2000 年不变价格计算。

2. 卫生机构数包括个体机构。

国民经济主要比例关系

单位:%

指　标	2015 年	2016 年
地区生产总值		
第一产业	10.5	10.3
第二产业	50.6	47.7
工业	41.7	39.0
建筑业	8.9	8.7
第三产业	38.9	42.0
交通运输邮电业	4.4	4.3
批零贸易和住宿餐饮业	9.4	9.1
金融业	5.3	5.7
全省总人口		
城镇人口	51.3	51.3
乡村人口	48.7	48.7
社会就业人员		
第一产业	30.0	29.3
第二产业	32.5	32.4
第三产业	37.5	38.3
农业总产值		
农业	46.4	46.2
林业	10.3	10.4
牧业	25.2	25.2
渔业	14.7	14.7
服务业	3.5	3.6
规模以上工业增加值		
轻工业	37.6	38.0
重工业	62.4	62.0
全社会固定资产投资		
第一产业	2.7	2.5
第二产业	52.0	52.4
第三产业	45.3	45.1
财政支出		
文教科学卫生	30.3	31.2
科学	1.7	1.8
教育	18.0	18.4

主要指标每人年平均水平

指　标	2015 年	2016 年
地区生产总值(元)	36968	40400
第一产业	3883	4159
第二产业	18632	19283
第三产业	15361	15766
财政总收入(元)	6618	6820
年末居民住户存款余额(元)	27137	30533
主要农产品产量(千克)		
粮食	470.62	466.94
棉花	2.52	1.60
油料折油	10.42	9.95
甘蔗	14.42	14.36
水果	98.63	88.53
肉类总产量	77.77	76.79
牛奶	2.53	2.30
水产品	57.88	59.32
主要工业产品产量		
化学纤维(千克)	10.27	10.01
布(混合数)(米)	25.07	29.39
机制纸及纸板(千克)	38.02	43.75
原煤(千克)	457.82	312.76
原油加工量(千克)	1216.70	1583.35
发电量(千瓦小时)	1847.30	2015.51
粗钢(千克)	484.26	489.53
钢材(千克)	564.56	564.54
水泥(千克)	2067.19	2077.56
化学肥料(千克)	30.84	32.36
化学农药(千克)	1.11	1.22
主要消费品消费量		
农村居民食品消费量(千克)		
粮食	181.53	172.04
植物油	13.28	13.92
猪牛羊肉	18.43	18.04
蛋类	6.32	5.73
水产品	7.91	8.30
城镇居民购买量(千克)		
粮食	117.10	118.45
油脂类	14.48	14.04
肉禽及其制品类	41.09	40.56
蛋类	8.70	8.00
水产品	16.94	16.32

地区生产总值

（本表按当年价格计算）

单位:亿元

年 份	地区生产总值	第一产业	第二产业	第三产业	人均地区生产总值
2015	16834.80	1772.98	8506.79	6555.03	36968
2016	18499.00	1904.53	8829.54	7764.93	40400

按城乡分的人口数(年末数)

年 份	总人口(人)	按城乡分		以年末总人口为100	
		城镇人口	乡村人口	城镇人口	乡村人口
2015	45656316	23567790	22088526	51.62	48.38
2016	45922644	24384924	21537720	53.10	46.90

劳动力资源

单位:万人

年 份	劳动力资源总数	社会就业人数	职工人数	劳动力资源总数占人口数的比重(%)	劳动力资源利用率(%)
2015	3577.6	2615.8	440.1	78.1	73.1
2016	3606.8	2637.6	431.8	78.5	73.1

全社会固定资产投资

年 份	全社会固定资产投资		房地产开发投资	
	绝对数(万元)	发展速度(上年=100)	绝对数(万元)	发展速度(上年=100)
2015	173881278	115.3	15200985	114.9
2016	196942104	113.3	17709442	116.5

外商直接投资情况

年 份	项目数(个)	合同外资金额(万美元)	实际使用外资(万美元)
2015	640	736757	947321
2016	568	748776	1044056

能源生产总量及构成

年份	能源生产总量（万吨标准煤）	占能源生产总量的比重（%）			
		原煤	原油	天然气	水电风电
2015	2356.9	66.9		0.2	26.5
2016	2000.9	55.1		0.1	35.3

能源消费总量及构成

年份	能源消费总量（万吨标准煤）	占能源消费总量的比重（%）			
		煤炭	石油	天然气	水电风电
2015	8440.3	66.8	17.3	2.7	7.4
2016	8747.2	65.8	17.1	3.0	8.1

财政收支总额及增长速度

年份	财政总收入（万元）	公共财政预算支出（万元）	收支差额（万元）	比上年增长（%）	
				财政总收入	公共财政预算支出
2015	30218303	44125491	-13907188	12.7	13.6
2016	31230214	46174022	-14943808	4.0	4.6

各种价格指数

（上年=100）

年份	商品零售价格指数	城市	农村	居民消费价格指数	城市	农村
2015	100.5	100.4	100.6	101.5	101.5	101.5
2016	100.6	100.5	100.8	102.0	102.0	101.9

农、林、牧、渔业总产值和商品产值

（本表按当年价格计算）

单位：万元

年份	农林牧渔业总产值	农业产值	林业产值	牧业产值	渔业产值	服务业产值	农林牧渔业商品产值	农林牧渔业商品率（%）
2015	28591035	13269019	2936851	7198345	4199894	986926	20906221	73.1
2016	31302925	14468859	3246136	7886070	4588562	1113299	22909478	73.2

农作物播种面积和产量(2016 年)

类　　别	播种面积(千公顷)	单　产(千克/公顷)	总产量(粮食:万吨　其他:吨)	总产量比上年增长(%)
总计	5561.59			
粮食作物	3686.21	5800	2138.11	-0.5
谷物	3367.11	6028	2029.85	-0.7
稻谷	3316.31	6069	2012.60	-0.7
早稻	1365.07	5757	785.90	-3.2
中稻及一季晚稻	424.57	7033	298.60	7.0
二季晚稻	1526.67	6079	928.10	-0.9
小麦	12.30	2114	2.60	-0.8
玉米	30.30	4290	13.00	2.6
大(米)麦	0.30	1667	0.05	-37.5
豆类合计	167.60	2016	33.78	2.2
大豆	104.60	2380	24.90	2.5
杂豆	63.00	1410	8.88	1.4
薯类(按折粮计算)	151.50	4916	74.48	4.3
油料合计	729.63	1675	1221956	-1.4
花生	164.16	2842	466601	0.5
油菜籽	534.20	1344	718141	-2.9
芝麻	31.27	1190	37214	3.2
棉花	49.26	1488	73296	-36.4
麻类合计	3.78	1661	6270	-5.8
黄红麻	0.10	5709	588	-3.6
苎麻	3.67	1547	5682	-6.0
甘蔗	14.76	44537	657504	-0.1
烟叶合计	31.26	2050	64089	17.4
烤烟	30.16	2055	61981	16.1
晒烟	1.10	1916	2108	77.4
中药材	24.24	0		
蔬菜类及食用菌	607.40	23386	14204300	4.5
瓜果类	79.50	26706	2123179	0.6
其他作物	335.57	0		
莲子	17.84	2029	36200	28.5
青饲料	76.67	13654	1046750	-0.4

注:本表粮食作物均为农产量抽样调查数。

规模以上工业企业经济指标

指　标	2015 年	2016 年
企业单位数(个)	9226	10106
亏损企业	632	563
资产总计(万元)	189715620	214326626
流动资产合计(万元)	79390445	89690889
负债总计(万元)	94007411	103660746
所有者权益(万元)	95708209	110665880
主营业务收入(万元)	324594081	355186535
主营业务税金及附加	3761951	4004339
营业费用(销售)	5513344	6040173
利润总额(万元)	21279702	23994185
全部从业人员年平均人数(人)	2563214	2675341
工业总产值(万元)	307784908	337320650
工业增加值(万元)	72688565	78035473
总资产贡献率(%)	21.99	20.00
资本保值增值率(%)	121.67	114.42
资产负债率(%)	49.55	48.37
流动资产周转率(次)	4.44	4.28
成本费用利润率(%)	7.07	7.31
全员劳动生产率(元/人)	298393	291684
产品销售率(%)	99.00	98.80

工业产品产量

品　名	2016 年	2016 年比 2015 年增长(%)
硫铁矿生产量(折含硫 35%)(万吨)	330.20	7.9
钨精矿折含量(万吨)	5.56	5.6
原盐(万吨)	200.91	-8.4
配混合饲料(万吨)	1059.34	2.7
乳制品(万吨)	34.70	4.4
罐头(万吨)	15.29	1.3
软饮料(万吨)	332.23	-19.6
白酒(万千升)	16.01	-12.2
啤酒(万千升)	125.51	-3.1
精制茶(吨)	85757.20	-0.5
卷烟(亿支)	646.1	-4.7
纱(万吨)	162.70	3.8
布(万米)	134572.40	2.0
纯棉布	41836.50	-9.8
棉混纺交织布	80769.40	15.4
纯化纤布	11966.40	-23.3
印染布(万米)	9141.60	48.2
服装(万件)	143187.70	0.5
皮鞋(万双)	24435.40	-1.7
人造板(万立方米)	633.65	8.6
机制纸及纸板(万吨)	200.34	10.9
家具(万件)	2508.75	16.0
硫酸(万吨)	323.18	-3.0
烧碱(万吨)	33.50	7.3
电石(折 300 升/千克)(万吨)	7.07	17.0
合成氨(万吨)	1.17	-87.0
化学肥料(折有效成分 100%)(万吨)	148.18	5.2
氮肥	129.41	6.5
磷肥	18.77	-2.8
化学农药(吨)	55742.50	9.6
纯苯(吨)	80216	38.3
涂料(吨)	81147.80	15.5
塑料树脂及共聚物(万吨)	22.76	19.0
合成洗涤剂(吨)	7117.00	18.7
化学药品原药(吨)	73138.30	12.5
中成药(吨)	156269.10	3.9
化学纤维(万吨)	45.82	-2.3
粘胶纤维	35.10	-7.1
合成纤维	10.72	17.7
轮胎外胎(万条)	192.89	-20.4
塑料制品(吨)	1187151.1	-2.1
水泥(万吨)	9513.03	0.3
平板玻璃(万重量箱)	448.35	0.4
日用玻璃制品(万吨)	5.12	16.3
玻璃保温容品(万个)	1333.90	-3.6

续表

品 名	2016 年	2016 年比 2015 年增长(%)
耐火材料制品(万吨)	26.67	7.3
生铁(万吨)	2081.97	-0.1
粗钢(万吨)	2241.53	1.8
钢材(万吨)	2584.99	0.3
中小型型材	6.86	-3.1
棒材	69.93	12.8
钢筋	1036.38	1.1
线材	445.87	4.2
厚钢板	182.55	14.5
中板	162.37	-11.0
冷轧窄钢带	78.02	5.6
电工钢板	101.84	2.7
无缝钢管	9.29	-18.9
焊接钢管	0.41	-84.5
十种有色金属 (万吨)	161.14	-4.1
精炼铜	128.01	-3.1
铁合金(万吨)	1.87	4.7
工业锅炉(蒸发量吨)	2425.20	67.8
金属切削机床(台)	6346.00	4.2
数控机床	1543.00	3.8
泵(万台)	24.17	10.1
风机(万台)	17.72	5.7
气体压缩机(台)	46274843	5.2
轴承(万套)	12940.60	14.0
矿山设备(吨)	243533.30	-10.9
印刷机(吨)	462.50	-24.3
小型拖拉机(万台)	0.68	-15.3
汽车(万辆)	53.74	27.4
载货汽车	20.26	3.2
民用钢质船舶(万总吨)	9.00	22.1
发电设备(万千瓦)	32.14	-3.1
交流电动机(万千瓦)	331.27	-7.4
变压器(万千伏安)	3232.96	13.1
通信及电子网络用电缆(对千米)	1976254.30	8.1
冷柜(台)	2769	-95.0
家用电冰箱(万台)	98.15	14.3
房间空气调节调器(万台)	349.52	-6.3
电风扇(万台)	151.81	3.5
电光源(万只)	216574.50	-4.5
电话单机(万部)	137.46	15.0
彩色电视机(万台)	20.05	-14.9
照相机(万台)	126.76	-62.4

建筑业主要经济指标

指　标	2015 年	2016 年
企业个数(个)	1817	1891
建筑业合同情况(万元)		
签订的合同额	81309249	92395410
上年结转合同额	34845152	39906209
本年新签合同额	46464098	52489201
承包工程完成情况(万元)		
直接从建设单位承揽工程完成的产值	45187737	50441606
自行完成施工产值	44525933	49694443
分包出去工程的产值	661803	747163
从建设单位以外承揽工程完成的产值	1498987	2095841
建筑业总产值(万元)	46024920	51829988
装饰装修产值	3325397	2467047
在外省完成的产值	15274400	18531365
建筑工程产值	39671083	45229149
安装工程产值	3313600	3823301
其他产值	3040237	2777538
竣工产值(万元)	30139659	30280426
房屋建筑施工及竣工面积(万平方米)		
房屋建筑施工面积	28895.36	28446.16
本年新开工面积	14187.28	14257.12
实行投标承包面积	18713.68	17409.78
房屋建筑竣工面积	14255.60	14835.79
住宅房屋	9097.43	9734.00
商业及服务用房屋	1126.87	1150.94
商厦房屋(批发和零售用房)	437.98	520.94
宾馆用房屋(住宿用房)	105.82	69.07
餐饮用房屋(餐饮用房)	73.77	53.57
商务会展用房屋	26.97	25.68
其他商业及服务用房屋(居民服务业用房)	482.33	481.68
办公用房屋	1001.46	801.80
科研、教育、医疗用房屋	690.69	736.02
科学研究用房屋	40.35	53.71
教育用房屋	535.97	553.12
医疗用房屋(卫生医疗用房)	114.37	129.19
文化、体育、娱乐用房屋	213.94	244.23
厂房及建筑物	1683.37	1731.93
厂房	964.06	1121.94
仓库	137.03	136.39
其他未列明的房屋建筑物	304.80	300.47

注:建筑业统计范围为具有建筑业资质等级的独立核算建筑业企业。

运输线路长度

单位：千米

指　标	2015 年	2016 年
铁路营业里程	3909	3909
公路通车里程	156625	161909
等级公路	129948	134025
高速公路	5058	5894
一级公路	1952	2618
二级公路	10148	10643
三级公路	11586	12723
等外公路	26676	27883
内河通航里程	5638	5638
等级航道	2349	2349
等外航道	3289	3289

全社会运输周转量

单位：万吨千米、万人千米

指　标	2015 年	2016 年
货物周转量	37532370	38975513
民航		
铁路	4969574	5147759
公路	30227179	31474970
水运	2335617	2352784
内河	1825577	1839798
沿海	510040	512986
远洋		
旅客周转量	9538100	9706448
民航		
铁路	6687232	6879899
公路	2847402	2823139
水运	3466	3410
内河	3466	3410

社会消费品零售总额

单位：万元

年　份	社会消费品零售总额	按行业分				按所在地分		
		批发业	零售业	住宿业	餐饮业	城　镇	城　区	乡村
2015	59255007	8525589	43724881	688651	6315887	49150612	31187097	10104395
2016	66346275	9870910	48260448	783248	7431670	54918204	35366168	11428071

旅游业发展情况

年　份	旅游总收入（亿元）	为全省地区生产总值(%)	为全省地区生产总值中第三产业(%)
2015	3637.65	21.75	56.28
2016	4993.29	27.19	67.22

金融机构本外币信贷资金平衡表年末余额(2016 年)

单位:万元

指　标	年末余额	比年初增加	比年初增长(%)
各项存款	291052262	40622537	16.2
境内存款	290892035	40571025	16.2
住户存款	140656730	16251866	13.1
活期存款	59773598	8536116	16.7
定期及其他存款	80883132	7715749	10.5
非金融企业存款	84661702	15729567	22.8
活期存款	46616631	13007099	38.7
定期及其他存款	38045072	2722468	7.7
广义政府存款	55155780	7907262	16.7
财政性存款	12757351	7545682	144.8
机关团体存款	42398429	361580	0.9
非银行业金融机构存款	10417824	682330	7.0
境外存款	160227	51512	47.4
各项贷款	218474338	32863442	17.7
境内贷款	218050924	32667326	17.6
住户贷款	83104261	13821269	19.9
短期贷款	28637384	1457473	5.4
长期贷款	54466877	12363796	29.4
非金融机构及机关团体贷款	134944733	18846085	16.2
短期贷款	46982952	577951	1.2
长期贷款	76808766	15763045	25.8
票据融资	10093495	2039095	25.3
融资租赁	697394	517274	287.2
各项垫款	362126	-51280	-12.4
非银行业金融机构贷款	1930	-28	-1.4
境外贷款	423413	196116	103.0

注:本表统计口径包括中国人民银行、政策性银行、国有独资商业银行、邮政信汇局、其他商业银行、农村合作银行、城市信用社、农村信用社、信托投资公司、财务公司等金融机构。

房地产开发与经营主要指标

指　标	2015 年	2016 年
企业个数(个)	2187	2297
房地产开发投资(万元)	15200985	17709442
按登记注册类型分		
内资	14579617	17165326
国有	270560	252653
股份合作	21623	43241
有限责任公司	8750866	10192351
股份有限公司	585573	647579
私营	4927575	5981084
其他	23420	48418
港澳台商投资	545447	499059
外商投资	75921	45057
按构成分		

续表

指　标	2015 年	2016 年
建筑工程	10448626	12288376
安装工程	1821665	2426421
设备工器具购置	231538	292854
其他费用	2699156	2701791
土地购置费	2105429	2007356
按工程用途分		
住宅	11130924	12475828
别墅、高档公寓	333958	522598

各类全日制学校基本情况(2016 年)

单位:人

类　别	学校数(所)	在校学生数	招生数	毕业生数	教职工数	专任教师
研究生		30344	10775	9008		4694
普通高等学校	98	1038951	323364	256369	76969	55550
普通中专学校	80	219960	74952	71120	6873	5288
普通中学	2611	2745663	976026	876545	204407	174362
高中	469	942855	330240	302009	84586	54829
初中	2142	1802808	645786	574536	119821	119533
职业中学	227	131867	56632	44683	8089	6504
高中	75	126665	50411	31449	9604	7064
技工学校	8329	4227605	684644	632655	200415	219161
小学	14071	1590431	568461	600686	116440	75438
特殊教育学校	88	28006	6253	2717	1402	1322
工读学校	2	348	238	195	50	45

卫生机构、床位及人员数

年　份	机构数(个)	医院卫生院	床位数(张)	医院卫生院	人员数(人)	卫生技术人员	医　生
2015	38557	2201	197873	184120	291571	210946	76814
2016	38266	2349	209085	195277	301698	220979	79183

注:1. 卫生技术人员数据不包括乡村医生和卫生员。
2. 机构合计中包括村卫生室。

本栏编辑　邓诚君

索　引

说明：本索引依照国家标准《索引编制规则（总则）》GB/T22466－2008 的相关规则进行编制。本索引为主题索引，按主题词首字汉语拼音字母（同音字按声调）顺序排列。主题词后的阿拉伯数字表示该词所在页码，数字后的英文字母 a、b、c 分别表示该页文字的左、中、右栏。同一主题的内容在文中多处出现的，在其主题词后用不同的页码标明。对特载、大事记、专记、人物、专录、统计资料等类目不作主题索引。

数字和字母

“1% 工程”募集爱心款　108a
“1＋5”改革　352a
105 国道绕城公路　442c
“12312 商务执法”微信公众号　206b
“12331”呼叫中心　248b
“12333”电话咨询　366b
“1341”戒毒模式　136c
“151”人才计划　267c
19 届江西青年五四表彰座谈会　113c
《2014—2015 年江西省花卉产业发展报告》　152b
2015 年度致敬法治人物　137b
2016 第二届中国陶瓷电商峰会　161c
2016 环境与健康宣传　109b
2016 江西安义古村首届民俗文化节　399a
2016 江西创业创新大赛　169a
2016 年南昌服务外包技能大赛　402a
2016 年中国南昌（青云谱）老工业城市转型升级发展论坛　401c
2016 青马论坛　309b
2016 艺术江西国际博览会　320c
2016 中国食品工业龙头企业峰会　166c
28—高芸苔素内酯原药和制剂产品　397c
4A 级旅游景区　450c
4A 级乡村旅游点　453c
4G 基站　172a
“5511”工程　296a、298a、301a
699 团总支　404b
AC313　160b
AC352　160b
APEC 商务旅行卡　140b
APP 大赛　306b
DDS 烟道气脱硫脱硝技术　483a
E100　159a
G20 杭州峰会专供焰火　241b
GMP 认证　420a
H10N8 禽流感　338a
In－Cell 抗干扰高阻技术　183a、431a
LED 产业园　395a
LED 产业招商　404a
LED 和铜铝材料加工　192c
O2O 文创综合体　187c
ppp 项目　228b、431b
Q35 小型 SUV 乘用车　159b
“REC”电子竞技大赛　320c
SCR 铜杆　184b
TFT 显示面板　183a
VR 产业　143a

A

阿克陶县　145a、314b
艾滋病　340a
爱驰亿维新能源汽车　189c
爱国卫生月　345c
爱国卫生运动　345b
爱国拥军模范　378a
爱国主义教育　64c
爱老便老　399a
爱心妈妈　381b
爱心通道　403b
安居扶贫　461a
安全播出　335a
安全承诺书　236c
安全储量　209b
安全度汛　265a
安全监测　177a
安全教育日　291b
安全培训　237c
安全生产　128a
安全生产大检查　237b
安全生产法制建设　235b

安全生产监督 236a
安全生产领域犯罪 134a
安全生产事故 57c、235a
“安全生产月”活动 236b
安全生产责任 236b
安全生产责任保险制度 236a
安全生产责任制 235b
安商服务机制 184b
安源区景区 426c
安源区人防办 426c
安远县筲箕村 167c
安远征收精神 445c
按学时收费 218b
奥纳斯投资控股有限公司 183c
奥赛 307b
奥运会竞走冠军 487c

B

“八个统一”机制 365b
八类严重刑事案件 129b
“八一”精神 401b
八音公园 410c
百城营销 196c
百城战役 196c
百路佳客车 187b
百媒进千企 168b
百名法学家百场报告会 130a
百名干部进百企 184b
百名干部联百企 190a
百年经典商品 205a
“百企帮百村”行动 453b
百千万人才工程 357c
百强民营企业 436b
百强中心镇污水设施建设 256c
“百县青少年三人制”篮球运动会 349b
百县青少年足球运动会 349b
百县田径运动会 349c
“百县万村”活动 327a
“百县万村综合文化服务中心”示范工程 393a
“百县新馆”项目 323b
百种优秀出版物 329c
搬迁移民脱贫 491c
版权示范单位 330c
版权“走出去”战略 330c
办理代表建议和政协委员提案 92a
半程马拉松 473b
半导体照明 174b
帮扶创业就业 145b
帮扶济困 106a
帮扶医疗卫生事业 145b
保税服务区 189a
保税港区 394c
保税物流区 189a
保险功能 226a
保险监管 226b
保险精准扶贫 225c
保险市场 225b
保险消费投诉 226c
保险业监管 225b
报送事故信息 92a
报纸期刊年度核验 328c
暴雪啤酒美食音乐广场 456b
暴雨日 52a、52c
爆破拆除 443a
爆燃事故 468b
爆炸事故 127b
北斗导航 418a
北京华煤安信科技有限公司 238a
北京图书订货会 332a
北美栎树树种 149c
北汽昌河九江工厂 160a、188c
备案信息主体准确率 179b
本科高校教育国际化水平 295b
本科教学 293a
彼尔姆边疆区经贸推介会 140c
边远艰苦地区考录 362c
便民办税春风行动 230b、231c
便民服务点 366c
便民服务中心 145b
变电设备 495a
变电设备行业协会 495c
标号路段 397a
标志性人文自然景观 395c
标准厂房 183c、419a
标准厂房建设 180c
标准化渡口 221a
标准化机务区 476a
标准化基地 147b
标准化生产 415b
标准机库棚 152c
标准生态茶园新建 147c
滨江景观地标 400a
丙类传染病 339c
病虫害实时自动监测系统 147b
病死猪无害化处理补助 150b
玻璃纤维 444b
玻璃纤维纱行业 164a
玻璃纤维生产线 193b
玻纤池窑拉丝生产线 164c
泊位 414b
博士服务团 258c
博士后 259a
博士后工作站 259a
博士后科学基金 259a
博物馆 317b
博源实业有限公司 483a
薄弱学校改造 417a
补充耕地 243c
捕捞产量 150c
不动产登记 260c
不动产统一登记 243b、244c
不忘本原 397b
不锈钢制管 185b
步步高广场鄱阳店 476a
部际联席会 143c
部省对口合作计划 319b、320a

C

财税改革 228b
财税体制改革 482a
财园信贷通 421a、443b
财政管理 228a
财政惠农信贷通 69a
财政收入 232a
财政体制改革 54c
采编队伍 329a
采砂船切割 266a
采砂管理 266a
参保范围 366c
参保人数 365a
参保退休人员 366c

参试退役人员 376a
参政党理论研讨会 105b
参政履职 104c
餐饮安全 247c
餐饮特色名片 207b
残疾等级鉴定 376b
残疾军人抚恤 376a
残疾考生 387a
残疾人就业援助月 387a
残疾人康复长效机制 496a
残疾人“两项补贴” 386a
残疾人托养服务 386a
残疾人维权 387b
残疾人文化教育 387a
残疾人文化周 387a
残疾人信访工作 387c
残疾人运动员成绩优异 387b
残疾性质认定 376b
曹洞佛学院 388b、497a
厕所革命十大典型景区 196b
测绘 269b
测绘监管 269c
测绘违法案件 270a
测绘应急 269b
测绘质量督查 269c
测绘重大设施 270a
查摆、整改问题 62b
查处违法案件 364c
查处医疗器械违法违规企业 247c
茶山森林康养基地 465a
茶山生态公益型林场 465a
茶事活动 147c
茶香遂川 486c
茶叶电子商家 147c
茶叶培训科技联盟 307a
茶叶品牌整合工作 147c
茶叶实体店 147c
茶园面积 147c
槎滩陂水利灌溉工程 477a
禅意书画展 478c
产城融合 415b
产城融合示范区 408a
产教融合 292b
产煤设区市督查 238a
产品质量 241b
产学研用结合 301c
产业大招商 463c
产业担保贷款 360b
产业孵化平台 360b
产业扶贫 445b、448b
产业扶贫“五个一”机制 438a
产业扶贫信贷通 438a、448b
产业化发展 153b
产业集聚区 180a
产业结构 180b
产业结构调整与优化 97a
产业联动发展模式 408a
产业升级 232a
昌北所 217c
昌飞航空零部件产业园 183c
昌飞集团 183c
昌抚合作示范区 143b
昌航航空 184a
昌河汽车 M70 188c
昌江东西两岸 183c
昌九高速改扩建项目 217c
昌九一体化 50a
昌九一体化双核发展研究中心 143a
昌栗高速公路 425c
昌樟高速公路改扩建工程 218c
长江(经济带)生态涵养带 149c
长江江西段和柘林湖水资源保护 81c
长江经济带合作发展 104b
长江经济带转型升级示范开发区 411a
长江学者 293b
《长江中游城市群省会城市第四届会商会合作协议(南昌行动)》 395b
长江中游城市群省会城市合作 395b
长江中游城市群水陆空交通大通道 395b
长江中游城市群水运合作第二次联席会议 221b
长篇小说 313b
长篇小说重点扶持工程 313a
长期护理保险 365b、384a
长期护理保险制度 382b、384a
“长青藤”讲堂 75c
长芗书院 424b
《长征从这里出发》雕塑 487a
长征七号 407b
长征胜利 80 周年 377a、451a、451b
长征五号 407b
长征遗迹 319a
长征源合唱团 450c
《长征组歌》传播巡演 450c
厂房面积 190a、466c
“唱响中国梦”少儿文艺活动 392b
超大型灯组 405c
超低排放改造 157b、288b
超高超大房 256a
超天使工程启动 105b
超限超载货运车 217a
车超 377b
撤县设区 438c、500b
撤销原审判决 136a
尘肺病 341a
陈家沟陈式太极拳 436b
成立食品加工调查委员会 82b
成美文化节 319a
诚信等级评定 357b
诚信红黑榜 392a
诚信示范单位 357b
诚信兴商宣传月 206a
城东城中村 472c
城管执法调研 96c
城际快速通道 407b
城郊山岳型风景名胜区 48c
城南文化主题公园 469a
城区湿地资源 275a
城商行全覆盖 223b
城市低保 368a、383c
城市地下空间 128c
城市工作会议 253a
城市管理 255c
城市规划 254a
城市环境空气质量 50c、51b
城市路网 396c
城市民族工作 389a
城市内涝风险普查 267a
城市配送试点 208b
城市配送中心 208b
城市商业街建设 206c

城市少数民族 389a
城市设计 255a
城市特色 407b
城市通信基础设施专项规划
导则 178c
城市新区 438b
城市艺术品建筑 395b
城市影院 172a
城市执法体制改革 255b
城市指标 407b
城市总体规划 255a
城乡规划 253b
城乡垃圾处理一体化工程 458a
城乡社会治安综治保险 449b
城乡医疗保障制度改革 482a
城镇化率 50a、50b
城镇居民消费理念 355b
城镇失业率调查 249a
城镇新增就业 360a
池塘标准化改造 150c
池窑拉丝生产线 193b
赤湖工业园 420b
崇仁麻鸡 152a、495b
抽水蓄能 157a
抽样调查 235b
出版物发行企业 331c
出版物发行网点 331c
出版物批发企业 332a
出版物市监管 332c
出国交流 302b
出国境规定 360a
出国境培训 360a
出口互通 465c
出口南丰蜜橘 252a
出口增速 252a
出入境飞机 251c
出入境货物 251c
出生缺陷防治 339c
出生人口 50b、57b、343c
出生人口性别比 50c
出生性别比 344a
出台新农村建设规划 69c
出租汽车服务 218a
初中文化程度人口 50c
储备糖 207c
褚建庚 167a
处置“僵尸企业” 234b
处置仙女湖水体污染事件 92a
传承红色基因活动 113c
传递侨情民意 117c
传染病监测体系 340b
传统村落 256b、445a
传统村落——洽湾村 494c
传统动能改造 142c
传统古村——洲湖村 493b
传统媒体 433b
传销 240a
传销活动 411c
传销人员 411c
船舶设计 414a
创建旅游 A 级景区 196b
创新成果产业化 156a
创新创业教育 292c
创新创业教育教材 289b
创新驱动 60b
创新驱动“5511”工程 89b
创新体制机制 91c
创新天然药物与中药注射剂国家重点
实验室 438a、438c
创新优化结构 86b
创业补贴 361a
创业担保贷款 57b、229a、361b、362a
创业担保贷款中心 362a
创业人才公寓 361c
创业项目 361b
春风通道 403b
春风行动 361b、380a
春节回乡调研 70b
春蕾专项资金 381c
春秋季防疫集中行动 150b
春运交管 493a
纯电动汽车 159b
纯电动汽车生产资质 143a
瓷国之光 145c
慈善募捐 370b
慈善事业 370b
慈善组织 373b
从严治团 113c
粗钢产能 157c
村(居)民理事会 371a
村歌《梦回水乡》 475c
村级法律顾问 397a
村级光伏扶贫电站 409b
村级民主监督 371b
村民委员会 371a
村内小型水利设施 456b
村前水厂 462a
村史馆 448b
村卫计生服务室 339a
村卫生室 336b
村务监督委员会 371b
村镇规划 255c
村庄规划 256a
村庄整治 144b、154b、167c、
469a、481a
存款余额 222b

D

搭建“走出去”平台 215b
打非治违 237a
打击地下钱庄 225a
打击非法采砂 266a
打击侵权假冒工作 205c
打击制售假烟 167b
打破地区封锁 206b
打造智库 93c
大案要案 135a
大病保险 226a
大病保险制度 55b
大病免费救治 336b、384a
大尺寸硅衬底路线 182a
大会发言和提案工作 106a
大健康产业 184a
大健康企业 184b
大健康饮料 192c
大晶粒高韧性盾构硬质合金新材料
及制备技术 186a
大觉山景区 196b
大连理工大学 186a
大庐山旅游发展规划 419a
大茅山 48c
大美上饶 466b
大气污染防治 272b、286c
大气污染责任纠纷案 136b

大数据产业 467a
大数据发展 175c
大数据联席会议 175c
大唐国际江西新能源有限公司 419a
大通关改革 250c
大雾 53a
大型科学仪器 298c
大型科学仪器网络管理平台 298c
大型商贸企业 476a
大型商业地标 182b
大学科技园 299c
大学生创新创业示范基地 292c
大学生创业 361a
大学生创业大赛 361a
大学生创业团队 292c
大学生村官创电商实体店 490b
大学生电商创业孵化基地 462c
大遗址 318b
大中型水库安全 263c
大众创业万众创新 361c、433c
大众化养老服务体系 207b
大专及以上文化程度人口 50c
大宗淡水鱼 153c
代表建议 84b
代扣代缴 366a、366c
代理家长 381b
《带着爸妈去旅行》 385b
贷款总量 222c
单糖化学合成 293b、302a
单体道路工程 468a
单一窗口 250c、252b
担保和反担保 183a
党建+扶贫 415c
党建+现代农业 498a
党建+颐养之家 431b
党建服务中心 404a
党建联络员 170c
党史编研 76a
党史理论研究 76b
党史宣传 76c
党史资政育人 77a
党校工作 73a
党校系统师资培训班 74a
党员夜校 404a
档案馆 322a
档案管理登记 322b
档案开发利用 322c
档案信息化 323a
档案信息普查 322c
档案征集 323b
档案资料 322a
档案纵向业务网 324a
导弹驱逐舰 395c
导管并发症 416c
导航定位 270a
岛屿湖泊型风景名胜区 48b
道德模范 392b
道德模范巡演 121c
道地中药材生产 147b
道教鼻祖 48a
道路机械化清扫 287a
道路交通声环境 51b
道路客运联网售票系统 218a
稻田综合种养 151a
稻作文化 48c
稻作遗迹 48c
灯具及照明装置产量 160c
瞪羚三年计划 188a
低保保障 480b
低保标准 144c
低保扶贫 368a
低保申报制 368a
低产茶园改造 147c
低空飞行营地 403b
低年龄段人口比重 50b
低丘缓坡 244b
低丘缓坡综合开发利用试点 461c
低碳城市 144a
低碳发展试验区 144b
低碳生活 288a
低效林改造 143b
堤防工程 263b
地表水 57c
地表水水质 50c
地表水水质达标率 51a
地方标准 242a
地方税收 230c
地方特色数字资源 316c
地方戏曲振兴 314a
地方性法规草案 131b
地方性金融机构 409a
地方志事业 325c
地方志专业考察团 326b
地理标志产品 454b
地理国情普查 269b
地理国情普查数据库 269c
地名故事 374b
地名管理 374b
地名普查 374a
地情资源 325b
地热 455a
地税征管体制改革 231b
地下管廊建设 253c
地下矿藏 47b
地下综合管廊建设 255b
地震 268b
地震安全工程 268c
地震区划图 269a
地震信息播报机器人 268c
地震应急 268c
地震应急指挥中心 268c
地震应急中心 269a
地质测量 270a
地质产业 270c
地质产值 270c
地质服务 270b
地质环境项目 245c
地质勘查 243a
地质科技项目 270c
地质科研 270c
地质灾害 245b
地质灾害调查 270b
地质灾害预警 245c、497a
地质灾害治理 245c
地质找矿 245b
第八届村歌大赛 475c
第二次数字出版转型示范现场会 330a
第二届青少年“未来之星”阳光体育大会 348b
第二届汤显祖戏剧奖大赛 121c
第二轮《江西省志》编纂 324b、325c
第九届犯罪学高层论坛 309b
第九届亚洲金融论坛 138a
第六届江西艺术节 312a、314a、451b

第六届中国湖泊论坛 117a
第七个五年法治宣传教育 82b
第七届环鄱阳湖国际自行车赛安福武功山站赛 487c
第三次林业有害生物普查 271c
第三方评估代表建议办理 84c
第三批江西社科普及宣传基地 311c
第十届中国国际有机食品博览会 152b
第十七届中国绿色食品博览会 152b
第十四届中国国际农产品交易会农产品地理标志专展 152b
第十四届中国国际农产品展览会金奖 485a
第十五届赣港经贸合作活动 215a
第四届世界绿色发展投资贸易博览会 211a、213c
第五届全国少数民族文艺会演 389b
第五届全民健身运动会 347b
第五届"十佳军嫂" 126b
第一次全国方志馆工作会议 325a、326a
第一个农村革命根据地 49c
第一架飞机 50a
第一届全国文明家庭 393a
第一书记 416a、467c
电厂建设 233c
电瓷产业品牌示范区 428a
电话用户 178a
电价成本 239a
电力体制改革 54c
电力直接交易 157b
电能替代 288b
电气机械和器材制造业 158c
电气机械及器材制造 192b
电商产业 449c
电商创业大赛 490b
电商发展环境 209a
电商脱贫服务中心 209a
电商园区 191a
电商运营中心 208c
电商知识产权 305a
电视剧《破阵》 333a、440c
电线电缆产业 192c、452a
电信普遍服务试点 172a
电信网络新型违法犯罪部际联席会议 466b
电信行业行风纠风 178c
电信业务总量 171c、178b
电影产业 333a
电影《建军大业》 333a
电影《老阿姨》 429c
电影市场秩序专项治理 333b
电影总票房 333a
电子档案 323a
电子地图 218b
电子科技 185a
电子认证服务机构 176c
电子商务 171b、205b、462c、464c、469a、481a
电子商务创业培训 362a
电子商务扶贫 208c
电子商务进农村 206c
电子商务进农村示范县 206c、499b
电子商务示范体系 208c
电子信息 185a
电子信息产业 187b、397c、446b
电子信息产业科技城 192a
电子信息产业投资基金 174c
电子信息产业引导基金 189b
电子信息骨干企业 174c
电子信息类产业集群 174a
电子信息数字视听产业 186b
电子信息主导产业 171c
电子元件制造 174a
电子政务业务系统 175c
电子政务应用 175c
调查研究和重要信息 66a
调峰能力 157a
调研财政预算 97a
调研加强仲裁工作 97b
调研落实"河长制" 97c
调研媒体发展 97b
调研人口出生 109b
调研提升森林质量 97c
调研文艺院团转企改制 97b
调整抚恤金 366a
调整公路通车里程 56c
调整困难补助 366b
调整离休人员养老金 366b
调整退休人员养老金 366b
碟翼计划 196c
鼎智通讯科技园 189b
定点帮扶 378b
定点屠宰资格审核 150b
定点医药机构评估 367a
定期通航点 220a
定向师范生 293c
定向招收 144c
定制客运 217b
东部战区 124c
东方宝红建筑防水材料 398c
东风桥 443a
东河社区 449a
东江流域 274a
东江源头 48b
东林寺净土苑 419a
东乡至昌傅 217b
动力伞 481c
动漫扶持 321b
动态报警 402a
动物疫病净化 150b
动物资源 47c
督办 235b
督办落实领导批示 91a
督办《政府工作报告》重点工作 91a
督查调度 288c
督查调研 65b
督查工作 64c
督查落实省委政协会议精神 96a
督查审计机关 250b
督学 289b
"读好书"活动 317a
独立核算 151a
独塔双索面钢混叠合梁斜拉桥 477b
"短小微"形式讲故事 64b
断面水质 142a
对接"长江经济带" 216a
对接国家"一带一路"倡议 213a
对接国务院海外专家咨询委 117c
对接"京津冀协同发展" 216a
对口帮扶 256c
对口合作计划 312c
对口支援 144a、216c、389a

对口支援民族乡村 388a
对台宣传 139a
对外承包工程 215c
对外交流 140a
对外贸易回稳 211b
蹲点帮扶 365b
蹲点包县整体推进 147a
多功能海巡艇 221c
多晶硅 181c
多晶硅锭 183b
多晶硅片 183b
多险合一 366b

E

厄尔尼诺事件 52c、53b
厄尔尼诺现象影响 268a
恩达麻世纪 163c
儿童成长数字图书馆 381c
儿童福利督导员 381b
儿童权利监察员 381b
儿童驿站 381b
二次资源综合回收 472b
二十八届中国“国际科学与和平周” 109c
二手车交易 207a

F

发电量 157a
发动机技术改造 159b
发明专利 297a
法定传染病 339c
法规批准审查处 130b
法律顾问职能 131c
法律援助 137c、384c
法律咨询 364c
法务总监制度 235a
法制宣传 323a、449a
法治江西建设 129b
法治江西建设理论研讨会 137c
法治江西智库 136c、137c
法治宣传教育工作会议 137b
法治宣讲报告会 130a
凡进必考 362b
反恐处突 133a
反恐维稳 145c
反洗钱监管 224b
反信息网络诈骗中心 133a
反映社情民意 106a、109a
返乡创业 363b
犯罪学领域 309b
泛珠平台 367a
泛珠三角区域 305b
方大集团 405b
方大特钢 157c
方言建档 322c
方志馆 324c
方志馆建设标准 326a
“方志江西”微信公众号 325c
防范风险 227b
防护林造林 144a
防雷电 265a
防雷减灾 267c
防雷检测 267c
防溺水专项行动 291b
防汛电视电话会 264c
防汛二级响应 369b
防汛抗洪 262a
防汛能力 263b
防灾减灾救灾座谈会 370a
防震减灾 268c
防震减灾工作领导小组 269a
防震减灾“十三五”规划 269a
房车露营 399b
房地产开发投资 56a
房地产去库存 253b、260b
房地产市场分析报告 260c
房地产市场运行 260a
房地产税收 260b
房地产信贷 260b
房地产业 260a
房屋竣工面积 56a
房屋征收 446c
仿自然鱼道模型试验 221c
纺织产业基地 163c
纺织品出口 163c
放管服 239b
“放管服”改革 53c、70c、89c
非法出版物 332b
非法调运疫木案件 274c
非法集资犯罪 134c
非法占用林地 274c
非公建党 120a
非公有制工业 155b
非公有制经济 168a
非农经营收入 354c
非诉行政执行案件 134b
非物质文化遗产保护 315b
非物质文化遗产代表性项目 454c
“非遗”代表性传承人 315b
“非遗”代表性名录 315b
“非遗”生产性保护示范基地 316b
“非遗”宣传 315c
“非遗”衍生品 316a
“非遗”展演 316a
非遗舞剧——《傩情》 489c
非正常上访事件 132c
非治疗型中成药 165b
废弃大桥坍塌 485b
废弃稀土矿区生态修复 301b
分级诊疗 55b、337a
分期供地 405a
分宜夏布绣 433c
丰城电厂 127c、235b
风电 475b
风电机组 419a
风景名胜区 199b
风景名胜区申报 199b
风景名胜区资源 199b
风快平台 400c
风力发电群 444b
风信子 212c
枫青公路 470c
封山育林 144a、410a
封坛文化节 406a
峰会安保 126b
凤凰洲市民公园 395c
奉商回归 460c
扶持产业 252a
扶持创业 362a
扶持文艺人才 121a
扶贫 APP 449c
扶贫搬迁 229a
扶贫帮建贫困村 244a

“扶贫车间”模式 443b
扶贫工作室 477c
扶贫工作站 477c
“扶贫攻坚、五教同行”主题
活动 389c
扶贫日活动 125c
扶贫三大攻坚战 233a
扶贫支出 228c
扶贫资金 243c
服务大伽秀 220b
服务非公有制经济 120a
服务基层 11c
服务贸易 212c
服务贸易发展平台 211c、212c
服务贸易培训 213a
服务贸易推介 213a
服务企业 248b
服务市场 240c
服务外包技能大赛 213a
服务业增加值 232a
服务职工 111b
服务资质工作监督 175b
服装出口 163c
浮梁茶 148a、424a
福彩公益金 375b
福利彩票 375b
抚州市看守所 490a
抚州市社会福利院 490a
付羿 181c
妇产 431c
妇女儿童工作 381a
妇女儿童工作委员会 380c
妇女儿童权益 449a
妇女儿童生存发展环境 405a
妇女维权 114c
妇女维权培训 115b
妇女小额创业贷款 380a
妇女自主创业 380a
妇幼保健机构 338c
妇幼服务体系 409b
妇幼健康工作 396c
妇幼健康信息 409b
妇幼健康优质服务县 428b
妇幼健康优质示范工程 396b
附属公建 410b
复旦大学博雅实验室 185a
复合材料 444b
复员退伍军人 378c
赴东北招聘 258c
赴京举办江西风景这边独好
画展 121c
富民产业 487c
富田古镇民俗文化旅游节 478c

G

改革服务工作 66b
改革开放 232b
改进派驻纪检组纪律审查通知 102b
改善民生 58c
改造低效林 144a
干部管理监督 61c
干部教育培训 61c
干部人才培训培养工程 145b
干部推荐 108c
干部网络培训 62c
干法制绒 181c
干旱 53a
干毛茶总产量 147c
干洗行业 287a
甘溪河 473c
柑橘为主优势产区 147b
感动江西十大教育年度人物
289c、294a
“感动中国”群文杯 475b
赣北第一古村 412c
赣北棉花核心区 147b
赣边劳务合作服务平台 409a
赣菜美食品牌 207b
赣东北茶区 147b
赣鄂湘水运合作备忘录 221b
赣抚平原 49a
赣港澳台青少年交流 67b
赣港澳台青少年生态环保交流 114a
赣港经贸合作 213c
赣港经贸合作活动 138b
赣港招商活动 138a
“赣红优”红米品种 450b
赣江石虎塘航电枢纽 221c
赣江瓦窑滩 221a
赣江新区 50a、55a、143b、232c
赣剧《青山作证》 423a
《赣闽台产业合作示范区规划》
143c
赣南茶油 439a
赣南等原中央苏区 356c
赣南等原中央苏区革命遗址 318b
赣南脐橙 442b
“赣南脐橙”品牌 241c
赣南苏区贷款 223a
赣派建筑 460b
赣品行天下 205b、207c
赣鄱慈善奖 370b、370c
《赣鄱大地的洋朋友》 360a
赣鄱女性手工精品网上行 380a
赣鄱群星奖 312b、315b
赣商发展大会 216b
赣商回归 216b、439c
赣深客专 144a
赣台电子信息产业 174c
赣台交流 139a
赣台经贸合作 138c、213c
赣台经贸文化合作交流大会 139b
赣通卡 218c
赣图大讲堂 317a
赣西北茶区 147b
《赣县古代地情文化》 441a
赣县客家大桥 440c
赣湘边网络媒体联盟 410c
赣新两地 145c
赣学研究院 308b
赣游通 208c
赣州港 441b、442a
赣州基地 268a
赣州建筑工业化有限公司 260c
赣州旅游博览会 198b
赣州全国水土保持改革试验区 286a
赣州西站 219c
赣州稀土功能材料和器件 158b
岗位信息 361a
纲要学习月 126c
钢材价格 157c
钢材与建筑部件对接 158a
钢结构桥梁应用试点 217c
钢企自发电量 157b

钢铁煤炭行业化解过剩产能和脱困发展工作部际联席会议　157c
港澳捐赠项目　138a
港澳台侨和外事委员会　99a
港航基础设施建设　220b
港航系统安全生产工作　221a
港口　220b
高安建陶产业基地　164c
高标准农田　146c、147a、153a、153b
高层次人才　258c
高产油茶　457b
高产油茶采穗圃　148b
高等教育　56c
高端多层线路板　442b
高端卷烟　167c
高技能人才　259b
高考信息　178c
高空礼花弹　398a
高龄津贴　382a
高密度线路板　194a
高强度暴雨　407a
高山草甸　48b
高速公路建设　233b
高速公路通车里程　217b
高速铁路轨道平顺性保持技术　181b
高温日数　53a
高效节水　264b
高校党建　72a
高校党建工作制度　72c
高校电信市场　179a
高校人文社会科学重点研究基地　310c
高校通信服务市场　179a
高校学费听证会　239a
高校意识形态工作　72b
高校迎新电信服务市场　179a
高校质量年报　293a
高新技术产业　155a、299b
高新技术产值　299c
高新技术成果交易会　306b
高新技术陶瓷　161c
高新区总工会　185b
高性能汽油抗爆剂　162c
高职教育　291b
高中教育　291a
歌剧《回家》　312a、320b
革命圣地　48a
革命文物　319a
个人特殊贡献奖　140c
个体登记　170b
个体工商户　170a
个体工商户工商及税务登记　421a
个体工商户年报工作　170b
跟着诗文游江西　197a
跟踪服务　421a
耕地保护　243b
耕地保护规划　461c
耕地面积　47b
工程技术研究中心　298b
工程建设保证金　260c
工程建设标准　261b
工程勘察设计　261a
工程勘察设计质量检查　261c
工程总承包收入　261a
工会进园区　111c
工矿废弃地　244b
工商和市场监管机关　170a
工信部　158b
工信部电子第五研究所　192a
工业产值　151b
工业大数据　466b
工业发展奖励资金　192b
工业节能减排　287c
工业经济　425c
工业绿色发展综合监管　456c
工业用地　244c
工业园区　180a
工业园区安置就业　188a
工业资源综合利用示范基地　459a
工艺美术品　161b
工资收入　362c
工资性收入　355a
公安大数据实战应用平台　133b
公安改革　132b、133a
公安现役部队　401a
公安信息化建设　133b
公办养老机构改革试点　375b
公车拍卖　54a
公共法律服务网上平台　136c、137c
公共法律服务云平台　173a
公共服务数据资源　175c
公共服务体系　215b
公共机构节能　287c
公共交通　431b
公共就业服务　360c
公共绿地系统　405b
公共气象服务　267b
公共图书馆　316c
公共文化督查　315a
公共文化服务　404c
公共文化服务示范区　432b
公共文明指数　393c
公共信用信息平台　172c
公共资源交易系统　173c
公共自行车系统　431b
“公交城市”试点　218a
公交站点覆盖率　218a
公立医院改革　336a、337a
公立医院改革国家联系试点城市　408a
公立医院改革试点　405c
公立医院综合改革试点　457b
公路客运量　217a
公务消费网络监管平台　229b
公务用车改革　482a
公务员培训　363a
公益广告　393a
公益活动　390c、410c
公益林补偿资金　271b
公益性融合发展试点　153c
公益性演出　314a
公益组织　476b
公园绿地面积　255c
功能交易区　420c
功能区声环境　51c
供港产品　252b
供港蔬菜基地　452c
供给侧改革　86b
供给侧改革调研　96c
供销E家　414b
供销合作　210a
供销合作基层体系　210b
供销合作社综合改革　210a
共青城私募基金小镇　418a
共青城私募园　227c

共青城羽绒服装产业基地 163c
共青新校区 143a
共享经济 310a
沟通协作办理提案 93a
狗牯脑 148a
购房财政补贴 459b
购买服务 397a
购入电量 157a
孤儿保障大行动 381b
古徽派建筑 412c
古籍保护 317a
古籍保护培训 316c
古籍普查登记 317a
古陶文化 48b
古宅民宿 473a
谷雨诗会 312c、313c
股份经济组织 404b
股权投资基金 190b
股权托管交易 240c
骨干教师 294b
固定翼轻型通用飞机 160a
拐卖儿童案件 449a
关爱好人基金 392b
关爱女孩基金 437b
关闭煤矿 156b
关键信息基础设施 176c、177a
《关于促进快递业发展的实施意见》 177b
《关于加快融入“一带一路”战略鼓励企业参与国际合作实施方案》 215a
《关于阶段性降低失业保险费率的通知》 366b
《关于进一步推进农垦改革发展的实施意见》 151c
《关于振兴江西地方戏曲的实施意见》 314c
《关于支持江中集团做大做强的若干意见》 165b
《关于做好实行备案管理后全省外商投资企业审批、备案和登记工作的通知》 170a
观赏石博览会 434c
管灌 264b
管控网络舆论 63b
管线搬迁 192b
光电产业 404a
光伏扶贫 461a
光伏停车场 405b
光伏渔光互补发电 475a
光伏组件制造 466c
光缆线路长度 172a、172b
光能资源 47c
光荣院 376a、376c
光网城市 171c、173a、178b
光网覆盖率 173a
光纤化改造 172a
广播播控监测和信号分配传输系统 335c
广播电视 333b
广播电视技术更新改造工程 334c
广播电视科技成果 335a
广播电视网络 451b
广丰农垦集团公司 151c
广告策划 241a
广告产业 241a
广告管理 240b
广州造船厂 395c
规范财政管理 229a
规范计费收费行为 178c
规范提案办理工作 92c
规划局 254b
规模以上工业增加值 56a
硅衬底高光效 GaN 基蓝色发光二极管 174b
贵溪发布微信公众号 435b
锅丰米业 186c
国产电视动画片 334a
国产铁精矿 157c
国道改建 466c
国地税一体化办税 191a
国地税征管改革 54c
国防教育宣讲 125b
国防知识 125c
国辅公墓 485b
国际比赛 346b
国际博物馆日 318a
国际承包商 270b
国际集装箱 250b
国际家庭日 309c
国际经济合作 211c
国际科技合作基地 302c
国际双创中心 405b
国家测绘地理信息局卫星中心江西分中心 270a
国家地理标志保护产品 439a、453b、458b
国家防护林工程 272c
国家钢铁煤炭行业淘汰落后产能第一督查组 156c
国家公共文化服务体系示范区 315a、430c
国家国防科工局 159c
国家级创新研发平台 298c
国家级“非遗” 316b
国家级风景名胜区 199b
国家级科技企业孵化器 187b
国家级人力资源服务产业园 357b
国家级生态镇 462a
国家级实验室 185a
国家级特色商业街 400c
国家级新区 55a
国家级重大项目 301c
国家级重点实验室 57a
国家科技进步二等奖 301c
国家科学技术奖 303c
国家林业重点龙头企业 273b
国家农村综合改革标准化试点 438b
国家农业产业示范基地 452b
国家全域旅游示范区 143c、410a、498c
国家森林城市 143b、434a
国家社科基金年度项目 311a
国家社科基金项目 308a、310c
国家社科基金重大项目 311a
国家生态功能区 427c、429b
国家生态文明试验区 142a、232c
国家生态县 423c
国家水土保持科技示范园 450a
国家体育总局航空无线电模型运动管理中心 481c
国家体育总局小球运动管理中心 470a
国家“万人计划”领军人才 492b
国家卫生城镇 345a

国家新型工业化产业示范基地 143c
国家休闲农业与乡村旅游示范县 457b
国家艺术基金 314c
国家印刷示范企业 331c
国家园林城镇 254b
国家知识产权局 411b
国家质检总局 407c
国家中小企业公共服务示范平台 401a
国家中医药综合改革试验区 336c
国家重大工业节能专项监察 156a
国家重点档案 323c
国家重点生态功能区 409b
国家重点实验室 298b
国家重点研发计划 293a
国家自然与文化双遗产 48a
国检监管试验区 441c
国库管理 224b
国门生物安全 252c
国内干支机场空白航点 220a
国内投资 216a
国内外电商 402a
国内知名休闲养生小镇 465a
国培计划 294a
“国培计划”专项资金 145a
国企负责人薪酬改革 363c
国企改革 54b
国企社区移交 234c
国情普查 269c
国税、地税合作征收 230a
国税地税合作 231c
国税绩效考评 230b
国税收入 229b
国税收入特点 229b
国泰集团 159c
国泰集团上市 234b
国土绿化 271a
国土资源保护 244a
国土资源管理 243b
国土资源“七五”普法 246a
国土资源信访 247a
国土资源“一张图” 246c
国土资源云 246c
国外市场 270b
国外松家系 149c
国务院扶贫开发领导小组 154c
《国务院关于煤炭行业化解过剩产能实现脱困发展的意见》 156b
《国务院关于支持赣南等原中央苏区振兴发展的若干意见》 143c
国务院评估督导组 380b
国医大师 343a
“国有金股”模式 158b
国有企业改革“江西样板” 89c
国有企业审计 250a
国有资产管理 233c
国有资产总额 233c
果蔬益生菌发酵关键技术与产业化应用 166a
过剩产能职工安置 364a

H

哈工大管理学院江西研究院 182a
海关监管 251c
海关特殊监管 447a
海关特殊监管区 193a
海关统计监测预警 251c
海昏侯国考古成果展 317c
海绵城市 253c、254c、255b
海山科技创新试验区 413b
海外华侨华人专业协会 141c
海外联谊 118a
海外侨领看江西 141b
“海外人才江西行”活动 258a、259c
海智计划 186a
寒潮 53a
汉传佛教 388b
汉代海昏侯刘贺墓 405c
汉代侯国遗址 405c
汉腾汽车 189c
汉语教学班 295c
夯实共同思想基础 94a
杭州G20峰会 287a
杭州跨境电商产业园 193b
航班备降保障 220b
航空产业 143a
航空产业发展基金 183c
航空护林作业 274b
航空零部件 183c
航空摄影 269c
好人文化 390b
合成警务工作站 467c
合成作战中心 133a
合法性审查 132a
合肥美菱股份公司 184a
合理诊疗 338b
和谐劳动关系 363b
和谐劳动关系工业园 364a
和谐劳动关系企业 364a
和兴古街 472b
河长制 55c、142b、232c、264a
河长制考核 264a
河长制培训 264a
河库型湿地 445a
河流断面达标率 50c
河流湿地 442b
核桃饮品 184b
核心智库 65c
核心专家自组团队 147a
核应用技术 303c
荷兰风情 181b
黑车 404b
黑广播 176b、334c
恒邦财产保险股份公司 181c
横板混凝土通道 459b
横江葡萄节 478b
弘扬井冈山精神 72a
“红包”问题专项治理 374c
红茶上品 151c
“红顶中介”垄断 54a
“红杜鹃”家政服务女性专场招聘会 380a
红盾护农 240b
红谷滩会议中心 395b
红谷滩秋水广场 395c
红光综合枢纽港 414b
红井坊酒业 192a
红色标语 319a
红色革命题材 440c
红色旅游 195c
红色旅游精品线路 451c
红色盆地 47a
红色文化 452a

《红色文化学刊》 328c、329b
红色文化学术研究 329a
红色摇篮 绿色家园 195c
红芽芋 474a
宏康现代农业示范园 416a
宏瑞锂云母 459a
洪都航空工业集团 259c
洪涝灾害 369b
洪水预警 268a
鸿盛花炮 127b
鸿盛花炮厂 468b
后勤综合保障 126b
湖口创谷 413b
湖口力山世贸大厦 413c
互访交流活动 145c
“互联网+” 234c
“互联网+”林业 149b
互联网+茶叶 147c
互联网+党史工作 76c
互联网+高效物流 208b
互联网+粮食 209c
互联网+流通 208b
互联网+税务 231b
互联网+注册登记 239c
互联网 OBU 购买 218c
互联网接入服务企业 179c
互联网金融风险专项治理 132c
互联网宽带 179b
互联网领域版权执法 330b
互联网慢病管理 494c
互联网企业 179c
户籍制度改革 415c、133b
护苗 2016 332c
花卉交易区 181b
花卉苗木企业 152b
花卉苗木种植面积 152b
华东区第二届核同舟论坛 116c
华林胡氏 49b
华林生态旅游 462a
华天下 167c
华为云数据中心 467a
华夏九州通用航空有限公司 160a、182a
华中国际木业有限公司 411b
华中最美避暑小城 461a
滑水巡回大赛 410b
化解过剩产能 234b、235c
化解民营企业纠纷 120b
化妆品生产许可培训 247c
划学区管理改革 477c
“欢乐春节”文化交流演出 319b
环保产业园 415b
环保电价 288b
环保赣江行 150b
环保节能冰箱 184a
环保石材加工产业园 419b
《环黄山松材线虫病防控总体方案》 274b
环境管理与督查 142b
环境卫生整洁行动 345a
环境综合整治 395b
环鄱阳湖国际自行车赛乐平站 423b
“环浙护城河”安全保卫 126b
环状花岗峰林地貌 48c
环状结构 47a
环资专业审判庭 135b
黄标车 272b
黄家驷纪念馆 470a
黄酒企业 166c
黄蜡石文化 434c
黄洲镇 399a
挥发性有机物污染 287a
回南天 51c
会昌橘柚 453b
惠民旅游卡 198c
婚姻登记 353a、404a
婚姻规范化 353a
婚姻家庭纠纷人民调解委员会 353c、380a
混合所有制改革 54b、234a
混合推进 PTO/PTI 模式系统 160a
火灾防控 126c
火灾隐患 126c
货币安置 446c
货币发行 224c
货币化安置 456b
货物贸易 212a
货物通关率 251b
货物吞吐量 220c
货物运输量 56b
货邮吞吐量 220a

J

机场建设 233b
机场旅客吞吐量 56b
机场应急保障 220b
机电锂电产业 457a
机动车检验 172c
机构编制供需矛盾 71b
机构事业单位养老保险制度建立 365c
机关处理问题线索流程通知 102b
机关党的建设 70a
机关公车改革 54a
机关事业单位养老保险改革 366a
机器人竞赛 307c
机械产品 158c
机械平移式停车楼 400a
机要网点 177b
基本农田红线 461c
基层党政工作者 474c
基层妇联组织建设 114c
基层科普行动计划 306b
基层农技人员 154a
基层农技推广服务 153c
基层文物保护 318a
基层阵地建设 145c
基础地理信息数据库 269b
基础教育重大改革 291a
基础设施 232b
基础信息采集共享机制 133c
基础研究计划 297b
基金监督制度 367b
基金监管 367b
基金资助 259a
基站共建共享 176a
激励政协委员履职 94c
吉安航盛电子有限公司 174b
吉安跨境电商集聚贸易区 193c
吉安全民健身体育中心 477a
吉安文创基地 478a
吉内得大米 426a
吉尼斯世界纪录 500a
吉水外国语学校 484c

吉水县香料产业 484b
吉阳大道 484b
吉阳大桥 484b
吉州窑景区 484b
吉州窑商业圈 480c
吉州窑文化产业园 480c
极端最低气温 52b
极端最高气温 52b
急性重点传染病 340b
疾病医疗商业补充保险 154c
集体林地承包经营纠纷调处 149b
集团化办学 292a
集约用地 181a
集中式饮用水源地 51a
集装箱装车 219c
计划生育管理 336a
计划生育家庭扶助 437b
计划生育特殊家庭 344a
计划生育信息化 343c
计划生育优质服务 498c
计量测试中心 242a
纪检监察干部任免退休谈话规定（试行） 102c
纪律挺在前面 60b
纪念红军长征胜利80周年 75c
纪念红军长征胜利80周年文艺会演 76a
纪念孙中山诞辰150周年 96b、104b
纪念汤显祖 489b
技工教育 292b
技工院校 292b
技能大赛 258a
技能大师工作室 292b
技能培训 145b
技能人才 357c
“技能中国行2016”——走进江西 359b
技术成果 306a
技术创新示范企业 156a
技术发明 57a
技术合同 305c
技术市场 305c、306a
技术指导 145b、145c
技术转让合同 302a
“技兴赣鄱”专项行动 357c
季节转换 52b
寄递假烟 167b
寄生虫病防治技术竞赛 341a
加工贸易 212b
加工贸易企业 212b
《加快林业改革发展推进我省生态文明先行示范区建设十条措施》 149a
加强版权保护合作协议 122a
加强非公经济人士思想政治工作 119b
加强换届风气监督通知 102b
加强纪律建设 100a
家具产业 441c
家具产业产值 148c
家具产业集群 148c
家具之都 149a
家具制造业 160c
家具专列 149a、219c、441b
家庭服务业 363c
家庭教育 353c
家庭情景剧 354a
家庭文明建设 114c、392c
家用电力器具制造工业 160c
家政服务 207b
甲骨文创新创业孵化平台 400c
甲类传染病 339c
贾君婷仙夺金牌 426b
价格变化 238b
价格调控 238a
价格调研 238c
价格改革 238b
价格管理 238a
价格管理改革 54a
价格监测 238b
价格举报 239a
价格认定复核 239a
价格事件 239a
价格稳定 238b
价格行政复议 239a
间隔带电 476b
监测雷暴活动 396b
监测预警 288a
监督执法 364c
监督执纪 100b
“监督执纪四种形态”指导意见（试行） 102b
监管机制 241a
减量化生产 156c
减轻企业负担 361a
检查食品生产经营者 247b
检察改革 134a
检察官员额制 134c
检验检测产业 242b
简化采矿权审批 246c
简易注销 239c
简政放权 53c、356a
建材产业基地 164c
建材行业 163c
建成区面积 255c
建档立卡 449b
建档立卡贫困户 125c、368b
建档立卡人员 366c
建华江西分课堂 106c
建设马克思主义学院 64a
建设文化名县 428c
建设用地 244c
建言献策 103a
建筑对外承包 260a
建筑节能 261a、287c
建筑民营企业 260a
建筑企业 260a
建筑市场信息化 254a
建筑陶瓷产业基地 461c
建筑业 260a
建筑业简政放权 261c
建筑业总产值 56a、253c
“剑网2016”专项行动 330b
健康保险 226b
健康城市 344c
健康档案 336c
健康扶贫 339b
健康小屋 401b
健康养老 207b
健康养殖示范场 151a
健身球 421a
江铃底盘股份有限公司 185b
江铃驭胜·2016南昌国际马拉松 395c
江南都江堰 477a

江南民居 414c
江南西道 49a
江南西道监察区 49b
江南西路 49b
江苏省国家农业科技园区 300c
江铜集团混合所有制改革 234a
江铜—耶兹铜箔有限公司 174c
江西(安义)铝型材及门窗展览会 399b
江西(上海)茶叶博览会 147c
江西(香港)旅游推广活动 197c
江西(香港)游学 197c
江西(瑶湖)荷兰郁金香展 152b
江西(瑶湖)荷兰郁金香主题花卉展 181b
江西(樟树)医药产业招商引资推介会 458c
"江西安全生产"微信公众号 236b
江西百家高校智库联盟 310c
江西百乐米业股份有限公司 183a
江西测绘资质客服群 269c
江西茶文化历史 147c
江西春茶、秋冬礼品茶 147c
江西地方历史文化研究 308c
《江西电网输配电价改革试点方案》 238b
《江西电子信息和铜材产业联盟章程》 174c
江西定南(宁波)招商推介会 448b
江西定南(深圳)招商推介会 448b
江西东海蓝玉光电科技有限公司 181c
《江西方志文化丛书》 326c
江西纺织服装行业 163b
江西非物质文化遗产发展报告 315c
江西丰城电厂 459b
江西风景独好 196c
"江西风景独好"微信 198a
江西佛学院 388b
江西改革发展 58c
江西赣江井冈山航电枢纽工程 221b、486a
江西赣翔通航公司 160a
江西港澳事务工作研讨班 138b
江西高院执行指挥中心 135c
江西工商创业咨询一点通 170c
江西工商企业网上注册服务平台 239c
江西古村落群 318c
江西国科军工集团 160b
江西海利科技有限公司 185b
江西海外农业投资联盟 146c
江西海外资源能源开发基金 234b
江西好人 390b
江西好人馆 393c
江西好人网 390b
江西湖口高新技术产业园区 406c
江西画院 314b
江西机场集团公司 219c
《江西家庭发展报告(2016)》 309c
江西家庭关系 310a
"江西家政"公共平台 207b
江西九福源院士工作站 186b
江西九江长途汽车运输集团有限公司 217b
江西九江共青城高新技术产业园区 406c
江西军区旧址 125c
江西科普云平台 306c
江西蓝星星火有机硅有限公司 162c、163a
江西老年大学艺术团 384b
江西理工大学 186a
江西联合股权交易中心 459a
江西旅游海外推广 198a
江西旅游网 196c
江西绿丰新材料 189b
江西麻纺产业推介会 163c
江西麦稻佳网络科技有限公司 412b
江西茗龙实业集团有限公司 151c
江西木林森电子科技有限公司 189b
《江西年鉴(2016)》 324b
江西农业大学南昌商学院(共青校区) 418a
江西人口 50a
江西日报传媒集团 399c
江西瑞金金字电线有限公司 192c
江西商会 216b
江西省版权输出奖 330c
江西省半导体照明(LED)产业联盟会员大会 175a
《江西省半导体照明(LED)产业联盟暨LED企业"走出去"合作联盟章程》 175a
《江西省标准化体系建设发展规划》 241c
江西省城乡社区建设部门联席会议 371c
江西省创业孵化基地 419b
《江西省慈善总会章程》 370c
《江西省地方志事业发展规划纲要(2016—2020年)》 324a、325b
江西省电线电缆产业基地 452a
《江西省电子信息制造业三年行动计划(2016—2018年)》 174b
《江西省分类处置稀土资源回收利用项目分工方案》 158b
江西省妇女联合会 114a
《江西省钢铁产品制造升级行动计划(2016—2020)》 157b
江西省各级人民代表大会 78a
江西省工商联 119a
江西省公共资源电子平台 173c
《江西省公民民族成分登记管理实施细则》 389b
江西省广电网络公司 451b
江西省归国华侨联合会 117a
《江西省国防科技工业"十三五"发展规划》 159c
《江西省河道采砂管理条例》 266a
江西省红十字会 122a
江西省互联网大会 179c
江西省籍博士 258c
江西省计划生育服务系统 344c
《江西省健康扶贫工程实施方案》 144c
江西省巾帼志愿服务协会 381a
江西省经济社会发展重大招标课题 311b
《江西省军人军属权益保障条例》 376b
《江西省开放型经济"十三五"发展规划》 214b
江西省科技馆 307c
江西省科技奖 303c

江西省科技金融管理服务中心 296b
江西省科学技术协会 115b
《江西省绿色建筑评价标准（2016版）》 261c
《江西省民用建筑节能和推进绿色建筑发展办法》 261c
江西省女企业家协会 380b
江西省平安医院 337c
江西全民健身山地自行车基地 440a
《江西省全民健身实施计划（2016—2020年）》 347c
《江西省人民防空工程管理办法》 128b
《江西省人民政府关于调整九江市部分行政区划的通知》 418b、421c
《江西省人民政府关于印发江西省盐业体制改革实施方案的通知》 161a
《江西省入境旅游奖励试行办法》 198a
江西省商务厅口岸大厦挂牌 251a
江西省少儿艺术节 315b
《江西省深化国税 地税征管体制改革实施方案》 231b
《江西省生物医疗产业“十三五”发展规划》 165b
江西省十佳导游评选 199a
《江西省“十三五”时期电子政务发展规划》 175c
《江西省实施〈退役士兵安置条例〉办法》 379a
江西省实验动物服务平台 299a
江西省食品工业协会第五届会员代表大会 167a
《江西省水资源条例》 265c
《江西省税收保障条例》 228c、230a
江西省台湾同胞联谊会 118c
江西省特色商业街 206c
江西省通用航空协会 159c
江西省推进法治政府建设工作领导小组 131a
《江西省文化产业发展“十三五”规划》 321c
江西省文化产业公共服务平台 321b
江西省戏曲文化演出团 320a
江西省校企合作信息服务平台 290a
《江西省新能源汽车产业“十三五”发展规划》 158c
江西省有机硅产业联盟成立大会 163a
江西省志愿服务联合会 390c
《江西省综合防灾减灾规划（2016—2020年）》 369c
江西十大法治人物 137b、435b
江西十大法治事件 130c、131a、131c
江西首届九三论坛 110b
江西四大镇 49c
江西台联、台胞青年夏令营 119a
江西桃红岭梅花鹿省级林业生态定位观测研究站 149b
江西淘鑫电子商务有限公司 147c
江西天施康中药股份有限公司 184a
江西庭审公开网 135c
江西统计微信公众号 249b
江西网络广播电视台 331a
江西微农 147b
“江西微农”微信平台 267a
江西文化交流团 319c
江西文化周 319c
江西文学重点扶持工程 313a
江西钨业股份公司 234a
江西先进制造业 172c
江西现代青年农场主联合会 154a
江西修水农村商业银行股份有限公司 409a
江西样板 142a
江西银行德兴支行 472c
江西友协成立60周年 140c
江西云济投资有限公司 190a
江西增鑫牧业科技股份有限公司 183a
江西政务服务网 172b
江西志愿服务网 390c
江西智库论坛 310a
江西智美广电科技有限公司 188b
“江西走出去信息服务平台”微信公众号 215b
江右 49a
江中集团 165b
江州农贸市场 420c
姜闽林捐献淋巴细胞 122c
讲好江西故事 112b
“讲文明树新风”公益广告 393a
讲“孝廉故事” 491a
奖励资金 182b
蒋国珍教育基金会 432c
蒋国珍小学 432c
蒋经国档案 323b
蒋经国书信集 322c
降本增效 167b
降成本、优环境 231a、238c、242b、246c、251b、365b
“降成本、优环境”专项行动 180c、229c、439c、440b
降成本优环境100条措施 155b
降低保险总费 365b
降低港口收费 251a
降低企业成本 234b、365b
降低企业融资成本 224a
降低失业保险 361a
降水pH年均值 51b
降水量 53b
降水日数 52a
降水资源量 53b
降温能耗 53c
降物流成本 208a
降雨量 264c
“交管12123” 172c
交流交往维度 145c
交流校级干部 417a
交通管理改革 133b
交通基础设施建设 144b、217a
交通气象站 267c
交通事故快处快赔 226b
交通运输部 218b
交通运输节能 287c
交通运营不利天气 53b
交行落实残疾人助学 387a
“交钥匙”工程 384b
《焦点访谈》栏目 338b
焦炭 157c
教材发行 332a
教科文卫体委员会 98b

教师交流轮岗机制 463c
教师专业化 292a
教师资格定期注册 289c
教书育人楷模 294a
教学应用系统 173c
教育基础设施建设 145b
教育技术装备 463a
教育经济支出 396c
教育体制改革 55a
教育脱贫 294a
教育信息化 289a、291a
教育用地 463c
教育综合改革 289b
节能减排科技示范企业 301a
节能减排目标考评 288a
节能新技术新产品推广工程 456c
节能宣传周 288a
节能重点工程 287c
节约集约 244a
节约集约用地 245a
结对帮扶 378b、391a、393b、449b
捷一商务 177c、464c
巾帼创新创业贴息贷款 380a、380b
巾帼手工制品 380b
巾帼心向党 114b
金驹伯乐 466b
金酷集团产业园 418a
金秋助学 112b
金融扶贫 444c
金融服务 223c
金融服务“村村通” 223b
金融服务中心 439c
金融改革 55a、224a
金融赣军 55a
金融机构 222a
金融精准扶贫 223a、224a
金融消费权益保护 224b
金融业 222a
金融债务 156b
金砂湾学校 414a
金税三期 230b、231a
“金税三期”系统 436b
金溪县15个古村入选中国传统村落 498a
金星砚制作技艺传承人 419b
金源纺织 163b
金尊奖 318c
津贴补助 145a
紧急医学救援 341b
进出口货物量 250b
进出口总值 56b、251a
进口商品直销中心 193c
进贤县前坊镇西湖李家 397b
进贤县文港镇 256c
“禁毒宣传月”活动 328c
经济犯罪 134c
经济平稳发展 58b、86a
经济委员会 98a
经济与国防建设协调发展处 378a
经济责任审计 250a
经济作物总播种面积 147a
经开区创业指导中心 191a
经开区电子商务创业培训中心 191a
经营性公墓 374c
晶科渔光互补太阳能发电 420b
精品出版 329c
精深加工行业 158a
精神文明 390a
精心组织提案办理工作 92b
精选严管驻村书记 62b
精制食用油 166a
精准扶贫 243c、354b、444c、445b、452c
精准扶贫档案 322b
精准扶贫医疗保险 225c
井冈山东上学校 479c
井冈山精神 391b
井冈山省级农高区 296c
井冈山市 145a、154b
井冈山市工业园 479c
井冈山市拿山乡江边村空心村 167c
颈内静脉固定装置 416c
景德镇(陶瓷)知识产权快速维权中心 297b
景德镇高新区航空工业园 183c
景德镇美丽乡村发展论坛 424a
景德镇市国际会展中心 161b
景德镇市与威尼斯 422b
景德镇手工制瓷技艺 316a
景德镇陶瓷大学 161c
景德镇陶瓷学院更名 422b
景德镇御窑博物馆 143b
景德镇直升机通航 422c
景区建设 196a
景区执法 195b
警戒线 407a
警示教育 237b
警务模式转型升级 132b
净网2016 130a、332c
敬老文明号 385a
敬老院 445c
敬老院等级评定 383b
敬老月 385a
敬献花篮 377a
境内外敌对势力 132c
境外经贸合作 215a
境外旅游宣传 198a
境外媒体到赣 198a
境外商会 119c
纠正四风 100b
九江长江二桥项目 217c
九江钢厂 413b
九江港 143a
九江港彭泽港区红光作业区综合枢纽码头 221b
九江港物流集聚中心 407c
九江还林油茶专业合作社 420a
九江郡 49a
九江石化 143a
九江市农村综合产权交易中心 408a
九江市商业银行 463c
九江市文化旅游发展集团 143b
九江翔升造船有限公司 414c
九江银行 463c
九江职业技术学院濂溪区社区学院 422a
九景衢铁路 412b
九景衢铁路昌江桥 422b
九龙湖水库 408c
九三学社参政议政 109c
九三学社江西省地方组织 109c
旧石器时代 49a
旧志整理 324c
救护救援 122b
救急难 402b

救灾物资　144c
救灾物资储备库　369a
救灾物资四级储备体系　369c
就业　233a
就业帮扶　361b
就业创业培训　361c
就业服务月　361a
就业援助　361a
居家养老服务平台　457b
居家养老服务设施　383b
居家养老服务中心　457b
居民基本医疗保险　89c
居民楼坍塌事故　127b
居民用气价格　238c
局地强对流　52c
橘园游　494a
巨石集团九江有限公司　164c
卷烟　167a
决策督查　65b
决战一万亿　195b
绝技绝活　259b
军地协同　159c
军旅创新创业　379a
军民共建单位　434b
军民联合实战　421c
军民融合　378a
军民融合联席会议　378a
军民融合深度发展联席会议
　制度　124b
军民携手　265a
军山湖开发公司　398a
军休服务　379b
军休干部　379b
军休活动　379c
军休人员生活待遇　379c
军休所　379b
军休退役安置补助资金　379c
军转安置　362c
军转干部　377c
军转干部安置　363b
浚图科技有限公司　194a

K

卡圈　175b
开发面积　466c
开发区利用外资　213b
开发区用地　245b
开放平台　212a
开放式老旧社区　396c
开放式社区　404b
开放型经济　214a
开拓市场　212c
开展“百千万”活动　72b
开展对外文化交流　64b
开展法律法规检查　81b
开展非公经济调查研究　119b
开展“环保赣江行”　81b
开展“三清两强”专项行动　72b
看守所监管执法　134b
看望老干部　75b
康复体育关爱家庭计划　387b
抗洪力量　265a
抗洪抢险　126b、411c、421c
抗战文物捐赠　463a
抗震救灾指挥部　268c
抗震能力　268c
科创电器　186c
科贷通　299b
科技成果　302c
科技成果对接会　305c
科技成果奖　293a
科技成果在线对接会　305c
科技成果重点转移转化　297c
科技成果转化　302a
科技成果转移转化　305c
科技创新　296a
科技创新成果展　306a
科技创新公共服务平台　299a
科技创新平台　293b、302a
科技创新项目　293a
科技担保贷款　299b
科技服务能力　298b
科技服务业集聚区　181c
科技服务业区域试点　181c
科技贡献率测算　249a
科技和金融结合试点　299a
科技惠民计划　301b
科技奖　57a
科技企业孵化器　185b、299c、440b
科技人员创新创业　293a
科技特派团　300b
科技体制机制改革　296b
科技下乡　300b
科技协同创新体　298a
科技兴安　237c
科技重大专项　297b
科技著作　301c
科伦医械　457a
科普大篷车　307b
科普动漫　306b
科普动漫创作　321c
科普读物　307b
科普公共财政项目　306c
科普活动　306c
科普六进　475b
科普示范基地　475b
科普云终端　306c
科普志愿者　306c
科易网　459b
可逆式水泵水轮机组　460a
可移动文物普查　317b、317c
客运班线　472b
肯德基汽车穿梭餐厅　181b
空间管控　142b
空间规划　254b
空气质量　142a
口岸查验区建设　250b
口岸建设国家试点　212a
口岸开放　250b、251c
口岸通道　250c
口岸通关时间　251a
跨赣江大桥　477b
跨江改造　408b
跨境电商机遇　402a
跨境资金　225a
跨流域生态保护补偿　142b
跨区域农产品流通基础设施
　建设　206c
跨省界绿通车辆查验联勤联动机制和
　信息共享平台　218b
快递+赣南脐橙　177c
快递园区　177c
快速物流园　208b
矿产储量　243a

矿产地 47b
矿产勘查项目 270a
矿产执法 246b
矿产种类 242c
矿产资源补偿费 243a
矿产资源开发监测监管系统 245b
矿山地质环境 245c
矿山生态修复 273c
困境儿童 381a、391b
困难户子女 144b
困难企业降成本 223b
困难助保对象 367a
扩大开放 211a、251a

L

垃圾处理 255b
“来华创作”交流团 320a
蓝宝石晶体 181c
蓝海村镇银行 471b
狼和医疗器械股份有限公司 483a
浪潮集团 173c
劳动保障日 364c
劳动力市场价格监测 239a
劳动年龄人口 50b
劳动人事争议 364b
劳动用工 364c
劳模医疗队赴疆义诊 112c
老龄人口 50b
老年大学 385b
老年法律维权 490a
老年抚养比 50b
老年环卫工人 421c
老年介护 122b
老年人合法权益 383a
老年人权益 384c
老年人日间照料中心 463a
老年人体育文化生活 384b
老年人宜居环境 382c
老年人颐养之家 463a
老年人意外伤害保险 382b
老年社团 385b
老年书法作品展 75c
老年协会 385c
老年心理健康监测 384b
老人健康监测 207b
乐从家具城龙舟队 476b
雷电预警 396b
雷公尖休闲服务节点 460a
离任审计 249c
礼遇帮扶 392b
里约奥运会 348a
理论创新 122c
理论赣军 308a
理论教育 63a
理论研究历史性突破 109a
理想信念 391b
理想信念教育实践活动 168b
锂电新能源 191c
历史唯一性 405c
历史文化街区 254b、318a
历史文化名城 254b
历史文化名镇(村) 318a
历史文化名镇名村 256b
立案登记制改革 135b
立法公开 130c
立法沟通会 130c
立体式管理平台 467a
利用外资 213a
“连心共建”活动 388a、389b
连续工龄 366c
莲花县扶贫脱贫 429b
联合培养 143a
联合战役指挥演练 124a
濂溪区、庐山市人民代表名额 82a
粮食安全责任制 209c
粮食播种面积 147a
粮食储备 209b
粮食库存检查 209c
粮食贸易 209a
粮食市场 209c
粮食收购 209a
粮食行业改革 209c
粮食应急保障 209b
粮食种植面积 55c
粮食总产量 56a、147a
粮田标准化 416a
两岸关系 320b
“两城两谷一带”项目 437c
“两非” 344a
“两覆盖”攻坚计划 373a
两纲 380b、381a
两个覆盖 402b
两光一车 466c
两孩政策 471a
“两红”人员 376c
两化融合 156a
两化深度融合试点 171a
“两新组织”党建工作 62c
“两学一做”学习教育 60c、61b、390a
两证整合 170b、421a
亮灯机制 187a
廖妈妈咸鸭蛋合作社 453a
列车临时保留 219b
烈士 376c
烈士纪念日 377a
烈士纪念设施 376b、377a
林产工业企业 148a
林产化工产品 148a
林地经营权流转 149b
林木良种 148c
林木良种细胞工程繁育技术及
  产业化应用 149c
林木种苗产业产值 148c
林权管理新机制 149b
林下草本药材培育补贴试点 148b
林下经济 273b、413c、447b
林下经济产值 148b
林下经济种养专业户 447c
林业精准扶贫 148a
林业科技创新推进工作会议 149b
林业科技推广 149b
林业龙头企业 148a
林业投资 149a
林业有害生物 274b
林业自然保护区 273c
林业总产值 148a
林政资源管理 274a
临空经济区直管区 193a
临时救助 368a
领军人才 293b
领事保护案件 140b
刘泽赣获亚城赛跳高冠军 424c
流动党员 404a
流动党员党支部 425a

流动人口 344a、401b
流通市场 205b
留守儿童 344b
留守儿童健康上网 320c
留学中介服务 295b
柳子谷纪念馆 470a
六大攻坚战 439c、455a
六大指标综合先进单位 188a
“六一”儿童论坛 381c
龙虎山上清镇 256c
龙净碳素 186c
龙南(深圳)电子信息产业共建基地 192a、446b
龙南保税物流中心 447a
龙南东江乡 192a
龙头企业 452c
垄断行为 240a
庐山西海 352a
庐山友谊奖 259c、295a
庐山云雾茶 148a
鲁班奖 260b
鲁班奖评审 261c
陆王心学 49c
录播教室 291a
路灯亮化率 414b
路网数据采集器 218b
旅客发送量 219a
旅客吞吐量 220a
旅客运输量 56b
旅游110 473a
旅游标准化 198c
旅游厕所建设 196b
旅游产品规划设计 196a
旅游产业博览会 195b
旅游产业大会 195b
旅游产业发展投资基金 446c
旅游产业高级人才 199a
旅游大数据 466b
旅游大型推广活动 197a
旅游发展研讨会 483c
旅游风情小镇 195c
旅游扶贫 195c
旅游改革 195a
旅游观光 469c
旅游管理 198c
旅游规划 196a
旅游规划编制 199c
旅游规划监管 199c
旅游会展活动 197b
旅游节庆 198b
旅游美文大赛 197b
旅游强省 195a
旅游强县 198c、455b
旅游人才 199a
旅游商品大赛 195b
旅游市场联合执法指挥调度中心 473a
旅游推广活动 196c
旅游项目 196a
旅游项目建设 482c
旅游项目设计 196a
旅游新产品推广 197a
旅游业 434b
旅游业优胜劣汰 199a
旅游一卡通 198c
旅游优惠活动 197b
旅游质量强省 198c
旅游资源保护 199c
铝型材产业集群 398c
律师库 130a
律师事务所 397a
律师值班制度 130a
律师制度改革 137a
“率先行动”计划 302b
绿色殡葬 374c
绿色发展 439a
绿色富民产业 148a
绿色高效储能系统制造业 463c
绿色高效示范创建 147a
绿色工业体系 458a
绿色公路 218c
绿色建筑 261a
绿色经济 309c
绿色崛起 309c
绿色农业 68b
绿色社区 372b
绿色生态农业 146b
绿色生态农业十大行动 89b
绿色食品产业园 462c
绿色食品检查员 152a
绿色食品原料标准化生产基地 152a
绿色通道 250c、403b
“绿色信贷示范年”活动 223a
绿色学校 290b
绿色有机农产品示范县 152b
绿通车通行卡 218b
罗坑山村山地自行车赛道 440a
罗霄山片区 144b
裸眼2D、3D显示模组 187c
落后产能 156c

M

麻风病 340c
麻山水厂 427c
马海德奖 340c
霾天气 53a
慢性病补偿比例 144c
慢性非传染性疾病 340b
毛入学率 56c、290b、292c
毛衣女传说 430c
毛油 150a
毛竹低产林改造 148b
矛盾纠纷多元化解机制 129c
茅坪 479b
梅关大桥 443a
媒体平台 462a
《煤矿安全规程》 236b
煤矿安全监察 236b
煤矿安全监管建议 238a
煤矿安全准入 236c
煤矿产能 156c
煤矿会诊 237a
煤矿监督 236c
煤矿零事故 156b
煤矿事故 236b
煤矿数量 236b
煤矿停产整顿 237b
煤矿执法 236c
煤矿中介机构 237c
煤炭产能 156c
煤炭去产能 232b
美凯宝科技股份有限公司 188b
美丽江西 寻梦中国 197b
美丽乡村 481a

美丽乡村标准化建设 460a
“美丽中国”样板 58b
美食制作 472b
渼陂古村文化旅游节 478c
迷你马拉松 490a
米粉品牌 240c
“蜜橘果劲”获奖 494b
棉船中心幼儿园 414b
棉纺织 163b
免除普通高中学杂费 144b
免费参加新农合 144c
免费医学生 339b
免疫规划 340a
面试就近入学 483c
面向铀矿与环境的辐射探测关键技术、设备及其应用 181b
民办非学历高等教育 294b
民办高校年检 294c
民办高校招生 294c
民办教育 484c
民办普通高校 294b
民办普通高中 295a
民办学校 294b
民革江西省委地方组织 103a
民革江西省委会换届 103c
民国抗战胜利纪念邮票 463b
民间投资增速下滑成因及对策 168c
民建江西扶贫基金会成立 106c
民建江西省地方组织 105c
民进参政议政 107c
民进江西省地方组织 107a
民进开展学习实践活动 107a
民进六省一市工作研讨会 108a
民盟成立75周年书画展 105b
民盟江西省委员会换届 105a
民盟美术院景德镇分院成立 105b
民盟思想宣传 104c
民盟重点专题调研 105c
民企入赣 168c
民生兜底价格 238b
民生工程 233a
民生工程安排 89b
民生事业 447b
民生支出 229a
民生资金审计 249c
民营经济发展环境 453b
民营企业招聘 361b
民用直升机 160b
民族村 388c
民族地区 388c
民族地区精准扶贫示范工程 388c
民族工作 388a
民族工作领导小组 389a
民族和宗教委员会 98c
名播名记走基层 334a
名特优养殖 150c
明天计划 381b
明月山温汤镇 256c
明月山游客服务中心 456a
命案破案率 133a
模块化变电站 450a
磨溪乡尖山村 416c
母婴安全 339a
木材专业码头 411c
木兰汇 410b
木马僵尸 179c
木竹加工产品 148a
木柱支架 414c

N

内部机构设置 180c
内部行政救济 170b
内地就学 145b
纳税服务平台 436b
男性人口 50c
南北“4+8”地区 439a
南北交通线路 49b
南昌(国家)大学科技城 182b
南昌出口加工区A区 193a、394c
南昌大学 136a
南昌大学(瑞金)科技园 192c
南昌大学产学研合作基地 192c
南昌大学俄语中心 140c
南昌“毒包子” 247b
南昌供销为农服务中心 210c
南昌光谷集团公司 395a
南昌航空大学科技学院 417c
南昌机场安全质量管理体系 220a
南昌基层民主协商经验 371b
南昌口岸 252a
南昌快递(电商)物流园 177c
南昌矿山机械有限公司 159a
南昌临空经济区 394c
南昌龙头岗综合码头 221a
南昌市公交集团大厦 394c
南昌市“光谷、慧谷”推介会 174c
南昌市前湖迎宾馆 394b
南昌市青山湖区家和社工服务社 404a
南昌市文物考古研究院 395a
南昌铁路局 219a
南方经营修复区 149c
南方片区座谈会 389c
南方水网地区生猪养殖 150a
南丰傩舞 494a
南康家具 155c、219c、438a、441c
南康家具产业基地 161a
南康区人民法院 441b
能繁母猪和育肥猪保险 150b
能上能下 61a
能源计量 242a
能源林示范基地 150a
能源消费总量 57c
能源新都 435c
年报率 170b
年度核验 331c
年度散文奖 313b
年度诗人奖 313c
年鉴编辑 324b
年金备案 367c
年金规模 367c
宁红茶 148a
宁红茶道表演 409c
宁州水乡 408c
牛市 399a
牛田古樟林 496b
农产品成本调查 239a
农产品加工率 146b
农产品原料生产基地 460c
农村低保 368a、383c
农村电商 414b
农村电影公益放映 327c
农村妇女宅基地保障举措 115b
农村公路 217a

农村供稿 68a
农村孩子 471b
农村集体产权改革试点 146a
农村集体经济组织产权制度改革试点 404b
农村建房规划 256a
农村建房违规 247a
农村教育 471b
农村精神文明 391a、393b
农村客运班线 218a
农村困难老人 385c
农村留守儿童 381a、391a
农村民生 68a
农村轻喜剧 474c
农村社区 372b
农村社区建设试点 372c
农村生活环境治理 460a
农村水电站 266c
农村水电站安全管理 266c
农村水电站增效扩容 266c
农村淘宝 411c、481a
农村土地确权 232c
农村危房改造 57b、256a
农村无线宽带建设全覆盖 172a
农村信用社 447c
农村学校 445c
农村学校办学条件 396c
农村学校"空心化" 291a
农村养老服务体系 431b
农村饮水 264b
农村饮用水工程 264b
农村宅基地 247a
农村宅基地制度改革 436a
农村综合产权交易中心 146a
农村综合服务社 201b
农村综合改革 456b
农地流转 146a
农地确权 146a
农地确权档案 322b
农房设计 256a
农副食品加工业 165c
农耕文化 448b
农工党参政调研课题 108c
农工党干部推荐 108c
农工党江西省地方组织 108b
农合机构改革 223b
农机报废更新补贴试点 152c
农机标准化示范农场 476a
农机发展座谈会 153a
农机购置补贴 152c
农机化 153a
农机专业合作社 153a
农机总动力 152c
农家乐 486a
农家书屋 327a、327b
农垦国有土地使用权确权登记 151c
农垦农产品质量追溯体系 151c
农民工 363b
农民工工资支付情况 364c
农民画 486a
农民剧团 406b
农民委员 398c
农民增收 354c
农民专业合作社 170a、210b、453c
农商大厦 190c
农商银行 447c
农田防护林 153b
农田基本建设项目 147a
农田水利灌溉工程 264a
农网改造升级 144b
农业保险 225c
农业部信息化进村入户试点省 146c
农业产业化龙头企业 143c
农业产业结构 146a
农业产业链 450a
农业产值 151b
农业对外开放 146c
农业防灾减灾 147b
农业风险管控 146c
农业改革 146a
农业灌溉 469c
农业减排 287c
农业科技 146b、300a
农业科技进步率 153c
农业科技园区 300c
农业科技园区协同创新战略联盟 300c
农业科普基地 307c
农业龙头企业 153c、436b
农业农村经济 146a
农业普查 249b
农业"三项补贴"改革 147a
农业社会化服务 210b
农业生产 67c
农业示范园 470c
农业水价 238c
农业损失 51c
农业新创客 474c
农业信用担保公司 228b
农业转型升级 146b
农业综合开发 153a
农业综合体 462c
农资打假 147b
农作物受灾面积 51c
农作物综合机械化 146b
农作物总播种面积 151b
女农民工创新报告会 112b
女企业家协会 380a
女性人口 50c
女职工竞选 112b
钕铁硼废料 186c
诺奖之星——黄晓军 494b

O

欧式风格 400a
欧阳氏宗祠 485b

P

排污权交易制度 143b
派路特车载平视显示系统 175a
攀岩项目 346b
盘活土地 414c
盘活用地 417a
培训补贴 361c
培训审批 363a
培育企业品牌 206a
培育新型贸易业态 211c
配合中办、国办督查 90c
喷灌 264b
棚户区 57b、475c
棚户区改造 253b、260c、443a、445c、446c、456b、461b、467c、472b
棚户区改造融资 229a、261a

批而未建土地 244c
琵琶湖 475c
贫困村 393a
贫困发生率 145a、154a、154b
贫困户 443b
贫困户贷款 223a
贫困家庭育龄孩童 400a
频率支持 176a
频谱路测 176b
品牌主体创新研发 147c
聘期考核 363a
平均降水量 51c、57c
平均气温 52a、57c
平均日照 57c
平均日照时数 52b
平均舒适日数 53c
平台直播 401c
平行滑行道 182b
平战结合 128a
评比达标表彰 363a
评审会 311b
苹果公司 431a
屏山牧场 450c
鄱阳湖 47b
鄱阳湖二期防洪工程 263c
鄱阳湖国家湿地公园 476a
鄱阳湖候鸟 412c
鄱阳湖旅游品牌 406a
鄱阳湖生态经济区 143a
鄱阳湖水产品品牌 151a
鄱阳湖水位 264c
鄱阳湖水位超警戒 268a
鄱阳湖水域成品油市场 206b
鄱阳县饶州脱胎漆有限公司 476b
鄱阳县志愿者协会 476b
破除体制机制障碍 70c
破坏环境资源犯罪 134c
破坏野生动物刑事案 275b
破损路面 414b
葡萄生产基地 475b
普查机构 317c
普通高中特色发展试验 289c

Q

七步工作法 402b
七彩蝴蝶旅游文化节 399a
七改三网 452b、453a
“七五”普法规划 136c
七仙女文化 430c
脐橙产业 153b
脐橙电商交易 178a
脐橙生产线 442b
企业帮扶平台 246c
企业博士科研工作站 191a
企业改革 234a
企业工资指导线 364a
企业国家重点实验室 438c
企业黑名单 235b
企业减负 228a、252c
企业减免税备案材料 175b
企业破产案 135a
企业上市 234b
企业事务代办服务 183a
企业信息化 171a
企业信用信息公示平台 173a
企业信用信息公示系统 240a
企业职工基本养老保险费 413b
企业重组 234a
企业注销 239c
企业转型升级 234c
启动泳安计划 122c
启动足球梦想活动 108b
起草文稿 93b
气候反常 53b
气候可行性论证 267b
气象保障 160b
气象保障行动方案 267b
气象服务 267a
气象服务能力 267a
气象改革 267c
气象减灾 267a
气象科技 267c
气象科技创新 267c
气象评价 267b
气象事业“十三五”规划 267c
气象为农服务 267a
气象现代化 267b
气象灾害 52c
气象灾害防御技术中心 267c
汽车保有量 56c
汽车产业 158c
汽车购餐 181b
汽车零部件 396c
汽车流通业 207a
汽车线缆线束 192c
汽车消费 355c
汽车销售 56b
汽车用钢与整车企业对接 158a
洽谈会 258b
千伏电网 157a
千亩种植示范基地 474a
千年生态古村 462a
千企帮千村 168c
千人计划 484a
千叶香 149c
千亿元产业 155a
强农惠农政策 355a
强农惠农资金 228c
强制免疫补贴 150b
抢救性记录 315c
抢救性记录工程 316b
侨联工作 117b
“侨梦苑”产业 141a
“侨梦苑”联络处 141c
侨企座谈创新发展 118b
侨务 141a
侨政工作会议 141b
侵权盗版行政处罚案件 330b
禽蛋产量 150a
青峰药谷 439c
青花瓷建筑 395a
青苗关爱工程 370b
青年空间 404b
青少年俱乐部 57a
青少年科技竞赛 307b
青少年科学调查体验 307b
青少年“三人制”篮球 400b
青少年维权 113b
青少年“五人制”足球 400b
青少年心理健康 392a
青少年政治思想引领 113a
青溪万年大桥 473c
青原区佛教协会理事会 479a
青原山 479a
青云谱区朱姑桥梅村 401c

青砖 460b
轻度污染 51a
清河行动 55c、233a、464b
清江基地转隶移交 124b
清江清湖行动 266a
清江枳壳 458b
清理养老险欠费 365a
清欠大于新欠 367c
清潭水库 474a
清网行动 274c
清源2016 332c
秋风2016 332c
求职补贴 361a
求职登记 357a
区划调整 143b
区级社会治安综合治理服务中心 406a
区域发展 86c
区域经济合作 216b
区域科技合作 302b
区域声环境 51b
区域市场一体化 207a
区域体系规划 254c
区域协调发展 232c
区域性光伏并网发电 418b
取水许可 265b
去产能职工安置 156b、360c
全程马拉松 473b
全程免费 407b
全国半程马拉松比赛 423b
全国部分党校党性教育研讨班 73c
全国茶叶区域公用品牌估价 148a
全国慈善百强 412b
全国大学生村官十佳 500c
全国扶贫系统先进集体 154c
全国高职高专校长联席会 291b
全国革命老区扶贫攻坚示范区 452c
全国河蟹大赛 398a
全国基层中医药工作先进单位 437a
全国计划生育信息化工作会议 344c
全国计划生育优质服务先进单位 437b
全国军休工作先进单位 407a
全国科普日 306c
全国绿化模范城市 430b
全国绿色食品原料标准化生产基地 152a
全国绿色有机农产品示范基地试点省 146b
全国美丽乡村创建先进县 444a
全国名茶百强 408a
全国名中医 343a
"全国模范法官"左斌 423a
全国模范法院 441b
全国模范教师 461a
全国模范司法所长 486b
全国农业农村大数据建设试点省 146c
全国青少年校园足球特色学校 460a
全国人民调解能手 486b
"全国森林康养基地"试点建设单位 148c
全国森林旅游示范县(区) 148c
全国森林质量提升工作会议 273a、444c
全国社会工作服务示范社区 402b
全国社会治安综合治理创新工作会议 394b
全国十大魅力茶乡 409a
全国首届文明家庭 353b、354a
全国首批现代物流创新发展试点 143c
全国双拥模范城 407a、426a、434a、497c
全国双拥模范城(县) 378a
全国台企联第四届福建江西片区第一次会议 138c
全国田径大奖赛 454c
全国图书交易博览会 332b
全国脱贫攻坚奖奋进奖 154c
全国网络扶贫现场推进会 449c
全国维护妇女儿童权益先进集体 448c
全国文化共享工程江西省分中心 316c
全国文明家庭 499c
全国五好家庭 423a
全国物流标准化试点城市 407c
全国校具生产基地 492b
全国性金融法人 181c
全国医院改革示范县 428a
全国优秀物流园区 191b
全国中小城市城镇化百强县 458a
全国中医药先进单位 498a
全国综合减灾示范社区 449a
全国最美古村落 462b
全警情录入警务新机制 132b
全流域生态补偿 142b
全媒体演播室 335b
全媒体中心 433b
全面从严治党 59a
"全面改簿"项目 289c、290c
全面开放 61a
全面两孩政策 343c
全面深化改革 53c
全面停止有偿服务 124b
全民参保 365a
全民国防教育日 125b
全民健身 346a、347a
全年太阳总辐射能力 47c
全频段数据采集 176b
全球贸易通 212c
全瑞士立达设备车间 411b
全省村(社区)民主协商观摩会 371c
全省非公有制经济现场推进会 169a
全省个体工商户注销改革现场会 170b
全省科普教育基地 396b
全省林业重点工作现场推进会 149c
全省领导干部会议 59b
全省旅游产业发展大会 434b
全省农业送科技下乡活动 153c
全省十佳政务微信 127a
全省司法数据管理平台 135c
全省总人口 50a
全域旅游 446b、448a、470c
"全域旅游"发展理念 444a
全域旅游示范区 403a
全域旅游战略 487c
确权登记 438b
群众点片放映制度 327c
群众体育 347a

群众文艺团体 314a
群众性 QC 活动 167b

R

燃煤锅炉专项整治 456c
热带气旋 52c
《热血山哈》 389b
人才＋项目 191a
人才队伍 357c
人才服务机构改革 357b
人才培训 258a
人才优先发展 62a
人才智库 186a
人才资助 259a
“人大立法在进行”活动 130c、131b
人道作用 122b
人防工程 128a
人防工程建设质量年 128c
人防应急救援包 128a
人防战备数据 127c
人防指挥工程 127c
人工造林 271a、434a
人居环境 254a
人均可支配收入 354b
人均生产总值 55c
人口长期均衡发展 471a
人口出生率 50b
人口老龄化 382a
人口资源环境委员会 98b
人口自然增长率 57b
人力资源服务产业园 357a
人力资源精准扶贫 363c
人力资源市场 357a
人力资源市场管理 357b
人力资源市场整合 357b
人力资源市场秩序 364c
人民币管理 224c
人民防空改革 128a
人民防空工作会议 128b
人民防空先进城市 128b
人民监督员制度改革 137a
人鸟共家园 412c
人事管理 362b
人事考试 258a
人事争议调解仲裁 364a
人文社会科学 310b
人员密集区 467c
仁爱启明书院 491a
认证活动 242a
认证监管 242a
日韩签证官 141a
日间手术试点 338b
日间照料中心 383a
日用及建筑陶瓷技术研究中心 422c
日用陶瓷制品制造业 161b
荣军医院 376b
蓉江新区 189a、438b
融媒体报道 451a
融资服务 443b
“融资难融资贵”专项检查 223b
柔力球 421a
柔性引进 145b
肉菜流通追溯体系 206a
肉类指定口岸 407c
肉类总产 150a
儒乐湖滨江公园 187b
儒乐湖新城 187b
软件产业 175a
软件园区 175a
软件正版化 330b
软饮料 166a
瑞昌市凤竹棉纺有限公司 411b
瑞金红区运动休闲旅游线路 452a
瑞金经开区 452a
瑞金经开区企业服务中心 192c
瑞金市现代农业产业园 452b
瑞金台商创业园 192b
瑞九铁路 407c
瑞明科技 424b
睿宁半导体材料 175a

S

赛湖堤坝 411c
赛锡 183c
三单一网 232b、235c
三个百县运动会 349a
“三个标准化”建设 445c
三管三转 235a
三河村 424c
三会一课 126a
三级永备机场 182a
三江乡 189a
“三农”服务 223b
三农资金审计 249c
“三品一标”产品 146b、152a
“三品一标”经济作物产品 147b
“三品一标”认证产品 456a
“三品一标”展示展销费 152a
“三品一标”证后监管费 152a
三清山机场 144a
“三区”计划 375c
“三区”文化帮扶 316c
三去一降一补 456a
“三社联动”试点 375c
三通两平台 289a
三下乡 300b
三校生 292a
三支一扶 360b、362a
三自改革 234a
散文作品 313b
桑叶饮品的生产研究和技术改进 166b
扫黄打非 332b
森林城市 272c、406c、411b
森林防火 149c、274a、403a
森林防火平安县 492c
森林防火宣传月 274a
“森林风景资源调查与评价”试点省 148c
森林覆盖率 57c、142a、406c、411b
森林公安指挥中心 271c
森林公园 273c
森林火灾 271b
森林旅游与休闲服务产业产值 148c
森林食品 148b
森林消防队伍 403a
森林蓄积量 148a
森林药材 148b、447b
森林植被恢复费 149a
森林植物标本馆 420a
森林质量 272c、444c
森林质量提升工程 142c

森林资源清查 275a
莎士比亚 314b
山长制 490c
山地自行车公开赛 440a
山东济南非法经营疫苗 247b
山洪灾害调查 268a
山水生态资源 410a
山岳型风景名胜区 48b
善款 370a
商标专用权 240b
商界女性精英 410b
商贸服务业 205a
商品材 148a
商品房竣工面积 56a
商品房销售 260b
商品交易市场转型升级 207a
商品煤销量 156b
商事制度改革 54a
商务领域信用 206a
商务综合执法体制改革 206b
商业演出 314a
商赢大厦 190c
上港集团九江港务有限公司 407c
上海同济城市规划设计研究院 419a
上海增鼎落户东乡 427b
上海证券交易所 159c
上栗交通建设 428c
上饶城区段 466c
上饶龟峰 196b
上饶县中学 469b
上饶主城区 468a
上市公司 56c、226c
上市公司监管 227a
上市文化企业 321a
上万高速连接线 470c
少数民族特色村 499a
畲族村 445a
畲族民俗文化 453c
设防面积 269a
设区市立法权 131a
社保法律法规检查 364c
社保基金安全 367c
社保基金检查 367b
社保基金软件 367c
社保稽核清欠 367c
社保社会化服务 367a
社保信息披露 367a
社会办医 55b、337b、337c
社会服务 110a
社会福利 375b
社会工作者 375b
社会和法制委员会 98c
社会救助 383c
社会力量数据库 369a
社会融资规模 222a
社会体育指导员 348a
社会消费品零售总额 56b
社会信用代码 242b
社会养老机构 383a
社会用电量 157a
社会组织 373a
社会组织统一代码 373b
社会组织专家库 373b
社科大讲堂 308c
社科普及 309b
社科普及和理论宣传 123a
社科普及宣传周 308a、309c
社联组织 309a
社区便民服务 207c
社区厨房 207c
社区干部待遇 372a
社区健康养老 384b
社区矫正官试点 137a
社区教育 422a
社区居民信息数据库 372b
社区居委会 371a
社区卫生服务机构 338c
社区信息化 372a
涉法涉诉信访案件 129c
涉赣涉稳涉法舆情 130a
涉老案件 384c
涉老违法犯罪 383a、384c
涉农价格调控 238b
涉税数据 231c
涉税违法 230b
涉外案件 140b
涉外演出 320b
摄影大赛 316a
申请资金 266c
申遗 318c
身边好人 392c
身边好人榜 390b
身边先进宣讲 108b
深化改革 128a
深化集体林权制度改革试点 149b
深化战略合作协议 172c
深入生活 313b
深入生活典型作家作品研讨会 313a
深圳北站 219c
深圳崇仁商会 495b
深圳跨境维修 193b
深圳文博会 433b
审查和批准决算 81a
审计报告 249b
审计项目 249b
审计组织方式 250a
审批中介服务 71c
生产总值 151b
生活补助 144a、144c
生活垃圾分类 255b
生活用水阶梯价格 238c
生态保护 410a
生态保护红线 142a
生态补偿 55b、232c、271a、274a
生态产品 409b
生态村 403a
生态扶贫 439a
生态工业城 421b
生态观光 464c
生态护林员 149a
生态环境损害责任追究 142b
生态环境质量 51c、233a、464b
生态价值转化 142c
生态检察工作 134c
生态空间保护红线 275c
生态旅游示范区 142c
生态农业示范观光园 420a
“生态平糖”综合疗法 343b
生态汽车科技新城 189a
生态文明建设 86c
生态文明建设高峰论坛 444a
生态文明建设评价指标体系 142b
生态文明科技示范基地 301a
生态文明市场导向 142b
生态文明示范区 255a

生态文明示范区十条措施　89b
生态文明试验区　55b、301a
生态乡镇　403a
生态栽培技术　147b
生态执法大队　149b
生铁产量　157b
生物柴油　150a
生物医药　185a
生物医药科技企业孵化平台　401a
生物制药　189c
生物质热电联产项目　435b
生育服务证制度改革　343c
生猪出栏　150a
声环境质量　51a
绳金塔公园　400c
省产烟协调推进会　161b
省慈善总会　370c
省法官检察官遴选委员会　129b
省港航建设投资有限公司　221b
省工艺美术学会　161b
省构建和谐劳动关系工作领导小组　363c
省国防科技情报研究所　160a
省花卉协会　152c
省化解过剩产能工作领导小组　158a
省级残疾儿童康复救助项目　386b
省级产业园　245b、432b、455b
省级风景名胜区　199b
省级农业行政综合执法总队　146c
省级湿地公园　442b
省级重点文化产业园　440a
省纪委十三届六次全体会议　100c
省纪委十四届一次全体会议　101b
省际协商合作　55a
省科技馆　306b
省老年活动中心　385c
省旅游集团混合所有制改革　195a、234a
省绿色产业集团　234a
省情研究中心　308b
省十二届人大常委会会议　79b
省十二届人大六次会议　79a
省十二届人大五次会议　79a
省市县三级联网　172b
省委十三届十三次全体(扩大)会议　59b
省委十三届十四次全体会议　59c
省文化中心　312a
省政府常务会议　87b
省政府党组会议　89a
省政府规章草案　131b
省政府全体会议　87a
省政协海外扶贫基金会　412c
省政协十一届二十次常委会议　95c
省政协十一届二十一次常委会议　96a
省政协十一届十八次常委会议　95c
省政协十一届十九次常委会议　95c
省政协十一届十六次常委会议　95b
省政协十一届十七次常委会议　95b
省政协十一届十五次常委会议　95a
省政协十一届四次会议　95a
省重点实验室　298b
省综治中心　129c
圣经学校　388b
盛瑞传动股份有限公司　396c
盛祥电子公司　193b
失独家庭再生育工程　339b
失能人员　384a
失能特困人员　368c
失业保险费　413b
施工图设计审查　261c
狮子峰滑翔伞飞行营地　403b
湿地　272a
湿地保护工程　142c
湿地公园　272a、273c
湿地管理　272a
湿地总面积　273c
“十百千”专项行动　290a
“十百千万”培训工程　306c
十大军旅创新创业模范单位（人物）　379b
十大考古新发现　318c
十佳播音员主持人　334b
十佳军嫂　126a、353b
“十三五”开局　86a
石材加工企业　419b
石城工业园　455b
石城旅游文化节　455b
石峰山隧道　412b
石墨烯粉剂　418b
石油化工产业　162a
时尚麻艺　163c
实操考核　258b
实名收寄　178a
实施“百人远航工程”　116a
实时上报　218c
实体书店　332a
实现小康目标　60b
实验动物许可证　299a
实验动物资源　299a
食疗科技　343b
食品安全调查　81c
食品安全周　248b
食品抽检　247b
食品工业　166b
食品工业企业　165c
食品加工监管工作的决议　82b
食品生产企业　247a
食品生产许可　247c
食品香精　184c
食品消费结构　355b
食品药品安全宣传　248a
食品制造业　165c
食品质量安全追溯体系　247b
食堂供餐学校　145a
食盐价格改革　238c
世纪新宸中心　187c
世界稻作文化发源地　474c
世界级乐园　395b
世界纪录　450b
世界教育机器人大赛　414a
《世界遗产名录》　48a
世界自然遗产　48a
市场化手段运作花展　152c
市场监测　205c
市场监管　206b、241a
市场统计监测体系　207c
市人民代表常委会组成人员名额　82a
市容环境治理　254b
市厅级研讨班　73c
市委党校城管分校　466c
市县城市规划　254c
市县换届　61b

市县乡三级联动 408a
市属国有资产总额 234a
示范社区服务站 144c
示范院士工作站 414a
事故调查 237b
事故防控 236a
事业单位改革 71a
事业单位岗位设置 363a
事业单位公开招聘 363a
事业单位统一招聘 362b
视频培训会 132b
视同缴费 365c
试点公立医院 408a
适度规模经营奖补 149b
适老体育设施 384b
收寄验视 178a
收入结构 354b
收听收看 333c
手工制瓷基地 162a
手机 174a
手机江西台 335c
首个小额贷款 424b
首家金融审判庭 426c
首届高校成果对接会 293b
首届世界温泉健康名镇(明月山)高峰论坛 456c
首任总指挥 125c
受贿罪 136b
受灾 264c
兽药质量监督抽检 150b
授权专利 304b
书法公益大讲堂 121c
书香赣鄱 327a、328c
“书香青云”社区百科讲坛 308c
书香之家 327b
枢纽互通 465c
输出型大气污染源 287a
蔬菜公园 420a
蔬菜种植农民专业合作社 443c
熟料产能集中度 164c
数据 434b
数字城市建设 269c
数字出版技术研发实验室 328b
数字档案馆 322a
数字电视终端设备 186c
数字化审计 250a
数字图书馆 317a
数字图书馆国家中心 317b
数字图书馆推广工程 317a
数字影院 333a
数字资源 416c
“双创”孵化专项债券 433c
“双创”基地 296c
双创产业集聚区 405b
双创工作 360b
“双告知”服务平台 239c
双随机、一公开 238c、242b、246a、357b
双随机 237a
“双随机”抽查机制 328a
双溪风力发电项目 444b
双线客运专线 407c
双拥工作 434b、437a
双拥工作10个到位 496a
双拥共建 124c
双拥活动 377c
双拥模范区 437a
双拥宣传 378a
“双拥在基层”活动 378b
双语教育 145b
双重学籍 292a
水表铜配件 184c
水产品冷冻加工 165c
水产养殖场户 151a
水稻机械化精量穴直播试验示范 153a
水稻示范基地 417a
水稻新品种 296c
水稻种植历史 48c
水电项目申报 266c
水法规宣传 266b
水环境综合整治工程 143b
水库安全管理人员补助提高 263c
水库安全管理人员考核 263b
水库除险加固工程 432a
水库退养 460c
水库移民 154b
水利工程 262a、432a
水利工程管理 263c
水利科技 262c
水利投资 262a
水能资源 47c
水泥产量 164a
水泥价格 164b
水泥行业 164a
水泥行业产业集中度 165c
水泥综合成本 164b
水鸟调查 275b
水禽产业 153b
水权改革 265b
水生态文明 55c
水生态样板村 416c
水土保持 262b、266b
水土保持法专题培训 286b
水土保持方案 286c
水土保持工程 142c
水土保持违法案件 286b
水土流失 266b、450a
水土流失事件 286b
水土流失治理 286a
水文监测改革 268a
水文监测设备 268b
水文监测设施经费 268b
水文勘测技能大赛 268b
水污染防治 272b、287b
水源地质水 287b
水质断面比例 51a
水质卫生监测 345a
水资源保护 265c
水资源费征收 266b
水资源公报 266a、268a
水资源管理 262b
水资源红线 142a
水资源监督执法 266b
水资源监控系统 265c
水资源论证 265b
水资源蕴藏 266b
水资源总量 265b
税收分析 231a
税收管理信息 173b
税收收入 230c
税收体制改革 54c、229c
税收优惠政策 229c
税务风险管理 230a
顺航卡车 418a

"丝绸之路"教育联通计划 295b
司法公开 134b
司法护老 399a
司法救助 135b
司法体制改革试点 135c
司法信息 182c
司法责任制改革 129b
思想道德建设 391c
斯诺克世界公开赛 470a
死刑 136a
四大组团 415b
四道保障线 453a
四道医疗保障线 339b、438a
四方省级协调机制 161a
四害 345a
四级联考 362b
四级联络员 381b
四级"山长制" 273b
四类特殊火灾处置 127a
"四绿一红"茶叶品牌 146b、147c
四轮驱动 188a
四品一械 248b
四区定位 142a
四省两市民建企业家培训会 106b
四项保险基金节余 367b
四项指标总量 189a
"四一三六"工程 431a
饲料产品质量监测 150c
松材线虫病防控 149c
"宋城壹号"文化创意产业园 440a
《搜神记》 430c
苏区挂职 144b
苏区精神 465a
苏维埃革命 309a
诉讼监督 133c
诉讼制度改革 134b
肃毒除弊 126b
速度攀岩赛 450b
溯源产品产量 151c
酸雨污染 51a、51b
随军家属 362c
遂川大桥 487a
遂川县融媒体中心 486c
笋材两用林基地 148b
索道 473c

T

台胞台属 139a
台风"尼伯特" 179a
台联建言献策 118c
台湾日月潭文武庙 420b
台站入库全覆盖 176b
台站月报制度 176b
台资入赣 139c
太极拳 436b
太阳能产品制造商 190a
太阳能发电 475a
太阳能硅片 190a
泰和乌鸡 485a
坍塌事故 127c
坦桑尼亚文化交流团 320a
碳酸锂 191c
汤显祖逝世400周年 314b
桃江湿地 442b
陶瓷产品设计 259b
陶瓷产业 161c
陶瓷技术研发中心 480c
陶瓷生产线 461c
陶瓷文化创意产业 161c
陶瓷艺术展 320a
陶瓷职业技能总决赛 259b
陶瓷制品制造工业 160c
陶瓷装饰工 259b
淘宝帮手服务站 411c
淘宝村 397b
淘汰落后产能 235c
"特扶家庭暖心"工程 400a
特岗计划 293c
特困供养 368b
特聘兼职教师 292b
特色产业 146a
特色产业基地 299b
特色村寨 388a
特色果业 492a
特色林业 413c
特色农业保险 225c
特色蔬菜产区 147b
特色文化 471a
特色小镇 254a、256b
特色型知识产权强省建设试点 297a
特殊党费 497c
特殊教育 144c、386c
特需列车 219b
特种设备安全 241b
特种水产养殖 150c
特种陶瓷制品制造业 161b
腾讯公司 434b
腾讯智慧校园 469b
腾讯众创空间(南昌) 187c
滕王阁 48c
提案委员会 97c
提高补助标准 366a
体育彩票 346c、352a
体育产业 346b
体育产业单位名录 352c
体育产业专项调查 352c
体育场馆免费低收费开放 346c
体育传统项目学校 57b
体育健身工程 382c
体育旅游博览会 352c
体育旅游十佳精品线路 452a
体育旅游示范区 352a
天津全运会 348a
天津松江股份有限公司 185b
天然林保护 271b
天然药物化学成分 438c
天网工程 176a
天香园人与鸟摄影创作展 404a
天涯种业 427b
田埠变电站 450a
田间高效节水灌溉工程 263a
铁海联运 250b
铁街停车场 400a
铁路分界站 219a
铁路建设 233b
厅级干部职务犯罪 135a
"听取和审议一府两院"工作报告 81a
通道绿化 430b
通关提速 252b
通航里程 220c
通水仪式 474a
通信基础设施专项规划 178b
通信接入终端设备 421b

通信设备制造　174a
通信同城化　172b
通信应急抢险　179a
同方江新造船有限公司　160a
同心振兴广昌　119a
同心智库　67b
铜产业　143b
铜鼓模式　177c
铜基新材料产业　184a
铜及铜合金循环利用产业　184b
铜及铜合金循环利用产业集群　184c
铜资源量　245b
统计法治建设　248c
统计方法创新　249a
统计基层基础　249b
统计执法　249a
统计智库　249a
统一战线　66c
统战大调研　105a
头版头条新闻稿　63b
投融资体制改革　54a
投诉举报　248a
投资环境暨资本市场绿色通道
　推介会　444b
投资环境优越　491c
投资者保护　227c
透水铺装　190c
突发事件　268c
突发事件预警信息发布系统　268a
突击演练　179b
突尼斯　319b
土巴兔装修平台　400c
土传病害　397c
土地规划　244a
土地利用功能　417a
土地流转　438b
土地绿化　255b
土地面积　242c
土地确权　427a
土地整治　244b
土地执法　244a
土地治理　153a、153b
土地资源红线　142a
土地资源开发利用　244a
土地资源利用　47b
土地总面积　47a
土壤污染防治　286c
土陶与艾德莱斯　145c
推进民主法治建设　78c
“推进医改、服务百姓健康”十大
　新举措　338c
退出产能　156b、459b
退伍军人　437a
退役大学生招聘　363a
退役士兵　377c、465c
退役士兵职业教育　379a
脱贫攻坚　60c、125b、454b
脱贫攻坚规划　89c
脱贫“摘帽”　144a、145a、154c
脱胎漆制品　476b
拓宽团结面　94c
拓展口岸通道　212a

W

瓦斯防治　237a
瓦斯治理　237a
外国留学生汉语大赛　295c
外国专家许可　259c
外汇改革　225a
外汇管理　224c
外汇情况回访　225a
外汇违法违规　224c
外贸调度会　212b
外贸质量　212b
外贸专列　441b
外商投资企业　169b
外商投资企业设立及变更　170a
外资企业注销登记　169c
完成税制转换　230a
万昌农贸市场　474a
万家岭大捷　49c
万里茶道　197c、318c、473c
万名干部进万企　70b、168a
万名干部入万企业　155c
万年稻作文化系统　49a
万师访万家　294a
万宜集团电商产业园　412b
万元 GDP 能耗　142a
万载县烟花爆竹产业基地　161a
汪山土库　139b、406a
王侯威仪　405c
网络安全　133a、177a
网络安全现场咨询　177a
网络安全信息通报　179c
网络扶贫　64b、449b
“网络扶贫双百”项目　449c
《网络扶贫行动计划》　449c
网络蜜橘节　493c
网络培训　316c
网络市场监管　240b
网络消费　355c
网络直播庭审　135c
网上常设技术市场　306a
网上视频巡查系统　178c
网上诉讼服务中心　182c
网约车　218a
网站安全　177a
网站备案率　179b
网站漏洞　179c
望城新区滨水公园　405c
危房改造　369a
危化品　235c
危化品质量　252b
危旧房改造　144b、467c
危旧土胚房　480c
微电影大赛　333b
微灌　264b
微网公司　193c
微信周榜排名第一　198b
为老干部办实事　75a
为农服务　210b
沩仰祖庭　48b
违法建设　255a
违法建设治理　255a
违法勘查　246a
违法用地　246a、255a
违法占用耕地　246a
违规出租　178c
违规金额　249b
违规外呼中继线　178c
维护宗教稳定　67a
维稳工作　129a
伪基站　176b、176c
委托代征　231a

卫片执法　246a
卫生和计划生育基本公共服务　401b
卫生计生服务　337b
卫生计生建设　144c
卫生计生执法　341b
卫生死角垃圾　404b
卫生县城　345a
卫生应急　336c
卫生应急队伍　342a
卫星电视干扰器　176b
卫星应用产业链　160a
未成年人　392a
未成年人(留守儿童)保护处　381b
未成年人保护中心　381b
温泉文化综合体　456a
文丞相祠　478c
文峰大桥　484b
文港毛笔　398a
文化部第十七届“群星奖”　315b
文化产业繁荣　63c
文化产业示范基地　321b
文化产业招商　399c
文化场所　432b
文化创意产品　317b、321a
文化创意产业园　182b
文化扶贫　451b
文化惠民工程　393a
文化交流　319a
文化金融合作　321a
文化企业　321a
文化市场综合执法　320c
文化消费试点城市　312b、321b
文化休闲娱乐产业博览会　321a
文化遗产　312b
文化艺术交流　145c
文化志愿服务中心　432b
文明城市建设　390c
文明村镇　393b
文明单位　392c
文明风尚健康向上　63c
“文明江西”微信公众号　393c
文明交通行动计划　392c
文明旅游　198c、393b
文明校园　391a
“文山精神与文化”研讨会　478c
文史和学习委员会　99b
文物保护单位　318a
文物收藏单位　318a
文学采风　313a
文学创作　313b
文学扶持工程　313a
文学活动　312c
文艺创作和文艺实践　120c
文艺创作与繁荣工程　313a
文艺活动　121a
文艺志愿服务　121b
稳固利益联结机制　153c
问责机制　265a
“我的中国梦”实践活动
　390a、391c
沃格光电　431a
乌石镇新月村　499a
污染源全面排查　460c
污水处理　69a、254a
污水管网　253c、433a
污水管网建设　255a、288c
污水管网建设督查　255a
污水配套管网建设　254b
污水系统提升改造工程　433a
钨和稀土产业园　185c
钨新材料应用　185c
无公害农产品检查员　152a
无户口人员落户　133b
无线电管理　171c
无线电频谱评估　176a
无线电台站　176a
无线电压制系统升级　176c
无线电应急分队　176c
无线电智能监测管理系统　176c
无线接入点　172b
无障碍设施　497c
吴城遗址　458c
吴俊发艺术馆　468b
五大河流　47a
五河治理防洪工程　263b
五通一贷　443b
“五统一”市场监管　248b
五一表彰　112a
五证合一、一照一码　239b、248c
五证合一　356b
武安锦城梦想家园安置区　410b
武术之乡　468b
武夷山(江西铅山)申遗　199b
武装直升机　306b
舞蹈作品　314b
物联网出版融合实验室　328b
物流标准化　208a、407c
物流产业集群　55a、208a
物流成本　172c
物流信息　172c
物流业重大项目　208b
物流中心　208a
物探采集作业支持船　160a
物业管理专项检查　260c
婺源森林鸟类保护区　271c
婺源县江湾镇　256c

X

西德电梯　192c
西河戏　419b
西湖乡　424a
西水东调　461c
稀金谷　438a、440b
稀缺性中药材　165b
稀土产业　448b
稀土资源　158b
戏剧小品大赛　315b
峡江和美药业有限公司　484a
峡江水利枢纽工程　144a、263a
下沉式绿地　190c
下山桥小学　432c
下乡快件　178a
夏绣文化　433b
厦门港务集团　193c
先进个体户陈淼生　426c
先进事迹报告团　435a
闲置厂房　193b
闲置土地　245a、405a
险资入赣　226a
“险资支农支小”模式　438b
县(市、区)人大常委会组成人员
　名额　82a
县长信箱　491c
县城旅游集散中心　460a

县级档案馆建设 323c
县级全媒体中心 462a
县县通高速 144a
县乡村三级物流网络 177c
县乡农贸市场建设改造 206c
现场办公 193b
现场帮带 145b
现代服务业 458a
现代服务业集群 420c
现代化办公设施 413c
现代化学校 458b
现代家居城 438a
现代教育体系 458b
现代农业 68a
现代农业产业技术体系 146b
现代农业模式 454b
现代农业生态区 142c、143c、146b、415b、474a
现代农业专题招商推介 146c
现代农业综合服务区 474a
现代商贸物流 205a
现代物流 185a
现代学徒制 292a
现代职业教育 290a
现代综合码头 221a
限制用地 245a
宪法宣誓 84a
乡村扶贫数据库 195c
乡村建设规划 256a
乡村建设许可证 256a
乡村教育特色发展 471c
乡村教育资源 471c
乡村旅游 195b、469a、473a、481b
乡村旅游年 457b
乡村旅游示范点 461a
乡村民宿旅游 469a
乡村人口 50b
乡村学校少年宫 392a
乡村医生 339b
乡镇卫生院 471c
乡镇域面积 255c
乡镇中医药人员 464a
香港东亚银行 221b
香港海昌船运有限公司 414c
香江学者计划 259a
香料 184c
湘鄂赣苏区论坛 77c、464c
向困难职工送保障 112a
项目管理 216b
项目节地 245a
项目洽谈 258c
项目审计 249c
项目投资 232b
项目资金 266c
橡胶制品业 162b
消防监督器材装备 127a
消防经费 127b
消防宣传 127a
消费结构 355b
消费品质量 241c
消费投诉公示 240c
消费增速 205a
消费者权益 240c
消费支出 355b
消化闲置土地 245a
小额贴息贷款 161c
小个专 170c
小蓝科技银行 188a
小流域治理 153a
小平小道 406b
小水电 266c
小水电扶贫 266c
小微企业名录 170c
小微信贷通 443b
小型农田水利建设 264b
孝心义卖活动 406a
校长教师交流轮岗 293c
校车管理 291b
校地合作 302a
校地校企合作 291c
校外活动管理培训 115a
校外教育培训 115a
协商民主 371a
协讯电子 186b
泄洪通道 405a
心理健康教育 392a
心理卫生 384a
《心灵原乡》 464c
新版地图 269b
新城蔬菜基地 443c
新城吾悦广场 182b
新的社会阶层统战 67a
新动能培育 142c
新干县旅游发展委员会 482c
新干县融媒体中心 482b
新工业十年行动 407b
新华印刷集团 331c
新疆少数民族 388a
新经济发展 205c
新媒体中心 435b
新能源电动汽车 460c
新能源公交车 500c
新能源轿车 158c
新能源汽车 187b、189a
新能源汽车产业联盟 158c
新能源汽车科技城 438a
新能源汽车整车及配套产业 405b
新农村建设 68c、452b
新农村建设顶层设计 69b
新区独立运行 143c
新三板 143b、483a
新三板挂牌公司监管 227a
新闻故事 334a
新兴纺织服装产业基地 163b
新兴媒体 433b
新型材料 191c
新型城镇化 254c
新型海事艇 221c
新型环保建材 184b
新型环保烟花 398a
新型经营主体 151a
新型农业经营主体 146a
新型特色水果示范基地 147b
新型职业农民培育整省推进示范省 154a
新型智库建设 123a
新业态 171b
新业态招商推介会 189c
新余国家农业科技园区 300c
新余国科公司 160b
新余七仙女文化论坛 122a
新余文化艺术大学 431a
新增保障卡 366b
新增建设用地 244a
新增转移就业 360a

新圳工业园 447a
薪酬自查 363c
鑫泰科技 186c
鑫陶科技 190c
信贷通 439c
信访工作改革创新 74c
信访工作目标 74a
信访工作争优 74b
信访稳定 74b
信息安全保障 171b
信息安全政策法规建设 176c
信息报告工作 91b
信息服务业 467b
信息化建设 324c
信息化综合应用平台 173a
信息基础设施建设 171a
信息技术教育 463a
信息系统集成 175b
信息系统集成及服务项目管理人员登记证书 175b
信息系统集成资质企业 175b
信用档案 430c
“信用江西”网站 54b
信用评级 173a
信用体系 224b
信用新余 173a、430b
信用信息服务 172c
信用信息数据库 430c
兴泉铁路 144a
兴业银行南昌分行 189b
“星创天地”建设 300b
星火有机硅厂火灾 127c
星火众创空间 302a
星级饭店 199a
星子镇 418b
刑事犯罪嫌疑人 133c
刑事申诉案件 135a
行业协会商会 373a
行业协会商会脱钩 54a
行业专卖管理系统 167b
行政处罚自由裁量标准 167b
行政调解 131c
行政复议 246b、248b、356a
行政复议案件 132a
行政技法监督平台 131c
行政区划变更 373c
行政区划调整 373c
行政审批 248a
行政审批制度改革 132a
行政首长负责制 274a
行政受理 248a
行政诉讼 246b
行政许可 248a
行政学院城管分院 466c
行政应诉案件 132a
行政争议 131c
行政执法 246a
行政执法监督 131c
杏花村公园 470b
杏花村落 470b
休闲观光农业 462c
休闲农业 146b、470c
修改法规 130b
秀美乡村 469a、470c
徐霞客游线标志地 497a
许可证专项监察 237a
旭阳雷迪 193b
畜牧业绿色示范县创建 150a
续志编纂 324b
选举和任免 82c
选树先进典型 72c
学科带头人 294b
学雷锋志愿服务 390c、391c
学前教育 144c、290b
学前教育改革发展实验区 290c
学社成立江西青工会 110c
学社召开十三届十五次会议 110b
学生资助政策 144b
学术活动周 308a
学术期刊 328c
学术阵地 123b
学习实践活动 109c
雪莲山生态旅游度假区 453c
血栓性血小板减少性紫癜 399b
血吸虫病 341a
血吸虫病查治 341a
血液安全 338b
血液供应 338b
“寻乌客家迎故事”习俗 454c
寻乌蜜橘 454b
“寻找两岸美丽新人”公益活动 353b
“寻找最美家庭”活动 392c
巡游车 218a
循环经济轻量化物流装备 183b
汛期会商 264c
汛期救灾防病 341b
汛情 268a

Y

亚洲锂都 191c
亚洲攀岩锦标赛 450b
烟花燃放国际赛事中心 465c
烟叶种植面积 167a
严打整治行动 129b
严禁党员干部出入私人会所等通知 102c
严重暴力犯罪 134a
研培计划 316b
研制“高温陶瓷大红墨水” 422b
盐业体制改革 161a
演练科目 179b
焰火晚会 456b
焰火文艺汇演 465c
央企入赣 234b、435c
央视军事农业频道 409c
扬尘治理 286c
羊狮慕景区 487c
阳光政务 356b
阳极磷铜球 184c
阳明湖国家湿地公园 445a
仰天岗铅锌矿 273c
养蚕大棚 409a
养老保险 383c
养老服务企业 383b
养老服务体系 375a
养老服务业 383b
养老护理员 382a、383a
养老机构 375a、383a
养老金 383c
养老项目 375a
养殖产量 150c
样本企业 207c
姚凯 259a

姚西景区莲池 500a
药品安全 247c
药品不良反应 248a
药品生产企业 247a
药物滥用 248a
野生动物繁育与利用产业产值 148c
野生动植物行政许可审批 148c
业扩报装 190b
业务教育发展基本均衡县 483a
业务教育均衡发展 483a、483c
业务体统安全防护 177b
“一案三制”建设 91c
一次申报、一次查验 251b
一村一品 454a
“一村一品”项目 356c
一村一品示范村镇 424a
“一带一路”教育行动计划 295b
“一带一路”科技合作推进会 302b
“一带一路”文化交流 319b
“一带一路”沿线国家合作 215b
一对一帮扶 242b
一改六促化 436a
一核四区百群 180b
一级公路 442c
“一口区”受理平台 372a
“一六一”工作机制 187a
一纳入、八到位 324a、325b
一年一鉴 324c
一体化监管协同平台 173a
一系列纪念活动 76b
一县一品 346c
“一乡一站一戏台”建设 432b
一园两区 479c
一站三联三办 191a
“一站式”查档 322a
“一站式办结”服务 231c
伊斯兰教朝觐 388c
衣恋助学项目 370b
医保基金审计 250a
医保基金专项审计 367b
医疗保险 383c
医疗保障制度改革 337a
医疗费用 337b
医疗服务要素 338a
医疗纠纷预防处置 337c
医疗救助 368a
医疗器械 397b、397c
医疗器械不良事件 248a
医疗设备制造子行业 165a
医疗卫生保障 336b
医疗资金 144c
医药厂商 458c
医药卫生体制改革 55b
医药制造业产业集群 165a
宜春海关 251b
宜春元博山茶油科技农业开发有限公司 148b
宜居村庄 256c
宜居小镇 256c
移动地税 231c
移动警务平台 133b
移动阅读 416c
移民小区 216c
遗体捐献 440c
遗址公园 395a
乙类传染病 339c
以奖代补 288b
以网管网 240b
以文为媒 489c
以药补医 457b
义务教育 144c
义务教育薄弱学校 144a
义务教育均衡发展 290c
义务教育学校 477c
义务植树 272c、430b
亿丰伟业 188b
弋阳农商银行 471c
弋阳县圭峰中心卫生院 471c
艺术创作 312a
艺术展演 313c
异地就医 366b、366c
异地就医直接结算 367a
译手语 175b
易地搬迁扶贫 448b
意识形态 64a
因公出国(境) 140b
因公赴港澳管理 138b
因灾死亡 51c、368c
音乐电视 475b
音乐剧《汤显祖》 489c
殷军艺 259a
寅陂桥战斗纪念碑 487c
银会合作 307c
银企合作 193b
银行业供给侧改革 223a
银行业机构违规 223c
银行业体系 223c
银行业债委会 223a
引才优惠政策 258c
引导非公经济人士参政议政 119a
引导非公经济人士履行社会责任 120a
引导民企走出去 119c
引进国外智力 258a
引智成果 259c
引智规划 259c
饮水安全 287b
饮用水水源保护 287b
饮用水卫生监测 340c
饮用水源地 272b
应对突发事件 91c
应对雨雪冰冻天气 92a
应急电源 460a
应急管理 237c
应急管理政策 91c
应急广播 334c、393b
应急救援 237c、269a
应急救援资源管理数据库 236a
应急漂浮试飞 160b
应急商品 207c
应急通信保障 179a、179b
应急宣教 92a
应急支援 128a
应用技术成果 303b
英国里卡多公司 188c
英特科胜动保科技有限公司 420a
英雄联盟 320c
英雄民警 435b
樱花公园 469a
盈创小微创业园 398c
荧光粉废料复合优溶联动萃取制备高纯稀土元素 186a
“营改增”试点 230a、231a
“营改增”改革 54c
营业里程 219a

营造林项目 272c
蝇贪 134a
硬滕王阁 167c
拥军优属 377c
永久基本农田 243c
《永修旅游风光片》 415c
永修有机硅产业集群 162b
永修云硅电子商务平台 416a
用水计划 265c
用水量控制 265b
优抚对象 376a、465c
优抚对象核查 376c
优化民营经济 120b
优联众创空间 402a
优强企业 155b
优势病种治疗中心 342c
优势蔬菜产区 147b
优势特色产业 300b
优秀创新创业女企业家 380b
优秀组织奖 197c
优质教育资源 401a
优质资源班班通 173b
邮快合作 177b
邮乐购 469a
“邮政 e 邮”工程 453a
邮政储蓄银行 161c
邮政业务总量 177b
油茶 148b
油茶林 148b
油茶苗 420a
油浸式非晶合金变压器 159b
游客服务中心 403a、473c
友城交流 140b
友好城市 140a
友好省州 140b、140c
有害生物 252a
有机硅单体 162c
有机生态农业 465a
有色金属产业 158a
有线电视数字化整转率 172b
有线广播电视用户 172b、334b
有用矿产 47b
幼儿园 290c
于都屏山旅游区 450c
余江县第四中学 436b
鱼道布置方式 221c
渔业经济总产值 150c
舆情监测 388c
舆情监测报告制度 129a
雨污分流 433a
玉山人物 469c
玉山县委党史办 470a
玉笥山道家文化 483c
育林基金 149a
育智学校 401a
预算执行 228a
御窑厂遗址 318b
豫章郡 49a
园林城市建设 255b
园区产业基金 190c
园区集群 155c
园艺作物标准化创建 147b
原煤产量 156a
原生态有机稻种植基地 500a
袁河经济开发区 432b
袁河水利工程 432a
袁州茶油 457b
援非医疗队 431c
援疆 145a
援疆工作 356c
援助资金 145a
源头监管 415b
远景能源有限公司 475b
院士工作站 116b、459a、472b
越冬候鸟 275a
云飞扬千亩有机生态农业基地 460c
云计算大数据中心 185b
云计算和大数据产业基地 173c
云居山国际禅修院 415c
云居山—柘林湖 48b
运动会 445c
运动健将 348a
运输船舶 220c
运输船舶生活污水防污染改造 220c
运送粮食 219b
运送煤炭 219b
运政系统 218c

Z

灾害风险管理 226b
灾害水利工程重建 263a
载体建设 180a
在赣新疆少数民族 389a
在校生 290b
在匈牙利首都举办中国竹文化展 121b
噪声均值 51b
责任保险 226b
增减挂钩 244b
增收 486a
债权投资 190c
债券 190a
寨卡病毒疫情 341c
战备值班 128a
战略性新兴产业 174c、297b
“章源及图”商标 445a
章源钨业公司 445a
樟江化工 127b
掌上农技 307a
障碍患者康复工作模式 386c
招录公务员 362b
招聘 258c、361b
招聘服务 357a
招聘会 258c
招商项目 216a
招商引资 211b、446b
招生工作 295a
找矿突破 270a
召开全国政协督办提案会 96b
召开省第十二届人代会第六次会时间的决定 82c 82c
召开省第十二届人代会第七次会议 82c
召开省第十二届人民代表大会第六次会议的决定 82b
遮阳产业 472a
哲学社会科学 308a
哲学社会科学教学科研骨干研修班 310c
浙江蓝源资本 418a
浙江省能源集团公司 156c
振兴赣南广昌示范扶贫 108a
振兴广昌示范区 109b
镇村公交 472b
镇村公交试点 218a

征地拆迁 443a
征地信息 244b
征文 381c
整车智能制造技术集成新模式应用 159a
整顿房地产市场 260c
整改网站 240b
整年投保 154c
整治城乡低保 500b
整治农村危房改造腐败问题 256b
整治山塘 264b
整治信号屏蔽设备 176b
证券公司 56c
证券期货 226c
证券期货私募经营机构监管 227a
证券期货违法行为 227b
政策扶植 360b
政策服务体系 182b
政策宣讲 366a
政党协商 103a
政法机关 129a
政府补贴合作 178a
政府法律顾问制度 132a
政府工程残疾人康复项目 386b
政府公共服务能力 175c
政府购买残疾人日间照料服务 386a
政府立法 131b
政府门户网站 175c、176a
政府数据开放共享 175c
政府网站安全防护 177b
政府网站绩效评估 176a
政府网站日常监测 175c
政府信息系统 177a
政府专职消防员 127a
支持妇女创新创业 114b
支持赣南等原中央苏区振兴发展 273b
支持赣州创新驱动助力工程 115c
支持民主党派履行参政职能 66c
支付宝 217c
支付服务环境 224b
支月英 461a
知识产权 493a
知识产权富民强县示范县 305a
知识产权合作 305b
知识产权人才培训 305a
知识产权“十强县” 305a
知识产权示范企业 305b
知识产权示范园区 305b
知识产权试点 305b
知识产权战略 297a
知识产权仲裁中心 137b
知识产权周 304c
执法 364c
执勤隐患治理 126a
直播卫星户户通 327a、393b
直播卫星接收设备 172b
直接交易电量 157b
职称审定“绿色通道” 362b
职称制度改革 362b
职务犯罪 133c、134a
职业病 341a
职业技能鉴定 258a
职业技能竞赛 375a
职业教育活动周 291c
职业教育集团 292a
职业年金 55b、365a
职业院校技能大赛 292a
职业院校教学诊改 291c
职业资格认证 356b
植树造林 233a
指导县乡人大换届 84a
指挥信息系统规范化建设 125a
指上贸易 APP 418a
志浩电子 192a
志愿服务 402b
志愿服务信息系统 375c
制定地方性法规的时间 81c
制定法规 130b
制胶原料 189b
制造业强省 89a
制造业信息化 300a
治理废弃矿山 144a
治理拖欠农民工工资 364b
质检中心 242a
质控中心 337c
质量共治 241b
“质量管理 2016”专项行动 329b
质量宏观管理 241b
质量竞争力 241b
质量品牌提升 241c
质量状况分析 241c
智慧城市 269c、434b
智慧城市服务平台 434b
智慧动员 124b
“智慧动员”试点 125a
智慧赣粮 209b
智慧海派科技有限公司 174b
智慧旅游 198c
“智慧旅游”平台 448a
智慧农业建设 146c
智慧农业气象 267a
智慧物流示范企业 208b
智慧消防 127a
智慧信州 467b
智慧渔业 150c
智慧制造产业园 405b
智能工厂 163a
智能化标准 400b
智能井盖管理平台 402a
智能水表 184c
智能文化馆 400b
智能制造产业基地 159a
智能制造车间 159a
智能制造基地 156a
中标课题组 311b
中低压线路 144a
中俄学者学术座谈会 309c
中钢协会员 157c
中高职衔接试点 292a
中共党史出版社 470a
中共江西省社会组织委员会 373b
《中共江西省委、江西省人民政府关于推进价格机制改革的实施意见》 238b
中共江西省委十四届一次全体会议 60a
中国(上海)国际印刷周 331b
中国版权金奖 330c、331a
中国茶叶区域公用品牌 408a
中国驰名商标 445a、454b
中国创翼 361b
中国稻作起源地学术研讨会 474c
中国稻作起源研讨会 116c
中国地方志学会方志馆研究会 326a

中国地方志指导小组办公室　326a
中国电视金鹰奖　440c
中国抚州文化活动周　314b
中国赣网　324c
中国工艺美术文化创意奖　433c
中国供销赣南脐橙交易中心　210c
《中国共产党江西历史》第二卷　77b
中国共产党江西省第十四次代表大会　59c
《中国共产党乐安历史》出版　496b
《中国共产党资溪历史》(第一卷)出版　499a
中国关心下一代工作委员会　479c
中国国民党　139a
中国好人榜　457c、464a、468b
中国建筑这样材料协会　472a
中国橘柚之乡　453c
中国科协　396b
中国流动科技馆　307a
中国毛笔文化之乡　398a
中国梦·岑山情　471a
《中国名村志》　325a
《中国名镇志》　325a
中国内陆口岸(江西)国检监管试验区　441c
中国南方稀土集团　158b
中国农业国际合作促进会茶产业委员会　409a
中国侨联成立60周年法国商会考察江西　118b
中国青年第二届APP大赛　114a
中国轻工业联合会　161c
中国轻工业重点实验室　161c
中国台球协会　470a
中国淘宝村　424c
中国特色小镇投资基金　439a
中国网库赣西(宜春)电商谷　462c
中国网库吉安电商谷　478a
中国网淘第一村　481a
中国温泉之乡　455a
中国文化遗产日　318a
中国文史出版社　469c
中国稀金谷　158b、158c
中国乡村之声　410c
中国医疗卫生改革委员会　405c
中国银行监督管理委员会　472c
中国印刷博物馆浒湾书铺街分馆　331b
中国有机硅交易网　416a
中国政府友谊奖　259c
中国智库索引　308b
中国作协　451a
中海重工集团中海科技产业园　182a
中航归宗旅游度假综合体　419a
中华水韭　497a
中华文化促进会　473c
中介机构监管　227b
中科钢研人造蓝宝石　183b
中科院宁波材料所　302b
中科院武汉植物园　302b
中拉文化交流年　319c
《中美健康城市南昌宣言》　140c
中美友城大会　140c
中蒙俄旅游联盟　197c
中频炉　158a
中青数媒科技　417c
中日青少年体育交流　348c
中日青少年体育指导者交流　348c
中石化股份九江分公司　162c、163a
中外合作办学　295c
中外文文献元数据　474a
中文电子图书　474a
中文国际频道　397b
中西医临床协作试点　342c
中小河流治理　144a
中小企业创业孵化基地　185b
中小学教师招聘　363a
中小学教师职称制度改革　55a
中心幼儿园　414b
中型多用途车　188c
中央编办在赣调研　71c
中央红军长征路线　451c
中央文化产业资金　328a
中药配方颗粒　165b
中药子行业　165a
中医康复(热敏灸)联盟　342c
中医科教　343a
中医药　437a
中医药发展　89c
中医药改革　342b
中医药国际合作　302c
中医医院　342b
中医优势病种治疗中心　343b
中医专科设备　464a
中意产业园　187c
中职学校　291c
种粮大户　417a
种粮能手　399b
众创空间　299b
重大产业项目建设　233c
重大会议活动安保　132c
重大疾病商业补充保险　144c
重大疾病医疗补充保险　154c
重大警卫任务　132c
重大科技专项　301a
重大民生项目建设　233c
重大水利工程　263a
重大卫生民生工程　338a
重点工程　233a
重点林业县　447b
重点领域整治　235b
重点群体就业　360b
重点新产品计划　297c
重点研发计划　297c
重金求子　466b
重庆猪八戒网络有限公司　187c
重型工程机械应急力量　125a
重要产品追溯体系　206a
“重走长征路”红色旅游活动　451b
“重走长征路”主题采风活动　451a
重走长征路活动仪式　499c
洲际包机　198a
洲际航线　220a
珠海美术馆　468a
珠山(南京)现代服务业推介　425a
珠山区“小巷讲堂”　425b
珠山诗歌朗诵会　425a
珠山陶瓷展　425b
猪八戒网　420c
竹产业产值　148b
竹洞村　445a
主航道通航保证率　221a
主题出版物　329c
主题宣传　328c
主汛期　52a

主要河流 47a
主要交通干道 396c
主要农产品 146a
主要污染物 51a
主要站点压车 219b
住房用地 244c
住房租赁消费 355c
住院分娩补助 339c
助保贷款 367a
助力打造美丽中国“江西样板” 78b
助力地方经济发展提供服务 116b
助推发展改革 78a
助学捐赠 412c
注册登记改革 239b
驻赣部队 125b、378b
筑卫城遗址 458c
专家服务 357c
专家在线访谈 177a
专利代理人 305a
专利发明 304b
专利申请 304b
专利十强县 491a
专利行政执法 305a
专利质押融资试点 411b
专线联盟 191b
专项查办督查 65c
专项督查 90a
专项行动 74c
专项治理农村垃圾 68c
专项资金审计 249c
专业测评机构 177a
专业技术人员创业 258b
转化研究成果 93b
转介救助 402b
转企升规 441c
装备竞争性采购 160b
装机容量 156c、266c
装配式建筑 254a、260c
追回到账 367c
准入特别管理 169c
资(溪)光(泽)高速公路 498b
资产负债表 142b、144a
资源环境审计 249c
资源量 270b
资源税改革 54c
资源综合利用 288a
资助 259a
自编自导自演 421c
自费出国留学 295b
自驾车房车营地旅游 399b
自强健身工程 387b
自然保护区 57c
自然保护区管理 275b
自然科学基金项目 301c
自然灾害 368c
自然资源产权 142b
自行车站点 431c
自主蹲点体验采访 479c
自助办税服务点 471b
宗教工作 388b
宗教基础信息数据库 388b
《宗教事务条例》 389b
宗教团体 389c
宗教祖庭文化 389c
综合防护能力 128b
综合服务平台 404a
综合减灾 449a
综合减灾救灾 369a
综合减灾示范社区 144c
综合交通运输体系 208a
综合客运枢纽 218a
综合类电子商务创业园 191a
综合能源服务 156c
综合文化站 404c
综合信息服务平台 467a
综合型产业孵化园 417c
综合性服务平台 395a
综合训练馆 477a
综合治税 230a、231b
综合治税平台数据 173b
综合自动化装配式变电站 476b
综治合作社 398c
综治银行 398c
综治中心建设年 129a、129c
总领事 141a
总人口 57b
总人口增量 50b
走出去 270c
“走出去”顶层设计 215a
足球场地 460a
组建新型智库 93c
组团融合发展 143c
组团式服务 406a
组推经济平稳发展 94b
组织代表活动 84c
组织建设 110a
最低工资标准 355a
最美家庭 353b、393a、405a、416c、424c、477a
最美图书馆 423c
最严格水资源管理 265b
坐式插秧机 152c